Diccionario básico de la lengua española

DICCIONARIO DE USO

Diccionario básico de la lengua española

Sociedad General Española de Librería, S.A.

Primera edición, marzo 1987 (Rústica y tela)
Segunda edición, noviembre 1987 (Tela)
Tercera edición, 1989 (Tela)
Cuarta edición, 1990 (Tela y rústica)
Quinta edición, 1992 (Tela y rústica)

PRODUCE:

SGEL-Educación
Marqués de Valdeiglesias, 5 - 28004 MADRID

DIRECCIÓN:
Dr. Aquilino Sánchez Pérez, *Catedrático de Universidad.*

TRANSCRIPCIÓN FONÉTICA:
Dr. Rafael Monroy Casas, *Catedrático de Universidad.*

COLABORADORA:
M.ª del Carmen Díaz Ortuño.

CORRECTOR DE PRUEBAS:
José J. Heras.

ISBN: 84-7143-349-4 (Rústica)
ISBN: 84-7143-350-8 (Tela)
Depósito legal: M. 43.977-1991
Impreso en España - Printed in Spain

Compone: GRAFILIA, S. L.
Imprime: GRÁFICAS ROGAR, S. A.
Encuaderna: F. MÉNDEZ

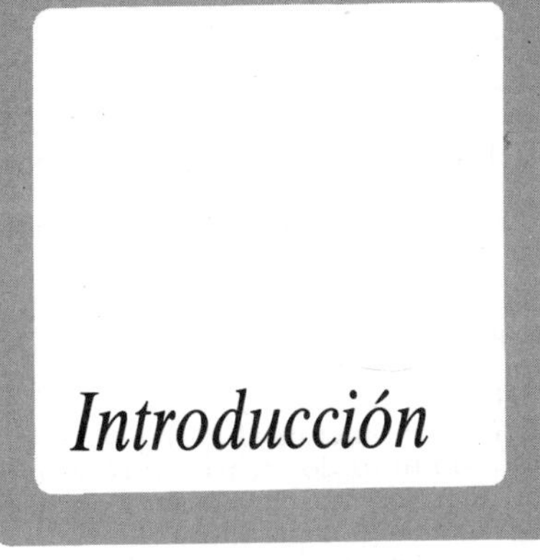

Introducción

1. OBJETIVOS GENERALES DEL DBLE

Los diccionarios han sido desde sus orígenes, con carácter primordial, obras de consulta relativas a la utilización del lenguaje sobre el que versan.

No obstante, son ya tantos los que existen en la actualidad, que el esfuerzo requerido para elaborar otro más no valdría la pena si no existiesen razones nuevas que impulsasen a ello y compensasen debidamente el trabajo que la tarea exige.

A. En primer lugar, es nuestro propósito ofrecer un Diccionario que ponga el énfasis en la *lengua usada,* más que en el *cómo debe usarse* ésta. Esto no quiere decir que la norma sea dejada de lado —lo cual implicaría una contradicción interna con los mismos principios de todo Diccionario—, sino que es relegada al lugar que, a nuestro juicio, le corresponde desde una perspectiva que pretende ser mas *descriptivista* que prescriptivista.

Igualmente conviene destacar que el uso a que hacemos referencia abarca tanto el ámbito de la lengua oral como el de la lengua escrita. Pretendemos un equilibrio entre ambas realidades, aunque teniendo muy presente que la lengua escrita no debe equipararse a la «lengua literaria» ni la lengua oral a la meramente coloquial o vulgar.

B. El DBLE es un *diccionario de USO.* A ello hay que añadir quiénes son los *destinatarios prioritarios,* con el fin de comprender mejor la globalidad de los objetivos perseguidos:

a) El *estudiante extranjero y el profesor de lengua española:* de ahí algunas de las características más marcadas del DBLE, especialmente en lo relativo a la transcripción fonética, separación silábica y, en general, a todo aquello que sugiere usos ortográficos, de pronunciación, irregularidades en los verbos, etc.

b) El estudiante medio español y el profesional constituyen el segundo de nuestros puntos de referencia. A este respecto hemos realizado un gran esfuerzo para lograr claridad y precisión en las definiciones, cualidades éstas que facilitan una consulta rápida y eficaz. Y no dejará de serles útil la normativa relativa a la separación silábica, así como algunas otras anotaciones que hacen referencia al uso.

Es normal que el análisis de una lengua, realizado por quien la ha adquirido como lengua materna, responda precisamente a esta característica: será un análisis hecho por quien tiene «competencia lingüística» sobre ese idioma, un análisis, pues, «desde dentro». En nuestro caso, a ello hemos añadido una importante novedad: se ha tratado de lograr que lo ofrecido por el DBLE incluya aspectos lingüísticos exigidos por quien no es hablante nativo de la lengua; es decir, tratará de dar respuesta a las preguntas e interrogantes que se hace normalmente quien, siendo extranjero, pretende aprender el Español. Se trata, por tanto, de tener en cuenta lo que podría denominarse como *visión de la lengua desde fuera, desde el exterior.* La adición de tal perspectiva, sin abandonar la propia del hablante nativo, enriquece considerablemente la visión global obtenida.

De todo esto, también se puede beneficiar quien utilice este Diccionario, esté o no incluido entre los «destinatarios» de la obra.

C. Las más de 25.000 voces que incluye el DBLE suponen una selección sobre el «corpus» ofrecido por la Real Academia Española en su Diccionario, que es obra de obligada consulta y punto de partida en cuanto constituye la «norma» oficial sobre el repertorio léxico del español.

Dicha selección ha sido realizada teniendo en cuenta el grado de uso de cada voz. En consecuencia, se han excluido multitud de arcaísmos o términos obsoletos que carecen de significación en nuestros días, a no ser dentro del campo meramente literario y referido a obras de siglos pasados.

Por la misma razón, se han excluido regionalismos, comprensibles sólo en la zona en que son usados y de escasa funcionalidad en el conjunto de la lengua. Tratamiento similar ha sido dado a los términos propios de países hispanoamericanos, exceptuando los que son de uso general en varios de esos países o en toda la América hispana.

Tampoco abundan en el DBLE los nombres de plantas y animales: éstos han sido reducidos a los más comunes en el entorno que nos rodea. La razón estriba en que tales voces raramente aclaran algo al lector, si no van acompañadas del término científico (poco conocido de la mayoría de los hablantes). Incluir toda la información necesaria para hacer útiles tales voces sobrepasa los objetivos físicos de esta obra.

Por el contrario, el DBLE aporta cantidad de neologismos y tecnicismos, que, tanto la ciencia como el uso diario, van haciendo habituales en los hablantes y en los escritos especializados. Creemos que la inclusión de estos términos es de obligada necesidad en un Diccionario de uso.

Son mayoría los Diccionarios de la lengua española que apenas si tienen en cuenta las voces que —cuando aparecen— son tildadas de «malsonantes». No obstante, desde un punto de vista lingüístico, no parece haber razones serias para llegar a conclusiones que más bien pertenecen al campo de la ética o de la moral. Lo importante es no tanto excluir las voces en cuestión, sino *señalar con la mayor precisión posible* el contexto dentro del cual deben utilizarse. Así hemos procedido en el DBLE, señalando como COL las voces que pertenecen al habla coloquial e informal, como VULG aquellas que deben ser utilizadas dentro de su contexto para que no sean malinterpretadas o puedan herir la sensibilidad del oyente, y como ARG aquellas que no solamente deben ser usadas dentro de su contexto, sino que también pueden herir la susceptibilidad del interlocutor cuando se desconoce la reacción que puede derivar de sus ideas y sentimientos. Este sistema de notación nos ha permitido incluir muchos términos hasta ahora ausentes en obras lexicográficas de carácter general y global como la presente.

Los *préstamos* existen en todos los idiomas. Y son tales hasta que el uso acaba desfigurándolos, asimilándolos al sistema fonológico y ortográfico de la lengua que los acoge. No hay, pues, motivo para recelar siempre de los «extranjerismos», pues si el uso los ha consagrado, es razonable que figuren en un Diccionario como el presente; en tales casos se señala la lengua de la cual proceden mediante las abreviaciones correspondientes.

D. Un Diccionario que pretende dirigirse al estudiante, sea o no extranjero, debe, por necesidad, buscar la claridad, la precisión. Es éste, además, un punto esencial en toda obra de lexicografía. En tal objetivo hemos cifrado nuestros esfuerzos, añadiendo otro más: la concisión. En buena parte, los tres objetivos están unidos y son interdependientes: la claridad se hermana con la precisión y la concisión no se logra sin ambas. En la persecución de tales fines ha sido necesario prescindir de explicaciones largas, a veces excesivamente prolijas y hasta farragosas; a lo que no se ha renunciado nunca, sin embargo, es a la claridad en la explicitación de los distintos significados de una voz.

E. La claridad expositiva se logra de manera más rápida y eficaz mediante la *ejemplificación*. El ejemplo que acompaña a una gran parte de las acepciones cumple la finalidad de concretar, mediante una frase extraída del uso diario, lo que se enuncia en la definición. Nótese que los ejemplos no proceden de la literatura, sino del uso que los hablantes nativos hacen del idioma. Creemos que ésta es una consecuencia lógica de los postulados sobre los que se fundamenta el DBLE.

F. Las distintas voces cuentan a menudo con muchas «locuciones», «frases hechas», «refranes», etc., que complementan el uso explicitado en las acepciones. De este tema se ocupa nuestro Diccionario en una sección de cada término intitulada LOC. Los ejemplos son también frecuentes en este apartado.

G. Las dudas, principalmente, en el uso de un verbo o un adjetivo, son frecuentes —en particular entre estudiantes extranjeros— cuando se trata de acompañarlos de la preposición adecuada que ha de seguir a uno u otro. El español presenta una bien nutrida gama de variantes en el régimen preposicional de verbos y adjetivos. El presente Diccionario incluye de manera sistemática tal problema en una sección debidamente señalada mediante las siglas RPr y en todas aquellas voces que así lo requieran. A tal indicación acompañan ejemplos o se señala la acepción a la cual se refiere tal uso, cuando ello fuere necesario.

2. SEPARACIÓN SILÁBICA DE LAS PALABRAS AL FINAL DE LÍNEA

Los objetivos señalados anteriormente han motivado la inclusión de esta información en el DBLE y en este tema la obra es pionera. Las pautas existentes al respecto son excesivamente vagas y no se ajustan a lo que los hablantes nativos suelen practicar. Un análisis del problema revela que la separación silábica de las palabras al final de línea responde a criterios varios y no unificados, cuales son:

— Criterios fonéticos: «siempre que la sílaba es 'cabal', puede ésta separarse». Pero a cualquier estudioso del español le consta la falta de nitidez existente actualmente sobre qué ha de ser considerado como sílaba «cabal», fonéticamente hablando.

— Criterios ortográficos y etimológicos: el hecho de «cómo aparecen escritas las sílabas y las palabras» y cómo están formadas incide en la decisión del nativo para separar o no una palabra en un punto determinado (así, *des·ha·cer,* y no *de·sha·cer, no·so·tros* o *nos·o·tros,* etc.).

— Criterios estéticos: la consideración de la palabra, tal cual aparece sobre el papel, hace que separemos *Ma·ría* y no *Ma·rí·a* (aunque el número de sílabas sea tres).

— Criterios estilísticos y métricos: son los utilizados sobre todo por poetas y estilistas para lograr determinados efectos rítmicos en el verso.

La aplicación arbitraria de uno u otro criterio en cada caso (práctica muy habitual entre los hablantes de español, incluso en los niveles cultos) nos llevaría a una sorprendente falta de coherencia. Tampoco debemos utilizar o aconsejar que cualquier problema al respecto se solucione obviándolo (práctica también habitual entre los hablantes nativos). Teniendo en cuenta la conjugación armónica de elementos existentes en los cuatro tipos de criterios antes mencionados, hemos llegado al establecimiento de los siguientes principios que rigen la separación silábica en el DBLE:

1. Se separan las sílabas consideradas como tales, con las siguientes salvedades, en los casos que se mencionan:

1.1. Los grupos vocálicos **átonos** nunca se separan, ni al principio ni al final de línea, así como tampoco en posición intermedia:

ae·ró·me·tro, gar·fio, cie·lo, es·te·reos·co·pia.

EXCEPTO,

1.1.1. Si aparece una «h» entre las vocales que constituyen el grupo:

en·de·he·sar.

1.1.2. Si existe clara etimología o se trata de compuestos cuyos elementos pueden funcionar por separado:

e·qui·án·gu·lo, en·tre·a·bier·to.

1.2. Los grupos vocálicos compuestos de **tónica+átona** o viceversa.

1.2.1. Si las vocales «i» o «u» forman parte de dicho grupo, nunca se separan:

en·friar, caí·do, reír, deís·ta, i·lía·da.

1.2.2. Si en el grupo vocálico intervienen la «e», «o» o «a», en cualquiera de sus combinaciones posibles, se separan por sílabas:

lo·ar, a·rre·ar, des·le·al, re·al·ce.

Se exceptúa de 1.2.2 el caso en que una o ambas de las sílabas que participan en el grupo sólo constan de vocal:

tam·ba·lea·do, poe·ta, aor·ta.

2. Al inicio de palabra:

La secuencia VOCAL+CONSONANTE-VOCAL se separa siempre que cada uno de los componentes relacionados forme sílaba:

a·ve·ri·guar, a·gua.

Se exceptúa el caso en que la consonante de dicho grupo sea «h»:

ahí.

3. Los triptongos nunca se separan.

4. Los prefijos admiten dos posibilidades (según las normas de la Real Academia). En nuestro caso se siguen las reglas siguientes:

4.1. Se aplica *preferentemente* (pero no exclusivamente) el criterio fonético en las secuencias formadas por CONSONANTE-VOCAL+CONSONANTE-VOCAL, aunque la segunda consonante pertenezca etimológicamente al prefijo:

de·sa·ti·na·do, de·sa·güe.

4.2. Se sigue el criterio etimológico cuando las secuencias están formadas por CONSONANTE-VOCAL-CONSONANTE+VOCAL-CONSONANTE:

des·em·pol·var, des·in·te·rés.

La razón de nuestro proceder radica en que los hablantes suelen desconocer, en su mayor parte, la etimología de una voz (y, consecuentemente, tienden a guiarse por la manera de pronunciar la palabra); en tal caso, es más lógico esperar *de·sa·ti·na·do* que *des·a·ti·na·do,* y *des·in·te·rés* | que *de·sin·te·rés* (en el segundo caso el grupo *·in·* «se siente» más claramente como sílaba por estar formado por vocal+consonante, y no por vocal solamente, como ocurría en el ejemplo anterior).

No obstante, en este apartado existe mayor flexibilidad en la aplicación preponderante de los criterios etimológicos, precisamente porque no todos los hablantes son igualmente conscientes o «sienten» de la misma manera la etimología de un vocablo (nótese que en tal caso puede llegarse a interpretaciones con cierta dosis de subjetividad). Aunque el grado de flexibilidad al que nosotros nos acogemos es mínimo, así se explica la separación ofrecida en términos como *en·a·cei·tar, en·a·guar* y algunos otros.

3. TRANSCRIPCIÓN FONÉTICA

También en esto es el DFLE una obra pionera en la lexicografía española. El objetivo fundamental que motivó la realización de esta obra hubiera sufrido grandemente sin la inclusión de unas pistas fonéticas que sirviesen de orientación al estudioso extranjero sobre un modo adecuado de pronunciar nuestro idioma. (Y no debe olvidarse el posible beneficio que dicha inclusión pudiese reportar al hablante nativo). Observe el lector que cautamente nos referimos a «*un* modo adecuado de pronunciar nuestro idioma» y no a «el modo adecuado», expresión que encerraría una gama de matizaciones y variantes que se salen de los objetivos eminentemente prácticos de esta obra.

Pero si la transcripción fonética resulta sin duda un elemento enriquecedor del Diccionario, su restricción a un modelo o variante única plantea problemas cuya solución es inviable por razones de espacio físico. De ahí que nos hayamos visto forzados a optar por una representación que hemos pretendido que sea eminentemente *castellana* en el sentido más restrictivo, y quizá normativo, del término. Por eso, hemos primado el *lleísmo* frente al *yeísmo* y no hemos hecho concesión alguna a la versatilidad que /*s*/ tiene en amplias capas del mundo hispanohablante, sobre todo en posición implosiva. Dado el carácter heterogéneo del público al que va orientado el Diccionario, hemos utilizado en todo momento la notación del alfabeto de fonética internacional, más conocida allende nuestras fronteras que otros sistemas de representación fonética en boga en nuestro país. En la representación de ciertas consonantes se ha hecho uso de signos diacríticos que pongan de relieve más claramente los procesos de asimilación que se dan en nuestra lengua, evitando en todo caso caer en una transcripción demasiado estrecha, susceptible de resultar inoperante.

En las vocales nos hemos apartado de la práctica habitual de asignarles diacríticos cualitativos, por entender que dicha variación cualitativa es en todo caso intrínseca y que, por no ser generalizable, no precisa de reflejo grafético alguno. Sí se indica, como es natural, la sílaba tónica por medio de un diacrítico sobre el núcleo vocálico correspondiente.

LISTA DE SÍMBOLOS FONÉTICOS UTILIZADOS

VOCALES Y DIPTONGOS

Símbolo	Palabra	Transcripción
[i]	sí	[s**í**]
[e]	vez	[b**é**θ]
[a]	pan	[p**á**n]
[o]	sol	[s**ó**l]
[u]	luz	[l**ú**θ]
[ai]	aire	[**ái**re]
[au]	aura	[**áu**ra]
[ei]	ley	[l**éi**]
[eu]	reuma	[r**éu**ma]
[oi]	boina	[b**ói**na]
[eo]	reo	[r**éo**]
[oe]	áloe	[ál**oe**]
[ea]	tea	[t**éa**]
[ae]	trae	[tr**áe**]
[ao]	ahorrar	[**ao**rrár]
[oa]	loa	[l**óa**]
[je]	pie	[p**jé**]
[ja]	piano	[p**já**no]
[jo]	piojo	[p**jó**xo]
[ju]	viudo	[b**jú**ðo]
[we]	pues	[p**wé**s]
[wa]	casual	[kas**wá**l]
[wo]	residuo	[rresíð**wo**]
[wi]	ruido	[rr**wí**ðo]
[wei]	buey	[b**wéi**]
[wau]	guau	[(g)**wáu**]

CONSONANTES

Símbolo	Palabra	Transcripción	Observaciones
[p]	púa	[**p**úa]	
[b]	ver	[**b**ér]	(inicial tras pausa o tras nasal)
[t]	tal	[**t**ál]	
[d]	don	[**d**ón]	(inicial tras pausa, o tras *l* o *n*)
[k]	con	[**k**ón]	
[g]	gas	[**g**ás]	(inicial tras pausa o tras nasal)
[β]	haba	[á**β**a]	
[ð]	codo	[kó**ð**o]	
[γ]	higo	[í**γ**o]	
[ɟ]	yunque	[**ɟ**úŋke]	(inicial tras pausa *l* o *n*)
[J]	aya	[á**J**a]	
[tʃ]	ocho	[ó**tʃ**o]	
[f]	fin	[**f**ín]	
[x]	ajo	[á**x**o]	
[θ]	haz	[á**θ**]	
[s]	sol	[**s**ól]	
[ʎ]	ella	[é**ʎ**a]	
[l]	ala	[á**l**a]	
[ḷ]	alzar	[a**ḷ**θár]	
[l̪]	aldaba	[a**l̪**dáβa]	
[n]	cana	[ká**n**a]	
[ṇ]	once	[ó**ṇ**θe]	
[n̪]	conde	[kó**n̪**de]	
[n̡]	hinchar	[i**n̡**tʃár]	
[ŋ]	anca	[á**ŋ**ka]	
[ɲ]	año	[á**ɲ**o]	
[r]	aro	[á**r**o]	
[rr]	reo	[**rr**éo]	
[(k)s]	exacto	[e(**k**)sákto]	

Otros signos convencionales

( ) se usa para indicar una pronunciación facultativa. Ej.: **[ko(o)peratíβa]**

[/] indica una pronunciación alternativa, derivada generalmente de una representación ortográfica diferente. Ej.: **[elefantjásis/-tíasis]**

$\left\{\begin{matrix}\mathbf{m}\\ \mathbf{n}\end{matrix}\right\}$ ocasionalmente se emplean las llaves para recoger una pronunciación alternativa entre fonemas del mismo grupo (nasales, generalmente). Ej.: **[álbu$\left\{\begin{matrix}\mathbf{m}\\ \mathbf{n}\end{matrix}\right\}$]**

4. ILUSTRACION DE LA ESTRUCTURA DE CADA VOZ E INFORMACION QUE CONTIENE

El DBLE ofrece, además de todo lo expuesto como consecuciones de carácter global pero hoy imprescindibles en una obra de este tipo, los siguientes contenidos específicos:

• Separación silábica (el único Diccionario que la ofrece), con fines ortográficos, señalando cómo deben separarse las palabras al final de cada línea, etc.

> **a·com·pa·ña·mien·to** [akoɱpaɲamjénto] *s/f* **1.** Acción de acompañar. **2.** Conjunto de personas o cosas que acompañana: *El en-*

• Transcripción fonética (también el único Diccionario que la ofrece), utilizando los símbolos del alfabeto fonético internacional adaptado al español y siguiendo la pronunciación del llamado «español normativo».

> **a·com·pa·ña·mien·to** [akoɱpaɲamjénto] *s/f* **1.** Acción de acompañar. **2.** Conjunto de personas o cosas que acompañan: *El en-*

• Concisión y claridad en la definición de las acepciones, con ejemplos pertinentes del lenguaje usual y no literario.

> **a·com·pa·ñar** [akoɱpaɲár] *v/tr* **1.** Ir con alguien: *He de acompañar a mi amiga a la plaza.* **2.** Existir en una persona cierta cualidad o circunstancia: *Consigue éxitos porque le acompaña su gran fuerza de voluntad.* **3.** Poner una cosa junto a otra o simultáneamente con ella: *Un folleto de instrucciones acompaña a cada aparato.*

• Clase de verbo.

> **co·men·zar** [komenθár] **I.** *v/tr* Iniciar la realización de una acción, dar principio a (cosa, acto, etc.)

• Parte de la oración y género gramatical.

> **po·co** [póko] (...) **III.** *s/m* Pequeña cantidad, corto tiempo: *Un poco de agua. Un poco de azúcar.*

• Locuciones frecuentes y ejemplos ilustrativos.

> **po·co** [póko] (...) **III.** *s/m* Pequeña cantidad, corto tiempo: *Un poco de agua, un poco de azúcar.* LOC **A poco de**, en seguida: *A poco de irte tú, llamó por teléfono.* **A poco que (por poco que, con poco que)**, expresa condicionalidad mínima para conseguir una cosa o sentido concesivo: *A poco que estudie, aprobará. Por poco listo que sea, lo entenderá.* **Como hay pocos.**

- Régimen y usos proposicionales.

co·men·zar [komenθár] **I.** *v/tr* Iniciar la realización de una acción, dar principio a (cosa, acto, etc.): *Comenzar un libro.* **II.** *v/intr* Empezar, iniciarse la existencia de algo: *Ha comenzado el siglo.* RPr **Comenzar a (+ infin)**, pasar de no realizar a realizar una acción: *Comenzó a llover.* **Comenzar por (+ infin)**, el *v* en *infin* expresa lo primero que se hace al empezar una acción: *Comenzamos por quitarnos los zapatos.*
CONJ *Irreg: Comienzo, comencé, comenzaré, comenzado.*
ORT La *z* cambia en *c* ante *e*: *Comencé.*

- Conjugación irregular y tiempos básicos.

co·men·zar [komenθár] **I.** *v/tr* Iniciar la realización de una acción, dar principio a (cosa, acto, etc.): *Comenzar un libro.* **II.** *v/intr* Empezar, iniciarse la existencia de algo: *Ha comenzado el siglo.* RPr **Comenzar a (+ infin)**, pasar de no realizar a realizar una acción: *Comenzó a llover.* **Comenzar por (+ infin)**, el *v* en *infin* expresa lo primero que se hace al empezar una acción: *Comenzamos por quitarnos los zapatos.*
CONJ *Irreg: Comienzo, comencé, comenzaré, comenzado.*
ORT La *z* cambia en *c* ante *e*: *Comencé.*

- Anotaciones ortográficas y de pronunciación en las voces con peculiaridades dignas de ser tenidas en cuenta.

co·men·zar [komenθár] **I.** *v/tr* Iniciar la realización de una acción, dar principio a (cosa, acto, etc.): *Comenzar un libro.* **II.** *v/intr* Empezar, iniciarse la existencia de algo: *Ha comenzado el siglo.* RPr **Comenzar a (+ infin)**, pasar de no realizar a realizar una acción: *Comenzó a llover.* **Comenzar por (+ infin)**, el *v* en *infin* expresa lo primero que se hace al empezar una acción: *Comenzamos por quitarnos los zapatos.*
CONJ *Irreg: Comienzo, comencé, comenzaré, comenzado.*
ORT La *z* cambia en *c* ante *e*: *Comencé.*

NOTA

* Las voces con una de sus formas entre paréntesis señalan que en alguna de las acepciones solamente una de ellas es utilizada. Así **em·bo·qui·lla·do, (-a),** voz en que la forma femenina no es aplicable al uso de «emboquillado» como *s/m*.

Abreviaturas utilizadas

A

abrev	abreviado
adj	adjetivo
adm	administración
adv	adverbio
af	afijo
AGR	agricultura
ALBAÑ	albañilería
Al	Alemán
amb	ambiguo
AMÉR	Hispanoamérica
ANAT	anatomía
ANGL	anglicismo
ANT	antónimo
ant	antiguo
apóc	apócope
ARG	argot (su uso puede herir sensibilidades)
ARGENT	Argentina
ARIT	aritmética
ARQ	arquitectura
ARQUEOL	arqueología
art	artículo
ARTILL	artillería
ASTROL	astrología
ASTRON	astronomía
aum	aumentativo
aux	auxiliar

B

BARB	barbarismo
BIOL	biología
BIOQUÍM	bioquímica
BLAS	blasón
BOT	botánica

C

CAN	Canarias
CARP	carpintería
CETR	cetrería
CIR	cirugía
COL	coloquial
COM	comercio
conj	conjunción
CONJ	conjugación
CONSTR	construcción
cto	complemento
contrac	contracción
CULT	cultismo

D

defec	defectivo
DEP	deportes
DER	derecho
despec	despectivo
dim	diminutivo

E

ECON	economía
ej	ejemplo
ELECTR	electricidad
EQUIT	equitación
ESC	escultura
ESGR	esgrima
esp	especialmente
ETNOL	etnología
excl	exclamativo

F

f	femenino
FAB	fábula
fam, FAM	lenguaje familiar
FARM	farmacia
FIG	sentido figurado
FIL	filosofía
FILOL	filología
FIN	finanzas
FÍS	física
FISIOL	fisiología
FON	fonética
FONOL	fonología
FORT	fortificación
FOT	fotografía
fut	futuro

G

GAL	galicismo
GEOGR	geografía
GEOL	geología
GEOM	geometría
ger	gerundio
GERM	germánico
GRAM	gramática

H

H NAT	historia natural
HUM	humanístico

I

igl	iglesia
imper	imperativo
imperf	imperfecto

impers	impersonal
IMPR	imprenta
indef	pretérito indefinido
indet	indeterminado
indic	indicativo
inf	infinitivo
interj	interjección
interr	interrogativo
intr	intransitivo
IRÓN	irónico
irreg	irregular
ital	italianismo

L

LAT	latín, latinismo
LING	lingüística
LIT	literario
LITURG	liturgia
LOC	locución, modismo
loc adv	locución adverbial
LÓG	lógica

M

m	masculino
MAR	marina
MAT	matemáticas
may	mayúscula
MEC	mecánica
MED	medicina
METAL	metalurgia
METEOR	meteorología
MÉTR	métrica
MIL	milicia, ejército
MIN	minería
MINERAL	mineralogía
MIT	mitología
MONT	montería
MÚS	música

N

n	neutro
núm	número(s)

O

OFTALM	oftalmología
onomat	onomatopeya
ÓPT	óptica
ORT	ortografía

P

p	participio
por ej	por ejemplo
por ext	por extensión
PALEONTOL	paleontología
PAT	patología
pers	persona o personal
PERIOD	periodismo
PERSPEC	perspectiva
PEYOR	peyorativo
PINT	pintura
pl	plural
POÉT	poético
pos	posesivo
pref	prefijo
prep	preposición
pres	presente
pret	pretérito
PRON	pronunciación
pron	pronombre
PSICO	psicología
PSIQ	psiquiatría

Q

QUÍM	química

R

REFL(-SE)	reflexivo, pronominal o recíproco
REL	religión
RPr	régimen preposicional
RET	retórica

S

s	sustantivo
símb, sím	símbolo
SIN	sinónimo
sing	singular
sociol	sociología
subj	subjuntivo
suf	sufijo
superl	superlativo

T

TAUROM	tauromaquia
TECN	tecnicismo
temp	temporal
TEOL	teología
TERAP	terapia
TOPOGR	topografía
tr	transitivo
TRIB	tribunales
TRIG	trigonometría

U

us	usado

V

v	verbo
V.	ver
VETER	veterinaria
VULG	vulgar (debe usarse con precaución)

Z

ZOOL	zoología

a [a] **I.** *s/f* Primera letra del alfabeto español y primera de sus vocales. Su plural es *aes.* LOC **A por a y be por be,** detalladamente. **II.** *prep* **A.** Sirve para introducir el complemento de un verbo o de un nombre indicando: **a. Lugar: 1.** Dirección: *Viene a Sevilla.* **2.** Distancia: *De Madrid a Aranjuez.* **3.** Posición: *A mi derecha. A retaguardia.* **b. Modo:** *A la francesa.* **c. Instrumento:** *A lápiz. A patadas.* **d. Proporción, promedio:** *A mucha velocidad.* **e. Precio:** *A 40 pesetas kilo.* **f. Tiempo: 1.** Momento dado: *Salgo a las doce.* **2.** Intervalo de/desde... a: *De las cinco a las seis.* **3.** Alejamiento en el futuro: *Quevedo a los doscientos años.* **B.** Sirve para introducir: **1.** El objeto de un verbo: *Sal a buscar agua.* **2.** El complemento de ciertos adjetivos: *Conforme a la ley.* Tanto en **1** como en **2,** *a* no funciona como independiente, sino como parte integrante del objeto verbal o del complemento adjetival. **3.** Futuridad: *Plazas a extinguir. A contar desde el lunes.* **4.** Orden o mandato: *A dormir. A callar.* **5.** Simultaneidad: *Al salir, cierra.* **6.** Reforzativo seguido de *que* para expresar convencimiento o duda: *¿A que no aparece? ¡A que sí!* **C. 1.** Inicia muchas frases adverbiales y conjuntivas: *al parecer, a decir verdad, a saber,* etc. **2.** Funciona como sustituto de algunas preposiciones y conjunciones que expresan movimiento, intencionalidad, modo, etc.: *Está a la orilla* **(junto a).** *A partir de hoy* **(desde).** *A eso de las diez* **(alrededor de).** *Con el pañuelo a la cabeza* **(en).** *A beneficio de la Cruz Roja* **(para).** *Lugo queda al noroeste* **(hacia, para).** *Quien a hierro mata a hierro muere* **(con).** *A mi entender, creo que no* **(según).** *A instancias mías* **(por),** etc. **3.** Se une a otras palabras para formar compuestos y parasintéticos: *acanalado, acaudalado, acebollado.* **D.** Prefijo indicador de: **1.** Carencia de lo que expresa la palabra: *anormal, apolítico.* **2.** Acción, verbalizando ciertos verbos y sustantivos: *acolchar, acristalar.* El matiz puede ser tanto de 'poner' *(anotar)* como de 'hacer algo' similar *(abarquillar).*

a·ba·ce·ría [aβaθería] *s/f* Tienda de comestibles.

a·ba·ce·ro, -a [aβaθéro, -a] *s/mf* Propietario de una abacería.

á·ba·co [áβako] *s/m* **1.** Tablero contador que consta de alambres paralelos con bolas movibles insertas, usado para efectuar cálculos matemáticos. **2.** ARQ Parte superior horizontal que corona el capitel.

a·bad [aβáð] *s/m* **1.** Superior de un monasterio en bastantes órdenes monacales. **2.** Título del superior de algunas colegiatas. **3.** El que preside un cabildo durante cierto tiempo.

a·ba·de·sa [aβaðésa] *s/f* Superiora de ciertas comunidades y monasterios de religiosas.

a·ba·día [aβaðía] *s/f* **1.** Refiérese tanto a la dignidad del abad o abadesa como a su jurisdicción y bienes. **2.** Iglesia o monasterio que tiene abad o abadesa.

a·ba·ja·de·ro [aβaxaðéro] *s/m* Terreno que está en pendiente. Cuesta.

a·ba·jo [aβáxo] *adv* **I.** Designa un lugar más bajo que aquel que ocupa el que habla u otro posible referente. Dicho lugar puede estar verticalmente debajo o simplemente en un plano inferior: *El vecino del piso de abajo. Iba calle abajo.* LOC **De arriba abajo,** totalmente: *Rebajar de arriba abajo.* **Mirar a uno de arriba abajo,** mirar con desdén. **Echar abajo,** derrocar, derribar: *Echaron la puerta abajo.* **Desde abajo,** desde un plano inferior: *Visto desde abajo esto no presenta problemas.* **Hacia abajo,** en dirección descendente: *El humo va hacia abajo.* **II.** *adj* FIG **Los de abajo,** los menos privilegiados: *Los de abajo nunca dicen nada.* **III.** *interj* Señala desaprobación de algo o alguien: *¡Abajo la República!* **IV.** FIG En un texto, hace referencia a 'más adelante': *Como veremos más abajo...*

a·ba·lan·zar [aβalan̪θár] **I.** *v/tr* **1.** Poner la balanza en el fiel. **2.** Igualar, equilibrar. **II.** REFL(-SE) Arrojarse inconsideradamente hacia algo o alguien. RPr **Abalanzarse a/contra/sobre algo** o **alguien:** RPr *Se abalanzó contra varias personas.*
ORT Ante *e* la *z* cambia en *c*: *Abalancé.*

a·ba·le·ar [aβaleár] *v/tr* Separar con una escoba gruesa los granzones y paja caídos en el grano ya aventado.

a·ba·leo [aβaléo] *s/m* Acción de abalear.

a·ba·li·zar [aβaliθár] *v/tr* Señalar con balizas algún paraje.
ORT Ante *e* la *z* cambia en *c*: *Abalicé.*

a·ba·lo·rio [aβalórjo] *s/m* **1.** Conjunto de cuentecillas de vidrio agujereadas con las cuales se hacen adornos ensartándolas. **2.** Cada una de dichas cuentecillas.

a·ba·luar·tar [aβalwartár] *v/tr* Fortificar con baluartes.

a·ba·lles·tar [aβaʎestár] *v/tr* MAR Forzar la tirantez de un cabo tensándolo.

a·ban·de·ra·do [aβan̪deráðo] *s/m* El que lleva la bandera en procesiones u otros actos públicos.

a·ban·de·rar [aβan̪derár] *v/tr,* REFL (-SE) **1.** Matricular bajo la bandera de un Estado a un buque extranjero. **2.** Proveer a un buque de los documentos que acreditan su bandera.

a·ban·de·ri·zar [aβan̪deriθár] *v/tr* **1.** Dividir un grupo o colectividad en banderías. También *banderizar.* **2.** REFL (-SE) Adherirse una persona a un partido o bando: *Se ha abanderizado al Partido Socialista.* RPr **Abanderizarse a.**
ORT Ante *e* la *z* cambia en *c*: *Abanderice.*

a·ban·do·nar [aβan̪donár] **I.** *v/tr* **1.** Renunciar a algo emprendido: *Abandonar un proyecto.* **2.** DEP Renunciar a proseguir una competición o una prueba: *Los deportistas abandonaron la carrera.* **3.** No conservar: *Los ladrones abandonaron el coche en la cuneta.* **4.** Dejar un lugar: *Abandonamos la capital para irnos a la sierra.* **5.** Faltar: *Le abandonaron las fuerzas.* **6.** Separarse voluntariamente de alguien con el que se tienen obligaciones: *Ella abandonó a la familia.* **II.** REFL(-SE) **1.** Dejarse llevar por una emoción o sentimiento: *Abandonarse al dolor.* **2.** Descuidar uno sus actos, obligaciones o aseo: *¡No te abandones!* **3.** Confiarse a alguien: *En la intimidad, se abandona a veces.* RPr **Abandonarse a (alguien)/en:** *Se abandonó en manos de la suerte.*

a·ban·do·nis·mo [aβan̪donísmo] *s/m* Tendencia a abandonar sin lucha lo que se tiene o posee.

a·ban·do·no [aβan̪dóno] *s/m* Acción y efecto de abandonar o abandonarse.

a·ban·do·nis·ta [aβan̪donísta] *adj* **1.** Perteneciente o relativo al abandonismo. **2.** Partidario del abandonismo.

a·ba·ni·car [aβanikár] *v/tr* **1.** Hacer aire o moverlo con el abanico. **2.** FIG Adular: *Mira cómo abanica al jefe.* También REFL (-SE).
ORT La *c* cambia en *qu* ante *e*: *Abanique.*

a·ba·ni·co [aβaníko] *s/m* Instrumento para hacer o mover el aire, de ordinario semicircular y plegable.

a·ba·ni·queo [aβanikéo] *s/m* Acción de abanicar(se) mucho o muy deprisa.

a·ba·ra·ta·mien·to [aβaratamjén̪to] *s/m* Acción y efecto de abaratar.

a·ba·ra·tar [aβaratár] *v/tr* Disminuir o bajar el precio de una cosa.

a·bar·ca [aβárka] *s/f* Calzado de cuero o caucho que sirve para cubrir la planta del pie.

a·bar·car [aβarkár] *v/tr* **1.** Ceñir con los brazos o con la mano alguna cosa: *No consiguieron abarcar el tronco del árbol.* **2.** Incluir, comprender: *Suprime todo lo que abarca el paréntesis.* **3.** FIG Alcanzar con la vista: *Desde aquí se abarca todo el valle.* **4.** Tomar uno a su cargo muchos negocios o cosas al mismo tiempo.
ORT Ante *e* la *c* cambia en *qu*: *Abarque.*

a·bar·qui·lla·do, -a [aβarkiʎáðo, -a] *adj* De figura de barquillo.

a·bar·qui·lla·mien·to [aβarkiʎamjén̪to] *s/m* Acción y efecto de abarquillar.

a·bar·qui·llar [aβarkiʎár] *v/tr,* REFL(-SE) **1.** Dar a una cosa flexible forma de barquillo. **2.** Arrugar, encorvar sin formar rollo.

a·ba·rra·ga·nar·se [aβarraγanárse] *v/*REFL(-SE) Amancebarse.

a·ba·rran·ca·mien·to [aβarraŋkamjén̪to] *s/m* Acción y efecto de abarrancar.

a·ba·rran·car [aβarraŋkár] **I.** *v/tr* Meter en un barranco: *Abarranca esa diligencia.* **II.** *v/intr,* REFL(-SE) **1.** Varar, encallar: *El carro está abarrancado.* **2.** FIG Meterse en un negocio o lance de difícil salida: *Me siento abarrancado en esta situación.*
ORT Ante *e* la *c* cambia en *qu*: *Abarranqué.*

a·ba·rro·ta·mien·to [aβarrotamjén̪to] *s/m* Acción o efecto de abarrotar(se).

a·ba·rro·tar [aβarrotár] *v/tr* **1.** Fortalecer o asegurar algo con barrotes: *Abarrota las ventanas.* **2.** Llenar una cosa hasta que no cabe más: *El mercado estaba abarrotado de gente.* También REFL(-SE): *Se abarrotó el local en pocos nomentos.* RPr **Abarrotar de/con algo.**

a·ba·rro·te [aβarróte] *s/m* **1.** MAR Fardo pequeño para llenar los huecos de la estiba. **2.** *m, pl* AMÉR Artículos comestibles.

a·bas·tar [aβastár] *v/tr* Abastecer.

a·bas·te·ce·dor, -ra [aβasteθeðór, -ra] *adj/s* Que abastece.

a·bas·te·cer [aβasteθér] *v/tr,* REFL (-SE) Proveer de cosas necesarias. RPr **Abastecer(se) de/con:** *Me abastezco de carne en el supermercado.*
CONJ *Irreg: Abastezco, abastecí, abasteceré, abastecido.*

a·bas·te·ci·mien·to [aβasteθimjén̪to] *s/m* Acción y efecto de abastecer.

a·bas·to [aβásto] *s/m* **1.** Provisión de víveres. **2.** *pl* Provisiones, vituallas, artículos comestibles: *Plaza de abastos.* RPr **(No) dar abasto a/para (hacer) algo,** (no) hacer o producir lo necesario para cubrir una determinada necesidad: *Tenemos tal cantidad de peticiones que no damos abasto.*

a·ba·ta·nar [aβatanár] *v/tr* Batir el paño en el batán.

a·ba·te [aβáte] *s/m* **1.** Clérigo de órdenes menores. **2.** Presbítero o clérigo extranjero.

a·ba·ti·ble [aβatíβle] *adj* Que se puede abatir: *Asientos abatibles.*

a·ba·ti·mien·to [aβatimjén̪to] *s/m* **1.** Debilitamiento de las fuerzas físicas o morales: *Le entró un profundo abatimiento.* **2.** Acción y efecto de abatir o abatirse.

a·ba·tir [aβatír] **I.** *v/tr* **1.** Derribar, echar por tierra: *Abatir un muro.* También REFL(-SE). **2.** Hacer que baje una cosa: *Abatir una cortina.* **3.** Poner tendido lo que estaba vertical, inclinar: *Abatir un árbol.* **4.** Causar desaliento, debilitar, hacer perder el ánimo: *La enfermedad lo ha abatido.* También REFL(-SE). **5.** Matar: *El asesino fue abatido por la policía.* **II.** REFL(-SE) **1.** Descender un ave o un avión en plan de ataque: *El águila se abatió sobre su presa.* **2.** Doblegarse, ceder: *Sólo se abatió ante los ruegos de su mujer.* RPr **Abatirse sobre/ante.**

ab·di·ca·ción [abdikaθjón] *s/f* Acción de abdicar el poder soberano: *La abdicación de Carlos I.*

ab·di·car [abdikár] *v/intr, tr* **1.** Abandonar el poder soberano: *La reina abdicó en su hijo.* **2.** Renunciar a algo: *No debes abdicar de tus principios.* RPr **Abdicar de algo/en alguien.**
ORT La *c* cambia en *qu* ante *e: Abdiqué.*

ab·do·men [abdómen] *s/m* **1.** Parte inferior del tronco limitada en su parte superior por el diafragma y que contiene principalmente los intestinos. **2.** En los insectos, crustáceos y otros artrópodos, última de las tres partes en que se divide el cuerpo.

ab·do·mi·nal [abdominál] *adj* Relativo al abdomen.

ab·duc·ción [abdu(k)θjón] *s/f* Rapto (especialmente de una mujer o un niño).

a·be·cé [aβeθé] *s/m* **1.** Abecedario. **2.** FIG Rudimentos de una ciencia. Principios fundamentales: *Esto es el abecé de las matemáticas.* LOC **No saber uno el abecé,** ser muy ignorante.

a·be·ce·da·rio [aβeθeðárjo] *s/m* **1.** Serie ordenada de las letras de un idioma. **2.** Cartel o librito con las letras para aprender a leer.

a·be·dul [aβeðúl] *s/m* BOT **1.** Árbol de la familia de las betuláceas de corteza plateada, ramas flexibles y hojas alternas aovadas. **2.** Madera de este árbol.

a·be·ja [aβéxa] *s/f* **1.** Insecto himenóptero que vive en sociedad y produce la cera y la miel. **2.** FIG Persona laboriosa.

a·be·jón [aβexón] *s/m* **1.** Zángano, macho de la abeja reina. **2.** Abejorro (insecto).

a·be·jo·rreo [aβexorréo] *s/m* **1.** Zumbido de abejas o abejorros. **2.** FIG Rumor confuso de voces o conversaciones.

a·be·jo·rro [aβexórro] *s/m* **1.** Insecto himenóptero, velludo y con trompa de gran tamaño, que zumba mucho al volar. **2.** FIG Persona de conversación pesada y molesta.

a·be·rra·ción [aβerraθjón] *s/f* **1.** Desvío de lo que es normal, típico y razonable: *Lo que dices es una aberración.* **2.** BIOL Anomalía de carácter anatómico, fisiológico o psíquico: *Aberración cromosómica.*

a·be·rrar [aβerrár] *v/intr* Desviarse de lo que se considera normal.

a·ber·tu·ra [aβertúra] *s/f* **1.** Resultado de abrir o abrirse. **2.** Hueco practicado en las fachadas, como las ventanas, puertas. **3.** Grieta de la tierra debida normalmente a la sequía. **4.** FIG Franqueza en el trato: *Abertura en el trato.*

a·be·to [aβéto] *s/m* Árbol de la familia de las abietáceas, propio de la alta montaña, de tronco alto y derecho, copa cónica y hojas aciculares y persistentes.

a·bier·to, -a [aβjérto, -a] **I.** *p irreg* de *abrir.* **II.** *adj* **1.** No amurallado o cercado, aplicado fundamentalmente a una ciudad o plaza. **2.** Sin edificios, árboles u otros accidentes que dificultan la visión: *A campo abierto.* **3.** FIG Se dice de las personas que expresan con claridad y sinceramente lo que piensan: *Es una chica abierta y simpática.* RPr **Abierto a/de:** *Abierto a las nuevas corrientes artísticas. Abierto de mentalidad.*

a·bi·ga·rra·do, -a [aβiɣarráðo, -a] **I.** *p* de *abigarrar.* **II.** *adj* **1.** De muchos colores mal combinados: *Falda abigarrada.* **2.** Se aplica a lo compuesto de elementos muy diversos reunidos sin orden ni concierto: *Discurso abigarrado. Libro abigarrado.*

a·bi·ga·rra·mien·to [aβiɣarramjén̪to] *s/m* Acción y efecto de abigarrar.

a·bi·ga·rrar [aβiɣarrár] *v/tr* Poner a algo muchos colores mal combinados.

a·bio·gé·ne·sis [aβjoxénesis] *s/f* Producción hipotética de seres vivos a partir de la materia inerte; generación espontánea.

a·bi·sal [aβisál] *adj* Abismal.

a·bi·si·nio, -a [aβisínjo, -a] **I.** *adj* De Abisinia. **II.** *s/m* Lengua de Abisinia.

a·bis·mal [aβismál] *adj* Del abismo: *Fauna abismal.*

a·bis·mar [aβismár] **I.** *v/tr* Hundir en un abismo. **II.** REFL(-SE) Llegar a estar una persona tan absorbida por algo que permanece ajena a todo lo demás: *Abismarse en una lectura.* RPr **Abismarse en.**

a·bis·mo [aβísmo] *s/m* **1.** Profundidad grande, imponente y peligrosa: *Los abismos marinos.* **2.** Infierno. **3.** Diferencia muy grande entre cosas, personas o ideas: *Entre tus ideas y las mías hay un abismo.* **4.** FIG Algo inmenso, incomprensible: *Los abismos del alma humana.*

ab·ju·ra·ción [aβxuraθjón] *s/f* Acción y efecto de abjurar.

ab·ju·rar [aβxurár] *v/tr* Abandonar de forma solemne unas ideas o creencias: *Abjuró el/del catolicismo.* RPr **Abjurar de.** GRAM Actualmente se usa más como *intr* con *de.*

a·bla·ción [aβlaθjón] *s/f* **1.** CIR Extirpación de cualquier parte del cuerpo. **2.** GEOL Acción geológica de separar y arrastrar materiales de un sitio; zona de deshielo en un glaciar: *Zona de ablación.*

a·blan·da·mien·to [aβlaṇdamjéṇto] *s/m* Acción y efecto de ablandar.

a·blan·dar [aβlaṇdár] **I.** *v/tr* **1.** Poner blanda una cosa: *El fuego ablanda la cera.* **2.** Hacer que se madure, supurando, un grano o tumor: *Esta pomada ablandará el grano.* **3.** FIG Conseguir que a alguien se le quite el enfado o indignación: *La música ablanda a las fieras.* **II.** *v/intr* Disminuir el frío, empezar a derretirse los hielos y las nieves. **III.** REFL(-SE) Forma *refl* de *ablandar.*

a·blan·de [aβláṇde] *s/m* Rodaje de un automóvil.

a·bla·ti·vo [aβlatíβo] *s/m* Uno de los casos de la declinación, concretamente el que expresa relaciones de lugar, modo, tiempo, instrumento, materia, etc., clasificables todas ellas como complementos circunstanciales.

a·ble·fa·ria [aβlefárja] *s/f* MED Falta congénita de los párpados.

a·blu·ción [aβluθjón] *s/f* **1.** Acción de lavarse. **2.** Purificación ritual por medio del agua, propia de determinadas religiones. **3.** *pl* El agua y el vino con que se realiza esa ceremonia.

ab·ne·ga·ción [aβneγaθjón] *s/f* Renuncia voluntaria a bienes y privilegios por otras personas o por cualquier tipo de ideal.

ab·ne·gar [aβneγár] *v/tr* Renunciar alguien voluntariamente a sus deseos, comodidades, afectos o intereses.
CONJ *Irreg: Abniego, abnegué, abnegaré, abnegado.*

a·bo·ba·do, -a [aβoβáðo, -a] *adj* Se aplica al que no entiende o no se entera de las cosas.

a·bo·ca·do, -a [aβokáðo, -a] **I.** *p* de *abocar.* **II.** *adj* **1.** Expuesto a un peligro inminente. **2.** Se dice del jerez mezcla de vino seco y dulce. RPr **Abocado a:** *Está abocado al desastre.*

a·bo·car [aβokár] *v/tr* **1.** Aproximar la boca de un recipiente a otro para trasvasar su contenido. **2.** Acercar, aproximar. ORT Ante *e* la *c* cambia en *qu*: *Aboqué.*

a·bo·ci·nar [aβoθinár] *v/tr* Dar a algo forma de bocina.

a·bo·chor·nar [aβotʃornár] *v/tr* **1.** Provocar bochorno un exceso de calor. **2.** FIG Causar vergüenza a alguien: *La abochornó en público.* RPr **Abochornarse de/por,** avergonzarse de o por algo o alguien: *Se abochornó por/de ello.*

a·bo·fe·te·ar [aβofeteár] *v/tr* Dar bofetadas a alguien, pegar.

a·bo·ga·cía [aβoγaθía] *s/f* Profesión ejercida por el abogado, -a.

a·bo·ga·do, -a [aβoγáðo, -a] *s/m,f* **1.** Persona licenciada en derecho autorizada para intervenir en los juicios y procesos representando a una de las partes. **2.** Se dice del que intercede en favor de alguien. **3.** Patrono, santo al que se considera como protector de ciertas cosas o colectividades: *Santa Rita es la abogada de los imposibles.*

a·bo·gar [aβoγár] *v/intr* **1.** Interceder en favor de algo o alguien: *Abogó por una mejor distribución de bienes.* **2.** Defender en un juicio, por escrito o de palabra, a una de las partes. RPr **Abogar a favor de/por/en favor de:** *Aboga siempre a favor/en favor de los pobres.*
ORT Ante *e* la *g* cambia en *gu*: *Abogué.*

a·bo·len·go [aβoléŋgo] *s/m* **1.** Ascendencia ilustre de abuelos o antepasados. **2.** Patrimonio o herencia que viene de los abuelos o antepasados.

a·bo·li·ción [aβoliθjón] *s/f* Acción y efecto de abolir.

a·bo·li·cio·nis·mo [aβoliθjonísmo] *s/m* Doctrina a favor de la abolición de algo, especialmente de una ley.

a·bo·li·cio·nis·ta [aβoliθjonísta] *adj* y *s/m,f* Partidario del abolicionismo.

a·bo·lir [aβolír] *v/tr* Dejar sin vigencia,

mediante una disposición legal, ciertas costumbres o preceptos: *Abolieron la censura.*
GRAM Es un verbo defectivo que se conjuga sólo en las formas cuya desinencia empieza por *i*; o sea, el *pres* de *indic* (*abol.imos, abol.ís*), el *imperf, pret indef* y *fut imperf* completos. También el *potencial*, el *imperf* y el *fut imperf* de *subj*, el *part* y el *gerundio*.

a·bol·sar·se [aβolsárse] *v*/REFL(-SE) Coger algo forma de bolsa.

a·bo·lla·du·ra [aβoʎaðúra] *s/f* Acción y efecto de abollar.

a·bo·llar [aβoʎár] *v/tr* Hacer bollos o hundimientos en la superficie de algo; *por ej*, en algo de metal: *Abolló el coche con un martillo.*

a·bom·bar [aβom̩bár] **I.** *v/tr* **1.** Dar forma convexa a una cosa. **2.** FIG Aturdir, ensordecer. **II.** *v/intr* Hacer funcionar una bomba. **III.** REFL(-SE) **1.** Tomar algo espontáneamente la forma convexa. **2.** AMÉR FIG Emborracharse.

a·bo·mi·na·ble [aβomináβle] *adj* Que debe ser abominado.

a·bo·mi·na·ción [aβominaθjón] *s/f* Acción y efecto de abominar.

a·bo·mi·nar [aβominár] *v/tr* Sentir repugnancia hacia algo o alguien condenándolo muy enérgicamente: *Abomina el vicio.* RPr **Abominar (de):** *Abomina (de) la injusticia.*

a·bo·na·do, -a [aβonáðo, -a] *adj* y *s/m,f* Persona que se ha inscrito para disfrutar de determinados servicios mediante el pago de un abono: *El abonado pagó la factura del gas.*

a·bo·nan·zar [aβonanθár] *v/intr* Mejorar el tiempo, cesar una tormenta.
ORT Ante *e* la *z* cambia en *c*: *Abonance.*

a·bo·nar [aβonár] *v/tr* **1.** Ser algo garantía de que una persona o cosa es buena: *Le abonan sus éxitos.* **2.** Comprometer alguien su prestigio en favor de algo o alguien: *Un importante personaje lo abona para que consiga el empleo.* **3.** Hacer un terreno más fértil poniéndole determinadas sustancias. **4.** Pagar una cosa: *Yo abono la factura.* **5.** Descontar una cantidad de una cuenta. **6.** Asentar en una cuenta corriente partidas correspondientes al haber. **7.** Inscribir a alguien para que mediante el pago de una cantidad pueda recibir ciertos servicios o cosas: *Te abonaré a una mutualidad.* En este sentido se usa también como REFL(-SE): *Abonarse a un periódico.* RPr **Abonarse a.**

a·bo·no [aβóno] *s/m* **1.** Acción y efecto de abonarse a un servicio: *El abono del metro es práctico.* **2.** Sustancia que se añade a la tierra para hacerla más fértil. **3.** Fianza, garantía.

a·bor·da·ble [aβorðáβle] *adj* **1.** Que se puede abordar. **2.** FIG Accesible.

a·bor·da·je [aβorðáxe] *s/m* MAR Hecho de abordar. LOC **¡Al abordaje!,** exclamación para incitar a alguien o a un grupo al ataque.

a·bor·dar [aβorðár] *v/tr* **1.** Acercarse un barco a otro hasta llegar a chocar con él, con intención o accidentalmente. **2.** FIG Acercarse a alguien para pedirle algo o plantearle algún asunto: *Lo abordaré a la primera ocasión.* **3.** Lanzarse a intentar resolver algún asunto, especialmente cuando ofrece ciertas dificultades: *Abordó el problema con decisión.*

a·bo·ri·gen [aβoríxen] *adj* y *s/m,f* **1.** Originario del lugar en que vive. **2.** Primitivo habitante de un país. En esta acepción se usa generalmente como *sing* y en *pl*.

a·bo·rra·jar·se [aβorraxárse] *v*/REFL(-SE) Secarse las mieses antes de llegar a granar por completo.

a·bo·rras·car·se [aβorraskárse] *v*/REFL(-SE) Ponerse el tiempo como para desencadenarse una tormenta.
ORT La *c* cambia en *qu* ante *e*: *Aborrasque.*

a·bo·rre·cer [aβorreθér] *v/tr* **1.** Experimentar aversión hacia una persona o cosa. **2.** Dejar de amar a alguien. También REFL(-SE). LOC **Aborrecer de muerte,** detestar profundamente.
CONJ *Irreg: Aborrezco, aborrecí, aborreceré, aborrecido.*

a·bo·rre·ci·ble [aβorreθíβle] *adj* Se dice de lo que puede ser aborrecido.

a·bo·rre·ci·mien·to [aβorreθimjén̪to] *s/m* Hecho y consecuencia de aborrecer.

a·bo·rre·gar·se [aβorreɣárse] *v*/REFL(-SE) **1.** Ponerse el cielo cubierto con pequeñas nubes blanquecinas amontonadas. **2.** COL Dejarse llevar una persona por las ideas o iniciativas ajenas.
ORT Ante *e* la *g* cambia en *gu*: *Aborregué.*

a·bor·tar [aβortár] *v/tr* **1.** Parir un feto muerto o antes del tiempo en que está en condiciones de poder vivir. **2.** FIG Lograr que una acción ya iniciada no llegue a realizarse: *La patronal hizo abortar la huelga.* También *v/intr*.

a·bor·ti·vo, -a [aβortíβo, -a] **I.** *adj* Se dice de lo que hace abortar. **II.** *s/m* Se usa también en *sing* o *pl*: *Los abortivos son peligrosos.*

a·bor·to [aβórto] *s/m* **1.** Hecho de abortar. **2.** Lo que se aborta. **3.** COL Persona o cosa muy fea y repugnante.

a·bo·ta·ga·mien·to [aβotaɣamjén̪to] *s/m* Acción y efecto de abotagarse.

a·bo·ta·gar·se [aβotaγárse] *v/*REFL (-SE) Desfigurarse por hinchazón el cuerpo. ORT Ante *e* la *g* cambia en *gu*: *Me abotagué.*

a·bo·ti·na·do, -a [aβotináðo, -a] *adj* Se aplica a lo que tiene forma de botín.

a·bo·to·nar [aβotonár] *v/tr* Cerrar una prenda de vestir pasando el botón o los botones por el ojal o los ojales.

a·bo·ve·da·do, -a [aβoβeðáðo, -a] *adj* **1.** Se aplica a lo que tiene forma combada. **2.** Construido o cubierto con bóveda.

a·bo·ve·dar [aβoβeðár] *v/tr* **1.** Cubrir una construcción con bóveda. **2.** Dar a algo forma de bóveda.

a·bo·yar [aβoJár] *v/tr* MAR Poner boyas.

a·bra [áβra] *s/f* **1.** Bahía no muy extensa. **2.** Abertura amplia entre dos montañas.

a·bra·ca·da·bra [aβrakaðáβra] *s/m* Palabra cabalística a la que se atribuían cualidades mágicas; se escribía en once renglones, con una letra menos en cada uno de ellos, de modo que formasen un triángulo.

a·bra·sa·dor, -ra [aβrasaðór, -ra] *adj* Se aplica a lo que abrasa.

a·bra·sar [aβrasár] *v/tr* **1.** Quemar, destruir parcialmente, estropear o causar heridas con fuego o algo muy caliente o corrosivo: *Los ácidos abrasan todo lo que tocan.* **2.** Estar algo muy caliente: *La comida abrasa.* **3.** FIG Consumir a uno una pasión: *El odio le abrasa.* LOC **Abrasarse vivo,** abrasarse de calor, tener mucho calor. RPr **Abrasarse de/en**: *Se abrasa en deseos de conseguirlo. Se abrasa de calor.*

a·bra·sión [aβrasjón] *s/f.* **1.** Acción de quitar o arrancar trozos de una cosa por fricción; *por ej,* la acción del mar sobre la costa. **2.** MED Ulceración superficial de la piel o mucosas.

a·bra·si·vo, (-a) [aβrasíβo, (-a)] **I.** *adj* Se dice de lo que produce abrasión. **II.** *s/m* Material duro que sirve para pulir, cortar o afilar algo más blando que él.

a·bra·za·de·ra [aβraθaðéra] *s/f* Cualquier pieza que sujeta algo ciñéndolo.

a·bra·zar [aβraθár] *v/tr* **1.** Rodear a una persona o cosa con los brazos, generalmente en señal de afecto. **2.** FIG Admitir, seguir unas ideas o una religión: *Abrazó el budismo.* **3.** Encerrar algo entre ciertos límites: *Abrazar con corchetes un texto.* **4.** Contener una cosa dentro de sí a otra determinada. RPr **Abrazarse a/con:** *Se abrazó a/con ella.*
ORT La *z* cambia en *c* ante *e*: *Abracé.*

a·bra·zo [aβráθo] *s/m* Acción y efecto de abrazar.

a·bre·car·tas [aβrekártas] *s/m* Utensilio para abrir los sobres de las cartas.
GRAM En *pl* no varía.

á·bre·go [áβreγo] *s/m* Viento sur o sudoeste.

a·bre·la·tas [aβrelátas] *s/m* Instrumento que sirve para abrir latas de conserva.
GRAM En *pl* no varía.

a·bre·va·de·ro [aβreβaðéro] *s/m* Sitio natural donde beben los animales.

a·bre·var [aβreβár] *v/tr* Dar de beber al ganado.

a·bre·via·ción [aβreβjaθjón] *s/f* Acción y efecto de abreviar.

a·bre·viar [aβreβjár] *v/tr, intr* **1.** Hacer que algo dure menos o sea más corto: *Abreviar una explicación.* **2.** Acelerar, apresurar.

a·bre·via·tu·ra [aβreβjatúra] *s/f* Representación de una palabra en la escritura con una o algunas de sus letras: *Ilmo.* por *ilustrísimo; pral.* por *principal.*

a·bri·de·ro, -a [aβriðéro, -a] *adj* Se aplica a lo que se abre con facilidad.

a·bri·dor, -ra [aβriðór, -ra] *adj* y *s/m,f* Que abre o sirve para abrir.

a·bri·ga·ño [aβriγáɲo] *s/m* Lugar abrigado, paraje defendido de los vientos.

a·bri·gar [aβriγár] *v/tr* **1.** Resguardar del viento o del frío: *Las montañas abrigan el pueblo de los vientos.* **2.** Refiriéndose a palabras que expresan ideas o afectos, tenerlos: *Abrigo una terrible sospecha.* RPr **Abrigar con/contra:** *Abrigar a alguien con una manta. Abrigar a alguien contra el frío.* **Abrigarse de/con/contra/en:** *Abrigarse del frío/con una manta/en un local/contra el viento.*
ORT Debe añadirse una *u* cuando detrás de la *g* sigue la vocal *e*: *Abrigué.*

a·bri·go [aβríγo] *s/m* **1.** Defensa contra el frío. **2.** Prenda de vestir que se usa en invierno y se pone sobre todas las demás para ir por la calle. **3.** Lugar al amparo de los vientos. LOC **Al abrigo de,** abrigado o protegido por la cosa que se expresa: *Está al abrigo de las malas lenguas.* **De abrigo,** se aplica a una persona de la que hay que guardarse: *Ese joven es de abrigo.*

a·bril [aβríl] *s/m* **1.** Cuarto mes del año, que consta de treinta días. **2.** Se emplea para referirse a la edad de una persona, especialmente cuando se trata de alguien joven: *Cumplió veinte abriles.*

a·bri·le·ño, -a [aβriléɲo, -a] *adj* Se dice de lo que es propio del mes de abril.

a·bri·llan·ta·dor [aβriʎaɲtaðór] *s/m* **1.** Persona que pule y abrillanta piedras preciosas. **2.** Utensilio usado para abrillantar.

a·bri·llan·tar [aβriʎaṇtár] *v/tr* Conseguir de alguna manera que algo brille.

a·brir [aβrír] **I.** *v/tr* **1.** Quitar lo que cubre una abertura descubriendo lo que estaba cerrado u oculto: *Abrir una caja.* **2.** Separar dos partes de una cosa: *Abrir un libro.* **3.** Extender lo que estaba encogido: *Abrir una silla plegable.* **4.** Romper la continuidad de una superficie: *Abrir una ventana en un muro.* **5.** Tratándose de determinados frutos, cortarlos: *Abrir un coco.* **6.** Vencer, apartar o destruir cualquier obstáculo que impida el paso por un sitio: *Abrir un túnel.* **7.** Mover un dispositivo que sirve para mantener cerrado algo, de modo que permita la apertura: *Abrir la llave del gas.* **8.** Cortar las hojas de los libros cuando están unidas: *Abrir hojas.* **9.** Empezar a funcionar algo: *Abrir un negocio.* **10.** Referido a personas que caminan formando una hilera o columna, ir delante: *Abrir una manifestación.* **11.** Realizar los trámites con que queda empezado algo: *Abrir un expediente.* **12.** Comenzar las tareas en aquellos centros en los que estaban temporalmente suspendidas: *Abrir el curso escolar.* **13.** Comenzar algo: *Abrir una cuenta.* **II.** REFL(-SE)**1.** Forma espontánea de abrir: *Abrirse la tierra por causa de la sequía.* **2.** Clarear el tiempo. **3.** Separarse los pétalos que estaban recogidos en el capullo: *Abrirse las flores.* **4.** Ofrecerse a la vista o hacia el futuro: *Se abren ante nosotros grandes posibilidades.* **5.** Confiar a alguien nuestros más íntimos pensamientos o sentimientos: *Abrirse a un amigo.* LOC **No abrir la boca,** no decir nada en una determinada situación. **Abrirse camino,** ir prosperando en algo. **Abrir en canal,** abrir de arriba abajo. **Abrir los brazos a alguien,** acogerlo amistosamente. **Abrir los ojos,** salir de un error. **Abrir la boca,** asombrarse por algo. **Abrir un paréntesis,** empezarlo. **En un abrir y cerrar de ojos,** rápidamente. **Abrir el pecho,** confiarse a alguien. RPr **Abrirse a:** 'a' es la *prep* más frecuente en la acepción **II. 5**.
CONJ Es *reg*, excepto el *p*: *Abierto.*

a·bro·char [aβrotʃár] *v/tr* Cerrar, unir o ajustar algo con corchetes, botones, etc.

ab·ro·gar [aβroɣár] *v/tr* DER Abolir, derogar una ley.
ORT Ante *e* la *g* cambia en *gu*: *Abrogué.*

a·bro·jo [aβróxo] *s/m* Planta de la familia de las cigofiláceas, de fruto casi esférico o armado de muchas y fuertes púas.

a·bru·ma·dor, -ra [aβrumaðór, -ra] *adj* Se aplica al que o a lo que abruma.

a·bru·mar [aβrumár] *v/tr* **1.** Representar algo una carga penosa para alguien. **2.** Hacer que alguien se sienta incómodo a causa de las alabanzas, atenciones o burlas que se le prodigan. RPr **Abrumar con:** *Le abrumó con tantas atenciones.*

a·brup·to, -a [aβrúpto, -a] *adj* Se aplica a los terrenos con cortes, rocas u otro tipo de accidentes que dificultan el paso por ellos: *Camino abrupto.*

abs·ce·so [a(β)sθéso] *s/m* Acumulación de pus en un tejido orgánico.

abs·ci·sa [a(β)sθísa] *s/f* Eje horizontal, que sirve para fijar la posición de un punto en un plano.

ab·sen·tis·mo [aβseṇtísmo] *s/m* **1.** Vivir lejos de las tierras los propietarios de ellas. **2.** Ausencia de los obreros en el trabajo: *Absentismo laboral.*

áb·si·de [áβsiðe] *s/m* ARQ Parte del templo, abovedada y sobresaliente, de la fachada posterior donde estaban el altar y el presbiterio.

ab·so·lu·ción [aβsoluθjón] *s/f* Acción de absolver.

ab·so·lu·ta·men·te [aβsolútameṇte] *adv* Totalmente, completamente.

ab·so·lu·tis·mo [aβsolutísmo] *s/m* Sistema de gobierno en el que los dirigentes no tienen limitados sus poderes por ninguna ley constitucional.

ab·so·lu·tis·ta [aβsolutísta] **I.** *s/m,f* Partidario del absolutismo. **II.** *adj* Relativo al absolutismo.

ab·so·lu·to, -a [aβsolúto, -a] *adj* **1.** Se aplica a lo que excluye toda comparación. **2.** Se dice de lo que es ilimitado, independiente, sin restricción alguna: *Tengo la seguridad absoluta de que lo encontraremos.* LOC **En absoluto,** en frases afirmativas significa 'del todo', pero se usa más frecuentemente en oraciones negativas significando 'de ningún modo'.

ab·sol·ver [aβsolβér] *v/tr* Declarar a alguien libre de una culpa u obligación. RPr **Absolver de:** *Le absolvió de toda culpa.*
CONJ *Irreg: Absuelvo, absolví, absolveré, absuelto.*

ab·sor·ben·te [aβsorβéṇte] **I.** *adj* Que absorbe. **II.** *s/m* Materia que absorbe bien: *Es un buen absorbente.*

ab·sor·ber [aβsorβér] *v/tr* **1.** Coger y retener un cuerpo entre sus moléculas las de otro en estado líquido o gaseoso: *El algodón absorbe el alcohol.* **2.** Ocupar algo completamente a alguien: *El trabajo lo absorbe.*
GRAM *p: Absorbido* o *absorto.*

ab·sor·bi·ble [aβsorβíβle] *adj* Se dice de la sustancia que puede ser absorbida.

ab·sor·ción [aβsorθjón] *s/f* Acción de absorber.

ab·sor·to, -a [aβsórto, -a] *adj* Se aplica al que está pendiente exclusivamente de aquello en lo que piensa o hace. RPr **Absorto en:** *Absorto en su trabajo.*

GRAM Es el *p irreg* de *absorber*, usado sólo como *adj*, nunca para formar los tiempos compuestos.

abs·te·mio, -a [a(β)stémjo, -a] *adj* Se aplica a aquellas personas que no toman bebidas alcohólicas.

abs·ten·ción [a(β)steṇθjón] *s/f* Abstinencia.

abs·ten·cio·nis·mo [a(β)steṇθjonísmo] *s/m* Actitud de los que propugnan la no participación en cierta cosa; *por ej*, en una sesión de las Cortes.

abs·ten·cio·nis·ta [a(β)steṇθjonísta] *s/m,f* y *adj* Partidario del abstencionismo.

abs·te·ner·se [a(β)stenérse] *v*/REFL (-SE) Privarse de hacer o tomar algo o intervenir en determinada cosa: *Abstenerse de votar.* RPr **Abstenerse de.**
CONJ *Irreg: Abstengo, abstuve, abstendré, abstenido.*

abs·ti·nen·cia [a(β)stinéṇθja] *s/f* Acción de privarse de algo por motivos religiosos o morales.

abs·trac·ción [a(β)strakθjón] *s/f* Acción y efecto de abstraer o abstraerse.

abs·trac·to, -a [a(β)strákto, -a] *adj* **1.** Se aplica a lo que significa alguna cualidad con independencia de lo concreto o real. **2.** Dícese del arte y de los artistas que atienden sólo a elementos de forma, color, estructura, etc.: *Pintura, música... abstracta.* LOC **En abstracto,** sin hacer referencia a lo real.
GRAM Es el *p irreg* de *abstraer*, usado sólo como *adj*. El regular es *abstraído*.

abs·tra·er [a(β)straér] **I.** *v/tr* Separar mentalmente las cualidades de un objeto para considerarlas en sí mismas o para llegar al concepto de dicho objeto. **II.** REFL-(-SE) No atender alguien a lo que le rodea para concentrar su atención en su pensamiento. **III.** *v/intr* Seguido de las preposiciones *de/en*, prescindir, no hacer caso de algo: *Está abstraído en sus cavilaciones.* RPr **Abstraer(se) de/en.**
CONJ *Irreg: Abstraigo, abstraje, abstraeré, abstraído.*

abs·tru·so, -a [a(β)strúso, -a] *adj* Se aplica a lo que resulta de difícil comprensión.

ab·suel·to, -a [aβswélto, -a] *p irreg* de *absolver.*

ab·sur·di·dad [aβsurðiðáð] *s/f* Cosa absurda.

ab·sur·do, (-a) [aβsúrðo, (-a)] **I.** *adj* Se aplica a lo que es contrario a la razón. **II.** *s/m* Cosa repugnante a la razón.

a·bu·bi·lla [aβuβíʎa] *s/f* Pájaro insectívoro, del tamaño de la tórtola, que tiene un penacho de plumas eréctiles sobre la cabeza.

a·bu·che·ar [aβutʃeár] *v/tr* Manifestar la gente, pateando, con silbidos o con voces, desagrado contra alguien.

a·bu·cheo [aβutʃéo] *s/m* Acción de abuchear.

a·bue·la [aβwéla] *s/f* **1.** Referido a una persona, la madre de su padre o de su madre. **2.** FIG Mujer de avanzada edad: *Tiene sesenta años; es ya una abuela.* LOC **¡Cuéntaselo a tu abuela!** o **¡Que se lo cuente a su abuela!,** FAM expresión que indica incredulidad por parte del oyente.

a·bue·lo [aβwélo] *s/m* **1.** Con respecto a alguien, padre de su padre o de su madre. **2.** FIG Hombre anciano. **3.** *pl* El abuelo y la abuela juntos.

a·bu·len·se [aβulénse] *s/m,f* y *adj* De Ávila.

a·bu·lia [aβúlja] *s/f* Falta de voluntad o energía para llevar a cabo alguna cosa.

a·bú·li·co, -a [aβúliko, -a] *adj* Se dice de quien tiene abulia.

a·bul·ta·mien·to [aβuḷtamjéṇto] *s/m* **1.** Acción de abultar. **2.** Bulto, hinchazón, prominencia.

a·bul·tar [aβuḷtár] *v/tr* **1.** Hacer bulto: *Estos libros abultan mucho.* **2.** FIG Hacer aparecer algo o alguien como más importante de lo que es en realidad: *Siempre abultan la importancia de determinados hechos.*

a·bun·da·mien·to [aβuṇdamjéṇto] *s/m* Abundancia.

a·bun·dan·cia [aβuṇdáṇθja] *s/f* Gran cantidad de algo: *La abundancia de dinero suele dar bienestar.* LOC **Nadar en la abundancia,** poseer gran riqueza.

a·bun·dan·te [aβuṇdáṇte] *adj* Se dice de lo que es copioso y abunda.

a·bun·dar [aβuṇdár] *v/intr* Haber gran cantidad de una cosa: *En Valencia abundan las naranjas.* RPr **Abundar en:** *El país abunda en cereales.*

¡a·bur! [aβúr] *interj* FAM ¡Agur! Adiós.

a·bur·gue·sa·mien·to [aβurɣesamjéṇto] *s/m* Acción y efecto de aburguesarse.

a·bur·gue·sar·se [aβurɣesárse] *v*/REFL(-SE)Adquirir costumbres de burgués.

a·bu·rri·do, -a [aβurríðo, -a] *s/m* Se aplica a algo o alguien que cansa o aburre: *Este trabajo resulta aburrido.*

a·bu·rri·do, -a [aβurríðo, -a] *adj* Se Fastidio, tedio, cansancio: *¡Menudo aburrimiento llevo encima!*

a·bu·rrir [aβurrír] *v/tr* **1.** Cansar una cosa a alguien: *Este libro aburre a cualquiera.* **2.** Molestar considerablemente una cosa o persona a alguien: *Aburre a todos porque sólo habla él.* **3.** Abandonar un animal a sus crías. RPr **Aburrir(se) de/por:** *Aburrirse de esperar. Aburrirse por todo.*

a·bu·sar [aβusár] *v/intr* **1.** Usar excesivamente de una cosa perjudicándose a sí mismo o a los demás: *Abusa del tabaco. Abusa de su autoridad.* **2.** Hacer objeto de trato deshonesto, por la fuerza, a una persona débil o inexperta. RPr **Abusar de.**

a·bu·si·vo, -a [aβusíβo, -a] *adj* Se dice de lo que constituye un abuso.

a·bu·so [aβúso] *s/m* Acción y efecto de abusar: *El precio del pan es un abuso.*

a·bu·són, -na [aβusón, -na] *adj* y *s/m,f* Se dice de quien tiene tendencia a abusar en provecho propio.

ab·yec·ción [abJékθjón] *s/f* **1.** Vileza, conducta abyecta. **2.** Situación de abatimiento o humillación.

ab·yec·to, -a [abJékto, -a] *adj* **1.** Se dice del que es capaz de cometer o comete acciones en las que hay falsedad, traición, cobardía, etc., o tiene tales cualidades. **2.** Aplicado a cosas o acciones, vil, miserable.

a·cá [aká] *adv* **1.** Expresa el lugar en que está el que habla, pero de forma más indeterminada que con 'aquí'. **2.** Precedido de 'de' o 'desde' y una expresión de tiempo equivale a 'ahora': *Desde enero acá.* **3.** AMÉR Aquí. LOC **Acá y allá,** de forma dispersa. **De acá para allá,** de un sitio para otro.

a·ca·ba·ble [akaβáβle] *adj* Se aplica a lo que se puede acabar.

a·ca·ba·do, (-a) [akaβáðo, (-a)] **I.** *p* de *acabar.* **II.** *adj* **1.** Completo, terminado de hacer. **2.** Consumido, agotado, malparado: *Es un hombre acabado.* **III.** *s/m* El último repaso o retoque que se da a una obra: *A este cuadro falta darle el acabado.*

a·ca·bar [akaβár] **I.** *v/tr* **1.** Dar fin a una cosa: *Acabé el trabajo.* **2.** Esmerarse en la conclusión de un trabajo haciendo los retoques finales que lo dejan perfecto. **3.** Consumir totalmente una cosa: *Acaba toda la comida.* **4.** (Con *con*) Matar o morir: *Acabar con la vida de alguien o de uno.* **II.** *v/intr* **1.** Terminar algo de determinada manera: *La historia acabó en boda.* **2.** Seguido de la preposición 'con' y un nombre o pronombre, poner fin, destruir: *Acabarás con el coche en cuatro días.* **3.** Seguido de la preposición 'de' y un verbo en infinitivo, haber ocurrido poco antes lo que el último verbo indica: *Acabo de comprar un piso.* **4.** Con la preposición 'de' más un verbo en infinitivo se usa frecuentemente en frases negativas, en sustitución de una negación rotunda: *No acabo de entender tu forma de actuar.* **5.** Con la preposición 'por' y un infinitivo significa llegar el momento de producirse un suceso: *Acabó por aceptar el hecho.* Puede, con el mismo sentido, construirse con gerundio: *Acabó aceptándolo.* **III.** REFL(-SE) **1.** Forma espontánea de acabar: *Se ha acabado la sequía.* **2.** Extinguirse, aniquilarse, morirse: *Se acabó poco a poco.* LOC **Hemos acabado** o **Se acabó,** expresiones con las que se pone fin a una discusión. RPr **Acabar con/de/por/en.**

a·ca·bó·se [akaβóse] *s/m* LOC **Ser el acabóse,** frase que indica que algo es un desastre, una calamidad o un abuso.

a·ca·cia [akáθja] *s/f* Nombre de varias especies de plantas, árboles y arbustos, leguminosas mimosáceas, de madera bastante dura y flores aromáticas en racimos colgantes.

a·ca·de·mia [akaðémja] *s/f* **1.** Sociedad literaria, científica o artística establecida con autoridad pública: *Academia de la Historia.* **2.** Junta de los académicos. **3.** Establecimiento en que se dan enseñanzas de cualquier clase, superiores a la primera enseñanza: *Academia de corte y confección.*

a·ca·de·mi·cis·mo [akaðemiθísmo] *s/m* **1.** Sujeción a las normas clásicas **2.** Cualidad de académico.

a·ca·dé·mi·co, -a [akaðémiko, -a] **I.** *adj* **1.** Se dice de los estudios, títulos o cosas referidos a centros de enseñanza oficial superior: *Diploma, expediente, etc., académicos.* **2.** Se aplica a aquellas obras de arte en las que se respetan las normas clásicas y también a los autores de las mismas. **II.** *s/m,f* Miembro de una academia.

a·cae·cer [akaeθér] *v/intr* Producirse un hecho.
GRAM Se usa sólo en *inf* y en las *3.as p* de *sing* y *pl. Subj irreg: Acaezca.*

a·cae·ci·mien·to [akaeθimjénto] *s/m* Suceso, acontecimiento.

a·ca·lam·brar·se [akalambrárse] *v/*REFL(-SE)Contraerse los músculos por un calambre.

a·ca·lo·ra·mien·to [akaloramjénto] *s/m* Acción y efecto de acalorar o acalorarse.

a·ca·lo·rar [akalorár] **I.** *v/tr* **1.** Dar o causar calor. **2.** FIG Excitar a alguien. **II.** REFL(-SE) **1.** Ponerse rojo con el exceso de trabajo o ejercicio. **2.** Hablar de algo perdiendo la calma. RPr **Acalorarse con/por:** *Se acalora con la política. Se acalora por nada.*

a·ca·llar [akaʎár] *v/tr* **1.** Hacer callar. **2.** Calmar, apaciguar a alguien que protesta o está enfadado. **3.** Aliviar un dolor.

a·cam·pa·na·do, -a [akampanáðo, -a]

adj Se aplica a lo que tiene forma de campana.

a·cam·par [akaɱpár] *v/intr* Establecerse provisionalmente en el campo, alojándose o no en tiendas de campaña.

a·ca·na·la·do, -a [akanaláðo, -a] *adj* **1.** Se dice de lo que tiene canales o estrías. **2.** Se dice de lo que tiene forma larga y abarquillada.

a·ca·na·lar [akanalár] *v/tr* **1.** Hacer canales en alguna cosa. **2.** Dar a una cosa forma de canal o teja.

a·ca·na·lla·do, -a [akanaʎáðo, -a] *adj* Se aplica a quien participa de los defectos de la canalla.

a·can·ti·la·do, (-a) [akan̪tiláðo, (-a)] **I.** *adj* **1.** Se dice de la costa formada por una roca cortada casi verticalmente. **2.** Se aplica al fondo del mar formado por escalones o cantiles. **II.** *s/m* Corte vertical en un terreno.

a·can·to [akán̪to] *s/m* **1.** Planta acantácea, perenne, con hojas largas, rizadas y espinosas. **2.** ARQ Motivo ornamental hecho a imitación de las hojas de esta planta.

a·can·to·nar [akan̪tonár] *v/tr* Distribuir y alojar las tropas en diversas poblaciones.

a·can·top·te·ri·gio, (-a) [akan̪topteríxjo, (-a)] *adj y s/m* Se aplica a los peces de esqueleto óseo, mandíbula superior móvil y branquias pectiniformes, como el atún, el pez espada.

a·ca·pa·ra·dor, -ra [akaparaðór, -ra] *adj* y *s/m,f* Se dice del que acapara.

a·ca·pa·rar [akaparár] *v/tr* Acumular cosas en más cantidad de lo que es necesario habitualmente.

a·ca·ra·co·la·do, -a [akarakoláðo, -a] *adj* Que tiene forma de caracol.

a·ca·ra·me·lar [akaramelár] **I.** *v/tr* Cubrir algo con azúcar en punto de caramelo. **II.** REFL(-SE) FIG Estar muy dulce, galante y cariñoso con una persona.

a·ca·ri·ciar [akariθjár] *v/tr* **1.** Rozar suave y cariñosamente algo o a alguien. **2.** FIG Complacerse en pensar en alguna cosa con el deseo de poder llevarla a cabo: *Acaricia la idea de comprarse un piso.*

a·ca·rre·ar [akarreár] *v/tr* **1.** Transportar algo de alguna manera. **2.** Referido a desgracias, daños o disgustos, ocasionarlos: *Su enfermedad nos acarreó muchas molestias.*

a·ca·rreo [akarréo] *s/m* Acción de acarrear.

a·car·to·nar·se [akartonárse] *v/*REFL (-SE) Ponerse como cartón.

a·ca·so [akáso] **I.** *s/m* Casualidad, azar. **II.** *adv* Quizá, tal vez: *Acaso podamos hacerlo.* En frases interrogativas sirve para introducir una pregunta que es la expresión de una duda: *¿Acaso sabes la respuesta?* LOC **Por si acaso,** se usa en previsión de que ocurra la cosa que se expresa: *Por si acaso llega, le prepararé la cama.* **Si acaso,** equivale a 'en todo caso'.

a·ca·ta·mien·to [akatamjén̪to] *s/m* Acción y efecto de acatar.

a·ca·tar [akatár] *v/tr* Respetar a una persona u obedecer las órdenes, consejos, etc., que provienen de ella.

a·ca·ta·rrar·se [akatarrárse] *v/*REFL (SE) Coger un constipado.

a·cau·da·la·do, -a [akauðaláðo, -a] *adj* Que posee mucho dinero o bienes.

a·cau·da·lar [akauðalár] *v/tr* Reunir un caudal (de dinero).

a·cau·di·llar [akauðiʎár] *v/tr* Dirigir o mandar algo o a alguien como jefe: *Acaudillar la revolución.*

ac·ce·der [a(k)θeðér] *v/intr* Mostrarse conforme con lo que alguien solicita o impone. RPr **Acceder a:** *No accedió a su petición.*

ac·ce·si·bi·li·dad [a(k)θesiβiliðáð] *s/f* Cualidad de accesible.

ac·ce·si·ble [a(k)θesíβle] *adj* **1.** Se dice de lo que tiene acceso. **2.** FIG Se aplica a la persona que es fácil de trato.

ac·cé·sit [a(k)θésit] *s/m* Recompensa inferior al premio que se otorga en los concursos científicos, literarios o artísticos.

ac·ce·so [a(k)θéso] *s/m* **1.** Lugar de entrada a un sitio: *Hoy todos los accesos de Barcelona están atascados.* **2.** Posibilidad de entrar a un sitio: *Tendrá acceso a la Universidad.* **3.** Aparición súbita de cierto estado físico o moral: *Acceso de ira.*

ac·ce·so·rio, (-a) [a(k)θesórjo, (-a)] **I.** *adj* **1.** Se aplica a lo que depende de una cosa principal o es secundario. **II.** *s/m* **1.** Pieza que, aun siendo esencial, no constituye el cuerpo de la cosa y puede recambiarse: *El accesorio de un coche.* **2.** Cosas de las que se utilizan en cierta ocupación: *Accesorios de cocina.*

ac·ci·den·ta·do, -a [a(k)θiðentáðo, -a] *adj* **1.** Referido a acciones, con muchos incidentes inesperados: *Una operación accidentada.* **2.** Aplicado al terreno, con desniveles.

ac·ci·den·tal [a(k)θiðen̪tál] *adj* **1.** Se dice de lo que no es esencial. **2.** Se aplica a lo que ocurre de manera no habitual: *Fue un encuentro accidental.* **3.** Se dice del trabajo o cargo que se desempeña de forma no fija: *Es un presidente accidental.*

ac·ci·den·tar [a(k)θiðen̪tár] **I.** *v/tr* Producir un accidente a alguien. **II.** REFL(-SE) Sufrir un accidente.

ac·ci·den·te [a(k)θiðén̪te] *s/m* **1.** Hecho inesperado que provoca una alteración en la marcha normal o prevista de las cosas: *El inoportuno accidente del pinchazo retrasó nuestra llegada.* **2.** Cada uno de los elementos de un lugar geográfico que le dan su configuración: *Accidente geográfico.*

ac·ción [a(k)θjón] *s/f* **1.** Efecto de hacer, acto. Se emplea con preferencia a 'acto' para las acciones calificables moralmente: *Una noble, grande y destacable acción.* **2.** FÍS Fuerza con que los cuerpos y agentes físicos obran unos sobre otros. **3.** Cada una de las partes en que se considera dividido el capital de una empresa. *Tiene 2.000 acciones en la Telefónica.* LOC **Acción de gracias,** expresión de agradecimiento. Se usa normalmente en la frase 'en acción de gracias' con el sentido de dar gracias a Dios. **Poner en acción,** hacer funcionar algo. **Medir alguien sus acciones,** actuar con cautela. **Acción de guerra,** combate, batalla.

ac·cio·nar [a(k)θjonár] **I.** *v/tr* Poner en funcionamiento un mecanismo. **II.** *v/intr* Hacer gestos y movimientos para dar a entender alguna cosa o para hacer más viva la expresión de los pensamientos o afectos.

ac·cio·na·ria·do [a(k)θjonariáðo] *s/m* Conjunto de accionistas.

ac·cio·nis·ta [a(k)θjonísta] *s/m,f* Poseedor de una o varias acciones de una empresa o sociedad anónima.

a·ce·bo [aθéβo] *s/m* Árbol aquifoliáceo de hojas coriáceas, brillantes y con espinas en los bordes, y pequeños frutos en forma de bolitas rojas que se emplean en las decoraciones de Navidad.

a·ce·bu·che [aθeβútʃe] *s/m* Olivo silvestre.

a·ce·ci·nar [aθeθinár] **I.** *v/tr* Salar las carnes y ponerlas al aire y al humo para que se conserven. **II.** REFL(-SE) Ponerse una persona muy enjuta y delgada al hacerse vieja.

a·ce·chan·za [aθetʃánθa] *s/f* Acecho.

a·ce·char [aθetʃár] *v/tr* Observar cautelosamente a alguien o algo con un determinado propósito.

a·ce·cho [aθétʃo] *s/m* Acción de acechar. LOC **Estar al/en acecho,** estar vigilando a escondidas, a la espera de algo.

a·ce·de·ra [aθeðéra] *s/f* Planta poligonácea de sabor ácido.

a·cé·fa·lo, -a [aθéfalo, -a] *adj* Que está falto de cabeza.

a·cei·tar [aθeitár] *v/tr* Untar con aceite.

a·cei·te [aθéite] *s/m* **1.** Líquido graso que se saca de la aceituna o de otros frutos o semillas, como nueces, cacahuetes, etc. **2.** Cualquier grasa líquida, *por ej,* las que se usan como lubrificantes o combustibles.

a·cei·te·ra [aθeitéra] *s/f* **1.** Frasco que contiene una pequeña cantidad de aceite y se usa, *por ej,* para servir en la mesa. **2.** *pl* Vinagreras.

a·cei·te·ro, (-a) [aθeitéro, (-a)] *adj* Relacionado con el aceite.

a·cei·to·so, -a [aθeitóso, -a] *adj* **1.** Se dice de lo que tiene aceite, normalmente en cantidad excesiva. **2.** Grasiento.

a·cei·tu·na [aθeitúna] *s/f* Fruto del olivo, del que se extrae el aceite.

a·cei·tu·na·do, -a [aθeitunáðo, -a] *adj* Se dice de quien o de lo que tiene un color verdoso, parecido al de la aceituna.

a·cei·tu·ne·ro, (-a) [aθeitunéro, (-a)] *s/m,f* Persona que recoge o vende aceitunas.

a·ce·le·ra·ción [aθeleraθjón] *s/f* Acción y efecto de acelerar o acelerarse.

a·ce·le·ra·dor, (-ra) [aθeleraðór, (-ra)] **I.** *adj* Se dice de lo que sirve para acelerar. **II.** *s/m* Pedal con el que se acelera la marcha de los automóviles, y mecanismo que hace esas funciones.

a·ce·le·ra·mien·to [aθeleramjén̪to] *s/m* Aceleración.

a·ce·le·rar [aθelerár] *v/tr* Aumentar gradualmente la velocidad de un movimiento o una acción: *Aceleremos el proceso de producción.*

a·ce·le·ra·triz [aθeleratríθ] *adj* GRAM Es *f* de 'acelerador'.

a·ce·le·rón [aθelerón] *s/m* Acción o resultado de acelerar bruscamente.

a·cel·ga [aθélɣa] *s/f* Planta quenopodiácea hortense de hojas comestibles y con el nervio central muy desarrollado.

a·cé·mi·la [aθémila] *s/f* **1.** Mula o macho de carga. **2.** FIG Persona torpe.

a·cen·drar [aθen̪drár] *v/tr* **1.** Purificar en la cendra los metales por acción del fuego. **2.** FIG Perfeccionar dejando sin mancha ni defecto.

a·cen·to [aθén̪to] *s/m* **1.** En sentido amplio, se refiere al conjunto de todas las modalidades fónicas del lenguaje, o sea, la intensidad, tono, cantidad y timbre de los sonidos, cuyas variaciones caracterizan el modo de hablar tanto colectivo (país, región, provincia) como individual: *El acento canario es muy melodioso.* **2.** La mayor intensidad con que se pronuncia la sílaba de una palabra: *Acento prosódico.*

3. La representación gráfica del acento prosódico cuando corresponde: *Acento ortográfico.* **4.** Se emplea también significando 'énfasis': *Poner especial acento en esta tarea.*

a·cen·tua·ción [aθentwaθjón] *s/f* Acción y efecto de acentuar.

a·cen·tua·da·men·te [aθentwáðamente] *adv* Se dice de lo que se pronuncia o realiza de forma destacada: *Se inclina acentuadamente hacia las letras.*

a·cen·tual [aθentwál] *adj* Relacionado con el acento.

a·cen·tuar [aθentwár] *v/tr* **1.** Poner acento o pronunciar con acento alguna palabra o letra. **2.** FIG Hacer que algo o alguien destaque sobre los demás: *Cada día acentuaba más su rendimiento.*
ORT PRON En el *sing* y *3.ª p pl* del *pres* de *indic* y *subj* el acento recae sobre la *u*: *Acentúo, acentúen.*

a·cep·ción [aθepθjón] *s/f* Cada uno de los significados de una palabra cuando ésta tiene más de uno.

a·ce·pi·llar [aθepiʎár] *v/tr* Alisar, con cepillo, especialmente la madera.

a·cep·ta·bi·li·dad [aθeptaβiliðáð] *s/f* Calidad de aceptable.

a·cep·ta·ble [aθeptáβle] *adj* Se dice de lo que puede ser aceptado.

a·cep·ta·ción [aθeptaθjón] *s/f* Acción y efecto de aceptar.

a·cep·tar [aθeptár] *v/tr* **1.** Recibir alguien voluntariamente lo que se le da. **2.** Mostrarse conforme con una cosa propuesta por otro y hacerla: *Aceptó realizar el experimento.* RPr **Aceptar por:** *Aceptó a Juan por marido.*

a·ce·quia [aθékja] *s/f* Zanja que sirve para conducir el agua.

a·ce·ra [aθéra] *s/f* Orilla con pavimento adecuado, algo más alta que el piso de la calle y destinada al paso de peatones. LOC COL **Ser de la acera de enfrente** o **de la otra acera,** ser homosexual.

a·ce·ra·do, -a [aθeráðo, -a] *adj* Se dice de lo que está hecho de acero o se parece a él.

a·ce·rar [aθerár] *v/tr* **1.** Convertir algo total o parcialmente en acero. **2.** FIG Fortalecer moralmente.

a·cer·bo, -a [aθérβo, -a] *adj* **1.** Se dice de lo que es áspero al gusto. **2.** Se aplica a un sufrimiento, particularmente moral, cuando es muy intenso.

a·cer·ca (de) [aθérka (ðe)] *adv* En torno a la cosa de que se trate.
GRAM Sirve para enlazar un verbo o un nombre con la cosa tratada: *Hablaremos acerca de este asunto.* Se usa siempre acompañado de la preposición 'de'.

a·cer·ca·mien·to [aθerkamjénto] *s/m* Acción y efecto de acercar o acercarse.

a·cer·car [aθerkár] *v/tr* Poner una cosa más próxima de quien habla o de la cosa que se expresa: *Acercar el campamento al río.* RPr **Acercar(se) a:** *Se acercan a la solución.*
ORT La segunda *c* cambia en *qu* ante *e*: *Acerque.*

a·ce·ría o a·ce·re·ría [aθería/aθerería] *s/f* Fábrica de fundición de acero y de perfiles laminados.

a·ce·ri·co [aθeríco] *s/m* Cojín que sirve para clavar en él los alfileres o agujas.

a·ce·ro [aθéro] *s/m* **1.** Mezcla de hierro y pequeñas cantidades de carbono. **2.** FIG Arma blanca, concretamente espada. **3.** FIG Ánimo, brío, valor.

a·cé·rri·mo, -a [aθérrimo, -a] *adj* Se dice de lo que o de quien es muy fuerte o vigoroso.

a·cer·ta·do, -a [aθertáðo, -a] *adj* Se aplica a lo que está hecho con acierto o sensatez.

a·cer·tan·te [aθertánte] *adj* y *s/m,f* Que acierta.

a·cer·tar [aθertár] **I.** *v/tr* **1.** Dar en el sitio que se desea dar. **2.** Encontrar algo que se busca sin datos seguros: *Acertó la enfermedad.* **3.** Elegir una línea de conducta que resulta buena: *Acertó al no quedarse a comer.* **4.** Encontrar por suerte la solución de algo: *Acertó la adivinanza.* **II.** *v/intr* **Acertar+a+inf,** suceder por casualidad lo que el *inf* significa: *Acertó a pasar entonces por allí.* RPr **Acertar a/con/en:** *Acertó a la primera tirada. Acertó con la carrera elegida. Acertó en la elección de marido.*
CONJ *Irreg: Acierto, acerté, acertaré, acertado.*

a·cer·ti·jo [aθertíxo] *s/m* Especie de enigma cuya solución se propone como entretenimiento.

a·cer·vo [aθérβo] *s/m* Conjunto de bienes poseídos por una colectividad.

a·ce·ta·to [aθetáto] *s/m* QUÍM Sal formada por la combinación del ácido acético con una base.

a·cé·ti·co, -a [aθétiko, -a] *adj* QUÍM Relacionado con el vinagre.

a·ce·ti·le·no [aθetiléno] *s/m* Gas inflamable que se obtiene por la acción del agua sobre el carburo de calcio.

a·ce·to·na [aθetóna] *s/f* Líquido incoloro, inflamable, de olor fuerte, obtenido del líquido que se produce en la combustión de la madera.

a·cia·go, -a [aθjáγo, -a] *adj* Se dice de lo que presagia desgracias o va acompañado de ellas: *Fue un día aciago.*

a·ci·ca·la·do, (-a) [aθikaláðo, (-a)] **I.** *adj* Muy limpio y cuidado. **II.** *s/m* Acción y efecto de acicalar o bruñir.

a·ci·ca·la·mien·to [aθikalámjénto] *s/m* Acción y efecto de acicalar.

a·ci·ca·lar [aθikalár] *v/tr*, REFL(-SE) Arreglar mucho a alguien o algo o arreglarse uno mucho. Suele tener un matiz de exageración o peyorativo: *Lo acicalaron tanto que estaba irreconocible.*

a·ci·ca·te [aθikáte] *s/m* **1.** Espuela con una sola punta de hierro. **2.** Algo que mueve a hacer cierta cosa: *El dinero es su único acicate.*

a·ci·dez [aθiðéθ] *s/f* **1.** Cualidad de ácido. **2.** Sensación ácida.

a·ci·di·fi·car [aθiðifikár] *v/tr* Hacer ácida una cosa.
ORT Ante *e* la *c* cambia en *qu*: *Acidifique.*

a·ci·di·me·tría [aθiðimetría] *s/f* Procedimiento para determinar la cantidad de ácido existente en un líquido.

á·ci·do, (-a) [áθiðo, (-a)] **I.** *adj* **1.** Se dice de lo que tiene sabor agrio. **2.** FIG Se aplica a quien es áspero, desabrido. **II.** *s/m* Cuerpo químico que resulta de la combinación de un anhídrido con el agua.
Ácido acético, el del vinagre.
Ácido barbitúrico, cierto ácido orgánico, base de importantes productos farmacéuticos, de propiedades soporíferas.
Ácido cítrico, cuerpo sólido, de sabor agrio, muy soluble en el agua.
Ácido nítrico, líquido fumante que ataca a los metales y se emplea en el grabado al agua fuerte.
Ácido pícrico, cuerpo sólido amarillo de sabor muy amargo, y que se emplea en la fabricación de explosivos.
Ácido salicílico, ácido con el que se prepara la aspirina.
Ácido sulfúrico, líquido oleoso muy cáustico, usado en las industrias de colorantes y explosivos.
Ácido úrico, compuesto de carburo, nitrógeno, hidrógeno y oxígeno, contenido en la orina, el cual cuando se acumula en el organismo produce el reumatismo y la gota.

a·cier·to [aθjérto] *s/m* **1.** Acción y efecto de acertar. **2.** FIG Habilidad para realizar un trabajo.

á·ci·mo [áθimo] *adj* Se dice del pan sin levadura.

a·cla·ma·ción [aklamaθjón] *s/f* Acción y efecto de aclamar. LOC **Por aclamación,** sin necesidad de votación, es decir, mostrando ostensiblemente los presentes su opinión favorable.

a·cla·mar [aklamár] *v/tr* **1.** Manifestar una multitud su aprobación a alguien con aplausos, voces, etc. **2.** Designar la multitud a alguien con voces para un cargo o mostrar su conformidad con el nombramiento: *Le aclamaron jefe de la expedición.*

a·cla·ra·ción [aklaraθjón] *s/f* Acción y efecto de aclarar o aclararse.

a·cla·ra·do [aklaráðo] *s/m* Acción de aclarar lo que está sucio o enjabonado.

a·cla·rar [aklarár] **I.** *v/tr* **1.** Quitar lo que impide la claridad de algo en sentido material o figurado: *Aclarar el agua. Aclarar las ideas.* **2.** Hablando de la voz, hacerla más perceptible. **II.** *v/intr* Ponerse claro lo que estaba oscuro. Se aplica normalmente al tiempo atmosférico y también al paso de la noche al día. **III.** *v*/REFL(-SE) **1.** Quedar transparente un líquido al depositarse en el fondo de un recipiente lo que lo enturbia. **2.** Referido al tiempo atmosférico, amanecer, clarear: *Se aclara el día.*

a·cla·ra·to·rio, -a [aklaratórjo, -a] *adj* Se aplica a lo que aclara o explica algo.

a·cli·ma·ta·ble [aklimatáβle] *adj* Que tiene posibilidades de aclimatación.

a·cli·ma·ta·ción [aklimataθjón] *s/f* Acción y efecto de aclimatar o aclimatarse.

a·cli·ma·tar [aklimatár] **I.** *v/tr*, REFL (-SE) Acostumbrarse una persona o animal a un ambiente que en principio no le es favorable. **II.** *v/tr* Hacer que una cosa se introduzca y tenga éxito en lugar distinto del que procede: *Los franceses aclimataron las técnicas pictóricas italianas.* RPr **Aclimatarse a:** *No se aclimataron al nuevo ambiente.*

ac·mé [akmé] *s/f* MED Período de máxima intensidad de una enfermedad.

ac·né [akné] *s/f* Enfermedad de la piel consistente en granitos y asperezas producidos por la inflamación de las glándulas sebáceas.

a·co·bar·da·mien·to [akoβarðamjénto] *s/m* Acción y efecto de acobardarse.

a·co·bar·dar [akoβarðár] **I.** *v/tr* **1.** Dar miedo a alguien. **2.** Quitar a alguien los ánimos o las energías: *Lo acobardó con mentiras.* **II.** *v*/REFL(-SE) Asustarse uno por algo.

a·co·da·do, -a [akoðáðo, -a] *adj* **1.** Se dice de lo que tiene una forma parecida a la del codo. **2.** Se aplica a quien se apoya en los codos: *Está acodado en la ventana.*

a·co·dar [akoðár] **I.** *v/tr* Doblar algo en forma de codo. **II.** *v*/REFL(-SE) Apoyarse sobre los codos. RPr **Acodarse a/en:** *Acodarse a/en la ventana.*

a·co·do [akóðo] *s/m* **1.** Acción y efecto de acodar. **2.** ARQ Moldura resaltada que rodea un vano.

a·co·ge·dor, -ra [akoxeðór, -ra] *adj* **1.** Que acoge. **2.** Se aplica a los lugares en los que resulta grato estar.

a·co·ger [akoxér] **I.** *v/tr* **1.** Admitir uno a otra persona en su casa o en su compañía para hospedarla, protegerla o ayudarla. **2.** Dar refugio una cosa a uno: *Los refugios de montaña acogen a los escaladores.* **II.** *v*/REFL(-SE) **1.** Aceptar el amparo de algo o alguien: *Se acogieron a la protección de la policía.* **2.** Utilizar algo como pretexto: *Se acoge siempre a su enfermedad para llegar tarde.* RPr **Acogerse a/bajo/en:** *Se acogieron bajo techo. Se acogen en la iglesia.*
ORT Ante *o/a* la *g* cambia en *j*: *Acojo.*

a·co·gi·da [akoxíða] *s/f* **1.** Acción y efecto de acoger. **2.** Recibimiento u hospitalidad que ofrece una persona o un lugar: *Me dispensaron una agradable acogida.*

a·co·gi·do, (-a) [akoxíðo, (-a)] **I.** *p* de *acoger.* **II.** *s/m,f* Persona mantenida en un establecimiento de beneficencia.

a·co·gi·mien·to [akoximjéɲto] *s/m* Acción de acoger.

a·co·go·tar [akoɣotár] *v/tr* **1.** Matar con herida o golpe en el cogote. **2.** FIG Dominar a alguien de forma tiránica.

a·co·jo·na·mien·to [akoxonamjéɲto] ARG *s/m* Miedo.

a·co·jo·nan·te [akoxonáɲte] ARG *adj* Se dice de lo que es asombroso, impresionante, increíble, tanto en sentido positivo como negativo: *La fiesta resultó acojonante.*

a·co·jo·nar [akoxonár] ARG *v/tr,* REFL (-SE) Atemorizar, asustar, impresionar.

a·col·cha·do [akoḽtʃáðo] *s/m* Resultado de poner entre dos telas guata, algodón, etc.

a·col·char [akoḽtʃár] *v/tr* Poner algodón, lana, etc., entre dos telas y pespuntear el conjunto.

a·co·li·ta·do [akolitáðo] *s/m* Una de las órdenes sagradas, que da facultad a quien la tiene para servir al sacerdote en el altar.

a·có·li·to [akólito] *s/m* **1.** El que posee el acolitado. **2.** Niño que ayuda a misa con sobrepelliz. **3.** FIG Persona que sigue o acompaña constantemente a otra.

a·co·me·dir·se [akomedírse] *v*/REFL(-SE) Prestarse espontáneamente a realizar un servicio o trabajo.
CONJ *Irreg: (me) Acomido, acomedí, acomediré, acomedido.*

a·co·me·te·dor, -ra [akometeðór, -ra] *adj* Que acomete.

a·co·me·ter [akometér] *v/tr* **1.** Atacar físicamente a una persona o un lugar donde hay gente: *Acometieron (contra) el pueblo por la noche.* **2.** Venir súbitamente a alguien determinado estado físico o moral: *Le acometió el sueño repentinamente.* RPr **Acometer contra.**

a·co·me·ti·da [akometíða] *s/f* **1.** Acción de acometer. **2.** Punto por donde el ramal secundario de un conducto enlaza con éste: *La acometida del gas.*

a·co·me·ti·vi·dad [akometiβiðáð] *s/f* Tendencia a acometer.

a·co·mo·da·ble [akomoðáβle] *adj* Que puede acomodarse.

a·co·mo·da·ción [akomoðaθjón] *s/f* Hecho y consecuencia de acomodar.

a·co·mo·da·di·zo, -a [akomoðaðíθo, -a] *adj* Se aplica a quien se aviene a todo con facilidad.

a·co·mo·da·do, (-a) [akomoðáðo, (-a)] **I.** *p* de *acomodar.* **II.** *adj* **1.** Se dice del que se encuentra en buena posición económica: *Es un hombre rico, bien acomodado.* **2.** Moderado en el precio. **3.** Se dice de lo que es conveniente, oportuno.

a·co·mo·da·dor, -ra [akomoðaðór, -ra] *s/m,f* Persona encargada de indicar los sitios correspondientes a los asistentes a un espectáculo.

a·co·mo·dar [akomoðár] **I.** *v/tr* **1.** Ordenar, componer, ajustar unas cosas con otras: *Acomodaron los paquetes en el compartimiento.* **2.** Hacer que un espacio sirva para contener algo que, en principio, no estaba destinado a él: *Conseguimos acomodar la nevera en el rincón.* **3.** Proporcionar empleo, hospitalidad, etc., a alguien: *La acomodó en su casa de niñera.* **II.** *v/intr* Convenir algo o alguien a una persona: *Tu coche me acomoda para los largos viajes.* **III.** REFL(-SE) Avenirse, conformarse: *Nos acomodamos a la nueva casa.* RPr **Acomodar(se) a/con/de/en:** *Acomodarse con todo. Acomodarse en un sillón.*

a·co·mo·da·ti·cio, -a [akomoðatíθjo, -a] *adj* Se dice de las personas cuyos ideales no les impiden acomodarse a otra situación, aunque sea opuesta: *Es muy acomodaticio respecto a la política.*

a·co·mo·do [akomóðo] *s/m* Empleo, ocupación o conveniencia.

a·com·pa·ña·mien·to [akom̧paɲamjéɲto] *s/m* **1.** Acción de acompañar. **2.** Conjunto de personas o cosas que acompañan: *El entierro tuvo un gran acompañamiento.* **3.** MÚS Conjunto de notas musicales que acompañan a una melodía: *Acompañamiento musical.*

a·com·pa·ñan·te, (-a) [akompaɲánte, (-a)] *adj y s/m,f* Que acompaña.

a·com·pa·ñar [akompaɲár] *v/tr* **1.** Ir con alguien. **2.** Existir en una persona cierta cualidad o circunstancia: *Consigue éxitos porque le acompaña su gran fuerza de voluntad.* **3.** Poner una cosa junto a otra o simultáneamente con ella: *Un folleto de instrucciones acompaña a cada aparato.* LOC **Acompañar en el sentimiento,** fórmula de pésame por la muerte de alguien. RPr. **Acompañarse de:** *Se acompañó de dos especialistas.*

a·com·pa·sa·do, -a [akompasáðo, -a] *adj* **1.** Hecho o puesto a compás. **2.** FIG Se dice de quien habla o anda pausadamente.

a·com·pa·sar [akompasár] *v/tr* **1.** Acomodar algo, normalmente un movimiento, al mismo compás que otro. **2.** FIG Adecuar la cantidad o la marcha de una cosa a otra: *Acompasar el nivel de vida a los ingresos.* RPr **Acompasar a/con:** *Acompasar el gesto con la voz.*

a·com·ple·jar [akomplexár] **I.** *v/tr* Causar a alguien un complejo psíquico o inhibición. **II.** REFL(-SE) Padecer o experimentar un complejo psíquico. RPr **Acomplejarse por (algo):** *No se acompleja por nada.*

a·con·di·cio·na·mien·to [akondiθjonamjénto] *s/m* Acción y efecto de acondicionar.

a·con·di·cio·nar [akondiθjonár] *v/tr* **1.** Poner una cosa en las condiciones convenientes para un determinado fin: *Acondicionaron la capilla para hospital.* **2.** Climatizar.

a·con·go·jar [akoŋgoxár] *v/tr* Hacer que alguien sienta angustia, ansiedad o congoja.

a·con·se·ja·ble [akonsexáβle] *adj* Que se puede aconsejar como conveniente.

a·con·se·jar [akonsexár] **I.** *v/tr* Decir a alguien que actúe de determinada manera: *Le aconsejamos que no lo hiciera.* **II.** REFL(-SE) Pedir a alguien que le diga cómo debe actuar: *Se aconsejó con su abogado.* RPr **Aconsejarse con/en/sobre/de:** *Nos aconsejamos en el negocio. Se aconsejó sobre el tema de su abogado.*

a·con·te·cer [akonteθér] *v/intr* Suceder, producirse un hecho espontáneamente. CONJ Se conjuga como *agradecer.* Sólo se usa en las terceras personas del *sing* y del *pl.*

a·con·te·ci·mien·to [akonteθimjénto] *s/m* Cosa que acontece, que reviste una especial importancia.

a·co·piar [akopjár] *v/tr* Reunir y guardar cierta cosa que puede necesitarse en el futuro.

a·co·pio [akópjo] *s/m* Acción y efecto de acopiar.

a·co·pla·mien·to [akoplamjénto] *s/m* Acción y efecto de acoplar o acoplarse.

a·co·plar [akoplár] *v/tr* **1.** Juntar dos cosas de modo que ajusten perfectamente: *Acoplar un zapato al pie.* **2.** Adaptar una cosa a un uso para el cual no estaba específicamente hecha: *Acoplamos aquella lámpara a la máquina de filmar.* RPr **Acoplar(se) a.**

a·co·qui·na·mien·to [akokinamjénto] *s/m* Acción y efecto de acoquinar(se).

a·co·qui·nar [akokinár] **I.** *v/tr* Hacer que una persona tenga miedo de algo o alguien: *Tiene acoquinados a sus alumnos.* **II.** REFL(-SE) Acobardarse.

a·co·ra·za·do, (-a) [akoraθáðo, (-a)] **I.** *adj* FIG Se aplica a quien está fortalecido o insensibilizado contra el dolor propio o ajeno. **II.** *s/m* Buque de guerra blindado y de grandes dimensiones.

a·co·ra·zar [akoraθár] *v/tr* Revestir algo con planchas de hierro o acero, para protegerlo. RPr **Acorazarse contra.**
ORT Ante *e* la *z* cambia en *c*: *Me acoracé.*

a·co·ra·zo·na·do, -a [akoraθonáðo, -a] *adj* Se dice de lo que tiene forma de corazón.

a·cor·cha·do, -a [akortʃáðo, -a] *adj* Se dice de lo que es fofo y blando como el corcho.

a·cor·cha·mien·to [akortʃamjénto] *s/m* Acción y efecto de acorcharse.

a·cor·char·se [akortʃárse] *v/*REFL(-SE) **1.** Ponerse algo de forma parecida al corcho. **2.** FIG Perder alguien la sensibilidad.

a·cor·da·do, (-a) [akorðáðo, (-a)] *adj* Se dice de lo que está hecho con acuerdo o prudencia.

a·cor·dar [akorðár] **I.** *v/tr* **1.** Conseguir dos o más personas, después de tratar sobre determinado asunto, estar conformes: *Después de mucho discutir, acordaron suspender la manifestación.* **2.** Decidir alguien una cosa: *He acordado no dejarte ir.* **II.** REFL(-SE) Tener una cosa en la memoria: *Se acuerda muy bien de lo sucedido aquel día.* RPr **Acordarse de.**
CONJ *Irreg: Acuerdo, acordé, acordaré, acordado.*

a·cor·de [akórðe] **I.** *adj* **1.** Se aplica a las personas que piensan lo mismo: *Siempre están acordes.* **2.** Se aplica a lo que concuerda con otra cosa. **II.** *s/m* Conjunto de tres o más notas musicales combinadas armónicamente. RPr **Acorde con:** *Acorde con la ley.*

a·cor·de·ón [akorðeón] *s/m* Instrumento musical de viento consistente en un fuelle que se pliega y extiende entre dos tablas provistas de válvulas y un teclado. Con las manos, se juntan y separan las tablas para accionar el fuelle.

a·cor·deo·nis·ta [akorðeonísta] *s/m,f* Persona que toca el acordeón.

a·cor·do·na·mien·to [akorðonamjéņto] *s/m* Acción y efecto de acordonar.

a·cor·do·nar [acorðonár] *v/tr* **1.** Sujetar con un cordón. **2.** Rodear un sitio para aislarlo.

a·cor·ne·ar [akorneár] *v/tr* Dar cornadas.

a·co·rra·la·mien·to [akorralamjéņto] *s/m* Acción y efecto de acorralar.

a·co·rra·lar [akorralár] *v/tr* **1.** Encerrar el ganado en el corral. **2.** Colocar a un animal o a una persona a quien se persigue en un sitio del que no pueda escapar. **3.** FIG En una discusión, conseguir que el contrario se quede sin argumento para defender su posición.

a·cor·ta·mien·to [akortamjéņto] *s/m* Acción y efecto de acortar.

a·cor·tar [akortár] *v/tr* Disminuir la longitud, tiempo o cantidad de algo.

a·co·sa·mien·to [akosamjéņto] *s/m* Acción y efecto de acosar.

a·co·sar [akosár] *v/tr* **1.** Perseguir a una persona o animal sin dejarlc descansar, para cogerlo: *El cazador acosaba a su presa.* **2.** Hacer a alguien muchas preguntas o algo pesado y molesto: *El fiscal le acosó sin piedad.*

a·co·so [akóso] *s/m* Acosamiento.

a·cos·tar [akostár] **I.** *v/tr* **1.** Colocar a alguien en posición horizontal para que descanse. **2.** Acercar el costado de una embarcación a alguna parte: *Acostar el barco al dique.* **II.** REFL(-SE) Echarse para dormir o descansar. Inclinarse por algo o alguien.
CONJ *Irreg: Acuesto, acosté, acostaré, acostado.*

a·cos·tum·brar [akostuɱbrár] **I.** *v/tr* **1.** Hacer que alguien actúe de determinada manera: *Acostumbré a mis hijos a comer de todo.* **2.** Tener por costumbre hacer cierta cosa: *Acostumbra a cerrar todas las puertas cada noche.* **II.** REFL(-SE) Adquirir una costumbre: *Me acostumbré a no fumar en la cama.* RPr **Acostumbrar(se) a.**

a·co·ta·ción [akotaθjón] *s/f* **1.** Acción y efecto de acotar. **2.** Nota que se pone generalmente en el margen de un escrito.

a·co·ta·mien·to [akotamjéņto] *s/m* Acción y efecto de acotar.

a·co·tar [akotár] *v/tr* **1.** Señalar límites en un terreno: *Acotar una finca.* **2.** Marcar límites en general. **3.** Reservar o limitar el uso de cualquier cosa. **4.** Poner acotaciones en un escrito.

á·cra·ta [ákrata] *adj* Se dice del que es partidario de una sociedad sin gobierno y de la supresión de toda autoridad.

a·cre [ákre] **I.** *s/m* Medida inglesa de superficie equivalente a 40,47 áreas. **II.** *adj* Se dice de lo que es áspero y picante al gusto y al olfato.
GRAM El superlativo es *acérrimo.*

a·cre·cen·ta·mien·to [akreθeņtamjéņto] *s/m* Acción y efecto de acrecentar.

a·cre·cen·tar [akreθeņtár] *v/tr* Aumentar. Hacer crecer la cantidad o importancia de una cosa.
CONJ *Irreg: Acreciento, acrecenté, acrecentaré, acrecentado.*

a·cre·cer [akreθér] *v/tr* Aumentar.
CONJ *Irreg: Acrezco, acrecí, acreceré, acrecido.*

a·cre·di·ta·do, -a [akreðitáðo, -a] *adj* **1.** Se aplica al que tiene crédito o buena reputación. **2.** Se aplica a los representantes diplomáticos destinados a un país extranjero. RPr **Acreditado en/para:** *Acreditado en su profesión. Acreditado para desempeñar su oficio.*

a·cre·di·tar [akreðitár] *v/tr* **1.** Demostrar la verdad de alguna cosa, *por ej*, que se tiene cierto derecho: *El título le acredita para ejercer la medicina.* **2.** Proveer a una persona que ha de desempeñar una determinada misión de los documentos necesarios. RPr **Acreditar(se) como/para:** *Acreditarse como buen abogado. Este título no acredita para ejercer la medicina.*

a·cre·di·ta·ti·vo, -a [akreðitatíβo, -a] *adj* Que acredita o sirve para acreditar.

a·cree·dor, -ra [akre(e)ðór, -ra] **I.** *adj* **1.** Se dice de quien tiene derecho a pedir el cumplimiento de algo. **2.** Que es merecedor de algo: *Es acreedor a la confianza depositada en él.* **II.** *s/m,f* Alguien respecto a quien le debe dinero.

a·cri·bi·llar [akriβiʎár] *v/tr* **1.** Hacer muchos agujeros en alguna cosa. **2.** FIG Molestar mucho a alguien: *Me acribillaron a preguntas.* RPr **Acribillar a:** *Lo acribillaron a balazos.*

a·cri·mo·nia [akrimónja] *s/f* **1.** Aspereza de las cosas, especialmente al gusto o al olfato. **2.** FIG Desabrimiento en el carácter o en el trato.

a·crio·llar·se [akrioʎárse] *v/*REFL(-SE) Contraer un extranjero las costumbres del país.

a·cri·so·lar [akrisolár] *v/tr* **1.** Depurar los metales en el crisol. **2.** FIG Poner de manifiesto una cualidad moral sometiéndola a pruebas.

a·cris·ta·lar [akristalár] *v/tr* Poner cristales.

a·cris·tia·nar [akristjanár] *v/tr* **1.** Hacer cristiano. **2.** Administrar el bautismo.

a·cri·tud [akritúð] *s/f* Acrimonia.

a·cro·ba·cia [akroβáθja] *s/f* Arte y pirueta realizada por el acróbata.

a·cró·ba·ta [akróβata] *s/m,f* Persona que realiza con su cuerpo ejercicios de habilidad y de equilibrio, a veces sobre cuerdas, pilotando aviones, etc.

a·cro·bá·ti·co, -a [akroβátiko, -a] *adj* Se dice de lo que se refiere al acróbata.

a·cro·ba·tis·mo [akroβatísmo] *s/m* Profesión del acróbata.

a·cro·má·ti·co, -a [akromátiko, -a] *adj* **1.** Se dice de las lentes e instrumentos ópticos que no descomponen la luz en colores. **2.** Sin color.

a·cro·ma·tis·mo [akromatísmo] *s/m* Calidad de acromático.

a·cro·ma·ti·zar [akromatiθár] *v/tr* Hacer acromático un prisma o lente.
ORT Ante *e* la *z* cambia en *c*: *Acromaticé*.

a·cró·po·lis [akrópolis] *s/f* El lugar más alto y fortificado en las antiguas ciudades griegas.

ac·ta [ákta] *s/f* **1.** Relación escrita de lo tratado o acordado en una junta: *Acta notarial*. **2.** *pl* Relato de los hechos de la vida de un mártir o santo, realizado en su tiempo y con garantías de veracidad. LOC **Levantar acta,** realizarla.
GRAM Aunque *f*: El/un *acta*.

ac·ti·tud [aktitúð] *s/f* **1.** Postura del cuerpo de una persona o de un animal: *Actitud amenazante*. **2.** Disposición de ánimo que alguien mantiene para comportarse u obrar: *Mantiene siempre una actitud defensiva*.

ac·ti·var [aktiβár] *v/tr* Hacer que algo se realice, o funcione más rápidamente y con mayor intensidad.

ac·ti·vi·dad [aktiβiðáð] *s/f* **1.** Conjunto de tareas propias de una persona o entidad: *Actividad diaria de un oficinista*. **2.** Cualidad de activo: *Tiene una gran actividad*.

ac·ti·vis·ta [aktiβísta] *adj* y *s/m,f* Se dice del miembro de un grupo o partido que se dedica a la propaganda y a promover las actividades del mismo.

ac·ti·vo, (-a) [aktíβo, (-a)] **I.** *adj* **1.** Se dice de lo que obra: *Es un veneno muy activo*. **2.** GRAM Se aplica al sujeto que realiza la acción expresada por el verbo. **3.** Se dice de los funcionarios mientras prestan servicio. **II.** *s/m* Importe total de los valores, efectos, créditos y derechos que una persona tiene a su favor. LOC **En activo** (funcionarios y militares), prestando servicio.

ac·to [ákto] *s/m* **1.** Cada una de las partes principales en que se dividen las obras de teatro. **2.** Hecho o acción: *Un acto bueno/malo*. **3.** Hecho público o solemne. LOC **Acto seguido,** inmediatamente después. **En el acto,** en seguida.
Acto carnal, cópula.
Acto jurídico, acción realizada voluntariamente y de la cual derivan derechos y obligaciones.

ac·tor [aktór] *s/m* **1.** Persona que representa en el teatro o en el cine. **2.** FIG Persona que sabe fingir.

ac·triz [aktríθ] *s/f* Femenino de *actor*.

ac·tua·ción [aktwaθjón] *s/f* Acción y efecto de actuar.

ac·tual [aktwál] *adj* Se aplica a lo que existe o sucede en el tiempo de que se habla.

ac·tua·li·dad [aktwaliðáð] *s/f* **1.** Cualidad de actual. **2.** Tiempo en el que vivimos. LOC **De actualidad,** se aplica a aquello de lo que se habla ahora.

ac·tua·li·za·ción [aktwaliθaθjón] *s/f* Acción y efecto de actualizar.

ac·tua·li·zar [aktwaliθár] *v/tr* Dar actualidad a una cosa.
ORT Ante *e* la *z* cambia en *c*: *Actualice*.

ac·tuar [aktwár] *v/intr* **1.** Hacer algo de determinada manera: *Actuó como era de esperar*. **2.** Realizar un actor o una compañía su trabajo. **3.** Producir algo actos propios de su naturaleza: *Esta pastilla actuará como tranquilizante*. RPr **Actuar de/como:** *Actuar de coordinador. Actúa como intérprete*.
ORT En el *pres* de *indic* y *subj (sing* y *3.ª pers pl)* el acento tónico en la *u* exige la tilde: *Actúo, actúe*.

ac·tua·rio [aktwárjo] *s/m* Funcionario judicial que da fe en los autos procesales.

a·cua·re·la [akwaréla] *s/f* Pintura que se realiza con los colores que previamente se han diluido en agua.

a·cua·re·lis·ta [akwarelísta] *s/m,f* Pintor de acuarelas.

a·cua·rio [akwárjo] *s/m* **1.** Depósito de agua en el que se mantienen vivos animales o vegetales acuáticos. **2.** Signo del zodíaco aplicado a quienes han nacido entre el 21 de enero y 19 de febrero.

a·cuar·te·la·mien·to [akwartelamjénto] *s/m* **1.** Acción y efecto de acuartelar. **2.** Lugar donde se acuartelan las tropas.

a·cuar·te·lar [akwartelár] *v/tr* Alojar la tropa en cuarteles ante la posibilidad de una alteración del orden público.

a·cuá·ti·co, -a [akwátiko, -a] *adj* **1.** Se dice de lo que vive en el agua: *Planta acuática*. **2.** Relativo al agua: *Deporte acuático*.

a·cu·cian·te [akuθjáṇte] *adj* Que acucia.

a·cu·ciar [akuθjár] *v/tr* **1.** Dar prisa para hacer algo. **2.** Desear con vehemencia.

a·cu·chi·llar [akutʃiʎár] *v/tr* **1.** Herir o matar a alguien a cuchilladas. **2.** Alisar con cuchilla u otro utensilio la superficie de muebles o pisos de madera.

a·cu·dir [akuðír] *v/intr* **1.** Ir alguien a un sitio donde es esperado o debe hacer algo. **2.** Ayudar a alguien en una situación difícil: *Acudió con la ayuda a tiempo.* **3.** Utilizar a alguien o algo para conseguir aquello que uno se ha propuesto: *Consiguió el empleo acudiendo a las amistades.* RPr **Acudir a/con.**

a·cue·duc·to [akwedúkto] *s/m* Construcción para transportar agua y abastecer de ella a una población.

a·cuer·do [akwérðo] *s/m* **1.** Cosa decidida por dos o más personas tras discutir sobre algo: *Discutieron mucho, pero llegaron a un acuerdo.* **2.** Resolución que se toma en los tribunales, juntas o comunidades de cualquier clase. LOC **De acuerdo,** con conformidad de pareceres. **De acuerdo con,** según. **De común acuerdo,** estando conformes los interesados.

a·cuí·fe·ro, -a [akwífero, -a] *adj* Se aplica a la zona o capa de la tierra que contiene agua. También usado como *s/m.*

a·cui·tar [akwitár] *v/tr* Poner en apuro, dar preocupaciones.

a·cu·llá [akuʎá] *adv* Indica la parte opuesta del que habla.

a·cu·mu·la·ble [akumuláβle] *adj* Se dice de lo que puede acumularse.

a·cu·mu·la·ción [akumulaθjón] *s/f* Hecho y consecuencia de acumular.

a·cu·mu·la·dor, (-ra) [akumulaðór, (-ra)] **I.** *adj* Se aplica a quien o a lo que acumula. **II.** *s/m* Aparato que sirve para acumular energía; especialmente, el que sirve para acumular energía eléctrica.

a·cu·mu·lar [akumulár] *v/tr* Juntar, amontonar cosas tanto de orden material como inmaterial: *Acumular riquezas. Acumular honores.*

a·cu·mu·la·ti·vo, -a [akumulatíβo, -a] *adj* Susceptible de acumularse o ser acumulado.

a·cu·nar [akunár] *v/tr* Mecer a un niño en la cuna.

a·cu·ña·ción [akuɲaθjón] *s/f* Hecho y consecuencia de acuñar.

a·cu·ñar [akuɲár] *v/tr* **1.** Hacer o mandar hacer moneda. **2.** Meter cuñas para sujetar algo.

a·cuo·si·dad [akwosiðáð] *s/f* Cualidad de acuoso.

a·cuo·so, -a [akwóso, -a] *adj* **1.** Se aplica a lo que tiene abundante agua. **2.** Que guarda alguna relación o parecido con el agua.

a·cu·pun·tu·ra [akupuṇtúra] *s/f* Procedimiento que consiste en clavar agujas en puntos especiales del cuerpo humano para curar ciertas enfermedades.

a·cu·rru·car·se [akurrukárse] *v/*REFL (-SE) Encogerse ocupando el menor espacio posible.
ORT Ante *e* la *c* cambia en *qu*: *Acurruqué.*

a·cu·sa·ción [akusaθjón] *s/f* **1.** Hecho de acusar o acusarse. **2.** En un juicio, el fiscal.

a·cu·sa·do, (-a) [akusáðo, (-a)] **I.** *s/m,f* Persona a la que se acusa. **II.** *adj* De rasgos claros y bien definidos: *Sobresale su acusada tendencia hacia la depresión.*

a·cu·sa·dor, -ra [akusaðór, -ra] *adj* y *s/m,f* Se aplica a lo que o a quien acusa.

a·cu·sar [akusár] **I.** *v/tr* **1.** Atribuir a alguien un delito o falta: *Le acusaron de robo.* **2.** Hacer ver o notar cierta cosa: *Sus ojeras acusan que ha pasado mala noche.* **II.** REFL(-SE) Declarar uno sus culpas o delitos. RPr **Acusar a alguien ante/de:** *Acusaron al ladrón ante las autoridades.* **Acusarse de:** *Siempre se acusa de su falta de voluntad.*

a·cu·sa·ti·vo [akusatíβo] *s/m* GRAM Uno de los casos de la declinación; corresponde al complemento directo del verbo.

a·cu·se [akúse] *s/m* Acción y efecto de acusar. LOC **Acuse de recibo,** notificación del recibo de (una carta).

a·cu·si·ca [akusíka] *s/m,f* Acusón.

a·cu·són, -na [akusón, -na] *adj* FAM Se dice de quien tiene el vicio de acusar.

a·cús·ti·ca [akústika] *s/f* **1.** Parte de la física que se ocupa del estudio del sonido. **2.** Condiciones de la propagación del sonido en un local.

a·cús·ti·co, -a [akústiko, -a] *adj* Relativo a la acústica.

a·cu·tán·gu·lo [akutáŋgulo] *adj* Se aplica a aquellos triángulos cuyos tres ángulos son agudos.

a·cha·car [atʃakár] *v/tr* Imputar algo a alguien, especialmente una falta o delito.
ORT Ante *e* la *c* cambia en *qu*: *Achaques.*

a·cha·co·so, -a [atʃakóso, -a] *adj* Se dice del que padece algún achaque.

a·cha·pa·rra·do, -a [atʃaparráðo, -a] *adj* **1.** Se dice de lo que tiene forma de chaparro. **2.** FIG Rechoncho.

a·cha·que [atʃáke] *s/m* Cualquier alteración no grave de la salud, sea crónica o no.

a·cha·ro·la·do, -a [atʃaroláðo, -a] *adj* Se aplica a lo que es parecido al charol.

a·cha·ta·mien·to [atʃatamjénto] *s/m* Acción y efecto de achatar o achatarse.

a·cha·tar [atʃatár] *v/tr* Poner chata alguna cosa.

a·chi·car [atʃikár] *v/tr* **1.** Disminuir el tamaño de alguna cosa. **2.** Extraer el agua acumulada en alguna parte, especialmente en una mina o en un barco. **3.** Acobardar a alguien.
ORT Ante *e* la *c* cambia en *qu*: *Achiques.*

a·chi·co·ria [atʃikórja] *s/f* Planta compuesta, de hojas ásperas y comestibles, una de cuyas variedades se emplea para falsificar el café.

a·chi·cha·rrar [atʃitʃarrár] **I.** *v/tr* Asar, tostar o freír una comida de forma excesiva, pero sin llegar a quemarla. **II.** REFL (-SE) Casi quemarse uno, en sentido real o figurado: *Achicharrarse al sol.*

a·chu·char [atʃutʃár] *v/tr* **1.** Incitar a una persona o animal contra otro. **2.** Estrujar con fuerza a alguien o algo. LOC **La vida está muy achuchada,** la vida es muy difícil.

a·chu·chón [atʃutʃón] *s/m* Hecho y consecuencia de achuchar.

a·chu·la·do, -a [atʃuláðo, -a] *adj* Se dice de quien tiene modales de chulo.

a·da·gio [aðáxjo] *s/m* **1.** Frase hecha con la que se expresa un consejo útil para la conducta, tomada de la sabiduría popular o de algún autor. **2.** Uno de los movimientos musicales lentos.

a·da·lid [aðalíð] *s/m* **1.** Persona que hace de caudillo de gente de guerra. **2.** Hombre muy sobresaliente en una comunidad.

a·da·mas·ca·do, -a [aðamaskáðo, -a] *adj* Se aplica a lo que se parece al damasco.

a·dán [aðán] *s/m* **1.** Nombre dado en la Biblia al que se considera el primer hombre. **2.** *(Ser un...)* Se dice del hombre que no cuida su aspecto físico y es descuidado en su arreglo personal: *Es un adán; va siempre sucio.*

a·dap·ta·bi·li·dad [aðaptaβiliðáð] *s/f* Cualidad de adaptable.

a·dap·ta·ble [aðaptáβle] *adj* Se dice de lo que o de quien puede ser adaptado.

a·dap·ta·ción [aðaptaθjón] *s/f* Acción y efecto de adaptar o adaptarse.

a·dap·ta·dor, -ra [aðaptaðór, -ra] *adj* y *s/m,f* Que adapta.

a·dap·tar [aðaptár] **I.** *v/tr* Ajustar una cosa a otra. **II.** REFL(-SE) Saber avenirse a determinada situación: *Se adapta a cualquier ambiente.* RPr **Adaptarse a.**

a·dar·ga [aðárɣa] *s/f* Escudo de cuero que tiene forma ovalada o acorazonada.

a·dar·me [aðárme] *s/m* Porción mínima de una cosa.

a·de·cen·tar [aðeθentár] *v/tr* Poner limpio y en orden algo: *Adecentó la casa.*

a·de·cua·ción [aðekwaθjón] *s/f* Acción de adecuar o adecuarse.

a·de·cua·do, -a [aðekwáðo, -a] *adj* Se aplica a lo que resulta conveniente para algo o alguien. RPr **Adecuado para/a:** *Es adecuado para el trabajo en casa. El coche no es adecuado a su dueño.*

a·de·cuar [aðekwár] *v/tr* Acomodar una cosa a otra.
PRON Se admite la pronunciación *adecuo* o *adecúo,* etc.

a·de·fe·sio [aðefésjo] *s/m* **1.** Traje ridículo. **2.** Persona de aspecto extravagante o muy fea.

a·de·lan·ta·do, -a [aðelantádo, -a] *adj* **1.** Aplicado a productos del campo, aquellos que salen tempranamente. **2.** Referido a un trabajo, que ya se tiene realizado gran parte del mismo. **3.** Se aplica a quien tiene un desarrollo superior al que le corresponde: *El niño siempre ha ido muy adelantado en sus estudios.* **4.** Hablando de pagos, realizados antes de recibir lo pagado: *Pago adelantado.* RPr **Adelantado en (algo)/para:** *Es un niño adelantado para su edad. Adelantado en conocimientos.*

a·de·lan·ta·mien·to [aðelantamjénto] *s/m* Acción y efecto de adelantar.

a·de·lan·tar [aðelantár] **I.** *v/tr* **1.** Ir alguien o algo hacia adelante: *El enemigo adelanta con dificultad.* **2.** (Con *en*) Pasar delante de otro en alguna cosa: *Lo adelantó en el juego.* **3.** Hacer que el reloj señale una hora más avanzada o regular moviendo el registro para que marche con mayor velocidad: *Adelantar el reloj.* **4.** Realizar algo antes de lo previsto: *Adelantamos la vuelta por la lluvia.* **5.** Pagar el salario antes del día señalado: *En esta empresa nunca adelantan la paga.* **II.** *v/intr* **1.** Andar el reloj más rápidamente de lo debido. **2.** Hacer algo empleando menos tiempo del habitual: *Yendo por el atajo adelantarán.* **III.** REFL(-SE) Suceder una cosa antes de lo que es normal: *El lechero se ha adelantado esta mañana.* RPr **Adelantar en/con:** *No adelantarás nada con preocuparte.* **Adelantarse a:** *Se adelantó al resto de los corredores.*

a·de·lan·te [aðelánte] **I.** *adv* **1.** Expresa dirección hacia un lugar más próximo al fin u objeto de la marcha. **2.** Expresa tiempo futuro en las expresiones: **en adelante, más adelante, de hoy en adelante, de aquí en adelante. II.** *interj* **1.** Palabra con que se invita a seguir marchando, hablando o haciendo cualquier otra cosa: *¡Adelante!* **2.** Voz con la que se permite la entrada a alguien en algún sitio.

a·de·lan·to [aðelánto] *s/m* **1.** Acción y efecto de adelantar. **2.** Lo que mejora las condiciones de vida: *En el s. xx ha habido muchos adelantos.* **3.** Cantidad que se adelanta: *Adelanto de dinero.*

a·del·fa [aðélfa] *s/f* Arbusto de hojas lanceoladas coriáceas, semejantes a las del laurel. Es venenosa y abunda en el sur de España.

a·del·ga·za·mien·to [aðelγaθamjénto] *s/m* Hecho y consecuencia de adelgazar.

a·del·ga·za·dor o **a·del·ga·zan·te** [aðelγaθaðór/aðelγaθánte] *adj* y *s/m* Que adelgaza.

a·del·ga·zar [aðelγaθár] *v/tr* Poner(se) una cosa o persona más delgada.
ORT La *z* cambia en *c* ante *e*: *Adelgacé.*

a·de·mán [aðemán] *s/m* **1.** Movimiento del cuerpo que manifiesta una intención, una actitud o un estado de ánimo: *Hizo ademán de romper el jarrón.* **2.** *pl* Gestos peculiares de una persona: *El joven es de ademanes bruscos.* LOC **En ademán de,** en actitud de ir a realizar alguna cosa.

a·de·más [aðemás] *adv* Indica que la acción del verbo al que afecta sucede añadida a otra ya expresada: *Vino cansado y, además, malhumorado.*

a·den·trar·se [aðentrárse] *v/*REFL (-SE) Penetrar en lo más oculto de algo: *No te adentres en el río, es peligroso.* RPr **Adentrarse en.**

a·den·tro [aðéntro] **I.** *adv* Indica lo interior (dentro). **II.** *s/m, pl* Se refiere a la intimidad de una persona, a su fuero interno: *Lo guardé para mis adentros.*
GRAM Se emplea pospuesto a nombres con el significado de 'en el interior' o 'hacia el interior de': *Mar adentro.*

a·dep·to, -a [aðépto, -a] *s/m,f* y *adj* **1.** Se dice de quien pertenece a determinada secta, asociación o partido. **2.** Se aplica al que admira, respeta y sigue cierta ideología o persona. RPr **Adepto a/de:** *Adepto a/de una secta extremista.*

a·de·re·zar [aðereθár] *v/tr* **1.** Arreglar personas o cosas. **2.** Guisar o añadir a las comidas elementos que les den sabor: *Adereza este guiso con tomillo.*
ORT La *z* cambia en *c* ante *e*: *Aderecé.*

a·de·re·zo [aðeréθo] *s/m* **1.** Acción y efecto de aderezar o aderezarse. **2.** Cosa con que se adereza.

a·deu·dar [aðeuðár] *v/tr* **1.** Tener deudas: *Le adeuda 10.000 ptas. de su salario.*

ad·he·ren·cia [aðerénθja] *s/f* Acción y efecto de adherir una cosa con otra.

ad·he·ren·te [aðerénte] *adj* y *s/m* Que es capaz de adherir o adherirse.

ad·he·rir [aðerír] **I.** *v/tr* Unir una cosa a otra. **II.** REFL(-SE) **1.** Convenir alguien con la opinión de otro y tomarla como suya: *Se adhirió a su propuesta.* **2.** Hacerse miembro de un partido o asociación. RPr **Adherir algo a/Adherirse a.**
CONJ *Irreg: Adhiero, adherí, adheriré, adherido.*

ad·he·sión [aðesjón] *s/f* Acción y efecto de adherir o adherirse.

ad·he·si·vo, (-a) [aðesíβo, (-a)] *adj* y *s/m* Que es capaz de adherirse.

a·di·ción [aðiθjón] *s/f* **1.** Acción y efecto de añadir. **2.** Cosa añadida en una obra. **3.** MAT Operación de sumar.

a·di·cio·nal [aðiθjonál] *adj* Se aplica a lo que se añade a alguna cosa.

a·di·cio·nar [aðiθjonár] *v/tr* Poner adiciones a algo.

a·dic·to, -a [aðíkto, -a] *adj* **1.** (*Ser adicto*). Se aplica a quien admira, sigue o acata a una determinada persona o ideología. **2.** MED Se aplica a la persona que no puede prescindir de las drogas. RPr **Adicto a:** *Adicto a las drogas.*

a·dies·tra·mien·to [aðjestramjénto] *s/m* Acción y efecto de adiestrar o adiestrarse.

a·dies·trar [aðjestrár] **I.** *v/tr* Hacer que alguien aprenda algo realizando muchas prácticas. **II.** REFL(-SE) Practicar una determinada habilidad hasta conseguir ser diestro en la misma. RPr **Adiestrarse en:** *Adiestrarse en el manejo del balón.*

a·di·ne·ra·do, -a [aðineráðo, -a] *adj* Se aplica a quien tiene mucho dinero.

a·diós [aðjós] **I.** *interj* Expresión para despedirse. **II.** *s/m* Despedida: *Es la hora del adiós.*

a·di·po·si·dad [aðiposiðáð] *s/f* Cualidad de adiposo o grasa superflua.

a·di·po·sis [aðipósis] *s/f* MED Obesidad.

a·di·po·so, -a [aðipóso, -a] *adj* **1.** De grasa: *Tejido adiposo.* **2.** Con exceso de grasa.

a·di·ta·men·to, a·di·ti·vo [aðitaménto/aðitíβo] *s/m* Añadidura, añadido, complemento.

a·di·vi·na·ción [aðiβinaθjón] *s/f* Acción y efecto de adivinar.

a·di·vi·na·dor, -ra [aðiβinaðór, -ra] *adj* y *s/m,f* Que adivina.

a·di·vi·nan·za [aðiβinánθa] *s/f* Adivinación, acertijo, enigma.

a·di·vi·nar [aðiβinár] *v/tr* **1.** Predecir el futuro por arte de magia. **2.** Hablando de un enigma, resolverlo.

a·di·vi·na·to·rio, -a [aðiβinatórjo, -a] *adj* Se aplica a lo que guarda relación con la adivinación.

a·di·vi·no, -a [aðiβíno, -a] *s/m,f* Persona que posee la facultad de la adivinación.

ad·je·ti·va·ción [aðxetiβaθjón] *s/f* Acción de adjetivar o adjetivarse.

ad·je·ti·var [aðxetiβár] *v/tr* Aplicar adjetivos a algo o a alguien.

ad·je·ti·vo, (-a) [aðxetíβo, (-a)] **I.** *adj* Se aplica a las cosas que no son independientes y, por tanto, existen sólo en otras, tales como las cualidades, los estados, los fenómenos, etc. **II.** *s/m* GRAM Se llaman así las palabras que acompañan al nombre calificándolo o determinándolo.

ad·ju·di·ca·ción [aðxuðikaθjón] *s/f* Acción y efecto de adjudicar o adjudicarse.

ad·ju·di·car [aðxuðikár] **I.** *v/tr* Conceder determinada cosa a alguien que la deseaba en competencia con otros: *Le adjudicaron todo el lote en la subasta.* **II.** REFL (-SE) Apropiarse uno alguna cosa.
ORT La *c* cambia en *qu* ante *e*: *Adjudiqué.*

ad·ju·di·ca·ta·rio, -a [aðxuðikatárjo, -a] *s/m,f* Persona a la que se adjudica alguna cosa.

ad·jun·tar [aðxun̪tár] *v/tr* Enviar juntamente con otra cosa.

ad·jun·to, -a [aðxún̪to, -a] *adj* **1.** Se aplica a lo que va unido a otra cosa. **2.** Se dice de quien acompaña o ayuda a otra persona como auxiliar en un cargo o función: *Médico adjunto.*

ad·mi·ní·cu·lo [aðminíkulo] *s/m* Cosa pequeña que se usa como ayuda de otra.

ad·mi·nis·tra·ción [aðministraθjón] *s/f* **1.** Acción de administrar. **2.** Cargo o empleo de administrador. **3.** Oficina donde el administrador está instalado. **4.** Conjunto de funciones que se realizan para administrar.

ad·mi·nis·tra·dor, -ra [aðministraðór, -ra] *adj* y *s/m,f* Se aplica a quien administra.

ad·mi·nis·trar [aðministrár] **I.** *v/tr* **1.** Cuidar los intereses de una comunidad o de una persona. **2.** Hablando de medicamentos, aplicarlos o hacerlos tomar: *Le administran una pastilla cada hora.* **II.** REFL(-SE) Llevar bien los asuntos propios: *Tiene poco dinero, pero se administra bien.*

ad·mi·nis·tra·ti·vo, -a [aðministratíβo, -a] **I.** *adj* Perteneciente a la administración. **II.** *s/m,f* Empleado que desempeña un cargo de oficina, no técnico.

ad·mi·ra·ble [aðmiráβle] *adj* Digno de admiración.

ad·mi·ra·ción [aðmiraθjón] *s/f* Acción de admirar o admirarse.

ad·mi·ra·dor, -ra [aðmiraðór, ra] *adj* y *s/m,f* Se dice de quien admira.

ad·mi·rar [aðmirár] *v/tr* **1.** Provocar sorpresa determinado hecho por ser extraordinario o inesperado. **2.** Tener hacia algo o alguien una gran estimación y consideración: *Admira a los artistas.* RPr **Admirarse de:** *Me admiro de que no lo hayas comprado.*

ad·mi·si·ble [aðmisíβle] *adj* Se dice de lo que o de quien puede ser admitido.

ad·mi·sión [aðmisjón] *s/f* Acción de admitir.

ad·mi·tir [aðmitír] *v/tr* **1.** Dar entrada a alguien en algún lugar, asociación o comunidad: *No le admitieron en la sala.* **2.** Aceptar algo o alguien cierto trato: *Esta tela no admite planchado.* **3.** Caber en un sitio determinada cantidad de gente: *La sala sólo admite cien personas.*

ad·mo·ni·ción [aðmoniθjón] *s/f* Pequeño discurso con el que se pretende que alguien vea que ha obrado mal y se enmiende.

a·do·bar [aðoβár] *v/tr* Poner adobo a una vianda.

a·do·be [aðóβe] *s/m* Barro y paja mezclado y moldeado en forma de ladrillo y secado al sol y al aire para uso en la construcción.

a·do·bo [aðóβo] *s/m* **1.** Acción de adobar. **2.** Salsa que se hace con diversos condimentos (sal, orégano, ajos, vinagre y pimentón) y que sirve para sazonar y conservar determinadas viandas.

a·do·ce·na·do, -a [aðoθenáðo, -a] *adj* Vulgar, mediocre, de muy escaso mérito.

a·do·ce·nar [aðoθenár] *v/*REFL(-SE) Estar o caer uno en la mediocridad.

a·doc·tri·na·mien·to [aðoktrinamjén̪to] *s/m* Acción y efecto de adoctrinar.

a·doc·tri·nar [aðoktrinár] *v/tr* Indicar a alguien cómo tiene que obrar y comportarse.

a·do·le·cer [aðoleθér] *v/intr* Ponerse enfermo, padecer alguna enfermedad crónica o tener algún defecto o deficiencia. RPr **Adolecer de:** *Adolece de falta de voluntad.*
CONJ *Irreg: Adolezco, adolecía, adoleceré, adolecido.*

a·do·les·cen·cia [aðolesθéṇθja] *s/f* Edad comprendida entre la niñez y la edad adulta.

a·do·les·cen·te [aðolesθéṇte] *adj* y *s/m,f* Se dice de quien está en la adolescencia.

a·don·de [aðóṇde] *adv* Expresa lugar: a dónde, a qué parte.
ORT Usado como interrogativo lleva tilde: *¿Adónde? Se fue adonde nadie quiere ir;* pero: *¿A dónde vas?*

a·don·de·quie·ra [aðoṇdekjéra] *adv* A cualquier parte.

a·do·nis [aðónis] *s/m* **1.** Personaje mitológico, representación de la belleza masculina. **2.** FIG Muchacho hermoso.

a·dop·ción [aðopθjón] *s/f* Acción de adoptar.

a·dop·tar [aðoptár] *v/tr* **1.** Tomar con los debidos requisitos legales a alguien como hijo. **2.** Tratándose de medidas, resoluciones o acuerdos, tomarlos después de deliberar: *Adoptaron medidas de seguridad.* **3.** Refiriéndose a ideas, creencias, modas, etc., admitirlas y seguirlas: *Finalmente adoptó esa religión.* RPr **Adoptar por/como:** *Adoptar por/como hijo.*

a·dop·ti·vo, -a [aðoptíβo, -a] *adj* **1.** Se aplica al padre, hijo, etc., que lo es por adopción. **2.** Se aplica a las cosas que se adoptan como propias aunque no lo son naturalmente: *Lengua adoptiva.*

a·do·quín [aðokín] *s/m* **1.** Piedra en forma de prisma rectangular que se usa para pavimentar calles y para otros usos. **2.** *(Ser un...)* Persona ignorante y torpe.

a·do·qui·na·do [aðokináðo] *s/m* **1.** Acción de adoquinar. **2.** Suelo empedrado con adoquines.

a·do·qui·nar [aðokinár] *v/tr* Empedrar con adoquines.

a·do·ra·ble [aðoráβle] *adj* Se aplica a quien es digno de adoración.

a·do·ra·ción [aðoraθjón] *s/f* Acción de rendir culto o adorar.

a·do·ra·dor, -ra [aðoraðór, -ra] *adj* Se aplica a quien adora.
GRAM En *f* **a·do·ra·triz.**

a·do·rar [aðorár] *v/tr* **1.** Rendir culto a Dios, a los santos o a objetos relacionados con una religión. **2.** FIG Amar intensamente a alguien: *Sus hijos la adoran.*

a·dor·me·ce·dor, -ra [aðormeθeðór, -ra] *adj* Que adormece.

a·dor·me·cer [aðormeθér] **I.** *v/tr* **1.** Provocar sueño. **2.** FIG Calmar un dolor. **II.** REFL(-SE) **1.** Empezar uno a dormirse. **2.** Entumecerse un miembro.
CONJ *Irreg: Adormezco, adormecí, adormeceré, adormecido.*

a·dor·me·ci·mien·to [aðormeθimjéṇto] *s/m* Acción o efecto de adormecer.

a·dor·mi·de·ra [aðormiðéra] *s/f* Planta papaverácea de flores grandes y terminales y fruto capsular; de su fruto se extrae el opio.

a·dor·mi·lar·se [aðormilárse] *v*/REFL(-SE) Adormecerse (II.1.)

a·dor·nar [aðornár] *v/tr* **1.** Embellecer una cosa a algo o alguien. **2.** Poseer una persona determinadas cualidades físicas o morales: *Le adorna su gran amabilidad.* RPr **Adornar con/de:** *Adornó con plantas el salón. (Se) adorna de mil maneras.*

a·dor·no [aðórno] *s/m* Lo que se pone para embellecer a personas o cosas.

a·do·sar [aðosár] *v/tr* Poner una cosa arrimada a otra, sirviéndole ésta o no de respaldo o apoyo. RPr **Adosar (algo) a:** *Adosar el barco al dique.*

ad·qui·rir [aðkirír] *v/tr* **1.** Conseguir tener algo que puede ser bueno o malo: *Adquirió fama por su pintura.* **2.** Tratándose de cosas materiales, equivale generalmente a comprar: *He adquirido una finca.*
CONJ *Irreg: Adquiero, adquirí, adquiriré, adquirido.*

ad·qui·si·ción [aðkisiθjón] *s/f* **1.** Acción de adquirir. **2.** Cosa adquirida.

ad·qui·si·ti·vo, -a [aðkisitíβo, -a] *adj* Se aplica a lo que sirve para adquirir: *Poder adquisitivo.*

a·dre·de [aðréðe] *adv* De forma voluntaria, con deliberada intención.

a·dre·na·li·na [aðrenalína] *s/f* Hormonas segregadas por las glándulas suprarrenales; es constrictora de los vasos sanguíneos y se usa como hemostático.

a·driá·ti·co, -a [aðrjátiko, -a] *adj* Se dice del mar o del golfo de Venecia.

ads·cri·bir [a(ð)skriβír] **I.** *v/tr* Atribuir una cosa a otra o a una persona: *Le adscribió la autoría del robo.* **II.** REFL(-SE) Adherirse o afiliarse a algo. RPr **Adscribir a.**
CONJ El *p* es *adscrito.*

ads·crip·ción [a(ð)skripθjón] *s/f* Acción y efecto de adscribir o adscribirse.

ads·cri·to, -a o **ads·crip·to, -a** [aðskrí(p)to, -a] *p irreg* de *adscribir.*

ad·sor·ción [aðsorθjón] *s/m* FÍS Absorción de un gas o un líquido por la parte superficial de un cuerpo sólido.

a·dua·na [aðwána] *s/f* Oficina que se encuentra en la frontera entre dos países o en los puertos y en la que se registran las mercancías que se exportan o importan y se pagan los impuestos establecidos por ellas.

a·dua·ne·ro, -a [aðwanéro, -a] **I.** *adj* Relacionado con las aduanas. **II.** *s/m,f* Empleado de aduanas.

a·du·cir [aðuθír] *v/tr* Dar pruebas o razones como justificación de algo.
CONJ *Irreg: Aduzco, aduje, aduciré, aducido.*

a·due·ñar·se [aðweɲárse] *v/REFL(-SE)* Hacerse dueño de algo o disponer de ello sin derecho. RPr **Adueñarse de:** *Se adueñaron de nuestras bebidas.*

a·du·la·ción [aðulaθjón] *s/f* Hecho y consecuencia de adular.

a·du·la·dor, -ra [aðulaðór, ra] *adj* y *s/m,f* Se aplica a quien adula.

a·du·lar [aðulár] *v/tr* Elogiar a alguien de forma exagerada, por falta de sinceridad o por servilismo.

a·dul·te·ra·ción [aðu̪lteraθjón] *s/f* Acción y efecto de adulterar o adulterarse.

a·dul·te·rar [aðu̪lterár] *v/tr* Desnaturalizar una cosa mezclándole una sustancia extraña: *Adulteran la leche con agua.*

a·dul·te·ri·no, -a [aðu̪lteríno, -a] *adj* **1.** Relativo al adulterio. **2.** Se dice principalmente del hijo que procede de adulterio.

a·dul·te·rio [aðu̪ltérjo] *s/m* **1.** Hecho de mantener una persona casada relaciones sexuales con alguien que no sea el cónyuge. **2.** FIG Falsificación, mistificación.

a·dúl·te·ro, -a [aðú̪ltero, -a] *adj* Se dice del que comete adulterio.

a·dul·to, -a [aðú̪lto, -a] *adj* y *s/m,f* Se aplica a la persona o animal que ha llegado a su pleno desarrollo.

a·dus·tez [aðustéθ] *s/f* Cualidad de adusto.

a·dus·to, -a [aðústo, -a] *adj* Se aplica a las personas poco inclinadas a reír, a ser amables o a tomar parte en alegrías y diversiones: *Hombre serio y adusto.*

ad·ve·ne·di·zo, -a [aðβeneðíθo, -a] *adj* Se aplica al que se establece en un lugar en el que no es bien aceptado por los que ya están allí o al que pretende introducirse entre gente de una posición social que no le corresponde.

ad·ve·ni·mien·to [aðβenimjé̪n̪to] *s/m* Venida o llegada.

ad·ven·tis·mo [aðβe̪n̪tísmo] *s/m* Doctrina de una secta americana que espera un segundo advenimiento de Cristo.

ad·ver·bial [aðβerβjál] *adj* Perteneciente o relativo al adverbio.

ad·ver·bio [aðβérβjo] *s/m* Parte de la oración que modifica la significación del verbo, del adjetivo o de otro adverbio y de cualquier otra palabra que tenga un sentido calificativo o atributivo: *Es 'muy' hombre.*

ad·ver·sa·rio, -a [aðβersárjo, -a] *s/m,f* Se aplica a quien es contrario a determinada persona o cosa, individual o colectivamente.

ad·ver·sa·ti·vo, -a [aðβersatíβo, -a] *adj* Se dice de lo que implica oposición.

ad·ver·si·dad [aðβersiðáð] *s/f* **1.** Cualidad de adverso. **2.** Hecho desgraciado.

ad·ver·so, -a [aðβérso, -a] *adj* Se dice de lo que está materialmente opuesto a otra cosa.

ad·ver·ten·cia [aðβerté̪n̪θja] *s/f* Acción y efecto de advertir.

ad·ver·tir [aðβertír] *v/tr* **1.** Llamar la atención de alguien sobre alguna circunstancia que le interesa tener presente: *Te advierto que la carretera está en obras.* **2.** Darse cuenta de la presencia de algo: *Allí advertimos un extraño árbol.* RPr **Advertir de:** *Te advertí de lo que podía pasar.*
CONJ *Irreg: Advierto, advertí, advertiré, advertido.*

ad·vien·to [aðβjé̪n̪to] *s/m* Tiempo del año litúrgico que abarca las cuatro semanas anteriores al día de Navidad.

ad·vo·ca·ción [aðβokaθjón] *s/f* Hecho de dedicar un lugar sagrado a un santo dándole su nombre.

ad·ya·cen·te [aðJaθé̪n̪te] *adj* Se aplica a lo que está situado en la inmediación o proximidad de otra cosa.

aé·reo, -a [aéreo, -a] *adj* **1.** Se dice de lo que está en el aire, se hace en él o desde él. **2.** Que tiene poco peso o consistencia.

ae·ro·bio [aeróβjo] *adj* Se aplica al ser vivo que necesita aire para poder vivir.

ae·ro·di·ná·mi·ca [aerodinámika] *s/f* Parte de la mecánica que estudia el movimiento de los gases.

ae·ro·di·ná·mi·co, -a [aeroðinámiko, -a] *adj* Relativo a la aerodinámica.

ae·ró·dro·mo [aeróðromo] *s/m* Lugar destinado y preparado para el despegue y aterrizaje de aviones.

ae·ro·es·pa·cial [aeroespaθjál] *adj* Relacionado con la aeronáutica y astronáutica.

ae·ro·fa·ro [aerofáro] *s/m* Luz potente colocada en los aeropuertos para orientar a los aviones o facilitarles el aterrizaje.

ae·ro·fo·bia [aerofóβja] *s/f* MED Temor al aire. Síntoma de algunas enfermedades nerviosas.

ae·ró·fo·bo, -a [aerófoβo, -a] *adj* MED Se aplica al que padece aerofobia.

ae·ro·li·to [aerolíto] *s/m* Fragmento de un cuerpo procedente de los espacios interplanetarios que penetra en la atmósfera terrestre y cae sobre la Tierra o se desintegra en el aire.

ae·ró·me·tro [aerómetro] *s/m* Instrumento para medir la densidad del aire.

ae·ro·mo·de·lis·mo [aeromoðelísmo] *s/m* Deporte consistente en la construcción y prueba de aviones de tamaño reducido.

ae·ro·nau·ta [aeronáuta] *s/m,f* Persona que navega por el aire.

ae·ro·náu·ti·ca [aeronáutika] *s/f* Ciencia o arte de la navegación aérea.

ae·ro·náu·ti·co, -a [aeronáutiko, -a] *adj* Relacionado con la aeronáutica.

ae·ro·na·val [aeronaβál] *adj* Se dice de las operaciones militares en las que se combina la acción de fuerzas aéreas y navales.

ae·ro·na·ve [aeronáβe] *s/f* Vehículo para navegar por el aire. Avión.

ae·ro·pla·no [aeropláno] *s/m* Vehículo que vuela transportando mercancías o viajeros.

ae·ro·puer·to [aeropwérto] *s/m* Aeródromo utilizado para el tráfico aéreo.

ae·ros·fe·ra [aerosféra] *s/f* Masa de aire que envuelve a la tierra.

ae·ro·sol [aerosól] *s/m* Grupo de sustancias, sólidas o líquidas, en suspensión en un medio gaseoso.

ae·ros·tá·ti·ca [aerostátika] *s/f* Parte de la mecánica que estudia el equilibrio de los gases.

ae·ros·tá·ti·co, -a [aerostátiko, -a] *adj* Relacionado con la aerostática.

ae·rós·ta·to [aeróstato] *s/m* Globo grande capaz de llevar carga.

ae·ro·ta·xi [aerotá(k)si] *s/m* Avión para alquilar, generalmente pequeño.

ae·ro·te·rres·tre [aeroterréstre] *adj* Dícese de las operaciones militares en las que participan fuerzas aéreas y terrestres.

ae·ro·trans·por·tar [aerotra(n)sportár] *v/tr* Transportar por vía aérea.

ae·ro·vía [aeroβía] *s/f* Ruta aérea comercial.

a·fa·bi·li·dad [afaβiliðáð] *s/f* Cualidad de afable.

a·fa·ble [afáβle] *adj* Se dice de quien es agradable en su trato con la gente. RPr **Afable con/en/para/(para con):** *Es afable con todo el mundo/en cualquier circunstancia/para/(para con) todos.*

a·fa·ma·do, -a [afamáðo, -a] *adj* Se aplica a quien destaca favorablemente en determinada actividad; aplicado a cosas, equivale a bueno.

a·fa·mar [afamár] **I.** *v/tr* Hacer famosa a una persona o cosa. **II.** REFL(-SE) Adquirir fama.

a·fán [afán] *s/m* **1.** Deseo vehemente. **2.** En *pl,* lo que se realiza con un gran esfuerzo, especialmente para vivir: *¿Para qué sirven tantos afanes?*

a·fa·nar [afanár] *v/tr* Trabajar con afán. RPr **Afanarse en/por:** *Se afanan en la limpieza de la casa. Se afanan por conseguir cargos públicos.*

a·fa·sia [afásja] *s/f* MED Pérdida de la facultad de hablar como consecuencia de una lesión cerebral.

a·fá·si·co, -a [afásiko, -a] *adj* Se dice de quien padece afasia.

a·fe·ar [afeár] *v/tr* Provocar que alguien o algo se ponga feo o más feo.

a·fec·ción [afe(k)θjón] *s/f* MED Alteración en la salud de algún órgano o sistema del cuerpo: *Afección renal.*

a·fec·ta·ción [afektaθjón] *s/f* Falta de naturalidad en la forma de hablar, de vestir, de gesticular o de comportarse en general: *Anda y se mueve con mucha afectación.*

a·fec·ta·do, (-a) [afektáðo, (-a)] *adj* Se dice del que actúa con afectación.

a·fec·tar [afektár] **I.** *v/tr* **1.** Manifestar un sentimiento o actitud que no se tienen o, por lo menos, no se tienen en el grado expresado. **2.** Provocar un determinado efecto en alguna persona o cosa: *El calor afecta las cosechas.* **3.** MED Producir una alteración en el organismo: *Estas pastillas me afectan el estómago.* **4.** Impresionar algo a una persona: *El robo afectó a toda la familia.* **II.** REFL(-SE) Emocionarse.

a·fec·ti·vi·dad [afektiβiðáð] *s/f* **1.** Cualidad de ser afectivo. **2.** Conjunto de los fenómenos afectivos.

a·fec·ti·vo, -a [afektíβo, -a] *adj* Se aplica a la persona que se emociona con facilidad y está muy inclinada a sentir cariño.

a·fec·to, (-a) [afékto, (-a)] **I.** *adj* **1.** Se aplica al que tiene cierta inclinación hacia algo o alguien. **2.** Se dice de la persona destinada a ejercer funciones en determinadas dependencias: *Afecto al ministerio de Trabajo.* **II.** *s/m* Cualquier estado de ánimo, aunque generalmente se usa hablando de amor o cariño. RPr **Afecto a/de:** *Afecto al profesor. Afecto de una enfermedad.*

a·fec·tuo·si·dad [afektwosiðáð] *s/f* Cualidad de afectuoso.

a·fec·tuo·so, -a [afektwóso, -a] *adj* Se aplica al que manifiesta afecto a alguien.

a·fei·ta·do, (-a) [afeitáðo, (-a)] **I.** *p* de *afeitar.* **II.** *s/m* Acción y efecto de afeitar.

a·fei·tar [afeitár] *v/tr* **1.** Quitar a alguien, cortándolo a ras de piel, el pelo, la barba o el bigote. **2.** Cortar la punta de los cuernos a los toros de lidia.

a·fei·te [aféite] *s/m* Lo que se usa para embellecerse la cara.

a·fel·pa·do, -a [afelpáðo, -a] *adj* Parecido a la felpa.

a·fel·par [afelpár] *v/tr* Dar a una tela un aspecto parecido al de la felpa.

a·fe·mi·na·ción [afeminaθjón] *s/f* Acción y efecto de afeminarse.

a·fe·mi·na·do, -a [afemináðo, -a] *adj* Se dice de los hombres que tienen modales y aspecto femeninos.

a·fe·mi·na·mien·to [afeminamjén̪to] *s/m* Afeminación.

a·fe·mi·nar [afeminár] **I.** *v/tr* **1.** Hacer que un hombre se parezca a las mujeres. **2.** Hacer perder a uno la energía varonil. **II.** REFL(-SE) Hacerse uno semejante a una mujer.

a·fe·ren·te [aferén̪te] *adj* Se dice de los elementos anatómicos que traen algo al órgano que corresponde: *Vaso aferente.*

a·fe·rrar [aferrár] **I.** *v/tr* Coger algo fuertemente. **II.** REFL(-SE) FIG Mantener con tenacidad una idea u opinión: *Aferrarse a sus creencias.* RPr **Aferrarse a.**
CONJ Se usa como *reg* y como *irreg.* En el segundo caso se conjuga como *acertar (e→ie).*

af·ga·no, -a [afɣáno, -a] *adj* Natural de Afganistán o perteneciente a este país.

a·fian·za·mien·to [afjan̪θamjén̪to] *s/m* Acción y efecto de afianzar o afianzarse.

a·fian·zar [afjan̪θár] **I.** *v/tr* Asegurar algo, tanto en sentido material como inmaterial: *Afianza tus conocimientos para el examen.* **II.** REFL(-SE) **1.** Cogerse con firmeza a algo: *Si te afianzas bien, no te caerás.* **2.** Mantenerse cada vez con mayor firmeza en una idea u opinión. RPr **Afianzarse en/sobre:** *Me afianzo en mi opinión. Se afianzó sobre la mesa.*
ORT La *z* cambia en *c* ante *e*: *Afiance.*

a·fi·ción [afiθjón] *s/f* **1.** Inclinación o amor hacia algunas personas o cosas. **2.** Conjunto de los partidarios de un determinado espectáculo, especialmente el fútbol y los toros: *La afición apoyaba al equipo.*

a·fi·cio·na·do, -a [afiθjonáðo, -a] *adj* y *s/m,f* **1.** Se aplica al que se dedica a algo sin que sea su oficio: *Es aficionado a tocar el piano.* **2.** Se dice de quien tiene inclinación hacia cierta cosa: *Es muy aficionado a leer.* RPr **Aficionado a.**

a·fi·cio·nar [afiθjonár] **I.** *v/tr* Hacer que alguien adquiera afición por alguna cosa o persona. **II.** REFL(-SE) Coger cierto hábito: *Te estás aficionando a la bebida.* RPr **Aficionarse a:** *Aficionarse a esquiar.*

a·fi·jo, (-a) [afíxo, -a] *s/m* y *adj* Se aplica a las partículas que se unen a algunas palabras anteponiéndose o posponiéndose para formar otras nuevas.

a·fi·la·dor, -ra [afilaðór, -ra] *adj* y *s/m,f* Que afila.

a·fi·lar [afilár] **I.** *v/tr* Sacar filo a un instrumento o hacer más agudo el que ya tiene. **II.** REFL(-SE) Adelgazarse.

a·fi·lia·ción [afiljaθjón] *s/f* Acción y efecto de afiliar o afiliarse.

a·fi·liar [afiljár] *v/tr* Hacer a alguien miembro de un determinado grupo. RPr **Afiliarse a:** *Afiliarse a un partido.*

a·fi·li·gra·na·do, -a [afiliɣranáðo, -a] *adj* Semejante a una filigrana.

a·fi·li·gra·nar [afiliɣranár] *v/tr* Hacer filigranas en una cosa.

a·fín [afín] **I.** *adj* Se dice de dos personas o cosas que tienen algo en común. **II.** *s/m,f* Pariente por afinidad.

a·fi·na·mien·to [afinamjén̪to] *s/m* Afinación.

a·fi·nar [afinár] **I.** *v/tr* **1.** Dar a una cosa los últimos toques para que quede perfecta y adecuada al uso. **2.** Hacer que una persona se vuelva más fina y educada. **3.** Poner los instrumentos musicales en el tono justo. **II.** *v/intr* Cantar o tocar entonando con perfección los sonidos.

a·fin·car [afiŋkár] *v/*REFL(-SE) Quedarse a vivir en un lugar. RPr **Afincarse en:** *Se afincó en la ciudad.*
ORT Ante *e* la *c* cambia en *qu*: *Afinque.*

a·fi·ni·dad [afiniðáð] *s/f* **1.** Cualidad de afín. **2.** Parentesco entre alguien y los parientes de su cónyuge. **3.** QUÍM Fuerza que une los átomos para formar las moléculas.

a·fir·ma·ción [afirmaθjón] *s/f* Acción y efecto de afirmar o afirmarse.

a·fir·mar [afirmár] **I.** *v/tr* **1.** Hacer que algo quede firme, bien apoyado. **2.** Dar por verdadera una cosa: *Afirmó que era cierto lo que decía.* **II.** REFL(-SE) **1.** Asegurarse en algo. **2.** Ratificarse en lo dicho. RPr **Afirmarse en:** *Se afirmó en su postura.*

a·fir·ma·ti·vo, -a [afirmatíβo, -a] *adj* Que implica la acción de afirmar.

a·flic·ción [afli(k)θjón] *s/f* Efecto de afligir o afligirse.

a·flic·ti·vo, -a [afliktíβo, -a] *adj* Se aplica a lo que causa aflicción.

a·fli·gir [aflixír] *v/tr* Provocar a alguien una pena, congoja, molestia o padecimiento físico. RPr **Afligirse con/por:** *Afligirse con las desgracias ajenas. Afligirse por una mala noticia.*
ORT Ante *a/o* la *g* cambia en *j*: *Aflija.*

a·flo·jar [afloxár] **I.** *v/tr* Hacer que algo esté flojo o más flojo: *Aflojar una tuerca.* **II.** *v/intr* **1.** (Con *en*) Poner menos interés en la realización de una cosa. **2.** Perder fuerza una cosa: *Aflojó el viento.* RPr **Aflojar en:** *Aflojar en el esfuerzo.*

a·flo·rar [aflorár] *v/intr* Asomar a la superficie algo que estaba oculto; puede referirse a cosas materiales (un filón de un mineral, agua subterránea) o inmateriales (opiniones, ideas, etc.).

a·fluen·cia [aflwénθja] *s/f* **1.** Acción de afluir. **2.** Abundancia: *El espectáculo tuvo una gran afluencia de gente.*

a·fluen·te [aflwénte] **I.** *adj* Se aplica a lo que afluye. **II.** *s/m* Río menor que desemboca en otro mayor.

a·fluir [aflwír] *v/intr* **1.** Acudir muchas cosas o personas a un lugar. **2.** Desembocar, acabar un río en otro, en un lago o en el mar. RPr **Afluir a:** *La gente afluye a las calles.*
ORT La *i* cambia en *y* ante *e/o/a*: *Afluye.*

a·flu·jo [aflúxo] *s/m* MED Afluencia excesiva de líquidos a un tejido orgánico.

a·fo·nía [afonía] *s/f* Falta de voz, permanente o transitoria.

a·fó·ni·co, -a [afóniko, -a] *adj* Se aplica al que está accidentalmente sin voz por alguna afección en los órganos de la misma.

a·fo·rar [aforár] *v/tr* **1.** Dar fueros a un lugar. **2.** Medir la cantidad de agua que lleva una corriente en una unidad de tiempo. **3.** Calcular la capacidad de un receptáculo o local, alguna finca.
CONJ *Irreg* sólo en **1.** En este caso se conjuga como *contar* (*afuero,* etc.).

a·fo·ris·mo [aforísmo] *s/m* Sentencia breve que se da como guía en una ciencia o arte.

a·fo·rís·ti·co, -a [aforístiko, -a] *adj* Relacionado con el aforismo.

a·fo·ro [afóro] *s/m* **1.** Acción y efecto de aforar. **2.** Cantidad total de localidades en un recinto destinado a espectáculos públicos.

a·for·tu·na·do, -a [afortunáðo, -a] *adj* Se aplica al que tiene buena suerte o a lo que la da: *Un hallazgo afortunado.* RPr **Afortunado en:** *Afortunado en los negocios.*

a·fran·ce·sa·do, -a [afranθesáðo, -a] *adj* Se dice del que imita a los franceses.

a·fran·ce·sa·mien·to [afranθesamjénto] *s/m* Acción y efecto de afrancesar(se).

a·fran·ce·sar [afranθesár] **I.** *v/tr* Hacer que algo o alguien se asemeje a lo francés. **II.** REFL(-SE) Hacerse uno partidario de lo francés.

a·fren·ta [afrénta] *s/f* **1.** Acción que se le hace a alguien y con la cual se demuestra que es tenido en poca consideración. **2.** Vergüenza que resulta de alguna acción, circunstancia o suceso.

a·fren·tar [afrentár] *v/tr* Provocar afrenta, humillar.

a·fren·to·so, -a [afrentóso, -a] *adj* Se dice de lo que causa afrenta.

a·fri·ca·nis·ta [afrikanísta] *adj* y *s/m,f* Se aplica a quien se dedica a estudiar temas relacionados con África.

a·fri·ca·ni·zar [afrikaniθár] *v/tr* Dar a algo o a alguien carácter africano. También REFL(-SE).
ORT La *z* cambia en *c* ante *e*: *Africanice.*

a·fri·ca·no, -a [afrikáno, -a] *adj* Se aplica a quien o a lo que es natural de África.

a·fro·di·sía·co, -a [afroðisíako, -a] *adj* Se aplica a las sustancias que excitan el apetito sexual.

a·fro·di·ta [afroðíta] **I.** *s/f* Diosa griega del amor. **II.** *adj* Se aplica a lo que se reproduce sexualmente.

a·fron·tar [afrontár] *v/tr* **1.** Poner una cosa enfrente de otra. **2.** Enfrentarse a un enemigo o cualquier circunstancia difícil.

a·fue·ra [afwéra] **I.** *adv* Expresa un lugar fuera del sitio en que uno está. **II.** *s/f, pl* Los alrededores de una población: *Vive en las afueras del pueblo.* LOC **¡Afuera!** Interjección usada para hacer que alguien abandone un sitio o lugar.

a·ga·char [aγatʃár] *v/tr* Inclinar o bajar alguna parte del cuerpo, especialmente la cabeza.

a·ga·lla [aγáʎa] *s/f,pl* **1.** Órganos respiratorios de los peces. **2.** *pl* FIG (*Tener...*) Valentía: *No tiene agallas para hacerlo.*

á·ga·pe [áγape] *s/m* Comida con la que se festeja algo.

a·ga·rra·da [aγarráða] *s/f* COL Acción de tener una discusión violenta con alguien.

a·ga·rra·de·ra [aγarraðéra] *s/f, pl* Influencias con las que uno cuenta para conseguir lo que desea: *Conseguirá el em-*

pleo; tiene buenas agarraderas en el Ministerio.

a·ga·rra·de·ro [aγarraðéro] *s/m* **1.** Parte de un objeto que sirve para cogerlo. **2.** Influencia con que se cuenta para conseguir algo.

a·ga·rra·do, (-a) [aγarráðo, (-a)] **I.** *p* de *agarrar.* **II.** *adj* **1.** Se dice del baile en el que las parejas van cogidas. **2.** (Con *ser*): Se aplica a la persona que es tacaña *Luis es un agarrado.*

a·ga·rrar [aγarrár] **I.** *v/tr* **1.** Coger una cosa fuertemente con las manos. **2.** Coger o aprovecharse de algo favorable en sentido físico o no: *Agarró la oportunidad que le dieron.* **3.** Empezar a tener algo, aunque no se desee, *por ej,* una enfermedad: *Agarró una pulmonía.* **4.** Conseguir que una planta o un esqueje vivan en el sitio en que se plantan: *El árbol agarró bien; ya tiene flores.* **II.** REFL(-SE) Pelearse físicamente dos personas: *Los dos hermanos se agarraron y se hicieron daño.* LOC ARG **Agarrarla,** emborracharse. RPr **Agarrar de/por:** *Agarra de la mano. Agarró por los pelos el empleo.* **Agarrarse a:** *Se agarra a lo primero que pasa.*

a·ga·rrón [aγarrón] *s/m* Acción de agarrar y tirar con fuerza.

a·ga·rro·ta·mien·to [aγarrotamjé̱n̪to] *s/m* Acción y efecto de agarrotar(se).

a·ga·rro·tar [aγarrotár] **I.** *v/tr* **1.** Atar fuertemente un fardo ayudándose o no de un palo. **2.** Oprimir mucho una cosa o persona con otra privándola de movimiento. **II.** REFL(-SE) **1.** Ponerse rígido algún miembro del cuerpo. **2.** Quedar una pieza mecánica privada del movimiento que debe tener.

a·ga·sa·jar [aγasaxár] *v/tr* Tratar a alguien de forma atenta y cariñosa.

a·ga·sa·jo [aγasáxo] *s/m* Acción de agasajar o cosa con que se agasaja.

á·ga·ta [áγata] *s/f* Cuarzo lapídeo, duro, translúcido. Se usa como adorno.

a·ga·vi·llar [aγaβiʎár] *v/tr* Formar gavillas.

a·ga·za·par [aγaθapár] *v* REFL(-SE) Encogerse para ocultarse en algún lugar.

a·gen·cia [axéṇθja] *s/f* **1.** Empresa destinada a prestar determinados servicios: *Agencia de viajes.* **2.** Sucursal de una empresa: *La agencia EFE en León.*

a·gen·ciar [axeṇθjár] *v/tr* Realizar las gestiones necesarias para conseguir algo. LOC **Agenciárselas,** conseguir algo de manera hábil, aunque parezca difícil.

a·gen·da [axé̱n̪da] *s/f* **1.** Cuaderno en el que se anotan las cosas que hay que recordar. **2.** Actividades u obligaciones que alguien tiene previsto o debe desarrollar: *Tiene una agenda muy apretada esta semana.*

a·gen·te [axé̱n̪te] **I.** *adj* Se aplica a lo que tiene capacidad para obrar. **II.** *s/m,f* **1.** Lo que produce cierto efecto: *Un agente maligno.* **2.** Persona que actúa con poder de otra.
Agente (de policía), funcionario encargado de vigilar el orden público.

a·gi·gan·ta·do, -a [axiγa̱n̪táðo, -a] *adj* Se aplica a lo que posee una estatura superior a la normal.

a·gi·gan·tar [axiγa̱n̪tár] *v/tr* Presentar una cosa como muy grande en sentido propio o figurado.

á·gil [áxil] *adj* Se aplica tanto a cualidades físicas como no físicas, indicando rapidez, ligereza, prontitud. RPr **Ágil de/en:** *Ágil de movimientos. Ágil en la escalada.*

a·gi·li·dad [axiliðáð] *s/f* Cualidad de ágil.

a·gi·li·zar [axiliθár] *v/tr* Ayudar a facilitar la realización de alguna cosa.
ORT La *z* cambia en *c* ante *e*: *Agilice.*

a·gi·ta·ción [axitaθjón] *s/f* Estado caracterizado por movimientos rápidos y violentos.

a·gi·ta·dor, -ra [axitaðór, -ra] **I.** *adj* Se aplica a lo que o a quien agita o sirve para agitar. **II.** *s/m,f* Persona que mueve a las masas para sublevarse.

a·gi·ta·na·do, -a [axitanáðo, -a] *adj* Parecido en algo a los gitanos.

a·gi·ta·nar [axitanár] *v/tr* Dar aspecto o carácter gitano a una persona o cosa.

a·gi·tar [axitár] *v/tr* **1.** Provocar inquietud política o social. **2.** Mover algo una y otra vez de un lado para otro: *Agítese el líquido antes de usarlo.* **3.** Inquietar algo el ánimo de una persona.

a·glo·me·ra·ción [aγlomeraθjón] *s/f* **1.** Acción y efecto de aglomerar o aglomerarse. **2.** Conjunto de personas o cosas reunidas en un espacio limitado.

a·glo·me·ra·do [aγlomeráðo] *s/m* Producto resultante de la unión de fragmentos de algo mediante un aglomerante: *Aglomerado (de madera,* etc.).

a·glo·me·rar [aγlomerár] *v/tr* **1.** Amontonar cosas sin orden. **2.** Unir fragmentos de una o más cosas mediante un aglomerante.

a·glu·ti·na·ción [aγlutinaθjón] *s/f* Acción y efecto de aglutinar o aglutinarse.

a·glu·ti·nan·te [aγlutiná̱n̪te] *adj* y *s/m* Se aplica a las sustancias que aglutinan.

a·glu·ti·nar [aγlutinár] *v/tr* Unir cosas mediante una sustancia viscosa. FIG Aunar para realizar algo: *Aglutinar intenciones o voluntades.*

ag·nos·ti·cis·mo [aγnosticísmo] *s/m* Doctrina filosófica que considera que el entendimiento humano no puede comprender lo absoluto, sino sólo lo relativo.

ag·nós·ti·co, -a [aγnóstiko, -a] **I.** *adj* Referido al agnosticismo. **II.** *s/m,f* Persona adepta a esta doctrina.

a·go·bia·do, -a [aγoβjáðo, -a] *adj* Se aplica a quien se agobia. RPr **Agobiado de/por/con/bajo:** *Agobiado de problemas/por las circunstancias/con el trabajo/bajo el peso de la responsabilidad.*

a·go·biar [aγoβjár] *v/tr* **1.** Inclinar el cuerpo hacia el suelo. **2.** Causar algo gran fatiga a alguien: *Le agobian las responsabilidades de su cargo.* RPr **Agobiarse por/con:** *Agobiarse por los problemas/con el trabajo.*

a·go·bio [aγóβjo] *s/m* Acción y efecto de agobiar o agobiarse.

a·gol·pa·mien·to [aγolpamjén̪to] *s/m* Acción y efecto de agolpar o agolparse.

a·gol·par [aγolpár] **I.** *v/tr* Juntar cosas en un lugar. **II.** REFL(-SE) Juntarse o suceder muchas cosas en un corto espacio de tiempo: *Se agolparon los acontecimientos.*

a·go·nía [aγonía] *s/f* **1.** Angustia del moribundo: *Agonía de la muerte.* **2.** Inquietud muy intensa que puede ser tanto de carácter físico como moral.

a·gó·ni·co, -a [aγóniko, -a] *adj* **1.** Relacionado con la agonía. **2.** Agonizante.

a·go·ni·zan·te [aγoniθán̪te] *adj* y *s/m,f* Se dice del que agoniza.

a·go·ni·zar [aγoniθár] *v/intr* **1.** Estar en agonía. **2.** Estar terminándose una cosa. ORT La *z* cambia en *c* ante *e*: *Agonice.*

á·go·ra [áγora] *s/f* **1.** Plaza pública en las ciudades griegas donde se celebraban las asambleas. **2.** La citada asamblea.

a·go·rar [aγorár] *v/tr* **1.** Anunciar lo futuro. **2.** Predecir desdichas.
CON *Irreg: Agüero, agoré, agoraré, agorado.* Se usa casi exclusivamente en *inf.*

a·go·re·ro, -a [aγoréro, -a] *adj* y *s/m,f* Se aplica a lo que o a quien anuncia lo venidero, generalmente males y desdichas.

a·gos·tar [aγostár] *v/tr* Secar el excesivo calor las plantas.

a·gos·to [aγósto] *s/m* Octavo mes del año, cuyo nombre le fue dado por el del emperador Augusto; consta de 31 días. LOC **Hacer alguien su agosto,** aprovechar unas circunstancias especiales para obtener ganancias: *Los carteristas hacen su agosto en el metro.*

a·go·ta·ble [aγotáβle] *adj* Que puede ser agotado.

a·go·ta·dor, -ra [aγotaðór, -ra] *adj* Que agota.

a·go·ta·mien·to [aγotamjén̪to] *s/m* Acción o efecto de agotar o agotarse.

a·go·tar [aγotár] *v/tr* **1.** Sacar todo el líquido contenido en un recipiente cualquiera. **2.** Gastar completamente algo, sean cosas materiales o no: *Agotar un capital. Agotar la imaginación.* **3.** FIG Cansar mucho algo a alguien: *Es un trabajo que agota.*

a·gra·cia·do, (-a) [aγraθjáðo, (-a)] **I.** *adj* Se aplica a quien sin ser hermoso resulta atractivo: *Mujer agraciada.* **II.** *adj* y *s/m,f* Persona que ha tenido suerte en un juego: lotería, quinielas, etc.

a·gra·ciar [aγraθjár] *v/tr* **1.** Hacer que una persona o cosa parezca más bonita o agradable. **2.** En pasiva, tocar la lotería: *Fue agraciado con el segundo premio.* RPr **Agraciar con.**

a·gra·da·bi·lí·si·mo, -a [aγraðaβilísimo, -a] *adj* Superlativo de agradable.

a·gra·da·ble [aγraðáβle] *adj* Se aplica a quien o a lo que agrada. RPr **Agradable a/con/de/en/para:** *Agradable al paladar/con todos/de trato/en el trato/para mí.*

a·gra·dar [aγraðár] *v/intr* Producir algo una sensación placentera.

a·gra·de·cer [aγraðeθér] *v/tr* Expresar gratitud con palabras o gestos.
CONJ *Irreg: Agradezco, agradecí, agradeceré, agradecido.*

a·gra·de·ci·mien·to [aγraðeθimjén̪to] *s/m* Acción y efecto de agradecer.

a·gra·do [aγráðo] *s/m* Efecto provocado por lo que agrada.

a·gran·da·mien·to [aγran̪damjén̪to] *s/m* Acción y efecto de agrandar.

a·gran·dar [aγran̪dár] *v/tr* Hacer que algo sea o parezca más grande.

a·gra·rio, -a [aγrárjo, -a] *adj* Relacionado con el campo.

a·gra·va·mien·to [aγraβamjén̪to] *s/m* Acción y efecto de agravar o agravarse.

a·gra·var [aγraβár] *v/tr* Empeorar una enfermedad o una situación.

a·gra·viar [aγraβjár] **I.** *v/tr* Manifestar falta de consideración o respeto hacia alguien. **II.** REFL(-SE) Sentirse alguien ofendido o molesto. RPr **Agraviarse por:** *Agraviarse por una ofensa.*

a·gra·vio [aγráβjo] *s/m* Palabras o hechos con que se perjudica a alguien en su fama u honra.

a·graz [aγráθ] *s/m* **1.** Uva no madura. **2.** Zumo que se saca de dicha uva.
ORT *Pl: Agraces.*

a·gre·dir [aγreðír] *v/tr* Atacar a alguien tanto físicamente como de palabra.
CONJ Es un verbo defectivo; se usa generalmente sólo en las formas cuya desinencia empieza por *i*: *agred-ía, agred-iendo.*

a·gre·ga·ción [aγreγaθjón] *s/f* Acción y efecto de agregar o agregarse.

a·gre·ga·do [aγreγáðo] *s/m* **1.** Conjunto de cosas unidas entre sí que forman un cuerpo. **2.** Cosa añadida. **3.** Persona adscrita a un servicio del que no es titular.

a·gre·gar [aγreγár] *v/tr* **1.** Unir una cosa a otra. **2.** Adscribir a alguien a un determinado servicio. RPr **Agregar(se) a:** *Agregarse a una fiesta.*
ORT Debe intercalarse una *u* cuando la *g* vaya seguida de *e*: *Agregué.*

a·gre·miar [aγremjár] *v/tr* Unir en gremios a las personas teniendo, generalmente, en cuenta las profesiones.

a·gre·sión [aγresjón] *s/f* Acción y efecto de agredir.

a·gre·si·vi·dad [aγresiβiðáð] *s/f* Acometividad.

a·gre·si·vo, -a [aγresíβo, -a] *adj* Se aplica a quien tiene tendencia a atacar, bien sea físicamente o de palabra.

a·gre·sor, -ra [aγresór, -ra] *adj* y *s/m,f* Se dice del que comete una agresión.

a·gres·te [aγréste] *adj* **1.** Relacionado con el campo. **2.** Que es tosco, áspero o no cultivado.

a·griar [aγrjár] *v/tr* Hacer que algo se torne agrio.
ORT Se usa más la forma *agrio, agrie,* que *agrío, agríes...*

a·grí·co·la [aγríkola] *adj* Se aplica a quien o a lo que guarda relación con la agricultura.

a·gri·cul·tor, -ra [aγrikul̪tór, -ra] *s/m,f* Persona que trabaja la tierra.

a·gri·cul·tu·ra [aγrikul̪túra] *s/f* **1.** Arte de cultivar la tierra. **2.** Conjunto de trabajos destinados a este fin.

a·gri·dul·ce [aγriðúl̪θe] *adj* Se aplica a lo que tiene un sabor mezcla de agrio y dulce.

a·grie·ta·mien·to [aγrjetamjénto] *s/m* Acción y efecto de agrietar o agrietarse.

a·grie·tar [aγrjetár] *v/tr* Abrir(se) grietas.

a·gri·men·sor [aγrimensór] *s/m* Perito de agrimensura.

a·gri·men·su·ra [aγrimensúra] *s/f* Arte de medir terrenos.

a·grio, (-a) [áγrjo, (-a)] **I.** *adj* **1.** Se dice de lo que tiene sabor ácido: *El limón es agrio.* **2.** Se dice de aquellas personas que tienen un carácter violento y agresivo. **II.** *s/m* En *pl,* frutas agrias (limón, naranja...). RPr **Agrio a/de:** *Agrio al paladar. Agrio de carácter.*

a·gri·sa·do, -a [aγrisáðo, -a] *adj* Se dice de lo que tiene un color grisáceo.

a·gro [áγro] *s/m* Terreno destinado al cultivo.

a·gro·no·mía [aγronomía] *s/f* Conjunto de conocimientos que pueden ser aplicados al cultivo de la tierra.

a·gro·nó·mi·co, -a [aγronómiko, -a] *adj* Relativo a la agronomía.

a·gró·no·mo [aγrónomo] *s/m* Persona que se dedica a la agronomía.

a·gro·pe·cua·rio, -a [aγropekwárjo, -a] *adj* Se aplica a lo que guarda relación con la agricultura y la ganadería.

a·gru·pa·ción [aγrupaθjón] *s/f* Acción y efecto de agrupar o agruparse.

a·gru·pa·mien·to [aγrupamjénto] *s/m* Acción y efecto de agrupar o agruparse.

a·gru·par [aγrupár] *v/tr* Reunir en grupo personas o cosas.

a·gua [áγwa] *s/f* **1.** Cuerpo líquido formado por la combinación de dos volúmenes de hidrógeno y uno de oxígeno; es incoloro, inodoro e insípido. Existe en la naturaleza en estado más o menos puro formando los lagos, ríos, mares y fuentes; ocupa las tres cuartas partes de la superficie de la Tierra. **2.** Infusión o destilación de flores, plantas o frutos: *Agua de rosas.* **3.** Grieta por donde entra en una nave el agua en que ésta flota: *Vía de agua.* **4.** *pl* Ondulaciones, reflejos que tienen algunas telas, piedras, maderas, etc. **5.** *pl* Distancia en la que tienen derecho a navegar las embarcaciones de un determinado país: *Aguas jurisdiccionales.* LOC **Aguas arriba,** ir contra corriente en sentido propio o figurado. **Bailarle el agua a alguien,** hacer a alguien lo que se supone le agradará. **Tan claro como el agua,** evidente. **Nadar entre dos aguas,** no decidirse claramente ni tomar partido por algo o alguien. **Estar con el agua al cuello,** estar muy apurado. **Hacérsele a uno la boca agua,** recordar con deleite el buen sabor de algo. **Llevar uno el agua a su molino,** aprovechar cualquier circunstancia en beneficio propio. **Estar como el pez en el agua,** sentirse cómodo en un sitio. **Romper aguas,** ruptura de la bolsa de aguas en la parturienta. **Tomar las aguas,** estar en un balneario para hacer una cura a base de agua mineromedicinal.
GRAM Se usa en *sing* cuando se toma en general o como cuerpo químico. Se emplea en *pl* cuando se trata de las del mar

o las de cierta zona o región. En *sing* el *art* antepuesto es 'el' *(el agua;* pero *un/una agua).*

a·gua·cal [aγwakál] *s/m* Lechada de cal con algo de yeso que se emplea para enjalbegar.

a·gua·ca·te [aγwakáte] *s/m* **1.** Árbol lauráceo de América que da un fruto comestible parecido a una pera grande. **2.** Fruto de este árbol.

a·gua·ce·ro [aγwaθéro] *s/m* Lluvia repentina, impetuosa y de poca duración.

a·gua·da [aγwáða] *s/f* **1.** PINT Color que se disuelve en agua para pintar. **2.** PINT Pintura que se realiza con colores disueltos en agua. **3.** Lugar donde hay agua potable para poder aprovisionarse de ella.

a·gua·dor, -ra [aγwaðór, -ra] *s/m,f* Persona que se dedica a vender agua.

a·gua·du·cho [aγwaðútʃo] *s/m* Quiosco donde se vende agua y otras bebidas.

a·gua·fies·tas [aγwafjéstas] *s/m,f* Persona que por su modo de comportarse estropea la diversión de los demás.
GRAM *Pl: Aguafiestas.*

a·gua·fuer·te [aγwafwérte] *s/f* Grabado de agua fuerte.

a·gua·ma·nil [aγwamaníl] *s/m* **1.** Jarro que sirve para echar agua en un recipiente y para dar aguamanos. **2.** Palanganero.

a·gua·ma·ri·na [aγwamarína] *s/f* Variedad de berilo de color transparente parecido al del agua del mar.

a·gua·miel [aγwamjél] *s/f* Agua mezclada con miel.

a·gua·nie·ve [aγwanjéβe] *s/f* Lluvia mezclada con nieve.

a·guan·tar [aγwaṇtár] **I.** *v/tr* **1.** Hacer algo o alguien que una persona o cosa no se caiga, hunda o doble. **2.** Soportar cosas desagradables tales como trabajos, padecimientos, sufrimientos, etc. **3.** Durar, poder algo o alguien cumplir todavía su servicio: *Estos zapatos aguantarán otro invierno.* **II.** REFL(-SE) **1.** No reaccionar ante un insulto o mal trato. **2.** Aceptar las cosas como vienen si no hay otra solución.

a·guan·te [aγwáṇte] *s/m* Capacidad para aguantar cosas desagradables.

a·guar [aγwár] **I.** *v/tr* **1.** Poner agua en el vino, leche, etc. **2.** FIG Estropear alguien alguna cosa con su intervención: *Aguar una fiesta.* **II.** REFL(-SE) Llenarse de agua un lugar. LOC **Aguar la fiesta,** estropear o frustrar alguien algo.
ORT, PRON Ante *e* la *u* cambia en *ü: Agüe.*

a·guar·dar [aγwarðár] *v/tr* **1.** Esperar a alguna persona o cosa. **2.** Dar tiempo a alguien para que realice algo.

a·guar·den·to·so, -a [aγwarðeṇtóso, -a] *adj.* Que es o parece como de aguardiente.

a·guar·dien·te [aγwarðjéṇte] *s/m* Bebida alcohólica que se obtiene por destilación del vino u otras sustancias.

a·gua·rrás [aγwarrás] *s/m* Esencia de trementina que se usa como disolvente de barnices.

a·gua·za [aγwáθa] *s/f* Se aplica a cualquier líquido no espeso, que no tiene nombre especial.

a·gua·zal [aγwaθál] *s/m* Lugar donde se detiene el agua de lluvia.

a·gu·de·za [aγuðéθa] *s/f* **1.** Cualidad de agudo o afilado. **2.** FIG Dicho ingenioso.

a·gu·di·zar [aγuðiθár] **I.** *v/tr* Hacer una cosa aguda. **II.** REFL(-SE) Agravarse una enfermedad.
ORT Ante la *e* la *z* cambia en *c: Agudice.*

a·gu·do, -a [aγúðo, -a] *adj* **1.** Se aplica a aquellas personas que perciben las cosas con rapidez y con detalle. **2.** Se aplica a quienes son ingeniosos u ocurrentes. **3.** Se aplica a las sensaciones intensas: *Dolor agudo.* **4.** GEOM Se dice del ángulo que tiene menos de 90 grados. **5.** MÚS Se aplica a los sonidos que tienen gran número de vibraciones por segundo. **6.** Se aplica al filo, punto, etc., de los objetos que lo poseen. **7.** GRAM Se dice de la palabra que lleva el acento en la última sílaba. RPr **Agudo de/en:** *Agudo de inteligencia. Agudo en sus críticas.*

a·güe·ro [aγwéro] *s/m* Lo que anuncia la buena o mala fortuna de los acontecimientos venideros. LOC **Ser ave de buen/mal agüero,** presagiar algo bueno o malo.

a·gue·rri·do, (-a) [aγerríðo, (-a)] *adj* Ejercitado en la guerra. RPr **Aguerrido en:** *Aguerrido en la lucha.*

a·gui·ja·da [aγixáða] *s/f* Vara larga con una punta de hierro, y con la que se incita a andar a los bueyes.

a·gui·jar [aγixár] *v/tr* **1.** Estimular a los bueyes con la aguijada. **2.** FIG Incitar, apremiar.

a·gui·jón [aγixón] *s/m* **1.** Punta afilada de la aguijada. **2.** Extremidad afilada con que atacan algunos insectos. **3.** Acicate, estímulo.

a·gui·jo·ne·ar [aγixoneár] *v/tr* **1.** Estimular a los animales con la aguijada u otro instrumento. **2.** Incitar a alguien a obrar con rapidez.

á·gui·la [áγila] *s/f* **1.** Ave rapaz de gran tamaño, vista muy perspicaz, fuerte musculatura y vuelo rapidísimo. **2.** FIG Per-

sona de gran viveza, rapidez de captación e ingenio *(ser un águila)*.
GRAM Aunque *f*, va precedida de *un/el*.

a·gui·le·ño, -a [aγiléɲo, -a] *adj* **1.** Relativo al águila. **2.** Se aplica a la persona que tiene el rostro afilado y también a la nariz afilada y algo corva.

a·gui·lu·cho [aγilútʃo] *s/m* **1.** Pollo del águila. **2.** Águila calzada o bastarda.

a·gui·nal·do o **a·gui·lan·do** [aγináldo/aγiláŋdo] *s/m* Regalo que se da por las fiestas navideñas.

a·gu·ja [aγúxa] *s/f* **1.** Instrumento de acero, hueso o madera con un agujero en un extremo por el que se pasa el hilo o el material con que se cose, y una punta en el otro extremo; se emplea para coser. **2.** Lo que sirve para hacer media y labores de punto. **3.** Cualquier objeto largo, delgado y con punta: *Aguja del reloj*. **4.** Cada uno de los dos rieles movibles que en los cruces del ferrocarril sirven para dar paso al vehículo en una u otra dirección. **5.** Región del cuarto delantero de una res: *Carne de aguja*. **6.** Varilla de metal, concha, etc., que usan las mujeres para el pelo.

a·gu·je·rar o **a·gu·je·re·ar** [aγuxerár/aγuxereár] *v/tr* Hacer agujeros en algo.

a·gu·je·ro [aγuxéro] *s/m* **1.** Abertura de forma más o menos redonda en alguna cosa. **2.** Utensilio para guardar agujas.

a·gu·je·ta [aγuxéta] *s/f, pl* Dolores en el cuerpo, después de haber realizado mucho ejercicio físico.

a·gu·sa·nar·se [aγusanárse] *v/*REFL(-SE) Criar gusanos una sustancia.

a·gu·za·do, -a [aγuθáðo, -a] *adj* Se dice de lo que tiene forma aguda.

a·gu·zar [aγuθár] *v/tr* **1.** Sacar punta a algo o hacer más aguda la que ya tiene. **2.** FIG Tratándose del entendimiento o de un sentido, avivarlos: *Aguzar el oído*.
ORT Ante *e* la *z* cambia en *c*: *Aguce*.

¡ah! [a] *interj* Se usa para expresar pena, admiración o sorpresa.

a·he·rro·jar [aerroxár] *v/tr* Aprisionar a alguien con hierros.

ahí [aí] *adv* **1.** Indica un lugar próximo tanto para la persona que habla como para aquella a quien se habla. **2.** Puede introducir algo que se somete a la consideración del interlocutor: *Ahí están las circunstancias atenuantes*. LOC **De ahí que,** expresa la consecuencia de algo dicho anteriormente. **Por ahí,** expresa un lugar indeterminado.

a·hi·ja·do, -a [aixáðo, -a] *s/m,f* **1.** Cada uno respecto de sus padrinos. **2.** Hijo adoptivo.

a·hi·jar [aixár] *v/tr* Adoptar como hijo a alguien que no lo es.

a·hín·co [aíŋko] *s/m* Esfuerzo o interés grande que se pone en la realización de una cosa.

a·hi·tar [aitár] *v/*REFL(-SE) Hartarse con exceso. RPr **Ahitarse de:** *Ahitarse de mariscos*.

a·hí·to, (-a) [aíto, (-a)] **I.** *adj* **1.** Se dice del que ha comido excesivamente. **2.** FIG Se aplica a quien está harto de alguna persona o cosa. **II.** *s/m* Indigestión. RPr **Ahíto de:** *Está ahíto de placeres*.

a·ho·ga·mien·to [aoγamjeŋ́to] *s/m* Acción y efecto de ahogar o ahogarse.

a·ho·gar [aoγár] *v/tr* **1.** Quitar la vida a alguien impidiéndole respirar **2.** Provocar el calor o la atmósfera cargada, etc., sensación de ahogo. **3.** Perjudicar a las plantas el exceso de agua. **4.** Conseguir que no siga produciéndose algo: *Ahogó la rebelión*. **Ahogarse en un vaso de agua,** sentirse impotente o acongojado ante un hecho o situación de poca o escasa gravedad. RPr **Ahogarse de/en/por:** *Nos ahogamos de calor. Te ahogas en poca agua. Se ahoga por nada*.
ORT Ante *e* se cambia *g* por *gu*: *Ahogué*.

a·ho·go [aóγo] *s/m* **1.** Dificultad en la respiración. **2.** FIG Dificultad de tipo económico, exceso de trabajo, etc. **3.** Aflicción, angustia, apremio.

a·hon·da·mien·to [aoŋdamjéŋto] *s/m* Acción y efecto de ahondar.

a·hon·dar [aoŋdár] *v/tr* **1.** Profundizar una cavidad o agujero. **2.** Introducir una cosa profundamente en otra. **3.** FIG Examinar una cosa en profundidad. RPr **Ahondar en:** *Ahondar en el tema*.

a·ho·ra [aóra] *adv* Expresa el momento en que estamos, un poco antes o un poco después. **Ahora bien/Ahora que,** equivale a 'pero': *Ahora bien, ¿para qué lo ha hecho?* **Por ahora,** frase con la que se indica cierta cosa que tiene validez ahora, pero quizá no la tenga más adelante: *Por ahora no lo necesito*. **¡Hasta ahora!,** expresión usada para despedirse.

a·hor·ca·do, -a [aorkáðo, -a] *s/m,f* Persona ajusticiada en la horca.

a·hor·ca·mien·to [aorkamjéŋto] *s/m* Acción y efecto de ahorcar.

a·hor·car [aorkár] *v/tr* Quitar la vida a alguien colgándolo de alguna parte con un nudo corredizo alrededor del cuello. RPr **Ahorcarse de/en:** *Ahorcarse de/en un árbol*.
ORT La *c* cambia en *qu* ante *e*: *Ahorqué*.

a·hor·mar [aormár] *v/tr* Ajustar una cosa a su horma.

a·ho·rra·dor, -ra [aorraðór, -ra] *adj* y *s/m,f* Que o quien ahorra.

a·ho·rrar [aorrár] *v/tr* **1.** No gastar parte del dinero de que se dispone. **2.** Evitar a alguien cierta molestia, trabajo o dinero.

a·ho·rra·ti·vo, -a [aorratíβo, -a] *adj* Se dice de la persona que tiende a gastar menos de lo que podría.

a·ho·rro [aórro] *s/m* **1.** Acción de ahorrar. **2.** Lo que se ha ahorrado.

a·hue·ca·mien·to [awekamjénto] *s/m* Acción y efecto de ahuecar o ahuecarse.

a·hue·car [awekár] **I.** *v/tr* **1.** Poner hueca una cosa quitándole lo que contiene. **2.** Hacer menos compacta una cosa: *Ahuecar el colchón.* **II.** REFL(-SE) FIG Envanecerse. LOC **Ahuecar el ala,** COL marcharse.
ORT La *c* cambia en *qu* ante *e: Ahueque.*

a·hu·ma·do, -a [aumáðo, -a] *adj* y *s/m* Acción y resultado de ahumar.

a·hu·mar [aumár] *v/tr* **1.** Llenar de humo. **2.** Poner algo al humo: *Ahumar el jamón.* **3.** Poner algo de color de humo.
El acento cae sobre *u,* en *sing* y *3.ª pers pl* del *pres* de *indic* y *subj: Ahúma.*

a·hu·yen·tar [auJentár] *v/tr* **1.** Hacer que alguien o algo se marche o no se acerque: *Ahuyentar al lobo.* **2.** FIG Apartar cualquier pasión o algo que produzca dolor: *Debes ahuyentar el miedo.*

ai·ra·do, -a [airáðo, -a] *adj* Se aplica a quien en sus gestos o palabras manifiesta enfado.

ai·rar [airár] *v/tr* Irritar a alguien.
ORT, PRON: El acento cae sobre *i* en *aíro, aíren,* etc.

ai·re [áire] *s/m* **1.** Mezcla gaseosa formada principalmente por oxígeno, nitrógeno y argón; forma la atmósfera que rodea la Tierra. **2.** Viento: *Aquí hay corriente de aire.* **3.** FIG Apariencia general de una persona o cosa: *El aire de esta casa me gusta.* **4.** Gracia, brío, viveza en el modo de hacer las cosas: *¡Qué aire tiene al andar!* **5.** FIG Vanidad, afectación en el modo de comportarse: *Se da aires de gran señora.* **6.** MÚS Tonada con que se canta una composición. LOC (*Darse* o *tener...*) **Buen aire,** tener habilidad para realizar una cosa. **Aire de suficiencia,** actitud del que pretende saber más que los demás. **Al aire,** se aplica a aquellas cosas que están en gran parte sin apoyo. **Al aire libre,** fuera de un local. **Mudarse de aires,** cambiar de lugar para vivir o (COL) huir de un peligro. **Hace aire,** hace viento. **Aire popular,** canto o baile regional. **Dejar en el aire una pregunta,** no contestarla. **Estar en el aire,** *1.* Tratándose de emisiones radiofónicas, estar radiándose. *2.* Inseguro: *El proyecto está en el aire.*

ai·rea·ción [aireaθjón] *s/f* Ventilación.

ai·re·ar [aireár] **I.** *v/tr* **1.** Hacer que entre aire nuevo en un recinto: *Airear la casa.* **2.** FIG Hacer que la gente se entere de alguna cosa que pertenece a la intimidad: *Airear los secretos de alguien.* **II.** REFL(-SE) Ponerse al aire para refrescarse o para despejarse.

ai·reo [airéo] *s/m* Acción de airear(se).

ai·ro·si·dad [airosiðáð] *s/f* Cualidad de airoso.

ai-ro-so, -a [airóso, -a] *adj* **1.** Hablando de personas, que tienen gracia y viveza para hacer las cosas. **2.** FIG Se dice del que lleva a cabo una determinada acción de forma favorable: *Salió airoso de la prueba.*

ais·la·cio·nis·mo [aislaθjonísmo] *s/m* Actitud del que se aísla de los demás.

ais·la·cio·nis·ta [aislaθjonísta] *s/m,f* Que practica el aislacionismo.

ais·la·do, -a [aisláðo, -a] *adj* Se dice de lo que o de quien no forma parte de un conjunto o de una organización.

ais·la·dor [aislaðór] *s/m* Pieza aislante usada en la electricidad.

ais·la·mien·to [aislamjénto] *s/m* Acción y efecto de aislar o aislarse.

ais·lan·te [aislánte] *adj* y *s/m* Que aísla.

ais·lar [aislár] **I.** *v/tr* **1.** Dejar algo separado de todo lo demás. **2.** FÍS Separar por medio de aislantes un conductor eléctrico. **3.** Retirar el trato a una persona las que están en relación con ella. **II.** REFL(-SE) Rehuir una persona el trato con los demás. RPr **Aislar(se) de:** *Aislarse de los compañeros.*
ORT PRON El acento cae sobre *i* en el *sing* y *3.ª pers pl* del *pres* de *indic* y *subj: Aíslo,* etc.

¡a·já! [axá] *interj* Se usa para expresar complacencia o aprobación.

a·ja·da [axáða] *s/f* Salsa hecha con pan, ajos machacados y sal.

a·ja·mo·nar·se [axamonárse] *v/*REFL(-SE) COL Ponerse jamona o gorda una mujer.

a·jar [axár] **I.** *v/tr* Quitar el buen aspecto de una persona o cosa: *Los sufrimientos la han ajado.* **II.** REFL(-SE) Perder una persona o cosa, por determinadas circunstancias, su aspecto joven o lozano.

a·je·dre·cis·ta [axeðreθísta] *s/m,f* Persona que juega al ajedrez.

a·je·drez [axeðréθ] *s/m* Juego en el que intervienen dos jugadores; cada uno de ellos dispone de dieciséis piezas que se

colocan sobre un tablero dividido en sesenta y cuatro escaques.
ORT *Pl: Ajedreces.*

a·je·dre·za·do, -a [axeðreθáðo, -a] *adj* Se aplica a lo que forma cuadros de modo parecido a un tablero de ajedrez.

a·jen·jo [axéŋxo] *s/m* **1.** Planta perenne y medicinal; es muy amarga y algo aromática. **2.** Bebida alcohólica que contiene esencia de ajenjo y otras hierbas.

a·je·no, -a [axéno, -a] *adj* **1.** Se aplica a lo que no es de uno. **2.** Impropio o extraño de algo o de alguien: *Esto es ajeno a su modo de proceder.* **3.** (Con *estar*) Se aplica al que ignora determinada cosa: *Está ajeno a este problema.* RPr **Ajeno a.**

a·je·tre·ar [axetreár] *v*/REFL(-SE) Ir de un sitio a otro, realizando gran actividad física: *Ajetrearse de acá para allá.*

a·je·treo [axetréo] *s/m* Acción de ajetrearse: *El ajetreo de la ciudad me aturde.*

a·jí [axí] *s/m* **1.** Pimiento. **2.** Pimentón.

a·ji·a·cei·te [axiaθéite] *s/m* Salsa hecha con aceite y ajos machacados.

a·ji·li·mo·je o **a·ji·li·mó·ji·li** [axilimóxe/axilimóxili] *s/m* Cualquier salsa picante que contenga ajos.

a·jo [áxo] *s/m* **1.** Planta liliácea cuyo bulbo blanco, redondo y de olor fuerte y característico se usa como condimento. **2.** FIG Cuestión reservada que se trata entre un número limitado de personas: *Andrés no está en el ajo.* (Se usa con los verbos *estar, meterse* o *andar metido en).*

a·jor·ca [axórka] *s/f* Aro de metal con que se adornan las mujeres las muñecas o los tobillos.

a·jor·na·lar [axornalár] *v/tr* Contratar a alguien por un determinado jornal.

a·juar [axwár] *s/m* **1.** Lo que aporta la mujer al casarse. **2.** Conjunto de cosas necesarias en una casa: muebles, ropas, etc.

a·jun·tar [axuntár] *v/tr* COL Juntar.

a·jus·ta·do, -a [axustáðo, -a] *adj* **1.** Se dice de lo que es razonable, adecuado: *Un precio ajustado.* **2.** Se dice de lo que resulta ceñido, apretado: *Un vestido muy ajustado.*

a·jus·ta·dor, (-ra) [axustaðór, (-ra)] **I.** *adj* Se aplica a lo que ajusta. **II.** *s/m* Persona que trabaja las piezas de metal cuando ya están terminadas para conseguir que ajusten perfectamente en el sitio donde deben colocarse.

a·jus·tar [axustár] *v/tr* **1.** Poner juntas dos cosas de modo que encajen perfectamente. **2.** Poner una cosa en armonía con otra: *Ajustaremos nuestros relojes.* **3.** Concertar alguna cosa: precio, fechas, trabajo, condiciones de algo, etc.: *Ayer ajustamos la fecha de la boda.* RPr **Ajustar(se) a/en:** *Ajustarse a las circunstancias. Se ajustaron en 5.000 pesetas.*

a·jus·te [axúste] *s/m* Acción y efecto de ajustar o ajustarse.

a·jus·ti·cia·do, -a [axustiθjáðo, -a] *s/m,f* Persona que ha sido ajusticiada.

a·jus·ti·cia·mien·to [axustiθjamjénto] *s/m* Acción y efecto de ajusticiar.

a·jus·ti·ciar [axustiθjár] *v/tr* Aplicar a un reo la pena de muerte.

al [ál] Contracción de la *prep* 'a' y el *art* 'el'.

a·la [ála] *s/f* **1.** Miembro del cuerpo de algunas aves que les sirve para volar. **2.** Hilera o fila en una formación: *El ala derecha dará un paso al frente.* **3.** Parte inferior de un sombrero que rodea la copa. **4.** ARQ Cada una de las partes que se encuentran a los lados del cuerpo principal del edificio. **5.** *pl* FIG Ánimos, valor para hacer algo elevado o destacable: *Le faltan alas para explotar su ingenio.* LOC **Cortar las alas a alguien,** quitarle a uno la iniciativa o ponerle dificultades para que no pueda desarrollarlas. **Ahuecar el ala,** marcharse. **Dar alas a alguien,** dar ocasión a alguien para que se insolente.
GRAM En *sing* se antepone el *art* 'el'/'un': *El/Un ala.*

¡a·la! [ála] *interj* ¡Hala!

a·la·ban·za [alaβánθa] *s/f* Acción de alabar o alabarse.

a·la·bar [alaβár] **I.** *v/tr* Hacer elogios de alguien o algo. **II.** REFL(-SE) Presumir de poseer lo que se expresa. RPr **Alabar(se) por/de:** *Le alabaron por/de prudente.*

a·la·bar·da [alaβárða] *s/f* Arma parecida a la lanza que en su punta está cruzada por una cuchilla transversal con forma de media luna por la parte no afilada.

a·la·bar·de·ro [alaβarðéro] *s/m* Soldado cuya arma distintiva es la alabarda.

a·la·bas·tri·no, -a [alaβastríno, -a] *adj* Que es de alabastro o se parece a él.

a·la·bas·tro [alaβástro] *s/m* Mármol translúcido bastante blando y fácilmente tallable; se emplea en escultura.

á·la·be [álaβe] *s/m* **1.** Rama de árbol inclinada hacia la tierra. **2.** MEC Cada una de las paletas curvas de la rueda hidráulica.

a·la·be·ar [alaβeár] *v/tr* Dar forma combada a una cosa.

a·la·beo [alaβéo] *s/m* Forma curva que

coge una superficie de madera o de cualquier otro material.

a·la·ce·na [alaθéna] *s/f* Hueco hecho en la pared, parecido a un pequeño armario empotrado, que sirve generalmente para guardar cosas de comer.

a·la·crán [alakrán] *s/m* Arácnido pulmonado que tiene el abdomen en forma de cola y acabado en una especie de gancho con el que al picar introduce una sustancia irritante que, según las variedades, puede ser peligrosa.

a·la·do, -a [aláðo, -a] *adj* **1.** Se aplica a lo que tiene alas. **2.** FIG Ligero, veloz.

a·lam·bi·car [alam̪bikár] *v/tr* **1.** Destilar con alambique. **2.** FIG Tratándose del lenguaje, expresión, etc., hacerlos rebuscados por afán de perfeccionismo.
ORT Ante *e* la *c* cambia en *qu: Alambiqué.*

a·lam·bi·que [alam̪bíke] *s/m* Aparato que se emplea para destilar; consiste en una caldera donde hierve el líquido y un serpentín donde se condensa el vapor.

a·lam·bra·da [alam̪bráða] *s/f* Valla hecha de alambre.

a·lam·bra·do [alam̪bráðo] *s/m* **1.** Alambrera. **2.** Alambrada.

a·lam·brar [alam̪brár] *v/tr* Cercar un lugar con alambre.

a·lam·bre [alám̪bre] *s/m* Hilo metálico. Puede ser de bronce, latón, etc.

a·lam·bre·ra [alam̪bréra] *s/f* Tela metálica usada para tapar ventanas, etc.

a·la·me·da [alaméða] *s/f* **1.** Lugar poblado con álamos. **2.** Paseo con álamos o con cualquier otra clase de árboles.

á·la·mo [álamo] *s/m* Árbol salicáceo, del género ulmus, que se eleva a gran altura; su madera blanca y ligera resiste mucho el agua.

a·lan·ce·ar [alanθeár] *v/tr* Herir con lanza.

a·la·no, -a [aláno, -a] *adj* Se aplica a cada uno de los individuos de un pueblo germánico que invadió España a principios del siglo V.

a·lar·de [alárðe] *s/m* (*Hacer alarde de...*) Ostentación que se hace de alguna cosa: *Hace alarde de sabiduría.*

a·lar·de·ar [alarðeár] *v/intr* Presumir de algo. RPr **Alardear de (algo):** *Alardea de su fuerza.*

a·lar·ga·de·ra [alarγaðéra] *s/f* Lo que sirve para alargar un utensilio.

a·lar·ga·mien·to [alarγamjén̪to] *s/m* Acción y efecto de alargar o alargarse.

a·lar·gar [alarγár] **I.** *v/tr* **1.** Hacer que una cosa o una situación sea más larga: *Alargar un cable.* **2.** Poner una cosa al alcance de quien está alejado de ella: *Yo te alargaré el libro.* **3.** Estirar un miembro del cuerpo que estaba encogido: *Si alargas el brazo, lo cogerás.* **II.** REFL(-SE). En las acepciones de I. RPr **Alargarse en:** *Alargarse en una explicación.*
ORT Ante *e* la *g* cambia en *gu: Alargué.*

a·lar·gue [alárγe] *s/m* Pieza suplementaria para alargar algo (cable, ropa...).

a·la·ri·do [alaríðo] *s/m* Grito muy fuerte, expresión de dolor, miedo, alegría, etc.

a·lar·ma [alárma] *s/f* **1.** Señal con la que se avisa de un peligro o aparato que la provoca. **2.** Inquietud provocada por la posibilidad de un peligro.

a·lar·man·te [alarmán̪te] *adj* Que provoca alarma.

a·lar·mar [alarmár] **I.** *v/tr* **1.** Dar la alarma incitando a tomar las armas. **2.** Provocar alarma en alguien. **II.** REFL(-SE) Sentir alarma

a·lar·mis·ta [alarmísta] *s/m,f* Persona inclinada a alarmar o alarmarse.

a·la·ven·se o **a·la·vés, -sa** [alaβénse/alaβés, -sa] *adj* Natural de Álava.

a·la·zán, -na [alaθán, -na] *adj* Se dice especialmente de los caballos o yeguas que tienen el pelo color canela.

al·ba [álβa] *s/f* **1.** Tiempo que transcurre desde que aparecen las primeras luces del día hasta la salida del sol. **2.** Vestidura de lienzo blanco usada por los sacerdotes para decir misa.

al·ba·cea [alβaθéa] *s/m* Persona que interviene en la ejecución de un testamento.

al·ba·ce·ten·se o **al·ba·ce·te·ño, -a** [alβaθeténse/alβaθetéɲo, -a] *adj* Natural de Albacete.

al·ba·ha·ca [alβ(a)áka] *s/f* Nombre dado a distintas especies de plantas labiadas, de hojas oblongas y muy verdes y flores blancas; tiene un agradable olor.

al·ba·nés, -sa [alβanés, -sa] *adj* y *s/m,f* Natural de Albania.

al·ba·ñal o **al·ba·ñar** [alβaɲál/alβaɲár] *s/m* **1.** Canal por donde salen las aguas residuales. **2.** FIG Lo repugnante o indecente.

al·ba·ñil [alβaɲíl] *s/m* Obrero que trabaja en la construcción, especialmente en paredes que implican la utilización de ladrillos, piedras, etc., y un aglomerante.

al·ba·ñi·le·ría [alβaɲilería] *s/f* Arte y oficio del albañil.

al·ba·rán [alβarán] *s/m* COM Documento en el que se especifican las mercancías entregadas al cliente.

al·bar·da [alβárða] *s/f* Lo que se pone sobre el lomo de las caballerías para colocar la carga.

al·bar·di·lla [alβarðíʎa] *s/f* **1.** Silla para domar potros. **2.** Tejadillo que se pone sobre los muros para expulsar el agua de lluvia.

al·ba·ri·co·que [alβarikóke] *s/m* Fruto del albaricoquero.

al·ba·ri·co·que·ro [alβarikokéro] *s/m* Árbol rosáceo, cuyo fruto es el albaricoque.

al·ba·tros [alβátros] *s/m* Ave palmípeda de plumaje blanco, buena voladora, de tamaño mayor que el ganso.

al·ba·yal·de [alβaJálde] *s/m* Carbonato de plomo, sólido, de color blanco y empleado en pintura.

al·be·ar [alβeár] *v/intr* Blanquear.

al·be·drío [alβeðrío] *s/m* **1.** Facultad del hombre de obrar según su propia elección. **2.** Antojo o capricho.

al·ber·ca [alβérka] *s/f* Depósito artificial de agua.

al·bér·chi·go [alβértʃiγo] *s/m* Fruto del alberchiguero.

al·ber·chi·gue·ro [alβertʃiγéro] *s/m* Árbol, variedad del melocotonero en algunos sitios y del albaricoquero en otros.

al·ber·gar [alβerγár] *v/intr* Dar albergue.
ORT Ante *e* la *g* cambia en *gu: Albergué.*

al·ber·gue [alβérγe] *s/m* Refugio en que hallan resguardo personas y animales. **2.** Local donde uno está alojado de forma provisional sin muchas comodidades.

al·bi·nis·mo [alβinísmo] *s/m* Cualidad de albino.

al·bi·no, -a [alβíno, -a] *adj* Se aplica tanto a personas como animales a los que les falta el pigmento que da color a ciertas partes del organismo, por lo que éstas son anormalmente blancas.

al·bo, -a [álβo, -a] *adj* Blanco.

al·bón·di·ga o **al·bon·di·gui·lla** [alβón̪diγa/alβon̪diγíʎa] *s/f* Bola de carne o pescado picado y mezclado con pan, huevos y especias, que se fríe primero y se guisa después con una salsa.

al·bor [alβór] *s/m* **1.** Alba. **2.** Blancura. **3.** *pl* Principio de algo: *En los albores de la primavera.*

al·bo·ra·da [alβoráða] *s/f* Alba.

al·bo·re·ar [alβoreár] *v/intr* **1.** Apuntar el día. **2.** FIG Aparecer las primeras señales de un acontecimiento: *Alborea una renovación artística.*

al·bor·noz [alβornóθ] *s/m* Batín de tela de toalla usado al salir del baño.
ORT *Pl: Albornoces.*

al·bo·ro·ta·di·zo, -a [alβorotaðíθo, -a] *adj* Se aplica a quien se enfada o excita con gran facilidad.

al·bo·ro·ta·do, -a [alβorotáðo, -a] *adj* Se dice de quien obra con exceso de precipitación y sin pensar.

al·bo·ro·tar [alβorotár] **I.** *v/tr* Provocar desorden o agitación. **II.** *v/intr* Hacer alboroto.

al·bo·ro·to [alβoróto] *s/m* **1.** Ruido causado por gente que ríe, grita, discute, protesta, etc. **2.** Susto, sobresalto.

al·bo·ro·zar [alβoroθár] *v/tr,* REFL(-SE) Causar alegría, placer, etc, o sentirlo.
ORT Ante *e* la *z* cambia en *c: Alboroce.*

al·bo·ro·zo [alβoróθo] *s/m* Acción y efecto de alborozar.

al·bri·cias [alβríθjas] *s/f, pl* LOC **¡Albricias!**, expresión de júbilo.

al·bu·fe·ra [alβuféra] *s/f* Laguna formada en tierras bajas contiguas al mar.

ál·bum [álβum/-n] *s/m* Hojas encuadernadas destinadas a contener algo que se colecciona: autógrafos, fotografías, etc.
GRAM *Pl: Álbumes* o *álbums.*

al·bu·men [alβúmen] *s/m* Sustancia que envuelve el embrión de las semillas y les sirve de alimento en la primera parte del desarrollo.

al·bú·mi·na [alβúmina] *s/f* Sustancia compuesta de carbono, hidrógeno, oxígeno, nitrógeno y azufre, que constituye el componente principal de la clara de huevo.

al·bu·mi·noi·deo, -a [alβuminoiðéo, -a] *adj* QUÍM Se aplica a aquellas sustancias que participan de la naturaleza de la albúmina.

al·bur [alβúr] *s/m* Azar al que se fía el resultado de algo: *Al albur.*

al·bu·ra [alβúra] *s/f* Blancura.

al·ca·cho·fa [alkatʃófa] *s/f* **1.** Planta de huerta, compuesta de hojas anchas, con una cabezuela en forma de piña, formada por brácteas carnosas que son en parte comestibles. **2.** Pieza redondeada y con orificios que, sumergida en una cavidad que contiene agua, permite la entrada de ella en un tubo para elevarla. **3.** Pieza que dispersa el agua; *por ej,* en las duchas.

al·ca·hue·te, -a [alkawéte, -a] *s/m,f* **1.** Mediador o encubridor de relaciones sexuales ilícitas. **2.** FIG Persona que se entera de las intimidades de alguien y las cuenta a una tercera persona.

al·ca·hue·te·ría [alkawetería] *s/f* Acción y efecto de hacer de alcahuete.

al·cai·de [alkáiðe] *s/m* El encargado de la custodia de los presos en una cárcel.

al·cal·da·da [alkal̪dáða] *s/f* Acto llevado a cabo por un alcalde abusando de su autoridad. *Por ext,* cualquier otro acto semejante realizado por una persona con autoridad.

al·cal·de [alkál̪de] *s/m* Primera autoridad gubernativa en un municipio y presidente del Ayuntamiento.

al·cal·de·sa [alkal̪désa] *s/f* de *alcalde.*

al·cal·día [alkal̪día] *s/f* Cargo de alcalde y local donde ejerce sus funciones.

ál·ca·li [álkali] *s/m* QUÍM Nombre dado a los óxidos metálicos que pueden actuar como bases.

al·ca·li·ni·dad [alkaliniðáð] *s/f* Cualidad de alcalino.

al·ca·li·no, -a [alkalíno, -a] *adj* Se aplica a las sustancias que tienen la propiedad de contrarrestar a los ácidos.

al·ca·li·za·ción [alkaliθaθjón] *s/f* Acción y efecto de alcalizar.

al·ca·li·zar [alkaliθár] *v/tr* QUÍM Dar a algo las propiedades de los álcalis.
ORT Ante *e* la *z* cambia en *c: Alcalice.*

al·ca·loi·de [alkalóiðe] *s/m* QUÍM Sustancia alcalina extraída de ciertos vegetales, alguna de las cuales se usa en medicina y también para producir un bienestar artificial.

al·can·ce [alkán̪θe] *s/m* **1.** Distancia a que llega la acción o influencia de algo: el brazo de una persona, un arma, etc. **2.** *pl* Talento: *Sus alcances son limitados.* **3.** Trascendencia de algo que se hace o dice: *El alcance de esa teoría puede ser considerable.* LOC **Dar alcance a alguien,** alcanzarle.

al·can·cía [alkan̪θía] *s/f* Recipiente, generalmente de barro, para guardar monedas que se introducen por una hendidura en la parte superior.

al·can·for [alkaɱfór] *s/m* Sustancia sólida, blanca y volátil, de olor característico, que se extrae del alcanforero y otras plantas lauráceas. Sirve, entre otros usos, para preservar la ropa de la polilla.

al·can·fo·rar [alkaɱforár] *v/tr* Mezclar algo con alcanfor.

al·can·ta·ri·lla [alkan̪taríʎa] *s/f* **1.** Hueco dejado en los bordes de las aceras de las calles por donde se absorbe el agua de lluvia. **2.** Canal subterráneo que lleva las aguas residuales.

al·can·ta·ri·lla·do [alkan̪tariʎáðo] *s/m* Sistema de alcantarillas de una ciudad.

al·can·ta·ri·llar [alkan̪tariʎár] *v/tr* Hacer alcantarillas.

al·can·zar [alkan̪θár] **I.** *v/tr* **1.** Llegar junto a una persona o cosa que va delante: *Si corres, alcanzarás el autobús.* **2.** Llegar a cierto punto en cualquier cosa: *Alcanzaremos la cima.* **3.** Llegar a igualarse con otro en algo: *Tu hermano pronto te alcanzará en altura.* **4.** Llegar a coger alguna cosa alargando la mano o sirviéndose de algo o alguien: *Alcánzame el libro.* **5.** Llegar a tener una cosa que se desea: *Ya ha alcanzado el cargo que siempre quiso.* **6.** Saber, entender: *No alcanzo a ver el motivo que te hace actuar.* **II.** *v/intr* **1.** Haber bastante para todos en un reparto o haber bastante para que corresponda un determinado número a cada uno: *La fruta no alcanza para todos.* **2.** Ser suficiente una cosa para determinado fin: *Ese dinero no alcanza para el viaje.*
RPr **Alcanzar a/en:** *Alcancé a verlo en casa. Casi lo alcanza en rapidez.*
ORT La *z* cambia en *c* ante *e: Alcance.*

al·ca·pa·rra [alkapárra] *s/f* Planta caparídea cuyo fruto es el alcaparrón.

al·ca·pa·rrón [alkaparrón] *s/m* Fruto de la alcaparra.

al·ca·traz [alkatráθ] *s/m* Pelícano americano, de plumaje pardo amarillento en el dorso y blanco en el pecho.

al·ca·ya·ta [alkaJáta] *s/f* Clavo doblado en ángulo recto para colgar cosas.

al·ca·za·ba [alkaθáβa] *s/f* Recinto fortificado dentro de una población amurallada.

al·cá·zar [alkáθar] *s/m* Recinto fortificado.

al·ce [ál̪θe] *s/m* Mamífero cérvido muy corpulento.

al·cis·ta [al̪θísta] *s/m,f* Persona que juega con valores de bolsa esperando el alza.

al·co·ba [alkóβa] *s/f* Habitación destinada a dormitorio.

al·co·hol [alk(o)ól] *s/m* Líquido incoloro, inflamable y de olor fuerte y característico que se obtiene mediante la destilación de licores espiritosos.

al·co·hó·li·co, -a [alk(o)óliko, -a] *adj* **1.** Se dice de lo que contiene alcohol. **2.** Se aplica al que bebe demasiado alcohol.

al·co·ho·lí·me·tro [alk(o)olímetro] *s/m* Instrumento que sirve para averiguar la cantidad de alcohol contenida en un líquido o en el aliento.

al·co·ho·lis·mo [alk(o)olísmo] *s/m* Efecto producido por el abuso de bebidas alcohólicas.

al·co·ho·li·za·ción [alk(o)oliθaθjón] *s/f* QUÍM Acción y efecto de alcoholizar.

al·co·ho·li·za·do, -a [alk(o)oliθáðo, -a] *adj* y *s/m,f* Se aplica a quien está enfermo a causa del abuso de bebidas alcohólicas.

al·co·ho·li·zar·se [alk(o)oliθárse] Contraer alguien el alcoholismo por beber excesivo alcohol.
ORT Ante *e* la *z* cambia en *c: Alcoholice.*

al·cor·no·que [alkornóke] *s/m* **1.** Árbol cupulífero cuyo fruto es la bellota y de cuya corteza se extrae el corcho. **2.** FIG Se dice de la persona que posee una inteligencia muy limitada.

al·cor·que [alkórke] *s/m* Hoyo que se hace alrededor de las plantas para retener el agua de lluvia o de riego.

al·co·tán [alkotán] *s/m* Ave rapaz semejante al halcón.

al·co·ya·no, -a [alkoJáno, -a] LOC **Tener más moral que el Alcoyano,** refrán con el que se manifiesta el gran optimismo de la persona a la que se aplica.

al·cur·nia [alkúrnja] *s/f* Ascendencia noble.

al·cu·za [alkúθa] *s/f* Vasija que contiene el aceite que se gasta habitualmente.

al·da·ba [aldáβa] *s/f* **1.** Pieza de hierro o de bronce que, colocada en las puertas, servía para llamar. **2.** Pieza de madera o de hierro colocada en las puertas y ventanas para abrirlas o cerrarlas.

al·da·bo·na·zo [aldaβonáθo] *s/m* **1.** Golpe dado con una aldaba. **2.** FIG Llamada, aviso: *El hecho ha sido un aldabonazo a su conciencia.*

al·dea [aldéa] *s/f* Pueblo pequeño y, generalmente, sin jurisdicción propia.

al·dea·nis·mo [aldeanísmo] *s/m* Palabra o expresión propia de aldeanos.

al·dea·no, -a [aldeáno, -a] *adj* **1.** Natural de una aldea. **2.** FIG Inculto.

a·lea·ción [aleaθjón] *s/f* **1.** Acción y efecto de alear **(II)**. **2.** Metal que resulta de alear otros.

a·le·ar [aleár] **I.** *v/intr* Mover las alas. **II.** *v/tr* Fundir dos o más metales.

a·lea·to·rio, -a [aleatórjo, -a] *adj* Se aplica a lo que depende de la suerte.

a·lec·cio·na·mien·to [ale(k)θjonamjénto] *s/m* Acción y efecto de aleccionar.

a·lec·cio·na·dor, -ra [ale(k)θjonaðór, -ra] *adj* Que es instructivo.

a·lec·cio·nar [ale(k)θjonár] **I.** *v/tr* Dar lecciones a alguien sobre algo. **II.** REFL (-SE) Aprender uno algo por experiencia propia. RPr **Aleccionar en/para:** *Le aleccionó en el manejo de la máquina. Le aleccionaron para ello.*

a·le·da·ño, -a [aleðáɲo, -a] **I.** *adj* Se dice de lo que está al lado de aquello de lo que se habla. **II.** *s/m, pl* Terrenos en los alrededores de un lugar cualquiera.

a·le·ga·ción [aleγaθjón] *s/f* **1.** Acción de alegar. **2.** Lo que se alega.

a·le·gar [aleγár] *v/tr* Presentar hechos, explicaciones o méritos como prueba de algo (disculpa, petición...). RPr **Alegar en:** *Lo alegaremos en tu defensa.*
ORT Ante *e* se añade una *u* a la *g: Alegué.*

a·le·ga·to [aleγáto] *s/m* Escrito o discurso en el que se exponen los argumentos que apoyan aquello de lo que se trata, específicamente el que expone un abogado ante un tribunal.

a·le·go·ría [aleγoría] *s/f* **1.** Representación de una cosa o de una idea por medio de algo que guarda con ella una relación real o creada por el artista. **2.** Obra literaria o artística de sentido alegórico.

a·le·gó·ri·co, -a [aleγóriko, -a] *adj* Relativo a la alegoría.

a·le·go·ri·zar [aleγoriθár] *v/tr* Usar alegorías.
ORT Ante *e* la *z* cambia en *c: Alegorice.*

a·le·grar [aleγrár] **I.** *v/tr* **1.** Provocar alegría en alguien. **2.** FIG Hacer que una cosa tenga un aspecto más animado: *Las flores alegran la casa.* **II.** REFL(-SE) Ponerse alegre por haber tomado bebidas alcohólicas. RPr **Alegrarse con/de/por:** *Se alegró con la noticia. Nos alegramos de su llegada. Nos alegramos por ti.*

a·le·gre [aléγre] *adj* **1.** Se dice de la persona que tiene alegría en el momento de que se trata. **2.** Se aplica también al gesto, la cara, la expresión, etc., que demuestran alegría: *Muy alegre traes tú la cara hoy.* **3.** Aplicado a los colores, denota que éstos son vivos: *Un rojo alegre.* **4.** Se aplica a un local con mucha luz: *La habitación es alegre.* **5.** Se aplica a las personas que obran frívolamente o con exceso de confianza: *Actuaste de forma muy alegre, sin pensarlo antes detenidamente.* **6.** Se dice de quien ha tomado bebidas alcohólicas en mayor cantidad de la debida: *Hoy Juan está muy alegre.* **7.** Se dice de la mujer que lleva una vida deshonesta. RPr **Alegre de:** *Es alegre de carácter.*

a·le·gre·to [aleγréto] *adv* MÚS Con movimiento menos vivo que el alegre.

a·le·gría [aleγría] *s/f* **1.** Sentimiento producido en el ánimo de una persona por la obtención de algo deseado. **2.** Lo que provoca este sentimiento. **3.** Manifestación de ese estado de ánimo en palabras, risas, gestos, etc.

a·le·gro [aléɣro] *adv* MÚS Con movimiento moderadamente vivo.

a·le·grón [aleɣrón] *s/m* COL Alegría intensa o inesperada.

a·le·ja·mien·to [alexamjéɲto] *s/m* Acción y efecto de alejar o alejarse.

a·le·jar [alexár] *v/tr* Poner una cosa más lejos del sitio en que estaba. RPr **Alejarse de:** *Se alejó de sus antiguas amistades.*

a·le·lar [alelár] *v/tr,* REFL(-SE) Poner o ponerse lelo o bobo.

a·le·lu·ya [alelúJa] *interj* Se emplea para demostrar júbilo.

a·le·mán, (-na) [alemán, (-na)] **I.** *adj* Natural de Alemania. **II.** *s/m* Lengua de este país.

a·len·tar [aleɲtár] **I.** *v/intr* **1.** Respirar. **2.** FIG Tener alguien cierto sentimiento: *En su corazón ha alentado siempre el amor al prójimo.* **II.** *v/tr* Dar ánimos o vigor a alguien: *Tus palabras me alientan.* CONJ *Irreg: Aliento, alenté, alentaré, alentado.*

a·ler·gia [alérxja] *s/f* **1.** Fenómeno de carácter nervioso, eruptivo o respiratorio, producido en organismos de una sensibilidad especial por ciertas sustancias que normalmente no provocan tales efectos. **2.** FIG Sensibilidad extremada frente a ciertos temas.

a·lér·gi·co, -a [alérxiko, -a] *adj* Relativo a la alergia.

a·le·ro [aléro] *s/m* Parte inferior del tejado que sobresale de la pared y sirve para desviar el agua de lluvia.

a·ler·ta [alérta] **I.** *adv* Con vigilancia: *Debes estar alerta.* **II.** *s/m* Voz que invita a o reclama vigilancia: *El centinela dio el alerta.* LOC **¡Alerta!,** interjección con que se exige vigilancia.

a·ler·tar [alertár] *v/tr* Poner en guardia.

a·le·ta [aléta] *s/f* **1.** Cada una de las membranas externas de los peces que les sirven para nadar. **2.** Guardabarro y estribo en los automóviles. **3.** Cada una de las membranas situadas en la parte inferior de la nariz.

a·le·tar·ga·mien·to [aletarɣamjéɲto] *s/m* Acción y efecto de aletargar.

a·le·tar·gar [aletarɣár] *v/tr* Producir letargo en una persona o animal. ORT Ante *e* la *g* cambia en *gu: Aletargué.*

a·le·ta·zo [aletáθo] *s/m* Golpe dado con el ala o la aleta.

a·le·te·ar [aleteár] *v/intr* **1.** Mover repetidamente las alas. **2.** Mover los peces las aletas al ser sacados del agua.

a·le·teo [aletéo] *s/m* Movimiento de las alas.

a·le·vín [aleβín] *s/m* **1.** Pescado pequeño que se echa en los ríos para repoblarlos. **2.** FIG Principiante en una profesión, disciplina o actividad.

a·le·vo·sía [aleβosía] *s/f* **1.** Hecho de haberse asegurado el que comete un delito de que no tendrá repercusiones negativas para él. **2.** Acción innoble y traicionera.

a·le·vo·so, -a [aleβóso, -a] *adj* Se aplica al que actúa con alevosía.

al·fa [álfa] *s/f* Primera letra del alfabeto griego.

al·fa·bé·ti·co, -a [alfaβétiko, -a] *adj* Relacionado con el alfabeto.

al·fa·be·ti·za·ción [alfaβetiθaθjón] *s/f* Acción y efecto de alfabetizar.

al·fa·be·ti·zar [alfaβetiθár] *v/tr* **1.** Ordenar siguiendo el orden alfabético. **2.** Enseñar a leer y escribir a los analfabetos. ORT Ante *e* la *z* cambia en *c: Alfabeticé.*

al·fa·be·to [alfaβéto] *s/m* Conjunto de signos que representan las letras utilizadas en una lengua.

al·fa·gua·ra [alfaɣwára] *s/f* Manantial abundante.

al·fal·fa [alfálfa] *s/f* Planta leguminosa que se cultiva como forraje.

al·fal·fal o **al·fal·far** [alfalfál/alfalfár] *s/m* Tierra sembrada de alfalfa.

al·fan·je [alfáŋxe] *s/m* Especie de sable, de hoja ancha y curva, con filo solamente a un lado.

al·fa·que [alfáke] *s/m* Banco de arena, generalmente en la desembocadura de los ríos.

al·fa·re·ría [alfarería] **1.** Lugar donde se fabrican vasijas de barro. **2.** Arte y actividad del alfarero. **3.** Tienda en la que se venden las citadas vasijas.

al·fa·re·ro [alfaréro] *s/m* Persona que hace vasijas de barro.

al·far·je [alfárxe] *s/m* Techo formado por maderas labradas artísticamente.

al·féi·zar [alféiθar] *s/m* ARQ Rebaje hecho en una pared para insertar en él una puerta o ventana.

al·fe·ñi·que [alfeɲíke] *s/m* FIG Persona de aspecto débil.

al·fé·rez [alféreθ] *s/m* **1.** Oficial que se encarga de llevar la bandera o estandarte. **2.** Segundo teniente del ejército. ORT *Pl: Alféreces.*

al·fil [alfíl] *s/m* Pieza del juego de ajedrez que se mueve diagonalmente.

al·fi·ler [alfilér] *s/m* **1.** Objeto de metal, delgado como una aguja, que está afilado en un extremo y tiene una cabecilla en el otro. **2.** Joya que se usa para sujetar algo en un traje o como adorno. LOC **Prendido con alfileres,** se dice de un trabajo de cualquier tipo que se ha terminado muy rápidamente y ofrece poca consistencia.

al·fi·le·te·ro [alfiletéro] *s/m* Utensilio en forma de tubo que se usa para guardar alfileres y agujas.

al·fom·bra [alfómɱbra] *s/f* **1.** Tejido de lana u otra materia, de varios dibujos y colores, que se coloca sobre el suelo con fines decorativos y para dar calor. **2.** Cualquier cosa que esté extendida sobre el suelo y cubriéndolo: *Una alfombra de flores.*

al·fom·bra·do [alfoɱbráðo] *s/m* **1.** Acción de alfombrar. **2.** Conjunto de alfombras de un local o casa.

al·fom·brar [alfoɱbrár] *v/tr* Poner alfombras.

al·fon·sí [alfonsí] *adj* Alfonsino.
ORT *Pl: Alfonsíes.*

al·fon·si·no, -a [alfonsíno, -a] *adj* Relativo a alguno de los reyes españoles llamados Alfonso.

al·for·ja [alfórxa] *s/f* **1.** Tira de tela fuerte y ancha que forma dos bolsas en los extremos. La usan los campesinos y a veces se coloca sobre las caballerías. **2.** FIG *pl* Vestido ancho, mal cortado: *¡Vaya alforjas que llevas puestas!*

al·ga [álɣa] *s/f* BOT Planta talofita con clorofila.

al·ga·lia [alɣálja] *s/f* Sustancia de olor muy fuerte extraída de una bolsa cerca del ano del 'gato de algalia'.

al·ga·ra·bía [alɣaraβía] *s/f* Griterío organizado por hablar varias personas a la vez.

al·ga·ra·da [alɣaráða] *s/f* **1.** Vocerío organizado por una algara. **2.** Disturbio callejero.

al·ga·rro·ba [alɣarróβa] *s/f* **1.** Planta leguminosa de semilla algo parda que, seca, se da como alimento a las aves. **2.** Fruto del algarrobo, vaina azucarada y comestible que se usa para alimentar el ganado y en la industria.

al·ga·rro·bo [alɣarróβo] *s/m* Árbol leguminoso cuyo fruto es la algarroba.

al·ga·za·ra [alɣaθára] *s/f* Ruido provocado por varias personas que se divierten, gritan, ríen, etc.

ál·ge·bra [álxeβra] *s/f* Parte de las matemáticas que trata de la cantidad considerada en general y representada mediante letras u otros signos.

al·ge·brai·co, -a o **al·gé·bri·co, -a** [alxeβráiko, -a/alxéβriko, -a] *adj* Se dice de lo que guarda relación con el álgebra.

ál·gi·do, -a [álxiðo, -a] *adj* **1.** Muy frío. **2.** En lenguaje corriente ha pasado a significar: 'culminante', 'máximo', aplicado a cualquier circunstancia, incluso a aquellas que implican acaloramiento.

al·go [álɣo] **I.** *pron* **1.** Una cosa cualquiera. **2.** Una cantidad indeterminada. **II.** *adv* **1.** Un poco: *Todos estamos algo nerviosos.* **2.** Irónicamente puede significar 'mucho': *¿Se creerá éste que es algo?* LOC **Algo es algo/Más vale algo que nada,** expresiones que manifiestan que nada debe despreciarse por poca cosa que sea. **Algo así/Algo así como,** frases que expresan aproximación: *Faltan algo así como cuatro días.*

al·go·dón [alɣoðón] *s/m* **1.** Planta malvácea de flores amarillas, con manchas encarnadas, cuyo fruto es una cápsula que contiene las semillas envueltas en una borra larga y blanca que sale de la misma al abrirse ésta. **2.** Tejido hecho con ella. LOC **Criado entre algodones,** criado con delicadeza y cuidados.
Algodón hidrófilo, algodón en rama, desengrasado y blanqueado, que se usa en medicina e higiene.
Algodón en rama, el que está por hilar.

al·go·do·ne·ro, (-a) [alɣoðonéro, (-a)] **I.** *adj* Se aplica a lo que guarda relación con el algodón. **II.** *s/m* Planta de algodón.

al·go·rít·mi·co, -a [alɣorítmiko, -a] *adj* Relacionado con el algoritmo.

al·go·rit·mo [alɣorítmo] *s/m* **1.** Secuencia de operaciones para realizar un cálculo o solucionar un problema. **2.** Método y notación en las distintas formas del cálculo.

al·gua·cil [alɣwaθíl] *s/m* **1.** Oficial subalterno que ejecuta las órdenes de un juez o un tribunal. **2.** Empleado subalterno de un Ayuntamiento y ejecutor de las órdenes del alcalde.

al·gua·ci·li·llo [alɣwaθilíʎo] *s/m* Cada uno de los dos empleados que preceden a la cuadrilla durante el paseo en una corrida de toros.

al·guien [álɣjen] *pron* Persona o personas indeterminadas. LOC **Creerse alguien,** considerarse persona importante. **Ser alguien,** ser persona importante.
GRAM Exige concordancia en *m: Alguien bien enterado.*

al·gún [alɣún] *adj apóc* de *alguno,* empleado sólo delante de nombres masculinos: *Algún lápiz.*

al·gu·no, -a [alɣúno, -a] **I.** *adj* Precede

al nombre sustituyendo al artículo indeterminado. Puede referirse tanto a personas como a cosas. Cuando se alude con certeza a una cosa singular se emplea 'uno', no 'alguno'. Pospuesto al nombre, en frases negativas, equivale a 'ninguno': *No tiene deseo alguno de volver.* **II.** *pron* Se refiere siempre a personas y equivale a 'alguien': *Alguno lo hará.* A diferencia de 'alguien' se usa como partitivo con 'de': *Alguno de ellos lo contará.* LOC **Algun(o) que otro,** pocos.

al·ha·ja [aláxa] *s/f* **1.** Objeto de adorno personal hecho de piedras y metales preciosos. **2.** Cualquier cosa de gran valor. **3.** FIG Persona o animal que posee unas cualidades poco corrientes.

al·he·lí [alelí] *s/m* Planta crucífera que se cultiva para adorno; sus flores son de diversos colores y despiden un olor muy agradable.

a·liá·ceo, -a [aljáθeo, -a] *adj* Se dice de lo que tiene el sabor u olor del ajo.

a·lia·do, (-a) [aljáðo, (-a)] **I.** *adj* Se aplica a la persona con la que uno se ha unido para realizar una determinada acción. **II.** *s/m, pl* Conjunto de naciones aliadas contra Alemania en la Primera Guerra Mundial.

a·lian·za [aljáṇθa] *s/f* **1.** Acción de aliarse. **2.** Pacto entre personas o países. **3.** Anillo de boda.

a·liar [aljár] **I.** *v/tr* Reunir una persona dos o más cualidades útiles para conseguir una cosa. **II.** REFL(-SE) **1.** Formar alianza dos o más países mediante tratado o convenio con otro u otros. **2.** Unirse uno con otro u otros. RPr **Aliarse uno a/con/contra:** *Se alió el uno al otro. Se aliaron con los otros. Nos aliamos contra los invaso*[illegible]
ORT. PRON En el *sing* y *3.ª pers pl* del *pres* de *indic* y *subj* el acento recae sobre la *i*: *Alío, alíe,* etc.

a·lias [áljas] **I.** *adv* Por otro nombre: *Luis Sánchez, alias 'el Peco'.* **II.** *s/m* Apodo.

a·li·caí·do, -a [alikaíðo, -a] *adj* FIG Se dice del que está abatido, tanto refiriéndose al aspecto físico como al estado de ánimo.

a·li·can·ti·no, -a [alikaṇtíno, -a] *adj* y *s/m,f* De Alicante.

a·li·ca·ta·do [alikatáðo] *s/m* Revestimiento de azulejos.

a·li·ca·tar [alikatár] *v/tr* Revestir de azulejos.

a·li·ca·tes [alikátes] *s/m, pl* Tenacillas que se emplean para sujetar objetos pequeños, torcer alambres, etc.

a·li·cien·te [aliθjéṇte] *s/m* **1.** Cosa que anima o estimula para hacer lo que se expresa. **2.** Característica que hace atractivo un determinado lugar.

a·lí·cuo·ta [alíkwota] *adj* **1.** Proporcional. **2.** Parte alícuota.

a·lie·na·ble [aljenáβle] *adj* Enajenable, vendible.

a·lie·na·ción [aljenaθjón] *s/f* **1.** Acción y efecto de alienar. **2.** MED Nombre dado a todos los trastornos mentales.

a·lie·na·do, -a [aljenáðo, -a] *adj* Se dice del que padece algún trastorno mental.

a·lie·nar [aljenár] *v/tr,* REFL(-SE) Enajenar(se).

a·lie·ní·ge·na [aljeníxena] *adj* y *s/m,f* Extranjero.

a·lie·ní·ge·no, -a [aljeníxeno, -a] *adj* Extraño.

a·lien·to [aljéṇto] *s/m* **1.** Aire que sale al espirar. **2.** Acción o posibilidad de respirar: *Me he quedado sin aliento.* **3.** FIG Ánimo para emprender una tarea: *No tiene aliento para acabar.*

a·li·fa·fe [alifáfe] *s/m* Trastorno crónico, no grave, de la salud.

a·li·ge·ra·mien·to [alixeramjéṇto] *s/m* Acción y efecto de aligerar o aligerarse.

a·li·ge·rar [alixerár] **I.** *v/tr* **1.** Hacer algo menos pesado. **2.** Hacer algo más rápidamente: *Aligera el paso.* **II.** REFL(-SE) Quitarse algo de encima en sentido real o figurado: *Aligerarse de ropa.* RPr **Aligerar(se) de.**

a·li·jar [alixár] *v/tr* **1.** Descargar. **2.** Transbordar o echar en tierra géneros de contrabando.

a·li·jo [alíxo] *s/m* **1.** Acción de alijar. **2.** Partida de géneros de contrabando.

a·li·ma·ña [alimáɲa] *s/f* Animal dañino para el ganado y la caza menor.

a·li·ma·ñe·ro, -a [alimaɲéro, -a] *s/m* Persona que tiene por oficio matar alimañas.

a·li·men·ta·ción [alimeṇtaθjón] *s/f* **1.** Acción y efecto de alimentar o alimentarse. **2.** Conjunto de cosas que toma una persona para alimentarse.

a·li·men·tar [alimeṇtár] **I.** *v/tr* **1.** Dar alimento. **2.** Servir de alimento: *La carne alimenta mucho.* **3.** Producir alimento; puede usarse tanto en sentido real como figurado. **4.** Suministrar a una máquina lo que necesita para seguir funcionando: *La energía hidráulica alimenta estos transformadores.* **II.** REFL(-SE) Procurarse alimento. RPr **Alimentar(se) con/de:** *Se alimentan con suero/de bellotas.*

a·li·men·ta·rio, -a [alimeṇtárjo, -a] *adj*

Referido a los alimentos o a la alimentación.

a·li·men·ti·cio, -a [alimeṇtíθjo, -a] *adj* Se aplica a lo que alimenta.

a·li·men·to [aliméṇto] *s/m* **1.** Cualquier sustancia que sirve para alimentar. **2.** Acción de alimentarse.

a·li·mo·che [alimótʃe] *s/m* Ave rapaz.

a·li·món [alimón] *adv* Normalmente precedido del artículo 'al'. En lenguaje corriente significa hacer una cosa entre dos personas: *Han limpiado la casa al alimón.*

a·li·nea·ción [alineaθjón] *s/f* Acción y efecto de alinear o alinearse.

a·li·ne·ar [alineár] *v/tr,* REFL(-SE) **1.** Poner(se) en línea recta. **2.** Entrar a formar parte de un equipo. RPr **Alinear(se) con/de/en:** *Se alineó con la selección/de delantero centro/en el equipo del Madrid.*

a·li·ñar [aliɲár] *v/tr* Poner en las comidas los aditamentos necesarios para que resulten sabrosas.

a·li·ño [alíɲo] *s/m* **1.** Acción de aliñar. **2.** Conjunto de condimentos con que se aliña.

a·lio·li [aljóli] *s/m* Salsa hecha con ajos machacados y aceite.

a·li·sar [alisár] *v/tr* Poner liso algo: una superficie, el pelo, una madera, etc.

a·li·sios [alísjos] *adj, pl* Se aplica a una clase de vientos.

a·lis·ta·mien·to [alistamjéṇto] *s/m* Acción de alistar o alistarse.

a·lis·tar [alistár] **I.** *v/tr* Inscribir a alguien en una lista. **II.** REFL(-SE) Ir voluntario a hacer el servicio militar. RPr **Alistarse como/en/para:** *Alistarse como marino/en infantería/para submarinista.*

a·li·te·ra·ción [aliteraθjón] *s/f* RET Figura que consiste en la repetición de una o varias letras en palabras próximas para producir una especial sonoridad.

a·li·via·de·ro [aliβjaðéro] *s/m* Vertedero de aguas sobrantes de un depósito o canal.

a·li·via·dor, (-ra) [aliβjaðór, (-ra)] **I.** *adj* Que alivia. **II.** *s/m* Palanca que en los molinos sirve para levantar la piedra y graduar así el grosor de la harina.

a·li·viar [aliβjár] *v/tr* **1.** Hacer algo menos pesado. **2.** Calmar un dolor: *La medicina le alivió el dolor.* **3.** Disminuir un trabajo o las penas y preocupaciones a alguien.

a·li·vio [alíβjo] *s/m* Acción y efecto de aliviar o aliviarse.

al·ja·ba [alxáβa] *s/f* Instrumento alargado de forma cilíndrica y hueco, que se lleva colgado al hombro y contiene las flechas para el arco.

al·ja·ma [alxáma] *s/f* **1.** Reunión de moros o judíos. **2.** Sinagoga. **3.** Mezquita.

al·ja·mía [alxamía] *s/f* **1.** Nombre que los moros daban a la lengua castellana. **2.** Escrito de los moriscos en lengua castellana y con caracteres arábigos.

al·ji·be [alxíβe] *s/m* Cisterna.

al·jó·far [alxófar] *s/m* Perla de forma irregular, normalmente pequeña.

al·ma [álma] *s/f* **1.** Parte inmaterial del hombre. **2.** Principio que da vida a animales y plantas. **3.** A veces equivale a vida: *Dejaré el alma en ese trabajo.* **4.** Interés, esfuerzo, voluntad que se pone en la realización de algo: *Pone mucha alma en lo que hace.* **5.** Persona: *No se ve un alma.* **6.** Lo principal de cualquier cosa: *Es el alma de la fiesta.* **7.** Lo que tienen algunos objetos en su interior como soporte. LOC **Alma de Dios,** expresión que se aplica a una persona bondadosa. **Alma de cántaro,** persona falta de sensibilidad, generosidad o cualquier sentimiento noble. **Alma en pena,** alma del purgatorio o, en sentido figurado, persona que anda sola, triste y melancólica. **Agradecer algo en el alma,** agradecerlo mucho. **Caérsele a alguien el alma a los pies,** sufrir un fuerte desengaño. **Clavarse una cosa en el alma,** producir algo mucha pena. **Como alma que lleva el diablo,** (irse) precipitadamente. **Entregar el alma,** morirse. **No poder alguien con su alma,** estar muy cansado. **No tener uno alma,** no tener compasión. **Sentir en el alma algo,** sentirlo mucho.
GRAM En *sing* se le antepone el *art m* 'el'/'un': *El/Un alma.*

al·ma·cén [almaθén] *s/m* **1.** Lugar donde se guarda un determinado artículo. **2.** Local donde se vende al por mayor. **3.** *pl* Tienda grande con varias secciones en la que suelen venderse diversos géneros.

al·ma·ce·na·je [almaθenáxe] *s/m* Almacenamiento.

al·ma·ce·na·mien·to [almaθenamjéṇto] *s/m* Acción y efecto de almacenar.

al·ma·ce·nar [almaθenár] *v/tr* **1.** Guardar cosas en un almacén. **2.** Acumular cosas.

al·ma·ce·nis·ta [almaθenísta] *s/m,f* Persona que se dedica a almacenar y vender al por mayor determinada mercancía.

al·má·ci·ga [almáθiγa] *s/f* Semillero; lugar en que se siembran semillas que, una vez nacidas, son trasplantadas a otro sitio.

al·má·de·na [almáðena] *s/m* Mazo de

hierro con un mango largo, usado para romper piedras.

al·ma·día [almaðía] *s/f* Plataforma hecha con troncos unidos entre sí.

al·ma·dra·ba [almaðráβa] *s/f* **1.** Pesca de atunes. **2.** Lugar donde se pescan.

al·ma·dre·ña [almaðréɲa] *s/f* Calzado de madera que se usa para andar por el fango.

al·ma·gre [almáɣre] *s/m* Óxido rojo de hierro; se emplea en pintura.

al·ma·na·que [almanáke] *s/m* Conjunto de hojas que comprende todos los días del año, distribuidos por meses y semanas, a veces con indicaciones meteorológicas o astronómicas y festividades religiosas.

al·ma·ra·da [almaráða] *s/f* **1.** Aguja para coser alpargatas. **2.** Puñal agudo de tres aristas.

al·ma·za·ra [almaθára] *s/f* Molino de aceite.

al·me·ja [alméxa] *s/f* Nombre dado a varios moluscos de concha bivalva, acéfalos y comestibles.

al·me·na [alména] *s/f* Cada uno de los prismas que rematan la parte superior de las murallas.

al·me·na·do, -a [almenáðo, -a] *adj* Se aplica a lo que está guarnecido de adornos semejantes a almenas.

al·me·nar [almenár] **I.** *s/m* Pie de hierro en el que se ponían teas encendidas para alumbrarse. **II.** *v/tr* Hacer almenas en una construcción.

al·me·na·ra [almenára] *s/f* **1.** Fuego encendido en atalayas o lugares altos como señal. **2.** Almenar.

al·men·dra [alméṇdra] *s/f* **1.** Fruto del almendro. **2.** Semilla carnosa de cualquier fruto drupáceo.

al·men·dra·do, (-a) [almeṇdráðo, (-a)] **I.** *adj* Se aplica a lo que tiene forma de almendra. **II.** *s/m* Dulce hecho con almendras, harina, miel o azúcar.

al·men·dral [almeṇdrál] *s/m* **1.** Campo de almendros. **2.** Almendro.

al·men·dro [alméṇdro] *s/m* Árbol amigdaláceo, de madera dura, flores blancas o rosadas, cuyo fruto es la almendra.

al·men·dru·co [almeṇdrúko] *s/m* Almendra tierna con su cubierta verde todavía y la simiente interior blanda.

al·me·rien·se [almerjénse] *adj* y *s/m,f* De Almería.

al·me·te [alméte] *s/m* Pieza de una armadura antigua que cubría la cabeza.

al·miar [almjár] *s/m* Montón de paja o heno al descubierto, apretado alrededor de un palo.

al·mí·bar [almíβar] *s/m* **1.** Azúcar disuelto en agua y cocido al fuego. **2.** Cosa excesivamente dulce.

al·mi·ba·ra·do, -a [almiβaráðo, -a] *adj* FIG Se aplica a aquellas personas cuyas palabras o modales son excesivamente dulces y amables.

al·mi·ba·rar [almiβarár] *v/tr* **1.** Cubrir algo con almíbar. **2.** FIG Suavizar las palabras para ganarse la voluntad de otro.

al·mi·dón [almiðón] *s/m* Sustancia blanca, granulosa, que se encuentra en la semilla de varias plantas, especialmente en los cereales. Se emplea para dar apresto a las telas.

al·mi·do·nar [almiðonár[*v/tr* Mojar una tela en almidón antes de plancharla.

al·mim·bar [almiɱbár] *s/m* Púlpito de las mezquitas.

al·mi·nar [alminár] *s/m* Torre de una mezquita desde la que se convoca a los mahometanos en las horas de oración.

al·mi·ran·taz·go [almiraṇtáθɣo] *s/m* **1.** Cargo de almirante. **2.** Territorio de su jurisdicción.

al·mi·ran·te [almiráṇte] *s/m* En la marina, cargo equivalente al de teniente general en el ejército de tierra.

al·mi·rez [almiréθ] *s/m* Recipiente de cocina, de metal o material duro, usado para machacar o moler en él alguna cosa.

al·miz·cle [almíθkle] *s/m* Sustancia aromática, untuosa al tacto, que se saca de la bolsa que el almizclero tiene en el vientre. Se emplea en medicina e higiene.

al·miz·cle·ño, -a [almiθkléɲo, -a] *adj* Se aplica a lo que huele a almizcle.

al·miz·cle·ro, (-a) [almiθkléro, (-a)] **I.** *adj* Almizcleño. **II.** *s/m* Mamífero rumiante, sin cuernos, parecido a una cabra, que tiene en el vientre una bolsa en que segrega el almizcle.

al·mo·gá·var [almoɣáβar] *s/m* En tiempos de la Reconquista, soldado de ciertas tropas muy diestras, que hacían correrías por tierras del enemigo.

al·mo·ha·da [almoáða] *s/f* **1.** Colchoncillo que se emplea en la cama para apoyar la cabeza manteniéndola un poco más alta que el resto del cuerpo. **2.** Funda que se pone en ese colchoncillo. **3.** Colchoncillo que se usa para sentarse sobre él. **4.** ARQ Almohadilla de un sillar. LOC **Consultar con la almohada,** dejar pasar un tiempo antes de decidir una cosa.

al·mo·ha·de [almoáðe] *adj* Se aplica a

los seguidores de Aben Tumart, que fanatizó las tribus occidentales de África y destruyó el imperio de los almorávides fundando el de los almohades.

al·mo·ha·di·lla [almoaðíʎa] *s/f* **1.** Almohada pequeña que puede emplearse para cosas muy diversas: clavar alfileres, coger la plancha, etc. **2.** ARQ Parte lateral de la voluta del capitel jónico.

al·mo·ha·di·llar [almoaðiʎár] *v/tr* ARQ Labrar los sillares en forma de almohadilla.

al·mo·ha·dón [almoaðón] *s/m* **1.** Pequeño colchón que sirve para sentarse, apoyar los pies, etc. **2.** Cubierta externa, sobrepuesta, de la almohada.

al·mo·ne·da [almonéða] *s/f* Venta pública de objetos que se otorgan al que ofrece mejor precio por ellos.

al·mo·rá·vid [almoráβið] *adj* Se aplica a un pueblo procedente del norte de África que, a mediados del siglo XI, dominó toda la España árabe hasta ser vencidos por los almohades.

al·mo·rra·na [almorrána] *s/f* Tumorcillo sanguíneo que se forma al final del intestino recto o en la parte exterior del ano.

al·mor·zar [almorθár] **I.** *v/intr* Tomar el almuerzo. **II.** *v/tr* Comer determinada cosa en el almuerzo.
CONJ *Irreg: Almuerzo, almorcé, almorzaré, almorzado.*

al·mue·cín [almweθín] *s/m* El que convoca a los musulmanes a oración desde el alminar.

al·muer·zo [almwérθo] *s/m* **1.** Comida que en unos lugares equivale a desayuno o a lo que se toma a media mañana, y en otros a la comida del mediodía. **2.** Lo que se toma como almuerzo.

a·lo·ca·do, -a [alokáðo, -a] *adj* Se aplica a aquellas personas que actúan de forma insensata, irreflexiva y a sus acciones.

a·lo·cu·ción [alokuθjón] *s/f* Discurso, normalmente breve, hecho por un superior a las personas que dependen de él.

á·loe [áloe] *s/m* **1.** Planta liliácea de hojas largas y carnosas de las que se extrae un jugo amargo que se emplea en medicina. **2.** Nombre de ese jugo.

a·loí·na [aloína] *s/f* Alcaloide que se extrae del áloe.

a·lo·ja·mien·to [aloxamjénto] *s/m* **1.** Acción de alojar o alojarse. **2.** Sitio en que uno está alojado.

a·lo·jar [aloxár] *v/tr* **1.** Dar alojamiento a alguien **2.** Poner una cosa dentro de otra, *por ej,* una bala en el cuerpo humano. RPr **Alojar(se) (algo) en.**

a·lón [alón] *s/m* Ala de cualquier ave, una vez quitadas las plumas.

a·lon·dra [alóndra] *s/f* Pájaro de color pardo con un collar negro, insectívoro.

a·lo·pa·tía [alopatía] *s/f* Procedimiento terapéutico que consiste en aplicar medicamentos cuyos efectos son opuestos a los que caracterizan la enfermedad.

a·lo·pe·cia [alopéθja] *s/f* Caída del cabello.

a·lo·que [alóke] *adj* Se aplica a lo que es de color rojo claro, especialmente a la mezcla de vino blanco y tinto.

a·lo·tro·pía [alotropía] *s/f* QUÍM Diferencias que puede presentar un mismo cuerpo simple, debidas a la distinta agrupación de los átomos que constituyen sus moléculas.

a·lo·tró·pi·co, -a [alotrópiko, -a] *adj* Se aplica a los distintos estados de un cuerpo que presenta alotropía.

al·pa·ca [alpáka] *s/f* Aleación de cobre, níquel y cinc que se emplea, *por ej,* para fabricar cubiertos.

al·par·ga·ta [alparγáta] *s/f* Calzado de lona, con suela de cáñamo o esparto enrollado, que se asegura con cintas en el tobillo.

al·par·ga·te·ría [alparγatería] *s/f* **1.** Taller donde se hacen alpargatas. **2.** Lugar en que se venden.

al·pes·tre [alpéstre] *adj* Se aplica a las plantas que viven en grandes alturas.

al·pi·nis·mo [alpinísmo] *s/m* Deporte consistente en escalar montañas.

al·pi·nis·ta [alpinísta] *s/m,f* Persona aficionada a escalar montañas.

al·pi·no, -a [alpíno, -a] *adj* Se aplica a lo que guarda relación con los Alpes o el alpinismo.

al·pis·te [alpíste] *s/m* **1.** Planta gramínea usada como forraje. **2.** Semilla de esta planta que se da como alimento a los pájaros.

al·que·ría [alkería] *s/f* Finca rústica con una o más edificaciones.

al·qui·lar [alkilár] *v/tr* Dar o tomar algo para usarlo a cambio de una cantidad de dinero.

al·qui·ler [alkilér] *s/m* **1.** Acción de alquilar. **2.** Precio por el que se alquila algo. LOC **De alquiler,** expresión que se aplica a los animales y cosas destinadas a ser alquiladas: *Caballos de alquiler.*

al·qui·mia [alkímja] *s/f* En la Edad Media, cierta falsa química con la que se pretendía encontrar la piedra filosofal.

al·qui·mis·ta [alkimísta] *s/m,f* Se aplica a la persona que practicaba la alquimia.

al·qui·ta·ra [alkitára] *s/f* Recipiente para destilar.

al·qui·trán [alkitrán] *s/m* Sustancia pegajosa, de color oscuro y olor fuerte, que se obtiene por destilación de la hulla y de la madera.

al·qui·tra·nar [alkitranár] *v/tr* Poner alquitrán en una cosa.

al·re·de·dor [alrreðeðór] **I.** *adv* **1.** Expresa la situación de personas o cosas que rodean a otras. **2.** Aproximadamente: *Costó alrededor de mil pesetas.* **II.** *s/m, pl* Lugares inmediatos al que se considera: *Los alrededores de la casa.*
GRAM Se emplea generalmente con la *prep* 'de', pero también sin ella.

al·sa·cia·no, -a [alsaθjáno, -a] *adj* De Alsacia.

al·ta [ál̪ta] *s/f* **1.** Papel mediante el cual un médico da al enfermo por curado. **2.** Inscripción de un nuevo miembro en una asociación o cuerpo: *Ha habido muchas altas en el partido socialista.* LOC **Dar de alta,** considerar el médico que el enfermo puede incorporarse a la vida normal.

al·ta·ne·ría [al̪tanería] *s/f* FIG Altivez, orgullo, soberbia.

al·ta·ne·ro, -a [al̪tanéro, -a] *adj* FIG Altivo, orgulloso.

al·tar [al̪tár] *s/m* **1.** Lugar elevado sobre el que se hacían las ofrendas a los dioses. **2.** En el culto católico, tabla o piedra sobre la que el sacerdote celebra la misa. LOC **Llevar a una mujer al altar,** casarse con ella.

al·ta·voz [al̪taβóθ] *s/m* Aparato que sirve para reproducir los sonidos transmitidos eléctricamente.
ORT *Pl: Altavoces.*

al·te·ra·bi·li·dad [al̪teraβiliðáð] *s/f* Cualidad de alterable.

al·te·ra·ble [al̪teráβle] *adj* Se aplica a la persona o cosa que puede alterarse.

al·te·ra·ción [al̪teraθjón] *s/f* Acción y efecto de alterar o alterarse.

al·te·rar [al̪terár] *v/tr* **1.** Cambiar una cosa refiriéndose al contenido, orden, colocación, etc.: *Alterar el orden de los libros.* **2.** Perturbar el orden o la marcha regular de las cosas. **3.** Turbar algo a una persona: *La noticia alteró su semblante.*

al·ter·ca·do [al̪terkáðo] *s/m* Acción de altercar.

al·ter·car [al̪terkár] *v/intr* Discutir dos o más personas.
ORT Ante *e* la *c* cambia en *qu: Alterqué.*

al·ter·na·dor [al̪ternaðór] *s/m* Generador de corriente eléctrica alterna.

al·ter·nan·cia [al̪ternánθja] *s/f* Acción y efecto de alternar.

al·ter·nar [al̪ternár] **I.** *v/tr* **1.** Sucederse dos o más acciones, repitiéndose una después de otra. **2.** MAT En una proporción, pasar los medios a ser extremos y al revés. **II.** *v/intr* Tener relación con determinadas personas, especialmente con las que gozan de buena posición social o económica: *Últimamente alternan mucho.* RPr **Alternar con/en:** *Alterna con gente de vida bohemia. Alterna en el trabajo.*

al·ter·na·ti·va [al̪ternatíβa] *s/f* **1.** Acción y efecto de alternar. **2.** Posibilidad de elegir entre dos cosas: *Tiene una alternativa: o irse o quedarse.* **3.** *(Dar/Tomar la alternativa)* TAUROM Acto que consiste en que un torero consagrado entrega su estoque y muleta, simbólicamente, a un novillero, el cual pasa a ser 'espada' por esa ceremonia.

al·ter·na·ti·vo, -a [al̪ternatíβo, -a] *adj* Se aplica a lo que se hace o sucede con alternación.

al·ter·ne [al̪térne] *s/m* Relación que se establece entre las camareras de algunos establecimientos con los clientes.

al·ter·no, -a [al̪térno, -a] *adj* Alternativo.

al·te·za [al̪téθa] *s/f* **1.** Tratamiento dado a los príncipes e infantes de España y a algunas otras personas a las que concede el monarca título de príncipes: *Su Alteza real, el Príncipe Felipe.* **2.** FIG Cualidad de alto aplicada a intenciones, sentimientos, etc.: *Alteza de miras.*

al·ti·ba·jo [al̪tiβáxo] *s/m* **1.** *pl* Desigualdades en un terreno. **2.** *pl* FIG Cambios bruscos, en sentido contrapuesto, que se dan en cualquier cosa: *Altibajos de salud.*

al·ti·lo·cuen·cia [al̪tilokwén̪θja] *s/f* Grandilocuencia.

al·ti·lo·cuen·te [al̪tilokwén̪te] *adj* Grandilocuente.

al·ti·llo [al̪tíʎo] *s/m* Especie de armario para guardar cosas aprovechando la altura del techo.

al·tí·me·tro, (-a) [al̪tímetro, (-a)] **I.** *adj* Se aplica a lo que guarda relación con la altimetría. **II.** *s/m* Aparato para medir la altura.

al·ti·pla·ni·cie [al̪tiplaníθje] *s/f* Meseta grande y elevada.

al·ti·so·nan·te [al̪tisonán̪te] *adj* Se

aplica generalmente al lenguaje o estilo significando afectación, grandilocuencia.

al·ti·tud [al̪titúð] *s/f* **1.** Altura. **2.** GEOGR Altura de un punto de la tierra respecto al nivel del mar.

al·ti·vez [al̪tiβéθ] *s/f* Cualidad de altivo.

al·ti·vo, -a [al̪tíβo, -a] *adj* Orgulloso, soberbio.

al·to, (-a) [ál̪to, (-a)] **I.** *adj* **1.** Se aplica a lo que está levantado en dirección vertical, sobre la tierra. **2.** Se aplica a lo que tiene mayor dimensión vertical que horizontal, aunque la primera no sea muy considerable: *Un vaso alto.* **3.** Se dice de la persona que tiene mucha o bastante estatura. **4.** FIG Se aplica a las personas que desempeñan cargos de importancia en algún campo: *Es un alto personaje de las finanzas.* **5.** FIG Aplicado al precio de las cosas, elevado: *Es un precio muy alto.* **6.** Se aplica a los sonidos que producen muchas vibraciones por segundo: *No soporta los sonidos altos.* **7.** FIG Aplicado a cosas espirituales, significa lo contrario de vulgar: *Un alto ideal.* **8.** FIG Tratándose de un delito u ofensa, muy grave: *Alta traición.* **9.** Precediendo a 'horas' significa avanzadas: *Altas horas de la madrugada.* **II.** *s/m* **1.** Dimensión de los cuerpos: *Mide tres metros de alto.* **2.** Elevación del terreno. **3.** Detención o parada de algo que se está haciendo: *Hacer un alto en el trabajo.* **4.** MIL Voz táctica de mando, para que cese de marchar la tropa. **III.** *adv* **1.** En voz fuerte: *Hablar alto.* **2.** En lugar alto. LOC **Por todo lo alto**, con mucho lujo: *Han hecho un viaje por todo lo alto.* **Dar el alto**, exclamar alguien *¡alto!* para hacer que una o varias personas se detengan. **¡Alto!,** exclamación con que se ordena a alguien que se detenga. **Pasar por alto**, dejar de lado algo, no prestarle atención.

al·to·par·lan·te [al̪toparlánte] *s/m* AMÉR Altavoz.

al·to·za·no [al̪toθáno] *s/m* Elevación de poca altura en un terreno llano.

al·tra·muz [al̪tramúθ] *s/m* **1.** Planta leguminosa de flores blancas y fruto de grano menudo y achatado. **2.** Fruto de esta planta.
ORT *Pl: Altramuces.*

al·truis·mo [al̪truísmo] *s/m* Preocupación y dedicación al bien ajeno, incluso en perjuicio del propio.

al·truis·ta [al̪truísta] *adj* Se aplica a la persona que actúa con altruismo.

al·tu·ra [al̪túra] *s/f* **1.** Cualidad de alto. **2.** Estatura de una persona o animal. **3.** Cumbre de los montes o parajes altos del campo. **4.** *pl* Lugar del espacio considerado a cierta elevación sobre la Tierra. **5.** Elevación de un lugar respecto al nivel del mar. **6** Mérito; con esta acepción se usa fundamentalmente en frases comparativas: *No llegará a la altura de sus antepasados.* LOC **Estar a la altura de las circunstancias,** saber comportarse adecuadamente. **A estas alturas,** en este momento, llegadas las cosas a este punto.

a·lu·bia [alúβja] *s/f* Judía, planta leguminosa y su fruto. Es comestible.

a·lu·ci·na·ción [aluθinaθjón] *s/f* Acción de alucinar o alucinarse.

a·lu·ci·na·dor, -ra [aluθinaðór, -ra] *adj* y *s/m,f* Que alucina.

a·lu·ci·na·mien·to [aluθinamjén̪to] *s/m* Alucinación.

a·lu·ci·nan·te [aluθinán̪te] *adj* Impresionante, asombroso, increíble.

a·lu·ci·nar [aluθinár] *v/tr* **1.** Tomar una cosa por otra debido a fuertes sensaciones o percepciones imaginarias. **2.** Cautivar de manera irresistible.

a·lu·ci·nó·ge·no, (-a) [aluθinóxeno, (-a)] *adj* y *s/m* Capaz de producir alucinación.

a·lud [alúð] *s/m* **1.** Gran masa de nieve, piedras, etc., que se derrumba de las montañas, normalmente en la época de deshielo. **2.** FIG Lo que se precipita sobre algo o alguien con violencia o impetuosidad.

a·lu·dir [aluðír] *v/intr* **1.** Referirse a una persona o cosa sin manifestar claramente de quién o de qué se trata. **2.** Hablar de algo incidentalmente en una conversación.
RPr **Aludir a.**

a·lum·bra·do [aluɱbráðo] *s/m* Conjunto de luces o focos que alumbran un pueblo o ciudad: *El alumbrado público.*

a·lum·bra·mien·to [aluɱbramjén̪to] *s/m* **1.** Acción y efecto de alumbrar. **2.** Parto.

a·lum·brar [aluɱbrár] *v/tr* **1.** Dar luz. **2.** Poner luces en un lugar: *Alumbrar las calles.* **3.** Parir: *Alumbró dos hijos.*

a·lum·bre [alúɱbre] *s/m* Sulfato de alúmina y potasio. Es una sal blanca usada en medicina como astringente y en tintorería.

a·lú·mi·na [alúmina] *s/f* QUÍM Óxido de aluminio que puede encontrarse en la naturaleza puro o formando feldespatos y arcillas.

a·lu·mi·nio [alumínjo] *s/m* Metal de color y brillo parecidos a los de la plata, muy ligero, maleable e inoxidable.

a·lum·nado [alumnáðo] *s/m* Conjunto de los alumnos de un centro de enseñanza.

a·lum·no, -a [alúmno, -a] *s/m,f* Cualquier persona que aprende, respecto de su maestro, de la materia que se estudia o del lugar donde recibe enseñanza.

a·lu·ni·za·je [aluniθáxe] *s/m* Acción y efecto de alunizar.

a·lu·ni·zar [aluniθár] *v/intr* Posarse una nave espacial sobre la Luna.
ORT Ante *e* la *z* cambia en *c: Alunice.*

a·lu·sión [alusjón] *s/f* Acción de aludir.

a·lu·si·vo, -a [alusíβo, -a] *adj* Se dice de lo que implica alusión.

a·lu·vial [aluβjál] *adj* De aluvión.

a·lu·vión [aluβjón] *s/m* **1.** Inundación fuerte y violenta de agua. **2.** FIG Afluencia de cierta clase de cosas o personas de forma inesperada: *Un aluvión de acontecimientos.* LOC **De aluvión**, se dice de los materiales arrastrados por ríos o riadas.

ál·veo [álβeo] *s/m* Cauce por el que fluye una corriente de agua.

al·veo·lar [alβeolár] *adj* Se dice de lo que está relacionado con los alvéolos.

al·véo·lo [alβéolo] *s/m* Cavidad en la que están incrustados los dientes del hombre y de los animales.

al·za [álθa] *s/f* **1.** Acción de subir los precios. **2.** Regla graduada que en la parte del cañón tienen las armas de fuego y que sirve para la puntería. LOC **Estar en alza**, aplicado a lo que o a quien sube de precio o estimación.

al·za·cue·llo [alθakwéʎo] *s/m* Especie de corbatín usado por los eclesiásticos.

al·za·do, (-a) [alθáðo, (-a)] **I.** *adj* **1.** Se aplica al precio en que se contrata una determinada obra. **2.** Se dice del que quiebra fraudulentamente. **II.** *s/m* ARQ Diseño de un edificio, máquina, etc., mirados de frente.

al·za·mien·to [alθamjéṇto] *s/m* Acción y efecto de alzar o alzarse.

al·za·pa·ño [alθapáɲo] *s/m* Cada una de las piezas que, estando clavadas a la pared, sirven para sujetar, recogidas, las cortinas.

al·za·pri·ma [alθaprima] *s/f* **1.** Palanca. **2.** Cuña que se pone para levantar algo. **3.** Puente de los instrumentos de arco.

al·zar [alθár] **I.** *v/tr* **1.** Poner una cosa alta o más alta de lo que estaba. **2.** Poner vertical algo que por alguna causa había sido derribado. **3.** Levantar y sostener una cosa en alto, tanto en sentido real como figurado: *Alzaremos la bandera de la libertad.* **4.** Quitar lo que cubre una cosa: *Alzar el telón.* **5.** Construir un edificio: *Alzaron la casa en seis meses.* **6.** Aumentar el precio de una cosa. **7.** Recoger algo que está extendido para guardarlo: *Alzar los manteles.* **II.** REFL(-SE) **1.** Ponerse de pie. **2.** Levantarse contra el orden establecido. **3.** Destacar alguien o algo en altura sobre lo que le rodea, tanto en sentido real como figurado: *La montaña se alzaba majestuosa sobre el valle.* **4.** Aplicado al tiempo, despejarse: *Se alzan las nubes.* **5.** Recurrir a un juez o tribunal superior: *Se alzó un recurso al Tribunal Supremo.* RPr **Alzarse con/de/en:** *Se alzaron con la victoria. Se alzó de la cama. Se alzaron en armas.*
ORT La *z* cambia en *c* ante *e: Alcé.*

a·llá [aʎá] *adv* **1.** Indica lugar alejado del que habla y escucha pero de forma más imprecisa que 'allí' y por ello admite gradación: *Vete más allá.* Unido a otros adverbios que no sean de cantidad, les precede: *Allá arriba lo encontrarás.* Precediendo a un nombre de lugar con 'en' o 'por', indica imprecisión y lejanía: *Allá por el Amazonas sucedió el accidente.* Puede también construirse con *prep* de lugar que no sea 'en': *Hacia allá.* **2.** Antepuesto a una expresión de tiempo y con las *prep* 'en' o 'por', indica tiempo remoto o pasado: *Allá por el siglo V.* LOC **Hacerse allá**, apartarse. **El más allá**, lo que espera al alma después de la muerte. **No muy allá**, de regular calidad: *Este vino no es muy allá.*

a·lla·na·mien·to [aʎanamjéṇto] *s/m* Acción y efecto de allanar o allanarse.
Allanamiento de morada, hecho de entrar en la casa de alguien sin su consentimiento y forzando la entrada.

a·lla·nar [aʎanár] **I.** *v/tr* **1.** Dejar un terreno aplanado. **2.** Derribar un edificio y aplanar los escombros de modo que todo quede al nivel del suelo. **3.** FIG Superar las dificultades. **4.** Entrar en casa ajena sin permiso: *La policía allanó su casa.* **II.** REFL(-SE) Aceptar alguien algo aunque no esté del todo conforme con ello. RPr **Allanarse a:** *Allanarse a algo.*

a·lle·ga·do, -a [aʎeγáðo, -a] *adj* **1.** Cercano. **2.** Pariente.

a·lle·gar [aʎeγár] *v/tr* **1.** Reunir cosas tales como recursos, medios, etc.: *Allegó muchas riquezas en su vida.* **2.** Juntar o acercar cosas entre sí.
ORT Ante *e* la *g* cambia en *gu: Allegué.*

a·llen·de [aʎéṇde] *adv* Al otro lado: *Allende los mares.*

a·llí [aʎí] *adv* **1.** Indica un lugar alejado tanto del que habla como del que escucha, o dirección hacia ese lugar: *Vete allí.* Precede al *adv* al que se une: *Allí cerca*; puede precederle cualquier *prep* de lugar, excepto 'en': *De allí, por allí.* **2.** Con matiz temporal, equivale a 'entonces'. **3.** En correlación con 'aquí' tiene un carácter distributivo: *Aquí se ve la piscina, allí las instalaciones deportivas.*

a·ma [áma] *s/f* **1.** Señora de la casa. **2.** Mujer que amamanta a una criatura ajena. **3.** Criada principal de una casa en la que hay varias. LOC **Ama de casa,** mujer que gobierna su casa. **Ama de llaves**, mujer que gobierna una casa ajena.

a·ma·bi·li·dad [amaβiliðáð] *s/f* Cualidad de amable.

a·ma·bi·lí·si·mo, -a [amaβilísimo, -a] *adj superl* de *amable*.

a·ma·ble [amáβle] *adj* **1.** Se aplica a lo que o a quien merece ser amado. **2.** Afable, complaciente. RPr **Amable con/de/en/para/para con**: *Amable con todos. Amable de temperamento. Amable en todo. Amable para/para con todos.*

a·ma·dri·nar [amaðrinár] *v/tr* Hacer de madrina de algo o alguien.

a·maes·tra·mien·to [amaestramjén̪to] *s/m* Acción y efecto de amaestrar.

a·maes·trar [amaestrár] *v/tr* Enseñar; normalmente se usa refiriéndose a animales: enseñarles a ejecutar habilidades.

a·ma·gar [amaγár] **I.** *v/tr* **1.** Dejar ver la intención de realizar alguna cosa. **2.** Amenazar: *Amaga tormenta.* **II.** *v/intr* Empezar a manifestarse los síntomas de una enfermedad: *Amagar un ataque al corazón.* RPr **Amagar con:** *Le está amagando con pegarle.*
ORT La *g* cambia en *gu* ante *e: Amagué.*

a·ma·go [amáγo] *s/m* **1.** Acción de amagar. **2.** Señal o principio de alguna cosa que no llega a realizarse del todo.

a·mai·nar [amainár] **I.** *v/tr* MAR Recoger velas una embarcación para disminuir la velocidad. **II.** *v/intr* **1.** Debilitarse la fuerza del viento, un temporal, etc.: *Está amainando la tormenta.* **2.** FIG Moderar la violencia o empeño puestos en algo.

a·mal·ga·ma [amalγáma] *s/f* **1.** QUÍM Aleación de mercurio con otro metal. **2.** FIG Mezcla de cosas diversas.

a·mal·ga·ma·ción [amalγamaθjón] *s/f* Acción y efecto de amalgamar.

a·mal·ga·ma·mien·to [amalγamamjén̪to] *s/m* Amalgamación.

a·mal·ga·mar [amalγamár] **I.** *v/tr* **1.** QUÍM Formar una aleación de mercurio y otros metales. **2.** FIG Unir cosas de diversa naturaleza. **II.** REFL(-SE) Mezclarse.

a·ma·man·ta·mien·to [amaman̪tamjén̪to] *s/m* Acción y efecto de amamantar.

a·ma·man·tar [amaman̪tár] *v/tr* Dar de mamar a las crías.

a·man·ce·ba·mien·to [amanθeβamjén̪to] *s/m* Convivencia de hombre y mujer sin estar casados.

a·man·ce·bar·se [amanθeβárse] *v/*REFL (-SE) Hacer hombre y mujer vida matrimonial sin estar casados.

a·ma·ne·cer [amaneθér] **I.** *s/m* **1.** Tiempo en el que se hace de día. **2.** Momento en que algo se inicia: *El amanecer de una cultura.* **II.** *v/intr* **1.** Ir apareciendo la luz del día. **2.** Estar algo o alguien de determinada manera o en determinado lugar al amanecer: *La ciudad amaneció totalmente blanca. Amanecí en la cama.* **3.** FIG Empezar una nueva vida, *por ej,* al ponerse una persona a trabajar, después de una guerra, etc.
CONJ *Irreg: Amanezco, amanecí, amaneceré, amanecido.*

a·ma·ne·ra·do, -a [amaneráðo, -a] *adj* Falto de naturalidad.

a·ma·ne·ra·mien·to [amaneramjén̪to] *s/m* **1.** Acción de amanerarse. **2.** Falta de variedad en el estilo de un artista.

a·ma·ne·rar·se [amanerárse] *v/*REFL (-SE) Tornarse o hacerse amanerado, en especial un artista o escritor.

a·man·sar [amansár] *v/tr* **1.** Hacer manso a un animal. **2.** FIG Conseguir que alguien que está muy enfadado y violento se sosiegue.

a·man·te [amán̪te] *adj* **1.** Se dice del que ama. **2.** *pl* Hombre y mujer que se aman: *Los amantes de Teruel.* **3.** Persona con la que otra mantiene relaciones sexuales ilícitas. RPr **Amante de:** *Es un amante del arte.*

a·ma·nuen·se [amanwénse] *s/m,f* Persona cuyo oficio consiste en escribir al dictado o copiar escritos.

a·ma·ñar [amaɲár] **I.** *v/tr* Saber presentar un asunto de manera que resulte como se había planeado, aunque haya en él algo poco claro. **II.** REFL(-SE) Tener habilidad para hacer una cosa. LOC **Amañárselas**, darse maña para algo.

a·ma·ño [amáɲo] *s/m* **1.** Disposición para hacer una cosa. **2.** Arreglo poco claro o irregular para conseguir cierta cosa.

a·ma·po·la [amapóla] *s/f* Planta silvestre papaverácea, con flores rojas, cuyo cáliz, que forma como una caperuza cuando la flor está en capullo, se cae al abrirse ésta.

a·mar [amár] *v/tr* **1.** Sentir amor hacia una persona, una cosa o una determinada idea. **2.** Se usa también con el sentido de 'gustar': *Amar el bienestar.*

a·ma·ra·je [amaráxe] *s/m* Acción de amarar.

a·ma·rar [amarár] *v/intr* Posarse en el agua un hidroavión.

a·mar·ga·do, (-a) [amarγáðo, (-a)] **I.** *p* de *amargar*. **II.** *adj* Aplicado al que tiene amargura debido a las adversidades sufridas.

a·mar·gar [amarγár] **I** *v/intr* Tener una cosa un sabor parecido al de la hiel. **II.** *v/tr*

1. Dar sabor amargo o desagradable a una cosa. 2. FIG Provocar pena o aflicción en alguien: *Su jefe le amarga la vida.* **III.** REFL(-SE) Causarse, con ideas y pensamientos pesimistas, amargura y tristeza. ORT Ante *e* la *g* cambia en *gu: Amargue.*

a·mar·go, (-a) [amárɣo, (-a)] **I.** *adj* **1.** Se aplica a lo que tiene un sabor parecido al del acíbar. **2.** FIG Se aplica a lo que causa aflicción o pena: *Recibí amargas noticias.* **3.** FIG Se dice del que está afligido. **II.** *s/m* Amargor, sabor amargo.

a·mar·gor [amarɣór] *s/m* **1.** Sabor amargo. **2.** FIG Pena, disgusto.

a·mar·gu·ra [amarɣúra] *s/f* FIG Sentimiento de pena ante cualquier acontecimiento desagradable.

a·ma·ri·co·na·do, -a [amarikonáðo, -a] *adj* ARG Afeminado.

a·ma·ri·co·nar·se [amarikonárse] *v/*REFL(-SE) ARG Afeminarse.

a·ma·ri·lle·ar [amariʎeár] *v/intr* **1.** Irse poniendo amarillo. **2.** Tener el color tirando a amarillo.

a·ma·ri·llo, -a [amaríʎo, -a] *adj* y *s/m* Se aplica a lo que tiene un color parecido al del oro. Es el tercer color del espectro solar.

a·ma·ri·po·sa·do, -a [amariposáðo, -a] *adj* **1.** Se aplica a lo que tiene una forma parecida a la de una mariposa. **2.** ARG Afeminado.

a·ma·rra [amárra] *s/f* **1.** MAR Cable con que se sujeta una embarcación en el puerto o lugar donde da fondo. **2.** *pl* FIG Influencias para lograr una cosa: *Él tiene buenas amarras en el Gobierno.*

a·ma·rra·de·ro [amarraðéro] *s/m* Poste, pilar o argolla donde se ata algo.

a·ma·rra·du·ra [amarraðúra] *s/f* Acción y efecto de amarrar.

a·ma·rrar [amarrár] *v/tr* **1.** Sujetar por medio de amarras una embarcación. **2.** Sujetar algo o a alguien por medio de cadenas, cuerdas, etc. *Por ext,* se usa también en sentido figurado (con poca libertad de acción): *Los padres tienen a la hija muy amarrada.* RPr **Amarrar a**: *Amarrar a un árbol.*

a·ma·rre [amárre] *s/m* Operación de amarrar.

a·mar·te·la·mien·to [amartelamjéŋto] *s/m* Acción de amartelarse los enamorados.

a·mar·te·lar [amartelár] **I.** *v/tr* Enamorar. **II.** REFL(-SE) Ponerse muy cariñosos los enamorados.

a·mar·ti·llar [amartiʎár] *v/tr* Poner en el disparador un arma de fuego.

a·ma·sa·de·ra [amasaðéra] *s/f* Artesa en que se amasa el pan.

a·ma·sar [amasár] *v/tr* **1.** Hacer masa, mezclando los elementos necesarios, hasta darle la consistencia conveniente. **2.** Acumular.

a·ma·si·jo [amasíxo] *s/m* **1.** Porción de harina amasada de una vez. **2.** Operación de amasar. **3.** FIG Mezcla de cosas dispares.

a·ma·tis·ta [amatísta] *s/f* Variedad de cuarzo de color violeta que se usa en joyería.

a·ma·to·rio, -a [amatórjo, -a] *adj* Se aplica a lo que se refiere al amor entre personas de distinto sexo.

a·ma·za·co·ta·do, -a [amaθakotáðo, -a] *adj* **1.** Se aplica a lo que está excesivamente compacto. **2.** FIG Se dice de cualquier obra de arte falta de variedad y excesivamente recargada.

a·ma·zo·na [amaθóna] *s/f* **1.** Según la mitología, mujer de cierto pueblo de mujeres guerreras que habitó el Ponto. **2.** FIG Mujer que monta a caballo. **3.** FIG Mujer de espíritu varonil.

a·ma·zó·ni·co, -a [amaθóniko, -a] *adj* Se dice de lo relacionado con el río Amazonas.

am·ba·ges [aɱbáxes] *s/m, pl* Cosas innecesarias que se dicen para envolver y disimular lo que realmente importa. LOC **Decir algo sin ambages**, decirlo abiertamente.

ám·bar [áɱbar] *s/m* Resina fósil de las orillas del mar Báltico, de color amarillo más o menos oscuro, que arde fácilmente desprendiendo un agradable olor y de la que se hacen collares, boquillas, etc.

am·ba·ri·no, -a [aɱbaríno, -a] *adj* Que tiene alguna semejanza con el ámbar.

am·bi·ción [aɱbiθjón] *s/f* Deseo exagerado de conseguir poder, riqueza o fama.

am·bi·cio·nar [aɱbiθjonár] *v/tr* Desear ardientemente una cosa.

am·bi·cio·so, -a [aɱbiθjóso, -a] *adj* Con ambición.

am·bi·dex·tro, -a [aɱbiðé(k)stro, -a] *adj* Se dice del que usa igualmente ambas manos.

am·bien·tal [aɱbjeŋtál] *adj* Relativo al ambiente.

am·bien·tar [aɱbjeŋtár] **I.** *v/tr* Originar unas determinadas circunstancias o situaciones para crear ambiente. **II.** REFL(-SE) Sentirse a gusto en un lugar.

am·bien·te [aɱbjéŋte] **I.** *adj* Se aplica a cualquier fluido que rodea a un cuerpo. **II.** *s/m* **1.** Aire considerado como medio en que se respira: *El ambiente está muy contaminado.* **2.** Conjunto de circunstancias que influyen en el desarrollo y comportamiento de una persona: *El ambiente familiar.* **3.** Actitud favorable o desfavorable de la gente hacia algo o alguien. LOC **Hacer buen o mal ambiente a alguien o algo**, crear una opinión favorable o desfavorable entre la gente. **Medio ambiente**, conjunto de condiciones que influye en el desarrollo y actividad de los seres vivos.

am·bi·gú [am̩biɣú] *s/m* **1.** Comida, generalmente cena, compuesta de manjares fríos y calientes, y que se sirve toda de una vez. **2.** Local de un edificio destinado a espectáculos y donde se sirve comida.
ORT *Pl: Ambigús.*

am·bi·güe·dad [am̩biɣweðáð] *s/f* Cualidad de ambiguo.

am·bi·guo, -a [am̩bíɣwo, -a] *adj* **1.** Se aplica a lo que puede entenderse de varias maneras y por ello carece de precisión. **2.** GRAM Se aplica al género de ciertas palabras que pueden usarse como masculinas o femeninas.

ám·bi·to [ám̩bito] *s/m* **1.** Conjunto de los límites que abarcan un determinado espacio y este mismo espacio.

am·bi·va·len·cia [am̩biβalénθja] *s/f* Cualidad de ambivalente.

am·bi·va·len·te [am̩biβalén̪te] *adj* Que ofrece o contiene dos aspectos distintos.

am·bos, -as [ám̩bos, -as] *adj* Se aplica a dos personas o cosas ya conocidas.

am·bro·sía [am̩brosía] *s/f* **1.** En la mitología, alimento de los dioses y, *por ext*, comida exquisita. **2.** FIG Cosa refinada que sirve para deleite del espíritu.

am·bu·lan·cia [am̩bulánθja] *s/f* Coche destinado a transportar rápidamente heridos o enfermos a un hospital.

am·bu·lan·te [am̩bulán̪te] *adj* Se dice de la persona o cosa que no permanece fija en un lugar determinado: *Vendedor ambulante.*

am·bu·la·to·rio [am̩bulatórjo] *s/m* Lugar donde los enfermos son atendidos por el médico.

a·me·ba [améβa] *s/f* Protozoo que carece de forma fija y se mueve con seudópodos.

a·me·dren·tar [ameðren̪tár] **I.** *v/tr* Dar miedo a alguien. **II.** REFL(-SE) Asustarse.

a·mel·ga [amélɣa] *s/f* Faja de terreno en la que se dividen los campos para sembrar con uniformidad.

a·mel·gar [amelɣár] *v/tr* Dividir un terreno con surcos a distancias iguales para sembrar con regularidad.
ORT Ante *e* la *g* cambia en *gu: Amelgue.*

a·mén [amén], [améŋ] *s/m* En lenguaje corriente, se emplea para manifestar el deseo de que las cosas ocurran tal y como se acaban de decir. LOC **Amén de,** además. **Decir a todo amén,** aceptar todo lo que otro dice sin oponerle el más mínimo reparo. **En un decir amén,** rápidamente.

a·me·na·za [amenáθa] *s/f* **1.** Acción de amenazar. **2.** Palabras o gestos con que se amenaza.

a·me·na·za·dor, -ra [amenaθaðór, -ra] *adj* Que amenaza.

a·me·na·zar [amenaθár] *v/tr* **1.** Decir alguien a otro u otros que les hará un determinado daño. **2.** Haber ciertas señales o indicios de que algo desagradable sucederá en breve tiempo: *Nos amenaza una guerra nuclear.* RPr **Amenazar con/de:** *Amenaza con el despido. Lo amenazaron de muerte.*
ORT La *z* cambia en *c* ante *e: Amenacé.*

a·men·guar [ameŋgwár] *v/tr* **1.** Disminuir. **2.** FIG Deshonrar.
ORT La *u* lleva (¨) ante *e: Amengüe.*

a·me·ni·dad [ameniðáð] *s/f* Cualidad de ameno.

a·me·ni·zar [ameniθár] *v/tr* Hacer algo ameno: *Siempre ameniza la reunión.*
ORT La *z* cambia en *c* ante *e: Amenicé.*

a·me·no, -a [améno, -a] *adj* **1.** Se aplica a las personas cuya conversación y trato resulta agradable y divertido. **2.** Se dice de los lugares en los que resulta grato estar.

a·me·no·rrea [amenor̄réa] *s/f* Desaparición anormal del flujo menstrual.

a·me·ri·ca·na [amerikána] *s/f* Chaqueta de hombre.

a·me·ri·ca·nis·mo [amerikanísmo] *s/m* **1.** Afición o interés por las cosas de América. **2.** Vocablo, giro, etc., procedente del español hablado en algún país de América. **3.** Vocablo, giro, etc., de alguna lengua indígena de América.

a·me·ri·ca·nis·ta [amerikanísta] *s/m,f* Persona que estudia las lenguas y culturas de América.

a·me·ri·ca·ni·za·ción [amerikaniθaθjón] *s/f* Acción y efecto de americanizar.

a·me·ri·ca·ni·zar [amerikaniθár] *v/tr* Imprimir o dar carácter americano a algo o a alguien.
ORT La *z* cambia en *c* ante *e: Americanice.*

a·me·ri·ca·no, -a [amerikáno, -a] *adj* y *s/m,f* De América.

a·me·rin·dio, -a [amerín̪djo, -a] *s/m,f* Nombre con que se designa a los indios de América.

a·me·ri·zar [ameriθár] *v/intr* Posarse en el agua un hidroavión.
ORT Ante *e* la *z* cambia en *c: Americe.*

a·me·tra·lla·dor, (-ra) [ametraʎaðór, -ra] **I.** *adj* Que ametralla: *Fusil ametrallador.* **II.** *s/f* Arma de fuego semejante a un fusil que dispara sucesiva y rápidamente una serie de tiros, cargándose automáticamente.

a·me·tra·lla·mien·to [ametraʎamjénto] *s/m* Acción de ametrallar.

a·me·tra·llar [ametraʎár] *v/tr* Disparar metralla contra algo o alguien.

a·mian·to [amjánto] *s/m* Mineral que se presenta en fibras flexibles, finas y sedosas; se emplea para fabricar tejidos incombustibles y como aislante eléctrico.

a·mi·ba [amíβa] *s/f* Ameba.

a·mi·ga·ble [amiγáβle] *adj* Como de amigo.

a·míg·da·la [amíγðala] *s/f* Cada uno de los dos cuerpos glandulosos que tienen el hombre y otros mamíferos a cada lado de la garganta.

a·mig·da·li·tis [amiγðalítis] *s/f* MED Inflamación de las amígdalas.

a·mi·go, -a [amíγo, -a] **I.** *adj* y *s/m,f* **1.** Se aplica, en relación con una persona, a otra que tiene con ella amistad. **2.** FIG Aficionado a alguna cosa: *Es amigo de diversiones.* **II.** *s/m,f* Persona que mantiene relaciones amorosas irregulares con alguien del sexo opuesto.

a·mi·go·te [amiγóte] *s/m* COL *aum* de *amigo.*

a·mi·la·nar [amilanár] *v/tr* **1.** FIG Causar tanto miedo a alguien que quede sin capacidad de reacción. **2.** Hacer decaer el ánimo a alguien. RPr **Amilanarse ante/por:** *Amilanarse ante el peligro. Se amilana por nada.*

a·mi·lla·rar [amiʎarár] *v/tr* Elaborar la lista de fincas de un lugar o pueblo y de sus dueños para repartir la contribución.

a·mi·no·ra·ción [aminoraθjón] *s/f* Minoración.

a·mi·no·rar [aminorár] *v/tr,* REFL(-SE) Disminuir(se), minorar.

a·mis·tad [amistáð] *s/f* **1.** Afecto personal desinteresado entre amigos. **2.** *pl* Relaciones, amigos. LOC **Trabar amistad,** hacer amistad. **Romper las amistades,** enemistarse.

a·mis·to·so, -a [amistóso, -a] *adj* Como de amigo.

am·ne·sia [amnésja] *s/f* Pérdida total o parcial de la memoria.

am·né·si·co, -a [amnésiko, -a] **I.** *adj* Relativo a la amnesia. **II.** *s/m,f* Que padece amnesia.

am·nios [ámnjos] *s/m* Membrana interna que envuelve el feto.

am·nió·ti·co, -a [amnjótiko, -a] *adj* Se dice de lo relacionado con el amnios.

am·nis·tía [amnistía] *s/f* Perdón decretado por el Gobierno, normalmente para los delitos políticos.

am·nis·tiar [amnistjár] *v/tr* Conceder amnistía a alguien.
ORT, PRON El acento cae sobre *i* en el *sing* y *3.ª pers pl* del *pres* de *indic* y *subj: Amnistíe...*

a·mo [ámo] *s/m* **1.** Dueño de alguna cosa **2.** Entre trabajadores, el dueño de la finca o fábrica en que trabajan. LOC **Hacerse el amo,** imponerse en algún sitio, tomando la dirección de las cosas.

a·mo·blar [amoβlár] *v/tr* Amueblar.
CONJ *Irreg: Amueblo, amoblé, amoblaré, amoblado.*

a·mo·do·rra·mien·to [amoðorramjénto] *s/m* Acción y efecto de amodorrarse.

a·mo·do·rrar·se [amoðorrárse] *v/*REFL (-SE) Adormecerse de forma no normal, con un sueño muy pesado.

a·mo·hi·nar [amoinár] **I.** *v/tr* Causar disgusto o molestia a alguien. **II.** REFL(-SE) Enfadarse.
ORT, PRON El acento cae sobre la *i* en el *sing* y *3.ª pers pl* del *pres* de *indic* y *subj: Amohíno...*

a·mo·ja·mar [amoxamár] **I.** *v/tr* Hacer mojama una cosa. **II.** REFL(-SE) Tener alguien aspecto de viejo al adelgazársele y secársele la piel.

a·mo·jo·na·mien·to [amoxonamjénto] *s/m* Acción y efecto de amojonar.

a·mo·jo·nar [amoxonár] *v/tr* Marcar los límites de una finca con mojones.

a·mo·lar [amolár] *v/tr* **1.** Afilar. **2.** FIG COL Fastidiar a alguien.
CONJ *Irreg: Amuelo, amolé, amolaré, amolado.*

a·mol·da·mien·to [amoldamjénto] *s/m* Acción de amoldar o amoldarse.

a·mol·dar [amoldár] **I.** *v/tr* **1.** Ajustar una cosa a un molde. **2.** FIG Hacer que alguien se comporte de acuerdo con determinadas normas: *Amoldarse a las costumbres del país.* **II.** REFL(-SE) Aceptar uno determinadas circunstancias o condiciones aunque no sean las que desearía. RPr **Amoldar(se) a.**

a·mo·nes·ta·ción [amonestaθjón] *s/f* Acción y efecto de amonestar.

a·mo·nes·tar [amonestár] *v/tr* **1.** Reprender a alguien de forma suave. **2.** Publicar durante la misa mayor los nombres de los que contraerán matrimonio en breve tiempo.

a·mo·nia·cal [amonjakál] *adj* De amoníaco.

a·mo·nía·co [amoníako] *s/m* Gas compuesto de un átomo de nitrógeno y tres de hidrógeno.

a·mó·ni·co, -a [amóniko, -a] *adj* Se dice de lo que se refiere al amoníaco.

a·mon·ti·lla·do [amoṇtiʎáðo] *adj* y *s/m* Se aplica a cierto vino claro hecho a imitación del de Montilla.

a·mon·to·na·mien·to [amoṇtonamjéṇto] *s/m* Acción de amontonar.

a·mon·to·nar [amoṇtonár] *v/tr* **1.** Poner desordenadamente unas cosas sobre otras. **2.** FIG Acumular cosas, materiales o inmateriales: *Amontona razones.*

a·mor [amór] *s/m* **1.** Sentimiento que una persona experimenta hacia otra y por el que tiende a desearle todo lo que sea bueno para ella; también puede dirigirse ese sentimiento a ideas abstractas. **2.** Atracción afectiva entre personas de distinto sexo. **3.** Persona o cosa amada. **4.** Cuidado con que se realiza una cosa: *Trabaja ese tema con amor.* RPr **Amor a/por:** *Amor al arte. Amor por la libertad.* LOC **Andar en** o **tener amores con**, tener una amada o relaciones amorosas con alguien. **De mil amores**, con mucho gusto. **¡Por amor de Dios!**, exclamación de protesta.

a·mo·ral [amorál] *adj* Se aplica a la persona u obra que carece de sentido moral.

a·mo·ra·li·dad [amoraliðáð] *s/f* Cualidad de amoral.

a·mo·ra·ta·do, -a [amoratáðo, -a] *adj* Se aplica a lo que tiende a morado o está morado por efecto de algo (un golpe).

a·mo·ra·tar·se [amoratárse] *v/*REFL(-SE) Ponerse morado.

a·mor·ci·llo [amorθíʎo] *s/m* Figura de niño con los ojos vendados y un arco y flechas, con la que se representa a Cupido.

a·mor·da·za·mien·to [amorðaθamjéṇto] *s/m* Acción y efecto de amordazar.

a·mor·da·zar [amorðaθár] *v/tr* **1.** Poner mordaza. **2.** FIG Hacer callar a alguien respecto a alguna cosa.
ORT Ante *e* la *z* cambia en *c: Amordacé.*

a·mor·fo, -a [amórfo, -a] *adj* Sin forma bien determinada.

a·mo·río [amorío] *s/m* Relación amorosa poco seria. Más usado en *pl.*

a·mo·ro·so, -a [amoróso, -a] *adj* **1.** Se dice de la persona que manifiesta amor. **2.** Se aplica a quien siente amor. RPr **Amoroso con/para (con):** *Es amoroso con sus hijos. Amoroso para (con) los enfermos.*

a·mor·ta·ja·mien·to [amortaxamjéṇto] *s/m* Acción de amortajar.

a·mor·ta·jar [amortaxár] *v/tr* Poner la mortaja a un muerto.

a·mor·ti·gua·ción [amortiɣwaθjón] *s/f* Amortiguamiento.

a·mor·ti·gua·dor, (-ra) [amortiɣwaðór, (-ra)] **I.** *adj* Se aplica al que o a lo que amortigua. **II.** *s/m* MEC Instrumento destinado a reducir los efectos de las sacudidas bruscas: *El amortiguador del coche.*

a·mor·ti·gua·mien·to [amortiɣwamjéṇto] *s/m* Acción y efecto de amortiguar o amortiguarse.

a·mor·ti·guar [amortiɣwár] *v/tr* FIG Hacer menos fuerte o violento algo: *Amortiguar una discusión/una caída.*
ORT La *u* lleva (¨) ante *e: Amortigüe.*

a·mor·ti·za·ble [amortiθáble] *adj* Que puede ser amortizado.

a·mor·ti·za·ción [amortiθaθjón] *s/f* Acción y efecto de amortizar.

a·mor·ti·zar [amortiθár] *v/tr* **1.** Pagar una deuda total o parcialmente. **2.** Suprimir plazas o puestos de trabajo en una oficina o cuerpo de funcionarios. **3.** Recuperar el dinero invertido en una empresa.
ORT Ante *e* la *z* cambia en *c: Amortice.*

a·mos·car·se [amoskárse] *v/*REFL(-SE) COL Sentirse una persona ofendida por algo que se le ha dicho o hecho.
ORT Ante *e* la *c* cambia en *qu: Me amosqué.*

a·mos·ta·zar [amostaθár] *v/tr,* REFL(-SE) COL Irritar(se) alguien.
ORT Ante *e* la *z* cambia en *c: Amostace.*

a·mo·ti·na·do, -a [amotináðo, -a] **I.** *adj* Se aplica a la persona que toma parte en un motín. **II.** *s/m,f* Quien se amotina.

a·mo·ti·na·mien·to [amotinamjéṇto] *s/m* Hecho y consecuencia de amotinar o amotinarse.

a·mo·ti·nar [amotinár] **I.** *v/tr* Provocar que un grupo de personas se subleve contra el orden establecido. **II.** REFL(-SE) Oponerse a la autoridad mediante protestas y por la violencia.

a·mo·ver [amoβér] *v/tr* Quitar a alguien de su empleo.
CONJ *Irreg: Amuevo, amoví, amoveré, amovido.*

a·mo·vi·ble [amoβíβle] *adj* Se aplica al que puede ser quitado del lugar o empleo que ocupa.

a·mo·vi·li·dad [amoβiliðáð] *s/f* Cualidad de amovible.

am·pa·rar [am̩parár] **I.** *v/tr* **1.** Proteger a quienes lo necesitan: *Amparar a los pobres.* **2.** Hacer que algo sea protegido. **II.** REFL(-SE) Valerse alguien de alguna cosa o persona para que lo defienda. RPr **Ampararse bajo/con/de/contra/en:** *Se amparó bajo los balcones. Se amparó del/contra el sol. Ampararse con el paraguas. Se amparó en la ley.*

am·pa·ro [am̩páro] *s/m* **1.** Acción y efecto de amparar. **2.** Persona o cosa que ampara: *Es el amparo de sus padres.* LOC **Al amparo de**, con la protección de algo o alguien.

am·pe·rí·me·tro [am̩perímetro] *s/m* Aparato que sirve para medir la intensidad de una corriente eléctrica.

am·pe·rio [am̩pérjo] *s/m* FÍS Unidad de intensidad de la corriente eléctrica. Equivale al paso de un culombio por segundo.

am·plia·ble [am̩pliáβle] *adj* Se aplica a lo que puede ser ampliado.

am·plia·ción [ampljáθjón] *s/f* Acción y efecto de ampliar.

am·pliar [am̩pliár] *v/tr* **1.** Añadir algo a una cosa para que resulte más grande: *Ampliar un local.* **2.** Reproducir en tamaño mayor una fotografía o un dibujo.
GRAM En el *sing* y *3.ª pers pl* del *pres* de *indic* y *subj* se acentúa la *i*: *Amplío, amplían.*

am·pli·fi·ca·ción [am̩plifikaθjón] *s/f* Acción y efecto de amplificar.

am·pli·fi·ca·dor, (-ra) [am̩plifikaðór, (-ra)] **I.** *adj* Se aplica a lo que amplifica. **II.** *s/m* Aparato que aplicado a un instrumento musical sirve para aumentar la intensidad del sonido.

am·pli·fi·car [am̩plifikár] *v/tr* Ampliar. Se usa refiriéndose normalmente al sonido.
ORT Ante *e* la *c* cambia en *qu*: *Amplifique.*

am·plio, -a [ám̩pljo, -a] *adj* **1.** Espacioso, extenso. **2.** Hablando de cosas de vestir, aquellas que no quedan apretadas.

am·pli·tud [am̩plitúð] *s/f* **1.** Cualidad de amplio. **2.** ASTRON Ángulo formado por el plano vertical en que está la visual dirigida a un astro.

am·po·lla [am̩póʎa] *s/f* **1.** Levantamiento de la piel, relleno de líquido en el interior y producido por una quemadura o roce continuo. **2.** Recipiente de vidrio o cristal.

am·pu·lo·si·dad [am̩pulosiðáð] *s/f* Cualidad de ampuloso.

am·pu·lo·so, -a [am̩pulóso, -a] *adj* Aplicado al lenguaje y estilo exagerado, hinchado, grandilocuente.

am·pu·ta·ción [am̩putaθjón] *s/f* Acción y efecto de amputar.

am·pu·tar [am̩putár] *v/tr* **1.** Separar completamente un determinado miembro del cuerpo o parte de él: *Amputar una pierna.* **2.** FIG Quitar de algo una parte necesaria, *por ej*, unos capítulos importantes de un libro.

a·mue·blar [amweβlár] *v/tr* Poner muebles en una casa o alguna parte de ella.

a·mu·je·ra·do, -a [amuxeráðo, -a] *adj* Afeminado.

a·mu·la·ta·do, -a [amulatáðo, -a] *adj* Se dice del que se parece en algo a los mulatos.

a·mu·le·to [amuléto] *s/m* Objeto que se lleva encima y al que se atribuyen propiedades mágicas, como ser portador de buena suerte.

a·mu·ni·cio·nar [amuniθjonár] *v/tr* Proveer de municiones a un ejército.

a·mu·ra [amúra] *s/f* MAR Parte de los costados de un barco por donde éste empieza a estrecharse para formar la proa.

a·mu·ra·llar [amuraʎár] *v/tr* Rodear de murallas una ciudad, un castillo, etc.

a·na [ána] **I.** *s/f* Medida de longitud que equivale aproximadamente a un metro. **II.** Prefijo de múltiples significados: negación, hacia arriba, hacia atrás: *Anatema, anacrónico.*

a·na·bap·tis·mo [anaβaptísmo] *s/m* Secta y doctrina de los anabaptistas.

a·na·bap·tis·ta [anaβaptísta] *adj* Se aplica a los individuos de una secta protestante que creen que el bautismo no debe realizarse antes de que la persona tenga uso de razón.

a·na·con·da [anakón̩da] *s/f* Serpiente americana que llega a tener diez metros de longitud.

a·na·co·re·ta [anakoréta] *s/m,f* Persona que vive en lugar solitario dedicado exclusivamente a la oración y la penitencia.

a·na·co·ré·ti·co, -a [anakorétiko, -a] *adj* Relativo al anacoreta.

a·na·cre·ón·ti·co, -a [anakreón̩tiko, -a] *adj* Se aplica a la poesía en la que se cantan los placeres del amor, del vino, etc., con delicadeza y gracia.

a·na·cró·ni·co, -a [anakróniko, -a] *adj* Se aplica a lo que no corresponde a la época que se le atribuye.

a·na·cro·nis·mo [anakronísmo] *s/m* **1.** Lo que no está de acuerdo con la época de que se trata. **2.** Antigualla.

á·na·de [ánaðe] *s/m,f* Nombre que se da al pato y otras aves semejantes a él.

a·nae·ro·bio, -a [anaeróβjo, -a] *adj* Se aplica a los organismos que pueden vivir y desarrollarse en un medio desprovisto del oxígeno del aire.

a·ná·fo·ra [anáfora] *s/f* RET Figura que consiste en la repetición de una o varias palabras al comienzo de una frase, o al comienzo de diversas frases en un período.

a·na·gra·ma [anaγráma] *s/m* **1.** Desfiguración que se hace de una palabra alterando el orden de sus letras. **2.** Palabra que resulta de esta alteración: *Zorra* por *arroz*.

a·nal [anál] **I.** *adj* **1.** Relativo al ano. **2.** Anual. **II.** *s/m, pl* Relación de sucesos por años: *Anales de historia*.

a·nal·fa·be·tis·mo [analfaβetísmo] *s/m* Condición de analfabeto.

a·nal·fa·be·to, -a [analfaβéto, -a] *adj* Se aplica a la persona que no sabe leer.

a·nal·ge·sia [analxésja] *s/f* MED Supresión de toda sensación dolorosa.

a·nal·gé·si·co, -a [analxésiko, -a] *adj* Se aplica al medicamento que elimina o disminuye el dolor físico.

a·ná·li·sis [análisis] *s/m* **1.** Procedimiento que consiste en descomponer las partes de un todo para llegar a conocer los elementos componentes del mismo. **2.** En lenguaje corriente, estudio detenido de un problema.
Análisis clínico, MED análisis de distintos componentes del organismo.

a·na·lis·ta [analísta] *s/m,f* Especialista que hace análisis.

a·na·lí·ti·co, -a [analítiko, -a] *adj* Que usa en sus observaciones, estudios o razonamientos, un método de análisis.

a·na·li·za·dor, (-ra) [analiθaðór, (ra)] **I.** *adj* Que analiza. **II.** *s/m* Cualquier instrumento que sirve para analizar.

a·na·li·zar [analiθár] *v/tr* Hacer el análisis de algo.
ORT La *z* cambia en *c* ante *e*: *Analicé*.

a·na·lo·gía [analoxía] *s/f* Relación de semejanza entre cosas distintas.

a·na·ló·gi·co, -a [analóxico, -a] *adj* Análogo.

a·ná·lo·go, -a [análoγo, -a] *adj* Se aplica, respecto de una cosa, a otra que en algún aspecto es igual que ella. RPr **Análogo a:** *Este tema es análogo al de ayer*.

a·na·quel [anakél] *s/m* Tabla de cualquier material, que, colocada en forma horizontal adosada a una pared, armario, etc., sirve para sostener cosas.

a·na·ran·ja·do, -a [anaraŋxáðo, -a] *adj* Que tiene un color semejante al de la naranja.

a·nar·co, -a [anárko, -a] COL *s/m,f* Persona que en sus costumbres e ideas se manifiesta partidario de la anarquía.

a·nar·quía [anarkía] *s/f* **1.** Ausencia de gobierno. **2.** FIG Desorden por ausencia de autoridad en un país, empresa, etc.

a·nár·qui·co, -a [anárkiko, -a] *adj* Que no está sometido a ninguna autoridad.

a·nar·quis·mo [anarkísmo] *s/m* Doctrina política según la cual la sociedad ideal sería aquella en la que no existiese autoridad alguna.

a·nar·quis·ta [anarkísta] *adj* Se aplica a la persona que promueve o profesa la anarquía.

a·na·te·ma [anatéma] *s/m,f* **1.** Condena de la Iglesia contra alguien, por lo que se aparta de la comunidad de los fieles. **2.** Maldición.

a·na·te·ma·ti·zar [anatematiθár] *v/tr* Imponer un anatema a alguien.
ORT La *z* cambia en *c* ante *e*: *Anatematice*.

a·na·to·mía [anatomía] *s/f* **1.** Ciencia que se ocupa de conocer la estructura, situación y relaciones de las distintas partes de un organismo. **2.** Disposición y estructura de las partes de un organismo.

a·na·tó·mi·co, -a [anatómiko, -a] *adj* Relacionado con la anatomía.

a·na·to·mis·ta [anatomísta] *s/m,f* Especialista en anatomía.

an·ca [áŋka] *s/f* Cada una de las dos mitades laterales de la parte posterior de las caballerías y otros animales.
GRAM En *sing* se antepone el *art/m* 'el'/'un'.

an·ces·tral [anθestrál] *adj* Perteneciente o relativo a los antepasados.

an·cia·ni·dad [anθjaniðáð] *s/f* Edad avanzada de una persona correspondiente al último período de su vida.

an·cia·no, -a [anθjáno, -a] *adj* y *s/m,f* Se dice de la persona que tiene muchos años. El termino 'anciano' es menos peyorativo que 'viejo' e implica un mayor respeto por parte de quien lo usa.

an·cla [áŋkla] *s/f* Instrumento de hierro forjado, en forma de arpón doble, que se echa al mar sujeto con una cadena, para que al aferrarse al fondo sujete la nave. LOC **Echar anclas,** fondear. **Levar anclas,** zarpar, salir del fondeadero.

an·clar [aŋklár] *v/intr* MAR Sujetar la nave con las anclas.

an·cho, (-a) [áɲtʃo, -a] **I.** *adj* **1.** Se aplica a lo que tiene mucha anchura. **2.** Con los verbos 'estar' y 'venir' y aplicado a prendas de vestir, amplio, holgado: *El jersey te está ancho*. **3.** FIG Se dice del que se siente libre, desahogado de una preocupación o agobio. Se construye con los verbos 'estar', 'quedarse', 'sentirse': *Se quedó ancho al terminar los exámenes*. **II.** *s/m* Anchura: *El ancho de esta tela es insuficiente*. LOC **A mis/tus/sus anchas**, (sentirse) cómodo en un lugar. **A lo ancho**, en la dirección de la anchura. RPr **Ancho de:** *Ancho de hombros*.

an·choa o **an·cho·va** [aŋtʃóa/aŋtʃóβa] *s/f* Boquerón en conserva.

an·chu·ra [aŋtʃúra] *s/f* **1.** Ancho. Una de las dimensiones de los cuerpos. **2.** Medida de un contorno: *Anchura de caderas.*

an·chu·ro·so, -a [aŋtʃuróso, -a] *adj* Muy espacioso.

an·da·de·ro, -a [an̪daðéro, -a] *adj* Se dice del terreno por el que se puede andar sin dificultad.

an·da·dor, (-ra) [an̪daðór, (-ra)] **I.** *adj* Se aplica a la persona que anda mucho. **II.** *s/m, pl* Tirantes con que se sujeta a los niños cuando aprenden a andar.

an·da·du·ra [an̪daðúra] *s/f* Acción y efecto de andar.

an·da·lu·cis·mo [an̪daluθísmo] *s/m* Voz, giro o modo de hablar propio de los andaluces.

an·da·luz, (-za) [an̪dalúθ, (-θa)] **I.** *adj* De Andalucía. **II.** *s/m* **1.** Dialecto hablado en Andalucía. **2.** *s/m,f* Habitante de Andalucía o natural de esta región.
GRAM *Pl: Andaluces, andaluzas.*

an·da·mia·da o **an·da·mia·je** [an̪damjáða/an̪damjáxe] *s/m* Conjunto de andamios de una obra.

an·da·mio [an̪dámjo] *s/m* Armazón de tablones que sirve para sostener a los que trabajan en las partes altas de una obra.

an·da·na·da [an̪danáða] *s/f* **1.** Descarga cerrada de toda una batería en el costado de un buque de guerra. **2.** Localidad cubierta y con diferentes órdenes de gradas, en las plazas de toros.

an·dan·cio [an̪dánθjo] *s/m* Enfermedad epidémica leve.

an·dan·te [an̪dán̪te] **I.** *adj* Se aplica a lo que o a quien puede andar. **II.** *adv* MÚS Con movimiento moderadamente lento.

an·dan·za [an̪dánθa] *s/f* **1.** Acción en la que hay algún riesgo. **2.** *pl* Viaje en el que se recorren diversos lugares.

an·dar [an̪dár] **I.** *v/intr* **1.** Ir de un lugar a otro dando pasos. **2.** Trasladarse de lugar lo inanimado: *El coche no anda.* **3.** Funcionar un artefacto o máquina: *La lavadora anda mal desde ayer.* **4.** FIG Estar: *Anda muy preocupado últimamente.* **5.** Con un verbo en gerundio, equivale a 'ir': *Anda buscando empleo.* **6.** Con la *prep* 'en', tocar, mover o revolver una cosa: *No andes en mis cosas.* **7.** Seguido de la *prep* 'con' equivale a 'obrar': *Andar con cuidado.* **8.** Seguido de la *prep* 'a' y de nombres en *pl* (tiros, golpes, etc.), realizar la acción expresada: *Estos dos siempre andan a golpes.* **9.** (Con *por*) Llegar aproximadamente a la cantidad que se indica: *Andará por los treinta.* **II.** *v/tr* Recorrer a pie una distancia determinada. **III.** REFL(-SE) Con 'con' o 'en' equivale a 'usar' o 'emplear': *No te andes con historias.* **IV.** *s/m* **1.** Andadura. **2.** Manera de andar; se usa generalmente en *pl: Tiene unos andares muy provocativos.*
CONJ *Irreg: Ando, anduve, andaré, andado.*

an·da·rie·go, -a [an̪darjéγo, -a] *adj* Se aplica al que es aficionado a andar.

an·da·rín, -na [an̪darín, -na] *adj* Se aplica a la persona andadora o andariega.

an·da·ri·vel [an̪dariβél] *s/m* Maroma tendida entre las dos orillas de un río o canal, utilizada para trasladar una embarcación pequeña avanzando a lo largo de esa cuerda con las manos.

an·das [án̪das] *s/f, pl* Tablero que, sostenido por dos barras paralelas, sirve para transportar a una persona, una imagen, un paso de procesión. LOC **Llevar en andas**, tratar a alguien con muchos cuidados y miramientos.

an·dén [an̪dén] *s/m* Plataforma a los lados de las vías en las estaciones del metro y tren; plataforma parecida en los muelles.

an·di·no, -a [an̪díno, -a] *adj* Relacionado con la cordillera de los Andes.

an·do·rra·no, -a [an̪dorráno, -a] *adj* De Andorra.

an·do·rre·ro, -a [an̪dorréro, -a] *adj* Se aplica a las personas amigas de callejear.

an·dra·jo [an̪dráxo] *s/m* Trozo de tela viejo o sucio.

an·dra·jo·so, -a [an̪draxóso, -a] *adj* Se aplica a la persona que va cubierta con andrajos.

an·dro·ceo [an̪droθéo] *s/m* BOT Verticilo de las flores formado por los estambres.

an·dró·gi·no, -a [an̪dróxino, -a] *adj* Se aplica al organismo animal o vegetal que reúne en sí los dos sexos.

an·droi·de [an̪dróiðe] *s/m* Autómata de figura de hombre.

an·du·rrial [an̪durrjál] *s/m* Lugar fuera de camino y al que no resulta fácil llegar.

a·néc·do·ta [anékdota] *s/f* Relato breve de un suceso curioso.

a·nec·do·ta·rio [anekdotárjo] *s/m* Colección de anécdotas.

a·nec·dó·ti·co, -a [anekdótiko, -a] *adj* **1.** Referido a la anécdota. **2.** Con poco valor o interés: *Un caso anecdótico.*

a·ne·ga·ción [aneγaθjón] *s/f* Hecho y consecuencia de anegar o anegarse.

a·ne·ga·di·zo, -a [aneγaðíθo, -a] *adj* Que se inunda con frecuencia.

a·ne·gar [aneɣár] *v/tr* **1.** Ahogar a alguien sumergiéndolo en agua. **2.** Cubrir de agua un sitio. RPr **Anegarse en:** *Anegarse en llanto.*
ORT La *g* va seguida de *u* ante *e*: *Anegué.*

a·ne·jo, (-a) [anéxo, (-a)] *adj* y *s/m* Unido a otra cosa, con dependencia de ella. LOC **Llevar anejo,** estar una cosa implícita en otra.

a·né·li·do, -a [anéliðo, -a] *adj* ZOOL Se aplica a los gusanos de cuerpo blando, con anillo y sangre roja.

a·ne·mia [anémja] *s/f* Enfermedad que consiste en la deficiencia de glóbulos rojos en la sangre.

a·né·mi·co, -a [anémiko, -a] *adj* Se aplica a la persona afectada de anemia.

a·ne·mó·me·tro [anemómetro] *s/m* Instrumento que sirve para medir la velocidad del viento.

a·né·mo·na o **a·né·mo·ne** [anémona/ anémone] *s/f* Planta raminculácea, de flores grandes y vistosas, que se cultiva en los jardines.

a·ne·mos·co·pio [anemoskópjo] *s/m* Aparato que sirve para indicar los cambios de dirección del viento.

a·nes·te·sia [anestésja] *s/f* **1.** Acción de anestesiar. **2.** Falta de sensibilidad en el organismo o parte de él.

a·nes·te·siar [anestesjár] *v/tr* Privar artificialmente de su sensibilidad al organismo o a parte de él.

a·nes·té·si·co, -a [anestésiko, -a] *adj* Se aplica a lo que produce anestesia.

a·nes·te·sis·ta [anestesísta] *s/m,f* Médico especialista en aplicar la anestesia.

a·neu·ris·ma [aneurísma] *s/m,f* Tumor sanguíneo que se forma por la dilatación anormal de una arteria o vena.

a·ne·xión [ane(k)sjón] *s/f* Acción de agregar una cosa a otra.

a·ne·xio·nar [ane(k)sjonár] *v/tr* Añadir una cosa a otra. Se emplea particularmente refiriéndose a países.

a·ne·xio·nis·mo [ane(k)sjonísmo] *s/m* Opinión o tendencia favorable a las anexiones, especialmente entre territorios.

a·ne·xio·nis·ta [ane(k)sjonísta] *adj* y *s/m,f* Partidario del anexionismo.

a·ne·xo, (-a) [ané(k)so, -a] *adj* y *s/m* Unido a otra cosa de la que depende.

an·fi·bio, (-a) [aɱfíβjo, -a] **I.** *adj* **1.** Se aplica a aquellos animales y plantas que pueden vivir dentro y fuera del agua. **2.** Se dice de lo que sirve para la tierra y el agua: *Un coche anfibio.* **II.** *s/m, pl* Animales de estas características.

an·fi·bo·lo·gía [aɱfiβoloxía] *s/f* Hecho de tener una palabra o expresión doble sentido.

an·fi·tea·tro [aɱfiteátro] *s/m* Local de forma redonda u ovalada destinado a espectáculos, con gradas alrededor para los espectadores.

an·fi·trión, -na [aɱfitrjón, -na] *s/m* Persona que tiene invitados a su casa.

án·fo·ra [áɱfora] *s/f* Vasija romana de cuello alto, estrecha por abajo y con dos asas.

an·frac·tuo·si·dad [aɱfraktwosiðáð] *s/f* Irregularidad de un terreno.

an·frac·tuo·so, -a [aɱfraktwóso, -a] *adj* Se aplica particularmente al terreno abrupto.

an·ga·ri·llas [aŋgaríʎas] *s/f, pl* Armazón compuesto por dos varas que, colocadas paralelamente, sostienen un tabladillo.

án·gel [áŋxel] *s/m* **1.** Espíritu celeste al servicio de Dios. **2.** Espíritu celeste del noveno coro. **3.** FIG Persona muy buena, especialmente tratándose de niños. **4.** FIG Con el verbo 'tener', significa gracia, encanto: *Tiene ángel.*

án·ge·la [áŋxela] *s/f* Nombre propio de mujer. LOC **¡Ángela María!**, exclamación que denota susto, sorpresa o protesta.

an·ge·li·cal [aŋxelikál] *adj* **1.** Relacionado con los ángeles. **2.** FIG Se aplica a lo que se parece a los ángeles por su inocencia, hermosura, etc.: *Niño angelical.*

an·gé·li·co, -a [aŋxéliko, -a] *adj* Angelical.

an·ge·li·to [aŋxelíto] *s/m* FIG Niño de muy tierna edad; inocente.

an·ge·lo·te [aŋxelóte] *s/m* **1.** FIG Niño gordinflón y bondadoso. **2.** FIG Persona sencilla y buena.

án·ge·lus [áŋxelus] *s/m* Oración que se reza tres veces al día y empieza con las palabras 'Ángelus Domini'.

an·gi·na [aŋxína] *s/f* Inflamación de las amígdalas y otros órganos de la deglución y respiración: *Tener anginas.*
Angina de pecho, afección caracterizada por accesos de dolor agudísimos, de corta duración, en la región del corazón y que, desde el esternón, se extienden normalmente por el hombro, brazo, antebrazo y mano izquierdos.

an·gio·lo·gía [aŋxjoloxía] *s/f* ANAT Parte de la anatomía que estudia el aparato circulatorio.

an·gio·ma [aŋxjóma] *s/m* MED Nombre médico de los lunares y manchas que algunas personas tienen de nacimiento.

an·gli·ca·nis·mo [aŋglikanísmo] *s/m* Religión oficial y predominante en Inglaterra; es una rama del protestantismo.

an·gli·ca·no, -a [aŋglikáno, -a] *adj* Se aplica al que profesa el anglicanismo.

an·gli·cis·mo [aŋgliθísmo] *s/m* Vocablo o giro procedente del inglés y empleado en otra lengua.

an·glo, -a [áŋglo, -a] *adj* Se aplica a los individuos de una tribu germánica que en el siglo V se estableció en Inglaterra.

an·glo·a·me·ri·ca·no, -a [aŋgloamerikáno, -a] *adj* Relativo a ingleses y americanos de Estados Unidos.

an·gló·fi·lo, -a [aŋglófilo, -a] *adj* Se aplica a quien simpatiza con los ingleses o es partidario de ellos.

an·gló·fo·bo, -a [aŋglófoβo, -a] *adj* Se aplica a quien es contrario a Inglaterra o a los ingleses.

an·glo·ma·nía [aŋglomanía] *s/f* Actitud de la persona que gusta de imitar todo lo inglés.

an·glo·sa·jón, (-na) [aŋglosaxón, (-na)] **I.** *adj* y *s/m,f* **1.** Se aplica a los individuos de los pueblos germánicos que invadieron Inglaterra en el siglo V. **2.** Se dice de los individuos de los países de raza y habla inglesas y a sus cosas. **II.** *s/m* Lengua germánica de la que procede el inglés.

an·gos·to, -a [aŋgósto, -a] *adj* Estrecho.

an·gos·tu·ra [aŋgostúra] *s/f* **1.** Cualidad de angosto. **2.** Paso estrecho.

an·gui·la [aŋgíla] *s/f* Pez malacopterigio, de cuerpo cilíndrico largo y resbaladizo, que vive en los ríos, pero acude al mar para efectuar la reproducción.

an·gu·la [aŋgúla] *s/f* Cría de la anguila, de unos cinco centímetros de largo y algunos milímetros de gruesa.

an·gu·la·do, -a [aŋguládo, -a] *adj* Se aplica a lo que tiene ángulos.

an·gu·lar [aŋgulár] *adj* Relacionado con el ángulo.

án·gu·lo [áŋgulo] *s/m* **1.** GEOM Figura formada por dos líneas rectas que parten de un mismo punto. **2.** Lugar en el interior de un recinto en que se juntan dos paredes, o se unen dos paredes y el techo o el suelo. **3.** Arista que forman por la parte exterior dos paredes de un edificio. **4.** Punto de vista: *Mirado desde este ángulo, es acertado.*
Ángulo agudo, GEOM el que tiene menos de 90 grados.
Ángulo obtuso, GEOM el que tiene más de 90 grados.
Ángulo recto, GEOM el que tiene 90 grados y está formado por dos líneas que se cortan perpendicularmente.
Ángulo triedro, GEOM el formado por tres planos que concurren en un punto.

an·gu·lo·so, -a [aŋgulóso, -a] *adj* Se aplica a lo que tiene ángulos, esquinas o aristas: *Facciones angulosas.*

an·gus·tia [aŋgústja] *s/f* **1.** Malestar físico no provocado por un dolor determinado, que se manifiesta con una respiración fatigosa y sensación de no poder vivir. **2.** Sensación desagradable por el presentimiento de un peligro o una desgracia. **3.** Desazón provocada por el hecho de tener que atender a más cosas de las que nos es posible.

an·gus·tia·do, -a [aŋgustjáðo, -a] *adj* Se aplica a la persona que tiene angustia.

an·gus·tiar [aŋgustjár] *v/tr,* REFL(-SE) Acongojar(se).

an·gus·tio·so, -a [aŋgustjóso, -a] *adj* Que padece o provoca angustia.

an·he·la·ción [anelaθjón] *s/f* Acción y efecto de anhelar.

an·he·lan·te [aneláņte] *adj* Que anhela.

an·he·lar [anelár] **I.** *v/intr* Respirar con dificultad. **II.** *v/tr, intr* Desear vehementemente alguna cosa: *Siempre anhela lo imposible.*

an·he·lo [anélo] *s/m* Acción de desear algo vehementemente.

an·hí·dri·do [aníðriðo] *s/m* QUÍM Combinación de oxígeno y un elemento no metálico.

a·ni·dar [aniðár] *v/intr* **1.** Hacer nido las aves. **2.** FIG Existir determinado sentimiento en el interior de una persona.

a·ni·li·na [anilína] *s/f* QUÍM Nombre de muchas materias colorantes obtenidas por transformación de la bencina.

a·ni·lla [aníʎa] *s/f* **1.** Anillo, usado con fines diversos, *por ej,* para colgar las cortinas. **2.** Anillo al que se ata algo mediante una cuerda. **3.** *pl* Par de aros que se usan para realizar ejercicios gimnásticos.

a·ni·lla·do, -a [aniʎádo, -a] *adj* **1.** Formado por anillos. **2.** Se dice de algunos animales, *por ej,* gusanos, que tienen el cuerpo formado por anillas.

a·ni·llar [aniʎár] *v/tr* **1.** Poner anillos, *por ej,* en las patas de las aves migratorias. **2.** Sujetar con anillos. **3.** Dar forma de anillo.

a·ni·llo [aníʎo] *s/m* **1.** Objeto hecho de cualquier material, en forma de círculo. **2.** Aro que se pone en los dedos de la mano como adorno; entre algunas tribus se coloca en la nariz, labios, etc. **3.** ZOOL Cada uno de los segmentos en que tienen dividido el cuerpo los gusanos y otros animales. LOC **Venir algo como anillo al dedo**, ser una cosa muy adecuada y oportuna.

á·ni·ma [ánima] *s/f* **1.** Alma. **2.** Alma de los difuntos que están en el purgatorio. **3.** FIG Hueco de las piezas de artillería. **4.** *pl* Hora en que las campanas de las iglesias tocan para que los fieles recen por las almas del purgatorio: *Toque de ánimas.*

a·ni·ma·ción [animaθjón] *s/f* **1.** Acción y efecto de animar o animarse. **2.** Presencia de mucha gente en una fiesta: *Ha habido mucha animación en la fiesta.*

a·ni·ma·do, -a [animáðo, -a] *adj* **1.** Se aplica al que tiene buena predisposición para hacer cierta cosa o tiene un buen estímulo para ello. **2.** Se aplica a la persona alegre, divertida.

a·ni·mad·ver·sión [animaðβersjón] *s/f* Actitud de enemistad hacia algo o alguien.

a·ni·mal [animál] **I.** *adj* **1.** Se aplica al ser que puede moverse por su propio impulso. **2.** Se aplica a la parte no racional del hombre. **II.** *s/m* **1.** Ser que se mueve por propio impulso. **2.** FIG Persona torpe, grosera o ignorante.

a·ni·ma·la·da [animaláða] *s/f* COL Disparate o tontería.

a·ni·ma·le·jo [animaléxo] *s/m dim* de *animal.*

a·ni·ma·li·dad [animaliðáð] *s/f* Cualidad de animal.

a·ni·ma·lu·cho [animalútʃo] *s/m despec* bastante frecuente de *animal.*

a·ni·mar [animár] *v/tr* **1.** Infundir el alma al cuerpo. **2.** Dar ánimo, valor y energía a alguien. **3.** Dar animación a una reunión, fiesta, etc. **4.** Ser cierto propósito el móvil de la acción de alguien: *Le anima a ello el afán de servicio.*

a·ní·mi·co, -a [anímiko, -a] *adj* Del alma.

a·ni·mis·mo [animísmo] *s/m* Creencia que considera al alma como único principio de acción de los fenómenos vitales.

a·ni·mis·ta [animísta] *s/m,f* Persona adepta al animismo.

á·ni·mo [ánimo] *s/m* **1.** Espíritu considerado como facultad de recibir impresiones agradables o desagradables. **2.** Aliento, valor, esfuerzo para la realización de una cosa. **3.** Intención, pensamiento, proyecto (precedido de *ser*, *estar* o *tener*): *No está en mi ánimo hacerle ningún daño.* LOC **¡Ánimo!**, *interj* con que se incita a emprender o proseguir algo.

a·ni·mo·si·dad [animosiðáð] *s/f* **1.** Ánimo. **2.** Animadversión.

a·ni·mo·so, -a [animóso, -a] *adj* (Con *ser* o *estar*) Se aplica a quien tiene ánimos en cualquier circunstancia de la vida.

a·ni·ña·do, -a [aniɲáðo, -a] *adj* Se dice del que en su manera de ser o actuar parece un niño y a las cosas en que ello se manifiesta: *Expresión aniñada.*

a·ni·ñar·se [aniɲárse] *v/*REFL(-SE) Hacerse niño quien no lo es.

a·ni·qui·la·ción [anikilaθjón] *s/f* Acción y efecto de aniquilar o aniquilarse.

a·ni·qui·la·mien·to [anikilamjéņto] *s/m* Aniquilación.

a·ni·qui·lar [anikilár] *v/tr* Destruir (persona o cosa) enteramente: *Los tanques aniquilaron al enemigo.*

a·nís [anís] *s/m* **1.** Planta aromática umbelífera, de flores y semillas pequeñas que se emplean para condimentar. **2.** Semilla de la planta.

a·ni·sa·do, (-a) [anisádo, (-a)] *adj* y *s/m,f* **1.** Aromatizado con anís. **2.** *s/m* Aguardiente anisado.

a·ni·se·te [aniséte] *s/m* Aguardiente con azúcar y anís.

a·ni·ver·sa·rio [aniβersário] *s/m* Cumpleaños de un suceso.

a·no [áno] *s/m* Orificio terminal del conducto digestivo por el que se evacúan los excrementos.

a·no·che [anótʃe] *adv* Dícese del período transcurrido desde el anochecer del día anterior hasta la hora de acostarse.

a·no·che·cer [anotʃeθér] **I.** *s/m* Tiempo durante el cual se hace de noche. **II.** *v/intr* Empezar a oscurecer. Hacerse de noche. GRAM Se conjuga como *agradecer.* Usado en *3.ª p.*

a·no·che·ci·do [anotʃeθíðo] *adv* Al comenzar la noche.

a·nó·di·co, -a [anóðiko, -a] *adj* Relativo al ánodo.

a·no·di·no, -a [anoðíno, -a] *adj* y *s/m* Ineficaz, poco efectivo, insignificante, soso, insustancial.

á·no·do [ánodo] *s/m* FÍS Polo positivo de un generador eléctrico.

a·no·fe·les [anoféles] *adj* y *s/m (sing* y *pl)* Clase de mosquitos que transmiten el paludismo.

a·no·ma·lía [anomalía] *s/f* Cualidad de anómalo.

a·nó·ma·lo, -a [anómalo, -a] *adj* Irregular, anormal.

a·no·na·da·ción [anonaðaθjón] *s/f* Acción y efecto de anonadar o anonadarse.

a·no·na·da·mien·to [anonaðamjéņto] *s/m* Anonadación.

a·no·na·dar [anonaðár] *v/tr* **1.** Reducir una cosa a la nada. **2.** Producir una fuerte impresión.

a·no·ni·ma·to [anonimáto] *s/m* Condición o estado de anónimo.

a·nó·ni·mo, -a [anónimo, -a] **I.** *adj* **1.** De autor desconocido. **2.** Poco famoso. **II.** *s/m* Escrito sin firmar, con frecuencia de carácter ofensivo.

a·no·rak [anorák] *s/m* Prenda de abrigo, a modo de cazadora, con capucha, utilizada para protegerse de la lluvia y el frío.

a·no·re·xia [anoré(k)sja] *s/f* MED Inapetencia.

a·nor·mal [anormál] **I.** *adj* No normal. **II.** *s/m,f* Disminuido mental o físico.

a·nor·ma·li·dad [anormaliðáð] *s/f* Se aplica a situaciones, personas o cosas de calidad anormal.

a·no·ta·ción [anotaθjón] *s/f* Acción y efecto de anotar.

a·no·tar [anotár] *v/tr* Poner notas (en un libro, escrito, cuenta, etc.).

a·no·ve·la·do, -a [anoβeláðo, -a] *adj* Se dice de lo que se parece a la novela.

a·no·vu·la·to·rio, (-a) [anoβulatórjo, (-a)] *adj* y *s/m* Relativo a la falta de ovulación mensual en las hembras de los mamíferos.

an·qui·lo·sa·mien·to [aŋkilosamjén̪to] *s/m* Acción y efecto de anquilosarse.

an·qui·lo·sar [aŋkilosár] **I.** *v/tr* Ocasionar anquilosis. **II.** REFL(-SE) **1.** Producirse anquilosis. **2.** Detenerse algo en su crecimiento (inmaterial).

an·qui·lo·sis [aŋkilósis] *s/f* Carencia absoluta o parcial de movimiento en una articulación.

án·sar [ánsar] *s/m* Ganso.

an·sia [ánsja] *s/f* Fatiga que origina en el cuerpo agitación generalizada y una respiración anhelante.

an·siar [ansjár] *v/tr* Desear algo con ansia (bienestar, etc.).
ORT En el *pres* de *ind* y *subj* el acento tónico y ortográfico recae sobre la *i*: *Ansío, ansíe*. Pero: *Ansiando, ansiaba*, etc.

an·sie·dad [ansjeðáð] *s/f* Estado de inquietud y zozobra en el ánimo.

an·sio·so, -a [ansjóso, -a] **1.** *adj* (Con *estar*) Con ansiedad. **2.** *adj* y *s/m,f* (Con *ser*) Avaricioso.

an·ta·gó·ni·co, -a [an̪taɣóniko, -a] *adj* Que denota o implica antagonismo.

an·ta·go·nis·mo [an̪taɣonísmo] *s/m* Incompatibilidad habitual entre ideas o seres: *El antagonismo de dos sistemas*.

an·ta·go·nis·ta [an̪taɣonísta] *s/m,f* Persona o cosa que están en oposición con otra.

an·ta·ño [an̪táɲo] *adv* **1.** El año anterior. **2.** Antiguamente.

an·ta·ñón, -na [an̪taɲón, -na] *adj* FAM De mucha edad.

an·tár·ti·co, -a [an̪tártiko, -a] *adj* **1.** Se dice del Polo Sur. **2.** Se aplica a las zonas próximas y a todo lo relacionado con él.

an·te [án̪te] **I.** *s/m* **1.** Mamífero rumiante. **2.** Piel curtida de estos animales. **II.** *prep* **1.** Delante de, en presencia de. **2.** En comparación con, en contraste con: *Este acto de salvajismo palidece ante la masacre que se avecina.*

an·te·a·no·che [an̪teanótʃe] *adv* La noche entre anteayer y ayer.

an·te·a·yer [an̪teaJér] *adv* En el día anterior al de ayer.

an·te·bra·zo [an̪teβráθo] *s/m* Parte del brazo entre el codo y la muñeca.

an·te·cá·ma·ra [an̪tekámara] *s/f* Sala de espera para ser admitido ante un personaje importante.

an·te·ce·den·te [an̪teθeðén̪te] **I.** *adj* Que antecede. **II.** *s/m* Circunstancia anterior necesaria para comprender algo actual. LOC **Estar en antecedentes**, estar enterado de los antecedentes de un asunto. **Poner en antecedentes**, informar a alguien sobre los antecedentes de cierta cosa.

an·te·ce·der [an̪teθeðér] *v/tr* Preceder (en tiempo o espacio).

an·te·ce·sor, -ra [an̪teθesór, -ra] *s/m,f* **1.** Predecesor en un cargo, empleo o dignidad. **2.** *pl* Antepasados.

an·te·di·cho, -a [an̪teðítʃo, -a] *adj* Se aplica a algo o a alguien referido anteriormente.

an·te·di·lu·via·no, -a [an̪teðiluβjáno, -a] *adj* **1.** Anterior al diluvio. **2.** Pasado de moda: *Llevas una corbata antediluviana.*

an·te·fir·ma [an̪tefírma] *s/f* Formulación del cargo que ocupa el que suscribe un documento, antes de la firma.

an·te·la·ción [an̪telaθjón] *s/f* Anticipación temporal con que sucede una cosa respecto a otra.
GRAM Acompañado de *prep* no lleva *art* a no ser que le acompañe un *adj (debida, mencionada...)*: *Con la debida antelación. Con antelación.*

an·te·ma·no [an̪temáno] *adv* LOC **De antemano,** con anticipación.

an·te·na [an̪téna] *s/f* **1.** Conducto multiforme y de longitud variada utilizado para captar y emitir ondas hertzianas. **2.** ZOOL Apéndices articulados, órganos del tacto de muchos artrópodos.

an·te·nom·bre [an̪tenóɱbre] *s/m* Tratamiento que precede al nombre.

an·te·o·je·ra [an̪teoxéra] *s/f* Guarnición que se coloca a ambos lados de los ojos de las caballerías para impedirles la visión lateral.

an·te·o·jo [an̪teóxo] *s/m* **1.** Instrumento óptico para visionar objetos lejanos. **2.** Pieza de vaqueta con un agujero central que se coloca delante de los ojos a las caballerías espantadizas. **3.** *s/m, pl* Doble anteojo con prismas para ampliar la visión.

an·te·pal·co [an̪tepálko] *s/m* Espacio que precede y da entrada al palco.

an·te·pa·sa·do, -a [an̪tepasáðo, -a] **I.** *adj* Se aplica a un tiempo anterior al que hacemos referencia. **II.** *s/m* **1.** Ascendiente de persona o animal. **2.** *pl* Ascendencia en general.

an·te·pe·cho [an̪tepétʃo] *s/m* **1.** Barandilla que se coloca en el borde de balcones y puentes para apoyo y seguridad. **2.** Reborde liso de ventana para apoyarse.

an·te·pe·núl·ti·mo, -a [an̪tepenúl̪timo, -a] *adj* Que precede al penúltimo.

an·te·po·ner [an̪teponér] *v/tr* **1.** Poner delante. **2.** Valorar una cosa más que otra: *Antepone la disciplina al honor.* RPr **Anteponer a.**
CONJ *Irreg: Antepongo, antepuse, antepondré, antepuesto.*

an·te·por·ta·da [an̪teportáða] *s/f* Hoja que precede a la portada de un libro, y en la que, normalmente, sólo aparece el título del mismo.

an·te·pro·yec·to [an̪teproJékto] *s/m* Estudio previo como orientación para el proyecto definitivo.

an·te·pues·to, -a [an̪tepwésto, -a] *p irreg* de *anteponer.*

an·te·ra [an̪téra] *s/f* BOT En las flores, zona del estambre en que se guarda el polen.

an·te·rior [an̪terjór] *adj* Que precede en espacio o tiempo. RPr **Anterior a:** *La campaña electoral es anterior a las elecciones.*

an·te·rio·ri·dad [an̪terjoriðáð] *s/f* Estado o cualidad de anterior.

an·tes [án̪tes] **I.** *adv* (con sentido temporal) **1.** Se aplica al tiempo ya pasado o que precede a otro: *Te lo dije antes.* **2.** Antiguamente: *Antes, los tranvías circulaban.* **3.** Hace poco: *¿Quién te ha visitado antes?* **4.** Primero: *¿Quién ha llegado antes a la meta?* **5.** Anterior: *La semana antes visitó a los damnificados.* **II.** *adv* (significando lugar): *Los cardenales van antes que los obispos.* **III.** *adv* (señalando orden): *Las blancas juegan antes que las negras.* **IV.** *conj/adv* Por el contrario: *No se amilanó, antes le plantó cara.* **V.** Con valor *adj.* Si va precedido de sustantivos indicadores de tiempo, precedente: *Años/días/semanas/meses/horas/minutos antes.* LOC **Antes de nada**, en primer lugar. **Antes bien, antes al contrario**, oponerse a lo anterior: *No estoy satisfecho con tu comportamiento, antes bien, me has decepcionado.* **De antes,** anterior.

an·te·sa·la [an̪tesála] *s/f* Sala de espera de un despacho (médico, abogado u otro profesional).

an·te·úl·ti·mo, -a [an̪teúl̪timo, -a] *adj* Penúltimo.

an·te·vís·pe·ra [an̪teβíspera] *s/f* Día que precede al de ayer.

an·ti- [an̪ti] *pref* que expresa contrariedad u oposición: *Antidisturbios, antidemócrata.*

an·ti·aé·reo, -a [an̪tjaéreo, -a] *adj* Se aplica a lo relacionado con la defensa contra los ataques aéreos.

an·ti·al·co·ho·lis·mo [an̪tjalko(o)lísmo] *s/m* Lucha contra el exceso de bebidas alcohólicas.

an·ti·a·tó·mi·co, -a [an̪tjatómiko, -a] *adj* Que se opone a o protege de los efectos radiactivos de una explosión atómica.

an·ti·bió·ti·co, (-a) [an̪tiβjótiko, (-a)] **I.** *adj* Se aplica a los medicamentos que destruyen o detienen la reproducción de microorganismos patógenos. **II.** *s/m* El medicamento en sí.

an·ti·can·ce·ro·so, -a [an̪tikan̪θeróso, -a] *adj* Se aplica a los medios que sirven para combatir el cáncer.

an·ti·ca·rro [an̪tikárro] *s/m* Antitanque.

an·ti·ci·clón [an̪tiθiklón] *s/m* METEOR Área de mayor presión barométrica que las circundantes; indica buen tiempo.

an·ti·ci·pa·ción [an̪tiθipaθjón] *s/f* Acción y/o efecto de anticipar(se).

an·ti·ci·pa·do, -a [an̪tiθipáðo, -a] *adj* Adelantado o prematuro. LOC **Por anticipado**, con antelación.

an·ti·ci·par [an̪tiθipár] **I.** *v/tr* **1.** Hacer o fijar algo antes de lo previsto. **2.** Adelantar el pago (total o parcial) de algo: *Le anticiparon mil pesetas.* **II.** REFL(-SE) Tomar la delantera alguien en la ejecución de algo. RPr **Anticiparse a:** *Se anticipó a ello.*

an·ti·ci·po [an̪tiθípo] *s/m* **1.** Acción y efecto de anticipar. **2.** Dinero por anticipado.

an·ti·cle·ri·cal [an̪tiklerikál] *adj* y *s/m,f* Se dice de quien se opone al clero o a su intervención en asuntos no religiosos.

an·ti·cle·ri·ca·lis·mo [an̪tiklerikalísmo] *s/m* Sistema que combate el clericalismo.

an·ti·cli·nal [an̪tiklinál] *s/m* Pliegue arqueado de un terreno.

an·ti·coa·gu·lan·te [an̪tikoaɣulán̪te] *adj* y *s/m* Se aplica a lo que impide la coagulación de la sangre.

an·ti·co·mu·nis·ta [an̪tikomunísta] *adj* y *s/m,f* Que se opone al comunismo.

an·ti·con·cep·ti·vo, (-a) [an̪tikonθeptíβo, (-a)] *adj* y *s/m* Se aplica a los métodos y/o productos que impiden la fecundación.

an·ti·con·ge·lan·te [an̪tikoŋxelán̪te] **I.** *adj* Lo que evita la congelación. **II.** *s/m* Líquido que impide la congelación del agua (del radiador de un motor, *por ej*).

an·ti·cons·ti·tu·cio·nal [an̪tiko(n)stituθjonál] *adj* Contrario a la constitución.

an·ti·cris·to [an̪tikrísto] *s/m* Enemigo de Cristo que, al fin del mundo, intentará seducir, según la profecía, a la humanidad.

an·ti·cua·do, -a [an̪tikwáðo, -a] *adj* Se dice de algo o alguien que está desfasado o fuera de uso: *El vals es un baile anticuado.*

an·ti·cua·rio [an̪tikwárjo] *s/m* El que comercia en antigüedades.

an·ti·cuar·se [an̪tikwárse] *v/*REFL(-SE) Hacerse antiguo: *Este método se ha anticuado.*
ORT. PRON La *u* recibe acento tónico y ortográfico en el *sing* y *3.ª pers pl* del *pres* de *indic* y *subj: Anticúo, anticúen,* etc.

an·ti·cuer·po [an̪tikwérpo] *s/m* Antitoxinas producidas por el plasma sanguíneo para defenderse de un antígeno o cuerpo invasor perjudicial al organismo.

an·ti·de·por·ti·vo, -a [an̪tiðeportíβo, -a] *adj* Comportamiento o actitud poco correctas con las normas deportivas.

an·ti·des·li·zan·te [an̪tiðesliθán̪te] *adj* Se aplica a lo que impide el deslizamiento.

an·tí·do·to [an̪tíðoto] *s/m* Sustancia que defiende al organismo de los efectos venenosos.

an·ti·e·co·nó·mi·co, -a [an̪tiekonómiko, -a] *adj* **1.** Contrario a las directrices de la economía. **2.** Excesivamente caro.

an·ti·es·té·ti·co, -a [an̪tiestétiko, -a] *adj* Opuesto a la estética, feo.

an·ti·faz [an̪tifáθ] *s/m* Máscara con que se recubren los ojos y/o la cara para ocultar la personalidad.
ORT *Pl: Antifaces.*

an·tí·fo·na [an̪tífona] *s/f* Versículo que se reza o canta al principio y al final de un salmo (horas canónicas).

an·tí·ge·no, (-a) [an̪tíxeno, (-a)] *adj* y *s/m* Se dice de las bacterias que provocan la aparición de un anticuerpo al ser introducidas en el organismo.

an·ti·gua·lla [an̪tiɣwáʎa] *s/f* Objeto u obra muy antigua o pasados de moda.

an·ti·gu·ber·na·men·tal [an̪tiɣuβernamen̪tál] *adj* Opuesto al gobierno.

an·ti·güe·dad [an̪tiɣweðáð] **I.** *s/f* **1.** Se aplica a lo antiguo. **2.** Época antigua, especialmente clásica. **3.** Duración en un empleo o cargo. **II.** *pl* Objetos antiguos.

an·ti·guo, -a [an̪tíɣwo, -a] **I. 1.** *adj* Se dice de lo ocurrido antiguamente o que tiene antigüedad. **2.** Desaparecido u olvidado. **3.** Que ocupa un cargo por largo tiempo. **4.** Pasado de moda. **II.** *s/m,f, pl* Los que vivieron en la antigüedad: *Los antiguos descubrieron el fuego.* LOC **A la antigua,** como se hacía en tiempos pasados.

an·ti·hé·roe [an̪tiéroe] *s/m* El que se opone diametralmente a un héroe convencional.

an·tí·lo·pe [an̪tílope] *s/m* Cualquier rumiante del grupo de los antilopinos.

an·ti·lla·no, -a [an̪tiʎáno, -a] *adj* y *s/m,f* Se dice de las Antillas y de todo lo relacionado con ellas.

an·ti·mo·nio [an̪timónjo] *s/m* Metal blanco y azulado, *núm* atómico *51,* peso específico 120,2; *Símb, Sb.*

an·ti·no·mia [an̪tinómja] *s/f* Contradicción entre dos leyes o principios.

an·ti·nó·mi·co, -a [an̪tinómiko, -a] *adj* Que conlleva antinomia.

an·ti·pa·ra·si·ta·rio, (-a) [an̪tiparasitárjo, (-a)] *adj* y *s/m* Se dice del dispositivo que elimina las perturbaciones en la recepción televisada o radiofónica.

an·ti·pa·rras [an̪tipárras] *s/f, pl* COL Gafas.
GRAM Se usa sólo en *pl.*

an·ti·par·tí·cu·la [an̪tipartíkula] *s/f* FÍS Partícula elemental de propiedades opuestas a las de los átomos de los elementos químicos.

an·ti·pa·tía [an̪tipatía] *s/f* **1.** Repulsión instintiva contra algo o alguien. **2.** Oposición mutua entre dos cosas. RPr **(Sentir, tener, coger) antipatía a(l)/contra/hacia/para/por:** *Siente antipatía hacia su jefe/para con los pobres/al parlamentarismo/contra él/antipatía por lo inglés.*

an·ti·pá·ti·co, -a [an̪tipátiko, -a] *adj* **1.** Se aplica a la persona que produce antipatía en otros. **2.** Desagradable.

an·ti·pe·da·gó·gi·co, -a [an̪tipeðaγóxiko, -a] *adj* Opuesto a la pedagogía.

an·ti·pi·ré·ti·co -a [an̪tipirétiko, -a] *adj* MED Se dice de los medicamentos que combaten la fiebre.

an·ti·pi·ri·na [an̪tipirína] *s/f* Sustancia orgánica usada como analgésico y antipirético.

an·tí·po·da [an̪típoða] *adj* y *s/m* **1.** Habitante de la tierra que vive en la zona diametralmente opuesta del globo terrestre. **2.** FIG Actitudes o acciones diametralmente opuestas entre dos personas o grupos.
GRAM Suele utilizarse casi siempre en *pl.*

an·ti·pro·tón [an̪tiprotón] *s/m* FÍS Partícula elemental de idéntica masa que el protón, pero con carga eléctrica negativa.

an·ti·quí·si·mo, -a [an̪tikísimo, -a] *adj* Muy antiguo.
ORT Es la forma superlativa de *antiguo.*

an·ti·rrá·bi·co, -a [an̪tirráβiko, -a] *adj* Que se emplea para combatir o prevenir la rabia: *Una vacuna antirrábica.*

an·ti·rro·bo [an̪tirróβo] *s/m* Artilugio que protege contra el robo de algo (coche, moto, tienda, vivienda).

an·ti·se·mi·ta [an̪tisemíta] *adj* y *s/m,f* Que propugna el antisemitismo.

an·ti·se·mi·tis·mo [an̪tisemitísmo] *s/m* Animadversión hacia los judíos.

an·ti·sep·sia [an̪tiséṕsja] *s/f* Sistema preventivo contra las infecciones basado en la destrucción de los gérmenes productores.

an·ti·sép·ti·co, -a [an̪tiséptiko, -a] *adj* y *s/m* Se dice de todo lo que destruye o evita la presencia de microbios.

an·ti·so·cial [an̪tisoθjál] *adj* Que perjudica a la sociedad.

an·ti·tan·que [an̪titáŋke] *adj* Armamento o sistema para combatir los tanques: *Cañones antitanque.*

an·ti·te·rro·ris·ta [an̪titerrorísta] *adj* Relacionado con la lucha contra el terrorismo.

an·tí·te·sis [an̪títesis] *s/f* RET **1.** Figura literaria por la que se contraponen dos frases contrarias. **2.** Algo o alguien opuesto a otra cosa o persona.
GRAM El *pl* es *antítesis.*

an·ti·té·ti·co, -a [an̪titétiko, -a] *adj* Se dice de lo que implica antítesis.

an·ti·to·xi·na [an̪tito(k)sína] *s/f* Anticuerpo que destruye las toxinas que invaden el organismo.

an·ti·tu·ber·cu·lo·so, -a [an̪tituβerkulóso, -a] *adj* Que combate la tuberculosis.

an·to·ja·di·zo, -a [an̪toxaðíθo, -a] *adj* Se dice del que tiene antojos con frecuencia.

an·to·jar·se [an̪toxárse] *v*/REFL(-SE) **1.** Encapricharse de algo. **2.** Pensar que algo pueda suceder: *Se me antoja que mañana lloverá.*

an·to·jo [an̪tóxo] *s/m* **1.** Deseo caprichoso. **2.** Caprichos de embarazadas que, según creencia popular, si no se satisfacen, quedan reflejados en el cuerpo del futuro bebé. **3.** Lunar de la piel.

an·to·lo·gía [an̪toloxía] *s/f* **1.** Colección de fragmentos literarios de uno o varios autores. **2.** Colección de cosas seleccionadas: *Antología de la zarzuela.* LOC **De antología**, memorable.

an·to·ló·gi·co, -a [an̪tolóxiko, -a] *adj* Que es digno de figurar en una antología por su calidad intrínseca.

an·tó·lo·go [an̪tóloγo] *s/m,f* El que recopila una antología.

an·to·ni·mia [an̪tonímja] *s/f* Calidad de antónimo.

an·tó·ni·mo [an̪tónimo] *adj* Se aplica a las palabras de contenido opuesto o contrario.

an·to·no·ma·sia [an̪tonomásja] *s/f* RET Figura estilística que consiste en utilizar el apelativo por el nombre o viceversa. LOC **Por antonomasia,** el mejor, el más importante.

an·tor·cha [an̪tórtʃa] *s/f* Tea resinosa que se hace arder para iluminar.

an·tra·ci·ta [an̪traθíta] *s/f* Carbón mineral, poco bituminoso, de combustión difícil.

án·trax [án̪tra(k)s] *s/m* Inflamación dolorosa del tejido subcutáneo que, por su gravedad, implica intervención quirúrgica.
GRAM *Pl: Ántrax.*

an·tro [án̪tro] *s/m* **1.** Cueva. **2.** FIG Lugar desagradable e incómodo por las circunstancias ambientales.

an·tro·po·cén·tri·co, -a [an̪tropoθén̪triko, -a] *adj* Perteneciente al antropocentrismo.

an·tro·po·cen·tris·mo [an̪tropoθen̪trísmo] *s/m* Doctrina filosófica que coloca al hombre en el centro del universo.

an·tro·po·fa·gia [an̪tropofáxja] *s/f* Costumbre salvaje de comer carne humana.

an·tro·pó·fa·go, -a [an̪tropófaγo, -a] *adj* y *s/m,f* El que practica la antropofagia.

an·tro·poi·de [an̪tropóiðe] *adj* y *s/m,f* Antropomorfo.

an·tro·po·lo·gía [an̪tropoloxía] *s/f* Ciencia que estudia al hombre como ente natural y social.

an·tro·po·ló·gi·co, -a [an̪tropolóxiko, -a] *adj* Perteneciente a la antropología.

an·tro·pó·lo·go, -a [an̪tropóloɣo, -a] *s/m,f* El que por afición o profesión se dedica a la antropología.

an·tro·po·mor·fo, -a [an̪tropomórfo, -a] *adj* De forma humana.

an·true·ja·da [an̪trwexáða] *s/f* Broma grotesca.

an·true·jo [an̪trwéxo] *s/m* Los tres días de carnaval.

a·nual [anwál] *adj* **1.** Que sucede cada año **2.** Que dura un año.

a·nua·li·dad [anwaliðáð] *s/f* **1.** Renta que se paga por años **2.** Importe de esta renta.

a·nua·rio [anwárjo] *s/m* Publicación anual de información profesional.

a·nu·ba·rra·do, -a [anuβarráðo, -a] *adj* Con nubes.

a·nu·da·du·ra [anuðaðúra] *s/f* Anudamiento.

a·nu·da·mien·to [anuðamjén̪to] *s/m* Acto y efecto de anudar.

a·nu·dar [anuðár] *v/tr* **1.** Hacer nudos. **2.** FIG Unir o juntar algo: *Anudaron su amistad en una noche loca.*

a·nuen·cia [anwénθja] *s/f* Conformidad.

a·nuen·te [anwén̪te] *adj* Que condesciende.

a·nu·la·ción [anulaθjón] *s/f* Acción y efecto de anular o anularse algo.

a·nu·lar [anulár] **I.** *adj* **1.** Relacionado con el anillo. **2.** De forma de anillo: *Formación anular.* **3.** *adj* y *s/m* El dedo contiguo al meñique. **II.** *v/tr* **1.** Disponer la anulación de algo, invalidar. **2.** FIG Suprimir la personalidad de alguien: *Mi abuelo anuló por completo a mi padre.*

a·nun·cia·ción [anunθjaθjón] *s/f* Hecho y efecto de anunciar.

a·nun·ciar [anunθjár] *v/tr* **1.** Notificar algo. **2.** Comunicar la llegada de alguien. **3.** Presagiar: *Las golondrinas anuncian la llegada de la primavera.* **4.** Hacer publicidad.

a·nun·cio [anúnθjo] *s/m* **1.** Acción de anunciar algo. **2.** Contenido de una acción de anunciar. **3.** Pronóstico. **4.** Pancarta: *Colocaron un gran anuncio en la autopista.*

an·ver·so [ambérso] *s/m* **1.** Lado más representativo de una medalla o moneda: *Esta moneda lleva la efigie del rey en el anverso.* **2.** IMPR Primera cara impresa de un pliego.

an·zue·lo [anθwélo] *s/m* **1.** Arponcito metálico ligado a un extremo de un sedal donde se coloca el cebo para pescar. **2.** FIG Ardid para atraer a alguien. LOC **Caer en el anzuelo,** dejarse engañar. **Echar el anzuelo,** usar artimañas tratando de conquistar o engañar.

a·ña·di·do, -a [aɲaðíðo, -a] *s/m* **1.** Postizo. **2.** Alargue o adición.

a·ña·di·du·ra [aɲaðiðúra] *s/f* Lo que se añade a algo (texto, vestido, etc.) LOC **Por añadidura,** además de lo anterior: *Estudiad y el aprobado se os dará por añadidura.*

a·ña·dir [aɲaðír] *v/tr* **1.** Agregar o incorporar algo a una cosa: *Añade sal a la sopa.* **2.** Agrandar o alargar algo. RPr **Añadir** (una cosa) **a** (otra).

a·ña·ga·za [aɲaɣáθa] *s/f* **1.** Señuelo para cazar aves. **2.** Hábil estratagema para obtener algo de alguien.

a·ñal [aɲál] **I.** *adj* Anual. **II.** *adj* y *s/m* Recental de un año cumplido.

a·ñe·jar [aɲexár] *v/tr,* REFL(-SE) Hacer añejo algo.

a·ñe·jo, -a [aɲéxo, -a] *adj* Se dice de lo que tiene uno o varios años.

a·ñi·cos [aɲíkos] *s/m, pl* Pedacitos en que se rompe algo. LOC **Hacerse añicos**, romperse totalmente.

a·ñil [aɲíl] **I.** *s/m* **1.** Arbusto leguminoso; se obtiene una sustancia colorante azul de sus hojas y tallos. **2.** Esta sustancia colorante. **II.** *adj* y *s/m* Se dice del sexto color del espectro, entre el azul y el violeta, parecido al añil.

a·ño [áɲo] *s/m* **1.** ASTRON Tiempo que invierte la Tierra en dar una revolución completa alrededor del Sol. **2.** Año civil. Período comprendido entre el día 1 de enero y el 31 de diciembre. **3.** *s/m, pl* Cumpleaños de alguien: *Ayer cumplí los años.* LOC **Tener (veinte) años cumplidos**, tener más de (veinte) años y menos de veintiuno. **¡Feliz Año! ¡Feliz Año Nuevo!**, fórmula para felicitar la entrada en el nuevo año y despedir el (año) viejo. **(Estar) de buen año**, tener aspecto saludable. **En sus años mozos**, en su juventud. **Entrado en años**, de edad avanzada. **Hace años**, hace tiempo. **Año de la nana/Del año de Maricastaña**, de tiempo ha: *Este coche es del año de la nana.*

a·ño·jo, -a [aɲóxo, -a] *s/m,f* Cordero o becerro de un año recién cumplido.

a·ño·ran·za [aɲoránθa] *s/f* Nostalgia por la ausencia de una persona o cosa.

a·ño·rar [aɲorár] *v/tr* Recordar con dolor la ausencia temporal o duradera de un ser o cosa queridos.

a·ño·so, -a [aɲóso, -a] *adj* Muy viejo.

ao·jar [aoxár] *v/tr* Ocasionar mal de ojo a uno.

aor·ta [aórta] *s/f* Arteria principal del sistema circulatorio que sale del ventrículo izquierdo del corazón y distribuye la sangre a todo el cuerpo menos a los pulmones.

aór·ti·co, -a [aórtiko, -a] *adj* Que tiene relación con la aorta.

ao·va·do, -a [aoβáðo, -a] *adj* De forma ovoide.

ao·var [aoβár] **I.** *v/tr* Dar forma de huevo. **II.** *v/intr* Poner huevos (insectos, aves o peces).

ao·vi·llar·se [aoβiʎárse] *v/*REFL(-SE) FIG Adoptar uno forma de ovillo; acurrucarse.

a·pa·bu·lla·mien·to [apaβuʎamjéṇto] *s/m* Acción y efecto de apabullar.

a·pa·bu·llar [apaβuʎár] *v/tr* Abrumar a alguien con insultos, poder, lujo, inteligencia, bondad, etc.

a·pa·cen·ta·mien·to [apaθeṇtamjénto] *s/m* Acción de apacentar o apacentarse.

a·pa·cen·tar [apaθeṇtár] *v/tr* **1.** Vigilar el ganado mientras pace: *El pastor apacienta a sus ovejas.* **2.** Dar pasto para el ganado.
CONJ *Irreg: Apaciento, apacenté, apacentaré, apacentado.*

a·pa·ci·bi·li·dad [apaθiβiliðáð] *s/f* Calidad de apacible.

a·pa·ci·ble [apaθíβle] *adj* **1.** De trato dulce y manso. **2.** Tiempo agradable. **3.** Aplicado a fenómenos atmosféricos, suave.

a·pa·ci·gua·mien·to [apaθiγwamjéṇto] *s/m* Acción y efecto de apaciguar(se).

a·pa·ci·guar [apaθiγwár] *v/tr,* REFL(-SE) **1.** Aquietar. **2.** REFL(-SE) Serenarse (personas o fenómenos atmosféricos). **3.** Disminuir un dolor físico o espiritual.
ORT La *u* lleva (¨) ante *e: Apacigüe.*

a·pa·che [apátʃe] *adj* y *s/m,f* Se dice de cierta tribu india del antiguo Méjico.

a·pa·dri·na·mien·to [apaðrinamjéṇto] *s/m* Acción y efecto de apadrinar.

a·pa·dri·nar [apaðrinár] *v/tr* **1.** Hacer de padrino de alguien. **2.** Proteger o ayudar a prosperar a alguien (persona o institución).

a·pa·ga·di·zo, -a [apaγaðíθo, -a] *adj* Se dice de las sustancias que arden con dificultad.

a·pa·ga·do, -a [apaγáðo, -a] *adj* **1.** De carácter tímido o poco brillante (estado o acción). **2.** De colores amortiguados. **3.** Bajo, sordo (sonidos): *Tiene una voz muy apagada.*

a·pa·gar [apaγár] **I.** *v/tr* **1.** Extinguir el fuego o la luz. **2.** Aplacar o atenuar. **3.** PINT Rebajar los colores vivos a la luz. **II.** REFL(-SE) Morirse apaciblemente.
ORT Ante *e* la *g* cambia en *gu: Apague.*

a·pa·ga·ve·las [apaγaβélas] *s/m* Instrumento para apagar velas consistente en una pieza cónica metálica en el extremo de un mango.
GRAM *Pl: Apagavelas.*

a·pa·gón [apaγón] *s/m* Súbita extinción de las luces por interrupción del suministro eléctrico.

a·pai·sa·do, -a [apaisáðo, -a] *adj* Que es más ancho que alto en su posición normal.

a·pa·la·brar [apalabrár] *v/tr* Concertar algo de palabra entre dos partes.

a·pa·lan·ca·mien·to [apalaŋkamjéṇto] *s/m* Acción y efecto de apalancar.

a·pa·lan·car [apalaŋkár] *v/tr* Levantar, mover o abrir algo con una palanca.
ORT Ante *e* la *c* cambia en *qu: Apalanqué.*

a·pa·lea·mien·to [apaleamjéṇto] *s/m* Acción y efecto de apalear (o ser apaleado).

a·pa·le·ar [apaleár] *v/tr* **1.** Golpear algo o a alguien con un palo, atacar. **2.** Aventar el grano con la pala.

a·pa·leo [apaléo] *s/m* **1.** Período de apalear. **2.** El acto y el efecto de apalear.

a·pan·dar [apaṇdár] **I.** *v/tr* COL Escamotear algo a alguien. **II.** *v/intr* Pandear.

a·pan·ta·nar [apaṇtanár] *v/tr,* REFL(-SE) Inundar un terreno con agua.

a·pa·ña·do, -a [apaɲáðo, -a] *adj* **1.** Hábil, mañoso. **2.** Práctico y adecuado para un fin.

a·pa·ñar [apaɲár] **I.** *v/tr* **1.** Recoger o acortar algo: *La costurera apañó mis pantalones.* **2.** Apropiarse de algo. **3.** Adornar, arreglar o preparar bien algo. **II.** REFL(-SE) Arreglárselas o darse maña para hacer o conseguir algo. LOC **Estar apañado,** estar o quedarse chasqueado: *¡Pues estoy apañado como el tren no llegue a tiempo!* **Apañárselas,** manejarse bien para conseguir algo. RPr **Apañarse con:** *Tendrás que apañártelas con mil pesetas.*

a·pa·ño [apáɲo] *s/m* **1.** Compostura. **2.** Arreglo chapucero.

a·pa·ra·dor [aparaðór] *s/m* **1.** Mueble del comedor donde se guardan los platos, cubiertos y utensilios similares. **2.** Mostrador o escaparate.

a·pa·rar [aparár] *v/tr* Disponer las manos u otra cosa para recoger algo.

a·pa·ra·to [aparáto] *s/m* **1.** Conjunto de cosas necesarias para conseguir un fin. **2.** Pompa y ostentación: *Las ceremonias con* *mucho aparato le agradan*. **3.** Conjunto de tubos y utensilios para un trabajo de laboratorio. **4.** MED Dispositivo que se aplica a un miembro: *Aparato ortopédico*. **5.** Máquinas pequeñas: *Aparato de radio*. **6.** Avión: *El aparato despegó a pesar de la niebla*. **7.** ANAT Sistema orgánico en los animales: *Aparato circulatorio*. **8.** Señal o circunstancias que acompaña a alguna cosa: *La tormenta descargó en medio de un gran aparato eléctrico*. **9.** Apariencias: *En casa hay mucho aparato* (pero pocas cosas importantes).

a·pa·ra·to·si·dad [aparatosiðáð] *s/f* Calidad de aparatoso.

a·pa·ra·to·so, -a [aparatóso, -a] *adj* Que acompaña a algo mucho aparato, exageración, brillantez.

a·par·ca·mien·to [aparkamjén̪to] *s/m* **1.** Lugar para estacionamiento de vehículos **2.** Maniobra y resultado de aparcar.

a·par·car [aparkár] *v/tr* **1.** Estacionar un vehículo en un lugar determinado. **2.** FIG Dejar de lado un artículo conflictivo de un proyecto de ley para su discusión posterior: *La comisión legislativa decidió aparcar la discusión de la ley*.
ORT Ante *e* la *c* cambia en *qu: Aparqué*.

a·par·ce·ría [aparθería] *s/f* **1.** Relación entre aparceros. **2.** Contrato entre el propietario y el explotador de fincas rústicas.

a·par·ce·ro, -a [aparθéro, -a] *s/m,f* **1.** Partícipe en una aparcería. **2.** El que trabaja la tierra.

a·pa·rea·mien·to [apareamjén̪to] *s/m* Acto de aparear(se).

a·pa·re·ar [apareár] **I.** *v/tr* Formar una pareja, juntando dos cosas, igualándolas. **II.** *v/tr,* REFL(-SE) Unir dos animales de sexo opuesto para que críen.

a·pa·re·cer [apareθér] *v/tr* **1.** Surgir repentinamente. **2.** Publicar (libro, periódico, etc.). **3.** Ser encontrado (algo, alguien) perdido: *El niño apareció dormido bajo unos matorrales*. RPr **Aparecer en/por:** *Apareció en casa/por el Este*.
CONJ *Irreg: Aparezco, aparecí, apareceré, aparecido*.

a·pa·re·ci·do, -a [apareθíðo, -a] *s/m,f* Difunto que se presenta ante los vivos.

a·pa·re·ja·do, -a [aparexáðo, -a] *adj* Adecuado. LOC **Llevar aparejado**, llevar consigo.

a·pa·re·ja·dor, (-ra) [aparexaðór, (-ra)] **I.** *s/m* Técnico que administra una construcción bajo las órdenes de un arquitecto. **II.** *adj* y *s/m,f* Que apareja o prepara.

a·pa·re·jar [aparexár] *v/tr* **1.** Preparar algo adecuadamente. **2.** Poner la guarnición a una montura. **3.** Preparar el aparejo de un barco o velero.

a·pa·re·jo [aparéxo] *s/m* **1.** El hecho de aparejar. **2.** Conjunto de arneses que se coloca a una caballería para montarla, uncirla a un carruaje o cargarla. **3.** Conjunto de velas, cabos y poleas de un barco o velero.

a·pa·ren·tar [aparen̪tár] *v/tr* **1.** Fingir un sentimiento o conocimiento que no se tiene: *Aparentaba alegría*. **2.** Tener aspecto de: *No aparenta ochenta años*. **3.** Hacer ver que se hace algo, sin hacerlo.

a·pa·ren·te [aparén̪te] *adj* **1.** Que tiene un determinado aspecto o apariencia. **2.** De aspecto engañoso (que aparenta algo sin serlo).

a·par·ho·tel [aparotél] *s/m* Hotel donde se alquilan habitaciones tipo apartamento.

a·pa·ri·ción [apariθjón] *s/f* El hecho de aparecer o aparecerse.

a·pa·rien·cia [aparjénθja] *s/f* **1.** Aspecto exterior que no suele corresponder con la realidad. **2.** Aspecto exterior de algo o alguien (riqueza o poderío). LOC **Cubrir (guardar) las apariencias,** disimular un estado o situación para no hacerse notar.

a·par·ta·do, (-a) [apartáðo, (-a)] **I.** *adj* **1.** Remoto o lejano. **2.** Sin trato con alguien: *Juan vive apartado de Pedro*. RPr **Apartado de. II.** *s/m* **1.** Lugar aislado del bullicio normal de una casa. **2.** Correspondencia que se deposita en las casillas correspondientes para su posterior recogida por los propios interesados: *Apartado de Correos*. **3.** Lugar destinado al servicio anterior. **4.** Cada una de las partes en que se divide un informe, libro tratado, ley, etc.

a·par·ta·men·to [apartamén̪to] *s/m* **1.** Vivienda, de una o dos habitaciones. **2.** Vivienda secundaria (la principal es la habitual).

a·par·tar [apartár] *v/tr* **1.** Separar algo de un lugar. **2.** Alejar a alguien de algo. **3.** Retirar algo que no se usa. RPr **Apartar(se) de:** *Los hijos se apartaron de su padre*.

a·par·te [apárte] **I.** *adv* **1.** En otro sitio. **2.** En sitio retirado: *El capitán habló aparte con el sargento*. **3.** Además: *Aparte, recibe ayuda del Gobierno*. **II.** *adj* **1.** Se dice de lo que es privado: *Una conversación aparte*. **2.** Adicional: *Hicieron una tirada aparte de su artículo*. **III.** *s/m* En el teatro, palabras que un personaje dice para sí y que se supone no las oye el resto de los personajes.

a·pa·sio·na·do, -a [apasjonáðo, -a] *adj* y *s/m,f* **1.** Se dice de lo que tiene pasión. **2.** (Con *estar*) Lleno de entusiasmo. **3.** Carente de objetividad. RPr **Apasionado por/de:** *Está apasionado por la playa. Es un apasionado del coleccionismo*.

a·pa·sio·na·mien·to [apasjonamjén̪to] *s/m* Hecho y resultado de apasionar(se).

a·pa·sio·nan·te [apasjonáṇte] *adj* Que apasiona.

a·pa·sio·nar [apasjonár] **I.** *v/tr* Ocasionar en alguien un deseo vehemente. **II.** REFL(-SE) **1.** Henchirse de pasión o entusiasmo. **2.** Enamorarse. RPr **Apasionar(se) por/con:** *Se apasiona con la política/por el teatro.*

a·pa·tía [apatía] *s/f* **1.** Cualidad de quien se entusiasma o apasiona con dificultad. **2.** Falta de iniciativa para actuar.

a·pá·ti·co, -a [apátiko, -a] *adj* y *s/m,f* Se dice de quien padece apatía.

a·pá·tri·da [apátriða] *adj* y *s/m,f* Se aplica a quien no tiene patria.

a·pea·de·ro [apeaðéro] *s/m* Estación de ferrocarril para uso exclusivo de viajeros.

a·pe·ar [apeár] *v/tr* **1.** Bajar a alguien de un caballo o carruaje. **2.** (Con *de)* COL Disuadir: *No pude apearlo de sus ideas.* LOC **Apearse del burro,** reconocer un error. RPr **Apearse de.**

a·pe·chu·gar [apetʃuɣár] *v/intr* **1.** FIG Sufrir las consecuencias de algo. **2.** COL Tener aguante para hacer o admitir cualquier cosa: *Apechuga con todo el vino que le des.* RPr **Apechugar con.**
ORT Ante *e* la *g* cambia en *gu: Apechugue.*

a·pe·da·zar [apeðaθár] *v/tr* Remendar algo (vestido, toldo, etc.) poniendo un pedazo nuevo: *Apedazaron la vela que el viento rasgó.*
ORT Ante *e* la *z* cambia en *c: Apedacé.*

a·pe·drea·mien·to [apeðreamjéṇto] *s/m* Acción de apedrear o apedrearse.

a·pe·dre·ar [apeðreár] **I.** *v/tr* **1.** Lanzar piedras (u otro proyectil) contra alguien o algo. **2.** Matar a alguien a pedradas. **II.** *impers* Granizar. **III.** REFL(-SE) **1.** Echarse a perder un cultivo por el granizo: *Cada año las mieses se apedrean.* **2.** Tirarse piedras mutuamente.

a·pe·dreo [apeðréo] *s/m* Apedreamiento.

a·pe·gar·se [apeɣárse] *v*/REFL(-SE) Tomar afecto a alguien o algo: *El alcalde se ha apegado al cargo.* RPr **Apegarse a.**
ORT Ante *e* la *g* cambia en *gu: Me apegué.*

a·pe·go [apéɣo] *s/m* **1.** Afecto hacia alguien. **2.** Afecto hacia algo: *Apego a los estudios.* LOC **Tomar/Cobrar apego a**, apegarse a. RPr **(Tener) apego a/por:** *Apego por el dinero.*

a·pe·la·ble [apeláβle] *adj* Capaz de apelar o ser apelado.

a·pe·la·ción [apelaθjón] *s/f* **1.** Acción de apelar. **2.** Hacer un llamamiento a favor de algo o alguien. LOC **Recurso de apelación**, recurso de alzada. **Tribunal de apelación**, el que entiende en los recursos.

a·pe·lan·te [apeláṇte] *adj* y *s/m,f* El que apela.

a·pe·lar [apelár] *v/intr* **1.** *(Apelar (de) una sentencia)* DER Recurrir una sentencia ante un tribunal superior. **2.** Recurrir a las cualidades de alguien para que realice algo: *Apeló a su bondad para salir del apuro.* **3.** Pedir el testimonio de alguien como prueba. **4.** Recurrir a: *Apelaron a la violencia.* RPr **Apelar a/ante/contra.**
GRAM Aunque *apelar* sea *v/intr* es correcto utilizar: *La sentencia ha sido apelada.* En cambio, *apelar una sentencia* se considera incorrecto. Debe decirse: *Apelar contra (de) una sentencia.*

a·pe·la·ti·vo, -a [apelatíβo, -a] *adj* y *s/m* **1.** Sobrenombre con el que se apellida a alguien: *Pablo, Apóstol de las Gentes.* **2.** Epíteto sustitutivo del verdadero nombre.

a·pel·ma·zar [apelmaθár] *v/tr,* REFL(-SE) Hacer duro algo que debe ser esponjoso.
ORT Ante *e* la *z* cambia en *c: Apelmacé.*

a·pe·lo·to·nar·(se) [apelotonár(se)] *v/tr,* REFL(-SE) Hacer que algo se amontone.

a·pe·lli·dar [apeʎiðár] **I.** *v/tr* **1.** Nombrar a alguien llamándolo. **2.** (Con *de*) Epitetar algo: *Apellidó al magistrado de sinvergüenza.* **II.** *v/tr,* REFL(-SE) Tener o poner un apellido o mote a alguien: *Se apellida González.* RPr **Apellidar de.**

a·pe·lli·do [apeʎíðo] *s/m* **1.** Nombre de familia: *Su apellido es Fernández.* **2.** Sobrenombre que se da a algo o a alguien. LOC **Con nombre y apellido**, con todos los datos.

a·pe·nar [apenár] *v/tr* Causar o sentir pena.

a·pe·nas [apénas] *adv* **1.** Casi no: *No lo he disfrutado apenas* (se coloca detrás del verbo en frases negativas). *Apenas lo he disfrutado* (colocado al principio, en frases afirmativas). **2.** Ante expresiones de cantidad, escasamente: *Tardaré apenas dos horas en arreglar tu coche.* **3.** Inmediatamente después de que: *Apenas salió, comenzó a llover.* **4.** Penosamente: *El estudiante apenas aprobó las matemáticas.*

a·pen·car [apeŋkár] *v/intr* Tener que hacer o soportar algo no agradable: *Tendrás que apencar con las consecuencias.* RPr **Apencar con.**
ORT Ante *e* la *c* cambia en *qu: Apenqué.*

a·pén·di·ce [apéṇdiθe] *s/m* **1.** Prolongación no esencial de algo. **2.** Prolongación del cuerpo en ciertos animales: *El apéndice dorsal del escorpión.* **3.** Prolongación que se añade a algo ya completado: *Añadieron al contrato un apéndice.* **4.** ANAT Prolongación en la parte inferior del intestino ciego: *Ayer le operaron de apéndice.*

a·pen·di·ci·tis [apeṇdiθítis] *s/f* MED Inflamación del apéndice del intestino ciego. GRAM *Pl: Apendicitis.*

a·peo·nar [apeonár] *v/intr* Correr por el suelo (las aves, especialmente la perdiz).

a·pep·sia [apépsja] *s/f* Incapacidad digestiva.

a·per·ci·bi·mien·to [aperθiβimjéɲto] *s/m* **1.** El hecho de apercibir o apercibirse. **2.** JUR Aviso o amonestación.

a·per·ci·bir [aperθiβír] **I.** *v/tr* **1.** Preparar lo que se precisa para hacer algo. **2.** Avisar, amonestar. **II.** REFL(-SE) Advertir, darse cuenta de algo: *Se apercibió de su presencia.* RPr **Apercibir(se) contra/por/de:** *Se apercibieron de su llegada. Le apercibió por sus faltas. Se aperciben para el viaje.*

a·per·ga·mi·na·do, -a [aperγamináðo, -a] *adj* **1.** Semejante al pergamino. **2.** FIG Aplicado a la persona de piel seca y enjuta.

a·per·ga·mi·nar·se [aperγaminárse] *v*/REFL(-SE) Acartonarse, secarse.

a·pe·ri·ti·vo, -a [aperitíβo, -a] *s/m* Lo que abre el apetito.

a·pe·ro [apéro] *s/m* **1.** *pl* Instrumentos de labranza. **2.** *pl Por ext,* utensilios para otros menesteres.

a·pe·rre·ar [aperreár] *v/tr* Fatigar excesivamente a alguien.

a·per·so·na·do, -a [apersonáðo, -a] *adj* De buen o mal aspecto.

a·per·tu·ra [apertúra] *s/f* **1.** Acción de abrir. **2.** Inauguración: *Apertura del curso académico.* **3.** FIG Mentalidad abierta: *Apertura del gobierno.*

a·pe·sa·dum·brar [apesaðuɱbrár] *v/tr* Ocasionar pesadumbre. RPr **Apesadumbrarse con/por/de:** *Se apesadumbra con/por/de verla llorar solamente.*

a·pe·sa·rar [apesarár] *v/tr* Apesadumbrar.

a·pes·ta·do, -a [apestáðo, -a] *adj* y *s/m,f* **1.** Se aplica a lo que está afectado por la peste: *Un hospital para apestados.* **2.** FIG Infestado, lleno: *Esta plaza está apestada de mendigos.*

a·pes·tar [apestár] **I.** *v/tr* Propagar la peste. **II.** *v/intr* **1.** Oler mal: *Este cuarto apesta.* **2.** (Con *a)* Oler fuertemente a un olor determinado: *Tu boca apesta a ajos.* **3.** Haber o poner abundancia de algo en un lugar: *Este estanque apesta de peces de colores.* RPr **Apestar a/de.**

a·pes·to·so, -a [apestóso, -a] *adj* Que apesta.

a·pe·te·cer [apeteθér] *v/tr* Desear algo o tener deseos de comer o hacer algo. CONJ *Irreg: Apetezco, apetecí, apeteceré, apetecido.*

a·pe·te·ci·ble [apeteθíβle] *adj* Se dice de lo que se desea o despierta apetito.

a·pe·ten·cia [apeténθja] *s/f* **1.** Deseo de comer. **2.** Deseo en general.

a·pe·ti·to [apetíto] *s/m* **1.** Deseo de comer. **2.** Deseo de algo. RPr **(Tener) apetito de/por algo.**

a·pe·ti·to·so, -a [apetitóso, -a] *adj* Que despierta el apetito.

a·pia·dar [apjaðár] **I.** *v/tr* Inducir a piedad. **II.** REFL(-SE) Sentir piedad por otro: *Dios se apiade de su alma.* RPr **Apiadarse de.**

a·pi·cal [apikál] *adj* FON Se aplica a los sonidos que se articulan con la punta de la lengua sobre los dientes, alvéolo o paladar.

á·pi·ce [ápiθe] *s/m* **1.** Punto terminal de algo: *El ápice de la lengua.* **2.** Tilde, acento o signo ortográfico. **3.** Nada (en oraciones negativas): *Esto no cambia la situación en un ápice.*

a·pi·cul·tor, -ra [apikuḷtór, -ra] *s/m,f* El que se dedica a la apicultura.

a·pi·cul·tu·ra [apikuḷtúra] *s/f* Arte de criar abejas y aprovechar sus productos.

a·pi·la·mien·to [apilamjéɲto] *s/m* Amontonamiento de ciertas cosas.

a·pi·lar [apilár] *v/tr,* REFL(-SE) Formar una pila de cosas.

a·pi·ña·mien·to [apiɲamjéɲto] *s/m* Acción y consecuencia de apiñar o apiñarse.

a·pi·ñar [apiɲár] *v/tr,* REFL(-SE) Poner cosas o personas en forma apretada.

a·pio [ápjo] *s/m* Planta hortícola, umbelífera, cuyos tallos, de fuerte olor y sabor, se comen en ensaladas y cocidos.

a·pio·jar·se [apjoxárse] *v*/REFL(-SE) Apiñarse pulgones en las plantas.

a·pi·par·se [apipárse] *v*/REFL(-SE) COL Comer o beber en exceso. RPr **Apiparse de**: *Se apipó de pasteles.*

a·pi·so·na·do·ra [apisonaðóra] *s/f* Máquina para apisonar.

a·pi·so·nar [apisonár] *v/tr* **1.** Pisar algo con insistencia para alisarlo y apelmazarlo. **2.** Apretar y alisar algo con un rodillo o máquina.

a·pla·ca·mien·to [aplakamjéɲto] *s/m* Acto y resultado de aplacar o aplacarse.

a·pla·car [aplakár] *v/tr* Aliviar, mitigar. ORT Ante *e* la *c* cambia en *qu: Aplaqué.*

a·pla·nar [aplanár] *v/tr* **1.** Allanar algo. **2.** FIG Abatir.

a·plas·ta·mien·to [aplastamjéɲto] *s/m* Acto y efecto de aplastar o aplastarse.

a·plas·tan·te [aplastán̪te] *adj* **1.** Que aplasta. **2.** Abrumador, total.

a·plas·tar [aplastár] *v/tr* **1.** Reducir el grosor de algo a golpes o por compresión. **2.** FIG Abrumar a alguien, vencerle.

a·pla·ta·nar·se [aplatanárse] *v*/REFL(-SE) COL Abandonarse, perder la ambición.

a·plau·dir [aplauðír] *v/tr* **1.** Batir palmas en señal de admiración, adhesión o aprobación. **2.** Aprobar: *Aplaudo tu decisión.*

a·plau·so [apláuso] *s/m* **1.** Hecho de aplaudir. **2.** FIG Aprobación de algo.

a·pla·za·ble [aplaθáβle] *adj* Que puede aplazarse.

a·pla·za·mien·to [aplaθamjén̪to] *s/m* Hecho y efecto de aplazar(se).

a·pla·zar [aplaθár] *v/tr* Retrasar algo. ORT Ante *e* la *z* cambia en *c: Aplacé.*

a·pli·ca·ble [aplikáβle] *adj* De posible u obligatoria aplicación. RPr **Aplicable a.**

a·pli·ca·ción [aplikaθjón] *s/f* **1.** Acción de aplicar o aplicarse. **2.** Posible utilidad de algo.

a·pli·ca·do, -a [aplikáðo, -a] *adj* Se dice de quien hace algo con interés, especialmente en relación con el estudio: *Es un alumno aplicado.*

a·pli·car [aplikár] **I.** *v/tr* **1.** Colocar algo sobre una superficie, adhiriéndolo a ella. **2.** Poner una cosa sobre otra para que ejerza influencia sobre ella. **3.** Utilizar, destinar. **II.** REFL(-SE) **1.** Esforzarse en una tarea: *Se aplica en hacer bien su cometido.* **2.** Concernir: *Estas normas se aplican a todos.* RPr **Aplicar(se) a.**
ORT Ante *e* la *c* cambia en *qu: Apliqué.*

a·pli·que [aplíke] *s/m* Foco luminoso que se fija en una pared.

a·plo·mo [aplómo] *s/m* **1.** Posición vertical. **2.** Serenidad, equilibrio: *Es hombre de mucho aplomo.*

a·po·ca·do, -a [apokáðo, -a] *adj* Tímido, humilde en exceso.

a·po·ca·lip·sis [apokalípsis] *s/m* **1.** Último libro del Nuevo Testamento escrito por San Juan. Describe el fin del mundo. **2.** FIG Escena horrible.

a·po·ca·líp·ti·co, -a [apokalíptiko, -a] *adj* **1.** Referente al Apocalipsis. **2.** Horrendo.

a·po·ca·mien·to [apokamjén̪to] *s/m* Acto y efecto de apocar o apocarse.

a·po·car [apokár] **I.** *v/tr* **1.** Disminuir una cosa. **2.** Hacer apocarse a alguien. **II** REFL(-SE) Humillarse, rebajarse.
ORT Ante *e* la *c* cambia en *qu: Apoqué.*

a·po·co·par [apokopár] *v/tr* Eliminar letras al final de una palabra.

a·pó·co·pe [apókope] *s/m* Acto y efecto de apocopar: *'San' es apócope de Santo.*

a·pó·cri·fo, -a [apókrifo, -a] *adj* Obras artísticas o literarias no auténticas.

a·po·dar [apoðár] *v/tr* Poner un apodo a alguien o algo.

a·po·de·ra·do, -a [apoðeráðo, -a] *adj* y *s/m,f* Se aplica a quien tiene poderes para representar a otra persona.

a·po·de·rar [apoðerár] **I.** *v/tr* Dar poderes de representación a una persona. **II.** REFL(-SE) Adueñarse de algo o alguien con violencia física o moral: *El terror se ha apoderado de ella.* RPr **Apoderarse de.**

a·po·do [apóðo] *s/m* Sobrenombre dado a una persona, refiriéndose a una cualidad o defecto: *Le llamaban 'El rápido'.*

á·po·do, -a [ápoðo, -a] *adj* y *s/m,f* **1.** Sin patas. **2.** Sin aletas.

a·pó·fi·sis [apófisis] *s/f* Extremidad saliente de un hueso donde se articula con otro o se inserta un músculo.

a·po·fo·nía [apofonía] *s/f* FON Mutación de la vocal radical en palabras de igual raíz: *Cuezco/cocer.*

a·po·geo [apoxéo] *s/m* FIG Situación de estar en la cumbre de algo.

a·po·li·lla·do, -a [apoliʎáðo, -a] *adj* Estropeado por la polilla.

a·po·li·llar [apoliʎár] *v/tr* Roer algo la polilla o ser roído algo por ella.

a·po·lí·neo [apolíneo] *adj* **1.** Referente a Apolo. **2.** Se dice de un hombre guapo.

a·po·lí·ti·co, -a [apolítiko, -a] *adj* Carente de significación política.

a·po·lo·gé·ti·co, -a [apoloxétiko, -a] *adj* Relativo a la apología.

a·po·lo·gía [apoloxía] *s/f* Discurso defensivo o alabanza a favor de alguien o algo: *Apología del terrorismo.* Frecuentemente con *hacer* (una apología de...).

a·po·lo·gis·ta [apoloxísta] *s/m,f* El que hace una apología.

a·pó·lo·go [apóloɣo] *s/m* Relato o fábula del que se desprende una enseñanza moral o práctica.

a·pol·tro·na·mien·to [apol̪tronamjén̪to] *s/m* Acto y resultado de apoltronarse.

a·pol·tro·nar·se [apol̪tronárse] *v*/REFL(-SE) **1.** Permanecer inactivo: *Se ha apoltronado en el cargo.* **2.** Repantigarse.

a·po·ple·jía [apoplexía] *s/f* Súbita interrupción del funcionamiento cerebral ocasionada por un derrame: *Tuvo un ataque de apoplejía.*

a·po·plé·ti·co, -a [apoplétiko, -a] *adj* Referente a la apoplejía.

a·por·car [aporkár] *v/tr* Recubrir las plantas con tierra para volverlas blancas y tiernas.
ORT Ante *e* la *c* cambia en *qu: Aporqué.*

a·po·rre·ar [aporreár] *v/tr* **1.** Dar golpes con una porra o algo similar. **2.** Importunar a alguien.

a·po·rreo [aporréo] *s/m* Acción de aporrear(se).

a·por·ta·ción [aportaθjón] *s/f* **1.** Acción de aportar algo. **2.** Bienes aportados.

a·por·tar [aportár] **I.** *v/intr* Llegar a puerto. **II.** *v/tr* **1.** Proporcionar algo: *La investigación aportó nuevos datos.* **2.** Participar económicamente en alguna empresa o contribuir con dinero a una sociedad de la que se es miembro.

a·por·te [apórte] *s/m* Aportación.

a·por·ti·llar [aportiʎár] **I.** *v/tr* Abrir un portillo en una muralla. **II.** REFL(-SE) Caerse una parte de una pared.

a·po·sen·ta·mien·to [aposentamjéṇto] *s/m* **1.** Acto y resultado de aposentar o aposentarse. **2.** Cuarto donde se aposenta.

a·po·sen·tar [aposeṇtár] **I.** *v/tr* Dar cobijo o habitación. **II.** REFL(-SE) Alojarse.

a·po·sen·to [aposéṇto] *s/m* **1.** Habitación de una casa. **2.** Hospedaje.

a·po·si·ción [aposiθión] *s/f* GRAM Construcción yuxtapuesta que determina al sustantivo precedente: *La gacela, el rey de la velocidad.*

a·po·si·ti·vo, -a [apositíβo, -a] *adj* Referente a la aposición.

a·pó·si·to [apósito] *s/m* MED Remedio exterior que se aplica a una herida (gasa, algodón, venda, esparadrapo, etc.).

a·pos·ta [apósta] *adv* Adrede.

a·pos·tar [apostár] **I.** *v/tr* **1.** Situar a alguien o algo en un lugar con un fin determinado. **2.** Acto de pactar entre dos personas la ejecución de algo o la entrega de dinero a quien sostiene la tesis que es verdad o se cumple: *Apostaron 100.000 pesetas en las carreras de caballos.* **II.** REFL (-SE) **1.** Colocarse en algún lugar: *Se apostó en la esquina para esperarla.* **2.** Jugarse algo. RPr **Apostar a/por:** *Apostó por mi caballo.* **Apostarse en** (un lugar).
CONJ *Irreg: Apuesto, aposté, apostaré, apostado.*

a·pos·ta·sía [apostasía] *s/f* Acción y resultado de renegar de la fe.

a·pós·ta·ta [apóstata] *s/m,f* Persona que incurre en apostasía.

a·pos·ta·tar [apostatár] *v/intr* Cometer apostasía. RPr **Apostatar de:** *Apostató de la fe.*

a·pos·ti·lla [apostíʎa] *s/f* Nota añadida a un texto para comentarlo o completarlo.

a·pos·ti·llar [apostiʎár] *v/tr* Efectuar apostillas.

a·pós·tol [apóstol] *s/m* **1.** Cada uno de los doce primeros discípulos de Jesucristo. **2.** Cualquiera que propaga doctrinas o determinadas ideas: *El apóstol de la igualdad.*

a·pos·to·la·do [apostoláðo] *s/m* **1.** Misión de los apóstoles. **2.** Acción propagandística en pro de unos ideales morales o sociales.

a·pos·tó·li·co, -a [apostóliko, -a] *adj* **1.** Relativo a los apóstoles. **2.** Relativo al Papa.

a·pos·tro·far [apostrofár] *v/tr* Dirigir apóstrofes a alguien.

a·pós·tro·fe [apóstrofe] *s/m* **1.** RET Invocación breve y patética, real o imaginaria, con que se interrumpe un discurso. **2.** Improperio o insulto dirigido a alguien.

a·pós·tro·fo [apóstrofo] *s/m* o *f* Signo ortográfico denotador de elisión vocálica (').

a·pos·tu·ra [apostúra] *s/f* Aspecto hermoso de alguien (rostro, gestos, etc.).

a·po·teó·si·co, -a o **a·po·teó·ti·co, -a** [apoteósiko, -a/apoteótiko, -a] *adj* Se aplica a lo que tiene carácter de apoteosis.

a·po·teo·sis [apoteósis] *s/f* **1.** Exaltación de alguien por parte de una colectividad. **2.** Final espectacular de una representación o fiesta.

a·po·yar [apoJár] **I.** *v/tr* **1.** Colocar algo sobre una superficie de modo que se sostenga: *Apoyaron la escalera en el árbol. No apoyes los codos sobre la mesa.* **2.** Argumentar a favor de algo aduciendo pruebas. **3.** Sostener, estar a favor de alguien o algo. **II.** REFL(-SE) Cimentarse en algo. RPr **Apoyar(se) en/sobre.**

a·po·ya·tu·ra [apoJatúra] *s/f* MÚS Nota de adorno que precede a otra.

a·po·yo [apóJo] *s/m* **1.** Acción de apoyar(se). **2.** Lo que está debajo de otra cosa y la soporta. LOC **En apoyo de,** para apoyar algo.

a·pre·cia·ble [apreθjáβle] *adj* **1.** Perceptible. **2.** De considerable importancia. **3.** Digno de aprecio: *Persona apreciable.*

a·pre·cia·ción [apreθjaθjón] *s/f* El hecho de apreciar (tasar o notar).

a·pre·ciar [apreθjár] *v/tr* **1.** Tasar las cosas vendibles. **2.** Conocer las magnitudes de las cosas por los sentidos: *No aprecia los sonidos porque está sordo.* **3.** Detectar sin precisión exacta: *El médico le apreció rotura de ligamentos.* **4.** Tener en estima a alguien o algo.

a·pre·cia·ti·vo, -a [apreθiatíβo, -a] *adj* Relativo a la apreciación.

a·pre·cio [apréθjo] *s/m* El hecho y resultado de apreciar.

a·pre·hen·der [apr(e)endér] *v/tr* **1.** Coger contrabando o botín. **2.** Capturar a alguien. **3.** Captar algo con la inteligencia o con los sentidos.

a·pre·hen·si·ble [apre(e)nsíβle] *adj* Capaz de ser aprehendido.

a·pre·hen·sión [apr(e)ensjón] *s/f* Acción y resultado de aprehender.

a·pre·hen·sor, -ra [apre(e)nsór, -ra] *adj* y *s/m,f* Que aprehende.

a·pre·mian·te [apremjánte] *adj* Que apremia: *Tarea apremiante.*

a·pre·miar [apremjár] **I.** *v/tr* **1.** Insistir con una persona para que realice algo. **2.** Obligar (una autoridad) a alguien para que cumpla con sus obligaciones. **3.** Pasar recargo por falta de pago de multa o impuesto: *Apremiar el pago de algo.* **4.** Urgir: *Le apremia el casarse.* **II.** *v/intr* Dar prisa: *El tiempo apremia.*

a·pre·mio [aprémjo] *s/m* **1.** Hecho de apremiar. **2.** El hecho de obligar a pagar algo retrasado con recargo y amenaza de embargo.

a·pren·der [aprendér] *v/tr* Adquirir el conocimiento de algo a través de la experiencia, estudio, etc.: *Aprende mecanografía en una academia.*

a·pren·diz, -za [aprendíθ, -θa] *s/m,f* Quien aprende un oficio: *Aprendiz de carpintero.*
ORT *Pl: Aprendices, aprendizas.*

a·pren·di·za·je [aprendiθáxe] *s/m* La acción, situación, ejercicios o tiempo que dura el aprender.

a·pren·sión [aprensjón] *s/f* **1.** Miedo, temor o escrúpulo para hacer algo. **2.** Aprehensión. **3.** *pl* Fantasías o ideas infundadas sobre algo.

a·pren·si·vo, -a [aprensíβo, -a] *adj* y *s/m,f* (Con *ser, estar*) Que tiene aprensión o es proclive a tenerla.

a·pre·sa·mien·to [apresamjénto] *s/m* El hecho y resultado de apresar.

a·pre·sar [apresár] *v/tr* **1.** Asir algo con las garras o colmillos: *El gato apresó al ratón.* **2.** Capturar por la fuerza.

a·pres·tar [aprestár] *v/tr* **1.** Preparar algo para utilizarlo con un fin. **2.** En la industria textil, poner apresto en las telas. RPr **Aprestar(se) a/para.**

a·pres·to [apresto] *s/m* **1.** Sustancia que se pone a los tejidos para darles rigidez (almidón, cola, cal). **2.** El hecho de aprestar.

a·pre·su·ra·ción [apresuraθjón] *s/f* Apresuramiento.

a·pre·su·ra·mien·to [apresuramjénto] *s/m* El hecho y resultado de apresurar o apresurarse.

a·pre·su·rar [apresurár] **I.** *v/tr* **1.** Acelerar, adelantar. **2.** Apremiar a alguien a que haga algo. **II.** REFL(-SE) Darse prisa en la acción de algo.

a·pre·ta·do, -a [apretáðo, -a] *adj* **1.** Ajustado, apelmazado, henchido: *Lleva el cinturón muy apretado.* **2.** FIG Difícil o con escaso margen: *Consiguió un apretado triunfo.* **3.** Que anda en apuros económicos o de tiempo.

a·pre·tar [apretár] **I.** *v/tr* **1.** Estrechar algo o a alguien contra el pecho. **2.** Oprimir algo haciendo presión sobre ello **3.** Ceñir con los brazos o manos: *Apretó a Carolina entre sus brazos.* **4.** Hacer algo más tupido: *El sol aprieta la piel.* **5.** Presionar a alguien para que haga algo: *Le aprietan a que realice su trabajo.* **II.** REFL(-SE) Apiñarse: *Los viajeros se apretaban en el andén.* **III.** *v/intr* Intensificar: *El calor aprieta.* LOC **Apretar el paso**, darse prisa. **Apretar las clavijas/tuercas**, ser más exigente. **Apretarse el cinturón**, FIG pasar hambre o necesidad. RPr **Apretar a/con/contra/entre/sobre:** *Apretar con/contra/sobre algo. Apretar entre los brazos.*
GRAM *Irreg: Aprieto, apreté, apretaré, apretado.*

a·pre·tón [apretón] *s/m* **1.** Presión rápida y fuerte: *Un apretón de manos.* **2.** Presiones originadas por una aglomeración excesiva de gente.

a·pre·tu·jar [apretuxár] **I.** *v/tr* Apretar fuertemente. **II.** REFL(-SE) Estrecharse mucho las personas en un local insuficiente.

a·pre·tu·jón [apretuxón] *s/m* COL El hecho y resultado de apretujar.

a·pre·tu·ra [apretúra] *s/f* **1.** Aglomeración excesiva de gente en algún lugar. **2.** Escasez de dinero o víveres. **3.** *pl* Apuros.

a·prie·to [aprjéto] *s/m* **1.** Apuro. **2.** Apretura. LOC **Poner a alguien en aprieto**, poner a alguien en dificultades: *La pregunta le puso en aprieto.*

a·prio·ris·mo [aprjorísmo] *s/m* Razonamiento que emplea un método 'a priori'.

a·prio·rís·ti·co, -a [aprjorístiko, -a] *adj* Referente al apriorismo.

a·pri·sa [aprísa] *adv* Con rapidez.

a·pris·co [aprísko] *s/m* Lugar donde se resguarda el ganado.

a·pri·sio·nar [aprisjonár] *v/tr* **1.** Encerrar a alguien en prisión. **2.** Sujetar.

a·pro·ba·ción [aproβaθjón] *s/f* Acción y efecto de aprobar algo.

a·pro·ba·do [aproβáðo] *s/m* Nota mínima para pasar un examen.

a·pro·bar [aproβár] *v/tr* **1.** Manifestar alguien su asentimiento ante algo. **2.** Pasar un examen.
CONJ *Irreg: Apruebo, aprobé, aprobaré, aprobado.*

a·pron·tar [apron̪tár] *v/tr* Disponer una ayuda inmediata para una situación.

a·pro·pia·ción [apropjaθjón] *s/f* Hecho y resultado de apropiar o apropiarse.

a·pro·pia·do, -a [apropjáðo, -a] *adj* Adecuado para algo.

a·pro·piar [apropjár] **I.** *v/tr* Adaptar. **II.** REFL(-SE) Adueñarse de algo: *Se apropió del pueblo durante la revolución.* RPr **Apropiarse (de).**

a·pro·ve·cha·ble [aproβetʃáβle] *adj* Que puede aprovecharse.

a·pro·ve·cha·do, -a [aproβetʃáðo, -a] *adj* **1.** Se aplica al estudiante aplicado. **2.** Se dice de quien se aprovecha de todo.

a·pro·ve·cha·mien·to [aproβetʃamjénto] *s/m* Hecho y resultado de aprovechar.

a·pro·ve·char [aproβetʃár] **I.** *v/tr* **1.** Obtener provecho de alguien o algo. **2.** Progresar en algún aprendizaje: *Con este tutor aprovechamos mucho.* **II.** *v/intr* **1.** Ser útil para algo. **2.** Adelantar en algo: *Este niño aprovecha en madurez.* **III.** REFL(-SE) Servirse o beneficiarse de algo. LOC **¡Que aproveche!**, fórmula para desear una buena digestión. RPr **Aprovechar en. Aprovecharse de.**

a·pro·vi·sio·na·mien·to [aproβisjonamjén̪to] *s/m* Abastecimiento.

a·pro·vi·sio·nar [aproβisjonár] *v/tr* Suministrar alimentos y material a alguien. RPr **Aprovisionar(se) de.**

a·pro·xi·ma·ción [apro(k)simaθjón] *s/f* **1.** Acto de aproximar(se). **2.** Grado de esta cualidad: *Hicieron el cálculo con una aproximación del 95 %.*

a·pro·xi·ma·do, -a [apro(k)simáðo, -a] *adj* Cercano a lo exacto.

a·pro·xi·mar [apro(k)simár] *v/tr* Acercar una cosa a otra. RPr **Aproximar(se) a.**

a·pro·xi·ma·ti·vo, -a [apro(k)simatíβo, -a] *adj* Se aplica a lo que se aproxima.

áp·te·ro [áptero] *adj* Que no tiene alas.

ap·ti·tud [aptitúð] *s/f* Propiedad de apto para un fin determinado. RPr **Aptitud para.**

ap·to, -a [ápto, -a] *adj* **1.** Capacitado para algo (aplicado a personas): *Es apto para el teatro.* **2.** Adaptado o útil (aplicado a personas o cosas): *Este espectáculo no es apto para menores.* RPr **Apto para.**

a·pues·ta [apwésta] *s/f* **1.** Acción de apostar. **2.** La cantidad apostada.

a·pues·to, -a [apwésto, -a] *adj* Se dice de la persona bien arreglada, ordenada y de presencia agradable.

a·pun·ta·do, -a [apun̪táðo, -a] *adj* Que forma punta: *Arcos apuntados.*

a·pun·ta·dor, ra [apun̪taðór, -ra] **I.** *adj* y *s/m,f* Se dice del que apunta algo. **II.** *s/m* El que apunta a los actores de teatro.

a·pun·ta·la·mien·to [apun̪talamjén̪to] *s/m* El hecho y resultado de apuntalar.

a·pun·ta·lar [apun̪talár] *v/tr* **1.** Asegurar algo con puntales. **2.** FIG Sostener algo o a alguien.

a·pun·ta·mien·to [apun̪tamjén̪to] *s/m* **1.** El hecho y resultado de apuntar. **2.** DER Sumario efectuado por el relator de una causa.

a·pun·tar [apun̪tár] **I.** *v/tr* **1.** Señalar: *La brújula apunta al Norte.* **2.** Dirigir el arma hacia un blanco. **3.** Hacer referencia a algo: *Ya sé a dónde apuntas.* **4.** Indicar, mostrar: *El maestro apuntó con el dedo al niño alborotador.* **5.** Señalar algo en un escrito. **6.** Escribir el nombre de alguien en una lista: *La apuntó en la lista de espera.* **7.** Insinuar: *Apuntó la posibilidad de dimitir.* **8.** Fijar algo con puntadas: *Me apuntó el botón de la camisa.* **9.** Clavar unas puntas a algo suelto: *Apuntó la tabla de la escalera.* **II.** *v/intr* Comenzar a manifestarse algo: *Apunta el alba.* **III.** REFL(-SE) **1.** Enlistarse, tomar parte en algo: *Se apunta a todas las juergas.* **2.** Atribuirse algo: *Se apuntó una gran victoria en las elecciones.* LOC **¡Apunten!**, orden de dirigir el arma hacia el blanco antes de disparar. **Apuntarse un tanto**, anotar algo a favor, real (partido) o figurado (prestigio). RPr **Apuntar a/con/en/hacia.**

a·pun·te [apún̪te] *s/m* **1.** Acción de apuntar. **2.** Esbozo de dibujo o cuadro: *Los apuntes de Picasso.*

a·pun·ti·llar [apun̪tiʎár] *v/tr* Rematar con la puntilla al toro.

a·pu·ña·lar [apuɲalár] *v/tr* Dar puñaladas a uno: *Bruto apuñaló a Cesar.*

a·pu·ra·do, -a [apuráðo, -a] *adj* **1.** Necesitado: *Está muy apurado.* **2.** (Con *estar, andar, verse*) Estar en apuros o dificultades. **3.** Esmerado, preciso.

a·pu·rar [apurár] *v/tr,* REFL(-SE) **1.** Rematar algo, agotar: *Apuró la botella de Coca-Cola.* **2.** Angustiar, sentir reparo o vergüenza para hacer algo: *Me apura el tener que hablar en público.* **3.** Atosigar a alguien exigiéndole demasiado. **4.** Poner a alguien en situación embarazosa. RPr **Apurarse por (algo/alguien).**

a·pu·ro [apúro] *s/m* Situación de difícil resolución.

a·que·jar [akexár] *v/tr* Estar afectado o sufrir por algo: *Su matrimonio está aquejado de egoísmo.* RPr **Estar aquejado de/por.**

a·quel, a·que·lla(s), a·que·llo(s) [akél/akéʎa(s)/akéʎo(s)] **I.** *adj* o *pron* Se aplica a la persona o cosa situada lejos de dos o más interlocutores: *Hay fuego en aquel monte. Aquel niño ha roto la luna.* **II.** *s/m* COL *Aquel* designa a veces un vago atractivo, especialmente en la mujer. *¡Tiene un aquél esta mujer!*
ORT Se escriben sin acento gráfico cuando no hay ambigüedad.
GRAM *Aquello* sólo es *pron.* Como *adj* preceden al nombre, excepto si hay *art,* en cuyo caso van detrás del nombre: *El día aquel. La película aquella.*

a·que·la·rre [akelárre] *s/m* **1.** Reunión nocturna de brujos. **2.** FIG Jaleo o follón.

a·que·ren·ciar·se [akerenθjárse] *v/REFL(-SE)* Coger querencia a un lugar (dicho más de animales).

a·quí [akí] *adv* **1.** Se aplica al lugar en que está el que habla. **2.** Se usa para expresar el momento presente: *De aquí en adelante, veremos.* **3.** Se emplea como demostrativo en: *Aquí Miguel, quiere decirnos algo.* **4.** Entonces: *Aquí no pudo contenerse y echó a llorar.* LOC **Aquí y allá**, lugar indeterminado. **De aquí para allí**, sin rumbo estable. **De aquí que**, en consecuencia.

a·quies·cen·cia [akjesθénθja] *s/f* Hecho de asentir o quedarse tranquilo.

a·quies·cen·te [akjesθén̪te] *adj* Se aplica a quien autoriza o consiente.

a·quie·tar [akjetár] *v/tr* **1.** Tranquilizar algo que está agitado. **2.** Aliviar el dolor.

a·qui·la·ta·mien·to [akilatamjén̪to] *s/m* El hecho y resultado de aquilatar.

a·qui·la·tar [akilatár] *v/tr* **1.** Valorar metales y piedras preciosas en quilates. **2.** FIG Hacer algo con mucha precisión, afinar.

a·qui·li·no, -a [akilíno, -a] *adj* POÉT Aguileño.

a·ra [ára] *s/m* Altar para sacrificios. LOC **En aras de**, en honor a: *En aras de nuestra amistad, te ayudaré.*

á·ra·be [áraβe] *adj* y *s/m,f* Se dice de lo originario de Arabia (lengua, religión, nacionalidad).

a·ra·bes·co, -a [arabésko, -a] *s/m* Filigrana geométrica a modo de adorno arquitectónico.

a·rá·bi·go, -a [aráβiγo, -a] *adj* Perteneciente a Arabia.

a·ra·bis·mo [araβísmo] *s/m* Locución peculiar de la lengua arábiga.

a·ra·bis·ta [araβísta] *s/m,f* Especialista en lengua y/o literatura árabe.

a·rác·ni·do, -a [arákniðo, -a] **I.** *adj* Se aplica a los artrópodos con cuatro pares de patas y la cabeza unida al tórax (arañas, escorpiones, etc.). **II.** *s/m, pl* Los pertenecientes a la especie.

a·ra·da [aráða] *s/f* Acción de arar.

a·ra·do [aráðo] *s/m* Instrumento para arar abriendo surcos.

a·ra·go·nés, (-sa) [araγonés, (-sa)] *adj* y *s/m,f* De Aragón.

a·ra·go·ne·sis·mo [araγonesísmo] *s/m* Locución peculiar de Aragón.

a·ran·cel [aranθél] *s/m* Tarifa oficial de derechos a pagar por tránsito de mercancías, paso de aduanas, etc.

a·ran·ce·la·rio, -a [aranθelárjo, -a] *adj* Referente al arancel.

a·rán·da·no [arán̪dano] *s/m* **1.** Planta ericácea de frutos, dulces y comestibles. **2.** El fruto que produce esta planta.

a·ran·de·la [aran̪déla] *s/f* **1.** Pieza anular de aplicaciones múltiples. **2.** Disco metálico horadado que se coloca debajo de la cabeza del tornillo o entre la tuerca y lo que se sujeta.

a·ra·ña [aráɲa] *s/f* **1.** Nombre de los artrópodos arácnidos que fabrican 'tela de araña'. **2.** Lámpara con diversos brazos (de cristal o bronce) que se cuelga del techo.

a·ra·ñar [araɲár] *v/tr* **1.** Raspar algo con las uñas u otro instrumento afilado: *El gato está arañando el sillón.* **2.** (También como *v/intr*) Producir aspereza: *Este jersey de lana gruesa araña.*

a·ra·ña·zo [araɲáθo] *s/m* Rasguño ligero y superficial.

a·rar [arár] *v/tr* **1.** Surcar la tierra con el arado. **2.** Hacer surcos como el arado.

a·rau·ca·no, (-a) [araukáno, (-a)] **I.** *adj* Se dice de todo lo referente a los araucanos. **II.** *s/m,f* El oriundo de Arauco (Chile).

ar·bi·tra·je [arβitráxe] *s/m* Facultad de arbitrar o su ejercicio.

ar·bi·tral [arβitrál] *adj* Referente al árbitro.

ar·bi·trar [arβitrár] *v/tr* **1.** Decidir algo con libertad de criterio. **2.** Buscar recursos para algo: *El gobierno arbitrará medidas* *contra el paro.* **3.** DER Actuar como árbitro.

ar·bi·tra·rie·dad [arβitrarjeðáð] *s/f* Cualidad de arbitrario.

ar·bi·tra·rio, -a [arβitrárjo, -a] *adj* Se dice de lo que se hace por capricho, sin atenerse a la ley o lo que es justo.

ar·bi·trio [arβítrjo] **I.** *s/m* **1.** Decisión de un juez o árbitro. **2.** Voluntad, facultad de decisión. **II.** *m, pl* Impuestos. LOC **Estar al arbitrio de (persona o cosa),** depender de alguien o algo.

ár·bi·tro, (-a) [árβitro, (-a)] **I.** *adj* y *s/m* Quien decide sin depender de los demás. **II.** *s/m* En competiciones deportivas, el juez.

ár·bol [árβol] *s/m* **1.** Planta leñosa con ramas a cierta altura del suelo. **2.** Eje que soporta otras piezas: *El árbol de levas.* **3.** Palo vertical en los barcos para sostener las velas y vergas.
Árbol de Navidad, el que se instala en viviendas o lugares públicos durante las Navidades.
Árbol de la vida, *1.* Árbol del paraíso terrenal. *2.* Árbol cupresáceo. *3.* Ramificaciones cerebrales sobre la sustancia blanca.
Árbol genealógico, cuadro en forma de árbol describiendo los orígenes de una familia.

ar·bo·la·do, -a [arβoláðo, -a] **I.** *adj* Se aplica al lugar poblado de árboles. **II.** *s/m* Conjunto de árboles de un lugar.

ar·bo·la·du·ra [arβolaðúra] *s/f* Conjunto de vergas y palos de un buque.

ar·bo·lar [arβolár] *v/tr* **1.** Colocar los palos a un barco. **2.** Levantar algo en alto: *Arbolaron la bandera al mástil.*

ar·bo·le·da [arβoléða] *s/f* Lugar poblado de árboles.

ar·bó·reo, -a [arβóreo, -a] *adj* Relativo o semejante a un árbol.

ar·bo·res·cen·cia [arβoresθéņθja] *s/f* Condición de arborescente.

ar·bo·res·cen·te [arβoresθéņte] *adj* Se aplica a lo que se desarrolla o ramifica como un árbol.

ar·bo·re·to [arβoréto] *s/m* BOT Plantación de árboles con fines científicos (clima, arraigo, etc.)

ar·bo·rí·co·la [arβoríkola] *adj* y *s/m,f* Que habita en los árboles.

ar·bo·ri·cul·tu·ra [arβorikuļtúra] *s/f* Cultivo de los árboles.

ar·bo·ri·for·me [arβorifórme] *adj* De forma de árbol.

ar·bo·tan·te [arβotáņte] *s/m* ARQ Arco, típicamente gótico, que descarga a un contrafuerte la presión de una bóveda.

ar·bus·to [arβústo] *s/m* Planta perenne con ramificaciones desde el suelo y tallo leñoso.

ar·ca [árka] **I.** *s/f* **1.** Caja grande, con tapa por arriba, donde se guardan ropas y utensilios. **2.** Caja de caudales: *El arca fuerte del Banco.* **II.** *pl* El Tesoro Público: *Las arcas públicas están vacías.*
GRAM En *sing* se antepone el *art m* 'el'/'un': *El/Un arca.*
Arca de caudales, caja fuerte para custodiar valores.
Arcas municipales, el tesoro o fondos económicos del municipio.

ar·ca·bu·ce·ro [arkaβuθéro] *s/m* Soldado equipado de arcabuz.

ar·ca·buz [arkaβúθ] *s/m* Arma de fuego antigua, parecida al fusil, con boca más ancha.
GRAM *Pl: Arcabuces.*

ar·ca·bu·za·zo [arkaβuθáθo] *s/m* Tiro de arcabuz o la herida que éste produce.

ar·ca·da [arkáða] *s/f* **1.** Serie de arcos. **2.** *pl* Náuseas. **3.** En un puente, ojo de un arco.

ar·cai·co, -a [arkáiko, -a] *adj* Muy antiguo o anticuado.

ar·caís·mo [arkaísmo] *s/m* **1.** Cualidad de arcaico. **2.** Locución arcaica. **3.** Imitación de lo antiguo.

ar·caís·ta [arkaísta] *s/m,f* Quien utiliza arcaísmos de modo sistemático.

ar·cai·zan·te [arkaiθáņte] *adj* Se aplica a lo que imita a lo arcaico: *Una moda arcaizante.*

ar·cán·gel [arkáŋxel] *s/m* Espíritu celeste del octavo coro, entre los principados y ángeles.

ar·ca·no, (-a) [arkáno, (-a)] **I.** *adj* Recóndito. **II.** *s/m* Lo que es de difícil comprensión.

ar·ce [árθe] *s/m* Árbol del género 'Acer', de madera dura, cuyos frutos alados, al caer, giran.

ar·ce·dia·no [arθeðjáno] *s/m* Dignidad en el cabildo catedralicio (canónigos).

ar·cén [arθén] *s/m* **1.** Margen, orilla: *El arcén de la carretera.* **2.** Brocal del pozo.

ar·ci·lla [arθíʎa] *s/f* Silicato de aluminio, terroso, que forma con el agua material moldeable para fabricar objetos de cerámica.

ar·ci·llo·so, -a [arθiʎóso, -a] *adj* **1.** Con arcilla. **2.** Parecido a la arcilla.

ar·ci·pres·taz·go [arθiprestáθγo] *s/m* **1.** Dignidad de arcipreste. **2.** Territorio bajo su jurisdicción.

ar·ci·pres·te [arθipréste] *s/m* **1.** Dignidad en el cabildo catedralicio. **2.** Párroco que tiene otras parroquias subsidiarias.

ar·co [árko] *s/m* **1.** GEOM Porción de curva geométrica: *Este arco mide 30º.* **2.** ARQ Obra en forma de arco que recubre un vano entre dos puntos fijos. **3.** Arma para lanzar flechas mediante una varilla elástica cuyos extremos están unidos por una cuerda. **4.** Varilla delgada con unas fibras tensas con las que se toca el violín y otros instrumentos. **5.** Abrazadera que ciñe el cuerpo de una cuba.
Arco abocinado, el que tiene más luz en un paramento que en el otro.
Arco adintelado, el cierre de un vano con dovelas en forma recta.
Arco alveolar, el formado por el borde de las mandíbulas.
Arco apuntado, el formado por dos arcos cuyo centro es la base del punto fijo opuesto.
Arco de herradura, el de más de media circunferencia. Típico de la ARQ árabe.
Arco de medio punto, el formado por una semicircunferencia.
Arco iris, *1.* El que se forma en el cielo por la reflexión y refracción de la luz sobre las gotas de agua en suspensión de la atmósfera: *El arco iris es indicio de buen tiempo.* *2.* La gama de colores del espectro.
Arco triunfal, monumento conmemorativo de una efemérides o en honor de un héroe.
Arco voltaico, foco luminoso o calorífico formado por dos carbones, incandescentes por la corriente eléctrica.

ar·cón [arkón] *s/m* Arco grande.

ar·con·te [arkónte] *s/m* Uno de los magistrados encargados del gobierno de Atenas en la antigüedad.

ar·chi- [artʃi] *pref* Denota preeminencia o refuerza el significado del término al que se antepone (aplicado a sustantivos y adjetivos): *Archiduque, archipícara.*

ar·chi·co·fra·día [artʃikofraðía] *s/f* Cada una de las cofradías más importantes.

ar·chi·dió·ce·sis [artʃiðjóθesis] *s/f* Diócesis regida por un arzobispo.

ar·chi·du·que [artʃiðúke] *s/m* Título nobiliario superior al de duque.

ar·chi·du·que·sa [artʃiðukésa] *s/f* Princesa, esposa o hija de un archiduque.

ar·chi·mi·llo·na·rio, -a [artʃimiʎonárjo, -a] *s/m,f* Multimillonario.

ar·chi·pié·la·go [artʃipjélaγo] *s/m* Porción de mar con muchas islas.

ar·chi·va·dor [artʃiβaðór] *s/m* Mueble para archivar documentos.

ar·chi·var [artʃiβár] *v/tr* **1.** Guardar algo en un archivo o dar un asunto por acabado: *Archiva este expediente.* **2.** Clasificar documentos en un archivo.

ar·chi·ve·ro, -a [artʃiβéro, -a] *s/m,f* Persona responsable de un archivo o que trabaja en él.

ar·chi·vo [artʃíβo] *s/m* **1.** Lugar donde se custodian documentos. **2.** Los documentos mismos.

ar·chi·vol·ta [artʃiβólta] *s/f* ARQ Sucesión de arcos en el paramento de un arco abocinado.

ar·der [arðér] *v/intr* **1.** Estar algo encendido o quemándose. **2.** (Con, *de, por, en*) Estar dominado o agitado por una pasión: *Ardo en deseos de ver esta película. Arde de rabia. Arde por saberlo.* LOC **Estar que arde,** *1.* Estar algo ardiendo. *2.* Estar alguien muy indignado: *Juan está que arde: le han robado la cartera.* *3.* FIG Estar un lugar o reunión muy caldeado. RPr **Arder de/en/por.**

ar·did [arðíð] *s/m* Estratagema utilizada para conseguir algo.

ar·dien·te [arðjénte] *adj* **1.** Que causa ardor. **2.** Se aplica a quien es apasionado.

ar·di·lla [arðíʎa] *s/f* **1.** Mamífero roedor de movimientos ágiles y cola peluda, de unos 20 cm de largo. **2.** COL Persona de movimientos ágiles: *Luisito es una ardilla.*

ar·dor [arðór] *s/m* **1.** Estado de lo que es o está muy caliente. **2.** Quemazón. **3.** Entusiasmo y dedicación: *Se dedica a su trabajo con ardor.*

ar·do·ro·so, -a [arðoróso, -a] *adj* Se aplica a lo que tiene ardor: *El ardoroso amante.*

ar·duo, -a [árðwo, -a] *adj* Difícil.

á·rea [área] *s/f* **1.** Extensión de un terreno. **2.** Unidad de superficie que equivale a un decámetro cuadrado. **3.** FIG Zona o tema a lo que algo se refiere. **4.** DEP Zona que rodea a la portería.

a·re·na [aréna] *s/f* **1.** Granos de partículas disgregadas de las rocas. **2.** Lugar donde se combate o se compite: *Los gladiadores luchaban en la arena del Coliseo.* **3.** Ruedo de la plaza de toros. LOC **Dar una de cal y otra de arena**, repartir los aciertos y desaciertos o lo agradable y desagradable, alternativamente.

a·re·nal [arenál] *s/m* **1.** Superficie de arena. **2.** Superficie de arena movediza.

a·ren·ga [aréŋga] *s/f* Discurso pronunciado para enardecer a los oyentes.

a·ren·gar [areŋgár] *v/tr* Pronunciar una arenga.
ORT Ante *e* la *g* cambia en *gu: Arengue.*

a·re·ni·lla [areníʎa] *s/f* **1.** Arena refinada. **2.** MED Cálculos.

a·re·nis·co, (-a) [arenísko, (-a)] **I.** *adj* Que tiene arena. **II.** *s/f* Roca cuyos granos de cuarzo están unidos por cemento de otra índole.

a·re·no·so, -a [arenóso, -a] *adj* Que tiene arena o se parece a ella.

a·ren·que [aréŋke] *s/m* Pez malacopterigio, mayor que la sardina, que se consume fresco, salado o ahumado.

a·réo·la [aréola] *s/f* **1.** MED Círculo rojo alrededor de ciertas llagas. **2.** Círculo más oscuro que rodea el pezón de las mamas. ORT También se escribe sin acento: *Areola.*

a·reo·lar [areolár] *adj* Perteneciente a la aréola.

a·re·te [aréte] *s/m* Pendiente de mujer.

ar·ga·ma·sa [arγamása] *s/f* Mezcla de cal, arena y agua que se emplea en la construcción.

ar·ge·li·no, -a [arxelíno, -a] *adj* y *s/m,f* De Argelia.

ar·gen·ta·do, -a [arxen̪táðo, -a] *adj* Plateado: *Cubiertos argentados.*

ar·gén·teo [arxén̪teo] *adj* De o parecido a la plata.

ar·gen·tí·fe·ro, -a [arxen̪tífero, -a] *adj* Que tiene plata: *Roca argentífera.*

ar·gen·ti·nis·mo [arxen̪tinísmo] *s/m* Locución propia de Argentina.

ar·gen·ti·no, (-a) [arxen̪tíno, (-a)] **I.** *adj* **1.** Semejante a la plata. **2.** De la Argentina. **II.** **1.** *s/f* La república de tal nombre. **2.** *s/m,f* Habitante de la Argentina.

ar·go [árγo] *s/m* Gas (*núm* atómico *18*) que forma el 1% de la atmósfera; *símb Ar.*

ar·go·lla [arγóʎa] *s/f* Aro grueso fijo en el suelo o en una pared que se usa para amarrar barcas o caballerías.

ar·gón [arγón] *s/m* QUÍM Argo.

ar·go·nau·ta [arγonáuta] *s/m* MIT Cada uno de los navegantes griegos en la expedición que buscaba el 'vellocino de oro'.

ar·got [arγó(t)] *s/m* Jerga especializada de una profesión o estrato social.
ORT *Pl: Argots.*

ar·gu·cia [arγúθja] *s/f* Falso argumento hábilmente expuesto.

ar·güir [arγwír] **I.** *v/tr* **1.** Deducir algo que se desprende de otra cosa con naturalidad. **2.** Demostrar algo con claridad. **3.** Defender la propia opinión. **II.** *v/intr* Discutir.
CONJ *Irreg: Arguyo, argüí, argüiré, argüido.*

ar·gu·men·ta·ción [arγumen̪taθjón] *s/f* **1.** Hecho de argumentar. **2.** Los argumentos empleados en este hecho.

ar·gu·men·tar [arγumen̪tár] *v/tr, intr* Argüir.

ar·gu·men·to [arγumén̪to] *s/m* **1.** Razonamiento para demostrar algo. **2.** Asunto de que trata una novela, película, etc.

a·ria [árja] *s/f* MÚS Música y letra de una composición para una sola voz.

a·ri·dez [ariðéθ] *s/f* Calidad de árido.

á·ri·do, -a [áriðo, -a] **I.** *adj* **1.** Se dice de los lugares secos. **2.** Estéril. **3.** Difícil o poco ameno. **II.** *s/m, pl* Frutos susceptibles de medirse con las medidas utilizadas para los líquidos.

a·ries [árjes] *s/m* ASTRON Primera zona del zodíaco que el Sol recorre al principio de la primavera (21 de marzo al 20 de abril).

a·rie·te [arjéte] *s/m* Artefacto bélico de la antigüedad empleado para derribar murallas.

a·rio, -a [árjo, -a] *adj* Se dice de los pueblos indoeuropeos.

a·ris·co, -a [arísko -a] *adj* Se aplica a quien es poco amable e intratable.

a·ris·ta [arísta] *s/f* GEOM En una estructura, intersección de dos planos.

a·ris·to·cra·cia [aristokráθja] *s/f* **1.** Sistema de gobierno por parte de la nobleza. **2.** La clase noble.

a·ris·tó·cra·ta [aristókrata] *s/m,f* Persona de la aristocracia o partidario de ella.

a·ris·to·crá·ti·co, -a [aristokrátiko, -a] *adj* Perteneciente a la aristocracia.

a·ris·to·té·li·co, -a [aristotéliko, -a] *adj* y *s/m,f* Relativo a Aristóteles.

a·ris·to·te·lis·mo [aristotelísmo] *s/m* Doctrina de Aristóteles.

a·rit·mé·ti·ca [aritmétika] *s/f* Parte de las matemáticas que estudia las propiedades y operaciones de los números.

a·rit·mé·ti·co, -a [aritmétiko, -a] *adj* Relacionado con la aritmética.

ar·le·quín [arlekín] *s/m* Personaje cómico de la comedia del arte italiana; su vestido era multicolor.

ar·ma [árma] *s/f* **1.** Instrumento de ataque o defensa. **2.** MIL Cada una de las diferentes secciones de la milicia: *El arma de aviación.* **3.** Cualquier medio defensivo o de ataque: *Su lengua es un arma muy afilada.* **4.** *pl* Blasones de un escudo. **5.** *pl* El ejército de un país: *Las armas enemigas se disponen a combatir.* **6.** Hazañas bélicas: *Los hechos de armas le valieron una condecoración.* LOC **¡A las armas!**, coged las armas. **Acudir a las armas,** *1.* Enlistarse en el ejército. *2.* Tratar de solucionar un conflicto con las armas. **Alzarse en armas,**

sublevarse. **Estar en armas**, estar preparado para luchar. **Hecho de armas**, acción bélica. **Llegar a las armas**, entablar un combate violento. **Medir las armas**, luchar con alguien. **Pasar por las armas**, ajusticiar a alguien. **Poner en armas**, sublevar. **Tomar las armas**, emprender la guerra. **Velar las armas,** *1.* Custodiar las armas el caballero la víspera de su investidura. *2.* FIG Prepararse para algo. **De armas tomar**, de cuidado: *Ésta es una mujer de armas tomar.*
Arma arrojadiza, la que, sin material explosivo, se lanza contra el enemigo.
Arma automática, la que se descarga mecánicamente después del primer disparo.
Arma blanca, la que tiene punto u hoja cortante (el cuchillo).
Arma de doble filo, *1.* La que tiene doble filo. *2.* FIG Aquello que puede producir otros efectos, además del pretendido.
Arma de fuego, la que dispara con pólvora.
GRAM En *sing* le precede el *art* 'el'/'un'.

ar·ma·da [armáðа] *s/f* Marina de guerra de un Estado.

ar·ma·día [armaðía] *s/f* Armazón de troncos unidos que se conducen a flote.

ar·ma·di·llo [armaðíʎo] *s/m* Mamífero desdentado con placas córneas en el dorso y cola; se protege enrollándose en forma de bola.

ar·ma·dor, (-ra) [armaðór, (-ra)] *adj* y *s/m,f* Persona o empresa que equipa un barco con fines comerciales.

ar·ma·du·ra [armaðúra] *s/f* **1.** Traje protector de hierro utilizado por los guerreros y caballeros antiguamente. **2.** Parte rígida que sostiene algo: *La armadura de las gafas.*

ar·ma·men·to [armaménto] *s/m* **1.** Acción de equipar(se) con armas. **2.** Las armas y municiones de un soldado o máquina bélica.

ar·mar [armár] **I.** *v/tr,* REFL(-SE) **1.** Facilitar armas a alguien. **2.** Prepararse para una guerra. **II.** *v/tr* **1.** Disponer un arma para lanzar un proyectil: *Armar una ballesta.* **2.** Unir las diversas partes internas de algo: *Armó la maqueta del barco.* **3.** Montar algo para que funcione o sea útil: *Armó la tienda de campaña.* **4.** FIG Tramar: *Armó una intriga contra el alcalde.* **III.** REFL(-SE) **1.** Disponerse para afrontar algo: *Se armó de paciencia.* **2.** Prepararse algo: *Se está armando un alboroto en el aula.* ARG **Armarse la de Dios es Cristo/Armarse la de San Quintín,** promover escándalo o jaleo. **Armarla buena,** montar un jaleo. RPr **Armar(se) con/de:** *Armó a sus ayudantes con metralletas.*

ar·ma·rio [armárjo] *s/m* Mueble con puertas, estantes y cajones.

ar·ma·tos·te [armatóste] *s/m* Objeto pesado e inútil.

ar·ma·zón [armaθón] *s/m* y *f* Estructura que se monta para aguantar algo.

ar·me·ría [armería] *s/f* **1.** Tienda donde se venden armas. **2.** Museo de armas.

ar·me·ro [arméro] *s/m* El que fabrica o vende armas.

ar·mi·ño [armíɲo] *s/m* **1.** Pequeño mamífero carnívoro, de piel parda en verano y blanca en invierno. **2.** La piel de este mamífero: *Abrigo de armiño.*

ar·mis·ti·cio [armistíθjo] *s/m* Suspensión temporal de la actividad bélica.

ar·mo·nía [armonía] *s/f* **1.** Cualidad de un conjunto de cosas cuyas partes guardan proporción y resultan bellas (música, lenguaje, colores, etc.): *Armonía de una composición.* **2.** Paz y unión: *Vive en armonía con sus vecinos.*

ar·mó·ni·ca [armónika] *s/f* MÚS Instrumento de viento con una pieza de madera entre dos planchas matálicas; entre ellas hay unos orificios con lengüetas por donde se sopla.
ORT También: *Harmónica.*

ar·mó·ni·co, -a [armóniko, -a] *adj* Referente a la armonía: *Sonidos armónicos.*

ar·mo·nio [armónjo] *s/m* Pequeño órgano al que se da aire con un pedal.
ORT También: *Harmonio.*

ar·mo·nio·so, -a [armónjoso, -a] *adj* **1.** (Aplicado a sonidos) Que resultan o son agradables. **2.** (Aplicado a cosas) De bella proporción: *Un cuerpo armonioso.*

ar·mo·ni·za·ción [armoniθaθjón] *s/f* Acción de armonizar.

ar·mo·ni·zar [armoniθár] **I.** *v/tr* Poner armonía en un conjunto de cosas. **II.** *v/intr* **1.** Avenirse con alguien: *Antonio armoniza con Rita.* **2.** Concertar entre sí: *Estos colores no armonizan.* RPr **Armonizar con.** ORT Ante *e* la *z* cambia en *c: Armonicé.*

ar·nés [arnés] *s/m* **1.** Conjunto de armas. **2.** *pl* Los aparejos de las caballerías.

ár·ni·ca [árnika] *s/f* **1.** Planta medicinal de flores y raíces de sabor acre y fuerte olor. **2.** Tintura de esta planta para curar heridas. LOC **Pedir árnica**, declararse vencido.

a·ro [áro] *s/m* **1.** Anillo. **2.** Juguete infantil que se hace rodar por el suelo. LOC **Entrar o pasar por el aro**, ceder o rendirse.

a·ro·ma [aróma] *s/m* Olor agradable.

a·ro·má·ti·co, -a [aromátiko, -a] *adj* Se aplica a lo que tiene aroma.

a·ro·ma·ti·za·ción [aromatiθaθjón] *s/f* Acción y resultado de aromatizar.

a·ro·ma·ti·zar [aromatiθár] *v/tr* Dar aroma a algo.
ORT Ante *e* la *z* cambia en *c: Aromaticé.*

ar·pa [árpa] *s/f* MÚS Instrumento en forma de 'V' cuyo vértice se apoya en el suelo; se toca con ambas manos. LOC **Tañer el arpa**, tocar el arpa.
ORT También: *Harpa.*

ar·pa·do, -a [arpáðo, -a] *adj* Rematado en dientecillos de sierra.

ar·pe·gio [arpéxio] *s/m* MÚS Sonidos sucesivos de un acorde.

ar·pía [arpía] *s/f* **1.** Monstruo mítico con cuerpo de ave de rapiña y rostro de mujer. **2.** FIG Mujer mala.

ar·pi·lle·ra [arpiʎéra] *s/f* Tela basta de estopa o cáñamo empleada para hacer fardos o sacos.

ar·pis·ta [arpísta] *s/m,f* Persona que toca el arpa.

ar·pón [arpón] *s/m,f* Instrumento de pesca con una punta de hierro y dos ganchos.

ar·po·ne·ar [arponeár] *v/tr* Cazar o pescar con arpón.

ar·po·ne·ro [arponéro] *s/m* El que pesca, caza o maneja el arpón.

ar·que·ar [arkeár] *v/tr* **1.** Dar a algo la forma de arco. **2.** Contar el dinero que hay en caja.

ar·queo [arkéo] *s/m* **1.** Acción de dar forma de arco a algo. **2.** *(Hacer el...)* Recuento del dinero de una caja.

ar·queo·lo·gía [arkeoloxía] *s/f* Ciencia que investiga los restos humanos antiguos por su interés artístico-cultural.

ar·queo·ló·gi·co, -a [arkeolóxiko, -a] *adj* Relacionado con la arqueología.

ar·queó·lo·go, -a [arkeóloγo, -a] *s/m,f* El/la especialista en arqueología.

ar·que·ría [arkería] *s/f* Serie de arcos.

ar·que·ro [arkéro] *s/m* **1.** Soldado armado con arco. **2.** DEP El que se dedica al tiro con arco.

ar·que·ta [arkéta] *s/f* Arca pequeña.

ar·que·ti·po [arketípo] *s/m* Modelo ideal de algo.

ar·qui·tec·to, -a [arkitékto, -a] *s/m,f* Persona que profesa la arquitectura.

ar·qui·tec·tó·ni·co, -a [arkitektóniko, -a] *adj* Relativo a la arquitectura.

ar·qui·tec·tu·ra [arkitektúra] *s/f* **1.** Técnica de proyectar y edificar inmuebles y monumentos. **2.** Estructura de un edificio.

ar·qui·tra·be [arkitráβe] *s/m* ARQ Parte inferior del entablamiento; descansa en el muro o en las columnas.

ar·qui·vol·ta [arkiβólta] *s/f* Molduras decorativas del paramento exterior de un arco.

a·rra [árra] *s/f, pl* **1.** Prenda de compromiso al cerrar un trato. **2.** En una boda, las trece monedas que el novio entrega a la novia.

a·rra·bal [arraβál] *s/m* Barrio situado en las afueras de la ciudad.

a·rra·ba·le·ro, -a [arraβaléro, -a] *adj* y *s/m,f* **1.** Persona que vive en un arrabal. **2.** Se dice de quien tiene modales groseros.

a·rra·bio [arráβjo] *s/m* MET Hierro colado o de primera fundición.

a·rra·ca·da [arrakáða] *s/f* Pendiente con adornos colgantes.

a·rra·ci·ma·do, -a [arraθimáðo, -a] *adj* **1.** En forma de racimo. **2.** FIG Apiñado (en torno a alguien o algo).

a·rra·ci·mar·se [arraθimárse] *v/*REFL (-SE) **1.** Juntarse en forma de racimo. **2.** FIG Aglomerarse.

a·rrai·gar [arraiγár] *v/intr,* REFL(-SE) **1.** Echar raíces lo plantado (tallo, planta, etc.) y desarrollarse. **2.** FIG Cimentarse en alguien una costumbre, vicio, etc.: *El mal arraigó en su corazón.* **3.** FIG Fijar residencia en un lugar adquiriendo bienes muebles. RPr **Arraigar(se) en.**
ORT Ante *e* la *g* cambia en *gu: Arraigue.*

a·rrai·go [arráiγo] *s/m* Estado de arraigado. Usado frecuentemente con *tener: Tener arraigo en un lugar.*

a·rram·blar [arramblár] *v/intr* Llevarse alguien algo de forma abusiva: *Arrambló con las mejores joyas y se fue.* RPr **Arramblar con.**

a·rran·ca·da [arraŋkáða] *s/f* Salida o aceleración violenta de un vehículo o animal.

a·rran·car [arraŋkár] **I.** *v/tr* **1.** Desarraigar algo del suelo: *El viento arrancó los árboles del jardín.* **2.** Separar algo de su lugar de adherencia: *Arrancaron las colgaduras de la pared.* **3.** (Con *de*) Separar a alguien de una idea o costumbre: *Logró arrancarle de la droga.* **4.** Obtener de alguien una cosa con habilidad, violencia o esfuerzo: *Al final le arrancó la promesa del 'sí'.* **5.** Poner en marcha un motor: *No pudo arrancar el coche.* **II.** *v/intr* **1.** Iniciar la marcha un vehículo o persona(s). **2.** Embestir a alguien: *El toro arrancó contra el torero.* **3.** Ser origen de algo: *Todas las dificultades arrancan de una gestión pobre.* **4.** Con *a + infin* indica la reanudación brusca de una actividad: *Después de tres*

copas arrancó a decir barbaridades. RPr **Arrancar de/contra.**
ORT Ante *e* la *c* cambia en *qu: Arranqué.*

a·rran·que [arráŋke] *s/m* **1.** Acción de arrancar. **2.** Ímpetu y pujanza: *No tiene arranque para cambiar de empleo.* **3.** Acceso de pasión: *Un arranque de ira.*

a·rra·pie·zo, -a [arrapjéθo, -a] *s/m,f* Se dice del chico/-a pillo/-a: *¡Vaya arrapiezo que estás hecho!*

a·rra·sar [arrasár] **I.** *v/tr* **1.** Nivelar una superficie. **2.** Derribar o devastar. LOC **Arrasarse en lágrimas,** llorar abundantemente. **Ojos arrasados en lágrimas,** ojos llenos de lágrimas.

a·rras·tra·do, -a [arrastráðo, -a] *adj* **1.** Trabajoso y con privaciones: *Lleva una vida muy arrastrada.* **2.** FIG Se aplica a lo que se prolonga sin final brusco o claro: *Sílabas arrastradas.* **3.** Se aplica al juego de naipes en que es obligatorio seguir con el palo que se ha echado primero: *Tute arrastrado.*

a·rras·trar [arrastrár] **I.** *v/tr* **1.** Llevar algo por el suelo tirando de ello. **2.** Obligar a alguien a hacer algo: *Me arrastró hasta el dentista.* **3.** Convencer. **4.** Inducir a que alguien haga algo. **II.** *v/intr, tr* En los naipes, obligar a echar carta del mismo palo o si no, triunfo. **III.** REFL(-SE) **1.** Reptar: *La serpiente se arrastra por el suelo.* **2.** Humillarse: *No se arrastra ante nadie.*

a·rras·tre [arrástre] *s/m* Acción y efecto de arrastrar. LOC **Estar para el arrastre**, no servir alguien o algo para nada: *Este coche está para el arrastre.* **De arrastre,** GEOL se dice de las tierras llevadas por el agua, viento, etc.

¡a·rre! [árre] *interj* Voz empleada para hacer andar a las caballerías.

¡a·rrea! [arréa] COL Exclamación de sorpresa: *¡Arrea! ¡Qué chica tan guapa!*

a·rre·ar [arreár] *v/tr* **1.** Azuzar a las caballerías para que inicien o aceleren la marcha. **2.** COL Propinar un golpe: *Me arreó un guantazo que me tiró al suelo.*

a·rre·ba·ñar [arreβaɲár] *v/tr* Recoger algo en su totalidad.

a·rre·ba·ta·do, -a [arreβatáðo, -a] *adj* **1.** Precipitado. **2.** Violento o irritado.

a·rre·ba·ta·dor, -ra [arreβataðór, ra] *adj* Que arrebata: *Carácter arrebatador.*

a·rre·ba·tar [arreβatár] **I.** *v/tr* Quitar algo o alguien a una persona: *Me han arrebatado a mi hijo.* También FIG: *Nos arrebataron la victoria.* **II.** REFL(-SE) Dejarse llevar alguien por una pasión.

a·rre·ba·to [arreβáto] *s/m* **1.** Arranque de pasión: *Arrebato de cólera.* **2.** Pérdida del dominio de sí mismo por causa de una pasión.

a·rre·bol [arreβól] *s/m* **1.** Color rojo de las nubes bajo el sol naciente o poniente. **2.** *pl* Nubes rojas.

a·rre·bo·lar [arreβolár] *v/tr* Teñir de rojo: *El crepúsculo arrebola el cielo.*

a·rre·bu·jar [arreβuxár] **I.** *v/tr* **1.** Arrugar algo. **2.** Cubrir con ropa algo o a alguien. **II.** REFL(-SE) Abrigarse.

a·rre·ciar [arreθjár] *v/intr* Intensificarse, aumentar algo en fuerza o vigor: *Arrecia la lluvia/la tempestad.*

a·rre·ci·fe [arreθífe] *s/m* Bajo rocoso, casi al nivel de las olas, en el mar.

a·rre·cir·(se) [arreθír(se)] *v/*REFL(-SE) Entumecerse de frío o humedad. RPr **Arrecir(se) de:** *Se arrecían de frío.*
CONJ *Defec:* Sólo se conjuga en las formas regulares que tienen la vocal *i* en su desinencia.

a·rre·drar [arreðrár] **I.** *v/tr* Asustar, intimidar. **II.** También REFL(-SE): *No se arredra ante nada.* RPr **Arredrarse por/ante algo.**

a·rre·glar [arreɣlár] **I.** *v/tr* **1.** Poner en orden algo. **2.** Poner (personas o cosas) de modo agradable: *Arreglé a los niños para la fiesta.* **3.** Reparar algo. **II.** REFL(-SE) **1.** Ponerse todo de forma conveniente: *Cuando todo se arregle, haremos un viaje.* **2.** Componérse(las): *Te tendrás que arreglar con esta subvención.* A veces con *para + inf: Tendrás que arreglarte para llegar a la hora.* LOC **Arreglárselas,** apañarse: *¡Que se las arregle como pueda!*

a·rre·glo [arréɣlo] *s/m* **1.** Acción de arreglar(se) algo o alguien. **2.** Acuerdo entre dos personas o partes: *Los litigantes llegaron a un arreglo.* LOC **Con arreglo a**, de acuerdo con: *Con arreglo a la ley.*

a·rre·lla·nar·se [arreʎanárse] *v/*REFL(-SE) Sentarse relajadamente: *Se arrellanó en el sillón.*

a·rre·man·gar [arremaŋgár] *v/tr* Recoger algo hacia arriba: *¡Arremángate la falda!*
ORT Ante *e* la *g* cambia en *gu: Arremangué.*

a·rre·me·ter [arremetér] *v/intr* Lanzarse con ímpetu hacia alguien o algo. *Arremetió contra la Constitución.* RPr **Arremeter contra/con:** *Arremete con todo.*

a·rre·me·ti·da [arremetíða] *s/f* Acción de arremeter.

a·rre·mo·li·nar·se [arremolinárse] *v/*REFL(-SE) Formar remolinos las cosas, animales o personas.

a·rren·da·ble [arren̪dáβle] *adj* Capaz de arrendar o arrendarse.

a·rren·da·dor, -ra [arren̪daðór, -ra] *s/m,f* Persona que arrienda algo.

a·rren·da·mien·to [arreṇdamjéṇto] *s/m* **1.** Acción de alquilar algo. **2.** Precio del arriendo.

a·rren·dar [arreṇdár] *v/tr* **1.** Ceder algo en alquiler. **2.** Tomar algo en alquiler.
CONJ *Irreg: Arriendo, arrendé, arrendaré, arrendado.*

a·rren·da·ta·rio, -a [arreṇdatárjo, -a] *adj* y *s/m,f* El que toma algo en arriendo.

a·rreo [arréo] *s/m* **1.** Adorno. **2.** *pl* Guarniciones de las monturas.

a·rre·pan·chin·gar·se o **a·rre·pan·chi·gar·se** [arrepaṇtʃi(ŋ)gárse] *v/*REFL (-SE) COL Repantigarse.

a·rre·pen·ti·do, -a [arrepeṇtíðo, -a] *adj* Se dice del que se arrepiente.

a·rre·pen·ti·mien·to [arrepeṇtimjéṇto] *s/m* Pesar por haber obrado mal.

a·rre·pen·tir·se [arrepeṇtírse] *v/*REFL (-SE) Dolerse de haber obrado de una determinada manera u omitido algo: *No me arrepiento de nada.* RPr **Arrepentirse de.**
CONJ *Irreg: (Me) arrepiento, arrepentí, arrepentiré, arrepentido.*

a·rres·ta·do, -a [arrestáðo, -a] *adj* y *s/m,f* Se aplica a los encarcelados, especialmente en la milicia, por breve tiempo.

a·rres·tar [arrestár] *v/tr* Poner en prisión: *Ayer arrestaron a un ladrón.*

a·rres·to [arrésto] *s/m* **1.** Acción de arrestar. **2.** Situación en que se encuentra el arrestado. **3.** *pl* (Con *tener*). Determinación, energías: *Está tan débil que no tiene arrestos para levantarse.*

a·rria·nis·mo [arrjanísmo] *s/m* Herejía arriana.

a·rria·no, -a [arrjáno, -a] **I.** *adj* Se aplica a los seguidores de Arrio, que negaba la divinidad de Jesucristo. **II.** *s/m,f* Seguidor de esta secta.

a·rriar [arrjár] *v/tr* Bajar algo que está izado: *Arriaron la bandera.*
ORT. PRON El acento recae sobre la *i* en el *sing* y *3.ª pers pl* del *pres* de *indic* y *subj: Arrío, arríe,* etc.

a·rria·te [arrjáte] *s/m* Parterre con flores en un patio o jardín.

a·rri·ba [arríβa] **I.** *adv* **1.** En el lugar más elevado que aquel en que está situado el que habla: *Luis vive arriba.* **2.** Anteriormente (en escritos): *La arriba mencionada, suplica se consideren estas circunstancias.* **II.** *interj* ¡Ánimo! LOC **De arriba abajo,** radicalmente: *Ha cambiado la decoración de arriba abajo.* **Mirar a alguien de arriba abajo,** considerarlo con desdén. **¡Arriba! (los azules),** grito de ánimo en favor de un equipo o grupo.

a·rri·ba·da [arriβáða] *s/f* MAR Acción de arribar.

a·rri·bar [arriβár] *v/intr* **1.** Llegar o refugiarse una nave en un puerto. **2.** Llegar a un lugar por tierra. RPr **Arribar a.**

a·rri·bis·ta [arriβísta] *adj* y *s/m,f* Se aplica a la persona poco escrupulosa y con ambición de prosperar.

a·rri·bo [arríβo] *s/m* Llegada.

a·rrien·do [arrjéṇdo] *s/m* Arrendamiento.

a·rrie·ro [arrjéro] *s/m* El que trajina cargas en caballerías.

a·rries·gar [arrjesɣár] *v/tr* Poner algo en peligro de destrucción o pérdida.
ORT Ante *e* la *g* cambia en *gu: Arriesgué.*

a·rri·mar [arrimár] **I.** *v/tr* Acercar una cosa a otra. **II.** REFL(-SE) **1.** Apoyarse: *Se arrimaron a la pared soleada.* **2.** FIG Cobijarse bajo alguien: *Se arrima a los poderosos.* LOC **Arrimar el hombro,** ayudar. RPr **Arrimar(se) a.**

a·rri·mo [arrímo] *s/m* Persona o cosa en que uno se apoya o protege.

a·rrin·co·na·do, -a [arriŋkonáðo, -a] *adj* Olvidado y dejado de lado.

a·rrin·co·na·mien·to [arriŋkonamjéṇto] *s/m* Acción y efecto de arrinconar.

a·rrin·co·nar [arriŋkonár] *v/tr* **1.** Poner algo en un rincón o fuera de uso **2.** Acorralar a alguien en un lugar.

a·rri·ño·na·do, -a [arriɲonáðo, -a] *adj* De forma parecida a un riñón.

a·rrit·mia [arrítmja] *s/f* **1.** Carencia de ritmo. **2.** MED Pulso anormal o falta de ritmo cardíaco.

a·rrít·mi·co, -a [arrítmiko, -a] *adj* Que no tiene ritmo.

a·rro·ba [arróβa] *s/f* **1.** Medida de peso (11,502 kg). **2.** Medida de capacidad (16,137 litros de vino; 12,564 de aceite).

a·rro·ba·mien·to [arroβamjéṇto] *s/m* Acción o resultado de arrobar(se).

a·rro·bar [arroβár] **I.** *v/tr* Embelesar. **II.** REFL(-SE) Quedarse enajenado: *Se arroba ante su mujer.* RPr **Arrobarse ante (algo/alguien).**

a·rro·bo [arróβo] *s/m* Arrobamiento.

a·rro·ce·ro, -a [arroθéro, -a] **I.** *adj* Relativo al arroz. **II.** *s/m,f* Que cultiva o vende arroz.

a·rro·di·llar [arroðiʎár] **I.** *v/tr* Hacer que uno ponga las rodillas en el suelo. **II.** *v/intr,* REFL(-SE) Ponerse de rodillas.

a·rro·ga·ción [arroɣaθjón] *s/f* Hecho y resultado de arrogar(se).

a·rro·gan·cia [arroγánθja] *s/f* Actitud despreciativa hacia los demás.

a·rro·gan·te [arroγán̪te] *adj* **1.** Soberbio o altanero. **2.** Elegante o gallardo.

a·rro·gar [arroγár] **I.** *v/tr* Adoptar a alguien. **II.** REFL(-SE) Apropiarse de facultades ajenas: *Se arrogó la representación del pueblo.*
ORT Ante *e* la *g* cambia en *gu: Arrogué.*

a·rro·ja·di·zo, -a [arroxaðíθo, -a] *adj* Susceptible de ser arrojado: *Arma arrojadiza.*

a·rro·ja·do, -a [arroxáðo, -a] *adj* Valiente: *Es un soldado arrojado.*

a·rro·jar [arroxár] **I.** *v/tr* **1.** Lanzar algo: *Arrojar piedras.* **2.** Despedir o expulsar algo o a alguien fuera de un lugar. **3.** Expeler, vomitar: *Este volcán arroja lava.* **4.** Tratándose de cuentas o cálculos, totalizar: *Las pérdidas arrojan un saldo negativo.* **II.** REFL(-SE) **1.** Lanzarse violentamente desde un lugar. **2.** Lanzarse sobre alguien: *Se arrojaron sobre el ladrón.* RPr **Arrojarse a/sobre/contra.**

a·rro·jo [arróxo] *s/m* Valentía.

a·rro·lla·dor, -ra [arroʎaðór, -ra] *adj* Que arrolla o es capaz de arrollar.

a·rro·llar [arroʎár] *v/tr* **1.** Enrollar. **2.** Atropellar, pasando por encima: *El tren arrolló al autocar.* **3.** Llevarse el agua o viento lo que encuentran a su paso. **4.** FIG Vencer al enemigo.

a·rro·pa·mien·to [arropamjén̪to] *s/m* Acción de abrigar o abrigarse.

a·rro·par [arropár] *v/tr* **1.** Tapar a alguien con ropa. **2.** FIG Proteger, cubrir.

a·rro·pe [arrópe] *s/m* Mosto cocido con aspecto de jarabe.

a·rros·trar [arrostrár] **I.** *v/tr* **1.** Afrontar algo con valentía. **2.** Padecer los efectos penosos de algo: *Arrostra las consecuencias de su lesión.* **II.** REFL(-SE) Enfrentarse con alguien. RPr **Arrostrarse con.**

a·rro·yo [arróJo] *s/m* Riachuelo. LOC **Recoger a alguien del arroyo**, acoger a un abandonado.

a·rro·yue·lo [arroJwélo] *s/m dim* de *arroyo.*

a·rroz [arróz] *s/m* **1.** Cereal que crece en terrenos inundables. **2.** Grano(s) de esta planta.
ORT *Pl: Arroces.*

a·rro·zal [arroθál] *s/m* Campo sembrado de arroz.

a·rru·ga [arrúγa] *s/f* Pliegue irregular en algo, especialmente en la piel o tela.

a·rru·gar [arruγár] **I.** *v/tr* Hacer arrugas. **II.** REFL(-SE) Formarse arrugas.
ORT Ante *e* la *g* cambia en *gu: Arrugué.*

a·rrui·nar [arrwinár] **I.** *v/tr* Causar la ruina de la economía, salud, reputación, etc. **II.** REFL(-SE) **1.** Quedarse en la ruina. **2.** Desperdiciarse o malograrse algo: *La falta de educación arruina talentos en potencia.*

a·rru·llar [arruʎár] *v/tr* **1.** Cortejar los palomos o tórtolos con caricias y cantos a las hembras (aplicado, *por ext,* a los enamorados). **2.** Adormecer a un niño con cantos suaves. **3.** Deleitar a alguien con sonidos suaves y agradables.

a·rru·llo [arrúʎo] *s/m* **1.** Acción de arrullar. **2.** Canción que arrulla.

a·rru·ma·co [arrumáko] *s/m* Palabras o caricias falsas o superficiales.

a·rrum·bar [arruɱbár] **I.** *v/tr* **1.** Arrinconar algo ya inútil. **2.** Rehuir el trato de alguien. **II.** *v/intr* Fijar el rumbo de navegación.

ar·se·nal [arsenál] *s/m* **1.** Taller para construir o reparar barcos. **2.** Depósito de material bélico.

ar·sé·ni·co [arséniko] *s/m* QUÍM Elemento químico venenoso (peso atómico, *33; símb As),* usado en medicina.

ar·te [árte] *s/m,f* **1.** Conjunto de reglas para hacer algo: *El arte de la pesca.* **2.** Aportación del hombre para conseguir un efecto grato. **3.** Habilidad para hacer bien algo: *Tiene arte para entretener a los pequeños.* **4.** *m sing* y *f, pl* Habilidad o astucia para hacer algo, en sentido peyorativo: *Tiene malas artes.* LOC **Con malas artes**, con trampas.

ar·te·fac·to [artefákto] *s/m* Dispositivo mecánico hecho para un fin determinado: *Artefactos bélicos.*

ar·te·jo [artéxo] *s/m* **1.** Nudillo de los dedos. **2.** ZOOL Cada uno de los segmentos articulados en los apéndices de los artrópodos.

ar·te·ria [artérja] *s/f* **1.** Cada uno de los conductos circulatorios que llevan la sangre del corazón al resto del cuerpo. **2.** FIG Calle importante de una ciudad.

ar·te·ría [artería] *s/f* Amaño, astucia.

ar·te·rial [arterjál] *adj* Referente a las arterias: *Tensión arterial.*

ar·te·rios·cle·ro·sis [arterjosklerósis] *s/f* MED Endurecimiento de las arterias.
ORT También: *Arterioesclerosis.*

ar·te·rios·cle·ró·ti·co, -a [arterjosklerótiko, -a] *adj* y *s/m,f* Referente al que padece arteriosclerosis.

ar·te·rio·so, -a [arterjóso, -a] *adj* Abundante en arterias.

ar·te·ro, -a [artéro, -a] *adj* Malintencionado, astuto.

ar·te·sa [artésa] *s/f* Recipiente de madera, en forma de tronco de pirámide invertida, empleada para amasar el pan o dar de comer a los animales.

ar·te·sa·nal [artesanál] *adj* Relativo a la artesanía.

ar·te·sa·nía [artesanía] *s/f* Calidad de artesano: *Muebles de artesanía.*

ar·te·sa·no, -a [artesáno, -a] *s/m,f* El que tiene un oficio manual.

ar·te·són [artesón] *s/m* Cada una de las divisiones de un techo, con molduras y adornos.

ar·te·so·na·do, (-a) [artesonáðo, (-a)] **I.** *adj* Adornado con artesones. **II.** *s/m* El techo así adornado.

ar·te·so·nar [artesonár] *v/tr* Adornar un techo con artesones.

ár·ti·co, (-a) [ártiko, (-a)] **I.** *adj* Relativo al Polo Norte. **II.** *s/m* El mismo Polo o su zona: *El Ártico es pobre en vegetación.*

ar·ti·cu·la·ción [artikulaθjón] *s/f* **1.** Acción de articular. **2.** Juntura de dos piezas de un organismo o utensilio: *La articulación de la rodilla.* **3.** BOT Unión de un órgano con otro con posibilidad de desgajarse. **4.** GRAM Acción de emitir sonidos con los órganos de fonación.

ar·ti·cu·la·do, (-a) [artikuláðo, (-a)] **I.** *adj* Con articulaciones. **II.** *adj* y *s/m, pl* Se aplica a los invertebrados con segmentos anulares en el cuerpo, como los gusanos. **III.** *s/m* Conjunto de artículos de una ley: *Articulado de la ley de Presupuestos.*

ar·ti·cu·lar [artikulár] **I.** *adj* Referente a las articulaciones. **II.** *v/tr* **1.** Unir las partes de un todo para que funcione: *El gobernador articuló la ayuda a los damnificados.* **2.** Emitir los sonidos de una lengua cambiando su posición los órganos de fonación. **3.** Pronunciar con claridad: *Este actor articula muy bien.* **4.** DER Dividir un texto en artículos.

ar·ti·cu·la·to·rio, -a [artikulatórjo, -a] *adj* FON Referente a la articulación.

ar·ti·cu·lis·ta [artikulísta] *s/m,f* Escritor de artículos de periódicos o revistas.

ar·tí·cu·lo [artíkulo] *s/m* **1.** Cada una de las partes de una ley o reglamento. **2.** En un periódico o revista, escrito de cierta extensión. **3.** Lo que se vende en los comercios: *En enero se rebajan todos los artículos* **4.** GRAM Parte de la oración que se antepone al sustantivo y, en español, enuncia su género y número.
Artículo de fondo, editorial de un periódico.
Artículos de consumo, los alimenticios.
Artículos de escritorio, los de despacho.
Artículos de lujo, los no imprescindibles.
Artículos de primera necesidad, los imprescindibles para vivir.

ar·tí·fi·ce [artífiθe] *s/m,f* Autor o artista que produce algo.

ar·ti·fi·cial [artifiθjál] *adj* **1.** No natural. **2.** Falso: *Sonrisa artificial.*

ar·ti·fi·cie·ro [artifiθjéro] *s/m* ART El especialista en explosivos bélicos.

ar·ti·fi·cio [artifíθjo] *s/m* **1.** Dispositivo para lograr un efecto determinado: *Artificios electrónicos.* **2.** Disimulo o habilidad para encubrir la realidad: *Tus artificios no me engañarán.*

ar·ti·fi·cio·so, -a [artifiθjóso, -a] *adj* **1.** Hecho con arte o técnica. **2.** Con poca naturalidad: *Su proceder es artificioso.*

ar·ti·lu·gio [artilúxjo] *s/m* **1.** Mecanismo simple o poco perfeccionado. **2.** Ardid.

ar·ti·llar [artiʎár] *v/tr* **1.** Colocar artillería en barcos o plazas fuertes. **2.** Disponer la artillería para el combate.

ar·ti·lle·ría [artiʎería] *s/f* **1.** Todo lo relativo a la fabricación y uso de armamento bélico pesado (cohetes, cañones o ametralladoras). **2.** Conjunto de estas armas en un barco o plaza.

ar·ti·lle·ro [artiʎéro] *s/m* El especialista que cumple el servicio militar en la artillería.

ar·ti·ma·ña [artimáɲa] *s/f* **1.** Trampa para cazar. **2.** Ardid.

ar·tis·ta [artísta] *s/m,f* **1.** Cultivador de alguna de las Bellas Artes. **2.** El que hace algo a la perfección: *Este ladrón es un artista en su ramo.*

ar·tís·ti·co, -a [artístiko, -a] *adj* Hecho o ejecutado con arte.

ar·tral·gia [artrálxja] *s/f* MED Dolencia articulatoria.

ar·trí·ti·co, (-a) [artrítiko, (-a)] *adj* Perteneciente a la artritis o que la padece.

ar·tri·tis [artrítis] *s/f* MED Inflamación de las articulaciones.
ORT *Pl*: *Artritis.*

ar·tri·tis·mo [artritísmo] *s/m* MED Dolencia con manifestaciones de diabetes y obesidad.

ar·tro·sis [artrósis] *s/f* Degeneración dolorosa de las articulaciones.

ar·zo·bis·pa·do [arθoβispáðo] *s/m* **1.** Dignidad de arzobispo. **2.** Territorio bajo su jurisdicción.

ar·zo·bis·pal [arθoβispál] *adj* Relativo al arzobispo: *Palacio arzobispal.*

ar·zo·bis·po [arθoβíspo] *s/m* Obispo metropolitano.

ar·zón [arθón] *s/m* En una silla de montar, el fuste anterior o posterior.

as [ás] *s/m* **1.** En los naipes, el número uno de cada palo. **2.** DEP Persona que destaca en una actividad o profesión. LOC **Ser un as**, ser el número uno en algo: *Es un as de la elocuencia.*

a·sa [ása] *s/f* Asidero de un cesto, maleta, jarra, etc.

a·sa·do [asáðo] *s/m* Carne asada.

a·sa·dor [asaðór] *s/m* Aparato para asar.

a·sa·du·ra [asaðúra] *s/f* Entrañas comestibles de una res.

a·sae·tar o **a·sae·te·ar** [asaet(e)ár] *v/tr* **1.** Lanzar saetas contra alguien. **2.** Importunar.

a·sai·ne·ta·do, -a [asainetáðo, -a] *adj* Semejante al sainete.

a·sa·la·ria·do, -a [asalariáðo, -a] *adj* y *s/m,f* Se aplica a quien gana un salario.

a·sa·la·riar [asalarjár] *v/tr* Fijar un salario a alguien.

a·sal·ta·dor, -ra [asaltaðór, -ra] *adj* y *s/m,f* Que asalta: *Asaltador de bancos.*

a·sal·tan·te [asa̪ltá̪nte] *adj* y *s/m,f* Se aplica al que asalta.

a·sal·tar [asa̪ltár] *v/tr* **1.** Atacar un fortín para conquistarlo. **2.** Atacar a alguien para robarle o entrar en un lugar violentamente con el mismo fin: *Ayer asaltaron mi tienda.* **3.** Importunar a alguien insistentemente con preguntas: *Los fotógrafos asaltaron a la actriz.* **4.** FIG Invadir la mente una duda o temor repentino: *Me asaltó el temor de quedarme sin trabajo.*

a·sal·to [asá̪lto] *s/m* **1.** Acción de asaltar. **2.** DEP (Boxeo, esgrima, judo, etc.) Período de lucha precedido y seguido de un descanso.

a·sam·blea [asaɱβléa] *s/f* **1.** Reunión de los miembros de una asociación. **2.** Corporación política: *La Asamblea Nacional.*

a·sam·bleís·ta [asaɱbleísta] *s/m,f* Participante en una asamblea.

a·sar [asár] **I.** *v/tr* Someter un alimento al fuego directamente. **II.** REFL(-SE) FIG Tener mucho calor. RPr **Asar a:** *Asar a fuego lento.*

a·saz [asáθ] *adv* CULT Bastante, muy.

as·bes·to [asβésto] *s/m* Mineral de fibras duras, semejante al amianto.

as·cen·den·cia [asθe̪ndénθja] *s/f* **1.** Serie de antepasados. **2.** Influencia: *Tiene mucha ascendencia sobre sus hijos.*

as·cen·der [asθe̪ndér] **I.** *v/intr* **1.** Subir. **2.** (Con *de, a*). Adelantar en dignidad: *Ascendió a capitán.* **3.** (Con *a*) Totalizar el importe de algo: *Esta factura asciende a cinco mil pesetas.* **4.** Alcanzar: *La cifra de parados asciende a dos millones.* **II.** *v/tr* Dar un ascenso: *Le ascendieron a primera categoría.* RPr **Ascender a/de:** *Ascendió de categoría.*

CONJ *Irreg: Asciendo, ascendí, ascenderé, ascendido.*

as·cen·dien·te [asce̪ndjé̪nte] **1.** *s/m,f* Antecesor. **2.** Influencia.

as·cen·sión [asθensjón] *s/f* El hecho de ascender o subir.

as·cen·sio·nal [asθensjonál] *adj* Que impulsa hacia arriba: *Fuerza ascensional.*

as·cen·so [asθénso] *s/m* Acción de ascender de un lugar o dignidad bajos a otros más altos.

as·cen·sor [asθensór] *s/m* Aparato para llevar gente de un piso a otro.

as·cen·so·ris·ta [asθensorísta] **I.** *adj* Que construye o repara ascensores. **II.** *s/m,f* El que hace funcionar un ascensor.

as·ce·ta [asθéta] *s/m,f* Seguidor(a) del ascetismo.

as·cé·ti·ca [asθétika] *s/f* Ascetismo.

as·cé·ti·co, -a [asθétiko, -a] *adj* Referente al ascetismo.

as·ce·tis·mo [asθetísmo] *s/m* Doctrina que propugna una vida de privaciones, sobriedad y oración.

as·ci·for·me [asθifórme] *adj* Con forma de hacha.

as·ci·tis [asθítis] *s/f* MED Hidropesía del vientre.

ORT *Pl: Ascitis.*

as·co [ásko] *s/m* **1.** Sensación de vómito producido por algún alimento o bebida. **2.** Repulsión moral o física hacia algo. LOC **Estar hecho un asco**, estar muy sucio. **Dar asco**, causar indignación y rechazo. **Ser (algo) un asco**, ser algo malo, aburrido o ruin: *Esta película es un asco.* **¡Qué asco!**, expresión de repulsión.

as·cua [áskwa] *s/f* Fragmento que arde sin llama. LOC **Estar en/sobre ascuas**, estar muy intranquilo.

a·sea·do, -a [aseáðo, -a] *adj* Limpio y bien arreglado.

a·se·ar [aseár] **I.** *v/tr* Limpiar y ordenar algo a alguien. **II.** REFL(-SE) Arreglarse, lavarse y vestirse, etc.

a·se·chan·za [asetʃánθa] *s/f* Procedimiento engañoso para perjudicar a alguien.

a·se·diar [aseðjár] *v/tr* **1.** Rodear un lugar para provocar su rendición y/o conquista. **2.** Importunar con insistencia a alguien: *Los fotógrafos asediaron a la actriz.*

a·se·dio [aséðjo] *s/m* Acción de asediar o dispositivo utilizado para ello.

a·se·gu·ra·do, -a [aseγuráðo, -a] **I.** *adj* Se aplica a lo que es objeto de un seguro. **II.** *s/m,f* Persona con un seguro a su favor. LOC **Asegurado a todo riesgo**, con un seguro que cubre todo. RPr **Asegurado contra:** *Tengo el piso asegurado contra incendios.*

a·se·gu·ra·dor, -ra [aseγuraðór, -ra] *adj* y *s/m,f* Que asegura.

a·se·gu·rar [aseγurár] **I.** *v/tr* **1.** Sujetar algo con firmeza: *Asegurar una cuerda.* **2.** Prometer algo con seguridad: *Le aseguro que mañana le pagaré.* **3.** Contratar un seguro sobre algo. **II.** REFL(-SE) Adquirir la certeza de algo: *Asegúrate de que las puertas están cerradas.* RPr **(I. 3) Asegurar contra:** *Aseguró el banco contra robos.* **Asegurarse de.**

a·se·me·jar·(se) [asemexár(se)] **I.** *v/tr* Hacer semejante algo a otra cosa. **II.** *v/intr,* REFL(-SE) Parecerse. RPr **Asemejarse por/a/en:** *Se asemeja a ella. Se asemeja en/por la cara.*

a·sen·de·re·ar [aseṇdereár] *v/tr* **1.** Hacer senderos. **2.** Acosar a alguien persiguiéndole. **3.** Incomodar a alguien.

a·sen·ta·de·ras [aseṇtaðéras] *s/f, pl* COL Nalgas.

a·sen·ta·do, -a [aseṇtáðo, -a] *adj* **1.** Juicioso. **2.** Situado: *El hotel está asentado en la colina.*

a·sen·ta·dor [aseṇtaðór] *s/m* En los mercados, distribuidor entre los detallistas de las mercancías compradas al productor.

a·sen·ta·mien·to [aseṇtamjéṇto] *s/m* Acción de asentar(se).

a·sen·tar [aseṇtár] **I.** *v/tr* **1.** Sentar a alguien en un lugar. **2.** Asegurar algo: *Asentaron los cimientos del edificio con hormigón.* **3.** Dar un golpe de plano: *Le asentó dos bofetadas en la cara.* **4.** Dar por seguro algo: *Quede asentado que mañana pago.* **5.** Efectuar un asiento contable en un libro de cuentas. **II.** *v/intr* Quedar algo fijo sobre su base. **III.** REFL(-SE) **1.** Sentarse alguien. **2.** Instalarse uno en una dignidad, empleo o lugar: *Se asentó en el Ministerio.* LOC **Asentar la cabeza**, volverse juicioso. CONJ *Irreg: Asiento, asenté, asentaré, asentado.*

a·sen·ti·mien·to [aseṇtimjéṇto] *s/m* Consentimiento.

a·sen·tir [aseṇtír] *v/intr* **1.** Demostrar conformidad con algo. **2.** Consentir en algo. CONJ *Irreg: Asiento, asentí, asentiré, asentido.*

a·seo [aséo] *s/m* **1.** Acción de asear. **2.** Pulcritud o cuidado de algo o alguien: *El aseo del cuerpo.* **3.** Cuarto de baño. **Aseo personal**, cuidado de la limpieza de uno mismo.

a·sep·sia [asépsia] *s/f* **1.** Carencia de gérmenes nocivos. **2.** Operación para mantener algo libre de gérmenes infecciosos.

a·sép·ti·co, -a [aséptiko, -a] *adj* MED Referente a la asepsia.

a·se·qui·ble [asekíβle] *adj* Se dice de las cosas o personas que pueden conseguirse. RPr **Asequible a.**

a·ser·ción [aserθjón] *s/f* Acción de aseverar algo.

a·se·rra·de·ro [aserraðéro] *s/m* Taller para serrar madera.

a·se·rra·do, -a [aserráðo, -a] *adj* Con dientes como la sierra: *Hojas aserradas.*

a·se·rra·dor, (-ra) [aserraðór, (-ra)] **I.** *adj* Que sierra. **II.** *s/m* Aquel cuyo oficio es serrar.

a·se·rra·du·ra [aserraðúra] *s/f* **1.** Corte de sierra. **2.** *pl* Serrín.

a·se·rrar [aserrár] *v/tr* Cortar con sierra algo. CONJ *Irreg: Asierro, aserré, aserraré, aserrado.*

a·ser·to [asérto] *s/m* Acto de afirmar o aseverar.

a·se·si·nar [asesinár] *v/tr* Matar a alguien con premeditación y alevosía.

a·se·si·na·to [asesináto] *s/m* Acción y delito de asesinar.

a·se·si·no, -a [asesíno, -a] *adj* y *s/m,f* Se dice del que asesina, en sentido real o figurado.

a·se·sor, (-ra) [asesór, (-ra)] *adj* y *s/m,f* Se dice del que asesora.

a·se·so·ra·mien·to [asesoramjéṇto] *s/m* Acción de asesorar(se).

a·se·so·rar [asesorár] **I.** *v/tr* Aconsejar. **II.** REFL(-SE) Aconsejarse de expertos: *Se asesora con sus abogados.* RPr **Asesorarse con/en/de:** *Se asesora en cuestiones técnicas. Se asesora de su abogado.*

a·se·so·ría [asesoría] *s/f* El oficio, la función o la oficina del asesor.

a·ses·tar [asestár] *v/tr* Hacer a alguien objeto de un golpe, tiro, etc.: *Le asestó un culatazo.*

a·se·ve·ra·ción [aseβeraθjón] *s/f* Afirmación.

a·se·ve·rar [aseβerár] *v/tr* Afirmar algo.

a·se·ve·ra·ti·vo, -a [aseβeratíβo, -a] *adj* Que afirma: *Juicio aseverativo.*

a·se·xua·do, -a [ase(k)swáðo, -a] *adj* Que no tiene sexo.

a·se·xual [ase(k)swál] *adj* **1.** Sin sexo. **2.** BIOL Se aplica a la reproducción que no es bisexual.

as·fal·ta·do, (-a) [asfaltáðo, (-a)] **I.** *adj* Superficie con asfalto. **II.** *s/m* **1.** Operación de asfaltar. **2.** Pavimento de asfalto.

as·fal·tar [asfaltár] *v/tr* Pavimentar una superficie con asfalto.

as·fál·ti·co, -a [asfáltiko, -a] *adj* De asfalto.

as·fal·to [asfálto] *s/m* **1.** Mineral negro, destilado del petróleo, utilizado para pavimentar e impermeabilizar. **2.** Mezcla empleada en pavimentar.

as·fi·xia [asfí(k)sja] *s/f* **1.** Muerte causada por la falta de respiración. **2.** Respiración dificultosa.

as·fi·xian·te [asfi(k)sjánte] *adj* Que asfixia o agobia.

as·fi·xiar [asfi(k)sjár] *v/tr* Producir o sufrir asfixia.

a·sí [así] *adv* **1.** De esta manera: *Así está bien.* **2.** Si se suprime el verbo 'ser', 'así' se asemeja a un adjetivo: *Una mujer así no se encuentra todos los días.* **3.** ¡Ojalá! (con *subj*): *¡Así te estrelles!* **4.** Tan (con *de* + *adj*): *¿Así de tonto me crees?* **5.** Aunque: *Saldremos, así diluvie.* LOC **Así, así**, más o menos bien. **Así como,** *1.* También: *Estaban las niñas así como los niños. 2.* En cuanto: *Así como llegue, te pagaré.* **Así... como**, tanto como. **Así pues**, por consiguiente. **Así como así**, *1.* Como si nada: *Me pidió un coche así como así. 2.* Sin reflexión. **Así que,** *1.* En cuanto: *Así que llegue, le pago. 2.* Por consiguiente: *Enfermó, así que nos quedamos.* **Así y todo**, a pesar de todo. **Así es**, eso es: *—¿Sales? —Así es.*

a·siá·ti·co, (-a) [asjátiko, (-a)] *adj* y *s/m,f* De Asia.

a·si·de·ro [asiðéro] *s/m* **1.** Parte por donde se coge algo. **2.** Apoyo.

a·si·dui·dad [asiðwiðáð] *s/f* Calidad de asiduo.

a·si·duo, -a [asíðwo, -a] **I.** *adj* Constante y perseverante. **II.** *s/m,f* El que es constante: *Es un asiduo de este bingo.*

a·sien·to [asjénto] *s/m* **1.** Acción de asentar o asentarse. **2.** Lugar o cosa que sirve para sentarse: *Asientos de plástico.* **3.** Localidad reservada para alguien en un medio de locomoción, cine, etc.: *Tengo un asiento de primera fila.* **4.** Emplazamiento de algo. **5.** Fondo de algo: *Este sillón tiene un asiento irregular.* **6.** ARQ En una construcción, descenso del terreno por compresión del mismo. **7.** Anotación en un libro de contabilidad. LOC **Tomar asiento**, sentarse.

a·sig·na·ble [asiγnáβle] *adj* Susceptible de ser asignado.

a·sig·na·ción [asiγnaθjón] *s/f* Acción de asignar un sueldo o misión a alguien.

a·sig·nar [asiγnár] *v/tr* Determinar lo que corresponde a alguien.

a·sig·na·ta·rio, -a [asiγnatárjo, -a] *s/m,f* Beneficiario de una herencia.

a·sig·na·tu·ra [asiγnatúra] *s/f* Cada una de las materias de un plan docente.

a·si·la·do, -a [asiláðo, -a] **I.** *adj* Se dice de los acogidos. **II.** *s/m,f* El/la que está en un asilo.

a·si·lar [asilár] **I.** *v/tr* Dar asilo. **II.** REFL(-SE) Tomar alguien asilo en un lugar.

a·si·lo [asílo] *s/m* **1.** Institución benéfica para pobres o desvalidos. **2.** (Con *pedir, dar, prestar, facilitar*) Acción de acoger a alguien. **3.** Consuelo en la adversidad: *Ella es el asilo de mis penas.*

a·si·me·tría [asimetría] *s/f* Carencia de simetría.

a·si·mé·tri·co, -a [asimétriko, -a] *adj* No simétrico.

a·si·mi·la·ble [asimiláβle] *adj* Que puede ser asimilado.

a·si·mi·la·ción [asimilaθjón] *s/f* Acción de asimilar(se).

a·si·mi·lar [asimilár] *v/tr* **1.** Equiparar dos cosas entre sí. **2.** Incorporar sustancias a un organismo: *El bebé no asimila alimentos sólidos.* **3.** Entender lo que se aprende integrándolo en lo que ya sabemos.

a·si·mis·mo [asímismo] *adv* También (relaciona dos afirmaciones entre sí).

a·sir [asír] **I.** *v/tr* **1.** Sujetar algo con fuerza: *Me asió por la solapa.* **2.** FIG Aprovechar: *Asió la oportunidad que se le presentaba.* **II.** REFL(-SE) Agarrarse de algo, física o figuradamente: *Asirse de un árbol/la una idea.* RPr **Asirse a/de**.
GRAM Es poco frecuente el uso de las formas con *g*.
CONJ *Irreg: Asgo, así, asiré, asido.*

a·si·rio, -a [asírjo, -a] *adj* y *s/m,f* De Asiria.

a·sis·ten·cia [asisténθja] *s/f* **1.** Acción de asistir. **2.** Número de asistentes a un lugar.

a·sis·ten·cial [asistenθjál] *adj* Relativo a la ayuda, especialmente la sanitaria.

a·sis·ten·ta [asisténta] *s/f* Mujer para hacer las faenas de la casa.

a·sis·ten·te [asistéɲte] **I.** *adj* Se aplica al que asiste. **II.** *s/m* El soldado que asiste a su respectivo superior.
Asistente social, el/la que realiza servicios sociales.

a·sis·tir [asistír] **I.** *v/intr* Acudir y hallarse presente en un lugar: *Asistió al partido.* **II.** *v/tr* **1.** Acompañar a uno en acto público: *Asiste a los reyes en la ceremonia.* **2.** Prestar asistencia, cuidar: *Me asiste un médico joven.* **3.** DER Estar de parte de alguien: *Le asiste el derecho a defenderse.* RPr **Asistir a.**

a·sis·to·lia [asistólia] *s/f* PAT Insuficiencia cardíaca.

as·ma [ásma] *s/f* Enfermedad bronquial con accesos de dificultad respiratoria.

as·má·ti·co, -a [asmátiko, -a] *adj* y *s/m,f* Referente al asma.

as·na [ásna] *s/f* Hembra del asno.

as·nal [asnál] *adj* Como de asno.

as·no [ásno] *s/m* **1.** Solípedo de carga, con pelaje largo y grandes orejas. **2.** FIG Se dice de quien es tonto o torpe.

a·so·cia·ción [asoθjaθjón] *s/f* **1.** Acción de asociar cosas o personas. **2.** Entidad resultante de asociarse un grupo de personas.

a·so·cia·cio·nis·mo [asoθjaθjonísmo] *s/m* Doctrina que explica los fenómenos psíquicos reduciéndolos a asociaciones de ideas.

a·so·cia·do, -a [asoθjáðo, -a] *s/m,f* Quien pertenece a una asociación.

a·so·ciar [asoθjár] **I.** *v/tr* **1.** Unir a alguien para un fin. **2.** Establecer una relación entre ideas o sucesos: *El niño asocia el dolor con las inyecciones.* **II.** REFL(-SE) **1.** Juntarse varias personas con vistas a un fin. **2.** FIG Participar en sentimientos, ideas: *Me asocio a vuestro dolor.* RPr **Asociarse a/con.**

a·so·la·ción [asolaθjón] *s/f* Asolamiento.

a·so·la·mien·to [asolamjéɲto] *s/m* Acción y efecto de asolar.

a·so·lar [asolár] *v/tr* **1.** Destruir totalmente: *El ciclón asoló la costa.* **2.** Quemar (el calor) las cosechas o plantas.
GRAM Usado con fenómenos atmosféricos *(tempestad, sol,* etc.*)*, siempre en *3.ª pers sing.*
CONJ *Irreg* en la acepción **1** y *reg* en la **2:** *Asuela, asoló, asolará, asolado.*

a·so·le·ar [asoleár] **I.** *v/tr* Exponer algo al sol. **II.** REFL(-SE) **1.** Tostarse al sol. **2.** Coger los animales una insolación.

a·so·mar [asomár] **I.** *v/intr* Empezar algo a aparecer o mostrarse: *El sol asoma entre las nubes.* **II.** *v/tr* Dejar ver: *Asomó su cabecita por entre los visillos.* **III.** REFL (-SE) Mostrarse. RPr **Asomarse a/por:** *Asomarse a/por el balcón.*

a·som·brar [asombrár] **I.** *v/tr* Producir algo impresión por su magnitud, rareza o por ser inesperado. **II.** REFL(-SE) Quedarse asombrado. RPr **Asombrarse de/por (algo):** *No se asombra de nada ni por nada.*

a·som·bro [asómbro] *s/m* Acción y efecto de asombrarse.

a·som·bro·so, -a [asombróso, -a] *adj* Que causa asombro.

a·so·mo [asómo] *s/m* (En *sing* con 'un', o en *pl*) **1.** Indicio o señal de algo: *No tiene un asomo de sentido común.* **2.** Presunción o sospecha. LOC **Ni por asomo**, de ninguna manera.

a·so·na·da [asonáða] *s/f* Reunión tumultuosa para obtener un fin.

a·so·nan·cia [asonánθja] *s/f* MÉTR Igualdad de sonidos vocálicos entre dos palabras a partir de la última vocal acentuada.

a·so·nan·te [asonáɲte] *adj* Se aplica a la voz que tiene asonancia con otra.

a·sor·dar [asorðár] *v/tr* Impedir oír a uno con un fuerte ruido.

as·pa [áspa] *s/f* Figura en forma de 'X', compuesta por dos piezas cruzadas.

as·par [aspár] *v/tr* Clavar a uno en un aspa. LOC **¡Que me aspen si...!**, que me maten si...: *¡Que me aspen si te engaño!*

as·pa·vien·to [aspaβjéɲto] *s/m* Demostración exagerada, con gestos o palabras, de un sentimiento de asombro, admiración o repulsa: *¡No hagas tantos aspavientos, hombre!*

as·pec·to [aspékto] *s/m* **1.** Manera de presentarse a la vista una cosa o persona: *Este bulto tiene un aspecto sospechoso.* **2.** Estado de salud: *Hoy no tienes buen aspecto* **3.** GRAM Manera de concebir la acción verbal (perfectiva, reiterada, imperfectiva, etc.)

as·pe·re·za [asperéθa] *s/f* **1.** Cualidad de áspero. **2.** *pl* Lo que convierte un terreno en escabroso.

as·per·jar [asperxár] *v/tr* Salpicar algo con gotas menudas.

ás·pe·ro, -a [áspero, -a] *adj* **1.** No suave al tacto. **2.** Dícese del terreno o situación escabrosa. **3.** Dícese de la voz dura. **4.** Agresivo (aplicado a personas, humor, lenguaje, etc.): *Tiene un carácter muy áspero.* RPr **Áspero a/con/en/de:** *Esta piedra es áspera al tacto. Es muy áspero de carácter. Áspero en el trato con sus enemigos.*

as·pé·rri·mo, -a [aspérrimo, -a] *adj* CULT *superl* de *áspero.*

as·per·sión [aspersjón] *s/f* Acción de asperjar. LOC **Riego por aspersión**, riego con lluvia artificial.

as·per·so·rio [aspersórjo] *s/m* Instrumento para asperjar.

ás·pid [áspið] *s/m* **1.** Víbora muy venenosa. **2.** Serpiente venenosa.
ORT También: *Áspide*.

as·pi·lle·ra [aspiʎéra] *s/f* Abertura estrecha y larga para disparar.

as·pi·ra·ción [aspiraθjón] *s/f* **1.** Acción de aspirar. **2.** Deseo de obtener algo. **3.** FON Al articular sonidos con fuerza, roce del aliento por el canal articulatorio abierto.

as·pi·ra·do, -a [aspiráðo, -a] *adj* y *s/m,f* Se dice de las voces o fonos emitidos con aspiración.

as·pi·ra·dor, -ra [aspiraðór, -ra] *s/m,f* Se dice del aparato que aspira el polvo del suelo, cortinas, etc.

as·pi·ran·te [aspiráɲte] *adj* y *s/m,f* Persona que aspira a algo (puesto o premio).

as·pi·rar [aspirár] *v/tr* **1.** En seres vivos, atraer el aire a los pulmones. **2.** En máquinas, introducir en su interior un elemento por el sistema del vacío. **3.** FON Emitir fonos con un soplo gutural sordo (la 'h' alemana, *por ej*). **4.** (Con *a*) Anhelar o desear algo: *Aspirar a ganar el Nobel.* RPr **Aspirar a.**

as·pi·ri·na [aspirína] *s/f* Fármaco antirreumático y antipirético que contiene el ácido acetil-salicílico.

as·que·ar [askeár] *v/tr, intr* Causar o sentir asco de algo. RPr **Asquearse de:** *Asquearse de la vida.*

as·que·ro·si·dad [askerosiðáð] *s/f* Cualidad de asqueroso.

as·que·ro·so, -a [askeróso, -a] *adj* y *s/m,f* **1.** Aplicado a personas y cosas, muy sucio. **2.** FIG Se aplica a personas de comportamiento ruin.

as·ta [ásta] **I.** *s/f* **1.** Palo de una lanza, flecha, bandera o brocha. **2.** Material usado en la fabricación de peines. **3.** En un buque, cada una de las piezas de su armazón, de la cuadra a proa y popa. **II.** *pl* Cornamenta de animal: *Las astas del ciervo.* LOC **(Bandera) a media asta**, en posición de duelo.

as·ta·do, -a [astáðo, -a] *adj* Se aplica al animal con astas.

as·te·nia [asténja] *s/f* Debilidad generalizada del organismo o debilidad muscular.

as·té·ni·co, -a [asténiko, -a] *adj* y *s/m,f* Se aplica a quien padece astenia.

as·te·ris·co [asterísko] *s/m* Signo ortográfico en forma de estrella (*) y de uso convencional.

as·te·roi·de [asteróiðe] **I.** *adj* De forma de estrella. **II.** *s/m* Pequeños planetas situados entre las órbitas de Marte y Júpiter.

as·tig·má·ti·co, -a [astiɣmátiko, -a] *adj* Que tiene astigmatismo.

as·tig·ma·tis·mo [astiɣmatísmo] *s/m* MED Defecto óptico que deforma y alarga las imágenes en una dirección.

as·til [ástil] *s/m* **1.** Mango de instrumento (hacha, azada, etc.) **2.** Varilla de una flecha. **3.** Barra horizontal de la que cuelgan los platillos de una balanza. **4.** En las plumas de ave, el eje córneo.

as·ti·lla [astíʎa] *s/f* **1.** Fragmento irregular desgajado de una pieza de madera. **2.** Esquirla de un hueso, piedra u otro material. LOC **Hacer astillas**, destruir enteramente: *Este escándalo ha hecho astillas su reputación.*

as·ti·llar [astiʎár] *v/tr* Hacer(se) astillas.

as·ti·lle·ro [astiʎéro] *s/m, pl* Talleres donde se construyen y reparan barcos.

as·ti·llo·so, -a [astiʎóso, -a] *adj* Que se rompe fácilmente en astillas.

as·tra·cán [astrakán] *s/m* Piel de cordero nonato, fina y rizada.

as·tra·ca·na·da [astrakanáða] *s/f* Obra de teatro de humor disparatado.

as·trá·ga·lo [astráɣalo] *s/m* **1.** ARQ Anillo bajo el capitel de una columna. **2.** ZOOL Hueso del tarso, taba.

as·tral [astrál] *adj* Referente a los astros.

as·trin·gen·cia [astriŋxénθja] *s/f* Calidad de astringente.

as·trin·gen·te [astriŋxéɲte] *adj* y *s/m* Que astringe: *Medicamento astringente.*

as·trin·gir [astriŋxír] *v/tr* MED Producir contracción en un tejido orgánico.
CONJ Tiene un *p irreg*, 'astricto, -a', además del *reg*.
ORT Ante *o/a* la *g* cambia en *j*: *Astrinjo.*

as·tro [ástro] *s/m* Cada uno de los cuerpos celestes del firmamento. LOC **Astro de la pantalla**, artista de TV.

as·tro·fí·si·ca [astrofísika] *s/f* División de la astronomía que estudia la constitución física de los astros.

as·tro·fí·si·co, -a [astrofísiko, -a] *adj* y *s/m,f* Referente a la astrofísica o especialista en ella.

as·tro·la·bio [astroláβjo] *s/m* ASTRON Aparato antiguo para medir la altura de los astros y averiguar la latitud y hora.

as·tro·lo·gía [astroloxía] *s/f* Ciencia, mezcla de magia y astronomía.

as·tro·ló·gi·co, -a [astrolóxiko, -a] *adj* Referente a la astrología.

as·tró·lo·go, -a [astróloɣo, -a] *s/m,f* Practicante de la astrología.

as·tro·nau·ta [astronáuta] *s/m,f* Tripulante de una astronave.

as·tro·náu·ti·ca [astronáutika] *s/f* Ciencia de la navegación interplanetaria.

as·tro·na·ve [astronáβe] *s/f* Vehículo para la navegación interplanetaria.

as·tro·no·mía [astronomía] *s/f* Ciencia que estudia lo relativo a los astros.

as·tro·nó·mi·co, -a [astronómiko, -a] *adj* **1.** Referente a los astros. **2.** FIG (Aplicado a precios) Muy elevado.

as·tró·no·mo [astrónomo] *s/m* El especialista en astronomía.

as·tro·so, -a [astróso, -a] *adj* **1.** Desdichado. **2.** (Referido al aspecto personal y vestidos) Andrajoso. **3.** Despreciable.

as·tu·cia [astúθja] *s/f* Cualidad de astuto.

as·tu·ria·no, -a [asturjáno, -a] *adj* De Asturias.

as·tu·to, -a [astúto, -a] *adj* Se dice de quien es hábil para alcanzar algo con engaños.

a·sue·to [aswéto] *s/m* **1.** Vacación de medio o todo el día (aplicado *esp* a estudiantes). **2.** Descanso breve.

a·su·mir [asumír] *v/tr* **1.** Atraer hacia sí o tomar la responsabilidad de algo. **2.** Alcanzar, tener: *El incendio asumió grandes proporciones.* **3.** Dar por supuesto: *Asumo que eres el jefe.*

a·sun·ción [asunθjón] *s/f* **1.** Acción de asumir o hacerse cargo de algo. **2.** Suposición.

a·sun·to [asún̪to] *s/m* **1.** Cuestión o problema. **2.** Negocio: *Trae asuntos sucios entre manos.*

a·sus·ta·di·zo, -a [asustaðíθo, -a] *adj* Propenso al susto: *Niña asustadiza.*

a·sus·tar [asustár] *v/tr* Dar o causar miedo o susto. RPr **Asustarse de/por:** *Se asusta del ruido. No me asusto por nada.*

a·ta·bal [ataβál] *s/m* MÚS Timbal.

a·ta·ba·le·ar [ataβaleár] *v/intr* Tamborilear con los dedos sobre algo.

a·ta·can·te [atakán̪te] *adj* y *s/m,f* Que ataca.

a·ta·car [atakár] *v/tr* **1.** Agredir, combatir contra alguien, especialmente en la guerra. **2.** Lanzarse contra alguien para dañarle: *Los lobos atacaron al redil.* **3.** FIG Censurar a alguien de palabra o por escrito. **4.** Corroer: *El orín ataca al hierro.* **5.** Comenzar una empresa o estudio: *Atacó el estudio de la gramática.* **6.** Sorprenderle a uno algo física o moralmente: *Le atacó la risa en plena ceremonia.*
ORT Ante *e* la *c* cambia en *qu*: *Ataqué.*

a·ta·de·ro [ataðéro] *s/m* **1.** Lo que sirve para atar. **2.** Anillo o gancho en donde se ata algo.

a·ta·di·jo [ataðíxo] *s/m* **1.** Paquete pequeño irregular. **2.** Atadero.

a·ta·do [atáðo] *s/m* Cosas atadas.

a·ta·du·ra [ataðúra] *s/f* **1.** Acción y/o efecto de atar. **2.** Cosa con que se ata algo: *Las ataduras del prisionero.*

a·ta·jar [ataxár] **I.** *v/intr* Tomar un atajo. **II.** *v/tr* **1.** Poner un obstáculo a algo o cortar el paso a quien huye saliendo por un atajo: *La policía le atajó en plena calle.* **2.** FIG Detener a alguien en su actuación, interrumpir algo que está siendo realizado o impedir un abuso: *Hay que atajar esta calumnia como sea.*

a·ta·jo [atáxo] *s/m* **1.** FIG Grupo de personas (con matiz peyorativo): *Sois un atajo de gandules.* **2.** Serie o sarta de algo (mentiras, calumnias, disparates): *¡Vaya atajo de mentiras que soltó!* **3.** Senda por donde se abrevia el camino.

a·ta·la·ya [atalá*J*a] *s/f* **1.** Torre de observación. **2.** *m* El que vigila desde una atalaya.

a·ta·la·yar [atala*J*ár] *v/tr* Observar (campo o mar) desde una atalaya.

a·ta·mien·to [atamjén̪to] *s/m* Acción de atar.

a·ta·ñer [ataɲér] *v/intr* **1.** Concernir. **2.** Corresponder a alguien un papel determinado: *Esta medida atañe al Gobierno.* RPr **Atañer a.**
CONJ *Irreg* (*us* en *3.ª pers*): *Atañe, atañó, atañerá, atañido.*

a·ta·que [atáke] *s/m* **1.** Acción de atacar. **2.** Acceso de algo (tos, fiebre, ira, risa, etc.): *Ataque de nervios.* LOC **¡Al ataque!,** orden para iniciar algo.

a·tar [atár] *v/tr* **1.** Sujetar algo o a alguien a un lugar con una cuerda, cadena, etc. **2.** Ceñir algo para que no se descomponga en sus partes. **3.** FIG Sujetar, dejar sin libertad: *El miedo le ató de pies y brazos.* LOC **Atar corto a uno,** controlarle bien. **Atar la lengua,** silenciar a alguien. RPr **Atar a/con/por/de:** *Ató el caballo con una cuerda. No se ata a nadie/por nada.*

a·ta·ra·xia [atará(k)sja] *s/f* Tranquilidad de espíritu.

a·ta·ra·za·na [ataraθána] *s/f* Arsenal.

a·tar·de·cer [atarðeθér] **I.** *v/intr* Caer el día. **II.** *s/m* El período en que atardece.

LOC **Al atardecer,** cuando empieza a oscurecer.
CONJ Usado en *3.ª pers*

a·ta·rea·do, -a [atareáðo, -a] *adj* Se aplica a quien está entregado a su trabajo.

a·ta·re·ar [atareár] **I.** *v/tr* Asignar un trabajo o tarea a alguien. **II.** REFL(-SE) Aplicarse mucho al trabajo. RPr **Atarearse en/con:** *Está atareado con/en el estudio.*

a·ta·ru·gar [ataruɣár] **I.** *v/tr* **1.** Fijar algo con tarugos. **2.** Rellenar huecos con tarugos. **II.** REFL(-SE) **1.** Embrollarse mentalmente. **2.** FIG Atiborrarse de comida.
ORT Ante *e* la *g* cambia en *gu: Me atarugué.*

a·tas·ca·de·ro [ataskaðéro] *s/m* Sitio de fácil atasco.

a·tas·ca·mien·to [ataskamjé̪nto] *s/m* Atasco.

a·tas·car [ataskár] **I.** *v/tr* Taponar un hueco, hendidura o conducto: *La helada atascó las cañerías.* **II.** REFL(-SE) **1.** Quedarse algo inmovilizado: *El coche se atascó en la nieve.* **2.** FIG Detenerse alguien ante una dificultad.
ORT Ante *e* la *c* cambia en *qu: Atasque.*

a·tas·co [atásko] *s/m* **1.** Acción y efecto de atascar(se). **2.** Embotellamiento (de circulación).

a·taúd [ataúð] *s/m* Caja de madera o metal donde se pone al muerto para enterrarlo.

a·ta·viar [ataβjár] *v/tr* Vestir a alguien con adornos. RPr **Ataviar(se) con/de:** *Le atavió de mosquetero/con cintas indias.*
ORT, PRON El acento recae sobre la *i* en el *sing* y *3.ª pers pl* del *indic* y *subj: Atavío, atavíen.*

a·tá·vi·co, -a [atáβiko, -a] *adj* Referente al atavismo.

a·ta·vío [ataβío] *s/m* **1.** Manera de ir ataviado. **2.** *sing* o *pl* Vestidos y adornos de una persona.

a·ta·vis·mo [ataβísmo] *s/m* **1.** Semejanza con los antepasados. **2.** BIOL Caracteres de un antepasado no detectados en generaciones intermedias y presentes en un descendiente.

a·teís·mo [ateísmo] *s/m* Doctrina del ateo.

a·te·mo·ri·zar [atemoriθár] **I.** *v/tr* Asustar, causar temor. **II.** REFL(-SE) Asustarse. RPr **Atemorizarse de/por:** *Se atemoriza de/por todo.*
ORT Ante *e* la *z* cambia en *c: Atemoricé.*

a·tem·pe·ra·ción [atemperaθjón] *s/f* Acción de atemperar(se).

a·tem·pe·rar [atemperár] *v/tr* **1.** Moderar los sentimientos o pasiones violentos y/o su expresión. **2.** (Con *a*) Hacer algo consonante con una cosa: *Atempera los vestidos a la estación del año.* RPr **Atemperarse a (2).**

a·te·na·za·do, -a [atenaθáðo, -a] *adj* **1.** Se aplica a los reductos en forma de tenaza. **2.** Sujetado (seguido de *por*): *Está atenazado por los nervios.*

a·te·na·zar [atenaθár] *v/tr* **1.** Sujetar fuertemente, como con tenazas. **2.** FIG Hacer sufrir a alguien una obsesión, nervios ideas, etc.: *Le atenaza su sentido de responsabilidad.*
ORT Ante *e* la *z* cambia en *c: Atenacé*

a·ten·ción [atenθjón] *s/f* **1.** Acción de atender. **2.** *pl* Cuidados con que se obsequia a alguien: *Me cubrieron de atenciones durante mi estancia.* LOC **¡Atención!,** exclamación para avisar. **En atención a,** teniendo en cuenta: *En atención a su edad le perdonaron la vida.* **Llamar la atención,** *1.* Despertar la curiosidad. *2.* Reprender. *3.* Hacerse notar. **A la atención de,** dirigido a. **Dar un toque de atención a,** avisar a alguien.

a·ten·der [ate̪ndér] **I.** *v/tr* **1.** (Seguido de *a*) Cuidar de alguien o algo o preocuparse por ello dedicándole tiempo y esfuerzo: *El doctor atiende al enfermo.* **2.** Acoger favorablemente: *Atendieron su petición.* **II.** *v/intr* Prestar atención: *Atiende a tu trabajo.* LOC **Atender por,** llamarse: *El niño atiende por Cuqui.* **Estar bien/mal atendido,** recibir muchos o pocos cuidados. RPr **Atender a.**
CONJ *Irreg: Atiendo, atendí, atenderé, atendido.*

a·te·neo [atenéo] *s/m* Nombre de ciertas asociaciones culturales y/o local donde tienen su sede o se reúnen.

a·te·ner·se [atenérse] *v*/REFL(-SE) **1.** Ajustarse o limitarse a algo: *Se atiene a las órdenes recibidas.* **2.** (Con *imper*) Responsabilizarse de las consecuencias de algún hecho: *Atente a las consecuencias.* RPr **Atenerse a.**
CONJ *Irreg: Atengo, atuve, atendré, atenido.*

a·ten·ta·do [ate̪ntáðo] *s/m* Acción de atentar (contra la autoridad constituida, contra los derechos y libertades, etc.).

a·ten·ta·men·te [até̪ntame̪nte] *adv* Con atención y/o educación.

a·ten·tar [ate̪ntár] *v/intr* **1.** Intentar dañar gravemente a una institución o persona. **2.** Ir contra el bienestar físico o espiritual: *Este espectáculo atenta a las buenas costumbres.* RPr **Atentar a/contra.**

a·ten·ta·to·rio, -a [ate̪ntatórjo, -a] *adj* Se dice de lo que atenta contra algo.

a·ten·to, -a [até̪nto, -a] *adj* **1.** Se aplica a quien presta atención. **2.** Amable, cortés. RPr **Atento con/a:** *Está atento al menor ruido. Es atento con todos.*

a·te·nua·ción [atenwaθjón] *s/f* Acción y efecto de atenuar(se).

a·te·nuan·te [atenwánte] *adj* Que atenúa. LOC **Circunstancias atenuantes,** DER las que pueden disminuir la culpabilidad.

a·te·nuar [atenwár] *v/tr* Disminuir la intensidad o gravedad de algo.
PRON El acento recae sobre la *u* en el *pres* de *indic* y *subj* (*sing* y *3.ª pers pl*): *Atenúo, atenúas, atenúe...*

a·teo, -a [atéo, -a] *adj* y *s/m,f* Se dice de quien no cree en Dios.

a·ter·cio·pe·la·do, -a [aterθjopeláðo, -a] *adj* Como el terciopelo. LOC **Voz aterciopelada,** la que es muy suave.

a·te·ri·do, -a [ateríðo, -a] *adj* Con mucho frío: *El niño está aterido de frío.* RPr **Aterido de.**

a·te·rir [aterír] **I.** *v/tr* Poner el frío rígido a alguien. **II.** REFL(-SE) Quedarse yerto por causa del frío. RPr **Aterirse de:** *Aterirse de frío.*
CONJ Usado solo en *inf* y *participio.*

a·te·rrar [aterrár] **I.** *v/tr* Asustar o causar terror a alguien. **II.** REFL(-SE) Asustarse. RPr **Aterrarse de/por:** *Aterrarse de/por algo.*

a·te·rri·za·je [aterriθáxe] *s/m* Acción de aterrizar. LOC **Tren de aterrizaje**, el mecanismo para aterrizar un avión.

a·te·rri·zar [aterriθár] *v/intr* Tomar tierra un avión.
ORT Ante *e* la *z* cambia en *c: Aterrice.*

a·te·rro·ri·zar [aterroriθár] **I.** *v/tr* Producir terror a alguien. **II.** REFL(-SE) Asustarse. RPr **Aterrorizarse de/por:** *Se aterroriza de los precios. Os aterrorizáis por nada.*
ORT Ante *e* la *z* cambia en *c: Aterroricé.*

a·te·so·ra·mien·to [atesoramjénto] *s/m* Acción y resultado de atesorar.

a·te·so·rar [atesorár] *v/tr* **1.** Guardar cosas de valor. **2.** FIG Reunir cualidades o defectos.

a·tes·ta·do, (-a) [atestáðo, (-a)] **I.** *adj* Repleto. **II.** *s/m* Documento que relata la versión oficial de lo sucedido: *El atestado del accidente.* LOC **Hacer un atestado**, redactarlo. RPr **Atestado de (I):** *Lugar atestado de gente.*

a·tes·tar [atestár] *v/tr* **1.** Llenar algo hasta que no es posible meter más. **2.** Ocupar la gente un lugar enteramente.
CONJ *Irreg: Atiesto, atesté, atestaré, atestado.*

a·tes·ti·guar [atestiɣwár] *v/tr* **1.** Declarar algo como testigo. **2.** Demostrar algo o ser prueba de ello.
ORT La *u* lleva (¨) ante *e: Atestigüe.*

a·te·zar [ateθár] **I.** *v/tr* **1.** Volver algo liso o lustroso. **2.** Broncear el sol la piel. **II.** REFL(-SE) Ennegrecerse.
ORT Ante *e* la *z* cambia en *c: Atecé.*

a·ti·bo·rra·mien·to [atiβorramjénto] *s/m* Acción y efecto de atiborrar.

a·ti·bo·rrar [atiβorrár] **I.** *v/tr* Llenar completamente. **II.** REFL(-SE) Hartarse: *Se atiborraron de ostras.* RPr **Atiborrarse de.**

á·ti·co [átiko] *s/m* ARQ Último piso, con terraza, de un inmueble.

a·tie·sar [atjesár] *v/tr* Poner algo tieso.

a·til·dar [atildár] I. *v/tr* Poner acentos o tildes a las letras. **II.** REFL(-SE) Asearse con esmero: *Se atilda de forma llamativa.*

a·ti·na·do, -a [atináðo, -a] *adj* **1.** Juicioso. **2.** Oportuno y pertinente.

a·ti·nar [atinár] *v/intr* **1.** Dar con algo o encontrarlo de manera casual, sin buscarlo expresamente: *No atinaba con la casa.* **2.** Dar en el blanco con algo que se dispara, acertar: *Es un buen tirador, siempre atina al blanco.* RPr **Atinar a/en/con.**

a·tí·pi·co, -a [atípiko, -a] *adj* Que no es típico o normal.

a·ti·pla·do, -a [atipláðo, -a] *adj* Agudo: *Voz atiplada.*

a·ti·plar [atiplár] **I.** *v/tr* Agudizar un instrumento al tono de tiple. **II.** REFL(-SE) Volverse la voz o un instrumento agudo.

a·ti·ran·tar [atirantár] *v/tr* Poner algo tirante.

a·tis·bar [atisβár] *v/tr* **1.** Mirar algo con disimulo. **2.** Ver algo tenuemente, real o figuradamente.

a·tis·bo [atísβo] *s/m* **1.** Acción de atisbar. **2.** (Precedido de *un* o en *pl*) Indicio(s): *Hay atisbos de mejoría en el tiempo.*

¡a·ti·za! [atíθa] *interj* Exclamación de sorpresa.

a·ti·zar [atiθár] *v/tr* **1.** Avivar la lumbre de un fuego. **2.** COL Propinar un golpe a alguien: *Le atizó un puñetazo.* **3.** FIG Fomentar las pasiones.
ORT Ante *e* la *z* cambia en *c: Aticé.*

a·tlan·te [atlánte] *s/m* ARQ Estatua en forma de hombre utilizada como columna.

a·tlán·ti·co, -a [atlántiko, -a] *adj* Referente al océano Atlántico.

a·tlas [átlas] *s/m* GEOGR Colección de mapas.

a·tle·ta [atléta] **I.** *s/m* Hombre que competía en los ejercicios gimnásticos de la antigüedad griega y romana. **II.** *m/f* Persona bien dotada físicamente y/o que sobresale en las competiciones atléticas.

a·tlé·ti·co, -a [atlétiko, -a] *adj* Referente al atleta o las competiciones en las que participa: *Marcha atlética.*

a·tle·tis·mo [atletísmo] *s/m* DEP Actividad de fuerza y/o rapidez: carreras, saltos y lanzamientos.

at·mós·fe·ra [atmósfera] *s/f* **1.** Masa gaseosa que envuelve la Tierra. **2.** Aire en un local: *En este bar hay una atmósfera muy cargada.* **3.** FIG Condicionamientos que rodean a una persona o lugar: *La atmósfera de esta oficina es muy cordial.* **4.** FÍS Unidad de presión equivalente al peso de una columna de mercurio de 760 mm sobre un cm^2.
ORT También: *Atmosfera.*

at·mos·fé·ri·co, -a [atmosfériko, -a] *adj* Referente a la atmósfera.

a·to·lón [atolón] *s/m* Arrecife coralino que rodea a una laguna comunicada con el mar por canales estrechos.

a·to·lon·dra·do, -a [atolondráðo, -a] *adj* Con atolondramiento.

a·to·lon·dra·mien·to [atolondramjénto] *s/m* Acción y efecto de atolondrar(se).

a·to·lon·drar [atolondrár] *v/tr,* REFL(-SE) **1.** Aturdirse por una impresión fuerte o por un golpe en la cabeza. **2.** Perder alguien la calma y serenidad para hacer algo por razones externas.

a·to·lla·de·ro [atoʎaðéro] *s/m* **1.** Lugar fangoso donde se atascan los vehículos. **2.** FIG Lugar de salida difícil: *Las negociaciones han entrado en un atolladero.* LOC **Estar en un atolladero,** estar en dificultades.

a·to·llar [atoʎár] *v/intr* Atascar.

a·tó·mi·co, -a [atómiko, -a] *adj* Referente al átomo.

a·to·mi·za·ción [atomiθaθjón] *s/f* Acción de atomizar.

a·to·mi·zar [atomiθár] *v/tr* Dividir una cosa en partículas, en sentido real o figurado: *Atomizar un líquido.*
ORT Ante *e* la *z* cambia en *c: Atomicé*

á·to·mo [átomo] *s/m* **1.** Partícula de un cuerpo simple indivisible químicamente. **2.** Partícula muy pequeña de algo.

a·to·nía [atonía] *s/f* Carencia de fuerza muscular o entusiasmo.

a·tó·ni·to, -a [atónito, -a] *adj* Asombrado hasta el desconcierto.

á·to·no, -a [átono, -a] *adj* Sin acento.

a·ton·ta·mien·to [atontamjénto] *s/m* Acción y efecto de atontar.

a·ton·ta·do, -a [atontáðo, -a] *adj* y *s/m,f* Se dice del que tiene atontamiento.

a·ton·tar [atontár] *v/tr* Volver a alguien tonto o como tonto a causa de un golpe, ruido o sensación.

a·ton·to·li·nar [atontolinár] *v/tr* COL Atontar.

a·to·rar [atorár] **I.** *v/tr* Obturar un conducto. **II.** REFL(-SE) **1.** Enfangarse. **2.** Atragantarse.
CONJ *Irreg: Atuero, atoró, atoraré, atorado* (sólo en **II**).

a·tor·men·tar [atormentár] **I.** *v/tr* **1.** Causar tormento a alguien. **2.** FIG Hacer padecer a alguien. **II.** REFL(-SE) Preocuparse de algo con exceso: *Se atormenta con recuerdos tristes.* RPr **Atormentar(se) por/con (algo).**

a·tor·ni·llar [atorniʎár] *v/tr* **1.** Introducir un tornillo haciéndolo girar. **2.** FIG Ser exigente.

a·tor·to·lar [atortolár] **I.** *v/tr* **1.** Aturdir o turbar. **2.** Intimidar. **II.** REFL(-SE) Enamorarse como un tórtolo.

a·to·si·ga·mien·to [atosiɣamjénto] *s/m* Acción de atosigar(se).

a·to·si·gar [atosiɣár] *v/tr* Abrumar a alguien con prisas u órdenes contradictorias.
ORT Ante *e* la *g* cambia en *gu: Atosigué.*

a·tra·bi·lia·rio, -a [atraβiljárjo, -a] *adj* Se dice del irascible.

a·tra·ca·de·ro [atrakaðéro] *s/m* Lugar para atracar.

a·tra·ca·dor, -ra [atrakaðór, -ra] *adj* y *s/m,f* Que atraca, asalta o roba.

a·tra·car [atrakár] **I.** *v/tr* **1.** Amarrar una embarcación. **2.** COL Hacer comer a alguien hasta la saciedad. **3.** Robar a mano armada: *Ayer atracaron esta tienda.* **II.** REFL(-SE) Hartarse: *Se atracó de helados.* RPr **Atracarse de/a.**
ORT Ante *e* la *c* cambia en *qu: Atraqué.*

a·trac·ción [atra(k)θjón] *s/f* **1.** Acción de atraer o fuerza que atrae. **2.** *pl* Diversiones.

a·tra·co [atráko] *s/m* Acción de atracar.

a·tra·cón [atrakón] *s/m* COL Acción y efecto de hartarse.

a·trac·ti·vo, (-a) [atraktíβo, (-a)] **I.** *adj* Se aplica a las personas que atraen por su trato o cualidades. **II.** *s/m* Cualidad(es) en una persona o cosa que atrae(n) a los demás.

a·tra·er [atraér] *v/tr* **1.** Hacer algo que otra cosa se acerque. **2.** Congregar una cosa a personas o animales en torno a sí: *El accidente atrajo a muchos peatones.* **3.** Convencer a alguien para que se adhiera a sus ideas o proyectos: *Los atrajo a su partido político.* RPr **Atraer a.**
CONJ *Irreg: Atraigo, atraje, atraeré, atraído.*

a·tra·fa·gar·(se) [atrafaɣár(se)] *v/intr* Andar muy atareado.

ORT Ante *e* la *g* cambia en *gu: Me atrafagué.*

a·tra·gan·ta·mien·to [atraγan̪tamjén̪to] *s/m* Acción y resultado de atragantarse.

a·tra·gan·tar [atraγan̪tár] **I.** *v/tr* Obturar algo la garganta. **II.** REFL(-SE) **1.** Quedarse con la garganta obstruida. **2.** Reaccionar el organismo cuando el alimento intenta penetrar por las vías respiratorias. **3.** Resultarle a uno desagradable una cosa o persona: *Este periódico se me ha atragantado.*

a·tran·car [atraŋkár] *v/tr* **1.** Cerrar (puerta o ventana) con una tranca. **2.** Obturar un conducto.
ORT Ante *e* la *c* cambia en *qu: Atranque*

a·tra·par [atrapár] *v/tr* **1.** Coger algo con rapidez o con una trampa. **2.** FIG Obtener algo por suerte o méritos propios.

a·trás [atrás] **I.** *adv* **1.** Hacia la zona que está detrás. **2.** En la zona de detrás: *Los niños se sientan atrás.* **3.** Antes en el tiempo: *Días atrás.* **II.** *interj* Orden de retroceder: *¡Atrás o disparo!*

a·tra·sa·do, -a [atrasáðo, -a] *adj* **1.** Más atrás de lo debido: *Tu reloj va atrasado.* **2.** Poco provechoso en los estudios. **3.** Desfasado en relación con la actualidad: *Una moda atrasada.* LOC **Atrasado mental**, persona subnormal.

a·tra·sar [atrasár] **I.** *v/tr* **1.** Hacer retroceder las agujas de un reloj. **2.** Demorar algo: *El tren atrasó su salida.* **II.** *v/intr* Funcionar un reloj con más lentitud de la debida: *Tu reloj atrasa.* **III.** REFL(-SE) Retrasarse algo o alguien.

a·tra·so [atráso] *s/m* **1.** Retraso en una llegada o situación. **2.** *pl* Importes no pagados y debidos: *Mañana te pagaré los atrasos.*

a·tra·ve·sa·do, -a [atraβesáðo, -a] *adj* **1.** (Con *en*) Cruzado: *Un coche atravesado en la carretera.* **2.** Bizco. **3.** De mala intención. LOC **Tener a alguien atravesado**, no tenerle simpatía.

a·tra·ve·sar [atraβesár] **I.** *v/tr* **1.** Cruzar algo de parte a parte un lugar. **2.** FIG Pasar algo por una situación determinada: *La agricultura atraviesa momentos difíciles.* **II.** REFL(-SE) Inmiscuirse en algo que está ocurriendo, cambiando su curso.
CONJ *Irreg: Atravieso, atravesé, atravesaré, atravesado.*

a·tra·yen·te [atraJén̪te] *adj* Que atrae.

a·tre·ver·se [atreβérse] *v/*REFL(-SE) Ser capaz de realizar algo sin temor: *Se atreve a todo.* LOC **Atreverse con,** *1.* Ser capaz de hacer algo: *¿Te atreves con este pastel? 2.* Enfrentarse con alguien. RPr **Atreverse con/a.**

a·tre·vi·do, -a [atreβíðo, -a] **I.** *adj* **1.** Osado. **2.** Insolente. **3.** Indecoroso: *Lleva un escote muy atrevido.* **II.** *s/m,f* Quien tiene o demuestra atrevimiento.

a·tre·vi·mien·to [atreβimjén̪to] *s/m* Actitud o acción atrevida.

a·tri·bu·ción [atriβuθjón] *s/f* **1.** Acción de atribuir. **2.** Poder o facultad de una persona en razón de su cargo.

a·tri·buir [atriβwír] **I.** *v/tr* Asignar a algo o a alguien la autoría o la causa de lo expresado: *Atribuye su muerte a un infarto.* **II.** REFL(-SE) Apropiarse de poder o funciones indebidamente. RPr **Atribuir (algo) a (alguien).**
CONJ *Irreg: Atribuyo, atribuí, atribuiré, atribuido.*

a·tri·bu·la·do, -a [atriβuláðo, -a] *adj* Lleno de tribulaciones.

a·tri·bu·lar [atriβulár] *v/tr* Ocasionar tribulación.

a·tri·bu·ti·vo, -a [atriβutíβo, -a] *adj* GRAM Se dice de lo que atribuye o tiene función de atributo.

a·tri·bu·to [atriβúto] *s/m* **1.** Cualidad intrínseca de un ser o institución. **2.** Objeto que simboliza algo: *El cetro es el atributo de la realeza.* **3.** GRAM Cualidad o estado que se dice del sujeto.

a·tri·ción [atriθjón] *s/f* Dolor por haber ofendido a Dios.

a·tril [atríl] *s/m* Soporte para poder leer un libro sin sostenerlo con las manos.

a·trin·che·ra·mien·to [atrin̪tʃeramjén̪to] *s/m* **1.** Conjunto de trincheras. **2.** Acción de atrincherar(se).

a·trin·che·rar [atrin̪tʃerár] **I.** *v/tr* Rodear un lugar con trincheras. **II.** REFL(-SE) **1.** Colocarse en trincheras. **2.** FIG Defenderse cerrándose en torno a una actitud determinada. RPr **Atrincherarse en/tras:** *Se atrinchera en/tras su condición de abogado.*

a·trio [átrjo] *s/m* **1.** Espacio rodeado de columnas delante de un palacio o templo. **2.** Espacio interior porticado en un convento.

a·tri·to, -a [atríto, -a] *adj* Arrepentido de pecar.

a·tro·ci·dad [atroθiðáð] *s/f* **1.** Crueldad. **2.** *pl* Disparates por su grado de exageración o exceso.

a·tro·fia [atrófja] *s/f* Ausencia de desarrollo normal de algún elemento del cuerpo.

a·tro·fiar [atrofjár] **I.** *v/tr* Causar atrofia. **II.** REFL(-SE) Padecerla.

a·tro·na·dor, -ra [atronaðór, -ra] *adj* Que ensordece: *Fue recibido con una atronadora ovación.*

a·tro·nar [atronár] *v/tr* **1.** Emitir un ruido parecido a un trueno. **2.** Aturdir con un gran ruido: *Este griterío me atruena.*
CONJ *Irreg: Atrueno, atroné, atronaré, atronado.*

a·tro·pe·llar [atropeʎár] **I.** *v/tr* **1.** Arrollar un vehículo a alguien. **2.** Abrirse paso a empujones. **3.** FIG Arrollar todos los obstáculos físicos o morales (autoridad, leyes, etc.) para conseguir los propios fines. **II.** REFL(-SE) Apresurarse demasiado al hacer algo: *Se atropella al hablar.*

a·tro·pe·llo [atropéʎo] *s/m* Acción y efecto de atropellar(se).

a·troz [atróθ] *adj* **1.** Desmesurado. **2.** Cruel, que causa dolor intenso o resulta malo por las consecuencias que trae consigo.
ORT *Pl: Atroces.*

a·ttre·zzo [atréθo] *s/m* Conjunto de accesorios precisos para escenificar algo.

a·tuen·do [atwéndo] *s/m* Ropa y/o adornos que se llevan puestos.

a·tu·far [atufár] **I.** *v/intr* Oler mal: *Este cuarto atufa.* **II.** REFL(-SE) Intoxicarse por el tufo.

a·tún [atún] *s/m* Pez comestible, de gran tamaño. LOC **Ser un pedazo de atún,** COL ser bobo.

a·tu·ne·ro, -a [atunéro, -a] **I.** *adj* Que trata en o con atún: *Barcos atuneros.* **II.** *s/m, f* El tratante o pescador de atún.

a·tur·di·do, -a [aturðíðo, -a] *adj* Se dice del que actúa sin reflexionar o fuertemente impresionado por algo.

a·tur·di·mien·to [aturðimjénto] *s/m* Estado de aturdido.

a·tur·dir [aturðír] *v/tr* Dejar a uno sin capacidad de reacción a causa de un golpe físico o moral.

a·tu·ru·llar [aturuʎár] **I.** *v/tr* Confundir. **II.** REFL(-SE) Turbarse por algo.

a·tu·sar [atusár] **I.** *v/tr* Arreglar el pelo pasando por él la mano o el peine ligeramente mojado. **II.** REFL(-SE) Acicalarse.

au·da·cia [audáθja] *s/f* **1.** Osadía. **2.** Descaro.

au·daz [auðáθ] *adj* y *s/m,f* Atrevido.
ORT *Pl: Audaces.*

au·di·ble [auðíβle] *adj* Capaz de oírse.

au·di·ción [auðiθjón] *s/f* **1.** Facultad o acción de oír. **2.** Concierto o recital ante público: *Una audición de música rock.*

au·dien·cia [auðjénθja] *s/f* **1.** Recepción que otorga una persona importante (rey, jefe de Gobierno, etc.) **2.** Sesión pública de un tribunal. **3.** El territorio de una audiencia nacional, territorial, provincial o comarcal. LOC **De poca (o mucha) audiencia,** se aplica al programa radiofónico o de TV seguido por mucha o poca gente.

au·dí·fo·no [auðífono] *s/m* Aparato para mejorar la audición.

au·dio·vi·sual [auðjoβiswál] *adj* Se aplica a los medios o métodos de enseñanza a base de sensaciones auditivas y visuales.

au·di·ti·vo, -a [auðitíβo, -a] *adj* Relativo al oído.

au·di·tor [auðitór] *s/m* **1.** Funcionario que interpreta las leyes en los tribunales militares. **2.** Inspector de cuentas.

au·di·to·ría [auðitoría] *s/f* El empleo de auditor, su trabajo o despacho.

au·di·to·rio [auðitórjo] *s/m* **1.** Conjunto de asistentes a un acto (conferencia, recital, etc.). **2.** La sala destinada a tales actos.

au·di·tó·rium [auðitórium] *s/m* Sala para conferencias, audiciones, etc.

au·ge [áuxe] *s/m* Punto culminante de una actividad, cualidad o situación.

au·gur [auγúr] *s/m* Sacerdote-adivino romano.

au·gu·rar [auγurár] *v/tr* Predecir.

au·gu·rio [auγúrjo] *s/m* Presagio.

au·gus·to, (-a) [auγústo, (-a)] **I.** *adj* Se aplica a los miembros de una familia real. **II.** *s/m* En una pareja de payasos, el 'listo'.

au·la [áula] *s/f* Local donde se imparten clases en un centro de enseñanza.

au·llar [auʎár] *v/intr* Emitir gruñidos algunos animales (lobo, perro, coyote).
ORT El acento tónico recae sobre la *u* en *aúllo, aúlle,* etc. (en el *sing* y *3.ª pers pl* del *pres* de *indic* y *subj*).

au·lli·do [auʎíðo] *s/m* Voz lastimera y continuada de algunos cánidos.

au·men·tar [aumentár] *v/tr, intr* Incrementar algo en intensidad, cantidad o tamaño. RPr **Aumentar de/en:** *Aumentar de precio/en peso.*

au·men·ta·ti·vo, -a [aumentatíβo, -a] *adj* GRAM Se dice de los sufijos que intensifican el significado de una palabra, *por ej: -azo, -acho, -ote,* etc.: *chicazo, grandote.* A veces son despectivos: *mujerota*; ponderativos: *lanchaza*, o diminutivos: *islote.*

au·men·to [auménto] *s/m* **1.** Acción de aumentar. **2.** En aparatos ópticos, unidad de amplificación de las imágenes: *Estos prismáticos tienen veinte aumentos.*

aún, aun [aún] *adv* **I.** (Con acento). Todavía: *Aún no lo sé.* **II.** (Sin acento). **1.** Hasta, inclusive: *Te doy mil, aun dos* *mil pesetas, si me acompañas.* **2.** Aunque: *Va siempre a pie, aun en pleno verano.* LOC **Ni aun,** aunque se dé una circunstancia: *Ni aun así iré.* **Aun cuando,** a pesar de.

au·nar [aunár] **I.** *v/tr* Juntar (esfuerzos, voluntades, criterios) con vistas a un mismo fin. **II.** REFL(-SE) Juntarse.
ORT, PRON El acento cae sobre la *u* en el *sing* y *3.ª pers pl* del *pres* de *indic* y *subj: Aúno...*

aun·que [áuŋke] *conj* De valor *concesivo* o *adversativo.* Con valor concesivo indica que la acción se realizará *a pesar de* las dificultades expresadas en la oración subordinada. Puede construirse con *subj: Aunque llueva, saldremos de casa.* Con valor adversativo el 'aunque' puede ser sustituido por 'pero', 'si bien' y el verbo suele ir en *indic: Aunque tiene pulmonía, sigue fumando (= Sigue fumando, pero tiene pulmonía).*

¡aú·pa! [aúpa] *interj* **1.** Expresión para animar a alguien en la acción de algo. **2.** Fórmula usada con los pequeños para que se levanten. LOC **De aúpa,** denota intensidad de la cosa expresada.

au·par [aupár] *v/tr* **1.** Elevar a alguien en brazos. **2.** Ensalzar a alguien.
ORT La *u* recibe acento en *aúpo, aúpe,* etc. (*sing* y *3.ª pers pl* del *pres* de *indic* y *subj*).

au·ra [áura] *s/f* **1.** Viento suave y apacible. **2.** Halo que rodea a una persona y que algunos videntes dicen ver.

áu·reo, -a [áureo, -a] *adj* Dorado o de oro.

au·reo·la o **au·réo·la** [aureóla/auréola] *s/f* **1.** Círculo luminoso que rodea algunas cosas (imágenes sagradas, ángeles, astros...). **2.** FIG Fama que tiene una persona.

au·reo·lar [aureolár] *v/tr* Rodear algo con una aureola.

au·rí·cu·la [auríkula] *s/f* **1.** ZOOL Cavidad superior del corazón que recoge la sangre de las venas. **2.** Pabellón auditivo.

au·ri·cu·lar [aurikulár] **I.** *adj* Referente al oído. **II.** *s/m* **1.** Dedo meñique. **2.** Parte del teléfono que se aplica al oído. **3.** *pl* Aparatos que se aplican a los oídos para escuchar (música u otra transmisión).

au·rí·fe·ro, -a [aurífero, -a] *adj* Que lleva oro: *Río aurífero.*

au·ri·ga [auríɣa] *s/m* Cochero.

au·ro·ra [auróra] *s/f* **1.** El amanecer de un día. **2.** FIG El principio de algo: *La aurora de una nueva era.*

aus·cul·ta·ción [auskul̪taθjón] *s/f* Acción de auscultar.

aus·cul·tar [auskul̪tár] *v/tr* MED Aplicar el oído (a veces con la ayuda de un aparato adecuado) para escuchar los sonidos del pecho y abdomen.

au·sen·cia [ausénθja] *s/f* **1.** Estado de ausente. **2.** FIG Estado de distracción mental. **3.** Carencia: *Ausencia de sentido común, de ética.* **4.** Vacío que produce la falta de alguien: *Siento mucho la ausencia de mi mujer.*

au·sen·tar·se [ausen̪társe] *v/REFL(-SE)* Marcharse: *Se ausentó de la oficina.* RPr **Ausentarse de.**

au·sen·te [ausén̪te] **I.** *adj* Se dice de quien no está presente, especialmente a quien está fuera de su población o país. **II.** *s/m,f* Quien se ausenta o se ha ausentado.

aus·pi·ciar [auspiθjár] *v/tr* **1.** Predecir. **2.** Patrocinar.

aus·pi·cio [auspíθjo] *s/m* (Frecuentemente en *pl*) **1.** Indicio que se interpretaba a favor o en contra de algo. **2.** Protección.

aus·te·ri·dad [austeriðáð] *s/f* Calidad de austero.

aus·te·ro, -a [austéro, -a] *adj* **1.** Se aplica a las personas y costumbres sobrias: *Lleva una vida muy austera.* **2.** FIG *Por ext,* también se dice de las cosas de idénticas características: *Decoración austera.*

aus·tral [austrál] *adj* Referente al hemisferio o polo sur.

aus·tra·lia·no, -a [australjáno, -a] *adj* y *s/m,f* De Australia.

aus·tría·co o **aus·tria·co, -a** [austríako/austrjáko, -a] *adj* y *s/m,f* De Austria.

aus·tro [aústro] *s/m* Viento meridional.

au·tar·quía [autarkía] *s/f* **1.** Autosuficiencia económica de un Estado que no necesita importar bienes. **2.** Autosuficiencia en el gobierno de sí mismo.

au·ten·ti·ci·dad [auten̪tiθiðáð] *s/f* Cualidad de auténtico.

au·tén·ti·co, -a [autén̪tiko, -a] *adj* Se aplica a lo verdadero y no falsificado.

au·ten·ti·ca·ción [auten̪tikaθjón] *s/f* Acción de autenticar.

au·ten·ti·car [auten̪tikár] *v/tr* Legitimar un documento o una firma.
ORT Ante *e* la *c* cambia en *qu: Autentiqué.*

au·ten·ti·fi·car o **au·ten·ti·zar** [auten̪tifikár/auten̪tiθár] *v/tr* Autenticar.

au·to [áuto] *s/m* **1.** DER Sentencia de un tribunal. **2.** *pl* Documentación que refleja todo el proceso de una causa. **3.** Abreviatura usual por *automóvil.* LOC **El día de autos**, la fecha del delito. **Constar en autos**, quedar algo probado en un juicio.

Auto de comparecencia, el que atestigua una presencia.
Auto de fe, acción de destruir algo considerado como perjudicial (libros, drogas). Antiguamente, ejecución pública de una sentencia de la Inquisición.

au·to- [áuto-] Raíz griega usada como prefijo en la formación de palabras, incorporando el significado de *a sí mismo, por sí mismo.*

au·to·ad·he·si·vo, (-a) [autoaðesíβo, (-a)] **I.** *adj* Se dice de aquello que está preparado para adherirse por contacto: *Pegatinas autoadhesivas.* **II.** *s/m* Lo que se adhiere.

au·to·bio·gra·fía [autoβjoγrafía] *s/f* Biografía de uno mismo.

au·to·bio·grá·fi·co, -a [autoβjoγráfiko, -a] *adj* Referente a la autobiografía.

au·to·bom·ba [autoβómba] *s/m* Coche o camión con bomba para achicar líquidos.

au·to·bom·bo [autoβómbo] *s/m* Alabanza pública de los méritos propios.

au·to·bús [autoβús] *s/m* Automóvil de servicio público que sigue un trayecto y paradas fijas, especialmente en las ciudades.
Autobús climatizado, autobús con aire acondicionado.
Autobús de línea, aquel cuyo trayecto une distintas poblaciones.

au·to·ca·mión [autokamjón] *s/m* Camión automóvil.

au·to·car [autokár] *s/m* Automóvil para viajar por carretera sin trayectos predeterminados. A diferencia del autobús, en el autocar todos los pasajeros van sentados.

au·to·ci·ne [autoθíne] *s/m* Cine al aire libre, que se visiona desde el propio coche.

au·to·cla·ve [autokláβe] *s/m* Cámara o aparato hermético para desinfectar objetos.

au·to·cra·cia [autokráθja] *s/f* Sistema de gobierno unipersonal.

au·tó·cra·ta [autókrata] *s/m,f* Persona que detenta el poder supremo en solitario.

au·to·crá·ti·co, -a [autokrátiko, -a] *adj* Referente a la autocracia.

au·to·crí·ti·ca [autokrítika] *s/f* Ejercicio de la crítica sobre uno mismo.

au·tóc·to·no, -a [autóktono, -a] *adj* Nacido en el país de referencia.

au·to·de·fen·sa [autoðefénsa] *s/f* Acto de defenderse uno mismo.

au·to·des·truc·ción [autoðestru(k)θjón] *s/f* Acción de destruirse a sí mismo.

au·to·des·truir·se [autoðestrwírse] *v/*REFL(-SE) Destruirse a uno mismo.
CONJ Como *destruir.*

au·to·de·ter·mi·na·ción [autoðeterminaθjón] *s/f* Acción de decidir por sí (persona o comunidad) mismo.

au·to·di·dac·to, -a [autoðidákto, -a] **I.** *adj* Se aplica al que se ha educado e instruido por sí mismo. **II.** *s/m,f* La persona misma.
GRAM *Autodidacta* se emplea para el *m* y *f.*

au·tó·dro·mo [autóðromo] *s/m* Pista para carreras de coches.

au·to·es·cue·la [auto(e)skwéla] *s/f* Escuela donde se aprende a conducir.

au·to·fe·cun·da·ción [autofekundaθjón] *s/f* BOT Unión fecundante de los elementos de diferente sexo de una planta.

au·to·fi·nan·cia·ción [autofinanθjaθjón] *s/f* Calidad de fianänciarse por sí mismo.

au·tó·ge·no, -a [autóxeno, -a] *adj* Se dice de lo que se produce a sí mismo: *Soldadura autógena.*

au·to·ges·tión [autoxestjón] *s/f* Forma de gobernar una comunidad o empresa sin intervención de personas ajenas.

au·to·ges·tio·na·rio, -a [autoxestjonárjo, -a] *adj* Se dice de lo dirigido por autogestión.

au·to·gi·ro [autoxíro] *s/m* Artilugio volador sostenido por aspas que giran sobre un eje vertical; despega y aterriza verticalmente.

au·to·go·bier·no [autoγoβjérno] *s/m* Sistema de gobierno autónomo con poderes delegados del poder central.

au·tó·gra·fo, (-a) [autóγrafo, (-a)] *adj* **1.** Se aplica a lo escrito por el autor de su puño y letra. **2.** *s/m* Firma de alguien.

au·to·ma·ción [automaθjón] *s/f* ANGL Automatización.

au·tó·ma·ta [autómata] *s/f* **1.** Máquina programada que imita los movimientos y la forma de los seres animados. **2.** Se dice de quien tiene poca personalidad.

au·to·má·ti·co, (-a) [automátiko, (-a)] **I.** *adj* **1.** Se dice de lo que no precisa de intervención humana para operar. **2.** Se dice de los actos voluntarios realizados instintivamente. **II.** *s/m* Broche a presión para prendas de vestir.

au·to·ma·tis·mo [automatísmo] *s/m* Cualidad de automático (en mecanismos o actos voluntarios).

au·to·ma·ti·za·ción [automatiθaθjón] *s/f* Acción de automatizar.

au·to·ma·ti·zar [automatiθár] *v/tr* Aplicar procesos automáticos en la industria. ORT Ante *e* la *z* cambia en *c: Automatice.*

au·to·mo·tor [automotór] *s/m* Vagón de tren con motor incorporado.

au·to·mó·vil [automóβil] **I.** *adj* Se dice de lo que se mueve por sí mismo. **II.** *s/m* Vehículo movido por motor.

au·to·mo·vi·lis·mo [automoβilísmo] *s/m* Deporte o ciencia del automóvil.

au·to·mo·vi·lis·ta [automoβilísta] **I.** *adj* Referente al automóvil. **II.** *s/m, f* El/la aficionado/a al coche.

au·to·mo·vi·lís·ti·co [automoβilístiko, -a] *adj* Referente al automóvil.

au·to·no·mía [autonomía] *s/f* **1.** Estado de una región o país dotado de gobierno propio. **2.** FIG Facultad de obrar con independencia. **3.** Aplicado a coches o aviones, tiempo o distancia que se recorre sin repostar.

au·to·nó·mi·co, -a [autonómiko, -a] *adj* Referente a la autonomía.

au·tó·no·mo, -a [autónomo, -a] *adj* Dícese de quien tiene autonomía.

au·to·pis·ta [autopísta] *s/f* Carretera protegida con vallas, vado central divisorio, doble pista y sin cruces, para circulación de vehículos a motor.
Autopista de peaje, aquella en que se paga por circular.

au·to·pro·pul·sa·do, -a [autopropulsáðo, -a] *adj* Con autopropulsión.

au·to·pro·pul·sión [autopropulsjón] *s/f* Movimiento de traslación de una máquina con fuerza motriz propia.

au·top·sia [autó(p)sja] *s/f* En un cadáver, disección para investigar las causas del fallecimiento.

au·to·pull·man [autopúlman] *s/m* ANGL Autocar de gran lujo.

au·tor, -ra [autór, -ra] *s/m,f* **1.** El que realiza o produce una acción u obra. **2.** DER El ejecutor o inductor de un delito.

au·to·ría [autoría] *s/f* Calidad de autor.

au·to·ri·dad [autoriðáð] *s/f* **1.** Potestad y facultad de mandar y gobernar. **2.** Poder de una persona respecto a otra (padres para con los hijos, gobierno con los gobernados, etc.). **3.** Persona entendida en una materia determinada: *Es una autoridad en lengua.* **4.** Precedido de 'la', suele referirse a la 'autoridad policial': *¡Que llamen a la autoridad!* **5.** Autores que se citan para apoyar una tesis o determinadas ideas.

au·to·ri·ta·rio, -a [autoritárjo, -a] *adj* Se dice de personas o instituciones que gobiernan con despotismo.

au·to·ri·ta·ris·mo [autoritarísmo] *s/f* Cualidad o actitud autoritaria.

au·to·ri·za·ción [autoriθaθjón] *s/f* **1.** Acción de autorizar. **2.** Documento donde ésta se consigna.

au·to·ri·zar [autoriθár] *v/tr* **1.** Otorgar facultad para que una persona haga algo. **2.** Legalizar una firma, contrato, etc. ORT Ante *e* la *z* cambia en *c: Autoricé.*

au·to·rre·gu·la·ción [autorreγulaθjón] *s/f* Regulación por sí mismo.

au·to·rre·tra·to [autorretráto] *s/m* Retrato de alguien hecho por uno mismo.

au·to·ser·vi·cio [autoserβíθjo] *s/m* Establecimiento donde uno se sirve a sí mismo.

au·to·stop [autostó(p)] *s/m* ANGL *(Hacer, viajar en)* Acción de parar un vehículo para viajar gratis.

au·to·sto·pis·ta [autostopísta] *s/m,f* Persona que viaja haciendo autostop.

au·to·vía [autoβía] *s/f* Carretera de dos carriles en cada dirección.

au·xi·liar [au(k)siljár] **I.** *adj* Se dice de las personas o cosas que ayudan a otras: *Profesor auxiliar.* **II.** *s/m,f* Persona que ayuda o auxilia: *Auxiliar de vuelo.* **III.** *v/tr* Dar auxilio a alguien.

au·xi·lio [au(k)síljo] **I.** *s/m* **1.** Ayuda. **2.** Cosas con que se ayuda. **II.** *interj* Petición de ayuda: *¡Auxilio!*

a·val [aβál] *s/m* COM **1.** Firma en un documento que compromete a pagar si el obligado a ello no lo hiciera. **2.** Documento en que consta.

a·va·lan·cha [aβalántʃa] *s/f* **1.** Alud. **2.** FIG Un gran número: *Una avalancha de peticiones.*

a·va·lar [aβalár] *v/tr* **1.** Garantizar algo con un aval. **2.** Respaldar algo o a alguien.

a·va·lis·ta [aβalísta] *s/m,f* Persona que avala.

a·van·ce [aβánθe] *s/m* **1.** Acción de progresar física o figuradamente y el trecho progresado. **2.** Pronóstico o adelanto: *Avance del tiempo.* **3.** Anticipo dinerario.

a·van·za·da [aβanθáða] *s/f* Pequeño destacamento militar que explora el terreno.

a·van·za·do, -a [aβanθáðo, -a] *adj* **1.** Progresista. **2.** Viejo.

a·van·zar [aβanθár] **I.** *v/intr* Ir hacia adelante (real o figuradamente): *Las tropas avanzaron hasta el río.* **II.** *v/tr* Adelantar algo: *El equipo avanzó sus líneas.* ORT Ante *e* la *z* cambia en *c: Avancé.*

a·va·ri·cia [aβaríθja] *s/f* Afán de poseer riquezas.

a·va·ri·cio·so, -a [aβariθjóso, -a] *adj* Avariento.

a·va·rien·to, -a [aβarjéṇto, -a] *adj* y *s/m,f* Se dice del que tiene avaricia.

a·va·ro, -a [aβáro, a] *adj* y *s/m,f* Avariento.

a·va·sa·lla·mien·to [aβasaʎamjéṇto] *s/m* Acción de avasallar.

a·va·sa·lla·dor, ra [aβasaʎaðór, -ra] *adj* Se aplica al que avasalla.

a·va·sa·llar [aβasaʎár] *v/tr* Someter a alguien injustamente y por la fuerza.

a·va·tar [aβatár] *s/m* (Con frecuencia en *pl*) Cambio o suceso no previsto.

a·ve [áβe] *s/f* Animal vertebrado alado, ovíparo y con plumaje.

a·ve·ci·nar [aβeθinár] **I.** *v/tr* Domiciliar. **II.** REFL(-SE) **1.** Acercarse: *Se avecina el fin del mundo.* **2.** Establecerse: *Se avecinó en las afueras de la ciudad.* RPr **Avecinarse en.**

a·ve·cin·dar [aβeθiṇdár] *v/tr,* REFL(-SE) Avecinarse (**I** y **II. 2**).

a·ve·jen·tar [aβexeṇtár] *v/tr* Envejecer prematuramente.

a·ve·lla·na [aβeʎána] *s/f* Fruto del avellano.

a·ve·lla·nar [aβeʎanár] *s/m* Plantación de avellanos.

a·ve·lla·no [aβeʎáno] *s/m* Arbusto betuláceo productor de avellanas.

a·ve·ma·ría [aβemaría] *s/m* **1.** Oración a la Virgen. **2.** Cuenta del rosario.

a·ve·na [aβéna] *s/f* BOT Planta graminácea con espigas colgantes, cuya semillas se usan para pienso de las caballerías y en el ramo de la alimentacion,

a·ve·nar [aβenár] *v/tr* Drenar un terreno con zanjas o tuberías.

a·ve·nen·cia [aβenénθja] *s/f* Acuerdo, acción de avenirse.

a·ve·ni·da [aβeníða] *s/f* **1.** Crecida de un curso de agua. **2.** Calle espaciosa, con árboles.

a·ve·ni·do, -a [aβeníðo, -a] *adj* (Con *bien* o *mal*) **1.** Concorde o desacorde con alguien: *Son dos hermanos muy bien avenidos.* **2.** Se dice de quien está satisfecho (o no) con algo.

a·ve·ni·mien·to [aβenimjéṇto] *s/m* Acción de avenirse o su efecto.

a·ve·nir [aβenír] **I.** *v/tr* Poner de acuerdo. **II.** REFL(-SE) **1.** Ponerse de acuerdo sobre algo. **2.** (Con *a*) Conformarse con algo: *Se aviene a bajar de categoría.* RPr **Avenirse a.**
CONJ *Irreg: Avengo, avine, avendré, avenido.*

a·ven·ta·ja·do, -a [aβeṇtaxáðo, -a] *adj* Se aplica al que sobresale en un grupo por su clase o estatura.

a·ven·ta·jar [aβeṇtaxár] *v/tr* Dejar atrás o ser superior a algo o alguien: *Aventaja a todos en inteligencia.* RPr **Aventajar en.**

a·ven·tar [aβeṇtár] *v/tr* Dispersar el viento algo.

a·ven·tu·ra [aβeṇtúra] *s/f* **1.** Suceso extraordinario del que uno es testigo o protagonista. **2.** Empresa incierta y peligrosa. **3.** COL Escarceo amoroso irregular.

a·ven·tu·rar [aβeṇturár] **I.** *v/tr* **1.** Poner en peligro. **2.** FIG Proponer una idea o proyecto: *No puedo aventurar nada todavía.* **II.** REFL(-SE) Arriesgarse: *Se aventuró por la selva.* RPr **Aventurarse por/a:** *Se aventuró a salir.*

a·ven·tu·re·ro, (-a) [aβeṇturéro, (-a)] *adj* y *s/m,f* Que busca aventuras.

a·ver·gon·zar [aβerγonθár] *v/tr* Causar o sentir vergüenza. RPr **Avergonzarse de/por algo.**
CONJ *Irreg: Avergüenzo, avergoncé, avergonzaré, avergonzado.*

a·ve·ría [aβería] *s/f* **1.** Desperfecto en un mecanismo. **2.** Deterioro en una mercancía.

a·ve·riar [aβerjár] *v/tr* Ocasionar o sufrir avería.
ORT La *i* recibe acento en el *sing* y *3.ª pers pl* del *pres* de *indic* y *subj: Averío, averíe,* etc.

a·ve·ri·gua·ble [aβeriγwáβle] *adj* Que es verificable.

a·ve·ri·gua·ción [aβeriγwaθjón] *s/f* Gestión para averiguar algo.

a·ve·ri·guar [aβeriγwár] *v/tr* Indagar y/o llegar a saber algo mediante gestiones.
ORT La *u* lleva (¨) ante *e: Averigüe.*

a·ver·no [aβérno] *s/m* Infierno.

a·ve·rroís·mo [aβerroísmo] *s/m* Doctrina de Averroes, filósofo árabe.

a·ver·sión [aβersjón] *s/f* Sentimiento de rechazo hacia cierta persona o cosa.

a·ves·truz [aβestrúθ] *s/f* Ave afroasiática, corredora, de patas robustas y largas.
ORT *Pl: Avestruces.*

a·ve·zar [aβeθár] *v/tr* Acostumbrar a alguien a algo que requiere esfuerzo.
ORT Ante *e* la *z* cambia en *c: Avece.*

a·via·ción [aβjaθjón] *s/f* **1.** Sistema de navegación aérea por avión. **2.** Arma militar aérea.

a·via·dor, -ra [aβjaðór, -ra] *s/m,f* Quien tripula un avión.

a·viar [aβiár] **I.** *v/tr* **1.** Poner en orden algo, preparar. **2.** (Con *de, para*) Dar algo a alguien para que vaya tirando. **II.** REFL

(-SE) Arreglarse o espabilarse. RPr **Aviar(se) de/para.**
ORT, PRON El acento recae sobre la *i* en el *sing* y *3.ª pers pl* del *pres* de *indic* y *subj*: *Avío, avíen.*

a·ví·co·la [aβíkola] *adj* Referente a la avicultura.

a·vi·cul·tor, -ra [aβikultór, -ra] *s/m,f* Persona dedicada a la avicultura.

a·vi·cul·tu·ra [aβikultúra] *s/f* Cría y aprovechamiento de las aves.

a·vi·dez [aβiðéθ] *s/f* Cualidad de ávido. Especialmente si es un intento violento en el comer, beber, etc.

á·vi·do [áβiðo] *adj* Ansioso de algo con intensidad y violencia.

a·vie·so, -a [aβjéso, -a] *adj* **1.** Torcido. **2.** FIG Dicho de personas, intenciones o miradas malvadas.

a·vi·na·gra·do, -a [aβinaγráðo, -a] *adj* Aplicado al carácter de las personas, malhumorado y áspero.

a·vi·na·grar [aβinaγrár] **I.** *v/tr* Volver algo agrio. **II.** REFL(-SE) **1.** Agriarse algo. **2.** Volverse alguien de mal carácter.

a·vío [aβío] *s/m* **1.** Acción de aviar. **2.** *sing, pl* Cualquier provisión de algo.

a·vión [aβión] *s/m* Aparato alado de transporte que se traslada por el aire.

a·vio·ne·ta [aβjonéta] *s/f* Avión pequeño.

a·vi·sa·do, -a [aβisáðo, -a] *adj* Se aplica a quien es experimentado.

a·vi·sar [aβisár] *v/tr* **1.** Advertir a alguien de algo que le interesa. **2.** Prevenir o aconsejar a alguien. **3.** Llamar a alguien para que venga.

a·vi·so [aβíso] *s/m* **1.** Acción de avisar. **2.** Contenido del aviso. LOC **Estar sobre aviso,** estar al tanto de algo. **Poner sobre aviso,** notificar algo a alguien.

a·vis·pa [aβíspa] *s/f* Insecto himenóptero que vive en sociedad, tiene aguijón picante y franjas amarillas en el cuerpo.

a·vis·pa·do, -a [aβispáðo, -a] *adj* Se aplica a las personas de carácter despierto.

a·vis·par [aβispár] *v/tr* Espabilar a alguien.

a·vis·pe·ro [aβispéro] *s/m* **1.** Nido de avispas. **2.** FIG Conjunto de cosas que circulan: *El Congreso era un avispero de rumores.*

a·vis·pón [aβispón] *s/m* Avispa grande.

a·vis·tar [aβistár] *v/tr* Ver algo en lontananza.

a·vi·ta·mi·no·sis [aβitaminósis] *s/f* MED Enfermedad producida por falta de vitaminas.
ORT *Pl: Avitaminosis.*

a·vi·tua·lla·mien·to [aβitwaʎamjénto] *s/m* Acción de avituallar(se).

a·vi·tua·llar [aβitwaʎár] *v/tr* Suministrar vituallas o municiones.

a·vi·var [aβiβár] *v/tr* Intensificar algo (color, llama, pasión, sentidos, inteligencia, la marcha): *El odio aviva la rivalidad.*

a·vi·zor [aβiθór] *adj* (Con *estar*) Se aplica a la mirada atenta.

a·vi·zo·rar [aβiθorár] *v/tr* Acechar, mirar con atención para descubrir o ver algo.

-avo, -a [-áβo, -a] *suf* para formar los numerales partitivos a partir del once (*octavo* es excepción): *Dieciseisavo.*

a·vu·tar·da [aβutárða] *s/f* Ave zancuda pesada y rojinegra.

a·xial [a(k)sjál] *adj* Relativo al eje.

a·xi·la [a(k)síla] *s/f* ZOOL Zona inferior de unión del brazo en el tronco.

a·xi·lar [a(k)silár] *adj* BOT, ZOOL Referente a la axila.

a·xio·lo·gía [a(k)sjoloxía] *s/f* FIL Parte de la filosofía que estudia los valores.

a·xio·ló·gi·co, -a [a(k)sjolóxiko, -a] *adj* Referente a la axiología.

a·xio·ma [a(k)sjóma] *s/m* Proposición tan evidente que no precisa demostración.

a·xio·má·ti·co, -a [a(k)sjomátiko, -a] *adj* Referente al axioma.

¡ay! [ái] **I.** *interj* **1.** Exclamación de dolor o susto. **2.** (Con *de*) Desgraciado, pobre: *¡Ay de mí!* **II.** *s/m* Quejido: *El niño se dejó curar sin un ay de dolor.*

a·ya [áJa] *s/f* Gobernanta.

a·yer [aJér] *adv* **1.** Designa el día que precede al actual. Antecede siempre a otros *adv*, excepto, a veces, a *ya*: *Ayer por la mañana. Ya ayer no vino.* **2.** Anteriormente, en tiempo pasado: *Esto ya no es de ayer.*

a·yo [áJo] *s/m* Cuidador de niños en casa particular.

a·yu·da [aJúða] *s/f* Acción y efecto de ayudar.

a·yu·dan·te, -a [aJuðánte, -a] *s/m,f* Persona subalterna que ayuda a otra.

a·yu·dan·tía [aJuðantía] *s/f* El empleo o la oficina de un ayudante.

a·yu·dar [aJuðár] **I.** *v/tr* **1.** Colaborar con alguien en una tarea. **2.** Socorrer económicamente. **II.** REFL(-SE) Valerse de algo o alguien para obtener algo: *Se ayudó de los amigos.* RPr **Ayudar a. Ayudarse de.**

a·yu·nar [aJunár] *v/intr* No ingerir alimento o bebida por un tiempo.

a·yu·nas [aJúnas] *adv (Estar en)* **1.** No haber comido nada desde el inicio del día. **2.** FIG Estar totalmente ignorante de algo.

a·yu·no, -a [aJúno, -a] *adj* **1.** Dícese de quien no ha comido. **2.** FIG Aplicado al que carece totalmente de algo: *Está ayuno de sentido de la responsabilidad.* RPr **Ayuno de.**

a·yun·ta·mien·to [aJuntamjénto] *s/m* Corporación municipal, sus servicios y el edificio correspondiente.

a·za·ba·che [aθaβátʃe] *s/m* Variedad del lignito; de color negro, empleado como adorno.

a·za·da [aθáða] *s/f* Instrumento para labrar, con una plancha de hierro inserta en ángulo agudo al extremo de un mango.

a·za·dón [aθaðón] *s/m* Azada de pala estrecha y alargada.

a·za·fa·ta [aθafáta] *s/f* En un avión, mujer que atiende a los pasajeros. En otros servicios, la que atiende al público propio de los mismos: *Azafata de Congresos.*

a·za·frán [aθafrán] *s/m* Planta iridácea empleada para condimentar y amarillear.

a·za·har [aθ(a)ár] *s/m* Flor del naranjo, limonero y similares, de intenso perfume. **Agua de azahar,** colonia de esta flor.

a·zar (aθár] *s/m* **1.** Causa fortuita de los sucesos. **2.** Hecho imprevisto. LOC **Por azar, por casualidad.**

a·za·ro·so, -a [aθaróso, -a] *adj* **1.** Se dice de lo peligroso (proyecto, vida, expedición, viaje). **2.** Aplicado a personas, proclive a sufrir desgracias y contratiempos.

á·zi·mo [áθimo] *adj* Se dice del pan sin levadura.

á·zoe [áθoe] *s/m* Nitrógeno.

a·zo·gue [aθóγe] *s/m* Mercurio. LOC **Temblar como azogue**, temblar mucho. **Tener azogue en las venas**, poseer mucha inquietud.

a·zor [aθór] *s/m* Ave de presa.

a·zo·ra·mien·to [aθoramjénto] *s/m* Acción y efecto de azorar(se).

a·zo·rar [aθorár] *v/tr* Turbar(se).

a·zo·tai·na [aθotáina] *s/f* COL Tanda de azotes.

a·zo·tar [aθotár] *v/tr* **1.** Dar azotes. **2.** Golpear algo a alguna cosa o persona: *El oleaje azotaba el acantilado.* **3.** FIG Causar daños algo: *Una ola de frío azota Europa.*

a·zo·te [aθóte] *s/m* **1.** Látigo con puntas o nudos para flagelar. **2.** Golpe de látigo. **3.** Castigo (plaga, sequía, inundación, invasión): *Los vikingos fueron el azote de las costas europeas.*

a·zo·tea [aθotéa] *s/f* Terraza. LOC COL **Estar/Andar mal de la azotea,** estar loco.

az·te·ca [aθtéka] *adj* Se aplica al pueblo y cultura que dominó Méjico antes de la llegada de los españoles.

a·zú·car [aθúkar] *s/m,f* Sustancia sólida, cristalizada en granos, dulces y blancos; se extrae de la caña de azúcar y de la remolacha.

a·zu·ca·ra·do, -a [aθukaráðo, -a] *adj* **1.** Dícese de lo que contiene azúcar. **2.** Se dice de lo melífluo: *Hizo unas declaraciones azucaradas a la prensa del corazón.*

a·zu·ca·rar [aθukarár] **I.** *v/tr* Poner azúcar en algo. **II.** REFL(-SE) Tornarse algo o alguien dulce.

a·zu·ca·re·ra. [aθukaréra] *s/f* **1.** Recipiente de azúcar. **2.** Fábrica de azúcar.

a·zu·ca·re·ro, -a [aθukaréro, -a] *adj* Referente al azúcar.

a·zu·ca·ri·llo [aθukaríʎo] *s/m* Porción de azúcar prensada en forma de cubitos.

a·zu·ce·na [aθuθéna] *s/f* Planta liliácea de tallo alto y flores blancas y olorosas.

a·zue·la [aθwéla] *s/f* CARP Herramienta para desbastar madera.

a·zu·frar [aθufrár] *v/tr* Impregnar algo de azufre.

a·zu·fre [aθúfre] *s/m* Elemento químico, peso atómico *32, símb S,* amarillo, de combustión azul, que produce humo de olor acre.

a·zul [aθúl] *adj* y *s/m* Quinto color del espectro solar; se dice del cielo sin nubes o del mar en calma *(cielo azul, azul de mar, azul celeste)* o de lo que tiene tal color *(vestido azul).*

a·zu·la·do, -a [aθuláðo, -a] *adj* De color azul.

a·zu·lar [aθulár] *v/tr* Teñir algo de azul.

a·zu·le·jo [aθuléxo] *s/m* Baldosín vidriado de color, decorado o no.

a·zu·le·te [aθuléte] *s/m* **1.** Añil. **2.** Viso azulado de ciertas prendas de vestir.

a·zum·bre [aθúmbre] *s/m* Medida de capacidad (2 litros y 16 mililitros).

a·zu·zar [aθuθár] *v/tr* **1.** Incitar a los perros para que acometan. **2.** FIG Incitar a personas para que luchen entre sí.
ORT Ante *e* la *z* cambia en c: *Azucé.*

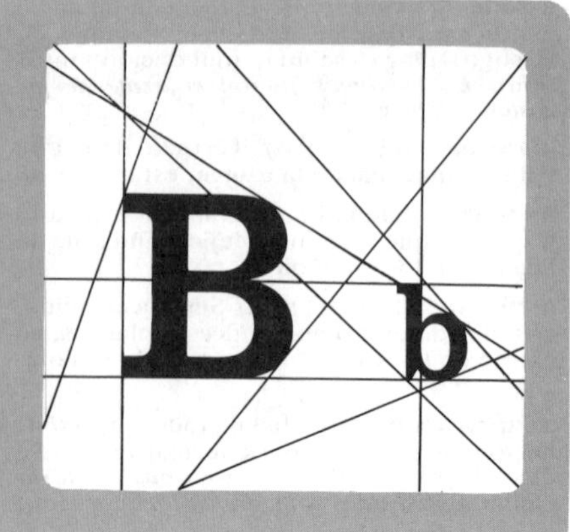

b [bé] *s/f* Segunda letra del alfabeto. Es consonante bilabial sonora. En posición intervocálica es fricativa. En castellano, la 'b' y la 'v' se pronuncian igual.

ba·ba [báβa] *s/f* **1.** Saliva que fluye de la boca. **2.** Líquido que segregan algunos animales (caracol). LOC **Caérsele a uno la baba**, quedarse embelesado ante algo o alguien. **Con mala baba**, con intención aviesa.

ba·be·ar [baβeár] *v/intr* Echar baba (personas o animales).

ba·bel [baβél] *s/m,f* **1.** Sitio donde hay mucha confusión y ruido, por referencia a lo que ocurrió en la Torre de Babel, según la Biblia. **2.** Confusión o desorden.

ba·bé·li·co, -a [baβéliko, -a] *adj* **1.** Referente a Babel. **2.** Confuso.

ba·beo [baβéo] *s/m* Acción de babear.

ba·be·ro [baβéro] *s/m* Pieza sujeta al cuello que se pone a los niños por delante para que no se manchen al comer.

ba·bia [báβja] *s/m* Región montañosa de León. LOC **Estar en Babia**, estar distraído.

ba·bie·ca [baβjéka] *s/m,f* y *adj* Tonto.

ba·bi·ló·ni·co, -a [baβilóniko, -a] *adj* **1.** Referente a Babilonia. **2.** Fastuoso.

ba·bi·lla [baβíʎa] *s/f* **1.** Músculos de la rodilla en los cuadrúpedos. **2.** Rótula de los mismos.

ba·ble [báβle] *s/m* Dialecto asturiano.

ba·bor [baβór] *s/m* Mirando a proa, lado izquierdo de una embarcación.

ba·bo·sa [baβósa] *s/f* Molusco gasterópodo, sin concha, que segrega baba.

ba·bo·se·ar [baβoseár] *v/tr* Mojar con baba algo o a alguien.

ba·bo·so, -a [baβóso, -a] *adj* y *s/m,f* **1.** Se dice de quien echa baba. **2.** De corta edad en relación con lo que alguien dice o hace. (Aplicado en especial a niños).

ba·bu·cha [baβútʃa] *s/f* Zapatilla sin talón, de estilo moro.

ba·by [bábi] *s/m* ANGL Delantal de bebé.

ba·ca [báka] *s/f* Techo exterior de carruajes (coche, autocar), utilizado como portaequipajes.

ba·ca·la·da [bakaláða] *s/f* Bacalao curado.

ba·ca·la·de·ro, -a [bakalaðéro, -a] *adj* Referente al bacalao.

ba·ca·lao [bakaláo] *s/m* Pez teleósteo comestible, de cuerpo cilíndrico, usado también como salazón. LOC COL **Cortar el bacalao**, ser alguien el que influye o manda en un lugar: *Aquí el que corta el bacalao es Juan.*

ba·ca·nal [bakanál] *s/f* **1.** Fiestas en honor de Baco. **2.** Fiesta con desenfreno.

ba·ca·rá [bakará] *s/m* Juego de cartas. ORT También: *Bacarrá.*

ba·cía [baθía] *s/f* Utensilio que los barberos, al afeitar, colocaban debajo de la barbilla.

ba·ci·lar [baθilár] *adj* Referente a los bacilos.

ba·ci·li·for·me [baθilifórme] *adj* En forma de bacilo.

ba·ci·lo [baθílo] *s/m* MED Bacteria cilíndrica, en forma de bastoncillo.

bac·te·ria [baktérja] *s/f* Microorganismo unicelular, portador de gérmenes, en su mayoría patógenos.

bac·te·ria·no, -a [bakterjáno, -a] *adj* Referente a las bacterias.

bac·te·ri·ci·da [bakteriθíða] *adj* y *s/m* Que extermina las bacterias.

bac·te·rio·lo·gía [bakterjoloxía] *s/f* Rama de la microbiología que estudia las bacterias.

bac·te·rio·ló·gi·co, -a [bakterjolóxico, -a] *adj* Referente a la bacteriología.

bac·te·rió·lo·go, -a [bakterjóloγo, -a] *s/m,f* Especialista en bacteriología.

bá·cu·lo [bákulo] *s/m* **1.** Bastón de apoyo para lisiados o viejos. **2.** FIG Cualquier clase de apoyo (moral, económico, etc.): *Hijo, tú serás el báculo de mi vejez.*

ba·che [bátʃe] *s/m* **1.** Irregularidad en el firme de una carretera o camino. **2.** Descenso brusco del avión por la diferencia en la densidad atmosférica. **3.** FIG Descenso momentáneo en una actividad: *Las ventas de Navidad han sufrido un bache*.

ba·che·ar [batʃeár] *v/tr* Remendar los baches de carreteras, calles.

ba·cheo [batʃéo] *s/m* Acción de bachear.

ba·chi·ller, -ra [batʃiʎér, -ra] *s/m,f* **1.** Persona que ha cursado y aprobado los estudios de bachillerato. **2.** Antiguamente, quien había logrado el título universitario de primer grado.

ba·chi·lle·ra·to [batʃiʎeráto] *s/m* Estudios de enseñanza media.

ba·da·jo [baðáxo] *s/m* Pieza que cuelga dentro de las campanas.

ba·da·na [baðána] *s/f* Piel de baja calidad utilizada para forrar objetos. LOC **Ser un badana(s)**, se aplica al holgazán. **Zurrar la badana**, pegar una paliza a alguien.

ba·dea [baðéa] *s/f* Melón, sandía o pepino de poca calidad.

ba·dén [baðén] *s/m* Erosión y depresión en un firme, ocasionado por las aguas de lluvia.

ba·dil [baðíl] *s/m* Instrumento metálico para atizar la lumbre (brasero, hogar, etc.)

ba·di·la [baðíla] *s/f* Badil.

bád·min·ton [bádmiŋton] *s/m* DEP Juego parecido al tenis; la pelota es más pequeña y con plumas.

ba·fle [báfle] *s/m* **1.** ANGL En la caja de un altavoz, placa rígida absorbente para mejorar las condiciones acústicas. **2.** Juego de altavoces (normalmente en *pl*).

ba·ga·je [baɣáxe] *s/m* **1.** Equipo de un ejército en plan de marcha. **2.** FIG Conjunto de conocimientos de una persona: *Tiene poco bagaje intelectual*.

ba·ga·te·la [baɣatéla] *s/f* Cosa sin importancia: *Malgasta su dinero en bagatelas*.

¡bah! [bá(a)] *interj* Demostración de incredulidad o conformidad.

ba·hía [baía] *s/f* En la costa, entrante natural que puede dar cobijo a embarcaciones.

bai·la·ble [bailáβle] *adj* y *s/m* Se dice de lo que se puede bailar: *Música bailable. Un bailable lento*.

bai·la·dor, -ra [bailaðór -ra] **I.** *adj* Se dice del aficionado al baile. **II.** *s/m,f* Bailarín(a) de danza flamenca.

bai·lar [bailár] **I.** *v/intr, tr* **1.** Oscilar con ritmo el cuerpo, normalmente al son de la música: *Ayer bailé un pasodoble*. **2.** Girar o hacer girar una peonza. **II.** *v/intr* Oscilar algo por no estar ajustado: *Te bailan los pies en estas botazas*. LOC **¡Que me quiten lo bailado!**, esto ya no me lo puede quitar nadie. **Bailar al son que tocan**, seguir lo que hace la mayoría.

bai·la·rín, -na [bailarín, -na] *s/m,f* Persona que baila.

bai·le [báile] *s/m* **1.** Acción de bailar. **2.** Cada una de las formas de bailar, de acuerdo con la música: *El baile flamenco*. **3.** Fiesta en que se baila.

bai·lo·te·ar [bailoteár] *v/intr* **1.** Baile sin gracia. **2.** Moverse sin orden.

bai·lo·teo [bailotéo] *s/m* Acción de bailotear.

ba·ja [báxa] *s/f* **1.** Descenso de algo: *La baja de las temperaturas*. **2.** Vacante en un estamento: *Se han producido en la oficina dos bajas por jubilación*. **3.** (Con *dar(se) de*) Acto o documento por el que se cesa en una situación: *Me di de baja en el club*. **4.** MIL Pérdidas humanas o meteriales infligidas en una batalla o guerra: *Nuestra flota regresó sin bajas*.

ba·já [baxá] *s/m* Título honorífico turco.

ba·ja·da [baxáða] *s/f* **1.** Acción de bajar. **2.** Inclinación de un terreno hacia abajo o camino por donde se baja.
Bajada de pantalones, VULG cesión en condiciones humillantes.

ba·ja·mar [baxamár] *s/f* Duración o fin del reflujo marino.

ba·jar [baxár] **I.** *v/intr* **1.** En sentido físico o figurado, pasar o ir de un lugar elevado a otro más bajo: *Bajé a la bodega. El general bajó de categoría*. **2.** Disminuir algo (tamaño, intensidad, precio, posición, estima): *La temperatura bajó a cero grados. La gasolina no baja*. **II.** *v/tr* **1.** En sentido físico o figurado, colocar algo de un lugar más elevado a otro inferior. **2.** Disminuir algo: *Baja el volumen del tocadiscos*. RPr **Bajar de.**

ba·jel [baxél] *s/m* Barco.

ba·je·ro, -a [baxéro, -a] *adj* Colocado debajo de algo del mismo género: *Sábanas bajeras*.

ba·je·za [baxéθa] *s/f* Humildad o acción vil y humillante.

ba·jío [baxío] *s/m* Banco de arena.

ba·jis·ta [baxísta] **I.** *adj* Referente a la baja de valores. **II.** *s/m,f* El/La que juega a la baja.

ba·jo, (-a) [báxo, (-a)] **I.** *adj* **1.** (Con *estar*) Se dice de lo situado a poca altura: *La niebla está baja*. **2.** (Con *ser*) Se dice de lo poco alto: *Es un hombre muy bajo*. **3.** Ubicado a poca altura sobre el nivel del mar: *Las tierras bajas son más calurosas que las altas*. **4.** Inclinado hacia el suelo: *Camina con los ojos bajos*. **5.** Bajados o no levantados: *Este ventanal tiene los visillos bajos*. **6.** (Con *precio*), poco: *He comprado este* *traje a bajo precio.* **7.** Inferior: *Los empleos bajos están mal remunerados.* **8.** Se aplica al comportamiento o actos de personas despreciables: *Usa un vocabulario muy bajo.* **9.** (Con *en*) Se dice de los metales nobles con mucha mezcla: *Metal bajo en plata.* **10.** Se dice de los sonidos graves o poco potentes: *No hables en voz tan baja.* **II.** También *adv*: *Este helicóptero vuela muy bajo.* **III.** *prep* **1.** Sometido a: *Bajo la dominación visigoda.* **2.** Desde: *Bajo mi punto de vista.* **3.** Por debajo de: *Estamos a cinco grados bajo cero.* **IV.** *s/m* **1.** *pl* Piso a nivel de la calzada: *Los bajos suelen tener poca luz.* **2.** *pl* Banco de arena. **3.** *pl* La parte de debajo de un vehículo. **4.** MÚS Voz grave: *Este bajo tiene una voz muy potente.* **5.** *pl* Borde inferior de un prenda: *Se te ven los bajos de tu enagua.* LOC **Por lo bajo**, en voz baja o disimuladamente. RPr **Bajo de/en:** *Es bajo de estatura.*

ba·jón [baxón] *s/m* Disminución importante del precio, temperatura, situación, salud, etc., de algo: *Su salud dio un bajón.*

ba·jo·rre·lie·ve [baxorr̄eljéβe] *s/m* ESC Relieve cuyas figuras resaltan poco.
ORT También: *Bajo relieve.*

ba·ju·ra [baxúra] *s/f* Poca altura. Aplicado a la pesca, la del litoral.

ba·la [bála] *s/f* **1.** En armas de fuego, proyectil macizo. **2.** Fardo prensado y atado (papel, algodón, paja). LOC **Disparar/Tirar con bala,** FIG tener intención de dañar a alguien. **Como una bala,** velozmente.
Bala perdida, calavera, libertino.

ba·la·da [baláða] *s/f* **1.** Poesía sentimental sobre hechos románticos o legendarios. **2.** Ciertas composiciones musicales románticas.

ba·la·dí [balaðí] *adj* Se dice de lo superficial: *Asunto baladí.*
ORT *Pl: Baladíes.*

ba·la·drón, -na [balaðrón, -na] *adj* Se dice del fanfarrón.

ba·la·dro·na·da [balaðronáða] *s/f* Acción o dicho con que se pretende hacer ver que se tiene lo que no se tiene.

bá·la·go [bálaγo] *s/m* Paja larga de los cereales sin espiga.

ba·la·lai·ca [balaláika] *s/f* Instrumento musical, usado en Rusia y de caja triangular.

ba·lan·ce [balánθe] *s/m* **1.** COM Cálculo del activo y pasivo de un negocio o sociedad. **2.** FIG *Por ext,* resultado de una acción u operación: *El balance de la situación.*

ba·lan·ce·ar [balanθeár] *v/tr* Mover algo colgante u oscilante de uno a otro lado.

ba·lan·ceo [balanθéo] *s/m* Acción de balancear(se).

ba·lan·cín [balanθín] *s/m* **1.** Varilla móvil en torno a un eje, cuya finalidad consiste en regular el movimiento. **2.** Barra que utilizan los equilibristas sobre la cuerda. **3.** Barra o madero con un eje central de apoyo para que puedan subir y bajar alternativamente los extremos y así servir de columpio para jugar los niños.

ba·lan·dra [baláṇdra] *s/f* Pequeña embarcación con un solo palo.

ba·lan·dro [baláṇdro] *s/m* Balandra pequeña.

bá·la·no o **ba·la·no** [bálano/baláno] *s/m* Parte extrema y bulbosa del pene.

ba·lan·za [balánθa] *s/f* Instrumento para pesar; normalmente consiste en una palanca de brazos iguales cuyo fulcro está situado en medio; de los extremos penden sendos platillos.
Balanza comercial, diferencia entre las importaciones y exportaciones de un país.
Balanza de pagos, situación que resulta de la comparación de los pagos y cobros al exterior de un país.

ba·lar [balár] *v/intr* Emitir balidos (oveja, cordero, etc.).

ba·la·rra·sa [balarrása] *s/m* **1.** Aguardiente fuerte. **2.** Persona de vida alegre.

ba·las·to [balásto] *s/m* **1.** Capa de grava y piedra sobre la que se colocan las traviesas en las vías férreas. **2.** Piedra utilizada en la pavimentación de carreteras.

ba·laus·tra·da [balaustráða] *s/f* Antepecho de balaustres.

ba·laus·tre o **ba·laús·tre** [baláustre/balaústre] *s/f* Columnita de barandilla.
ORT También: *Balaústre.*

ba·la·zo [baláθo] *s/m* Disparo, impacto o herida de bala.

bal·boa [balβóa] *s/m* Unidad monetaria (de oro) panameña.

bal·bu·ce·ar [balβuθeár] *v/intr* Hablar confusamente y con articulación defectuosa y vacilante, como los niños.

bal·bu·ceo [balβuθéo] *s/m* **1.** Acción de balbucear. **2.** FIG Inicios de un acontecimiento histórico: *Los primeros balbuceos de la Revolución.*

bal·bu·cir [balβuθír] *v/intr* Hablar de forma trabajosa e intermitente, como los niños.
CONJ Verbo defectivo. Se conjuga con las formas de *balbucear,* excepto en el *inf* y en las formas con desinencia temporal en *i (balbucía, balbucieron, balbucí).*

bal·cá·ni·co, -a [balkániko, -a] *adj* Referente a los Balcanes.

bal·cón [balkón] *s/m* Abertura practicada en un muro a ras del piso y con barandilla que protege el saliente.

bal·co·na·da [balkonáða] *s/f* Serie de balcones.

bal·da·quín o **bal·da·qui·no** [baldakín(o)] *s/m* Pequeño techo engalanado que se coloca sobre un altar o trono.

bal·dar [baldár] *v/tr* **1.** Dejar un accidente o enfermedad a alguien sin posibilidad de movimiento. **2.** Dejar a alguien maltrecho por golpes, etc. RPr **Baldar de:** *Le baldaron de un palizón.*

bal·de [bálde] *s/m* **1.** Cubo de cualquier material. **2.** (Precedido de *de*) Sin pagar. LOC **En balde,** en vano.

bal·de·ar [baldeár] *v/tr* Quitar o echar, con baldes, agua a algún sitio.

bal·deo [baldéo] *s/m* Acción de baldear.

bal·dío, (-a) [baldío, (-a)] **I.** *adj* y *s/m* Se aplica al terreno estéril. **II.** *adj* Se aplica a lo vano: *Esfuerzos baldíos.*

bal·dón [baldón] *s/m* Algo que hace que una persona sea despreciable o pierda la consideración de los demás.

bal·do·sa [baldósa] *s/f* Ladrillo fino para pavimentar.

bal·do·sín [baldosín] *s/f* Baldosa pequeña, a veces esmaltada.

ba·le·ar [baleár] **I.** *adj* y *s/m,f* Natural o referente a las Baleares. **II.** *v/tr* En América, tirar con bala.

ba·li·do [balíðo] *s/m* Sonido de los animales que balan, como la oveja.

ba·lín [balín] *s/m* **1.** Bala de pequeño calibre. **2.** Bolita de plomo para armas de aire comprimido.

ba·lís·ti·co, (-a) [balístico, (-a)] *adj* y *s/f* Referente a o ciencia que estudia la trayectoria de los proyectiles.

ba·li·za [balíθa] *s/f* **1.** Señal fija o flotante para guía de la navegación marítima o aérea. **2.** Señales ópticas en vías férreas o carreteras para señalar un peligro.

ba·li·za·je [baliθáxe] *s/m* En un puerto o aeropuerto, sistema de balizas.

ba·li·zar [baliθár] *v/tr* Colocar balizas. ORT Ante *e* la *z* cambia en *c: Balice.*

bal·nea·rio, (-a) [balneárjo, (-a)] **I.** *adj* Referente a los baños termales. **II.** *s/m* Estación balnearia.

ba·lom·pié [balompié] *s/m* Fútbol.

ba·lón [balón] *s/m* **1.** Pelota grande para jugar a un deporte (fútbol, baloncesto, rugby, etc.). **2.** Recipiente flexible para gases: *Balón de hidrógeno.*
Balón de oxígeno, *1.* El utilizado en medicina. *2.* FIG Ayuda de cualquier clase: *El premio de las quinielas fue un balón de oxígeno para esta familia.*

ba·lon·ces·to [balonθésto] *s/m* Juego que consiste en encestar el balón, lanzado con las manos, en el aro contrario, con cinco jugadores por bando.

ba·lon·ma·no [balommáno] *s/m* Juego de siete jugadores por bando: el balón se juega con la mano y se marca en porterías más pequeñas que las de fútbol.

ba·lon·vo·lea [balomboléa] *s/m* Juego de seis jugadores por bando; la pelota se lanza con las manos por encima de una red.

bal·sa [bálsa] *s/f* **1.** Depresión del terreno con agua acumulada. **2.** Depósito de agua para regar. **3.** Plataforma de maderos juntos para navegación o transporte, especialmente fluvial.
Balsa de aceite, FIG se dice de lo que está en calma (mar, reunión, etc.).

bal·sá·mi·co, -a [balsámiko, -a] *adj* Referente al bálsamo.

bál·sa·mo [bálsamo] *s/m* **1.** Resina aromática usada para sahumar o para curar. **2.** Líquido aromático para tratar heridas o llagas. **3.** FIG Lo que suaviza una pena: *El cariño es el mejor bálsamo de la soledad.*

bál·ti·co, -a [báltiko, -a] *adj* **1.** Se aplica al mar situado entre Escandinavia, Alemania, Polonia y Rusia. **2.** Se dice de los países al este del citado mar y de sus habitantes.

ba·luar·te [balwárte] *s/m* Recinto u obra fortificada.

ba·lum·ba o **ba·lu·ma** [balúmba/balúma] *s/f* Montón desordenado o excesivo de algo.

ba·lle·na [baʎéna] *s/f* **1.** Mamífero cetáceo, el mayor ser viviente conocido; apreciado por su grasa y por las láminas córneas de la mandíbula superior. **2.** Esas láminas córneas. **3.** Tira de esas láminas (actualmente de acero) para fabricar corsés. **4.** COL Persona muy gorda.

ba·lle·na·to [baʎenáto] *s/m* Cría de ballena.

ba·lle·ne·ro, (-a) [baʎenéro, (-a)] **I.** *adj* Relacionado con la pesca de la ballena. **II.** *s/m* Pescador de ballenas.

ba·lles·ta [baʎésta] *s/m* **1.** Arco portátil con culata para lanzar flechas. **2.** Muelles de láminas elásticas de acero, superpuestas, utilizadas como suspensión en vehículos.

ba·llet [balé] *s/m* **1.** Danza escénica con argumento. **2.** La música correspondiente. **3.** Agrupación de bailarines que la representa.
ORT *Pl: Ballets.*

bam·ba·li·na [baɱbalína] *s/f* En un escenario, cada una de las tiras que forman la parte superior del decorado. LOC **Entre bambalinas**, en el teatro.

bam·bo·le·ar [baɱboleár] *v/tr* Oscilar una persona o cosa sin caerse.

bam·bo·leo [baɱboléo] *s/m* Acción de bambolear(se).

bam·bú [baɱbú] *s/m* Caña natural de la India, alta y fuerte, empleada en la construcción y en artes de pesca.
ORT *Pl:* Bambúes.

ba·nal [banál] *adj* Trivial.

ba·na·li·dad [banaliðáð] *s/f* Trivialidad.

ba·na·na [banána] *s/f* Plátano.

ba·na·ne·ro, -a [bananéro, -a] **I.** *adj* Se aplica a la plantación de plátanos o, despectivamente, a países centrosuramericanos: *República bananera.* **II.** *s/m* El árbol productor de bananas.

ba·na·no [banáno] *s/m* Árbol o planta del plátano.

ban·cal [baŋkál] *s/m* **1.** Sección de terreno para cultivar. **2.** Rellano cultivable en una pendiente. **3.** Arena acumulada a orillas del mar.

ban·ca·rio, -a [baŋkárjo, -a] *adj* Referente a la banca.

ban·ca·rro·ta [baŋkarróta] *s/f* Suspensión de una actividad mercantil o fabril por insolvencia.

ban·co, -a [báŋko, -a] **1.** *s/m,f* Asiento de madera, hierro, plástico, etc., en iglesias, parques y otros lugares. **2.** *m* Mesa recia para trabajos artesanales: *Banco de carpintero.* **3.** *m* Establecimiento de crédito u oficina bancaria: *Banco de España.* **4.** *f* El término *banca* designa la profesión en su conjunto: *La banca obtuvo muchos beneficios.* **5.** *f* En juegos de azar, el depositario de las apuestas con que se paga al ganador. **6.** *m* En zonas navegables, fondo que se eleva hacia la superficie: *Un banco de arena.* **7.** *m* Conjunto abigarrado de peces: *Banco de arenques*
Banco de datos, almacenamiento informático de datos.
Banco de pruebas, *1.* Lugar donde se comprueban armas o motores. *2.* FIG Comprobación de algo.
Banco de sangre, lugar donde se extrae y se guarda sangre.

ban·da [bán̪da] *s/f* **1.** Cinta honorífica que se cruza sobre el pecho. **2.** Lado de un accidente geográfico, barco, mesa de billar o cancha de juego: *Hay una vía de agua por la banda de estribor.* **3.** Grupo de malhechores: *La joyería fue desvalijada por una banda.* **4.** Conjunto musical con mayoría de intrumentos de viento: *La banda municipal.* **5.** Agrupación de personas o animales: *Una banda de gorriones.* LOC **Cerrarse en banda**, mostrarse alguien intransigente.
Banda sonora, *1.* La franja óptica o magnética donde está grabado el sonido de una película. *2.* La música de tal banda.

ban·da·da [ban̪dáða] *s/f* Conjunto abigarrado de aves o peces.

ban·da·zo [ban̪dáθo] *s/m* (Con *dar*) **1.** En una embarcación, inclinación fuerte y brusca hacia un lado. **2.** FIG Cambios bruscos y alternativos de actitud u orientación: *Los bandazos de la economía.*

ban·de·ja [ban̪déxa] *s/f* Pieza lisa con reborde pequeño utilizada para servir manjares u objetos. LOC **Servir algo en bandeja**, ofrecer una oportunidad para que alguien logre algo con facilidad.

ban·de·ra [ban̪déra] *s/f* **1.** Cuadrilátero de tela con franjas de color(es), sujeto por un lado a un asta y que simboliza a una nación o colectividad. **2.** Trozo de tela con asta utilizado para señalizar. **3.** Tropa enrolada bajo una misma enseña. LOC **Izar la bandera**, levantarla hasta lo alto del mástil. **Arriar bandera**, *1.* Bajarla. *2.* Rendirse ante el enemigo. **Militar bajo la bandera de**, servir a quien ésta representa. **Jurar la bandera**, prometer el soldado fidelidad a la misma.
Bandera blanca, la de rendición.

ban·de·ra·zo [ban̪deráθo] *s/m* DEP Señal de bandera hecha por un juez de línea.

ban·de·ría [ban̪dería] *s/f* Facción.

ban·de·ri·lla [ban̪deríʎa] *s/f* Palito con adornos y punta de hierro que el torero, uno en cada mano, clava en la cerviz del toro.

ban·de·ri·lle·ar [ban̪deriʎeár] *v/tr* Clavar banderillas a un toro.

ban·de·ri·lle·ro [ban̪deriʎéro] *s/m* Torero que clava banderillas.

ban·de·rín [ban̪derín] *s/m* **1.** Banderita triangular que se coloca en la bayoneta o en el piolet. **2.** Soldado-guía que lo lleva.

ban·di·da·je [ban̪diðáxe] *s/m* Bandolerismo.

ban·di·do, -a [ban̪díðo, -a] *adj* y *s/m,f* **1.** Rufián que, en despoblados, asesina y roba. **2.** Persona que engaña, aunque ello no constituya delito. **3.** Persona pilla.

ban·do [bán̪do] *s/m* **1.** Edicto público de la superioridad policial, municipal, etc. **2.** Facción, partido.

ban·do·le·ra [ban̪doléra] *s/f* Correa que cruza diagonalmente el pecho y espalda y de la que pende el arma del bandolero. LOC **En bandolera**, como una bandolera.

ban·do·le·ris·mo [ban̪dolerísmo] *s/m* Actividad de bandoleros.

ban·do·le·ro, -a [baṇdoléro, -a] *s/m,f* Malhechor(a) individual o miembro de una banda que roba en zona despoblada.

ban·du·rria [baṇdúrrja] *s/f* Instrumento en forma de guitarra pequeña de doce cuerdas que se rasgan con púa.

bang [báŋ] *s/m Voz onomatopéyica* que representa o se refiere al ruido fuerte producido por el impacto de algo.

ban·jo [báŋxo] *s/m* Instrumento musical parecido a la guitarra, con caja de resonancia redonda.

ban·que·ro [baŋkéro] *s/m* **1.** Dueño de un banco. **2.** Persona que lleva la banca en los juegos de azar.

ban·que·ta [baŋkéta] *s/f* Asiento o banco pequeño sin respaldo, para sentarse, subirse, etc.

ban·que·te [baŋkéte] *s/m* **1.** Comida a la que asisten muchas personas para conmemorar o celebrar algo. **2.** Comida extraordinariamente buena y abundante.

ban·que·te·ar [baŋketeár] *v/tr* Dar o asistir a banquetes.

ban·qui·llo [baŋkíʎo] *s/m* Banco donde se sientan los enjuiciados.

ban·qui·sa [baŋkísa] *s/f* Banco de hielo.

ba·ña·de·ro [baɲaðéro] *s/m* Lugar donde se bañan y abrevan los animales monteses.

ba·ña·dor, (-ra) [baɲaðór, (-ra)] **I.** *adj* y *s/m,f* Referente al que se baña. **II.** *s/m* Traje de baño.

ba·ñar [baɲár] *v/tr* **1.** Sumergir algo o a alguien en un líquido con un fin. **2.** Lindar el mar o el río, lago, etc., con un lugar: *El lago Leman baña Ginebra.* **3.** (Seguido de *con, en*) Recubrir algo con un material: *Este anillo está bañado con/en oro.* **4.** Iluminar completamente la luz diurna o artificial algo. LOC **Bañado en llanto**, muy lloroso. **Bañado en sangre,** *1.* Cubierto de sangre. *2.* FIG Culpable de crímenes de sangre: *Sus manos están bañadas en sangre.* RPr **Bañar en/con (I. 3).**

ba·ñe·ro, (-a) [baɲéro, (-a)] **I.** *s/m,f* Vigilante en una playa o piscina. **II.** *s/f* **1.** Pila de baño. **2.** FIG COL Lugar donde se suda mucho: *El metro en verano es una bañera.*

ba·ñis·ta [baɲísta] *s/m,f* Persona que toma baños en una playa o balneario.

ba·ño [báɲo] *s/m* **1.** Acción de bañar(se). **2.** Recipiente o cuarto para bañarse y lavarse. **3.** Líquido o vapor en que se baña algo o alguien: *Se dio un baño de espuma.* **4.** Capa de pintura, barniz, chocolate, etc. También FIG: *Tiene un buen baño de cultura.* **5.** *pl* Lugar para baños medicinales: *Los baños de Archena.* **Baño (de) María**, acción de calentar algo por inmersión en un líquido caliente.

bap·tis·te·rio [baptistérjo] *s/m* **1.** Pila bautismal. **2.** Lugar o edificio redondo o poligonal donde está situada esta pila.

ba·que·li·ta [bakelíta] *s/f* Resina sintética usada en la fabricación de aislantes, pinturas y barnices.
ORT También: *Bakelita.*

ba·que·ta [bakéta] *s/f* **1.** Varilla para limpiar armas, manejar caballos, etc. **2.** ARQ El junquillo de las molduras. **3.** *pl* Palillos del tambor. LOC **(Tratar) a la baqueta**, con dureza.

ba·que·ta·zo [baketáθo] *s/m* **1.** Golpe de palo. **2.** (Con *pegarse, darse*) Caída violenta y/o golpe recibido.

ba·que·tea·do, -a [baketeáðo, -a] *adj* **1.** Maltratado por las penalidades. **2.** Experimentado.

ba·que·te·ar [baketeár] *v/tr* Molestar a uno con trabajos excesivos.

ba·que·teo [baketéo] *s/m* Acción de baquetear.

bá·qui·co, -a [bákiko, -a] *adj* Referente al dios del vino, Baco.

bar [bár] *s/m* Establecimiento de bebidas y cosas de comer que suelen consumirse en la barra.

ba·ra·hún·da [baraúṇda] *s/f* Gran ruido y confusión.

ba·ra·ja [baráxa] *s/f* Conjunto de cartones usados en los juegos de azar. LOC **Jugar con dos barajas**, hacer/llevar un doble juego.

ba·ra·jar [baraxár] *v/tr* **1.** Mezclar desordenadamente los naipes antes de repartirlos. **2.** (Con *cifras, números, datos, citas, nombres*) Emplear números en una exposición. **3.** Citar nombres de personas para un nombramiento: *Se barajan dos nombres para este puesto.*

ba·ran·da [baráṇda] *s/f* Barandilla.

ba·ran·dal [baraṇdál] *s/m* **1.** Barandilla. **2.** Listón sobre el que se cimentan los balaustres o que los sujeta por arriba.

ba·ran·di·lla [baraṇdíʎa] *s/f* **1.** Antepecho con balaustres en balcones, escaleras, etc. **2.** Pasamanos.

ba·ra·te·ría [baratería] *s/f* DER Fraude en las transacciones.

ba·ra·ti·ja [baratíxa] *s/f* Cosa de poco precio: *Le compré unas baratijas.*

ba·ra·ti·llo [baratíʎo] *s/m* Puesto de venta de cosas baratas o este conjunto de cosas.

ba·ra·to, (-a) [baráto, (-a)] **I.** *adj* Se

dice de lo de poco precio. **II.** *adv* A buen precio o de poco valor.

ba·ra·tu·ra [baratúra] *s/f* Bajo precio de lo vendible.

ba·raún·da [baraúnda] *s/f* Barahúnda.

bar·ba [bárβa] *s/f* **1.** Parte de la cara situada debajo de la boca. **2.** Pelo(s) que crecen en ella: *Lleva una barba de dos días.* **3.** *pl* Filamentos parecidos a las barbas. **4.** *pl* Carúnculas de algunas aves. **5.** *s/m* Personaje que representa el papel de anciano. LOC **Gastar barba**, llevar barba. **Salir algo a tanto por barba**, repartir gastos por partes iguales. **Subirse a las barbas de**, perderle a alguien el respeto. **Reírse/Burlarse en las barbas de uno**, hacerlo ante uno.
Barba cerrada, la muy densa.

bar·ba·ca·na [barβakána] *s/f* En un muro, abertura para disparar.

bar·ba·coa [barβakóa] *s/m* Parrilla para asar al aire libre y/o el alimento así preparado.

bar·ba·do, (-a) [barβáðo, (-a)] **I.** *adj* Que tiene barbas. **II.** *s/f* En las caballerías, quijada inferior.

bar·bar [barβár] *v/intr* Echar barbas.

bar·ba·ri·dad [barβariðáð] *s/f* **1.** Hecho excesivo o brutal por su crueldad. **2.** (Con *hacer, decir*). Equivocaciones o expresiones malsonantes: *Cuando bebe demasiado dice barbaridades.* **3.** Gran cantidad: *Come una barbaridad.* LOC **¡Qué barbaridad!**, exclamación de asombro o de disgusto.

bar·ba·rie [barβárie] *s/f* Estado inculto de un pueblo.

bar·ba·ris·mo [barβarísmo] *s/m* Vicio de dicción o lenguaje, como decir *dentrífico* en vez de *dentífrico*.

bár·ba·ro, (-a) [bárβaro, (-a)] **I.** *adj* y *s/m,f* **1.** Los extranjeros, para los griegos y romanos. **2.** Dícese del fuerte y salvaje. **II.** *adj* **1.** Referente a los bárbaros. **2.** Cruel y sanguinario: *Le dio una paliza bárbara.* **3.** Estupendo (COL): *Éste es un menú bárbaro.* **III.** *adv* Estupendamente.

bar·be·char [barβetʃár] *v/tr* Arar la tierra y dejarla sin sembrar.

bar·be·cho [barβétʃo] *s/m* Campo que no se cultiva durante una o más temporadas para que se regenere.

bar·be·ría [barβería] *s/f* Establecimiento o sala de barbero.

bar·be·ro, (-a) [barβéro, (-a)] **I.** *adj* Referente al barbero: *Navaja barbera.* **II.** *s/m* Hombre cuyo oficio es afeitar y cortar el pelo.

bar·bi·lam·pi·ño, -a [barβilampíɲo, -a] *adj* Que tiene poca barba.

bar·bi·lla [barβíʎa] *s/f* **1.** Porción de rostro debajo de la boca. **2.** Punta de esta porción.

bar·bi·tú·ri·co, (-a) [barβitúriko, (-a)] **I.** *adj* Referente al ácido orgánico cristalino con propiedades hipnóticas. **II.** *s/m* Sustancia derivada de este ácido.

bar·bo [bárβo] *s/m* Pez de río, comestible.

bar·bo·que·jo [barβokéxo] *s/m* Cinta para sujetar el gorro por debajo de la barbilla.

bar·bo·tar [barβotár] *v/tr* Emitir palabras entrecortadas por enfado o ira.

bar·bo·te·ar [barβoteár] *v/intr* Barbotar.

bar·bu·do, -a [barβúðo, -a] *adj* Relativo a los que tienen mucha barba.

bar·bu·llar [barβuʎár] *v/intr* Hablar a borbotones.

bar·ca [bárka] *s/f* Pequeña embarcación para pescar o pasear cerca de la costa o en los ríos.

bar·ca·je [barkáxe] *s/m* Precio por cruzar el río en barca.

bar·ca·za [barkáθa] *s/f* Lancha de transporte entre buques o entre buques y tierra.

bar·ce·lo·nés, -sa [barθelonés, -sa] *adj* y *s/m,f* Natural de Barcelona.

bar·ci·no, -a [barθíno, -a] *adj* Se dice de los animales de pelo rosáceo (toros).

bar·co [bárko] *s/m* Construcción cóncava para navegar. Es nombre genérico. *Buque* y *navío* son barcos de gran tonelaje.

bar·da [bárða] *s/f* Recubrimiento superior de un muro.

bar·dar [barðár] *v/tr* Colocar bardas en tapias o vallados.

bar·do [bárðo] *s/m* Poeta de los antiguos celtas.

ba·re·mo [barémo] *s/m* Escala convencional elaborada para medir o valorar algo.

bar·gue·ño [barγéɲo] *s/m* Mueble vertical con cajones pequeños para colocar sobre una mesa.

ba·ri·cen·tro [bariθéntro] *s/m* En un cuerpo, su centro de gravedad.

ba·ri·me·tría [barimetría] *s/f* Medición de la gravedad.

ba·rio [bárjo] *s/m* Metal alcalino. *Núm* atómico *56, símb Ba.*

ba·rí·to·no [barítono] *s/m* Cantante con voz entre la de tenor y bajo.

bar·lo·ven·to [barloβéṋto] *s/m* Costado de donde viene el viento.

bar·man [bárman] *s/m* ANGL Camarero, especialmente el que sirve en barra.

bar·niz [barníθ] *s/m* **1.** Disolución resinosa que impermeabiliza la madera o endurece la loza al cocerla. **2.** FIG Cualidad superficial.
ORT *Pl: Barnices.*

bar·ni·zar [barniθár] *v/tr* Poner barniz. ORT Ante *e* la *z* cambia en *c* : *Barnicé.*

ba·ro·mé·tri·co, -a [barométriko, -a] *adj* Referente a la presión atmosférica.

ba·ró·me·tro [barómetro] *s/m* Instrumento que mide la presión atmosférica.

ba·rón [barón] *s/m* Título nobiliario inferior al de vizconde.

ba·ro·ne·sa [baronésa] *s/f* Mujer del barón o que tiene una baronía.

ba·ro·nía [baronía] *s/f* Dignidad o circunscripción de un barón.

bar·que·ro, -a [barkéro, -a] *s/m,f* Persona que pilota una barca.

bar·qui·llo [barkíʎo] *s/m* Golosina crujiente en forma de cucurucho o cualquier otra forma.

ba·rra [bárra] *s/f* **1.** Pieza cilíndrica alargada, de metal o madera. **2.** Palanca de hierro. **3.** Bloque de metal noble: *El joyero compró oro en barra.* **4.** Listas o rayas en un pentagrama, cuaderno, escudo, etc. **5.** Mostrador de un bar: *Te invito a una copa en la barra.* **6.** Pan alargado: *Prefiero el pan de barra al redondo.* **7.** Tableta de turrón, chocolate, etc. **8.** En la desembocadura de un río, bajío estrecho.

ba·rra·bás [barraβás] *s/m* Persona traviesa, especialmente en niños.

ba·rra·ba·sa·da [barraβasáðа] (Con *hacer, decir, jugar*). **1.** Disparate: *Se pasa el día diciendo barrabasadas.* **2.** Acción que perjudica a alguien.

ba·rra·ca [barráka] *s/f* **1.** En la huerta valenciana y murciana, vivienda rústica con dos vertientes muy inclinadas. **2.** Construcción provisional y ligera.

ba·rra·cón [barrakón] *s/m* Barraca, especialmente en ferias o campamentos militares.

ba·rra·do, -a [barráðo, -a] *adj* **1.** Con barras. **2.** Se dice del talón que sólo se puede cobrar ingresándolo en una cuenta.

ba·rra·gán [barraɣán] *s/m* Tela de lana impermeable o el abrigo de esta tela.

ba·rra·ga·na [barraɣána] *s/f* Concubina.

ba·rran·co [barráŋko] *s/m* **1.** Precipicio. **2.** Cauce profundo producido por la erosión de las aguas de lluvias torrenciales.

ba·rrar [barrár] *v/tr* **1.** Manchar de barro. **2.** Cerrar con barra.

ba·rre·de·ro, (-a) [barreðéro, (-a)] **I.** *adj* Que arrastra. **II.** *s/f* Máquina autopropulsada para barrer calles.

ba·rre·nar [barrenár] *v/tr* Perforar algo con un barreno.

ba·rren·de·ro, -a [barreṋdéro, -a] *s/m,f* Persona que barre por profesión.

ba·rre·ne·ro [barrenéro] *s/m* El especialista en barrenos.

ba·rre·no, (-a) [barréno, (-a)] **I.** *s/f* **1.** Varilla o barra de hierro helicoidal para taladrar. **II. 1.** *s/m* Barrena grande para perforar roca. **2.** Agujero barrenado y/o el mismo relleno de pólvora para volarlo. LOC **Entrar en barrena,** se dice del avión que cae en picado.

ba·rre·ño [barréɲo] *s/m* Cubeta grande de barro, metal o plástico, para usos diversos (fregar, lavar ropa, etc.).

ba·rrer [barrér] *v/tr* **1.** Limpiar el suelo con una escoba o utensilio equivalente. **2.** Arrastrar. **3.** Recorrer un espacio algo que se mueve o gira: *La pantalla de radar barrió el espacio.*

ba·rre·ra [barréra] *s/f* **1.** Valla que separa un lugar de otro (paso a nivel, plaza de toros, zona reservada). **2.** En las plazas de toros, localidad al lado de la valla. **3.** Obstáculo físico o moral entre dos partes. LOC **Sin barreras**, sin obstáculos. **Ver los toros desde la barrera**, FIG no comprometerse cuando aparecen las dificultades. **Barreras arancelarias**, impuestos aduaneros con que se gravan las importaciones.

ba·rre·ti·na [barretína] *s/f* Gorra típica catalana.

ba·rria·da [barrjáða] *s/f* Sector de una población o parte de un barrio.

ba·rri·ca [barríka] *s/f* Tonel mediano.

ba·rri·ca·da [barrikáda] *s/f* Parapeto improvisado a base de muebles, sacos de tierra, coches volcados, etc., en un lugar.

ba·rri·do, -a [barríðo, -a] *s/m,f* **1.** Acción de barrer. **2.** Barreduras.

ba·rri·ga [barríɣa] *s/f* **1.** Vientre. **2.** Zona abultada de una vasija. LOC **Echar barriga,** engordar. **Llenarse la barriga,** hartarse de comer. **Rascarse/Tocarse la barriga,** gandulear.

ba·rri·gu·do, -a [barriɣúðo, -a] *adj* Con mucha barriga.

ba·rri·gue·ra [barriɣéra] *s/f* En las caballerías de tiro, correa que ciñe el vientre.

ba·rril [barríl] *s/m* **1.** Cuba para almacenar, especialmente líquidos o material en polvo. **2.** Unidad de medida en la producción de petróleo.

ba·rri·la [barríla] *s/f* Botija.

ba·rri·le·te [barriléte] *s/m* **1.** Barril pequeño. **2.** En un revólver, pieza cilíndrica donde se colocan las balas.

ba·rri·llo [barríʎo] *s/m* **1.** Barro. **2.** Granitos que salen en la cara.

ba·rrio [bárrjo] *s/m* **1.** Zonas administrativas en que se divide una población o ciudad. **2.** Ciertas zonas de una ciudad aunque no constituyan una unidad administrativa: *El barrio gótico.* LOC **Irse al otro barrio,** morirse. **Mandar al otro barrio,** matar.
Barrio chino, la zona de prostitución baja.

ba·rri·tar [barritár] *v/intr* Emitir su voz el elefante o rinoceronte.

ba·rri·to [barríto] *s/m* Berrido del elefante.

ba·rri·zal [barriθál] *s/m* Lugar cubierto de lodo.

ba·rro [bárro] *s/m* **1.** En el suelo, mezcla de agua con tierra. **2.** Arcilla de alfarero: *Vasija de barro.*

ba·rro·co, -a [barróko, -a] *adj* **1.** Se dice del estilo, especialmente arquitectónico, post-renacentista, con profusión de líneas curvas y adornos y a lo con él relacionado. **2.** Se dice de todo lo complicado o retorcido (estilo, proceder, etc.).

ba·rro·quis·mo [barrokísmo] *s/m* **1.** Cualidad de barroco. **2.** Mal gusto.

ba·rro·so, -a [barróso, -a] *adj* Se dice del terreno embarrado.

ba·rro·te [barróte] *s/m* Barra gruesa de hierro para asegurar una mesa, ventana, etc.

ba·rrun·tar [barruntár] *v/tr* Presentir o prever. También REFL(-SE).

ba·rrun·to [barrúnto] *s/m* Indicio(s).

bar·to·la [bartóla] *loc adv* (Con *echarse/tumbarse a la*). Con despreocupación: *Se pasa el día tumbado a la bartola.*

bár·tu·los [bártulos] *s/m, pl* Objetos para una actividad, equipaje: *Bártulos de pesca.*

ba·ru·llo [barúʎo] *s/m* Desorden ruidoso o confusión. LOC **A barullo,** en cantidad.

ba·sa [bása] *s/f* Base.

ba·sal [basál] *adj* Referente a la base.

ba·sal·to [basálto] *s/m* Roca volcánica de color negro y verde.

ba·sa·men·to [basaménto] *s/m* La basa y el pedestal de una columna.

ba·sar [basár] *v/tr* Apoyar algo en cierta base. RPr **Basarse en.**

bas·ca [báska] *s/f* **1.** *pl* Espasmo antes de vomitar. **2.** Furia mordedora de un perro rabioso. **3.** FIG Arrebato súbito.

bás·cu·la [báskula] *s/f* Aparato para medir pesos que se colocan sobre una plataforma.

bas·cu·la·dor [baskulaðór] *s/m* Volquete.

bas·cu·lar [baskulár] *v/intr* Oscilar algo verticalmente en torno a un punto de equilibrio.

ba·se [báse] *s/f* **1.** Soporte o asiento de un objeto. **2.** Lo fundamental de algo: *La libertad es la base de la democracia.* **3.** MAT En una potencia, cantidad que se toma como factor el número de veces determinado por el exponente. **4.** QUÍM Compuesto formado por un metal y el grupo OH. **5.** DEP Jugador que dirige el juego de un equipo. LOC **A base de,** mediante. **A base de bien,** muy bien.
Base aérea, aeródromo militar.
Base militar, lugar en que se concentra material de guerra.
Base naval, puerto militar.

bá·si·co, -a [básiko, -a] *adj* Esencial para algo.

ba·sí·li·ca [basílika] *s/f* Primitivas iglesias crsitianas (siete mayores y siete menores) y las que actualmente gozan de ciertos privilegios.

ba·si·lis·co [basilísko] *s/m* Animal mitológico de mirada homicida. LOC **Hecho un basilisco/Como un basilisco,** furioso.

bas·tan·te [bastánte] **I.** *adj* **1.** Suficiente. **2.** En cantidad apreciable. **II.** *adv* Suficiente.

bas·tar [bastár] *v/intr* **1.** Con referencia a algo, tener lo suficiente de algo en medida, número o calidad: *Bastará con mil pesetas.* **2.** Tener abundancia de algo. LOC **¡Basta!/Basta de,** expresiones con que se interrumpe a alguien. RPr **Bastar con.**

bas·tar·día [bastarðía] *s/f* Cualidad o calidad de bastardo.

bas·tar·di·llo, (-a) [bastarðíʎo, (-a)] *adj* y *s/f* Letra bastardilla.

bas·tar·do, -a [bastárðo, -a] **I.** *adj* y *s/m,f* Se dice del hijo o hermano ilegítimo de la nobleza. **II.** *adj* **1.** Se dice de las especies vegetales de inferior calidad. **2.** Se dice de los fines o propósitos poco nobles.

bas·te·dad [basteðáð] *s/f* Calidad de basto.

bas·te·za [bastéθa] *s/f* Tosquedad.

bas·ti·dor [bastiðór] *s/m* **1.** Armadura rectangular o arqueada que sirve de soporte a una tela o estructura metálica o de madera (vagón de tren, coche, puerta, etc.). **2.** En el teatro, maderamen recubierto de telas o papeles pintados que forman los decorados laterales. LOC **Entre bastidores,** *1.* Referente a la gente y/o las cosas del teatro. *2.* Que no ve la luz pública: *Acuerdo entre bastidores.*

bas·ti·lla [bastíʎa] *s/f* Dobladillo basteado que se hace para que la tela no se deshilache.

bas·ti·men·to [bastiméņto] *s/m, pl* En un ejército o plaza sitiada, provisiones.

bas·tión [bastjón] *s/m* Reducto fortificado.

bas·to, (-a) [básto, (-a)] **I.** *adj* **1.** Se aplica a las personas de aspecto o modales poco refinados: *Una mujer basta.* **2.** Hecho con poco cuidado, vulgar. **3.** Se dice de las superficies rugosas: *Tela basta.* **II. 1.** *s/m, pl* Palo en forma de clava en la baraja española. **2.** *s/f* Puntada larga para hilvanar. LOC **Pintar bastos,** *1.* Mandar este palo en el juego de naipes. *2.* FIG Ir las cosas mal: *Antes todo iba bien, pero ahora pintan bastos.*

bas·tón [bastón] *s/m* **1.** Vara con empuñadura que sirve de apoyo al andar. **2.** Insignia de autoridad: *El bastón de mando.*

bas·to·na·zo [bastonáθo] *s/m* Golpe de bastón.

ba·su·ra [basúra] *s/f* Desperdicios de cualquier naturaleza.

ba·su·re·ro [basuréro] *s/m* **1.** Persona que recoge basura. **2.** Lugar donde se echa.

ba·ta [báta] *s/f* **1.** Prenda de vestir larga y cómoda que se pone por encima para estar por casa. **2.** Guardapolvo que se lleva en laboratorios, etc.

ba·ta·ca·zo [batakáθo] *s/m* Golpe que se da uno al caerse.

ba·ta·lla [batáʎa] *s/f* **1.** Episodio bélico entre dos enemigos (ejércitos, personas, animales). **2.** FIG Lucha interior entre sentimientos contrapuestos. LOC **De batalla,** de cada día, normal: *Traje de batalla.* **Caballo de batalla,** el nudo del problema por solucionar.

ba·ta·llar [bataʎár] *v/intr* **1.** Combatir en una batalla. **2.** Esforzarse mucho en conseguir algo: *Batalla por su pan.* RPr **Batallar por (2).**

ba·ta·llón [bataʎón] *s/m* En una misma arma, unidad de varias compañías.

ba·tán [batán] *s/m* Artilugio hidráulico con mazos para golpear el paño para apelmazarlo y desengrasarlo.

ba·ta·nar [batanár] *v/tr* **1.** Someter un paño a la acción de un batán. **2.** FIG Zurrar a alguien.
ORT También: *Batanear.*

ba·ta·ne·ro [batanéro] *s/m* El cuidador u operador de batanes.

ba·ta·ta [batáta] *s/f* **1.** Tubérculo azucarado y comestible. **2.** Planta de este tubérculo.

ba·te [báte] *s/m* Palo con que se golpea la pelota en el juego de béisbol.

ba·tea [batéa] *s/f* **1.** Bandeja **2.** En los puertos, barco pequeño parecido a un cajón. **3.** Vagón sin techo y con paredes bajas.

ba·te·ar [bateár] *v/tr* En el juego de béisbol y equivalentes (cricket, soft ball, etc.), golpear la pelota con el bate.

ba·tel [batél] *s/m* Bote pequeño.

ba·te·le·ro, -a [bateléro, -a] *s/m,f* Quien gobierna un batel.

ba·te·ría [batería] *s/f* **1.** Conjunto de cañones situados en tierra firme o a bordo de un barco de guerra. **2.** Serie de objetos colocados uno al lado de otro (luces, calderas, coches, pilas). **3.** En una banda u orquesta, los instrumentos de percusión. **4.** *s/m* En una banda, el que toca la batería.

ba·ti·bo·rri·llo o **ba·ti·bu·rri·llo** [batiβ{o/u}rríʎo] *s/m* Conjunto desordenado de objetos, ideas, etc.

ba·ti·do, (-a) [batíðo, (-a)] **I.** *adj* Que resulta de batir. **II.** *s* **1.** *m* Bebida a base de leche, helado o huevo batidos: *Batido de fresa y plátano.* **2.** *m* Acción de batir. **3.** *f* En una cacería, acción de levantar las piezas. **4.** *f* Acción de registrar una zona: *La policía dio una batida.*

ba·ti·dor, (-ra) [batiðór, (-ra)] **I.** *adj* Que bate. **II. 1.** *s/m,f* Instrumento para batir. **2.** *m* MIL Explorador de infantería o caballería. **3.** MONT En las cacerías, el que levanta la caza.

ba·tien·te [batjéņte] **I.** *adj* Se dice de lo que bate. **II.** *s/m* **1.** Parte del marco sobre el que pegan las portezuelas al cerrarse una puerta o ventana. **2.** Hoja de puerta.

ba·tín [batín] *s/m* Bata que llega un poco por debajo de la cintura.

ba·tir [batír] **I.** *v/tr* **1.** Dar golpes, golpear. **2.** Golpear la lluvia, nieve, viento, olas, etc., contra algo: *La lluvia bate el ventanal.* **3.** Remover una sustancia, huevos, lana, etc.: *Batir la nata.* **4.** Mover algo con vigor: *Batir las alas.* **5.** Derribar: *Batir las murallas.* **6.** Vencer a alguien (guerra, deporte, etc.): *Hemos sido batidos.* **7.** DEP Superar una marca: *Batió el récord de altura.* **8.** Inspeccionar un lugar: *La policía batió el jardín.* **II.** REFL(-SE) LOC **Batirse en retirada,** escaparse.

ba·tis·ca·fo [batiskáfo] *s/m* Aparato estanco y autónomo de inmersión.

ba·tis·ta [batísta] *s/f* Tela casi transparente de hilo o de algodón.

ba·tra·cio, (-a) [batráθjo, (-a)] *adj* y *s/m* Se aplica a los anfibios anuros (sapo, rana).

ba·tue·cas [batwékas] *adv* (Con *estar en las*) Distraído.

ba·tu·rro, -a [batúrro, -a] *adj* y *s/m,f* De Aragón.

ba·tu·ta [batúta] *s/f* Vara que usa el director de una orquesta para marcar el compás. LOC **Llevar la batuta**, mandar.

baúl [baúl] *s/m* Caja rectangular de madera reforzada y tapa curva que sirve para almacenar ropa o viajar.

bau·prés [bauprés] *s/m* En la proa de los barcos, palo grueso que sobresale de ella horizontalmente.

bau·tis·mal [bautismál] *adj* Referente al bautismo: *Pila bautismal.*

bau·tis·mo [bautísmo] *s/m* En la Iglesia Católica, sacramento que convierte en cristiano a quien lo recibe.
Bautismo de fuego, primera batalla de un soldado.

bau·ti·zar [bautiθár] *v/tr* **1.** Administrar el bautismo a alguien. **2.** Dar un nombre a alguien o a algo. **3.** COL Rebajar la leche, vino, etc., con agua.
ORT Ante *e* la *z* cambia en *c: Bauticé.*

bau·ti·zo [bautíθo] *s/m* Acción de bautizar (ceremonia y/o fiesta).

bau·xi·ta [bau(k)síta] *s/f* Roca blanda (hidróxidos de aluminio); se usa como refractario y abrasivo.

ba·ya [báJa] *s/f* Nombre de los frutos carnosos y pulposos (uva, naranja, etc.).

ba·ye·ta [baJéta] *s/f* Tejido basto para fregar o limpiar.

ba·yo, -a [báJo, -a] *adj* Se dice de la montura de color blanco amarillento.

ba·yo·ne·ta [baJonéta] *s/f* Hoja de acero que se adapta al cañón del fusil.

ba·zar [baθár] *s/m* Tienda donde se venden cosas muy variadas.

ba·zo, (-a) [báθo, (-a)] **I.** *adj* De color moreno amarillento. **II.** *s/f* **1.** En los naipes, cada una de las veces o manos jugadas y las cartas en ellas ganadas. **2.** (Con *sacar*) (Obtener) provecho de algo: *Saca baza de su belleza.* **III.** *s/m* En el hipocondrio izquierdo, víscera vascular. LOC **Meter baza**, intervenir en algo: *Mete baza en todo.* **Hacer baza**, prosperar o ganar en algo.

ba·zo·fia [baθófja] *s/f* Basura o comida mal hecha: *Este plato es bazofia pura.*

ba·zu·ka o **ba·zo·ca** [baθ{o/u}ka] *s/f* MIL Tubo metálico portátil que lanza proyectiles antitanque de propulsión a chorro.

be [bé] *s* **1.** *f* Nombre de la letra 'b'. **2.** *m Símb* del berilio *(Be).* **3.** *m* Balido.

bea·te·ría [beatería] *s/f* Religiosidad exagerada o falsa.

bea·ti·fi·ca·ción [beatifikaθjón] *s/f* Acción de beatificar.

bea·ti·fi·car [beatifikár] *v/tr* En el proceso de canonización, declarar el Papa a alguien en situación de recibir culto.
ORT Ante *e* la *c* cambia en *qu: Beatifique.*

bea·tí·fi·co, -a [beatífiko, -a] *adj* Se aplica a las personas o actitudes pacíficas.

bea·ti·tud [beatitúð] *s/f* **1.** Eterna bienaventuranza. **2.** Placidez.

bea·to, (-a) [beáto, (-a)] **I.** *adj* y *s/m,f* **1.** Persona de religiosidad afectada o exagerada. **2.** Persona beatificada. **II.** *s/f* Mujer que, sin serlo, vive como monja.

be·bé [beβé] *s/m* Niño muy pequeño.

be·be·de·ro, -a [beβeðéro, -a] **I.** *adj* Se dice de lo que se puede beber. **II.** *s/m* Recipiente con agua para que los animales beban.

be·be·di·zo, -a [beβeðíθo, -a] **I.** *adj* Potable. **II.** *s/m* Bebida medicinal o enamoradiza.

be·ber [beβér] **I.** *v/intr, tr* **1.** Ingerir un líquido. **2.** Ingerir bebidas alcohólicas: *Este hombre bebe, está siempre borracho.* **3.** Adquirir información o saber: *Bebe su saber en los clásicos.* **II.** *v/intr* (Con *por, a*) Brindar: *Bebamos a tu salud/por tu triunfo.* RPr **Beber a/por (II).**

be·bi·ble [beβíβle] *adj* Se dice de las bebidas que no saben mal.

be·bi·da [beβíða] *s/f* **1.** Acción de beber. **2.** (Con *darse a, entregarse a la, dejar la*) Vicio de beber. **3.** (Con *tomar, ingerir*) Líquido que se bebe.

be·bi·do, -a [beβíðo, -a] *adj* Parcial o enteramente borracho.

be·ca [béka] *s/f* Ayuda económica para estudiar o plaza gratuita en un centro docente.

be·ca·rio, -a [bekárjo, -a] *adj* y *s/m,f* Persona que disfruta de una beca.

be·ce·rra·da [beθerráða] *s/f* TAUROM Corrida de becerros.

be·ce·rro, -a [beθérro, -a] *s/m,f* **1.** Ternero(a). **2.** La piel curtida del animal (calzado, marroquinería, encuadernación): *Cartera de becerro.*

be·cua·dro [bekwáðro] *s/m* MÚS Delante de una nota, signo de supresión de bemol o sostenido.

be·cha·mel [betʃamél] *s/f* Salsa más o menos espesa a base de harina y leche.
ORT También: *Bechamela, besamel.*

be·del [beðél] *s/m* En centros docentes oficiales, subalterno al servicio del personal docente y administrativo.

be·dui·no, -a [beðwíno, -a] *adj* y *s/m,f* Se dice de los árabes nómadas.

¡beee...! [béee] *s/m* Onomatopeya para imitar o describir el balido de las ovejas y corderos.

be·fo, (-a) [béfo, (-a)] **I.** *adj* **1.** Belfo. **2.** Con los pies (piernas) torcidos. **II.** *s* **1.** *f* Acción de burlarse de alguien: *Hace befa de todo.* **2.** *m* Labio (caballerías).

be·go·nia [beγónja] *s/f* Planta de jardín, de hojas coloreadas y pequeñas flores rosadas.

beige [béix/béis] *adj* y *s/m,f* Color pajizo y amarillento.

béis·bol [béisβol] *s/m* ANGL Juego de pelota entre dos equipos (uno batea y otro está en el campo) en un círculo de tres bases y una llegada.

be·ju·co [bexúko] *s/m* Nombre de diversas especies de plantas tropicales cuyos tallos flexibles se emplean en la fabricación de sillería, cestería, cordelería, etc.

bel·ce·bú [belθeβú] *s/m* Lucifer.

bel·dad [be̪ldáð] *s/f* **1.** Belleza, en especial la femenina. **2.** Mujer muy bella.

bel·dar [be̪ldár] *v/tr* Para separar el grano, aventar las mieses, legumbres, etc., con el bieldo.
CONJ *Irreg: Bieldo, beldé, beldaré, beldado.*

be·lén [belén] *s/m* **1.** En Navidad, reconstrucción con paisaje y figuras de las escenas del Nacimiento de Jesucristo. **2.** Mezcla desordenada de cosas. **3.** *pl* Asunto enrevesado e ingrato: *No te metas en belenes.*

bel·fo, (-a) [bélfo, (-a)] **I.** *adj* y *s/m,f* Se dice de las personas de labios abultados o con el inferior colgante. **II.** *s/m* **1.** Labio de (o parecido al de) caballo. **2.** En las personas, labio inferior colgante.

bel·ga [bélγa] *adj* y *s/m,f* De Bélgica.

be·li·cis·mo [beliθísmo] *s/m* Actitud bélica.

be·li·cis·ta [beliθísta] *adj* y *s/m,f* Partidario de la guerra.

bé·li·co, -a [béliko, -a] *adj* Referente a la guerra: *Preparativos bélicos.*

be·li·co·si·dad [belikosiðáð] *s/f* Cualidad de belicoso.

be·li·co·so, -a [belikóso, -a] *adj* Agresivo.

be·li·ge·ran·cia [belixeránθja] *s/f* Cualidad de beligerante.

be·li·ge·ran·te [belixerán̪te] *adj* y *s/m,f* Referente al que está en guerra con otro.

be·lio [béljo] *s/m* Unidad de intensidad de sonido.

be·lla·co, -a [beʎáko, -a] *adj* y *s/m,f* **1.** Granuja (generalmente en tono de broma). **2.** Astuto y pícaro.

be·lla·do·na [beʎaðóna] *s/f* Planta solanácea venenosa de la que se obtiene la atropina.

be·lla·que·ría [beʎakería] *s/f* **1.** Acción indigna. **2.** Acción injusta que beneficia a otro.

be·lle·za [beʎéθa] *s/f* **1.** Cualidad de bello en sí mismo o aplicado a un cuadro, ideal, película, paisaje, etc. **2.** Se dice de una mujer muy bella: *Es una belleza.*

be·llí·si·mo, -a [beʎísimo, -a] *adj* Muy bello.

be·llo, -a [béʎo, -a] *adj* **1.** Se dice de lo que se percibe por los sentidos (vista u oído) o de lo intelectual que produce un elevado deleite espiritual, como un rostro, obra artística, hecho heroico, etc. Se usa *bonito* cuando la perfección física o grandiosidad no es tan grande. **2.** De buen carácter.

be·llo·ta [beʎóta] *s/f* Fruto aquenio de las plantas cupulíferas (encina, roble).

be·mol [bemól] **I.** *adj* Se dice de las notas con un semitono más bajo: *Un si bemol.* **II.** *s/m* El signo de esta alteración.
LOC **Tener algo bemoles/muchos bemoles,** *1.* Tener algo dificultad. *2.* Manifestación de enfado ante algo abusivo.

ben·ce·no [benθéno] *s/m* Hidrocarburo volátil e inflamable que se obtiene por síntesis o destilación del carbón mineral.

ben·ci·na [benθína] *s/f* Mezcla de hidrocarburos que se obtiene por destilación; se emplea como carburante.

ben·de·cir [ben̪deθír] *v/tr* **1.** Invocar alguien (sacerdote) la protección divina sobre acontecimientos, cosas, lugares. **2.** Conceder Dios prosperidad.
GRAM 'Bendecir' tiene dos participios: *Bendecido (reg)* y *bendito (irreg),* con valor, normalmente, de *adj,* aunque este último se usa como participio en invocaciones: *¡Bendita sea la lluvia!*
CONJ *Irreg: Bendigo, bendije, bendeciré, bendecido (bendito).*

ben·di·ción [ben̪diθjón] *s/f* Acción de bendecir y/o palabras o gestos con que se bendice.

ben·di·to, -a [beṇdíto, -a] **I.** *adj* **1.** Se dice de las cosas bendecidas y de los santos: *Agua bendita.* **2.** Con frases exclamativas denota admiración y/o agradecimiento: *¡Bendito sea el dinero que me prestaste!* **II.** *s/m,f* Persona bonachona o boba: *Juan es un bendito.*

be·ne·dic·ti·no, -a [benediktíno, -a] *adj* y *s/m,f* Referente a los monjes de San Benito de Nursia.

be·ne·fac·tor, -ra [benefaktór, -ra] *adj* Bienhechor.

be·ne·fi·cen·cia [benefiθénθja] *s/f* **1.** Actividad o cualidad de quien presta ayuda económica al necesitado. **2.** Asistencia pública al necesitado.

be·ne·fi·ciar [benefiθjár] *v/tr* **1.** Ser una cosa buena para algo o alguien: *El sol beneficia a la agricultura.* **2.** AMÉR Referido a una res, descuartizarla y venderla al por menor. RPr **Beneficiarse con/de. Beneficiar a (algo/alguien)**.

be·ne·fi·cia·rio, (-a) [benefiθjárjo, (-a)] *adj* y *s/m,f* En un contrato o donación, el receptor de un beneficio.

be·ne·fi·cio [benefíθjo] *s/m* **1.** Acción de mejorar la situación de alguien o algo. **2** Ganancia económica: *Este año la fábrica no obtendrá beneficios.* LOC **A beneficio de**, en favor de.

be·ne·fi·cio·so, -a [benefiθjóso, -a] *adj* Se dice de lo que es provechoso para alguien o algo.

be·né·fi·co, -a [benéfiko, -a] *adj* Beneficioso. En *benéfico* se recalca el matiz altruista del beneficio *(para otros)*; el uso de *beneficioso* implica provecho propio.

be·ne·mé·ri·to, -a [benemérito, -a] *adj* y *s/m,f* Digno de admiración o recompensa: *Benemérita asociación.*
La Benemérita, la Guardia Civil.

be·ne·plá·ci·to [benepláθito] *s/m* Acción de aprobar algo.

be·ne·vo·len·cia [beneβolénθja] *s/f* Actitud benévola.

be·né·vo·lo, -a [benéβolo, -a] *adj* Se dice de las actitudes e intenciones de las personas comprensivas.

ben·ga·la [beŋgála] *s/f* Luz pirotécnica o fuegos artificiales luminosos sin explosivos: *Luces de bengala.*

ben·ga·lí [beŋgalí] **I.** *adj* y *s/m,f* Referente a Bengala. **II.** *s/m* Lengua bengalí. ORT *Pl: Bengalíes.*

be·nig·ni·dad [beniɣniðáð] *s/f* Cualidad de benigno.

be·nig·no, -a [beníɣno, -a] *adj* **1.** Aplicado a personas (ideas o actitudes), propicio o benévolo. **2.** Aplicado a cosas, moderado: *Lluvias benignas.* RPr **Benigno con/para con/en:** *Es benigno con sus inferiores/en sus decisiones/para con todos.*

ben·ja·mín [beŋxamín] *s/m* **1.** El hijo menor (y normalmente mimado) de una familia. **2.** Botella de champán pequeña.

ben·zol [benθól] *s/m* Benceno crudo; se emplea como antidetonante y combustible.

beo·dez [beoðéθ] *s/m* Estado del borracho.

beo·do, -a [beóðo, -a] *adj* y *s/m,f* Borracho.

ber·be·re·cho [berβerétʃo] *s/m* Molusco bivalvo de conchas estriadas.

ber·be·ris·co, -a [berβerísko, -a] *adj* y *s/m* De Berbería.

ber·bi·quí [berβikí] *s/m* Manubrio en forma de 'C' con un barreno; taladra dando vueltas al manubrio.

be·re·ber [bereβér] **I.** *adj* Referente a Berebería (norte de África). **II.** *s/m, pl* Sus habitantes.
ORT También: *Beréber* o *berebere.*

be·ren·je·na [bereŋxéna] *s/f* Planta hortícola solanácea de fruto comestible.

be·ren·je·nal [bereŋxenál] *s/m* Campo de berenjenas. LOC **Armar un berenjenal** o **meterse en berenjenales**, meterse en líos, armar camorra.

ber·gan·tín [berɣaṇtín] *s/m* Buque con dos mástiles y vela redonda o cuadrada.

be·ri·be·ri [beriβéri] *s/m* Enfermedad producida por la falta de vitamina B.

be·ri·lio [beríljo] *s/m* Elemento químico, *Be*, peso atómico *9,1* de color gris acerado y que se emplea en reactores nucleares y en tubos de rayos X.

be·ri·lo [berílo] *s/m* Silicato de berilio, de cristales hexagonales verdemar o azulados; es una piedra preciosa.

ber·li·na [berlína] *s/f* **1.** Automóvil con cuatro puertas y 4 ó 6 asientos. **2.** Coche tirado por caballos, de cuatro ruedas y dos asientos.

ber·li·nés, -sa [berlinés, -sa] *adj* y *s/m,f* De Berlín.

ber·me·jo, -a [berméxo, -a] *adj* De color rubio rojizo.

ber·me·llón [bermeʎón] *s/m* Cinabrio en polvo, de color rojo vivo; se usa en pintura.

ber·mu·das [bermúðas] *adj* y *s/m, pl* Se dice de los trajes de baño de caballero, de pernera ajustada y que llegan casi hasta la rodilla.

be·rre·ar [berreár] *v/intr* **1.** Dar berridos. **2.** Llorar un niño desaforadamente o cantar con desatino.

be·rren·do, (-a) [berrénd̪o, (-a)] **I.** *adj* De dos colores. **II.** *adj* y *s/m* (Seguido de *en*) Se dice de los toros moteados: *Berrendo en rojo.*

be·rri·do [berríðo] *s/m* **1.** Grito del becerro, elefante y otros animales. **2.** Grito desaforado o desatinado.

be·rrin·che [berrín̪tʃe] *s/m* **1.** Lloro prolongado infantil. **2.** Disgusto ostensible y aparatoso pero de poca duración.

be·rro [bérro] *s/m* Planta crucífera pantanosa y de sabor picante; se come en ensalada.

ber·za [bérθa] *s/f* Col o variedad de col.

ber·zo·tas [berθótas] *s/m* COL (*Ser un*) Persona de poco talento.

be·sa·ma·nos [besamános] *s/m* Recepción oficial en donde los reyes reciben el saludo de los invitados.

be·sa·me·la o **be·sa·mel** [besamél(a)] *s/f* Salsa blanca hecha de crema de leche, harina y manteca.

be·sar [besár] *v/tr* Tocar algo o a alguien con los labios juntos a modo de caricia, dando un chasquido.

be·so [béso] *s/m* Acción y efecto de besar(se). LOC **Comerse a alguien a besos**, besarle mucho.

bes·tia [béstja] *s/f* **1.** Animal de carga (mulo, burro). **2.** Se dice de la persona bruta o salvaje.
Bestia de carga, animal para transportar cargas.
Mala bestia, la persona aviesa.

bes·tial [bestjál] *adj* **1.** Propio de una bestia. **2.** Muy grande: *Tengo una sed bestial.*

bes·tia·li·dad [bestjaliðáð] *s/f* **1.** Calidad de bestial: *No digas bestialidades.* **2.** Acción brutal.

bes·tia·rio [bestjárjo] *s/m* **1.** En los circos romanos, hombre que luchaba con las fieras. **2.** Colección de fábulas de animales.

best seller [bes séler] *s/m* ANGL Libro que se vende mucho.

be·su·cón, (-na) [besukón, (-na)] *adj* Que besuquea.

be·su·go [besúɣo] *s/m* **1.** Pez acantopterigio de carne blanca y sabrosa. **2.** FIG Se dice de las personas tontas.

be·su·que·ar [besukeár] *v/tr* Besar con reiteración.

be·su·queo [besukéo] *s/m* Acción de besuquear.

be·ta [béta] *s/f* Segunda letra del alfabeto griego; corresponde a la 'b'.

bé·ti·co, -a [bétiko, -a] *adj* y *s/m,f* De Andalucía.

be·tu·mi·no·so, -a [betuminóso, -a] *adj* Bituminoso.

be·tún [betún] *s/m* **1.** Nombre común de diversos productos naturales carbónicos e hidrogenados. **2.** Mezcla que se aplica o da al calzado para reteñirlo y darle brillo. LOC **Quedar a la altura del betún,** salir desprestigiado (alguien).

be·zo [béθo] *s/m* **1.** Labio inferior abultado. **2.** Borde abultado de una herida.

bi·be·lot [biβeló(t)] *s/m* GAL Chuchería de adorno.
ORT *Pl: Bibelots.*

bi·be·rón [biβerón] *s/m* Recipiente con tetina para la lactancia artificial de los niños.

bi·blia [bíβlja] *s/f* **I.** (Con *may)* Libros canónicos del Antiguo (46) y Nuevo (27) Testamento. **II.** *adj* Se dice del papel fino: *Papel biblia.* LOC COL **La biblia en verso**, mucho: *Sabe la biblia en verso.*

bí·bli·co, -a [bíβliko, -a] *adj* Referente a la Biblia.

bi·blio·fi·lia [biβliofílja] *s/f* Afición por los libros, los raros en particular.

bi·blió·fi·lo, -a [biβliófilo, -a] *s/m,f* Persona aficionada a la bibliofilia.

bi·blio·gra·fía [biβlioɣrafía] *s/f* **1.** Descripción de libros (fechas, ediciones, etc.) y manuscritos. **2.** Relación de libros y manuscritos referentes a un tema determinado.

bi·blio·grá·fi·co, -a [biβlioɣráfiko, -a] *adj* Referente a la bibliografía.

bi·blió·gra·fo, -a [biβlióɣrafo, -a] *s/m,f* Experto en bibliografía.

bi·blio·ma·nía [biβliomanía] *s/f* Pasión desorbitada, y no erudita, por los libros.

bi·blió·ma·no, -a [biβliómano, -a] *adj* y *s/m,f* Afectado de bibliomanía.

bi·blio·te·ca [biβliotéka] *s/f* Conjunto ordenado de libros, o el local o mueble(s) donde se guardan.

bi·blio·te·ca·rio, -a [biβliotekárjo, -a] *s/m,f* Persona encargada de cuidar, ordenar y atender a una biblioteca.

bi·blio·te·co·no·mía [biβliotekonomía] *s/f* Ciencia que estudia la organización y conservación de las bibliotecas.

bi·ca·me·ral [bikamerál] *adj* Referente al Estado con dos cámaras (Congreso y Senado; Lores y Comunes, etc.).

bi·car·bo·na·to [bikarβonáto] *s/m* Sal derivada del ácido carbónico.

bi·cé·fa·lo, -a [biθéfalo, -a] *adj* Con dos cabezas o dirigentes.

bi·cen·te·na·rio [biθen̪tenárjo] *s/m* Segundo centenario.

bí·ceps [bíθe(p)s] *adj* y *s/m* ANAT Se dice de los músculos con dos cabos independientes, especialmente el flexor del brazo. ORT *Pl: Bíceps.*

bi·ci [bíθi] *s/f* Bicicleta.

bi·ci·cle·ta [biθikléta] *s/f* Biciclo de dos ruedas iguales que avanza mediante la cadena de transmisión que une el piñón de la rueda trasera con los pedales.

bi·ci·lia·do, -a [biθiljáðo, -a] *adj* BOT Con dos flagelos.

bi·co·ca [bikóka] *s/f* **1.** Cosa de poco valor. **2.** Ganga: *Este cuadro es una bicoca.*

bi·co·lor [bikolór] *adj* De dos colores.

bi·cho [bítʃo] *s/m* **1.** Frecuentemente *despec.* Cualquier animal pequeño o aquel cuyo nombre no se conoce. **2.** Cualquier animal, especialmente los domésticos. **3.** Persona mala, muy fea o muy pilla: *Es un mal bicho.*

bi·dé [biðé] *s/m* Lavabo de asiento para abluciones de las partes inferiores. ORT También: *Bidet.*

bi·dón [biðón] *s/m* Recipiente metálico para líquidos: *Bidón de gasolina.*

bie·la [bjéla] *s/f* Pieza mecánica que transforma un movimiento de rotación en otro rectilíneo o al revés.

biel·do [bjél̪do] *s/m* Instrumento de mango largo a modo de rastrillo que se utiliza para cargar las mieses, aventar u otras tareas agrícolas.

bien [bjén] **I.** *s/m* **1.** Bienestar o felicidad. **2.** La bondad moral en abstracto: *Haz el bien y evita el mal.* **3.** Lo que es favorable o conveniente: *Fue un bien el que perdiéramos el tren.* **4.** *pl* Conjunto de posesiones materiales de una persona: *Dio todos sus bienes a los necesitados.* **II.** *adv* **1.** Aplicado a un verbo, convenientemente o correctamente: *Habla bien el inglés. Vive bien* (con comodidades). **2.** De modo divertido: *Me lo paso bien contigo.* **3.** Muy (seguido de *adv* o *adj*): *Salimos bien tarde.* **4.** Indica reiteración, reconversión o aproximación a lo que expresa el verbo: *Está bien fastidiado.* **5.** Indica acuerdo, forzado o no (a veces con *está*): *—¿Vienes? —Bien/Está bien.* **III.** *conj* Indica opción distributiva: *Comeré bien un bistec, bien una tortilla.* LOC **¡Bien!**, según la entonación, indica aprobación, sorpresa o disgusto. **De bien**, se dice de las personas dignas: *Es una familia de bien.* **¡Está bien!**, indica conceder algo a desgana. **(Pues) ¡Estamos bien!**, indica disgusto por algo. **Estar bien,** *1.* Estar en condición saludable. *2.* Gozar de economía saneada: *Estamos bien y podemos ayudarnos. 3.* Estar a gusto en un lugar. *4.* Ser una cosa suficiente para algo: *Un millón está bien para comprar un coche. 5.* Indica aprobación de algo que se menciona: *Esta novela está muy bien. 6.* Cuando el sujeto es una oración, significa 'es bueno': *Está bien que los niños jueguen. 7.* Caerle bien una prenda a alguien: *Este pantalón te está bien. 8.* Merecer alguien una cosa desagradable: *Le está bien que se haya pillado los dedos.* **Más bien**, se emplea como expresión correctiva o adversativa, no como comparativa (en vez de 'mejor'): *No estoy contento, más bien estupefacto.* **No bien**, apenas: *No bien amaneció, salimos.* **¡Qué bien!**, expresión de complacencia o de disconformidad. **Tener a bien**, dignarse: *Tuvo a bien visitarme.* **Tomar a bien**, considerar algo positivamente.

bie·nal [bjenál] *adj* Que dura un (o se repite cada) bienio.

bien·an·dan·za [bjenan̪dánθa] *s/f* Fortuna en lo que sucede.

bien·a·ven·tu·ra·do, -a [bjenaβen̪turáðo, -a] **I.** *adj* Dichoso. **II** *adj* y *s/m,f* Se dice de quien goza del cielo.

bien·a·ven·tu·ran·za [bjenaβen̪turánθa] *s/f* **1.** Visión beatífica. **2.** Prosperidad, felicidad del hombre.

bien·es·tar [bjenestár] *s/m* **1.** Estado placentero y saludable, duradero o pasajero. **2.** Desahogo económico.

bien·he·chor, -ra [bjenetʃór, -ra] *adj* y *s/m,f* Que hace el bien al prójimo.

bien·in·ten·cio·na·do, -a [bjenin̪tenθjonáðo, -a] *adj* Con buena intención.

bie·nio [bjénjo] *s/m* Período de dos años.

bien·quis·tar [bjeŋkistár] *v/tr,* REFL (-SE) Congraciar a una persona con alguien o en algún lugar. RPr **Bienquistar(se) con:** *Su simpatía le bienquistó con la clase.*

bien·ve·ni·do, (-a) [bjemɱbeníðo, (-a)] **I.** *adj* (Con *ser*) Recibido con complacencia; en tono exclamativo, es forma de saludo. **II.** *s/f* Llegada feliz a un lugar o parabién que se da por ello: *Dar la bienvenida.* RPr **Bienvenido a**: *Bienvenido a España.*

bies [bjés] *s/m* GAL Sesgo, particularmente tira sesgada cosida al borde de un vestido. LOC **Al bies**, se dice de la tela cortada oblicuamente a la trama.

bi·fá·si·co, -a [bifásiko, -a] *adj* Se dice del sistema eléctrico con dos fases alternas, con voltajes desplazados entre sí por un cuarto de período.

bi·fe [bífe] *s/m* AMÉR Bistec.

bí·fi·do, -a [bífiðo, -a] *adj* BIOL Dividido en dos puntas o partes: *Hoja/Lengua bífida.*

bi·fo·cal [bifokál] *adj* ÓPT Se dice de las

lentes con dos focos, para ver de cerca y de lejos.

bif·tec [bifté(k)] *s/m* Bistec.

bi·fur·ca·ción [bifurkaθjón] *s/f* **1.** Acción y resultado de bifurcarse. **2.** Punto donde se bifurca algo.

bi·fur·car·se [bifurkárse] *v/*REFL (-SE) Dividirse algo en dos ramales o puntas (camino, río, rama, etc.).
ORT Ante *e* la *c* cambia en *qu: Bifurque.*

bi·ga·mia [biγámja] *s/f* **1.** DER Situación de estar un hombre casado con dos mujeres a la vez o viceversa. **2.** En donde está prohibido, tal delito.

bí·ga·mo, -a [bíγamo, -a] *adj* y *s/m,f* Persona que practica la bigamia.

bi·go·te [biγóte] *s/m* Pelambrera sobre el labio superior. LOC **Estar de bigote**, ser formidable algo.

bi·go·te·ra [biγotéra] *s/f* **1.** Utensilio para dar forma al bigote. **2.** Pequeño compás de precisión.

bi·go·tu·do, -a [biγotúðo, -a] *adj* Con mucho bigote.

bi·ki·ni [bikíni] *s/m* Biquini.

bi·la·bia·do, -a [bilaβjáðo, -a] *adj* BOT Se dice del cáliz o corola con dos labios.

bi·la·bial [bilaβjál] *adj* Se dice de las consonantes que se articulan con los dos labios (*por ej,* 'p', 'b', 'm').

bi·la·te·ral [bilaterál] *adj* Se aplica a un pacto que obliga a ambas partes.

bil·baí·no, (-a) [bilβaíno, (-a)] **I.** *adj* y *s/m,f* De Bilbao (Vizcaya). **II.** *s/f* Boina.

bi·liar [biljár] *adj* Referente a la bilis.

bi·lin·güe [bilíŋgwe] *adj* y *s/m,f* Escrito en dos lenguas o que las habla.

bi·lin·güis·mo [biliŋgwísmo] *s/m* Calidad de bilingüe.

bi·lio·so, -a [biljóso, -a] *adj* **1.** Se dice de quien tiene exceso de bilis. **2.** Irritable.

bi·lis [bílis] *s/f* **1.** Líquido amarillo-verdoso, de sabor amargo, segregado por el hígado, y que ayuda a la digestión. **2.** Usado como símbolo del carácter antipático.

bi·llar [biʎár] *s/m* Juego que se practica sobre una mesa rectangular tapizada de verde con bandas elásticas, y bolas de marfil que se golpean con tacos.

bi·lle·ta·je [biʎetáxe] *s/m* Conjunto de billetes para una rifa, viaje, etc.

bi·lle·te [biʎéte] *s/m* **1.** Mensaje breve. **2.** En un medio de transporte, atracción, espectáculo, etc., pasaje o entrada: *Billete de tren.* **3.** Cédula impresa emitida por el Tesoro Público, con valor de moneda: *Billete de 5.000 ptas.* **4.** Comprobante de participación en un sorteo o rifa: *Billete de lotería.*
Billete de ida, el sencillo.
Billete de ida y vuelta, el que sirve para ir y volver en un viaje.

bi·lle·te·ro, -a [biʎetéro, -a] *s/m,f* Carterita para guardar papel moneda.

bi·llón [biʎón] *s/m* Un millón de millones.

bi·men·sual [bimenswál] *adj* Se dice de lo que se hace dos veces al mes.

bi·mo·tor [bimotór] *adj* y *s/m* Se dice de los aviones de dos motores.

bi·nar [binár] *v/tr* Repetir algo dos veces (arar, cavar, decir misa, cantar, etc.).

bi·na·rio, -a [binárjo, -a] *adj* De dos elementos: *Dígito binario.*

bin·go [bíŋgo] *s/m* Juego de azar o sala donde se juega.

bi·no·cu·lar [binokulár] **I.** *adj* y *s/m,f* Se dice de los instrumentos ópticos para ver con los dos ojos. **II.** *s/m, pl* Anteojos dobles.

bi·no·mio [binómjo] *s/m* Expresión algebraica de dos términos.

bio·de·gra·da·ble [bioðeγraðáβle] *adj* Se aplica a los productos que son destruidos por organismos vivos y, por tanto, que contaminan sólo temporalmente.

bio·fí·si·ca [biofísica] *s/f* Estudio de las leyes reguladoras de la energía vital y de los estados físicos de los seres vivos.

bio·gé·ne·sis [bjoxénesis] *s/f* Desarrollo y origen de los seres vivos.

bio·gra·fía [bioγrafía] *s/f* Narración de la vida de alguien.

bio·gra·fiar [bioγrafjár] *v/tr* Escribir la biografía de alguien.
ORT, PRON El acento cae sobre *i* en el *sing* y *3.ª pers pl* del *pres* de *indic* y *subj: Biografíe...*

bio·grá·fi·co, -a [bioγráfiko, -a] *adj* Referente a la biografía.

bió·gra·fo, -a [bióγrafo, -a] *s/m,f* Persona que escribe una biografía.

bio·lo·gía [bioloxía] *s/f* Ciencia que estudia la estructura y desarrollo de los seres vivos.

bio·ló·gi·co, -a [biolóxiko, -a] *adj* Referente a la biología.

bió·lo·go, -a [bióloγo, -a] *s/m,f* Persona especializada en biología.

bio·ma·sa [biomása] *s/f* Masa de un conjunto de organismos vivos y en un entorno determinado.

biom·bo [bjómbo] *s/m* Mampara plegable y articulada.

biop·sia [biópsja] *s/f* MED Examen y diagnóstico de un trozo de tejido de un ser vivo.

bio·quí·mi·co, (-a) [biokímiko, (-a)] **I.** *s/f* Química biológica. **II.** *adj* Referente a esta ciencia **III.** *s/m,f* Especialista en bioquímica.

bios·fe·ra [biosféra] *s/f* Zona con vida en la atmósfera terrestre.

bi·ó·xi·do [bió(k)siðo] *s/m* QUÍM Combinación de un radical compuesto o simple con dos átomos de oxígeno.

bí·pe·do, -a [bípeðo, -a] *adj* y *s/m,f* Se dice del animal con dos pies, particularmente del hombre.
ORT También: *Bípede.*

bi·pla·no [bipláno] *adj* y *s/m* Avión con las alas en dos planos paralelos.

bi·pla·za [bipláθa] *adj* y *s/m* Referente al avión o al coche de dos plazas.

bi·po·lar [bipolár] *adj* Con dos polos.

bi·po·la·ri·dad [bipolariðáð] *s/f* Calidad de bipolar.

bi·qui·ni [bikíni] *s/m* **1.** Traje de baño femenino de dos piezas que cubren los pechos y el sexo. **2.** Bocadillo caliente de jamón de York y queso.

bir·lar [birlár] *v/tr* COL Quitarle algo a alguien: *Me han birlado la cartera.*

bir·ma·no, -a [birmáno, -a] *adj* y *s/m,f* De Birmania.

bi·rreac·tor [birreaktór] *s/m* Avión con dos reactores.

bi·rre·te, (-a) [birréte, (-a)] **I.** *s/f* Bonete clerical de forma cuadrangular con una borla. **II.** *s/m* Gorro distintivo de catedráticos y magistrados, con borla negra para los magistrados y del color de la Facultad para los catedráticos.

bi·rria [bírrja] *s/f* Se aplica a las personas malformes, malvestidas o a las personas y cosas sin valor: *Juan es una birria. Esta corbata/película es una birria.*

bis [bís] *adv* Señala algo que debe repetirse (compás musical) o está repetido.

bi·sa·bue·lo, -a [bisaβwélo, -a] *s/m,f* Con relación a alguien, los padres de sus abuelos.

bi·sa·gra [bisáγra] *s/f* Las dos piezas articuladas entre sí que facilitan el movimiento de abrir, cerrar o girar una puerta, ventana, etc.

bi·sar [bisár] *v/tr* Repetir una canción, actuación, etc.

bis·bi·sar [bisβisár] *v/tr* Musitar.

bis·bi·se·ar [bisβiseár] *v/tr* Bisbisar.

bis·bi·seo [bisβiséo] *s/m* Acción de (o sonido producido al) bisbisear.

bis·cuit [biskwí(t)] *s/m* Bizcocho o cierta clase de helado.

bi·sec·ción [bise(k)θjón] *s/f* Acción de dividir en dos partes iguales.

bi·sec·tor, -triz [bisektór, -tríθ] *adj* y *s/m,f* GEOM Que divide algo en dos partes iguales: *Línea bisectriz. Plano bisector.*

bi·sel [bisél] *s/m* En el borde de algo (lámina, plancha, cristal, etc.), corte oblicuo. LOC **Tallar en bisel,** biselar algo.

bi·se·lar [biselár] *v/tr* Practicar un bisel en algo.

bi·se·ma·nal [bisemanál] *adj* Que sucede dos veces por semana.

bi·se·xual [bisekswál] *adj* y *s/m* Se dice del individuo con dos sexos.

bi·sies·to [bisjésto] *adj* y *s/m* Se aplica al año con un día más en el mes de febrero.

bi·sí·la·bo, -a [bisílaβo, -a] *adj* Con dos sílabas.

bis·mu·to [bismúto] *s/m* Metal agrisado, duro y quebradizo. *Símb Bi*, peso atómico *83.*

bis·nie·to, -a [bisnjéto, -a] *s/m,f* Biznieto(a).

bi·son·te [bisónte] *s/m* Rumiante bóvido con una jiba en la parte alta del lomo.

bi·so·ñé [bisoɲé] *s/m* Peluca en la parte anterior de la cabeza.

bi·so·ño, -a [bisóɲo, -a] *adj* y *s/m,f* Se dice de los nuevos reclutas o del inexperto en algo.

bis·tec [bisté(k)] *s/m* Lonja asada de carne de vaca; filete.
ORT También: *Biftec, bifstec. Pl: Bistecs.*

bis·tu·rí [bisturí] *s/m* Lanceta quirúrgica para practicar incisiones.
ORT *Pl: Bisturíes.*

bi·sul·fa·to [bisulfáto] *s/m* QUÍM Cualquier sal del ácido sulfuroso.

bi·su·te·ría [bisutería] *s/f* Joyas baratas, carentes de piedras preciosas o metales nobles: *Collar de bisutería.*

bit [bít] *s/m* Unidad de medida en informática, dígito binario.

bi·tá·co·ra [bitákora] *s/f* Armario junto al timón, donde se guarda la brújula.

bi·tter [bíter] *s/m* Bebida amarga tomada como aperitivo.

bi·tu·mi·no·so, -a [bituminóso, -a] *adj* Con (o parecido al) betún.

bi·val·vo, -a [biβálβo, -a] *adj* Con dos valvas (conchas).

bi·zan·ti·nis·mo [biθantinísmo] *s/m* Pasión por discusiones estériles.

bi·zan·ti·no, -a [biθantíno, -a] **I.** *adj* y *s/m,f* De Bizancio (Constantinopla o Estambul). **II.** *adj* Se aplica a las discusiones estériles y al arte o costumbres en degeneración.

bi·za·rría [biθarría] *s/f* Calidad de bizarro.

bi·za·rro, -a [biθárro, -a] *adj* Valiente.

biz·co, -a [bíθco, -a] *adj* y *s/m,f* Que padece estrabismo o tiene la mirada u ojo torcido. LOC **Quedarse bizco,** asombrarse ante algo extraordinario.

biz·co·cho [biθkótʃo] *s/m* **1.** Pan ácimo recocido para que se conserve largo tiempo (en barcos, expediciones, etc.). **2.** Pasta de repostería, muy esponjosa. **3.** En los objetos de cerámica, primera cocción.

biz·nie·to, -a [biθniéto, -a] *s/m,f* Respecto a una persona, hijo de su nieto. ORT También: *Bisnieto(a).*

biz·que·ar [biθkeár] *v/intr* Torcer la vista el bizco.

blan·co, (-a) [bláŋko, (-a)] **I.** *adj* y *s/m,f* **1.** Se aplica al color que tiene todos los del espectro y a las cosas de tal color. **2.** Se dice de la raza europea y sus individuos. **II.** *adj* Se dice de lo que es de color más claro que los otros de su especie. **III.** *s* **1.** *f* Pieza de dominó: *Blanca doble.* **2.** *f* Moneda antigua. **3.** *f* MÚS Nota con un círculo sin rellenar que vale la mitad de una redonda. **4.** *m* Zonas sin ocupar o escribir: *Hay muchos blancos en este examen.* **5.** *m* Objeto al que se dispara: *Siempre da en el blanco.* LOC **Dar en el blanco**, además del sentido literal, atinar o acertar en algo. **Firmar algo en blanco,** *1.* Firmar algo (cheque) sin especificar la cantidad. *2.* Dar plenos poderes a alguien. **No tener blanca/Estar sin blanca**, no tener dinero. **Ser el blanco de**, ser el centro de las miradas, burlas, etc. **Tener la mente en blanco,** quedarse sin saber qué decir o escribir. RPr **Blanco de:** *Es blanco de cara.*

blan·cor [blaŋkór] *s/m* Blancura.

blan·cu·ra [blaŋkúra] *s/f* Cualidad de blanco.

blan·den·gue [blandéŋge] *adj* Blando en exceso: *Tu padre es muy blandengue.*

blan·dir [blandír] *v/tr* Tener algo en la mano agitándolo con aire amenazante: *El policía blandió la porra.*

blan·do, (-a) [blándo, (-a)] **I.** *adj* **1.** Que se deforma, cede o corta con facilidad: *Cera/Cama/Carne blanda.* **2.** FIG Se aplica a las personas débiles de carácter, benévolas, perezosas, cobardes y muelles: *Es blando con sus alumnos.* **3.** Se aplica al clima y fenómenos atmosféricos suaves: *El blando murmullo del viento.* **II.** *adv* Cómodamente. RPr **Blando a/con/de:** *Blando al tacto. Blando de corazón.*

blan·du·cho, -a [blandútʃo, -a] *adj* Algo blando.

blan·du·ra [blandúra] *s/f* Cualidad de blando: *Blandura de trato.*

blan·que·ar [blaŋkeár] *v/tr, intr* Poner(se) algo blanco (azúcar, pared, ropa, etc.).

blan·que·cer [blaŋkeθér] *v/tr* **1.** Blanquear. **2.** Lustrar y sacarle el color a los metales (oro, plata, etc.).
CONJ *Irreg: Blanquezco, blanquecí, blanqueceré, blanquecido.*

blan·que·ci·no, -a [blaŋkeθíno, -a] *adj* Algo blanco.

blan·queo [blaŋkéo] *s/m* Acción y resultado de blanquear.

blan·que·te [blaŋkéte] *s/m* Cosmético femenino.

blas·fe·mar [blasfemár] *v/intr* Decir blasfemias. RPr **Blasfemar contra/de**: *Blasfema de la jerarquía/contra los santos.*

blas·fe·mia [blasfémja] *s/f* Expresión o interjección contra Dios o lo sagrado.

blas·fe·mo, -a [blasfémo, -a] **I.** *adj* Que contiene blasfemia: *Libro blasfemo.* **II.** *s/m,f* Persona que blasfema.

bla·són [blasón] *s/m* **1.** Lo que se relaciona con la heráldica **2.** Lo que figura en un escudo de armas. **3.** FIG Honor.

bla·so·nar [blasonár] **I.** *v/tr* Diseñar un escudo de armas de acuerdo con las normas. **II.** *v/intr* Jactarse: *Blasona de virtuoso.* RPr **Blasonar de (II).**

ble·do, (-a) [bléðo, (-a)] **I.** *s/m,f* Acelga. **II.** *s/m* (Con *importar, dársele*) Nada: *(No) le importa un bledo desnudarse en público.*

ble·fa·ri·tis [blefarítis] *s/f* MED Inflamación de los párpados.

blen·da [blénda] *s/f* Sulfuro de cinc.

ble·no·rra·gia [blenorráxja] *s/f* Inflamación purulenta e infecciosa de uretra.

ble·no·rrea [blenorréa] *s/f* Blenorragia.

blin·da·do, (-a) [blindáðo, (-a)] **I.** *adj* Se aplica a lo que está blindado o tiene blindaje (puerta, cristal, edificio, etc.) **II.** *s/m* Carro de guerra acorazado.

blin·da·je [blindáxe] *s/m* Conjunto de planchas para proteger algo.

blin·dar [blindár] *v/tr* Proteger algo con planchas, cristales especiales, etc.

bloc [blók] *s/m* Conjunto de hojas pegadas o encuadernadas: *Bloc de notas.*

blon·do, (-a) [blóɲdo, (-a)] **I.** *adj* Rubio. **II.** *s/f* Encaje de seda.

blo·que [blóke] *s/m* **1.** Fragmento considerable de piedra sin labrar, de cemento, hormigón, etc. **2.** Grupo coherente de cosas (viviendas, noticias, etc.). **3.** Parte más importante de algo: *El bloque de la expedición.* **4.** Grupo de partidos o países, afines: *El bloque comunista.* LOC **En bloque,** masivamente.

blo·que·ar [blokeár] *v/tr* **1.** Asediar una plaza enemiga para conquistarla. **2.** Cortar las comunicaciones marítimas de un país y, *por ext*, cerrar el paso. **3.** Inmovilizar los bienes o créditos de alguien. **4.** Poner obstáculos a algo: *Bloquean la reforma política.* **5.** Encasquillarse un mecanismo: *Se me ha bloqueado la dirección del coche.*

blo·queo [blokéo] *s/m* Acción y efecto de bloquear algo.

blues [blú(e)s] *s/m* Baile moderno de ritmo lento.

bluff [blúf] *s/m* ANGL Farol.

blu·sa [blúsa] *s/f* Vestimenta exterior que cubre la parte superior del cuerpo.

blu·són [blusón] *s/m* Blusa larga.

boa [bóa] *s* **1.** *f* Serpiente americana, gigantesca y no venenosa. **2.** *m* Adorno femenino de pieles y plumas.

boa·to [boáto] *s/m* Ostentación de riqueza y poder.

bo·ba·da [boβáða] *s/f* Tontería. Lo que dice o hace un bobo.

bo·ba·li·cón, -na [boβalikón, -na] *adj* y *s/m,f* Bobo.

bo·be·ría [boβería] *s/f* Bobada.

bó·bi·lis, bó·bi·lis [bóβilis - bóβilis] *adv* (Precedido de *de*) Sin esfuerzo.

bo·bi·na [boβína] *s/f* Devanado de hilo (de coser, eléctrico, etc.).

bo·bi·na·do·ra [boβinaðóra] *s/f* Aparato para bobinar.

bo·bi·nar [boβinár] *v/tr* Devanar o arrollar algo en una bobina.

bo·bo, (-a) [bóβo, (-a)] **I.** *adj* y *s/m,f* **1.** Se dice de la persona tonta e indiscreta. **2.** Afectuosamente, se dice de las personas ingenuas: *No seas bobo: ¡Te quiero!* **II.** *s/m* En el teatro antiguo, personaje cómico. LOC **El bobo de Coria**, el tonto del pueblo. **Hacer el bobo**, hacer tonterías.

bo·ca [bóka] *s/f* **1.** Entre la nariz y la barbilla, entrada al aparato digestivo; los dos labios de cierre; la cavidad bucal. **2.** Abertura que comunica el interior con el exterior de algo: *Boca de(l) metro.* **3.** *pl* Número de personas o animales a los que mantener. LOC **A boca de jarro/cañón,** a quemarropa. **Andar de boca en boca**, ser conocido de todos. **A pedir de boca**, bien: *Las ventas van a pedir de boca.* **Boca abajo**, sobre el vientre. **Boca arriba**, sobre la espalda, al descubierto (naipes). **Boca a boca**, respiración artificial: *Le hicieron el boca a boca.* **Cerrar la boca a alguien**, *1.* Hacerle callar. *2.* FIG Matarle. **Como boca de lobo**, se dice de la noche muy oscura. **Con la boca abierta**, admirado. **Echar por la boca**, *1.* Vomitar. *2.* Injuriar. **Hacerse la boca agua a uno**, pensar con fruición en comer o beber. **Hacer boca**, abrir el apetito tomando algo ligero. **Meterse en la boca del lobo**, exponerse a un peligro de modo imprudente. **No decir esta boca es mía**, callar. **No tener nada que llevarse a la boca,** carecer de alimentos. **Partir la boca**, se usa como amenaza. **Tapar la boca a alguien**, hacerle callar con sobornos, amenazas, etc. **Venir a pedir de boca**, venir algo bien.

bo·ca·ca·lle [bokakáʎe] *s/f* **1.** Entrada de una calle. **2.** Calle secundaria.

bo·ca·di·llo [bokaðíʎo] *s/m* **1.** Panecillo partido y relleno de queso, fiambre, tortilla, etc. **2.** Refrigerio que se toma a media mañana: *Es la hora del bocadillo.*

bo·ca·do [bokáðo] *s/m* **1.** Porción de alimento que se toma de una sola vez o pedazo de algo arrancado con los dientes: *Un bocado de pan.* **2.** Un poco de comida: *Déjame probar un bocado.* **3.** Acción de morder con fuerza y herida ocasionada: *El tiburón arrancó el pie de un bocado.* **4.** El freno (o la parte del freno) en la boca de una montura.
Bocado de cardenal, se aplica al manjar exquisito.

bo·ca·ja·rro [bokaxárro] *loc adv* (Con *a*) A quemarropa o de improviso: *Le disparó/preguntó a bocajarro.*

bo·cal [bokál] *s/f* **1.** Jarra de boca ancha para extraer el vino de las tinajas. **2.** Brocal de pozo.

bo·ca·man·ga [bokamáŋga] *s/f* En la manga de una prenda, abertura próxima a la muñeca o brazo.

bo·ca·na·da [bokanáða] *s/f* **1.** Cantidad de líquido o humo que se aspira o echa de la boca de una vez. **2.** Ráfaga (continuada o no) de aire, humo etc., que sale por una abertura: *Una bocanada de aire helado.* LOC **A bocanadas,** de modo discontinuo.

bo·ca·za [bokáθa] *s/f* Boca grande. LOC **Ser un bocazas,** se dice del que habla más de lo debido.

bo·cel [boθél] *s/m* ARQ Moldura elíptica o semicircular.

bo·ce·lar [boθelár] *v/tr* Dar forma de bocel a una moldura o borde.

bo·ce·ra [boθéra] *s/f* **1.** (Usualmente en *pl*) Restos de comida o bebida alrededor de los labios. **2.** *pl* Se aplica a la persona parlanchina o boba: *Eres un boceras.*

bo·ce·to [boθéto] *s/m* **1.** Proyecto esquematizado de un cuadro, escultura, etc. **2.** *Por ext*, esquema de algo.

bo·ci·na [boθína] *s/f* Pieza cónica que incrementa la fuerza de un emisor acústico: *Bocina de automóvil.*

bo·ci·na·zo [boθináθo] *s/m* (Con *dar/pegar un*) Sonido fuerte de bocina.

bo·cio [bóθjo] *s/m* Hipertrofia de (o tumor en) la glándula tiroides.

bo·coy [bokói] *s/m* Envase grande en forma de barril.
ORT *Pl: Bocois.*

bo·cha [bótʃa] *s/f* **1.** Bola de madera para el juego de las bochas. **2.** *pl* Juego que consiste en tirar bolas hacia otra más pequeña (boliche); gana quien se acerca más a esta última.

bo·chin·che [botʃíntʃe] *s/m* Tumulto.

bo·chor·no [botʃórno] *s/m* **1.** En verano, aire caliente. **2.** Calor que agobia y/o sofoco que éste produce. **3.** Vergüenza.

bo·chor·no·so, -a [botʃornóso, -a] *adj* Que produce bochorno.

bo·da [bóða] *s/f* Ceremonia y fiesta con que se solemniza el acto de casarse.
Bodas de plata, el vigésimo quinto aniversario.
Bodas de oro, el quincuagésimo aniversario.
Bodas de diamante, el sexagésimo aniversario.

bo·de·ga [boðéγa] *s/f* **1.** Sótano para almacenar vinos. **2.** Establecimiento donde se cría o se vende vino. **3.** Producción vinícola de un lugar y año determinado: *La bodega riojana de 1970.* **4.** En los barcos, espacio interior desde la cubierta inferior a la quilla.

bo·de·gón [boðeγón] *s/m* **1.** Bodega. **2.** Casa de comidas. **3.** Cuadro de naturaleza muerta (manjares y objetos comunes).

bo·de·gue·ro, -a [boðeγéro, -a] *s/m,f* Dueño de una bodega.

bo·do·que [boðóke] **I.** *s/m* **1.** Bultitos que se forma en los bordados. **2.** En los colchones, refuerzo de los ojetes. **II.** *adj* y *s/m,f* Persona tonta.

bo·drio [bóðrjo] *s/m* **1.** Comida mala. **2.** Cualquier cosa de mala calidad.

bó·er [bóer] *adj* y *s/m,f* Del territorio al norte de la colonia de El Cabo (África).

bo·fe [bófe] *s/m* Pulmón, en especial el de las reses muertas para el consumo.

bo·fe·ta·da [bofetáða] *s/f* Manotazo dado en la cara.

bo·fe·tón [bofetón] *s/m* Bofetada.

bo·ga [bóγa] *s/f* **1.** Acción de remar. **2.** (Precedido de *en*) Aceptación generalizada de algo: *La minifalda está en boga.*

bo·gar [boγár] *v/intr* Remar.
ORT Ante *e* la *g* cambia en *gu: Bogué.*

bo·ga·van·te [boγaβánte] *s/m* Crustáceo decápodo verdoso y de grandes pinzas.

bo·go·ta·no, -a [boγotáno, -a] *adj* y *s/m,f* De la ciudad de Bogotá (Colombia).

bo·he·mio, (-a) [boémjo, (-a)] **I.** *adj* y *s/m,f* **1.** De Bohemia. **2.** Gitano. **3.** Se aplica a los que llevan vida desordenada o irregular. **II.** *s/f* Ambiente propio de los bohemios.

bo·hío [boío] *s/m* Cabaña americana hecha a base de cañizos.

boi·cot [boikó(t)] *s/m* Boicoteo.
ORT *Pl: Boicots.*

boi·co·te·ar [boikoteár] *v/tr* **1.** Hacer el vacío a un producto como presión para conseguir algo. **2.** *Por ext*, maniobrar para impedir algo: *Boicotear unas elecciones.*

boi·co·teo [boikotéo] *s/m* Acción de boicotear.

boi·na [bóina] *s/f* Gorra blanda, semejante a una tapadera de olla, y sin visera.

boi·te [bwát] *s/f* GAL Sala de baile.

boj [bóx] *s/m* Arbusto de hojas persistentes, de madera muy dura y blanca.

bo·jar [boxár] **I.** *v/tr* MAR Medir el perímetro de una isla o costa. **II.** *v/intr* **1.** Navegar costeando una isla o cabo. **2.** Tener una isla un perímetro determinado.

bo·jeo o **bo·jo** [bóx(e)o] *s/m* **1.** MAR Acción de bojar. **2.** Perímetro de un cabo o isla.

bol (ból] *s/m* **1.** ANGL Tazón sin asas utilizado como lavafrutas, para tomar caldo, etc. **2.** Red de pesca; se arrastra desde tierra firme.

bo·la [bóla] *s/f* **1.** Cualquier cuerpo esférico, de materias diversas. **2.** Veneno en forma esférica y mezclado con algo de comida que se echa a los perros para matarlos. **3.** Embuste o mentira. **4.** DEP Balón para jugar.
Bola del mundo, el globo terrestre.

bo·lar·do [bolárðo] *s/m* En la arista exterior de un muelle, proís de hierro.

bol·che·vi·que [boltʃeβíke] *adj* y *s/m,f* Partidario del bolchevismo.

bol·che·vis·mo [boltʃeβísmo] *s/m* Doctrina y/o sistema comunista.

bo·le·ar [boleár] **I.** *v/tr* DEP Lanzar la bola. **II.** *v/intr* Cazar reses con las boleadoras.

bo·leo [boléo] *s/m* Acción de bolear.

bo·le·ro, (-a) [boléro, (-a)] **I.** *s/m* Bailable en compás ternario, de porte majestuoso y aire popular. **II.** *s/f* Sitio donde se juega a bolos.

bo·le·tín [boletín] *s/m* **1.** Papeleta de suscripción. **2.** Publicación periódica que informa sobre un tema específico: *Boletín filatélico.*

bo·le·to, (-a) [boléto, (-a)] **I.** *s/m* **1.** Billete de entrada en un lugar. **2.** Billete de participación en un sorteo o concurso. **3.** Cédula de participación en las quinielas. **II.** *s/f* **1.** MIL Billete de alojamiento. **2.** Pequeña ración de tabaco.

bo·li·che [bolítʃe] *s/m* **1.** En las bochas, bola pequeña. **2.** Lugar donde se juega a bolos, o este juego.

bó·li·do [bóliðo] *s/m* **1.** Fragmento mineral en ignición que atraviesa rápidamente la atmósfera y provoca la caída de meteoritos al estallar. **2.** Coche de carreras. LOC **Ir de bólido**, ir deprisa.

bo·lí·gra·fo [bolíɣrafo] *s/m* Instrumento con una bolita en el extremo inferior de un tubito, por donde fluye pasta entintada para escribir.

bo·li·llo [bolíʎo] *s/m* Palito en que se arrollan los hilos para hacer encajes.

bo·lí·var [bolíβar] *s/m* Moneda de plata (Venezuela).

bo·li·via·no, (-a) [boliβjáno, (-a)] *adj* y *s/m,f* De Bolivia.

bo·lo [bólo] *s/m* **1.** Bola. **2.** Trozo de madera, labrado y con base plana para que se tenga derecho. Usado en el juego de bolos. **3.** *pl* Juego de bolos. **4.** Remate redondeado o esférico en muebles, especialmente de madera.

bo·lo·ñés, (-sa) [boloɲés, (-sa)] *adj* y *s/m,f* De la ciudad italiana de Bolonia.

bol·sa [bólsa] *s/f* **1.** Receptáculo de material flexible (papel, plástico, tela, etc.) para llevar cosas diversas. **2.** Pliegue que se forma en la ropa, piel o forro mal ajustados. **3.** Cavidad donde se alojan los testículos. **4.** Receptáculo donde se aloja algún humor: *Bolsa lacrimal;* cavidad de linfa, pus, etc., en el cuerpo humano u otra cavidad cualquiera: *Bolsa de petróleo.* **5.** Posesiones de alguien: *Tiene la bolsa llena/vacía.* **6.** Lugar para transacción de valores bursátiles o el conjunto de tal actividad. LOC **Aflojar la bolsa,** dar dinero.

bol·si·llo [bolsíʎo] *s/m* **1.** En un vestido, bolsa exterior o interior cosida al mismo y con una abertura. **2.** Dinero que uno tiene: *Esto lo pagó de su bolsillo.* LOC **Meterse/Tener a alguien en el bolsillo,** ganarse la confianza de alguien. **Rascarse el bolsillo,** pagar uno algo.

bol·sis·ta [bolsísta] *s/m,f* Agente de Cambio y Bolsa.

bol·so [bólso] *s/m* **1.** Bolsa. **2.** Más especialmente, bolsa de cuero, tela o similar que llevan las mujeres con sus cosas personales cuando salen de casa.

bo·llar [boʎár] *v/tr* En los tejidos, poner el sello de fábrica.

bo·lle·ría [boʎería] *s/f* Establecimiento donde se fabrican y/o venden bollos.

bo·llo [bóʎo] *s/m* **1.** Panecillo esponjoso de harina y otros ingredientes. **2.** Abultamiento en un objeto, *por ej,* en una cantimplora de aluminio. **3.** Hinchazón a consecuencia de un golpe: *Un bollo en la frente.* LOC **No estar el horno para bollos**, no ser aquél el momento oportuno para algo.

bo·llón [boʎón] *s/m* Clavo de adorno.

bom·ba [bómba] *s/f* **1.** Máquina aspiradora de líquidos o gases: *Bomba de agua/aire.* **2.** Artefacto bélico accionado por espoleta que contiene sustancia explosiva. **3.** Noticia o hecho fuera de lo normal, sensacionales. LOC **Estar bomba,** COL se dice de la mujer con un cuerpo bonito. **Salud a prueba de bomba**, salud excelente. **Caer algo como una bomba**, sorprender muchísimo. **Pasarlo bomba**, divertirse mucho.

bom·ba·cho, (-a) [bombátʃo, (-a)] *adj* y *s/m* Se aplica al pantalón corto y con abertura lateral y al pantalón acampanado que se cierra por debajo de la rodilla.

bom·bar·da [bombárða] *s/f* Artilugio militar antiguo con un cañón de calibre.

bom·bar·de·ar [bombarðeár] *v/tr* Lanzar bombas o proyectiles sobre un objetivo.

bom·bar·deo [bombarðéo] *s/m* Acción de bombardear.

bom·bar·de·ro, (-a) [bombarðéro, (-a)] *adj* y *s/m* Se aplica a la embarcación o avión que lleva bombas o proyectiles para lanzar.

bom·ba·sí [bombasí] *s/m* Tela de algodón.

bom·bás·ti·co, -a [bombástiko, -a] *adj* Aplicado al lenguaje, grandilocuente.

bom·ba·zo [bombáθo] *s/m* **1.** Explosión de una bomba. **2.** FIG Hecho que causa sensación: *Su boda fue un bombazo.*

bom·be·ar [bombeár] *v/tr* **1.** Trasvasar un líquido con una bomba. **2.** Dar a algo figura abombada.

bom·beo [bombéo] *s/m* Acción de bombear.

bom·be·ro [bombéro] *s/m* Miembro del servicio de extinción de incendios.

bom·bi·lla [boɱbíʎa] *s/f* Ampolla de cristal con un filamento que se pone incandescente al paso de la corriente eléctrica; sirve para iluminar.

bom·bín [boɱbín] *s/m* Sombrero de hongo.

bom·bo [bómbo] *s/m* **1.** Caja esférica y giratoria para revolver los números de la lotería en un sorteo. **2.** (Con *dar*) Elogio exagerado a alguien o algo: *Le dan mucho bombo al asunto.* **3.** Tambor muy grande. LOC **A bombo y platillos**, con mucha exageración y ostentación: *Anunciaron la fiesta a bombo y platillos.*

bom·bón [boɱbón] *s/m* Golosina de chocolate, a veces rellena de praliné, moka, licor, etc. LOC COL **Ser un bombón**, se dice de la mujer muy bonita.

bom·bo·na [boɱbóna] *s/f* **1.** Vasija grande y barriguda de boca estrecha. **2.** Envase metálico hermético para gases o líquidos a presión.

bom·bo·ne·ra [boɱbonéra] *s/f* Cajita para bombones.

bom·bo·ne·ría [boɱbonería] *s/f* Confitería.

bo·na·chón, -na [bonatʃón, -na] *adj* y *s/m,f* Persona amigable y crédula.

bo·nae·ren·se [bonaerénse] *adj* y *s/m,f* De Buenos Aires o su provincia.

bo·nan·ci·ble [bonanθíβle] *adj* Se dice de las personas o fenómenos atmosféricos tranquilos: *Tiempo/Carácter bonancible.*

bo·nan·za [bonánθa] *s/f* **1.** Benignidad del tiempo o el mar: *Mar en bonanza.* **2.** Prosperidad.

bo·na·zo, -a o **bue·na·zo, -a** [bonáθo, -a/bwenáθo, -a] *adj* y *s/m,f* Se aplica a la persona de bondad natural.

bon·dad [bon̪dáð] *s/f* Cualidad de bueno (en personas o cosas). LOC **Tener la bondad de,** hacer el favor de: *Tenga la bondad de callarse.*

bon·da·do·so, -a [bon̪daðóso, -a] *adj* Amable con los demás.

bo·ne·te [bonéte] *s/m* **1.** Gorro eclesiástico de cuatro picos. **2.** En los rumiantes, segunda cavidad estomacal.

bo·nia·to [bonjáto] *s/m* Planta convolvulácea o tubérculo de esta planta; es comestible y de sabor dulce.

bo·ni·fi·ca·ción [bonifikaθjón] *s/f* Mejora o descuento.

bo·ni·fi·car [bonifikár] *v/tr* Practicar una rebaja o bonificación en el importe de una factura o mercancía.
ORT Ante *e* la *c* cambia en *qu: Bonifique*

bo·ní·si·mo, -a [bonísimo, -a] *adj* *Superl* de *bueno.*
ORT También: *Buenísimo.*

bo·ni·ta·men·te [bonítamen̪te] *adv* Con maña: *Le birló bonitamente el reloj.*

bo·ni·to, (-a) [boníto, (-a)] **I.** *adj* **1.** Lindo, de formas agraciadas o relativamente bellas: *Un color bonito. Una mujer bonita* **2.** Aplicado a cosas, considerable: *Una bonita cantidad de dinero.* **3.** Con valor enfático, bueno: *Tiene un bonito sueldo.* **II.** *s/m* Pez acantopterigio comestible. LOC **Por su cara bonita,** por ser él quien es. **¡Muy bonito!,** exclamación usada para reprender: *¡Muy bonito! Mira cómo me has puesto el vestido.*

bo·no [bóno] *s/m* **1.** Papeleta que se puede canjear por un artículo. **2.** COM Título de deuda pública.

bon·zo [bónθo] *s/m* Monje budista.

bo·ñi·go, (-a) [boɲíɣo, (-a)] **I.** *s/f* Porción de estiércol vacuno o caballar. **II.** *s/m* Montoncito característico de excremento vacuno o caballar.

boom [bú{m/n}] *s/m* ANGL Incremento notable de algo: *Boom económico.*

boo·me·rang [bumeráŋ/-n] *s/m* Arma arrojadiza australiana que vuelve al punto de lanzamiento.

bo·quea·da [bokeáða] *s/f* Acción repetida de abrir la boca los moribundos.

bo·que·ar [bokeár] *v/intr* **1.** Abrir la boca. **2.** Estar muriendo o estar algo acabándose.

bo·que·rón [bokerón] *s/m* Pez malacopterigio, más pequeño que la sardina, que se toma fresco (boquerón) y en conserva (anchoa)

bo·que·te [bokéte] *s/m* Abertura irregular en algo (muro, ventana, puerta).

bo·qui·a·bier·to, -a [bokjaβjérto, -a] *adj* Con la boca abierta de asombro o pasmo.

bo·qui·lla [bokíʎa] *s/f* **1.** Parte de los instrumentos músicos u otros objetos que entran en contacto con la boca. **2.** Tubito, con o sin filtro, para fumar pitillos. **3.** Pieza de abertura o cierre de algunos aparatos (mecheros, calentadores, etc.) LOC **De boquilla**, de forma poco sincera o sólo de palabra.

bo·qui·ne·gro, -a [bokinéɣro, -a] *adj* Se dice de los animales con el hocico negro.

bó·rax [bóra(k)s] *s/m* Tetraborato sódico; se emplea en medicina y en metalurgia.

bor·bo·llar [borβoʎár] *v/intr* Hacer borbollones un líquido al manar, salir o hervir.

bor·bo·lle·ar [borβoʎeár] *v/intr* Borbollar.

bor·bo·lleo [borβoʎéo] *s/m* Acción de borbollear.

bor·bo·llón [borβoʎón] *s/m* Burbuja que forma un líquido y se expande con ruido característico. LOC **A borbollones,** de modo atropellado (*por ej,* al hablar).

bor·bó·ni·co, -a [borβóniko, -a] *adj* Referente a la casa de Borbón.

bor·bo·rig·mo [borβoríγmo] *s/m* Ruido intestinal producido por flatulencias.

bor·bo·tar o **bor·bo·te·ar** [borβotár/borβoteár] *v/intr* Hervir o fluir el agua haciendo borbotones.

bor·bo·teo [borβotéo] *s/m* Acción de borbotear.

bor·bo·tón [borβotón] *s/m* Borbollón. LOC **A borbotones,** con ímpetu y discontinuidad.

bor·ce·guí [borθeγí] *s/m* **1.** Bota que sólo sube hasta algo más arriba del tobillo. **2.** Calcetín corto de caña.
ORT *Pl: Borceguíes.*

bor·da [bórða] *s/f* En un barco, borde del costado. LOC **Echar/Tirar por la borda,** *1.* Tirar algo al mar desde un barco. *2.* Desembarazarse de algo molesto. *3.* Desperdiciar algo: *Echó por la borda una ocasión de oro.* **Fuera (de) borda,** se dice del motor que se fija en la parte externa de la popa.

bor·da·do, (-a) [borðáðo, (-a)] **I.** *s/m* Bordadura. **II.** *adj* (Con *quedar, salir*) Perfecto: *El dibujo le salió bordado.*

bor·da·du·ra [borðaðúra] *s/f* En tela o piel, relieve efectuado con hilo y aguja.

bor·dar [borðár] *v/tr* **1.** Hacer un bordado. **2.** FIG Ejecutar algo perfectamente. RPr **Bordar a/en/de:** *Lo bordó de oro/en oro/a mano.*

bor·de [bórðe] **I.** *s/m* **1.** Línea terminal o zona contigua a una superficie, objeto o estructura: *El borde del vaso.* **2.** Adorno o recubrimiento de los extremos de algo: *Bordes de encaje* **II.** *adj* Silvestre: *Manzano borde.* LOC **Estar al borde de,** estar muy cerca de: *Está al borde de la ruina.*

bor·de·ar [borðeár] *v/tr* **1.** Ir alguien por el borde de algo: *El montañero bordea el lago.* **2.** Rodear o estar algo situado al borde de un lugar: *Este campo bordea la carretera.*

bor·di·llo [borðíʎo] *s/m* En la acera de una calle, borde de piedras largas.

bor·do [bórðo] *s/m* En una nave, costado exterior. LOC **A bordo (de),** embarcado: *Viaja a bordo de un velero.* **Subir a bordo,** embarcar. **De alto bordo,** se dice de los barcos más grandes.

bor·dón [borðón] *s/m* **1.** Frase o palabra que alguien repite sin necesidad. **2.** Al final de cada copla, verso quebrado que se repite. **3.** En los instrumentos de cuerda, las que emiten los sonidos más graves.

bo·real [boreál] *adj* **1.** Referente al bóreas. **2.** Septentrional.

bó·reas [bóreas] *s/m* Viento del norte.
ORT *Pl: Bóreas.*

bor·go·ña [borγóɲa] *s/m* Vino de Borgoña.

bor·go·ñón, (-na) [borγoɲón, (-na)] *adj* y *s/m,f* De Borgoña.

bó·ri·co, -a [bóriko, -a] *adj* Que contiene boro.

bor·la [bórla] *s/f* **1.** Adorno a base de hilos o cordones sueltos por un extremo y sujetos por el otro. **2.** Utensilio femenino para empolvarse el cutis.

bor·lar·se [borlárse] *v/*REFL(-SE) AMÉR Doctorarse.

bor·ne [bórne] *s/m* En un aparato eléctrico, cada una de las varillas a las que se fijan los extremos de los cables eléctricos.

bor·ne·ar [borneár] **I.** *v/tr* Curvar o doblar algo. **II.** REFL(-SE) Torcerse la madera.

bo·ro [bóro] *s/m* Metaloide, peso atómico *11* y *símb B,* que puede obtenerse artificialmente.

bo·ro·na [boróna] *s/f* Mijo o maíz.

bo·rra [bórra] *s/f* **1.** Parte más basta de la lana. **2.** Al tundirlo, pelusa que se saca del paño.

bo·rra·cha [borrátʃa] *s/f* Bota para el vino.

bo·rra·che·ra [borratʃéra] *s/f* Resultado de emborracharse.

bo·rra·chín, -na [borratʃín, -na] *s/m,f* Amante de la bebida.

bo·rra·cho, -a [borrátʃo, -a] **I.** *adj* y *s/m,f* **1.** (Con *estar*) Se aplica a los mentalmente descontrolados por ingerir bebidas alcohólicas en exceso: *Está borracho de cerveza.* **2.** (Con *ser*) Que está habitualmente en este estado: *Es un borracho perdido.* **3.** Se aplica a los petardos que se desplazan de modo imprevisible. **II.** *adj* **1.** Poseído de alguna pasión, alegría intensa, etc.: *Borracho de gloria.* **2.** Se aplica al pastel bañado en vino o licor: *Bizcocho borracho.* LOC **Borracho como una cuba,** estarlo completamente. RPr **Borracho de.**

bo·rra·dor [borraðór] *s/m* **1.** Primer escrito, antes del definitivo. **2.** Libro de anotaciones provisionales. **3.** Goma de (o utensilio para) borrar.

bo·rra·ja [borráxa] *s/f* Planta hortícola recubierta de piel espinosa y áspera. LOC

Quedar algo en agua de borrajas, no resultar en nada.

bo·rra·je·ar [borraxeár] *v/tr* Escribir sin finalidad alguna.

bo·rrar [borrár] **I.** *v/tr* **1.** Hacer desaparecer algo escrito o dibujado por frotación (goma, borrador, esponja, etc.). **2.** En una lista o relación, suprimir algo o a alguien. **II.** REFL(-SE) **1.** Olvidarse: *Tu recuerdo no se borrará de mi mente.* **2.** Darse de baja: *Se borró de la excursión.* RPr **Borrar(se) de.**

bo·rras·ca [borráska] *s/f* Tormenta con aparato atmosférico (truenos, rayos, etc.), especialmente en el mar.

bo·rras·co·so, -a [borraskóso, -a] *adj* **1.** De borrasca. **2.** Se dice de una situación difícil o vida complicada.

bo·rre·go, (-a) [borréɣo, (-a)] **I.** *s/m,f* Cordero(a) de uno o dos años. **II.** *adj* y *s/m,f* Persona dócil en exceso.

bo·rre·guil [borreɣíl] *adj* **1.** Del borrego. **2.** Fácil de manipular (aplicado a personas o sus acciones): *Actitud borreguil.*

bo·rri·co, -a [borríko, -a] *adj* y *s/m,f* **1.** Asno(a). **2.** Persona necia.

bo·rrón [borrón] *s/m* Mancha de tinta o imperfección en un escrito. LOC **Borrón y cuenta nueva,** expresión para señalar que hay que olvidarse de todo lo anterior y empezar de nuevo.

bo·rro·ne·ar [borroneár] *v/tr* Hacer borrones.

bo·rro·si·dad [borrosiðáð] *s/f* Cualidad de borroso.

bo·rro·so, -a [borróso, -a] *adj* Se dice de lo impreciso: *Dibujo borroso.*

bos·co·so, -a [boskóso, -a] *adj* Con abundancia de bosques.

bos·que [bóske] *s/m* Lugar con espeso arbolado.

bos·que·jar [boskexár] *v/tr* Efectuar el bosquejo de algo.

bos·que·jo [boskéxo] *s/m* Trazo de las líneas generales de un dibujo o de un plan.

bos·qui·mán [boskimán] *s/m* Miembro de una tribu surafricana.

bos·ta [bósta] *s/f* Estiércol vacuno o caballar.

bos·te·zar [bosteθár] *v/intr* Abrir la boca desmesuradamente y hacer una inspiración y espiración lenta en señal de algo. *Bostezó de aburrimiento.* RPr **Bostezar de.** ORT Ante *e* la *z* cambia en *c: Bostecé.*

bos·te·zo [bostéθo] *s/m* Acción de bostezar.

bo·ta [bóta] *s/f* **1.** Calzado (cuero, caucho, etc.) que cubre el pie y la pierna (todo o en parte) y es de usos diversos: *Botas de esquí/de montar,* etc. **2.** Odre pequeño de cuero y boquilla estrecha para beber vino. LOC **Ponerse las botas**, beneficiarse mucho de algo. **Morir con las botas puestas**, morir de pie (no en la cama).

bo·ta·du·ra [botaðúra] *s/f* Acción de botar un buque.

bo·ta·fu·mei·ro [botafuméiro] *s/m* Incensario.

bo·ta·na [botána] *s/f* **1.** En los odres, remiendo para taponar agujeros. **2.** Tapón en las cubas de vino.

bo·tá·ni·ca [botánika] *s/f* Ciencia que estudia los vegetales.

bo·tá·ni·co, (-a) [botániko, (-a)] **I.** *adj* Referente a la botánica. **II.** *s/m,f* Especialista en botánica.

bo·tar [botár] **I.** *v/tr* **1.** (Sólo aplicado a personas) Expulsar: *Le botaron del colegio.* **2.** Echar un barco al agua por vez primera, una vez acabado de construir **3.** Impulsar una pelota contra el suelo. **II.** *v/intr.* **1.** Saltar la pelota u otro objeto elástico después de dar en una superficie. **2.** Saltar.

bo·ta·ra·te [botaráte] *s/m,f* Persona alocada.

bo·te [bóte] *s/m* **1.** Acción de botar algo o alguien. **2.** Vasija para guardar algo: *Bote de azúcar.* **3.** Recipiente donde se envasan alimentos, bebidas, etc. **4.** Barca con remos: *Bote salvavidas.* LOC **Dar botes de alegría**, saltar de gozo. **De bote en bote**, completamente lleno. **Tener a alguien en el bote**, tenerlo conquistado para sí. **Darse el bote**, COL marcharse. **Chupar del bote**, aprovecharse de algo.

bo·te·lla [botéʎa] *s/f* Recipiente cilíndrico de cuello estrecho, de vidrio, plástico, etc.

bo·te·lle·ro [boteʎéro] *s/m* **1.** Fabricante o vendedor de botellas. **2.** Estantería o armario donde se guardan botellas.

bo·te·llín [boteʎín] *s/m* Botella pequeña.

bo·te·ro [botéro] *s/m* **1.** Fabricante de odres y botas. **2.** Zapatero.

bo·ti·ca [botíka] *s/f* **1.** Establecimiento donde se hacen y venden medicamentos. **2.** Tienda, mercería.

bo·ti·ca·rio, -a [botikárjo, -a] *s/m,f* Persona que regenta una farmacia y/o titulada en farmacia.

bo·ti·jo, (-a) [botíxo, (-a)] **I.** *s/m* Vasija de barro con un asa, de vientre abultado y con boca ancha para llenarlo y un pitón para beber. **II.** *s/f* **1.** Botijo. **2.** Vasija de barro, redonda y con cuello angosto y corto.

bo·ti·lle·ría o **bo·te·lle·ría** [botiʎería/boteʎería] *s/f* Establecimiento donde se venden y/o hacen botellas.

bo·ti·llo [botíʎo] *s/m* Embutido hecho de carne y huesos de cerdo.

bo·tín [botín] *s/m* **1.** Calzado que recubre todo el pie y parte de la pierna. **2.** Conjunto de efectos cogidos al enemigo. **3.** Despojos de un robo o atraco.

bo·ti·na [botína] *s/f* Calzado que pasa ligeramente el tobillo.

bo·ti·quín [botikín] *s/m* Sala, mueble, caja o estuche portátil que contiene medicinas para urgencias; también, esas medicinas.

bo·to, (-a) [bóto, (-a)] **I.** *adj* Obtuso. **II.** *s/m* **1.** Odre pequeño para guardar líquidos. **2.** Bota alta para montar a caballo.

bo·tón [botón] *s/m* **1.** En las plantas, bulto incipiente de hojitas, o capullo de flor enteramente cerrado. **2.** En los vestidos, pieza redonda cosida que se pasa por un ojal a modo de cierre. **3.** En los instrumentos de viento, piezas que se pulsan. **4.** (Con *tocar*) Pieza que se pulsa para accionar un dispositivo (timbre, motor, ordenador, etc.): *Pulsa el botón rojo para cerrar.* **5.** *pl* Muchacho uniformado en establecimientos hoteleros para hacer recados.
LOC **Como botón de muestra,** a modo de ejemplo.

bo·to·na·du·ra [botonaðúra] *s/f* Juego de botones en un vestido o traje.

bo·to·ne·ría [botonería] *s/f* Establecimiento donde se fabrican y/o venden botones.

bo·tu·lis·mo [botulísmo] *s/m* Intoxicación parecida a la del tifus o cólera, causada por ingestión de alimentos en malas condiciones.

bou [bóu] *s/m* **1.** Sistema de pesca a base de arrastrar una red por el fondo marino lindante con la costa, entre dos barcas. **2.** Barca que así pesca.

bou·le·vard [buleβár] *s/m* GAL Calle ancha con árboles.

bou·quet [buké] *s/m* GAL **1.** Ramillete. **2.** Aroma de un líquido: *Este champán tiene mucho bouquet.*

bó·ve·da [bóβeða] *s/f* **1.** Construcción arquitectónica curva que recubre el espacio entre varios pilares o dos muros. **2.** Se dice de lo que tiene esa forma: *Bóveda craneal.* **3.** Edificación abovedada que arranca desde el suelo.
Bóveda celeste, firmamento.

bo·ve·di·lla [boβeðíʎa] *s/f* Bóveda pequeña o, en un techo, parte abovedada entre dos vigas.

bó·vi·do, (-a) [bóβiðo, (-a)] **I.** *adj* y *s/m* Se aplica a los mamíferos rumiantes con cuernos (cabra, buey, antílope, etc.). **II.** *s/m, pl* Esa familia de animales.

bo·vi·no, -a [boβíno, -a] *adj* Se dice del ganado vacuno.

bo·xea·dor, -ra [bo(k)seaðór, -ra] *s/m,f* Persona que se dedica al boxeo.

bo·xe·ar [bo(k)seár] *v/intr* DEP Luchar a puñetazos según las reglas del boxeo.

bo·xeo [bo(k)séo] *s/m* Deporte que consiste en luchar con los puños contra un rival en un ring y durante un número determinado de asaltos.

bo·ya [bóJa] *s/f* **1.** Señal flotante fijada al fondo de un lago, mar, etc. **2.** En una red, corcho para que aquélla no se hunda.

bo·yan·te [boJánte] *adj* **1.** Se aplica al toro fácil. **2.** Que flota. **3.** (Con *ir, andar*) Próspero o satisfecho.

bo·yar [boJár] *v/intr* Reflotar la embarcación que ha estado en seco.

bo·ye·ro [boJéro] *s/m* El que cuida bueyes.

boy scout [bói escáut] *s/m* ANGL Muchacho explorador.
ORT *Pl: Boy scouts.*

bo·yu·no, -a [boJúno, -a] *adj* Bovino.

bo·zal [boθál] **I.** *adj* y *s/m,f* **1.** Se dice del negro recién sacado de su país. **2.** Inexperto. **II.** *s/m* **1.** Esportilla que se coloca en las bestias de labranza para que no dañen los sembrados. **2.** Mordaza que se coloca a los perros para que no muerdan.

bo·zo [bóθo] *s/m* **1.** Parte externa de la boca. **2.** Vello de pelusilla en el labio superior.

bra·ce·ar [braθeár] *v/intr* **1.** Mover los brazos con reiteración. **2.** Nadar dando brazadas.

bra·ce·ro [braθéro] *s/m* Jornalero.

brac·mán [bra(k)mán] *s/m* Brahmán.

bra·co, -a [bráko, -a] *adj* y *s/m,f* Se aplica al perro perdiguero o a la persona de nariz respingona.

brác·tea [bráktea] *s/f* Hoja pequeña de color vistoso que se toma a veces como flor (buganvilla, cala, flor de Pascua).

bra·ga [bráγa] *s/f, pl* Prenda interior de la mujer que recubre la parte inferior de la cintura y la entrepierna. LOC **Pillar en bragas,** VULG coger a alguien de improviso, sin estar preparado para algo.

bra·ga·do, (-a) [braγáðo, (-a)] **I.** *adj* **1.** Se dice de los animales cuya bragadura es de color distinto que el resto del cuerpo. **2.** Decidido y firme. **II.** *s/f* Cara interior del muslo de algunos animales.

bra·ga·du·ra [braγaðúra] *s/f* En el cuerpo humano o animal, cara interna del muslo o, en las prendas, pieza que se pone en esta parte.

bra·ga·zas [braγáθas] *adj* y *s/m* Se aplica al hombre que se deja dominar con facilidad.

bra·gue·ro [braγéro] *s/m* Aparato ortopédico o faja para contener las hernias.

bra·gue·ta [braγéta] *s/m* Abertura delantera de un pantalón o calzoncillo.

bra·gue·ta·zo [braγetáθo] *s/m* (Con *dar*) Casamiento de un hombre pobre con una mujer rica.

brah·mán [bramán] *s/m* Miembro de la primera casta sacerdotal india.

brah·ma·nis·mo [bramanísmo] *s/m* Religión india cuyo dios supremo es Brahma.

brai·lle [bráiʎe] *s/m* Se dice del método de escritura para ciegos que utiliza puntos marcados en relieve.

bra·ma [bráma] *s/f* **1.** Acción de bramar. **2.** Época de celo en ciertos animales.

bra·man·te [bramánte] **I.** *adj* Que brama. **II.** *s/m* Cordel fino de cáñamo.

bra·mar [bramár] *v/intr* Dar bramidos ciertos animales o el viento.

bra·mi·do [bramíðo] *s/m* **1.** Voz de ciertos animales salvajes y del toro. **2.** FIG Voz airada del hombre o estrépito del viento, lluvia, tornado, etc.

bran·dy [brándi] *s/m* ANGL Bebida alcohólica semejante al coñac.

bran·quia [bráŋkja] *s/f* En los animales acuáticos, láminas membranosas por donde respiran.

bran·quial [braŋkjál] *adj* Referente a las branquias.

bra·qui·cé·fa·lo, -a [brakiθéfalo, -a] *adj* y *s/m,f* De cráneo casi redondo.

bra·sa [brása] *s/f* Trozo incandescente de material combustible (madera, carbón, etc.) LOC **A la brasa,** cocinado sobre brasas: *Carne a la brasa.* **Pasar como sobre brasas por un asunto,** tratarlo con rapidez.

bra·se·ro [braséro] *s/m* Recipiente metálico, redondo y poco profundo, con brasas menudas; se emplea como calefacción y se coloca en una tarima con un hueco en el que encaja.

bra·sil [brasíl] *s/m* **1.** Árbol leguminoso del que se obtiene la madera denominada 'palo brasil'. **2.** Cosmético rojo femenino.

bra·si·le·ño, -a [brasiléɲo, -a] *adj* y *s/m,f* De Brasil.

bra·va·ta [braβáta] *s/f* Vana o presuntuosa amenaza.

bra·ve·za [braβéθa] *s/f* Bravura.

bra·vío, -a [braβío, -a] *adj* Se aplica a los animales difíciles de domesticar y a las personas indómitas.

bra·vo, (-a) [bráβo, (-a)] **I.** *adj* **1.** Se dice de las personas valientes, violentas o fanfarronas. **2.** Se dice de los animales salvajes acometedores (toros) o de los todavía sin domesticar. **3.** Aplicado al mar, alborotado, o al terreno, abrupto. **II.** *interj* Exclamación de aprobación.

bra·vu·cón, -na [braβukón, -na] *adj* y *s/m,f* Que presume de valiente.

bra·vu·co·na·da [braβukonáða] *s/f* Palabra o acción típica del brabucón.

bra·vu·co·ne·ría [braβukonería] *s/f* Cualidad de bravucón.

bra·vu·ra [braβúra] *s/f* **1.** Fiereza de un animal salvaje. **2.** Valentía de alguien.

bra·za [bráθa] *s/f* MAR Unidad de longitud (1,6718 m).

bra·za·da [braθáða] *s/f* **1.** Movimiento enérgico de los brazos (al remar, nadar, etc.) **2.** Cantidad de algo que se lleva bajo el brazo: *Una brazada de hierba.*

bra·zal [braθál] *s/f* **1.** Banda que se arrolla al brazo: *El brazal de capitán* (DEP) **2.** Ramal de acequia.

bra·za·le·te [braθaléte] *s/m* **1.** Adorno en torno a la muñeca. **2.** Banda que rodea al brazo: *Brazalete de capitán.*

bra·zo [bráθo] *s/m* **1.** Miembro superior del cuerpo humano que va del hombro a la mano; la parte que va de la muñeca al codo o del codo al hombro. **2.** *Por ext,* pata delantera de un cuadrúpedo. **3.** Apoyo lateral de un sillón, sofá, etc. **4.** Pieza transmisora en múltiples mecanismos: *Brazo de palanca/grúa.* **5.** Cada una de las ramificaciones de algo: *Brazo de río.* **6.** Secciones en que se divide una asamblea o poder: *Brazo legislativo.* **7.** Poder o fuerza: *Los doblegó con su brazo.* **8.** *pl* Jornaleros: *Necesitamos más brazos para recolectar.* LOC **A brazo,** con la mano y no mecánicamente. **A brazo partido,** luchar sin armas o con empeño. **Con los brazos abiertos,** recibir a alguien con afecto. **Cruzarse de brazos,** no hacer nada. **Dar el brazo a torcer,** ceder. **Tener en brazos,** aguantar con los brazos.

bra·zue·lo [braθwélo] *s/m* **1.** *dim* de *brazo.* **2.** En las patas delanteras de los animales, parte entre codo y rodilla.

brea [bréa] *s/f* **1.** Sustancia viscosa rojo oscura que se obtiene por destilación de algunos carbones vegeto-minerales, maderas, etc. **2.** Mezcla de brea y otros productos empleados para calafatear barcos.

bre·ba·je [breβáxe] *s/m* Bebida de sabor o aspecto desagradables.

bré·col [brékol] *s/m* Variedad de col.

bre·cha [brétʃa] *s/f* **1.** Abertura irregular, en especial la practicada por la artillería en una pared o muralla. **2.** FIG Resquicio inicial que facilita algo. LOC **Estar en la brecha**, estar siempre resuelto a defender algo. **Morir en la brecha**, hacerlo peleando por algo.

bre·ga [bréγa] *s/f* Acción de bregar.

bre·gar [breγár] **I.** *v/intr* **1.** (Seguido de *con*) Reñir con una persona. **2.** Luchar con obstáculos. **II.** *v/tr* Amasar (pan, yeso, etc.) de cierto modo. RPr **Bregar con.**
ORT Ante *e* la *g* cambia en *gu: Bregue.*

bre·ña [bréɲa] *s/f* Zona rocosa y quebrada con maleza abundante.

bre·ñal [breɲál] *s/m* Paraje de breñas.

bres·ca [bréska] *s/f* Panal de miel.

bre·te [bréte] *s/m* Situación apurada (con *estar, poner en*): *Me puso en un brete: no sabía a quién elegir.*

bre·tón, -na [bretón, -na] *adj* y *s/m,f* De Bretaña o del ciclo artúrico.

bre·va [bréβa] *s/f* **1.** Fruto primerizo de la higuera. **2.** Ganga, suerte o ventaja lucrativa: *No te caerá esa breva: el dinero no es para ti.* **3.** Puro algo aplastado y blando.

bre·ve [bréβe] **I.** *adj* **1.** (Con *de* o *en*) De poca extensión o duración: *Discurso de breve duración. Breve en el hablar.* **2.** Se dice de las sílabas cortas, opuestas a las largas. **II.** *s* **1.** *m* Documento papal menos solemne que una bula. **2.** *f* Nota musical de dos compases mayores. LOC **En breve,** dentro de poco.

bre·ve·dad [breβeðáð] *s/f* Calidad de breve: *La brevedad de la vida.*

bre·via·rio [breβjárjo] *s/m* **1.** Libro de rezos. **2.** Tratado compendiado de una materia.

bre·zal [breθál] *s/m* Lugar poblado de brezos.

bre·zo [bréθo] *s/m* Arbusto eriáceo de madera dura.

bri·bón, -na [briβón, -na] *adj* y *s/m,f* **1.** Bellaco, granuja. **2.** Afectuosamente se aplica al niño pillo.

bri·bo·ne·ría [briβonería] *s/f* Cualidad y/o actividad del bribón.

bri·co·la·je [brikoláxe] *s/m* Trabajo que realiza uno mismo, y no un profesional, en el arreglo o decoración de una casa, habitación, etc.

bri·da [bríða] *s/f* **1.** Rienda, freno y correaje de la cabeza en una caballería. **2.** En los extremos de un tubo, reborde circular para acoplar mediante una abrazadera.

bridge [brítʃ/brídxe] *s/m* ANGL Juego de naipes que se deriva del whist.

bri·ga·da [briγáða] *s/f* **1.** Unidad militar compuesta de un número variable de personas. **2.** Conjunto de personas que realizan un trabajo: *La brigada municipal de limpieza.* **3.** En la milicia, grado intermedio entre sargento y alférez.

bri·ga·dier [briγaðiér] *s/m* General de brigada.

bri·llan·te [briʎán̪te] **I.** *adj* **1.** Que brilla. **2.** FIG Sobresaliente en su área: *Un profesor brillante.* **II.** *s/m* Diamante tallado.

bri·llan·tez [briʎan̪téθ] *s/f* Cualidad de brillante.

bri·llan·ti·na [briʎan̪tína] *s/f* Cosmético para abrillantar el cabello.

bri·llar [briʎár] *v/intr* **1.** Despedir algo luz propia o reflejada: *La tristeza brillaba en sus ojos.* **2.** FIG Destacar de modo admirable: *Brilla por su inteligencia.*

bri·llo [bríʎo] *s/m* **1.** Acción de brillar la luz (propia o reflejada). **2.** Cualidad de brillante. LOC **Sacar/Dar brillo,** abrillantar, lustrar, bruñir.

brin·car [briŋkár] *v/intr* **1.** Elevarse en el aire mediante un esfuerzo elástico muscular o salir algo disparado hacia arriba y volver a caer. **2.** (Seguido de *de*) Manifestar bruscamente un sentimiento oculto: *El niño brincó de alegría.* RPr **Brincar de.**
ORT Ante *e* la *c* cambia en *qu: Brinque.*

brin·co [bríŋko] *s/m* Acción de brincar.

brin·dar [brin̪dár] **I.** *v/intr* (Seguido de *por*) Levantar la copa antes de beber y manifestar un buen deseo a alguien: *Brindó por nuestra amistad.* **II.** *v/tr* Ofrecer a alguien medios u oportunidad para hacer algo: *Te brindo mi amistad.* **III.** REFL(-SE) Ofrecerse para algo de modo espontáneo: *Se brindó a curarme.* RPr **Brindar a/con/por:** *Brindamos con champán.* **Brindarse a.**

brin·dis [brín̪dis] *s/m* Acción de brindar al beber (o al matar un toro).

brío [brío] *s/m* Decisión y energía con que se realiza algo que requiere esfuerzo.

brio·so, -a [brióso, -a] *adj* Que tiene bríos.

bri·sa [brísa] *s/f* **1.** Viento nordeste. **2.** Viento agradable y suave que sopla de forma alterna desde el mar y desde tierra.

bris·ca [bríska] *s/f* **1.** Cierto juego de naipes. **2.** En este juego (o en el tute), el as o el tres del palo que no es triunfo.

bri·tá·ni·co, -a [britániko, -a] *adj* y *s/m,f* De Gran Bretaña.

briz·na [bríθna] *s/f* **1.** Filamento pequeñísimo de algo. **2.** FIG Porción diminuta de algo (normalmente con frases negativas): *No tiene ni una brizna de humor.*

broa [bróa] *s/m* **1.** Galleta. **2.** Ensenada con rompientes.

bro·ca [bróka] *s/f* Barrena de boca cónica para taladrar.

bro·ca·do [brokáðo] *s/m* Tela de seda con bordados de oro y plata, o sin hilos metálicos; el mismo tejido con la trama de algodón.

bro·cal [brokál] *s/m* En la boca de un pozo, parapeto que lo rodea.

bro·cha [brótʃa] *s/f* **1.** Pincel grueso aplanado. **2.** Escobilla con mango corto para afeitarse. LOC **Darle a la brocha,** pintar. **De brocha gorda,** *1.* Se dice del que pinta habitaciones, etc. *2.* FIG Aplicado al pintor de cuadros de poco valor.

bro·che [brótʃe] *s/m* **1.** Objeto metálico que junta dos partes de un vestido. **2.** Imperdible adornado: *Un broche de diamantes.* LOC **Cerrar con broche de oro,** dicho para referirse a lo que finaliza con brillantez.

bro·ma [bróma] *s/f* **1.** Engaño hecho a una persona para jolgorio, sin pretender molestar. **2.** (Con *estar de*) En una reunión, jolgorio de los participantes.

bro·ma·to·lo·gía [bromatoloxía] *s/f* Ciencia de los alimentos.

bro·me·ar [bromeár] *v/intr* y REFL (-SE) Hablar con chanzas.

bro·mis·ta [bromísta] *adj* y *s/m,f* Persona que gasta bromas.

bro·mo [brómo] *s/m* QUÍM Elemento químico no metálico, de peso atómico *35,* de vapores tóxicos. *Símb Br.*

bro·mu·ro [bromúro] *s/m* QUÍM Sal del ácido bromhídrico.

bron·ca [bróŋka] *s/f* **1.** (Con *armarse una*) Riña violenta. **2.** (*Armar, meter, echar*) Reprensión dura: *Su jefe le echó una bronca.*

bron·ce [brónθe] *s/m* **1.** Aleación de estaño y cobre; se emplea para hacer campanas, estatuas, cañones, etc. **2.** Estatua de bronce: *Los bronces itálicos.*

bron·cea·do, (-a) [bronθeáðo, (-a)] **I.** *adj* **1.** De color de bronce. **2.** Tostado por el sol. **II.** *s/m* Acción y resultado de broncear: *El bronceado de playa.*

bron·cea·dor, (-ra) [bronθeaðór, (-ra)] *adj* y *s/m* Que sirve para broncear.

bron·ce·ar [bronθeár] **I.** *v/tr* Colorear algo del color del bronce. **II.** REFL(-SE) Tostarse al sol: *Me bronceo en la playa.*

bron·co, -a [bróŋko, -a] *adj* **1.** Se dice del sonido áspero: *Voz bronca.* **2.** Aplicado a personas, de mal carácter.

bron·co·neu·mo·nía [broŋkoneumonía] *s/f* MED Inflamación de los bronquios y alvéolos pulmonares.

bron·que·dad [broŋkeðáð] *s/f* Cualidad de bronco.

bron·quial [broŋkjál] *adj* Referente a los bronquios.

bron·quio [bróŋkjo] *s/m* Cada uno de los dos conductos que de la tráquea llegan hasta los pulmones.

bron·qui·tis [broŋkítis] *s/f* Inflamación crónica de la mucosa de los bronquios. ORT *Pl: Bronquitis.*

bro·quel [brokél] *s/m* Escudo normal o el pequeño, de madera y cuero.

bro·que·ta [brokéta] *s/f* Palito para ensartar pedazos de carne y asarlos.

bro·tar [brotár] *v/intr* **1.** Emerger las plantas de la tierra o las hojas, tallos o flores. **2.** Fluir un líquido de un lugar: *Las lágrimas brotaron de sus ojos.* **3.** Aflorar a la superficie o al exterior algo que se origina en el interior: *Le brotaron granos por todas partes.* RPr **Brotar de.**

bro·te [bróte] *s/m* **1.** Tallo o yema nuevos de una planta o flor. **2.** FIG Inicio de algo: *Hubo un brote de cólera.*

bro·za [bróθa] *s/f* **1.** Las hojas secas, ramitas vegetales y otros desperdicios parecidos. **2.** Desperdicios que se depositan en el fondo de un desagüe o bolsa.

bru·ces [brúθes] *adv* (Con *de*) Tumbado con la boca contra el suelo: *Se cayó de bruces en la nieve.* LOC **Darse de bruces (con),** toparse con alguien de frente.

bru·je·ría [bruxería] *s/f* Actividad maligna o propia de brujas.

bru·jo, (-a) [brúxo, (-a)] **I.** *adj* Muy atractivo: *Amor brujo.* **II.** *s* **1.** *m,f* Mujer u hombre con poder sobrenatural maligno. **2.** *f* Lechuza. **3.** *f* Mujer desastrada o de mal carácter: *La bruja de su mujer.*

brú·ju·la [brúxula] *s/f* Aguja imantada que gira sobre un eje y señala el norte magnético. LOC **Perder la brújula,** perder la orientación, real o figuradamente.

bru·ma [brúma] *s/f* **1.** Niebla, en particular la del mar. **2.** *pl* FIG Confusión.

bru·mo·so, -a [brumóso, -a] *adj* Nebuloso.

bru·no, -a [brúno, -a] *adj* De color oscuro o negro.

bru·ñi·do [bruɲíðo] *s/m* Acción y efecto de bruñir.

bru·ñir [bruɲír] *v/tr* Sacar brillo a algo (metal, piedra, etc.).

brus·co, -a [brúsko, -a] *adj* **1.** Se aplica a las cosas que cambian de repente. **2.** Se aplica a las personas o a sus acciones poco amables.

brus·que·dad [bruskeðáð] *s/f* Cualidad de brusco.

bru·tal [brutál] *adj* **1.** Se dice del comportamiento desconsiderado, violento o cruel de las personas. **2.** COL Extraordinariamente grande, colosal.

bru·ta·li·dad [brutaliðáð] **1.** Cualidad de bruto. **2.** Acción desmedida.

bru·to, (-a) [brúto, (-a)] **I.** *adj* y *s/m,f* Se aplica a la persona imprudente y poco inteligente pero con mucha fuerza física. **II.** *adj* **1.** Se dice de las cosas toscas, sin pulir. **2.** Se aplica al peso con la tara incluida: *Peso bruto de una mercancía.* LOC **En bruto,** sin pulir o sin descontar la tara o lo no aprovechable.

bru·za [brúθa] *s/f* Cepillo muy recio para limpiar caballerías, moldes de imprenta, etc.

bu·bó·ni·co, -a [buβóniko, -a] *adj* Referente al bubón: *Peste bubónica.*

bu·cal [bukál] *adj* Referente a la boca.

bu·ca·ne·ro [bukanéro] *s/m* Corsario que saqueaba las posesiones españolas de ultramar durante los siglos XVII y XVIII

bu·ce·ar [buθeár] *v/intr* **1.** Nadar por debajo del agua. **2.** (Con *en*) Investigar algo: *Los auditores bucearon en las cuentas de resultados.* RPr **Bucear en.**

bu·ceo [buθéo] *s/m* Acción de bucear.

bu·cle [búkle] *s/m* **1.** Rizo de cabello en forma de hélice. **2.** Onda o cruces que se forman en algo (cuerda, cinta, carretera, película, etc.).

bu·có·li·co, (-a) [bukóliko, (-a)] *adj* **I.** Se aplica al género pastoril o campestre (poesía) o a esta vida. **II.** *s/f* Composición poética de este género.

bu·co·lis·mo [bukolísmo] *s/m* Cualidad típica de la poesía bucólica.

bu·che [bútʃe] *s/m* **1.** En las aves, bolsa antes del estómago. **2.** FIG Estómago humano. LOC **Guardar algo en el buche**, retener un secreto. **Llenar el buche**, comer.

bu·dín [buðín] *s/m* Pastel de frutas, pescado, etc.

bu·dis·mo [buðísmo] *s/m* Religión fundada por Buda.

bu·dis·ta [buðísta] *adj* y *s/m,f* Del (o adepto al) budismo.

buen [buén] *adj apóc* de *bueno: Un buen jefe.*

bue·na·men·te [bwénamen̪te] *adv* Fácil o voluntariamente.

bue·na·ven·tu·ra [bwenaβen̪túra] *s/f* Adivinación que hacen las gitanas.

bue·no, -a [bwéno, -a] *adj* **1.** Se dice de las cosas que son como deben ser o nos gusta que sean. *Bueno, -a* puede anteponerse al nombre, pero entonces el *m* cambia en 'buen': *Un buen banco. Una buena película.* En algunas frases hechas, siempre precede: *Goza de buena salud.* A veces la posición de *bueno* introduce matizaciones diferentes: *Buen profesor* (competente). *Profesor bueno* (bondadoso). La forma comparativa de *bueno* es *mejor* (cosas); para personas, *más bueno* o *mejor* . Precedido de *adv* se coloca siempre detrás del nombre: *Hemos pasado una temporada muy buena.* **2.** Se aplica a lo fácil, servible, hábil, apetitoso y agradable, conveniente. **3.** Se aplica a quien obra moralmente bien. **4.** (Con *tener*) Oportuno: *Tuviste una idea muy buena.* **5.** (Con *estar*) Bien de salud: *No estoy bueno hoy.* **6.** Antepuesto al nombre, bastante: *Ha caído un buen chaparrón.* **7.** COL (Mujer u hombre) atractivos sexualmente. LOC **A buenas/Por las buenas**, voluntariamente. **A la buena de Dios**, a lo que salga. **¡Buena la has hecho!**, ¡Menudo lío has armado! **¡Buenas!**, expresión de saludo. **Dar algo por bueno**, aceptarlo. **Estar de buenas**, tener buen humor. **¡Estaría bueno!**, expresión de sorpresa o extrañeza: *¡Estaría bueno que ahora viniese!* **Librarse de una buena**, escaparse de un mal. **Más bueno que el pan**, se dice de quien es muy bueno. **Ver alguien lo que es bueno**, presenciar algo extraordinario: *Ahora verá usted lo que es bueno.*

buey [bwéi] *s/m* Toro castrado.

bu·fa [búfa] *s/f* Bufonada o burla.

bú·fa·lo [búfalo] *s/m* **1.** Bóvido mayor que el buey con los cuernos encorvados. **2.** Bisonte americano.

bu·fan·da [bufán̪da] *s/f* Prenda de lana para abrigar el cuello.

bu·far [bufár] *v/intr* **1.** Resoplar un animal (toro, caballo, etc.) con furor. **2.** FIG Manifestar alguien mucho enfado. RPr **Bufar de:** *Bufar de rabia.*

bu·fe·te [bufétе] *s/m* **1.** Escritorio con cajones. **2.** Despacho de abogado o su clientela. **3.** Aparador de comedor.

bu·ffet [bufé] *s/m* GAL En una fiesta, sitio donde están las bebidas y viandas. **Buffet libre,** se dice del restaurante donde uno puede tomar todos los platos que quiera por un precio fijo.

bu·fi·do [bufíðo] *s/m* Acción de bufar o encolerizarse.

bu·fo, -a [búfo, -a] **I.** *adj* Se dice de lo cómico y grotesco. **II.** *s/m,f* En la ópera italiana, personaje gracioso.

bu·fón, -na [bufón, -na] **I.** *adj* Chocarrero. **II.** *s/m,f* Persona que intenta hacer reír. Se aplicaba especialmente a quien vivía en palacio para divertir a los reyes.

bu·fo·na·da [bufonáða] *s/f* Acción o dicho grotesco.

bu·fo·nes·co, -a [bufonésko, -a] *adj* Bufo.

bu·gan·vi·lla [buɣaɱbíʎa] *s/f* BOT Especie de plantas muy decorativas, con brácteas rojas o moradas.

bu·har·di·lla [bwarðíʎa] *s/f* **1.** Desván. **2.** Ventana en el tejado de una casa para iluminar el desván.

bú·ho [búo] *s/m* **1.** Ave rapaz nocturna de vuelo silencioso. **2.** FIG Persona hosca.

bu·ho·ne·ría [buonería] *s/f* (A veces en *pl*) Conjunto de baratijas que venden los buhoneros.

bu·ho·ne·ro [buonéro] *s/m* Vendedor ambulante.

bui·tre [bwítre] *s/m* **1.** Ave rapaz vultúrida; vive en sociedad y es ave necrófaga. **2.** FIG Se dice del hombre sin escrúpulos y ambicioso.

bu·je [búxe] *s/m* Pieza interior que protege el cubo de las ruedas del rozamiento del eje.

bu·jía [buxía] *s/f* **1.** Vela de cera blanca. **2.** FÍS Unidad de intensidad luminosa equivalente a la luz que un centímetro cuadrado de platino emite a la temperatura de fusión. **3.** En los motores de explosión, el dispositivo que produce la chispa que inflama la mezcla explosiva.

bu·la [búla] *s/f* Documento papal que concedía indulgencia a los participantes en las cruzadas o a los que las sufragaban.

bul·bo [búlβo] *s/m* En la parte subterránea del tallo de algunos vegetales, ensanchamiento donde se acumulan sustancias de reserva (lirio, cebolla).

bul·bo·so, -a [bulβóso, -a] *adj* Con bulbos.

bul·do·zer [buldóθer] *s/m* ANGL Máquina excavadora.

bu·le·rías [bulerías] *s/f, pl* Cante andaluz acompañado de palmas o baile al son del mismo.

bu·le·var [buleβár] *s/m* Avenida o calle ancha con árboles.

búl·ga·ro, -a [búlɣaro, -a] *adj* y *s/m,f* De Bulgaria.

bu·lo [búlo] *s/m* Falso rumor o noticia que se extiende o circula con rapidez.

bul·to [búl̪to] *s/m* **1.** Tamaño de algo o alguien, aparente o no. **2.** En una superficie, abombamiento que sale del interior: *Tiene un bulto en el tobillo.* **3.** Paquete: *Bultos de mano a bordo.* **4.** Masa u objeto poco definidos o imprecisos: *Hay un bulto que se mueve.* LOC **A bulto**, aproximadamente. **De bulto**, *1.* Muy importante: *Errores de bulto.* *2.* De sobra, sin función específica. **Escurrir el bulto**, eludir un compromiso u obligación.

bu·lla [búʎa] *s/f* Aglomeración y ruido confuso: *Le gusta armar bulla.*

bu·llan·gue·ro, -a [buʎaŋgéro, a] *s/m,f* Amigo de bullas.

bu·lli·cio [buʎíθjo] *s/m* Ruido causado por un tropel de gente.

bu·lli·cio·so, -a [buʎiθjóso, -a] *adj* y *s/m,f* Se dice de quien arma bulla o del sitio donde la hay: *Chica/Calle bulliciosa.*

bu·llir [buʎír] *v/intr* **1.** Hervir un líquido: *El agua bulle.* **2.** Moverse algo sin cesar (muchedumbre, peces, etc.). También en sentido figurado: *La venganza bullía en su mente.*
CONJ *Irreg* en el *indef (bulló, bulleron)* y *subj (bullera, bullese,* etc.)

bu·me·rang [bumerán] *s/m* Boomerang.

bun·ga·low [buŋgaló(u)] *s/m* ANGL Casa de campo de una planta con galerías.

bún·ker [búŋker] *s/m* **1.** Refugio antiaéreo. **2.** FIG Facción política inmovilista.

bu·ñue·lo [buɲwélo] *s/m* Masa frita de harina y otros ingredientes, de forma redonda y ahuecada.

bu·que [búke] *s/m* **1.** MAR Casco de una nave. **2.** Barco grande con cubierta.

bur·bu·ja [burβúxa] *s/f* **1.** Glóbulo de gas o aire: *Burbuja de jabón.* **2.** Especie de ampolla flotante que se coloca a los niños para que floten en el agua.

bur·bu·je·ar [burβuxeár] *v/intr* Hacer burbujas.

bur·bu·jeo [burβuxéo] *s/m* Acción de burbujear.

bur·dé·ga·no [burðéɣano] *s/m* Descendiente de caballo y burra.

bur·del [burðél] *s/m* Casa de citas o prostitución.

bur·de·os [burðéos] *s/m* Vino de Burdeos.

bur·do, -a [búrðo, -a] *adj* Tosco.

bu·reo [buréo] *s/m* Juerga.

bu·re·ta [buréta] *s/f* QUÍM Tubo graduado de cristal; en el extremo abierto tiene una llave. Se usa en volumetría.

bur·ga [búrɣa] *s/f* Manantial de agua caliente.

bur·ga·lés, -sa [burɣalés, -sa] *adj* y *s/m,f* De Burgos.

bur·go [búrɣo] *s/m* **1.** Recinto fortificado medieval. **2.** Aldea.

bur·go·ma·es·tre [burɣomaéstre] *s/m* En algunas ciudades germánicas, primer edil municipal.

bur·gués, -sa [burɣés, -sa] **I.** *adj* y *s/m,f* Habitante de un burgo. **II.** *adj* **1.** Referente a un burgo. **2.** Referente a la clase media o acomodada. **3.** Persona sin inquietudes, amante del orden social establecido. **III.** *s/m,f* Persona de la burguesía o acomodada.

bur·gue·sía [burɣesía] *s/f* Clase media, de situación acomodada.

bu·ril [buríl] *s/m* Punzón para grabar.

bur·la [búrla] *s/f* Acción o palabras por las que se convierte en risible a una persona o cosa.

bur·la·de·ro [burlaðéro] *s/m* En las barreras de las plazas de toros, valla que se pone delante para que el torero pueda esconderse.

bur·la·dor, (-ra) [burlaðór, (-ra)] **I.** *adj* Que burla. **II.** *s/m* Seductor habitual.

bur·lar [burlár] **I.** *v/tr* **1.** Eludir algo perjudicial. **2.** Engañar: *Burló a su madre.* **II.** REFL(-SE) (Con *de*) Mofarse o reírse de alguien: *Nadie se burla de su tartamudez.* RPr **Burlarse de.**

bur·les·co, -a [burlésko, -a] *adj* Referente a la burla: *Tono/Género burlesco.*

bur·le·te [burléte] *s/m* Tira metálica, de espuma o de paño, que se coloca en las junturas de puertas y ventanas para sellar el paso del aire.

bur·lón, -na [burlón, -na] **I.** *adj* Que implica burla. **II.** *s/m,f* Quien se burla.

bu·ró [buró] *s/m* GAL Mesa de despacho.

bu·ro·cra·cia [burokráθja] *s/f* Estamento funcionarial y actividad administrativa pública.

bu·ró·cra·ta [burókrata] *s/m,f* Miembro del funcionariado.

bu·ro·crá·ti·co, -a [burokrátiko, -a] *adj* De la burocracia.

bu·rra·da [burráða] *s/f* **1.** (Con *hacer, decir, soltar.*) Acción o dicho estúpido y desproporcionado. **2.** COL Mucho: *Este coche cuesta una burrada de dinero.*

bu·rre·ro [burréro] *s/m* Quien posee o conduce burras cuya leche vende.

bu·rro, (-a) [búrro, (-a)] **I.** *adj* **1.** Persona ignorante o tonta. **2.** Persona poco amable y obstinada. **II.** *s/m,f* Mamífero ungulado de pelo tosco y orejas largas; se emplea como animal de carga. **2.** *m,f* FIG Persona muy trabajadora. **3.** *m* Armazón sobre el que se apoya un madero para serrarlo o que sirve de sostén para ciertas cosas. LOC **Apearse del burro,** convencerse de algo, ceder en su opinión.

bus [bús] *s/m* Abreviatura de *autobús.*

bus·ca [búska] *s/f* **1.** Acción de buscar. **2.** Recogida de objetos aprovechables entre escombros o basura.

bus·ca·piés [buskapjés] *s/m* Petardo que, encendido, corre por el suelo.

bus·ca·plei·tos [buskapléitos] *s/m,f* Persona que busca pelea o pleitos.

bus·car [buskár] *v/tr* Esforzarse por encontrar algo o a alguien.
ORT Ante *e* la *c* cambia en *qu: Busqué.*

bus·cón, (-na) [buskón, (-na)] **I.** *adj* y *s/m,f* **1.** Que busca. **2.** Que estafa. **II.** *s/f* Prostituta.

bu·si·lis [busílis] *s/m* Detalle donde radica el interés o dificultad de algo.

bús·que·da [búskeða] *s/f* Acción de buscar.

bus·to [bústo] *s/m* **1.** Representación escultórica o pictórica de la parte superior del tórax y la cabeza humana. **2.** Parte anterior del tórax humano.

bu·ta·ca [butáka] *s/f* **1.** Asiento confortable con brazos. **2.** En un cine o teatro, asiento con brazos o el billete que da derecho a ocuparlo.
Butaca de patio, en un teatro, asiento en la planta baja.

bu·ta·no [butáno] *s/m* QUÍM Hidrocarburo (C_4H_{10}) que se emplea como combustible en la industria y el hogar.

bu·ti·fa·rra [butifárra] *s/f* Embutido a base de carne de cerdo.

bu·zo [búθo] *s/m* **1.** Persona que trabaja sumergida en el agua, bien a pulmón libre, bien respirando con la ayuda de equipos especiales. **2.** Traje de una sola pieza que se coloca sobre el ordinario para trabajar.

bu·zón [buθón] *s/m* **1.** Pilón o abertura del mismo por donde se echan las cartas al correo: *Buzón de correos.* **2.** FIG Boca muy grande.

c [θé] *s/f* Consonante, tercera letra del alfabeto. Delante de *e* o *i* se pronuncia como una *z*. Delante de *a, o, u* se pronuncia como la *k*.

¡ca! [ká] *interj* Exclamación negativa: —*Tú vienes conmigo.* —*¡Ca! Ni hablar.*

ca·bal [kaβál] **I.** *adj* **1.** Que se expresa con exactitud o está (es) completo. **2.** Se dice de las personas honradas y honestas en todo. **II.** *s/m, pl* (Con *estar en sus...*) Actitud cuerda: *No está en sus cabales... ¡Se pasea desnudo!* LOC **A carta cabal**, completamente.

cá·ba·la [káβala] *s/f* **1.** Interpretación misteriosa de la Biblia y prácticas supersticiosas o astrológicas en ella fundamentadas. **2.** *pl* Suposiciones realizadas analizando datos incompletos.

ca·bal·ga·da [kaβalɣáða] *s/f* Acción y efecto de cabalgar, ir a caballo.

ca·bal·ga·du·ra [kaβalɣaðúra] *s/f* Bestia de carga o montura.

ca·bal·gar [kaβalɣár] *v/intr* **1.** Montar o pasear a caballo. **2.** FIG Estar algo o alguien como sobre una cabalgadura. RPr **Cabalgar a/en/sobre:** *Cabalgó a lomos de un asno/en una mula.*
ORT Ante *e* la *g* cambia en *gu: Cabalguen.*

ca·bal·ga·ta [kaβalɣáta] *s/f* Desfile de jinetes y carrozas en tono festivo.

ca·ba·lis·ta [kaβalísta] *s/m,f* **1.** Profesional de la cábala. **2.** Intrigante.

ca·ba·lís·ti·co, -a [kaβalístiko, -a] *adj* Referente a la cábala: *Signo cabalístico.*

ca·bal·men·te [kaβálmen̪te] *adv* Justamente.

ca·ba·lla [kaβáʎa] *s/f* Pez comestible, parecido a la sardina, pero mayor.

ca·ba·llar [kaβaʎár] *adj* Referente al caballo.

ca·ba·lle·ra·to [kaβaʎeráto] *s/m* Título pontificio para que un seglar, al casarse, pueda recibir una pensión eclesiástica.

ca·ba·lle·res·co, -a [kaβaʎerésko, -a] *adj* **1.** Propio de un caballero. **2.** Propio de la caballería medieval.

ca·ba·lle·re·te [kaβaʎeréte] *s/m* Se dice de un muchacho en tono despectivo.

ca·ba·lle·ría [kaβaʎería] *s/f* **1.** Animal que se emplea como montura (caballo, mulo, asno). **2.** Cuerpo militar que utiliza montura; actualmente se sustituyen las monturas por jeeps, helicópteros, etc.

ca·ba·lle·ri·za [kaβaʎeríθa] *s/f* Lugar donde se guardan las caballerías, el conjunto de las mismas y el personal que las cuida.

ca·ba·lle·ri·zo [kaβaʎeríθo] *s/m* Encargado de una caballeriza.

ca·ba·lle·ro [kaβaʎéro] **I.** *adj* Que cabalga, real o figuradamente. **II.** *s/m* **1.** Hombre de la nobleza. **2.** Perteneciente a una orden de caballería. **3.** Señor, que es o se comporta con honradez y cortesía; también usado como tratamiento de cortesía. **4.** De o para hombres: *Zapatos de caballero.*
Caballero andante, héroe de la literatura caballeresca.

ca·ba·lle·ro·si·dad [kaβaʎerosiðáð] *s/f* **1.** Calidad de caballero. **2.** Acción propia de un caballero.

ca·ba·lle·ro·so, -a [kaβaʎeróso, -a] *adj* Se aplica al hombre de palabras o acciones dignas o galantes.

ca·ba·lle·te [kaβaʎéte] *s/m* **1.** Línea donde se juntan las dos vertientes en un tejado. **2.** Remate en las chimeneas para impedir la entrada de la lluvia. **3.** A veces, prominencia en el hueso de la nariz. **4.** Soporte de tres pies para sostener cuadros o pizarras. **5.** Madero con dos pies, cada uno de ellos formado por dos palos cruzados, para sostener una plataforma, mesa de ping-pong, etc.

ca·ba·llis·ta [kaβaʎísta] *s/m* El entendido en caballos o el que los sabe montar bien.

ca·ba·lli·to [kaβaʎíto] *s/m* **1.** *Dim* de *caballo*. **2.** *pl* Plataforma giratoria en la que hay animales de madera, cochecitos, etc., para que se monte la gente, especialmente los niños.

ca·ba·llo [kaβáʎo] *s/m* **1.** Mamífero ungulado, perisodáctilo, cuello arqueado, pe-

queñas orejas, crin larga y cola peluda; se emplea como montura o animal de tiro. **2.** En el ajedrez, pieza en forma de caballo. **3.** En la baraja española, figura con caballo. LOC **A caballo** (con *estar, ir, montar*), sobre una montura o idea: *A caballo de su religión.* **De caballo,** mucho: *Le dieron una dosis de caballo.*
Caballo de batalla, lo esencial de una cuestión.
Caballo de mar, caballito marino.
Caballo de vapor, unidad de potencia.

ca·ba·llón [kaβaʎón] *s/m* En un campo labrado, lomo entre dos surcos.

ca·ba·llu·no, -a [kaβaʎúno, -a] *adj* De (o como de) caballo.

ca·ba·ña [kaβáɲa] *s/f* **1.** Vivienda construida en el campo con troncos, ramas, musgo, etc. **2.** Ganado numeroso o el específico de un lugar: *La cabaña toril de Salamanca.*

ca·ba·ñue·la [kaβaɲwéla] *s/f* **1.** Cabaña pequeña. **2.** *pl* Pronóstico anual del tiempo en base a las variaciones observadas en los primeros días de enero y agosto.

ca·ba·ret [kaβaré] *s/m* Sala para espectáculos nocturnos.
ORT *Pl: Cabarets* o *cabarés.*

ca·be [káβe] *prep* Cerca de: *Se sentó cabe la fuente.*

ca·be·ce·ar [kaβeθeár] *v/intr* **1.** Mover la cabeza de uno a otro lado o arriba y abajo. **2.** Decir que no, sacudiendo la cabeza. **3.** MAR Moverse alternativamente hacia arriba y hacia abajo la proa y popa de un barco. **4.** Dormirse dando cabezadas. **5.** Golpear una pelota con la cabeza.

ca·be·ceo [kaβeθéo] *s/m* Acción de cabecear.

ca·be·ce·ra [kaβeθéra] *s/f* **1.** En la cama, extremo donde está la almohada o la almohada misma. **2.** Lugar preferente (tribunal, mesa, etc.). **3.** Población principal de un territorio o jurisdicción. **4.** En un libro o periódico, titular de encabezamiento (de cada página y de la primera página). **5.** Origen de un río: *Cabecera del Duero.*

ca·be·ci·lla [kaβeθíʎa] *s/m,f* Jefe de una insurrección.

ca·be·lle·ra [kaβeʎéra] *s/f* Los pelos de la cabeza.

ca·be·llo [kaβéʎo] *s/m* Pelo que crece en el cuero cabelludo (cabeza).
Cabello de ángel, filamentos almibarados de calabaza.

ca·be·llu·do, -a [kaβeʎúðo] *adj* De mucho cabello. LOC **Cuero cabelludo,** parte de la piel que cubre el cráneo y cubierta de pelo.

ca·ber [kaβér] *v/intr* **1.** (Con *por*) Tener algo suficiente anchura para que otra cosa pase: *El mueble no cabe por la ventana.* **2.** Tener algo suficiente espacio para contener otra cosa. **3.** (En *3.ª p*) Ser algo factible: *Cabe que llueva.* **4.** Corresponderle algo (satisfacción, honor, responsabilidad) a uno. LOC **En (dentro de) lo que cabe,** dentro de lo posible. **No caber duda,** sin dudarlo. **No caber en sí de (gozo, alegría...),** estar muy ufano. **No caber un alfiler,** se aplica a un sitio que está lleno. **No caber en la cabeza,** no entender: *No me cabe en la cabeza que haya venido.* **Si cabe,** si se puede: *Cómpralo si cabe.* RPr **Caber a/en/por.**
CONJ *Irreg: Quepo (cabes,* etc.*), cupe, cabré, cabido.*

ca·bes·tran·te [kaβestrán̪te] *s/m* Cabrestante.

ca·bes·tri·llo [kaβestríʎo] *s/m* Banda que cuelga del cuello para sostener un brazo lastimado.

ca·bes·tro [kaβéstro] *s/m* **1.** Cuerda al cuello de una caballería para guiarla o atarla. **2.** Buey manso que guía a los toros bravos.

ca·be·za [kaβéθa] *s/f* **1.** En las personas y animales, parte superior del cuerpo donde se localizan los órganos de los sentidos. **2.** *Por ext,* participante en un reparto (con *por*): *Nos tocan dos entradas por cabeza.* **3.** Res: *Cien cabezas de ganado.* **4.** Intelecto: *Einstein fue una gran cabeza.* **5.** Cosa o persona importantes en un grupo: *Cabeza de familia.* **6.** Extremo abultado de algo: *Cabeza de alfiler.* **7.** Encabezamiento de algo (escrito, lista, clasificación): *Mi equipo va en cabeza de la clasificación.* LOC **A la cabeza,** *1.* Sobre la cabeza. *2.* Delante: *A la cabeza del pelotón.* **Estar a la cabeza de una empresa**, gobernarla. **Caber (no caber) algo en la cabeza**, poder (no poder) imaginárselo. **Cabeza abajo**, en posición invertida. **Cabeza arriba**, en posición normal. **Calentarse la cabeza**, pensar mucho. **Con la cabeza alta**, sin tener que avergonzarse: *Salió de la empresa con la cabeza alta.* **Darse de cabeza**, estrellarse contra alguna dificultad por imprudente. **De cabeza,** *1.* Con la cabeza por delante: *Se tiró al lago de cabeza. 2.* Sin titubear y directamente: *Va de cabeza al fracaso. 3.* DEP Rematando con la cabeza. **De pies a cabeza**, entero. **Estar mal de la cabeza**, estar loco. **Ir de cabeza.** *1.* Estar muy ocupado. *2.* Desear mucho algo o a alguien: *Va de cabeza con Laura.* **Irse la cabeza**, marearse. **Pasársele a uno algo por la cabeza**, ocurrírsele. **Perder la cabeza**, perder la serenidad. **No tener algo ni pies ni cabeza**, carecer de sentido. **Por cabeza**, a cada uno: *Nos tocan mil pesetas por cabeza.* **Quitar a uno algo de la cabeza**, disuadirle de ello. **Romperse la cabeza**, desnucarse física o figuradamente. **Romperse la cabeza con algo**, calentársela. **Subírsele**

a uno los humos a la cabeza, volverse jactancioso. **Subírsele a uno una bebida a la cabeza**, emborracharse. **Tirarse de cabeza**, lanzarse con la cabeza hacia abajo. **Estar tocado de la cabeza**, estar loco. **Traer a uno de cabeza**, llevar a uno loco.
Cabeza de chorlito, se aplica al distraído.
Cabeza dura, se aplica al torpe y obstinado.
Cabeza de familia, el jefe de la misma (padre, madre, etc).
Cabeza de turco, persona a la que se echan las culpas de los sucesos malos.

ca·be·za·da [kaβeθáða] *s/f* **1.** Golpe recibido en (o dado con) la cabeza. **2.** Movimiento de la cabeza hacia abajo, que hace quien dormita o quien saluda. LOC **Dar cabezadas,** dormitar.

ca·be·zal [kaβeθál] *s/f* **1.** Almohada. **2.** En un carruaje, la parte que está encima del juego de ruedas delantero.

ca·be·za·zo [kaβeθáθo] *s/m* Golpe dado con la cabeza.

ca·be·zo [kaβéθo] *s/m* Pequeña elevación de terreno.

ca·be·zón, -na [kaβeθón, -na] **I.** *adj* Terco. **II.** *s/m,f* Cabezota.

ca·be·zo·na·da [kaβeθonáða] *s/f* Acción propia de un cabezón.

ca·be·zo·ta [kaβeθóta] **I.** *adj* Se dice de la persona terca. **II.** *s/m,f* Persona con la cabeza muy grande.

ca·be·zu·do, (-a) [kaβeθúðo, (-a)] **I.** *adj* **1.** De cabeza grande. **2.** Terco. **3.** Se dice del vino con muchos grados. **II.** *s/m* Cabezota de cartón que lleva un hombre sobre la cabeza y que participa en festejos populares.

ca·be·zue·la [kaβeθwéla] **I.** *s/f* Inflorescencia cuyas flores están rodeadas por brácteas. **II.** *s/m* Persona poco juiciosa.

ca·bi·da [kaβíða] *s/f* Capacidad de algo para contener otra cosa.

ca·bi·la [kaβíla] *s/f* Tribu beduina o bereber.

ca·bil·da·da [kaβil̪dáða] *s/f* Resolución abusiva de un cabildo o, *por ext,* de cualquier persona o ente.

ca·bil·de·ar [kaβil̪deár] *v/intr* Intrigar en alguna corporación para conseguir algo.

ca·bil·deo [kaβil̪déo] *s/m* Acción de cabildear.

ca·bil·do [kaβíl̪do] *s/m* **1.** Ayuntamiento de una población. **2.** Comunidad de eclesiásticos en una catedral. **3.** Junta de una cofradía o la asociación que forman. **4.** En Canarias, organismo que representa a las poblaciones de las islas.

ca·bi·le·ño, -a [kaβiléɲo, -a] *adj* Referente a la cabila.

ca·bi·na [kaβína] *s/f* Pequeño departamento aislado en el que suele instalarse el mecanismo de control de algo (vehículos, aviones, teléfono, etc.).

ca·bio [káβjo] *s/m* **1.** Entre las vigas, listón atravesado para formar techos. **2.** Travesaño superior e inferior en el marco de una ventana. **3.** En un tejado, cabrio de la armadura.

ca·biz·ba·jo, -a [kaβiθβáxo, -a] *adj* Con la cabeza baja debido a la tristeza o a la vergüenza.

ca·ble [káβle] *s/m* **1.** MAR Maroma gruesa, especialmente la del ancla. **2.** *Apoc* por 'cablegrama'. **3.** Conjunto de alambres retorcidos que sostienen algo: *El cable del funicular.* **4.** Haz de hilillos de cobre protegido por una funda impermeable y flexible: *Cable telefónico/telegráfico.* LOC **Echar un cable**, COL prestar ayuda a quien está en apuros.

ca·ble·gra·fiar [kaβleγrafjár] *v/tr* Enviar un mensaje por cable.
ORT, PRON En el *sing* y *3.ª p pl* del *pres* de *indic* y *subj* el acento recae en la *i: Cablegrafío,* etc.

ca·ble·gra·ma [kaβleγráma] *s/m* Mensaje transmitido por cable submarino.

ca·bo [káβo] *s/m* **1.** En la jerarquía militar, rango inmediatamente superior al soldado raso. **2.** Extremo de algo. **3.** Promontorio saliente hacia el mar. **4.** Los detalles de algo: *Conviene atar todos los cabos de un asunto importante.* **5.** MAR Cuerda para efectuar maniobras determinadas. LOC **Al cabo**, al fin. **Al cabo de**, después de: *Llegaron al cabo de diez minutos.* **Al fin y al cabo**, después de todo. **Atar cabos**, juntar indicios para deducir algo. **De cabo a rabo**, del principio a fin: *Se leyó el libro de cabo a rabo.* **Estar al cabo de la calle**, estar bien informado de algo. **Llevar a cabo**, realizar. **No dejar cabo suelto**, hacer todo lo preciso.

ca·bo·ta·je [kaβotáxe] *s/m* Navegación costera entre los puertos de una misma nación.

ca·bra [káβra] *s/f* Mamífero rumiante con cuernos arqueados hacia atrás y que trepa ágilmente por los riscos. LOC **Estar como una cabra,** COL estar chiflado, loco.

ca·bre·ar [kaβreár] *v/intr* COL Hacer enfadar o molestar. REFL(-SE) Enfadarse.

ca·breo [kaβréo] *s/m* COL Acción de cabrear(se).

ca·bre·ro, -a [kaβréro, -a] *s/m,f* Persona que custodia cabras.

ca·bres·tan·te [kaβrestáɲte] *s/m* Torno

vertical que se emplea para arrastrar pesos de consideración (barcos, minas, etc).

ca·bria [káβrja] *s/f* Trípode con una polea suspendida por la que pasa la cuerda de tracción de un torno.

ca·bri·lla [kaβríʎa] *s/f* **1.** *pl* Espuma del mar cuando se empieza a agitar. **2.** Ampollas en las piernas producidas al acercarlas excesivamente al fuego. **3.** *Dim* de *cabra.*

ca·bri·lle·ar [kaβriʎeár] *v/intr* Espumarse el mar.

ca·brío, -a [kaβrío, -a] *adj* Referente a las cabras.

ca·brio [káβrjo] *s/m* En la armadura de un tejado, madero colocado en paralelo a los pares y sobre el cual se pone la tablazón.

ca·brio·la [kaβrjóla] *s/f* **1.** Salto en el que se cruzan los pies en el aire varias veces. **2.** Cualquier salto con pirueta.

ca·brio·lé [kaβrjolé] *s/m* Vehículo ligero de cuatro ruedas, descubierto.

ca·bri·ti·lla [kaβritíʎa] *s/f* Piel curtida de cabra u oveja.

ca·bri·to [kaβríto] *s/m* **1.** Cría lactante de cabra. **2.** VULG Cabrón, en sentido atenuado.

ca·brón, (-na) [kaβrón, (-na)] **I.** *s/m* Macho de la cabra. **II.** *s/m,f* ARG **1.** Hombre que consiente la infidelidad de su mujer. **2.** Insulto fuerte contra alguien. **3.** Quien hace cabronadas a otro.

ca·bro·na·da [kaβronáða] *s/f* ARG Vejación o acto malintencionado.

ca·ca [káka] *s/f* COL **1.** Excremento humano, especialmente el de los niños. **2.** COL Se dice de lo que no vale nada.

ca·ca·hue·te [kaka(g)wéte] *s/m* **1.** Planta leguminosa cuyo fruto tiene una cáscara que encierra semillas comestibles. **2.** Fruto de esta planta.
ORT También: *Cacahué, cacahuey.*

ca·cao [kakáo] *s/m* **1.** Planta tropical esterculiácea, cuyo fruto de baya contiene muchas semillas. **2.** Las semillas mismas. **3.** Polvo triturado de esas semillas; se emplea para hacer chocolate. **4.** COL Jaleo o escándalo.

ca·ca·re·ar [kakareár] **I.** *v/intr* Emitir el gallo o la gallina voces repetidas. **II.** *v/tr* FIG Alabar en exceso las propias cualidades.

ca·ca·reo [kakaréo] *s/m* Acción de cacarear.

ca·ca·túa [kakatúa] *s/f* **1.** Ave prensora de Oceanía; tiene moño eréctil y plumaje blanco y es capaz de aprender a pronunciar palabras. **2.** COL Mujer muy fea y estrafalaria.

ca·ce·re·ño, -a [kaθeréɲo, -a] *adj* y *s/m,f* De Cáceres.

ca·ce·ría [kaθería] *s/f* Expedición para cazar, las piezas cobradas o cuadro que la representa.

ca·ce·ro·la [kaθeróla] *s/f* Recipiente cilíndrico y metálico, con dos asas, empleado para guisar.

ca·ci·que [kaθíke] *s/m* **1.** Jefe de indios en una provincia o pueblo. **2.** Persona que ejerce su autoridad abusivamente en una población o territorio. **3.** *Por ext,* aquel que es excesivamente autoritario.

ca·ci·quil [kaθikíl] *adj* Referente al cacique.

ca·ci·quis·mo [kaθikísmo] *s/m* Actividad e influencia de un cacique.

ca·co [káko] *s/m* Ratero.

ca·co·fo·nía [kakofonía] *s/f* Repetición poco agradable de sonidos, *por ej: Tres tigres.*

ca·co·fó·ni·co, -a [kakofóniko, -a] *adj* Que tiene cacofonía.

cac·to o **cac·tus** [kákto/káktus] *s/m* Planta de tallo redondeado o cilíndrico con las hojas reducidas a espinas.

ca·cu·men [kakúmen] *s/m* COL Agudeza de la mente.

ca·cha [kátʃa] *s/f* **1.** Cada una de las dos piezas que recubren a cada lado los mangos de cuchillos, navajas, culatas de armas o similares. **2.** En *pl,* nalgas.

ca·cha·lo·te [katʃalóte] *s/m* Mamífero cetáceo de cabeza enorme; de él se aprovecha la grasa y el ámbar gris.

ca·cha·rra·zo [katʃarráθo] *s/m* Golpe violento.

ca·cha·rre·ría [katʃarrería] *s/f* Tienda donde se venden pucheros y objetos sencillos de loza.

ca·cha·rre·ro, -a [katʃarréro, -a] *s/m,f* Vendedor(a) de cacharros.

ca·cha·rro [katʃárro] *s/m* **1.** Recipiente tosco que sirve para guardar líquidos. **2.** Se dice (con desprecio) de lo que no funciona bien.

ca·cha·va [katʃáβa] *s/f* Bastón corvo.

ca·cha·za [katʃáθa] *s/f* Flema o lentitud en el hablar o actuar.

ca·cha·zu·do, -a [katʃaθúðo, -a] *adj* Con mucha cachaza.

ca·che·ar [katʃeár] *v/tr* Registrar a alguien para comprobar si va armado.

ca·che·mir [katʃemír] *s/m* Tela de lana muy fina.
ORT También: *Cachemira* o *casimir.*

ca·cheo [katʃéo] *s/m* Acción de cachear.

ca·che·te [katʃéte] *s/m* Golpe que se da con la palma de la mano en la cara, espalda, etc.

ca·che·te·ro [katʃetéro] *s/m* Puñal para rematar a las reses.

ca·chim·ba [katʃímba] *s/f* Pipa para fumar.
ORT En AMÉR también *cachimbo.*

ca·chi·po·rra [katʃipórra] *s/f* Palo muy abultado en un extremo.

ca·chi·va·che [katʃiβátʃe] *s/m Despec* Cacharro, trasto.

ca·cho [kátʃo] *s/m* Trozo o pedazo de algo, generalmente arrancado o cortado de ello.

ca·chon·de·ar·se [katʃondeárse] *v/*REFL (-SE) COL Burlarse. RPr **Cachondearse de (algo o alguien).**

ca·chon·deo [katʃondéo] *s/m* Acción de cachondear(se).

ca·chon·do, -a [katʃóndo, -a] *adj* **I.** (Con *ser, estar*) VULG Se aplica a las personas dominadas por el impulso sexual. **II.** *s/m,f* Persona muy extrovertida y alegre: *Es un cachondo: siempre está contando chistes.*

ca·cho·rro, -a [katʃórro, -a] *s/m,f* Cría de mamífero.

ca·da [káða] *adj* Se dice de los componentes de un grupo de cosas o personas para referirse a ellos individualmente. LOC **Cada día,** todos los días. **Cada media hora/dos días/tres meses,** indica la frecuencia de algo. **Cada dos por tres,** casi siempre: *Se emborracha cada dos por tres.* **Cada quisque,** cada uno.

ca·dal·so [kaðálso] *s/m* **1.** Plataforma montada para un acto solemne. **2.** Plataforma donde se ejecuta a los condenados.

ca·dá·ver [kaðáβer] *s/m* Cuerpo muerto.

ca·da·vé·ri·co, -a [kaðaβériko, -a] *adj* **1.** Referente al cadáver. **2.** Que parece un cadáver por estar pálido o demacrado.

ca·de·na [kaðéna] *s/f* **1.** Piezas metálicas enlazadas entre sí formando un todo articulado. **2.** *pl* Las que aprisionan a los condenados. **3.** Sucesión de cosas: *Cadena de atentados/cines/emisoras,* etc. **4.** Cordillera: *La cadena costera* (de montañas). **5.** Grupo de industrias o comercios con varios locales. **6.** Conjunto de centros que transmiten por televisión y radio o que lo hacen por una frecuencia determinada. **7.** Conjunto de máquinas que completan un proceso de producción. **8.** Estorbo a la libertad de actuación: *Rompió las cadenas del vicio.* LOC **En cadena,** uno después de otro. **Cadena perpetua,** la pena máxima de prisión impuesta al culpable.

ca·den·cia [kaðénθja] *s/f* **1.** Combinación de la duración de los sonidos musicales de acuerdo con las normas. **2.** *pl* Compases. **3.** En un verso, distribución rítmica de acentos. **4.** Alargamiento de las notas de una partitura o de las sílabas de un verso para producir serenidad.

ca·den·cio·so, -a [kaðenθjóso, -a] *adj* Con cadencia.

ca·de·ne·ta [kaðenéta] *s/f* Labor de ganchillo en figura de cadenita.

ca·de·ra [kaðéra] *s/f* Debajo de la cintura del cuerpo humano, huesos superiores de la pelvis.

ca·de·te [kaðéte] *s/m* Alumno en una academia militar.

ca·dí [kaðí] *s/m* Juez civil entre turcos y moros.

cad·mio [káðmjo] *s/m* Metal poco abundante, de color blanco, parecido al estaño.

ca·du·car [kaðukár] *v/intr* **1.** Destruirse algo por viejo. **2.** Chochear. **3.** Perder algo su validez.
ORT Ante *e* la *c* cambia en *qu: Caduqué.*

ca·du·ci·dad [kaðuθiðáð] *s/f* Acción y resultado de caducar algo.

ca·du·co, -a [kaðúko, -a] *adj* **1.** Que cae: *Árboles de hoja caduca.* **2.** FIG Se dice de la persona anticuada.

cae·di·zo, -a [kaeðíθo, -a] *adj* Se dice de lo destinado a caer o de lo decrépito.

ca·er [kaér] *v/intr* **1.** Moverse algo por su propio peso de arriba abajo. Se emplea sólo *caer* cuando se generaliza acerca de la caída: *Los cuadros mal colgados caen.* Pero: *Ayer se cayó el cuadro del comedor* (caída específica). **2.** Tomar forma algo que está colgado: *El mantel cae en pliegues.* **3.** Con respecto a un vestido, estar el borde de abajo desnivelado. **4.** Sucumbir en combate alguien o rendirse una plaza. **5.** Desaparecer un poder, un Gobierno o un uso determinado de algo. **6.** (Con *en*) Pasar alguien a un estado penoso o inferior. **7.** Decrecer en algo (salud, posición, belleza, etc.). **8.** (Con *en*) Aproximarse algo a su fin (día, noche, tarde, etc.). **9.** Fracasar en algo. **10.** (Con *en*) Aparecer alguien inopinadamente o desusadamente en un lugar. **11.** Coincidir una festividad, pago, etc., con cierta fecha o día de la semana: *Pascua cae el 5 de abril.* **12.** Ir bien o mal un vestido. **13.** (Con *en*) Encontrar una solución a un problema: *No caigo en la respuesta.* **14.** Estar algo dentro de los límites de una cosa o en su dirección: *Mi casa cae a la derecha.* **15.** (Con *sobre*) Abalanzarse. **16.** (Con *en*) Ser capturado: *El ladrón cayó en la trampa.* **17.** (Con *a*)

Dar algo a un sitio: *Su ventana cae a la calle.* LOC **Caer como un jarro de agua fría,** causar algo mucha impresión. **Caer en la cuenta,** comprender. **Caer en redondo,** desmayarse. **Caer gordo (alguien),** no causar buena impresión a alguien. **Estar al caer,** a punto de llegar. **Caer en saco roto,** no hacer caso de algo: *Sus consejos cayeron en saco roto.* **Caerse de espaldas,** además del sentido literal, quedarse asombrado. **Caerse muerto de risa,** reírse mucho. **Caérsele a uno la cara de vergüenza,** estar (alguien) completamente avergonzado. **No tener dónde caerse muerto,** no tener absolutamente nada. **Dejar caer,** *1.* Soltar algo que se aguantaba. *2.* Decir algo con aparente ingenuidad: *Dejó caer que se iba.* **Dejarse caer,** *1.* Abandonarse al cansancio y sentarse o echarse. *2.* Sentirse muy abatido. *3.* Presentarse en un lugar muy raramente: *Se deja caer por la universidad dos veces al año.* RPr **Caer en/de/sobre/a.**
CONJ *Irreg: Caigo, cayó, caeré, caído.*

ca·fé [kafé] *s/m* **1.** Cafeto (árbol). **2.** Semilla del café. **3.** Infusión a base de la semilla tostada y molida. **4.** Establecimiento donde se sirven bebidas y especialmente café.

ca·feí·na [kafeína] *s/f* Alcaloide que se obtiene de diversas semillas (café, té, etc.).

ca·fe·tal [kafetál] *s/m* Plantación de cafetos.

ca·fé-tea·tro [kafé-teátro] *s/m* Establecimiento público donde se sirven bebidas y hay actuaciones en directo en un pequeño escenario.

ca·fe·te·ra [kafetéra] *s/f* Recipiente para hacer o servir el café.

ca·fe·te·ría [kafetería] *s/f* Local donde se toman bebidas y se sirven alimentos o comidas ligeras.

ca·fe·te·ro, -a [kafetéro, -a] **I.** *adj* **1.** Referente al café. **2.** Amante del café. **II.** *s/m,f* **1.** Persona que recoge simiente de café en un cafetal. **2.** Dueño(a) de un café. **3.** Vendedor(a) de café.

ca·fe·tín [kafetín] *s/m* Café (bar) poco importante.

ca·fe·to [kaféto] *s/m* Planta de café.

ca·fre [káfre] *adj* y *s/m,f* Bárbaro o brutal en extremo.

ca·ga·de·ro [kaɣaðéro] *s/m* COL Lugar donde caga mucha gente.

ca·ga·do, (-a) [kaɣáðo, (-a)] **I.** *adj* Cobarde. **II.** *s/f* **1.** VULG Excremento expulsado al hacer del vientre. **2.** VULG Metedura de pata: *¡Vaya cagada que tuviste ayer!* LOC **Estar cagado,** estar muerto de miedo.

ca·ga·le·ra [kaɣaléra] *s/f* **1.** VULG Diarrea. **2.** VULG Miedo.

ca·ga·le·ta [kaɣaléta] *s/f* Cagalera.

ca·gar [kaɣár] **I.** *v/intr, tr,* REFL(-SE) VULG Hacer de vientre. **II.** *v/tr* Estropear o fallar algo: *¡Ya la hemos cagado! ¡Se nos ha escapado el tren!* LOC **¡Me cago en diez!,** imprecación por algo que no gusta. RPr **Cagarse de/en:** *Se caga de miedo.*
ORT Ante *e* la *g* cambia en *gu: Cague.*

ca·ga·rru·ta [kaɣarrúta] *s/f* En los excrementos humanos, de ovejas, conejos, etc., cada una de las porciones.

ca·gón, -na [kaɣón, -na] *adj* y *s/m,f* **1.** Que hace de vientre muchas veces. **2.** Cobarde.

ca·gue·ta(s) [kaɣéta(s)] *s/m,f* FAM Persona cobarde.

caí·da [kaíða] *s/f* **1.** Acción y consecuencia de caerse. **2.** (Con *haber, tener, hacer*) Inclinación de un terreno: *Esta ladera tiene una caída vertical.* **3.** Salto de agua. **4.** Descanso del voltaje o tensión de una corriente o de otra cosa. **5.** Calidad (buena o mala) de las telas que, colgadas o puestas, caen formando los pliegues adecuados: *Esta falda tiene poca caída.*

caí·do, (-a) [kaíðo, (-a)] **I.** *adj* **1.** Flojo o lacio. **2.** Abatido física o moralmente. **II.** *s/m* Muerto en combate.

cai·mán [kaimán] *s/m* AMÉR Saurio fluvial, parecido al cocodrilo.

cai·mien·to [kaimjén̪to] *s/m* Caída o desfallecimiento.

cai·rel [kairél] *s/m, pl* En vestidos, flecos de adorno.

cai·ro·ta [kairóta] *adj* y *s/m,f* De El Cairo, o relativo a esa ciudad.

ca·ja [káxa] *s/f* **1.** Recipiente de cualquier material para guardar o transportar algo. **2.** Recipiente que contiene y protege un mecanismo. **3.** En los instrumentos de cuerda, oquedad para la resonancia. **4.** En un establecimiento, lugar donde se efectúan ingresos o pagos y se guardan valores. **5.** Recipiente blindado donde se custodian valores: *Caja fuerte/de seguridad.* LOC **Entrar en caja,** alistarse en la milicia. **Ingresar en caja,** contabilizar en el libro de caja una cantidad ingresada. **Hacer mucha/poca caja,** ingresar mucho/poco dinero.
Caja de Ahorros, institución financiera donde se efectúan operaciones bancarias limitadas por la ley.
Caja de la escalera, hueco donde ésta se ubica.
Caja de música, aquella en la que al abrirla suena una melodía.
Caja de muerto, féretro.
Caja de reclutas, oficina de reclutamiento.

ca·je·ro, -a [kaxéro, -a] *s/m,f* **1.** Fabricante de cajas. **2.** En un establecimiento (banco, tienda, etc.), persona encargada de la caja.

ca·je·ti·lla [kaxetíʎa] *s/f* Pequeño paquete de cigarrillos o picadura de tabaco.

ca·jis·ta [kaxísta] *s/m,f* IMPR El que compone la plancha para imprimir.

ca·jón [kaxón] *s/m* **1.** Caja tosca, con o sin tapa, para transportar o guardar algo. **2.** Caja deslizante en un mueble. LOC **(Ser algo) de cajón,** ser evidente. **Cajón de sastre,** lugar, físico o figurado, donde hay cosas en desorden.

ca·jo·ne·ra [kaxonéra] *s/f* Mueble que consta sólo de cajones alargados.

cal [kál] *s/f* Óxido de calcio; se emplea para hacer argamasa. LOC **A cal y canto,** se dice de lo que está completamente cerrado. **Dar una de cal y otra de arena,** alternar los aciertos con los errores.

ca·la [kála] *s/f* **1.** Pequeña ensenada. **2.** Acción de calar (cortar). **3.** Perforación para analizar un terreno. **4.** En el interior de un barco, la zona más baja. **5.** COL Peseta.

ca·la·ba·ce·ra [kalaβaθéra] *s/f* Planta de calabazas.

ca·la·ba·cín [kalaβaθín] *s/m* **1.** Calabacita tierna. **2.** Persona ignorante y torpe.

ca·la·ba·za [kalaβáθa] *s/f* **1.** Planta o fruto de la calabacera. **2.** Este fruto seco y ahuecado. **3.** Persona tonta. LOC **Dar calabazas,** suspender o rehusar a alguien.

ca·la·bo·bos [kalaβóβos] *s/m* Lluvia menuda y persistente.

ca·la·bo·zo [kalaβóθo] *s/m* Recinto seguro para encerrar a los presos o celda de una cárcel.

ca·la·de·ro [kalaðéro] *s/m* Lugar idóneo para calar las artes de pesca.

ca·la·do, (-a) [kaláðo, (-a)] *s* **1.** *f* Acción de sumergir algo en el agua. **2.** *f* Ascenso y descenso rápido de un ave de rapiña. **3.** *m* Dibujo, bordado o labor a base de calar. **4.** *m* MAR Altura de la parte sumergida de un barco: *Es un barco de pequeño calado.* **5.** *f* Acción de tragar el humo de un cigarro. LOC **Calado hasta los huesos,** estar completamente empapado de agua.

ca·la·du·ra [kalaðúra] *s/f* Acción y efecto de calar el agua, la lluvia, etc.

ca·la·fa·te [kalafáte] *s/m* El que tiene por oficio calafatear.

ca·la·fa·te·ar [kalafateár] *v/tr* Taponar las junturas de las maderas de las embarcaciones para impermeabilizarlas.

ca·la·fa·teo [kalafatéo] *s/m* Acción de calafatear.

ca·la·mar [kalamár] *s/m* Molusco cefalópodo comestible, con dos brazos muy alargados.

ca·lam·bre [kalámbre] *s/m* Contracción involuntaria, dolorosa y persistente de un músculo.

ca·la·mi·dad [kalamiðáð] *s/f* **1.** Hecho que produce graves pérdidas (guerra, epidemia, etc.). **2.** Hecho que produce sufrimiento a alguien. **3.** Cosa mal hecha: *Es una calamidad de cuadro.* LOC **Ser una calamidad,** (aplicado a personas) no ser útil para nada.

ca·la·mi·to·so, -a [kalamitóso, -a] *adj* Que es una calamidad, la causa o la conlleva.

cá·la·mo [kálamo] *s/m* **1.** Tallo liso, como el junco. **2.** Pluma de escribir hecha con la pluma de un ave.

ca·lan·drar [kalandrár] *v/tr* Prensar el papel o una tela con la calandria para satinarlos.

ca·lan·dria [kalándrja] *s/f* **1.** Máquina prensadora o satinadora de papel o telas. **2.** Enfermo imaginario. **3.** Alondra.

ca·la·ña [kaláɲa] *s/f* Naturaleza: *Esa gentuza es de mala calaña.* (Suele ser *despec).*

ca·lar [kalár] **I.** *v/tr* **1.** Sumergir las artes de pesca en el mar. **2.** Atravesar un líquido algo poroso: *La lluvia ha calado el anorak.* **3.** Atravesar algo un objeto punzante. **4.** Hacer dibujos agujereando una lámina (cuero, metal, plástico, etc.). **5.** Hacer calados de adorno en una tela. **6.** (Aplicado a personas) FIG Penetrar en las intenciones o sentimientos de alguien: *Han calado tus propósitos egoístas.* **7.** Abrir algo y extraer un fragmento para examinarlo. **8.** Pararse súbitamente un motor por algún motivo: *Si no embragas bien, calarás el coche.* **II.** *v/intr* MAR Alcanzar un barco más o menos profundidad con su fondo: *Este carguero cala mucho.* **III.** REFL(-SE) **1.** Mojarse completamente. **2.** Encasquetarse algo en la cabeza: *Se caló la boina.* **3.** Lanzarse con rapidez un ave sobre su presa.

ca·la·ve·ra [kalaβéra] *s* **1.** *f* Caja craneana (sin piel ni carne). **2.** *adj* y *s/m,f* (Con *ser*) Persona viciosa y poco asentada.

ca·la·ve·ra·da [kalaβeráða] *s/f* Acción poco juiciosa.

ca·la·ver·na·rio [kalaβernárjo] *s/m* Osario.

cal·ca·ñar o **cal·ca·ñal** [kalkaɲár/l] *s/f* Parte posterior del talón.

cal·car [kalkár] *v/tr* **1.** Obtener copia de algo por contacto del original con una transparencia, papel, tela o por otro pro-

cedimiento mecánico. **2.** Imitar lo que otro hace o dice.
ORT Ante *e* la *c* cambia en *qu: Calque.*

cal·cá·reo, -a [kalkáreo, -a] *adj* Que tiene cal.

cal·ce [kálθe] *s/m* **1.** Llanta de rueda. **2.** Cuña.

cal·ce·ta [kalθéta] *s/f* Trabajo de punto que se hace a mano.

cal·ce·tín [kalθetín] *s/m* Prenda de punto que recubre el pie y, parcialmente, la pierna.

cál·ci·co, -a [kálθiko, -a] *adj* Referente al calcio.

cal·ci·fi·ca·ción [kalθifikaθjón] *s/f* Acción y efecto de calcificar.

cal·ci·fi·car [kalθifikár] *v/tr* **1.** Producir carbonatos de cal artificialmente. **2.** Mediante la acción de las sales de calcio, producir en un tejido propiedades calcáreas.
ORT Ante *e* la *c* cambia en *qu: Calcifiquen.*

cal·ci·na·ble [kalθináβle] *adj* Que se puede calcinar.

cal·ci·na·ción [kalθinaθjón] *s/f* Acción y resultado de calcinar.

cal·ci·nar [kalθinár] *v/tr* **1.** Transformar los minerales calcáreos en cal viva. **2.** QUÍM Eliminar las sustancias volátiles de un cuerpo mediante el calor. **3.** Carbonizar.

cal·ci·na·to·rio [kalθinatórjo] *s/m* Recipiente para calcinar.

cal·ci·ne·ro [kalθinéro] *s/m* El que calcina la piedra caliza.

cal·cio [kálθjo] *s/m* Metal blanco, de peso atómico *40,1,* blanco y blando, de llama brillante; se altera con el aire. *Sím Ca.*

cal·ci·ta [kalθíta] *s/f* Carbonato cristalizado de cal.

cal·co [kálko] *s/m* **1.** Acción de calcar. **2.** Copia obtenida calcando. **3.** FIG Imitación.

cal·co·gra·fía [kalkoγrafía] *s/f* Técnica de estampación con láminas metálicas grabadas o lugar donde se realiza.

cal·co·ma·nía [kalkomanía] *s/f* **1.** Traspaso a un papel o cerámica de dibujos coloreados realizados en papel **2.** Imagen obtenida. **3.** El papel con el dibujo original.

cal·co·pi·ri·ta [kalkopiríta] *s/f* MIN Sulfuro natural, amarillo y claro, de cobre y hierro.

cal·co·ti·pia [kalkotípja] *s/f* Técnica de grabar en cobre.

cal·cu·la·ble [kalkuláβle] *adj* Que puede calcularse.

cal·cu·la·dor, (-ra) [kalkulaðór, (-ra)] **I.** *adj* y *s/m,f* **1.** Que calcula. **2.** Que mira para sí, interesado. **II.** *s/f* Máquina para calcular.

cal·cu·lar [kalkulár] *v/tr* **1.** Utilizar las reglas matemáticas para averiguar una cantidad. **2.** Creer o suponer mediante cálculo aproximado.

cál·cu·lo [kálkulo] *s/m* **1.** Concreción mineral que anida en algunos órganos (bilis, riñón, vesícula). **2.** Operación matemática de calcular. **3.** Acción y resultado de calcular.

cal·da [kál̪da] *s/f* **1.** Acción de caldear. **2.** *pl* Termas: *Caldas romanas.*

cal·dea·mien·to [kal̪deamjén̪to] *s/m* Acción y efecto de caldear.

cal·de·ar [kal̪deár] *v/tr* **1.** Calentar. **2.** FIG Excitar los ánimos: *Su discurso caldeó el mitin.*

cal·deo [kal̪déo] *s/m* Acción y efecto de caldear, caldeamiento.

cal·de·ra [kal̪déra] *s/f* Recipiente metálico donde se hace hervir el agua para la calefacción, tracción, etc.

cal·de·ra·da [kal̪deráða] *s/f* Lo que cabe en una caldera.

cal·de·re·ro, -a [kal̪deréro, -a] *s/m* El que fabrica calderas, camiones-cuba, etc.

cal·de·re·ría [kaderería] *s/f* Establecimiento donde trabajan los caldereros.

cal·de·re·ta [kal̪deréta] *s/f* Guisos de diversa índole que varían según la región.

cal·de·ri·lla [kal̪deríʎa] *s/f* Monedas metálicas inferiores a la peseta.

cal·de·ro [kal̪déro] *s/m* **1.** Recipiente semejante a la caldera, pero con una sola asa, generalmente para cocinar colgado sobre el fuego. **2.** Contenido de este recipiente.

cal·de·rón [kal̪derón] *s/m* Signo musical que señala la suspensión de un compás.

cal·de·ro·nia·no, -a [kal̪deronjáno, -a] *adj* Referente a Calderón de la Barca.

cal·do [kál̪do] *s/m* **1.** Sustancia que resulta de cocer el agua con viandas (carne, pescado, vegetales, etc.). **2.** *pl* Jugo extraído de frutos, como el vino, vinagre o aceite: *Los caldos de la Rioja* (vinos).
Caldo de cultivo, FIG lugar ideal para el desarrollo de algo: *El paro es caldo de cultivo del descontento.*

cal·do·so, -a [kal̪dóso, -a] *adj* Con mucho caldo.

ca·lé [kalé] *adj* y *s/m* Gitano.

ca·le·fac·ción [kalefa(k)θjón] *s/m* **1.** Acción y resultado de calentar algo (local, vehículo, etc.). **2.** Aparato o instalación para calentar.

ca·le·fac·tor [kalefaktór] *s/m* Aparato que inyecta aire caliente.

ca·lei·dos·có·pi·co, -a [kaleiðoskópiko, -a] *adj* Referente al caleidoscopio.

ca·lei·dos·co·pio [kaleiðoskópjo] *s/m* Calidoscopio.

ca·len·da [kalénda] *s/f* Primer día de cada mes en el calendario eclesiástico y en el de la antigua Roma.

ca·len·da·rio [kalendárjo] *s/m* **1.** Sistema para distribuir en meses los días del año. **2.** Este sistema impreso en una hoja anual, mensual, semanal o diaria. **3.** Registro de fechas en que se debe hacer algo.

ca·len·ta·dor, (-ra) [kalentaðór, (-ra)] **I.** *adj* Que calienta. **II.** *s/m* Aparato o recipiente para calentar.

ca·len·ta·mien·to [kalentamjénto] *s/m* **1.** Acción y resultado de calentar(se). **2.** DEP Acción de tonificar los músculos antes de un partido.

ca·len·tar [kalentár] **I.** *v/tr* **1.** Subir la temperatura de algo. **2.** FIG Excitar o incitar. **3.** FIG VULG Excitar el instinto sexual. **4.** FIG Pegar a alguien. **5.** DEP Desentumecer el cuerpo antes de una actividad. **II.** *v/intr* Dar calor: *El sol calienta mucho.* LOC **Calentar la cabeza (o los cascos),** importunar con sus quejas a alguien.
CONJ *Irreg: Caliento, calenté, calentaré, calentado.*

ca·len·ti·to, -a [kalentíto, -a] *adj* **1.** Reciente. **2.** Caliente, agradable.

ca·len·tón [kalentón] *s/m* **1.** Acción de calentarse con rapidez. **2.** VULG Sexualmente ardiente: *Es un calentón.*

ca·len·tu·ra [kalentúra] *s/f* **1.** Fiebre. **2.** Pústula en los labios, debida generalmente a la fiebre.

ca·len·tu·rien·to, -a [kalenturjénto, -a] *adj* y *s/m,f* Con indicios de calentura. LOC **Tener una imaginación calenturienta,** tener una imaginación desbordada.

ca·le·sa [kalésa] *s/f* Carruaje de dos o cuatro ruedas, con capota abatible y caja abierta por delante.

ca·le·se·ra [kaleséra] *s/f* **1.** Chaquetilla con adornos. **2.** *pl* Cante popular andaluz.

ca·le·tre [kalétre] *s/m* Discernimiento o talento: *Tiene poco (mucho) caletre.*

ca·li·bra·ción [kaliβraθjón] *s/f* Acción y efecto de calibrar.

ca·li·bra·dor [kaliβraðór] *s/m* Instrumento de calibrar.

ca·li·brar [kaliβrár] *v/tr* **1.** Medir el calibre de algo (tubo, cañón, cable, etc.). **2.** FIG Medir la importancia o influencia de algo: *No calibró las repercusiones de su negativa.*

ca·li·bre [kalíβre] *s/m* **1.** Diámetro interior (o grosor) de algo. **2.** FIG (Con un *adj* de cantidad) Indica la importancia de algo: *Cometió un error de pequeño calibre.*

ca·li·can·to [kalikánto] *s/m* Obra de mampostería.

ca·lí·cu·lo [kalíkulo] *s/m* BOT Verticilo de brácteas que, en algunas flores, circunda el cáliz.

ca·li·che [kalítʃe] *s/m* **1.** En una pieza de cerámica, piedrecilla incrustada en el barro. **2.** Cascarilla de cal que se desconcha del enlucido de las paredes.

ca·li·dad [kaliðáð] *s/f* **1.** Cualidad de algo o alguien. **2.** Nobleza o prestigio de alguien o algo: *Es un profesor de calidad.* **3.** (Precedido de *en*) Función o condición: *Dijo unas palabras en calidad de presidente.* **4.** Importancia de algo. **5.** Clases: *Hay diversas calidades de manzanas.*

cá·li·do, -a [káliðo, -a] *adj* **1.** Caluroso, caliente. **2.** Afectuoso. **3.** PINT Se aplica a los colores rojizos.

ca·li·dos·có·pi·co, -a [kaliðoskópiko, -a] *adj* Del calidoscopio.

ca·li·dos·co·pio [kaliðoskópjo] *s/m* Aparato óptico en forma de tubo; a través de dos o tres espejos se mira el extremo opuesto formado por dos vidrios que encierran pequeños fragmentos de vidrios coloreados; al moverse el tubo aparecen diversos dibujos simétricos.

ca·lien·ta·piés [kaljentapjés] *s/m* Pequeño brasero para los pies.
ORT *Pl: Calientapiés.*

ca·lien·te [kaljénte] **I.** *adj* **1.** Que tiene calor. **2.** Que aviva el instinto sexual. **3.** Se dice de los colores cálidos (rojizos o dorados). **II.** *s/m,f* VULG Persona propensa a estar sexualmente excitada: *Es un caliente* LOC **En caliente,** se dice cuando se actúa impulsado por un enfado o impresión del momento.

ca·li·fa [kalífa] *s/m* Jefe musulmán, sucesor de Mahoma.

ca·li·fa·to [kalifáto] *s/m* **1.** Dignidad de califa o territorio que dominaban. **2.** Período en que existieron.

ca·lí·fe·ro, a [kalífero, -a] *adj* Que tiene cal.

ca·li·fi·ca·ción [kalifikaθjón] *s/f* **1.** Acción de calificar. **2.** Nota obtenida al calificar.

ca·li·fi·ca·do, -a [kalifikáðo, -a] *adj* Se aplica a quien es digno y eminente.

ca·li·fi·car [kalifikár] *v/tr* **1.** Atribuir a

algo o a alguien una cualidad. **2.** GRAM Atribuir algo a un nombre: *El adjetivo califica al nombre.* **3.** Asignar las notas o el resultado de un examen. RPr **Calificar de:** *Le calificaron de tonto.*
ORT Ante *e* la *c* cambia en *qu: Califique.*

ca·li·fi·ca·ti·vo, -a [kalifikatíβo, -a] *s/m,f* y *adj* Que califica.

ca·lí·gi·ne [kalíxine] *s/f* Niebla.

ca·li·gi·no·so, -a [kalixinóso, -a] *adj* Nebuloso.

ca·li·gra·fía [kaliγrafía] *s/f* Arte de escribir a mano con letra bella.

ca·li·grá·fi·co, -a [kaliγráfiko, -a] *adj* Referente a la caligrafía.

ca·lí·gra·fo [kalíγrafo] *s/m* Experto en caligrafía.

ca·li·ma [kalíma] *s/f* Calina.

ca·li·na [kalína] *s/f* Niebla muy tenue.

ca·li·no·so, -a [kalinóso, -a] *adj* Caliginoso.

cá·liz [káliθ] *s/m* **1.** Vaso litúrgico de metal noble para consagrar el vino en la misa. **2.** BOT Receptáculo verde y externo de las flores.
ORT *pl: Cálices.*

ca·li·zo, (-a) [kalíθo, (-a)] *adj* Que tiene cal.

cal·ma [kálma] *s/f* **1.** Tranquilidad en personas o cosas. **2.** Disminución o suspensión de algo. LOC **¡Calma!,** exclamación para pedir serenidad.

cal·man·te [kalmán̪te] **I.** *adj* Que calma. **II.** *adj* y *s/m* Medicamento que calma el dolor.

cal·mar [kalmár] *v/tr, intr* Mitigar algo o a alguien.

cal·mo, -a [kálmo, -a] *adj* En reposo, tranquilo.

cal·mo·so, -a [kalmóso, -a] *adj* **1.** Tranquilo. **2.** Se aplica a la persona indolente.

ca·ló [kaló] *s/m* Lenguaje de los gitanos.

ca·lor [kalór] *s/m* **1.** FÍS Fuerza que dilata los cuerpos, evapora los líquidos y funde los sólidos. **2.** Aumento de la temperatura de un mineral o animal. **3.** (Con *hacer*) Calidad de estar caliente la atmósfera: *Hace calor en verano.* **4.** Sensación (molesta o no) calurosa del cuerpo (con *dar, tener, sentir*). **5.** FIG (Precedido de *con*) Entusiasmo: *No toma el estudio con calor.* **6.** FIG Atmósfera acogedora de un lugar: *Echo en falta el calor del hogar en mis viajes.* LOC **Aceptar/Acoger con calor,** hacerlo con afecto. **Entrar en calor,** *1.* Calentarse. *2.* DEP Tener los músculos calientes para una actividad determinada. *3.* FIG En una discusión, concierto, etc., estar inmerso en el mismo.
GRAM También usado como *f* en **1, 2, 3** y **4.**

ca·lo·ría [kaloría] *s/f* **1.** FÍS Unidad térmica. **2.** FISIOL Unidad que mide el poder nutritivo de los alimentos.

ca·ló·ri·co, -a [kalóriko, -a] *adj* FÍS Referente al calor.

ca·lo·rí·fe·ro, -a [kalorífero, -a] *adj* Se aplica a lo que conduce y propaga el calor.

ca·lo·rí·fi·co, -a [kalorífiko, -a] *adj* Que produce o distribuye calor.

ca·lo·rí·fu·go, -a [kalorífuγo, -a] *adj* **1.** Opuesto a la propagación del calor. **2.** Que no se quema.

ca·lo·rí·me·tro [kalorímetro] *s/m* Aparato que mide el calor específico.

ca·los·tro [kalóstro] *s/m, sing* y *pl* Después de nacida la cría, primera leche de la hembra en los mamíferos.

ca·lum·nia [kalú{m/n}nja] *s/f* Acusación falsa y dañosa contra alguien.

ca·lum·nia·dor, -ra [kalu{m/n}njaðór, -ra] *adj* y *s/m,f* Que calumnia.

ca·lum·niar [kalu{m/n}njár] *v/tr* Proferir una calumnia contra alguien.

ca·lum·nio·so, -a [kalu{m/n}njóso, -a] *adj* Que contiene calumnia.

ca·lu·ro·so, -a [kaluróso, -a] *adj* **1.** Que tiene calor. **2.** FIG Que demuestra afecto.

cal·va [kálβa] *s/f* En la cabeza, parte de la que ha caído el pelo.

cal·va·rio [kalβárjo] *s/m* **1.** Monte donde se crucificó a Jesucristo. **2.** FIG Sufrimiento vivo y prolongado.

cal·ve·ro [kalβéro] *s/m* En un bosque, paraje sin árboles.

cal·vi·cie [kalβíθje] *s/f* Estado de calvo o falta de cabello en la cabeza.

cal·vi·nis·mo [kalβinísmo] *s/m* Herejía (o secta) de Calvino.

cal·vi·nis·ta [kalβinísta] **I.** *adj* Referente al calvinismo. **II.** *s/m,f* Partidario de esta secta.

cal·vo, -a [kálβo, -a] *adj* **1.** Que no tiene pelo en la cabeza. **2.** Se dice del terreno sin vegetación. LOC **Ni tanto ni tan calvo,** expresión mediante la cual se vitupera la exageración por exceso o por defecto.

cal·za [kálθa] *s/f* **1.** *sing* Media. **2.** *pl* Calzones. **3.** Cuña para inmovilizar algo (un coche, *por ej*).

cal·za·da [kalθáða] *s/f* **1.** Carretera. **2.** En una calle, tramo entre las dos aceras.

cal·za·do, (-a) [kalθáðo, (-a)] **I.** *adj* **1.** Que calza. **2.** Se aplica a los frailes que van calzados: *Carmelitas calzados.* **II.** *s/m* Prenda que recubre y resguarda el pie y, a veces, también la pierna.

cal·za·dor [kalθaðór] *s/m* Instrumento que ayuda a meter el calzado en el pie.

cal·zar [kalθár] *v/tr* **1.** Cubrir el pie (y a veces la pierna) con un calzado. **2.** Inmovilizar un mueble que se tambalea (o la rueda de un coche) con una cuña.
ORT Ante *e* la *z* cambia en *c: Calcen.*

cal·zo [kálθo] *s/m* **1.** Cuña. **2.** En las caballerías, extremidades de color distinto al del resto del cuerpo.

cal·zón [kalθón] *s/m* Nombre antiguo por pantalón.

cal·zo·na·zos [kalθonáθos] *s/m* Hombre a quien su mujer maneja con facilidad.
ORT *Pl: Calzonazos.*

cal·zon·ci·llos [kalθonθíʎos] *s/m, pl* Prenda interior masculina, debajo de los pantalones.

ca·lla·do, -a [kaʎáðo, -a] *adj* **1.** (Con *estar(se), permanecer, quedarse*) Que está sin hablar o sin hacer ruido. **2.** Reservado, poco hablador. **Dar la callada por respuesta,** no responder. **Más callado que un muerto,** sin decir palabra.

ca·llan·di·to o **ca·llan·do** [kaʎan̪díto/kaʎán̪do] *adv* Sin hacer ruido. **A la chita callando,** sin llamar la atención.

ca·llar [kaʎár] **I.** *v/intr,* REFL(-SE) **1.** Dejar de hablar. **2.** Dejar de hacer ruido algo: *Las máquinas/Los cañones se callaron. Callar/callarse* se usan indistintamente; se prefiere *callarse* cuando se interrumpe la acción de hablar o hacer ruido. **II.** *v/tr* **1.** No declarar o mencionar algo: *La prensa calló lo que sabía.* **2.** No dejar manifestar algo: *El Gobierno calló a la prensa.* LOC **Matarlas callando,** hacer mucho, hablar poco. RPr **Callar(se) de/por:** *Calló de miedo/por egoísmo.*

ca·lle [káʎe] *s/f* **1.** En una población, lugar por donde se anda y/o circulan los vehículos. **2.** En una autopista o vía pública, carril. **3.** Camino bordeado de lindes, setos, árboles, etc. **4.** DEP Corredor acotado por donde circula un atleta, nadador: *En la calle número dos nada nuestro campeón.* LOC **Calle abajo, calle arriba,** bajándola o subiéndola. **Abrir calle,** dejar paso. **Doblar la calle,** dar la vuelta a la esquina. **Dejar a alguien en la calle,** despedirle de un empleo o arruinarle. **Echarse a la calle,** salir a manifestarse o sublevarse. **Echar por la calle de en medio,** ir directamente al fondo de un asunto. **Estar en la calle,** *1.* No estar en casa. *2.* Estar sin empleo. **Hacer la calle,** se dice de las prostitutas que buscan clientes por la calle. **Irse a la calle,** salir. **Llevarse algo/alguien de calle,** hacerlo con facilidad: *Se llevó las elecciones de calle.* **Poner a alguien de patitas en la calle,** despedirle de un empleo.

ca·lle·ja [kaʎéxa] *s/f* Callejuela.

ca·lle·je·ar [kaʎexeár] *v/intr* Deambular por las calles sin necesidad.

ca·lle·jeo [kaʎexéo] *s/m* Acción de callejear.

ca·lle·je·ro, (-a) [kaʎexéro, (-a)] **I.** *adj* **1.** Que sucede en la calle. **2.** Se dice de quien callejea. **II.** *s/m* **1.** Guía descriptiva de una ciudad. **2.** Guía telefónica ordenada por calles.

ca·lle·jón [kaʎexón] *s/m* **1.** Espacio estrecho entre dos paredes. **2.** En una plaza de toros, pasadizo entre la barrera y contrabarrera. LOC **Ser algo un callejón sin salida,** *1.* Negocio de solución difícil o imposible. *2.* Calle cerrada por un extremo.

ca·lle·jue·la [kaʎexwéla] *s/f* Calle poco importante.

ca·lli·ci·da [kaʎiθíða] *s/m* Sustancia que facilita la extirpación de callos.

ca·llis·ta [kaʎísta] *s/m,f* Especialista en curar callos.

ca·llo [káʎo] *s/m* **1.** Endurecimiento o engrosamiento cutáneo en los pies, manos, etc. **2.** Persona muy fea. **3.** *pl* Despojos de ganado vacuno guisados.

ca·llo·si·dad [kaʎosiðáð] *s/f* **1.** Callo poco profundo. **2.** *pl* Dureza en úlceras crónicas.

ca·llo·so, -a [kaʎóso, -a] *adj* Que tiene callos.

ca·ma [káma] *s/f* Mueble con catre, colchón y ropa para dormir o descansar o el armazón solamente. LOC **Caer en cama,** ponerse enfermo. **Estar en cama/Guardar cama,** quedarse en ella por enfermedad. **Irse a la cama con alguien,** acostarse con otra persona (relación sexual).
Cama de matrimonio, cama para dos personas.
Cama turca, cama sin cabezal ni brazo, generalmente con armazón de hierro o similar.

ca·ma·da [kamáða] *s/f* Conjunto de crías de mamífero nacidas a la vez.

ca·ma·feo [kamaféo] *s/m* **1.** Piedra tallada en relieve. **2.** La talla misma.

ca·ma·le·ón [kamaleón] *s/m* **1.** Reptil saurio de cola prensil y que cambia la pigmentación de su piel. **2.** FIG Persona que cambia de actitud en provecho propio.

ca·mán·du·la [kamán̪dula] *s/f* Astucia o hipocresía.

cá·ma·ra [kámara] **I.** *s/f* **1.** Antiguamente, habitación importante de una vi-

vienda; ahora, aposento privado de reyes y magnates. **2.** Consejo de una institución: *Cámara de Comercio.* **3.** Cuerpo legislativo: *Cámara de los Lores.* **4.** En un arma de fuego, lugar donde se coloca el proyectil para disparar. **5.** Rueda de goma para contener el aire en los neumáticos. **6.** Receptáculo de diversos tamaños y usos: *Cámara de cine/frigorífica.* **II.** *s/m* El que maneja una cámara (cine, TV, etc.).
Cámara ardiente, lugar donde se vela a un difunto.
Cámara de cine, máquina para filmar.
Cámara de gas, lugar donde se ejecuta a un reo mediante gas venenoso.
Cámara fotográfica, máquina de fotografiar.

ca·ma·ra·da [kamaráðа] *s/m,f* Compañero de estudios, de profesión, de partido político.

ca·ma·ra·de·ría [kamaraðería] *s/f* Relación amistosa.

ca·ma·re·ro, (-a) [kamaréro, (-a)] **1.** *s/m,f* Persona que sirve en una casa pública. **2.** *f* Dama que atiende a una reina.

ca·ma·ri·lla [kamaríʎa] *s/f* **1.** Grupo de personas en la sombra que influyen en los asuntos estatales. **2.** Grupo de personas que deciden a su antojo, excluyendo a cualquier otro que pudiera tener derecho a ello.

ca·ma·ri·lles·co, -a [kamariʎésko, a] *adj* Relativo a una camarilla.

ca·ma·rín [kamarín] *s/m* **1.** En un teatro, lugar donde los artistas se visten y maquillan. **2.** En una iglesia, cámara donde se guardan las joyas y ropas de una imagen.

ca·ma·rón [kamarón] *s/m* Crustáceo decápodo comestible, de cuerpo estrecho y algo encorvado.

ca·ma·ro·te [kamaróte] *s/m* MAR Dormitorio.

ca·mas·tro [kamástro] *s/m* Cama pobre y desaliñada.

ca·mas·trón, -na [kamastrón, -na] *adj* y *s/m,f* Se aplica a la persona astuta y experta.

cam·ba·la·che [kaɱbalátʃe] *s/m* Trueque de fruslerías.

cam·ba·la·che·ar [kaɱbalatʃeár] *v/intr* Hacer cambalaches.

cam·bian·te [kaɱbjánte] *adj* Que cambia: *Tiempo cambiante.*

cam·biar [kaɱbjár] **I.** *v/tr* **1.** Permutar cosas, ideas, saludos, etc.: *Cambió impresiones con sus ayudantes.* **2.** Variar algo en relación a como era o estaba antes. **3.** Permutar un tipo de moneda por otra: *Cambiar pesetas en/por dólares. Cambiar mil pesetas.* **II.** *v/intr* **1.** (Con *de*) Variar: *He cambiado de parecer.* **2.** En un vehículo a motor, modificar la marcha: *Cambia de marcha.* **3.** Ponerse algo o alguien de modo distinto a lo que era: *¡Cuánto has cambiado!* **III.** REFL(-SE) **1.** (Con *en*) Forma reflexiva: *El placer se cambió en dolor.* **2.** (Con *de*) Quitarse una prenda y ponerse otra: *Se cambió de camisa.* Sin complemento, se refiere a la ropa interior: *Se cambia todos los días.* **3.** Trasladarse de domicilio: *Se cambió a las afueras.* LOC **Cambiar de chaqueta,** variar de opinión según la propia conveniencia. RPr **Cambiar(se) de/en/por.**

cam·bia·zo [kaɱbjáθo] *s/m* Sustitución fraudulenta de una cosa por otra.

cam·bio [káɱbjo] *s/m* **1.** Acción y resultado de cambiar. **2.** Moneda menuda o en fracciones menores que la que se recibe o da en pago: *¿Tienes cambio de cien pesetas?* **3.** Intercambio entre algo o alguien y de algo: *No se admiten cambios. Cambio de impresiones.* **4.** COM Cotización de los valores bursátiles. **5.** Precio en la cotización de las diversas monedas extranjeras. **6.** MEC Mecanismo para cambiar la velocidad (coche, bicicleta, etc.). **7.** DEP (Con *realizar, efectuar, producirse*) Sustituir a un jugador o rectificar la táctica. LOC **A cambio de,** como intercambio. **A las primeras de cambio,** enseguida. **En cambio,** indica reciprocidad, contraste o compensación: *Es feúcho, pero en cambio, muy inteligente.*

cam·bis·ta [kaɱbísta] *s/m,f* **1.** Que cambia dinero. **2.** En la banca, especialista en comprar/vender divisas en los mercados internacionales.

ca·me·lar [kamelár] *v/tr* **1.** Obtener el favor de alguien adulándolo. **2.** Intentar conquistar a alguien del otro sexo.

ca·me·lia [kamélja] *s/f* Arbusto cameliáceo de jardín, de hojas perennes y flores también así llamadas, parecidas a las rosas.

ca·mé·li·do, -a [kaméliðo, -a] *adj* y *s/m,f* Se aplica a los rumiantes de las zonas desérticas.

ca·me·lo [kamélo] *s/m* **1.** Galanteo. **2.** Cosa buena sólo en apariencia. LOC **Dar el camelo,** engañar a alguien.

ca·me·lla [kaméʎa] *s/f* Hembra del camello.

ca·me·lle·ro [kameʎéro] *s/m* Cuidador de camellos o quien los conduce.

ca·me·llo [kaméʎo] *s/m* **1.** Rumiante cuadrúpedo, con dos gibas en el dorso, cuello largo y cabeza pequeña: es el típico animal del desierto. **2.** COL Traficante de droga al por menor.

ca·me·ri·no [kameríno] *s/m* Camarín.

ca·me·ro, -a [kaméro, -a] *adj* Referente a una cama grande: *Colcha camera.*

ca·mi·lla [kamíʎa] *s/f* **1.** Angarillas para transporte de heridos o enfermos. **2.** Mesa redonda con un brasero encajado en una tarima, entre las patas.

ca·mi·lle·ro, -a [kamiʎéro, -a] *s/m* El que lleva una camilla.

ca·mi·nan·te [kamináṇte] *adj* y *s/m,f* Que camina.

ca·mi·nar [kaminár] **I.** *v/intr* **1.** Viajar de un sitio a otro, de una u otra forma. Preferentemente, andar: *Me gusta caminar de noche.* **2.** Seguir su curso un astro, un río, etc. **3.** Dirigirse hacia un objetivo. **II.** *v/tr* Recorrer una distancia.

ca·mi·na·ta [kamináta] *s/m* Paseo muy largo y fatigoso.

ca·mi·ne·ro, -a [kaminéro, -a] *adj* Referente al camino.

ca·mi·no [kamíno] *s/m* **1.** Vía de acceso o de enlace a un lugar. **2.** Recorrido entre dos puntos. **3.** FIG Medio para conseguir algo: *Por este camino no le convencerás.* LOC **Abrirse algo camino,** FIG se aplica a lo que prospera. **Camino de,** en dirección a. **Ir por buen/mal camino,** llevar buen/mal camino. **Salir al camino,** salir al encuentro. **Camino de Santiago,** la Vía Láctea.

ca·mión [kamjón] *s/m* Vehículo grande y resistente para el transporte de mercancías.

ca·mio·na·je [kamjonáxe] *s/m* Transporte en camión (servicio y precio).

ca·mio·ne·ro [kamjonéro] *s/m* Conductor de camiones.

ca·mio·ne·ta [kamjonéta] *s/f* Camión pequeño, usado para cargas ligeras.

ca·mi·sa [kamísa] *s/f* **1.** Prenda que recubre la parte superior del cuerpo, de la cintura al cuello. **2.** Carpeta donde se guarda un expediente o funda suelta de libro. **3.** Piel mudada de un reptil. LOC **Cambiar de camisa,** FIG cambiar de ideas por conveniencia propia. **Meterse en camisa de once varas,** meterse en los asuntos ajenos. **Quedarse sin camisa,** arruinarse.

ca·mi·se·ría [kamisería] *s/f* Establecimiento donde se venden o taller donde se confeccionan camisas.

ca·mi·se·ta [kamiséta] *s/f* **1.** Prenda de punto, masculina o femenina, que se lleva pegada al cuerpo. **2.** DEP Prenda distintiva de los diferentes equipos deportivos.

ca·mi·so·la [kamisóla] *s/f* Prenda interior masculina o femenina, sin mangas, a la que se fija el cuello y la pechera.

ca·mi·són [kamisón] *s/m* Camisa larga para dormir; es, actualmente, prenda femenina.

ca·mo·mi·la [kamomíla] *s/f* Manzanilla.

ca·mo·rra [kamórra] *s/f* Discusión ruidosa.

ca·mo·rris·ta [kamorrísta] *adj* y *s/m,f* Quien causa camorras con facilidad.

cam·pal [kaɱpál] *adj* Referente al campo.

cam·pa·men·to [kaɱpaméṇto] *s/m* **1.** Conjunto de tiendas de campaña, barracas y demás instalaciones para albergar a un grupo con fines diversos (montañeros, militares, etc.). **2.** Tropa acampada. LOC **Levantar el campamento,** desmontarlo.

cam·pa·na [kaɱpána] *s/f* **1.** Pieza tronco-cónica de bronce que se golpea con un macillo. **2.** Encima del hogar, parte ensanchada de la chimenea. **3.** Objeto de vidrio que se coloca como protección (en reloj, alimentos, etc.). LOC **Dar la vuelta de campana,** dar totalmente la vuelta; volcar (un coche). **Echar las campanas a vuelo,** propagar una noticia mostrando mucha alegría.

cam·pa·na·da [kaɱpanáða] *s/f* **1.** En una campana, golpe que da (o sonido que produce) el badajo. **2.** FIG Acción que provoca sorpresa o escándalo: *Dio la campanada con su blusa transparente.*

cam·pa·na·rio [kaɱpanárjo] *s/m* Torre donde están colocadas las campanas.

cam·pa·neo [kaɱpanéo] *s/m* Toque reiterado de campanas.

cam·pa·ne·ro [kaɱpanéro] *s/m* El que fabrica o tañe las campanas.

cam·pa·ni·lla [kaɱpaníʎa] *s/f* **1.** Campana pequeña que se toca agitándola con la mano. **2.** Úvula. **3.** Flor en forma de campana. LOC **De campanillas,** se aplica a quien es importante en su oficio.

cam·pa·ni·lle·ar [kaɱpaniʎeár] *v/intr* Tocar la campanilla con persistencia.

cam·pa·ni·lleo [kaɱpaniʎéo] *s/m* Sonido reiterativo de la campanilla.

cam·pan·te [kaɱpáṇte] *adj* **1.** Tranquilo, aunque haya motivo para lo contrario. **2.** Ufano y contento de sí.
GRAM Se usa generalmente precedido de *tan.*

cam·pa·nu·do, -a [kaɱpanúðo, -a] *adj* **1.** Que tiene forma de campana. **2.** Grandilocuente.

cam·pa·ña [kaɱpáɲa] *s/f* **1.** Actividad en pro de algo: *La campaña antitabaco.* **2.** Salida de los militares de su cuartel habitual para realizar maniobras especiales. LOC **Emprender una campaña,** iniciar una actividad en pro de algo.
Tienda de campaña, tienda para acampar.

cam·par [kaɱpár] *v/intr* **1.** Acampar. **2.** Sobresalir.

cam·pe·ar [kaɱpeár] *v/intr* **1.** Mostrarse o hacerse ver algo en un sitio, física o espiritualmente. **2.** Durante la guerra, explorar el terreno.

cam·pe·cha·no, -a [kaɱpetʃáno, -a] *adj* Se aplica a quien trata a los demás de un modo sencillo y franco.

cam·pe·ón, -na [kaɱpeón, -na] *s/m,f* Vencedor(a) en una competición o as de una especialidad deportiva.

cam·peo·na·to [kaɱpeonáto] *s/m* Competición deportiva en la que se disputa el título de campeón. LOC **De campeonato,** grande, terrible: *Le dieron una paliza de campeonato.*

cam·pe·ro, -a [kaɱpéro, -a] *adj* Relativo al campo.

cam·pe·si·na·do [kaɱpesináðo] *s/m* Conjunto o clase de los campesinos.

cam·pe·si·no, -a [kaɱpesíno, -a] **I.** *adj* Referente al campo. **II.** *s/m,f* Persona que vive y/o trabaja en el campo.

cam·pes·tre [kaɱpéstre] *adj* Del campo: *Flores campestres.*

cam·ping [káɱpiŋ] *s/m* ANGL **1.** Terreno destinado a acampar. **2.** Actividad de acampar: *Me gusta ir de camping por el Pirineo.*

cam·pi·ña [kaɱpíɲa] *s/f* Superficie terrestre no habitable, llana y en general, cultivada.

cam·pis·ta [kaɱpísta] *s/m,f* Persona que va o está en un camping.

cam·po [káɱpo] *s/m* **1.** Superficie terrestre sin casas (con prados, cultivos, etc.). **2.** Terreno que pertenece a una población. **3.** Terreno allanado y delimitado para actividades deportivas. **4.** En una guerra, zona que ocupa cada contendiente. **5.** Conjunto que abarca cierta actividad: *Soy un ignorante en el campo de la egiptología.* LOC **A campo raso,** bajo las estrellas. **A campo traviesa (o través),** cruzar por en medio de un campo. **Dejar el campo libre,** retirarse de una actividad. **Tener campo libre,** tener libertad para hacer algo.
Campo de concentración, campo de prisioneros (políticos o de guerra).
Campo santo, cementerio.
Campo visual, extensión que abarca la vista.

cam·po·san·to [kaɱposáṇto] *s/m* Campo santo, cementerio.

cam·pus [káɱpus] *s/m* Zona universitaria: *Campus de la Universidad.*

ca·mu·fla·je [kamufláxe] *s/m* **1.** Acción y efecto de camuflar. **2.** FIG Disimulo.

ca·mu·flar [kamuflár] *v/tr* Encubrir algo con apariencia engañosa.

can [kán] *s/m* Perro.

ca·na [kána] *s/m* Pelo que se ha vuelto blanco. LOC **Echar una cana al aire,** permitirse una diversión alguien que normalmente no se la permite.

ca·na·dien·se [kanaðjénse] *adj* y *s/m,f* Del Canadá.

ca·nal [kanál] *s/m* **1.** Cauce abierto en un terreno para conducir el agua (u otra cosa). **2.** Paso natural (o artificial) entre dos mares. **3.** En los tejados, conductos por donde desagua la lluvia o ésta es conducida a tierra. **4.** Banda de frecuencia por la que se capta la televisión. LOC **Abrir(se) en canal**, rajar algo transversal o longitudinalmente.
GRAM Excepto en **2** puede ser *m* o *f.* No obstante, el uso más frecuente es en *m.*

ca·na·le·ra [kanaléra] *s/f* En un tejado, canal de desagüe o cantidad desaguada.

ca·na·li·za·ción [kanaliθaθjón] *s/m* Acción de canalizar.

ca·na·li·zar [kanaliθár] *v/tr* **1.** Abrir un canal. **2.** Regular o aprovechar las aguas mediante canales. **3.** FIG Controlar y repartir algo.
ORT Ante *e* la *z* cambia en *c: Canalicé.*

ca·na·lón [kanalón] *s/m* Canal por donde se conduce a tierra el agua de los tejados.

ca·na·lo·nes [kanalónes] *s/m, pl* Rollo de pasta italiana relleno de carne picada.

ca·na·lla [kanáʎa] *s/m,f* Hombre de mala conducta y despreciable.

ca·na·lla·da [kanaʎáða] *s/f* Acción propia de un canalla.

ca·na·lles·co, -a [kanaʎésko, -a] *adj* Referente a un canalla.

ca·na·na [kanána] *s/f* Cinturón para llevar cartuchos.

ca·na·pé [kanapé] *s/m* **1.** Diván para sentarse o acostarse. **2.** Bandeja de pastelitos o sandwiches o estos mismos alimentos.

ca·na·rio, (-a) [kanárjo, (-a)] **I.** *adj* y *s/m,f* De Canarias. **II** *s/m* Pájaro cantor, amarillo (a veces verdoso), que se cría con frecuencia en cautividad.

ca·nas·ta [kanásta] *s/f* **1.** Cesta ancha con dos asas. **2.** En baloncesto, cesta en la que se debe introducir el balón y resultado positivo. **3.** Juego de naipes.

ca·nas·ti·lla [kanastíʎa] *s/f* **1.** Cestilla pequeña para usos domésticos. **2.** Equipo de ropa y aseo para un recién nacido.

ca·nas·to [kanásto] *s/m* Cesta grande, con dos asas. LOC **¡Canastos!,** *interj* con que se indica sorpresa.

cán·ca·mo [káŋkamo] *s/m* Tornillo con anilla.

can·cán [kaŋkán] *s/m* **1.** Baile francés. **2.** Enagua con muchos volantes.

can·cel [kanθél] *s/m* En una puerta de entrada, dispositivo que se añade para resguardarla del viento, ruidos, etc.

can·ce·la [kanθéla] *s/f* En el umbral de algunas entradas, verja baja.

can·ce·la·ción [kanθelaθjón] *s/f* Acción y resultado de cancelar.

can·ce·lar [kanθelár] *v/tr* **1.** Suprimir alguna limitación, obligación o compromiso. **2.** En la banca, cerrar una cuenta corriente.

cán·cer [kánθer] *s/m* **1.** Tumor maligno que destruye los tejidos. **2.** ASTRON Entre el León y Géminis, constelación zodiacal. **3.** FIG Vicio destructor generalizado.

can·ce·rar [kanθerár] *v/tr* **1.** Ocasionar un cáncer. **2.** Ocasionar un daño moral.

can·cer·be·ro [kanθerβéro] *s/m* DEP Portero de fútbol.

can·ce·rí·ge·no, -a [kanθeríxeno, -a] *adj* Que produce cáncer.

can·ce·ro·so, -a [kanθeróso, -a] *adj* Que participa de la naturaleza del cáncer.

can·ci·ller [kanθiʎér] *s/m* **1.** En algunos países, jefe de Gobierno. **2.** Auxiliar en embajadas y consulados.

can·ci·lle·ría [kanθiʎería] *s/m* **1.** Dignidad, empleo o residencia de un canciller. **2.** Cierta oficina en algunas embajadas.

can·ción [kanθjón] *s/f* **1.** Composición versificada, cantada con acompañamiento musical. **2.** Música de esta composición.

can·cio·ne·ro [kanθjonéro] *s/m* Colección de poesías o canciones de autores varios.

can·cha [káṉtʃa] *s/f* Pista de juego (tenis, frontón, etc.).

can·da·do [kaṋdáðo] *s/m* Mecanismo para cerrar con llave un asa que está fija o suelta, según el candado esté abierto o cerrado.

can·de·al [kaṋdeál] *adj* y *s/m,f* **1.** Se aplica al trigo de espiga cuadrada que da harina muy blanca. **2.** Se aplica al pan hecho con este trigo.

can·de·la [kaṋdéla] *s/f* **1.** Vela de encender. **2.** (Con *dar, arrear, atizar*) Pegar: *Ayer le arrearon candela.*

can·de·la·bro [kaṋdeláβro] *s/m* Candelero de varios brazos.

can·de·la·ria [kaṋdelárja] *s/f* Fiesta de la Purificación (2 de febrero).

can·de·le·ro [kaṋdeléro] *s/m* Utensilio elevado que sostiene una vela. LOC **Estar en el candelero**, se dice de quien, por su importancia y fama, es objeto de comentario frecuente o está en posición destacada.

can·den·te [kaṋdéṋte] *adj* **1.** Se aplica a lo que está al rojo vivo: *Hierro candente.* **2.** FIG De actualidad: *Problema candente.*

can·di·da·to, -a [kaṋdiðáto, -a] *s/m,f* **1.** Persona que aspira a un cargo o dignidad. **2.** Persona propuesta para ocupar una plaza.

can·di·da·tu·ra [kaṋdiðatúra] *s/f* **1.** Acción de presentar(se) a alguien como candidato a un puesto. **2.** Lista de candidatos en unas elecciones.

can·di·dez [kaṋdiðéθ] *s/f* Calidad y cualidad de cándido.

cán·di·do, -a [káṋdiðo, -a] *adj* **1.** Blanco. **2.** Ingenuo y sin doblez.

can·dil [kaṋdíl] *s/m* Recipiente con un gancho para colgarlo y con una mecha sumergida en aceite; encendida, sirve para alumbrar.

can·di·le·ja [kaṋdiléxa] *s/f* **1.** Lámpara de aceite. **2.** *pl* En el teatro, fila de luces del proscenio. LOC **Entre candilejas,** se aplica al que vive del teatro.

can·don·go, -a [kaṋdóŋgo, -a] *adj* y *s/m,f* **1.** Zalamero y astuto. **2.** Se dice del que se escabulle del trabajo.

can·dor [kaṋdór] *s/m* **1.** Blancura. **2.** Inocencia: *El candor infantil.*

can·do·ro·so, -a [kaṋdoróso, -a] *adj* Que tiene candor.

ca·ne·lo, (-a) [kanélo, (-a)] **I.** *adj* De color canela. **II.** *s* **1.** *f* Corteza pelada del canelo usada en repostería. **2.** *m* Árbol lauráceo del que se extrae la canela. LOC **Ser algo canela fina,** se aplica a lo que es de máxima categoría y calidad.

ca·ne·lón [kanelón] *s/m* **1.** Canal de desagüe (tejados). **2.** Canalón (pasta italiana).

ca·ne·sú [kanesú] *s/m* Parte superior del cuerpo de un vestido (peto y espalda). ORT *Pl: Canesúes.*

can·gi·lón [kaŋxilón] *s/m* **1.** Recipiente grande para trajinar o almacenar líquidos. **2.** Recipiente para sacar agua (noria) o barro (draga).

can·gre·jo [kaŋgréxo] *s/m* Crustáceo decápodo marino semejante a una araña. LOC **Avanzar como los cangrejos,** retroceder.

can·gue·lo [kaŋgélo] *s/m* COL Miedo.

can·gu·ro [kaŋgúro] *s/m* **1.** Mamífero marsupial, hervíboro, con patas delanteras muy cortas y cola robusta; anda a saltos. **2.**

Persona contratada para cuidar de los niños.

ca·ní·bal [kaníβal] *adj* y *s/m,f* **1.** Antropófago. **3.** FIG Cruel.

ca·ni·ba·lis·mo [kaniβalísmo] *s/m* Práctica o cualidad de caníbal.

ca·ni·ca [kaníka] *s/f* **1.** *pl* Juego infantil con bolas de barro, cristal, metal, etc. **2.** Cualquiera de esas bolas.

ca·ní·cu·la [kaníkula] *s/f* Parte más calurosa del año. LOC **En plena canícula**, en medio del verano.

ca·ni·cu·lar [kanikulár] *adj* Referente a la canícula.

cá·ni·do, -a [kániðo, -a] *adj* Se dice de los mamíferos carnívoros pertenecientes a la familia del perro y el lobo.

ca·ni·jo, -a [kaníxo, -a] *adj* Se aplica a quien es débil y raquítico (personas y animales).

ca·ni·lla [kaníʎa] *s/f* **1.** Hueso alargado del brazo o pierna. **2.** Parte más delgada de la pierna. **3.** En las máquinas de coser y tejer, carrete en que se devana el hilo.

ca·ni·no, (-a) [kaníno, (-a)] **I.** *adj* Referente al perro. **II.** *s/m* Diente de hombre o animal.

can·je [káŋxe] *s/m* Acción de canjear.

can·je·ar [kaŋxeár] *v/tr* Cambiar algo con ciertos requisitos. RPr **Canjear por.**

ca·no, -a [káno, -a] *adj* Que tiene canas.

ca·noa [kanóa] *s/f* Barca pequeña de remo o con motor.

ca·nó·dro·mo [kanóðromo] *s/f* Estadio donde se celebran las competiciones de galgos.

ca·non [kánon] *s/m* **1.** Precepto que regula el modo de hacer algo. **2.** Tipo que se considera ideal: *M. Monroe representa el canon de belleza sexy.* **3.** MÚS Canto coral en que cada voz repite la letra con un desfase de una línea.

ca·nó·ni·co, -a [kanóniko, -a] *adj* De acuerdo con los cánones (generalmente eclesiásticos).

ca·nó·ni·go [kanóniγo] *s/m* El que disfruta de una prebenda catedralicia.

ca·no·nis·ta [kanonísta] *s/m,f* El especialista en derecho canónico.

ca·no·ni·za·ción [kanoniθaθjón] *s/f* Acción y resultado de canonizar.

ca·no·ni·zar [kanoniθár] *v/tr* Declarar el Papa que un beato es santo.
ORT Ante *e* la *z* cambia en *c: Canonicen.*

ca·non·jía [kanoŋxía] *s/f* Oficio y prebenda de canónigo.

ca·no·ro, -a [kanóro, -a] *adj* **1.** Se aplica a las aves de canto melodioso: *Ave canora.* **2.** Melodioso.

ca·no·so, -a [kanóso, -a] *adj* Con muchas canas.

ca·no·tié [kanotjé] *s/m* Sombrero de paja de alas rectas y copa plana.
ORT También: *Canotier. Pl: Canotiés.*

can·sa·do, -a [kansáðo, -a] *adj* **1.** (Con *estar*) Se aplica a quien tiene cansancio o agotamiento físico o espiritual o a lo que lo produce: *Está cansado de caminar.* **2.** Aburrido. RPr **Cansado de/por.**

can·san·cio [kansánθjo] *s/m* Acción y/o resultado de estar cansado o aburrido.

can·sar [kansár] *v/tr* **1.** Producir un trabajo o esfuerzo con desgaste físico: *El pedalear me cansa mucho.* **2.** Producir algo disgusto o pesadez por su repetición: *Me cansa ver la televisión todos los días.* RPr **Cansar(se) de.**

can·se·ra [kanséra] *s/f* Enojo ocasionado por importunar.

can·si·no, -a [kansíno, -a] *adj* Lento.

can·ta·ble [kan̪táβle] *adj* Que puede cantarse.

can·tá·bri·co, -a [kan̪táβriko, -a] *adj* y *s/m,f* Referente a Cantabria o al mar Cantábrico.

cán·ta·bro, -a [kán̪taβro, -a] *adj* y *s/m,f* Oriundo de Cantabria.

can·tan·te [kan̪tán̪te] **I.** *adj* Que canta. **II.** *s/m,f* Profesional del canto. LOC **Llevar la voz cantante,** mandar.

can·ta·or, -ra [kan̪taór, -ra] *s/m,f* Cantante de flamenco.

can·tar [kan̪tár] **I.** *s/m* Copla popular. LOC **Ser algo otro cantar,** se dice de lo que es muy diferente a lo precedente. **II.** *v/intr, tr* **1.** Emitir sonidos musicales con la boca (sin silbar). **2.** Alabar algo o a alguien. **III.** *v/intr* **1.** Emitir sonidos armónicos los pájaros o un gallo. **2.** Emitir los insectos su característico sonido: *Los grillos cantan en verano.* **3.** Confesar: *El acusado cantó en el juicio.* **4.** En algunos juegos de naipes o de azar (bingo), manifestar bazas que son puntos o premio. LOC **Cantarle a uno las cuarenta,** reprenderle con severidad. **En menos que canta un gallo,** en un momento: *La sala se vació en menos que canta un gallo.* **Ser algo coser y cantar,** se aplica a lo que es muy fácil.

cán·ta·ra [kán̪tara] *s/f* Cántaro. Recipiente metálico usado generalmente para transportar leche.

can·ta·rín, -na [kan̪tarín, -na] *adj* Persona aficionada al canto. También FIG: *Río cantarín.*

cán·ta·ro [kántaro] *s/m,f* Vasija panzuda de barro, con boca estrecha, usada para trajinar y almacenar agua. LOC **Llover a cántaros**, diluviar.

can·ta·ta [kantáta] *s/f* Composición poético-musical para canto polifónico.

can·te [kánte] *s/m* **1.** Acción de cantar. **2.** Canto popular andaluz: *Cante hondo.*

can·te·ar [kanteár] *v/tr* **1.** Labrar los bordes de una tabla, piedra, etc. **2.** Colocar de canto los ladrillos.

can·te·ra [kantéra] *s/f* **1.** Sitio de donde se saca piedra: *Cantera de mármol.* **2.** FIG Se dice del centro o institución que forma a profesionales preparados para una actividad y en abundancia: *Este club es una cantera de buenos futbolistas.*

can·te·ría [kantería] *s/f* En la construcción, técnica de labrar piedras.

can·te·ro [kantéro] *s/m* El que labra las piedras para la construcción.

cán·ti·co [kántiko] *s/m* Composición bíblica o litúrgica.

can·ti·dad [kantiðáð] **I.** *s/f* **1.** (Seguido de *de*) Porción de algo exactamente medible. **2.** Importe de algo: *Esta cantidad es excesiva.* **3.** Propiedad contable y mensurable de algo (con *de*): *Realizó una gran cantidad de viajes.* **II.** *adv* COL Muchísimo: *Éste come cantidad.* LOC **En cantidad,** mucho.

can·ti·ga [kantíγa] *s/f* Antigua composición lírica para ser cantada.

can·ti·le·na [kantiléna] *s/f* **1.** Composición poética para ser cantada. **2.** Cantinela.

can·tim·plo·ra [kantimplóra] *s/f* Frasco (metálico o plástico) para llevar bebida.

can·ti·na [kantína] *s/f* Establecimiento público anexo a otro donde se venden bebidas y se sirven comidas, bocadillos, etc.

can·ti·ne·la [kantinéla] *s/f* Tonillo o cosa que se repite fastidiosamente.

can·ti·ne·ro, -a [kantinéro, -a] *s/m,f* Quien tiene y cuida de una cantina.

can·ti·zal [kantiθál] *s/m* Terreno con muchos cantos o piedras.

can·to [kánto] *s/m* **1.** Actividad de cantar o cosa que se canta. **2.** Melodía en una composición musical. **3.** FIG Alabanza: *Tu discurso fue un canto a la vida.* **4.** Filo en un objeto delgado. **5.** En un libro o revista, lado opuesto al lomo. **6.** Piedra redondeada por el roce producido al ser arrastrada: *Los cantos rodados del río.* LOC **Al canto**, que se debe hacer inmediata o inevitablemente: *Venga, dinero al canto.* **A cal y canto**, completamente: *La puerta se cerró a cal y canto.* **De canto**, con el canto de frente: *Colocó los discos de canto.*

can·tón [kantón] *s/m* División territorial en un estado.

can·to·nal [kantonál] **I.** *adj* y *s/m,f* Partidario del cantonalismo. **II.** *adj* Referente al cantón o al cantonalismo.

can·to·na·lis·mo [kantonalísmo] *s/m* Tendencia política a dividir una nación en Estados federados, casi independientes.

can·to·na·lis·ta [kantonalísta] *adj* y *s/m,f* Cantonal.

can·to·ne·ra [kantonéra] *s* **1.** *f* Refuerzo que se coloca en las esquinas de un libro, agenda, etc.: *Agenda con cantoneras doradas.* **2.** *f* Mueble que ocupa un rincón. **3.** *f* Prostituta.

can·tor, -ra [kantór, -ra] *adj* y *s/m,f* Que canta o es aficionado a cantar.

can·to·ral [kantorál] *s/m* Libro de coro.

can·tu·rre·ar o **can·tu·rriar** [kanturreár/-jár] *v/intr* Cantar en voz baja.

cá·nu·la [kánula] *s/f* **1.** Pequeña caña. **2.** Tubito en los aparatos físicos o quirúrgicos. **3.** Extremo de una jeringa.

ca·nu·ti·llo [kanutíʎo] *s/m* Moldura estrecha y convexa.

ca·nu·to [kanúto] *s/m* **1.** Tramo de caña cortada entre dos nudos. **2.** Tubo con fondo y tapadera para usos varios. **3.** COL Porro.

ca·ña [káɲa] *s/f* **1.** En las plantas gramináceas, tallo, nudoso y hueco. **2.** Parte hueca de cualquier hueso largo. **3.** En una bota o media, parte que cubre el tobillo o la pierna. **4.** Vaso pequeño de cerveza. LOC **Darle/Arrearle caña,** COL apretar el acelerador de un vehículo a fondo.
Caña de pescar, tallo de caña de bambú con los accesorios necesarios para controlar el hilo y anzuelo de pescar.
Caña de azúcar, graminácea leñosa de cuyo tejido se extrae el azúcar de caña.

ca·ña·da [kaɲáða] *s/f* **1.** Paso entre dos alturas poco notorias. **2.** Camino transitado por el ganado trashumante.

ca·ñal [kaɲál] *s/m* **1.** Cañaveral. **2.** Valla de cañas en los ríos para pescar.

ca·ña·ma·zo [kaɲamáθo] *s/m* **1.** Estopa de cáñamo. **2.** Tela rala para bordar en ella o la misma tela así bordada.

cá·ña·mo [káɲamo] *s/m* **1.** Planta morácea de tallo recto del que se extrae fibra para la industria cordelera y zapatera. **2.** La fibra textil obtenida de la planta.

ca·ña·món [kaɲamón] *s/m* Simiente de cáñamo.

ca·ña·ve·ral [kaɲaβerál] *s/m* Lugar con muchas cañas.

ca·ñe·ría [kaɲería] *s/f* Tubo (de metal,

plástico, cemento, etc.) que sirve para conducir líquidos o gases.

ca·ñi·zal o **ca·ñi·zar** [kaɲiθál/kaɲiθár] *s/m* Cañaveral.

ca·ñi·zo [kaɲíθo] *s/m* Entramado de cañas.

ca·ño [káɲo] *s/m* **1.** Tubo. **2.** En una fuente, tubo por donde sale el agua.

ca·ñón [kaɲón] *s/m* **1.** Tubo, en multitud de objetos (órgano, prismáticos, fuelle, arma de fuego). **2.** Pluma de ave sin barbas. **3.** Arma de artillería. **4.** Paso angosto y hendido entre montañas. LOC **Estar al pie del cañón,** estar siempre dispuesto a cumplir con el deber, estar vigilante.

ca·ño·na·zo [kaɲonáθo] *s/m* Tiro o impacto de cañón.

ca·ño·ne·ar [kaɲoneár] *v/tr,* REFL (-SE) Disparar cañonazos.

ca·ño·neo [kaɲonéo] *s/m* Acción de cañonear.

ca·ño·ne·ra [kaɲonéra] *s/f* Se aplica a la lancha con cañones: *Lancha cañonera.*

cao·ba [kaóβa] *s/f* **1.** Árbol meliáceo americano de color rojizo, de madera muy valiosa. **2.** Esa madera.

cao·lín [kaolín] *s/m* Arcilla pura y blanca empleada en la fabricación de papel y porcelana.

ca·os [káos] *s/m* Situación desordenada y confusa.

caó·ti·co, -a [kaótiko, -a] *adj* Referente al caos.

ca·pa [kápa] *s/f* **1.** Prenda de abrigo sin mangas y holgada. **2.** Porción de algo que se extiende sobre otra materia diferente con uniformidad: *Una capa de barniz.* **3.** Porciones superpuestas de distintas materias. **4.** Cada uno de los estamentos de la sociedad: *Todas las capas sociales aprobaron su gestión.* **5.** FIG Cosa que encubre a otra: *Bajo una capa virtuosa encubre un egoísmo atroz.* LOC **Andar/Estar de capa caída,** no prosperar en el trabajo. **A capa y espada,** se dice de lo que se defiende con ardor: *El Presidente defendió a capa y espada el proyecto.*

ca·pa·ci·dad [kapaθiðáð] *s/f* **1.** Espacio disponible en el interior de algo. **2.** Posibilidad de contener algo. **3.** Inteligencia o aptitud para aprender o comprender algo. LOC **Tener capacidad para**, ser capaz de.

ca·pa·ci·ta·ción [kapaθitaθjón] *s/f* Acción de capacitar(se).

ca·pa·ci·ta·do, -a [kapaθitáðo, -a] *adj* Se dice de quien tiene las cualidades para hacer algo bien: *Obrero capacitado.* RPr **Capacitado para.**

ca·pa·ci·tar [kapaθitár] *v/tr* Preparar a alguien para que pueda hacer algo.

ca·pa·cho, -a [kapátʃo, -a] *s/m,f* Espuerta de mimbre.

ca·par [kapár] *v/tr* Extirpar los órganos genitales de una persona o animal.

ca·pa·ra·zón [kaparaθón] *s/m* **1.** Coraza epidérmica que protege el cuerpo de los quelonios y crustáceos. **2.** Recubrimiento protector de algo (real o FIG): *Se metió en su caparazón y no habló más.*

ca·pa·taz [kapatáθ] *s/m,f* Persona que vigila a un grupo de trabajadores.
ORT *Pl: Capataces.*

ca·paz [kapáθ] *adj* Que tiene capacidad, cabida o aptitud. RPr **Capaz de/para:** *Capaz de hacerlo/para cien personas.*
ORT *Pl: Capaces.*

ca·pa·zo, -a [kapáθo, -a] *s/m* Espuerta grande.

cap·cio·so, -a [kapθjóso, -a] *adj* Engañoso: *Tus argumentos son capciosos.*

ca·pea [kapéa] *s/f* Lidia de novillos por aficionados.

ca·pe·ar [kapeár] *v/tr* **1.** Torear a una res con la capa. **2.** Engañar a alguien con evasivas. **3.** FIG Esquivar hábilmente dificultades y cosas molestas. LOC **Capear el temporal,** FIG Esquivar con habilidad el enfado de alguien.

ca·pe·lo [kapélo] *s/m* Sombrero rojo con el ala plana (propio de los cardenales).

ca·pe·llán [kapeʎán] *s/m* Sacerdote que desempeña una capellanía.

ca·pe·lla·nía [kapeʎanía] *s/f* Fundación que una persona establece, donando ciertos bienes, para sufragar a un clérigo que celebre misas o cultos.

ca·peo [kapéo] *s/m* **1.** Acción de capear. **2.** *pl* Capea.

ca·pe·ru·za [kaperúθa] *s/f* Gorro que termina en punta inclinada hacia atrás.

ca·pi·cúa [kapikúa] *adj* y *s/m* Número cuyas cifras son simétricas y se lee lo mismo al derecho que al revés: *53635.*

ca·pi·lar [kapilár] **I.** *adj* Referente al cabello o a la capilaridad. **II.** *adj* y *s/m,f* Las últimas ramificaciones venosas o arteriales: *Vasos capilares.*

ca·pi·la·ri·dad [kapilariðáð] *s/f* **1.** Calidad y cualidad de capilar. **2.** FÍS Fenómeno que consiste en la ascensión de un líquido por conductos capilares (como en un rotulador).

ca·pi·lla [kapíʎa] *s/f* **1.** Iglesia pequeña particular o anexa a otro establecimiento: *Capilla del Colegio Mayor.* **2.** En una iglesia, cada altar menor lateral. **3.** En una iglesia, cuerpo de músicos con retribución. LOC **Estar en capilla,** *1.* En un condenado a muerte, situación de sentencia comunicada. *2.* A punto de hacer algo importante o conocer un resultado.

ca·pi·llo [kapíʎo] *s/m* **1.** Nombre de diversas prendas que recubren la cabeza (mantilla de mujer, capucha, gorro de recién nacido). **2.** Capullo de flor.

ca·pi·ro·ta·zo [kapirotáθo] *s/m* Golpe ligero que se da en la cabeza, en especial el dado con un dedo que se suelta bruscamente.

ca·pi·ro·te [kapiróte] *s/m* **1.** En las procesiones de Semana Santa, gorro puntiagudo. **2.** En la Universidad, muceta con capucha de distinto color, según las Facultades. **3.** Capuchón que se coloca a las aves de cetrería. LOC **Tonto de capirote**, idiota.

ca·pi·tal [kapitál] **I.** *adj* **1.** Se aplica a las cosas importantes (interés, influencia, error, virtud, etc.). **2.** Aplicado a pena, que es de muerte. **II.** *s* **1.** *f* Población donde reside un Gobierno nacional o administración provincial. **2.** *m* Posesiones de alguien, convertibles en dinero. **3.** *m* Dinero que se aporta como participación en una empresa.

ca·pi·ta·li·dad [kapitaliðáð] *s/f* Cualidad de una ciudad por ser la capital.

ca·pi·ta·lis·mo [kapitalísmo] *s/m* Régimen económico fundamentado en la existencia del capital privado.

ca·pi·ta·lis·ta [kapitalísta] *adj* y *s/m,f* Referente al capital o capitalismo.

ca·pi·ta·li·za·ción [kapitaliθaθjón] *s/f* Acción y resultado de capitalizar.

ca·pi·ta·li·zar [kapitaliθár] *v/tr* **1.** Fijar el capital que corresponde a un tipo de interés determinado: *Capitalizar al 8 % anual.* **2.** Ahorrar dinero añadiendo los intereses al capital.
ORT Ante *e* la *z* cambia en *c: Capitalicen.*

ca·pi·tán [kapitán] *s/m* **1.** Oficial del ejército que comanda una compañía. **2.** Oficial de marina al mando de un mercante. **3.** Jefe de una banda. **4.** Jefe de un equipo deportivo.

ca·pi·ta·ne·ar [kapitaneár] *v/tr* **1.** Mandar una tropa como capitán. **2.** FIG Guiar o dirigir un grupo armado, sublevación, equipo, etc.

ca·pi·ta·nía [kapitanía] *s/f* **1.** Dignidad de capitán. **2.** Capitanía general: edificio y oficinas y cargo del Capitán General.

ca·pi·tel [capitél] *s/m* ARQ Parte superior de la columna, decorada con molduras, sobre la que se apoya el arquitrabe.

ca·pi·to·lio [kapitóljo] *s/m* **1.** Acrópolis. **2.** Edificio majestuoso.

ca·pi·to·né [kapitoné] *adj* GAL Se aplica al camión para trasladar muebles.

ca·pi·tos·te [kapitóste] *s/m* Jefe de un grupo (a menudo *peyor).*

ca·pi·tu·la·ción [kapitulaθjón] *s/f* **1.** Pacto entre dos personas sobre asunto grave. **2.** Convenio por el que uno se rinde con cláusulas.

ca·pi·tu·la·do, -a [kapituláðo, -a] **I.** *adj* Resumido. **II.** *s/m* Capítulos de un escrito: *El capitulado de la novela.*

ca·pi·tu·lar [capitulár] **I.** *adj* Referente a un capítulo catedralicio o de una orden religiosa: *Sala capitular.* **II.** *s/m,f* Miembro de una comunidad con derecho a voto. **III.** *v/intr* **1.** Acordar entre dos partes las cláusulas de algo importante. **2.** Rendirse al enemigo según unas cláusulas determinadas.

ca·pí·tu·lo [kapítulo] *s/m* **1.** Junta municipal o eclesiástica. **2.** Parte numerada de un libro, ley, escrito, etc. LOC **Ser eso capítulo aparte,** ser (eso) otro asunto.

ca·pó [kapó] *s/m* Cubierta del motor en los coches.

ca·pón [kapón] *s/m* **1.** Pollo castrado. **2.** Golpe que se da con los nudillos de los dedos en la cabeza.

ca·po·ral [kaporál] *s/m* **1.** El que manda a un grupo de gente. **2.** El responsable del ganado de labranza.

ca·po·ta [kapóta] *s/f* Cubierta plegable de un vehículo o carruaje.

ca·po·tar [kapotár] *v/intr* Volcar un vehículo.

ca·po·te [kapóte] *s/m* **1.** Abrigo militar holgado. **2.** Capa corta de torero. LOC **Echar un capote a uno,** ayudarle.

ca·pri·cor·nio [kaprikórnjo] *s/m* Décima parte del zodíaco, la constelación que ocupa esa parte o el signo que la simboliza.

ca·pri·cho [kaprítʃo] *s/m* **1.** Deseo no fundado en lo lógico o razonable. **2.** Detalle o adorno fantasioso. **3.** Obra musical breve. **4.** (Con *darse*) Satisfacción: *De vez en cuando se da un capricho.* LOC **A capricho**, sin orden. **Al capricho de**, según el gusto de.

ca·pri·cho·so, -a [kapritʃóso, -a] *adj* **1.** Se dice de las personas con caprichos o inconstantes. **2.** Se aplica a las cosas arbitrarias.

ca·pri·no, -a [kapríno, -a] *adj* Referido a la cabra.

cáp·su·la [kápsula] *s/f* **1.** Recipiente

para usos diversos (botella, cohete, proyectil). **2.** ANAT Membrana en forma de bolsa en el cuerpo humano. **3.** Medicamento y envoltura que lo recubre. **4.** Tapa metálica de botella.

cap·ta·ción [kaptaθjón] *s/f* Acción y resultado de captar.

cap·tar [kaptár] *v/tr* **1.** Coger algo para usarlo. **2.** Percibir algo (ondas, rumor) a través de los sentidos. **3.** Atraer algo existente en una persona, como atención, benevolencia, etc. **4.** Comprender: *¿Habéis captado su indirecta?*

cap·tu·ra [kaptúra] *s/f* Acción y resultado de capturar.

cap·tu·rar [kapturár] *v/tr* Apresar a un delincuente o a un animal dañino.

ca·pu·cha [kapútʃa] *s/f* **1.** Gorro unido a una prenda. **2.** Capuchón (prenda u objeto): *Esta estilográfica tiene una capucha de oro.*

ca·pu·chi·no, -a [kaputʃíno, -a] *adj* Referente a la orden capuchina.

ca·pu·chón [kaputʃón] *s/m* **1.** Capucha para la cabeza. **2.** Prenda que tapa las facciones.

ca·pu·llo [kapúʎo] *s/m* **1.** Envoltura dentro de la cual el gusano de seda se transforma en crisálida. **2.** Botón floral. **3.** Prepucio.

ca·qui [káki] *s/m* y *adj* **1.** Tela de color pardo con la que se confeccionan uniformes militares. **2.** Color de esa tela. **3.** Árbol ebanáceo cuyos frutos son de carne dulce y gelatinosa. **4.** Su fruto.

ca·ra [kára] **I.** *s/f* **1.** Parte de la cabeza donde se encuentran los ojos, boca y nariz. **2.** Expresión natural de la misma. **3.** Expresión momentánea que denota un estado anímico: *Puso cara de disgusto.* **4.** Aspecto que presenta algo: *Esta herida no tiene buena cara.* **5.** Lado de una superficie. **II.** *adv* En dirección hacia: *Le pusieron cara a la pared.* LOC **A cara o cruz** (con *echar, jugar*), tirar a lo alto una moneda para ver quién gana algo. **Caérsele a uno la cara de vergüenza**, sentirse avergonzado. **Cara a cara,** *1.* Abiertamente. 2. En oposición. **Dar la cara**, afrontar los peligros y las propias responsabilidades. **De cara**, de frente. **Echar en cara,** *1.* Reprochar. 2. Importunar a uno recordándole un beneficio recibido. **Hacer cara**, enfrentarse. **Poner al mal tiempo buena cara**, aceptar bien los reveses. **Saltar a la cara**, ser algo evidente. **Tener mucha cara/Ser un cara**, ser un fresco o sinvergüenza. **Tener buena/mala cara**, estar/no estar bien de salud.
Cara dura, sinvergüenza.

ca·ra·ba [karáβa] *s/f* En la LOC **Ser algo la caraba,** frase ponderativa, tanto en sentido positivo como peyorativo: *Esto es la caraba: todo el mundo habla a la vez.*

ca·ra·be·la [karaβéla] *s/f* Embarcación antigua, con una sola cubierta, tres palos y velas.

ca·ra·bi·na [karaβína] *s/f* Arma de fuego, similar al fusil, pero más corta.

ca·ra·bi·ne·ro [karaβinéro] *s/m* Vigilante de zonas fronterizas y aduaneras.

ca·ra·col [karakól] *s/m* **1.** Molusco gasterópodo de concha en espiral con cuatro tentáculos en la cabeza. **2.** La concha misma. **3.** Cono hueco, en espiral, en el oído interno.

ca·ra·co·la [karakóla] *s/f* Caracol marino de forma cónica.

ca·ra·co·la·da [karakoláða] *s/f* Guiso o comida a base de caracoles.

ca·ra·co·le·ar [karakoleár] *v/intr* Hacer el caballo caracoles.

ca·rác·ter [karákter] *s/m* **1.** Señal que se imprime, esculpe o dibuja en algo. **2.** *pl* Forma particular de escritura. **3.** Modo peculiar de ser de una persona con relación a las demás. **4.** Personalidad fuerte de alguien. **5.** Dícese de lo que expresa una peculiar naturaleza o condición: *Visita de carácter privado.* LOC **Con carácter de,** como. **Tener mal/buen carácter,** se aplica al que tiende a irritarse o ser apacible, respectivamente.
ORT *Pl: Caracteres.*

ca·rac·te·rís·ti·co, (-a) [karakterístiko, (-a)] **I.** *adj* Referente al carácter. **II.** *s/f* Peculiaridad de una persona o cosa: *La timidez es su característica más notoria.*

ca·rac·te·ri·za·ción [karakteriθaθjón] *s/f* Acción de caracterizar(se).

ca·rac·te·ri·zar [karakteriθár] *v/tr* **1.** Constituir el rasgo distintivo de alguien: *Le caracteriza su sentido de la responsabilidad.* **2.** En el teatro, maquillar a alguien para un papel determinado. **3.** Representar un papel de modo convincente. RPr **Caracterizarse de/por.**
ORT Ante *e* la *z* cambia en *c: Caractericen.*

ca·rac·te·ro·lo·gía [karakteroloxía] *s/f* Rama de la psicología que trata del carácter y personalidad del hombre.

ca·rac·te·ro·ló·gi·co, -a [karakterolóxiko, -a] *adj* Relativo a la caracterología.

ca·ra·du·ra [karaðúra] *adj* y *s/m,f* Cara dura, sinvergüenza.

ca·ra·jo [karáxo] *Interj* que denota asombro. LOC **Irse al carajo,** tener mal fin algo.

ca·ram·ba [karámba] *interj* Exclamación de extrañeza o enfado.

ca·rám·ba·no [karáɱbano] *s/m* Pedazo de hielo alargado y puntiagudo.

ca·ram·bo·la [karaɱbóla] *s/f* (Con *hacer, fallar*) En el juego de billar, pegar con la bola propia a las otras dos. LOC **Por carambola,** *1.* Por casualidad. *2.* Indirectamente, de rebote.

ca·ra·me·lo [karamélo] *s/m* **1.** Almíbar endurecido y azucarado. **2.** Pastilla de esa sustancia, con diversas esencias, que se toma como golosina.

ca·ra·mi·llo [karamíʎo] *s/m* Flautilla (de hueso, madera o caña).

ca·ra·mu·jo [karamúxo] *s/m* Caracol pequeño que se pega al fondo de los barcos.

ca·ran·to·ña [karan̪tóɲa] *s/f, pl* (Con *hacer*) Halagos y caricias para conseguir algo de alguien.

ca·ra·pa·cho [karapátʃo] *s/m* Caparazón de tortuga o de gasterópodo.

ca·ra·que·ño, -a [karakéɲo, -a] *adj* y *s/m,f* De Caracas.

ca·rá·tu·la [karátula] *s/f* **1.** Careta. **2.** FIG Profesión histriónica. **3.** Portada de libro o revista.

ca·ra·va·na [karaβána] *s/f* **1.** Grupo de vehículos o gente que van juntos a un lugar o en una dirección. **2.** ANGL Coche-vivienda. LOC **En caravana,** en fila india y lentamente. **Haber caravana,** se aplica a las colas de tráfico rodado.

¡ca·ray! [karái] *interj* ¡Caramba!

car·bón [karβón] *s/m* Cuerpo sólido y negro que resulta de la combustión incompleta de ciertos productos orgánicos; se utiliza como material energético y calorífero. LOC **Negro como el carbón,** negrísimo.

car·bo·na·rio, -a [karβonárjo, -a] *adj* y *s/m,f* Se aplica a los miembros de sociedades secretas revolucionarias.

car·bon·ci·llo [karβonθíʎo] *s/m* Palillo de madera ligera carbonizada que sirve para dibujar.

car·bo·ne·ría [karβonería] *s/f* Establecimiento donde se vende carbón.

car·bo·ne·ro, (-a) [karβonéro, (-a)] **I.** *adj* Referente al carbón. **II.** *s* **1.** *f* Lugar donde se almacena carbón. **2.** *m,f* Quien hace y/o vende carbón.

car·bó·ni·co, -a [karβóniko, -a] *adj* QUÍM Se aplica a las combinaciones en que entra el carbono: *Gas/Agua carbónica.*

car·bo·ní·fe·ro, -a [karβonífero, -a] **I.** *adj* Referente al terreno con carbón: *Yacimiento carbonífero.* **II.** *adj* y *s/m,f* Se aplica al período anterior al devónico (era primaria)

car·bo·ni·lla [karβoníʎa] *s/f* Carbón menudo que queda tras mover o quemar el carbón.

car·bo·ni·za·ción [karβoniθaθjón] *s/f* Acción y resultado de carbonizar(se).

car·bo·ni·zar [karβoniθár] *v/tr* Reducir un cuerpo orgánico a carbón.
ORT Ante *e* la *z* cambia en *c: Carbonicé.*

car·bo·no [karβóno] *s/m* Metaloide, sólido, inodoro e insípido, principal componente del carbón.

car·bun·co [karβúŋko] *s/m* Enfermedad virulenta y contagiosa que, de los animales, puede transmitirse al hombre, originando el ántrax.

car·bún·cu·lo [karβúŋkulo] *s/m* Rubí.

car·bu·ra·ción [karβuraθjón] *s/f* **1.** Acción y resultado de carburar. **2.** En los motores de explosión, obtención y explosión de la mezcla inflamable.

car·bu·ra·dor [karβuraðór] *s/m* En los motores de explosión, aparato donde se obtiene la mezcla explosiva.

car·bu·ran·te [karβurán̪te] *s/m* Mezcla que se emplea en los motores de explosión y de combustión interna.

car·bu·rar [karβurár] *v/tr* **1.** Mezclar los gases o el aire con carburantes gaseosos para que explosionen. **2.** COL Funcionar.

car·bu·ro [karβúro] *s/m* QUÍM Combinación de un cuerpo simple con el carbono.

car·ca [kárka] *adj* y *s/m,f* COL Retrógrado: *Música carca. Político carca.*

car·caj [karkáx] *s/m* Aljaba.

car·ca·ja·da [karkaxáða] *s/f* Risa ruidosa. LOC **A carcajadas,** con grandes risas.

car·ca·je·ar [karkaxeár] *v/intr,* REFL(-SE) Reír(se) a carcajadas. RPr **Carcajearse de.**

car·ca·mal [karkamál] *adj* y *s/m,f despec* Persona achacosa.

cár·ca·va [kárkaβa] *s/f* **1.** Hoya producida por la erosión de las aguas. **2.** Foso o zanja.

cár·cel [kárθel] *s/f* Establecimiento donde se encierra a los presos.

car·ce·le·ro, -a [karθeléro, -a] *s/m,f* Funcionario(a) de prisiones.

car·ci·nó·ge·no, -a [karθinóxeno, -a] *adj* Que produce cáncer.

car·ci·no·ma [karθinóma] *s/m* Tumor canceroso.

car·co·ma [karkóma] *s/f* **1.** Insecto coleóptero cuya larva agujerea la madera. **2.** El polvillo que la larva produce. **3.** FIG Lo que diluye lentamente algo: *La ambición es la carcoma del poder.*

car·co·mer [karkomér] *v/tr* **1.** Roer la madera la carcoma. **2.** Consumir algo una cosa: *El cáncer carcomió su salud.* RPr **Carcomerse de.**

car·da [kárða] *s/f* **1.** Acción de cardar (fibras, paños, felpas). **2.** Instrumento para cardar.

car·dar [karðár] *v/tr* **1.** Sacar el pelo a los paños y felpa con la carda. **2.** En peluquería, ahuecar el cabello.

car·de·nal [karðenál] *s/m* **1.** Prelado y consejero del Papa en el Sacro Colegio Cardenalicio. **2.** Morado producido por un golpe.

car·de·na·la·to [karðenaláto] *s/m* Dignidad de cardenal.

car·de·na·li·cio, -a [karðenalíθjo, -a] *adj* Referente al cardenal.

car·de·ni·llo [karðeníʎo] *s/m* En los objetos de cobre o sus aleaciones, mezcla verdosa y venenosa que se forma en la superficie.

cár·de·no, -a [kárðeno, -a] *adj* Amoratado.

car·día·co, -a [karðíako, -a] **I.** *adj* Referente al corazón. **II.** *adj* y *s/m,f* Que sufre del corazón.
ORT También: *Cardiaco.*

car·di·nal [karðinál] *adj* **1.** Principal: *Puntos cardinales.* **2.** Se dice de los cuatro puntos del horizonte que sirven de orientación. **3.** GRAM Se aplica a los numerales enteros (cinco, diez, ciento).

car·dio·gra·fía [karðjoγrafía] *s/f* **1.** Estudio del corazón. **2.** Registro de sus palpitaciones.

car·dio·lo·gía [karðjoloxía] *s/f* Tratado del corazón.

car·dió·lo·go, -a [karðjóloγo, -a] *adj* y *s/m,f* Especialista del corazón.

car·dio·pa·tía [karðjopatía] *s/f* Enfermedad del corazón.

car·do [kárðo] *s/m* **1.** Planta cuyas pencas son muy carnosas y comestibles. **2.** Planta espinosa silvestre. **3.** Persona arisca.

car·du·me(n) [karðúme(n)] *s/m* Banco de peces.

ca·re·ar [kareár] *v/tr* **1.** Interrogar juntas a varias personas para contrastar las distintas opiniones. **2.** Comparar.

ca·re·cer [kareθér] *v/intr* No tener lo que se menciona: *Carece de sentido del humor.* RPr **Carecer de.**
CONJ *Irreg: Carezco, carecí, careceré, carecido.*

ca·re·na [karéna] *s/f* Acción y efecto de carenar.

ca·re·nar [karenár] *v/tr* MAR Reparar el casco de una nave.

ca·ren·cia [karénθja] *s/f* Falta o privación de algo.

ca·reo [karéo[*s/m* Acción y resultado de carear: *Hicieron un careo en la comisaría.*

ca·re·ro, -a [karéro, -a] *adj* y *s/m,f* Que suele vender caro.

ca·res·tía [karestía] *s/f* **1.** Escasez de algo. **2.** Precio desmesurado de las cosas de uso común.

ca·re·ta [karéta] *s/f* **1.** Mascarilla de materiales y usos diversos. **2.** Simulación con que se encubren las intenciones reales. LOC **Quitarse la careta,** desenmascararse (real o FIG).

ca·rey [karéi] *s/m* **1.** Tortuga marina. **2.** Materia córnea del caparazón del carey; se utiliza en marquetería y para fabricar peines y cajas.

car·ga [kárγa] *s/f* **1.** Acción y efecto de cargar un medio de transporte. **2.** Acción de llenar algo. **3.** Acción de colocar un proyectil en un arma de fuego. **4.** ARQ Peso sostenido por una estructura. **5.** Cosa/Peso con que se llena o carga algo. **6.** Generalmente en *pl,* tributo: *Esta finca tiene muchas cargas fiscales.* **7.** Lo que recae sobre uno: *Las cargas familiares.* **8.** Cantidad explosiva que se coloca en un barreno o bomba. LOC **Llevar la carga (de alguien),** mantener a alguien.

car·ga·do, -a [karγáðo, -a] *adj* **1.** Se aplica a la atmósfera pesada: *El cielo está cargado.* **2.** Se aplica al local poco ventilado: *Este bar tiene un ambiente muy cargado.* **3.** Se aplica a una bebida o infusión fuerte: *Ponme un café bien cargado.* **4.** FIG (Con *de*) Con mucho de lo que se trata: *Llegó cargado de regalos.* **5.** FIG COL Suspendido en un examen. RPr **Cargado de.**

car·ga·dor, -ra [karγaðór, ra] *s/m,f* **1.** Persona que carga las mercancías en un transporte. **2.** En ciertas armas de fuego, pequeño departamento extraíble donde se colocan cartuchos para disparar.

car·ga·men·to [karγaménto] *s/m* Conjunto de mercancías que carga un barco o avión.

car·gan·te [karγánte] *adj* Se aplica a las personas que molestan.

car·gar [karγár] **I.** *v/tr* **1.** Colocar algo sobre alguien o sobre un vehículo para su transporte. **2.** Colocar en su sitio la carga correspondiente: *Cargó la máquina fotográfica.* **3.** (Con *con*) Hacer aguantar a alguien o a algo cosas pesadas o molestas: *Le cargáis con todas las faenas bajas.* **4.** Acusar a alguien de algo (seguido de *con*): *Le cargaron con el robo del tren.* **5.** (Con *de*) Poner mucho de algo: *Cargó la em-*

presa de deudas. **6.** Adeudar: *Me han cargado la letra en mi cuenta corriente.* **7.** Resultar algo o alguien insoportable: *Me carga la gente sinvergüenza.* **8.** Tener un recipiente cierta capacidad: *Este depósito carga cincuenta litros.* **9.** FÍS Almacenar corriente eléctrica en un condensador: *Cargar la batería.* **II.** *v/intr* **1.** (Con *sobre*) Ser algo soportado por otra cosa o alguien: *La bóveda carga sobre los pilares.* **2.** Arrojarse en masa contra alguien o algo: *Los tanques cargaron sobre las trincheras.* **3.** Hacerse algo más fuerte en una dirección determinada: *El tifón cargó hacia la isla.* **4.** (Con *con*) Llevar un peso sobre sí (físico o espiritual). **5.** Coger uno lo que se encuentra y quedárselo. **6.** Hacerse con algo en cantidad abundante. **III.** REFL(-SE) **1.** (Con *de*) Llenarse: *El local se cargó de marineros.* **2.** (Seguido de *con*) Responsabilizarse: *Se cargó con todo el trabajo.* **3.** Tratándose del tiempo, cubrirse el cielo, etc., de nubes. **4.** COL Suspender a alguien. **5.** Infringir o suprimir algo: *Se ha cargado la reforma.* **6.** Romper algo: *Se ha cargado la nevera.* **7.** COL Matar a alguien: *Se lo cargaron en una refriega.* LOC **Cargarse de razón,** justificarse por algo. **Cargarse de deudas,** acumularlas. **Cargar en cuenta,** añadir cantidades a la misma. **Cargar las tintas,** exagerar. RPr **Cargar(se) con/contra/de/sobre.**
ORT Ante *e* la *g* cambia en *gu: Cargue.*

car·ga·zón [karγaθón] *s/f* **1.** Cargamento. **2.** Pesadez en alguna parte del cuerpo: *Tengo cargazón de estómago.*

car·go [kárγo] *s/m* **1.** COM Conjunto de cantidades debitadas a una cuenta. **2.** *pl* Acción de atribuir un delito o reproche a alguien. **3.** Función que alguien desempeña en una empresa pública o privada: *Tiene un cargo de responsabilidad.* LOC **A cargo de** (con *ir, correr*), por cuenta de: *Los gastos corren a cargo de la empresa.* **Hacerse cargo de,** *1.* Responsabilizarse: *Se hizo cargo de las deudas.* *2.* Darse cuenta de una situación: *No se hace cargo del problema.* *3.* Apoderarse o adueñarse: *Los sublevados se hicieron cargo del poder.* **Tener a su cargo,** ocuparse de.

car·gue·ro, (-a) [karγéro, (-a)] **I.** *adj* Que lleva carga. **II.** *s/m* Buque de carga.

ca·ria·do, -a [karjáðo, -a] *adj* Se aplica a los huesos o dientes con caries.

ca·riar [karjár] *v/tr* Producir caries.

ca·riá·ti·de [karjátiðe] *s/f* Estatua de mujer vestida de túnica y que sirve de columna.

ca·ri·be [karíβe] **I.** *adj* y *s/m,f* Antiguamente, pueblo antillano. **II.** *s/m* Zona de los caribes.

ca·ri·bú [kariβú] *s/m* Reno salvaje y de carne comestible.

ca·ri·ca·to [karikáto] *s/m* En la ópera, bajo cantante que hace de cómico.

ca·ri·ca·tu·ra [karikatúra] *s/f* Representación gráfica deformada de una persona o cosa.

ca·ri·ca·tu·res·co, -a [karikaturésko, -a] *adj* Referente a la caricatura.

ca·ri·ca·tu·ri·zar [karikaturiθár] *v/tr* Hacer la caricatura de alguien o algo.
ORT Ante *e* la *z* cambia en *c: Caricaturicen.*

ca·ri·cia [karíθja] *s/f* **1.** Toque suave y amoroso con la mano (a personas, animales o cosas). **2.** FIG Roce suave y agradable de algo: *La caricia del sol en sus cabellos.*

ca·ri·dad [kariðáð] *s/f* **1.** Limosna que se da a quien lo necesita. **2.** Virtud teologal basada en el amor a Dios y al prójimo.

ca·ries [kárjes] *s/f* **1.** Destrucción progresiva de un hueso. **2.** Desintegración bacteriológica del esmalte de los dientes.
ORT *Pl: Caries.*

ca·ri·lla [karíʎa] *s/f* **1.** Careta. **2.** Página.

ca·ri·llón [kariʎón] *s/m* **1.** Grupo de campanas acordadas o el sonido que éstas producen. **2.** MÚS Instrumento de percusión formado por láminas de acero.

ca·ri·ño [karíɲo] *s/m* **1.** Inclinación amorosa o afectuosa hacia algo o alguien. **2.** Muestra y expresión de dicho sentimiento. **3.** Cuidado con que se trata algo.

ca·ri·ño·so, -a [kariɲóso, -a] *adj* Afectuoso. RPr **Cariñoso con.**

ca·rio·ca [karjóka] *adj* y *s/m,f* Brasileño.

ca·ris·ma [karísma] *s/m* **1.** TEOL Favor gratuito y divino a una criatura. **2.** FIG Atractivo o influencia especial que alguien ejerce sobre otros.

ca·ris·má·ti·co, -a [karismátiko, -a] *adj* **1.** Referente al carisma. **2.** Con carisma.

ca·ri·ta·ti·vo, -a [karitatíβo, -a] *adj* Referente a la caridad. RPr **Caritativo con.**

ca·riz [karíθ] *s/m* Aspecto de una situación o negocio.

car·lin·ga [karlíŋga] *s/f* En un avión, su parte interior, donde se alojan los pasajeros.

car·lis·mo [karlísmo] *s/m* **1.** Doctrina de los carlistas. **2.** Partido de los carlistas.

car·lis·ta [karlísta] *adj* y *s/m,f* Partidario de Carlos María Isidro de Borbón y de sus descendientes.

car·me·li·ta [karmelíta] *adj* y *s/m,f* Referente a la orden del Carmen.

car·me·li·ta·no, -a [karmelitáno, -a] *adj* Referente a la orden del Carmen.

car·men [kármen] *s/m* **1.** Composición poética. **2.** Quinta ajardinada o con huerto.

car·me·sí [karmesí] *adj* y *s/m* Se aplica al color grana producido por el quermes animal.
ORT *Pl: Carmesíes.*

car·mín [karmín] **I.** *adj* y *s/m* Relativo al color rojo encendido. **II.** *s/m* Sustancia que da color a los labios.

car·na·da [karnáðа] *s/f* Cebo animal para cazar o pescar.

car·na·du·ra [karnaðúra] *s/f* **1.** Robustez. **2.** Encarnadura.

car·nal [karnál] *adj* **1.** Relativo a la carne. **2.** Lascivo o relacionado con la lujuria: *Deseos carnales.* **3.** Se aplica al pariente colateral: *Tío carnal.*

car·na·val [karnaβál] *s/m* **1.** Los días anteriores al miércoles de ceniza. **2.** Demostraciones festivas que se celebran en estos días.

car·na·va·la·da [karnaβaláða] *s/f* Actuación o broma típica de carnaval.

car·na·va·les·co, -a [karnaβalésko, -a] *adj* Referente al carnaval.

car·na·za [karnáθa] *s/f* Cebo.

car·ne [kárne] *s/f* **1.** Parte blanda y muscular del cuerpo de los animales. **2.** En las frutas, parte blanda. **3.** Dulce compacto de fruta: *Carne de membrillo.* **4.** La parte corporal, en oposición a la parte espiritual, del hombre: *La carne es flaca, el espíritu es fuerte.* **5.** *pl* Obesidad. LOC **De carne y hueso,** real. **Echar carnes,** engordar. **Perder carnes,** adelgazar. **Poner toda la carne en el asador,** intentar algo por todos los medios posibles. **Ser uña y carne,** se aplica a los amigos inseparables. **Ponérsele a uno la carne de gallina,** asustarse.

car·né o **car·net** [karné(t)] *s/m* Tarjeta de identidad.

car·ne·ce·ría [karneθería] *s/f* Carnicería.

car·ne·ro [karnéro] *s/m* Animal ovino de cuernos arrollados en espiral y divergentes, codiciado por su lana y por su carne.

car·nes·to·len·das [karnestolén̪das] *s/f, pl* Período de Carnaval.

car·ni·ce·ría [karniθería] *s/f* **1.** Establecimiento donde se vende carne al por menor. **2.** Gran mortandad por causas bélicas o catastróficas.

car·ni·ce·ro, -a [karniθéro, -a] **I.** *adj* y *s/m,f* **1.** Se aplica al animal que mata a otro para comérselo. **2.** Quien come mucha carne. **II.** *s/m,f* **1.** FIG Persona sanguinaria. **2.** Vendedor(a) de carne.

cár·ni·co, -a [kárniko, -a] *adj* Referente a la carne comestible.

car·ní·vo·ro, (-a) [karníβoro, (-a)] **I.** *adj* Se aplica al animal que se alimenta de carne. **II.** *adj* y *s/m* Se dice del orden de los carnívoros. **III.** *adj* Se aplica a las plantas que se alimentan de insectos.

car·no·si·dad [karnosiðáð] *s/f* **1.** Gordura exagerada. **2.** Bulto carnoso que crece alrededor de una llaga.

car·no·so, -a [karnóso, -a] *adj* **1.** De carne. **2.** Gordo.

ca·ro, -a [káro, -a] **I.** *adj* **1.** Se dice de lo que cuesta mucho dinero. **2.** Se aplica a personas (o cosas) queridas: *Mi cara sobrina.* **II.** *adv* A precio elevado: *En este bar venden caro.* LOC **Costar caro/Salir caro,** resultar perjudicial una cosa: *Aquella mentira le costó muy cara.*

ca·ro·lin·gio, -a [karolíŋxjo, -a] *adj* Referente a la dinastía o el tiempo de Carlomagno.

ca·ro·ta [karóta] *s/m,f* Cara dura, sinvergüenza.

ca·ró·ti·da [karótiða] *s/f* ZOOL Arteria lateral, una por cada lado del cuello, que irriga la cabeza.

ca·ro·ti·na [karotína] *s/f* QUÍM Pigmento anaranjado que da su color típico a la zanahoria.

car·pa [kárpa] *s/f* **1.** Pez de agua dulce, malacopterigio comestible. **2.** Entoldado gigante donde se realizan festejos o representaciones.

car·pa·nel [karpanél] *adj* ARQ Se dice de ciertos arcos tangentes entre sí y trazados desde distintos centros.

car·pan·ta [karpán̪ta] *s* **1.** *f* Hambre fuerte e intensa. **2.** *m,f* Persona que come vorazmente: *Eres una carpanta.*

car·pe·ta [karpéta] *s/f* **1.** Recubrimiento de tela o badana que se coloca sobre las arcas y mesas. **2.** Cubierta doblada de plástico, cartón o papel duro, que sirve para archivar papeles, documentos, etc.

car·pe·ta·zo [karpetáθo] *s/m* LOC **Dar carpetazo,** acción de suspender la tramitación de un expediente o asunto o darlo por terminado: *El Ministro dio carpetazo al proyecto.*

car·pin·te·ar [karpin̪teár] *v/intr* **1.** Trabajar de carpintero. **2.** Tener afición a la carpintería.

car·pin·te·ría [karpin̪tería] *s/f* Oficio de (o taller donde trabaja el) carpintero.

car·pin·te·ro [karpin̪téro] *s/m* El profesional en trabajar y labrar la madera.

car·po·lo·gía [karpoloxía] *s/f* BOT Tratado que estudia el fruto de las plantas.

ca·rra·ca [karráka] **I.** *adj* y *s/f* **1.** Se aplica despectivamente a un barco viejo. **2.** FIG Se dice de lo que funciona mal: *Este coche está hecho una carraca.* **3.** FIG Persona llena de achaques. **II.** *s/f* Ruedecita cuyos dientes pasan por una lengüeta flexible que produce un chasquido seco.

ca·rras·ca [karráska] *s/f* Encina pequeña.

ca·rras·cal [karraskál] *s/m* Lugar poblado de carrasca.

ca·rras·co [karrásko] *s/m* Carrasca.

ca·rras·pe·ar [karraspeár] *v/intr* **1.** Tener carraspera. **2.** Aclarar la garganta mediante una tosecilla ligera.

ca·rras·peo [karraspéo] *s/m* Acción y resultado de carraspear.

ca·rras·pe·ra [karraspéra] *s/f* Aspereza y enronquecimiento de voz.

ca·rras·po·so, -a [karraspóso, -a] *adj* y *s/m,f* **1.** Se aplica a la persona que sufre carraspera crónica. **2.** AMÉR Se dice de lo que es áspero al tacto.

ca·rre·ra [karréra] *s/f* **1.** Acción de correr de un lugar a otro. **2.** Recorrido o sucesión de lugares por donde algo pasa: *La luna está a mitad de su carrera.* **3.** Competición deportiva de velocidad: *Carrera de coches/galgos,* etc. **4.** Nombre particular de un camino o calle: *Carrera de San Jerónimo.* **5.** Estudios universitarios que, una vez acabados, capacitan para ejercer una profesión: *Carrera de arquitecto.* **6.** En una prenda de punto, línea de puntos sueltos: *Tiene una carrera en la media.* LOC **A la carrera,** con mucha rapidez. **Dar carrera a alguien,** pagarle los estudios. **De carrera,** de carrerilla. **Hacer carrera,** *1.* Estudiar una carrera. *2.* Prosperar en la vida.

ca·rre·ri·lla [karreríʎa] *s/f* Corrida corta. LOC **De carrerilla,** se aplica a lo que se hace de un tirón o se sabe de memoria: *Recitó los nombres de toda la clase de carrerilla.*

ca·rre·ta [karréta] *s/f* Carro tosco cuya lanza, a la cual se uncen los animales, es prolongación de un tablero de la plataforma; sus dos ruedas están sin herrar.

ca·rre·ta·da [karretáða] *s/f* **1.** Carga que transporta un carro. **2.** Gran cantidad de cosas. LOC **A carretadas,** abundantemente.

ca·rre·te [karréte] *s/m* **1.** Eje (tubo o varilla) rematado por dos discos en el que se devana algo: *Carrete de hilo.* **2.** Película fotográfica enrollada en un carrete. LOC **Dar carrete,** *1.* En la pesca o cometa, dar hilo. *2.* FIG Dilatar a uno una instancia. **Tener carrete,** hablar mucho: *Esta mujer tiene carrete para rato.*

ca·rre·te·la [karretéla] *s/f* Coche de caja poco profunda, de cuatro asientos y descapotable.

ca·rre·te·ra [karretéra] *s/f* Camino amplio y pavimentado destinado a la circulación rodada.

ca·rre·te·ro, -a [karretéro, -a] *s/m,f* Conductor de carros y carretas.

ca·rre·ti·lla [karretíʎa] *s/f* Artesa con una rueda delantera y dos vástagos en la parte posterior para transportar materiales.

ca·rre·tón [karretón] *s/m* Carro pequeño.

ca·rri·co·che [karrikótʃe] *s/m* **1.** Carro cuya caja es como la de un coche. **2.** Coche destartalado.

ca·rril [karríl] *s/m* **1.** Huella que deja en un suelo blando el paso continuo de ruedas. **2.** Cada una de las barras sobre las que ruedan los trenes o tranvías. **3.** En una carretera, calle o autopista, zona por donde pasa un vehículo.

ca·rri·lle·ra [karriʎéra] *s/f* Quijada.

ca·rri·llo [karríʎo] *s/m* Parte blanda de la cara, desde la mejilla hasta debajo de la quijada. LOC **Comer a dos carrillos,** *1.* Comer con voracidad. *2.* Desempeñar simultáneamente varios cargos lucrativos.

ca·rri·llu·do, -a [karriʎúðo, -a] *adj* De carrillos abultados.

ca·rri·zo [karríθo] *s/m* Planta graminácea de tallo alto y hojas anchas; se emplea para forraje, hacer cielos rasos y escobas.

ca·rro [kárro] *s/m* **1.** Plataforma sobre dos ruedas, con paredes laterales y dos varas de enganche para las caballerías; se usa como vehículo de transporte. **2.** En las máquinas de escribir, pieza sobre la que se aplica el papel. **3.** AMÉR Coche. LOC **Parar el carro,** se usa imperativamente para parar a alguien que está fuera de sí: *¡Oye tú! ¡Para el carro!* **Tirar del carro,** hacer el trabajo más pesado.
Carro de combate, tanque de guerra.

ca·rro·ce·ría [karroθería] *s/f* **1.** Establecimiento donde se fabrican, venden y reparan carruajes. **2.** Caja del coche (auto o tren).

ca·rro·ce·ro [karroθéro] *s/m* El que diseña, construye o repara carruajes o carrocerías.

ca·rro·ma·to [karromáto] *s/m* Carro grande con toldo.

ca·rro·ña [karróɲa] *s/f* Carne putrefacta: *Los buitres se alimentan de carroña.*

ca·rro·za [karróθa] *s/f* **1.** Coche adornado con esmero y gusto. **2.** Coche grande y adornado para funciones públicas: *El embajador llegó al palacio real en carroza.*

LOC **Ser un/una carroza,** COL ser persona anticuada en gustos y manera de pensar.

ca·rrua·je [karrwáxe] *s/m* Armazón de madera o metal montado sobre ruedas.

ca·rru·sel [karrusél] *s/m* **1.** Ejercicio hípico de mucha vistosidad. **2.** Atracción típica de feria que da vueltas y en la que se montan los niños. **3.** FIG Exhibición llamativa: *Carrusel carnavalesco.*

car·ta [kárta] *s/f* **1.** Documento escrito en general. **2.** Misiva que una persona envía a un destinatario. **3.** En una baraja, cada una de las cartulinas. **4.** Representación topográfica de una zona terrestre con sus accidentes geográficos, núcleos urbanos, etc. **5.** En un restaurante, lista de platos que se sirven. LOC **A carta cabal,** enteramente: *Es noble a carta cabal.* **Adquirir carta de naturaleza,** *1.* Dar o considerar como normal algo. *2.* Documento por el que un extranjero adquiere otra nacionalidad. **Dar carta blanca,** otorgar plenos poderes. **Echar las cartas,** decir la buenaventura. **Enseñar las cartas,** *1.* En el juego de naipes, mostrar la baza. *2.* FIG Manifestar el propósito que se alberga. **Jugar alguien sus cartas,** utilizar los medios disponibles con astucia para conseguir un fin. **No saber a qué carta quedarse,** estar indeciso. **Poner las cartas boca arriba/sobre la mesa,** *1.* Enseñarlas. *2.* FIG Mostrar alguien sus intenciones ocultas. **Tomar cartas en el asunto,** intervenir en él.

car·ta·bón [kartaβón] *s/m* **1.** Placa triangular para dibujar. **2.** Regla graduada con un tope fijo y otro corredizo para medir el pie.

car·ta·ge·ne·ro, -a [kartaxenéro, -a] *adj* y *s/m,f* De Cartagena.

car·ta·gi·nés, -sa [kartaxinés, -sa] *adj* y *s/m,f* Natural de Cartago.

car·ta·pa·cio [kartapáθjo] *s/m* **1.** Cuaderno para anotar algo. **2.** Carpeta para guardar papeles. LOC **Estar/Tener algo en el cartapacio,** tener algo en estudio.

car·te·ar [karteár] **I.** *v/intr* En los naipes, tantear jugando las cartas falsas. **II.** REFL(-SE) Mantener correspondencia por carta con otra persona: *Se cartea con un amigo.*

cár·tel o **car·tel** [kártel/kartél] *s/m* Asociación de entidades diversas para conseguir un mismo objetivo (regulación de precios, compras, ventas, etc.).
ORT *Pl: Cárteles/Carteles.*

car·tel [kartél] *s/m* Anuncio escrito y/o dibujado de un evento, colocado en lugares públicos: *Cartel de la corrida.* LOC **En cartel,** se dice de los espectáculos que están en la cartelera. **Tener cartel,** ser famoso.

car·te·le·ra [karteléra] *s/f* **1.** Armazón, en un lugar público, donde se colocan anuncios o carteles. **2.** En una publicación, listado de espectáculos.

car·te·le·ro, (-a) [karteléro, (-a)] **I.** *adj* Se aplica al espectáculo, artista, autor, etc., que atrae al público. **II.** *s/m* Hombre que fija carteles.

car·teo [kartéo] *s/m* Acción de cartear(se).

cár·ter [kárter] *s/m* Caja metálica y de protección en un mecanismo o motor. En los automóviles, caja con lubricante, a la vez que protectora.

car·te·ra [kartéra] *s/f* **1.** Utensilio de material flexible (piel, plástico, skai, etc.) que se lleva en el bolsillo para guardar dinero, tarjetas de crédito, etc. **2.** Estuche de mayores dimensiones para llevar documentos, libros, etc. **3.** FIG Dignidad de ministro: *Ministro sin cartera.* **4.** Valores comerciales personales o de una institución: *Su cartera de valores es muy buena.* LOC **Tener en cartera,** *1.* Tener en previsión. *2.* Tener valores en el activo de una firma comercial.
Cartera de pedidos, petición de órdenes de compra.

car·te·ría [kartería] *s/f* **1.** Empleo de cartero. **2.** Oficina de correos donde se recibe y distribuye la correspondencia.

car·te·ris·ta [karterísta] *s/m* Ladrón de carteras.

car·te·ro, -a [kartéro, -a] *s/m,f* En el servicio de correos, repartidor de cartas.

car·te·sia·nis·mo [kartesjanísmo] *s/m* Doctrina de Descartes y de sus discípulos.

car·ti·la·gi·no·so, -a [kartilaxinóso, -a] *adj* Referente o semejante al cartílago.

car·tí·la·go [kartílaγo] *s/m* Tejido conjuntivo resistente y elástico de algunos vertebrados inferiores; en los superiores prolonga y/o sostiene órganos como la oreja, nariz o laringe.

car·ti·lla [kartíʎa] *s/f* **1.** Librito para aprender a leer (letras y sílabas). **2.** Cuaderno pequeño para anotaciones (personales, oficiales, etc.): *Cartilla militar.* **3.** Tratado elemental de algo: *Cartilla de supervivencia.* LOC **Leerle/Cantarle a uno la cartilla,** *1.* Enseñarle. *2.* Reprenderle.

car·to·gra·fía [kartoγrafía] *s/f* Técnica de trazar mapas o cartas cartogáficas.

car·to·gra·fiar [kartoγrafjár] *v/tr* Alzar y trazar una carta cartográfica.
ORT, PRON La *i* recibe el acento en el *sing* y *3.ª pers pl* del *pres* de *ind* y *subj: Cartografío,* etc.

car·to·grá·fi·co, -a [kartoγráfiko, -a] *adj* Referente a la cartografía.

car·tó·gra·fo, -a [kartóγrafo, -a] *s/m,f* Especialista en cartografía.

car·to·man·cia [kartománθja] *s/f* Adivinación por los naipes.
ORT También: *Cartomancía.*

car·tón [kartón] *s/m* **1.** Material compuesto de planchas gruesas y duras de pasta de papel de poca calidad. **2.** Modelo para tapices, cuadros o frescos, esbozados sobre este material: *Los cartones de Goya.* **3.** Docena (o media docena) de huevos colocados en cartones (de pasta de papel o plástico). **4.** Caja de cartón que contiene diez cajetillas de cigarrillos: *Un cartón de tabaco.*

car·to·na·je [kartonáxe] *s/m* Conjunto de cosas de cartón.

car·to·né [kartoné] *adj* GAL Encartonado.

car·tu·che·ra [kartutʃéra] *s/f* **1.** Caja forrada de cuero usada para llevar cartuchos. **2.** Canana.

car·tu·cho [kartútʃo] *s/m* Receptáculo cilíndrico de cartón o plástico, con explosivo. LOC **Quemar el último cartucho**, en un apuro, utilizar lo único que queda para salir de él.

car·tu·ja·no, -a [kartuxáno, -a] *adj* y *s/m,f* Cartujo.

car·tu·jo, (-a) [kartúxo, (-a)] **I.** *s/f* **1.** Orden religiosa contemplativa, fundada por San Bruno en 1086. **2.** Monasterio de esa orden. **II.** *adj* y *s/m,f* Se aplica al religioso o a la orden de los cartujos.

car·tu·li·na [kartulína] *s/f* Papel grueso o cartón delgado flexible.

ca·rún·cu·la [karúŋkula] *s/f* **1.** Excrecencia carnosa y eréctil sobre o debajo de la cabeza de algunas aves (gallo, pavo, urogallo, etc.). **2.** MED Excrecencia carnosa.

ca·sa [kása] *s/f* **1.** Edificio para vivir en él. **2.** En un edificio, local independiente destinado a vivienda: *Mi casa está en el n.º 10, 1.º, 2.ª* **3.** Conjunto de los miembros de una familia real: *La casa de los Borbones.* **4.** Empresa industrial o comercial: *Esta casa es la editorial más importante.* LOC **Echar la casa por la ventana**, gastar mucho en algo. **Empezar la casa por el tejado**, hacer las cosas al revés. **Entrar como Pedro por su casa**, penetrar en casa ajena como en la suya propia. **Levantar casa**, mudarse. **Llevar la casa**, administrarla. **No parar en casa**, estar siempre fuera.
Casa de citas, la de prostitución.
Casa consistorial, alcaldía o ayuntamiento.

ca·sa·ca [kasáka] *s/f* Chaqueta de mujer semejante a un abrigo corto.

ca·sa·ción [kasaθjón] *s/f* Acción de casar **(II)**: *Un recurso de casación.*

ca·sa·de·ro, -a [kasaðéro, -a] *adj* Se aplica a quien está en edad de casarse.

ca·sa·do, -a [kasáðo, -a] *adj* y *s/m,f* (Con *estar, ser*) Resultado de casarse o quien está casado.

ca·sal [kasál] *s/m* Casa de campo.

ca·sa·ma·ta [kasamáta] *s/f* Bóveda muy resistente en donde se instalan piezas de artillería.

ca·sa·men·te·ro, -a [kasamen̪téro, -a] *adj* y *s/m,f* Se dice de la persona que arregla casamientos.

ca·sa·mien·to [kasamjén̪to] *s/m* **1.** Acción y resultado de casar(se). **2.** Ceremonia nupcial.

ca·sar [kasár] **I.** *v/tr* **1.** Celebrar las formalidades para unir a dos personas en matrimonio. **2.** Combinar colores, tejidos o números (a veces seguido de *con*): *Nunca casa los colores al vestirse.* **II.** *v/intr* (Seguido de *con*) Hacer que varias cosas se correspondan. **III.** *v*/REFL(-SE) Unirse en matrimonio. LOC **No casarse con nadie,** no dejarse influenciar por nadie. RPr **Casar(se) con/en/por:** *Se casó en segundas nupcias. Se casó por poderes.*

ca·sa·rie·go, -a [kasarjéɣo, -a] *adj* Aficionado a estar en casa.

cas·ca [káska] *s/f* **1.** Hollejo de uva exprimida. **2.** Corteza de árboles. **3.** *pl* Trozos confitados de cáscara de fruta.

cas·ca·bel [kaskaβél] *s/m* **1.** Bola hueca metálica con orificios; una partícula interior suelta produce un tintineo al agitarla. **2.** En la llamada serpiente de cascabel, escamas córneas modificadas en la cola.

cas·ca·be·le·ar [kaskaβeleár] **I.** *v/tr* Infundir ilusiones vanas a uno para que haga algo determinado. **II.** *v/intr* Obrar con ligereza.

cas·ca·be·leo [kaskaβeléo] *s/m* Ruido de cascabeles.

cas·ca·do, (-a) [kaskáðo, (a)] **I.** *adj* Se dice de las personas o cosas trabajadas, rotas o gastadas: *Tiene la voz cascada.* **II.** *s/f* **1.** Caída de agua en un desnivel o rotura de terreno. **2.** Se dice de los dispositivos eléctricos/electrónicos accionados en serie: *Válvulas de seguridad en cascada.*

cas·ca·jo [kaskáxo] *s/m* **1.** Fragmentos diminutos de algo duro (ladrillos, vasijas, etc.). **2.** Mezcla de arcilla y grava que se extiende en senderos y plazoletas de los jardines.

cas·ca·nue·ces [kaskanwéθes] *s/m* Tenaza para partir frutos secos.
ORT *Pl: Cascanueces.*

cas·car [kaskár] **I.** *v/tr* **1.** Romper algo quebradizo, separando o no los trozos: *Cascó el jarrón.* **2.** FIG Golpear a alguien: *Ayer le cascaron en el colegio.* **II.** *v/intr* **1.** Hablar mucho: *Siempre está cascando con*

la vecina. **2.** Morir: *Cascó a los noventa años.*
ORT Ante *e* la *c* cambia en *qu: Casqué.*

cás·ca·ra [káskara] *s/f* **1.** Envoltura dura y quebradiza de algo (huevo, frutos secos, etc.). **2.** Corteza gruesa de ciertos frutos (plátano, naranja, etc.).

cas·ca·ri·lla [kaskaríʎa] *s/f* Recubrimiento tenue y quebradizo de los granos de los cereales y frutos secos (almendras, cacachuetes, etc.).

cas·ca·rón [kaskarón] *s/m* Cáscara del huevo que envuelve al polluelo.

cas·ca·rra·bias [kaskarráβjas] *s/m,f* Persona que se irrita con facilidad.
ORT *Pl: Cascarrabias.*

cas·co [kásko] *s/m* **1.** Fragmento de algo roto. **2.** Pieza de metal o plástico (metálica o de fibra dura) que protege la cabeza: *Casco de bombero.* **3.** Zona córnea del pie de las caballerías, donde se clavan las herraduras. **4.** Cuerpo de una embarcación sin aparejos ni maquinaria. **5.** FIG Recipiente para almacenar líquidos: *El casco de una botella.* **6.** Núcleo densamente edificado de una población: *El casco urbano.* LOC **Alegre/Ligero de cascos,** se aplica a las personas irreflexivas o a la mujer coqueta. **Romperse/Calentarse los cascos,** pensar mucho en algo.

cas·co·te [kaskóte] *s/m* Fragmentos que resultan de derribar una obra de albañilería.

ca·seí·na [kaseína] *s/f* QUÍM Elemento principal albuminoide de la leche y queso.

ca·se·río [kaserío] *s/m* **1.** Conjunto de casas sin llegar a formar un pueblo. **2.** Casa aislada en el campo.

ca·ser·na [kasérna] *s/f* Almacén fortificado debajo de los baluartes.

ca·se·ro, -a [kaséro, -a] **I.** *adj* **1.** Hecho en casa y no fuera: *Cocina casera.* **2.** Aficionado a quedarse en casa o a las cosas propias de casa: *Mi hijo es muy casero.* **II.** *s/m,f* **1.** Propietario(a) de una casa alquilada. **2.** Administrador de una finca rústica.

ca·se·rón [kaserón] *s/m* Casa grande y/o destartalada.

ca·se·ta [kaséta] *s/f* **1.** Casita o barraca. **2.** Casita de madera para usos diversos (feria, vestuario, guardagujas, etc.).

ca·se·tón [kasetón] *s/m* ARQ Espacio cóncavo en los artesonados.

ca·si [kási] *adv* Que falta muy poco para que la cualidad, estado, manera o acción expresados por la palabra a que se refiere, ocurra: *Este árbol es casi centenario.*

ca·si·lla [kasíʎa] *s/f* **1.** Casa pequeña de guardagujas, carabinero, peón caminero o puesto de venta (mercados). **2.** Espacio entre dos rayas verticales o cuadrículas (papel). **3.** Cada uno de los cuadrados de un tablero (ajedrez, crucigrama, etc.). **4.** En un casillero, cada una de las divisiones. LOC **Sacar a uno de sus casillas,** *1.* Irritarle. *2.* Hacerle perder su ritmo metódico de vida.

ca·si·lle·ro [kasiʎéro] *s/m* Mueble con divisiones para tener clasificados documentos u objetos diversos.

ca·si·no [kasíno] *s/m* **1.** Asociación y lugar donde se reúne un grupo de personas para actividades diversas: *Casino militar.* **2.** Casa de juego: *Casino de Montecarlo.*

ca·si·te·ri·ta [kasiteríta] *s/f* MIN Bióxido de estaño color pardo.

ca·so [káso] *s/m* **1.** Circunstancia o suceso real o posible. **2.** MED Enfermedad: *Es un caso de peritonitis.* **3.** GRAM Flexión nominal que expresa función relacional en la oración: *El caso acusativo.* **4.** Casualidad. LOC **Caso de,** en caso de que. **Dado el caso,** en caso de que. **Darse el caso,** suceder. **El caso es que,** *1.* Se usa para expresar una contradicción entre lo que se va a expresar y lo que piensa el que habla o escucha: *El caso es que no te puedo pagar.* *2.* Se antepone a frases dubitativas: *El caso es que no sé si decírselo.* **En todo caso,** *1.* Expresión con que se matiza una afirmación anterior: *No tengo zapatos del 44; en todo caso, del 43.* *2.* En toda circunstancia. **El caso es que,** el hecho es que. **¡Es un caso!,** ser caso especial: *¡Luis es un caso! No para de hablar.* **Estar en el caso,** estar al corriente. **Hacer al caso,** tener relación con algo: *Sus títulos no hacen al caso.* **Hacer caso** (con *a, de*), tomar en consideración. **Hacer caso omiso,** no tomar en consideración. **Llegado el caso,** si esto sucede. **Poner por caso,** poner por ejemplo. **Ser/Venir al caso,** a propósito.

ca·so·na [kasóna] *s/f* Casa grande, en general antigua y señorial.

ca·so·rio [kasórjo] *s/m* **1.** *desp* de *casamiento.* **2.** Preparativos y festejos inherentes a una boda.

cas·pa [káspa] *s/f* Escamillas blancuzcas en el cuero cabelludo.

¡cás·pi·ta! [káspita] *interj* admirativa o de extrañeza.

cas·que·te [kaskéte] *s/m* **1.** Parte de una armadura que cubre la zona superior de la cabeza. **2.** Gorra. **3.** Casquillo de un cartucho.

cas·qui·llo [kaskíʎo] *s/m* Pieza cilíndrica metálica que cubre, refuerza o protege algo (punta de bastón, base de lámpara, refuerzo de eje, etc.): *Casquillo de bala.*

cas·se·tte [kasét(e)] *s/m,f* **1.** Receptáculo en forma de librito que contiene una cinta magnética (usualmente de magnetófono o de vídeo). **2.** Aparato reproductor o grabador de estas cintas.

cas·qui·va·no, -a [kaskiβáno, -a] *adj* COL Se aplica a la persona irreflexiva.

cas·ta [kásta] *s/f* **1.** En el reino animal, variedad formada por ciertos caracteres hereditarios. **2.** Linaje de una persona: *Casta de héroes.* **3.** División social en ciertas naciones: *En la India hay muchas castas.* **4.** Grupo profesional privilegiado.

cas·ta·ñar [kastaɲár] *s/m* Lugar poblado de castaños.

cas·ta·ñe·ta [kastaɲéta] *s/f* **1.** Castañuela. **2.** Chasquido producido al hacer resbalar con fuerza el dedo medio y el pulgar.

cas·ta·ñe·te·ar [kastaɲeteár] **I.** *v/tr* Tocar las castañuelas. **II.** *v/intr* Producir chasquidos con los dedos, dientes, huesos, etc.: *Los dientes le castañeteaban de frío.*

cas·ta·ñe·teo [kastaɲetéo] *s/m* Acción de castañetear.

cas·ta·ño, (-a) [kastáɲo, (-a)] **I.** *adj* Se dice de lo que tiene color pardo oscuro como el de la castaña: *Caballo castaño.* **II.** *s/m* **1.** Árbol cupulífero cuyo fruto es la castaña. **2.** *f* Fruto del castaño. **3.** *f* COL Golpe violento: *Se pegó una castaña con el coche.* **4.** COL Borrachera: *¡Vaya castaña que agarró!* LOC **Pasar algo de castaño oscuro,** ser intolerable. **Sacarle a alguien las castañas del fuego,** ayudar a uno a salir de un apuro.

cas·ta·ñue·la [kastaɲwéla] *s/f* Pieza de madera cóncava en forma de castaña que, entrechocada con otra, produce un tañido característico que acompaña a ciertas danzas populares. LOC **Estar alegre como castañuelas,** estarlo mucho.

cas·te·lla·nis·mo [kasteʎanísmo] *s/m* Expresión peculiar de Castilla.

cas·te·lla·ni·zar [kasteʎaniθár] *v/tr* Dar a una palabra de otra lengua forma castellana.
ORT Ante *e* la *z* cambia en *c: Castellanicen.*

cas·te·lla·no, (-a) [kasteʎáno, (-a)] **I.** *adj* De Castilla o relativo a la lengua española. **II.** *adj* y *s/m* El idioma español, lengua oficial de España.

cas·te·llo·nen·se [kasteʎonénse] *adj* y *s/m,f* De Castellón de la Plana.

cas·ti·ci·dad [kastiθiðáð] *s/f* Cualidad de castizo (aplicado al lenguaje, etc.).

cas·ti·cis·mo [kastiθísmo] *s/m* Amor a lo antiguo o castizo.

cas·ti·dad [kastiðáð] *s/f* Calidad de casto.

cas·ti·ga·ble [kastiɣáβle] *adj* Merecedor de castigo.

cas·ti·ga·dor, -ra [kastiɣaðór, -ra] *adj* y *s/m,f* **1.** Se dice del que castiga. **2.** Se aplica a la persona que suscita amor en las del sexo opuesto.

cas·ti·gar [kastiɣár] *v/tr* **1.** Aplicar un castigo a alguien por faltas cometidas. **2.** Maltratar física o moralmente a alguien o algo sin ser necesariamente culpable. **3.** Enamorar a alguien con coqueterías. RPr **Castigar a/con/por:** *Le castigaron por sacar malas notas/a no comer/con dos faltas.*
ORT Ante *e* la *g* cambia en *gu: Castigue.*

cas·ti·go [kastíɣo] *s/m* **1.** Acción de dañar a alguien por una culpa cometida. **2.** Algo o alguien que produce pena continuada: *Las jaquecas son su castigo.*

cas·ti·llo [kastíʎo] *s/m* **1.** Edificación fortificada con muros, fosos, etc. **2.** En un barco, cubierta entre el trinquete y la proa. LOC **Levantar o hacer castillos en el aire,** concebir esperanzas excesivas en algo.
Castillo de fuegos artificiales, elementos pirotécnicos lanzados desde diferentes lugares.

cas·ti·zo, -a [kastíθo, -a] *adj* **1.** Verdadero, originario de un país, región o lugar. **2.** Se aplica a quien usa un lenguaje sin neologismos.

cas·to, -a [kásto, -a] *adj* Se dice de la persona que se abstiene del trato sexual o usa de él con virtud.

cas·tor [kastór] *s/m* Mamífero roedor, de pelo castaño, patas cortas y cola escamosa; su piel es muy codiciada.

cas·tra·ción [kastraθjón] *s/f* Operación y resultado de castrar.

cas·tra·dor [kastraðór] *s/m* El que castra.

cas·trar [kastrár] *v/tr* **1.** Extirpar los órganos genitales de un animal. **2.** Quitar panales de miel a una colmena.

cas·tren·se [kastrénse] *adj* Se aplica a lo militar: *Código/Capellán castrense.*

cas·tro [kástro] *s/m* Fortificación iberorromana.

ca·sual [kaswál] *adj* Se aplica a lo que sucede por casualidad.

ca·sua·li·dad [kaswaliðáð] *s/f* **1.** Causa de algo no debida a un hecho intencionado. **2.** (Con *ser, darse, ocurrir*) Suceso fortuito.

ca·sual·men·te [kaswálmen̪te] *adv* Por casualidad.

ca·su·ca o **ca·su·cha** [kasúka/kasútʃa] *s/f desp* Casa pequeña y mal hecha.

ca·suís·ti·ca [kaswístika] *s/f* Conjunto de casos que ilustran una teoría.

ca·suís·ti·co, -a [kaswístiko, -a] *adj* **1.**

De la casuística. **2.** Se dice de las normas que no son de aplicación general.

ca·su·lla [kasúʎa] *s/f* Vestimenta sagrada que se coloca el sacerdote sobre las demás para celebrar misa.

ca·ta [káta] *s/f* Acción de catar o examinar el interior de algo: *Cata del vino.*

ca·ta·clis·mo [kataklísmo] *s/m* **1.** Desastre de proporciones desusadas (terremoto, maremoto, hundimiento de una ciudad, etc.). **2.** FIG Acontecimiento que origina un gran trastorno.

ca·ta·cum·bas [katakúmbas] *s/f, pl* Galerías subterráneas donde los primitivos cristianos enterraban a sus difuntos y celebraban el culto.

ca·ta·du·ra [kataðúra] *s/f* **1.** Acción y resultado de catar. **2.** FIG Aspecto de una persona: *Es un tipo de mala catadura.*

ca·ta·fal·co [katafálko] *s/m* Túmulo sepulcral que se coloca en una iglesia para la celebración de un funeral.

ca·ta·lán, -na [katalán, -na] **I.** *adj* De Cataluña. **II.** *s/m,f* El idioma o los naturales de Cataluña.

ca·ta·la·nis·mo [katalanísmo] *s/m* **1.** Expresión catalana usada en otro idioma peninsular. **2.** Política que favorece todo lo catalán y/o la independencia política de Cataluña.

ca·ta·la·nis·ta [katalanísta] **I.** *adj* Referente al catalanismo. **II.** *s/m,f* Seguidor(a) del catalanismo.

ca·ta·le·jo [kataléxo] *s/m* Anteojo de larga distancia.

ca·ta·lep·sia [katalépsia] *s/f* MED Pérdida súbita de la contractilidad muscular y sensorial producida por una enfermedad cerebral.

ca·ta·lép·ti·co, -a [kataléptiko, -a] *adj* y *s/m,f* De la catalepsia y/o atacado por ella.

ca·tá·li·sis [katálisis] *s/f* QUÍM Transformación producida por cuerpos activadores o retardadores que aparecen inalterados al finalizar la reacción.

ca·ta·lí·ti·co, -a [katalítiko, -a] *adj* Referente a la catálisis.

ca·ta·li·za·dor, -ra [kataliθaðór, -ra] *adj* y *s/m,f* Se aplica a los cuerpos capaces de activar una reacción química sin cambiar ellos.

ca·ta·lo·ga·ción [kataloγaθjón] *s/f* Acción y resultado de catalogar.

ca·ta·lo·gar [kataloγár] *v/tr* **1.** Incluir algo en un catálogo. **2.** Asignar a alguien determinadas características o clasificarle en un grupo: *Catalogaron a este político de blando.* **Catalogar (a alguien) de (2).**
ORT Ante *e* la *g* cambia en *gu: Catalogue.*

ca·tá·lo·go [katáloγo] *s/m* Inventario o lista ordenada de libros u otras cosas. LOC **En catálogo,** disponible.

ca·ta·plas·ma [kataplásma] *s/f* Masa de linaza o mostaza que se aplica generalmente caliente al cuerpo con fines curativos.

ca·ta·pul·ta [katapúl̪ta] *s/f* **1.** Artefacto bélico antiguo que arrojaba piedras o saetas. **2.** Artefacto para dar impulso a los aviones en despegues sobre superficies cortas.

ca·ta·pul·tar [katapul̪tár] *v/tr* **1.** Lanzar los aviones con catapulta. **2.** FIG Hacer a alguien famoso de manera rápida.

ca·tar [katár] *v/tr* Probar algo (bebida o alimento).

ca·ta·ra·ta [kataráta] *s/f* **1.** Salto grande de agua: *Las cataratas del Niágara.* **2.** Enfermedad ocular que produce la opacidad del cristalino.

ca·ta·rral [katarrál] *adj* Referente al catarro.

ca·ta·rro [katárro] *s/m* Inflamación de la membrana mucosa y aumento de la secreción, especialmente de la nasal.

ca·tar·sis [katársis] *s/f* **1.** Purificación. **2.** MED Expulsión de los productos nocivos al organismo.

ca·tas·tral [katastrál] *adj* Referente al catastro.

ca·tas·tro [katástro] *s/m* Censo y catálogo estadístico de las fincas rústicas y urbanas.

ca·tás·tro·fe [katástrofe] *s/f* **1.** Suceso muy grave que altera el orden normal de las cosas **2.** FIG Se aplica a algo mal hecho: *Este examen es una catástrofe.*

ca·tas·tró·fi·co, -a [katastrófiko, -a] *adj* **1.** Referente a una catástrofe. **2.** Desastroso: *Ha sacado unas notas catastróficas.*

ca·ta·vi·no [kataβíno] *s/m* **1.** Agujero en la zona superior de una barrica; sirve para probar el vino. **2.** Tubo que se introduce en una cuba para sacar vino y probarlo. **3.** *pl* Persona que cata vinos.

ca·te·ar [kateár] *v/tr* COL Suspender un examen: *Me han cateado las matemáticas.*

ca·te·cis·mo [kateθísmo] *s/m* **1.** Libro en forma de preguntas y respuestas que contiene la doctrina cristiana. **2.** *Por ext,* obra así redactada que condensa un arte o creencia.

ca·te·cú·me·no, -a [katekúmeno, -a] *s/m,f,* **1.** Aspirante al bautismo. **2.** Neófito de cualquier doctrina.

cá·te·dra [káteðra] *s/f* **1.** Sitial elevado desde donde explica un profesor. **2.** Cargo y empleo de catedrático. LOC **Sentar cáte-**

dra, dar una explicación convincente de algo.

ca·te·dral [kateðrál] *adj* y *s/f* Se aplica a la iglesia principal de una diócesis.

ca·te·dra·li·cio, -a [katedralíθjo, -a] *adj* Referente a la catedral.

ca·te·drá·ti·co, -a [kateðrátiko, -a] *s/m,f* Persona titular de una cátedra.

ca·te·go·ría [kateγoría] *s/f* **1.** Cada grupo de personas o cosas de una especie, jerárquicamente distribuidas: *Hotel de segunda categoría.* **2.** (Con *de*) Se aplica a personas de elevada clase social o que ocupan puestos importantes: *Tiene un empleo de categoría.* LOC **Tener mucha categoría,** se aplica a quien destaca en su profesión. **Dar categoría (a),** realzar algo.

ca·te·gó·ri·co, -a [kateγóriko, -a] *adj* Se aplica a lo que se afirma o niega rotundamente: *Respondió con un sí categórico.*

ca·te·na·rio, (-a) [katenárjo, (-a)] **I.** *adj* Referente a la curva que, por su propio peso, forma una cadena, cable, etc., suspendido por sus extremos. **II.** *s/f* Sistema de suspensión del tendido eléctrico de ferrocarril.

ca·te·que·sis [katekésis] *s/f* Enseñanza del catecismo.

ca·te·quis·ta [katekísta] *s/m,f* Persona que enseña la doctrina.

ca·te·qui·za·ción [katekiθaθjón] *s/f* Actividad de enseñar el catecismo.

ca·te·qui·zar [katekiθár] *v/tr* **1.** Instruir a alguien en la fe cristiana. **2.** Adoctrinar a alguien en unos principios determinados. ORT Ante *e* la *z* cambia en *c*: *Catequicen.*

ca·ter·va [katérβa] *s/f* Multitud agrupada de personas o cosas de modo poco ordenado o poco importantes.

ca·té·ter [katéter] *s/m* MED Tubo por el que se evacúan los gases o líquidos o sonda introducida en el organismo para explorarlo.

ca·te·te·ris·mo [kateterísmo] *s/m* MED Introducción en un conducto o cavidad de un catéter.

ca·te·to, -a [katéto, -a] **I.** *s/m,f* Persona tosca e ignorante. **II.** *s/m* GEOM En un triángulo rectángulo, cada uno de los lados que forman el ángulo recto.

ca·ti·li·na·ria [katilinárja] **I.** *adj* Se aplica a los discursos de Cicerón contra Catilina. **II.** *s/f* Discurso o escrito contra alguien.

ca·tión [katjón] *s/m* FÍS En la electrólisis, ion positivo.

ca·tó·di·co, -a [katóðiko, -a] *adj* FÍS Referente al cátodo.

cá·to·do [kátoðo] *s/m* FÍS Polo negativo en un generador o batería eléctrica.

ca·to·li·ci·dad [katoliθiðáð] *s/f* Universalidad de algo, en especial la de la iglesia católica.

ca·to·li·cis·mo [katoliθísmo] *s/m* **1.** Doctrina de la iglesia católica. **2.** Calidad de católico.

ca·tó·li·co, -a [katóliko, -a] *adj* y *s/m,f* Se dice de quien profesa el catolicismo.

ca·tón [katón] *s/m* Libro para aprender a leer.

ca·tor·ce [katórθe] **I.** *adj* Diez más cuatro. **II.** *s/m* Decimocuarto: *El 14 de abril.*

ca·tor·cea·vo, -a [katorθeáβo, -a] *adj* Catorzavo.

ca·tor·za·vo, (-a) [katorθáβo, (-a)] *adj* y *s/m* Se aplica a cada una de las catorce partes iguales de un todo.

ca·tre [kátre] *s/m* Cama plegable en la que un armazón de tijera sostiene una tela.

cau·ca·sia·no, -a [kaukasjáno, -a] *adj* Del Cáucaso.

cau·cá·si·co, -a [kaukásiko, -a] *adj* **1.** Relativo al Cáucaso. **2.** Se aplica a la raza blanca.

cau·ce [káuθe] *s/m* Depresión natural o artificial del terreno por donde corre un curso de agua. LOC **Volver las aguas a su cauce,** arreglarse un asunto.

cau·ción [kauθjón] *s/f* **1.** Precaución o cautela. **2.** DER Seguridad de que se cumplirá una obligación contraída.

cau·cho [káutʃo] *s/m* Sustancia elástica y resistente que se extrae del jugo de ciertas plantas tropicales.

cau·dal [kauðál] **I.** *adj* De la cola: *Aleta caudal.* **II.** *s/m* **1.** Cantidad de agua que mana o fluye: *Río de mucho caudal.* **2.** Posesiones dinerarias de alguien: *Posee grandes caudales de dinero.* **3.** Abundancia de algo: *Posee un gran caudal de conocimientos.*

cau·da·lo·so, -a [kauðalóso, -a] *adj* Se aplica a la corriente o manantial con mucha agua.

cau·di·lla·je [kauðiʎáxe] *s/m* Gobierno de un caudillo.

cau·di·llo [kauðíʎo] *s/m* Jefe que manda y dirige, particularmente en la guerra.

cau·sa [káusa] *s/f* **1.** Suceso o cosa que produce algo. **2.** Ideal al que se dedican esfuerzos desinteresados: *Sacrificó su vida por la causa.* **3.** Disputa judicial ante un tribunal: *Tramitaron la causa de divorcio.* LOC **Instruir una causa,** incoar un proceso. **A causa de,** por: *Perdieron el tren a causa* *del tráfico.* **Hablar sin causa,** hacerlo sin razón.

cau·sal [kausál] *adj* De la(s) causa(s).

cau·sa·li·dad [kausaliðáð] *s/f* Unión o relación de causa(s) y efecto(s).

cau·san·te [kausánte] *adj* y *s/m,f* Que causa.

cau·sar [kausár] *v/tr* Producir una causa su efecto: *Su divorcio causó impacto.*

cau·sa·ti·vo, -a [kausatíβo, -a] *adj* Que origina algo.

caus·ti·ci·dad [kaustiθiðáð] *s/f* Cualidad de cáustico.

cáus·ti·co, -a [káustiko, -a] *adj* **1.** Se aplica a lo que quema los tejidos (ácidos, lejía, etc.): *Sosa cáustica.* **2.** Se aplica al lenguaje agresivo y a sus usuarios.

cau·te·la [kautéla] *s/f* Cuidado previsor con que se hace algo.

cau·te·lar [kautelár] **I.** *adj* Precautorio: *Prisión cautelar.* **II.** *v/tr* Prevenir.

cau·te·lo·so, -a [kautelóso, -a] *adj* Que actúa con cautela.

cau·te·rio [kautérjo] *s/m* MED Medio curativo por el que se quema o destruye un tejido (en operaciones, infecciones, etc.).

cau·te·ri·za·ción [kauteriθaθjón] *s/f* Acción y resultado de cauterizar.

cau·te·ri·zar [kauteriθár] *v/tr* MED Curar heridas y/o enfermedades con el cauterio: *Le cauterizaron la herida de bala.*
ORT Ante *e* la *z* cambia en *c: Cauterice.*

cau·ti·va·dor, -ra [kautiβaðór, -ra] *adj* y *s/m,f* Que cautiva.

cau·ti·var [kautiβár] *v/tr* **1.** Hacer cautiva a una persona. **2.** FIG Atraer poderosamente la atención de alguien: *El conferenciante cautivó al auditorio.*

cau·ti·ve·rio [kautiβérjo] *s/m* Privación de la libertad y/o duración de la misma.

cau·ti·vi·dad [kautiβiðáð] *s/f* Cautiverio.

cau·ti·vo, -a [kautíβo, -a] *adj* y *s/m,f* Se aplica a quien sufre cautividad.

cau·to, -a [káuto, -a] *adj* Se aplica a quien obra con cautela.

ca·va [káβa] *s/f* **1.** Acción de cavar. **2.** Lugar donde se almacena y cuida el vino. **3.** *s/m* Vino elaborado al estilo del champán.

ca·var [kaβár] *v/tr* **1.** Remover la tierra con un instrumento agrícola. **2.** Hacer una zanja, pozo, etc.

ca·ver·na [kaβérna] *s/f* **1.** Oquedad profunda en la roca o en la tierra. **2.** Cavidad resultante de la destrucción de tejidos en ciertas partes del cuerpo (especialmente los pulmones).

ca·ver·na·rio, -a [kaβernárjo, -a] *adj* Peculiar de las cavernas.

ca·ver·ní·co·la [kaβerníkola] **1.** *adj* y *s/m,f* Que vive en las cavernas. **2.** FIG Persona de ideas reaccionarias.

ca·ver·no·so, -a [kaβernóso, -a] *adj* **1.** Referente a las cavernas. **2.** Se aplica a la voz muy baja: *Tiene voz cavernosa.*

ca·viar [kaβjár] *s/m* Huevas de esturión; es manjar exquisito.

ca·vi·dad [kaβiðáð] *s/f* Oquedad en el seno de cualquier cuerpo.

ca·vi·la·ción [kaβilaθjón] *s/f* Acción y resultado de cavilar.

ca·vi·lar [kaβilár] *v/tr, intr* Pensar sobre un asunto con preocupación o intensidad.

ca·ya·do [kaJáðo] *s/m* Bastón corvo por la parte donde se agarra.

ca·yo [káJo] *s/m* Uno de los numerosos islotes llanos y arenosos en las Antillas y golfo de Méjico.

caz [káθ] *s/m* Canal que conduce el agua hacia donde es aprovechada.

ca·za [káθa] *s/f* **1.** Acción de cazar. **2.** Animal(es) que se caza(n): *En este monte hay caza abundante.* **3.** *s/m* Avión de caza. LOC **Andar a la caza de,** ir en busca de. **Dar caza,** perseguir a alguien hasta alcanzarlo.

ca·za·dor, (-ra) [kaθaðór, (-ra)] **I.** *adj* y *s/m,f* Que caza. **II.** *s/f* Prenda de vestir informal, con el cinturón elástico y bolsillos.

ca·za·lla [kaθáʎa] *s/f* Agua de anís.

ca·zar [kaθár] *v/tr* **1.** Acosar a los animales salvajes y capturarlos o matarlos. **2.** Conseguir algo bueno: *He cazado una buena esposa.* **3.** Apercibirse de algo con rapidez: *Caza las indirectas al vuelo.* **4.** DEP Perseguir a alguien y darle alcance: *El pelotón cazó a los escapados.*
ORT Ante *e* la *z* cambia en *c: Cacen.*

ca·za·tor·pe·de·ro, (-a) [kaθatorpeðéro, (-a)] *adj* y *s/m* Barco pequeño y rápido que persigue a los torpederos.

ca·zo [káθo] *s/m* **1.** Semiesfera con mango para verter líquidos. **2.** Recipiente culinario con mango largo y un pico para verter.

ca·zo·le·ta [kaθoléta] *s/f* Cazuela pequeña de forma aproximadamente semiesférica: *Cazoleta de la pipa/espada/trabuco.*

ca·zón [kaθón] *s/m* Aplicado a un perro, que es buen cazador.

ca·zue·la [kaθwéla] *s/f* **1.** Vasija poco profunda, de barro o metal, para guisar. **2.** Guiso hecho con esa vasija: *Una cazuela de judías.*

ca·zu·rre·ría [kaθurrería] *s/f* Calidad de cazurro.

ca·zu·rro, -a [kaθúrro, -a] *adj* y *s/m,f*. **1.** Se dice de la persona callada pero pícara, que hace lo que le conviene. **2.** Obstinado.

ce [θé] *s/f* Nombre de la letra 'c'.

ce·ba [θéβa] *s/f* **1.** Acción y resultado de cebar. **2.** Alimento especial para cebar ganado.

ce·ba·da [θeβáða] *s/f* Cereal de semillas alargadas y puntiagudas; sirve para pienso y para fabricar cerveza.

ce·ba·do, -a [θeβáðo, -a] *adj* **1.** Se dice del animal muy gordo. **2.** Se aplica a la fiera que es temible por haber probado carne humana.

ce·ba·dor [θeβaðór] *s/m* Frasquito de pólvora para cebar las armas de fuego antiguas.

ce·bar [θeβár] **I.** *v/tr* **1.** Alimentar animales para que engorden rápidamente. **2.** Hacer los preparativos previos para que una máquina funcione (coche, motor fuera borda, etc.). **II.** REFL(-SE) **1.** Entregarse afanosamente a algo: *Se ceba en la lujuria.* **2.** Ensañarse: *Se cebó con su víctima.* RPr **Cebarse de/en/con.**

ce·bo [θéβo] *s/m* **1.** Alimento con que se ceba a los animales. **2.** Comida con que se ceba una trampa o anzuelo: *El pez mordió el cebo.* **3.** Porción pequeña de explosivo que se coloca en un barreno, arma de fuego, etc., para que explosione la carga. **4.** Cosa agradable o atractiva para inducir a alguien a que haga algo: *El cebo de la publicidad.*

ce·bo·lla [θeβóʎa] *s/f* **1.** Planta liliácea en forma de bulbo cuyas capas blancas superpuestas se usan como condimento; son picantes. **2.** Bulbo de cualquier otra planta.

ce·bo·lle·ta [θeβoʎéta] *s/f* **1.** Planta semejante a la cebolla pero de bulbo más pequeño; parte de su tallo es comestible. **2.** Cebolla tierna que se come cruda.

ce·bo·lli·no [θeβoʎíno] *s/m* **1.** Cebolla dulce. **2.** Simiente de cebolla. **3.** FIG Se dice de la persona tonta y/o indiscreta: *Es un cebollino.*

ce·bón, (-na) [θeβón, (-na)] **I.** *adj* y *s/m,f* Se aplica al animal cebado. **II.** *s/m* Puerco.

ce·bra [θéβra] *s/f* Mamífero équido africano, de pelaje amarillento y listas transversales negras o pardas.

ce·bú [θeβú] *s/m* **1.** Bovino africano e indio con una o dos gibas de grasa en el lomo. **2.** Mono carayá.

ce·ca [θéka] *s/f* **1.** Lugar donde se acuña moneda. **2.** NUMIS Fecha de acuñación de una moneda. LOC FAM **De la Ceca a la Meca:** *(Ir) de aquí para allá.*

ce·ce·an·te [θeθeánte] *adj* Que cecea o pronuncia la *s* como *c*.

ce·ce·ar [θeθeár] *v/intr* Pronunciar de modo ceceante.

ce·ceo [θeθéo] *s/m* Acción de cecear.

ce·ci·na [θeθína] *s/f* Carne seca en salazón.

ce·da [θéða] *s/f* Zeda (letra 'z').

ce·da·zo [θeðáθo] *s/m* **1.** Tela de tejido claro o metálica en un aro o cilindro; se utiliza para cribar. **2.** Red grande de pesca.

ce·der [θeðér] **I.** *v/tr* Dejar o dar libremente a otro el disfrute de algo: *El niño cedió su sitio.* **II.** *v/intr* **1.** Disminuir algo: *Cedió la lluvia/el calor.* **2.** (Con *a, ante, en*) Cesar de oponerse a algo: *Cedió ante sus pretensiones/a sus artimañas/en sus caprichos.* **3.** Ponerse algo menos tenso: *El cable del freno cedió.* **4.** Romperse algo ante una fuerza anormal: *El puente cedió por la riada.* RPr **Ceder a/ante/en.**

ce·di·lla [θeðíʎa] *s/f* Letra 'c' con una vírgula debajo ('ç').

ce·dro [θéðro] *s/m* Árbol conífero de tronco recto y elevado, y ramas horizontales; su madera es incorruptible.

cé·du·la [θéðula] *s/f* Documento o papel donde se escribe algo: *Cédula hipotecaria. Cédula real.*

ce·fa·lal·gia [θefalálxja] *s/f* MED Dolor de cabeza.

ce·fa·lea [θefaléa] *s/f* MED Cefalalgia pertinaz que afecta a un lado de la cabeza.

ce·fa·ló·po·do [θefalópoðo] **I.** *adj* y *s/m* Se aplica a los moluscos marinos con tentáculos para nadar; segregan un líquido negruzco (pulpo, calamar, chipirón, etc.). **II.** *s/m, pl* Esa clase de animales.

cé·fi·ro [θéfiro] *s/m* **1.** Viento de poniente. **2.** En poesía, viento agradable.

ce·gar [θeγár] **I.** *v/intr* Quedarse ciego. **II.** *v/tr* **1.** Quitar la vista a alguien. **2.** Privar a alguien de la capacidad de razonamiento. **3.** Taponar un hueco o depresión: *Cegaron la ventana.* **III.** REFL(-SE) **1.** Ofuscarse la mente por causa de las pasiones. **2.** Obstruirse un conducto o taponarse un caudal. RPr **Cegarse de/por:** *Se cegó de ira/por nada.*
CONJ *Irreg: Ciego, cegué, cegaré, cegado.*

ce·ga·to, -a [θeγáto, -a] *adj* y *s/m,f* Corto de vista.

ce·gue·ra [θeγéra] *s/f* **1.** Pérdida de la vista. **2.** Obcecación mental.

ce·ja [θéxa] *s/f* **1.** Borde superior de la

órbita ocular, cubierto de pelo. **2.** Pelo que cubre estos bordes. **3.** En los instrumentos músicos de cuerda, pieza que mantiene separadas las cuerdas entre sí y la caja. LOC **Estar hasta las cejas,** hartarse de alguien o algo: *Estoy hasta las cejas de sus impertinencias.* **Tener a uno entre ceja y ceja,** no poder soportar a alguien. **Meterse (o tener) una cosa entre ceja y ceja,** tener una idea fija en la cabeza.

ce·jar [θexár] *v/intr* (Con *en,* en oraciones negativas) Desistir: *No ceja en su empeño de conquistarla.* RPr **(No) cejar en.**

ce·ji·jun·to, -a [θexixúṇto, -a] *adj* **1.** Se aplica a quien tiene el entrecejo muy junto. **2.** Se aplica a quien es adusto.

ce·ji·lla [θexíʎa] *s/f* MÚS En los instrumentos de cuerda, ceja.

ce·ju·do, -a [θexúðo, -a] *adj* De cejas pobladas y largas.

ce·la·da [θeláða] *s/f* **1.** Pieza de armadura que cubre y defiende la cabeza. **2.** Engaño para atraer al enemigo y derrotarle.

ce·la·dor, -ra [θelaðór, -ra] *s/m,f* Vigilante en colegio, cárcel, etc.

ce·la·je [θeláxe] *s/m* **1.** Aspecto del cielo con nubes tenues y de matices varios. **2.** Ventana o claraboya.

ce·lar [θelár] *v/tr* **1.** Colocar algo de modo que pase inadvertido. **2.** Vigilar.

cel·da [θéḻda] *s/f* **1.** Dormitorio individual en un convento, seminario, colegio o prisión. **2.** En un panal de abejas, cada uno de sus departamentos.

cel·di·lla [θeḻdíʎa] *s/f* En un panal de abejas, cada una de las casillas.

ce·le·bé·rri·mo, -a [θeleβérrimo, -a] *adj sup* de *célebre.*

ce·le·bra·ción [θeleβraθjón] *s/f* Acción de celebrar.

ce·le·brar [θeleβrár] *v/tr* **1.** Alabar a alguien o algo. **2.** Festejar un acontecimiento o fecha: *Celebraron la fiesta mayor.* **3.** Realizar sesiones (juntas, parlamentos, actos académicos, etc.): *La O.N.U. celebra sus sesiones en Nueva York.* **4.** Oficiar un sacerdote su oficio divino. **5.** Alegrarse por algo grato sucedido (o evitado a otro): *Celebro que estés bien de salud.*

cé·le·bre [θéleβre] *adj* Famoso.

ce·le·bri·dad [θeleβriðáð] *s/f* Calidad de célebre.

ce·le·mín [θelemín] *s/m* Medida de capacidad de los áridos (4,625 litros).

ce·len·té·reos [θeleṇtéreos] *s/m, pl* ZOOL Metazoos inferiores de simetría radiada (pólipo, medusa, etc.).

ce·le·ri·dad [θeleriðáð] *s/f* Rapidez.

ce·les·te [θeléste] *adj* **1.** Referente al cielo. **2.** Se dice del color azul claro.

ce·les·tial [θelestjál] *adj* **1.** Referente al cielo como mansión beatífica. **2.** Perfecto, delicioso. **3.** COL IRON Tonto: *¡Tiene una cara tan celestial!*

ce·les·ti·na [θelestína] *s/f* Alcahueta.

ce·les·ti·nes·co, -a [θelestinésko, -a] *adj* Referente a *La Celestina* o a una alcahueta.

ce·li·ba·to [θeliβáto] *s/m* Soltería.

cé·li·be [θéliβe] *adj* Soltero.

ce·lo [θélo] *s/m* **1.** Cuidado e interés con que se cumple una obligación: *Pone poco celo en su trabajo.* **2.** (Con *estar en*) En los animales, estado de excitación sexual: *El gato está en celo.* **3.** *pl* (*Dar, tener... de*) Sentimiento de frustración por ver que la persona amada ama a otra o que uno no es amado en exclusiva.

ce·lo·fán [θelofán] *s/m* Película transparente flexible utilizada como envase o envoltorio.

ce·lo·sía [θelosía] *s/f* Enrejado (en ventanas u otros lugares) para ver desde el interior sin ser visto.

ce·lo·so, -a [θelóso, -a] *adj* **1.** (Con *de, en*) Se aplica a quien ejecuta algo por celo: *Celoso de/en su trabajo.* **2.** (Con *de*) Se dice de quien exige sus derechos con rigor: *Celoso de sus privilegios.* **3.** Se dice del propenso a sentir celos. RPr **Celoso de/en.**

cel·ta [θéḻta] *adj* y *s/m,f* Se dice de un pueblo primitivo de Europa occidental y de su cultura, lengua, etc.

cel·tí·be·ro, -a [θeḻtíβero, -a] **I.** *adj* y *s/m,f* Se dice de los habitantes de Celtiberia, territorio que ocupaba prácticamente las actuales provincias de Guadalajara, Soria, Cuenca, Zaragoza y Teruel en España. **II.** *s/m, pl* Ese pueblo.

cél·ti·co, -a [θéḻtiko, -a] *adj* Referente a los celtas.

cé·lu·la [θélula] *s/f* **1.** Elemento esencial, generalmente microscópico, de un ser vivo; su masa o protoplasma, envuelta en una membrana, tiene un núcleo. **2.** En ciertas organizaciones, grupo que funciona con independencia dentro de un organigrama general: *Célula terrorista.*

ce·lu·lar [θelulár] *adj* **1.** Referente a las células. **2.** DER Se aplica a la cárcel donde los reclusos están habitualmente incomunicados: *Prisión/Coche celular.*

ce·lu·li·tis [θelulítis] *s/f* MED Inflamación celular.

ce·lu·loi·de [θelulóiðe] *s/m* Material plástico, duro y elástico, de aplicaciones industriales (en peines, muñecas, películas, etc.). LOC **Llevar al celuloide,** filmar una película.

ce·lu·lo·so, (-a) [θelulóso, (-a)] **I.** *adj* Que tiene células. **II.** *s/f* QUÍM Sustancia orgánica parietal en todas las células vegetales. Se obtiene de diversas fibras y de la madera. Sirve para fabricar papel, películas y seda artificial.

ce·llis·ca [θeʎíska) *s/f* Temporal racheado de nieve menuda y agua.

ce·llis·quear [θeʎiskeár] *v/intr* Caer nieve menuda y agua con rachas ventosas.

ce·men·ta·ción [θemen̪taθjón] *s/f* Acción y resultado de cementar un metal.

ce·men·ta·do, -a [θemen̪táðo, -a] *s/m,f* Fraguado de un material plástico.

ce·men·tar [θemen̪tár] *v/tr* Calentar un metal en contacto con otra sustancia, como el acero que se fabrica con hierro y carbón.

ce·men·te·rio [θemen̪térjo] *s/m* Lugar destinado a enterrar a los muertos.

ce·men·to [θemén̪to] *s/m* **1.** En general, cualquier material aglutinante (plástico, cal, yeso, cola, resina). **2.** En la construcción, silicatos calcinados en polvo, que, amasados con agua, fraguan: *Este edificio es de cemento armado.* **3.** Material para cementar un metal. **4.** En los dientes de los vertebrados, tejido que cubre el marfil en la raíz. LOC COL **Tener cara de cemento armado,** ser un sinvergüenza.
Cemento armado, en la construcción, el reforzado con varillas de hierro.

ce·na [θéna] *s/f* **1.** Comida que se toma por la noche, tercera del día. **2.** Alimento que se toma durante ella.

ce·ná·cu·lo [θenákulo] *s/m* **1.** Salón donde Jesucristo celebró la Última Cena. **2.** Reunión numerosa de seguidores de las mismas ideas.

ce·na·cho [θenátʃo] *s/m* Espuerta con dos asas para llevar legumbres o frutas.

ce·na·de·ro [θenaðéro] *s/m* **1.** Lugar donde se cena. **2.** Lugar cerrado en un jardín para estos fines.

ce·na·dor [θenaðór] *s/m* Cenadero.

ce·na·gal [θenaγál] *s/m* **1.** Lugar lleno de cieno. **2.** Situación difícil.

ce·na·go·so, -a [θenaγóso, -a] *adj* Lleno de cieno.

ce·nar [θenár] **I.** *v/intr* Tomar la cena. **II.** *v/tr* Tomar algo durante la misma.

cen·ce·rra [θen̪θérra] *s/f* Cencerro.

cen·ce·rra·da [θen̪θerráða] *s/f* Ruido de cencerros.

cen·ce·rreo [θenθerréo] *s/m* Acción y resultado de tocar los cencerros con insistencia.

cen·ce·rro [θenθérro] *s/m* Campana tosca de hierro u otro metal que se cuelga al pescuezo de las reses. LOC **Estar como un cencerro,** no estar cuerdo.

cen·dal [θen̪dál] *s/m* Tela de hilo o seda, muy fina y transparente.

ce·ne·fa [θenéfa] *s/f* Banda con dibujo repetido que adorna algo (toallas, sábanas, techos, muros, etc.).

ce·ni·ce·ro [θeniθéro] *s/m* Recipiente para echar las cenizas de puros y cigarrillos.

ce·ni·cien·to, (-a) [θeniθjén̪to, (-a)] **I.** *adj* De color ceniza: *Cabello rubio ceniciento.* **II.** *s/f* Persona postergada o despreciada injustamente.

ce·nit [θénit] *s/m* ASTRON **1.** En el cielo, punto en la vertical del lugar en cuestión de la Tierra. **2.** FIG Apogeo de algo: *Este cantante está en el cenit de su gloria.*

ce·ni·tal [θenitál] *adj* Referente al cenit.

ce·ni·za [θeníθa] *s/f* **1.** Polvo gris, residuo de algo completamente quemado **2.** Color como el de ceniza. **3.** *pl* Los restos de una persona muerta: *Sus cenizas reposan en el camposanto.* **4.** Restos de algo. LOC **Reducir algo a cenizas,** FIG destruirlo.

ce·ni·zo, (-a) [θeníθo, (-a)] **I.** *adj* Ceniciento. **II.** *s/m* Persona que tiene o acarrea mala suerte.

ce·no·bio [θenóβjo] *s/m* Monasterio.

ce·no·bi·ta [θenoβíta] *s/m,f* Profesional de la vida monástica.

ce·no·bí·ti·co, -a [θenoβítiko, -a] *adj* Referente al cenobio.

ce·no·bi·tis·mo [θenoβitísmo] *s/m* **1.** Observancia de la vida cenobítica. **2.** Lo que le es peculiar.

ce·no·ta·fio [θenotáfjo] *s/m* Monumento funerario dedicado a un personaje, pero sin el cadáver de éste.

cen·sar [θensár] *v/tr, intr* Registrar o incluir en el censo.

cen·sa·ta·rio, -a [θensatárjo, -a] *s/m,f* Persona obligada a pagar un censo.

cen·so [θénso] *s/m* **1.** Lista semejante de las personas y sus propiedades. **2.** Lista de ciudadanos con derecho a voto.

cen·sor [θensór] *s/m* Funcionario que censura las publicaciones, espectáculos públicos, noticias.

cen·sua·lis·ta [θenswalísta] *s/m,f* Persona con derecho a recibir los derechos de un censo.

cen·su·ra [θensúra] *s/f* **1.** Acción de censurar. **2.** Entidad que la ejerce.

cen·su·rar [θensurár] *v/tr* **1.** Formar un juicio de algo. Especialmente examinar el valor de algo para ver si procede darlo a conocer, exhibir, publicar..., o no. **2.** Reprender a alguien por algo: *Le censuraron su cobardía.* **3.** Suprimir algo de una obra destinada a la publicidad.

cen·tau·ro [θeņtáuro] *s/m* Monstruo mitológico, mitad hombre, mitad caballo.

cen·ta·vo, (-a) [θeņtáβo, (-a)] **I.** *adj* Referente a una centésima parte de algo. **II.** *s/m* Una de esas partes de una unidad monetaria. LOC **Estar sin un centavo,** no tener dinero.

cen·te·lla [θeņtéʎa] *s/f* **1**. Pequeña descarga eléctrica entre nubes. **2.** Chispa incandescente que salta de algo (de un pedernal, de las ruedas de ferrocarril, etc.). **3.** Término comparativo para algo breve o veloz: *Rápido como una centella.*

cen·te·lle·an·te [θeņteʎeánte] *adj* Que centellea.

cen·te·lle·ar [θeņteʎeár] *v/intr* Despedir algo rayos luminosos trémulos que varían ostensiblemente de intensidad y coloración: *Su pulsera centellea bajo el sol.*

cen·te·lleo [θeņteʎéo] *s/m* Acción y resultado de centellear.

cen·te·nar [θeņtenár] *s/m* Centena.

cen·te·na·rio, (-a) [θeņtenárjo, (-a)] **I.** *adj* y *s/m,f* Que tiene cien años: *Mujer centenaria.* **II.** *s/m* Celebración o fecha con que se conmemora el centenario de algo.

cen·te·no, (-a) [θeņténo, (-a)] **I.** *adj* Centésimo. **II.** *s* **1.** *m* Planta gramínea anual semejante al trigo, pero con espigas más delgadas. **2.** *f* Conjunto de cien unidades abstractas o concretas.

cen·te·si·mal [θeņtesimál] *adj* Se aplica a los números del 1 al 99.

cen·té·si·mo, -a [θeņtésimo, -a] *adj y s/m,f* **1.** Ordinalmente, que sigue al noventa y nueve. **2.** Cada una de las partes de cien.

cen·ti- [θeņti-] Prefijo latino que significa ciento: *Centímetro.*

cen·ti·á·rea [θeņtjárea] *s/f* Medida de superficie (1 m^2).

cen·tí·gra·do [θeņtíγraðo] *adj* Se aplica a lo que tiene la escala dividida en cien grados.

cen·ti·gra·mo [θeņtiγrámo] *s/m* Peso equivalente a la centésima parte de un gramo.

cen·ti·li·tro [θeņtilítro] *s/m* Medida de capacidad (la centésima parte de un litro).

cen·tí·me·tro [θeņtímetro] *s/m (cm)* Medida de longitud (la centésima parte de un metro).

cén·ti·mo, (-a) [θéņtimo, (-a)] **I.** *adj* Centésimo. **II.** *s/m* Moneda (la centésima parte de una peseta). LOC **No tener un céntimo,** carecer de dinero.

cen·ti·ne·la [θeņtinéla] *s/m* Soldado u otra persona que está de vigilancia en un lugar.

cen·tu·pli·ca·do, -a [θeņtuplikáðo, -a] *adj* Aumentado cien veces.

cen·to·llo, -a [θeņtóʎo, -a] *s/m,f* Cangrejo marino de aspecto semejante a una araña.

cen·tra·do, (-a) [θeņtráðo, (-a)] **I.** *adj* **1.** (Aplicado a cosas) Se dice de lo que está en el centro que le corresponde: **2.** (Aplicado a personas), en el lugar, actitud o posición correspondiente: *Este joven no está centrado en su trabajo.* **3.** Se dice de las personas equilibradas: *Es un padre muy centrado.* **II.** *s/m* Acción de centrar. RPr **Centrado en.**

cen·tral [θeņtrál] **I.** *adj* Referente al centro. **II.** *s/f* Oficina donde se centralizan ciertos servicios: *Central de correos.*

cen·tra·lis·mo [θeņtralísmo] *s/m* Doctrina centralista.

cen·tra·lis·ta [θeņtralísta] *adj* y *s/m,f* Partidario de absorber todas las funciones provinciales en un sistema centralizado.

cen·tra·li·za·ción [θeņtraliθaθjón] *s/f* Acción y efecto de centralizar.

cen·tra·li·zar [θeņtraliθár] **I.** *v/tr* **1.** Reunir diversas cosas en un lugar común haciéndolas depender del poder central. **2.** Absorber el poder central facultades atribuidas a los centros locales o regionales. ORT Ante *e* la *z* cambia en *c: Centralicen.*

cen·tra·li·ta [θeņtralíta] *s/f* Instalación para comunicaciones telefónicas internas dentro de una misma entidad.

cen·trar [θeņtrár] **I.** *v/tr* **1.** Colocar algo en su propio centro o en su debido sitio. **2.** Aunar esfuerzos en pro de un objetivo: *Centraron las investigaciones en aislar el virus de la gripe.* **3.** Atraer el interés de los demás: *Su belleza centra la mirada de todos.* **4.** Hacer que todo gire en torno a algo en una obra literaria: *Centró la novela en la contaminación nuclear.* **II.** *v/tr, intr* DEP **1.** Realizar el saque desde el centro del campo. **2.** Lanzar un balón desde el lateral al centro de la portería. **III.** REFL(-SE) Ponerse alguien a cumplir con su deber tras conocer bien el ambiente que le rodea. RPr **Centrar(se) en.**

cén·tri·co, -a [θéņtriko, -a] *adj* Central, que está en el centro: *Barrio céntrico.*

cen·tri·fu·ga·ción [θeņtrifuγaθjón] *s/f* Acción de centrifugar.

cen·tri·fu·ga·dor, (-ra) [θeņtrifuγaðór,

(-ra)] **I.** *adj* Se aplica a la máquina que centrifuga. **II.** *s/f* Esa misma máquina.

cen·tri·fu·gar [θen̪trifuɣár] *v/tr* Alejar del centro los componentes de lo que está en un aparato que gira sobre sí mismo.
ORT Ante *e* la *g* cambia en *gu: Centrifugue.*

cen·trí·fu·go, -a [θen̪tífuɣo, -a] *adj* MEC Que aleja del centro: *Bomba centrífuga.*

cen·trí·pe·to, -a [θen̪trípeto, -a] *adj* Que atrae hacia el centro.

cen·tris·ta [θen̪trísta] *adj* y *s/m,f* Partidario de una política de centro.

cen·tro [θén̪tro] *s/m* **1.** Punto de algo que equidista de sus extremos. **2.** GEOM Punto que equidista de una circunferencia *(círculo)* o de su superficie *(esfera).* **3.** Cosa o lugar de donde parten o adonde llegan ciertas cosas: *Centro de rehabilitación.* **4.** Lugar donde se concentra una actividad determinada: *Centro turístico.* **5.** En una ciudad, zona de mayor actividad comercial. **6.** Institución u organización cultural o benéfica: *Centro docente.* **7.** *pl* Ambiente: *La noticia se difundió en centros diplomáticos.* **8.** FIG Foco: *El centro guerrillero está en las montañas.* **9.** DEP Acción de sacar el balón del centro del campo o tiro desde un lateral a la parte central del mismo.

cen·tro·a·me·ri·ca·no, -a [θen̪troamerikáno, -a] *adj* y *s/m,f* De América Central.

cen·tro·eu·ro·peo, -a [θen̪troeuropéo, -a] *adj* De Europa Central.

cen·tu·pli·car [θen̪tuplikár] *v/tr* Hacer algo cien veces mayor.
ORT Ante *e* la *c* cambia en *qu: Centuplique.*

cén·tu·plo, (-a) [θén̪tuplo, (-a)] **I.** *adj* ARIT Se aplica a una cantidad que contiene cien veces a otra expresada. **II.** *s/m* Esa cantidad.

cen·tu·ria [θen̪túrja] *s/f* **1.** Siglo. **2.** Compañía de cien hombres.

cen·tu·rión [θen̪turjón] *s/f* Jefe de una centuria.

ce·ñi·do, -a [θeɲíðo, -a] *adj* Se aplica a lo que rodea algo de modo ajustado: *Lleva unos pantalones muy ceñidos.*

ce·ñi·dor [θeɲíðór] *s/m* Elemento que se ciñe a la cintura.

ce·ñir [θeɲír] **I.** *v/tr* **1.** Rodear algo completamente apretándolo o impidiendo que se extienda. **2.** (Con *a, con, de*) Ajustar algo alrededor de una cosa: *Ciñó los pantalones con un cinturón.* **II.** REFL(-SE) **1.** Mantenerse dentro de los límites señalados (gestos, palabras, etc.): *Se ciñe escrupulosamente al presupuesto.* **2.** Ajustarse. RPr **Ceñirse a. Ceñir a/de/con.**
CONJ *Irreg: Ciño, ceñí, ceñiré, ceñido.*

ce·ño [θéɲo] *s/m* **1.** Señal de enfado frunciendo el entrecejo. **2.** FIG Aspecto amenazador del tiempo.

ce·ñu·do, -a [θeɲúðo, -a] *adj* Se aplica a la persona que tiene ceño.

ce·pa [θépa] *s/f* **1.** En un árbol o planta, parte del tronco hundido en tierra. **2.** En la vid, su tronco y/o toda la planta. LOC **De buena cepa**, de calidad.

ce·pe·da [θepéða] *s/f* Paraje con arbustos y plantas de cuyas cepas se hace carbón.

ce·pi·lla·du·ra [θepiʎaðúra] *s/f* Acción de cepillar.

ce·pi·llar [θepiʎár] **I.** *v/tr* **1.** Limpiar algo con un cepillo (trajes, cortinas, caballos, etc.). **2.** Alisar un madero con un cepillo de carpintero. **3.** ARG Adular. **4.** ARG Ganar en el juego: *Cepilla a todos en el póker.* **II.** REFL(-SE) **1.** COL Terminar rápidamente un asunto: *Se cepilla el trabajo en un santiamén.* **2.** Gastar alguien su dinero o bienes rápidamente y sin control. **3.** COL Matar a alguien: *Se han cepillado a dos atracadores.*

ce·pi·llo [θepíʎo] *s/m* **1.** Nombre genérico dado a un utensilio de diversos tamaños: tiene un mango de madera o de plástico con numerosas cerdas empotradas; es de usos varios: *Cepillo de dientes/de calzado/para barrer.* **2.** Pieza de madera con una cuchilla móvil insertada; se emplea para alisar madera. **3.** Caja con una ranura para introducir dinero.

ce·po [θépo] *s/m* **1.** Dispositivo que se cierra al tocarlo; se usa para cazar animales. **2.** Antiguamente, dispositivo de tortura: dos gruesos maderos unidos se cerraban y aprisionaban el cuello del condenado por un agujero intermedio. **3.** Artilugio que sujeta a los presos por el pie para impedirles la huida.

ce·po·rro, -a [θepórro, -a] *adj* y *s/m,f* Se dice de la persona tosca, torpe e ignorante.

ce·ra [θéra] *s/f* Sustancias vegetales o animales con ésteres alcohólicos monovalentes, especialmente la segregada por las abejas.

ce·rá·mi·ca [θerámika] *s/f* **1.** Arte de fabricar objetos de arcilla (ladrillos, porcelana, etc.) **2.** Objetos así fabricados.

ce·rá·mi·co, -a [θerámiko, -a] *adj* Referente a la cerámica.

ce·ra·mis·ta [θeramísta] *s/m,f* Fabricante de cerámica.

cer·ba·ta·na [θerβatána] *s/f* Canuto o caña que dispara flechas o bolitas soplando por un extremo; en AMÉR es arma de caza entre algunos indios.

cer·ca [θérka] **I.** *s/f* Construcción de cualquier material para vallar un terreno. **II.** *adv* **1.** Poco distante en el espacio: *El bar está cerca.* **2.** Poco distante en el tiempo: *Las vacaciones están cerca.* LOC **Cerca de,** *1.* Casi (se aplica a una cantidad): *Había cerca de mil personas. 2.* Poco distante de.

cer·ca·do [θerkáðo] *s/m* **1.** Lugar rodeado de una valla o tapia. **2.** Cerca (**I**).

cer·ca·nía [θerkanía] *s/f* **1.** Calidad de próximo. **2.** *pl* Alrededores de lo que se expresa: *En las cercanías de la capital.*

cer·ca·no, -a [θerkáno, -a] *adj* Próximo.

cer·car [θerkár] *v/tr* **1.** Rodear algo con una valla. **2.** MIL Sitiar una plaza para rendirla. **3.** Rodear mucha gente a algo o a alguien: *Los fotógrafos cercaron a la actriz.* ORT Ante *e* la segunda *c* cambia en *qu: Cerquen.*

cer·ce·nar [θerθenár] *v/tr* Recortar lo sobrante de algo (seto, dibujo, etc.).

cer·ci·llo [θerθíʎo] *s/m* Pendiente de adorno en las orejas.

cer·cio·rar [θerθjorár] **I.** *v/tr* Asegurar o convencer a alguien sobre la veracidad de algo. **II.** REFL(-SE) (Con *de*) Adquirir la certeza de una cosa: *Se cercioró de que la puerta estaba cerrada.* RPr **Cerciorar(se) de.**

cer·co [θérko] *s/m* **1.** Acción de cercar. **2.** Lo que rodea a una cosa: *Un cerco luminoso.* **3.** MIL Asedio.

cer·cha [θértʃa] *s/f* Armazón que soporta a un arco o bóveda durante su construcción.

cer·da [θérða] *s/f* **1.** Pelo grueso y recio que cubre la piel del jabalí, del cerdo, de la cola del caballo, etc., y que se emplea para hacer cepillos. **2.** Hembra del cerdo.

cer·da·da [θerðáða] *s/f* Acción poco noble o malintencionada.

cer·do, (-a) [θérðo, (-a)] *s* **1.** *m* Mamífero ungulado doméstico de cuerpo grueso, patas cortas y hocico; se cría por su grasa y carne. **2.** *m,f* Se aplica como insulto, por sucio, asqueroso, etc. **3.** *m,f* Persona falta de escrúpulos, malintencionada, o despreciable.

ce·re·al [θereál] **I.** *adj* y *s/m* Se aplica a las plantas de semillas farináceas (trigo, avena, cebada). **II.** *s/m, pl* Conjunto de dichas plantas.

ce·rea·lis·ta [θerealísta] *adj* Referente a la producción y tráfico de cereales.

ce·re·be·lo [θereβélo] *s/m* En el encéfalo, zona ocupada por las fosas occipitales inferiores.

ce·re·bral [θereβrál] *adj* Referente o relativo al cerebro: *Conmoción cerebral.*

ce·re·bro [θeréβro] *s/m* **1.** Masa encefálica alojada en el cráneo. **2.** (Con *ser*) Capacidad de pensar: *Es todo un cerebro.* **3.** Persona responsable de la organización y ejecución de algo: *Es el cerebro de toda la operación.*
Cerebro electrónico, ordenador, computadora.

ce·re·mo·nia [θeremónja] *s/f* **1.** Acto solemne (público o privado), desarrollado según unas normas. **2.** Saludo de respeto y acatamiento a alguien.

ce·re·mo·nial [θeremonjál] **I.** *adj* Referente a las ceremonias. **II.** *s/m* Conjunto de normas que regulan una ceremonia determinada.

ce·re·mo·nio·so, (-a) [θeremonjóso, (-a)] *adj* **1.** Solemne. **2.** Se dice del amigo de ceremonias.

cé·reo, -a [θéreo, -a] *adj* De cera.

ce·re·ría [θerería] *s/f* Establecimiento donde se trabaja y/o se vende la cera.

ce·re·ro [θeréro] *s/m* Hombre que hace o vende cera.

ce·re·za [θeréθa] *s/f* Fruto del cerezo, rojo y redondo, con huesecito y pedúnculo muy largo.

ce·re·zo [θeréθo] *s/m* **1.** Árbol frutal que produce cerezas. **2.** Su madera.

ce·ri·lla [θeríʎa] *s/f* Varilla muy fina envuelta o no en cera con un extremo recubierto de fósforo que se puede encender por frotación.

ce·ri·lle·ro, -a [θeriʎéro, -a] *s/m,f* Persona que vende cerillas.

cer·ner [θernér] **I.** *v/tr* Separar la harina del salvado a través de la criba. **II.** *v/intr* Estar las plantas en el momento de la fecundación. **III.** REFL(-SE) **1.** Mantenerse en el aire sin moverse (pájaros y aviones). **2.** Pender sobre alguien o algo una amenaza: *La tempestad se cierne sobre el pueblo.* RPr **Cernerse sobre.**
CONJ *Irreg: Cierno, cerní, cerniré, cernido.*

cer·ní·ca·lo [θerníkalo] *s/m* Ave rapaz de cabeza grande y plumaje negro y rojizo.

cer·ni·do [θerníðo] *s/m* **1.** Acción de cerner. **2.** Lo que se ha cernido, especialmente la harina.

ce·ro [θéro] *s/m* MAT **1.** Término que indica carencia de valor o número. **2.** Punto inicial desde donde se empieza a contar (escala, cronómetro, etc.). LOC **Ser alguien un cero a la izquierda,** ser una nulidad. **Partir de cero,** empezar algo con prácticamente nada.

ce·ro·so, -a [θeróso, -a] *adj* De cera o parecido a ella.

ce·ro·te [θeróte] *s/m* Mezcla de cera y pez para encerar el hilo de coser zapatos.

ce·rra·do, -a [θerráðo, -a] *adj* **1.** Se dice de lo que está incomunicado o cierra enteramente un espacio: *Local cerrado.* **2.** Se dice del cielo cubierto de nubes: *Cielo cerrado.* **3.** Se aplica a la actitud intransigente: *Es un profesor muy cerrado.* **4.** Espeso: *Barba cerrada.* **5.** Marcado: *Habla con cerrado acento andaluz.* **6.** Se dice de la noche u oscuridad densa: *Llegaron en una noche cerrada.* RPr **Cerrado de:** *Cerrado de carácter.*

ce·rra·du·ra [θerraðúra] *s/f* **1.** Acción de cerrar. **2.** Mecanismo con una llave que cierra puertas, arcas, cajones, etc.

ce·rra·je·ría [θerraxería] *s/f* **1.** Oficio de cerrajero. **2.** Establecimiento donde se venden y/o instalan cerraduras y otros instrumentos.

ce·rra·je·ro [θerraxéro] *s/m* Especialista en hacer cerraduras y candados.

ce·rra·mien·to [θerramjéɲto] *s/m* **1.** Acción de cerrar. **2.** Lo que cierra una abertura o espacio abierto.

ce·rrar [θerrár] **I.** *v/tr* **1.** Estar algo separando un lugar de sus alrededores o impidiendo el paso por un recinto. **2.** Taponar algo un conducto: *Cierra el conducto del gas.* **3.** Asegurar con un dispositivo (cerradura, pestillo, etc.) la puerta o tapa de algo: *Cierra la puerta con llave.* **4.** Interrumpir de modo temporal o definitivo una actividad: *La final de Copa cierra la temporada futbolística.* **5.** Concluir algo haciendo la última operación: *El Presidente cerró el debate.* **6.** Ir detrás: *Los pontoneros cerraban la marcha del desfile.* **7.** Terminar un pacto o trato: *Cerraron las negociaciones pesqueras.* **II.** *v/intr* Encajar en un marco una puerta, ventana, cajón, etc.: *Estas compuertas cierran automáticamente.* **III.** REFL(-SE) **1.** (Con *en*) Obstinarse en algo: *Se cierra en sus ideas.* **2.** Cubrirse el cielo. **3.** (Con *a*) Ponerse en actitud intransigente: *Se cierra a cualquier negociación.* RPr **Cerrarse a/en.**
CONJ *Irreg: Cierro, cerré, cerraré, cerrado.*

ce·rra·zón [θerraθón] *s/f* Actitud obstinada y cerrada: *Cerrazón mental.*

ce·rril [θerríl] *adj* Se aplica a las personas de actitud cerrada a comprender las cosas.

ce·rro [θérro] *s/m* Elevación escarpada del terreno. LOC **Irse por los cerros de Úbeda,** apartarse del asunto que se está tratando.

ce·rro·ja·zo [θerroxáθo] *s/m* Literal o FIG Acción de echar el cerrojo bruscamente para cerrar o liquidar algo.

ce·rro·jo [θerróxo] *s/m* Barrita de hierro que se corre dentro de dos armellas; sirve para el cierre de ventanas y puertas.

cer·ta·men [θertámen] *s/m* **1.** Discusión o concurso literario (o científico), con un premio en disputa. **2.** Fiesta con que éste se celebra.

cer·te·ro, -a [θertéro, -a] *adj* **1.** Diestro en tirar. **2.** Acertado: *Respuestas certeras.*

cer·te·za [θertéθa] *s/f* **1.** Cualidad de cierto. **2.** Conocimiento cierto de algo.

cer·ti·dum·bre [θertiðúɱbre] *s/f* Certeza.

cer·ti·fi·ca·ción [θertifikaθjón] *s/f* **1.** Acción de certificar. **2.** Documento en que se refleja lo que se certifica.

cer·ti·fi·ca·do [θertificáðo] *s/m* Envío de algo certificado por Correos.

cer·ti·fi·car [θertifikár] *v/tr* **1.** Dar por cierto algo, especialmente un funcionario en relación con documentación oficial. **2.** Remitir por correo algo contra entrega de resguardo acreditativo de envío.
ORT Ante *e* la segunda *c* cambia en *qu: Certifiqué.*

ce·rú·leo, -a [θerúleo, -a] *adj* Se aplica al color azul de un cielo despejado; también al de la alta mar serena y de los grandes lagos.

ce·ru·men [θerúmen] *s/m* Cera de los oídos.

cer·val [θerβál] *adj* De ciervo. También se aplica en expresiones del tipo: **Tiene un miedo cerval,** tiene mucho miedo.

cer·van·ti·no, -a [θerβaɲtíno, -a] *adj* Referente a Cervantes o parecido a él, a su estilo u obra.

cer·va·to [θerβáto] *s/m* Ciervo menor de seis meses.

cer·ve·ce·ría [θerβeθería] *s/f* **1.** Fábrica de cerveza. **2.** Establecimiento donde se vende cerveza y otras bebidas.

cer·ve·ce·ro, -a [θerβeθéro, -a] *adj* y *s/m,f* Se dice de la actividad relacionada con la cerveza y de la persona que la fabrica y/o la vende.

cer·ve·za [θerβéθa] *s/f* Bebida alcohólica obtenida de diversos cereales (cebada especialmente) aromatizados y fermentados con lúpulo.

cer·vi·cal [θerβikál] *adj* Referente a la cerviz.

cér·vi·do [θérβiðo] *s/m, pl* Familia de rumiantes cuyo prototipo es el ciervo.

cer·viz [θerβíθ] *s/f* Zona que comprende la parte posterior y superior del cuello y la inferior de la cabeza. LOC **Bajar (doblar) la cerviz,** someterse. **Ser de dura cerviz,** no dejarse doblegar.
ORT *Pl: Cervices.*

ce·sa·ción [θesaθjón] *s/f* Acción de cesar.

ce·san·te [θesánte] *adj* Se dice del que cesa.

ce·san·tía [θesantía] *s/f* Estado del desempleado.

ce·sar [θesár] *v/intr* **1.** Dejar de producir(se) algo: *Cesó de llover.* **2.** (Seguido de *en*) Dejar una ocupación: *Ha cesado en su cátedra.* LOC **Sin cesar,** constantemente. RPr **Cesar de/en.**

ce·sá·reo, (-a) [θesáreo, (-a)] **I.** *adj* Referente al imperio. **II.** *adj* y *s/f* Operación quirúrgica por la que se extrae al hijo practicando una incisión en el abdomen y útero maternos.

ce·se [θése] *s/m* **1.** Acción de cesar en un empleo cargo, etc. **2.** Documento acreditativo del mismo.

ce·sio [θésjo] *s/m* (*Cs*) Metal blanco alcalino; *núm* atómico *55.*

ce·sión [θesjón] *s/f* Acción de ceder algo en provecho de otro.

ce·sio·na·rio, -a [θesjonárjo, -a] *s/m,f* Receptor de una cesión.

ce·sio·nis·ta [θesjonísta] *s/m,f* Persona que hace cesación de bienes.

cés·ped [θéspeð] *s/m* Hierba corta y tupida en jardín, parque o campo de juego.

ces·ta [θésta] *s/f* Recipiente hecho de mimbre entretejido para llevar comestibles, ropa, etc.
Cesta de la compra, ECON conjunto de artículos básicos de consumo y/o lo que en ésta entra.

ces·te·ría [θestería] *s/m* **1.** Lugar o establecimiento donde se hacen y/o venden cestas. **2.** Arte de fabricarlas.

ces·to [θésto] *s/m* Cesta grande.

ce·su·ra [θesúra] *s/f* Pausa poética; en la poesía moderna, después de los acentos métricos; en la clásica, sílaba con que finaliza una palabra y/o un pie.

ce·ta [θéta] *s/f* Letra zeta ('z').

ce·tá·ceo, -a [θetáθeo, -a] **I.** *adj* y *s/m,f* ZOOL Se aplica a los grandes mamíferos marinos, como la ballena. **II.** *s/m, pl* Ese orden de animales.

ce·tre·ría [θetrería] *s/f* Arte de criar y amaestrar aves para la caza de volátiles.

ce·tri·no, -a [θetríno, -a] *adj* Se aplica al color amarillo verdoso.

ce·tro [θétro] *s/m* **1.** Vara con adornos y moldura que simboliza una dignidad: *Cetro real.* **2.** FIG Supremacía de algo.

ceu·tí [θeutí] *adj* y *s/m,f* Natural de (o perteneciente a) Ceuta.

cía [θía] *s/f* **1.** Hueso de la cadera. **2.** Abreviatura de 'Compañía' *(Cía.).*

cia·no·sis [θjanósis] *s/f* MED Coloración negruzca o azul de la piel.

cia·nu·ro [θjanúro] *s/m* QUÍM Sustancia venenosa de efectos rápidos.

ciar [θiár] *v/intr* MAR Bogar hacia atrás. CONJ En el *sing* y *3.ª pers, pl* del *pres* de *ind* y *subj*, el acento recae en la *i: Cío, cíen,* etc.

ciá·ti·co, (-a) [θjátiko, (-a)] **I.** *adj* Referente a la cadera. **II.** *s/f* Neuralgia del nervio ciático.

ci·ber·né·ti·ca [θiβernétika] *s/f* **1.** MED Ciencia que estudia el mecanismo nervioso de los seres vivos. **2.** Teorías que estudian las señales o información suministradas con alguna finalidad, en seres vivos o no.

ci·ber·né·ti·co, -a [θiβernétiko, -a] Relativo a la cibernética.

ci·bo·rio [θiβórjo] *s/m* **1.** ARQUEOL Antigua copa griega o romana. **2.** Baldaquino de altar (en la iglesia).

ci·ca·te·ría [θikatería] *s/f* Cualidad de cicatero.

ci·ca·te·ro, -a [θikatéro, -a] *adj* **1.** Se dice de la persona tacaña. **2.** Se aplica a quien da importancia o se ofende por cosas sin importancia.

ci·ca·triz [θikatríθ] *s/f* Señal en los tejidos orgánicos después de curada una herida o llaga.
ORT *Pl: Cicatrices.*

ci·ca·tri·za·ción [θikatriθaθjón] *s/f* Acción de cicatrizar(se).

ci·ca·tri·zar [θikatriθár] *v/tr* Curar una herida hasta cerrarse enteramente.
ORT Ante *e* la *z* cambia en *c: Cicatrice.*

ci·ce·ro·ne [θiθeróne] *s/m ital* Guía turístico que explica las curiosidades de un museo u otro lugar.

ci·ce·ro·nia·no, -a [θiθeronjáno, -a] *adj* Elocuente como Cicerón o característico de él.

cí·cli·co, -a [θíkliko, -a] *adj* Referente a un ciclo: *Enfermedad cíclica.*

ci·clis·mo [θiklísmo] *s/m* Deporte de la bicicleta.

ci·clis·ta [θiklísta] **I.** *adj* De la bicicleta: *Carrera ciclista.* **II.** *s/m,f* Practicante del ciclismo.

ci·clo [θíklo] *s/m* **1.** Período de tiempo que abarca un tramo unitario: *La caída de Roma cerró un ciclo histórico.* **2.** Serie de hechos o fenómenos en sucesión repetida: *El ciclo anual tiene 365 días.* **3.** Conjunto de poemas sobre un determinado tema: *Ciclo bretón.*

ci·cloi·de [θiklóiðe] *s/f* GEOM Curva

plana que describe un punto de la circunferencia cuando ésta rueda sobre una recta.

ci·clo·mo·tor [θiklomotór] *s/m* Motocicleta de poca potencia y con pedales.

ci·clón [θiklón] *s/m* METEOR Viento muy violento producido por un cambio brusco de la presión atmosférica, generalmente al final de las estaciones cálidas, en las riberas occidentales de los océanos.

cí·clo·pe [θíklope] *s/m* MIT Gigante, uno de los hijos del Cielo y de la Tierra, con un solo ojo en medio de la frente.

ci·cló·peo, -a [θiklópeo, -a] *adj* **1.** Referente a los cíclopes. **2.** Se dice de las construcciones hechas con grandes piedras y sin argamasa: *Murallas ciclópeas.*

ci·clos·til o **ci·clos·ti·lo** [θiklostíl(o)] *s/m* Máquina que sirve para hacer copias de un dibujo o escrito a través de una plancha gelatinosa o con un cliché perforado debidamente entintados.

ci·clo·trón [θiklotrón] *s/m* FÍS Aparato eléctrico para bombardear el núcleo de los átomos (radiactividad artificial).

ci·cu·ta [θikúta] *s/f* Planta umbelífera de olor desagradable; contiene un veneno muy activo.

ci·dra [θíðra] *s/f* Fruto del cidro, semejante al limón.

ci·dro [θíðro] *s/m* Árbol rutáceo de flores rojas y olorosas.

cie·go, -a [θjéγo, -a] **I.** *adj* **1.** Se aplica a quien no ve. **2.** Se aplica al que está cegado por una pasión: *Está ciego de cólera.* **3.** Se aplica a lo que está embozado: *Cañería ciega.* **II.** *s/m,f* Persona o animal que no ve. LOC **A ciegas,** sin ver. **Obrar a ciegas,** hacerlo sin conocimiento del asunto. **Dar palos de ciego,** obrar irracionalmente. RPr **Ciego de (2).**

cie·lo [θjélo] **I.** *s/m* **1.** Espacio que está sobre nosotros, azul de día y negro y/o estrellado por la noche. **2.** Cubierta superior de un espacio o recinto: *Habitación con cielo raso.* **3.** Mansión de los bienaventurados: *El reino de los cielos.* **4.** Bienaventuranza: *Gozar del cielo.* **5.** Providencia divina: *El cielo lo ha querido.* **6.** Apelativo cariñoso dedicado a una persona: *Escucha, cielo.* **II.** *interj* Exclamación de sorpresa: *¡Mi cielo!, ¡Cielos!* LOC **Clamar algo al cielo,** ser algo merecedor de condena. **Como llovido/caído del cielo,** *1.* Sucedido oportunamente. *2.* Inesperado. *3.* Logrado sin esfuerzo. **Estar en el (séptimo) cielo,** estar muy bien. **Poner el grito en el cielo,** quejarse enérgicamente. **Írsele a uno el santo al cielo,** olvidarse de algo. **Remover el cielo y la tierra,** agotar todos los medios (para conseguir algo). **Venirse el cielo abajo,** ser algo tan grande que infunde miedo o pavor (como una tempestad o escándalo). **Ver el cielo abierto,** vislumbrar la solución a una situación apurada.

ciem·piés [θjemɱpjés] *s/m* Miriápodo cuyo primer par de patas son venenosas; con ellas matan a sus presas.

cien [θjén] *adj* y *s/m apóc* de *ciento.* ORT *Pl: Cientos.*

cié·na·ga [θjénaγa] *s/f* Pasaje lleno de cieno.

cien·cia [θjénθja] *s/f* **1.** Conjunto de conocimientos adquiridos por alguien o por la humanidad y/o actividad humana en este campo. **2.** Cada rama por separado de ese conocimiento: *La filosofía es una ciencia especulativa.* **3.** Conjunto de conocimientos aplicados a una actividad: *La ciencia del vendedor ambulante.* **4.** *pl* Se opone a letras: *Facultad de Ciencias.* LOC **A ciencia cierta,** con certeza. **Tener algo poca ciencia,** de fácil ejecución. **Ser un pozo de ciencia,** ser alguien muy sabio.
Ciencia ficción, la futurista o de imaginación.
Ciencias naturales, todas las de la naturaleza (astronomía, meteorología, geología, física, química y biología).

cie·no [θjéno] *s/m* En el fondo de ríos y lagos, lodo blando.

cien·tí·fi·co, -a [θjeṇtífiko, -a] **I.** *adj* Referente a las ciencias. **II.** *s/m,f* Persona versada en ciencia.

cien·to [θjéṇto] *adj* Diez veces diez *(100,* numeración arábiga; *C,* numeración romana). (En *pl* tiene diferente forma para el *m* y el *f;* 'ciento' se apocopa en 'cien' delante de un *s: Cien cosas).* LOC **A cientos,** muchos. **Por ciento,** porcentaje: *Se ha salvado el 80 % (ochenta por ciento) de la tripulación.* **Dar cien vueltas a uno,** superarle en mucho.

cier·ne [θjérne] *s/m* Acción de cerner las plantas. LOC **En cierne(s),** *1.* En flor. *2.* FIG Se aplica a una situación o persona que promete: *Es un arquitecto en cierne(s).*

cie·rre [θjérre] *s/m* **1.** Acción y resultado de cerrar(se): *El cierre de un periódico.* **2.** Dispositivo que se utiliza para cerrar y dejar cerrado algo: *El cierre de un candado.*

cier·to, -a [θjérto, -a] **I.** *adj* **1.** Verdadero: *Esta noticia no es cierta.* (Antepuesto al sustantivo significa *algo/alguna: Una cierta mejoría*). **2.** (Aplicado a personas y con *de*) Seguro de algo: *Estoy cierto de aprobar.* **3.** Precediendo al nombre le da valor de algo indeterminado, con función del *art* 'un': *Ayer llegó cierto individuo preguntando por Teresa.* **II.** *adv* Ciertamente: *—¿Te llamas Juan? —Cierto.* LOC **De cierto,** con seguridad. **Por cierto,** a propósito.

cier·vo, (-a) [θjérβo, (-a)] *s* **1.** *m* Rumiante cérvido macho, con cuernos estriados con puntas. **2.** *f* Hembra del ciervo.

cier·zo [θjérθo] *s/m* Viento norte.

ci·fra [θífra] *s/f* **1.** Cada uno de los signos de un número. **2.** Suma o total.

ci·fra·do, -a [θifráðo, -a] *adj* Se dice del escrito en clave.

ci·frar [θifrár] *v/tr* **1.** Escribir algo en clave. **2.** (Con *en*) Reducir algo a una cosa de menos valor o hacerlo consistir todo en eso: *Cifra la felicidad en el comer.* RPr **Cifrar(se) en.**

ci·ga·la [θiγála] *s/f* Crustáceo de tamaño mayor que un langostino, con pinzas grandes.

ci·ga·rra [θiγárra] *s/f* Insecto hemíptero, de color verdoso-amarillento, cabeza grande y alas membranosas; los machos emiten un sonido monótono con un aparato en la base del abdomen.

ci·ga·rral [θiγarrál] *s/m* En Toledo, finca de recreo en las afueras de la ciudad.

ci·ga·rre·ra [θiγarréra] *s/f* **1.** Mujer que elabora o vende cigarros. **2.** Caja, estuche, etc., para guardar cigarros.

ci·ga·rre·ría [θiγarrería] *s/f* AMÉR Tienda de cigarros.

ci·ga·rri·llo [θiγarríʎo] *s/m* Envoltura de picadura de tabaco de siete centímetros de longitud y siete milímetros de grosor. **Cigarrillo emboquillado,** el que tiene una boquilla en un extremo.

ci·ga·rro [θiγárro] *s/m* Cilindro hecho con una hoja de tabaco enrollada y usado para fumar.

ci·go·ñal [θiγoɲál] *s/m* Dispositivo para extraer agua; consiste en un palo apoyado en una horquilla; desde un extremo se maneja el cubo sujeto al otro extremo.

ci·go·ñi·no [θiγoɲíno] *s/m* Pollo de la cigüeña.

ci·go·to [θiγóto] *s/m* BIOL Célula germinal femenina.

ci·güe·ña [θiγwéɲa] *s/f* Ave zancuda, de cuello y pico largos; en sus migraciones anida en torres y campanarios altos. **2.** En una máquina, manivela en forma de manubrio.

ci·güe·ñal [θiγweɲál] *s/m* En los motores de combustión interna, eje doblado en uno o más codos que transforma, mediante una biela unida al pistón, el movimiento rectilíneo de éste en circular, transmitiéndolo al eje.

ci·liar [θiljár] *adj* Referente a los párpados o cejas.

ci·li·cio [θilíθjo] *s/m* Instrumento de penitencia (vestidura áspera o cadenillas en punta ceñidas al cuerpo).

ci·lia·do, (-a) [θiljáðo, (-a)] **I.** *adj* y *s/m* Se aplica a los protozoos con pestañas vibrátiles. **II.** *s/m, pl* Esa clase de animales.

ci·lin·dra·da [θiliṇdráða] *s/f* Capacidad del cilindro de un motor.

ci·lín·dri·co, a [θilíṇdriko, -a] *adj* Relativo al cilindro o en forma de cilindro.

ci·lin·dro [θilíṇdro] *s/m* **1.** Cuerpo del mismo corte circular en toda su longitud. **2.** Cualquier pieza mecánica de esta forma (cilindro de impresión, rodillo de apisonadora, etc.). **3.** Tubo dentro del cual trabaja el émbolo de una máquina o motor; en particular, donde el pistón del automóvil realiza la explosión.

ci·ma [θíma] *s/f* **1.** Lugar más elevado de una montaña: *La cima del Everest.* **2.** Se aplica a la parte más alta de cosas diversas (árbol, cresta de la ola, etc.). **3.** FIG Situación más elevada de cierta actividad: *Locutor en la cima de la popularidad.*

ci·ma·rrón, (-na) [θimarrón, (-na)] *adj* y *s/m,f* Se aplica al animal o planta salvajes: *Caballo cimarrón.*

cím·ba·lo [θíɱbalo] *s/m* Platillos usados como instrumentos musicales.

cim·bo·rio, -rrio [θiɱbó(r)rjo] *s/m* ARQ **1.** Cuerpo cilíndrico que descansa sobre los arcos torales; sustenta la cúpula. **2.** Cúpula en los estilos románico y gótico.

cim·bra [θíɱbra] *s/f* **1.** Armazón sobre la que se construye una bóveda o arco. **2.** Curva interior de un arco.

cim·brar [θiɱbrár] *v/tr* Agitar algo largo y flexible cogiéndolo por un extremo y haciéndolo vibrar.

cim·bre·an·te [θiɱbreáṇte] *adj* Que se cimbrea con facilidad.

cim·bre·ar [θiɱbreár] *v/tr,* REFL(-SE) Moverse una persona con garbo al andar.

cim·breo [θiɱbréo] *s/m* Operación de cimbrear(se).

ci·men·ta·ción [θimeṇtaθjón] *s/f* Operación de cimentar(se).

ci·men·tar [θimeṇtár] *v/tr* **1.** Colocar los cimientos de un edificio. **2.** Afinar oro. **3.** Consolidar las bases de algo (paz, relaciones, sociedad, etc.). RPr **Cimentar (algo) en:** *Cimentó su gobierno en la justicia.* CONJ *Irreg: Cimiento, cimenté, cimentaré, cimentado.*

ci·me·ro, (-a) [θiméro, (-a)] **I.** *adj* Se aplica a lo que remata algo elevado. **II.** *s/f* Parte superior de la celada, con adornos.

ci·mien·to [θimjéṇto] *s/m* **1.** *pl* En una edificación, parte subterránea que lo sustenta. **2.** FIG Lo que sostiene algo.

ci·mi·ta·rra [θimitárra] *s/f* Sable curvo, usado por moros y persas.

ci·na·brio [θináβrjo] *s/m* MIN Sulfuro de mercurio; de él se extrae este metal.

ci·na·mo·mo [θinamómo] *s/m* Árbol meliáceo de madera dura; su fruto tiene diversas aplicaciones industriales y medicinales.

cinc [θíŋ(k)θ] *s/m* Metal blanco azulado, *núm* atómico *30,* de estructura laminosa, con múltiples aplicaciones industriales. ORT También: *Zinc.*

cin·cel [θinθél] *s/m* Herramienta con cuya boca, de acero, recta y de doble bisel, se labran piedras y metales.

cin·ce·la·do [θinθeláðo] *s/m* Cinceladura.

cin·ce·lar [θinθelár] *v/tr* Trabajar piedras o metales con el cincel.

cin·co [θíŋko] **I.** *adj* y *s/m,f* **1.** Número que equivale a cuatro más uno (*5* en la notación arábiga; *V* en la romana). **2.** Designa el quinto día del mes: *El 5 de septiembre.* **II.** *s* **1.** *f* (Precedido de *las*) La hora quinta: *Son las cinco de la tarde.* **2.** COL *m, pl* La mano: *Choca esos cinco.*

cin·cuen·ta [θiŋkwénta] **I.** *adj* **1.** Cinco veces diez. **2.** Quincuagésimo: *Es el 50 de la lista.* **II.** *s/m* **1.** Cifra que representa esta cantidad (*50* en la notación arábiga; *L*, en la romana). **2.** (Precedido de *los*) Cincuenta años o los años cincuenta: *Frisa los cincuenta. Música de los cincuenta.*

cin·cuen·ta·vo, -a [θiŋkwentáβo, -a] *adj* y *s/m* Partitivo de cincuenta.

cin·cuen·te·na [θiŋkwenténa] *s/f* Conjunto de cincuenta unidades.

cin·cuen·te·na·rio, (-a) [θiŋkwentenárjo, (-a)] **I.** *adj* Referente al número cincuenta. **II.** *s/m* Fecha en que se cumplen los cincuenta años de algo.

cin·cuen·tón, -na [θiŋkwentón, -na] **I.** *adj* Se aplica a quien ha cumplido los cincuenta años. **II.** *s/m,f* Persona de esa edad.

cin·cha [θíntʃa] *s/f* Banda de cuero que sujeta la silla por debajo del vientre de la montura; se ciñe con hebillas.

cin·char [θintʃár] *v/tr* **1.** Apretar las cinchas para asegurar la silla o la albarda. **2.** Rodear algo con cinchos.

cin·cho [θíntʃo] *s/m* Aro para reforzar algo rodeándolo.

ci·ne [θíne] *s/m* Local público donde se proyectan películas. LOC **De cine,** maravilloso: *Esa chica es de cine.*

ci·ne·as·ta [θineásta] *s/m,f* **1.** Actor de cine. **2.** Persona que trabaja en la industria cinematográfica.

ci·ne·club [θineklúb] *s/m* Organización que fomenta la proyección y discusión de películas, o el local donde se proyectan.

ci·ne·gé·ti·co, (-a) [θinexétiko, -a] **I.** *adj* Referente a la caza. **II.** *s/f* Arte de cazar.

ci·ne·ma [θinéma] *s/m* Cine.

ci·ne·mas·co·pe [θinemaskópe] *s/m* Cinemascopio.

ci·ne·mas·co·pio [θinemaskópjo] *s/f* Proyección de películas en pantalla panorámica.

ci·ne·má·ti·ca [θinemátika] *s/f* Parte de la mecánica que estudia el movimiento matemáticamente.

ci·ne·ma·to·gra·fía [θinematoγrafía] *s/f* Técnica del cine.

ci·ne·ma·to·grá·fi·co, -a [θinematoγráfiko, -a] *adj* Referente a la cinematografía.

ci·ne·ma·tó·gra·fo [θinematóγrafo] *s/m* **1.** Aparato para proyectar películas de cine. **2.** Local público donde se proyectan películas.

ci·ne·ra·rio, (-a) [θinerárjo, (-a)] *adj* Destinado a guardar cenizas.

ci·né·ti·co, -a [θinétiko, -a] *adj* Del movimiento.

cin·ga·lés, -a [θiŋgalés, -a] *adj* y *s/m,f* De Ceilán.

cín·ga·ro, -a [θíŋgaro, -a] *adj* y *s/m,f* De raza gitana.

cín·gu·lo [θíŋgulo] *s/m* Cordón con que se ciñe el alba el sacerdote.

cí·ni·co, -a [θíniko, -a] *adj* y *s/m,f* Se dice de quien comete abiertamente actos vergonzosos sin que por ello se altere.

ci·nis·mo [θinísmo] *s/m* **1.** Doctrina cínica. **2.** Desvergüenza.

cin·ta [θínta] *s/f* **1.** Tira delgada y estrecha de variada longitud; se emplea para adorno o para atar. **2.** Tira de material especial para grabar imagen o sonido: *Cinta cinematográfica.* **3.** En topografía, cinta para medir.

cin·to [θínto] *s/m* Cinturón.

cin·tu·ra [θintúra] **1.** En el cuerpo humano, estrechamiento entre el torso y el vientre: *Le cogió por la cintura.* **2.** En los vestidos, parte que corresponde a la cintura del cuerpo. LOC **Meter a alguien en cintura,** obligarle a comportarse debidamente.

cin·tu·rón [θinturón] *s/m* **1.** Banda (de cuero, tela, plástico, etc.) para sujetar prendas a la cintura. **2.** Serie de cosas que rodean algo: *Cinturón de trincheras.* LOC

Apretarse el cinturón, pasar hambre o estrechez. **Cinturón de seguridad,** *1.* El que sirve para sujetar a los pasajeros en coches y aviones. *2.* Dispositivo de seguridad que rodea siempre a una autoridad (rey, jefe de gobierno, etc.).

ci·po·te [θipóte] *s/m* VULG Pene.

ci·prés [θiprés] *s/m* Árbol conífero de tronco recto y ramas pegadas y follaje apretado de color verde oscuro.

cir·ce [θírθe] *s/f* Mujer taimada.

cir·cen·se [θirθénse] *adj* De(l) circo: *Espectáculo circense.*

cir·co [θírko] *s/m* **1.** Local o carpa con gradas que casi rodean a una pista circular. **2.** Espectáculo que se desarrolla en estos locales. **3.** Los integrantes del mismo. **4.** GEOG Espacio semicircular rodeado de montañas.

cir·cuir [θirkwír] *v/tr* Rodear. CONJ *Irreg: Circuyo, circuí, circuiré, circuido.*

cir·cui·to [θirkwíto] *s/m* **1.** Espacio limitado por algo: *Circuito de carreras.* **2.** Límite que existe alrededor de una cosa. **3.** Recorrido: *Circuito turístico.* **4.** ELECT Conductor(es) por donde pasa la electricidad.

cir·cu·la·ción [θirkulaθjón] *s/f* Acción de circular.

cir·cu·lan·te [θirkulánte] *adj* Que circula: *Biblioteca circulante.*

cir·cu·lar [θirkulár] **I.** *adj* En forma de círculo. **II.** *s/f* Instrucciones salidas de un centro o autoridad para que sean transmitidas a varias personas: *Circular a los socios.* **III.** *v/intr* **1.** Moverse alguien o algo siguiendo un trayecto: *Los coches circulan por la autopista.* **2.** Propagarse una información con rapidez: *Las noticias circulan a pesar de la censura.*

cir·cu·la·to·rio, -a [θirkulatórjo, -a] *adj* Referente a la circulación.

cír·cu·lo [θírkulo] *s/m* **1.** Superficie limitada por una circunferencia. **2.** Conjunto de amigos de alguien: *Un círculo de amistades.* **3.** Asociación formada con un determinado fin o local donde se reúnen: *Círculo de lectores.* LOC **En círculo,** formando una circunferencia. **En círculos bien informados,** en fuentes fidedignas.

cir·cun·ci·dar [θirkunθiðár] *v/tr* Cortar parte del prepucio circularmente.

cir·cun·ci·sión [θirkunθisjón] *s/f* Operación de circuncidar.

cir·cun·ci·so [θirkunθíso] **I.** *adj* y *p irreg* de *circuncidar.* **II.** *s/m* El que ha sido circuncidado.

cir·cun·dar [θirkundár] *v/tr* Cercar.

cir·cun·fe·ren·cia [θirkumferénθja] *s/f* GEOM Curva plana y cerrada cuyas partes equidistan del centro.

cir·cun·fle·jo [θirkumfléxo] *adj* y *s/m* (Del) acento en ángulo (ˆ).

cir·cun·lo·cu·ción [θirkunlokuθjón] *s/f* Expresión de varias palabras que equivalen a una sola cosa.

cir·cun·lo·quio [θirkunlókjo] *s/m* Manera indecisa o tímida de decir algo con muchas explicaciones.

cir·cun·na·ve·ga·ción [θirkunnaβeγaθjón] *s/f* Operación de circunnavegar.

cir·cun·na·ve·gar [θirkunnaβeγár] *v/tr* Navegar alrededor de algo. ORT Ante *e* la *g* cambia en *gu: Circunnaveguen.*

cir·cuns·cri·bir [θirku(n)skriβír] **I.** *v/tr* **1.** Reducir algo a ciertos límites: *Se circunscribió a facilitar los datos esenciales.* **2.** (Seguido de *a*) GEOM Dibujar una figura alrededor de otra, tangente en el mayor número posible de puntos. **II.** REFL(-SE) Mantenerse una cosa dentro de ciertos límites. RPr **Circunscribir(se) a.** CONJ Como *escribir.*

cir·cuns·crip·ción [θirku(n)skripθjón] *s/f* **1.** Operación de circunscribir(se). **2.** Zonas en que se divide un territorio.

cir·cuns·cri·to, -a [θirku(n)skríto, -a] *adj* y *p* de *circunscribir.*

cir·cuns·pec·ción [θirku(n)spekθjón] *s/f* Calidad de circunspecto.

cir·cuns·pec·to, -a [θirku(n)spékto, -a] *adj* Se aplica a quien, ante otros, mantiene una actitud comedida y digna.

cir·cuns·tan·cia [θirku(n)stánθja] *s/f* **1.** Con respecto a una cosa, algo que influye en ella de un modo o de otro. **2.** *pl* Situación.

cir·cuns·tan·cial [θirku(n)stanθjál] *adj* Debido a una circunstancia.

cir·cuns·tan·te [θirku(n)stánte] *s/m,f* Los presentes: *Todos los circunstantes se pusieron en pie.*

cir·cun·va·la·ción [θirkumbalaθjón] *s/f* Acción de circunvalar: *Carretera de circunvalación.*

cir·cun·va·lar [θirkumbalár] *v/tr* Rodear un paraje o lugar.

cir·cun·vo·lar [θirkumbolár] *v/tr* Volar alrededor de algo. CONJ *Irreg:* Como *volar.*

ci·rial [θirjál] *s/m* Cada uno de los candeleros que llevan los acólitos en algunas funciones religiosas.

ci·ri·neo, -a, [θirinéo, -a] *s/m,f* Persona que ayuda a los otros.

ci·rio [θírjo] *s/m* Vela larga y gruesa. LOC **Armar un cirio,** COL hacer una gran escandalera.

ci·rro [θírro] *s/m* Nube alta y blanca de aspecto filamentoso.

ci·rro·sis [θirrósis] *s/f* MED Callosidad de un tejido conjuntivo, especialmente en el hígado.

ci·rue·la [θirwéla] *s/f* Fruto redondo de piel delgada y carne jugosa.

ci·rue·lo [θirwélo] *s/m* Árbol frutal cuyo fruto es la ciruela.

ci·ru·gía [θiruxía] *s/f* Parte de la ciencia médica que cura dolencias operando la parte enferma: *Cirugía del tórax.*
Cirugía estética, la que opera apéndices corporales para rectificarlos o/y embellecerlos (nariz, pechos, etc.).

ci·ru·ja·no, -a [θiruxáno, -a] *s/m,f* Especialista en cirugía.

cis·co [θísko] *s/m* **1.** Carbón vegetal menudo (para el brasero). **2.** Ruido de voces que discuten o riñen. LOC **Hacerse cisco algo,** romperse. **Estar hecho uno cisco,** COL (estar) destrozado física o moralmente.

cis·ma [θísma] *s/m* **1.** Acción de dividirse una comunidad religiosa que profesa la misma doctrina. **2.** División de opiniones en una comunidad que rompe la armonía entre sus miembros.

cis·má·ti·co, -a [θismátiko, -a] *adj* Se aplica a las personas, ideas, textos, etc., en desacuerdo con el dogma en cuestión.

cis·ne [θísne] *s/m,f* Palmípeda de cuello flexible y largo, patas cortas y alas grandes.

ci·so·ria [θisórja] *adj* LOC **Arte cisoria,** arte de trinchar bien y con habilidad.

cís·ter [θíster] *s/m* Orden religiosa fundada por San Roberto en el siglo XI, dentro de la regla benedictina.

cis·ter·cien·se [θisterθjénse] *adj* Referente al Císter.

cis·ter·na [θistérna] *s/f* **1.** Depósito, usualmente subterráneo, que recibe y almacena agua de lluvia o de manantial. **2.** En aposición, vehículos o barcos para el transporte de líquidos: *Camión cisterna.*

cis·ti·tis [θistítis] *s/f* MED Inflamación de la vejiga de la orina.

ci·su·ra [θisúra] *s/f* Hendidura muy fina.

ci·ta [θíta] *s/f* **1.** Acción de citar. **2.** Acuerdo entre dos para encontrarse. **3.** Lo que se cita: *Una cita de Cervantes.*

ci·ta·ción [θitaθjón] *s/f* Acción de citar el juez: *Citación judicial.*

ci·tar [θitár] **I.** *v/tr* **1.** Notificar a alguien que acuda a una reunión o entrevista en lugar y hora determinadas: *El juez nos citó para declarar.* **2.** Nombrar a alguien o repetir sus palabras para confirmar lo que se dice. **II.** REFL(-SE) Convenir encontrarse en un lugar dos o más personas: *Se citaron en el bar.*

cí·ta·ra [θítara] *s/f* Instrumento de cuerda más pequeño que la guitarra y que se toca con la púa.

ci·ta·ris·ta [θitarísta] *s/m,f* Profesional de la cítara.

ci·to·lo·gía [θitoloxía] *s/f* BIOL Estudio de la célula.

ci·to·plas·ma [θitoplásma] *s/m* BIOL En una célula, parte del protoplasma que rodea al núcleo.

cí·tri·co, (-a) [θítriko, (-a)] **I.** *adj* Del limón. **II.** *s/m, pl* Frutos ácidos.

ciu·dad [θjuðáð] *s/f* **1.** Población importante. **2.** Población no rural (en oposición al campo).

ciu·da·da·nía [θjuðaðanía] *s/f* Calidad y derecho de ciudadano de un país.

ciu·da·da·no, -a [θjuðaðáno, -a] **I.** *adj* De la ciudad. **II.** *s/m,f* **1.** Natural de una ciudad. **2.** Habitante de un Estado moderno con todos sus derechos y deberes.

ciu·da·de·la [θjuðaðéla] *s/f* Recinto fortificado en el interior de una ciudad.

ciu·dad·rea·le·ño, -a [θjuða(ð)rrealéɲo, -a] *adj* y *s/m,f* De Ciudad Real.

cí·vi·co, -a [θíβiko, -a] *adj* **1.** De la ciudad o de los ciudadanos. **2.** Relativo al civismo.

ci·vil [θiβíl] **I.** *adj* **1.** Perteneciente a la ciudad o a los ciudadanos. **2.** Ciudadano, opuesto a religioso: *Matrimonio civil.* **3.** Ciudadano, no militar: *El gobernador civil.* **4.** Se dice de las personas de comportamiento correcto: *Una manifestación civil.* **II.** *s/m* Generalmente en *pl* Guardia civil. LOC **Por lo civil,** según las normas ciudadanas (no religiosas): *Se casaron por lo civil.*

ci·vi·li·za·ción [θiβiliθaθjón] *s/f* **1.** Acción de civilizar. **2.** Desarrollo logrado por la humanidad en su evolución. **3.** Estado de esta evolución en un momento dado: *La civilización persa.*

ci·vi·li·zar [θiβiliθár] *v/tr* **1.** Introducir la civilización en un país atrasado. **2.** Transformar a una persona tosca en sociable. ORT Ante *e* la *z* cambia en *c: Civilicé.*

ci·vis·mo [θiβísmo] *s/m* Calidad de buen ciudadano.

ci·za·lla [θiθáʎa] *s/f* **1.** *pl* Tijeras grandes o guillotina para cortar metales en frío (planchas, cadenas, etc.). **2.** Recorte de la plancha de metal después de manipulada.

ci·za·ña [θiθáɲa] *s/f* **1.** Planta gramínácea, perjudicial a los sembrados y difícil de extirpar. **2.** FIG Se dice de una cosa mala que estropea otras buenas. LOC **Meter/Sembrar cizaña,** introducir la discordia en una comunidad.

cla·mar [klamár] **I.** *v/tr* Pedir o exigir algo de modo casi desesperado: *Este crimen clama venganza.* **II.** *v/intr* **1.** Quejarse dando gritos como pidiendo ayuda. **2.** FIG Se aplica a las cosas inanimadas que necesitan o parecen exigir algo: *Esta injusticia clama al cielo.*

clá·mi·de [klámiðe] *s/f* Capa corta griega y romana.

cla·mor [klamór] *s/m* **1.** Grito de queja o de dolor. **2.** Griterío confuso de la gente manifestando indignación o entusiasmo.

cla·mo·ro·so, -a [klamoróso, -a] *adj* **1.** Se aplica al lamento de mucha gente congregada. **2.** Espectacular: *Éxito clamoroso.*

clan [klán] *s/m* **1.** Tribu. **2.** *Por ext,* agrupación en torno a un jefe: *El clan mafioso controla la prostitución.*

clan·des·ti·ni·dad [klan̪destiniðáð] *s/f* Cualidad de clandestino.

clan·des·ti·no, -a [klan̪destíno, -a] *adj* Se dice de lo hecho a escondidas y a espaldas de la ley: *Reunión clandestina.*

cla·que [kláke] *s/f* En un espectáculo, gente que entra gratis para aplaudir.

cla·ra·bo·ya [klaraβóJa] *s/f* Abertura con cristales en el techo, sobre una caja de escalera, patio, etc.

cla·re·ar [klareár] **I.** *v/tr* Dar claridad a algo. **II.** *v/intr* **1.** Empezar a amanecer. **2.** Disiparse una bruma: *El día ha clareado.* **III.** REFL(-SE) Transparentarse un tejido por fino o por el desgaste: *Tu falda se clarea.*

cla·re·te [klaréte] *adj* y *s/m* Se dice del vino tinto claro.

cla·ri·dad [klariðáð] *s/f* Cualidad de claro.

cla·ri·fi·ca·ción [klarifikaθjón] *s/f* Acción de clarificar.

cla·ri·fi·car [klarifikár] *v/tr* Poner claro, iluminar algo física o figuradamente.
ORT Ante *e* la *c* cambia en *qu: Clarifique.*

cla·rín [klarín] *s/m* **1.** Trompeta pequeña de sonido muy agudo. **2.** El que la toca.

cla·ri·ne·te [klarinéte] *s/m* **1.** Instrumento músico de viento; se compone de un tubo con agujeros y llaves de una boquilla con lengüeta de caña y un pabellón de clarín. **2.** Músico que lo toca.

cla·ri·sa [klarísa] *adj* y *s/f* Se dice de la religiosa de la orden fundada por Santa Clara (s. XIII).

cla·ri·vi·den·cia [klariβiðénθja] *s/f* Cualidad para comprender, percibir o prever las cosas.

cla·ri·vi·den·te [klariβiðén̪te] *adj* y *s/m,f* Que tiene clarividencia.

cla·ro, (-a) [kláro, (-a)] **I.** *adj* **1.** Con (mucha) luz: *Un día claro. Un piso claro.* **2.** Ilustre: *Los claros varones aragoneses.* **3.** Se aplica a los colores con mezcla de blanco: *Azul claro.* **4.** Puro, limpio: *Cielo claro. Voz clara.* **5.** Se dice de las telas, líquidos, pelo, etc., poco tupidos o espesos: *Blusa/Pelo/Chocolate claro.* **6.** Que es fácil de percibir por la inteligencia o los sentidos: *Una conferencia clara.* **7.** Se dice de quien habla sin rodeos: *Es una persona muy clara.* **II.** *s* **1.** *m* Porción iluminada de un dibujo o fotografía. **2.** *m* Espacio libre entre un grupo de cosas: *Un claro del bosque.* **3.** *f* En el interior de un huevo de ave, parte transparente que rodea a la yema. **III.** *adv* Claramente: *Hay que hablarle claro.* **IV** *interj* Evidentemente, sí: *—¿Vendrás? —¡Claro!* LOC **A las claras,** con claridad. **Cantarlas claras,** decir las cosas claras. **Claro que,** es evidente que. **Poner en claro,** aclarar. **Sacar algo en claro,** aclarar algo. **Ver poco claro,** no ver muy claro.

cla·ros·cu·ro [klaroskúro] *s/m* **1.** En un dibujo, cuadro o fotografía, contraste de luces y sombras. **2.** FIG Situación o actitud indefinida ante dos términos contrapuestos.

cla·se [kláse] *s/f* **1.** División que resulta de agrupar las cosas de un conjunto por su valor o características: *Clases de tela. Esta clase de vida me gusta.* **2.** BIOL Grupo taxonómico de animales y plantas: *La clase de los cetáceos.* **3.** Grupo social: *La clase media.* **4.** En un centro de enseñanza, cada uno de los grupos de alumnos en su grado respectivo. **5.** Conjunto de alumnos que reciben cierta enseñanza, o local donde ésta se imparte: *La clase de lengua.* **6.** Actividad docente: *No hay clase durante las vacaciones.* **7.** Categoría: *Esta mujer tiene mucha clase.*

cla·si·cis·mo [klasiθísmo] *s/m* Calidad de clásico.

cla·si·cis·ta [klasiθísta] *adj* y *s/m,f* Partidario del clasicismo.

clá·si·co, -a [klásiko, -a] **I.** *adj* **1.** Se aplica a la lengua y a la cultura perteneciente al mayor período de esplendor de una evolución artístico-literaria: *La época clásica del cubismo.* **2.** Se aplica a quien es notable en cualquier aspecto. **3.** Referente a la época griega o romana y a los períodos modernos que la han imitado. **4.** Proverbial: *Nos recibió con su clásica ama-*

bilidad. **II.** *s/m,f* Los pertenecientes a una de esas épocas.

cla·si·fi·ca·ción [klasifikaθjón] *s/f* Acción y resultado de clasificar.

cla·si·fi·ca·dor, -ra [klasifikaðór, -ra] **I.** *adj* y *s/m,f* Que clasifica.

cla·si·fi·car [klasifikár] *v/tr* Disponer u ordenar algo en clases.
ORT Ante *e* la *c* cambia en *qu: Clasifique.*

cla·sis·mo [klasísmo] *s/m* Actitud de la clase social que minusvalora a las de menor categoría.

cla·sis·ta [klasísta] *adj* y *s/m,f* **1.** Partidario de la diferenciación según clases sociales. **2.** Peculiar de una clase.

clau·di·ca·ción [klauðikaθjón] *s/f* Operación de claudicar.

clau·di·car [klauðikár] *v/intr* **1.** Hacer dejación del deber. **2.** Rendirse o ceder ante una dificultad.
ORT Ante *e* la *c* cambia en *qu: Claudiqué.*

claus·tral [klaustrál] *adj* y *s/m,f* Referente al claustro.

claus·tro [kláustro] *s/m* **1.** Galería en el patio de un convento o iglesia. **2.** En una universidad, asamblea constituyente de los diversos estamentos (profesorado, alumnos y personal no docente) que elige al rector y tiene cierta capacidad legisladora.

claus·tro·fo·bia [klaustrofóβja] *s/f* MED Aversión o temor morbosos a los espacios cerrados.

cláu·su·la [kláusula] *s/f* Cada una de las disposiciones de un documento (testamento, contrato, etc.).

clau·su·ra [klausúra] *s/f* **1.** Acción de clausurar algo. **2.** Situación de aislamiento en conventos religiosos.

clau·su·rar [klausurár] *v/tr* Cerrar.

cla·va·do, -a [klaβáðo, -a] *adj* **1.** (Con *a*) Semejante a (alguien): *Luis es clavado a Guillermo.* **2.** Puntual o exacto: *Llegaron a las ocho clavadas.* **3.** (Con *en*) Fijo: *Tiene la vista clavada en el horizonte.* LOC **Dejar clavado a alguien,** dejarle desconcertado.

cla·var [klaβár] *v/tr* **1.** Introducir algo con punta (clavo, astilla, estaca, etc.) en un sitio. **2.** Sujetar algo con clavos. **3.** Fijar con intensidad la atención en algo o alguien: *Me clavó la vista.* **4.** COL Abusar en el precio: *En este bar te clavan.* RPr **Clavar (algo) a/en:** *Los clavó a la pared. Clavado en el alma.*

cla·ve [kláβe] **I.** *s/f.* **1.** Piedra que cierra un arco o bóveda en la parte superior. **2.** Conjunto de signos secretos para los no iniciados, como los empleados al escribir un mensaje. **3.** Lista de equivalencias que sirve para descifrar un mensaje escrito 'en clave'. **4.** Lo que explica algo aparentemente inexplicable: *La tenacidad es la clave de su éxito.* **5.** Sistema(s) de notación musical: *En clave de fa.* **6.** *m* Clavicordio. **II.** *adj* **1.** Importante: *Ocupa un puesto clave.* **2.** Lo que descifra algo: *La palabra clave es 'amor'.* LOC **Dar con/en la clave,** encontrar.

cla·vel [klaβél] *s/m* Planta cariofilácea, de tallos delgados y nudosos; las flores, de igual nombre, tienen numerosos y dentados pétalos multicolores y/o salpicados.

cla·ve·li·na o **cla·ve·lli·na** [klaβelína/klaβeʎína] *s/f* Planta de claveles sencillos.

cla·ve·tear [klaβeteár] *v/tr* **1.** Adornar con clavos. **2.** Clavar clavos innecesarios y/o en desorden.

cla·vi·cém·ba·lo [klaβiθéɱbalo] *s/m* Clavicordio.

cla·vi·cor·dio [klaβikórðjo] *s/m* Especie de piano antiguo; las cuerdas de alambre son golpeadas con puntas de pluma o lengüetas de cobre.

cla·ví·cu·la [klaβíkula] *s/f* Cada uno de los dos huesos que articulan por un extremo el esternón y por el otro el omóplato.

cla·vi·for·me [klaβifórme] *adj* Con forma de clavo.

cla·vi·ja [klaβíxa] *s/f* Cualquier pieza metálica o de madera que se inserta en un objeto o pieza. LOC **Apretar las clavijas a uno,** obligarle a que cumpla con su deber.

cla·vi·je·ro [klaβixéro] *s/m* **1.** En los pianos y análogos, pieza maciza donde están hincadas las clavijas. **2.** En el timón del arado, parte donde se insertan las clavijas.

cla·vo [kláβo] *s/m* **1.** Pieza metálica delgada, con punta en un extremo y cabeza en el otro; se utiliza para sujetar, colgar o adornar algo. **2.** BOT Capullo seco de clavero (especia). LOC **Dar en el clavo,** descubrir o acertar algo aparentemente indescifrable. **Ser como un clavo,** puntual: *Llegó puntual como un clavo.*

cla·xon [klá(k)son] *s/m* Utensilio sonoro para dar señales acústicas (en coches, embarcaciones, etc.).

cle·men·cia [kleménθja] *s/f* Calidad de clemente.

cle·men·te [kleménte] *adj* Se dice de las personas que juzgan con piedad y benignidad.

clep·to·ma·nía [kleptomanía] *s/f* Inclinación morbosa al hurto.

clep·tó·ma·no, -a [kleptómano, -a] *adj* y *s/m,f* Inclinado a la cleptomanía.

cle·re·cía [klereθía] *s/f* Clero.

cle·ri·cal [klerikál] *adj* Referente al clérigo: *Estado clerical.*

cle·ri·ca·lis·mo [klerikalísmo] *s/m* Cualidad clerical o excesivo influjo de la Iglesia en la política.

clé·ri·go [klériɣo] *s/m* Hombre con órdenes sagradas que ejerce de pastor en una comunidad cristiana.
Clérigo secular, sacerdote diocesano.
Clérigo regular, sacerdote con los tres votos solemnes de pobreza, castidad y obediencia.

cle·ro [kléro] *s/m* Conjunto de clérigos.

clic [klík] *s/m* Chasquido seco y corto producido por un interruptor o por dos piezas al empotrarse.

cli·ché [klitʃé] *s/m* **1.** Plancha o película de donde se obtienen copias fotográficas, de multicopia, en offset, etc. **2.** Frase estereotipada o lugar común.

clien·te, -a [kljéŋte, -a] *s/m,f* **1.** Persona que utiliza los servicios profesionales de otra. **2.** Quien suele comprar en la misma tienda.

clien·te·la [kljeŋtéla] *s/f* Conjunto de clientes de una tienda, un médico, etc.

clien·te·lis·mo [kljeŋtelísmo] *s/m* En política, actitud de quien actúa para atraer los favores o los votos de otros.

cli·ma [klíma] *s/m* **1.** Conjunto de condiciones atmosféricas propias de una zona. **2.** Conjunto de circunstancias que rodean a una persona.

cli·ma·te·rio [klimatérjo] *s/m* BIOL Transición de la niñez a la edad adulta o período en que cesa la actividad sexual.

cli·má·ti·co, -a [klimátiko, -a] *adj* Referente al clima.

cli·ma·ti·za·do, -a [klimatiθáðo, -a] *adj* Se dice del local refrigerado.

cli·ma·ti·za·ción [klimatiθaθjón] *s/f* Operación y resultado de climatizar.

cli·ma·ti·zar [klimatiθár] *v/tr* Proporcionar a un vehículo o local temperatura y humedad agradables.
ORT Ante *e* la *z* cambia en *c: Climatice.*

cli·ma·to·lo·gía [klimatoloxía] *s/f* Estudio del clima.

cli·ma·to·ló·gi·co, -a [klimatolóxiko, -a] *adj* Referente a la climatología en general o a la de una región en particular.

clí·max [klíma(k)s] *s/m* Momento culminante en el desarrollo de algo.
ORT *Pl: Clímax.*

clí·ni·co, (-a) [klíniko, (-a)] **I.** *adj* Se aplica a las prácticas médicas (profesionales o de enseñanza) o a los hospitales donde éstas tienen lugar. **II.** *s/f* **1.** Prácticas en la enseñanza de la medicina. **2.** Departamento hospitalario dedicado a estas enseñanzas. **3.** Hospital privado en general.

clip [klíp] *s/m* **1.** ANGL Sujetapapeles. **2.** Pinza para el pelo.

clí·per [klíper] *s/m* **1.** Barco velero ligero. **2.** Avión grande de pasajeros.
ORT *Pl: Clíperes.*

cli·sé [klisé] *s/m* Cliché de imprenta.

clí·to·ris [klítoris] *s/m* En la parte superior de la vulva, en el órgano sexual de la mujer, botón carnoso.

cloa·ca [kloáka] *s/f* Conducto de las aguas residuales de una población.

cloc [klók] Onomatopeya del sonido producido por un choque; *por ej,* la cabeza contra la pared.

clo·que·ar [klokeár] *v/intr* Emitir la gallina clueca el sonido clo-clo.

clo·queo [klokéo] *s/m* Cacareo sordo de la gallina clueca.

clo·que·ra [klokéra] *s/f* Estado de las gallináceas que las impulsa a incubar.

clo·ra·to [kloráto] *s/m* QUÍM Sales del ácido clórico; son oxidantes y explosivas.

clor·hí·dri·co, -a [kloríðriko, -a] *adj* QUÍM Referente a las combinaciones del cloro y del hidrógeno.

clo·ro [klóro] *s/f* QUÍM Metaloide gaseoso, *núm* atómico *17,* oxidante y tóxico. *Símb Cl.*

clo·ro·fi·la [klorofíla] *s/f* Pigmento verde, principalmente en las hojas de las plantas.

clo·ro·fí·li·co, -a [klorofíliko, -a] *adj* Relativo a o con clorofila.

clo·ro·for·mo [klorofórmo] *s/m* QUÍM Líquido incoloro que se emplea para anestesiar.

clo·ru·ro [klorúro] *s/m* QUÍM Combinación del cloro con ciertos metaloides o con un metal.

clown [kláun/klóun] *s/m* ANGL Payaso.

club [klúb] *s/m* Asociación deportiva, política o de recreo o lugar donde se reúnen sus miembros: *Club de natación.*

clue·co, -a [klwéko, -a] **I.** *adj* Se aplica a la gallina clueca. **II.** *s/f* **1.** Esa gallina. **2.** Persona vieja y casi impedida.

co·ac·ción [koa(k)θjón] *s/f* Presión que se ejerce sobre una persona para obligarle a decir o hacer algo.

co·ac·cio·nar [koa(k)θjonár] *v/tr* Ejercer coacción sobre una persona.

co·ac·ti·vo, -a [koaktíβo, -a] *adj* Se dice de lo que coacciona.

co·ad·ju·tor, (-ra) [koaðxutór, (-ra)] *s m,f* Persona que ayuda a otras, especialmente la que ayuda a un párroco.

co·ad·yu·var [koaðJuβár] *v/tr* Ayudar a alguien a conseguir algo: *El comer despacio coadyuva a la digestión.* RPr **Coadyuvar a/en:** *Coadyuvar en todo.*

coa·gu·la·ción [koaγulaθjón] *s/f* Acción y resultado de coagular(se).

coa·gu·lan·te [koaγulánte] *s/m* y *adj* Que coagula.

coa·gu·lar [koaγulár] *v/tr* Cuajar o solidificarse un líquido (sangre, leche, etc.).

coá·gu·lo [koáγulo] *s/m* Masa (o porción de ella) coagulada.

coa·li·ción [koaliθjón] *s/f* Unión de varios partidos, países, personas, etc., para algún fin.

coa·li·gar [koaliγár] *v/tr* Coligarse.
ORT Ante *e* la *g* cambia en *gu: Coaligué.*

coar·ta·da [koartáða] *s/f* DER Prueba de ausencia del lugar de los hechos que esgrime el presunto autor de un delito.

coar·tar [koartár] *v/tr* Impedir con presiones no físicas la libertad de actuación de alguien.

co·au·tor, -ra [koautór, -ra] *s/m,f* Autor(ra) junto con otro(s) u otra(s).

co·ba [kóβa] *s/f* **1.** Embuste gracioso. **2.** Adulación fingida.

co·bal·to [koβálto] *s/m* Metal, *símb Co, núm* atómico *27,* blanco rojizo; es componente de pinturas y esmaltes.

co·bar·de [koβárðe] *adj* Se aplica a quien carece de valor.

co·bar·día [koβarðía] *s/f* Calidad de cobarde.

co·ba·yo, -a [koβáJo, -a] *s/m,f* Conejillo de Indias, empleado para la experimentación científica.

co·ber·ti·zo [koβertíθo] *s/m* **1.** Saledizo que sirve para guarecerse de la lluvia. **2.** Lugar resguardado rústicamente para guardar útiles, animales, etc.

co·ber·tor [koβertór] *s/m* Manta o colcha de cama.

co·ber·tu·ra [koβertúra] *s/m* **1.** Cubierta. **2.** FIG Acción de cubrir.

co·bi·jar [koβixár] *v/tr* **1.** Cubrir. **2.** Albergar. **3.** Proteger: *Los barrios bajos cobijan a los maleantes.* RPr **Cobijar(se) de/bajo/en.**

co·bi·jo [koβíxo] *s/m* **1.** Acción y efecto de cobijar. **2.** Lugar donde alguien puede cobijarse.

co·bra [kóβra] *s/f* Serpiente de la India, muy venenosa.

co·bra·dor, -ra [koβraðór, -ra] *s/m,f* Persona encargada de cobrar.

co·bran·za [koβránθa] *s/f* Operación y resultado de cobrar.

co·brar [koβrár] *v/tr* **1.** Recibir o coger dinero adeudado por algún concepto. **2.** Capturar piezas en una cacería: *Cobraron veinte patos.* **3.** Empezar a tener algo (sentimiento, fama, dinero, etc.): *Este asunto cobra importancia.* **4.** Recibir golpes o bofetadas.

co·bre [kóβre] *s/m* Metal, dúctil y maleable, de color pardo rojizo, *símb Cu, núm* atómico *29,* de múltiples aplicaciones industriales.

co·bri·zo, -a [koβríθo, -a] *adj* De (o de color de) cobre: *Tez cobriza.*

co·bro [kóβro] *s/m* Acción y efecto de cobrar.

co·ca [kóka] *s/f* **1.** Arbusto peruano; de sus hojas se extrae la cocaína. **2.** Cocaína.

co·caí·na [kokaína] *s/f* Alcaloide que se obtiene de las hojas de coca; se emplea como anestésico o alucinógeno.

coc·ción [ko(k)θjón] *s/f* Operación y resultado de cocer(se).

cóc·cix [kó(k)θi(k)s] *s/m* Hueso terminal de la columna vertebral.
ORT También: *Coxis.*

co·ce·ar [koθeár] *v/intr* Dar coces.

co·cer [koθér] **I.** *v/tr* **1.** Mantener algo en un líquido hirviendo para cocinarlo. **2.** Colocar al fuego de un horno algo (pan, cerámica, etc.). **II.** REFL(-SE) Tramarse algo: *Se está cociendo una rebelión.*
CONJ *Irreg: Cuezo, cocí, coceré, cocido.*

co·ci·do, -a [koθíðo, -a] **I.** *adj* Cocinado en agua hirviendo. **II.** *s/m* Guiso típico de carnes y legumbres cocidas: *Cocido madrileño.*

co·cien·te [koθjénte] *s/m* **1.** MAT Resultado de dividir un número por otro. **2.** Coeficiente de algo (competición, inteligencia, etc.): *Cociente intelectual.*

co·ci·na [koθína] *s/f* **1.** Habitación de la casa donde se condimentan los alimentos y, a veces, se come. **2.** Aparato donde se cocina. **3.** El arte de cocinar: *La cocina española.*

co·ci·nar [koθinár] *v/tr* Preparar alimentos para ser comidos.

co·ci·ne·ro, -a [koθinéro, -a] *s/m,f* Persona cuyo oficio es cocinar.

co·ci·ni·lla [koθiníʎa] *s/f* Hornillo portátil de alcohol, gasolina, butano, etc.

co·co [kóko] *s/m* **1.** Fruto del cocotero, con caparazón duro y carne pulposa. **2.** Árbol que los produce. **3.** Supuesto ser fantástico para asustar a los niños: *¡Qué viene el coco!* LOC **Comer el coco (a alguien),** convencer a alguien abusando de su ingenuidad.

co·co·cha [kokótʃa] *s/f* Protuberancias carnosas en la parte inferior de la cabeza de la merluza y bacalao.

co·co·dri·lo [kokoðrílo] *s/m* Reptil anfibio muy voraz de unos cinco metros de largo.

co·co·tal [kokotál] *s/m* Paraje poblado de cocoteros.

co·co·te·ro [kokotéro] *s/m* Árbol del coco.

cóc·tel [kóktel] *s/m* ANGL **1.** Combinado de diversos licores y jugos. **2.** Reunión social donde se beben cócteles y otros licores.
Cóctel molotov, botella con líquido inflamable y mecha.

coc·te·le·ra [kokteléra] *s/f* Recipiente donde se prepara un cóctel.

co·cham·bre [kotʃám̩bre] *s/f* Cosa sucia y asquerosa.

co·cham·bro·so, -a [kotʃam̩bróso, -a] *adj* Lleno de cochambre.

co·cha·zo [kotʃáθo] *s/m* Coche grande y/o lujoso.

co·che [kótʃe] *s/m* **1.** Vehículo autopropulsado para viajar. **2.** Vagón de tren para pasajeros. **3.** Carruaje de cuatro ruedas tirado por caballos.

co·che·ro, (-a) [kotʃéro, (-a)] *s* **1.** *m* Hombre que conduce un carruaje. **2.** *f* Lugar donde se guardan los coches, autobuses, tranvías, etc.

co·chi·na·da [kotʃináða] *s/f* **1.** Porquería. **2.** Acción ruin y grosera.

co·chi·ne·ría [kotʃinería] *s/f* Cochinada.

co·chi·ni·llo [kotʃiníʎo] *s/m* Cerdo de leche.

co·chi·no, -a [kotʃíno, -a] **I.** *s/m,f* Cerdo. **II.** *adj* y *s/m,f* **1.** Se dice de las personas sucias e indecorosas. **2.** Que no va bien o repugna: *¡Cochino dinero!*

co·da [kóða] *s/f* **1.** MÚS En una partitura, adición brillante al final. **2.** MÚS En una pieza bailable, repetición final.

co·da·zo [koðáθo] *s/m* Golpe de codo.

co·de·ar [koðeár] **I.** *v/intr* Moverse dando golpes con los codos, *por ej,* para abrirse paso. **II.** REFL(-SE) Tratarse, relacionarse: *Se codea con hombres importantes.* RPr **Codearse con.**

co·deí·na [koðeína] *s/f* Alcaloide que se obtiene de la morfina; se utiliza como calmante.

co·de·ra [koðéra] *s/f* Refuerzo de cuero o plástico en la manga (parte del codo).

có·di·ce [kóðiθe] *s/m* Libro manuscrito antiguo.

co·di·cia [koðíθja] *s/f* **1.** Deseo exagerado de poseer bienes materiales. **2.** Deseo vehemente de algo.

co·di·cia·ble [koðiθjáβle] *adj* Deseable.

co·di·ciar [koðiθjár] *v/tr* Desear mucho una cosa: *Codicia los bienes ajenos.*

co·di·cio·so, -a [koðiθjóso, -a] *adj* y *s/m,f* Propenso a sentir codicia.

co·di·fi·ca·ción [koðifikaθjón] *s/f* Acción y resultado de codificar.

co·di·fi·ca·dor, -ra [koðifikaðór, -ra] *adj* y *s/m,f* Que codifica.

co·di·fi·car [koðifikár] *v/tr* **1.** Formar un cuerpo de leyes en un código. **2.** Formular algo (mensaje, información, etc.) siguiendo las reglas de un código.
ORT Ante *e* la *c* cambia en *qu: Codifiqué.*

có·di·go [kóðiɣo] *s/m* **1.** Cuerpo legislativo sistemática y metódicamente ordenado (de un país o derecho). **2.** Conjunto sistematizado de reglas o signos para transmitir un mensaje.

co·di·llo [koðíʎo] *s/m* **1.** Articulación más alta del brazo, especialmente en caballerías. **2.** Zona entre esa articulación y la rodilla.

co·di·rec·ción [koðire(k)θjón] *s/f* Acción de dirigir juntamente con otro.

co·di·rec·tor, -ra [koðirektór, -ra] *s/m,f* Director(ra) junto con otro(a).

co·do [kóðo] *s/m* **1.** En la articulación del brazo y antebrazo, parte posterior. **2.** Doblez de una tubería u objeto semejante. **3.** Medida de longitud que equivale aproximadamente a la distancia entre el codo y la mano. LOC **Codo a codo,** uno junto a otro. **Empinar el codo,** beber con exceso. **Hablar por los codos,** hacerlo en exceso. **Hasta los codos,** se aplica a quien está enteramente comprometido en un asunto.

co·dor·niz [koðorníθ] *s/f* Ave gallinácea migratoria más pequeña que la perdiz.
ORT *Pl: Codornices.*

co·e·du·ca·ción [koeðukaθjón] *s/f* Educación impartida a alumnos de ambos sexos en la misma clase.

coe·fi·cien·te [koefiθjén̩te] *s/m* MAT Factor constante que en un cálculo se antepone a cierto valor variable.

coer·cer [koerθér] *v/tr* Impedir a alguien que haga algo.
ORT Ante *o/a* la *c* cambia en *z: Coerza.*

coer·ci·bi·li·dad [koerθiβiliðáð] *s/f* FÍS Cualidad de coercible.

coer·ción [koerθjón] *s/f* DER Acción de coercer.

coer·ci·ti·vo, -a [koerθitíβo, -a] *adj* Se aplica a lo que coerce.

coe·tá·neo, -a [koetáneo, -a] *adj* y *s/m,f* De las personas y cosas de la época que se expresa.

co·e·xis·ten·cia [koe(k)sisténθja] *s/f* Cualidad de coexistente.

co·e·xis·ten·te [koe(k)sisténte] *adj* Se aplica a lo que coexiste.

co·e·xis·tir [koe(k)sistír] *v/intr* (Seguido de *con*) Existir diversas cosas a la vez.

co·fa [kófa] *s/f* Plataforma colocada en los palos altos de un barco.

co·fia [kófja] *s/f* Prenda femenina que recoge y recubre el pelo, todo o en parte.

co·fra·de [kofráðe] *s/m,f* Perteneciente a una cofradía.

co·fra·día [kofraðía] *s/f* Asociación devota con fines religiosos.

co·fre [kófre] *s/m* **1.** Mueble parecido a un arca. **2.** Caja para guardar algo de valor.

co·ger [koxér] **I.** *v/tr* **1.** (Seguido de *con, de, por*) Acercar las manos a algo y retenerlo entre ellas: *Cogió del/con/por el brazo a su hija.* **2.** Tomar algo de otro para quedárselo o utilizarlo: *Me ha cogido las gafas de sol.* **3.** Recoger frutos o cosechas: *Cogían nueces.* **4.** Apresar a alguien o algo que es perseguido: *La guardia civil cogió a los contrabandistas.* **5.** TAUROM Herir el toro a alguien: *El toro cogió al espontáneo.* **6.** Atropellar un vehículo a alguien: *Le ha cogido un autobús.* **7.** Recibir algo con cierta actitud: *Cogió muy mal su destitución.* **8.** Encontrar a alguien de un modo determinado: *Le cogió en calzoncillos.* **9.** Retener alguien o una cosa algo (suciedad, pulgas, etc.): *Este sofá coge mucho pelo.* **10.** Contraer cierta enfermedad, vicio, virtud, etc.: *Ha cogido la gripe.* **11.** Entender algo o captar un mensaje: *No ha cogido la indirecta.* **12.** Subirse a un vehículo: *Coge el tren para viajar.* **13.** En AMÉR Central y Sur, copular. **II.** *v/intr* **1.** Arraigar algo: *Este árbol no cogió bien.* **2.** Caber algo en cierto lugar o superficie: *El Mercedes no coge en esta plaza de parking.* **III.** REFL(-SE) **1.** Pillarse: *Se cogió los dedos en la puerta.* **2.** En general forma *refl* de *coger.* LOC **No saber por dónde cogerlo,** *1.* Ser lo que se trata (persona o cosa) enteramente malo. *2.* Al revés, ser intachable. **Coger algo por los pelos,** *1.* Subir a un vehículo que estaba a punto de escaparse. *2.* Aprovecharse de algo justo antes de ser ello imposible: *Cogió la ocasión por los pelos.* **Coger la palabra,** hablar.
ORT La *g* cambia en *j* ante *a/o: Cojo.*

co·ges·tión [koxestjón] *s/f* Acción de gestionar algo juntamente con otro.

co·gi·do, (-a) [koxíðo, (-a)] **I.** *adj* Sujeto física o moralmente: *Está muy cogido por sus hijos.* **II.** *s/f* Acción de coger; específicamente, el toro al torero. RPr **Cogido por/en:** *Cogido en flagrante delito.*

co·gi·ta·bun·do, -a [koxitaβúndo, -a] *adj* Pensativo.

cog·ni·ción [koγniθjón] *s/f* Conocimiento.

cog·nos·ci·ti·vo, -a [koγnosθitíβo, -a] *adj* Se aplica a lo que puede conocer.

co·go·llo [koγóʎo] *s/m* **1.** El corazón (hojas apiñadas y blancas) de una hortaliza (lechuga, col, etc.). **2.** Brote de rama o planta. **3.** FIG Lo más selecto de algo: *El cogollo de la sociedad.*

co·gor·za [koγórθa] *s/f* COL Borrachera.

co·go·te [koγóte] *s/m* **1.** Parte posterior e inferior de la cabeza. **2.** Nuca.

co·go·te·ra [koγotéra] *s/f* Prenda que protege la nuca contra el sol y la lluvia.

co·gu·lla [koγúʎa] *s/f* **1.** Hábito de religiosos monacales y de ciertos eclesiásticos en el coro. **2.** Capucha de hábito.

co·ha·bi·tar [koaβitár] *v/tr* **1.** Habitar con otro u otros. **2.** Llevar vida marital una pareja.

co·he·char [koetʃár] *v/tr* Sobornar a un juez o funcionario público.

co·he·cho [koétʃo] *s/m* Acción de cohechar o de dejarse cohechar.

co·he·re·de·ro, -a [koereðéro, -a] *s/m,f* Heredero(a) junto con otro(s).

co·he·ren·cia [koerénθja] *s/f* **1.** Cualidad de coherente. **2.** FÍS Cohesión.

co·he·ren·te [koerénte] *adj* Se aplica a las partes de un todo que forman una unidad sin contradicciones. Con coherencia.

co·he·sión [koesjón] *s/f* **1.** Calidad de lo unido con fuerza: *La cohesión del equipo ministerial.* **2.** FÍS Fuerza que une las moléculas: *Cohesión molecular.*

co·he·te [koéte] *s/m* **1.** Cartucho de explosivos que, sujeto a una varilla, se lanza al aire con efectos luminosos y/o detonadores. **2.** Tubo metálico propulsado a reacción que transporta satélites artificiales o naves espaciales. LOC **Salir como un cohete,** hacerlo muy deprisa.

co·hi·bi·ción [koiβiθjón] *s/f* Acción y resultado de cohibir.

co·hi·bir [koiβír] **1.** *v/intr* Hacer algo que una persona no actúe con naturalidad o libremente. **2.** Intimidar.
ORT. PRON El acento cae sobre *i* en el *sing* y *3.ª pers pl* del *pres* de *indic* y *subj: Cohíbo.*

co·hom·bro [koóɱbro] *s/m* Variedad larga y torcida del pepino.

co·ho·nes·tar [ko(o)nestár] *v/tr* Dar a una acción injusta visos de razonable.

co·hor·te [koórte] *s/m* **1.** En el ejército romano, unas seis centurias. **2.** Muchedumbre de personas o cosas.

coin·ci·den·cia [koinθiðénθja] *s/f* Acción y efecto de coincidir.

coin·ci·dir [koinθiðír] *v/intr* **1.** Ocurrir en el mismo momento o lugar algo: *Ayer coincidimos en el cine.* **2.** Estar de acuerdo o ser iguales: *Mis notas coinciden con las tuyas.*

coi·to [kóito] *s/m* Unión sexual de los animales superiores.

co·je·ar [koxeár] *v/intr* **1.** Caminar una persona o animal de modo imperfecto, por defecto de un pie o pierna. **2.** Balancearse un mueble por no tener las patas igual longitud. RPr **Cojear de:** *Cojea del pie izquierdo.*

co·je·ra [koxéra] *s/f* Defecto que impide andar correctamente.

co·jín [koxín] *s/m* Almohadón relleno de plumas, espuma, etc., que sirve para apoyarse en él.

co·ji·ne·te [koxinéte] *s/m* Pieza donde se apoya, en una muesca, un eje de máquina.

co·jo, -a [kóxo, -a] *adj* y *s/m,f* Se aplica a las personas, animales o cosas que cojean o a las que les falta algo: *Pata coja. Razonamiento cojo.*

co·jón [koxón] ARG **I.** *s/m* Testículo. **II.** *pl, interj* Manifestación de enfado, sorpresa, alegría, etc.: *¡Cojones! ¡Hemos ganado!* LOC **De cojón,** estupendo. **Importar un cojón,** no importar. **No valer un cojón,** no tener valor alguno. **Con cojones,** con valentía. **Estar hasta los mismísimos cojones,** estar harto. **Importar algo a alguien tres cojones,** no importar nada, tener sin cuidado. **Ponérsele los cojones como corbata,** sentir miedo. **Por cojones,** a la fuerza.

co·jo·nu·do, -a [koxonúðo, -a] ARG *adj* **1.** Con cojones. **2.** Estupendo, excelente.

col [kól] *s/f* Planta hortícola, crucífera y comestible, de hojas anchas y flores en panoja.

co·la [kóla] **I.** *s/f* **1.** En los animales vertebrados, apéndice o prolongación de la columna vertebral: *Cola de conejo.* **2.** En las aves, plumas al final del cuerpo. **3.** Parte de un vestido que se arrastra por el suelo: *La cola del manto real.* **4.** Extremo final de algo: *Nos sentamos en la cola del avión.* **5.** Apéndice luminoso de un cometa. **6.** Hilera de personas que, una detrás de otra, esperan turno. **7.** Sustancia para pegar, que se obtiene por cocción u otros procedimientos y es muy usada en carpintería, pintura, etc. **8.** Elemento que se encuentra en ciertas bebidas carbónicas: *Bebida con cola.* **II.** *suf* utilizado para formar ciertos nombres y adjetivos: *Terrícola, agrícola.* LOC **A la cola,** detrás de todo. **Hacer cola,** ponerse en ella. **Traer cola (algo),** tener algo consecuencias: *Su destitución traerá cola.*

co·la·bo·ra·ción [kolaβoraθjón] *s/f* Operación y resultado de colaborar. LOC **En colaboración,** conjuntamente.

co·la·bo·ra·cio·nis·ta [kolaβoraθjonísta] *adj* y *s/m,f* Persona que ayuda a los invasores de un país.

co·la·bo·ra·cio·nis·mo [kolaβoraθjonísmo] *s/m* Calidad de colaboracionista.

co·la·bo·ra·dor, -ra [kolaβoraðór, -ra] *adj* y *s/m,f* Que colabora.

co·la·bo·rar [kolaβorár] *v/intr* **1.** Trabajar junto con otros en la consecución de algo. **2.** Escribir en un periódico o revista con regularidad. RPr **Colaborar con/en:** *Colabora con su jefe/en la revista.*

co·la·ción [kolaθjón] *s/f* **1.** Acto de conferir un título académico o un beneficio eclesiástico. **2.** Comida conventual ligera. LOC **Traer o sacar a colación,** mencionar algo, generalmente sin estar justificado.

co·la·de·ro, (-a) [kolaðéro, (-a)] *s* **1.** *m* Colador. **2.** *m* ARG Entre estudiantes, centro, asignatura o profesor que aprueba o donde se aprueba con facilidad.

co·la·di·zo, -a [kolaðíθo, -a] *adj* Que se cuela con facilidad.

co·la·do, (-a) [koláðo, (-a)] **I.** *adj* (Con *estar... por)* Enamorado: *Está colado por Celia.* **II.** *s/f* **1.** Conjunto de ropa que se lava u operación de blanquear la ropa lavada con lejía. **2.** En los altos hornos, operación de sacar el hierro fundido: *Orificio de colada.*

co·la·dor [kolaðór] *s/m* Utensilio de cocina con agujeros (o con tela) para colar líquidos (caldo, té, etc.).

co·la·du·ra [kolaðúra] *s/f* Acción de colar.

co·lap·sar [kolapsár] *v/tr, intr* Paralizar, disminuir mucho una actividad.

co·lap·so [kolápso] *s/m* **1.** Acción y efecto de colapsar. **2.** Debilitación brusca de la actividad vital: *Colapso cardíaco. Colapso circulatorio.*

co·lar [kolár] **I.** *v/tr* **1.** Hacer pasar un líquido por un colador. **2.** COL Pasar algo ilegalmente por un sitio: *Colaron un billete falso.* **II.** *v/intr* Ser creído algo falso: *Propagó una mentira por si colaba.* **III.** REFL (-SE) **1.** Pasar una persona por un lugar sin ser notada. **2.** Cometer un error: *¡Te has colado! ¡Ayer no salí de casa!*
CONJ *Irreg: Cuelo, colé, colaré, colado.*

co·la·te·ral [kolaterál] *adj* **1.** Colocado a uno y a otro lado de la cosa principal: *Pasillos colaterales.* **2.** Se dice del pariente por una rama genealógica no principal.

col·cha [kóɟtʃa] *s/f* Cobertura que se coloca sobre la cama para adorno.

col·chón [koɟtʃón] *s/m* Saco aplanado relleno de materia esponjosa o con muelles; se coloca sobre la cama; sirve especialmente para dormir. LOC **Servir de colchón (a alguien),** servir para amortiguar un golpe, real o figurado.

col·cho·ne·ría [koɟtʃonería] *s/f* Establecimiento donde se hacen y/o venden colchas, colchones, etc.

col·cho·ne·ro, -a [koɟtʃonéro, -a] *s/m,f* Persona que hace y/o vende colchones.

col·cho·ne·ta [koɟtʃonéta] *s/f* Colchón delgado; se usa como cojín en los asientos, en gimnasios, para caer en blando, en las literas de trenes y camarotes, etc.

co·le [kóle] *s/m* ARG estudiantil, abreviatura de colegio: *Ir al cole. Tener cole.*

co·le·ar [koleár] *v/intr* **1.** Menear(se) la cola (de un animal o tren). **2.** COL Durar todavía las consecuencias de algo: *Todavía colean sus últimas declaraciones.*

co·lec·ción [kole(k)θjón] *s/m* **1.** Conjunto de cosas de la misma especie: *Colección de pistolas.* **2.** Número grande de algunas cosas: *Dijo una colección de barbaridades.*

co·lec·cio·na·dor, -ra [kole(k)θjonaðór, -ra] *adj* y *s/m,f* Que colecciona.

co·lec·cio·nar [kole(k)θjonár] *v/tr* Formar una colección de algo.

co·lec·cio·nis·ta [kole(k)θjonísta] *s/m,f* Persona que colecciona.

co·lec·ta [kolékta] *s/f* Recaudación de donativos para un fin altruista (Cruz Roja, cáncer, etc).

co·lec·tar [kolektár] *v/tr* **1.** Recaudar. **2.** Recoger algo desparramado (sellos, cromos, etc.).

co·lec·ti·vi·dad [kolektiβiðáð] *s/f* Grupo de personas reunidas con un mismo objetivo.

co·lec·ti·vis·mo [kolektiβísmo] *s/m* Doctrina que transfiere la propiedad privada al Estado.

co·lec·ti·vis·ta [kolektiβísta] **I.** *s/m,f* Partidario del colectivismo. **II.** *adj* Referente al mismo.

co·lec·ti·vi·zar [kolektiβiθár] *v/tr* Convertir, voluntariamente o a la fuerza, lo individual en colectivo.
ORT Ante *e* la *z* cambia en *c: Colectivice.*

co·lec·ti·vo, (-a) [kolektíβo, (-a)] **I.** *adj* De una colectividad de personas o cosas: *El transporte colectivo.* **II.** *s/m* **1.** Agrupación: *Colectivo agrario.* **2.** AMÉR Pequeño autobús.

co·lec·tor [kolektór] *s/m* **1.** Conducto subterráneo que recoge las aguas de otra cañería o galería y en especial de las alcantarillas. **2.** ELEC En una dinamo, conjunto de láminas de cobre conectadas con la bobina del devanado.

co·le·ga [koléγa] *s/m* Compañero de profesión, corporación, etc.

co·le·gia·do, -a [kolexjáðo, -a] **I.** *adj* **1.** Se aplica al individuo de un colegio profesional. **2.** De lo que se hace, decide, etc., de manera coporativa: *Dirección colegiada.* **II.** *s/m,f* Miembro de un colegio profesional.

co·le·gial, (-la) [kolexjál, (-la)] **I.** *adj* De un colegio. **II.** *s* **1.** *m* Antiguamente, estudiante en un colegio mayor. **2.** *m,f* Estudiante de un colegio.

co·le·giar·se [kolexjárse] *v/*REFL(-SE) Enrolarse en un colegio profesional.

co·le·gia·ta [kolexjáta] *s/f* Iglesia colegiata.

co·le·gio [koléxjo] *s/m* **1.** Establecimiento dedicado al estudio, preferentemente de E.G.B. y B.U.P. **2.** Asociación para defender los intereses profesionales de un grupo o clase: *Colegio de Ingenieros.*
Colegio electoral, los electores de una demarcación.
Colegio Mayor, residencia de estudiantes universitarios.

co·le·gir [kolexír] *v/tr* (Con *de, por*) Deducir o suponer algo partiendo de ciertos indicios: *Coligió su ceses de/por los comentarios.* RPr **Colegir de/por.**
ORT Ante *o/a* la *g* cambia en *j: Colijo, colija.*

co·le·óp·te·ro, (-a) [koleóptero, (-a)] **I.** *adj* y *s/m,f* Se aplica a los diversos insectos masticadores (escarabajo, gorgojo, etc.). **II.** *s/m, pl* Ese orden de insectos.

có·le·ra [kólera] *s* **1.** *m* Enfermedad epidémica caracterizada por diarreas y vómitos. **2.** *f* Enfado violento.

co·lé·ri·co, -a [kolériko, -a] *adj* Se dice del que es (o está) irascible.

co·les·te·ri·na [kolesterína] *s/f* MED Sustancia grasa en la sangre y otros humores.

co·les·te·rol [kolesteról] *s/m* Alcohol que se encuentra en diversos tejidos y en los cálculos biliares.

co·le·ta [koléta] *s/f* **1.** Añadidura. **2.** Trenza de pelo (toreros y, antiguamente, los chinos). **3.** Pelo recogido con una cinta y caído sobre la espalda.

co·le·ta·zo [koletáθo] *s/m* **1.** Golpe de cola. **2.** Manifestación última y violenta de algo que se está extinguiendo: *Los últimos coletazos de la dictadura.*

co·le·ti·lla [koletíʎa] *s/f* Breve adición al final de un escrito.

co·le·to [koléto] *s/m* LOC **Echarse (algo) al coleto,** comerlo o beberlo con exageración.

col·ga·do, -a [kolɣáðo, -a] *adj* **1.** Se dice de lo que cuelga (cuadro, adorno, etc.). **2.** Ahorcado. **3.** Se aplica a las asignaturas suspendidas.

col·ga·dor [kolɣaðór] *s/m* Utensilio que sirve para colgar algo.

col·ga·du·ra [kolɣaðúra] *s/f* Tela que se cuelga a modo de adorno en los balcones o en las puertas y ventanas como cortinas.

col·ga·jo [kolɣáxo] *s/m* Cualquier trapo que cuelga.

col·ga·mien·to [kolɣamjéṇto] *s/m* Operación y resultado de colgar.

col·gan·te [kolɣánte] **I.** *adj* Que cuelga. **II.** *s/m* Joya que se lleva colgando.

col·gar [kolɣár] **I.** *v/tr* **1.** (Con *de, en*) Colocar algo en un sitio de modo que penda: *Cuelga el cuadro de/en la pared.* **2.** Colocar algo en su sitio: *Cuelga el teléfono.* **3.** Abandonar una profesión: *Colgar las botas* (fútbol). **4.** Suspender un examen. **5.** Atribuir algo a uno sin fundamento: *Le han colgado el sambenito de tonto.* **6.** Ahorcar a alguien. **II.** *v/intr* (Con *de, en*) Colgar **(I. 1)**. **III.** REFL(-SE) Ahorcarse. RPr **Colgar(se) de/en.**
CONJ *Irreg: Cuelgo, colgué, colgaré, colgado.*

co·li·brí [koliβrí] *s/m* Pájaro mosca americano.

có·li·co [kóliko] *s/m* **1.** Dolor agudo del intestino con frecuentes evacuaciones diarreicas. **2.** Otros trastornos en los órganos abdominales.

co·li·flor [koliflór] *s/f* Variedad de col; tiene una inflorescencia hipertrofiada.

co·li·ga·ción [koliɣaθjón] *s/f* Acción y resultado de coligarse.

co·li·gar·(se) [koliɣár(se)] *v/*REFL(-SE) y *tr* Unirse para un fin. RPr **Coligarse con:** *España se coligó con Francia.*
ORT Ante *e* la *g* cambia en *gu: Coligué.*

co·li·lla [kolíʎa] *s/f* Extremo de un cigarro o cigarrillo que se desecha.

co·li·na [kolína] *s/f* Elevación de un terreno.

co·lin·dan·te [koliṇdáṇte] *adj* Se aplica a campos, fincas, edificios y municipios limítrofes entre sí.

co·lin·dar [koliṇdár] *v/intr* Lindar entre sí terrenos, municipios, etc.

co·li·rio [kolírjo] *s/m* Medicamento líquido para los ojos.

co·li·seo [koliséo] *s/m* Teatro.

co·li·sión [kolisjón] *s/f* Choque entre dos cuerpos o partes opuestas: *Colisión entre dos vehículos. Colisión de intereses.*

co·li·sio·nar [kolisjonár] *v/intr* Chocar fuertemente contra algo.

co·li·tis [kolítis] *s/f* MED Inflamación del colon (intestino).

col·ma·do, (-a) [kolmáðo, (-a)] **I.** *adj* Repleto: *Un plato colmado de sopa.* **II.** *s/m* Tienda de comestibles.

col·mar [kolmár] *v/tr* **1.** Llenar hasta el borde algo. **2.** Llenar una cosa o persona de algo: *Nos colmó de atenciones.* RPr **Colmar de.**

col·me·na [kolména] *s/f* **1.** Habitáculo donde las abejas depositan la cera y la miel. **2.** FIG Lugar donde vive apiñada mucha gente.

col·me·nar [kolmenár] *s/m* Paraje donde hay colmenas.

col·me·ne·ro, -a [kolmenéro, -a] *s/m,f* Persona que tiene colmenas o las explota comercialmente.

col·mi·llo [kolmíʎo] *s/m* Diente puntiagudo entre el primer molar y el último incisivo: *Colmillo de elefante.* LOC **Enseñar los colmillos,** mostrar uno que es capaz de obrar con energía. **Tener uno los colmillos retorcidos,** ser astuto y experto.

col·mo, (-a) [kólmo, (-a)] *s/m* **1.** En un recipiente lleno, parte de la sustancia que rebasa el borde. **2.** Grado máximo de una cualidad: *Esta chica es el colmo de la belleza.* LOC **Para colmo,** añadidura a algo ya excesivo. **Ser algo el colmo,** ser intolerable.

co·lo·ca·ción [kolokaθjón] *s/f* **1.** Acción de colocar. **2.** Modo de estar colocado algo. **3.** Empleo: *Tiene una buena colocación.*

co·lo·car [kolokár] *v/tr* **1.** Poner algo o alguien en el lugar que le corresponde. **2.** Proporcionar un empleo: *Colocó a su hijo*

en el ministerio. RPr **Colocarse de:** *Está colocado de conserje.*
ORT Ante *e* la *c* cambia en *qu: Coloque.*

co·lo·dri·llo [koloðríʎo] *s/m* Parte posterior e inferior de la cabeza.

co·lo·fón [kolofón] *s/m* **1.** Nota final en un libro (fecha de impresión u otros detalles). **2.** Complemento que se añade a una obra o el final de la misma.

co·loi·dal [koloiðál] *adj* QUÍM Referente a los coloides.

co·loi·de [kolóiðe] *adj* QUÍM Se dice de algunos cuerpos de molécula grande (cola, albúmina de huevo) que no atraviesan una membrana porosa al hacerlo el líquido donde se hallan disueltas.

co·lom·bia·nis·mo [kolomɲbjanísmo] *s/m* Americanismo propio de Colombia.

co·lom·bia·no, -a [kolomɲbjáno, -a] *adj* y *s/m,f* De Colombia.

co·lom·bi·no, -a [kolomɲbíno, -a] *adj* Referente a Cristóbal Colón.

co·lom·bo·fi·lia [kolomɲbofílja] *s/f* Arte de criar palomas, especialmente las mensajeras.

co·lom·bó·fi·lo, -a [kolomɲbófilo, -a] *adj* y *s/m,f* Referente a la cría de palomas y/o aficionado a ellas.

co·lon [kólon] *s/m* Parte del intestino grueso entre el ciego y el recto.

co·lo·nia [kolónja] *s/f* **1.** Grupo de personas de una nación que se establece en otro lugar, lugar de este establecimiento o territorio dependiente de otro más avanzado. **2.** Grupo de gente que veranea en una población. **3.** Agrupación de células de animales microscópicos. **4.** Agua de colonia.

co·lo·nial [kolonjál] *adj* Relativo a las colonias: *Productos coloniales.*

co·lo·nia·lis·mo [kolonjalísmo] *s/m* Doctrina y actitud de quien está a favor de la colonización.

co·lo·nia·lis·ta [kolonjalísta] *adj* y *s/m,f* Partidario de las colonias.

co·lo·ni·za·ción [koloniθaθjón] *s/f* Acción y efecto de colonizar.

co·lo·ni·za·dor, -ra [koloniθaðór, -ra] *s/m, f* Quien coloniza.

co·lo·ni·zar [koloniθár] *v/tr* Establecer colonias en un territorio quedando allí los colonos y cultivando esas tierras.
ORT Ante *e* la *z* cambia en *c: Colonicen.*

co·lo·no [kolóno] *s/m* **1.** Habitante de una colonia. **2.** Labrador que cultiva un arrendamiento.

co·lo·quial [kolokjál] *adj* Se aplica al lenguaje propio de la conversación.

co·lo·quio [kolókjo] *s/m* Acción de hablarse dos o más personas de modo informal o tratando un determinado tema: *Coloquio sobre el aborto.*

co·lor [kolór] *s/m* **1.** Impresión que los rayos de luz reflejados en un objeto producen en la vista. **2.** Sustancia con que se da color. **3.** Ideología o partido. **4.** Aspecto que presenta algo: *La situación reviste colores dramáticos.* **5.** Animación o tipismo de algo: *El color de las fiestas locales.* **6.** *pl* DEP Equipo: *El árbitro pitó a favor de nuestros colores.* LOC **Mudar de color,** palidecer. **Ponerse de mil colores,** ruborizarse. **Sacarle a uno los colores a la cara,** avergonzarle, ruborizarle.

co·lo·ra·ción [koloraθjón] *s/f* Operación y/o resultado de colorear.

co·lo·ra·do, -a [koloráðo, -a] *adj* **1.** Coloreado. **2.** Refiriéndonos a las personas (su cara), rojo: *Me gustan las flores coloradas.* LOC **Ponerse colorado,** avergonzarse.

co·lo·ra·do·te [koloraðóte] *adj* De color rojo subido: *Aldeana coloradota.*

co·lo·ran·te [koloránte] **I.** *adj* Se dice de la sustancia que tiñe. **II.** *s/m* Esa sustancia.

co·lo·rar [kolorár] *v/tr* Teñir o dar color a algo.

co·lo·re·ar [koloreár] **I.** *v/tr* Dar color a algo. **II.** *v/intr* Tirar algo a rojo.

co·lo·re·te [koloréte] *s/m* Afeite rojizo.

co·lo·ri·do [koloríðo] *s/m* **1.** Conjunto de colores de algo. **2.** Animación: *El mercado semanal tiene mucho colorido.*

co·lo·rín [kolorín] *s/m* **1.** *pl* Color vivo: *Camiseta de muchos colorines.* **2.** Jilguero.

co·lo·ris·mo [kolorísmo] *s/f* Tendencia artística a dar más importancia al color que al dibujo (en pintura) o a recargar una composición literaria con adjetivos redundantes.

co·lo·ris·ta [kolorísta] *adj* y *s/m,f* Referente al colorismo o partidario de él.

co·lo·sal [kolosál] *adj* **1.** Muy grande: *Un puente colosal.* **2.** Extraordinario.

co·lo·so [kolóso] *s/m* **1.** Estatua de gran magnitud: *El coloso de Rodas.* **2.** Persona que destaca muchísimo en algún campo.

co·lum·brar [kolumɲbrár] *v/tr* **1.** Ver de lejos. **2.** Conjeturar algo a raíz de ciertos indicios: *Columbro una salida del apuro.*

co·lum·na [kolú{m/n}na] *s/f* **1.** ARQ Pieza generalmente redonda que sustenta un techo, arco, etc. **2.** Cosas colocadas unas sobres otras ordenadamente. **3.** En una publicación, cada una de las divisiones verticales. **4.** MIL Formación bélica lista para entrar en acción. **5.** En los vertebrados, eje del esqueleto.

co·lum·na·ta [kolu{ɱn}náta] *s/f* Serie de columnas.

co·lum·nis·ta [kolu{ɱn}nísta] *s/m,f* Periodista a quien normalmente se reserva un espacio fijo o columna en los diarios.

co·lum·piar [kolumpjár] *v/tr* Balancear algo o a alguien.

co·lum·pio [kolúmpjo] *s/m* Asiento suspendido por dos cuerdas o cadenas de una barra o rama; sirve para balancearse.

col·za [kólθa] *s/f* Especie de nabo; de sus semillas se extrae aceite para usos diversos.

co·lla·do [koʎáðo] *s/m* **1.** Pequeña colina, cerro. **2.** Depresión entre montes, que permite el paso.

co·lla·ge [koʎáxe] *s/m* Nombre dado a las obras de arte compuestas mezclando objetos como trozos de periódico, fotos, sellos, tela, etc.

co·llar [koʎár] *s/m* Adorno que se pone alrededor del cuello.

co·lle·ra [koʎéra] *s/f* Collar de paja o borra en el que se sujetan los arreos de las caballerías.

co·ma [kóma] **I.** *s/f* Signo ortográfico (,) que sirve para separar dos períodos del lenguaje; también se utiliza en la escritura de números para separar la parte entera de la decimal. **II.** *s/m* MED Sopor profundo en que cae el enfermo, normalmente antes de morir.

co·ma·dre [komáðre] *s/f* **1.** La madrina de un niño en relación a la madre, y viceversa. **2.** COL ANT Alcahueta, celestina.

co·ma·dre·ar [komaðreár] *v/intr* COL Chismorrear.

co·ma·dre·ja [komaðréxa] *s/f* Mamífero carnicero que mata las crías de las aves y se come los huevos; también come pequeños roedores.

co·ma·dreo [komaðréo] *s/m* COL Acción y efecto de comadrear.

co·ma·dre·ría [komaðrería] *s/f* COL Chisme(s), chismorreo(s).

co·ma·drón, na [komaðrón, na] *s/m* Persona que asiste en los partos.

co·man·che [komáɲtʃe] *adj* y *s/m* Miembro de una tribu india de Tejas y Nuevo Méjico, y todo lo referido a ella.

co·man·dan·cia [komaṇdánθja] *s/f* **1.** Empleo de comandante. **2.** Edificio que contiene las oficinas del comandante.

co·man·dan·te [komaṇdáṇte] *s/m* Jefe militar de grado inmediatamente superior al de capitán.

co·man·dar [komaṇdár] *v/tr, intr* Mandar (una unidad militar, una flota, etc.).

co·man·di·ta [komaṇdíta] *s/f* COM Sociedad en comandita. LOC **En comandita,** en sociedad comanditaria.

co·man·di·ta·rio, -a [komaṇditárjo, -a] *adj* y *s/m* **1.** Aplicado a la sociedad mercantil en la que ciertos socios tienen derechos y obligaciones limitadas. **2.** Referente a estas sociedades o al socio de las mismas.

co·man·do [komáṇdo] *s/m* **1.** Mando militar. **2.** Grupo de soldados a quien se encarga una misión peligrosa de ataque al enemigo. **3.** Esta misión.

co·mar·ca [komárka] *s/f* Territorio de extensión variable que puede estar poblado o despoblado.

co·mar·cal [komarkál] *adj* Relativo a una comarca.

co·ma·to·so, -a [komatóso, -a] *adj* MED En estado de coma.

com·ba [kómba] *s/f* **1.** Curvatura que adquieren ciertos cuerpos sólidos. **2.** Cuerda sostenida por sus dos extremos y que se hace girar para saltar por encima de ella cuando toca el suelo; nombre de este juego.

com·ba·du·ra [kombaðúra] *s/f* Acción y efecto de combar(se).

com·bar [kombár] *v/tr* Curvar, encorvar, dar curvatura a una cosa.

com·ba·te [kombáte] *s/m* Pelea entre personas o animales. LOC **Fuera de combate,** totalmente derrotado, vencido.

com·ba·ti·ble [kombatíβle] *adj* Que puede ser combatido; atacable.

com·ba·tien·te [kombatjéṇte] *adj* y *s/m,f* Que pelea o lucha.

com·ba·tir [kombatír] *v/intr, tr* **1.** Luchar, pelear; tomar parte en un combate. **2.** FIG Oponerse a algo, resistirse contra una cosa, tratar de dominar. LOC **Combatir por (algo),** luchar para conseguir algo. RPr **Combatir con/contra/por:** *Combatió con/contra el enemigo y por la libertad.*

com·ba·ti·vi·dad [kombatiβiðáð] *s/f* Inclinación a la lucha.

com·ba·ti·vo, -a [kombatíβo, -a] *adj* Inclinado a la pelea o a la polémica.

com·bi·na·ble [kombináβle] *adj* Que puede combinarse.

com·bi·na·ción [kombinaθjón] *s/f* **1.** Acción y efecto de combinar(se). **2.** Prenda femenina de ropa interior, que se lleva debajo del vestido. **3.** COL Arreglo para conseguir un objetivo.
Combinación de una caja fuerte, ordenación de las cifras para abrir el cierre de seguridad.

com·bi·na·do [kombináðo] *s/m* Combinación de bebidas diversas, cóctel.

com·bi·nar [koɱbinár] *v/tr* Unir cosas de manera que formen un conjunto armónico; formar conjuntos de elementos diversos. RPr **Combinar (algo) con:** *El rojo no combina con el azul.*

com·bo, -a [kóɱbo, -a] *adj* Combado.

com·bu·ren·te [koɱburénte] *adj* QUÍM, FÍS Que provoca o acelera la combustión de un cuerpo.

com·bus·ti·bi·li·dad [koɱbustiβiliðáð] *s/f* Calidad de combustible.

com·bus·ti·ble [koɱbustíβle] **I.** *adj* Que es capaz de arder. **II.** *s/m* Sustancia que arde con facilidad.

com·bus·tión [koɱbustjón] *s/f* Acción y efecto de quemar(se) o arder.

co·me·co·cos [komekókos] *s/m,f* VULG Persona o cosa que causa alienación y miedo a alguien.

co·me·de·ro [komeðéro] *s/m* Recipiente en el que se pone la comida de un animal.

co·me·dia [koméðja] *s/f* Obra teatral, cuyo desenlace no es trágico; en sentido más amplio, cualquier obra representable. LOC **Hacer comedia,** FIG COL fingir, simular.

co·me·dian·te, -a [komeðjánte, -a] *adj* y *s/m,f* **1.** Actor. **2.** FIG Que acostumbra a fingir, farsante.

co·me·di·do, -a [komeðíðo, -a] *adj* Que es moderado en sus palabras o actitudes. RPr **Comedido en:** *Comedido en sus palabras.*

co·me·di·mien·to [komeðimjénto] *s/m* Actitud del que es comedido.

co·me·dió·gra·fo, -a [komeðjóγrafo, -a] *s/m,f* Autor/Autora de comedias o de obras de teatro.

co·me·dir·se [komeðírse] *v/REFL(-SE)* Adoptar una actitud moderada, comportarse con compostura.
CONJ *Irreg: Comido, comedí, comediré, comedido.*

co·me·dón [komeðón] *s/m* Grano sebáceo que suele aparecer en el rostro.

co·me·dor [komeðór] **I.** *adj* Que come mucho, que suele tener buen apetito. **II.** *s/m* **1.** Lugar destinado a las comidas. **2.** Muebles de este lugar.

co·men·da·dor, -ra [komendaðór, -ra] *s/m,f* Caballero que, en las órdenes militares, poseía una encomienda.

co·men·sal [komensál] *s/m,f* Cada una de las personas que están sentadas a una mesa comiendo.

co·men·tar [komentár] *v/tr* Expresar una opinión sobre alguien, cosa, suceso, texto, etc., oralmente o por escrito.

co·men·ta·rio [komentárjo] *s/m* Observación, opinión hablada o escrita, que se hace en relación a persona, cosa o suceso.

co·men·ta·ris·ta [komentarísta] *s/m,f* Persona que escribe comentarios.

co·men·zar [komenθár] *v/tr, intr* Iniciar la realización de una acción, dar principio a (cosa, acto, etc.). RPr **Comenzar a + infinitivo,** pasar de no realizar a realizar una acción: *Comenzó a llover.* **Comenzar por** + el verbo en *inf* expresa lo primero que se hace al empezar una acción: *Comenzamos por quitarnos los zapatos.*
CONJ *Irreg: Comienzo, comencé, comenzaré, comenzado.*

co·mer [komér] **I.** *v/intr* **1.** Ingerir alimentos por la boca. **2.** Realizar la comida principal del día. **II.** *v/tr* **1.** Masticar y tragar. **2.** FIG Gastar, dilapidar (fortuna, etc.). **3.** FIG Destruir, corroer (una materia) el óxido u otro agente. **4.** FIG En los juegos de ajedrez, damas, etc., ganar (una pieza) al contrario. **5.** FIG Consumir (a alguien) una pasión, un vicio: *Le come la envidia.* LOC **(Ser) de buen comer,** que come bien y mucho. **Sin comerlo ni beberlo,** FIG COL sin haber hecho nada por merecerlo.

co·mer·cial [komerθjál] *adj* Perteneciente al comercio.

co·mer·cia·li·za·ción [komerθialiθaθión] *s/f* Acción y efecto de comercializar.

co·mer·cia·li·zar [komerθjaliθár] *v/tr* Conseguir para un producto las condiciones adecuadas para su venta.
ORT Ante *e* la *z* cambia en *c: Comercialice.*

co·mer·cian·te [komerθjánte] *adj* y *s/m,f* Que se dedica al comercio.

co·mer·ciar [komerθjár] *v/intr* Realizar operaciones de comercio; comprar y vender; negociar; traficar. RPr **Comerciar con/en:** *Comercia con el extranjero/en telas.*

co·mer·cio [komérθjo] *s/m* **1.** Acción y efecto de comerciar. **2.** Local donde se vende o se compra; tienda.

co·mes·ti·ble [komestíβle] **I.** *adj* Que se puede comer. **II.** *s/m, pl* Víveres, alimentos para ser comidos.

co·me·ta [kométa] **I.** *s/m* Astro formado por un núcleo poco denso y una cola larga de materia difusa, que lo prolonga en luminosidad; su órbita es muy excéntrica y puede verse desde la Tierra durante un breve espacio de tiempo. **II.** *s/f* Juguete que se eleva por la fuerza del viento y que está formado por varillas con papel o tela; suele llevar colgando una larga cola y se sujeta por medio de cuerdas.

co·me·ter [kometér] *v/tr* Realizar (un acto) que constituye un delito, torpeza o falta.

co·me·ti·do [kometíðo] *s/m* Encargo o comisión que se da a alguien.

co·me·zón [komeθón] *s/f* **1.** Picor o sensación similar que produce desasosiego por todo el cuerpo o parte de él. **2.** FIG Deseo de algo, remordimiento de conciencia o cualquier otro sentimiento que produzca intranquilidad.

có·mic [kómik] *s/m* Historieta transmitida mediante viñetas o dibujos ordenados secuencialmente y con texto encerrado en un 'globo' o 'bocadillo'.

co·mi·cas·tro [komikástro] *s/m* Cómico o actor malo.

co·mi·cial [komiθjál] *adj* Perteneciente a los comicios.

co·mi·ci·dad [komiθiðáð] *s/f* Calidad de cómico.

co·mi·cios [komíθjos] *s/m, pl* Actos electorales. Elecciones generales.

có·mi·co, -a [kómiko, -a] **I. 1.** *adj* Perteneciente a la comedia. **2.** Se aplica a aquel o aquello que causa risa o es muy gracioso. **II.** *s/m* Que representa comedias.

co·mi·da [komíða] *s/f* **1.** Lo que se ingiere por la boca como alimento. **2.** Acto de sentarse a la mesa a una hora determinada para comer. **3.** Alimentos que se toman en el almuerzo, cena, etc.

co·mi·di·lla [komiðíʎa] *s/f* FIG COL Tema o persona que es motivo de murmuración o comentario malicioso.

co·mi·do, -a [komíðo, -a] *adj* **1.** Que ha comido ya. **2.** FIG Corroído por una pasión: *Comido de/por la envidia.* RPr **Comido de/por.**

co·mien·zo [komjénθo] *s/m* **1.** Acción de comenzar. **2.** Parte inicial de una acción. LOC **A comienzos de,** a principios de (año, invierno, etc.). **Dar comienzo (a),** comenzar (una cosa).

co·mi·lón, -na [komilón, -na] *adj* Aficionado a comer abundantemente.

co·mi·lo·na [komilóna] *s/f* COL Comida muy abundante o muy sustanciosa.

co·mi·lla [komíʎa] *s/f dim* de *coma.* En *pl* Signo ortográfico (" ") con que se indican el principio y el fin de una cita o de una parte de un texto reproducida íntegramente: *Poner entre comillas.* LOC FIG **(Esto lo dijo) entre comillas,** (lo dijo) haciendo especial hincapié en ello.

co·mi·no [komíno] *s/m* **1.** Planta cuyas semillas, pequeñas y muy aromáticas, son usadas como condimento. **2.** FIG Cosa insignificante y sin importancia: *Eso no me importa ni un comino.*

co·mi·sa·ría [komisaría] *s/f* **1.** Empleo de comisario. **2.** Oficina del comisario.

co·mi·sa·rio [komisárjo] *s/m* **1.** El que desempeña un cargo o función por haber sido delegado para ello por una autoridad superior. **2.** Referido en exclusiva prácticamente al cuerpo de Policía, jefe superior que rige un distrito: *Comisario de Policía.*

co·mis·car [komiskár] *v/tr, intr* Comer a menudo y en pequeñas cantidades (de varias cosas).
ORT Ante *e* la *c* cambia en *qu: Comisqué.*

co·mi·sión [komisjón] *s/f* **1.** Acción y efecto de cometer. **2.** Conjunto de personas designadas o elegidas con el fin de solucionar un tema **3.** COM Cantidad cobrada por hacer una operación de compraventa.

co·mi·sio·na·do, -a [komisjonáðo, -a] *adj* y *s/m,f* Encargado de una comisión.

co·mi·sio·nar [komisjonár] *v/tr* Encargar una comisión (a alguien).

co·mi·sio·nis·ta [komisjonísta] *s/m* COM Aquel que cobra comisiones por hacer operaciones comerciales por cuenta de otro.

co·mi·su·ra [komisúra] *s/f* ANAT Punto de unión de diversas partes del cuerpo, como los párpados, labios, etc.

co·mi·té [komité] *s/m* Junta de personas que actúan por delegación de un conjunto más numeroso.

co·mi·ti·va [komitíβa] *s/f* Conjunto de personas que acompañan a alguien en solemnidad, procesión, etc.

co·mo [kómo] *adv* **1.** Expresando modo, manera: *Hazlo como quieras* **2.** En calidad de: *Actuó como padre.* **3.** Expresa igualdad, equiparación: *Tenemos un piano como el vuestro.* **4.** Para indicar un matiz de parecido o semejanza: *La leche sabía como a miel.* **5.** Para expresar causa, motivo o razón: *Como llegará tarde, ya no cenará.* **6.** Puede hacer las funciones de una conjunción concesiva o copulativa: *Falto de apetito como estaba, aún comió un filete enorme.* **7.** Equivaliendo a *si* (condición): *Como no te enmiendes serás castigado.* **8.** Usado con el verbo *ver* posee un matiz completivo, equivaliendo a *que: Verás como llega tarde a la cena.*
GRAM Con acento ortográfico *(cómo)* tiene valor interrogativo o de exclamación. En el resto de acepciones no lleva tilde sobre la *o.*
¡¿Cómo?!, expresa simultáneamente asombro, enfado, indignación y deseos de aclaración de algo; tiene función de *interj.*
¿Cómo no?, expresa asentimiento: *Lo haré, ¿cómo no?*

có·mo·da [kómoða] *s/f* Mueble con tablero de mesa y varios cajones para guardar ropa.

co·mo·di·dad [komoðiðáð] *s/f* **1.** Calidad de cómodo. **2.** *pl* Cualidades ventajosas que algo posee.

co·mo·dín [komoðín] *s/m* **1.** En ciertos juegos de naipes, carta que se usa para completar cualquier grupo de cartas iguales. **2.** FIG Cosa o persona que se utiliza como pretexto para realizar algo en beneficio de otro.

có·mo·do, -a [kómoðo, -a] *adj* **1.** Se aplica a la cosa que resulta manejable con facilidad o a la tarea fácilmente realizable. **2.** Aplicado a personas indica que éstas se encuentran a gusto.

co·mo·dón, -na [komoðón, -na] *adj* y *s/m,f* Se aplica al que es exageradamente aficionado a la comodidad y a no tomarse molestias por nada.

co·mo·do·ro [komoðóro] *s/m* Especialmente en la marina inglesa o norteamericana, grado inferior al de contraalmirante.

co·mo·quie·ra [komoqujéra] *adv* De cualquier manera. LOC **Comoquiera que,** como, puesto que.

com·pac·tar [komˌpaktár] *v/tr* Hacer (una cosa) compacta.

com·pac·to, -a [komˌpákto, -a] *adj* Se aplica a todo aquello que presenta pocos huecos o espacios vacíos.

com·pa·de·cer [komˌpaðeθér] *v/tr* Sentir compasión por, apiadarse de. RPr **Compadecerse de:** *Se compadece de todos.*
CONJ *Irreg: Compadezco, compadecí, compadeceré, compadecido.*

com·pa·dra·je [komˌpaðráxe] *s/m* Confabulación de dos o más personas para hacer conjuntamente algo poco honrado.

com·pa·draz·go [komˌpaðráθγo] *s/m* Relación o parentesco que une a los padres de una criatura con los padrinos de la misma.

com·pa·dre [komˌpáðre] *s/m* **1.** Se llama así al padrino de una criatura respecto al padre o la madre del niño. **2.** En determinados ambientes se llaman así unos a otros los amigos o compañeros.

com·pa·dreo [komˌpaðréo] *s/m* Compadraje.

com·pa·gi·na·ción [komˌpaxinaθjón] *s/f* Acción y efecto de compaginar.

com·pa·gi·nar [komˌpaxinár] *v/tr* **1.** Combinar (cosas) convenientemente, de modo que armonicen. **2.** IMPR Combinar las galeradas para formar las planas de una edición. RPr **Compaginar(se) con:** *Compaginar una cosa con otra.*

com·pa·na·ge [komˌpanáxe] *s/m* Alimento que, acompañado de pan, sirve de comida.

com·pa·ña [komˌpáɲa] *s/f* COL Compañía: *¡Adiós, Pedro y la compaña!*

com·pa·ñe·ris·mo [komˌpaɲerísmo] *s/m* Vínculo entre compañeros; buena relación entre ellos.

com·pa·ñe·ro, -a [komˌpaɲéro, -a] *s/m,f* La persona que realiza una actividad junto con otra, ya sea en trabajo, juego o cualquier tipo de asociación. RPr **Compañero de/en:** *Compañero de fatigas y en desgracias.*

com·pa·ñía [komˌpaɲía] *s/f* **1.** Acción y efecto de acompañar. **2.** Persona(s) o animal(es) que están con otros por poco o mucho tiempo. **3.** Conjunto de actores que representan obras juntos. **4.** COM Sociedad mercantil. **5.** Unidad militar mandada por un capitán. LOC **En compañía de,** junto con.

com·pa·ra·ble [komˌparáβle] *adj* Susceptible de ser equiparado a otro.

com·pa·ra·ción [komˌparaθjón] *s/f* **1.** Acción y efecto de comparar(se). **2.** En retórica, expresión que alude a la semejanza entre dos cosas.

com·pa·ra·do, -a [komˌparáðo, -a] *adj* Relacionado con o equiparado a su semejante.

com·pa·rar [komˌparár] *v/tr* **1.** Examinar (dos o más cosas) para poner de relieve sus semejanzas o diferencias. **2.** Establecer una equiparación entre (una cosa) y otra semejante a ella: *Comparó su trabajo al de un esclavo.* RPr **Comparar(se) a/con:** *Compara tu trabajo con el mío.*

com·pa·ra·ti·vo, -a [komˌparatíβo, -a] *adj* Que compara o sirve para comparar.

com·pa·re·cen·cia [komˌpareθénθja] *s/f* Acción y efecto de comparecer.

com·pa·re·cer [komˌpareθér] *v/intr* Presentarse en un lugar cuando uno ha sido llamado, convocado o esperado allí especialmente ante un juez: *No compareció ante el juez.* RPr **Comparecer ante.**
CONJ *Irreg: Comparezco, comparecí, compareceré, comparecido.*

com·pa·re·cien·te [komˌpareθjéņte] *adj* y *s/m,f* Que comparece.

com·par·sa [komˌpársa] **I.** *s/f* **1.** Conjunto de personas que van en grupo por la calle, *por ej,* en Carnaval, con fines de diversión: *Una comparsa de máscaras.* **2.** En el teatro, persona o conjunto de personas que forman el acompañamiento en escena y que no hablan en la representación. **II.** *s/m,f* Persona que forma parte de un grupo numeroso, sin intervención hablada.

com·par·ti·men·to [komˌpartiméņto] *s/m* Compartimiento.

com·par·ti·mien·to [komˌpartimjéņto]

s/m Cada uno de los espacios o partes que resultan de dividir o compartir un todo.

com·par·tir [komp̪artír] *v/tr* Distribuir una cosa entre varios de forma que todos sean partícipes de ella: *No me gusta compartir el camarote con un extraño.* RPr **Compartir con.**

com·pás [kompás] *s/m* **1.** Instrumento usado en dibujo para trazar arcos de circunferencia y para medir distancias. **2.** MAR Aguja de marear, brújula de cierto tipo. **3.** MÚS Cada forma de repartir el tiempo de la partitura en períodos iguales, en los que se encaja la duración de las notas: *Al compás de tres por cuatro. Por ext,* cada uno de esos períodos. **4.** FIG Ritmo de un movimiento o actividad. LOC **Ir al compás,** ir al unísono, al mismo ritmo.
Compás de espera, FIG tiempo que precede a un acontecimiento y de cuyo fin no se sabe con certeza el momento.

com·pa·sión [kompasjón] *s/f* Sentimiento de lástima por el mal o desgracia ajenos.

com·pa·si·vo, -a [kompasíβo, -a] *adj* Que siente compasión o que fácilmente se inclina a sentirla.

com·pa·ti·bi·li·dad [kompatiβiliðáð] *s/f* Calidad de compatible.

com·pa·ti·ble [kompatíβle] *adj/m,f* Que se puede hacer o tiene lugar simultáneamente con otra cosa. RPr **Compatible con.**

com·pa·trio·ta [kompatrjóta] *s/m,f* Persona nacida en el mismo país que uno y que, por tanto, comparte la nacionalidad.

com·pe·ler [kompelér] *v/tr* Obligar a alguien a que por la fuerza realice algo.

com·pen·diar [kompeṇdjár] *v/tr* Reducir, expresar en forma más reducida.

com·pen·dio [kompéṇdjo] *s/m* **1.** Texto que contiene lo más sustancial de otro más extenso. **2.** Aquello que contiene todas las características de algo que se expresa: *Este hombre es un compendio de todos los vicios.*

com·pe·ne·tra·ción [kompenetraθjón] *s/f* Acción y efecto de compenetrarse.

com·pe·ne·trar·se [kompenetrárse] *v/*REFL(-SE) Compartir dos o más personas los mismos sentimientos, ideas, etc.

com·pen·sa·ción [kompensaθjón] *s/f* **1.** Acción y efecto de compensar. **2.** COM Operaciones realizadas por las entidades bancarias con el fin de anular los créditos existentes entre ellas.

com·pen·sa·dor, -ra [kompensaðór, -ra] *adj* Que compensa.

com·pen·sar [kompensár] *v/tr* **1.** Neutralizar una cosa los efectos de otra, haciendo que no se noten: *Las ganancias compensan las pérdidas.* **2.** Satisfacer una cosa o alguien a una persona por los perjuicios sufridos. RPr **Compensar con/por/de:** *Compensa las pérdidas con las ganancias. No le compensaron de los esfuerzos realizados.*

com·pe·ten·cia [kompeténθja] *s/f* **1.** Acción de competir. **2.** Relación de rivalidad entre los que compiten. **3.** Cualidad de competente. **4.** Circunstancia de ser alguien la persona idónea para desempeñar un cargo o ejercer una autoridad determinada: *Esto no es de la competencia del profesor.*

com·pe·ten·te [kompetéṇte] *adj* y *s/m,f* **1.** Se aplica al que es la persona idónea para desempeñar un cargo de forma legal: *La autoridad competente.* **2.** Se dice del que es experto en una materia o actividad determinadas. RPr **Competente en/para:** *(Ser) competente en lingüística/para un cargo docente.*

com·pe·ter [kompetér] *v/intr* Pertenecer una responsabilidad u ocupación a una persona determinada, ser de la incumbencia de alguien. RPr **Competer a (alguien).**

com·pe·ti·ción [kompetiθjón] *s/f* Acción de competir.

com·pe·ti·dor, -ra [kompetiðór, -ra] *adj* y *s/m,f* Se aplica al que compite.

com·pe·tir [kompetír] *v/intr* **1.** Oponerse entre sí dos o más personas o cosas en la obtención de la primacía en algo. **2.** Poseer dos o más personas o cosas cualidades en grado tal que prácticamente se igualan la una a la otra. RPr **Competir (con alguien) por algo/en algo.**
CONJ *Irreg: Compito, competí, competiré, competido.*

com·pe·ti·ti·vo, -a [kompetitíβo, -a] *adj* Relativo a la competición o a la competencia.

com·pi·la·ción [kompilaθjón] *s/f* **1.** Acción de compilar. **2.** Colección de varios textos o documentos afines.

com·pi·la·dor, -ra [kompilaðór, -ra] *adj* y *s/m,f* Que compila.

com·pi·lar [kompilár] *v/tr* Reunir en un solo volumen u obra diversos textos, documentos, leyes, etc., que poseen afinidad.

com·pin·che [kompíṇtʃe] *s/m,f* COL Persona aliada a otra con fines poco dignos.

com·pla·cen·cia [komplaθénθja] *s/f* Sentimiento de satisfacción que alguien siente por lo que ha hecho.

com·pla·cer [komplaθér] **I.** *v/tr* Acceder alguien a los deseos de otro satisfaciéndolo. **II.** REFL(-SE) Hallar placer o satisfacción en un acto determinado: *Se complace en insultarme.* RPr **Complacerse en/con/de:**

Se complace en el trabajo/con su obra/de sí mismo.
CONJ *Irreg: Complazco, complací, complaceré, complacido.*

com·pla·cien·te [kompla θjénte] *adj* Inclinado a complacer o hacer cosas agradables a los otros. RPr **(Ser) complaciente con/para con.**

com·ple·ji·dad [komplexiðáð] *s/f* Calidad de complejo.

com·ple·jo [kompléxo] **I.** *adj* **1.** Compuesto por elementos diversos. **2.** Que es difícil de resolver, solucionar o entender. **II.** *s/m* **1.** Aquello que está compuesto de elementos diversos: *Un complejo químico.* **2.** PSICO Tendencia inconsciente del individuo la cual condiciona su conducta: *Tiene un gran complejo de inferioridad.*

com·ple·men·tar [komplementár] *v/tr* Dar un complemento a una cosa. RPr **Complementar(se) con.**

com·ple·men·ta·rio, -a [komplementárjo, -a] *adj* Se dice de lo que constituye un complemento de algo.

com·ple·men·to [kompleménto] *s/m* **1.** Aquello que se añade a algo para lograr la perfección de esto. **2.** GRAM Palabra o frase que añade algo al significado de otra.

com·ple·tar [kompletár] *v/tr* Hacer completo algo; hacer que algo llegue a su fin.

com·ple·to, -a [kompléto, -a] *adj* **1.** Se aplica a lo que posee todas sus partes. **2.** Aplicado a lugares (con *estar*), significa lleno, sin un lugar por ocupar. LOC **Por completo,** completamente, totalmente.

com·ple·xión [komple(k)sjón] *s/f* Forma de estar constituido fisiológicamente el cuerpo de un hombre o animal.

com·pli·ca·ción [komplikaθjón] *s/f* **1.** Acción y efecto de complicar(se). **2.** Calidad de complicado: *La trama de la obra es de gran complicación.* **3.** Situación confusa o complicada: *Todo acabó en una gran complicación.*

com·pli·ca·do, -a [komplikáðo, -a] *adj* **1.** Dícese de las cosas cuyo sentido no es fácilmente deducible o es poco claro. **2.** Se aplica al problema, situación, etc., difícil de resolver: *Es un crucigrama complicado.* **3.** Aplicado a objetos, edificios, etc., significa compuesto de muchas partes. **4.** FIG Se aplica a las personas de conducta o reacciones difíciles de explicar.

com·pli·car [komplikár] *v/tr* **1.** Hacer algo más difícil o confuso de lo que podría haber sido. **2.** Hacer que alguien intervenga en un asunto o lío: *A tu hermano lo complicaron en lo de las divisas.* RPr **Complicar(se) con/en.**
ORT Ante *e* la *c* cambia en *qu: Compliqué.*

cóm·pli·ce [kómpliθe] *s/m,f* El que participa conjuntamente con otro(s) en la realización de un acto delictivo. RPr **Cómplice de (alguien)/en (algo).**

com·pli·ci·dad [kompliθiðáð] *s/f* Calidad de cómplice.

com·plot [kompló(t)] *s/m* Confabulación entre varias personas contra otra(s).
ORT *Pl: Complots.*

com·plu·ten·se [komplutense] *adj* y *s/m,f* De Alcalá de Henares.

com·po·nen·da [komponénda] *s/f* **1.** Arreglo provisional de algo que presenta imperfecciones. **2.** Solución a un asunto pactada entre varios y de carácter poco honrado.

com·po·nen·te [komponénte] **I.** *adj* Que compone un todo o conjunto. **II.** *s/m* Parte que compone un todo juntamente con el resto de elementos.

com·po·ner [komponér] **I.** *v/tr, intr* **1.** Formar un todo o conjunto por medio de diversas cosas. **2.** Formar diversos elementos un todo o conjunto. También suele emplearse esta acepción en la forma **Estar compuesto:** *La Facultad está compuesta de/por doce departamentos.* **3.** MÚS Crear una obra, ya sea para instrumentos o canto. **II.** REFL(-SE) Vestirse o arreglarse de forma adecuada para cierta finalidad. LOC **Componérselas,** saber cómo conseguir lo que se desea. RPr **Componer(se) (algo) de.**
CONJ *Irreg: Compongo, compuse, compondré, compuesto.*

com·por·ta·mien·to [komportamjénto] *s/m* Manera de comportarse.

com·por·tar [komportár] **I.** *v/tr* Llevar implicado en sí mismo alguna cosa o acción. **II.** REFL(-SE) Tener una conducta determinada. LOC **Saber comportarse,** comportarse de forma adecuada.

com·po·si·ción [komposiθjón] *s/f* **1.** Acción de componer. **2.** MÚS, LIT Obra que es el resultado de componer. **3.** QUÍM, etc. Manera de estar combinados los ingredientes de una mezcla o combinación. **4.** PINT, ESC Forma en que se combinan los distintos elementos que componen una obra de arte. LOC **Composición de lugar,** reflexión sobre los pros y los contras de una situación, proyecto, idea, etc.: *Juan se hizo su composición de lugar y tomó la decisión de irse.*

com·po·si·tor, -ra [kompositór, -ra] *s/m,f* MÚS Persona que compone.

com·pos·te·la·no, -a [komposteláno, -a] *adj* y *s/m,f* De Santiago de Compostela.

com·pos·tu·ra [kompostúra] *s/f* **1.** Acción y efecto de componer. **2.** Reparación o arreglo de algo que está descompuesto o roto. **3.** Comportamiento correcto y comedido, actitud modesta.

com·po·ta [komp̃óta] *s/f* Fruta cocida en agua y azúcar.

com·pra [kómpra] *s/f* **1.** Acción y efecto de comprar. **2.** Objeto o conjunto de cosas que se compran. LOC **Ir a la compra,** salir a hacer la compra. **Ir de compras,** salir a hacer diversas compras.

com·pra·dor, -ra [kompraðór, -ra] *adj* y *s/m,f* Que compra.

com·prar [komprár] *v/tr* Adquirir algo a cambio de dinero o su equivalente.

com·pra·ven·ta [kompraβénta] *s/f* Acción de comprar y vender mercancía.

com·pren·der [komprendér] *v/tr* **1.** Contener una cosa a otra en sí misma, formando parte de ella. **2.** Advertir con claridad el significado correcto de algo, como una explicación, frase, etc.: *No comprendo qué quieres decir.* **3.** FIG Penetrar correctamente en el carácter o personalidad de alguien.

com·pren·si·ble [komprensíβle] *adj* Que se puede comprender.

com·pren·sión [komprensjón] *s/f* **1.** Acción y efecto de comprender. **2.** Capacidad para comprender algo o el sentido de una cosa.

com·pren·si·vo, -a [komprensíβo, -a] *adj* **1.** Que comprende. **2.** Aplicado a personas, que sabe o puede comprender las cosas fácilmente y que es más bien tolerante o benévolo.

com·pre·sa [komprésa] *s/f* **1.** Pedazo de algodón, gasa o lienzo que se aplica a determinadas partes del cuerpo, empapado en alguna sustancia medicamentosa. **2.** El vendaje o gasa que sirve para absorber los líquidos producidos en una intervención quirúrgica o en cualquier otro caso.

com·pre·si·bi·li·dad [kompresiβiliðáð] *s/f* Calidad de compresible.

com·pre·si·ble [kompresíβle] *adj* Que se puede comprimir.

com·pre·sión [kompresjón] *s/f* Acción y efecto de comprimir.

com·pre·sor, (-ra) [kompresór, (-ra)] **I.** *adj* Que comprime o sirve para comprimir. **II.** *s/m* MEC Máquina que sirve para reducir el volumen de un gas aumentando la presión que sobre él se ejerce.

com·pri·mi·ble [komprimíβle] *adj* Que se puede comprimir.

com·pri·mi·do, (-a) [komprimíðo, (-a)] **I.** *adj* Lo que está reducido a un volumen menor: *Aire comprimido.* **II.** *s/m* Pequeña pastilla o tableta que contiene un medicamento y que puede ser tragada.

com·pri·mir [komprimír] *v/tr* Reducir alguna sustancia a un volumen menor por presión.

com·pro·ba·ble [komproβáβle] *adj* Que puede comprobarse.

com·pro·ba·ción [komproβaθjón] *s/f* Acción y efecto de comprobar.

com·pro·ba·dor, (-ra) [komproβaðór, (-ra)] *adj* y *s/m* Que sirve para comprobar.

com·pro·ban·te [komproβánte] *s/m* COM Documento o recibo que justifica o comprueba algo.

com·pro·bar [komproβár] *v/tr* **1.** Dar por seguro un hecho o circunstancia ya supuestos o expresados anteriormente. **2.** Verificar la precisión o exactitud de algún resultado aritmético, geográfico, etc. CONJ *Irreg: Compruebo, comprobé, comprobaré, comprobado.*

com·pro·me·te·dor, -ra [komprometeðór, -ra] *adj* Que compromete o sirve para comprometer.

com·pro·me·ter [komprometér] *v/tr* **1.** Por medio de determinada acción, poner a alguien o una cosa en cierto riesgo o apuro. **2.** Poner a alguien en situación de verse obligado a hacer determinada acción: *Le comprometimos a pagar antes de fin de mes.* RPr **Comprometerse a/con/en:** *Me he comprometido en este asunto con ellos.*

com·pro·me·ti·do, -a [komprometíðo, -a] *adj* Que compromete o puede comprometer.

com·pro·mi·sa·rio, -a [kompromisárjo, -a] *adj* y *s/m,f* Persona que actúa en delegación de otra, especialmente la elegida como representante en las elecciones para un cargo político.

com·pro·mi·so [kompromíso] *s/m* **1.** Obligación contraída por alguien mediante la promesa de realizar algo: *Adquirí el compromiso de acabarlo este mes.* **2.** Acuerdo por el que dos personas se obligan a aceptar la decisión de un mediador: *Tuvieron que llegar a un compromiso.* **3.** Situación de riesgo o apuro. LOC **Contraer/Suscribir un compromiso,** obligarse a él. **Poner en un compromiso,** poner a alguien en situación tal que le es imposible no hacer algo. **Sin compromiso,** sin obligaciones de ningún tipo.

com·puer·ta [kompwérta] *s/f* Especie de puerta grande que sirve para impedir el paso del agua en una presa, canal, etc.

com·pues·to, (-a) [kompwésto, (-a)] **I.** *p irreg* de *componer.* **II.** *adj* **1.** BOT, GRAM, MAT, etc. Que está formado por varias partes o elementos. **2.** Referido a aparatos, significa reparado, arreglado. **3.** FIG En referencia al aspecto, bien aseado y arreglado. **III.** *s/m* Sustancia compuesta: *Compuesto químico.*

com·pul·sa [kompúlsa] *s/f* Acción y efecto de compulsar.

com·pul·sa·ción [koɱpulsaθjón] *s/f* Acción de compulsar.

com·pul·sar [koɱpulsár] *v/tr* Comprobar que una copia es auténtica, mediante cotejo con el original.

com·pul·sión [koɱpulsjón] *s/f* Acción y efecto de compeler.

com·pul·si·vo, -a [koɱpulsíβo, -a] *adj* Que tiene facultades para compeler.

com·pun·ción [koɱpunθjón] *s/f* Acción de compungirse.

com·pun·gi·do, -a [koɱpuŋxíðo, -a] *adj* Se aplica al que siente pesar o dolor por algo.

com·pun·gir [koɱpuŋxír] *v/tr* Hacer que alguien se sienta compungido.
ORT La *g* cambia en *j* ante *a/o: Compunja.*

com·pu·ta·ble [koɱputáβle] *adj* Que puede computarse.

com·pu·ta·dor, -ra [koɱputaðór, -ra] **I.** *adj* Se aplica al que o a aquello que computa o calcula. **II.** *s/m,f* Aparato o máquina de calcular, especialmente los electrónicos.

com·pu·tar [koɱputár] *v/tr* Hacer el cálculo de unas cantidades mediante unidades o medidas adecuadas.

cóm·pu·to [kóɱputo] *s/m* Acción o forma de computar.

co·mul·gan·te [koɱulɣáņte] *adj* y *s/m,f* Se dice de quien comulga.

co·mul·gar [komulɣár] *v/intr* **1.** Recibir la comunión. **2.** FIG Compartir con alguien determinadas ideas o principios. RPr **Comulgar con/en:** *No comulga con lo que dice. Comulga en todo con él.*
ORT Ante *e* la *g* cambia en *gu: Comulguen.*

co·mún [komún] *adj* **1.** Que es poseído o utilizado al mismo tiempo por más de una persona o cosa. **2.** Se aplica a lo que existe en abundancia o se da con mucha frecuencia. **3.** Se dice de aquello que por lo abundante o frecuente adquiere matices de calidad inferior. LOC **En común,** todos, para todos. **Sentido común,** aquel que se atribuye a la mayoría de la gente y que se identifica con sensatez o buen sentido. RPr **Común a:** *Común a todos.*

co·mu·na [komúna] *s/f* Grupo de personas que viven juntos.

co·mu·nal [komunál] *adj* De todos.

co·mu·ni·ca·ble [komunikáβle] *adj* Que puede ser comunicado.

co·mu·ni·ca·ción [komunikaθjón] *s/f* **1.** Acción y efecto de comunicar(se). **2.** Trato o relación entre dos o más personas. **3.** Escrito en el que se comunica algo a alguien. **4.** *pl* Sistemas de comunicación de un pueblo o nación. LOC **Estar en comunicación,** estar en contacto hablado o escrito.

co·mu·ni·ca·do, (-a) [komunikáðo, (-a)] **I.** *adj* Que posee medios de comunicación o comunicaciones. **II.** *s/m* Escrito en que se comunica algo a alguien.

co·mu·ni·can·te [komunikáņte] *adj* y *s/m,f* Que comunica o puede comunicar.

co·mu·ni·car [komunikár] **I.** *v/tr* Transmitir a otro un mensaje, dato, hecho, etc. **II.** *v/intr* Estar dos lugares unidos entre sí por camino, vía, abertura, etc.: *Este valle comunica con el de al lado por un desfiladero.* **III.** REFL(-SE) Pasar algo contagioso de un objeto a otro, de una persona a otra: *El fuego se comunicó a la casa de al lado.* RPr **Comunicar (algo) a/por. Comunicarse por/a/entre (sí, ellos).**
ORT Ante *e* la *c* cambia en *qu: Comunique.*

co·mu·ni·ca·ti·vo, -a [komunikatíβo, -a] *adj* Dícese de la persona propensa a comunicarse con los demás.

co·mu·ni·dad [komuniðáð] *s/f* **1.** Calidad de común. **2.** Asociación de personas que tienen interés en común. En sentido más amplio, la colectividad de que forma parte un conjunto de personas. LOC **En comunidad,** juntos.

co·mu·nión [komunjón] *s/f* **1.** Calidad de comunidad de ideas, sentimientos, etc. **2.** En la religión católica, el sacramento de la Eucaristía; *por ext,* el acto de recibir este sacramento.

co·mu·nis·mo [komunísmo] *s/m* Sistema o ideología política que persigue la reestructuración de la sociedad en función de esta posesión en común.

co·mu·nis·ta [komunísta] **I.** *adj* Relativo al comunismo. **II.** *s/m,f* Persona que pertenece al partido comunista o es partidaria del comunismo.

co·mu·ni·ta·rio, -a [komunitárjo, -a] *adj* Referido a la comunidad.

con [kón] *prep* Se usa **I. 1.** Expresando el nexo con el complemento de modo, instrumento, medio, etc.: *Hablaba con dificultad.* **2.** Expresando idea de colaboración o compañía. Otras veces este uso adquiere matices copulativos y equivale a 'y': *El médico, con su mujer, se hospedó en mi casa.* **3.** Expresando otros matices con ciertas acciones verbales: *Se relaciona poco con él.* **II.** Antepuesta a un *inf:* **1.** Da matiz de gerundio: *Con salir temprano lo tienen solucionado.* **2.** Adquiere a menudo un valor de *conj* adversativa o concesiva, equivalente a 'aunque': *Con tener tanto dinero no ha conseguido la felicidad* (aunque tiene tanto...). LOC **Con que, con sólo que, con tal que,** en el caso de que, con la condición de que. **Para con,** en relación con/a, entre: *Hay que ser benévolo para con todos.* **¡Con lo que...!, ¡Con tanto como!,**

etc.: *¡Con lo mucho que le hemos ayudado y ahora nos abandona!* **III.** Como prefijo expresa participación o cooperación: *Consocio, condecorar,* etc.

co·na·to [konáto] *s/m* **1.** Acto de intentar hacer algo. **2.** Acción que se inicia, pero que no llega a finalizar.

con·ca·de·nar [koŋkaðenár] *v/tr* Unir unas cosas con otras como encadenándolas.

con·ca·te·na·ción [koŋkatenaθjón] *s/f* Acción y efecto de concatenar(se).

con·ca·te·nar [koŋkatenár] *v/tr* y REFL (-SE) Concadenar(se).

con·ca·vi·dad [koŋkaβiðáð] *s/f* Calidad de cóncavo.

cón·ca·vo, -a [kóŋkaβo, -a] *adj* Se aplica a aquellos cuerpos o superficies que presentan, el centro más hundido que las orillas.

con·ce·bi·ble [konθeβíβle] *adj* Que puede ser concebido o comprendido.

con·ce·bir [konθeβír] **I.** *v/tr, intr* **1.** Iniciar la hembra un embarazo. **2.** FIG Idear un plan o imaginar una especie de proyecto, etc. También se puede referir a sentimientos o pasiones: *Concebir esperanzas.* **3.** Imaginar una cosa como cierta (acepción más usada en frases negativas): *Nadie puede concebir algo así.*
CONJ *Irreg: Concibo, concebí, concebiré, concebido.*

con·ce·der [konθeðér] *v/tr* Dar algo cuando se tiene potestad para hacerlo. **2.** Admitir o convenir en que una cosa es cierta.

con·ce·jal, -la [konθexál, -la] *s/m,f* Miembro de un concejo o ayuntamiento.

con·ce·ja·lía [konθexalía] *s/f* Cargo de un concejal.

con·ce·jo [konθéxo] *s/m* Nombre usado indistintamente para municipio o ayuntamiento.

con·cen·tra·ción [konθentraθjón] *s/f* Acción y efecto de concentrar(se).

con·cen·tra·do, (-a) [konθentráðo, (-a)] **I.** *adj* **1.** Reunido en un lugar. **2.** En una proporción mayor de sustancia diluida que de líquido en que se diluye. **3.** FIG Con toda la atención puesta en lo que se está haciendo: *Estaba muy concentrado viendo la tele.* **II.** *s/m* Solución con escasa proporción de líquido y muy grande de la sustancia de que se compone.

con·cen·trar [konθentrár] *v/tr* **1.** Reunir en un solo lugar lo que estaba disperso o desunido. **2.** FIG Dirigir el interés, la atención, etc., hacia algo. **3.** Hacer que una solución pierda la mayor cantidad posible de líquido y se espese. RPr **Concentrarse en** *(algo).*

con·cén·tri·co, -a [konθéntriko, -a] *adj* GEOM Se aplica a aquellos círculos y figuras que tienen el mismo centro.

con·cep·ción [konθepθjón] *s/f* Acción y efecto de concebir.

con·cep·tis·mo [konθeptísmo] *s/m* En literatura o retórica, el estilo y tendencias de los escritores conceptistas.

con·cep·tis·ta [konθeptísta] **I.** *adj* Se aplica al estilo, escritor, tendencia, etc., en los que aparecen frecuentes usos de conceptos alambicados y de agudas sentencias. **II.** *s/m,f* Escritor de estilo conceptista.

con·cep·to [konθépto] *s/m* **1.** Idea que concibe la mente o relación que establece ésta entre varias ideas. **2.** Opinión expresada o pensada sobre algo o alguien. **3.** COM, etc. Cada uno de los ítems integrantes de una relación o partidas que entran en presupuesto, etc. LOC **En concepto de,** como: *Le dieron tres millones en concepto de indemnización.* **Por ningún concepto,** de ninguna manera.

con·cep·tuar [konθeptwár] *v/tr* Formar un concepto o juicio de una persona o cosa.
PRON *En el sing* y *3.ª pers pl* del *pres* de *ind* y *subj* se acentúa la *u: Conceptúo, conceptúe,* etc.

con·cep·tuo·so, -a [konθeptwóso, -a] *adj* Que está recargado de conceptos muy sutiles o enrevesados.

con·cer·nien·te [konθernjénte] *adj* Que concierne. LOC **En lo concerniente a,** por lo que se refiere a.

con·cer·nir [konθernír] *v/intr* **1.** Ser cierta función o acción propia de una persona. **2.** Tener una cosa un efecto o influencia sobre alguien. LOC **Por lo que/En lo que concierne a,** por lo que se refiere a, en lo tocante a. RPr **Concernir a.**
CONJ *Irreg:* Se usa en la *3.ª pers: Concierne/concierna, concernió, concernirá, concernido.*

con·cer·tar [konθertár] *v/tr, intr* **1.** Poner en armonía las distintas partes de algo. **2.** Llegar a un acuerdo. LOC RPr **Concertar(se) con:** *No se concertaron con el comprador.* **Concertar entre/en:** *Hemos concertado el precio entre los tres/en diez mil pesetas.*
CONJ *Irreg: Concierto, concerté, concertaré, concertado.*

con·cer·ti·na [konθertína] *s/f* Clase de acordeón que tiene el fuelle muy largo y las caras hexagonales u octogonales, con teclado en ambas.

con·cer·ti·no [konθertíno] *s/m* Violinista destacado de la orquesta.

con·cer·tis·ta [konθertísta] *s/m,f* Músico que dirige o ejecuta un concierto como solista.

con·ce·sión [konθesjón] *s/f* Acción y efecto de conceder.

con·ce·sio·na·rio, -a [konθesjonárjo, -a] *adj* y *s/m,f* Se dice del o de los que disfrutan de una concesión.

con·cien·cia [konθjénθja] *s/f* **1.** Facultad del ser humano que hace posible que tenga conocimiento de sí mismo; también este conocimiento. **2.** Móvil del carácter humano tendente a obrar bien (con *tener*): *Es un hombre perverso, que no tiene conciencia.* **3.** Conocimiento de las cosas que rodean a uno (con *tener*). LOC **A conciencia,** a fondo, con solidez. **En conciencia,** honradamente o sinceramente. **Remorder la conciencia a alguien,** tener alguien escrúpulos por haber obrado mal.

con·cien·ciar [konθjenθjár] COL *v/tr* Hacer a alguien consciente de las verdaderas implicaciones de un problema o situación.

con·cien·zu·do, -a [konθjenθúðo, -a] *adj* Se aplica a la persona que realiza las cosas a conciencia o al trabajo hecho de esta manera.

con·cier·to [konθjérto] *s/m* **1.** Buena disposición de las cosas. **2.** Convenio o acuerdo. **3.** MÚS Composición para varios instrumentos. **4.** Ejecución de composiciones musicales en público.

con·ci·liá·bu·lo [konθiljáβulo] *s/m* Reunión en la que se trata de algo poco honrado.

con·ci·lia·ción [konθiljaθjón] *s/f* Acción y efecto de conciliar(se).

con·ci·lia·dor, -ra [konθiljaðór, -ra] *adj* Se aplica al o a lo que concilia o es propenso a conciliar(se).

con·ci·liar [konθiljár] **I.** *adj* Relativo al concilio. **II.** *v/tr* **1.** Poner en paz o armonía a aquellos que no lo estaban: *Conciliaron al padre con el hijo.* **2.** Se aplica al acto de quedarse dormido (llevando como complemento la palabra 'sueño'). RPr **Conciliar(se) con.**

con·ci·lia·to·rio, -a [konθiljatórjo, -a] *adj* Que puede conciliar o se dirige a este fin.

con·ci·lio [konθíljo] *s/m* Reunión o junta de personas para tomar decisiones; especialmente la formada por los cargos importantes de la Iglesia Católica, en la que se discuten asuntos relacionados con el dogma, etc.

con·ci·sión [konθisjón] *s/f* Cualidad de conciso.

con·ci·so, -a [konθíso, -a] *adj* Se aplica a aquello que está expresado con sólo las palabras precisas e indispensables.

con·ci·tar [konθitár] *v/tr* Atraer hacia sí o hacia otros reacciones de tipo hostil.

con·ciu·da·da·no, -a [konθjuðaðáno, -a] *s/m,f* Con respecto a los demás, cada uno de los ciudadanos de una misma ciudad o, *por ext,* cada uno de los naturales de una misma nación.

cón·cla·ve [kóŋklaβe] *s/m* Reunión o asamblea de cardenales para la elección del Papa.

con·cluir [koŋkluír] **I.** *v/tr* **1.** Dejar algo completamente acabado. **2.** Llegar por medio de ciertos razonamientos a una deducción, opinión, etc. **II.** *v/intr* **1.** Llegar algo a su fin: *Concluimos con un discurso.* **2.** En la acepción de acabar, puede tener el sentido de acabar de ofrecer resistencia a algo y finalmente realizarlo, sobre todo si va seguido de 'por': *Después de un largo debate concluimos por aceptar su propuesta.* RPr **Concluir por (II. 2).**
CONJ *Irreg: Concluyo, concluí, concluiré, conluido.*
ORT Adviértase el cambio de *i* por *y* en los *pres* de *ind* y *subj, imper* e *imperf* de *subj: Concluye, concluya, concluyera.*

con·clu·sión [koŋklusjón] *s/f* Acción y efecto de concluir(se). LOC **En conclusión,** en resumen, para acabar.

con·clu·yen·te [koŋkluJéņte] *adj* Suele aplicarse a todo aquel argumento o razonamiento que concluye una discusión y que, por tanto, no puede ser rebatido.

con·co·mer·se [koŋkomérse] *v/*REFL (-SE) Sentirse consumido de impaciencia.

con·co·mi·tan·cia [koŋkomitánθja] *s/f* Relación entre aquellas acciones cuyos efectos van en la misma dirección.

con·co·mi·tan·te [koŋkomitáņte] *adj* Especialmente en lenguaje científico, se aplica a los hechos que cooperan a un mismo efecto.

con·cor·dan·cia [koŋkorðáņθja] *s/f* Relación de conformidad o armonía entre dos o más cosas.

con·cor·dar [koŋkorðár] **I.** *v/tr* Hacer que una cosa esté conforme con otra(s). **II.** *v/intr* Coincidir dos o más cosas en determinados aspectos; estar de acuerdo o en conformidad. RPr **Concordar con/en:** *Esta versión no concuerda con la otra. Tú y yo concordamos en todo.*
CONJ *Irreg: Concuerdo, concordé, concordaré, concordado.*

con·cor·da·to [koŋkorðáto] *s/m* Acuerdo sobre asuntos eclesiásticos que la Santa Sede firma con un Estado.

con·cor·de [koŋkórðe] *adj* Que coincide con otro en opinión, gustos, etc. RPr **Concorde en/con.**

con·cor·dia [koŋkórðja] *s/f* Conformidad entre personas, naciones, etc. LOC **Rei-**

nar la concordia, hacerse la paz, llegar a un acuerdo total.

con·cre·ción [koŋkreθjón] *s/f* **1.** Acción y efecto de concretar. **2.** Acumulación de partículas en masas.

con·cre·tar [koŋkretár] **I.** *v/tr* **1.** Hacer que algo sea concreto o sea más concreto que antes. **2.** Reducir una actividad a un solo aspecto: *Concretó su actuación a cantar dos tangos.* **II.** REFL(-SE) Reducirse, limitarse. RPr **Concretar(se) a/en.**

con·cre·to, -a [koŋkréto, -a] *adj* **1.** Que existe realmente y es accesible a los sentidos. **2.** FAM Se aplica a un objeto determinado para diferenciarlo de los demás: *Buscaba un libro concreto.* LOC **En concreto,** concretamente.

con·cu·bi·na [koŋkuβína] *s/f* La mujer que convive maritalmente con el hombre sin estar casados.

con·cu·bi·na·to [koŋkuβináto] *s/m* Relación de un hombre con su concubina.

con·cul·car [koŋkulkár] *v/tr* Obrar en contra de algo, como una ley, principio, norma, etc.
ORT Ante *e* la *c* cambia en *qu: Conculque.*

con·cu·ña·do, -a [koŋkuɲáðo, -a] *s/m,f* Dícese de la persona casada con el cuñado de uno o del cuñado del hermano de uno.

con·cu·pis·cen·cia [koŋkupisθénθja] *s/f* Afición excesiva a los placeres terrenales, en especial los sexuales.

con·cu·pis·cen·te [koŋkupisθénte] *adj* Que es muy dado a la concupiscencia.

con·cu·rren·cia [koŋkurrénθja] *s/f* **1.** Acción de concurrir. **2.** Número de personas asistentes a un acto, espectáculo, etc.

con·cu·rren·te [koŋkurrénte] **I.** *adj* Que concurre. **II.** *s/m,f* Persona que concurre a un acto o concurso.

con·cu·rri·do, -a [koŋkurríðo, -a] *adj* Se aplica al lugar o acto en el que se halla presente gran cantidad de público.

con·cu·rrir [koŋkurrír] *v/intr* **1.** Confluir varios elementos o factores en un mismo lugar: *Las tres líneas concurren en un punto.* **2.** Asistir un determinado público a un acto o ceremonia. **3.** Tomar parte en el desarrollo de un proceso. RPr **Concurrir a/en:** *No quiso concurrir a las oposiciones de cátedra.*

con·cur·san·te [koŋkursánte] *adj* y *s/m,f* Que concursa.

con·cur·sar [koŋkursár] *v/tr, intr* Tomar parte en un concurso o competición con el fin de obtener premio, puesto de trabajo, etc.

con·cur·so [koŋkúrso] *s/m* **1.** Acto de coincidir diversos factores que contribuyen a la realización de algo. **2.** Competición o certamen en el cual los participantes se disputan un premio o plaza vacante.

con·cha [kóntʃa] *s/f* **1.** Caparazón que envuelve el cuerpo de ciertos animales. **2.** Se llama así al material extraído de la concha de ciertas tortugas, con el que se fabrican peines, etc. **3.** Nombre dado a lo que oculta al apuntador en el escenario.

con·cha·bar [kontʃaβár] *v/tr* REFL (-SE) Confabularse con alguien con fines perjudiciales para otros.

con·da·do [kondáðo] *s/m* **1.** Dignidad de conde. **2.** Territorio bajo su jurisdicción.

con·dal [kondál] *adj* Relativo a un conde o a un condado.

con·de [kónde] *s/m* Título nobiliario inmediatamente inferior al de duque.

con·de·co·ra·ción [kondekoraθjón] *s/f* **1.** Acción y efecto de condecorar. **2.** Distintivo con el que se condecora.

con·de·co·rar [kondekorár] *v/tr* Reconocer el valor o importancia de alguien, para lo cual se le impone la insignia correspondiente.

con·de·na [kondéna] *s/f* **1.** Acción de condenar. **2.** Sentencia impuesta por el juez al reo.

con·de·na·ble [kondenáβle] *adj* Que merece ser condenado.

con·de·na·ción [kondenaθjón] *s/f* Acción y efecto de condenar o condenarse.

con·de·na·do, -a [kondenáðo, -a] *adj* y *s/m,f* Se aplica al que recibe una condena.

con·de·nar [kondenár] *v/tr* **1.** Decretar un juez la sentencia que merece un litigante. **2.** Mostrar desaprobación por algún acto. RPr **Condenar a:** *Le condenó a muerte.*

con·de·na·to·rio, -a [kondenatórjo, -a] *adj* Que implica condena o censura.

con·den·sa·ble [kondensáβle] *adj* Que puede condensarse.

con·den·sa·ción [kondensaθjón] *s/f* Acción y efecto de condensar(se).

con·den·sa·dor, (-ra) [kondensaðór, (-ra)] **I.** *adj* Que condensa. **II.** *s/m* **1.** Aparato usado en física o mecánica con el fin de condensar gases, vapores, etc. **2.** Se dice también del usado en acumulación de energía eléctrica, que está formado por dos conductores o armaduras de gran superficie, separados por una lámina eléctrica.

con·den·sar [kondensár] *v/tr* **1.** Hacer algo más espeso de lo que era. **2.** Unir unas cosas con otras más densamente. **3.** FIG Abreviar o reducir a menor extensión un libro, texto, etc., sin perder lo esencial. RPr **Condensar(se) en:** *Condensó el libro en pocas páginas.*

con·de·sa [koŋdésa] *s/f* de *conde.*

con·des·cen·den·cia [koŋdesθeŋdénθja] *s/f* **1.** Acción y efecto de condescender. **2.** Actitud del que es condescendiente.

con·des·cen·der [koŋdesθeŋdér] *v/intr* Actuar de manera acomodada al gusto o voluntad de otro.
CONJ *Irreg: Condesciendo, condescendí, condescenderé, condescendido.*

con·des·cen·dien·te [koŋdesθeŋdjéŋte] *adj* Que se acomoda al gusto o voluntad de los demás.

con·des·ta·ble [koŋdestáβle] *s/m* Aquel que antiguamente hacía de jefe supremo de la milicia.

con·di·ción [koŋdiθjón] *s/f* **1.** Modo de ser por naturaleza de las cosas o personas. **2.** Situación o estado en que se halla temporalmente una persona o cosa. **3.** *pl* Manera buena o mala en que se encuentra algo o alguien: *Esta carne está en malas condiciones.* **4.** *sing* o *pl* Cláusula de cuyo cumplimiento depende el mantener un acuerdo o convenio: *Nos puso la condición de comprar la casa con los muebles incluidos.* LOC **A condición de que,** siempre que se cumple determinada condición. **En condiciones,** en buenas condiciones.

con·di·cio·na·do, -a [koŋdiθjonáðo, -a] *adj* (*estar...*) **1.** Que está en determinadas condiciones. **2.** Que se halla supeditado a determinadas condiciones.

con·di·cio·nal [koŋdiθjonál] **I.** *adj* Que está sujeto a determinadas condiciones. **II.** *s/m* Modo del verbo también llamado potencial.

con·di·cio·na·mien·to [koŋdiθjonamjéŋto] *s/m* Acción y efecto de condicionar.

con·di·cio·nan·te [koŋdiθionáŋte] *adj* y *s/m* Que condiciona.

con·di·cio·nar [koŋdiθjonár] *v/tr* **1.** Hacer que la realización de algo dependa de determinadas condiciones. **2.** Acondicionar, poner en condiciones.

con·di·men·ta·ción [koŋdimeŋtaθjón] *s/f* Acción y efecto de condimentar.

con·di·men·tar [koŋdimeŋtár] *v/tr* Añadir ciertas sustancias a los manjares con el fin de mejorar su sabor.

con·di·men·to [koŋdiméŋto] *s/m* Sustancia que se añade a un alimento con el fin de hacerlo más atractivo al paladar.

con·dis·cí·pu·lo, -a [koŋdisθípulo, -a] *s/m,f* Se aplica a los que estudian con otros bajo la enseñanza de un mismo maestro o profesor.

con·do·len·cia [koŋdolénθja] *s/f* **1.** Acción y efecto de condolerse. **2.** Sentimiento del que participa en el dolor ajeno. **3.** Pésame.

con·do·ler·se [koŋdolérse] *v*/REFL (-SE) Sentir compasión de la desgracia ajena y/o expresar este sentimiento. RPr **Condolerse de** *(algo).*
CONJ *Irreg: Me conduelo, me condolí, me condoleré, condolido.*

con·dón [koŋdón] *s/m* Preservativo de goma que utiliza el varón en el coito para evitar la fecundación de la mujer.

con·do·na·ción [koŋdonaθjón] *s/f* Acción y efecto de condonar.

con·do·nar [koŋdonár] *v/tr* Perdonar la pena o deuda de alguien.

cón·dor [kóŋdor] *s/m* Ave rapaz diurna, semejante al buitre, de gran tamaño, que habita en los Andes.

con·duc·ción [koŋdu(k)θjón] *s/f* **1.** Acción y efecto de conducir. **2.** Conjunto de cañerías o cables, etc., que sirven para conducir un líquido o fluido.

con·du·cen·te [koŋduθéŋte] *adj* Se aplica a aquello que coopera a la consecución de algún fin: *Es una medida conducente a descongestionar la urbe.*

con·du·cir [koŋduθír] **I.** *v/tr* **1.** Llevar o transportar algo o a alguien a un lugar determinado. **2.** Dirigir a alguien a un lugar determinado, guiándolo. **3.** Llevar un vehículo de un lugar a otro. **II.** REFL(-SE) Proceder de cierta manera, comportarse. RPr **Conducir por/en/a:** *Conducir por/en carretera. Conducir a la fama.*
CONJ *Irreg: Conduzco, conduje, conduciré, conducido.*

con·duc·ta [koŋdúkta] *s/f* Manera de comportarse las personas con respecto a las demás o a las convenciones sociales.

con·duc·ti·bi·li·dad o **con·duc·ti·vi·dad** [koŋduktiβiliðáð/koŋduktiβiðáð] *s/f* Capacidad de los cuerpos para conducir el calor o la electricidad.

con·duc·ti·vo, -a [koŋduktíβo, -a] *adj* Que es capaz de conducir, especialmente el calor o la electricidad.

con·duc·to [koŋdúkto] *s/m* **1.** Tubo o canal destinado a dar paso a líquidos u otras sustancias. **2.** ANAT Cualquier canal o tubo capaz de realizar en un cuerpo la transmisión de un líquido o sustancia. **3.** FIG Forma de ser transmitido un documento, mensaje, etc., a su destinatario. LOC **Por conducto de,** a través de, por mediación de.

con·duc·tor, -ra [koŋduktór, -ra] *adj* y *s/m,f* Que conduce.

con·du·mio [koŋdúmjo] *s/m* IRON FAM

Conjunto de alimentos necesarios para sustentarse.

co·nec·tar [konektár] **I.** *v/tr* **1.** Poner en contacto o unir dos o más cables, piezas, etc., con el fin de hacer funcionar un aparato o mecanismo. **2.** Unir un aparato por medio de cable, etc., a una red eléctrica. **II.** *v/intr* Ponerse en contacto una persona con alguien o algo: *¿No has conectado con él?* RPr **Conectar con (II).**

co·ne·jar [konexár] *s/m* Lugar donde se crían conejos.

co·ne·je·ra [konexéra] *s/f* **1.** Madriguera de conejos. **2.** FIG Cueva estrecha y larga.

co·ne·je·ro, -a [konexéro, -a] **I.** *adj* Que sirve para cazar conejos. **II.** *s/m,f* Persona que vende conejos.

co·ne·ji·llo [konexíʎo] *s/m dim* de *conejo.*
Conejillo de Indias, mamífero roedor de menor tamaño que el conejo, utilizado en experimentos de laboratorio.

co·ne·jo, -a [konéxo, -a] *s/m* Mamífero roedor, de menor tamaño que la liebre, fácilmente domesticable y de carne comestible. Se reproduce con facilidad.

co·ne·xión [kone(k)sjón] *s/f* Enlace o trabazón entre dos o más cosas, fenómenos, etc.

co·ne·xo, -a [koné(k)so, -a] *adj* Que tiene un nexo con otra cosa.

con·fa·bu·la·ción [koɱfaβulaθjón] *s/f* Acción y efecto de confabular(se).

con·fa·bu·lar [koɱfaβulár] **I.** *v/intr* Tratar una cosa secretamente entre sí dos o más personas. **II.** REFL(-SE) Ponerse de acuerdo dos o más personas en secreto con el fin de perjudicar a otro(s).

con·fec·ción [koɱfe(k)θjón] *s/f* **1.** Acción y efecto de confeccionar. **2.** Fabricación de prendas de vestir en serie.

con·fec·cio·nar [koɱfe(k)θjonár] *v/tr* Hacer determinadas obras materiales: *Confeccionar un vestido.*

con·fe·de·ra·ción [koɱfeðeraθjón] *s/f* **1.** Acción y efecto de confederar(se). **2.** Conjunto de naciones confederadas.

con·fe·de·ra·do, -a [koɱfeðeráðo, -a] *adj* y *s/m,f* Se aplica al que forma parte de una confederación.

con·fe·de·rar [koɱfeðerár] *v/tr* Reunir a varias naciones, asociaciones, etc., en una federación.

con·fe·de·ra·ti·vo, -a [koɱfeðeratíβo, -a] *adj* Perteneciente a una confederación.

con·fe·ren·cia [koɱferénθja] *s/f* **1.** Disertación en público hecha por experto en el tema, profesor, etc. **2.** Conversación o plática entre dos o más personas para tratar de un tema concreto. **3.** Comunicación telefónica interurbana.

con·fe·ren·cian·te [koɱferenθjánte] *adj* y *s/m,f* Que da una conferencia o toma parte en una conferencia de naciones.

con·fe·ren·ciar [koɱferenθjár] *v/intr* Celebrar dos o más personas una conversación sobre un tema determinado.

con·fe·rir [koɱferír] *v/tr* **1.** Tratándose de honores, empleos o atribuciones, concederlos. **2.** Tratándose de mensajes u órdenes, etc., comunicarlos. **3.** Tratándose de cualidades no físicas, atribuirlas o prestarlas: *Esta circunstancia le confiere un especial encanto.*
CONJ *Irreg: Confiero, conferí, conferiré, conferido.*

con·fe·sa·ble [koɱfesáβle] *adj* Que puede ser confesado.

con·fe·sar [koɱfesár] *v/tr, intr* **1.** Reconocer uno algún acto o verdad ocultos como realizados por sí mismo. **2.** Declararse autor de crimen, delito, etc., ante un tribunal o de sus pecados ante un confesor. **3.** Oír el confesor al que declara sus pecados. RPr **Confesar(se) con (alguien)/de (algo).**
CONJ *Irreg: Confieso, confesé, confesaré, confesado.*

con·fe·sión [koɱfesjón] *s/f* Acción y efecto de confesar(se).

con·fe·sio·nal [koɱfesjonál] *adj* **1.** Perteneciente al sacramento de la confesión. **2.** Adscrito a una determinada religión.

con·fe·sio·na·li·dad [koɱfesjonaliðáð] *s/f* Cualidad de confesional.

con·fe·sio·na·rio [koɱfesjonárjo] *s/m* Confesonario.

con·fe·so, -a [koɱféso, -a] *adj* y *s/m,f* Que ha confesado algún delito.

con·fe·so·na·rio [koɱfesonárjo] *s/m* Construcción de madera en la que se encierra el confesor en las iglesias para oír la confesión del penitente.

con·fe·sor [koɱfesór] *s/m* Sacerdote capacitado para confesar.

con·fe·ti [koɱféti] *s/m* Pedacitos de papel de varios colores que se arrojan en fiestas de carnaval, procesiones, etc.

con·fia·do, -a [koɱfjáðo, -a] *adj* **1.** (Con *ser*) Se aplica al que acostumbra a tener confianza en los demás. **2.** (Con *estar*) Se dice del que está seguro de sí mismo.

con·fian·za [koɱfjánθa] *s/f* **1.** Actitud que se tiene al confiar en algo o alguien. **2.** Sentimiento de seguridad en uno mismo. **3.** Manera familiar de tratarse dos o más personas. **4.** *pl* Excesivas familiaridades en el trato con los demás: *Te has tomado demasiadas confianzas con ella.* LOC **Ser de confianza,** no inspirar algo o alguien recelo de ningún tipo acerca de sus cualidades. **En confianza,** en secreto, confidencialmente; con sencillez, sin ceremonia. **Con confianza,** confiadamente.

con·fiar [koɱfjár] **I.** *v/tr* **1.** Dejar con entera tranquilidad una cosa o alguien al cuidado de otro. **2.** Revelar un secreto o dato importante a alguien de manera confidencial. **II.** *v/intr* **1.** Esperar con serenidad. **2.** Creer en alguien. **III.** REFL (-SE) **1.** Tener excesiva confianza en uno mismo, los acontecimientos, el futuro, etc.: *Te has confiado y ha pasado lo que era de temer.* **2.** Ponerse en manos de, entregarse a la voluntad de: *Me confío en usted.* **3.** Revelar intimidades a otra persona: *Se confía a su amigo.* RPr **Confiar(se) en/a.** ORT. PRON El acento recae sobre la *i* en el *sing* y *3.ª pers pl* del *pres* de *indic* y *subj: Confío, confíen.*

con·fi·den·cia [koɱfiðénθja] *s/f* Noticia secreta o reservada.

con·fi·den·cial [koɱfiðenθjál] *adj* Que se comunica o se hace de forma reservada o secreta.

con·fi·den·te [koɱfiðénte] **1.** *s/m,f* Persona a quien uno confía sus secretos. **2.** Persona que comunica a otra información de interés y de manera confidencial.

con·fi·gu·ra·ción [koɱfiɣuraθjón] *s/f* **1.** Acción de configurar(se). **2.** Forma en que algo tiene dispuestas sus distintas partes y que le da su aspecto.

con·fi·gu·rar [koɱfiɣurár] *v/tr* Dar a algo una determinada forma o disposición de componentes.

con·fín [koɱfín] *s/m* **1.** Límite o frontera. **2.** Lugar extremadamente apartado o lejano de todo lo demás.

con·fi·na·do, -a [koɱfináðo, -a] *adj* y *s/m,f* Se aplica a aquel que sufre la pena de confinamiento.

con·fi·na·mien·to [koɱfinamjénto] *s/m* Acción y efecto de confinar.

con·fi·nar [koɱfinár] **I.** *v/intr* Estar contiguo o lindar con otro territorio: *España confina con Portugal.* **II.** *v/tr* No permitir que alguien resida fuera de determinados límites físicos o figurados: *La confinaron en su pueblo. Lo han confinado al ostracismo.* RPr **(I) Confinar con/a/en.**

con·fi·ni·dad [koɱfiniðáð] *s/f* Relación de proximidad o contigüidad.

con·fir·ma·ción [koɱfirmaθjón] *s/f* **1.** Acción de confirmar(se) o corroborar. **2.** Sacramento en que se confirma la condición de cristiano ya adquirida en el bautismo.

con·fir·man·do, -a [koɱfirmándo, -a] *s/m,f* Persona que va a recibir el sacramento de la confirmación.

con·fir·man·te [koɱfirmánte] *adj* y *s/m,f* Se aplica al que o a lo que confirma.

con·fir·mar [koɱfirmár] *v/tr* **1.** Asegurar la certeza o existencia de algo que ya se venía creyendo. **2.** Revalidar o reafirmar lo ya demostrado. **3.** Administrar el sacramento de la confirmación a alguien. RPr **Confirmarse (alguien) en (algo).**

con·fir·ma·to·rio, -a [koɱfirmatórjo, -a] *adj* Que confirma o sirve para confirmar.

con·fis·ca·ble [koɱfiskáβle] *adj* Que puede ser confiscado.

con·fis·ca·ción [koɱfiskaθjón] *s/f* Acción y efecto de confiscar.

con·fis·car [koɱfiskár] *v/tr* Privar a uno de sus bienes y atribuirlos al fisco.
ORT Ante *e* la *c* cambia en *qu: Confisqué.*

con·fi·ta·do, -a [koɱfitáðo, -a] *adj* Se aplica a las frutas que han sido cocidas en almíbar.

con·fi·tar [koɱfitár] *v/tr* **1.** Cocer las frutas en almíbar. **2.** Recubrir con un baño de azúcar semillas o frutas preparadas para este fin.

con·fi·te [koɱfíte] *s/m* Cualquier tipo de dulce o golosina de pequeño tamaño, que suele contener almendra, piñones, etc., recubiertos de un baño de azúcar.

con·fi·te·ría [koɱfitería] *s/f* Tienda donde se venden dulces.

con·fi·te·ro, -a [koɱfitéro, -a] *s/m,f* Persona que se dedica a hacer o vender dulces y confites.

con·fi·tu·ra [koɱfitúra] *s/f* Fruta o cualquier otra cosa confitada o escarchada.

con·fla·gra·ción [koɱflaɣraθjón] *s/f* Perturbación de la paz a causa de la guerra entre naciones.

con·flic·ti·vo, -a [koɱfliktíβo, -a] *adj* **1.** Que causa conflicto. **2.** Relativo al conflicto.

con·flic·to [koɱflíkto] *s/m* **1.** Situación de desacuerdo o antagonismo entre dos o más personas o naciones, etc. **2.** Situación problemática de la cual no es fácil salir.

con·fluen·cia [koɱflwénθja] *s/f* **1.** Acción y efecto de confluir. **2.** Lugar en que confluyen dos o más cosas.

con·fluen·te [koɱflwénte] *adj* Se aplica al que o a lo que confluye.

con·fluir [koɱfluír] *v/intr* Juntarse o reunirse dos o más cosas o personas en un mismo lugar: *Los dos ríos confluyen en la*

capital. RPr **Confluir en/con:** *Un río confluye con otro.*
CONJ *Irreg: Confluyo, confluí, confluiré, confluido.*

con·for·ma·ción [koɱformaθjón] *s/f* **1.** Acción y efecto de conformar(se). **2.** Manera de estar configurado algo, según la disposición de sus partes o ingredientes.

con·for·ma·do, -a [koɱformáðo, -a] *adj* **1.** Que ha sido formado o constituido de determinada manera. **2.** Que está dispuesto a aceptar determinada situación o hechos de forma resignada.

con·for·mar [koɱformár] *v/tr, intr* **1.** Dar forma a algo. **2.** Ajustar o acomodar unas cosas a otras. **3.** Dejar a alguien contento con algo. **Conformar(se) con/a:** *Hay que conformar la traducción al original. Me conformo con salir una vez por semana.*

con·for·me [koɱfórme] **I.** *adj* **1.** Se aplica a aquello que está proporcionado o que conviene a otra cosa. **2.** Dícese del que está de acuerdo con otro o con una decisión, medida, etc. **II.** *s/m* Escrito que se pone al pie de un documento para indicar que se está de acuerdo con el contenido del mismo. **III.** *adv conj* **1.** De la manera que, como: *Te lo devuelvo todo conforme lo recibí.* **2.** A medida que, al mismo tiempo que: *Conforme iban llegando los íbamos saludando.* RPr **Conforme a/con.**

con·for·mi·dad [koɱformiðáð] *s/f* Calidad de conforme. LOC **En conformidad con,** conforme a. **De conformidad,** con unión y conformidad: *Se hizo de conformidad entre todos nosotros.*

con·for·mis·mo [koɱformísmo] *s/m* Actitud o cualidad del que es conformista.

con·for·mis·ta [koɱformísta] *adj* y *s/m,f* Dícese del que suele estar conforme con lo establecido (en política, religión, etc.).

con·fort [koɱfór] *s/m* GAL Comodidad o cualidades de aquello que tiene todo lo necesario.

con·for·ta·ble [koɱfortáβle] *adj* **1.** Que anima o conforta. **2.** Que posee confort.

con·for·ta·dor, -ra [koɱfortaðór, -ra] *adj* y *s/m,f* Se aplica al o a lo que conforta.

con·for·tan·te [koɱfortáṇte] *adj* Que sirve para confortar(se).

con·for·tar [koɱfortár] *v/tr* **1.** Reavivar o reanimar al que está sin fuerzas. **2.** FIG Dar ánimos o consolación al que está afligido.

con·fra·ter·nar [koɱfraternár] *v/intr* Tratarse unas personas con otras de forma armoniosa, aunque sean de muy distinta clase o esfera social.

con·fra·ter·ni·dad [koɱfraterniðáð] *s/f* Relación de hermanamiento o amistad muy íntima.

con·fra·ter·ni·zar [koɱfraterniθár] *v/intr* Tratarse como entre hermanos.
ORT La *z* cambia en *c* ante *e: Confraternicemos.*

con·fron·ta·ción [koɱfroṇtaθjón] *s/f* Acción y efecto de confrontar(se).

con·fron·tar [koɱfroṇtár] **I.** *v/tr* Hacer un examen conjunto de dos o más cosas con el fin de descubrir sus semejanzas y diferencias. **II.** REFL(-SE) Ponerse frente a frente en duelo o pugna. RPr **Confrontar(se) con**: *Nos confrontaremos con una grave crisis.*

con·fun·di·ble [koɱfuṇdíβle] *adj* Capaz de ser confundido.

con·fun·dir [koɱfuṇdír] *v/tr* **1.** Cambiar la identidad de algo o no hacer la distinción debida entre dos o más cosas por error: *Confundimos la sal con el azúcar.* **2.** Hacer que dos o más cosas se junten de tal manera que resulte difícil precisar la separación. **3.** Hacer que alguien se equivoque y no distinga debidamente las cosas. **4.** Dejar a alguien abrumado por medio de excesivas atenciones, alabanzas, etc. **II.** REFL(-SE) **1.** Mezclarse dos o más cosas o personas de forma que no puedan ser diferenciados debidamente: *Se confundieron con el gentío.* RPr **Confundir con.**

con·fu·sión [koɱfusjón] *s/f* Acción y efecto de confundir.

con·fu·sio·nis·mo [koɱfusjonísmo] *s/m* Situación de confusión en las ideas, relaciones, etc.

con·fu·so, -a [koɱfúso, -a] *adj* **1.** Falto de claridad, orden o distribución bien diferenciada. **2.** Aplicado a personas indica un sentimiento de perplejidad o de venganza, pudor, turbación, etc.

con·ge·la·ción [koŋxelaθjón] *s/f* Acción y efecto de congelar(se).

con·ge·la·dor [koŋxelaðór] Aparato electrodoméstico o parte del frigorífico cuyo fin es congelar alimentos.

con·ge·lar [koŋxelár] *v/tr* **1.** Helar un líquido. **2.** Someter carnes u otros alimentos a muy baja temperatura para su larga conservación. **3.** Dañar el frío de modo irreversible el cuerpo humano o partes de él. **4.** ECON Declarar inmodificables los salarios, precios, etc.

con·gé·ne·re [koŋxénere] *adj* y *s/m,f* Del mismo género o especie que otro.

con·ge·niar [koŋxenjár] *v/intr* Llevarse bien una persona con otra(s) por identidad de gustos, inclinaciones, genio, etc.: *No congenia con su mujer. No congeniamos en nada.* RPr **Congeniar con/en.**

con·gé·ni·to, -a [koŋxénito, -a] *adj* Adquirido desde el momento del engendramiento.

con·ges·tión [koŋxestjón] *s/f* **1.** Excesiva o anormal acumulación de sangre en alguna parte del cuerpo. **2.** Excesiva aglomeración de objetos o vehículos.

con·ges·tio·nar [koŋxestjonár] *v/tr* Causar congestión en algo o en alguien.

con·glo·me·ra·ción [koŋglomeraθjón] *s/f* Acción y efecto de conglomerar(se).

con·glo·me·ra·do, (-a) [koŋglomeráðo, (-a)] *adj* y *s/m* Reunión de cosas conglomeradas.

con·glo·me·rar [koŋglomerár] *v/tr* Unir diversas sustancias o materias de forma que constituyan un nuevo compuesto o aglomerado.

con·go·ja [koŋgóxa] *s/f* Pena o aflicción muy intensa.

con·go·le·ño, -a [koŋgoléɲo, -a] *adj* y *s/m,f* Del Congo.

con·gra·ciar [koŋgraθjár] *v/tr* Captar alguien la benevolencia o afecto de otro. RPr **Congraciarse con.**

con·gra·tu·la·ción [koŋgratulaθjón] *s/f* Acción y efecto de congratular(se).

con·gra·tu·lar [koŋgratulár] *v/tr* Expresar satisfacción a alguien por algún suceso que a éste le ha ocurrido. RPr **Congratularse de/con/por:** *Congratularse con alguien/por algo.*

con·gre·ga·ción [koŋgreɣaθjón] *s/f* **1.** Acción y efecto de congregar(se). **2.** Reunión de muchos monasterios de la misma orden bajo la dirección de un superior general.

con·gre·gar [koŋgreɣár] *v/tr* Reunir un número determinado de gente en un lugar. ORT Ante *e* la *g* cambia en *gu: Congregué.*

con·gre·sis·ta [koŋgresísta] *adj* y *s/m,f* Se aplica al que asiste o participa en un congreso.

con·gre·so [koŋgréso] *s/m* **1.** Acto de reunirse los profesionales de determinada especialidad con el fin de intercambiar conocimientos acerca de la misma. **2.** Cuerpo legislativo formado por los diputados electos. **3.** Edificio donde los diputados celebran sus sesiones parlamentarias.

con·grio [kóŋgrjo] *s/m* Pez marino que habita en lugares cercanos a las desembocaduras de los ríos o en los puertos; se parece a la anguila; su carne es blanca y comestible.

con·gruen·cia [koŋgrwénθja] *s/f* Cualidad de lo que es conveniente u oportuno en relación al conjunto en que está integrado.

con·gruen·te o **con·gruo, -a** [koŋgrwénte/kóŋgrwo, a] *adj* Que es oportuno o conveniente, sobre todo en relación a un contexto determinado.

có·ni·co, -a [kóniko, -a] *adj* Relativo al cono.

con·je·tu·ra [koŋxetúra] *s/f* Juicio que se forma de una cosa en función de los indicios que de ello se tienen.

con·je·tu·rar [koŋxeturár] *v/tr* Formar una opinión acerca de algo basándose en indicios o datos incompletos.

con·ju·ga·ción [koŋxuɣaθjón] *s/f* Acción y efecto de conjugar.

con·ju·gar [koŋxuɣár] *v/tr* **1.** Hacer que una cosa armonice o esté acorde con otra(s): *Has de intentar conjugar el trabajo con la diversión.* **2.** GRAM Poner en serie ordenada todas las formas que un verbo posee para expresar los accidentes de persona, número, tiempo y modo. RPr **Conjugar(se) con.**
ORT Ante *e* la *g* cambia en *gu: Congregué.*

con·jun·ción [koŋxunθjón] *s/f* **1.** Acción de unir(se) o juntar(se). **2.** GRAM Parte invariable de la oración que expresa la relación existente entre vocablos, miembros de la oración e incluso oraciones.

con·jun·ta·do, -a [koŋxuntáðo, -a] *adj* Que forma un conjunto armónico.

con·jun·tar [koŋxuntár] **I.** *v/tr, intr* Hacer que dos o más cosas formen un conjunto armónico. **II.** REFL(-SE) Unirse o agruparse.

con·jun·ti·va [koŋxuntíβa] *s/f* Membrana mucosa que cubre la parte anterior del ojo, excepto la córnea, y se extiende por la superficie interna del párpado.

con·jun·ti·vi·tis [koŋxuntiβítis] *s/f* Inflamación de la conjuntiva.

con·jun·ti·vo, -a [koŋxuntíβo, -a] *adj* Que sirve para unir o juntar una cosa con otra.

con·jun·to, (-a) [koŋxúnto, (-a)] **I.** *adj* Se aplica a la acción realizada en combinación con una o más personas. **II.** *s/m* **1.** Agregado de varias cosas, que juntas forman algo nuevo. **2.** La totalidad de algo, visto como un todo. **3.** En las representaciones teatrales, musicales, suele aplicarse al coro. **4.** Combinación de prendas de vestir de señora. LOC **En conjunto**, en su totalidad, sin mirar los detalles.
Conjunto musical, grupo de músicos y cantantes que actúan juntos.

con·ju·ra [koŋxúra] *s/f* Conjuración.

con·ju·ra·ción [koŋxuraθjón] *s/f* Acción y efecto de conjurar(se).

con·ju·ra·do, -a [koŋxuráðo, -a] *adj* y

s/m,f Se aplica al que participa en una conjuración.

con·ju·rar [koŋxurár] **I.** *v/tr* **1.** Pronunciar exorcismos para expulsar los demonios o espíritus malignos que se hayan aposentado en algo o alguien. **2.** Tomar juramento a alguien. **II.** *v/intr* Formar una conspiración con otro(s). RPr **Conjurarse con/contra:** *Se conjuraron con/contra sus vecinos.*

con·ju·ro [koŋxúro] *s/m* **1.** Imprecación o fórmula mágica con que los hechiceros hacen prodigios. **2.** Exorcismo para conjurar demonios.

con·lle·var [koɲʎeβár] *v/tr* **1.** Soportar las impertinencias o mal carácter de alguien. **2.** Sobrellevar una grave enfermedad o mal con gran entereza o resignación.

con·me·mo·ra·ción [koɱmemoraθjón] *s/f* Acción y efecto de conmemorar.

con·me·mo·rar [koɱmemorár] *v/tr* Realizar determinado tipo de acto para rememorar un acontecimiento.

con·me·mo·ra·ti·vo, -a [koɱmemoratíβo, -a] *adj* Que sirve para conmemorar.

con·men·su·ra·ble [koɱmensuráβle] *adj* Que puede ser medido o evaluado.

con·mi·go [koɱmíγo] *pron pers* de *1.ª pers, m,f: Ven conmigo.*

con·mi·nar [koɱminár] *v/tr* **1.** Amenazar a alguien con un castigo en el caso de que no cumpla con determinado deber. **2.** DER Requerir, el que tiene autoridad para ello, que uno realice algo en un determinado plazo. RPr **Conminar a.**

con·mi·na·to·rio, -a [koɱminatórjo, -a] *adj* Que tiene poder de conminar.

con·mi·se·ra·ción [koɱmiseraθjón] *s/f* Piedad hacia el mal o dolor ajeno.

con·mo·ción [koɱmoθjón] *s/f* Fuerte sacudida o movimiento violento del cuerpo o del ánimo.

con·mo·cio·nar [koɱmoθionár] *v/tr* Producir una conmoción.

con·mo·ve·dor, -ra [koɱmoβeðór, -ra] *adj* Que conmueve.

con·mo·ver [koɱmoβér] *v/tr* **1.** Sacudir fuertemente algo. **2.** Causar un acontecimiento una fuerte alteración o impresión en alguien o en algo.
CONJ *Irreg: Conmuevo, conmoví, conmoveré, conmovido.*

con·mu·ta·ble [koɱmutáβle] *adj* Que puede ser conmutado.

con·mu·ta·ción [koɱmutaθjón] *s/f* Acción y efecto de conmutar.

con·mu·ta·dor, -ra [koɱmutaðór, -ra] *adj* y *s/m,f* Que conmuta.

con·mu·tar [koɱmutár] *v/tr* Trocar o permutar una cosa por otra. RPr **Conmutar con/por:** *Conmutar una cosa con/por otra.*

con·mu·ta·ti·vo, -a [koɱmutatíβo, -a] *adj* Referente a la conmutación.

con·na·tu·ral [konnaturál] *adj* Propio o conforme a la naturaleza del ser de quien se está hablando, y no adquirido.

con·ni·ven·cia [konniβénθja] *s/f* **1.** Actitud de tolerancia hacia las faltas de un inferior. **2.** Pacto para realizar actos poco honrados ('estar en connivencia con').

con·no·ta·ción [konnotaθjón] *s/f* Acción y efecto de connotar.

con·no·tar [konnotár] *v/tr* Sugerir una palabra algún concepto, además del que es esencial a su significado.

con·nu·bio [konnúβjo] *s/m* LIT Matrimonio.

co·no [kóno] *s/m* Volumen o espacio limitado por una superficie engendrada por una línea con un extremo fijo y otro que describe curvas cerradas.

co·no·ce·dor, -ra [konoθeðór, -ra] *adj* y *s/m,f* Se aplica al que conoce bien algo.

co·no·cer [konoθér] **I.** *v/tr* **1.** Tener una fiel representación mental de algo, gracias a nuestra facultad intelectual. **2.** Tener suficientes conocimientos de algo como para saberlo y dominarlo a la perfección. **3.** En el sentido bíblico, tener trato carnal con alguien. **II.** *v/intr* (Con o sin *de)* Saber distinguir una cosa entre varias o poder entender acerca de algo. **III.** REFL(-SE) **1.** Haberse visto o tratado dos o más personas anteriormente: *Ya nos conocemos.* **2.** Reconocerse uno a otro en un momento determinado. **3.** Tener formada una opinión correcta de uno mismo: *Yo me conozco y sé que no me atrevería.* RPr **Conocer de/en/por:** *La conoció por el pelo/en la voz. Conoce en la materia.*
CONJ *Irreg: Conozco, conocí, conoceré, conocido.*

co·no·ci·do, (-a) [konoθíðo, (-a)] **I.** *adj* Que resulta familiar o reconocible para muchos, o bien que goza de reconocido prestigio o fama. **II.** *s/m,f* Se dice de la persona con la cual se ha tenido un trato relativo, no verdaderamente íntimo.

co·no·ci·mien·to [konoθimjéṇto] *s/m* **1.** Acción y efecto de conocer(se). **2.** Facultad que tiene el hombre para comprender o discernir. **3.** Uso o funcionamiento de los sentidos corporales o físicos. **4.** *pl* Todo aquello que se sabe sobre una determinada especialidad o ciencia. LOC **Con conocimiento,** sensatamente. **Perder/Recobrar el conocimiento,** perder/recobrar el sentido.

con·que [kóŋke] *conj ilativa* Expresa la relación entre dos frases, según la cual la segunda es consecuencia de lo que dice la anterior.

con·quen·se [koŋkénse] *adj* y *s/m,f* Relativo a Cuenca.

con·quis·ta [koŋkísta] *s/f* **1.** Acción y efecto de conquistar. **2.** Persona o cosa que se logra por medio de una persecución o esfuerzo.

con·quis·ta·dor, -ra [koŋkistaðór, -ra] **I.** *adj* Que conquista. **II.** *s/m,f* El que conquista. Se usa especialmente referido al que atrae con facilidad a personas del otro sexo.

con·quis·tar [koŋkistár] *v/tr* **1.** Convertirse en el dueño de un país, lugar estratégico, etc., por medio de la fuerza o con armas. **2.** Lograr una cosa deseada o posición ventajosa por medio del esfuerzo, inteligencia o cualquier otro don. **3.** Atraer la simpatía, cariño o afecto de otro(s).

con·sa·bi·do, -a [konsaβíðo, -a] *adj* Se aplica a lo que o al que ya es conocido o sabido por los que hablan.

con·sa·gra·ción [konsaγraθjón] *s/f* Acción y efecto de consagrar(se).

con·sa·grar [konsaγrár] *v/tr* **1.** Hacer que una cosa, persona, lugar, etc., sea considerado sagrado. **2.** Realizar el sacerdote en la misa el acto de la consagración con el pan y el vino. **3.** Ofrecer o dedicar a alguien al culto de Dios: *Lo consagraron a Dios a los quince años.* **4.** FIG Dedicar algo, la vida, etc., a una actividad de forma absorbente y sacrificada. **5.** Dedicar un monumento a la memoria de una persona, cosa o suceso. **6.** Hacer que alguien sea reconocido en calidad de algo, calidad que suele ir expresada a continuación del verbo: *Sus excepcionales cualidades la han consagrado como la mejor soprano del país.* RPr **Consagrar(se) a.**

con·san·guí·neo, -a [konsaŋgíneo, -a] *adj* y *s/m,f* Se aplica a las personas que tienen entre sí parentesco de consanguinidad.

con·san·gui·ni·dad [konsaŋginiðáð] *s/f* Parentesco que existe entre los que descienden de antepasados comunes.

cons·cien·te [konsθjénte] *adj* Se aplica al que posee o está en plena capacidad de percibir los estímulos de lo que le rodea y que tiene sus facultades sensoriales en pleno funcionamiento. LOC **Ser consciente**, actuar de forma responsable y sensata.

con·se·cu·ción [konsekuθjón] *s/f* Acción y efecto de conseguir.

con·se·cuen·cia [konsekwénθja] *s/f* Hecho o acontecimiento que se deriva indudablemente de otro como efecto suyo. LOC **En consecuencia**, conforme a lo dicho, según lo acordado. **Sacar en/como consecuencia**, obtener conclusiones de algo.

con·se·cuen·te [konsekwénte] *adj* **1.** Se aplica a lo que sigue a otra cosa derivándose de ella. **2.** Se aplica a la persona que actúa de forma acorde con sus ideas u opiniones.

con·se·cu·ti·vo, -a [konsekutíβo, -a] *adj* Que sigue a otra cosa de forma inmediata.

con·se·gui·do, -a [konseγíðo, -a] *adj* Que es producto o resultado satisfactorio de una acción.

con·se·guir [konseγír] *v/tr* Llegar a alcanzar un fin u objeto deseado.
CONJ *Irreg: Consigo, conseguí, conseguiré, conseguido.*

con·se·ja [konséxa] *s/f* Cuento o narración de una anécdota de carácter fantástico.

con·se·je·ría [konsexería] *s/f* Dignidad o cargo de consejero.

con·se·je·ro, -a [konsexéro, -a] *s/m,f* **1.** Se aplica al que es capaz de aconsejar. **2.** Persona que ocupa un puesto en un consejo.

con·se·jo [konséxo] *s/m* **1.** Advertencia que se da o se toma con el fin de obrar de un modo determinado. **2.** Organismo consultivo que desempeña la función de asesorar a un Jefe de Estado, director de empresa, cuerpo de la Administración Pública, etc. **3.** Reunión celebrada por uno de estos organismos.

con·sen·so [konsénso] *s/m* Acuerdo que alguien muestra con otras personas o con alguna decisión o situación.

con·sen·sual [konsenswál] *adj* Relativo al consenso.

con·sen·ti·do, -a [konsentíðo, -a] *adj* Que está excesivamente mimado y hace siempre lo que quiere.

con·sen·ti·mien·to [konsentimjénto] *s/m* Acción y efecto de consentir.

con·sen·tir [konsentír] *v/tr, intr* **1.** Autorizar o permitir la realización de un acto. **2.** Permitir excesivas libertades a alguien. RPr **Consentir en,** querer, admitir: *No consiente en que le paguemos el hotel.*
CONJ *Irreg: Consiento, consentí, consentiré, consentido.*

con·ser·je [konsérxe] *s/m* Empleado que en un centro público u oficial está al cargo de una sección y en ella vigila la entrada, limpieza o mantenimiento.

con·ser·je·ría [konserxería] *s/f* **1.** Oficio o cargo de conserje. **2.** Lugar en el que normalmente está el conserje.

con·ser·va [konsérβa] *s/f* **1.** Todo aquel alimento (carne, fruta, pescado, etc.), que ha sido envasado herméticamente y que se mantiene comestible durante largo tiempo.

2. Proceso de preparación de estos alimentos.

con·ser·va·ción [konserβaθjón] *s/f* Acción y efecto de conservar(se).

con·ser·va·dor, -ra [konserβaðór, -ra] *adj* y *s/m,f* **1.** Se aplica al que o a lo que mantiene o preserva algo. **2.** En relación al carácter de alguien, alude a la tendencia de una persona a guardar las cosas que tiene. **3.** En política o ideología se aplica a aquellos que son partidarios de frenar las innovaciones y mantener lo tradicional.

con·ser·va·du·ris·mo [konserβaðurísmo] *s/m* Tendencias o doctrinas de los políticos o ideólogos conservadores.

con·ser·var [konserβár] **I.** *v/tr* **1.** Hacer que una condición o estado determinado se mantenga durante tiempo. **2.** Tener uno en su poder algo durante tiempo. **3.** Guardar las cosas con esmero y cuidado. **II.** REFL(-SE) **1.** Continuar en un determinado estado o situación. **2.** Aplicado a personas, se refiere al aspecto o la forma física.

con·ser·va·to·rio [konserβatórjo] *s/m* Centro público destinado a la enseñanza de la música y del canto.

con·ser·ve·ro, -a [konserβéro, -a] **I.** *adj* Relativo a las conservas alimenticias. **II.** *s/m,f* Se aplica al que se dedica a la industria de conservas.

con·si·de·ra·ble [konsiðeráβle] *adj* Se aplica a lo que es digno de consideración o que posee unas dimensiones, extensión, etc., relativamente grandes.

con·si·de·ra·ción [konsiðeraθjón] *s/f* **1.** Acción y efecto de considerar. **2.** (También en *pl*) Sentimiento de respeto hacia los derechos o pareceres de los demás. LOC **En consideración a,** teniendo en cuenta. **Ser de consideración,** ser de importancia, considerable.

con·si·de·rar [konsiðerár] *v/tr* **1.** Examinar cuidadosamente un problema o cuestión. **2.** Atribuir a alguien determinadas cualidades o defectos. **3.** Tener consideración y respeto hacia alguien.

con·sig·na [konsíγna] *s/f* **1.** MIL Orden o instrucción que se da al centinela o guarda de un puesto. **2.** En los partidos políticos, agrupaciones, etc., se dice de la orden que un dirigente da a los afiliados. **3.** Local de los aeropuertos, estaciones, etc., en el que se puede depositar el equipaje por un tiempo determinado.

con·sig·na·ción [konsiγnaθjón] *s/f* **1.** Acción y efecto de consignar. **2.** Cantidad consignada para determinados gastos o presupuestos.

con·sig·nar [konsiγnár] *v/tr* **1.** Designar la tesorería que ha de cubrir determinadas obligaciones. **2.** Manifestar por escrito una opinión o doctrina, voto, etc. **3.** COM Enviar algo a un destinatario.

con·sig·na·ta·rio, -a [konsiγnatárjo, -a] *s/m,f* **1.** Persona que recibe en depósito, por auto judicial, una cantidad consignada. **2.** COM Persona a quien va dirigida una mercancía.

con·si·go [konsíγo] *Pron pers, sing* y *pl* Con él (ellos, etc.) mismo: *Ella siempre está hablando consigo misma.*

con·si·guien·te [konsiγjénte] *adj* Que se deriva de lo que se acaba de decir o hacer. LOC **Por consiguiente**, en consecuencia.

con·si·lia·rio, -a [konsiljárjo, -a] *s/m,f* Que aconseja a un organismo o algo semejante.

con·sis·ten·cia [konsisténθja] *s/f* **1.** Cualidad de un cuerpo u objeto que dura o resiste frente a erosiones, presiones, etc. **2.** FIG Trabazón o coherencia lógica en una ideología, teoría, etc.

con·sis·ten·te [konsisténte] *adj* **1.** Que consiste en lo que se expresa a continuación: *Un drama consistente en dos actos y un intermedio.* **2.** Que resiste y dura, sin ceder ni deformarse fácilmente: *Una masa muy consistente.* RPr **Consistente en (1).**

con·sis·tir [konsistír] *v/intr* **1.** Estar fundado o tener su razón de ser en otra cosa: *Toda su estrategia consiste en no ceder nunca.* **2.** Se aplica a la descripción de lo que es o se compone una cosa. RPr **Consistir en.**

con·sis·to·rial [konsistorjál] *adj* Relativo al consistorio.

con·sis·to·rio [konsistórjo] *s/m* **1.** Consejo que celebra el Papa con sus cardenales. **2.** En algunas ciudades o pueblos se llama así al Ayuntamiento.

con·so·la [konsóla] *s/f* Mesa estrecha y sin cajones que sirve para poner en ella adornos.

con·so·la·ción [konsolaθjón] *s/f* Acción y efecto de consolar(se).

con·so·la·dor, -ra [konsolaðór, -ra] *adj* Se aplica al que o a lo que sirve para consolar.

con·so·lar [konsolár] *v/tr* Aliviar la pena o sufrimiento de alguien o de uno mismo. RPr **Consolarse con:** *No puedo consolarme con la bebida.*
CONJ *Irreg: Consuelo, consolé, consolaré, consolado.*

con·so·li·da·ción [konsoliðaθjón] *s/f* Acción y efecto de consolidar(se).

con·so·li·dar [konsoliðár] *v/tr* Dar firmeza o seguridad a algo.

con·so·mé [konsomé] *s/m* Caldo hecho

generalmente con carne e ingredientes vegetales.

con·so·nan·cia [konsonánθja] *s/f* Relación de armonía entre dos o más cosas, especialmente referido a sonidos. LOC **En consonancia con,** de acuerdo con: *Obró en consonancia con lo que sentía.*

con·so·nan·te [konsonánte] **I.** *adj* Que posee consonancia. **II.** *s/f* Se llama así al sonido o letra que se articula cerrando los órganos de articulación primero y abriéndolos después en un punto determinado.

con·so·nán·ti·co, -a [konsonántiko, -a] *adj* Relativo a las consonantes.

con·sor·cio [konsórθjo] *s/m* **1.** Unión o agrupación de entidades con fines comunes. **2.** Unión o compañía de los que viven juntos.

con·sor·te [konsórte] *s/m,f* **1.** Aquel que participa de la misma suerte que otro(s). **2.** Se dice del marido con respecto a la mujer y viceversa.

cons·pi·cuo, -a [ko(n)spíkwo, -a] *adj* **1.** Muy ilustre o famoso. **2.** LIT Que puede ser visto fácilmente.

cons·pi·ra·ción [ko(n)spiraθjón] *s/f* Acción y efecto de conspirar.

cons·pi·ra·dor, -ra [ko(n)spiraðór, -ra] *s/m,f* Persona que conspira.

cons·pi·rar [ko(n)spirár] *v/intr* **1.** Unirse varios en contra de alguien para vencerlo. **2.** FIG Hablar mal de alguien a sus espaldas. **3.** FIG Contribuir diversos factores a determinado acontecimiento: *El mal tiempo y la falta de público conspiraron al fracaso de la obra.* RPr **Conspirar a/con/contra:** *Conspirar con los amigos.*

cons·tan·cia [ko(n)stánθja] *s/f* **1.** Acción y efecto de hacer constar algún hecho o dato. **2.** Firmeza y perseverancia de ánimo.

cons·tan·te [ko(n)stánte] **I.** *adj* **1.** Que persiste o dura largo tiempo. **2.** Aplicado a personas alude a que poseen tenacidad o firmeza de ánimo. **II.** *s/f* Rasgo o fenómeno que se repite de forma continua. RPr **Constante en:** *Constante en el trabajo.*

cons·tar [ko(n)stár] *v/intr* **1.** Ser cierta y manifiesta una cosa. **2.** Estar registrado o incluido en alguna parte. **3.** Estar compuesto o formado por lo que se expresa a continuación: *El edificio consta de seis plantas.* RPr **Constar de (3).**

cons·ta·ta·ción [ko(n)stataθjón] *s/f* Acción y efecto de constatar.

cons·ta·tar [ko(n)statár] *v/tr* Establecer la veracidad de un hecho o comprobarla por sí mismo.

cons·te·la·ción [ko(n)stelaθjón] *s/f* Conjunto de estrellas fijas que por su distribución sugieren una figura determinada.

cons·ter·na·ción [ko(n)sternaθjón] *s/f* Acción y efecto de consternar(se).

cons·ter·nar [ko(n)sternár] **I.** *v/tr* Causar a alguien una gran turbación o pena, desconsuelo, etc. **II.** REFL(-SE) Estar muy afectado por algún suceso.

cons·ti·pa·do [ko(n)stipáðo] *s/m* Inflamación de las mucosas de las vías respiratorias, acompañada generalmente de tos o estornudos.

cons·ti·tu·ción [ko(n)stituθjón] *s/f* **1.** Acción y efecto de constituir(se). **2.** Forma en que algo está constituido. **3.** Ley fundamental de un Estado, que fija y establece los derechos y deberes de los ciudadanos y sus gobernantes.

cons·ti·tu·cio·nal [ko(n)stituθjonál] *adj* Relativo a la constitución de un Estado.

cons·ti·tu·cio·na·li·dad [ko(n)stituθjonaliðáð] *s/f* Cualidad de constitucional.

cons·ti·tuir [ko(n)stituír] **I.** *v/tr* **1.** Componer las diversas partes el todo que el verbo define. **2.** Cuando enlaza el nombre de algo con el de otra cosa significa 'ser': *Tener esclavos constituye un delito.* **3.** Hacer que alguien o algo se convierta en cierta cosa: *Dios los constituyó en jueces de todos.* **4.** Formar o erigir, fundar, etc., una institución u organismo. RPr **Constituir(se) en.**

CONJ *Irreg: Constituyo, constituí, constituiré, constituido.*

cons·ti·tu·ti·vo, -a [ko(n)stitutíβo, -a] *adj* Que forma o constituye algo como elemento o parte de ello.

cons·ti·tu·yen·te [ko(n)stituJénte] **I.** *adj* Que constituye. **II.** *s/f, pl* Se aplica a las Cortes que se reúnen para redactar la Constitución.

cons·tre·ñi·mien·to [ko(n)streɲimjénto] *s/m* Acción y efecto de constreñir(se).

cons·tre·ñir [ko(n)streɲír] *v/tr* **1.** Hacer que alguien haga algo de forma forzada o por obligación: *La pobreza nos ha constreñido a pasar hambre.* **2.** Restar libertad a alguien. RPr **Constreñir(se) a.**

CONJ *Irreg: Constriño, constreñí, constreñiré, constreñido.*

cons·tric·ción [ko(n)stri(k)θjón] *s/f* Acción de encogerse o estrecharse.

cons·truc·ción [ko(n)stru(k)θjón] *s/f* **1.** Acción y efecto de construir. **2.** Se denomina así a lo construido. **3.** Arte de construir.

cons·truc·ti·vo, -a [ko(n)struktíβo, -a] *adj* Se aplica a lo que construye o sirve para construir, especialmente en sentido figurado.

cons·truc·tor, -ra [ko(n)struktór, -ra] **I.** *adj* Que construye o sirve para construir. **II.** *s/m,f* Persona que dirige una obra de construcción o empresa dedicada a la construcción.

cons·truir [ko(n)struír] *v/tr* Con los elementos necesario, llevar a cabo la realización de algo, especialmente edificios, pero también barcos, máquinas, etc.
CONJ *Irreg: Construyo, construí, construiré, construido.*

con·subs·tan·cial [konsu(β)stanθjál] *adj* Se aplica a aquello que los seres o cosas tienen por naturaleza propia.

con·subs·tan·cia·li·dad [konsu(β)stanθjaliðáð] *s/f* Calidad de consubstancial.

con·sue·gro, -a [konswéɣro, -a] *s/m,f* Padre o madre de uno de los cónyuges con respecto a los del otro.

con·sue·lo [konswélo] *s/m* **1.** Sentimiento de consolación de una pena o desgracia. **2.** Cosa que consuela.

con·sue·tu·di·na·rio, -a [konswetuðinárjo, -a] *adj* Se aplica a lo que es costumbre.

cón·sul [kónsul] *s/m,f* Agente diplomático que vigila por los intereses y derechos de los nacionales de un país residentes en otro.

con·su·la·do [konsuláðo] *s/m* **1.** Cargo del cónsul. **2.** Gobierno en el que interviene o que dirige un cónsul. **3.** Lugar donde reside o trabaja el cónsul; también el territorio que está bajo su jurisdicción.

con·su·lar [konsulár] *adj* Relativo al cónsul o a su gobierno.

con·sul·ta [konsúl̪ta] *s/f* **1.** Acción y efecto de consultar. **2.** Examen de un paciente que realiza el médico. **3.** Lugar donde el médico hace los reconocimientos de sus pacientes.

con·sul·tar [konsul̪tár] *v/tr* **1.** Preguntar a alguien su opinión sobre determinado asunto. **2.** Tratar o discutir sobre algo con alguien. **3.** Hacerse visitar por un médico. **4.** Mirar una obra, diccionario, etc., para averiguar algún dato o comprobar algo.

con·sul·ti·vo, -a [konsul̪tíβo, -a] *adj* Se aplica a todo aquel organismo o institución constituidos para ser consultados.

con·sul·to·rio [konsul̪tórjo] *s/m* **1.** Establecimiento donde se atienden las consultas sobre determinados problemas. **2.** Local donde el médico atiende y reconoce a sus pacientes. **3.** Sección de un periódico, revista o espacio radiofónico o de televisión en el que se atienden las consultas de la gente.

con·su·ma·ción [konsumaθjón] *s/f* Acción y efecto de consumar.

con·su·ma·do, (-a) [konsumáðo, (-a)] *adj* Se aplica a lo que es perfecto o acabado.

con·su·mar [konsumár] *v/tr* Completar la realización de algo.

con·su·mi·ción [konsumiθjón] *s/f* **1.** Acción y efecto de consumir(se). **2.** Todo aquello que se consume en un bar o restaurante cada vez.

con·su·mi·do, -a [konsumíðo, -a] *adj* **1.** Se aplica al que está agotado y sin fuerzas. **2.** De aspecto muy flaco y arrugado.

con·su·mi·dor, -ra [konsumiðór, -ra] *adj* y *s/m,f* Se aplica al que consume.

con·su·mir [konsumír] **I.** *v/tr* **1.** Gastar alguien aquello que es expresado. **2.** FIG Acabar totalmente con algo: *Consumió toda su fortuna en un año.* **II.** REFL(-SE) FIG Sentir un determinado sentimiento de forma intensa: *Me consumo de envidia y de celos.* RPr **Consumirse de.**

con·su·mis·mo [konsumísmo] *s/m* Tendencia a consumir más bienes de los necesarios.

con·su·mo [konsúmo] *s/m* **1.** Acción de consumir. **2.** Entendido de forma colectiva se refiere al gasto de todos los productos industriales.

con·sun·ción [konsunθjón] *s/f* **1.** Acción y efecto de consumir(se). **2.** Enflaquecimiento o agotamiento excesivo.

con·su·no [konsúno] *adv* **De consuno,** de común acuerdo, juntamente, en unión.

con·sus·tan·cial [konsustan̪θjál] *adj* Consubstancial.

con·ta·bi·li·dad [kon̪taβiliðáð] *s/f* Sistema adoptado para llevar la cuenta y razón de una administración en una empresa.

con·ta·bi·li·zar [kon̪taβiliθár] *v/tr* Anotar en el libro de cuentas.
ORT Ante la *e* la *z* cambia en *c: Contabilice.*

con·ta·ble [kon̪táβle] **I.** *adj* Que puede ser contado o calculado. **II.** *s/m,f* Empleado de una empresa que lleva la contabilidad de la misma.

con·tac·to [kontákto] *s/m* **1.** Acción y efecto de tocar(se) las cosas. **2.** Lugar o punto en que dos o más cosas se tocan. **3.** Conexión de una instalación eléctrica. **4.** FIG Comunicación o relación que se establece entre dos o más personas: *No ha habido contacto entre ellos desde hace tiempo.* **5.** Persona que sirve de mediador y enlace a otra(s), organizaciones, etc.

con·ta·do, -a [kon̪táðo, -a] *adj* Poco frecuente o raro. LOC **Al contado,** en dinero contante, pagando inmediatamente.

con·ta·dor, (-ra) [kon̪taðór, (-ra)] *adj* y *s/m,f* Que puede o sirve para contar o numerar.

con·ta·du·ría [kon̪taðuría] *s/f* **1.** Actividad de contador. **2.** Oficina del contador, en la cual se lleva la contabilidad de la empresa.

con·ta·giar [kon̪taxjár] *v/tr* Transmitir a alguien una enfermedad o virus.

con·ta·gio [kon̪táxjo] *s/m* Acción y efecto de contagiar(se).

con·ta·gio·so, -a [kon̪taxjóso, -a] *adj* **1.** Se aplica a las enfermedades que pueden transmitirse por contagio. **2.** Persona que padece un mal que se contagia.

con·ta·mi·na·ción [kon̪taminaθjón] *s/f* Acción y efecto de contaminar(se).

con·ta·mi·nar [kon̪taminár] *v/tr* **1.** Alterar la pureza de algo, incorporándole bacterias o gérmenes. **2.** Transmitir o contagiar algo a alguien: *Me has contaminado de tu melancolía.* RPr **Contaminar(se) de/con:** *Contaminar con el vicio.*

con·tan·te [kon̪tán̪te] *adj* Se aplica al dinero cuando es efectivo.

con·tar [kon̪tár] **I.** *v/tr* **1.** Dar a cada cosa o persona un número de orden para saber qué cantidad forman. **2.** Dar un valor o número a algo para obtener la suma final. **3.** Tener en cuenta algo o a alguien como lo que se expresa a continuación del verbo: *Te cuento entre mis mejores amigos.* **4.** Decir o referir cómo fue un suceso oralmente o por escrito. **II.** *v/intr* **1.** Decir los números por orden: *Sabe contar hasta veinte.* **2.** Hacer cuentas o cálculos de determinadas cantidades. **3.** (Con *con*) Tener en cuenta o ser tenido en cuenta: *No contaremos con ellos a la hora de pagar.* **4.** Importar o ser importante: *A la hora de la verdad ella no cuenta.* **III.** REFL(-SE) **1.** Llegar, como resultado de un cálculo o suposición, a una conclusión o a una cantidad determinada: *Se contaban por millares.* **2.** Hallarse o estar entre una serie determinada de cosas o personas: *Barcelona se cuenta entre las ciudades más hermosas de Europa.* RPr **Contar con/por.**
CONJ *Irreg: Cuento, conté, contaré, contado.*

con·tem·pla·ción [kon̪teɱplaθjón] *s/f* **1.** Acción y efecto de contemplar. **2.** *pl* Actos de excesivo miramiento hacia alguien.

con·tem·plar [kon̪teɱplár] *v/tr* **1.** Dedicarse a la observación intensa de algo. **2.** Tener en cuenta algo a la hora de decidir: *Contemplamos la posibilidad de comprar un piso.*

con·tem·pla·ti·vo, -a [kon̪teɱplatíβo, -a] *adj* **1.** Relativo a la contemplación. **2.** Referido a la vida, hacer alusión a la meditación e inactividad.

con·tem·po·ra·nei·dad [kon̪teɱporaneiðáð] *s/f* Calidad de contemporáneo.

con·tem·po·rá·neo, -a [kon̪teɱporáneo, -a] *adj* y *s/m,f* **1.** Que coincide en el tiempo con otro(s). **2.** Relativo a la época actual.

con·tem·po·ri·za·ción [kon̪teɱporiθaθjón] *s/f* Acción de contemporizar.

con·tem·po·ri·za·dor, -ra [kon̪teɱporiθaðór, -ra] *adj* y *s/m,f* Que contemporiza.

con·tem·po·ri·zar [kon̪teɱporiθár] *v/intr* Acomodarse uno a la manera de ser o de actuar de otro(s) con el fin de crear una situación armoniosa. En ocasiones comporta un matiz de exceso de tolerancia con la actitud del otro: *Contemporiza con cualquiera.* RPr **Contemporizar con.**
ORT Ante *e* la *z* cambia en *c: Contemporicen.*

con·ten·ción [kontenθjón] *s/f* **1.** Acción y efecto de contener(se). **2.** Acción y efecto de contender.

con·ten·cio·so, (-a) [kontenθjóso, (-a)] *adj* **1.** Que es inclinado a contender o a discutir lo que dicen los demás. **2.** Se aplica a la cuestión sobre la cual hay pleito o a la forma de litigio.

con·ten·der [kon̪ten̪dér] *v/intr* Emplear una nación, persona, etc., sus esfuerzos en luchar contra otro con el fin de lograr algo: *Contendían en amabilidad para ser el elegido.* RPr **Contender en/por/sobre/contra:** *Contendieron ambos por el primer puesto/sobre la cuantía de dinero/contra sus rivales.*
CONJ *Irreg: Contiendo, contendí, contenderé, contendido.*

con·ten·dien·te [kon̪ten̪djén̪te] *adj* y *s/m,f* Que lucha o combate.

con·te·ne·dor, (-ra) [kon̪teneðór, (-ra)] **I.** *adj* Se aplica a aquello que contiene algo. **II.** *s/m* Embalaje metálico grande y recuperable.

con·te·ner [kon̪tenér] *v/tr* **1.** Llevar o tener una cosa dentro de sí a otra. **2.** Detener o impedir el movimiento o salida de algo o también de un sentimiento o pasión.
CONJ *Irreg: Contengo, contuve, contendré, contenido.*

con·te·ni·do, (-a) [kon̪teníðo, (-a)] **I.** *adj* Que se contiene y controla la expresión de sus sentimientos. **II.** *s/m* Lo que está en el interior de otra cosa.

con·ten·ta·di·zo, -a [kon̪ten̪taðíθo, -a] *adj* Se aplica al que es fácil de contentar.

con·ten·tar [kon̪ten̪tár] **I.** *v/tr* Producir satisfacción o placer a alguien haciendo algo. **II.** REFL(-SE) Quedar satisfecho con algo y no pedir más. RPr **Contentarse con:** *Para cenar nos contentamos con poco.*

con·ten·to, -a [koŋténto, -a] **I.** *adj* (Con *de* y *con*) Se dice de aquel que siente satisfacción de cómo está o por lo que tiene: *Se siente muy contento de su suerte. No estamos contentos con lo que has hecho.* **II.** *s/m* Sentimiento de alegría o satisfacción. LOC **Darse por contento,** contentarse con algo menos de lo que era posible obtener o recibir. RPr **Contento de/con.**

con·te·ra [koŋtéra] *s/f* Pieza de metal que sirve de protección a la punta del paraguas, bastón o cualquier otro objeto de forma similar.

con·ter·tu·lio, -a [koŋtertúljo, -a] *adj* Que comparte una tertulia con otro.

con·tes·ta·ción [koŋtestaθjón] *s/f* **1.** Acción y efecto de contestar. **2.** Palabras que se dicen en el acto de contestar.

con·tes·tar [koŋtestár] *v/tr, intr* **1.** Decir algo, de manera hablada o escrita, en relación a una pregunta o acción formulada con anterioridad. **2.** Responder a alguien con rebeldía u objeciones.

con·tes·ta·ta·rio, -a [koŋtestatárjo, -a] *s/m, f* y *adj* Que rechaza o mantiene una actitud de rechazo.

con·tex·to [koŋté(k)sto] *s/m* **1.** Forma de estar compuesta o tejida determinada materia. **2.** Unión de cosas que se entrelazan o entretejen. **3.** Forma de discurrir o desarrollarse una narración o texto.

con·tex·tu·ra [koŋte(k)stúra] *s/f* **1.** Forma de estar compuesta una tela o de estar dispuestas las fibras de cualquier materia. **2.** Manera en que está constituido el cuerpo de una persona.

con·tien·da [koŋtjéŋda] *s/f* Acción y efecto de contender o luchar.

con·ti·go [koŋtíɣo] Forma del *pron pers* tú: *Estoy contigo.*

con·ti·güi·dad [koŋtiɣwiðáð] *s/f* Calidad de contiguo.

con·ti·guo, -a [koŋtíɣwo, -a] *adj* Se aplica a lo que está junto a otro y tiene límites comunes con él.

con·ti·nen·cia [koŋtinénθja] *s/f* **1.** Virtud que refrena las pasiones y sentimientos humanos. **2.** Abstinencia de los placeres sexuales.

con·ti·nen·tal [koŋtineŋtál] *adj* Relativo a un continente.

con·ti·nen·te [koŋtinéŋte] **I.** *adj* Que posee el don de la continencia. **II.** *s/m* **1.** Se denomina así a lo que sirve para contener en su interior otra cosa. **2.** GEOG Cada una de las grandes extensiones de tierra separadas por los océanos.

con·tin·gen·cia [koŋtiŋxénθja] *s/f* **1.** Calidad de contingente. **2.** Aquello que puede suceder o no.

con·tin·gen·te [koŋtiŋxénte] **I.** *adj* Se aplica a lo que puede suceder o no. **II.** *s/m* **1.** Cosa que puede suceder o no. **2.** Parte asignada a cada uno cuando son varios a pagar para un mismo fin. **3.** MIL Número de soldados que cada pueblo da para las quintas. **4.** COM Cuota que se señala a un país para la importación, exportación o producción de determinadas mercancías.

con·ti·nua·ción [koŋtinwaθjón] *s/f* **1.** Acción y efecto de continuar. **2.** Aquello que continúa otra cosa. LOC **A continuación,** inmediatamente después.

con·ti·nuar [koŋtinwár] *v/tr, intr* **1.** Proseguir una acción ya iniciada. **2.** Seguir estando en el mismo lugar o actitud que anteriormente. **3.** (Seguido de *ger*) Durar una acción de forma incesante o por largo tiempo: *La lluvia continuaba cayendo.* **4.** Extenderse hasta más allá de cierto lugar: *El valle continúa hasta el lago.* **5.** Volver a empezar una acción que ha sido interrumpida: *Yo dejé este trabajo hace tiempo, ¿por qué no continúas tú?*
ORT, PRON En el *sing* y *3.ª pers pl* del *pres* de *indic* y *subj*, el acento recae sobre la *u: Continúo*, etc.

con·ti·nui·dad [koŋtinwiðáð] *s/f* **1.** Acción de continuar. **2.** Calidad de continuo.

con·ti·nuis·mo [koŋtinwísmo] *s/m* Tendencia a permanecer una persona, un gobierno, etc., durante largo tiempo en el poder o en un cargo, sin permitir un cambio o evolución.

con·ti·nuo, -a [koŋtínwo, -a] **I.** *adj* **1.** Que se realiza sin interrupción. **2.** Se aplica a los objetos que tienen unión o trabazón entre sí. **3.** También se dice de aquello que ocurre repetida y frecuentemente. **II.** *s/m* Todo compuesto de partes unidas entre sí: *Hubo un continuo de protestas.*

con·to·ne·ar·se [koŋtoneárse] *v/REFL (-SE)* Hacer movimientos exageradamente afectados con caderas y hombros al andar.

con·to·neo [koŋtonéo] *s/m* Acción de contonearse.

con·tor·nar o **con·tor·ne·ar** [koŋtorn(e)ár] *v/tr* **1.** Dar vueltas alrededor de un lugar. **2.** Trazar el perfil o contorno de algún objeto en un dibujo.

con·tor·neo [koŋtornéo] *s/m* Acción y efecto de contornear.

con·tor·no [koŋtórno] *s/m* **1.** Conjunto de las líneas que forman los límites de una figura. **2.** *pl* Conjunto de lugares que rodean a otro: *Se dispersaron por los contornos de la ciudad.*

con·tor·sión [koņtorsjón] *s/f* Movimiento forzado o violento que contrae los músculos del rostro o del cuerpo.

con·tor·sio·nar·se [koņtorsjonárse] *v/*REFL(-SE) Hacer una persona contorsiones.

con·tor·sio·nis·ta [koņtorsjonísta] *s/m,f* Persona que en los circos o locales de espectáculo ejecuta contorsiones difíciles.

con·tra [kóņtra] **I.** *prep* Denota posición de una cosa frente a otra, sea de tipo físico o figurado: *Somos siete contra ocho. El armario está contra la pared.* **II.** *s/m,f* **1.** Concepto opuesto o contrario a otro: *Hay que sopesar el pro y el contra.* **2.** *f* Dificultad o inconveniente que se encuentra en una situación, actitud, etc. LOC **Llevar la contra,** oponerse por sistema a lo que alguien dice o quiere hacer. **Ir, votar,** etc., **en contra de,** oponerse a, luchar contra.

con·tra·al·mi·ran·te [koņtr(a)almiráņte] *s/m* Oficial general de la armada, cargo inmediatamente inferior al de vicealmirante.

con·tra·a·ta·car [koņtr(a)atakár] *v/intr* **1.** Reaccionar ofensivamente contra el avance de un enemigo. **2.** FIG Reaccionar verbalmente contra alguien.
ORT Ante *e* la *c* cambia en *qu: Contraataquen.*

con·tra·a·ta·que [koņtr(a)atáke] *s/m* Acción de contraatacar.

con·tra·ba·jo [koņtraβáxo] *s/m* **1.** MÚS Instrumento de cuerda, de figura de violín, mucho mayor que éste y que suena una octava más bajo. **2.** Músico que toca este instrumento. **3.** Voz más baja que la de bajo ordinario y persona que la tiene.

con·tra·ban·dis·ta [koņtraβaņdísta] *adj* y *s/m,f* Se aplica a aquel que se dedica al contrabando.

con·tra·ban·do [koņtraβáņdo] *s/m* **1.** Acción de pasar por las fronteras de un país determinados géneros o mercancías sin pagar los derechos de aduanas correspondientes a ellos. **2.** Introducción en un país de géneros o productos prohibidos por la ley. **3.** Géneros o mercancías introducidos de manera fraudulenta en un país.

con·trac·ción [koņtra(k)θjón] *s/f* Acción y efecto de contraer(se).

con·tra·con·cep·ti·vo, (-a) [koņtrakonθeptíβo, (-a)] **I.** *adj* Que sirve para evitar la concepción. **II.** *s/m* Método o utensilio usado para evitar la concepción.

con·tra·co·rrien·te [koņtrakorrjéņte] *s/f* Corriente de agua, aire, etc., que va en dirección contraria a la de la que procede. LOC **A contracorriente**, en dirección opuesta.

con·trác·til [koņtráktil] *adj* Capaz de contraerse.

con·trac·tual [koņtraktwál] *adj* Relativo al contrato.

con·tra·cul·tu·ra [koņtrakultúra] *s/f* Cultura de signo contrario o adverso a la que impera por tradición.

con·tra·cha·pa·do, -a [koņtratʃapáðo, -a] *adj* y *s/m* Tablero resultante de la unión, mediante presión, de varias capas finas de madera troceada y encolada.

con·tra·dan·za [koņtraðánθa] *s/f* Tipo de baile en el cual varias parejas danzan simultáneamente, combinándose.

con·tra·de·cir [koņtraðeθír] **I.** *v/tr* Decir que es falso lo que afirma otro. **II.** REFL (-SE) Resultar algo o decir alguien algo que sea exactamente lo contrario a lo anterior.
CONJ *Irreg: Contradigo, contradije, contradiré, contradicho.*

con·tra·dic·ción [koņtraði(k)θjón] *s/f* **1.** Acción y efecto de contradecir(se). **2.** Afirmación o negación que se destruyen recíprocamente.

con·tra·dic·to·rio, -a [koņtraðiktórjo, -a] *adj* Que expresa contradicción con otra cosa.

con·tra·er [koņtraér] *v/tr* **1.** Estrechar o hacer más pequeña una cosa. **2.** GRAM Reducir a una sola palabra otras dos o más. **3.** Tratándose de costumbres, enfermedades, deudas, etc., adquirirlos; y si se trata de compromisos u obligaciones, asumirlos.
CONJ *Irreg: Contraigo, contraje, contraeré, contraído.*

con·tra·es·pio·na·je [koņtraespjonáxe] *s/m* Espionaje realizado en contra de otra actividad de espionaje.

con·tra·fue·ro [koņtrafwéro] *s/m* Infracción de un fuero.

con·tra·fuer·te [koņtrafwérte] *s/m* **1.** ARQ Saliente hecho en el paramento de un muro para fortalecerlo. **2.** Pieza de cuero con que se refuerza el calzado por la parte del talón y por dentro. **3.** Cadena secundaria de montañas que tienen algunos valles.

con·tra·he·cho. -a [koņtraétʃo, -a] Aplicado a personas, que tiene mal formado el cuerpo o que es jorobado.

con·tra·in·di·ca·ción [koņtraiņdikaθjón] *s/f* Calidad de contraindicado.

con·tra·in·di·ca·do, -a [koņtraiņdikáðo, -a] *adj* Se aplica a lo que puede ser perjudicial o no conveniente en una determinada enfermedad.

con·tra·in·di·car [koņtraiņdikár] *v/tr* Desaconsejar la utilización de algo dada la posibilidad de que sea perjudicial.
ORT Ante *e* la *c* cambia en *qu: Contraindique.*

con·tral·mi·ran·te [kon̪tralmirán̪te] *s/m* Contraalmirante.

con·tral·to [kon̪trál̪to] MÚS **1.** *s/m* Voz intermedia entre la de tiple y la de tenor. **2.** *s/m,f* Persona que posee esta voz.

con·tra·luz [kon̪tralúθ] **I.** *s/f* Vista de una cosa desde el lado opuesto a la luz y aspecto que tiene desde este enfoque. **II.** *s/m* Fotografía hecha con esta iluminación. LOC **A contraluz,** visto por el lado contrario al iluminado.

con·tra·ma·es·tre [kon̪tramaéstre] *s/m* **1.** MAR Jefe u oficial que está bajo las órdenes del oficial de guerra. **2.** En algunas fábricas o talleres se llama así al jefe o al que vigila a los demás oficiales u obreros.

con·tra·ma·no [kon̪tramáno] LOC **A contramano,** en dirección contraria a la autorizada o prescrita.

con·tra·o·fen·si·va [kon̪traofensíβa] *s/f* MIL Ofensiva que se realiza para contrarrestar la del enemigo, haciendo pasar a éste a la defensiva.

con·tra·or·den [kon̪traórðen] *s/f* Orden que se da para revocar una dada anteriormente.

con·tra·par·ti·da [kon̪trapartíða] *s/f* **1.** Asiento que se hace para corregir una equivocación en una contabilidad. **2.** Acto que supone un efecto compensatorio con respecto a otro.

con·tra·pe·lo [kon̪trapélo] LOC **A contrapelo,** de forma contraria a como deberían ir las cosas, forzando la situación o violentándola.

con·tra·pe·sar [kon̪trapesár] *v/tr* **1.** Servir de contrapeso a otra cosa. **2.** FIG Compensar el efecto de cierta cosa por medio de otra.

con·tra·pe·so [kon̪trapéso] *s/m* **1.** Peso que se opone a otro para lograr el equilibrio. **2.** FIG Cualquier cosa que sirva para contrarrestar los efectos de otra.

con·tra·po·ner [kon̪traponér] *v/tr* Oponer una cosa a otra para que sus efectos se contrarresten. RPr **Contraponer (una cosa) a (otra).**

CONJ *Irreg: Contrapongo, contrapuse, contrapondré, contrapuesto.*

con·tra·por·ta·da [kon̪traportáða] *s/f* Última página de un libro o revista.

con·tra·po·si·ción [kon̪traposiθjón] *s/f* Acción y efecto de contraponer(se).

con·tra·pro·du·cen·te [kon̪traproðuθén̪te] *adj* Que produce el efecto contrario al deseado.

con·tra·pues·to, (-a) [kon̪trapwésto, (-a)] *adj* Que está en posición contraria a otro.

con·tra·pun·to [kon̪trapún̪to] *s/m* **1.** Concordancia armoniosa de voces contrapuestas. **2.** Arte de combinar dos o más melodías diferentes, siguiendo determinadas reglas.

con·tra·riar [kon̪trarjár] *v/tr* **1.** Oponerse o ir en contra de algo o alguien. **2.** Producir disgusto una cosa a alguien.

CONJ En el *sing* y *3.ª pers pl* del *pres* de *indic* y *subj,* el acento recae sobre la *i: Contrarío, contraríen.*

con·tra·rie·dad [kon̪trarjéðáð] *s/f* **1.** Suceso imprevisto que impide o retarda la consecución de algo. **2.** Sentimiento de disgusto por algo que ha sucedido.

con·tra·rio, -a [kon̪trárjo, -a] **I.** *adj* Que es opuesto a algo o a los deseos de alguien: *Ella es del bando contrario.* **II.** *s/m,f* **1.** Aquel que lucha contra uno, ya sea en la guerra o en otra actividad. **2.** DER El que sigue pleito o pretensión contra otro. LOC **Al contrario,** por el contrario. **Llevar la contraria,** procurar hacer regularmente lo contrario de lo que una persona desea. **Por el contrario,** contrariamente, al revés.

con·tra·rre·for·ma [kon̪trarrefórma] *s/f* Movimiento que en el catolicismo se dirigió a combatir los efectos de la reforma luterana.

con·tra·rré·pli·ca [kon̪trarréplika] *s/f* Respuesta dada a una réplica.

con·tra·rres·tar [kon̪trarrestár] *v/tr* Anular los efectos de algo por medio de otra acción.

con·tra·rre·vo·lu·ción [kon̪trarreβoluθjón] *s/f* Revolución de signo contrario a la que acaba de tener lugar.

con·tra·sen·ti·do [kon̪trasen̪tíðo] *s/m* **1.** Interpretación contraria al sentido natural de las palabras o expresiones. **2.** Actitud o acción que resulta contradictoria con respecto a lo dicho o hecho anteriormente.

con·tra·se·ña [kon̪traséɲa] *s/f* Palabra(s) o frase(s) conocida(s) sólo por determinadas personas y que suelen servir para reconocerse o acceder a un recinto secreto, etc.

con·tras·tar [kon̪trastár] *v/tr* **1.** Hacer notar la(s) diferencia(s) de dos o más cosas cuando se comparan entre sí. **2.** Comprobar la autenticidad de algo. RPr **Contrastar con:** *Tus palabras de hoy contrastan con las de ayer.*

con·tras·te [kon̪tráste] *s/m* **1.** Acción y efecto de contrastar. **2.** Relación de oposición entre las cosas que contrastan.

con·tra·ta [kon̪tráta] *s/f* **1.** Procedimiento de contratación de alguien por un precio fijo. **2.** Documento o escritura que firman las partes de un contrato para asegurar éste.

con·tra·ta·ción [koṇtrataθjón] *s/f* Acción y efecto de contratar.

con·tra·tar [koṇtratár] *v/tr* Llegar a un convenio o acuerdo con otro en relación al trabajo que éste ha de realizar a cambio de un pago o cosa semejante. RPr **Contratar por/en:** *Lo contrataron por/en tres millones.*

con·tra·tiem·po [koṇtratjémpo] *s/m* Revés o accidente inesperado que causa un perjuicio a alguien.

con·tra·tis·ta [koṇtratísta] *s/m,f* Se aplica al que, por contrata, ejecuta una obra.

con·tra·to [koṇtráto] *s/m* **1.** Acuerdo o convenio entre partes que se comprometen a determinadas cláusulas o estipulaciones, que regirán la relación u obligación entre ellas. **2.** Documento que recoge el convenio.

con·tra·ve·nir [koṇtraβenír] *v/tr, intr* Obrar en contra de lo que está mandado o establecido por la ley.
CONJ *Irreg: Contravengo, contravine, contravendré, contravenido.*

con·tra·ven·ta·na [koṇtraβeṇtána] *s/f* Puerta interior de la ventana, que impide el paso de la luz.

con·tra·yen·te [koṇtraJéṇte] *adj* y *s/m,f* Se aplica a aquellos que contraen un compromiso u obligación.

con·tri·bu·ción [koṇtriβuθjón] *s/f* **1.** Acción y efecto de contribuir. **2.** Aquello que se aporta en el acto de contribuir. **3.** Cuota o cantidad que paga el ciudadano para contribuir a las cargas del Estado.

con·tri·buir [koṇtriβuír] **I.** *v/tr* Aportar la cuota o importe que a uno le corresponde. **II.** *v/intr* **1.** Aportar cierta cantidad para determinado fin. **2.** Pagar impuestos, arbitrios o cualquier tipo de tasa. **3.** FIG Ser partícipe en el desencadenamiento de una acción. RPr **Contribuir con/a:** *Contribuir con dinero/al éxito.*
CONJ *Irreg: Contribuyo, contribuí, contribuiré, contribuido.*

con·tri·bu·yen·te [koṇtriβuJéṇte] *adj* y *s/m,f* Que contribuye, especialmente que paga contribución o impuestos al Estado.

con·tri·ción [koṇtriθjón] *s/f* Sentimiento de dolor por haber ofendido a Dios.

con·trin·can·te [koṇtriŋkáṇte] *s/m,f* Que persigue un mismo fin que otro en una competición, concurso o torneo.

con·trol [koṇtról] *s/m* **1.** Comprobación o inspección del funcionamiento de algo. **2.** Dominio o mantenimiento de una situación.

con·tro·la·ble [koṇtroláβle] *adj* Que puede ser controlado.

con·tro·la·dor, -ra [koṇtrolaðór, -ra] *adj* y *s/m,f* Que controla.

con·tro·lar [koṇtrolár] **I.** *v/tr, intr* Vigilar o comprobar el funcionamiento o cumplimiento de algo. **II.** REFL(-SE) No dejarse llevar por impulsos y dominarse: *No te controlas y bebes demasiado.*

con·tro·ver·sia [koṇtroβérsja] *s/f* Largo debate o discusión sobre un punto o cuestión determinados.

con·tro·ver·tir [koṇtroβertír] *v/tr, intr* Discutir largamente sobre una cuestión o punto determinado.
CONJ *Irreg: Controvierto, controvertí, controvertiré, controvertido.*

con·tu·ber·nio [koṇtuβérnjo] *s/m* Asociación fraudulenta de intereses o aspiraciones.

con·tu·ma·cia [koṇtumáθja] *s/f* Calidad o actitud de contumaz.

con·tu·maz [koṇtumáθ] *adj* Se aplica a aquellas personas que mantienen un error de forma insistente y obstinada.
ORT *Pl: Contumaces.*

con·tun·den·cia [koṇtuṇdéṇθja] *s/f* Calidad de contundente.

con·tun·den·te [koṇtuṇdéṇte] *adj* **1.** Que sirve para golpear. **2.** FIG Se aplica a lo que o al que convence de forma total e indiscutible.

con·tur·ba·ción [koṇturβaθjón] *s/f* Acción y efecto de conturbar(se).

con·tur·bar [koṇturβár] *v/tr* Intranquilizar o hacer perder la serenidad.

con·tu·sión [koṇtusjón] *s/f* Daño que un golpe causa en alguna parte del cuerpo, pero sin herida exterior.

con·tu·sio·nar [koṇtusjonár] *v/tr* Golpear, magullar.

con·va·le·cen·cia [komɱbaleθéṇθja] *s/f* **1.** Acción y efecto de convalecer. **2.** Duración de esta acción.

con·va·le·cer [komɱbaleθér] *v/intr* **1.** Ir recobrando las fuerzas perdidas durante una enfermedad, una vez curada ésta. **2.** FIG Salir de un estado de decaimiento o postración más o menos lentamente: *El país está convaleciendo de las dos guerras pasadas.* RPr **Convalecer de (algo).**
CONJ *Irreg: Convalezco, convalecí, convaleceré, convalecido.*

con·va·le·cien·te [komɱbaleθjéṇte] *adj* y *s/m,f* Que convalece de una enfermedad.

con·va·li·da·ción [komɱbaliðaθjón] *s/f* Acción y efecto de convalidar.

con·va·li·dar [komɱbaliðár] *v/tr* Declarar válido o reglamentario un documento o cosa semejante y en especial los estudios realizados en otro centro.

con·vec·ción [kombekθjón] *s/f* FÍS Transmisión del calor en un líquido o fluido por movimiento, que causa el que haya capas de temperaturas diferentes.

con·ve·ci·no, -a [kombeθíno, -a] *adj* y *s/m,f* Con respecto a otro, el que vive en el mismo lugar.

con·ven·cer [kombenθér] *v/tr, intr* **1.** Lograr por medio de razones o argumentos que alguien haga algo o cambie de actitud. **2.** Lograr que alguien quede satisfecho con el resultado de algo. RPr **Convencer de/con:** *Me ha convencido de mi error. Lo convenció con un largo sermón.*
ORT Ante *o* y *a* la *c* cambia a *z: Convenzo, convenza, convenzamos,* etc.

con·ven·ci·mien·to [kombenθimjénto] *s/m* Acción y efecto de convencer(se) o estado al que se llega.

con·ven·ción [kombenθjón] *s/f* **1.** Acción de convenir algo dos o más personas, instituciones, naciones, etc. **2.** Asamblea política de los representantes de un país, que asume los poderes de gobierno.

con·ven·cio·nal [kombenθjonál] *adj* **1.** Relativo a un convenio o convención. **2.** Realizado según la costumbre o lo convenido; suele aplicarse con matices peyorativos.

con·ven·cio·na·lis·mo [kombenθjonalísmo] *s/m* **1.** Calidad de convencional. **2.** Conjunto de conveniencias sociales o fórmulas de procedimiento que suelen tomarse como válidas aunque en realidad se basen en ideas falsas.

con·ve·nien·cia [kombenjénθja] *s/f* **1.** Calidad de conveniente. **2.** Acto o situación que supone una ventaja o comodidad para alguien.

con·ve·nien·te [kombenjénte] *adj* Que conviene o es oportuno.

con·ve·nio [kombénjo] *s/m* Acuerdo o pacto al que se obligan los tratantes.

con·ve·nir [kombenír] **I.** *v/tr, intr* Llegar a un acuerdo sobre algo dos o más personas: *Convinimos en que iríamos por separado.* **II.** *v/intr* **1.** Acudir o juntarse varias personas o cosas en un mismo lugar. **2.** Ser adecuado o conveniente para algo o alguien: *A tu padre no le conviene cansarse.* RPr **Convenir con/a/en:** *No conviene a nuestra posición. Convino con él en que no era verdad.*
CONJ *Irreg: Convengo, convine, convendré, convenido.*

con·ven·to [kombénto] *s/m* Casa en que viven los miembros de una comunidad religiosa de monjes o monjas.

con·ven·tual [kombentwál] *adj* Relativo al convento.

con·ver·gen·cia [komberxénθja] *s/f* Acción y efecto de converger o lugar en que se converge.

con·ver·gen·te [komberxénte] *adj* Que converge.

con·ver·ger o **con·ver·gir** [komberxer/-xír] *v/intr* Dirigirse hacia un mismo punto o juntarse en él dos o más personas o cosas. RPr **Converger en:** *Las líneas convergen en un punto.*
ORT La *g* se convierte en *j* ante *o/a: Converjo, converjamos.*

con·ver·sa·ción [kombersaθjón] *s/f* Acción y efecto de conversar.

con·ver·sa·cio·nal [kombersaθjonál] *adj* Se aplica a las expresiones usadas en el lenguaje hablado y corriente.

con·ver·sa·dor, -ra [kombersaðór, -ra] *adj* y *s/m,f* Se aplica al que gusta mucho de conversar.

con·ver·sar [kombersár] *v/intr* Hablar una o varias personas con otra(s).

con·ver·sión [kombersjón] *s/f* Acción y efecto de convertir(se).

con·ver·so, -a [kombérso, -a] *adj* y *s/m,f* Se aplica al que se ha convertido al cristianismo, en especial a los que proceden de la raza musulmana o judía.

con·ver·ti·bi·li·dad [kombertiβiliðáð] *s/f* Cualidad de convertible.

con·ver·ti·ble [kombertíβle] *adj* Que es capaz de ser convertido en algo.

con·ver·tir [kombertír] *v/tr* **1.** Hacer que una cosa o alguien se transforme en algo distinto. **2.** Hacer que alguien abrace una religión distinta de la que tenía o que se acoja a ideologías diferentes. RPr **Convertir(se) en:** *Se convirtió en un héroe.*
CONJ *Irreg: Convierto, convertí, convertiré, convertido.*

con·ve·xi·dad [kombe(k)siðáð] *s/f* **1.** Calidad de convexo. **2.** Parte convexa de algo o lugar convexo.

con·ve·xo, -a [kombé(k)so, -a] *adj* Se aplica a lo que presenta una redondez esférica en relieve.

con·vic·ción [kombi(k)θjón] *s/f* **1.** Acción y efecto de convencer(se). **2.** Especialmente *en pl,* ideas políticas, religiosas, éticas, etc., a las cuales uno está firmemente adherido.

con·vic·to, -a [kombíkto, -a] *adj* Se aplica al reo cuyo delito se ha probado.

con·vi·da·do, -a [kombiðáðo, -a] *adj* y *s/m,f* Se aplica al que participa en un convite por invitación de otro.

con·vi·dar [kombiðár] *v/tr* **1.** Rogar a alguien que participe en algo que le es grato, como una fiesta, banquete, etc.; se aplica especialmente cuando se le paga al que es convidado. **2.** Incitar a alguien a que haga algo, dadas las buenas condiciones para ello. **Convidar a:** *Convidar a una fiesta.*

con·vin·cen·te [koɱbinθéṇte] *adj* Se aplica al que o a lo que convence.

con·vi·te [koɱbíte] *s/m* **1.** Acción y efecto de convidar. **2.** Banquete o fiesta a que uno es convidado.

con·vi·ven·cia [koɱbiβénθja] *s/f* Acción y efecto de convivir.

con·vi·vir [koɱbiβír] *v/intr* Habitar o vivir en compañía de otro(s).

con·vo·car [koɱbokár] *v/tr* **1.** Citar en determinado lugar a personas con un fin concreto. **2.** Anunciar la celebración de concurso o competición. RPr **Convocar a:** *Convocar a una reunión.*
ORT Ante *e* la *c* cambia en *qu: Convoquen.*

con·vo·ca·to·ria [koɱbokatórja] *s/f* **1.** Acción de convocar. **2.** Documento o escrito con que se convoca.

con·voy [koɱbói] *s/m* **1.** Escolta destinada a proteger una remesa de provisiones o efectos por mar o por tierra. **2.** Conjunto de los carruajes, buques o efectos escoltados.
ORT *Pl: Convoyes.*

con·vul·sión [koɱbulsjón] *s/f* **1.** Movimiento brusco de contracción y distensión repetidas, que afecta a un músculo o a un miembro del cuerpo y que es involuntario. **2.** Sacudida también repetida que experimenta, *por ej,* la tierra a causa de un terremoto. **3.** FIG Agitación social de carácter violento que generalmente trastorna el orden político o ciudadano.

con·vul·sio·nar [koɱbulsjonár] *v/tr* MED Producir convulsiones en alguien.

con·vul·si·vo, -a [koɱbulsíβo, -a] *adj* Relativo a las convulsiones o que las produce.

con·vul·so, -a [koɱbúlso, -a] *adj* Que está sobreexcitado por la cólera, ira, etc.

con·yu·gal [koɲJuγál] *adj* Relativo a los cónyuges o al matrimonio.

cón·yu·ge [kóɲJuxe] *s/m,f* Con relación a otro, aquel que está casado con él.

co·ña [kóɲa] *s/f* VULG **1.** Broma o burla pesada o, simplemente, guasa: *¿Lo dices en plan de coña?* **2.** Cosa molesta, pesada o aburrida.

co·ñac [koɲá(k)] *s/m* Aguardiente de graduación alcohólica elevada, obtenido por la destilación de vinos flojos y añejos en toneles de roble, tal como se hace en el pueblo francés de Cognac.

co·ña·zo [koɲáθo] *s/m* ARG Cosa pesadísima o muy aburrida.

co·ñe·ar·se [koɲeárse] *v/intr* COL Burlarse de alguien de forma más o menos disimulada.

co·ño [kóɲo] ARG **I.** *s/m* **1.** Partes sexuales de la mujer. **2.** Muletilla expresiva que se intercala con frecuencia en la frase: *No sabíamos qué coño hacer.* **II.** *interj* Se usa para expresar sorpresa o indignación; a veces también alegría o satisfacción.

co·o·pe·ra·ción [k(o)operaθjón] *s/f* Acción y efecto de cooperar.

co·o·pe·ra·dor, -ra [k(o)operaðór, -ra] *adj* y *s/m,f* Que es muy amigo de cooperar.

co·o·pe·rar [k(o)operár] *v/intr* Contribuir algo o alguien para que se consiga la realización de una cosa. RPr **Cooperar con/a:** *Nadie cooperó con nosotros. El buen tiempo cooperó al éxito del viaje.*

co·o·pe·ra·ti·va [k(o)operatíβa] *s/f* **1.** Sociedad cuyo fin es obtener un servicio o unos artículos en condiciones más ventajosas de lo normal. **2.** Local o establecimiento donde se suministran artículos a los socios de una cooperativa.

co·o·pe·ra·ti·vis·mo [k(o)operatiβísmo] *s/m* **1.** Movimiento que fomenta las cooperativas. **2.** Existencia de cooperativas.

co·o·pe·ra·ti·vis·ta [k(o)operatiβísta] *adj* y *s/m,f* **1.** Que pertenece a una cooperativa. **2.** Que es partidario del cooperativismo.

co·o·pe·ra·ti·vo, -a [k(o)operatíβo, -a] *adj* Se aplica al que o a lo que es capaz de cooperar o se realiza en cooperación.

co·op·ta·ción [ko(o)ptaθjón] *s/f* Elección de alguien como miembro de una sociedad o cuerpo mediante el voto de los asociados y no por reglamento.

co·op·tar [ko(o)ptár] *v/intr* DER Optar juntamente con otro(s) a algo, participando en la gestión o realización de esto.

co·or·de·na·do, -a [ko(o)rðenáðo, -a] GEOM *adj* y *s/f* Se aplica a las líneas que sirven para determinar la posición de un punto y a los ejes o planos a que se refieren aquellas líneas.

co·or·di·na·ción [ko(o)rðinaθjón] *s/f* Acción y efecto de coordinar.

co·or·di·na·dor, -ra [ko(o)rðinaðór, -ra] *adj* y *s/m,f* Que coordina.

co·or·di·nar [ko(o)rðinár] *v/tr* Poner algo en orden de forma que funcione bien y esté metódicamente organizado.

co·pa [kópa] *s/f* **1.** Vaso para beber, generalmente de forma acampanada, que se sostiene sobre un pie. **2.** Trofeo que se entrega al ganador de un certamen. **3.** Competición deportiva en la que se gana este premio. **4.** Cantidad de líquido que se bebe en una copa, generalmente referido a bebidas alcohólicas. **5.** Conjunto de ramas y hojas que forman la parte superior de un árbol. **6.** Parte hueca del sombrero en que entra la cabeza. **7.** *pl* Palo que existe en la baraja española, en cuyas cartas hay dibujadas copas. LOC **Tener una copa de más,** estar borracho o casi borracho.

co·pa·do, -a [kopáðo, -a] *adj* (Con *estar*) Cogido en una situación de difícil solución.

co·par [kopár] *v/tr* **1.** FIG En una elección o algo semejante, conseguir todos los puestos. **2.** Coger por sorpresa.

co·par·tí·ci·pe [kopartíθipe] *adj* y *s/m,f* Se aplica al que participa juntamente con otro(s) en la posesión de algo.

co·pe·ar [kopeár] *v/intr* Beber vasos o copas de vino u otras bebidas alcohólicas.

co·peo [kopéo] *s/m* Acción y efecto de copear.

co·pe·te [kopéte] *s/m* **1.** Penacho de plumas o moño que tienen en lo alto de la cabeza algunas aves, como la bubilla. **2.** FIG Parte más alta de algo, lo más elevado. **3.** FIG Altanería o presuntuosidad. LOC **Ser de alto copete**, ser de linaje aristocrático.

co·pia [kópja] *s/f* Acción y efecto de copiar.

co·piar [kopjár] *v/tr, intr* **1.** Reproducir por escrito un documento, libros, etc. **2.** Imitar una obra de arte intentando reproducirla. **3.** Hacer las mismas cosas que hacen otras personas. **4.** En examen, oposición, etc., consultar a escondidas algún texto que sirve para responder a las preguntas.

co·pi·lo·to [kopilóto] *s/m* Piloto auxiliar.

co·pión, -na [kopjón, -na] *s/m, f* Que copia de otro con fraude.

co·pio·si·dad [kopjosiðáð] *s/f* Calidad de copioso.

co·pio·so, -a [kopjóso, -a] *adj* Que es abundante en algo.

co·pis·ta [kopísta] *s/m,f* Que se dedica a copiar escritos, obras de arte, etc.

co·pla [kópla] *s/f* **1.** Combinación métrica o estrofa. **2.** *pl fam* Conjunto de versos, generalmente cantados.

co·plis·ta [koplísta] *s/m,f* Poeta malo, coplero.

co·po [kópo] *s/m* **1.** Mechón o porción de cáñamo, lino, algodón o lana, que está dispuesto para ser hilado. **2.** Cada una de las partes de nieve trabada que caen cuando nieva.

co·pón [kopón] *s/m* Copa grande de metal destinada a guardar el Santísimo Sacramento en el Sagrario.

co·pro·duc·ción [koproðu(k)θjón] *s/f* Producción hecha en común, especialmente referido a obras cinematográficas, artísticas, etc.

co·pro·duc·tor, -ra [koproðuktór, -ra] *adj* y *s/m,f* Se aplica al que produce en común con otros.

co·pro·fa·gia [koprofáxja] *s/f* Hábito de ingerir excrementos o cualquier tipo de inmundicias.

co·pro·pie·dad [kopropjeðáð] *s/f* Bien poseído en común por varios.

co·pro·pie·ta·rio, -a [kopropjetárjo, -a] *adj* y *s/m,f* Se dice del que posee algo en común con otro(s).

co·pu·do, -a [kopúðo, -a] *adj* Referido a árboles o plantas, que tiene una copa grande.

có·pu·la [kópula] *s/f* **1.** Unión o ligamento de dos cosas. **2.** Ayuntamiento carnal entre macho y hembra en los animales superiores, incluso el hombre.

co·pu·lar [kopulár] **I.** *v/tr, intr* Unir o juntar dos cosas. **II.** REFL(-SE) Unirse en cópula el macho con la hembra.

co·pu·la·ti·vo, -a [kopulatíβo, -a] *adj* Se aplica a lo que sirve para juntar o ligar dos cosas.

co·py·right [kópirrait] ANGL *s/m* Garantía del derecho exclusivo de reproducción de una obra a favor de una persona o entidad determinada, cuyo nombre viene consignado generalmente en la contraportada, si se trata de un libro.

co·que [kóke] *s/m* Sustancia carbonosa sólida que queda como residuo al calcinar la hulla en vasos cerrados o en montones de tierra.

co·que·ta [kokéta] **I.** *adj* y *s/f* Se aplica a la mujer que se complace en agradar mucho a los hombres o en procurar enamorar a más de uno a la vez. **II.** *s/f* Mueble o tocador con espejo, que sirve para vestirse o arreglarse frente a él.

co·que·te·ar [koketeár] *v/intr* **1.** Ser aficionado a agradar a muchos del sexo opuesto. **2.** Tratar una mujer y un hombre de agradarse mutuamente por medio de bromas o conversaciones frívolas.

co·que·teo [koketéo] *s/m* Acción y efecto de coquetear.

co·que·te·ría [koketería] *s/f* Actitud o cualidad de la persona que es coqueta.

co·que·to, -a [kokéto, -a] *adj* Que coquetea.

co·que·tón, (-na) [koketón, (-na)] **I.** *adj*

Se aplica a lo que es gracioso o atractivo, **II.** *adj* y *s/m,f* Que coquetea.

co·ra·ce·ro [koraθéro] *s/m* Soldado de caballería armado de coraza.

co·ra·je [koráxe] *s/m* **1.** Actitud de decisión, valor o esfuerzo con que se hace algo. **2.** Sentimiento de irritación o ira provocado por algún acontecimiento imprevisto y desagradable.

co·ra·ju·do, -a [koraxúðo, -a] *adj* **1.** Que acomete una empresa con coraje. **2.** Que se irrita fácilmente.

co·ral [korál] **I.** *s/m* **1.** Secreción caliza formada dentro del mar por ciertos zoófidos, a los cuales sirve de esqueleto común. Posee diversas tonalidades, del rosado al rojizo, y, una vez pulimentado, se emplea para objetos de adorno o joyas. **2.** El animal que segrega la materia caliza. **3.** *pl* Sartas de cuentas de coral, que sirven como collar o adorno. **4.** MÚS Composición vocal armonizada a cuatro voces y ajustada a un texto de tipo religioso. **5.** *f* Agrupación de personas que practican el canto coral. **II.** *adj* Relativo al coro.

co·ra·li·no, -a [koralíno, -a] *adj* Parecido al coral o hecho de él.

co·ram·bre [korámbre] *s/f* Conjunto de cueros.

co·rá·ni·co, -a [korániko, -a] *adj* Relativo al Corán.

co·ra·za [koráθa] *s/f* Armadura de hierro u otro metal que se usaba para proteger el busto y que constaba de una pieza para el pecho y otra para la espalda.

co·ra·zón [koraθón] *s/m* **1.** Órgano central de la circulación de la sangre, que en los animales superiores suele estar situado en la cavidad del pecho, como en el hombre. **2.** Este mismo órgano humano, pero considerado como portador de sentimientos y pasiones. **3.** También se le aplica a este órgano la facultad de poseer el valor o arrojo de un hombre: *Hizo falta corazón para arrojarse al mar desde las rocas.* **4.** FIG La parte central de cualquier cosa: *Vivimos en el corazón de la ciudad.* LOC **De corazón,** de forma generosa o sincera. **Ser todo corazón,** ser muy bueno.

co·ra·zo·na·da [koraθonáða] *s/f* Sentimiento o impulso espontáneo que se siente sin una razón en que fundarse.

cor·ba·ta [korβáta] *s/f* **1.** Banda de tela fina, como seda o lienzo, que se anuda alrededor del cuello, por delante, y sirve de adorno o complemento del vestido. **2.** MIL Banda o cinta que se coloca en forma de lazo en el asta de las banderas.

cor·ba·tín [korβatín] *s/m* Corbata corta que se ata por detrás y que tiene por delante un lazo sin caídas; también puede ir atada con un broche.

cor·be·ta [korβéta] *s/f* Embarcación de guerra, de tres palos y vela cuadrada, semejante a la fragata, aunque menor.

cor·cel [korθél] *s/m* LIT Caballo ligero, de mucha alzada.

cor·co·va [korkóβa] *s/f* Encorvamiento anormal de la columna vertebral o también del pecho, o ambas cosas a la vez.

cor·co·va·do, -a [korkoβáðo, -a] *adj y s/m,f* Se aplica al que tiene una o más corcovas.

cor·co·var [korkoβár] *v/tr* Encorvar o dar curvatura a algo.

cor·co·ve·ar [korkoβeár] *v/intr* Hacer corcovos.

cor·co·vo [korkóβo] *s/m* Salto que dan, encorvando el lomo, algunos animales.

cor·chea [kortʃéa] *s/f* Nota musical cuyo valor de tiempo es igual al de la mitad de una negra o al de un octavo de compasillo.

cor·che·ro, -a [kortʃéro, -a] *adj* Relativo al corcho.

cor·che·te [kortʃéte] *s/m* **1.** Especie de broche compuesto de dos piezas de alambre, el macho y la hembra, los cuales se enganchan gracias a un asa y así sirve para abrochar una prenda o algo similar. **2.** Signo de imprenta, equivalente a un paréntesis: '[ ]'.

cor·cho [kórtʃo] *s/m* **1.** Parte exterior de la corteza del alcornoque que por sus características es empleada en varios usos. **2.** Trozo de esta corteza usado como tapón de botellas o recipientes similares. **3.** En general puede aplicarse a cualquier trozo de este material que se destine a un fin concreto.

cór·cho·lis [kórtʃolis] *interj* Expresión de sorpresa o asombro que equivale a '¡Caramba!'

cor·da·je [korðáxe] *s/m* Conjunto de cuerdas.

cor·del [korðél] *s/m* Cuerda delgada o normal.

cor·de·le·ría [korðelería] *s/f* **1.** Industria de cordeles. **2.** Lugar donde se venden cordeles.

cor·de·ro, -a [korðéro, -a] *s/m,f* **1.** El hijo o hija de la oveja cuando aún no ha cumplido un año. **2.** FIG Persona muy dócil o humilde. **3.** Piel del animal cuando está curtida.

cor·dial [korðjál] **I.** *adj* **1.** Hablando de bebidas o medicamentos, que tiene virtud para fortalecer el corazón. **2.** Referido a personas, que es afable y simpática y se muestra afectuoso hacia los demás. **II.** *s/m* Bebida hecha con sustancias que tonifican el corazón del enfermo.

cor·dia·li·dad [korðjaliðáð] *s/f* Calidad de la persona cordial.

cor·di·lle·ra [korðiʎéra] *s/f* Serie de montañas enlazadas entre sí o montaña con una sucesión de cumbres.

cor·do·bán [korðoβán] *s/m* Piel curtida de cabra o de macho cabrío.

cor·do·bés, -sa [korðoβés, -sa] *adj* y *s/m,f* Relativo a Córdoba.

cor·dón [korðón] *s/m* **1.** Cuerda hecha generalmente de lino o de alguna fibra fina, que se usa para atar o empaquetar. **2.** Cable de los aparatos eléctricos. **3.** Conjunto de hombres o cosas que forman una cadena que impide el paso de un lado a otro de algo: *Un cordón policial. Un cordón sanitario.* **4.** MED Conjunto de órganos que forman un conducto: *Cordón umbilical.*

cor·du·ra [korðúra] *s/f* **1.** Estado o calidad del que es cuerdo. **2.** Buen juicio o sensatez con que se actúa.

co·re·ar [koreár] *v/tr* Repetir a coro lo que otro(s) dice(n) o canta(n).

co·rea·no, -a [koreáno, -a] *adj* y *s/m,f* De Corea.

co·reo·gra·fía [koreoγrafía] *s/f* **1.** Arte del baile o danza. **2.** Forma de poner por escrito cómo se debe representar una obra musical.

co·reo·grá·fi·co, -a [koreoγráfiko, -a] *adj* Relativo a la coreografía.

co·reó·gra·fo, -a [koreóγrafo, -a] *s/m,f* El que compone coreografías o el que dirige un ballet.

co·riá·ceo, -a [korjáθeo, -a] *adj* **1.** De aspecto o tacto semejantes al del cuero. **2.** Se aplica a una familia de plantas angiospermas.

co·ri·feo [koriféo] *s/m* **1.** El que guiaba el coro y que, a veces, hablaba por él en las tragedias clásicas griegas. **2.** FIG Se aplica, con sentido peyorativo, al que asume el sentir de otros y se encarga de expresarlo: *Es el corifeo de las feministas.*

co·rim·bo [korímbo] *s/m* Forma en que nacen las flores o frutos de ciertas plantas, de distintas partes del tallo pero alcanzando siempre una misma altura.

co·rin·dón [korindón] *s/m* Mineral consistente en alúmina cristalizada, de dureza sólo inferior a la del diamante, empleado como abrasivo y considerado piedra preciosa.

co·rin·tio, -a [koríntjo, -a] *adj* y *s/m,f* De Corinto.

co·ris·ta [korísta] *s/m,f* Persona que trabaja en el coro de un espectáculo musical.

co·ri·za [koríθa] *s/f* Catarro nasal.

cor·mo·rán [kormorán] *s/m* Cuervo marino.

cor·na·da [kornáða] *s/f* **1.** Golpe que da un animal con la punta de sus cuernos. **2.** Especialmente en tauromaquia, herida producida al torero por el toro.

cor·na·men·ta [kornaménta] *s/f* **1.** Conjunto de cuernos que tienen determinados animales. **2.** FIG VULG Atributos simbólicos del marido engañado por su mujer o viceversa.

cor·na·mu·sa [kornamúsa] *s/f* Trompeta larga de metal, que en el medio de su longitud tiene una vuelta muy grande y un pabellón muy ancho.

cór·nea [kórnea] *s/f* Membrana o túnica transparente, en forma de disco abombado, que recubre la parte anterior del ojo, sobre el iris y la pupila.

cor·ne·ar [korneár] *v/tr* Embestir o herir un animal con los cuernos. Acornear.

cor·ne·ja [kornéxa] *s/f* Especie de cuervo, cuyo tamaño es algo mayor que el de la paloma.

cór·neo, -a [kórneo, -a] *adj* De cuerno o de consistencia parecida a la del cuerno.

cór·ner [kórner] *s/m* ANGL Falta que se comete en un partido de fútbol cuando la pelota sale del campo por el lateral de las porterías, lanzada por un jugador del equipo que las defiende.

cor·ne·ta [kornéta] **I.** *s/f* Instrumento de viento, semejante al clarín, pero de mayor tamaño y sonido más grave. **II.** *s/m* Persona que toca la corneta, especialmente el que da los toques en el ejército.

cor·ne·te [kornéte] *s/m* Cada una de las dos laminillas óseas de forma abarquillada y situadas en el interior de las fosas nasales.

cor·ne·tín [kornetín] *s/m* **1.** Instrumento músico similar a la corneta, con llaves o pistones, usado en las orquestas para los pasajes de aires populares. **2.** El que toca ese instrumento.

cor·ne·zue·lo [korneθwélo] *s/m* Hongo en forma de cuerno que crece en la espiga del centeno y es usado con fines medicinales.

cor·ni·jal [kornixál] *s/m* Esquina, punta o rincón de un lugar o un objeto.

cor·ni·sa [kornísa] *s/f* Parte superior del cornisamento de un pedestal, edificio o habitación.

cor·nu·co·pia [kornukópja] *s/f* **1.**

Forma de vaso usada artísticamente, reproduciendo el cuerno de la abundancia y recogiendo los motivos de flores y frutos. **2.** Tipo de marco dorado y tallado, generalmente con espejo.

cor·nu·do, (-a) [kornúðo, (-a)] **I.** *adj* **1.** Que tiene cuernos. **2.** FIG FAM Se aplica al marido cuya mujer le es infiel. **II.** *s/m* FIG FAM Marido al que la mujer le es infiel.

co·ro [kóro] *s/m* **1.** Conjunto de personas reunidas para cantar a un tiempo. **2.** En las representaciones musicales, los que cantan en grupo. **3.** Composición musical destinada a ser cantada por un conjunto de voces. **4.** En las iglesias o catedrales, parte en que se colocan los religiosos para cantar a coro. LOC **A coro,** simultáneamente.

co·ro·gra·fía [koroɣrafía] *s/f* Descripción geográfica de un país o región.

co·roi·deo, -a [koroiðéo, -a] *adj* Se aplica a ciertas membranas vasculares muy finas, como, *por ej,* la del ojo.

co·roi·des [koróiðes] *s/f* Membrana que tapiza interiormente el globo del ojo, excepto la córnea, y está entre la esclerótica y la retina.

co·ro·la [koróla] *s/f* Parte de las flores compuestas que rodea el pistilo y los estambres.

co·ro·la·rio [korolárjo] *s/m* Proposición o afirmación que no necesita de argumentos para ser demostrada, ya que es deducible fácilmente de lo demostrado antes.

co·ro·na [koróna] *s/f* **1.** Adorno en forma de aro para rodear la cabeza, hecho de ramas, flores o metales preciosos con joyería; indica dignidad, nobleza de sangre o cualquier otro motivo de distinción meritoria. **2.** *Por ext,* se aplica a lo que simboliza la corona: *Heredó de su madre la corona de España.* **3.** Moneda de oro o de plata que ha existido en muchas naciones. **4.** Cerco o aureola que suelen llevar las imágenes de santos, vírgenes, etc. **5.** Adorno funerario, generalmente hecho de flores, en forma de aro, que acompaña al féretro.

co·ro·na·ción [koronaθjón] *s/f* **1.** Acción o acto de coronar(se) un soberano. **2.** Adorno o remate con que se termina algo.

co·ro·na·mien·to o **co·ro·na·mento** [koronamjéṇto/koronaméṇto] *s/m* Adorno o remate que se pone en la parte superior de un edificio.

co·ro·nar [koronár] *v/tr* **1.** Colocar una corona en la cabeza de alguien. **2.** FIG Completar una obra o perfeccionarla: *El éxito coronó sus esfuerzos.* **3.** Estar o ponerse en la parte más alta de algo. RPr **Coronar de/con:** *Lo coronaron de poeta. Coronar con flores.*

co·ro·na·rio, -a [koronárjo, -a] *adj* Se aplica a lo que tiene forma de corona.

co·ro·nel [koronél] *s/m* Jefe militar que manda un regimiento, de grado inmediatamente superior al de teniente coronel.

co·ro·ni·lla [koroníʎa] *s/f* Parte superior y posterior de la cabeza, en la cual se tonsura a los eclesiásticos. LOC **Estar hasta la coronilla,** estar harto de aguantar o sufrir algo.

cor·pi·ño [korpíɲo] *s/m* Prenda de vestir sin mangas, ajustada al cuerpo y que llega sólo hasta la cintura.

cor·po·ra·ción [korporaθjón] *s/f* Asociación o comunidad de personas, regida por una ley o estatuto e intereses comunes.

cor·po·ral [korporál] *adj* Relativo al cuerpo.

cor·po·ra·ti·vo, -a [korporatíβo, -a] *adj* Relativo a una corporación o cuerpo.

cor·po·rei·dad [korporeiðáð] *s/f* Calidad de corpóreo.

cor·pó·reo, -a [korpóreo, -a] *adj* Que tiene cuerpo o está formado por materia.

cor·pu·len·cia [korpuléṇθja] *s/f* Gran volumen físico o corpóreo.

cor·pu·len·to, -a [korpuléṇto, -a] *adj* Se aplica a la persona alta y gruesa o a las cosas de gran volumen.

cor·pus [kórpus] *s/m* **1.** El jueves en el cual celebra la Iglesia Católica la institución de la Eucaristía. **2.** Toda una colección general de escritos sobre un tema determinado.

cor·pus·cu·lar [korpuskulár] *adj* Relativo a los corpúsculos.

cor·pús·cu·lo [korpúskulo] *s/m* Cuerpo minúsculo, comparable a una molécula o partícula; en física se da este nombre al que es menor que el apreciable con el microscopio ordinario.

co·rral [korrál] *s/m* **1.** En las casas de campo o de pueblo, espacio al aire libre, cercado o cerrado, en el que suelen andar sueltos los animales domésticos. **2.** Nombre que se daba a los patios de vecindad, en los cuales se empezaron las representaciones de comedias.

co·rrea [korréa] *s/f* **1.** Tira o banda de cuero. **2.** Lo mismo, pero usado como cinturón. LOC **Tener correa,** tener mucho aguante.

co·rrea·je [korreáxe] *s/m* Conjunto de correas.

co·rrea·zo [korreáθo] *s/m* Golpe dado con una correa.

co·rrec·ción [korre(k)θjón] *s/f* **1.** Acción y efecto de corregir. **2.** Acto de reprender a alguien por una mala acción. **3.** Señal o alteración que se hace en una obra o trabajo escrito con el fin de mejorarlo. **4.** Cualidad de la persona o cosa correcta.

co·rrec·cio·nal [korre(k)θjonál] **I.** *adj* Que sirve o puede servir para corregir. **II.** *s/m* Establecimiento penitenciario destinado al cumplimiento de cierto tipo de penas menores.

co·rrec·ti·vo, (-a) [korrektíβo, (-a)] **I.** *adj* Que sirve para corregir. **II.** *s/m* **1.** Castigo que se aplica a alguien para que se corrija. **2.** Medicamento que tiene virtud de corregir algo.

co·rrec·to, -a [korrékto, -a] *adj* **1.** Que está libre de faltas o errores o que está hecho según lo estipulado. **2.** Aplicado a personas o cosas, que se atiene a las normas de cortesía o educación.

co·rrec·tor, -ra [korrektór, -ra] *adj* y *s/m,f* Que corrige.

co·rre·de·ra [korreðéra] *s/f* **1.** Carril o ranura que tiene una maquinaria o utensilio para que por él se deslice alguna pieza. **2.** Postiguillo de celosía que corre de una parte a otra para abrir o cerrar.

co·rre·di·zo, -a [korreðíθo, -a] *adj* Que se desata o se corre con facilidad.

co·rre·dor, -ra [korreðór, -ra] **I.** *adj* Que puede correr o corre con gran facilidad. **II.** *s/m,f* **1.** Se aplica a quien corre en una carrera. **2.** El que tiene por oficio intervenir en la compraventa de terrenos u otros bienes. **3.** *m* Pasillo o parte alargada y estrecha de un interior de un edificio.

co·rre·gi·ble [korrexíβle] *adj* Que puede ser corregido.

co·rre·gi·dor, -ra [korrexiðór, -ra] *s/m* Magistrado que ejercía en su territorio la jurisdicción real y administraba el castigo de los delitos.

co·rre·gi·mien·to [korreximjénto] Cargo de corregidor.

co·rre·gir [korrexír] *v/tr* **1.** Quitar a algo los defectos o errores. **2.** Decir a alguien que no debe hacer determinadas cosas, especialmente a niños. **3.** FIG Moderar un hábito o actividad que ha llegado a ser excesivo: *Bebes demasiado, has de corregirte.*

CONJ *Irreg: Corrijo, corregí, corregiré, corregido.*

co·rre·la·ción [korrelaθjón] *s/f* Analogía que guardan entre sí dos hechos, fenómenos, datos, etc.

co·rre·la·ti·vo, -a [korrelatíβo, -a] *adj* **1.** Que guarda correlación con otra cosa. **2.** Que sucede a otra cosa anterior inmediatamente después.

co·rre·li·gio·na·rio, -a [korrelixjonárjo, -a] *adj* y *s/m,f* Se aplica al que profesa la misma ideología religiosa o política que otro.

co·rreo [korréo] *s/m* **1.** El que tiene por oficio llevar la correspondencia de un lugar a otro. **2.** Correspondencia que se despacha o que se recibe. **3.** *pl* Organización o servicio público que se encarga del transporte de la correspondencia. **4.** Tren que lleva el correo. **5.** *pl* Edificio donde se llevan a cabo las tareas propias del transporte de la correspondencia.

co·rreo·so, -a [korreóso, -a] *adj* **1.** Que tiene consistencia similar a la de una correa. **2.** Referido al pan o algo semejante, que ha perdido la consistencia original y se ha reblandecido excesivamente.

co·rrer [korrér] **I.** *v/intr* **1.** Caminar con tanta velocidad que se levante un pie del suelo antes de haber apoyado el otro. **2.** Ir deprisa en cualquier acto o actividad, que suele ir expresada. **3.** (Con *por*) Referido a ríos, significa pasar por lugares, llegar hasta ellos, etc.: *El río corre por la llanura.* También puede aplicarse a caminos, sierras o algo semejante. **4.** Tratándose del tiempo, transcurrir o pasar los días, horas, plazos, etc. **5.** Circular o difundirse una noticia, un rumor o algo semejante entre la gente. **6.** Hablando de moneda o algo semejante, estar en curso legal o ser válido. **II.** *v/tr* **1.** Mover algo hacia un lado: *Corre la mesa hacia la izquierda, por favor.* **2.** Mover una pieza de algo de un lado a otro cuando sirve para abrir y cerrar: *Corre las cortinas.* **3.** Recorrer o atravesar un lugar: *Corrió medio mundo.* **4.** Hacer circular o difundir una noticia, un rumor, etc. **5.** Estar expuesto a determinadas contingencias o vivirlas y pasar por ellas: *Corrieron los dos la misma suerte.* **6.** Hacer que los colores de una tela o prenda se diluyan y confundan. **7.** FIG FAM Avergonzar o confundir a alguien. **III.** REFL(-SE) **1.** Referido a tintas o colores, mezclarse, diluirse, emborronarse. **2.** FIG FAM Quedarse avergonzado en determinada situación: *Al verme se corrió mucho.* **3.** FIG FAM Referido a juerga, tenerla: *Nos corrimos una juerga tremenda.* **4.** FIG ARG Tener el hombre o la mujer un orgasmo o, simplemente, experimentar placer. LOC **Correr con algo,** encargarse de algo. **Dejar correr algo,** despreocuparse de algo. **A todo correr,** a toda velocidad. RPr **Correr por/con.**

co·rre·ría [korrería] *s/f, pl* Recorridos por diversos parajes, poblaciones, etc.

co·rres·pon·den·cia [korrespondénθja] *s/f* **1.** Acción y efecto de corresponder(se). **2.** Relaciones o trato que tienen los comerciantes entre sí. **3.** Conjunto de cartas que se reciben por correo. **4.** Relación que dos personas mantienen entre sí por carta. LOC **En correspondencia,** para corresponder.

co·rres·pon·der [korrespondér] **I.** *v/intr* **1.** Pagar con favores o atenciones semejantes a los recibidos anteriormente. **2.** Ser una cosa, entre las demás, la que tiene una relación adecuada con otra que se expresa o describe. **3.** Ser aquello o aquel que debe ir en el lugar o situación que se expresa. **4.** Ser una cosa o acción incumbencia, deber o derecho de alguien. **5.** Ser una acción o cosa lo oportuno o lo que es preciso hacer: *¿Qué corresponde hacer ahora?* **II.** REFL(-SE) **1.** Tener las cosas una relación de correspondencia entre sí: *Estas dos cajas no se corresponden.* **2.** Comunicarse dos estancias o habitaciones entre sí. **3.** Tratarse dos personas con afecto o cariño la una a la otra. RPr **Corresponder a:** *Corresponder a sus regalos.*

co·rres·pon·dien·te [korrespondjénte] *adj* **1.** Se aplica a aquello que corresponde a otra cosa. **2.** Se dice de lo que es oportuno o conveniente a una situación, persona, etc.: *Cada uno llevaba su entrada correspondiente.*

co·rres·pon·sal [korresponsál] *adj* y *s/m,f* Se aplica al que tiene correspondencia con alguien, con una empresa o con un periódico, especialmente aquel que mantiene esa correspondencia por motivos profesionales: *Es corresponsal de su empresa en París.*

co·rres·pon·sa·lía [korresponsalía] *s/f* Puesto de corresponsal de un periódico.

co·rre·ta·je [korretáxe] *s/m* Cantidad que cobra un corredor por su gestión.

co·rre·te·ar [korreteár] *v/intr* Correr de un lado para otro sin cesar, como hacen los niños.

co·rre·teo [korretéo] *s/m* Acción y efecto de corretear.

co·rre·vei·di·le [korreβeiðíle] *s/m,f* Persona que lleva cuentos y chismes de unos a otros.

co·rri·da [korríða] *s/f* **1.** Carrera pequeña o corta. **2.** Fiesta en que se lidian toros. LOC **De corrida,** de forma rápida o dicho de memoria.

co·rri·do, -a [korríðo, -a] *adj* **1.** Que está algo desplazado del lugar en que debería estar: *Esta mesa está corrida.* **2.** Hablando de ciertas partes de un edificio o construcción, que es continuo o que va de un lado al otro. **3.** (Con *estar, quedarse*). FIG Aplicado a personas, que ha sido avergonzado o humillado. **4.** (Con *ser*) FIG Que tiene gran experiencia o es muy astuto: *Lo sabe todo, es una persona muy corrida.*

co·rrien·te [korrjénte] **I.** *adj* **1.** Aplicado a líquidos, que corre: *No tenemos agua corriente.* **2.** Referido al tiempo, medido en meses, semanas o años, que transcurre en la actualidad. **3.** En relación a la calidad o cualidades, significa que algo o alguien es de un nivel medio: *Es una mujer corriente, ni muy fea ni muy guapa.* **4.** Aplicado a sucesos o actos, se refiere a la frecuencia con que se dan: *No es corriente ver nudistas en esta playa.* **5.** Hablando de recibos, números de publicaciones, periódicos, etc., el último aparecido, por contraste con los atrasados. **II.** *s/f* **1.** Movimiento de traslación continuado de las aguas de un río, mar, etc., en una dirección determinada. **2.** Ese mismo movimiento, referido al aire: *Había tanta corriente que nos resfriamos.* **3.** FÍS Paso de la electricidad a lo largo de un cuerpo conductor. **4.** Tendencia que se manifiesta en una época determinada en las obras de arte, literatura, pensamiento, etc.: *Las corrientes de la crítica contemporánea son muy variadas.* LOC **Estar al corriente,** estar al día o estar enterado de un asunto. **Ponerse al corriente,** enterarse de lo último que ha sucedido o aparecido. **Seguir la corriente,** dejarse llevar por el curso de los acontecimientos o por la opinión de la mayoría de la gente. **Seguir/Llevar la corriente a alguien,** hacer todo lo que una persona quiere o darle la razón en todo. **Corriente y moliente,** totalmente común u ordinario.

co·rri·llo [korríʎo] *s/m* Grupo de personas que se apartan para hablar de sus cosas y para que no se enteren los demás.

co·rri·mien·to [korrimjénto] *s/m* Acción y efecto de correrse algo.

co·rro [kórro] *s/m* Círculo formado por unas personas para hablar, cantar, jugar, etc.

co·rro·bo·ra·ción [korroβoraθjón] *s/f* Acción y efecto de corroborar.

co·rro·bo·rar [korroβorár] *v/tr* Dar nueva fuerza a un argumento, opinión, etc., por medio de nuevos datos.

co·rro·bo·ra·ti·vo, -a [korroβoratíβo, -a] *adj* Que corrobora o confirma.

co·rro·er [korroér] **v/tr** **1.** Destruir o desgastar un ácido, el agua o cualquier otro agente, al metal o bien otro material semejante, de forma lenta, como royéndolo. **2.** FIG Causar efectos en el ánimo de alguien una gran pena o un sentimiento como el de los celos, envidia, etc.
CONJ *Irreg: Corroo / Corroyo / Corroigo, corroí, corroeré, corroído.*

co·rrom·per [korrompér] **I.** *v/tr* **1.** Alterar la composición de algo, introduciendo un elemento que lo estropea. **2.** FIG Pervertir las costumbres o moral de una mujer o de una menor. **3.** Conquistar mediante soborno la voluntad de un funcionario público para que obre de forma incorrecta. **II.** *v/intr* FAM Oler mal por estar corrompido.

co·rro·sión [korrosjón] *s/f* Acción y efecto de corroer(se).

co·rro·si·vo, -a [korrosíβo, -a] *adj* **1.** Que corroe o puede corroer. **2.** FIG Aplicado a personas o palabras, alude a la mordacidad o ironía de las mismas.

co·rrup·ción [korrupθjón] *s/f* **1.** Acción y efecto de corromper(se). **2.** FIG Referido a costumbres o personas, significa degeneración y también inmoralidad.

co·rrup·te·la [korruptéla] *s/f* **1.** Corrupción. **2.** Costumbre que supone incumplimiento de ley o abuso del prójimo.

co·rrup·to, -a [korrúpto, -a] *adj* Que está corrompido.

co·rrup·tor, -ra [korruptór, -ra] *adj* y *s/m,f* Que corrompe o puede corromper.

co·rrus·co [korrúsko] *s/m* FAM Trozo de pan duro.

cor·sa·rio, -a [korsárjo, -a] *adj* y *s/m,f* Se aplica a la embarcación armada en corso o al que la gobierna.

cor·sé [korsé] *s/m* Prenda interior que usan las mujeres para ajustarse el cuerpo.

cor·se·te·ría [korsetería] *s/f* **1.** Fábrica de corsés. **2.** Tienda en que se venden corsés.

cor·so, (-a) [kórso, (-a)] **I.** *adj* y *s/m,f* De Córcega. **II.** *s/m* MAR Campaña que hacen por el mar las naves que persiguen a piratas o a embarcaciones enemigas con autorización de un Gobierno.

cor·ta·cir·cui·tos [kortaθirkwítos] *s/m* Aparato que corta automáticamente la corriente eléctrica cuando la intensidad de ésta aumenta de modo peligroso.

cor·ta·do, (-a) [kortáðo, (-a)] **I.** *adj* **1.** En relación a líquidos o cuerpos similares, significa que se ha cuajado o coagulado. **2.** FIG FAM Se dice de aquel que es puesto en ridículo o avergonzado por cualquier motivo. **II.** *s/m* Se dice del café al que se le añaden solamente unas gotas de leche.

cor·ta·du·ra [kortaðúra] *s/f* **1.** Separación o abertura hecha en un cuerpo continuo por un instrumento u objeto cortante. **2.** Raja profunda en el terreno.

cor·ta·frío [kortafrío] *s/m* Cincel fuerte para cortar hierro a golpes de martillo.

cor·ta·fue·go [kortafwéγo] *s/m* Vereda ancha que se deja en los sembrados para impedir la propagación de los incendios; también se hace a veces en los bosques.

cor·tan·te [kortánte] *adj* **1.** Que corta o puede cortar. **2.** FIG Se aplica al aire o viento que penetra y que es frío. **3.** FIG Referido a la forma de hablar o escribir de alguien, que es brusco o seco.

cor·ta·pa·pe·les [kortapapéles] *s/m* Instrumento poco cortante que sirve para abrir cartas, hojas de libros y que suele ser también decorativo.

cor·ta·pi·sa [kortapísa] *s/f* Restricción con que se permite el uso o posesión de algo.

cor·ta·plu·mas [kortaplúmas] *s/m* Navaja pequeña.

cor·ta·pu·ros [kortapúros] *s/m* Utensilio usado para cortar la punta a los cigarros puros.

cor·tar [kortár] **I.** *v/tr* **1.** Hacer que un utensilio afilado penetre en un cuerpo, masa u objeto, y, a veces, lo divida en partes. **2.** Separar de un todo alguna de sus partes. **3.** Afilar la punta de un utensilio para escribir, como la pluma de un ave, un lápiz, etc. **4.** Quitar las puntas a aquello que crece, como un seto, el cabello, las uñas, etc. **5.** FIG Tratándose de aire o viento, ser tan frío que parece que corte. **6.** Recortar una tela, papel, etc. **7.** En el juego de naipes, alzar parte de ellos dividiendo la baraja. **8.** Detener o impedir el paso de las cosas o personas. **9.** FIG Impedir que un hecho siga produciéndose. **10.** Quitar de una obra literaria, cinematográfica, etc., alguna de sus partes con el fin de abreviarla o censurarla. **11.** Tratándose de salsas, leche, nata, etc., hacer que se separen y pierdan su consistencia debida. **II.** REFL(-SE) FIG FAM Quedarse uno sin palabras a causa de la turbación o aturdimiento. LOC **Cortar por lo sano,** interrumpir algo de forma tajante cuando ha durado excesivamente.

cor·ta·ú·ñas [kortaúɲas] *s/m* Especie de tenacillas con los extremos afilados y curvados para cortar cómodamente las uñas.

cor·te [kórte] **I.** *s/m* **1.** Acción y efecto de cortar(se). **2.** Manera o estilo de haber cortado algo: *No me gusta el corte de pelo que te han hecho.* **3.** Tala de árboles. **4.** Señal o hendidura que queda al cortar. **5.** Arte y acción de cortar las diferentes piezas que requiere la hechura de una prenda de vestir, calzar, etc. **6.** Pieza de tela, cuero, etc., que se requiere para confeccionar una prenda, calzado, etc. **7.** FIG FAM Sorpresa o chasco producido por determinada situación: *¡Menudo corte te has llevado!* **8.** FAM Réplica ingeniosa e inesperada: *Si vieras cómo me contestó, ¡qué corte!* **II.** *s/f* **1.** Conjunto de personas que integran la comunidad palaciega donde está el soberano, incluyendo a éste y a su familia. **2.** Villa o ciudad que escoge el soberano como residencia. **3.** *pl* En la actualidad, nombre que se da al senado y congreso de los diputados como un todo. **4.** *pl* Edificio donde los parlamentarios celebran sus sesiones y debate. LOC **Hacer la corte,** cortejar a alguien con fines halagadores o amorosos.

cor·te·dad [korteðáð] *s/f* Cualidad de corto o pequeño.

cor·te·jar [kortexár] *v/tr, intr* Obsequiar o halagar a una mujer con el fin de enamorarla.

cor·te·jo [kortéxo] *s/m* **1.** Acción y efecto de cortejar. **2.** Personas que forman el acompañamiento o séquito de un rey o alguien importante.

cor·tés [kortés] *adj* Referido a personas o cosas, que es amable o guarda las normas establecidas por el trato social.

cor·te·sa·no, -a [kortesáno, -a] *adj* y *s/m,f* **1.** Relativo a la corte. **2.** *f* Mujer de vida libre.

cor·te·sía [kortesía] *s/f* **1.** Calidad de cortés. **2.** Actitud o demostración de atención, respeto o amabilidad hacia los demás.

cor·te·za [kortéθa] *s/f* **1.** Parte exterior del tronco y ramas de un árbol o una planta leñosa. **2.** Parte exterior, endurecida, de algunos frutos. **3.** Capa endurecida que recubre algunos alimentos, como el pan o el queso. **4.** FIG Lo exterior de algo o alguien, visto como algo que impide ver lo interior del mismo.

cor·ti·cal [kortikál] *adj* De la corteza.

cor·ti·je·ro, -a [kortixéro, -a] *s/m,f* Persona encargada de cuidar un cortijo y de cultivar en él.

cor·ti·jo [kortíxo] *s/m* Finca rústica llamada así en Andalucía, con casa para los propietarios o señores.

cor·ti·na [kortína] *s/f* **1.** Paño o pieza de diversas telas que cubre ventanas, puertas o camas, generalmente colgante y que se puede descorrer, usado como abrigo o adorno. **2.** FIG Todo aquello que sirve para encubrir una cosa o acción.
Cortina de humo, *1.* La que sirve para ocultarse del enemigo. *2.* FIG Lo que se inventa para encubrir la causa real de una situación.

cor·ti·na·je [kortináxe] *s/m* Conjunto de cortinas.

cor·to, -a [kórto, -a] **I.** *adj* **1.** Se aplica a aquello que tiene poca longitud o extensión. **2.** Se dice de aquello que es insuficiente para lo exigido o requerido. **3.** FIG Referido a personas, que carece de talento o ingenio. **4.** FIG Se aplica a aquel que es apocado, poco expresivo y pusilánime. **II.** *s/m* **1.** Película corta, que suele proyectarse antes de la principal (abreviación de cortometraje). **2.** Suele aplicarse al café que tiene menos agua de la que normalmente se pone. LOC **Quedarse corto,** no llegar a lo necesitado o deseado, no decir todo lo que un asunto requiere que sea dicho. **A la corta o a la larga,** de todas las maneras, tarde o temprano.

cor·to·me·tra·je [kortometráxe] *s/m* Película cinematográfica de corta duración.

co·ru·ñés, -sa [koruɲés, -sa] *adj* y *s/m,f* De La Coruña.

cor·va [kórβa] *s/f* Parte de la pierna opuesta a la rodilla, por donde aquélla se dobla y encorva.

cor·va·du·ra [korβaðúra] *s/f* Parte por la que algo se encorva o dobla.

cor·va·to [korβáto] *s/m* Pollo del cuervo.

cor·ve·jón [korβexón] *s/m* Articulación situada entre la parte inferior de la pierna y superior de la caña de los cuadrúpedos.

cor·ve·ta [korβéta] *s/f* Movimiento que se enseña al caballo, haciéndole ir sobre las patas traseras y con las delanteras en el aire.

cór·vi·do, -a [kórβiðo, -a] *adj* y *s/m,f* Se aplica a los miembros de la familia del cuervo.

cor·vo, -a [kórβo, -a] *adj* Arqueado o combado.

cor·zo [kórθo] *s/m* Cuadrúpedo rumiante, algo mayor que la cabra.

co·sa [kósa] *s/f* **1.** Ente u objeto, ya sea físico o inmaterial, real o imaginado, concreto o abstracto. **2.** Por oposición a persona, objeto inanimado. **3.** Cualquier suceso, circunstancia o hecho de los cuales se está hablando: *Las cosas no van bien. Eso ya es otra cosa.* **4.** *pl* Conjunto de objetos que pertenecen a alguien o constituyen un equipo para hacer algo. **5.** Diligencia o cargo que hay que realizar. **6.** Lo que le incumbe a alguien en particular: *Esto no es cosa mía.* LOC **Ser algo cosa de + (expresión de tiempo),** tardar, ser cuestión de. **Como si tal cosa,** sin darle importancia, frívolamente, con facilidad. **A cosa hecha,** premeditadamente, con éxito seguro. **Ser cosa fina,** IRÓN ser muy estupendo o muy malo.

co·sa·co, -a [kosáko, -a] *adj* y *s/m,f* Se aplica al ruso de diversos distritos, perteneciente a una cultura famosa por sus cantos y por ser grandes bebedores, que acabó por formar un destacamento de infantería en el ejército ruso en tiempos de los zares.

cos·co·ja [koskóxa] *s/f* Árbol muy semejante a la encina y en el que vive preferentemente el quermes.

cos·co·rrón [koskorrón] *s/m* Fuerte contusión en la cabeza dado voluntaria o involuntariamente al chocar con algo.

co·se·cha [kosétʃa] *s/f* **1.** Conjunto de frutos de un árbol o de un fruto del campo que se recoge al llegar la temporada para ello. **2.** Acto de recoger los frutos. **3.** Momento de la estación en que se realiza la cosecha. **4.** FIG Conjunto de cosas no materiales que resultan de algo.

co·se·cha·dor, -ra [kosetʃaðór, -ra] *adj* y *s/m,f* Que cosecha.

co·se·char [kosetʃár] *v/tr, intr* **1.** Recoger o hacer la cosecha de algo. **2.** FIG Recibir cierto tipo de respuesta al comportamiento de uno.

co·se·che·ro, -a [kosetʃéro, -a] *s/m,f* Se aplica al que cosecha algo determinado.

co·se·no [koséno] *s/m* TRIG Seno del complemento de un ángulo o de un arco.

co·ser [kosér] **I.** *v/tr* **1.** Unir por medio de hilo y aguja una tela o materia a otra. **2.** FIG Dejar a alguien lleno de heridas: *Lo cosieron a balazos y a ella a puñaladas.* **II.** *v/intr* Hacer labores de costura, sea por oficio o por pasatiempo. **III.** REFL(-SE) Unirse muy estrechamente a algo, sea literal o figuradamente: *Se cose a mis faldas todo el santo día.* LOC **Coser y cantar,** en dificultad, cómodamente. RPr **Coser(se) a.**

cos·mé·ti·co, (-a) [kosmétiko, (-a)] **I.** *adj* y *s/m* Se aplica a cualquier preparado empleado para hermosear la tez o el pelo. **II.** *s/f* El arte de aplicar esos preparados.

cós·mi·co, -a [kósmiko, -a] *adj* Relativo al cosmos o universo.

cos·mo·go·nía [kosmoɣonía] *s/f* Ciencia o tratado acerca de la formación del universo.

cos·mo·gó·ni·co, -a [kosmoɣóniko, -a] *adj* Relativo a la cosmogonía.

cos·mo·gra·fía [kosmoɣrafía] *s/f* Descripción astronómica del universo.

cos·mo·grá·fi·co, -a [kosmoɣráfiko, -a] *adj* Relativo a la cosmografía.

cos·mo·lo·gía [kosmoloxía] *s/f* Tratado filosófico de las leyes generales que rigen el cosmos.

cos·mo·ló·gi·co, -a [kosmolóxiko, -a] *adj* Relativo a la cosmología.

cos·mo·nau·ta [kosmonáuta] *s/m,f* Astronauta.

cos·mo·na·ve [kosmonáβe] *s/f* Vehículo espacial.

cos·mo·po·li·ta [kosmopolíta] *adj* y *s/m,f* Se aplica al que considera todo el mundo como patria suya y está acostumbrado a formas de vivir muy diversas; también a las cosas cuyo uso está extendido por todo el universo o a los lugares frecuentados por gente de muy diversas nacionalidades.

cos·mo·po·li·tis·mo [kosmopolitísmo] *s/m* Calidad del que es o de lo que es cosmopolita.

cos·mos [kósmos] *s/m* El universo, considerado como un todo creado con organización.

co·so [kóso] *s/m* Plaza o lugar cercado en los cuales se celebran las fiestas de una población.
Coso taurino, plaza de toros.

cos·qui·llas [koskíʎas] *s/f, pl* Sensación de hormigueo que se experimenta al ser tocadas ciertas partes del cuerpo de forma suave o repetida y que produce una especie de risa nerviosa.

cos·qui·lle·ar [koskiʎeár] *v/tr* **1.** Hacer cosquillas a alguien. **2.** FIG Venir a la mente una idea o pensamiento agradable.

cos·qui·lleo [koskiʎéo] *s/m* **1.** Acción de cosquillear. **2.** Sensación parecida a la de las cosquillas.

cos·ta [kósta] *s/f* **1.** Orilla del mar y tierra que está por los alrededores. **2.** *pl* DER Gastos de un juicio. LOC **A costa de,** a cambio de o a expensas de. **A toda costa,** sin detenerse ante esfuerzo o gasto alguno.

cos·ta·do [kostáðo] *s/m* **1.** Cada una de las partes laterales del cuerpo humano comprendidas entre pecho, espalda y sobacos. **2.** Parte lateral de cualquier objeto que tenga cuatro lados. LOC **Por los cuatro costados,** FIG de manera total, completamente.

cos·tal [kostál] **I.** *s/m* **1.** Saco grande de tela generalmente gruesa. **2.** Cada uno de los maderos que sirven para sostener los tapiales de la construcción en posición vertical. **II.** *adj* Relativo a las costillas. LOC **Ser harina de otro costal,** FIG ser una cosa muy diferente de otra con la cual se compara.

cos·ta·la·da o **cos·ta·la·zo** [kostaláða/kostaláθo] *s/f* Golpe fuerte que uno se da al caer violentamente de espaldas o de costado.

cos·ta·ne·ro, -a [kostanéro, -a] *adj* Que está en cuesta o pendiente.

cos·tar [kostár] **I.** *v/intr* **1.** Ocasionar algo un determinado dispendio o costo. **2.** FIG Resultar una cosa difícil o costosa en su realización. **II.** *v/tr* Ser de un determinado importe o precio: *Esto cuesta diez pesetas.*
CONJ *Irreg: Cuesto, costé, costaré, costado.*

cos·ta·rri·cen·se o **cos·ta·rri·que·ño, -a** [kostarriθénse/-kéɲo, -a] *adj* y *s/m,f* De Costa Rica.

cos·te [kóste] *s/m* Cantidad que se paga por algo o precio que tiene.

cos·te·ar [kosteár] **I.** *v/tr* Pagar el gasto originado por algo. **II.** *v/intr* Ir navegando sin perder de vista la costa. **III.** REFL(-SE) Producir una cosa suficientes ingresos como para cubrir los gastos que ocasiona.

cos·te·ño o **cos·te·ro, -a** [kostéɲo/-éro, -a] *adj* Relativo a la costa.

cos·ti·lla [kostíʎa] *s/f* **1.** Cada uno de los huesos que parten de la columna vertebral, largos y encorvados, y que llegan hasta el pecho. **2.** También se llama así a uno de esos huesos, pertenecientes a una res y con carne, cuando es servido como plato.

cos·ti·llar [kostiʎár] *s/m* Parte del cuerpo donde están las costillas.

cos·to [kósto] *s/m* Precio o coste de una cosa.

cos·to·so, -a [kostóso, -a] *adj* Se aplica a lo que cuesta mucho, ya sea en dinero o en esfuerzos, trabajo, etc.

cos·tra [kóstra] *s/f* **1.** Capa exterior de alguna cosa, que se endurece y seca sobre la parte más blanda o húmeda. **2.** Parte más endurecida de las llagas o heridas, que acaba cayéndose.

cos·tum·bre [kostúɱbre] *s/f* **1.** Hábito adquirido gracias a la repetición de un acto. **2.** Práctica consagrada por la tradición. **3.** *pl* Conjunto de tradiciones o hábitos de un pueblo o nación. LOC **De costumbre,** de forma acostumbrada.

cos·tum·bris·ta [kostuɱbrísta] *adj* y *s/m,f* Dícese de aquel o aquello especialmente relacionado con las costumbres típicas de un país o región.

cos·tu·ra [kostúra] *s/f* **1.** Acción y efecto de coser. **2.** Actividad consistente en hacer prendas de vestir, especialmente para mujeres y niños. **3.** Ropa que está en el proceso de ser cosida o remendada.

cos·tu·re·ra [kosturéra] *s/f* Mujer que tiene por oficio coser vestidos, ropa interior, hacer remiendos, etc., pero sin llegar a la categoría de modista.

cos·tu·re·ro [kosturéro] *s/m* Mesita, canastilla u objeto parecido para guardar los útiles de costura.

co·ta [kóta] *s/f* **1.** TOPOGR Número que en los planos indica las alturas de cada punto. **2.** FIG Punto o grado a que se llega en algo: *El paro ha alcanzado cotas muy elevadas.*

co·ta·rro [kotárro] *s/m* FIG Tertulia o corro de gente con alguna actividad o fin. LOC **Dirigir el cotarro,** mandar o controlar un asunto.

co·te·ja·ble [kotexáβle] *adj* Que se puede cotejar.

co·te·jar [kotexár] *v/tr* Confrontar una cosa con otra para comprobar si hay diferencias entre ellas o no. RPr **Cotejar con.**

co·te·jo [kotéxo] *s/m* Acción y efecto de cotejar.

co·te·rrá·neo [koterráneo] *adj* y *s/m,f* Natural de la misma tierra que otro.

co·ti·dia·no, -a [kotiðjáno, -a] *adj* De cada día: *Las tareas cotidianas.*

co·ti·le·dón [kotileðón] *s/m* Cada una de las dos hojillas, o las dos, que rodean el embrión al germinar una semilla de una planta fanerógama.

co·ti·lla [kotíʎa] *s/m,f* FAM Persona amiga de contar chismes.

co·ti·lle·ar [kotiʎeár] *v/intr* FAM Contar chismes y habladurías sobre los demás.

co·ti·lleo [kotiʎéo] *s/m* Acción y efecto de cotillear.

co·ti·llón [kotiʎón] *s/m* Danza o baile que solía ejecutarse al final de las fiestas.

co·ti·za·ción [kotiθaθjón] *s/f* Acción y efecto de cotizar(se).

co·ti·zar [kotiθár] *v/tr* **1.** Asignar un precio a un valor de bolsa o a cualquier otro artículo. **2.** Pagar la cuota que a uno le corresponde como miembro de una sociedad, etc.
ORT Ante *e* la *z* cambia en *c: Coticé.*

co·to [kóto] *s/m* **1.** Terreno acotado, generalmente para ser dedicado a la caza o, por el contrario, para que no se cace en él. **2.** Límite, término.

co·to·rra [kotórra] *s/f* **1.** Nombre dado a un papagayo pequeño o a un ave americana que es muy habladora. **2.** FIG FAM Se aplica al que es muy hablador.

co·to·rre·ar [kotorreár] *v/intr* Hablar excesivamente y de tonterías.

co·to·rreo [kotorréo] *s/m* Acción y efecto de cotorrear.

co·tur·no [kotúrno] *s/m* Calzado con una suela muy gruesa que hacía que los actores de las tragedias clásicas pareciesen de gran estatura.

co·va·cha [koβátʃa] *s/f* *desp* Cueva pequeña.

co·xal [ko(k)sál] *adj* Relativo a la cadera.

co·xis [kó(k)sis] *s/m* ZOOL Cóccix.
ORT *Pl: Coxis*

co·yo·te [koJóte] *s/m* Mamífero carnicero, parecido al lobo, que se cría en Méjico y en el oeste de Norteamérica.

co·yun·tu·ra [koJuɲtúra] *s/f* **1.** Unión de un hueso con otro, gracias a la cual puede doblarse el miembro en que están. **2.** FIG Oportunidad o circunstancia adecuada para realizar una cosa determinada.

co·yun·tu·ral [koJun̪turál] *adj* Relacionado con la coyuntura de que se habla.

coz [kóθ] *s/f* **1.** Sacudimiento violento que hace hacia atrás con las patas un animal de caballería. **2.** Golpe dado a alguien con ese movimiento.
ORT *Pl: Coces.*

crac [krák] *s/m* **1.** Palabra onomatopéyica alusiva al ruido que hacen algunas cosas al partirse o romperse. **2.** ANGL Nombre dado a la situación de crisis económica o quiebra comercial en que se encuentra un negocio, país o persona.
ORT También: *Crack.*

cra·ne·al [kraneál] *adj* Relativo al cráneo.

crá·neo [kráneo] *s/m* ZOOL Caja ósea en que está contenido el encéfalo. LOC **Ir de cráneo,** FIG FAM tener problemas o tener entre manos muchas cosas urgentes.

crá·pu·la [krápula] LIT **1.** *s/f* Vida de libertinaje o vicio, especialmente unida a la bebida. **2.** *s/m* FAM Hombre de vida licenciosa.

cra·si·tud [krasitúð] *s/f* Tejido adiposo o graso del cuerpo.

cra·so, -a [kráso, -a] *adj* **1.** LIT Graso o grueso. **2.** FIG Se aplica al error o ignorancia, cuando éstos son inadmisibles o de mucho bulto: *Error craso.*

crá·ter [kráter] *s/m* Boca de un volcán.

crea·ción [kreaθjón] *s/f* **1.** Acción y efecto de crear. **2.** Cosa creada.

crea·dor, -ra [kreaðór, -ra] *adj* y *s/m,f* Se aplica al que o a lo que crea.

cre·ar [kreár] *v/tr* **1.** Producir de la nada algo que no existía antes; se aplica sobre todo a obras de arte o, por antonomasia, a Dios y el mundo. **2.** Hacer que exista o empiece a funcionar una institución, empresa, etc. **3.** Representar un determinado papel o personaje: *Ha sabido crear un Hamlet perfecto.*

crea·ti·vi·dad [kreatiβiðáð] *s/f* Calidad de creativo.

crea·ti·vo, -a [kreatíβo, -a] *adj* Capaz de crear o, sobre todo, con facilidad para lo artístico.

cre·cer [kreθér] **I.** *v/intr* **1.** Aumentar de tamaño o estatura una persona, ser vivo o cualquier otra cosa. **2.** FIG Aumentar en intensidad una situación, sentimiento, etc. **3.** Aumentar el valor de una moneda, posesión, etc. **II.** REFL(-SE) Adquirir uno más seguridad en sí mismo, importancia o atrevimiento. RPr **Crecer de/en:** *Está creciendo de tamaño. Ha crecido en cualidades.*
CONJ *Irreg: Crezco, crecí, creceré, crecido.*

cre·ces [kréθes] LOC **Con creces,** ampliamente, con generosidad.

cre·ci·da [kreθíða] *s/f* Aumento de caudal que experimentan los ríos por derretirse las nieves o por la abundancia de lluvia.

cre·cien·te [kreθjén̪te] **I.** *adj* Se aplica a aquello que está creciendo: *Luna creciente.* **II.** *s/f* **1.** Crecida. **2.** También, a veces, se llama así a la levadura.

cre·ci·mien·to [kreθimjén̪to] *s/m* Acción y efecto de crecer.

cre·den·cial [kreðenθjál] **I.** *s/f* Documento que sirve para que a un empleado se le dé posesión de una plaza, sin perjuicio de obtener luego su título correspondiente. **II.** *adj* Se aplica a aquello que sirve para acreditar algo: *Carta credencial.*

cre·di·bi·li·dad [kreðiβiliðáð] *s/f* Calidad de creíble.

cre·di·ti·cio, -a [kreðitíθjo, -a] *adj* Relativo al crédito público o privado.

cré·di·to [kréðito] *s/m* **1.** Derecho que alguien tiene a recibir de otro alguna cosa, generalmente dinero. **2.** Reputación profesional de que se goza entre los colegas o la gente; tratándose de comerciantes, alude a la solvencia económica. **3.** Aceptación de algo que se dice como verdadero o de que el que lo dice no miente: *Sus palabras no merecen ningún crédito.* LOC **Dar crédito a,** creer (a). **Dar a crédito,** prestar dinero sin más garantía que el crédito de aquel a quien se presta.

cre·do [kréðo] *s/m* **1.** Conjunto de creencias que una persona o colectividad tiene. **2.** Símbolo de la fe cristiana en el que se contienen los principales puntos de ella y que los cristianos recitan a modo de rezo.

cre·du·li·dad [kreðuliðáð] *s/f* Calidad de crédulo.

cré·du·lo, -a [kréðulo, -a] *adj* Se aplica al que cree con facilidad lo que le dicen.

cre·en·cia [kreénθja] *s/f* **1.** Firme convicción de que algo es de determinada manera. **2.** Completo asentimiento con una ideología, religión, secta, etc.

cre·er [kreér] **I.** *v/tr* **1.** Tener una cosa por cierta o verdadera sin que esté comprobada o demostrada; también se usa cuando se trata de cosas a las que el entendimiento no alcanza. **2.** Juzgar que algo o alguien es lo que se expresa. **3.** Imaginarse o sospechar que va a suceder algo que se expresa a continuación: *Creo que hoy no vendrá nadie.* **II.** *v/intr* Asentir totalmente con las verdades promulgadas por la reli-

gión: *Ella no cree, es agnóstica.* RPr **Creer en:** *Creo en tu palabra.*
CONJ Es *irreg* en la *3.ª pers* del *indef* e *imperf* de *subj: Creyó, creyeron, creyera, creyeran.*

creí·ble [kreíβle] *adj* Que puede ser creído sin dificultad.

creí·do, (-a) [kreíðo, (-a)] **I.** *p* de *creer.* **II.** *adj* **1.** (Con *ser*) Se aplica al que se cree muy importante o valioso. **2.** (Con *estar*) Dícese del que está confiado o convencido de que algo ocurrirá.

cre·ma [kréma] *s/f* **1.** Nata de la leche. **2.** Cualquier sustancia de consistencia espesa, unas veces de uso doméstico; otras, para limpieza de calzado. **3.** Tratándose de colores, suele aplicarse al blanco con tonos amarillentos. **4.** FIG Se aplica al conjunto de cosas o personas que constituyen lo más selecto de su clase o especie.

cre·ma·ción [kremaθjón] *s/f* Acción de incinerar.

cre·ma·lle·ra [kremaʎéra] *s/f* **1.** Barra metálica con dientes en uno de sus cantos, que, engranando con un piñón, forma un sistema que transforma el movimiento circular en rectilíneo o viceversa. **2.** Cierre para prendas de vestir, que consiste en dos filas de dientes engarzados en dos cintas, de tal forma que mantiene la flexibilidad; se abre y se cierra gracias a una corredera que se desliza por las filas de dientes, uniéndolos o separándolos.

cre·ma·tís·ti·ca [krematístika] *s/f* **1.** Conjunto de conocimientos relacionados con el capital y su utilización. **2.** HUM Los asuntos del dinero.

cre·ma·tís·ti·co, -a [krematístiko, -a] *adj* Relativo a la crematística.

cre·ma·to·rio, -a [krematórjo, -a] *adj* y *s/m* Se aplica al lugar usado para la incineración de cadáveres o de basuras.

cre·mo·so, -a [kremóso, -a] *adj* De crema o con sus características.

cren·cha [kréntʃa] *s/f* **1.** Raya que divide el pelo de un peinado en dos partes. **2.** Cada una de las partes separadas por la raya del pelo.

crep [krép] *s/m* **1.** Crepé. **2.** Se aplica a cierta tela no de seda, equivalente o similar al crespón: *Crep satén.* **3.** Masa blanda de harina, huevos, azúcar, etc., que se pasa por la sartén y se acompaña de nata u otros dulces.

cre·pé [krepé] *s/m* Cierto caucho rugoso empleado para suelas de calzado.

cre·pi·ta·ción [krepitaθjón] *s/f* Acción y efecto de crepitar.

cre·pi·tan·te [krepitánte] *adj* Dícese de lo que crepita.

cre·pi·tar [krepitár] *v/intr* Producir una serie de chasquidos, como los que hace la leña al arder.

cre·pus·cu·lar [krepuskulár] *adj* Perteneciente al crepúsculo.

cre·pús·cu·lo [krepúskulo] *s/m* **1.** Claridad que hay desde que raya el día hasta que sale el sol y desde que éste se pone hasta que ha oscurecido. **2.** FIG Momento de un proceso que está próximo a su fin o decadencia.

cres·po, -a [kréspo, -a] *adj* Se aplica al cabello cuando es ensortijado y rizado.

cres·pón [krespón] *s/m* Gasa negra que se usa en señal de luto.

cres·ta [krésta] *s/f* **1.** Carnosidad roja que tienen sobre la cabeza algunas aves. **2.** FIG Cima de una ola, generalmente coronada de espuma. **3.** Corona peñascosa que remata una montaña.

cres·te·ría [kresteria] *s/f* Adorno de labores caladas que se usó mucho en el estilo ojival y que se colocaba en los caballetes o en otras partes altas de los edificios.

cres·to·ma·tía [krestomatía] *s/f* Colección de escritos o textos seleccionada para la enseñanza.

cre·ta [kréta] *s/f* Variedad de caliza muy terrosa, absorbente y de grano fino.

cre·ten·se [kreténse] *adj* y *s/m,f* De Creta.

cre·ti·nis·mo [kretinísmo] *s/m* Enfermedad comúnmente asociada con las regiones montañosas, que tiene como rasgo principal un retraso de la inteligencia.

cre·ti·no, -a [kretíno, -a] *adj* y *s/m,f* **1.** Se aplica al que padece cretinismo. **2.** FIG Se aplica al que es considerado como necio o estúpido.

cre·to·na [kretóna] *s/f* Tela de algodón recio, blanco o estampado, que se usa en tapicería, para cortinas, etc.

cre·yen·te [kreJénte] *adj* y *s/m,f* Se aplica al que cree, referido especialmente a la fe religiosa.

cría [kría] *s/f* **1.** Acción o actividad de criar animales. **2.** Animal recién nacido o que se está criando. **3.** Conjunto de animales que nacen de una vez.

cria·de·ro [krjaðéro] *s/m* Lugar acondicionado para la cría de determinados animales.

cria·di·lla [krjaðíʎa] *s/f* Testículo de una res, usado como alimento.

cria·do, -a [kriáðo, -a] **I.** *adj* Se aplica al que ha sido criado o educado de un modo determinado: *Es un niño muy mal criado.*

II. *s/m,f* Persona que sirve en un hogar por un salario.

crian·za [kriánθa] *s/f* **1.** Acción y efecto de criar(se). **2.** Época en que dura la crianza. **3.** Calidad de la educación recibida durante la crianza.

criar [kriár] **I.** *v/tr* **1.** Alimentar las hembras de los mamíferos a sus crías. **2.** Hacer que los animales se reproduzcan y cuidar de sus crías. **3.** Favorecer la vida y desarrollo de ciertos seres: *Los perros crían garrapatas.* **4.** Tratándose de personas, *por ext,* se aplica al acto de educar y formar a los hijos. **5.** Someter el vino a ciertos cuidados que aseguran su calidad o sabor. **II.** *v/intr* Tratándose de animales, tener hijos. **III.** REFL(-SE) Estar creciendo o desarrollándose de una forma determinada: *Se está criando muy fuerte.*
CONJ. PRON El acento recae sobre la *i* en el *sing* y *3.ª pers pl* del *pres* de *ind* y *subj: Crío, críe.*

cria·tu·ra [krjatúra] *s/f* **1.** Todo ser animado que ha sido engendrado. **2.** Niño recién nacido o bebé.

cri·ba [kríβa] *s/f* **1.** Instrumento consistente en un aro al que va sujeto un fondo de tela metálica o cualquier otro material agujereado, que sirve para separar granos o partículas de distinto grosor o para cribar lo útil de lo desechable. **2.** FIG Todo aquello que actúa a modo de criba: *Las pruebas de selectividad son una criba para los estudiantes.*

cri·bar [kriβár] *v/tr* **1.** Pasar grano, semilla o algo semejante por la criba para separar lo que haga falta. **2.** FIG Quitar de algo todo aquello que es desechable.

cric [krík] *s/m* Gato para levantar pesos.

cri·men [krímen] *s/m* **1.** Delito muy grave, generalmente consistente en herir gravemente o matar a alguien. **2.** FIG Acción muy mala o de muy mal gusto: *Lo que hicieron con la catedral fue un crimen.*

cri·mi·nal [kriminál] *adj* y *s/m,f* Se aplica al que ha cometido un crimen o a los hechos relacionados con el crimen.

cri·mi·na·li·dad [kriminaliðáð] *s/f* **1.** Calidad de criminal. **2.** Hecho de darse en un país, época, etc., determinados una cantidad concreta de crímenes: *Este año la criminalidad descendió.*

cri·mi·na·lis·ta [kriminalísta] *s/m,f* Abogado que se especializa en causas criminales.

cri·mi·no·lo·gía [kriminoloxía] *s/f* Estudio acerca de lo criminal, sus causas y su represión.

crin [krín] *s/f* (*sing* o *pl*) Cerda o conjunto de cerdas que tienen en la parte superior del cuello algunos animales, como el caballo.

crío, -a [krío, -a] *s/m,f* Niño pequeño. Usado afectuosa o despectivamente.

crio·llo, -a [krióʎo, -a] *adj* y *s/m,f* Se aplica en general a los hispanoamericanos de padres españoles.

crip·ta [krípta] *s/f* **1.** Lugar subterráneo en que se enterraba a los muertos. **2.** Lugar subterráneo de una iglesia, en el cual se celebra el culto.

críp·ti·co, -a [kríptiko, -a] *adj* Difícil de descifrar, oscuro.

crip·to·gra·fía [kriptoɣrafía] *s/f* Arte y acto de escribir de forma cifrada.

crip·to·gra·ma [kriptoɣráma] *s/m* Texto cifrado.

crí·quet [kríke(t)] *s/m* ANGL Juego de pelota inglés que se juega con palas de madera y sobre hierba.

cri·sá·li·da [krisáliða] *s/f* **1.** Ninfa de ciertos insectos cuando están en su metamorfosis, a punto de dejar de ser larva y convertirse en su forma final. **2.** Capullo en que se encierra la larva para su metamorfosis.

cri·san·te·mo [krisaṇtémo] *s/m* **1.** Planta compuesta de hojas alternas con flores grandes y de colores vistosos, que es perenne y florece en el otoño. **2.** Flor de esa planta.

cri·sis [krísis] *s/f* **1.** Momento de transformación importante en un proceso o evolución, especialmente en una enfermedad. **2.** Mutación importante en la estabilidad de una situación política o económica. **3.** Situación de escasez o falta de algo.
ORT *Pl: Crisis*

cris·ma [krísma] *s/m,f* **1.** Aceite y bálsamo mezclados que los obispos consagran el Jueves Santo para ungir a los que se bautizan y también a los que se ordenan sacerdotes. **2.** *f* FAM Cabeza.

cri·sol [krisól] *s/m* Recipiente de material refractario que se emplea para fundir algún mineral a temperaturas muy elevadas.

cris·pa·ción [krispaθjón] *s/f* **1.** Acción y efecto de crispar(se). **2.** FIG Sentimiento de irritación o exasperación.

cris·par [krispár] *v/tr* **1.** Encoger o contraer los músculos o nervios o cualquier otra cosa semejante. **2.** FIG Causar irritación a alguien.

cris·tal [kristál] *s/m* **1.** Cualquier cuerpo que toma forma poliédrica de manera natural, a causa de la cristalización. **2.** Vidrio muy transparente y fino que resulta de la mezcla y fusión de arena silícea con potasa y minio; puede colorearse como el vidrio. **3.** *Por ext,* se aplica a cualquier objeto de vidrio: *El cristal de la ventana está sucio.*

cris·ta·le·ra [kristaléra] *s/f* Puerta, balcón, etc., de cristales.

cris·ta·le·ría [kristalería] *s/f* **1.** Establecimiento donde se fabrican o venden objetos de cristal. **2.** Conjunto de objetos de vidrio o cristal, particularmente si forman un juego o serie, como los que componen un juego de mesa.

cris·ta·le·ro [kristaléro] *s/m* Colocador o limpiador de cristales.

cris·ta·li·no, (-a) [kristalíno, (-a)] **I.** *adj* **1.** Que es de cristal. **2.** FIG Que es transparente como el cristal. **II.** *s/m* Especie de lente que se halla en el interior del ojo, detrás de la pupila, que hace que los rayos luminosos converjan sobre la retina.

cris·ta·li·za·ción [kristaliθaθjón] *s/f* Acción y efecto de cristalizar(se).

cris·ta·li·zar [kristaliθár] *v/intr, tran* **1.** Agruparse espontáneamente las moléculas de un cuerpo en formas geométricas, claramente visibles en cualquiera de sus partes. **2.** FIG Avanzar un proceso, idea, negociación, etc., hacia una etapa de consumación o definición: *Las conversaciones cristalizaron en un convenio.* RPr **Cristalizar en.**
ORT Ante *e* la *z* cambia en *c: Cristalice.*

cris·ta·lo·gra·fía [kristaloγrafía] *s/f* Parte de la geología que estudia las formas cristalinas de los minerales.

cris·tian·dad [kristjan̪dáð] *s/f* **1.** Conjunto de países que profesan la fe cristiana. **2.** Conjunto de todos los fieles cristianos.

cris·tia·nis·mo [kristjanísmo] *s/m* **1.** Religión de Cristo. **2.** Mundo cristiano.

cris·tia·ni·za·ción [kristjaniθaθjón] *s/f* Acción y efecto de cristianizar.

cris·tia·ni·zar [kristjaniθár] *v/tr* Convertir al rito cristiano o conformarlo con él.
ORT Ante *e* la *z* cambia en *c: Cristianicé.*

cris·tia·no, -a [kristjáno, -a] *adj* y *s/m,f* Relativo a la religión cristiana o a aquel que profesa la fe de Cristo. LOC **Hablar en cristiano,** FAM expresarse en la lengua del que escucha y de forma clara para todos.

cris·to [krísto] **1.** Para los cristianos, el hijo de Dios hecho hombre. **2.** Imagen de Cristo en un crucifijo. LOC Se usa en sentido casi siempre humorístico y coloquial: **Donde Cristo perdió el gorro,** a gran distancia. **Poner a alguien hecho un cristo,** dejar a alguien muy sucio, maltratado o humillado.

cri·te·rio [kritérjo] *s/m* **1.** Norma que se utiliza para juzgar a algo o alguien. **2.** Capacidad para discernir o juzgar. **3.** Juicio u opinión sobre algo.

crí·ti·ca [krítika] *s/f* **1.** Arte de juzgar la verdad o bondad de algo, en especial de las obras artísticas o literarias o de la actuación de artistas o cualquier otra profesión. **2.** Opinión expresada sobre una obra concreta. **3.** Censura o ataque contra una acción o persona determinadas. **4.** Acto de murmurar de alguien.

cri·ti·ca·ble [kritikáβle] *adj* Que puede ser criticado.

cri·ti·car [kritikár] **I.** *v/tr* **1.** Juzgar una obra según unas normas o criterios, intentando aquilatar su valor o bondad. **2.** Reprobar a alguien por su conducta o censurar algo que está mal. **II.** *v/intr* Tener la costumbre de hablar mal de los demás, especialmente a sus espaldas: *Siempre está criticando.*
ORT Ante *e* la *c* cambia en *qu: Critiquen.*

crí·ti·co, (-a) [krítiko, (-a)] **I.** *adj* **1.** Relativo a la crítica. **2.** Referido a una situación o estado, alude al punto en que el proceso puede decantarse tanto para una mejoría como para un fracaso. **3.** MED Propio de la crisis. **II.** *s/m* Persona que ejerce la crítica como profesión.

cri·ti·cón, -na [kritikón, -na] *adj* y *s/m,f* Se aplica al que encuentra defectos en todo o todos.

cro·ar [kroár] *v/intr* Hacer la rana su canto.

cro·can·te [krokán̪te] *s/m* Dulce de caramelo con trozos de almendra incrustados.

cro·ché [krotʃé] *s/m* **1.** Gancho o ganchillo. **2.** Labor de punto hecha con él.

cro·ma·do, (-a) [kromáðo, (-a)] **I.** *adj* Recubierto de cromo: *Un reloj cromado.* **II.** *s/m* Acción y resultado de cromar.

cro·mar [kromár] *v/tr* Dar un baño de cromo a un metal.

cro·má·ti·co, -a [kromátiko, -a] *adj* En óptica se aplica a la lente o instrumento que da al ojo las imágenes contorneadas por los colores del arco iris.

cro·ma·tis·mo [kromatísmo] *s/m* Calidad de cromático. Variedad de colores.

cro·mo [krómo] *s/m* **1.** Metal de color blanco gris, quebradizo pero lo bastante duro para quebrar el vidrio; se emplea en aleaciones y sus combinaciones se usan en pintura. **2.** Estampa con figuras de colores.

cro·mo·so·ma [kromosóma] *s/m* Cada uno de los corpúsculos con forma de bastoncillo en que se divide la cromatina del núcleo de una célula durante la división celular; los de las células genéticas son los que contienen los factores hereditarios.

cró·ni·ca [krónika] *s/f* **1.** Texto histórico en el que se van recogiendo los hechos según sucedieron cronológicamente. **2.** Artículo de un periódico que informa acerca de un hecho o suceso determinados.

cró·ni·co, -a [króniko, -a] *adj* **1.** Se aplica a la enfermedad o dolencia que dura largo tiempo o se repite habitualmente y con frecuencia. **2.** Se dice de aquellos males o situaciones que vienen de largo tiempo atrás.

cro·ni·cón [kronikón] *s/m* Crónica histórica breve.

cro·nis·ta [kronísta] *s/m,f* Historiador o periodista que escribe crónicas.

cro·no·lo·gía [kronoloxía] *s/f* **1.** Ciencia que tiene por fin determinar el orden y fechas de los acontecimientos históricos. **2.** Serie de personas o hechos históricos ordenados por fechas.

cro·no·ló·gi·co, -a [kronolóxico, -a] *adj* Relativo a la cronología.

cro·no·me·tra·dor, -ra [kronometraðór, -ra] *adj* y *s/m,f* Que cronometra.

cro·no·me·tra·je [kronometráxe] *s/m* Acción y efecto de cronometrar.

cro·no·me·trar [kronometrár] *v/tr* Medir el tiempo que dura una acción con el cronómetro, especialmente en los deportes.

cro·no·me·tría [kronometría] *s/f* Medida exacta del tiempo.

cro·nó·me·tro [kronómetro] *s/m* Reloj de especial precisión.

cro·quet [króket] *s/m* Juego inglés que consiste en hacer pasar unas bolas de madera por unos arcos situados en el suelo, empujándolas con un mazo y haciéndolas seguir un determinado trayecto.

cro·que·ta [krokéta] *s/f* Fritura que se divide en porciones y cuya masa está hecha de carne picada, jamón u otros ingredientes mezclados con leche y harina, y que se reboza de huevo y harina o pan rallado.

cro·quis [krókis] *s/m* Dibujo o diseño hecho a la ligera, sin medidas y a ojo, que se hace como primera impresión de algo antes de pasar a hacer uno definitivo o preciso.

cró·ta·lo [krótalo] *s/m* Serpiente venenosa americana, que tiene en la punta de la cola unos como discos o anillos con los que hace un ruido especial al moverse.

cru·ce [krúθe] *s/m* **1.** Acción y efecto de cruzar(se). **2.** Lugar donde dos o más cosas se cruzan, especialmente calles, caminos o carreteras. **3.** Interferencia que se produce a veces en las comunicaciones telefónicas o radiofónicas, cuando se captan a la vez más de una de ellas. **4.** Reproducción de animales hecha combinando individuos de razas o especies diferentes. **5.** También se aplica al mismo experimento hecho con vegetales o frutos.

cru·ce·ría [kruθería] *s/f* Conjunto de los nervios que se cruzan en la parte superior de las bóvedas góticas: *Bóveda de crucería.*

cru·ce·ro [kruθéro] **I.** *adj* Se aplica al arco que une en diagonal dos ángulos de una bóveda. **II.** *s/m* **1.** Espacio que resulta en una iglesia al cruzarse la nave mayor con la transversal. **2.** MAR Buque de guerra de mucha velocidad y radio de acción, que lleva considerable armamento. **3.** Viaje de placer por mar, durante el cual se hace escala en distintos puertos.

cru·cial [kruθjál] *adj* Dícese del momento o situación en los que se cruzan tendencias antagónicas y que resultan por tanto de gran importancia en la evolución o desenlace de un proceso.

cru·ci·fi·ca·do, (-a) [kruθifikáðo, (-a)] *adj* y *s/m,f* Por antonomasia se aplica a Jesucristo.

cru·ci·fi·car [kruθifikár] *v/tr* **1.** Fijar o clavar a alguien en una cruz para atormentarle o matarle. **2.** FIG Atormentar a alguien con algo importuno o molesto.
ORT Ante *e* la *c* cambia en *qu: Crucifiquen.*

cru·ci·fi·jo [kruθifíxo] *s/m* Efigie o imagen de Cristo en la cruz.

cru·ci·fi·xión [kruθifi(k)sjón] *s/f* **1.** Acción y efecto de crucificar. **2.** Escena de la crucifixión de Cristo en una obra de arte o de representación dramática.

cru·ci·gra·ma [kruθiγráma] *s/m* Dibujo que consiste en un casillero con huecos que hay que rellenar con palabras, las cuales deben poder ser combinables con las que se leen en sentido vertical o viceversa; las definiciones de las palabras de este pasatiempo vienen dadas fuera del casillero.

cru·de·za [kruðéθa] *s/f* **1.** Cualidad de aquello que posee aspereza o que no tiene la suavidad requerida. **2.** Tratándose de formas de comportarse o de hablar, se aplica a la falta de tacto.

cru·do, -a [krúðo, -a] *adj* **1.** Se aplica al alimento no cocido o guisado, en su forma natural. **2.** Dícese del plato que no ha alcanzado el punto necesario de cocción o que se deja en estado incompleto de cocción por gusto. **3.** FIG Se aplica al tiempo cuando es muy riguroso. **4.** Dícese del color de las cosas blanco-amarillentas. **5.** FIG Dícese de lo que es muy desagradable y sin atenuantes que lo suavicen: *Es una película muy cruda, llena de violencia.*

cruel [krwél] *adj* **1.** Capaz de hacer sufrir a un ser vivo o de ver cómo sufre sin sentir piedad, y sintiendo complacencia. **2.** Dícese de aquello difícilmente soportable.

cruel·dad [krweḷdáð] *s/f* Calidad de cruel.

cruen·to, -a [krwéṇto, -a] *adj* Hecho con derramamiento de sangre.

cru·jía [kruxía] *s/f* Corredor largo que en un edificio da acceso a las piezas situadas a ambos lados.

cru·ji·do [kruxíðo] *s/m* Acción y efecto de crujir.

cru·jien·te [kruxjéṇte] *adj* Que cruje.

cru·jir [kruxír] *v/intr* Hacer un determinado ruido ciertos objetos o materiales al ser movidos o frotados.

crup [krúp] *s/m* Enfermedad infecciosa de la garganta que ataca principalmente a los niños y se caracteriza por la dificultad de respiración que causa.

cru·pal [krupál] *adj* Relativo al crup.

cru·pier [krupjér] *s/m* GAL Empleado que en los casinos o casas de juego tiene la banca y juega por cuenta y a sueldo de la empresa.

crus·tá·ceo, -a [krustáθeo, -a] *adj* y *s/m,f* Se aplica a los animales articulados de respiración branquial, cubiertos de un caparazón duro o flexible, que tienen cierto número de patas dispuestas simétricamente, algunas con pinzas, y un par de antenas; algunos son de carne muy apreciada, como la langosta o el percebe.

cruz [krúθ] *s/f* **1.** Figura que forman dos líneas al cruzarse o cortarse perpendicularmente. **2.** Patíbulo formado por un madero hincado en tierra cruzado por otro más corto, en los que se clavaban los pies y las manos de los que habían de morir en este suplicio. **3.** Reverso de las medallas o monedas. **4.** Tratándose de animales, se aplica a la parte en que el lomo une los huesos de las extremidades anteriores con el espinazo. **5.** FIG Sufrimiento o padecimiento continuado de alguien: *Los hijos son la cruz de los padres.* LOC **Cruz y raya,** alusión al deseo de no querer volver a tratar con una persona o volver a tener que ver con cierto asunto. **A cara o cruz,** al azar, a lo que salga.
ORT *Pl: Cruces*

cru·za·da [kruθáða] *s/f* **1.** Expedición militar realizada contra los infieles, en especial las que se hicieron durante la Edad Media. **2.** FIG Campaña dirigida a obtener cierto fin.

cru·za·do, (-a) [kruθáðo, (-a)] **I.** *adj* **1.** Aplícase a aquello que ha sido cruzado por o con otra cosa. **2.** Que ha sido puesto a través de otra cosa. **II.** *s/m* Persona que tomaba parte en una cruzada o que tiene una cruz por pertenecer a una orden militar.

cru·za·mien·to [kruθamjéṇto] *s/m* Acción y efecto de cruzar, es decir, poner la cruz a alguien o cruzar dos razas de animales.

cru·zar [kruθár] **I.** *v/tr* **1.** Quedar una cosa atravesada sobre otra formando así la figura de la cruz. **2.** Atravesar algo de un lado al otro. **3.** Mezclar razas de animales o especies de plantas para crear otras nuevas. **II.** *v/intr* Atravesar calles u otros lugares en distintas direcciones. **III.** REFL (-SE) Encontrarse con alguien que va en dirección opuesta a la de uno: *Me crucé con él cuando iba de paseo.* RPr **Cruzarse con.**
ORT La *z* se convierte en *c* ante *e: Crucé.*

cu [kú] *s/f* Nombre de la letra 'q'.

cua·der·na [kwaðérna] *s/f* MAR Cada una de las piezas curvas cuya base inferior encaja en la quilla y de allí arranca para derecha e izquierda, como si fueran costillas.

cua·der·ni·llo [kwaðerníʎo] *s/m* Conjunto de cinco pliegos de papel.

cua·der·no [kwaðérno] *s/m* Conjunto de pliegos de papel, doblados y cosidos en forma de libro o libreta; también pueden ir unidos por un sistema de anillas o espirales.

cua·dra [kwáðra] *s/f* **1.** Lugar cubierto destinado a guardar las caballerías. **2.** Conjunto de caballos de carreras que pertenecen a un criador determinado. **3.** FIG Se aplica a los lugares o habitaciones mal cuidados y sucios. **4.** AMÉR Manzana de casas.

cua·dra·do, (-a) [kwaðráðo, (-a)] **I.** *adj* **1.** Aplícase a lo que tiene forma de cuadrado. **2.** FIG Se aplica a la persona de complexión robusta y opuesta a la abundancia de curvas. **II.** *s/m* **1.** Figura geométrica que consiste en cuatro líneas rectas iguales que forman otros tantos ángulos rectos. **2.** Cualquier objeto que tenga esa conformación. **3.** MAT Cantidad que resulta de multiplicar un número por sí mismo. LOC **Tener la cabeza cuadrada,** FIG ser persona de ideas poco abiertas o de escasa flexibilidad.

cua·dra·ge·na·rio, -a [kwaðraxenárjo, -a] *adj* y *s/m,f* Que tiene cuarenta años.

cua·dra·gé·si·mo, -a [kwaðraxésimo, -a] *adj* y *s/m,f* Partitivo correspondiente al número cuarenta.

cua·dran·gu·lar [kwaðraŋgulár] *adj* Con cuatro ángulos.

cua·dran·te [kwaðráṇte] *s/m* **1.** GEOM Cuarta parte del círculo, comprendida entre dos radios perpendiculares entre sí. **2.** Reloj de sol trazado en un plano. **3.** Dispositivo indicador en el que va la escala o graduación de un aparato.

cua·drar [kwaðrár] **I.** *v/tr* **1.** Hacer que algo sea cuadrado. **2.** CARP Trabajar o formar los maderos en cuadro. **3.** MAT Elevar un número a la segunda potencia. **4.** Tratándose de cuentas, hacer que coincidan el debe y el haber. **II.** *v/intr* **1.** Coincidir el debe y el haber de las cuentas. **2.** Conformarse o ajustarse una cosa con otra: *Tus palabras cuadran perfectamente con lo que ella me dijo.* **3.** Agradar una cosa o convenir al deseo o parecer. **III.** REFL(-SE) Ponerse en la posición militar con los pies en escuadra. RPr **Cuadrar con (II. 2).**

cua·dra·tu·ra [kwaðratúra] *s/f* Acción de cuadrar una figura.

cua·drí·cu·la [kwaðríkula] *s/f* Conjunto de los cuadrados que resultan de cortarse perpendicularmente dos o más series de rectas paralelas y equidistantes.

cua·dri·cu·lar [kwaðrikulár] *v/tr* Trazar una cuadrícula en algo.

cua·drie·nio [kwaðrjénjo] *s/m* Período de cuatro años.

cua·dri·ga [kwaðríɣa] *s/f* **1.** Tiro de cuatro caballos enganchados de frente. **2.** Carro tirado por cuatro caballos de frente.

cua·dri·lá·te·ro, -a [kwaðrilátero, -a] **I.** *adj* Que tiene cuatro lados. **II.** *s/m* Polígono de cuatro lados y cuatro ángulos.

cua·dri·lla [kwaðríʎa] *s/f* Conjunto de personas que desempeñan una tarea u oficio determinados. LOC **En cuadrilla,** en grupo.

cua·dri·pli·car [kwaðriplikár] *v/tr* Cuadruplicar.
ORT Ante *e* la *c* cambia en *q: Cuadruplique.*

cua·dro [kwáðro] *s/m* **1.** Cuadrado que forman unas rayas, maderos o cualquier cosa semejante; también la superficie comprendida por los cuatro lados; se aplica igualmente cuando la figura es rectangular y no cuadrada. **2.** Lámina o lienzo en el que hay un dibujo o pintura. **3.** Cerco que guarnece alguna cosa: *El cuadro de la ventana.* **4.** En las piezas teatrales, subdivisión de un acto. **5.** FIG Aspecto que ofrece la escena de un suceso, accidente, etc. **6.** Descripción de un suceso hecha de tal forma que el espectador u oyente pueda creer que está viviéndolo. **7.** En una instalación, el tablero o lugar donde están colocados los mandos para dirigirla: *El cuadro de mandos.* **8.** Gráfico o esquema que sintetiza algo: *Un cuadro sinóptico.*

cua·dru·ma·no, -a [kwaðrumáno, -a] *adj* y *s/m,f* Se aplica al animal que tiene las cuatro extremidades con un pulgar separado de los otros dedos.

cua·drú·pe·do, -a [kwaðrúpeðo, -a] *adj* y *s/m,f* Se aplica al animal de cuatro patas.

cuá·dru·ple [kwáðruple] *adj* Se aplica a lo que contiene exactamente otra cantidad multiplicada cuatro veces.

cua·dru·pli·car [kwaðruplikár] *v/tr* Multiplicar una cantidad por cuatro.
ORT Ante *e* la *c* cambia en *qu: Cuadrupliquen.*

cuá·dru·plo [kwáðruplo] *adj* y *s/m* Cuádruple.

cua·ja·da [kwaxáða] *s/f* **1.** Parte sólida de la leche coagulada. **2.** Postre parecido al requesón hecho con esa parte de la leche.

cua·jar [kwaxár] **I.** *v/tr* **1.** Hacer que una sustancia líquida o albuminosa se solidifique. **II.** *v/intr* **1.** Llegar una sustancia a tener la consistencia que ha de tener: *La leche no ha cuajado todavía.* **2.** Tratándose de nieve, llegar a espesarse y formar una capa sobre el suelo. **3.** FIG Hablando de proyectos, acciones, etc., llegar a cumplirse o realizarse.

cua·jo [kwáxo] *s/m* Acción y efecto de cuajar algo. LOC **De cuajo,** de raíz, completamente.

cual o **cuál** [kwál] Presenta dos formas, *sing* y *pl* (*cual, cuales*) **I.** *pron relativo, m,f* Le precede el artículo definido, que determina su género: *Tiene una amiga, la cual se casó anteayer.* **II.** *adj/pron interr, m,f* No va precedido del artículo, pero lleva acento: *¿Cuál de los dos libros prefieres? ¿Cuáles son los alumnos de que me hablaste?* **III.** *pron correlativo* No lleva artículo ni acento: *Se mostró tal cual es en realidad.* **IV.** *Partícula comparativa.* Equivale a *como, del mismo modo,* etc.: *Escuchamos su propuesta cual producto de la locura.* **V.** *pron/adj indef* Se emplea con acento si es *pron* y sin él si es *adj,* pero sin artículo en ambos casos: *Dime tal o cual libro y te diré su autor.* LOC **A cuál más,** con valor ponderativo: *Tiene tres hermanas a cuál más bella e inteligente.* **Por lo cual,** por esa razón.

cua·les·quier [kwaleskjér] *pron indef* y *adj, pl* de *cualquier.*

cua·les·quie·ra [kwaleskjéra] *pron indef* y *adj, pl* de *cualquiera.*

cua·li·dad [kwaliðáð] *s/f* Propiedad o conjunto de propiedades de las cosas o seres, que hacen que éstos sean como son y que se distingan de los demás.

cua·li·fi·car [kwalifikár] *v/tr* Calificar o valorar.
ORT Ante *e* la *c* cambia en *qu: Cualifique.*

cua·li·ta·ti·vo, -a [kwalitatíβo, -a] *adj* Relativo a la cualidad.

cual·quier [kwalkjér] *pron* y *adj indef* Se usa tanto en *m* como en *f: Cualquier libro/Cualquier puerta.*

GRAM Es la forma apocopada de *cualquiera* usada cuando precede a los nombres.

cual·quie·ra [kwalkjéra] **I.** *adj indef* Se puede colocar después del nombre (*Un lugar cualquiera*) o antes, en su forma apocopada (*Cualquier cosa que hagas me da igual*). **II.** *pron indef* Se aplica a cosas o personas: *Esto no le conviene a cualquiera.* **III.** *s/m,f* **1.** Persona vulgar, común. **2.** FAM Persona de mal vivir, gentuza: *Es un cualquiera.*

cuan o **cuán** [kwán] *apoc* de *cuanto* **1.** (Sin acento) *adv* de valor correlativo o comparativo: *Cayó tendido cuan largo era.* **2.** *adv* de cantidad, de valor ponderativo (con acento): *Cuán rápidamente desaparece la felicidad.*

cuan·do o **cuán·do** [kwán̪do] **I. 1.** *adv* Hace alusión a un momento del que ya se ha hablado: *A las siete, cuando la reunión ya había terminado, nos fuimos.* **2.** *adv interr excl* (con acento) Sirve para preguntar en qué momento ocurre algo o para expresar deseos de que algo suceda: *¿Cuándo llegaste?* **II. 1.** *conj temporal* No lleva acento y se usa para expresar la relación de tiempo entre dos acciones: *Te veré cuando quieras.* **2.** *conj* con valor condicional: *Cuando tú insistes tanto, ¿para qué voy a oponerme?* **3.** *conj* con valor adversativo, equivalente a 'siendo así que': *No sé cómo puede decir eso, cuando soy yo quien sabe qué ha pasado.* **4.** *conj* de valor cuantitativo o causal, equivalente a 'puesto que': *Cuando ella lo dice, será verdad.* **III.** *s/m* Se usa sobre todo en una construcción y le precede el artículo: *Ya me dirás el cómo y el cuándo.* LOC **De cuando en cuando,** algunas veces, no muy a menudo.

cuan·tía [kwan̪tía] *s/f* Cantidad a que asciende algo.

cuan·ti·fi·ca·ción [kwan̪tifikaθjón] *s/f* Acción y efecto de cuantificar.

cuan·ti·fi·car [kwan̪tifikár] *v/tr* Expresar una magnitud mediante números.
ORT Ante *e* la *c* cambia en *q*: *Cuantifique.*

cuan·tio·so, -a [kwan̪tjóso, -a] *adj* Grande en cantidad.

cuan·ti·ta·ti·vo, -a [kwan̪titatíβo, -a] *adj* Relativo a la cantidad.

cuan·to, (-a) [kwán̪to, (-a)] **I.** *adj relativo* Indica la cantidad de lo que se expresa y también la correlación con otra cantidad: *Compraremos cuantas cosas hagan falta.* **II.** *pron relativo* También indica la cantidad y suele tener como antecedente a 'todo' o 'tanto': *Compra todo cuanto ve.* **III.** *adj interr* (con acento) sirve para preguntar la cantidad: *¿Cuántos perros tienes?* **IV.** *pron pers interr* Sirve para preguntar la cantidad de personas; pero en neutro (*cuánto*) puede usarse sobrentendiendo que la cantidad es de tiempo o distancia: *¿Cuánto hay de aquí a Vigo?* **V.** *adv de cantidad* Puede usarse en interrogaciones o exclamaciones y siempre lleva acento y es invariable: *¿Cuánto me quieres?* **VI.** *adv* Con valor conjuntivo en frases de comparación correlativa o de expresión de cantidad: *Cuanto antes te vayas, más pronto comeremos.* **VII.** *s/m sing* Lleva artículo y hace alusión a cantidad: *No me importa ni el cuánto ni el cómo.* **VIII.** *pron indef* En *pl,* con otro *pron indef* antepuesto, significa algunos: *—¿Tienes cigarrillos? —Sólo unos cuantos.* LOC **¿A cuánto?,** ¿a qué precio? **En cuanto a,** por lo que respecta a. **En cuanto que,** en cuanto. **En cuanto,** *1.* De forma inmediata: *Nos fuimos en cuanto hubimos cenado.* *2.* En calidad de: *Tu madre, en cuanto ama de casa, es la que decidirá.* **Cuanto más,** expresa correlación de intensidad o cantidad: *Cuanto más tenemos, más queremos.*

cuá·que·ro, -a [kwákero, -a] *adj* y *s/m,f* Se aplica a los protestantes que formaron a partir del s. XVII una secta que da gran importancia a la moral y la caridad; no tiene clero, ni culto externo, y la congregación de fieles se dedica a meditar y hablar.

cua·ren·ta [kwarén̪ta] **I.** *adj num* Se aplica a aquello que reúne la cantidad siguiente a la del número trigésimo nono. **II.** *s/m* Número siguiente al trigésimo nono. LOC **Cantar las cuarenta a alguien,** FIG decir a alguien lo que se piensa sobre él de forma abrupta clara y sin rodeos.

cua·ren·ta·vo, -a [kwaren̪táβo, -a] *adj* y *s/m,f* Cuadragésimo.

cua·ren·te·na [kwaren̪téna] *s/f* **1.** Conjunto de cuarenta unidades. **2.** Espacio de tiempo en el que se tiene a alguien en observación por si existe peligro de enfermedad infecciosa.

cua·ren·tón, -na [kwaren̪tón, -na] *adj* y *s/m,f* Se aplica al que ha pasado ya de los cuarenta años sobradamente.

cua·res·ma [kwarésma] *s/f* Período de cuarenta y seis días comprendido entre el miércoles de ceniza y el día de la Resurrección de Cristo.

cua·res·mal [kwaresmál] *adj* Relativo a la cuaresma.

cuar·te·ar [kwarteár] **I.** *v/tr* **1.** Dividir en cuartos o en pedazos semejantes. **2.** Hacer pedazos un cuerpo de res o humano. **II.** REFL(-SE) Agrietarse una pared, superficie o piel de un objeto, su pintura, etc.

cuar·tel [kwartél] *s/m* Edificio perpetuamente destinado al alojamiento de la tropa.

cuar·te·la·da o **cuar·te·la·zo** [kwarteláðа/kwarteláθo] *s/f despec* Pronunciamiento militar.

cuar·te·le·ro, -a [kwarteléro, -a] *adj* y *s/m,f* Relativo al cuartel.

cuar·te·li·llo [kwartelíʎo] *s/m* Edificio o lugar en que se aloja una sección de tropa, de guardia civil o de policía.

cuar·te·rón [kwarterón] *s/m* Peso equivalente a la cuarta parte de una libra.

cuar·te·to [kwartéto] *s/m* El conjunto de cuatro instrumentos, los músicos que los tocan o las voces que lo cantan.

cuar·ti·lla [kwartíʎa] *s/f* Hoja de papel para escribir, cuyo tamaño es el de la cuarta parte de un pliego.

cuar·ti·llo [kwartíʎo] *s/m* Medida de capacidad para líquidos, equivalente a 0,504 litros.

cuarto, (-a) [kwárto, (-a)] **I.** *adj* y *s/m,f* Se aplica al que o a lo que sigue en orden a un tercero o es una de las cuatro partes de un todo. **II.** *s/m* **1.** Parte de una vivienda. **2.** Cada una de las cuatro partes de una hora, o sea, quince minutos. **3.** Conjunto de servidores adscritos a alguien de la familia real: *El cuarto militar de S. M.* **4.** Tamaño de papel o libro, etc., equivalente a la cuarta parte de un pliego: *Un códice en cuarto.* **5.** *pl* o *sing* FAM Dinero: *No tengo cuartos.* LOC **Tener cuatro cuartos,** ser pobre.

cuar·zo [kwárθo] *s/m* Mineral formado por la sílice, muy abundante y que es tan duro que raya el acero; sus colores varían del blanco al negro.

cua·ter·na·rio, -a [kwaternárjo, -a] *adj* y *s/m,f* **1.** Se dice de aquello que consta de cuatro unidades o elementos. **2.** GEOL Se aplica al terreno sedimentario más moderno, en el cual han aparecido los primeros vestigios de raza humana, o a lo perteneciente o relativo a él.

cua·tre·ro [kwatréro] *adj* y *s/m* Dícese del que roba caballos.

cua·trie·nio [kwatriénjo] *s/m* Período de cuatro años.

cua·tri·lli·zo, -a [kwatriʎíθo, -a] *adj* y *s/m,f* Se aplica a cada uno de los niños en un parto cuádruple.

cua·tri·mes·tral [kwatrimestrál] *adj* **1.** Que dura un cuatrimestre. **2.** Que sucede cada cuatrimestre.

cua·tri·mes·tre [kwatriméstre] *s/m* Período de cuatro meses.

cua·tri·mo·tor [kwatrimotór] *adj* y *s/m,f* Se aplica a lo que tiene cuatro motores: *Avión cuatrimotor.*

cua·tro [kwátro] **I.** *adj* Se aplica al conjunto de cosas que suman tres más uno. **II.** *s/m* Número correspondiente a la suma de tres más uno. LOC **Más de cuatro,** FIG muchos, un número de consideración: *Más de cuatro querrían tu suerte.*

cu·ba [kúβa] *s/f* **1.** Recipiente de madera o de metal, que sirve para contener agua, vino, aceite, etc. **2.** FIG Persona que bebe mucho: *Está como una cuba.*

cu·ba·li·bre [kuβalíβre] *s/m* Bebida compuesta de coca-cola con ron o ginebra.

cu·ba·no, -a [kuβáno, -a] *adj* y *s/m,f* De Cuba.

cu·ba·ta [kuβáta] *s/m* VULG Cubalibre.

cu·ber·te·ría [kuβertería] *s/f* Cuchillos, cucharas, tenedores y utensilios similares, considerados en su conjunto.

cu·be·ta [kuβéta] *s/f* Cualquier recipiente de forma semejante a la del cubo, usado para transporte de líquidos, pinturas, etc.

cu·bi·ca·ción [kuβikaθjón] *s/f* Acción y efecto de cubicar.

cu·bi·ca·je [kuβicáxe] *s/m* Capacidad, cilindrada.

cu·bi·car [kuβikár] *v/tr* Medir la capacidad de un hueco o el volumen de un cuerpo en unidades cúbicas.
ORT Ante *e* la *c* cambia en *qu: Cubique.*

cú·bi·co, -a [kúβiko, -a] *adj* **1.** De forma de cubo o hexaedro. **2.** Relativo a la figura del cubo. **3.** MAT Relativo a la tercera potencia; aplicado a medidas de longitud significa un volumen igual al de un cubo que tenga la arista de esa longitud.

cu·bí·cu·lo [kuβíkulo] *s/m* Pequeño recinto que sirve de cuarto o alcoba.

cu·bier·ta [kuβjérta] *s/f* **1.** Cualquier objeto de forma adecuada para cubrir o tapar una cosa: *La cubierta de un libro.* **2.** MAR Cada uno de los suelos que dividen horizontalmente a un barco. **3.** Funda exterior de la rueda de coche, bicicleta, etc. **4.** FIG Cualquier excusa que sirve para encubrir el motivo real de algo.

cu·bier·to, (-a) [kuβjérto, (-a)] **I.** *p irreg* de *cubrir.* **II.** *adj* **1.** Se aplica a aquello que está tapado con algo. **2.** FIG Lleno de cosas. **3.** En relación a prendas de vestir, significa que lleva algo: *Iba cubierto de pieles.* **4.** Referido al cielo se usa cuando está lleno de nubes. **III.** *s/m* **1.** Techo o cubierta de cualquier tipo de construcción que resguarda de la intemperie: *El pastor lo usa para dormir bajo cubierto.* **2.** Servicio de mesa que se pone a los comensales, formado por plato, cuchillo, tenedor, cuchara, pan y servilleta. **3.** También se aplica al conjunto de cuchara, tenedor y cuchillo o a cada uno por separado. LOC **A cubierto,** bajo techumbre, protegido por algo. **A cubierto de,** FIG protegido contra algo. **Tener las espaldas cubiertas,** FIG estar a salvo de riesgo cuando se acomete determinada empresa o se está en cierta situación económica. RPr **Cubierto de.**

cu·bil [kuβíl] *s/m* Cueva o lugar cubierto y resguardado donde un animal se refugia.

cu·bi·le·te [kuβiléte] *s/m* Cubo más ancho de la boca que de la base, de diversos materiales, que se usa para mover los dados o para hacer juegos de manos.

cu·bis·mo [kuβísmo] *s/m* Movimiento artístico que se aplicó a las artes plásticas y que se ha caracterizado por el predominio de las figuras geométricas.

cu·bis·ta [kuβísta] *adj* y *s/m,f* Se aplica al artista que practica el cubismo o a lo relativo a él.

cú·bi·to [kúβito] *s/m* El hueso más grueso y largo de los dos que forman el antebrazo.

cu·bo [kúβo] *s/m* **1.** Recipiente de sección circular, más ancho por la boca que por la base, de metal, madera o plástico; tiene un asa y sirve para transportar líquidos. **2.** Pieza central en que se encajan los radios de una rueda de un carruaje, coche, etc. **3.** GEOM Figura que consiste en un cuerpo regular limitado por seis cuadrados iguales. **4.** MAT Tercera potencia de un número, que es el resultado de multiplicarlo dos veces por sí mismo.

cu·bre·ca·ma [kuβrekáma] *s/m* Prenda que se pone sobre las demás de la cama.

cu·brir [kuβrír] *v/tr* **1.** Tapar y ocultar una cosa con otra. **2.** Tapar sólo de forma incompleta la superficie de algo: *El polvo cubría los muebles.* **3.** Colocarse delante de algo, impidiendo que sea visto bien: *Las nubes cubren el sol.* **4.** Recorrer una distancia determinada: *El tren cubre la distancia Madrid-Barcelona en nueve horas.* **5.** Copular el animal macho con la hembra. **6.** FIG En periodismo, encargarse de informar debidamente sobre un asunto determinado. **7.** FIG Proteger a alguien de un peligro o riesgo determinados. RPr **Cubrir(se) con/de:** *(Se) ha cubierto con una hoja de parra. Lo han cubierto de fango.* CONJ *Irreg: Cubro, cubrí, cubriré, cubierto.*

cu·ca [kúka] *s/f* VULG Pene.

cu·ca·ña [kukáɲa] *s/f* **1.** Palo largo, untado de jabón o grasa, por el que se ha de andar o trepar, según esté colocado, para alcanzar un premio. **2.** Este juego, visto como espectáculo.

cu·ca·ra·cha [kukarátʃa] *s/f* Insecto ortóptero nocturno, que invade los hogares y devora todo tipo de alimentos.

cu·cli·llas [kuklíʎas] *adv* LOC **En cuclillas,** postura del cuerpo cuando se dobla de suerte que las asentaderas se acerquen al suelo o descansen sobre los calcañares.

cu·cli·llo [kuklíʎo] *s/m* Ave del orden de las trepadoras, de un gris azulado, cola negra y pintas blancas.

cu·co, -a [kúko, -a] *adj* **1.** Bonito, gracioso. **2.** Astuto.

cu·cú [kukú] *s/m* **1.** Onomatopeya del canto del cuclillo. **2.** Reloj de madera provisto de un pequeño cuclillo que da determinadas partes de las horas.

cu·cu·ru·cho [kukurútʃo] *s/m* **1.** Papel o cartón enrollado en forma cónica. **2.** Cualquier sombrero con esa forma.

cu·cha·ra [kutʃára] *s/f* **1.** Utensilio formado por una pieza ovalada y cóncava y un mango, hecho de diversos materiales como metal, madera, plástico, etc., que se usa para llevarse a la boca líquidos o cosas semiespesas. **2.** Cualquiera de los instrumentos que por su forma o función recuerdan a una cuchara.

cu·cha·ra·da [kutʃaráða] *s/f* Porción que cabe en una cuchara.

cu·cha·ri·lla [kutʃaríʎa] *s/f* **1.** *dim* de *cuchara;* se suele aplicar a la usada para el azúcar del café. **2.** Señuelo utilizado para pescar.

cu·cha·rón [kutʃarón] *s/m* Utensilio con mango largo y cacillo en un extremo, que se usa para servir sopa y otros manjares en la mesa.

cu·chi·che·ar [kutʃitʃeár] *v/intr* Hablar en voz muy baja, como entre dientes, o al oído de alguien, sin que los demás se enteren de lo dicho.

cu·chi·cheo [kutʃitʃéo] *s/m* Acción y efecto de cuchichear.

cu·chi·lla [kutʃíʎa] *s/f* **1.** Instrumento cortante compuesto por una lámina de metal afilada y un mango para manejarla. **2.** Hoja de afeitar.

cu·chi·lla·da [kutʃiʎáða] *s/f* Golpe o corte dado con un cuchillo, espada o cualquier otro instrumento cortante.

cu·chi·lle·ría [kutʃiʎería] *s/f* Fábrica o tienda de cuchillos.

cu·chi·lle·ro, -a [kutʃiʎéro, a] *s/m* Persona que hace o vende cuchillos.

cu·chi·llo [kutʃíʎo] *s/m* Instrumento formado por una hoja con un solo filo inserta en un mango, que sirve para cortar cosas. LOC **Pasar a cuchillo (a alguien),** dar muerte (al enemigo) vencido en un sitio o asalto.

cu·chi·pan·da [kutʃipáŋda] *s/f* FAM Reunión que celebran varias personas con el fin de comer y divertirse.

cu·chi·tril [kutʃitríl] *s/m* FAM FIG Habitación pequeña y muy desaseada; también se aplica a toda la vivienda.

cu·chu·fle·ta [kutʃufléta] *s/f* Palabras o dichos que están motivados por la burla a alguien, en tono bonachón.

cue·llo [kwéʎo] *s/m* **1.** Parte del cuerpo que une la cabeza al tronco. **2.** Parte superior y más estrecha de una vasija o recipiente similar. **3.** Parte de una prenda de vestir que rodea el cuello. LOC **Estar con el agua al cuello,** FIG estar en apuros o dificultades.

cuen·ca [kwéŋka] *s/f* **1.** Concavidad **2.** Territorio cuyas aguas fluyen todas a un mismo río, lago o mar.

cuen·co [kwéŋko] *s/m* **1.** Vasija o recipiente de diversos materiales, de forma cóncava, sin bordes ni pie. **2.** Concavidad.

cuen·ta [kwénta] *s/f* **1.** Acción y efecto de contar. **2.** Operación de sumar, restar, etc. **3.** Razón o relación de cantidades o partidas. **4.** Responsabilidad de una persona sobre algo: *El colegio de los niños es cuenta mía.* **5.** *sing* o *pl* (Con *pedir, dar*) Justificación o satisfacción que se da acerca de algo: *No tengo que dar cuenta a nadie de lo que hago.* **6.** Cualquier bola u objeto similar que se ensarta formando rosario, collar, etc. LOC **A cuenta,** a cuenta de, por adelantado. **Vivir a cuenta de,** vivir a costa de. **Dar cuenta de algo,** *1.* Informar de. *2.* Acabar con: *Dio cuenta del pastel en dos minutos. 3.* Responder sobre algo hecho: *Nos dio cuentas de los gastos e ingresos.* **Darse cuenta de algo,** percibir o percatarse de algo. **Tener en cuenta una cosa,** considerar algo a la hora de hacer un plan o de tomar una decisión. **Tomar algo en cuenta a alguien,** conceder una determinada importancia a una acción. **Caer en la cuenta,** percatarse de algo que estaba claro ya antes, pero que no había sido visto o entendido. **Traer cuenta o salir a cuenta una cosa,** convenir o valer la pena. **Por la cuenta que me trae,** por mi propia conveniencia. **Ajustar cuentas a alguien,** FIG reprender o decir a alguien todo lo que ha hecho mal. **Pedir cuentas a alguien,** exigir responsabilidades o justificación de lo que ha hecho a alguien. **En resumidas cuentas,** en resumen, a fin de cuentas.

cuen·ta·co·rren·tis·ta [kwentacorrentísta] *s/m,f* Persona que tiene cuenta corriente en una institución bancaria.

cuen·ta·go·tas [kwentaɣótas] *s/m* Utensilio que sirve para verter un líquido gota a gota. LOC **Con cuentagotas,** FIG muy poco a poco o con escasa generosidad.

cuen·ta·qui·ló·me·tros [kwentakilómetros] *s/m* Aparato que registra los quilómetros recorridos por un coche o cualquier vehículo de ruedas.

cuen·ta·rre·vo·lu·cio·nes [kwentarreβoluθjónes] *s/m* Aparato que registra el número de revoluciones de un motor, como, *por ej,* el de un coche.

cuen·te·ro, -a [kwentéro, -a] *adj* y *s/m,f* Que lleva cuentos o chismes constantemente.

cuen·tis·ta [kwentísta] **I.** *adj* y *s/m,f* **1.** Se dice del que es aficionado a contar chismes o cuentos. **2.** Se aplica al que es exagerado y amigo de fantasear. **II.** *s/m,f* Persona que escribe cuentos.

cuen·to [kwénto] *s/m* **1.** Relación de un suceso de ficción en forma de narración breve. **2.** Esta misma narración, pero escrita para un lector infantil. **3.** Invención que se cuenta como verdadera y que se refiere a uno mismo o a otros: *Siempre me cuentas cuentos.* **4.** Esta invención, cuando es maliciosa o murmuradora y embrolla una situación. **5.** Suceso que se cuenta de forma inoportuna o malintencionada: *Le faltó tiempo para irle con el cuento a su padre.* **6.** Cálculo o cuenta de una cosa: *El cuento de los años.* LOC **Dejarse de cuentos,** FIG omitir los rodeos e ir directo a la cuestión. **Ir/Venir con cuentos,** contar cosas inoportunas, malintencionadas o falsas. **Venir a cuento,** ser oportuno o necesario. **Vivir del cuento,** FIG vivir sin trabajar.

cuer·da [kwérða] *s/f* **1.** Conjunto de hilos de cáñamo, lino, esparto u otra fibra, que, retorcidos juntos, forman un solo cuerpo, más o menos largo, cilíndrico y flexible; se usa para atar, sujetar o suspender cosas. **2.** Todo hilo de metal, tripa o cualquier otro material que en un instrumento musical, al ser pulsado o tocado, produce el sonido. **3.** Cadena o cuerda que sostenía las pesas en los relojes antiguos; se usa el mismo nombre para el resorte equivalente en los modernos. **4.** GEOM Línea recta que une dos puntos de una curva. LOC **Dar cuerda a alguien,** FIG animar a alguien incitándole a continuar en la misma línea. **Ser de la misma cuerda,** tener afinidad de ideología o tendencias. **Tener mucha cuerda,** FIG resistir algo mucho tiempo.

cuer·do, -a [kwérðo, -a] *adj* y *s/m,f* **1.** Se aplica al que está en su juicio, por oposición al que está loco. **2.** Se aplica al que obra de forma sensata o razonable.

cuer·no [kwérno] *s/m* **1.** Apéndice óseo que ciertos animales, como el toro, ciervo, etc., y la mayoría de rumiantes, tienen a cada lado de la frente; en unos tiene forma curva, en otros ramificada. **2.** Protuberancia dura y puntiaguda que tiene el rinoceronte sobre la mandíbula superior. **3.** Antena que tienen ciertos insectos o animales, como, *por ej,* el caracol. **4.** Materia ósea que forma la capa exterior de los cuernos de las reses y que es usada en la fabricación de objetos. **5.** Instrumento músico de viento, de forma curva y de sonido similar al de la trompa. **6.** *pl* FIG FAM Símbolo de la infidelidad de la mujer al marido. LOC **Poner los cuernos a alguien,** engañar el marido a su mujer o viceversa. **Irse una cosa al cuerno,** malograrse algo. **Importar algo un cuerno,** no importar nada. **Mandar algo o a alguien al cuerno,** dejar de interesarse por algo o alguien. **¡Al cuerno!,** mandar al cuerno. **¡Y un cuerno!,** expresión que indica disconformidad o rechazo hacia algo que se ha dicho a uno.

cue·ro [kwéro] *s/m* **1.** Pellejo de animales como el buey, la vaca, etc., antes y después de ser curtido. **2.** En algunas partes del cuerpo humano se llama así la piel: *El cuero cabelludo.* LOC **En cueros,** completamente desnudo.

cuer·po [kwérpo] *s/m* **1.** Toda materia que existe. **2.** En el hombre y demás animales, materia orgánica que constituye sus diferentes partes. **3.** GEOM Objeto de tres dimensiones. **4.** Cadáver de una persona. **5.** Se puede aplicar a veces, en el hombre, sólo al tronco. **6.** Parte principal de una cosa. **7.** Parte de algo que puede tener independencia: *Una librería de tres cuerpos.* **8.** Colección de leyes civiles o canónicas, cuando forman una unidad. **9.** Colectividad vista con un grado de entidad determinado: *El cuerpo de la nación está en contra de ello.* **10.** Organismo de todo tipo nacido de una asociación de personas; también puede hablarse de los formados por pertenecer todos sus miembros a una categoría profesional concreta: *El cuerpo de catedráticos de instituto. El cuerpo consular.* **11.** MIL Cada unidad formada por las fuerzas que no están destinadas a la línea de fuego: *El cuerpo de granaderos.* LOC **A cuerpo,** sin ropa de abrigo. **A cuerpo de rey,** con todo regalo y comodidades. **A cuerpo descubierto,** sin protección o sin armas. **Cuerpo a cuerpo,** en las luchas, hacerlo de forma encarnizada y usando los contendientes sus propias fuerzas. **De cuerpo presente,** persona muerta, pero no enterrada. **Entregarse en cuerpo y alma a algo,** dedicarse con todo el esfuerzo posible a una tarea, consagrarse a ella. **Hacer de(l) cuerpo,** defecar. **Pedirle el cuerpo una cosa a alguien,** sentir esa persona necesidad de algo. **Tomar cuerpo una cosa,** llegar a realizarse o estar en vías de llegar a ello: *El proyecto del nuevo edificio va tomando cuerpo.* **Tener buen cuerpo,** tener buena figura o tipo.

cuer·vo [kwérβo] *s/m* Pájaro carnívoro, mayor que una paloma, de plumaje negro con reflejos metálicos, pico cónico, alas de una envergadura de un metro, y cola redondeada. LOC **Cría cuervos, y te sacarán los ojos,** alusión a la ingratitud que muestran los que devuelven males por beneficios.

cues·co [kwésko] *s/m* Hueso de algunos frutos.

cues·ta [kwésta] *s/f* Terreno, camino, calle, etc., en pendiente. LOC **(Hacerse algo) cuesta arriba,** FIG indica lo difícil que es hacer algo. **En cuesta,** en pendiente. **A cuestas,** *1.* Sobre las espaldas. 2. FIG A cargo de uno: *Yo llevo la casa a cuestas.*

cues·ta·ción [kwestaθjón] *s/f* Petición de limosnas para fines benéficos.

cues·tión [kwestjón] *s/f* **1.** Pregunta o interrogación que se propone con el fin de averiguar la verdad de algo. **2.** Asunto o tema en general: *La cuestión del paro es preocupante.* LOC **Ser cuestión de,** consistir solamente en lo que se expresa a continuación. **En cuestión de,** *1.* En materia de. *2.* En el tiempo de. **La cuestión es...,** lo único importante es...: *La cuestión es que te diviertas.*

cues·tio·na·ble [kwestjonáβle] *adj* Que se puede discutir o que es dudoso.

cues·tio·nar [kwestjonár] *v/tr* Poner en duda o controvertir un punto dudoso.

cues·tio·na·rio [kwestjonárjo] *s/m* **1.** Libro que contiene cuestiones. **2.** Lista de preguntas que se hacen a alguien con determinado fin, como, *por ej,* el de hacer una estadística o encuesta.

cue·va [kwéβa] *s/f* Cavidad subterránea natural o construida artificialmente.

cué·va·no [kwéβano] *s/m* Cesto grande y hondo, tejido de mimbre.

cui·da·do, (-a) [kwiðáðo, (-a)] **I.** *adj* Se aplica a lo que denota esmero y pulcritud. **II.** *s/m* **1.** Atención y solicitud que se pone en una tarea o acción determinadas. **2.** Temor o preocupación por si ha sucedido algo malo. LOC **Estar al cuidado de,** *1.* Encargarse de. *2.* Estar al cargo de. **Con cuidado de,** procurando que. **¡Cuidado!,** para expresar la advertencia de que se actúe con precaución.

cui·da·do·so, -a [kwiðaðóso, -a] *adj* Que hace las cosas con esmero, diligencia o atención, para hacerlas bien. RPr **(Ser) cuidadoso con/de/en:** *Cuidadoso en todo/con los libros/de su fama.*

cui·dar [kwiðár] *v/tr, intr* (Con *de)* **1.** Preocuparse por algo o alguien, de forma que nada les perjudique o que reciban un trato satisfactorio: *Cuida de la hacienda.* **2.** Poner atención o estar alerta en relación a los peligros que suponen algo o alguien: *Que cuide con lo que hace, porque puede meter la pata.* LOC **Cuida que no...,** ten cuidado de que no. RPr **Cuidar(se) de. Cuidar con.**

cui·ta [kwíta] *s/f* Pena o preocupación que aflige a uno.

cui·ta·do, -a [kwitáðo, -a] *adj* y *s/m,f* Que está apenado o afligido.

cu·la·ta [kuláta] *s/f* **1.** Parte posterior de la caja de un arma de fuego. **2.** MEC Pieza metálica que se ajusta al bloque de los motores de explosión y cierra los cilindros. LOC **Salir el tiro por la culata,** tener algo efectos contrarios a lo que se deseaba.

cu·la·ta·zo [kulatáθo] *s/m* Golpe dado con la culata de un arma.

cu·le·bra [kuléβra] *s/f* Nombre dado a un tipo de serpiente pequeña, de piel pintada simétricamente y de diversos colores.

cu·le·bre·ar [kuleβreár] *v/intr* Andar o moverse zigzagueando.

cu·le·bri·na [kuleβrína] *s/f* Pieza de artillería, larga y de poco calibre.

cu·le·ra [kuléra] *s/f* Remiendo, desgaste o señal que está en la parte de los pantalones o faldas que cubre las nalgas.

cu·li·na·rio, -a [kulinárjo, -a] *adj* Del arte de cocinar.

cul·mi·na·ción [kulminaθjón] *s/f* Acción y efecto de culminar.

cul·mi·nan·te [kulminánte] *adj* Se aplica a la parte que más sobresale de algo o al momento en que algo o alguien llega a su máximo esplendor.

cul·mi·nar [kulminár] *v/intr* **1.** Llegar una cosa al punto máximo de su desarrollo, posibilidades o trayectoria. **2.** FIG Acabar una cosa en algo que supone un remate o perfeccionamiento de ella. RPr **Culminar con/en:** *Culminar con una desgracia/en una apoteosis.*

cu·lo [kúlo] *s/m* **1.** Forma vulgar de llamar a la parte posterior de las personas, o también de los cuadrúpedos. **2.** Suele aplicarse al fondo de una botella o vasija. **3.** En lenguaje poco preciso, se usa para hablar del ano. LOC **Ir de culo,** FIG FAM ir muy apurado en el trabajo o en la vida diaria por exceso de ocupaciones. **¡(Ir) a tomar por el culo!,** ARG frase que expresa rechazo y desprecio o bien que algo se ha malogrado.

cu·lón, -na [kulón, -na] *adj* VULG Que tiene las nalgas muy grandes.

cul·pa [kúlpa] *s/f* **1.** Falta o error cometido por alguien, voluntaria o involuntariamente. **2.** Responsabilidad de haber cometido un acto delictivo de forma voluntaria y consciente.

cul·pa·bi·li·dad [kulpaβiliðáð] *s/f* Calidad del que es culpable.

cul·pa·ble [kulpáβle] *adj* y *s/m,f* **1.** Autor de un hecho que ha provocado una situación de perjuicio para alguien. **2.** Se aplica también a un hecho o situación que constituye una falta.

cul·par [kulpár] *v/tr* Atribuir a alguien la culpa de algo. RPr **Culpar de/por:** *La culpan de homicida. Estás culpándolo por lo que no ha hecho.*

cul·te·ra·nis·mo [kulteranísmo] *s/m* Forma de expresarse o expresar los conceptos no con naturalidad o sencillez, sino con riqueza de imágenes, distorsiones sintácticas violentas y léxico rebuscado.

cul·te·ra·no, -a [kulteráno, -a] *adj* y *s/m,f* Relativo al culteranismo.

cul·tis·mo [kultísmo] *s/m* Palabra culta o expresión de origen culto que se incorpora a un idioma.

cul·ti·va·dor, -ra [kultiβaðór, -ra] *adj* y *s/m,f* Se aplica al que o a lo que cultiva.

cul·ti·var [kultiβár] *v/tr* **1.** Dar a la tierra y a las plantas el trato necesario para que fructifiquen. **2.** FIG Cuidar de que una amistad, conocimiento, trato, etc., no se pierda, sino que se mantenga y siga creciendo. **3.** FIG Tratándose de artes, ciencias, etc., practicarlas o ejercitarlas.

cul·ti·vo [kultíβo] *s/m* Acción y efecto de cultivar.

cul·to, (-a) [kúlto, (-a)] **I.** *adj* **1.** Tratándose de personas, se aplica a los que poseen los conocimientos que proporciona una instrucción elevada. **2.** Referido al lenguaje, textos, espectáculos, etc., alude a un origen opuesto al de lo popular y a unos rasgos adquiridos de la cultura elevada. **3.** Hablando de tierras, que ha sido cultivado. **II.** *s/m* **1.** Respeto y veneración que se tributan a un dios o a Dios y a otras personas del catolicismo. **2.** Conjunto de ritos o ceremonias con los que en los templos se exterioriza esta veneración. RPr **Culto a.**

cul·tu·ra [kultúra] *s/f* **1.** Conjunto de conocimientos adquiridos por una persona a través del estudio o del trato social. **2.** Conjunto de actividades de una sociedad, consideradas globalmente.

cul·tu·ral [kulturál] *adj* De la cultura.

cul·tu·ri·za·ción [kulturiθaθjón] *s/f* Acción y efecto de culturizar.

cul·tu·ri·zar [kulturiθár] *v/tr* Civilizar a alguien asimilándole a una cultura determinada.
ORT Ante *e* la *z* cambia en *c: Culturice.*

cum·bre [kúmbre] *s/f* **1.** Parte más elevada de una montaña. **2.** FIG El punto o grado más alto de la evolución de algo. **3.** FIG Reunión de los representantes de las naciones más poderosas del globo para discutir temas políticos importantes.

cum·ple·a·ños [kum̪pleáɲos] *s/m* Aniversario del nacimiento de una persona.

cum·pli·do, (-a) [kum̪plíðo, (-a)] **I.** *adj* **1.** Que ha sido acabado. **2.** Que tiene todas las cualidades de aquello que se expresa. **3.** Se dice del que cumple con escrupulosidad las normas sociales. **II.** *s/m* **1.** Acción obsequiosa que se realiza para ser amable con alguien. **2.** Alabanza o elogio de alguien o de algo.

cum·pli·doȓ, -ra [kum̪pliðór, -ra] *adj* y *s/m,f* Se aplica al que cumple con su obligación debidamente o que cumple con las normas sociales.

cum·pli·men·tar [kum̪plimen̪tár] *v/tr* **1.** Felicitar a alguien por algo que ha realizado o hacerle una visita de cortesía. **2.** Cumplir una orden, mandato o diligencia.

cum·pli·mien·to [kum̪plimjén̪to] *s/m* Acción y efecto de cumplir(se).

cum·plir [kum̪plír] **I.** *v/tr* **1.** Ejecutar o realizar algo. **2.** Obrar en consonancia con un reglamento o legislación determinados. **3.** Hablando de edad, significa llegar al número de años, semanas, etc., que expresa. **II.** *v/intr* **1.** Realizar uno su deber o, en términos más generales, lo que se espera que haga. **2.** Finalizar alguien el servicio militar. **3.** Ser el día o momento en que un plazo se acaba. LOC. **Por cumplir,** por mera cortesía: *Lo hicimos por cumplir.* RPr **Cumplir con:** *Cumplir con la Iglesia.*

cú·mu·lo [kúmulo] *s/m* **1.** Amontonamiento de gran cantidad de cosas. **2.** METEOR Conjunto de nubes, propias del verano, que suelen ser blancas, redondeadas.

cu·na [kúna] *s/f* **1.** Cama pequeñita para niños, con bordes altos y que a veces puede mecerse. **2.** FIG Orígenes o parentesco de una persona: *Es de cuna humilde.* **3.** FIG Lugar de nacimiento de alguien o de algo: *París fue la cuna del cubismo.*

cun·dir [kun̪dír] *v/intr* **1.** Extenderse y ocupar cada vez más espacio. **2.** FIG Dar rendimiento una tarea o actividad: *Esta semana el trabajo no me ha cundido.*

cu·nei·for·me [kuneifórme] *adj* Que tiene forma de cuña.

cu·ne·ta [kunéta] *s/f* Zanja que hay a cada lado de un camino o carretera y que recoge las aguas de lluvia.

cu·ni·cul·tu·ra [kunikul̪túra] *s/f* Cría del conejo para su aprovechamiento.

cu·ña [kúɲa] *s/f* Pieza de madera o metal, terminada en ángulo diedro o muy agudo; sirve para cortar cuerpos, ajustar uno con otro o llenar una raja o hueco de modo que algo quede fijo.

cu·ña·do, -a [kuɲáðo, -a] *s/m,f* Respecto de alguien, el cónyuge de un hermano o hermana suyos o un hermano o hermana de su cónyuge.

cu·ño [kúɲo] *s/m* **1.** Pieza de acero con que se acuñan las monedas, medallas o cosas semejantes. **2.** Sello para imprimir y diseño que hay en él. **3.** Acción de acuñar.

cuo·ta [kwóta] *s/f* Cantidad asignada a cada contribuyente para que sea pagada como parte correspondiente del total de los gastos de una colectividad.

cu·pé [kupé] *s/m* Coche cerrado, por lo general de dos plazas.

cu·plé [kuplé] *s/m* Cancioncilla ligera que se canta en teatros de variedades y espectáculos semejantes.

cu·ple·tis·ta [kupletísta] *s/f* Artista que canta cuplés.

cu·po [kúpo] *s/m* Parte asignada con que se contribuye al mantenimiento de algo.

cu·pón [kupón] *s/m* **1.** Cada una de las partes de un documento de la deuda pública o de un título o acción de una empresa privada, las cuales se van cortando a medida que van venciendo los intereses. **2.** En general, cualquier tira de papel que se usa para participar en una rifa, sorteo, etc.

cú·pri·co, -a [kúpriko, -a] *adj* Relativo al cobre.

cu·prí·fe·ro, -a [kuprífero, -a] *adj* Que contiene cobre.

cú·pu·la [kúpula] *s/f* Bóveda semiesférica con que suele cubrirse un edificio o parte de él.

cu·ra [kúra] **I.** *s/m* Sacerdote católico. **II.** *s/f* **1.** Acción y efecto de curar. **2.** Procedimiento seguido para la cura.

cu·ra·ble [kuráβle] *adj* Que puede ser curado.

cu·ra·ción [kuraθjón] *s/f* Acción y efecto de curar(se).

cu·ra·do, -a [kuráðo, -a] *adj* **1.** Que ha experimentado una curación. **2.** Se aplica a los alimentos que han sido puestos a salar, ahumar, etc., con el fin de ser conservados. **3.** FIG (Seguido de *de*) Se aplica al que está acostumbrado a algo de forma total: *Está curado de espantos.*

cu·ra·lo·to·do [kuralotóðo] *s/m* FAM Medicina o remedio del que se asegura que puede curarlo todo.

cu·ran·de·ro, -a [kuran̪déro, -a] *s/m,f* Persona que en nuestra sociedad ejerce de médico sin serlo.

cu·rar [kurár] *v/tr, intr* **1.** Aplicar a un enfermo el tratamiento que requiere su enfermedad hasta que ésta acaba. **2.** Hablando de carnes y pescados, prepararlos por medio de la sal, el humo, etc., para que pierdan la humedad y se conserven largo tiempo. **3.** Curtir y preparar las pieles para usos industriales. **4.** Secar o preparar cualquier cosa para su conservación. RPr **Curar a:** *Este salmón está curado al humo.* **Curar(se) de:** *Lo han curado de tuberculosis.*

cu·ra·sao [kurasáo] *s/m* Licor fabricado con corteza de naranja y otros ingredientes.

cu·ra·ti·vo, -a [kuratíβo, -a] *adj* Se dice de lo que sirve para curar.

cu·ra·to [kuráto] *s/m* Cargo de párroco.

cur·do, -a [kúrðo, -a] *adj* y *s/m,f* De Curdistán.

cu·ria [kúrja] *s/f* **1.** Conjunto de abogados, procuradores y demás funcionarios empleados en la administración de justicia. **2.** Tribunal en que se tratan los contenciosos.

cu·rio·se·ar [kurjoseár] *v/tr, intr* Interesarse de forma entrometida o impertinente por las cosas de los demás, metiéndose donde no debe.

cu·rio·si·dad [kurjosiðáð] *s/f* **1.** Cualidad de curioso. **2.** Deseo excesivo por conocer detalles o asuntos ajenos. **3.** Objeto o costumbre poco corrientes: *Una de las curiosidades del lugar es la gruta con pinturas rupestres.* **4.** Costumbre de limpiar todo con esmero: *Todo lo hace con curiosidad, es muy limpia.*

cu·rio·so, -a [kurjóso, -a] **I.** *adj* y *s/m,f* Que siente curiosidad por lo ajeno. **II.** *adj* **1.** Que despierta curiosidad. **2.** Que gusta de asearlo todo o de asearse. **3.** Que siente curiosidad por saber de cierta materia o por aprender muchas cosas. LOC **Estar curioso por,** sentir curiosidad por. RPr **Curioso por/de:** *Curioso de noticias.*

cu·rran·te [kurrá̱nte] *adj* y *s/m,f* FAM Que trabaja para ganarse la vida.

cu·rrar [kurrár] *v/intr* FAM Trabajar.

cu·rri·cán [kurrikán] *s/m* Aparejo de pesca de un solo anzuelo.

cu·rri·cu·lum vi·tae [kurríkulum/-n bít(a)e] *s/m* Relación de los títulos, honores, cargos, trabajos realizados, datos biográficos, etc., de una persona, que se presenta para aspirar a determinada pretensión.

cur·sa·do, -a [kursáðo, -a] *adj* **1.** Tratándose de mensajes, cartas, etc., que ha sido dirigido o enviado. **2.** Se aplica al que está acostumbrado a algo o es experto en ello: *Es una chica muy cursada en idiomas.* RPr **Cursado en (2).**

cur·sar [kursár] *v/tr* **1.** Hacer que algo llegue a su destino. **2.** Estudiar determinada materia: *Está cursando árabe en la universidad.*

cur·si [kúrsi] **I.** *adj* y *s/m,f* Se aplica al que está pretendiendo ser refinado, exquisito, elegante, etc., cuando en realidad no lo es y hace el ridículo. **II.** *adj* Se aplica a lo que resulta excesivamente afectado o de mal gusto.

cur·si·la·da [kursiláða] *s/f* Acción propia del que es cursi.

cur·si·le·ría [kursilería] *s/f* Calidad de cursi. **2.** Acto propio del que es cursi: *Acabas de decir una verdadera cursilería.*

cur·si·llis·ta [kursiʎísta] *s/m,f* Persona que sigue o asiste a un cursillo.

cur·si·llo [kursíʎo] *s/m* **1.** Serie de conferencias sobre un tema determinado. **2.** También se aplica al curso breve que se sigue para practicar un arte, actividad, idioma, etc.

cur·si·vo, -a [kursíβo, -a] **I.** *adj* Se aplica al tipo de escritura que, por ser muy ligada, parece haberse hecho aprisa. **II.** *s/f* Letra o escritura cursiva, que imita la manuscrita.

cur·so [kúrso] *s/m* **1.** Dirección que sigue una cosa en su movimiento. **2.** FIG Rumbo que toma una acción determinada: *El curso de los acontecimientos se fue agravando.* **3.** Transcurso de un plazo de tiempo que se expresa: *Acabé de escribirlo en el curso de dos semanas.* **4.** Circulación de algo que pasa de unos a otros. **5.** Serie de informes, consultas, etc., que precede a la resolución de un expediente: *Su expediente está en curso.* **6.** En una universidad o centro docente, tiempo que transcurre desde el comienzo de las clases de un año académico hasta que se acaban. **7.** Serie de enseñanzas sobre una misma materia que se engloban unitariamente a lo largo de un curso en un número de clases: *Un curso de anatomía/de matemáticas.* LOC **Dar curso,** *1.* Tramitar. *2.* FIG Dejar en libertad: *Dio curso a su irritación.* **Dejar que las cosas sigan su curso,** optar por desentenderse de algo.

cur·ti·do, (-a) [kurtíðo, (-a)] **I.** *adj* **1.** Tratándose de pieles, que han sido tratadas o secadas. **2.** FIG Se aplica a aquel que está acostumbrado a todo tipo de cosas, especialmente a los trabajos duros o penosos. **II.** *s/m* Cuero curtido, piel.

cur·ti·dor, -ra [kurtiðór, -ra] *adj* y *s/m,f* Se aplica al que o a lo que curte.

cur·tir [kurtír] *v/tr* **1.** Tratar las pieles de los animales de modo tal que puedan ser usadas con algún fin. **2.** Someter la piel del cuerpo a la acción de la intemperie: *He curtido mi espalda trabajando en la construcción.* **3.** FIG Acostumbrar a alguien a todo tipo de dificultades, tanto físicas como morales.

cur·va [kúrβa] *s/f* **1.** Línea curva. **2.** Parte curva de algo, como un camino, vía férrea, carretera, etc. **3.** Forma curva de algún cuerpo; también de una persona: *¡Vaya curvas que tiene la moza!* **4.** Representación esquemática en un gráfico que recoge las distintas frases de un proceso por medio de una línea que une los valores dados a esas frases: *Una curva de temperatura.*

cur·var [kurβár] *v/tr* Dar forma curva a algo.

cur·va·tu·ra [kurβatúra] *s/f* Calidad de curvo.

cur·vi·lí·neo, -a [kurβilíneo, -a] *adj* Que tiene líneas curvas.

cur·vo, -a [kúrβo, -a] *adj* **1.** Hablando de líneas, que se aparta de la dirección recta sin formar ángulo. **2.** Tratándose de superficies, que se aparta de la forma plana sin formar arista.

cus·cu·rro [kuskúrro] *s/m* Punta de una barra de pan, muy cocida.

cus·cús [kuskús] *s/m* Sémola y guiso basado en ella.

cús·pi·de [kúspiðe] *s/f* **1.** Parte más alta de una montaña, pirámide, etc. **2.** FIG Situación máxima de un proceso o evolución: *Estaba en la cúspide de su carrera cuando se retiró.*

cus·to·dia [kustóðja] *s/f* **1.** Acción y efecto de custodiar. **2.** Pieza de oro, plata u otro metal, en que se expone el Santísimo Sacramento a la veneración pública. LOC **Estar bajo la custodia de alguien,** estar a los cuidados de alguien.

cus·to·diar [kustoðjár] *v/tr* Tener alguien bajo su vigilancia una cosa o persona: *Los guardias la custodiaban.*

cus·to·dio [kustóðjo] *adj* y *s/m* Se aplica al que custodia.

cu·tá·neo, -a [kutáneo, -a] *adj* Del cutis: *Una erupción cutánea.*

cu·tí·cu·la [kutíkula] *s/f* Membrana que envuelve algo, sobre todo la que recubre la dermis, también llamada epidermis.

cu·tis [kútis] *s/m* Piel que recubre el cuerpo humano; se usa para hablar de la del rostro casi siempre.

cu·yo, -a [kúJo, -a] *adj relativo* De quien, del o de la que, de los o de las que: *La persona cuya historia te conté me ha hecho un regalo.* Concuerda con el nombre al que antecede.

cuz·co [kúθko] *s/m* Perro pequeño.

ch [tʃé] *s/f* Cuarta letra del abecedario español.

cha·ba·ca·na·da [tʃaβakanáða] *s/f* Acción o dicho de mal gusto.

cha·ba·ca·ne·ría [tʃaβakanería] *s/f* **1.** Cualidad de lo que o del que es chabacano. **2.** Acción chabacana.

cha·bo·la [tʃaβóla] *s/f* Casucha o construcción miserable, generalmente en el campo o las afueras de una gran ciudad.

cha·bo·lis·mo [tʃaβolísmo] *s/m* Forma de vida altamente degradada, en chabolas, generalmente alrededor de las ciudades.

cha·cal [tʃakál] *s/m* Mamífero carnicero, intermedio entre el lobo y la zorra, con el color y la forma de uno y la cola de la otra; vive en las regiones templadas de Asia y África y en manada suele ir en busca de carne muerta para alimentarse.

cha·ci·na [tʃaθína] *s/f* **1.** Carne salada para su conservación. **2.** Carne de cerdo preparada para hacer embutidos.

cha·ci·ne·ría [tʃaθinería] *s/f* **1.** Fabricación de embutidos y conservas de carne. **2.** Tienda donde se vende chacina.

cha·ci·ne·ro, -a [tʃaθinéro, -a] *s/m,f* Persona que hace o vende chacina.

cha·co·lí [tʃakolí] *s/m* Vino del norte de España; es ligero y algo agrio.

cha·co·lo·te·ar [tʃakoloteár] *v/intr* Hacer ruido la herradura por estar suelta o faltarle clavos; *por ext,* se aplica a otros ruidos semejantes.

cha·co·na [tʃakóna] *s/f* Baile de los s. XVI y XVII, que se ejecutaba con castañuelas y coplas.

cha·co·ta [tʃakóta] *s/f* Jolgorio y bullicio con que se celebra algo.

cha·co·te·ar·se [tʃakoteárse] *v/*REFL (-SE) Burlarse de algo o alguien.

cha·cra [tʃákra] *s/f* Nombre dado a las alquerías o granjas de poca extensión en Hispanoamérica.

cha·cha [tʃátʃa] *s/f* FAM **1.** Aféresis de 'muchacha', referido a la de servicio doméstico. **2.** Mujer al cuidado de los niños pequeños.

cha·cha·chá [tʃatʃatʃá] *s/m* Baile de origen mejicano, mezcla de rumba y mambo.

chá·cha·ra (tʃátʃara] *s/f* Conversación sin sustancia y muy ruidosa. *(Andar/Estar de cháchara).*

cha·cha·re·ar [tʃatʃareár] *v/intr* Hablar mucho y tontamente.

cha·far [tʃafár] *v/tr* **1.** Aplastar una cosa que está erguida. **2.** Arrugar una prenda de ropa. **3.** FIG Abatir o desmoralizar a alguien: *Lo que acabas de decirme me ha chafado mucho.* **4.** FIG Estropear unos planes o proyectos.

cha·fa·rri·na·da [tʃafarrináða] *s/f* Borrón o mancha que desluce una cosa.

cha·fa·rri·nón [tʃafarrinón] *s/m* **1.** Mancha o borrón que estropea algo. **2.** Pintura o cuadro muy malo.

cha·flán [tʃaflán] *s/m* **1.** Plano o cara que resulta en un objeto al cortar verticalmente una de sus aristas o esquinas. **2.** Fachada que en un edificio sustituye a una esquina.

chal [tʃál] *s/m* Prenda que usan las mujeres, de lana o seda, para cubrirse los hombros o de adorno.

cha·la·do, -a [tʃaláðo, -a] *adj* **1.** Se aplica al que comete extravagancias o imbecilidades. **2.** FAM Muy enamorado: *Está chalado por su profesora.* RPr **Chalado por.**

cha·lán, -na [tʃalán, -na] *adj* y *s/m,f* Que trata en compras y ventas, especialmente de caballos, y lo hace con astucia.

cha·la·ne·ar [tʃalaneár] *v/intr* Tratar los negocios con astucia para poder sacar provecho.

cha·la·neo [tʃalanéo] *s/m* Acción y efecto de chalanear.

cha·la·ne·ría [tʃalanería] *s/f* Artificios y astucias de que se valen los chalanes para vender y comprar.

cha·lar [tʃalár] *v/tr* **1.** Trastornar el juicio a alguien. **2.** Gustar una cosa mucho a alguien: *Las sardinas fritas me chalan.* RPr **Chalarse por.**

cha·lé o **cha·let** [tʃalé(t)] *s/m* Vivienda unifamiliar rodeada de jardín.

cha·le·co [tʃaléko] *s/m* Prenda sin mangas que se ajusta al cuerpo y que en el traje del hombre forma un terno con el pantalón y la chaqueta.

cha·li·na [tʃalína] *s/f* Corbata ancha que se ata con lazadas y de caídas largas.

cha·lu·pa [tʃalúpa] *s/f* Embarcación pequeña, con cubierta y dos palos para velas.

cha·ma·co, -a [tʃamáko, -a] *s/m,f* Nombre de origen americano usado para referirse a los muchachos o niños.

cha·ma·ri·le·ar [tʃamarileár] *v/tr* Comerciar o intercambiar cosas de modo poco formal.

cha·ma·ri·leo [tʃamariléo] *s/m* Acción de chamarilear.

cha·ma·ri·le·ro, -a [tʃamariléro, -a] *s/m,f* Persona que se dedica a comprar y vender cosas viejas.

cha·ma·rra [tʃamárra] *s/f* Especie de zamarra de paño burdo.

cha·ma·rre·ta [tʃamarréta] *s/f* Chaqueta que no ajusta al cuerpo, abierta por delante, que llega hasta poco más abajo de la cintura.

cham·ba [tʃámba] *s/f* FAM Circunstancia imprevisible que favorece a uno.

cham·be·lán [tʃambelán] *s/m* Persona notable que acompañaba al rey.

cham·ber·go [tʃambérγo] *s/m* Sombrero de copa acampanada, ala ancha, levantada por un lado, y adornado con plumas y cintitas.

cham·bón, -na [tʃambón, -na] *adj* y *s/m,f* FAM **1.** Persona con poca habilidad. **2.** También se aplica a aquel que, sin ser hábil, tiene suerte.

cham·bra [tʃámbra] *s/f* Prenda de ropa interior, de mujer o de niño, que cubre la parte superior del cuerpo, pero sin ajustarse.

cha·me·lo·te [tʃamelóte] *s/m* Tejido recio de pelo de camello o de cabra, que también se hace a veces con lana sola.

cha·mi·zo [tʃamíθo] *s/m* **1.** Leño o árbol chamuscado o medio quemado. **2.** Choza con techo de pajas.

cham·pán [tʃampán] *s/m* Vino blanco, espumoso, llamado así por tener su origen en Champagne, Francia.

cham·pa·ña [tʃampáɲa] *s/m* Champán.

cham·pi·ñón [tʃampiɲón] *s/m* Cierta variedad de seta comestible.

cham·pú [tʃampú] *s/m* Cualquier jabón líquido especial para el lavado del pelo.

cha·mus·ca·do, (-a) [tʃamuskáðo, (-a)] *adj* Parcialmente quemado.

cha·mus·car [tʃamuskár] *v/tr,* REFL (-SE) Quemar(se) por la parte exterior o por las puntas: *Se chamuscó los bigotes.*

cha·mus·qui·na [tʃamuskína] *s/f* Acción y efecto de chamuscar(se). LOC **Oler a chamusquina,** sospechar que va a ocurrir algo: *La vuelta anticipada del Gobierno me huele a chamusquina.*

chan·ce·ar [tʃanθeár] *v/intr,* REFL (-SE) Hacer bromas. RPr **Chancearse de.**

chan·ce·ro, -a [tʃanθéro, -a] *adj* Aficionado a chancear.

chan·ci·lle·ría [tʃanθiʎería] *s/f* Antiguo tribunal superior de justicia.

chan·cla [tʃáŋkla] *s/f* Zapato con el contrafuerte doblado de tal modo que se lleva bajo el talón.

chan·cle·ta [tʃaŋkléta] *s/f* Tipo de zapatilla sin talón, abierta.

chan·cle·te·ar [tʃaŋkleteár] *v/intr* Andar en chancletas o hacer el ruido que se hace al andar así.

chan·clo [tʃáŋklo] *s/m* **1.** Calzado de madera con suela gruesa, que sirve para preservarse de la humedad y el fango. **2.** Calzado de goma o caucho que se pone sobre el otro calzado para protegerlo de la lluvia o el barro.

chan·cro [tʃáŋkro] *s/m* Úlcera contagiosa de origen sifilítico.

chan·cho, -a [tʃántʃo, -a] *s/m,f* En Hispanoamérica, cerdo.

chan·chu·lle·ro, -a [tʃantʃuʎéro, -a] *adj* y *s/m,f* Que gusta de hacer chanchullos.

chan·chu·llo [tʃantʃúʎo] *s/m* Acto o maniobra realizados por una o varias personas con el fin de beneficiarse a sí mismas, pero sin escrúpulos sobre lo que ello pueda suponer de perjuicio para los demás.

chan·dal [tʃándal] *s/m* Especie de jersey holgado, o jersey y pantalón, usado como prenda cómoda para deporte, estar en casa, etc.

chan·fai·na [tʃamfáina] *s/f* Guiso hecho de entrañas de reses.

chan·que·te [tʃaŋkéte] *s/m* Pescado sumamente pequeño, semejante a la cría del boquerón, que se come frito.

chan·ta·je [tʃantáxe] *s/m* Amenaza de daño o difamación pública a que se somete a una persona con el fin de obtener dinero o favores de ella.

chan·ta·je·ar [tʃantaxeár] *v/tr* Hacer chantaje.

chan·ta·jis·ta [tʃantaxísta] *s/m,f* Persona que hace chantaje.

chan·tre [tʃántre] *s/m* Canónigo de las catedrales a quien correspondía cuidarse del canto en el coro.

chan·za [tʃánθa] *s/f* Cosa que se dice para reírse de alguien.

cha·pa [tʃápa] *s/f* Lámina delgada de material duro, especialmente metal, que se usa en la industria.

cha·pa·do, (-a) [tʃapáðo, (-a)] **I.** *adj* **1.** Se aplica a aquello que está cubierto de chapa. **2.** (Con *a)* FIG Se dice de aquel que tiene determinadas costumbres o ideas: *Es un hombre chapado a la antigua.* **II.** *s/m* Chapa que recubre una cosa: *Un reloj con un chapado de oro.*

cha·pa·le·ar [tʃapaleár] *v/intr* Hacer ruido en el agua, al agitarla con pies o manos.

cha·pa·leo [tʃapaléo] *s/m* Acción y efecto de chapalear.

cha·par [tʃapár] *v/tr* Recubrir una cosa con chapa(s) o con una capa de metal precioso. RPr **Chapar de/con.**

cha·pa·rro [tʃapárro] *s/m* Persona baja y rechoncha.

cha·pa·rrón [tʃaparrón] *s/m* Lluvia fuerte que dura poco rato.

cha·pe·ar [tʃapeár] *v/tr* Chapar.

cha·pe·tón, -na [tʃapetón, -na] *adj* y *s/m,f* Se dice del europeo recién llegado a América del Sur.

cha·pín [tʃapín] *s/m* Cierto calzado de suela gruesa de corcho, usado antiguamente por las mujeres.

cha·pis·ta [tʃapísta] *s/m* Persona que trabaja la chapa.

cha·pis·te·ría [tʃapistería] *s/f* **1.** Taller donde se trabaja la chapa. **2.** Arte de trabajar la chapa.

cha·pi·tel [tʃapitél] *s/m* Remate de las torres de edificios, con forma piramidal.

cha·pó [(t)ʃapó] *s/m* Cierta clase de juego de billar. **¡Chapó!,** FAM expresión de admiración con que se alude al acto de quitarse el sombrero ante algo.

cha·po·te·ar [tʃapoteár] *v/intr* Hacer ruido en el agua al agitarla con pies o manos; también se puede aplicar al ruido que se hace en el fango al caminar sobre él.

cha·po·teo [tʃapotéo] *s/m* Acción y efecto de chapotear.

cha·pu·ce·ar [tʃapuθeár] *v/tr, intr* Hacer un trabajo aprisa y mal.

cha·pu·ce·ría [tʃapuθería] *s/f* Trabajo hecho aprisa y mal.

cha·pu·ce·ro, -a [tʃapuθéro, -a] **I.** *adj* y *s/m,f* **1.** Se aplica al que trabaja mal y aprisa. **2.** FIG Dícese del que engaña o miente. **II.** *adj* Se aplica al trabajo mal hecho: *¡Qué obra tan chapucera tiene esta casa!*

cha·pu·rrar [tʃapurrár] *v/tr* Hablar mal un idioma extranjero.

cha·pu·rre·ar [tʃapurreár] *v/tr, intr* Chapurrar.

cha·pu·za [tʃapúθa] *s/f* Trabajo hecho mal y aprisa.

cha·pu·zar [tʃapuθár] *v/tr* Meter a alguien o algo en el agua de golpe o de cabeza.
ORT Ante *e* la *z* cambia en *c: Chapucen.*

cha·pu·zón [tʃapuθón] *s/m* Acción y efecto de chapuzar(se).

cha·qué [tʃaké] *s/m* Prenda semejante a una levita, con faldones abiertos y que van estrechándose hacia atrás, acabando en cola; se usa para ceremonias.

cha·que·ta [tʃakéta] *s/f* Prenda de vestir con mangas, que cubre el cuerpo hasta el comienzo de los muslos. LOC **Cambiar de chaqueta,** FIG FAM cambiar de opiniones o de partido político con facilidad.

cha·que·te·ar [tʃaketeár] *v/intr* Cambiar de ideas o de partido político por interés y con excesiva veleidad.

cha·que·te·ro, -a [tʃaketéro, -a] *adj* FAM Que cambia de ideología o partido político según le conviene.

cha·que·ti·lla [tʃaketíʎa] *s/f* Prenda más corta que la chaqueta, pero similar a ella; suele tener algún adorno.

cha·que·tón [tʃaketón] *s/m* Prenda de abrigo intermedio entre la chaqueta y el abrigo.

cha·ra·da [tʃaráða] *s/f* Juego o pasatiempo que consiste en adivinar una palabra, de la cual se da el significado y sus distintas sílabas, aunque en orden trastocado con el fin de despistar.

cha·ran·ga [tʃaráŋga] *s/f* Música militar de las unidades que sólo tienen instrumentos de viento y de metal; *por ext,* se aplica a cualquier tipo de música, con cierto matiz peyorativo.

char·ca [tʃárka] *s/f* Charco grande o laguna pequeña, que se forma de manera natural o artificial.

char·co [tʃárko] *s/m* Agua que se deposita en una cavidad u hoyo del terreno o piso.

char·cu·te·ría [tʃarkutería] *s/f* **1.** Arte y práctica de hacer embutidos. **2.** Tienda en que se venden embutidos y también algún otro tipo de comestibles.

char·cu·te·ro, -a [tʃarkutéro, -a] *s/m,f* Persona que se dedica a la charcutería o tiene una.

char·la [tʃárla] *s/f* **1.** Acción de charlar. **2.** Conversación o conferencia de poca trascendencia.

char·lar [tʃarlár] *v/intr* Hablar dos o más personas entre sí sobre temas poco trascendentes.

char·la·tán, -na [tʃarlatán, -na] **I.** *adj* y *s/m,f* **1.** Se aplica al que habla excesivamente. **2.** Dícese del que habla sin discreción de cosas que no debiera mencionar. **II.** *s/m* Se aplica al que vende una mercancía por las calles o pregonando algo a voces y hablando mucho de ella.

char·la·ta·ne·ría [tʃarlatanería] *s/f* Calidad de charlatán.

char·lo·ta·da [tʃarlotáða] *s/f* Corrida taurina bufa.

char·ne·la [tʃarnéla] *s/f* Objeto formado por dos planchas de metal o de otra materia, que se coloca en el marco y las hojas de las puertas y ventanas y sirve para articular a éstas.

cha·rol [tʃaról] *s/m* **1.** Sustancia lustrosa que se adhiere al cuerpo al cual se aplica. **2.** Cuero revestido de este barniz.

cha·ro·lar [tʃarolár] *v/tr* Recubrir un objeto con charol.

cha·rre·te·ra [tʃarretéra] *s/f* Divisa militar de oro, plata o seda, etc., de forma de pala, que se coloca en el hombro y de la cual cuelga un fleco.

cha·rro, -a [tʃárro, -a] **I.** *adj* y *s/m,f* **1.** Se aplica a los oriundos de la provincia de Salamanca. **2.** Dícese del que es basto o rústico. **II.** *adj* Aplicado a objetos o prendas de vestir, que tiene demasiados adornos o colores excesivamente vistosos y llamativos.

chár·ter [tʃárter] *adj* ANGL Se dice del vuelo en línea no regular.

cha·rrúa [tʃarrúa] *s/f* Embarcación pequeña que servía para remolcar a otras mayores.

chas [tʃás] *sonido onomat* Se usa para imitar el ruido que producen ciertas cosas, como, *por ej,* una bofetada.

chas·ca [tʃáska] *s/f* Leña menuda procedente de la poda de los árboles o arbustos.

chas·car [tʃaskár] *v/intr* **1.** Hacer un ruido seco, o chasquido, al separar bruscamente la lengua del paladar o al sacudir un látigo. **2.** Chasquear la madera.
ORT Ante *e* la *c* cambia en *qu: Chasque.*

chas·ca·rri·llo [tʃaskarríʎo] *s/m* Frase que contiene un chiste o también una anécdota o cuentecillo graciosos.

chas·co [tʃásko] *s/m* **1.** Broma o acto que causa en el destinatario una impresión de desagrado o sorpresa. **2.** Impresión de desagrado o sorpresa que se tiene al suceder algo muy distinto o contrario a lo que se esperaba.

cha·sis [tʃásis] *s/m* Estructura o armazón que sostiene algo, en especial lo que sostiene la carrocería de los vehículos o vagones, etc.

chas·que·ar [tʃaskeár] *v/tr, intr* **1.** Hacer que algo, como el látigo, la lengua, etc., dé chasquidos. **2.** Dar un chasco a alguien.

chas·qui·do [tʃaskíðo] *s/m* **1.** Ruido que produce el látigo cuando lo sacuden. **2.** Ruido producido con la lengua y el paladar. **3.** Cualquier sonido seco y brusco, como el que produce la madera al abrirse por causa del calor o la sequedad.

cha·ta·rra [tʃatárra] *s/f* **1.** Conjunto de utensilios de hierro que ya se han deteriorado y se reúnen para ser aprovechados. **2.** Cosas de poco valor.

cha·ta·rre·ro, -a [tʃatarréro, -a] *s/m,f* Persona que se dedica a la compraventa de chatarra.

cha·to, -a [tʃáto, -a] **I.** *adj* y *s/m,f* **1.** Se aplica a la nariz cuando es poco prominente, con la punta redondeada y como aplastada. **2.** Se aplica a la persona que tiene la nariz de esta forma. **II.** *s/m* **1.** Vaso bajo y ancho que se usa en las tabernas o bares para beber vino. **2.** Contenido de vino que se toma en esos vasos.

chau·vi·nis·mo [tʃauβinísmo/tʃoβinísmo] *s/m* GAL Patriotería.

chau·vi·nis·ta [tʃauβinísta/tʃoβinísta] *adj* y *s/m,f* GAL Patriotero.

cha·val, -la [tʃaβál, -la] *s/m,f* FAM Chico o chica.

cha·ve·ta [tʃaβéta] *s/f* Pasador o clavija que se pone en el agujero de una barra e impide que se salgan de sitio las piezas que sujeta la barra. LOC **Estar mal de la chaveta,** estar loco.

cha·vo [tʃáβo] *s/m* FAM Dinero que se tiene: *No tiene ni un chavo, está arruinado.*

che [tʃé] **I.** *f* Nombre de la letra *ch* **II.** *interj* Se usa sobre todo en América del Sur para expresar cierto sentimiento de desagrado o enfado, o para llamar la atención de alguien.

che·co, -a [tʃéko, -a] **I.** *adj* y *s/m,f* Se aplica al bohemio de raza eslava o a lo perteneciente o relativo a él. **II.** *s/m* Lengua de los checos.

che·cos·lo·va·co, -a o **che·co·es·lo·va·co, -a** [tʃeko(e)sloβáko, -a] *adj* y *s/m,f* De Checoslovaquia.

che·lín [tʃelín] *s/m* Moneda inglesa de plata, que equivalía a la vigésima parte de una libra.

che·pa [tʃépa] *s/f* FAM Protuberancia en la espalda o en el pecho o en ambos.

che·po·so, -a [tʃepóso, -a] *adj* y *s/m,f* FAM Que tiene chepa.

che·que [tʃéke] *s/m* Mandato de pago para que alguien o una entidad cobre de los fondos bancarios de uno una cantidad determinada.

che·que·ar [tʃekeár] *v/tr* Examinar algo o a alguien para comprobar su estado.

che·queo [tʃekéo] *s/m* Acción y efecto de chequear.

che·viot [(t)ʃéβjot] *s/m* ANGL **1.** Tipo de lana obtenida del ganado de Cheviot, Gran Bretaña, que se usa en la industria textil. **2.** Paño fabricado con ella.

chic [tʃík] *adj* y *s/m* GAL **1.** Elegancia o distinción en las maneras y especialmente en el vestir. **2.** Que es elegante en el vestir o en su forma de conducirse.

chi·ca·no, -a [tʃikáno, -a] *adj* y *s/m, f* Se aplica al mejicano que vive como inmigrante en Estados Unidos.

chi·ca·rrón, -na [tʃikarrón, -na] *s/m,f* Joven muy desarrollado y robusto.

chi·cle [tʃíkle] *s/m* Pastilla de goma de mascar, aromatizada con diversos sabores.

chi·co, -a [tʃíko, -a] **I.** *adj* Pequeño o de tamaño insuficiente. **II.** *s/m,f* **1.** Muchacho o muchacha; también se aplica a los niños. En lenguaje coloquial se usa para dirigirse a los iguales: *Mira, chico, lo que yo haría es largarme.* **2.** *f* Nombre que en algunas partes de España se usa para referirse a las muchachas de servir.

chi·cha [tʃítʃa] **I.** *s/f* **1.** FAM Carne comestible. **2.** *pl* Carne del cuerpo humano: *Tiene pocas chichas.* **3.** Bebida alcohólica que en América del Sur se obtiene de la fermentación del maíz o de diversos frutos o plantas. LOC **No ser alguien o algo chicha ni limonada,** FIG FAM no ser una cosa ni lo contrario, ser poco valioso. **II.** *adj* Pesado, sin moverse: *Calma chicha.*

chi·cha·rra [tʃitʃárra] *s/f* Insecto también llamado 'cigarra'.

chi·cha·rrón [tʃitʃarrón] *s/m* **1.** Residuo de las pellas del cerdo que queda al derretir la manteca; también se refiere a lo mismo, pero de otros animales. **2.** *pl* Conglomerado prensado de trozos distintos del cerdo, que se consume frío. **3.** FIG Carne muy refrita o quemada.

chi·che·ar [tʃitʃeár] *v/tr, intr* Sisear.

chi·cheo [tʃitʃéo] *s/m* Acción y efecto de chichear.

chi·chón [tʃitʃón] *s/m* Bulto que se forma en la cabeza o en la frente a consecuencia de un golpe fuerte.

chi·cho·ne·ra [tʃitʃonéra] *s/f* Gorro con armadura adecuada que se ponía a los niños para protegerles la cabeza.

chi·fla [tʃífla] *s/f* Acción y efecto de chiflar.

chi·fla·do, (-a) [tʃifláðo, (-a)] *adj* y *s/m,f* Que tiene las facultades mentales perturbadas. LOC **Estar chiflado por,** estar loco por o enamorado de: *Está chiflado por la vecina.*

chi·fla·du·ra [tʃiflaðúra] *s/f* Acción y efecto de chiflar(se).

chi·flar [tʃiflár] **I.** *v/intr* Silbar o tocar un silbato. **II.** *v/intr* Gustar algo o alguien mucho a una persona. **III.** REFL(SE) **1.** Burlarse de alguien: *Te prohíbo que te chifles de ella.* **2.** FAM Tener afición desmesurada a algo o por alguien. **3.** Volverse loco: *Con los años se ha chiflado totalmente.* RPr **Chiflarse por:** *Se chifla por las películas de espías.*

chi·la·ba [tʃiláβa] *s/f* Prenda de vestir larga, con capucha, que usan los árabes.

chi·le [tʃíle] *s/m* Pimiento picante.

chi·le·no, -a [tʃiléno, -a] *adj* y *s/m,f* De Chile.

chi·lin·dri·na [tʃilindrína] *s/f* Cosa sin importancia o valor.

chi·llar [tʃiʎár] *v/intr* **1.** Dar chillidos una persona o un animal. **2.** Hablar a gritos o de manera descompuesta.

chi·lle·ría [tʃiʎería] *s/f* Alboroto formado por chillidos de personas o animales.

chi·lli·do [tʃiʎíðo] *s/m* Sonido agudo e inarticulado de la voz humana o de la boca de un animal.

chi·llón, (-na) [tʃiʎón, (-na)] *adj* y *s/m,f* **1.** Se aplica al que chilla mucho. **2.** Referido a la voz o a sonido, que es estridente. **3.** Aplicado a colores, que es llamativo o excesivamente vistoso.

chi·me·nea [tʃimenéa] *s/f* **1.** Conducto que en un edificio o barco, etc., sirve para la salida de humos. **2.** Hogar o fogón que en las casas de pueblo sirve para guisar, calentarse u otros usos junto al fuego, con conducto para el humo.

chim·pan·cé [tʃimpanθé] *s/m* Mono antropomorfo, que tiene brazos muy largos; es originario del centro de África y se domestica fácilmente.

chi·na [tʃína] *s/f* **1.** Piedra pequeña y redondeada. **2.** FIG Dificultad o inconveniente que se pone a alguien. LOC **Tocarle a uno la china,** recibir alguien la peor parte o tener mala suerte en algún reparto.

chin·char [tʃiɲtʃár] *v/tr,* REFL(SE) FAM Fastidiar(se) o molestar(se).

chin·che [tʃíɲtʃe] **I.** *s/f* Insecto hemíptero doméstico, de color rojo oscuro y cuerpo casi elíptico, antenas cortas y cabeza agachada; anida en las camas y chupa la sangre humana haciendo picaduras irritantes. **II.** *adj* y *s/m,f* Se aplica al que es molesto, pesado o muy exigente.

chin·che·ta [tʃiɲtʃéta] *s/f* Clavito metálico, de cabeza circular y chata y punta acerada.

chin·chi·lla [tʃiɲtʃíʎa] *s/f* **1.** Mamífero roedor de la América meridional, parecido a la ardilla, cuya piel es muy suave y apreciada en peletería. **2.** Piel de este animal.

chin·chín [tʃiɲtʃín] **1.** Sonido *onomat* para referirse al ruido de los platillos de una banda. **2.** Palabra que se usa en el brindis.

chin·cho·rro [tʃiɲtʃórro] *s/m* Embarcación de remos, muy pequeña.

chin·cho·so, -a [tʃiɲtʃóso, -a] *adj* Que es difícicil de contentar y siempre está exigiendo cosas.

chi·né [tʃiné] *adj* Se aplica a cierta clase de seda.

chi·ne·la [tʃinéla] *s/f* Zapatilla sin talón para usar en casa.

chi·ne·ro [tʃinéro] *s/m* Armario donde se guarda la vajilla, la porcelana, etc.

chi·nes·co, (-a) [tʃinésko, (-a)] **I.** *adj* Chino o parecido a lo chino. **II.** *s/m* Instrumento músico de las bandas militares, compuesto por una armadura metálica de la que penden campanillas y cascabeles.

chin·gar [tʃiŋgár] *v/tr, intr* **1.** Beber vino o licores con frecuencia. **2.** FAM Estropear o frustrar una cosa.
ORT Ante *e* la *g* cambia en *gu: Chingué.*

chi·no, (-a) [tʃíno, (-a)] **I.** *ad* y *s/m,f* De China. **II.** *s/m* **1.** Idioma hablado en China. **2.** *pl* FAM Juego infantil que consiste en acertar el conjunto de monedas que esconde alguien en las manos cerradas y que no pueden exceder de tres por jugador.

chi·pén [tʃipén] *adj/adv* FAM Estupendo o estupendamente.

chi·pi·rón [tʃipirón] *s/m* En las costas cantábricas y otras partes de España, calamar.

chi·prio·ta [tʃiprjóta] *adj* y *s/m,f* De Chipre.

chi·que·ro [tʃikéro] *s/m* Lugar cerrado donde se tienen guardados los toros de lidia hasta antes de la corrida.

chi·qui·li·cua·tro [tʃikilikwátro] *s/m* FAM Hombre joven, bullicioso, entremetido y de poco valor.

chi·qui·lla·da [tʃikiʎáða] *s/f* Acción propia de chiquillos.

chi·qui·lle·ría [tʃikiʎería] *s/f* Conjunto o concurrencia de chiquillos.

chi·qui·llo, -a [tʃikíʎo, -a] *adj* y *s/m,f dim* de *chico,* aplicado a los niños.

chi·qui·to, -a [tʃikíto, -a] *adj* y *s/m,f dim* de *chico,* suele indicar diversas matizaciones, de tipo afectuoso, irónico, etc. LOC **No andarse con chiquitas,** FIG FAM no tener contemplaciones o miramientos a la hora de solucionar un problema o de tomar una resolución.

chi·ri·bi·ta [tʃiriβíta] *s/f* **1.** Pequeña partícula inflamada. **2.** *pl* FAM Lucecillas que, por alguna anormalidad, se ven en los ojos, ofuscando la vista: *Los ojos le hacían chiribitas.*

chi·ri·go·ta [tʃiriγóta] *s/f* Burla que se hace de alguien o de algo, no excesivamente ofensiva.

chi·rim·bo·lo [tʃiriɱbólo] *s/m* FAM Nombre dado a algún objeto cuyo nombre se desconoce y que posee forma complicada o parecida a varias cosas a la vez.

chi·ri·mía [tʃirimía] *s/f* Instrumento músico de viento, de madera, parecido a la flauta, con diez agujeros y boquilla con lengüeta de caña.

chi·ri·mi·ri [tʃirimíri] *s/m* Nombre dado a la lluvia menuda o fina y constante.

chi·ri·mo·ya [tʃirimóJa] *s/f* Fruto del chirimoyo, de forma parecida a la manzana, verde y con la piel tallada en pequeños planos.

chi·ri·mo·yo [tʃirimóJo] *s/m* Árbol anonáceo, originario de la América Central, de tronco ramoso, copa poblada, hojas elípticas y flores fragantes.

chi·rin·gui·to [tʃiriŋgíto] *s/m* Quiosco o puesto de bebidas y comidas al aire libre.

chi·ri·pa [tʃirípa] *s/f* Suerte favorable y casual. LOC **Por/De chiripa,** por casualidad.

chir·la [tʃírla] *s/f* Almeja de pequeño tamaño.

chi·ro·na [tʃiróna] *s/f* Prisión o cárcel.

chi·rre·ar o **chi·rriar** [tʃirre/jár] *v/intr* **1.** Producir un sonido agudo o estridente alguna cosa al pasar a una temperatura elevada, como, *por ej,* al freírse. **2.** Producir el mismo sonido algo que está falto de lubricación, como las ruedas de una carreta, los goznes de las puertas, etc. **3.** Chillar los pájaros sin armonía.
ORT, PRON El acento cae en *i* en el *sing* y *3.ª pers pl* del *pres* de *indic* y *sub: Chirrío...*

chi·rri·do [tʃirríðo] *s/m* Sonido producido al chirriar.

chi·ru·la [tʃirúla] *s/f* Especie de flautilla usada en el País Vasco.

¡chis! [tʃís] *interj* Se usa para hacer callar a alguien.

chis·gue·te [tʃisγéte] *s/m* Trago de vino que uno bebe.

chis·me [tʃísme] *s/m* **1.** Información verdadera o falsa, relativa a un tercero, que se da para desacreditarlo o enemistarlo con otro. **2.** FAM Utensilio u objeto al cual se da este nombre por no saber cómo llamarlo. **3.** FAM Se aplica en general a todo aparato o a las pertenencias y enseres de alguien: *De todos tus chismes el que más me gusta es el órgano electrónico.*

chis·mo·rre·ar [tʃismorreár] *v/intr* Contar chismes o ser muy aficionado a contarlos.

chis·mo·rreo [tʃismorréo] *s/m* Acción y efecto de chismorrear.

chis·mo·so, -a [tʃismóso, -a] *adj* y *s/m,f* **1.** Se aplica al que es dado a chismorrear. **2.** Dícese del curioso o entremetido.

chis·pa [tʃíspa] *s/f* **1.** Partícula inflamada que salta de algo que está ardiendo. **2.** Descarga eléctrica y luminosa que salta entre dos cuerpos de diferente potencial. **3.** Gota de lluvia menuda y escasa. **4.** Partícula de una materia o porción muy pequeña de un todo: *Nos dieron una chispa de harina.* **5.** FIG Cantidad pequeña de algo inmaterial: *No tiene ni chispa de talento para cocinar.* **6.** FIG (Con *tener*) Viveza de ingenio o gracia en hablar y comportarse. **7.** (Con *estar...)* FIG FAM Estado de embriaguez. LOC **Echar uno chispas o estar alguien que echa chispas,** estar indignado por algo. **Ni chispa,** nada.

chis·pa·zo [tʃispáθo] *s/m* **1.** Acción de saltar la chispa del fuego o de la descarga eléctrica. **2.** FIG Suceso o manifestación de un fenómeno, que se presenta como señal o muestra del desarrollo del mismo: *Los últimos chispazos de la revolución tuvieron lugar el año pasado.*

chis·pe·an·te [tʃispeánte] *adj* **1.** Que despide chispas. **2.** FIG Se dice de aquel o aquello que posee ingenio, viveza o talento.

chis·pe·ar [tʃispeár] *v/intr* **1.** Echar chispas. **2.** Lloviznar débilmente.

chis·po, -a [tʃíspo, -a] *adj* Se dice del que está achispado o borracho.

chis·po·rro·te·ar [tʃisporroteár] *v/intr* Despedir chispas reiteradamente el fuego, el aceite, etc.

chis·po·rro·teo [tʃisporrotéo] *s/m* Acción de chisporrotear.

¡chist! [tʃís(t)] *interj* ¡Chis!

chis·tar [tʃistár] *v/intr* Hablar o decir algo: *Se fue sin chistar.*

chis·te [tʃíste] *s/m* **1.** Dicho, frase, ocurrencia o cosa similar que tiene gracia y provoca risa. **2.** Calidad de lo que hace reír o es chistoso.

chis·te·ra [tʃistéra] *s/f* Sombrero de copa alta para ceremonias.

chis·to·so, -a [tʃistóso, -a] *adj* y *s/m,f* Referido a personas alude a la capacidad de hacer reír a los demás, bien con chistes, bien debido a la apariencia o actitudes de uno.

chis·tu [tʃístu] *s/m* Flauta aguda usada en el País Vasco.

chis·tu·la·ri [tʃistulári] *s/m* Nombre del que toca el chistu.

chi·ta [tʃíta] **I.** *s/f* Cierto hueso del pie. **II.** *adv* LOC **A la chita callando,** de forma secreta o con mucho disimulo.

chi·tón [tʃitón] *interj* Se usa para indicar a alguien que debe callarse.

chi·va [tʃíβa] *s/f* **1.** AMÉR Perilla, barba. **2.** V.: 'chivo'

chi·var [tʃiβár] *v/tr* FAM Delatar algo o acusar a alguien de lo que ha hecho. RPr **Chivar(se) a.**

chi·va·ta·zo [tʃiβatáθo] *s/m* Acción de delatar o acusar.

chi·va·to, (-a) [tʃiβáto, (-a)] *adj* y *s/m,f* FAM Se dice del que es aficionado a acusar o delatar.

chi·vo, -a [tʃíβo, -a] *s/m,f* Cría de la cabra, desde que mama hasta que llega a la edad de procrear.

cho·can·te [tʃokánte] *adj* **1.** Aplicado a personas, se usa para indicar que alguien es gracioso, ocurrente y extravagante. **2.** Referido a cosas, significa que algo es sorprendente o extraño.

cho·car [tʃokár] **I.** *v/intr* **1.** Encontrarse dos o más cosas con un golpe violento. **2.** FIG Enfrentarse dos fuerzas enemigas. **3.** FIG Tener enfrentamientos con los demás por culpa del carácter: *Es una persona que siempre choca con sus colegas.* **4.** FIG Causar extrañeza o sorpresa: *Me choca que hayas venido.* **II.** *v/tr* **1.** Hacer chocar una cosa con otra. **2.** Darse la mano como saludo: *Te felicito por la victoria: ¡Chócala!* LOC **¡Choca esos cinco!,** FAM por chocar la mano. RPr **Chocar con/contra/en:** *Chocaron unos con/contra los otros. Chocar en un árbol.*
ORT La *c* cambia en *qu* ante *e: Choqué.*

cho·ca·rre·ría [tʃokarrería] *s/f* **1.** Chiste grosero o dicho propio de alguien soez. **2.** Calidad de chocarrero.

cho·ca·rre·ro, -a [tʃokarréro, -a] *adj* y *s/m,f* Se aplica a aquello que es gracioso de forma grosera o al que lo dice.

cho·co·la·te [tʃokoláte] *s/m* **1.** Mezcla, preparada generalmente con cacao, azúcar, leche y vainilla o alguna otra sustancia aromatizante. **2.** Bebida preparada con esta mezcla.

cho·co·la·te·ra [tʃokolatéra] *s/f* Vasija que sirve para hacer chocolate y servirlo.

cho·co·la·te·ría [tʃokolatería] *s/f* **1.** Fábrica de chocolate. **2.** Establecimiento donde se sirve al público chocolate para tomar en el acto y otras bebidas o meriendas.

cho·co·la·te·ro, -a [tʃokolatéro, -a] *adj* y *s/m,f* **1.** Relativo a la fabricación del chocolate. **2.** Se aplica al que es muy aficionado a tomar chocolate.

cho·co·la·tín, -na [tʃokolatín, -na] *s/m,f* *dim* de *chocolate,* que se usa para referirse a cualquier tamaño pequeño de tableta o pastilla de chocolate.

cho·che·ar [tʃotʃeár] *v/intr* **1.** Tener las facultades mentales debilitadas por la vejez o tenerlas así antes de hora. **2.** Tener mucho cariño o simpatía por algo o alguien: *Chochea por su nieta pequeña.* RPr **Chochear de/por.**

cho·che·ra o **cho·chez** [tʃotʃéra/tʃotʃéθ] *s/f* **1.** Estado del que chochea. **2.** Dicho o hecho del que chochea.

cho·cho, -a [tʃótʃo, -a] *adj* Que chochea.

chó·fer [tʃófer] *s/m* Conductor, pagado, de un coche, autobús o cualquier otro vehículo rodado.

cho·lo, -a [tʃólo, -a] *adj* y *s/m,f* AMÉR **1.** Dícese del indio civilizado. **2.** Se aplica al que es mestizo de europeo e india.

cho·llo [tʃóʎo] *s/m* FAM Bicoca, ganga que se disfruta con poco esfuerzo.

cho·po [tʃópo] *s/m* Nombre con que se designan diversas especies de álamo.

cho·que [tʃóke] *s/m.* **1.** Acción y efecto de chocar. **2.** FIG Conflicto o lucha entre dos o más fuerzas, bien de personas, bien militares.

cho·ri·zar [tʃoriθár] *v/tr* VULG Robar una cosa.
ORT Ante *e* la *z* cambia en *c: Choricé.*

cho·ri·zo, (-a) [tʃoríθo, (-a)] **I.** *s/m* Embutido de cerdo, generalmente con mucho pimentón y otras especias, adobado y ahumado. **II.** *s/m,f* VULG Ratero de baja condición, y *por ext,* maleante o delincuente.

chor·li·to [tʃorlíto] *s/m* Ave del orden de las zancudas, de plumaje gris con rayas pardas por encima y blanco con manchas por debajo, y que tiene carne muy apreciada. LOC **Tener cabeza de chorlito,** ser persona distraída, desmemoriada o alocada.

cho·rra [tʃórra] **I.** *s/f* COL Buena suerte: *¡Qué chorra tiene el tío, le ha tocado el gordo!* **II.** *adj* y *s/m* COL Tonto, estúpido.

cho·rra·da [tʃorráða] *s/f* **1.** COL Cosa necia o dicho estúpido: *Estoy harto de tus chorradas.* **2.** COL Cosa inútil.

cho·rre·ar [tʃorreár] *v/intr* Salir o caer un líquido formando un chorro.

cho·rreo [tʃorréo] *s/m* **1.** Acción y efecto de chorrear. **2.** FIG Se usa para referirse a un gasto continuo o a una razón de que haya un gasto continuo.

cho·rre·ra [tʃorréra] *s/f* **1.** Lugar por el que cae una escasa cantidad de agua o líquido. **2.** Señal que deja por donde ha pasado el chorro de un líquido. **3.** Adorno que consiste en una especie de cascada de encaje, que pende del cuello, cubriendo el cierre del vestido o chaqueta.

cho·rro [tʃórro] *s/m* **1.** Agua o líquido que sale en forma estrecha por cualquier abertura con una presión determinada. **2.** FIG Se usa para referirse a la abundancia en que se da determinada cosa: *Nos soltó un chorro de improperios.* LOC **A chorros,** abundantemente, con generosidad. **Como los chorros del oro,** FIG muy limpio o limpiamente.

cho·te·ar [tʃoteár] REFL(SE) FAM Burlarse de alguien.

cho·teo [tʃotéo] *s/m* Acción y efecto de chotear(se).

cho·tis [tʃótis] *s/m* Baile de parejas, para bailarlo la pareja ha de ir unida estrechamente.

cho·to, -a [tʃóto, -a] *s/m,f* Cría de la cabra o vaca mientras mama. LOC **Estar como una chota,** estar completamente loco.

cho·vi·nis·mo [tʃoβinísmo] *s/m* V.: 'chauvinismo'.

cho·vi·nis·ta [tʃoβinísta] *adj* y *s/m,f* V.: 'chauvinista'.

cho·za [tʃóθa] *s/f* Cabaña o habitáculo hecho de estacas y cubierto de ramas o paja.

chu·bas·co [tʃuβásko] *s/m* Aguacero con mucho viento, generalmente de corta duración.

chu·bas·que·ro [tʃuβaskéro] *s/m* Prenda contra la lluvia.

chu·che·ría [tʃutʃería] *s/f* Cosa de poca importancia, pero arreglada y pulida.

chu·cho, -a [tʃútʃo, -a] *s/m,f* Perro vulgar, de raza mezclada.

chu·fa [tʃúfa] *s/f* **1.** Planta que produce unos tubérculos a modo de nudos, usados para la alimentación. **2.** Tubérculo de esta planta: *Horchata de chufa.*

chu·fla [tʃúfla] *s/f* Cuchufleta.

chu·la·da [tʃuláða] *s/f* **1.** Acción propia de un chulo. **2.** FAM Cosa estupenda o muy bonita: *¡Vaya chulada de coche tienes!*

chu·la·po, -a [tʃulápo, -a] *s/m,f* Chulo.

chu·le·ar [tʃuleár] *v/tr,* REFL(SE) Burlarse de alguien.

chu·le·ría [tʃulería] *s/f* **1.** Cualidad de chulo. **2.** Acción propia de un chulo.

chu·les·co, -a [tʃulésko, -a] *adj* Propio del madrileño castizo o chulo.

chu·le·ta [tʃuléta] **I.** *s/f* **1.** Costilla de una res, junto con la carne correspondiente, cortada para la alimentación. **2.** FIG Entre estudiantes, nota o papel que se lleva a escondidas a un examen con el fin de poder copiar. **II.** *adj* y *s/m* FAM Chulo o presumido.

chu·lo, (-a) [tʃúlo, (-a)] **I.** *adj* **1.** Se aplica a aquel que adopta una actitud de desafío o bravucona. **2.** Dícese del que tiene el estilo y forma de hablar del pueblo bajo de Madrid. **3.** FAM Bonito, elegante, gracioso: *¡Qué pantalones tan chulos te has comprado!* **II.** *s/m* **1.** Hombre de ciertos barrios del Madrid popular. **2.** Hombre de modales insolentes o bravucones. **3.** COL Hombre que vive a costa de una prostituta.

chum·be·ra [tʃuɱbéra] *s/f* Cactácea propia de países cálidos, con tallos como palas con espinas, que da los higos chumbos.

chum·bo, -a [tʃúɱbo, -a] *adj* y *s/m* Se aplica a la chumbera y a su fruto.

chun·ga [tʃúŋga] *s/f* FAM Burla festiva. LOC **Estar de chunga,** hablar en broma o para burlarse. **Tomarse una cosa a/en chunga,** no dar importancia a una cosa.

chun·gue·ar·se [tʃuŋgeárse] *v/*REFL(-SE) Burlarse festivamente.

chu·pa [tʃúpa] *s/f* COL Chupete. LOC **Poner a alguien como chupa de dómine,** censurar o criticar duramente a alguien.

chu·pa·da [tʃupáða] *s/f* Acción de chupar.

chu·pa·do, (-a) [tʃupáðo, (-a)] **1.** *adj* Se dice hiperbólicamente del que está muy flaco o consumido. **2.** FAM (Con *estar*...) Muy sencillo de hacer: *Me han dado un trabajo que está chupado.*

chu·pa·dor, (-ra) [tʃupaðór, (-ra)] *adj* y *s/m,f* Que chupa.

chu·par [tʃupár] **I.** *v/tr, intr* **1.** Extraer o sacar con los labios o de forma similar un líquido o jugo de alguna cosa. **2.** Chupar de la teta de la madre el recién nacido. **3.** Lamer una cosa o tenerla en la boca hasta que se disuelva. **4.** FIG Absorber una esponja, toalla, secante, etc., un líquido. **5.** FIG Quitar a alguien bienes, dinero, etc., poco a poco. **II.** REFL(SE) Irse consumiendo algo o quedándose muy flaco alguien. LOC **Chuparse el dedo,** FIG ser muy ingenuo o inocente, creer todo lo que le dicen a uno.

chu·pa·tin·tas [tʃupatíntas] *s/m desp* Empleado o escribiente de poca importancia.
ORT En *pl* no varía.

chu·pe·ta [tʃupéta] *s/f* Objeto para chupar.

chu·pe·te [tʃupéte] *s/m* **1.** Objeto en forma de pezón que se suele hacer de goma y que se da a los niños para que chupen. **2.** Tapón del biberón, que tiene también forma idéntica.

chu·pe·te·ar [tʃupeteár] *v/tr, intr* Chupar algo poco a poco, pero insistentemente.

chu·pe·teo [tʃupetéo] *s/m* Acción y efecto de chupetear.

chu·pi·na·zo [tʃupináθo] *s/m* **1.** Disparo hecho con una especie de mortero en los fuegos artificiales. **2.** Puntapié fuerte al balón.

chu·pón, -na [tʃupón, -na] *adj* y *s/m,f* **1.** Se aplica al que o a lo que chupa. **2.** FIG Dícese del que se aprovecha de otro, le saca dinero o saca beneficio de una situación sin esfuerzo.
ORT El *f* no lleva acento: *Chupona.*

chu·póp·te·ro, -a [tʃupóptero, -a] *s/m,f* HUM Persona que disfruta de uno o más sueldos sin trabajar.

chu·rras·co [tʃurrásko] *s/m* Carne asada a la brasa.

chu·rre [tʃúrre] *s/m* Pringue gruesa y sucia que corre de una cosa grasa.

chu·rre·ría [tʃurrería] *s/f* Puesto en el que se hacen y venden churros.

chu·rre·ro, -a [tʃurréro, -a] *s/m,f* Persona que hace o vende churros.

chu·rre·te [tʃurréte] *s/m* Mancha que ensucia la cara u otra parte del cuerpo, dejado por algún líquido.

chu·rre·to·so, -a [tʃurretóso, -a] *adj* Que está lleno de churretes.

chu·rri·gue·res·co [tʃurriɣerésko, -a] *adj* y *s/m,f* Que pertenece al estilo barroco español de Churriguera.

chu·rri·gue·ris·mo [tʃurriɣerísmo] *s/m* Movimiento artístico relacionado con Churriguera.

chu·rri·gue·ris·ta [tʃurriɣerísta] *adj* y *s/m,f* Que es seguidor del churriguerismo.

chu·rro [tʃúrro] *s/m* **1.** Fritura que consiste en una masa de harina, agua, sal, etc., moldeada en forma alargada y cilíndrica. **2.** FAM (Con *ser, salir,* etc.) Cosa mal hecha o fabricada: *He querido pintar la puesta de sol y me ha salido un churro.* **3.** FAM Suerte en un juego o cualquier otra cosa. LOC **Mandar a alguien a freír churros,** expresión usada para dar idea de rechazo o desprecio: *No pienso aguantarte más. ¡Vete a freír churros!*

chu·rrus·car [tʃurruskár] *v/tr,* REFL (-SE) Quemar o socarrar(se) el pan u otra cosa puesta al fuego.
ORT Ante *e* la *c* cambia en *qu: Churrusque.*

chu·rrus·co [tʃurrúsko] *s/m* Pedazo de pan que se empieza a quemar o tostar demasiado.

chu·rum·bel [tʃurumbél] *s/m* Nombre gitano que se da a un niño pequeño.

chu·rum·be·la [tʃurumbéla] *s/f* **1.** Instrumento músico de viento semejante a la chirimía. **2.** Bombilla que se usa en Hispanoamérica para tomar el mate.

chus·ca·da [tʃuskáða] *s/f* Dicho o hecho propio del que es chusco.

chus·co, -a [tʃúsko, -a] **I.** *adj* Que tiene gracia y picardía. **II.** *s/m* Pedazo duro o seco de pan.

chus·ma [tʃúsma] *s/f* Conjunto de gente tomada colectivamente, vista de manera peyorativa.

chu·tar [tʃutár] *v/tr, intr* ANGL Lanzar la pelota con el pie en el fútbol.

chu·te [tʃúte] *s/m* Acción y efecto de chutar.

chu·zo [tʃúθo] *s/m* Palo armado con un pincho de hierro, usado como arma para la defensa por vigilantes, etc.

chu·zón, (-na) [tʃuθón, (-na)] *adj* y *s/m,f* **1.** Astuto o difícil de engañar. **2.** Gracioso o chusco.

d [dé] *s/f* **1.** Quinta letra del abecedario español. **2.** Sexta letra de la numeración romana, equivalente a quinientos *(D).*

da·ble [dáβle] *adj* Que puede darse o suceder.

dac·ti·lar [daktilár] *adj* Perteneciente o relativo a los dedos: *Huellas dactilares.*

dac·ti·lo·gra·fía [daktiloγrafía] *s/f* LIT Mecanografía.

dac·ti·ló·gra·fo, -a [daktilóγrafo, -a] *s/m,f* Mecanógrafo.

dac·ti·los·co·pia [daktiloskópja] *s/f* Estudio de las huellas dactilares para la identificación de las personas.

da·daís·mo [daðaísmo] *s/m* Movimiento artístico, especialmente literario y pictórico que renovó las formas estéticas con la utilización de lo ingenuo, espontáneo o irracional.

da·daís·ta [daðaísta] *adj* y *s/m,f* Seguidor del dadaísmo o relativo a él.

dá·di·va [dáðiβa] *s/f* Acción de dar o regalar y cosa que se regala.

da·di·vo·si·dad [daðiβosiðáð] *s/f* Calidad de dadivoso.

da·di·vo·so, -a [daðiβóso, -a] *adj* y *s/m,f* Que es propenso a dar cosas a los demás.

da·do, (-a) [dáðo, (-a)] **I.** *adj* Que ha sido dado. **II.** *s/m* **1.** Pieza de madera u otra materia de forma cúbica, en cuyas caras hay grabadas cifras o figuras (suelen ser los números 1 al 6) y que se usa para juegos de azar. **2.** *pl* Juego que consiste en echar uno o más dados, dos o más jugadores, contando cada vez lo que aparece en la cara del dado que queda arriba al echarlos. LOC **Dado que,** *1.* Puesto que, ya que. *2.* En el supuesto de que, siempre que.

da·dor, -ra [daðór, -ra] *adj* y *s/m,f* **1.** Se aplica al que da. **2.** COM Persona que libra una letra de cambio.

da·ga [dáγa] *s/f* Arma blanca antigua, de hoja corta, semejante a una pequeña espada.

da·gue·rro·ti·po [daγerrotípo] *s/m* **1.** Sistema de reproducción fotográfica con chapas metálicas convenientemente preparadas. **2.** Aparato usado en este sistema.

da·lia [dálja] *s/f* **1.** Planta de jardín que florece a finales de verano y es de gran variedad de colores y formas. **2.** Flor de esta planta.

dál·ma·ta [dálmata] *adj* y *s/m,f* **1.** Natural de Dalmacia o relativo a ella. **2.** Se aplica a cierta raza de perros con la piel blanca moteada por manchas negras.

dal·má·ti·ca [dalmátika] *s/f* Vestidura sagrada que los eclesiásticos llevan encima del alba.

dal·to·nia·no, -a o **dal·tó·ni·co, -a** [daltonjáno/daltóniko, -a] *adj* y *s/m,f* Que padece daltonismo o relativo a esta enfermedad.

dal·to·nis·mo [daltonísmo] *s/m* Anomalía o defecto de la visión, que consiste en no percibir determinados colores o en confundir unos con otros.

da·lle [dáʎe] *s/m* Guadaña.

da·ma [dáma] *s/f* **1.** Mujer de clase noble o distinguida. **2.** Nombre dado a las mujeres en ciertas fórmulas de cortesía o en inscripciones de rótulos, etc.: *Las damas primero, los caballeros después.* **3.** Cada una de las acompañantes de la reina en palacio o de las novias en las bodas: *Fue su dama de honor.* **4.** En el juego de damas, cada una de las piezas que al llegar a la primera línea del contrario puede ser cubierta por otra y saltar los cuadros en mayor cantidad. **5.** *pl* Juego efectuado sobre un tablero ajedrezado con 24 piezas en forma de disco y en el que los jugadores tratan de ganar piezas al contrario.

da·ma·jua·na [damaxwána] *s/f* Vasija de vidrio grande, de forma redondeada, que suele revestirse de alguna protección de cañas, mimbres, etc.

da·mas·co [damásko] *s/m* Tela fuerte de seda o lana, con dibujos formados por el contraste del hilo del tejido.

da·mas·qui·nar [damaskinár] *v/tr* Hacer trabajos de damasco en armas u objetos de acero.

da·me·ro [daméro] *s/m* Tablero del juego de damas.

da·mi·se·la [damiséla] *s/f* HUM IRON Joven bonita o presumida.

dam·ni·fi·ca·do, -a [damnifikáðo, -a] *adj* y *s/m,f* Se aplica al que ha sufrido daños o pérdidas materiales en una catástrofe colectiva.

dam·ni·fi·car [damnifikár] *v/tr* Causar daño o perjuicio a alguien.
ORT Ante *e* la *c* cambia en *qu: Damnifiqué.*

dan·di [dándi] *adj* y *s/m,f* ANGL Joven elegante y presumido.

da·nés, (-sa) [danés, (-sa)] *adj* y *s/m,f* **1.** Se aplica al natural de Dinamarca o relativo a ella. **2.** Dícese de cierta raza de perros, cruce de mastín y lebrel. **3.** *s/m* Lengua hablada en Dinamarca.

dan·te [dánte] *adj* El que da.

dan·tes·co, -a [dantésko, -a] *adj* **1.** Propio de Dante o parecido a lo de él. **2.** FIG Se aplica a todo aquello que por su aspecto macabro recuerda las descripciones del Dante.

dan·za [dánθa] *s/f* **1.** Acción de danzar. **2.** Forma o estilo determinados de danzar que corresponden a una melodía, ritmo, etc. LOC **En danza,** FIG en actividad, ocupado.

dan·zan·te [danθánte] *adj* y *s/m,f* **1.** Persona que danza. **2.** FIG Se aplica al que es entrometido o intrigante.

dan·zar [danθár] **I.** *v/tr, intr* Ejecutar un baile o danza. **II.** *v/intr* FIG Moverse o agitarse: *Todo danzaba a mi alrededor.*
ORT Ante *e* la *z* cambia en *c: Dancen.*

dan·za·rín, -na [danθarín, -na] *adj* y *s/m,f* **1.** Que pertenece a un cuerpo de danza o que practica la danza artística. **2.** Dícese del que baila bien y a menudo.

da·ñar [daɲár] *v/tr, intr* Causar algo o alguien dolor o perjuicio.

da·ñi·no, -a [daɲíno, -a] *adj* **1.** Aplicado a sustancias, que perjudican la salud. **2.** Referido a animales, que son peligrosos por el daño que causan.

da·ño [dáɲo] *s/m* Efecto de dañar(se).

da·ño·so, -a [daɲóso, -a] *adj* Que causa daño: *Fumar es dañoso para la salud.*

dar [dár] **I.** *v/tr* **1.** Hacer entrega o donación de una cosa que se posee a otra persona: *Te doy este anillo.* **2.** Producir una planta, un animal, etc., cierto fruto o sustancia: *La vaca da leche.* **3.** En los juegos de baraja, repartir las cartas: *Ahora te toca dar a ti.* **4.** Tratándose de noticias, comunicación, etc., transferir a otro: *Nos dio la noticia de la muerte de su tía.* **5.** También siginifica 'hacer' cuando la acción incluye un golpe o algo violento: *Me dieron tres puñaladas.* **6.** FIG Tratándose de obras dramáticas, espectáculos, etc., ofrecerlos o presentarlos: *Dan una obra cómica por televisión.* **7.** FIG Tratándose de algo que llega por conductos, cables, etc., suministrarlo: *Ya han dado el gas. No des la luz todavía.* **8.** FIG Expresar o decir ciertas cosas: *Dar las buenas noches. Dar el pésame.* **9.** FIG Referido a reloj, tocar: *Este reloj ha dado las dos.* **II.** *v/intr* **1.** Al ir aplicado a ciertos nombres o verbos, enlazado con la *prep* 'en', este verbo puede significar 'empeñarse', 'insistir en algo': *Dio en la manía de comprarse libros.* **2.** Referido a aberturas de una casa, etc., estar orientado hacia un lugar que se expresa: *Esta ventana da al patio.* **3.** Administrar algo a alguien, generalmente con 'de': *Dar de comer.* **4.** FIG Golpear o chocar una cosa contra otra: *El viento me daba en la cara.* **5.** *Dar por+p,* considerar o suponer que algo está como es expresado: *Damos por aprobado el examen.* **6.** *Dar con algo o alguien,* encontrar o tropezar con: *Di con ella en una calle.* **III.** REFL(SE) **1.** Existir o suceder una cosa determinada: *Se han dado muchos casos de polio.* **2.** Referido a productos agrícolas, producirse: *Las coles se dan muy bien en esta tierra.* **3.** FIG Referido a la actividad de alguien, consagrarse o dedicar tiempo a ello: *Se dio al estudio.* **4.** *Darse por+adj,* considerarse o juzgarse: *Se dio por muerto. Nos dimos por vencidos.* **5.** Golpearse contra algo o alguien: *Se dio contra la pared.* **6.** Con algunos nombres adquiere el sentido de 'llevarse', 'recibir': *Se dio un susto tremendo.* LOC **Dar igual una cosa,** no importar algo. **Dárselas de algo,** presumir de ello: *Se las da de entendido en música.* **Darse por entendido algo,** suponer que algo es sabido por todos. **No dar para más,** no ser capaz de dar más de sí. **No dar una,** FAM equivocarse siempre: *Es que no das una, eres un inútil.* RPr **Dar a/con/de/en/por/sobre:** *Dar a la calle. Dio con su hermana. Dio de bruces en el suelo. Lo damos por visto.*
CONJ *Irreg: Doy* (*das,* etc.), *di, daré dado.*

dar·do [dárðo] *s/m* Arma arrojadiza que se lanza con la mano.

dár·se·na [dársena] *s/f* Lugar dentro de un puerto acondicionado especialmente para el cómodo embarque y desembarque de los barcos.

dar·vi·nis·mo [darβinísmo] *s/m* Teoría biológica, expuesta por el naturalista inglés Darwin, según la cual se explica el origen de las especies vivientes por una transformación de unas en otras, debido a la selección natural de individuos.

dar·vi·nis·ta [darβinísta] *adj* y *s/m,f* Partidario o adepto al darvinismo.

da·ta [dáta] *s/f* Nota o indicación del momento y lugar en que se hace o sucede una cosa, especialmente la que se pone en carta o documento.

da·ta·ción [dataθjón] *s/f* Acción y efecto de datar.

da·tar [datár] **I.** *v/tr* Poner data o fecha a algo. **II.** *v/intr* Haberse originado algo en un momento determinado, que se expresa a continuación. RPr **Datar de (II)**: *Nuestra amistad data de antiguo.*

dá·til [dátil] *s/m* Fruto comestible de la palmera datilera; es de sabor dulzón.

da·ti·vo [datíβo] *s/m* GRAM Caso de la declinación que se usa para el complemento indirecto.

da·to [dáto] *s/m* Detalle o circunstancia cuyo conocimiento es útil para llegar a una conclusión.

de [dé] **I.** *s/f* Nombre de la letra 'd'. **II.** *prep* **1.** Para indicar posesión o pertenencia: *El coche de mi hijo.* **2.** Origen o procedencia, añadidos al matiz de posesión o pertenencia: *Soy de Madrid.* **3.** Para señalar la materia con que se ha hecho algo: *Un vaso de cristal.* **4.** Para expresar la naturaleza o cualidades de alguien: *Un hombre de buen carácter.* **5.** Equivale a 'desde' en algunos casos: *Iremos de Alemania a Austria.* **6.** Sustituye igualmente a otras preposiciones en sus funciones, como a 'para': *Goma de borrar.* **7.** En lugar de 'con': *Lo hizo de corazón.* **8.** Sustituyendo a 'entre': *Hablando de hombre a hombre.*

deam·bu·lar [deaɱbulár] *v/intr* Andar por una zona o lugar sin un rumbo determinado: *Deambular por el parque.* RPr **Deambular por.**

deam·bu·la·to·rio [deaɱbulatórjo] *s/m* Espacio transitable en las iglesias, rodeando el altar mayor por detrás.

de·án [deán] *s/m* Dignidad del que hace de cabeza del cabildo después del prelado y que en las catedrales lo preside.

de·ba·cle [deβákle] *s/f* GAL Desastre, caos.

de·ba·jo [deβáxo] *adv* Sirve para referirse a un lugar inferior a otro; cuando antecede a un nombre se usa con la preposición 'de': *Debajo de la mesa.*

de·ba·te [deβáte] *s/m* Acción de debatir algo entre varios.

de·ba·tir [deβatír] **I.** *v/tr, intr* Discutir entre varios un tema o cuestión. **II.** REFL(SE) GAL Agitarse o forcejear, especialmente: FIG *Su ánimo se debatía contra la tentación.*

de·be [déβe] *s/m* Una de las dos partes en que se dividen las cuentas corrientes: es la que comprende todas las cantidades que se cargan al individuo o a la entidad a quien se abre la cuenta.

de·ber [deβér] **I.** *s/m* **1.** Aquello a lo que alguien está obligado, bien por sus principios ideológicos, religiosos, etc., o por la sociedad, el trabajo, etc. **2.** *pl* Trabajo escolar que el alumno suele realizar en casa. **II.** *v/tr* **1.** Tener obligación de satisfacer una cantidad de dinero a alguien: *Le debo todo lo que tengo.* **2.** Estar obligado a realizar algo que o bien se expresa por un nombre que sigue a continuación o bien por un infinitivo que indica esa acción. **III.** *v/aux* Con *de+inf* se usa para indicar suposición de que algo ha sucedido o de que sucederá: *Debieron de salir por la mañana, porque llegaron después de comer.* **IV.** REFL(SE) Tener uno una obligación que ha de anteponer a sus intereses y que se expresa a continuación del verbo: *Se debe a la patria.* RPr **Deberse a (IV).**

de·bi·da·men·te [deβíðameṇte] *adv* De forma correcta o ajustada a como debe hacerse algo: *No obró debidamente.*

de·bi·do, -a [deβíðo, -a] *adj* Se dice de lo que es tal como se debe o se pide.

dé·bil [déβil] *adj* y *s/m,f* Que tiene poca fuerza o intensidad: *Una luz muy débil.*

de·bi·li·dad [deβiliðáð] *s/f* **1.** Cualidad o estado del que es o está débil. **2.** Afición exagerada a algo o flaqueza de carácter que lleva a esta afición: *Su debilidad es el tenis.*

de·bi·li·ta·mien·to [deβilitamjéṇto] *s/m* Acción y efecto de debilitar(se).

de·bi·li·tar [deβilitár] *v/tr* Hacer que algo o alguien sea débil o más débil.

dé·bi·to [déβito] *s/m* Aquello que se debe.

de·but [deβú(t)] *s/m* Primera actuación en público de un artista, músico, etc., o, *por ext,* inicio de una actividad cualquiera. ORT *Pl: Debuts.*

de·bu·tan·te [deβutáṇte] *adj y s/m,f* Que debuta.

de·bu·tar [deβutár] *v/intr* Realizar alguien su debut.

dé·ca·da [dékaða] *s/f* Época de diez años.

de·ca·den·cia [dekaðénθja] *s/f* **1.** Acción y estado de decaer. **2.** Época en que se da determinada decadencia.

de·ca·den·te [dekaðéṇte] *adj* Se aplica a lo que está decayendo.

de·cae·dro [dekaéðro] *s/m* Cuerpo geométrico con diez caras.

de·ca·er [dekaér] *v/intr* Perder algo o alguien fuerza o intensidad en sus facultades o cualidades. RPr **Decaer en:** *Decaer en fuerza.*
CONJ *Irreg: Decaigo, decaí, decaeré, decaído.*

de·cai·mien·to [dekaimjénto] *s/m* Estado de debilidad o postración en que se halla alguien.

de·ca·li·tro [dekalítro] *s/m* Medida de capacidad que equivale a diez litros.

de·cá·lo·go [dekáloγo] *s/m* Los diez mandamientos de la ley de Dios.

de·cá·me·tro [dekámetro] *s/m* Medida de longitud equivalente a diez metros.

de·ca·na·to [dekanáto] *s/m* **1.** Dignidad y cargo de decano. **2.** Duración o época en que alguien ejerce de decano. **3.** Despacho o lugar de trabajo dedicado al decanato.

de·ca·no, -a [dekáno, -a] **I.** *s/m,f* Persona que con este título es elegida para dirigir una facultad universitaria, una corporación o centro semejante. **II.** *adj* y *s/m,f* Se aplica al miembro más antiguos de una comunidad, junta, cuerpo, etc.: *Es el monje decano del convento.*

de·can·ta·ción [dekantaθjón] *s/f* Acción y efecto de decantar.

de·can·tar [dekantár] **I.** *v/tr* Verter parte del contenido de una vasija o recipiente, inclinándolo cuidadosamente para que no caiga el poso del fondo. **II.** *v/intr,* REFL(SE) FIG Mostrar determinada desviación o inclinación hacia una ideología o postura. RPr **Decantarse por:** *Se decantó por la abstención.*

de·ca·pi·ta·ción [dekapitaθjón] *s/f* Acción de decapitar.

de·ca·pi·tar [dekapitár] *v/tr* Cortar la cabeza a alguien.

de·cá·po·do [dekápoðo] *adj* y *s/m* Se aplica a los crustáceos que, como el cangrejo de río y la langosta, tienen diez patas.

de·ca·sí·la·bo, -a [dekasílaβo, -a] *adj* y *s/m,f* Que tiene diez sílabas.

de·ce·na [deθéna] *s/f* Conjunto de diez unidades.

de·ce·nal [deθenál] *adj* Que sucede cada diez años o que dura un decenio.

de·cen·cia [deθénθja] *s/f* Cualidad de decente.

de·ce·nio [deθénjo] *s/m* Período de diez años.

de·cen·tar [deθentár] *v/tr* Empezar a cortar o gastar de algo, como un alimento, una provisión, etc.
CONJ *Irreg: Deciento, decenté, decentaré, decentado.*

de·cen·te [deθénte] *adj* **1.** Aplicado a personas o cosas, que no atenta contra las normas de la moral, honestidad, honor, etc. **2.** Aplicado a cosas, o al modo de vivir, vestir, etc., que guarda un decoro y aseo satisfactorio: *Viven en una casa muy decente.* **3.** Tratándose de cantidades de alimentos, dinero, etc., suficiente: *Le pagan un sueldo decente.*

de·cep·ción [deθepθjón] *s/f* Impresión desfavorable que uno experimenta cuando la realidad resulta peor de lo que se esperaba o se deseaba.

de·cep·cio·nan·te [deθepθjonánte] *adj* Que causa decepción.

de·cep·cio·nar [deθepθjonár] *v/tr* Causar decepción en alguien.

de·ce·so [deθéso] *s/m* AMÉR Fallecimiento, muerte.

de·ci·be·lio [deθiβéljo] *s/m* FÍS Unidad acústica equivalente a la décima parte del belio.

de·ci·ble [deθíβle] *adj* Que puede ser dicho o expresado.

de·ci·di·do, -a [deθiðíðo, -a] *adj* Referido a personas, actitudes, actos, etc., que posee resolución y no vacila.

de·ci·dir [deθiðír] *v/tr, intr* **1.** Acordar una o más personas realizar determinada acción o dejar de realizarla. **2.** Ser un hecho, una persona, etc., la causa de que tenga lugar una acción determinada: *Las últimas batallas decidieron quién iba a ser el vencedor.* RPr **Decidirse por/a:** *Se decidieron por el piso más caro/a venir.*

de·ci·li·tro [deθilítro] *s/m* Décima parte de un litro.

dé·ci·ma [déθima] **I.** *adj* V.: 'décimo'. **II.** *s/f* **1.** Ordinal y partitivo correspondiente a aquella que ocupa el número diez en determinada ordenación o división. **2.** Tratándose de fiebre, se aplica a la décima parte de un grado del termómetro clínico: *Ya está mejor, sólo tiene décimas.* **3.** Combinación estrófica de diez versos octosílabos.

de·ci·mal [deθimál] *adj* **1.** Se aplica a cada una de las diez partes iguales en que se divide una cantidad. **2.** Dícese del sistema de numeración y pesas y medidas cuyas unidades son múltiplos de diez.

de·cí·me·tro [deθímetro] *s/m* Décima parte de un metro.

dé·ci·mo, (-a) [déθimo, (-a)] **I.** *adj* Ordinal y partitivo correspondiente al número diez. **II.** *s/m* **1.** Décima parte de algo. **2.** El que ocupa el décimo lugar en orden. **3.** Décima parte de un billete de lotería.

de·ci·moc·ta·vo, -a [deθimoktáβo, -a] *adj* y *s/m,f* Ordinal y partitivo correspondiente a dieciocho.

de·ci·mo·cuar·to, -a [deθimokwárto, -a] *adj* y *s/m,f* Ordinal correspondiente al número catorce.

de·ci·mo·nó·ni·co, -a [deθimonóniko, -a] *adj* Del siglo XIX.

de·cir [deθír] **I.** *v/tr, intr* **1.** Expresar una cosa determinada por medio del habla. **2.** Afirmar o asegurar un escrito, libro, etc., cierta cosa: *Ya lo dice la Biblia, no matarás.* **3.** (Con *de*) FIG Expresar algo una cosa, dando muestras de ello: *Su cara dice el mal carácter que tiene.* **II.** *v/intr* (Con *con*) Armonizar una cosa con otra o convenir algo a alguien, etc.: *Este traje no dice con tu clase social.* **III.** *s/m* Dicho o frase, especialmente si es popular: *Los decires de la gente.* LOC **Es decir,** expresión que antecede una explicación de lo que se acaba de mencionar: *Voy a ir a Bonn, es decir, a la capital de Alemania Federal.* **Es un decir,** coloquialismo que indica algo así como la aproximación a lo que se dice. RPr **Decir de/con.**
CONJ *Irreg: Digo (dices,* etc.), *dije, diré, dicho.*

de·ci·sión [deθisjón] *s/f* **1.** Lo que se decide hacer. **2.** Cualidad del o de lo decidido o actitud del que está decidido.

de·ci·si·vo, -a [deθisíβo, -a] *adj* Se aplica a lo que decide o hace decidir.

de·ci·so·rio, -a [deθisórjo, -a] *adj* DER Que tiene poder de decisión.

de·cla·ma·ción [deklamaθjón] *s/f* **1.** Acción de declamar. **2.** Arte de declamar.

de·cla·mar [deklamár] *v/tr, intr* **1.** Hablar o recitar algo en público por medio de la oratoria y entonación propias de un discurso. **2.** Decir su papel de forma artística el actor en una obra de teatro.

de·cla·ma·to·rio, -a [deklamatórjo, -a] *adj* Se aplica al estilo excesivamente ampuloso usado al recitar o declamar.

de·cla·ra·ción [deklaraθjón] *s/f* **1.** Acción de declarar(se). **2.** Lo que se dice al declarar(se).
Declaración de renta, la que se hace a Hacienda para reconocer los ingresos por trabajo, bienes que se poseen, etc., y tributar en razón de ellos.

de·cla·ran·te [deklarápte] *adj* y *s/m,f* Se aplica al que declara ante un juez.

de·cla·rar [deklarár] **I.** *v/tr* Decir de palabra o por escrito algo que no se sabía o que ahora se reafirma. **II.** *v/intr* **1.** Hacer determinadas manifestaciones, especialmente ante la prensa o en público. **2.** DER Hacer manifestaciones al ser interrogado por un juez o tribunal. **III.** *v/tr, intr* Afirmar la certidumbre de un hecho, un sentimiento o actitud: *El juez la declaró culpable del crimen.* **IV.** REFL(SE) **1.** Decir de palabra o por escrito que uno mismo ha realizado una acción o siente determinada inclinación. **2.** Manifestarse espontáneamente un fenómeno: *La semana pasada se declaró una epidemia de tifus.* **3.** Manifestar su amor una mujer a un hombre o viceversa: *Se le declaró anoche y ella le dio calabazas.*

de·cli·na·ble [deklináβle] *adj* GRAM Que puede ser declinado.

de·cli·na·ción [deklinaθjón] *s/f* **1.** Acción y efecto de declinar(se). **2.** GRAM Serie ordenada de los casos en que se declina una palabra.

de·cli·nar [deklinár] **I.** *v/intr* **1.** Inclinarse una cosa o desviarse un cuerpo hacia un lado u otro, especialmente la aguja de la brújula. **2.** FIG Ir disminuyendo o menguando en intensidad, fuerza, etc., o si se trata de personas, en facultades físicas o intelectuales: *La fiebre ya declina.* **II.** *v/tr* **1.** GRAM Poner una palabra en todos sus casos posibles. **2.** No aceptar alguien una oferta, nombramiento, etc., que se le propone: *Decliné la invitación.*

de·cli·ve [deklíβe] *s/m* **1.** Inclinación del terreno o de la superficie de algo. **2.** FIG Descenso de las cualidades de algo o alguien: *Ese artista está llegando a su declive.* LOC **En declive,** en pendiente hacia abajo.

de·co·lo·ran·te [dekolorápte] *adj* y *s/m,f* Que quita o disminuye el color.

de·co·mi·sar [dekomisár] *v/tr* Incautarse el fisco de algo por razones legales.

de·co·mi·so [dekomíso] *s/m* Acción y efecto de decomisar.

de·co·ra·ción [dekoraθjón] *s/f* **1.** Acción y efecto de decorar. **2.** Objetos que sirven para decorar, considerados en conjunto.

de·co·ra·do [dekoráðo] *s/m* Decoración escénica.

de·co·ra·dor, -ra [dekoraðór, -ra] *adj* y *s/m,f* Que se dedica a decorar habitaciones, teatros, etc.

de·co·rar [dekorár] *v/tr* Poner o disponer los muebles y objetos de una habitación o casa de tal forma que el conjunto resulte armónico, que los colores combinen, etc.

de·co·ra·ti·vo, -a [dekoratíβo, -a] *adj* Relativo a la decoración.

de·co·ro [dekóro] *s/m* **1.** Cualidad de aquello o aquel que guarda un aspecto cuidado, aseado, arreglado, etc. **2.** Actitud o conducta decente en lo tocante a relaciones sexuales.

de·co·ro·so, -a [dekoróso, -a] *adj* Que no atenta contra el decoro.

de·cre·cer [dekreθér] *v/intr* Ir disminuyendo en intensidad o cantidad. RPr **Decrecer en:** *Ha decrecido en intensidad.*
CONJ *Irreg: Decrezco, decrecí, decreceré, decrecido.*

de·cre·cien·te [dekreθjénte] *adj* Que decrece.

de·cre·ci·mien·to o **de·cre·men·to** [dekreθimjénto/dekreménto] *s/m* Disminución.

de·cré·pi·to, -a [dekrépito, -a] *adj* y *s/m,f* Que está en avanzado estado de decadencia.

de·cre·pi·tud [dekrepitúð] *s/f* Estado y cualidad de decrépito.

de·cre·tar [dekretár] *v/tr* Resolver por decreto.

de·cre·to [dekréto] *s/m* Disposición o determinación que sobre un asunto decide una autoridad.
Real decreto, el que está firmado por el rey.

de·cú·bi·to [dekúβito] *s/m* Posición del cuerpo de una persona o animal cuando se tiende sobre una superficie horizontal.

de·cu·pli·car [dekuplikár] *v/tr* Multiplicar una cantidad por diez.
ORT Ante *e* la *c* final cambia en *qu: Decuplique.*

dé·cu·plo, (-a) [dékuplo, (-a)] *adj* y *s/m* Se aplica a la cantidad exactamente diez veces mayor que otra.

de·cur·so [dekúrso] *s/m* Transcurso del tiempo: *En el decurso de los años.*

de·cha·do [detʃáðo] *s/m* Modelo y ejemplo de virtudes y perfecciones: *Un dechado de belleza.*

de·da·da [deðáða] *s/f* Mancha que se deja en algo al pasar un dedo sucio.

de·dal [deðál] *s/m* Utensilio de metal, hueso, etc., hueco y con la forma de la punta del dedo, que sirve para proteger a ésta de la aguja cuando se cose.

dé·da·lo [déðalo] *s/m* Laberinto.

de·deo [deðéo] *s/m* Habilidad para mover los dedos al tocar un instrumento musical.

de·di·ca·ción [deðikaθjón] *s/f* Acción y efecto de dedicar(se).

de·di·car [deðikár] **I.** *v/tr* Consagrar o aplicar una cosa a un fin determinado: *Ha dedicado su vida a la filosofía.* **II.** REFL (-SE) Consagrarse a determinada actividad o tenerla. RPr **Dedicar(se) a.**
ORT Ante *e* la *c* cambia en *qu: Dediqué.*

de·di·ca·to·ria [deðikatórja] *s/f* Frase o palabras con que se encabeza un libro en honor de alguien.

de·dil [deðíl] *s/m* Funda de cuero, goma, etc., que se pone en un dedo para que no se lastime al hacer determinado trabajo.

de·di·llo [deðíʎo] *s/m* LOC **Al dedillo,** de memoria, al pie de la letra.

de·do [déðo] *s/m* **1.** Cada una de las partes en que se dividen los extremos de las manos, pies o pezuñas, que suelen ser cinco. **2.** El ancho de un dedo. LOC **Chuparse el dedo**, FIG COL ser muy ingenuo, creerlo todo. **Chuparse los dedos**, COL estar muy satisfecho acerca de algo. **Contarse algo con los dedos de la mano**, FIG ser muy pocos. **Poner alguien el dedo en la llaga**, FIG hacer alusión al punto más delicado o importante de una cuestión. **Señalar a alguien con el dedo**, FIG criticar o hablar mal de alguien.
Dedo anular, el cuarto dedo de la mano humana, contando desde el pulgar.
Dedo del corazón, dedo tercero de la mano y el más largo de los cinco.
Dedo gordo, dedo pulgar.
Dedo índice, el segundo de la mano y que suele usarse para señalar.
Dedo medio, dedo del corazón.
Dedo meñique, el quinto y más pequeño de la mano.
Dedo pulgar, el primero y más gordo de la mano; se usa para agarrar.

de·duc·ción [deðu(k)θjón] *s/f* Acción y efecto de deducir.

de·du·ci·ble [deðuθíβle] *adj* Que puede ser deducido.

de·du·cir [deðuθír] *v/tr* **1.** Restar o rebajar de una cantidad cierta parte de ella: *Le dedujeron un quince por ciento de lo que ganó.* **2.** Obtener una consecuencia de un principio, proposición o supuesto. RPr **Deducir de/por**: *Deduje por razonamiento.*
CONJ *Irreg: Deduzco, deduje, deduciré, deducido.*

de·duc·ti·vo, -a [deðuktíβo, -a] *adj* Que obra por deducción.

de·fe·ca·ción [defekaθjón] *s/f* Acción y efecto de defecar.

de·fe·car [defekár] *v/tr, intr* Expeler los excrementos.
ORT Ante *e* la *c* cambia en *qu: Defequen.*

de·fec·ción [defe(k)θjón] *s/f* Acción de abandonar una causa o ideología.

de·fec·ti·vo, (-a) [defektíβo, (-a)] *adj* y *s/m* GRAM Se aplica al verbo cuya conjugación es incompleta.

de·fec·to [defékto] *s/m* Estado de carencia de alguna de las características propias o naturales que tiene algo o alguien. LOC **En defecto de**, a falta de, en ausencia de.

de·fec·tuo·so, -a [defektwóso, -a] *adj* Que tiene algún defecto.

de·fen·der [defendér] *v/tr* **1.** Impedir que algo o alguien reciba algún daño o perjuicio. **2.** Apoyar una idea, proyecto, teoría, etc., contra posibles críticas o ata-

ques. RPr **Defender(se) de/contra**: *No la defendió del peligro. Defender contra el viento.*
CONJ *Irreg: Defiendo, defendí, defenderé, defendido.*

de·fen·di·ble [defeṇdíβle] *adj* Que se puede defender o apoyar.

de·fe·nes·trar [defenestrár] *v/tr* **1.** Arrojar a alguien por la ventana. **2.** Privar a alguien del favor o confianza que disfrutaba.

de·fen·sa [defénsa] **I.** *s/f* **1.** Acción y efecto de defender(se). **2.** Arma o utensilio similar que puede defender contra un peligro: *Sus defensas son los cuernos.* **3.** Obra de fortificación, que sirve para defender una plaza o campamento. **II.** *s/m* Jugador de un equipo de fútbol que se encarga de procurar impedir que el contrario acerque el balón a la portería.

de·fen·si·va [defensíβa] *s/f* LOC **A la defensiva,** en actitud no atacante.

de·fen·si·vo, -a [defensíβo, -a] *adj* Que sirve para defender(se).

de·fen·sor, -ra [defensór, -ra] *adj* y *s/m,f* Dícese del que defiende.

de·fe·ren·cia [deferéṇθja] *s/f* Actitud del que por respeto o admiración acepta o se adhiere al proceder de otros.

de·fe·ren·te [deferéṇte] *adj* Respetuoso, cortés.

de·fe·rir [deferír] *v/intr* Adherirse a la opinión de otro, por respeto o por cortesía.
CONJ *Irreg: Defiero, deferí, deferiré, deferido.*

de·fi·cien·cia [defiθjéṇθja] *s/f* Cualidad o estado de deficiente.

de·fi·cien·te [defiθjéṇte] **I.** *adj* Que tiene defecto(s). **II.** *s/m,f* Se aplica a la persona que tiene alguna carencia física importante.

dé·fi·cit [défiθit] *s/m* COM Desequilibrio entre el haber y el debe, a favor de este último; se emplea, además, como equivalente a falta o escasez: *Este año ha habido déficit de cebada.*
GRAM *Pl: Déficit.*

de·fi·ci·ta·rio, -a [defiθitárjo, -a] *adj* Con déficit.

de·fi·ni·ción [definiθjón] *s/f* **1.** Acción y efecto de definir(se). **2.** Palabras o frases con que se define.

de·fi·ni·do, -a [definíðo, -a] *adj* **1.** Se aplica a aquello que es percibido de forma nítida o clara: *Un sonido muy definido.* **2.** FIG Dícese de lo que no da lugar a confusión.

de·fi·nir [definír] *v/tr* **1.** Fijar con claridad los límites del significado de una palabra, concepto, teoría, etc., explicándolo por medio de una frase. **2.** Precisar o clarificar por medio de una acción, conducta, etc., un determinado modo de pensar o ser: *Habrás de definir tu postura.*

de·fi·ni·ti·vo, -a [definitíβo, -a] *adj* Se aplica a lo que ya no requiere ningún cambio o variante más: *Texto definitivo.* LOC **En definitiva,** *1.* Definitivamente. *2.* En resumen.

de·fi·ni·to·rio, -a [definitórjo, -a] *adj* Que define o sirve para definir.

de·fla·ción [deflaθjón] *s/f* Reducción de la circulación fiduciaria cuando ésta ha adquirido excesivo volumen a causa de una inflación.

de·fla·cio·na·rio, -a [deflaθjonárjo, -a] *adj* Relativo a la deflación.

de·fla·cio·nis·ta [deflaθjonísta] *adj* y *s/m,f* Relativo a la deflación o partidario de ella.

de·fla·gra·ción [deflaɣraθjón] *s/f* Acción y efecto de deflagrar.

de·fla·grar [deflaɣrár] *v/intr* Arder una sustancia bruscamente con llama y sin explosión.

de·fo·lia·ción [defoljaθjón] *s/f* Caída prematura de las hojas de los árboles y plantas.

de·fo·res·ta·ción [deforestaθjón] Acción y efecto de deforestar.

de·fo·res·tar [deforestár] *v/tr* Eliminar o arrancar los árboles de un terreno.

de·for·ma·ble [deformáβle] *adj* Que puede deformarse o ser deformado.

de·for·ma·ción [deformaθjón] *s/f* Acción y efecto de deformar(se).

de·for·mar [deformár] *v/tr* Alterar la forma de algo, de manera que quede diferente de como debería estar.

de·for·me [defórme] *adj* Que tiene forma desproporcionada o anómala.

de·for·mi·dad [deformiðáð] *s/f* Anormalidad que algo presenta en su forma.

de·frau·da·ción [defrauðaθjón] *s/f* Acción y efecto de defraudar.

de·frau·dar [defrauðár] *v/tr* **1.** Cometer en la persona de alguien determinado fraude o privación de sus derechos. **2.** Dar a alguien una impresión menos favorable de lo que él esperaba: *Sus éxitos me defraudaron.* **3.** Dejar de pagar lo que se debe a alguien: *Eso es defraudar a Hacienda.* RPr **Defraudar en (algo).**

de·fun·ción [defuṇθjón] *s/f* Muerte de una persona.

de·ge·ne·ra·ción [dexeneraθjón] *s/f* Acción de degenerar o estado de degenerado.

de·ge·ne·ra·do, -a [dexeneráðo, -a] *adj* Suele aplicarse a la persona de costumbres viciosas o de taras que ha heredado por familia.

de·ge·ne·rar [dexenerár] *v/intr* Perder algo sus cualidades o un nivel de calidad determinado: *Nuestra relación ha degenerado en una guerra.* RPr **Degenerar en.**

de·ge·ne·ra·ti·vo, -a [dexeneratíβo, -a] *adj* Que causa o produce degeneración.

de·glu·ción [deɣluθjón] *s/f* Acción y efecto de deglutir.

de·glu·tir [deɣlutír] *v/tr, intr* Tragar alimentos.

de·go·lla·ción [deɣoʎaθjón] *s/f* Acción y efecto de degollar.

de·go·lla·de·ro [deɣoʎaðéro] *s/m* Lugar destinado a degollar reses.

de·go·lla·du·ra [deɣoʎaðúra] *s/f* Herida hecha al degollar.

de·go·llar [deɣoʎár] *v/tr* Cortar el cuello a una persona o animal.
CONJ *Irreg: Degüello, degollé, degollaré, degollado.*

de·go·lli·na [deɣoʎína] *s/f* Acción de degollar o matar a gran cantidad de personas o animales.

de·gra·da·ble [deɣraðáβle] *adj* Se aplica a lo que puede ser degradado o descompuesto: *Un compuesto degradable.*

de·gra·da·ción [deɣraðaθjón] *s/f* Acción y efecto de degradar(se).

de·gra·dan·te [deɣraðán̪te] *adj* Se aplica a aquello que degrada o humilla.

de·gra·dar [deɣraðár] *v/tr* **1.** Privar a alguien de los privilegios, honores, dignidades, etc., que tiene y pasarlo a otros inferiores. **2.** FIG Envilecer a alguien causándole una humillación.

de·güe·llo [deɣwéʎo] *s/m* Acción de degollar.

de·gus·ta·ción [deɣustaθjón] *s/f* Acción de degustar: *Degustación de vinos.*

de·gus·tar [deɣustár] *v/tr* Probar o catar alimentos o bebidas con el fin de valorar su sabor o calidad.

de·he·sa [deésa] *s/f* Tierra acotada y destinada a pastos.

dei·ci·dio [deiθíðjo] *s/m* Crimen cometido por el que mata a Dios.

dei·dad [deiðáð] *s/f* Esencia de lo divino o cualidad de un dios.

dei·fi·ca·ción [deifikaθjón] *s/f* Acción de deificar.

dei·fi·car [deifikár] *v/tr* **1.** Hacer divina a una persona o cosa. **2.** FIG Ensalzar a alguien.
ORT Ante *e* la *c* cambia en *qu: Deifiquen.*

deís·mo [deísmo] *s/m* Doctrina que admite la existencia de Dios, pero no su culto externo ni su revelación.

deís·ta [deísta] *adj* y *s/m,f* Adepto al deísmo.

de·ja·ción [dexaθjón] *s/f* **1.** Acción de dejar. **2.** DER Cesión de bienes o abandono de un pleito, etc.

de·ja·dez [dexaðéθ] *s/f* Abandono de uno mismo o negligencia de las cosas de uno.

de·ja·do, -a [dexáðo, -a] *adj* Que se descuida de sí mismo o de sus cosas.

de·jar [dexár] **I.** *v/tr* **1.** Separarse alguien de otro o de una cosa, o una cosa de otra. **2.** Poner o colocar algo en un lugar determinado: *Deja tu plato en la mesa.* **3.** Entregar o encomendar una cosa a alguien: *Dejó las riendas del Gobierno en manos de su valido.* **4.** Producir o causar un efecto, ganancia, etc.: *El negocio me dejó un beneficio muy sustancioso.* **5.** Abandonar algo o no acabar de hacerlo: *Dejó la carrera a la mitad.* **6.** Permitir a alguien que haga una cosa determinada: *Deja que se vaya ahora mismo.* **II.** REFL (-SE) Descuidarse uno en su limpieza o cuidado personales: *Esta chica se ha dejado mucho últimamente.* **III.** *v/aux* **1.** Con *inf* se usa para indicar el modo especial de suceder o ejecutarse la acción del verbo: *Hay que dejar correr el agua.* **2.** Con *p* o *adj,* indica que se produce el efecto de la acción expresada por el *p* o de la cualidad del *adj: Has de dejarlo acabado.* RPr **Dejar de/a/en:** *Dejó de hablar al instante. Dejó en mis manos el negocio.* **Dejarse de:** *Se dejó de deportes y se puso a escribir.*

de·je, de·ji·llo o **de·jo** [déxe/dexiʎo/déxo] *s/m* Entonación o inflexión peculiar del habla de ciertas regiones o de algunas personas.

del [dél] *contrac* de 'de' + 'el'.

de·la·ción [delaθjón] *s/f* Acción de delatar(se).

de·lan·tal [delan̪tál] *s/m* Prenda de vestir que se coloca de cintura para abajo en la parte delantera del cuerpo, con el fin de proteger la ropa de manchas o suciedad.

de·lan·te [delán̪te] *adv* de lugar. **1.** Para indicar la situación de un lugar determinado con respecto a otro punto: *En la parte de delante del edificio hay balcones.* **2.** Se usa para referirse a la parte anterior de algo, de una persona, etc.: *La chaqueta se abrocha por delante.* **3.** Se aplica al lugar que está enfrente de aquel en que está el hablante o alguien similar: *Delante de casa hay un solar en venta.* **4.** Para expresar que se está en presencia de alguien: *Habló delante de la profesora.*

de·lan·te·ra [delaṇtéra] *s/f* **1.** Parte anterior de algunas cosas: *La delantera de un coche.* **2.** Espacio o distancia con que uno se adelanta a otro en un recorrido, carrera, etc. LOC **Coger/Tomar la delantera,** FIG anticiparse a otro en la realización de algo.

de·lan·te·ro, (-a) [delaṇtéro, (-a)] **I.** *adj* Se aplica al que o a lo que está o va delante. **II. 1.** *s/m* Se aplica al que juega en primera fila en algunos deportes. **2.** *s/f* Parte de delante de un equipo deportivo o de cualquier objeto: *Juega en la delantera.*

de·la·tar [delatár] *v/tr* **1.** Revelar a una autoridad quién es el autor de un acto delictivo o censurable o la existencia de este acto. **2.** Ser el motivo de que algo encubierto se descubra: *Su sonrisa delató sus intenciones.*

de·la·tor, -ra [delatór, -ra] *adj* y *s/m,f* Se aplica al que o a lo que delata.

del·co [délko] *s/m* Mecanismo del motor de un coche, gracias al cual la corriente producida por una batería de acumuladores se transmite al sistema de encendido.

de·le·ble [deléβle] *adj* Que puede borrarse con facilidad.

de·lec·ta·ción [delektaθjón] *s/f* Sensación que produce en alguien lo que le deleita o agrada.

de·le·ga·ción [deleγaθjón] *s/f* **1.** Acción y efecto de delegar. **2.** Conjunto de personas en quienes otras delegan para determinada función: *Una delegación de profesores.* **3.** Oficina o despacho en que está un delegado.

de·le·ga·do, -a [deleγáðo, -a] *adj* y *s/m,f* Se aplica a la persona en quien se delega una facultad o a quien se comisiona para ejercer una función.

de·le·gar [deleγár] *v/tr* Dar una persona a otra los poderes para actuar en representación suya. RPr **Delegar en alguien.**
ORT Ante *e* la *g* cambia en *gu: Delegué.*

de·lei·ta·ble [deleitáβle] *adj* Que causa deleite.

de·lei·tar [deleitár] *v/tr* Causar o encontrar gozo o deleite. RPr **Deleitar(se) en/con:** *Se deleita con/en la música.*

de·lei·te [deléite] *s/m* Sensación de agrado o placer que causa la contemplación de algo o una acción determinada.

de·le·té·reo, -a [deletéreo, -a] *adj* Que causa la muerte: *Gases deletéreos.*

de·le·tre·ar [deletreár] *v/tr* Decir las palabras, especialmente cuando se aprende a leer, letra a letra o sílaba a sílaba.

de·le·treo [deletréo] *s/m* Acción de deletrear.

de·lez·na·ble [deleθnáβle] *adj* Que se rompe o disgrega con suma facilidad.

del·fín [delfín] *s/m* **1.** Mamífero cetáceo de unos tres metros de longitud, con boca en forma de pico; se domestica con facilidad. **2.** Título que se daba al primogénito del rey de Francia. **3.** FIG Se dice del que secunda a otra persona en todos sus actos con el fin de estar a punto para una posible transmisión de poderes o dinero.

del·ga·dez [delγaðéθ] *s/f* Calidad o estado del que o de lo que es delgado.

del·ga·do, -a [delγáðo, -a] *adj* **1.** Se aplica al que tiene poca carne en el cuerpo en proporción a los huesos. **2.** Dícese de aquello que tiene poco grosor o espesor.

del·ga·du·cho, -a [delγaðútʃo, -a] *adj despec* Se aplica al que suele estar delgado por debilidad o falta de salud.

de·li·be·ra·ción [deliβeraθjón] *s/f* Acción y efecto de deliberar.

de·li·be·rar [deliβerár] *v/tr, intr* Tratar una o varias personas un asunto con detenimiento y reflexión, generalmente con el fin de llegar a una decisión. RPr **Deliberar sobre:** *Deliberar sobre un convenio.*

de·li·be·ra·ti·vo, -a [deliβeratíβo, -a] *adj* Que delibera o sirve para deliberar.

de·li·ca·de·za [delikaðéθa] *s/f* **1.** Calidad de delicado. **2.** Atención o miramiento que se demuestra para con alguien.

de·li·ca·do, -a [delikáðo, -a] *adj* **1.** Se aplica al que o a lo que es de constitución débil o frágil. **2.** Se aplica al que es excesivamente exigente o descontentadizo. **3.** Aplicado a situaciones o momentos, significa que son de difícil resolución: *Una situación muy delicada.* **4.** Aplicado a olores, colores, obras de arte, etc., significa que poseen belleza, suavidad o cualquier otra cualidad semejante: *Tiene un rostro de rasgos muy delicados.* **5.** Dícese del que es respetuoso con los demás.

de·li·cia [delíθja] *s/f* Placer muy intenso de los sentidos.

de·li·cio·so, -a [deliθjóso, -a] *adj* **1.** Se aplica a lo que causa deleite. **2.** Que es gracioso, ameno o agradable: *Una conversación deliciosa.*

de·lic·ti·vo, -a [deliktíβo, -a] *adj* Relativo al delito o constitutivo de él.

de·li·mi·ta·ción [delimitaθjón] *s/f* Acción y efecto de delimitar.

de·li·mi·tar [delimitár] *v/tr* Encerrar algo entre unos límites determinados.

de·lin·cuen·cia [deliŋkwénθja] *s/f* **1.** Calidad del que es delincuente. **2.** Cantidad de delitos que se cometen en determinado momento o situación.

de·lin·cuen·te [deliŋkwén̪te] *adj* y *s/m,f* Se aplica al que comete un delito.

de·li·ne·an·te [delineán̪te] *s/m,f* Se aplica al que tiene por oficio trazar planos para arquitectos o gente de profesión similar.

de·li·ne·ar [delineár] *v/tr* Trazar las líneas de un proyecto, plano, etc.

de·lin·quir [deliŋkír] *v/intr* Cometer un delito o delitos.
ORT Ante *o/a* la secuencia *qu* cambia en *c: Delinco, delincan.*

de·li·rar [delirár] *v/intr* **1.** Decir cosas disparatadas o incoherentes, generalmente a causa de la fiebre o de otra razón fisiológica. **2.** FIG Decir cosas que están faltas de lógica o sentido común. **3.** FIG Estar loco por algo o alguien: *Delira por la música de jazz.* RPr **Delirar por.**

de·li·rio [delírjo] *s/m* **1.** Acción y efecto de delirar. **2.** Perturbación de la razón originada por un desorden de tipo físico o mental.

de·li·to [delíto] *s/m* Acto que supone una infracción de las leyes.

del·ta [dél̪ta] *s/m* Terreno formado en la desembocadura de un río, semejante a un triángulo, y resultado del arrastre de materiales por la corriente en su camino hacia el mar.

del·toi·des [del̪tóiðes] *adj* y *s/m,* MED Se aplica al músculo triangular que va desde la clavícula al omóplato y cubre la articulación del hombro hasta el húmero.

de·ma·cra·ción [demakraθjón] *s/f* Acción de demacrar(se).

de·ma·crar [demakrár] *v/tr* Hacer que alguien adquiera aspecto de enfermo.

de·ma·go·gia [demaγóxja] *s/f* Dominación ejercida por la plebe; suele aplicarse a aquella forma de actuar que refleja el halago de la plebe o de aquellos a quienes se gobierna.

de·ma·gó·gi·co, -a [demaγóxiko, -a] *adj* Se aplica a aquel que actúa con demagogia o a lo relacionado con ella.

de·ma·go·go, -a [demaγóγo, -a] *s/m,f* Dícese del que en política actúa sólo para halagar a la plebe o la gente gobernada.

de·man·da [demán̪da] *s/f* Acción de pedir o demandar. LOC **En demanda de,** solicitando.

de·man·da·do, -a [deman̪dáðo, -a] *adj* y *s/m,f* Se aplica al que ha sido requerido en un juicio por un demandante.

de·man·dan·te [deman̪dán̪te] *adj* y *s/m,f* Se aplica al que realiza una petición o demanda, especialmente en un juicio o pleito.

de·man·dar [deman̪dár] *v/tr* **1.** Pedir o solicitar algo. **2.** DER Reclamar ante la justicia una satisfacción por lo que ha hecho otro. RPr **Demandar ante/por:** *Nos demandaron ante el Supremo.*

de·mar·ca·ción [demarkaθjón] *s/f* **1.** Acción y efecto de demarcar. **2.** Terreno que se incluye al demarcar.

de·mar·car [demarkár] *v/tr* Delimitar una zona o territorio.
ORT Ante *e* la *c* cambia en *qu: Demarque.*

de·más [demás] **I.** *adj* Se usa acompañado del *art* 'lo' o con nombres de cosas o personas en *pl* para significar 'restante', 'otro': *Las demás hermanas no vinieron.* **II.** *pron* Los o las restantes, en referencia a un grupo de personas o cosas. LOC **Por lo demás,** por lo que resta, aparte de eso. **Por demás,** en vano, inútilmente.

de·ma·sía [demasía] *s/f* Exceso o abundancia de algo. LOC **En demasía,** de más, en exceso.

de·ma·sia·do, (-a) [demasjáðo, (-a)] **I.** *adj* Se aplica a aquello que se da en exceso o de más: *Aquí hay demasiada gente.* **II.** *adv* Más de lo debido o conveniente: *Iba demasiado deprisa.*

de·men·cia [deménθja] *s/f* Calidad o estado de demente.

de·men·cial [demenθjál] *adj* Perteneciente o relativo a la demencia.

de·men·te [demén̪te] *adj* y *s/m,f* Se aplica al que está falto de juicio o razón.

de·mé·ri·to [demérito] *s/m* Falta o ausencia de mérito.

de·miur·go [demjúrγo] *s/m* En la filosofía platónica, el dios creador.

de·mo·cra·cia [demokráθja] *s/f* **1.** Sistema de gobierno según el cual los gobernantes son elegidos por el pueblo en votación. **2.** Nación gobernada según este sistema.

de·mó·cra·ta [demókrata] *adj* y *s/m,f* Partidario de la democracia.

de·mo·crá·ti·co, -a [demokrátiko, -a] *adj* Perteneciente o relativo a la democracia o acorde con sus principios.

de·mo·cra·ti·za·ción [demokratiθaθjón] *s/f* Acción y efecto de democratizar(se).

de·mo·cra·ti·zar [demokratiθár] *v/tr,* REFL(SE) Convertir(se) en demócrata el gobierno de una nación, una institución, etc. ORT Ante *e* la *z* cambia en *c: Democratice.*

de·mo·dé [demoðé] *adj* GAL FAM Anticuado, pasado de moda.

de·mo·gra·fía [demoγrafía] *s/f* Parte de la estadística, que estudia lo relativo a la población de un país.

de·mo·grá·fi·co, -a [demoγráfiko, -a] *adj* Relativo a la demografía.

de·mo·le·dor, -ra [demoleðór, -ra] *adj* Capaz de demoler.

de·mo·ler [demolér] *v/tr* **1.** Destruir un edificio o cosa semejante con herramientas apropiadas. **2.** FIG Ir contra un principio, idea o actitud determinadas.
CONJ *Irreg: Demuelo, demolí, demoleré, demolido.*

de·mo·li·ción [demoliθjón] *s/f* Acción y efecto de demoler.

de·mo·nía·co, -a [demoníako, -a] *adj* Relativo al demonio.
ORT, PRON También: *Demoniaco.*

de·mo·nio [demónjo] *s/m* **1.** En el mundo cristiano, nombre dado a cada uno de los ángeles que fueron desterrados del paraíso y enviados al infierno a causa de su rebeldía contra Dios. **2.** FIG FAM Persona fea, desagradable o muy antipática. LOC **¡Vete al demonio!,** expresión con la que se manifiesta el disgusto hacia alguien. **¡Qué demonio!,** *interj* con la que se expresa indignación o enfado: *Voy a hacer lo que me dé la gana, ¡qué demonio!* **Llevarse a alguien (todos) los demonios,** FIG montar en cólera, enfadarse. **Saber algo a demonios,** tener algo muy mal sabor.

de·mo·no·lo·gía [demonoloxía] *s/f* Ciencia o tratado sobre los demonios y todo lo relativo a ellos.

de·mon·tre [demóntre] *interj* Se usa para expresar sorpresa, indignación, etc.: *¡Qué demontre!*

de·mo·ra [demóra] *s/f* Plazo de tiempo durante el que se retrasa la realización de algo: *El avión llegó con una demora de dos horas.*

de·mo·rar [demorár] *v/tr* Retrasar la realización o llegada de algo.

de·mos·tra·ble [demostráβle] *adj* Que puede ser demostrado.

de·mos·tra·ción [demostraθjón] *s/f* **1.** Acción y efecto de demostrar. **2.** Razonamiento con que se demuestra la verdad de una proposición.

de·mos·trar [demostrár] *v/tr* **1.** Probar la veracidad de una afirmación, la autenticidad de un hecho, etc. **2.** Servir de indicio o señal de algo. **3.** Manifestar exteriormente un sentimiento o pasión.
CONJ *Irreg: Demuestro, demostré, demostraré, demostrado.*

de·mos·tra·ti·vo, -a [demostratíβo, -a] *adj* y *s/m,f* Se aplica a lo que sirve para demostrar algo.

de·mó·ti·co, -a [demótiko, -a] *adj* Se aplica a un género de escritura que empleaban los antiguos egipcios y que poseía signos curvos.

de·mu·dar [demuðár] *v/tr* Cambiar o alterar, especialmente el color de la cara.

de·na·rio [denárjo] *s/m* Moneda romana antigua.

de·ne·ga·ción [deneγaθjón] *s/f* Acción y efecto de denegar.

de·ne·gar [deneγár] *v/tr* Negar a alguien lo que éste solicita.
CONJ *Irreg: Deniego, denegué, denegaré, denegado.*

den·gue [déŋge] *s/m* Melindre afectado que expresa disgusto hacia algo que en realidad se desea.

de·ni·gra·ción [deniγraθjón] *s/f* Acción y efecto de denigrar.

de·ni·gran·te [deniγránte] *adj* Que humilla o denigra.

de·ni·grar [deniγrár] *v/tr* Poner a alguien en situación humillante, mediante una acción, insultos, etc.

de·no·da·do, -a [denoðáðo, -a] *adj* LIT Se aplica al que se lanza a una empresa con arrojo o ardor.

de·no·mi·na·ción [denominaθjón] *s/f* **1.** Acción y efecto de denominar. **2.** Nombre que se da a una persona o cosa.

de·no·mi·na·dor, -ra [denominaðór, -ra] *adj* y *s/m,f* **1.** Se aplica a lo que denomina. **2.** MAT Dícese del número que en una fracción expresa las partes iguales en que se considera dividida la unidad.

de·no·mi·nar [denominár] *v/tr,* REFL (-SE) Llamar(se) de un modo determinado.

de·nos·tar [denostár] *v/tr* LIT Insultar de palabra a alguien.
CONJ *Irreg: Denuesto, denosté, denostaré, denostado.*

de·no·ta·ción [denotaθjón] *s/m* Acción y efecto de denotar.

de·no·tar [denotár] *v/tr* Indicar una palabra las cualidades de algo.

de·no·ta·ti·vo, -a [denotatíβo, -a] *adj* Que denota algo.

den·si·dad [densiðáð] *s/f* Calidad de lo que es denso.

den·si·fi·car [densifikár] *v/tr* Hacer una cosa más densa.

ORT Ante *e* la *c* cambia en *qu: Densifique.*

den·so, -a [dénso, -a] *adj* **1.** Que contiene gran cantidad de masa en poco volumen. **2.** Se aplica a aquello que tiene sus distintos elementos más apretados o compactos. **3.** Referido a libros, obras, etc., que son de mucho contenido o difíciles de comprender.

den·ta·do, -a [den̪táðo, -a] *adj* Que tiene puntas en uno de sus bordes, de manera tal que parecen dientes.

den·ta·du·ra [den̪taðúra] *s/f* **1.** Conjunto de dientes, muelas y colmillos que tiene en la boca una persona o un animal. **2.** Prótesis dental.

den·tal [den̪tál] *adj* Perteneciente o relativo a los dientes.

den·tar [den̪tár] **I.** *v/tr* Dar a algo forma dentada. **II.** *v/intr* Salirle los dientes al niño.
CONJ *Irreg: Diento, denté, dentaré, dentado.*

den·te·lla·da [den̪teʎáða] *s/f* Acción de clavar los dientes en algo o en alguien.

den·te·llar [den̪teʎár] *v/intr* Batir los dientes unos con otros, como cuando se tiembla de frío, etc.

den·te·lle·ar [den̪teʎeár] *v/tr* Mordisquear una cosa.

den·te·ra [den̪téra] *s/f* Sensación desagradable localizada en los dientes o encías, que se experimenta al comer ciertas cosas ácidas o al oír ruidos chirriantes.

den·ti·ción [den̪tiθjón] *s/f* **1.** Acción de dentar los niños. **2.** Tiempo en que se echan los dientes.

den·tí·fri·co, (-a) [den̪tífriko, (-a)] **I.** *adj* Se aplica al producto utilizado para la higiene dental. **II.** *s/m* Pasta dentífrica.

den·ti·na [den̪tína] *s/f* Marfil o esmalte de los dientes.

den·tis·ta [den̪tísta] *adj* y *s/m,f* Se aplica al médico que se dedica al cuidado y arreglo de las dentaduras.

den·tón, -na [den̪tón, -na] *adj* y *s/m,f* Dentudo.

den·tro [dén̪tro] *adv* **1.** Expresa que algo está en el interior de otra cosa: *Las llaves están dentro.* **2.** Expresa que algo está comprendido en un espacio de tiempo determinado, el cual se expresa a continuación.
GRAM Se usa con más frecuencia seguido de la *prep* 'de': *Dentro de una hora.*

den·tu·do, -a [den̪túðo, -a] *adj* y *s/m,f* Se aplica al que tiene los dientes demasiado grandes.

de·nue·do [denwéðo] *s/m* LIT Valor o intrepidez al acometer una empresa.

de·nues·to [denwésto] *s/m* Insulto grave u ofensivo, hecho de palabra o por escrito.

de·nun·cia [denúnθja] *s/f* Acción y efecto de denunciar.

de·nun·cia·ble [denunθjáβle] *adj* Que puede ser denunciado.

de·nun·cian·te [denunθján̪te] *adj* y *s/m,f* DER El que hace una denuncia ante los tribunales: *La parte denunciante.*

de·nun·ciar [denunθjár] *v/tr* **1.** Hacer público un hecho irregular, ilegal o simplemente perjudicial para algo o alguien. **2.** FIG Ser indicio o señal de algo que está sucediendo: *El aumento del paro denuncia la falta de planificación.*

deon·to·lo·gía [deon̪toloxía] *s/f* Ciencia o tratado de los deberes, especialmente de los propios de una profesión.

de·pa·rar [deparár] *v/tr* Proporcionar la oportunidad apropiada para algo.

de·par·ta·men·tal [departamen̪tál] *adj* Relativo a un departamento.

de·par·ta·men·to [departamén̪to] *s/m* **1.** Cada una de las partes en que está dividido un objeto, lugar, etc., por medio de separaciones o paredes. **2.** Cada una de las partes en que está dividido un organismo, establecimiento, institución, etc.

de·par·tir [departír] *v/intr* Hablar o conversar dos o más personas.

de·pau·pe·ra·ción [depauperaθjón] *s/f* Acción y efecto de depauperar(se).

de·pau·pe·rar [depauperár] *v/tr,* REFL (-SE) Debilitar(se) físicamente por desnutrición o agotamiento.

de·pen·den·cia [depen̪dénθja] *s/f* **1.** Relación de subordinación hacia un superior. **2.** Cada una de las secciones en que está dividida una institución, oficina, organismo, etc., y que tiene unos locales propios.

de·pen·der [depen̪dér] *v/intr* **1.** Estar algo o alguien subordinado a otro para su realización o mantenimiento: *Gibraltar depende de Gran Bretaña.* **2.** Necesitar una persona de otra para su sustento o para poder vivir. RPr **Depender de.**

de·pen·dien·te, (-a) [depen̪djén̪te, (-a)] **I.** *adj* Que depende de otro. **II.** *s/m,f* Persona empleada para atender al público o clientes en un comercio.

de·pi·la·ción [depilaθjón] *s/f* Acción y efecto de depilar(se).

de·pi·lar [depilár] *v/tr,* REFL(SE) Arrancar(se) el pelo o provocar su caída por medio de sustancias de diversos tipos.

de·pi·la·to·rio, -a [depilatórjo, -a] *adj* Se aplica a la sustancia que sirve para depilar.

de·plo·ra·ble [deploráβle] *adj* **1.** Aplicado a sucesos, que es digno de ser deplorado. **2.** Referido al estado de una cosa o persona, significa que presenta muy mal aspecto.

de·plo·rar [deplorár] *v/tr* Sentir disgusto o pena por un suceso.

de·po·ner [deponér] *v/tr* **1.** Destituir a alguien de su cargo. **2.** Apartar de sí o abandonar: *Depusieron las armas.* LOC **Deponer las armas,** rendirse. RPr **Deponer de** *(un cargo).*
CONJ *Irreg: Depongo, depuse, depondré, depuesto.*

de·por·ta·ción [deportaθjón] *s/f* Acción y efecto de deportar.

de·por·tar [deportár] *v/tr* Enviar una autoridad a alguien a un lugar alejado o bien a otro país, en caso de destierro.

de·por·te [depórte] *s/m* Ejercicio físico que se realiza con arreglo a unas reglas, generalmente con un contrincante, pero también solo o sin competición.

de·por·tis·mo [deportísmo] *s/m* Afición a los deportes o práctica de los mismos.

de·por·tis·ta [deportísta] *adj* y *s/m,f* Que es aficionado a practicar algún deporte.

de·por·ti·vi·dad [deportiβiðáð] *s/f* Actitud del que se ajusta a las normas deportivas; *por ext,* alude a la cualidad del que sabe aceptar una derrota en cualquier situación.

de·por·ti·vo, -a [deportíβo, -a] *adj* **1.** Perteneciente o relativo al deporte o que lo practica. **2.** Dícese del que sabe ajustarse a las reglas deportivas y, *por ext,* del que acepta de buen grado una derrota en cualquier situación.

de·po·si·ción [deposiθjón] *s/f* **1.** Acción y efecto de deponer a alguien. **2.** Evacuación de vientre y resultado de ella.

de·po·si·tar [depositár] **I.** *v/tr* **1.** Poner o colocar algo en un sitio. **2.** Colocar algo en un lugar por tiempo indefinido. **3.** FIG Confiar en algo o en alguien algo así como un sentimiento o ideas: *He depositado en ella toda mi confianza.* **II.** REFL(SE) Con referencia a los líquidos cuando dejan que lo que está en suspensión en ellos se vaya al fondo.

de·po·si·ta·ría [depositaría] *s/f* Lugar en el que se hacen los depósitos.

de·po·si·ta·rio, -a [depositárjo, -a] **I.** *adj* Relativo al depósito. **II.** *s/m,f* Persona a quien se confía algo para que lo custodie.

de·pó·si·to [depósito] *s/m* **1.** Acción y efecto de depositar. **2.** Conjunto de cosas o artículos guardados en algún lugar: *Un depósito de armas.* **3.** Lugar en que se guardan estas cosas. **4.** Se aplica a cierto tipo de sedimento que ciertas sustancias dejan en algunos cuerpos: *El depósito de cal que deja el agua en las tuberías.*

de·pra·va·ción [depraβaθjón] *s/f* Acción y efecto de depravar(se).

de·pra·va·do, -a [depraβáðo, -a] *adj* Que tiene costumbres viciosas o malvadas.

de·pra·var [depraβár] *v/tr,* REFL(SE) Volver(se) pervertido alguien.

de·pre·ca·ción [deprekaθjón] *s/f* Ruego o súplica.

de·pre·car [deprekár] *v/tr* Suplicar fervientemente algo.
ORT Ante *e* la *c* cambia en *qu: Depreque.*

de·pre·ca·ti·vo, -a o **de·pre·ca·to·rio, -a** [deprekatíβo, -a/deprekatórjo, -a] Perteneciente a una deprecación.

de·pre·cia·ción [depreθjaθjón] *s/f* Acción y efecto de depreciar(se): *La depreciación de la peseta.*

de·pre·ciar [depreθjár] *v/tr,* REFL(SE) Disminuir el valor de una cosa, especialmente el de la moneda.

de·pre·da·ción [depreðaθjón] *s/f* Acción y efecto de depredar.

de·pre·dar [depreðár] *v/tr* Robar con violencia algo a alguien.

de·pre·sión [depresjón] *s/f* **1.** Acción y efecto de deprimir(se). **2.** Parte de una superficie, terreno, etc., que está más hundida que el resto. **3.** Situación o estado del que está deprimido. **4.** FIG Situación de baja actividad, por la que pasa un negocio, la economía de un país, etc.

de·pre·si·vo, -a [depresíβo, -a] *adj* Se dice de lo que deprime.

de·pri·men·te [depriménte] *adj* Que deprime: *Fue un espectáculo deprimente.*

de·pri·mi·do, -a [deprimíðo, -a] *adj* **1.** Hundido. **2.** Que sufre una depresión.

de·pri·mir [deprimír] *v/tr* **1.** Rebajar el volumen o altura de un cuerpo por medio de la presión. **2.** Hundir alguna parte de un cuerpo. **3.** FIG Abatir el ánimo de alguien: *La noticia la deprimió muchísimo.*

de·pri·sa [deprísa] *adv* Con celeridad, rapidez o prontitud.

de·pu·ra·ción [depuraθjón] *s/f* Acción y efecto de depurar(se).

de·pu·ra·dor, (-ra) [depuraðór, (-ra)] **I.** *adj* y *s/m,f* Se aplica al que o a lo que depura o sirve para depurar. **II.** *s/f* Instalación que sirve para depurar las aguas.

de·pu·rar [depurár] *v/tr* **1.** Limpiar de impurezas alguna sustancia: *Depurar el agua.* **2.** FIG Hacer que algo se perfeccione o convierta en más puro: *Depuró su estilo.* **3.** Someter un régimen a la administración, sus funcionarios, una institución, etc., a una investigación para decidir si hay en ellos algún tipo de inconveniente, que generalmente suele ser de matiz político.

de·pu·ra·ti·vo, -a [depuratíβo, -a] *adj* y *s/m,f* Que sirve para depurar.

de·re·cha [derétʃa] *s/f* **1.** Dícese de la mano derecha de una persona. **2.** Parte de algo, lugar, dirección, etc., que corresponde a la mitad derecha: *Has de torcer a la derecha.* **3.** Parte o sector de una sociedad o colectividad política que tiende más a ser conservadora y moderada.

de·re·cha·men·te [derétʃamente] *adv* **1.** Sin torcerse hacia ningún lado. **2.** De modo directo, sin detenerse en el camino: *Vayamos derechamente al asunto.*

de·re·cha·zo [deretʃáθo] *s/m* Golpe o bofetada que se da con la mano derecha.

de·re·chis·ta [deretʃísta] *adj* y *s/m,f* Que es de ideología de derechas o afín a ella.

de·re·cho, -a [derétʃo, -a] **I.** *adj* **1.** Que pertenece al lado del cuerpo humano que queda hacia levante cuando la persona mira hacia el norte: *El brazo derecho.* **2.** Dícese de la mitad o lado de cualquier objeto, edificio, lugar, etc., que corresponde a la mano derecha del que lo mira. **3.** Que no se tuerce ni a un lado ni a otro. **4.** Hablando de cosas o personas en posición vertical, significa erguido, sin doblarse: *Ponte derecho.* **5.** Que es justo, razonable, legítimo o fundado. **II.** *adv* Directamente, sin rodeos: *Se fue derecho al mercado.* **III.** *s/m* **1.** Cada parte derecha de un objeto o prenda. **2.** Facultad natural del hombre para hacer legítimamente lo que comportan los objetivos de su existencia: *Derecho a vivir.* **3.** Conjunto de privilegios o facultades de hacer determinadas cosas según la ley nos lo permite. **4.** Área o campo en que se determinan cuáles deben ser estos derechos del ciudadano: *El derecho natural.* **5.** Esta misma materia, formando un conjunto de estudios o asignaturas que constituyen la carrera de Derecho: *Estudió Derecho.* **6.** Facultad universitaria donde éste se estudia. **7.** *pl* Tributos que se pagan, *por ej*, en aduanas, por la importación de mercancías o por razones similares. **8.** *pl* Cantidad que cobran por el ejercicio de su profesión ciertas personas: *Los derechos del arquitecto.* LOC **A derechas,** de forma correcta, con acierto: *No hace nada a derechas.* **¡No hay derecho!,** expresión de protesta que se alude a lo intolerable de una situación o hecho: *Nos han dejado sin agua dos días enteros, ¡no hay derecho!*

de·re·chu·ra [deretʃúra] *s/f* Cualidad de derecho o recto.

de·ri·va [deríβa] *s/f* **1.** Desvío que una embarcación experimenta, apartándose de su rumbo por causa del viento o razón similar. **2.** FIG Pérdida de rumbo u orientación que una persona experimenta. LOC **A la deriva,** MAR FIG sin rumbo, de forma desorientada.

de·ri·va·ción [deriβaθjón] *s/f* **1.** Acción y efecto de derivar(se) una cosa. **2.** Conexión entre una línea de ferrocarril, de electricidad, de canalización, etc., y otra.

de·ri·va·do, -a [deriβáðo, -a] *adj* Que se deriva de otro.

de·ri·var [deriβár] **I.** *v/tr* **1.** Deducir una cosa de otra. **2.** Cambiar el rumbo o dirección de algo. **3.** GRAM Crear una palabra de la raíz de otra. **4.** Separar de una corriente, río, carretera, etc., un conducto que desvía parte de lo que fluye por el principal. **II.** *v/intr* Tener una cosa su origen en otra: *Sus aficiones derivan de la educación que tuvo.* RPr **Derivar hacia/de.**

de·ri·va·ti·vo, -a [deriβatíβo, -a] *adj* Dícese de lo que se deriva de otro o comporta derivación.

der·ma·ti·tis [dermatítis] *s/f* Inflamación de la piel.

der·ma·to·lo·gía [dermatoloxía] *s/f* Tratado de las enfermedades de la piel.

der·ma·to·ló·gi·co, -a [dermatolóxiko, -a] *adj* Relativo a la dermatología.

der·ma·tó·lo·go, -a [dermatóloγo, -a] *s/m* Médico especializado en enfermedades de la piel.

der·ma·to·sis [dermatósis] *s/f* Cualquier tipo de enfermedad cutánea.

dér·mi·co, -a [dérmiko, -a] *adj* Perteneciente o relativo a la dermis.

der·mis [dérmis] *s/f* Capa más gruesa que la epidermis y situada debajo de ésta.

de·ro·ga·ción [deroγaθjón] *s/f* Acción y efecto de derogar.

de·ro·gar [deroγár] *v/tr* Abolir o anular algo, especialmente una ley o decreto.
ORT Ante *e* la *g* cambia en *gu: Derogué.*

de·ro·ga·to·rio, -a [deroγatórjo, -a] *adj* Que deroga: *Una cláusula derogatoria.*

de·rra·ma [derráma] *s/f* **1.** Repartimiento o distribución entre socios, vecinos, etc., de una contribución o gasto eventual. **2.** Contribución temporal o extraordinaria.

de·rra·ma·mien·to [derramamjénto] *s/m* Acción y efecto de derramar(se).

de·rra·mar [derramár] *v/tr* Hacer que un líquido u otras cosas pequeñas se esparza por el suelo al salir de donde están contenidos.

de·rra·me [derráme] *s/m* **1.** Derramamiento. **2.** Salida de un líquido, humor, sangre, etc., del vaso que los contiene a causa de una rotura: *Tuvo un derrame cerebral.*

de·rra·par [derrapár] *v/intr* Patinar un coche en la carretera.

de·rre·dor [derreðór] *s/m* Espacio que hay en torno de algo o de alguien. LOC **En derredor,** alrededor.

de·rren·gar [derreŋgár] *v/tr* **1.** Causar una lesión grave en los lomos o caderas a alguien o a un animal. **2.** FIG FAM Fatigar a alguien hasta el punto de quedar éste totalmente agotado.
CONJ *Irreg: Derriengo/Derrengo, derrengué, derrengaré, derrengado.*

de·rre·ti·mien·to [derretimjéṇto] *s/m* Acción y efecto de derretir(se).

de·rre·tir [derretír] **I.** *v/tr* Deshacer una sustancia sólida y poco dura por medio del calor, haciendo que se vuelva líquida: *Derretir la mantequilla.* **II.** REFL(SE) **1.** FIG FAM Estar muy enamorado de alguien. **2.** FIG Consumirse en un sentimiento muy intenso, especialmente si se trata de amor divino, pero también en casos más corrientes. RPr **Derretirse de/por:** *Se derrite de gusto/por él.*
CONJ *Irreg: Derrito, derretí, derretiré, derretido.*

de·rri·bar [derriβár] *v/tr* **1.** Hacer caer al suelo a alguien, un objeto, edificio, etc. **2.** En un combate o pelea, derrotar al adversario, haciéndolo caer. **3.** FIG Hacer que alguien pierda su cargo o el poder que tiene.

de·rri·bo [derríβo] *s/m* **1.** Acción y efecto de derribar. **2.** Conjunto de materiales que se sacan de la demolición de un edificio. **3.** Obra que se derriba.

de·rro·ca·mien·to [derrokamjéṇto] *s/m* Acción y efecto de derrocar.

de·rro·car [derrokár] *v/tr* Hacer caer a alguien del cargo que ocupa o hacerle perder el poder de que goza: *Lograron derrocar al ministro.*
ORT Ante *e* la *c* cambia en *qu: Derroqué*

de·rro·cha·dor, -ra [derrotʃaðór, -ra] *adj* y *s/m,f* Que derrocha.

de·rro·char [derrotʃár] *v/tr* Gastar los bienes materiales o los dones físicos de forma excesivamente rápida e imprudente: *No derroches tus energías.*

de·rro·che [derrótʃe] *s/m* Acción y efecto de derrochar.

de·rro·ta [derróta] *s/f* Acción y efecto de derrotar al enemigo, contrincante, etc.

de·rro·tar [derrotár] *v/tr* En un combate, deporte, juego, etc., ser el vencedor del contrario.

de·rro·te·ro [derrotéro] *s/m* **1.** MAR Rumbo de la embarcación cuando navega. **2.** FIG Dirección o camino seguido por alguien en su vida.

de·rro·tis·mo [derrotísmo] *s/m* Tendencia a mantener una postura negativa o pesimista frente a los posibles resultados de una guerra o de cualquier otra empresa.

de·rro·tis·ta [derrotísta] *adj* y *s/m,f* Que adopta una postura de derrotismo.

de·rru·biar [derruβjár] *v/tr* Despojar de su tierra las aguas de un río o corriente a las tapias, riberas, campos, etc.

de·rru·bio [derrúβjo] *s/m* Acción y efecto de derrubiar.

de·rruir [derruír] *v/tr* Hacer caer un edificio o construcción.
CONJ *Irreg: Derruyo, derruí, derruiré, derruido.*

de·rrum·ba·de·ro [derruɱbaðéro] *s/m* Lugar escarpado desde el cual uno puede caerse fácilmente.

de·rrum·ba·mien·to [derruɱbamjéṇto] *s/m* Acción y efecto de derrumbar(se).

de·rrum·bar [derruɱbár] *v/tr* Caer(se) o desmoronar(se) un edificio o construcción; también se aplica a sentimientos: *Se derrumbaron todas sus ilusiones.*

de·rrum·be [derrúɱbe] *s/m* Derrumbamiento.

der·vi·che [derβítʃe] *s/m* Especie de monje de una secta de los mahometanos.

de·sa·bas·te·cer [desaβasteθér] *v/tr,* REFL(SE) Dejar o quedarse sin abastecimiento.
CONJ Se conjuga como *abastecer.*

de·sa·bo·llar [desaβoʎár] *v/tr* Quitar las abolladuras a un metal, una vasija, etc.

de·sa·bo·ri·do, -a [desaβoríðo, -a] *adj* y *s/m,f* Que no tiene sabor.

de·sa·bo·to·nar [desaβotonár] *v/tr,* REFL(SE) Sacar los botones de los ojales de una prenda de vestir.

de·sa·bri·do, -a [desaβríðo, -a] *adj* **1.** Referido a fruta, que no tiene apenas sabor o que lo tiene malo. **2.** Aplicado al tiempo, que presenta lluvia, frío o viento. **3.** Tratándose de personas, que tiene mal carácter o es desagradable en el trato.

de·sa·bri·gar [desaβriɣár] *v/tr,* REFL(-SE) Quitar(se) el abrigo o la protección.
ORT Ante *e* la *g* cambia en *gu: Desabrigué.*

de·sa·bri·go [desaβríɣo] *s/m* Acción y efecto de desabrigar(se).

de·sa·bri·mien·to [desaβrimjén̪to] *s/m* Cualidad de desabrido.

de·sa·bro·char [desaβrotʃár] *v/tr*, REFL (-SE) Abrir(se) los cierres de una prenda de vestir o sacar los botones de los ojales.

de·sa·ca·tar [desakatár] *v/tr* No seguir los preceptos, leyes u órdenes de alguien.

de·sa·ca·to [desakáto] *s/m* Acción y efecto de desacatar.

de·sa·ce·le·ra·ción [desaθeleraθjón] *s/f* Acción y efecto de desacelerar.

de·sa·ce·le·rar [desaθelerár] *v/tr* Quitar celeridad o velocidad a algo, especialmente a vehículos.

de·sa·cer·ta·do, -a [desaθertáðo, -a] *adj* Que está realizado sin acierto o que obra sin acierto.

de·sa·cier·to [desaθjérto] *s/m* Error cometido al realizar algo.

de·sa·co·mo·da·do, -a [desakomoðáðo, -a] *adj* Se aplica al que está falto de los medios necesarios para poder vivir como le corresponde.

de·sa·co·mo·do [desakomóðo] *s/m* Acción y efecto de desacomodar(se).

de·sa·con·se·jar [desakonsexár] *v/tr* Persuadir a alguien de que no haga cierta cosa.

de·sa·co·plar [desakoplár] *v/tr* Separar aquello que está acoplado.

de·sa·cor·de [desakórðe] *adj* Que no se halla en conformidad con algo. RPr **Estar desacorde con (algo/alguien).**

de·sa·cos·tum·bra·do, -a [desakostum̧bráðo, -a] *adj* Que no es frecuente o común.

de·sa·cos·tum·brar [desakostum̧brár] **I.** *v/tr* Hacer que alguien pierda determinada costumbre. **II.** REFL(SE) Perder determinada costumbre. RPr **Desacostumbrarse a/de.**

de·sa·cre·di·ta·do, -a [desakreðitáðo, -a] *adj* Que ha perdido la buena fama.

de·sa·cre·di·tar [desakreðitár] *v/tr* Hacer que algo o alguien pierda su buena fama: *Su conducta le ha desacreditado.*

des·ac·ti·va·ción [desaktiβaθjón] *s/f* Acción y efecto de desactivar.

des·ac·ti·var [desaktiβár] *v/tr* **1.** Referido a explosivos, anular el mecanismo que los haría estallar. **2.** Interrumpir el proceso iniciado por una potencia activa. También en sentido FIG puede referirse a otros procesos, especialmente los económicos: *Desactivar la economía.*

de·sa·cuer·do [desakwérðo] *s/m* Situación de falta de acuerdo en que se hallan unas personas o cosas entre sí: *Las dos declaraciones están en desacuerdo.*

de·sa·fec·to, (-a) [desafékto, (-a)] **I.** *adj* y *s/m,f* Que no es adicto o fiel a una ideología o partido: *Desafecto al régimen.* **II.** *s/m* Falta de afecto o simpatía.

de·sa·fian·te [desafján̪te] *adj* Que desafía.

de·sa·fiar [desafiár] *v/tr* **1.** Provocar a alguien para que luche con uno: *Lo desafió a batirse en duelo.* **2.** Incitar a alguien a competir con uno en todo tipo de actividad. **3.** Hacer frente a cualquier tipo de peligro o riesgo: *Salieron de viaje desafiando a los elementos.* RPr **Desafiar(se) a.** GRAM El acento recae sobre la *í* en el *s* y *3.ª pers* del *pl* del *pres* de *indic* y *subj: Desafío, desafíen.*

de·sa·fi·nar [desafinár] *v/intr*, REFL (-SE) Desviarse de la nota o entonación debidas un instrumento musical o la voz.

de·sa·fío [desafío] *s/m* **1.** Acción y efecto de desafiar(se). **2.** FIG Se dice de aquello que supone para alguien un peligro o dificultad: *Traducir el Quijote es un desafío para cualquier escritor.*

de·sa·fo·ra·do, -a [desaforáðo, -a] *adj* Que no se sujeta a ninguna ley, proporción, norma o comedimiento: *Ambición desaforada.*

de·sa·for·tu·na·do, -a [desafortunáðo, -a] *adj* **1.** Que tiene muy mala suerte casi siempre. **2.** Que carece de acierto, prudencia, comedimiento, etc.

de·sa·fue·ro [desafwéro] *s/m* **1.** Acto violento que va contra la ley o fuero. **2.** Acto abusivo contra alguien.

de·sa·gra·da·ble [desaɣraðáβle] *adj* **1.** Que causa desagrado. **2.** Que tiene un aspecto que inspira repulsión. RPr **Desagradable/a/de/con:** *Desagradable al gusto/de hacer/con sus vecinos.*

de·sa·gra·dar [desaɣraðár] *v/intr* Causar una sensación de desagrado en alguien.

de·sa·gra·de·cer [desaɣraðeθér] *v/tr* No corresponder debidamente a los favores o buen trato recibidos.
CONJ *Irreg: Desagradezco, desagradecí, desagradeceré, desagradecido.*

de·sa·gra·de·ci·do, -a [desaɣraðeθíðo, -a] *adj* y *s/m,f* Que no agradece lo que se le da.

de·sa·gra·de·ci·mien·to [desaɣraðeθimjén̪to] *s/m* **1.** Acción y efecto de desagradecer. **2.** Falta de agradecimiento.

de·sa·gra·do [desaɣráðo] *s/m* Sensación de disgusto o descontento causada por algo o por alguien.

de·sa·gra·viar [desaɣraβjár] *v/tr* **1.** Hacer que alguien pierda la sensación de haber sido agraviado u ofendido. **2.** Compensar a alguien por el perjuicio recibido.

de·sa·gra·vio [desaγráβjo] *s/m* Acción y efecto de desagraviar.

de·sa·gua·de·ro [desaγwaðéro] *s/m* Canal o conducto por donde desagua algo.

de·sa·guar [desaγwár] **I.** *v/tr* Extraer el agua de un lugar como un pantano, laguna, dique, etc. **II.** *v/intr* **1.** Salir un líquido del lugar donde se encuentra. **2.** (Con *en*) Ir las aguas de un río, lago, etc., a parar a otra corriente o lugar: *El Ebro desagua en el Mediterráneo.* RPr **Desaguar en (II. 2).**
ORT La *u* lleva (¨) ante *e: Desagüe.*

de·sa·güe [desáγwe] *s/m* **1.** Lugar por donde se vacía un recipiente lleno de líquido. **2.** Acción y efecto de desaguar.

de·sa·gui·sa·do, (-a) [desaγisáðo, (-a)] **I.** *adj* Que ha sido hecho contra la ley o razón. **II.** *s/m* Acción injuriosa o que agravia a alguien.

de·sa·ho·ga·do, -a [desaoγáðo, -a] *adj* **1.** Dícese del lugar, prenda de vestir, etc., que no es estrecho ni justo: *Un piso desahogado.* **2.** Referido a personas o situaciones, que posee suficiente holgura económica.

de·sa·ho·gar [desaoγár] **I.** *v/tr* Manifestar abiertamente uno sus pasiones o sentimientos: *Desahogar el odio.* **II.** REFL (-SE) Aliviar uno su ánimo expresando sus sentimientos o pasiones: *Se desahogó contándome sus penas.*
ORT Ante *e* la *g* cambia en *gu: Desahogué.*

de·sa·ho·go [desaóγo] *s/m* **1.** Acción de desahogar(se). **2.** Situación o calidad de aquello que es desahogado.

de·sa·hu·ciar [desauθjár] *v/tr* **1.** Obligar a un inquilino u ocupante de una vivienda, local, etc., a abandonar éste por haber vencido un plazo determinado. **2.** Declarar los médicos a un enfermo incurable, dado lo avanzado de su enfermedad.

de·sa·hu·cio [desáuθjo] *s/m* Acción y efecto de desahuciar.

de·sai·rar [desairár] *v/tr* **1.** Demostrar menosprecio hacia alguien, causándole humillación. **2.** Desestimar algo.

de·sai·re [desáire] *s/m* Acción y efecto de desairar.

de·sa·jus·tar [desaxustár] **I.** *v/tr* Desconcertar una cosa de otra con la que estaba ajustada. **II.** REFL(SE) Apartarse de un concierto o ajuste que se había hecho o se iba a hacer.

de·sa·jus·te [desaxúste] *s/m* Acción y efecto de desajustar(se).

de·sa·lar [desalár] *v/tr* Quitar la sal a un alimento, al agua marina, etc.

de·sa·len·ta·dor, -ra [desalen̪taðór, -ra] *adj* Que desalienta.

de·sa·len·tar [desalen̪tár] *v/tr* Quitar el ánimo a alguien para realizar una acción determinada.
CONJ *Irreg: Desaliento, desalenté, desalentaré, desalentado.*

de·sa·lien·to [desaljénto] *s/m* Situación de falta de ánimo, vigor, etc.

de·sa·li·nea·ción [desalineaθjón] *s/f* Acción y efecto de desalinear(se).

de·sa·li·ne·ar [desalineár] *v/tr,* REFL (-SE) (Hacer) perder la posición de línea recta.

de·sa·li·ña·do, -a [desaliɲáðo, -a] *adj* Que adolece de desaliño.

de·sa·li·ñar [desaliɲár] *v/tr* Descuidar el arreglo o aseo personal de alguien.

de·sa·li·ño [desalíɲo] *s/m* Falta de aseo o cuidado en el vestir.

des·al·ma·do, -a [desalmáðo, -a] *adj* y *s/m,f* Dícese de aquel que causa mal a los demás de forma intencionada.

de·sa·lo·ja·mien·to [desaloxamjén̪to] *s/m* Acción y efecto de desalojar.

de·sa·lo·jar [desaloxár] *v/tr* **1.** Hacer que algo o alguien salga de un lugar y lo desocupe. **2.** Tratándose de materias como aire, agua, etc., desplazar. RPr **Desalojar de:** *Lo desalojaron del piso.*

de·sa·lo·jo [desalóxo] *s/m* Desalojamiento.

des·al·qui·la·do, (-a) [desalkiláðo, (-a)] *adj* Se aplica al local que no tiene inquilino.

de·sa·ma·rrar [desamarrár] *v/tr* **1.** Quitar las amarras a un barco. **2.** FIG Liberar o soltar.

des·am·bien·ta·do, -a [desaɱbjen̪táðo, -a] *adj* Se aplica al que se siente extraño en un ambiente distinto del habitual.

de·sa·mor [desamór] *s/m* Falta de amor o de cariño por alguien o algo.

de·sa·mor·ti·za·ble [desamortiθáβle] *adj* Que puede o debe ser desamortizado.

de·sa·mor·ti·za·ción [desamortiθaθjón] *s/f* Acción y efecto de desamortizar.

de·sa·mor·ti·zar [desamortiθár] *v/tr* Dejar libres los bienes amortizados.
ORT Ante *e* la *z* cambia en *c: Desamorticé.*

des·am·pa·ra·do, -a [desaɱparáðo, -a] *adj* Que está falto de auxilio o amparo.

des·am·pa·rar [desaɱparár] *v/tr* Dejar a alguien o a algo sin amparo o protección.

des·am·pa·ro [desaɱpáro] *s/m* Acción y efecto de desamparar.

de·sa·mue·blar [desamweβlár] *v/tr* Quitar los muebles a una habitación o casa.

des·an·dar [desan̪dár] *v/tr* Volver hacia atrás por el camino recién recorrido.
CONJ *Irreg: Desando, desanduve, desandaré, desandado.*

des·an·ge·la·do, -a [desaŋxeláðo, -a] *adj* Falto de gracia, donaire o alegría.

de·san·gra·mien·to [desaŋgramjén̪to] *s/m* Acción y efecto de desangrar(se).

de·san·grar [desaŋgrár] *v/tr* **1.** Sacar sangre a una persona o animal, generalmente en gran cantidad. **2.** Vaciar un pantano, lago, etc.

de·sa·ni·dar [desaniðár] *v/intr* Abandonar las aves su nido.

de·sa·ni·ma·do, -a [desanimáðo, -a] *adj* **1.** Referido a personas, que tiene poco ánimo. **2.** Tratándose de lugares, que está falto de público o concurrencia.

de·sa·ni·mar [desanimár] **I.** *v/tr* Quitar el ánimo a alguien. **II.** REFL(SE) Perder el ánimo, especialmente para realizar algo.

de·sá·ni·mo [desánimo] *s/m* Sentimiento de falta de ánimo o esperanza.

de·sa·nu·dar [desanuðár] *v/tr* Deshacer un nudo, complicación o enredo.

de·sa·pa·ci·bi·li·dad [desapaθiβiliðáð] *s/f* Cualidad de desapacible.

de·sa·pa·ci·ble [desapaθíβle] *adj* **1.** Que causa una profunda sensación de desagrado. **2.** Referido al tiempo atmosférico, que tiene elementos desagradables, como frío, viento, lluvia, etc.

de·sa·pa·re·cer [desapareθér] *v/intr* **1.** Ocultarse alguien o dejar de estar en algún lugar. **2.** Referido a objetos, no encontrarlos donde suelen estar. RPr **Desaparecer de:** *Desaparecer (algo) de un lugar.*
CONJ *Irreg: Desaparezco, desaparecí, desapareceré, desaparecido.*

de·sa·pa·re·jar [desaparexár] *v/tr* **1.** Quitar los aparejos a las caballerías. **2.** Dejar sin pareja.

de·sa·pa·ri·ción [desapariθjón] *s/f* Acción y efecto de desaparecer.

de·sa·pa·sio·na·do, -a [desapasjonáðo, -a] *adj* Que no se deja llevar por la pasión.

de·sa·pa·sio·nar [desapasjonár] *v/tr*, REFL(SE) Quitar o perder la pasión que se tiene por algo o por alguien.

de·sa·pe·gar [desapeγár] *v/tr*, REFL(SE) **1.** Apartar(se) una cosa de otra. **2.** FIG Apartar(se) del aprecio por algo o alguien.
ORT Ante *e* la *g* cambia en *gu: Desapegué.*

de·sa·pe·go [desapéγo] *s/m* Falta de afecto o interés por algo o alguien.

de·sa·per·ci·bi·do, -a [desaperθiβíðo, -a] *adj* Que pasa inadvertido para alguien.

de·sa·pli·car [desaplikár] *v/tr*, REFL (-SE) Quitar o perder la afición al estudio.
ORT Ante *e* la *c* cambia en *qu: Desapliqué.*

de·sa·po·li·llar [desapoliʎár] *v/tr* **1.** Quitar la polilla a algo. **2.** FIG Hacer que alguien deje de llevar una vida retirada y empiece a salir.

de·sa·pren·sión [desaprensjón] *s/f* Falta de miramiento o preocupación por los intereses o derechos de los demás.

de·sa·pren·si·vo, -a [desaprensíβo, -a] *adj* y *s/m,f* Que actúa con desaprensión.

de·sa·pro·ba·ción [desaproβaθjón] *s/f* Acción y efecto de desaprobar.

de·sa·pro·bar [desaproβár] *v/tr* No estar conforme o acorde con algo.
CONJ *Irreg: Desapruebo, desaprobé, desaprobaré, desaprobado.*

de·sa·pro·piar·se [desapropjárse] *v*/REFL(SE) Desposeerse uno mismo del dominio sobre algo propio. RPr **Desapropiarse de (algo).**

de·sa·pro·pio [desaprópjo] *s/m* Desapropiamiento.

de·sa·pro·ve·cha·mien·to [desaproβetʃamjén̪to] *s/m* Acción de desaprovechar.

de·sa·pro·ve·char [desaproβetʃár] *v/tr* No sacar el aprovecho debido de algo o de alguien; desperdiciar.

des·ar·bo·lar [desarβolár] *v/tr* Quitar los palos o arboladura a una embarcación.

des·ar·ma·do, -a [desarmáðo, -a] *adj* **1.** Que no lleva o tiene armas. **2.** Se dice de aquello que está descompuesto en piezas: *Dejaron la máquina desarmada.* **3.** FIG Que se encuentra sin réplica o respuesta que dar.

des·ar·mar [desarmár] *v/tr* **1.** Quitar o hacer entregar a alguien las armas que tiene. **2.** Separar las piezas de que está compuesto un objeto, maquinaria, etc. **3.** FIG Dejar a alguien de forma tal que no sea capaz de responder o replicar.

des·ar·me [desárme] *s/m* Acción y efecto de desarmar(se).

de·sa·ro·ma·ti·zar [desaromatiθár] *v/tr*, REFL(SE) Quitar el aroma a una cosa o perderla ésta espontáneamente.
ORT La *z* cambia en *c* ante *e: Desaromaticé.*

de·sa·rrai·ga·do, -a [desarraiγáðo, -a] *adj* Se aplica al que está libre de lazos que le vinculen a una colectividad determinada.

de·sa·rrai·gar [desarraiγár] *v/tr* **1.** Arrancar de raíz una planta o árbol. **2.** FIG

Apartar a alguien de donde vive o de donde trabaja, etc. **3.** FIG Suprimir totalmente una pasión o creencia. RPr **Desarraigar(se) de** *(un lugar)*.
ORT La *g* ante *e* cambia en *gu: Desarraigué*.

de·sa·rrai·go [desarráiγo] *s/m* Acción y efecto de desarraigar(se).

de·sa·rra·pa·do, -a [desarrapáðo, -a] *adj* Vestido miserablemente.

de·sa·rre·gla·do, -a [desarreγláðo, -a] *adj* Que no se posee orden o arreglo.

de·sa·rre·glar [desarreγlár] *v/tr* Descomponer el arreglo de algo o alguien.

de·sa·rre·glo [desarréγlo] *s/m* Acción y efecto de desarreglar(se).

de·sa·rren·dar [desarrendár] *v/tr* Dejar o hacer dejar el arrendamiento de una finca.
CONJ *Irreg: Desarriendo, desarrendé, desarrendaré, desarrendado.*

de·sa·rro·lla·ble [desarroʎáβle] *adj* Que puede ser desarrollado.

de·sa·rro·llar [desarroʎár] **I.** *v/tr* **1.** Hacer que se deshaga la forma de rollo en que está doblada o constituida una cosa: *Desarrollar la alfombra.* **2.** Dar mayor importancia o fuerza a algo: *El país ha desarrollado la industria naviera.* **3.** FIG Explicar una teoría o idea determinada, dando todos los pormenores o incluyendo todas sus partes: *Ha desarrollado la teoría de la relatividad en veinte páginas.* **II.** REFL (-SE) Suceder un hecho, fenómeno, etc., de un modo o en un lugar determinado: *Los hechos se desarrollaron de forma muy rápida.*

de·sa·rro·llo [desarróʎo] *s/m* Acción y efecto de desarrollar(se).

de·sa·rro·par [desarropár] *v/tr*, REFL (-SE) Quitar(se) o apartar(se) la ropa, especialmente en la cama.

de·sa·rru·gar [desarruγár] *v/tr*, REFL(SE) Quitar(se) las arrugas.
ORT Ante *e* la *g* cambia en *gu: Desarrugué.*

des·ar·ti·cu·la·ción [desartikulaθjón] *s/f* Acción y efecto de desarticular(se).

des·ar·ti·cu·lar [desartikulár] *v/tr*, REFL(SE) **1.** Separar(se) la articulación de los huesos unidos entre sí, dos piezas de una maquinaria, etc. **2.** FIG Destruir(se) la composición o coordinación de unos planes o de formaciones de cualquier tipo de actividad.

de·sa·sea·do, -a [desaseáðo, -a] *adj* Falto de aseo o compostura.

de·sa·se·ar [desaseár] *v/tr* No limpiar o arreglar algún lugar, objeto o persona.

de·sa·si·mien·to [desasimjénto] *s/m* **1.** Acción y efecto de desasirse. **2.** FIG Falta de ambición por las cosas.

de·sa·sir [desasír] **I.** *v/tr* Soltar algo que se tiene cogido. **II.** REFL(SE) FIG Desprenderse de una costumbre o compromiso, vicio, etc. RPr **Desasirse de:** *Se desasió del grupo.*
CONJ *Irreg: Desasgo, desasí, desasiré, desasido.*

de·sa·sis·ten·cia [desasisténθja] *s/f* Falta de asistencia.

de·sa·sis·tir [desasistír] *v/tr* Dejar a alguien sin la ayuda o auxilio que necesita.

des·as·nar [desasnár] *v/tr*, REFL(SE) FIG FAM (Hacer) perder la rudeza, ignorancia, rusticidad, etc., por medio del estudio o de la enseñanza.

de·sa·so·se·gar [desasoseγár] *v/tr*, REFL (-SE) Quitar o perder el sosiego.
ORT Ante *e* la *g* cambia en *gu: Desasogué.*

de·sa·so·sie·go [desasosjéγo] *s/m* Falta de sosiego.

de·sas·tra·do, -a [desastráðo, -a] *adj* y *s/m,f* Se aplica al que o a lo que carece de arreglo, aliño o aseo.

de·sas·tre [desástre] *s/m* **1.** Hecho o incidente que comporta desgracia o víctimas. **2.** FAM Se aplica a cualquier cosa o acción que supone fracaso o mal resultado. **3.** FAM Dícese de la persona que suele hacer las cosas mal o que no sirve para hacer nada: *Mi hermana es un desastre, todo lo que toca lo rompe.*

de·sas·tro·so, -a [desastróso, -a] *adj* Relativo a un desastre.

de·sa·tar [desatár] *v/tr* **1.** Quitar a algo que lo sujeta a otra cosa o desabrochar lo que cierra algo. **2.** FIG Causar o producir un fenómeno, un acto, una pasión, etc.: *Su intervención desató una airada protesta.* LOC **Desatar(se) la lengua a alguien**, (hacer) empezar a hablar. RPr **Desatarse en:** *Se desató en improperios.*

de·sa·tas·car [desataskár] *v/tr*, REFL (-SE) **1.** Sacar algo del lugar donde está atascado. **2.** Quitar una obstrucción o algo.
ORT Ante *e* la *c* cambia en *qu: Desatasqué.*

de·sa·ten·ción [desatenθjón] *s/f* **1.** Falta de atención o concentración en lo que se está haciendo. **2.** Falta de respeto o cortesía hacia alguien.

de·sa·ten·der [desatendér] *v/tr* No prestar atención a algo o a alguien.
CONJ *Irreg: Desatiendo, desatendí, desatenderé, desatendido.*

de·sa·ten·to, -a [desaténto, -a] **1.** Se aplica al que no presta atención a lo que oye o se le dice. **2.** Falto de cortesía para con alguien.

de·sa·ti·na·do, -a [desatináðo, -a] *adj* Que no tiene tino, arreglo o mesura.

de·sa·ti·nar [desatinár] *v/intr* Cometer o decir errores o excesos.

de·sa·ti·no [desatíno] *s/m* **1.** Falta de tino o acierto. **2.** Acción que está fuera de razón o mesura.

de·sa·tor·ni·llar [desatorniʎár] *v/tr* Destornillar.

de·sa·tra·car [desatrakár] *v/tr, intr* Separar(se) una embarcación del lugar en que está atracada.
ORT Ante *e* la *c* cambia en *qu: Desatraqué.*

de·sa·tran·car [desatraŋkár] *v/tr* **1.** Quitar la tranca a una puerta, para abrirla. **2.** Quitar la obstrucción a un conducto.
ORT La *c* cambia en *qu* ante *e: Desatranqué.*

des·au·to·ri·za·ción [desautoriθaθjón] *s/f* Acción y efecto de desautorizar.

des·au·to·ri·za·do, -a [desautoriθáðo, -a] *adj* Falto de autoridad, prestigio, etc.

des·au·to·ri·zar [desautoriθár] *v/tr* **1.** Declarar que alguien no está autorizado para realizar determinada acción. **2.** Declarar alguien que algo hecho por otro es falso, infundado, etc.: *Desautorizar unas declaraciones.*
ORT La *z* cambia en *c* ante *e: Desautoricé.*

de·sa·ve·nen·cia [desaβenénθja] *s/f* Falta de avenencia entre personas.

de·sa·ve·ni·do, -a [desaβeníðo, -a] *adj* Que está en desacuerdo con otro(s).

de·sa·ve·nir [desaβenír] *v/tr,* REFL (-SE) Poner(se) en desacuerdo o en malas relaciones con otro(s). RPr **Desavenirse con.**
CONJ *Irreg: Desavengo, desavine, desavendré, desavenido.*

de·sa·ven·ta·ja·do, -a [desaβen̪taxáðo, -a] *adj* Inferior a otro y menos ventajoso.

de·sa·yu·nar [desaJunár] *v/tr* Tomar el desayuno.

de·sa·yu·no [desaJúno] *s/m* Primera comida que se toma en el día.

de·sa·zón [desaθón] *s/f* **1.** Falta de sabor en los alimentos. **2.** FIG Sentimiento de desasosiego. **3.** FIG Sensación física de malestar.

de·sa·zo·nar [desaθonár] *v/tr,* REFL (-SE) Causar o tener desazón.

des·ban·car [desβaŋkár] *v/tr* Sustituir a alguien en el cariño, estima, apreciación, etc., de otro(s). RPr **Desbancar de.**
ORT La *c* cambia en *qu* ante *e: Desbanqué.*

des·ban·da·da [desβan̪dáða] *s/f* Acción y efecto de desbandarse. LOC **A la desbandada**, de manera desordenada y por todas direcciones.

des·ban·dar·se [desβan̪dárse] *v/*REFL (-SE) Irse en distintas direcciones aquellos que estaban agrupados.

des·ba·ra·jus·tar [desβaraxustár] *v/tr,* REFL(SE) Introducir(se) confusión o desorden en algo.

des·ba·ra·jus·te [desβaraxúste] *s/m* Alteración del orden de algo.

des·ba·ra·ta·mien·to [desβaratamjén̪to] *s/m* Acción y efecto de desbaratar.

des·ba·ra·tar [desβaratár] *v/tr* **1.** Deshacer el orden de algo. **2.** MIL Desordenar las filas enemigas. **3.** FIG Impedir que salgan adelante planes, ambiciones, etc., que alguien trama.

des·bar·bar [desβarβár] *v/tr* **1.** Quitar de algo lo que sobresale a modo de barba. **2.** FAM Afeitar la barba a alguien.

des·ba·rrar [desβarrár] *v/intr* Decir o hacer despropósitos.

des·bas·tar [desβastár] *v/tr* Quitar las partes más bastas o las asperezas a algo.

des·bas·te [desβáste] *s/m* Acción y efecto de desbastar.

des·blo·que·ar [desβlokeár] *v/tr* Levantar el bloqueo de valores, dinero.

des·blo·queo [desβlokéo] *s/m* Acción y efecto de desbloquear.

des·bo·ca·do, -a [desβokáðo, -a] *adj* **1.** Referido a objetos, que no tiene boca o que la tiene rota. **2.** FIG Dícese de aquel que usa un lenguaje indecente o desvergonzado. **3.** FIG Se aplica a un sentimiento cuando no tiene freno o contención.

des·bo·ca·mien·to [desβokamjén̪to] *s/m* Acción y efecto de desbocar(se).

des·bo·car [desβokár] **I.** *v/tr* **1.** Quitar o romper la boca a un objeto. **2.** Llevar el caballo hasta el punto de ser insensible al freno. **II.** REFL(SE) FIG Perder la contención o mesura en el lenguaje, la conducta, etc.
ORT Ante *e* la *c* cambia en *qu: Desboqué.*

des·bor·da·mien·to [desβorðamjén̪to] *s/m* Acción y efecto de desbordar(se).

des·bor·dan·te [desβorðán̪te] *adj* Que se ha salido de sus límites.

des·bor·dar [desβorðár] **I.** *v/intr* Salirse de sus límites. **II.** REFL(SE) FIG Dícese de un sentimiento o pasión cuando excede los límites. **III.** FIG Exceder la capacidad o posibilidades de algo: *Su conducta desbordó mi paciencia.* RPr **Desbordar de:** *La papelera desbordaba de papeles.*

des·bra·gue·ta·do, -a [desβraɣetáðo -a] *adj* FAM Dícese del que lleva desabrochada la bragueta del pantalón.

des·bra·var [desβraβár] **I.** *v/tr* Hacer que un animal por domesticar se amanse y obedezca al hombre. **II.** REFL(SE) Perder su fuerza una bebida alcohólica.

des·bra·ve·cer [desβraβeθér] *v/intr* Desbravarse.
CONJ *Irreg: Desbravezco, desbravecí, desbraveceré, desbravecido.*

des·briz·nar [desβriθnár] *v/tr* **1.** Partir algo en briznas o migas. **2.** Quitarle las briznas a ciertas legumbres.

des·bro·ce [desβróθe] *s/m* Desbrozo.

des·bro·zar [desβroθár] *v/tr* **1.** Desembarazar de broza algún lugar, como un canal, etc. **2.** FIG Facilitar las cosas para que se pueda realizar un plan determinado.
ORT La *z* cambia en *c* ante *e: Desbrocé.*

des·bro·zo [desβróθo] *s/m* Acción y efecto de desbrozar.

des·ca·ba·la·mien·to [deskaβalamjénto] *s/m* Acción y efecto de descabalar(se).

des·ca·ba·lar [deskaβalár] *v/tr* REFL (-SE) Quitar o perderse algunas de las partes necesarias para constituir algo de forma completa o cabal.

des·ca·bal·ga·du·ra [deskaβalγaðúra] *s/f* Acción de descabalgar.

des·ca·bal·gar [deskaβalγár] *v/intr* Bajar o apearse de una caballería. RPr **Descabalgar de.**
ORT La *g* cambia en *gu* ante *e: Descabalgué.*

des·ca·be·lla·do, -a [deskaβeλáðo, -a] *adj* FIG Se aplica a aquello que está fuera de razón o de lo sensato.

des·ca·be·llar [deskaβeʎár] *v/tr* TAUROM Matar instantáneamente al toro, hiriéndole en la cerviz con la punta de la espada.

des·ca·be·za·mien·to [deskaβeθamjénto] *s/m* Acción y efecto de desescabezar(se).

des·ca·be·zar [deskaβeθár] *v/tr* **1.** Quitar o cortar la cabeza de una persona o cosa. **2.** Cortar la parte superior de algo que crece, como árboles, cereales, etc.
ORT La *z* cambia en *c* ante *e: Descabecé.*

des·ca·la·brar [deskalaβrár] *v/tr* **1.** Herir gravemente en la cabeza a uno. **2.** *Por ext,* herir o maltratar a alguien, aunque no sea en la cabeza.

des·ca·la·bro [deskaláβro] *s/m* Daño o pérdida de importancia.

des·cal·ci·fi·ca·ción [deskalθifikaθjón] *s/f* Acción y efecto de descalcificar.

des·cal·ci·fi·car [deskalθifikár] *v/tr* Rebajar o disminuir la cantidad de calcio en los huesos u otras sustancias.
ORT Ante *e* la *c* cambia en *qu: Descalcifiqué.*

des·ca·li·fi·ca·ción [deskalifikaθjón] *s/f* Acción y efecto de descalificar.

des·ca·li·fi·car [deskalifikár] *v/tr* **1.** Quitar a alguien el buen crédito o la reputación un acto u obra suya. **2.** Privar a alguien de la capacidad para hacer algo, especialmente referido a los participantes en una competición deportiva: *Descalificaron al jugador número tres.*
ORT La *c* cambia en *qu* ante *e: Descalifiqué.*

des·cal·zar [deskalθár] *v/tr* Quitar el calzado a alguien.
ORT La *z* cambia en *c* ante *e: Descalcé.*

des·cal·zo, -a [deskálθo, -a] **I.** *adj* Que está o va con los pies desnudos. **II.** *adj* y *s/m,f* Se aplica al religioso que pertenece a una orden en la que sus miembros van descalzos.

des·ca·ma·ción [deskamaθjón] *s/f* Acción y efecto de descamarse.

des·ca·mar [deskamár] **I.** *v/tr* Quitar las escamas a algo. **II.** REFL(SE) Perder la piel en escamillas secas, especialmente como consecuencia de una enfermedad cutánea.

des·cam·biar [deskambjár] *v/tr* Deshacer un cambio.

des·ca·mi·nar [deskaminár] *v/tr,* REFL (-SE) **1.** Apartar(se) del buen camino. **2.** FIG Apartar(se) de algo justo o conveniente.

des·ca·mi·sa·do, -a [deskamisáðo, -a] *adj* y *s/m, f* Que no lleva camisa.

des·cam·pa·do, (-a) [deskampáðo, (-a)] *adj* y *s/m* Se aplica al terreno descubierto sin vegetación o sin viviendas ni construcciones.

des·can·sar [deskansár] **I.** *v/intr* **1.** Recuperar las fuerzas interrumpiendo una actividad, trabajo, etc. **2.** Dormir, como necesidad de reposo. **3.** Confiar en otra persona para lograr reposo o interrupción de un trabajo: *Para llevar la casa hay que descansar en los hijos.* **4.** Estar una cosa o una persona sobre otra que la sostiene: *La estantería descansa sobre cuatro escuadras.* **II.** *v/tr* Apoyar o reclinarse sobre algo o alguien: *Descansa tu cabeza sobre mi hombro.* RPr **Descansar de/en/sobre:** *Descansaremos del esfuerzo hecho.*

des·can·si·llo [deskansíʎo] *s/m* Espacio llano en que termina un tramo de escalera.

des·can·so [deskánso] *s/m* **1.** Acción y efecto de descansar. **2.** Descansillo. **3.** Intermedio (en un espectáculo).

des·can·ti·llar [deskantiʎár] *v/tr* Quitar las aristas o cantos a algo.

des·ca·pi·ta·li·za·ción [deskapitaliθaθjón] *s/f* Acción y efecto de descapitalizar.

des·ca·pi·ta·li·zar [deskapitaliθár] *v/tr* Perder una entidad o Estado las riquezas o dinero acumulados. También REFL(-SE).
ORT La *z* cambia en *c* ante *e: Descapitalicé.*

des·ca·po·ta·ble [deskapotáβle] *adj* y *s/m* Se aplica al coche que tiene capota plegable.

des·ca·po·tar [deskapotár] *v/tr* Retirar la capota plegable de un coche.

des·ca·ra·do, -a [deskaráðo, -a] *adj* y *s/m,f* Que habla o actúa de forma insolente o irrespetuosa.

des·ca·rar·se [deskarárse] REFL(SE) Hablar o actuar con insolencia, atrevimiento y falta de pudor.

des·car·ga [deskárɣa] *s/f* Acción y efecto de descargar(se).
Descarga eléctrica, la que se produce a través del aire cuando se da la acción de un campo eléctrico suficientemente intenso.

des·car·gar [deskarɣár] **I.** *v/tr* **1.** Quitar total o parcialmente la carga a algo o a alguien. **2.** Quitar la carga a un arma de fuego. **3.** Disparar un arma de fuego. **4.** Anular la tensión eléctrica de un cuerpo haciendo que salte la chispa. **5.** FIG Aliviar a alguien de una culpa, preocupación, etc.: *Te descargo de tu responsabilidad sobre mi hija.* **II.** REFL(-SE) **1.** Aliviarse de una responsabilidad pasándola a otro. **2.** Perder un cuerpo o maquinaria su carga eléctrica: *La batería del coche se ha descargado.* **3.** FIG Desahogar uno su cólera, ira, etc., en otro: *Se descargó contra su mujer.* RPr **Descargar en/sobre. Descargarse de/en/contra:** *Se descargó de su mala conciencia.*
ORT Ante *e* la *g* cambia en *gu: Descargué.*

des·car·go [deskárɣo] *s/m* Acción de descargar.

des·car·na·do, -a [deskarnáðo, -a] *adj* **1.** Que no tiene carne. **2.** FIG Dícese del que está muy delgado, casi en los huesos.

des·car·nar [deskarnár] *v/tr* **1.** Quitar la carne de un hueso, una piel, etc. **2.** Quitar una sustancia blanda que recubre a otra más dura: *Descarnar las raíces de tierra.*

des·ca·ro [deskáro] *s/m* Actitud o gesto que denota falta de respeto, pudor o indiferencia hacia el prójimo.

des·ca·rriar [deskarrjár] *v/tr* **1.** Apartar a ciertas reses del rebaño. **2.** Apartar a alguien de las buenas costumbres y llevarlo a la perdición. RPr **Descarriarse de:** *Descarriarse del buen camino.*
ORT, CONJ El acento recae sobre la *i* en el *sing y 3.ª pers pl* del *pres* de *indic y subj: Descarrío, descarríe.*

des·ca·rri·la·mien·to [deskarrilamjéņto] *s/m* Acción y efecto de descarrilar.

des·ca·rri·lar [deskarrilár] *v/intr* Salirse de los carriles un tren o vehículo semejante.

des·ca·rrío [deskarrío] *s/m* Acción y efecto de descarriar(se).

des·car·tar [deskartár] *v/tr* Dejar aparte una cosa de varias que se tienen.

des·car·te [deskárte] *s/m* Acción y efecto de descartar(se).

des·ca·sar [deskasár] *v/tr* Deshacer un matrimonio o separar a una pareja.

des·cas·ca·rar [deskaskarár] **I.** *v/tr* Quitar la cáscara a algo. **II.** REFL(SE) Levantarse o caerse la cáscara de una cosa.

des·cas·ca·ri·lla·do [deskaskariʎáðo] *s/m* Acción y efecto de descascarillar(se).

des·cas·ca·ri·llar [deskaskariʎár] *v/tr* REFL(SE) Hacer saltar o perder la cascarilla de una superficie, como el esmalte o yeso.

des·cas·ta·do, -a [deskastáðo, -a] *adj y s/m,f* **1.** Se aplica a aquel que aprecia en poco a sus parientes. **2.** *Por ext,* se dice del que no agradece el afecto que se le profesa.

des·cen·den·cia [desθeņdéņθja] *s/f* Conjunto de hijos, nietos, etc., que descienden de alguien.

des·cen·den·te [desθeņdéņte] *adj* Que desciende o que disminuye.

des·cen·der [desθeņdér] *v/tr* **1.** Pasar de un lugar a otro más bajo, ir bajando. **2.** Correr por su cauce una corriente, río, etc.: *Las aguas descendían con gran ímpetu.* **3.** Proceder de alguien determinado, como antepasado de uno: *Todos descendemos de Adán y Eva.* RPr **Descender de/en/por:** *Desciende de buena familia. Ha descendido en categoría. Descendimos por un hueco.*
CONJ *Irreg: Desciendo, descendí, descenderé, descendido.*

des·cen·dien·te [desθeņdjéņte] *s/m,f* Persona que desciende de otra.

des·cen·di·mien·to [desθeņdimjéņto] *s/m* Acción y efecto de descender.

des·cen·so [desθénso] *s/m* Acción y efecto de descender.

des·cen·tra·do [desθeņtráðo, -a] *adj* **1.** Se aplica al instrumento o aparato cuyo centro se halla fuera de la posición donde debe estar. **2.** FIG. Dícese de aquel que no está bien en un ambiente determinado.

des·cen·tra·li·za·ción [desθeņtraliθaθjón] *s/f* Acción y efecto de descentralizar.

des·cen·tra·li·zar [desθeņtraliθár] *v/tr* Transferir poderes a entidades menores dependientes de una central.
ORT La *z* cambia en *c* ante *e: Descentralicé.*

des·cen·trar [desθeņtrár] *v/tr* Sacar algo o alguien de su centro o ambiente.

des·ce·ñir [desθeɲír] *v/tr,* REFL(SE) Soltar(se) o aflojar(se) algo que está ceñido.

CONJ *Irreg: Desciño, desceñí, desceñiré, desceñido.*

des·ce·rra·jar [desθerraxár] *v/tr* **1.** Abrir violentamente una cosa que está cerrada con llave, rompiendo la cerradura: *Descerrajó la puerta.* **2.** FIG FAM Hacer disparos contra algo o alguien.

des·ci·fra·ble [desθifráβle] *adj* Que puede ser descifrado.

des·ci·fra·mien·to [desθiframjénto] *s/m* Acción y efecto de descifrar.

des·ci·frar [desθifrár] *v/tr* Averiguar o explicar el sentido de algo que está escrito en clave, en escritura antigua, o en caracteres mal hechos, etc.

des·cim·bra·mien·to [desθimbramjénto] *s/m* Acción y efecto de descimbrar.

des·cim·brar [desθimbrár] *v/tr* ARQ Quitar las cimbras a una obra.

des·ci·men·tar [desθimentár] *v/tr* Deshacer los cimientos.
CONJ *Irreg:* Como *cimentar.*

des·cin·char [desθintʃár] *v/tr* Quitar o soltar las cinchas a una caballería.

des·cla·var [desklaβár] *v/tr* Arrancar un clavo o clavos, generalmente aquellos que sujetan o sostienen algo.

des·co·ca·do, -a [deskokáðo, -a] *adj* y *s/m,f* FAM Que obra con descaro o desenvoltura excesiva.

des·co·car·se [deskokárse] *v/*REFL(SE) FAM Comportarse con excesiva desenvoltura o descaro.
ORT Ante *e* la *c* cambia en *qu: Descoqué.*

des·co·co [deskóko] *s/m* FAM Desenvoltura o descaro excesivos.

des·co·di·fi·ca·ción [deskoðifikaθjón] *s/f* Acción y efecto de descodificar.

des·co·di·fi·car [deskoðifikár] *v/tr* Traducir un mensaje cifrado según un código a otro lenguaje comprensible para el receptor.
ORT Ante *e* la *c* cambia en *qu: Descodifique.*

des·co·jo·nan·te [deskoxonánte] *adj* ARG Muy divertido o gracioso.

des·co·jo·nar·se [deskoxonárse] *v/*REFL(SE) ARG Disfrutar intensamente con algo muy divertido. **2.** Darse un golpe muy fuerte: *Si te caes desde esta altura te descojonas.*

des·col·gar [deskolγár] *v/tr* **1.** Bajar algo que está colgado, como una cortina, un cuadro, una lámpara, etc. **2.** Hacer descender o bajar algo sujetado por una cuerda desde determinada altura. **II.** REFL(SE) **1.** FIG FAM Decir algo que de pronto se le ocurre a uno, pero que es inoportuno o desacertado: *Se descolgó con que éramos todos unos ingenuos.* **2.** FIG FAM Aparecer de repente en un lugar: *A ver cuándo te descuelgas por casa.* RPr **Descolgarse con/de/por:** *Nos descolgamos de lo alto del edificio.*
CONJ *Irreg: Descuelgo, descolgué, descolgaré, descolgado.*

des·co·lo·car [deskolokár] *v/tr* Quitar a alguien del lugar o puesto que ocupa.
ORT Ante *e* la *c* cambia en *qu: Descoloqué.*

des·co·lo·ni·za·ción [deskoloniθaθjón] *s/f* Proceso de abolición del colonialismo.

des·co·lo·ni·zar [deskoloniθár] *v/t* Llevar a cabo la descolonización.
ORT Ante *e* la *z* cambia en *c: Descolonice.*

des·co·lo·ran·te [deskoloránte] *adj* y *s/m,f* Que quita el color.

des·co·lo·ri·do, -a [deskoloríðo, -a] *adj* Que ha perdido el color.

des·co·llar [deskoʎár] *v/intr* Ser de mayor altura que todo aquello que está alrededor en sentido real o figurado. RPr **Descollar en/entre/por/sobre:** *Descuella en latín/por su talento/sobre los de su generación.*
CONJ *Irreg: Descuello, descollé, descollaré, descollado.*

des·com·brar [deskombrár] *v/tr* Limpiar un lugar de escombros o de cosas que estorban.

des·com·bro [deskómbro] *s/m* Acción y efecto de descombrar.

des·co·me·di·do, -a [deskomeðíðo, -a] *adj y s/m,f* **1.** Que está fuera de proporción o mesura: *Un apetito descomedido.* **2.** Que es ofensivo o descortés para con los demás.

des·co·me·di·mien·to [deskomeðimjénto] *s/m* Falta de cortesía o respeto.

des·co·me·dir·se [deskomeðírse] *v/*REFL(SE) Obrar o hablar con falta de respeto o cortesía.
GRAM Se usa preferentemente en la forma de *p (descomedido).*
CONJ *Irreg:* Como 'comedir'.

des·com·pa·sa·do, -a [deskompasáðo, -a] *adj* Que sobrepasa o se aparta de los límites de lo normal.

des·com·pa·sar·se [deskompasárse] *v/*REFL(SE) Perder el equilibrio o compás de algo.

des·com·pen·sa·ción [deskompensaθjón] *s/f* Acción y efecto de descompensar (se).

des·com·pen·sar [deskompensár] *v/tr* Perder el equilibrio o compensación.

des·com·po·ner [deskomponér] *v/tr* **1.** Separar o aislar las diversas partes que forman un compuesto. **2.** FIG Hacer perder la compostura a alguien: *Su actitud me des-*

compuso totalmente y empecé a gritar. **3.** Hacer que un cuerpo o alimento, etc., llegue a estar en putrefacción. RPr **Descomponer(se) en:** *Se descompuso en cientos de partículas.*
CONJ *Irreg: Descompongo, descompuse, descompondré, descompuesto.*

des·com·po·ni·ble [deskomponíβle] *adj* Que puede ser descompuesto o separado.

des·com·po·si·ción [deskomposiθjón] *s/f* Acción y efecto de descomponer(se). **Descomposición de vientre,** diarrea.

des·com·pos·tu·ra [deskompostúra] *s/f* **1.** Acción de descomponer o desarreglar. **2.** Desarreglo en el vestir o en el adorno de algo. **3.** FIG Falta de compostura.

des·com·pre·sión [deskompresjón] *s/f* Sistema para eliminar la presión de algo.

des·com·pues·to, -a [deskompwésto, -a] *adj* Que está alterado en sus componentes o en su carácter.

des·co·mul·gar [deskomulɣár] *v/tr* Excomulgar.
ORT Ante *e* la *g* cambia en *gu: Descomulgué.*

des·co·mu·nal [deskomunál] *adj* De dimensiones extraordinarias.

des·co·mu·nión [deskomunjón] *s/f* Excomunión.

des·con·cer·ta·do, -a [deskonθertáðo, -a] Que experimenta desconcierto.

des·con·cer·tar [deskonθertár] *v/tr* Turbar el orden o concierto de alguna cosa o la serenidad de alguien: *Me desconcertó de tal modo que no supe qué decir.*
CONJ *Irreg: Desconcierto, desconcerté, desconcertaré, desconcertado.*

des·con·cier·to [deskonθjérto] *s/m* **1.** Desarreglo de las partes que componen un todo o del funcionamiento de un objeto, órgano del cuerpo, etc. **2.** Desorientación o confusión causada a alguien.

des·con·char [deskontʃár] *v/tr* Hacer saltar parte del revoque, enyesado, esmalte o pintura de un objeto o superficie.

des·co·nec·tar [deskonektár] **I.** *v/tr* Interrumpir o separar el enlace entre dos aparatos eléctricos o un aparato y la línea general. **II.** *v/intr,* REFL(SE) FAM Quedarse alguien incomunicado de lo que le rodea por voluntad propia.

des·co·ne·xión [deskone(k)sjón] *s/f* Acción y efecto de desconectar(se).

des·con·fia·do, -a [deskomfjáðo, -a] *adj* y *s/m,f* Se aplica al que desconfía por carácter o costumbre.

des·con·fian·za [deskomfjánθa] *s/f* Falta de confianza.

des·con·fiar [deskomfiár] *v/intr* No confiar en alguien o en algo. RPr **Desconfiar de:** *Desconfiar de los amigos.*
PRON. ORT El acento recae sobre la *i* en el *sing* y *3.ª pers pl* del *pres* de *indic* y *subj: Desconfía, desconfíen.*

des·con·ge·la·ción [deskoŋxelaθjón] *s/f* Acción y efecto de descongelar(se).

des·con·ge·lar [deskoŋxelár] *v/tr,* REFL (-SE) **1.** Cesar la congelación de algo. **2.** Quitar(se) el hielo acumulado en el congelador de un frigorífico.

des·con·ges·tión [deskoŋxestjón] *s/f* Acción y efecto de descongestionar(se).

des·con·ges·tio·nar [deskoŋxestjonár] *v/tr,* REFL(SE) Quitar(se) o disminuir la congestión de algo o de alguien: *El tráfico se descongestionó rápidamente.*

des·co·no·cer [deskonoθér] *v/tr* **1.** No conocer o no haber tenido trato con alguien o algo: *Desconozco la raza etíope.* **2.** Ignorar un dato o respuesta a una cuestión: *Desconozco los resultados de los partidos de esta semana.* **3.** FIG Sorprenderse ante lo que parece ser un cambio en alguien o algo: *¡Chico, te desconozco tan trabajador!*
CONJ *Irreg: Desconozco, desconocí, desconoceré, desconocido.*

des·co·no·ci·do, -a [deskonoθíðo, -a] *adj* y *s/m,f* **1.** Que no es conocido de antes. **2.** Que ha cambiado mucho: *Mi hija está desconocida.* **3.** Persona que no pertenece al círculo de uno o que se encuentra uno en la calle: *No hables nunca con desconocidos.* RPr **Desconocido de/para:** *Desconocido de/para todos.*

des·co·no·ci·mien·to [deskonoθimjénto] *s/m* Acción y efecto de desconocer.

des·con·si·de·ra·ción [deskonsiðeraθjón] *s/f* Falta de consideración o del respeto debido en el trato con alguien.

des·con·si·de·ra·do, -a [deskonsiðeráðo, -a] *adj* y *s/m,f* Que obra con desconsideración.

des·con·so·lar [deskonsolár] *v/tr,* REFL (-SE) Causar o sentir desconsuelo.
CONJ *Irreg:* Ver 'consolar'.

des·con·sue·lo [deskonswélo] *s/m* Sentimiento de aflicción o pena, causado por la falta de consuelo.

des·con·ta·do, -a [deskontáðo, -a] *adj* Que ha sido descontado o deducido. LOC **Dar por descontada una cosa**, dar algo por hecho. **Por descontado**, por supuesto.

des·con·ta·mi·na·ción [deskontaminaθjón] *s/f* Acción y efecto de descontaminar.

des·con·ta·mi·nar [deskontaminár] *v/tr* Someter algo que está contaminado a un tratamiento que le haga perder sus propiedades nocivas.

des·con·tar [deskon̪tár] *v/tr* Rebajar una cantidad de un peso, un dinero, etc., en el momento de entregarlo, pagarlo, sumarlo, etc.: *Descontaremos el veinte por ciento del total.* RPr **Descontar de.**
CONJ *Irreg: Descuento, desconté, descontaré, descontado.*

des·con·ten·ta·di·zo, -a [deskon̪ten̪taðíθo, -a] *adj* y *s/m,f* **1.** Que se descontenta fácilmente. **2.** Que es difícil de contentar.

des·con·ten·tar [deskon̪ten̪tár] *v/tr*, REFL(SE) Disgustar(se).

des·con·ten·to, (-a) [deskon̪tén̪to, (-a)] **I.** *adj* Se aplica al que se siente poco satisfecho con lo que le sucede o lo que tiene. **II.** *s/m* Sentimiento de insatisfacción debido a lo que le ocurre a uno: *Siente un gran descontento por/con el suspenso de su hijo.* RPr **Descontento de/con/por.**

des·con·vo·car [deskomɰbokár] *v/tr* Anular una convocatoria.
ORT Ante *e* la *c* cambia en *qu: Desconvoque.*

des·co·ra·zo·na·mien·to [deskoraθonamjén̪to] *s/m* Acción y efecto de descorazonar(se) o situación derivada de ello.

des·co·ra·zo·nar [deskoraθonár] *v/tr* Abatir el ánimo de alguien para lograr o hacer algo.

des·cor·cha·dor [deskortʃaðór] *s/m* Utensilio para sacar corchos.

des·cor·char [deskortʃár] *v/tr* **1.** Quitar o arrancar el corcho de los alcornoques. **2.** Sacar el corcho que sirve de tapón a una botella o envase similar.

des·cor·che [deskórtʃe] *s/m* Acción y efecto de descorchar los alcornoques.

des·cor·nar [deskornár] **I.** *v/tr* Quitar los cuernos a un animal. **II.** REFL(SE) FAM **1.** Darse un golpe muy fuerte. **2.** Trabajar duramente o poner un gran esfuerzo en algo.
CONJ *Irreg: Descuerno, descorné, descornaré, descornado.*

des·co·rrer [deskorrér] *v/tr*, REFL(SE) Correr una cosa en sentido contrario a aquel en que ha sido corrida antes.

des·cor·tés [deskortés] *adj* y *s/m,f* Se aplica al que habla o actúa sin cortesía.

des·cor·te·sía [deskortesía] *s/f* Falta de cortesía.

des·cor·te·zar [deskorteθár] *v/tr*, REFL(-SE) Quitar la corteza a los árboles o perderla ellos.
ORT Ante *e* la *z* cambia en *c: Descortecé.*

des·co·ser [deskosér] *v/tr* Deshacer la costura de una prenda, alfombra, etc.

des·co·si·do, -a [deskosíðo, -a] **I.** *adj* y *s/m,f* **1.** Que se ha descosido. **2.** FIG Se aplica al que habla de forma desmedida e indiscreta: *Hablas como una descosida.* **III.** *s/m* Trozo de costura descosida en una prenda o en otra cosa: *Llevas un descosido en la espalda.*

des·co·te [deskóte] *s/m* Abertura hecha en el cuello de un vestido.

des·co·yun·ta·mien·to [deskoJun̪tamjén̪to] *s/m* Acción y efecto de descoyuntar(se).

des·co·yun·tar [deskoJun̪tár] *v/tr*, REFL(SE) **1.** Dislocar(se) los huesos. **2.** Arrancar algo de su correspondiente articulación.

des·cré·di·to [deskréðito] *s/m* **1.** Falta de crédito. **2.** Situación del que ha perdido la fama o crédito.

des·creí·do, -a [deskreíðo, -a] *adj* Falto de fe, especialmente la religiosa.

des·crei·mien·to [deskreimjén̪to] *s/m* Falta de fe, en especial la religiosa.

des·cre·mar [deskremár] *v/tr* Quitar la crema a la leche o a cualquier otro producto lácteo.

des·cri·bir [deskriβír] *v/tr* **1.** Decir cómo es una cosa o una persona, dando todas sus características o definiendo sus cualidades. **2.** Usado con el nombre de línea, trazado, etc., significa moverse a lo largo de ello: *El avión describió una curva cerrada.*
CONJ *Irreg: Describo, describí, describiré, descrito.*

des·crip·ción [deskri(p)θjón] *s/f* Acción y efecto de describir.

des·crip·ti·ble [deskriptíβle] *adj* Que puede ser descrito.

des·crip·ti·vo, -a [deskriptíβo, -a] *adj* Que describe o sirve para describir.

des·cris·mar [deskrismár] *v/tr*, REFL(-SE) Dar(se) un gran golpe en la cabeza.

des·cris·tia·ni·zar [deskristjaniθár] *v/tr* Apartar de la fe cristiana a alguien o a una nación, etc.
ORT La *z* cambia en *c* ante *e: Descristianicé.*

des·cri·to [deskríto] *p irreg* de *describir.*

des·cua·jar [deskwaxár] *v/tr* Arrancar una planta o árbol de cuajo.

des·cua·ja·rin·gar [deskwaxariŋgár] *v/tr* Descomponer una cosa en las piezas o partes que la forman.
ORT Ante *e* la *g* cambia en *gu: Descuajaringué.*

des·cua·je o **des·cua·jo** [deskwáxe/o]

s/m Acción y efecto de descuajar un árbol o planta.

des·cuar·ti·za·mien·to [deskwartiθamjé̢nto] *s/m* Acción y efecto de descuartizar.

des·cuar·ti·zar [deskwartiθár] *v/tr* Dividir en cuatro partes el cadáver de un animal o de una persona.
ORT La *z* cambia en *c* ante *e: Descuarticé.*

des·cu·bier·ta [deskuβjérta] *s/f* LOC **A la descubierta**, con claridad, abiertamente.

des·cu·bier·to, (-a) [deskuβjérto, (-a)] **I.** *adj* **1.** Sin ninguna clase de cobertura o protección. **2.** Referido al cielo, horizonte, etc., que no tiene nubes. **3.** Dícese del que va sin sombrero o cualquier otra cosa en la cabeza. **II.** *s/m* Déficit en una cuenta bancaria. LOC **Al descubierto,** *1.* Al aire libre, sin resguardo. *2.* En evidencia: *Pusieron al descubierto toda su maldad.*

des·cu·bri·dor, -ra [descuβriðór, -ra] *adj* y *s/m,f* Se aplica al que descubre algo desconocido.

des·cu·bri·mien·to [deskuβrimjé̢nto] *s/m* Acción y efecto de descubrir(se).

des·cu·brir [deskuβrír] **I.** *v/tr* **1.** Quitar a algo aquello que lo tapa o cubre. **2.** Hacer conocida, pública o patente una cosa: *La policía descubrió al culpable.* **3.** Averiguar o indagar sobre algo que se ignoraba: *Descubrimos dónde guardan las joyas.* **4.** Inventar. **5.** FIG Dejar entrever o adivinar algo sólo a medias: *La túnica descubría su redondeada silueta.* **II.** REFL(SE) Quitarse algo que cubre a uno, especialmente lo que se lleva en la cabeza.
CONJ *Irreg: Descubro, descubrí, descubriré, descubierto.*

des·cuen·to [deskwé̢nto] *s/m* **1.** Acción y efecto de descontar. **2.** Aquella cantidad o cosa que se descuenta.

des·cui·da·do, -a [deskwiðáðo, -a] *adj* y *s/m,f* Que no ha sido atendido debidamente.

des·cui·dar [deskwiðár] *v/tr* No cuidar de personas o cosas con la atención que exigen: *Has descuidado tus rosales.* RPr **Descuidarse de:** *Se descuidó de llevarse el sombrero.*

des·cui·de·ro, -a [deskwiðéro, -a] *adj* y *s/m,f* Se aplica al que roba aprovechándose del descuido de la gente, sobre todo en ocasiones como las aglomeraciones.

des·cui·do [deskwíðo] *s/m* **1.** Falta de cuidado o atención al hacer algo. **2.** Omisión o error causado por la neglicencia o falta de atención de alguien.

des·cu·lar [deskulár] *v/tr* Quitar el fondo a una vasija o recipiente.

des·cum·bra·do, -a [deskumbráðo, -a] *adj* Se aplica a lo que es llano y sin alturas.

des·dar [desðár] *v/tr* Dar vueltas en sentido contrario a algún dispositivo que abre o cierra o que da cuerda a una maquinaria.
CONJ *Irreg: Desdoy, desdí, desdaré, desdado.*

des·de [désðe] *prep* de *tiempo* y *lugar* **1.** Indica el punto de procedencia de un desplazamiento: *Desde Madrid hasta Valencia.* **2.** Indica la distancia en el tiempo que media entre dos momentos. LOC **Desde luego,** por supuesto.

des·de·cir [desðeθír] **I.** *v/intr* No conformarse una cosa con otra o no ser algo de tanta calidad como el resto de semejantes. **II.** REFL(SE) Retractarse de lo dicho: *Se ha desdicho de su promesa.* RPr **Desdecir(se) de.**
CONJ *Irreg: Desdigo, desdije, desdeciré, desdicho.*

des·dén [desðén] *s/m* Actitud o sentimiento de indiferencia hacia alguien o algo.

des·den·ta·do, -a [desðe̢ntáðo, -a] *adj* y *s/m,f* Que ha perdido los dientes.

des·de·ña·ble [desðeɲáβle] *adj* Que puede desdeñarse.

des·de·ñar [desðeɲár] *v/tr* Tratar con desdén a alguien o mostrar poco interés por algo: *No desdeñes el favor.*

des·de·ño·so, -a [desðeɲóso, -a] *adj* Que siente o manifiesta desdén.

des·di·bu·jar [desðiβuxár] **I.** *v/tr* Hacer confusa o borrosa una imagen o un recuerdo. **II.** REFL(-SE) Perder algo la claridad de sus contornos.

des·di·cha [desðítʃa] *s/f* **1.** Suceso desgraciado: *Han tenido la desdicha de perder un hijo en un accidente.* **2.** Situación de suma pobreza o necesidad: *Viven en la mayor de las desdichas.*

des·di·cha·do, -a [desðitʃáðo, -a] *adj* y *s/m,f* Se aplica al que sufre desdichas.

des·do·bla·mien·to [desðoβlamjé̢nto] *s/m* Acción y efecto de desdoblar(se).

des·do·blar [desðoβlár] *v/tr,* REFL(SE) **1.** Extender o abrir(se) algo que está enrollado o doblado o poner recto algo que se ha doblado, como un alambre, un plástico, etc. **2.** FIG Formar(se) dos o más cosas iguales de los elementos que había en una sola: *Han desdoblado la cátedra en dos.*

des·do·rar [desðorár] *v/tr,* REFL(SE) **1.** Quitar o perder el oro que recubre algo dorado. **2.** Quitar o perder la buena reputación, virtud, etc.

des·do·ro [desðóro] *s/m* FIG Mancha en la reputación de alguien.

de·sea·ble [deseáβle] *adj* Digno de ser deseado.

de·se·ar [deseár] *v/tr* Aspirar con el pensamiento a la posesión o al logro de algo placentero o agradable para uno mismo o para otro: *Te deseo mucho éxito.* LOC **Vérselas y desearselas,** tener mucha dificultad para lograr algo. **Dejar algo mucho que desear,** ser una cosa bastante deficiente.

de·se·ca·ción [desekaθjón] *s/f* Acción y efecto de desecar(se).

de·se·car [desekár] *v/tr* REFL(SE) Secar(se) una cosa eliminando toda la humedad que contiene; especialmente usado para referirse a pantanos, charcas, etc.
ORT Ante *e* la *c* cambia en *qu: Desequé.*

de·se·cha·ble [desetʃáβle] *adj* Que puede ser desechado.

de·se·char [desetʃár] *v/tr* Rechazar o tirar algo porque es inútil o defectuoso.

de·se·cho [desétʃo] *s/m* **1.** Aquellas cosas que son desechadas conjuntamente: *El desecho fue a parar al río.* **2.** FIG Aquello que constituye lo peor de un conjunto de cosas o personas semejantes: *Ella es el desecho de su familia.* LOC **Ser de desecho,** ser algo inútil para tirar: *Ropa de desecho.*

de·se·lec·tri·zar [deselektriθár] *v/tr* Hacer que un cuerpo se descargue de electricidad.
ORT Ante *e* la *z* cambia en *c: Deselectricé.*

des·em·ba·la·je [deseɱbaláxe] *s/m* Acción de desembalar.

des·em·ba·lar [deseɱbalár] *v/tr* Deshacer los fardos o paquetes en que llega envuelta una mercancía.

des·em·bal·sar [deseɱbalsár] *v/tr* Vaciar un embalse del agua que contiene o de parte de ella.

des·em·bal·se [deseɱbálse] *s/m* Acción y efecto de desembalsar.

des·em·ba·ra·zar [deseɱbaraθár] **I.** *v/tr* Quitar los obstáculos o cosas que obstruyen o estorban en algún lugar. **II.** REFL(SE) Librarse alguien de aquello o aquellos que le estorban: *Se desembarazó de nosotros.* RPr **Desembarazar(se) de.**
ORT La *z* cambia en *c* ante *e: Desembarazé.*

des·em·ba·ra·zo [deseɱbaráθo] *s/m* Falta de embarazo o timidez.

des·em·bar·ca·de·ro [deseɱbarkaðéro] *s/m* Lugar destinado a desembarcar o donde se puede desembarcar.

des·em·bar·car [deseɱbarkár] **I.** *v/tr* Poner en tierra la carga de una embarcación: *Desembarcaron las mercancías.* **II.** *v/intr* Bajar a tierra el que va en una embarcación. RPr **Desembarcar de/en:** *Desembarcó del bote/en la playa.*
ORT La *c* cambia en *qu* ante *e: Desembarqué.*

des·em·bar·co [deseɱbárko] *s/m* Acción y efecto de desembarcar.

des·em·bar·gar [deseɱbarɣár] *v/tr* DER Alzar o quitar el embargo de algo.
ORT Ante *e* la *g* cambia en *gu: Desembargué.*

des·em·bar·que [deseɱbárke] *s/m* Acción y efecto de desembarcar.

des·em·ba·rran·car [deseɱbarraŋkár] *v/tr, intr* Sacar o salir a flote una nave embarrancada.
ORT La *c* cambia en *qu* ante *e: Desembarqué.*

des·em·bo·ca·du·ra [deseɱbokadúra] *s/f* Lugar por donde desemboca un río, calle, etc.

des·em·bo·car [deseɱbokár] *v/intr* **1.** Dar las aguas de la corriente de un río, canal, etc., a las de otro o al mar. **2.** Acabar una calle, camino, conducto, etc., en lugar diferente. **3.** FIG Acabar una situación o suceso en un desenlace determinado: *Estas relaciones desembocarán en un conflicto.* RPr **Desembocar en.**
ORT La *c* cambia en *qu* ante *e: Desemboque.*

des·em·bol·sar [deseɱbolsár] *v/tr* Pagar o entregar una cantidad de dinero.

des·em·bol·so [deseɱbólso] *s/m* Acción y efecto de desembolsar una cantidad.

des·em·bo·zar [deseɱboθár] *v/tr* REFL(SE) **1.** Descubrir(se) el rostro apartando el embozo. **2.** Desatrancar(se) un conducto.
ORT La *z* cambia en *c* ante *e: desembocé.*

des·em·bra·gar [deseɱbraɣár] *v/tr, intr* MEC Desconectar del eje motor un mecanismo o, en la conducción de automóviles, dejar de usar el embrague.
ORT La *g* cambia en *gu* ante *e: Desembragué.*

des·em·bra·gue [deseɱbráɣe] *s/m* Acción y efecto de desembragar.

des·em·bri·dar [deseɱbriðár] *v/tr* Quitar las bridas a una cabalgadura.

des·em·bro·llar [deseɱbroʎár] *v/tr* FAM Deshacer el enredo de una cosa.

des·em·bu·char [deseɱbutʃár] *v/tr, intr* **1.** Echar o expeler las aves lo que tienen en el buche. **2.** FIG Decir alguien todo aquello que tenía callado y sabía sobre determinado asunto.

de·se·me·jan·za [desemexánθa] *s/f* Relación entre cosas que no son semejantes.

de·se·me·jar [desemexár] *v/intr* Ser diferente de otra cosa comparable. RPr **Desemejar en.**

des·em·pa·car [desempakár] **I.** *v/tr* Desembalar las mercancías de las pacas o fardos. **II.** REFL(SE) Apaciguarse alguien. ORT La *c* cambia en *qu* ante *e: Desempaqué.*

des·em·pa·char [desempatʃár] **I.** *v/tr* REFL(SE) Quitar(se) el empacho del estómago. **II.** REFL(SE) Quitarse la vergüenza o empacho.

des·em·pa·cho [desempátʃo] *s/m* Falta de empacho o vergüenza.

des·em·pa·pe·lar [desempapelár] *v/tr* Quitar a algo el papel o a las paredes de una habitación el papel que las recubre.

des·em·pa·que·tar [desempaketár] *v/tr* Sacar algo del paquete en que se encuentra.

des·em·pa·re·jar [desemparexár] *v/tr* Deshacer una pareja, desigualar.

des·em·pa·tar [desempatár] *v/tr, intr* Deshacer un empate.

des·em·pa·te [desempáte] *s/m* Acción de desempatar: *Partido de desempate.*

des·em·pe·drar [desempeðrár] *v/tr* Quitar las piedras de un empedrado. CONJ *Irreg: Desempiedro, desempedré, desempedraré, desempedrado.*

des·em·pe·ñar [desempeɲár] *v/tr* **1.** Pagar la cantidad en que estaba empeñado un objeto de valor, recuperándolo de aquel que lo había adquirido a título de deuda o préstamo. **2.** Hacer aquello a que uno está obligado por su cargo o profesión: *Desempeña las funciones de ministro.* RPr **Desempeñar(se) de:** *Consiguió desempeñarse de sus deudas.*

des·em·pe·ño [desempéɲo] *s/m* Acción y efecto de desempeñar(se).

des·em·plea·do, -a [desempleáðo, -a] *adj* y *s/m,f* Que carece de empleo.

des·em·pleo [desempléo] *s/m* Situación de falta de empleo, trabajo, etc.

des·em·pol·var [desempolβár] *v/tr,* REFL(SE) **1.** Quitar el polvo a algo. **2.** FIG Sacar del olvido algo para refrescarlo o para que vuelva a ser usado.

des·em·po·trar [desempotrár] *v/tr* Sacar algo de donde estaba empotrado.

de·se·na·mo·rar [desenamorár] *v/tr,* REFL(SE) Quitar o perder el enamoramiento que se tiene por alguien.

des·en·ca·de·na·mien·to [desenkaðenamjénto] *s/m* Acción y efecto de desencadenar(se).

des·en·ca·de·nar [desenkaðenár] *v/tr* **1.** Quitar la(s) cadena(s) al que o a lo que está sujeto con ella(s). **2.** Estallar, actuar de forma repentina o violenta fuerzas materiales o inmateriales: *La decisión del ministro desencadenó una guerra de precios.*

des·en·ca·ja·do, -a [desenkaxáðo, -a] *adj* **1.** Que ha sido sacado de su sitio. **2.** Aplicado a personas o rostros, con el color alterado o las facciones turbadas: *Rostro desencajado.*

des·en·ca·jar [desenkaxár] *v/tr,* REFL (-SE) **1.** Salir(se) de su lugar una cosa. **2.** Alterarse el semblante de alguien debido al terror o al sufrimiento intensos.

des·en·ca·jo·nar [desenkaxonár] *v/tr* Sacar aquello que está dentro de un cajón.

des·en·ca·llar [desenkaʎár] *v/tr, intr* Poner(se) a flote una embarcación encallada.

des·en·ca·mi·nar [desenkaminár] *v/tr* Apartar a alguien del camino adecuado o de las buenas costumbres.

des·en·can·tar [desenkantár] *v/tr,* REFL (-SE) **1.** Quitar el encantamiento a alguien, a algo o a uno mismo. **2.** Tener o dar una decepción: *Se desencantó al verla.*

des·en·can·to [desenkánto] *s/m* Acción y efecto de desencantar(se) o sentimiento derivado de ello.

des·en·ca·po·tar [desenkapotár] REFL (-SE) Hablando del cielo, aclararse y quedarse sin nubes.

des·en·car·ce·lar [desenkarθelár] *v/tr* Sacar de la cárcel.

des·en·co·frar [desenkofrár] *v/tr* Quitar el encofrado a una obra.

des·en·co·ger [desenkoxér] *v/tr,* REFL (-SE) Estirar(se) o extender(se) algo que estaba enrollado o doblado. ORT Ante *o/a* la *g* cambia en *j: Desencojo.*

des·en·co·lar [desenkolár] *v/tr,* REFL (-SE) Despegar(se) lo que estaba pegado con cola.

des·en·co·le·ri·zar [desenkoleriθár] *v/tr,* REFL(SE) Apaciguar(se) el que está encolerizado. ORT La *z* cambia en *c* ante *e: Desencolericé.*

des·en·co·nar [desenkonár] *v/tr,* REFL (-SE) **1.** Desinflamar(se) una herida o llaga. **2.** FIG (Hacer) perder la irritación o cólera.

des·en·co·no [desenkóno] *s/m* Acción y efecto de desenconar(se).

des·en·cua·der·nar [desenkwaðernár] *v/tr,* REFL(SE) Deshacer(se) o romper(se) la encuadernación de un libro.

des·en·chu·far [desentʃufár] *v/tr* Hacer que aquello que está enchufado se separe de lo conectado con él.

des·en·dio·sar [desendjosár] *v/tr* Abatir, humillar al vanidoso o soberbio.

des·en·fa·da·do, -a [desemfaðáðo, -a] *adj* **1.** Que actúa con desenfado. **2.** Se aplica al lenguaje, obra, etc., que carece de inhibiciones convencionales: *Estilo desenfadado.*

des·en·fa·dar [desemfaðár] *v/tr* Quitar el enfado a alguien.

des·en·fa·do [desemfáðo] *s/m* Actitud de falta de cohibición o timidez en la conducta, estilo o habla.

des·en·fo·car [desemfokár] *v/tr, intr,* REFL(-SE) (Hacer) perder el enfoque.
ORT La *c* cambia en *qu* ante *e: Desenfoqué.*

des·en·fo·que [desemfóke] *s/m* Acción o resultado de desenfocar (algo).

des·en·fre·na·do, -a [desemfrenáðo, -a] *adj* Aplicado a sentimientos, conducta, lenguaje, etc., que no tiene freno o que es excesivo.

des·en·fre·nar [desemfrenár] **I.** *v/tr* Quitar el freno a una caballería. **II.** *v/*REFL(SE) Perder la contención en la conducta, expresión de sentimientos, lenguaje, etc.

des·en·fre·no [desemfréno] *s/m* Falta de contención en las costumbres, sentimientos, conducta o lenguaje.

des·en·fun·dar [desemfundár] *v/tr* Sacar algo de la funda en que está metido.

des·en·gan·char [desengantʃár] *v/tr* REFL(SE) Soltar(se) algo de aquello con lo que estaba enganchado.

des·en·ga·ña·do, -a [desengaɲáðo, -a] *adj* Se aplica al que ha sufrido una decepción que le ha hecho adoptar una actitud de desengaño.

des·en·ga·ñar [desengaɲár] **I.** *v/tr* Sacar a alguien del engaño en que está. **II.** REFL(SE) Reconocer uno el engaño en que está. RPr **Desengañarse de:** *Se desengañó de los hombres.*

des·en·ga·ño [desengáɲo] *s/m* Acción y efecto de desengañar(se).

des·en·gas·tar [desengastár] *v/tr* REFL(SE) Desprender(se) algo de su engaste.

des·en·gra·nar [desengranár] *v/tr* Soltar el engranaje que une una cosa con otra.

des·en·gra·sar [desengrasár] *v/tr* Quitar la grasa a algún objeto o a un alimento.

des·en·he·brar [deseneβrár] *v/tr* Sacar la hebra de la aguja de coser.

des·en·jau·lar [desenxaulár] *v/tr* Sacar de la jaula un animal o a alguien.

des·en·la·ce [desenláθe] *s/m* Acción y efecto de desenlazar(se).

des·en·la·zar [desenlaθár] *v/tr,* REFL (-SE) **1.** Soltar(se) aquello que está sujeto con lazos o nudos. **2.** FIG Resolver(se) el nudo o enredo de una obra dramática o literaria.
ORT La *z* cambia en *c* ante *e: Desenlacé.*

des·en·ma·ra·ñar [desemmaraɲár] *v/tr,* REFL(-SE) **1.** Desenredar(se) un hilo, alambre, etc.. **2.** Aclarar(se) un asunto complicado.

des·en·mas·ca·rar [desemmaskarár] *v/tr,* REFL(-SE) **1.** Quitar(se) la máscara de la cara. **2.** FIG Dar a conocer los verdaderos propósitos o intenciones de alguien.

des·en·mo·he·cer [desemmoeθér] *v/tr,* REFL(-SE) Quitar(se) el moho de algo.
CONJ *Irreg: Desenmohezco, desenmohecí, desenmoheceré, desenmohecido.*

des·en·re·dar [desenrreðár] *v/tr* Deshacer el enredo de algo o de una confusión. RPr **Desenredar(se) de.**

des·en·re·do [desenrréðo] *s/m* **1.** Acción y efecto de desenredar(se). **2.** Desenlace.

des·en·ro·llar [desenrroʎár] *v/tr,* REFL (-SE) Desplegar(se) lo que está enrollado.

des·en·ros·car [desenrroskár] *v/tr,* REFL (-SE) **1.** Desenrollar(se): *La serpiente se desenroscó.* **2.** Sacar o salir de su rosca un tornillo, dando vueltas en sentido contrario a su rosca.
ORT La *c* cambia en *qu* ante *e: Desenrosqué.*

des·en·sam·blar [desensamblár] *v/tr,* REFL(SE) Separar(se) o desunir(se) las piezas de madera ensambladas.

des·en·si·llar [desensiʎár] *v/tr* Quitar la silla a una caballería.

des·en·ten·der·se [desentendérse] *v/*REFL(SE) **1.** Fingir ignorancia acerca de algo. **2.** Dejar de ocuparse de una obligación, actividad, etc.: *Se ha desentendido totalmente de su familia.* RPr **Desentenderse de.**
CONJ *Irreg: Desentiendo, desentendí, desentenderé, desentendido.*

des·en·te·rra·mien·to [desenterramjénto] *s/m* Acción y efecto de desenterrar.

des·en·te·rrar [desenterrár] *v/tr* **1.** Sacar de debajo de la tierra algo que está enterrado. **2.** Exhumar un cadáver. **3.** FIG Sacar a relucir temas o cuestiones largo tiempo olvidados. RPr **Desenterrar de/de entre:** *Desenterrar de entre la tierra.*
CONJ *Irreg: Desentierro, desenterré, desenterraré, desenterrado.*

des·en·to·nar [desentonár] *v/intr* **1.** Salir(se) del tono adecuado, contrastando excesivamente con lo que rodea a algo o a alguien: *Esta chaqueta desentona con el color de tu pelo.* **2.** MÚS Salir del tono o notas que corresponde cantar o tocar. RPr **Desentonar con.**

des·en·tram·par [desentrampár] *v/tr*, REFL(-SE) Liberar(se) de las deudas contraídas.

des·en·tra·ñar [desentrañár] *v/tr* Llegar a conocer lo más recóndito de una cuestión o problema: *No pudimos desentrañar el significado del mensaje.*

des·en·tre·na·do, -a [desentrenáðo, -a] *adj* Que ha perdido el entrenamiento.

des·en·tre·na·mien·to [desentrenamjénto] *s/m* Falta de entrenamiento.

des·en·tre·nar [desentrenár] *v/tr*, REFL (-SE) Perder el entrenamiento.

des·en·tro·ni·zar [desentroniθár] *v/tr* Sacar a alguien del trono en que está.
ORT La *z* cambia en *c* ante *e: Desentronicé.*

des·en·tu·me·cer [desentumeθér] *v/tr*, REFL(SE) Quitar(se) el entumecimiento.
CONJ *Irreg: Desentumezco, desentumecí, desentumeciré, desentumecido.*

des·en·tu·me·ci·mien·to [desentumeθimjénto] *s/m* Acción y efecto de desentumecer(se).

des·en·vai·nar [desembainár] *v/tr* Sacar de su vaina un arma blanca.

des·en·vol·tu·ra [desemboltúra] *s/f* Falta de timidez o cortedad al hablar, comportarse o actuar.

des·en·vol·ver [desembolβér] **I.** *v/tr* **1.** Quitar la envoltura a algo. **2.** Desplegar, extender o desenrollar algo que estaba enrollado. **II.** REFL(SE) FIG Actuar con soltura o naturalidad en una situación embarazosa: *Se desenvolvió muy bien durante la conferencia.*
CONJ *Irreg: Desenvuelto, desenvolví, desenvolveré, desenvuelto.*

des·en·vol·vi·mien·to [desembolβimjénto] *s/m* Acción y efecto de desenvolver(se).

des·en·vuel·to, -a [desembwélto, -a] *adj* Se aplica al que actúa con desenvoltura o al que la tiene.

des·en·zar·zar [desenθarθár] *v/tr*, REFL(-SE) FIG Separar(se) aquellos que están riñendo o peleando violentamente.
ORT La segunda *z* cambia en *c* ante *e: Desenzarcé.*

de·seo [deséo] *s/m* **1.** Acción y efecto de desear. **2.** Sentimiento dirigido hacia el logro, posesión o disfrute de alguna cosa.

de·seo·so, -a [deseóso, -a] *adj* Que siente deseo por alguna cosa o por alguien: *Está deseosa de cariño.* RPr **Deseoso de.**

de·se·qui·li·bra·do, -a [desekiliβráðo, -a] *adj* **1.** Falto de equilibrio. **2.** Aplicado a personas, que no tiene estabilidad psíquica.

de·se·qui·li·brar [desekiliβrár] *v/tr*, REFL(-SE) (Hacer) perder el equilibrio.

de·se·qui·li·brio [desekilíβrjo] *s/m* Falta de equilibrio.

de·ser·ción [deserθjón] *s/f* Acción y efecto de desertar.

de·ser·tar [desertár] *v/tr, intr* **1.** Abandonar un soldado su puesto y, a veces, pasar al enemigo: *Desertó de las filas franquistas.* **2.** FIG Abandonar alguien sus deberes o sus obligaciones para con alguien. RPr **Desertar de.**

de·sér·ti·co, -a [desértiko, -a] *adj* **1.** Desierto. **2.** Relativo al desierto.

de·ser·tor, -ra [desertór, -ra] *adj* y *s/m,f* Se aplica al soldado que deserta.

des·es·com·brar [deseskombrár] *v/tr* Escombrar.

des·es·pe·ra·ción [desesperaθjón] *s/f* **1.** Acción y efecto de desesperar. **2.** FIG Sentimiento de furia, exasperación o enojo.

des·es·pe·ra·do, -a [desesperáðo, -a] *adj* y *s/m,f* Poseído de desesperación. LOC **A la desesperada,** con el último grado de esperanza.

des·es·pe·ran·te [desesperánte] *adj* Capaz de desesperar.

des·es·pe·ran·za [desesperánθa] *s/f* Falta de esperanza.

des·es·pe·ran·za·dor, -ra [desesperanθaðór, -ra] *adj* Que quita la esperanza.

des·es·pe·ran·zar [desesperanθár] *v/tr* REFL(SE) Quitar o perder la(s) esperanza(s).
ORT La *z* ante *e* cambia en *c: Desesperancé.*

des·es·pe·rar [desesperár] *v/tr, intr* REFL(SE) **1.** Perder la esperanza de lograr algo. **2.** Perder o hacer perder la tranquilidad, paciencia, felicidad, etc. RPr **Desesperar(se) de:** *Desespero de verte otra vez.*

des·es·ti·mar [desestimár] *v/tr* **1.** Tener a algo o a alguien en poca estima. **2.** Rechazar una petición.

des·fa·cha·tez [desfatʃatéθ] *s/f* Conducta, acto o calidad del que se comporta con poco respeto al prójimo.

des·fal·car [desfalkár] *v/tr* Quedarse con parte de un caudal que estaba confiado a la custodia de uno.
ORT La *c* ante *e* cambia en *qu: Desfalqué.*

des·fal·co [desfálko] *s/m* Acción y efecto de desfalcar dinero.

des·fa·lle·cer [desfaʎeθér] *v/intr* Quedar

debilitado por pérdida de las fuerzas o ir perdiendo el ánimo para seguir adelante en una empresa: *Desfallecíamos de agotamiento.* RPr **Desfallecer de.**
CONJ *Irreg: Desfallezco, desfallecí, desfalleceré, desfallecido.*

des·fa·lle·ci·mien·to [desfaʎeθimjéṇto] *s/m* Disminución de las fuerzas o del ánimo.

des·fa·sa·do, -a [desfasáðo, -a] *adj* FIG Que no se ajusta a las corrientes, condiciones o circunstancias del momento: *Persona desfasada.*

des·fa·sa·mien·to [desfasamjéṇto] *s/m* Acción y efecto de desfasar(se).

des·fa·sar [desfasár] *v/tr,* REFL (-SE) Producir(se) una diferencia de fase entre dos movimientos periódicos de un mecanismo o de varias maquinarias.

des·fa·se [desfáse] *s/m* **1.** Desfasamiento. **2.** Falta de adecuación a unas circunstancias, condiciones, etc., determinadas.

des·fa·vo·ra·ble [desfaβoráβle] *adj* Se aplica a aquello que supone un perjuicio, contratiempo o adversidad para alguien.

des·fa·vo·re·cer [desfaβoreθér] *v/tr, intr* Ir en contra del interés, aspecto físico o belleza de alguien o de algo.
CONJ *Irreg: Desfavorezco, desfavorecí, desfavoreceré, desfavorecido.*

des·fi·gu·rar [desfiγurár] *v/tr* Cambiar la apariencia o aspecto de alguien o algo de tal forma que no pueda ser reconocido.

des·fi·la·de·ro [desfilaðéro] *s/m* Paso estrecho que hay entre dos montañas.

des·fi·lar [desfilár] *v/intr* **1.** Andar en fila. **2.** MIL Pasar en formación de fila(s) las tropas ante un superior. **3.** FIG Ir pasando por algún lugar distintas personas: *Por este despacho han desfilado tres o cuatro ministros.*

des·fi·le [desfíle] *s/m* **1.** Acción de desfilar. **2.** Conjunto de personas o cosas que desfilan: *El desfile fue poco lucido.*

des·flo·ra·ción [desfloraθjón] *s/f* Acción y efecto de desflorar.

des·flo·rar [desflorár] *v/tr* **1.** Quitar a algo su parte mejor. **2.** Desvirgar a una mujer. **3.** FIG Referido a temas o cuestiones, tratarlos sólo superficialmente.

des·fo·gar [desfoγár] *v/tr* FIG Manifestar con vehemencia una pasión o sentimiento. RPr **Desfogar(se) en/con:** *Se desfogó en/con su mujer.*
ORT La *g* ante *e* cambia en *gu: Desfogué.*

des·fon·dar [desfoṇdár] *v/tr,* REFL(-SE) Quitar o romperse el fondo de una vasija o recipiente similar.

des·fon·de [desfóṇde] *s/m* Acción y efecto de desfondar(se).

des·fo·rrar [desforrár] *v/tr* Quitar el forro a algo.

des·ga·jar [desγaxár] *v/tr,* REFL(SE) **1.** Romper(se) o separar(se) del tronco una rama de forma irregular o con violencia. **2.** FIG Separar(se) de un conjunto de una sola pieza un fragmento o parte, quedándose así incompleto. RPr **Desgajar(se) de.**

des·ga·je [desγáxe] *s/m* Acción y efecto de desgajar(se).

des·ga·li·cha·do, -a [desγalitʃáðo, -a] *adj fam* Se aplica al que es desgarbado o desaseado en el arreglo.

des·ga·na [desγána] *s/f* **1.** Falta de apetito. **2.** FIG Falta de interés por algo que se hace: *Lo hizo, pero con desgana.*

des·ga·nar [desγanár] **I.** *v/tr* Quitar la gana o deseo de hacer algo a alguien. **II.** REFL(SE) Perder el apetito de comer.

des·ga·ñi·far·se [desγaɲifárse] *v/*REFL Desgañitarse.

des·ga·ñi·tar·se [desγaɲitárse] *v/*REFL COL Dar gritos, esforzándose violentamente.

des·gar·ba·do, -a [desγarβáðo, -a] *adj* Que tiene poco garbo.

des·ga·rra·du·ra [desγarraðúra] *s/f* Desgarrón.

des·ga·rra·mien·to [desγarramjénto] *s/m* Acción y efecto de desgarrar(se).

des·ga·rrar [desγarrár] *v/tr* Romper algo, como una seda, papel, etc., que se rasga si se tira de ello en direcciones opuestas.

des·ga·rro [desγárro] *s/m* Rotura que se produce al estirar de una tela o papel.

des·ga·rrón [desγarrón] *s/m* Rotura grande producida en una tela o papel, etc.

des·gas·tar [desγastár] *v/tr,* REFL(SE) **1.** Consumir(se) parte de una cosa al rozarla o rozarse con el uso. **2.** FIG Gastar las fuerzas de alguien o de uno mismo.

des·gas·te [desγáste] *s/m* Acción y efecto de desgastar(se).

des·glo·sar [desγlosár] *v/tr* Separar un conjunto en sus diversas partes para poder estudiarlo por separado.

des·glo·se [desγlóse] *s/m* Acción y efecto de desglosar.

des·go·ber·nar [desγoβernár] *v/tr* Gobernar mal un país, una institución.
CONJ *Irreg: Desgobierno, desgoberné, desgobernaré, desgobernado.*

des·go·bier·no [desγoβjérno] *s/m* Acción y efecto de desgobernar(se).

des·gra·cia [desγráθja] *s/f* **1.** Suerte contraria o adversa. **2.** Acontecimiento o suceso de consecuencias trágicas. LOC **Caer en desgracia,** perder el favor o amistad de alguien superior. **Por desgracia,** desgraciadamente. **Desgracias personales,** muertes humanas.

des·gra·cia·do, -a [desγraθjáðo, -a] *adj* y *s/m,f* **1.** Se aplica a la persona que acostumbra a tener mala suerte. **2.** Dícese de aquel o aquellos que viven en malas condiciones: *Es un desgraciado, no tiene un techo bajo el que dormir.* **3.** Aplicado a cosas o palabras, que no son oportunos o acertados: *Fue una intervención desgraciada.*

des·gra·ciar [desγraθjár] **I.** *v/tr* **1.** Estropear o echar a perder una cosa o persona. **2.** Disgustar o desagradar a alguien. **II.** REFL(-SE) **1.** Estropearse o perder la gracia algo o alguien. **2.** Hacerse daño físico alguien.

des·gra·na·dor, (-ra) [desγranaðór, (-ra)] **I.** *adj* Que sirve para desgranar. **II.** *s/f* Máquina usada para desgranar productos agrícolas.

des·gra·nar [desγranár] *v/tr* **1.** Sacar y/o separar los granos de un fruto, etc. **2.** Ir pasando entre los dedos cosas parecidas a granos, como las cuentas de un rosario: *Desgranaba las cuentas del rosario al rezar.*

des·gra·sar [desγrasár] *v/tr* Quitar la grasa a las lanas o a los tejidos.

des·gra·va·ción [desγraβaθjón] *s/f* Acción y efecto de desgravar.

des·gra·var [desγraβár] *v/tr, intr* Rebajar un derecho arancelario o un impuesto o estar exento de ellos.

des·gre·ñar [desγreɲár] *v/tr,* REFL (-SE) Desordenar la cabellera a alguien o a uno mismo.

des·gua·ce [desγwáθe] *s/m* Acción y efecto de desguazar un barco.

des·guar·ne·cer [desγwarneθér] *v/tr* **1.** Quitar la guarnición a los animales de tiro. **2.** Retirar la fuerza o fortaleza a una plaza, castillo o cosa semejante. **3.** Quitar cualquier clase de guarnición de una cosa.
CONJ *Irreg: Desguarnezco, desguarnecí, desguarneceré, desguarnecido.*

des·gua·zar [desγwaθár] *v/tr* MAR Deshacer un buque de forma total o parcial, por ser muy viejo o inútil.
ORT Ante *e* la *z* cambia en *c*: *Desguacé.*

des·ha·bi·llé [desaβiʎé] GAL Bata de mujer usada al levantarse de la cama.

des·ha·bi·ta·do, -a [desaβitáðo, -a] *adj* Se aplica al paraje, lugar, edificio, etc., que ha sido abandonado por sus habitantes.

des·ha·bi·tar [desaβitár] *v/tr* Dejar un lugar sus ocupantes o habitantes.

des·ha·bi·tuar [desaβitwár] *v/tr,* REFL (-SE) Perder o hacer perder la costumbre que se tenía de hacer algo.
PRON, ORT El acento recae sobre la *u* en el *sing* y *3.ª pers pl* del *pres* de *indic* y *subj: Deshabitúo, deshabitúe...*

des·ha·cer [desaθér] **I.** *v/tr* **1.** Realizar una acción exactamente contraria u opuesta a otra hecha anteriormente: *Deshacer la cama.* **2.** Causar alguien o algo la destrucción de una cosa: *Las lluvias han deshecho las plantaciones.* **3.** Convertir una cosa sólida en líquida: *Deshaz el azúcar en el café.* **II.** REFL(-SE) **1.** Perder la forma, alterarse, destruirse, derretirse, estropearse, etc. **2.** Desprenderse una persona de algo que le pertenece: *Se ha deshecho de las joyas.* **3.** FIG Se aplica a la forma exagerada o vehemente de experimentar un estado emocional o de exteriorizarlo: *Se deshace en alabanzas.* RPr **Deshacerse a/de/en/por.**
CONJ *Irreg: Deshago, deshice, desharé, deshecho.*

des·ha·rra·pa·do, -a [desarrapáðo, -a] *adj* y *s/m,f* Se aplica al que va o vive con andrajos y es de aspecto miserable.

des·he·chi·zar [desetʃiθár] *v/tr* Deshacer el hechizo.
ORT La *z* ante *e* cambia en *c: Deshechicé.*

des·he·cho, -a [desétʃo, -a] *adj* **1.** Que está sin hacer. **2.** Que está roto, descompuesto, desleído, estropeado, destruido, etc. **3.** Aplicado a personas, que está muy abatido o desesperado: *La dejó deshecha.*

des·he·lar [deselár] *v/tr,* REFL(SE) Fundir(se) lo que está helado.
CONJ *Irreg: Deshielo, deshelé, deshelaré, deshelado.*

des·her·bar [deserβár] *v/tr* Quitar las malas hierbas de un jardín, campo, etc.
CONJ *Irreg: Deshierbo, desherbé, desherbaré, desherbado.*

des·he·re·dar [desereðár] *v/tr* Privar a alguien de la herencia que le corresponde.

des·her·ma·nar [desermanár] *v/tr* Romper la igualdad, conformidad o semejanza existente entre dos cosas.

des·hi·dra·ta·ción [desiðrataθjón] *s/f* Acción y efecto de deshidratar(se).

des·hi·dra·tan·te [desiðratánte] *adj* y *s/m* Que deshidrata.

des·hi·dra·tar [desiðratár] *v/tr,* REFL (-SE) Dejar o quedarse un cuerpo sin el agua que contiene.

des·hie·lo [desJélo] *s/m* Acción y efecto de deshelar(se): *Época del deshielo.*

des·hi·la·char [desilatʃár] *v/tr,* REFL (-SE) Sacar o salirle hilachas a una tela o prenda de vestir.

des·hi·lar [desilár] *v/tr* Sacar los hilos a una tela, estirándolos por los bordes.

des·hil·va·na·do, -a [desilβanáðo, -a] *adj* FIG Se aplica a lo que carece de cohesión o coherencia: *Fue un sermón deshilvanado.*

des·hil·va·nar [desilβanár] *v/tr,* REFL (-SE) Deshacer(se) los hilvanes de una prenda que se está cosiendo.

des·hin·char [desiŋtʃár] **I.** *v/tr* Quitar la hinchazón a algo, generalmente extrayendo lo que hay en su interior. **II.** REFL(SE) FIG FAM Perder la presunción o envanecimiento.

des·hi·po·te·car [desipotekár] *v/tr* Cancelar o suspender una hipoteca.
ORT La *c* cambia en *qu* ante *e: Deshipotequé.*

des·ho·jar [desoxár] *v/tr,* REFL(SE) Quitar las hojas, pétalos, etc., a una planta, flor, etc., o caerse ellos espontáneamente.

des·ho·je [desóxe] *s/m* Caída de las hojas de las plantas o árboles.

des·ho·lli·na·dor, -ra [desoʎinaðór, -ra] **I.** *adj* Que sirve para deshollinar. **II.** *s* **1.** *m* Aparato o utensilio usado para deshollinar chimeneas. **2.** *m,f* Persona que quita el hollín de las chimeneas.

des·ho·lli·nar [desoʎinár] *v/tr* Quitar el hollín de las chimeneas, paredes o techos de una casa.

des·ho·nes·ti·dad [desonestiðáð] *s/f* Calidad de deshonesto.

des·ho·nes·to, -a [desonésto, -a] *adj* Se aplica a la persona, al acto, palabras, etc., que atentan contra la moral o las buenas costumbres: *Mujer deshonesta.*

des·ho·nor [desonór] *s/m* Pérdida del honor o estado que de ello se deriva.

des·hon·ra [desónrra] *s/f* Pérdida de la honra.

des·hon·rar [desonrrár] *v/tr* Quitar la honra a alguien.

des·hon·ro·so, -a [desonrróso, -a] *adj* Que causa deshonra o es poco honroso.

des·ho·ra [desóra] *s/f* Tiempo inoportuno o inconveniente. LOC **A deshora,** en momento inadecuado.

des·hue·sar [des(γ)wesár] *v/tr* Quitar los huesos a la carne de un animal o a la fruta.

des·hu·ma·ni·za·ción [desumaniθaθjón] *s/f* Acción y efecto de deshumanizar.

des·hu·ma·ni·zar [desumaniθár] *v/tr* Privar de caracteres humanos a alguna cosa, especialmente en el arte.
ORT La *z* cambia en *c* ante *e*: *Deshumanicé.*

de·si·de·ra·ti·vo, -a [desiðeratíβo, -a] *adj* Que expresa o indica deseo.

de·si·de·rá·tum [desiðerátum/n] *s/m* LAT Cosa que se desea muy intensamente.

de·si·dia [desíðja] *s/f* Actitud de abandono o de falta de cuidado y arreglo de uno mismo o del trabajo que uno hace.

de·si·dio·so, -a [desiðjóso, -a] *adj* Que tiene o demuestra desidia.

de·sier·to, (-a) [desjérto, (-a)] **I.** *adj* **1.** Falto de habitantes, ocupantes, etc.: *Es una zona desierta.* **2.** Aplicado a subasta, concurso, etc., falto de participantes: *El premio quedó desierto.* **II.** *s/m* **1.** Lugar o paraje desprovisto de vegetación y, además, arenoso. **2.** FIG Lugar muy despoblado: *Se puede decir que viven en un desierto.*

de·sig·na·ción [desiγnaθjón] *s/f* Acción y efecto de designar.

de·sig·nar [desiγnár] *v/tr* **1.** (Con *por*) Dar una denominación a una cosa con una palabra, letra, etc.: *Designaremos por 'Z' el segundo de los elementos.* **2.** Destinar a una persona a una ocupación concreta o también una cosa a un fin determinado: *Lo designaron para vicecónsul en Francia.* RPr **Designar por/para/con.**

de·sig·nio [desíγnjo] *s/m* Proyecto o plan que uno se propone llevar a cabo.

de·si·gual [desiγwál] *adj* **1.** Que no es igual a otro. **2.** Que tiene desigualdades en su forma o constitución: *Es un tejido muy desigual.* **3.** Aplicado a personas, puede indicar desigualdad en el carácter, rendimiento, etc. RPr **Desigual con/en:** *Desigual con los demás. Desigual en su superficie.*

de·si·gua·lar [desiγwalár] *v/tr* Hacer que algo sea desigual a otra cosa o deshacer la homogeneidad de algo.

de·si·gual·dad [desiγwal̥dáð] *s/f* **1.** Falta de igualdad en algo. **2.** MAT Expresión gráfica, mediante un signo (>), que indica la desigualdad entre dos cantidades.

de·si·lu·sión [desilusjón] *s/f* Impresión que se recibe o sentimiento que se experimenta cuando lo esperado o deseado es superior a la realidad.

de·si·lu·sio·nar [desilusjonár] *v/tr,* REFL(SE) Producir desilusión a alguien o a uno mismo.

de·si·nen·cia [desinénθja] *s/f* GRAM Conjunto de letras que se añade a la raíz de una palabra, al final de ella, y que expresa el accidente gramatical.

des·in·fec·ción [desiɱfe(k)θjón] *s/f* Acción y efecto de desinfectar(se).

des·in·fec·tan·te [desiɱfektán̪te] *adj* y *s/m* Se aplica a lo que desinfecta.

des·in·fec·tar [desiɱfektár] *v/tr*, REFL (-SE) Eliminar(se) los gérmenes nocivos que hay en un lugar, herida, etc., y que causaban la infección o contaminación.

des·in·fla·ma·ción [desiɱflamaθjón] *s/f* Acción y efecto de desinflamar(se).

des·in·fla·mar [desiɱflamár] *v/tr*, REFL (-SE) Eliminar(se) la inflamación de una herida o parte inflamada.

des·in·flar [desiɱflár] *v/tr*, REFL(SE) **1.** Sacar o salir el aire o gas contenido en el interior de algo y que lo hinchaba: *El globo se desinfló.* **2.** FIG Hacer perder o perder la presunción, vanidad, orgullo, etc., excesivos.

des·in·sa·cu·la·ción [desinsakulaθjón] *s/f* Acción y efecto de desinsacular.

des·in·sa·cu·lar [desinsakulár] *v/tr* Sacar del saco o bolsa en que están contenidas las bolas o cédulas en que se han escrito los nombres de las personas insaculadas en una votación o sorteo.

des·in·te·gra·ción [desin̪teɣraθjón] *s/f* Acción y efecto de desintegrar(se).

des·in·te·grar [desin̪teɣrár] *v/tr*, REFL (-SE) Descomponer(se) una sustancia o cuerpo en sus partes o elementos.

des·in·te·rés [desin̪terés] *s/m* **1.** Falta de interés o afición por ciertas cosas. **2.** Tendencia a ofrecer a los demás lo que es de uno.

des·in·te·re·sa·do, -a [desin̪teresáðo, -a] *adj* Que es generoso y no se mueve por interés propio.

des·in·te·re·sar·se [desin̪teresárse] REFL(SE) Perder el interés o afición que se tenía por alguna cosa o persona. RPr **Desinteresarse de/por:** *Se desinteresó de/por lo que sucedía.*

des·in·to·xi·car [desin̪toksikár] *v/tr* Anular o disminuir los efectos de un tóxico.
ORT Ante *e* la *c* cambia en *qu: Desintoxique.*

de·sis·ti·mien·to [desistimjén̪to] *s/m* Acción y efecto de desistir.

de·sis·tir [desistír] *v/intr* Abandonar una empresa o proyecto ya iniciados. RPr **Desistir de:** *No desistas de tu empeño.*

des·ja·rre·tar [desxarretár] *v/tr* Cortar las piernas por el jarrete a las reses.

des·la·var [deslaβár] *v/tr* **1.** Lavar algo de forma apresurada y sin dejarlo bien aclarado. **2.** FIG Quitar fuerza o sustancia a algo, o, en caso de colores o algo semejante, rebajar la intensidad.

des·la·va·za·do, -a [deslaβaθáðo, -a] *adj* **1.** Aplicado a cosas como tejidos, que está falto de firmeza o prestancia: *Un traje deslavazado.* **2.** FIG Que está falto de cohesión o coherencia: *Un filme deslavazado.*

des·la·va·zar [deslaβaθár] *v/tr* Deslavar.
ORT La *z* ante *e* cambia en *c*: *Deslavacé.*

des·le·al [desleál] *adj* y *s/m,f* Que obra sin lealtad hacia alguien o algo. RPr **Desleal a/con:** *Desleal con los amigos.*

des·leal·tad [deslea̪ltáð] *s/f* Falta de lealtad o actitud del que es desleal.

des·lei·mien·to [desleimjén̪to] *s/m* Acción y efecto de desleír(se).

des·leír [desleír] *v/tr*, REFL(SE) Disolver(se) un cuerpo sólido en uno líquido. RPr **Desleír en.**
CONJ *Irreg: Deslío, desleí, desleiré, desleído.*

des·len·gua·do, -a [desleŋgwáðo, -a] *adj* y *s/m,f* Se aplica al que habla mal de los demás o utiliza lenguaje grosero u obsceno.

des·liar [desliár] *v/tr* Deshacer un paquete, lío, fardo, etc.
CONJ *Irreg: Deslío, desleí, desleiré, desleído.*
PRON El acento recae sobre la *i* en el *sing* y *3.ª pers pl* del *pres* de *indic* y *subj: Deslío, deslíe.*

des·li·ga·du·ra [desliɣaðúra] *s/f* Acción y efecto de desligar(se).

des·li·gar [desliɣár] *v/tr*, REFL(SE) **1.** Desatar(se) lo que está atado o soltar(se) las ataduras de alguien. **2.** FIG Separar(se) lo que va o está unido. **3.** FIG Liberar(se) de un compromiso contraído: *Se desligó totalmente del partido.* RPr **Desligarse de.**
ORT La *g* es *gu* ante *e: Desligué.*

des·lin·dar [deslin̪dár] *v/tr* **1.** Señalar o fijar los límites de un terreno, lugar, provincia, etc. **2.** FIG Delimitar claramente los términos de algo, con el fin de que no haya confusión posible.

des·liz [deslíθ] *s/m* **1.** Acción y efecto de deslizar(se). **2.** FIG Falta o error que alguien comete por no pensarlo antes.
ORT *Pl: Deslices.*

des·li·za·mien·to [desliθamjén̪to] *s/m* Acción y efecto de deslizar(se).

des·li·zan·te [desliθán̪te] *adj* Que desliza o se desliza.

des·li·zar [desliθár] **I.** *v/tr* **1.** Hacer pasar una cosa sobre otra con suavidad: *Deslizó la mano por sus cabellos.* **2.** FIG Decir alguna cosa intercalándola entre otras y como sin darle importancia: *En la conversación deslizó alguna que otra alusión a lo avanzado de la hora.* **II.** *v/intr* Resbalar por alguna superficie lisa de forma rápida

o suave: *Deslizaba rápidamente sobre la nieve.* **III.** REFL(-SE) FIG Salir de un lugar de forma disimulada o silenciosa. RPr **Deslizarse entre/por/sobre:** *Se deslizó entre sus ropajes. Se deslizó por el suelo. Se deslizó sobre el hielo.*
ORT La *z* cambia en *c* ante *e:* Deslicé.

des·lo·ma·du·ra [deslomaðúra] *s/f* Acción y efecto de deslomar(se).

des·lo·mar [deslomár] *v/tr* REFL(SE) Dañar(se) la espalda o lomos de alguien con un esfuerzo o trabajo violento.

des·lu·ci·do, -a [desluθíðo, -a] *adj* Que ha perdido el lustre o brillo.

des·lu·ci·mien·to [desluθimjéņto] *s/m* Falta de brillantez o lucimiento.

des·lu·cir [desluθír] *v/tr,* REFL(SE) Hacer que algo pierda el buen aspecto o la brillantez propia de lo que es nuevo: *La lluvia deslució el desfile de carnaval.*
CONJ *Irreg: Desluzco, deslucí, desluciré, deslucido.*

des·lum·bra·mien·to [desluɱbramjéņto] *s/m* Acción y efecto de deslumbrar(se).

des·lum·bran·te [desluɱbráņte] *adj* Que deslumbra.

des·lum·brar [desluɱbrár] *v/tr, intr* **1.** Ser tan intensa la luz o el exceso de luz que impida (a alguien) la visión. **2.** FIG Ser causa de una fuerte impresión: *Es una mujer que deslumbra por su apariencia física.*

des·lus·trar [deslustrár] *v/tr* Quitar el brillo o lustre.

des·ma·de·ja·mien·to [desmaðexamjéņto] *s/m* Flojedad del cuerpo.

des·ma·de·jar [desmaðexár] *v/tr,* REFL (-SE) Causar o sentir falta de fuerzas en el cuerpo.

des·ma·drar [desmaðrár] **I.** *v/tr* Separar a una cría de su madre. **II.** REFL(-SE) FIG Actuar de forma excesivamente alocada o efusiva, o bien propasarse y perder el comedimiento.

des·ma·dre [desmáðre] *s/m* Acción y efecto de desmadrar(se).

des·ma·llar [desmaʎár] *v/tr,* REFL(-SE) Deshacer(se) o cortar(se) los puntos de una malla o tejido similar a ella.

des·mán [desmán] *s/m* Acto que supone un ultraje o atropello de los derechos de otro.

des·ma·nar·se [desmanárse] *v/*REFL(-SE) Apartarse o salirse una res del rebaño o manada.

des·man·dar [desmaņdár] *v/*REFL(-SE) **1.** No obedecer a los dictados de una autoridad o superior. **2.** Cometer actos excesivamente violentos o desenfrenados.

des·man·gar [desmaŋgár] *v/tr,* REFL (-SE) Quitar el mango a una herramienta o perderlo ella.
ORT La *g* cambia en *gu* ante *e: Desmangué.*

des·man·te·la·mien·to [desmaņtelamjéņto] *s/m* Acción y efecto de desmantelar.

des·man·te·lar [desmaņtelár] *v/tr* **1.** Arruinar los muros y fortificaciones de una ciudad o plaza. **2.** Desmontar cualquier tipo de estructura o andamiajes, destinados a un fin determinado.

des·ma·ña·do, -a [desmaɲáðo, -a] *adj* y *s/m,f* Se aplica al que carece de habilidad, destreza, etc., para hacer cosas.

des·ma·ra·ñar [desmaraɲár] *v/tr* Desenmarañar.

des·mar·car·se [desmarkárse] *v/tr,* REFL(-SE) DEP Escapar del marcaje de un jugador. RPr **Desmarcarse de.**
ORT La *c* cambia en *qu* ante *e: Desmarqué.*

des·ma·yar [desmaJár] **I.** *v/intr* Perder el ánimo o la capacidad de continuar una empresa determinada con ánimos suficientes. **II.** REFL(-SE) Perder alguien el sentido y el conocimiento.

des·ma·yo [desmáJo] *s/m* **1.** Pérdida del conocimiento. **2.** Falta de ánimos o desfallecimiento.

des·me·di·do, -a [desmeðíðo, -a] *adj* Se dice de aquello que resulta excesivo y más grande de lo que es razonable: *Ambición desmedida.*

des·me·dir·se [desmeðírse] *v/*REFL(-SE) Excederse o descomedirse.
CONJ *Irreg: Desmido, desmedí, desmediré, desmedido.*

des·me·jo·ra [desmexóra] *s/f* Empeoramiento o deterioro.

des·me·jo·ra·mien·to [desmexoramjéņto] *s/m* Acción y efecto de desmejorar(se).

des·me·jo·rar [desmexorár] **I.** *v/tr,* REFL(-SE) Hacer(se) peor o más imperfecto. **II.** *v/intr,* REFL(-SE) Ir perdiendo la salud o las fuerzas.

des·me·lar [desmelár] *v/tr* Quitar la miel a una colmena de abejas.
CONJ *Irreg: Desmielo, desmelé, desmelaré, desmelado.*

des·me·le·na·do, -a [desmelenáðo, -a] *adj* y *s/m,f* Se aplica al que pierde o ha perdido la compostura en su manera de ser o aparecer.

des·me·le·na·mien·to [desmelenamjéņto] *s/m* Acción y efecto de desmelenar(se).

des·me·le·nar [desmelenár] **I.** *v/tr* Descomponer el peinado o la melena a alguien. **II.** REFL(SE) FIG Perder la compostura o contención.

des·mem·bra·ción [desmeɱbraθjón] *s/f* Acción y efecto de desmembrar(se).

des·mem·brar [desmeɱbrár] **I.** *v/tr* Partir un cuerpo separando sus miembros. **II.** *v/tr,* REFL(SE) FIG Dividir(se) o separar(se) un organismo, institución, etc., en sus distintos miembros o partes, o escindir(se) una de sus partes de las demás.
CONJ *Irreg: Desmiembro, desmembré, desmembraré, desmembrado.*

des·me·mo·riar·se [desmemorjárse] *v/*REFL(SE) Perder la memoria o no recordar una cosa determinada.

des·men·tir [desmeņtír] *v/tr* **1.** Decir o sostener que lo que dice alguien no es cierto o que alguien está mintiendo: *Han desmentido la noticia.* **2.** FIG Disimular o disfrazar algo para que no se reconozca.
CONJ *Irreg: Desmiento, desmentí, desmentiré, desmentido.*

des·me·nu·za·ble [desmenuθáβle] *adj* Que puede ser desmenuzado.

des·me·nu·za·mien·to [desmenuθamjéņto] *s/m* Acción y efecto de desmenuzar(se).

des·me·nu·zar [desmenuθár] *v/tr* REFL (-SE) Dividir(se) o separar(se) algo en partículas o trozos pequeños: *El pastel se desmenuzó entre sus dedos.*
ORT La *z* cambia en *c* ante *e: Desmenucé.*

des·me·re·cer [desmereθér] **I.** *v/intr* Ser algo de mala calidad en comparación a otra cosa de su categoría, clase, etc., o alguien inferior a los de su especie o familia: *Esta falda desmerece de esa chaqueta tan buena que llevas.* **II.** *v/tr* No merecer un premio, favor, elogio, etc. RPr **Desmerecer de.**
CONJ *Irreg: Desmerezco, desmerecí, desmereceré, desmerecido.*

des·me·re·ci·mien·to [desmereθimjéņto] *s/m* Acción y efecto de desmerecer.

des·me·su·ra [desmesúra] *s/f* Falta de mesura.

des·me·su·ra·do, -a [desmesuráðo, -a] *adj* Que carece de proporción o normalidad en sus dimensiones: *Come de una forma desmesurada.*

des·me·su·rar·se [desmesurárse] *v/*REFL (-SE) Comportarse de forma descarada o descortés.

des·mi·ga·jar [desmiɣaxár] *v/tr,* REFL (-SE) Hacer(se) migajas algo.

des·mi·li·ta·ri·za·ción [desmilitariθaθjón] *s/f* Acción y efecto de desmilitarizar.

des·mi·li·ta·ri·zar [desmilitariθár] *v/tr* **1.** Quitar el carácter u organización militar a una colectividad. **2.** Desproveer de fuerzas militares a una zona o territorio.
ORT La *z* cambia en *c* ante *e: Desmilitaricé.*

des·mi·rria·do, -a [desmirrjáðo, -a] *adj* FAM Se aplica al que es o está muy flaco o poco desarrollado.

des·mo·char [desmotʃár] *v/tr* Quitar, cortar o arrancar, etc., la parte superior a una cosa o aquello que sobresale de algo.

des·mo·che [desmótʃe] *s/m* Acción y efecto de desmochar.

des·mon·ta·ble [desmoņtáβle] *adj* Que puede ser desmontado.

des·mon·tar [desmoņtár] *v/tr* **1.** Separar o desunir las piezas de algún mecanismo: *Desmontó la rueda de la bicicleta.* **2.** Desarmar una estructura o deshacer un edificio: *Desmontaron su tienda de campaña.* **3.** Rebajar un terreno para que se pueda edificar en él, o construir carreteras, ferrocarriles, etc. **4.** Bajar a alguien de la cabalgadura en que va o de cualquier otro lugar en que está montado: *La desmontaron del burro en que llegó.* RPr **Desmontarse de.**

des·mon·te [desmóņte] *s/m* **1.** Acción y efecto de desmontar(se). **2.** Terreno o los parajes de él que han sido desmontados.

des·mo·ra·li·za·ción [desmoraliθaθjón] *s/f* Acción y efecto de desmoralizar(se).

des·mo·ra·li·zar [desmoraliθár] **I.** *v/tr* **1.** Pervertir o corromper las costumbres de alguien mediante malos ejemplos, etc. **2.** Hacer que alguien pierda la confianza en sí mismo, el valor, etc.: *El profesor la desmoralizó al suspenderla en el examen.* **II.** REFL(-SE) Perder alguien el valor o la confianza en sí mismo.
ORT La *z* cambia en *c* ante *e: Desmoralicé.*

des·mo·ro·na·mien·to [desmoronamjéņto] *s/m* Acción y efecto de desmoronar(se).

des·mo·ro·nar [desmoronár] **I.** *v/tr* Derruir o deshacer un edificio, especialmente con lentitud: *El viento y el agua han ido desmoronando el muro.* **II.** REFL(-SE) FIG Ir destruyéndose o acabándose una ideología, sentimiento, etc.

des·mo·vi·li·zar [desmoβiliθár] *v/tr, intr* Licenciar a las tropas o personas movilizadas.
ORT La *z* cambia en *c* ante *e: Desmovilicé.*

des·na·ri·gar [desnariɣár] *v/tr* Quitar la nariz a alguien.
ORT La *g* se hace *gu* ante *e: Desnarigué.*

des·na·tar [desnatár] *v/tr* Quitar la nata a la leche o a otro líquido.

des·na·tu·ra·li·za·ción [desnaturaliθaθjón] *s/f* Acción y efecto de desnaturalizar(se).

des·na·tu·ra·li·za·do, -a [desnaturaliθáðo, -a] *adj* y *s/m,f* **1.** Se aplica al que falta a los deberes que le impone la naturaleza para con sus parientes: *Es un padre desnaturalizado.* **2.** Se aplica a lo que ha perdido sus cualidades naturales: *Alcohol desnaturalizado.*

des·na·tu·ra·li·zar [desnaturaliθár] *v/tr* **1.** Privar a alguien de sus derechos de patria o nación. **2.** Variar la composición, forma o pureza de algo, haciendo que pierda sus propiedades naturales: *Desnaturalizar el alcohol.*
ORT La *z* cambia en *c* ante *e*: *Desnaturalicé.*

des·ni·vel [desniβél] *s/m* Diferencia de nivel entre dos cosas.

des·ni·ve·la·ción [desniβelaθjón] *s/f* Acción y efecto de desnivelar(se).

des·ni·ve·lar [desniβelár] *v/tr,* REFL(-SE) Sacar o salir una cosa de nivel.

des·nu·car [desnukár] *v/tr,* REFL(-SE) **1.** Dislocar(se) los huesos de la nuca. **2.** Matar(se) de un golpe en la nuca.
ORT La *c* cambia en *qu* ante *e*: *Desnuqué.*

des·nu·clea·ri·za·ción [desnukleariθaθjón] *s/f* Acción de desproveer a un país, ejército, etc., de armas nucleares.

des·nu·clea·ri·zar [desnukleariθár] *v/tr* Eliminar las armas nucleares de un país o lugar.
ORT Ante *e* la *z* cambia en *c*: *Desnuclearice.*

des·nu·dar [desnuðár] *v/tr* **1.** Quitar a alguien la ropa que lleva o parte de ella. **2.** Desproveer de sus adornos a alguna cosa. RPr **Desnudar(se) de:** *La desnudaron de sus joyas.*

des·nu·dez [desnuðéθ] *s/f* Cualidad o estado de desnudo.
ORT *Pl: Desnudeces.*

des·nu·dis·mo [desnuðísmo] *s/m* Práctica o doctrina que defiende el ir desnudo.

des·nu·dis·ta [desnuðísta] *adj* y *s/m,f* Que defiende o practica el desnudismo.

des·nu·do, (-a) [desnúðo, (-a)] **I.** *adj* **1.** Falto de ropa o vestido(s) sobre el cuerpo. **2.** Con muy poca ropa o enseñando parte del cuerpo. **3.** Desprovisto de adornos, revestimientos, etc.: *Dejaron las paredes totalmente desnudas.* **4.** FIG También se aplica a cosas no materiales: *Le dijo la verdad desnuda.* **II.** *s/m* PINT, ESC Figura humana desnuda: *Pintar un desnudo.* RPr **Desnudo de.**

des·nu·tri·ción [desnutriθjón] *s/f* Acción de desnutrir(se).

des·nu·trir [desnutrír] *v/tr,* REFL(-SE) Privar(se) de nutrición y depauperar(se).

de·so·be·de·cer [desoβeðeθér] *v/tr, intr* No obedecer a un superior u orden dada.
CONJ *Irreg: Desobedezco, desobedecí, desobedeceré, desobedecido.*

de·so·be·dien·cia [desoβeðjénθja] *s/f* Falta de obediencia o acto hecho sin obediencia.

de·so·be·dien·te [desoβeðjénte] *adj* y *s/m,f* Que no obedece o que no es inclinado a obedecer.

de·so·cu·pa·ción [desokupaθjón] *s/f* Falta de ocupación o de empleo.

de·so·cu·pa·do, -a [desokupáðo, -a] *adj* y *s/m,f* Que está sin ocupación o empleo.

de·so·cu·par [desokupár] *v/tr,* REFL (-SE) **1.** Liberar(se) un lugar de obstáculos o estorbos. **2.** Vaciar(se) el contenido de un recipiente, vasija, etc. **3.** Dejar o quedarse vacante una vivienda, local, etc.

de·so·do·ran·te [desoðoránte] *adj* y *s/m* Se aplica a lo que sirve para combatir los malos olores.

des·oír [desoír] *v/tr* Dejar de escuchar cualquier tipo de advertencia o consejo.
CONJ *Irreg: Desoigo, desoí, desoiré, desoído.*

de·so·jar [desoxár] **I.** *v/tr,* REFL(-SE) Romper(se) el ojo de una aguja o de un objeto similar. **II.** REFL(-SE) FIG Esforzarse con gran ahínco por encontrar algo.

de·so·la·ción [desolaθjón] *s/f* Acción y efecto de desolar(se).

de·so·la·do, -a [desoláðo, -a] *adj* **1.** Se aplica al lugar, campo, etc., desprovisto de edificios o población: *Era un paisaje desolado.* **2.** Dícese del que está sumamente afligido.

de·so·lar [desolár] *v/tr* **1.** Dejar un lugar destrozado o derruido, un campo sin cosechas, etc.: *El ciclón desoló la ciudad.* **2.** FIG Afligir a alguien con un disgusto o percance.
CONJ *Irreg: (Desuelo), desolé, desolaré, desolado.* Las formas con *ue* no suelen usarse.

de·so·lla·de·ro [desoʎaðéro] *s/m* Lugar destinado a desollar las reses.

de·so·lla·du·ra [desoʎaðúra] *s/f* Acción y efecto de desollar(se).

de·so·llar [desoʎár] *v/tr* **1.** Quitar la piel o parte de ella a un animal muerto, o también a alguien vivo en señal de castigo. **2.** FIG Causar a alguien daño grave o, sobre todo, un perjuicio importante a su fortuna.
CONJ *Irreg: Desuello, desollé, desollaré, desollado.*

des·or·bi·ta·do, -a [desorβitáðo, -a] *adj* FIG Que es muy exagerado o desproporcionado.

des·or·bi·tar [desorβitár] *v/tr* **1.** Hacer que algo salga de su órbita. **2.** FIG Exagerar indebidamente un hecho o cosa.

des·or·den [desórðen] *s/m* **1.** Falta de

orden o arreglo en un lugar, trabajo, vestido, etc.: *Llevaba los cabellos en desorden.* **2.** *pl* Alteraciones del orden público que se dan en la calle: *En la manifestación hubo desórdenes.*

des·or·de·nar [desorðenár] *v/tr* Alterar el orden o arreglo de algo: *Has desordenado todos mis papeles.*

des·or·ga·ni·za·ción [desorɣaniθaθjón] *s/f* Acción y efecto de desorganizar(se).

des·or·ga·ni·zar [desorɣaniθár] *v/tr* Hacer que algo que está organizado deje de estarlo.
ORT La *z* ante *e* cambia en *c*: *Desorganicé.*

de·so·rien·ta·ción [desorjen̩taθjón] *s/f* Acción y efecto de desorientar(se).

de·so·rien·tar [desorjen̩tár] *v/tr* **1.** Hacer que alguien pierda la orientación o no llegue a tenerla. **2.** FIG Hacer que alguien pierda el conocimiento de cómo es determinada cuestión.

de·so·ri·llar [desoriʎár] *v/tr* Quitar las orillas o bordes a un tejido, papel, etc.

de·so·var [desoβár] *v/intr* Soltar o depositar sus huevos o huevas las hembras de los peces, anfibios, insectos, etc.

de·so·ve [desóβe] *s/m* **1.** Acción y efecto de desovar. **2.** Época en la que las hembras desovan.

des·pa·bi·lar [despaβilár] *v/tr* **1.** FIG Avivar el ingenio o entendimiento de alguien que lo tenía dormido. **2.** FIG Quitar a alguien el sueño o el entorpecimiento.

des·pa·cio [despáθjo] **I.** *adv* Con lentitud y calladamente. **II.** *interj* Se usa para advertir a alguien de que vaya con calma o con cuidado en algo: *¡Despacio, que no nos espera nadie!*

des·pa·cio·so, -a [despaθjóso, -a] *adj* Se aplica al que o a lo que es lento y tardo.

des·pa·ci·to [despaθíto] *adv dim* de *despacio;* se usa para recalcar la lentitud de una acción.

des·pa·char [despatʃár] **I.** *v/tr* **1.** Abreviar los trámites de un asunto, negocio, quehacer, etc.: *Despacha la correspondencia y vámonos.* **2.** Atender las necesidades o peticiones de alguien, especialmente en un comercio o lugar público. **3.** FAM Comer o beber algo de una vez y en gran cantidad: *Despacharon todo un jamón entre los dos.* **II.** REFL(-SE) Desembarazarse de alguna cosa o de algo que se piensa o siente: *Se despachó a gusto hablando con su amiga.*

des·pa·cho [despátʃo] *s/m* **1.** Acción y efecto de despachar(se). **2.** Lugar, aposento o habitación que se destina a atender a los clientes o al estudio o trabajo personal. **3.** Período durante el cual se atiende al público o clientes: *Sólo tienen despacho de seis a siete.* **4.** Comunicación oficial.

des·pa·chu·rrar [despatʃurrár] *v/tr* Apretar una cosa blanda hasta que quede aplastada y expulse lo que tiene en su interior.

des·pam·pa·nan·te [despam̩panán̩te] *adj* FAM Que resulta muy llamativo o deslumbrante.

des·pam·pa·nar [despam̩panár] **I.** *v/tr* **1.** Quitar a las vides los pámpanos o brotes perjudiciales. **2.** FIG FAM Dejar atónito o deslumbrado a alguien. **II.** REFL(-SE) FAM Lastimarse alguien gravemente de resultas de una caída o golpe.

des·pan·zu·rrar [despan̩θurrár] *v/tr* FIG Reventar o aplastar algo que deja salir lo que tiene dentro.

des·pa·re·jar [desparexár] *v/tr,* REFL (-SE) Separar(se) dos cosas o personas que hacen pareja.

des·pa·re·jo, -a [desparéxo, -a] *adj* Que no es igual a otra cosa.

des·par·pa·jo [desparpáxo] *s/m* Facilidad o soltura con que alguien habla con otro(s) o realiza determinada acción.

des·pa·rra·mar [desparramár] *v/tr* **1.** Extender una cosa por una superficie. **2.** Verter o echar un líquido.

des·pa·ta·rra·do, -a [despatarráðo, -a] *adj* Que está con las piernas muy abiertas o separadas.

des·pa·ta·rrar [despatarrár] *v/tr,* REFL (-SE) Abrir las piernas de forma excesiva a alguien o abrirlas él mismo.

des·pa·vo·ri·do, -a [despaβoríðo, -a] *adj* Aterrorizado: *Entró en casa despavorida.*

des·pa·vo·rir [despaβorír] *v/intr,* REFL (-SE) Horrorizar(se).
CONJ *Irreg:* Sólo se conjuga en las formas con *i* en la desinencia: *Despavorí, despavorido.*

des·pec·ti·vo, -a [despektíβo, -a] *adj* Que implica desprecio o desdén: *Me habló en tono despectivo.*

des·pe·cha·do, -a [despetʃáðo, -a] *adj* Lleno de despecho.

des·pe·char [despetʃár] *v/tr* **1.** Causar indignación o despecho a alguien. **2.** FAM Destetar a un niño. RPr **Despecharse contra (alguien o algo).**

des·pe·cho [despétʃo] *s/m* Sentimiento que se experimenta a causa de una decepción o desengaño. LOC **A despecho de,** a pesar de.

des·pe·chu·gar [despetʃuɣár] **I.** *v/tr* Quitar la pechuga a un ave. **II.** REFL

(-SE) FAM Abrirse la camisa, blusa, etc., y mostrar el pecho.
ORT La *g* cambia en *gu* ante *e*: *Despechugué*.

des·pe·da·za·mien·to [despeðaθamjén̪to] *s/m* Acción y efecto de despedazar(se).

des·pe·da·zar [despeðaθár] *v/tr*, REFL (-SE) Hacer(se) pedazos un cuerpo o un objeto: *Al chocar, el avión se despedazó*.
ORT La *z* cambia en *c* ante *e*: *Despedacé*.

des·pe·di·da [despeðíða] *s/f* Acción y efecto de despedir(se).

des·pe·dir [despeðír] **I.** *v/tr* **1.** Hacer que algo o alguien salga disparado o lanzado con fuerza: *El volcán despedía lava*. **2.** Producir o soltar una cosa o persona algo (sustancia, calor, etc.): *El fuego despedía calor*. **3.** Decir adiós a alguien, o acompañarlo hasta el momento de decir adiós: *Salió a la puerta a despedirme*. **4.** Romper el contrato de trabajo o empleo de alguien, o decirle que deje el cargo que ocupa: *Despidió a la criada*. **II.** REFL(SE) **1.** Decir adiós una persona a otra o separarse ambas. **2.** FIG No volver a ver hacer algo que se aprecia. RPr **Despedirse de:** *Se despidió de su abuela*.
CONJ *Irreg: Despido, despedí, despediré, despedido*.

des·pe·gar [despeγár] **I.** *v/tr* Separar dos o más cosas que están pegadas o enganchadas: *Despegó el papel de la pared*. **II.** *v/intr* Emprender el vuelo un avión, separándose del suelo. **III.** REFL(-SE) FIG Perder el afecto o sujeción que se tiene hacia algo o alguien. RPr **Despegar(se) de:** *Se ha despegado de su familia*.
ORT La *g* cambia en *gu* ante *e*: *Despegué*.

des·pe·go [despéγo] *s/m* Falta de afición o afecto hacia algo o alguien: *Siente despego por su hermana*.

des·pe·gue [despéγe] *s/m* Acción y efecto de despegar (especialmente un avión).

des·pei·nar [despeinár] *v/tr*, REFL (-SE) Deshacer(se) el peinado de alguien.

des·pe·ja·do, -a [despexáðo, -a] *adj* **1.** Se aplica a la persona que tiene claro el entendimiento o también a éste. **2.** Referido al tiempo atmósférico, que es limpio y sin nubes: *Un día muy despejado*. **3.** Aplicado a lugares, espacios, etc., que no tienen obstáculos o estorbos, o que son anchos y espaciosos: *Una habitación despejada*.

des·pe·jar [despexár] **I.** *v/tr* **1.** Liberar un lugar de obstáculos o estorbos: *Despejaron la pista de vehículos*. **2.** Salir alguien de un lugar que ocupa: *El público despejó la sala*. **3.** FIG Poner en claro una cuestión, incógnita, etc.: *Ya hemos despejado el problema*. **4.** MAT Separar la incógnita de los restantes miembros de una ecuación. **II.** REFL(-SE) **1.** Referido al tiempo atmosférico, mejorar o aclararse. **2.** Referido a personas, recuperar la claridad de mente o el buen funcionamiento de la inteligencia.

des·pe·je [despéxe] *s/m* Acción y efecto de despejar(se) un lugar o (a) alguien.

des·pe·lo·tar·se [despelotárse] *v/*REFL (-SE) COL Quedarse desnudo.

des·pe·lo·te [despelóte] *s/m* COL Acción y efecto de despelotarse.

des·pe·luz·nan·te [despeluθnán̪te] *adj* Que causa horror.

des·pe·lle·jar [despeʎexár] *v/tr* REFL (-SE) Quitar(se) el pellejo.

des·pen·sa [despénsa] *s/f* Lugar en que se almacenan las provisiones de una casa para alimentar a la familia.

des·pe·ña·de·ro, (-a) [despeɲaðéro, (-a)] **I.** *adj* Se aplica al lugar desde el cual es fácil despeñar(se). **II.** *s/m* Lugar muy escarpado o corte profundo entre dos montañas.

des·pe·ñar [despeɲár] *v/tr* Hacer caer a alguien o algo desde un lugar escarpado. RPr **Despeñarse por/de:** *Se despeñó por/de un barranco*.

des·per·di·ciar [desperðiθjár] *v/tr* **1.** Emplear algo de mala manera. **2.** No aprovechar algo debidamente.

des·per·di·cio [desperðíθjo] *s/m* Acción y efecto de desperdiciar algo. LOC **No tener una cosa desperdicio,** ser una cosa de gran aprovechamiento, utilidad o calidad.

des·per·di·gar [desperðiγár] *v/tr*, REFL (-SE) Separar(se) o desunir(se) las distintas partes de un todo: *El rebaño se desperdigó por el monte*.
ORT La *g* cambia en *gu* ante *e*: *Desperdigué*.

des·pe·re·zar·se [despereθárse] *v/*REFL (-SE) Estirar alguien sus brazos y piernas para quitarse la pereza o desentumecer los miembros.
ORT La *z* cambia en *c* ante *e*: *Me desperecé*.

des·per·fec·to [desperfékto] *s/m* **1.** Ligera imperfección que afea algo. **2.** Daño o destrozo que sufre alguna cosa en un momento determinado.

des·per·so·na·li·zar [despersonaliθár] *v/tr* Quitar el carácter de persona o de personalidad a alguien o a algo.
ORT La *z* cambia en *c* ante *e*: *Despersonalicé*.

des·per·ta·dor, (-ra) [despertaðór, -ra] **I.** *adj* Que sirve para despertar **II.** *s* **1.** *m,f* Persona que tiene a su cargo el despertar a otro(s). **2.** *m* Reloj con timbre de alarma que se usa para despertarse.

des·per·tar [despertár] *v/tr* **1.** Cortar o interrumpir el sueño de alguien: *Despiértame a las ocho.* **2.** FIG Hacer que exista en alguien un sentimiento, pasión, etc.: *Despertó mis sospechas.* RPr **Despertar(se) de:** *Se despertó de su engaño.*
CONJ *Irreg: Despierto, desperté, despertaré, despertado.*

des·pes·ta·ñar [despestaɲár] REFL(SE) FIG Esforzarse por aprender algo o por realizar un trabajo de estudio.

des·pia·da·do, -a [despjaðáðo, -a] *adj* **1.** Que es capaz de hacer sufrir a los demás. **2.** Que supone una cierta violencia contra los demás: *Una crítica despiadada.*

des·pi·do [despíðo] *s/m* Acción y efecto de despedir.

des·pie·ce [despjéθe] *s/m* Acción de descuartizar, en especial las reses.

des·pier·to, -a [despjérto, -a] *adj* **1.** Que no está durmiendo. **2.** Que está alerta o comprende bien y con rapidez.

des·pil·fa·rra·dor, -ra [despilfarraðór, -ra] *adj* y *s/m,f* Que tiene por costumbre despilfarrar.

des·pil·fa·rrar [despilfarrár] *v/tr, intr* Consumir o gastar algo de forma excesiva, especialmente el dinero.

des·pil·fa·rro [despilfárro] *s/m* Acción de despilfarrar.

des·pin·tar [despiṇtár] **I.** *v/tr* Borrar o desfigurar algo que está pintado. **II.** REFL (-SE) Perder algo parte de su color, perfil o trazado: *Con la lluvia el letrero se despintó.*

des·pio·jar [despjoxár] *v/tr,* REFL(-SE) Quitar(se) los piojos.

des·pis·ta·do, -a [despistáðo, -a] *adj* y *s/m,f* Se aplica al que nunca se entera de lo que está sucediendo.

des·pis·tar [despistár] **I.** *v/tr* **1.** Hacer perder la pista a alguien: *Despistó a sus perseguidores.* **2.** FIG Hacer que alguien no sepa a qué atenerse o qué pensar. **II.** REFL(SE) Perderse o extraviarse: *Me despisté por las callejuelas del centro.*

des·pis·te [despíste] *s/m* Acción de despistar(se).

des·plan·te [despláṇte] *s/m* Dicho o hecho que resulta descarado u ofensivo.

des·pla·za·do, -a [desplaθáðo, -a] *adj* Que se encuentra fuera de lugar o de ambiente.

des·pla·za·mien·to [desplaθamjéṇto] *s/m* **1.** Acción y efecto de desplazar(se). **2.** Volumen y peso del agua que desaloja un barco al flotar.

des·pla·zar [desplaθár] **I.** *v/tr* **1.** Colocar algo en un lugar que está a cierta distancia de donde estaba. **2.** MAR Desalojar un barco al flotar la cantidad de agua equivalente a la parte de su casco sumergida, o también cualquier otro cuerpo flotante. **3.** FIG Sacar a alguien del cargo que ocupa para poder ocupar su puesto. **II.** REFL(-SE) Trasladarse alguien de un lugar a otro.
ORT La *z* cambia en *c* ante *e*: *Desplacé.*

des·ple·gar [despleɣár] *v/tr* **1.** Extender o desdoblar algo que está enrollado: *Desplegaron la bandera.* **2.** FIG Poner en práctica o emplear determinada cualidad o aptitud: *Desplegó toda su astucia para salir del apuro.*
CONJ *Irreg: Despliego, desplegué, desplegaré, desplegado.*

des·plie·gue [despljéɣe] *s/m* Acción y efecto de desplegar(se).

des·plo·mar [desplomár] *v/*REFL(-SE) Caerse un edificio o una persona pesadamente al suelo.

des·plo·me [desplóme] *s/m* Acción y efecto de desplomar(se).

des·plu·mar [desplumár] *v/tr* **1.** Quitar las plumas a un ave. **2.** FIG COL Dejar a alguien sin dinero o sin posesiones.

des·po·bla·ción [despoβlaθjón] *s/f* Falta de población.

des·po·bla·do, -a [despoβláðo, -a] **I.** *adj* Se aplica al lugar que no tiene población o, *por ext,* a aquello que está muy vacío. **II.** *s/m* Lugar no poblado.

des·po·blar [despoβlár] *v/tr* **1.** Dejar un lugar sin población o con muy poca. **2.** Dejar algo vacío de lo que tiene. RPr **Despoblar(se) de:** *Se despobló de gente.*
CONJ *Irreg: Despueblo, despoblé despoblaré, despoblado.*

des·po·jar [despoxár] **I.** *v/tr* Quitar una posesión a alguien o un elemento o decoración a un lugar: *La despojaron de sus joyas.* **II.** REFL(-SE) Quitarse las vestiduras o parte de ellas: *Se despojó de la camisa.* RPr **Despojar(se) de.**

des·po·jo [despóxo] *s/m* **1.** Acción y efecto de despojar(se). **2.** Conjunto de cosas que se obtienen al desvalijar a alguien: *El despojo del atraco.* **3.** *pl* Alones, molleja, patas, pescuezo y cabeza de un ave, que se vende conjuntamente para el consumo. **4.** *pl* Vientre, asadura, cabeza y manos de una res, que también se venden de esta forma. **5.** *pl* El sobrante que queda después de haber usado algo: *Los despojos del banquete.* **6.** *pl* Restos de una persona muerta.

des·po·li·ti·zar [despolitiθár] *v/tr* Quitar el carácter político a algo o a alguien o apartar de toda preocupación política a la gente.
ORT Ante *e* la *z* cambia en *c: Despolitice.*

des·po·pu·la·ri·za·ción [despopulariθaθjón] *s/f* Acción de despopularizar(se).

des·po·pu·la·ri·zar [despopulariθár] *v/tr,* REFL(SE) Hacer perder o perder la popularidad: *El jazz se ha despopularizado.* ORT La *z* cambia en *c* ante *e: Despopularicé.*

des·por·ti·llar [desportiʎár] *v/tr,* REFL (-SE) Romper(se) el borde o canto de un objeto, generalmente gracias a un golpe.

des·po·sar [desposár] **I.** *v/tr* Unir a dos personas por medio del sacramento del matrimonio. **II.** REFL(SE) Casarse. RPr **Desposarse con:** *Desposarse con un viudo.*

des·po·se·er [desposeér] **I.** *v/tr* Privar de sus posesiones a alguien: *La desposeyeron de su hacienda.* **II.** REFL(SE) Renunciar uno a sus bienes. RPr **Desposeer(se) de:** CONJ *Irreg: Desposeo, desposeí-(desposeyó), desposeeré, desposeído.*

des·po·so·rio [desposórjo] *s/m* **1.** *pl* Promesa mutua que se hacen los desposados. **2.** *pl* Ceremonia de matrimonio.

dés·po·ta [déspota] *s/m,f* **1.** Se dice del que gobierna sin otra norma que su propia voluntad. **2.** FIG Se dice de la persona que es autoritaria y pretende imponer su voluntad a los demás.

des·pó·ti·co, -a [despótiko, -a] *adj* Que actúa como un déspota.

des·po·tis·mo [despotísmo] *s/m* **1.** Forma de gobierno con poder absoluto. **2.** FIG Abuso de autoridad en el trato con los demás.

des·po·tri·car [despotrikár] *v/intr* Decir todo lo que uno piensa en relación a algo o alguien: *Se puso a despotricar contra el clero.* RPr **Despotricar contra.**
ORT La *c* cambia en *qu* ante *e: Despotriqué.*

des·pre·cia·ble [despreθjáβle] *adj* Que puede ser despreciado.

des·pre·ciar [despreθjár] *v/tr* **1.** Creer a alguien o algo indigno de aprecio o estimación y demostrar esa creencia. **2.** No llegar a tener en cuenta o consideración una propuesta, posibilidad, etc.

des·pre·cia·ti·vo, -a [despreθjatíβo, -a] *adj* Que indica desprecio o que lo demuestra: *Un tono muy despreciativo.*

des·pre·cio [despréθjo] *s/m* Falta de aprecio o actitud del que desprecia.

des·pren·der [despreņdér] **I.** *v/tr* Soltar o separar una cosa de otra a la que estaba sujeta. **II.** REFL(-SE) **1.** FIG Liberarse de algún tipo de sujeción o cortapisa. **2.** FIG Poder ser deducido o inferido de alguna cosa: *De sus palabras se desprende que está resentido.* RPr **Desprender(se) de.**

des·pren·di·do, -a [despreņdíðo, -a] *adj* Se aplica al que da generosamente lo que tiene a los demás.

des·pren·di·mien·to [despreņdimjéņto] *s/m* Acción y efecto de desprender(se) algo.

des·preo·cu·pa·ción [despreokupaθjón] *s/f* Acción y efecto de despreocuparse.

des·preo·cu·pa·do, -a [despreokupáðo, -a] *adj* y *s/m,f* Dícese del que no se siente preocupado por lo que pueda decirse de él, hacer, etc.

des·preo·cu·par·se [despreokupárse] *v/*REFL(-SE) **1.** Librarse de la preocupación causada por algo o alguien. **2.** Desentenderse de las obligaciones o deberes que pueda causar determinada cuestión. RPr **Despreocuparse de:** *Se ha despreocupado de la educación de su hijo.*

des·pres·ti·giar [desprestixjár] *v/tr,* REFL(-SE) Quitar el prestigio a alguien, algo o a uno mismo.

des·pres·ti·gio [desprestíxjo] *s/m* Acción y efecto de desprestigiar(se).

des·pre·ve·ni·do, -a [despreβeníðo, -a] *adj* Que no está preparado o dispuesto para algo, generalmente imprevisto.

des·pro·por·ción [desproporθjón] *s/f* Falta de la proporción adecuada.

des·pro·por·cio·na·do, -a [desproporθjonáðo, -a] *adj* Que está falto de mesura o proporción.

des·pro·por·cio·nar [desproporθjonár] *v/tr* Hacer que se pierda la proporción.

des·pro·pó·si·to [despropósito] *s/m* Acción o dicho que resulta poco conveniente o poco oportuno: *Sólo decía despropósitos.*

des·pro·ve·er [desproβeér] *v/tr* Privar o despojar a alguien de sus provisiones o de lo que más necesita. RPr **Desproveer de:** *Desproveer de alimentos.*

des·pro·vis·to, -a [desproβísto, -a] *adj* Se aplica al que o a aquello que está falto de lo más necesario o imprescindible.

des·pués [despwés] *adv* **1.** Significa que algo está, en relación con otra cosa, más tarde en el tiempo, más lejos en el espacio o en cualquier otra situación de subordinación respecto a lo que es principal o primero: *Después de llover salió el sol.* Va seguido frecuentemente de *que* o *de: Después que le vi no me he vuelto a acordar de él.* **2.** Adquiere un valor adjetivo cuando se pospone al nombre: *Un año después.* **3.** La expresión **después de que** se usa con frecuencia, a pesar de que la Real Academia la considera incorrecta: *Después de que lloviera, salió el sol.*

des·pun·tar [despuņtár] **I.** *v/tr* Quitar o cortar la punta a algo. **II.** *v/intr* **1.** Aparecer algo que es el principio de una cosa, como el brote de una planta, el alba del día, etc.: *Ya despuntan los rosales. Ya despunta el día.* **2.** FIG Sobresalir alguien o algo entre los de su especie: *No despunta precisamente por su inteligencia.* RPr **Despuntar en/entre/por.**

des·pun·te [despúnte] *s/m* Acción y efecto de despuntar.

des·qui·cia·mien·to [deskiθjamjénto] *s/m* Acción y efecto de desquiciar(se).

des·qui·ciar [deskiθjár] *v/tr* **1.** Sacar algo de su quicio, como una puerta, etc. **2.** FIG Alterar la seguridad y firmeza a una persona, haciendo que se sienta trastornada o aturdida: *La muerte de su marido la desquició totalmente.*

des·qui·tar [deskitár] *v/tr,* REFL(SE) **1.** Reintegrar(se) lo perdido, especialmente en el juego. **2.** FIG Vengar(se) de una ofensa o disgusto recibidos: *Se desquitó de la derrota ganándome por tres tantos a cero.* RPr **Desquitarse de.**

des·qui·te [deskíte] *s/m* Acción y efecto de desquitar(se).

des·ra·ti·za·ción [desrratiθaθjón] *s/f* Acción y efecto de desratizar.

des·ra·ti·zar [desrratiθár] *v/tr* Eliminar las ratas y ratones que hay en un lugar.
ORT La *z* cambia en *c* ante *e: Desraticé.*

des·ri·ño·nar [desrriɲonár] *v/tr,* REFL (-SE) Lastimar(se) gravemente los riñones o los lomos.

des·ri·zar [desrriθár] *v/tr* Deshacer los rizos de una cosa.
ORT La *z* cambia en *c* ante *e*: *Desrice.*

des·ta·ca·men·to [destakaménto] *s/m* MIL Porción de tropa destacada para alguna misión.

des·ta·car [destakár] **I.** *v/tr* **1.** MIL Separar del grueso de un ejército una porción de tropa y enviarla a una misión especial. **2.** PINT En una pintura, hacer resaltar un objeto o cuerpo determinado. **3.** FIG Hacer que quede subrayada la importancia de algo. **II.** *v/intr* Sobresalir algo o alguien por su altura o su importancia: *Destaca por su ingenio.* RPr **Destacar(se) de/en/entre/por:** *Destaca de sus hermanos. Destaca en el deporte. Destaca entre sus compañeros. Destaca por su bravura.*
ORT La *c* cambia en *qu* ante *e: Destaqué.*

des·ta·jo [destáxo] *s/m* Obra o trabajo que se ajusta por una cantidad previamente fijada. LOC **A destajo,** *1.* De manera que el trabajo va remunerado por destajo y no por jornal. *2.* FIG De manera apresurada y agotadora.

des·ta·par [destapár] *v/tr* **1.** Quitar la tapa a algo. **2.** FIG Descubrir algo que se mantenía oculto: *Ha destapado lo más sucio del asunto.*

des·ta·pe [destápe] *s/m* FAM Acción de desnudarse en un espectáculo musical, cinematográfico, etc.

des·tar·ta·la·do, -a [destartaláðo, -a] *adj* Que está desarreglado y desordenado o que es demasiado grande y viejo: *Un palacio destartalado.*

des·te·jar [destexár] *v/tr* Quitar las tejas al tejado de un edificio.

des·te·jer [destexér] *v/tr, intr* Deshacer algo que estaba tejido.

des·te·llar [desteʎár] *v/intr, tr* Despedir algo un brillo o resplandor muy fuerte y generalmente de forma intermitente.

des·te·llo [destéʎo] *s/m* **1.** Brillo muy intenso y generalmente breve o repetido, como el de una estrella. **2.** FIG Reflejo claro y fuerte de una cualidad que se posee: *Destellos de inteligencia.*

des·tem·pla·do, -a [destemplάðo, -a] *adj* **1.** Referido a aceros o metales, que no tienen el temple debido. **2.** Aplicado al clima o tiempo, que es desapacible. **3.** Dícese de una persona cuando siente una indisposición ligera y no demasiado persistente.

des·tem·plan·za [destemplánθa] *s/f* **1.** Estado o cualidad del que o de lo que está destemplado. **2.** Falta de templaza.

des·tem·plar [destemplár] **I.** *v/tr* Quitar el temple a una herramienta o instrumento de acero. **II.** REFL(-SE) **1.** Perder algo o alguien su temple. **2.** Desafinarse un instrumento músico o la voz de uno. **3.** FIG Sentir un malestar o indisposición ligera. **4.** FIG Perder la moderación, mesura o comedimiento al hablar o actuar.

des·tem·ple [destémple] *s/m* Acción y efecto de destemplar(se).

des·te·ñir [desteɲír] **I.** *v/tr* Quitar el color o tinte a algo. **II.** *v/intr* Soltar un tejido el color o tinte que tiene: *Esta blusa destiñe.*
CONJ *Irreg: Destiño, desteñí, desteñiré, desteñido.*

des·ter·ni·llar·se [desterniʎárse] *v*/REFL(SE) LOC **Desternillarse de risa,** reírse mucho.

des·te·rrar [desterrár] *v/tr* **1.** Obligar el que gobierna o manda a que alguien salga de su país. **2.** FIG Apartar de sí un pensamiento, sentimiento, etc.: *Desterré la tristeza de mi ánimo.* RPr **Desterrar a/de:** *La desterraron a una isla.*
CONJ *Irreg: Destierro, desterré, desterraré, desterrado.*

des·te·tar [destetár] *v/tr* Dejar de dar de mamar a alguien o apartar a una cría de su madre para que deje de mamar.

des·te·te [destéte] *s/m* Acción y efecto de destetar(se).

des·tiem·po [destjémpo] *adv* LOC **A destiempo,** en un momento inoportuno.

des·tie·rro [destjérro] *s/m* **1.** Acción y efecto de desterrar a alguien. **2.** Lugar muy alejado y remoto al que se destierra a alguien.

des·ti·la·ción [destilaθjón] *s/f* Acción y efecto de destilar.

des·ti·lar [destilár] **I.** *v/tr* **1.** Separar mediante calor, en alambiques o aparatos similares, una sustancia volátil de otras más fijas y enfriar luego su vapor para reducirla así de nuevo a líquido. **2.** Soltar un líquido en pequeña cantidad y lentamente: *La herida destilaba pus.* **II.** *v/intr* Correr un líquido gota a gota sin cesar.

des·ti·le·ría [destilería] *s/f* Local o fábrica donde se destila algo, sobre todo referido a licores.

des·ti·nar [destinár] *v/tr* **1.** Asignar un fin o uso a determinado objeto. **2.** Asignar a alguien el desempeño de determinado cargo, responsabilidad, tarea, etc.: *La han destinado a Cáceres.* RPr **Destinar a/para:** *Lo han destinado para secretario.*

des·ti·na·ta·rio, -a [destinatárjo, -a] *adj* y *s/m,f* Se aplica a aquel a quien va dirigido o destinado algo.

des·ti·no [destíno] *s/m* **1.** Fin o empleo a que se dedica un objeto determinado. **2.** Trabajo que alguien desempeña o cargo con una ubicación determinada: *Le dieron destino en Cáceres.* **3.** Fin de un trayecto o viaje: *Salimos con destino a Filipinas.* **4.** Suerte que la vida depara a alguien: *Tuvo un destino muy triste.* **5.** Encadenamiento de sucesos o acontecimientos que parece ser inevitable o incontrolable por el hombre: *Lo quiso así el destino.* LOC **Con destino a,** en dirección a.

des·ti·tu·ción [destituθjón] *s/f* Acción y efecto de destituir.

des·ti·tuir [destituír] *v/tr* Separar una autoridad a alguien de su empleo o cargo como castigo o sanción. RPr **Destituir de:** *La destituyeron de directora.*
CONJ *Irreg: Destituyo, destituí, destituiré, destituido.*

des·tor·ni·lla·do, -a [destorniʎáðo, -a] *adj* y *s/m,f* FIG Que no tiene juicio o actúa precipitadamente.

des·tor·ni·lla·dor [destorniʎaðór] *s/m* Instrumento de hierro o de otro material, que sirve para atornillar y destornillar.

des·tor·ni·lla·mien·to [destorniʎamjénto] *s/m* Acción y efecto de destornillar(se).

des·tor·ni·llar [destorniʎár] **I.** *v/tr* Sacar un tornillo dándole vueltas, o liberar algo que está sujeto con tornillos dando vueltas a éstos. **II.** REFL(SE) FIG Hablar o actuar sin juicio ni tino.

des·tre·za [destréθa] *s/f* Cualidad del que es diestro o hábil.

des·tri·par [destripár] *v/tr* **1.** Sacar las tripas a un animal o a alguien. **2.** FIG Reventar o aplastar algo, despedazándolo y deshaciéndolo.

des·tri·pa·te·rro·nes [destripaterrónes] *s/m* FIG FAM Trabajador del campo que vive exclusivamente de su jornal.

des·tro·na·mien·to [destronamjénto] *s/m* Acción y efecto de destronar.

des·tro·nar [destronár] *v/tr* **1.** Deponer a un rey de su trono. **2.** FIG Quitar a alguien su preponderancia en algo.

des·tro·zar [destroθár] *v/tr* **1.** Romper en trozos algo: *Destrozó los muebles.* **2.** FIG Dejar a alguien desmoralizado, abatido, etc.: *La muerte de su hija la ha destrozado.*
ORT La *z* cambia en *c* ante *e: Destrocé.*

des·tro·zo [destróθo] *s/m* Acción y efecto de destrozar(se).

des·tro·zón, -na [destroθón, -na] *adj* y *s/m,f* Se aplica al que acostumbra a romper o destrozar mucho.

des·truc·ción [destru(k)θjón] *s/f* Acción y efecto de destruir(se).

des·truc·ti·vi·dad [destruktiβiðáð] *s/f* Cualidad de destructivo.

des·truc·ti·vo, -a [destruktíβo, -a] *adj* Se aplica al que o a lo que puede destruir.

des·truc·tor, -ra [destruktór, -ra] **I.** *adj* y *s/m,f* Se dice de lo que o del que es capaz de destruir. **II.** *s/m* Buque de la armada, de pequeño tamaño y muy veloz, que se usa contra los submarinos en la protección de convoyes o escuadras.

des·truir [destruír] *v/tr* **1.** Deshacer algo que está construido o romper cualquier tipo de objeto. **2.** FIG Inutilizar o dejar inservible un proyecto, plan, etc. **3.** FIG Arruinar física o moralmente a alguien: *Entre todos la destruyeron.*
CONJ *Irreg: Destruyó, destruí, destruiré, destruido.*

de·sue·llo [deswéʎo] *s/m* Acción y efecto de desollar(se).

de·su·nión [desunjón] *s/f* Acción y efecto de desunir(se).

de·su·nir [desunír] *v/tr,* REFL(-SE) **1.** Separar(se) lo que estaba unido. **2.** FIG Desavenir(se) o enemistar(se) una persona con otra.

de·su·sa·do, -a [desusáðo, -a] *adj* Que ya no se usa o que no es acostumbrado.

de·su·so [desúso] *s/m* Falta de uso de un objeto.

des·vaí·do, -a [desβaíðo, -a] *adj* Referido a colores o formas, que son desdibujados o poco definidos, pálidos, etc.

des·va·li·do, -a [desβalíðo, -a] *adj* y *s/m,f* Se aplica al que está falto de protección o de recursos con que mantenerse.

des·va·li·ja·mien·to [desβalixamjénto] *s/m* Acción y efecto de desvalijar.

des·va·li·jar [desβalixár] *v/tr* Quitar o despojar a alguien de lo que lleva encima.

des·va·lo·rar [desβalorár] *v/tr* Quitar valor a algo.

des·va·lo·ri·za·ción [desβaloriθaθjón] *s/f* Acción y efecto de desvalorizar(se).

des·va·lo·ri·zar [desβaloriθár] *v/tr* Hacer que algo pierda valor, especialmente la moneda de un país.
ORT La *z* cambia en *c* ante *e: Desvaloricé.*

des·ván [desβán] *s/m* Parte más alta de una casa y más próxima a su tejado, en la que se guarda lo viejo o inútil.

des·va·ne·cer [desβaneθér] **I.** *v/tr* **1.** Difundir las partículas de un cuerpo en otro o hacer menos intenso algo gradualmente, como el color de una pintura, etc. **2.** Quitar de la mente un recuerdo, una idea, etc. **II.** REFL(SE) Perder alguien momentáneamente el conocimiento: *Sufrió un desmayo y se desvaneció.*
CONJ *Irreg: Desvanezco, desvanecí, desvaneceré, desvanecido.*

des·va·ne·ci·mien·to [desβaneθimjénto] *s/m* Acción y efecto de desvanecer(se).

des·va·rar [desβarár] **I.** *v/tr* **1.** Hacer que algo resbale o se deslice. **2.** MAR Poner a flote una embarcación varada. **II.** REFL(SE) Deslizarse o resbalar.

des·va·riar [desβarjár] *v/intr* Decir cosas sin sentido o fuera de lugar debido a fiebre alta, trastorno mental u otras razones.
ORT El acento cae sobre la *í* en el *sing* y *3.ª pers pl* del *pres* de *ind* y *subj: Desvarío, desvaríe.*

des·va·río [desβarío] *s/m* **1.** Situación de pérdida de razón o de juicio. **2.** Dicho o hecho disparatados.

des·ve·lar [desβelár] **I.** *v/tr, intr* Impedir alguien o algo que uno se duerma. **II.** REFL(SE) **1.** No poder dormir. **2.** Dedicar mucha atención o poner mucho cuidado en que algo salga bien o en que los demás reciban determinados cuidados: *Siempre se desvela por el bienestar ajeno.* RPr **Desvelarse por (2).**

des·ve·lo [desβélo] *s/m* Acción y efecto de desvelar(se).

des·ven·ci·jar [desβenθixár] *v/tr,* REFL (-SE) Aflojar(se) y desencajar(se) las partes de una cosa que estaban unidas.

des·ven·ta·ja [desβentáxa] *s/f* Inferioridad de una cosa o de alguien, vista en comparación con otro.

des·ven·ta·jo·so, -a [desβentaxóso, -a] *adj* Que posee desventaja(s).

des·ven·tu·ra [desβentúra] *s/f* Suceso desgraciado que aflige a alguien.

des·ven·tu·ra·do, -a [desβenturáðo, -a] *adj* y *s/m,f* Se aplica al que experimenta desventura.

des·ver·gon·za·do, -a [desβerγonθáðo, -a] *adj* y *s/m,f* Se aplica al que habla o actúa con desvergüenza.

des·ver·gon·zar·se [desβerγonθárse] *v/*REFL(SE) Perder la vergüenza y faltar al respeto de los demás, obrando o hablando con descaro.
CONJ *Irreg: Desvergüenzo, desvergoncé, desvergonzaré, desvergonzado.*

des·ver·güen·za [desβerγwénθa] *s/f* Falta de vergüenza o de decoro.

des·ves·tir [desβestír] *v/tr,* REFL(-SE) Desnudar(se).
CONJ *Irreg: Desvisto, desvestí, desvestiré, desvestido.*

des·via·ción [desβjaθjón] *s/f* **1.** Acción y efecto de desviar(se). **2.** Ramal o derivación de un camino, carretera, etc. **3.** FIG Costumbre o hecho que supone una separación de la normalidad: *La homosexualidad es una desviación sexual.*

des·viar [desβiár] *v/tr* **1.** Apartar a alguien o algo del camino o rumbo que llevaban. **2.** FIG Apartar de un determinado propósito, proyecto, etc.: *La desviaron de su vocación de monja.* RPr **Desviar de.**
ORT El acento recae en la *i* en el *sing* y *3.ª pers pl* del *pres* de *ind* y *subj: Desvío, desvíe.*

des·vin·cu·la·ción [desβinkulaθjón] *s/f* Acción y efecto de desvincular(se).

des·vin·cu·lar [desβinkulár] *v/tr,* REFL (-SE) Liberar(se) una institución, una persona, etc., de los vínculos que la unían a algo: *Se ha desvinculado del partido.* RPr **Desvincularse de.**

des·vío [desβío] *s/m* **1.** Acción y efecto de desviar(se) **2.** Camino que se aparta de otro, generalmente más importante.

des·vir·gar [desβirγár] *v/tr* Hacer que una mujer pierda su virginidad.
ORT La *g* ante *e* cambia en *gu: Desvirgué.*

des·vir·tuar [desβirtuár] *v/tr,* REFL(-SE) Hacer que algo pierda su valor, eficacia, virtud, etc.
ORT El acento recae en la *u* en el *sing* y *3.ª pers pl* del *pres* de *ind* y *subj: Desvirtúo, desvirtúe.*

des·vi·vir·se [desβiβírse] *v/*REFL(-SE) **1.**

Afanarse o esforzarse mucho por realizar determinada tarea: *Se desvive por hacerla feliz.* **2.** Tener gran afición a algo o desearlo vivamente. RPr **Desvivirse por.**

de·tall [detál] GAL LOC **Al detall,** al por menor: *Ventas al detall.*

de·ta·lla·do, -a [detaʎáðo, -a] *adj* Dícese de aquello que tiene detalles: *Una descripción muy detallada.*

de·ta·llar [detaʎár] *v/tr* Narrar o describir con detalle.

de·ta·lle [detáʎe] *s/m* **1.** Cada uno de los pormenores que forman parte de una descripción, lista, enumeración, etc. **2.** Acto o demostración de amabilidad o cordialidad para con alguien: *Ha tenido un detalle invitándonos a cenar.*

de·ta·llis·ta [detaʎísta] **I.** *adj* y *s/m,f* Se aplica al que se cuida mucho de los detalles. **II.** *s/m,f* COM Persona que vende al por menor.

de·tec·ción [dete(k)θjón] *s/f* Acción y efecto de detectar.

de·tec·tar [detektár] *v/tr* Descubrir o revelar la presencia de algo que no era posible ver, con frecuencia mediante la ayuda de aparatos.

de·tec·ti·ve [detektíβe] *s/m,f* Persona que se dedica a investigaciones privadas, por cuenta de otro, encaminadas a descubrir al autor de un robo, crimen.

de·tec·tor [detektór] *s/m* Aparato que se usa para detectar.

de·ten·ción [detenθjón] *s/f* **1.** Acción y efecto de detener(se). **2.** Detenimiento o morosidad en la realización de algo: *Lo examinó con detención.*

de·te·ner [detenér] **I.** *v/tr* **1.** Impedir el avance de algo o de alguien: *Detuvieron el tren.* **2.** Privar a alguien de su libertad, ingresándolo en prisión o lugar semejante. **II.** REFL(SE) Entretenerse o demorarse en algo antes de hacer otra cosa: *Se detuvieron hablando.*
CONJ *Irreg: Detengo, detuve, detendré, detenido.*

de·te·ni·do, -a [deteníðo, -a] **I.** *adj* Que ha sido hecho con detenimiento. **II.** *adj* y *s/m,f* Que ha sido privado de la libertad.

de·te·ni·mien·to [detenimjénto] *s/m* Acción de detenerse en la realización de algo.

de·ten·tar [detentár] *v/tr* Retener alguien la posesión de algo sin tener derecho para hacerlo: *Detentar el poder.*

de·ter·gen·te [deterxénte] *adj* y *s/m* Se aplica a la sustancia o producto que sirve para limpiar químicamente.

de·te·rio·rar [deterjorár] *v/tr,* REFL (-SE) Echar(se) a perder una cosa o perder ésta en calidad.

de·te·rio·ro [deterjóro] *s/m* Acción y efecto de deteriorar(se).

de·ter·mi·na·ción [determinaθjón] *s/f* Acción y efecto de determinar(se).

de·ter·mi·na·do, -a [determináðo, -a] *adj* **1.** Referido a cosas, que son las que se expresan con precisión: *Unos días determinados para la celebración.* **2.** GRAM Clase de artículo, también llamado 'definido'. **3.** Se aplica a la persona de carácter resuelto o decidido.

de·ter·mi·nan·te [determinánte] *adj* y *s/m* Se aplica a lo que determina: *Fue el determinante de la situación.*

de·ter·mi·nar [determinár] **I.** *v/tr* **1.** Precisar o fijar los límites de algo. **2.** Llegar a una decisión firme sobre cierto asunto o cuestión: *Determinó marcharse.* **3.** Producir o desencadenar cierto fenómeno o hecho: *La subida del carburante determinó el encarecimiento de vida.* **II.** REFL(-SE) Decidirse por algo o a realizar una cosa. RPr **Determinarse a/por:** *Se determinó a salir/por el más joven de los dos.*

de·ter·mi·nis·mo [determinísmo] *s/m* Sistema filosófico según el cual la marcha del universo responde a un encadenamiento de causas y efectos y es, por lo tanto, perfectamente previsible si podemos llegar a poseer todos los datos necesarios.

de·ter·mi·nis·ta [determinísta] *adj* y *s/m,f* Se aplica a lo perteneciente o relativo al determinismo o al partidario de él.

de·tes·ta·ble [detestáβle] *adj* Que puede ser detestado por su mala calidad; *por ext,* se aplica a todo lo que es malo: *Una película/Un comportamiento detestable.*

de·tes·tar [detestár] *v/tr* Sentir disgusto o aversión por algo o alguien, debido a la mala calidad o comportamiento de ellos.

de·to·na·ción [detonaθjón] *s/f* Acción y efecto de detonar o sonido producido por ello: *Se oyó una detonación.*

de·to·na·dor [detonaðór] *s/m* Artificio que produce la explosión en un artefacto explosivo, bomba, etc.

de·to·nan·te [detonánte] *adj* y *s/m* Se aplica a la sustancia o mezcla capaz de producir detonación y, *por ext,* a todo aquello que pueda producir conmoción o perturbación.

de·to·nar [detonár] *v/intr, tr* Producir(se) la explosión de un artefacto.

de·trac·tor, -ra [detraktór, -ra] *adj* y *s/m,f* Que calumnia o murmura de otro(s).

de·tra·er [detraér] *v/tr* Tomar o quitar parte de alguna cosa.

CONJ *Irreg: Detraigo, detraje, detraeré, detraído.*

de·trás [detrás] *adv* (Frecuentemente seguido de *de*) Se usa para expresar: **1.** Posterioridad en el lugar: *Detrás de la casa están los establos.* **2.** Posterioridad en el orden: *Primero llegaron los criados y detrás iban los señores.* **3.** La parte posterior de alguien o algo.

de·tri·men·to [detrimé̞nto] *s/m* **1.** Perjuicio o menoscabo que experimenta algo. **2.** FIG Daño moral. LOC **Ir en detrimento (de),** perjudicar.

de·tri·to o **de·tri·tus** [detríto/detrítus] *s/m* Generalmente en *pl* Resultado de la disgregación de una masa sólida en partículas.

deu·da [déuða] *s/f* **1.** Deber u obligación que uno contrae con otro, según el cual se compromete a pagar a éste una determinada cantidad, bien por devolución de algo prestado, bien por ser intercambio con posesiones compradas. **2.** Cantidad que importa dicha deuda. **3.** FIG Obligación moral con alguien: *Estoy en deuda con mis vecinos.*

deu·do, -a [déuðo, -a] *s/m, f* Se dice de aquel que es ascendiente, descendiente o colateral de la familia de uno.

deu·dor, -ra [deuðór, -ra] *adj* y *s/m,f* Se aplica al que debe algo.

deu·te·rio [deutérjo] *s/m* QUÍM Isótopo del hidrógeno, de peso atómico doble al del hidrógeno normal. Su *símb* es *D*.

de·va·lua·ción [deβalwaθjón] *s/f* Acción y efecto de devaluar.

de·va·luar [deβaluár] *v/tr* Hacer que el valor de una moneda descienda: *Han devaluado el dólar.*
ORT La *u* recibe el acento en el *sing* y *3.ª pers pl* del *pres* de *ind* y *subj: Devalúo, devalúe.*

de·va·na·de·ra [deβanaðéra] *s/f* Armazón giratoria en que se colocan las madejas del hilado para que puedan devanarse con facilidad.

de·va·na·do [deβanáðo] *s/m* Operación de devanar.

de·va·nar [deβanár] *v/tr* Arrollar un hilo, alambre, etc., en un carrete u ovillo. LOC **Devanarse los sesos,** FIG preocuparse mucho por encontrar solución a un problema.

de·va·neo [deβanéo] *s/m* **1.** Pasatiempo inútil o censurable. **2.** FIG Amorío o coqueteo pasajero.

de·vas·ta·ción [deβastaθjón] *s/f* Acción y efecto de devastar.

de·vas·tar [deβastár] *v/tr* Destruir totalmente los edificios que hay en un lugar, asolando igualmente los campos.

de·ven·gar [deβeŋgár] *v/tr* Adquirir alguien derecho a percibir dinero o beneficio por algo realizado: *Este dinero no devenga intereses.*
ORT La *g* cambia en *gu* ante *e: Devengue.*

de·ven·go [deβéŋgo] *s/m* Generalmente en *pl* Cantidad que se devenga.

de·ve·nir [deβenír] **I.** *v/intr* **1.** Acaecer o suceder. **2.** FIL Llegar a ser, convertirse: *Devenir en una sustancia.* **II.** *s/m* Transformación en el tiempo.
CONJ *Irreg: Devengo, devine, devendré, devenido.*

de·vo·ción [deβoθjón] *s/f* **1.** Sentimiento de veneración, respeto o adhesión hacia alguien o algo, especialmente el que se siente hacia los santos o divinidades religiosas. **2.** Dedicación intensa o apasionada que alguien dirige a una actividad determinada: *Lee el Quijote con verdadera devoción.*

de·vo·cio·na·rio [deβoθjonárjo] *s/m* Libro con oraciones usado por los fieles.

de·vo·lu·ción [deβoluθjón] *s/f* Acción y efecto de devolver.

de·vol·ver [deβolβér] **I.** *v/tr* **1.** Hacer que alguien reciba lo que antes había dado. **2.** No quedarse con algo comprado o no aceptar un regalo, etc. **3.** Hacer que algo vuelva a estar como estaba anteriormente: *Ha devuelto la nación a su antigua paz.* **II.** *v/intr, tr* Vomitar.
CONJ *Irreg: Devuelvo, devolví, devolveré, devuelto.*

de·vo·rar [deβorár] *v/tr* **1.** Comer un animal a otro: *La pantera devoró al cordero.* **2.** Comer algo de forma voraz y ávida: *Devoró la tortilla en un par de segundos.* **3.** FIG Consumir cualquier otra cosa con avidez. **4.** FIG Dejar algo totalmente destruido: *El fuego devoró el local en pocos instantes.* **5.** FIG Consumir una pasión o sentimiento a alguien: *La devoraban los celos.*

de·vo·to, -a [deβóto, -a] *adj* y *s/m,f* **1.** Se aplica a la persona que realiza con frecuencia obras de piedad y devoción. **2.** FIG Dícese del que tiene gran afición a algo o a alguien: *Soy un devoto admirador de ella.* RPr **Devoto de.**

de·yec·ción [deJe(k)θjón] *s/f, pl* Resultado de la defecación.

día [día] *s/m* **1.** Espacio de tiempo que emplea la Tierra en girar sobre sí misma o, también, que media entre la salida y la puesta del Sol. **2.** Tiempo atmosférico referido a un día determinado: *Hizo un día lluvioso.* **3.** *pl* FIG Vida de una persona: *Sus días están contados.* LOC **Abrir el día,** FIG amanecer. **A días,** unos días sí y otros no. **Al día,** al corriente. **Buenos días,** saludo que se usa por las mañanas. **Cerrarse el día,** FIG oscurecer. **Como del día a la noche,** para indicar la gran diferencia existente entre dos términos que son comparados. **Dar a uno el día,** FIG causar a alguien molestias o motivo de pesar: *Me diste el día con tu caída.* **Dar los buenos días,** saludar por la mañana. **De días,** que tiene bastante tiempo: *Esta rivalidad ya viene de días.* **Del día,** fresco o reciente: *Este pan es del día.* **Día a día,** *1.* Diariamente. *2.* Continuamente. **Día y noche,** sin cesar, continuamente. **El día de hoy,** FIG la actualidad. **El día de mañana,** FIG el futuro. **En su día,** en el momento oportuno o conveniente: *Los inquilinos se fueron en su día.* **Entrado en días,** de edad avanzada. **Hoy (en) día,** en la actualidad, en el tiempo presente. **Mañana será otro día,** para indicar que la solución de algo se pospone de forma indefinida o, por lo menos, para el día siguiente. **No pasar días por/para alguien,** no envejecer: *Estás estupenda, para ti no pasan los días.* **Rayar el día,** amanecer. **Todo el santo día,** FAM para expresar con énfasis la excesiva duración de algo que suele ser molesto o inoportuno: *Se pasó todo el santo día llamándome por teléfono.* **Un buen día/Un día de estos,** cualquier día. **Vivir al día,** no ahorrar nada de lo que se gana y gastarlo todo inmediatamente.

dia·be·tes [djaβétes] *s/f* MED Enfermedad caracterizada por la excesiva eliminación de orina cargada de azúcar.

dia·be·tis [djabétis] *s/f* Diabetes.

dia·bé·ti·co, -a [djaβétiko, -a] **I.** *adj* Perteneciente o relativo a la diabetes. **II.** *adj* y *s/m, f* Persona que padece diabetes.

dia·bli·llo, -a [djaβlíʎo, -a] *s/m,f* **1.** *Dim* de *diablo.* **2.** Se dice del que va disfrazado de diablo en un carnaval o en una procesión. **3.** FIG FAM Persona o criatura enredadora y traviesa.

dia·blo [djáβlo] *s/m* **1.** Nombre que se da a los ángeles que fueron arrojados del Paraíso Terrenal. **2.** FIG Se aplica al que es muy astuto o travieso y que suele conseguir lo que quiere con la astucia. LOC **¡Al diablo (con)!,** para expresar la indignación o enfado que se siente hacia algo o alguien: *¡Al diablo con el trabajo!* **¿Cómo diablos...?,** para expresar la extrañeza o indignación que produce determinada acción: *¿Cómo diablos se te ocurre pensar que yo haría una cosa así?* **¡Con mil diablos!,** para expresar enojo o disgusto. **Del diablo/De mil diablos/De todos los diablos,** para subrayar lo incómodo, malo o desagradable que es o resulta algo: *Fue un choque de mil diablos.* **¡Diablos!,** expresión de sorpresa o admiración. **Llevarse algo el diablo,** FIG desaparecer una cosa de forma rápida y contundente. **Mandar algo** o **a alguien al diablo,** mostrar sentimiento de enfado hacia algo o alguien. **¿Qué diablos...?,** para expresar sorpresa o indignación ante cierta situación: *¿Qué diablos estás haciendo aquí?* **¡Qué diablos!,** para expresar impaciencia, admiración o indiferencia: *Yo, ¡qué diablos!, no tenía nada que hacer allí.* **¡Vete al diablo!,** para manifestar el enfado con alguien.

dia·blu·ra [djaβlúra] *s/f* Acción propia de alguien travieso o temerario.

dia·bó·li·co, -a [djaβóliko, -a] *adj* **1.** Perteneciente o relativo al diablo. **2.** FIG FAM Se aplica a lo que o al que es muy malo o perverso: *Un plan diabólico.*

diá·bo·lo [diáβolo] *s/m* Juguete que consiste en dos conos unidos por el vértice, al que se hace girar con un cordón que pasa por esa unión.

dia·co·na·do o **dia·co·na·to** [djakonáðo/-to] *s/m* Cargo, dignidad u órdenes del diácono.

dia·co·ni·sa [djakonísa] *s/f* Mujer al servicio de la Iglesia.

diá·co·no [djákono] *s/m* Ministro eclesiástico de grado inmediatamente inferior al de sacerdote.

dia·crí·ti·co, -a [djakrítiko, -a] *adj* GRAM Se dice de los signos ortográficos que sirven para dar a una letra un valor que normalmente no tiene: *por ej,* la diéresis de 'cigüeña' que hace que la 'u' se pronuncie.

dia·de·ma [djaðéma] *s/f* **1.** Cinta o faja blanca con que antiguamente ceñían su cabeza ciertos reyes o emperadores. **2.** Se aplicaba a ciertos tipos de corona. **3.** Joya o adorno femenino, compuesto de piedras preciosas, en forma de media corona abierta por detrás.

dia·fa·ni·dad [djafaniðáð] *s/f* Calidad de diáfano.

diá·fa·no, -a [diáfano, -a] *adj* **1.** Se aplica a todo aquello que permite ver a su través o que deja pasar la luz a través. **2.** FIG Dícese de aquello que posee claridad: *Una explicación diáfana.*

dia·frag·ma [djafráɣma] *s/m* **1.** Membrana muscular de cierto grosor, que separa el abdomen del tórax. **2.** Separación que en algunos aparatos opera a modo de membrana que divide cavidades y que suele ser movible. **3.** Mecanismo que en las cámaras fotográficas permite, a través de un orificio, el paso de la luz. **4.** Preservativo usado por la mujer, consistente en una membrana suave de caucho que cierra el fondo de la vagina.

diag·no·sis [diaɣnósis] *s/f* MED Conocimiento diferencial de los signos de las enfermedades.

diag·nos·ti·car [diaɣnostikár] *v/tr* MED Reconocer en un paciente, examinando sus síntomas o su aspecto, qué clase de enfermedad padece.
ORT La *c* cambia en *qu* ante *e: Diagnostiqué.*

diag·nós·ti·co [diaɣnóstiko] *s/m* **1.** MED Determinación de la enfermedad que hace el médico que atiende al paciente y también esta misma descripción dada por escrito. **2.** FIG Análisis que se hace de una cuestión, problema, etc., para determinar sus causas y posibles soluciones: *Un diagnóstico de la situación.*

dia·go·nal [djaɣonál] **I.** *adj* Se dice de la línea recta que en un polígono une dos vértices no consecutivos o que en un poliedro une dos vértices cualesquiera no situados en la misma cara. **II.** *s/f* Línea recta que atraviesa otras de forma oblicua o calle que hace lo mismo.

dia·gra·ma [djaɣráma] *s/m* Dibujo geométrico que refleja la progresión de un fenómeno o sus leyes de evolución.

dial [diál] *s/m* ANGL Esfera o placa que tienen los teléfonos o aparatos similares, en la que hay signos, números o letras que deben ser marcados.

dia·lec·tal [djalektál] *adj* Perteneciente o relativo a un dialecto.

dia·lec·ta·lis·mo [djalektalísmo] *s/m* **1.** Calidad de lo dialectal. **2.** Giro o voz propios de un dialecto.

dia·léc·ti·ca [djaléktika] *s/f* Arte o ciencia del raciocinio, que trata de sus leyes o formas de argumentar y discutir.

dia·léc·ti·co, -a [djaléktiko, -a] *adj* Perteneciente o relativo a la dialéctica.

dia·lec·to [djalékto] *s/m* Cada una de las distintas formas de hablar un idioma, las cuales poseen un cierto número de variantes propias y suelen ser habladas en regiones o territorios de una nación.

dia·lec·to·lo·gía [djalektoloxía] *s/f* Estudio o tratado sobre los dialectos.

diá·li·sis [diálisis] *s/f* Operación de separar los coloides y cristaloides cuando están disueltos en la misma solución.

dia·lo·gar [djaloɣár] *v/intr* Hablar o conversar dos o más personas.
ORT La *g* cambia en *gu* ante *e: Dialogué.*

diá·lo·go [diáloɣo] *s/m* Conversación sostenida entre dos o más personas, que van intercambiándose opiniones.

dia·man·te [djamánte] *s/m* **1.** Mineral formado por carbono puro cristalizado, que constituye la piedra preciosa más estimada; es diáfano y muy brillante y tan duro que raya todos los demás cuerpos. **2.** *pl* Palo de la baraja francesa.

dia·man·tí·fe·ro, -a [djamantífero, a] *adj* Se aplica al tarreno o lugar en donde se encuentran diamantes.

dia·man·ti·no, -a [djamantíno, -a] *adj* De consistencia o cualidades semejantes a las del diamante.

dia·me·tral·men·te [djametrálmente] *adv* **1.** Se aplica a lo que cruza o va de un extremo a otro de algo. **2.** FIG Totalmente.

diá·me·tro [diámetro] *s/m* GEOM **1.** Línea que une dos puntos de una circunferencia o de una figura circular y que pasa por el centro de ella. **2.** Eje de la esfera.

dia·na [diána] *s/f* **1.** MIL Primer toque al rayar el día, que hace que la tropa se levante. **2.** Punto central de un blanco de tiro. LOC **Hacer diana,** dar en el blanco.

dian·tre [djántre] *s/m eufem* Demonio o diablo; también se usa simplemente como exclamación: *¡Diantre, ya estás aquí!*

dia·pa·són [djapasón] *s/m* MÚS Instrumento que consiste en una lámina de acero doblada en forma de 'U' y que puesto en vibración produce un sonido equivalente a un *la,* con 435 vibraciones por segundo.

dia·po·si·ti·va [djapositíβa] *s/f* Fotografía en positivo que, al estar en cristal o película, puede ser proyectada sobre una pantalla.

dia·ria·men·te [diárjamente] *adv* Todos los días: *Se baña diariamente.*

dia·rio, (-a) [diárjo, (-a)] **I.** *adj* Dícese de aquello que corresponde a o sucede cada día: *El trabajo diario.* **II.** *s/m* **1.** Periódico que se publica diariamente: *¿Has traído los diarios?* **2.** COM Libro diario. LOC **A diario,** diariamente. **De diario,** que se lleva todos los días: *Traje de diario.*

dia·rrea [djarréa] *s/f* Desarreglo intestinal que provoca la frecuente evacuación de deposiciones líquidas.

dia·rrei·co, -a [djarréiko, -a] *adj* Relativo a la diarrea o que la padece.

diás·po·ra [diáspora] *s/f* Desmembración o diseminación de cualquier colectividad o raza.

diás·to·le [diástole] *s/f* Movimiento de dilatación del corazón, correspondiente al momento en que la sangre entra en él y en las arterias.

diá·te·sis [diátesis] *s/f* MED Predisposición orgánica a contraer una enfermedad determinada: *Diátesis cancerosa.*

dia·tri·ba [djatríβa] *s/f* Ataque o crítica verbal o escrito contra alguien.

di·bu·jan·te [diβuxánte] *adj* y *s/m,f* Dícese del que dibuja como profesión.

di·bu·jar [diβuxár] **I.** *v/tr, intr* Trazar en

una superficie, mediante algún utensilio (carboncillo, lápiz, etc.) el contorno o figura de un objeto, cuerpo o paisaje. **II.** REFL(SE) Hacerse evidente algo que no se veía antes.

di·bu·jo [diβúxo] *s/m* **1.** Acción de dibujar(se). **2.** Arte o técnica para poder dibujar: *Dibujo artístico/técnico.* **3.** Cuerpo, imagen, etc., que se dibuja.

dic·ción [di(k)θjón] *s/f* Acción o manera de decir, hablar o pronunciar algo.

dic·cio·na·rio [di(k)θjonárjo] *s/m* Enumeración alfabéticamente ordenada de las voces de un idioma con sus definiciones.

di·ciem·bre [diθjémbre] *s/m* Duodécimo mes del año.

di·co·to·mía [dikotomía] *s/f* División en dos partes.

dic·ta·do [diktáðo] *s/m* **1.** Acción de dictar o texto dictado. **2.** *pl* FIG Se dice de aquello que viene inspirado por un sentimiento o por la conciencia: *Desoyó los dictados de la razón.*

dic·ta·dor, -ra [diktaðór, -ra] *s/m,f* En los Estados modernos, primera autoridad de la nación, que gobierna asumiendo él solo todo el poder. *Por ext,* se aplica al que manda demasiado.

dic·ta·du·ra [diktaðúra] *s/f* **1.** Gobierno de un dictador o tiempo que dura. **2.** Cargo o dignidad del dictador.

dic·tá·fo·no [diktáfono] *s/m* Aparato que sirve para reproducir lo que se habla o se dicta ante él.

dic·ta·men [diktámen] *s/m* Opinión o juicio que un experto en la materia emite ante un problema determinado.

dic·ta·mi·nar [diktaminár] *v/intr* Emitir un dictamen. RPr **Dictaminar sobre:** *Dictaminaron sobre el caso.*

dic·tar [diktár] *v/tr* **1.** Leer o decir algo de forma pausada para que alguien pueda ir escribiéndolo. **2.** Referido a leyes, edictos, etc., pronunciarlos o darlos: *Dictar una ley.*

dic·ta·to·rial [diktatorjál] *adj* Relativo a un dictador o dictadura.

dic·te·rio [diktérjo] *s/m* Cosa que se dice para insultar o denigrar a alguien.

di·cha [dítʃa] *s/f* **1.** Estado de ánimo consecuencia de un suceso afortunado: *Sintió una gran dicha al ver que había tenido un hijo.* **2.** Buena suerte.

di·cha·ra·che·ro, -a [ditʃaratʃéro, -a] *adj* y *s/m,f* Que es pródigo en dichos ocurrentes y graciosos y suele tener buen humor.

di·cho [dítʃo] *s/m* **1.** Palabra o conjunto de palabras que se dicen: *Tus dichos no vienen al caso.* **2.** Frase ingeniosa o sentencia de origen popular: *Es un dicho muy conocido.* LOC **Dicho y hecho,** alude a la rapidez con que se realiza algo. **Lo dicho, dicho,** para dar a entender que hay que mantener lo que ha sido dicho anteriormente.

di·cho·so, -a [ditʃóso, -a] *adj* **1.** Se aplica al que siente dicha. **2.** FAM Suele aplicarse con intención irónica a lo que causa desgracia o fastidio: *Este dichoso niño no para de hablar.* RPr **Dichoso con/de/en:** *Dichoso con su suerte. Dichoso en su trabajo.*

di·dác·ti·ca [diðáktika] *s/f* Arte de enseñar.

di·dác·ti·co, -a [diðáktiko, -a] *adj* **1.** Relativo a la enseñanza: *Material didáctico.* **2.** Se aplica a aquello que resulta útil o provechoso para enseñar: *Un juguete didáctico.*

die·ci·nue·ve [dieθinwéβe] *s/m* Cantidad que resulta de la suma de diez más nueve.

die·cio·ches·co, -a [djeθjotʃésko, -a] *adj* Perteneciente o relativo al s. XVIII.

die·cio·cho [djeθjótʃo] *s/m* Número resultante de la suma de diez más ocho.

die·ci·séis [djeθiséis] *s/m* Número resultante de la suma de diez más seis.

die·ci·sie·te [djeθisjéte] *s/m* Cantidad o número resultante de sumar diez más siete.

die·dro [djéðro] *adj* GEOM Se aplica al ángulo formado por dos planos que se cortan.

dien·te [djénte] *s/m* **1.** Cada uno de los huesos o piezas duras que se hallan en las encías de las mandíbulas de los mamíferos; les sirven para masticar o para defenderse. **2.** De forma más restringida, se aplica solamente a los que tienen el borde cortante y están en la parte delantera o más saliente de la mandíbula del hombre o de un animal. **3.** Punta o parte saliente que tiene en su borde cualquier objeto: *El diente de la hoja de una planta.* LOC **Aguzar los dientes,** FIG FAM disponerse a comer. **Alargársele a uno los dientes,** FIG entrarle a uno vivos deseos de (tener) algo. **Armado hasta los dientes,** FIG FAM armado de forma muy completa. **Decir algo entre dientes,** FIG decir algo con voz baja y mal pronunciado, de forma que no se entiende. **Enseñar los dientes a alguien,** FIG FAM mostrar resistencia o fiereza frente a alguien. **Hablar entre dientes,** decir cosas entre dientes como para que los demás no le oigan. **Hincar alguien el diente,** FIG FAM *1.* Apropiarse indebidamente de una parte de algo: *Hincó el diente en nuestra hacienda.* *2.* Empezar a realizar una tarea determinada. **Rechinar los dientes a alguien,** *1.* Crujir los dientes a alguien. *2.* FIG Sentir alguien rabia o cólera por alguna razón.

Diente de ajo, cada uno de los segmentos que forman la cabeza de ajo.
Diente de leche, el que sale en la primera dentición, que caerá antes de que salgan los de la definitiva.

dié·re·sis [djéresis] *s/f* **1.** Pronunciación en sílabas separadas de dos vocales que normalmente forman diptongo, como, *por ej,* 'su-a-ve' en lugar de 'sua-ve'. **2.** GRAM Signo ortográfico que va sobre la *u* de las sílabas *güe* y *güi* para advertir que ésta se pronuncia: *Pingüe, argüir.*

die·sel [djésel] *s/m* Referido a un motor, que funciona con gasoil y no con gasolina.

dies·tra [djéstra] *s/f* Mano derecha.

dies·tra·men·te [djéstramente] *adv* Con destreza: *Actuó diestramente.*

dies·tro, -a [djéstro, -a] **I.** *adj* **1.** Que está a la derecha. **2.** Dícese del que es hábil o experto en algún tipo de actividad o arte: *Es muy diestro en esgrima.* **II.** *s/m* **1.** Torero de a pie. **2.** Matador de toros. LOC **A diestro y siniestro,** *1.* En todas direcciones. *2.* FIG Sin discreción o miramiento en cómo se hace algo: *Repartió puñetazos a diestro y siniestro.* RPr **Diestro en.**

die·ta [djéta] *s/f* **1.** Régimen alimenticio que ha de seguir un enfermo o una persona con intención de adelgazar. **2.** Los alimentos que toman los que siguen este régimen: *Una dieta rica en calorías.* **3.** Privación absoluta de alimentos. **4.** *pl* Honorarios o retribución que un funcionario, juez, etc., recibe por los servicios realizados fuera de la zona de su residencia y que se cobra por día de actuación.

die·ta·rio [djetárjo] *s/m* Libro en que se anotan los ingresos y gastos diarios de un hogar.

die·té·ti·ca [djetétika] *s/f* Parte de la medicina que estudia la alimentación conveniente en las enfermedades y también para la salud en general.

die·té·ti·co, -a [djetétiko, -a] *adj* Relativo a la dieta o dietética.

diez [djéθ] *s/m* Cantidad resultante de la suma de nueve más uno.

diez·mar [djeθmár] *v/tr* FIG Causar en un país, población, etc., gran mortandad una epidemia o guerra: *La peste diezmó las poblaciones medievales.*

diez·mo [djéθmo] *s/m* Décima parte de los frutos que se recogían y que eran dados a la Iglesia.

di·fa·ma·ción [difamaθjón] *s/f* Acción y efecto de difamar.

di·fa·mar [difamár] *v/tr* Publicar o decir cosas que atentan contra la buena reputación de alguien.

di·fa·ma·to·rio, -a [difamatórjo, -a] *adj* Se aplica a lo que difama.

di·fe·ren·cia [diferénθja] *s/f* **1.** Circunstancia o situación en la que algo es diferente de otra cosa. **2.** Desacuerdo o discrepancia entre dos o más personas: *Resolvieron sus diferencias a palos.* **3.** MAT Resultado de una sustracción. LOC **A diferencia de,** en comparación a otra cosa, resultar diferente. **Haber diferencia,** haber gran variación entre dos cosas. RPr **Diferencia de/en/entre:** *Diferencia de mayor a menor. Diferencia en el trato/entre las partes.*

di·fe·ren·cia·ción [diferénθjaθjón] *s/f* Acción y efecto de diferenciar(se).

di·fe·ren·cial [diferenθjál] **I.** *adj* Relativo a una diferencia. **II.** *s/m* MEC Mecanismo que regula las velocidades de tres móviles haciendo que la diferencia de la de uno de ellos sea igual a la suma o la diferencia de las otras dos.

di·fe·ren·ciar [diferenθjár] *v/tr* Hacer la distinción necesaria entre dos o más cosas. RPr **Diferenciar(se) de/en/entre/por:** *No se diferencian el uno del otro. No diferencié entre las dos. Se diferencian en/por su modo de mirar.*

di·fe·ren·te [diferénte] **I.** *adj* Que no es igual a otro o a los demás. **II.** *adv* De forma diferente.

di·fe·rir [diferír] **I.** *v/tr* Dejar la realización de algo para más tarde de lo que se había previsto inicialmente. **II.** *v/intr* Ser diferente de algo que es expresado a continuación. RPr **Diferir de/en/entre (II):** *Difiere de sus hermanos en todo lo que hace. Difieren entre sí por su modo de hablar.* CONJ *Irreg: Difiero, diferí, diferiré, diferido.*

di·fí·cil [difíθil] *adj* **1.** Se aplica a lo que no puede ser realizado o ejecutado sin mucho esfuerzo físico o mental. **2.** Dícese del que es poco tratable o de mal genio. RPr **Difícil de:** *Difícil de hacer.*

di·fi·cul·tad [difikultáð] *s/f* **1.** Calidad de difícil. **2.** Situación de apuro o embarazo en que se halla alguien.

di·fi·cul·tar [difikultár] *v/tr* Poner dificultades para la realización de algo.

di·fi·cul·to·so, -a [difikultóso, -a] *adj* Que está lleno de dificultades.

di·fi·den·cia [difiðénθja] *s/f* Falta de confianza o fe.

di·frac·ción [difra(k)θjón] *s/f* FÍS Dispersión de un rayo luminoso al bordear un cuerpo que se interpone en su camino.

dif·te·ria [diftérja] *s/f* MED Enfermedad infecciosa y contagiosa, que se caracteriza por la formación de placas o falsas membranas en las mucosas.

dif·té·ri·co, -a [diftériko, -a] *adj* Perteneciente o relativo a la difteria.

di·fu·mi·nar [difuminár] *v/tr* En dibujo, extender los trazos del lápiz con el esfumino o difumino; *por ext,* puede aplicarse a los efectos de la luz en un paisaje.

di·fun·dir [difuṇdír] *v/tr* **1.** Hacer que una cosa se esparza o derrame por todas partes. **2.** FIG Hacer que una noticia, idea, dato, etc., sea conocida por mucha gente. RPr **Difundir(se) en/entre/por:** *La noticia se difundió entre los vecinos/por toda la vecindad.*

di·fun·to, -a [difúṇto, -a] *adj* y *s/m,f* Se dice de quien está muerto.

di·fu·sión [difusjón] *s/f* Acción y efecto de difundir(se).

di·fu·si·vo, -a [difusíβo, -a] *adj* Dícese de lo que sirve para difundir.

di·fu·so, -a [difúso, -a] *adj* Se aplica a lo que está dilatado o extendido por todas partes: *La luz era difusa.*

di·fu·sor, -ra [difusór, -ra] *adj* Que difunde.

di·ge·ri·ble [dixeríβle] *adj* Que puede ser digerido.

di·ge·rir [dixerír] *v/tr, intr* **1.** Convertir, en el aparato digestivo, los alimentos en sustancia apropiada para la nutrición del organismo. **2.** FIG Aguantar pacientemente un contratiempo o la presencia de alguien molesto o desagradable.
CONJ *Irreg: Digiero, digerí, digeriré, digerido.*

di·ges·tión [dixestjón] *s/f* Acción y efecto de digerir.

di·ges·ti·vo, -a [dixestíβo, -a] *adj* **1.** Relativo a la digestión: *La función digestiva.* **2.** Se aplica a aquello que es de fácil digestión.

di·gi·ta·do, -a [dixitáðo, -a] *adj* Dícese de los mamíferos que tienen los dedos de los pies sueltos.

di·gi·tal [dixitál] *adj* **1.** Perteneciente o relativo a los dedos. **2.** Perteneciente o relativo a los números dígitos, en especial aplicado a aquellos aparatos electrónicos cuyo sistema de funcionamiento se basa en ellos: *Un reloj digital.*

dí·gi·to [díxito] *adj* y *s/m* MAT Se aplica al número que puede expresarse con un solo guarismo, como, *por ej,* del uno al nueve en el sistema decimal.

dig·nar·se [diɣnárse] *v/*REFL(SE) Tener la condescendencia de realizar algo que pide una persona de menor importancia.

dig·na·ta·rio, -a [diɣnatárjo, -a] *s/m,f* Persona que está investida de una determinada dignidad.

dig·ni·dad [diɣniðáð] *s/f* **1.** Calidad de digno. **2.** Cargo o empleo honorífico y de autoridad.

dig·ni·fi·ca·ción [diɣnifikaθjón] *s/f* Acción y efecto de dignificar(se).

dig·ni·fi·car [diɣnifikár] *v/tr,* REFL (-SE) Hacer(se) digna una persona o cosa o más digna de lo que era.
ORT La *c* cambia en *qu* ante *e: Dignifiqué.*

dig·no, -a [díɣno, -a] *adj* **1.** Que merece lo que recibe: *Una obra digna de premio.* **2.** Se aplica a aquel que obra de forma que su conducta no atenta contra el decoro, el honor, los derechos de los demás, etc. RPr **Digno de:** *Digno de elogio.*

di·gre·sión [diɣresjón] *s/f* Desviación del hilo de un discurso o razonamiento, relato, etc., introduciendo en ellos un asunto en cierto modo marginal.

di·je [díxe] *s/m* Adorno, joya o alhaja.

di·la·ce·ra·ción [dilaθeraθjón] *s/f* Acción y efecto de dilacerar.

di·la·ce·rar [dilaθerár] *v/tr,* REFL (-SE) Destrozar(se) las carnes desgarrándolas.

di·la·ción [dilaθjón] *s/f* **1.** Acción de diferir la realización de algo. **2.** Período de tiempo que dura la dilación.

di·la·pi·da·ción [dilapiðaθjón] *s/f* Acción y efecto de dilapidar.

di·la·pi·dar [dilapiðár] *v/tr* Gastar bienes propios o ajenos de forma imprudente, rápida o desmedida.

di·la·ta·ble [dilatáβle] *adj* Que puede dilatarse.

di·la·ta·ción [dilataθjón] *s/f* Acción y efecto de dilatar(se).

di·la·tar [dilatár] *v/tr* **1.** Hacer que algo aumente su volumen o que ocupe más espacio del que ocupaba. **2.** Hacer que algo dure más tiempo del previsto.

di·la·to·ria [dilatórja] *s/f pl* Dilación.

di·la·to·rio, -a [dilatórjo, -a] *adj* DER Que causa el aplazamiento de algo y es justificante de su prórroga o demora.

di·lec·ción [dile(k)θjón] *s/f* Cariño o afecto honestos por alguien.

di·lec·to, -a [dilékto, -a] *adj* Se dice del que es querido por alguien.

di·le·ma [diléma] *s/m* Situación que se le plantea a alguien, en la cual éste se ve obligado a elegir forzosamente entre dos posibilidades con los mismos inconvenientes o ventajas.

di·le·tan·te [diletáṇte] *adj* y *s/m,f ital* Se aplica a la persona que practica determinada actividad con dedicación frívola o superficial.

di·le·tan·tis·mo [diletaṇtísmo] *s/m ital* Ejercicio de una actividad por pura afición.

di·li·gen·cia [dilixénθja] *s/f* **1.** Cualidad de diligente. **2.** Acto realizado con el fin de resolver determinado asunto o negocio. **3.** Toda nota que se pone en un documento oficial para hacer constar en él determinado trámite. **4.** Coche de tamaño considerable, para transporte de viajeros, que era arrastrado por varios caballos y realizaba viajes largos.

di·li·gen·ciar [dilixenθjár] *v/tr* Poner los medios necesarios para la consecución de algo o de una solicitud.

di·li·gen·te [dilixéṇte] *adj* **1.** Que pone atención y esmero en las cosas que hace. **2.** Que es rápido y ligero en su forma de actuar.

di·lu·ci·da·ción [diluθiðaθjón] *s/f* Acción y efecto de dilucidar.

di·lu·ci·dar [diluθiðár] *v/tr* Poner un asunto en claro o declarar una cuestión.

di·luir [diluír] *v/tr* **1.** Disolver en un líquido un cuerpo sólido. **2.** Hacer más suave o pálido el color, la luz, etc.
CONJ *Irreg: Diluyo, diluí, diluiré, diluido.*

di·lu·via·no, -a [dilυβjáno, -a] *adj* Relacionado con el diluvio universal.

di·lu·viar [diluβjár] *v/intr* Llover muy copiosamente.

di·lu·vio [dilúβjo] *s/m* **1.** Lluvia tan abundante que inunda la tierra, referido especialmente a la que cayó en tiempos de Noé. **2.** FIG FAM Abundancia excesiva de algo: *Enviaron un diluvio de invitaciones.*

di·ma·na·ción [dimanaθjón] *s/f* Acción de dimanar.

di·ma·nar [dimanár] *v/intr* **1.** Surgir el agua de su manantial o fuente. **2.** FIG Tener una cosa su origen en otra: *Esta situación dimana de tus equivocadas órdenes.* RPr **Dimanar de.**

di·men·sión [dimensjón] *s/f* **1.** Extensión o volumen de una línea, cuerpo, etc. **2.** *pl* Tamaño de una cosa o extensión de un lugar.

di·mes y di·re·tes [dímes i ðirétes] LOC FAM Palabras o comentarios frívolos.

di·mi·nu·ti·vo, -a [diminutíβo, -a] *adj* y *s/m,* GRAM Se aplica a las palabras modificadas de alguna manera, que disminuyen o menguan el significado inicial: *'Mesita' es diminutivo de 'mesa'.*

di·mi·nu·to, -a [diminúto, -a] *adj* Que tiene un tamaño muy pequeño.

di·mi·sión [dimisjón] *s/f* Acción de dimitir.

di·mi·sio·na·rio, -a [dimisjonárjo, -a] *adj* y *s/m,f* Se aplica al que ha dimitido o tiene intención de hacerlo.

di·mi·tir [dimitír] *v/tr, intr* Renunciar a desempeñar el cargo en que uno está, comunicándoselo a la autoridad de la que depende el nombramiento. RPr **Dimitir de:** *Dimitió de directora.*

di·na·mar·qués, -sa [dinamarkés, -sa] *adj* y *s/m,f* De Dinamarca.

di·ná·mi·ca [dinámika] *s/f* Parte de la mecánica que estudia las leyes del movimiento y sus relaciones con las fuerzas que lo producen.

di·ná·mi·co, -a [dinámiko, -a] *adj* **1.** Relativo a la fuerza que produce movimiento. **2.** FIG FAM Se aplica al que es muy activo, emprendedor y enérgico.

di·na·mis·mo [dinamísmo] *s/m* Calidad de dinámico.

di·na·mi·ta [dinamíta] *s/f* Mezcla explosiva, hecha de nitroglicerina y un cuerpo poroso que la absorbe.

di·na·mi·tar [dinamitár] *v/tr* Hacer que algo explote poniéndole dinamita.

di·na·mi·te·ro, -a [dinamitéro, -a] *adj* y *s/m,f* Persona que provoca explosiones con dinamita con intenciones de tipo político.

di·na·mo o **dí·na·mo** [dinámo/dínamo] *s/f* Máquina destinada a convertir la energía mecánica en energía eléctrica, o viceversa, mediante la inducción de un electroimán.

di·na·mo·me·tría [dinamometría] *s/f* Ciencia que mide las fuerza motrices.

di·nar [dinár] *s/m* Moneda y unidad monetaria de varios países.

di·nas·ta [dinásta] *s/m* Príncipe o soberano que reinaba bajo la dependencia de otro o con su consentimiento.

di·nas·tía [dinastía] *s/f* Serie de príncipes o reyes, soberanos de un país y pertenecientes a la misma familia: *La dinastía borbónica.*

di·nás·ti·co, -a [dinástiko, -a] *adj* Perteneciente o relativo a una dinastía.

di·ne·ral [dinerál] *s/m* Cantidad muy grande de dinero.

di·ne·ri·llo [dineríʎo] *s/m* FAM Cantidad pequeña de dinero: *Me dio un dinerillo para gastos.*

di·ne·ro [dinéro] *s/m* **1.** Conjunto de monedas en curso legal o cantidad de ellas expresada en cifras. **2.** Fortuna o conjunto de bienes convertibles en dinero que posee alguien.

Dinero suelto, monedas de poco valor con que se paga sin tener que cambiar piezas o billetes de más valor.

di·no·sau·rio [dinosáurjo] *s/m* Nombre de ciertos reptiles fósiles, saurios de gran tamaño, como el diplodoco, que vivieron en la Era Secundaria.

din·tel [dintél] *s/m* Parte superior de las puertas, ventanas u otros huecos semejantes, que consiste en una pieza que se apoya sobre las jambas.

di·ñar [diɲár] *v/tr* FAM LOC **Diñarla,** morirse: *La diñó al año siguiente.*

dio·ce·sa·no, -a [djoθesáno, -a] *adj* Perteneciente o relativo a la diócesis.

dió·ce·si(s) [djóθesi(s)] *s/f* Territorio a que se extiende la jurisdicción de un prelado.

dio·ni·sia·co, -a o **dio·ni·sía·co, -a** [djonisjáko/síako, -a] *adj* Relativo a Dionisos o Baco, referido en especial a las fiestas celebradas en su honor.

diop·tría [dio(p)tría] *s/f* Unidad de óptica, usada por los oculistas, que equivale al poder de una lente cuya distancia focal es de un metro; también se usa para expresar el grado de defecto visual de un ojo.

dios [djós] *s/m* **1.** Nombre que se da al que se supone creador del universo, cuyos destinos dirige y domina. **2.** Cada una de las deidades adoradas por los adeptos a las religiones paganas o politeístas. **3.** *interj* Se usa para expresar indignación, decepción o disgusto: *¡Dios, qué mal lo pasamos aquella tarde!* LOC **A la buena de Dios,** para referirse a una forma de hacer las cosas que carece de la debida planificación: *Todo lo hace a la buena de Dios y así le va.* **Como Dios le da a uno a entender,** FIG FAM como uno buenamente pueda, de la mejor manera posible. **Como Dios manda,** de la forma debida, cumplidamente. **Cuando Dios quiera,** para expresar lo indeterminado de un plazo o una fecha que el que habla no puede fijar o precisar. **Dios dirá,** expresión con que uno alude a la actitud de dejar todo en manos del destino y no participar activamente en ello. **Dios mediante,** expresión equivalente a 'si todo va como es de esperar': *Para julio, Dios mediante, tendremos cosecha de tomates.* **¡Dios mío!,** expresión exclamativa para indicar extrañeza, susto, pesar o admiración ante algo. **¡Dios quiera!,** ¡ojalá!: *¡Dios quiera que haga sol mañana!* **La de Dios es Cristo,** FIG FAM para referirse a un barullo, confusión o alboroto muy grandes: *Cuando vio que no le pagaban armó la de Dios es Cristo.* **Ponerse a bien con Dios,** limpiar uno su conciencia de culpas o confesarse. **¡Por Dios!,** para indicar protesta, pero generalmente suave o simulada: *No me lo agradezcas tanto, ¡por Dios!* **¡Vaya por Dios!,** expresión usada para indicar sentimiento de contrariedad, disgusto, cólera, etc.: *¡Vaya por Dios!, ya ha vuelto a estropearse la cerradura.*

dio·sa [djósa] *s/f* Deidad de sexo femenino: *La diosa del amor.*

di·plo·do·co [diploðóko] *s/m* Reptil fósil, dinosaurio de gran tamaño, que tenía la cabeza pequeña y el cuello y la cola muy largos; vivió en el período jurásico.

di·plo·ma [diplóma] *s/m* Documento extendido por una institución o corporación, con firmas, sellos y demás requisitos, que acredita la obtención de un grado superior, título, premio, etc.

di·plo·ma·cia [diplomáθja] *s/f* **1.** Arte o ciencia de los intereses y relaciones de unas naciones con otras. **2.** Conjunto de empleados y de instituciones que están al servicio de un Estado para llevar a efecto sus relaciones internacionales. **3.** Estudios o carrera de los que se emplean en este servicio: *Quiso hacer diplomacia.* **4.** FIG FAM Habilidad o astucia para el trato con los demás: *Actúa con diplomacia.*

di·plo·ma·do, -a [diplomáðo, -a] *adj* Se aplica al que ha obtenido un título o diploma.

di·plo·má·ti·co, -a [diplomátiko, -a] **I.** *adj* **1.** Perteneciente o relativo a la diplomacia: *Cuerpo diplomático.* **2.** FIG FAM Se dice del que es hábil y sagaz en el trato con los demás. **II.** *s/m,f* Persona que pertenece al cuerpo diplomático o que ha hecho la carrera diplomática.

dip·so·ma·nía [dipsomanía] *s/f* Tendencia patológica a abusar de las bebidas alcohólicas.

dip·so·ma·nía·co, -a o **dip·só·ma·no, -a** [dipsomaníako/dipsómano, -a] *adj* y *s/m,f* Que padece dipsomanía.

díp·te·ro, -a [díptero, -a] *adj* y *s/m* ZOOL Se aplica al insecto con dos alas, como la mosca.

díp·ti·co [díptiko] *s/m* Cuadro o pintura formada por dos tableros que pueden cerrarse como un libro.

dip·ton·ga·ción [diptoŋgaθjón] *s/f* Acción y efecto de diptongar(se).

dip·ton·gar [diptoŋgár] **I.** *v/tr* Unir en la pronunciación dos vocales, formando una sola sílaba. **II.** REFL(-SE) Transformarse una vocal en diptongo. RPr **Diptongar(se) en.** ORT La *g* cambia en *gu* ante *e*: *Diptongué.*

dip·ton·go [diptóŋgo] *s/m* GRAM Conjunto de dos vocales diferentes que se pronuncian unidas formando sílaba.

di·pu·ta·ción [diputaθjón] *s/f* **1.** Diputación provincial. **2.** Edificio que alberga a ésta.
Diputación provincial, organismo o corpo-

ración formada por los diputados provinciales, que se encarga de administrar y dirigir los intereses de una provincia.

di·pu·ta·do, -a [diputáðo, -a] *s/m,f* Persona elegida democráticamente para representar al pueblo en la cámara legislativa de una nación: *Diputado en Cortes. Diputado por Barcelona.*

di·pu·tar [diputár] *v/tr* **1.** Elegir o designar a alguien para que haga de representante en una comisión, corporación, etc. **2.** Nombrar a alguien para una función concreta.

di·que [díke] *s/m* **1.** Muro artificial hecho para contener las aguas en un canal, río, etc. **2.** Dique seco.

di·rec·ción [dire(k)θjón] *s/f* **1.** Acción y efecto de dirigir(se). **2.** Camino o rumbo que sigue en su movimiento o avance algo o alguien: *Salió en dirección a su casa.* **3.** Conjunto de personas que se encargan de dirigir un organismo o empresa: *La dirección ha ordenado el cierre de dos plantas.* **4.** Cargo o puesto del que es director. **5.** Lugar o despacho en que trabaja el director. **6.** Señas en que una persona tiene su domicilio: *He cambiado de dirección recientemente.* **7.** MEC Conjunto de piezas que sirven para guiar los vehículos automóviles.

di·rec·ti·vo, (-a) [direktíβo, (-a)] **I.** *adj* Se aplica al que es capaz de dirigir o forma parte de un organismo que dirige: *La junta directiva.* **II.** *s/f* Junta directiva.

di·rec·to, -a [dirékto, -a] **I.** *adj* **1.** Se aplica a lo que carece de curvas en su postura o en su movimiento, situación, etc.: *Una línea directa.* **2.** Dícese de lo que no tiene interrupción antes de llegar a su destino: *Un tren directo.* **3.** FIG Que no se detiene en nada: *Una pregunta directa.* **II.** *s/m,f* **1.** *m* Tren o cualquier otro medio de transporte público que no para en ciertas paradas o estaciones. **2.** *m* Golpe directo que se da en boxeo. **3.** *f* Velocidad más larga de todas las marchas de un automóvil: *Lo puso en directa y alcanzó los 150 por hora.* LOC **En directo,** para indicar que un programa de radio, televisión, etc., no está pregrabado.

di·rec·tor, -ra [direktór, -ra] **I.** *adj* Se aplica a lo que dirige o es capaz de dirigir. **II.** *s/m,f* Persona a cuyo cargo corre la dirección de algo.

di·rec·to·rio, (-a) [direktórjo, (-a)] **I.** *adj* Que es a propósito para dirigir. **II.** *s/m* **1.** Conjunto de instrucciones que sirven en determinada actividad o ramo industrial, etc.: *Un directorio de navegación.* **2.** Se aplica en algunas ocasiones a la junta directiva de una asociación o a las personas que se hacen cargo del gobierno de una nación en una situación excepcional.

di·rec·triz [direktríθ] *s/f* **1.** GEOM (También *adj*) Dícese de la línea, figura o superficie que determina o guía otra línea, figura o superficie. **2.** En *pl* Conjunto de ideas, principios u objetivos que se tienen en cuenta al establecer determinada institución o actividad.
ORT *Pl: Directrices.*

di·ri·gen·te [dirixéṇte] *adj* y *s/m,f* Se aplica al que dirige.

di·ri·gi·ble [dirixíβle] **I.** *adj* Que puede ser dirigido. **II.** *s/m* Globo dirigible.

di·ri·gir [dirixír] **I.** *v/tr* **1.** Llevar algo rectamente hacia el lugar indicado: *Dirigió la nave al puerto.* **2.** Dar las indicaciones necesarias para que alguien encuentre un camino, una salida, etc. **3.** Hacer que algo tome una dirección determinada: *Dirigió la vista hacia atrás.* **4.** FIG Dedicar alguien sus esfuerzos, pensamientos, etc., a determinado fin: *Dirige sus atenciones a lograr que le den el puesto.* **5.** Regir o gobernar a otros (empresa, nación, etc.): *Dirige la orquesta.* **II.** REFL(SE) Dirigir la palabra a alguien: *Se dirigió a mí en francés.* LOC **Dirigir la palabra a alguien,** hablar a alguien. RPr **Dirigir(se) a/hacia:** *Se dirigieron hacia nosotros.*
ORT La *g* cambia en *j* ante *o/a: Dirijo, dirija.*

di·ri·mir [dirimír] *v/tr* **1.** Disolver o romper un acuerdo o contrato: *Dirimieron el matrimonio.* **2.** Dar fin a una disputa, controversia, etc.: *Dirimieron la reyerta.*

dis·cen·te [disθéṇte] *adj* y *s/m,f* Que aprende.

dis·cer·ni·mien·to [disθernimjéṇto] *s/m* **1.** Acción de discernir. **2.** Juicio o capacidad para discernir.

dis·cer·nir [disθernír] *v/tr, intr* Distinguir las diferencias que existen entre unas cosas determinadas: *Discierne entre lo bueno y lo malo.* RPr **Discernir de/entre:** *Discernir lo bueno de lo malo.*
CONJ *Irreg: Discierno, discerní, discerniré, discernido.*

dis·ci·pli·na [disθiplína] *s/f* **1.** Acción y efecto de disciplinar(se). **2.** Cada una de las materias o ciencias que se imparten en una institución docente. **3.** *pl* Utensilio que se usa para azotar(se).

dis·ci·pli·na·do, -a [disθiplináðo, -a] *adj* Se aplica al que o a lo que está sujeto a disciplina: *Vida disciplinada.*

dis·ci·pli·nar [disθiplinár] **I.** *v/tr* **1.** Hacer que alguien guarde disciplina: *Has de disciplinar a tus hijos.* **2.** Azotar con disciplinas a alguien. **II.** *adj* Perteneciente o relativo a una disciplina o materia.

dis·ci·pli·na·rio, -a [disθiplinárjo, -a] *adj* **1.** Perteneciente a la disciplina. **2.** Se aplica al régimen que impone subordinación y penas al que se sale de ella.

dis·cí·pu·lo, -a [disθípulo, -a] *s/m,f* Persona que aprende bajo la enseñanza de un maestro o en un centro docente.

dis·co [dísko] *s/m* **1.** Cuerpo cilíndrico de base ancha y de poco grosor, que puede ser de diversos materiales. **2.** Placa de la misma forma, generalmente de plástico, en la que se graban sonidos que luego reproducirá un gramófono o tocadiscos. **3.** DEP El de piedra o metal, muy pesado, que se lanza como proyectil en el juego gimnástico de este nombre. **4.** Semáforo: *No cruces con el disco en rojo.*

dis·có·bo·lo [diskóβolo] *s/m* Atleta que lanzaba el disco en los juegos antiguos grecorromanos.

dis·co·gra·fía [diskoγrafía] *s/f* Técnica de impresionar y reproducir discos fonográficos.

dis·co·grá·fi·co, -a [diskográfiko, -a] *adj* Relativo a la discografía.

dis·coi·dal [diskoiðál] *adj* Que tiene forma de disco.

dís·co·lo, -a [dískolo, -a] *adj* y *s/m,f* Se aplica a la persona poco inclinada a obedecer o a someterse a una cierta disciplina.

dis·con·for·me [diskoɱfórme] *adj* Que no está conforme con algo.

dis·con·for·mi·dad [diskoɱformiðáð] *s/f* **1.** Falta de semejanza o aparejamiento entre ciertas cosas. **2.** Falta de unanimidad o acuerdo entre personas.

dis·con·ti·nui·dad [diskon̪tinwiðáð] *s/f* Falta de continuidad de algo.

dis·con·ti·nuo, -a [diskon̪tínwo, -a] *adj* Se aplica a lo que no es continuo.

dis·cor·dan·cia [diskorðánθja] *s/f* Falta de conformidad o semejanza en cosas, palabras, ideas, etc.

dis·cor·dan·te [diskorðán̪te] *adj* Que está en discordancia con algo.

dis·cor·dar [diskorðár] *v/intr* **1.** MÚS Estar una voz o un instrumento en disonancia con otros. **2.** Referido a opiniones o personas, etc., se dice cuando discrepan entre sí: *Discordaban de su maestro.* RPr **Discordar en/de:** *Discordamos en política.* CONJ *Irreg: (Discuerdo), discordé, discordaré, discordado.*

dis·cor·de [diskórðe] *adj* Que no está de acuerdo con algo o alguien.

dis·cor·dia [diskórðja] *s/f* Falta de acuerdo en opiniones o forma de actuar.

dis·co·te·ca [diskotéka] *s/f* **1.** Conjunto de discos coleccionados. **2.** Local en que se baila al son de música de discos.

dis·co·te·que·ro, -a [diskotekéro, -a] *adj* FAM Perteneciente o relativo a una discoteca de baile o muy adicto a ellas.

dis·cre·ción [diskreθjón] *s/f* Cualidad o comportamiento del que es discreto. LOC **A discreción,** a la voluntad de uno, sin limitación alguna: *Pudimos beber a discreción.*

dis·cre·cio·nal [diskreθjonál] *adj* Que se deja a la discreción del que ha de ejercerlo, usarlo, etc.

dis·cre·pan·cia [diskrepánθja] *s/f* Desacuerdo o desavenencia entre dos o más personas.

dis·cre·par [diskrepár] *v/intr* **1.** Diferenciarse una cosa de otra hasta el punto de contrastar fuertemente: *Sus modales discrepan de los de su familia.* **2.** Disentir dos o más personas en su opinión o conducta. RPr **Discrepar de/en/con.**

dis·cre·to, -a [diskréto, -a] *adj* **1.** Se aplica al que es capaz de no causar molestia a nadie y decir siempre lo que conviene a sus palabras o acciones. **2.** Dícese del que es reservado y que no divulga los secretos que conoce o que no es excesivamente curioso. **3.** Referido a cosas como cantidades, tiempo, etc., que es moderado, no excesivo: *Gana un sueldo discreto.*

dis·cri·mi·na·ción [diskriminaθjón] *s/f* Acción y efecto de discriminar.

dis·cri·mi·nar [diskriminár] *v/tr, intr* **1.** Distinguir entre cosas o personas o saber diferenciar lo que es distinto: *No sabe discriminar entre lo bueno y lo malo.* **2.** Dar un trato inferior a determinados miembros de una colectividad por razones de raza, religión, etc.: *Los negros han sido discriminados en tiempos pasados.* RPr **Discriminar de/entre:** *Discriminar lo bueno de lo malo.*

dis·cri·mi·na·to·rio, -a [diskriminatórjo, -a] *adj* Que discrimina.

dis·cul·pa [diskúlpa] *s/f* Razón o razones que se dan para justificar una acción que aparenta ser culpable y que suelen darse a la persona más relacionada con la culpabilidad.

dis·cul·pa·ble [diskulpáβle] *adj* Que puede ser disculpado.

dis·cul·par [diskulpár] **I.** *v/tr* **1.** Aceptar la justificación de una falta, que da el que la ha cometido u otra persona. **2.** Ser la razón o causa que justifica la conducta aparentemente culpable de alguien: *Su juventud disculpa su inexperiencia.* **II.** REFL(-SE) Alegar razones o pruebas que justifiquen una acción propia aparentemente culpable: *Se disculpó por haber llegado tarde.* RPr **Disculpar(se) de/por:** *Discúlpala de sus errores.*

dis·cu·rrir [diskurrír] *v/intr* **1.** Pensar o reflexionar intensamente con el fin de hallar la solución a un problema. **2.** LIT Pasar un líquido, una persona, etc., por algún lugar: *Las aguas discurrían por su cauce.* **3.** FIG Pasar o realizarse una acción, el tiempo, etc. LOC **Discurrir poco,** ser poco despierto o hábil.

dis·cur·se·ar [diskurseár] *v/tr* FAM Pronunciar discursos con cierta frecuencia y, generalmente, sin sustancia.

dis·cur·si·vo, -a [diskursíβo, -a] *adj* **1.** Que pertenece al discurrir de la mente. **2.** Que es dado a discurrir o meditar.

dis·cur·so [diskúrso] *s/m* **1.** Acción de discurrir o pasar algo. **2.** Conjunto de palabras y frases que se leen o dicen en público con el fin de que éste participe de las ideas expuestas en ellas.

dis·cu·sión [diskusjón] *s/f* Acción de discutir dos o más personas sobre algo.

dis·cu·ti·ble [diskutíβle] *adj* **1.** Que puede ser discutido o debatido. **2.** Dícese de aquello que es poco probable o que inspira dudas o recelos: *Actitud discutible.*

dis·cu·tir [diskutír] *v/tr, intr* **1.** Examinar una materia atentamente, hablando e intercambiando opiniones sobre ella dos o más personas. **2.** Contradecir y refutar la opinión o las órdenes de alguien: *Siempre me discutes lo que digo.* RPr **Discutir de/con/sobre:** *Discutir de política. Discutimos con la propietaria. Discutieron sobre el petróleo.*

di·se·ca·ción [disekaθjón] *s/f* Acción y efecto de disecar.

di·se·car [disekár] *v/tr* **1.** ZOOL, BOT Cortar o dividir en trozos un cuerpo o planta para examinarlos o estudiar su conformación atentamente. **2.** Preparar el cuerpo muerto de un animal para que tenga la apariencia de vivo y pueda ser conservado de este modo.
ORT Ante *e* la *c* cambia en *qu: Disequé.*

di·sec·ción [dise(k)θjón] *s/f* Acción y efecto de disecar **(1).**

di·se·mi·na·ción [diseminaθjón] *s/f* Acción y efecto de diseminar(se).

di·se·mi·nar [diseminár] *v/tr* **1.** Repartir algo en todas direcciones o por todas partes: *Diseminar la semilla al viento.* **2.** FIG Difundir una idea, noticia, etc. RPr **Diseminar(se) por/en/entre:** *Diseminar algo en un terreno/entre árboles.*

di·sen·sión [disensjón] *s/f* **1.** Falta de acuerdo o armonía entre dos partes de algo. **2.** Contienda entre personas.

di·sen·te·ría [diseṇtería] *s/f* Enfermedad infecciosa que tiene por síntomas característicos la inflamación del intestino grueso y la diarrea.

di·sen·té·ri·co, -a [diseṇtériko, -a] *adj* Perteneciente a la disentería o que la padece.

di·sen·ti·mien·to [diseṇtimjéṇto] *s/m* Acción y efecto de disentir.

di·sen·tir [diseṇtír] *v/intr* Estar en desacuerdo una persona con otra acerca de algo: *Disiente de mí en la práctica.* RPr **Disentir de/en:** *Disentimos en casi todo.*
CONJ *Irreg: Disiento, disentí, disentiré, disentido.*

di·se·ñar [diseɲár] *v/tr, intr* Hacer diseños de edificios, decoraciones, etc.

di·se·ño [diséɲo] *s/m* Dibujo de algún edificio o figura hecho por medio de líneas o trazos, que lo representan a modo de esbozo o bosquejo.

di·ser·ta·ción [disertaθjón] *s/f* **1.** Acción y efecto de disertar. **2.** Conjunto de ideas expresadas acerca de un tema o cuestión.

di·ser·tar [disertár] *v/intr* Hablar ante otros sobre una materia o cuestión determinadas, exponiendo diferentes opiniones sobre ella. RPr **Disertar sobre:** *Disertó sobre filología.*

dis·for·me [disfórme] *adj* **1.** De formas irregulares o sin proporción. **2.** Desagradable, feo. **3.** Excesivamente grande.

dis·fraz [disfráθ] *s/m* Vestido o ropajes con máscara que se usa en ocasiones de diversión, procesiones, etc., especialmente en Carnaval, y que esconde la identidad del que lo lleva.
ORT *Pl: Disfraces.*

dis·fra·zar [disfraθár] *v/tr* Poner a alguien un disfraz: *Han disfrazado a la niña de pastora.* RPr **Disfrazar(se) con/de:** *Se disfrazó con un disfraz de su abuela.*
ORT La *z* se convierte en *c* ante *e: Disfracé.*

dis·fru·tar [disfrutár] *v/tr, intr* **1.** Sentir alegría o satisfacción al realizar o tener una cosa determinada: *Los niños disfrutan con las películas del oeste.* **2.** Tener algo una ventaja o cualidad buena: *Esta casa disfruta de buena orientación.* **3.** Percibir alguien el provecho o utilidad de una cosa: *Disfruta las rentas de una finca de su tío.* RPr **Disfrutar con/de.**

dis·fru·te [disfrúte] *s/m* Acción y efecto de disfrutar.

dis·fun·ción [disfunθjón] *s/f* MED Anomalía o alteración cuantitativa o cualitativa de la función de un órgano.

dis·gre·ga·ción [disɣreɣaθjón] *s/f* Acción y efecto de disgregar(se).

dis·gre·gar [disɣreɣár] *v/tr,* REFL(-SE) Desunir(se) las partes de lo que estaba unido. RPr **Disgregar(se) en:** *La roca se disgregó en infinidad de partículas.*
ORT Ante *e* la *g* cambia en *gu: Disgregué.*

dis·gus·tar [disγustár] **I.** *v/tr* Causar algo una sensación de pesar, molestia o desagrado en alguien. **II.** REFL(-SE) Sentir enfado o disgusto: *Se disgustó al ver lo que hacías.* RPr **Disgustar(se) con/por:** *Se disgustó por tu culpa.*

dis·gus·to [disγústo] *s/m* Sensación o sentimiento de desagrado o repugnancia que se tiene a causa de algo. LOC **A disgusto,** con disgusto o desgana.

di·si·den·cia [disiðénθja] *s/f* Acción y efecto de disidir.

di·si·den·te [disiðénte] *adj* y *s/m,f* Que diside de una doctrina o ideología.

di·si·dir [disiðír] *v/intr* Separarse o apartarse de la doctrina, ideología, etc., común en una colectividad, partido, etc.

di·sí·la·bo, -a [disílaβo, -a] *adj* y *s/m* Que tiene dos sílabas.

di·si·mi·li·tud [disimilitúð] *s/f* Diferencia.

di·si·mu·la·ción [disimulaθjón] *s/f* Acción y efecto de disimular.

di·si·mu·la·do, -a [disimuláðo, -a] *adj* y *s/m,f* **1.** Que se realiza con disimulo. **2.** Que es persona hábil para el disimulo. LOC **Hacerse el disimulado,** hacer ver que no se entiende algo cuando se entiende perfectamente.

di·si·mu·lar [disimulár] *v/tr* **1.** Ocultar o desfigurar algo por medio de otra cosa: *Disimulaba la calva con un peluquín.* **2.** Ocultar una cosa a otra: *La cortina disimulaba el agujero de la pared.* **3.** Tolerar determinadas faltas que otro comete y que se pretende ignorar: *Disimulaba los robos de sus empleados.*

di·si·mu·lo [disimúlo] *s/m* Habilidad para disimular sentimientos, noticias, etc.

di·si·pa·ción [disipaθjón] *s/f* **1.** Acción y efecto de disipar(se). **2.** Conducta del que o de los que son disipados.

di·si·pa·do, -a [disipáðo, -a] *adj* y *s/m,f* Que se entrega sin freno a las diversiones o placeres.

di·si·par [disipár] *v/tr* **1.** Hacer que un cuerpo pierda su densidad o parte de ella: *Disipar las nieblas.* **2.** FIG Hacer desaparecer total o parcialmente un sentimiento: *Disipó mis dudas.* **3.** FIG Desperdiciar o malgastar una fortuna o posesiones: *Disipó su herencia en dos meses.*

dis·la·te [disláte] *s/m* Disparate que se dice o se hace.

dis·le·xia [disle(k)sja] *s/f* MED Perturbación de la capacidad de leer y escribir, causada por trastornos neurofisiológicos.

dis·lé·xi·co, -a [dislé(k)siko, -a] *adj* y *s/m,f* Se aplica al que padece dislexia.

dis·lo·ca·ción [dislokaθjón] *s/f* Acción y efecto de dislocar(se).

dis·lo·car [dislokár] *v/tr* **1.** Sacar un hueso, una pieza, etc., de su sitio. **2.** FIG Desfigurar un suceso o torcer un argumento o razonamiento.
ORT La *c* cambia en *qu* ante *e: Disloqué.*

dis·lo·que [dislóke] *s/m* FIG FAM LOC **Ser el disloque,** ser el colmo, algo muy disparatado, etc.

dis·mi·nu·ción [disminuθjón] *s/f* Acción y efecto de disminuir.

dis·mi·nui·do, -a [disminwíðo, -a] *adj* y *s/m,f*·FIG **1.** Se dice del que se siente poco importante o valioso por alguna razón. **2.** Se aplica a la persona que tiene alguna deficiencia física: *Es una disminuida mental.*

dis·mi·nuir [disminuír] *v/tr* Reducir alguna cosa en su extensión, cantidad, duración, etc.: *Han disminuido el sueldo.* RPr **Disminuir en:** *Ha disminuido en duración*
CONJ *Irreg: Disminuyo, disminuí, disminuiré, disminuido.*

dis·nea [disnéa] *s/f* MED Dificultad en respirar normalmente.

dis·nei·co, -a [disnéiko, -a] *adj* y *s/m,f* Perteneciente o relativo a la disnea.

di·so·cia·ción [disoθjaθjón] *s/f* Acción y efecto de disociar(se).

di·so·ciar [disoθjár] *v/tr,* REFL(SE) **1.** Separar(se) aquello que está unido. **2.** QUÍM Disgregar(se) los componentes de un cuerpo.

di·so·lu·bi·li·dad [disoluβiliðáð] *s/f* Calidad de disoluble.

di·so·lu·ble [disolúβle] *adj* Que puede disolverse.

di·so·lu·ción [disoluθjón] *s/f* **1.** Acción y efecto de disolver(se). **2.** Compuesto formado por la materia disuelta y el líquido en que se disuelve. **3.** FIG Pérdida o disminución en la austeridad de las costumbres de una persona o de una sociedad.

di·so·lu·ti·vo, -a [disolutíβo, -a] *adj* Que tiene capacidad para disolver.

di·so·lu·to, -a [disolúto, -a] *adj* y *s/m,f* Se aplica al que se entrega sin freno a las malas costumbres.

di·sol·ven·te [disolβénte] *adj* y *s/m* Que tiene capacidad para disolver.

di·sol·ver [disolβér] *v/tr* **1.** Incorporar una sustancia a otra líquida para que se deshaga en ella: *Disolver el azúcar en el café.* **2.** Separar o desunir aquello que está unido: *Han disuelto el matrimonio.* RPr **Disolver(se) en.**
CONJ *Irreg: Disuelvo, disolví, disolveré, disuelto.*

di·so·nan·cia [disonánθja] *s/f* **1.** Sonido discordante. **2.** FIG Diferencia o discrepancia entre dos cosas que deberían ser semejantes.

di·so·nan·te [disonánte] *adj* FIG Que contrasta fuertemente con aquello a lo que debería parecerse.

di·so·nar [disonár] *v/intr* **1.** Sonar de forma inarmónica o discordante con otros sonidos. **2.** FIG Estar en desacuerdo o discordancia con lo(s) demás. RPr **Disonar de:** *Disonar de los demás.*
CONJ *Irreg: Disueno, disoné, disonaré, disonado.*

dis·par [dispár] *adj* Se aplica a lo que es desigual o diferente de los demás.

dis·pa·ra·de·ro [disparaðéro] *s/m* Disparador de un arma de fuego. LOC **Poner a alguien en el disparadero,** FIG FAM poner a alguien en tal situación que pueda perder el control de sí mismo.

dis·pa·ra·dor [disparaðór] *s/m* **1.** Pieza que en algunas armas de fuego sirve para poder dispararlas. **2.** Mecanismo que hace funcionar parte de los aparatos electrónicos.

dis·pa·rar [disparár] **I.** *v/tr, intr* Lanzar un proyectil por medio de un arma. **II.** REFL(-SE) **1.** FIG Salir precipitadamente hacia algún lugar corriendo. **2.** FIG Hablar o hacer cosas de forma violenta, con exageración y descomedimiento: *Así que lo supo se disparó y empezó a decir de todo.* RPr **Disparar contra:** *Disparó contra el enemigo.*

dis·pa·ra·ta·do, -a [disparatáðo, -a] *adj* Se aplica a aquello que constituye un disparate: *Una idea disparatada.*

dis·pa·ra·tar [disparatár] *v/intr* Decir o hacer disparates.

dis·pa·ra·te [disparáte] *s/m* Acción o dicho absurdo, imprudente o irreflexivo: *Estás diciendo disparates y luego te arrepentirás.*

dis·pa·re·jo, -a [disparéxo, -a] *adj* Desigual o dispar.

dis·pa·ri·dad [dispariðáð] *s/f* Calidad de lo dispar.

dis·pa·ro [dispáro] *s/m* Acción y efecto de disparar un tiro.

dis·pen·dio [dispéndjo] *s/m* Gasto excesivo o innecesario de algo.

dis·pen·sa [dispénsa] *s/f* **1.** Acción de dispensar a alguien de una obligación o de un pago por medio de la ley, etc. **2.** Escrito o documento que contiene la dispensa.

dis·pen·sar [dispensár] *v/tr* **1.** Otorgar o conceder a alguien un honor, favor, buena acogida, etc. **2.** Eximir a alguien de una obligación o perdonarle una falta o delito cometidos: *La dispensaron de pagar la multa.* RPr **Dispensar de.**

dis·pen·sa·rio [dispensárjo] *s/m* Establecimiento en que se dispensa asistencia médica a enfermos ambulantes.

dis·pep·sia [dispépsja] *s/f* MED Anomalía crónica de la digestión, que hace que ésta sea lenta y difícil.

dis·pép·ti·co, -a [dispéptiko, -a] *adj* y *s/m,f* Perteneciente o relativo a la dispepsia o que la padece.

dis·per·sar [dispersár] *v/tr* Separar las partes de lo que es un todo o esparcir cosas diferentes por todos lados: *Dispersaron la manifestación. Dispersó la semilla al viento.*

dis·per·sión [dispersjón] *s/f* Acción y efecto de dispersar(se).

dis·per·so, -a [dispérso, -a] *adj* Se aplica a lo que o al que se ha dispersado.

dis·per·sor, -ra [dispersór, -ra] *adj* Que dispersa.

dis·pli·cen·cia [dispIiθénθja] *s/f* Actitud o calidad del que es displicente.

dis·pli·cen·te [displiθénte] *adj* Que se comporta con falta de interés, amabilidad o afecto hacia los demás.

dis·po·ner [disponér] **I.** *v/tr* **1.** Colocar u ordenar cosas o personas de forma adecuada a algún fin: *Han dispuesto a la gente en grupos de a seis.* **2.** Ordenar o arreglar algo para que pueda ser usado: *Ya ha dispuesto el dormitorio para pasar la noche.* **3.** Decidir u ordenar lo que ha de hacerse: *La ley dispone que todos contribuyamos.* **II.** *v/intr* **1.** Poseer algo y poder utilizarlo: *No dispongo de dinero.* **2.** Decidir qué hacer con algo, sea propio o ajeno: *Dispuso de los bienes de la familia.* RPr **Disponer(se) de.**
CONJ *Irreg: Dispongo, dispuse, dispondré, dispuesto.*

dis·po·ni·bi·li·dad [disponiβiliðáð] *s/f* Calidad o situación del que está o de lo que es disponible.

dis·po·ni·ble [disponíβle] *adj* Se aplica a aquello o a aquel de los cuales se puede disponer: *Habitaciones disponibles.*

dis·po·si·ción [disposiθjón] *s/f* **1.** Acción y efecto de disponer(se). **2.** Forma de estar colocada, ordenada o dispuesta una o más cosas. **3.** Estado de ánimo, mental, etc., de una persona. **4.** Orden o mandato de un superior o de un reglamento: *Disposición de la ley.* LOC **En disposición de,** en situación de. **Poner algo a disposición de,** poner una cosa en manos de: *Pongo mi casa a tu disposición.*

dis·po·si·ti·vo [dispositíβo] *s/m* Mecanismo o artificio dispuesto con un fin concreto, ya sea en una máquina o en un objeto cualquiera.

dis·pues·to, -a [dispwésto, -a] *adj* **1.** Que está preparado o a punto para algo. **2.** Dícese del que es hábil o capaz de hacer bien muchas cosas.

dis·pu·ta [dispúta] *s/f* Acción y efecto de disputar.

dis·pu·tar [disputár] *v/tr, intr* **1.** Contender con otro por la consecución de algo: *Están disputando la copa europea de tenis.* **2.** Discutir violentamente. RPr **Disputar de/por/sobre:** *Disputan de literatura. Disputamos sobre religión.*

dis·qui·si·ción [diskisiθjón] *s/f* Examen minucioso de una cuestión, realizado mediante comentarios, diálogos, etc.

dis·rup·ti·vo, -a [disrruptíβo, -a] *adj* FÍS Que produce ruptura brusca.

dis·tan·cia [distánθja] *s/f* **1.** Espacio o intervalo de lugar o de tiempo que existe entre dos cosas o hechos: *Apenas hubo distancia entre los dos terremotos.* **2.** FIG Pérdida de afecto entre dos o más personas. LOC **A distancia,** lejos o desde lejos. **Guardar las distancias,** FIG mantener las diferencias de clase social en el trato con otras personas. **Acortar las distancias,** FIG salvar las diferencias de opinión existentes entre dos o más personas.

dis·tan·cia·mien·to [distanθjamjénto] *s/m* Acción de distanciarse.

dis·tan·ciar [distanθjár] **I.** *v/tr* Hacer que haya más distancia entre dos o más cosas o personas. **II.** REFL(-SE) **1.** Alejarse de un lugar. **2.** Perder el afecto o amistad de otro(s). RPr **Distanciar(se) de:** *Distanciarse de los amigos.*

dis·tan·te [distánte] *adj* **1.** Que está situado a distancia de aquel que está hablando o de un lugar determinado: *No está muy distante de aquí.* **2.** FIG Dícese de la persona que no tiene un trato cordial con los demás. RPr **Distante de.**

dis·tar [distár] *v/intr, tr* **1.** Estar algo a cierta distancia de otra cosa, la cual es mencionada después del verbo: *Esto no dista mucho de Madrid.* **2.** FIG Diferenciarse una cosa de otra de forma notable. RPr **Distar de.**

dis·ten·der [distendér] *v/tr,* REFL(-SE) **1.** MED Producir(se) una fuerte tensión en los tejidos, membranas, etc., que afecta a su poder de contracción. **2.** FIG Producir(se) una relajación en una tensión determinada.

CONJ *Irreg: Distiendo, distendí, distenderé, distendido.*

dis·ten·sión [distensjón] *s/f* Acción y efecto de distender(se) un ligamento, etc.

dis·tin·ción [distinθjón] *s/f* **1.** Acción y efecto de distinguir. **2.** Excepción que se hace con alguien para distinguirlo de los demás y de este modo honrarlo. **3.** Calidad del que se distingue de los demás por su educación, buenas maneras, cultura, etc.: *Es persona de mucha distinción.*

dis·tin·go [distíŋgo] *s/m* Restricción o limitación que se pone a algo: *Siempre está poniendo distingos a todo.*

dis·tin·gui·do, -a [distiŋgíðo, -a] *adj* **1.** Se aplica al que se distingue o es distinguido en algo: *Un distinguido cirujano.* **2.** Dícese del que tiene unas maneras refinadas o una forma de actuar que denota cultura o educación.

dis·tin·guir [distiŋgír] **I.** *v/tr* **1.** Reconocer las diferencias entre dos o más cosas que no son iguales. **2.** Ver o percibir distintamente, a pesar de algunas dificultades: *A través de la niebla distinguí su figura.* **3.** FIG Hacer particular estimación de alguien en preferencia a los demás: *El profesor la distingue con su trato.* **4.** (Con *con*) Conceder a alguien una dignidad, condecoración, etc., que le distingue. **II.** REFL (-SE) Ser diferente a los demás por alguna cualidad o razón especial: *Se distingue entre todos por su simpatía.* RPr **Distinguir(se) con/de/en/entre/por:** *Se distingue de los demás. Se distingue en filosofía. Me distingue por mi buena fe.*

ORT La *u* de *gu* se pierde ante *a/o: Distingo, distinga.*

dis·tin·ti·vo, (-a) [distintíβo, (-a)] **I.** *adj* Se dice de aquello que caracteriza o distingue a una cosa con respecto a las demás. **II.** *s/m* Objeto, señal, marca, etc., que lleva algo o alguien para indicar su pertenencia a determinado grupo, clase, etc.

dis·tin·to, -a [distínto, -a] *adj* Que es diferente a otro. RPr **Distinto a/de:** *Distinto a todos. Distinta de las demás.*

dis·tor·sión [distorsjón] *s/f* **1.** Torsión de una parte del cuerpo. **2.** MED Daño producido por esa torsión. **3.** FIG Cambio o falseamiento de un hecho o dato al referirlos: *La distorsión de la verdad era evidente.*

dis·tor·sio·nar [distorsionár] *v/tr* Producir u ocasionar una distorsión.

dis·trac·ción [distra(k)θjón] *s/f* **1.** Acción y efecto de distraer(se). **2.** Pasatiempo, espectáculo o actividad que distrae o divierte.

dis·tra·er [distraér] **I.** *v/tr* **1.** Apartar la atención de alguien de aquello a que estaba dirigida. **2.** Recrear agradablemente la atención de alguien mediante algo divertido, instructivo, etc.: *Distrajimos a tu hijo contándole un cuento.* **II.** REFL(SE) **1.** Perder la concentración en lo que se estaba haciendo: *Se distrae con el vuelo de una*

mosca. **2.** Dejar de vigilar o cuidar de algo: *Me distraje y el cigarrillo quemó la alfombra.* RPr **Distraer(se) con/de/en:** *Me distraje de las preocupaciones. Distraerse en algo.*
CONJ *Irreg: Distraigo, distraje, distraeré, distraído.*

dis·traí·do, -a [distraíðo, -a] **I.** *adj* Que distrae o divierte. **II.** *adj* y *s/m,f* Dícese de la persona que no pone atención en lo que está haciendo o que parece no darse cuenta de lo que sucede a su alrededor. LOC **Hacerse el distraído,** fingir que no se oye lo que se le está diciendo a uno.

dis·tri·bu·ción [distriβuθjón] *s/f* Acción y efecto de distribuir(se).

dis·tri·bui·dor, -ra [distriβwiðór, -ra] *adj* y *s/m,f* Que distribuye.

dis·tri·buir [distriβuír] *v/tr* **1.** Dividir y repartir algo a varias personas o en varios lugares. **2.** Repartir en diversas secciones, catálogos, ficheros, etc., determinados datos de forma sistemática o preestablecida. RPr **Distribuir(se) en/entre/por:** *Distribúyelo en porciones grandes. Distribuir la riqueza entre todos. Distribuirse por todas partes.*
CONJ *Irreg: Distribuyo, distribuí, distribuiré, distribuido.*

dis·tri·bu·ti·vo, -a [distriβutíβo, -a] *adj* Relativo a la distribución.

dis·tri·to [distríto] *s/m* Cada una de las partes o demarcaciones en que se divide un territorio, población, etc.

dis·tur·bar [disturβár] *v/tr* Causar disturbio o molestia a alguien.

dis·tur·bio [distúrβjo] *s/m* Alteración de la paz y tranquilidad, pero especialmente referido al orden ciudadano.

di·sua·dir [diswaðír] *v/tr* Mover con razones o consejos a alguien a que cambie de opinión o actitud: *La disuadieron de que vendiera el piso.* RPr **Disuadir(se) de.**

di·sua·sión [diswasjón] *s/f* Acción y efecto de disuadir.

di·sua·si·vo, -a o **di·sua·so·rio, -a** [diswasíβo, -a/diswasórjo, -a] *adj* Que disuade o puede disuadir.

di·suel·to, (-a) [diswél̪to, (-a)] *p* de *disolver.*

dis·yun·ción [disJunθjón] *s/f* Acción y efecto de separar o desunir.

dis·yun·ti·va [disJun̪tíβa] *s/f* Opción que excluye todas las posibilidades de elección menos una.

dis·yun·ti·vo, -a [disJun̪tíβo, -a] *adj* Se aplica a lo que tiene capacidad para desunir o separar: *Una conjunción disyuntiva.*

di·ti·ram·bo [ditirám̧bo] *s/m* Composición poética en exaltación de algo.

diu·re·sis [djurésis] *s/f* MED Abundante secreción de orina.

diu·ré·ti·co, -a [djurétiko, -a] *adj* y *s/m* Se aplica a lo que produce diuresis.

diur·no, -a [diúrno, -a] *adj* Perteneciente o relativo al día.

di·va [díβa] *s/f* **1.** POÉT Diosa. **2.** FIG Se aplica a la artista, cantante, etc., que adquiere gran renombre.

di·va·ga·ción [diβaγaθjón] *s/f* Acción y efecto de divagar.

di·va·gar [diβaγár] *v/intr* Apartarse, cuando se habla, del asunto que se está tratando y tocar temas dispares.
ORT La *g* ante *e* cambia en *gu*: *Divagué.*

di·ván [diβán] *s/m* Asiento de forma alargada, generalmente sin respaldo, con o sin brazos, que suele tener muchos almohadones.

di·ver·gen·cia [diβerxén̪θja] *s/f* Acción y efecto de divergir.

di·ver·gen·te [diβerxén̪te] *adj* Que diverge: *Opiniones divergentes.*

di·ver·gir [diβerxír] *v/intr* **1.** Apartarse o separarse cada vez más dos líneas, superficies, etc., hasta alejarse totalmente. **2.** FIG Apartarse o distanciarse dos opiniones, ideas, etc., o las personas que las tienen. RPr **Divergir de/en:** *Divergimos el uno del otro/en casi todo.*
ORT La *g* se convierte en *j* ante *o/a: Diverjo, diverja.*

di·ver·si·dad [diβersiðáð] *s/f* Calidad de lo diverso.

di·ver·si·fi·ca·ción [diβersifikaθjón] *s/f* Acción y efecto de diversificar(se).

di·ver·si·fi·car [diβersifikár] *v/tr,* REFL (-SE) Hacer(se) una cosa distinta de otra(s).
ORT La *c* cambia en *qu* ante *e: Diversifiqué.*

di·ver·sión [diβersjón] *s/f* **1.** Acción y efecto de divertir(se). **2.** Actividad o juego que sirve para divertir a alguien: *No me gustan los toros como diversión.*

di·ver·so, -a [diβérso, -a] *adj* **1.** Que es diferente de otros. **2.** Que presenta variaciones o desigualdades: *Tiene un estilo muy diverso.*

di·ver·ti·do, -a [diβertíðo, -a] *adj* Se aplica al que o a lo que divierte: *Un espectáculo divertido.*

di·ver·ti·mien·to [diβertimjén̪to] *s/m* Acción de divertir(se).

di·ver·tir [diβertír] *v/tr* Hacer que alguien se ría o regocije por medio de un pasatiempo, un chiste, una acción determinada. **2.** Apartar o desviar la atención de alguien. RPr **Divertirse con/en:** *Me divierto con los amigos. Se divierte en tonterías.* CONJ *Irreg: Divierto, divertí, divertiré, divertido.*

di·vi·den·do [diβiðéņdo] *s/m* **1.** MAT Cantidad que se divide por otra. **2.** COM Cuota que reparte una compañía industrial en correspondencia a cada acción.

di·vi·dir [diβiðír] *v/tr* **1.** Separar un todo en partes: *Dividió el pastel en cuatro partes.* **2.** Distribuir entre varios un todo: *Dividió sus bienes entre sus tres hijos.* **3.** FIG Servir de separación entre dos o más cosas: *La tapia divide su parcela de la mía.* **4.** FIG Introducir motivos de enfrentamiento o discordia entre personas, naciones, etc.: *La guerra ha dividido el país.* **5.** (Con *entre, por)* MAT Averiguar cuántas veces una cantidad está contenida en otra: *Divide mil entre/por tres.* RPr **Dividir(se) con/en/entre/por:** *Lo ha dividido con su hermano.*

di·vie·so [diβjéso] *s/m* Tumor de pequeño tamaño.

di·vi·ni·dad [diβiniðáð] *s/f* **1.** Naturaleza y esencia de Dios. **2.** Cualquier deidad adorada por los paganos.

di·vi·ni·za·ción [diβiniθaθjón] *s/f* Acción y efecto de divinizar.

di·vi·ni·zar [diβiniθár] *v/tr* Dar a alguien un tipo de culto propio de una deidad. ORT La *z* se convierte en *c* ante *e: Divinicé.*

di·vi·no, -a [diβíno, -a] *adj* **1.** Perteneciente o relativo a Dios o a los dioses paganos. **2.** FIG FAM Se aplica a lo que o al que es muy hermoso: *Es una mujer divina.*

di·vi·sa [diβísa] *s/f* **1.** Señal externa adoptada para distinguir a las personas, cosas, etc., de determinada clase o categoría. **2.** Moneda extranjera en dinero efectivo, manejada a nivel internacional. **3.** BLAS Lema o leyenda que se expresa por medio de frases o figuras.

di·vi·sar [diβisár] *v/tr* Percibir algo, aunque no con entera claridad, debido a la distancia, la oscuridad, etc.

di·vi·si·bi·li·dad [diβisiβiliðáð] *s/f* Calidad de divisible.

di·vi·si·ble [diβisíβle] *adj* Que puede ser dividido o partido.

di·vi·sión [diβisjón] *s/f* **1.** Acción y efecto de dividir(se). **2.** MAT Operación de dividir. **3.** Objeto que sirve para dividir espacios, bien sea interiores bien exteriores: *En el salón habían puesto una división de biombos.* **4.** MIL Gran unidad formada por dos o más brigadas o regimientos homogéneos y provista de servicios auxiliares.

di·vis·mo [diβísmo] *s/m* **1.** Calidad de divo. **2.** Afición desmedida al culto a la personalidad de un divo.

di·vi·sor, -ra [diβisór, -ra] *adj* y *s/m* **1.** Cantidad que está contenida en otra dos o más veces. **2.** MAT Se aplica a la cantidad por la que se divide otra en la operación de dividir.

di·vi·so·rio, (-a) [diβisórjo, (-a)] *adj* y *s/f* Que sirve para dividir o separar.

di·vo, -a [díβo, -a] *s/m,f* FIG FAM Se aplica al que está excesivamente pagado de sí mismo y cree que es una primera figura.

di·vor·cia·do, -a [diβorθjáðo, -a] *adj* y *s/m,f* Dícese del que se ha divorciado.

di·vor·ciar [diβorθjár] *v/tr,* REFL(-SE) Deshacer(se) un matrimonio por procedimiento legal. RPr **Divorciar(se) de:** *Se ha divorciado de ella.*

di·vor·cio [diβórθjo] *s/m* **1.** Acción y efecto de divorciar(se). **2.** FIG Discrepancia entre dos o más formas de actuar, pensar, etc.

di·vul·ga·ble [diβulγáβle] *adj* Que puede ser divulgado.

di·vul·ga·ción [diβulγaθjón] *s/f* Acción y efecto de divulgar(se).

di·vul·gar [diβulγár] *v/tr* Dar a conocer a la gente un dato, noticia, etc. ORT La *g* cambia en *gu* ante *e: Divulgué.*

do [dó] *s/m* MÚS Nota que es la primera de la escala moderna. LOC **Dar el do de pecho,** FIG realizar algo que suponga el máximo esfuerzo de que uno es capaz.

do·bla·di·llo [doβlaðíʎo] *s/m* Pliegue que se hace como remate en los bordes de una prenda de vestir y que se deja cosido.

do·bla·du·ra [doβlaðúra] *s/f* **1.** Parte por donde se dobla algo. **2.** Señal que deja la dobladura. **3.** Acción de doblar algo.

do·bla·je [doβláxe] *s/m* Acción y efecto de doblar una obra cinematográfica.

do·blar [doβlár] **I.** *v/tr* **1.** Hacer que algo o alguien pierda su condición, forma, postura, etc., de recto, enhiesto o longitudinal. **2.** Aumentar el número, tamaño, etc., de algo, haciéndolo dos veces lo que era: *Me han doblado el sueldo.* **3.** En el cine, hacer que las voces de los personajes del filme hablen en el idioma del lugar donde éste se exhibe. **4.** Pasar alguien por delante de algo saliente y colocarse al otro lado: *Doblar la esquina.* **II.** *v/intr* **1.** Tocar las campanas a muerto: *Han doblado por su padre.* **2.** Torcer o cambiar de dirección: *Has de doblar a la derecha.* **III.** REFL(SE) FIG Inclinar la voluntad ante la presión ejercida por otro: *Se dobló a mis exigencias.* RPr **Doblar(se) a/de/hacia/por:**

Doblarse de lado. Doblaron hacia el puerto.

do·ble [dóβle] **I.** *adj* **1.** Que es igual a dos veces el número, tamaño, etc., de otra cosa. **2.** Dícese de lo que está formado por dos cosas iguales: *Vía doble.* **3.** Referido a telas, cordeles, etc., que tiene más cuerpo que el que es sencillo. **4.** FIG Se aplica al que es de condición falsa y gusta de aparentar lo que no es o lo que no siente. **II.** *s/m* **1.** Cantidad que es dos veces mayor que otra. **2.** Pliegue o dobladura que se hace en un tejido o prenda: *Este vestido tiene el doble mal hecho.* **3.** Se dice de la persona que es idéntica a otra y apenas puede distinguirse de ella: *Es su doble y todos la confunden con ella.* **4.** En filmaciones cinematográficas se aplica al artista que sustituye a un actor para determinadas escenas. **III.** *s/f* **1.** Ficha de dominó que tiene las dos mitades iguales: *Tengo una doble.* **2.** Actriz teatral o cinematográfica que sustituye a otra en determinadas escenas.

do·ble·ga·ble [doβleγáβle] *adj* Que puede ser doblegado.

do·ble·ga·di·zo, -a [doβleγaðíθo, -a] *adj* Que puede doblegarse con facilidad.

do·ble·gar [doβleγár] *v/tr,* REFL(SE) **1.** Doblar(se) o torcer(se) algo que no lo estaba. **2.** FIG Hacer que alguien cambie de voluntad forzándole a ello. RPr **Doblegarse a** *(sus exigencias).*
ORT La *g* cambia en *gu* ante *e: Doblegué.*

do·blez [doβléθ] *s* **1.** *m* Parte por donde se dobla o se ha doblado algo y en la que queda señal de ello. **2.** *f* FIG Falta de sinceridad o lealtad que se tiene al obrar.
ORT *Pl: Dobleces.*

do·blón [doβlón] *s/m* Moneda antigua de oro, de distintos valores.

do·ce [dóθe] *adj* **1.** Numeral correspondiente a la cifra de diez más dos. **2.** Ordinal correspondiente al mismo número: *Soy el doce de la lista.*

do·ce·a·vo, -a [doθeáβo, -a] *adj* Numeral partitivo correspondiente a doce.

do·ce·na [doθéna] *s/f* Conjunto de doce cosas: *Una docena de huevos.*

do·cen·cia [doθénθja] *s/f* Ejercicio o práctica de enseñar.

do·cen·te [doθénte] *adj* y *s/m,f* Relativo a la enseñanza o que la ejerce.

dó·cil [dóθil] *adj* **1.** Dícese del que recibe la enseñanza o educación con facilidad. **2.** Se aplica a la persona o animal que obedece con facilidad.

do·ci·li·dad [doθiliðáð] *s/f* Calidad de dócil.

doc·to, -a [dókto, -a] *adj* y *s/m,f* Se aplica al que ha adquirido muchos conocimientos. RPr **Docto en:** *Docto en leyes.*

doc·tor, -ra [doktór, -ra] *s/m,f* **1.** Persona que ha obtenido el más alto grado académico que confiere una universidad. **2.** COL Médico.

doc·to·ra·do [doktoráðo] *s/m* Grado de doctor.

doc·to·ral [doktorál] *adj* Perteneciente o relativo al grado de doctor.

doc·to·ran·do, -a [doktorándo, -a] *s/m,f* Dícese de aquel que está realizando las pruebas necesarias para convertirse en doctor.

doc·to·rar [doktorár] *v/*REFL(-SE) Obtener alguien el grado de doctor. RPr **Doctorarse en** *(Derecho).*

doc·tri·na [doktrína] *s/f* Conjunto de conocimientos sobre una materia determinada.

doc·tri·nal [doktrinál] *adj* Perteneciente o relativo a una doctrina.

doc·tri·na·rio, -a [doktrinárjo, -a] *adj* y *s/m,f* Que está consagrado a una doctrina social o política determinada.

do·cu·men·ta·ción [dokumentaθjón] *s/f* **1.** Acción y efecto de documentar(se). **2.** Conjunto de documentos que alguien posee para poder identificarse.

do·cu·men·ta·do, -a [dokumentáðo, -a] *adj* **1.** Que tiene documentación personal. **2.** Que está bien informado acerca de algo.

do·cu·men·tal [dokumentál] **I.** *adj* Que se basa en documentos. **II.** *adj* y *s/m* Dícese de aquellas películas cuyo contenido es de tipo informativo o científico.

do·cu·men·tar [dokumentár] *v/tr* **1.** Demostrar la autenticidad, validez, etc., de algo adjuntando documentos para ello. **2.** Instruir a alguien acerca de algo con los datos pertinentes o la información necesaria.

do·cu·men·to [dokuménto] *s/m* **1.** Escrito que sirve para probar o acreditar algo, como un título, una identidad, etc.: *El documento nacional de identidad.* **2.** Testimonio escrito de una época pasada, que sirve para reconstruir su historia.

do·de·ca·e·dro [doðekaéðro] *s/m* Cuerpo geométrico de doce caras.

do·de·ca·sí·la·bo, -a [doðekasílaβo, -a] *adj* y *s/m* Verso de doce sílabas.

do·gal [doγál] *s/m* Soga con nudo corredizo.

dog·ma [dóγma] *s/m* Proposición o afirmación que se sienta por firme y cierta y cuya aceptación es imprescindible para los que creen en la ciencia o ideología de que forma parte.

dog·má·ti·co, -a [doγmátiko, -a] *adj* y *s/m,f* **1.** Dícese del adepto al dogmatismo. **2.** Referido a cosas, que constituyen un dogma o pertenecen a él.

dog·ma·tis·mo [doγmatísmo] *s/m* Calidad de dogmático.

dog·ma·ti·zar [doγmatiθár] *v/tr, intr* Defender opiniones propias como si fueran verdades indiscutibles.
ORT La *z* cambia en *c* ante *e: Dogmaticé.*

dó·lar [dólar] *s/m* Dícese de la moneda en vigor en los Estados Unidos de América, Canadá y Liberia.

do·len·cia [dolénθja] *s/f* Estado de enfermedad.

do·ler [dolér] *v/intr* **1.** Causar dolor una parte determinada del cuerpo: *Me duele mucho la herida.* **2.** Causar determinada acción cierto sentimiento de repugnancia o arrepentimiento. RPr **Dolerse de:** *Se duele de haberlo hecho.*
CONJ *Irreg: (Me) duelo, dolí, dolerá, dolido.*

do·li·co·cé·fa·lo, -a [dolikoθéfalo, -a] *adj* y *s/m,f* Dícese del cráneo humano cuya figura es oval por tener su diámetro más largo una cuarta parte mayor que el más corto, y de la persona que lo tiene.

dol·men [dólmen] *s/m* Monumento megalítico compuesto por una piedra horizontal sostenida por otras verticales o conjunto de estos monumentos.

do·lo [dólo] *s/m* **1.** Engaño que se le hace a alguien. **2.** DER En los delitos, dícese del propósito de cometerlos.

do·lo·mía o **do·lo·mi·ta** [dolomí(t)a] *s/f* Roca compuesta por carbonato doble de cal y magnesio.

do·lor [dolór] *s/m* **1.** Sensación desagradable y molesta que se produce en una parte del cuerpo. **2.** Sentimiento de aflicción o pena causado por la desgracia ajena o propia: *El dolor de la hija por la muerte del padre.*

do·lo·ri·do, -a [doloríðo, -a] *adj* **1.** Dícese del cuerpo o de una parte del mismo que aún causa dolor por estar resentido después de un golpe, caída, etc. **2.** Que está apenado: *Está dolorida en su viudez.*

do·lo·ro·so, -a [doloróso, -a] *adj* **1.** Se aplica a lo que causa dolor físico o moral. **2.** Dícese de aquello que inspira compasión.

do·lo·so, -a [dolóso, -a] *adj* Se dice del acto que engaña.

do·ma [dóma] *s/f* Acción y efecto de domar un animal, especialmente un potro.

do·ma·ble [domáβle] *adj* Que puede ser domado.

do·ma·dor, -ra [domaðór, -ra] *s/m,f* Se aplica al que doma.

do·ma·du·ra [domaðúra] *s/f* Acción y efecto de domar.

do·mar [domár] *v/tr* Hacer que un animal pierda su bravura y aprenda a obedecer las órdenes del hombre.

do·me·ñar [domeɲár] *v/tr* Domar o someter algo o a alguien.

do·mes·ti·ca·ble [domestikáβle] *adj* Que puede ser domesticado.

do·mes·ti·ca·ción [domestikaθjón] *s/f* Acción y efecto de domesticar.

do·mes·ti·car [domestikár] *v/tr,* REFL (-SE) Hacer que un animal se vuelva adecuado para convivir con el hombre.
ORT La *c* cambia en *qu* ante *e: Domestiqué.*

do·mes·ti·ci·dad [domestiθiðáð] *s/f* Calidad de doméstico.

do·més·ti·co, -a [doméstiko, -a] **I.** *adj* **1.** Perteneciente o relativo al hogar. **2.** Se aplica al animal que convive con el hombre en su casa: *El perro es el mejor animal doméstico.* **II.** *s/m,f* Se aplica al que trabaja haciendo las labores de la casa de otro.

do·mi·ci·lia·ción [domiθiljaθjón] *s/f* Acción y efecto de domiciliar.

do·mi·ci·liar [domiθiljár] **I.** *v/tr* **1.** Dar un domicilio a alguien. **2.** Asignar un cobro, pago, etc., que se hace regularmente, a una cuenta bancaria. **II.** REFL(SE) Establecer uno su lugar de residencia en un lugar que se expresa: *Se ha domiciliado en Barcelona.* RPr **Domiciliarse en.**

do·mi·ci·lia·rio, -a [domiθiljárjo, -a] *adj* Relativo al domicilio.

do·mi·ci·lio [domiθíljo] *s/m* Casa o lugar donde uno vive habitualmente. LOC **A domicilio,** en el propio domicilio de la persona o empresa en cuestión: *Nos reparten la leche a domicilio.*

do·mi·na·ción [dominaθjón] *s/f* Acción y efecto de dominar(se).

do·mi·nan·te [domináṇte] *adj* y *s/m,f* **1.** Se aplica a lo que o al que domina. **2.** *f* MÚS Se aplica a la quinta nota de la escala de cualquier tono.

do·mi·nar [dominár] **I.** *v/tr* **1.** Tener dominio sobre una persona, nación, situación, etc. **2.** FIG Contener o sujetar algo violento: *Dominaron el incendio.* **3.** FIG Conocer bien una materia o un idioma: *Domina más de cuatro lenguas.* **4.** FIG Estar a un nivel más elevado que lo que está alrededor: *La iglesia dominaba todos los* *demás edificios de la ciudad.* **II.** *v/intr* FIG Ser la característica más importante en un conjunto. **III.** REFL(-SE) Ejercer dominio sobre sí mismo, refrenando los impulsos.

do·min·go [domíŋgo] *s/m* Día de la semana que suele dedicarse al ocio y al culto religioso.

do·min·gue·ro, -a [domiŋgéro, -a] **I.** *adj* Que es propio de los domingos o que tiene lugar en domingo: *Un traje/Una fiesta dominguera.* **II.** *adj* y *s/m,f* Se aplica al que acostumbra a divertirse, salir de excursión, etc., en domingo.

do·min·gui·llo [domiŋgíʎo] *s/m* Muñeco de material ligero con un contrapeso en la base, que siempre recobra la verticalidad.

do·mi·ni·cal [dominikál] *adj* Perteneciente o relativo al domingo.

do·mi·ni·ca·no, -a [dominikáno, -a] *adj* y *s/m,f* Perteneciente o relativo a Santo Domingo o natural de allí.

do·mi·ni·co, (-a) [dominíko, (-a)] **I.** *adj* y *s/m,f* Relativo a la oden religiosa de Santo Domingo. **II.** *s/m* AMÉR Especie de plátano pequeño.

do·mi·nio [domínjo] *s/m* **1.** Acción de dominar sobre alguien o algo. **2.** Poder o soberanía legítima sobre los demás: *Ejerce el dominio sobre tres provincias.* **3.** *pl* Conjunto de tierras, naciones, etc., que están bajo el dominio de alguien: *Sus dominios se extendían por toda la tierra.* **4.** Conjunto de cosas o hechos que entran dentro de un mismo concepto o área: *Esto entra en el dominio de la fantasía.* LOC **Ser algo del dominio público,** FIG ser algo sabido o conocido por todos.

do·mi·nó o **dó·mi·no** [dominó/dómino] *s/m* Juego con veintiocho fichas rectangulares, divididas todas ellas en dos cuadrados en los cuales hay un número de puntos que van del 0 al 6.

don [dón] **I.** *s/m* **1.** Donativo o dádiva concedidos por alguien superior. **2.** Habilidad o gracia especial que se adquiere para realizar determinada acción: *Tiene don de mando.* **II.** *s/m* Tratamiento antepuesto al nombre propio masculino. LOC **Tener don de gentes,** tener habilidad o gracia para tratar con los demás.

do·na·ción [donaθjón] *s/f* Acción y efecto de donar.

do·nai·re [donáire] *s/m* Gracia en la forma de hablar, moverse, hacer las cosas, etc.: *Es una chica con mucho donaire.*

do·nan·te [donánte] *adj* y *s/m,f* Dícese del que dona.

do·nar [donár] *v/tr* Ceder una persona a otra el dominio de algo que posee.

do·na·ta·rio, -a [donatárjo, -a] *s/m,f* Persona a quien va destinada una donación.

do·na·ti·vo [donatíβo] *s/m* Bienes o dinero que se donan.

don·cel [donθél] *s/m* **1.** Muchacho que aún no ha conocido mujer. **2.** LIT Muchacho.

don·ce·lla [donθéʎa] *s/f* **1.** Se decía de la muchacha todavía virgen. **2.** Criada dedicada a los trabajos que no son propios de la cocinera, sino de atención directa a los señores. **3.** LIT Mujer joven.

don·ce·llez [donθeʎéθ] *s/f* Calidad de doncel o de concella.

don·de [dónde] **I.** *adv* Se usa para referirse a un lugar ya mencionado o determinado por una expresión que lo acompaña. **II.** *pron interr* o *relativo (con acento)* Se usa para designar un lugar sobre el que se pregunta o expresa duda: *¿Dónde estabais?* **III.** Adonde: *Dinos dónde vas.*

don·de·quie·ra [dondekjéra] *adv* En cualquier parte o en todas partes.

don·jua·nes·co, -a [doŋxwanésko, -a] *adj* Se aplica a lo que es propio de un tenorio o don Juan.

do·no·so, -a [donóso, -a] *adj* Que tiene gracia, donaire, ocurrencias, etc.

do·nos·tia·rra [donostjárra] *adj* y *s/m,f* Perteneciente o relativo a la ciudad de San Sebastián (Guipúzcoa) o natural de ella.

do·ña [dóɲa] *s/f* Tratamiento femenino correspondiente al 'don'; se usa antepuesto al nombre propio de la mujer.

do·par [dopár] *v/tr,* REFL(-SE) ANGL Drogar(se).

do·ping [dópiŋ] *s/m* ANGL Acto de drogarse un deportista para lograr un máximo rendimiento en una competición.

do·quier o **do·quie·ra** [dokjér(a)] *adv* LIT Dondequiera.

do·ra·do, -a [doráðo, -a] **I.** *adj* **1.** De color de oro. **2.** FIG Referido a épocas, años, etc., que ha sido venturoso o afortunado: *Su dorada juventud.* **II.** *s/m* **1.** Dícese de la capa dorada que recubre algo: *El dorado ha ido cayéndose.* **2.** Acción y efecto de dorar.

do·rar [dorár] *v/tr* **1.** Cubrir la superficie de algo con una capa de oro. **2.** FIG Aplicado a alimentos, tostarlos ligeramente al cocinarlos. **3.** FIG Encubrir con apariencia agradable algún hecho que no lo es: *Estás dorando la oferta para que yo lo compre.*

dó·ri·co, -a [dóriko, -a] *adj* Perteneciente o relativo a los dorios.

do·rio, -a [dórjo, -a] *adj* y *s/m,f* Relativo a la Dóride, en Grecia.

dor·mi·da [dormíða] *s/f* **1.** Acción de dormir(se). **2.** Descanso breve.

dor·mi·lón, -na [dormilón, -na] **I.** *adj* y *s/m,f* Se aplica al que duerme más de lo habitual o al que se duerme con gran facilidad en cualquier momento. **II.** *s/f* Sillón muy cómodo y apropiado para dormirse en él.

dor·mir [dormír] **I.** *v/intr* **1.** Hallarse, el hombre o un animal, en el estado de suspensión de la actividad consciente en que se suele estar por la noche. **2.** Pasar la noche en un lugar determinado: *Dormiremos en un hotel.* **3.** FIG Sosegarse o calmarse algo que estaba agitado. **II.** *v/tr* **1.** Hacer que alguien duerma: *Durmió al niño en sus brazos.* **2.** Dormir a alguien para una operación con anestésicos. **III.** REFL(-SE) FIG Quedarse una parte del cuerpo sin sensibilidad durante un breve espacio de tiempo, produciendo una sensación de hormigueo. CONJ *Irreg: Duermo, dormí, dormiré, dormido.*

dor·mi·tar [dormitár] *v/intr* Dormir poco profundamente o interrumpidamente.

dor·mi·to·rio [dormitórjo] *s/m* Habitación en la que se duerme.

dor·sal [dorsál] *adj* Perteneciente o relativo al dorso o al lomo: *Espina dorsal.*

dor·so [dórso] *s/m* **1.** Espalda de una persona o lomo de un animal. **2.** La parte posterior o la opuesta a la que se considera como principal.

dos [dós] *adj* **1.** Numeral correspondiente a la cantidad de uno más uno. **2.** Ordinal correspondiente al mismo número: *El día 2 de noviembre.*

do·sel [dosél] *s/m* Cubierta ornamentada que en forma de techo se coloca encima de un altar, trono, etc., y que suele llevar colgaduras que caen por detrás.

do·si·fi·ca·ble [dosifikáβle] *adj* Que puede dosificarse.

do·si·fi·ca·ción [dosifikaθjón] *s/f* Acción y efecto de dosificar.

do·si·fi·car [dosifikár] *v/tr* **1.** Administrar un medicamento en dosis. **2.** Graduar la cantidad o proporción de algo.
ORT La *c* cambia en *qu* ante *e*: *Dosifiqué.*

do·sis [dósis] *s/f* **1.** Cantidad de un medicamento que se administra cada vez. **2.** FIG Cantidad indeterminada de algo.
GRAM *Pl: Dosis.*

do·ssier [dosjér] *s/m* GAL Conjunto de documentos relacionados con un asunto.

do·ta·ción [dotaθjón] *s/f* **1.** Acción y efecto de dotar. **2.** Conjunto de personas asignadas al servicio de algo. **3.** Cantidad de dinero que se asigna a un fin determinado.

do·tar [dotár] *v/tr* **1.** Dar a una mujer, generalmente la hija, una cantidad como dote matrimonial cuando va a casarse. **2.** Destinar bienes, dinero, etc., a una institución o fundación benéfica, pública, etc. **3.** FIG Dar la naturaleza a alguien o a algo ciertas cualidades o ventajas. RPr **Dotar con/de.**

do·te [dóte] *s/f* **1.** Asignación de bienes o dinero que la mujer aporta al matrimonio. **2.** *pl* Cualidades que alguien posee con las que puede realizar algo que se expresa: *Tiene grandes dotes para la música.*

do·ve·la [doβéla] *s/f* ARQ Piedra labrada en forma de cuña para formar arcos o bóvedas o cualquier forma curvada en bordes, suelos, etc.

do·za·vo, -a [doθáβo, -a] *adj* y *s/m,f* Doceavo.

drac·ma [drákma] *s/f* Moneda de plata griega y romana.

dra·co·nia·no, -a [drakonjáno, -a] *adj* FIG Que es muy severo o cruel: *Un edicto draconiano.*

dra·ga [dráɣa] *s/f* Máquina o aparato utilizados para la excavación y limpieza de los fondos de un puerto de mar, río, etc.

dra·ga·do [draɣáðo] *s/m* Acción y efecto de dragar.

dra·ga·mi·nas [draɣamínas] *s/m* Barco empleado en el dragado de minas en el mar.

dra·gar [draɣár] *v/tr* Limpiar de piedras, fango, etc., el fondo de un puerto, río, etc.
ORT La *g* cambia en *gu* ante *e: Dragué.*

dra·gón [draɣón] *s/m* **1.** Animal quimérico o fabuloso, al cual se atribuye cuerpo de reptil, de gran tamaño y con alas y pies. **2.** Soldado que luchaba a pie y se trasladaba a caballo.

dra·ma [dráma] *s/m* **1.** Composición literaria escrita para ser representada en un teatro o lugar similar. **2.** FIG FAM Suceso o situación que en la vida real reviste carácter trágico.

dra·má·ti·co, -a [dramátiko, -a] *adj* **1.** Perteneciente o relativo al arte dramático o al teatro. **2.** Referido a hechos, sucesos, etc., que son capaces de despertar emoción por su condición trágica.

dra·ma·tis·mo [dramatísmo] *s/m* Calidad de lo que es dramático.

dra·ma·ti·za·ción [dramatiθaθjón] *s/f* Acción y efecto de dramatizar.

dra·ma·ti·zar [dramatiθár] **I.** *v/tr* Dar forma dramática a una ficción literaria. **II.**

v/intr FAM Conceder exagerada importancia a las cosas: *Siempre está dramatizando.* ORT La *z* cambia en *c* ante *e: Dramaticé.*

dra·ma·tur·gia [dramatúrxja] *s/f* Dramática.

dra·ma·tur·go, -a [dramatúrγo, -a] *s/m,f* Autor de obras dramáticas.

dra·món [dramón] *s/m aum* de *drama.* Dícese del drama teatral de efectos amanerados y exageradamente dramáticos.

drás·ti·co, -a [drástiko, -a] *adj* FIG Dícese de aquello que es muy enérgico o extremadamente eficaz: *Medidas drásticas.*

dre·na·je [drenáxe] *s/m* Acción y efecto de drenar.

dre·nar [drenár] *v/tr* Desecar o desaguar los terrenos por medio de cañerías soterradas.

dril [dríl] *s/m* Tela fuerte de hilo o de algodón crudos.

dro·ga [dróγa] *s/f* **1.** Sustancia mineral, vegetal o animal, que se prepara y se vende con fines industriales. **2.** En sentido más restringido, se refiere a aquellas sustancias estupefacientes o narcóticas que la medicina usa para aliviar el dolor o que la gente consume a la manera del alcohol o tabaco.

dro·ga·dic·ción [droγaði(k)θjón] *s/f* Afición o hábito de drogarse.

dro·ga·dic·to, -a [droγaðíkto, -a] *adj* y *s/m,f* Se aplica al que se administra drogas habitualmente.

dro·ga·do, -a [droγáðo, -a] *adj* Que está bajo los efectos de una droga.

dro·gar [droγár] *v/tr* Administrar una droga a un paciente o alguien con fines no terapéuticos.
ORT La *g* cambia en *gu* ante *e: Drogué.*

dro·go·de·pen·den·cia [droγoðepeŋdénθja] *s/f* Dependencia físicopsíquica del hábito de drogarse.

dro·gue·ría [droγería] *s/f* **1.** Comercio de drogas para la industria de pinturas, etc. **2.** Establecimiento en que se venden.

dro·me·da·rio [dromeðárjo] *s/m* Rumiante semejante al camello, pero con una sola giba.

drui·da [drwíða] *s/m* Sacerdote de los antiguos galos y britanos.

dual [duál] *adj s/m* GRAM Se aplica al número que algunas lenguas tienen para aplicarlo a las palabras que se refieren a dos cosas.

dua·li·dad [dwaliðáð] *s/f* Calidad de lo dual o coexistencia de dos cosas o personas semejantes en algo.

dua·lis·mo [dwalísmo] *s/m* **1.** Nombre que se da a las creencias filosóficas o religiosas que consideran el universo formado por el concurso de dos principios independientes el uno del otro. **2.** Dualidad.

dua·lis·ta [dwalísta] *adj* y *s/m,f* Que es partidario del dualismo.

du·bi·ta·ti·vo, -a [duβitatíβo, -a] *adj* Se aplica a aquello que denota o implica duda: *Una frase dubitativa.*

du·ca·do [dukáðo] *s/m* **1.** Título o dignidad de duque o duquesa. **2.** Territorio o estado que gobernaba un duque o una duquesa. **3.** Antigua moneda de oro española, que se usó hasta fines del s. XVI.

du·cal [dukál] *adj* Perteneciente o relativo a un duque o a una duquesa.

dúc·til [dúktil] *adj* **1.** Se aplica al metal que puede convertise mecánicamente en alambre. **2.** Dícese, *por ext,* de aquello que es maleable o extensible.

duc·ti·li·dad [duktiliðáð] *s/f* Propiedad del metal dúctil.

du·cha [dútʃa] *s/f* **1.** Chorro de agua, entero o dispersado, por medio de un dispositivo, en forma de chorritos finos, que se usa para fines higiénicos. **2.** Instalación que sirve para ducharse.

du·char [dutʃár] *v/tr,* REFL(-SE) Administrar(se) una ducha.

du·cho, -a [dútʃo, -a] *adj* Se aplica al que es experimentado o diestro en algo: *Es ducho en artimañas.* RPr **Ducho en.**

du·da [dúða] *s/f* Indeterminación del ánimo entre dos o más opciones que escoger o acerca de la verdad sobre un hecho o un asunto. LOC **No caber ninguna duda,** tratarse de algo realmente indiscutible. **Poner algo en duda,** dudar de algo. **Sin duda (alguna),** *1.* Ciertamente. *2.* Tal vez, acaso: *Sin duda creerías que lo había hecho yo.*

du·dar [duðár] **I.** *v/intr* Tener dudas acerca de algo o no estar seguro de ello: *Dudo de su valentía.* **II.** *v/tr* No creer en la veracidad, autenticidad, etc., de algo. RPr **Dudar de/sobre:** *Dudar de alguien. Dudar sobre una cuestión.*

du·do·so, -a [duðóso, -a] adj **1.** Referido a alguien, que duda acerca de algo. **2.** Referido a personas y a su conducta o costumbres, que no son dignos de confianza: *Tiene una moral dudosa.* **3.** Aplicado a cosas, que no son seguras: *El resultado es dudoso.*

due·la [dwéla] *s/f* Cada una de las tablas que constituyen la parte abombada de un tonel, cuba, etc.

due·lo [dwélo] *s/m* **1.** Combate o pelea entre dos que se han desafiado. **2.** Sentimiento de dolor o aflicción, en especial el causado por la muerte de alguien querido. **3.** Demostraciones externas de dolor por la muerte de alguien.

duen·de [dwéņde] *s/m* **1.** Espíritu juguetón que, según la superstición del vulgo, habita en las casas y causa trastornos o ruidos, asustando a la gente. **2.** Ser fantástico que aparece en los cuentos infantiles y que suele tener la forma de un hombrecillo viejo o la de un niño. **3.** FIG Suele referirse al encanto o gracia que tienen los andaluces al bailar o cantar.

due·ña [dwéɲa] *s/f* Mujer de edad que en las casas principales acompañaba a la señora y mandaba a la servidumbre.

due·ño [dwéɲo] *s/m* **1.** El que posee una propiedad, bienes, etc.: *Él es el dueño de la casa.* **2.** Amo de un criado. LOC **Ser dueño de sí mismo,** ser capaz de controlar los propios impulsos. RPr **Dueño de.**

duer·me·ve·la [dwermeβéla] *s/m,f* Sueño ligero.

dul·ce [dúlθe] **I.** *adj* **1.** Se aplica a lo que causa al paladar una sensación parecida al sabor del azúcar. **2.** FIG Se dice de lo que produce una sensación agradable a los sentidos: *Una música dulce. Una voz dulce.* **3.** FIG Se aplica igualmente a la persona de trato muy amable o suave y agradable: *Es una chica muy dulce.* **II.** *s/m* Como nombre genérico, se aplica a todo aquello que ha sido cocinado con azúcar, como las natillas, el arroz con leche, etc., y que se come de postre.

dul·ce·ría [dulθería] *s/f* Tienda en que se venden dulces.

dul·ce·ro, -a [dulθéro, -a] *adj* Aficionado al dulce.

dul·ci·fi·ca·ción [dulθifikaθjón] *s/f* Acción y efecto de dulcificar(se).

dul·ci·fi·car [dulθifikár] *v/tr* **1.** Volver dulce una cosa, generalmente añadiéndole azúcar. **2.** FIG Quitar a algo lo agrio o desagradable que tiene.
ORT La *c* cambia en *qu* ante *e: Dulcifiqué.*

dul·ci·nea [dulθinéa] *s/f* FIG Por alusión al personaje de Cervantes, mujer amada o deseada: *Su Dulcinea lo abandonó.*

du·lía [dulía] *s/f* Dícese del culto tributado a los ángeles y santos.

dul·zai·na [dulθáina] *s/f* **1.** MÚS Instrumento de viento, parecido a la chirimía, pero más corto y de notas más agudas. **2.** FAM *despec* Excesiva cantidad de dulce.

dul·za·rrón, -na [dulθarrón, -na] *adj* Que es excesivamente dulce.

dul·zón, -na [dulθón, -na] *adj* Dulzarrón.

dul·zor [dulθór] *s/m* Sabor dulce.

dul·zu·ra [dulθúra] *s/f* Calidad o sabor de dulce.

dum·ping [dúmpiŋ] *s/m* ANGL COM Se usa para referirse a la venta a bajo precio de determinados productos o mercancías de un país a otro, lo cual produce un abaratamiento anormal de ese género.

du·na [dúna] *s/f* Acumulación de arena que en forma de colina origina el viento en las playas o en los desiertos.

dúo [dúo] *s/m* Composición musical que se canta o se toca entre dos.

duo·dé·ci·mo, -a [dwoðéθimo, -a] *adj* y *s/m, f* Ordinal y partitivo correspondientes al número 12.

duo·de·nal [dwoðenál] *adj* Perteneciente o relativo al duodeno.

duo·de·no [dwoðéno] *s/m* Trozo del intestino delgado de los mamíferos, que comunica directamente con el estómago y acaba en el yeyuno.

dú·plex [dúple(k)s] *s/m* Se aplica a aquellas cosas que constan de dos elementos que mantienen su individualidad dentro de la unidad que componen, como un piso con dos niveles de habitaciones.

du·pli·ca·ción [duplikaθjón] *s/f* Acción y efecto de duplicar(se).

du·pli·ca·do, -a [duplikáðo, -a] *s/m* Documento que se expide como el auténtico para caso de pérdida de éste.

du·pli·car [duplikár] *v/tr,* REFL(SE) **1.** Hacer(se) doble una cantidad: *Han duplicado el número.* **2.** Multiplicar(se) por dos. ORT Ante *e* la *c* cambia en *qu: Dupliqué.*

du·pli·ci·dad [dupliθiðáð] *s/f* Calidad de doble o dúplice.

du·plo, -a [dúplo, -a] *adj* y *s/m* Se aplica al número que contiene a otro dos veces exactamente: *Ocho es el duplo de cuatro.*

du·que [dúke] *s/m* Título de noble, superior al de 'conde' o 'marqués'.

du·que·sa [dukésa] *s/f* de 'duque'.

du·ra·bi·li·dad [duraβiliðáð] *s/f* Calidad de durable.

du·ra·ble [duráβle] *adj* Que dura o puede durar.

du·ra·ción [duraθjón] *s/f* **1.** Acción y efecto de durar. **2.** Tiempo que dura algo.

du·ra·de·ro, -a [duraðéro, -a] *adj* Que dura o puede durar mucho.

du·ran·te [duráņte] *adv de tiempo* Se usa para aludir al momento o duración de realización de una acción.

du·rar [durár] *v/intr* **1.** Estar algo teniendo lugar, existiendo, etc. **2.** Referido a objetos, resistir el paso del tiempo, el uso, etc.: *Estos zapatos no han durado nada.*

du·raz·no [duráθno] *s/m* **1.** Árbol variedad del melocotonero. **2.** Fruto de este árbol, algo más pequeño que el melocotón.

du·re·za [duréθa] *s/f* **1.** Calidad o condición de duro. **2.** Callosidad que se desarrolla en algunas partes del cuerpo.

dur·mien·te [durmjén̪te] *adj* Que duerme: *La bella durmiente.*

du·ro, -a [dúro, -a] **I.** *adj* **1.** Se aplica a aquel cuerpo que se corta o raya con dificultad y que sólo puede moldearse labrándolo. **2.** Se aplica a aquello que no está todo lo blando que debería estar: *¡Qué almohadones tan duros!* **3.** FIG Se aplica a lo que es difícil de soportar o sobrellevar: *Un clima muy duro.* **4.** FIG Se aplica a las cosas que carecen de suavidad o que son hirientes: *Unas facciones muy duras.* **5.** FIG Dícese de aquel o aquello que es capaz de resistir mucho: *Trabaja mucho, es un hombre duro.* **6.** FIG Se aplica al carácter, conducta, etc., que es poco comprensivo hacia los demás: *No seas tan dura con él.* **II.** *s/m* Moneda de cinco pesetas. **III.** *adv* De forma violenta o fuerte: *Hay que pegarle duro.* RPr **Duro de:** *Duro de corazón.*

dux [dú(k)s] *s/m* Príncipe de las antiguas repúblicas de Venecia y de Génova.

e [é] **I.** *s/f* Sexta letra del abecedario. **II.** *conj* Sustituye a la copulativa *y* en los casos en que la siguiente palabra empieza por *i* o *hi,* aunque esto no sucede si la palabra empieza por *hie* ni tampoco si es al principio de una interrogación: *Madre e hija. ¿Y intereses también pagáis?*

¡ea! [éa] *interj* Se emplea para expresar lo que es decisión de la voluntad de uno o para animar o estimular a alguien a hacer algo: *¡Ea, a levantarse tocan!*

e·ba·nis·ta [eβanísta] *s/m* Carpintero que trabaja en muebles o maderas finas.

e·ba·nis·te·ría [eβanistería] *s/f* Taller o tienda de un ebanista.

é·ba·no [éβano] *s/m* Árbol de las ebenáceas, de unos 12 m de altura. Su madera, muy apreciada para muebles, es dura y pesada, negra en el centro y blanquecina hacia la corteza.

e·bo·ni·ta [eβoníta] *s/f* Preparación de caucho vulcanizado con azufre y aceite de linaza, que resulta dura y sirve para la fabricación de peines, aisladores eléctricos, etc.

e·brie·dad [eβrjeðáð] *s/f* Calidad d ebrio.

e·brio, -a [ébrjo, -a] *adj* y *s/m,f* **1.** Se aplica al que ha ingerido gran cantidad de alcohol y está por ello trastornado temporalmente. **2.** FIG Poseído por alguna pasión: *Ebrio de cólera/de amor.* RPr **Ebrio de.**

e·bu·lli·ción [eβuʎiθjón] *s/f* Acción y efecto de hervir un líquido, formando burbujas en la superficie mientras hierve.

e·búr·neo, -a [eβúrneo, -a] *adj* Que es de marfil o que tiene su aspecto.

ec·ce·ma [e(k)θéma] *s/m* MED Afección de la piel, por la cual ésta se enrojece y desarrolla pequeñas vejigas llenas de líquido, que son producto de la inflamación.

e·clec·ti·cis·mo [eklektiθísmo] *s/m* FIG Postura que adoptan aquellos que optan por una ideología intermedia, no extremista o perteneciente a una sola escuela o sistema.

e·cléc·ti·co, -a [ekléktiko, -a] *adj* y *s/m,f* Relativo al eclecticismo.

e·cle·sial [eklesjál] *adj* Relativo a la iglesia.

e·cle·siás·ti·co, (-a) [eklesjástiko, (-a)] **I.** *adj* Relativo a la Iglesia o al clero. **II.** *s/m* Hombre que ha recibido las órdenes sagradas de la Iglesia.

e·clip·sar [eklipsár] **I.** *v/tr* **1.** Causar un astro el eclipse de otro. **2.** FIG Hacer algo o alguien que otro pierda importancia o así lo aparente: *Ha eclipsado a todos sus rivales en el concurso.* **II.** REFL(-SE) FIG Desaparecer o ausentarse alguien.

e·clip·se [eklípse] *s/m* **1.** Privación de la luz de un astro o pérdida de su visión desde la Tierra por interposición de otro entre él y ésta. **2.** FIG Disminución de la importancia de algo o alguien.

e·clíp·ti·ca [eklíptika] *s/f* ASTRON Círculo máximo de la esfera celeste, que señala el curso aparente del Sol durante un año.

e·clo·sión [eklosjón] *s/f* **1.** LIT, TECN Acción de abrirse un capullo de flor, de crisálida, etc. **2.** FIG Referido a movimientos culturales, psicológicos, etc., aparición o manifestación repentina: *Una eclosión ecológica.*

e·co [éko] *s/m* **1.** Sonido que parece una repetición de otro por ser el reflejo de éste al chocar con una superficie dura, como la pared de una montaña, *por ej.* **2.** FIG Resonancia social que tiene algún acontecimiento: *Su retorno no tuvo apenas eco.* **3.** FIG *sing, pl* Nombre dado en la prensa a cierto tipo de noticias: *Ecos de sociedad.* LOC **Hacerse eco de,** FIG tomar algo como cierto y, por lo tanto, difundirlo como tal. **Tener eco,** FIG tener repercusiones o resonancia.

e·co·gra·fía [ekoγrafía] *s/f* MED Método de exploración del interior del cuerpo mediante un aparato que registra la reflexión de las ondas ultrasónicas en los diversos órganos.

e·co·lo·gía [ekoloxía] *s/f* Estudio de la relación existente entre los organismos animales y vegetales y el medio en que viven.

e·co·ló·gi·co, -a [ekolóxiko, -a] *adj* Perteneciente o relativo a la ecología.

e·co·lo·gis·ta [ekoloxísta] *s/m,f* y *adj* **1.** Persona versada en ecología. **2.** Persona que defiende la conservación del medio ambiente.

e·co·no·ma·to [ekonomáto] *s/m* Almacén de artículos, que partenece a un determinado grupo de personas de una cierta clase, categoría, etc., y que ofrece a éstas reducción en los precios.

e·co·no·mía [ekonomía] *s/f* **1.** Sistema por el cual se organizan los gastos y los ingresos de la manera más oportuna. **2.** Estudios o ciencia que enseña cómo organizar la economía de un país, etc. **3.** Estado o situación económica de un país, empresa, persona, etc. **4.** Ahorro en el consumo de alguna cosa: *Es una economía de gasolina.* **5.** *pl* Cantidad que se ha ahorrado: *Con sus economías se ha comprado un visón.*

e·co·nó·mi·co, -a [ekonómiko, -a] *adj* **1.** Perteneciente o relativo a la economía. **2.** Se aplica a lo que es poco costoso: *Un hotel económico.*

e·co·no·mis·ta [ekonomísta] *s/m,f* Experto en estudios de economía.

e·co·no·mi·za·dor, -ra [ekonomiθaðór, -ra] *adj* Que economiza.

e·co·no·mi·zar [ekonomiθár] *v/tr, intr* **1.** Reducir gastos. **2.** FIG Evitar algún esfuerzo, sacrificio, etc.: *No nos economizas digustos.*
ORT La *z* cambia en *c* ante *e*: *Economicé.*

e·co·sis·te·ma [ekosistéma] *s/m* Conjunto de los factores que caracterizan la ecología de un medio ambiente determinado.

e·cua·ción [ekwaθjón] *s/f* MAT Relación de igualdad entre dos expresiones que contienen una o más incógnitas.

e·cua·dor [ekwaðór] *s/m* GEOM Paralelo de mayor radio que divide a la Tierra en dos mitades.

e·cuá·ni·me [ekwánime] *adj* **1.** Se aplica a la persona que emite juicios justos, objetivos e imparciales, o que actúa con este criterio. **2.** Se dice del juicio que es imparcial o equilibrado.

e·cua·ni·mi·dad [ekwanimiðáð] *s/f* Calidad de ecuánime.

e·cua·to·rial [ekwatorjál] *adj* Perteneciente o relativo al ecuador terrestre.

e·cua·to·ria·no, -a [ekwatorjáno, -a] *adj* y *s/m,f* De El Ecuador.

e·cues·tre [ekwéstre] *adj* Relativo al caballo o a la equitación.

e·cu·mé·ni·co, -a [ekuméniko, -a] *adj* Se dice de lo que es universal.

e·cu·me·nis·mo [ekumenísmo] *s/m* Movimiento y doctrina que intentan la unidad de todos los cristianos dentro de una Iglesia universal.

ec·ze·ma [e(k)θéma] *s/m* Eccema.

e·char [etʃár] **I.** *v/tr* **1.** Hacer que algo, un objeto, etc., vaya a dar o parar en un sitio determinado, dándole generalmente impulso con la mano: *Echó la naranja a la basura.* **2.** Despedir de sí un cuerpo una sustancia, humo, etc.: *La chimenea echaba humo.* **3.** Salir de una persona, cosa, planta o animal una parte de su organismo, que crece: *Está echando los dientes.* **4.** Hacer que alguien abandone a la fuerza su trabajo, empleo, cargo, etc.: *Lo han echado de la fábrica.* **5.** Expulsar a alguien de un lugar: *El cura la echó de la iglesia.* **6.** Dirigir a alguien unas palabras, mirada, etc.: *Le echó una mirada de reprensión.* **7.** Poner a alguien o algo en postura horizontal: *La echaron en la cama.* **8.** En los juegos, jugar una carta, pieza, etc.: *Echó el as de oros en la última baza.* **9.** Proyectarse una película, etc., en algún lugar: *Echan 'Guilda' en el cine de la esquina.* **10.** FIG Tratándose de números, cálculos, etc., hacerlos: *Echó cuentas y le faltó dinero.* **11.** Invertir un tiempo, una cantidad de esfuerzo, etc., en hacer algo: *Echo dos horas en llegar al pueblo.* **12.** FIG Calcular aproximadamente una cantidad: *Le echo unos cuarenta y cinco años.* **13.** Se emplea junto con el nombre de ciertas cosas o acciones para indicar que se hacen: *Echó una siestecita. Echó un trago.* **14.** FIG Usado con conceptos como 'abajo', 'por tierra', etc., destruir o desbaratar: *Echaron sus planes por tierra.* **II.** *v/intr* **1.** Junto a ciertas preposiciones, indica la realización de una acción o el comienzo de la misma: *Echó a correr.* **2.** Sin preposición, pero con un adverbio, puede indicar también movimiento: *Echó monte abajo.* **III.** REFL(-SE) **1.** Referido a personas, estirarse en posición horizontal: *Se echó en la cama.* **2.** Torcer el cuerpo o una parte de él en cierta dirección: *Se echó hacia delante.* **3.** Lanzarse alguien o algo sobre alguien, algo, un lugar, etc.: *Se echó sobre nosotros con furia.* **4.** Con ciertos nombres, indica que el sujeto inicia cierta relación con ellos: *Se ha echado novia.* LOC **Echar abajo,** destruir o derribar un edificio, proyecto, etc. **Echar de menos,** *1.* Notar que algo ha desaparecido: *Eché de menos el collar de perlas. 2.* Sentir la necesidad de algo. *3.* Lamentar la ausencia de alguien. **Echar(se) a perder,** *1.* Estropear(se) un alimento, etc. *2.* Degenerar o perder cualidades una persona. **Echarlo todo a rodar,** FIG desbaratar un asunto, situación, etc., dejándose llevar por los nervios, la cólera, etc. RPr **Echar a/de/en/hacia/para/por/sobre:** *Echar algo al suelo. Echar a alguien de un sitio. Echar a* *alguien en el suelo. Echar hacia atrás. Echar para adelante. Echar algo por el suelo. Echar tierra sobre el asunto.*

e·char·pe [etʃárpe] *s/m* Prenda de forma alargada y estrecha, que suelen ponerse las mujeres por encima de los hombros.

e·dad [eðáð] *s/f* **1.** Tiempo que un animal o persona ha vivido, contando desde que nace. **2.** Cada una de las etapas por las que pasa la vida de una persona y, *por ext,* la de una sociedad, cultura, etc.: *La edad madura. La Edad Media.* LOC **Mayor de edad,** se dice del que ha llegado a la mayoría de edad legal. **Menor de edad,** el que no ha llegado todavía a la mayoría de edad legal. **Estar en edad de,** FIG poder hacer alguna cosa: *No está en edad de correr como un chiquillo.* **Ser de edad,** ser de edad avanzada.
Edad del pavo, FIG la que tiene el niño que está entrando en la adolescencia y se comporta de forma torpe.
Edad de Oro, FIG momento en que la cultura de una sociedad alcanza su apogeo.

e·de·ma [eðéma] *s/m* MED Hinchazón de alguna parte del cuerpo, causada generalmente por la aerosidad infiltrada en el tejido celular: *Edema pulmonar.*

e·de·ma·to·so, -a [eðematóso, -a] *adj* Relativo al edema o que lo posee.

e·dén [eðén] *s/m* **1.** Paraíso terrenal. **2.** FIG Lugar ideal en el que alguien se siente feliz gracias a sus cualidades.

e·dé·ni·co, -a [eðéniko, -a] *adj* Perteneciente o relativo al edén o parecido a él.

e·di·ción [eðiθjón] *s/f* **1.** Acción de editar o publicar una obra. **2.** Conjunto de ejemplares de una obra que se imprimen de una vez.

e·dic·to [eðíkto] *s/m* **1.** Escrito que se hace colocar en lugares donde pueda ser visto por todos y que contiene alguna disposición oficial, municipal, etc. **2.** DER Aviso de un tribunal o juzgado.

e·di·fi·ca·ble [eðifikáβle] *adj* Se aplica al terreno en el cual está permitido edificar.

e·di·fi·ca·ción [eðifikaθjón] *s/f* **1.** Acción y efecto de edificar. **2.** Edificio o conjunto de edificios.

e·di·fi·can·te [eðifikánte] *adj* Se aplica a aquello que constituye un ejemplo de buena conducta, costumbres, etc.

e·di·fi·car [eðifikár] *v/tr* **1.** Fabricar una casa, edificio, etc., o hacerlo hacer **2.** FIG Servir algo de lección moral o de ejemplo de buenas costumbres para alguien.
ORT La *c* cambia en *qu* ante *e: Edifiqué.*

e·di·fi·cio [eðifíθjo] *s/m* Construcción apta para albergar a gente en su interior y ser habitada o usada como local.

e·dil [eðíl] *s/m* Concejal de un ayuntamiento.

e·di·tar [eðitár] *v/tr* Publicar una obra impresa.

e·di·tor, -ra [eðitór, -ra] *adj* y *s/m,f* Que edita o publica: *La casa editora.*

e·di·to·rial [eðitorjál] **I.** *adj* Perteneciente o relativo al oficio o industria de la edición. **II.** *s/m* Artículo que publica un periódico o revista sin firma y que responde a la línea ideológica de la publicación. **III.** *s/f* Empresa de ediciones.

e·di·to·ria·lis·ta [eðitorjalísta] *s/m,f* Persona que en un periódico o revista tiene a su cargo redactar los editoriales.

e·dre·dón [eðreðón] *s/m* Cobertor de cama acolchado, relleno de plumón de aves o de cualquier otro material, que sirve para abrigar.

e·du·ca·ción [eðukaθjón] *s/f* **1.** Acción de educar(se). **2.** Calidad del que ha sido educado: *Tiene muy buena educación.* **3.** Manera buena o mala como ha sido educado alguien.

e·du·ca·dor, ra [eðukaðór, -ra] *adj* y *s/m,f* Que educa. Aplicado a personas, que se dedica a educar niños.

e·du·can·do, -a [eðukándo, -a] *adj* y *s/m,f* Que está recibiendo educación.

e·du·car [eðukár] *v/tr* **1.** Dar a una persona la instrucción necesaria para poder integrarse en la sociedad. **2.** Dar o infundir determinados conocimientos o prácticas a alguien. **3.** Cultivar las facultades el cuerpo o los miembros de alguien para determinada actividad: *Está educando los músculos para correr.*
ORT La *c* cambia en *qu* ante *e: Eduqué.*

e·du·ca·ti·vo, -a [eðukatíβo, -a] *adj* Que sirve para educar o pertenece a la educación.

e·dul·co·ra·ción [eðulkoraθjón] *s/f* Acción y efecto de edulcorar.

e·dul·co·ran·te [eðulkoránte] **I.** *adj* Que edulcora. **II.** *s/m* Sustancia usada para edulcorar alimentos.

e·dul·co·rar [eðulkorár] *v/tr* FAM Endulzar productos de sabor malo o amargo con sustancias como la miel.

e·fe [éfe] *s/f* Nombre de la letra 'f'.

e·fe·bo [eféβo] *s/m* LIT Muchacho adolescente.

e·fec·tis·mo [efektísmo] *s/m* Calidad o acto del que es efectista.

e·fec·tis·ta [efektísta] *adj* y *s/m,f* Se aplica al que procura siempre ante todo producir efecto en el ánimo de los demás o también a sus obras: *Un decorado efectista.*

e·fec·ti·va·men·te [efektíβamen̪te] *adv* Se usa para subrayar y confirmar la veracidad de algo: *Efectivamente, lo compramos en Francia.*

e·fec·ti·vi·dad [efektiβiðáð] *s/f* Calidad de efectivo.

e·fec·ti·vo, (-a) [efektíβo, (-a)] **I.** *adj* **1.** Se aplica a lo que tiene un resultado o efecto claro. **2.** Se dice de lo que es real, verdadero o auténtico: *Un éxito efectivo.* **II.** *s/m* **1.** Hablando de sumas de dinero, se dice del que está en moneda: *Me lo pagó en efectivo.* **2.** *pl* MIL Fuerzas del ejército. LOC **Hacer efectivo,** *1.* Realizar un acto, promesa, etc. *2.* Referido a cantidades, pagarlas.

e·fec·to [efékto] *s/m* **1.** Resultado producido por una acción: *El régimen de adelgazamiento no tuvo ningún efecto.* **2.** Impresión que causa una acción en el ánimo de alguien. **3.** COM Artículo con el que se negocia. **4.** *pl* Bienes o enseres personales: *Se llevaron sus efectos y se fueron.* LOC **Causar buen efecto,** hacer buena impresión a alguien. **Ser de mal efecto una cosa,** ser algo que produce mala impresión por ser de mal gusto o feo, etc. **Llevar a afecto algo,** realizar algo. **Con efecto de,** a partir de una fecha determinada. **A efectos de,** con el fin de. **A tal efecto,** para ello. **En efecto,** efectivamente.

e·fec·tuar [efektuár] *v/tr,* REFL (-SE) Realizar(se) una cosa determinada. CONJ El acento recae sobre la *u* en el *sing* y *3.ª pers* del *pl* del *pres* de *ind* y *subj: Efectúo, efectúen.*

e·fe·mé·ri·de(s) [efemériðe(s)] *s/f* **1.** *pl* Libro o escrito en el que constan los hechos de cada día. **2.** *sing, pl* Acontecimiento(s) notable(s) que ha(n) sucedido en el mismo día de la fecha, aunque años antes. **3.** Conmemoración de una efeméride.

e·fe·ren·te [eferén̪te] *adj* ANT Se aplica al conducto o vaso que lleva hacia afuera.

e·fer·ves·cen·cia [eferβesθénθja] *s/f* **1.** Acción de desprenderse pequeñas burbujas gaseosas de un líquido. **2.** FIG Agitación política o de cualquier otro tipo.

e·fer·ves·cen·te [eferβesθén̪te] *adj* Se aplica al líquido que tiene efervescencia.

e·fi·ca·cia [efikáθja] *s/f* Capacidad que tiene una persona o cosa para lograr el efecto apetecido en su acción: *El desinfectante actuó con eficacia.*

e·fi·caz [efikáθ] *adj* Se aplica al que o a lo que consigue el fecto adecuado. ORT *Pl: Eficaces.*

e·fi·cien·cia [efiθjén̪θja] *s/f* Calidad de eficiente.

e·fi·cien·te [efiθjén̪te] *adj* Que cumple con el objetivo adecuado.

e·fi·gie [efíxje] *s/f* Representación de una persona en figura o imagen: *La efigie de un soldado.*

e·fí·me·ro, -a [efímero, -a] *adj* Que es de muy corta duración.

e·flu·vio [eflúβjo] *s/m* **1.** Conjunto de partículas muy finas, generalmente de olor agradable, que despide un cuerpo. **2.** FIG Cualidad, virtud, etc., que parece desprenderse de alguien o algo: *Un efluvio de optimismo.*

e·fu·sión [efusjón] *s/f* **1.** Derramamiento de un líquido, especialmente aplicado al de la sangre: *Efusión de sangre.* **2.** Manifestación vehemente de los sentimientos: *Me abrazó con gran efusión.*

e·fu·si·vo, -a [efusíβo, -a] *adj* Que expresa sus sentimientos con efusión.

é·gi·da o **e·gi·da** [éxiða/exíða] *s/f* FIG Protección brindada a alguien por algún poderoso, etc.: *Vivió amparado en la égida de un mecenas.*

e·gip·cia·co, -a o **e·gip·cía·co, -a** [exipθjáko/exipθíako, -a] *adj* y *s/m,f* Egipcio.

e·gip·cio, -a [exípθjo, -a] *adj* y *s/m,f* De Egipto.

é·glo·ga [éγloγa] *s/f* Composición poética de asunto bucólico, en cuya acción suelen intervenir pastores.

e·go·cén·tri·co, -a [eγoθén̪triko, -a] *adj* y *s/m,f* Que practica el egocentrismo.

e·go·cen·tris·mo [eγoθen̪trísmo] *s/m* Exaltación anormal de la personalidad propia, que coloca a ésta en el centro de toda actividad.

e·goís·mo [eγoísmo] *s/m* Valoración excesiva o inmoderada de todo lo propio, que redunda en desinterés por lo ajeno.

e·goís·ta [eγoísta] *adj* y *s/m,f* Que tiene o siente egoísmo.

e·gó·la·tra [eγólatra] *adj* Se aplica al que profesa egolatría o a sus actos.

e·go·la·tría [eγolatría] *s/f* Adoración excesiva de sí mismo.

e·gre·gio, -a [eγréxjo, -a] *adj* Que excede a los de su especie en calidad, fama, importancia, etc.: *Un personaje egregio.*

¡eh! [é] *interj* **1.** Se usa, acompañada de tono exclamativo, para advertir a alguien: *¡Eh, oiga, que se le ha caído la cartera!* **2.** Al final de una frase se usa con tono interrogativo para subrayar una advertencia o censura, etc.: *No vayas a hacer lo mismo otra vez, ¿eh?*

e·je [éxe] *s/m* **1.** MEC Varilla o cuerpo similar que atraviesa una pieza giratoria y le sirve de sostén en su movimiento, como la barra de las ruedas de un carro, coche, etc. **2.** GEOM Recta que se considera como la línea alrededor de la cual gira otra que engendra una superficie o una superficie que engendra un cuerpo. **3.** FIG Persona, cosa, etc., alrededor de la cual gira todo lo importante de algo: *Ella es el eje de la conspiración.* **4.** Alianza formada en 1936 por Alemania y el Japón, a la cual se unió Italia en 1939: *Los países del Eje.* LOC **Partir por el eje a alguien,** FIG FAM Impedir a alguien continuar como estaba o causarle un perjuicio considerable.

e·je·cu·ción [exekuθjón] *s/f* Acción y efecto de ejecutar a alguien o de ejecutar algo: *La ejecución de los planes fue difícil.* LOC **Poner algo en ejecución,** realizar una cosa.

e·je·cu·ta·ble [exekutáβle] *adj* Que puede ser ejecutado o realizado.

e·je·cu·tar [exekutár] *v/tr* **1.** Llevar a cabo un plan, idea, etc. **2.** Realizar cosas difíciles, como ejercicios circenses, equilibrios, etc. **3.** Matar a alguien en cumplimiento de una sentencia o de una orden superior: *Lo ejecutaron después de la rebelión.*

e·je·cu·ti·vo, (-a) [exekutíβo, (-a)] **I.** *adj* **1.** Se dice de lo que ha de ser ejecutado sin más demora: *Una medida ejecutiva.* **2.** En los organismos o instituciones, etc., se aplica al comité o personas encargadas de ejecutar decisiones o acuerdos: *Comité ejecutivo.* **II.** *s/m,f* Persona que ejecuta una labor de dirección o gestión en una empresa o negocio. **III.** *s/f* Junta ejecutiva.
Poder ejecutivo, el que gobierna una nación.

e·je·cu·tor, (-ra) [exekutór, (-ra)] *adj* y *s/m,f* Que ejecuta o hace materialmente una cosa: *El ejecutor del crimen.*

e·je·cu·to·ria [exekutórja] *s/f* Título o diploma en el cual consta legalmente la nobleza de una familia.

e·je·cu·to·rio, -a [exekutórjo, -a] *adj* DER Que es firme e inapelable.

e·jem·plar [exeɱplár] **I.** *adj* Que sirve como ejemplo: *Un caso ejemplar.* **II.** *s/m* **1.** Un caso típico de una raza, especie, clase, etc.: *Es un ejemplar de raza asiática.* **2.** Cada uno de los casos que repiten ese primer ejemplar: *De este libro existen cinco mil ejemplares.*

e·jem·pla·ri·dad [exeɱplariðáð] *s/f* Calidad de lo que es ejemplar.

e·jem·pli·fi·ca·ción [exeɱplifikaθjón] *s/f* Acción y efecto de ejemplificar.

e·jem·pli·fi·car [exeɱplifikár] *v/tr* Demostrar o probar algo con ejemplos.
ORT La *c* cambia en *qu* ante *e: Ejemplifiqué.*

e·jem·plo [exéɱplo] *s/m* **1.** Caso, acción, hecho, etc., tomado como algo digno de ser imitado por su perfección o cualidades. **2.** En una explicación o teoría, etc., caso que se da como aclaratorio de un problema o punto difícil: *Un ejemplo de la ley de la gravedad.* LOC **Dar ejemplo a alguien,** comportarse de modo ejemplar ante alguien o para alguien. **Por ejemplo,** para introducir un ejemplo. **Ser un ejemplo vivo de,** FIG representar lo más característico de algo.

e·jer·cer [exerθér] *v/tr, intr* **1.** Llevar a la práctica una profesión, actividad, etc.: *Ejerce la medicina.* **2.** Tratándose de influencia, dominio, etc., poseerlo sobre algo o alguien. RPr **Ejercer como/de:** *Ejerce como periodista/de catedrático.*
ORT La *c* cambia en *z* ante *o/a: Ejerzo, ejerza.*

e·jer·ci·cio [exerθíθjo] *s/m* **1.** Acción y efecto de ejercer una profesión: *El ejercicio de la abogacía.* **2.** Acción de ejercitarse en algo, especialmente en referencia a la práctica de un deporte, gimnasia, etc. **3.** MIL Serie de maniobras con que los soldados realizan un adiestramiento. **4.** En las pruebas o exámenes, cada una de las partes que componen toda la prueba. **5.** Tiempo o duración en que está vigente una ley de presupuestos: *El ministro informó acerca de los resultados del presente ejercicio.* LOC **En ejercicio,** practicando determinada profesión o actividad.
Ejercicios espirituales, retiro por algunos días con el fin de meditar sobre temas religiosos.

e·jer·ci·tar [exerθitár] **I.** *v/tr* **1.** Usar de determinada facultad sin un fin concreto: *Ejercita sus poderes sobre su padre.* **2.** Hacer que alguien practique determinada actividad con el fin de dominarla. **II.** REFL (-SE) Practicar determinada actividad para llegar a ser diestro en ella. RPr **Ejercitarse en:** *Ejercitarse en natación.*

e·jér·ci·to [exérθito] *s/m* **1.** Tropas en acto de combate: *El ejército enemigo.* **2.** Conjunto de las fuerzas militares de una nación: *El ejército apoyó al Gobierno.* **3.** FIG Agrupación numerosa de gente que tienen un mismo objetivo: *Un ejército de hinchas acompañaba al equipo.*

e·ji·do [exíðo] *s/m* Campo situado en las afueras de una población y que se destina a uso de todos los vecinos de la misma.

el [él] *art* determinado *m, sing: El hombre.*

él [el] *pron pers* de *3.ª pers, m, sing.*

e·la·bo·ra·ción [elaβoraθjón] *s/f* Acción y efecto de elaborar.

e·la·bo·rar [elaβorár] *v/tr* **1.** Trabajar una materia prima con el fin de convertirla en un producto. **2.** Idear un proyecto, plan, etc.

e·las·ti·ci·dad [elastiθiðáð] *s/f* Calidad de lo que es elástico.

e·lás·ti·co, -a [elástiko, -a] *adj* **1.** Se aplica al objeto, material, etc., que es capaz de recuperar su forma primitiva una vez ha desaparecido la causa que ha alterado ésta, como, *por ej,* la goma. **2.** FIG Se dice de lo que se presta a diversas interpretaciones o usos: *Normas elásticas.*

e·le [éle] *s/f* Nombre de la letra 'l'.

e·lec·ción [ele(k)θjón] *s/f* **1.** Acción y efecto de elegir. **2.** *pl* Votación de una colectividad para elegir a sus representantes en un organismo de gobierno: *Las elecciones autonómicas del 80.*

e·lec·ti·vo, -a [elektíβo, -a] *adj* Se dice de lo que se cumple o se nombra por elección: *Cargo electivo.*

e·lec·to, -a [elékto, -a] *adj* Se aplica al que ha sido elegido para un cargo, pero todavía no ha tomado posesión: *El presidente electo.*

e·lec·tor, -ra [elektór, ra] *adj* y *s/m,f* Se aplica al que tiene facultad de elegir, en especial a los miembros de una comunidad votante.

e·lec·to·ra·do [elektoráðo] *s/m* Conjunto de los electores de un país o circunscripción, etc.

e·lec·to·ral [elektorál] *adj* Relativo a la elección o elecciones: *El proceso electoral.*

e·lec·to·ra·lis·ta [elektoralísta] *adj* Se aplica a los actos, dichos, etc., cuyo objetivo es lograr la victoria en unas elecciones: *Un discurso electoralista.*

e·lec·to·re·ro, -a [elektoréro, -a] *s/m,f* Persona que intenta o logra manipular unas elecciones.

e·lec·tri·ci·dad [elektriθiðáð] *s/f* **1.** FÍS Especie de energía que poseen los cuerpos que tienen un número de electrones descompensado con el de protones, y que se manifiesta generalmente en forma de chispazos. **2.** Esta energía, conducida en forma de corriente para usos industriales o domésticos: *En casa no tenemos electricidad.*

e·lec·tri·cis·ta [elektriθísta] *adj* y *s/m,f* Se aplica al experto en el uso de la electricidad y sus aplicaciones: *Operario electricista.*

e·léc·tri·co, -a [eléktriko, -a] *adj* Relativo a la electricidad o que funciona con ella: *Una plancha eléctrica.*

e·lec·tri·fi·ca·ción [elektrifikaθjón] *s/f* Acción y efecto de electrificar.

e·lec·tri·fi·car [elektrifikár] *v/tr* Hacer que un aparato, sistema, etc., funcione mediante la electricidad o instalar la conducción eléctrica donde no la había.
ORT La *c* cambia en *qu* ante *e*: *Electrifiqué.*

e·lec·tri·zan·te [elektriθánte] *adj* Que electriza o puede electrizar.

e·lec·tri·zar [elektriθár] *v/tr,* REFL(-SE) **1.** Cargar(se) de electricidad un cuerpo. **2.** FIG Inflamar(se) los ánimos de alguien: *El público se electrizó al oírlo.*
ORT La *z* cambia en *c* ante *e*: *Electricé.*

e·lec·tro·car·dio·gra·ma [elektrokarðjoγráma] *s/m* Gráfico obtenido mediante el electrocardiógrafo, gracias al cual pueden diagnosticarse las posibles anomalías del funcionamiento cardíaco.

e·lec·tro·cu·tar [elektrokutár] **I.** *v/tr* Matar mediante una descarga eléctrica, aplicado generalmente para referirse a las ejecuciones de condenados a muerte. **II.** REFL(SE) Morir al recibir una descarga eléctrica.

e·lec·tro·do·més·ti·co [elektroðoméstiko] *s/m* Aparato usado en la casa y que funciona con energía eléctrica.

e·lec·tro·cho·que [elektrotʃóke] *s/m* Terapia de ciertos trastornos mentales mediante un coma provocado por la aplicación de una descarga eléctrica.

e·lec·tro·do o **e·léc·tro·do** [elektróðo/eléktroðo] *s/m* Elemento terminal de un circuito, que suele estar encerrado en un tubo o ampolla de vidrio con aire o gas enrarecidos.

e·lec·tro·en·ce·fa·lo·gra·ma [elektroenθefaloγráma] *s/m* Gráfico en el cual se registran las corrientes eléctricas producidas por la actividad del encéfalo, gracias a las cuales pueden diagnosticarse posibles anomalías.

e·lec·tró·ge·no, -a [elektróxeno, -a] *adj* Que genera electricidad.
Grupo electrógeno, generador eléctrico.

e·lec·tro·i·mán [elektroimán] *s/m* FÍS Barra de hierro dulce que se imanta artificialmente haciendo pasar por ella una corriente eléctrica.

e·lec·tró·li·sis [elektrólisis] *s/f* QUÍM Descomposición de un cuerpo lograda gracias al paso de una corriente eléctrica.

e·lec·tro·lí·ti·co, -a [elektrolítiko, -a] *adj* Relativo a la electrólisis.

e·lec·tró·li·to o **e·lec·tro·li·to** [elektrólito/elektrolíto] *s/m* QUÍM Cuerpo sometido a electrólisis, lo cual motiva que sus moléculas se dividan en iones.

e·lec·tro·mag·né·ti·co, -a [elektromaγnétiko, -a] *adj* Se aplica a todo fenómeno relacionado con las corrientes eléctricas en los campos magnéticos.

e·lec·tro·mag·ne·tis·mo [elektromaɣnetísmo] *s/m* Parte de la física que estudia las reacciones causadas en los campos magnéticos por las corrientes eléctricas.

e·lec·tro·mo·tor, -ra [elektromotór, -ra] *adj* y *s/m* Se aplica al motor o máquina en cuyo funcionamiento se transforma la energía eléctrica en fuerza mecánica.

e·lec·tro·mo·triz [elektromotríθ] *adj, f* Se aplica a toda fuerza originada por el movimiento que produce la electricidad de un generador.

e·lec·trón [elektrón] *s/m* FÍS Partícula constituyente del átomo que contiene la mínima carga posible de electricidad negativa.

e·lec·tró·ni·ca [elektrónika] *s/f* Ciencia que estudia el comportamiento de las partículas atómicas electrizadas al pasar por gases y por el vacío.

e·lec·tró·ni·co, -a [elektróniko, -a] *adj* Relativo a los electrones o a la electrónica.

e·lec·tro·shock [elektro(t)ʃók] *s/m* ANGL Electrochoque.

e·lec·tros·tá·ti·ca [elektrostátika] *s/f* Parte de la física que estudia las leyes que regulan la electricidad de los cuerpos en equilibrio.

e·le·fan·cía [elefan̪θía] *s/f* MED Especie de lepra que causa un ennegrecimiento y arrugamiento de la piel, haciéndola semejante a la del elefante.

e·le·fan·te, -a [elefán̪te, -a] *s/m,f* ZOOL Mamífero de gran tamaño, de piel rugosa y orejas grandes y colgantes; tiene la nariz prolongada en forma de trompa y la utiliza como extremidad para alcanzar cosas; sus incisivos o colmillos son muy grandes, sobresaliendo de la boca, y de marfil.

e·le·fan·tia·sis o **e·le·fan·tía·sis** [elefan̪tjásis/tíasis] *s/f* MED **1.** Enfermedad caracterizada por el crecimiento anormal de algunas partes del cuerpo, especialmente las partes inferiores o extremidades. **2.** Elefancía.

e·le·fan·ti·no, -a [elefan̪tíno, -a] *adj* Relativo al elefante o parecido a él.

e·le·gan·cia [eleɣán̪θja] *s/f* Calidad de elegante.

e·le·gan·te [eleɣán̪te] *adj* **1.** Se dice de aquello que posee armonía en sus líneas, conformación, proporciones, etc.: *Un vestido elegante.* **2.** Que tiene buen gusto, sentido artístico, etc.: *Una forma de hablar muy elegante.* **3.** Hablando de acciones, conductas, etc., de tipo moral, que son honrosas o generosas: *Fue muy elegante por su parte no aceptar la comisión.*

e·le·gía [elexía] *s/f* Composición poética en que se entonan lamentos por la muerte de alguien o por algún suceso triste.

e·le·gía·co, -a o **e·le·gia·co, -a** [elexíako, -a/-xjáko, -a] *adj* Perteneciente o relativo a la elegía o parecido a ella.

e·le·gi·bi·li·dad [elexiβiliðáð] *s/f* Calidad de elegible.

e·le·gi·ble [elexíβle] *adj* Que puede ser elegido: *Un cargo elegible.*

e·le·gi·do, -a [elexíðo, -a] **I.** *adj* Que ha sido escogido entre otros. **II.** *s/m,f* FAM Se dice de aquellos que pertenecen a un grupo privilegiado o diferenciado del resto de su especie.

e·le·gir [elexír] *v/tr, intr* **1.** Decidirse por una persona o cosa entre un conjunto de varias: *Eligió la tercera.* **2.** Realizar una votación para que salga nombrado uno de entre un conjunto de varios: *Eligieron al presidente de entre los miembros del comité.* RPr **Elegir (de) entre/por:** *Eligieron por el color.*
CONJ *Irreg: Elijo, elegí, elegiré, elegido.*

e·le·men·tal [elemen̪tál] *adj* **1.** Que es fundamental o necesario en lo referido a algo. **2.** Que es muy sencillo o de fácil comprensión: *Una cuestión elemental.*

e·le·men·to [elemén̪to] *s/m* **1.** Cada una de las partes distinguibles que constituyen un todo. **2.** Cada uno de los componentes básicos de la corteza terrestre, tierra, mar y aire. **3.** *pl* Se aplica, en referencia a tormentas, huracanes, etc., cuando la violencia es extrema en el viento, el mar, etc.: *Se desencadenaron los elementos.* **4.** *pl* Nociones fundamentales de una teoría o ciencia, conocimiento, etc.: *Elementos de inglés.* **5.** *pl* Datos, instrumentos, medios, etc., con que realizar o construir algo: *¿Con qué elementos formas esa hipótesis?* LOC **Estar alguien en su elemento,** FIG FAM estar alguien satisfecho con la situación en que está o con el ambiente en que se ha metido.

e·len·co [eléŋko] *s/m* Lista o catálogo de cosas o personas.

e·le·va·ción [eleβaθjón] *s/f* **1.** Acción y efecto de elevar(se). **2.** Desnivel o pequeño montículo que hay en un terreno.

e·le·va·dor, (-ra) [eleβaðór, (-ra)] **I.** *adj* Que tiene capacidad de elevar una cosa. **II.** *s/m* AMÉR Ascensor o montacargas.

e·le·var [eleβár] **I.** *v/tr* **1.** Colocar algo o a alguien en un lugar más alto que aquel en que estaba. **2.** Hacer algo más alto de lo que era: *Elevaron la torre dos pisos más.* **3.** FIG Poner a alguien en un cargo determinado: *Lo elevaron a la dignidad de consejero del rey.* **4.** FIG Enviar a una autoridad una petición o solicitud: *Elevaron su queja al ministro.* **II.** REFL(SE) **1.** Tener determinada altura: *Este monte se eleva a*

2.500 metros. **2.** Hallarse algo en el lugar que se indica: *En la plaza se eleva un obelisco.* **3.** FIG Alcanzar alguien determinada posición social: *Se ha elevado hasta la aristocracia.* RPr **Elevar a. Elevarse a/de/por/sobre:** *Se elevó de la tierra. Se ha elevado por las nubes. Se elevó sobre los demás.*

e·li·dir [eliðír] *v/tr* GRAM Suprimir una de las vocales que se encuentran juntas cuando dos palabras acaban y empiezan respectivamente con ellas, como la contracción de 'de el' en 'del'.

e·li·mi·na·ción [eliminaθjón] *s/f* Acción y efecto de eliminar.

e·li·mi·nar [eliminár] *v/tr* **1.** Hacer que una cosa o alguien deje de formar parte de un conjunto: *Lo han eliminado del grupo.* **2.** MAT Por medio del cálculo hacer que desaparezca una incógnita de entre las de un sistema de ecuaciones. **3.** MED Hacer un organismo que salga de él cierta sustancia: *Está eliminando toxinas.* **4.** Matar a alguien. RPr **Eliminar de.**

e·li·mi·na·to·rio, (-a) [eliminatórjo, (-a)] **I.** *adj* Que sirve para eliminar. **II.** *s/f* Prueba que en un concurso o competición sirve para eliminar participantes antes de la final.

e·lip·se [elípse] *s/f* GEOM Curva cerrada, que es simétrica con respecto a dos ejes perpendiculares entre sí y que tiene una forma similar a la trayectoria que describen los astros.

e·lip·sis [elípsis] *s/f* GRAM Supresión en una oración, expresión, etc., de algún elemento necesario desde el punto de vista de corrección sintáctica pero innecesario para la claridad de sentido, como, *por ej: ¿Cómo te va?* por *¿Cómo te van las cosas?*

e·lip·soi·de [elipsóiðel *s/m* GEOM Cuerpo que engendra una elipse cuando gira alrededor de uno de sus ejes y cuyas secciones planas son todas elipses o círculos.

e·líp·ti·co, -a [elíptiko, -a] *adj* Relativo a la elipse o elipsis.

e·lí·seo, -a o **e·li·sio, -a** [elíseo, -a/elísjo, -a] *adj* Perteneciente a los Campos Elíseos o al Elíseo.

e·li·sión [elisjón] *s/f* GRAM Acción y efecto de elidir.

é·li·te o **e·li·te** [élite/elíte] *s/f* GAL Grupo minoritario que en una sociedad, colectividad, etc., constituye o representa a lo más selecto de la misma.

e·li·xir o **e·lí·xir** [eli(k)sír/elí(k)sir] *s/m* **1.** FARM Licor compuesto de diversas sustancias, generalmente disueltas en alcohol. **2.** FIG Remedio o líquido de efectos milagrosos: *El elixir de la juventud.*

e·lo·cu·ción [elokuθjón] *s/f* Forma de usar la facultad del lenguaje para expresar ideas: *Una elocución defectuosa.*

e·lo·cuen·cia [elokwénθja] *s/f* Facultad de hablar o expresar los pensamientos con claridad y fluidez y, también, de forma convincente.

e·lo·cuen·te [elokwénte] *adj* Se aplica al que habla con elocuencia o a lo que la posee: *Un gráfico/Un orador elocuente.*

e·lo·giar [eloxjár] *v/tr* Hacer elogios de alguien, algo, etc.

e·lo·gio [elóxjo] *s/m* Demostración de que se admiran las cualidades de alguien o el valor de lo que hace o tiene. LOC **Deshacerse en elogios,** FIG FAM dirigir muchos elogios a alguien.

e·lo·gio·so, -a [eloxjóso, -a] *adj* Que contiene elogio(s): *Palabras elogiosas.*

e·lu·cu·bra·ción [elukuβraθjón] *s/f* Divagación inútil: *Esto son elucubraciones suyas.*

e·lu·di·ble [eluðíβle] *adj* Que puede ser eludido: *Un peligro eludible.*

e·lu·dir [eluðír] *v/tr* **1.** Procurar hábilmente no hacer determinada tarea. **2.** Negarse a aceptar algo: *Eludió la oferta.* **3.** Evitar un peligro, accidente, etc.: *Eludió la caída.*

e·lla [éʎa] *pron pers 3.ª persona sing, f.*

e·lle [éʎe] *s/f* Nombre de la letra 'll'.

ello [éʎo] *pron pers 3.ª persona neutro, sing.*

e·llos, e·llas [éʎos/éʎas] *pron pers 3.ª persona m/f, pl.*

e·ma·na·ción [emanaθjón] *s/f* **1.** Acción y efecto de emanar. **2.** Sustancia que emana: *Emanaciones de gas.*

e·ma·nar [emanár] **I.** *v/intr* **1.** Desprenderse una sustancia de algún cuerpo o algún lugar. **2.** Proceder una cosa de otra que se expresa o tener su causa en ella: *Esta situación emana de la decisión que tomaste.* **II.** *v/tr* Referido a sentimientos o cualidades no materiales, demostrarlos o comunicarlos alguien: *Su persona emanaba optimismo.* RPr **Emanar de.**

e·man·ci·pa·ción [emanθipaθjón] *s/f* Acción y efecto de emancipar(se).

e·man·ci·par [emanθipár] **I.** *v/tr* **1.** Liberar de la esclavitud a alguien. **2.** Liberar de cualquier tipo de sujeción a alguien. **II.** REFL(-SE) Liberarse de la sujeción en que se estaba o adquirir la independencia: *Se emanciparon del yugo extranjero.* RPr **Emanciparse de.**

e·mas·cu·lar [emaskulár] *v/tr* LIT Quitar o inutilizar los órganos genitales masculinos a alguien.

em·ba·dur·nar [eɱbaðurnár] *v/tr* REFL (-SE) Manchar(se) con una sustancia pegajosa o untuosa. RPr **Embadurnar(se) con/de:** *Embadurnar con barro/de tinta.*

em·ba·ja·da [eɱbaxáða] *s/f* **1.** Comunicación o mensaje que una persona envía a otra por medio de una tercera, que es el embajador. **2.** Cargo del embajador: *Ahora le han dado la embajada de Italia.* **3.** Lugar en que reside el embajador.

em·ba·ja·dor, -ra [eɱbaxaðór, -ra] s/m, f Agente que posee el cargo de una embajada o legación de un país en otro, con el cual éste tiene relaciones diplomáticas.

em·ba·la·je [eɱbaláxe] *s/m* **1.** Acción de embalar. **2.** Caja o envoltura de los objetos que se embalan.

em·ba·lar [eɱbalár] **I.** *v/tr* Cubrir objetos, mercancías, etc., con envoltorio protector para ser transportados de forma segura. **II.** REFL(-SE) Referido a un corredor, un motor, vehículo, etc., adquirir gran velocidad: *Se embaló con la moto cuesta arriba.*

em·bal·do·sa·do [eɱbaldosáðo] *s/m* **1.** Pavimento hecho con baldosas. **2.** Operación de embaldosar.

em·bal·do·sar [eɱbaldosár] *v/tr* Cubrir con baldosas un suelo, una habitación.

em·bal·sa·ma·dor, -ra [eɱbalsamaðór, -ra] *adj* y *s/m,f* Que embalsama.

em·bal·sa·ma·mien·to [eɱbalsamamjénto] *s/m* Acción y efecto de embalsamar.

em·bal·sa·mar [eɱbalsamár] *v/tr* **1.** Preparar un cadáver para que pueda conservarse, por medio de sustancias que se inyectan en sus cavidades o conductos. **2.** FIG Dar buen olor o perfume a algo.

em·bal·sar [eɱbalsár] *v/intr,* REFL (-SE) Formar una corriente, etc., una acumulación a modo de balsa: *El agua se embalsó por toda la plaza.*

em·bal·se [eɱbálse] *s/m* **1.** Acción y efecto de embalsar(se). **2.** Lugar en que se cierra el paso de las aguas, generalmente de modo artificial, y se crea una acumulación de las mismas.

em·ba·lu·mar [eɱbalumár] **I.** *v/tr* Cargar de bultos o cosas pesadas a alguien o algo. **II.** REFL(-SE) FIG Comprometerse con excesivo número de cosas sin tener capacidad para ello, complicándose así la existencia.

em·ba·lle·na·do, (-a) [eɱbaʎenáðo, (-a)] **I.** *p* de *emballenar.* **II.** *adj* Se dice de la prenda que está armada de ballenas: *Una faja emballenada.* **III.** *s/m* **1.** Armazón compuesto de ballenas. **2.** Se decía de un tipo de corpiño que tenía ballenas.

em·ba·lle·nar [eɱbaʎenár] *v/tr* Armar con varillas de ballena una prenda de vestir para darle resistencia o fuerza.

em·ba·nas·tar [eɱbanastár] *v/tr* Meter en una banasta algún objeto como fruta, ropa, etc.

em·ba·ra·za·do, (-a) [eɱbaraθáðo, (-a)] **I.** *adj* Se aplica al que se siente incómodo o cohibido. **II.** *adj* y *s/f* Se dice de la mujer que está encinta o lleva un hijo en su vientre: *Embarazada de ocho meses.*

em·ba·ra·zar [eɱbaraθár] *v/tr* **1.** Hacer que algo sea un estorbo físico o moral para alguien. **2.** Dejar encinta a una mujer.
ORT La *z* cambia en *c* ante *e*: *Embaracé.*

em·ba·ra·zo [eɱbaráθo] *s/m* **1.** Causa o motivo de molestia o estorbo para alguien o algo. **2.** Acción de embarazar o quedarse embarazada una mujer.

em·ba·ra·zo·so, -a [eɱbaraθóso, -a] *adj* Que causa embarazo o incomodidad a alguien: *Una situación muy embarazosa.*

em·bar·ca·ción [eɱbarkaθjón] *s/f* Cualquier tipo de barco, barca, etc.

em·bar·ca·de·ro [eɱbarkaðéro] *s/m* Lugar fijo destinado al embarque o desembarque de gente o de mercancías.

em·bar·car [eɱbarkár] *v/tr* **1.** Meter en un barco a pasajeros o carga, con el fin de transportarlos en él. **2.** FIG Hacer que alguien se introduzca en un negocio o un asunto, generalmente implicando algún riesgo. RPr **Embarcar(se) con/de/en:** *Embarcarse en asuntos sucios. Embarcar de pasajero.*
ORT La *c* cambia en *qu* ante *e: Embarqué.*

em·bar·co [eɱbárko] *s/m* Acción de embarcar(se) pasajeros.

em·bar·dar [eɱbarðár] *v/tr* Poner bardas a algo.

em·bar·ga·ble [eɱbarɣáβle] *adj* DER Capaz de ser embargado.

em·bar·gar [eɱbarɣár] **I.** *v/tr* **1.** DER Retener o inmovilizar las autoridades los bienes de alguien que tiene deudas pendientes a petición de un demandante: *Le han embargado la casa.* **2.** FIG Llenar totalmente la atención o ánimo de alguien: *La tristeza le embargó el ánimo.* **II.** REFL (-SE) Entregarse totalmente a determinada actividad.
ORT La *g* cambia en *gu* ante *e: Embargué.*

em·bar·go [eɱbárɣo] *s/m* DER Acción de embargar los bienes de alguien por mandato de la autoridad judicial. LOC **Sin embargo,** no obstante, a pesar de.

em·bar·que [eɱbárke] *s/m* Acción y efecto de embarcar(se) en barcos o aviones: *Tarjeta de embarque.*

em·ba·rran·car [eɱbarraŋkár] *v/intr, tr* Quedarse o dejar una embarcación detenida por algún obstáculo como rocas, etc. ORT La *c* cambia en *qu* ante *e: Embarranqué.*

em·ba·rrar [eɱbarrár] *v/tr* Llenar de barro a alguien o algo.

em·ba·ru·llar [eɱbaruʎár] *v/tr* **1.** Confundir o liar alguna cuestión o asunto. **2.** FAM Hacer las cosas de forma atropellada y mal.

em·bas·tar [eɱbastár] *v/tr* Coser con puntadas largas o bastas un trozo de tela o de prenda para asegurarla.

em·bas·te [eɱbáste] *s/m* **1.** Acción de embastar. **2.** Costura de puntada larga.

em·ba·te [eɱbáte] *s/m* Acción de golpear fuertemente el agua del mar por causa del temporal: *El embate de las olas.*

em·bau·ca·dor, -ra [eɱbaukaðór, -ra] *adj* y *s/m,f* Que embauca.

em·bau·ca·mien·to [eɱbaukamjén̪to] *s/m* Acción y efecto de embaucar.

em·bau·car [eɱbaukár] *v/tr* Engañar a alguien, dejándolo admirado gracias a su candidez, ingenuidad, etc.
ORT La *c* cambia en *qu* ante *e: Embauqué.*

em·be·ber [eɱbeβér] **I.** *v/tr* **1.** Absorber o retener un cuerpo un líquido: *La esponja embebe el agua.* **2.** Contener o encerrar una cosa dentro de ella a otra. **II.** *v/intr* Encogerse o apretarse una tela cuando ha sido humedecida. **III.** REFL(SE) **1.** FIG Quedarse alguien absorto en la contemplación de algo. **2.** FIG Quedarse muy enterado o instruido acerca de algo, de una teoría, etc. RPr **Embeberse con/de/en:** *Embeberse con la lectura de algo/de filosofías/en un partido de fútbol.*

em·be·le·car [eɱbelekár] *v/tr* Engañar a alguien embaucándolo.
ORT La *c* cambia en *qu* ante *e: Embelequé.*

em·be·le·co [eɱbeléko] *s/m* Acción de embelecar.

em·be·le·sa·mien·to [eɱbelesamjén̪to] *s/m* Acción de embelesar(se).

em·be·le·sar [eɱbelesár] **I.** *v/tr* Cautivar los sentidos de alguien, ensimismándolo: *Me embelesa ver tenis por la tele.* **II.** REFL (-SE) Quedarse absorto en la contemplación de algo por la admiración o placer que ello causa. RPr **Embelesarse con/en:** *Se embelesa con/en cualquier cosa.*

em·be·le·so [eɱbeléso] *s/m* Efecto de estar embelesado.

em·be·lle·ce·dor, (-ra) [embeʎeθeðór, (-ra)] **I.** *adj* Que embellece o puede embellecer. **II.** *s/m* Se aplica a todo aquello que sirve para embellecer.

em·be·lle·cer [eɱbeʎeθér] *v/tr* Hacer que alguien o algo esté más hermoso.
CONJ *Irreg: Embellezco, embellecí, embelleceré, embellecido.*

em·be·lle·ci·mien·to [eɱbeʎeθimjén̪to] *s/m* Acción y efecto de embellecer(se).

em·be·ro [eɱbéro] *s/m* **1.** Árbol de la familia de las meliáceas, apreciado por su madera. **2.** Madera de este árbol.

em·be·rren·chi·nar·se [eɱberren̪tʃinárse] *v/*REFL(-SE) FAM Enfadarse de forma aparatosa, como los niños.

em·bes·ti·da [eɱbestíða] *s/f* Acción y efecto de embestir.

em·bes·tir [eɱbestír] *v/tr* Lanzarse alguien o algo con mucha fuerza contra una cosa o persona.
CONJ *Irreg: Embisto, embestí, embestiré, embestido.*

em·be·tu·nar [eɱbetunár] *v/tr* Poner betún en alguna cosa.

em·blan·que·cer [eɱblaŋkeθér] *v/tr,* REFL(-SE) Poner(se) blanca alguna cosa.
CONJ *Irreg: Emblanquezco, emblanquecí, emblanqueceré, emblanquecido.*

em·blan·que·ci·mien·to [eɱblaŋkeθimjén̪to] *s/m* Acción y efecto de emblanquecer(se).

em·ble·ma [eɱbléma] *s/m* **1.** Nombre dado a un grabado o cuadro que tenía escrito sobre él un lema o motto y además un epigrama en la parte inferior, relativo al tema del gráfico. **2.** Figura o representación de algo que se coloca en un escudo o distintivo que sirve de símbolo. **3.** Objeto que sirve de alusión a alguna cualidad o cosa no material: *La paloma es el emblema de la paz.*

em·ble·má·ti·ca [eɱblemátika] *s/f* Tratado sobre los emblemas.

em·ble·má·ti·co, -a [eɱblemátiko, -a] *adj* Perteneciente o relativo a los emblemas.

em·bo·ba·mien·to [eɱboβamjén̪to] *s/m* Acción y efecto de embobarse.

em·bo·bar [eɱboβár] **I.** *v/tr* Tener suspenso en admiración el ánimo de alguien: *Me emboba verte bailar.* **II.** REFL(-SE) Quedarse suspenso en admiración ante algo. RPr **Embobarse con/en:** *Embobarse con un espectáculo/en la contemplación de algo.*

em·bo·ca·du·ra [eɱbokaðúra] *s/f* **1.** Acción y efecto de embocar(se). **2.** Entrada de un canal, río, etc., por donde los barcos pueden entrar en él. **3.** En las caballerías, bocado del freno. **4.** Aplicado a vinos, sabor que tienen.

em·bo·car [eɱbokár] *v/tr* **1.** Dirigir algo

a una parte estrecha, orificio, etc. **2.** Encaminarse un vehículo, barco, etc., por un lugar hacia la embocadura: *Embocamos la calle hacia la salida.*
ORT La *c* cambia en *qu* ante *e: Emboqué.*

em·bo·la·do, (-a) [emboláðo, (-a)] **I.** *adj* Que ha sido embolado: *Astas emboladas.* **II.** *s/m* **1.** Toro que ha sido embolado. **2.** FIG FAM Trampa o engaño muy grande que se hace a alguien.

em·bo·lar [embolár] *v/tr* Poner bolas de madera a las astas de un toro para que éste no pueda herir con ellas.

em·bo·lia [embólja] *s/f* MED Interrupción de la circulación por un vaso sanguíneo a causa de un coágulo formado en él.

ém·bo·lo [émbolo] *s/m* MEC Pieza en forma de disco que se ajusta en tubo y que se mueve con vaivén.

em·bol·sar [embolsár] *v/tr* **1.** Guardar en una bolsa algún objeto. **2.** Cobrar una cierta cantidad de dinero: *Embolsaron una buena suma.*

em·bo·qui·lla·do, (-a) [embokiʎáðo, (-a)] *adj* y *s/m* Se aplica al cigarrillo que tiene boquilla o filtro: *Sólo fuma emboquillados.*

em·bo·qui·llar [embokiʎár] *v/tr* Poner boquillas o filtros a los cigarrillos.

em·bo·rra·char [emborratʃár] **I.** *v/tr* Hacer que alguien esté borracho dándole bebida alcohólica. **II.** REFL(-SE) Beber gran cantidad de bebida alcohólica hasta perder el control de uno mismo. RPr **Emborrachar(se) con/de:** *Emborracharse con cerveza/de aguardiente.*

em·bo·rras·car [emborraskár] REFL (-SE) Referido al tiempo, hacerse borrascoso.
ORT La *c* cambia en *qu* ante *e: Emborrasqué.*

em·bo·rro·nar [emborronár] *v/tr* Llenar de borrones o tachaduras un escrito, carta, etc.

em·bos·ca·da [emboskáða] *s/f* Acción y efecto de emboscar(se).

em·bos·car [emboskár] **I.** *v/tr* MIL Poner una partida de gente oculta en algún lugar para que pueda atacar al enemigo. **II.** REFL(-SE) Esconderse en algún lugar para poder sorprender a alguien que va a pasar por allí y entonces atacarlo.
ORT La *c* cambia en *qu* ante *e: Embosqué.*

em·bo·ta·mien·to [embotamjénto] *s/m* Acción y efecto de embotar(se).

em·bo·tar [embotár] *v/tr* **1.** Hacer que el borde o filo de un arma deje de ser cortante causándole mella o despunte. **2.** Referido a personas, sus facultades, etc., quitarles agudeza, fuerza, sensibilidad, etc.: *Esta música embota los sentidos.*

em·bo·te·lla·do, (-a) [emboteʎáðo, (-a)] **I.** *adj* **1.** Referido a vinos, etc., que ha sido embotellado con tapón, etc.: *Vino embotellado.* **2.** Aplicado a tráfico, calle, etc., que está inmovilizado o taponado. **II.** *s/m* Acción de embotellar vinos.

em·bo·te·lla·dor, (-ra) [emboteʎaðór, (-ra)] *adj* y *s/m,f* **1.** Que embotella o que sirve para embotellar: *Máquina embotelladora.* **2.** *f* Máquina embotelladora.

em·bo·te·lla·mien·to [emboteʎamjénto] *s/m* Acción y efecto de embotellar(se).

em·bo·te·llar [emboteʎár] *v/tr* **1.** Introducir un líquido o una sustancia en botellas, especialmente usado con referencia al vino. **2.** Referido a tráfico, detener el paso de vehículos causando una aglomeración.

em·bo·zar [emboθár] *v/tr* **1.** Cubrir con un velo, capa, etc., el rostro o parte de él. **2.** Obstruir un conducto o cañería: *Embozó el desagüe del lavabo.* RPr **Embozar(se) con/en:** *Embozarse con el manto/en la capa.*
ORT La *z* cambia en *c* ante *e: Embocé.*

em·bo·zo [embóθo] *s/m* **1.** Parte de una capa, un manto, o de cualquier trozo de tela que se usa para tapar la parte inferior del rostro. **2.** Parte de la sábana utilizada para cubrir la cama, que se dobla hacia fuera y toca el rostro. **3.** *pl* FIG Recato o disimulo con que se dice algo.

em·bra·gar [embraɣár] *v/tr* MEC Hacer, por medio de un mecanismo adecuado, que un eje participe del movimiento de otro.
ORT La *g* cambia en *gu* ante *e: Embragué.*

em·bra·gue [embráɣe] *s/m* **1.** Acción de embragar. **2.** MEC Dispositivo mediante el cual dos ejes que giran pueden acoplarse y transmitirse movimiento mutuamente.

em·bra·ve·cer [embraβeθér] **I.** *v/tr* Irritar o enfurecer, especialmente a un animal. **II.** REFL(-SE) **1.** Ponerse furioso, especialmente un animal. **2.** Referido al mar, crecer sus olas y agitarse mucho. RPr **Embravecerse con/contra:** *Embravecerse con/contra los débiles.*
CONJ *Irreg: Embravezco, embravecí, embraveceré, embravecido.*

em·bra·ve·ci·mien·to [embraβeθimjénto] *s/m* Acción y efecto de embravecer(se).

em·bra·zar [embraθár] *v/tr* Sujetar con el brazo una cosa.
ORT La *z* cambia en *c* ante *e: Embracé.*

em·bria·ga·dor, -ra [embrjaɣaðór, -ra] *adj* Que embriaga.

em·bria·gar [embrjaɣár] **I.** *v/tr* **1.** Causar embriaguez a alguien. **2.** FIG Invadir los sentidos de alguien, a causa de una sensación fuerte: *El perfume del jazmín me em-*

briaga. **II.** REFL(-SE) **1.** Beber alcohol en exceso hasta perder el control sobre uno mismo. **2.** FIG (Con *de*) Dejarse llevar por la satisfacción, el júbilo o la vanidad de forma excesiva: *Se embriagó de orgullo.* RPr **Embriagarse con/de:** *Embriagarse con licor.*
ORT La *g* lleva *u* ante *e: Embriagué.*

em·bria·guez [emˠbrjaɣéθ] *s/f* **1.** Estado de trastorno de los sentidos o facultades mentales a causa de haber ingerido bebidas alcohólicas en exceso. **2.** FIG Exceso de pasión, que turba los sentidos.

em·bri·dar [emˠbriðár] *v/tr* **1.** Poner las bridas a las caballerías. **2.** Hacer que las caballerías lleven bien la cabeza y la muevan correctamente.

em·brio·lo·gía [emˠbrjoloxía] *s/f* Parte de la biología que estudia la formación y el desarrollo de los embriones.

em·brio·ló·gi·co, -a [emˠbrjolóxiko, -a] *adj* Relativo a la embriología.

em·brión [emˠbrjón] *s/m* **1.** BIOL Forma que tienen los seres vivos al principio de su desarrollo o crecimiento, desde la fecundación del óvulo hasta el comienzo de la autonomía. **2.** *(Estar en...)* FIG Estado en que se halla algo en sus inicios: *Un proyecto en embrión.*

em·brio·na·rio, -a [emˠbrjonárjo, -a] *adj* **1.** BIOL Relativo al embrión. **2.** FIG Que pertenece al principio de una cosa: *El estado embrionario del proyecto.*

em·bro·llar [emˠbroʎár] *v/tr* REFL(-SE) Enredar(se) o confundir(se) las cosas.

em·bro·llo [emˠbróʎo] *s/m* **1.** FIG Situación de gran complejidad o dificultad para ser resuelta. **2.** FIG FAM Asunto poco claro o limpio organizado entre varios.

em·bro·mar [emˠbromár] *v/tr* **1.** Gastar una pequeña broma a alguien con el fin de divertirse. **2.** AMÉR Perjudicar o fastidiar a alguien.

em·bru·ja·mien·to [emˠbruxamjéŋto] *s/m* Acción y efecto de embrujar.

em·bru·jar [emˠbruxár] *v/tr* **1.** Trastornar el estado físico o mental de alguien por medio de las artes de brujería. **2.** FIG Dejar suspenso el ánimo de alguien admirándolo: *La ha embrujado con su encanto.*

em·bru·jo [emˠbrúxo] *s/m* Acción y efecto de embrujar.

em·bru·te·ce·dor, -ra [emˠbruteθeðór, -ra] *adj* Que embrutece.

em·bru·te·cer [emˠbruteθér] **I.** *v/tr* **1.** Volver como un bruto a alguien. **2.** FIG Hacer que alguien se entontezca o pierda agilidad mental. **II.** REFL(-SE) Volverse insensible, torpe, bruto, etc.
CONJ *Irreg: Embrutezco, embrutecí, embruteceré, embrutecido.*

em·bru·te·ci·mien·to [emˠbruteθimjéŋto] *s/m* Acción y efecto de embrutecer(se).

em·bu·cha·do [emˠbutʃáðo, -a] *s/m* **1.** Tripa o intestino de un animal, relleno de carne picada con condimentos y otras sustancias. **2.** FIG FAM Asunto o situación complicados, que se presentan de forma aparentemente simple.

em·bu·char [emˠbutʃár] *v/tr* **1.** Introducir en una tripa de animal carne picada con el fin de hacer embutidos. **2.** FIG FAM Comer algo de forma apresurada y generalmente en gran cantidad.

em·bu·do [emˠbúðo] *s/m* Utensilio de forma cónica que en el vértice posee una prolongación o tubo, que es lo que se introduce en la vasija a la cual se pasa un líquido.
Ley del embudo, la que se aplica sin criterios de justicia.

em·bus·te [emˠbúste] *s/m* Falsedad que se dice o cuenta de forma disfrazada.

em·bus·te·ro, -a [emˠbustéro, -a] *adj* y *s/m,f* Se aplica al que comúnmente dice embustes.

em·bu·ti·do, (-a) [emˠbutíðo, (-a)] **I.** *adj* Que ha sido embutido. **II.** *s/m* **1.** Conserva de carne picada, generalmente de cerdo, condimentada con especias e introducida en un intestino de animal. **2.** Acción y efecto de embutir un material, como marfil *por ej,* en otro, como madera, etc.

em·bu·tir [emˠbutír] **I.** *v/tr* **1.** Rellenar con carne picada y aderezada cualquier tripa o intestino. **2.** Introducir un material en un objeto, o llenar una cosa completamente con otra: *Embutir de lana un colchón.* **3.** Introducir un objeto en algo: *Embutir una viga en la pared.* **II.** REFL(-SE) FIG FAM Comer mucho y apresuradamente. RPr **Embutir(se) de/en:** *Embutirse de pasteles.*

e·me [éme] *s/f* **1.** Nombre de la letra 'm'. **2.** FAM Manera de nombrar la mierda.

e·mer·gen·cia [emerxénθja] *s/f* Situación o circunstancia imprevista, que requiere inmediato reparo, solución, auxilio, etc.

e·mer·ger [emerxér] *v/intr* Salir algo de un líquido o asomar en su superficie parte de ello: *La isla emerge de las aguas.* RPr **Emerger de.**
ORT Ante *a/o* la *g* cambia en *j: Emerjo.*

e·mé·ri·to, -a [emérito, -a] *adj* Se aplica a aquel que, habiéndose retirado ya de un empleo recibe, en razón del mismo, cierto galardón o recompensa: *Es profesor emérito de la universidad.*

e·mi·gra·ción [emiɣraθjón] *s/f* **1.** Acción y efecto de emigrar. **2.** Conjunto de personas que ha emigrado a otro país.

e·mi·gra·do, (-a) [emiɣráðo, (-a)] *adj* y

s/m,f Se aplica al que reside fuera de su patria, debido especialmente a razones políticas.

e·mi·gran·te [emiγráṇte] *adj* y *s/m,f* Se aplica al que emigra.

e·mi·grar [emiγrár] *v/intr* **1.** Salir alguien de su país y fijar su residencia en otro. **2.** Cambiar de país o zona ciertos animales en algunas estaciones del año en busca de mejor clima para ellos.

e·mi·nen·cia [eminénθja] *s/f* **1.** Calidad de lo que o del que es eminente. **2.** Tratamiento de honor que se da a los cardenales de la Iglesia Católica. **3.** FIG Dícese de la persona que sobresale por encima de los demás en su especialidad: *Es una eminencia en matemáticas.* RPr **Eminencia en.**

e·mi·nen·te [eminéṇte] *adj* **1.** Aplicado a lugares, que son elevados o superiores a otros. **2.** Referido a persona, que es superior a las demás de su clase o especialidad. RPr **Eminente en:** *Es eminente en embriología.*

e·mi·nen·tí·si·mo, -a [emineṇtísimo, -a] *adj* Se usa como título para tratar a los cardenales de la Igelsia Católica y a otras jerarquías similares.

e·mir [emír] *s/m* Príncipe o caudillo árabe.

e·mi·sa·rio, -a [emisárjo, -a] *s/m,f* Persona para transmitir un mensaje e indagar acerca de la respuesta al mismo.

e·mi·sión [emisjón] *s/f* **1.** Acción y efecto de emitir. **2.** En la radio, programa o sesión emitidos de una vez. **3.** Conjunto de títulos bancarios, valores, billetes, etc., emitidos de una vez: *Una emisión de bonos del Estado.*

e·mi·sor, (-ra) [emisór, (-ra)] **I.** *adj* y *s/m,f* Se aplica al que emite. **II.** *s/m* ELECTR Aparato emisor de las ondas hertzianas en la estación de origen. **III.** *s/f* Estación emisora de radio.

e·mi·tir [emitír] *v/tr, intr* **1.** Enviar al espacio ondas hertzianas una estación de radio: *La emisora local emitió el concierto por la noche.* **2.** Producir una cosa o persona algo que sale de ella y se difunde de algún modo: *El sol emite rayos caloríficos.* **3.** Fabricar o producir y poner en circulación una serie de billetes, valores, títulos, etc.: *Han emitido billetes de diez mil pesetas.* **4.** FIG Pronunciar una afirmación, juicio, etc.: *Emitió su dictamen sobre el asunto.*

e·mo·ción [emoθjón] *s/f* Estado agitado del ánimo, que proviene de algún estímulo exterior o interior.

e·mo·cio·nal [emoθjonál] *adj* Perteneciente o relativo a la emoción.

e·mo·cio·nan·te [emoθjonáṇte] *adj* Dícese de lo que causa emoción.

e·mo·cio·nar [emoθjonár] **I.** *v/tr* Causar una emoción de cualquier tipo a alguien. **II.** REFL(-SE) Sentir emoción. RPr **Emocionarse con/de/por:** *Emocionarse con la música/de júbilo/por la victoria.*

e·mo·lu·men·to [emoluméṇto] *s/m, pl* Cantidad de dinero que es recibida como pago por el trabajo realizado.

e·mo·ti·vi·dad [emotiβiðáð] *s/f* Calidad de emotivo.

e·mo·ti·vo, -a [emotíβo, -a] *adj* **1.** Perteneciente o relativo a la emoción. **2.** Se aplica al que es propenso a emocionarse: *Persona emotiva.*

em·pa·ca·do [em̦pakáðo] *s/m* Operación de empacar.

em·pa·ca·dor, (-ra) [em̦pakaðór, (-ra)] **I.** *adj* Que empaca o sirve para empacar. **II.** *s/f* Máquina empacadora.

em·pa·car [em̦pakár] **I.** *v/tr* Meter en pacas, cajas, fardos, etc., alguna cosa. **II.** REFL(-SE) AMÉR Quedarse quieto un animal. ORT La *c* cambia en *qu* ante *e*: *Empaqué.*

em·pa·char [em̦patʃár] *v/tr* Hacer que alguien sienta indigestión. RPr **Empacharse con/de/por:** *Se empachó con el pastel/de turrón/por nada.*

em·pa·cho [em̦pátʃo] *s/m* **1.** Indigestión por exceso de comida o por haber comido algo empalagoso. **2.** Vergüenza que impide a alguien hablar, obrar, etc.: *No tengo ningún empacho en decírtelo.*

em·pa·dro·na·mien·to [em̦paðronamjéṇto] *s/m* **1.** Acción y efecto de empadronar(se). **2.** Lista de vecinos de una localidad.

em·pa·dro·nar [em̦paðronár] *v/tr* Inscribir en el padrón de una localidad a alguien.

em·pa·la·ga·mien·to [em̦palaγamjéṇto] *s/m* Empalago.

em·pa·la·gar [emɲpalaγár] *v/tr, intr* **1.** Ser un alimento o sustancia excesivamente alimenticio o dulce al paladar. **2.** FIG Referido a personas o cosas, que hartan a alguien por excesivamente monótonas, insistentes, sentimentales, etc. RPr **Empalagarse con/de:** *Me empalago con los turrones/de oírla hablar.*
ORT La *g* lleva *u* ante *e: Empalagué.*

em·pa·la·go [em̦paláγo] *s/m* Acción y efecto de empalagar(se).

em·pa·la·go·so, -a [em̦palaγóso, -a] *adj* y *s/m,f* Que empalaga.

em·pa·lar [em̦palár] *v/tr* Se dice de la forma de ejecutar a alguien, atravesándolo con un palo a lo largo.

em·pa·li·za·da [emɲpaliθáða] *s/f* Obra hecha con estacas o palos para rodear o cercar un terreno o lugar.

em·pal·mar [eɱpalmár] **I.** *v/tr* **1.** Alargar un tubo, pieza, etc., añadiéndole otro similar que se le engancha por un extremo. **2.** Unir cosas de modo tal que cuando una acaba la otra empieza: *Empalmamos una fiesta con la otra.* **II.** *v/intr* **1.** Seguir una cosa a otra en el tiempo, en el espacio, etc., de forma que el fin de una coincide con el principio de la siguiente. **2.** Combinarse en un horario o cosa similar dos recorridos de tren, autobús, etc.: *El tren de Valencia empalma con el que sale para Francia.* RPr **Empalmar con.**

em·pal·me [eɱpálme] *s/m* **1.** Acción y efecto de empalmar. **2.** Lugar en que dos cosas empalman o están empalmadas. **3.** Cosa que empalma con otra.

em·pa·na·da [eɱpanáða] *s/f* Manjar que se cuece al horno recubierto de una masa de pan o, simplemente, de masa.

em·pa·na·di·lla [eɱpanaðíʎa] *s/f* **1.** *dim* de 'empanada'. **2.** Se dice comúnmente de aquella que, además de ser pequeña, suele ser frita y con relleno dulce.

em·pa·nar [eɱpanár] *v/tr* Rebozar un trozo de carne, pescado, etc., con pan rallado para poder luego freírlo.

em·pan·ta·nar [eɱpaṇtanár] *v/tr* **1.** Llenar de agua un terreno, lugar, etc. **2.** FIG Impedir el avance o progreso de un asunto: *El proyecto está empantanado.*

em·pa·ñar [eɱpaɲár] *v/tr* **1.** Hacer que algo pierda su brillo, transparencia, etc.: *El vapor empañó los cristales.* **2.** FIG Hacer que alguien o algo pierda en cualidades, pureza, belleza, etc.: *Ha empañado su nombre.*

em·pa·pa·do, (-a) [eɱpapáðo, (-a)] *adj* **1.** Que ha absorbido mucho líquido. **2.** FIG Lleno de ciertos conocimientos, ideas, etc.: *Empapada de marxismo.* RPr **Empapado de/en:** *Empapado en agua.*

em·pa·par [eɱpapár] **I.** *v/tr, intr* **1.** Ser capaz un cuerpo de absorber un líquido en su masa, como una toalla, un secante, etc. **2.** (Con *con*) Hacer que un cuerpo absorba un determinado líquido: *Empapar el agua con un trapo.* **II.** REFL(-SE) FIG Estar bien informado acerca de alguna cuestión: *¿Ya te has empapado de sociología con esta obra?* LOC **Para que te empapes/se empape,** etc., FAM se usa para subrayar determinado dato que se cuenta a alguien en el supuesto de que a éste dicho dato va a molestarle: *Para que te empapes, te diré que me compré un collar.* RPr **Empapar con/de/en:** *Empapar el trapo en leche.* **Empaparse/de/en.**

em·pa·pe·la·do [eɱpapeláðo] *s/m* Acción y efecto de empapelar una pared, etc.

em·pa·pe·lar [eɱpapelár] *v/tr, intr* **1.** Revestir las paredes de papel pintado. **2.** FIG FAM Formar un expediente o causa criminal a uno: *Lo empapelaron por haber traficado con droga.*

em·pa·pu·zar [eɱpapuθár] *v/tr* Hacer comer excesivamente a alguien. RPr **Empapuzarse de:** *Se empapuzó de chorizo.*
ORT La *z* cambia en *c* ante *e: Empapucé.*

em·pa·que [eɱpáke] *s/m* **1.** Acción de empacar o empaquetar. **2.** Aspecto que presenta una persona: *Su empaque era serio.* **3.** Afectación de tiesura o gravedad que se muestra en las maneras.

em·pa·que·ta·do [eɱpaketáðo] *s/m* Operación de empaquetar algo.

em·pa·que·ta·dor, -ra [eɱpaketaðór, -ra] *adj* y *s/m,f* Que empaqueta.

em·pa·que·tar [eɱpaketár] *v/tr, intr* Poner cosas en paquetes.

em·pa·re·da·do [eɱpareðáðo] *s/m* Pequeña cantidad de fiambre o cualquier otro alimento que se coloca entre pan y pan: *Un emparedado de chorizo.*

em·pa·re·dar [eɱpareðár] *v/tr* Recluir entre paredes a alguien, sin comunicación con el exterior.

em·pa·re·ja·mien·to [eɱparexamjéṇto] *s/m* Acción y efecto de emparejar(se).

em·pa·re·jar [eɱparexár] *v/tr, intr* **1.** Formar una pareja o parejas de dos personas o cosas. **2.** Poner(se) una cosa al mismo nivel que otra: *Han emparejado en resultados.* RPr **Emparejar(se) con/en.**

em·pa·ren·tar [eɱpareṇtár] *v/intr* Contraer lazos de parentesco con alguien mediante el matrimonio. RPr **Emparentar con:** *Emparentó con una familia ilustre.*
CONJ *Irreg: Empariento, emparenté, emparentaré, emparentado.*

em·pa·rra·do, (-a) [eɱparráðo, (-a)] **I.** *adj* Se dice de la planta que se ha emparrado. **II.** *s/m* **1.** Conjunto de barrotes o cables por donde se emparrama una planta. **2.** Conjunto que forma este armazón y las ramas de la planta emparrada.

em·pa·rrar [eɱparrár] **I.** *v/tr* Hacer que una planta forme emparrado. **II.** REFL (-SE) Crecer una planta enredándose, como la parra, por medio de brotes o zarcillos que se agarran a palos o barrotes dispuestos para ello.

em·pas·tar [eɱpastár] *v/tr* **1.** Cubrir o llenar de pasta una cosa: *Empastó su cara con cremas.* **2.** Rellenar con pasta el hueco dejado por una caries en una muela o diente.

em·pas·te [eɱpáste] *s/m* **1.** Acción y efecto de empastar algo. **2.** Pasta con que se arregla la caries de una muela.

em·pa·tar [eɱpatár] *v/intr, tr* Obtener el mismo número de tantos, votos, etc., dos bandos, personas, etc., en un concurso o en una votación. RPr **Empatar a/con:** *Empatar a goles. Empató con su rival.*

em·pa·te [empáte] *s/m* Acción y efecto de empatar. RPr **Empate a:** *Acabaron en empate a uno.*

em·pa·ve·sar [empaβesár] *v/tr* MAR Engalanar una embarcación con todo tipo de banderas y gallardetes y poniendo empavesadas en las bordas.

em·pa·vo·nar [empaβonár] *v/tr* Dar pintura antioxidante a un objeto metálico.

em·pe·cer [empeθér] *v/intr* Ser un obstáculo para algo.
CONJ *Irreg: Empezco, empecé, empeceré, empecido.* Usado casi exclusivamente en las terceras personas y en frases negativas.

em·pe·ci·na·mien·to [empeθinamjénto] *s/m* Acción y efecto de empecinar(se).

em·pe·ci·nar [empeθinár] *v/*REFL (-SE) Obtinarse o porfiar en algo. RPr **Empecinarse en (algo).**

em·pe·der·ni·do, -a [empeðerníðo, -a] *adj* Que persiste obstinadamente en su error o en su costumbre: *Una fumadora empedernida.*

em·pe·dra·do, (-a) [empeðráðo, (-a)] **I.** *adj* Que ha sido empedrado: *Calles empedradas.* **II.** *s/m* **1.** Conjunto de piedras con que se ha pavimentado algo. **2.** Operación de empedrar.

em·pe·drar [empeðrár] *v/tr* Cubrir de piedras ajustadas unas con otras una superficie. RPr **Empedrar con/de:** *Empedrar la calle con/de adoquines.*
CONJ *Irreg: Empiedro, empedré, empedraré, empedrado.*

em·pe·gar [empeɣár] *v/tr* **1.** Cubrir o embadurnar con pez o algo similar las vasijas, pellejos, etc. **2.** Hacer una marca con pez a las reses de ganado lanar.
ORT La *g* lleva *u* ante *e: Empegué.*

em·pei·ne [empéine] *s/m* **1.** ANAT Parte superior del pie que une la caña de la pierna con el principio de los dedos. **2.** Parte de la bota que cubre el empeine.

em·pe·llón [empeʎón] *s/m* Empujón violento que se da con el cuerpo a alguien. LOC **A empellones,** a empujones.

em·pe·ñar [empeɲár] **I.** *v/tr* **1.** Dejar en préstamo alguna cosa de la propiedad de uno a cambio de una cantidad de dinero por un tiempo determinado. **2.** FIG Dar uno su compromiso o palabra de que realizara determinada acción. **II.** REFL(-SE) **1.** Insistir tenazmente en algo hasta conseguirlo: *Se empeñó en irse.* **2.** Contraer muchas deudas a causa de excesivo gasto. RPr **Empeñar(se) con/en/por:** *Empeñarse con alguien. Empeñarse en hacer algo/en tres millones. Empeñarse por un gasto extra.*

em·pe·ño [empéɲo] *s/m* **1.** Acción y efecto de empeñar **2.** Constancia en el intento de lograr el empeño.

em·peo·ra·mien·to [empeoramjénto] *s/m* Acción y efecto de empeorar(se).

em·peo·rar [empeorár] *v/tr* Hacer que sea o esté peor una situación, etc.

em·pe·que·ñe·cer [empekeɲeθér] *v/tr* **1.** Hacer que algo sea más pequeño. **2.** FIG Quitar importancia a algo o a alguien.
CONJ *Irreg: Empequeñezco, empequeñecí, empequeñeceré, empequeñecido.*

em·pe·que·ñe·ci·mien·to [empekeɲeθimjénto] *s/m* Acción y efecto de empequeñecer(se).

em·pe·ra·dor [emperaðór] *s/m* **1.** Jefe supremo del antiguo imperio romano. **2.** Nombre dado al pez espada.

em·pe·ra·triz [emperatríθ] *s/f* **1.** Soberana de un imperio. **2.** Mujer de un emperador.
ORT *Pl: Emperatrices.*

em·pe·re·ji·lar [emperexilár] *v/tr* Adornar o arreglar una cosa o persona: *La emperejilaron para la procesión.*

em·pe·re·zar [empereθár] **I.** *v/intr,* REFL(-SE) Dejarse dominar alguien por la pereza: *Últimamente este chico está emperezando.* **II.** *v/tr* FIG Demorar o retrasar el resultado o avance de algo.
ORT La *z* cambia en *c* ante *e: Emperecé.*

em·pe·ri·fo·llar [emperifoʎár] *v/tr* REFL(-SE) Arreglar(se) mucho.

em·pe·ro [empéro] *conj* LIT Se usa en oraciones adversativas, con el valor de 'pero' y 'sin embargo': *No vino empero a hablarnos solamente, sino que además cenó con nosotros.*

em·pe·rrar·se [emperrárse] *v/*REFL(-SE) **1.** Obstinarse en realizar determinada acción. **2.** Encapricharse con algo: *Se ha emperrado con los sellos.* RPr **Emperrarse con/en:** *Emperrarse en ir al cine.*

em·pe·zar [empeθár] **I.** *v/tr* **1.** Iniciar una acción determinada: *Ya hemos empezado el trabajo.* **2.** Iniciar el gasto o consumo de algo: *Hemos empezado el jamón.* **II.** *v/intr* **1.** Tener una acción su principio o comenzar a existir algo. **2.** Hacer determinada cosa como principio de algo: *Empecemos con una exposición del tema. Empecemos por el principio.* **3.** (Con *a, por*) Iniciar una acción de tipo brusco o realizar algo con ímpetu: *Empezaron a darle a la pelota.* RPr **Empezar a/con/por:** *Empezar por no tener ni un cuarto.*
CONJ *Irreg: Empiezo, empecé, empezaré, empezado.*

em·pi·nar [empinár] **I.** *v/tr* **1.** Colocar en posición vertical algo que no lo estaba: *Empinó el armario.* **2.** FIG FAM Beber excesivamente. **II.** REFL(-SE) Colocarse alguien sobre las puntas de los pies para poder ver más, etc. LOC **Empinarla/Empinar el codo,** FIG FAM beber en exceso bebidas alcohólicas, ser un borracho.

em·pin·go·ro·tar [em̢piŋgorotár] *v/tr* Levantar y colocar algo sobre otra cosa

em·pí·reo, (-a) [em̢píreo, (-a)] **I.** *adj* Celestial o supremo. **II.** *s/m* Cielo.

em·pí·ri·co, -a [em̢píriko, -a] *adj* y *s/m,f* Se dice de la afirmación, dato, etc., que está basado en la práctica.

em·pi·ris·mo [em̢pirísmo] *s/m* **1.** Sistema filosófico que se basa en la experiencia como única fuente de conocimiento. **2.** Procedimiento o sistema científico basado exclusivamente en la práctica.

em·pi·to·nar [em̢pitonár] *v/tr* TAUROM Coger entre los pitones el toro al torero.

em·pi·za·rrar [em̢piθarrár] *v/tr* Cubrir con pizarra una superficie, especialmente la cubierta de un edificio o construcción.

em·plas·tar [em̢plastár] *v/tr* Aplicar una sustancia pegajosa o viscosa a alguna superficie, objeto, etc.

em·plas·to [em̢plásto] *s/m* **1.** FARM Preparado plástico y adhesivo que sirve para curar alguna parte dolorida; suele contener una mezcla de materias grasas, resinas, etc. **2.** FIG FAM Remiendo o cosa que se pega a otra y que desentona con ella. **3.** Lo hecho mezclando muchas cosas y que resulta en una masa viscosa y apelmazada.

em·pla·za·mien·to [em̢plaθamjénto] *s/m* **1.** Acción y efecto de emplazar. **2.** Lugar en que está emplazado algo.

em·pla·zar [em̢plaθár] *v/tr* **1.** Señalar a alguien un lugar y momento determinados para que comparezca allí y dé razón de lo que se le pide. **2.** Señalar el lugar donde debe colocarse un edificio, construcción, etc., y ubicarlo allí.
ORT La *z* cambia en *c* ante *e: Emplacé.*

em·plea·do, -a [em̢pleáðo, -a] *adj* y *s/m,f* Se aplica al que trabaja a las órdenes de la Administración pública o de una empresa privada en una oficina para despachar los negocios de ésta. RPr **Empleado de/por:** *Es un empleado de aduanas. Está empleado por el F.B.I.*

em·ple·ar [em̢pleár] *v/tr* **1.** Ocupar a alguien en un cargo, empleo, etc., pagándole por su trabajo. **2.** Hacer servir una cosa para un fin determinado: *Han empleado el dinero en arreglar la casa.* **3.** Consumir o gastar una cantidad determinada de algo. RPr **Emplearse como/de:** *Emplearse como recadero/de camarera.*

em·pleo [em̢pléo] *s/m* **1.** Acción y efecto de emplear. **2.** Trabajo, función o cargo que se desempeña: *Tiene un empleo en Aduanas.*

em·plo·ma·du·ra [em̢plomaðúra] *s/f* **1.** Acción y efecto de emplomar. **2.** Plomo con que algo está emplomado.

em·plo·mar [em̢plomár] *v/tr* **1.** Sujetar con plomo algo, especialmente los cristales de las vidrieras. **2.** AMÉR Empastar una muela, un diente, etc.

em·plu·mar [em̢plumár] **I.** *v/tr* **1.** Poner plumas a algo o a alguien. **2.** FIG FAM Enviar a alguien a cumplir alguna condena. *Le han emplumado cuatro años de cárcel.* **II.** *v/intr* **1.** Echar la pluma un ave. **2.** AMÉR Echar a volar.

em·plu·me·cer [em̢plumeθér] *v/intr* Echar un ave la pluma.
CONJ *Irreg: Emplumezco, emplumecí, emplumeceré, emplumecido.*

em·po·bre·cer [em̢poβreθér] *v/tr, intr* Hacer que alguien o algo sea más pobre.
CONJ *Irreg: Empobrezo, empobrecí, empobreceré, empobrecido.*

em·po·bre·ci·mien·to [em̢poβreθimjénto] *s/m* Acción y efecto de empobrecer(se).

em·pol·var [em̢polβár] *v/tr* Cubrir o echar polvos sobre algo o sobre alguien.

em·po·llar [em̢poʎár] *v/tr* **1.** Ponerse un ave sobre sus huevos para calentarlos y para que así nazcan los pollos. **2.** FIG FAM Entre estudiantes, estudiar con intensidad, especialmente en vísperas de exámenes, alguna materia.

em·po·llón, -na [em̢poʎón, -na] *adj* y *s/m,f* FAM Se aplica a la persona que se dedica en exceso al estudio de alguna materia.

em·pon·zo·ña·mien·to [em̢ponθoɲamjénto] *s/m* Acción y efecto de emponzoñar(se).

em·pon·zo·ñar [em̢ponθoɲár] *v/tr* **1.** Envenenar a alguien o echar veneno en algo: *Emponzoñaron el agua.* **2.** FIG Hacer que se estropee una relación, una situación, etc.: *Emponzoñó nuestra amistad.*

em·por·car [em̢porkár] *v/tr,* REFL (-SE) Llenar(se) algo o alguien de porquería.
CONJ *Irreg: Empuerco, emporqué, emporcaré, emporcado.*

em·po·rio [em̢pórjo] *s/m* **1.** Lugar o ciudad en donde, antiguamente, se reunían gentes de muy diversas nacionalidades para comerciar. **2.** FIG Se dice del lugar conocido por su fomento de las artes, la cultura, etc.

em·po·trar [em̢potrár] *v/tr* Introducir algo, como un armario, una viga, etc., en una cavidad de un muro. RPr **Empotrar en:** *Empotrar un armario en la cocina.*

em·pren·de·dor, -ra [em̩pren̩deðór, -ra] *adj* y *s/m,f* Se aplica a la persona que es capaz de tener iniciativa en los negocios, viajes o cualquier otra actividad.

em·pren·der [em̩pren̩dér] *v/tr* **1.** Iniciar una acción, generalmente portadora de riesgo o dificultades. **2.** Iniciar un trabajo o empresa. LOC **Emprenderla,** FAM tomar una actitud muy emprendedora o belicosa contra algo o alguien: *La emprendió con la mujer del vecino.*

em·pre·ñar [em̩preɲár] *v/tr* FIG FAM Causar molestia o enfado a alguien.

em·pre·sa [em̩présa] *s/f* **1.** Acción, campaña, iniciativa, etc., que implica riesgo o es difícil de culminar. **2.** Entidad o sociedad mercantil o industrial destinada a la realización de negocios, explotaciones de productos, etc.: *Una empresa metalúrgica.*

em·pre·sa·ria·do [em̩presarjáðo] *s/m* Conjunto de empresarios considerado globalmente.

em·pre·sa·rial [em̩presarjál] *adj* Relativo a la empresa o a los empresarios.

em·pre·sa·rio, -a [em̩presárjo, -a] *s/m,f* Persona que tiene a su cargo una empresa o que la posee.

em·prés·ti·to [em̩préstito] *s/m* **1.** Acción de tomar algo en préstamo, especialmente referido a dinero. **2.** Cantidad prestada en la operación.

em·pu·jar [em̩puxár] *v/tr, intr* **1.** Hacer algo o alguien presión para que una cosa o persona se mueva. **2.** FIG Instar a alguien para que realice algo determinado: *La empujaron a casarse.* RPr **Empujar a/hacia/con.**

em·pu·je [em̩púxe] *s/m* **1.** Acción y efecto de empujar. **2.** FIG Cualidad que alguien tiene para resolver problemas o acometer empresas: *Es un chico de empuje.*

em·pu·jón [em̩puxón] *s/m* Acto de empujar con fuerza algo o a alguien: *Me dio un empujón y me caí al agua.* LOC **A empujones,** *1.* Dando empujones. *2.* FIG A saltos, de forma no continua: *Vamos construyendo la casa a empujones.*

em·pu·ña·du·ra [em̩puɲaðúra] *s/f* Puño de la espada o de cualquier otra arma, utensilio, etc., que sirve para cogerlo con la mano.

em·pu·ñar [em̩puɲár] *v/tr* Asir con fuerza por el puño un arma o utensilio. También usado en sentido figurado o simbólico: *Empuñó el cetro de la dictadura.*

e·mu·la·ción [emulaθjón] *s/f* Acción y efecto de emular.

e·mu·lar [emulár] *v/tr* Imitar y procurar mejorar las acciones de otro.

é·mu·lo, -a [émulo, -a] *adj* y *s/m,f* Que intenta copiar las cualidades o buenas acciones de otro: *Es un émulo de su maestro.* RPr **Émulo de/en:** ***Émulo en erudición.***

e·mul·sión [emulsjón] *s/f* **1.** FARM Líquido de aspecto lácteo en el cual se mantienen en suspensión partículas muy menudas de alguna sustancia insoluble en el agua, como grasas, resinas, etc. **2.** FOT Preparado sensible a la luz que, al formar una capa en una placa o película, constituye la base de la fotografía.

e·mul·sio·nar [emulsjonár] *v/tr* Hacer que tome la forma de emulsión una sustancia, generalmente de tipo graso. RPr **Emulsionar con/en:** *Emulsionar con/en gasolina.*

en [én] *prep* **1.** Se usa para expresar el lugar donde sucede algo: *Vivíamos en Francia.* **2.** Para expresar el lugar donde algo está guardado. **3.** Para expresar una relación de tiempo: *En el pasado vivía mejor.* **4.** Para expresar la situación en que algo se halla: *Estamos en ruina.* **5.** Para expresar una relación de medio o instrumento: *Viajar en avión.*

e·na·gua [enáɣwa] *s/f, pl* Prenda de vestir interior de la mujer, que va desde la cintura hasta el final de la falda y se pone debajo de ésta.

en·a·guar [enaɣwár] *v/tr* Llenar de agua alguna cosa.

e·na·je·na·ción [enaxenaθjón] *s/f* Acción y efecto de enajenar(se).

e·na·je·na·do, -a [enaxenáðo, -a] *adj* Se dice del que ha perdido la razón o el juicio.

e·na·je·na·mien·to [enaxenamjén̩to] *s/m* Enajenación.

e·na·je·nar [enaxenár] **I.** *v/tr* **1.** Transmitir a otro el dominio, la posesión, etc., de algo: *Enajenó la finca.* **2.** FIG Perturbar la razón o el juicio de alguien: *La muerte de su marido la enajenó.* **3.** FIG Apartar a alguien de la simpatía, cariño, trato, etc., de otro: *Su carácter le enajena muchas amistades.* **II.** REFL(-SE) (Con *de*) Desposeerse de alguna propiedad: *Se ha enajenado de la finca.* RPr **Enajenarse de.**

en·al·te·cer [enal̩teθér] *v/tr* **1.** Hablar de algo o alguien en tono de alabanza. **2.** FIG Honrar o dignificar a alguien: *Lo que has hecho te enaltece.*
CONJ *Irreg: Enaltezco, enaltecí, enalteceré, enaltecido.*

en·al·te·ci·mien·to [enal̩teθimjén̩to] *s/m* Acción y efecto de enaltecer(se).

e·na·mo·ra·di·zo, -a [enamoraðíθo, -a] *adj* Que es muy propenso a enamorarse.

e·na·mo·ra·do, -a [enamoráðo, -a] *adj* y *s/m,f* **1.** Se aplica al que siente amor por alguien. **2.** FIG Se dice del que se apasiona por algo: *Es una enamorada de la música.*

e·na·mo·ra·mien·to [enamoramjéṇto] *s/m* Acción y efecto de enamorar(se).

e·na·mo·rar [enamorár] **I.** *v/tr* **1.** Producir o causar amor en otro. **2.** FIG Gustar mucho. **II.** REFL(-SE) **1.** Sentir amor por otro: *Se ha enamorado de Juan.* **2.** FIG FAM Prendarse o aficionarse en gran medida a algo. RPr **Enamorarse de.**

e·na·mo·ri·car·se o **e·na·mo·ris·car·se** [enamorikárse/enamoriskárse] *v*/REFL(-SE) Enamorarse de alguien poco seriamente o estar empezando a enamorarse. RPr **Enamoricarse de.**
ORT La *c* cambia en *qu* ante *e: Me enamoriqué/enamorisqué.*

en·an·char [enaṇtʃár] *v/tr* FAM Ensanchar.

e·na·nis·mo [enanísmo] *s/m* ZOOL, BIOL Trastorno del crecimiento, que se manifiesta en quedarse el individuo en un tamaño inferior al de la media de su especie.

e·na·no, -a [enáno, -a] **I.** *adj* Se aplica a lo que o al que es diminuto en su especie. **II.** *s/m,f* **1.** Persona de talla anormalmente pequeña. **2.** En la literatura infantil, ser fantástico de poca estatura, capaz de realizar cosas sorprendentes. LOC **Disfrutar como un enano**, FAM divertirse muchísimo, pasarlo muy bien.

en·ar·bo·lar [enarβolár] *v/tr* **1.** Levantar en alto alguna cosa de forma alargada, como una espada, para que sea bien visible. **2.** FIG Utilizar como amenaza determinada razón, excusa, etc.: *Enarboló su condición de diplomático para no ser registrado.*

en·ar·car [enarkár] *v/tr* Dar forma de arco a algo; se usa referido especialmente a las cejas: *Enarcó las cejas y suspiró.*
ORT La *c* cambia en *qu* ante *e: Enarqué.*

en·ar·de·cer [enarðeθér] *v/tr* Hacer que los ánimos de alguien se predispongan a la violencia, al entusiasmo, etc.
CONJ *Irreg: Enardezco, enardecí, enardeceré, enardecido.*

en·ar·de·ci·mien·to [enarðeθimjéṇto] *s/m* Acción y efecto de enardecer(se).

en·a·re·nar [enarenár] *v/tr* Cubrir con arena o poner arena en algún lugar para evitar que se resbale, patine, etc.

en·as·tar [enastár] *v/tr* Poner el asta o mango a un utensilio, herramienta, etc.

en·ca·bal·gar [eŋkaβalɣár] *v/tr* Colocar una cosa de tal modo que se apoye o descanse en otra.
ORT La *g* ante *e* cambia en *gu*: *Encabalgué.*

en·ca·bes·trar [eŋkaβestrár] *v/tr* Poner el cabestro a un animal.

en·ca·be·za·mien·to [eŋkaβeθamjéṇto] *s/m* **1.** Acción de encabezar **2.** Fórmula con la que se comienza cierto tipo de escritos, como una carta.

en·ca·be·zar [eŋkaβeθár] *v/tr* **1.** Ser alguien el primero de una lista, grupo, etc. **2.** Hacer el encabezamiento de un escrito, libro, documento, etc. **3.** AMÉR Ser el líder de una revolución, motín, etc.
ORT La *z* cambia en *c* ante *e: Encabecé.*

en·ca·bri·tar·se [eŋkaβritárse] *v*/REFL(-SE) **1.** Ponerse sobre sus cuartos traseros un animal, especialmente una caballería. **2.** FIG FAM Enojarse una persona: *Siempre se encabrita conmigo.* RPr **Encabritarse con.**

en·ca·de·na·mien·to [eŋkaðenamjéṇto] *s/m* Acción y efecto de encadenar(se).

en·ca·de·nar [eŋkaðenár] *v/tr* **1.** Sujetar a alguien o algo con cadenas: *Encadenó la bicicleta a un árbol.* **2.** FIG Enlazar unos hechos o datos, etc., a otros.

en·ca·jar [eŋkaxár] **I.** *v/tr* **1.** Meter ajustadamente en el hueco de una cosa otra que cabe en ella: *Encajó la puerta en el marco.* **2.** FIG FAM Lanzar a alguien a disparo, golpe, etc.: *Le encajó tres tiros por la espalda.* **3.** FIG FAM Aceptar un acontecimiento, generalmente adverso, de manera conformista: *Ha encajado muy bien la quiebra del negocio.* **4.** GAL, DEP Recibir o tomar el golpe, la pelota, etc., del contrario: *Encajó un derechazo.* **5.** FIG FAM Hacer que algo case o se una bien con otra cosa. **II.** *v/intr* **1.** Caber de forma ajustada una cosa en otra: *Esta puerta no encaja en el marco.* **2.** FIG (Con *con*) Ir bien un dato, un hecho, etc., con otro: *Lo que dices no encaja con lo que él dijo ayer.* **III.** REFL(-SE) **1.** (Con *en*) Meterse algo en un lugar estrecho, de modo tal que luego no puede volver a salir: *Se encajó en el hueco de la pared.* **2.** FIG FAM Ponerse una prenda, sombrero, etc.: *Se encajó la gorra y se fue.* RPr **Encajar con/en. Encajarse en.**

en·ca·je [eŋkáxe] *s/m* **1.** Acción de encajar una cosa en otra. **2.** Tejido formado por un articulado de mallas, hechas con bolillos, ganchillo o agujas, que se disponen caprichosamente para adorno. **3.** Tira de este tejido, que se añade a una prenda en su borde como adorno.

en·ca·jo·na·mien·to [eŋkaxonamjéṇto] *s/m* Acción y efecto de encajonar(se).

en·ca·jo·nar [eŋkaxonár] *v/tr* **1.** Introducir en cajones una cosa determinada. **2.** FIG Meter algo o a alguien en un lugar estrecho o pequeño.

en·ca·la·bri·nar [eŋkalaβrinár] **I.** *v/tr* Llenar a alguien la cabeza de un vapor o algo que le turbe los sentidos. **II.** REFL(-SE) **1.** Irritarse con algo o con alguien. **2.** Obsesionarse o encapricharse con un tema, una actividad, etc.: *Se ha encalabrinado con los sellos.* RPr **Encalabrinarse con.**

en·ca·la·du·ra [eŋkalaðúra] *s/f* Acción y efecto de encalar o blanquear.

en·ca·lar [eŋkalár] *v/tr* Dar una mano de cal a una pared, superficie, etc.

en·cal·mar·se [eŋkalmárse] *v/*REFL (-SE) Referido al mar, al tiempo, etc., quedarse en calma.

en·ca·llar [eŋkaʎár] *v/intr* Quedar una embarcación detenida por tocar su fondo rocas o arena, etc. RPr **Encallar en:** *Encallar el barco en la arena.*

en·ca·lle·cer [eŋkaʎeθér] **I.** *v/intr* Endurecerse o criar callos la piel por el trabajo, la edad, etc. **II.** REFL(-SE) FIG Hacerse duro ante las cosas a causa de la costumbre.
CONJ *Irreg: Encallezco, encallecí, encalleceré, encallecido.*

en·ca·lle·ci·mien·to [eŋkaʎeθimjéņto] *s/m* Acción y efecto de encallecerse.

en·ca·mar [eŋkamár] *v/*REFL(-SE) **1.** Meterse en cama alguien por estar enfermo. **2.** Echarse en el suelo las piezas de caza en los lugares que encuentran para su descanso. **3.** AGR Abatirse o doblegarse las mieses.

en·ca·mi·na·mien·to [eŋkaminamjéņto] *s/m* Acción y efecto de encaminar(se).

en·ca·mi·nar [eŋkaminár] *v/tr* **1.** Enseñar a alguien el camino que debe seguir: *Los encaminaron al bosque.* **2.** Dirigir alguien sus pasos en determinada dirección. **3.** Dirigir cualquier cosa en cierta dirección: *Encaminar las actividades.* RPr **Encaminar(se) a/hacia/por.**

en·ca·mi·sar [eŋkamisár] *v/tr* **1.** Poner una camisa a alguien. **2.** Poner una funda o cubierta a algo.

en·ca·na·lla·mien·to [eŋkanaʎamjéņto] *s/m* Acción y efecto de encanallar(se).

en·ca·na·llar [eŋkanaʎár] *v/tr* Hacer que alguien adquiera las costumbres propias de un canalla.

en·ca·nar·se [eŋkanárse] *v/*REFL (-SE) Quedarse alguien envarado por la fuerza de un ataque de risa, llanto, etc.

en·can·di·la·do, -a [eŋkaņdiláðo, -a] *adj* FIG FAM Deslumbrado o muy enamorado de algo o de alguien: *Está encandilado con su profesora.*

en·can·di·lar [eŋkaņdilár] *v/tr* **1.** Deslumbrar con una luz excesiva a alguien. **2.** FIG FAM Dejar a alguien deslumbrado de admiración.

en·ca·ne·cer [eŋkaneθér] *v/intr,* REFL (-SE) **1.** Volverse cano. **2.** FIG Envejecer.
CONJ *Irreg: Encanezco, encanecí, encaneceré, encanecido.*

en·ca·ni·ja·do, (-a) [eŋkanixáðo, (-a)] *adj* Que tiene aspecto enfermizo o raquítico.

en·ca·ni·jar [eŋkanixár] *v/tr,* REFL (-SE) Poner(se) encanijado.

en·ca·ni·llar [eŋkaniʎár] *v/tr, intr* Devanar los tejedores el hilo en las canillas.

en·can·ta·do, -a [eŋkaņtáðo, -a] *adj* **1.** FAM Que está muy satisfecho con algo o con alguien. **2.** FIG Que está siempre distraído o ensimismado: *Se pasa la vida mirando las nubes, como encantada.* **3.** Referido a casas, mansiones, etc., que está deshabitado o que tiene fama de tener fantasmas.

en·can·ta·dor, -ra [eŋkaņtaðór, -ra] **I.** *adj* y *s/m,f* Se aplica al que hace encantamientos o hechizos. **II.** *adj* FAM Que cautiva o embruja a las personas: *Es una persona encantadora.*

en·can·ta·mien·to [eŋkaņtamjéņto] *s/m* Acción y efecto de encantar(se).

en·can·tar [eŋkaņtár] *v/tr* **1.** Hacer que alguien quede bajo la influencia de la magia: *Y el hada madrina la encantó.* **2.** FIG FAM Dejar a alguien muy satisfecho con la manera de hablar, obrar, etc.: *Me encanta su modo de cantar.* **3.** FIG Cautivar la atención de alguien.

en·can·te [eŋkáņte] *s/m, pl* **1.** Venta de artículos en subasta pública. **2.** Lugar en donde suelen venderse cosas usadas.

en·can·to [eŋkáņto] *s/m* **1.** Acción y efecto de encantar(se). **2.** FAM Atractivos que tiene una mujer: *La joven lucía sus encantos.*

en·ca·ña·do [eŋkaɲáðo] *s/m* **1.** Enrejado hecho con cañas, para una planta, etc. **2.** Conjunto de caños para la conducción de agua.

en·ca·ñar [eŋkaɲár] *v/tr* Poner cañas para que trepe por ellas una planta.

en·ca·ñi·za·da [eŋkaɲiθáða] *s/f* Enrejado de cañas.

en·ca·ñi·zar [eŋkaɲiθár] *v/tr* Cubrir con cañizos un techo, una abertura, etc.
ORT La *z* cambia en *c* ante *e: Encañicé.*

en·ca·ño·nar [eŋkaɲonár] **I.** *v/tr* Apuntar o dirigir un arma contra alguien o algo: *Me encañonó con su pistola.* **II.** REFL(-SE) Meterse un río, una corriente, etc., por un sitio estrecho o cañón.

en·ca·po·ta·mien·to [eŋkapotamjéņto] *s/m* Acción y efecto de encapotar(se).

en·ca·po·tar [eŋkapotár] *v/*REFL(-SE) **1.** Ponerse el capote. **2.** Referido al cielo, etc., cubrirse de nubes amenazadoras de lluvia.

en·ca·pri·cha·mien·to [eŋkapritʃamjéņto] *s/m* Acción y efecto de encapricharse.

en·ca·pri·char·se [eŋkapritʃárse] v/REFL(-SE) Empeñarse en lograr o sostener un capricho. RPr **Encapricharse con:** *Encapricharse con la política.*

en·ca·pu·cha·do, -a [eŋkaputʃáðo, -a] *adj* y *s/m,f* Se aplica al que lleva la cabeza cubierta con una capucha.

en·ca·pu·char [eŋkaputʃár] *v/tr,* REFL (-SE) Cubrir(se) con una capucha.

en·ca·ra·mar [eŋkaramár] *v/tr* **1.** Levantar o alzar a una persona o cosa hasta un lugar dificultoso de alcanzar. **2.** FIG Colocar a alguien en un puesto, cargo, etc., de importancia: *La encaramaron a la fama.* RPr **Encaramarse a/en:** *Se encaramó en un árbol.*

en·ca·rar [eŋkarár] **I.** *v/tr* **1.** Poner una cosa o ponerse uno mismo frente a algo. **2.** FIG Hacer frente a una dificultad, riesgo, etc. **II.** *v/intr* REFL(-SE) **1.** Ponerse alguien o dos o más cosas frente a frente. **2.** FIG FAM Oponer resistencia a un superior, etc.: *Se encaró al jefe.* RPr **Encararse a/con:** *Se encaró con la directora.*

en·car·ce·la·ción [eŋkarθelaθjón] *s/f* Acción y efecto de encarcelar a alguien.

en·car·ce·la·mien·to [eŋkarθelamjéɲto] *s/m* Encarcelación.

en·car·ce·lar [eŋkarθelár] *v/tr* Poner preso en la cárcel a alguien.

en·ca·re·cer [eŋkareθér] *v/tr* **1.** Elevar el precio de algo. **2.** FIG Hablar muy bien de algo o de alguien: *Encareció la perfección de su obra.* **3.** FIG Insistir en la importancia de algo: *Me encareció lo importante de llegar puntualmente a la cita.*
CONJ *Irreg: Encarezco, encarecí, encareceré, encarecido.*

en·ca·re·ci·da·men·te [eŋkareθíðameɲte] *adv* Con encarecimiento.

en·ca·re·ci·mien·to [eŋkareθimjéɲto] *s/m* Acción y efecto de encarecer(se).

en·car·ga·do, -a [eŋkarɣáðo, -a] **I.** *adj* Se aplica a aquello que ha sido encargado. **II.** *adj* y *s/m,f* Se aplica a la persona que tiene algo a su cuidado, especialmente un negocio o industria en representación del dueño o jefe: *Es el encargado de obras.*

en·car·gar [eŋkarɣár] **I.** *v/tr* **1.** Poner al cuidado de algo a alguien. **2.** Recomendar u ordenar a alguien que haga algo: *Le han encargado que sea prudente.* **3.** Pedir que alguien suministre cierto artículo, trabajo, etc., a cambio de dinero: *Me han encargado tres traducciones.* **II.** REFL(-SE) Tomar alguien bajo su cuidado la vigilancia, realización, etc., de algo: *Ella se encargará de vigilar.* RPr **Encargar(se) de.**
ORT La *g* lleva *u* ante *e: Encargué.*

en·car·go [eŋkárɣo] *s/m* Acción y efecto de encargar(se). LOC **Como hecho de encargo,** FIG se aplica a lo que reúne todas las condiciones que se deseaba que tuviera: *Este abrigo me viene como hecho de encargo.*

en·ca·ri·ñar [eŋkariɲár] **I.** *v/tr* Despertar cariño en alguien. **II.** REFL(-SE) Coger cariño alguien a algo o alguien: *Me he encariñado con este abrigo y lo llevo siempre.* RPr **Encariñarse con.**

en·car·na·ción [eŋkarnaθjón] *s/f* Acción y efecto de encarnar(se).

en·car·na·do, -a [eŋkarnáðo, -a] *adj* **1.** Que se ha encarnado: *El Verbo encarnado.* **2.** Se aplica al color rojo y a lo que lo tiene.

en·car·na·du·ra [eŋkarnaðúra] *s/f* MED Disposición que tienen los tejidos orgánicos para cicatrizar las lesiones.

en·car·nar [eŋkarnár] **I.** *v/tr* **1.** En teatro, cine, etc., representar un determinado personaje. **2.** FIG Personificar alguna virtud, etc., o reunir todas las cualidades o defectos de una idea o concepto: *Esta persona encarna la opresión y la injusticia.* **3.** **II.** REFL(-SE) **1.** Hacerse carne Dios, según la religión católica: *Dios se encarnó en Jesucristo.* **2.** MONT Encarnizarse los perros en la presa. RPr **Encarnar(se) en.**

en·car·ni·za·do, -a [eŋkarniθáðo, -a] *adj* Se aplica a la lucha, batalla, etc., muy reñida o violenta: *Una pelea encarnizada.*

en·car·ni·za·mien·to [eŋkarniθamjéɲto] *s/m* **1.** Acción y efecto de encarnizar(se). **2.** Crueldad con que alguien ataca a un enemigo, etc., o hiere una presa, etc.

en·car·ni·zar [eŋkarniθár] *v/tr* **1.** MONT Cebar a los perros en la carne de la presa para que se vuelvan fieros. **2.** FIG Hacer que una lucha entre otros sea encarnizada, agresiva, etc. RPr **Encarnizarse con:** *Encarnizarse con el vencido.*
ORT La *z* cambia en *c* ante *e: Encarnicé.*

en·car·pe·tar [eŋkarpetár] *v/tr* Guardar documentos, etc., en una carpeta.

en·ca·rri·lar [eŋkarrilár] *v/tr* **1.** Poner sobre carriles un vehículo, máquina, etc. **2.** FIG Hacer que algún asunto vaya avanzando tal como debe ir: *Han encarrilado el negocio y ahora les va bien.*

en·car·ta·do, -a [eŋkartáðo, -a] *adj* y *s/m,f* DER Que está sujeto a un proceso y es considerado como presunto reo: *El juez citó a los encartados.*

en·car·tar [eŋkartár] **I.** *v/tr* **1.** DER Proscribir a un reo que se ha constituido en rebeldía. **2.** DER Incluir a alguien entre los procesados en un juicio. **II.** *v/intr* En los juegos de baraja, salir un palo que puede ser seguido por un jugador.

en·car·te [eŋkárte] *s/m* Acción y efecto de encartar(se) en el juego.

en·car·to·nar [eŋkartonár] *v/tr* Resguardar con cartones o poner cartones a algo.

en·ca·si·lla·do, (-a) [eŋkasiʎáðo, (-a)] **I.** *adj* FIG Se aplica al que está catalogado de determinada manera: *Esta actriz ha quedado encasillada como 'la mala'.* **II.** *s/m* Conjunto o dibujo de casillas: *El encasillado de un crucigrama.*

en·ca·si·llar [eŋkasiʎár] *v/tr* **1.** Poner en casillas alguna cosa: *Encasillar el correo.* **2.** Clasificar personas o cosas según sus características, su importancia, etc.: *Lo han encasillado en los papeles de malo.* RPr **Encasillarse en (algo).**

en·cas·que·tar [eŋkasketár] **I.** *v/tr* Poner a alguien un gorro, sombrero, etc. **II.** REFL(-SE) Meterse o ponerse en la cabeza un sombrero o gorra, etc.

en·cas·qui·llar·se [eŋkaskiʎárse] *v*/REFL(-SE) Referido a armas de fuego, quedarse atascado por estar el casquillo de una bala fuera de su sitio.

en·cas·ti·llar·se [eŋkastiʎárse] *v*/REFL(-SE) Obstinarse en mantener una posotura o ideología, frente a la oposición de los demás. RPr **Encastillarse en:** *Encastillarse en su idea.*

en·cau·char [eŋkautʃár] *v/tr* Recubrir con caucho una cosa.

en·cau·sar [eŋkausár] *v/tr* DER Proceder judicialmente contra uno.

en·cáus·ti·co, (-a) [eŋkáustiko, (-a)] **I.** *adj* Se aplica a lo que ha sido pintado al encausto. **II.** *s/m* Preparado de cera que sirve para cubrir los poros de una superficie y darle brillo.

en·caus·to [eŋkáusto] *s/m* PINT Técnica que emplea la combustión, bien por medio de ceras derretidas que se aplican con un punzón caliente, bien con un buril encendido con el que se ponen esmaltes sobre marfil, vidrio, barro, etc.

en·cau·za·mien·to [eŋkauθamjén̪to] *s/m* Acción y efecto de encauzar(se).

en·cau·zar [eŋkauθár] *v/tr* **1.** Dirigir una corriente, río, etc., por su cauce o por un conducto. **2.** FIG Hacer que algo vaya por buen camino o que alguien corrija sus faltas o errores: *Encauzaron el debate por una vía amistosa.*
ORT La *z* cambia en *c* ante *e: Encaucé.*

en·ce·fá·li·co, -a [enθefáliko, -a] *adj* Relativo al encéfalo: *Masa encefálica.*

en·ce·fa·li·tis [enθefalítis] *s/f* MED Inflamación del encéfalo.

en·cé·fa·lo [enθéfalo] *s/m* ANAT Conjunto de los centros nerviosos contenidos en el interior del cráneo.

en·ce·fa·lo·gra·ma [enθefaloɣráma] *s/m* Electroencefalograma.

en·ce·la·jar·se [enθelaxárse] *v/impers* Cubrirse de nubes o celajes.

en·ce·lar [enθelár] **I.** *v/tr* Dar celos a alguien. **II.** REFL(-SE) **1.** Sentir celos una persona. **2.** Ponerse un animal en celo.

en·ce·na·gar [enθenaɣár] *v/tr,* REFL (-SE) **1.** Cubrir(se) o llenar(se) de barro o cieno. **2.** FIG Hundir(se) en el vicio. RPr **Encenagarse en:** *Encenagarse en el vicio.*
ORT La *g* lleva *u* ante *e: Encenagué.*

en·cen·de·dor, (-a) [enθen̪deðór, (-ra)] **I.** *adj* Se aplica a lo que enciende o sirve para encender. **II.** *s/m* Aparato o utensilio que sirve para encender un fuego, un cigarrillo, etc.

en·cen·der [enθen̪dér] *v/tr, intr* **1.** Hacer que algo arda por medio de una llama, chispa, etc., y produzca fuego. **2.** Hacer que funcione una lámpara eléctrica: *Enciende la luz.* **3.** FIG Hacer que se inicie una acción violenta: *Encender la guerra.* **4.** FIG Avivar o excitar ciertos sentimientos: *Sus palabras encendieron mi cólera.*
CONJ *Irreg: Enciendo, encendí, encenderé, encendido.*

en·cen·di·do, (-a) [enθen̪díðo, (-a)] **I.** *adj* **1.** Que está encendido. **2.** De color rojo fuerte: *Unas rosas de color encendido.* **II.** *s/m* En los motores de explosión, conjunto formado por la instalación eléctrica y los mecanismos destinados a producir la chispa.

en·ce·ra·do [enθeráðo] *s/m* **1.** Acción y efecto de encerar algo, como, por *ej,* el suelo. **2.** Lienzo o tablero que han sido preparados con alguna sustancia que los impermeabiliza y que permite que se escriba con tiza sobre ellos; suelen usarse para la enseñanza.

en·ce·rar [enθerár] *v/tr* Aplicar, dar cera a algo.

en·ce·rra·de·ro [enθerraðéro] *s/m* Lugar en que se recoge al ganado cuando llueve o cuando hay que esquilarlo, etc.

en·ce·rrar [enθerrár] **I.** *v/tr* **1.** Meter a alguien en un lugar del que le es imposible salir: *Lo han encerrado en su habitación.* **2.** FIG Incluir o contener algo otra cosa: *Esta pregunta encierra una trampa.* **3.** FIG Referido a signos escritos, poner una cosa dentro de otra: *Encerró la frase entre paréntesis.* **4.** En ciertos juegos de mesa, dejar al contrario de forma que no pueda mover sus fichas. **II.** REFL(-SE) **1.** Quedarse en un lugar cerrado: *Se ha encerrado en su habitación.* **2.** FIG Recluirse en una institución, especialmente si es religiosa: *Se ha encerrado en las clarisas.* RPr **Encerrar(se) en/entre.**
CONJ *Irreg: Encierro, encerré, encerraré, encerrado.*

en·ce·rro·na [enθerróna] *s/f* **1.** FAM Retiro o encierro que voluntariamente hacen unas personas para discutir, hablar, etc. **2.** FIG Situación en la que se coloca a alguien y que produce un efecto de trampa o de coacción al obligar a hacer algo que no se desea hacer: *Le tendieron una encerrona.*

en·ces·tar [enθestár] *v/intr, tr* DEP En baloncesto, lograr que la pelota entre en la cesta, obteniendo así un tanto.

en·cía [enθía] *s/f* Porción de carne que en los vertebrados superiores recubre la base o raíz de los dientes, muelas, etc.

en·cí·cli·ca [enθíklika] *s/f* Carta o misiva dirigida por el Papa de Roma a todos los obispos de la Iglesia católica o a sus fieles.

en·ci·clo·pe·dia [enθiklopéðja] *s/f* **1.** Conjunto de conocimientos del saber humano. **2.** Obra en que se trata de todas las ramas del saber humano en artículos ordenados alfabéticamente.

en·ci·clo·pé·di·co, -a [enθiklopéðiko, -a] *adj* Relativo a la Enciclopedia.

en·ci·clo·pe·dis·mo [enθiklopeðísmo] *s/m* Conjunto de doctrinas filosóficas, etc., profesadas por los enciclopedistas.

en·ci·clo·pe·dis·ta [enθiklopeðísta] *adj* y *s/m,f* Se aplica al autor o colaborador que tomó parte en la Enciclopedia francesa del s. XVIII.

en·cie·rro [enθjérro] *s/m* **1.** Acción y efecto de encerrar(se). **2.** Lugar en que se realiza un encierro o donde uno generalmente está encerrado. **3.** En algunas poblaciones, acto de conducir los toros a ser encerrados en el toril antes de la corrida. **4.** FIG Aislamiento o reclusión: *Vive en un perpetuo encierro, sin ver a nadie.*

en·ci·ma [enθíma] *adv* **1.** Se usa para expresar la superioridad de un lugar con respecto a otro: *Nosotros vivimos debajo y ellos encima.* **2.** FIG Para indicar una situación de superioridad de alguien o algo sobre otro. **3.** FIG Para indicar que algo está añadido a otra cosa: *Le pagó la semana y encima le dio una botella de champán.* LOC **Encima de,** *1.* Sobre: *Dejó la taza encima del plato.* *2.* FIG Además: *Encima de haberla castigado, la insultaron.* **Estar alguien encima de otro,** FIG FAM estar siempre atacando, censurando, etc., a otro. **Por encima,** *1.* A más altura que otra cosa. *2.* FIG En situación de más importancia, etc. *3.* Fuera de, más allá de: *Aquello estaba por encima de sus posibilidades.* *4.* FIG Referido a acciones, a la ligera: *Leyó el libro muy por encima.* **Llevar algo encima,** FIG cargar con alguna responsabilidad. **Echarse algo encima de uno,** FIG sobrevenir algo de manera inesperada y repentina.

en·ci·me·ro, -a [enθiméro, -a] *adj* Que se pone encima o que está encima de otras cosas similares.

en·ci·na [enθína] *s/f* **1.** Árbol cupulífero de hojas pequeñas, con bordes que pinchan; su fruto es la bellota. **2.** Madera de este árbol.

en·ci·nar [enθinár] *s/m* Lugar poblado de encinas.

en·cin·ta [enθíṇta] *adj (Estar encinta)* Se aplica a la mujer en estado de gestación.

en·cin·tar [enθiṇtár] *v/tr* Adornar con cintas algo o a alguien.

en·ci·za·ñar [enθiθaɲár] *v/tr* Sembrar la cizaña entre varias personas o individuos de una colectividad.

en·claus·trar [eŋklaustrár] *v/tr,* REFL (-SE) **1.** Encerrar(se) en un claustro. **2.** FIG Esconder(se) en un paraje oculto.

en·cla·va·do, -a [eŋklaβáðo, -a] *adj* **1.** Se aplica al objeto encajado en otro. **2.** Se dice del lugar que está situado dentro de la zona perteneciente a otro: *El palacio está enclavado en el norte de la finca.* RPr **Enclavado en.**

en·cla·ve [eŋkláβe] *s/m* Territorio que aun perteneciendo a un país, se halla geográficamente en otro.

en·clen·que [eŋkléŋke] *adj* y *s/m,f* Se aplica al que es enfermizo y falto de salud.

en·clí·ti·co, -a [eŋklítiko, -a] *adj* y *s/m,f* GRAM Se aplica a la partícula que se aglutina con la palabra precedente, como, *por ej: Acompáña***me.**

en·co·bar [eŋkoβár] *v/intr,* REFL (-SE) Colocarse un ave doméstica sobre los huevos para que éstos empollen.

en·co·fra·do [eŋkofráðo] *s/m* **1.** Acto de encofrar. **2.** ALBAÑ Armazón para contener el hormigón mientras fragua.

en·co·frar [eŋkofrár] *v/tr, intr* **1.** Colocar bastidores para contener las tierras en las galerías de las minas. **2.** ALBAÑ Poner o construir un encofrado.

en·co·ger [eŋkoxér] **I.** *v/tr* **1.** Causar la disminución de las dimensiones de algo. **2.** Referido al cuerpo humano, contraer, estirándolo, algún miembro o parte de él: *Encoger el músculo.* **3.** FIG Causar una sensación de temor, vergüenza, etc., a alguien: *Entrar allí le encogió el ánimo.* **II.** *v/intr* Disminuir en sus dimensiones de ancho y largo un tejido a causa de haberse mojado: *Esta lana no encoge al lavarse.* LOC **Encogerse de hombros,** FAM sentir o manifestar indiferencia ante algún problema o cuestión.
ORT La *g* cambia en *j* ante *o/a: Encojo, encoja.*

en·co·gi·mien·to [eŋkoximjéṇto] *s/m* Acción y efecto de encoger(se).

en·co·jar [eŋkoxár] *v/tr* Hacer que alguien esté o se vuelva cojo.

en·co·la·do, (-a) [eŋkoláðo, (-a)] **I.** *adj* Que ha sido encolado. **II.** *s/m* Operación o acto de encolar.

en·co·la·du·ra [eŋkolaðúra] *s/f* Acción y efecto de encolar.

en·co·lar [eŋkolár] *v/tr* **1.** Pegar con cola alguna cosa. **2.** Dar la encoladura a las superficies que se han de pintar al temple.

en·co·le·ri·zar [eŋkoleriθár] *v/tr,* REFL (-SE) Hacer que alguien se ponga colérico o ponerse uno mismo.
ORT La *z* cambia en *c* ante *e: Encolericé.*

en·co·men·da·ble [eŋkomeṇdáβle] *adj* Que puede ser encomendado.

en·co·men·dar [eŋkomeṇdár] **I.** *v/tr* Encargar a alguien el cuidado, realización, etc., de algo: *Le encomendé el asunto a mi abogado.* **II.** REFL(-SE) FIG Ponerse en manos de otro, confiando en el apoyo y amparo de éste: *Se encomendó a Dios.* RPr **Encomendar(se) a.**
CONJ *Irreg: Encomiendo, encomendé, encomendaré, encomendado.*

en·co·miar [eŋkomjár] *v/tr* Hablar de forma muy elogiosa acerca de algo o de alguien: *Encomiaron su recibimiento.*

en·co·miás·ti·co, -a [eŋkomjástiko, -a] *adj* Que contiene alabanza o que alaba.

en·co·mien·da [eŋkomjéṇda] *s/f* Acción y efecto de encomendar una cosa.

en·co·mio [eŋkómjo] *s/m* Alabanza muy encarecida: *Digno de encomio.*

en·co·na·mien·to [eŋkonamjéṇto] *s/m* Encono.

en·co·nar [eŋkonár] *v/tr* **1.** Hacer que una herida, llaga, etc., se inflame y empeore. **2.** FIG Provocar la exasperación o mayor tensión en un enfrentamiento, lucha, etc. También REFL(-SE) RPr **Enconarse con/en:** *Enconarse con los vencidos. Enconarse en la persecución.*

en·co·no [eŋkóno] *s/m* Rencor muy arraigado contra alguien o algo.

en·con·tra·di·zo, -a [eŋkoṇtraðíθo, -a] *adj* Que se encuentra o suele encontrarse con otro. LOC **Hacerse el encontradizo,** procurar encontrarse con alguien sin que parezca que se hace intencionadamente.

en·con·tra·do, -a [eŋkoṇtráðo, a] *adj* **1.** Que es opuesto a otra cosa: *Opiniones encontradas.* **2.** Que se mueve en dirección contraria a otro: *Rotación encontrada.*

en·con·trar [eŋkoṇtrár] **I.** *v/tr* **1.** Hallar una cosa o persona que se buscaba. **2.** FIG Percibir o notar cualidades, defectos, valores, etc.: *Lo encuentro acertadísimo.* **II.** REFL(-SE) **1.** Coincidir dos o más personas o cosas en algún lugar: *Nos encontramos todos en la plaza.* **2.** Estar una cosa o persona en un lugar determinado: *El Arco de Triunfo se encuentra en Barcelona.* **3.** Estar una persona o una cosa de una manera determinada: *Se encuentra muy sola.* **4.** FIG Estar dos ideas, personas, etc., en desacuerdo o en oposición. LOC **Encontrarse con algo/alguien,** FIG FAM hallar algo o a alguien sin que se haya buscado, causando sorpresa: *Me encontré con que no tenía ni un céntimo.* RPr **Encontrarse con.**
CONJ *Irreg: Encuentro, encontré, encontraré, encontrado.*

en·con·trón o **en·con·tro·na·zo** [eŋkoṇtrón/eŋkoṇtronáθo] *s/m* FAM Golpe violento producido al encontrarse y chocar dos o más personas o cosas.

en·co·ñar·se [eŋkoɲárse] *v/*REFL (-SE) VULG **1.** Enamorarse de alguien perdidamente. **2.** FIG Encapricharse con alguna cosa. RPr **Encoñarse con.**

en·co·pe·ta·do, -a [eŋkopetáðo, -a] *adj* FIG FAM Se aplica al que presume de ser de clase social elevada.

en·co·ra·ji·nar·se [eŋkoraxinárse] *v/*REFL(-SE) FAM Tener un arrebato de ira muy violento.

en·cor·char [eŋkortʃár] *v/tr* Poner tapones de corcho a las botellas en el momento de envasar vino, etc.

en·cor·dar [eŋkorðár] *v/tr* **1.** MÚS Poner las cuerdas a un instrumento. **2.** Recubrir o rodear con una cuerda o cuerdas alguna cosa con el fin de sujetarla, transportarla, etc.
CONJ *Irreg: Encuerdo, encordé, encordaré, encordado.*

en·cor·na·du·ra [eŋkornaðúra] *s/f* Disposición que tienen los cuernos de un animal: *Mala/Buena encornadura.*

en·cor·se·ta·do, -a [eŋkorsetáðo, -a] *adj* FIG Se aplica al estilo, conducta, etc., que es poco flexible o excesivamente rígido: *Lenguaje/Estilo encorsetado.*

en·cor·se·tar [eŋkorsetár] *v/tr,* REFL (-SE) **1.** Poner(se) corsé, especialmente referido a cuando éste ciñe mucho. **2.** FIG Imponer límites muy ajustados en el pensar, obrar, etc.

en·cor·var [eŋkorβár] *v/tr* Doblar una cosa, haciendo que se ponga curva.

en·cres·pa·mien·to [eŋkrespamjéṇto] *s/m* Acción y efecto de encrespar(se).

en·cres·par [eŋkrespár] *v/tr* **1.** Hacer que se rice el cabello. **2.** Hacer que se levanten olas en el mar: *El viento encrespó las aguas.* **3.** FIG Irritar o enfurecer a alguien.

en·cru·ci·ja·da [eŋkruθixáða] *s/f* **1.** Lugar en que se cruzan dos o más caminos, carreteras, etc. **2.** FIG Situación apurada en que una persona no sabe qué decisión tomar.

en·cua·der·na·ción [eŋkwaðernaθjón] *s/f* **1.** Acción y efecto de encuadernar. **2.** Forro o cubierta de cartón, pasta, etc., que tiene un libro encuadernado. **3.** Taller de encuadernación.

en·cua·der·na·dor, -a [eŋkwaðernaðór, -ra] *s/m,f* Persona que tiene por oficio el de encuadernar.

en·cua·der·nar [eŋkwaðernár] *v/tr* Juntar y coser los pliegos que forman un libro y ponerles unas tapas de cartón, pasta, etc.

en·cua·drar [eŋkwaðrár] *v/tr* **1.** Encerrar en un marco o cuadro. **2.** FIG Incorporar o colocar a alguien en un grupo o categoría determinados: *Encuadrar a los reclutas en distintas unidades.* RPr **Encuadrar(se) en.**

en·cua·dre [eŋkwáðre] *s/m* Acción y efecto de encuadrar.

en·cu·bier·to, -a [eŋkuβjérto, -a] *adj* Que se hace o se ha hecho de forma disimulada, a escondidas.

en·cu·bri·dor, -ra [eŋkuβriðór, -ra] *adj* y *s/m,f* Se aplica al que encubre algo, en especial un delito de otro.

en·cu·bri·mien·to [eŋkuβrimjéŋ̟to] *s/m* Acción y efecto de encubrir.

en·cu·brir [eŋkuβrír] *v/tr* **1.** Ponerse sobre algo, impidiendo que sea visto por otro. **2.** Ocultar un hecho, evitando que se sepa acerca de él.
CONJ *Irreg: Encubro, encubrí, encubriré, encubierto.*

en·cuen·tro [eŋkwéŋ̟tro] *s/m* Acción de encontrar(se). LOC **Ir/Salir al encuentro de alguien**, salir a recibir a alguien.

en·cues·ta [eŋkwésta] *s/f* Conjunto de datos obtenidos mediante una serie de preguntas hechas a distintas personas, datos que informan acerca de aspectos sociológicos, políticos, etc., de una colectividad.

en·cues·ta·dor, -ra [eŋkwestaðór, -ra] *s/m,f* Persona que lleva a cabo las preguntas pertenecientes a una encuesta.

en·cum·bra·mien·to [eŋkuɱbramjéŋ̟to] *s/m* Acción y efecto de encumbrar(se).

en·cum·brar [eŋkuɱbrár] *v/tr,* REFL (-SE) Elevar(se) a una posición social, política, etc.

en·cur·ti·do, (-a) [eŋkurtíðo, (-a)] *adj* y *s/m, pl* Se aplica a los frutos, bayas, yemas, etc., de algunas plantas cuando se conservan en vinagre y se comen en aperitivos o tapas, como las aceitunas, *por ej.*

en·cur·tir [eŋkurtír] *v/tr* Preparar en vinagre para conserva ciertos frutos o legumbres: *Encurtir pepinillos.*

en·char·ca·mien·to [eŋ̟tʃarkamjéŋ̟to] *s/m* Acción y efecto de encharcar(se).

en·char·car [eŋ̟tʃarkár] *v/tr,* REFL(-SE) **1.** Llenar(se) de charcos algún lugar. **2.** FIG Hundir(se) en el vicio o las malas costumbres: *Se encharcó en la droga.* RPr **Encharcar(se) en.**
ORT La *c* cambia en *qu* ante *e: Encharqué.*

en·chi·la·da [eŋ̟tʃiláða] *s/f* MÉJ, GUAT Torta de maíz, que se rellena con carne picada o algo semejante y se adereza con chile.

en·chi·lar [eŋ̟tʃilár] *v/tr* MÉJ Aderezar con chile algún manjar.

en·chi·que·rar [eŋ̟tʃikerár] *v/tr* Meter en el chiquero a los toros.

en·chu·fa·do, -a [eŋ̟tʃufáðo, -a] *adj* y *s/m,f* FAM Que ha obtenido un empleo, premio, etc., gracias a un enchufe.

en·chu·far [eŋ̟tʃufár] *v/tr, intr* **1.** ELECTR Conectar un aparato eléctrico mediante un enchufe. **2.** FIG FAM Obtener una recomendación, ayuda, etc., para que alguien consiga un empleo o favor.

en·chu·fe [eŋ̟tʃúfe] *s/m* **1.** ELECTR Dispositivo con dos partes que encajan una en otra, generalmente una fija y la otra móvil, gracias al cual pueden conectarse los aparatos a la corriente. **2.** FIG FAM Recomendación que alguien tiene por amistad, etc., para conseguir un empleo o beneficio.

en·chu·fis·mo [eŋ̟tʃufísmo] *s/m* FAM Uso de los enchufes o recomendaciones para lograr empleos, premios, etc.

en·de [éŋ̟de] *adv* LOC **Por ende,** por lo tanto.

en·de·ble [eŋ̟déβle] *adj* Se aplica al que o a lo que es de poca resistencia o de constitución débil: *Unas razones muy endebles.*

en·de·blez [eŋ̟deβléθ] *s/f* Calidad de endeble.

en·de·ca·sí·la·bo, -a [eŋ̟dekasílaβo, -a] *adj* y *s/m* Se aplica al verso que tiene once sílabas o a la composición que las tiene.

en·de·cha [eŋ̟détʃa] *s/f* Canción triste o de lamento.

en·de·mia [eŋ̟démja] *s/f* MED Enfermedad que se da habitualmente, o en épocas fijas, en determinada comarca o país.

en·dé·mi·co, -a [eŋ̟démiko, -a] *adj* **1.** MED Perteneciente o relativo a la endemia. **2.** FIG Se aplica a aquellos hechos, generalmente malos, que se repiten con frecuencia en determinado lugar: *El chovinismo es un mal endémico en Francia.*

en·de·mo·nia·do, -a [eŋ̟demonjáðo, -a] *adj* y *s/m,f* **1.** Se aplica al que está supuestamente poseído por el demonio. **2.** FIG

FAM Se aplica a la persona muy mala, traviesa, etc. **3.** FIG FAM Se dice de algo que es de pésima calidad o efectos muy malos: *Nos dan una comida endemoniada.*

en·den·tar [eņdeņtár] *v/tr* Encajar una cosa en otra por medio de los dientes de una rueda o los piñones de un engranaje, etc.
CONJ *Irreg: Endiento, endenté, endentaré, endentado.*

en·de·re·za·mien·to [eņdereθamjéņto] *s/m* Acción y efecto de enderezar(se).

en·de·re·zar [eņdereθár] *v/tr* **1.** Poner derecho lo que está torcido. **2.** Poner vertical lo que está tendido o inclinado: *Enderezaron la vela.* **3.** Dirigir el movimiento de algo hacia un punto o lugar determinados: *Enderezaron sus gestos hacia la salida.* **4.** FIG Hacer que la marcha de algún asunto vaya bien: *Enderezó el negocio.* **5.** FIG Corregir los defectos o vicios de alguien: *A este chico lo enderezaré yo.* RPr **Enderezar(se) a/hacia.**
ORT La *z* cambia en *c* ante *e: Enderecé.*

en·deu·dar·se [eņdeuðárse] *v/*REFL (-SE) Llenarse alguien de deudas.

en·dia·bla·do, -a [eņdjaβláðo, -a] *adj* Endemoniado.

en·di·bia [eņdíβja] *s/f* Variedad de achicoria, de hojas blancas y comestible.

en·dil·gar [eņdilγár] *v/tr* Hacer que alguien aguante una cosa pesada o molesta: *Me endilgó su sermón de cada día.*
ORT La *g* lleva *u* ante *e: Endilgué.*

en·dio·sa·mien·to [eņdjosamjéņto] *s/m* Acción y efecto de endiosar(se).

en·dio·sar [eņdjosár] *v/tr* **1.** Divinizar a alguien. **2.** FIG Hacer que alguien se crea o creerse uno mismo muy importante, genial, etc.

en·do·car·pio [eņdokárpjo] *s/m* BOT Capa interior de las tres que forman el pericarpio de los frutos.

en·do·cri·no, -a [eņdokríno, -a] *adj* FISIOL Perteneciente o relativo a la secreción interna o a las hormonas.

en·do·cri·no·lo·gía [eņdokrinoloxía] *s/f* Parte de la fisiología que estudia las secreciones internas.

en·do·cri·nó·lo·go, -a [eņdokrinóloγo, -a] *s/m,f* Persona experta en endocrinología o que la profesa.

en·do·ga·mia [eņdoγámja] *s/f* **1.** ETNOL Entre ciertos pueblos primitivos, costumbre de casarse con miembros de la misma tribu. **2.** *Por ext.* práctica de contraer matrimonio con personas de la misma familia.

en·do·gé·ne·sis [eņdoxénesis] *s/f* BIOL División de una célula que está envuelta en una capa resistente, la cual impide la separación de las células hijas.

en·dó·ge·no, -a [eņdóxeno, -a] *adj* Que se origina en el interior, como la célula originada dentro de otra.

en·do·min·ga·do, -a [eņdomiŋgáðo, -a] *adj* Que está vestido con ropa de fiesta.

en·do·min·gar [eņdomiŋgár] *v/tr,* REFL (-SE) Vestir(se) con las mejores ropas.
ORT La *g* lleva *u* ante *e: Endomingué.*

en·do·sar [eņdosár] *v/tr* **1.** Ceder a otro un documento de crédito, como una letra, etc., haciéndolo constar así en el dorso de éste. **2.** FIG FAM Traspasar a otro una tarea, asunto, etc., que no es del agrado de uno y que representa una carga: *Me endosó el trabajito de lavar el coche.*

en·do·so [eņdóso] *s/m* Acción y efecto de endosar un documento.

en·do·tér·mi·co, -a [eņdotérmiko, -a] *adj* QUÍM Se aplica a la reacción en la que hay absorción de calor.

en·do·ve·no·so, -a [eņdoβenóso, -a] *adj* MED Se aplica a lo que va por el interior de una vena: *Inyección endovenosa.*

en·dri·na [eņdrína] *s/f* Fruto del endrino.

en·dri·no, (-a) [eņdríno, (-a)] **I.** *adj* Que es de color negro azulado. **II.** *s/m* Ciruelo silvestre, de hojas lanceadas y fruto áspero de sabor y de color negro azulado.

en·dul·zar [eņdulθár] *v/tr,* REFL(-SE) **1.** Poner(se) o volver(se) dulce algo. **2.** FIG Volver(se) más suave o agradable algo: *Su carácter se ha endulzado.*
ORT La *z* se convierte en *c* ante *e: Endulcé.*

en·du·re·cer [eņdureθér] *v/tr,* REFL (-SE) **1.** Hacer(se) o poner(se) duro o más duro algo. **2.** FIG Hacer(se) más resistente al trabajo, sufrimientos, etc. RPr **Endurecer(se) con/en/por:** *Endurecer(se) algo con el ejercicio gimnástico/en el trabajo/por la falta de humedad.*
CONJ *Irreg: Endurezco, endurecí, endureceré, endurecido.*

en·du·re·ci·mien·to [eņdureθimjéņto] *s/m* Acción y efecto de endurecer(se).

e·ne [éne] *s/f* **1.** Nombre de la letra 'n'. **2.** Se usa corrientemente para referirse a una cantidad imprecisa o indeterminada.

e·ne·bro [enéβro] *s/m* Arbusto cupresáceo, de unos tres metros de altura, cuya madera es fuerte y olorosa y cuyas bayas son usadas para aromatizar la ginebra.

e·ne·ma [enéma] *s/f* MED Líquido que se inyecta por el recto con el fin de hacer un lavado intestinal.

e·ne·mi·ga [enemíγa] *s/f* (Con *tener*) Animadversión que se siente hacia alguien: *Me tiene enemiga.*

e·ne·mi·go, -a [enemíɣo, -a] *adj* y *s/m,f* **1.** Se aplica al que es contrario de uno. **2.** *m* Se dice, colectivamente, de las fuerzas enemigas: *El enemigo invadió la zona.* **3.** FIG Con respecto a algo, se dice del que no es partidario de ello: *Soy enemigo de los antibióticos.* RPr **Enemigo de.**

e·ne·mis·tad [enemistáð] *s/f* Sentimiento de los que son enemigos el uno del otro.

e·ne·mis·tar [enemistár] **I.** *v/tr* Hacer que alguien sea enemigo de otro. **II.** REFL (-SE) Perder alguien la amistad de otro. RPr **Enemistar(se) con:** *Se enemistaron con sus mejores amigos.*

e·ner·gé·ti·co, -a [enerxétiko, -a] *adj* Perteneciente o relativo a la energía.

e·ner·gía [enerxía] *s/f* **1.** FÍS Causa que puede ser convertida en trabajo mecánico. **2.** Capacidad que alguien tiene para llevar a cabo un esfuerzo físico: *No tiene energía para levantar las piernas.*

e·nér·gi·co, -a [enérxiko, -a] *adj* Que posee fuerza o energía.

e·ner·gú·me·no, -a [enerɣúmeno, -a] *s/m,f* FIG FAM Se aplica al que obra de forma excesivamente violenta, malhumorada, alborotadora, etc.: *Gritaban como energúmenos.*

e·ne·ro [enéro] *s/m* Mes primero del año en nuestro calendario.

e·ner·var [enerβár] *v/tr,* REFL(-SE) **1.** FIG Debilitar(se) un argumento o razón. **2.** BARB Poner(se) nervioso.

e·né·si·mo, -a [enésimo, -a] *adj* **1.** MAT Se aplica a lo que ocupa en una serie el lugar indeterminado del número 'ene'. **2.** FAM Se dice de lo que se ha repetido muchísimas veces: *Por enésima vez te digo que no lo hagas.*

en·fa·da·di·zo, -a [eɱfaðaðíθo, -a] *adj* Se aplica al que es muy propenso a enfadarse: *Tiene un carácter muy enfadadizo.*

en·fa·dar [eɱfaðár] *v/tr* Provocar enfado en alguien. RPr **Enfadar(se) con/contra/por:** *Se enfadó mucho conmigo. Nos enfadamos contra ellos. Se enfadó por nada.*

en·fa·do [eɱfáðo] *s/m* Sentimiento de irritación provocada por alguien o algo que molesta o perjudica.

en·fa·do·so, -a [eɱfaðóso, -a] *adj* Se aplica a lo que provoca enojo o enfado.

en·fan·gar [eɱfaŋgár] **I.** *v/tr* Cubrir de lodo o fango alguna cosa o a alguien. **II.** REFL(-SE) FIG Adquirir mala reputación.
ORT La *g* lleva *u* ante *e: Enfangué.*

én·fa·sis [éɱfasis] *s/m* Importancia que quiere darse a algo que se dice, como si lo necesitara para ser apreciado, entendido, etc.

en·fá·ti·co, -a [eɱfátiko, -a] *adj* Se aplica al tono, persona, etc., que posee énfasis.

en·fa·ti·zar [eɱfatiθár] **I.** *v/tr* Poner énfasis al expresar una cosa determinada. **II.** *v/intr* Hablar o expresarse con énfasis.
ORT La *z* se convierte en *c* ante *e: Enfaticé.*

en·fer·mar [eɱfermár] *v/intr* Contraer una enfermedad. RPr **Enfermar de:** *Enfermó de tanto trabajar.*

en·fer·me·dad [eɱfermeðáð] *s/f* Alteración del funcionamiento de alguna parte del organismo: *Tiene una enfermedad del hígado.*

en·fer·me·ría [eɱfermería] *s/f* Lugar, sala, etc., destinado a los enfermos.

en·fer·me·ro, -a [eɱferméro, -a] *s/m,f* Persona que cuida de los enfermos.

en·fer·mi·zo, -a [eɱfermíθo, -a] *adj* **1.** Se aplica a la persona, o a su constitución física, que enferma con facilidad. **2.** FIG Propio de una persona enferma: *Un amor enfermizo.*

en·fer·mo, -a [eɱférmo, -a] *adj* y *s/m,f* Se aplica al que padece una enfermedad. RPr **Enfermo de:** *Es un enfermo del hígado.*

en·fer·mu·cho, -a [eɱfermútʃo, -a] *adj* FAM Se dice del que suele caer enfermo con frecuencia.

en·fer·vo·ri·zar [eɱferβoriθár] *v/tr,* REFL(-SE) Despertar(se) entusiasmo, buen ánimo, etc., en alguien.
ORT La *z* cambia en *c* ante *e: Enfervoricé.*

en·fi·lar [eɱfilár] *v/tr* **1.** Poner determinadas cosas o personas en fila. **2.** Dirigirse hacia una dirección determinada: *El viento enfilaba la carretera.* **3.** Hacer pasar un hilo o algo semejante por una aguja, etc.: *Enfiló la aguja.* RPr **Enfilar hacia.**

en·fi·se·ma [eɱfiséma] *s/m* MED Tumefacción que se produce en un tejido celular a causa de la presencia de aire o gas donde no debiera haberlos: *Enfisema pulmonar.*

en·fla·que·cer [eɱflakeθér] *v/tr* Poner(se) flaco. RPr **Enflaquecer de/por:** *Enflaquecer de/por no comer.*
CONJ *Irreg: Enflaquezco, enflaquecí, enflaqueceré, enflaquecido.*

en·fla·que·ci·mien·to [eɱflakeθimjéņto] *s/m* Acción y efecto de enflaquecer(se).

en·fo·car [eɱfokár] *v/tr, intr* **1.** Dirigir la luz de una lámpara, linterna, etc., hacia algo o alguien para iluminarlos mejor. **2.** Hacer que las imágenes que son reproducidas por una lente, microscopio, etc., se puedan observar en una pantalla con mayor precisión. **3.** FIG Analizar y examinar los distintos puntos esenciales de un problema, con el fin de darle la mejor so-

lución: *Enfoquemos la cuestión con pragmatismo.*
ORT La *c* cambia en *qu* ante *e: Enfoqué.*

en·fo·que [eɱfóke] *s/m* Acción y efecto de enfocar.

en·fos·car [eɱfoskár] *v/tr* ALBAÑ **1.** Cubrir un muro con mortero. **2.** Tapar todos los agujeros que quedan en una pared recién labrada.
ORT La *c* cambia en *qu* ante *e: Enfosqué.*

en·fras·car [eɱfraskár] **I.** *v/tr* Envasar en un frasco o frascos alguna cosa. **II.** REFL(-SE) FIG Dedicar uno toda su atención a determinada actividad: *Se enfrascaron en la lectura de la novela.* RPr **Enfrascarse en.**
ORT La *c* cambia en *qu* ante *e: Enfrasqué.*

en·fren·ta·mien·to [eɱfreṇtamjéṇto] *s/m* Acción y efecto de enfrentar(se).

en·fren·tar [eɱfreṇtár] *v/tr,* REFL(-SE) **1.** Poner(se) frente a frente. **2.** Hacer frente a algo: *Se enfrentaron con el enemigo.* RPr **Enfrentarse a/con:** *Se enfrentaron al enemigo.*

en·fren·te [eɱfréṇte] *adv* **1.** Se usa para expresar o indicar la situación opuesta de algo en referencia al lugar desde donde se habla: *Vivimos enfrente de ellos.* **2.** Para expresar una relación de encaramiento: *Están el uno enfrente del otro.*

en·fria·mien·to [eɱfrjamjéṇto] *s/m* Acción y efecto de enfriar(se).

en·friar [eɱfriár] *v/tr,* REFL(-SE) **1.** Reducir la temperatura de algo o de alguien. **2.** FIG Hacer que una pasión, sentimiento, etc., disminuya: *Su actitud enfrió nuestra relación.*
ORT, PRON La *i* recibe el acento en el *sing* y *3.ª pers pl* del *pres* de *indic* y *subj: Enfrío, enfríen...*

en·fun·dar [eɱfuṇdár] *v/tr* Poner en su funda alguna cosa: *Enfundó el puñal.*

en·fu·re·cer [eɱfureθér] *v/tr* Poner furioso a alguien. RPr **Enfurecerse con/contra/de/por:** *Se enfureció conmigo/contra ella/de ver aquella injusticia/por nada.*
CONJ *Irreg: Enfurezco, enfurecí, enfureceré, enfurecido.*

en·fu·re·ci·mien·to [eɱfureθimjéṇto] *s/m* Acción y efecto de enfurecer(se).

en·fu·rru·ña·mien·to [eɱfurruɲamjéṇto] *s/m* Acción y efecto de enfurruñarse.

en·fu·rru·ñar·se [eɱfurruɲárse] *v/*REFL(-SE) FAM Enfadarse y demostrarlo en la expresión de la cara, el gesto, etc.

en·gai·tar [eŋgaitár] *v/tr* FAM Engañar con halagos a alguien.

en·ga·la·nar [eŋgalanár] *v/tr,* REFL(-SE) Ataviar(se) con galas o adornos. RPr **Engalanarse con:** *Engalanarse con plumas de ave.*

en·ga·llar·se [eŋgaʎárse] *v/*REFL(-SE) **1.** EQUIT Levantar el caballo el cuello y la cabeza. **2.** FIG Ponerse engreído o arrogante.

en·gan·char [eŋgaŋtʃár] **I.** *v/tr* **1.** Sujetar con un gancho o algo parecido alguna cosa o persona. **2.** Poner las caballerías en los tiros de los carruajes para que los arrastren. **II.** REFL(-SE) **1.** Quedarse cogido por un gancho o algo parecido. **2.** MIL Alistarse voluntariamente en el ejército. RPr **Engancharse con/de/en (algo).**

en·gan·che [eŋgáŋtʃe] *s/m* **1.** Acción y efecto de enganchar(se). **2.** MIL Reclutamiento. **3.** Mecanismo, pieza, aparato, etc., que sirve para enganchar.

en·gan·chón [eŋgaŋtʃón] *s/m aum* de *enganche.* **1.** Acción y efecto de enganchar(se) la ropa, pelo, etc., en algo saliente o punzante. **2.** FIG FAM Disputa o enfrentamiento violento.

en·ga·ña·bo·bos [eŋgaɲaβóβos] *s/m,f, sing* **1.** Persona que engaña a los demás con facilidad, aprovechándose de su ingenuidad. **2.** Cosa que engaña y sirve para estafar a la gente.

en·ga·ñar [eŋgaɲár] **I.** *v/tr, intr* **1.** Hacer creer que alguien o algo es lo que no es. **2.** Burlarse, estafar o timar a alguien. **3.** Hacer que cierta sensación, sentimiento, etc., desaparezca por un tiempo: *Engañamos el hambre con un poco de chocolate.* **4.** Ser infiel un cónyuge al otro: *La mujer le engaña con otro.* **II.** REFL(-SE) Dejarse engañar por las apariencias.

en·ga·ñi·fa [eŋgaɲífa] *s/f* FAM Cosa que constituye un engaño, aparentando ser útil, bueno, etc., y no siéndolo.

en·ga·ño [eŋgáɲo] *s/m* Acción y efecto de engañar(se) o de ser engañado.

en·ga·ño·so, -a [eŋgaɲóso, -a] *adj* Que produce engaño: *Una mirada engañosa.*

en·gar·ce [eŋgárθe] *s/m* **1.** Acción y efecto de engarzar. **2.** Pieza de metal en que se engarza algo.

en·gar·zar [eŋgarθár] **I.** *v/tr* **1.** Trabar o unir unas cosas con otras. **2.** Montar o encajar una piedra preciosa o cosa similar en un metal. **II.** REFL(-SE) FIG FAM Enredarse en discusiones o riñas. RPr **Engarzarse en** *(discusiones).*
ORT La *z* se convierte en *c* ante *e*: *Engarcé.*

en·gas·tar [eŋgastár] *v/tr* Embutir o incrustar una cosa en otra, especialmente aplicado a la obra de joyería por la que se pone una piedra preciosa en un metal noble, como oro, platino, etc. RPr **Engastar con/en:** *Lo han engastado con perlas. Engastar en oro.*

en·gas·te [eŋgáste] *s/m* **1.** Acción y

efecto de engastar. **2.** Pieza de metal en la que se ha engastado o se engasta una piedra preciosa.

en·ga·tu·sa·mien·to [eŋgatusamjéŋ̟to] *s/m* Acción y efecto de engatusar.

en·ga·tu·sar [eŋgatusár] *v/tr* FAM Atraerse la voluntad de alguien para lograr de él alguna cosa, haciéndolo mediante halagos, mimos, lisonjas, etc.

en·gen·drar [eŋxeŋ̟drár] *v/tr* **1.** Crear un animal o persona un ser de su misma especie por medio de la reproducción. **2.** FIG Ocasionar o motivar la aparición de algún fenómeno, sentimiento, etc.

en·gen·dro [eŋxéŋ̟dro] *s/m* **1.** Criatura engendrada. **2.** Ser que nace con desproporción de forma o de tamaño. **3.** FIG Persona muy fea.

en·glo·bar [eŋgloβár] *v/tr* **1.** Incluir una idea o concepto varios otros dentro de sí. **2.** Hacer que varias cosas se reúnan para formar una sola: *Englobaron todos sus bienes en un solo legado.* RPr **Englobar en.**

en·go·la·do, -a [eŋgoláðo, -a] *adj* **1.** Se dice del que o de lo que lleva gola. **2.** Se aplica a la voz, entonación, acento, etc., que resuena en el fondo de la boca o en lo profundo de la garganta. **3.** Presuntuoso.

en·go·lar [eŋgolár] *v/tr* Hacer que adquiera guturalidad la voz.

en·gol·far·se [eŋgolfárse] *v/*REFL(-SE) FIG Dedicarse de forma exclusiva a determinada actividad, dejándose dominar por ella: *Se engolfó en la lectura de la novela.* RPr **Engolfarse en.**

en·go·lo·si·nar·se [eŋgolosinárse] *v/*REFL(-SE) Coger alguien afición a algo o desearlo: *Siempre se engolosina con los pasteles.* RPr **Engolosinarse con.**

en·go·lle·tar·se [eŋgoʎetárse] *v/*REFL(-SE) FAM Ponerse o volverse engreído.

en·go·mar [eŋgomár] *v/tr* **1.** Aplicar goma a un papel, etc., para que se adhiera. **2.** Dar goma desleída a los tejidos, cabellos, etc., para que se pongan lustrosos.

en·gor·dar [eŋgorðár] **I.** *v/tr* Hacer que alguien esté más gordo, dándole mucha comida o de alguna otra forma. **II.** *v/intr* Ponerse gordo o más gordo: *Últimamente ha engordado.*

en·gor·de [eŋgórðe] *s/m* Acción y efecto de engordar el ganado.

en·go·rro [eŋgórro] *s/m* FAM Molestia o fastidio.

en·go·rro·so, -a [eŋgorróso, -a] *adj* Que causa engorro: *Una tarea engorrosa.*

en·gra·na·je [eŋgranáxe] *s/m* **1.** Acción y efecto de engranar. **2.** Conjunto de las piezas que en un mecanismo engranan. **3.** FIG Forma de funcionar un sistema, organización, estructuración, etc.: *Está metido en el engranaje del partido.*

en·gra·nar [eŋgranár] *v/intr* Encajar una pieza en otra por medio de un dentado o algo similar, que permite determinado movimiento del mecanismo.

en·gran·de·cer [eŋgraŋ̟deθér] *v/tr* **1.** Hacer grande alguna cosa. **2.** FIG Ennoblecer, hablar elogiosamente de alguien o algo: *Su conducta la engrandece.*
CONJ *Irreg: Engrandezco, engrandecí, engrandeceré, engrandecido.*

en·gran·de·ci·mien·to [eŋgraŋ̟deθimjéŋ̟to] *s/m* Acción y efecto de engrandecer(se).

en·gra·sar [eŋgrasár] *v/tr* **1.** Poner grasa en un mecanismo o pieza para suavizar el rozamiento. **2.** Ensuciar o manchar con grasa alguna cosa.

en·gra·se [eŋgráse] *s/m* Acción y efecto de engrasar(se).

en·grei·mien·to [eŋgreimjéŋ̟to] *s/m* Acción y efecto de engreír(se).

en·greír [eŋgreír] **I.** *v/tr* Hacer que alguien se envanezca o crea que tiene mucha importancia, etc. **II.** REFL(-SE) Envanecerse. RPr **Engreírse con/de/por:** *Engreírse con un premio/de su suerte/por algo.*
CONJ *Irreg: Engrío, engreí, engreiré, engreído.*

en·gres·car [eŋgreskár] **I.** *v/tr* Incitar a pelearse a alguien. **II.** REFL(-SE) Iniciar una pelea o riña: *Ya se han engrescado otra vez.*
ORT La *c* cambia en *qu* ante *e: Engresqué.*

en·gri·llar [eŋgriʎár] **I.** *v/tr* **1.** Meter en grillos a alguien o algo. **2.** FIG Aprisionar o detener. **II.** REFL(-SE) Echar grillos o tallos las patatas.

en·grin·gar·se [eŋgriŋgárse] *v/*REFL(-SE) AMÉR Adaptarse con rapidez a las costumbres de los gringos o extranjeros. ORT La segunda *g* lleva *u* ante *e: Engringué.*

en·gro·sa·mien·to [eŋgrosamjéŋ̟to] *s/m* Acción y efecto de engrosar(se).

en·gro·sar [eŋgrosár] **I.** *v/tr* **1.** Hacer que algo sea más voluminoso o corpulento. **2.** FIG Hacer que crezca una cantidad de personas, dinero, etc.: *Han engrosado las filas del partido.* **II.** *v/intr* Aumentar determinada cantidad o número.
CONJ *Irreg: Engrueso, engrosé, engrosaré, engrosado.*

en·gru·do [eŋgrúðo] *s/m* **1.** Masa generalmente hecha con harina y agua, que se usa para pegar. **2.** Cola de pegar.

en·gual·dra·par [eŋgwal̟drapár] *v/tr* Poner gualdrapas a las caballerías.

en·guan·tar [eŋgwan̪tár] *v/tr* Cubrir con un guante una mano o las manos.

en·guir·nal·dar [eŋgirnal̪dár] *v/tr* Adornar con guirnaldas a alguien o algo.

en·gu·llir [eŋguʎír] *v/tr, intr* Tragar o comer algo de forma precipitada y sin apenas masticar.

en·he·brar [eneβrár] *v/tr* Pasar la hebra por el ojo de la aguja.

en·hies·to, -a [enjésto, -a] *adj* Que está levantado o erguido.

en·ho·ra·bue·na [enoraβwéna] *s/f* Felicitación o congratulación que se dirige a alguien por algún suceso afortunado.

e·nig·ma [eníɣma] *s/m* **1.** Conjunto de palabras cuyo significado está intencionadamente encubierto para que sea difícil adivinarlo. **2.** FIG Suceso, dicho, hecho, etc., difícil de interpretar o entender.

e·nig·má·ti·co, -a [eniɣmátiko, -a] *adj* Que encierra o contiene enigma.

en·ja·bo·na·do, (-a) [eŋxaβonáðo, (-a)] **I.** *adj* Que está lleno de jabón. **II.** *s/m* Acción de enjabonar.

en·ja·bo·na·du·ra [eŋxaβonaðúra] *s/f* Acción y efecto de enjabonar(se).

en·ja·bo·nar [eŋxaβonár] *v/tr* **1.** Dar jabón a alguien o a una ropa, objeto, etc. **2.** FIG Dar coba a alguien: *No hace más que enjabonar al jefe.*

en·jae·zar [eŋxaeθár] *v/tr* Poner los jaeces a las caballerías.
ORT La *z* se convierte en *c* ante *e: Enjaecé.*

en·jal·be·gar [eŋxalβeɣár] *v/tr* Dar cal a un muro para blanquearlo.
ORT La *g* lleva *u* ante *e: Enjalbegué.*

en·jal·ma [eŋxálma] *s/f* Especie de albarda ligera para bestias de carga.

en·jal·mar [eŋxalmár] *v/tr* **1.** Poner la enjalma a una bestia. **2.** Hacer enjalmas.

en·jam·brar [eŋxam̩brár] *v/tr, intr* Encerrar las abejas en las colmenas.

en·jam·bre [eŋxám̩bre] *s/m* **1.** Conjunto de las abejas que con su reina abandonan una colmena por haberse reproducido excesivamente y fundan una colonia nueva. **2.** FIG Muchedumbre de cosas o personas que forman un grupo muy nutrido.

en·ja·re·tar [eŋxaretár] *v/tr* **1.** FIG FAM Decir o hacer algo de forma atropellada y defectuosa. **2.** FIG FAM Encajar a alguien alguna cosa molesta o inoportuna: *Le enjaretó todo un rollo sobre el renacimiento.*

en·jau·lar [eŋxaulár] *v/tr* **1.** Meter en una jaula. **2.** FIG FAM Meter en la cárcel.

en·jo·yar [eŋxoJár] *v/tr* Adornar con joyas.

en·jua·gar [eŋxwaɣár] *v/tr* **1.** Limpiar o aclarar con agua lo que se ha enjabonado o lavado. **2.** Limpiar o aclarar con algún líquido la boca para lavarla.
ORT La *g* lleva *u* ante *e: Enjuagué.*

en·jua·gue [eŋxwáɣe] *s/m* Acción y efecto de enjuagar(se).

en·ju·gar [eŋxuɣár] *v/tr* **1.** Quitar a algo su humedad; especialmente recoger sudor, lágrimas, etc., con un paño. **2.** Cancelar una deuda o déficit.
ORT Ante *e* la *g* cambia en *gu: Enjugué.*

en·jui·cia·ble [eŋxwiθjáβle] *adj* Que puede ser enjuiciado.

en·jui·cia·mien·to [eŋxwiθjamjén̪to] *s/m* Acción y efecto de enjuiciar.

en·jui·ciar [eŋxwiθjár] *v/tr* **1.** Someter uno a juicio la calidad o naturaleza de algo o de alguien: *Enjuició la actuación del intérprete.* **2.** DER Instruir un juicio sobre algo o alguien.

en·jun·dia [eŋxún̪dja] *s/f* **1.** Grasa que acumulan ciertas aves en torno a su overa. **2.** FIG Se dice de lo que constituye lo más importante de alguna cuestión o asunto: *La enjundia del asunto está en que rendirá millones.* **3.** FIG Referido a personas, se dice de las cualidades que revelan fuerza de carácter, etc.: *Le falta enjundia a tu hermana.*

en·jun·dio·so, -a [eŋxun̪djóso, -a] *adj* Se dice de lo que o del que tiene enjundia.

en·ju·to, -a [eŋxúto, -a] *adj* **1.** Se dice de lo que está seco o falto de humedad. **2.** Referido a personas, que está falto de carnes o grasa. RPr **Enjuto de:** *Enjuto de carnes.*

en·la·ce [enláθe] *s/m* **1.** Acción y efecto de enlazar(se). **2.** Acto de unirse en matrimonio. **3.** Referido a trenes, empalme de dos o más líneas. **4.** En ciertas organizaciones, persona que sirve para pasar información a otros de forma secreta o para comunicar con aquellos que no pueden verse directamente: *Enlace sindical/policial.*

en·la·dri·lla·do, -a [enlaðriʎáðo, -a] **I.** *adj* Que está cubierto de ladrillos. **II.** *s/m* Suelo o pavimento hecho de ladrillos.

en·la·dri·llar [enlaðriʎár] *v/tr* Recubrir de ladrillos un suelo, superficie, etc.

en·la·tar [enlatár] *v/tr* **1.** Meter o guardar en una lata alguna cosa. **2.** Hacer conserva en lata de algún producto.

en·la·zar [enlaθár] **I.** *v/tr* **1.** Unir con un lazo alguna cosa. **2.** Unir o empalmar dos cuerdas, cables, etc., por sus extremos haciendo que forme uno solo. **3.** FIG Relacionar unas cuestiones o asuntos con otros. **II.** *v/intr* Unirse una cosa con otra, especialmente referido a líneas ferroviarias o

de transporte, etc.: *Este tren enlaza con el de las cinco.* RPr **Enlazar con.**
ORT La *z* se convierte en *c* ante *e: Enlacé.*

en·lo·dar [enloðár] *v/tr*, REFL(-SE) Manchar(se) de lodo o barro.

en·lo·que·cer [enlokeθér] *v/tr, intr*, REFL(-SE) **1.** Volver(se) loco. **2.** FIG Causar o sentir un sentimiento, sensación, pasión, etc., muy fuerte: *Enloquecía de dolor.* **3.** FIG FAM Gustar mucho algo: *La enloquecen los bombones.* RPr **Enloquecer de.**
CONJ *Irreg: Enloquezco, enloquecí, enloqueceré, enloquecido.*

en·lo·que·ci·mien·to [enlokeθimjé̥nto] *s/m* Acción y efecto de enloquecer.

en·lo·sa·do [enlosáðo] *s/m* **1.** Acción y efecto de enlosar. **2.** Suelo recubierto de losas.

en·lo·sar [enlosár] *v/tr* Cubrir con losas un suelo, pared, superficie, etc.

en·lu·ci·do, (-a) [enluθíðo, (-a)] *s/m* **1.** Acción de enlucir. **2.** Capa de yeso con que se enluce una pared.

en·lu·cir [enluθír] *v/tr* **1.** ALBAÑ Dar una capa de yeso o argamasa a las paredes, fachadas, etc., de una casa. **2.** Limpiar y dar brillo a los objetos metálicos.
CONJ *Irreg: Enluzco, enlucí, enluciré, enlucido.*

en·lu·tar [enlutár] *v/tr*, REFL(-SE) Vestir(se) de luto.

en·ma·drar [emmaðrár] *v/tr* Hacer la madre que un hijo se encariñe excesivamente con ella. También REFL(-SE).

en·ma·ra·ñar [emmaraɲár] *v/tr*, REFL (-SE) **1.** Enredar(se) alguna cosa, especialmente aplicado a los cabellos. **2.** FIG Hacer(se) más difícil o complicado un asunto, cuestión, etc.

en·mar·car [emmarkár] *v/tr* Encerrar en un marco alguna cosa.
ORT La *c* cambia en *qu* ante *e: Enmarqué.*

en·mas·ca·ra·do, -a [emmaskaráðo, -a] *adj* y *s/m,f* Se aplica al que lleva una máscara.

en·mas·ca·ra·mien·to [emmaskaramjénto] *s/m* Acción y efecto de enmascarar.

en·mas·ca·rar [emmaskarár] *v/tr*, REFL (-SE) **1.** Cubrir(se) con una máscara el rostro. **2.** FIG Disimular(se) algún asunto, intención, etc.

en·me·lar [emmelár] **I.** *v/tr, intr* Elaborar la miel las abejas. **II.** *v/tr* Untar con miel o poner miel en algo.
CONJ *Irreg: Enmielo, enmelé, enmelaré, enmelado.*

en·men·da·ble [e(m)mendáβle] *adj* Que puede ser enmendado.

en·men·dar [e(m)mendár] **I.** *v/tr* Hacer que desaparezca un error, falta, imperfección, etc.: *Enmendaron el escrito.* **II.** REFL(-SE) Corregir alguien sus defectos o su comportamiento. RPr **Enmendarse de:** *Enmendarse de sus vicios.*
CONJ *Irreg: Enmiendo, enmendé, enmendaré, enmendado.*

en·mien·da [emmjénda] *s/f* **1.** Acción y efecto de enmendar(se). **2.** Añadido o variante de un escrito que se ha enmendado. LOC **No tener enmienda una persona,** FIG FAM ser alguien incorregible.

en·mo·he·cer [emmoeθér] *v/tr*, REFL (-SE) **1.** Cubrir(se) de moho algo. **2.** FIG Inutilizar(se) o (hacer) caer en desuso.
CONJ *Irreg: Enmohezco, enmohecí, enmoheceré, enmohecido.*

en·mo·he·ci·mien·to [emmoeθimjénto] *s/m* Acción y efecto de enmohecer(se).

en·mu·de·cer [emmuðeθér] **I.** *v/tr* Hacer callar a alguien. **II.** *v/intr* **1.** Quedarse sin la facultad del habla una persona. **2.** Quedarse callado cuando uno debería hablar. **3.** FIG Quedarse mudo a causa de una impresión, etc.: *Enmudeció del susto.* RPr **Enmudecer de.**
CONJ *Irreg: Enmudezco, enmudecí, enmudeceré, enmudecido.*

en·mu·de·ci·mien·to [emmuðeθimjénto] *s/m* Acción y efecto de enmudecer.

en·ne·gre·cer [enneγreθér] *v/tr*, REFL (-SE) Poner(se) o volver(se) negro algo.
CONJ *Irreg: Ennegrezco, ennegrecí, ennegreceré, ennegrecido.*

en·ne·gre·ci·mien·to [enneγreθimjénto] *s/m* Acción y efecto de ennegrecer(se).

en·no·ble·cer [ennoβleθér] *v/tr* **1.** Conferir nobleza a alguien. **2.** FIG Dar esplendor o magnificencia a algo: *La catedral ennoblece esta ciudad.*
CONJ *Irreg: Ennoblezco, ennoblecí, ennobleceré, ennoblecido.*

en·no·ble·ci·mien·to [ennoβleθimjénto] *s/m* Acción y efecto de ennoblecer(se).

e·no·jar [enoxár] *v/tr* Causar enojo a alguien. RPr **Enojarse con/contra:** *Enojarse con alguien/contra alguien.*

e·no·jo [enóxo] *s/m* Sentimiento de irritación o cólera suscitado por un hecho o por alguien.

e·no·jo·so, -a [enoxóso, -a] *adj* Se aplica a lo que causa enojo o fastidio.

e·no·lo·gía [enoloxía] *s/f* Conjunto de conocimientos relativos a la elaboración y consumo de vinos.

e·nó·lo·go, -a [enóloγo, -a] *s/m,f* Persona experta en enología.

en·or·gu·lle·cer [enorγuʎeθér] *v/tr*, REFL(-SE) Llenar(se) de orgullo, RPr **Enorgullecerse de:** *Enorgullecerse de sus obras.*

CONJ *Irreg: Enorgullezco, enorgullecí, enorgulleceré, enorgullecido.*

en·or·gu·lle·ci·mien·to [enoryuʎeθimjéņto] *s/m* Acción y efecto de enorgullecer(se).

e·nor·me [enórme] *adj* Que es muy grande o desproporcionadamente grande en relación con los de su especie.

e·nor·me·men·te [enórmemeņte] *adv* En extremo, con gran intensidad, muy.

e·nor·mi·dad [enormiðáð] *s/f* Calidad de enorme.

en·qui·ciar [eŋkiθjár] *v/tr,* REFL(-SE) **1.** Poner(se) una puerta, ventana, etc., en su quicio. **2.** FIG Volver(se) algo a su orden o normalidad.

en·quis·tar·se [eŋkistárse] *v/*REFL(-SE) **1.** Rodearse un tumor u otro cuerpo del organismo de tejido fibroso, a modo de quiste. **2.** FIG Quedarse fijo o invariable: *Este problema se ha enquistado.*

en·ra·biar [enraβjár] *v/tr,* REFL(-SE) Hacer que alguien sienta rabia o cólera o sentirla uno espontáneamente.

en·rai·zar [enraiθár] *v/intr,* REFL(-SE) **1.** Echar raíces una planta o aumentarlas. **2.** FIG Asentarse en algún lugar.
ORT La *z* se convierte en *c* ante *e: Enraicé.*
ORT, PRON El acento cae en *i* en el *sing* y *3.ª pers pl* del *pres* de *indic* y *subj: Enraízo,* etc.

en·ra·ma·da [enramáða] *s/f* **1.** Conjunto de las ramas y hojas de un árbol cuando son frondosas. **2.** Cobertizo hecho con ramas para protegerse del sol, etc.

en·ra·mar [enramár] *v/tr* Colocar o hacer que crezcan las ramas de una planta o árbol en algún lugar, como adorno o para dar sombra.

en·ran·ciar [enranθjár] *v/tr,* REFL (-SE) Poner(se) o volver(se) rancio algo.

en·ra·re·cer [enrrareθér] **I.** *v/tr,* REFL (-SE) Hacer(se) un cuerpo gaseoso más dilatado. **II.** *v/intr,* REFL(-SE) Hacer(se) escasa una cosa.
CONJ *Irreg: Enrarezco, enrarecí, enrareceré, enrarecido.*

en·ra·re·ci·mien·to [enrrareθimjéņto] *s/m* Acción y efecto de enrarecer(se).

en·ra·sa·do [enrrasáðo] *s/m* ALBAÑ Obra con que se rellenan las embocaduras de una bóveda.

en·ra·sar [enrrasár] *v/tr, intr* Hacer que algo quede al mismo nivel que otra cosa.

en·re·da·de·ra [enrreðaðéra] *adj* y *s/f* Se aplica a las plantas que tienen tallos que se arrollan a una pared, enrejado, etc., para trepar o crecer.

en·re·dar [enrreðár] **I.** *v/tr* **1.** Entretejer o enmarañar cosas como hilos, cables, etc. **2.** FIG Meter a alguien en un asunto poco claro, peligroso o arriesgado: *Me enredaron en la compraventa de antigüedades.* **3.** FIG Hacer que un asunto o cuestión se complique: *Lo has enredado todo con tu intervención.* **II.** *v/intr* Hacer cosas que molestan o distraen a los demás, especialmente aplicado a los niños que hacen ruido, etc., donde no deben. RPr **Enredarse con/en (algo).**

en·re·do [enrréðo] *s/m* **1.** Mezcla o maraña de hilos, cables o cosa semejante que se enreda. **2.** Travesura o juego de chicos o muchachos. **3.** FIG Asunto o cuestión complicados o difíciles: *Se metió en un enredo.*

en·re·ja·do, (-a) [enrrexáðo, (-a)] **I.** *adj* Que tiene reja(s). **II.** *s/m* **1.** Reja o conjunto de rejas en un edificio o parte de él. **2.** Conjunto de barras cruzadas con que se refuerzan los cimientos de un edificio en los terrenos flojos.

en·re·jar [enrrexár] *v/tr* Cerrar o proteger con rejas alguna abertura.

en·re·ve·sa·do, -a [enrreβesáðo, -a] *adj* **1.** Se aplica a lo que tiene muchas vueltas y rodeos. **2.** FIG Se dice del problema o cuestión difíciles de resolver.

en·ri·que·cer [enrrikeθér] *v/tr* **1.** Hacer que una persona sea rica o más rica. **2.** Aumentar la riqueza o calidades culturales, etc., de alguien o de algo. RPr **Enriquecer(se) con/de /en:** *Enriquecerse con la herencia/de virtudes/en significado.*
CONJ *Irreg: Enriquezco, enriquecí, enriqueceré, enriquecido.*

en·ri·que·ci·mien·to [enrrikeθimjéņto] *s/m* Acción y efecto de enriquecer(se).

en·ris·trar [enrristrár] *v/tr* **1.** Poner en ristras los ajos, las cebollas, etc. **2.** Poner en ristre la lanza, con el fin de poder acometer con ella.

en·ro·car [enrrokár] **I.** *v/tr, intr* En el ajedrez, mover el rey dos casillas hacia la torre y colocar ésta a su lado, haciendo que salte por encima de él y siendo los dos movimientos simultáneos. **II.** REFL(-SE) Engancharse algo como un ancla, etc., en las rocas del fondo del mar.
ORT La *c* cambia en *qu* ante *e: Enroqué.*

en·ro·je·cer [enrroxeθér] *v/tr* Hacer que algo se ponga rojo.
CON *Irreg: Enrojezco, enrojecí, enrojeceré, enrojecido.*

en·ro·je·ci·mien·to [enrroxeθimjéņto] *s/m* Acción y efecto de enrojecer(se).

en·ro·lar [enrrolár] *v/tr,* REFL(-SE) **1.** MAR Inscribir(se) en la lista o rol de tripulantes de un barco mercante. **2.** MIL Alistar(se) en el ejército. RPr **Enrolar(se) en** *(el ejército).*

en·ro·llar [enroʎár] **I.** *v/tr* **1.** Doblar en forma de rollo algo como un alambre, persiana, etc. **2.** FIG FAM Enredar o liar a alguien: *Me enrolló en este negocio.* **II.** REFL(-SE) **1.** FIG FAM Estar mucho tiempo conversando. **2.** FIG FAM Enredarse, liarse o dedicarse totalmente a un asunto: *Se ha enrollado en lo de los videos.*

en·ron·que·cer [enrroŋkeθér] *v/tr, intr,* REFL(-SE) Poner(se) ronco.
CONJ *Irreg: Enronquezco, enronquecí, enronqueceré, enronquecido.*

en·ron·que·ci·mien·to [enrroŋkeθimjéṇto] *s/m* Acción y efecto de enronquecer(se).

en·ro·que [enrróke] *s/m* Acción y efecto de enrocar **(I).**

en·ros·car [enrroskár] *v/tr,* REFL(-SE) **1.** Poner(se) en forma de rosca algo: *La serpiente se enroscó.* **2.** Introducir(se) en un orificio, etc., un tornillo o pieza a vuelta de rosca.
ORT La *c* cambia en *qu* ante *e: Enrosqué.*

en·sa·car [ensakár] *v/tr* Meter en un saco o sacos alguna cosa.
ORT La *c* cambia en *qu* ante *e: Ensaqué.*

en·sai·ma·da [ensaimáða] *s/f* Pasta típica mallorquina, hecha de hojaldre y arrollada en forma de espiral.

en·sa·la·da [ensaláða] *s/f* **1.** Plato preparado con hortalizas variadas, como lechuga, tomate, pepino, etc., generalmente crudos y aderezados con aceite, vinagre y sal u otras especias. **2.** FIG Se dice de una mezcla muy variada de cosas: *Una ensalada mental.*
Ensalada rusa, la que consiste en hortalizas hervidas y cortadas en pedacitos, que suele aderezarse con salsa mayonesa.

en·sa·la·de·ra [ensalaðéra] *s/f* Fuente o plato grande en el que se sirve la ensalada.

en·sa·la·di·lla [ensalaðíʎa] *s/f* **1.** *dim* de *ensalada.* **2.** Ensalada rusa. **3.** FIG Mezcla de cosas menudas y heterogéneas.

en·sal·mar [ensalmár] *v/tr* Curar con ensalmos a alguien.

en·sal·mo [ensálmo] *s/m* Forma de intentar curar por medio del rezo o recitación de fórmulas supuestamente mágicas.
LOC **Como por ensalmo,** como por arte de magia.

en·sal·za·mien·to [ensalθamjéṇto] *s/m* Acción y efecto de ensalzar(se).

en·sal·zar [ensalθár] *v/tr,* REFL(-SE) Hacer alabanza de alguien o de uno mismo.
ORT La *z* se convierte en *c* ante *e: Ensalcé.*

en·sam·bla·du·ra [ensaɱblaðúra] *s/f* Acción y efecto de ensamblar.

en·sam·bla·je [ensaɱbláxe] *s/m* Ensambladura.

en·sam·blar [ensaɱblár] *v/tr* Unir o juntar dos piezas o cosas que pueden acoplarse.

en·sam·ble [ensáɱble] *s/m* Ensambladura.

en·san·cha·mien·to [ensaṇtʃamjéṇto] *s/m* Acción y efecto de ensanchar(se).

en·san·char [ensaṇtʃár] *v/tr* Hacer que algo sea más ancho.

en·san·che [ensáṇtʃe] *s/m* **1.** Acción y efecto de ensanchar(se). **2.** Terreno o zona en las afueras de una población, que se dedica a nuevas edificaciones de viviendas.

en·san·gren·tar [ensaŋgreṇtár] *v/tr* Manchar, cubrir, etc., con sangre.
CONJ *Irreg: Ensangriento, ensangrenté, ensangrentaré, ensangrentado.*

en·sa·ña·mien·to [ensaɲamjéṇto] *s/m* Acción y efecto de ensañar(se).

en·sa·ñar [ensaɲár] **I.** *v/tr* Causar irritación en alguien. **II.** REFL(-SE) Causar daño a otro sintiendo satisfacción por ello: *Se ensañaron con los vencidos.* RPr **Ensañarse con/contra/en:** *Ensañarse contra alguien/en el castigo.*

en·sar·tar [ensartár] *v/tr* **1.** Pasar por un hilo, alambre, etc, cosas como cuentas, perlas o algo similar. **2.** Atravesar con un arma, como una saeta, lanza, etc., el cuerpo de alguien o de un animal. **3.** FIG Decir de forma seguida o continua una serie de cosas, como mentiras, insultos, etc.

en·sa·yar [ensaJár] *v/tr* **1.** Realizar una acción a modo de prueba, previamente a su ejecución definitiva. **2.** Realizar la interpretación de una obra de teatro, o cualquier otro espectáculo, antes de su estreno. **3.** Probar determinada sustancia, cuerpo, etc., o sus cualidades, sometiéndolo a ciertas condiciones de temperatura o algo que influye en ello.

en·sa·yis·mo [ensaJísmo] *s/m* Cultivo del ensayo literario, científico, etc.

en·sa·yis·ta [ensaJísta] *s/m,f* Persona que escribe ensayos.

en·sa·yo [ensáJo] *s/m* **1.** Acción y efecto de ensayar(se). **2.** Escrito, estudio, etc., sobre un tema literario, filosófico, etc., tratado de forma no especializada.

en·se·gui·da [enseγíða] *adv* En seguida; inmediatamente después del momento referido o en que se habla.

en·se·na·da [ensenáða] *s/f* Parte del mar que entra en la tierra en forma de seno y sirve a las embarcaciones de protección.

en·se·ña [enséɲa] *s/f* Objeto que se ostenta a modo de bandera o estandarte y que es representativo de algo.

en·se·ñan·za [enseɲánθa] *s/f* **1.** Acción y

efecto de enseñar. **2.** Método o forma de enseñar alguna cosa.
Enseñanza primaria, la que se da en primer lugar a los niños para que aprendan a leer y escribir y adquieran conocimientos fundamentales.
Enseñanza media, la que es intermedia entre la primaria y la superior y que también suele llamarse bachillerato.
Enseñanza superior, la que se recibe en una facultad o centro universitario.

en·se·ñar [enseɲár] *v/tr, intr* **1.** Transmitir a alguien ciertos conocimientos o experiencias. **2.** FIG FAM Hacer que alguien aprenda a comportarse como es debido: *¡Ya te enseñaré yo y aprenderás lo que es trabajar de verdad!* **3.** Indicar o mostrar a alguien alguna cosa determinada: *Me enseñó el camino para ir al pueblo.* **4.** Dejar ver algo involuntariamente.

en·se·ño·re·ar·se [enseɲoreárse] *v*/REFL (-SE) Hacerse el amo de algo, de una situación, etc. RPr **Enseñorearse de:** *Se enseñoreó del condado.*

en·se·res [enséres] *s/m, pl* Conjunto de utensilios o instrumentos necesarios para el ejercicio de alguna actividad o que alguien lleva consigo habitualmente.

en·si·llar [ensiʎár] *v/tr* Poner la silla a una caballería.

en·si·mis·ma·mien·to [ensimismamjéɳto] *s/m* Acción y efecto de ensimismar(se).

en·si·mis·mar [ensimismár] *v/tr,* REFL (-SE) Hacer que alguien se quede absorto o concentrado en un pensamiento, actividad, etc., o quedarse uno mismo así: *Se ensimismó en la lectura de mi novela.* RPr **Ensimismarse en.**

en·so·ber·be·cer [ensoβerβeθér] *v/tr,* REFL(SE) Hacer que alguien se ponga soberbio o ponerse uno mismo. RPr **Ensoberbecerse con/de:** *Ensoberbecerse con/de su mala fortuna.*
CONJ *Irreg: Ensoberbezco, ensoberbecí, ensoberbeceré, ensoberbecido.*

en·so·ber·be·ci·mien·to [ensoβerβeθimjéɳto] *s/m* Acción y efecto de ensoberbecer(se).

en·som·bre·cer [ensoɱbreθér] *v/tr* **1.** Llenar de sombra algún lugar. **2.** En dibujo o pintura, oscurecer un rostro, paisaje, etc. **3.** FIG Llenar de tristeza o melancolía a alguien: *La viudez ensombreció su vida.*
CONJ *Irreg: Ensombrezco, ensombrecí, ensombreceré, ensombrecido.*

en·so·ña·ción [ensoɲaθjón] *s/f* Acción y efecto de ensoñar(se).

en·so·ñar [ensoɲár] *v/tr,* REFL(SE) Tener ensueños.
CONJ *Irreg: Ensueño, ensoñé, ensoñaré, ensoñado.*

en·sor·de·ce·dor, -ra [ensorðeθeðór, -ra] *adj* Que ensordece.

en·sor·de·cer [ensorðeθér] *v/tr* **1.** Causar sordera a alguien. **2.** GRAM Convertir en sorda una consonante sonora.
CONJ *Irreg: Ensordezco, ensordecí, ensordeceré, ensordecido.*

en·sor·de·ci·mien·to [ensorðeθimjéɳto] *s/m* Acción y efecto de ensordecer(se).

en·sor·ti·jar [ensortixár] *v/tr* Rizar o encrespar algo que era liso o lacio, aplicado especialmente a los cabellos, hilos.

en·su·ciar [ensuθjár] **I.** *v/tr* Poner sucio algo. **II.** REFL(SE) FAM Hacer las necesidades manchándose la ropa que se lleva. RPr **Ensuciarse con/de:** *Ensuciarse con barro/de grasa.*

en·sue·ño [enswéɲo] *s/m* **1.** Ilusión o fantasía de algo que se desea conseguir. **2.** FIG FAM Imagen de algo perfecto o muy bueno: *Una casa/Un jardín de ensueño.*

en·ta·bla·do [eɳtaβláðo] *s/m* Suelo hecho con tablas.

en·ta·bla·men·to [eɳtaβlaméɳto] *s/m* ARQ Conjunto de molduras que rematan la fachada de un edificio o un orden de arquitectura.

en·ta·blar [eɳtaβlár] *v/tr* **1.** Cercar o rodear, recubrir, etc., con tablas de madera algo. **2.** CIR Sujetar con tablillas o vendaje algún hueso, miembro, etc. **3.** Iniciar alguna acción, como conversaciones, luchas, etc.: *Han entablado batalla.*

en·ta·bli·llar [eɳtaβliʎár] *v/tr* CIR Sostener o sujetar con tablillas y vendaje una parte del cuerpo que tiene un hueso roto.

en·ta·le·gar [eɳtaleɣár] *v/tr* Meter en sacas o talegos alguna cosa.
ORT La *g* lleva *u* ante *e: Entalegué.*

en·ta·lla·du·ra [eɳtaʎaðúra] *s/f* Acción y efecto de entallar.

en·ta·llar [eɳtaʎár] *v/tr* **1.** Esculpir figuras en madera, mármol, bronce, etc. **2.** Referido a prendas, hacer o formar el talle: *Hay que entallar esta blusa.*

en·ta·pi·za·do [eɳtapiθáðo] *s/m* **1.** Acción y efecto de entapizar. **2.** Material usado para entapizar.

en·ta·ri·ma·do [eɳtarimáðo] *s/m* Suelo o pavimento de una habitación que se hace con tablas ensambladas.

en·ta·ri·mar [eɳtarimár] *v/tr* Cubrir o revestir de tablas o tarima un suelo.

en·te [éɳte] *s/m* **1.** FIL Aquello que es o existe. **2.** Se dice de una institución o colectividad social: *Un ente estatal.*

en·te·co, -a [eɳtéco, -a] *adj* Se aplica al que es de constitución débil o enfermiza.

en·te·le·quia [eņtelékja] *s/f* FAM Cosa irreal o imaginada, que no puede ponerse en práctica.

en·ten·de·de·ras [eņteņdeðéras] *s/f, pl* FAM Se aplica al entendimiento de alguien, especialmente para referirse a su escasez o ausencia.

en·ten·der [eņteņdér] **I.** *v/tr* **1.** Tener una idea clara o correcta del significado de algo. **2.** Comprender correctamente un idioma, a una persona, etc.: *Entiendo el alemán.* **II.** *v/intr* **1.** Comprender lo que se dice, hace, etc. **2.** Creer o pensar determinada cosa y opinión. **3.** (Con *de*) Ser un experto o una autoridad en una materia determinada: *Yo no entiendo de fútbol.* **III.** REFL(SE) **1.** Estar dos o más personas en buen grado de conocimiento mutuo. **2.** Ponerse alguien de acuerdo con otro(s) para realizar determinada acción. **3.** FAM Estar dos personas en relación amorosa no legalizada: *El jefe y la secretaria se entienden.* **IV.** *s/m* Juicio u opinión de una persona: *Según su entender esto es blanco.* LOC **A mi entender,** según mi forma de pensar. **Dar a entender una cosa,** decir algo de forma disimulada o encubierta. **Entender en algo,** ser experto en algo. **Entenderse con,** avenirse alguien con otro(s) para realizar determinadas cosas: *Se entiende muy bien con su jefe.* RPr **Entender de/en:** *Entiende de mecánica. Entiende en coches.* **Entenderse con.**
CONJ *Irreg: Entiendo, entendí, entenderé, entendido.*

en·ten·di·do, -a [eņteņdíðo, -a] *adj* Se dice del que es muy experto o diestro en algo: *Muy entendida en álgebra.* LOC **¡Entendido!,** giro muy usado para demostrar asentimiento.

en·ten·di·mien·to [eņteņdimjéņto] *s/m* Facultad intelectual gracias a la cual se puede razonar.

en·ten·te [eņtéņte] *s/f* GAL Acuerdo al que se llega en un trato o convenio entre dos personas, naciones, etc.

en·te·ra·do, (-a) [eņteráðo, (-a)] **I.** *adj* y *s/m,f* Se aplica a la persona que está muy versada en determinadas materias o en los asuntos de su trabajo. **II.** *s/m* Escrito con la palabra 'enterado' y la firma de uno, que se pone al pie de un documento, etc., para que conste que esa persona ha visto el acuerdo o convenio. LOC **Darse por enterado,** demostrar alguien que es conocedor de algún hecho.

en·te·rar [eņterár] **I.** *v/tr* Hacer que alguien esté plenamente informado de algún asunto o hecho. **II.** REFL(SE) **1.** Conocer plenamente algún asunto o la marcha del mismo, generalmente gracias a la información que le da otro: *Me enteré de la boda por los periódicos.* **2.** FAM Advertir o darse cuenta de lo que está sucediendo o de lo que se dice a uno, etc. RPr **Enterarse de.**

en·te·re·za [eņteréθa] *s/f* Cualidad o virtud del que muestra rectitud, firmeza o fortaleza de ánimo.

en·te·ri·tis [eņterítis] *s/f* MED Inflamación de la mucosa intestinal.

en·ter·ne·cer [eņterneθér] *v/tr,* REFL(SE) Provocar sentimientos de ternura, compasión, etc., en alguien o en uno mismo.
CONJ *Irreg: Enternezco, enternecí, enterneceré, enternecido.*

en·ter·ne·ci·mien·to [eņterneθimjéņto] *s/m* Acción y efecto de enternecer(se).

en·te·ro, (-a) [eņtéro, (-a)] **I.** *adj* **1.** Se dice de lo que no carece de ninguna de las partes que lo constituyen: *La vajilla está entera.* **2.** FIG Se aplica al que posee entereza de ánimo. **II.** *s/m* MAT Serie de los números (0, 1, 2, ...) con valor positivo o negativo. LOC **Por entero,** enteramente.

en·te·ro·co·li·tis [eņterokolítis] *s/f* MED Inflamación del intestino delgado y del colon.

en·te·rra·dor [eņterraðór] *s/m* Persona que entierra a los muertos.

en·te·rra·mien·to [eņterramjéņto] *s/m* **1.** Acción y efecto de enterrar. **2.** Lugar en que está enterrado alguien.

en·te·rrar [eņterrár] *v/tr* **1.** Poner bajo tierra o cubrir con tierra alguna cosa. **2.** Dar sepultura a un cadáver. **3.** FIG Relegar al olvido alguna cosa o a alguien: *Han enterrado su odio a los Gómez.*
CONJ *Irreg: Entierro, enterré, enterraré, enterrado.*

en·ti·ba·ción [eņtiβaθjón] *s/f* Acción y efecto de entibar.

en·ti·ba·do [eņtiβáðo] *s/m* Revestimiento de tablas que se pone en el interior de las galerías de las minas.

en·ti·ba·dor [eņtiβaðór] *s/m* MIN Operario que se dedica a la entibación.

en·ti·bar [eņtiβár] *v/tr* MIN Apuntalar con maderas o tablas alguna construcción en las excavaciones.

en·ti·biar [eņtiβjár] *v/tr,* REFL(SE) **1.** Poner(se) tibio algo. **2.** FIG Debilitar(se) un sentimiento, pasión, etc.

en·ti·dad [eņtiðáð] *s/f* **1.** FIL Ente o ser que existe. **2.** Cualidades o esencia de algo. **3.** Asociación o colectividad de personas, considerada como una unidad.

en·tie·rro [eņtjérro] *s/m* **1.** Acción y efecto de enterrar un cadáver. **2.** Ceremonia o ritos que acompañan el acto de enterrar a alguien.

en·tin·tar [eņtiņtár] *v/tr* Cubrir, manchar o empapar de tinta.

en·tol·da·do [eņtoḷdáðo] *s/m* **1.** Acción

y efecto de entoldar. **2.** Lugar rodeado y cubierto de toldos, que generalmente se usa para bailar.

en·tol·dar [en̪tol̪dár] *v/tr* Cubrir con toldos o con un toldo algún lugar.

en·to·mo·lo·gía [en̪tomoloxía] *s/f* Parte de la zoología dedicada al estudio de los insectos.

en·to·mó·lo·go, -a [en̪tomólogo, -a] *s/m,f* Persona experta en entomología.

en·to·na·ción [en̪tonaθjón] *s/f* **1.** Acción y efecto de entonar. **2.** Forma de modular la voz al hablar o decir algo.

en·to·nar [en̪tonár] **I.** *v/tr* **1.** Cantar una canción o melodía, etc. **2.** Dar el tono ajustado y necesario para una melodía al cantarla, tocarla, etc. **3.** MED Dar a alguien la fuerza que había perdido o una energía que necesita: *Una copita te entonará.* **II.** *v/intr* Armonizar determinados colores entre sí: *Esta blusa no entona con la falda.* **III.** REFL(SE) Recuperar las fuerzas o energías perdidas temporalmente: *Después de la carrera se entonó con una copita.* RPr **Entonar(se) con (II y III).**

en·ton·ces [en̪tónθes] *adv* **1.** Usado para aludir a un momento determinado de una acción que se expresa. **2.** Usado como equivalente de la expresión 'en ese caso', 'siendo así': *Si tú no vienes, entonces yo tampoco.*

en·ton·te·cer [en̪ton̪teθér] *v/tr* Atontar a alguien.
CONJ *Irreg: Entontezco, entontecí, entonteceré, entontecido.*

en·ton·te·ci·mien·to [en̪ton̪teθimjén̪to] *s/m* Acción y efecto de entontecer(se).

en·tor·cha·do [en̪tortʃáðo] *s/m* **1.** Operación de entorchar. **2.** Hilo de seda recubierto por otro retorcido encima de él. **3.** Bordado hecho con oro en forma de hilado, que llevan en el uniforme algunos funcionarios.

en·tor·char [en̪tortʃár] *v/tr* Cubrir un hilo con otro que se retuerce por encima de él y que generalmente es metálico.

en·tor·nar [en̪tornár] *v/tr* **1.** Ajustar una puerta, ventana, etc., dejándola entreabierta. **2.** Cerrar incompletamente alguna cosa: *Entornó los ojos.*

en·tor·no [en̪tórno] *s/m* Contexto o ambiente que rodea o en el que vive alguien.

en·tor·pe·cer [en̪torpeθér] *v/tr* **1.** Hacer más difícil o torpe determinado movimiento. **2.** FIG Dificultar la marcha de un asunto, etc.: *La postura de una de las partes ha entorpecido las negociaciones.*
CONJ *Irreg: Entorpezco, entorpecí, entorpeceré, entorpecido.*

en·tor·pe·ci·mien·to [en̪torpeθimjén̪to] *s/m* Acción y efecto de entorpecer(se).

en·tra·da [en̪tráða] *s/f* **1.** Acción y efecto de entrar. **2.** En un local, etc., lugar por donde se entra: *La casa tiene dos entradas.* **3.** Cantidad de gente que entra en un local público de una vez: *Anoche hubo poca entrada.* **4.** Cantidad de dinero percibido como recaudación en un espectáculo: *La entrada fue floja.* **5.** Billete o vale con el que se puede entrar en un espectáculo: *Hay que comprar la entrada en la taquilla.* **6.** *pl* Cantidad de dinero que entra en un negocio, empresa, etc., de una vez y que se anota en un libro de registros o algo similar. **7.** En la frente, cada uno de los ángulos o esquinas que se adentran en los cabellos y que están desprovistos de pelo: *Tiene muchas entradas para ser tan joven.*

en·tra·ma·do [en̪tramáðo] *s/m* ARQ Armazón de madera, con tablas entrecruzadas, que se rellena de obra y sirve de soporte a un suelo, etc.

en·tra·mar [en̪tramár] *v/tr* Entrecruzar tablas de madera para hacer un armazón.

en·tram·bos, -as [en̪trámbos, -as] *adj* y *pron pl* Ambos.

en·tram·par [en̪trampár] *v/tr* **1.** Hacer que alguien caiga en una trampa. **2.** FIG Engañar o enredar a alguien. **3.** Hacer que alguien contraiga deudas.

en·tran·te [en̪trán̪te] **I.** *adj* y *s/m* Se aplica al que o a lo que entra: *El presidente entrante.* **II.** *s/m, pl* Entremeses.

en·tra·ña [en̪tráɲa] *s/f* **1.** Víscera u órgano que está en el interior del cuerpo. **2.** *sing* o *pl* FIG Lo más escondido o interior de algo: *Vive en las entrañas de la selva.* **3.** FIG Lo esencial o más importante de alguna cuestión, etc.: *Vayamos a la entraña del asunto.* **4.** *pl* FIG Índole del carácter de una persona: *Es un hombre de malas entrañas.* LOC **No tener entrañas,** FIG ser cruel o despiadado. **De mis/sus,** etc., **entrañas,** expresión aplicada a aquello o aquel que es muy querido: *Le llevaron al hijo de sus entrañas.*

en·tra·ña·ble [en̪traɲáβle] *adj* Se aplica a lo que o al que es digno de cariño, afecto, etc.: *Un hombre entrañable.*

en·tra·ñar [en̪traɲár] *v/tr* FIG Comprender o contener una cosa, hecho, dicho, etc., a otra cosa: *Tu propuesta entraña un peligro terrible.*

en·trar [en̪trár] **I.** *v/intr* **1.** Pasar algo o alguien del exterior al interior: *Entró en la casa. El agua entró por la ventana.* **2.** Encajarse o introducirse parcial o totalmente una cosa en otra: *El clavo entra en la pared.* **3.** FIG Introducirse algo o alguien en una fase, etapa, época, etc.: *Entonces entramos en lo más duro de la batalla.* **4.** Referido a carreras, profesiones, etc., dedicarse a ellas: *Ha entrado en la Marina.* **5.** FIG FAM Meterse o participar en un asunto o cuestión: *Yo no quiero entrar en esto, me parece peligroso.* **6.** FIG Referido a costumbres o modas, adoptarlos, seguirlos: *Entrar en las tradiciones locales.* **7.** Estar alguien o algo incluido en algo como una lista, grupo, etc.: *Yo no entré en la primera tanda, pero sí en la segunda.* **8.** Formar parte algo de un total: *El servicio no entra en el precio.* **9.** Estar incluido en una cantidad determinada en un total o unidad: *En cada quilo han entrado tres tomates.* **10.** FIG FAM Ocuparse o prestar atención a algo: *Yo no entro en política.* **11.** FIG Referido a partes del año, estaciones, etc., tener principio: *La primavera entra en marzo.* **II.** *v/tr* Hacer que algo se introduzca en algún lugar: *Entrar el coche en el garaje.* LOC **Entrar en+sustantivo**, participar o intervenir en lo que se menciona: *Entrar en razón.* **Entrar a+inf**, empezar o principiar a hacer lo que se cita: *Entró a formar parte del grupo el año pasado.* **Hacer entrar (a alguien)**, *1.* Invitar o permitir a alguien que entre en un lugar. *2.* Introducir una cosa en el interior de otra de forma dificultosa. **No entrarle una cosa a alguien**, *1.* No poder alguien aprender algo: *Las matemáticas no le entran.* *2.* No ser algo de la aprobación de alguien: *No me entra el que salga cada tarde al cine.*

en·tre [én̪tre] *prep* **1.** Para expresar ubicación de algo o alguien en medio de dos o más personas o cosas: *La casa está entre dos colinas.* **2.** Para indicar inclusión en una lista, grupo, etc.: *La cuento entre mis enemigos.* **3.** Se usa para referirse a un intervalo: *Sucedió entre los años cuarenta y los sesenta.* **4.** Para expresar idea de relación o de comparación: *Entre tú y yo no hay diferencias de clase.*

en·tre·a·brir [en̪treaβrír] *v/tr,* REFL(SE) Abrir(se) a medias una puerta, ventana, etc.

en·tre·ac·to [en̪treákto] *s/m* Intervalo que transcurre entre acto y acto de una representación dramática, musical, etc.

en·tre·ca·no, -a [en̪trekáno, -a] *adj* Se aplica al cabello o barba que empieza a tener canas o a la persona que lo tiene así.

en·tre·ce·jo [en̪treθéxo] *s/m* Espacio que hay entre las dos cejas. LOC **Arrugar/Fruncir el entrecejo,** FIG mostrar disgusto o desaprobación ante algo.

en·tre·co·mi·lla·do, (-a) [en̪trekomiʎáðo, (-a)] **I.** *adj* Que ha sido entrecomillado. **II.** *s/m* Palabra o frase citada entre comillas: *El entrecomillado es mío.*

en·tre·co·mi·llar [en̪trekomiʎár] *v/tr* Poner entre comillas una palabra o frase.

en·tre·cor·ta·do, -a [en̪trekortáðo, -a)] *adj* Se aplica a la voz o a la forma de hablar que son discontinuos o intermitentes: *Una voz entrecortada por la emoción.*

en·tre·cot [en̪trekó(t)] *s/m* GAL Trozo de carne asada o frita, de entre costilla y costilla.

en·tre·cru·zar [en̪trekruθár] *v/tr,* REFL (-SE) Cruzar(se) una cosa con otra.
ORT La *z* se convierte en *c* ante *e: Entrecrucé.*

en·tre·cho·car [en̪tretʃokár] *v/tr,* REFL (-SE) Chocar una cosa con otra.
ORT La *c* cambia en *qu* ante *e: Entrechoqué.*

en·tre·di·cho [en̪treðítʃo] *s/m* **1.** DER Prohibición o mandato de no hacer o decir alguna cosa. **2.** Censura eclesiástica que prohíbe asistir a los oficios divinos o usar ciertos sacramentos. LOC **Poner en entredicho**, poner en duda la bondad, valor, etc., de algo o de alguien.

en·tre·dós [en̪treðós] *s/m* Tira de encaje o de bordado que se pone como adorno, cosida entre dos telas, a modo de calado.

en·tre·fo·rro [en̪trefórro] *s/m* Lienzo o tejido que se coloca entre el forro y el exterior de la prenda.

en·tre·ga [en̪tréγa] *s/f* **1.** Acción y efecto de entregar. **2.** Cantidad, cosa, etc., que se entrega. **3.** En literatura, parte o episodio de una obra que se da a conocer generalmente de forma periódica: *Novela por entregas.* **4.** FIG Dedicación o esfuerzo que alguien consagra a otro, a una causa, etc.: *Se dedicó a esa labor con gran entrega.*

en·tre·gar [en̪treγár] **I.** *v/tr* **1.** Dar a alguien aquello que le corresponde recibir: *Ya nos han entregado el piso.* **2.** Ceder el dominio sobre algo a otra persona. **II.** REFL(SE) **1.** Ponerse una persona en manos de alguien, especialmente del enemigo. **2.** FIG Dedicarse intensamente a determinada actividad: *Se entregó al estudio.* **3.** FIG Dejarse dominar por alguna costumbre o pasión, actividad, etc.: *Se entregó al vicio del juego.* RPr **Entregar(se) a.**
ORT La *g* lleva *u* ante *e: Entregué.*

en·tre·la·zar [en̪trelaθár] *v/tr* Cruzar hilos, cuerdas, etc., de forma que queden entretejidos o entrecruzados.
ORT La *z* cambia en *c* ante *e: Entrelacé.*

en·tre·lí·nea [en̪trelínea] *s/f* Cosa escrita entre líneas.

en·tre·li·ne·ar [en̪trelineár] *v/tr* Escribir entre líneas una palabra, frase, etc.

en·tre·me·dias [en̪treméðjas] *adv* Para expresar la relación de algo que está colocado entre otras cosas, bien sea en el espacio o en el tiempo.

en·tre·me·dio [en̪treméðjo] *adv* Entremedias.

en·tre·més [en̪tremés] *s/m* **1.** Cualquier tipo de manjar o alimento que se sirve como principio de una comida y que suele consistir en embutidos, ensaladillas, mariscos, etc. **2.** Pieza teatral breve que solía representarse entre las diferentes partes de una comedia o drama.

en·tre·me·ter [entremetér] **I.** *v/tr* Meter o colocar una cosa entre otras. **II.** REFL(SE) FAM Intervenir alguien en asuntos no pertenecientes a él de forma indiscreta o inoportuna. RPr **Entremeter(se) con/en/entre:** *Entremeter una cosa con otra. Entremeterse en los asuntos de otro/unas cosas entre otras.*

en·tre·me·ti·do, -a [entremetíðo, -a] *adj* y *s/m,f* Se aplica a la persona aficionada a meterse en los asuntos ajenos de modo indiscreto.

en·tre·mez·clar [entremeθklár] *v/tr*, REFL(SE) Mezclar(se) unas cosas con otras confundiéndose todas ellas.

en·tre·na·dor, -ra [entrenaðór, -ra] *s/m,f* Persona que entrena a un deportista, equipo, etc.

en·tre·na·mien·to [entrenamjénto] *s/m* Acción y efecto de entrenar(se).

en·tre·nar [entrenár] *v/tr*, REFL(SE) **1.** Preparar(se) para el ejercicio de algún deporte o actividad semejante. **2.** FIG Preparar(se) para realizar cualquier cosa de forma satisfactoria.

en·tre·oír [entreoír] *v/tr* Oír a medias alguna cosa.
CONJ *Irreg: Entreoigo, entreoí, entreoiré, entreoído.*

en·tre·pa·ño [entrepáɲo] *s/m* ARQ Espacio seguido de pared que está comprendido entre dos columnas, dos balcones, dos huecos, etc.

en·tre·pier·na [entrepjérna] *s/f* **1.** Parte del cuerpo que forman las caras interiores de los muslos. **2.** *sing* o *pl* Piezas de ciertas prendas que se cosen a la entrepierna.

en·tre·sa·car [entresakár] *v/tr* **1.** Quitar o sacar algunas cosas de entre otras. **2.** Quitar o cortar árboles en un monte, aclarando su vegetación. RPr **Entresacar de:** *Entresacó las citas de un libro.*
ORT La *c* cambia en *qu* ante *e: Entresaqué.*

en·tre·si·jo [entresíxo] *s/m* **1.** ANAT Mesenterio. **2.** FIG *sing* o *pl* Lugar muy oculto o cosa que se guarda en él: *Esta casa tiene muchos entresijos.*

en·tre·sue·lo [entreswélo] *s/m* Planta de un edificio situada entre la baja y el primer piso.

en·tre·tan·to [entretánto] *adv* Para referirse a la relación temporal existente entre dos acciones: *Está esperando el tren y entretanto lee un libro.*

en·tre·te·jer [entretexér] *v/tr* **1.** Meter en un tejido, al hacerlo, hilos de otro color, material, etc., formando así un dibujo o labor. **2.** Entrecruzar alambres, hilos, etc., formando un trabajo de cestería o algo semejante.

en·tre·te·la [entretéla] *s/f* **1.** Tejido o lienzo de cierto grosor que se pone entre el forro y la tela en algunas partes de ciertas prendas con el fin de darles rigidez. **2.** *pl* FIG FAM Parte más secreta o íntima de alguien: *Era el hijo de sus entretelas.*

en·tre·te·lar [entretelár] *v/tr, intr* Poner entretela a una prenda de vestir.

en·tre·te·ner [entretenér] *v/tr* **1.** Hacer que alguien o algo se retrase en alguna acción: *La entretuvieron en la calle y no llegó a tiempo a la reunión.* **2.** Divertir o distraer a alguien. **3.** Mantener o conservar la duración de algo, evitando que llegue a su fin: *Entretenían el fuego echándole más leña.* **4.** FIG FAM Hacer que algo sea menos molesto o más llevadero: *Entretuvieron la espera fumando un pitillo.*
CONJ *Irreg: Entretengo, entretuve, entretendré, entretenido.*

en·tre·te·ni·do, -a [entreteníðo, -a] *adj* **1.** Se dice de aquello que entretiene o divierte: *Es una película muy entretenida.* **2.** Se aplica a aquello que requiere mucha atención o cuidado: *Es una tarea muy entretenida.*

en·tre·te·ni·mien·to [entretenimjénto] *s/m* **1.** Acción y efecto de entretener(se). **2.** Acción de mantener o conservar una cosa o persona: *El entretenimiento de este coche cuesta mucho.*

en·tre·tiem·po [entretjémpo] *s/m* Época del año intermedia entre dos estaciones o que posee rasgos de dos estaciones diferentes: *Ropa de entretiempo.*

en·tre·ver [entreβér] *v/tr* **1.** Ver de modo confuso o borroso una cosa, persona, etc. **2.** FIG Sospechar o intuir una intención, plan, etc.
CONJ *Irreg: Entreveo, entreví, entreveré, entrevisto.*

en·tre·ve·rar [entreβerár] *v/tr* Mezclar algo en otra cosa de forma intercalada.

en·tre·vía [entreβía] *s/f* Espacio que queda entre los rieles de una vía de ferrocarril.

en·tre·vis·ta [entreβísta] *s/f* **1.** Encuentro o reunión de dos personas para hablar de un asunto determinado. **2.** En lenguaje periodístico, serie de preguntas que se hacen a determinado personaje con el fin de saber lo que éste piensa, cree, etc.

en·tre·vis·ta·dor, -ra [entreβistaðór, -ra] *s/m,f* Persona que realiza una entrevista.

en·tre·vis·tar [entreβistár] *v/tr* Hacer una entrevista a alguien. RPr **Entrevistarse con:** *Me entrevisté con el director.*

en·tris·te·cer [entristeθér] *v/tr* **1.** Hacer que alguien esté triste. **2.** Dar aspecto triste a algo. RPr **Entristecerse con/de/por:** *Entristecerse con la noticia/de lo ocurrido/por lo sucedido.*
CONJ *Irreg: Entristezco, entristecí, entristeceré, entristecido.*

en·tris·te·ci·mien·to [entristeθimjénto] *s/m* Acción y efecto de entristecer(se).

en·tro·me·ter·se [entrometérse] *v/*REFL (-SE) Interferir en asuntos ajenos de forma indiscreta o sin haber sido llamado o invitado. RPr **Entrometerse en/entre:** *Entrometerse en lo ajeno/entre marido y mujer.*

en·tro·me·ti·do, -a [entrometíðo, -a] *adj* y *s/m,f* Se aplica al que se inmiscuye en asuntos ajenos de forma indiscreta.

en·trom·par·se [entrompárse] *v/*REFL (-SE) FAM Coger una borrachera.

en·tron·ca·mien·to [entroŋkamjénto] *s/m* Acción y efecto de entroncar.

en·tron·car [entroŋkár] **I.** *v/tr* Afirmar el parentesco de alguien con determinado linaje o familia. **II.** *v/intr* **1.** Tener o contraer parentesco con alguien, una familia, etc. **2.** FIG Unirse o enlazarse, relacionarse, etc., una cosa con otra. RPr **Entroncar con.**
ORT La *c* cambia en *qu* ante *e: Entronqué.*

en·tro·ni·za·ción [entroniθaθjón] *s/f* Acción y efecto de entronizar.

en·tro·ni·zar [entroniθár] *v/tr* Colocar a alguien en un trono o dignidad correspondiente a éste.
ORT La *z* cambia en *c* ante *e: Entronicé.*

en·tron·que [entróŋke] *s/m* Acción y efecto de entroncar una cosa con otra.

en·tu·bar [entuβár] *v/tr* Poner tubos a algo o a alguien.

en·tuer·to [entwérto] *s/m* Perjuicio o agravio causado a alguien.

en·tu·me·cer [entumeθér] *v/tr* Entorpecer el movimiento de un miembro, etc.
CONJ *Irreg: Entumezco, entumecí, entumeceré, entumecido.*

en·tu·me·ci·mien·to [entumeθimjénto] *s/m* Acción y efecto de entumecer(se).

en·tur·biar [enturβjár] *v/tr,* REFL(SE) **1.** Poner(se) turbio algo. **2.** FIG Perturbar(se) el orden, la normalidad, etc.: *La noticia enturbió su alegría.*

en·tu·sias·mar [entusjasmár] *v/tr* **1.** Infundir entusiasmo a alguien. **2.** FAM Gustar algo o alguien mucho: *Me entusiasma su forma de cantar.* RPr **Entusiasmarse con/por:** *Se entusiasma con/por cualquier cosa.*

en·tu·sias·mo [entusjásmo] *s/m* **1.** Sentimiento de exaltación del ánimo provocado por algo o alguien que admira o cautiva. **2.** Exaltación o ardor con que se defiende o expone una idea, creencia, etc.

en·tu·sias·ta [entusjásta] *adj* y *s/m,f* Se aplica al que es propenso a sentir entusiasmo o que lo siente por algo.

e·nu·me·ra·ción [enumeraθjón] *s/f* Acción y efecto de enumerar.

e·nu·me·rar [enumerár] *v/tr* Referir un conjunto de cosas o las diversas partes de un todo de forma ordenada.

e·nu·me·ra·ti·vo, -a [enumeratíβo, -a] *adj* Que enumera algo o que ha sido hecho enumerando.

e·nun·cia·ción [enunθjaθjón] *s/f* Acción y efecto de enunciar.

e·nun·cia·do [enunθjáðo] *s/m* **1.** Acción de enunciar. **2.** Exposición de un problema, teorema, etc., que se define o explica por partes.

e·nun·ciar [enunθjár] *v/tr* Expresar o exponer una idea, teoría, problema, etc., para transmitirla a otros.

e·nun·cia·ti·vo, -a [enunθjatíβo, -a] *adj* Que enuncia o sirve para enunciar.

en·vai·nar [embainár] *v/tr* Meter en su vaina una espada o algún arma blanca.

en·va·len·to·na·mien·to [embalentonamjénto] *s/m* Acción y efecto de envalentonar(se).

en·va·len·to·nar [embalentonár] **I.** *v/tr* Infundir ánimos a alguien de modo excesivo. **II.** REFL(SE) Adoptar una actitud arrogante o bravucona.

en·va·ne·cer [embaneθér] *v/tr* Hacer que alguien sienta vanidad. RPr **Envanecerse de.**
CONJ *Irreg: Envanezco, envanecí, envaneceré, envanecido.*

en·va·ne·ci·mien·to [embaneθimjénto] *s/m* Acción y efecto de envanecer(se).

en·va·ra·mien·to [embaramjénto] *s/m* Acción y efecto de envarar(se).

en·va·rar [embarár] *v/tr,* REFL(SE) Poner(se) rígido o entorpecido un miembro del cuerpo, etc.

en·va·sa·do [embasáðo] *s/m* Acción de envasar un líquido: *El envasado del aceite.*

en·va·sar [embasár] *v/tr* Colocar líquidos o granos en vasijas o envases para transporte o almacenamiento.

en·va·se [embáse] *s/m* **1.** Acción y efecto de envasar. **2.** Vasija, botella, recipiente, etc., usados para envasar algo.

en·ve·je·cer [embexeθér] *v/tr* Contribuir a que alguien se haga más viejo, lo parezca, lo sienta, etc.

CONJ *Irreg: Envejezco, envejecí, envejeceré, envejecido.*

en·ve·je·ci·mien·to [eɱbexeθimjén̪to] *s/m* Acción y efecto de envejecer(se).

en·ve·ne·na·mien·to [eɱbenenamjén̪to] *s/m* Acción y efecto de envenenar(se).

en·ve·ne·nar [eɱbenenár] *v/tr* **1.** Administrar un veneno a alguien: *Su suegra la envenenó.* **2.** Causar la muerte de alguien por envenamiento: *La envenenaron con cicuta.*

en·ve·rar [eɱberár] *v/intr* Empezar ciertos frutos a tomar color de maduros.

en·ver·ga·du·ra [eɱberɣaðúra] *s/f* **1.** MAR Anchura que tiene una vela, las alas de un ave, un avión o similar. **2.** FIG También se aplica a las alas de los aviones. **3.** FIG Importancia o complicación que posee un asunto o negocio, etc.: *Se ha metido en una empresa de envergadura.*

en·vés [eɱbés] *s/m* Parte de una cosa que está opuesta al frente o cara de ella.

en·via·do, -a [eɱbjáðo, -a] *s/m,f* Persona que es enviada por alguien a cumplir una misión; especialmente aplicado al que es destinado al extranjero: *Enviado de TVE a Japón.*

en·viar [eɱbiár] **1.** Hacer que alguien se encamine a cierto lugar: *La enviaron a Francia.* **2.** Hacer que algo se ponga en movimiento hacia alguna parte: *Envió la pelota muy lejos.* **3.** Dirigir por correo una carta, paquete, etc.: *Me envió un libro la semana pasada.* RPr **Enviar a.**
ORT, PRON El acento recae sobre la *i en el sing* y *3.ª pers pl* del *pres* de *indic* y *subj: Envío, envíen.*

en·vi·ciar [eɱbiθjár] **I.** *v/tr* FIG Hacer que alguien coja afición a alguna cosa. **II.** *v/intr* Echar una planta excesivo número de hojas y poco fruto o flor. **III.** REFL(SE) FIG Adquirir algún objeto una posición deformada o una inclinación incorrecta, etc.: *El marco de la ventana se ha enviciado y no ajusta bien.* RPr **Enviciarse con/en:** *Enviciarse con/en el juego.*

en·vi·dar [eɱbiðár] *v/tr* En el juego de naipes, etc., hacer un envite a alguien.

en·vi·dia [eɱbíðja] *s/f* Deseo de poseer lo ajeno, lamentándose de no poseerlo: *Tiene envidia de nuestro coche.*

en·vi·dia·ble [eɱbiðjáβle] *adj* Que es digno de ser envidiado.

en·vi·diar [eɱbiðjár] *v/tr, intr* Sentir envidia por las cosas de los demás.

en·vi·dio·so, -a [eɱbiðjóso, -a] *adj* Que siente o es propenso a sentir envidia.

en·vi·le·cer [eɱbileθér] *v/tr,* REFL(SE) Hacer(se) vil o despreciable.

CONJ *Irreg: Envilezco, envilecí, envileceré, envilecido.*

en·vi·le·ci·mien·to [eɱbileθimjén̪to] *s/m* Acción y efecto de envilecer(se).

en·vío [eɱbío] *s/m* **1.** Acción y efecto de enviar. **2.** Aquello que se envía: *No recibí tu envío.*

en·vis·car [eɱbiskár] *v/tr* Azuzar a los perros para que se lancen sobre alguien.
ORT La *c* cambia en *qu* ante *e: Envisqué.*

en·vi·te [eɱbíte] *s/m* En los juegos de naipes, etc., apuesta que se hace añadiéndola a la ordinaria.

en·vol·ti·jo [eɱbol̪tíxo] *s/m* Cosa que sirve para envolver a otra.

en·vol·to·rio [eɱbol̪tórjo] *s/m* Lío compuesto de paños, lienzos, etc., desordenados.

en·vol·tu·ra [eɱbol̪túra] *s/f* Capa o conjunto de cosas que recubren algo.

en·vol·ven·te [eɱbolβén̪te] *adj* Que envuelve o rodea.

en·vol·ver [eɱbolβér] *v/tr* **1.** Rodear una cosa a otra por todas sus partes. **2.** Poner algo encerrado en papel, cartón, etc., con el fin de transportarlo o entregarlo: *Envuélveme los libros, que me los llevaré.* RPr **Envolver(se) con/en:** *La envolvieron con una manta/en una sábana.*
CONJ *Irreg: Envuelvo, envolví, envolveré, envuelto.*

en·vol·vi·mien·to [eɱbolβimjén̪to] *s/m* Acción y efecto de envolver.

en·ye·sa·do, (-a) [eɲɟesáðo, (-a)] **I.** *adj* Que ha sido enyesado: *Llevaba la pierna enyesada.* **II.** *s/m* Acción y efecto de enyesar.

en·ye·sar [eɲɟesár] *v/tr* Hacer las paredes o superficies lisas cubriéndolas con yeso.

en·zar·zar [enθarθár] **I.** *v/tr* Hacer que se inicie una pelea o discusión entre alguien: *Nos enzarzaron en un debate sobre política.* **II.** REFL(SE) FIG Iniciar una pelea o discusión. RPr **Enzarzarse en.**
ORT La segunda *z* se convierte en *c* ante *e: Enzarcé.*

en·zi·ma [enθíma] *s/f* QUÍM, BIOL Sustancia catalizadora producida por las células vivas.

e·ñe [éɲe] *s/f* Nombre de la letra *ñ.*

eo·ce·no [eoθéno] *s/m* y *adj* Se aplica al terreno que forma las primeras capas del terciario o a lo perteneciente o relativo a él.

é·pi·ca [épika] *s/f* Poesía épica: *La épica medieval.*

e·pi·ce·no [epiθéno] *adj* Se aplica al género gramatical que denomina animales machos y hembras con una misma terminación y artículo.

e·pi·cen·tro [epiθéntro] *s/m* Centro sobre el que se sitúa un movimiento sísmico.

é·pi·co, -a [épiko, -a] *adj* Relativo a la epopeya: *Cantar épico.*

e·pi·cu·reís·mo [epikureísmo] *s/m* **1.** Sistema filosófico predicado por Epicuro. **2.** FIG Modo de vivir basado en la exclusiva búsqueda del placer.

e·pi·cú·reo, -a [epikúreo, -a] *adj* Perteneciente o relativo al epicureísmo.

e·pi·de·mia [epiðémja] *s/f* Enfermedad que afecta a un gran número de personas de forma simultánea en una zona o lugar y que se transmite por contagio.

e·pi·dé·mi·co, -a [epiðémiko, -a] *adj* Perteneciente o relativo a la epidemia.

e·pi·de·mio·lo·gía [epiðemjoloxía] *s/f* MED Tratado sobre las epidemias.

e·pi·de·mio·ló·gi·co, -a [epiðemjolóxiko, -a] *adj* Relativo a la epidemiología.

e·pi·dér·mi·co, -a [epiðérmiko, -a] *adj* Perteneciente o relativo a la epidermis.

e·pi·der·mis [epiðérmis] *s/f* Membrana que recubre exteriormente el cuerpo de los animales y que puede estar formada por una o varias capas de células.

e·pi·fa·nía [epifanía] *s/f* Festividad religiosa que celebra la adoración de Jesús por los Reyes Magos y que se conmemora el día 6 de enero.

e·pi·gas·trio [epiɣástrjo] *s/m* ANAT Región del torso comprendida entre el extremo inferior del esternón, el ombligo y las costillas falsas por los lados.

e·pi·glo·tis [epiɣlótis] *s/f* ZOOL Cartílago de forma ovalada, elástico, que en los mamíferos está sujeto a la parte posterior de la lengua y sirve para tapar la glotis durante la deglución.

e·pí·go·no [epíɣono] *s/m* En un movimiento artístico, científico, etc., el que sigue las huellas o ideas de la generación anterior a él: *Los epígonos del romanticismo.*

e·pí·gra·fe [epíɣrafe] *s/m* **1.** Resumen de poca extensión que suele preceder a un capítulo para indicar su contenido. **2.** Breve inscripción grabada en piedra, metal, etc., como recuerdo o conmemoración de algo o de alguien.

e·pi·gra·fía [epiɣrafía] *s/f* Ciencia que estudia e interpreta las inscripciones o epígrafes.

e·pi·grá·fi·co, -a [epiɣráfiko, -a] *adj* Perteneciente o relativo a los epígrafes.

e·pi·gra·ma [epiɣráma] *s/m* Breve composición en prosa o en verso, que expresa un pensamiento satírico o bien simplemente agudo o ingenioso.

e·pi·gra·má·ti·co, -a [epiɣramátiko, -a] *adj* Relativo al epigrama o parecido a él.

e·pi·lep·sia [epilépsja] *s/m* MED Enfermedad que se caracteriza por ataques convulsivos que se presentan súbitamente.

e·pi·lép·ti·co, -a [epiléptiko, -a] **I.** *adj* Relativo a la epilepsia. **II.** *adj* y *s/m,f* Que padece epilepsia.

e·pí·lo·go [epíloɣo] *s/m* **1.** Parte final de un discurso o exposición que resume todo lo anterior. **2.** En una obra literaria, conclusión o desenlace de todo lo anterior. **3.** FIG Suceso que acontece después de otro y que supone una continuación de éste: *La excursión tuvo un trágico epílogo.*

e·pis·co·pa·do [episkopáðo] *s/m* **1.** Cargo o dignidad de un obispo. **2.** Duración y época en los que gobierna un obispo. **3.** Conjunto de los obispos de un país o de toda la Iglesia: *El piscopado católico.*

e·pis·co·pal [episkopál] *adj* Perteneciente o relativo a un obispo.

e·pi·só·di·co, -a [episóðiko, -a] *adj* **1.** Relativo a un episodio. **2.** Circunstancial.

e·pi·so·dio [episóðjo] *s/m* **1.** En una obra de ficción o en la vida real, acción que tiene relación con otra más general, pero conservando al mismo tiempo una cierta autonomía: *Fue el episodio más trágico de su vida.* **2.** Digresión de distinto género en un discurso, exposición, etc.

e·pis·te·mo·lo·gía [epistemoloxía] *s/f* Doctrina que estudia los métodos del conocimiento científico o su esencia.

e·pis·te·mo·ló·gi·co, -a [epistemolóxiko, -a] *adj* Relativo a la epistemología.

e·pís·to·la [epístola] *s/f* **1.** LIT Carta o misiva. **2.** Composición poética que simula ir dirigida a alguien determinado, como si fuera una carta.

e·pis·to·lar [epistolár] *adj* Relativo a las cartas, parecido a ellas o que las contiene.

e·pis·to·la·rio [epistolárjo] *s/m* **1.** Colección de epístolas. **2.** Libro de uso litúrgico que contiene las epístolas de la misa.

e·pi·ta·fio [epitáfjo] *s/m* Inscripción alusiva a alguien muerto en una lápida o sepulcro.

e·pi·ta·la·mio [epitalámjo] *s/m* Composición poética destinada a celebrar una boda.

e·pi·te·lial [epiteljál] *adj* Perteneciente o relativo al epitelio.

e·pi·te·lio [epitéljo] *s/m* ANAT Capa exterior de una membrana mucosa, constituida por células en contacto mutuo.

e·pí·te·to [epíteto] *s/m* Adjetivo que tiene el fin principal de caracterizar al nombre, en lugar de determinarlo.

e·pí·to·me [epítome] *s/m* Compendio o resumen de una obra extensa, de la cual se recoge sólo lo fundamental.

é·po·ca [época] *s/f* Momento o etapa en la historia de una nación, vida de alguien, etc. LOC **Hacer época,** FIG ser un suceso de mucha trascendencia y resonancia: *Su estilo hizo época.*

e·pó·ni·mo, -a [epónimo, -a] *adj* Se aplica a la persona, héroe, etc., que da nombre a una nación o época.

e·po·pe·ya [epopéJa] *s/f* **1.** Poema de gran extensión y de carácter narrativo, cuyo protagonista es realizador de acciones heroicas y de tipo sobrenatural. **2.** FIG Conjunto de acciones dignas de ser contadas o relatadas. **3.** FIG FAM Serie de penalidades o fatigas por las que atraviesa alguien.

e·qui·dad [ekiðáð] *s/f* Entereza de ánimo que hace que se conceda a cada cual lo que le corresponde.

e·qui·dis·tan·cia [ekiðistánθja] *s/f* Igualdad de distancia entre varios puntos, objetos, lugares, etc.

e·qui·dis·tan·te [ekiðistánte] *adj* Se aplica a lo que equidista de otra cosa.

e·qui·dis·tar [ekiðistár] *v/intr* Hallarse dos o más puntos, lugares, etc., a la misma distancia entre sí, o bien a la misma distancia de un tercer punto: *Viena y Munich equidistan de Roma.* RPr **Equidistar de.**

é·qui·do, -a [ékiðo, -a] **I.** *adj* Se dice del animal perteneciente a la familia del caballo y del asno, que tiene la pata terminada en un sólo dedo con pezuña. **II.** *s/m,f* **1.** Animal de la familia del caballo y del asno. **2.** *pl* Familia de estos animales.

e·qui·lá·te·ro, -a [ekilátero, -a] *adj* Se aplica a la figura geométrica cuyos lados son todos iguales entre sí.

e·qui·li·bra·do, -a [ekiliβráðo, -a] *adj* FIG Se dice del que posee equilibrio mental o moral.

e·qui·li·brar [ekiliβrár] *v/tr* **1.** Poner en equilibrio alguna cosa colocando un peso, etc., que contrarreste la inclinación. **2.** FIG Mantener el equilibrio en una situación, etc.

e·qui·li·brio [ekilíβrjo] *s/m* **1.** Estado o situación de un cuerpo cuando las fuerzas que obran en él se contrarrestan o compensan las unas a las otras de forma exacta. **2.** FIG Armonía entre las diversas partes de un todo. **3.** FIG Forma de comportarse de alguien, que muestra su sensatez, cordura, etc. **4.** *pl* FIG Acciones dirigidas al logro de cierta estabilidad en determinada situación: *Estamos haciendo equilibrios para llegar a fin de mes.*

e·qui·li·bris·mo [ekiliβrísmo] *s/m* Conjunto de ejercicios de equilibrio que realiza un profesional.

e·qui·li·bris·ta [ekiliβrísta] *adj* y *s/m,f* Que realiza ejercicios de equilibrismo.

e·qui·no, -a [ekíno, -a] *adj* Perteneciente o relativo al caballo.

e·qui·noc·cial [ekino(k)θjál] *adj* Perteneciente o relativo al equinoccio.

e·qui·noc·cio [ekinó(k)θjo] *s/m* ASTRON Momento en que el Sol se halla exactamente sobre el Ecuador, lo cual hace que el día y la noche sean de igual duración en todos los puntos de la Tierra; ello sucede dos veces al año: del 20 al 21 de marzo y del 22 al 23 de septiembre.

e·qui·no·der·mo [ekinoðérmo] *s/m* y *adj* ZOOL **1.** Se aplica al animal marino de simetría radiada pentagonal, como, *por ej,* la estrella de mar. **2.** *m, pl* Familia de estos animales.

e·qui·pa·je [ekipáxe] *s/m* Conjunto de maletas, bultos o cosas que se llevan cuando se va de viaje.

e·qui·pa·mien·to [ekipamjénto] *s/m* **1.** Acción y efecto de equipar. **2.** Elementos con que es equipado algo o alguien: *Equipamiento militar.*

e·qui·par [ekipár] *v/tr* Proveer de algo necesario, útil, etc., a alguien o algo. RPr **Equipar(se) con/de:** *Se equipó con lo indispensable/de todo lo que hizo falta.*

e·qui·pa·ra·ble [ekiparáβle] *adj* Que puede ser equiparado.

e·qui·pa·ra·ción [ekiparaθjón] *s/f* Acción y efecto de equiparar una cosa con otra(s) o una persona con otra(s).

e·qui·pa·rar [ekiparár] *v/tr* Dar el mismo valor, importancia, cualidades, etc., a una cosa o persona que a otra(s). RPr **Equiparar a/con:** *La equiparan a su madre. Nos equipararon con unos estafadores.*

e·qui·po [ekípo] *s/m* **1.** Acción y efecto de equipar a alguien o algo. **2.** Conjunto de prendas, objetos, etc., con que se equipa a alguien: *Un equipo de submarinista.* **3.** Conjunto de personas que realizan conjuntamente una acción o que están preparados para realizarla: *Un equipo de salvamento.* **4.** DEP Conjunto de jugadores que compite con otro en determinado deporte para obtener un título, trofeo, etc.

e·quis [ékis] *s/f* **1.** Nombre de la letra *x*. **2.** FAM Cantidad que no se quiere o no se puede expresar con precisión, sino aproximadamente: *Necesitamos equis pesetas.*

e·qui·ta·ción [ekitaθjón] *s/f* **1.** Arte de saber montar a caballo. **2.** Práctica o deporte de montar a caballo.

e·qui·ta·ti·vo, -a [ekitatíβo, -a] *adj* Que posee equidad.

e·qui·va·len·cia [ekiβalénθja] *s/f* Igualdad que existe entre el valor, potencia, significado, etc., de unas cosas determinadas.

e·qui·va·len·te [ekiβalénte] **I.** *adj* Se dice de aquello que equivale a otra cosa en algo. **II.** *s/m* Cantidad que equivale a otra: *Me has de dar el equivalente en francos.* RPr **Equivalente a/de/en:** *Equivalente a cien pesetas/de cien.*

e·qui·va·ler [ekiβalér] *v/intr* Ser dos cosas o personas del mismo valor, importancia, etc. RPr **Equivaler a:** *Un dólar equivale a ciento cincuenta pesetas.*
CONJ *Irreg: Equivalgo, equivalí, equivaldré, equivalido.*

e·qui·vo·ca·ción [ekiβokaθjón] *s/f* Acción y efecto de equivocar(se).

e·qui·vo·car [ekiβokár] **I.** *v/tr* Confundir una cosa con otra. **II.** REFL(SE) Cometer un error, tomando una cosa o persona por lo que no es, tanto en el habla como en las acciones: *Me equivoqué con la madre.* RPr **Equivocar con:** *Equivocar una cosa con otra.* **Equivocarse con/de/en:** *Equivocarse de casa/en la contestación.*
ORT La *c* cambia en *qu* ante *e: Equivoqué.*

e·quí·vo·co, (-a) [ekíβoko, (-a)] **I.** *adj* **1.** Se dice de aquello que da lugar a más de una interpretación: *Una conducta equívoca.* **2.** Se aplica a la persona de aspecto o comportamiento dudosos: *Una mujer algo equívoca.* **II.** *s/m* **1.** Palabra, expresión, giro, etc., que tiene dos sentidos distintos. **2.** Acción y efecto de equivocar(se): *Entre nosotros hubo un equívoco.*

e·ra [éra] *s/f* **1.** Época que se determina históricamente por algún hecho o suceso importante que ocurre al principio de ella: *La era cristiana.* **2.** GEOL Nombre dado a las diversas etapas en el transcurso de la formación de la Tierra: *La era paleolítica.* **3.** Lugar que, en las afueras de las poblaciones, se emplea para trillar o aventar las mieses.

e·ra·rio [erárjo] *s/m* Totalidad de los bienes públicos de una nación o municipio.

e·re [ére] *s/f* Nombre de la *r* cuando es suave, como en *aro, era,* etc.

e·rec·ción [ere(k)θjón] *s/f* **1.** Acción y efecto de erigir(se) o levantar(se). **2.** Acción y efecto de ponerse erecto un órgano, especialmente el órgano sexual masculino.

e·réc·til [eréktil] *adj* Se aplica al órgano animal o vegetal que puede ponerse erecto.

e·rec·to, -a [erékto, -a] *adj* Que está enderezado o rígido.

e·re·mi·ta [eremíta] *s/m,f* Persona que vive en soledad y de forma virtuosa.

er·guir [erɣír] *v/tr* Hacer que algo se levante o que se ponga vertical: *Irguieron la cabeza.*
CONJ *Irreg: Yergo, erguí, erguiré, erguido.*

e·rial [erjál] *adj* y *s/m* Se aplica al terreno que no está cultivado ni labrado.

e·ri·gir [erixír] **I.** *v/tr* **1.** Construir o levantar cierto edificio conmemorativo o importante: *Erigieron una estatua en honor suyo.* **2.** Crear una empresa, institución, etc. **3.** Convertir en algo importante a alguien. **II.** REFL(-SE) Constituirse alguien a sí mismo en determinado cargo o autoridad: *Se erigió en caudillo de la tribu.* RPr **Erigir(se) en.**
ORT La *g* se convierte en *j* ante *o/a: Erijo.*

e·ri·si·pe·la [erisipéla] *s/f* MED Inflamación cutánea infecciosa, caracterizada por fiebre y enrojecimiento de la cara, cuello, brazos, etc.

e·ri·te·ma [eritéma] *s/m* MED Inflamación cutánea superficial caracterizada por manchas rojas causadas por la dilatación de los capilares.

e·ri·za·do, -a [eriθáðo, -a] *adj* **1.** Se dice de lo que está de punta o levantado. **2.** Que tiene púas o espinas como un erizo. **3.** FIG Que está lleno de cierta condición o circunstancia: *Un problema erizado de dificultades.* RPr **Erizado de.**

e·ri·za·mien·to [eriθamjénto] *s/m* Acción y efecto de erizar(se).

e·ri·zar [eriθár] *v/tr* **1.** Hacer que algo esté tieso o rígido, como las púas del erizo: *El miedo erizó sus cabellos.* **2.** FIG Llenar algo de problemas o dificultades, etc. RPr **Erizarse de:** *Sus cabellos se erizaron del susto.*
ORT La *z* se convierte en *c* ante *e: Ericé.*

e·ri·zo [eríθo] *s/m* ZOOL Mamífero insectívoro de 20 a 30 cm de longitud, con el cuerpo cubierto de púas que se ponen tiesas cuando es perseguido o se ve en peligro, convirtiéndose en una bola punzante.

er·mi·ta [ermíta] *s/f* Capilla, santuario, etc., que se encuentra en un despoblado y que suele visitarse en romerías.

er·mi·ta·ño, -a [ermitáɲo, -a] *s/m,f* **1.** Persona que vive en soledad en una ermita, llevando vida de penitencia o austeridad. **2.** FIG Se dice del que es poco amigo de relacionarse con los demás y amante de la soledad.

e·ro·sión [erosjón] *s/f* **1.** Desgaste causado en la superficie de rocas, terrenos, etc., por la acción de elementos tales como el viento y el agua. **2.** Rebajamiento causado en la superficie de un cuerpo por el roce repetido con otro.

e·ro·sio·na·ble [erosjonáβle] *adj* Que puede ser erosionado.

e·ro·sio·nar [erosjonár] *v/tr* Causar un cuerpo erosión en otro.

e·ró·ti·co, -a [erótiko, -a] *adj* Perteneciente o relativo al amor, especialmente el sexual: *Literatura erótica.*

e·ro·tis·mo [erotísmo] *s/m* Cualidad de lo que es erótico.

e·rra·bun·do, -a [erraβúndo, -a] *adj* Que va errando de un lugar a otro.

e·rra·di·ca·ción [erraðikaθjón] *s/f* Acción y efecto de erradicar.

e·rra·di·car [erraðikár] *v/tr* Arrancar de raíz, o de forma total, alguna cosa.
ORT La *c* cambia en *qu* ante *e: Erradiqué.*

e·rran·te [erránte] *adj* Que va de un lado para otro sin rumbo fijo.

e·rrar [errár] *v/tr, intr* No acertar en lo que se hace, equivocando una cosa por otra: *Erró en la primera respuesta.* RPr **Errar en.**
CONJ *Irreg: Yerro, erré, erraré, errado.*

e·rra·ta [errátа] *s/f* Falta o error que se ha cometido en un escrito o impreso.
Fe de erratas, lista de erratas que a veces se incluye en un libro.

e·rre [érre] *s/f* Nombre de la letra *r* cuando su sonido es fuerte. LOC **Erre que erre**, FAM para aludir a la forma terca en que alguien insiste en algo: *Le dije que se callara, pero ella siguió erre que erre.*

e·rró·neo, -a [erróneo, -a] *adj* Que es un error o lo contiene.

e·rror [errór] *s/m* **1.** Acto que comete el que yerra en algo. **2.** Idea equivocada. **3.** En lenguaje científico, se da este nombre a toda diferencia con el valor exacto de algo.

e·ruc·tar [eruktár] *v/intr* Expeler por la boca los gases estomacales de forma ruidosa.

e·ruc·to [erúkto] *s/m* Acción y efecto de eructar.

e·ru·di·ción [eruðiθjón] *s/f* Conjunto vasto de conocimientos adquiridos de muchas y variadas fuentes.

e·ru·di·to, -a [eruðíto, -a] *adj* y *s/m,f* Se aplica al que posee erudición. RPr **Erudito en:** *Erudito en egiptología.*

e·rup·ción [erupθjón] *s/f* **1.** Aparición de manchas, granos o cosa semejante en la piel, de forma extendida por el cuerpo o en alguna parte de él. **2.** Salida al exterior de sustancias líquidas o gaseosas del interior de la tierra, a veces de forma violenta y otras más lenta o suavemente: *Una erupción volcánica.*

e·rup·ti·vo, -a [eruptíβo, -a] *adj* Perteneciente o relativo a la erupción.

es·bel·tez [esβeltéθ] *s/f* Cualidad de esbelto.

es·bel·to, -a [esβélto, -a] *adj* Que es delgado, elegante y alto en comparación con los de su raza, especie, etc.: *La esbelta silueta de los álamos.*

es·bi·rro [esβírro] *s/m* Se dice del que está a las órdenes de otro para realizar sus deseos de violencia sobre otras personas.

es·bo·zar [esβoθár] *v/tr* Hacer un esbozo de algo: *Esbozó una sonrisa.*
ORT La *z* se convierte en *c* ante *e: Esbocé.*

es·bo·zo [esβóθo] *s/m* **1.** Dibujo que se hace de algo rápidamente y sin perfilar completamente. **2.** Descripción apresurada y poco precisa de un plan, proyecto, etc. **3.** FIG Insinuación o asomo de algo: *El esbozo de una sonrisa.*

es·ca·be·char [eskaβetʃár] *v/tr* Poner en escabeche un alimento.

es·ca·be·che [eskaβétʃe] *s/m* Adobo o salsa hechos con aceite, vinagre, a veces vino, hojas de laurel y otros ingredientes para conservar en ellos carne o pescado.

es·ca·be·chi·na [eskaβetʃína] *s/f* **1.** FAM Abundantes suspensos en un examen, prueba, etc. **2.** Destrozo originado en algo, ocasionando víctimas, roturas, etc.

es·ca·bel o **es·ca·be·lo** [eskaβél(o)] *s/m* **1.** Asiento bajo y sin respaldo. **2.** Esto mismo, usado para apoyar los pies.

es·ca·bro·si·dad [eskaβrosiðáð] *s/f* Calidad de escabroso.

es·ca·bro·so, -a [eskaβróso, -a] *adj* **1.** Se dice del terreno desigual y lleno de rocosidades o lugares abruptos. **2.** FIG Se dice de lo que toca temas inmorales u obscenos: *Un filme escabroso.*

es·ca·bu·llir·se [eskaβuʎírse] *v/*REFL(SE) **1.** Escaparse alguien de algún lugar donde se encuentra, sin ser visto por nadie. **2.** Escurrirse algo o alguien de lo que lo tiene preso, agarrado, etc. RPr **Escabullirse de/(de) entre...:** *Escabullirse de la sala. Escabullirse de entre las manos de alguien/entre la muchedumbre.*

es·ca·cha·rrar [eskatʃarrár] *v/tr,* REFL(-SE) FAM Estropear(se) o romper(se) algún objeto, máquina, etc.

es·ca·fan·dra o **es·ca·fan·dro** [eskafándra/-o] *s/f, s/m* Vestidura impermeable, con casco metálico para la cabeza que usan los buzos para sumergirse.

es·ca·la [eskála] *s/f* **1.** Escalera de mano. **2.** Sucesión ordenada de cosas de la misma índole, que van variando de tamaño, intensidad, etc.: *Escala de valores.* **3.** MÚS Serie de las siete notas musicales, ordenadas diatónica o cromáticamente. **4.** MIL Escalafón de un cuerpo. **5.** En un mapa, plano, etc., tamaño del mismo en relación a lo que se ha reproducido en él: *Está dibujado a una escala de uno por mil.* **6.** Lugar en que se detiene un barco o avión en la realización de su trayecto. **7.** FÍS Graduación que se usa para medir los efectos de diversos fenómenos o instrumentos: *Un terremoto de intensidad 5,27 de la escala Richter.* LOC **En gran escala,** FIG FAM a lo grande, por todo lo alto.

es·ca·la·da [eskaláða] *s/f* Acción y efecto de escalar.

es·ca·la·fón [eskalafón] *s/m* Lista de los cargos o niveles que existen en una institución, regulada por criterios de antigüedad, importancia, etc.

es·ca·lar [eskalár] *v/tr, intr* **1.** Subir una pendiente, montaña, pico, etc. **2.** FIG Ir alcanzando posiciones sociales más elevadas.

es·cal·da·du·ra [eskaldaðúra] *s/f* Acción y efecto de escaldar(se).

es·cal·dar [eskaldár] *v/tr* Arrojar agua hirviendo sobre algo o alguien o bañarlo en agua hirviendo.

es·ca·le·no [eskaléno] *adj* GEOM Se aplica al triángulo de lados desiguales.

es·ca·le·ra [eskaléra] *s/f* **1.** Conjunto de escalones para subir y bajar en un edificio, lugar, etc. **2.** Utensilio consistente en una armazón formada por dos maderos o barras paralelas que están unidos por varios travesaños a modo de escalones.

es·cal·far [eskalfár] *v/tr* **1.** Cocer durante pocos minutos en líquido hirviendo los huevos sin su cáscara. **2.** Calentar excesivamente el pan al cocerlo.

es·ca·li·na·ta [eskalináta] *s/f* Escalera exterior de un edificio, generalmente de grandes dimensiones y de carácter ornamental.

es·cal·mo [eskálmo] *s/m* **1.** Escálamo. **2.** Cuña gruesa de madera que se usa para calzar alguna pieza de una máquina, etc.

es·ca·lo [eskálo] *s/m* Acción y efecto de escalar.

es·ca·lo·frian·te [eskalofrjánte] *adj* **1.** Que produce escalofríos: *Una visión escalofriante.* **2.** FIG Asombroso o sorprendente.

es·ca·lo·friar [eskalofriár] *v/tr, intr,* REFL(SE) Producir escalofríos.
ORT, PRON El acento recae sobre la *i* en el *sing* y *3.ª pers pl* del *pres* de *indic* y *subj: Escalofrío,* etc.

es·ca·lo·frío [eskalofrío] *s/m* Sensación de frío que experimenta el cuerpo, generalmente acompañada de temblores, debida a una fiebre o a cualquier otra enfermedad.

es·ca·lón [eskalón] *s/m* **1.** Cada uno de los planos horizontales, generalmente del ancho de un pie, que van formando una escalera. **2.** FIG FAM Grado que se asciende en determinada categoría o escalafón.

es·ca·lo·na·mien·to [eskalonamjénto] *s/m* Acción y efecto de escalonar(se).

es·ca·lo·nar [eskalonár] *v/tr* **1.** Colocar cosas, personas, etc., de forma dosificada, de trecho en trecho. **2.** FIG Distribuir en dosis sucesivas las distintas partes de un proceso, fenómeno, etc.: *Escalonaron los ascensos cada tres meses.*

es·ca·lo·pe [eskalópe] *s/m* Loncha de carne delgada, que suele freírse una vez rebozada: *Un escalope de ternera con patatas fritas.*

es·cal·pe·lo [eskalpélo] *s/m* CIR Utensilio cortante, en forma de cuchillo pequeño, con una o dos hojas, usado en las disecciones, vivisecciones, autopsias, etc.

es·ca·ma [eskáma] *s/f* **1.** Cada una de las membranas que, imbricadas entre sí, forman una capa que recubre totalmente la piel de ciertos animales, como los peces o los reptiles. **2.** FIG Todo lo que tiene forma de escama.

es·ca·mar [eskamár] *v/tr* **1.** Quitar las escamas a un pez antes de cocinarlo. **2.** FIG FAM Provocar recelo o desconfianza en alguien: *Me has escamado con tu pregunta.* RPr **Escamarse de:** *Me escamé de sus atenciones.*

es·ca·mo·so, -a [eskamóso, -a] *adj* Que está cubierto de escamas.

es·ca·mo·te·ar [eskamoteár] *v/tr* **1.** Hacer el ilusionista que desaparezca alguna cosa de forma hábil y sin que los demás vean cómo lo ha hecho. **2.** FIG Robar o quitar a alguien algo que es suyo: *Le han escamoteado el sueldo de todo el mes.* **3.** FIG Hacer que algo desaparezca y no dar explicaciones sobre ello.

es·ca·mo·teo [eskamotéo] *s/m* Acción y efecto de escamotear.

es·cam·pa·da [eskampáða] *s/f* En tiempo lluvioso, rato en que deja de llover.

es·cam·pa·do, -a [eskampáðo, -a] *adj* Se dice del lugar que no tiene vegetación, maleza, etc.

es·cam·par [eskampár] **I.** *v/tr* Desembarazar algún lugar de lo que hay en él. **II.** *v/intr* Despejarse un cielo nublado, cesando la lluvia.

es·can·cia·dor, -ra [eskanθjaðór, -ra] *adj* y *s/m,f* Se dice del que escancia los vinos, licores, etc., en un banquete.

es·can·ciar [eskanθjár] LIT *v/tr* Servir vino en las copas.

es·can·da·le·ra [eskandaléra] *s/f* FAM Gran escándalo o alboroto.

es·can·da·li·zar [eskandaliθár] **I.** *v/tr* Causar escándalo en algún lugar, ambiente, etc. **II.** REFL(SE) Mostrar enfado, indignación o rechazo hacia algo. RPr **Escandalizarse de/por:** *Se escandalizó de verlo desnudo/por nada.*
ORT La *z* cambia en *c* ante *e: Escandalicé.*

es·cán·da·lo [eskándalo] *s/m* **1.** Mezcla confusa de gritos y ruidos. **2.** Acción, palabra, etc., que provoca que alguien piense mal de otro: *Es un escándalo cómo va vestida.* **3.** Conducta inmoral o contraria a las costumbres convencionales.

es·can·da·lo·so, -a [eskandalóso, -a] *adj* Que produce o puede producir escándalo.

es·can·da·llar [eskandaʎár] *v/tr* COM Determinar el precio de una mercancía por los factores de su producción.

es·can·da·llo [eskandáʎo] *s/m* COM Determinación del precio de coste o de venta de algún artículo según los factores que intervienen en su producción.

es·can·di·na·vo, -a [eskandináβo, -a] *adj* y *s/m,f* Relativo a Escandinavia o natural de ella.

es·cá·ner [eskáner] *s/m* ANGL, MED Aparato tubular para la exploración radiográfica, cuya radiación es enviada concéntricamente al eje longitudinal del cuerpo humano; la información recibida es ordenada mediante un computador y así el aparato permite obtener imágenes completas de varias y sucesivas secciones transversales de la región explorada.

es·ca·ño [eskáɲo] *s/m* **1.** Asiento en forma de banco con respaldo, capaz para más de una persona. **2.** FIG Cada uno de los diputados que un partido obtiene en unas elecciones: *El PSOE ha obtenido 160 escaños en las elecciones.*

es·ca·pa·da [eskapáða] *s/f* Acción de escapar(se) o de salir rápidamente.

es·ca·par [eskapár] **I.** *v/intr* **1.** Salir de un encierro o lugar de aprisionamiento. **2.** Salir ileso de un peligro, situación arriesgada, etc.: *Escapó de la muerte por milagro.* **3.** Salir alguien de un lugar de forma apresurada y como a escondidas: *Escapó a la calle antes de que pudiéramos evitarlo.* **II.** REFL(SE) **1.** Salir un líquido, gas, etc., del lugar en que está encerrado. **2.** Salir alguien del lugar en que está encerrado: *Se escapó de la cárcel.* **3.** (Con *a*) Quedar algo o alguien fuera del alcance o influencia de una persona: *Esto se escapa a mi jurisdicción.* LOC **Escapársele a alguien alguna cosa**, FIG decir alguien alguna cosa involuntariamente: *Se le escapó la verdad.* RPr **Escapar a/de.**

es·ca·pa·ra·te [eskaparáte] *s/m* En las tiendas y comercios, hueco que en la calle dejan sus fachadas y que es aprovechado para exponer los artículos que en ellos se venden.

es·ca·pa·to·ria [eskapatórja] *s/f* **1.** Acción y efecto de escapar(se) de algo o de alguien. **2.** FIG Evasión de la rutina, trabajo, etc.

es·ca·pe [eskápe] *s/m* **1.** Acción de escaparse un gas, líquido, etc. **2.** Acción de escapar(se) alguien de una situación determinada. **3.** En algunas máquinas o mecanismos, lugar por donde salen los gases: *Este coche tiene el tubo de escape roto.* LOC **A escape**, a toda prisa. **No tener escape**, FAM no tener solución una cosa.

es·cá·pu·la [eskápula] *s/f* ANAT Omóplato.

es·ca·pu·lar [eskapulár] *adj* Relativo a la escápula.

es·ca·pu·la·rio [eskapulárjo] *s/m* Pedazo de tela o tira que se lleva como objeto devoto, formando parte de un hábito o como algo independiente.

es·ca·que [eskáke] *s/m* Cada una de las casillas o cuadrados que son de igual tamaño y de color contrastado, en un tablero de ajedrez, damas, etc.

es·ca·que·ar·se [eskakeárse] *v/*REFL(SE) FAM Escabullirse de una situación comprometida o no cumplir con un deber u obligación.

es·ca·ra·ba·je·ar [eskaraβaxeár] *v/intr* Moverse desordenadamente por algún lugar.

es·ca·ra·ba·jo [eskaraβáxo] *s/m* ZOOL Insecto coleóptero, de cuerpo deprimido, con antenas terminadas en maza, con élitros lisos y de color negro.

es·ca·ra·mu·jo [eskaramúxo] *s/m* Especie de rosal silvestre, que tiene las hojas algo agudas y el fruto como baya carnosa, ovalada y de color rojo cuando madura; que se usa en medicina.

es·ca·ra·mu·za [eskaramúθa] *s/f* **1.** Combate de poca importancia que en una guerra sostienen las avanzadas de los ejércitos. **2.** FIG Riña o pelea de poca importancia.

es·ca·ra·mu·zar [eskaramuθár] *v/intr* Sostener escaramuzas.
ORT La *z* cambia en *c* ante *e: Escaramucé.*

es·ca·ra·pe·la [eskarapéla] *s/f* Tipo de

divisa o adorno que se pone generalmente en el sombrero y que consiste en un número de cintas de diversos colores, como los de una bandera.

es·car·ba·dien·tes [eskarβaðjéntes] *s/m* Palillo para los dientes.

es·car·bar [eskarβár] *v/tr, intr* **1.** Rayar o arañar superficialmente la tierra, en labores de jardinería, o por alguna razón distinta, al igual que hacen animales como el perro, el toro, etc. **2.** FIG Investigar en alguna cuestión para poder desentrañar lo oculto en ella.

es·car·ceo [eskarθéo] *s/m* **1.** Movimiento de pequeñas olas como ampollas en la superficie del mar. **2.** FIG Divagación o actividad sobre o en algo sin profundizar demasiado: *En mis escarceos por el mundo de la política...*

es·car·cha [eskártʃa] *s/f* Gotas de rocío congelado que en invierno se deposita de madrugada sobre las plantas, el suelo, etc.

es·car·cha·do, -a [eskartʃáðo, -a] *adj* **1.** Que ha sido escarchado: *Frutas escarchadas.* **2.** Cubierto de escarcha.

es·car·char [eskartʃár] *v/tr* **1.** Hacer confitura de tal modo que el azúcar quede cristalizada sobre las frutas, como si fuera escarcha: *Escarchar frutas.* **2.** Preparar una bebida alcohólica de modo que el azúcar cristalice en una rama introducida en la botella: *Ron escarchado.*

es·car·da·de·ra [eskarðaðéra] *s/f* Instrumento con que se escarda la tierra.

es·car·dar [eskarðár] *v/tr* **1.** Quitar las malas hierbas, cardos, rastrojos, etc., de los sembrados: *Ayer escardó el huerto.* **2.** FIG Separar lo bueno de lo malo en algo.

es·car·la·ta [eskarláta] *adj* y *s/f* Se aplica al color carmesí un tanto menos intenso que la grana.

es·car·la·ti·na [eskarlatína] *s/f* MED Fiebres infecciosas de tipo eruptivo y de carácter grave, cuyos síntomas son exantema difuso por la piel, color rojo subido y elevadas temperaturas.

es·car·men·tar [eskarmentár] **I.** *v/tr* Castigar severamente al que ha errado para que se corrija o, simplemente, reprenderlo duramente. **II.** *v/intr* Darse alguien cuenta de algo que no había visto antes gracias a las malas consecuencias de algún acto propio o ajeno.
CONJ *Irreg: Escarmiento, escarmenté, escarmentaré, escarmentado*

es·car·mien·to [eskarmjénto] *s/m* Acción y efecto de escarmentar.

es·car·ne·cer [eskarneθér] *v/tr* LIT Ofender a alguien ridiculizándolo.
CONJ *Irreg: Escarnezco, escarnecí, escarneceré, escarnecido*

es·car·ne·ci·mien·to [eskarneθimjénto] *s/m* Acción y efecto de escarnecer.

es·car·nio [eskárnjo] *s/m* Burla insultante o tono insultante que tiene una burla: *Se reían de ella con escarnio.*

es·ca·ro·la [eskaróla] *s/f* Variedad cultivada de la achicoria, que tiene hojas rizadas y se come en ensalada.

es·car·pa·do, -a [eskarpáðo, -a] *adj* **1.** Se dice del terreno con pendiente. **2.** Se aplica a las montañas, picos, etc., con paredes de pendiente muy pronunciada y de difícil escalada.

es·car·pia [eskárpja] *s/f* Clavo que tiene un extremo doblado en ángulo recto para poder sostener alguna cosa.

es·ca·se·ar [eskaseár] **I.** *v/intr* Ir escaso algo. **II.** *v/tr* Dar o hacer algo con escasez.

es·ca·sez [eskaséθ] *s/f* **1.** Cualidad de escaso: *La escasez del almuerzo fue vergonzosa.* **2.** Condiciones de pobreza en que se encuentra o vive alguien: *Viven con gran escasez.*

es·ca·so, -a [eskáso, -a] *adj* **1.** Se dice de lo que se encuentra en poca cantidad. **2.** Que no llega a la cantidad, tamaño, etc., precisos o necesarios. **3.** Referido a cantidades, que llegan a serlo de forma aproximada: *En tres días escasos lo acabó.*

es·ca·ti·mar [eskatimár] *v/tr* Dar poca cantidad cuando podría darse más: *Escatimar elogios.*

es·ca·to·lo·gía [eskatoloxía] *s/f* Conjunto de creencias y cosas relacionadas con la vida de ultratumba.

es·ca·to·ló·gi·co, -a [eskatolóxiko, -a] *adj* Relacionado con la vida de ultratumba.

es·ca·yo·la [eskaJóla] *s/f* Yeso calcinado que se usa para hacer molduras de adorno o moldes, especialmente en escultura.

es·ca·yo·lar [eskaJolár] *v/tr* CIR Rodear un miembro que tiene un hueso roto con un vendaje fijado con escayola para que así quede inmóvil.

es·ce·na [esθéna] *s/f* **1.** Parte del teatro en que se representa la acción dramática. **2.** Parte de un acto de una obra o fragmento de una pieza dramática en que permanecen a la vista del público los mismos personajes. **3.** FIG Acontecimiento, suceso, etc., que constituye un espectáculo que causa impresión en los observadores: *Presenciamos una escena nunca vista.* **4.** (Con *hacer*) FIG FAM Conjunto de palabras, gestos, etc., que demuestran irritación, reproche, amenaza, etc., para alguien: *Nos hizo una escena porque no la esperamos.* LOC **Poner en escena una obra**, representarla en un teatro. **Desaparecer de escena**, FIG *1.* Irse alguien. *2.* Morirse.

es·ce·na·rio [esθenárjo] *s/m* **1.** Parte de un teatro sobre el que se representa la acción dramática y que contiene la decoración necesaria. **2.** Lugar en que se desarrolla una acción, bien de la vida real, bien de la ficción: *En el escenario del accidente hubo gritos y lágrimas.*

es·cé·ni·co, -a [esθéniko, -a] *adj* Perteneciente o relativo a la escena teatral.

es·ce·ni·fi·ca·ción [esθenifikaθjón] *s/f* Acción y efecto de escenificar.

es·ce·ni·fi·car [esθenifikár] *v/tr* **1.** Poner en escena una obra, suceso, etc. **2.** Dar forma dramática a una novela u obra literaria.
ORT La segunda *c* se convierte en *qu* ante *e: Escenifiqué.*

es·ce·no·gra·fía [esθenoγrafía] *s/f* **1.** Conjunto de objetos, decorados, etc., usados en la puesta en escena de una obra. **2.** Arte o técnica de la realización de puestas en escena.

es·ce·no·grá·fi·co, -a [esθenoγráfiko, -a] *adj* Relativo a la escenografía.

es·ce·nó·gra·fo, -a [esθenóγrafo, -a] *adv* y *s/m,f* Que se dedica a la escenografía.

es·cep·ti·cis·mo [esθeptiθísmo] *s/m* Cualidad o actitud del que es escéptico.

es·cép·ti·co, -a [esθéptiko, -a] *adj* y *s/m, f* Se dice de la persona que adopta una actitud de incredulidad hacia creencias o ideas o, simplemente, hacia la buena resolución de los problemas.

es·cin·dir [esθin̪dír] *v/tr,* REFL(SE) Abrir(se) una cosa o dividir(se) algo.

es·ci·sión [esθisjón] *s/f* Acción y efecto de escindir(se).

es·cla·re·cer [esklareθér] **I.** *v/tr* **1.** Poner más luminoso algo, abrillantarlo. **2.** FIG Poner en claro un asunto o cuestión: *Hay que esclarecer este crimen.* **II.** *v/intr* Apuntar la claridad del día.
CONJ *Irreg: Esclarezco, esclarecí, esclareceré, esclarecido.*

es·cla·re·ci·do, -a [esklareθíðo, -a] *adj* Ilustre o famoso.

es·cla·re·ci·mien·to [esklareθimjén̪to] *s/m* Acción y efecto de esclarecer.

es·cla·vi·na [esklaβína] *s/f* **1.** Prenda de vestir, de cuero o tela, que se pone al cuello y por encima de los hombros. **2.** Prenda de vestir, usada por las mujeres, en forma de gran cuello o capa pequeña, que sirve de adorno o abrigo.

es·cla·vi·tud [esklaβitúð] *s/f* **1.** Situación o estado del que es esclavo de alguien. **2.** Sistema social que acepta los esclavos. **3.** FIG Sujeción o dependencia excesiva de una persona respecto a otra o a un deseo, sentimiento, costumbre, etc.

es·cla·vi·zar [esklaβiθár] *v/tr* **1.** Hacer que alguien sea un esclavo. **2.** FIG Tener a alguien en una sujeción o dominio total.
ORT La *z* cambia en *c* ante *e: Esclavicé.*

es·cla·vo, (-a) [esklápo, (-a)] **I.** *adj* y *s/m,f* **1.** Se dice del que está bajo el dominio de otro y que carece de libertad. **2.** FIG Se aplica al que está dominado por algo o por alguien: *Es un esclavo del deber.* **II.** *s/f* Pulsera que no tiene cierre, de una pieza y sin adornos. RPr **Esclavo de.**

es·cle·ro·sar [esklerosár] *v/tr* Producir esclerosis en un órgano, tejido, etc.

es·cle·ro·sis [esklerósis] *s/f* **1.** MED Enfermedad consistente en la transformación de los órganos del cuerpo humano en tejido fibroso y endurecido. **2.** FIG Embotamiento de una facultad o similar: *Esclerosis mental.*

es·cle·ró·ti·ca [esklerótika] *s/f* ANAT Membrana dura, blanquecina, que recubre casi todo el globo ocular, a excepción de la parte delantera, donde está la córnea, y la posterior, donde está el nervio óptico.

es·cle·ró·ti·co, -a [esklerótiko, -a] *adj* Perteneciente o relativo a la esclerosis.

es·clu·sa [esklúsa] *s/f* Recinto construido en un canal de navegación, con puertas de entrada y salida, las cuales permiten, al dejar pasar el agua, que los barcos cambien de nivel de una parte a otra del canal.

es·co·ba [eskóβa] *s/f* Utensilio que sirve para barrer y que consiste en un mango o palo, al extremo del cual se engancha un manojo de ramas secas, flexibles, o de palmitos, con el cual va recogiéndose la suciedad.

es·co·ba·zo [eskoβáθo] *s/m* Golpe dado con la escoba.

es·co·bi·lla [eskoβíʎa] *s/f* Escoba pequeña usada para limpiar algún objeto.

es·co·bón [eskoβón] *s/m* Escoba grande.

es·co·ce·du·ra [eskoθeðúra] *s/f* Acción y efecto de escocerse.

es·co·cer [eskoθér] **1.** *v/intr* Causar en la piel o en alguna otra parte del cuerpo una sensación de irritación muy fuerte: *El jabón escuece en los ojos.* **2.** FIG Producirse en el ánimo de alguien una sensación de molestia o de enfado.
CONJ *Irreg: Escuezo, escocí, escoceré, escocido.*

es·co·cés, -sa [eskoθés, -sa] *adj* y *s/m,f* Relativo a Escocia o natural de ella.

es·co·da [eskóða] *s/f* Herramienta de hierro, a modo de martillo, con que se labra la piedra o se pican las paredes.

es·co·fi·na [eskofína] *s/f* Herramienta de dientes gruesos y triangulares, a modo de lima, que sirve para desbastar.

es·co·ger [eskoxér] *v/tr, intr* Decidirse a coger una cosa de entre dos o varias, etc. RPr **Escoger de/(de) entre:** *Escoger del montón. Escoger de entre todos. Escoger entre tú y yo.*
ORT La *g* se convierte en *j* ante *o/a: Escojo, escoja.*

es·co·gi·do, -a [eskoxíðo, -a] *adj* **1.** Que ha sido escogido. **2.** Que es el mejor entre varios.

es·co·la·nía [eskolanía] *s/f* Conjunto de escolanos de un monasterio o iglesia.

es·co·la·no [eskoláno] *s/m* Niño que en determinados monasterios es entrenado para el culto y el canto de coro.

es·co·la·pio, -a [eskolápjo, -a] *adj* y *s/m,f* Relativo a la orden de las Escuelas Pías.

es·co·lar [eskolár] **I.** *adj* Relativo a la escuela, el estudiante, la vida académica, etc. **II.** *s/m,f* Niño o niña que estudia en la escuela.

es·co·la·ri·dad [eskolariðáð] *s/f* **1.** Conjunto de cursos o estudios que un alumno realiza en un centro docente. **2.** Situación o estado del escolar.

es·co·la·ri·za·ción [eskolariθaθjón] *s/f* Acción y efecto de escolarizar.

es·co·la·ri·zar [eskolariθár] *v/tr* Hacer que alguien, especialmente niños, reciba educación en una escuela, según la ley.
ORT Ante *e* la *z* cambia en *c: Escolaricé.*

es·co·lás·ti·ca [eskolástika] *s/f* Doctrina de los escolásticos.

es·co·lás·ti·co, -a [eskolástiko, -a] *adj* y *s/m,f* Relativo a la escolástica, enseñanza propia de la Edad Media y filosofía basada en ella.

es·co·lio [eskóljo] *s/m* Nota o aclaración que se pone a un texto para explicar alguno de sus puntos.

es·col·ta [eskól̪ta] *s/f* **1.** Grupo de soldados, vehículos, etc., dedicados a escoltar algo o a alguien. **2.** Persona o personas que escoltan a alguien para protegerlo.

es·col·tar [eskol̪tár] *v/tr* Acompañar a alguien constantemente para servirle de protección o custodia.

es·co·lle·ra [eskoʎéra] *s/f* Acumulación de piedras echadas al fondo del agua en la costa con el fin de formar una defensa contra el oleaje o de cimentar un muelle.

es·co·llo [eskóʎo] *s/m* **1.** Peñasco que asoma en el agua y que constituye un peligro para las embarcaciones que no lo advierten. **2.** FIG Peligro o riesgo. **3.** FIG Dificultad en la realización de un proyecto.

es·com·bre·ra [eskombréra] *s/f* **1.** Amontonamiento de escombros. **2.** Lugar donde se arrojan los escombros.

es·com·bro [eskómbro] *s/m, pl* Materiales de desecho, cascotes, etc., que quedan de una obra de albañilería o de un derribo.

es·con·der [eskon̪dér] *v/tr* **1.** Colocar algo en un lugar donde nadie pueda verlo. **2.** Encerrar o contener una cosa algo más que no es visto en el primer momento: *Su mal carácter esconde un gran corazón.* RPr **Esconder(se) de:** *Lo escondieron de la vista de todos.*

es·con·di·das o **es·con·di·di·llas** [eskon̪díðas/eskon̪diðíʎas] LOC **A escondidas/escondidillas,** de forma oculta o escondida.

es·con·di·te [eskon̪díte] *s/m* **1.** Lugar apropiado para esconderse o para esconder cosas en él. **2.** Juego de niños consistente en que todos buscan a uno que se ha escondido en un lugar que ellos ignoran.

es·con·dri·jo [eskon̪dríxo] *s/m* Lugar oculto y apartado, donde es fácil esconder algo.

es·co·pe·ta [eskopéta] *s/f* Arma de fuego portátil, muy usada para cazar, que tiene uno o dos cañones montados en una pieza de madera y que suele tener aproximadamente un metro de largo.

es·co·pe·ta·zo [eskopetáθo] *s/m* Disparo hecho con escopeta.

es·co·plo [eskóplo] *s/m* CARP Herramienta de unos treinta centímetros de largo, de hierro acerado y mango de madera, que sirve para hacer cortes golpeándola con un mazo o martillo.

es·co·ra [eskóra] *s/f* MAR Línea que pasa por los puntos de mayor anchura de las cuadernas de un buque.

es·co·rar [eskorár] *v/intr* MAR Inclinarse un barco por la fuerza del viento, el peso de la carga, etc.

es·cor·bu·to [eskorβúto] *s/m* MED Enfermedad caracterizada por una debilitación general del organismo que se manifiesta en hemorragias y por trastornos en las encías.

es·co·ria [eskórja] *s/f* **1.** Sustancia vítrea que sobrenada en el crisol de los hornos de fundición de metales y que procede de las impurezas de éstos. **2.** Desecho que queda de la combustión de ciertos materiales, como el carbón de las locomotoras. **3.** FIG Lo peor de algo: *Esta chica es la escoria de la clase.*

es·co·rial [eskorjál] *s/m* **1.** Lugar en el que se arrojan desechos de escoria. **2.** Amontonamiento de escorias.

es·co·riar [eskorjár] *v/tr* Excoriar.

es·cor·pio [eskórpjo] *s/m* ASTRON Escorpión.

es·cor·pión [eskorpjón] *s/m* **1.** ZOOL Arácnido que en su abdomen tiene una especie de cola dotada de un aguijón venenoso. **2.** ASTRON Constelación correspondiente a la zona del Zodíaco que el sol parece recorrer a mediados de otoño. **3.** Signo del Zodíaco, representado por el animal que le da nombre, corresponde a la constelación antes citada. Comprende desde el 24 de octubre hasta el 22 de noviembre.

es·cor·zar [eskorθár] *v/tr* PINT Representar en perspectiva algún cuerpo, imagen, etc., de modo que las líneas perpendiculares y oblicuas al plano del papel en que se dibuja sean acortadas proporcionalmente.
ORT La *z* cambia en *c* ante *e: Escorcé*

es·cor·zo [eskórθo] *s/m* PINT **1.** Acción y efecto de escorzar. **2.** Figura escorzada. **3.** Posición de una figura cuando se ven varias caras de la misma.

es·co·ta·do, (-a) [eskotáðo, (-a)] **I.** *adj* Que tiene o lleva un escote: *Un vestido muy escotado.* **II.** *s/m* Escotadura de un vestido.

es·co·ta·du·ra [eskotaðúra] *s/f* Corte o abertura hechos en el cuello de un vestido o prenda de vestir.

es·co·tar [eskotár] *v/tr* **1.** Pagar alguien a escote alguna cosa. **2.** Cortar un escote en una prenda de vestir.

es·co·te [eskóte] *s/m* **1.** Corte hecho en el cuello a un vestido o prenda de vestir. **2.** (*A escote*) Parte del precio total de una cosa que le corresponde pagar a cada uno cuando se ha consumido, comprado, etc., entre todos.

es·co·ti·lla [eskotíʎa] *s/f* MAR Cada una de las aberturas que ponen en comunicación las diversas cubiertas de un buque.

es·co·ti·llón [eskotiʎón] *s/m* Abertura con trampa que sirve para bajar a un sótano, bodega, etc.

es·co·zor [eskoθór] *s/m* **1.** Sensación de picor fuerte, que escuece. **2.** FIG Sentimiento de pena o desazón.

es·cri·ba [eskríba] *s/m* **1.** Entre los hebreos, doctor e intérprete de la ley. **2.** Entre los antiguos, copista o escribiente.

es·cri·ba·nía [eskriβanía] *s/f* **1.** Oficio ejercido por un escribano público. **2.** Juego de escritorio compuesto de tintero, pluma, secante, etc., que suele estar hecho de modo artístico.

es·cri·ba·no [eskriβáno] *s/m* Nombre que se daba al que estaba autorizado a levantar escritura pública, dando fe de lo que pasaba ante él.

es·cri·bien·te [eskriβjénte] *s/m,f* Persona que tiene por oficio dedicarse a escribir o copiar lo que le encargan.

es·cri·bir [eskriβír] *v/tr, intr* **1.** Representar por medio de signos trazados en papel con una pluma, máquina, etc., ideas o palabras. **2.** Crear obras literarias, científicas, musicales, etc. **3.** Comunicar algo a alguien escribiéndoselo en una carta o algo semejante.
CONJ *Irreg: Escribo, escribí, escribiré, escrito.*

es·cri·to, (-a) [eskríto, (-a)] **I.** *adj* Que ha sido escrito. **II.** *s/m* **1.** Texto o carta, etc., que ha sido escrito: *Dejó un escrito en la pizarra.* **2.** Obra o composición literaria, científica, etc.

es·cri·tor, -ra [eskritór, -ra] *adj* y *s/m,f* Se aplica al que se dedica a escribir como profesión.

es·cri·to·rio [eskritórjo] *s/m* Mueble usado para escribir, que generalmente tiene un tablero, fijo o abatible, o una persiana que lo cierra y cajones o diversos compartimentos.

es·cri·tu·ra [eskritúra] *s/f* **1.** Acción y efecto de escribir. **2.** Lo que se escribe. **3.** Documento notarial en el cual se levanta acta de algún acuerdo, como la compraventa de una propiedad, etc.

es·cri·tu·rar [eskriturár] *v/tr* DER Hacer que conste algo en escritura pública.

es·cro·to [eskróto] *s/m* ANAT En los mamíferos, bolsa que cubre los testículos y las membranas que los envuelven.

es·crú·pu·lo [eskrúpulo] *s/m* Duda o recelo del ánimo sobre si algo es bueno o no, si es conveniente hacerlo o no, etc.

es·cru·pu·lo·si·dad [eskrupulosiðáð] *s/f* Precisión y exactitud, rectitud, etc., en la realización de un trabajo o de un deber.

es·cru·pu·lo·so, -a [eskrupulóso, -a] *adj* y *s/m,f* **1.** Se dice del que realiza sus ocupaciones con esmero y precisión. **2.** Que siente aprensiones o escrúpulos ante ciertas cosas.

es·cru·tar [eskrutár] *v/tr* **1.** Observar detenidamente alguna cosa o a alguien. **2.** En una votación, reconocer y computar los votos que han sido emitidos.

es·cru·ti·nio [eskrutínjo] *s/m* **1.** Examen y averiguación precisa de algo. **2.** En una votación, reconocimiento y cómputo de los votos.

es·cua·dra [eskwáðra] *s/f* **1.** Instrumento usado en dibujo, generalmente de madera, metal o plástico, que tiene forma de triángulo rectángulo. **2.** MIL Pequeño número de soldados a las órdenes de un cabo. **3.** Conjunto de los barcos de guerra que posee una nación.

es·cua·drar [eskwaðrár] *v/tr* Labrar, cortar, etc., un objeto de forma que sus caras planas hagan ángulos rectos.

es·cua·dri·lla [eskwaðríʎa] *s/f* **1.** MAR Escuadra compuesta por embarcaciones de pequeño porte. **2.** Número de aviones que realizan un mismo vuelo dirigidos por un jefe.

es·cua·drón [eskwaðrón] *s/m* **1.** MIL Unidad de caballería normalmente mandada por un capitán y que puede ser independiente o formar parte de un grupo. **2.** MIL Unidad aérea de un número importante de aviones.

es·cua·li·dez [eskwaliðéθ] *s/f* Calidad de escuálido.

es·cuá·li·do, -a [eskwáliðo, -a] **I.** *adj* Se aplica al que está extremadamente delgado y consumido. **II.** *adj* y *s/m,f* **1.** Se dice del pez de la familia de los escualos. **2.** *m, pl* Familia de estos peces.

es·cua·lo [eskwálo] *s/m* Pez seláceo fusiforme, de boca grande y cola fuerte, como el tiburón.

es·cu·cha [eskútʃa] *s/f* **1.** Acción y efecto de escuchar. **2.** En los ejércitos, centinela que se adelanta de noche para obsevar la posición del enemigo. LOC **Estar a la escucha**, estar en actitud de escuchar atentamente.

es·cu·char [eskutʃár] *v/tr, intr* **1.** Aplicar el oído para oír algo. **2.** Prestar atención a algo que se dice, canta, etc.

es·cu·chi·mi·za·do, -a [eskutʃimiθáðo, -a] *adj* Muy flaco o poco desarrollado.

es·cu·dar [eskuðár] **I.** *v/tr* FIG Defender o amparar a alguien de algún peligro o riesgo. **II.** REFL(-SE) Valerse de algún pretexto para no realizar algún deber o cumplir con una obligación: *Se escuda en su madre para no tener que salir de casa.* RPr **Escudarse en.**

es·cu·de·ría [eskuðería] *s/f* DEP Peña automovilística.

es·cu·de·ro, -a [eskuðéro, -a] *s/m* Paje o sirviente que llevaba el escudo del caballero cuando éste no lo usaba.

es·cu·di·lla [eskuðíʎa] *s/f* Vasija ancha, semiesférica, que se usa en los pueblos para comer la sopa, el caldo, etc.

es·cu·do [eskúðo] *s/m* **1.** Arma defensiva para cubrir el cuerpo contra los proyectiles del enemigo, consistente en una plancha redonda o triangular que se sostiene con el brazo izquierdo. **2.** Nombre de diversas monedas antiguas de oro y de plata. **3.** FIG Defensa o amparo de alguien. **4.** FIS Bólido celeste.

es·cu·dri·ñar [eskuðriɲár] *v/tr* Examinar u observar una cosa en todos sus detalles o pormenores.

es·cue·la [eskwéla] *s/f* **1.** Institución de carácter estatal o privado en que se imparte enseñanza primaria. **2.** Edificio en que está instalada. **3.** Institución en la que se imparte cualquier tipo de conocimientos: *Escuela de Bellas Artes.* **4.** Conjunto de conocimientos que se aprenden en una escuela: *Ha tenido una buena escuela.* **5.** Conjunto de profesores y alumnos de una escuela. **6.** Conjunto de conocimientos, doctrinas, etc., pertenecientes a un autor: *La escuela aristotélica.*

es·cue·to, -a [eskwéto, -a] *adj* **1.** Que no tiene añadidos, adornos, etc., superfluos. **2.** Referido a lenguaje, estilo, etc., que es directo y sin rodeos innecesarios.

es·cul·pir [eskulpír] *v/tr* Realizar una obra escultórica a mano, trabajando materiales como madera, piedra, metal. RPr **Esculpir a/en:** *Esculpir a cincel/en piedra.*

es·cul·tor, -ra [eskul̪tór, -ra] *s/m,f* Persona que hace obras de escultura.

es·cul·tó·ri·co, -a [eskul̪tóriko, -a] *adj* Perteneciente o relativo a la escultura.

es·cul·tu·ra [eskul̪túra] *s/f* **1.** Arte de esculpir figuras en materiales como piedra, barro, metal, etc. **2.** Obra realizada con este arte.

es·cul·tu·ral [eskul̪turál] *adj* Perteneciente o relativo a la escultura.

es·cu·pi·de·ra [eskupiðéra] *s/f* Pequeño recipiente destinado a escupir en él.

es·cu·pir [eskupír] *v/tr, intr* **1.** Arrojar saliva u otras sustancias por la boca. **2.** FIG Echar de sí algo con extremada violencia: *El volcán escupía lava.*

es·cu·pi·ta·jo [eskupitáxo] *s/m* FAM Sustancia que se expulsa violentamente por la boca, como flemas, saliva, etc.

es·cu·rre·pla·tos [eskurreplátos] *s/m* Utensilio usado en las cocinas para poner en él a escurrir los platos fregados.

es·cu·rri·de·ras [eskurriðéras] *s/f, pl* Aguas sobrantes de un riego o de algo semejante.

es·cu·rri·di·zo, -a [eskurriðíθo, -a] *adj* **1.** Que se escurre fácilmente. **2.** Se dice del lugar donde es fácil resbalar o escurrirse. **3.** FIG Se aplica al que es persona difícil de comprometer o a lo que es difícil de fijar.

es·cu·rri·dor [eskurriðór] *s/m* **1.** Colador con agujeros grandes, que sirve para escurrir verdura, etc. **2.** Escurreplatos.

es·cu·rrir [eskurrír] **I.** *v/tr* **1.** Hacer que salgan de una vasija, botella, etc., las últimas gotas del líquido que contenía. **2.**

Hacer que un tejido, prenda, etc., que está empapado, suelte el líquido absorbido. **3.** Deslizar y pasar una cosa por encima de otra: *Escurrió la mano por encima de las pieles.* **II.** *v/intr* Soltar o salir un líquido de algún objeto o cuerpo que lo contiene: *El sudor escurría de su rostro.* **III.** REFL(SE) FIG Deslizarse sin ser visto por entre una multitud, etc.: *Se escurrió entre la gente.* RPr **Escurrirse (de) entre/por:** *Se escurrió por la alcantarilla.*

es·drú·ju·lo, -a [esðrúxulo, -a] *adj* y *s/m,f* Se aplica a la palabra cuyo acento carga en la antepenúltima sílaba contando desde la última.

e·se [ése] *s/f* **1.** Nombre de la letra 's'. **2.** Se dice del eslabón de una cadena que tiene la figura de 'S'. LOC **Ir alguien haciendo eses,** FIG FAM andar alguien como un borracho.

e·se [ése], **e·sa** [ésa], **e·so** [éso], **e·sos** [ésos], **e·sas** [ésas] *adj* y *pron demostrativos.* Se acentúan sólo cuando son pronombres. Sirven para referirse a personas o cosas que están próximas al hablante o para aludir a algo o alguien que acaba de ser mencionado. LOC **¡Ni por ésas!,** expresión corriente con que se alude a la imposibilidad de realizar determinada acción. **En eso**, entonces.

e·sen·cia [esénθja] *s/f* **1.** Aquello que constituye la naturaleza de algo: *La esencia de la bondad.* **2.** Lo que es más característico o importante de algo. **3.** QUÍM Sustancia generalmente muy volátil, que suele extraerse de plantas de muy diversas familias y que posee un aroma penetrante: *Esencia de quinina.*

e·sen·cial [esenθjál] *adj* **1.** Que corresponde a la parte más importante de algo. **2.** Que es tan importante que no se puede prescindir de ello. RPr **Esencial a/para:** *Esencial a la salud. Esencial para subsistir.*

es·fe·noi·des [esfenóiðes] *adj* ZOOL Se aplica al hueso enclavado en la base del cráneo de los mamíferos, el cual concurre a formar las cavidades nasales y las órbitas.

es·fe·ra [esféra] *s/f* **1.** GEOM Cuerpo o superficie cuyos puntos equidistan todos de uno interior llamado centro. **2.** Círculo en que están marcados ciertos números, como el que recorren las manecillas del reloj. **3.** FIG Ámbito a que se extiende el poder o influencia de alguien. **4.** FIG Clase social o condición de una persona: *No pertenecen a la misma esfera.*

es·fé·ri·co, -a [esfériko, -a] *adj* **1.** Que tiene forma de esfera: *Un globo esférico.* **2.** Perteneciente o relativo a las esferas.

es·fin·ge [esfíŋxe] *s/f* **1.** MIT Animal fabuloso, frecuentemente representado en pintura, escultura, etc., que tiene cuerpo y pies de león y cabeza, cuello y pecho humanos. **2.** FIG Se dice del que se comporta muy reservadamente, sin revelar lo que piensa o sabe.

es·fín·ter [esfíņter] *s/m* ANAT Músculo en forma de anillo con que se cierra o abre algún orificio del organismo que da paso a una secreción, excreción, etc.: *El esfínter anal.*

es·for·zar [esforθár] **I.** *v/tr* Hacer que algo haga un esfuerzo. **II.** REFL(SE) Dirigir alguien su fuerza con intensidad al logro de algún fin: *Se esforzó por cerrar la ventana, pero no lo logró.* RPr **Esforzarse en/para/por:** *Esforzarse en el trabajo. Esforzarse para no dormirse.*
CONJ *Irreg: Esfuerzo, esforcé, esforzaré, esforzado.*

es·fuer·zo [esfwérθo] *s/m* **1.** Aplicación de la fuerza física a la obtención de un fin. **2.** Obligación que uno se impone a sí mismo para determinado fin.

es·fu·mar [esfumár] **I.** *v/tr* Dibujar algo extendiendo los trazos del lápiz con el esfumino. **II.** REFL(SE) **1.** Desaparecer en la distancia de forma gradual: *La comitiva se esfumó en el horizonte.* **2.** FIG FAM Desaparecer alguien de forma inesperada o inadvertida. RPr **Esfumarse de/en:** *Esfumarse de la vista/en la lejanía.*

es·fu·mi·no [esfumíno] *s/m* PINT Rollito de papel acabado en punta, que sirve para alargar los trazos del lápiz al dibujar.

es·gri·ma [esγríma] *s/f* DEP Arte de manejar la espada, florete o cualquier otra arma similar.

es·gri·mir [esγrimír] *v/tr* **1.** Manejar la espada, sable u otra arma blanca para atacar o defenderse de los ataques del contrario. **2.** FIG Usar determinado argumento o razón para defenderse o atacar.

es·guin·ce [esγínθe] *s/m* Distensión o torcedura violenta de un miembro, ligamento, etc., que produce dolor.

es·la·bón [eslaβón] *s/m* Pieza de hierro o de otro metal, en forma de anillo o gancho, que en una cadena sirve para enlazar o unir. **2.** FIG Se dice de aquello que une o enlaza otras cosas.

es·la·bo·nar [eslaβonár] *v/tr,* REFL(SE) Unir(se) unas piezas con otras, formando una cadena.

es·lá·lom [eslálon/-m] *s/m* ANGL En esquí, descenso por una pendiente en la que se han de sortear obstáculos.

es·la·vo, -a [esláβo, -a] *adj* y *s/m,f* Se aplica a los individuos de un antiguo pueblo que se extendió principalmente por el nordeste de Europa, a sus descendientes y a lo perteneciente o relativo a él.

es·lo·gan [eslóγan] *s/m* ANGL Frase publicitaria que se usa repetidamente en anuncios, etc.

es·lo·ra [eslóra] *s/f* MAR Longitud que tiene una embarcación sobre la primera o principal cubierta, desde el codaste a la roda por la parte de adentro.

es·mal·tar [esmaltár] *v/tr* Cubrir con esmalte alguna cosa. RPr **Esmaltar con/de:** *Esmaltar con/de flores.*

es·mal·te [esmálte] *s/m* Sustancia usada para barnizar objetos de cerámica, etc., que, al ser sometida a altas temperaturas, se vitrifica.

es·me·ra·do, (-a) [esmeráðo, (-a)] **I.** *p* de *esmerar(se).* **II.** *adj* **1.** Que ha sido hecho con esmero. **2.** Referido a personas, que se esmera. RPr **Esmerado en:** *Esmerado en lo que hace.*

es·me·ral·da [esmerálda] **I.** *s/f* Piedra preciosa, más dura que el cuarzo que tiene un color verde claro causado por el óxido de cromo. **II.** *adj* Del color de la esmeralda: *Sus ojos esmeralda.*

es·me·rar [esmerár] *v/*REFL(SE) Poner un cuidado extremo en lo que se está haciendo: *Se esmera muchísimo cuando cocina.* RPr **Esmerarse en/por:** *Esmerarse en la limpieza/por ser el mejor.*

es·me·ril [esmeríl] *s/m* Roca negruzca formada por corindón granoso mezclado con magnetita y hemetita; gracias a su dureza se emplea como abrasivo.

es·me·ri·lar [esmerilár] *v/tr* Pulir con el esmeril o con otra sustancia.

es·me·ro [esméro] *s/m* Sumo cuidado que se pone en la realización de algo.

es·mi·rria·do, -a [esmirrjáðo, -a] *adj* Se aplica al que o a lo que está poco desarrollado o que es muy flaco y escuálido.

es·mo·quin [esmókin/-ŋ] *s/m* ANGL Chaqueta oscura de etiqueta para hombre o mujer, de menor ceremonia que el frac y sin los faldones de éste.
ORT También se escribe 'smoking'.

es·nob [esnób/-β] *adj* y *s/m,f* Se aplica al que adopta actitudes admirativas hacia lo que otros hacen, aunque no sepa por qué y lo haga sin convicción.

es·no·bis·mo [esnoβísmo] *s/m* Actitud del que es esnob.

e·só·fa·go [esófaɣo] *s/m* ZOOL Conducto del aparato digestivo, que une la faringe con el estómago.

e·so·té·ri·co, -a [esotériko, -a] *adj* Se dice de lo que no es conocido más que por unos pocos.

e·so·te·ris·mo [esoterísmo] *s/m* Calidad de lo esotérico.

es·pa·bi·lar [espaβilár] *v/tr* **1.** FIG Provocar lucidez o despertar o alguien: *El café me espabila cada vez menos.* **2.** FIG Hacer que alguien se comporte o sea más listo, avispado, etc.: *El trabajo lo ha espabilado mucho.*

es·pa·cia·dor [espaθjaðór] *s/m* Tecla o barra que en las máquinas de escribir se pulsa para dejar espacios en blanco.

es·pa·cial [espaθjál] *adj* Perteneciente o relativo al espacio o atmósfera, etc.

es·pa·ciar [espaθjár] *v/tr* **1.** Poner una separación de espacio entre las cosas o las personas. **2.** Realizar con intervalos de tiempo alguna cosa.

es·pa·cio [espáθjo] *s/m* **1.** Extensión que comprende todo lo que existe o ha sido creado. **2.** Parte de esta extensión en que están los astros. **3.** Dimensiones del espacio ocupadas por un cuerpo. **4.** Lugar desocupado en una serie de determinados objetos o sitios: *Dejar un espacio cada tres casas.* **5.** Transcurso de un intervalo de tiempo: *En el espacio de tres años fue envejeciendo.*
Espacio aéreo, el que es considerado como perteneciente a un país, ejército, etc., a efectos de vuelos civiles o militares.

es·pa·cio·si·dad [espaθjosiðáð] *s/f* Calidad de espacioso.

es·pa·cio·so, -a [espaθjóso, -a] *adj* Se dice de los lugares amplios o vastos.

es·pa·da [espáða] **I.** *s/f* **1.** Arma blanca de hoja larga, recta y acabada en punta; tiene empuñadura y guarnición. **2.** *pl* Uno de los cuatro palos de la baraja española. **II.** *s/m,f* **1.** TAUROM Se dice del torero que mata al toro en la corrida. **2.** Persona diestra con la espada. LOC **Estar entre la espada y la pared**, FIG estar en la difícil situación de tener que escoger entre dos opciones igualmente incómodas o malas.

es·pa·da·chín [espaðatʃín] *s/m* Hombre experto en el manejo de la espada.

es·pa·da·ña [espaðáɲa] *s/f* BOT Hierba tifácea de hojas semejantes a espadas, de unos dos metros de altura, con un fruto en forma de mazorca cilíndrica que, una vez seco, suelta una pelusa blanca.

es·pa·de·ro [espaðéro] *s/m* Hombre que fabrica, guarnece o vende espadas.

es·pa·dín [espaðín] *s/m* Espada de hoja estrecha o triangular, con empuñadura más o menos adornada, que se lleva con ciertos uniformes.

es·pa·gue·ti [espaɣéti] *s/m ital* Clase de pasta de trigo en forma de fideos largos, con la que se cocina uno de los platos italianos más famosos.

es·pal·da [espálda] *s/f* **1.** *sing* o *pl* Parte posterior del cuerpo humano que va desde la cabeza hasta la cintura. **2.** En los animales a veces también se da este nombre a la misma parte del cuerpo. **3.** *pl* Envés de algo: *A las espaldas del palacio.* LOC **A espaldas de alguien,** FIG en ausencia de uno. **Guardar(se) las espaldas,** FIG FAM proteger (se) contra algún riesgo. **Tener alguien buenas espaldas/espaldas muy anchas,** FIG FAM tener uno mucho aguante para resistir humillaciones u ofensas.

es·pal·dar [espaldár] *s/m* Espalda, generalmente referido a la de las reses para el consumo.

es·pal·da·ra·zo [espaldaráθo] *s/m* Golpe que se daba de plano con la espada en las espaldas o en los hombros de alguien cuando se le armaba caballero. LOC **Dar el espaldarazo a alguien,** FIG dar a alguien la categoría o reconocimiento de la habilidad o competencia profesional, etc.

es·pal·di·lla [espaldíʎa] *s/f* **1.** *dim* de *espalda.* **2.** Parte delantera o cuartos delanteros de las reses usadas para el consumo.

es·pan·ta·da [espantáða] *s/f* **1.** Huida repentina de un animal. **2.** FIG FAM Retirada súbita que alguien hace en una empresa, proyecto, etc.

es·pan·ta·di·zo, -a [espantaðíθo, -a] *adj* Que se espanta con facilidad.

es·pan·ta·jo [espantáxo] *s/m* **1.** Figura para espantar los pájaros en los sembrados. **2.** FIG FAM Persona de aspecto ridículo.

es·pan·ta·mos·cas [espantamóskas] *s/m* Haz de hierbas o de tiras de papel que se cuelga del techo para espantar las moscas.

es·pan·ta·pá·ja·ros [espantapáxaros] *s/m* **1.** Figura grotesca que se pone en los sembrados para espantar los pájaros. **2.** FIG FAM Persona grotesca o ridícula.

es·pan·tar [espantár] *v/tr* **1.** Causar espanto en alguien. **2.** Hacer que unos animales salgan corriendo de algún lugar: *Espantaron las gallinas.* **3.** FIG Ahuyentar un sentimiento, como el miedo, etc.: *Lograron espantar el sueño bebiendo café.* RPr **Espantarse de/por:** *Espantarse de algo/por el estruendo.*

es·pan·to [espánto] *s/m* Sentimiento repentino de terror o miedo. LOC **De espanto,** FAM que es enorme o extraordinario: *Unos precios de espanto.*

es·pan·to·so, -a [espantóso, -a] *adj* **1.** Que causa espanto. **2.** FIG FAM Que es muy feo o desagradable. **3.** FIG FAM Muy grande o extraordinario.

es·pa·ñol, (-la) [espaɲól, (-la)] **I.** *adj* y *s/m, f* Relativo a España o al que es natural de ella. **II.** *s/m* Lengua castellana.

es·pa·ño·la·da [espaɲoláða] *s/f despec* Acción, espectáculo, dicho, etc., que exagera las características típicas españolas y las vuelve grotescas o ridículas.

es·pa·ño·lis·mo [espaɲolísmo] *s/m* **1.** Características típicamente españolas. **2.** Apego a todo lo español.

es·pa·ño·lis·ta [espaɲolísta] *s/m,f* Persona inclinada a exaltar todo lo español.

es·pa·ño·li·za·ción [espaɲoliθaθjón] *s/f* Acción y efecto de españolizar(se).

es·pa·ño·li·zar [espaɲoliθár] *v/tr* Hacer que alguien adquiera las costumbres típicamente españolas.
ORT La *z* cambia en *c* ante *e: Españolicé.*

es·pa·ra·dra·po [esparaðrápo] *s/m* Tira de tela o plástico con gasa estéril que por un lado lleva un material adhesivo y sirve para cubrir heridas.

es·par·ci·mien·to [esparθimjénto] *s/m* Acción y efecto de esparcir(se).

es·par·cir [esparθír] *v/tr* **1.** Separar o extender por algún lugar determinadas cosas: *Esparcieron azúcar por encima del pastel.* **2.** FIG Hacer que una noticia, hecho, etc., sea más conocido: *Esparcieron el rumor de que se había muerto el jefe.* **3.** Hacer que alguien se divierta o distraiga.
ORT La *c* cambia en *z* ante *o/a: Esparzo.*

es·pa·rra·gal [esparraɣál] *s/m* Campo o era de espárragos.

es·pá·rra·go [espárraɣo] *s/m* **1.** BOT Planta liliácea de tallo herbáceo, que en primavera produce abundantes brotes, cuyas puntas son comestibles y muy apreciadas. **2.** MEC Cualquier pieza en forma de barra que sirve de eje o sujeción a otras. LOC **Mandar a alguien a freír espárragos,** FIG FAM expresión con que se despide a alguien con enojo, aspereza o sin miramientos.

es·pa·rra·gue·ra [esparraɣéra] *s/f* Mata de espárragos.

es·par·ta·no, -a [espartáno, -a] *adj* y *s/m,f* **1.** Relativo a Esparta. **2.** Muy austero o severo.

es·par·to [espárto] *s/m* Planta gramínea con hojas radicales de unos 60 cm de longitud, muy arrolladas sobre sí y de gran dureza y tenacidad.

es·pas·mo [espásmo] *s/m* MED Contracción de los músculos a causa de un reflejo involuntario.

es·pas·mó·di·co, -a [espasmóðiko, -a] *adj* MED Relativo al espasmo.

es·pa·ta·rrar·se [espatarrárse] *v/REFL(-SE)* FAM Separar exageradamente las piernas al sentarse o caerse con ellas muy abiertas.

es·pa·to [espáto] *s/m* Nombre dado a cualquier mineral de estructura laminosa.

es·pá·tu·la [espátula] *s/f* **1.** Paleta de pequeño tamaño, con el mango largo y los bordes afilados, que emplean para diversos usos los farmacéuticos, pintores, cocineros, etc. **2.** ZOOL Ave de las zancudas.

es·pe·cia [espéθja] *s/f* Cualquier sustancia de tipo vegetal que se usa como condimento al cocinar, preparar comidas o bebidas, como, *por ej,* el clavo, la canela, etc.

es·pe·cial [espeθjál] *adj* **1.** Propio o destinado a algún efecto o cosa determinados: *Es especial para la digestión.* **2.** Se dice de lo que es diferente de lo normal o corriente: *Este arroz es de una clase especial.* **3.** FAM Se dice de aquel o aquello que tiene alguna cualidad rara o extraña: *Es una chica muy especial, nunca sale con nadie.*

es·pe·cia·li·dad [espeθjaliðáð] *s/f* **1.** Carácter especial o particular, raro, etc., de alguna cosa o de alguien: *Su especialidad es meter la pata.* **2.** En hostelería, producto, plato, etc., excepcionalmente bueno y propio de la casa: *La especialidad de la casa es el cordero asado.* **3.** Ramo o división de una actividad profesional, como la medicina, abogacía, etc.: *Su especialidad son las lenguas germánicas.*

es·pe·cia·lis·ta [espeθjalísta] *adj* y *s/m,f* **1.** Se aplica al que en su profesión o actividad cultiva determinada especialidad: *Es especialista en casos de divorcio. Es especialista del corazón.* **2.** FIG FAM Se dice del que tiene por costumbre hacer algo que los demás no hacen. RPr **Especialista de/en.**

es·pe·cia·li·za·ción [espeθjaliθaθjón] *s/f* Acción y efecto de especializar(se).

es·pe·cia·li·zar [espeθjaliθár] **I.** *v/tr* Hacer que alguien o algo sea especial en algo. **II.** *v/intr,* REFL(SE) Limitarse a alguna especialidad en una profesión o actividad: *Se ha especializado en veterinaria.* RPr **Especializarse en.**
ORT La *z* cambia en *c* ante *e: Especialicé.*

es·pe·cial·men·te [espeθjálmen̪te] *adv* **1.** De manera especial. **2.** De manera intensa.

es·pe·cie [espéθje] *s/f* **1.** Conjunto de cosas, seres, etc., que reúnen una serie de características comunes: *La especie animal.* **2.** BOT, ZOOL Grupo en que se dividen los géneros y que presenta en sus individuos ciertas características genéricas, pero también otras que lo diferencian de los otros grupos: *Las especies acuáticas.* **3.** FIG Se dice de aquello o aquel que se parece a determinada clase o especie: *Es una especie de piano, pero sin pedales.* **4.** FIG Clase de persona o cosa, caracterizada de forma individual: *Lleva una especie de vida desastrosa.* **5.** Condimento o especia. LOC **En especie,** no en dinero, sino en artículos o géneros.

es·pe·cie·ro, -a [espeθjéro, -a] *s/m,f* Persona dedicada al comercio de especias.

es·pe·ci·fi·ca·ción [espeθifikaθjón] *s/f* Acción y efecto de especificar.

es·pe·ci·fi·car [espeθifikár] *v/tr* **1.** Explicar detalladamente alguna condición, particularidad, etc. **2.** Citar o expresar determinado dato o detalle: *No especificó el día en que llegaría.*
ORT La segunda *c* se convierte en *qu* ante *e: Especifiqué.*

es·pe·ci·fi·ca·ti·vo, -a [espeθifikatíβo, -a] *adj* Que especifica o es capaz de especificar.

es·pe·cí·fi·co, (-a) [espeθífiko, (-a)] **I.** *adj* **1.** Se aplica a lo que caracteriza a una especie de cosas frente a otra distinta: *Los rasgos específicos de la raza negra.* **2.** Se dice del rasgo o característica que mejor refleja el sentido de un concepto o término: *El sentido específico de la palabra droga es el de estupefaciente.* **II.** *s/m* FARM Medicamentos en general.

es·pé·ci·men [espéθimen] *s/m* Ejemplo de un grupo o especie que se toma como representativo de los mismos.
GRAM *Pl: Especímenes.*

es·pe·cio·so, -a [espeθjóso, -a] *adj* Aparente o engañoso.

es·pec·ta·cu·lar [espektakulár] *adj* **1.** Relativo al espectáculo público o parecido a él. **2.** FIG FAM Que reviste aparatosidad o que impresiona mucho a alguien: *Un accidente/Una obra espectacular.*

es·pec·ta·cu·la·ri·dad [espektakulariðáð] *s/f* Calidad de lo que es espectacular.

es·pec·tá·cu·lo [espektákulo] *s/m* **1.** Cualquier tipo de acto público, sea artístico, literario, deportivo, etc., que sirve de diversión o entretenimiento. **2.** Se dice de lo que se contempla o disfruta con la vista y también recrea la mente: *Disfrutábamos del espectáculo de las olas chocando contra las rocas.* **3.** FAM Acción, hecho, etc., que provoca en los que lo ven escándalo o disgusto.

es·pec·ta·dor, -ra [espektaðór, -ra] *adj* y *s/m,f* Se aplica al que está contemplando cualquier tipo de espectáculo.

es·pec·tral [espektrál] *adj* Relativo al espectro: *Análisis espectral.*

es·pec·tro [espéktro] *s/m* **1.** Figura irreal, de aspecto pavoroso, que se presenta a los ojos de la imaginación de alguien. **2.** FÍS Serie de las radiaciones que resultan de una dispersión, como, *por ej,* la de la luz. **3.** MED Amplitud de la serie de las diversas especies microbianas sobre la cual es terapéuticamente activo un medicamento: *Un antibiótico de amplio espectro.* **Espectro solar**, FÍS el que es producido por la luz del sol.

es·pec·tró·gra·fo [espektróɣrafo] *s/m*

FÍS Aparato que se emplea para la obtención de espectrogramas.

es·pec·tro·gra·ma [espektroγráma] *s/m* **1.** FÍS Fotografía o diagrama de un espectro luminoso. **2.** FÍS, FON Representación gráfica de un sonido.

es·pec·tros·co·pio [espektroskópjo] *s/m* FÍS Instrumento que sirve para obtener y observar un espectro luminoso o de cualquier otro tipo.

es·pe·cu·la·ción [espekulaθjón] *s/f* **1.** Acción y efecto de especular. **2.** COM Tipo de operación realizada con valores financieros, bienes inmuebles, etc., con el fin de obtener lucro.

es·pe·cu·lar [espekulár] *v/tr, intr* **1.** FIG Reflexionar o meditar sobre alguna cuestión que presenta diversas posibilidades. **2.** Obtener lucro en el comercio o tráfico de algo. RPr **Especular con/sobre:** *Especular con la propiedad inmobiliaria. Especular sobre algo.*

es·pe·cu·la·ti·vo, -a [espekulatíβo, -a] *adj* **1.** Que es capaz de especular. **2.** Que no pertenece exclusivamente al mundo de la práctica, sino que es fruto de la especulación teórica.

es·pe·jis·mo [espexísmo] *s/m* **1.** Fenómeno óptico debido a la reflexión total de la luz al atravesar capas de aire de muy diversa densidad y muy caliente que consiste en ver a distancia imágenes de cosas invertidas. **2.** FIG Cosa que produce una ilusión engañosa.

es·pe·jo [espéxo] *s/m* **1.** Lámina de cristal con una capa de azogue por una de sus caras, que refleja en imágenes lo que tiene delante. **2.** FIG Se dice de lo que refleja una cosa como si fuera un espejo: *La escuela primaria es el espejo de la vida.* **3.** FIG Se aplica a aquello que puede ser contemplado como modelo perfecto de una cualidad, etc.: *Su hermana es el espejo de la virtud.*

es·pe·jue·lo [espexwélo] *s/m* **1.** *dim* de *espejo.* **2.** Yeso cristalizado en láminas brillantes. **3.** *pl* FIG FAM Gafas o anteojos.

es·pe·leo·lo·gía [espeleoloxía] *s/f* Ciencia que estudia el origen y formación de las cuevas, su fauna y su flora, etc.

es·pe·leó·lo·go, -a [espeleóloγo, -a] *s/m,f* Persona experta en espeleología.

es·pe·luz·nan·te [espeluθnáɲte] *adj* FAM Muy horrible, atroz.

es·pe·luz·nar [espeluθnár] *v/tr* Causar miedo a alguien, haciendo que se le erice el pelo.

es·pe·ra [espéra] *s/f* **1.** Acción y efecto de esperar. **2.** Facultad que alguien tiene de saber esperar con calma o tranquilidad. LOC **A la/En espera de**, esperando a que suceda algo.

es·pe·ran·to [esperáɲto] *s/m* Idioma ideado en 1887 por el ruso Zamenhof, quien lo propuso como lengua universal.

es·pe·ran·za [esperánθa] *s/f* Sentimiento de confianza en que ocurrirá algo que se desea que ocurra.

es·pe·ran·zar [esperanθár] *v/tr* Dar o tener esperanzas.
ORT La *z* cambia en *c* ante *e: Esperancé.*

es·pe·rar [esperár] *v/tr, intr,* REFL(SE) **1.** Permanecer en algún lugar, situación, etc., hasta que suceda alguna cosa. **2.** Recibir a alguien que llega de un viaje, etc. **3.** Detenerse antes de realizar alguna acción por algún espacio de tiempo: *Esperó cinco minutos.* **4.** Estar algo a punto de suceder a alguien: *Nos espera una mala noticia.* **5.** Confiar en que algo deseado, anunciado, etc., sucederá. LOC **Ser algo de esperar**, FIG ocurrir algo que todos daban por inevitable. RPr **Esperar a/de/en:** *Esperar a que suceda algo. Esperar algo de alguien. Esperar en Dios.*

es·per·ma [espérma] *s/m,f* Líquido seminal que segregan los testículos de los mamíferos.

es·per·má·ti·co, -a [espermátiko, -a] *adj* Perteneciente o relativo al esperma.

es·per·ma·to·zoi·de [espermatoθóide] *s/m* Célula sexual masculina de los animales, que fecunda el óvulo.

es·per·ma·to·zoo [espermatoθóo] *s/m* Gameto masculino de la célula sexual.

es·per·pén·ti·co, -a [esperpéɲtiko, -a] *adj* Relativo al esperpento literario.

es·per·pen·to [esperpéɲto] *s/m* **1.** Persona o cosa de aspecto ridículo, grotesco, etc. **2.** LIT Género creado por Valle Inclán, en el que se exageran los rasgos descriptivos de la realidad para que reflejen más auténticamente ésta.

es·pe·sar [espesár] *v/tr* **1.** Hacer que algo líquido se haga más espeso. **2.** Hacer que un tejido, etc., sea tupido.

es·pe·so, -a [espéso, -a] *adj* **1.** Referido a sustancias líquidas, que tiene gran parte de materia sólida diluida en ella o que está muy condensada. **2.** Referido a plantas o a todo conjunto compuesto de unidades, que está muy apretado, con sus partes muy juntas. **3.** Referido a cuerpos con dimensión de anchura, que son gruesos: *Un muro muy espeso.*

es·pe·sor [espesór] *s/m* **1.** Grosor de un cuerpo que es más largo que ancho. **2.** Densidad de un cuerpo gaseoso, fluido, etc.

es·pe·su·ra [espesúra] *s/f* **1.** Calidad de espeso, denso, etc. **2.** Lugar o paraje con riqueza de vegetación: *Se adentró en la espesura.*

es·pe·tar [espetár] *v/tr* FIG Soltar de forma brusca alguna expresión o insulto dirigidos a alguien: *Le espetó cuatro verdades.*

es·pe·te·ra [espetéra] *s/f* Tabla con ganchos en las cocinas para colgar de ella utensilios o animales para cocinar.

es·pe·tón [espetón] *s/m* **1.** Vara de hierro larga y delgada, como un asador o estoque. **2.** Hierro con que se hurga en los hornos para remover las ascuas.

es·pía [espía] **I.** *s/m,f* Persona encargada de o pagada para espiar. **II.** *s/f* MAR Acción de espiar.

es·piar [espiár] *v/tr, intr* **1.** Observar lo que hace alguien de forma disimulada y atenta: *Me espiaba cada mañana.* **2.** Observar las acciones de alguien para beneficio de un contrario, siendo pagado por éste.
ORT, PRON El acento recae sobre *i* en el *sing* y *3.ª pers pl* del *pres* de *indic* y *subj: Espío, espíe...*

es·pi·char [espitʃár] *v/tr* Morir(se); muy usado en la LOC **Espicharla** (morirse).

es·pi·ga [espíɣa] *s/f* **1.** BOT Conjunto de flores o frutos dispuestos a lo largo de un tallo único, sin pedúnculos o, si los hay, de poca longitud, como el caso del trigo, *por ej.* **2.** BOT Conjunto formado por varios ramos de éstos, como ocurre en el caso de la avena. **3.** MEC Parte adelgazada de una pieza, madero, etc., que se introduce en un mango o en otra pieza.

es·pi·ga·do, -a [espiɣáðo, -a] *adj* **1.** BOT Se dice de ciertas plantas cuando han llegado a su madurez, han producido su semilla, etc. **2.** FIG En forma de espiga. **3.** FIG Se dice del joven que ha crecido mucho y muy de repente.

es·pi·gar [espiɣár] **I.** *v/tr, intr* AGR Coger las espigas que han quedado sueltas en el campo o en los rastrojos. **II.** *v/intr* BOT Empezar a echar espigas los cereales.
ORT La *g* lleva *u* ante *e: Espigué.*

es·pi·gón [espiɣón] *s/m* **1.** Espiga o punta de un clavo o cosa con que se aguija. **2.** MEC Espiga de un instrumento con que se asegura éste en otra pieza. **3.** En las playas, orillas, etc., saliente que se construye con fines de protección o de cambiar la corriente.

es·pi·gueo [espiɣéo] *s/m* Acción y efecto de espigar los sembrados.

es·pi·na [espína] *s/f* **1.** BOT Púa o pincho que se forma en determinadas plantas y que nace del tejido leñoso como si fuera un brote o una hoja transformados. **2.** Pequeña astilla saliente de una madera u otro objeto. **3.** ZOOL Cada una de las piezas óseas que forman el esqueleto de un pez, a modo de huesos. **4.** ZOOL En los vertebrados, espina dorsal. **5.** FIG Sentimiento de pesar, disgusto, etc., que resulta difícil de eliminar: *Ese hijo suyo es como una espina en el corazón.* LOC **Dar una cosa mala espina a alguien,** FIG FAM inspirar recelo o desconfianza algo a alguien: *Me dio muy mala espina que me dijeran que no estaba en casa.*

es·pi·na·ca [espináka] *s/f* BOT Hortaliza de la familia de las quenopodiáceas, con tallo ramoso y hojas radicales, que se come cruda cuando es tierna o cocinada cuando es crecida.

es·pi·nal [espinál] *adj* Perteneciente o relativo a la espina dorsal.

es·pi·na·zo [espináθo] *s/m* ZOOL Serie de vértebras situadas a lo largo del dorso de los vertebrados, en su parte media y que forman como el eje del esqueleto.

es·pi·ne·ta [espinéta] *s/f* Instrumento musical parecido al clavicordio; sus cuerdas son rasgueadas mediante plumas afiladas parecidas a espinas.

es·pin·gar·da [espiŋgárða] *s/f* **1.** Escopeta de chispa de tamaño largo. **2.** ARTILL Cañón que era mayor que el falconete y menor que la pieza de batir.

es·pi·ni·lla [espiníʎa] *s/f* **1.** Nombre dado a la parte anterior de la canilla de la pierna. **2.** Especie de grano o barrillo que aparece en la piel debido a la obstrucción del conducto de la glándula sebácea.

es·pi·ni·lle·ra [espiniʎéra] *s/f* Pieza usada en las armaduras y en algunos deportes, trabajos, etc., que protege la espinilla de posibles golpes.

es·pi·no [espíno] *s/m* BOT Arbolillo de las rosáceas, de ramas espinosas, flores blancas de corimbo y fruto en baya rojiza; su corteza es empleada en tintorería y como curtiente.
Alambre de espino, cable de hierro retorcido, con pinchos salientes de trecho en trecho.

es·pi·no·so, -a [espinóso, -a] *adj* **1.** Que tiene espinas, púas, etc. **2.** FIG Se dice de lo que presenta muchos problemas o inconvenientes: *Un problema muy espinoso.*

es·pio·na·je [espjonáxe] *s/m* Actividad de los que espían.

es·pi·ra [espíra] *s/f* **1.** GEOM Línea en espiral. **2.** GEOM Cada una de las vueltas de una espiral.

es·pi·ra·ción [espiraθjón] *s/f* Acción y efecto de espirar.

es·pi·ral [espirál] **I.** *adj* Perteneciente o relativo a la espira o espiral: *Línea espiral.* **II.** *s/f* Línea que describe una trayectoria circular alrededor de un punto o centro, del cual se va alejando más a cada vuelta que da. LOC **En espiral,** en forma de espiral.

es·pi·rar [espirár] **I.** *v/tr* Despedir algo determinado olor, perfume, etc. **II.** *v/tr, intr* Expeler el aire inspirado.

es·pi·ra·to·rio, -a [espiratórjo, -a] *adj* Perteneciente o relativo a la espiración.

es·pi·ri·tis·mo [espiritísmo] *s/m* Doctrina de los que creen en la posibilidad de que los vivos se comuniquen con los espíritus de los muertos mediante la realización de ciertos ritos o prácticas.

es·pi·ri·tis·ta [espiritísta] *adj* y *s/m,f* Relativo al espiritismo o al que lo practica.

es·pi·ri·to·so, -a [espiritóso, -a] *adj* Que contiene un tipo de espíritu que se evapora fácilmente, como los licores: *Bebidas espiritosas.*

es·pí·ri·tu [espíritu] *s/m* **1.** Se dice de un ser no material o también de la parte de un ser humano que supuestamente se queda viva después de morir el cuerpo. **2.** Conjunto de cualidades, gustos, etc., que caracterizan a una persona: *Tiene un espíritu muy burlón.* **3.** *sing* o *pl* Ser maligno o demonio, en especial cuando invade un cuerpo humano: *Le sacaron los malos espíritus.* **4.** En la mitología, leyendas, etc., ser que posee o domina cierto elemento de la naturaleza: *El espíritu del aire.* **5.** FIG Se dice del ánimo o valor que alguien tiene: *Una persona de mucho espíritu.* **6.** FIG En relación a una cualidad, virtud, etc., se dice de lo que constituye la esencia o base de ellos: *El espíritu de la ley.* **7.** QUÍM Sustancia muy sutil que se extrae de ciertos cuerpos mediante operaciones químicas: *Espíritu de vino.* LOC **Levantar el espíritu a alguien,** FIG animar a alguien que está desanimado. **Exhalar el espíritu,** FIG morir o fallecer. **Ser pobre de espíritu,** FIG *1.* Ser persona que no sabe apreciar las cosas buenas por falta de sensibilidad. *2.* Ser persona poco animosa. **Ser el espíritu de la contradicción,** alusión clara a que alguien es muy inclinado a contradecir constantemente el parecer de los demás.

es·pi·ri·tual [espiritwál] *adj* **1.** Perteneciente o relativo al espíritu por oposición a lo relativo al cuerpo. **2.** De carácter religioso, por oposición a lo temporal: *La vida espiritual y la vida del siglo.*

es·pi·ri·tua·li·dad [espiritwaliðáð] *s/f* Calidad de lo que es espiritual.

es·pi·ri·tua·lis·mo [espiritwalísmo] *s/m* Doctrina que defiende la existencia del espíritu independientemente de la materia.

es·pi·ri·tua·lis·ta [espiritwalísta] *adj* y *s/m,f* Se dice del adepto al espiritualismo.

es·pi·ri·tua·li·zar [espiritwaliθár] *v/tr,* REFL(SE) Hacer(se) más espiritual una persona o cosa.
ORT La *z* cambia en *c* ante *e: Espiritualicé.*

es·pi·ri·tuo·so, -a [espiritwóso, -a] *adj* Se dice del líquido que se volatiliza fácilmente.

es·pi·ta [espíta] *s/f* Canuto que se pone en el agujero de una cuba para que salga por él el vino o licor que contiene. LOC **Abrir la espita,** FIG dar, permitir, etc., algo que antes no era posible tener y que ahora, en cambio, se concede en abundancia.

es·plen·di·dez [esplendiðéθ] *s/f* Cualidad de lo que es espléndido.

es·plén·di·do, -a [espléndiðo, -a] *adj* **1.** Referido a personas, que son inclinadas a regalar, dar, etc., todo lo que tienen a los demás. **2.** Que se da en abundancia o es vistoso y de buena apariencia: *Una mujer/Una cosecha/Una playa espléndida.*

es·plen·dor [esplendór] *s/m* Cualidad de lo que es espléndido o magnífico.

es·plen·do·ro·so, -a [esplendoróso, -a] *adj* **1.** Que brilla con magnificencia: *Una fiesta esplendorosa.* **2.** Referido a luz, etc., que resplandece: *Un astro esplendoroso.*

es·plé·ni·co, -a [espléniko, -a] *adj* Perteneciente o relativo al bazo.

es·ple·ni·tis [esplenítis] *s/f* Inflamación del bazo.

es·plie·go [espljéγo] *s/m* BOT Mata de las labiadas, muy aromática, de flores azules, cuya semilla se usa mucho en perfumería.

es·po·lea·du·ra [espoleaðúra] *s/f* Herida que causa la espuela a la caballería.

es·po·le·ar [espoleár] *v/tr* **1.** Azuzar con la espuela a la caballería. **2.** FIG Estimular a alguien para que haga algo.

es·po·le·ta [espoléta] *s/f* Dispositivo colocado en las bombas o granadas y que sirve para dar fuego a su carga.

es·po·lín [espolín] *s/m* Espuela fija en el tacón de la bota.

es·po·lio [espóljo] *s/m* Expolio.

es·po·lón [espolón] *s/m* **1.** ZOOL En las gallináceas, apófisis ósea que sale en el tarso en forma de cornezuelo. **2.** En las caballerías, prominencia córnea que sale en la parte posterior de los menudillos. **3.** En las orillas del río o del mar, muro de contención o de defensa. **4.** MAR Pieza afilada que las galeras tenían en la proa y que servían para embestir la nave enemiga. **5.** En las sierras o cadenas de montañas, ramal corto y escarpado que parte en dirección paralela a la línea de la sierra.

es·pol·vo·re·ar [espolβoreár] **I.** *v/tr* Rociar o esparcir una cosa en polvo sobre otra. **II.** *v/tr,* REFL(SE) Sacudir(se) el polvo.

es·pon·dai·co, -a [espoṇdáiko, -a] *adj* Perteneciente o relativo al espondeo.

es·pon·deo [espoṇdéo] *s/m* En la poesía grecolatina, pie de dos sílabas largas.

es·pon·gia·rio [espoŋxjárjo] *adj* y *s/m* ZOOL Se aplica a los animales acuáticos como la esponja, los cuales están llenos de perforaciones por donde penetra el agua y cuyo esqueleto se sostiene por espículas silíceas o calcáreas; viven fijos sobre cuerpos sumergidos.

es·pon·ja [espóŋxa] *s/f* **1.** ZOOL Animal espongiario. **2.** ZOOL Esqueleto de ciertos espongiarios con fibras córneas entrecruzadas en todas direcciones, las cuales constituyen una masa absorbente de líquidos por sus agujeros o cavidades. **3.** Cualquier producto sintético que imite la esponja y que vaya destinado al mismo uso.

es·pon·ja·du·ra [espoŋxaðúra] *s/f* Acción y efecto de esponjar(se).

es·pon·jar [espoŋxár] *v/tr* Hacer que algo se haga más esponjoso: *La lluvia esponjó la tierra.*

es·pon·je·ra [espoŋxéra] *s/f* Receptáculo para colocar la esponja de baño.

es·pon·jo·si·dad [espoŋxosiðáð] *s/f* Calidad de lo que es esponjoso.

es·pon·jo·so, -a [espoŋxóso, -a] *adj* Que es de consistencia porosa, hueca y ligera como la de una esponja.

es·pon·sa·les [esponsáles] *s/m, pl* Promesa que se hacen mutuamente un hombre y una mujer de llevar vida de matrimonio, generalmente en una ceremonia o algo parecido.

es·pon·sa·li·cio, -a [esponsalíθjo, -a] *adj* Relativo a los esponsales.

es·pon·ta·ne·ar·se [espoṇtaneárse] *v/REFL(SE)* Revelar alguien sus pensamientos o problemas más íntimos a otra persona de forma espontánea y sincera.

es·pon·ta·nei·dad [espoṇtaneiðáð] *s/f* **1.** Cualidad del que o de lo que es espontáneo. **2.** Libre expresión del pensamiento.

es·pon·tá·neo, -a [espoṇtáneo, -a] **I.** *adj* **1.** Que se produce de forma natural, sin la intervención del hombre: *Vegetación espontánea.* **2.** Referido a personas, sus acciones, su forma de expresarse, etc., que son naturales y sin fingimiento: *Un saludo espontáneo.* **II.** *s/m,f* Se dice del que aparece en un espectáculo público de forma espontánea y de entre los espectadores para actuar como los artistas lo están haciendo.

es·po·ra [espóra] *s/f* BOT Célula reproductora de las criptógamas, que, sin tener forma de gameto y sin unirse a otro órgano, constituyen un nuevo individuo al separarse del originario.

es·po·rá·di·co, -a [esporáðiko, -a] *adj* Que ocurre de forma aislada y sin relación coordinada con otros sucesos comparables.

es·po·ran·gio [esporáŋxjo] *s/m* BOT Cavidad o receptáculo en los que las criptógamas tienen las esporas.

es·po·ri·dio [esporíðjo] *s/m* BOT Espora de segunda generación.

es·por·te·ar [esporteár] *v/tr* Llevar algo con espuertas de un lugar a otro.

es·po·sa·do, -a [esposáðo, -a] *adj* **1.** Se dice del que lleva esposas. **2.** Casado o desposado.

es·po·sar [esposár] *v/tr* Sujetar con esposas a alguien.

es·po·sas [espósas] *s/f, pl* Aros de hierro unidos entre sí que se les coloca en las muñecas a aquellos a quienes se ha de tener presos o detenidos.

es·po·so, -a [espóso, -a] *s/m,f* **1.** Persona que ha contraído matrimonio. **2.** Nombre que usa un cónyuge para referirse al otro.

es·pot [espót] *s/m* ANGL Anuncio breve y concentrado dentro de un programa televisivo o de radio.

es·pray [esprái] *s/m* ANGL **1.** Sistema que permite la pulverización de un líquido mediante un gas a presión. **2.** Líquido así contenido o envase que lo contiene.

es·print [espríṇt] *s/m* ANGL Último e intenso esfuerzo de un ciclista al llegar a la meta para ganar la carrera.

es·pue·la [espwéla] *s/f* **1.** Espiga o arco de metal, terminados por lo general en una ruedecita con puntas, que se ponen encima de la bota o calzado de montar y sirven para picar con ella a la caballería en las ancas y así aguijarla. **2.** ZOOL Espolón de las aves. **3.** FIG Lo que sirve de acicate o de estímulo.

es·puer·ta [espwérta] *s/f* Recipiente flexible, hecho de esparto o de algo similar, con asas y usado por albañiles, etc., para acarrear materiales o escombros en las obras. LOC **A espuertas,** en abundancia.

es·pul·gar [espulɣár] *v/tr,* REFL(SE) Limpiar(se) de pulgas, de piojos, etc., el vestido, el cuerpo, etc.
ORT La *g* lleva *u* ante *e: Espulgué.*

es·pu·ma [espúma] *s/f* Conjunto de burbujas que se forma en la superficie de un líquido flotando sobre él. LOC **Crecer como la espuma,** FIG aumentar algo rápidamente.

es·pu·ma·de·ra [espumaðéra] *s/f* Utensilio en forma de paleta con una punta circular llena de agujeros, que sirve para quitar la espuma de lo que se cocina.

es·pu·ma·je [espumáxe] *s/m* Espuma abundante.

es·pu·ma·je·ar [espumaxeár] *v/intr* Arrojar, echar espumajos.

es·pu·ma·jo [espumáxo] *s/m* Espumarajo.

es·pu·mar [espumár] **I.** *v/tr* Quitar la espuma a un caldo, licor, almíbar, etc. **II.** *v/intr* Producir espuma una cosa.

es·pu·ma·ra·jo [espumaráxo] *s/m despec* **1.** Abundancia de espuma sucia y repugnante. **2.** Masa abundante de saliva que se arroja por la boca: *Echaba espumarajos de rabia.*

es·pu·mo·so, -a [espumóso, -a] **I.** *adj* Que produce mucha espuma. **II.** *adj* y *s/m* Se dice del vino que contiene gas carbónico.

es·pú·reo, -a o **es·pu·rio, -a** [espúreo, -a/espúrjo, -a] *adj* **1.** Se dice de lo que no tiene un origen verdadero y es de naturaleza mezclada, impura, etc.: *Una raza espúrea. Un vocablo espúreo.* **2.** Referido a personas, que son de nacimiento ilegítimo.

es·pu·tar [esputár] *v/tr, intr* Arrojar flemas o mucosidades por la boca.

es·pu·to [espúto] *s/m* Mucosidad o flema que se expectora.

es·quetch [eskétʃ] *s/m* ANGL En los espectáculos, cine o televisión, escena breve, frecuentemente de carácter cómico.

es·que·jar [eskexár] *v/tr, intr* AGR Plantar esquejes.

es·que·je [eskéxe] *s/m* AGR Tallo joven de una planta que se corta para que eche raíces y pueda plantarse.

es·que·la [eskéla] *s/f* Anuncio impreso en que se notifica la defunción de alguien.

es·que·lé·ti·co, -a [eskelétiko, -a] *adj* **1.** ZOOL Relativo al esqueleto. **2.** FIG FAM Se dice del que está muy delgado.

es·que·le·to [eskeléto] *s/m* **1.** Estructura o armazón ósea del cuerpo de un vertebrado o del hombre. **2.** FIG Armazón sobre la cual se monta alguna cosa: *Esqueleto de un edificio.* **3.** FIG FAM Persona muy escuálida: *Pepito parece un esqueleto.*

es·que·ma [eskéma] *s/m* **1.** Representación por medio de un gráfico en la que se resumen los puntos más importantes de un asunto, ley, proceso, etc. **2.** Relación abreviada de los puntos que se van a tratar en una exposición, conferencia, etc. LOC **En esquema,** de forma esquemática.

es·que·má·ti·co, -a [eskemátiko, -a] *adj* Se dice del estilo, forma de hablar, etc., que enuncia sólo lo esencial o general.

es·que·ma·tis·mo [eskematísmo] *s/m* Sistema o procedimiento de exposición o explicación por medio de esquemas.

es·que·ma·ti·zar [eskematiθár] *v/tr, intr* Representar, describir, etc., de forma esquemática alguna cosa.
ORT La *z* cambia en *c* ante *e: Esquematicé.*

es·quí [eskí] *s/m* **1.** Patín muy largo, de madera, plástico, etc., que se sujeta al pie y sirve para deslizarse sobre nieve o agua. **2.** Deporte que se practica con este patín. GRAM *Pl: Esquís* o *esquíes.*

es·quia·dor, -ra [eskjaðór, -ra] *s/m,f* Deportista que practica el esquí.

es·quiar [eskiár] *v/intr* Practicar el deporte del esquí.
ORT, PRON En el *sing* y *3.ª pers pl* del *pres* de *indic* y *subj* la *i* recibe el acento: *Esquío, esquíen,* etc.

es·qui·fe [eskífe] *s/m* MAR Pequeña embarcación que se lleva a bordo de otra mayor para poder saltar a tierra y para otros usos.

es·qui·la [eskíla] *s/f* **1.** Cencerro en forma de campana que se pone a una res de ganado lanar y también a las de bovino. **2.** Operación de esquilar el ganado.

es·qui·la·dor, (-ra) [eskilaðór, (-ra)] **I.** *s/m* Hombre que esquila animales. **II.** *adj* y *s/f* Se dice de la máquina que sirve para esquilar.

es·qui·lar [eskilár] *v/tr* **1.** Cortar con tijera o esquiladora el pelo o la lana del ganado o de cualquier animal. **2.** HUM Se dice del corte de pelo de las personas.

es·qui·leo [eskiléo] *s/m* **1.** Acción y efecto de esquilar el ganado. **2.** Época en que se suele realizar esto.

es·quil·mar [eskilmár] *v/tr* Agotar una fuente de riqueza ingresos o dejar a alguien arruinado a fuerza de pedirle dinero, etc.: *Han esquilmado la herencia entre los tres.*

es·qui·lón [eskilón] *s/m* Esquila grande.

es·qui·mal [eskimál] *adj* y *s/m,f* Perteneciente o relativo al pueblo que vive entre las bahías de Hudson y de Baffin o que es miembro de él: *Una choza esquimal.*

es·qui·na [eskína] *s/f* **1.** Arista o ángulo en el que se juntan dos caras de un objeto. **2.** En los edificios, lugar en el que coinciden dos muros del mismo, formando ángulo.

es·qui·nar [eskinár] *v/tr, intr* Hacer o formar alguna cosa una esquina.

es·qui·na·zo [eskináθo] LOC **Dar esquinazo a alguien,** FAM dejar plantado a alguien.

es·qui·ne·ra [eskinéra] *s/f* Mueble que forma esquina.

es·quir·la [eskírla] *s/f* Fragmento de un hueso que queda desprendido de éste por haber recibido un golpe o haberse fracturado; también se aplica a los fragmentos de piedra, cristal, etc.

es·qui·rol [eskiról] *s/m* Se dice de aquel que sustituye a un obrero que está en huelga; también se aplica al que no sigue la huelga.

es·quis·to [eskísto] *s/m* Roca de estructura laminosa y de color negro azulado.

es·qui·var [eskiβár] *v/tr* Rehuir o tratar de rehuir un encuentro con algo o alguien o bien evitar que se produzca determinado hecho: *Esquivaron el problema. Esquivó la pelota.*

es·qui·vez [eskiβéθ] *s/f* Calidad del que es esquivo.

es·qui·vo, -a [eskíβo, -a] *adj* Que rehúye el trato con los demás o que evita aceptar cosas, responder a preguntas, etc.

es·qui·zo·fre·nia [eskiθofrénja] *s/f* MED Nombre de un grupo de enfermedades mentales, que suelen caracterizarse por una disociación de las funciones psíquicas, la cual puede llevar a la demencia incurable.

es·qui·zo·fré·ni·co, -a [eskiθofréniko, -a] *adj* y *s/m,f* Relativo a la esquizofrenia o al que la padece.

es·qui·zoi·de [eskiθóiðe] *adj* y *s/m,f* Se aplica al paciente con tendencia a los trastornos de la esquizofrenia, pero sin llegar a sufrirla.

es·ta·bi·li·dad [estaβiliðáð] *s/f* Cualidad de estable.

es·ta·bi·li·za·ción [estaβiliθaθjón] *s/f* Acción y efecto de estabilizar(se).

es·ta·bi·li·za·dor, (-ra) [estaβiliθaðór, (-ra)] **I.** *adj* y *s/m,f* Que estabiliza. **II.** *s/m* Dispositivo o mecanismo que se añade a una nave, vehículo, avión, etc., para aumentar su estabilidad.

es·ta·bi·li·zar [estaβiliθár] **I.** *v/tr* Hacer que algo tenga estabilidad. **II.** REFL(SE) Quedarse algún objeto en posición estable.
ORT La *z* cambia en *c* ante *e: Estabilicé.*

es·ta·ble [estáβle] *adj* **1.** Se aplica a lo que está firme y bien sujeto, sin que exista posibilidad de moverse, caerse, desequilibrarse, etc. **2.** Referido a situaciones, procesos, etc., que no cambian ni se alteran: *La fiebre ha sido estable durante la noche.* **3.** Referido a situaciones económicas, sociales, etc., que poseen seguridad y no amenazan riesgo alguno.

es·ta·ble·cer [estaβleθér] **I.** *v/tr* Fundar alguna cosa que permanece en el futuro: *En su casa estableció la costumbre de practicar la abstinencia.* **II.** REFL(SE) **1.** Fijar alguien su residencia en algún lugar: *Se establecieron en la costa sur.* **2.** Abrir alguien por su cuenta un negocio o comercio. **III.** *v/intr* Referido a leyes, decretos, etc., disponer u ordenar. RPr **Establecerse de/en:** *Establecerse de abogado. Establecerse en Barcelona.*
CONJ *Irreg: Establezco, establecí, estableceré, establecido.*

es·ta·ble·ci·mien·to [estaβleθimjéṇto] *s/m* **1.** Acción y efecto de establecer(se). **2.** Institución de enseñanza o de cualquier otra actividad social, comercial, etc.

es·ta·blish·ment [estáβliʃmén(t)/-smán(t)] *s/m* ANGL Se dice del conjunto de personas que detentan el poder político y social y que tienen interés en mantener el orden establecido.

es·ta·blo [estáβlo] *s/m* Lugar cubierto usado para el ganado.

es·ta·bu·la·ción [estaβulaθjón] *s/f* Acción y efecto de estabular el ganado.

es·ta·bu·lar [estaβulár] *v/tr* Criar y guardar en un establo al ganado.

es·ta·ca [estáka] *s/f* Palo con una punta más afilada que la otra para poder clavarlo en el suelo.

es·ta·ca·da [estakáða] *s/f* Conjunto de estacas clavadas en el suelo con algún fin. LOC **Dejar a alguien en la estacada,** FIG FAM Dejar a alguien en una situación comprometida.

es·ta·car [estakár] *v/tr* Sujetar a una estaca fija en el suelo a un animal.
ORT La *c* cambia en *qu* ante *e: Estaqué.*

es·ta·ca·zo [estakáθo] *s/m* Golpe dado con una estaca.

es·ta·ción [estaθjón] *s/f* **1.** Cada una de las cuatro partes en que se divide el año. **2.** Lugar en que queda detenido algo, especialmente referido a trenes, vehículos de transportes: *Una estación de autobuses.* **3.** Conjunto de edificios anejos a este lugar, con todas sus dependencias. **4.** En las iglesias o altares, visita que se hace por devoción al Santísimo Sacramento, en especial el día de Jueves Santo. **5.** Instalación o local desde los que se emiten programas de radio. **6.** Centro en el que se realizan ciertos tipos de observaciones, recogida de datos, etc.: *Una estación meteorológica.* **7.** FIG Temporada o tiempo que está delimitado por determinada actividad: *Estamos en la estación del esquí.*
Estación de servicio, instalación provista de surtidores de gasolina de diversos octanajes, gasóleo, etc., y en la que a veces se efectúan reparaciones.

es·ta·cio·nal [estaθjonál] *adj* Relativo a determinada estación del año: *Lluvias estacionales.*

es·ta·cio·na·mien·to [estaθjonamjénto] *s/m* **1.** Acción y efecto de estacionar(se). **2.** Lugar de la vía pública en el que se pueden estacionar los vehículos.

es·ta·cio·nar [estaθjonár] **I.** *v/tr* Dejar algo colocado en algún lugar, especialmente aplicado a los vehículos que se dejan parados en la vía pública. **II.** REFL(SE) Quedarse un proceso, cambio, etc., en una situación de inmovilidad: *El alza del dólar se ha estacionado.*

es·ta·cio·na·rio, -a [estaθjonárjo, -a] *adj* Se dice de aquello que se mantiene igual, sin variar.

es·ta·día [estaðía] *s/f* Residencia o estancia en algún lugar.

es·ta·dio [estáðjo] *s/m* **1.** Lugar o recinto público, destinado a la celebración de competiciones deportivas, que suele tener graderías para los espectadores. **2.** FIG Período o parte de un proceso: *Tuvo varios estadios de hipertensión.*

es·ta·dis·ta [estaðísta] *s/m,f* Persona experta en los asuntos propios de la dirección de un Estado.

es·ta·dís·ti·ca [estaðístika] *s/f* **1.** Recuento o censo de datos relativos a una población. **2.** Ciencia que estudia la forma de hacer estos recuentos o censos y que ayuda a poder sacar conclusiones de sus resultados o cifras.

es·ta·dís·ti·co, -a [estaðístiko, -a] *adj* Perteneciente o relativo a la estadística.

es·ta·do [estáðo] *s/m* **1.** Clase de situación en que se encuentra una persona o cosa: *Está en estado de descomposición.* **2.** En relación al matrimonio, se dice de cada una de las posibilidades que se dan en el hombre o en la mujer: *Es de estado civil casada.* **3.** Cuerpo político que rige una nación: *El Estado no permite privilegios a ninguno.* **4.** Una nación considerada globalmente y desde una perspectiva política: *El Estado español.* **5.** En un régimen federativo, cada uno de los territorios y los habitantes que lo componen: *Los Estados Unidos de América.* **6.** *pl* Conjunto de territorios dominados por un noble, señor, etc.: *Los Estados del Pontífice.* **7.** Cada una de las diversas jerarquías que componían una sociedad: *El estado militar; el estado eclesiástico.* LOC **Estar en estado/en estado de buenas esperanza/en estado interesante,** expresiones usadas para referirse al embarazo de la mujer.
Estado civil, estado de una persona (2).
Estado de alarma, el que supone una alteración grave del orden público y que obliga a tomar medidas excepcionales.
Estado de ánimo, aquel en que se encuentra moralmente una persona.
Estado de cosas, se dice del conjunto de circunstancias que concurren en un asunto determinado.
Estado de excepción, situación similar al estado de alarma, que también justifica determinadas medidas excepcionales.
Estado de guerra, el que se da en una población cuando la autoridad civil cede a la autoridad militar el ejercicio del poder.
Estado de sitio, estado de guerra.
Estado físico, *1.* Condiciones físicas o corporales de alguien. *2.* Situación gaseosa, líquida o sólida en que se encuentra una materia.
Estado mayor, MIL cuerpo de oficiales que forma el órgano de gobierno del ejército de una nación.

es·ta·do·u·ni·den·se [estaðouniðénse] *adj* y *s/m,f* Relativo a los Estados Unidos de América o natural de ellos.

es·taf [estáf] *s/m* ANGL Equipo que dirige una empresa o actividad.

es·ta·fa [estáfa] *s/f* Acción y efecto de estafar.

es·ta·fa·dor, -ra [estafaðór, -ra] *adj* y *s/m,f* Que estafa.

es·ta·far [estafár] *v/tr, intr* **1.** Engañar a alguien, cometiendo con él cierto fraude o engaño económico. **2.** Robar de modo fraudulento cierta cantidad a alguien. RPr **Estafar en:** *Estafar en la compra.*

es·ta·fe·ta [estaféta] *s/f* Oficina de correos, en la cual se reciben las sacas y de la cual se envían a su destino; también se da este nombre a las distintas sucursales de correos.

es·ta·fi·lo·co·co [estafilokóko] *s/m* MED Cualquiera de las bacterias en el grupo de cocos, que se agrupa en racimo.

es·ta·lac·ti·ta [estalaktíta] *s/f* GEOL Concreción calcárea de forma generalmente cónica e irregular, que suele producirse en los techos de las grutas o cavernas, donde suele haber filtraciones de agua con carbonato de cal en disolución.

es·ta·lag·mi·ta [estalaγmíta] *s/f* Estalactita que se forma en el suelo de una gruta o caverna por acción de las gotas que caen al suelo con sales calizas disueltas.

es·ta·li·nis·mo [estalinísmo] *s/m* Doctrina de Stalin o sus seguidores.

es·ta·li·nis·ta [estalinísta] *adj* y *s/m,f* Relativo al estalinismo o partidario de él.

es·ta·llar [estaʎár] *v/intr* **1.** Partirse o reventar alguna cosa haciendo chasquido o explosión. **2.** Producirse un ruido muy fuerte, repentino, etc.: *Estalló una ovación al acabar su discurso.* **3.** FIG Producirse algún fenómeno social de forma repentina y violenta: *Estalló la revolución.* **4.** FIG Producirse de forma brusca la explosión de un sentimiento, etc., en una persona: *Estalló en sollozos.* RPr **Estallar en.**

es·ta·lli·do [estaʎíðo] *s/m* Acción y efecto de estallar.

es·tam·brar [estaɱbrár] *v/tr* Torcer la lana y hacerla estambre.

es·tam·bre [estáɱbre] *s/m* **1.** Hebras largas que forman parte del vellón de la lana. **2.** Hilo formado con estas hebras y, *por ext,* tela que se fabrica con este hilo. **3.** BOT Órgano sexual masculino en las flores, que consiste en una serie de filamentos que están en el interior del cáliz.

es·ta·men·tal [estamental] *adj* Perteneciente o relativo al estamento.

es·ta·men·to [estaménto] *s/m* Cada uno de los sectores o capas de la sociedad.

es·ta·me·ña [estaméɲa] *s/f* Tejido de estambre, de calidad más basta que el de la lana.

es·tam·pa [estáɱpa] *s/f* **1.** Representación de una imagen o figura en materiales como madera, papel, etc., por medio del sistema de piedra litográfica, de la prensa, etc. **2.** Papel o tarjeta que tiene una efigie o figura grabadas: *Estampas de la Virgen.* **3.** FIG Se dice de la escena, representada, escrita, descrita, etc., que ofrece una impresión de algo de la vida real: *Estampas de la vida caballeresca.* **4.** FIG Clase de imagen o impresión que produce el aspecto de una persona o un animal: *¡Qué mala estampa tienes!* **5.** FIG Se dice de la persona que reúne una serie de cualidades o características representativas de algo determinado: *Es la estampa de la pobreza.*

es·tam·pa·ción [estaɱpaθjón] *s/f* Acción y efecto de estampar (**1** y **2**).

es·tam·pa·do, (-a) [estaɱpáðo, (-a)] **I.** *adj* y *s/m* Se aplica al tejido en el que se estampan dibujos de diversas formas y colores. **II.** *s/m* Operación de estampar.

es·tam·par [estaɱpár] *v/tr* **1.** Reproducir imágenes, figuras, etc., por medio de moldes que se imprimen en planchas de metal, etc. **2.** Prensar sobre molde de acero, grabado en hueco, una chapa metálica haciendo que se forme relieve por un lado y se hunda por el otro. **3.** Dejar la huella de un pie o algo similar en algún sitio. **4.** FAM Arrojar o lanzar con violencia alguna cosa contra otra: *Estampó el libro contra la puerta y se fue.* **5.** FIG Fijar algo en el ánimo de alguien. **6.** FAM Referido a besos, bofetadas, etc., darlos: *Le estampó un par de besos en cada mejilla.* RPr **Estampar contra/en/sobre:** *Estampar en papel. Estampar sobre tela.*

es·tam·pía [estaɱpía] LOC **De estampía,** muy precipitadamente.

es·tam·pi·da [estaɱpíða] *s/f* **1.** Estampido. **2.** AMÉR Carrera rápida y repentina.

es·tam·pi·do [estaɱpíðo] *s/m* Estallido que produce un ruido fuerte y seco, como el de una bomba, un arma de fuego, etc.

es·tam·pi·lla [estaɱpíʎa] *s/f* Sello en el que está dibujada la firma o rúbrica de alguien y que se usa para evitar a ésta la constante repetición de la firma.

es·tam·pi·lla·do [estaɱpiʎáðo] *s/m* Acción y efecto de estampillar.

es·tam·pi·llar [estaɱpiʎár] *v/tr* Marcar con estampilla un documento.

es·tan·ca·mien·to [estaŋkamjénto] *s/m* Acción y efecto de estancar(se).

es·tan·car [estaŋkár] *v/tr* Detener el curso o avance de algo.
ORT La *c* cambia en *qu* ante *e: Estanqué.*

es·tan·cia [estánθja] *s/f* **1.** Tiempo de permanencia en algún lugar: *Nuestra estancia en París fue muy breve.* **2.** Habitación de una casa o mansión, especialmente aplicado a las que son muy amplias o lujosas. **3.** ARGENT Hacienda rural dedicada a la ganadería.

es·tan·co, (-a) [estáŋko, (-a)] **I.** *adj* Se aplica a lo que se cierra de forma perfectamente hermética. **II.** *s/m* Establecimiento o tienda en que se venden los géneros estancados, especialmente el tabaco, sellos y cerillas.

es·tand [estánd] *s/m* ANGL Puesto para la exposición de artículos en una feria.

es·tán·dar [estándar] **I.** *adj* Que es uniforme o que está uniformado en relación a los de su clase o especie: *Este coche es de tipo estándar.* **II.** *s/m* Nivel o medida determinados, que todos conocen o reconocen como tales: *Estándar de vida.*

es·tan·da·ri·za·ción [estandariθaθjón] *s/f* Acción y efecto de estandarizar.

es·tan·da·ri·zar [estandariθár] *v/tr,* REFL(SE) Unificar(se) o ajustar(se) a un mismo tipo, modelo, nivel, etc.
ORT La *z* cambia en *c* ante *e: Estandaricé.*

es·tan·dar·te [estandárte] *s/m* Insignia o bandera que una corporación civil, militar, etc., usan para representar en ella los símbolos que la representan.

es·tan·que [estáŋke] *s/m* Lugar construido para contener en él agua destinada a diversos fines como el riego, etc.

es·tan·que·ro, -a [estaŋkéro, -a] *s/m,f* Persona que tiene a su cargo un establecimiento de géneros estancados o estanco.

es·tan·te [estánte] *s/m* Tabla o plancha de madera u otro material que se coloca horizontalmente en algún lugar para poder poner en ella cosas como libros, géneros, etc.

es·tan·te·ría [estantería] *s/f* Conjunto de estantes que forman un mueble, armario, etc.: *Las estanterías de la librería.*

es·ta·ña·du·ra [estaɲaðúra] *s/f* Acción y efecto de estañar.

es·ta·ñar [estaɲár] *v/tr* **1.** Cubrir con una capa de estaño algún objeto de otro metal. **2.** Soldar con estaño alguna pieza.

es·ta·ño [estáɲo] *s/m* Metal más duro, brillante y dúctil que el plomo, de color semejante al de la plata; se usa para recubrir otros metales o para soldarlos.

es·tar [estár] **I.** *v/intr* **1.** Permanecer o hallarse algo o alguien con cierta estabilidad en un lugar, condición, situación, etc.: *Yo estoy aquí. La mesa está en el comedor. Estamos muy mal.* **2.** Con ciertos adjetivos, se usa para expresar que el sujeto se halla en la condición que indican esos adjetivos: *Estamos muy contentos.* **3.** Cuando acompaña a verbos en forma reflexiva sirve de indicación de proximidad a la acción que esos verbos expresan: *Está ahogándose.* **4.** Con verbos en gerundio también indica lo instantáneo de la acción expresada por éstos: *Está comiendo.* **5.** También se usa para acompañar verbos en forma pasiva cuando éstos expresan decisión: *Está sentenciado a muerte.* **6.** Referido a prendas de vestir, etc., se usa para indicar cómo le sienta algo a alguien: *Esa chaqueta me está ancha.* **II.** REFL(SE) Permanecer o quedarse alguien en algún lugar determinado o en cierta situación, etc.: *Se estuvo allí toda la tarde.* LOC **Estar a,** *1.* Estar dispuesto a realizar lo que se expresa a continuación: *Estaban a lo que viniese. 2.* Hallarse en una fecha determinada, a una temperatura determinada, etc.: *Estamos a 3 de mayo. Estamos a cuarenta grados a la sombra.* **Estar bien/mal de alguna cosa,** tener suficiente o no de algo: *Estamos muy mal de dinero.* **Estar con,** *1.* Convivir con. *2.* Estar de acuerdo en algo con alguien: *Estoy con ella en que debiéramos emigrar.* **Estar de,** *1.* Hacer el oficio o trabajo de lo que se expresa a continuación: *Está de chófer del ministro. 2.* Se usa para indicar que uno se halla en la situación de lo que se cita a continuación: *Estábamos de muy mal humor.* **Estar de más,** sobrar en algún lugar o ser inútil allí. **Estar una cosa en algo,** *1.* Consistir una cosa en algo: *El secreto está en que salgamos antes. 2.* FAM Costar o valer algo una cosa: *Este vestido está en diez mil pesetas.* **Estar uno en sí,** estar uno en pleno dominio de sus sentidos. **Estar uno en todo,** estar alguien atendiendo a todo lo que requiere cuidado o trabajo. **Estarle a alguien bien empleado algo,** FIG FAM tener alguien merecido algún percance que le sucede. **Estar para,** *1.* Estar a punto de hacer algo: *Estábamos para salir cuando llegó ella. 2.* Estar en disposición o ánimo adecuados para algo: *No estaba para bromas.* **Estar por+infinitivo,** *1.* Estar alguien en disposición o inclinación de hacer algo: *Estoy por irme de vacaciones. 2.* Estar a favor de alguna opción frente a otras posibilidades: *Estoy por los viajes en coche y no en avión. 3.* Estar algo sin hacer: *La casa está por barrer.* **Estar alguien que+verbo,** haber llegado a determinado momento o situación: *Estamos que no podemos más.* **Estar sobre algo,** FIG controlar cuidadosamente la marcha de algo. **Estar sobre alguien,** FIG estar vigilando constantemente lo que hace alguien: *Está demasiado sobre su hija.*
CONJ *Irreg: Estoy, estuve, estaré, estado.*

es·tár·ter [estárter] *s/m* ANGL Mecanismo que ayuda al encendido del motor de explosión.

es·ta·tal [estatál] *adj* Perteneciente o relativo al Estado: *Una ley estatal.*

es·tá·ti·ca [estátika] *s/f* **1.** Parte de la mecánica que estudia las leyes del equilibrio. **2.** Conjunto de estas leyes.

es·tá·ti·co, -a [estátiko, -a] *adj* **1.** Perteneciente o relativo a la estática. **2.** Se dice de lo que está absolutamente inmóvil.

es·ta·ti·fi·car [estatifikár] *v/tr* Poner bajo la administración o intervención del Estado un territorio, comunidad, etc.
ORT La *c* cambia en *qu* ante *e: Estatifiqué.*

es·ta·tis·mo [estatísmo] *s/m* Calidad o situación de lo inmóvil o estático.

es·ta·tua [estátwa] *s/f* **1.** Obra de escultura que representa una figura del natural. **2.** FIG FAM Se dice de la persona inexpresiva o fría.

es·ta·tua·ria [estatwárja] *s/f* Arte de esculpir estatuas.

es·ta·tua·rio, -a [estatwárjo, -a] *adj* **1.** Perteneciente o relativo a la estatuaria. **2.** FIG Se dice de lo que o del que es muy inexpresivo, como una estatua.

es·ta·tuir [estatuír] *v/tr* Establecer alguien o algo lo que debe hacerse en una cuestión determinada.
CONJ *Irreg: Estatuyo, estatuí, estatuiré, estatuido.*

es·ta·tu·ra [estatúra] *s/f* Altura que mide una persona desde los pies a la cabeza.

es·ta·tus [estátus] *s/m* Posición social de alguien dentro de una sociedad y con determinadas características.
Statu quo, situación similar a la habida anteriormente.

es·ta·tu·ta·rio, -a [estatutárjo, -a] *adj* Perteneciente o relativo a los estatutos o conforme a ellos: *Una medida estatutaria.*

es·ta·tu·to [estatúto] *s/m* Norma o regla que forma parte de la normativa por la que se rige una institución, sociedad, compañía, etc.

es·te [éste] *s/m* Uno de los cuatro puntos cardinales, el correspondiente a la salida del sol.

es·te, es·ta, es·to, es·tos, es·tas [éste, ésta, ésto, éstos, éstas] *pron* y *adj demostrativos,* acentuados en el uso pronominal. **1.** Se emplean mayormente para indicar que algo o a alguien están próximos al hablante; pero también se pueden referir a algo o a alguien que acaban de ser mencionados: *Se encontró a su hermana y ésta le dijo que no quería saber nada de él.* **2.** En forma pronominal suele usarse para hacer alusión despectiva a alguien: *Éste se ha pensado que puede vivir del cuento.* LOC **En esto/estando en esto,** frases con las que en una narración se sustituye a veces a 'entonces', 'en aquel punto': *Y en esto apareció un taxi.* **En éstas,** en esto.

es·te·la [estéla] *s/f* **1.** Rastro o señal que deja en las aguas una embarcación detrás de sí o, también, en el aire un avión o cohete. **2.** FIG Todo aquello que pueda recordar el paso de alguien por algún lugar: *Dejó una estela de agravios.* **3.** Monumento conmemorativo que se erige en el suelo, generalmente en forma de piedra o columna, lápida, etc.

es·te·lar [estelár] *adj* **1.** Perteneciente o relativo a las estrellas: *El sistema estelar.* **2.** FIG Se dice de lo que está por encima de lo corriente: *Una fama estelar.*

es·te·no·gra·fía [estenoγrafía] *s/f* Escritura abreviada mediante signos especiales, que se usa para recoger al dictado lo que se dice.

es·te·no·grá·fi·co, -a [estenoγráfiko, -a] *adj* Relativo a la estenografía.

es·te·nó·gra·fo, -a [estenóγrafo, -a] *s/m,f* Persona dedicada a la estenografía.

es·te·no·sis [estenósis] *s/f* MED Estrechamiento patológico.

es·te·no·ti·pia [estenotípja] *s/f* Estenografía que se realiza a máquina.

es·ten·tó·reo, -a [estentóreo, -a] *adj* Se aplica al sonido, voz, etc., que son muy fuertes: *Nos llamó con voz estentórea.*

es·te·pa [estépa] *s/f* Terreno yermo, muy extenso y llano.

es·te·pa·rio, -a [estepárjo, -a] *adj* Perteneciente a la estepa, o que vive en ella: *Lobo estepario.*

és·ter [éster] *s/m* QUÍM Compuesto que resulta de sustituir el hidrógeno de un ácido orgánico o inorgánico por radicales alcohólicos.

es·te·ra [estéra] *s/f* Tejido grueso de esparto, palmas, juncos, etc., que se usa para cubrir el suelo.

es·te·rar [esterár] *v/tr* Cubrir con esteras algún suelo.

es·ter·co·lar [esterkolár] *v/tr* Echar estiércol en un terreno para enriquecerlo.

es·ter·co·le·ro [esterkoléro] *s/m* **1.** Lugar en el que se amontona el estiércol. **2.** FIG Lugar muy sucio y nauseabundo.

es·té·reo [estéreo] *s/m Abrev* de *estereofonía*, estereofónico.

es·te·reo·fo·nía [estereofonía] *s/f* Sistema de reproducción de sonidos que utiliza dos canales o altavoces diferentes para los sonidos de tipo grave y los de tipo agudo.

es·te·reo·fó·ni·co, -a [estereofóniko, -a] *adj* Relativo a la estereofonía.

es·te·reo·gra·fía [estereoγrafía] *s/f* Sistema de representación de sólidos en un plano por medio de sus proyecciones sobre el mismo.

es·te·reos·co·pia [estereoskópja] *s/f* Conjunto de procedimientos por los cuales se logra la impresión de relieve a partir de pares de imágenes planas.

es·te·reos·có·pi·co, -a [estereoskópiko, -a] *adj* Relativo al estereoscopio.

es·te·reos·co·pio [estereoskópjo] *s/m* Instrumento óptico en el que dos imágenes de un mismo objeto, vistas por separado con cada uno de los dos ojos, dan la impresión de ser una sola imagen y en relieve.

es·te·reo·ti·pa·do, -a [estereotipáðo, -a] *adj* Se dice de la expresión, estilo, etc., de tipo formulario y que se usa siempre de la misma forma.

es·te·reo·ti·pia [estereotípja] *s/f* Sistema de impresión según el cual se reproduce una composición tipográfica oprimiendo contra los tipos una plancha de una pieza, obtenida por vaciado de la hecha con caracteres movibles.

es·te·reo·ti·po [estereotípo] *s/m* Se aplica al dicho, fórmula, obra o incluso persona, que resultan poco originales, excesivamente iguales a la mayoría y que carecen de sentido por repetidos.

es·té·ril [estéril] *adj* **1.** Se aplica al animal o persona que no puede tener descendencia o al árbol o planta que no dan fruto. **2.** FIG Se dice de aquello que no sirve para nada: *Un trabajo estéril.* **3.** MED Se aplica a lo que carece de gérmenes patógenos.

es·te·ri·li·dad [esteriliðáð] *s/f* Calidad o situación o de lo que es estéril.

es·te·ri·li·za·ción [esteriliθaθjón] *s/f* Acción y efecto de esterilizar.

es·te·ri·li·za·dor, (-ra) [esteriliθaðór, (-ra)] **I.** *adj* Que esteriliza o puede esterilizar. **II.** *s/m* Aparato que esteriliza utensilios.

es·te·ri·li·zar [esteriliθár] *v/tr,* REFL(SE)

Volver(se) estéril aquello o aquel que no lo era.
ORT La *z* cambia en *c* ante *e: Esterilicé.*

es·te·ri·lla [esteríʎa] *s/f* **1.** *dim* de *estera.* **2.** Tejido de paja.

es·ter·nón [esternón] *s/m* ZOOL Hueso plano en el que confluyen las costillas y que está en la parte anterior del tórax.

es·te·ro [estéro] *s/m* **1.** Terreno de las inmediaciones de la orilla de una ría, que se inunda con las mareas. **2.** AMÉR Terreno pantanoso.

es·ter·tor [estertór] *s/m* Respiración con ronquido o sibilancia, propia del moribundo.

es·te·ta [estéta] *s/m,f* Persona entendida en estética o con gustos artísticos refinados.

es·té·ti·ca [estétika] *s/f* **1.** Ciencia que estudia las teorías sobre lo bello. **2.** Aspecto de algo o de alguien en relación al gusto artístico.

es·té·ti·cien·ne [estétisien/-tiθjén] *s/f* GAL por esteticista (**1**).

es·te·ti·cis·ta [estetiθísta] *s/m,f* **1.** Persona que trabaja como experto en cuidados de belleza. **2.** Tratadista de estética.

es·té·ti·co, -a [estétiko, -a] *adj* Relativo a la estética.

es·te·tos·co·pia [estetoskópja] *s/f* MED Exploración de la cavidad torácica por medio del estetoscopio.

es·te·tos·co·pio [estetoskópjo] *s/m* MED Instrumento que sirve para auscultar cavidades del organismo.

es·te·va·do, -a [esteβáðo, -a] *adj* y *s/m,f* Se dice del que tiene las piernas torcidas en arco, de modo tal que al juntar los pies se le separan las rodillas.

es·tia·je [estiáxe] *s/m* **1.** Nivel más bajo que tienen las aguas de una corriente, río, etc., a causa de la sequía en determinada época del año. **2.** Tiempo que dura este nivel.

es·ti·ba [estíβa] *s/f* MAR Acción y efecto de estibar.

es·ti·ba·dor, -ra [estiβaðór, -ra] *s/m,f* Cargador de barcos en los puertos.

es·ti·bar [estiβár] *v/tr* MAR Distribuir convenientemente los pesos o carga de una embarcación.

es·tiér·col [estiérkol] *s/m* Excrementos de animales.

es·tig·ma [estíγma] *s/m* **1.** Marca o señal que se tiene en el cuerpo. **2.** FIG Acción o hecho que supone una vergüenza o deshonra para alguien: *Su crimen es un estigma para su familia.*

es·tig·ma·ti·zar [estiγmatiθár] *v/tr* Producir estigmas en algo/alguien.
ORT La *z* cambia en *c* ante *e: Estigmaticé.*

es·ti·lar [estilár] **I.** *v/intr* Tener por costumbre hacer determinada cosa. **II.** REFL (-SE) Ser costumbre determinada cosa: *Ya no se estila tener chófer.*

es·ti·le·te [estiléte] *s/m* Puñal de hoja estrecha y puntiaguda.

es·ti·lis·ta [estilísta] *s/m,f* **1.** Persona que en su forma de escribir muestra poseer un estilo digno o elegante. **2.** Cultivador de la estilística.

es·ti·lís·ti·ca [estilístika] *s/f* Disciplina que estudia los diversos matices que la lengua pone al servicio del hablante para que éste exprese sus sentimientos.

es·ti·lís·ti·co, -a [estilístiko, -a] *adj* Relativo al estilo.

es·ti·li·za·ción [estiliθaθjón] *s/f* Acción y efecto de estilizar.

es·ti·li·zar [estiliθár] **I.** *v/tr* Hacer que en un dibujo, obra de arte, etc., resalten más sus trazos fundamentales. **II.** REFL(SE) FAM Hacerse una persona más delgada o de rasgos más afinados.
ORT La *z* se convierte en *c* ante *e: Estilicé.*

es·ti·lo [estílo] *s/m* **1.** BOT Parte de las flores que une el estigma con el ovario, a modo de columnita hueca. **2.** Modo de hacer algo, en especial expresándose por escrito. **3.** Práctica o costumbre: *Al estilo antiguo.* LOC **Al estilo de,** según el estilo de. **Por el estilo,** FAM aproximadamente igual o parecido.

es·ti·lo·grá·fi·co, (-a) [estiloγráfiko, (-a)] **I.** *adj* Se aplica a la pluma con depósito recargable de tinta en su interior o al lápiz con mina también recargable. **II.** *s/f* Pluma estilográfica.

es·ti·ma [estíma] *s/f* Aprecio o consideración que se siente por alguien o algo. LOC **Tener a alguien en mucha estima,** apreciar mucho a alguien.

es·ti·ma·ble [estimáβle] *adj* **1.** Que es digno de aprecio o estima. **2.** Que puede ser apreciado o calculado: *No es una cantidad estimable.*

es·ti·ma·ción [estimaθjón] *s/f* Acción y efecto de estimar.

es·ti·mar [estimár] *v/tr* **1.** Sentir determinado aprecio o admiración hacia algo o alguien. **2.** Tener determinada opinión sobre algo o alguien: *Estimo exagerada tu presunción.* **3.** Dar un valor, cifra, etc., determinados a algo: *Han estimado la casa en ocho millones.* RPr **Estimar como/en:** *La estimo mucho como profesora.*

es·ti·ma·ti·vo, -a [estimatíβo, -a] *adj* Que sirve para estimar o valorar: *Unas frases estimativas.*

es·ti·mu·lan·te [estimulánte] *adj* y *s/m* Se aplica a lo que estimula.

es·ti·mu·lar [estimulár] *v/tr* Hacer que alguien se sienta inclinado a realizar determinada cosa, tarea, etc. RPr **Estimular a/con:** *Estimular (a alguien) al estudio. Estimular (a alguien) con regalos.*

es·tí·mu·lo [estímulo] *s/m* Cosa que incita a alguien a realizar algo.

es·tío [estío] *s/m* LIT Verano.

es·ti·pen·dio [estipéndjo] *s/m* Paga o remuneración que se da a alguien por un trabajo que ha realizado.

es·ti·pu·la·ción [estipulaθjón] *s/f* **1.** Acuerdo o convenio verbal. **2.** DER Cada una de las cláusulas o disposiciones de un documento público o privado.

es·ti·pu·lar [estipulár] *v/tr, intr* Convenir o tomar algún acuerdo.

es·ti·ra·do, -a [estiráðo, -a] *adj* y *s/m,f* **1.** FIG Se dice de la persona orgullosa o adusta en su trato con los demás. **2.** FIG Se aplica a lo que es justo o escaso: *Un presupuesto muy estirado.*

es·ti·ra·mien·to [estiramjénto] *s/m* Acción y efecto de estirar(se).

es·ti·rar [estirár] **I.** *v/tr* **1.** Poner tenso o tirante algo que no lo está: *Estiraron el cable.* **2.** Hacer que algo sea más largo tirando de sus extremos o bordes: *Hay que estirar la falda.* **3.** Hacer que algo deje de estar arrugado, encogido, etc.: *Estira las medias.* **4.** Referido a piernas, brazos, etc., moverlos de manera que se ejerciten sus músculos: *Salgo un rato a estirar las piernas.* **5.** FIG Hacer que un dinero, suma, etc., sirva para pagar o comprar el máximo número de cosas. **II.** *v/intr* Tirar con fuerza de alguna cosa. **III.** REFL(SE) **1.** Poner alguien rectos sus piernas o brazos para desentumecerlos. **2.** FIG Crecer mucho o de repente una persona.

es·ti·rón [estirón] *s/m* **1.** Acción de estirar(se) bruscamente. **2.** FAM Crecimiento fuerte y brusco. LOC **Dar/Pegar un estirón,** *1.* Estirar bruscamente de algo. *2.* Crecer alguien de forma brusca y fuerte.

es·tir·pe [estírpe] *s/f* Tronco de una familia o linaje.

es·ti·val [estiβál] *adj* Perteneciente o relativo al verano: *Los calores estivales.*

es·to·ca·da [estokáða] *s/f* **1.** Pinchazo o golpe dado con la punta de la espada o del estoque. **2.** Herida producida por ese golpe.

es·to·fa [estófa] *s/f* FIG Calidad de alguna cosa, en especial aplicado cuando se trata de algo malo: *Gente de baja estofa.*

es·to·fa·do, -a [estofáðo, -a] *s/m* Guiso de carne o pescado, etc., que suele cocinarse con cebolla, aceite, vino o vinagre, condimentos, etc.

es·to·far [estofár] *v/tr* Guisar carne, pescado, etc., con cebolla, aceite, vino o vinagre y diversas especias o condimentos.

es·toi·cis·mo [estoiθísmo] *s/m* **1.** Doctrina o secta de los estoicos. **2.** FIG Entereza de ánimo que se demuestra ante la adversidad.

es·toi·co, -a [estóiko, -a] **I.** *adj* Perteneciente o relativo al estoicismo. **II.** *adj* y *s/m,f* FIG Se dice del que soporta las adversidades con entereza o impasibilidad.

es·to·la [estóla] *s/f* Tira o banda de piel o de algún otro material con la que las mujeres se abrigan o adornan el cuello y que suele caer por ambas partes del mismo.

es·to·ma·cal [estomakál] **I.** *adj* Relativo al estómago. **II.** *adj* y *s/m* Se aplica a la sustancia que favorece al estómago o a la digestión.

es·to·ma·gar [estomaγár] *v/tr* Causar empacho o indigestión.
ORT La *g* lleva *u* ante *e: Estomagué.*

es·tó·ma·go [estómaγo] *s/m* ZOOL Órgano o víscera hueca que forma parte del aparato digestivo y que recibe del esófago los alimentos, a los cuales rodea de los jugos gástricos. LOC **Revolver algo el estómago de alguien,** FIG FAM causar algo disgusto o repugnancia a alguien.

es·to·ma·to·lo·gía [estomatoloxía] *s/f* MED Parte de la medicina que estudia las enfermedades de la boca humana.

es·to·ma·tó·lo·go, -a [estomatóloγo, -a] *s/m,f* Persona experta en estomatología o que la profesa.

es·to·pa [estópa] *s/f* **1.** Parte basta o gruesa del lino o del cáñamo que queda al peinar éstos con el rastrillo y que se emplea para hacer cuerdas y otros usos diversos. **2.** Tela fabricada con este material.

es·to·pa·da [estopáða] *s/f* Porción de estopa que se aplica a una junta, etc., para cerrarla de forma hermética.

es·to·que [estóke] *s/m* Espada angosta, de sección cuadrangular y con la que se hiere solamente de punta; es la empleada para matar en la lidia de toros.

es·to·que·ar [estokeár] *v/tr* Herir con el estoque al toro.

es·tor·bar [estorβár] *v/tr, intr* **1.** Poner obstáculos o dificultades a la realización de algo. **2.** FIG Causar molestia o fastidio a alguien: *Me estás estorbando y no puedo estudiar.*

es·tor·bo [estórβo] *s/m* Persona o cosa que estorba a alguien o para algo.

es·tor·ni·no [estorníno] *s/m* ZOOL Pájaro

bastante común en España, de cabeza pequeña, pico cónico y plumaje negro con reflejos verdes y pintas blancas.

es·tor·nu·dar [estornuðár] *v/intr* Arrojar con violencia por las vías respiratorias y bucales el aire de los pulmones, por lo general de modo involuntario.

es·tor·nu·do [estornúðo] *s/m* Acción y efecto de estornudar.

es·trá·bi·co, -a [estráβiko, -a] *adj* Relativo al estrabismo o que lo padece.

es·tra·bis·mo [estraβísmo] *s/m* MED Defecto de los ojos por el cual los dos ejes de visión no pueden fijarse en la misma dirección.

es·tra·do [estráðo] *s/m* Tarima o entablado sobre los cuales se coloca una mesa presidencial, trono, etc., con el fin de que sean vistos por todo el público presente.

es·tra·fa·la·rio, -a [estrafalárjo, -a] *adj* y *s/m,f* FAM **1.** Que se viste de forma poco convencional y muy llamativa. **2.** Que se comporta de forma extravagante o ridícula.

es·tra·ga·mien·to [estraγamjéɲto] *s/m* Acción y efecto de estragar(se).

es·tra·gar [estraγár] *v/tr* Causar estrago en algo: *Han estragado la cosecha.*
ORT La *g* lleva *u* ante *e: Estragué.*

es·tra·go [estráγo] *s/m* **1.** Daño causado por la violencia de una guerra, epidemia, etc. **2.** FIG Daño o perjuicio muy grande: *La droga hace estragos en la juventud.*

es·tra·gón [estraγón] *s/m* BOT Hierba de la familia de las compuestas, que se usa como condimento por su fuerte aroma.

es·tram·bo·te [estraɱβóte] *s/m* Conjunto de versos que se añaden al final de la composición métrica, aplicado en especial al soneto.

es·tram·bó·ti·co, -a [estraɱbótiko, -a] *adj* Se aplica a lo que o al que resulta extraño, ridículo o estrafalario.

es·tran·gu·la·ción o **es·tran·gu·la·mien·to** [estraŋgulaθjón/estraŋgulamjéɲto] *s/f* Acción y efecto de estrangular(se).

es·tran·gu·la·dor, -ra [estraŋgulaðór, -ra] *adj* y *s/m,f* Que estrangula.

es·tran·gu·lar [estraŋgulár] *v/tr* **1.** Hacer que alguien se ahogue oprimiéndole el cuello para que no respire. **2.** Estrechar un conducto o paso, de modo que se obstaculice la circulación de fluido por él.

es·tra·per·le·ar [estraperleár] *v/intr* Realizar operaciones de estraperlo. RPr **Estraperlear con:** *Estraperlear con tabaco.*

es·tra·per·lis·ta [estraperlísta] *s/m,f* Persona que practica el estraperlo.

es·tra·per·lo [estrapérlo] *s/m* FAM Comercio ilegal con artículos intervenidos por el Estado o sujetos a una tasa especial. LOC **De estraperlo,** conseguido por medio del estraperlo o de forma no legal.

es·tra·ta·ge·ma [estrataxéma] *s/f* **1.** Maniobra de guerra hecha con engaño. **2.** FIG Acción engañosa y hábil que se realiza con el fin de lograr algo.

es·tra·te·ga [estratéγa] *s/m,f* Persona experta en estrategia.

es·tra·te·gia [estratéxja] *s/f* **1.** Arte o habilidad de dirigir las operaciones militares en la guerra. **2.** FIG Habilidad para saber dirigir un asunto, una negociación, etc., y encaminarlos al fin deseado.

es·tra·té·gi·co, -a [estratéxiko, -a] *adj* Perteneciente o relativo a la estrategia.

es·tra·ti·fi·ca·ción [estratifikaθjón] *s/f* GEOL **1.** Acción y efecto de estratificar(se). **2.** Forma de estar dispuestos los estratos o capas de un terreno.

es·tra·ti·fi·car [estratifikár] *v/tr,* REFL (-SE) Formar estratos (en) un terreno.
ORT La *c* cambia en *qu* ante *e: Estratifiqué.*

es·tra·ti·gra·fía [estratiγrafía] *s/f* Parte de la geología que estudia las características de las rocas estratificadas.

es·tra·ti·grá·fi·co, -a [estratiγráfiko, -a] *adj* Relativo a la estratigrafía.

es·tra·to [estráto] *s/m* **1.** GEOL Masa en forma de capa de espesor uniforme que constituye los terrenos sedimentarios y que se repite en capas paralelas. **2.** METEOR Nube baja que se presenta en el horizonte en forma de faja o banda. **3.** FIG Capa de la sociedad en la que se agrupan determinados individuos.

es·tra·tos·fe·ra [estratosféra] *s/f* METEOR Zona superior a la atmósfera, comprendida entre los doce y los cien kilómetros de altura.

es·tra·za [estráθa] *s/f* Desechos o trapos de ropa basta.
Papel de estraza, el que no tiene cola, es áspero, basto y sin blanquear.

es·tre·cha·mien·to [estretʃamjéɲto] *s/m* Acción y efecto de estrechar(se).

es·tre·char [estretʃár] **I.** *v/tr* **1.** Hacer que algo sea estrecho o más estrecho. **2.** Apretar algo, alguien, etc., entre los brazos o las manos: *Lo estrechó fuertemente al despedirse.* **3.** FIG Hacer que una relación, etc., sea más íntima. **II.** REFL(SE) FIG FAM Apretarse en un asiento, etc., para que haya sitio para más gente.

es·tre·chez [estretʃéθ] *s/f* **1.** Calidad de lo que es estrecho. **2.** FIG Apuro, dificultad económica en que alguien se encuentra.
ORT *Pl: Estrecheces.*

es·tre·cho, (-a) [estrétʃo, (-a)] **I.** *adj* **1.** Referido a objetos, lugares de paso, etc., de poca anchura: *Un camino/Una ventana estrecha.* **2.** Aplicado a prendas, calzado, etc., que va o queda excesivamente ajustado o apretado. **3.** Se dice de alguien cuando se encuentra muy apretado en algún lugar: *Estábamos muy estrechos en el banco.* **4.** FIG Referido a amistad, relación, etc., muy íntimo o cercano. **II.** *s/m* GEOGR Trozo de mar comprendido entre dos porciones de tierra muy próximas la una a la otra: *El estrecho de Gibraltar.* LOC **Hacerse el estrecho,** FIG FAM mostrar poca liberación sexual en la conducta al respecto. RPr **Estrecho de:** *Estrecho de caderas.*

es·tre·chu·ra [estretʃúra] *s/f* **1.** Lugar estrecho en un camino, paso, etc. **2.** Estrechez en el trato, la amistad, etc.

es·tre·ga·du·ra [estreɣaðúra] *s/f* **1.** Acción y efecto de estregar(se). **2.** Rozadura causada al estregarse.

es·tre·gar [estreɣár] *v/tr* Frotar enérgicamente alguna cosa con un cepillo, etc., para limpiarla, suavizarla o darle brillo. RPr **Estregar(se) con/contra:** *Estregar con un estropajo/contra la pared.*
ORT La *g* lleva *u* ante *e: Estregué.*
CONJ *Irreg: Estriego, estregué, estregaré, estregado.*

es·tre·lla [estréʎa] *s/f* **1.** Astro que brilla en la bóveda celeste con luz propia. **2.** Forma en que se representan estos astros convencionalmente, con un círculo rodeado de puntas o rayas, que aluden al brillo que despide el astro. **3.** FIG FAM Persona que se destaca o sobresale muchísimo en su carrera, profesión, etc.: *Una estrella del tenis/de cine.* **4.** FIG Se dice del destino o suerte de una persona: *Ha nacido con mala estrella.* LOC **Tener alguien buena/mala estrella,** tener alguien buena o mala suerte. **Ver alguien las estrellas,** FIG FAM sentir alguien un dolor muy vivo, generalmente como consecuencia de un golpe fuerte.
Estrella de mar, ZOOL equinodermo de cuerpo en forma de estrella.
Estrella fugaz, ASTRON cuerpo luminoso que aparece y desaparece rápidamente por la bóveda celeste, pareciendo una estrella que se desplaza.
Estrella Polar, la que está en el extremo de la lanza del Carro o constelación de la Osa Mayor.

es·tre·lla·do, -a [estreʎáðo, -a] *adj* **1.** Que ha sido estrellado: *Huevos estrellados.* **2.** Que tiene forma de estrella: *Planta de hojas estrelladas.* **3.** Referido a noche, cielo, etc., que está lleno de estrellas.

es·tre·llar [estreʎár] **I.** *adj* Perteneciente o relativo a las estrellas. **II.** *v/tr* **1.** Referido a huevos, freírlos en una sartén. **2.** FAM Lanzar algo contra otra cosa con violencia, logrando generalmente que se rompa: *Estrelló el vaso contra el suelo.* **II.** REFL(SE) **1.** Chocar de forma violenta contra una superficie, objeto, etc.: *El coche se estrelló contra un árbol.* **2.** FIG Fracasar en algún negocio, intento, etc., a causa de algún obstáculo insuperable: *Quisieron salvar la fábrica, pero se estrellaron.* RPr **Estrellar(se) contra/en:** *Se estrelló en la pared.*

es·tre·lla·to [estreʎáto] *s/m* Condición del que se ha convertido en estrella.

es·tre·me·ce·dor, -ra [estremeθeðór, -ra] *adj* Que estremece.

es·tre·me·cer [estremeθér] *v/tr* **1.** Hacer que alguien tiemble por frío, emoción, etc. **2.** Causar temblor en algo: *El cañonazo estremeció las casas.* **3.** FIG Conmover una sociedad, la opinión pública, etc. RPr **Estremecer(se) de:** *Estremecerse de ira.*
CONJ *Irreg: Estremezco, estremecí, estremeceré, estremecido.*

es·tre·me·ci·mien·to [estremeθimjén̪to] *s/m* Acción y efecto de estremecer(se).

es·tre·nar [estrenár] **I.** *v/tr* **1.** Usar por primera vez una prenda, objeto, etc. **2.** Representar por primera vez en público un espectáculo teatral, artístico, cinematográfico, etc.: *Ya han estrenado la última película de Buñuel.* **II.** REFL(-SE) Realizar o ejecutar por primera vez algo que se expresa a continuación: *Ya se ha estrenado como pintor.* RPr **Estrenarse con:** *Se ha estrenado con una pieza fácil.*

es·tre·no [estréno] *s/m* Acción y efecto de estrenar(se) algo. LOC **De estreno,** se aplica a lo que se usa por primera vez: *Estos zapatos son de estreno.*

es·tre·ñi·do, -a [estreɲíðo, -a] *adj* Que padece estreñimiento.

es·tre·ñi·mien·to [estreɲimjén̪to] *s/m* MED Dificultad en la evacuación del contenido intestinal.

es·tre·ñir [estreɲír] *v/tr* Causar o padecer estreñimiento.
CONJ *Irreg: Estriño, estreñí, estreñiré, estreñido.*

es·tré·pi·to [estrépito] *s/m* **1.** Ruido considerable que produce alguna cosa. **2.** FIG Exageración ostentosa en la realización de algo: *Se presentó en la ciudad con gran estrépito.*

es·tre·pi·to·so, -a [estrepitóso, -a] *adj* **1.** Que causa estrépito: *Una caída estrepitosa.* **2.** FIG FAM Muy grande o muy completo: *La obra tuvo un estrepitoso fracaso.*

es·trep·to·co·co [estreptokóko] *s/m* MED Tipo de bacteria de forma redondeada que se agrupa en cadenas.

es·trep·to·mi·ci·na [estreptomiθína] *s/f* FARM Nombre dado a cierta sustancia elaborada por ciertos organismos u hongos que se usa para combatir bacilos como el de la tuberculosis.

es·trés [estrés] *s/m* ANGL Situación de quien por forzar el ritmo normal de su organismo en cualquiera de sus aspectos está próximo a enfermar.

es·tre·san·te [estresánte] *adj* Que produce estrés.

es·tría [estría] *s/f* Cada una de las rayas con hueco, en forma de surco estrecho, que tienen algunos objetos.

es·triar [estriár] *v/tr,* REFL(SE) Formar(se) estrías en la superficie de una cosa.

ORT, PRON La *i* recibe el acento en el *sing* y *3.ª pers pl* del *pres* de *indic* y *subj: Estría, estríen...*

es·tri·ba·ción [estriβaθjón] *s/f* En una cordillera, ramal secundario o lateral que se desprende de ella.

es·tri·bar [estriβár] *v/intr* **1.** Apoyar una cosa su peso en otra que es sólida y firme. **2.** FIG Tener una cosa su apoyo en otra para su existencia o continuidad: *La dificultad estriba en la falta de dinero.* RPr **Estribar en.**

es·tri·bi·llo [estriβíʎo] *s/m* **1.** Expresión rimada con la que se inician algunas composiciones poéticas o que se repite en ellas después de cada estrofa. **2.** FIG Expresión que se repite con excesiva frecuencia en una conversación, conferencia, etc.

es·tri·bo [estríβo] *s/m* **1.** Pieza de metal, cuero, etc., que pende a cada uno de los lados de la silla de montar y que sirve para introducir en ella su pie el jinete. **2.** Especie de plancha que sirve de escalón para subir a ciertos carruajes, trenes, automóviles, etc. **3.** ARQ Refuerzo exterior que sirve para reforzar un muro. LOC **Perder alguien los estribos,** FIG *1.* Perder la paciencia. *2.* Obrar de forma desatinada o disparatada.

es·tri·bor [estriβór] *s/m* MAR Banda derecha del navío según se mira de popa a proa. LOC **A estribor,** en ese costado del navío.

es·tric·ni·na [estriknína] *s/f* Sustancia venenosa muy activa, que se extrae de determinados vegetales, como la nuez vómica y otros.

es·tric·to, -a [estríkto, -a] *adj* **1.** Referido a actos, etc., que se ajustan exactamente a lo que han de ser: *Un estricto cumplimiento del deber.* **2.** Aplicado a personas, que exige muy severamente el cumplimiento de algo.

es·tri·den·cia [estriðénθja] *s/f* Calidad de lo que es estridente.

es·tri·den·te [estriðénte] *adj* **1.** Se dice del sonido o de lo que suena de forma excesivamente aguda, desapacible o chirriante: *Voz estridente.* **2.** FIG Se aplica a lo que produce una sensación desagradable, o que resulta exageradamente desproporcionado, como cierta expresión, etc.: *Pinta con colores muy estridentes.*

es·tro·fa [estrófa] *s/f* En una composición poética, cada conjunto de versos que muestra una organización de sílabas, rimas, etc., repetida.

es·tró·fi·co, -a [estrófiko, -a] *adj* Perteneciente o relativo a la estrofa.

es·tró·ge·no [estróxeno] *s/m* Sustancia hormonal relacionada con el funcionamiento sexual de los mamíferos.

es·tron·cio [estrónθjo] *s/m* Metal amarillo, cuyo *núm* atómico es el *38,* que descompone el agua a temperatura ordinaria y se oxida rápidamente. *Símb Sr.*

es·tro·pa·jo [estropáxo] *s/m* **1.** Trozo de esparto machacado que sirve para fregar y limpiar. **2.** FIG FAM Cosa o persona inservible.

es·tro·pa·jo·so, -a [estropaxóso, -a] *adj* **1.** De consistencia semejante a la del estropajo. **2.** FIG FAM Se dice de la forma de hablar con pronunciación defectuosa o confusa y de la persona que habla así.

es·tro·pe·ar [estropeár] *v/tr* **1.** Hacer que una cosa empeore su aspecto, condición, etc.: *La lluvia nos ha estropeado la excursión.* **2.** Hacer que un aparato, objeto, etc., deje de funcionar como debiera: *Has estropeado la nevera.* **3.** Hacer que algún proyecto, asunto, etc., no llegue a término. **4.** Deteriorar o afear el aspecto de alguien: *Los años la han estropeado mucho.*

es·tro·pi·cio [estropíθjo] *s/m* Gran destrozo o rotura de cosas, objetos, etc.

es·truc·tu·ra [estruktúra] *s/f* **1.** Manera en que están dispuestas y ordenadas las partes importantes de un edificio. **2.** Disposición u organización de los diferentes elementos de un todo físico o abstracto. **3.** Organización compleja de algo: *Las estructuras administrativas.*

es·truc·tu·ra·ción [estrukturaθjón] *s/f* Acción y efecto de estructurar(se).

es·truc·tu·ral [estrukturál] *adj* Perteneciente o relativo a la estructura.

es·truc·tu·ra·lis·mo [estrukturalísmo] *s/m* FIL, FILOL Teoría y método de análisis que llevan a considerar un conjunto de hechos o datos como una estructura.

es·truc·tu·ra·lis·ta [estrukturalísta] *adj* y *s/m,f* Relativo al estructuralismo o partidario de él.

es·truc·tu·rar [estrukturár] *v/tr* Dar una estructura a algo.

es·truen·do [estrwéndo] *s/m* Ruido muy potente causado por algo o alguien.

es·truen·do·so, -a [estrwendóso, -a] *adj* Muy ruidoso.

es·tru·ja·mien·to [estruxamjénto] *s/m* Acción y efecto de estrujar.

es·tru·jar [estruxár] **I.** *v/tr* **1.** Apretar algo fuertemente, especialmente aplicado a aquello que suelta algún jugo: *Estrujó el limón.* **2.** Estrechar entre los brazos a alguien. **3.** FIG FAM Hacer que alguien entregue todo lo suyo. **II.** REFL(SE) Apretarse en algún lugar o apretarse uno contra otro: *Se estrujaron en un rincón para abrigarse del viento.*

es·tru·jón [estruxón] *s/m* Acción de apretar estrujando.

es·tua·rio [estwárjo] *s/m* Tierras de las inmediaciones de la desembocadura de un río.

es·tu·ca·do [estukáðo] *s/m* Operación de estucar.

es·tu·ca·dor [estukaðór] *adj* y *s/m* Que estuca paredes.

es·tu·car [estukár] *v/tr* Recubrir o enlucir algo con estuco.
ORT La *c* cambia en *qu* ante *e: Estuqué.*

es·tu·co [estúko] *s/m* Pasta hecha con cal apagada y mármol pulverizado que sirve para enlucir las paredes.

es·tu·che [estútʃe] *s/m* Caja, receptáculo, envoltura, etc., para contener de forma protegida algún objeto delicado.

es·tu·dia·do, -a [estuðjáðo, -a] *adj* Se dice de lo que es falto de naturalidad o espontaneidad: *Habla con ademanes muy estudiados.*

es·tu·dian·ta·do [estuðjantáðo] *s/m* Conjunto de estudiantes de un establecimiento docente.

es·tu·dian·te [estuðjánte] *s/m,f* Persona que cursa estudios, aplicado especialmente a la que está haciéndolo a nivel superior o universitario: *Un estudiante de ciencias.*

es·tu·dian·til [estuðjantíl] *adj* Perteneciente o relativo a los estudiantes.

es·tu·dian·ti·na [estuðjantína] *s/f* Grupo o cuadrilla de estudiantes vestidos a la antigua y que van por las calles cantando canciones estudiantiles.

es·tu·diar [estuðjár] *v/tr, intr* **1.** Aplicar el intelecto a la comprensión y conocimiento de alguna cuestión. **2.** Cursar estudios universitarios o de índole similar. **3.** Buscar la solución de un problema o conflicto. **4.** Observar con atención los movimientos de algo o de alguien: *Desde el balcón estudiaba los menores movimientos de su vecina.*

es·tu·dio [estúðjo] *s/m* **1.** Esfuerzo o atención puestos al estudiar. **2.** Observación o examen de alguna cuestión concreta: *Se dedica al estudio de las mariposas.* **3.** Trabajo, obra, ensayo, etc., resultantes de un estudio: *Ha publicado seis estudios sobre la inmigración.* **4.** *pl* Conjunto de conocimientos que se estudian para ser experto en algo: *Los estudios de ingeniería.* **5.** *sing* o *pl* Conjunto de conocimientos que constituyen la educación de una persona: *Se costeó los estudios trabajando.* **6.** En la casa o vivienda, pieza en la que un intelectual, artista, etc., trabaja: *Ha alquilado un estudio de pintor.* **7.** *pl* Conjunto de edificios o dependencias destinados al rodaje de películas cinematográficas o a emisiones de radio o televisión: *Los estudios de TVE.* LOC **Tener estudios,** haber cursado una carrera universitaria. **Dar estudios a alguien,** costear los estudios a alguien. **Estar una cosa en estudio,** estar algo en el proceso de ser examinado o discutido.

es·tu·dio·so, -a [estuðjóso, -a] **I.** *adj* Que es muy aficionado al estudio. **II.** *s/m,f* Se dice de la persona que se ha especializado en alguna materia: *Un estudioso de la cibernética.* RPr **Estudioso de.**

es·tu·fa [estúfa] *s/f* Aparato destinado a calentar el interior de una vivienda y que suele funcionar con combustibles como leña, carbón, gas, electricidad, etc.

es·tul·ti·cia [estultíθja] *s/f* LIT Calidad de estúpido o tonto.

es·tu·pe·fac·ción [estupefa(k)θjón] *s/f* Pasmo o estupor.

es·tu·pe·fa·cien·te [estupefaθjénte] **I.** *adj* Que produce estupefacción. **II.** *adj* y *s/m* Se aplica a las sustancias narcóticas, como la cocaína, morfina, etc., que se usan en medicina y también como droga.

es·tu·pe·fac·to, -a [estupefákto, -a] *adj* Que siente un asombro tal que parece haber quedado paralizado, sin saber qué hacer o decir: *Se quedó estupefacto al vernos.*

es·tu·pen·do, -a [estupéndo, -a] *adj* Se aplica a lo que o al que tiene grandes cualidades o gusta mucho.

es·tu·pi·dez [estupiðéθ] *s/f* **1.** Calidad de estúpido. **2.** Cosa o acto estúpido que se dice o que se hace.

es·tú·pi·do, -a [estúpiðo, -a] *adj* Se dice del que o de lo que carece de sentido, inteligencia, gracia, etc.: *Un chiste estúpido.*

es·tu·por [estupór] *s/m* **1.** MED Disminución de la actividad sensorial o intelectual, acompañada de ensimismamiento. **2.** FIG FAM Gran asombro o admiración.

es·tu·prar [estuprár] *v/tr* Cometer estupro en la persona de alguien.

es·tu·pro [estúpro] *s/m* Fornicación de

un hombre con una mujer sin el consentimiento de ésta.

es·tu·rión [esturjón] *s/m* Pez marino de los ganoideos, que para desovar remonta los ríos; de sus huevas se obtiene el caviar; su carne es comestible.

es·vás·ti·ca [esβástika] *s/f* Cruz gamada.

e·ta·pa [etápa] *s/f* **1.** En un viaje, etc., cada una de las partes o trayectos en que está dividido aquél. **2.** FIG Cada época o parte de un desarrollo, proceso de crecimiento, etc.: *Este escritor tuvo dos etapas muy diferentes.* LOC **Por etapas,** por partes. **Quemar etapas,** FIG FAM ir muy deprisa o excesivamente deprisa en el avance de algún proceso.

et·cé·te·ra [e(t)θétera] *s/m* Palabra con que se sustituye al final de una oración, discurso o enumeración todo lo que se sobreentiende.
ORT Abreviado en *etc.*

é·ter [éter] *s/m* QUÍM Líquido muy volátil e inflamable, de sabor picante y olor fuerte empleado en medicina como anestésico y antiespasmódico.

e·té·reo, -a [etéreo, -a] *adj* POÉT Ligero o alado: *Las etéreas nubes.*

e·ter·ni·dad [eterniðáð] *s/f* **1.** Calidad de eterno. **2.** Más allá, que no tiene principio ni fin. **3.** FIG FAM Tiempo considerablemente largo: *Tardó una eternidad en llegar.*

e·ter·ni·zar [eterniθár] *v/tr* FIG Hacer durar mucho alguna cosa.
ORT La *z* cambia en *c* ante *e*: *Eternicé.*

e·ter·no, -a [etérno, -a] *adj* **1.** Se aplica a lo que no tiene principio ni fin o a lo que no acabará nunca. **2.** FIG FAM Que dura mucho tiempo. **3.** FIG FAM Que se repite constantemente: *Siempre están con sus eternas envidias.*

é·ti·ca [étika] *s/f* **1.** Parte de la filosofía que trata de la moral y de la bondad o maldad de los actos humanos. **2.** FAM Conjunto de los deberes y reglas que regulan el comportamiento del hombre en la sociedad.

é·ti·co, -a [étiko, -a] *adj* Perteneciente o relativo a la ética.

e·tí·li·co, -a [etíliko, -a] *adj* **1.** Se aplica a los alcoholes procedentes de la fermentación de sustancias como el vino. **2.** Se aplica a los estados provocados por la ingestión excesiva de alcohol etílico: *Borrachera etílica.*

e·ti·lis·mo [etilísmo] *s/m* Intoxicación etílica.

é·ti·mo [étimo] *s/m* FILOL Vocablo o raíz de los que proceden otro u otros.

e·ti·mo·lo·gía [etimoloxía] *s/f* Ciencia que estudia e investiga los étimos de las palabras de una lengua, procurando determinar las causas y circunstancias del proceso evolutivo.

e·ti·mo·ló·gi·co, -a [etimolóxiko, -a] *adj* Relativo a la etimología.

e·ti·mo·lo·gis·ta [etimoloxísta] *s/m,f* Persona que se dedica a la investigación etimológica.

e·ti·mó·lo·go, -a [etimóloɣo, -a] *s/m,f* Especialista en etimología.

e·tio·lo·gía [etjoloxía] *s/f* Estudio de las causas que originan determinado fenómeno.

e·tio·ló·gi·co, -a [etjolóxiko, -a] *adj* Perteneciente o relativo a la etiología.

e·tío·pe o **e·tio·pe** [etíope/-jópe] *adj* y *s/m,f* Se aplica a lo perteneciente o relativo a Etiopía o al natural de ella.

e·ti·que·ta [etikéta] *s/f* **1.** Rótulo, letrero, etc., que se coloca a un paquete, equipaje o producto, con el fin de indicar en él a quién pertenece o cuál es su procedencia. **2.** Conjunto de usos o normas que regulan el desarrollo de los actos oficiales o públicos: *Etiqueta de palacio.* LOC **De etiqueta,** se dice de la ocasión o acto que se revisten de solemnidad y que requieren vestimenta de gala.

e·ti·que·tar [etiketár] *v/tr* Poner etiqueta a algo.

e·ti·que·te·ro, -a [etiketéro, -a] *adj* y *s/m,f* Aficionado a cumplir con excesivo celo las reglas de la etiqueta.

et·moi·des [etmóiðes] *s/m* y *adj* ZOOL Se aplica al hueso de la cabeza que está encajado en la escotadura del hueso frontal y que contribuye a formar las órbitas y las cavidades nasales.

et·nia [étnja] *s/f* Colectividad de individuos de la misma raza y cultura.

ét·ni·co, -a [étniko, -a] *adj* Perteneciente o relativo a una raza determinada.

et·no·gra·fía [etnoɣrafía] *s/f* Parte de la antropología que se dedica a la descripción o clasificación de las razas.

et·no·grá·fi·co, -a [etnoɣráfiko, -a] *adj* Relativo a la etnografía.

et·nó·gra·fo, -a [etnóɣrafo, -a] *s/m,f* Persona especializada en etnografía.

et·no·lo·gía [etnoloxía] *s/f* Parte de la antropología dedicada al estudio de los diversos aspectos de las distintas razas, partiendo de los datos que proporciona la etnografía.

et·no·ló·gi·co, -a [etnolóxiko, -a] *adj* Perteneciente o relativo a la etnología.

et·nó·lo·go, -a [etnóloɣo, -a] *s/m,f* Persona experta en etnología.

e·to·lo·gía [etoloxía] *s/f* BIOL Parte de la biología que trata sobre el comportamiento de los animales.

e·trus·co, -a [etrúsko, -a] *adj* y *s/m,f* Se dice de lo perteneciente a la Etruria, país de la antigua Italia, o del natural de ella.

eu·ca·lip·to [eukalípto] *s/m* Árbol de las mirtáceas, originario de Australia, que suele adquirir proporciones gigantescas y que es de tronco recto, copa cónica y hojas lenceoladas en su madurez; de sus hojas se extrae una mezcla muy usada en medicina.

eu·ca·ris·tía [eukaristía] *s/f* Sacramento instituido por Jesucristo que consiste en la transformación del pan y del vino en el cuerpo y la sangre de aquél por medio de las palabras de la consagración.

eu·ca·rís·ti·co, -a [eukarístiko, -a] *adj* Perteneciente o relativo a la Eucaristía.

eu·cli·dia·no, -a [eukliðjáno, -a] *adj* Relativo a Euclides o al método matemático inventado por él.

eu·fe·mis·mo [eufemísmo] *s/m* Figura que consiste en llamar a algo de una forma atenuada, dándole un nombre que encubre algún aspecto desagradable, violento o malsonante de su naturaleza.

eu·fe·mís·ti·co, -a [eufemístiko, -a] *adj* Relativo al eufemismo o que lo contiene.

eu·fo·nía [eufonía] *s/f* Sonoridad agradable producida por la acertada combinación de sonidos.

eu·fó·ni·co, -a [eufóniko, -a] *adj* Que tiene eufonía.

eu·fo·ria [eufórja] *s/f* **1.** Estado físico de optimismo, derivado de un bienestar general orgánico. **2.** Propensión al optimismo.

eu·fó·ri·co, -a [eufóriko, -a] *adj* Que está en estado de euforia.

eu·fó·ti·da [eufótiða] *s/f* Roca compuesta de diálaga y feldespato; es de color blanco y verdoso y se emplea como piedra de adorno.

eu·ge·ne·sia [euxenésja] *s/f* Parte de la genética aplicada dedicada a la búsqueda del perfeccionamiento de la raza humana.

eu·ge·né·si·co, -a [euxenésiko, -a] *adj* Relativo a la eugenesia.

eu·nu·co [eunúko] *s/m* Hombre castrado.

eu·pep·sia [eupépsja] *s/f* MED Digestión correcta.

eu·ra·siá·ti·co, a [eurasjátiko, -a] *adj* Perteneciente o relativo a Europa y Asia consideradas conjuntamente.

¡eu·re·ka! [euréka] Expresión usada cuando se encuentra algo que se estaba buscando o intentando descubrir.

eu·ro·dó·lar [euroðólar] *s/m* FIN Título en dólares depositado en un banco europeo.

eu·ro·pei·dad [europeiðáð] *s/f* Calidad o condición del que es europeo.

eu·ro·peís·mo [europeísmo] *s/m* Carácter europeo de algo o de alguien.

eu·ro·peís·ta [europeísta] *adj* y *s/m,f* Se aplica al que es partidario de la unidad de Europa o de su hegemonía.

eu·ro·pei·za·ción [europeiθaθjón] *s/f* Acción y efecto de europeizar(se).

eu·ro·pei·zar [europeiθár] *v/tr* REFL(SE) Adaptar(se) a las costumbres y a la cultura europea.
ORT La *z* cambia en *c* ante *e: Europeicé.*

eu·ro·peo, -a [européo, -a] *adj* y *s/m,f* Relativo a Europa o al natural de ella.

eus·cal·du·na [euskaḷdúna] *adj* y *s/m* Se dice del lenguaje vasco.

éus·ca·ro, -a [éuskaro, -a] *adj* Perteneciente o relativo a la lengua vasca.

eus·ke·ra o **eus·que·ra** [euskéra] *adj* y *s/m* Lengua vasca.

eu·ta·na·sia [eutanásja] *s/f* Muerte libre de sufrimiento físico doloroso.

e·va·cua·ción [eβakwaθjón] *s/f* **1.** Acción y efecto de evacuar un lugar, a alguien, etc. **2.** Expulsión de excrementos.

e·va·cuar [eβakwár] *v/tr, intr* **1.** MIL Dejar alguien un recinto, lugar, etc., en que se encontraba. **2.** Referido a trámite, diligencia, etc., cumplirlo o llevarlo a cabo: *Evacuar un traslado.* **3.** Expeler del cuerpo ciertas secreciones, excrementos o productos semejantes.
ORT, PRON En el *pres* de *ind* o *subj* puede pronunciarse *evacuo* o *evacúo; evacue* o *evacúe.*

e·va·dir [eβaðír] **I.** *v/tr* Conseguir evitar un riesgo, peligro, etc., con habilidad: *Evadir al enemigo.* **II.** REFL(SE) Abandonar alguien una reclusión o lugar en que estaba vigilado. RPr **Evadirse de:** *Evadirse de la cárcel.*

e·va·lua·ción [eβalwaθjón] *s/f* **1.** Acción y efecto de evaluar. **2.** Cantidad, etc., en que se valora algo.

e·va·lua·dor, -ra [eβalwaðór, -ra] *adj* y *s/m,f* Se aplica al que evalúa.

e·va·luar [eβaluár] *v/tr, intr* **1.** Señalar con precisión el valor de algo: *Evaluaron la casa en ocho millones.* **2.** Estimar o valorar algún trabajo, examen, etc. RPr **Evaluar en.**
ORT, PRON En el *sing* y *3.ª pers pl* del *pres*

de *indic* y *subj* el acento recae sobre la *u: Evalúo, evalúen,* etc.

e·va·nes·cen·te [eβanesθéņte] *adj* Se dice de lo que se desvanece o esfuma.

e·van·gé·li·co, -a [eβaŋxéliko, -a] *adj* **1.** Perteneciente o relativo al Evangelio. **2.** Se aplica concretamente a una secta fruto de la fusión de calvinistas y luteranos.

e·van·ge·lio [eβaŋxéljo] *s/m* Cada uno de los cuatro libros escritos por los Evangelistas, que narran la vida de Jesús.

e·van·ge·lis·ta [eβaŋxelísta] *s/m* Cada uno de los cuatro escritores de los evangelios.

e·van·ge·li·za·ción [eβaŋxeliθaθjón] *s/f* Acción y efecto de evangelizar.

e·van·ge·li·za·dor, -ra [eβaŋxeliθaðór, -ra] *adj* y *s/m,f* Que evangeliza.

e·van·ge·li·zar [eβaŋxeliθár] *v/tr* Predicar el evangelio a alguien.
ORT La *z* cambia en *c* ante *e: Evangelicé.*

e·va·po·ra·ción [eβaporaθjón] *s/f* Acción y efecto de evaporar(se).

e·va·po·rar [eβaporár] *v/tr* **1.** Hacer que un líquido se convierta en vapor. **2.** Hacer que se consuma rápidamente alguna cosa.

e·va·sión [eβasjón] *s/f* **1.** Acción de evadir(se). **2.** Entretenimiento o diversión que sirve de distracción a alguien: *Encuentra una evasión en la lectura de novelas.* **3.** Acto de sustraer determinada cantidad a un control o vigilancia: *Evasión de capitales.*

e·va·si·va [eβasíβa] *s/f* Acto o palabras con que se evade una situación comprometida: *Siempre me responde con evasivas.*

e·va·si·vo, -a [eβasíβo, -a] *adj* Que incluye una evasiva o quien las realiza.

e·va·sor, -ra [eβasór, -ra] *adj* y *s/m,f* Se dice del que evade o se evade.

e·ven·to [eβéņto] *s/m* **1.** Acontecimiento o suceso imprevisto. **2.** ANGL Acontecimiento, suceso, etc., que ha tenido lugar.

e·ven·tual [eβeņtwál] *adj* Se dice de lo que no es regular o está sujeto a cualquier evento (**1**): *Un trabajo eventual.*

e·ven·tua·li·dad [eβeņtwaliðáð] *s/f* **1.** Cualidad de eventual. **2.** Circunstancia o hecho de realización posible: *En la eventualidad de que esto sucediera hemos tomado precauciones.*

e·ven·tual·men·te [eβeņtwálmeņte] *adv* Casual o inciertamente.

e·vi·den·cia [eβiðénθja] *s/f* Calidad de lo que es evidente. LOC **En evidencia,** al descubierto, en ridículo: *Quedar en evidencia. Poner en evidencia a alguien.*

e·vi·den·ciar [eβiðenθjár] *v/tr* Hacer que se demuestre la evidencia de algo.

e·vi·den·te [eβiðéņte] *adj* Que no ofrece lugar a duda alguna, que aparenta total certeza.

e·vi·ta·ble [eβitáβle] *adj* Que puede ser evitado.

e·vi·ta·ción [eβitaθjón] *s/f* Acción y efecto de evitar algo.

e·vi·tar [eβitár] **I.** *v/tr* **1.** Lograr impedir que suceda alguna cosa. **2.** Procurar no encontrarse con alguien o hacer todo lo posible por rehuir algo: *Evitaba mi mirada.* **II.** REFL(SE) Conseguir alguien no tener que hacer o soportar algo determinado: *Se ha evitado comprar un coche nuevo arreglando el viejo.*

e·vo [éβo] *s/m* POÉT Duración de tiempo sin término.

e·vo·ca·ble [eβokáβle] *adj* Que puede ser evocado.

e·vo·ca·ción [eβokaθjón] *s/f* Acción y efecto de evocar.

e·vo·car [eβokár] *v/tr* **1.** Hacer que los muertos, espíritus, etc., sean convocados a aparecerse. **2.** Representar mediante palabras, recuerdos, etc., una presencia o realidad física. **3.** Provocar, por su parecido, el recuerdo o asociación de algo: *Su presencia evocó en mí el recuerdo de su madre.*
ORT La *c* cambia en *qu* ante *e: Evoqué.*

e·vo·ca·to·rio, -a [eβokatórjo, -a] *adj* Relativo a la evocación o que la provoca.

e·vo·lu·ción [eβoluθjón] *s/f* Acción y efecto de evolucionar.

e·vo·lu·cio·nar [eβoluθjonár] *v/intr* **1.** Cambiar un organismo sus características por medio de cambios graduales. **2.** Hacer los buques, tropas, etc., movimientos de cambio de posición. **3.** FIG Cambiar de actitud o postura ideológica una persona, una sociedad, etc.

e·vo·lu·cio·nis·mo [eβoluθjonísmo] *s/m* Doctrina o teoría de la evolución de los seres a partir de una realidad primera.

e·vo·lu·cio·nis·ta [eβoluθjonísta] *adj* y *s/m,f* Relativo al evolucionismo o seguidor de él.

e·vo·lu·ti·vo, -a [eβolutíβo, -a] *adj* Relativo a la evolución o que se desarrolla según ella.

ex [é(k)s] **I.** *prep* Se antepone a los nombres de cargos, dignidades, etc., para indicar que han dejado de estar en manos de quien estaba: *Es el ex director de la empresa.* **II.** *Prefijo* que sirve para formar palabras añadiéndoles el significado de 'fuera' o de 'estar más allá de cierto espacio o lugar': *Excéntrico. Extraer.*

ex·a·brup·to [e(k)saβrúpto] *s/m* Respuesta o cosa que se dice de forma brusca, sin moderación.

e·xac·ción [e(k)sa(k)θjón] *s/f* Imposición y cobro de cualquier tipo de impuestos, tasas, etc.

e·xa·cer·ba·ción [e(k)saθerβaθjón] *s/f* Acción y efecto de exacerbar(se).

e·xa·cer·bar [e(k)saθerβár] *v/tr* **1.** Hacer más grave o intensa determinada molestia física, dolor, etc. **2.** Lograr que alguien se encolerice o irrite en gran manera: *Me exacerba ver cómo conduce.*

e·xac·ti·tud [e(k)saktitúð] *s/f* **1.** Precisión de una medición, cálculo, etc. **2.** Fidelidad en una reproducción, copia, etc.: *Pintó la casa con gran exactitud.*

e·xac·to, -a [e(k)sákto, -a] *adj* **1.** Que corresponde fielmente a un original, a la verdad, etc.: *Una copia exacta.* **2.** Se dice de lo que ha sido hecho con precisión, rigor, etc.: *Un cálculo exacto.* **3.** Se dice de la cantidad que carece de fracciones o que es muy precisa: *Mide veinte metros exactos.*

e·xa·ge·ra·ción [e(k)saxeraθjón] *s/f* Acción y efecto de exagerar.

e·xa·ge·ra·do, -a [e(k)saxeráðo, -a] **I.** *adj* Se dice de aquello que excede de lo normal o razonable: *Un cariño exagerado.* **II.** *adj* y *s/m,f* Se aplica a la persona que exagera mucho o frecuentemente.

e·xa·ge·rar [e(k)saxerár] *v/tr, intr* **1.** Sobrepasar los límites de lo normal al realizar alguna acción. **2.** Deformar alguna realidad, dándole proporciones mayores, etc., de las que tiene: *Has exagerado la importancia del hecho.* RPr **Exagerar con/en:** *Exageras con la bebida/en el deporte.*

e·xal·ta·ción [e(k)sa̪ltaθjón] *s/f* **1.** Acción y efecto de exaltar(se). **2.** Gloria alcanzada por algo o alguien: *Así fue como llegó a su exaltación.* **3.** Apasionamiento intenso de una persona.

e·xal·ta·do, -a [e(k)sa̪ltáðo, -a] *adj* y *s/m,f* Se aplica al que se exalta con facilidad o con frecuencia.

e·xal·tar [e(k)sa̪ltár] **I.** *v/tr* **1.** Colocar en una posición o dignidad más elevadas a alguien o algo. **2.** FIG Alabar las excelencias de algo con excesivo encarecimiento: *Exaltó las cualidades de la cocina de la región.* **II.** REFL(SE) Dejarse llevar alguien por el entusiasmo o la pasión.

e·xa·men [e(k)sámen] *s/m* **1.** Inspección atenta a que se somete una cosa o persona a fin de conocerla o identificarla mejor: *Hizo un examen detenido de su indumentaria.* **2.** Prueba o ejercicio hechos por escrito u oralmente, que es considerado por un tribunal o profesor, etc., para determinar si el examinado está en posesión de los conocimientos previamente definidos.

e·xa·mi·na·dor, ra [e(k)saminaðór, -ra] *adj* y *s/m,f* Que examina.

e·xa·mi·nan·do, -a [e(k)saminán̪do, -a] *s/m,f* Se dice del que está en situación de ser examinado por un tribunal.

e·xa·mi·nar [e(k)saminár] *v/tr, intr* **1.** Reconocer detenidamente una cosa o persona con el fin de conocerla mejor o de identificarla. **2.** Establecer un profesor, tribunal, etc., la idoneidad de un candidato mediante un ejercicio o examen. RPr **Examinar(se) de:** *La examinaron de francés.*

e·xan·güe [e(k)sáŋgwe] *adj* **1.** Que ha perdido toda su sangre. **2.** FIG FAM Que se ha quedado sin fuerzas, por cansancio, desnutrición, etc.

e·xá·ni·me [e(k)sánime] *adj* **1.** Privado de señales de vida. **2.** FIG FAM Muy debilitado o agotado.

e·xan·te·ma [e(k)san̪téma] *s/m* MED Erupción cutánea que es debida a una infección como el sarampión o la escarlatina.

e·xan·te·má·ti·co, -a [e(k)san̪temátiko, -a] *adj* Relativo al exantema o que lo padece.

e·xas·pe·ra·ción [e(k)sasperaθjón] *s/f* Acción y efecto de exasperar(se).

e·xas·pe·rar [e(k)sasperár] *v/tr, intr* Producir un sentimiento de fuerte irritación en el ánimo de alguien: *Me exaspera con sus preguntas.*

ex·car·ce·la·ción [e(k)skarθelaθjón] *s/f* Acción y efecto de excarcelar a alguien.

ex·car·ce·lar [e(k)skarθelár] *v/tr* Poner en libertad a un preso por orden judicial.

ex·cau·ti·vo, -a [e(k)skautíβo, -a] *adj* y *s/m,f* Que ha estado cautivo anteriormente.

ex·ca·va·ción [e(k)skaβaθjón] *s/f* Acción y efecto de excavar.

ex·ca·va·dor, (-ra) [e(k)skaβaðór, (-ra)] **1.** *adj* y *s/m,f* Que excava. **2.** *s/f* Máquina que se usa para excavar.

ex·ca·var [e(k)skaβár] *v/tr, intr* En una masa sólida, hacer una cavidad extrayéndole parte de su materia.

ex·ce·den·cia [e(k)sθeðén̪θja] *s/f* Estado del que está excedente de su cargo o trabajo.

ex·ce·den·te [e(k)sθeðén̪te] *adj* y *s/m* **1.** Se aplica a aquello que sobra: *Dinero excedente.* **2.** Dícese del funcionario que, sin dejar de pertenecer a su cuerpo, cesa en su trabajo a petición propia.

ex·ce·der [e(k)sθeðér] **I.** *v/tr, intr* **1.** Ser una cosa o persona superior a otra en una cualidad, cantidad, etc.: *Excede a su hermana en inteligencia.* **2.** Rebasar cierta cantidad un límite o bien otra cantidad ya fijada: *Esta chaqueta excede de la talla.* **II.** REFL(SE) Pasar alguien en su conducta más allá de lo aceptable o razonable: *Te excedes en el uso de palabras malsonantes.* RPr **Exceder(se) a/de/en.**

ex·ce·len·cia [e(k)sθelénθja] *s/f* **1.** Calidad muy elevada que posee alguna cosa. **2.** Tratamiento de respeto y cortesía que se emplea para referirse a las personas que ocupan cargos, como el de ministro, etc.: *Su excelencia el señor marqués.* LOC **Por excelencia,** referido a alguna propiedad, cualidad, etc., que es ésta en el más alto grado: *La ciudad mora por excelencia es Granada.*

ex·ce·len·te [e(k)sθeléṇte] *adj* Se dice de lo que posee muy buenas cualidades: *Una puntuación/Una carne excelente.*

ex·ce·len·tí·si·mo, -a [e(k)sθeleṇtísimo, -a] *adj* **1.** *Superl* de *excelente.* **2.** Tratamiento de respeto y cortesía similar al de *excelencia: El excelentísimo señor Rector.* ORT Se abrevia en *Excmo., -a.*

ex·cel·si·tud [e(k)sθelsitúð] *s/f* Suma máxima de virtudes.

ex·cel·so, -a [e(k)sθélso, -a] *adj* FIG Muy eminente o de gran categoría.

ex·cen·tri·ci·dad [e(k)sθeṇtriθiðáð] *s/f* **1.** Situación o estado de lo que es excéntrico. **2.** Acto excéntrico que alguien realiza.

ex·cén·tri·co, (-a) [e(k)sθéṇtriko, (-a)] *adj* y *s/m,f* **1.** GEOM Se aplica a lo que está fuera del centro o que, estando dentro de otra cosa, tiene un centro diferente. **2.** FIG Se aplica a aquel que realiza acciones de carácter raro o extravagante o a éstas: *Es una excéntrica, va vestida de musulmana.*

ex·cep·ción [e(k)sθepθjón] *s/f* **1.** Acción y efecto de exceptuar. **2.** Caso o cosa que se aparta de la regla o norma. LOC **De excepción,** extraordinario: *Un trato de excepción.* **Con excepción de,** exceptuando a: *Incluyeron a todos con excepción de los menores.*
Estado de excepción, estado de alarma oficialmente reconocido y que justifica que el gobierno tome medidas excepcionales de seguridad.

ex·cep·cio·nal [e(k)sθepθjonál] *adj* **1.** Que constituye una excepción a la regla, la normalidad, etc. **2.** FAM Que es de mucha calidad: *Una comida excepcional.*

ex·cep·to [e(k)sθépto] *adv* Con excepción de: *Estábamos todos excepto ella.*

ex·cep·tuar [e(k)sθeptuár] *v/tr,* REFL(SE) Dejar a una persona o cosa fuera de una determinada situación, regla, etc. RPr **Exceptuar de:** *Exceptuar a alguien de cierta obligación.*
ORT, PRON En el *sing* y *3.ª pers pl* del *pres* de *indic* y *subj* el acento recae sobre la *u: Exceptúo, exceptúen.*

ex·ce·si·vo, -a [e(k)sθesíβo, -a] *adj* Se aplica a lo que excede de un tamaño, cantidad, calidad, etc., justos o proporcionados o fijados de antemano: *Le tiene un cariño excesivo.*

ex·ce·so [e(k)sθéso] *s/m* **1.** Todo lo que sobrepasa lo ordinario, normal, acordado, etc.: *El exceso de comida es perjudicial para la salud.* **2.** *pl* Acción o acciones que comete el que lleva una vida desordenada o licenciosa: *En su juventud cometió muchos excesos.* RPr **Exceso de/en:** *Un exceso de trabajo. Hace excesos en la comida.*

ex·ci·pien·te [e(k)sθipjéṇte] *s/m* FARM Sustancia inerte o anodina que sirve para ser combinada con un medicamento y darle forma o consistencia adecuadas a su uso.

ex·ci·ta·bi·li·dad [e(k)sθitaβiliðáð] *s/f* Calidad de lo que o del que es excitable.

ex·ci·ta·ble [e(k)sθitáβle] *adj* **1.** Que es capaz de ser excitado. **2.** Que se excita con facilidad: *Unas masas muy excitables.*

ex·ci·ta·ción [e(k)sθitaθjón] *s/f* Acción y efecto de excitar(se).

ex·ci·tan·te [e(k)sθitáṇte] *adj* y *s/m* Que excita.

ex·ci·tar [e(k)sθitár] *v/tr, intr* **1.** Incitar, provocar algún sentimiento en alguien: *Me excita a la venganza.* **2.** Despertar nerviosismo o inquietud, etc., en alguien: *El café excita mucho.* RPr **Excitar a.**

ex·cla·ma·ción [e(k)sklamaθjón] *s/f* **1.** Acción y efecto de exclamar algo. **2.** Cosa que se exclama/una palabra/frase o expresión: *¡Diablos! ¡Caramba!*
Signo de exclamación, signo ortográfico que se coloca al principio y al final de la palabra o palabras que constituyen la exclamación: ¡!.

ex·cla·mar [e(k)sklamár] *v/intr, tr* Pronunciar de forma viva o violenta alguna palabra o frase que indican un estado de ánimo de alegría, ira, etc.

ex·cla·ma·ti·vo, -a [e(k)sklamatíβo, -a] *adj* Propio de la exclamación o que la contiene: *Un tono exclamatorio.*

ex·claus·tra·ción [e(k)sklaustraθjón] *s/f* Acción y efecto de exclaustrar(se).

ex·claus·trar [e(k)sklaustrár] *v/tr* Permitir u ordenar a un religioso que abandone la orden a que pertenece.

ex·clui·ble [e(k)skluíβle] *adj* Que puede ser excluido.

ex·cluir [e(k)skluír] *v/tr* **1.** No incluir

una cosa o persona en el grupo en que estaba: *La han excluido del equipo* **2.** No aceptar la posibilidad de que suceda una cosa determinada: *Hay que excluir la opción del secuestro.* RPr **Excluir de.**
CONJ *Irreg: Excluyo, excluí, excluiré, excluido.*

ex·clu·sión [e(k)sklusjón] *s/f* Acción y efecto de excluir.

ex·clu·si·va [e(k)sklusíβa] *s/f* Derecho o prerrogativa concedida a alguien, o adquirido por éste, según el cual nadie más que él puede realizar determinada tarea: *La exclusiva del reportaje fotográfico.*

ex·clu·si·ve [e(k)sklusíβe] *adv* Para expresar que queda excluido lo último que se menciona en una enumeración o frase: *Cierran hasta el nueve de julio exclusive.*

ex·clu·si·vi·dad [eksklusiβiðáð] *s/f* Cualidad de exclusivo.

ex·clu·si·vis·mo [e(k)sklusiβísmo] *s/m* Adhesión exagerada a alguna ideología, postura, persona, etc., que excluye cualquier otra posibilidad.

ex·clu·si·vis·ta [e(k)sklusiβísta] *adj* y *s/m,f* Perteneciente o relativo al exclusivismo o que lo practica.

ex·clu·si·vo, -a [e(k)sklusíβo, -a] *adj* **1.** Que excluye a cualquier otro. **2.** Que está solo o es único.

ex·clu·yen·te [e(k)skluJénte] *adj* Que excluye o deja fuera.

ex·co·mul·gar [e(k)skomulγár] *v/tr* Apartar la autoridad eclesiástica a uno de los miembros de la comunidad de los sacramentos de la comunión, etc., en señal de castigo.

ex·co·mu·nión [e(k)skomunjón] *s/f* Acción y efecto de excomulgar.

ex·co·riar [e(k)skorjár] *v/tr* Erosionar el cutis de alguien por rozadura, dejando la carne al descubierto.

ex·cre·cen·cia [e(k)skreθénθja] *s/f* Abultamiento que crece de forma anormal en un tejido animal o vegetal, alterando su textura y condición.

ex·cre·ción [e(k)skreθjón] *s/f* Acción y efecto de excretar.

ex·cre·men·to [e(k)skreménto] *s/m, sing* o *pl* Residuos que quedan de los alimentos una vez efectuada la digestión y que el cuerpo expulsa por la vía anal y urinaria.

ex·cre·tar [e(k)skretár] *v/tr, intr* **1.** Expeler los excrementos. **2.** Secretar las glándulas las sustancias que elaboran.

ex·cre·tor, -ra [e(k)skretór, -ra] *adj* Que sirve para excretar: *Aparato excretor.*

ex·cre·to·rio, -a [e(k)skretórjo, -a] *adj* ANAT Se aplica a los órganos que separan las materias aprovechables de las desechables: *Vaso excretorio.*

ex·cul·pa·ción [e(k)skulpaθjón] *s/f* Acción y efecto de exculpar(se).

ex·cul·par [e(k)skulpár] *v/tr* Librar de su culpa o falta a alguien. RPr **Exculpar(se) de:** *Exculpar a alguien de algo.*

ex·cur·sión [e(k)skursjón] *s/f* Viaje o salida por las cercanías de donde se vive para recorrer algún lugar o paraje, generalmente en el campo, pero también con fines turísticos o culturales.

ex·cur·sio·nis·mo [e(k)skursjonísmo] *s/m* Práctica y actividad de hacer excursiones con regularidad.

ex·cur·sio·nis·ta [e(k)skursjonísta] *adj* y *s/m,f* Relativo al excursionismo o que lo practica.

ex·cu·sa [e(k)skúsa] *s/f* **1.** Acción y efecto de excusar(se). **2.** Cosa, argumento, etc., que se alega para disculpar(se).

ex·cu·sa·ble [e(k)skusáβle] *adj* Que puede ser excusado o justificado.

ex·cu·sar [e(k)skusár] **I.** *v/tr* **1.** Alegar las razones suficientes para librar a alguien de su culpa o de las acusaciones que se le imputan. **2.** Lograr no hacer alguna cosa por resultar superflua. **II.** REFL(SE) Alegar excusas para poder disculparse. RPr **Excusar(se) de:** *Excusarse de sus faltas.*

e·xe·cra·ble [e(k)sekráβle] *adj* Digno de ser execrado.

e·xe·cra·ción [e(k)sekraθjón] *s/f* **1.** Acción y efecto de execrar. **2.** Frase, expresión, etc., con que se execra.

e·xe·crar [e(k)sekrár] *v/tr* Condenar una autoridad religiosa o sacerdotal alguna cosa.

e·xé·ge·sis [e(k)séxesis] *s/f* Interpretación o explicación de una obra; se usaba principalmente en referencia a los libros sagrados.

e·xe·ge·ta [e(k)sexéta] *s/m* Intérprete o expositor de un texto.

e·xen·ción [e(k)senθjón] *s/f* **1.** Acción y efecto de eximir(se). **2.** Privilegio de que alguien goza para estar exento de alguna cosa: *Exención de cuotas.*

e·xen·to, -a [e(k)sénto, -a] *adj* Se dice de lo que o del que está libre de cierta obligación, por lo general gravosa. RPr **Exento de:** *Exento de impuestos.*

e·xe·quias [e(k)sékias] *s/f, pl* Honras fúnebres por los difuntos.

ex·fo·lia·ción [e(k)sfoljaθjón] *s/f* Acción y efecto de exfoliar(se).

ex·fo·liar [e(k)sfoljár] *v/tr* Hacer que algo se separe en láminas o escamas.

ex·ha·la·ción [e(k)salaθjón] *s/f* **1.** Acción y efecto de exhalar(se). **2.** Estrella fugaz o rayo frecuentemente usado como término de comparación para expresar la rapidez con que ocurre algo: *Pasó como una exhalación.*

ex·ha·lar [e(k)salár] *v/tr* **1.** Despedir un cuerpo, etc., gases o vapores, olores, etc. **2.** FIG Aplicado a personas, lanzar un suspiro, queja, etc.: *Exhaló el último suspiro.*

ex·haus·ti·vo, -a [e(k)saustíβo, -a] *adj* Que agota o apura por completo.

ex·haus·to, -a [e(k)sáusto, -a] *adj* **1.** Que está totalmente falto de lo que debe tener. **2.** Se dice del que está sin fuerzas, totalmente agotado. RPr **Exhausto de:** *Exhausto de recursos.*

ex·hi·bi·ción [e(k)siβiθjón] *s/f* **1.** Acción y efecto de exhibir. **2.** Cosa exhibida.

ex·hi·bi·cio·nis·mo [e(k)siβiθjonísmo] *s/m* Afán de exhibirse o de llamar la atención por parte de alguien.

ex·hi·bi·cio·nis·ta [e(k)siβiθjonísta] *adj* y *s/m,f* Aficionado al exhibicionismo.

ex·hi·bir [e(k)siβír] *v/tr, intr* Mostrar en público alguna cosa.

ex·hor·ta·ción [e(k)sortaθjón] *s/f* **1.** Acción y efecto de exhortar. **2.** Palabras, sermón, etc., con que se exhorta.

ex·hor·tar [e(k)sortár] *v/tr* Inducir a alguien con consejos, razones, etc., a que realice alguna acción. RPr **Exhortar a:** *Exhortar a decir la verdad.*

ex·hor·ta·ti·vo, -a [e(k)sortatíβo, -a] *adj* Relativo a la exhortación o que sirve para ella: *Discurso exhortativo.*

ex·hor·to [e(k)sórto] *s/m* DER Comunicación que libra un juez a otro para que ordene dar cumplimiento a algo.

ex·hu·ma·ción [e(k)sumaθjón] *s/f* Acción de exhumar.

ex·hu·mar [e(k)sumár] *v/tr* **1.** Sacar a un muerto de su sepultura. **2.** FIG Sacar a la actualidad cosas olvidadas.

e·xi·gen·cia [e(k)sixénθja] *s/f* **1.** Acción de exigir. **2.** FAM Pretensión excesiva que alguien tiene.

e·xi·gen·te [e(k)sixéṇte] *adj* y *s/m,f* Se dice del que exige demasiado. RPr **Exigente con/en:** *Exigente con los demás/en el trabajo.*

e·xi·gi·ble [e(k)sixíβle] *adj* Que puede ser exigido.

e·xi·gir [e(k)sixír] *v/tr, intr* **1.** Pedir a alguien alguna cosa a la que se tiene derecho. **2.** FIG Requerir alguna cosa ciertas condiciones para ser realizada: *Montar a caballo exige mucho esfuerzo.* RPr **Exigir (algo) de (alguien):** *Exigió de nosotros la llave.*
ORT La *g* cambia en *j* ante *o/a: Exijo, exija.*

e·xi·güi·dad [e(k)siɣwiðáð] *s/f* Calidad de exiguo.

e·xi·guo, -a [e(k)síɣwo, -a] *adj* Se dice de lo que es excesivamente pequeño.

e·xi·la·do, -a [e(k)siláðo, -a] *adj* y *s/m,f* Exiliado.

e·xi·lar [e(k)silár] *v/tr,* REFL(SE) Exiliar(se).

e·xi·lia·do, -a [e(k)siljáðo, -a] *adj* y *s/m,f* Se aplica al que ha sido exiliado.

e·xi·liar [e(k)siljár] *v/tr* Expulsar a alguien de su patria, especialmente por motivos políticos. RPr **Exiliar(se) de:** *Se exilió de Francia después de la guerra.*

e·xi·lio [e(k)síljo] *s/m* **1.** Acción de exiliar(se). **2.** Estado del que está exiliado. Lugar en que reside el exiliado: *Murió en el exilio.*

e·xi·men·te [e(k)siméṇte] *adj* y *s/f* Que exime de cierta culpa: *Una circunstancia eximente.*

e·xi·mio, -a [e(k)símjo, -a] *adj* Se aplica al que sobresale en su profesión.

e·xi·mir [e(k)simír] *v/tr,* REFL(SE) Liberar(se) de alguna carga, obligación, etc.: *Lo han eximido de pagar contribución.* RPr **Eximir(se) de.**

e·xis·ten·cia [e(k)sisténθja] *s/f* **1.** Acto o hecho de existir algo o alguien. **2.** La vida humana: *Fue honrado a lo largo de su existencia.* **3.** *pl* Mercancías o artículos que en un comercio o industria aún no han tenido salida: *Ya no quedan existencias de libros.*

e·xis·ten·cial [e(k)sistenθjál] *adj* Relativo a la existencia.

e·xis·ten·cia·lis·mo [e(k)sistenθjalísmo] *s/m* Doctrina filosófica moderna que sitúa a la existencia vivida del individuo en el punto de partida de la reflexión sobre el hombre en el mundo y que da primacía a la existencia sobre la esencia.

e·xis·ten·cia·lis·ta [e(k)sistenθjalísta] *adj* y *s/m,f* Relativo al existencialismo o seguidor de él.

e·xis·tir [e(k)sistír] *v/intr* **1.** Tener alguien vida o realidad. **2.** Haber o quedar, etc., alguna cosa: *Ya no existen teléfonos de esa clase.*

é·xi·to [é(k)sito] *s/m* Buena terminación de alguna empresa, proyecto, etc.

e·xi·to·so, -a [e(k)sitóso, -a] *adj* AMÉR Que tiene éxito: *Una obra exitosa.*

é·xo·do [é(k)soðo] *s/m* Emigración o huida, generalmente larga o penosa, de un pueblo o de una persona hacia otro lugar para establecerse allí.

e·xo·ga·mia [e(k)soγámja] *s/f* ETNOL Práctica o regla de algunas tribus según la cual se contrae matrimonio con alguien de otra tribu.

e·xó·ge·no, -a [e(k)sóxeno, -a] *adj* Que se origina o desarrolla en un cuerpo, causado por algo externo a él.

e·xo·ne·ra·ción [e(k)soneraθjón] *s/f* Acción y efecto de exonerar.

e·xo·ne·rar [e(k)sonerár] *v/tr* **1.** Destituir de un cargo a alguien: *Lo exoneraron de sus privilegios.* **2.** Liberar de una carga o de una obligación a alguien. RPr **Exonerar(se) de.**

ex·or·bi·tan·te [e(k)sorβitánte] *adj* Que es desproporcionado o excesivo.

ex·or·cis·mo [e(k)sorθísmo] *s/m* Conjuro contra un espíritu maligno.

ex·or·cis·ta [e(k)sorθísta] *s/m* El que puede realizar exorcismos.

ex·or·ci·zar [e(k)sorθiθár] *v/tr* Sacar los espíritus malignos del cuerpo de alguien. ORT La *z* cambia en *c* ante *e: Exorcicé.*

ex·or·dio [e(k)sórðjo] *s/m* Primera parte de un discurso oratorio, que sirve para introducir el tema del mismo.

ex·or·nar [e(k)sornár] *v/tr* Hermosear o adornar, especialmente aplicado al lenguaje si se le dan galas retóricas.

e·xo·té·ri·co, -a [e(k)sotériko, -a] *adj* Se dice de la doctrina, idea, etc., accesible al vulgo.

e·xo·tér·mi·co, -a [e(k)sotérmiko, -a] *adj* FÍS Se aplica a todo proceso que va acompañado de elevación de temperatura.

e·xó·ti·co, -a [e(k)sótiko, -a] *adj* **1.** Se dice de lo que procede de tierras lejanas. **2.** FAM Se aplica a lo que o al que es extraño o chocante: *Una música exótica.*

e·xo·tis·mo [e(k)sotísmo] *s/m* Calidad de exótico.

ex·pan·dir [e(k)spandír] *v/tr* **1.** Hacer que ciertos cuerpos se dilaten, como los gases, fluidos, etc. **2.** FIG Divulgar una noticia, rumor, etc.

ex·pan·si·bi·li·dad [e(k)spansiβiliðáð] *s/f* FÍS Propiedad de un cuerpo que le permite ocupar mayor espacio del que ocupa.

ex·pan·si·ble [e(k)spansíβle] *adj* Que posee expansibilidad.

ex·pan·sión [e(k)spansjón] *s/f* **1.** Acción de expandir(se) un gas, etc. **2.** FIG Distracción o diversión del ánimo: *Este chico necesita alguna expansión a su edad.*

ex·pan·sio·nar·se [e(k)spansjonárse] *v/*REFL(SE) **1.** Dilatarse un gas, etc. **2.** FIG FAM Dedicarse a algo que divierte o distrae. RPr **Expansionarse con:** *Se expansiona con los amigos.*

ex·pan·sio·nis·mo [e(k)spansjonísmo] *s/m* Tendencia a expandir una ideología, una teoría, un territorio, etc.

ex·pan·sio·nis·ta [e(k)spansjonísta] *adj* y *s/m,f* Que se relaciona con el expansionismo o es adepto a él.

ex·pan·si·vo, -a [e(k)spansíβo, -a] *adj* **1.** Se aplica al gas, fluido, etc., que tiende a dilatarse. **2.** FIG Se dice del que tiene propensión a expansionarse con los demás.

ex·pa·tria·ción [e(k)spatriaθjón] *s/f* Acción y efecto de expatriarse.

ex·pa·triar [e(k)spatriár] *v/tr* Hacer que alguien abandone su patria.
ORT, PRON En el *sing* y *3.ª pers pl* del *pres* de *indic* y *subj*, el acento recae sobre *i: Expatría, expatríen...*

ex·pec·ta·ción [e(k)spektaθjón] *s/f* **1.** Actitud del que está a la espera de algo. **2.** Curiosidad o interés que algo despierta en la gente: *Su llegada había despertado gran expectación.*

ex·pec·tan·te [e(k)spektánte] *adj* Se aplica al que está en actitud de vigilancia mientras espera algo.

ex·pec·ta·ti·va [e(k)spektatíβa] *s/f* Posibilidad, mayor o menor, que tiene alguien de conseguir algo. LOC **Estar a la expectativa,** estar atento o a la espera de que ocurra algo. RPr **(Tener/Estar a la) expectativa de.**

ex·pec·to·ra·ción [e(k)spektoraθjón] *s/f* Acción y efecto de expectorar.

ex·pec·to·ran·te [e(k)spektoránte] *adj* y *s/m* MED Se dice del medicamento que provoca la expectoración.

ex·pec·to·rar [e(k)spektorár] *v/tr, intr* Hacer que salgan por vía bucal las flemas o mucosidades que están en el aparato respiratorio, generalmente mediante la tos.

ex·pe·di·ción [e(k)speðiθjón] *s/f* **1.** Acción y efecto de expedir. **2.** Excursión o viaje emprendidos por un grupo de personas con el fin de realizar alguna empresa concreta. **3.** Conjunto de personas que realizan una expedición: *Sólo se salvaron cuatro miembros de la expedición.*

ex·pe·di·cio·na·rio, -a [e(k)speðiθjonárjo, -a] *adj* y *s/m,f* Se dice del que toma parte en una expedición.

ex·pe·di·dor, -ra [e(k)speðiðór, -ra] *adj* Que expide.

ex·pe·dien·tar [e(k)speðjentár] *v/tr* Formar o abrir un expediente a alguien.

ex·pe·dien·te [e(k)speðjénte] *s/m* **1.** Asunto o negocio que se lleva entre las partes litigantes sin que intervengan los tribunales: *Le abrieron un expediente en la empresa.* **2.** Conjunto de papeles o documentos que se incluyen en la tramitación de este asunto. **3.** En las tareas de la administración, carpeta o sobre en que se contienen los documentos relativos a cada caso. **4.** Procedimiento administrativo con el que se enjuicia la actuación de un funcionario. **5.** En las instituciones docentes, conjunto de las calificaciones obtenidas por cada alumno, archivadas individualmente. LOC **Cubrir el expediente,** FIG FAM hacer una persona sólo lo indispensable para poder cumplir con una obligación determinada.

ex·pe·dir [e(k)speðír] *v/tr* **1.** Despachar un asunto, negocio o causa. **2.** Enviar a un destinatario determinado paquete, mercancía, correo, etc. **3.** Extender por escrito, con las formalidades necesarias, un certificado de algún título, calificación, privilegio, etc.
CONJ *Irreg: Expido, expedí, expediré, expedido.*

ex·pe·di·ti·vo, -a [e(k)speðitíβo, -a] *adj* Que tiene facilidad para resolver un asunto rápidamente y con eficacia.

ex·pe·di·to, -a [e(k)speðíto, -a] *adj* Se aplica a lo que está libre de estorbos o al que está presto para obrar.

ex·pe·ler [e(k)spelér] *v/tr* Arrojar al exterior de algo lo que está en su interior. RPr **Expeler de/por:** *Expeler del cuerpo. Expeler por la boca.*

ex·pen·de·dor, -ra [e(k)spendeðór, -ra] *adj* y *s/m,f* Se aplica al que expende cosas, aplicado especialmente al que lo hace con billetes, entradas, tabaco, etc.

ex·pen·de·du·ría [e(k)spendeðuría] *s/f* Tienda en la que se expende al por menor tabaco o cigarrillos, etc.

ex·pen·der [e(k)spendér] *v/tr* Vender artículos al por menor.

ex·pen·sas [e(k)spénsas] *s/f, pl* Gastos que hace alguien. LOC **A (las) expensas de alguien,** a costa de alguien: *Viven a nuestras expensas.*

ex·pe·rien·cia [e(k)sperjénθja] *s/f* **1.** Conjunto de enseñanzas o conocimientos que se adquieren con la práctica. **2.** Hecho, suceso, acontecimiento, etc., que es vivido por alguien y que proporciona a éste experiencia. **3.** Prueba o experimento con los que se intenta averiguar o experimentar algo: *Hicimos la experiencia de estar sin comer una semana.*

ex·pe·ri·men·ta·ción [e(k)sperimentaθjón] *s/f* **1.** Acción y efecto de experimentar. **2.** Método científico según el cual se investiga observando los fenómenos que se provocan para su estudio.

ex·pe·ri·men·tal [e(k)sperimentál] *adj* Que está basado en experimentos.

ex·pe·ri·men·tar [e(k)sperimentár] *v/tr, intr* **1.** En ciencias como la biología, etc., hacer experimentos con diversos objetos o seres, para descubrir cosas. **2.** Ensayar o probar las cualidades de algo. **3.** Pasar por determinada experiencia. **4.** Referido a impresiones, sentimientos, etc., tenerlos o sentirlos. **5.** Mostrar una cosa o persona un cambio o mudanza: *La situación ha experimentado una sensible mejoría.*

ex·pe·ri·men·to [e(k)speriménto] *s/m* **1.** Operación realizada con el fin de experimentar (**1**) en algo. **2.** Cualquier acto realizado como experiencia.

ex·per·to, -a [e(k)spérto, -a] *adj* y *s/m,f* Se aplica a la persona muy hábil o práctica en determinada actividad o profesión: *Es muy experto en química.* RPr **Experto en.**

ex·pia·ción [e(k)spiaθjón] *s/f* Acción y efecto de expiar.

ex·piar [e(k)spiár] *v/tr* **1.** Pagar con un castigo la culpa de algún delito, falta, etc. **2.** FIG Sufrir padecimientos como consecuencia de los errores cometidos.
ORT, PRON La *i* recibe el acento en el *sing* y *3.ª pers pl* del *pres* de *indic* y *subj: Expío, expíe...*

ex·pia·to·rio, -a [e(k)spiatórjo, -a] *adj* Que se hace por expiación o que sirve para expiar: *Una víctima expiatoria.*

ex·pi·ra·ción [e(k)spiraθjón] *s/f* Acción y efecto de expirar: *La expiración del plazo.*

ex·pi·rar [e(k)spirár] *v/intr* **1.** Terminar la vida de alguien o algo. **2.** Acabarse o llegar a su término un período o plazo: *Ha expirado el plazo de admisión de solicitudes.*

ex·pla·na·ción [e(k)splanaθjón] *s/f* Acción y efecto de explanar.

ex·pla·na·da [e(k)splanáða] *s/f* Espacio de terreno o campo que ha sido allanado: *Jugaron al fútbol en la explanada.*

ex·pla·nar [e(k)splanár] *v/tr* **1.** Allanar un terreno o darle la nivelación deseada: *Explanaron el monte.* **2.** FIG Hacer más claro o llano el contenido de un discurso, etc.

ex·pla·yar [e(k)splaJár] **I.** *v/tr* Extender o ensanchar algo, sea físicamente o no. **II.** REFL(SE) **1.** FIG (Con *con*) Confiar sus intimidades alguien a otra persona: *Se explayó con su madre.* **2.** FIG FAM Recrearse o divertirse haciendo algo: *Se explaya jugando al tenis.* RPr **Explayarse con/en:** *Explayarse con los amigos/en un discurso.*

ex·pli·ca·ble [e(k)splikáβle] *adj* Que puede ser explicado.

ex·pli·ca·ción [e(k)splikaθjón] *s/f* **1.** Acción y efecto de explicar(se). **2.** Justificación que alguien da sobre su conducta: *Tendrás que darme explicaciones para obrar así.* **3.** Motivos o causas de algún fenómeno, acto, etc.: *Su desaparición no tiene explicación posible.*

ex·pli·car [e(k)splikár] **I.** *v/tr, intr* **1.** Decir cosas que aclaran una situación, problema, noticia, etc., para los demás. **2.** Dar justificaciones o excusas por algo sucedido. **3.** Enseñar alguna materia en un centro docente, aplicado especialmente a la universidad: *Explica matemáticas a los de tercero.* **II.** REFL(SE) Llegar a comprender alguna cuestión: *Ahora me explico por qué estás aquí.*
ORT La *c* cambia en *qu* ante *e: Expliqué.*

ex·pli·ca·ti·vo, -a [e(k)splikatíβo, -a] *adj* Que explica o sirve para explicar.

ex·plí·ci·to, -a [e(k)splíθito, -a] *adj* **1.** Que está explicado con claridad. **2.** Se dice del que o de lo que explica con gran claridad algo: *La nota es muy explícita.*

ex·plo·ra·ble [e(k)sploráβle] *adj* Que puede ser explorado.

ex·plo·ra·ción [e(k)sploraθjón] *s/f* Acción y efecto de explorar.

ex·plo·ra·dor, -ra [e(k)sploraðór, -ra] *adj* y *s/m,f* Se dice de lo relativo a la exploración o del que la practica.

ex·plo·rar [e(k)splorár] *v/tr, intr* **1.** Reconocer o examinar, recorriéndolo con detenimiento, un lugar, paraje, etc., para descubrir cómo es o lo que hay en él. **2.** Reconocer el médico con atención alguna parte del cuerpo en busca de alguna anomalía funcional.

ex·plo·ra·to·rio, -a [e(k)sploratórjo, -a] **I.** *adj* Que sirve para explorar. **II.** *adj* y *s/m* MED Se aplica a los aparatos que se emplean para explorar.

ex·plo·sión [e(k)splosjón] *s/f* **1.** Acción de estallar o romperse en pedazos un objeto, generalmente a causa de la dilatación de lo que hay en su interior, como un gas, un explosivo, etc. **2.** FIG Manifestación repentina y violenta de algún fenómeno: *Una explosión de entusiasmo.*

ex·plo·sio·nar [e(k)splosjonár] **I.** *v/tr* Hacer explotar un artefacto, etc. **II.** *v/intr* Explotar un artefacto, etc.

ex·plo·si·vo, -a [e(k)splosíβo, -a] *adj* y *s/m* Se dice de lo que es capaz de provocar explosión o de producirla: *Un artefacto explosivo. Intentaba pasar explosivos por la frontera.*

ex·plo·ta·ble [e(k)splotáβle] *adj* Que se puede explotar (**1**).

ex·plo·ta·ción [e(k)splotaθjón] *s/f* **1.** Acción y efecto de explotar (**1**). **2.** Conjunto de las instalaciones usadas en la explotación de algún producto natural: *Una explotación petrolífera.* **3.** FIG Provecho que alguien saca del trabajo de otro: *Somos víctimas de una explotación.*

ex·plo·tar [e(k)splotár] **I.** *v/tr* **1.** Aprovechar determinado recurso natural, generalmente de una mina o yacimiento, etc.: *Están explotando un yacimiento petrolífero.* **2.** Utilizar en provecho propio el trabajo ajeno, dando sueldos menores de lo que han de ser: *El patrón explotaba a los mineros.* **II.** *v/intr* Estallar un artefacto explosivo o, *por ext,* cualquier objeto que al estallar produzca una explosión parecida: *La bomba explotó.*

ex·po·lia·ción [e(k)spoljaθjón] *s/f* Acción y efecto de expoliar.

ex·po·liar [e(k)spoljár] *v/tr* Despojar injustamente a alguien de lo que le pertenece.

ex·po·lio [e(k)spóljo] *s/m* **1.** Acción y efecto de expoliar. **2.** Conjunto de cosas expoliadas.

ex·po·nen·cial [e(k)sponenθjál] *adj* MAT Se dice de la cantidad que está elevada a una potencia cuyo exponente es ignorado.

ex·po·nen·te [e(k)sponénte] **I.** *adj* y *s/m* Se dice de aquello que expone o sirve para exponer sirviendo de punto de referencia para juzgar otra que se menciona: *Un exponente de la degradación social.* **II.** *s/m* MAT Número o expresión algebraica que denota la potencia a que se ha de elevar otro número.

ex·po·ner [e(k)sponér] *v/tr, intr* **1.** Hablar acerca de algo de modo tal que los demás se enteren de ello y de sus particularidades. **2.** Poner alguna cosa a la vista de los demás, especialmente aplicado a las obras que un artista exhibe al público: *Este pintor no ha expuesto nunca.* **3.** Dejar alguna cosa en situación de que pueda recibir la acción de algún agente físico: *Expuso su cuerpo al sol.* **4.** Arriesgar o poner en peligro alguna cosa: *Expones tu reputación si te metes en este negocio.* RPr **Exponer(se) a/ante:** *Exponer algo a la vista de todos. Exponer ante todos.*
CONJ *Irreg: Expongo, expuse, expondré, expuesto.*

ex·por·ta·ble [e(k)sportáβle] *adj* Que puede ser exportado.

ex·por·ta·ción [e(k)sportaθjón] *s/f* **1.** Acción y efecto de exportar. **2.** Totalidad de artículos exportados.

ex·por·ta·dor, -ra [e(k)sportaðór, -ra] *adj* y *s/m,f* Que exporta.

ex·por·tar [e(k)sportár] *v/tr, intr* Vender géneros a otro país.

ex·po·si·ción [e(k)sposiθjón] *s/f* **1.** Acción y efecto de exponer. **2.** Conjunto de lo que es expuesto. **3.** Es frecuente dar este nombre a las colecciones de productos industriales expuestas con fines comerciales: *La última Exposición Internacional de Muestras*. **4.** En fotografía, espacio de tiempo durante el que una película está expuesta a la luz para que se impresione. **5.** Forma en que se expone un tema, asunto, etc., o palabras con que se hace: *Su exposición no fue muy inteligible.*

ex·po·si·ti·vo, -a [e(k)spositíβo, -a] *adj* Que sirve para exponer.

ex·pó·si·to, -a [e(k)spósito, -a] *adj* y *s/m,f* Se aplica al niño que es abandonado al nacer por sus padres y que luego se cría en la inclusa.

ex·po·si·tor, -ra [e(k)spositór, -ra] *adj* y *s/m,f* Se dice del que expone, aplicado en especial a los que exponen obras de arte o productos industriales.

ex·prés [e(k)sprés] *adj* y *s/m,f* Se usa en lugar de 'expreso' y suele estar relacionado con una mayor velocidad en el proceso de realización: *Tren exprés. Café exprés.*

ex·pre·sa·men·te [e(k)sprésamente] *adv* **1.** De forma expresa. **2.** Con el único propósito que se expresa: *Fue expresamente a comprarla y volvió.*

ex·pre·sar [e(k)spresár] **I.** *v/tr* Manifestar alguien con palabras o de otra forma lo que siente, piensa, desea, etc.: *Expresó su disconformidad.* **II.** REFL(SE) Hacerse entender por medio de la palabra: *Se expresa claramente.* RPr **Expresarse de/en/por:** *Expresarse de palabra/en francés/por señas.*

ex·pre·sión [e(k)spresjón] *s/f* **1.** Manifestación de algún sentimiento o idea. **2.** Palabra o voz, giro, etc., que expresan algo. **3.** Gesto o aire de la fisonomía de alguien que expresa algo: *En su expresión había tristeza.*

ex·pre·sio·nis·mo [e(k)spresjonísmo] *s/m* Sistema de expresión artística que representa una reacción contra el impresionismo y que propugna la intensidad de la expresión.

ex·pre·sio·nis·ta [e(k)spresjonísta] *adj* y *s/m,f* Se aplica a lo relacionado con el expresionismo o al seguidor de él.

ex·pre·si·vi·dad [e(k)spresiβiðáð] *s/f* Calidad de expresivo.

ex·pre·si·vo, -a [e(k)spresíβo, -a] *adj* Se dice de lo que o del que expresa con gran viveza lo que siente, etc.

ex·pre·so, -a [e(k)spréso, -a] **I.** *adj* Se dice de lo que está claramente dicho o expresado en un documento, oración, etc. **II.** *adj* y *s/m* Se aplica al tren que está destinado a algo especial o que es de velocidad mayor que los ordinarios.

ex·pri·mi·dor [e(k)sprimiðór] *s/m* Utensilio para exprimir.

ex·pri·mir [e(k)sprimír] *v/tr* **1.** Extraer el jugo de algo estrujándolo o prensándolo, etc.; se dice sobre todo en relación a frutos: *Exprimió un limón.* **2.** FIG Hacer presión sobre alguien para conseguir de él todo lo posible: *Me exprime tanto que me deja sin un duro.*

ex·pro·pia·ción [e(k)spropjaθjón] *s/f* Acción y efecto de expropiar.

ex·pro·piar [e(k)spropjár] *v/tr* Desposeer a alguien de una pertenencia.

ex·pues·to, -a [e(k)spwésto, -a] *adj* **1.** Referido a lugares, etc., que no están protegidos de los elementos. **2.** Se dice de los actos, empresas, etc., que conllevan riesgo o peligro: *Es muy expuesto invertir en este negocio.* RPr **Expuesto a.**

ex·pug·na·ble [e(k)spuγnáβle] *adj* Capaz de ser expugnado.

ex·pug·na·ción [e(k)spuγnaθjón] *s/f* Acción y efecto de expugnar.

ex·pug·nar [e(k)spuγnár] *v/tr* Tomar por la fuerza de las armas una plaza.

ex·pul·sar [e(k)spulsár] *v/tr* **1.** Echar de algún lugar a alguien. **2.** Arrojar hacia el exterior alguna cosa: *El extractor expulsa el humo al patio.* RPr **Expulsar de:** *Expulsar (a alguien) de la empresa.*

ex·pul·sión [e(k)spulsjón] *s/f* Acción y efecto de expulsar.

ex·pul·sor, (-ra) [e(k)spulsór, -ra] *adj* y *s/m* Se dice de lo que sirve para expulsar.

ex·pur·ga·ción [e(k)spurγaθjón] *s/f* Acción y efecto de expurgar.

ex·pur·gar [e(k)spurγár] *v/tr* Limpiar o purificar algo. RPr **Expurgar de:** *Expurgar un libro de lo malo que tiene.*
ORT La *g* lleva *u* ante *e: Expurgué.*

ex·qui·si·tez [e(k)skisitéθ] *s/f* **1.** Calidad de exquisito. **2.** Cosa exquisita.
ORT *Pl: Exquisiteces.*

ex·qui·si·to, -a [e(k)skisíto, -a] *adj* Que es capaz de satisfacer un gusto refinado o un paladar exigente, etc.

ex·ta·siar·se [e(k)stasjárse] *v/*REFL(SE) Caer en éxtasis.
ORT, PRON En el *sing* y *3.ª pers pl* del *pres* de *indic* y *subj* el acento recae sobre la *i: Extasío, extasíe...*

éx·ta·sis [é(k)stasis] *s/m* Estado de ánimo en que alguien se encuentra por un entusiasmo desbordado y que da la impresión de enajenamiento.

ex·tá·ti·co, -a [e(k)státiko, -a] *adj* Que está en éxtasis o que cae en él con frecuencia.

ex·tem·po·ra·nei·dad [e(k)stemporaneiðáð] *s/f* Calidad de extemporáneo.

ex·tem·po·rá·neo, -a [e(k)stemporáneo, -a] *adj* **1.** Se dice de lo que sucede fuera de su tiempo normal. **2.** FIG Se aplica a lo que es inoportuno o inconveniente.

ex·ten·der [e(k)sten̪dér] **I.** *v/tr* **1.** Hacer que algo ocupe más espacio y crezca. **2.** Abrir o desplegar algún objeto: *Extendió el mantel sobre el césped.* **3.** Esparcir o desparramar lo que está amontonado: *Extendió la semilla por el césped.* **4.** Referido a documentos oficiales, redactarlos y expedirlos. **II.** REFL(SE) **1.** Desplegarse, abrirse o bien ocupar más espacio que antes alguna cosa. **2.** Hablando de terrenos, etc., ocupar determinado espacio: *La finca se extiende desde el camino hasta el bosque.* **3.** Durar algo determinado espacio de tiempo: *El programa se extiende a lo largo de toda la noche.* **4.** Tenderse alguien en el suelo. **5.** FIG Alargarse alguien mucho en una explicación, escrito, etc.: *En la conferencia se extendió demasiado.* RPr **Extender(se) a/entre/por/sobre:** *Extenderse a nuestros pies/entre dos ríos/por la montaña/sobre la hierba.*
CONJ *Irreg: Extiendo, extendí, extenderé, extendido.*

ex·ten·si·ble [e(k)stensíβle] *adj* Capaz de extenderse **(II. 1)**.

ex·ten·sión [e(k)stensjón] *s/f* **1.** Acción y efecto de extender(se). **2.** Medida o dimensiones de esta ocupación: *Tiene una extensión de cien metros cuadrados.* LOC **Por extensión,** empleando una palabra en un sentido que no es propiamente el que le corresponde pero que se le puede aplicar por haber una relación entre los dos.

ex·ten·si·vo, -a [e(k)stensíβo, -a] *adj* Que se extiende o que puede ser extendido o aplicado a más cosas de las que originalmente comprende.

ex·ten·so, -a [e(k)sténso, -a] *adj* Que tiene gran extensión.

ex·ten·sor, -ra [e(k)stensór, -ra] *adj* Que extiende: *Músculo extensor.*

ex·te·nua·ción [e(k)stenwaθjón] *s/f* **1.** Acción de extenuar(se). **2.** Estado de debilidad o agotamiento.

ex·te·nuar [e(k)stenuár] *v/tr,* REFL(SE) Agotar(se) por cansancio.
PRON El acento recae sobre la *u* en el *sing* y *3.ª pers pl* del *pres* de *indic* y *subj: Extenúo, extenúen.*

ex·te·rior [e(k)sterjór] **I.** *adj* **1.** Que está situado en la parte de fuera de algo. **2.** Referido a relaciones internacionales, realizado con el extranjero: *Comercio exterior.* **II.** *s/m* Parte exterior de algo: *El exterior de la casa.*

ex·te·rio·ri·dad [e(k)sterjoriðáð] *s/f* Apariencia exterior de algo.

ex·te·rio·ri·za·ción [e(k)sterjoriθaθjón] *s/f* Acción y efecto de exteriorizar(se).

ex·te·rio·ri·zar [e(k)sterjoriθár] *v/tr,* REFL(SE) Hacer(se) patente exteriormente un sentimiento, pensamiento, etc.
ORT La *z* cambia en *c* ante *e: Exterioricé.*

ex·ter·mi·na·ble [e(k)stermináβle] *adj* Que puede ser exterminado.

ex·ter·mi·na·ción [e(k)sterminaθjón] *s/f* Acción y efecto de exterminar.

ex·ter·mi·na·dor, -ra [e(k)sterminaðór, -ra] *adj* y *s/m,f* Que extermina.

ex·ter·mi·nar [e(k)sterminár] *v/tr* Acabar completamente con algo, como una plaga de animales, plantas, etc.

ex·ter·mi·nio [e(k)stermínjo] *s/m* Exterminación.

ex·ter·na·do [e(k)sternáðo] *s/m* Institución docente que sólo admite alumnos externos.

ex·ter·no, -a [e(k)stérno, -a] **I.** *adj* **1.** Que está fuera y separado de un cuerpo. **2.** Se dice de la parte exterior de algo: *La envoltura externa del fruto.* **3.** Referido a medicamentos, que tienen administración para el exterior del cuerpo: *De uso externo.* **II.** *adj* y *s/m,f* Se aplica al alumno que no reside en el centro donde estudia.

ex·tin·ción [e(k)stin̪θjón] *s/f* Acción y efecto de extinguir(se).

ex·tin·gui·ble [e(k)stiŋgíβle] *adj* Que puede extinguirse.

ex·tin·guir [e(k)stiŋgír] *v/tr,* REFL(SE) **1.** Apagar(se) del todo una luz, una vela, llama, etc. **2.** FIG Acabar(se) del todo un fenómeno, una vida, etc.
ORT La *u* se elide ante *o/a: Extingo, extinga.*

ex·tin·to, -a [e(k)stín̪to, -a] *adj* **1.** Apagado. **2.** AMÉR Muerto, difunto.

ex·tin·tor, (-ra) [e(k)stin̪tór, (-ra)] *adj* y *s/m* Se aplica a lo que sirve para apagar algo, aplicado especialmente al aparato usado para extinguir incendios.

ex·tir·pa·ción [e(k)stirpaθjón] *s/f* Acción y efecto de extirpar.

ex·tir·par [e(k)stirpár] *v/tr* **1.** Arrancar de cuajo o de raíz alguna planta. **2.** FIG Acabar del todo con un mal, abuso, vicio, etc.

ex·tor·sión [e(k)storsjón] *s/f* Acción de extorsionar.

ex·tor·sio·nar [e(k)storsjonár] *v/tr* **1.** Usurpar algo a alguien. **2.** Causar molestia o incomodidades a alguien.

ex·tra [e(k)stra] **I.** *pref* usado para indicar 'fuera de': *Extraterrestre.* **II.** *adj* Que es de calidad superior o extraordinaria: *Un chocolate extra.* **III.** *s/m* **1.** Cosa añadida o plus de algo: *Tienen muchos extras además del sueldo.* **2.** FAM Plato especial que no figura en el menú del día de un restaurante. **3.** Comparsa o actor secundario que se contrata accidentalmente para el rodaje de un filme.

ex·trac·ción [e(k)strakθjón] *s/f* Acción y efecto de extraer.

ex·trac·tar [e(k)straktár] *v/tr* Reducir a un extracto un libro, un escrito, etc.

ex·trac·to [e(k)strákto] *s/m* **1.** Resumen que contiene en poca extensión lo que hay en un escrito más extenso. **2.** Producto espeso o condensado que se obtiene de algún líquido por evaporación: *Un extracto de consomé.*

ex·trac·tor, (-ra) [e(k)straktór, (-ra)] **I.** *adj* Que sirve para extraer. **II.** *s/m* Aparato para la extracción de humos.

ex·tra·di·ción [e(k)straðiθjón] *s/f* Entrega de un refugiado buscado por las autoridades de un país por parte de las de aquel en que está refugiado.

ex·tra·er [e(k)straér] *v/tr* **1.** Significa 'sacar' cuando se refiere a muelas. **2.** Obtener de alguna sustancia, fruto, etc., una esencia, jugo o alguno de sus componentes: *Extraer el zumo de una fruta.* **3.** Sacar mineral, etc., de una mina o yacimiento. **4.** MAT Averiguar cuáles son las raíces de los números. RPr **Extraer de.**
CONJ *Irreg: Extraigo, extraje, extraeré, extraído.*

ex·tra·li·mi·ta·ción [e(k)stralimitaθjón] *s/f* Acción y efecto de extralimitarse.

ex·tra·li·mi·tar·se [e(k)stralimitárse] *v/REFL(SE)* FIG Superar el límite aceptado para unas atribuciones o poderes, etc. RPr **Extralimitarse en:** *Extralimitarse en sus esfuerzos.*

ex·tra·mu·ros [e(k)stramúros] *adv, adj* Fuera del recinto de una ciudad, etc.

ex·tran·je·ría [e(k)straŋxería] *s/f* Calidad de extranjero en un país.

ex·tran·je·ris·mo [e(k)straŋxerísmo] *s/m* **1.** Afición excesiva a todo lo extranjero. **2.** Expresión o locución de un idioma extranjero usada en el propio.

ex·tran·je·ri·zar [e(k)straŋxeriθár] *v/tr, REFL(SE)* Hacer que alguien adopte las costumbres propias del extranjero.
ORT La *z* cambia en *c* ante *e: Extranjericé.*

ex·tran·je·ro, (-a) [e(k)straŋxéro, (-a)] **I.** *adj* y *s/m,f* Que no es propio del país de uno. **II.** *s/m* Conjunto de países extranjeros: *Me voy al extranjero.*

ex·tran·jis [e(k)stráŋxis] LOC FAM **De extranjis,** clandestinamente.

ex·tra·ña·mien·to [e(k)straɲamjénto] *s/m* Acción y efecto de extrañar.

ex·tra·ñar [e(k)straɲár] *v/tr* **1.** Desterrar de su patria o comunidad a alguien. **2.** Echar de menos aquello que se tiene normalmente: *Extraño mi blanda cama.* **3.** Causar sorpresa o extrañeza en alguien: *Me ha extrañado ver que no ha venido.* RPr **Extrañarse de:** *Extrañarse de lo sucedido.*

ex·tra·ñe·za [e(k)straɲéθa] *s/f* Sensación de asombro que algo nos produce.

ex·tra·ño, -a [e(k)stráɲo, -a] **I.** *adj* **1.** Que posee rasgos fuera de lo corriente o normal: *Tiene un aspecto extraño.* **2.** Se dice de lo que es ajeno a otra cosa: *Pedro era extraño a la conspiración.* **II.** *adj* y *s/m,f* Se dice de la persona de familia, círculo, clase social, etc., distintos a los del hablante, etc. RPr **Extraño a.**

ex·tra·o·fi·cial [e(k)straofiθjál] *adj* Que no es oficial.

ex·tra·or·di·na·rio, (-a) [e(k)straorðinárjo, (-a)] **I.** *adj* Que es de características o cualidades fuera de lo común u ordinario. **II.** *s/m* Número extraordinario de una publicación: *El extraordinario de las elecciones.*

ex·tra·po·la·ción [e(k)strapolaθjón] *s/f* Acción y efecto de extrapolar.

ex·tra·po·lar [e(k)strapolár] *v/tr* FIG FAM Deducir conclusiones de determinados factores de forma previsible pero yendo más allá de lo previsto.

ex·tra·rra·dio [e(k)strarráðjo] *s/m* Zona administrativa que no pertenece a una población por hallarse en las afueras.

ex·tra·te·rres·tre [e(k)straterréstre] *adj* y *s/m,f* Se aplica al supuesto habitante de otros mundos.

ex·tra·te·rri·to·rial [e(k)straterritorjál] *adj* Que está fuera de la jurisdicción de un territorio.

ex·tra·va·gan·cia [e(k)straβaɣánθja] *s/f* **1.** Calidad de extravagante. **2.** Acto extravagante.

ex·tra·va·gan·te [e(k)straβaɣánte] *adj* y *s/m,f* Se dice de la persona que obra de modo poco común o excéntrico.

ex·tra·ver·ti·do, -a [e(k)straβertíðo, -a] *adj* y *s/m,f* Que es dado a la extroversión.

ex·tra·viar [e(k)straβiár] *v/tr* **1.** Hacer que alguien pierda su orientación. **2.** Poner o dejar una cosa donde no debiera estar y en consecuencia perderla: *He extraviado mi bolso.* **3.** FIG Llevar una vida desordenada o licenciosa.
ORT, PRON En el *sing* y *3.ª pers pl* del *pres* de *indic* y *subj* el acento recae sobre la *i: Extravío, extravíe...*

ex·tra·vío [e(k)straβío] *s/m* Acción y efecto de extraviar(se).

ex·tre·ma·do, -a [e(k)stremáðo, -a] *adj*

1. Se aplica a lo que es muy exagerado. **2.** Muy bueno, de calidad superior.

ex·tre·mar [e(k)stremár] **I.** *v/tr* Hacer llegar algo a su máximo: *Has extremado la prudencia.* **II.** REFL(SE) Esmerarse por hacer las cosas bien: *Extremarse en el cuidado de la casa.* RPr **Extremarse en.**

ex·tre·ma·un·ción [e(k)stremaunθjón] *s/f* Uno de los sacramentos de la Iglesia, que consiste en ungir a los moribundos con los óleos sagrados.

ex·tre·me·ño, -a [e(k)streméɲo, -a] *adj* y *s/m,f* Relativo a Extremadura o natural de ella.

ex·tre·mi·dad [e(k)stremiðáð] *s/f* **1.** Parte extrema o final de algo. **2.** *pl* En los animales y en el hombre, partes que constituyen los extremos del cuerpo, como los brazos y las piernas.

ex·tre·mis·mo [e(k)stremísmo] *s/m* Cualidad del extremista.

ex·tre·mis·ta [e(k)stremísta] *adj* y *s/m,f* Se aplica al que adopta una postura extremada en todo.

ex·tre·mo, (-a) [e(k)strémo, -a] **I.** *adj* **1.** Lo que está en último lugar. **2.** Que es exagerado o excesivo: *Con extremo rigor.* **II.** *s/m* **1.** Parte de algo que está al final: *El extremo de la cola.* **2.** FIG Punto máximo a que puede llegar algo: *La alegría alcanzó extremos insospechables.* **3.** *pl* Actitud exagerada en alguna cuestión: *Llegaron a los extremos cuando discutían.* LOC **En último extremo,** si no queda otro recurso. **Por extremo,** de forma extremada: *Es por extremo amable conmigo.*

ex·tre·mo·si·dad [e(k)stremosiðáð] *s/f* Calidad de extremoso.

ex·tre·mo·so, -a [e(k)stremóso, -a] *adj* Se dice del que es exagerado al obrar en cualquier cosa.

ex·trín·se·co, -a [e(k)strínseko, -a] *adj* Se dice de lo que depende de circunstancias exteriores a algo y que por lo tanto no pertenece propiamente a ello.

ex·tro·ver·sión o **ex·tra·ver·sión** [e(k)str{o/a}βersjón] *s/f* Tendencia a manifestar alguien sus sentimientos abiertamente.

ex·tro·ver·ti·do, -a [e(k)stroβertíðo, -a] *adj* Dado a la extroversión.

e·xu·be·ran·cia [e(k)suβeránθja] *s/f* Carácter o condición de lo que o del que es exuberante.

e·xu·be·ran·te [e(k)suβerán̪te] *adj* **1.** Que expresa algún tipo de exceso o de exageración. **2.** Se aplica a lo que se da en gran abundancia: *Una vegetación exuberante.*

e·xu·da·ción [e(k)suðaθjón] *s/f* Acción y efecto de exudar.

e·xu·dar [e(k)suðár] *v/tr, intr* Dejar alguien o algo que se escape un líquido a través de sus poros, paredes, etc.

e·xul·ta·ción [e(k)sul̪taθjón] *s/f* Demostración de una alegría muy intensa.

e·xul·tar [e(k)sul̪tár] *v/intr* Sentirse transportado de alegría y demostrarlo así.

ex·vo·to [e(k)sβóto] *s/m* Don, ofrenda, etc., generalmente consistente en figuras de cera, que representan aquellos miembros curados gracias a la intervención de una divinidad, santo, virgen, etc.

e·ya·cu·la·ción [eJaculaθjón] *s/f* ANAT, MED Acción y efecto de eyacular.

e·ya·cu·lar [eJakulár] *v/tr, intr* ANAT, MED Lanzar hacia fuera con rapidez y fuerza algún órgano, cavidad, etc., lo que contiene; se aplica especialmente al contenido de los testículos.

e·ya·cu·la·to·rio, -a [eJakulatórjo, -a] *adj* Relativo a la eyaculación.

e·yec·tor [eJektór] *s/m* **1.** Expulsor en las armas de fuego. **2.** Bomba extractora, que funciona mediante presión.

f [éfe] *s/f* Séptima letra del alfabeto español.

fa [fá] *s/m* MÚS Cuarta nota en la escala musical; se representa por 'f'. LOC **Ni fu ni fa,** expresión usada para significar indiferencia ante algo: *A mí eso, ¡ni fu ni fa!*

fa·ba·da [faβáða] *s/f* Guiso de alubias con tocino y chorizo, al estilo asturiano.

fá·bri·ca [fáβrika] *s/f* **1.** Local dotado de las instalaciones pertinentes para fabricar determinado producto: *Una fábrica textil.* **2.** ALBAÑ Obra construida con ladrillos, etc.: *Un muro de fábrica.*

fa·bri·ca·ción [faβrikaθjón] *s/f* Acción y efecto de fabricar.

fa·bri·can·te [faβrikán̪te] *s/m,f* Persona dedicada a la fabricación de algo.

fa·bri·car [faβrikár] *v/tr* **1.** Elaborar o producir artículos industriales. **2.** Construir un edificio. **3.** FIG Inventar: *No fabriques más cuentos.*
ORT La *c* cambia en *qu* ante *e*: *Fabriqué.*

fa·bril [faβríl] *adj* Perteneciente o relativo a la fabricación de algo.

fá·bu·la [fáβula] *s/f* **1.** Clase de narración que posee elementos fantásticos o maravillosos. **2.** Género de narración literaria, casi siempre en verso, en la cual unos animales viven un episodio adoctrinante o moralizador para los humanos: *Las fábulas de Esopo.* **3.** FAM Rumor o habladuría.

fa·bu·la·rio [faβulárjo] *s/m* Repertorio de fábulas clásicas.

fa·bu·lis·ta [faβulísta] *s/m,f* Persona que compone fábulas literarias.

fa·bu·lo·so, -a [faβulóso, -a] *adj* **1.** Perteneciente a un relato de fantasía. **2.** Perteneciente o relativo a la mitología. **3.** FIG FAM Se aplica a lo que es extraordinario en calidad o cantidad: *Unos precios fabulosos.*

fa·ca [fáka] *s/f* Cuchillo o navaja de grandes dimensiones.

fac·ción [fa(k)θjón] *s/f* **1.** Conjunto de gente que se separa de una totalidad y se rebela o amotina. **2.** *pl* Cada una de las partes del rostro humano: *Tiene las facciones muy marcadas.*

fac·cio·so, -a [fakθjóso, -a] *adj* y *s/m,f* **1.** Se aplica al que pertenece a una facción. **2.** Dícese del rebelde armado.

fa·ce·ta [faθéta] *s/f* **1.** Cada una de las caras o lados de un poliedro. **2.** FIG Se dice del aspecto de una cuestión que se considera separadamente del resto: *Este problema tiene muchas facetas.*

fa·cial [faθjál] *adj* Perteneciente o relativo al rostro: *Los rasgos faciales.*

fá·cil [fáθil] *adj* **1.** Se aplica a lo que puede realizarse sin gran dificultad. **2.** Referido a ocupación, vida, etc., que no presenta problemas o que es cómodo: *Lleva una vida muy fácil, con dos criadas.* **3.** Referido a mujeres, que tienen costumbres ligeras. RPr **Fácil de/para:** *Fácil de digerir/Fácil para traducir.*

fa·ci·li·dad [faθiliðáð] *s/f* Calidad de fácil. LOC **Dar facilidades,** proporcionar la ocasión para hacer algo o facilitarla más.

fa·ci·li·tar [faθilitár] *v/tr* **1.** Hacer que el logro de algo sea más fácil. **2.** Hacer que alguien obtenga algo: *Le facilitaron todos los datos que quería.*

fa·ci·ne·ro·so, -a [faθineróso, -a] *adj* y *s/m* **1.** Se aplica al que es delincuente habitual. **2.** FIG De mala índole o que aparenta serlo.

fa·cis·tol [faθistól] *s/m* Atril grande en el que se colocan los libros para el canto litúrgico.

fac·sí·mil o **fac·sí·mi·le** [faksímil(e)] *s/m* Copia o reproducción de un impreso, libro, dibujo, etc.

fac·si·mi·lar [faksimilár] *adj* Se aplica a las ediciones que reproducen algo en facsímile.

fac·ti·ble [faktíβle] *adj* Que puede ser realizado o llevado a cabo.

fac·ti·cio, -a [faktíθjo, -a] *adj* Que no es natural, sino fabricado artificialmente.

fác·ti·co, -a [fáktiko, -a] *adj* Perteneciente o relativo a los hechos.

fac·to [fákto] *s/m* LOC **De facto,** de hecho.

fac·tor [faktór] *s/m* **1.** Elemento o condicionante que contribuye, junto con otras causas, a algo: *La caspa es un factor que ha contribuido a la caída del pelo.* **2.** MAT Cada una de las cantidades que se multiplican para dar un resultado: *El orden de los factores no altera el producto.* **3.** Empleado de líneas ferroviarias que cuida de la recepción y facturación de los equipajes y mercancías.

fac·to·ría [faktoría] *s/f* ANGL Fábrica industrial.

fac·tó·tum [faktótum] *s/m* Se aplica al que actúa con la plena confianza de una persona y que en su nombre toma todo tipo de decisiones.

fac·tual [faktwál] *adj* Perteneciente o relativo a los hechos.

fac·tu·ra [faktúra] *s/f* **1.** Forma de estar hecha una cosa. **2.** Relación de los artículos o productos comprendidos en una venta o en cualquier tipo de operación comercial, que es entregada al deudor.

fac·tu·ra·ción [fakturaθjón] *s/f* Acción y efecto de facturar.

fac·tu·rar [fakturár] *v/tr* **1.** Extender la factura de algo. **2.** Incluir determinada cosa en una factura. **3.** Registrar en una estación ferroviaria equipajes o mercancías con el fin de que sean remitidos a su destino: *Facturó el equipaje para Viena.*

fa·cul·tad [fakul̪táð] *s/f* **1.** Poder o capacidad para ejercer una función, tomar una decisión, etc.: *No tiene facultad para decretar su expulsión del país.* **2.** Capacidad física o psíquica para realizar determinada actividad: *Facultades intelectuales.* **3.** Cada una de las diferentes secciones en que se dividen los estudios universitarios: *Facultad de Filosofía.* **4.** Centro universitario en que se estudia cada rama o sección. **5.** Edificio en que está instalado este centro.

fa·cul·tar [fakul̪tár] *v/tr* Autorizar a alguien para que realice algo que no podía realizar: *Lo facultaron para ejercer de abogado.*

fa·cul·ta·ti·vo, -a [fakul̪tatíβo, -a] **I.** *adj* **1.** Perteneciente o relativo a una facultad o poder. **2.** Perteneciente o relativo a una facultad universitaria. **II.** *s/m,f* Médico.

fa·cun·dia [fakún̪dja] *s/f* Exageración en el uso del habla.

fa·cha [fátʃa] **I.** *s/f* **1.** Aspecto que ofrece el conjunto de rasgos de una cosa o persona. **2.** FAM Aspecto ridículo o grotesco que se tiene o que tiene un objeto, debido al mal gusto del arreglo: *Con este sombrero estoy hecho una facha.* **II.** *adj* y *s/m,f* FAM Se dice de aquel que demuestra una ideología muy derechista o reaccionaria: *La universidad está llena de fachas.*

fa·cha·da [fatʃáða] *s/f* **1.** Cara que da a la calle o al lugar desde donde suele ser visto un edificio. **2.** FIG Se aplica al aspecto que algo o alguien tiene y que no se corresponde con lo que es realmente: *Este chico tiene fachada, pero nada más.*

fa·do [fáðo] *s/m* Canción típica portuguesa, de tono melancólico.

fae·na [faéna] *s/f* **1.** Tarea o actividad que realiza alguien, esforzándose física o mentalmente: *Las faenas de la casa.* **2.** FAM *(Hacer una...)* Mala pasada que alguien hace a otro: *¡Vaya faena le hicieron al no decirle lo de la vacante!* **3.** TAUROM Cada una de las suertes que el torero realiza con el toro en la plaza.

fa·go·ci·to [faγoθíto] *s/m* Célula emigrante que se halla en la sangre y en los tejidos de muchos animales, capaz de apoderarse de bacterias o microbios nocivos para el organismo.

fa·got [faγót] *s/m* MÚS Instrumento de viento formado por un tubo de madera que se toca con boquilla de caña.

fai·sán, -na [faisán, -na] *s/m,f* Ave gallinácea del tamaño de un gallo, de plumaje rojizo y verde, muy vistoso y cola larga.

fa·ja [fáxa] *s/f* Tira de mayor o menor anchura con que se rodea la cintura o, a veces, alguna otra parte del cuerpo.

fa·jar [faxár] *v/tr* **1.** Rodear, envolver o ceñir con una faja a alguien o algo. **2.** AMÉR Pegar o golpear a alguien.

fa·jín [faxín] *s/m* **1.** *dim* de *faja.* **2.** Faja de seda de diversos colores que usan los generales y otros altos cargos.

fa·ji·na [faxína] *s/f* **1.** Haz de leña ligera, que se usa para encender. **2.** MIL Toque militar para llamar a la tropa para comer.

fa·jo [fáxo] *s/m* Haz de cosas menudas y alargadas o conjunto de cosas iguales, puestas en orden y atadas: *Un fajo de billetes de mil.*

fa·la·cia [faláθja] *s/f* **1.** Calidad de falaz. **2.** ANGL Argumento falso o equivocado que se emplea en un debate, discusión, etc.

fa·lan·ge [faláŋxe] *s/f* **1.** MIL Cualquier conjunto numeroso de tropas: *Las falanges del enemigo se acercaban.* **2.** FIG Cualquier grupo de personas unidas por un cierto fin. **3.** ANAT Cada uno de los huesos de los dedos.

fa·lan·gis·ta [falaŋxísta] *adj* y *s/m,f* Perteneciente o relativo a la Falange.

fa·laz [faláθ] *adj* Se aplica al que o a lo que es engañoso o falso: *Promesa falaz.* ORT *Pl: Falaces.*

fal·da [fáḷda] *s/f* **1.** Prenda de vestir que cubre de la cintura para abajo o parte de una prenda que corresponde a esa parte del cuerpo. **2.** Ladera de una montaña. **3.** Carne de una res que cuelga de las agujas, sin estar enganchada a costilla o a hueso alguno, y que se divide así para el consumo. **4.** Hueco que forma el cuerpo de una mujer o su vestido cuando está sentada: *Sentó a la niña en su falda.* **5.** *pl* FAM Se aplica a una mujer o, más en general, al sexo femenino: *En este asunto hay faldas de por medio.*

fal·de·ro, -a [faḷdéro, -a] *adj* **1.** Se aplica a cierto tipo de perro, de pequeño tamaño, que puede o suele estar en el regazo de las mujeres. **2.** FAM Se dice del hombre que gusta del trato con mujeres.

fal·dón [faḷdón] *s/m* **1.** *aum* de *falda.* **2.** Partes de algunas prendas que cuelgan de cintura para abajo, como las de una camisa, la levita, etc. **3.** Parte inferior de unas colgaduras o funda de mesa camilla, etc.

fa·li·ble [falíβle] *adj* Que puede fallar o equivocarse.

fá·li·co, -a [fáliko, -a] *adj* Perteneciente o relativo al falo.

fa·lo [fálo] *s/m* Se aplica al miembro sexual masculino en lenguaje culto o en referencia a su valor simbólico.

fal·sea·mien·to [falseamjénto] *s/m* Acción y efecto de falsear.

fal·se·ar [falseár] **I.** *v/tr* **1.** Hacer que algo deje de ser auténtico o se aleje de lo que debería ser: *Falsear la realidad.* **2.** Alterar materialmente algo, falsificándolo: *Falsearon la moneda.* **II.** *v/intr* Disonar una cuerda de un instrumento músico de las restantes.

fal·se·dad [falseðáð] *s/f* **1.** Calidad de falso. **2.** Acción falsa.

fal·se·te [falséte] *s/m* MÚS Voz más aguda que la natural, producida voluntaria o involuntariamente al cantar, cuando se hacen vibrar las cuerdas superiores de la faringe.

fal·sía [falsía] *s/f* Falsedad de una persona: *Su falsía no tiene límites.*

fal·si·fi·ca·ción [falsifikaθjón] *s/f* **1.** Acción de falsificar. **2.** Cosa falsificada.

fal·si·fi·car [falsifikár] *v/tr* Fabricar o hacer algo que es una imitación o reproducción falsa de otra cosa que es la verdadera: *Han falsificado la firma.*
ORT Ante *e* la *c* cambia en *qu: Falsifique.*

fal·si·lla [falsíʎa] *s/f* Hoja de papel de líneas fuertemente marcadas, que se pone debajo de otra para poder escribir en ésta sin torcerse.

fal·so, -a [fálso, -a] **I.** *adj* **1.** Se aplica a lo que es contrario a la verdad o a la realidad. **2.** Se dice de lo que no es auténtico, sino imitado: *Un diamante falso.* **3.** Se aplica a la persona que aparenta sentir cosas que no siente, como efectos, devociones, cualidades, etc. **II.** *s/m,f* Se dice del que miente o finge: *Es un falso, no me fío de él.* LOC **En falso,** *1.* De manera falsa: *Juró en falso.* *2.* Sin el apoyo o sostén necesarios: *La mesa estaba en falso.* *3.* De forma inadecuada o torpe: *Hizo un movimiento en falso.* *4.* Sin ajustar debidamente o sin acertar: *Un golpe en falso.*

fal·ta [fáḷta] *s/f* **1.** Situación de carencia o privación de alguna cosa: *Falta de agua.* **2.** Imperfección o error que alguien comete en su comportamiento, en un ejercicio, examen, etc.: *Tu dictado está lleno de faltas.* **3.** DEP Infracción que un jugador comete en un partido. **4.** DER Acción que merece una sanción leve por infringir la ley: *A la tercera falta te quitan el carnet de conducir.* **5.** Situación de no estar alguien en el lugar debido en el momento en que ha de estar: *Se notaba tu falta en el grupo.* **6.** Ausencia de la aparición de la menstruación cuando se debe dar. LOC **Echar en falta,** *1.* Lamentar la ausencia o la falta de algo o de alguien: *Echamos en falta el sol.* *2.* Notar o ver que algo falta: *Abrí el bolso y no eché nada en falta.* **Hacer falta algo o alguien,** ser necesario. **Sin falta,** sin duda alguna: *Lo acabaré mañana sin falta.*

fal·tar [faḷtár] *v/intr* **1.** No haber algo que debiera haber: *En mi bolso faltan las llaves.* **2.** Haber algo en cantidad inferior a la debida: *Faltó mucho público al estreno.* **3.** Hacer falta: *Me falta un libro para poder acabar el trabajo.* **4.** Acabarse o consumirse algo. **5.** Referido a tiempo, acción, etc., que ha de llegar hasta el punto o momento que se expresa: *Faltan cuatro semanas para las vacaciones.* **6.** Realizar un acto que supone una ofensa contra alguien o una infracción de una ley, etc.: *Faltó a mi dignidad.* LOC **Faltar por+infin,** quedar algo por hacer: *Aún falta por comprar la leche.* **¡No faltaría más!,** para contestar expresando agradecimiento a alguna atención recibida: *—Pase usted primero. —¡No faltaría más!, primero usted.* RPr **Faltar a/de/en/por:** *Me faltó al respeto. Faltó de palabra a su madre. ¡He faltado en algo!*

fal·to, -a [fáḷto, -a] *adj* Que está necesitado de algo que se expresa: *Está falto de cariño.* RPr **Falto de.**

fal·tri·que·ra [faḷtrikéra] *s/f* Bolsa o bolsillo que solía llevarse atado al cinto de los vestidos.

fa·lúa [falúa] *s/f* Embarcación menor, usada para el transporte de personas importantes.

fa·lla [fáʎa] *s/f* **1.** GEOL Quiebra de los

movimientos terrestres que produce una rotura o solución de continuidad en un terreno. **2.** Monumento que los valencianos erigen para ser quemado en la festividad de San José y que suele ser alusivo a sucesos de actualidad de forma humorística. **3.** *pl* Fiestas celebradas con este motivo en Valencia.

fa·llar [faʎár] **I.** *v/tr* **1.** Decidir o sentenciar una autoridad aquello que se expresa en relación a un caso, juicio, etc.: *El juez falló la absolución.* **2.** En algunos juegos de naipes, echar un triunfo cuando otro jugador juega un palo que uno no tiene: *Te falló el as de copas.* **II.** *v/intr* **1.** No aguantar una cosa o una persona una presión determinada y ceder o romperse. **2.** Fracasar en un intento determinado: *Falló en la primera prueba.* **3.** FIG Resultar fallida alguna cosa: *Sus planes han fallado.* RPr **Fallar a favor de/contra/en favor de:** *Fallaron a favor/en contra del acusado.*

fa·lle·ba [faʎéβa] *s/f* Dispositivo que cierra puertas o ventanas por medio de una varilla que se hace girar para que se enganche en algún tipo de sujeción que está en la otra hoja.

fa·lle·cer [faʎeθér] *v/intr* Morirse alguien, atenuando la fuerza de este verbo. CONJ *Irreg: Fallezco, fallecí, falleceré, fallecido.*

fa·lle·ci·mien·to [faʎeθimjéṇto] *s/m* Acción y efecto de fallecer.

fa·lle·ro, -a [faʎéro, -a] *adj* y *s/m,f* Perteneciente o relativo a las fallas de Valencia.

fa·lli·do, (-a) [faʎíðo, (-a)] **I.** *adj* Que ha sido un acto sin éxito, fracasado: *Esfuerzos fallidos.* **II.** *adj* y *s/m* COM Se aplica a las cantidades que no pueden cobrarse.

fa·llo [fáʎo] *s/m* **1.** Sentencia definitiva del juez o autoridad y pronunciamiento de ella: *El fallo era irrevocable.* **2.** Omisión o falta de algo en una serie de cosas iguales. **3.** Deficiencia o falta de calidad, corrección, etc.: *Este examen no tiene ni un fallo.*

fa·ma [fáma] *s/f* **1.** Opinión que la gente tiene de algo o de alguien: *Tiene fama de tacaño.* **2.** Prestigio o buena reputación de alguien: *Logró alcanzar la fama a los veinte años.* RPr **Fama de.**

fa·mé·li·co, -a [faméliko, -a] *adj* Se dice del que está muy hambriento.

fa·mi·lia [famílja] *s/f* **1.** Conjunto de personas que están emparentadas entre sí, incluyendo diversas generaciones y diversos grados de parentesco. **2.** Conjunto o núcleo formado por una pareja y sus hijos. **3.** Conjunto de personas que están unidas por un interés común: *La familia de los aficionados a la música.* LOC **En familia,** FIG en la intimidad.

fa·mi·liar [familjár] **I.** *adj* **1.** Perteneciente o relativo a la familia: *Un asunto familiar.* **2.** Se aplica a aquello que le resulta a alguien conocido o sabido: *Este sabor me es familiar.* **3.** Se aplica al lenguaje, estilo, trato, etc., que no es ceremonioso y que se parece al usado en familia: *Conversación de tono familiar.* **II.** *s/m,f* Pariente más o menos cercano a uno en la familia.

fa·mi·lia·ri·dad [familjariðáð] *s/f* Calidad de lo que es familiar.

fa·mi·lia·ri·zar [familjariθár] **I.** *v/tr* **1.** Hacer que alguien se acostumbre a algo: *Me ha familiarizado con la música barroca.* **2.** Hacer que algo se vuelva más familiar o usado, conocido, etc. RPr **Familiarizar(se) con.**
ORT La *z* cambia en *c* ante *e: Familiaricé.*

fa·mo·so, -a [famóso, -a] *adj* Se aplica al que o a lo que ha adquirido fama. RPr **Famoso por:** *Fue famoso por su ingenio.*

fá·mu·lo, -a [fámulo, -a] *s/m* Criado o sirviente de una casa.

fan [fán] *s/m,f* ANGL Se dice del que es muy aficionado o entusiasta admirador de alguna personalidad famosa: *Es un fan de los Beatles.*

fa·nal [fanál] *s/m* Farol grande que se coloca en los puertos con el fin de que sirva de señal o, simplemente, de iluminación.

fa·ná·ti·co, -a [fanátiko, -a] *adj* y *s/m,f* Se aplica al que es un apasionado defensor de una ideología, creencia, etc.

fa·na·tis·mo [fanatísmo] *s/m* Apasionamiento exagerado por alguna creencia o ideología.

fa·na·ti·zar [fanatiθár] *v/tr* Hacer que se vuelva fanático alguien.
ORT La *z* cambia en *c* ante *e: Fanaticé.*

fan·dan·go [faṇdáŋgo] *s/m* Baile antiguo español, con movimiento vivo y apasionado.

fan·dan·gui·llo [faṇdaŋgíʎo] *s/m* Baile popular, parecido al fandango, en compás de tres por ocho.

fa·ne·ga [fanéɣa] *s/f* **1.** Medida de capacidad para áridos, que es equivalente a 22,5 o a 55,5 litros, según la región. **2.** Medida de superficie agraria, que equivale en algunos lugares a unas 64 áreas.

fa·ne·ga·da [faneɣáða] *s/f* Fanega de tierra. LOC **A fanegadas,** FIG con gran abundancia.

fa·ne·ró·ga·mo, -a [faneróɣamo, -a] *adj* y *s/f* Se aplica a las plantas en las que el sistema de reproducción reside en la flor.

fan·fa·rria [faɱfárrja] *s/f* Conjunto de

instrumentos musicales que producen música muy ruidosa.

fan·fa·rrón, -na [faɱfarrón, -na] *adj* y *s/m,f* Se aplica al que gusta de aparentar ser más valiente, fuerte, etc., de lo que es.

fan·fa·rro·na·da [faɱfarronáða] *s/f* Acto o dicho propio del que es fanfarrón.

fan·fa·rro·ne·ar [faɱfarroneár] *v/intr* Hacer o decir fanfarronadas.

fan·fa·rro·ne·ría [faɱfarronería] *s/f* **1.** Calidad de fanfarrón. **2.** Dicho o hecho propio de un fanfarrón.

fan·go [fáŋgo] *s/m* **1.** Masa de consistencia viscosa que se forma al mezclarse el agua con tierra y algunos restos orgánicos. **2.** FIG Nombre que se da a una situación de deshonra o de oprobio: *Sumió a toda la familia en el fango.*

fan·go·so, -a [faŋgóso, -a] *adj* Que tiene fango o es de su consistencia.

fan·ta·se·ar [fan̪taseár] *v/tr, intr* Imaginar cosas propias de la fantasía.

fan·ta·sía [fan̪tasía] *s/f* **1.** Facultad que tiene la mente para poder crear cosas que no han existido o situaciones imposibles en el mundo real. **2.** Se aplica en las obras literarias a aquellos elementos que parecen alejarse más que los otros de la vida real: *Novelas de fantasía.* **3.** Imagen, escena, anécdota, etc., creada por la fantasía de alguien. **4.** *pl* FAM Cosas que alguien imagina como posibles, pero que son debidas al optimismo o carácter idealista del que las imagina: *¡Déjate ya de fantasías y vive en la realidad!* **5.** MÚS Composición que glosa o desarrolla los motivos o melodías sacados de otra. LOC **De fantasía,** se aplica a los objetos, y especialmente a las prendas de vestir, que son más adornados que los corrientes en su especie o clase: *Una blusa de fantasía.*

fan·ta·sio·so, -a [fan̪tasjóso, -a] *adj* Se dice del proyecto o idea que tiene mucha fantasía.

fan·tas·ma [fan̪tásma] *s/m* **1.** Nombre dado a las supuestas apariciones de seres no pertenecientes al mundo de los vivos. **2.** FIG FAM Persona de apariencia que no corresponde a la realidad y que presume de algo que no es: *Es un profesor fantasma: nunca aparece por la escuela.*

fan·tas·ma·da [fan̪tasmáða] *s/f* FAM Acción propia de alguien que es un fantasma **(2):** *Nos hizo la fantasmada de comprarse un coche de lujo.*

fan·tas·ma·go·ría [fan̪tasmaɣoría] *s/f* **1.** Arte de representar visiones por medio de ilusiones ópticas. **2.** FIG Figuración de los sentidos muy alejada de la realidad.

fan·tas·mal [fan̪tasmál] *adj* Perteneciente o relativo a los fantasmas.

fan·tas·món, -na [fan̪tasmón, -na] *adj* y *s/m,f* Se aplica al que gusta de aparentar algo que no es.

fan·tás·ti·co, -a [fan̪tástiko, -a] *adj* **1.** Perteneciente o relativo a la fantasía. **2.** FAM Que resulta muy impresionante por su belleza, magnitud, etc.: *Tiene una cabellera fantástica.*

fan·to·cha·da [fan̪totʃáða] *s/f* Acción propia de un fantoche **(3),** ridículo o falto de seriedad.

fan·to·che [fan̪tótʃe] *s/m* **1.** Figurilla o muñeco movido por medio de hilos con el que se representa una pantomima. **2.** FAM Persona que presenta un aspecto físico ridículo o que va vestido así. **3.** FIG FAM Persona que alardea de lo que no es.

fa·quir [fakír] *s/m* **1.** Asceta o santón hindú, que vive de forma muy austera. **2.** Artista de circo que realiza ejercicios de equilibrio.

fa·ra·dio [faráðjo] *s/m* Unidad de capacidad eléctrica equivalente a la producción de un voltio con la carga de un culombio.

fa·rán·du·la [farán̪dula] *s/f* Profesión de los cómicos o mundo en que se mueven.

fa·ra·ón [faraón] *s/m* Nombre dado al rey en el antiguo Egipto.

fa·raó·ni·co, -a [faraóniko, -a] *adj* **1.** Perteneciente o relativo a los faraones o a su época. **2.** Grandioso.

far·dar [farðár] *v/intr* FAM **1.** Presumir de algo. **2.** Ser algo, por su aspecto o parecer, motivo para darse faroladas alguien: *Ese coche farda mucho.* RPr **Fardar de.**

far·del [farðél] *s/m* **1.** Saco o talega que llevaban los caminantes para guardar comida, etc. **2.** Fardo o bulto.

far·do [fárðo] *s/m* Ropa u otra cosa, liado y apretado, formando un bulto bastante grande que se ha de transportar.

far·dón, -na [farðón, -na] *adj* FAM Se dice del que presume mucho.

far·fo·lla [farfóʎa] *s/f* **1.** Envoltura de las panojas del maíz, el mijo y el panizo. **2.** FIG Cosa de mucha apariencia y poca sustancia.

far·fu·llar [farfuʎár] *v/tr, intr* Hablar o decir algo de forma atropellada y balbuciente: *Farfulló unas protestas y se fue.*

fa·ri·ná·ceo, -a [farináθeo, -a] *adj* Que tiene el aspecto o la consistencia de la harina o que la contiene.

fa·rin·ge [faríŋxe] *s/f* ZOOL Porción del cuerpo que comunica la boca con el tubo digestivo.

fa·rín·geo, -a [faríŋxeo, -a] *adj* Perteneciente o relativo a la faringe.

fa·rin·gi·tis [fariŋxítis] *s/f* Inflamación de la faringe.

fa·ri·sai·co, -a [farisáiko, -a] *adj* **1.** Propio o característico de los fariseos. **2.** FIG Se aplica al que acostumbra a fingir.

fa·ri·saís·mo o **fa·ri·seís·mo** [farisaísmo/fariseísmo] *s/m* **1.** Cualidades, costumbres o conjunto de los fariseos. **2.** FIG Falsedad o hipocresía.

fa·ri·seo [fariséo] *s/m* **1.** Miembro de una antigua secta judía, la cual afectaba costumbres muy austeras, pero no practicaba una auténtica observancia de la religión. **2.** FIG Se aplica al que aparenta ser muy cumplidor o fiel a una ideología o religión y que en su vida privada no sigue tales preceptos.

far·ma·céu·ti·co, -a [farmaθéutiko, -a] *adj* Relativo a la farmacia.

far·ma·cia [farmáθja] *s/f* **1.** Ciencia que estudia las propiedades de las sustancias que se emplean como medicamentos y el modo de utilizarlas. **2.** Estudios que se realizan en una facultad universitaria y que facultan para el ejercicio de esta ciencia. **3.** Tienda en que se preparan y venden medicamentos.

fár·ma·co [fármako] *s/m* Medicamento.

far·ma·co·lo·gía [farmakoloxía] *s/f* Parte de los estudios de medicina que trata de los medicamentos.

far·ma·co·pea [farmakopéa] *s/f* Tratado que estudia las propiedades de las sustancias medicinales más usuales y cómo prepararlas.

fa·ro [fáro] *s/m* **1.** Farol de elevada potencia: *Los faros del tren.* **2.** Torre con una luz potente en lo alto, que sirve de guía a los navegantes.

fa·rol [faról] *s/m* **1.** Caja hecha de cristales en la que se pone una luz para que alumbre. **2.** TAUROM Lance de la corrida en que el torero echa la capa al toro y luego la hace girar por encima de la cabeza, acabando con ella sobre los hombros. **3.** FIG FAM Hecho o dicho que producen buen efecto o gran lucimiento, aunque generalmente no tengan gran valor. LOC **Marcarse/Tirarse un farol,** decir cosas que logran el lucimiento de uno, aunque sean falsas.

fa·ro·la [faróla] *s/f* Farol de luz de gas o eléctrico que se coloca en las calles para alumbrado público.

fa·ro·le·ar [faroleár] *v/intr* Echarse faroles **(3).**

fa·ro·le·ro, -a [faroléro, -a] **I.** *adj* y *s/m,f* FAM Se aplica al que gusta de presumir de lo que no es o lo que no tiene. **II.** *s/m* Hombre que fabrica o vende faroles.

fa·ro·li·llo [farolíʎo] *s/m* **1.** *dim* de *farol.* **2.** Farol que se usa en las verbenas o fiestas al aire libre y suele estar hecho de papeles de colores.

fa·rra [fárra] *s/f* FAM *(Estar/Ir de farra)* Juerga muy movida que se corre fuera de casa.

fá·rra·go [fárraγo] *s/m* Se aplica a la mezcla desordenada y confusa de cosas diversas y generalmente superfluas.

fa·rra·go·so, -a [farraγóso, -a] *adj* Se aplica a lo que es desordenado o confuso.

fa·rru·co, -a [farrúko, -a] *adj* y *s/m,f* FAM Se dice del que adopta una actitud valiente y bravucona ante algo.

far·sa [fársa] *s/f* **1.** Pieza de teatro que suele ser breve y cómica. **2.** FIG FAM Se dice de aquello que se simula o se dice para engañar a otro o de cualquier acto que resulta falso: *Aquellas elecciones fueron una farsa.*

far·san·te [farsáṇte] *adj* y *s/m,f* Se aplica a la persona que gusta de aparentar ser lo que no es o sentir lo que no siente.

fas·cí·cu·lo [fasθíkulo] *s/m* **1.** Cada una de las partes de una enciclopedia, libro, etc., que se van publicando separadamente. **2.** ANAT Haz de fibras musculares.

fas·ci·na·ción [fasθinaθjón] *s/f* Acción y efecto de fascinar(se).

fas·ci·na·dor, -ra [fasθinaðór, -ra] *adj* Que fascina: *Una mirada fascinadora.*

fas·ci·nan·te [fasθináṇte] *adj* Fascinador.

fas·ci·nar [fasθinár] *v/tr, intr* FIG Interesar algo vivamente a alguien o dejarse atraer éste por algún rasgo que actúa irresistiblemente sobre él: *Me fascinan los colores verdes.*

fas·cis·mo [fasθísmo] *s/m* Movimiento político y social de signo nacionalista y totalitario.

fas·cis·ta [fasθísta] *adj* y *s/m,f* Relativo al fascismo o partidario de él.

fa·se [fáse] *s/f* **1.** Cada uno de los estados o momentos por los que va pasando algo en un determinado proceso: *La inflación está en una fase estacionaria.* **2.** ELECTR Cada una de las corrientes alternas que originan una corriente polifásica.

fas·ti·diar [fastiðjár] *v/tr* Causar a alguien hastío, aburrimiento, disgusto o molestia.

fas·ti·dio [fastíðjo] *s/m* Sensación de malestar, disgusto o hastío, causada por algo o alguien.

fas·ti·dio·so, -a [fastiðjóso, -a] *adj* Que causa fastidio.

fas·to, -a [fásto, -a] **I.** *adj* LIT Se aplica al día, año, etc., de feliz memoria. **II.** *s/m* Esplendor o magnificencia.

fas·tos [fástos] *s/m, pl* Serie de acontecimientos ordenados cronológicamente, como en una historia.

fas·tuo·si·dad [fastwosiðáð] *s/f* Calidad de fastuoso.

fas·tuo·so, -a [fastwóso, -a] *adj* Que denota riqueza o lujo.

fa·tal [fatál] **I.** *adj* **1.** Perteneciente o relativo al hado o destino: *La muerte es el desenlace fatal de la vida.* **2.** Se aplica a aquello que es trágico o desgraciado: *Accidente fatal.* **3.** FAM Dícese de aquello que es malo o de mal gusto, etc.: *Nos dieron un postre fatal. La comedia era fatal.* **II.** *adv* FAM Muy mal: *Aquí huele fatal.*

fa·ta·li·dad [fataliðáð] *s/f* Calidad de lo que es fatal.

fa·ta·lis·mo [fatalísmo] *s/m* Doctrina según la cual todo sucede de modo ineludible por obra del destino.

fa·ta·lis·ta [fatalísta] *adj* y *s/m,f* **1.** Se aplica al que cree en el fatalismo. **2.** FAM Suele aplicarse al que adopta una postura negativa o pesimista ante la vida.

fa·tí·di·co, -a [fatíðiko, -a] *adj* FAM Se aplica a lo que pronostica sucesos funestos.

fa·ti·ga [fatíγa] *s/f* **1.** Cansancio que se experimenta después de un esfuerzo físico o mental. **2.** MEC Desgaste de las propiedades de un metal producido al someter a éste a frecuentes esfuerzos.

fa·ti·gar [fatiγár] **I.** *v/tr* Causar fatiga a alguien. **II.** REFL(SE) Sentirse cansado después de un esfuerzo.
ORT La *g* cambia en *gu* ante *e: Fatigué.*

fa·ti·go·so, -a [fatiγóso, -a] *adj* Que causa fatiga o cansancio: *Una tarea muy fatigosa.*

fa·tui·dad [fatwiðáð] *s/f* Calidad de fatuo.

fa·tuo, -a [fátwo, -a] *adj* y *s/m,f* Se aplica al que está lleno de presunción o vanidad o al que es necio.

fau·ces [fáuθes] *s/f, pl* ZOOL Parte posterior de la boca de los mamíferos, que llega hasta la faringe: *Las fauces del león.*

fau·na [fáuna] *s/f* Conjunto de las especies de animales que pueblan un país o región: *La fauna ibérica es muy variada.*

fau·no [fáuno] *s/m* Ser mitológico de los romanos, semidiós de campos y selvas.

faus·to, (-a) [fáusto, (-a)] **I.** *s/m* Magnificencia externa en los actos o ceremonias. **II.** *adj* LIT Se aplica a aquello que es causante de alegría o felicidad: *Con tan fausto motivo se reunieron para celebrarlo.*

fa·vor [faβór] *s/m* **1.** Ayuda que se presta a alguien para lograr algo: *Hazme el favor de ir a buscar el certificado.* **2.** Beneficio concedido a alguien de manera arbitraria: *Siempre están haciéndole favores.* **3.** Situación privilegiada en que alguien se encuentra en relación a un cargo importante: *Goza del favor del rey.* LOC **Por favor,** expresión usada para pedir algo: *¿Puedo pasar, por favor?* **A/En favor de,** en beneficio de: *Votaron a favor de los socialistas.*

fa·vo·ra·ble [faβoráβle] *adj* **1.** Que es propicio a determinada acción: *Hacía un viento favorable para la navegación a vela.* **2.** Aplicado a impresiones, actitudes, etc., que son optimistas: *Mi impresión es favorable.* RPr **Favorable a/para.**

fa·vo·re·cer [faβoreθér] **I.** *v/tr* **1.** Prestar una ayuda o favor a alguien: *No queremos favorecer a esta candidata.* **2.** Referido a prendas de vestir o a arreglos, que van o sientan bien a alguien: *Este sombrero te favorece.* **II.** REFL(SE) (Con *de*) Valerse o acogerse a alguien o a algo: *Se favorece de la situación.* RPr **Favorecerse de.**
CONJ *Irreg: Favorezco, favorecí, favoreceré, favorecido.*

fa·vo·ri·tis·mo [faβoritísmo] *s/m* Actitud o situación en la que se atiende antes al favor que al mérito o valor.

fa·vo·ri·to, -a [faβoríto, -a] **I.** *adj* Se aplica al que es preferido a los demás: *Es su nieta favorita.* **II.** *s/m,f* **1.** Se dice del que goza de gran influencia del rey o de alguien importante. **2.** *f* Se aplicaba a la mujer que era amante del rey o de algún noble. **3.** En los concursos, competiciones etc., se aplica al que se considera posible ganador: *El caballo número 5 es el favorito.*

faz [fáθ] *s/f* **1.** LIT Nombre que se da a la cara o rostro: *Con la faz taciturna.* **2.** Cara principal en las monedas o en los objetos de forma similar.
ORT *Pl: Faces.*

fe [fé] *s/f* **1.** Confianza en algo o alguien, que no necesita de pruebas para ser sentida: *Tengo fe en los médicos.* **2.** En la religión cristiana, es una de las tres virtudes teologales. **3.** Conjunto de las creencias que constituyen la base de una religión: *Abrazó la fe católica.* **4.** *(Dar...)* Palabra que se da a alguien de que una cosa es cierta: *Doy fe de que ella no lo hizo.* **5.** Documento en el que se acredita que algo es verdadero o auténtico: *Tengo una fe de bautismo.* LOC **De buena fe,** *1.* Con buena intención: *Lo hice de buena fe.* *2.* Ingenuamente. **De mala fe,** con mala intención.
Fe de erratas, lista de ellas que suele apa-

recer en los libros que las tienen al final del texto.

feal·dad [fealdáð] *s/f* Calidad de feo.

fe·bre·ro [feβréro] *s/m* Segundo mes del año en nuestro calendario.

fe·brí·fu·go, (-a) [feβrífuɣo, (-a)] *adj* y *s/m* Se aplica al medicamento que elimina la fiebre.

fe·bril [feβríl] *adj* **1.** Perteneciente o relativo a la fiebre o que la tiene: *Un acceso febril.* **2.** FIG Se aplica al acto o a la persona que demuestra excesiva actividad, ardor, etc.: *Una actividad/Una mente febril.*

fe·cal [fekál] *adj* Perteneciente o relativo a las heces.

fé·cu·la [fékula] *s/f* Sustancia blanca que se encuentra en las semillas, tubérculos y raíces de muchas plantas y es convertible en harina para la alimentación.

fe·cu·len·to, -a [fekulénto, -a] *adj* Que contiene principalmente fécula.

fe·cun·da·ción [fekundaθjón] *s/f* Acción y efecto de fecundar.

fe·cun·dar [fekundár] *v/tr* **1.** BIOL Unirse el elemento reproductor masculino al óvulo femenino y dar origen a un nuevo ser. **2.** Hacer que algo sea fecundo o fértil: *El Nilo fecunda sus orillas una vez al año.*

fe·cun·di·dad [fekundiðáð] *s/f* Calidad de fecundo.

fe·cun·di·za·ción [fekundiθaθjón] *s/f* Acción de fecundizar.

fe·cun·di·zar [fekundiθár] *v/tr* Hacer que algo sea fecundo.
ORT La *z* cambia en *c* ante *e: Fecundicé.*

fe·cun·do, -a [fekúndo, -a] *adj* **1.** Que es capaz de fecundar o de ser fecundado: *Una mujer fecunda.* **2.** FIG Se dice de aquello capaz de producir algo o de aquel que posee dotes de creación: *Tiene una mente muy fecunda.* RPr **Fecundo de/en:** *Fecundo de palabras. Fecundo en recursos.*

fe·cha [fétʃa] *s/f* **1.** Nombre de un día determinado: *En aquella fecha yo tenía diez años.* **2.** *pl* Tiempo o época de duración variable: *Aquellas fechas fueron trágicas.* LOC **Hasta la fecha,** hasta el día de hoy.

fe·char [fetʃár] *v/tr* **1.** Poner la fecha en un escrito, documento, etc. **2.** Determinar a qué fecha pertenece un hallazgo arqueológico, artístico, etc., o también un hecho histórico: *Fechó esta batalla en 1212.*

fe·cho·ría [fetʃoría] *s/f* Acción perversa o con destrozos y destrucción que perjudica a alguien.

fe·de·ra·ción [feðeraθjón] *s/f* **1.** Acción de federar(se). **2.** Organismo, entidad, estado, etc., resultante de esta acción.

fe·de·ral [feðerál] **I.** *adj* Perteneciente a la federación o resultante de ella: *Un Estado federal.* **II.** *adj* y *s/m* Se aplica al partidario del federalismo.

fe·de·ra·lis·mo [feðeralísmo] *s/m* **1.** Sistema que propugna la federación entre países. **2.** Doctrina de este sistema.

fe·de·ra·lis·ta [feðeralísta] **I.** *adj* y *s/m,f* Se aplica al partidario del federalismo. **II.** *adj* Federativo.

fe·de·rar [feðerár] *v/tr* Unir diversos países, entidades, organismos, etc., de forma que tengan una autoridad superior común a todos ellos, así como unos servicios o funciones comunes.

fe·de·ra·ti·vo, -a [feðeratíβo, -a] *adj* Que pertenece a la federación.

fe·ha·cien·te [feaθjénte] *adj* **1.** DER Que en un juicio sirve de prueba incontestable. **2.** Se aplica también a las pruebas o testimonios cuando son indudables.

fel·des·pa·to [feldespáto] *s/m* Nombre dado a los minerales compuestos de silicato de sodio, alúmina, potasio, calcio y magnesio o algún óxido de hierro, que tienen un color blancuzco, amarillento o rojizo.

fe·li·ci·dad [feliθiðáð] *s/f* Estado de ánimo producido por el logro de lo que se desea.

fe·li·ci·ta·ción [feliθitaθjón] *s/f* **1.** Acción de felicitar(se). **2.** Escrito o tarjeta que se envía a alguien para felicitarle.

fe·li·ci·tar [feliθitár] *v/tr* Expresar a alguien el sentimiento de complacencia por algo feliz que le ha ocurrido o el deseo de que le suceda algo feliz: *Te felicito por tu éxito.* RPr **Felicitarse de. Felicitar por.**

fé·li·do, -a [féliðo, -a] *adj* y *s/m,f* ZOOL Se aplica al mamífero carnívoro digitígrado, de uñas agudas y retráctiles y cabeza redondeada y hocico corto, patas anteriores con cinco dedos y posteriores con cuatro, como, *por ej,* el león o el gato.

fe·li·grés, -sa [feliɣrés, -sa] *s/m,f* Nombre que se da a los fieles de una parroquia.

fe·li·gre·sía [feliɣresía] *s/f* Conjunto de los feligreses de una parroquia.

fe·li·no, -a [felíno, -a] *adj* y *s/m,f* Perteneciente o relativo al gato o parecido a él.

fe·liz [felíθ] *adj* **1.** Se aplica al que está en posesión de la felicidad. **2.** Se dice de lo que transcurre sin ningún incidente malo o desagradable: *Un viaje muy feliz.*
ORT *Pl: Felices.*

fe·lón, -na [felón, -na] *adj* y *s/m,f* Que es persona traidora o desleal.

fe·lo·nía [felonía] *s/f* Acto de un felón.

fel·pa [félpa] *s/f* Tela semejante al terciopelo, que tiene el pelo más largo que éste; puede ser de seda, algodón, etc.

fel·pu·do, (-a) [felpúðo, (-a)] **I.** *s/m* Esterilla que se coloca a la entrada de las casas para poder limpiarse en ella los zapatos antes de entrar. **II.** *adj* Que es parecido a la felpa o que la contiene.

fe·me·ni·no, -a [femeníno, -a] **I.** *adj* **1.** Perteneciente al sexo receptor o propio de él. **2.** Se aplica al ser dotado de órganos de reproducción femeninos, o sea, el óvulo u órgano que ha de ser fecundado en la creación de un nuevo ser. **II.** *s/m* GRAM Género de las palabras que expresan nombres de animales hembras o de mujeres, o bien nombres que no pertenezcan ni al género masculino ni al neutro.

fe·mi·ni·dad [feminiðáð] *s/f* Calidad de lo femenino.

fe·mi·nis·mo [feminísmo] *s/m* Doctrina o tendencia que considera a la mujer con igualdad de derechos que el hombre.

fe·mi·nis·ta [feminísta] *adj* y *s/m,f* Relativo al feminismo o partidario de él.

fe·mo·ral [femorál] *adj* ZOOL Perteneciente o relativo al fémur.

fé·mur [fémur] *s/m* Hueso del muslo.

fe·ne·cer [feneθér] *v/intr* **1.** Morir, generalmente aplicado a las muertes violentas. **2.** Acabarse o tener fin algo: *Los buenos tiempos han fenecido.*
CONJ *Irreg: Fenezco, fenecí, feneceré, fenecido.*

fe·ne·ci·mien·to [feneθimjéņto] *s/m* Acción y efecto de fenecer.

fe·ni·cio, -a [feníθjo, -a] *adj* y *s/m,f* Relativo a Fenicia o natural de ella.

fé·ni·co [féniko] *adj* QUÍM Se aplica al ácido orgánico que se extrae de la hulla.

fé·nix [féni(k)s] *s/m* **1.** Ave fabulosa, de la cual se asegura que renace de sus cenizas cada vez que muere. **2.** FIG Se aplica a aquel que excede en méritos o fama a los de su especie: *El fénix de los ingenios.*

fe·nol [fenól] *s/m* Cuerpo sólido que se extrae de la destilación de aceites de alquitrán; se emplea como desinfectante o como antiséptico en medicina.

fe·no·me·nal [fenomenál] *adj* **1.** FAM Se aplica a lo que excede de las dimensiones normales en su especie: *Un susto fenomenal.* **2.** FAM Dícese de lo que resulta de excelente calidad: *Una tarde fenomenal.*

fe·nó·me·no [fenómeno] **I.** *s/m* **1.** FIL Manifestación de una cosa en el orden material. **2.** Manifestación de actividad que se da en la naturaleza terrestre: *La sequía es un fenómeno habitual en España.* **3.** FIG FAM Persona o cosa que sobresale en su categoría, profesión, etc.: *Esta pianista es un fenómeno.* **II.** *adv* FAM De forma estupenda o extraordinaria: *Lo pasamos fenómeno.*

fe·no·me·no·lo·gía [fenomenoloxía] *s/f* Ciencia que aspira al conocimiento filosófico de las cosas, en sus esencias puras, partiendo de los fenómenos físicos y psíquicos, en todas sus manifestaciones.

fe·no·me·no·ló·gi·co, -a [fenomenolóxiko, -a] *adj* Perteneciente o relativo a la fenomenología.

fe·no·ti·po [fenotípo] *s/m* BIOL Conjunto de factores hereditarios que cada individuo de una especie determinada posee y cuya aparición viene condicionada por la existencia de los genes.

feo, -a [féo, -a] *adj* **1.** Se aplica a lo que o al que carece de belleza o que causa una impresión desagradable a la vista: *Un rostro feo.* **2.** Referido a acción, que es poco honrada o considerada: *Fue muy feo lo que hiciste con tus vecinos.* **3.** FIG Puede indicar, referido a situación, que no es favorable: *La cosa se está poniendo fea.*

fe·ra·ci·dad [feraθiðáð] *s/f* Calidad de feraz.

fe·raz [feráθ] *adj* Se aplica a la tierra que da mucho fruto.
ORT *Pl: Feraces.*

fé·re·tro [féretro] *s/m* Caja en que se pone a un muerto para enterrarlo.

fe·ria [férja] *s/f* **1.** Mercado al aire libre que se celebra en una población, generalmente en fecha fija cada año: *La feria del libro.* **2.** Se aplica igualmente a los festejos que se celebran conjuntamente con el mercado y que, en algunos casos, se hacen sin que haya mercado: *Las ferias de San Isidro.*

fe·rial [ferjál] *adj* Perteneciente o relativo a las ferias.

fe·rian·te [ferjáņte] *adj* y *s/m,f* Se aplica al que concurre a una feria para vender o comprar en ella.

fe·riar [ferjár] **I.** *v/tr* Comprar en la feria alguna cosa: *Ferió un caballo para la granja.* **II.** *v/intr* Suspender el trabajo y hacer fiesta algunos días.

fer·men·ta·ble [fermeņtáβle] *adj* Que es capaz de fermentar.

fer·men·ta·ción [fermeņtaθjón] *s/f* Acción y efecto de fermentar.

fer·men·tar [fermeņtár] *v/intr* **1.** Experimentar una sustancia orgánica un proceso químico, el cual produce en ella alteraciones importantes; iniciado por la acción de un fermento. **2.** FIG Producirse cierta excitación o malestar en los ánimos de la gente.

fer·men·to [ferménto] *s/m* Sustancia o agente que, al ponerse en contacto con algo, hace que éste fermente.

fer·nan·di·no, -a [fernandíno, -a] *adj* y *s/m,f* Perteneciente o relativo a Fernando VII o partidario de él.

fe·ro·ci·dad [feroθiðáð] *s/f* Calidad o condición de feroz.

fe·ro·do [feróðo] *s/m* Nombre de marca dado a un material formado por fibras de amianto y por hilos metálicos, usado para forrar las zapatas de los frenos.

fe·roz [feróθ] *adj* **1.** Se aplica al animal salvaje que ataca, hiere y mata a otro o al hombre. **2.** FIG FAM Se dice de aquello que es muy grande o exagerado y, por tanto, suele ser causa de terror o daño: *Un hombre feroz.*

fé·rreo, -a [férreo, -a] *adj* **1.** De hierro o parecido a él: *La vía férrea.* **2.** FIG Se aplica al carácter, etc., duro, tenaz: *Tiene una voluntad férrea.*

fe·rre·ría [ferrería] *s/f* **1.** Taller donde se trabaja el mineral de hierro. **2.** *pl* Conjunto de instalaciones en donde se trabaja en esto: *Las ferrerías vascas.*

fe·rre·te·ría [ferretería] *s/f* Establecimiento en el que se venden herramientas u objetos de hierro para ser utilizados por carpinteros, herreros, etc.

fé·rri·co, -a [férriko, -a] *adj* QUÍM Se aplica a las combinaciones de hierro en las que el cuerpo con que se combina está en la proporción máxima posible.

fe·rro·ca·rril [ferrokarríl] *s/m* **1.** Vía férrea. **2.** Medio de transporte de viajeros o de mercancía, que consiste en el uso de trenes que circulan sobre carriles.

fe·rro·so, -a [ferróso, -a] *adj* Que es de hierro o que lo contiene.

fe·rro·via·rio, -a [ferroβjárjo, -a] **I.** *adj* Relativo a los ferrocarriles: *La red ferroviaria española.* **II.** *s/m,f* Persona empleada de una compañía ferroviaria.

fe·rru·gí·neo, -a o **fe·rru·gi·no·so, -a** [ferruxíneo, -a/ferruxinóso, -a] *adj* Que contiene hierro.

fér·til [fértil] *adj* Que produce abundantes frutos: *Un campo fértil. Un año fértil en tragedias.* RPr **Fértil en.**

fer·ti·li·dad [fertiliðáð] *s/f* Calidad de fértil.

fer·ti·li·za·ción [fertiliθaθjón] *s/f* Acción y efecto de fertilizar.

fer·ti·li·zan·te [fertiliθánte] *adj* y *s/m* Se aplica a lo que sirve para fertilizar.

fer·ti·li·zar [fertiliθár] *v/tr* Preparar la tierra para que produzca frutos, etc., incorporando a ella diferentes sustancias. ORT La *z* se convierte en *c* ante *e: Fertilicé.*

fé·ru·la [férula] *s/f* **1.** Tablilla de madera que usaban en la escuela para castigar a los alumnos golpeándoles con ella en las palmas de las manos. **2.** FIG Autoridad o poder despótico bajo el que está alguien: *La pobre está bajo la férula de su padre.*

fér·vi·do, -a [férβiðo, -a] *adj* LIT **1.** Que hierve. **2.** Se aplica al sentimiento, pasión, etc., muy ardiente: *Un férvido amor.*

fer·vien·te [ferβjénte] *adj* Se aplica a la persona o a sus sentimientos cuando son fervorosos.

fer·vor [ferβór] *s/m* **1.** FIG Eficacia con que se desempeña una labor: *Se entrega al trabajo con fervor.* **2.** FIG Se aplica a la piedad o devoción religiosas cuando son intensas.

fer·vo·ro·so, -a [ferβoróso, -a] *adj* Que hace las cosas con fervor.

fes·te·jar [festexár] **I.** *v/tr* **1.** Celebrar algún acontecimiento con fiestas. **2.** Ofrecer obsequios o festejos a alguien: *La festejaron con motivo de su jubilación.* **II.** *v/intr* Cortejar, estar una pareja en un trato amoroso.

fes·te·jo [festéxo] *s/m* **1.** Acción y efecto de festejar. **2.** *pl* Celebraciones públicas con motivo de alguna fiesta local, etc.

fes·tín [festín] *s/m* **1.** Celebración de algo, acompañada de comida y agasajo. **2.** Comida espléndida.

fes·ti·val [festiβál] *s/m* **1.** Fiesta, especialmente la que es musical. **2.** ANGL Celebración de un certamen, *por ej,* de películas cinematográficas.

fes·ti·vi·dad [festiβiðáð] *s/f* Día que se declara festivo por algún motivo religioso, político, etc.

fes·ti·vo, -a [festíβo, -a] *adj* **1.** Perteneciente o relativo a las fiestas: *Un día festivo.* **2.** Perteneciente o relativo al humor o a la broma: *Nos habló en tono festivo.*

fes·tón [festón] *s/m* Bordado de remate que se hace con puntadas que forman una especie de nudo por la parte exterior del adorno.

fes·to·nar [festonár] *v/tr* Festonear.

fes·to·ne·ar [festoneár] *v/tr* Poner festones a algo.

fe·tal [fetál] *adj* Relativo al feto.

fe·ti·che [fetítʃe] *s/m* **1.** Ídolo o cualquier objeto venerado en las culturas primitivas. **2.** FIG Se dice de los objetos a los que se tiene un aprecio especial por creer que traen suerte o por alguna otra razón.

fe·ti·chis·mo [fetitʃísmo] *s/m* **1.** Veneración de los fetiches. **2.** FIG Culto exagerado a alguien o a algo que representan un valor, una importancia determinada, etc.

fe·ti·chis·ta [fetitʃísta] *adj* y *s/m,f* Se aplica a lo perteneciente o relativo al fetichismo o al que es adepto a él.

fe·ti·dez [fetiðéθ] *s/f* Cualidad de fétido.

fé·ti·do, -a [fétiðo, -a] *adj* Que despide muy mal olor.

fe·to [féto] *s/m* **1.** ZOOL Embrión de los vivíparos, desde el momento de la concepción hasta el del parto. **2.** FIG Persona o ser deforme o monstruoso.

feu·dal [feuðál] *adj* Perteneciente o relativo a los feudos o al feudalismo.

feu·da·lis·mo [feuðalísmo] *s/m* Sistema de gobierno y de organización de la propiedad basado en el feudo.

feu·do [féuðo] *s/m* **1.** Tributo o cargas con cuya condición se realizaba el feudo. **2.** Territorio o dignidad que se concede en feudo.

fez [féθ] *s/m* Gorro de fieltro rojo, como un cono truncado, que llevan los moros y llevaban los turcos.

fia·bi·li·dad [fjaβiliðáð] *s/f* Calidad de fiable.

fia·ble [fiáβle] *adj* Que es digno de confianza.

fia·dor, -ra [fjaðór, -ra] *adj* y *s/m,f* **1.** Se aplica al que vende algo al fiado. **2.** Se dice del que responde de la seguridad de pago de otro: *Salió fiador por nosotros.*

fiam·bre [fiámbre] *adj* y *s/m* **1.** Se aplica al alimento que se cocina y se prepara para comerlo más tarde, una vez frío. **2.** FIG FAM Cadáver.

fiam·bre·ra [fjambréra] *s/f* Cacerola con una tapa que ajusta muy bien, en la que se lleva comida para un viaje, excursión, etc.

fian·za [fiánθa] *s/f* **1.** Prenda, generalmente dinero, que se deja depositada como garantía del cumplimiento de una obligación. **2.** DER La que deposita alguien que está pendiente de juicio para poder estar en libertad mientras tanto.

fiar [fiár] **I.** *v/tr* **1.** Garantizar alguien que otro cumplirá con su obligación, prestándose a pagar él en caso de que éste no cumpla. **2.** Vender algo sin cobrar inmediatamente su importe. **II.** *v/intr* Vender al fiado: *En esta tienda no fían a nadie.* **III.** REFL(SE) (Con *de*) Tener alguien depositada su confianza en algo o alguien: *Yo me fío de los amigos.* LOC **Ser alguien o algo de fiar,** merecer alguien o algo toda la confianza por sus cualidades. RPr **Fiarse de.** ORT El acento recae sobre la *i* en el *sing* y *3.ª p* del *pl* del *pres* de *indic* y *subj: Fío, fía, fíen,* etc.

fias·co [fiásko] *s/m* Resultado malo o decepcionante: *La fiesta fue un fiasco.*

fi·bra [fíβra] *s/f* **1.** Cada una de las hebras o filamentos que constituyen un tejido orgánico vegetal, animal o artificial. **2.** FIG Capacidad de desenvolverse con energía: *Este chico tiene fibra, llegará lejos.*

Fibra de vidrio, vidrio en forma de filamentos; se usa en la industria como aislante térmico y para otros fines.

fi·bri·na [fiβrína] *s/f* QUÍM Sustancia albuminoidea, disuelta en la sangre, linfa, etc., que es producida por la coagulación de otra sustancia también albuminoidea.

fi·bro·ma [fiβróma] *s/m* MED Tumor formado por tejido fibroso.

fi·bro·so, -a [fiβróso, -a] *adj* Que está formado por fibras.

fic·ción [fi(k)θjón] *s/f* **1.** Acción y efecto de fingir o simular. **2.** En literatura se da a veces este nombre al relato de creación: *Una ficción novelesca.*

fic·ti·cio, -a [fiktíθjo, -a] *adj* Que es inventado o fingido.

fi·cha [fítʃa] *s/f* **1.** Pequeña pieza de un material duro que se utiliza con diversos fines: para introducirla en máquinas automáticas, como dinero en los casinos, etc. **2.** Se da este nombre a la pieza del juego de dominó. **3.** Hoja de papel o cartulina, usada para consignar en ella ciertos datos pertenecientes a una persona, libro, etc., y que se archiva en un fichero.

fi·cha·je [fitʃáxe] *s/m* Acción y efecto de fichar un club deportivo a un jugador nuevo.

fi·char [fitʃár] **I.** *v/tr* **1.** Anotar en una ficha lo necesario acerca de una persona o cosa: *¿Has fichado este libro?* **2.** DEP Contratar un club deportivo a un nuevo jugador. **II.** *v/intr* Introducir una ficha de control laboral en la máquina correspondiente: *Esta mañana he llegado tarde y han fichado por mí.*

fi·che·ro [fitʃéro] *s/m* Caja o mueble adecuado para contener fichas ordenadamente.

fi·de·dig·no, -a [fiðeðíγno, -a] *adj* Que es digno de fe o de crédito.

fi·dei·co·mi·so [fiðeikomíso] *s/m* DER Disposición testamentaria según la cual alguien deja a otro determinados bienes con el fin de que disponga de ellos de la forma que se le pide que lo haga.

fi·de·li·dad [fiðeliðáð] *s/f* **1.** Calidad de fiel. **2.** Perfección en la reproducción de algo, especialmente referido a sonidos: *Equipo musical de alta fidelidad.*

fi·deo [fiðéo] *s/m* Clase de pasta alimenticia, hecha de harina de trigo, que tiene forma de filamentos; se usa para sopas y otros platos.

fi·du·cia·rio, -a [fiðuθjárjo, -a] *adj* y *s/m,f* **1.** Se aplica a aquel a quien el testador manda transmitir los bienes a otra persona. **2.** Se dice de lo que en finanzas depende del crédito que se le dé, no del valor que tiene, como, *por ej,* los billetes de banco: *De circulación fiduciaria.*

fie·bre [fjéβre] *s/f* **1.** MED Elevación anormal de la temperatura del cuerpo, que suele ser síntoma de alguna enfermedad. **2.** Aumento anormal de determinada actividad: *La fiebre del oro.*
Fiebre amarilla, enfermedad tropical, caracterizada por ictericia y nefritis, que solía causar graves epidemias.
Fiebre cuartana, la que se repite cada cuatro días.
Fiebre de Malta, la que es muy intensa, de larga duración y con grandes sudores.
Fiebre intermitente, la que alterna con períodos no febriles.
Fiebre palúdica, la producida por la picadura de un mosquito propio de los terrenos pantanosos.
Fiebre tifoidea, enfermedad infecciosa intestinal que puede producir lesiones internas de gravedad.

fiel [fjél] **I.** *adj* **1.** Se aplica al que corresponde debidamente a afectos como la amistad, el amor, etc., que otros sienten hacia él: *Una sirvienta fiel.* **2.** Se dice de lo que reproduce exactamente otra cosa: *Un fiel retrato de su madre.* **II.** *s/m* **1.** Nombre que se da al cristiano que practica la religión. **2.** FIG Persona que suele acompañar a alguien: *Allá iba ella con sus fieles.* **3.** Aguja que en las balanzas o romanas se pone vertical o en el justo medio de la caja cuando el peso de cada platillo es idéntico. RPr **Fiel a/con/para/para con:** *Fiel a su patria. Fiel con/para (con) los amigos.*

fiel·tro [fjél̪tro] *s/m* Material similar a un paño, hecho de borra, lana o pelo prensados.

fie·ra [fjéra] **I.** *s/f* **1.** ZOOL Mamífero carnicero de cuatro patas, como el tigre, etc., cruel y carnicero. **2.** FIG Persona de gran crueldad o vileza. **II.** *s/m* FAM *(Estar hecho un...)* Se aplica al que emprende una tarea con gran ímpetu. LOC **Ponerse hecho una fiera,** ponerse furioso.

fie·re·za [fjeréθa] *s/f* Calidad de fiero.

fie·ro, -a [fjéro, -a] *adj* **1.** Por oposición al que es domesticado, se aplica al animal salvaje o sin domesticar. **2.** Se dice del animal que ataca ferozmente a los otros. **3.** FIG Se dice de la persona cruel para con el prójimo.

fies·ta [fjésta] *s/f* **1.** Celebración o acto conmemorativo que reúne a gente y que da ocasión a bailes o cualquier tipo de regocijo: *La fiesta de carnaval.* **2.** Día en que se conmemora o celebra algún aniversario, hecho religioso o civil, militar, etc. **3.** *pl (Hacer...)* Caricia, obsequio, etc., que se hace para ganar la voluntad de alguien. LOC **No estar alguien para fiestas,** estar alguien de muy mal humor y no estar dispuesto a sufrir bromas o regocijos.

fies·te·ro, -a [fjestéro, -a] *adj* y *s/m,f* Amigo o aficionado a las fiestas.

fi·gu·ra [fiɣúra] *s/f* **1.** Forma exterior de un cuerpo por la que es distinguible de lo demás. **2.** Cualquier cosa que se dibuja en representación de otra, pero especialmente los cuerpos de hombres o animales: *Dibujó una figura un poco abstracta.* **3.** FIG Persona importante en la sociedad por sus méritos, su cuna, etc.: *Las grandes figuras del arte contemporáneo.*
Figura retórica, combinación estilística al hablar o escribir que introduce una variación en la norma, añadiendo una mayor expresividad o mayor efecto a lo dicho o escrito.

fi·gu·ra·ción [fiɣuraθjón] *s/f* Acción y efecto de figurar o de figurarse algo.

fi·gu·ra·do, (-a) [fiɣuráðo, (-a)] *adj* Se aplica al lenguaje, a la palabra o giro, cuando son usados en sentido distinto al originario, gracias a asociaciones de ideas o significados.

fi·gu·rar [fiɣurár] **I.** *v/tr* Representar o simular algo: *Estas líneas figuran las vallas del jardín.* **II.** *v/intr* **1.** Estar incluido en una lista, enumeración, etc.: *No figuran entre mis preferidos.* **2.** Representar cierto papel o función. **3.** Ser tenido por importante, influyente, etc.: *Ellos figuran mucho en la empresa.* III. REFL(SE) Imaginarse o creerse una cosa determinada: *Se figuró que iba a ganar el premio.*

fi·gu·ra·ti·vo, -a [fiɣuratíβo, -a] *adj* Que representa o figura algo, aplicado en especial a las obras de arte.

fi·gu·rín [fiɣurín] *s/m* **1.** Figura humana que se dibuja para hacer modelos o mostrar adornos de moda. **2.** FIG Persona que se viste muy a la moda y tiene aspecto ridículo.

fi·gu·rón, -na [fiɣurón, -na] *s/m,f* FAM Persona que aparenta ser más importante, rico, etc., de lo que es.

fi·ja·ción [fixaθjón] *s/f* Acción y efecto de fijar(se).

fi·ja·do [fixáðo] *s/m* Operación de fijar una fotografía.

fi·ja·dor, (-ra) [fixaðór, -ra] **I.** *adj* Se aplica a lo que fija o sirve para fijar. **II.**

s/m Líquido que sirve para fijar fotografías o dibujos.

fi·jar [fixár] **I.** *v/tr* **1.** Sujetar, poner una cosa fija en un lugar: *Fijó una estaca en el suelo.* **2.** Determinar o establecer con precisión o definitivamente el precio, cuantía, etc., de algo: *Fijaron el precio de compra en dos millones.* **3.** QUÍM, FOT Por medio de líquidos o sustancias, hacer que algo sea fijo. **II.** REFL(SE) **1.** (Con *en*) Quedarse algo fijo en algún lugar. **2.** (Con *en*) Reparar en algo o fijar la atención en ello: *Se fijó en la ropa que llevábamos.* **3.** Poner atención, esmero o cuidado en algún trabajo, actividad, etc.: *Conduces sin fijarte.* RPr **Fijar a/con/en:** *Lo fijó a la pared. Lo fijó con chinchetas. Lo fijó en el tablón de anuncios.* **Fijarse en.**

fi·je·za [fixéθa] *s/f* Calidad de fijo.

fi·jo, -a [físo, -a] *adj* **1.** Que está sujeto o fijado con firmeza. **2.** Que es permanente o insistente: *Con la mirada fija en la distancia.* **3.** Que no cambia: *Tiene residencia fija.* LOC **De fijo,** con seguridad: *No lo sé de fijo.* RPr **Fijo a/en:** *Fijo a la pared.*

fi·la [fíla] *s/f* **1.** Línea que forman personas o cosas ordenadas una detrás de otra. **2.** MIL *pl* Nombre que se da colectivamente al ejército: *Se incorporó a filas en julio.* **3.** *pl* FIG Bando o facción de cualquier tipo: *Militaba en las filas del separatismo.* LOC **¡Rompan filas!,** entre militares, orden para deshacer las filas. **En fila india,** de uno en uno.

fi·la·men·to [filaménto] *s/m* Nombre que se da al hilo de cualquier materia.

fi·la·men·to·so, -a [filamentóso, -a] *adj* Que tiene filamentos.

fi·lan·tro·pía [filantropía] *s/f* Cualidad de filántropo.

fi·lan·tró·pi·co, -a [filantrópiko, -a] *adj* Perteneciente o relativo a la filantropía.

fi·lán·tro·po, -a [filántropo, -a] *s/m,f* Se dice del hombre que es amante del prójimo y que se dedica a obras que benefician a éste.

fi·lar·mo·nía [filarmonía] *s/f* Afición a la música y a todo lo relacionado con ella.

fi·lar·mó·ni·co, (-a) **[filarmóniko, (-a)]** **I.** ***adj* y *s/m,f* Se aplica al que es apasionado** por la música. **II.** *s/f* Gran orquesta sinfónica.

fi·la·te·lia [filatélja] *s/f* Conocimiento de los sellos de correos y afición a coleccionarlos.

fi·la·té·li·co, -a [filatéliko, -a] *adj* Perteneciente o relativo a la filatelia.

fi·le·te [filéte] *s/m* **1.** ARQ Miembro de moldura, el más delgado de todos, en forma de lista larga y estrecha. **2.** Entre las piezas de carne para el consumo se da este nombre a la que se extrae del solomillo. **3.** Trozo de pescado sin espinas, preparado para comer como un filete de carne.

fil·fa [fílfa] *s/f* Noticia o dato falso.

fi·lia·ción [filjaθjón] *s/f* **1.** Acción y efecto de filiar. **2.** Relación de procedencia o dependencia que algo o alguien tiene con respecto a otro: *Filiación de origen sospechoso.* **3.** Datos o señas personales que se registran en un documento o ficha.

fi·lial [filjál] **I.** *adj* Perteneciente o relativo a los hijos: *Amor filial.* **II.** *s/f* Establecimiento, iglesia, etc., que depende de otro más importante que él: *Esta empresa no tiene filiales.*

fi·liar [filjár] *v/tr* Tomar los datos de alguien para archivarlos en un registro (especialmente la policía).

fi·li·bus·te·ris·mo [filiβusterísmo] *s/m* FIG FAM En política se aplica a la táctica tendente a impedir o retardar los acuerdos.

fi·li·bus·te·ro [filiβustéro] *s/m* Se decía de ciertos piratas del s. XVII que asolaban las costas del mar de las Antillas.

fi·li·for·me [filifórme] *adj* Que es de forma o de apariencia de hilo.

fi·li·gra·na [filiγrána] *s/f* **1.** Trabajo o labor de orfebrería en los que el dibujo se hace con hilos de oro y plata. **2.** FIG Cosa muy bien trabajada o exquisitamente acabada.

fi·lí·pi·ca [filípika] *s/f* Invectiva violenta contra alguien.

fi·li·pi·no, -a [filipíno, -a] *adj* y *s/m,f* Perteneciente o relativo a las Filipinas o natural de ellas.

fi·lis·teo, -a [filistéo, -a] *adj* y *s/m,f* **1.** Se aplica al que era de una tribu enemiga de los israelitas. **2.** FIG Se aplica al que es poco refinado o civilizado.

film o **fil·me** [fílm(e)] *s/m* Película cinematográfica.
ORT *Pl: Films* o *filmes.*

fil·ma·ción [filmaθjón] *s/f* Acción y efecto de filmar.

fil·mar [filmár] *v/tr, intr* Impresionar una película cinematográfica con escenas, vistas, etc., pertenecientes a un filme.

fil·mo·gra·fía [filmoγrafía] *s/f* Conjunto de filmes realizados por un director, productora, actor, etc.

fil·mo·te·ca [filmotéka] *s/f* Local en que se archivan una serie de filmes y en el cual suele ser posible exhibirlos.

fi·lo [fílo] *s/m* Arista aguda o borde cortante de algún objeto o instrumento: *El* *filo de la navaja.* LOC **Al filo de la medianoche,** exactamente a esa hora. **Ser un arma de dos filos,** *1.* Tener filo por ambos lados de la hoja. *2.* FIG Ser algo que conlleve ventajas y desventajas a un mismo tiempo.

fi·lo·lo·gía [filoloxía] *s/f* Ciencia que estudia los caracteres y evolución de una lengua, así como los textos escritos en ella.

fi·lo·ló·gi·co, -a [filolóxiko, -a] *adj* Perteneciente o relativo a la filología.

fi·ló·lo·go, -a [filóloɣo, -a] *s/m,f* Persona experta en filología.

fi·lón [filón] *s/m* **1.** MIN Masa de un mineral de un grosor variable pero generalmente estrecho, la cual penetra en la grieta de una roca o de un terreno. **2.** FIG Negocio o asunto que resulta muy provechoso, generalmente de forma inesperada.

fi·lo·so·far [filosofár] *v/intr* FAM Dar vueltas en la mente a cualquier cuestión, meditando de forma desordenada.

fi·lo·so·fas·tro [filosofástro] *s/m despec* Filósofo falso o incompetente.

fi·lo·so·fía [filosofía] *s/f* **1.** Ciencia encaminada a hallar la explicación de la naturaleza, sus causas, propiedades y efectos, mediante razonamientos ordenados por un método determinado. **2.** FIG FAM Actitud del que acepta los contratiempos o reveses con conformidad: *Se lo toma todo con mucha filosofía.*

fi·lo·só·fi·co, -a [filosófiko, -a] *adj* Perteneciente o relativo a la filosofía.

fi·ló·so·fo, -a [filósofo, -a] *s/m,f* Persona experta en filosofía.

fi·lo·xe·ra [filo(k)séra] *s/f* Insecto hemíptero que ataca las hojas de la vid y luego las raíces, constituyendo una plaga.

fil·tra·ción [fiḷtraθjón] *s/f* Acción y efecto de filtrar(se).

fil·trar [fiḷtrár] **I.** *v/tr* Hacer que una sustancia fluida pase por un lugar en el que se retienen parte de sus componentes. **II.** *v/intr* Penetrar un cuerpo líquido a través de uno sólido. **III.** REFL(SE) **1.** Penetrar un líquido a través de un cuerpo sólido. **2.** FIG Referido a noticia, secreto, etc., que se divulga de forma no oficial: *Se filtró la noticia a los periodistas.*

fil·tro [fíḷtro] *s/m* **1.** Utensilio o aparato que hace que los líquidos que pasan por él se clarifiquen. **2.** Papel o materia porosa que se pone para filtrar. **3.** Nombre que se daba a ciertas bebidas o preparados: *Un filtro de amor.*

fi·mo·sis [fimósis] *s/f* MED Estrechez excesiva del prepucio, que impide la salida del glande.

fin [fín] *s/m* **1.** Terminación o final de algo: *El fin del viaje.* **2.** Objetivo que alguien o algo persigue: *El fin de esta reunión es tomar una decisión.* LOC **A fin de/de que,** para. **A fines de,** al final de: *A fines de mes cobraremos.* **Al fin y al cabo,** expresión con que se introduce una cierta oposición a lo que se está diciendo, pero que también sirve para apoyarlo: *Porque tú, al fin y al cabo, siempre has trabajado mucho.* **Dar fin,** acabar: *Dieron fin a la empresa.* **En fin,** en resumen o conclusión: *En fin, que seguimos igual que antes.* **Por fin,** por último: *Por fin llegaron.* **Sin fin,** innumerables: *Había libros sin fin por todas partes.*
Fin de semana, tiempo que transcurre desde que se acaba el horario laboral hasta que se reanuda a la semana siguiente.

fi·na·do, -a [fináðo, -a] *s/m,f* Persona difunta.

fi·nal [finál] **I.** *s/m* **1.** Momento último de una acción, de un espacio de tiempo: *Al final de la tarde.* **2.** Parte última de un objeto, lugar, etc.: *En el final de la novela.* **II.** *adj* Que constituye el fin de algo: *El acto final de la obra.* **III.** *s/f* DEP Partido o prueba últimos de una competición: *El domingo juegan la final el Barcelona y el Madrid.*

fi·na·li·dad [finaliðáð] *s/f* Objeto o fin con que se hace algo.

fi·na·lis·ta [finalísta] *adj* y *s/m,f* DEP Se aplica a los jugadores o participantes de una competición o torneo que llegan hasta la final.

fi·na·li·zar [finaliθár] *v/tr, intr* Acabar(se) una cosa.
ORT La *z* se convierte en *c* ante *e*: *Finalicé.*

fi·nan·cia·ción [finanθjaθjón] *s/f* Acción y efecto de financiar.

fi·nan·cia·mien·to [finanθjamjénto] *s/m* Financiación.

fi·nan·ciar [finanθjár] *v/tr* Aportar la cantidad de dinero necesaria para una empresa o actividad.

fi·nan·cie·ro, (-a) [finanθjéro, (-a)] **I.** *adj* Relativo a las finanzas. **II.** *s/m* Hombre experto en asuntos de hacienda pública o que se ocupa de asuntos financieros. **III.** *s/f* Compañía que se dedica a financiar empresas, etc.: *Trabaja en una financiera.*

fi·nan·zas [finánθas] *s/f, pl* Nombre dado a las actividades relacionadas con el dinero de banca, negocios, bolsa, etc.

fi·nar [finár] *v/intr* Morir una persona.

fin·ca [fíŋka] *s/f* Propiedad inmueble, rústica o urbana.

fi·nés, -sa [finés, -sa] *adj* y *s/m,f* Perteneciente a Finlandia o natural de ella.

fi·ne·za [finéθa] *s/f* **1.** Calidad de fino. **2.**

Acción o detalle con que se obsequia a alguien.

fin·gi·mien·to [fiŋximjé̞n̪to] *s/m* Acción y efecto de fingir.

fin·gir [fiŋxír] *v/tr* Aparentar que es cierta una cosa que no lo es.
ORT La *g* se convierte en *j* ante *o/a: Finjo.*

fi·ni·qui·tar [finikitár] *v/tr* Acabar una cuenta o deuda entre dos personas con el ajuste o último pago.

fi·ni·qui·to [finikíto] *s/m* Acción de finiquitar o documento en que se hace constar ésta: *Le dio el finiquito y le despidió.*

fi·ni·to, -a [finíto, -a] *adj* Se aplica a lo que tiene fin o límite.

fin·lan·dés, -sa [finlan̪dés, -sa] *adj* y *s/m,f* Perteneciente o relativo a Finlandia o natural de ella.

fi·no, -a [fíno, -a] **I.** *adj* **1.** Que tiene poco grosor o espesor: *Una manta muy fina.* **2.** Se aplica a la superficie, objeto, etc., que no tiene arrugas, asperezas, etc. **3.** Que es de buena calidad o de calidad más delicada que lo de su especie: *La caoba es una madera fina.* **4.** Aplicado a las personas y a sus gustos, sentidos, etc., que son de mucha exigencia sobre la calidad de algo o que son muy refinados: *Su olfato es tan fino que huele un cigarrillo a distancia.* **5.** Referido a dichos, escritos, obras, etc., que demuestran finura de ingenio o de ironía: *Es una comedia muy fina.* **II.** *adj* y *s/m* Se aplica al vino de jerez que es muy seco, pálido y de una graduación que oscila entre los 15° y 17°.

fi·no·lis [finólis] *adj* y *s/m,f despec* Que afecta una finura exagerada y artificial.

fin·ta [fín̪ta] *s/f* Ademán que indica la intención de hacer algo, aunque no llegue a hacerse.

fi·nu·ra [finúra] *s/f* Calidad de fino.

fior·do [fjórðo] *s/m* Golfo estrecho y alargado que se forma entre laderas abruptas de montañas en las costas.

fir·ma [fírma] *s/f* **1.** Nombre y apellido de una persona que ésta pone al pie de un documento, generalmente con una rúbrica, y que indica que el firmante asiente a lo que dice el documento. **2.** Acción de firmar una persona. **3.** Nombre que se da a una empresa o casa fabricante: *Es una firma de gran prestigio.*

fir·ma·men·to [firmamén̪to] *s/m* Nombre que se da a la bóveda celeste, especialmente cuando los astros están visibles.

fir·man·te [firmán̪te] *adj* y *s/m,f* Que firma un documento, carta, etc.

fir·mar [firmár] *v/tr, intr* Poner uno su firma en una carta o documento.

fir·me [fírme] **I.** *adj* **1.** Se aplica a lo que está colocado o fijo de tal manera que no se mueve ni se tambalea. **2.** FIG Se dice de aquello que no se altera ni varía: *Es una sentencia firme.* **II.** *s/m* Capa de terreno que es sólida y que permite que se transite por encima de ella: *El camión hundió el firme.* **III.** *adv* Con firmeza: *Le daba firme a la máquina.* LOC **De firme,** *1.* Con intensidad. *2.* Con constancia o interés. **En firme,** expresión para indicar que una operación comercial o un acuerdo ya está fijado definitivamente. **¡Firmes!,** MIL voz usada para hacer que se cuadren los soldados. RPr **Firme de/en:** *Firme de cintura. Firme en su opinión.*

fir·me·za [firméθa] *s/f* Calidad de firme.

fis·cal [fiskál] **I.** *adj* Perteneciente o relativo al fisco o a la justicia. **II.** *s/m* DER Funcionario judicial que en los pleitos defiende el interés público del Estado acusando a los reos.

fis·ca·lía [fiscalía] *s/f* **1.** Cargo y empleo de fiscal. **2.** Oficina o despacho del fiscal.

fis·ca·li·za·ble [fiskaliθáβle] *adj* Que puede o debe ser fiscalizado.

fis·ca·li·za·ción [fiskaliθaθjón] *s/f* Acción y efecto de fiscalizar.

fis·ca·li·zar [fiskaliθár] **I.** *v/intr* Ejercer el cargo de fiscal. **II.** *v/tr* Tratar de encontrar las faltas o defectos que hay en la actuación de alguien.
ORT La *z* cambia en *c* ante *e: Fiscalicé.*

fis·co [físko] *s/m* Tesoro o bienes públicos de una nación.

fis·gar [fisγár] *v/tr, intr* Intentar con disimulo saber lo que pasa en los asuntos ajenos: *Le encanta fisgar en mis papeles.* RPr **Fisgar en.**
ORT La *g* cambia en *gu* ante *e: Fisgué.*

fis·gón, -na [fisγón, -na] *adj* y *s/m,f* Que es aficionado a fisgonear.

fis·go·ne·ar [fisγoneár] *v/tr, intr* Tener por costumbre fisgar en las vidas ajenas.

fi·sia·tría [fisjatría] *s/f* Naturismo basado en la medicina.

fi·si·ble [fisíβle] *adj* Que puede ser escindido o dividido.

fí·si·ca [físika] *s/f* Ciencia que estudia la materia y los cuerpos y las leyes que regulan los fenómenos de relación entre ellos.

fí·si·co, -a [físiko, -a] **I.** *adj* **1.** Perteneciente o relativo a la física. **2.** Perteneciente o relativo a la materia por oposición a lo inmaterial: *El mundo físico.* **II.** *s/m,f* **1.** Persona experta en física. **2.** *m* Constitución física de una persona: *Tiene un buen físico.*

fi·sio·lo·gía [fisjoloxía] *s/f* Ciencia que

estudia el funcionamiento de los organismos vivos.

fi·sio·ló·gi·co, -a [fisjolóxiko, -a] *adj* Perteneciente o relativo a la fisiología.

fi·sió·lo·go, -a [fisjóloγo, -a] *s/m,f* Persona experta en fisiología o que la enseña.

fi·sión [fisjón] *s/f* FÍS Escisión del núcleo de un átomo, que va acompañada de liberación de energía.

fi·sio·te·ra·peu·ta [fisjoterapéuta] *s/m,f* Especialista en la aplicación de la fisioterapia.

fi·sio·te·ra·pia [fisioterápja] *s/f* MED Forma de tratamiento curativo basada en métodos naturales.

fi·so·no·mía [fisonomía] *s/f* **1.** Aspecto que resulta del conjunto de las facciones de una persona. **2.** FIG Aspecto del conjunto de algo: *La fisonomía del barrio.*

fi·so·nó·mi·co, -a [fisonómiko, -a] *adj* Perteneciente a la fisonomía de alguien.

fi·so·no·mis·ta [fisonomísta] *s/m,f* **1.** Persona que se dedica al estudio de las fisonomías. **2.** FAM Se aplica al que reconoce fácilmente las caras de las personas vistas anteriormente: *Es un buen fisonomista.*

fís·tu·la [fístula] *s/f* **1.** Conducto por donde pasa un líquido. **2.** MED Conducto ulcerado, que se produce de modo anormal en un tejido o mucosa.

fi·su·ra [fisúra] *s/f* **1.** MED Fractura longitudinal que se produce en un hueso. **2.** Hendedura o grieta que se forma en cualquier objeto: *Una fisura en el mármol.*

fi·tó·fa·go, -a [fitófaγo, -a] *adj* y *s/m,f* Se aplica al animal que se alimenta de materias vegetales.

fla·be·lo [flaβélo] *s/m* Abanico grande montado en una vara, que se usa en algunas ceremonias religiosas o cortesanas.

fla(c)·ci·dez [fla(k)θiðéθ] *s/f* Calidad de flácido.

flá(c)·ci·do, -a [flá(k)θiðo, -a] *adj* Se aplica a las cosas que no tienen consistencia y son blandas o fofas: *Carnes flácidas.*

fla·co, -a [fláko, -a] **I.** *adj* **1.** Se dice de las personas o animales que tienen pocas carnes. **2.** FIG Que es débil o poco resistente: *Es un argumento muy flaco.* **II.** *s/m* Afición excesiva a algo: *Su flaco es el opio.* RPr **Flaco de/en:** *Es muy flaco de memoria. Flaco en su carácter.*

fla·cu·cho, -a [flakútʃo, -a] *adj despec* Que está flaco y tiene aspecto enfermizo.

fla·cu·ra [flakúra] *s/f* Calidad de flaco.

fla·ge·la·ción [flaxelaθjón] *s/f* Acción y efecto de flagelar(se).

fla·ge·la·do, (-a) [flaxeláðo, (-a)] *adj* y *s/m* **1.** Se aplica a la célula o microorganismo que tiene uno o más flagelos. **2.** *pl* ZOOL Clases de protozoos que están provistos de flagelos.

fla·ge·lan·te [flaxelánte] **I.** *adj* Se aplica al que flagela o se flagela. **II.** *adj* y *s/m,f* Se dice del penitente que se flagela públicamente.

fla·ge·lar [flaxelár] *v/tr* **1.** Pegar golpes en el cuerpo a alguien, generalmente con un flagelo o azote. **2.** FIG Atacar a alguien verbalmente.

fla·ge·lo [flaxélo] *s/m* **1.** Tira de cuero o de otro material que se usa para azotar el cuerpo como penitencia o castigo. **2.** ZOOL Filamento largo y delgado que emerge del protoplasma de ciertos seres unicelulares, bacterias, etc., y con el cual se mueven en un medio líquido.

fla·gran·te [flaγránte] *adj* Se aplica a lo que se está cometiendo en el momento de que se habla, especialmente referido a hechos delictivos: *Lo cogieron en flagrante delito.*

fla·ma [fláma] *s/f* Llama.

fla·man·te [flamánte] *adj* **1.** FAM Que es vistoso y lucido. **2.** FAM Que es nuevo o recién estrenado: *Iba en su flamante coche deportivo.*

fla·me·ar [flameár] **I.** *v/intr* MAR Ondear las velas, banderas, etc., de una embarcación por estar al filo del viento. **II.** *v/tr* Someter un objeto a la acción de la llama, sobre todo en usos médicos, para esterilizarlo, quemando alcohol. RPr **Flamear a:** *Flamear al viento.*

fla·men·co, (-a) [flaméŋko, (-a)] **I.** *adj* y *s/m,f* Perteneciente o relativo a Flandes. **II.** *adj* **1.** Se dice del que tiene aspecto robusto, corpulento y de buen color: *Una moza muy flamenca.* **2.** Se dice del que se comporta de forma achulada. **III.** *s/m* **1.** Lengua de los flamencos. **2.** Cante y música andaluces flamencos. **3.** ZOOL Ave del orden de las zancudas, de casi un metro de altura, con cuello y patas largas y pico corto.

fla·mí·ge·ro, -a [flamíxero, -a] *adj* **1.** POÉT Que arroja llamas. **2.** Se dice del arte que contiene formas imitando llamas: *El gótico flamígero.*

flan [flán] *s/m* Postre hecho con huevos, leche y azúcar, que se cuaja al baño María en un molde con forma de cono truncado y generalmente caramelizado. LOC **Estar (nervioso) como un flan,** FIG FAM estar muy nervioso o débil, en sentido real o figurado.

flan·co [fláŋko] *s/m* Cada uno de los dos lados o costados que tiene algo si es considerado desde el frente: *El flanco izquierdo de la nave.*

fla·ne·ra [flanéra] *s/f* Molde en forma de cono truncado que sirve para hacer flanes.

flan·que·ar [flaŋkeár] *v/tr* **1.** Estar colocado al flanco de algo. **2.** MIL Atacar una formación por un flanco o defenderla en ese lugar.

flan·queo [flaŋkéo] *s/m* Acción o situación de flanquear una cosa a otra.

fla·que·ar [flakeár] *v/intr* **1.** Ir perdiendo alguien la fuerza o el ánimo. **2.** Disminuir en competencia, habilidad, etc.: *Flaqueó en el último examen.* **3.** Disminuir algo en cantidad: *Los envíos flaquean.*

fla·que·za [flakéθa] *s/f* **1.** Falta o pobreza de carnes en un animal o en una persona. **2.** Falta de fuerza o resistencia contra las tentaciones, pasiones, etc.: *Flaqueza de carácter.*

flash [flás] *s/m* ANGL **1.** Aparato que se usa en fotografía para producir una luz intensa e instantánea que permite hacer la foto. **2.** FIG Noticia(s) reciente(s) y corta(s) recibida(s) por télex y transmitida(s) con urgencia: *Un flash informativo.*

fla·to [fláto] *s/m* Acumulación de aire o gases en el abdomen, que resulta molesta o dolorosa y que suele desaparecer al poco rato.

fla·tu·len·cia [flatulénθja] *s/f* Acumulación excesiva o anormal de gases en el intestino.

fla·tu·len·to, -a [flatulé̪nto, -a] **I.** *adj* Que causa flatulencia. **II.** *s/m,f* Que padece flatulencia o tiene propensión a padecerla.

flau·ta [fláuta] *s/f* Instrumento músico en forma de tubo y con agujeros que se abren y cierran para dejar pasar el aire.

flau·tín [flautín] *s/m* Flauta de menor tamaño, que tiene el sonido más agudo.

flau·tis·ta [flautísta] *s/m,f* Persona que toca la flauta.

fle·bi·tis [fleβítis] *s/f* MED Inflamación de una vena, que causa dificultades circulatorias y puede llegar a causar un coágulo.

fle·co [fléko] *s/m* **1.** Adorno consistente en una serie de hilos o de cordoncillos que cuelgan de una tira horizontal de tela; se usa en vestidos o en amueblado, etc. **2.** Flequillo de pelo.

fle·cha [flétʃa] *s/f* **1.** Arma arrojadiza que se dispara con arco y que consiste en una varilla de metal o de otro material con una punta dura y aguda. **2.** Indicador de dirección en forma de punta de flecha: *La flecha indicaba la salida.*

fle·char [fletʃár] *v/tr* FIG FAM Captar la voluntad, simpatía, amor, etc., de alguien de forma repentina.

fle·cha·zo [fletʃáθo] *s/m* **1.** Acción de disparar una flecha. **2.** FIG Enamoramiento repentino.

fle·je [fléxe] *s/m* **1.** Pieza de acero o hierro que sirve para resortes. **2.** Tira o banda de metal con la que se hacen los arcos de las cubas y las balas de ciertas mercancías.

fle·ma [fléma] *s/f* **1.** Mucosidad espesa que procede de las vías respiratorias y que se arroja por la boca. **2.** FIG Lentitud y serenidad en sus reacciones que alguien posee como rasgo de carácter.

fle·má·ti·co, -a [flemátiko, -a] *adj* Perteneciente o relativo a la flema.

fle·món [flemón] *s/m* Inflamación aguda de un tejido, especialmente en una encía.

fle·qui·llo [flekíʎo] *s/m* Porción de cabellos, generalmente recortados, que caen sobre la frente.

fle·ta·dor [fletaðór] *s/m* Persona que fleta.

fle·ta·men·to [fletamé̪nto] *s/m* Acción de fletar.

fle·tar [fletár] *v/tr* Alquilar una embarcación u otro vehículo para transportar mercancías o para viajar en él.

fle·te [fléte] *s/m* **1.** Precio estipulado por el alquiler de una embarcación. **2.** Carga de un barco u otro vehículo de transporte.

fle·xi·bi·li·dad [fle(k)siβiliðáð] *s/f* Calidad de flexible.

fle·xi·bi·li·zar [fle(k)siβiliθár] *v/tr* Hacer más flexible una cosa.
ORT La *z* cambia en *c* ante *e: Flexibilicé.*

fle·xi·ble [fle(k)síβle] *adj* **1.** Se dice de lo que puede ser doblado o curvado sin llegar a romperse: *Una vara flexible.* **2.** FIG Se aplica a la persona dispuesta a acomodarse a un cambio de situación o a los pareceres de los demás con facilidad.

fle·xión [fle(k)sjón] *s/f* **1.** Acción de doblar(se). **2.** GRAM Alteración desinencial o de otro tipo que admiten ciertas palabras de algunas lenguas: *La flexión del verbo.*

fle·xio·nar [fle(k)sjonár] *v/tr* Doblar una parte del cuerpo o doblar éste, especialmente en el acto de realizar ejercicios gimnásticos: *Flexionó la pierna izquierda.*

fle·xi·vo, -a [fle(k)síβo, -a] *adj* Que tiene flexión gramatical o es relativo a ella.

fle·xo [flé(k)so] *s/m* Nombre dado a las lámparas de mesa que tienen un brazo flexible.

fle·xor, -ra [fle(k)sór, -ra] *adj* Se aplica

a lo que tiene la función de doblar algo: *Un músculo flexor.*

fli·par [flipár] **I.** *v/tr* VULG Gustar mucho a alguien. **II.** REFL(SE) Tomar droga: *Se flipa cada día.*

flirt [flírt] *s/m* ANGL Flirteo.

flir·te·ar [flirteár] *v/intr* Practicar el flirteo con alguien.

flir·teo [flirtéo] *s/m* Trato amoroso superficial y pasajero entre dos personas.

flo·je·ar [floxeár] *v/intr* **1.** Disminuir en intensidad algo o decaer un fenómeno, etc. **2.** Ser alguien o algo menos bueno en calidad, rendimiento, etc.: *Ha flojeado en el tercer ejercicio.*

flo·je·dad [floxeðáð] *s/f* Calidad de flojo.

flo·je·ra [floxéra] *s/f* FAM Desfallecimiento físico.

flo·jo, -a [flóxo, -a] *adj* **1.** Se aplica a lo que no está tenso, duro o bien sujeto: *Una cuerda floja.* **2.** Se aplica a aquello que es débil o escaso en cantidad, calidad, etc.: *Un verano flojo en turismo.* RPr **Flojo de/en:** *Flojo de carácter.*

flor [flór] *s/f* **1.** Conjunto de órganos de reproducción de ciertas plantas, el cual suele tener colores vistosos, aroma, etc., para así atraer a insectos que sirven para la fertilización. **2.** FIG Lo más selecto y escogido de algo: *La flor de la familia.* **3.** FIG Frase o palabras admirativas dirigidas a alguien, especialmente a una mujer, por un hombre. LOC **A flor de tierra/agua,** sobre o cerca de la superficie de la tierra/del agua. **Estar en la flor de la vida,** FIG estar en plena juventud. **Echar flores,** FIG decir piropos. **Estar en flor,** FIG estar en su mejor momento.
Flor y nata, FIG lo mejor de algo: *La flor y nata de la burguesía.*
Flor de la canela, FIG lo mejor de una especie, grupo, etc.

flo·ra [flóra] *s/f* Conjunto de las especies distintas de plantas que se dan en una comarca, nación, etc.: *La flora alpina.*

flo·ra·ción [floraθjón] *s/f* Acción y efecto de florecer una planta.

flo·ral [florál] *adj* Perteneciente o relativo a las flores: *Un adorno floral.*

flo·ra·les [floráles] *adj, pl* Se dice de los certámenes antiguos y también contemporáneos en que participan los poetas: *Juegos florales.*

flo·rar [florár] *v/intr* Dar flor una planta.

flo·re·ar [floreár] *v/tr* Adornar con flores alguna cosa.

flo·re·cer [floreθér] **I.** *v/intr* **1.** Dar flor una planta. **2.** Prosperar, pasar por un buen momento. **II.** REFL(-SE) Referido a determinadas sustancias, como el queso, el pan, etc., criar moho.
CONJ *Irreg: Florezco, florecí, floreceré, florecido.*

flo·re·cien·te [floreθjén̪te] *adj* Que florece o pasa por un momento de esplendor.

flo·re·ci·mien·to [floreθimjén̪to] *s/m* Acción y efecto de florecer(se).

flo·ren·ti·no, -a [floren̪tíno, -a] *adj* y *s/m,f* Perteneciente o relativo a Florencia.

flo·reo [floréo] *s/m* **1.** FIG Conjunto de cosas que se hacen como adorno de otra o que se dicen como lucimiento verbal: *Un floreo de palabras.* **2.** Acción de florear con la guitarra.

flo·re·ro, (-a) [floréro, (-a)] **I.** *adj* y *s/m,f* Perteneciente o relativo a las flores o a su industria o que las vende: *La industria florera.* **II.** *s/m* Jarrón para poner flores.

flo·res·cen·cia [floresθénθja] *s/f* BOT Acción de florecer.

flo·res·ta [florésta] *s/f* Terreno frondoso, con gran espesura de árboles.

flo·re·te [floréte] *s/m* Espadín que se usa en esgrima.

flo·ri·cul·tor, -ra [florikul̪tór, -ra] *s/m,f* Persona dedicada al cultivo de las flores.

flo·ri·cul·tu·ra [florikul̪túra] *s/f* **1.** Cultivo de flores. **2.** Arte de cultivarlas.

flo·ri·do, -a [floríðo, -a] *adj* **1.** Lleno o cubierto de flores: *Un almendro florido.* **2.** FIG Se aplica a lo más selecto de algo: *Son lo más florido del pueblo.* **3.** FIG Referido a lenguaje o estilo, que es rico o adornado.

flo·ri·le·gio [floriléxjo] *s/m* Selección de textos literarios.

flo·rín [florín] *s/m* Antigua moneda de plata que se usó en diversos países.

flo·ri·pon·dio [floripón̪djo] *s/m despec* Cualquier tipo de adorno excesivamente vistoso o de mal gusto.

flo·ris·ta [florísta] *s/m,f* Persona que vende flores en una floristería.

flo·ris·te·ría [floristería] *s/f* Tienda en que se venden flores.

flo·ri·tu·ra [floritúra] *s/f* Adorno.

flo·rón [florón] *s/m* Adorno en forma de flor grande, que se usa en arquitectura, escultura, etc.

flo·ta [flóta] *s/f* **1.** Conjunto de embarcaciones que tienen un destino, organización, etc., comunes: *La flota pesquera.* **2.** Conjunto de aviones con un fin determinado y común. **3.** Conjunto de coches o de otros vehículos que pertenecen a la misma empresa o que tienen el mismo fin.

flo·ta·ción [flotaθjón] *s/f* Acción y efecto de flotar.

flo·ta·dor [flotaðór] *s/m* Objeto inflable para mantenerse a flote en el agua y que suele usar el que está aprendiendo a nadar.

flo·tan·te [flotánte] *adj* **1.** Que flota. **2.** Que no está firme o sujeto: *Población flotante.*

flo·tar [flotár] *v/intr* **1.** Mantenerse un cuerpo en la superficie de un líquido, sin irse al fondo o hundirse. **2.** Referido a bandera, etc., moverse en el aire, impulsado por el viento. **3.** FIG Existir una sensación, impresión, etc., que no se manifiesta abiertamente, pero que es sentida de cierta forma: *Una cierta crispación flotaba en el ambiente.*

flo·te [flóte] *s/m* Flotación: *La línea de flote.* LOC **A flote,** *1.* Sobre el agua. *2.* FIG Salvado o saneado y sin peligro de fracaso: *Ahora la empresa ya está a flote.*

flo·ti·lla [flotíʎa] *s/f* Flota compuesta de barcos o pequeños aviones.

fluc·tua·ción [fluktwaθjón] *s/f* Acción y efecto de fluctuar.

fluc·tuar [fluktwár] *v/intr* **1.** FIG Variar una situación o factor dados entre dos extremos o posibilidades: *Los precios fluctuaban entre las mil y las cinco mil pesetas.* **2.** FIG Sentirse alguien indeciso entre dos o más posibilidades: *Estoy fluctuando entre casarme de nuevo o no.*
ORT El acento recae sobre la *u* en el *sing* y *3.ª pers* del *pl* del *pres* de *indic* y *subj*: *Fluctúo, fluctúen, fluctúe...*

flui·dez [flwiðéθ] *s/f* Calidad de fluido.

flui·do, -a [flwíðo, -a] **I.** *adj* y *s/m* **1.** Se aplica a los cuerpos o sustancias cuyas moléculas tienen poca coherencia entre sí y toman la forma de aquello que los contiene, como los gases o los líquidos. **2.** FIG Se dice del estilo o expresión que se produce como si se diera totalmente de una manera natural: *No es fluido de palabra.* **II.** *s/m* **1.** Nombre que acostumbra a darse a sustancias cuya consistencia es semilíquida y cuya exacta naturaleza no es bien conocida: *Fluido nervioso.* **2.** Suele aplicarse a los agentes de energía, especialmente a la eléctrica: *Ha habido un corte de fluido.*

fluir [fluír] *v/intr* **1.** Correr o deslizarse un líquido por algún lugar o brotar de algún lugar: *El río fluye desde los Alpes hacia el sur.* **2.** FIG Surgir o aparecer ideas, palabras, etc.
CONJ *Irreg: Fluyo, fluí, fluiré, fluido.*

flu·jo [flúxo] *s/m* **1.** Acción y efecto de fluir algo: *Un flujo de sangre.* **2.** Movimiento de ascenso de la marea. **3.** MED Salida de un humor segregado por el organismo.

flúor [flúor] *s/m* QUÍM Elemento metaloide gaseoso más pesado que el aire, sofocante, corrosivo y de color amarillo verdoso; *núm* atómico *9. Símb F.*

fluo·res·cen·cia [flworesθénθja] *s/f* Propiedad que tienen algunos cuerpos de emitir rayos luminosos después de recibir la excitación de ciertas radiaciones.

fluo·res·cen·te [flworesθénte] **I.** *adj* Que tiene fluorescencia. **II.** *s/m* Tubo de cristal empleado en el moderno sistema de alumbrado eléctrico, que es fluorescente gracias a la combustión del neón.

fluor·hí·dri·co, -a [flworíðriko, -a] *adj* QUÍM Se aplica a los compuestos con fluoruro, como, *por ej,* el ácido fluorhídrico.

flu·vial [fluβjál] *adj* Perteneciente o relativo a los ríos: *Navegación fluvial.*

fo·bia [fóβja] *s/f* Sentimiento de aversión por algo o alguien.

fo·ca [fóka] *s/f* ZOOL Mamífero que suele vivir en el mar y que se alimenta de pescado; tiene la cabeza semejante a la de un perro, el cuerpo en forma de pez y las extremidades adaptadas a la natación.

fo·cal [fokál] *adj* Perteneciente o relativo al foco: *Distancia focal.*

fo·co [fóko] *s/m* **1.** FÍS Punto en que convergen rayos de luz o de calor reflejados por un espejo o refractados por una lente, pantalla, etc. **2.** Lámpara con luz de gran potencia.

fo·fo, -a [fófo, -a] *adj* Que tiene consistencia blanda o poco densa: *Carne fofa.*

fo·ga·ra·da [foγaráða] *s/f* Fuego con llamaradas.

fo·ga·ta [foγáta] *s/f* Fuego que levanta llamaradas fácilmente.

fo·gón [foγón] *s/m* **1.** Lugar de las cocinas antiguas en que se usaba el fuego para guisar. **2.** Parte de las cocinas modernas para cocinar con combustible de gas o con electricidad.

fo·go·na·zo [foγonáθo] *s/m* Llama momentánea que se produce al explosionar la pólvora u otra sustancia.

fo·go·ne·ro [foγonéro] *s/m* Hombre que cuida del fogón en las máquinas de vapor.

fo·go·si·dad [foγosiðáð] *s/f* Calidad de fogoso.

fo·go·so, -a [foγóso, -a] *adj* Se aplica al sentimiento o a la persona que lo posee cuando son entusiastas o impetuosos: *Una pasión fogosa. Un fogoso orador.*

fo·gue·ar [foγeár] *v/tr* **1.** MIL Acostumbrar a los soldados, o también a las caballerías, al fuego del combate. **2.** FIG Acostumbrar a determinado trabajo o penalidad a alguien.

fo·gueo [foγéo] *s/m* Acción y efecto de foguear. LOC **Munición de fogueo,** la que no tiene bala.

fo·liá·ceo [foljáθeo, -a] *adj* BOT Perteneciente o relativo a las hojas.

fo·lia·ción [foljaθjón] *s/f* **1.** Acción y efecto de foliar. **2.** BOT Acción de echar las hojas una planta. **3.** BOT Forma en que tiene colocadas las hojas una planta.

fo·liar [foljár] **I.** *adj* BOT Perteneciente o relativo a las hojas: *Abono foliar.* **II.** *v/tr* Numerar los folios de un libro, manuscrito, etc.

fo·lí·cu·lo [folíkulo] *s/m* ANAT Glándula sencilla, parecida a un saquito, encerrada entre las mucosas o membranas de la piel.

fo·lio [fóljo] *s/m* Hoja de papel para escribir.

fo·lio·lo o **fo·lío·lo** [foljólo/-líolo] *s/m* BOT Cada una de las hojillas de una hoja compuesta.

fol·klo·re [folklóre] *s/m* ANGL Conjunto de tradiciones o costumbres de un pueblo: *El folklore balear es muy rico.*
También: *Folclore.*

fol·kló·ri·co, (-a) [folklóriko, (-a)] **I.** *adj* **1.** Perteneciente o relativo al folklore. **2.** FIG FAM Se aplica a lo que resulta pintoresco o ridículo. **II.** *s/f* FAM Se dice de la cantante encasillada en temas andaluces.

fol·klo·ris·ta [folklorísta] *s/m,f* Persona experta en folklore o que lo estudia.

fo·lla·je [foʎáxe] *s/m* Conjunto de las ramas y hojas de un árbol o de un bosque.

fo·llar [foʎár] *v/tr, intr* ARG **Hacer el acto sexual con alguien.**

fo·lle·tín [foʎetín] *s/m* **1.** Escrito impreso que se inserta en las hojas de un diario y que tiene un contenido no relacionado con el de éste. **2.** FIG Novela o ficción literaria de gran dramatismo y excesiva acumulación de situaciones trágicas.

fo·lle·ti·nes·co, -a [foʎetinésko, -a] *adj* Que resulta muy intrigante y con elementos melodramáticos: *Una novela folletinesca.*

fo·lle·to [foʎéto] *s/m* Impreso de pocas páginas, generalmente dedicado a un tema concreto.

fo·llón, -na [foʎón, -na] *s/m* **1.** FAM Alboroto o situación de gran caos y desorden. **2.** FAM FIG Situación complicada y enredada por la que alguien pasa: *Ha tenido muchos follones en la empresa.*

fo·llo·ne·ro, -a [foʎonéro, -a] *adj* y *s/m,f* FAM Se aplica al que arma follones con frecuencia.

fo·men·tar [fomen̪tár] *v/tr* FIG Hacer que algo se cree o se desarrolle y crezca: *Fomentó la envidia entre sus compañeras.*

fo·men·to [fomén̪to] *s/m* **1.** Acción y efecto de fomentar. **2.** MED Paño caliente empapado en algún líquido que se aplica a una parte enferma del cuerpo.

fo·na·ción [fonaθjón] *s/f* Acto de emitir un sonido, palabra, etc.

fon·da [fón̪da] *s/f* Establecimiento de hostelería en el que se albergan huéspedes para comer y dormir; es de condición más modesta que un hotel o residencia.

fon·dea·de·ro [fon̪deaðéro] *s/m* Paraje en el que fondean las embarcaciones.

fon·de·ar [fon̪deár] *v/tr* Dejar una embarcación asegurada con ancla en un fondeadero.

fon·deo [fon̪déo] *s/m* Acción y efecto de fondear.

fon·do [fón̪do] *s/m* **1.** Parte inferior o más hundida de un objeto hueco o recipiente: *El fondo del vaso.* **2.** Parte sólida sobre la que se deposita el agua en lagos, mares, ríos, etc. **3.** Dimensión de profundidad que tiene un edificio o también un objeto cerrado: *El armario tiene poco fondo.* **4.** En cuadros, dibujos, etc., parte de un color determinado sobre la cual destacan o resaltan objetos o colores que están en primer plano: *Un cuadro de fondo muy claro.* **5.** *pl* Dinero o caudal de que puede disponer una persona o empresa: *Se han quedado sin fondos.* **6.** FIG La parte que realmente importa en una cuestión, por oposición a lo secundario y aparente: *El fondo de la cuestión aún está por resolver.* **7.** *sing* o *pl* Conjunto de libros, documentos, etc., existentes en un archivo, biblioteca, librería, etc.: *Legó los fondos de su biblioteca a la Universidad.* **8.** (*De...*) En la prensa, se aplica a los escritos que expresan la postura ideológica del periódico y que aparecen sin firma: *Un artículo de fondo.* LOC **A fondo,** referido a acciones, que se hacen de forma completa y seria: *Limpiaron la casa a fondo.* **En fondo,** en la dimensión de profundidad, referido a filas, formaciones, etc.: *Una columna de tres en fondo.* **En el fondo,** FIG en lo que es sustancial: *Yo creo que en el fondo nos tiene afecto.*
Fondos públicos, los que son propiedad del Estado.
Bajos fondos, FIG se aplica a las capas más bajas de la sociedad.
Mar de fondo, FIG FAM trasfondo oscuro y poco tranquilizador que hay en una cuestión o situación: *Detrás de esta dimisión hay mar de fondo.*

fo·ne·ma [fonéma] *s/m* Se dice de la unidad fonológica mínima que en el sistema de una lengua puede oponerse a otras en contraste significativo.

fo·nen·dos·co·pio [fonendoskópjo] *s/m* Estetoscopio más perfeccionado, que tiene dos auriculares conectados a un diafragma que amplifica los sonidos.

fo·né·ti·ca [fonétika] *s/f* Parte de la lingüística que estudia los sonidos de una lengua.

fo·né·ti·co, -a [fonétiko, -a] *adj* Relativo a los sonidos del lenguaje.

fo·ne·tis·ta [fonetísta] *s/m,f* Especialista en fonética.

fo·nia·tría [fonjatría] *s/f* Estudio de la curación y tratamiento de los defectos o problema de la fonación.

fó·ni·co, -a [fóniko, -a] *adj* Perteneciente o relativo a la voz o al sonido.

fo·nó·gra·fo [fonóγrafo] *s/m* Instrumento que sirve para grabar sonidos en un cilindro y luego reproducirlos.

fo·no·lo·gía [fonoloxía] *s/f* Parte de la lingüística que estudia los fenómenos fonéticos atendiendo a su valor funcional dentro del sistema propio de cada lengua.

fo·no·ló·gi·co, -a [fonolóxiko, -a] *adj* Perteneciente o relativo a la fonología.

fo·no·te·ca [fonotéka] *s/f* Colección o archivo de documentos sonoros, como registros de voces, música, etc.

fon·ta·ne·ría [fontanería] *s/f* Arte de instalar y arreglar conducciones de agua en los edificios o viviendas.

fon·ta·ne·ro, -a [fontanéro, -a] *s/m* Hombre experto en fontanería.

fo·que [fóke] *s/m* MAR Nombre dado a todas las velas triangulares, pero especialmente aplicado a la mayor de ellas.

fo·ra·ji·do, -a [foraxíðo, -a] *adj* y *s/m,f* Se aplica al que huye de la justicia por haber cometido algún delito.

fo·ral [forál] *adj* Perteneciente o relativo al fuero: *Derechos forales.*

fo·rá·neo, -a [foráneo, -a] *adj* Se aplica a lo que o a quien es de fuera de un lugar o extraño a él: *Producto foráneo.*

fo·ras·te·ro, -a [forastéro, -a] *adj* y *s/m,f* Se aplica al que procede de fuera de un lugar o vive en un lugar pero es originario de otro.

for·ce·je·ar [forθexeár] *v/intr* Hacer esfuerzos por dominar alguna resistencia.

for·ce·jeo [forθexéo] *s/m* Acción y efecto de forcejear.

fór·ceps [fórθe(p)s] *s/m* CIR Instrumento usado para la extracción del feto en los partos difíciles; es parecido a una tenaza. GRAM *Pl: Fórceps.*

fo·ren·se [forénse] **I.** *adj* Perteneciente o relativo al foro (**2** y **3**). **II.** *s/m* Médico forense.

fo·res·ta·ción [forestaθjón] *s/f* Acción y efecto de forestar.

fo·res·tal [forestál] *adj* Perteneciente o relativo a los bosques.

for·ja [fórxa] *s/f* Acción y efecto de forjar.

for·ja·do, (-a) [forxáðo, (-a)] **I.** *adj* Se dice de lo que está forjado, por oposición a lo que ha sido fundido o colado: *Una puerta forjada.* **II.** *s/m* ARQ Obra con que se hacen los entramados que separan los pisos de un edificio.

for·jar [forxár] **I.** *v/tr* **1.** Dar, mediante golpes, una forma determinada al hierro o a otro metal, mientras están calientes. **2.** FIG Formar algo por medio de una invención o falsedad: *Forjó una sarta de embustes.* **3.** FIG Formar o crear algo por medio del esfuerzo o del trabajo: *Poco a poco forjó el imperio del petróleo.* **4.** Rellenar con bovedilla el espacio entre viga y viga para formar un techo. **II.** REFL(SE) Imaginar cosas sin base real.

for·ma [fórma] *s/f* **1.** Disposición en que está distribuida la materia de un cuerpo, lo cual hace que pueda diferenciarse de los demás: *Tiene forma de pera.* **2.** Contorno trazado por las líneas de un dibujo, etc. **3.** *pl* Conformación del cuerpo humano, especialmente aplicado a las caderas y pechos de la mujer: *Tiene unas formas muy pronunciadas.* **4.** FIG Modo en que se realiza determinada acción: *¡Qué forma de comer!* **5.** DER Cuestiones procesales, como oposición al contenido del pleito: *Tiene un defecto de forma.* **6.** *pl* FIG Manera de comportarse para con los demás, socialmente: *No sabe guardar las formas.* LOC **Dar forma a algo,** componer o arreglar algo que estaba en desorden o sin acabar. **De forma que,** expresión con que se introduce una deducción de algo que se ha dicho antes: *No lo encontramos, de forma que nos fuimos.* **En debida forma,** conforme a las reglas o normas: *Lo solicitó en debida forma.* **En forma,** *1.* En debida forma. *2.* Con la formalidad necesaria. *3.* DEP En buenas condiciones físicas: *Se puso en forma a los pocos días.*

for·ma·ción [formaθjón] *s/f* **1.** Acción y efecto de formar(se): *La formación de rocas.* **2.** Conjunto de personas alineadas en fila, especialmente referido a soldados: *Estaban en formación.* **3.** FIG Conjunto de conocimientos adquiridos a lo largo de un período de enseñanza, estudio, etc.: *Tiene muy buena formación religiosa.*

for·mal [formál] *adj* **1.** Perteneciente o relativo a la forma. **2.** Se aplica a la persona que se comporta con seriedad, responsabilidad, etc.: *Es una chica formal.*

for·ma·li·dad [formaliðáð] *s/f* **1.** Calidad del que o de lo que es formal. **2.** Cada uno de los requisitos necesarios para realizar algún trámite o solicitud, etc.

for·ma·lis·ta [formalísta] *adj* y *s/m,f* Se aplica al que es partidario de sujetarse a las formalidades o de establecerlas.

for·ma·li·za·ción [formaliθaθjón] *s/f* Acción y efecto de formalizar(se).

for·ma·li·zar [formaliθár] *v/tr* Hacer formal o definitiva una cosa.
ORT La *z* cambia en *c* ante *e*: *Formalicé.*

for·mar [formár] **I.** *v/tr* **1.** Dar forma a una cosa. **2.** Unir o congregar un número determinado de personas o de cosas y lograr que de este modo constituyan una unidad: *Entre todos formaron la asociación de vecinos de la casa.* **3.** MIL Constituir una formación, escuadrón, etc.: *Formaron las filas.* **4.** FIG Dar una buena formación a alguien para algo: *Están formando muy buenos ingenieros.* **II.** REFL(-SE) Criarse o educarse física y moralmente alguien.

for·ma·ti·vo, -a [formatíβo, -a] *adj* Se aplica a lo que forma o da forma.

for·ma·to [formáto] *s/m* Número de centímetros de altura y de anchura que tiene algo.

for·mi·da·ble [formiðáβle] *adj* **1.** Que es muy temible y asombroso. **2.** FAM Que es extraordinario por su calidad, virtudes, tamaño, etc.

for·mol [formól] *s/m* Líquido incoloro de olor fuerte y desagradable, que se usa como desinfectante.

for·món [formón] *s/m* Herramienta de carpintería parecida al escoplo, pero de corte más ancho.

fór·mu·la [fórmula] *s/f* **1.** Manera de expresar un hecho científico o una ley que regula determinados fenómenos. **2.** MAT Expresión del resultado de un cálculo, que sirve de regla para todos los casos similares. **3.** QUÍM Expresión mediante símbolos de los cuerpos simples que forman uno compuesto. **4.** FIG Expresión de la forma de solucionar una situación conflictiva o problemática: *Hemos encontrado la fórmula que nos permitirá llegar a un acuerdo.* **5.** FIG Manera ya establecida de solicitar, realizar o resolver determinado tipo de cosas: *Una fórmula de cortesía.*

for·mu·la·ción [formulaθjón] *s/f* Acción y efecto de formular.

for·mu·lar [formulár] *v/tr* **1.** Reducir algo a ser expresado en una fórmula: *Formuló el preparado químico.* **2.** Expresar por escrito u oralmente alguna queja, petición, etc.

for·mu·la·rio, -a [formulárjo, -a] **I.** *adj* Perteneciente o relativo a la fórmula. **II.** *s/m* Libro o escrito que colecciona fórmulas.

for·mu·lis·mo [formulísmo] *s/m* Apego excesivo a las fórmulas establecidas para la resolución de situaciones o problemas.

for·ni·ca·ción [fornikaθjón] *s/f* Acción de fornicar.

for·ni·car [fornikár] *v/intr* Tener trato sexual con otra persona.
ORT La *c* cambia en *qu* ante *e: Forniqué.*

for·ni·do, -a [forníðo, -a] *adj* Se dice del que es robusto y corpulento.

fo·ro [fóro] *s/m* **1.** Plaza que en la antigua Roma servía para celebrar reuniones públicas y en la que el pretor celebraba los juicios. **2.** DER Lugar en que los tribunales celebran las causas. **3.** DER Ejercicio de la abogacía y práctica de las leyes. **4.** En el teatro, parte del escenario opuesta a la embocadura. LOC **Marcharse/Irse por el foro,** FIG salir inadvertido.

fo·rra·je [forráxe] *s/m* Hierba que se da al ganado como alimento.

fo·rra·je·ro, -a [forraxéro, -a] *adj* Se aplica a la planta que sirve para forraje.

fo·rrar [forrár] **I.** *v/tr* **1.** Recubrir alguna cosa con una capa de otro material. **2** Poner un forro a una prenda, unas cortinas, etc.: *Forró el abrigo de seda.* **II.** REFL(SE) FAM Amasar una fortuna: *Se ha forrado con la venta de aceite.* RPr **Forrar con/de/en:** *Forrar con piel/de seda/en piel.* **Forrarse con/de:** *Se ha forrado de dinero.*

fo·rro [fórro] *s/m* Capa de algún material con que se reviste un objeto. LOC **No saber/conocer algo ni por el forro,** FIG FAM no tener ni la más ligera idea acerca de algo.

for·ta·chón, -na [fortatʃón, -na] *adj* FAM Se aplica al que es robusto o fornido.

for·ta·le·cer [fortaleθér] *v/tr* **1.** Hacer fuerte o más fuerte algo. **2.** Dar fuerza a alguien: *Un trago te fortalecerá.*
CONJ *Irreg: Fortalezco, fortalecí, fortaleceré, fortalecido.*

for·ta·le·ci·mien·to [fortaleθimjéṇto] *s/m* Acción y efecto de fortalecer(se).

for·ta·le·za [fortaléθa] *s/f* **1.** Referido a personas, capacidad para hacer esfuerzos físicos y morales. **2.** Recinto fortificado por medio de construcciones.

for·ti·fi·ca·ción [fortifikaθjón] *s/f* **1.** Acción de fortificar(se). **2.** Conjunto de obras con que se fortifica un lugar, ciudad, etc.

for·ti·fi·car [fortifikár] *v/tr* **1.** Dar fuerza física o moral a alguien. **2.** Hacer más resistente un objeto. **3.** Hacer fuerte un sitio con obras para la defensa contra un posible ataque enemigo: *Fortificaron la ciudad con murallas.* RPr **Fortificarse con/contra:** *Se fortificaron con murallas/contra el enemigo.*
ORT La *c* cambia en *qu* ante *e*: *Fortifiqué.*

for·tín [fortín] *s/m* Fuerte pequeño.

for·tui·to, -a [fortwíto, -a] *adj* Que se da o sucede de forma casual.

for·tu·na [fortúna] *s/f* **1.** Diosa de la mitología que regía los destinos de los hombres; solía representarse con los ojos vendados. **2.** Suerte favorable a algo o a alguien: *No tuvo fortuna en el juego.* **3.** Cantidad de dinero o de bienes que alguien posee. LOC **Por fortuna,** por suerte. **Probar fortuna,** correr un riesgo en alguna empresa.

fo·rún·cu·lo [forúŋkulo] *s/m* Tumor que se forma debajo de la piel, duro y puntiagudo, de forma cónica, que supura y que tiene una parte que se desprende de un núcleo o raíz.

for·za·do, -a [forθáðo, -a] *adj* Referido a acciones, que no son espontáneas: *Tiene una risa forzada.*
Trabajos forzados, los que se obligan a hacer al presidiario.

for·zar [forθár] *v/tr* **1.** Hacer fuerza para vencer la resistencia de algo. **2.** Obligar a alguien por medio de la fuerza o la insistencia, etc., a que realice determinada acción: *La forzaron a dimitir.* **3.** Obligar a una mujer a realizar el acto sexual con alguien. RPr **Forzar a.**
CONJ *Irreg: Fuerzo, forcé, forzaré, forzado.*

for·zo·so, -a [forθóso, -a] *adj* Que es inevitable o imprescindible.

for·zu·do, -a [forθúðo, -a] *adj* Se dice del que tiene mucha fuerza.

fo·sa [fósa] *s/f* **1.** Hoyo cavado en la tierra. **2.** Lugar en que se entierra a alguien. **3.** ANAT Cada una de las cavidades del cuerpo: *Las fosas nasales.*
Fosa común, aquella en que se entierra a todo el que no puede ser enterrado en una sepultura individual.

fos·fa·to [fosfáto] *s/m* QUÍM Cualquier sal formada por el ácido fosfórico en combinación con otras bases.

fos·fo·re·cer [fosforeθér] *v/intr* Despedir luz fosforescente.
CONJ *Irreg: Fosforezco, fosforecí, fosforeceré, fosforecido.*

fos·fo·res·cen·cia [fosforesθénθja] *s/f* Propiedad que tiene el fósforo y que también tienen los gusanos de luz, *por ej,* de emitir una luminosidad que sólo puede ser vista en la oscuridad.

fos·fo·res·cen·te [fosforesθénte] *adj* Que tiene fosforescencia o es como ella.

fos·fo·res·cer [fosforesθér] *v/intr* Fosforecer.
CONJ *Irreg:* Como *fosforecer.*

fos·fó·ri·co, -a [fosfóriko, -a] *adj* Perteneciente o relativo al fósforo.

fos·fo·ri·ta [fosforíta] *s/f* Mineral de color blanco amarillento, variedad de apatito, formado por el fosfato de cal; se usa como abono en agricultura.

fós·fo·ro [fósforo] *s/m* **1.** QUÍM Metaloide venenoso. *Símb P, núm* atómico *15;* puede ser amarillo o rojizo, y se usa en la fabricación de cerillas. **2.** Cerilla.

fó·sil [fósil] *adj* y *s/m* **1.** Se aplica a la sustancia de origen orgánico que se encuentra en las capas terrestres en estado de petrificación por haber estado enterrado durante un larguísimo período de años. **2.** FIG FAM Se aplica a lo que o al que es anticuado o muy viejo.

fo·si·li·za·ción [fosiliθaθjón] *s/f* Acción y efecto de fosilizarse.

fo·si·li·zar·se [fosiliθárse] *v/REFL(SE)* **1.** Convertirse en fósil. **2.** FIG Detenerse alguien en un momento de su evolución y no guarda el ritmo de su época.
ORT La *z* se convierte en *c* ante *e: Fosilicé.*

fo·so [fóso] *s/m* **1.** Excavación en un terreno, generalmente de forma alargada. **2.** FORT Excavación profunda que circunda una fortaleza, castillo, etc. **3.** En los teatros, espacio situado debajo de los escenarios.

fo·to [fóto] *s/f* FAM Fotografía.

fo·to·co·pia [fotokópja] *s/f* Reproducción fotográfica de un impreso, escrito, etc., obtenida con una máquina fotocopiadora.

fo·to·co·pia·do·ra [fotokopjadóra] *s/f* Máquina para hacer fotocopias.

fo·to·co·piar [fotokopjár] *v/tr* Obtener una reproducción fotográfica de un impreso, escrito, etc., mediante máquinas especiales para ello.

fo·to·e·lec·tri·ci·dad [fotoelektriθiðáð] *s/f* FÍS Electricidad producida por el desprendimiento de electrones bajo la acción de la luz.

fo·to·e·léc·tri·co, -a [fotoeléktriko, -a] *adj* FÍS **1.** Perteneciente o relativo a la acción de la luz sobre ciertos fenómenos eléctricos. **2.** Se dice de estos fenómenos y de los aparatos en que se producen: *Célula fotoeléctrica.*

fo·to·fo·bia [fotofóβja] *s/f* **1.** MED Reacción de rechazo o intolerancia a la luz que presenta el ojo enfermo. **2.** Aversión de tipo maníaco a la luz.

fo·to·gé·ni·co, -a [fotoxéniko, -a] *adj* **1.** Que promueve o favorece la acción química de la luz. **2.** FAM Se dice de lo que tiene buenas condiciones para ser reproducido en fotografía.

fo·to·gra·ba·do [fotoγraβáðo] *s/m* Procedimiento de grabar un clisé fotográfico sobre una plancha de cinc, cobre u otro material y de usar esta planta para impresión.

fo·to·gra·bar [fotoγraβár] *v/tr* Reproducir por medio del fotograbado un impreso, dibujo, etc.

fo·to·gra·fía [fotoγrafía] *s/f* **1.** Procedimiento de reproducción de imágenes recogidas en el fondo de una cámara oscura, que se fijan mediante reacciones químicas en superficies convenientemente preparadas. **2.** Estampación de esa imagen en un papel o cartón. **3.** Arte de realizar fotografías: *Se dedica a la fotografía.*

fo·to·gra·fiar [fotoγrafjár] *v/tr, intr* Reproducir la imagen de algo o alguien por medio de la fotografía.
ORT PRON El acento recae sobre la *i* en el *sing* y *3.ª pers* del *pl* del *pres* de *indic* y *subj*: *Fotografío, fotografíen.*

fo·to·grá·fi·co, -a [fotoγráfiko, -a] *adj* Perteneciente o relativo a la fotografía.

fo·tó·gra·fo, -a [fotóγrafo, -a] *s/m,f* Persona que se dedica a la fotografía como oficio o como diversión.

fo·to·gra·ma [fotoγráma] *s/m* Cada una de las fotografías que constituyen una película cinematográfica.

fo·to·ma·tón [fotomatón] *s/m* Sistema de fotografía de tipo rápido, que se usa para hacer fotos para carnets, etc.

fo·to·me·tría [fotometría] *s/f* Parte de la óptica que trata de la intensidad de la luz y de su medición.

fo·tó·me·tro [fotómetro] *s/m* Instrumento utilizado en fotografía para la medición de la intensidad de la luz.

fo·tón [fotón] *s/m* FÍS Cada una de las partículas en que parece estar dividida la luz o la radiación, según se manifiesta en algunos fenómenos.

fo·to·no·ve·la [fotonoβéla] *s/f* Historieta de carácter amoroso y romántico contada sobre una serie de fotografías de los protagonistas, y un texto dialogado en cada una de ellas.

fo·to·sín·te·sis [fotosíntesis] *s/f* Fenómeno químico que provoca la acción de la luz en los vegetales, haciendo que éstos formen hidratos de carbono.

frac [frák] *s/m* Prenda de vestir masculina, que se usa en actos de cierta solemnidad; llega por delante hasta la cintura y por detrás tiene dos faldones o colas.
GRAM *Pl: Fracs* o *fraques.*

fra·ca·sa·do, (-a) [frakasáðo, (-a)] *adj* y *s/m,f* **1.** Se aplica al que ha fracasado en un determinado proyecto o, más frecuentemente, en haber conseguido una cierta posición social: *Vive como un fracasado.* **2.** Se dice de un acto que no llega a consumarse: *Un golpe militar fracasado.*

fra·ca·sar [frakasár] *v/intr* **1.** No acabar cierta empresa en el fin apetecido o buscado: *El negocio fracasó y se arruinaron.* **2.** No tener éxito alguien en determinado intento o empresa.

fra·ca·so [frakáso] *s/m* Acción y efecto de fracasar.

frac·ción [fra(k)θjón] *s/f* **1.** Acción de fraccionar(se). **2.** Cada una de las partes en que queda fraccionado un todo. **3.** MAT Expresión en forma de quebrado que indica una división no efectuada o cierto número de partes iguales de una unidad: *Una fracción de 8/6.*
Fracción decimal, MAT la que tiene por denominador la unidad seguida de ceros, es decir, una potencia de diez.

frac·cio·nar [fra(k)θjonár] *v/tr,* REFL (-SE) Dividir(se) una cosa en partes o fracciones.

frac·cio·na·rio, -a [fra(k)θjonárjo, -a] *adj* y *s/m,f* Se aplica a la cantidad que no es entera, especialmente en matemáticas.

frac·tu·ra [fraktúra] *s/f* Acción y efecto de fracturar(se).

frac·tu·rar [frakturár] *v/tr,* REFL(SE) Romper(se) o quebrantar(se) una cosa, especialmente los huesos del cuerpo.

fra·gan·cia [fraγánθja] *s/f* Olor delicioso o aroma que despiden las flores, frutos, etc.

fra·gan·te [fraγánte] *adj* Se dice de lo que despide fragancia.

fra·ga·ta [fraγáta] *s/f* MAR Buque de guerra para escoltar a otros barcos.

frá·gil [fráxil] *adj* **1.** Que se rompe fácilmente, como el cristal. **2.** Se aplica a la persona de constitución débil o enfermiza. **3.** FIG Se dice del que carece de fortaleza para resistir a las tentaciones, en especial las carnales: *Es una mujer frágil.*

fra·gi·li·dad [fraxiliðáð] *s/f* Calidad de frágil.

frag·men·ta·ción [fraγmentaθjón] *s/f* Acción y efecto de fragmentar(se).

frag·men·tar [fraγmentár] *v/tr,* REFL(SE) Reducir(se) a trozos o fragmentos.

frag·men·ta·rio, -a [fraɣmeņtárjo, -a] *adj* Que no está completo: *Un texto fragmentario.*

frag·men·to [fraɣméņto] *s/m* **1.** Parte o porción pequeña de algo que se ha roto. **2.** Texto, escrito, etc., al que le falta un trozo: *Fragmento de una obra.*

fra·gor [fraɣór] *s/m* Ruido muy potente y prolongado producido por una tormenta, batalla, etc.: *El fragor de la lucha.*

fra·go·ro·so, -a [fraɣoróso, -a] *adj* Que produce fragor.

fra·go·so, -a [fraɣóso, -a] *adj* **1.** Se dice del terreno lleno de asperezas y que es abrupto o escarpado. **2.** Fragoroso.

fra·gua [fráɣwa] *s/f* **1.** Hogar o fogón en que se caldean los metales para forjarlos. **2.** Taller en donde está la fragua y en que se trabajan los metales.

fra·guar [fraɣwár] **I.** *v/tr* **1.** Forjar un metal. **2.** FIG Discurrir o idear un proyecto, plan, etc.: *Fraguaron una conspiración contra el Gobierno.* **II.** *v/intr* ALBAÑ Referido a ciertos materiales, como la cal, el cemento o el yeso, endurecerse al ser aplicados.
ORT Ante *e* la *u* se escribe *ü: Fragüe.*

frai·le [fráile] *s/m* Nombre dado al religioso de ciertas órdenes y, en general, a cualquier religioso.

fram·bue·sa [framˌbwésa] *s/f* Fruto del frambueso; es parecido al de la zarzamora, pero de color carmín y sabor agridulce.

fram·bue·so [framˌbwéso] *s/m* Arbusto rosáceo, semejante a la zarza, que da como fruto la frambuesa.

fran·ca·che·la [fraŋkatʃéla] *s/f* FAM Comida de varias personas que sirve de regocijo o de reunión amistosa.

fran·cés, -sa [franθés, -sa] *adj* y *s/m,f* Perteneciente o relativo a Francia o natural de ella. LOC **A la francesa,** *1.* Al estilo de Francia. *2.* FIG FAM Referido a acciones como marcharse o despedirse, que se hace sin previo aviso: *Se despidió a la francesa.*

fran·cis·ca·no, -a [franθiskáno, -a] *adj* y *s/m,f* Perteneciente o relativo a la orden de San Francisco o miembro de ella.

franc·ma·són, -na [fraŋ(k)masón, -na] *s/m,f* Persona adherida a la francmasonería.

franc·ma·so·ne·ría [fraŋ(k)masonería] *s/f* Asociación secreta en la cual se usan como símbolos ciertos objetos propios del oficio de albañil, como las escuadras, compases, etc.

fran·co, (-a) [fráŋko, (-a)] **I.** *adj* **1.** Se dice de los antiguos pueblos de la Germania inferior. **2.** Aplicado a personas o cosas, que está libre de cualquier impedimento, como impuesto, derecho, etc.: *Puerto franco.* **3.** Se aplica a la persona de carácter liberal o ingenuo, sincero, etc.: *Es una persona de trato muy franco.* **4.** Referido a situaciones, estados, etc., que son patentes o claros: *Una franca mejoría.* **II.** *s/m* Unidad monetaria vigente actualmente en Francia, Bélgica y Suiza. RPr **Franco de/en:** *Franco de trato/en el trato.*

fran·có·fi·lo, -a [fraŋkófilo, -a] *adj* y *s/m,f* Se aplica al que es amigo o partidario de Francia y de lo francés.

fran·co·ti·ra·dor, -ra [fraŋkotiraðór, -ra] *s/m,f* **1.** Persona que toma parte en una lucha sin pertenecer a un ejército regular o fuerza constituida. **2.** FIG Persona que actúa por su cuenta en cualquier actividad.

fra·ne·la [franéla] *s/f* Tejido fino de lana o de algodón con una de sus caras ligeramente cardada.

fran·ja [fráŋxa] *s/f* Tira o banda que forma parte de un conjunto, como, *por ej,* en una bandera, etc.

fran·quea·ble [fraŋkeáβle] *adj* Que puede ser franqueado.

fran·que·ar [fraŋkeár] **I.** *v/tr* **1.** Quitar los estorbos o impedimentos que hay en algún lugar, dejando así éste libre: *Franquearon la salida* **2.** FAM Pasar por encima de un paso, río, etc., o atravesar una abertura: *Franqueó la puerta.* **3.** Poner sellos a una carta, paquete, etc. **II.** REFL(SE) Descubrir una persona a otra sus sentimientos más íntimos: *Se franqueó conmigo.* RPr **Franquearse a/con:** *Se franqueó a todos.*

fran·queo [fraŋkéo] *s/m* Acción de franquear una carta, paquete, etc.

fran·que·za [fraŋkéθa] *s/f* Cualidad del que es franco.

fran·qui·cia [fraŋkíθja] *s/f* Exención o privilegio que se concede a alguien para que no tenga que pagar determinados derechos o aranceles de aduanas, etc.

fras·co [frásko] *s/m* Recipiente de vidrio, generalmente con cuello o boca estrechos, menor que una botella, que suele usarse para contener líquidos como esencias o perfumes.

fra·se [fráse] *s/f* Conjunto de palabras con sentido que generalmente constituyen una oración gramatical, simple o compuesta.
Frase hecha, la que se ha consolidado como expresión de una idea, que todo el mundo suele repetir aplicándola a cada situación.

fra·seo·lo·gía [fraseoloxía] *s/f* Exceso de palabrería vana.

fra·ter·nal [fraternál] *adj* Propio de un hermano: *Amor fraternal.*

fra·ter·ni·dad [fraterniðáð] *s/f* **1.** Relación cordial entre hermanos. **2.** FIG Trato cordial entre alguien sin ser hermanos.

fra·ter·ni·zar [fraterniθár] *v/intr* Sostener alguien con otro un trato propio de hermanos.
ORT La *z* cambia en *c* ante *e: Fraternicé.*

fra·ter·no, -a [fratérno, -a] *adj* Fraternal.

fra·tri·ci·da [fratriθíða] *adj* y *s/m,f* Se aplica al que mata a un hermano.

fra·tri·ci·dio [fratriθíðjo] *s/m* Crimen cometido por el fratricida.

frau·de [fráuðe] *s/m* DER Delito cometido por el que tiene a su cargo vigilar la ejecución de contratos públicos.

frau·du·len·to, -a [frauðulénto, -a] *adj* Que constituye un fraude o es parecido a él.

fray [frái] *apóc* de *fraile*; se usa en el tratamiento o nombre de los frailes: *Fray Santiago.*

fra·za·da [fraθáða] *s/f* Manta peluda para la cama.

freá·ti·co, -a [freátiko, -a] *adj* **1.** Se aplica a las aguas acumuladas en el subsuelo, sobre una capa impermeable. **2.** Se dice de las capas donde están estas aguas.

fre·cuen·cia [frekwénθja] *s/f* **1.** Calidad de frecuente. **2.** FÍS En los movimientos oscilatorios y vibratorios, se dice del número de oscilaciones o vibraciones que se producen en cada unidad de tiempo: *Una frecuencia de cuarenta revoluciones por minuto.*

fre·cuen·tar [frekwentár] *v/tr* **1.** Repetir una acción con frecuencia. **2.** Asistir con frecuencia a un lugar, reunión, etc.: *Frecuenta nuestra tertulia de los jueves.*

fre·cuen·te [frekwénte] *adj* Se dice de lo que se repite a menudo.

fre·ga·de·ro [freγaðéro] *s/m* Lugar usado para fregar vasijas, recipientes, etc.

fre·ga·do [freγáðo] **I.** *p* de *fregar.* **II.** *s/m* **1.** Acción y efecto de fregar. **2.** FAM Disputa ruidosa y violenta.

fre·gar [freγár] *v/tr* **1.** Pasar repetidamente un objeto áspero por una superficie. **2.** Frotar con un objeto, generalmente áspero, y con jabón cosas que están sucias. **3.** AMÉR FIG FAM Molestar o fastidiar a alguien.
CONJ *Irreg: Friego, fregué, fregaré, fregado.*

fre·go·na [freγóna] *s/f* **1.** *despec* Mujer que friega suelos, etc. **2.** FIG FAM Mujer de aspecto basto. **3.** FAM Utensilio para fregar o limpiar los suelos.

fre·go·teo [freγotéo] *s/m* Acción y efecto de fregotear.

frei·du·ría [freiðuría] *s/f* Establecimiento en que se fríe pescado para venderlo allí mismo.

freír [freír] *v/tr, intr* **1.** Guisar un alimento en aceite o manteca muy calientes, usando sartenes o utensilios similares. **2.** FIG FAM (Seguido de *con*) Irritar a alguien con ciertas acciones: *Me estás friendo con tus preguntas.* RPr **Freír a:** *Freír a preguntas (a alguien).* **Freír(se) con/en:** *Freír(se) con mantequilla. Freír(se) en mantequilla.*
CONJ *Irreg: Frío, freí, freiré, frito/(freído).*

fré·jol [fréxol] *s/m* **1.** Planta de judía. **2.** Fruto y semilla de esta planta.

fre·na·do [frenáðo] *s/m* Acción y efecto de frenar.

fre·nar [frenár] *v/tr* **1.** Detener o moderar el movimiento de un vehículo, máquina, etc. **2.** FIG Moderar cierto instinto, impulso, etc. LOC **Frenar en seco,** frenar bruscamente.

fre·na·zo [frenáθo] *s/m* Acción de frenar brusca y violentamente.

fre·ne·sí [frenesí] *s/m* **1.** Exaltación de una pasión o sentimiento. **2.** Violenta perturbación del ánimo.

fre·né·ti·co, -a [frenétiko, -a] *adj* Poseído de frenesí.

fre·ni·llo [freníʎo] *s/m* Membrana con que está sujeta la lengua a la parte inferior de la boca.

fre·no [fréno] *s/m* **1.** Pieza de hierro que se compone de embocadura, camas y barbada y que, introducida en la boca de las caballerías, sirve para frenarlas o gobernarlas. **2.** Dispositivo que un motor, máquina, etc., tiene para poder ser parado: *Frenos de disco.* **3.** FIG Se aplica a lo que contiene o modera las pasiones, sentimientos, acciones, etc.

fre·no·pa·tía [frenopatía] *s/f* Parte de la medicina que estudia las enfermedades mentales.

fren·te [frénte] **I.** *s/f* Parte más alta de la cara humana, que tiene las sienes a cada lado, las órbitas de los ojos por abajo y por arriba acaba donde empieza la inflexión del cráneo. **II.** *s/m* **1.** Parte delantera de un edificio, mueble, lugar, etc.: *El frente de la casa da al sur.* **2.** MIL Se dice de la zona en que hay combate en una guerra. **3.** Se aplica en general a todo aquello que supone la parte más avanzada de algo: *Iban al frente de la manifestación.* LOC **De frente,** *1.* De cara: *Entramos de frente. 2.* Uno frente a otro: *Nos dimos de frente. 3.*

FIG Con resolución y valentía: *Atacamos la cuestión de frente.* **Frente a frente,** cara a cara. **Frente a,** delante de. **Hacer frente a algo o alguien,** enfrentarse a, saber afrontar algo. **Ponerse al frente de algo,** FIG dirigir algo, como una empresa, orquesta, etc.

fre·sa [frésa] **I.** *s/f* **1.** BOT Planta rosácea, de tallos rastreros y fruto comestible en forma de pequeños granos agrupados. **2.** Nombre del fruto de esta planta. **3.** Máquina de fresar. **II.** *adj* De color parecido al de la fresa: *Unos pantalones fresa.*

fre·sa·do [fresáðo] *s/m* Acción y efecto de fresar.

fre·sa·do·ra [fresaðóra] *s/f* Máquina para fresar.

fre·sar [fresár] *v/tr, intr* **1.** Abrir agujeros en metales y, en sentido general, labrarlos con fresa o con fresadora. **2.** AGR Labrar la tierra, preparándola para la siembra.

fres·ca [fréska] *s/f* **1.** Aire fresco propio de las primeras horas de la mañana o de las últimas de la tarde. **2.** FIG FAM Cosa que se dice con descaro a alguien: *Me soltó cuatro frescas.*

fres·ca·chón, -na [freskatʃón, -na] *adj* FAM Se aplica al que tiene aspecto sano y robusto y al mismo tiempo algo rústico.

fres·ca·les [freskáles] *s/m,f* FAM Persona que se comporta con frescura.

fres·co, -a [frésko, -a] **I.** *adj* **1.** Que es moderadamente frío: *Una brisa fresca.* **2.** Referido a productos vegetales o animales para el consumo, que están recién cogidos o preparados, etc. **3.** Referido a cosas como pintura, yeso, etc., que ha sido recién aplicado. **4.** Referido a tejidos, prendas, etc., que no dan calor cuando se usan: *Es una blusa muy fresca.* **5.** FIG Se dice de lo que acaba de llegar o de ser hecho: *Una noticia fresca.* **6.** FIG Que se queda imperturbable después de un esfuerzo o ante cierta situación: *Le dijeron que lo despedían y se quedó tan fresco.* **II.** *adj* y *s/m,f* FIG FAM Se aplica al que se comporta de forma desvergonzada o no cumple con sus obligaciones, perjudicando con ello al prójimo: *¡Qué fresco, nos debe dinero y no nos paga!* **III.** *s/m* **1.** Vientecillo fresco o frescor agradable, propio de ciertas horas de la mañana o de la tarde. **2.** Frío moderado. **3.** PINT Pintura al fresco, hecha sobre una pared con colores rápidos en yeso todavía húmedo. LOC **Estar fresco,** FIG FAM estar convencido de que sucederá algo y equivocarse. **Quedarse tan fresco,** FAM quedarse imperturbable. **Tomar el fresco,** salir a respirar el aire fresco.

fres·cor [freskór] *s/m* Temperatura fresca que se siente a determinadas horas o en determinados lugares.

fres·cu·ra [freskúra] *s/f* Calidad de quien o de lo que es fresco.

fres·no [frésno] *s/m* Árbol de las oleáceas, de madera muy apreciada por su flexibilidad.

fre·són [fresón] *s/m* Variedad cultivada de la fresa, que tiene el fruto mucho mayor que el de ésta y de sabor más ácido.

fres·que·ra [freskéra] *s/f* Lugar o armario con tela metálica que se coloca en lugar ventilado para conservar frescos los alimentos.

fre·za [fréθa] *s/f* **1.** Acción de desovar un pez. **2.** Época en que lo hace.

fre·zar [freθár] *v/intr* Desovar un pez. ORT La *z* se convierte en *c* ante *e: Frece.*

frial·dad [frjal̪dáð] *s/f* **1.** Sensación que produce la falta de calor. **2.** FIG Falta de interés o de atención por algo o alguien.

fri·ca·ción [frikaθjón] *s/f* Acción y efecto de frotar.

fri·can·dó [frikan̪dó] *s/m* Cierto guisado de carne en salsa.

fri·ca·ti·vo, -a [frikatíβo, -a] *adj* y *s/f* Se aplica al sonido o consonante cuya pronunciación hace que el aire salga rozando determinados órganos bucales, como, *por ej,* en castellano la 'f', 'z' o 'j'.

fric·ción [fri(k)θjón] *s/f* **1.** Acción y efecto de friccionar una cosa con otra. **2.** FIG Situación de desavenencia entre personas.

fric·cio·nar [fri(k)θjonár] *v/tr* Frotar o dar friegas a algo.

frie·ga [frjéɣa] *s/f* Fricción que se hace en alguna parte del cuerpo como medio curativo contra el dolor, etc.: *Darse friegas de alcohol.*

fri·gi·dez [frixiðéθ] *s/f* **1.** Frialdad, especialmente aplicado a la que se da en el trato, etc. **2.** Falta de reacción al estímulo sexual en la mujer.

frí·gi·do, -a [fríxiðo, -a] *adj* LIT **1.** Frío o helado. **2.** Poco sensible al sentimiento o a la excitación sexual.

fri·gio, -a [fríxjo, -a] *adj* y *s/m,f* Relativo a la Frigia o natural de ella.

fri·go·rí·fi·co, (-a) [friɣorífiko, (-a)] **I.** *adj* Se aplica al aparato que sirve para producir frío: *Cámara frigorífica.* **II.** *s/m* Cámara frigorífica de uso doméstico.

frí·jol o **fri·jol** [fríxol/frixól] *s/m* AMÉR Fréjol.

frío, (-a) [frío, (-a)] **I.** *adj* **1.** Se aplica a los objetos o sustancias que están a baja temperatura o que tienen una temperatura inferior a la de lo que está a su alrededor.

2. Que ha perdido temperatura. 3. Referido a clima, tiempo, etc., con bajas temperaturas. 4. FIG Tratándose de actos, actitudes, etc., que carecen de afecto, buena disposición, etc.: *Me recibió con una acogida muy fría.* 5. FIG Que no pierde su calma, serenidad, etc., nunca o en determinada ocasión: *Siempre permanece frío ante las provocaciones.* **II.** *s/m* Temperatura baja o ambiente en que se da esta temperatura. LOC **Hacer frío,** estar baja la temperatura ambiente. **Coger frío,** quedarse el cuerpo de alguien frío por razones ambientales o fisiológicas. **Dejar frío a alguien,** *1.* Dejar impasible a alguien. *2.* Dejar admirado o suspenso a alguien. **Quedarse frío,** *1.* Quedarse indiferente. *2.* Quedarse muy asombrado.

frio·le·ra [frjoléra] *s/f* IRÓN Gran cantidad de dinero: *Le costó el coche la friolera de cinco millones.*

frio·le·ro, -a [frjoléro, -a] *adj* y *s/m,f* Se aplica al que es muy sensible al frío.

fri·sar [frisár] *v/intr* Aproximarse a algo, aplicado en especial con referencia a la edad de alguien: *Frisaba los cuarenta.*

fri·so [fríso] *s/m* ARQ Parte del cornisamento que está entre el arquitrabe y la cornisa y que se usa para poner en él detalles decorativos.

fri·ta·da [fritáða] *s/f* Plato de cosas fritas: *Una fritada de pimientos.*

fri·to, (-a) [fríto, (-a)] **I.** *p* de *freír* **II.** *adj* Que ha sido frito: *Patatas fritas.* **III.** *s/m* Manjar frito: *Le encantan los fritos.* LOC **Tener a alguien frito,** fastidiar mucho a alguien.

fri·tu·ra [fritúra] *s/f* Plato de manjares fritos: *Una fritura de pescado.*

fri·vo·li·dad [friβoliðáð] *s/f* Calidad de frívolo o acto propio del que lo es.

frí·vo·lo, -a [fríβolo, -a] *adj* **1.** Se aplica a la persona poco seria o formal. **2.** Se dice de aquello que es superficial o intrascendente.

fron·da [fróṇda] *s/f* **1.** Hoja de una planta. **2.** *sing* o *pl* Conjunto de hojas y ramas que forman una espesura.

fron·do·si·dad [froṇdosiðáð] *s/f* Calidad de frondoso.

fron·do·so, -a [froṇdóso, -a] *adj* **1.** Se dice de la planta o del árbol que tiene muchas ramas y hojas. **2.** Se aplica al lugar en que abundan las plantas frondosas.

fron·tal [froṇtál] *adj* Perteneciente o relativo a la frente o al frente de algo.

fron·te·ra [froṇtéra] *s/f* **1.** Límite que separa un país de otro. **2.** FIG Aquello que supone el límite a que alguien o algo puede llegar.

fron·te·ri·zo, -a [froṇteríθo, -a] *adj* **1.** Que está situado en la frontera entre dos países. **2.** Se aplica a los países que tienen una frontera común.

fron·te·ro, -a [froṇtéro, -a] *adj* Que está situado frente a otra cosa.

fron·til [frontíl] *s/m* Pieza acolchada que se les pone a los bueyes en la frente para que no se les lastime con el yugo.

fron·tis [fróṇtis] *s/m* Frontispicio.

fron·tis·pi·cio [froṇtispíθjo] *s/m* **1.** Fachada o parte delantera de un edificio, mueble, etc. **2.** ARQ Frontón.

fron·tón [froṇtón] *s/m* **1.** Pared principal o frente contra los que se dirige la pelota en el juego de pelota. **2.** Juego de pelota en que se usa el frontón: *Jugar a frontón.* **3.** ARQ Remate triangular que culmina la fachada o pórtico de un edificio.

fro·ta·ción [frotaθjón] *s/f* Acción y efecto de frotar(se).

fro·ta·mien·to [frotamjéṇto] *s/m* Acción de frotar.

fro·tar [frotár] *v/tr* Pasar una cosa sobre otra repetidamente y con fuerza.

fro·te [fróte] *s/m* Acción de frotar.

fruc·tí·fe·ro, -a [fruktífero, -a] *adj* **1.** Que produce fruto en abundancia. **2.** FIG Útil o provechoso: *Un esfuerzo fructífero.*

fruc·ti·fi·car [fruktifikár] *v/intr* **1.** Dar fruto una planta. **2.** FIG Ser productiva una cosa: *Su esfuerzo fructificó.*
ORT La *c* cambia en *qu* ante *e: Fructifique.*

fruc·tuo·so, -a [fruktwóso, -a] *adj* Que produce una utilidad o provecho.

fru·gal [fruɣál] *adj* **1.** Se dice de la persona que es parca en comer y beber. **2.** Se aplica igualmente a la comida moderada o no excesiva.

fru·ga·li·dad [fruɣaliðáð] *s/f* Calidad de frugal.

frui·ción [frwiθjón] *s/f* Sentimiento de placer que se experimenta al realizar una acción.

frun·ce [frúṇθe] *s/m* Adorno que resulta de fruncir una tela, causando en ella una serie de arrugas o pliegues.

frun·ci·do [fruṇθíðo] *s/m* Frunce hecho en una tela, prenda, etc.

frun·cir [fruṇθír] *v/tr* **1.** Causar una serie de arrugas o pliegues paralelos en una tela con el fin de estrecharla o de hacerle un adorno. **2.** Arrugar con un gesto ciertas zonas de la piel, como el entrecejo, los labios, etc.
ORT La *c* cambia en *z* ante *o/a: Frunzo.*

frus·le·ría [fruslería] *s/f* Cosa de muy poco valor.

frus·tra·ción [frustraθjón] *s/f* Acción y efecto de frustrar(se).

frus·trar [frustrár] *v/tr* **1.** Desbaratar la realización de algo, como un plan, etc. **2.** Defraudar las esperanzas o deseos de alguien.

fru·ta [frúta] *s/f* **1.** Fruto comestible. **2.** En sentido colectivo, se aplica a todas las frutas comestibles: *Este niño no come fruta.* LOC.
Fruta del tiempo, la que se come durante la temporada en que madura y se recoge.

fru·tal [frutál] *adj* y *s/m* Se aplica al árbol que produce fruta.

fru·te·ría [frutería] *s/f* Tienda o puesto en que se vende fruta.

fru·te·ro, (-a) [frutéro, (-a)] **I.** *adj* **1.** Relativo a la fruta o a su comercio. **2.** FAM Se dice de aquel al que le gusta mucho la fruta. **II.** *s/m* Plato o bandeja destinados a contener la fruta que se sirve. **III.** *s/m,f* Persona que vende fruta o tiene una frutería.

fru·ti·cul·tu·ra [frutikul̪túra] *s/f* Cultivo de las plantas y árboles que producen fruta.

fru·to [frúto] *s/m* **1.** Producto de la fecundación del ovario en las plantas fanerógamas. **2.** Cualquier producto de la tierra que sea de utilidad para el hombre. **3.** FIG Consecuencia o resultado de algo: *Ha recogido el fruto de su trabajo de muchos años.* **4.** *pl* Productos de la tierra, de los cuales se hace la cosecha.
Frutos secos, nombre que se da a ciertos frutos que pueden ser guardados y comidos durante el año de producción, como la almendra, avellana, etc.

fu [fú] *onomat* Se usa para imitar el sonido que produce el gato. LOC **Ni fu ni fa,** FAM ni una cosa buena ni una mala, sino algo intermedio: *—¿Qué tal la película? —Ni fu ni fa.*

fuc·sia [fúksja] **I.** *s/f* BOT Planta de las oenoteráceas, de hojas ovales y dentadas, que da flores colgantes, de color rojo oscuro, en forma de campanilla. **II.** *adj* Se dice del color que es como el de la fucsia: *Unos zapatos color fucsia.*

fuc·si·na [fuksína] *s/f* Materia colorante de tono rojo oscuro que se emplea para diversos usos (teñir el vino, *por ej*).

fue·go [fwéγo] *s/m* **1.** Materia en combustión, con o sin llama, junto con la luz y el calor que desprende. **2.** Hogar o lumbre que se hace en la casa: *El fuego de la chimenea estaba encendido.* **3.** Efecto y acción de disparar un arma de fuego: *El enemigo inició el fuego.* **4.** FIG Ardor con que se experimenta una pasión, sentimiento, etc. LOC **Romper el fuego,** *1.* Empezar a disparar. *2.* FIG Iniciar un debate o discusión. **Tocar a fuego,** avisar que se ha declarado un incendio. **¡Fuego!,** orden con la que se manda disparar.
Fuegos artificiales/de artificio, artificios hechos con pólvora, como cohetes, ruedas, etc., fabricados para diversión en fiestas o verbenas.

fuel [fuél] *s/m* Fracción del petróleo natural que se obtiene por refinación y destilación y que se usa en calefacción.

fue·lle [fwéʎe] *s/m* **1.** Instrumento para lanzar aire con fuerza en una dirección determinada; sirve para avivar un fuego o para hacer funcionar un instrumento músico, como el órgano o el acordeón. **2.** Trozo de tela o de otro material cualquiera, que es flexible y que se encoge a modo de fuelle.

fuen·te [fwén̪te] *s/f* **1.** Lugar de donde mana el agua, procedente de una corriente subterránea. **2.** Artificio construido para que salga el agua en lugares como jardines, parques, etc. **3.** Bandeja o recipiente en el que se sirve la comida. **4.** FIG Se dice de aquello que constituye el origen o causa de algo: *No tiene otra fuente de ingresos que la pensión de viudedad.*

fuer [fwér] LOC **A fuer de,** en calidad de.

fue·ra [fwéra] **I.** *adv* Se usa: **1.** FIG Para expresar la relación de exterior con respecto a algo: *Nosotros estamos fuera de su estima.* **2.** FAM Para indicar que se está de viaje o de vacaciones, lejos del hogar: *Se han ido fuera unos días.* **II.** *interj* Para expresar desaprobación o rechazo contra algo o alguien: *¡Fuera!, no quiero verte más aquí.* LOC **De fuera,** referido a cosas o personas, que son de otro lugar: *Estos vecinos son de fuera.* **Por fuera,** por la parte exterior de algo: *Han pintado la casa por fuera.* **Fuera de,** a excepción de. **Fuera de que,** aparte de. **Estar fuera de sí,** FIG FAM estar trastornado por la ira o la indignación. **¡Fuera+(s)!,** expresión que es usada para indicar la necesidad de quitar algo: *¡Fuera el sombrero!*

fue·ro [fwéro] *s/m* **1.** *sing* o *pl* Cada uno de los privilegios o exenciones que se conceden a una provincia, ciudad, persona, etc.: *Los fueros de Navarra.* **2.** Nombre de ciertas compilaciones de leyes: *El Fuero Juzgo.* **3.** Poder al que corresponde dictar sentencia en un caso determinado: *Fuero eclesiástico.* LOC **Para el fuero interno de uno,** FIG para la intimidad de uno.

fuer·te [fwérte] **I.** *adj* **1.** Se aplica al que o a lo que tiene fuerza o resistencia: *Una mesa fuerte. Un mozo fuerte.* **2.** Se dice del que está en buenas condiciones físicas. **3.** Referido a materiales, minerales, etc., que son difíciles de labrar o trabajar. **4.** FORT

Dícese del lugar que ha sido rodeado con obras de defensa. **5.** Referido a objetos, que están bien asegurados o sujetos: *El clavo ya está fuerte ahora.* **6.** Se aplica a lo que se da o sucede de una forma intensa o violenta: *Le dio un golpe muy fuerte.* **7.** Tratándose de alimentos, platos, etc., que tienen mucho sabor: *Un vino/Un queso fuerte.* **8.** Referido a sonidos, de gran volumen: *Una voz muy fuerte.* **9.** FIG Se dice del que puede resistir valientemente a las tentaciones: *Es fuerte de carácter.* **10.** FIG Que sabe mucho de alguna materia determinada: *Está fuerte en matemáticas.* **11.** FIG Referido a genio, carácter, que son difíciles o indomables. **12.** FIG Referido a empresa o capital, etc., que es poderoso o abundante. **13.** FIG Referido a palabras, que son malsonantes, groseras o insultantes para alguien: *Nos dijimos unas cuantas palabras fuertes.* **II.** *s/m* Lugar o plaza fortificados. **III.** *adv* Con fuerza o con intensidad: *Llovía fuerte.* LOC **Hacerse fuerte,** *1.* Fortificarse en algún lugar. *2.* FIG Resistirse a ceder en alguna cosa. RPr **Fuerte con/de/en:** *Fuerte con el débil. Fuerte de consistencia. Fuerte en razones.*

fuer·za [fwérθa] *s/f* **1.** MEC, FÍS Causa de que cambie el estado de reposo o movimiento de un cuerpo: *La fuerza de la gravedad.* **2.** MEC, FÍS Resistencia que se opone a esa fuerza. **3.** Capacidad que tiene un animal, un elemento, una persona, etc., para mover algo o para empujarlo: *La fuerza del viento tiró la puerta abajo.* **4.** *(Hacer...)* Insistencia moral con que se quiere cambiar la opinión o voluntad de alguien: *Le hicieron fuerza para que dimitiera.* **5.** *(Hacer...)* Violencia física hecha a una mujer para violarla. **6.** Parte más gruesa de un todo: *La fuerza del ejército.* **7.** *pl* MIL Tropas. **8.** *(Tener...)* Resistencia o capacidad de resistir que tiene un material, prenda, etc. **9.** ELECTR Corriente o fluido usados para fines industriales o domésticos. **10.** FIG Intensidad de expresividad: *Su estilo tiene fuerza.* LOC **A fuerza de,** *1.* Mediante o gracias a: *Lo logramos a fuerza de tesón.* *2.* Exagerando en aquello que se hace: *A fuerza de ser amable se pone insoportable.* **A la fuerza,** por la fuerza. **A viva fuerza,** con violencia física. **Írsele a alguien la fuerza por la boca,** FIG FAM ser muy hablador y poco eficaz. **Por fuerza,** *1.* Por necesidad. *2.* A la fuerza. **Sacar fuerzas de flaqueza,** expresión con que se alude a lo extraordinario de un esfuerzo que se realiza para lograr algo.
Fuerzas armadas, MIL el ejército o parte de él.
Fuerzas de choque, MIL unidades que por su mejor instrucción o por sus cualidades son las empleadas en la ofensiva.
Fuerza de voluntad, energía para autoimponerse cierta disciplina.
Fuerzas navales, MIL marina de guerra de una nación.
Fuerza pública, conjunto de agentes de la autoridad que mantienen el orden público.
Fuerzas vivas, FIG los grupos impulsores de la actividad y prosperidad de una sociedad o comunidad.

fue·te [fuéte] *s/m* AMÉR GAL Látigo.

fu·ga [fúɣa] *s/f* **1.** Acción y efecto de huir o fugarse de un lugar. **2.** Salida de un líquido de un recipiente por algún lugar que normalmente debe estar cerrado; se aplica igualmente a gases: *Una fuga de gas.* **3.** MÚS Composición que desarrolla un tema y su contrapunto, haciendo que se repitan en diversos tonos. LOC **Poner en fuga,** hacer huir (a alguien).

fu·ga·ci·dad [fuɣaθiðáð] *s/f* Calidad de fugaz.

fu·gar·se [fuɣárse] *v/REFL(SE)* Huir de algún lugar en que se está bajo vigilancia. ORT La *g* cambia en *gu* ante *e: Fugué.*

fu·gaz [fuɣáθ] *adj* Se dice de lo que dura poco tiempo: *Una alegría fugaz.*

fu·gi·ti·vo, -a [fuxitíβo, -a] *adj* y *s/m,f* **1.** Se aplica al que anda huyendo o huye. **2.** FIG Que dura poco.

fu·la·no, (-a) [fuláno, (-a)] **I.** *s/m,f* Nombre que se da a la persona cuyo nombre se desconoce o no se recuerda; puede ir seguido de 'mengano', 'zutano', 'perengano', también referidos a personas indeterminadas. **II.** *s/f* FAM Prostituta.

fu·lar [fulár] *s/m* Tela fina de seda con dibujos estampados.

ful·cro [fúlkro] *s/m* Punto de apoyo en una palanca.

fu·le·ro, -a [fuléro, -a] *adj* FAM Se dice de la persona falsa y engañosa.

ful·gor [fulɣór] *s/m* LIT Resplandor o brillo: *El fulgor de las estrellas.*

ful·mi·na·ción [fulminaθjón] *s/f* Acción de fulminar.

ful·mi·nan·te [fulminánte] **I.** *adj* **1.** Se aplica a las materias o compuestos que estallan con explosión y que sirven comúnmente para disparar armas de fuego. **2.** FIG Referido a un suceso, enfermedad, etc., que sobreviene muy rápida e inesperadamente: *Una muerte fulminante.* **II.** *s/m* Materia o compuesto explosivos que sirven para lanzar el proyectil en las armas de fuego.

ful·mi·nar [fulminár] *v/tr* **1.** Arrojar rayos. **2.** Herir o destruir el rayo a alguien o algo. **3.** FIG Expresar odio o rencor contra alguien: *Me fulminó con su mirada.* **4.** FIG Maldecir verbalmente a alguien con amenazas violentas.

fu·lle·ría [fuʎería] *s/f* Artimaña con que se intenta engañar a alguien.

fu·lle·ro, -a [fuʎéro, -a] *adj* y *s/m,f* Que es engañoso o falso.

fu·ma·da [fumáða] *s/f* Cantidad de humo que se absorbe de una vez fumando.

fu·ma·de·ro [fumaðéro] *s/m despec* Lugar en el que se fuma, especialmente aquel en que se fuma opio o droga.

fu·ma·dor, -ra [fumaðór, -ra] *adj* y *s/m,f* Que fuma o tiene por costumbre fumar: *El vagón de no fumadores.*

fu·mar [fumár] **I.** *v/tr, intr* **1.** Aspirar y expeler el humo que produce el tabaco al arder en una pipa, cigarro o cigarrillo. **2.** FAM Fumar droga. **II.** REFL(SE) FIG FAM Gastar algo derrochándolo: *Se fumó la herencia en cuatro semanas.*

fu·ma·ra·da [fumaráða] *s/f* Porción de humo que sale de una vez de algún lugar.

fu·ma·ro·la [fumaróla] *s/f* Grieta que suele haber en las proximidades de la boca de un volcán, por la cual salen gases sulfurosos o emanaciones de otras sustancias.

fu·mi·ga·ción [fumiγaθjón] *s/f* Acción y efecto de fumigar.

fu·mi·ga·dor, (-ra) [fumiγaðór, (-ra)] *adj* y *s/m,f* Que fumiga.

fu·mi·gar [fumiγár] *v/tr, intr* **1.** Desinfectar algo o un lugar por medio de gases, vapores, etc. **2.** Combatir por estos medios las plagas de insectos y de otros organismos nocivos que atacan las plantas, etc. ORT La *g* cambia en *gu* ante *e: Fumigué.*

fu·mi·ga·to·rio, -a [fumiγatórjo, -a] *adj* Relativo a la fumigación.

fu·nám·bu·lo, -a [funámbulo, -a] *s/m,f* Equilibrista que hace ejercicios sobre la cuerda o el alambre.

fun·ción [funθjón] *s/f* **1.** BIOL Ejercicio o actividad de un órgano que tiene una finalidad determinada. **2.** Acción o servicio que corresponde a un aparato, objeto, entidad, organismo, etc.: *La función del freno es detener el vehículo.* **3.** MAT Número que resulta de efectuar determinadas operaciones con uno o varios datos numéricos.

fun·cio·nal [funθjonál] *adj* **1.** Relativo a la función o funciones. **2.** Referido a estilo artístico, arquitectónico, etc., que busca acomodarse a las funciones a que va destinado más que al aspecto estético o caprichoso.

fun·cio·na·mien·to [funθjonamjénto] *s/m* Acción de funcionar.

fun·cio·nar [funθjonár] *v/intr* Realizar alguien o algo las funciones que le están designadas: *El estómago funciona bien.*

fun·cio·na·rio, -a [funθjonárjo, -a] *s/m,f* Empleado de la administración pública.

fun·da [fúnda] *s/f* Cubierta o estuche en que se introduce algo para protegerlo o guardarlo: *La funda de las gafas.*

fun·da·ción [fundaθjón] *s/f* **1.** Acción de fundar. **2.** DER Institución o persona jurídica dedicada a la beneficencia, obras culturas, etc., y que responde a la voluntad del que la erige: *La fundación 'Juan March'.*

fun·da·cio·nal [fundaθjonál] *adj* Propio de la fundación.

fun·da·do, -a [fundáðo, -a] *adj* Que tiene fundamento.

fun·da·dor, -ra [fundaðór, -ra] *adj* y *s/m,f* Que funda una institución, etc.

fun·da·men·tal [fundamentál] *adj* Se aplica a lo que sirve de fundamento para algo: *Piedra fundamental.*

fun·da·men·tar [fundamentár] *v/tr* Echar los fundamentos o cimientos de algo. **2.** FIG Proporcionar el fundamento para algo.

fun·da·men·to [fundaménto] *s/m* **1.** *sing* o *pl* Base o cimientos en que se apoya algo. **2.** *pl* Conocimientos básicos de una ciencia, arte, etc.: *Fundamentos de inglés.*

fun·dar [fundár] *v/tr* **1.** Iniciar la edificación de algo. **2.** Crear una institución, entidad, organismo, etc. **3.** (Con *en, sobre*) Apoyar determinada afirmación, teoría, etc., sobre alguna razón: *Funda sus ideas en el marxismo teórico.* RPr **Fundar(se) en/sobre.**

fun·di·ción [fundiθjón] *s/f* **1.** Acción y efecto de fundir. **2.** Lugar o taller industrial en el que se realizan trabajos de fundición. **3.** Hierro que sale fundido o colado de los altos hornos.

fun·dir [fundír] *v/tr* **1.** Hacer que un cuerpo sólido se convierta en líquido, generalmente mediante el calor. **2.** FIG Unir dos o más cosas en una: *Han fundido las dos compañías en una sola.*

fú·ne·bre [fúneβre] *adj* **1.** Relativo o perteneciente a los difuntos: *Pompas fúnebres.* **2.** FIG Que es de aspecto triste o melancólico: *Un lamento fúnebre.*

fu·ne·ral [funerál] *s/m sing* o *pl* Ceremonia religiosa con que se honra al difunto: *Fuimos a los funerales de su tío.*

fu·ne·ra·la [funerála] LOC **A la funerala,** MIL para referirse a la forma de llevar los soldados las armas en señal de duelo, con las puntas hacia abajo. **Tener algo a la funerala,** tenerlo estropeado o roto.

fu·ne·ra·ria [funerárja] *s/f* Empresa de pompas fúnebres.

fu·ne·ra·rio, -a [funerárjo, -a] *adj* Relacionado con los difuntos o las pompas fúnebres: *Misa funeraria.*

fu·nes·to, -a [funésto, -a] *adj* Se dice de algo que es asociable a una desgracia.

fun·gi·ble [fuŋxíβle] *adj* Se aplica a lo que puede ser consumido con el uso: *Material fungible.*

fun·gi·ci·da [fuŋxiθíða] *adj* y *s/m* Se aplica a la sustancia que destruye los hongos.

fu·ni·cu·lar [funikulár] *adj* y *s/m* **1.** Se aplica al ferrocarril o vehículo destinado a recorrer una fuerte pendiente y cuya tracción se realiza con la ayuda de un cable o cadena. **2.** Se dice del tren aéreo que también es movido por cables: *Un funicular aéreo.*

fur·cia [fúrθja] *s/f despec* Mujer que se prostituye, prostituta.

fur·gón [furγón] *s/m* **1.** Carro o coche grande, cubierto, de cuatro ruedas y bastante largo, destinado al transporte. **2.** En los ferrocarriles, vagón destinado a equipajes, correo, etc.

fur·go·ne·ta [furγonéta] *s/f* Vehículo automóvil con puertas detrás para poder ser utilizado en el transporte; es de menor tamaño que el camión.

fu·ria [fúrja] *s/f* **1.** Sentimiento violento de ira o enfado contra algo o alguien. **2.** FIG Violencia o fuerza grande con que algo se mueve: *La furia de las olas.* **3.** FIG FAM Energía o vigor con que se emprende algo: *Escribía con furia hoja tras hoja.* LOC **Estar hecho una furia,** FIG estar furioso.

fu·ri·bun·do, -a [furiβúndo, -a] *adj* Que siente o indica furor.

fu·rio·so, -a [furjóso, -a] *adj* **1.** Poseído de furia o de ira. **2.** FIG Referido a sentimientos, etc., que son de gran intensidad: *Tenía unas ganas furiosas de gritar.*

fu·ror [furór] *s/m* Furia. LOC **Hacer furor,** FIG FAM Estar muy de moda: *El rock hacía furor.*
Furor uterino, MED violento apetito sexual en la mujer.

fu·rriel o **fu·rrier** [furrjél/-r] *s/m* **1.** MIL Soldado que tenía a su cargo la distribución del pan, paga y pienso de cada compañía. **2.** MIL Auxiliar del sargento de cada semana.

fur·ti·vo, -a [furtíβo, -a] *adj* Que ha sido hecho a escondidas: *Una mirada furtiva.*

fu·rún·cu·lo [furúŋkulo] *s/m* MED Forúnculo.

fu·sa [fúsa] *s/f* MÚS Nota que tiene un valor igual a la mitad de la semicorchea.

fu·se·la·je [fuseláxe] *s/m* Cuerpo o casco del avión, en el interior del cual van los ocupantes.

fu·si·ble [fusíβle] **I.** *adj* Con capacidad para fundirse. **II.** *s/m* ELECTR Hilo metálico o chapa que se coloca en las instalaciones eléctricas con el fin de que en el caso de que la corriente sea excesiva pueda fundirse, evitando así daños en la instalación.

fu·si·for·me [fusifórme] *adj* De forma alargada como un huso.

fu·sil [fusíl] *s/m* Arma de fuego usada por los soldados de infantería; es portátil, con un cañón de unos ocho o diez decímetros de largo.

fu·si·la·mien·to [fusilamjénto] *s/m* Acción y efecto de fusilar.

fu·si·lar [fusilár] *v/tr* **1.** Ejecutar a alguien mediante una descarga de fusilería. **2.** FIG FAM Imitar una obra literaria, científica, etc., copiando trozos de ella.

fu·si·le·ría [fusilería] *s/f* **1.** Conjunto de fusiles. **2.** Descarga simultánea de ellos. **3.** Conjunto de soldados fusileros.

fu·si·le·ro, -a [fusiléro, -a] *s/m* Soldado de infantería que iba armado de fusil y bayoneta.

fu·sión [fusjón] *s/f* **1.** Acción de fundir(se) un cuerpo sólido o un metal. **2.** Acción y efecto de fundirse dos o más cosas en una: *La fusión de dos empresas.*

fu·sio·nar [fusjonár] *v/tr,* REFL(SE) Producir(se) una fusión entre dos o más compañías, partidos, grupos, etc.

fus·ta [fústa] *s/f* Vara flexible y delgada que en el extremo superior tiene una trencilla de correa con la que se arrea a las caballerías.

fus·te [fúste] *s/m* **1.** ARQ Parte de la columna que hay entre la basa y el capitel. **2.** FIG Fundamento o importancia de una persona, cuestión, escrito, etc.: *Este discurso no tiene fuste.*

fus·ti·gar [fustiγár] *v/tr* **1.** Dar azotes con una fusta a las caballerías. **2.** FIG Dirigir ataques o críticas a alguien, de palabra o por escrito.
ORT La *g* cambia en *gu* ante *e: Fustigué.*

fút·bol [fútbol] *s/m* DEP Juego en el que se enfrentan dos equipos, cuyos jugadores, en número de once en cada uno, deben procurar lanzar el balón con el pie hacia la portería del contrario, logrando un tanto cada vez que se consigue introducirlo en ella.

fut·bo·le·ro, -a [futboléro, -a] *adj* FAM Aficionado al fútbol.

fut·bo·lín [futbolín] *s/m* Cierto juego mecánico en el que mediante unas figurillas accionadas por dos personas se reproduce el deporte del fútbol.

fut·bo·lis·ta [futbolísta] *s/m,f* Persona que practica el fútbol.

fut·bo·lís·ti·co, -a [futbolístiko, -a] *adj* Perteneciente o relativo al fútbol.

fú·til [fútil] *adj* Que carece de importancia o validez.

fu·ti·li·dad [futiliðáð] *s/f* Calidad de fútil.

fu·tu·ri·ble [futuríβle] *adj* Se aplica a aquello que puede darse o suceder si previamente se da una condición determinada.

fu·tu·ris·ta [futurísta] *adj* y *s/m,f* Se aplica a lo relativo al futuro.

fu·tu·ro, (-a) [futúro, (-a)] **I.** *adj* Se dice de lo que está por suceder o llegar. **II.** *s/m* **1.** Tiempo futuro. **2.** GRAM Tiempo verbal que expresa una acción que se realizará en un momento futuro.

fu·tu·ro·lo·gía [futuroloxía] *s/f* Práctica de la adivinación del futuro.

fu·tu·ró·lo·go, -a [futuróloγo, -a] *s/m,f* Persona versada en futurología.

g [xé] *s/f* Octava letra del alfabeto español, que es llamada 'ge' y es la sexta de las consonantes; tiene dos sonidos, el que se da ante *e* o *i* (velar fricativa sorda) y el que adquiere ante *a, o* y *u* (velar sonora, fricativa u oclusiva, según el contexto); en este último caso, para que suene así ante *e* o *i*, se intercala una *u: guerra, guisante.*

ga·ba·cho, -a [gaβátʃo, -a] **I.** *adj* Perteneciente o relativo a ciertos pueblos de las faldas de los Pirineos. **II.** *adj* y *s/m,f despec* Francés.

ga·bán [gaβán] *s/m* Tipo de abrigo o prenda que se lleva encima de las demás.

ga·bar·di·na [gaβarðína] *s/f* Prenda de tejido impermeable que se lleva como abrigo o sobretodo.

ga·ba·rra [gaβárra] *s/f* Embarcación mayor que la lancha, que se usa para transportes y suele ser remolcada.

ga·be·la [gaβéla] *s/f* Impuesto o tributo que se paga al Estado.

ga·bi·ne·te [gaβinéte] *s/m* Conjunto de ministros de Estado: *El gabinete se reunió.*

ga·ble·te [gaβléte] *s/m* Remate de un edificio, con dos líneas rectas formando ápice agudo.

ga·ce·la [gaθéla] *s/f* Antílope algo menor que el corzo, muy ágil, gracioso y con las astas en forma de lira.

ga·ce·ta [gaθéta] *s/f* Publicación periódica que recoge noticias de interés de tipo político, literario, etc.

ga·ce·ti·lla [gaθetíʎa] *s/f* Parte de un periódico destinada a la inserción de noticias breves.

ga·ce·ti·lle·ro [gaθetiʎéro] *s/m* **1.** El que redacta las gacetillas. **2.** FAM Periodista.

ga·cha [gátʃa] *s/f* **1.** Cualquier masa blanda que tiene gran cantidad de líquido. **2.** *pl* Comida compuesta de harina, cocida con agua, sal y varios otros condimentos, que resulta una masa blanda.

ga·chí [gatʃí] *s/f* ARG Mujer atractiva.

ga·chó [gatʃó] *s/m* FAM Se usa para referirse a un hombre, generalmente con tono peyorativo.

ga·cho, -a [gátʃo, -a] *adj* Encorvado hacia abajo. LOC **Ir con las orejas gachas,** FIG FAM llevar los ánimos muy abatidos.

ga·di·ta·no, -a [gaðitáno, -a] *adj* y *s/m,f* Relativo a la ciudad de Cádiz.

ga·fa [gáfa] *s/f* **1.** Cualquier pieza de metal con forma de gancho que sirve para sujetar cosas. **2.** *pl* Anteojos usados corrientemente, que se apoyan en la nariz y en las orejas.

ga·fe [gáfe] *adj* y *s/m* (*Ser un...*) Portador de mala suerte o causante de ella.

gai·ta [gáita] *s/f* **1.** Flauta parecida a la chirimía. **2.** FIG FAM Cosa o trabajo difícil y penoso: *¡Vaya gaita, tener que traducir del arameo!*

gai·te·ro, -a [gaitéro, -a] *s/m* Hombre que toca la gaita.

ga·je [gáxe] LOC **Gajes del oficio,** se emplea irónicamente para aludir a las inconveniencias que comporta un trabajo u ocupación.

ga·jo [gáxo] *s/m* Cada una de las partes en que está naturalmente dividida una fruta por dentro: *Un gajo de naranja.*

ga·la [gála] *s/f, pl* Vestido, aderezo o joyas, etc., que suponen un adorno embellecedor o lujoso: *Se puso sus mejores galas para ir a la ópera.* LOC **De gala,** que requiere vestido de gala. **Hacer gala de,** presumir o jactarse de. **Tener a gala,** hacer gala de.

ga·lác·ti·co, -a [galáktiko, -a] *adj* ASTRON Relativo a la galaxia.

ga·lán [galán] *s/m* **1.** Hombre de aspecto atractivo o donjuanesco. **2.** Actor que hace los papeles de hombre joven, apuesto y protagonista.

ga·lan·te [galán̪te] *adj* Que es especialmente atento o amable con las mujeres.

ga·lan·te·ar [galan̪teár] *v/tr, intr* Cortejar a una mujer o a las mujeres, requebrándolas o también obsequiándolas.

ga·lan·teo [galan̪téo] *s/m* Acción de galantear un hombre a una mujer.

ga·lan·te·ría [galan̪tería] *s/f* **1.** Calidad de galante. **2.** Acción o expresión de tipo galante.

ga·la·nu·ra [galanúra] *s/f* Elegancia o finura en el decir, hacer, etc.

ga·lá·pa·go [galápaɣo] *s/m* Reptil similar a la tortuga, de vida acuática.

ga·lar·dón [galarðón] *s/m* Premio de tipo honorífico, que se da a alguien por sus méritos.

ga·lar·do·nar [galarðonár] *v/tr* Conceder un galardón a uno.

ga·la·xia [galá(k)sja] *s/f* La Vía Láctea o cualquier otra formación estelar.

gal·ba·na [galβána] *s/f* FAM Pereza o desidia.

ga·le·na [galéna] *s/f* Mineral compuesto de plomo y azufre, de color gris.

ga·le·ón [galeón] *s/m* Embarcación grande, semejante a la galera.

ga·leo·te [galeóte] *s/m* El forzado condenado a remar en galeras.

ga·le·ra [galéra] *s/f* **1.** Embarcación de vela y remo antigua. **2.** ZOOL Crustáceo, parecido al camarón. **3.** *pl* Condena que se imponía a los delincuentes, consistente en remar en una galera. **4.** IMPR Tabla con tres listones por los lados.

ga·le·ra·da [galeráða] *s/f* **1.** IMPR Trozo de composición que cabe en una galera. **2.** Impresión de este trozo que se saca para ser corregido antes de las pruebas definitivas.

ga·le·ría [galería] *s/f* **1.** Espacio generalmente alargado, que en una casa o edificio da al exterior, con o sin vidrieras. **2.** Camino estrecho y largo que se hace en excavaciones subterráneas. **3.** Armazón de madera o de otro material que se coloca encima de puertas y ventanas como lugar de enganche de las cortinas. **4.** Local destinado a exposición de pinturas o de obras de arte.

ga·ler·na o **ga·ler·no** [galérna/-o] *s/f,m* Viento fuerte que suele soplar del noroeste en la costa septentrional de España.

ga·lés, -sa [galés, -sa] *adj* y *s/m,f* Relativo al país de Gales.

gal·go, -a [gálɣo, -a] *adj* y *s/m,f* Perro de patas largas y buen corredor. LOC **¡Échale un galgo!,** para aludir a la dificultad de alcanzar algo o a alguien.

gá·li·bo [gáliβo] *s/m* Arco de hierro en forma de 'U' al revés, que sirve para comprobar si los vagones de ferrocarril pueden pasar por un túnel o estación con la carga máxima y con unas ciertas dimensiones.

ga·li·cis·mo [galiθísmo] *s/m* Palabra o giro propios de la lengua francesa que se usan en otra.

ga·li·ma·tías [galimatías] *s/m* Lenguaje incomprensible por la confusión de la frase o la impropiedad de los conceptos.

ga·lo, -a [gálo, -a] *adj* y *s/m,f* Relativo a la Galia.

ga·lón [galón] *s/m* **1.** MIL Distintivo que llevan en la bocamanga diversas clases del ejército. **2.** Medida inglesa de capacidad equivalente aproximadamente a cuatro litros y medio.

ga·lo·pa·da [galopáða] *s/f* Carrera hecha al galope.

ga·lo·par [galopár] *v/intr* **1.** Ir un caballo al galope. **2.** Cabalgar alguien al galope.

ga·lo·pe [galópe] *s/m* EQUIT Marcha más veloz del caballo. LOC **Ir a galope,** ir con mucha prisa. **(A) galope tendido,** FIG muy deprisa.

ga·lo·pín [galopín] *s/m* FAM Apelativo de afecto al que es travieso o sinvergüenza.

gal·va·ni·za·ción [galβaniθaθjón] *s/f* Acción y efecto de galvanizar.

gal·va·ni·zar [galβaniθár] *v/tr* **1.** Someter el cuerpo vivo o muerto de un animal a la acción de corrientes eléctricas. **2.** Aplicar una capa de cinc fundido a otro metal, como el hierro, etc., para que no se oxide. ORT La *z* cambia en *c* ante *e*: *Galvanicé.*

ga·llar·de·ar [gaʎarðeár] *v/intr,* REFL (-SE) Ostentar gallardía o presumir ante los demás.

ga·llar·de·te [gaʎarðéte] *s/m* MAR Tira volante que se pone en lo alto de los mástiles como distintivo, señal o insignia.

ga·llar·día [gaʎarðía] *s/f* Actitud o calidad del que es gallardo.

ga·llar·do, -a [gaʎárðo, -a] *adj* **1.** Que es de hermosa apariencia, con porte garboso o movimientos airosos. **2.** Dícese del que acomete una empresa con valentía y arrojo.

ga·lle·ar [gaʎeár] FIG FAM Presumir alguien de valentía, hombría, etc., alzando la voz o intimidando a los demás.

ga·lle·go, -a [gaʎéɣo, -a] *adj* y *s/m,f* Relativo a Galicia o de Galicia.

ga·lle·ta [gaʎéta] *s/f* **1.** Trozos, cocidos y crujientes, de una masa hecha de harina, azúcar y otras sustancias. **2.** Bofetada.

ga·lli·na [gaʎína] **I.** *s/f* Hembra del gallo, que se diferencia de éste en tener una cresta menor y ser también más pequeña. **II.** *adj* y *s/m,f* FAM Cobarde. LOC **Carne de gallina,** aspecto que toma la piel del cuerpo cuando está expuesta al frío o, también, cuando se tiene miedo.

ga·lli·ne·ro, (-a) [gaʎinéro, (-a)] **I.** *adj* y

s/m,f Se aplica al que trata en gallinas. **II.** *s/m* **1.** Lugar donde se guardan las gallinas o aves de corral. **2.** FIG FAM Se da este nombre a los anfiteatros más elevados de un teatro, o sea a los más económicos. **3.** FIG FAM Lugar en que se arma mucho griterío y unos no se entienden con los otros.

ga·lli·to [gaʎíto] *s/m* FIG Persona a quien le gusta imponerse sobre los demás y presumir constantemente.

ga·llo [gáʎo] **I.** *s/m* **1.** Ave del orden de las gallináceas, con una vistosa cresta roja y rico plumaje en la cola. **2.** Pez marino comestible. **3.** FIG Dícese del que quiere ser el que manda sobre los demás en todo momento. **4.** FIG FAM Nota falsa o discordancia que uno hace al hablar o al cantar. **II.** *adj* FIG Se dice del que adopta una actitud provocadora o agresiva. LOC **En menos que canta un gallo,** FIG FAM muy rápidamente.

ga·ma [gáma] *s/f* **1.** Escala musical. **2.** FIG Conjunto de gradaciones que admite una serie de cosas, especialmente una de colores.

gam·ba [gámba] *s/f* Crustáceo muy semejante al langostino, muy apreciado por su sabor.

gam·be·rra·da [gamberráða] *s/f* Acto propio de un gamberro.

gam·be·rro, -a [gambérro, -a] *adj* y *s/m,f* Persona de conducta desordenada y que molesta a los demás dañando la propiedad ajena. LOC **Hacer el gamberro,** comportarse escandalosa o incorrectamente.

ga·me·to [gaméto] *s/m* Células propias de los sexos masculino y femenino que, al unirse entre sí, forman un nuevo ser.

ga·mo [gámo] *s/m* Mamífero rumiante de la familia de los cérvidos; tiene los cuernos en forma de pala.

ga·mu·za [gamúθa] *s/f* **1.** Rumiante parecido a un antílope, del tamaño de una cabra grande. **2.** La piel de este animal, tratada y usada para fines de limpieza, etc.

ga·na [gána] *s/f* **1.** *sing* o *pl* Deseo o inclinación del ánimo a hacer o tener algo. **2.** Deseo de comer. LOC **De buena gana,** muy a gusto. **De mala gana,** a disgusto. **Hacer uno lo que le da la gana,** hacer alguien lo que quiere.

ga·na·de·ría [ganaðería] *s/f* **1.** Conjunto **2.** Actividad relacionada con el ganado.

ga·na·de·ro, -a [ganaðéro, -a] **I.** *adj* Relativo al ganado o a la ganadería. **II.** *s/m* El que cuida del ganado o el dueño de él.

ga·na·do, (-a) [ganáðo, (-a)] **I.** *adj* Que ha sido ganado. **II.** *s/m* Conjunto de animales o reses que se llevan a pastar.

ga·na·dor, -ra [ganaðór, -ra] *adj* y *s/m,f* Se aplica al que gana algo.

ga·nan·cia [ganánθja] *s/f* **1.** Acción de ganar. **2.** *pl* Aquello que se gana.

ga·nan·cial [gananθjál] *adj* Propio o relativo a las ganancias: *Bienes gananciales.*

ga·nan·cio·so, -a [gananθjóso, -a] *adj* y *s/m,f* Que ha salido beneficiado de un trato, negocio, etc.

ga·na·pán [ganapán] *s/m* **1.** Hombre que acepta cualquier tipo de oficio o trabajo por hallarse sin medios de vida. **2.** FIG Hombre rudo o tosco.

ga·nar [ganár] *v/tr, intr* **1.** Ser el vencedor. **2.** Obtener un beneficio, capital, etc., como resultado de una actividad, esfuerzo o trabajo. **3.** (Con *en*) Ser superior, más aventajado, mejor. **4.** Llegar alguien a un lugar o meta tras un esfuerzo o acción. **5.** FIG Lograr convencer a alguien de cierta opinión o teoría: *Le ganamos para nuestra causa.* **6.** FIG Mejorar de aspecto o de condición: *Ha ganado mucho esta chica desde que ha perdido peso.*

gan·chi·llo [gaɲtʃíʎo] *s/m* **1.** Pequeña barra de metal que tiene un gancho y que se usa para hacer encaje o labor de punto. **2.** Labor hecha con este instrumento.

gan·cho [gáɲtʃo] *s/m* **1.** Torcimiento curvo en el extremo de una varilla, alambre o cosa semejante. **2.** Instrumento con esa punta torcida y que se usa para enganchar, colgar o sujetar cosas. **3.** FIG FAM Atractivo especial de una mujer. LOC **Echar el gancho a alguien,** FIG atraer a alguien de forma material o moral.

gan·dul, -la [gan̪dúl, -la] *adj* y *s/m,f* Holgazán.

gan·du·le·ar [gan̪duleár] *v/intr* Llevar vida de gandul.

gan·du·le·ría [gan̪dulería] *s/f* Calidad del que es gandul.

gan·ga [gáŋga] *s/f* **1.** MIN Materia desechable que acompaña a los minerales en su extracción. **2.** FIG Se dice de lo que cuesta poco y sin embargo es de valor.

gan·glio [gáŋgljo] *s/m* MED Nudo o abultamiento en los nervios o en los vasos linfáticos.

gan·glio·nar [gaŋgljonár] *adj* Perteneciente o relativo a los ganglios.

gan·go·so, -a [gaŋgóso, -a] *adj* y *s/m,f* **1.** Que habla gangueando. **2.** Forma de hablar de estas personas.

gan·gre·na [gaŋgréna] *s/f* Pérdida de vida en un tejido del cuerpo, debida a falta de riego sanguíneo o causada por la infección de una herida, etc.

gan·gre·nar [gaŋgrenár] *v/tr,* REFL

(-SE) Introducir la gangrena en un cuerpo o adquirirla éste por sí mismo.

gan·gre·no·so, -a [gaŋgrenóso, -a] *adj* Que está afectado de gangrena.

gángs·ter [gánster] *s/m* ANGL **1.** Persona que roba o atraca. **2.** FIG Se dice de la persona sin escrúpulos.

gangs·te·ris·mo [gansterísmo] *s/m* Conducta o acción propias de los gángsters.

gan·gue·ar [gaŋgeár] *v/intr* Hablar con tono o resonancia nasal.

gan·gueo [gaŋgéo] *s/m* Acción y efecto de ganguear.

gan·sa·da [gansáðа] *s/f* Hecho o dicho que provoca la risa.

gan·se·ar [ganseár] *v/intr* Hacer o decir gansadas.

gan·so, -a [gánso, -a] *s/m,f* **1.** Ave doméstica o de corral, palmípeda. **2.** FIG FAM Persona que se comporta de forma estúpida. LOC **Hacer el ganso,** comportarse estúpidamente.

gan·zúa [ganθúa] *s/f* Alambre o hierro doblado por una punta, que sirve para abrir una cerradura, en lugar de una llave.

ga·ñán [gaɲán] *s/m* **1.** Hombre que trabaja en faenas del campo. **2.** FIG Mozo fuerte y rudo.

ga·ñi·do [gaɲíðo] *s/m* **1.** Aullido quejumbroso del perro cuando es maltratado. **2.** Quejido de otros animales.

ga·ñir [gaɲír] *v/intr* **1.** Dar el perro aullidos cuando le maltratan. **2.** Aullar de forma semejante otros animales.

ga·ñón o **ga·ño·te** [gaɲón/gaɲóte] *s/m* FAM Interior de la garganta.

ga·ra·ba·te·ar [garaβateár] *v/intr* **1.** Echar los garabatos para agarrar algo. **2.** Hacer garabatos.

ga·ra·ba·to [garaβáto] *s/m* **1.** *pl* Ganchos de hierro atados al extremo de una cuerda, que sirven para extraer cosas del fondo de un pozo, etc. **2.** Garfio o gancho de cualquier tipo. **3.** Trazo irregular que no representa nada.

ga·ra·je [garáxe] *s/m* Local público o particular en el que se guardan o arreglan automóviles, motos, etc.

ga·ram·bai·na [garaɱbáina] *s/f* **1.** Adorno superfluo o de mal gusto en un vestido o en otra cosa. **2.** *pl* Cosas que no tienen sentido.

ga·ran·te [garánte] *adj* y *s/m,f* Se aplica al que con su firma o algo similar responde de las obligaciones de otro.

ga·ran·tía [garantía] *s/f* **1.** Seguridad de que alguien realizará algo o de que algo sucederá. **2.** Dícese de lo que sirve para garantizar algo. **3.** Acción de garantizar el rendimiento de un artículo o producto o el documento que lo garantiza. **4.** Cualidades o situación de alguien, por las cuales se puede confiar en él: *Es una persona de garantía.*

ga·ran·ti·zar [garantiθár] *v/tr* **1.** Asegurar que algo sucederá. **2.** Hacerse responsable una empresa de las reparaciones que un producto suyo pueda necesitar durante un cierto tiempo, después de haber sido comprado. **3.** Hacerse responsable de la solvencia o fiabilidad de alguien.
ORT La *z* cambia en *c* ante *e: Garanticé.*

ga·ra·ñón [garaɲón] *s/m* Asno grande destinado a la procreación.

ga·ra·pi·ña [garapíɲa] *s/f* Aspecto de un líquido cuando se solidifica parcialmente, formando grumos.

ga·ra·pi·ñar [garapiɲár] *v/tr* **1.** Hacer que un líquido se solidifique sólo parcialmente, dejando que haga grumos, como el almíbar que se prepara para bañar almendras o la bebida que se escarcha. **2.** Recubrir almendras, etc., con el almíbar que ya ha formado grumos.

gar·ban·ce·ro, -a [garβanθéro, -a] *adj* Relativo a los garbanzos.

gar·ban·zo [garβánθo] *s/m* Planta leguminosa con tallo de unos cuatro o cinco decímetros de altura, hojas compuestas, flores blancas y semillas en vaina. LOC **Ser alguien el garbanzo negro,** FIG ser el que desentona de lo que está a su alrededor.

gar·beo [garβéo] *s/m* FAM Hecho de ir o pasar por un lugar con algún tipo de afectación. LOC **Dar(se) un garbeo,** pasear, dar una vuelta.

gar·bo [gárβo] *s/m* **1.** Buena disposición de cuerpo y soltura en los movimientos o al andar. **2.** Forma airosa de realizar ciertas cosas.

gar·bo·so, -a [garβóso, -a] *adj* Que se mueve con garbo.

gar·de·nia [garðénja] *s/f* **1.** Arbusto de hojas de verde intenso y flores blancas muy aromáticas. **2.** La flor de este arbusto.

gar·du·ña [garðúɲa] *s/f* Mamífero carnicero nocturno; se alimenta de las crías de otros animales.

ga·re·te [garéte] MAR LOC **Irse al garete,** se aplica al que o a lo que ha perdido su orientación o rumbo, especialmente referido a un plan, proyecto, etc.

gar·fio [gárfjo] *s/m* Instrumento de hierro, acero, etc., con gancho afilado en la punta, que se usa para agarrar o sujetar algo.

gar·ga·je·ar [garɣaxeár] *v/intr* Arrojar gargajos por la boca.

gar·ga·jo [garγáxo] *s/m* COL Flema que se expele por la boca de forma ostentosa.

gar·gan·ta [garγánta] *s/f* **1.** En el cuerpo humano, parte anterior del cuello, considerada por dentro y por fuera. **2.** FIG Parte más estrecha de algo: *La garganta del jarrón.* **3.** FIG Estrechamiento en un paso entre montes o en cualquier otro lugar geográfico. **4.** ARQ Parte más estrecha de las columnas. **5.** FIG Voz de un cantante: *Es una de las mejores gargantas del país.* LOC **Tener/Hacerse un nudo en la garganta,** FIG impedimento físico que se siente para hablar, debido a la emoción o a un susto, etc.

gar·gan·ti·lla [garγantíʎa] *s/f* Collar que va ajustado al cuello.

gár·ga·ra [gárγara] *s/f* (También en *pl*) Acción de mantener un líquido en la garganta cierto tiempo, en posición de boca arriba y sacando aire para agitar el líquido. LOC **Mandar a alguien a hacer gárgaras,** FIG FAM expresión usada para indicar el rechazo hacia alguien o el deseo de que éste desaparezca cuanto antes.

gar·ga·ris·mo [garγarísmo] *s/m* **1.** Acción de gargarizar. **2.** Líquido usado para hacer gárgaras.

gar·ga·ri·zar [garγariθár] *v/intr* Hacer gárgaras.
ORT La *z* cambia en *c* ante *e*: *Gargaricé.*

gár·go·la [gárγola] *s/f* Canal por el que cae el agua de un tejado al exterior; se usa en los casos en que es un caño adornado artísticamente con esculturas, relieves, etc.

ga·ri·ta [garíta] *s/f* **1.** Casilla de madera o construcción similar que se dedica al abrigo de un centinela o del que está en una feria, etc. **2.** FORT Torrecilla en la que se guarece el centinela.

ga·ri·to [garíto] *s/m* Lugar donde se reúnen los jugadores clandestinos.

gar·li·to [garlíto] *s/m* Red de pesca que tiene en la parte más estrecha una malla que impide al pez escaparse. LOC **Caer alguien en el garlito,** FIG caer en una trampa. **Coger a alguien en el garlito,** coger a alguien cuando está realizando una mala acción.

gar·lo·pa [garlópa] *s/f* CARP Cepillo más largo que el normal, con puño, que sirve para afinar más las superficies ya cepilladas.

ga·rra [gárra] *s/f* **1.** Pata de los animales con uñas corvas, aptas para agarrar las presas. **2.** Cada una de las uñas de esas patas. **3.** *(Caer en las garras de...) pl* FIG Dominio que ejerce alguien sobre otro. LOC **Echarle a uno la garra,** FIG conseguir atrapar a alguien.

ga·rra·fa [garráfa] *s/f* Vasija grande de vidrio que tiene un cuello largo y estrecho y está protegida por un revestimiento de corcho, paja o plástico. Suele destinarse a guardar líquidos.

ga·rra·fal [garrafál] *adj* FIG Se dice de aquello que sobrepasa la medida o proporción normales, especialmente referido a faltas o mentiras, etc.

ga·rra·pa·ta [garrapáta] *s/f* Arácnido con patas dotadas de uñas que le sirven para agarrarse a la piel de otros animales de los cuales es parásito; suele alojarse sobre todo en los perros.

ga·rra·pa·to [garrapáto] *s/m* Rasgo irregular o caprichoso hecho con la pluma, lápiz, etc.

ga·rra·pi·ñar [garrapiɲár] *v/tr* Garapiñar.

ga·rri·do, -a [garríðo, -a] *adj* Se aplica a la persona bien proporcionada y de agradable aspecto físico: *Un garrido mozo.*

ga·rro·cha [garrótʃa] *s/f* Palo o vara bastante grueso o pesado, rematado con punta de gancho.

ga·rro·ta·zo [garrotáθo] *s/m* Golpe dado con un garrote.

ga·rro·te [garróte] *s/m* **1.** Palo grueso y fuerte que se usa como arma, a modo de bastón. **2.** Sistema de ejecución de los condenados a muerte.

ga·rro·ti·llo [garrotíʎo] *s/m* Comúnmente, difteria.

ga·rru·cha [garrútʃa] *s/f* Utensilio que se usa para elevar pesos.

ga·rru·le·ría [garrulería] *s/f* Calidad del que es gárrulo.

ga·rru·li·dad [garruliðáð] *s/f* Calidad de gárrulo.

gá·rru·lo, -a [gárrulo, -a] *adj* **1.** El que es muy hablador o se expresa con excesiva verbosidad. **2.** LIT Los pájaros que cantan o pían mucho.

gar·za [gárθa] *s/f* Ave zancuda que vive junto a los pantanos o lugares acuosos.

gas [gás] *s/m* **1.** Tipo de fluido que, a la presión y temperatura ordinarias, une la propiedad de expansionarse. **2.** Cuerpo gaseoso que se obtiene de la destilación de carbón de piedra y que se emplea como combustible en los hogares. **3.** ANAT Flatulencia o gases de la digestión, que se acumulan en el intestino.

ga·sa [gása] *s/f* **1.** Tela de hilo o seda que tiene la trama muy clara o tenue; suele emplearse para prendas delicadas o vaporosas. **2.** Tejido de algodón, de malla muy clara, que se usa en cirugía como venda para las curas o en uso diario para heridas o contusiones.

gas·cón, -na [gaskón, -na] *adj* y *s/m,f* Relativo a Gascuña.

ga·seo·sa [gaseósa] *s/f* Bebida efervescente, con gas carbónico, dulce, que se toma como refresco, bien sola o bien para mezclar con otras bebidas.

ga·seo·so, -a [gaseóso, -a] *adj* Cuerpo que se halla en estado de gas.

ga·si·fi·ca·ción [gasifikaθjón] *s/f* Acción de gasificar.

ga·si·fi·car [gasifikár] *v/tr* **1.** Convertir un cuerpo en gas. **2.** Disolver gas carbónico en una bebida.
ORT La *c* cambia en *qu* ante *e*: *Gasifiqué.*

ga·so·duc·to [gasodúkto] *s/m* Tubería o conducto de grueso calibre empleado para trasladar el gas combustible a gran distancia.

ga·só·ge·no [gasóxeno] *s/m* **1.** Aparato para la obtención de gases. **2.** Mezcla de bencina y alcohol, usada como quitamanchas y como combustible.

gas·oil [gasóil] *s/m* ANGL Gasóleo.

ga·só·leo [gasóleo] *s/m* Producto que se obtiene del fraccionamiento del petróleo natural por refinación y destilación.

ga·so·li·na [gasolína] *s/f* Producto de la destilación del petróleo (el más ligero). Se usa como combustible en motores de explosión; es muy volátil y fácilmente inflamable.

ga·so·li·ne·ra [gasolinéra] *s/f* Instalación de un depósito de gasolina, con un surtidor, para suministrarla a los compradores.

ga·só·me·tro [gasómetro] *s/m* Aparato para medir el gas o almacenarlo.

gas·ta·do, -a [gastáðo, -a] *adj* **1.** Que ha sido totalmente gastado. **2.** Que está estropeado por el uso.

gas·ta·dor, (-ra) [gastaðór, (-ra)] **I.** *adj* y *s/m,f* Que gasta el dinero en abundancia. **II.** *s/m* Soldado que se dedica a los trabajos de abrir trincheras y demás zanjas o pasos.

gas·tar [gastár] *v/tr* **1.** Usar algo de forma parcial o total. **2.** Emplear dinero para un fin concreto o en general. **3.** FIG Llevar una prenda. **4.** FIG Referido a bromas, hacerlas. **5.** FIG Consumir las energías físicas o morales de alguien. LOC **Gastarlas,** FIG FAM comportarse de cierta forma: *Ya sé cómo las gasta tu marido.*

gas·to [gásto] *s/m* Acción y efecto de gastar. LOC **Cubrir gastos,** bastar para el consumo o gasto de algo.

gás·tri·co, -a [gástriko, -a] *adj* Relativo al aparato digestivo.

gas·tri·tis [gastrítis] *s/f* Inflamación del estómago.

gas·tro·en·te·ri·tis [gastroenterítis] *s/f* Inflamación de las mucosas del estómago y de los intestinos.

gas·tro·in·tes·ti·nal [gastrointestinál] *adj* Relativo al estómago y a los intestinos.

gas·tro·no·mía [gastronomía] *s/f* Conjunto de actividades y conocimientos relacionados con el arte de preparar buenas comidas.

gas·tro·nó·mi·co, -a [gastronómiko, -a] *adj* Relativo a la gastronomía.

gas·tró·no·mo, -a [gastrónomo, -a] *s/m,f* Persona experta y aficionada a las buenas comidas.

ga·tas [gátas] LOC **A gatas,** forma de moverse apoyando alguien en el suelo las manos y los pies o las manos y las rodillas.

ga·te·ar [gateár] *v/intr* **1.** Moverse a gatas. **2.** Trepar por un árbol o algo semejante, valiéndose de las piernas y brazos simultáneamente.

ga·te·ra [gatéra] *s/f* Abertura practicada en una puerta o tejado.

ga·ti·llo [gatíʎo] *s/m* **1.** Instrumento que usan los dentistas para extraer muelas o dientes. **2.** En las armas de fuego, dispositivo que se acciona para disparar: *Apretó el gatillo y el animal cayó muerto.*

ga·to, (-a) [gáto, (-a)] *s/m,f* **1.** Mamífero felino, doméstico, carnívoro. **2.** *m* MEC Utensilio que sirve para elevar grandes pesos a poca altura. LOC **Dar gato por liebre,** FIG FAM engañar dando una cosa por otra de más valor. **Cuatro gatos,** FIG FAM expresión para aludir a la escasez de la gente presente: *Sólo eramos cuatro gatos.* **Haber gato encerrado en una cosa,** FIG FAM haber algo que a alguien interesa que se mantenga oculto. **Llevar el gato al agua,** FIG FAM conseguir algo que implica dificultad o riesgo.

ga·tu·no, -a [gatúno, -a] *adj* Relativo al gato o parecido a él.

gau·cho, -a [gáutʃo, -a] *adj* y *s/m,f* Natural de las pampas de la Argentina, Uruguay y sur de Brasil, o que pertenece al gaucho.

ga·ve·ta [gaβéta] *s/f* **1.** Artesa de albañil. **2.** Cajón corredizo en los escritorios.

ga·vi·lán [gaβilán] *s/m* **1.** Ave rapaz. **2.** Cualquier hierro en forma de gancho o garfio, que sirve para agarrar.

ga·vi·lla [gaβíʎa] *s/f* Conjunto de ramillas, sarmientos, cañas, etc., de pequeño tamaño, parecido al haz o al manojo.

ga·vio·ta [gaβjóta] *s/f* Ave palmípeda, con el pico algo encorvado y el plumaje blanco; vive en las proximidades del agua, es muy voraz y se alimenta de peces.

ga·za·pe·ra [gaθapéra] *s/f* Madriguera en que los conejos guarecen a sus gazapos.

ga·za·po [gaθápo] *s/m* **1.** Conejo nuevo o joven. **2.** FIG FAM. Error cometido al hablar o escribir por distracción.

gaz·mo·ñe·ría [gaθmoɲería] *s/f* Acción propia del que es gazmoño o calidad de él.

gaz·mo·ñe·ro, -a o **gaz·mo·ño, -a** [gaθmoɲéro, -a/gaθmóɲo, -a] *adj* y *s/m,f* Que es muy escrupuloso, sincera o afectadamente, en cuestiones de moral o costumbres.

gaz·ná·pi·ro, -a [gaθnápiro, -a] *adj* y *s/m,f* Persona poco educada o ilustrada.

gaz·na·te [gaθnáte] *s/m* Garganta.

gaz·pa·cho [gaθpátʃo] *s/m* Plato común en España, que consiste en un tipo de sopa fría hecha desmenuzando o triturando tomates, pepinos, pimientos, etc., y sazonándolos con sal, aceite, vinagre y ajo.

ga·zu·za [gaθúθa] *s/f* FAM Hambre.

ge [xé] *s/f* Nombre de la letra 'g'.

géi·ser [xéiser] *s/m* Fuente termal de la que surge intermitentemente agua caliente y vapor.

gel [xél] *s/m* Materia de consistencia gelatinosa que se usa como producto jabonoso.

ge·la·ti·na [xelatína] *s/f* QUÍM Sustancia sólida, incolora y transparente.

ge·la·ti·no·so, -a [xelatinóso, -a] *adj* De consistencia o de aspecto semejante a la gelatina o que la contiene.

gé·li·do, -a [xéliðo, -a] *adj* POÉT Muy helado o frío: *El gélido viento.*

ge·ma [xéma] *s/f* **1.** Piedra preciosa. **2.** BOT Yema de las plantas o árboles.

ge·ma·ción [xemaθjón] *s/f* **1.** BOT Desarrollo de una yema para la producción de una rama, hoja o flor. **2.** ZOOL, BOT Modo de reproducción asexual.

ge·me·bun·do, -a [xemeβúndo, -a] *adj* Que gime o que es aficionado a hacerlo constantemente.

ge·me·lo, (-a) [xemélo, (-a)] **I.** *adj* y *s/m,f* **1.** Se aplica al que ha nacido en el mismo parto que otro(s). **2.** Se puede aplicar a un par de elementos iguales. **II.** *s/m, pl.* **1.** Cada par de botones o sujetadores con que se cierran los puños de la camisa. **2.** Aparato óptico que permite ver objetos que están a distancia.

ge·mi·do [xemíðo] *s/m* Acción y efecto de gemir.

ge·mi·na·ción [xeminaθjón] *s/f* Acción de geminar.

ge·mi·na·do, -a [xemináðo, -a] *adj* BOT, HIST NAT Que está dividido o partido.

ge·mi·nar [xeminár] *v/intr* Brotar o crecer dos gérmenes simétricamente de un tronco común.

gé·mi·nis [xéminis] *s/m* ASTRON Tercera zona del Zodiaco y constelación y signo que le corresponden. Comprende del 21 de mayo al 21 de junio.

ge·mir [xemír] *v/intr* Expresar dolor por medio de sonidos o lamentos, generalmente acompañados de llanto.
CONJ *Irreg: Gimo, gemí, gemiré, gemido.*

gen·dar·me [xendárme] *s/m* Militar destinado a mantener el orden público.

gen·dar·me·ría [xendarmería] *s/f* **1.** Cuerpo de tropa de los gendarmes. **2.** Lugar destinado a cuartel de gendarmes.

ge·ne o **gen** [xén(e)] *s/m* Cada una de las partículas responsables de la aparición de factores hereditarios en las plantas y en los animales.

ge·nea·lo·gía [xenealoxía] *s/f* Serie de antepasados o progenitores de una persona o de un animal.

ge·nea·ló·gi·co, -a [xenealóxiko, -a] *adj* Relativo a la genealogía.

ge·nea·lo·gis·ta [xenealoxísta] *s/m,f* Persona experta en genealogías.

ge·ne·ra·ble [xeneráβle] *adj* Que puede ser producido por generación.

ge·ne·ra·ción [xeneraθjón] *s/f* **1.** Acción y efecto de generar. **2.** Sucesión de descendientes en línea recta. **3.** Conjunto de las personas que han nacido aproximadamente por unas mismas fechas: *La generación española del 36.*

ge·ne·ra·dor, (-a) [xeneraðór, (-ra)] **I.** *adj* Se aplica a lo que genera o engendra algo. **II.** *adj* y *s/m* Máquina que genera fuerza o energía.
GRAM *f: Generatriz.*

ge·ne·ral [xenerál] **I.** *adj* **1.** Que es común y esencial a todos los individuos o miembros de una especie o de un todo. **2.** Que sucede frecuentemente. **3.** Que abarca el todo o el conjunto. **II.** *s/m* Jefe militar perteneciente a las jerarquías superiores del ejército. LOC **En general,** *1.* Generalmente. *2.* Se aplica cuando hay que referirse a la mayoría de los casos de una situación. **Por lo general,** generalmente.

ge·ne·ra·la [xenerála] *s/f* MIL Toque para que las tropas de una guarnición o campo se pongan sobre las armas.

ge·ne·ra·la·to [xeneraláto] *s/m* MIL **1.** Empleo o grado de general. **2.** Conjunto de los generales de un ejército, nación, etc.

ge·ne·ra·li·dad [xeneraliðáð] *s/f* **1.** La casi totalidad de individuos o miembros que forman un grupo, clase, etc. **2.** Cualidad de lo que es general. **3.** *pl* Cosas que no son suficientemente precisas o concretas.

ge·ne·ra·lí·si·mo [xeneralísimo] *s/m* General que ejerce el mando sobre todos los generales de un ejército o nación.

ge·ne·ra·li·za·ción [xeneraliθaθjón] *s/f* Acción y efecto de generalizar.

ge·ne·ra·li·zar [xeneraliθár] *v/tr, intr* **1.** Hacer general una cosa. **2.** FAM Hablar en general.
ORT La *z* cambia en *c* ante *e: Generalicé.*

ge·ne·rar [xenerár] *v/tr* FÍS Producir un fenómeno o una cosa.

ge·ne·ra·triz [xeneratríθ] *adj* y *s/f* **1.** GEOM Se dice de la línea o figura generadora. **2.** FÍS Se aplica a la máquina que produce la energía eléctrica.
ORT *Pl: Generatrices.*

ge·né·ri·co, -a [xenériko, -a] *adj* **1.** Común a varias especies o a miembros de una misma especie. **2.** GRAM Relativo al género.

gé·ne·ro [xénero] *s/m* **1.** Conjunto de seres que tienen rasgos en común con otros del mismo grupo. **2.** Clase o especie. **3.** COM Nombre dado a los artículos que se venden o compran. **4.** Producto de la industria textil. **5.** GRAM Accidente que hace que los nombres, adjetivos, artículos y pronombres puedan ser masculinos, femeninos o neutros. **6.** LIT Clases de obras escritas, representadas, etc.: *El género epistolar.*

ge·ne·ro·si·dad [xenerosiðáð] *s/f* Cualidad, actitud o comportamiento del que es generoso.

ge·ne·ro·so, -a [xeneróso, -a] *adj* y *s/m,f* **1.** Inclinado a dar cosas a los demás o a esforzarse por ellos. **2.** Aplicado a cosas o partes de un todo, etc., que son abundantes. RPr **Generoso con/para con:** *Generoso con el dinero. Generoso para con los pobres.*

ge·né·si·co, -a [xenésiko, -a] *adj* Relativo a la generación.

gé·ne·sis [xénesis] *s/f* Creación u origen de una cosa.

ge·né·ti·ca [xenétika] *s/f* Parte de la biología que trata de las cuestiones relacionadas con la herencia de los seres vivos.

ge·né·ti·co, -a [xenétiko, -a] *adj* Relativo a la genética.

ge·nial [xenjál] *adj* **1.** Que está dotado de genio o talento. **2.** FAM Se dice del que es gracioso y tiene ingenio o de lo que éste dice. **3.** FAM Estupendo o magnífico.

ge·nia·li·dad [xenjaliðáð] *s/f* Calidad de genial.

ge·nio [xénjo] *s/m* **1.** Inclinación habitual de una persona en su manera de ser o de comportarse. **2.** Disposición especial para un arte o actividad que requiere cualidades por encima de lo común. **3.** Facultad de creación o invención. **4.** FAM Fuerza de carácter o de ánimo para realizar cosas. **5.** Ser fabuloso capaz de realizar todo lo que se le pedía: *El genio de la lámpara de Aladino.* LOC **Tener mal genio,** ser persona arisca y poco sociable.

ge·ni·tal [xenitál] **I.** *adj* Relativo al sistema de reproducción de los seres vivos. **II.** *s/m, pl* Partes externas del sistema de reproducción en los machos o en las hembras.

ge·no·ci·dio [xenoθíðjo] *s/m* Exterminio masivo de un grupo social por cuestiones de raza, nacionalidad o religión, política, etc.

gen·te [xéṇte] *s/f* **1.** Conjunto de personas considerado colectivamente. **2.** FAM Nombre dado a la familia de uno: *Me llevaré a mi gente a la playa.*
Gente (de) bien, la que es de buenas costumbres y posición respetada.
Gente de cuidado, la que puede inspirar alarma o recelo.
Gente gorda, FIG FAM gente importante, influyente o rica.

gen·te·ci·lla [xeṇteθíʎa] *s/f* **1.** *dim* de *gente.* **2.** *despec* Gente poco respetable.

gen·til [xeṇtíl] **I.** *adj* Que es apuesto o gracioso en su apariencia. **II.** *s/m,f* Persona que no es de religión cristiana.

gen·ti·le·za [xeṇtiléθa] *s/f* **1.** Calidad de gentil **(I)**. **2.** Acción que denota urbanidad, cortesía, amabilidad, etc.: *Tuvo la gentileza de invitarnos.*

gen·ti·li·cio, (-a) [xeṇtilíθjo, (-a)] *adj* y *s/m* Relativo a las gentes o naciones.

gen·tío [xeṇtío] *s/m* Gran afluencia o concurrencia de gente en algún lugar.

gen·tu·za [xeṇtúθa] *s/f despec* de *gente.*

ge·nu·fle·xión [xenufle(k)sjón] *s/f* Acción de arrodillarse o de hacer una reverencia.

ge·nui·no, -a [xenwíno, -a] *adj* **1.** Que no está falseado por nada. **2.** Que corresponde exactamente al tipo que representa.

geo·cén·tri·co, -a [xeoθéṇtriko, -a] *adj* Relativo al centro de la Tierra.

geo·de·sia [xeoðésja] *s/f* Ciencia que tiene por objeto determinar la magnitud y configuración del globo terrestre y representarlos en mapas.

geo·dé·si·co, -a [xeoðésiko, -a] *adj* Relativo a la geodesia.

geó·fa·go, -a [xeófaɣo, -a] *adj* y *s/m,f* Que come tierra.

geo·fí·si·ca [xeofísika] *s/f* Parte de la geología que estudia la física de la corteza terrestre mediante la meteorología, etc.

geo·gra·fía [xeoɣrafía] *s/f* Ciencia que trata de la descripción de la Tierra, como planeta y como lugar habitable por el hombre.

geo·grá·fi·co, -a [xeoɣráfiko, -a] *adj* De la geografía.

geó·gra·fo, -a [xeóɣrafo, -a] *s/m,f* Persona experta en geografía.

geo·lo·gía [xeoloxía] *s/f* Ciencia que estudia la evolución de la configuración de la Tierra, examinando sus distintas capas, la naturaleza de los elementos que las componen y sus sucesivas transformaciones.

geo·ló·gi·co, -a [xeolóxiko, -a] *adj* De la geología.

geó·lo·go, -a [xeóloɣo, -a] *s/m,f* Persona experta en geología.

geó·me·tra [xeómetra] *s/m,f* Persona experta en geometría.

geo·me·tría [xeometría] *s/f* Parte de las matemáticas que trata de la configuración de la extensión, de sus propiedades y de su medida, así como de sus relaciones con otras partes de las matemáticas.

geo·mé·tri·co, -a [xeométriko, -a] *adj* De la geometría o tan preciso y exacto como ella.

ge·ra·nio [xeránjo] *s/m* Planta muy cultivada en los jardines por los vistosos colores de sus flores.

ge·ren·cia [xerénθja] *s/f* **1.** Gestión de un gerente. **2.** Cargo de gerente. **3.** Local en que tiene su despacho un gerente.

ge·ren·te [xerénte] *s/m,f* Persona que dirige una empresa o se hace cargo de ella.

ge·ria·tra [xerjátra] *s/m,f* Persona especializada en la medicina, que estudia los problemas de la vejez y su cuidado.

ge·ria·tría [xerjatría] *s/f* Parte de la medicina que estudia las enfermedades de la vejez y su curación.

ge·riá·tri·co, -a [xerjátriko, -a] *adj* Relativo a la geriatría.

ge·ri·fal·te [xerifálte] *s/m* **1.** ZOOL Ave rapaz de gran tamaño. **2.** FIG Persona de mucha importancia en algo.

ger·ma·nía [xermanía] *s/f* Hablar propio de la gente maleante.

ger·má·ni·co, -a [xermániko, -a] *adj* y *s/m,f* **1.** Relativo a los pueblos germanos. **2.** Relacionado con Alemania.

ger·ma·nis·mo [xermanísmo] *s/m* **1.** Giro propio de la lengua o lenguas germánicas. **2.** Espíritu o cultura germánicos.

ger·ma·nis·ta [xermanísta] *s/m,f* Persona experta en lenguas y cultura germánicas.

ger·ma·ni·za·ción [xermaniθaθjón] *s/f* Acción y efecto de germanizar.

ger·ma·ni·zar [xermaniθár] *v/tr,* REFL (-SE) Hacer que alguien o una nación, etc., adquiera carácter propio de lo germánico o adquirirlo ellos espontáneamente.
ORT La *z* cambia en *c* ante *c: Germanicé.*

ger·ma·no, -a [xermáno, -a] *adj* y *s/m,f* Se dice de los individuos de unos pueblos que ocupaban la mitad septentrional del centro europeo.

ger·ma·nó·fi·lo, -a [xermanófilo, -a] *adj* y *s/m,f* Que muestra simpatías por Alemania o lo alemán.

ger·men [xérmen] *s/m* **1.** Primera fase del crecimiento de un nuevo ser. **2.** Parte de la semilla que se convierte en la nueva planta. **3.** FIG Circunstancia o dato, etc., que se convierte en el principio de algo.

ger·mi·na·ción [xerminaθjón] *s/f* Acción de germinar.

ger·mi·nal [xerminál] *adj* Relativo al germen.

ger·mi·nar [xerminár] *v/intr* **1.** Comenzar a brotar y crecer las plantas. **2.** FIG Originarse determinado fenómeno o situación.

ge·ron·to·lo·gía [xerontoloxía] *s/f* Tratado o estudio sobre las enfermedades de la vejez y fenómenos que la acompañan.

ge·ron·tó·lo·go, -a [xerontóloɣo, -a] *s/m,f* Persona experta en gerontología.

ge·run·den·se [xerundénse] *adj* y *s/m,f* De Gerona.

ge·run·dio [xerúndjo] *s/m* Forma impersonal del verbo; expresa el proceso de ejecución de la acción del verbo: *Estaba durmiendo.*

ges·ta [xésta] *s/f* Conjunto de hazañas o hechos de un héroe o personaje famoso.

ges·ta·ción [xestaθjón] *s/f* **1.** Embarazo considerado como un proceso que dura cierto tiempo. **2.** FIG Proceso de preparación de un proyecto, idea, etc.

ges·tar·se [xestárse] *v/*REFL(SE) Estar preparándose o desarrollarse algo (un proceso, obra, etc.).

ges·ti·cu·la·ción [xestikulaθjón] *s/f* Acción de gesticular.

ges·ti·cu·lar [xestikulár] **I.** *adj* Relativo

al gesto. **II.** *v/intr* Hacer gestos, especialmente si son exagerados.

ges·tión [xestjón] *s/f* **1.** Acción que se realiza con el fin de tramitar determinado asunto. **2.** Acción de estar al cuidado de la administración de una empresa o de la dirección de una institución.
ORT En *pl* pierde el acento: *Gestiones.*

ges·tio·nar [xestjonár] *v/tr* Hacer gestiones o diligencias para lograr una cosa.

ges·to [xésto] *s/m* **1.** Movimiento o gesticulación de las facciones del rostro. **2.** Expresión habitual de la cara. LOC **Torcer el gesto,** expresar disgusto o desagrado por medio de gestos.

ges·tor, -ra [xestór, -ra] *adj* y *s/m,f* El que gestiona algo.

ges·to·ría [xestoría] *s/f* Oficina del gestor.

gi·ba [xíβa] *s/f* Abultamiento en la es palda o pecho, debido a una deformación del tórax o la columna vertebral.

gi·bo·si·dad [xiβosiðáð] *s/f* Protuberancia en forma de giba.

gi·bo·so, -a [xiβóso, -a] *adj* y *s/m,f* Se aplica al que tiene una giba.

gi·bral·ta·re·ño, -a [xiβraltaréɲo, -a] *adj* y *s/m,f* De Gibraltar.

gi·gan·te [xiγán̪te] **I.** *adj* Se aplica a aquello que es de tamaño muy superior al normal en la especie. **II.** *s/m* **1.** Ser fabuloso, perteneciente a la mitología o a la literatura infantil, de dimensiones extraordinarias. **2.** FIG Se dice del hombre de estatura descomunal o desacostumbrada.

gi·gan·tes·co, -a [xiγan̪tésko, -a] *adj* **1.** Relativo a los gigantes. **2.** FIG De tamaño extraordinario: *Un coche gigantesco.*

gi·gan·tis·mo [xiγan̪tísmo] *s/m* MED Anomalía del crecimiento de un individuo, que hace que éste alcance unas proporciones muy superiores a las que corresponden a su edad, raza o especie.

gi·gan·tón, -na [xiγan̪tón, -na] *s/m,f* **1.** *aum* de *gigante.* **2.** Figura de gigante de las fiestas.

gi·li·po·llas [xilipóʎas] *adj* y *s/m* ARG Se aplica al que se comporta de forma estúpida o es estúpido.

gi·li·po·llez [xilipoʎéθ] *s/f* ARG Acción propia de un gilipollas.
ORT *Pl: Gilipolleces.*

gim·na·sia [xi{m/n}násja] *s/f* Actividad deportiva que consiste en hacer determinados ejercicios con el cuerpo, los cuales contribuyen a desarrollar a éste y a mantenerlo en forma.

gim·na·sio [xi{m/n}násjo] *s/m* Local en que se pueden hacer ejercicios de gimnasia.

gim·nas·ta [xi{m/n}násta] *s/m,f* Persona experta en hacer gimnasia.

gim·nás·ti·co, -a [xi{m/n}nástiko, -a] *adj* Relativo a la gimnasia.

gi·mo·te·ar [ximoteár] *v/intr* FAM Gemir de forma ridícula o sin causa suficiente.

gi·mo·teo [ximotéo] *s/m* Acción de gimotear.

gi·ne·bra [xinéβra] *s/f* Bebida alcohólica aromatizada con las bayas del enebro.

gi·ne·ceo [xineθéo] *s/m* BOT Parte femenina de la flor, formada por los pistilos.

gi·ne·co·lo·gía [xinekoloxía] *s/f* Parte de la medicina que estudia las enfermedades específicas de la mujer.

gi·ne·co·ló·gi·co, -a [xinekolóxiko, -a] *adj* Relativo a la ginecología.

gi·ne·có·lo·go, -a [xinekóloγo, -a] *s/m,f* Médico especializado en ginecología.

gin·gi·vi·tis [xiŋxiβítis] *s/f* MED Inflamación de las encías.

gi·ra [xíra] *s/f* **1.** Acción de girar. **2.** Viaje que se realiza por diversos lugares. **3.** Actuaciones que realiza una compañía artística, teatral, etc., por diversas ciudades.

gi·rán·du·la [xirán̪dula] *s/f* Rueda pirotécnica, llena de cohetes, chispas, etc., que gira al encenderse.

gi·rar [xirár] **I.** *v/intr* **1.** Dar vueltas un cuerpo sobre sí mismo. **2.** Moverse en forma circular alrededor de algo. **3.** (Con *a/hacia*) Desviarse de la dirección que se lleva. **4.** FIG Versar o tratar una conversación, debate, etc., sobre un tema. **II.** *v/tr* **1.** Cambiar el sentido o la dirección de algo. **2.** COM Expedir libranzas de pago: *Giró una letra a veinte días.* **3.** Enviar por giro postal una cantidad de dinero. RPr **Girar a/hacia.**

gi·ra·sol [xirasól] *s/m* Planta anual de las compuestas; su flor, de gran tamaño, contiene muchas semillas comestibles, de las que se extrae aceite.

gi·ra·to·rio, -a [xiratórjo, -a] *adj* Que puede girar o gira.

gi·ro [xíro] *s/m* **1.** Movimiento circular. **2.** Acción de girar. **3.** COM Operación de girar una letra de cambio u orden de pago. **4.** GRAM Cada forma de expresar algo que es peculiar de un idioma o de un estilo determinados.
Giro postal, el que se hace en las oficinas de correos.

gi·ro·la [xiróla] *s/f* ARQ Nave que rodea el ábside en las iglesias románicas y góticas y, *por ext,* en cualquier iglesia.

gi·ros·co·pio o **gi·rós·co·po** [xiroskópjo/xiróskopo] *s/m* Aparato ideado por Foucault en 1852 para demostrar cómo rotaba la Tierra.

gi·ta·na·da [xitanáðа] *s/f* Acción propia de gitanos.

gi·ta·ne·ar [xitaneár] *v/intr* Comportarse como un gitano.

gi·ta·ne·ría [xitanería] *s/f* **1.** Reunión o conjunto de gitanos. **2.** Dicho o hecho propios del que es gitano.

gi·ta·nes·co, -a [xitanésko, -a] *adj* Propio de los gitanos.

gi·ta·nis·mo [xitanísmo] *s/m* Costumbres o forma de vivir propias de los gitanos.

gi·ta·no, -a [xitáno, -a] *adj* y *s/m,f* **1.** Miembro de una raza errante, que existe en varios países, cuyas características se han mantenido separadas de las naciones en que han vivido. **2.** FIG FAM El que es poco honrado en los negocios. **3.** FIG FAM Desaseado o sucio en el vestir.

gla·cia·ción [glaθjaθjón] *s/f* Acción de formarse glaciares en un lugar y época determinados.

gla·cial [glaθjál] *adj* **1.** Relativo al hielo. **2.** Que es muy frío.

gla·ciar [glaθjár] **I.** *s/m* Masa de hielo acumulada en las zonas de nieves perpetuas, que se va deslizando lentamente, como si fuese un río de hielo. **II.** *adj* De los glaciares: *Época glaciar.*

gla·cia·ris·mo [glaθjarísmo] *s/m* **1.** Estudio de los glaciares. **2.** Fenómeno de los glaciares.

gla·dia·dor [glaðjaðór] *s/m* Luchador romano que peleaba con otro en los juegos públicos.

gla·dio·lo o **gla·dío·lo** [glaðjólo/glaðíolo] *s/m* BOT Planta tuberosa, con hojas como espadas y flores en espiga, de colores vistosos.

glan·de [glánde] *s/m* Cabeza del miembro sexual masculino.

glán·du·la [glándula] *s/f* ANAT Cualquiera de los órganos que segregan humores necesarios para el funcionamiento del cuerpo o que eliminan los que le son nocivos.

gla·sé [glasé] *s/m* Se dice de cierta seda tupida muy brillante.

gla·se·ar [glaseár] *v/tr* Dar brillo a la superficie de algunas cosas, como el papel, etc. **2.** Recubrir un pastel o cosa semejante de una capa de glaseado.

glau·co, -a [gláuko, -a] *adj* Se dice del color verde claro o de aquello que lo es.

glau·co·ma [glaukóma] *s/m* Enfermedad del ojo que debe su nombre al color verdoso que toma éste; es causada por el aumento de la presión intraocular.

gle·ba [gléβa] *s/f* Montón de tierra que se levanta con el arado.

gli·ce·ri·na [gliθerína] *s/f* QUÍM Sustancia orgánica líquida, de consistencia grasa y color transparente y claro; se emplea en perfumería y en farmacia.

glíp·ti·ca [glíptika] *s/f* Arte de grabar las piedras finas o metales.

glo·bal [gloβál] *adj* Que ha sido hecho considerando el todo y no una parte solamente.

glo·bo [glóβo] *s/m* **1.** En general, cuerpo esférico. **2.** El planeta Tierra. **3.** Bolsa de tela o de otro material flexible e impermeable que, una vez hinchada con un gas menos pesado que el aire, se eleva en la atmósfera y puede sostener una barquilla con pasaje. **4.** Pantalla para una lámpara con forma esférica. **5.** Mapas para representar el planeta Tierra o la esfera celeste.

glo·bu·lar [gloβulár] *adj* Compuesto de globos o de glóbulos.

glóbu·lo [glóβulo] *s/m* Cuerpo celular que se encuentra en los líquidos del cuerpo, especialmente en la sangre.

glo·ria [glórja] *s/f* **1.** Buena reputación o nombre que algo o alguien consigue por sus obras o su calidad. **2.** Acción que es causa de esta reputación. **3.** Persona que la ha logrado. **4.** En la religión cristiana, lugar en que están Dios, los santos y las almas de los justos. **5.** FAM Se dice de algo que es muy bueno o que causa gran placer. LOC **Dar gloria,** FAM producir satisfacción: *Da gloria ver lo contento que está.* **Pasar a la gloria,** hacerse famoso. **Estar en la gloria,** FIG sentirse muy feliz.

glo·riar [glorjár] **I.** *v/tr* Hacer glorioso al que no lo era o reconocer al que ya lo es. **II.** REFL(SE) **1.** Presumir o jactarse de algo: *Se glorió de sus éxitos.* **2.** Complacerse o alegrarse mucho: *Se gloría en el Señor.* RPr **Gloriarse de/en.**
CONJ El acento recae sobre la *i* en el *sing* y *3.ª pers pl* del *pres* de *ind* y *subj: Glorío, gloríen,* etc.

glo·rie·ta [glorjéta] *s/f* **1.** En los jardines, espacio que suele destinarse al descanso, lectura, etc, y que tiene enredaderas o plantas que lo protegen. **2.** Plazoleta de un jardín en la que hay un cenador o glorieta. **3.** Plaza a la que desembocan varias calles o avenidas.

glo·ri·fi·ca·ción [glorifikaθjón] *s/f* Acción y efecto de glorificar.

glo·ri·fi·car [glorifikár] *v/tr* **1.** Dar gloria o buen nombre al que no los tenía. **2.**

Continuar reconociendo el mérito o valor del que ya es glorioso.
ORT La *c* cambia en *qu* ante *e*: *Glorifiqué.*

glo·rio·so, (-a) [glorjóso, (-a)] *adj* **1.** En relación a Dios y los santos, que pertenece a ellos. **2.** Se aplica a la persona o a los hechos que han merecido la fama.

glo·sa [glósa] *s/f* Notas o comentarios que se añaden a un texto para que sea mejor comprendido.

glo·sar [glosár] *v/tr* **1.** Hacer glosas sobre algo. **2.** Dar una interpretación peyorativa a algo dicho por otro.

glo·sa·rio [glosárjo] *s/m* Catálogo o vocabulario de las palabras de un texto que ofrece problemas de interpretación, en el cual se da una explicación aclaratoria de ellas.

glo·tis [glótis] *s/f* Apertura tringular en la parte superior de la laringe.
ORT *Pl: Glotis.*

glo·tón, -na [glotón, -na] *adj* y *s/m,f* Que come con exceso o con gula.

glo·to·ne·ar [glotoneár] *v/intr* Comer con glotonería.

glo·to·ne·ría [glotonería] *s/f* Cualidad de glotón.

glu·ce·mia [gluθémja] *s/f* MED Presencia anormalmente abundante de azúcar en la sangre.

glu·có·ge·no [glukóxeno] *s/m* QUÍM Hidrato de carbono, que se encuentra en el hígado y en los músculos y que constituye una reserva de glucosa para cuando el organismo la necesita.

glu·co·sa [glukósa] *s/f* QUÍM Tipo de azúcar muy soluble en agua y poco en alcohol, que se encuentra en la mayoría de frutas maduras y en la orina de los diabéticos.

glu·ten [glúten] *s/m* **1.** Sustancia albuminoidea amarillenta, abundante en las semillas de los cereales. **2.** Cualquier sustancia pegajosa que pueda servir de pegamento.

glú·teo, (-a) [glúteo, (-a)] **I.** *adj* Relativo a la nalga. **II.** *s/m, pl* Músculos de las nalgas.

gno·mo [nómo] *s/m* En los cuentos infantiles, geniecillo o duende.

gnos·ti·cis·mo [nostiθísmo] *s/m* Doctrina cristiana de los primeros siglos, considerada como herética por pretender llegar a un conocimiento de las cosas divinas por medio de la razón.

gnós·ti·co, -a [nóstiko, -a] *adj* y *s/m,f* Relativo al gnosticismo.

go·ber·na·ble [goβernáβle] *adj* Que puede ser gobernado.

go·ber·na·ción [goβernaθjón] *s/f* Acción y efecto de gobernar.

go·ber·na·dor, -ra [goβernaðór, -ra] *adj* y *s/m,f* **1.** Se dice del que gobierna. **2.** Cargo del que ejerce la autoridad sobre una parte del país en delegación del soberano o del presidente del Gobierno.

go·ber·nan·ta [goβernánta] *s/f* Mujer que tiene a su cargo el cuidado de la administración o del régimen interno de la casa.

go·ber·nan·te [goβernánte] *adj* y *s/m,f* **1.** Se aplica al que gobierna. **2.** FAM Se dice de la persona a quien le gusta gobernar.

go·ber·nar [goβernár] *v/tr, intr* **1.** Dirigir con autoridad los acontecimientos o destinos de una colectividad. **2.** Dirigir el rumbo de una nave, vehículo, etc. **3.** FAM Dominar una persona a otra. **II.** REFL(SE) **1.** Administrarse una nación o persona: *No sabe gobernarse.* **2.** Guiarse o actuar de acuerdo con algo: *Has de gobernarte por los consejos que te di.* RPr **Gobernarse por (II. 2).**
CONJ *Irreg: Gobierno, goberné, gobernaré, gobernado.*

go·bier·no [goβjérno] *s/m* **1.** Acción y efecto de gobernar algo. **2.** Mandato político ejercido sobre una nación. **3.** Forma de gobernar una nación. **4.** Conjunto de ministros que llevan el Gobierno del país. **5.** Edificio en que se aloja un gobernador.

go·ce [góθe] *s/m* Acción y efecto de disfrutar o gozar de algo.

go·do, -a [góðo, -a] *adj* y *s/m,f* Nombre de los individuos de un pueblo escandinavo que invadió el sur de Europa en tiempos de los romanos y de todo lo relacionado con ellos.

go·gó [goɣó] **I.** *adj* Animador del baile en una discoteca. **II.** *adv* **A gogó,** sin tasa, en abundancia.

gol [gól] *s/m* DEP Lance que consiste en meter el balón o pelota uno de los equipos en la portería del equipo contrario.

go·la [góla] *s/f* **1.** FAM Garganta o cuello de una persona. **2.** Adorno de encaje o algo similar que se llevaba fruncido alrededor del cuello.

go·lea·da [goleáða] *s/f* Cantidad considerable de goles que se hacen en un partido.

go·le·ar [goleár] *v/tr* DEP Hacer uno o más goles.

go·le·ta [goléta] *s/f* Barco velero de dos o tres palos, ligero, con bordas poco elevadas.

golf [gólf] *s/m* Deporte originario de Escocia, que consiste en ir dando con diferentes palos a una pelota pequeña con el fin de meterla en una serie de agujeros comúnmente dispersos.

gol·fe·ar [golfeár] *v/intr* Vivir como viven los golfos.

gol·fe·ría [golfería] *s/f* **1.** Conjunto de golfos o pilluelos. **2.** Acción propia de un golfo.

gol·fo, -a [gólfo, -a] *s/m,f* **1.** *m* Porción de mar comprendida entre dos cabos, que se adentra en la tierra. **2.** Grandes extensiones de mar sin islas y a gran distancia de las costas. **3.** Referido a personas, alusión afectuosa a la pillería que alguien demuestra. **4.** Aplicado no humorísticamente, es alusivo a conductas reprobables o de maleantes. **5.** *f* Mujer licenciosa o que se dedica a la prostitución.

go·lon·dri·na [golondrína] *s/f* Pájaro que habita comúnmente en España desde principios de primavera hasta fines de verano; es negro azulado por encima y blanco por debajo, con las alas puntiagudas y la cola ahorquillada.

go·lon·dri·no [golondríno] *s/m* MED Forúnculo que se forma en la axila.

go·lo·si·na [golosína] *s/f* Manjar delicado o exquisito, en especial aplicado a cosas dulces.

go·lo·si·ne·ar [golosineár] *v/intr* Comer golosinas o tener por costumbre hacerlo constantemente.

go·lo·so, -a [golóso, -a] **I.** *adj* Que incita el deseo de comerlo o de poseerlo. **II.** *adj* y *s/m,f* Se aplica al que es aficionado a comer cosas apetitosas, especialmente las dulces.

gol·pa·zo [golpáθo] *s/m* Golpe muy fuerte, violento o ruidoso.

gol·pe [gólpe] *s/m* **1.** Acción de tener un encuentro repentino y violento dos cuerpos. **2.** Cosa o fenómeno que sucede o aparece repentinamente. **3.** FIG Acción planeada en secreto y que se piensa llevar a cabo de repente. **4.** FIG Ocurrencia o gracia que alguien tiene. **5.** FIG Desgracia que le sucede a alguien. LOC **A golpes,** *1.* Dando golpes. *2.* De forma intermitente. **De golpe,** de repente, bruscamente. **De un golpe,** de una vez. **Caer de golpe,** caer, llover, etc., de forma fuerte e inesperada. **Dar el golpe,** FAM dejar a alguien sorprendido o asombrado con algo que se hace, que uno se pone, etc. **No dar golpe,** FIG no trabajar o hacer el vago. **Parar el golpe,** FIG FAM evitar los perjuicios de algo que iba a ocurrir. **Golpe bajo,** FIG acción malintencionada contra alguien.
Golpe de Estado, el que da alguien para apoderarse por la fuerza del Gobierno de un país.
Golpe de pecho, FIG falsa señal de arrepentimiento.

gol·pe·ar [golpeár] *v/tr, intr* Dar un golpe o golpes repetidos sobre una cosa o dárselos a alguien.

gol·pe·te·ar [golpeteár] *v/tr, intr* Dar golpes ligeros pero continuos sobre algo.

gol·pe·teo [golpetéo] *s/m* Acción y efecto de golpetear.

gol·pis·mo [golpísmo] *s/m* Tendencia a darse los golpes de Estado con frecuencia.

gol·pis·ta [golpísta] *adj* y *s/m,f* Que prepara o da un golpe de Estado y todo lo relacionado con él.

go·lle·te [goʎéte] *s/m* **1.** Cuello de una botella, garrafa, etc. **2.** Parte superior de la garganta, que la une a la cabeza.

go·ma [góma] *s/f* **1.** Nombre que se da a diversas sustancias viscosas. **2.** Sustancia que se extrae de determinadas plantas tropicales y que sirve para elaborar la goma elástica. **3.** Tira o banda de goma elástica. **4.** Pedazo de goma para borrar.

go·mi·na [gomína] *s/f* Fijador para el cabello.

go·mo·rre·si·na [gomorresína] *s/f* Jugo lechoso de ciertas plantas, que se usa mezclándolo con una materia gomosa y con un aceite volátil.

go·mo·so, -a [gomóso, -a] *adj* Que contiene goma o es parecido a ella en consistencia.

gón·do·la [góndola] *s/f* Embarcación pequeña, con las puntas de proa y popa elevadas hacia arriba, usada especialmente en los canales de Venecia.

gon·do·le·ro [gondoléro] *s/m* Que conduce la barca llamada góndola o que rema en ella.

gong [góŋ] *s/m* Utensilio que consiste en un disco de metal que es golpeado con un madero o metal.

go·nió·me·tro [gonjómetro] *s/m* Instrumento que sirve para medir ángulos.

go·no·co·co [gonokóko] *s/m* MED Microorganismo bacteriano que se encuentra en el pus blenorrágico.

go·no·rrea [gonorréa] *s/f* MED Flujo mucoso crónico de la uretra.

gor·di(n)·flón, -na [gorði(ɱ)flón, -na] *adj* y *s/m,f* Persona excesivamente gruesa, de carnes flojas.

gor·do, (-a) [górðo, (-a)] **I.** *adj.* **1.** Referido a personas o animales, que tienen mucha carne o grasa. **2.** FAM Aplicado a objetos, que son gruesos, en espesor o en volumen. **3.** Se aplica a personas de importancia o influencia: *Es gente gorda.* **II.** *s/m* **1.** Grasa o sebo de la carne para el consumo. **2.** FAM Premio de lotería más importante. LOC **No tener ni gorda,** FAM estar sin un céntimo. **Caer gordo uno a otra persona,** FIG FAM resultar alguien antipático o desagradable a otro. **Ser algo muy gordo,** FIG FAM ser algo de gran trascendencia. RPr **Gordo de:** *Gordo de piernas.*

gor·du·ra [gorðúra] *s/f* Cualidad de gordo.

gor·go·jo [gorγóxo] *s/m* Insecto que se aloja en las semillas de los cereales y legumbres y que constituye una plaga.

gor·go·ri·te·ar [gorγoriteár] *v/intr* Hacer gorgoritos.

gor·go·ri·to [gorγoríto] *s/m* Quiebro que se hace con la voz en la garganta, al cantar en tono agudo, también cuando se habla o se ríe.

gor·go·teo [gorγotéo] *s/m* Ruido producido por un líquido o un gas al moverse en el interior de alguna cavidad.

gor·gue·ra [gorγéra] *s/f* Adorno del cuello, que consistía en una tira de tela fruncida y almidonada, adornada de encajes, alzada por la parte de atrás y bajando por delante.

go·ri·la [goríla] *s/m* Mono antropomorfo, muy fuerte y fiero, de estatura similar a la del hombre, que habita en el África ecuatorial.

gor·je·ar [gorxeár] *v/intr* Hacer quiebros con su canto el pájaro o la persona con su voz.

gor·jeo [gorxéo] *s/m* Acción y efecto de gorjear.

go·rra [górra] *s/f* Prenda para cubrirse la cabeza, sin alas ni copa y a veces con visera. LOC **De gorra,** FAM gratis, sin pagar.

go·rre·ar [gorreár] *v/intr* Comer o vivir de gorra, a costa de los demás.

go·rre·ro, -a [gorréro, -a] *s/m,f* **1.** Fabricante o vendedor de gorras. **2.** FAM Persona aprovechada.

go·rri·ne·ría [gorrinería] *s/f* Cualidad del gorrino o de aquello que está gorrino.

go·rri·no, -a [gorríno, -a] **I.** *s/m,f* Cerdo pequeño. **II.** *adj* y *s/m,f* FIG FAM Persona sucia de aspecto o de comportamiento grosero.

go·rrión [gorrjón] *s/m* Pájaro de color pardo con toques negros, de pico corto, cónico y fuerte.

go·rro [górro] *s/m* Prenda de abrigo para la cabeza. LOC **Estar hasta el gorro,** FIG FAM estar harto.

go·rrón, -na [gorrón, -na] *adj* y *s/m,f* Persona que gorrea constantemente.

go·rro·ne·ar [gorroneár] *v/intr* Hacer el gorrón.

go·rro·ne·ría [gorronería] *s/f* Cualidad de gorrón.

go·ta [góta] *s/f* **1.** Partícula de un líquido. **2.** FIG Pequeña cantidad de algo. **3.** MED Enfermedad que suele causar inflamaciones graves de alguna de las articulaciones menores. LOC **Caer unas/cuatro gotas,** FIG llover muy poco. **Gota a gota,** *1.* Aplicado a la forma de caer, administrar, etc., un líquido. *2.* FIG Se aplica a cualquier acción que se realiza lentamente. *3.* Para referirse a ciertos sistemas de administrar a un paciente un suero intravenoso o algo similar: *Le pusieron el gota a gota toda la noche.* **Ser algo la última gota/la gota que colma el vaso,** FIG ser lo que colma la medida de la paciencia, sufrimiento, etc., de alguien. **Sudar la gota gorda,** FIG FAM expresión con que se alude al esfuerzo realizado.

go·te·ar [goteár] *v/intr* **1.** Caer un líquido gota a gota **2.** Caer la lluvia de forma escasa.

go·teo [gotéo] *s/m* Acción y efecto de gotear.

go·te·ra [gotéra] *s/f* **1.** Gotas de agua de lluvia que van filtrándose o cayendo por algún lugar. **2.** Grieta por donde penetra el agua que cae. **3.** Mancha que deja el agua al gotear.

go·te·rón [goterón] *s/m* Gota de agua de lluvia que cae abundantemente.

gó·ti·co, (-a) [gótiko, (-a)] **I.** *s/m* Arte que se desarrolla en Europa a raíz de la evolución del románico en el siglo XII hasta el Renacimiento. **II.** *adj* **1.** Relativo al arte gótico. **2.** Relativo a los godos. **3.** Se dice de cierto tipo de escritura usada en Alemania desde el s. XIV y aquello escrito con ella.

go·to·so, -a [gotóso, -a] *adj* y *s/m,f* Que padece gota.

go·yes·co, -a [goJésko, -a] *adj* Propio y característico de Goya.

go·za·da [goθáða] *s/f* FAM Acción de gozar.

go·zar [goθár] **I.** *v/intr* **1.** Experimentar placer o satisfacción. **2.** (Con *de*) Poseer y disfrutar algún bien, etc. **II.** *v/tr* Tener y disfrutar algo. RPr **Gozar con/de.**
ORT La *z* se convierte en *c* ante *e: Gocé.*

goz·ne [góθne] *s/m* Herraje articulado que se fija en las hojas de puertas y ventanas al mismo tiempo que en el quicial, para poder girar sobre él.

go·zo [góθo] *s/m* **1.** Sentimiento de complacencia en la posesión o disfrute de algo. **2.** Sentimiento de alegría o placer.

go·zo·so, -a [goθóso, -a] *adj* **1.** Que siente gozo. **2.** Que provoca gozo.

gra·ba·ción [graβaθjón] *s/f* Acción y efecto de grabar.

gra·ba·do, (-a) [graβáðo, (-a)] **I.** *adj* Que ha sido grabado. **II.** *s/m* **1.** Acción de grabar. **2.** Arte de grabar. **3.** Lámina que reproduce un dibujo por medio de la impresión.

gra·ba·dor, (-ra) [graβaðór, (-ra)] *s/m,f* **1.** Persona que hace grabados. **2.** *f* Máquina que graba.

gra·bar [graβár] *v/tr, intr* **1.** Señalar o labrar en algún material duro un dibujo, letrero, etc. **2.** Registrar en cinta magnetofónica, disco, etc., un sonido, música o palabras. **3.** FIG Dejar una cosa bien fija en el ánimo de alguien. RPr **Grabar con/en:** *Grabar con buril. Grabar en madera.*

gra·ce·jo [graθéxo] *s/m* Gracia para hablar o decir chistes, hacer bromas, etc.

gra·cia [gráθja] *s/f* **1.** Don sobrenatural. **2.** Don natural que una persona tiene para agradar o hacer las cosas de forma hábil. **3.** (Con *tener*) Cualidad de lo que es divertido, ingenioso, original, etc. **4.** Actitud o disposición de benevolencia o amistad hacia alguien: *El ministro les retiró su gracia.* **5.** Concesión de un don por parte de quien tiene autoridad para ello. **6.** *pl* Muestra de agradecimiento que se expresa a alguien. LOC **Caer en gracia a alguien,** lograr el agrado o la simpatía de alguien. **Gracias a...,** para indicar que algo o alguien ha sido la causa de que se haya evitado algún mal. **¡Gracias a Dios!,** exclamación que indica satisfacción o alivio por haber llegado a realizarse algo muy esperado. **Gracias a Dios,** expresión usada para indicar que lo que ha sucedido es afortunado. **¡Qué gracia!,** expresión con que se alude a lo divertido, molesto o sorprendente de una situación. **Tener gracia algo,** IRON ser una cosa poco agradable, absurda o injusta, etc. **¡Vaya (una) gracia!,** ¡qué gracia!

grá·cil [gráθil] *adj* Que es delicado, sutil o fino.

gra·cio·so, -a [graθjóso, -a] **I.** *adj* y *s/m,f* **1.** Se aplica a la persona o cosa cuyo aspecto, comportamiento, etc., produce risa o tiene gracia. **2.** Se aplica como tratamiento a los miembros de la realeza británica. **II.** *s/m,f* Actor que representa el papel cómico de una obra o el personaje mismo.

gra·da [gráða] *s/f* **1.** Escalón o parte de una escalinata. **2.** *sing* o *pl* Conjunto de estos peldaños, colocados a la entrada de un edificio, etc. **3.** En un anfiteatro, plaza de toros, etc., asiento corrido en forma curvilínea.

gra·da·ción [graðaθjón] *s/f* Colocación de los elementos de algo por grados sucesivos, de forma creciente o decreciente.

gra·de·ría o **gra·de·río** [graðería/-o] *s/f,m* Conjunto de gradas que hay en un teatro, plaza de toros, etc.

gra·dien·te [graðjénte] *s/m* FÍS Cociente de la diferencia de presión barométrica entre dos puntos por la distancia entre ellos.

gra·do [gráðo] *s/m* **1.** Cada uno de los diversos estados, valores, situaciones o calidades, que puede tener una cosa o un proceso y que se pueden ordenar de menor a mayor o viceversa. **2.** Unidad de medida de los instrumentos destinados a apreciar la intensidad, cantidad, etc., de una fuerza o fenómeno. **3.** Diversos títulos concedidos en los centros de enseñanza. **4.** MIL Cada lugar de la escala de jerarquías en el ejército. **5.** GEOM Cada una de las 360 partes iguales en que se consideran divididos los círculos y circunferencias. LOC **En alto grado,** con intensidad o en cantidad. **En grado sumo/En el más alto grado,** en el mayor grado posible. **De buen/mal grado,** voluntariamente o en contra de la voluntad de uno.

gra·dua·ble [graðwáβle] *adj* Que puede ser graduado.

gra·dua·ción [graðwaθjón] *s/f* **1.** Acción y efecto de graduar(se). **2.** MIL Jerarquía de un militar de carrera. **3.** Número de grados o proporción de alguno de sus componentes que tiene un preparado, líquido, etc.

gra·dua·do, -a [graðwáðo, -a] *adj* y *s/m,f* **1.** Que ha obtenido un título universitario. **2.** Que tiene graduación.

gra·dual [graðwál] *adj* Que asciende o decrece, evoluciona, etc., grado a grado, de manera continuada.

gra·duan·do, -a [graðwándo, -a] *adj* y *s/m,f* Que está estudiando para obtener o recibir un título universitario.

gra·duar [graðwár] *v/tr* **1.** Dar a algo el grado de intensidad, fuerza, etc., indicado. **2.** Medir el grado de algo. **3.** Señalar en un aparato los grados o divisiones que ha de tener: *Graduar una regla.* **4.** Conferir a alguien un grado universitario, militar, etc. RPr **Graduarse en:** *Se graduó en bioquímica.*
ORT El acento tónico recae sobre la *u* en el *sing* y *3.ª pers* del *pl* y *pres* de *subj: Gradúo, gradúen,* etc.

gra·fía [grafía] *s/f* Signo o modo de representar por escrito un sonido determinado.

grá·fi·co, (-a) [gráfiko, (-a)] **I.** *adj* **1.** Relativo a la escritura. **2.** Que está relacionado con el dibujo o la impresión. **3.** Que está hecho o explicado mediante dibujos. **4.** FIG Que describe algo de forma muy viva o detalladamente. **II.** *s/m,f* **1.** *m* Representación gráfica de algo. **2.** *f* Representación de datos numéricos que hacen visible la relación entre los distintos momentos de un proceso.

gra·fis·ta [grafísta] *s/m,f* Especialista en diseño gráfico.

gra·fi·to [grafíto] *s/m* **1.** Variedad de carbono de color negro agrisado y lustre metálico. **2.** Escrito o dibujo que ha quedado en un monumento, hecho por los antiguos.

gra·fo·lo·gía [grafoloxía] *s/f* Estudio de las particularidades de la escritura de una persona con el fin de averiguar su carácter.

gra·fó·lo·go, -a [grafóloɣo, -a] *s/m,f* Persona versada en grafología.

gra·gea [graxéa] *s/f* Porción de materia medicamentosa.

gra·jo, -a [gráxo, -a] *s/m,f* Ave muy semejante al cuervo.

gra·ma [gráma] *s/f* Hierba graminácea muy común, que tiene el tallo rastrero y echa raicillas por los nudos, se extiende rápidamente y tiene propiedades medicinales.

gra·má·ti·ca [gramátika] *s/f* Ciencia que estudia el lenguaje o tratado de esa ciencia.

gra·ma·ti·cal [gramatikál] *adj* Relativo a la gramática: *Accidente gramatical.*

gra·má·ti·co, (-a) [gramátiko, (-a)] **I.** *adj* Gramatical. **II.** *s/m* Persona versada en gramática.

gra·mo [grámo] *s/m* Unidad de peso del sistema métrico decimal, que consiste en lo que pesa un centímetro cúbico de agua destilada al vacío y a la temperatura de cuatro grados centígrados, o en la milésima parte del quilogramo tipo internacional conservado en Sèvres.

gra·mó·fo·no [gramófono] *s/m* Instrumento que reproduce los sonidos transmitidos a una caja de resonancia por una aguja especial que se desliza sobre los surcos de un disco.

gra·mo·la [gramóla] *s/f* Modalidad de gramófono.

gran [grán] *adj* **1.** *apoc* de *grande*, usado solamente antepuesto al nombre y en determinados casos. **2.** Principal en su clase o especie.

gra·na [grána] *s/f* **1.** Semilla menuda de algunas plantas. **2.** Color rojo oscuro, parecido al que tienen los granos de la granada madura.

gra·na·da [granáðа] *s/f* **1.** Fruto del granado, esférico, con el interior lleno de unos granos rojizos, jugosos y de sabor dulce o agridulce. **2.** MIL Proyectil que se dispara con piezas de artillería de poco calibre.
Granada de mano, la que se lanza con la mano después de quitarle una espoleta.

gra·na·di·na [granaðína] *s/f* **1.** Variedad de cante andaluz característico de Granada. **2.** Extracto de jugo de granada, usado para dar aroma a un coctel o para preparar una bebida refrescante.

gra·na·di·no, -a [granaðíno, -a] *adj* y *s/m,f* De Granada.

gra·na·do, (-a) [granáðo, (-a)] **I.** *adj* FIG De edad madura. **II.** *s/m* Árbol punicáceo, de tronco liso y tortuoso, ramas delgadas y hojas lustrosas; su fruto es la granada.

gra·nar [granár] *v/intr* Formarse el grano de las plantas y llegar a su madurez.

gra·na·te [granáte] *s/m* **1.** Piedra preciosa. Su color puede ser muy variado, pero el que se aprecia es el rojo oscuro. **2.** Color rojo oscuro.

gra·na·zón [granaθón] *s/f* Acción y efecto de granar.

gran·de [grán̪de] **I.** *adj* **1.** De proporciones fuera de lo común. **2.** De proporciones excesivas para su uso o función. **3.** FIG Que tiene grandes cualidades. **II.** *s/m* Quien es de noble cuna o de la alta nobleza. LOC **En grande,** FIG con gran regocijo: *Lo pasamos en grande aquella noche.* **A lo grande,** FAM con gran lujo o esplendidez. **Ir/Estar/Venir una cosa grande a alguien,** ser excesivo para alguien en sentido real o FIG: *Nos va grande este coche.*

gran·de·za [gran̪déθa] *s/f* **1.** Cualidad de grande. **2.** Cualidad de lo que es importante o excelente. LOC **Tener delirio de grandezas,** tener la manía de estar por encima de las posibilidades de uno.

gran·di·lo·cuen·cia [gran̪dilokwénθja] *s/f* Elocuencia excesivamente altisonante y pomposa.

gran·di·lo·cuen·te [gran̪dilokwén̪te] *adj* Que habla o escribe con grandilocuencia.

gran·dio·si·dad [gran̪djosiðáð] *s/f* Calidad de grandioso.

gran·dio·so, -a [gran̪djóso, -a] *adj* Que resulta de unas dimensiones impresionantes para quien lo ve o contempla.

gran·do·te, -a [gran̪dóte, -a] *adj* FAM *aum* de *grande.*

gran·du·llón, -na [gran̪duʎón, -na] *adj* y *s/m,f* FAM *despec aum* de *grande.*

gra·nel [granél] *s/m* LOC **A granel,** *1.* Referido a géneros, mercancías, etc., que no está envasado, empaquetado o medido. *2.* FIG En abundancia.

gra·ne·ro [granéro] *s/m* Lugar en que se guardan los cereales o el grano.

gra·ní·ti·co, -a [granítiko, -a] *adj* De granito o semejante a él.

gra·ni·to [graníto] *s/m* **1.** *dim* de *grano.* **2.** Roca compacta y dura, muy empleada en construcción. LOC **Poner uno su granito de arena,** expresión con que se alude a la colaboración que alguien pone en cierta tarea colectiva.

gra·ní·vo·ro, -a [granífβoro, -a] *adj* Se aplica a los animales, particularmente a los pájaros, que se alimentan de grano.

gra·ni·za·da [graniθáðа] *s/f* Caída de granizo.

gra·ni·za·do [graniθáðo] *s/m* Refresco elaborado con hielo machacado y zumo de alguna fruta o esencia aromatizante.

gra·ni·zar [graniθár] *v/intr* Caer granizo.
GRAM, CONJ Sólo se usa en *3.ª p* Ante *e* la *z* cambia en *c: Granice.*

gra·ni·zo [graníθo] *s/m* Grano de agua congelada que cae de las nubes y que puede variar de tamaño.

gran·ja [gráŋxa] *s/f* **1.** Hacienda rústica. **2.** Lugar, edificio, etc., dedicado a la cría de aves de corral y animales de otro tipo. **3.** Establecimiento semejante a un bar, en el que predomina el consumo de productos lácteos.

gran·jea·ble [graŋxeáβle] *adj* Que puede ser granjeado.

gran·je·ar [graŋxeár] **I.** *v/tr* En general, obtener o conseguir algo. **II.** REFL (-SE) Lograr o conseguir atraer la voluntad de alguien.

gran·jeo [graŋxéo] *s/m* Acción y efecto de granjear(se) algo.

gran·je·ro, -a [graŋxéro, -a] *s/m,f* **1.** Persona que posee una granja y la cuida. **2.** Persona empleada en el cuidado de una granja.

gra·no [gráno] *s/m* **1.** Cada una de las semillas de un cereal o todas ellas, consideradas colectivamente. **2.** Semilla de otras plantas. **3.** Porción muy menuda de algo que tiene partes o partículas. **4.** FIG Parte muy pequeña de algo. **5.** MED Pequeño bulto que sale en la piel y que a veces supura. LOC **Ir al grano,** FIG FAM ponerse a hablar de lo fundamental o importante de algo.

gra·nu·ja [granúxa] *s/m,f* Se aplica, con intención más insultante, para hablar del adulto que comete engaños, fraudes, etc.

gra·nu·ja·da [granuxáða] *s/f* Acción propia de un granuja.

gra·nu·je·ría [granuxería] *s/f* **1.** Conjunto de chiquillos golfos o granujas. **2.** Granujada.

gra·nu·la·ción [granulaθjón] *s/f* Acción y efecto de granular(se).

gra·nu·la·do, (-a) [granuláðo, (-a)] **I.** *adj* Se aplica a la sustancia cuya masa está en gránulos y no en polvo. **II.** *s/m* Preparado en gránulos.

gra·nu·lar [granulár] **I.** *adj* Lo que tiene granos o los forma. **II.** *v/tr* QUÍM Reducir a gránulos una masa derretida o solidificada.

grá·nu·lo [gránulo] *s/m dim* de *grano.*

gra·nu·lo·so, -a [granulóso, -a] *adj* Que tiene o forma gránulos.

gran·zas [gránθas] *s/f, pl* **1.** Restos que quedan de las semillas de los cereales después de aventarlas y cribarlas. **2.** Desechos que salen del yeso cuando se cierne. **3.** Residuos desechados de cualquier metal.

grao [gráo] *s/m* Playa que sirve de desembarcadero o puerto.

gra·pa [grápa] *s/f* Pieza de hierro o de otro metal, con los dos extremos doblados en la misma dirección y aguzados, que sirve para sujetar o unir dos cosas.

gra·pa·do·ra [grapaðóra] *s/f* Utensilio que sirve para grapar.

gra·par [grapár] *v/tr* Sujetar con grapas alguna cosa.

gra·sa [grása] *s/f* **1.** Nombre dado a diversas sustancias, obtenibles de semillas de plantas, tejido adiposo de los animales, etc.; son untuosas. **2.** Manteca o sebo de un animal.

gra·se·ra [graséra] *s/f* **1.** Utensilio de cocina para guardar la grasa. **2.** El que se usa para recoger la grasa de los asados.

gra·sien·to, -a [grasjéṇto, -a] *adj* Que tiene grasa o más grasa de la debida.

gra·so, (-a) [gráso, (-a)] **I.** *adj* **1.** Referido a cuerpos, sustancias, etc., que contienen grasa. **2.** Aplícase al animal que posee una gran cantidad de tejido adiposo. **II.** *s/m* Calidad de lo que es graso.

gra·so·so, -a [grasóso, -a] *adj* Que está impregnado de grasa o que suelta grasa.

gra·ti·fi·ca·ción [gratifikaθjón] *s/f* Retribución complementaria al sueldo normal, que se recibe en concepto de algún mérito o labor realizada.

gra·ti·fi·car [gratifikár] *v/tr* **1.** Recompensar a alguien por algo que se ha hecho. **2.** Dar gusto o complacer a alguien.
ORT La *c* cambia en *qu* ante *e: Gratifiqué.*

gra·ti·nar [gratinár] *v/tr* Dorar los alimentos al horno.

gra·tis [grátis] *adv* Sin pagar.

gra·ti·tud [gratitúð] *s/f* Sentimiento que

alguien tiene por haber recibido un favor, un regalo, etc.

gra·to, -a [gráto, -a] *adj* Cosa o persona que resulta agradable a la gente. RPr **Grato a/de/para:** *Grato al oído. Grato de escuchar. Grato para el paladar.*

gra·tui·dad [gratwiðáð] *s/f* Calidad de gratuito.

gra·tui·to, -a [gratwíto, -a] *adj* **1.** Que no cuesta ningún dinero. **2.** Que no tiene fundamento o es arbitrario.

gra·va [gráβa] *s/f* Piedra machacada o guijarros que se emplean en la construcción de caminos.

gra·va·men [graβámen] *s/m* **1.** Obligación que pesa sobre alguien. **2.** Tributo, censo, etc., que pesa sobre una finca.

gra·var [graβár] *v/tr* **1.** Imponer un gravamen a algo o a alguien. **2.** Cargar o pesar sobre alguien. RPr **Gravar con/en:** *Gravar con impuestos. Han gravado el aceite en un dos por ciento.*

gra·ve [gráβe] *adj* **1.** Que pesa. **2.** FIG Aplicado a situaciones, sucesos, etc., que reviste importancia. **3.** Referido a tono, actitud, gesto, palabras o personas, que son solemnes o muy serios. **4.** Dícese del estilo de hablar o escribir que es elevado, noble y solemne. **5.** Se aplica a los sonidos de tonalidad baja, por oposición a los agudos. **6.** GRAM Palabra cuyo acento carga en la penúltima sílaba. **7.** Este acento.

gra·ve·dad [graβeðáð] *s/f* **1.** Fuerza que hace que los cuerpos sean atraídos hacia el centro de la Tierra. **2.** FIG Cualidad de lo que es grave.

gra·vi·dez [graβiðéθ] *s/f* Preñez de la mujer.
ORT *Pl: Preñeces.*

grá·vi·do, -a [gráβiðo, -a] *adj* POÉT **1.** Que está lleno o cargado. **2.** Aplicado a la mujer, embarazada.

gra·vi·lla [graβíʎa] *s/f* Piedra triturada o machacada.

gra·vi·ta·ción [graβitaθjón] *s/f* **1.** Acción y efecto de gravitar. **2.** FÍS Gravedad.

gra·vi·tar [graβitár] *v/intr* **1.** Moverse un cuerpo, generalmente un astro, por la fuerza de atracción que ejerce otro sobre él. **2.** Apoyarse un cuerpo con su peso sobre otro que lo sostiene. **3.** FIG Ser una obligación o gravamen para alguien. **4.** FIG Ser un peligro o amenaza para alguien: *La amenaza del despido gravitaba sobre ellos.* RPr **Gravitar sobre.**

gra·vo·so, -a [graβóso, -a] *adj* Que constituye una carga o una obligación molesta para alguien.

graz·nar [graθnár] *v/intr* Producir su característico sonido o chillido el cuervo, el grajo, el ganso y otras aves similares.

graz·ni·do [graθníðo] *s/m* **1.** Acción y efecto de graznar. **2.** FIG Canto o forma de hablar desagradable al oído.

gre·ca [gréka] *s/f* Adorno o franja con unos elementos decorativos geométricos que se van repitiendo a lo largo de él.

gre·co·la·ti·no, -a [grekolatíno, -a] *adj* Que es griego y latino a la vez.

gre·co·rro·ma·no, -a [grekorrománo, -a] *adj* Relativo a los griegos y los romanos a la vez.

gre·da [gréða] *s/f* Tipo de arcilla arenosa usada para absorber la grasa.

gre·gal [greɣál] *adj* Gregario.

gre·ga·rio, -a [greɣárjo, -a] *adj* **1.** Se aplica al animal que vive en rebaño o manada. **2.** FIG Se dice de las personas que forman parte de un grupo sin distinguirse de los otros.

gre·ga·ris·mo [greɣarísmo] *s/m* Actitud o espíritu gregario.

gre·go·ria·no, -a [greɣorjáno, -a] *adj* Se aplica a la clase de canto litúrgico reformado por el Papa Gregorio I.

gre·gue·ría [greɣería] *s/f* **1.** Griterío y confusión de mucha gente. **2.** Término usado por el escritor Ramón Gómez de la Serna para referirse a un tipo de comentario literario breve e ingenioso sobre algún aspecto de la realidad humana.

gre·mial [gremjál] *adj* Relativo a un gremio o profesión.

gre·mio [grémjo] *s/m* **1.** Asociación de personas del mismo oficio o profesión. **2.** FAM Clase o grupo homogéneo de personas, unidas por algún rasgo común.

gre·ña [gréɲa] *s/f, sing* o *pl* Cabellera revuelta o en condición desaseada. LOC **Andar a la greña,** FIG FAM estar en desacuerdo y tener por costumbre pelear constantemente.

gre·ñu·do, -a [greɲúðo, -a] *adj* Que tiene greñas.

gres [grés] *s/m* Mezcla de arcilla fina y arena cuarzosa, usada en alfarería.

gres·ca [gréska] *s/f* **1.** Disputa o riña. **2.** Alboroto.

grey [gréi] *s/f* **1.** Rebaño de ganado menor. **2.** FIG Conjunto de personas a quien les une un rasgo común.

grie·go, (-a) [griéɣo, (-a)] **I.** *adj* y *s/m,f* Relativo a Grecia. **II.** *s/m* Idioma de los griegos.

grie·ta [grjéta] *s/f* **1.** Abertura que se forma en un cuerpo al separarse éste en dos y que suele ser estrecha y larga. **2.** Raja o pequeño corte en la piel de las manos, el rostro, etc.

grie·tar·se o **grie·te·ar·se** [grjet(e)árse] v/REFL(SE) Abrirse un cuerpo formándose grietas en él.

gri·fa [grífa] *s/f* Nombre dado a la marihuana.

gri·fe·ría [grifería] *s/f* Conjunto de los grifos que se instalan en un cuarto de baño, una casa, etc.

gri·fo, (-a) [grífo, (-a)] **I.** *adj* y *s/m,f* Cabello crespo o enmarañado. **II.** *s/m* **1.** Ave mitológica que tenía la parte inferior del cuerpo de león y la superior de águila. **2.** Utensilio o dispositivo que se coloca en los lugares en que se ha de abrir o cerrar el paso del agua.

gri·llar·se [griʎárse] *v/intr,* REFL(SE) **1.** Entallecer el trigo, cereales, ajos, cebollas, etc., sacando los llamados grillos. **2.** FAM Volverse loco.

gri·lle·te [griʎéte] *s/m* Arco de hierro semicircular que sirve para asegurar una cadena al pie del presidiario.

gri·llo [gríʎo] *s/m* **1.** ZOOL Insecto ortóptero, de color negro rojizo; el macho produce un ruido muy característico con las alas, en las noches de verano, que suele llamarse canto de grillo. **2.** BOT Brote que sacan algunos tubérculos, semillas o granos, etc., cuando están guardados en sitio húmedo o cuando están germinando en la tierra. **3.** *pl* Conjunto de dos grilletes que tienen un perno común y que se les ponen a los presos en los pies para impedirles que anden. LOC **Tener la cabeza llena de grillos**, FIG FAM estar completamente chiflado o loco.

gri·ma [gríma] *s/f* Sentimiento de desazón causado por algo.

grin·go, -a [gríŋgo, -a] *adj* y *s/m,f* AMÉR De Estados Unidos.

gri·ñón [griɲón] *s/m* Toca que se ponen en la cabeza las monjas y las beatas.

gri·pal [gripál] *adj* Relativo a la gripe.

gri·pe [grípe] *s/f* Enfermedad epidémica, que suele ir acompañada de fiebre y de síntomas catarrales.

gris [grís] **I.** *adj* **1.** Color resultante de la mezcla del blanco y el negro y a veces también el azul **2.** Tiempo lluvioso o nublado, sin sol. **3.** FIG Personas o cosas que carecen de interés. **II.** *s/m* Color resultante de la mezcla del blanco y del negro y a veces del azul.

gri·sá·ceo, -a [grisáθeo, -a] *adj* De color algo gris.

gri·sú [grisú] *s/m* Gas metano que se desprende de las minas de hulla y que al mezclarse con el aire se hace inflamable.

gri·tar [gritár] *v/intr, tr* **1.** Hablar con voz muy alta o demasiado alta. **2.** Lanzar gritos.

gri·te·ría o **gri·te·río** [gritería/-o] *s/f* y *m* Confusión de voces altas y excitadas.

gri·to [gríto] *s/m* **1.** Manifestación de dolor, alegría, etc., por medio de la voz. **2.** Palabra o palabras dichas gritando. LOC **A grito pelado,** dando muchos gritos. **Poner el grito en el cielo,** FIG indignarse sobremanera por algo. **Ser algo el último grito,** FIG FAM ser una cosa la última moda.

gri·tón, -na [gritón, -na] *adj* y *s/m,f* FAM Que acostumbra a gritar mucho o a hablar siempre a gritos.

groe·lan·dés, -sa o **groen·lan·dés, -sa** [groe(n)lan̩dés, -sa] *adj* y *s/m,f* Relativo a Groenlandia.

grog [gróg] *s/m* Bebida caliente compuesta de ron o aguardiente, agua azucarada y limón.

gro·gui [gróγi] *adj* ANGL **1.** En el boxeo, se aplica al que se queda casi sin conocimiento, muy aturdido. **2.** FAM Dícese del que se queda muy aturdido después de un agotamiento, golpe, emoción, etc.

gro·se·lla [groséʎa] *s/f* Fruta o bayas del grosellero.

gro·se·lle·ro [groseʎéro] *s/m* Arbusto cuyo fruto es la grosella.

gro·se·ría [grosería] *s/f* **1.** Calidad del que es grosero. **2.** Acción propia del que es grosero.

gro·se·ro, -a [groséro, -a] *adj* y *s/m,f* **1.** Se aplica a la persona o sus actos cuando carecen de cortesía, delicadeza, buenas maneras, etc. **2.** Tosco, poco refinado o muy primitivo.

gro·sor [grosór] *s/m* **1.** Dimensión que expresa lo grueso de un cuerpo. **2.** Esta dimensión.

gro·tes·co, -a [grotésko, -a] *adj* **1.** Provocador de risa o de apariencia muy singular. **2.** Que resulta de mal gusto o antiestético.

grúa [grúa] *s/f* Máquina que sirve para levantar pesos y llevarlos de un lugar a otro.

grue·so, (-a) [grwéso, (-a)] **I.** *adj* **1.** Referido a personas, que tienen obesidad. **2.** Referido a cuerpos u objetos, que poseen espesor o grosor. **II.** *s/m* **1.** Se dice del espesor, volumen o grosor de algo. **2.** Parte que reúne lo fundamental o principal de un todo. RPr **Grueso de:** *Grueso de piernas.*

gru·lla [grúʎa] *s/f* Ave zancuda, que tiene el plumaje gris ceniciento, el pico recto y largo, alas grandes, cola con pelos largos y también moño largo en la cabeza; y suele mantenerse sobre un pie cuando se posa.

gru·me·te [gruméte] *s/m* Muchacho aprendiz de marinero, que ayuda a la tripulación en sus faenas.

gru·mo [grúmo] *s/m* **1.** Parte más compacta que se encuentra en la masa formada por un líquido mezclado con algo. **2.** Parte de un líquido que se coagula o espesa.

gru·mo·so, -a [grumóso, -a] *adj* Que está lleno de grumos.

gru·ñi·do [gruɲíðo] *s/m* **1.** Sonido ronco emitido por el cerdo o por otros animales. **2.** FIG Sonido de descontento o protesta producido por alguien.

gru·ñir [gruɲír] *v/intr, tr* **1.** Emitir gruñidos un animal. **2.** Proferir una persona sonidos semejantes a los de un animal en señal de cólera o disgusto.
CONJ *Irreg* (sólo en las formas siguientes): *Gruñó, gruñera, gruñese, gruñendo.*

gru·ñón, -na [gruɲón, -na] *adj* y *s/m,f* Que es propenso a gruñir por cualquier cosa.

gru·pa [grúpa] *s/f* Parte trasera del lomo de las caballerías. LOC **Volver grupas,** dar un giro en redondo la caballería para retroceder.

gru·po [grúpo] *s/m* **1.** Conjunto de seres, personas, cosas, consideradas unitariamente. **2.** Cada una de las secciones en que se divide un todo.
Grupo sanguíneo, MED cada uno de los cuatro grupos en que se diversifica la sangre humana.

gru·ta [grúta] *s/f* Cavidad natural o artificial abierta en peñas, montes, etc.

gru·tes·co, -a [grutésko, -a] *adj* Relativo a las grutas artificiales.

gru·yer [gruJér] Usado en *queso gruyer:* tipo de queso originario de Gruyère, Suiza.

gua [gwá] *s/m* Juego de las canicas.

gua·ca·ma·yo [gwakamáJo] *s/m* Ave de América del Sur, similar al papagayo, con plumaje de colores vistosos y cola muy larga, de color rojo y azul.

gua·ca·mo·le [gwakamóle] *s/m* AMÉR Ensalada de aguacate.

gua·da·la·ja·re·ño, -a [gwaðalaxaréɲo, -a] *adj* y *s/m,f* Relativo a Guadalajara (España y Méjico).

gua·da·me·cí o **gua·da·me·cil** [gwaðameθí(l)] *s/m* Cuero adobado y adornado con dibujos en relieve.

gua·da·ña [gwaðáɲa] *s/f* **1.** Utensilio para segar a ras de tierra; está formado por un mango largo con una cuchilla en su extremo. **2.** Este instrumento, como símbolo o representación de la muerte.

gua·da·ñar [gwaðaɲár] *v/tr, intr* Segar la hierba con la guadaña.

gua·dar·nés [gwaðarnés] *s/m* **1.** Lugar en que se guardan las sillas de montar y todo lo relacionado con las guarniciones de las caballerías. **2.** Persona que está al cuidado de todo ello.

gua·gua [gwáɣwa] *s/f* AMÉR, CAN, FAM Nombre dado a los autobuses urbanos.

gua·ji·ro, (-a) [gwaxíro, (-a)] **1.** *s/m,f* Campesino blanco de la isla de Cuba. **2.** *s/f* Canción popular típica de Cuba.

gual·do, -a [gwá̪ldo, -a] *adj* De color amarillo.

gual·dra·pa [gwa̪ldrápa] *s/f* Cubierta larga que se pone sobre los caballos o las mulas.

guan·che [gwáɲtʃe] *adj* y *s/m,f* Individuo del pueblo que habitaba las islas Canarias en el tiempo de su conquista y todo lo relacionado con ellos.

gua·no [gwáno] *s/m* **1.** Materia excrementicia de aves marinas, que se usa como abono. **2.** Abono artificial fabricado imitando el guano.

guan·ta·da [gwá̪n̪táða] *s/f* Golpe dado con la mano abierta sobre la cara de alguien.

guan·ta·zo [gwan̪táθo] *s/m* Guantada.

guan·te [gwá̪n̪te] *s/m* Prenda que cubre o abriga la mano. LOC **Como un guante,** FIG de forma adecuada, oportuna, etc. **Echar el guante a alguien,** FIG FAM apresar a alguien. **Poner a alguien como/más suave que/más blando que un guante,** FIG FAM hacer que alguien esté dócil, sumiso, amable, etc.

guan·te·ra [gwan̪téra] *s/f* Lugar en el que se guardan los guantes, especialmente aplicado al que suelen tener los salpicaderos de los automóviles.

gua·pe·tón, -na [gwapetón, -na] *adj* y *s/m,f* **1.** *aum* de *guapo.* **2.** Que es de apariencia vistosa y de buen talle.

gua·pe·za [gwapéθa] *s/f* Acción propia del que guapea o fanfarronea.

gua·po, -a [gwápo, -a] *adj* y *s/m,f* **1.** Que tiene apariencia física hermosa y atractiva. **2.** FAM Forma de tratamiento cariñoso o irónico: *¡Anda, guapa, tráeme la comida, por favor!*

gua·po·te, -a [gwapóte, -a] *adj* FAM **1.** *aum* de *guapo.* **2.** Que es guapo, además de corpulento y bien desarrollado.

gua·pu·ra [gwapúra] *s/f* FAM Cualidad de guapo.

gua·ra·ní [gwaraní] *adj* y *s/m,f* Individuo de un pueblo indio que se extiende desde el Orinoco al Río de la Plata, en América del Sur y lo relativo a él.

guar·da [gwárða] **I.** *s/m* Hombre que está encargado de vigilar algo. **II.** *s/f* **1.** Acción y efecto de guardar. **2.** Cada una de las dos hojas en blanco que se ponen al principio y final de un libro.

guar·da·ba·rre·ra [gwarðaβarréra] *s/m,f* Persona que está encargada de vigilar el paso a nivel de un ferrocarril.

guar·da·ba·rros [gwarðaβárros] *s/m* Pieza que llevan los automóviles, bicicletas y otros vehículos, para evitar las salpicaduras de agua o barro de las ruedas.

guar·da·bos·que [gwarðaβóske] *s/m* Encargado de vigilar en un bosque.

guar·da·co·ches [gwardakótʃes] *s/m* Quien cuida de los coches en un aparcamiento.

guar·da·cos·tas [gwarðakóstas] *s/m* Embarcación destinada a la vigilancia y defensa del litoral.

guar·da·es·pal·das [gwarðaespáldas] *s/m* Persona empleada en acompañar a otra para protegerla.

guar·da·fre·nos [gwarðafrénos] *s/m* El que en un ferrocarril está al cargo de los frenos.

guar·da·gu·jas [gwarðaγúxas] *s/m* Operario que en las vías ferroviarias cuida de los cambios de aguja.

guar·da·me·ta [gwarðaméta] *s/m,f* Jugador que defiende la portería en un partido de fútbol.

guar·da·mue·bles [gwarðamwéβles] *s/m* Local o establecimiento dedicado a guardar muebles a cambio de un estipendio.

guar·da·pe·lo [gwarðapélo] *s/m* Joya que puede abrirse y contener en su interior un recuerdo.

guar·da·pol·vo [gwarðapólβo] *s/m* **1.** Prenda que se lleva sobre las demás para resguardar a éstas del polvo. **2.** Cualquier tipo de resguardo que se coloca sobre una cosa para protegerla del polvo.

guar·dar [gwarðár] **I.** *v/tr* **1.** Estar al cuidado de algo. **2.** (Con *de*) Proteger o defender contra algo: *El abrigo te guardará del frío.* **3.** Observar alguna norma establecida o cumplir lo mandado. **4.** Conservar o retener algo. **5.** Poner cosas en el sitio en que deben estar o en algún sitio seguro. **II.** *v/intr* No gastar dinero. **III.** REFL (-SE) **1.** (Con *de*) Precaverse de un riesgo: *¡Guárdate del agua mansa!* **2.** (Con *de*) Abstenerse de hacer algo que puede resultar perjudicial: *Me guardaré mucho de asistir.* LOC **Guardársela a alguien,** FIG FAM esperar al momento oportuno para desquitarse o vengarse de alguien. RPr **Guardar(se) de:** *Guardar(se) del frío.*

guar·da·rro·pa [gwarðarrópa] **I.** *s/m* Lugar destinado a dejar en él los abrigos u otras prendas de la gente, como los teatros, etc. **II.** *s/m,f* Persona encargada de cuidar de este local.

guar·da·rro·pía [gwarðarropía] *s/f* **1.** En el teatro, conjunto de trajes de los comparsas o coristas de las representaciones, o de cualquier otra cosa usada en las escenificaciones. **2.** Lugar en que todo ello se guarda.

guar·da·vía [gwarðaβía] *s/m* Empleado de ferrocarriles que tiene a su cargo la vigilancia de un trozo de vía.

guar·de·ría [gwarðería] *s/f* Establecimiento en que se cuida y atiende a los niños de corta edad.

guar·dia [gwárðja] **I.** *s/f* **1.** Acción de guardar o vigilar una cosa. **2.** MIL La misma acción, en un puesto militar. **3.** Cuerpo especial de tropa dedicada a una misión determinada. **II.** *s/m* **1.** Miembro de uno de los cuerpos especiales de guardia. **2.** Cualquier representante de la autoridad que va uniformado. LOC **Estar en guardia,** ESGR, FIG estar a la defensiva. **Ponerse en guardia,** ponerse en actitud de alerta.

guar·dián, -na [gwarðján, -na] *s/m,f* Persona encargada de guardar o custodiar algo.

guar·di·lla [gwarðíʎa] *s/f* **1.** Abertura hecha en el tejado para construir una ventana que sobresale. **2.** Habitación contigua al tejado.

gua·re·cer [gwareθér] *v/tr* **1.** Proteger a alguien de un peligro. **2.** Dar albergue o refugio a alguien. RPr **Guarecer(se) de:** *Se guareció de la lluvia.*

CONJ *Irreg: Guarezco, guarecí, guareceré, guarecido.*

gua·ri·da [gwaríða] *s/f* **1.** Lugar a cubierto en que se refugia un animal. **2.** FIG Lugar en que se reúne o refugia alguien, especialmente referido a delincuentes o maleantes.

gua·ris·mo [gwarísmo] *s/m* Cada uno de los signos o cifras arábigas que expresan una cantidad.

guar·ne·cer [gwarneθér] *v/tr* **1.** Poner guarnición a alguna cosa. **2.** ALBAÑ Revocar una superficie. RPr **Guarnecer con/de:** *Guarnecer con cortinajes. Guarnecer de tapices.*

CONJ *Irreg: Guarnezco, guarnecí, guarneceré, guarnecido.*

guar·ni·ción [gwarniθjón] *s/f* **1.** Adorno que completa un vestido, habitación, etc. **2.** Añadido, generalmente de verduras o legumbres, con que se acompaña una carne, un pescado, etc. **3.** MIL Tropa con que se guarnece o defiende una plaza, castillo, etc. **4.** *pl* Conjunto de los correajes y demás efectos que se ponen a las caballerías para montarlas o para que tiren de un carruaje.

guar·ni·cio·nar [gwarniθjonár] *v/tr* Poner una guarnición en una plaza fuerte.

gua·rra·da [gwarráða] *s/f* FAM Acción sucia.

gua·rre·ría [gwarrería] *s/f* **1.** Calidad de guarro o sucio. **2.** Acción propia del que es guarro.

gua·rro, -a [gwárro, -a] *adj* y *s/m,f* Que se comporta como un cerdo, en cualquier sentido.

gua·sa [gwása] *s/f* FAM Ironía o burla con que se dice o hace algo.

gua·se·ar·se [gwaseárse] *v/*REFL (-SE) Burlarse de alguien en plan de guasa o burla. RPr **Guasearse de.**

gua·són, -na [gwasón, -na] *adj* y *s/m,f* Amigo de hacer guasa o burlas con frecuencia.

gua·ta [gwáta] *s/f* Lámina gruesa de algodón algo engomada por ambas caras para así tener consistencia y servir para acolchados.

gua·te·mal·te·co, -a [gwatemaltéko, -a] *adj* y *s/m,f* Relativo a Guatemala.

gua·te·que [gwatéke] *s/m* Fiesta casera, de tipo bullanguero, en que se come y se baila.

¡guau! [gwáu] *onomat* usada para imitar el ladrido del perro.

gua·ya·ba [gwaJáβa] *s/f* Fruto del guayabo, muy usado para hacer conservas; del tamaño y forma de una pera.

gua·ya·be·ra [gwaJaβéra] *s/f* Chaquetilla o camisa de hombre, suelta y de tela ligera.

gua·ya·bo [gwaJáβo] *s/m* Árbol americano mirtáceo.

gua·ya·nés, -sa [gwaJanés, -sa] *adj* y *s/m,f* Relativo a la Guayana, América del Sur.

gu·ber·na·men·tal [guβernamentál] *adj* Relativo al Gobierno.

gu·ber·na·ti·vo, -a [guβernatíβo, -a] *adj* Relativo al Gobierno o al orden público.

gu·bia [gúβja] *s/f* CARP Formón de media caña, con la boca arqueada.

gue·de·ja [geðéxa] *s/f* **1.** Conjunto de cabellos de una persona, sobre todo cuando son abundantes o largos. **2.** Melena de león.

güel·fo, -a [gwélfo, -a] *adj* y *s/m,f* En la Edad Media, que era partidario de los Papas por oposición a los gibelinos.

gue·rra [gérra] *s/f* **1.** Enfrentamiento armado entre dos o más naciones. **2.** Rivalidad o disidencia entre dos o más personas, que suele tener cariz violento. **3.** FIG Cualquier tipo o clase de oposición. LOC **Dar (mucha) guerra,** FIG FAM molestar o causar fastidio. **Declarar la guerra,** *1.* Notificar una nación a otra que han entrado en conflicto bélico la una con la otra. *2.* Manifestar clara hostilidad contra alguien.

gue·rre·ar [gerréar] *v/intr* Hacer la guerra contra otro.

gue·rre·ra [gerréra] *s/f* Chaqueta de uniforme militar o prenda que se le parece.

gue·rre·ro, (-a) [gerréro, (-a)] **I.** *adj* Relativo a la guerra. **II.** *s/m* Hombre que luchaba en la guerra.

gue·rri·lla [gerríʎa] *s/f* **1.** Grupo poco numeroso de hombres que hostiga al enemigo. **2.** Destacamento poco numeroso que desempeña alguna función especial dentro de un ejército organizado. **3.** Fuerza no organizada que se enfrenta al enemigo, generalmente compuesta por paisanos.

gue·rri·lle·ro, -a [gerriʎéro, -a] *s/m,f* Persona que lucha en guerrillas contra una ocupación, invasión, etc.

gue·to [géto] *s/m* **1.** Barrio en que vivían o eran obligados a vivir los judíos en algunas ciudades de Italia y otros países. **2.** FIG Concentración en un lugar de gente marginada del resto de la sociedad.

guía [gía] **I.** *s/m,f* Persona que enseña el camino a otras; también se usa aplicado a los que dirigen o conducen a grupos turísticos. **II.** *s/f* **1.** Lo que sirve de orientación o encamina un movimiento. **2.** Estas indicaciones, cuando tratan sobre un tema concreto y están reunidas en forma de libro, folleto, etc.: *Una guía gastronómica.* **3.** Documento o despacho que lleva consigo el portador de algunas mercancías y que sirve para que no le detengan en su camino o se dé paso a las mismas. **III.** *s/m* Manillar de la bicicleta.

guiar [giár] **I.** *v/tr* **1.** Ir enseñando el camino a otros que siguen detrás. **2.** Llevar un vehículo o carruaje. **3.** MEC Hacer que una pieza de un mecanismo se mueva en determinada dirección. **4.** BOT Dirigir el crecimiento de las plantas dejándoles la guía. **5.** FIG Dirigir hacia un objetivo o fin ideológico, material, etc. **II.** *v/intr* Ser alguien el que guía. **III.** REFL(SE) Orientarse o regirse por una cosa determinada: *Se guiaba por mi ejemplo.* RPr **Guiar a:** *Guiar al triunfo.* **Guiarse por.**
CONJ El acento recae sobre la *i* en el *sing* y

3.ª pers del *pres* de *ind* y *subj: Guío, guía, guíe,* etc.

gui·ja [gíxa] *s/f* Piedra pequeña y pelada, que suele hallarse a orillas de los ríos, etc.

gui·ja·rral [gixarrál] *s/m* Terreno lleno de guijarros.

gui·ja·rro [gixárro] *s/m* Canto rodado pequeño, hallado generalmente a orillas de los ríos, etc.

gui·jo [gíxo] *s/m* Conjunto de guijas usado para la construcción de caminos.

gui·llar [giʎár] FAM **I.** *v/tr* Volver loco a alguien. **II.** REFL(SE) **1.** Escaparse o largarse de un lugar. **2.** Volverse loco.

gui·llo·ti·na [giʎotína] *s/f* **1.** Máquina para decapitar a los reos. **2.** Utensilio con una cuchilla que sirve para cortar papel.

gui·llo·ti·nar [giʎotinár] *v/tr* **1.** Cortar la cabeza con la guillotina a alguien. **2.** Cortar papel con una guillotina.

guin·da [gín̪da] *s/f* Fruto del guindo, similar a la cereza, más ácida; se usa mucho en confitería y para cocteles.

guin·dar [gin̪dár] *v/tr* **1.** Subir una cosa hasta que está en alto. **2.** FAM Ahorcar.

guin·di·lla [gin̪díʎa] *s/f* **1.** Pimiento pequeño que pica mucho, usado como condimento. **2.** Planta que los produce.

guin·do [gín̪do] *s/m* Árbol parecido al cerezo, pero que se distingue de éste por tener la hoja más pequeña y el fruto más ácido.

gui·nea [ginéa] *s/f* Antigua moneda inglesa.

gui·neo, -a [ginéo, -a] *adj* y *s/m,f* Relativo a la Guinea.

gui·ña·po [giɲápo] *s/m* **1.** Trozo de vestido que cuelga, roto o rasgado. **2.** FIG Prenda vieja o rota. **3.** FIG FAM Persona muy abatida o destruida física o moralmente. **4.** FIG Persona despreciable.

gui·ñar [giɲár] *v/tr* Abrir y cerrar rápidamente un solo ojo, casi siempre con intención de hacer una señal.

gui·ño [giɲo] *s/m* **1.** Acción de guiñar un ojo a alguien como señal. **2.** Movimiento o gesto de la cara, que puede ser involuntario, en el que toma parte el ojo.

gui·ñol [giɲól] *s/m* Teatro o representación en que los personajes son encarnados por títeres movidos con las manos, sin que se vean las personas que los mueven.

guión [gión] *s/m* **1.** Esquema, generalmente escrito, en el que se incluyen las partes principales de un discurso, conferencia, etc., con el fin de que sirva de guía. **2.** En el cine, texto que contiene todos los diálogos e indicaciones necesarias para la realización de un filme. **3.** Estandarte que lleva alguien delante de una procesión. **4.** GRAM Signo ortográfico (-) que se usa en un texto escrito con diversos fines.

guio·nis·ta [gionísta] *s/m,f* Persona que escribe guiones cinematográficos, radiofónicos, etc.

gui·par [gipár] *v/tr, intr* COL Ver o distinguir.

gui·puz·coa·no, -a [gipuθkoáno, -a] *adj* y *s/m,f* De Guipúzcoa.

gui·ri·gay [giriɣái] *s/m* FAM Confusión y griterío de voces.
GRAM *Pl: Guirigays.*

guir·la·che [girlátʃe] *s/m* Turrón duro, compuesto de almendras o avellanas tostadas y unidas con caramelo.

guir·nal·da [girnál̪da] *s/f* Adorno compuesto de flores o de hojas entrelazadas.

gui·sa [gísa] *s/f* Manera o modo. LOC **A guisa de,** a modo de. **De esa guisa,** de ese modo.

gui·sa·do, (-a) [gisáðo, (-a)] **I.** *adj* Que ha sido cocinado en forma de guiso. **II.** *s/m* Plato de carne o pescado, generalmente hecho con una salsa de cebolla y harina, etc.

gui·san·te [gisán̪te] *s/m* **1.** Planta leguminosa de huerto, con tallos volubles de uno a dos metros de largo y con frutos en vaina, llena de semillas redondas comestibles que se consumen verdes. **2.** Cada una de sus semillas.

gui·sar [gisár] **I.** *v/tr, intr* Cocinar las carnes o pescados mediante salsas en las que se rehogan y en las que suelen incluirse verduras o legumbres diversas. **II.** REFL(SE) FIG FAM Prepararse algún acontecimiento: *Me parece que se está guisando una huelga.*

gui·so [gíso] *s/m* Comida preparada de cierta manera.

gui·ta·rra [gitárra] *s/f* Instrumento musical que consiste en una caja de madera de forma ovalada, con un estrechamiento hacia el centro, que es atravesada por seis cuerdas sujetas a un mástil con los trastes.

gui·ta·rreo [gitarréo] *s/m* Rasgueo de guitarras, generalmente monótono o pesado.

gui·ta·rre·ría [gitarrería] *s/f* **1.** Taller en que se fabrican guitarras, laúdes o bandurrias, etc. **2.** Tienda en que se venden.

gui·ta·rre·ro, -a [gitarréro, -a] *s/m,f* Persona que fabrica o vende guitarras.

gui·ta·rri·llo [gitarríʎo] *s/m* Instrumento semejante a la guitarra, pero de tamaño algo inferior y con sólo cuatro cuerdas.

gui·ta·rris·ta [gitarrísta] *s/m,f* Que toca la guitarra como profesión.

gu·la [gúla] *s/f* **1.** Costumbre de comer y beber excesivamente. **2.** Avidez en la comida y bebida.

gu·rí, -sa [gurí, -sa] *s/m,f* AMÉR **1.** Muchachito indio o mestizo. **2.** Niño pequeño.

gu·rú [gurú] *s/m* Cabeza de una comunidad religiosa hindú.

gu·sa·ne·ra [gusanéra] *s/f* Lugar infestado de gusanos.

gu·sa·ni·llo [gusaníʎo] *s/m* **1.** Hilo de oro, plata, etc., usado para hacer ciertas labores. **2.** Que tiene forma de alambre y además es retorcido en espiral. LOC **Matar el gusanillo,** FIG FAM satisfacer el hambre tomando algo ligero. **El gusanillo de la conciencia,** FIG FAM remordimientos de conciencia.

gu·sa·no [gusáno] *s/m* **1.** Cierto número de animales diversos, todos ellos de forma cilíndrica y tamaño pequeño, con cuerpo con anillos y blando, sin patas, y que se mueven arrastrándose. **2.** FIG Persona vil y despreciable.

gu·sa·no·so, -a [gusanóso, -a] *adj* Que tiene un gusano o gusanos en su interior.

gu·sa·ra·pien·to, -a [gusarapjén̪to, -a] *adj* Que tiene gusarapos.

gu·sa·ra·po, -a [gusarápo, -a] *s/m,f* Cualquier tipo de animalillo que se desarrolla en un líquido o que, en forma de gusano, se cría en algún otro lugar.

gus·tar [gustár] **I.** *v/tr* **1.** Notar el sabor de algo. **2.** FIG Iniciar algo con el fin de conocer cómo es. **II.** *v/intr* **1.** Provocar alguien o algo satisfacción o placer en una persona o varias. **2.** Tener inclinación o deseos de hacer algo o sentir satisfacción al hacerlo: *Gusta de correr cada mañana.* LOC **Gustar una cosa a alguien con locura,** FAM gustar algo muchísimo. RPr **Gustar de.**

gus·ta·ti·vo, -a [gustatíβo, -a] *adj* Relativo al sentido del gusto.

gus·ta·zo [gustáθo] FAM *aum* de *gusto.* Se emplea para referirse a aquellos casos en que alguien siente mucha satisfacción por lo que está haciendo. LOC **Darse el gustazo de,** tener la satisfacción de.

gus·ti·llo [gustíʎo] *s/m dim* de *gusto.* **1.** Sabor que viene después del sabor principal de algo. **2.** Satisfacción que produce lo que se hace con cierta mala intención.

gus·to [gústo] *s/m* **1.** Uno de los cinco sentidos corporales, localizado prácticamente todo en la lengua, que sirve para notar el sabor de las cosas. **2.** El sabor de las cosas tal como es percibido por el gusto de alguien. **3.** Sensación de placer o satisfacción experimentada por los sentidos cuando algo es agradable o placentero. **4.** Voluntad o albedrío de alguien: *Lo hizo a su gusto.* **5.** Inclinación o afición que se siente por determinado tipo de cosas o actividades. **6.** Capacidad o facultad especial para apreciar lo que es hermoso o agradable. LOC **A gusto,** cómoda o agradablemente. **A gusto de alguien,** según la voluntad o gusto de alguien. **Coger/Tomar el gusto a algo,** aficionarse a algo. **Dar gusto a alguien,** complacer a alguien. **De buen gusto,** referido a cosas, que son correctas o agradables a los sentidos. **De mal gusto,** referido a expresiones o palabras, que son groseras. **Sobre gustos no hay nada escrito,** FIG expresión que alude a la disparidad de gustos de la gente y a la libertad que cada uno tiene de elegir a su gusto.

gus·to·so, -a [gustóso, -a] *adj* **1.** Que posee sabor intenso o muy agradable. **2.** Que está satisfecho o contento.

gu·ta·per·cha [gutapértʃa] *s/f* Goma translúcida, insoluble en el agua, que tiene aplicaciones industriales como aislante y para recubrir tejidos.

gu·tu·ral [guturál] *adj* y *s/f* **1.** Se aplica al sonido que se articula por estrechamiento o contracción de la garganta. **2.** Relativo a la garganta.

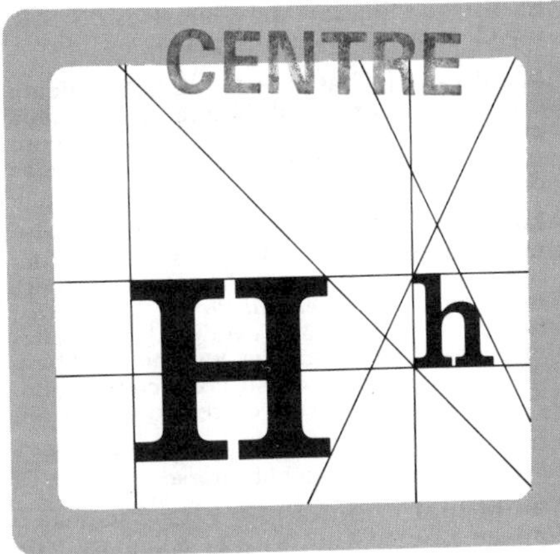

h [átʃe] *s/f* Novena letra del alfabeto.

ha·ba [áβa] *s/f* **1.** Planta de huerta, leguminosa, con fruto en vaina, comestible. **2.** Fruto y semilla de esta planta. LOC **En todas partes cuecen habas,** expresión que se utiliza cuando se observa que la desgracia o la mala suerte afectan también a los demás.
GRAM Aunque es femenino, en singular lleva artículo masculino: *El/Un haba.*

ha·ba·ne·ra [aβanéra] *s/f* **1.** Danza típica de La Habana. **2.** Música de esta danza.

ha·ba·ne·ro, -a [haβanéro, -a] *adj y s/m,f* De La Habana.

ha·ba·no, (-a) [aβáno, (-a)] **I.** *adj* Perteneciente a La Habana y, *por ext,* a Cuba. **II.** *s/m* Puro.

ha·ber [aβér] **I.** *s/m* **1.** Usado preferentemente en *pl:* Conjunto de propiedades de una persona: *Tiene haberes cuantiosos.* **2.** En una cuenta corriente, parte en la que se anotan las cantidades recibidas o de que se descarga a aquel a cuyo nombre va la cuenta. **3.** Saldo favorable de una cuenta. **4.** En *pl,* cantidad que se percibe periódicamente por los servicios prestados: *Aún no he cobrado mis haberes de enero.* **II.** *v/intr* **1.** *Impers* (siempre en *3.ª pers sing* y referido a sujetos —indistintamente *sing* o *pl*— que no sean nombres propios, ni lleven posesivos, demostrativos o artículo definido; la forma de presente de indicativo es *hay.*) Hallarse, estar: *Había poco público en la conferencia de ayer.* Con posesivos, demostrativos, artículo definido o nombres propios hay que usar el verbo **estar:** *A doscientos metros hay una gasolinera.* **2.** *Impers* (con las mismas observaciones que en **1**): Ocurrir, suceder: *Hace diez años hubo aquí unas grandes inundaciones.* **3.** *Impers* (con las mismas observaciones que en **1** y **2**): Tener lugar, verificarse: *Ayer hubo cine en la plaza del pueblo.* **4.** *Impers* (con las mismas observaciones de **1, 2** y **3**): Existir: *No hay gatos con alas.* **III.** *v/aux* **Haber+de+infinitivo:** Expresa obligación, necesidad o conveniencia: *Has de tener más cuidado.* LOC **... de lo que no hay,** como hay pocos; usado, sin embargo, sólo peyorativamente. **Haber+participio+complementos:** Con frases exclamativas de esta estructura se alude a la obligatoriedad de haber hecho algo cuya omisión es ahora objeto de reproche, indiferencia o excusa. Se refiere siempre a la *2.ª pers: ¡Haber venido antes!* **Habérselas con alguien,** enfrentarse a alguien. **No hay quien...,** seguido de un verbo, indica suma dificultad para llevar a cabo lo que ese verbo expresa.
CONJ *Irreg: He, hube, habré, habido.*

ha·bi·chue·la [aβitʃwéla] *s/f* Judía.

há·bil [áβil] *adj* **1.** Que tiene destreza, especialmente manual, para hacer algo: *Es muy hábil con el pincel.* **2.** Astuto. **3.** Legalmente capaz o apto para una sección (se aplica también a los plazos de tiempo): *Cinco días hábiles a partir de hoy.* RPr **Hábil en/con/para:** *Hábil en la discusión. Diez días hábiles para reclamar.*

ha·bi·li·dad [aβiliðáð] *s/f* Cualidad de hábil.

ha·bi·li·do·so, -a [aβiliðóso, -a] *adj* Que tiene habilidad.

ha·bi·li·ta·ción [aβilitaθjón] *s/f* **1.** Acción y efecto de habilitar. **2.** Cargo o empleo de habilitado. **3.** Oficina del habilitado.

ha·bi·li·ta·do, -a [aβilitáðo, -a] *adj* Persona que se ocupa de cobrar del Estado y abonar a sus destinatarios los haberes, pensiones, etc., que éstos perciben.

ha·bi·li·tar [aβilitár] *v/tr* **1.** Hacer a una persona o cosa apta para lo que no lo era, especialmente en términos jurídicos. **2.** Destinar un espacio a una función determinada y acomodarlo a ella.

ha·bi·ta·ble [aβitáβle] *adj* Que puede habitarse.

ha·bi·ta·ción [aβitaθjón] *s/f* **1.** Acción y efecto de habitar. **2.** Edificio o parte de él destinado a vivienda. **3.** Cuarto de una casa, especialmente el dormitorio (nunca el baño, la cocina ni otros en los que no se permanece).

ha·bi·tá·cu·lo [aβitákulo] *s/m* Habitación, sitio para ser habitado.

ha·bi·tan·te [aβitánte] *s/m* Persona que vive en una ciudad, provincia, etc.

ha·bi·tar [aβitár] **I.** *v/intr* Residir. **II.** *v/tr* Ocupar o poblar un espacio.

há·bi·tat [áβitat] *s/m* **1.** Medio ambiente o región en donde habita una determinada especie vegetal o animal. **2.** *Por ext,* conjunto de las condiciones de vida que se dan en una región.

há·bi·to [áβito] *s/m* **1.** Costumbre, innata o adquirida, por la que se repiten determinados actos, generalmente de manera instintiva: *Tenía el hábito de cruzar los brazos al hablar.* **2.** Traje de las órdenes religiosas. LOC **Colgar los hábitos,** *1.* Abandonar un eclesiástico su condición de tal. *2.* FIG FAM Cambiar de carrera o profesión.

ha·bi·tua·ción [aβitwaθjón] *s/f* Acción y efecto de habituar o habituarse.

ha·bi·tual [aβitwál] *adj* **1.** Que se hace o posee por costumbre. **2.** El mismo de siempre: *Nos reunimos en el sitio habitual.*

ha·bi·tuar [aβituár] **I.** *v/intr* Acostumbrar. **II.** *v/tr* Hacer que alguien se acostumbre a algo: *Hay que habituarlo a su nueva situación.* RPr **Habituar(se) a.**
ORT, PRON En el *sing* y *3.ª pers pl* del *pres* de *indic* y *subj* el acento recae sobre la *u: Habitúo, habitúen,* etc.

ha·bla [áβla] *s/f* **1.** Facultad de hablar. **2.** Manera de hablar, peculiar de un individuo, región o grupo social: *Entiende bien el habla de algunos pueblos de esta zona.* LOC **Al habla (estar, ponerse),** *1.* En comunicación oral. *2.* Respuesta frecuente en la conexión telefónica; indica que ésta se ha establecido.
GRAM En *sing* lleva *el/un: El/Un habla.*

ha·bla·do, -a [aβláðo, -a] *adj* (Precedido de 'bien', 'mal') Que usa el lenguaje correctamente/de forma grosera.

ha·bla·dor, -ra [aβlaðór, -ra] *adj* **1.** Que habla mucho. **2.** Que, de forma imprudente o maliciosa, cuenta todo lo que ve u oye.

ha·bla·du·ría [aβlaðuría] *s/f* **1.** Murmuración. **2.** (Generalmente en *pl)* Rumor que se propaga sin fundamento.

ha·blan·te [aβlánte] *s/m,f* El que habla. (Sobre todo, en composición con un determinado idioma: *castellanohablante,* el que habla castellano).

ha·blar [aβlár] **I.** *v/intr* **1.** Hacerse entender por medio de palabras. **2.** Emitir sonidos articulados ciertas aves. **3.** Conversar. **4.** Pronunciar un discurso, dar una conferencia: *¿Quién habla esta tarde en el Ateneo?* **II.** *v/tr* **1.** Usar o saber un idioma: *Habla japonés.* **2.** Tratar un asunto entre dos o más personas: *Eso tenemos que hablarlo más despacio.* **III.** *v/intr* **1.** (Con *de*) Referirse a: *No es de eso de lo que estoy hablando.* **2.** (Con *de*) Recordar: *Todo le hablaba de su infancia.* **3.** (Con *de, sobre*) Tratar un asunto o hablar sobre una persona, verbalmente o por escrito: *En el capítulo seis habla de las condiciones climatológicas.* LOC **Dar que hablar,** dar motivo a la crítica o murmuración. **Hablar por los codos,** hablar mucho una persona. **Ni hablar,** negación rotunda. RPr **Hablar de/sobre/por/en.**

ha·bón [aβón] *s/m* Haba, roncha.

ha·ce·de·ro, -a [aθeðéro -a] *adj* Que es posible o fácil hacer.

ha·cen·da·do, (-a) [aθeṇdáðo, (-a)] *adj* y *s/m* Que posee fincas o haciendas.

ha·cen·de·ra [aθeṇdéra] *s/f* Trabajo de utilidad común a que debe acudir todo el vecindario de un pueblo.

ha·cen·do·so, -a [aθeṇdóso -a] *adj* Diligente en los trabajos domésticos.

ha·cer [aθér] **I.** *v/tr* **1.** Producir la existencia de cosas corpóreas: *Hacer unos pantalones.* **2.** Crear intelectualmente. **3.** Emitir un determinado sonido: *El tren hace tú-tú.* **4.** Causar, producir un efecto en una persona. **5.** Construir: *Le hicieron un monumento.* **6.** Causar un cambio, una transformación. **II.** *v/tr* Realizar algo: *Hacer gimnasia, deporte.* **III. 1.** REFL(-SE)+*pron,* parecer, resultar: *Se me hace muy difícil creer eso.* **2.** REFL(-SE) Fingir, simular: *Se hizo el sordo.* **3.** *v/tr* Con una serie de nombres, hacer alguien lo que comúnmente se les atribuye como propio de ellos: *Hacer el oso, el indio, el pato, el ganso, el primo...* **4.** *v/intr+de,* desempeñar un papel, en la ficción (cine, teatro...) o en la vida real; en este caso, de forma provisional: *Hace de maestro.* **5.** *v/tr* Hacer que alguien o algo parezca algo: *Este traje te hace más delgado.* **6.** REFL(-SE) Llegar a ser: *Se hizo abogado.* **IV. Otras acepciones: 1.** *v/tr,* REFL(-SE) Acostumbrar(se): *Tienes que hacerte a la idea de que esto es así.* **2.** *v/tr* Conseguir, reunir: *Hacer fortuna, hacer amigos.* **3.** *v/tr* Actuar: *Tú déjame hacer.* **4.** *v/intr* (Con *por*) Intentar, procurar: *Haré por verte esta noche.* **5.** *v/tr* Tener una medida determinada (de peso, de longitud, de capacidad...): *¿Cuántos litros hace este barril?* **6.** *v/imp* Estar el tiempo atmosférico en unas determinadas condiciones: *Hace frío, calor...* **7.** *v/imp* Haber transcurrido un determinado tiempo: *Hace 20 años que vine a vivir aquí.* **8.** REFL(-SE) (Con *con*) Conseguir, obtener: *Finalmente me he hecho con la copia de ese documento.* **9.** *v/intr* Ocupar cierto número en una serie: *Usted hace el dieciséis.* LOC **A medio hacer,** incompleto. **Eso está hecho,** expresión con que se muestra acuerdo con un proyecto o sugerencia, y disponibilidad para llevarlo a cabo. **¡Qué le vamos a hacer!,** expresión de resignación. **Por lo que hace a, con respecto a.** RPr **Hacerse a/con. Hacer por/de. (IV. I.).** CONJ *Irreg: Hago, hice, haré, hecho.*

ha·cia [áθja] *prep* **I.** *Locativa*. Indica el sentido u orientación de un movimiento. Puede tratarse de: **1.** Un desplazamiento: *Iba hacia su casa*. **2.** Una posición: *La fachada mira hacia el mar*. **3.** Una tendencia: *El país camina hacia su recuperación*. **4.** Un sentimiento: *Sentía mucho cariño hacia su gato*. **II.** *Temporal*. Equivale a 'aproximadamente': *Llegaré hacia mediados de abril*.

ha·cien·da [aθjén̪da] *s/f* **1.** Finca agrícola o ganadera. **2.** Los bienes que alguien posee. **3.** Ministerio encargado de administrar la Hacienda Pública. **4.** AMÉR Propiedad rural de gran extensión dedicada a la agricultura o a la ganadería o a ambas actividades a un tiempo.
Hacienda Pública, los bienes del Estado.

ha·ci·na·mien·to [aθinamjénto] *s/m* Acción y efecto de hacinar.

ha·ci·nar [aθinár] **I.** *v/tr* FIG Amontonar, acumular sin orden. **II.** REFL(-SE) Juntarse muy apretadamente las personas en algún sitio.

ha·cha [átʃa] *s/f* **1.** Vela grande y gruesa, con cuatro pabilos. **2.** Herramienta cortante formada por una hoja fuerte con filo algo curvado por un lado, y con un ojo en el otro, que sirve para sujetar el mango. LOC **Ser un hacha,** sobresalir, hacerlo bien.
GRAM Aunque es femenino lleva artículo masculino: *Un hacha*.

ha·cha·zo [atʃáθo] *s/m* Golpe de hacha.

ha·che [átʃe] *s/f* Nombre de la novena letra del alfabeto ('H').

ha·chís [(h)atʃís] *s/m* Droga estupefaciente procedente de la flor de una cierta variedad del cáñamo.

ha·da [áða] *s/f* Ser benéfico que aparece en los cuentos, con figura de mujer y dotado de poderes mágicos.
GRAM Aunque es femenino, lleva artículo masculino: *El hada*.

ha·do [áðo] *s/m* Destino, encadenamiento fatal de los hechos.

ha·gio·gra·fía [axjoɣrafía] *s/f* Historia de las vidas de los santos.

ha·gio·grá·fi·co, -a [axjoɣráfiko, -a] *adj* Perteneciente o relativo a la hagiografía.

ha·gió·gra·fo, a [axióɣrafo, -a] *s/m,f* Escritor de biografías de santos.

hai·tia·no, -a [aitjáno, -a] *adj* y *s/m,f* De Haití.

ha·la [ála] *interj* Exclamación que se usa para: **1.** Dar ánimo. **2.** Dar prisa.

ha·la·ga·dor, -ra [alaɣaðór, -ra] *adj* Que halaga.

ha·la·gar [alaɣár] *v/tr* **1.** Dar motivo de envanecimiento, satisfacer el amor propio de alguien. **2.** Dar a alguien muestras interesadas de estimación o admiración.
ORT La *g* cambia en *gu* ante *e*: *Halagué*.

ha·la·go [aláɣo] *s/m* **1.** Acción y efecto de halagar. **2.** FIG Cosa que halaga.

ha·la·güe·ño, -a [alaɣwéɲo, -a] *adj* **1.** Halagador. **2.** Prometedor de satisfacciones: *Las perspectivas no son halagüeñas*.

hal·cón [alkón] *s/m* Ave rapaz diurna. Se empleaba para la caza de cetrería.

hal·co·na·do, -a [alkonáðo, -a] *adj* Que se parece al halcón en algún sentido.

hal·co·ne·ría [alkonería] *s/f* Cetrería.

hal·co·ne·ro, -a [alkonéro, -a] *s/m,f* El que cuida los halcones.

hal·da [ál̪da] *s/f* **1.** Falda. **2.** Arpillera que se emplea para empacar algunos géneros.
GRAM Se usa con *art m*: *El halda*.

ha·le [ále] *interj* Se usa para dar prisa.

há·li·to [álito] *s/m* **1.** Aliento de un animal, especialmente cuando lleva humedad visible. **2.** POÉT Viento suave.

ha·lo [álo] *s/m* **1.** Cerco de colores desvaídos que rodea, a veces, al Sol o a la Luna. **2.** FIG Fama que rodea a una persona.

ha·ló·ge·no, -a [alóxeno, -a] *adj* QUÍM Se aplica a los elementos no metálicos que forman sales haloideas.

hal·te·ro·fi·lia [alterofílja] *s/f* DEP Levantamiento de pesos.

hall [xol] ANGL *s/m* En hoteles, residencias, etc., vestíbulo, entrada.

ha·llar [aʎár] **I.** *v/tr* **1.** Encontrarse con algo o con alguien, buscándolo o sin buscarlo. **2.** Inventar: *Han hallado un mecanismo que reduce el consumo de combustible*. **3.** Darse cuenta: *Halló que no disponía de suficiente material*. **4.** Descubrir nuevas tierras. **II.** REFL(-SE) **1.** Estar: *Nos hallamos a cinco kilómetros del pueblo*. **2.** Encontrarse con algo con lo que no se contaba: *Si sigues así te puedes hallar con algún disgusto*. RPr **Hallarse con (II. 2).**

ha·llaz·go [aʎáθɣo] *s/m* **1.** Acción y efecto de hallar. **2.** Cosa hallada.

ha·ma·ca [amáka] *s/f* Red o lona alargada que se cuelga por sus extremos y sirve para echarse en ella, con la posibilidad de columpiarse.

ham·bre [áɱbre] *s/f* **1.** Gana y necesidad de comer. **2.** Aplicado tanto a individuos como a grupos geográficos o sociales, insatisfacción de esa necesidad: *Hay mucha hambre en el mundo*. **3.** Deseo vehemente de una cosa: *Tiene hambre de*

éxitos. LOC **Matar el hambre,** satisfacer la necesidad de comer. **Muerto(a) de hambre,** *despec* pobre hombre/mujer. **Más listo(a) que el hambre,** muy listo, muy vivo.
ORT Precede *el/un: El/un hombre.*

ham·brien·to, -a [amɱbrjénto, -a] *adj* y *s/m,f* Que tiene mucha hambre.

ham·bur·gués, -sa [amɱburɣés, -sa] *adj* y *s/m,f* De Hamburgo.

ham·bur·gue·sa [amɱburɣésa] *s/f* Especie de filete de carne picada y sazonada que se sirve al plato, o en forma de bocadillo.

ham·pa [áɱpa] *s/f* Comunidad de maleantes que vive de la delincuencia.
GRAM En *sing* va precedido de *el/un: El hampa.*

ham·pes·co, -a [amɱpésko, -a] *adj* Perteneciente o relativo al hampa.

ham·pón, -na [amɱpón, -na] *adj* Valentón.

hán·di·cap [xáŋdikap] ANGL *s/m* **1.** Condición o circunstancia desventajosa con que se participa en el juego. **2.** Por analogía, cualquier circunstancia desfavorable que reduce las condiciones de alguien en cualquier actividad.

han·gar [aŋgár] *s/m* Barracón donde se guardan los aviones.

ha·ra·gán, -na [araɣán, -na] *adj* Se dice de aquel a quien no le gusta trabajar.

ha·ra·ga·ne·ar [araɣaneár] *v/intr* Pasar sin trabajar el tiempo dedicado a tal fin, o pasar mucho tiempo sin trabajo por causa de la pereza.

ha·ra·ga·ne·ría [araɣanería] *s/f* Cualidad de haragán.

ha·ra·pien·to, -a [arapjénto, -a] *adj* Vestido con harapos.

ha·ra·po [arápo] *s/m* Cada uno de los trozos de un vestido roto (generalmente en *pl*): *Llevaba por camisa unos harapos.*

ha·rén o **ha·rem** [arén/-m] *s/m* **1.** En las viviendas musulmanas, ámbito reservado a las mujeres. **2.** Grupo de mujeres que vive en un harén.

ha·ri·na [arína] *s/f* **1.** Polvo muy fino resultante de moler el trigo. **2.** Más frecuentemente, ese mismo polvo, una vez separado del salvado. LOC **Ser una cosa 'harina de otro costal',** ser un asunto diferente.

ha·ri·no·so, -a [arinóso, -a] *adj* **1.** Que tiene mucha harina. **2.** De aspecto parecido a la harina.

har·mo·nía [armonía] *s/f* Armonía.

har·mó·ni·co [armóniko] *adj* Armónico.

har·mo·nio·so, -a [armonjóso, -a] *adj* Armonioso.

har·mo·ni·za·ción [armoniθaθjón] *s/f* Armonización.

har·mo·ni·zar [armoniθár] *v/tr* Armonizar.

har·ne·ro [arnéro] *s/m* Criba.

har·pa [árpa] *s/f* Arpa.

har·pía [arpía] *s/f* Arpía.

har·pi·lle·ra [arpiʎéra] *s/f* Tela basta y resistente que sirve para hacer sacos y embalajes.

har·ta·da [artáða] *s/f* Acción y efecto de hartar o hartarse.

har·tar [artár] **I.** *v/tr,* REFL(-SE). **1.** Satisfacer, superando la estricta necesidad, el hambre o la sed de alguien. **2.** *Por ext,* satisfacer cualquier deseo. **3.** FIG Fastidiar, cansar: *Me estás hartando con tus historias.* **II.** REFL(-SE) Hacer mucho de algo: *Este verano me he hartado de leer novelas.* **III.** *v/tr* Dar o facilitar a alguien cualquier cosa en exceso: *Me hartaron de bofetadas.* RPr **Hartarse de/con.**
GRAM El *p* es *hartado.* No obstante, en sus usos atributivos se usa *harto: Me he hartado,* pero: *Estoy harto.*

har·taz·go [artáθɣo] *s/m* Exceso en la comida o en la bebida, con consecuencias molestas para el organismo.

har·to, -a [árto, -a] **I.** *adj* Bastante, mucho o demasiado: *Hartas razones tiene para actuar así.* **II.** *adv* (sólo la forma *harto*) Muy, mucho, bastante o demasiado: *Eso está harto discutido.* LOC **Estar harto de algo o de alguien,** estar cansado o muy molesto. RPr **Harto de.**

har·tón [artón] Hartazgo.

has·ta [ásta] *prep* **I.** Indica término o límite: **1.** Local o espacial: *La nueva autopista llegará hasta la frontera.* **2.** Temporal: *Estuve en el hospital hasta abril de aquel año.* **II.** Se usa para dar valor ponderativo a una frase, e indica inclusión del elemento que le sigue: *Hasta sus más estrechos colaboradores le han abandonado.* **III.** En fórmulas de despedida indica cierta intención o esperanza de reencuentro: *Hasta luego. Hasta la vista.*

has·tiar [astjár] *v/tr,* REFL(-SE) Producir hastío: *Me hastían sus comentarios.*
ORT, PRON El acento recae sobre la *i* en el *sing* y *3.ª pers pl* del *indic* y *subj: Hastío, hastíen...*

has·tío [astío] *s/m* Repugnancia a cualquier cosa.

ha·ta·jo [atáxo] *s/m* COL *despec* Grupo de gentuza: *Hatajo de gamberros.*

ha·to [áto] *s/m* **1.** Ajuar que uno lleva

consigo mismo, envuelto en un paño. **2.** Ganado, rebaño. **3.** Lugar donde se instalan, fuera de las poblaciones, los pastores con su ganado.

haya [áJa] *s/f* **1.** Árbol cuya madera es de color blanco rojizo, ligera y resistente, y que se usa mucho para fabricar muebles. **2.** Madera de dicho árbol.
GRAM En *sing* lleva *art m: Un haya.*

ha·yal [aJál] *s/m* Bosque de hayas.

ha·ye·do [aJéðo] *s/m* Hayal.

ha·yu·co [aJúko] *s/m* Fruto del haya.

haz [áθ] **I.** *s/m* **1.** Conjunto de cosas largas que los agricultores atan para su mejor transporte, tales como mies, leña, etc. **2.** Conjunto de rayos luminosos procedentes de un mismo origen: *El haz de luz de una linterna.* **II.** *s/f* En una moneda y similares, la principal de las dos caras.
GRAM En *sing* lleva *art m: El haz.*
ORT *Pl: Haces.*

ha·za·ña [aθáɲa] *s/f* Acción cuya realización entraña dificultad o peligro y que requiere valor.

ha·za·ño·so, -a [aθaɲóso, -a] *adj* **1.** Aplicado a personas, valiente. **2.** Aplicado a acciones, que requieren valor.

haz·me·rreír [aθmerreír] *s/m* Persona ridícula que con su comportamiento provoca burla y diversión.
GRAM Se usa sólo en la forma singular; y casi siempre en la expresión: *Ser el hazmerreír de X.*

he [é] Expresión deíctica con valor adverbial. No se usa de manera autónoma, sino que aparece o bien unida a los pronombres: *me, te, lo, la, nos, os, los, las,* o bien seguida de los adverbios *aquí, ahí,* o, finalmente, con ambas posibilidades combinadas: **he aquí,** seguida de un nombre. Equivale a 'aquí está' o 'aquí lo tienes'. **He(te) aquí que,** seguido de una frase. Sirve para llamar la atención sobre (o indicar la sorpresa que causa) lo que se va a referir. **Heme/-nos aquí,** seguida de una atribución. Expresión ponderativa, semejante a la anterior.

heb·dó·ma·da [ebdómaða] *s/f* **1.** Semana. **2.** Espacio de siete años.

heb·do·ma·da·rio, -a [ebdomaðárjo, -a] *adj* Semanal.

he·bi·lla [eβíʎa] *s/f* Objeto, generalmente metálico, que se coloca en el extremo de un cinturón y sirve para cerrarlo o sujetarlo al otro extremo.

he·bi·lla·je [eβiʎáxe] *s/m* Conjunto de hebillas que hay en un vestido.

he·bra [éβra] *s/f* **1.** Trozo de hilo que se pasa por el ojo de la aguja para coser. **2.** Nombre que se aplica a algunas fibras de materia vegetal o animal: en las legumbres, en el azafrán, en la madera, en la carne, etc. **3.** Filamento de las materias textiles.

he·brai·co, -a [eβráiko, -a] *adj* Hebreo.

he·braís·mo [eβraísmo] *s/m* **1.** Religión fundada por Moisés. **2.** Giro propio de la lengua hebrea.

he·braís·ta [eβraísta] *s/m,f* Especialista en lengua, literatura o cultura hebreas.

he·brai·zan·te [eβraiθánte] *adj* Que hebraíza.

he·brai·zar [eβraiθár] *v/intr* **1.** Usar hebraísmo. **2.** Judaizar.
ORT PRON El acento cae en la *i* en el *sing* y *3.ª pers pl* del *pres* de *indic* y *subj: Hebraízo, hebraícen...*
ORT Ante *e* la *z* cambia en *c: Hebraicé.*

he·breo, -a [eβréo, -a] *adj* y *s/m,f* **1.** Se aplica al pueblo judío y a su religión. **2.** Idioma de los hebreos. **3.** Relativo o perteneciente a los hebreos.

he·bro·so, -a [eβróso, -a] *adj* Fibroso.

he·ca·tom·be [ekatómbe] *s/f* Gran desastre o catástrofe, que causa muchas muertes.

hec·tá·rea [ektárea] *s/f* Medida agraria que comprende cien áreas y equivale al hectómetro cuadrado.

hec·to·li·tro [ektolítro] *s/m* Medida de capacidad que tiene cien litros.

hec·tó·me·tro [ektómetro] *s/m* Medida de longitud que tiene cien metros.

he·chi·ce·res·co, -a [etʃiθerésko, -a] *adj* Perteneciente o relativo a la hechicería.

he·chi·ce·ría [etʃiθería] *s/f* **1.** Arte de hechizar. **2.** *Por ext,* superstición.

he·chi·ce·ro, -a [etʃiθéro, -a] *adj* y *s/m,f* **1.** Persona que oficia ritos y actos de hechicería. **2.** FIG Atractivo, encantador.

he·chi·zar [etʃiθár] *v/tr* **1.** Ejercer una influencia sobre una persona con el objeto de dominar sus reacciones (fisiológicas, psicológicas, sociales, etc.) mediante la práctica de acciones y ritos supersticiosos. **2.** FIG Despertar en los demás admiración o afecto en grado muy elevado.
ORT Ante *e* la *z* cambia en *c: Hechicé.*

he·chi·zo [etʃíθo] *s/m* **1.** Cualquiera de los ritos, prácticas u objetos de que se sirven los hechiceros en el ejercicio de su actividad. **2.** FIG Cualidad de una persona o cosa que ejerce sobre alguien una fuerte atracción o fascinación.

he·cho, (-a) [étʃo, (-a)] **I.** *p irreg* de *hacer.* **II.** *adj* **1.** Dícese de lo que ha llegado al grado de madurez o desarrollo previstos: *La carne a la plancha me gusta poco hecha.* **2.** Aplicado a jóvenes o niños, crecido, con el aspecto de adulto. **III.** *s/m* **1.** Obra u acción (sobre todo, usado en *pl*): *Por sus hechos los conoceréis.* **2.** Hazaña. **3.** Acontecimiento, suceso: *El hecho se produjo inesperadamente.* LOC **El hecho de que** (seguido de *inf,* o de 'que'+*subj*) es una expresión que sustituye al sustantivo, inexistente o inusual, que expresaría la acción del verbo: *El hecho de que no vinieras empeoró las cosas.* **De hecho,** *1.* Realmente, en realidad: *De hecho, la situación no es tan grave.* *2.* Opuesto a 'de derecho'. **El hecho es que...,** expresión que se utiliza para introducir una observación con valor adversativo. RPr **Hecho de** *(hierro)* **(II.)**

he·chu·ra [etʃúra] *s/f* **1.** Acción y efecto de hacer. **2.** Manera de estar hecha una cosa: *Una consola de hechura muy bella.*

he·der [eðér] *v/intr* Despedir olor malo y penetrante.
CONJ *Irreg: Hiede, hedió, hederá, hedido.*

he·dion·dez [eðjon̩déθ] *s/f* **1.** Hedor, fetidez. **2.** Cosa hedionda.

he·dion·do, -a [eðjón̩do, -a] *adj* **1.** Que despide hedor. **2.** FIG Asqueroso. **3.** FIG Molesto.

he·do·nis·ta [eðonísta] *adj* y *s/m,f* Persona que profesa el hedonismo como doctrina.

he·do·nis·mo [eðonísmo] *s/m* Doctrina o creencia filosófica que considera el placer como fin último de esta vida.

he·dor [eðór] *s/m* Mal olor.

he·ge·mo·nía [exemonía] *s/f* **1.** Supremacía que un estado ejerce sobre otros. **2.** *Por ext,* otros tipos de supremacía.

he·ge·mó·ni·co, -a [exemóniko, -a] *adj* Relativo a la hegemonía.

hé·gi·ra o hé·ji·ra [éxira] *s/f* Era musulmana, que se inicia en el año 622 de la era cristiana.

he·la·da [eláða] *s/f* Fenómeno atmosférico que se produce cuando hiela. LOC **Caer una helada,** helar.

he·la·de·ra [elaðéra] *s/f* **1.** Aparato para hacer helados. **2.** Nevera, frigorífico.

he·la·de·ría [elaðería] *s/f* Tienda o quiosco donde venden helados.

he·la·de·ro, -a [elaðéro, -a] *s/m,f* Persona que vende helados.

he·la·do, (-a) [eláðo, (-a)] **I.** *adj* **1.** Muy frío. **2.** Pasmado por el miedo o la sorpresa: *Me quedé helado al enterarme de la noticia.* **II.** *s/m* Golosina o postre helado.

he·lar [elár] **I.** *v/tr* **1.** Coagular el frío un líquido. **2.** (Terciopersonal y referido a la meteorología) Hacer una temperatura inferior a cero grados: *Esta noche ha helado.* **II.** REFL(-SE) **1.** Convertirse en hielo: *Se ha helado el estanque.* **2.** Morir por efecto del frío. **3.** FIG Pasar mucho frío: *Poned la calefacción, que nos estamos helando.* RPr **Helarse de** (frío).
CONJ *Irreg: Hiela, heló, helará, helado.*

he·le·cho [elétʃo] *s/m* Nombre de un grupo de plantas criptógamas, con hojas o frondas largas semejantes a las de las fanerógamas.

he·lé·ni·co, -a [eléniko, -a] *adj* Griego antiguo.

he·le·nis·mo [elenísmo] *s/m* **1.** Civilización de la antigua Grecia. **2.** Influencia griega en la cultura universal.

he·le·nis·ta [elenísta] *s/m,f* Estudioso del helenismo.

he·le·nís·ti·co, -a [elenístiko, -a] *adj* Aplicado, sobre todo, al arte y la filosofía perteneciente a la época griega de Alejandría.

he·le·ni·zar [eleniθár] *v/tr* Introducir la cultura griega en los usos y costumbres de otro país.
ORT La *z* cambia en *c* ante *e: Helenicé.*

he·le·no, -a [eléno, -a] *adj* y *s/m,f* Helénico.

he·le·ro [eléro] *s/m* Masa de hielo en las altas montañas.

hel·ga·do, -a [elɣáðo, -a] *adj* Que tiene los dientes ralos y desiguales.

hel·ga·du·ra [elɣaðúra] *s/f* Hueco que hay entre un diente y otro.

hé·li·ce [éliθe] *s/f* Instrumento propulsor de barcos y aviones.

he·li·coi·dal [elikoiðál] *adj* En forma de hélice.

he·li·cóp·te·ro [elikóptero] *s/m* Vehículo de aviación que puede sostenerse inmóvil en el aire, al igual que despegar y aterrizar verticalmente.

he·lio [éljo] *s/m* Gas muy ligero, incoloro e inodoro. *Núm* atómico *2. Símb He.*

he·lio·gra·ba·do [eljoɣraβáðo] *s/m* **1.** Sistema de grabado en relieve, que consiste en aprovechar la reacción de unas planchas, previamente preparadas, a los efectos de la luz solar. **2.** Estampa obtenida por este procedimiento.

he·lió·gra·fo [eljóɣrafo] *s/m* Instrumento para hacer señales telegráficas, mediante el reflejo de los rayos del sol en un espejo plano.

he·lio·te·ra·pia [eljoterápja] *s/f* Tratamiento de una enfermedad, exponiendo el cuerpo, o parte de él, a la acción benéfica de los rayos solares.

he·lio·tro·pis·mo [eljotropísmo] *s/m* Propiedad de ciertas plantas de orientar sus órganos hacia el sol.

he·li·puer·to [elipwérto] *s/m* Lugar adecuado para el despegue y aterrizaje de helicópteros.

hel·ve·cio, -a [elβéθjo, -a] *adj* y *s/m,f* De Helvecia, hoy Suiza.

hel·vé·ti·co, -a [elβétiko, -a] *adj* y *s/m,f* Helvecio.

he·ma·tíe [ematíe] *s/m* Glóbulo rojo de la sangre.

he·ma·to·lo·gía [ematoloxía] *s/f* Ciencia que estudia la sangre.

he·ma·to·ma [ematóma] *s/m* Tumor producido por una contusión en cualquier parte del cuerpo.

hem·bra [éɱbra] *s/f* **1.** Animal del sexo femenino. **2.** En ciertas plantas, la parte que da frutos. **3.** FIG En ciertos objetos (como broches, tornillos, etc.) compuestos de dos piezas, aquella que tiene un hueco u orificio en el que encaja la otra. **4.** Mujer.

hem·bri·lla [eɱbríʎa] *s/f* Pieza de cualquier utensilio, en la que se introduce otra.

he·me·ro·te·ca [emerotéka] *s/f* Biblioteca de periódicos y revistas.

he·mi·ci·clo [emiθíklo] *s/m* **1.** Semicírculo. **2.** Se aplica especialmente a un espacio rodeado de una gradería semicircular.

he·mi·ple·jía [emiplexía] *s/f* Parálisis de todo un lado del cuerpo.

he·mi·plé·ji·co, -a [emipléxiko, -a] *adj* **1.** Perteneciente a la hemiplejía. **2.** Afectado por ella.

he·mis·fé·ri·co, -a [emisfériko, -a] *adj* En forma de semiesfera.

he·mis·fe·rio [emisférjo] *s/m* Cada una de las dos mitades de una esfera.

he·mis·ti·quio [emistíkjo] *s/m* Cada una de las dos partes de un verso dividido por una cesura.

he·mo·fi·lia [emofílja] *s/f* Enfermedad hereditaria caracterizada por la dificultad de coagulación de la sangre.

he·mo·glo·bi·na [emoγloβína] *s/f* Sustancia colorante de los glóbulos rojos de la sangre.

he·mo·pa·tía [emopatía] *s/f* Nombre genérico de las enfermedades de la sangre.

he·mo·rra·gia [emorráxja] *s/f* Derrame de sangre en cualquier parte del cuerpo.

he·mo·rroi·dal [emorroiðál] *adj* Relativo a las almorranas o hemorroide.

he·mo·rroi·de [emorróiðe] *s/f* Almorrana.

he·mos·tá·ti·co, -a [emostátiko, -a] *adj* y *s/m* Se dice del medicamento usado para contener las hemorragias.

hen·chir [eɲtʃír] *v/tr* Llenar con abundancia, especialmente cuando esta acción produce el abultamiento de aquello que se llena: *Henchir los pulmones de aire.* RPr **Henchir(se) de.**
CONJ *Irreg,* como *pedir.* Sólo se emplean los tiempos que tienen *i* en la terminación *(henchía, henchido,* etc.); el resto es sustituido por las correspondientes formas del verbo *hinchar.*

hen·der [en̪dér] *v/tr,* REFL(-SE) Producir en un cuerpo sólido una abertura estrecha y larga.
CONJ *Irreg: Hiendo, hendí, hendiré, hendido.*

hen·di·du·ra [en̪diðúra] *s/f* Separación producida por un instrumento cortante en un cuerpo sólido, sin llegar a dividirlo en dos partes.

hen·dir [en̪dír] *v/tr,* REFL(-SE) Hender.
CONJ *Irreg: Hiendo, hendí, hendiré, hendido.*

he·nil [eníl] *s/m* Lugar donde se guarda el heno.

he·no [éno] *s/m* Nombre genérico de la hierba de los prados naturales.

he·ñir [eɲír] *v/tr* Sobar la masa de pan con los puños.
CONJ *Irreg: Hiño, heñí, heñiré, heñido.*

he·pá·ti·co, -a [epátiko, -a] *adj* Relativo al hígado.

he·pa·ti·tis [epatítis] *s/f* Inflamación del hígado.

hep·ta·e·dro [eptaéðro] *s/m* Cuerpo geométrico limitado por siete caras planas.

hep·ta·go·nal [eptaγonál] *adj* En forma de heptágono.

hep·tar·quía [eptarkía] *s/f* País dividido en siete reinos.

he·rál·di·ca [erál̪dika] *s/f* Ciencia que estudia los blasones.

he·rál·di·co, -a [erál̪diko, -a] *adj* Relativo a los blasones.

he·ral·do [erál̪do] *s/m* Persona que, en las cortes de la Edad Media, llevaba mensajes.

her·bá·ceo, -a [erβáθeo, -a] *adj* Que tiene las propiedades de la hierba.

her·ba·je [erβáxe] *s/m* **1.** Pasto. **2.** Derecho que cobran los pueblos a los ganaderos forasteros por el pasto de las reses en los prados de su término municipal.

her·ba·rio, (-a) [erβárjo, (-a)] **I.** *adj* Perteneciente o relativo a las hierbas. **II.** *s/m* Colección de hierbas y plantas secas.

her·bi·ci·da [erβiθíða] *s/m* Producto utilizado en agricultura para limpiar de hierbas perjudiciales los sembrados.

her·bí·vo·ro, (-a) [erβíβoro, (-a)] *adj* y *s/m* **1.** Dícese del animal que se alimenta de hierba. **2.** *pl* Clase de estos animales.

her·bo·la·rio, -a [erβolárjo, -a] *s/m* **1.** Persona que recoge hierbas y plantas medicinales para venderlas. **2.** Tienda donde se venden esas hierbas y plantas.

her·bo·ris·te·ría [erβoristería] *s/f* Tienda donde se venden hierbas medicinales.

her·bo·so, -a [erβóso, -a] *adj* Cubierto de hierba.

her·cú·leo, -a [erkúleo, -a] *adj* Muy fuerte, muy robusto.

he·re·dad [ereðáð] *s/f* Porción de terreno cultivado perteneciente a un mismo dueño.

he·re·dar [ereðár] *v/tr* **1.** Recibir, a la muerte de alguien, sus bienes, derechos y obligaciones, o parte de ellos. **2.** FIG Tener los hijos las mismas características corporales o temperamentales que sus padres.

he·re·de·ro, -a [ereðéro, -a] *adj* y *s/m,f* Persona que hereda o puede heredar.

he·re·di·ta·rio, -a [ereðitárjo, -a] *adj* Que se transmite por herencia.

he·re·je [eréxe] *s/m,f* En el cristianismo, persona que profesa o divulga doctrinas contrarias a los dogmas de la Iglesia.

he·re·jía [erexía] *s/f* **1.** En el cristianismo, doctrina errónea. **2.** FIG Posición contraria a los principios comúnmente aceptados en materia de ciencia, arte, etc. **3.** FIG Daño que se infiere a un ser más débil.

he·ren·cia [eréṇθja] *s/f* Lo que se hereda.

he·re·siar·ca [eresjárka] *s/m,f* El que promueve una herejía.

he·ré·ti·co, -a [erétiko, -a] *adj* Relativo al hereje o la herejía.

he·ri·da [eríða] *s/f* **1.** Lesión en los tejidos del cuerpo, producida por golpe o corte. **2.** FIG Ofensa, agravio.

he·ri·do, -a [eríðo, -a] *adj* y *s/m,f* Persona que ha recibido una herida, en la guerra, en una pelea o en un accidente. LOC **Mal herido,** o **malherido,** herido de gravedad. **Sentirse herido,** molestarse u ofenderse por la acción o palabras de otro.

he·rir [erír] **I.** *v/tr,* REFL(SE) Producir una lesión en los tejidos del cuerpo mediante golpe o incisión. **II.** *v/tr* **1.** Afectar la luz o el sonido los sentidos de alguien: *Un silbido agudo hirió sus oídos.* **2.** FIG Causar sentimiento a alguien: *Me han herido tus palabras.* RPr **Herir de/en (+nombre):** *Le hirieron de muerte en el brazo.* CONJ *Irreg: Hiero, herí, heriré, herido.*

her·ma·fro·di·ta [ermafroðíta] *adj* y *s/m,f* **1.** En biología, especie en la que los dos sexos están reunidos en un mismo individuo. **2.** Se aplica también a ciertas personas cuyos genitales están conformados de tal modo que aparecen como la reunión de los dos sexos.

her·ma·fro·di·tis·mo [ermafroðitísmo] *s/m* Calidad de hermafrodita.

her·ma·nar [ermanár] *v/tr,* REFL(SE) Unir, haciéndolas compatibles o semejantes, una cosa con otra.

her·ma·nas·tro, -a [ermanástro, -a] *s/m,f* Se aplica a aquellos hermanos que sólo tienen en común uno de los padres.

her·man·dad [ermaṇdáð] *s/f* **1.** Parentesco entre hermanos. **2.** FIG Amistad íntima. **3.** FIG Correspondencia de cosas entre sí.

her·ma·no, -a [ermáno, -a] *s/m,f* **1.** Persona que, con respecto a otra, tiene sus mismo padres o, por lo menos, uno de ellos. **2.** Por analogía, cosas que tienen el mismo origen: *El catalán y el gallego son lenguas hermanas.* **3.** Se usa como tratamiento para dirigirse a los miembros de algunas comunidades religiosas.
Hermano carnal, el que lo es de padre y madre.
Hermano de leche, el hijo de una mujer respecto de otro amamantado por ella, y recíprocamente.
Hermano gemelo o mellizo, el nacido en el mismo parto que otro u otros.
Hermano político, cuñado.
Medio hermano, hermanastro.

her·me·neu·ta [ermenéuta] *s/m,f* Persona que se dedica a la hermenéutica.

her·me·néu·ti·ca [ermenéutika] *s/f* Ciencia que interpreta los textos.

her·me·néu·ti·co, -a [ermenéutiko, -a] *adj* Relativo a la hermenéutica.

her·mé·ti·co, -a [ermétiko, -a] *adj* **1.** Se aplica al cierre de algo, hecho de tal forma que impide el paso incluso de gases. **2.** Aplicado a personas, muy reservado, impenetrable.

her·me·tis·mo [ermetísmo] *s/m* Cualidad de hermético.

her·mo·sea·mien·to [ermoseamjéṇto] *s/m* Acción y efecto de hermosear.

her·mo·se·ar [ermoseár] *v/tr* Hacer o poner hermoso.

her·mo·so, -a [ermóso, -a] *adj* **1.** Dotado de belleza: *Un hermoso retrato.* **2.** Grande y agradable (aplicado especialmente a espacios y locales): *La casa tiene* *una hermosa terraza.* **3.** Aplicado a acciones humanas, noble, generoso: *Un hermoso gesto.*

her·mo·su·ra [ermosúra] *s/f* Belleza que se percibe por la vista o el oído.

her·nia [érnja] *s/f* Tumefacción producida por la salida total o parcial de un órgano del cuerpo humano, generalmente de la cavidad abdominal *(tener una hernia).*

her·nia·do, -a [ernjáðo, -a] *adj* Se dice de la persona que padece hernia.

her·niar·se [ernjárse] *v*/REFL (-SE) Producírsele a alguien una hernia.

hé·roe [éroe] *s/m* **1.** Persona destacada por la realización de una acción que entraña gran valor. **2.** Personaje principal de las obras literarias, especialmente las de género épico, y que destaca por sus hazañas.

he·roi·ci·dad [eroiθiðáð] *s/f* **1.** Calidad o condición de heroico. **2.** Acción heroica.

he·roi·co, -a [eróiko, -a] *adj* **1.** Se dice de quien se comporta como un héroe o de lo que entraña heroicidad. **2.** Se aplica a lo que se decide en una situación extrema, implicando riesgo.

he·roí·na [eroína] *s/f* **1.** Femenino de *héroe.* **2.** Sustancia estupefaciente que se extrae de la morfina.

he·roís·mo [eroísmo] *s/m* Comportamiento muy valeroso o heroico.

her·pe [érpe] *s/m,f* Erupción cutánea formada por pequeñas ampollas o vejiguillas, la cual produce comezón o escozor. GRAM También: *Herpes.*

he·rra·do [erráðo] *s/m* Operación de herrar.

he·rra·dor [erraðór] *s/m* Hombre que se dedica a herrar.

he·rra·du·ra [erraðúra] *s/f* Hierro plano y con orificios en forma de semicírculo alargado, cuyos extremos se aproximan, el cual se coloca en las pezuñas de las caballerías como protección.

he·rra·je [erráxe] *s/m* Conjunto de piezas de hierro o acero con que se guarnecen algunas puertas, muebles, etc.

he·rra·men·tal [erramen̪tál] *s/m* Conjunto de los útiles y herramientas utilizados por el trabajador manual.

he·rra·mien·ta [erramjén̪ta] *s/f* **1.** Instrumento, generalmente de hierro o acero, utilizado para la realización de un trabajo de tipo manual. **2.** Conjunto de estos instrumentos.

he·rrar [errár] *v/tr* **1.** Poner las herraduras a las caballerías. **2.** Marcar con un hierro candente a los animales en señal de propiedad.
CONJ *Irreg: Hierro, herré, herraré, herrado.*

he·rre·ría [errería] *s/f* Taller de herrero, en donde se trabaja el hierro.

he·rre·ro [erréro] *s/m* Persona dedicada a trabajar el hierro.

he·rre·te [erréte] *s/m* Remate metálico que se pone en los extremos de los cordones, cintas, etc.

he·rrum·bre [errúmbre] *s/f* Óxido del hierro cuando, por el paso del tiempo, se acumula sobre los objetos.

he·rrum·bro·so, -a [errumbróso, -a] *adj* Que tiene herrumbre.

hert·zia·no, -a [er(t)θjáno, -a] *adj* FÍS Se aplica a las ondas electromagnéticas empleadas en la radiodifusión.

her·vi·de·ro [erβiðéro] *s/m* **1.** Movimiento y ruido de los líquidos cuando hierven. **2.** FIG Gran cantidad de personas, animales, etc., en movimiento: *La fábrica es un hervidero de gente.* **3.** FIG Sitio o momento en que surgen en abundancia acciones o sentimientos como las pasiones, las intrigas, etc.

her·vir [erβír] **I.** *v/intr* **1.** Moverse agitadamente un líquido, desprendiendo vapor y formando burbujas, cuando se calienta suficientemente: *El agua hierve a los cien grados.* **2.** (Con *en*) Estar las personas muy excitadas: *La gente hervía en deseos de venganza.* **3.** (Con *de*) Tener abundancia de algo que está en movimiento y que se considera más numeroso de lo normal: *La plaza hervía de gente.* **II.** *v/tr* Hacer hervir un líquido. RPr **Hervir en/de.**
CONJ *Irreg: Hiervo, herví, herviré, hervido.*

her·vor [erβór] *s/m* Acción de hervir física o figuradamente.

he·te·ro·do·xia [eteroðó(k)sja] *s/f* Desacuerdo con la doctrina o ideas tenidas como verdaderas.

he·te·ro·do·xo, -a [eteroðó(k)so] *adj* y *s/m,f* En desacuerdo con la doctrina o ideas consideradas oficiales o verdaderas.

he·te·ro·ge·nei·dad [eteroxeneiðáð] *s/f* Cualidad o condición de heterogéneo.

he·te·ro·gé·neo, -a [eteroxéneo, -a] *adj* Se dice de lo que está formado por elementos distintos o incluso dispares.

he·te·ro·man·cia [eterománθja] *s/f* Adivinación por el vuelo de las aves.

he·xae·dro [e(k)saéðro] *s/m* GEOM Cuerpo geométrico de seis caras.

he·xá·go·no [e(k)sáɣono] *s/m* GEOM Polígono de seis lados.

he·xa·go·nal [e(k)saɣonál] *adj* **1.** Que tiene seis lados. **2.** De figura de hexágono.

hez [éθ] *s/f* **1.** Sedimento de residuos insolubles de algunos líquidos: *Las heces del vino.* **2.** (Siempre en *pl*). Residuos de la digestión en el hombre. **3.** FIG Se aplica a la persona o personas que se consideran despreciables en una comunidad.
ORT *Pl: Heces.*

hia·to [iáto] *s/m* **1.** FON Encuentro de dos vocales que, al pronunciarse en sílabas distintas, no forman diptongo. **2.** Efecto cacofónico producido por el encuentro o repetición de dos vocales, especialmente 'a', 'e', 'o'.

hi·ber·na·ción [iβernaθjón] *s/f* Estado de letargo en que pasan algunos animales el invierno.

hi·ber·nar [iβernár] *v/intr* Pasar el invierno en estado de letargo algunos animales.

hí·bri·do, -a [íβriðo, -a] *adj* **1.** Se aplica a los seres producidos por el cruce de dos individuos de especie diferente. **2.** Conjunto de dos o más elementos de distinta naturaleza.

hi·dal·go [iðálɣo] **I.** *s/m* En la Edad Media, persona que vivía exclusivamente de sus propiedades, aunque no tenía título nobiliario. **II.** *adj* Propio de hidalgos, aludiendo especialmente a la generosidad y nobleza moral.

hi·dal·guía [iðalɣía] *s/f* Condición de hidalgo.

hi·dra [íðra] *s/f* MIT Monstruo de la mitología griega, con figura de serpiente y siete cabezas; éstas volvían a crecerle a medida que se le cortaban.

hi·dra·ta·ción [iðrataθjón] *s/f* Acción y efecto de hidratar o hidratarse.

hi·dra·tar [iðratár] *v/tr* QUÍM Combinar una sustancia o cuerpo con agua.

hi·dra·to [iðráto] *s/m* QUÍM Combinación de una sustancia con el agua.

hi·dráu·li·co, (-a) [iðráuliko, (-a)] **I.** *adj* **1.** Se aplica a la energía producida mediante el movimiento del agua: *Energía hidráulica.* **2.** Que funciona por medio del agua o de un líquido: *Frenos hidráulicos.* **II.** *s/f* Ingeniería que se dedica al estudio de la conducción, elevación y contención del agua para su aprovechamiento industrial.

hí·dri·co, -a [íðriko, -a] *adj* Acuoso.

hi·dro·a·vión [iðroaβjón] *s/m* Avión con flotadores para poder posarse sobre el agua.

hi·dro·car·bu·ro [iðrokarβúro] *s/m* QUÍM Compuesto resultante de la combinación del carbono con el hidrógeno.

hi·dro·ce·fa·lia [iðroθefálja] *s/f* Enfermedad de la cabeza producida por la acumulación de líquido cefalorraquídeo en las cavidades del cerebro.

hi·dro·e·lec·tri·ci·dad [iðroelektriθiðáð] *s/f* Energía eléctrica producida por la fuerza del agua.

hi·dro·e·léc·tri·co, -a [iðroeléktriko, -a] *adj* Relativo al aprovechamiento de la fuerza del agua para obtener electricidad.

hi·dró·fi·lo, -a [iðrófilo, -a] *adj* Que absorbe los líquidos con facilidad.

hi·dro·fo·bia [iðrofóβja] *s/f* Aversión al agua.

hi·dró·fo·bo, -a [iðrófoβo, -a] *adj* y *s/m,f* Que padece hidrofobia.

hi·dro·ge·nar [iðroxenár] *v/tr* Combinar el hidrógeno con otra sustancia.

hi·dró·ge·no [iðróxeno] *s/m* Elemento químico de numerosas sustancias orgánicas que se halla combinado con el oxígeno en el agua como componente fundamental.

hi·dro·gra·fía [iðroɣrafía] *s/f* Parte de la Geografía física que se ocupa de la descripción de los mares, lagos y corrientes de agua de la superficie terrestre.

hi·dro·grá·fi·co, -a [iðroɣráfiko, -a] *adj* Relacionado con la hidrografía.

hi·dró·gra·fo, -a [iðróɣrafo, -a] *s/m* Persona que se dedica a la hidrografía.

hi·dró·li·sis [iðrólisis] *s/f* QUÍM Reacción que produce el desdoblamiento de la molécula de ciertos compuestos orgánicos.

hi·dro·ló·gi·co, -a [iðrolóxiko, -a] *adj* Se aplica a lo relacionado con la hidrografía o su objeto.

hi·dro·miel [iðromjél] *s/m* Bebida que se hace con agua y miel.

hi·dro·pe·sía [iðropesía] *s/f* PAT Acumulación anormal de líquido seroso en cualquier cavidad del cuerpo o su infiltración en los tejidos.

hi·dró·pi·co, -a [iðrópiko, -a] *adj* **1.** Se aplica a lo relacionado o perteneciente a la hidropesía. **2.** FIG Insaciable.

hi·dro·pla·no [iðropláno] *s/m* Avión que puede detenerse y flotar sobre el agua.

hi·dros·fe·ra [iðrosféra] *s/f* Conjunto de las partes líquidas de la superficie terrestre.

hi·dros·tá·ti·ca [iðrostátika] *s/f* Parte de la mecánica que estudia las condiciones de equilibrio de los líquidos.

hi·dro·te·ra·pia [iðroterápja] *s/f* Método de tratamiento de las enfermedades que se basa en el uso de las aguas termales y medicinales.

hie·dra [Jéðra] *s/f* Planta trepadora que,

en varias especies, se utiliza en jardinería por su vistosidad.
PRON En el habla popular suele pronunciarse *yedra*.

hiel [Jél] *s/f* **1.** Líquido amargo y de color amarillo verdoso que segrega el hígado. **2.** FIG Sentimiento de amargura o cólera.

hie·lo [Jélo] *s/m* Masa o capa cristalina que resulta de la solidificación del agua por el frío. LOC **Romper el hielo,** poner fin al estado de paralización en cualquier clase de cosas.

hie·na [Jéna] *s/f* **1.** Nombre de varias especies de animales carniceros; es animal nocturno y se alimenta preferentemente de carroña. **2.** FIG Se utiliza para calificar a personas de sentimientos extraordinariamente crueles e inhumanos.

hie·rá·ti·co, -a [Jerátiko, -a] *adj* De serenidad o gravedad rayana en la rigidez, sin sentimientos: *La figura hierática de los iconos griegos.*

hie·ra·tis·mo [Jeratísmo] *s/m* Carácter hierático de algo.

hier·ba [Jérβa] *s/f* **1.** Conjunto de plantas de distintas especies, de tallo y hojas blandas y altura variable, que crecen espontáneamente cada año. **2.** Cualquiera de esas plantas. LOC **Mala hierba,** hierba perjudicial o parasitaria.
PRON En lengua popular suele pronunciarse 'yerba'.

hier·ba·bue·na [Jerβaβwéna] *s/f* Planta aromática de tallos erguidos y hojas vellosas que se usa como condimento en algunas comidas.

hie·rro [Jérro] *s/m* **1.** Metal de gran uso en la industria por ser muy maleable, y con el que se fabrican la mayor parte de las herramientas metálicas. **2.** COL Trozo de hierro o de otro metal. LOC **Quitar hierro,** decir algo para disminuir la importancia o suavizar lo que alguien había dicho, sabía o creía. **De hierro,** se aplica a las personas que son muy fuertes físicamente y a las cosas que son muy duras.
Hierro dulce, el libre de impurezas.
Hierro forjado, el trabajado en la forja.

hi·fi [ífi] *adj* De alta fidelidad.

hi·ga·di·llo [iγaðíʎo] *s/m* Hígado de los animales pequeños, especialmente de las aves.

hí·ga·do [íγaðo] *s/m* Órgano situado en la cavidad abdominal de los animales, que segrega la bilis y que tiene importantes funciones metabólicas y antitóxicas en el organismo. LOC **Echar los hígados,** esforzarse extremadamente.

hi·gie·ne [ixjéne] *s/f* **1.** Conjunto de normas y prácticas para conservar la salud, atendiendo a la mejora del medio en que se desenvuelve la vida humana y previniendo las enfermedades. **2.** Aplicación pública o privada de estas normas y prácticas: *La mejora de la higiene.* **3.** Limpieza, aseo.

hi·gié·ni·co, -a [ixiéniko, -a] *adj* Se aplica a lo que está conforme con las normas de higiene.
Papel higiénico, el que se vende en rollos para su uso en el cuarto de baño.

hi·gie·ni·zar [ixjeniθár] *v/tr* Hacer que alguna cosa esté conforme con las normas de la higiene.
ORT La *z* cambia en *c* ante *e*: *Higienice.*

hi·go [íγo] *s/m* Fruto de la higuera. COL **De higos a brevas,** muy de tarde en tarde o con poca frecuencia: *Nos vemos de higos a brevas.*

hi·gro·me·tría [iγrometría] *s/f* Parte de la física que estudia la humedad y sus variaciones, y lleva a cabo su medición.

hi·gro·mé·tri·co, -a [iγrométriko, -a] *adj* Relacionado con la higrometría.

hi·gró·me·tro [iγrómetro] *s/m* Aparato para medir la humedad atmosférica.

hi·gue·ra [iγéra] *s/f* Árbol propio de los países cálidos, cuyo fruto es el higo. LOC **Estar en la higuera (alguien),** estar distraído o ignorante de alguna cosa.

hi·jas·tro, -a [ixástro, -a] *s/m,f* Con relación a uno de los dos cónyuges, hijo que el otro ha tenido en un matrimonio anterior.

hi·jo, -a [íxo, -a] *s/m,f* **1.** Persona en relación a sus padres. **2.** Cualquier persona con respecto a su lugar de nacimiento: *Ese cirujano es un hijo ilustre de esta ciudad.* **3.** (Sólo en *m, pl*). Descendientes.
Hijo de papá, el de padres ricos, que se comporta egoístamente o con prodigalidad.
Hijo (de) puta, ARG expresión fuertemente despreciativa contra una persona.
Hijo legítimo, el de padres unidos por vínculo matrimonial.
Hijo político, en relación a los suegros, hijo por afinidad.

hi·jue·la [ixwéla] *s/f* **1.** Cosa que es derivación de otra principal. **2.** Cada una de las partes en que se divide una herencia.

hi·la [íla] *s/f* Acción de hilar.

hi·la·cha [ilátʃa] *s/f* Trozo de hilo que cuelga o está prendido en una prenda de vestir.

hi·la·da [iláða] *s/f* Serie de cosas alineadas una tras otra.

hi·la·di·llo [ilaðíʎo] *s/m* Hilo que sale de la maraña de la seda.

hi·la·do [iláðo] *s/m* **1.** Acción de hilar: *El hilado a máquina.* **2.** Fibra textil convertida en hilo: *Los hilados de esa fábrica son famosos.*

hi·lan·de·ría [ilan̪dería] *s/f* **1.** Arte de hilar. **2.** Fábrica o taller de hilados.

hi·lan·de·ro, -a [ilan̪déro, -a] *s/m,f* Persona que tiene por oficio hilar.

hi·lar [ilár] *v/tr* **1.** Transformar las fibras textiles en hilo. **2.** FIG COL Tener relación una cosa con otra, enlazar: *Esto hila con lo que tú decías antes.* LOC **Hilar fino** o **delgado,** pensar o actuar con sutileza o con minuciosidad y exactitud. RPr **Hilar con (2).**

hi·la·ran·te [ilarán̪te] *adj* Se aplica a lo que produce risa o regocijo.

hi·la·ri·dad [ilariðáð] *s/f* Manifestación de alegría que se caracteriza por la risa continuada y ruidosa.

hi·la·tu·ra [ilatúra] *s/f* Conjunto de operaciones para la transformación de las fibras textiles en hilo.

hi·la·za [iláθa] *s/f* Hilo gordo que se utiliza para tejer.

hi·le·ra [iléra] *s/f* Serie de cosas alineadas una tras otra: *Hilera de árboles.*

hi·lo [ílo] *s/m* **1.** Hebra que se extrae de las materias textiles, como el lino, la lana, el algodón, etc. **2.** Filamento en que se transforman algunos metales para su uso: *Hilo de cobre.* **3.** FIG Chorro delgado de un líquido: *Un hilo de agua/de sangre.* **4.** FIG Desarrollo de lo que se está contando, hablando, etc.: *El hilo del relato.* LOC **Coger el hilo (de algo),** entender el tema o asunto de que se está tratando. **Al hilo de,** en la dirección o en el sentido de. **Pender** o **colgar de un hilo,** estar (alguien o algo) muy poco seguro o en mucho riesgo. **Perder el hilo,** dejar o perder en un punto el curso de lo que se habla, etc. **Seguir el hilo,** ir entendiendo el desarrollo o la continuidad de lo que se narra.

hil·ván [ilβán] *s/m* **1.** Costura de puntadas largas que se hace provisionalmente a las prendas de vestir, para unir sus partes antes de coserlas definitivamente. **2.** Hilo o hilos de que está formado el hilvanado.

hil·va·na·do [ilβanáðo] *s/m* Acción y efecto de hilvanar.

hil·va·nar [ilβanár] *v/tr* **1.** Coser con puntadas largas una prenda de vestir para unir sus partes, antes del cosido final. **2.** FIG COL Realizar los primeros trazos de algo. **3.** FIG Hablar o escribir sin un plan previsto con anterioridad: *Apenas ha podido hilvanar unas cuantas ideas.*

hi·men [ímen] *s/m* Membrana que recubre el orificio externo de la vagina en la mujer.

hi·me·neo [imenéo] *s/m* Casamiento, boda (en la lengua literaria o poética).

him·na·rio [i{m/n}nárjo] *s/m* Colección o libro de himnos.

him·no [í{m/n}no] *s/m* **1.** Composición poética de tono solemne en alabanza de alguien. **2.** La misma composición cuando es musical, y generalmente se canta a coro: *El himno a la Patrona de la ciudad.* **Himno nacional,** el propio de una nación.

hin·ca·pié [iŋkapjé] LOC **Hacer hincapié en,** insistir en un punto o en un aspecto especial de algo: *Ha hecho hincapié en que no se lo digamos a Luis.*

hin·car [iŋkár] *v/tr* Introducir un objeto, generalmente con punta, en un lugar: *Hincar una estaca en el suelo.* LOC **Hincar el diente (a algo),** empezar una cosa que tiene dificultades. **Hincarse de rodillas,** arrodillarse por reverencia o para rezar. **Hincarla,** COL trabajar.
ORT La *c* cambia en *qu* ante *e: Hinqué.*

hin·cha [ín̪tʃa] **I.** *adj* y *s/m,f* COL *(Ser un(a) hincha de...)* Persona muy entusiasta de un equipo deportivo. **II.** *s/f, sing* COL *(Tener...)* Sentimiento de repulsión hacia una persona: *¿Por qué le tienes esa hincha a Luis?*

hin·cha·do, (-a) [in̪tʃáðo, (-a)] **I.** *adj* FIG Se dice del estilo o del lenguaje grandilocuente o sobrecargado. **II.** *s/f* COL Conjunto de seguidores de un equipo deportivo o de un deportista.

hin·cha·mien·to [in̪tʃamjén̪to] *s/m* Acción y efecto de hinchar(se).

hin·char [in̪tʃár] **I.** *v/tr* **1.** Llenar de aire o gas un objeto cerrado y flexible, aumentando su volumen: *Hinchar un globo.* **2.** Aumentar el contenido o la importancia de un hecho o una noticia cuando se comunica a los demás. **II.** REFL(SE) **1.** Aumentar su volumen las partes del cuerpo. **2.** COL Tomar alguien una actitud engreída o arrogante: *Fíjate cómo se hincha con las felicitaciones.* **3.** Hartarse de comer. RPr **Hincharse de,** hartarse: *Hincharse de pasteles.* **Hincharse con,** engreírse.

hin·cha·zón [in̪tʃaθón] *s/f* Efecto de hincharse una parte del cuerpo.

hin·dú [in̪dú] *adj* y *s/m,f* De la India.
GRAM *Pl: Hindúes.*

hi·no·jal o **hi·no·jar** [inoxál/-r] *s/m* Terreno o lugar cubierto de hinojos.

hi·no·jo [inóxo] *s/m* Planta silvestre y aromática. Se emplea como condimento. LOC **Postrarse de hinojos,** arrodillarse.

hi·par [ipár] *v/intr* **1.** Tener hipo. **2.** COL (Con la *prep por*), desear vehementemente algo o ser muy aficionado a algo: *Hipar por salir de compras.* RPr **Hipar por (2).**

hí·per [íper] *s/m* COL Establecimiento de grandes proporciones, en que se venden todo tipo de productos, especialmente alimenticios.

hi·pér·ba·ton [ipérβaton] *s/m* RET Figura de construcción o sintáctica, que consiste en alterar el orden de los elementos de la oración que correspondería en la sintaxis llamada regular.
GRAM *Pl*, generalmente: *Hipérbatos*.

hi·pér·bo·la [ipérβola] *s/f* GEOM Figura formada por dos curvas separadas y simétricas respecto de dos ejes perpendiculares entre sí.

hi·pér·bo·le [ipérβole] *s/f* RET Figura de pensamiento que consiste en aumentar o disminuir excesivamente la realidad de lo que se dice.

hi·per·bó·li·co, -a [iperβóliko, -a] *adj* **1.** Relativo a la hipérbola. **2.** Se dice de lo que tiene hipérbole: *Estilo hiperbólico*.

hi·per·bó·reo, -a [iperβóreo, -a] *adj* Se aplica a las regiones próximas al Polo Norte, a sus habitantes, a su flora, etc.

hi·per·crí·ti·co, -a [iperkrítiko, -a] **I.** *adj* **1.** Se aplica a lo que contiene una crítica dura y minuciosa. **2.** Se dice de quien critica dura y minuciosamente. **II.** *s/f* Crítica dura y minuciosa.

hi·per·me·tría [ipermetría] *s/f* RET Figura de la lengua poética que consiste en dividir una palabra entre el final de un verso y el principio del siguiente.

hi·per·me·tro·pía [ipermetropía] *s/f* Defecto de la vista por el que las cosas se perciben borrosas desde cerca.

hi·per·mne·sia [ipernésja] *s/f* PAT Sobreactividad anormal de la memoria.

hi·per·sen·si·ble [ipersensíβle] *adj* Que es sensible en exceso a los estímulos afectivos, especialmente si son penosos.

hi·per·sen·si·bi·li·dad [ipersensiβiliðað] *s/f* Cualidad de hipersensible.

hi·per·ten·sión [ipertensjón] *s/f* Tensión de la sangre superior a la normal en el aparato circulatorio.

hi·per·ten·so, -a [iperténso, -a] *adj* Se aplica a la persona que padece hipertensión.

hi·per·tro·fia [ipertrófja] *s/f* **1.** Desarrollo excesivo de un órgano del cuerpo. **2.** FIG Desarrollo excesivo de otras cosas.

hi·per·tro·fiar·se [ipertrofjárse] *v/*REFL(-SE) Desarrollarse excesivamente un órgano del cuerpo, y, *por ext*, otras cosas que no son propiamente partes del cuerpo.

hí·pi·co, (-a) [ípiko, (-a)] **I.** *adj* Se dice de lo relacionado con la equitación: *Un concurso hípico*. **II.** *s/f* COL Lugar en donde se celebran carreras de caballos.

hi·pi·do [ipíðo] *s/m* Acción de hipar o gimotear.

hi·pis·mo [ipísmo] *s/m* Conjunto de conocimientos relacionados con la cría y la educación de caballos.

hip·no·sis [ipnósis] *s/f* Sueño provocado mediante procedimientos artificiales.

hip·nó·ti·co, (-a) [ipnótiko, (-a)] **I.** *adj* Relacionado con la hipnosis. **II.** *s/m* Medicamento empleado para producir sueño.

hip·no·tis·mo [ipnotísmo] *s/m* Conjunto de conocimientos y técnicas para conseguir la hipnosis.

hip·no·ti·za·ción [ipnotiθaθjón] *s/f* Acción de hipnotizar.

hip·no·ti·za·dor, -ra [ipnotiθaðór, -ra] *adj* y *s/m,f* Que hipnotiza.

hip·no·ti·zar [ipnotiθár] *v/tr* **1.** Producir la hipnosis **2.** FIG Atraer excesivamente, fascinar: *La televisión la hipnotiza*.
ORT La *z* cambia en *c* ante *e*: *Hipnotice*.

hi·po [ípo] *s/m* Contracciones bruscas del diafragma que producen un ruido característico en la garganta. LOC COL **Que quita el hipo,** impresionante, extraordinario: *Se ha comprado un coche que quita el hipo*.

hi·po·con·dría [ipokon̪dría] *s/f* MED Depresión nerviosa que se acompaña de irritabilidad y tristeza.

hi·po·con·dria·co, -a [ipokon̪drjáko, -a] **I.** *adj* Se aplica a lo relacionado con la hipocondría. **II.** *s/m,f* Persona que padece hipocondría o que es propensa a ella.
ORT También: *Hipocondríaco, -a*.

hi·po·cón·dri·co, -a [ipokón̪driko, -a] *adj* Relacionado con la hipocondría.

hi·po·con·drio [ipokón̪drjo] *s/m* (Generalmente en *pl*) Zona lateral de la región epigástrica, debajo de las costillas falsas.

hi·po·co·rís·ti·co, -a [ipokorístiko, -a] **I.** *adj* Se dice de los nombres, propios o comunes, que alterados en su forma o empleados como diminutivos se usan en el lenguaje familiar como designaciones cariñosas o eufemísticas. **II.** *s/m* Nombre familiar o cariñoso: *'Asun' es el hipocorístico de 'Asunción'*.

hi·po·crá·ti·co, -a [ipokrátiko, -a] *adj* Se aplica a lo relacionado con Hipócrates, particularmente a su doctrina médica.

hi·po·cre·sía [ipokresía] *s/f* Cualidad de las personas (o de su conducta) que fingen sentimientos de bondad o buena disposición hacia alguien, sin tenerlos realmente.

hi·pó·cri·ta [ipókrita] *adj* y *s/m,f* Que obra con hipocresía.

hi·po·dér·mi·co, -a [ipoðérmiko, -a]

adj Se aplica a lo que está o se pone debajo de la piel.

hi·pó·dro·mo [ipóðromo] *s/m* Lugar destinado al desarrollo de concursos y carreras de caballos.

hi·pó·fi·sis [ipófisis] *s/f* ANAT Órgano de secreción interna que tiene a su cargo funciones como la de regular el crecimiento.

hi·po·gas·trio [ipoɣástrjo] *s/m* ANAT Parte inferior del vientre.

hi·po·pó·ta·mo [ipopótamo] *s/m* Animal paquidermo que vive en los ríos de África; tiene cuerpo voluminoso, con patas cortas y cabeza muy grande.

hi·po·so, -a [ipóso, -a] *adj* Se aplica a quien tiene hipo o es propenso a él.

hi·po·tá·la·mo [ipotálamo] *s/m* ANAT Región del encéfalo situada en la base del cerebro y en ella residen importantes funciones de la vida vegetativa.

hi·po·ta·xis [ipotá(k)sis] *s/f* GRAM Relación de subordinación entre dos oraciones.

hi·po·te·ca [ipotéka] *s/f* **1.** Derecho sobre una propiedad o finca, que concede el dueño de la misma a un acreedor. **2.** FIG Obstáculo o dificultad para la realización normal de una cosa.

hi·po·te·car [ipotekár] *v/tr* **1.** Poner bajo hipoteca una propiedad o finca. **2.** FIG Poner en peligro la integridad o la normalidad de algo de carácter moral o inmaterial: *Esa propuesta hipoteca tu porvenir.* ORT Ante *e* la *c* cambia en *qu: Hipotequé.*

hi·po·te·ca·rio, -a [ipotekárjo, -a] *adj* **1.** Relacionado con la hipoteca: *Banco hipotecario.* **2.** Se dice de lo que se garantiza con hipoteca: *Préstamo hipotecario.*

hi·po·ten·sión [ipotensjón] *s/f* Tensión de la sangre excesivamente baja.

hi·po·ten·so, -a [ipoténso, -a] *adj* y *s/m,f* Se aplica a la persona que tiene hipotensión o es propenso a tenerla.

hi·po·te·nu·sa [ipotenúsa] *s/f* Lado opuesto al ángulo recto en un triángulo rectángulo.

hi·pó·te·sis [ipótesis] *s/f* Idea o proposición que se acepta provisionalmente como punto de partida en un razonamiento, una explicación o una investigación: *Las hipótesis de trabajo.* LOC **En la hipótesis de que,** en el supuesto de que.

hi·po·té·ti·co, -a [ipotétiko, -a] *adj* Se aplica a lo que no es seguro o se basa en una suposición.

hi·po·to·nía [ipotonía] *s/f* MED Disminución del tono o tensión del cuerpo, particularmente en el tejido muscular.

hi·ppy [xípi] *adj* y *s/m,f* ANGL Se aplica a un movimiento de jóvenes que viven en desacuerdo con el sistema social y cultural establecido o común, y, *por ext,* a los propios jóvenes.

hir·co [írko] *s/m* Cabra montés.

hi·rien·te [irjénte] *adj* Que hiere.

hir·su·to, -a [irsúto, -a] *adj* Se dice del pelo que es grueso, áspero y duro.

hir·vien·te [irβiénte] *adj* Se aplica a lo que está hirviendo.

hi·so·pe·ar [isopeár] *v/tr* Esparcir agua bendita con el hisopo sobre una cosa. ORT También: *Hisopar.*

hi·so·po [isópo] *s/m* Utensilio utilizado por el sacerdote para esparcir el agua bendita.

his·pa·len·se [ispalénse] *adj* CULT Sevillano.

his·pá·ni·co, -a [ispániko, -a] *adj* **1.** Español. **2.** Se aplica a lo relacionado con la cultura que tiene como medio de expresión la lengua española: *Cultura hispánica.*

his·pa·ni·dad [ispaniðáð] *s/f* Conjunto de los pueblos de lengua española y de la cultura que mediante ella se expresa.

his·pa·nis·mo [ispanísmo] *s/m* **1.** Afición al estudio de la lengua y la literatura españolas **2.** Giro o construcción propios de la lengua española. **3.** Palabra o expresión españolas usadas en otra lengua.

his·pa·nis·ta [ispanísta] *s/m,f* Persona que se dedica al estudio de la literatura, la cultura o la lengua españolas.

his·pa·ni·za·ción [ispaniθaθjón] *s/f* Acción de hispanizar.

his·pa·ni·zar [ispaniθár] *v/tr* Conformar una persona o una cosa de acuerdo con el carácter o los usos hispanos. ORT Ante *e* la *z* cambia en *c: Hispanicen.*

his·pa·no, -a [ispáno, -a] *adj* y *s/m,f* **1.** Se aplica a lo relacionado con las naciones de Hispanoamérica. **2.** Español.

his·pa·no·a·me·ri·ca·nis·mo [ispanoamerikanísmo] *s/m* **1.** Espíritu o sentimiento de solidaridad propio de los pueblos americanos de origen español. **2.** Palabra o expresión idiomática propia de un país hispanoamericano.

his·pa·no·a·me·ri·ca·no, -a [ispanoamerikáno, -a] **I.** *adj* Se dice de lo relacionado con España y la América española. **II.** *s/m,f* Ciudadano de un país de Hispanoamérica.

his·pa·nó·fi·lo, -a [ispanófilo, -a] *adj* Se aplica a los extranjeros amigos de la cultura, la historia y las costumbres de España.

his·pa·no·ha·blan·te [ispanoaβlánte] **I.** *adj* Que emplea la lengua española: *La*

América hispanohablante. **II.** *s/m,f* Persona que tiene como lengua propia el español.

his·te·ria [istérja] *s/f* MED Enfermedad nerviosa crónica, que se caracteriza por gran diversidad de síntomas, principalmente funcionales, como la sofocación, la parálisis, etc.

his·té·ri·co, -a [istériko, -a] *adj* y *s/m,f* **1.** Relacionado con la histeria. **2.** Se dice de la persona que padece histeria. **3.** Se aplica hiperbólicamente a la persona que expresa con exageración sus reacciones o actitudes afectivas.

his·te·ris·mo [isterísmo] *s/f* Histeria.

his·to·lo·gía [istoloxía] *s/f* MED, BIOL Disciplina que estudia los tejidos orgánicos.

his·to·ria [istórja] *s/f* **1.** Conjunto de los hechos o manifestaciones de la actividad humana ocurridos en tiempos pasados. **2.** Expresión por escrito de esos hechos. **3.** FIG (Generalmente en *pl*) Explicación que se hace a modo de justificación y que resulta poco corriente y fastidiosa a quien se da: *No me salgas con historias.* **4.** FIG Chisme, infundio. LOC **Dejarse de historias,** admitir lo que se considera secundario en una cosa que se cuenta o se dice: *¡Déjate de historias y dime lo que pasó realmente!* **Ser historia,** haber perdido vigencia o importancia en el presente algo.

his·to·ria·do, -a [istorjáðo, -a] *adj* FIG, COL Se aplica en tono jocoso a lo que está recargado de adornos o colores mal combinados.

his·to·ria·dor, -ra [istorjaðór, -ra] *s/m,f* Persona dedicada al estudio de la historia o que escribe sobre ella.

his·to·rial [istorjál] *s/m* **1.** Reseña ordenada y detallada de un suceso. **2.** FIG COL Conjunto de hechos relacionados con las vicisitudes de la vida de una persona o de una cosa.

his·to·riar [istorjár] *v/tr* Contar o narrar ordenadamente un suceso.
GRAM *Historío, historías,* etc., del *pres* de *indic* y *subj* son más generales que *historio, histories,* etc.

his·to·ri·ci·dad [istoriθiðáð] *s/f* Cualidad de histórico.

his·to·ri·cis·mo [istoriθísmo] *s/m* Tendencia del pensamiento científico que interpreta la realidad humana como producto de su desarrollo histórico y, por consiguiente, como relativa y limitada.

his·to·ri·cis·ta [istoriθísta] *adj* Se aplica a lo relacionado con el historicismo.

his·tó·ri·co, -a [istóriko, -a] *adj* **1.** Perteneciente o relativo a la historia. **2.** Se aplica a los hechos realmente ocurridos. **3.** (Aplicado a sucesos) De gran importancia o trascendencia: *Ese invento constituyó un acontecimiento histórico.*

his·to·rie·ta [istorjéta] *s/f* **1.** Relato corto y divertido. **2.** Cuento o historia con ilustraciones, generalmente para niños.

his·to·rio·gra·fía [istorjoγrafía] *s/f* Estudio bibliográfico y crítico de las obras sobre historia y sus fuentes.

his·to·rio·grá·fi·co, -a [istorjoγráfiko, -a] *adj* Se aplica a lo relacionado con la historiografía.

his·to·rió·gra·fo, -a [istorjóγrafo, -a] *s/m,f* Persona que se dedica a la historiografía.

his·trión [istrjón] *s/m* **1.** Actor que representaba disfrazado en el teatro clásico, particularmente el cómico. **2.** FIG Persona que se comporta grotescamente para divertir o hacer reír a los demás.

his·trió·ni·co, -a [istrióniko, -a] *adj* Propio o característico del histrión.

his·trio·nis·mo [istrjonísmo] *s/m* **1.** Oficio de histrión o actor. **2.** Afectación o exageración expresiva propia del histrión.

hi·ti·ta [itíta] *adj* y *s/m,f* Pueblo que ocupó el Asia Menor durante el segundo milenio a. C.

hit·le·ria·no, -a [hitlerjáno, -a] *adj* y *s/m,f* Relativo a Hitler o a su sistema sociopolítico.

hi·to [íto] *s/m* **1.** Señal de piedra que se pone para indicar los límites de un extremo, las distancias, etc. **2.** FIG Hecho histórico de gran importancia o trascendencia.

ho·bby [xóβi] *s/m* COL ANGL Ocupación o actividad que se hace por afición o como entretenimiento.

ho·ci·car [oθikár] **I.** *v/tr* Hozar. **II.** *v/intr* Fisgar, husmear.
ORT Ante *e* la *c* cambia en *qu: Hocique.*

ho·ci·co [oθíko] *s/m* **1.** Parte de la cara de los mamíferos, de forma generalmente apuntada, en que se encuentran la boca y la nariz. **2.** VULG Se aplica en tono despectivo a la boca de una persona, particularmente cuando es de labios abultados. LOC **Caer o darse de hocicos,** pegarse en la cara al caer o tropezar. **Meter los hocicos (en algo),** curiosear. **Romper los hocicos,** romper la cara. **Torcer el hocico,** hacer un mohín en señal de enfado.

ho·ci·cu·do, -a [oθikúðo, -a] *adj* **1.** Se aplica al animal que tiene mucho hocico. **2.** Se dice, en tono despectivo, de la persona que tiene labios abultados.

ho·ckey [xókei] *s/m* ANGL Deporte que consiste en que los jugadores de los dos equipos que contienden han de introducir la pelota en la meta contraria, impulsándola con bastones curvados.

ho·dier·no, -a [oðjérno, -a] *adj* Relativo al día en que se está o al tiempo presente.

ho·ga·ño [oγáɲo] *adv* Este año.

ho·gar [oγár] *s/m* **1.** Sitio donde se enciende la lumbre en las cocinas tradicionales, en las fraguas, etc. **2.** FIG En relación a una persona, lugar en que la misma desarrolla su vida privada en unión de la familia. **3.** Vida de familia. LOC **Formar/Crear un hogar,** casarse y formar una familia.

ho·ga·re·ño, -a [oγaréɲo, -a] *adj* **1.** Se aplica a las personas que son amantes del hogar o de la familia. **2.** Pertenecientes al hogar: *Escena hogareña.*

ho·ga·za [oγáθa] *s/f* Pan grande.

ho·gue·ra [oγéra] *s/f* Fuego hecho al aire libre y en el suelo, que arde con mucha llama.

ho·ja [óxa] *s/f* **1.** Cada una de las partes planas y delgadas de las plantas, que constituyen los órganos principales de las funciones de transpiración y fotosíntesis de las mismas. **2.** Lámina delgada de cualquier materia, como metal, papel, madera, etc., y particularmente la de los libros. **3.** En las armas blancas, herramientas, etc., parte que corta. **4.** Cada una de las partes que se abren y cierran en las puertas, ventanas, etc.: *Una puerta de dos hojas.*
Hoja de afeitar, lámina muy delgada de acero, con filo, que es la pieza que corta en la maquinilla de afeitar.
Hoja de lata, hojalata.
Hoja de servicios, documento en que se anotan los cargos, méritos, etc., de un empleado.

ho·ja·la·ta [oxaláta] *s/f* Lámina de hierro o acero estañado por las dos caras.

ho·ja·la·te·ría [oxalatería] *s/f* Taller donde se hacen objetos de hojalata.

ho·ja·la·te·ro [oxalatéro] *s/m* El que hace objetos de hojalata y trabajos de estañado.

ho·jal·dre [oxá̬ldre] *s/m* Pasta formada por varias capas delgadas de masa u hojas superpuestas, hecha de harina y manteca: *Pasteles de hojaldre.*

ho·ja·ras·ca [oxaráska] *s/f* Conjunto de hojas secas caídas de los árboles o de las plantas.

ho·je·ar [oxeár] *v/tr* **1.** Pasar las hojas de un libro u otros objetos con hojas. **2.** Leer sin mucho detenimiento algunos pasajes de un libro.

ho·jo·so, -a [oxóso, -a] *adj* Se aplica a lo que está formado por hojas o láminas o tiene esta forma.

ho·jue·la [oxwéla] *s/f* **1.** *dim* de *hoja.* **2.** Dulce que se hace friendo un trozo de masa extendida y delgada. **3.** Tira muy estrecha y delgada de metal que se emplea para recubrir el hilo con que se hacen galones, bordados, etc. LOC **Miel sobre hojuelas,** expresión con que se manifiesta que un hecho o una acción viene a reforzar el carácter favorable que una cosa tiene ya previamente.

¡hola! [óla] *interj* Expresión coloquial y familiar de saludo.

ho·lan·dés, (-sa) [olaŋdés, (-sa)] **I.** *adj* y *s/m,f* Se aplica a lo relacionado con Holanda. **II.** *s/f* Hoja de papel de escribir, de tamaño ligeramente menor que el folio (28 × 22 cm).

hol·ga·do, -a [olγáðo, -a] *adj* **1.** *(Estar/Ser holgado)* Que envuelve o cubre con más amplitud de lo normal: *Un camisón holgado.* **2.** Que tiene amplitud en relación al lugar que ocupa: *En el coche de Luis iremos muy holgados.* **3.** Se aplica a la situación económica de quien tiene para vivir desahogadamente: *Una situación económica holgada.*

hol·gan·za [olγáŋθa] *s/f* **1.** Situación del que huelga o está ocioso. **2.** Diversión o regocijo.

hol·gar [olγár] **I.** *v/intr* Estar de más, no ser necesario: *Ese comentario huelga.* **II.** REFL(SE) Alegrarse o divertirse con algo. RPr **Holgarse de/con algo.**
CONJ *Irreg: Huelgo, holgué, holgaré, holgado.*

hol·ga·zán, -na [olγaθán, -na] *adj* y *s/m,f* Se aplica a la persona que no quiere trabajar.

hol·ga·za·ne·ar [olγaθaneár] *v/intr* No trabajar o trabajar escasamente por holgazanería.

hol·ga·za·ne·ría [olγaθanería] *s/f* Cualidad de holgazán.

hol·go·rio [olγórjo] *s/m* Diversión bulliciosa.
ORT Se escribe también: *Jolgorio.*

hol·gu·ra [olγúra] *s/f* **1.** Cualidad o circunstancia de holgado. **2.** Espacio vacío entre dos cosas que van encajadas la una en la otra o recubriendo una a otra. LOC **Vivir con holgura,** disponer de medios económicos para vivir cómodamente.

ho·lo·caus·to [olokáusto] *s/m* **1.** Sacrificio religioso practicado entre los judíos, en que la víctima era totalmente consumida por el fuego. **2.** Sacrificio total, ofrenda con abnegación.

ho·lo·gra·fía [oloγrafía] *s/f* FOT Método de fotografía en relieve que consiste en utilizar la superposición de dos haces de rayos láser.

ho·ló·gra·fo, -a [olóγrafo, -a] *adj* Ológrafo.

ho·lo·gra·ma [oloɣráma] *s/m* Cliché fotográfico que permite ver la imagen en relieve.

ho·lla·du·ra [oʎaðúra] *s/f* **1.** Acción de hollar. **2.** Huella.

ho·llar [oʎár] *v/tr* **1.** Transitar un lugar dejando huellas. **2.** FIG Entrar indebida o improcedentemente en un lugar: *Hollar un cementerio.*
CONJ *Irreg: Huello, hollé, hollaré, hollado.*

ho·lle·jo [oʎéxo] *s/m* Piel fina que envuelve algunos frutos y semillas, como la uva o la aceituna.

ho·llín [oʎín] *s/m* Sustancia negra y espesa que forma el humo en las superficies o los objetos por los que pasa.

hom·bra·cho [omƀrátʃo] *s/m* Hombre corpulento y fornido.

hom·bra·da [omƀráða] *s/f* Acción propia de un hombre fuerte o de carácter.

hom·bre [ómƀre] *s/m* **1.** Se emplea como nombre genérico de la especie humana. **2.** Individuo de sexo masculino de la especie humana. **3.** Individuo de la especie humana que ha llegado a la edad adulta. **4.** Marido: *¡Este hombre mío dice unas cosas...!* **5.** Exclamación de alegría, duda, incredulidad, etc.: *¡Hombre, qué alegría verte!* **6.** (Seguido de *de+s* o acompañado de un *adj).* Individuo que tiene una determinada condición, profesión, ocupación, etc.: **Hombre de acción,** hombre emprendedor. **Hombre de bien,** hombre honrado y que obra con rectitud. **Hombre de ciencia,** científico. **Hombre de estado,** estadista. **Hombre de letras,** literato. **Hombre de leyes,** jurista. **Hombre de mundo,** hombre con experiencia o acostumbrado al trato social. **Hombre de negocios,** financiero o profesional empresario. LOC **¡Anda, hombre!,** exclamación empleada para rechazar algo que se oye a cualquier interlocutor o para expresar fastidio o protesta por ello. (También: **¡Vamos, hombre!**). **De hombre a hombre,** con total franqueza o sinceridad. **Ser (alguien) muy hombre,** ser hombre de gran virilidad y valor. **Ser otro hombre,** haber cambiado mucho en las cualidades físicas y morales. **Hombre hecho y derecho,** el que ya es adulto y debe comportarse como tal. **Pobre hombre,** hombre insignificante por su falta de carácter o por su poco relieve social. **Poco hombre,** hombre cobarde o pusilánime. **Todo un hombre,** hombre o joven que se porta con hombría.

hom·bre·ar [omƀreár] *v/intr* Empezar un joven a parecerse o imitar al hombre adulto.

hom·bre·ra [omƀréra] *s/f* **1.** Almohadilla de pequeño tamaño en prendas de vestir, como la chaqueta, para realzar los hombros. **2.** Tira de tela en los hombros de los uniformes militares.

hom·bría [omƀría] *s/f* Conjunto de cualidades morales de un hombre, como la honradez, el valor, la voluntad, etc.

hom·bri·llo [omƀríʎo] *s/m* Tira de tela que se emplea a veces como refuerzo de los hombros de las camisas.

hom·bro [ómƀro] *s/m* **1.** En el cuerpo humano, nombre de cada uno de los dos lados de la parte más alta del tronco, que limitan con el cuello y de donde salen los brazos. **2.** Parte de las prendas de vestir que cubre esa región del cuerpo. LOC **A hombros,** sobre los hombros. **Al hombro,** sobre el hombro o colgado del hombro. **Arrimar el hombro,** trabajar o participar en un trabajo común: *A tu hermano no le gusta arrimar el hombro.* **Cargado de hombros,** cargado de espaldas. **Encogerse de hombros,** inhibirse de algo mostrando desconocimiento o ignorancia. **Mirar (a uno) por encima del hombro,** desdeñar o tener en menos a alguien. **Sacar a hombros,** llevar en hombros a alguien por haber triunfado. **Tener (alguien) la cabeza sobre los hombros,** ser sensato.

hom·bru·no, -a [omƀrúno, -a] *adj despec* Propio de hombre: *Voz hombruna.*

ho·me·na·je [omenáxe] *s/m* Demostración de admiración, respeto y veneración a una persona o a una cosa, y acción o acto con que se demuestra.

ho·me·na·je·ar [omenaxeár] *v/tr* Tributar un homenaje a alguien.

ho·meo·pa·tía [omeopatía] *s/f* Método terapéutico que consiste en aplicar pequeñas dosis de una sustancia, que producen afecciones análogas a aquellas que se intenta combatir, inmunizando así al individuo.

ho·meo·pá·ti·co, -a [omeopátiko, -a] *adj* **1.** Relacionado con la homeopatía. **2.** FIG Muy pequeño.

ho·mé·ri·co, -a [omériko, -a] *adj* Se aplica a lo relacionado con el poeta griego Homero.

ho·mi·ci·da [omiθíða] *adj* y *s/m,f* Se aplica a quien o a lo que causa la muerte de una persona, generalmente con violencia y en contra de la ley.

ho·mi·ci·dio [omiθíðjo] *s/m* Acto de causar la muerte a una persona con violencia y en contra de la ley.

ho·mi·lía [omilía] *s/f* Explicación que el sacerdote dirige a los fieles sobre un tema religioso.

ho·mi·ni·ca·co [ominikáko] *s/m* COL Hombre despreciado por sus condiciones morales o físicas.

ho·mó·fo·no, -a [omófono, -a] *adj* y *s/m,f* **1.** LINGÜIST Se aplica a las palabras que tienen la misma pronunciación, pero no significan lo mismo y en muchos casos se escriben también de distinta manera *(vaca* y *baca).* **2.** MÚS Se dice del canto o música cuyas voces tienen el mismo sonido.

ho·mo·ge·nei·dad [omoxeneiðáð] *s/f* Cualidad de homogéneo.

ho·mo·ge·nei·zar [omoxeneiθár] *v/tr* Hacer homogéneo lo compuesto de elementos diferentes:
ORT Ante *e* la *z* cambia en *c: Homogeneicé.*

ho·mo·gé·neo, -a [omoxéneo, -a] *adj* Se aplica a un conjunto o compuesto, cuyas partes tienen la misma naturaleza o condición.

ho·mo·lo·ga·ble [omoloγáble] *adj* Que puede ser homologado.

ho·mo·lo·ga·ción [omoloγaθjón] *s/f* Acción de homologar.

ho·mo·lo·gar [omoloγár] *v/tr* Adaptar algo a lo que se considera oficial: *Homologar un centro de enseñanza.*
ORT Ante *e* la *g* cambia en *gu: Homologue.*

ho·mó·lo·go, -a [omóloγo, -a] *adj* Se aplica a las personas o a las cosas que se corresponden exactamente con otras.

ho·mo·ni·mia [omonímja] *s/f* LINGÜÍST Fenómeno que afecta a las palabras que se pronuncian o se escriben igual, pero son distintas en significado, *por ej,* 'canto' *(verbo)* y 'canto' *(sustantivo).*

ho·mó·ni·mo, -a [omónimo, -a] *adj* y *s/m,f* **1.** Se aplica a la persona que, con relación a otra, tiene su mismo nombre. **2.** LINGÜÍST Se dice de las palabras que tienen homonimia.

ho·mo·se·xual [omose(k)swál] *adj* y *s/m,f* Se aplica a la persona que tiene relaciones sexuales con otra del mismo sexo.

ho·mo·se·xua·li·dad [omose(k)swaliðáð] *s/f* Cualidad de homosexual.

hon·da [óṇda] *s/f* Instrumento para lanzar pequeñas piedras, que estaba formado por una tira, generalmente de cuero, o una cuerda con un trozo de cuero u otro material semejante fijo en su parte media.

hon·do, -a [óṇdo, -a] *adj* **1.** Se aplica a lo que tiene profundidad *(ser hondo).* **2.** Se dice de lo que está situado muy por debajo de la superficie *(estar hondo): El agua aquí está muy honda.* **3.** FIG (Aplicado a los sentimientos, se coloca delante del *s)* Muy intenso y real.

hon·dón [oṇdón] *s/m* Hondonada.

hon·do·na·da [oṇdonáða] *s/f* Espacio de terreno hondo en relación con lo que le rodea.

hon·du·ra [oṇdúra] *s/f* Parte profunda de una cosa. LOC **Meterse en honduras,** profundizar demasiado en el estudio de un asunto o tema.

hon·du·re·ño, -a [oṇduréɲo, -a] **I.** *adj* Se aplica a lo relacionado con Honduras. **II.** *s/m,f* Habitante de Honduras.

ho·nes·ti·dad [onestiðáð] *s/f* Cualidad de honesto.

ho·nes·to, -a [onésto, -a] *adj* **1.** Que respeta la legalidad, particularmente en lo que se refiere a asuntos de dinero y de honor. **2.** Que cumple escrupulosamente con las obligaciones propias de un cargo. **3.** Que procede con cuidado para no excitar el instinto sexual o el pudor de otros: *Una esposa honesta.*

hon·go [óŋgo] *s/m* **1.** BOT Nombre de las plantas talofitas sin clorofila, que se desarrollan generalmente sobre materias orgánicas en descomposición o como parásitas de vegetales. **2.** *pl* Clase de estas plantas.

ho·nor [onór] *s/m* **1.** Sentimiento de la dignidad personal, que impulsa a obrar de forma que se conserve la consideración y respeto de los demás, y cualidades morales en que se basa tal sentimiento: *Ser un hombre de honor.* **2.** (Aplicado a mujeres) Recato en el comportamiento con el otro sexo y fama que de ello se desprende. **3.** Hecho con el que alguien se siente halagado o enaltecido: *Será un honor para nosotros asistir.* **4.** (En *pl* generalmente) Distinción o tratamiento que se da a una persona por sus méritos excepcionales: *Se le rendirán honores de capitán general.* LOC **En honor a la verdad,** para ser sincero. **En honor de...,** como homenaje a... **Hacer los honores,** *1.* En una fiesta, ser la persona encargada de agasajar a los invitados. *2.* Hacer aprecio de la comida o bebida, particularmente cuando se es invitado.

ho·no·ra·bi·li·dad [onoraβiliðáð] *s/f* Cualidad de honorable.

ho·no·ra·ble [onoráβle] *adj* Digno de ser honrado y respetado.

ho·no·ra·rio, (-a) [onorárjo, (-a)] **I.** *adj* Se aplica a personas que tienen un determinado título, pero no la función propia del mismo: *Presidente honorario.* **II.** *s/m, pl* Retribución de las personas que ejercen una profesión liberal, como los médicos, notarios, etc.

ho·no·rí·fi·co, -a [onorífiko, -a] *adj* Se aplica al cargo, empleo, etc., de una persona, cuando se tiene como un honor, sin ningún tipo de retribución.

hon·ra [ónrra] *s/f* **1.** Condición de la persona que se considera intachable por su conducta. **2.** (Aplicado a mujeres) Honor, virginidad. **3.** Buena fama u opinión. LOC **¡A mucha honra!**, expresión que se emplea para rechazar una atribución despectiva. **Honras fúnebres,** funeral u oficio religioso que se celebra por los difuntos.

hon·ra·dez [onrraðéθ] *s/f* Cualidad de honrado.

hon·ra·do, -a [onrráðo, -a] *adj* **1.** Se aplica a quien es incapaz de robar, estafar, engañar, etc. **2.** Se dice de la persona que cumple escrupulosamente con sus obligaciones profesionales.

hon·rar [onrrár] **I.** *v/tr* **1.** Ser algo causa de que una persona sea más digna de estimación: *Esa decisión te honra mucho.* **2.** Enaltecer o premiar con honores el mérito de alguien: *Honrar la memoria de un investigador.* **II.** REFL(SE) Tener algo que se considera un honor. RPr **Honrarse con/de/en:** *Me honro con su amistad/en ser uno de los socios fundadores/de ser tu amigo.*

hon·ri·lla [onrríʎa] *s/f* Amor propio.

hon·ro·so, -a [onrróso, -a] *adj* Se aplica a las cosas que dan honra.

hon·ta·nar [on̪tanár] *s/m* Sitio donde nacen fuentes o manantiales.

ho·pe·ar [opeár] *v/intr* Menear la cola los animales, especialmente la zorra, cuando se ve perseguida.

ho·po [(x)ópo] *s/m* Cola lanuda o peluda, como la de la oveja o la zorra.

ho·ra [óra] *s/f* **1.** Cada una de las veinticuatro partes iguales en que se divide el día. **2.** Momento determinado del día: *¿Qué hora es?* **3.** Tiempo oportuno para hacer una cosa: *Es la hora de la siesta.* **4.** COL Con respecto a cada persona, el momento de la muerte: *A todo el mundo le llega su hora.* **5.** ASTRON Cada una de las veinticuatro partes iguales, de quince grados, en que para ciertos usos se considera dividida la línea equinoccial. LOC **¡A buena hora!** , expresión utilizada para indicar que la llegada o la intervención de alguien se produce tarde en relación a lo esperado. **A su hora,** en el momento oportuno. **Dar hora,** citar a alguien para algo a una hora determinada. **Dar la hora,** sonar la hora en el reloj: *El reloj de la catedral está dando la hora.* **En buena hora,** oportunamente o con buena suerte. **En mala hora,** con mala suerte. **La hora de la verdad,** el momento decisivo o más importante de algo. **Las horas muertas,** mucho tiempo. **Pedir hora,** pedir una persona que se le reserve hora para ir a ver a otra, como, *por ej,* el médico. **Por horas** (aplicado a la persona que cobra el trabajo), por una cantidad cada hora. **Poner en hora,** manipular un reloj para que marque la hora que se considera oficial.
Hora punta, la correspondiente al momento o momentos del día en que se produce mayor aglomeración en los transportes urbanos.

ho·ra·cia·no, -a [oraθjáno, -a] *adj* Relacionado con el poeta latino Horacio.

ho·ra·dar [oraðár] *v/tr* Hacer en una cosa un agujero que la traspase de parte a parte.

ho·ra·rio, (-a) (orárjo, (-a)] **I.** *adj* Relacionado con la hora: *Las señales horarias.* **II.** *s/m* Cuadro indicador de las horas de salida y llegada de los trenes, etc., en las estaciones; de clase, en los centros de enseñanza, etc.

hor·ca [órka] *s/f* **1.** Aparato formado por tres palos, dos verticales hincados en tierra y un tercero horizontal unido a los anteriores en la parte superior, en el cual se ejecutaba a los condenados a esta pena. **2.** Instrumento que utilizan todavía algunos agricultores para aventar y para otras faenas. **3.** Conjunto de dos ristras de ajos o de cebollas, atadas por un extremo.

hor·ca·du·ra [orkaðúra] *s/f* Parte superior del tronco de los árboles, de donde arrancan las ramas.

hor·ca·ja·das [orkaxáðas] LOC *adv* **A horcajadas,** manera de montar a caballo o de sentarse en cualquier sitio, que consiste en colocar una pierna a cada lado.

hor·cha·ta [ortʃáta] *s/f* Bebida refrescante de color blanquecino que se hace de chufas, almendras y otros frutos parecidos.

hor·cha·te·ría [ortʃatería] *s/f* Establecimiento donde se hace horchata o donde se sirve ésta y otras bebidas refrescantes.

hor·da [órða] *s/f* **1.** Pueblo salvaje y nómada. **2.** FIG Grupo de gente más o menos disciplinada, que comete actos de violencia.

ho·ri·zon·tal [oriθon̪tál] *adj* Se aplica a lo que tiene todos los puntos a la misma altura, como la línea del horizonte.

ho·ri·zon·ta·li·dad [oriθon̪taliðáð] *s/f* Cualidad de horizontal.

ho·ri·zon·te [oriθón̪te] *s/m* **1.** Línea en que se ve juntarse el cielo con la tierra. **2.** FIG Conjunto de posibilidades o perspectivas que se ofrecen en un asunto o tema: *Esta obra abrió nuevos horizontes a la narrativa.*

hor·ma [órma] *s/f* Molde con que se fabrica o se da forma a una cosa, particularmente el del calzado.

hor·mi·ga [ormíɣa] *s/f* Insecto de pequeño tamaño, del orden de los himenópteros; vive en sociedad en pequeñas galerías abiertas en el suelo.

hor·mi·gón [ormiɣón] *s/m* Mezcla de

piedras menudas y mortero de cemento, que se emplea en la construcción.
Hormigón armado, obra hecha con hormigón hidráulico sobre una armadura de barras de hierro o acero.

hor·mi·go·ne·ra [ormiɣonéra] *s/f* Máquina con que se hace el hormigón.

hor·mi·gue·ar [ormiɣeár] *v/intr* **1.** Tener en alguna parte del cuerpo una sensación de cosquilleo. **2.** Haber en un lugar mucha gente, animales, etc., moviéndose desordenadamente.

hor·mi·gueo [ormiɣéo] *s/m* **1.** Sensación de cosquilleo en el cuerpo. **2.** Agitación o movimiento continuo de personas o cosas.

hor·mi·gue·ro [ormiɣéro] **I.** *adj* Se aplica a lo relacionado con las hormigas. **II.** *s/m* **1.** Lugar en donde viven las hormigas. **2.** FIG Aglomeración de gente en movimiento.

hor·mi·gui·llo [ormiɣíʎo] *s/m* Hormigueo.

hor·mi·gui·ta [ormiɣíta] *s/f* FIG Se aplica a las personas que se caracterizan por su laboriosidad y buena administración.

hor·mi·lla [ormíʎa] *s/f* Pieza de madera, hueso u otra materia que se forra y se emplea como botón.

hor·mo·na [ormóna] *s/f* BIOL Sustancia segregada por algunas glándulas de los animales y las plantas, como la adrenalina.

hor·mo·nal [ormonál] *adj* Se aplica a lo relacionado con las hormonas.

hor·na·ci·na [ornaθína] *s/f* Hueco o nicho en forma de arco hecho en el espesor de un muro, en el que se suele colocar una imagen, un jarrón, etc.

hor·na·da [ornáða] *s/f* **1.** Cantidad de cosas, como pan, ladrillos, carbón, etc., que se cuece de una vez en el horno. **2.** FIG COL Conjunto de cosas de cualquier clase que se terminan o de personas que acaban algo al mismo tiempo: *La nueva hornada de soldados.*

hor·ne·ar [orneár] *v/tr* Tener un alimento cierto tiempo en el horno para que se ase o dore.

hor·ni·llo [orníʎo] *s/m* Recipiente, suelto o empotrado en el hogar, donde se hace el fuego para guisar.

hor·no [órno] *s/m* **1.** Obra de albañilería, que sirve para cocer cosas diversas, como el pan, etc. **2.** Parte de las cocinas eléctricas, de gas, etc., en donde se asan o cuecen los alimentos. **3.** Local en donde está instalado el horno de pan. **4.** Se aplica a los lugares que son o están muy calientes: *Esta habitación es un horno.*
Alto horno, el metalúrgico, en donde se reducen los minerales de hierro.

ho·rós·co·po [oróskopo] *s/m* Conjunto de predicciones sobre la suerte de los individuos elaboradas por los astrólogos teniendo en cuenta la posición de los astros.

hor·qui·lla [orkíʎa] *s/f* **1.** Bifurcación de una rama, palo, etc., o rama, palo, etc., bifurcado. **2.** Objeto de alambre y de otros materiales que emplean las mujeres para sujetarse el peinado.

hor·qui·lla·do [orkiʎáðo] *s/m* Operación de horquillar.

ho·rren·do, -a [orréndo, -a] *adj* Se aplica a lo que produce horror.

hó·rreo [órreo] *s/m* **1.** Construcción característica de Asturias y Galicia, elevada sobre cuatro pilares o columnas, para guardar los granos. **2.** Granero.

ho·rri·ble [orríβle] *adj* Se aplica a lo que produce mucho horror, por lo cruel, etc.

ho·rri·pi·lan·te [orripilánte] *adj* Se aplica a lo que horripila.

ho·rri·pi·lar [orripilár] *v/tr* Producir terror.

ho·rrí·so·no, -a [orrísono, -a] *adj* Se aplica a lo que causa horror con su sonido desagradable y molesto.

ho·rro, -a [órro, -a] *adj* Carente de cierta cualidad o propiedad: *Horro de instrucción.*

ho·rror [orrór] *s/m* **1.** Sentimiento profundo de miedo o de repulsión. **2.** Carácter o naturaleza de lo que produce este sentimiento. **3.** COL Aversión hacia algo o alguien: *Le tiene horror a las inyecciones.* **4.** COL Cantidad elevada de una cosa *(un horror de+s).* **5.** *pl* Cosas que por su naturaleza maligna provocan este sentimiento: *Los horrores de la guerra.* LOC **¡Qué horror!,** exclamación que se emplea para expresar la protesta o el asombro por algo.

ho·rro·ri·zar [orroriθár] **I.** *v/tr* Causar horror a alguien. **II.** REFL(SE) Sentir horror. RPr **Horrorizarse de:** *Se ha horrorizado de ver el accidente.*
ORT **Ante *e* la *z* cambia en *c*:** *Horrorice.*

ho·rro·ro·so, -a [orroróso, -a] *adj* **1.** Que causa horror: *Un crimen horroroso.* **2.** COL Muy malo: *Su actuación ha sido horrorosa.* **3.** Muy feo: *Un cuerpo horroroso.* **4.** Referido a cosas malas o a necesidades, muy grandes: *Tengo un sueño horroroso.*

hor·ta·li·za [ortalíθa] *s/f* **1.** Planta comestible, en sí misma o en su fruto, cuando es todavía tierna, cruda o guisada, como la lechuga, el tomate, la alcachofa, etc.: *La lechuga es una hortaliza muy apreciada.* **2.** *pl* Conjunto de estas plantas comestibles.

hor·te·la·no, -a [orteláno, -a] **I.** *adj* Se

aplica a lo relacionado con la huerta. **II.** *s/m,f* Persona que cultiva una huerta.

hor·ten·se [orténse] *adj* Se aplica a lo relacionado con la huerta.

hor·ten·sia [orténsja] *s/f* Planta de jardín o de adorno, con flores en inflorescencias grandes y globulosas.

hor·te·ra [ortéra] *adj* y *s/m,f* COL Chabacano, de mal gusto: *Vestido hortera.*

hor·tí·co·la [ortíkola] *adj* Se aplica a lo relacionado con los productos de la huerta.

hor·ti·cul·tor, -ra [orticultór, -ra] *s/m,f* Persona que se dedica al cultivo de plantas de huerta.

hor·ti·cul·tu·ra [ortikultúra] *s/f* **1.** Cultivo de plantas de huerta. **2.** Tratado o arte de tal cultivo.

hos·co, -a [ósko, -a] *adj* **1.** Falto de amabilidad y poco sociable. **2.** Amenazador, difícil: *No me gusta el aspecto hosco de este lugar.*

hos·pe·da·je [ospeðáxe] *s/m* **1.** Situación o circunstancia de hospedado. **2.** Cantidad que se paga por estar hospedado.

hos·pe·dar [ospeðár] *v/tr* Alojar o tener alojado alguien a una persona invitada, en su casa o en un establecimiento especializado para ello.

hos·pe·de·ría [ospeðería] *s/f* Casa de huéspedes.

hos·pe·de·ro, -a [ospeðéro, -a] *s/m,f* Persona que tenía a su cargo una hospedería.

hos·pi·cia·no, -a [ospiθjáno, -a] *adj* y *s/m,f* Asilado en un hospicio.

hos·pi·cio [ospíθjo] *s/m* Residencia pública para niños pobres, huérfanos o abandonados.

hos·pi·tal [ospitál] *s/m* Establecimiento donde se asiste a los enfermos.
Hospital clínico, establecimiento dotado de grandes medios para la exploración y diagnóstico de enfermedades de todo tipo.

hos·pi·ta·la·rio, -a [ospitalárjo, -a] *adj* **1.** Se aplica a la medicina practicada en hospital. **2.** Que acoge amablemente a los visitantes, extranjeros o forasteros: *Ciudad hospitalaria.*

hos·pi·ta·li·dad [ospitaliðáð] *s/f* Cualidad o actitud de hospitalario o acogedor.

hos·pi·ta·li·za·ción [ospitaliθaθjón] *s/f* **1.** Acción de hospitalizar. **2.** Tiempo de permanencia de los enfermos en el hospital.

hos·pi·ta·li·zar [ospitaliθár] *v/tr* Internar a alguien en un hospital.
ORT Ante *e* la *z* cambia en *c: Hospitalicé.*

hos·que·dad [oskeðáð] *s/f* Cualidad de hosco.

hos·tal [ostál] *s/m* Establecimiento hotelero de mediana categoría, intermedio entre la fonda y el hotel.

hos·te·le·ría [ostelería] *s/f* Conjunto de servicios relacionados con los hoteles.

hos·tia [óstja] *s/f* Oblea, blanca y delgada, hecha de pan ácimo, que el sacerdote consagra en la misa del rito católico. LOC ARG **Dar(se) una hostia,** chocar con algo. Pegar. ARG **Hinchar a hostias,** dar una paliza. ARG **Ser la hostia,** ser el colmo. **¡Hostia!,** ARG exclamación de sorpresa, alegría, dolor, etc.

hos·tiar [ostjár] *v/tr* ARG Golpear o dar de bofetadas a alguien.

hos·tia·rio [ostjárjo] *s/m* Caja en que se guardan hostias no consagradas.

hos·tia·zo [ostjáθo] *s/m* ARG **1.** Bofetada. **2.** Golpe o choque contra algo.

hos·ti·ga·dor, -ra [ostiɣaðór, -ra] *adj* y *s/m,f* Que hostiga.

hos·ti·ga·mien·to [ostiɣamjénto] *s/m* Acción de hostigar.

hos·ti·gar [ostiɣár] *v/tr* En la guerra, someter al enemigo a ataques continuos con uso de poco número de fuerzas.
ORT Ante *e* la *g* cambia en *gu: Hostiguen.*

hos·til [ostíl] *adj* Que es contrario o poco favorable hacia otra persona o una cosa: *Actitud hostil.* RPr **Hostil hacia/ante/con.**

hos·ti·li·dad [ostiliðáð] *s/f* **1.** Cualidad de hostil. **2.** *pl (Iniciar, romper las hostilidades)* Acción de guerra: *Iniciar las hostilidades.*

hos·ti·li·zar [ostiliθár] *v/tr* Realizar actos de hostilidad contra alguien, particularmente contra el enemigo en la guerra.
ORT Ante *e* la *z* cambia en *c: Hostilicé.*

ho·tel [otél] *s/m* Establecimiento para el alojamiento cuando se está de viaje en una ciudad o para residencia provisional.

ho·te·le·ro, -a [oteléro, -a] **I.** *adj* Se aplica a lo relacionado con los hoteles. **II.** *s/m,f* Propietario de un hotel u hoteles.

ho·ten·to·te [otentóte] *adj* y *s/m,f* **1.** Se aplica a los individuos de un pueblo de negros que vive cerca del Cabo de Buena Esperanza. **2.** *pl* Nombre de este pueblo.

hoy [ói] *adv* **1.** Día en que se está. **2.** Tiempo presente o momento actual: *Los jóvenes de hoy.* LOC **Hoy en día** (también: **Hoy día,** COL), actualmente, en los tiempos actuales. **Hoy por hoy,** expresión para referir al momento presento algo, cuando se quiere indicar que en el futuro las cosas pueden ser de distinta manera: *Hoy por hoy esos negocios no son rentables.*

ho·ya [óJa] *s/f* **1.** Concavidad grande en la tierra. **2.** Sepultura.

ho·yo [óJo] *s/m* **1.** Concavidad redonda o redondeada abierta, espontáneamente o no, en la tierra. **2.** Hoya, sepultura.

ho·yue·lo [oJwélo] *s/m* Hoyito de la barbilla en algunas personas, o que se les hace en las mejillas al reírse.

hoz [óθ] *s/f* **1.** Instrumento para segar y cortar hierbas, formado de una hoja de acero curva, sujeta a un mango. **2.** Paso estrecho entre montañas.
ORT *Pl: Hoces.*

ho·zar [oθár] *v/tr,intr* Escarbar la tierra con el hocico, como hace el jabalí.
ORT Ante *e* la *z* cambia en *c: Hocen.*

hu·cha [útʃa] *s/f* Caja o recipiente de tamaño pequeño y de distintos materiales, utilizada para guardar los ahorros.

hue·co, (-a) [(g)wéko, (-a)] **I.** *adj* **1.** Se aplica a las cosas cuyo interior está vacío o no tiene lo que debería tener. **2.** FIG Aplicado al lenguaje y a sus manifestaciones, falto de contenido y formalmente sobrecargado: *Estilo hueco.* **3.** Presumido, vanidoso. **II.** *s/m* **1.** Espacio vacío: *El hueco de la pared.* **2.** Espacio abierto en un muro, como puerta o ventana. **3.** FIG Tiempo entre ocupación y ocupación que se habilita para hacer algo no relacionado con esas ocupaciones. LOC **En hueco,** sobre un espacio vacío. **Hacer hueco** o **un hueco,** hacer sitio (a alguien o algo).

hue·co·gra·ba·do [(g)wekoɣraβáðo] *s/m* **1.** Procedimiento de fotograbado que se emplea para imprimir las ilustraciones. **2.** Grabado obtenido por este procedimiento.

huel·ga [(g)wélɣa] *s/f* Suspensión colectiva y concertada del trabajo por razones económicas y, a veces, políticas.

huel·go [(g)wélɣo] *s/m* Aliento.

huel·guis·ta [(g)welɣísta] *s/m,f* Trabajador que participa en una huelga.

huel·ve·ño, -a [(g)welβéɲo, -a] *adj* y *s/m,f* De Huelva.

hue·lla [(g)wéʎa] *s/f* **1.** Señal que deja a su paso una persona, el ganado, un vehículo, etc. **2.** FIG Lo que queda por efecto de una acción o un suceso después de que éstos han pasado.

huér·fa·no, -a [(g)wérfano, -a] *adj* y *s/m,f* **1.** Menor de edad a quien se le ha muerto el padre, la madre o ambos. **2.** FIG Falto de alguna cosa, particularmente de protección: *Mi hijo está huérfano de padrino.* RPr **Huérfano de.**

hue·ro, -a [(g)wéro, -a] *adj* **1.** Huevo incubado que no ha producido pollo. **2.** FIG Sin contenido o de poco contenido: *Discurso huero.*

huer·ta [(g)wérta] *s/f* **1.** Huerto grande, con variedad de cultivos y árboles frutales. **2.** Gran extensión de terreno regadío: *La huerta de Valencia.*

huer·ta·no, -a [(g)wertáno, -a] *adj* y *s/m,f* Se aplica a quienes viven en las comarcas de regadío conocidas como 'huertas'. Puede usarse como *despec.*

huer·to [(g)wérto] *s/m* Terreno, generalmente de poca extensión, dedicado al cultivo de legumbres, hortalizas, árboles frutales, etc., mediante riego.

hue·sa [(g)wésa] *s/f* Hoyo cavado en la tierra para enterrar a los muertos.

hue·so [(g)wéso] *s/m* **1.** Cada una de las piezas duras y de color blanquecino que forman el esqueleto de los animales vertebrados. **2.** Aplicado al color blanco un poco amarillento: *Color hueso.* **3.** Parte dura e interior de algunos frutos, como el melocotón, la ciruela, etc., en donde está encerrada la semilla. **4.** FIG Se dice de alguien o algo que entraña dificultades especiales o causa más trabajo de lo normal: *El profesor de Química es un hueso.* **5.** *pl* COL Restos o cuerpo de una persona: *No sé dónde iré a parar con mis huesos.* LOC **Dar (alguien) con sus huesos en tierra,** caerse de golpe. **Estar en los huesos,** estar muy flaco. **Tener los huesos molidos,** estar muy cansado.

hue·so·so, -a [(g)wesóso, -a] *adj* Se aplica a lo relacionado con los huesos.

hués·ped, -da [(g)wéspeð, -ða] *s/m,f* Persona alojada en casa ajena, generalmente en calidad de invitado.

hues·te [(g)wéste] *s/f* **1.** Ejército. **2.** *pl* FIG Partidarios o seguidores de una persona, de un partido político, etc.

hue·su·do, -a [(g)wesúðo, -a] *adj* Se aplica a la persona o al animal que tiene los huesos pronunciados.

hue·va [(g)wéβa] *s/f* Masa formada por los huevecillos de algunos peces.

hue·ve·ra [(g)weβéra] *s/f* Recipiente para colocar los huevos.

hue·ve·ría [(g)weβería] *s/f* Tienda donde se venden huevos.

hue·ve·ro, -a [(g)weβéro, -a] *s/m,f* Persona que vende huevos o se dedica a su producción.

hue·vo [(g)wéβo] *s/m* **1.** BIOL Cuerpo orgánico producido por las hembras de los animales. **2.** ARG Testículo. LOC **A huevo,** en condiciones inmejorables: *Estar a huevo.* **Costar un huevo,** ARG ser muy caro. **Estar hasta los (mismísimos) huevos,** ARG estar harto. **Importar un huevo,** ARG no importar algo, tener sin cuidado. **Por huevos,** ARG a la fuerza, porque sí.

hue·vón, -na [(g)weβón, -na] *adj* y *s/m,f* AMÉR ARG Tranquilo, cachazudo, ingenuo.

hu·go·no·te [uγonóte] *adj* y *s/m,f* Calificativo de los seguidores de Calvino en Francia.

hui·da [uíðа] *s/f* Acción de huir.

hui·di·zo, -a [uiðíθo, -a] *adj* Se aplica a lo que huye o tiene tendencia a asustarse y a huir.

huir [uír] *v/intr* **1.** Dejar precipitadamente un lugar por temor: *Huir a las montañas. Huir de la ciudad.* **2.** Marcharse alguien de un lugar donde está sujeto o vigilado, engañando a los guardianes o empleando la fuerza. **3.** Hacer por no encontrarse con alguien o con algo, que se considera perjudicial, desagradable, etc.: *Huir de las aglomeraciones.* RPr **Huir de/a.**
CONJ *Irreg: Huyo, huí, huiré, huido.*

hu·le [úle] *s/m* Tela recubierta por uno de sus lados con una capa de pintura que le da brillo y la hace impermeable.

hu·lla [úʎa] *s/f* Carbón fósil.

hu·lle·ro, -a [uʎéro, -a] *adj* Se aplica a lo relacionado con la hulla o carbón mineral: *Cuenca hullera.*

hu·ma·ni·dad [umaniðáð] *s/f* **1.** Conjunto de todos los hombres. **2.** Cualidad de humano. **3.** Condición de ser benevolente, compasivo o comprensivo alguien. **4.** Cuerpo de una persona cuando es muy voluminoso.

hu·ma·ni·da·des [umaniðáðes] *s/f, pl* Conjunto de estudios o conocimientos, como la filosofía y la filología, considerados como instrumentos de la formación intelectual, y sin la aplicación práctica inmediata de las ciencias: *Las Humanidades clásicas.*

hu·ma·nis·mo [umanísmo] *s/m* Doctrina filosófica que busca el desarrollo de las facultades humanas en el universo real; en particular, la que caracterizó al Renacimiento europeo.

hu·ma·nis·ta [umanísta] *adj* y *s/m,f* **1.** Se aplica a lo relacionado con el humanismo. **2.** Persona versada en humanidades.

hu·ma·nís·ti·co, -a [umanístiko, -a] *adj* Relacionado con el humanismo.

hu·ma·ni·ta·rio, -a [umanitárjo, -a] *adj* Se aplica a las personas que son sensibles a las desgracias ajenas y ayudan a los demás en situaciones difíciles.

hu·ma·ni·ta·ris·mo [umanitarísmo] *s/m* Cualidad de humanitario.

hu·ma·ni·zar [umaniθár] *v/tr* Hacer más humana, o menos cruel y dura, una cosa para los hombres.
ORT Ante *e* la *z* cambia en *c: Humanicé.*

hu·ma·no, (-a) [umáno, (-a)] **I.** *adj* **1.** Se aplica a lo relacionado con el hombre, por oposición al resto de las especies animales. **2.** Se dice de la persona que es sensible respecto de los demás y los trata con benevolencia o comprensión. **II.** *s/m* Hombre: *Sabiduría de los humanos.*

hu·ma·re·da o **hu·ma·ra·da** [umaréða/-áða] *s/f* Masa grande y densa de humo.

hu·me·ar [umeár] *v/intr* Echar humo una cosa.

hu·me·an·te [umeán̪te] *adj* Se aplica a lo que humea.

hu·me·dad [umeðáð] *s/f* Cualidad o estado de húmedo.

hu·me·de·cer [umeðeθér] *v/tr* Mojar ligeramente una cosa.
CONJ *Irreg: Humedezco, humedecí, humedeceré, humedecido.*

hu·me·de·ci·mien·to [umeðeθimjén̪to] *s/m* Acción de *humedecer* o *humedecerse.*

hú·me·do, -a [úmeðo, -a] *adj* **1.** Se aplica a lo que está sólo ligeramente mojado de agua u otro líquido. **2.** (Aplicado a 'aire', 'atmósfera', 'calor', etc.). Cargado de vapor de agua: *Calor húmedo.* **3.** Se dice del país, región, etc., y de su clima, cuando la atmósfera está habitualmente muy cargada de humedad o llueve mucho: *La España húmeda.*

hu·me·ral [umerál] *adj* ANT Se aplica a lo relacionado con el húmero.

hú·me·ro [úmero] *s/m* Nombre del hueso del brazo, situado entre el hombro y el codo.

hu·me·ro [uméro] *s/m* En las cocinas tradicionales de leña, cañón de la chimenea, por donde sale el humo.

hu·mil·dad [umil̪ðáð] *s/f* **1.** Cualidad de humilde, en cualquiera de sus acepciones. **2.** Virtud cristiana de la humildad que se contrapone al orgullo o la vanidad.

hu·mil·de [umíl̪de] *adj* **1.** Se aplica a la persona que es de condición social pobre o tiene pocos medios económicos: *Su familia es muy humilde.* **2.** Se aplica a la persona que adopta actitud de persona inferior o más modesta.

hu·mi·lla·ción [umiʎaθjón] *s/f* Acción o efecto de humillar o ser humillado.

hu·mi·llan·te [umiʎán̪te] *adj* Se aplica a lo que causa humillación.

hu·mi·llar [umiʎár] *v/tr* Hacer sentir a alguien su inferioridad u obligarlo a abandonar su altivez. RPr **Humillarse ante:** *No te humilles ante nadie.*

hu·mo [úmo] *s/m* **1.** Producto gaseoso que se desprende de las materias orgánicas en combustión. **2.** FIG *pl* Altivez, soberbia: *¡Pues vaya humos que tiene esta mujer!* LOC **Bajar los humos (a alguien),** domar o rebajar su altivez.

hu·mor [umór] *s/m* **1.** Líquido orgánico del cuerpo humano y de los animales: *Humor acuoso.* **2.** Estado de ánimo de una persona, que la predispone a estar contenta y mostrarse amable, o a lo contrario. **3.** Cualidad de las personas que consiste en descubrir o mostrar lo que hay de cómico o de ridículo en las cosas o en las personas. LOC **Estar de humor,** estar de buen humor. **Estar de humor (para algo),** estar bien predispuesto.

hu·mo·ra·da [umoráðа] *s/f* Dicho o hecho extravagante con que alguien intenta dar animación o combatir lo rutinario.

hu·mo·ris·mo [umorísmo] *s/m* **1.** Cualidad de humorista. **2.** Estilo artístico que se basa en la facultad de ver y expresar los aspectos cómicos de la vida.

hu·mo·ris·ta [umorísta] *s/m,f* Persona que se dedica al humorismo.

hu·mo·rís·ti·co, -a [umorístiko, -a] *adj* Relativo al humor.

hu·mus [úmus] *s/m* Capa superior del suelo en donde se deposita la materia orgánica resultante de la descomposición de vegetales y otros organismos.

hun·di·mien·to [u̪ndimjénto] *s/m* **1.** Acción y efecto de hundir o hundirse. **2.** Concavidad en una superficie.

hun·dir [u̪ndír] *v/tr* **1.** Hacer que una cosa deje de flotar y se vaya al interior de una masa de agua: *Hundir un barco.* **2.** Hacer que un edificio se derrumbe. **3.** Hacer que una superficie ceda por debajo de su nivel normal: *El continuo paso de camiones ha hundido la calle.* **4.** FIG Perjudicar en extremo física o moralmente o arruinar en lo económico: *La crisis económica ha hundido a muchos empresarios.*

hún·ga·ro, -a [úŋgaro, -a] *adj* y *s/m,f* De Hungría.

hu·no, -a [úno, -a] *adj* Se aplica a los individuos de un pueblo asiático que en el siglo V asoló gran parte de Europa.

hu·ra·cán [urakán] *s/m* Viento muy fuerte y violento que se acompaña de grandes torbellinos.

hu·ra·ca·na·do, -a [urakanáðo, -a] *adj* Se aplica a lo que tiene la fuerza propia de un huracán.

hu·ra·ca·nar·se [urakanárse] *v/*REFL(SE) Arreciar el viento hasta convertirse en huracán.

hu·ra·ño, -a [uráɲo, -a] *adj* Se aplica a quien rehúye el trato o la conversación con otra persona.

hur·gar [urɣár] *v/tr* **1.** Tocar algo removiéndolo con los dedos o con un objeto con punta. **2.** FIG Mirar o coger indiscretamente cosas que son de otra persona.
ORT La *g* cambia en *gu* ante *e: Hurgué.*

hur·gón, -na [urɣón, -na] *adj* Se aplica a la persona que hurga o es dada a hurgar.

hu·rí [urí] *s/f* Nombre que dan los musulmanes a unas mujeres de gran belleza que habitan en el paraíso.
GRAM *Pl: Huríes.*

hu·rón, -na [urón, -na] **I.** *s/m,f* Pequeño mamífero carnicero de cuerpo alargado y flexible. **II.** FIG COL *adj* y *s/m,f* Se aplica como calificativo a la persona poco dada al trato con los demás.

hu·ro·ne·ar [uroneár] *v/intr* **1.** Cazar con hurón. **2.** FIG COL Andar a la busca de noticias ajenas o escudriñar para enterarse de lo que ocurre en un lugar.

¡hu·rra! [úrra] *interj* Se emplea para expresar alegría, entusiasmo o satisfacción.

hur·ta·di·llas [urtaðíʎas] LOC *adv* **A hurtadillas,** oculta y disimuladamente.

hur·tar [urtár] *v/tr* **1.** Cometer un hurto. **2.** Esconder u ocultar algo para que no sea visto: *Es muy dada a hurtar sus defectos a los demás.* **3.** Apartar una cosa para evitar el encuentro con otra: *Hurtar el cuerpo a la lluvia.* RPr **Hurtar(se) a.**

hur·to [úrto] *s/m* **1.** Robo poco importante de dinero o de objetos, realizado sin violencia. **2.** Cosa hurtada.

hú·sar [úsar] *s/m* Soldado de caballería ligera en varios ejércitos europeos, que iba vestido a la húngara.

hus·mea·dor, -ra [usmeaðór, -ra] *adj* y *s/m,f* Que husmea.

hus·me·ar [usmeár] *v/tr* **1.** Rastrear con el olfato. **2.** FIG Intentar enterarse alguien de cosas que no le conciernen.

hus·meo [usméo] *s/m* Acción de husmear.

hu·so [úso] *s/m* **1.** Utensilio de madera utilizado en otro tiempo para hilar la lana a mano. **2.** Pieza de hierro de ciertas máquinas de hilar, en donde se colocan los carretes o bobinas en que se arrolla el hilo. **Huso horario,** GEOGR cada una de las veinticuatro partes fusiformes en que es dividida de polo a polo la Tierra, dentro de los cuales rige la misma hora.

¡huy! [úi] *interj* Puede expresar: **1.** Asombro, sorpresa, etc.: *¡Huy, qué barbaridad!* **2.** Que una cosa no ocurre por muy poco: *¡Huy! ¡Por poco le dan un balonazo al cristal!*

i [i] *s/f* Décima letra del alfabeto español.
ORT *Pl: Íes.*

i·bé·ri·co, -a [iβériko, -a] *adj* Relacionado con los iberos y su territorio: *Península Ibérica.*

i·be·ro, -a [iβéro, -a] **I.** *adj* Se aplica a los individuos pertenecientes al principal pueblo que vivió en España desde los primeros tiempos de su historia: *El pueblo ibero.* **II.** *s/m, pl* Nombre de ese pueblo.
PRON También: *Íbero.*

i·be·ro·a·me·ri·ca·no, -a [iβeroamerikáno, a] *adj* y *s/m,f* Se aplica a los habitantes de Iberoamérica y a sus cosas.

i·bi·cen·co, -a [iβiθéŋko, -a] *adj* y *s/m,f* Natural de Ibiza.

i·bis [íβis] *s/f* Ave zancuda que los egipcios consideraban sagrada.

i·ce·berg [iθeβér(x)] *s/m* ANGL Masa de hielo flotante en los mares polares.

i·có·ni·co - a [ikóniko, -a] *adj* **1.** Relacionado con los iconos. **2.** Se dice del signo que tiene alguna semejanza con lo que significa.

i·co·no [ikóno] *s/m* Imagen que representa a la Virgen, a los santos, etc., en la Iglesia ortodoxa.

i·co·no·clas·ta [ikonoklásta] *adj* y *s/m,f* **1.** Se aplica como calificativo a los herejes que en los primeros tiempos de la Edad Media negaban el culto a las imágenes. **2.** FIG Persona propensa a no respetar los valores tradicionales.

i·co·no·gra·fía [ikonoγrafía] *s/f* Estudio o descripción de imágenes, retratos, estatuas, que constituyen obras de arte.

i·co·no·grá·fi·co, -a [ikonoγráfiko, -a] *adj* Relacionado con la iconografía.

ic·te·ri·cia [ikteríθja] *s/f* Enfermedad que se manifiesta por la especial coloración amarillenta de la piel y de la conjuntiva de los ojos, debido a trastornos hepáticos que aumentan la concentración de bilis en la sangre.

ic·tio·lo·gía [iktjoloxía] *s/f* ZOOL Parte de la zoología que estudia los peces.

ic·tió·lo·go, -a [iktjóloγo, -a] *s/m,f* Persona que se dedica al estudio de los peces.

ic·tio·sau·ro [iktjosáuro] *s/m* Reptil fósil de cuerpo pisciforme que vivió en la época secundaria.

i·da [íða] *s/f* Acción de ir de un lugar a otro.

i·dea [iðéa] *s/f* **1.** Representación abstracta de una cosa, material o inmaterial, elaborada por el pensamiento. **2.** Intención, propósito o proyecto de hacer algo: *Todavía no ha abandonado la idea de llevar a cabo esa investigación.* **3.** (Generalmente con un *adj* calificativo) Opinión sobre una cosa o una persona: *Tengo una idea magnífica de Ana.* **4.** Noción elemental o general de algo: *Esto es solamente una idea de lo que quiero que hagamos.* **5.** *pl* Manera de pensar en ciencia, religión, política, etc.: *Tenía unas ideas muy avanzadas para su época.* LOC **Formarse (alguien) idea de (algo),** *1.* Entenderlo. *2.* Imaginárselo. **Hacerse (alguien) a la idea de,** aceptar algo con lo que, en un principio, no se estaba de acuerdo o que no gustaba: *Ya me he hecho a la idea de que su enfermedad no tiene solución.* **Tener idea (de algo),** saber. **No tener idea/No tener ni idea (de algo),** frases con que se expresan enfáticamente (más con la segunda) el desconocimiento de algo: *—¿Sabes a dónde ha ido Luis? —No tengo ni idea.* **Tener idea de+inf,** tener el propósito de...

i·de·al [iðeál] **I.** *adj* **1.** Se aplica a lo que tiene existencia sólo en el pensamiento o en la imaginación. **2.** Se dice de quien o de lo que tiene las cualidades o las características más apropiadas para algo o que es inmejorable en su clase: *Ese lugar de la costa es ideal para descansar.* **3.** Aplicado a cosas o personas, que es perfecto: *La belleza ideal.* **II.** *s/m* **1.** Cosa que constituye una meta a la que se aspira: *Al fin ha podido ver cumplido su ideal de ser médico.* **2.** (Generalmente el *pl*) Sistema de valores en la esfera moral o intelectual: *Es un hombre sin ideales.* **3.** Modelo de la perfección en lo moral, lo intelectual, lo artístico, etc.: *Su padre fue el ideal del político incorruptible.*

i·dea·lis·mo [iðealísmo] *s/m* **1.** Actitud vital de la persona que tiende a idealizar.

2. Doctrina estética que propugna la preeminencia de la imaginación sobre la copia fiel de la realidad.

i·dea·lis·ta [iðealísta] *adj* y *s/m,f* **1.** Filósofo, crítico, etc., cuyos puntos de vista son los del idealismo. **2.** Persona que idealiza.

i·dea·li·za·ción [iðealiθaθjón] *s/f* Acción y efecto de idealizar.

i·dea·li·zar [iðealiθár] *v/tr* Ver o presentar las cosas y las personas como dotadas de un carácter ideal o revestidas de perfecciones.
ORT La *z* cambia en *c* ante *e/i: Idealicé.*

i·de·ar [iðeár] *v/tr* Formar una idea o un conjunto de ideas sobre una cosa para llevarlas a la práctica: *Idear un plan.*

i·dea·rio [iðeárjo] *s/m* Conjunto de las ideas de un autor, pensador, etc., o de una colectividad, corriente, etc.

í·dem [íðe{m n}] LAT Lo mismo que lo expresado anteriormente.

i·dén·ti·co, -a [iðéntiko, -a] *adj* **1.** Completamente igual. **2.** Usado hiperbólicamente, muy parecido: *Pablo es idéntico a su padre.* RPr **Idéntico a.**

i·den·ti·dad [iðentiðáð] *s/f* **1.** Cualidad de idéntico. **2.** Conjunto de caracteres o de circunstancias que hacen que se reconozca a una persona como tal, sin confusión con otra.

i·den·ti·fi·ca·ble [iðentifikáβle] *adj* Que puede ser identificado.

i·den·ti·fi·ca·ción [iðentifikaθjón] *s/f* Acción de identificar.

i·den·ti·fi·car [iðentifikár] **I.** *v/tr* **1.** Comprobar por ciertos indicios que una persona o una cosa se corresponde con ella misma y no con otra. **2.** Presentar como iguales o equivalentes dos cosas. **II.** REFL (-SE) **1.** (Con *con*) Adherirse a la opinión o causa de alguien: *Difícilmente se identificará con nuestra manera de pensar.* **2.** (Con *con*) Entenderse o coincidir con otro en opinión, gustos, etc.: *Ana se identifica perfectamente con él.* RPr **Identificarse con.**
ORT Ante *e* la *c* cambia en *qu: Identifique.*

i·deo·grá·fi·co, -a [iðeoγráfiko, -a] *adj* Se aplica a la escritura que utiliza signos que representan ideas y no sonidos, y también a esos signos.

i·deo·gra·ma [iðeoγráma] *s/m* Signo gráfico que representa la palabra de una lengua.

i·deo·lo·gía [iðeoloxía] *s/f* Conjunto de ideas políticas, económicas y sociales organizadas en un sistema o doctrina.

i·deo·ló·gi·co, -a [iðeolóxiko, -a] *adj* Relacionado con la ideología.

i·deó·lo·go, -a [iðeólogo, -a] *s/m,f* Persona que conoce en profundidad una ideología o que con sus ideas inspira a un partido o grupo político.

i·dí·li·co, -a [iðíliko, -a] *adj* Se aplica a lo que se caracteriza por reunir notas de idealidad y frescura al mismo tiempo.

i·di·lio [iðíljo] *s/m* FIG Relaciones amorosas entre dos personas.

i·dio·ma [iðjóma] *s/m* Lengua empleada en una comunidad de hablantes.

i·dio·má·ti·co, -a [iðjomátiko, -a] *adj* Se aplica a las expresiones, construcciones, etc., que son propias de una lengua.

i·dio·sin·cra·sia [iðjosiŋkrásja] *s/f* Manera de ser característica de una persona y, *por ext,* de un pueblo, nación, etc.

i·dio·ta [iðjóta] *adj* y *s/m,f* **1.** PAT Se aplica a la persona que no tiene inteligencia o es de inteligencia insuficiente en exceso, y particularmente al oligofrénico. **2.** Se dice de quien es muy poco inteligente.

i·dio·tez [iðjotéθ] *s/f* **1.** PAT Condición o estado del deficiente mental o idiota. **2.** Hecho o dicho que revela poca o nula inteligencia.
ORT *Pl: Idioteces.*

i·dio·tis·mo [iðjotísmo] *s/m* Giro o expresión propia de una lengua.

i·do [íðo] *p* de *ir.* LOC **Estar ido,** COL estar mal de la cabeza.

i·dó·la·tra [iðólatra] *adj* y *s/m,f* Se aplica a quien adora a divinidades paganas.

i·do·la·trar [iðolatrár] *v/tr* **1.** Adorar a divinidades paganas. **2.** FIG Amar a una persona o cosa ciegamente.

i·do·la·tría [iðolatría] *s/f* **1.** Culto profesado a divinidades paganas. **2.** FIG Adoración excesiva o amor apasionado a una persona o cosa.

í·do·lo [íðolo] *s/m* **1.** Figura (estatua, imagen, etc.) que representa a una divinidad pagana. **2.** FIG Persona a la que se profesa una gran admiración, particularmente en el mundo del espectáculo o del deporte.

i·do·nei·dad [iðoneiðáð] *s/f* Cualidad de idóneo.

i·dó·neo, -a [iðóneo, -a] *adj* Se aplica a quien o a lo que posee las condiciones apropiadas para alguna cosa. RPr **Idóneo para:** *Idóneo para el canto.*

i·gle·sia [iγlésja] *s/f* **1.** Edificio destinado a las celebraciones de los actos religiosos y reuniones de los fieles de las religiones cristianas. **2.** Conjunto de las creencias y de los fieles que siguen una religión cristiana.

i·glú [iɣlú] *s/m* Casita o refugio propio de los esquimales y hecha con bloques de hielo.

íg·neo, -a [íɣneo, -a] *adj* **1.** CULT Se aplica a lo que está ardiendo: *Materia ígnea.* **2.** Aplicado a las rocas, eruptivo.

ig·ni·ción [iɣniθjón] *s/f* **1.** Acción de quemarse algo. **2.** Estado de un cuerpo cuando arde o está al rojo.

ig·no·mi·nia [iɣnomínja] *s/f* **1.** Estado de quien ha perdido la estimación o el respeto de los demás por haber cometido una acción indigna *(caer/vivir en la ignominia).* **2.** Acción o cosa que lleva a tal estado.

ig·no·mi·nio·so, -a [iɣnominjóso, -a] *adj* Se aplica a lo que entraña ignominia.

ig·no·ran·cia [iɣnoránθja] *s/f* **1.** Estado de quien desconoce algo. **2.** Falta de cultura, instrucción, etc.

ig·no·ran·te [iɣnorántte] **I.** *adj* y *s/m,f* Se aplica a quien no tiene conocimiento sobre algo, particularmente a aquel a quien le falta instrucción. **II.** *s/m,f* COL *despec* Se dice de la persona a la que se tiene poca estima por su poco talento, su presunción, etc.: *¡Qué buscará ahora ese ignorante...!* RPr **Ignorante de (I).**

ig·no·rar [iɣnorár] *v/tr* **1.** No tener conocimiento de algo, no saber de ello. **2.** No considerar a una persona, mostrarse totalmente indiferente con ella *(ignorar a alguien).*

ig·no·to, -a [iɣnóto, -a] *adj* CULT Desconocido, inexplorado.

i·gual [iɣwál] **I.** *adj* **1.** Se aplica a lo que o a quien no presenta diferencias en cantidad, dimensión, valor, etc., respecto a otra cosa o persona: *Dos vestidos iguales. Dos personas iguales.* **2.** Se dice de lo que no tiene desigualdades o diferencias: *Un terreno muy igual.* **3.** Que se mantiene sin variación: *Llevar un ritmo igual.* **II.** *s/m,f* (Generalmente *pl*) Con relación a otra u otras personas, que es de la misma clase social o tiene la misma categoría profesional. **III.** *adv* (En construcción comparativa seguido de 'que'), lo mismo: *Yo pienso igual que tú.* LOC **Al igual que,** como, de la misma manera que. **Dar igual,** ser indiferente, no tener importancia algo en relación a otra cosa: *Da igual que lo hagas tú o él.* **Por igual,** uniformemente. **Ser igual,** dar igual.

i·gua·la [iɣwála] *s/f* Ajuste o contrato pactado entre quien presta un servicio (médico, farmacia, etc.) y el que lo recibe, a cambio de una cuota que se abona periódicamente.

i·gua·la·ble [iɣwaláβle] *adj* Que puede ser igualado.

i·gua·la·ción [iɣwalaθjón] *s/f* Acción de igualar o igualarse.

i·gua·la·do, -a [iɣwaláðo, -a] *adj* Que tiene pocas diferencias entre sí. RPr **Igualado con/en/a:** *Igualados en puntuación.*

i·gua·lar [iɣwalár] **I.** *v/tr* **1.** Poner a una persona o a una cosa en igualdad con otra: *Ha igualado a todos los empleados en complementos.* **2.** Quitar las irregularidades a una cosa (terreno y superficies en general): *Igualar el terreno.* **II.** *v/intr* **1.** Tener alguien las mismas cualidades que otra persona: *No hay quien le iguale en simpatía.* **2.** Ser algo igual o muy semejante con otra cosa. **III.** REFL(SE) Ponerse alguien a la misma altura que otra persona, tratarla como si fuera de la misma edad, condición social, etc.: *No te iguales con tu hermano.* RPr **Igualar(se) a/con/en:** *Nadie le igualaba a generoso.*

i·gual·dad [iɣwaldáð] *s/f* Cualidad de igual.

i·gua·li·ta·rio, -a [iɣwalitárjo, -a] *adj* Se aplica a lo que entraña igualdad social, política, etc., o tiende a ello.

i·gua·na [iɣwána] *s/f* Reptil saurio de América Central y Meridional, que en algunas especies puede medir hasta un metro.

i·ja·da [ixáða] *s/f* (Referido sobre todo a animales) Parte lateral del cuerpo situada entre las falsas costillas y la cadera.

i·jar [ixár] *s/m* (Especialmente referido al hombre) Ijada.
GRAM Se usa frecuentemente en *pl: Doler los ijares.*

i·la·ción [ilaθjón] *s/f* Trabazón o conexión entre las partes de un razonamiento, un discurso, etc.

i·la·ti·vo, -a [ilatíβo, -a] *adj* Se dice de lo que da o produce ilación.

i·le·gal [ileɣál] *adj* Que no está conforme con la ley o es contrario a ella.

i·le·ga·li·dad [ileɣaliðáð] *s/f* Cualidad o carácter de ilegal.

i·le·gi·bi·li·dad [ilexiβiliðáð] *s/f* Cualidad o carácter de ilegible.

i·le·gi·ble [ilexíβle] *adj* **1.** Que no se puede leer o es de lectura muy difícil por la mala calidad de la escritura: *Letra ilegible.* **2.** Se dice de lo que por su falta de calidad literaria no tiene atractivo o mérito para ser leído.

i·le·gi·ti·mi·dad [ilexitimiðáð] *s/f* Cualidad o carácter de ilegítimo.

i·le·gí·ti·mo, -a [ilexítimo, -a] *adj* **1.** No legítimo. **2.** Se aplica en particular a los hijos nacidos fuera de matrimonio.

í·leon [íleon] *s/m* ANAT **1.** Nombre de la parte final del intestino delgado. **2.** Ilion.

i·ler·den·se [ilerðénse] *adj* y *s/m,f* Relativo a la antigua Ilerda, hoy Lérida.

i·le·so, -a [iléso, -a] *adj* Sin herida o daño tras una ocasión en que podría haberlos recibido.

i·le·tra·do, -a [iletráðo, -a] *adj* **1.** CULT Se aplica a quien no tiene cultura. **2.** Se dice de la persona que no sabe leer.

i·lia·co, -a o **i·lía·co, -a** [iljáko, -a/ilíako, -a] *adj* Relativo al íleon.

i·lí·ci·to, -a [ilíθito, -a] *adj* Que no está permitido legal ni moralmente.

i·li·ci·tud [iliθitúð] *s/f* Cualidad de ilícito.

i·li·mi·ta·do, -a [ilimitáðo, -a] *adj* Sin límites en duración, capacidad, etc.

í·lion [íljon] *s/m* Hueso del coxal o iliaco que forma la parte más saliente de la cadera. También: *Íleon.*

i·ló·gi·co, -a [ilóxiko, -a] *adj* **1.** Se aplica a lo que carece de lógica. **2.** COL Contrario a lo que se considera razonable.

i·lu·mi·na·ción [iluminaθjón] *s/f* **1.** Acción y efecto de iluminar. **2.** Conjunto de luces que se instalan como adorno en calles o en edificios monumentales para alumbrarlos y darles realce.

i·lu·mi·na·do, -a [ilumináðo, -a] *adj* y *s/m,f* Persona que se cree inspirada por poderes sobrenaturales para conocer lo que otros no pueden o para realizar una misión trascendental.

i·lu·mi·na·dor, -ra [iluminaðór, -ra] *adj* y *s/m,f* Que ilumina.

i·lu·mi·nar [iluminár] **I.** *v/tr* **1.** Dar luz o dotar de resplandor. **2.** Poner luces como adorno a un edificio monumental, una fachada, una calle, etc.: *Iluminar la catedral.* **3.** Dar color a las figuras de una ilustración, una fotografía, etc. **II.** REFL (-SE) (Referido a sustantivos como 'semblante', 'cara', 'ojos', etc.) Tomar aspecto alegre: *Pareció como si se le iluminara el semblante con la noticia.*

i·lu·sión [ilusjón] *s/f* **1.** Representación, imagen o concepto sin verdadera realidad, y que es un mero producto de la imaginación o un engaño de los sentidos. **2.** Sentimiento de alegría o felicidad producido por la posesión, la contemplación o la esperanza de algo: *Le ha producido mucha ilusión saber que veníais.* **3.** Esperanza o creencia que, aunque vana, ayuda a alguien: *No le quitaré esa ilusión.* LOC COL **Hacerse ilusiones,** forjarse o concebir ilusiones.

i·lu·sio·nar [ilusjonár] **I.** *v/tr* Hacer que alguien se forje ilusiones sobre algo, generalmente con poco fundamento. **II.** *v/intr* Producir ilusión una cosa. **III.** REFL (-SE) Forjarse ilusiones (con *con*): *Antonio no se ilusiona con cualquier cosa.* RPr **Ilusionar(se) con.**

i·lu·sio·nis·ta [ilusjonísta] *s/m,f* Artista de variedades que ejecuta juegos de manos y números de magia.

i·lu·so, -a [ilúso, -a] *adj* y *s/m,f* Se aplica a la persona que tiene ilusiones o esperanzas infundadas, y particularmente a aquel que se forja ilusiones con facilidad.

i·lu·so·rio, -a [ilusórjo, -a] *adj* Que es falso, aunque tenga apariencia real.

i·lus·tra·ción [ilustraθjón] *s/f* **1.** Acción y efecto de ilustrar(se). **2.** Fotografía, dibujo, etc., que acompaña al texto de libros, revistas, etc. **3.** Cosa con que se ejemplifica o aclara algo: *Esto servirá como ilustración de lo que acabo de decir.* **4.** Movimiento filosófico y literario que domina el siglo XVIII, caracterizado por propugnar la secularización de la cultura.

i·lus·tra·do, -a [ilustráðo, -a] *adj* Se aplica a la persona que tiene cultura o sabe de muchas cosas.

i·lus·tra·dor, -ra [ilustraðór, -ra] *adj* Se dice de lo que ilustra.

i·lus·trar [ilustrár] *v/tr* **1.** Acompañar una explicación, una charla, etc., de algo para hacerla más fácil de entender, más amena, etc. **2.** Poner fotografías, dibujos, etc., a una obra impresa: *Un diccionario ilustrado.* **3.** FIG Dar instrucción o cultura a alguien.

i·lus·tra·ti·vo, -a [ilustratíβo, -a] *adj* Se aplica a lo que proporciona datos sobre la naturaleza de algo.

i·lus·tre [ilústre] *adj* Se aplica a la persona que posee gloria, fama o mérito por haber destacado con su actividad científica o artística: *Un ilustre científico.*

i·lus·trí·si·mo, -a [ilustrísimo, -a] *adj* Vocablo que se emplea precediendo a 'señor', 'señora' en el tratamiento de personas que ocupan altos cargos.
ORT En la lengua escrita se escribe generalmente abreviado: *Ilmo., -a.*

i·ma·gen [imáxen] *s/f* **1.** Representación en forma de dibujo, grabado, fotografía, etc., de una cosa o una persona. **2.** Escultura sagrada. **3.** Representación mental de una persona o de una cosa. **4.** Aspecto de una persona, especialmente de las que han de tratar o tener relación con grandes públicos: *Como político, cuida mucho su imagen.* **5.** FIG Descripción muy real de una cosa: *Sus crónicas son una viva imagen de la vida madrileña.* **6.** Recurso literario para hacer más bella, más expresiva una idea, y que consiste en utilizar para su formulación vocablos tomados de ideas similares. LOC **A su (tu, etc.) imagen (y semejanza),** frase con que se alude a la forma en que creó Dios al hombre, y, *por ext,* a otras cosas: *Lo ha educado a su imagen.*

i·ma·gi·na·ble [imaxináβle] *adj* Que puede ser imaginado.

i·ma·gi·na·ción [imaxinaθjón] *s/f* **1.** Facultad humana de imaginar, inventar o recrear cosas reales o irreales. **2.** (Sobre todo en *pl*) Cosa meramente supuesta por alguien: *Todo eso son imaginaciones suyas.*

i·ma·gi·nar [imaxinár] *v/tr* **1.** Representarse mentalmente algo que no tiene existencia real o que no está presente. **2.** Pensar cierta cosa de distinta manera a como es en la realidad: *Imaginaba que habría gente, pero no tanta.*

i·ma·gi·na·ria [imaxinárja] **1.** *s/f* MIL Guardia nombrada para efectuar el servicio de vigilancia en el caso de faltar la encargada de llevarlo a cabo. **2.** *s/m* MIL Soldado encargado de vigilar por turno durante la noche.

i·ma·gi·na·rio, -a [imaxinárjo, -a] *adj* Se aplica a lo que no tiene existencia sino en la mente.

i·ma·gi·na·ti·vo, -a [imaxinatíβo, -a] *adj* Relacionado con la imaginación.

i·ma·gi·ne·ría [imaxinería] *s/f* **1.** Escultura o pintura de imágenes sagradas. **2.** Conjunto de imágenes de la escultura religiosa.

i·ma·gi·ne·ro [imaxinéro] *s/m* Escultor o pintor de imágenes.

i·mán [imán] *s/m* **1.** Trozo de hierro que tiene la propiedad de atraer a los objetos metálicos, y, *por ext,* cualquier sustancia que atrae al hierro. **2.** Entre los musulmanes, persona que dirige la oración en las mezquitas.

i·ma·nar [imanár] *v/tr* Dotar a un metal de propiedades magnéticas.

i·man·ta·ción [imaṇtaθjón] *s/f* Acción de imantar.

i·man·tar [imaṇtár] *v/tr* Magnetizar, imanar.

im·bé·cil [iṃbéθil] *adj* y *s/m,f* **1.** Persona poco inteligente. **2.** Se dice en tono despectivo de la persona que se comporta poco inteligentemente o que enfada o molesta con su comportamiento: *¡No seas imbécil!*

im·be·ci·li·dad [iṃbeθiliðáð] *s/f* **1.** Cualidad o estado de imbécil. **2.** Acción o dicho de imbécil.

im·ber·be [iṃbérβe] *adj* Se aplica al joven que no tiene barba.

im·bo·rra·ble [iṃborráβle] *adj* **1.** Que no se puede borrar. **2.** Que se mantiene permanente o no se olvida.

im·bri·ca·do -a [imbrikáðo -a] *adj* Entrelazado y sobrepuesta una cosa sobre otra parcialmente.

im·buir [iṃbwír] **I.** *v/tr* Dotar a alguien de unas determinadas ideas o sentimientos. **II.** REFL(SE) Hacer propias las ideas de alguien: *No es la primera vez que se imbuye de unas ideas así.* RPr **Imbuir(se) de.**

ORT La *ı* cambia en *y* en las formas en que va seguida de vocal y no está acentuada: *Imbuyo, imbuya, imbuyó, imbuyera;* pero *imbuía.*

CONJ *Irreg: Imbuyo, imbuí, imbuiré, imbuido*

i·mi·ta·ble [imitáβle] *adj* **1.** Que se puede imitar. **2.** Digno de imitación.

i·mi·ta·ción [imitaθjón] *s/f* **1.** Acción de imitar. **2.** Cosa imitada de otra. LOC **A imitación de,** tomando como modelo.

i·mi·ta·dor, -ra [imitaðór, -ra] *adj* y *s/m,f* Se aplica a quien imita.

i·mi·tar [imitár] *v/tr* Hacer lo mismo que alguien, a quien se toma como modelo. RPr **Imitar a/en:** *Le imitan en la voz.*

i·mi·ta·ti·vo, -a [imitatíβo, -a] *adj* Se aplica a lo relacionado con la imitación.

im·pa·cien·cia [iṃpaθjénθja] *s/f* **1.** Falta de paciencia. **2.** Desagrado producido por la inoportunidad, la pesadez, etc., de alguien.

im·pa·cien·tar [iṃpaθjeṇtár] **I.** *v/tr* Poner impaciente a alguien. **II.** REFL(-SE) Perder la paciencia. RPr **Impacientarse por/con:** *Se impacienta con todos/por nada.*

im·pa·cien·te [iṃpaθjéṇte] *adj* y *s/m,f* **1.** *(Ser (un) impaciente)* Se aplica a la persona que, por temperamento, no tiene paciencia para esperar. **2.** *(Estar impaciente)* Se dice de quien está deseoso de hacer o de que ocurra algo. **3.** *(Estar impaciente)* Que está intranquilo por algo. RPr **Impaciente por/con/de:** *Estoy impaciente por conocerla. Estar impaciente con/de su tardanza.*

im·pac·tar [iṃpaktár] *v/tr* **1.** Chocar contra algo. **2.** Impresionar algo (una noticia, etc.) a alguien.

im·pac·to [iṃpákto] *s/m* **1.** Choque de un proyectil sobre su blanco. **2.** Señal que queda de tal choque. **3.** FIG Impresión o efecto intenso producido en las personas por algo.

im·pa·ga·ble [iṃpaγáβle] *adj* **1.** Se aplica a lo que no se puede pagar. **2.** FIG Se dice de lo que tiene valor, significación, mérito, etc., en grado extraordinario.

im·pa·ga·do, -a [iṃpaγáðo, -a] *adj* Que no ha sido pagado.

im·pa·go [iṃpáγo] *s/m* **Situación de lo**

que no ha sido pagado: *El impago de la deuda.*

im·pal·pa·ble [im̩palpáβle] *adj* No palpable.

im·par [im̩pár] *adj* y *s/m,f* Se aplica a los números que no son divisibles por dos.

im·pa·ra·ble [im̩paráβle] *adj* Que no se puede parar.

im·par·cial [im̩parθjál] *adj* Se aplica a la persona que obra o juega con ecuanimidad, y también a sus actos: *Una decisión imparcial.*

im·par·cia·li·dad [im̩parθjaliðáð] *s/f* **1.** Cualidad de imparcial. **2.** Manera de obrar de las personas imparciales o ecuánimes.

impar·tir [im̩partír] *v/tr* Dar o comunicar una persona a otra algo que tiene: *Impartir las clases.*

im·pa·si·bi·li·dad [im̩pasiβiliðáð] *s/f* **1.** Cualidad de impasible. **2.** Actitud de las personas que se muestran impasibles.

im·pa·si·ble [im̩pasíβle] *adj* Que no muestra emoción, interés, etc., ante algo que por lo general produce estos sentimientos, y se aplica a esta actitud.

im·pa·vi·dez [im̩paβiðéθ] *s/f* Cualidad de impávido.

im·pá·vi·do, -a [im̩páβiðo, -a] *adj* Que tiene serenidad en las situaciones peligrosas o comprometidas.

im·pe·ca·bi·li·dad [im̩pekaβiliðáð] *s/f* Cualidad de impecable.

im·pe·ca·ble [im̩pekáβle] *adj* **1.** *(Estar impecable)* Aplicado a cosas, que no han perdido su forma, aspecto, etc., originales. **2.** *(Ser impecable)* Aplicado a la conducta de las personas, que no admite reparos: *Un comportamiento impecable.*

im·pe·dan·cia [im̩peðán̩θja] *s/f* FÍS Resistencia de un circuito a la corriente eléctrica.

im·pe·di·do, -a [im̩peðíðo, -a] *adj* y *s/m,f* Se aplica a la persona que no puede usar uno o más miembros. RPr **Impedido de:** *Estar impedido de un brazo.*
GRAM Con *ser* se usa como *s,* exigiendo determinante: *Es un impedido físico.*

im·pe·di·men·ta [im̩peðimén̩ta] *s/f* MIL Carga, equipaje, etc., que por su peso o cantidad dificulta la marcha.

im·pe·di·men·to [im̩peðimén̩to] *s/m* Cosa que obstaculiza la realización de algo.

im·pe·dir [im̩peðír] *v/tr* **1.** No permitir que ocurra algo. **2.** Servir de obstáculo para algo.
CONJ *Irreg: Impido, impedí, impediré, impedido.*

im·pe·ler [im̩pelér] *v/tr* **1.** CULT Ejercer una fuerza o presión sobre algo haciendo que se mueva. **2.** FIG CULT Impulsar a alguien a hacer algo.

im·pe·ne·tra·bi·li·dad [im̩penetraβiliðáð] *s/f* Cualidad de impenetrable.

im·pe·ne·tra·ble [im̩penetráβle] *adj* **1.** Se dice de las cosas que no pueden ser atravesadas a causa de su dureza, impermeabilidad, densidad, etc.: *Un bosque impenetrable.* **2.** FIG Que no se puede conocer o descubrir: *Un enigma impenetrable.* **3.** FIG Se aplica a las personas y a su comportamiento, aspecto, etc., cuando no dejan traslucir lo que se busca: *Un rostro impenetrable.*

im·pe·ni·ten·cia [im̩penitén̩θja] *s/f* Obstinación en el pecado.

im·pe·ni·ten·te [im̩penitén̩te] *adj* y *s/m,f* **1.** Se dice de quien obra con impenitencia. **2.** FIG Que hace algo en grado superior a lo que es común y de manera invariable: *Un bromista impenitente.*

im·pen·sa·do, -a [im̩pensáðo, -a] *adj* **1.** Se aplica a lo que se hace sin haberlo pensado antes. **2.** Se dice de lo que ocurre sin ser esperado: *Esos viajes impensados son a veces los mejores.*

im·pe·pi·na·ble [im̩pepináβle] *adj* COL Se aplica a lo que es tan evidente que no es susceptible de discusión.

im·pe·ran·te [im̩perán̩te] *adj* **1.** Que impera o domina. **2.** FIG Aplicado a nombres como 'moda', 'estilo', 'tendencia', etc., que predomina.

im·pe·rar [im̩perár] *v/tr* **1.** LIT, CULT Ejercer el poder o mandar en un país o lugar. **2.** Tener preponderancia.

im·pe·ra·ti·vo, (-a) [im̩peratíβo, (-a)] **I.** *adj* Que entraña mandato. **II.** *adj* y *s/m* GRAM Se dice del modo y de las oraciones que expresan mandato. **III.** *s/m,pl* Necesidad absoluta: *Los imperativos de la política.*

im·per·cep·ti·bi·li·dad [im̩perθeptiβiliðáð] *s/f* Cualidad de imperceptible.

im·per·cep·ti·ble [im̩perθeptíβle] *adj* **1.** Que no se puede percibir por los sentidos. **2.** Que apenas se percibe.

im·per·di·ble [im̩perðíβle] **I.** *adj* Se aplica a lo que por sus características no se puede perder. **II.** *s/m* Alfiler de seguridad formado por dos partes, una que termina en punta y la otra en una curvatura en donde entra la primera.

im·per·do·na·ble [im̩perðonáβle] *adj* No perdonable.

im·pe·re·ce·de·ro, -a [im̩pereθeðéro, -a] *adj* No perecedero.

im·per·fec·ción [im̥perfe(k)θjón] *s/f* **1.** Falta de perfección. **2.** Defecto ligero en lo moral o lo material.

im·per·fec·to, -a [im̥perfékto, -a] *adj* No perfecto.

im·pe·rial [im̥perjál] *adj* Relacionado con el emperador o el imperio.

im·pe·ria·lis·mo [im̥perjalísmo] *s/m* Política de algunas naciones caracterizada por el afán de expansión y de dominio sobre otros pueblos.

im·pe·ria·lis·ta [im̥perjalísta] *adj* y *s/m,f* **1.** Relacionado con el imperialismo. **2.** Partidario del imperialismo.

im·pe·ri·cia [im̥períθja] *s/f* Falta de habilidad en la realización de algo.

im·pe·rio [im̥pérjo] *s/m* **1.** Acción de imperar: *El imperio de la ley.* **2.** Gobierno, cargo, etc., del emperador, y, *por ext,* período de tiempo que dura. **3.** Organización política de un Estado que busca extender sus dominios y conjunto de sus territorios: *El imperio de los incas.* LOC **Valer un imperio,** *1.* (Referido a cosas), ser muy valioso; *2.* (Referido a personas), tener grandes cualidades.

im·pe·rio·so, -a [im̥perjóso, -a] *adj* **1.** Se aplica a la persona que manda con dureza, severidad, etc., y a su actitud o comportamiento: *Hablar con un tono imperioso.* **2.** Que no se puede dejar de hacer: *Una necesidad imperiosa.*

im·per·mea·bi·li·dad [im̥permeaβiliðáð] *s/f* Cualidad de impermeable.

im·per·mea·bi·li·za·ción [im̥permeaβiliθaθjón] *s/f* Acción y efecto de impermeabilizar.

im·per·mea·bi·li·zan·te [im̥permeaβiliθán̥te] *adj* y *s/m* Se aplica a lo que se emplea para impermeabilizar.

im·per·mea·bi·li·zar [im̥permeaβiliθár] *v/tr* Poner impermeable una cosa.
ORT Ante *e* la *z* cambia en *c: Impermeabilicé.*

im·per·mea·ble [im̥permeáβle] **I.** Se aplica a lo que no deja pasar el agua u otros líquidos. **II.** *s/m* Prenda de vestir hecha con tela que no deja pasar la lluvia.

im·per·mea·bi·li·dad [im̥permeaβiliðáð] *s/f* Cualidad de impermeable.

im·per·so·nal [im̥personál] *adj* **1.** Que no tiene o manifiesta el carácter, las ideas, el gusto, etc., de una persona concreta: *Trato impersonal.* **2.** GRAM Se dice de los verbos que sólo se emplean en *3.ª pers* del *sing* o *inf (llover, nevar,* etc.)

im·per·so·na·li·dad [im̥personaliðáð] *s/f* Cualidad de impersonal.

im·per·té·rri·to, -a [im̥pertérrito, -a] *adj* Que no se intimida en las situaciones peligrosas, comprometidas, etc.

im·per·ti·nen·cia [im̥pertinénθja] *s/f* **1.** Cualidad de la persona que se comporta con indiscreción, inoportunidad, etc. **2.** Dicho o hecho indiscreto, inoportuno, etc.: *Decir una impertinencia.*

im·per·ti·nen·te [im̥pertinén̥te] *adj* **1.** Se aplica a aquello que es inorportuno o improcedente en una situación dada. **2.** Se dice de quien se comporta con indiscreción o desconsideración. **3.** Se aplica a aquel que resulta demasiado molesto por sus continuas peticiones o exigencias.

im·per·tur·ba·bi·li·dad [im̥perturβaβiliðáð] *s/f* Cualidad de imperturbable.

im·per·tur·ba·ble [im̥perturβáβle] *adj* Que no se altera o no se inmuta en una situación que induce a ello, y, *por ext,* a su comportamiento y a partes del cuerpo que, como el rostro, manifiestan el estado de ánimo: *Una mirada imperturbable.*

im·pé·ti·go [im̥pétiɣo] *s/m* MED Erupción cutánea.

im·pe·trar [im̥petrár] *v/tr* LIT, REL Pedir una cosa patéticamente y con humildad.

ím·pe·tu [ím̥petu] *s/m* **1.** Rapidez o violencia con que se mueven las personas o los animales. **2.** Viveza o energía puesta en la realización de algo.

im·pe·tuo·si·dad [im̥petwosiðáð] *s/f* Violencia o precipitación con que se hace algo: *Moderar la impetuosidad.*

im·pe·tuo·so, -a [im̥petwóso, -a] *adj* y *s/m,f* **1.** Que se mueve con ímpetu. **2.** Se dice de la persona que actúa con irreflexión o precipitación y, *por ext,* de su comportamiento.

im·pie·dad [im̥pjeðáð] *s/f* Falta de fe religiosa o desprecio de las cosas religiosas.

im·pío, -a [im̥pío, -a] *adj* **1.** Falta de piedad o compasión. **2.** Aplicado a personas, que no tienen fe religiosa.

im·pla·ca·ble [im̥plakáβle] *adj* Que no se deja ablandar en su rigor o es imposible de suavizar en su fuerza o dureza: *Un juez implacable. Un dominio implacable.*

im·plan·ta·ción [im̥plan̥taθjón] *s/f* Acción y efecto de implantar.

im·plan·tar [im̥plan̥tár] **I.** *v/tr* **1.** Establecer y hacer que se generalicen cosas nuevas, como costumbres, modas, etc. **2.** MED Fijar quirúrgicamente un órgano o tejido a otro. **II.** REFL(SE) Introducirse y hacerse general algo.

im·pli·ca·ción [im̥plikaθjón] *s/f* Acción y efecto de implicar.

im·pli·car [im̥plikár] **I.** *v/tr* **1.** Introducir a alguien en un asunto, sin haber contado

con él previamente: *Los ha implicado en un negocio.* **2.** Llevar en sí una cosa otra que se considera consecuencia inevitable. **II.** REFL(SE) Complicarse, meterse en un asunto. RPr **Implicar(se) en.**
ORT La *c* cambia en *qu* ante *e: Implique.*

im·plí·ci·to, -a [imɱplíθito, -a] *adj* Que se considera incluido en una cosa, aunque no se especifique: *Su respuesta estaba implícita en su actitud.* RPr **Implícito en.**

im·plo·ra·ción [imɱploraθjón] *s/f* Acción de implorar.

im·plo·ran·te [imɱplorán̪te] *adj* Que implora.

im·plo·rar [imɱplorár] *v/tr* Pedir algo con gran sentimiento tratando de mover a compasión: *Implorar el perdón.*

im·plo·sión [imɱplosjón] *s/f* Acción de romperse con estruendo las paredes de una cavidad a consecuencia de existir en su interior menor presión que en el exterior.

im·po·lu·to, -a [imɱpolúto, -a] *adj* Que está limpio o sin mancha.

im·pon·de·ra·ble [imɱpon̪deráβle] **I.** *adj* Se aplica a factores, hechos, etc., cuya naturaleza e importancia no pueden ser previstas o calculadas por depender del azar. **II.** *s/m* (Generalmente *pl*) Esos mismos factores.

im·po·nen·te [imɱponén̪te] *adj* Se aplica a lo que impresiona por su aspecto, belleza, magnitud, etc.

im·po·ner [imɱponér] **I.** *v/tr* **1.** Obligar a que alguien acepte, haga, etc., algo. **2.** (Con *a, sobre*) Poner algo como sanción, impuesto, etc.: *Imponer un gravamen sobre el juego.* **3.** Hacer un ingreso de dinero en una cuenta bancaria. **II.** *v/tr, intr* Causar respeto, temor, admiración, etc.: *Me impone mucho con esa cara tan seria.* **III.** REFL(SE) **1.** Hacerse general una cosa: *Imponerse una moda.* **2.** Salir alguien triunfador de una prueba: *Al final se impuso nuestro equipo.* **3.** (Sobre todo con *saber*) Hacerse respetar u obedecer: *Luis no se sabe imponer a sus alumnos.* RPr **Imponer(se) a/en/sobre.**
CONJ *Irreg: Impongo, impuse, impondré, impuesto.*

im·po·ni·ble [imɱponíβle] *adj* Se aplica a lo que es susceptible de ser impuesto.
Líquido imponible, valor que tienen oficialmente los bienes o fincas susceptibles de impuestos, y que sirve de base para fijar la cuota tributaria.

im·po·pu·lar [imɱpopulár] *adj* **1.** Se aplica a quien no cuenta con el agrado o la aceptación de una comunidad de personas, un público seguidor o entendido, etc. **2.** Se dice de las decisiones políticas, leyes, etc., que por sus consecuencias no son populares.

im·po·pu·la·ri·dad [imɱpopulariðáð] *s/f* Cualidad o condición de impopular.

im·por·ta·ción [imɱportaθjón] *s/f* **1.** Acción de importar. **2.** Productos importados.

im·por·ta·dor, -ra [imɱportaðór, -ra] *adj* y *s/m,f* Que importa género del extranjero.

im·por·tan·cia [imɱportánθja] *s/f* Carácter destacado, influencia de algo o alguien en una cosa.

im·por·tan·te [imɱportán̪te] *adj (Ser importante)* Que destaca por su significación, riqueza, valor, interés, etc.

im·por·tar [imɱportár] **I.** *v/tr* Introducir en un país productos comerciales, costumbres, etc., del extranjero. **II.** *v/intr* **1.** Tener algo interés o importancia para una persona: *Me importa mucho lo que piense Ana.* **2.** COL Tener inconveniente una cosa para una persona: *¿Le importaría a usted llamar un poco más tarde?* **3.** Ascender a una cantidad de dinero una cosa que se compra o se vende, o los gastos de algo: *Importará varios millones.*

im·por·te [imɱpórte] *s/m* Cuantía de un gasto, una deuda, un crédito, etc.

im·por·tu·na·ción [imɱportunaθjón] *s/f* Acción molesta por ser inoportuna.

im·por·tu·nar [imɱportunár] *v/tr* Molestar una persona a otra por pedirle algo inoportuna o insistentemente.

im·por·tu·ni·dad [imɱportuniðáð] *s/f* Cualidad de importuno.

im·por·tu·no, -a [imɱportúno, -a] *adj* Se aplica a quien o a lo que resulta molesto por obrar u ocurrir en momento inadecuado.

im·po·si·bi·li·dad [imɱposiβiliðáð] *s/f* Cualidad de imposible de algo: *Imposibilidad de avisarle.* RPr **Imposibilidad de.**

im·po·si·bi·li·ta·do, -a [imɱposiβilitáðo, -a] *adj* Se aplica a la persona que está impedida de un miembro o que no puede moverse: *Imposibilitado de las piernas.* RPr **Imposibilitado de.**

im·po·si·bi·li·tar [imɱposiβilitár] **I.** *v/tr* Hacer que no se pueda realizar o conseguir algo. **II.** REFL(SE) Quedar impedido.

im·po·si·ble [imɱposíβle] **I.** *adj* **1.** *(Ser imposible)* No posible. **2.** FIG FAM Se aplica a la persona que tiene un comportamiento difícil *(Estar/ponerse/ser imposible): Carlitos está imposible.* Y, *por ext,* también a cosas como el propio comportamiento, el carácter, etc.: *Un carácter imposible.* **II.** *s/m* Cosa difícil de hacer o de conseguir: *Pedir un imposible.*

im·po·si·ción [imɱposiθjón] *s/f* **1.** Acción

de imponer o imponerse. **2.** Ingreso de dinero que se hace en una cuenta bancaria.

im·po·si·tor, -ra [impositór, -ra] *s/m,f* Persona que ingresa una cantidad de dinero en una cuenta bancaria.

im·pos·tor, -ra [impostór, -ra] *adj* y *s/m,f* **1.** Persona que dice falsedades para desacreditar a otra. **2.** Se aplica a la persona que, con malos fines, se hace pasar por quien no es.

im·pos·tu·ra [impostúra] *s/f* **1.** Dicho calumnioso. **2.** Engaño de quien, con malos fines, intenta hacerse pasar a sí mismo o a una cosa por lo que no es.

im·po·ten·cia [impoténθja] *s/f* Falta de poder o capacidad de una persona para algo: *Tener una sensación de impotencia.*

im·po·ten·te [impoténte] *adj* **1.** Se aplica a la persona que no tiene capacidad física o moral para realizar algo, y, *por ext,* a partes del cuerpo de las personas. **2.** Aplicado al hombre, que no puede engendrar.

im·prac·ti·ca·bi·li·dad [impraktikaβiliðáð] *s/f* Cualidad o estado de impracticable.

im·prac·ti·ca·ble [impraktikáβle] *adj* **1.** Que no se puede llevar a cabo. **2.** Se aplica a vías de comunicación como caminos, etc., por donde es difícil pasar a consecuencia de su estado, trazado, etc.

im·pre·ca·ción [imprekaθjón] *s/f* Expresión de tono exclamativo con que se manifiesta el deseo de que a alguien le ocurra algo desfavorable.

im·pre·car [imprekár] *v/tr* Proferir imprecaciones contra alguien.
ORT Ante *e* la *c* cambia en *qu: Imprequé.*

im·pre·ca·to·rio, -a [imprekatórjo, -a] *adj* Relacionado con la imprecación.

im·pre·ci·sión [impreθisjón] *s/f* Falta de precisión o claridad.

im·pre·ci·so, -a [impreθíso, -a] *adj* Que no resulta claro, preciso o exacto.

im·preg·na·ble [impreγnáβle] *adj* Susceptible de ser impregnado.

im·preg·na·ción [impreγnaθjón] *s/f* Acción de impregnar o impregnarse.

im·preg·nar [impreγnár] **I.** *v/tr* **1.** Humedecer algo con un líquido. **2.** Penetrar un líquido una cosa. **II.** REFL(SE) Ser penetrada una cosa por un líquido o un olor: *Impregnarse de aceite.* RPr **Impregnar(se) de/con/en:** *Impregnar con/en alcohol.*

im·pre·me·di·ta·do, -a [impremeðitáðo, -a] *adj* No premeditado.

im·pren·ta [imprénta] *s/f* **1.** Técnica de imprimir. **2.** Taller donde se imprime.

im·pres·cin·di·ble [impresθindíβle] *adj* **1.** *(Ser imprescindible)* Aplicado a cosas, que no se puede eludir o resulta totalmente obligatorio. **2.** Aplicado a personas, que es totalmente necesario.

im·pres·crip·ti·ble [impreskriptíβle] *adj* Que no prescribe o deja de tener operatividad: *Derecho imprescriptible.*

im·pre·sen·ta·ble [impresentáβle] *adj* *(Ser/Estar impresentable)* Se aplica a las cosas o a las personas que por su aspecto descuidado resultan no presentables.

im·pre·sión [impresjón] *s/f* **1.** Acción de imprimir: *La impresión de un texto.* **2.** Forma de estar impreso un libro, atendiendo a su calidad: *Calidad de impresión.* **3.** Efecto causado en los sentidos o en el ánimo por una cosa o una persona: *Producir buena impresión.* **4.** FIG Opinión, idea de algo o alguien que surge de ese efecto: *Mi impresión es favorable.*

im·pre·sio·na·ble [impresjonáβle] *adj* **1.** *(Ser impresionable)* Se aplica a la persona que se altera en su ánimo con facilidad. **2.** Que se puede grabar o impresionar.

im·pre·sio·nan·te [impresjonánte] *adj* Que causa una gran impresión por su grandeza, su magnificencia, etc.

im·pre·sio·nar [impresjonár] **I.** *v/intr* Causar alguien o algo una viva impresión en una persona. **II.** *v/tr* Grabar una imagen, un sonido, etc., mediante un procedimiento técnico.

im·pre·sio·nis·mo [impresjonísmo] *s/m* Escuela pictórica nacida en el s. XIX y que trata de transmitir las impresiones o experiencias del artista ante la naturaleza.

im·pre·sio·nis·ta [impresjonísta] **I.** *adj* Relacionado con el impresionismo. **II.** *s/m,f* Pintor que cultiva tal estilo artístico.

im·pre·so [impréso] *s/m* **1.** Hoja de papel con algunas partes impresas que se usa para hacer solicitudes, informes, etc. **2.** Papel o material impreso en general.

im·pre·sor, -ra [impresór, -ra] *adj* y *s/m,f* Que imprime.

im·pre·vi·si·ble [impreβisíβle] *adj* Que no se puede prever.

im·pre·vi·sión [impreβisjón] *s/f* Falta de previsión.

im·pre·vis·to, (-a) **[impreβísto, (-a)] I.** *adj* Que ocurre sin haber sido previsto o sin haberlo tenido en cuenta de antemano. **II.** *s/m* Gasto no previsto.

im·pri·mir [imprimír] *v/tr* **1.** Trasladar al papel o a un material apropiado un texto, un dibujo, etc., mediante las técnicas de imprenta. **2.** FIG Fijar en el ánimo o en la mente algo. **3.** FIG Dar a una cosa un determinado carácter u orientación, o

simplemente un movimiento físico: *Imprimir un nuevo estilo a la empresa.* RPr **Imprimir en/sobre/con:** *Imprimir con letra grande/en/sobre papel.*
GRAM, CONJ El *p* es *irreg: Impreso.*

im·pro·ba·bi·li·dad [improβaβiliðáð] *s/f* Cualidad de improbable o circunstancia de ser improbable una cosa.

im·pro·ba·ble [improβáβle] *adj* Poco probable.

im·pro·bi·dad [improβiðáð] *s/f* Cualidad de ímprobo.

ím·pro·bo, -a [ímproβo, -a] *adj* Muy grande: *Un esfuerzo ímprobo.*

im·pro·ce·den·cia [improθeðénθja] *s/f* Cualidad de improcedente.

im·pro·ce·den·te [improθeðénte] *adj* **1.** Que es inoportuno o poco apropiado. **2.** Disconforme con lo establecido por derecho o reglamento.

im·pro·duc·ti·vo, -a [improðuktíβo, -a] *adj* Que no produce ganancias o rendimiento.

im·pron·ta [imprónta] *s/f* **1.** Reproducción de una imagen en hueco o en relieve sobre una materia blanda, mediante un sello o molde. **2.** FIG Huella o influencia en lo moral, intelectual, artístico, etc.

im·pro·nun·cia·ble [impronunθjáβle] *adj* Que es difícil o imposible de pronunciar.

im·pro·pe·rio [impropérjo] *s/m* Palabra o expresión insultante.

im·pro·pie·dad [impropjeðáð] *s/f* (*Aplicado al lenguaje*) Cualidad de impropio.

im·pro·pio, -a [imprópjo, -a] *adj* Extraño o inadecuado en alguien o algo. RPr **Impropio de/para/en:** *Impropio en/de él. Estas temperaturas son impropias para este tiempo.*

im·pro·rro·ga·ble [improrroγáβle] *adj* No prorrogable: *Plazo improrrogable.*

im·pro·vi·sa·ción [improβisaθjón] *s/f* **1.** Acción de improvisar. **2.** Obra, hecho improvisado.

im·pro·vi·sar [improβisár] *v/tr* Hacer algo sin haberlo pensado o preparado anteriormente: *Improvisar un discurso.*

im·pro·vi·so [improβíso] *loc adv* **De improviso,** de forma inesperada.

im·pru·den·cia [impruðénθja] *s/f* **1.** Falta de prudencia. **2.** Dicho u obra imprudente.

im·pru·den·te [impruðénte] *adj* Falto de prudencia.

im·pú·ber [impúβer] *adj* y *s/m,f* Que no ha pasado la pubertad.

im·pu·di·cia [impuðíθja] *s/f* CULT Deshonestidad o desvergüenza.

im·pú·di·co, -a [impúðiko, -a] *adj* y *s/m,f* Se aplica a las personas faltas de pudor y a sus obras.

im·pu·dor [impuðór] *s/m* **1.** Falta de pudor. **2.** Falta de decoro o de delicadeza.

im·pues·to, (-a) [impwésto, (-a)] **I.** *adj* COL Se aplica a quien sabe mucho de una materia o disciplina *(Estar impuesto): Ana está impuesta en botánica.* **II.** *s/m* Gravamen sobre las rentas, las transacciones y productos comerciales, etc., para el sostenimiento del Estado y otras instituciones. RPr **Estar impuesto en (I).**

im·pug·na·ble [impuγnáβle] *adj* Se aplica a lo que se puede impugnar.

im·pug·na·ción [impuγnaθjón] *s/f* Acción y efecto de impugnar.

im·pug·nar [impuγnár] *v/tr* **1.** Rechazar algo o a alguien por no ajustarse a lo legislado o reglamentado. **2.** Oponerse a algo que se considera falso, aduciendo razones: *Impugnar una teoría.*

im·pul·sar [impulsár] *v/tr* **1.** Hacer que algo se mueva empujándolo o actuando sobre un punto. **2.** FIG Ser la causa o el móvil para que una persona haga algo. **3.** Dar fuerza o vigor a una cosa. RPr **Impulsar a:** *Impulsar a obrar.*

im·pul·si·vi·dad [impulsiβiðáð] *s/f* Cualidad o condición de impulsivo.

im·pul·si·vo, -a [impulsíβo, -a] *adj* y *s/m,f* Se aplica a la persona que obra sin reflexión, obedeciendo a sus impulsos afectivos y, *por ext*, a sus obras.

im·pul·so [impúlso] *s/m* **1.** Movimiento ejercido sobre una cosa por una fuerza cualquiera. **2.** Fuerza existente en lo que se mueve, se desarrolla, etc.

im·pul·sor, -ra [impulsór, -ra] *adj* y *s/m,f* Que impulsa.

im·pu·ne [impúne] *adj* Que queda sin castigo: *Un crimen impune.*

im·pu·ni·dad [impuniðáð] *s/f* (*Vivir/Quedar en la impunidad*) Falta de castigo en un delito o una persona que lo merece.

im·pu·re·za [impuréθa] *s/f* **1.** Cualidad de impuro. **2.** (Generalmente en *pl*) Mezcla de partículas extrañas en un cuerpo o materia, que lo impurifican.

im·pu·ro, -a [impúro, -a] *adj* No puro.

im·pu·ta·bi·li·dad [imputaβiliðáð] *s/f* Cualidad de imputable.

im·pu·ta·ble [imputáβle] *adj* Que se puede imputar. RPr **Imputable a:** *Imputable a su carácter.*

im·pu·ta·ción [imputaθjón] *s/f* Acción de imputar.

im·pu·tar [imputár] *v/tr* CULT Atribuir a alguien una falta o delito: *Imputar el fracaso a la escasez de medios.* RPr **Imputar (algo) a.**

in·a·bar·ca·ble [inaβarkáβle] *adj* (*Ser inabarcable*) No abarcable.

in·a·bor·da·ble [inaβorðáβle] *adj* No abordable o difícil de abordar.

in·a·ca·ba·ble [inakaβáβle] *adj* Que parece no tener fin.

in·ac·ce·si·bi·li·dad [ina(k)θesiβiliðáð] *s/f* Cualidad de inaccesible.

in·ac·ce·si·ble [ina(k)θesíβle] *adj* No accesible: *Un lugar inaccesible a/para alguien.* RPr **Inaccesible a/para.**

in·ac·ción [ina(k)θjón] *s/f* Falta de acción, o estado en que alguien o algo está inactivo o no funciona.

in·a·cep·ta·ble [inaθeptáβle] *adj* Que no se puede aceptar o admitir.

in·ac·ti·vi·dad [inaktiβiðáð] *s/f* Falta de actividad o estado de inactivo.

in·ac·ti·vo, -a [inaktíβo, -a] *adj* Que está en la inacción.

in·a·dap·ta·ble [inaðaptáβle] *adj* No adaptable. RPr **Inadaptable a:** *Inadaptable a nuestra situación.*

in·a·dap·ta·do, -a [inaðaptáðo, -a] *adj* y *s/m,f* Se aplica a la persona que no se adapta a las condiciones o circunstancias de una sociedad o una comunidad.

in·ad·mi·si·ble [inaðmisíβle] *adj* No admisible.

in·ad·ver·ten·cia [inaðβerténθja] *s/f* Falta de atención en algo.

in·a·go·ta·ble [inaγotáβle] *adj* No agotable.

in·a·guan·ta·ble [inaγwantáβle] *adj* **1.** Se aplica a cosas como dolor, sufrimiento, etc., cuando son muy intensos. **2.** No se puede aguantar por ser molesto, antipático, etc.

in·a·lám·bri·co, -a [inalámbriko, -a] *adj* Se aplica a la telegrafía, telefonía, etc., en que no se utilizan cables para la transmisión.

in·al·can·za·ble [inalkanθáβle] *adj* Que no se puede alcanzar.

in·a·lie·na·ble [inaljenáβle] *adj* **1.** DER Se aplica a lo que no se puede enajenar. **2.** FIG Se dice de los derechos de la persona que hay que respetar inexcusablemente.

in·al·te·ra·ble [inalteráβle] *adj* Que no se altera. RPr **Inalterable a**: *Inalterable a la luz.*

in·a·mo·vi·ble [inamoβíβle] *adj* No amovible: *Puesto inamovible.*

i·na·ne [ináne] *adj* CULT Se aplica a lo que es inútil, vano etc.: *Un esfuerzo inane.*

i·na·ni·ción [inaniθjón] *s/f* Agotamiento extremo producido por no comer.

in·a·ni·ma·do, -a [inanimáðo, -a] *adj* Se aplica a los seres que no tienen vida.

in·á·ni·me [inánime] *adj* Sin vida.

in·a·pe·la·ble [inapeláβle] *adj* Se aplica a las sentencias, fallos, etc., de los tribunales o jurados que no admiten apelación.

in·a·pe·ten·cia [inapeténθja] *s/f* Falta de apetito o gana de comer.

in·a·pe·ten·te [inapeténte] *adj* Se aplica a quien está afectado de inapetencia.

in·a·pla·za·ble [inaplaθáβle] *adj* Que no se puede aplazar.

in·a·pli·ca·ble [inaplikáβle] *adj* Que no se puede aplicar en un caso dado.

in·a·pre·cia·ble [inapreθjáβle] *adj* **1.** Se aplica a lo que no se puede distinguir o apreciar. **2.** Se dice de lo que se considera muy importante o de gran valor para algo: *Un servicio inapreciable.*

in·a·rru·ga·ble [inarruγáβle] *adj* Se aplica a lo que no se arruga.

in·ar·ti·cu·la·ble [inartikuláβle] *adj* Se aplica a lo que no se puede articular.

in·a·se·qui·ble [inasekíβle] *adj* No asequible o que no se puede conseguir. RPr **Inasequible a/para:** *Inasequible a los débiles.*

in·a·ta·ca·ble [inatakáβle] *adj* **1.** Se aplica a lo que no se puede atacar. **2.** FIG Aplicado a ideas, argumentos, que no admiten objeción o reproche alguno.

in·au·di·ble [inauðíβle] *adj* No oíble.

in·au·di·to, -a [inauðíto, -a] *adj (Ser inaudito)* Que es sorprendente o vituperable por lo atrevido o escandaloso.

in·au·gu·ra·ción [inauγuraθjón] *s/f* **1.** Acción de inaugurar. **2.** Acto o actos solemnes con que se inician las actividades de algo.

in·au·gu·ral [inauγurál] *adj* Se aplica a lo relacionado con la inauguración.

in·au·gu·rar [inauγurár] *v/tr* Iniciar las actividades de algo, generalmente mediante un acto oficial o público.

in·ca [íŋka] *adj* y *s/m,f* Se aplica a los indios del antiguo Perú, y a sus cosas.

in·cai·co, -a [iŋkáiko, -a] *adj* CULT Relacionado con los incas.

in·cal·cu·la·ble [iŋkalkuláβle] *adj* No calculable o difícilmente evaluable.

in·ca·li·fi·ca·ble [iŋkalifikáβle] *adj* Muy reprobable: *Una decisión incalificable.*

in·can·des·cen·cia [iŋkan̪desθénθja] *s/f* Estado de incandescente.

in·can·des·cen·te [iŋkan̪desθén̪te] *adj* Que se pone rojo o blanco brillante al ser sometido a una alta temperatura.

in·can·sa·ble [iŋkansáβle] *adj* Que no se cansa haciendo algo o tiene gran constancia en ello. RPr **Incansable en:** *Incansable en el trabajo.*

in·ca·pa·ci·dad [iŋkapaθiðáð] *s/f* **1.** Falta de capacidad para hacer una cosa. **2.** DER Falta de aptitud legal.
Incapacidad laboral, incapacidad para trabajar debido a enfermedad u otra causa.

in·ca·pa·ci·ta·do, -a [iŋkapaθitáðo, -a] *adj* y *s/m,f* Se aplica a quien no tiene capacidad.

in·ca·pa·ci·tar [iŋkapaθitár] *v/tr* **1.** Ser impedimento una cosa para que alguien haga o sea algo. **2.** Declarar a una persona incapacitada legalmente para algo. RPr **Incapacitar para**.

in·ca·paz [iŋkapáθ] *adj* **1.** *(Ser incapaz)* No capaz de hacer cierta cosa. **2.** *(Ser incapaz para)* Falto de capacidad o aptitud para algo. *Por ext,* falto de capacidad legal (DER) **3.** Se dice de quien tiene poco talento: *Un hombre incapaz.* RPr **Incapaz de/para**: *Ser incapaz de decirlo.*

in·cau·ta·ción [iŋkautaθjón] *s/f* Acción de incautarse.

in·cau·tar·se [iŋkautárse] *v/REFL(SE)* **1.** Tomar posesión una autoridad competente, especialmente un tribunal, de bienes o de alguna propiedad de alguien: *El Estado se ha incautado de todo el material.* **2.** FIG Adueñarse alguien arbitrariamente de algo. RPr **Incautarse de**.

in·cau·to, -a [iŋkáuto, -a] *adj* **1.** Se aplica a quien no tiene cautela en el obrar. **2.** Se dice de quien tiene mucha ingenuidad.

in·cen·diar [inθen̪djár] *v/tr* Provocar un incendio en algo.

in·cen·dia·rio, (-a) [inθen̪djárjo, (-a)] **I.** *adj* **1.** Que está pensado para producir un incendio: *Bomba incendiaria.* **2.** FIG Se dice de lo que inflama los espíritus o incita a la subversión: *Un escrito incendiario* **II.** *s/m,f* Persona que provoca intencionadamente un incendio.

in·cen·dio [inθén̪djo] *s/m* Fuego de grandes proporciones que produce destrozos cuantiosos.

in·cen·sar [inθensár] *v/tr* Esparcir el humo del incienso con el incensario sobre una cosa o persona.

in·cen·sa·rio [inθensárjo] *s/m* Utensilio empleado para incensar.

in·cen·ti·var [inθen̪tiβár] *v/tr* Hacer que una persona tenga estímulo o ánimo para algo.

in·cen·ti·vo [inθen̪tíβo] *s/m* Cosa que estimula o anima para hacer algo.

in·cer·ti·dum·bre [inθertiðúmbre] *s/f* Cualidad de inseguro.

in·ce·san·te [inθesán̪te] *adj* Que no cesa u ocurre de manera ininterrumpida.

in·ces·to [inθésto] *s/m* Relación sexual entre hombre y mujer que son parientes, dentro de los grados en que está prohibido el matrimonio.

in·ces·tuo·so, -a [inθestwóso, -a] *adj* Se aplica a lo relacionado con el incesto.

in·ci·den·cia [inθiðénθja] *s/f* **1.** Efecto o consecuencia que puede tener un hecho determinado sobre algo: *La huelga ha tenido escasa incidencia.* **2.** Hecho que ocurre en el desarrollo de un asunto y que tiene carácter marginal o no esencial.

in·ci·den·tal [inθiðen̪tál] *adj* **1.** Relacionado con los incidentes. **2.** Marginal.

in·ci·den·te [inθiðén̪te] *s/m* **1.** Hecho violento e inesperado que puede afectar negativamente a la realización de algo. **2.** Choque o riña antre dos personas.

in·ci·dir [inθiðír] *v/intr* **1.** CULT Cometer o caer en error, falta, repetición, etc. **2.** CULT Golpear una cosa con otra a la que va dirigida: *La luz de la mañana incidía en los cristales.* **3.** FIG Poner la atención en un tema, asunto, punto, etc., o destacarlo frente a otros: *Luis ha incidido en la cuestión clave en este debate.* RPr **Incidir en.**

in·cien·so [inθjénso] *s/m* Sustancia aromática que se quema en algunas ceremonias religiosas en el incensario.

in·cier·to, -a [inθjérto, -a] *adj* **1.** COL No cierto, no verdadero. **2.** Dudoso o no seguro: *El futuro de nuestras relaciones es incierto.*

in·ci·ne·ra·ción [inθineraθjón] *s/f* Acción o acto de incinerar.

in·ci·ne·rar [inθinerár] *v/tr* Quemar algo para reducirlo a cenizas, con vistas a su conservación.

in·ci·pien·te [inθipjén̪te] *adj* Se aplica a lo que está en su comienzo.

in·ci·sión [inθisjón] *s/f* CULT Corte poco profundo hecho en algo.

in·ci·si·vo, (-a) [inθisíβo, (-a)] **I.** *adj* **1.** Que puede cortar o penetrar en algo: *Un instrumento incisivo.* **2.** FIG Se dice de la persona que es aguda o mordaz y, *por ext,* de algunas acciones o cualidades humanas:

Una ironía incisiva. **II.** *s/m* Cada uno de los dientes que tienen como función fundamental la de cortar los alimentos.

in·ci·so [inθíso] *s/m* **1.** Observación o consideración que a veces se hace cuando se habla, y que supone un desvío momentáneo de lo que se está exponiendo o contando. **2.** GRAM Oración o expresión que, a título aclarativo o explicativo, aparece intercalada en un texto.

in·ci·ta·ción [inθitaθjón] *s/f* Acción de incitar.

in·ci·tan·te [inθitánte] *adj* Se aplica a lo que incita.

in·ci·tar [inθitár] *v/tr* Animar o estimular a alguien para que haga algo. RPr **Incitar a/contra:** *Incitar a la violencia/contra la autoridad.*

in·ci·ta·dor, -ra [inθitaðór, -ra] *adj* y *s/m,f* Se aplica a quien o a lo que incita.

in·ci·vil [inθiβíl] *adj* Se aplica a quien obra sin educación o civismo.

in·cla·si·fi·ca·ble [iŋklasifikáβle] *adj* Se aplica a lo que no se puede clasificar.

in·cle·men·cia [iŋkleménθja] *s/f* **1.** Cualidad de inclemente. **2.** FIG (Generalmente en *pl*) Rigor del tiempo atmosférico cuando llueve, hace frío, etc.: *Aquí no hay que temer las inclemencias del tiempo.*

in·cle·men·te [iŋkleménte] *adj* **1.** Falto de clemencia. **2.** Aplicado al tiempo, no benigno.

in·cli·na·ción [iŋklinaθjón] *s/f* **1.** Acción de inclinar o inclinarse. **2.** FIG (*Sentir, tener inclinación*) Preferencia o afecto por alguien: *Ana tiene inclinación por las niñas.* RPr **Inclinación por/hacia.**

in·cli·nar [iŋklinár] **I.** *v/tr* Mover una cosa haciendo que tome una posición no vertical ni horizontal. **II.** REFL(SE) **1.** (Con *a*) Propender a algo: *Me inclino a creerlo.* **2.** (Con *por*) Sentir preferencia por algo que ha de hacerse o por alguien a quien hay que elegir: *Yo me inclino porque nos vayamos en tren.* RPr **Inclinarse a/hacia/por/sobre:** *Se inclinó hacia atrás.*

ín·cli·to, -a [íŋklito, -a] *adj* LIT Que tiene fama, prestigio, etc.

in·cluir [iŋklwír] *v/tr* **1.** Poner una cosa en otra o formando parte de ella: *Incluir algo en cuenta.* **2.** Comprender una cosa a otra o llevarla implícita: *El precio del viaje incluye todos los gastos.* RPr **Incluir(se) en/entre.**
CONJ *Irreg: Incluyo, incluí, incluiré, incluido.*

in·clu·sa [iŋklúsa] *s/f* Casa en donde se recogían y cuidaban los niños expósitos.

in·clu·sión [iŋklusjón] *s/f* Acción y efecto de incluir.

in·clu·si·ve [iŋklusíβe] *adv* Incluido: *Recibirá hasta el número diez inclusive.*

in·clu·so [iŋklúso] **I.** *adv* Aun, hasta: *Trabajando en esa empresa, incluso puedes salir al extranjero.* **II.** *prep* Hasta: *Ha nevado incluso en algunas zonas costeras.*

in·coa·ción [iŋkoaθjón] *s/f* Acción de incoar.

in·co·ar [iŋkoár] *v/tr* Dar comienzo a los trámites de un proceso, expediente, etc.

in·cóg·ni·to, (-a) [iŋkóγnito, (-a)] **I.** *adj* LIT No conocido. **II.** *s/f* MAT Magnitud desconocida en una ecuación, un problema, etc., y cuya averiguación se plantea. **2.** FIG Cosa que no se sabe y que despierta la curiosidad. LOC **De incógnito,** sin revelar lo que se hace para evitar el tratamiento protocolario, etc.

in·co·he·ren·cia [iŋkoerénθja] *s/f* **1.** Falta de coherencia **2.** Cosa que contradice lógicamente a otra o no guarda relación con ella.

in·co·he·ren·te [iŋkoerénte] *adj* **1.** Se aplica a aquello que no guarda relación con otra cosa, cuando sí la debería guardar. **2.** Se dice de lo que está falto de relación entre sus partes y puede resultar poco claro o difícil de entender. **3.** FIG Aplicado a personas, que obra en desacuerdo con las ideas que defiende normalmente. RPr **Incoherente con/en (algo).**

in·co·lo·ro, -a [iŋkolóro, -a] *adj* Que no tiene color o no está coloreado.

in·có·lu·me [iŋkólume] *adj* Sin daño o deterioro.

in·com·bus·ti·bi·li·dad [iŋkombustiβiliðáð] *s/f* Cualidad de incombustible.

in·com·bus·ti·ble [iŋkombustíβle] *adj* Que no arde.

in·co·mi·ble [iŋkomíβle] *adj* Que es imposible o muy difícil de comer, o resulta poco apetecible.

in·co·mo·dar [iŋkomoðár] **I.** *v/tr* Causar molestias e incomodidad a alguien. **II.** REFL(SE) Mostrar enfado por algún motivo: *¿Se ha incomodado por lo que le he dicho?* RPr **Incomodarse por.**

in·co·mo·di·dad [iŋkomoðiðáð] *s/f* Cualidad de incómodo.

in·có·mo·do, -a [iŋkómoðo, -a] *adj* No cómodo o molesto.

in·com·pa·ra·ble [iŋkomparáβle] *adj* **1.** No comparable. **2.** Se emplea con valor ponderativo para aludir a la excelencia de algo: *Una panorámica incomparable.*

in·com·pa·re·cen·cia [iŋkompareθenθja] *s/f* No asistencia a un lugar o acto para el que alguien ha sido convocado.

in·com·pa·ti·bi·li·dad [iŋkom̱patiβiliðáð] *s/f* Circunstancia que afecta a dos cosas o personas que son incompatibles entre sí: *Incompatibilidad de caracteres.*

in·com·pa·ti·ble [iŋcom̱patíβle] *adj* No compatible: *Ana es incompatible con el director.* RPr **Incompatible con.**

in·com·pe·ten·cia [iŋkom̱peténθja] *s/f* **1.** Falta de competencia o preparación. **2.** Falta de poder legal de un tribunal, de un juez, etc.

in·com·pe·ten·te [iŋkom̱petéņte] *adj* No competente.

in·com·ple·to, -a [iŋkom̱pléto, -a] *adj* **1.** (*Estar incompleto*) Se aplica a lo que le falta algo para estar completo. **2.** *(Ser incompleto)* Se dice de lo que tiene deficiencias.

in·com·pren·si·bi·li·dad [iŋkom̱prensiβiliðáð] *s/f* Cualidad de incomprensible.

in·com·pren·si·ble [iŋkom̱prensíβle] *adj* Que no se puede comprender por falta de claridad, coherencia, etc.

in·com·pren·sión [iŋkom̱prensjón] *s/f* Falta de comprensión o benevolencia.

in·com·pre·si·bi·li·dad [iŋkom̱presiβiliðáð] *s/f* CULT Cualidad de incompresible.

in·com·pre·si·ble [iŋkom̱presíβle] *adj* CULT No comprensible o comprimible.

in·co·mu·ni·ca·bi·li·dad [iŋkomunikaβiliðáð] *s/f* Cualidad de incomunicable.

in·co·mu·ni·ca·ble [iŋkomunikáβle] *adj* No comunicable.

in·co·mu·ni·ca·ción [iŋkomunikaθjón] *s/f* Falta de comunicación.

in·co·mu·ni·car [iŋkomunikár] *v/tr* Privar de comunicación a alguien o a algo. ORT Ante *e* la *c* cambia en *qu: Incomunique*

in·con·ce·bi·ble [iŋkonθeβíβle] *adj* Que es imposible o muy difícil de pensar o concebir.

in·con·ci·lia·ble [iŋkonθiljáβle] *adj* Que no armoniza o no se aviene con otra. RPr **Inconciliable con:** *Sus afanes de grandeza son inconciliables con su holgazanería.*

in·con·clu·so, -a [iŋkoŋklúso, -a] *adj* CULT No concluido.

in·con·di·cio·nal [iŋkoņdiθjonál] **I.** *adj* Sin reserva o restricción: *Amigo incondicional.* **II.** *s/m,f* COL (Generalmente en *pl*) Persona que admira a otra sin reservas o es partidaria de ella sin restricción alguna: *Soy uno de sus incondicionales.*

in·co·ne·xo, -a [iŋkoné(k)so, -a] *adj* Que no guarda relación con el conjunto de que forma parte.

in·con·fe·sa·ble [iŋkoɱfesáβle] *adj* Se aplica a lo que por ser vergonzoso o indigno no se puede revelar o comunicar.

in·con·fe·so, -a [iŋkoɱféso, -a] *adj* Se aplica al reo cuando no confiesa el delito de que se le acusa.

in·con·for·me [iŋkoɱfórme] *adj* No conforme u hostil con el orden social o de valores establecido en la sociedad.

in·con·for·mi·dad [iŋkoɱformiðáð] *s/f* Cualidad de inconforme.

in·con·for·mis·mo [iŋkoɱformísmo] *s/m* Actitud del inconforme.

in·con·for·mis·ta [iŋkoɱformísta] *adj* y *s/m,f* Partidario del inconformismo.

in·con·fun·di·ble [iŋkoɱfuņdíβle] *adj* Que, por sus características peculiares, no se puede confundir con otra cosa.

in·con·gruen·cia [iŋkoŋgruénθja] *s/f* **1.** Falta de congruencia entre dos cosas. **2.** Cosa incongruente.

in·con·gruen·te [iŋkoŋgruéņte] *adj* Falto de correspondencia o relación entre sus partes o componentes. RPr **Incongruente con.**

in·con·men·su·ra·ble [iŋkom̱mensuráβle] *adj* Que no se puede medir o cuantificar.

in·con·mo·vi·ble [iŋkom̱moβíβle] *adj* Que no se puede mover o cambiar debido a su firmeza o resistencia, etc.

in·con·quis·ta·ble [iŋkoŋkistáβle] *adj* No conquistable.

in·cons·cien·cia [iŋko(n)sθjénθja] *s/f* **1.** Estado de la persona cuando ha perdido el conocimiento. **2.** Falta de reflexión o sensatez.

in·cons·cien·te [iŋko(n)sθjéņte] *adj* **1.** Que ha perdido el conocimiento. **2.** *(Ser inconsciente)* Se dice de la persona que no se da cuenta de la trascendencia o de las consecuencias negativas de sus actos. **3.** Aplicado a actos, no consciente o realizado de manera instintiva: *Un gesto inconsciente.*

in·con·se·cuen·cia [iŋkonsekwénθja] *s/f* **1.** Falta de consecuencia o lógica en lo que se dice o hace. **2.** Acción inconsecuente.

in·con·se·cuen·te [iŋkonsekwéņte] *adj* y *s/m,f* Se aplica a quien obra en desacuerdo con sus ideas o con la manera de ser que le caracteriza. RPr **Inconsecuente con/en:** *Inconsecuente en sus actos/con los demás.*

in·con·si·de·ra·do, -a [iŋkonsiðeráðo, -a] *adj* y *s/m,f* Se aplica a la persona que trata con desconsideración a los demás.

in·con·sis·ten·cia [iŋkonsisténθja] *s/f* Cualidad de inconsistente.

in·con·sis·ten·te [iŋkonsistén̪te] *adj* Falto de firmeza o de rigor intelectual.

in·con·so·la·ble [iŋkonsoláβle] *adj* Que no puede ser consolado o consolarse.

in·cons·tan·cia [iŋkonstánθja] *s/f* Falta de constancia o continuidad.

in·cons·tan·te [iŋkonstán̪te] *adj* **1.** Que no es constante en lo que hace. **2.** Que cambia a menudo de opinión, gustos, conducta, etc.

in·cons·ti·tu·cio·nal [iŋkonstituθjonál] *adj* Que está en disconformidad con la Constitución.

in·cons·ti·tu·cio·na·li·dad [iŋkonstituθjonaliðáð] *s/f* Cualidad de inconstitucional.

in·con·ta·ble [iŋkon̪táβle] *adj* Imposible o muy difícil de contar.

in·con·ta·mi·na·do, -a [iŋkon̪taminàðo, -a] *adj* No contaminado.

in·con·te·ni·ble [iŋkon̪teníβle] *adj* Que no se puede contener o parar.

in·con·tes·ta·ble [iŋkon̪testáβle] *adj* Que no ofrece ninguna duda por su evidencia o claridad.

in·con·ti·nen·cia [iŋkon̪tinénθja] *s/f* CULT Falta de moderación en algo.

in·con·ti·nen·te [iŋkon̪tinén̪te] *adj* Se aplica a quien no reprime sus pasiones. *adv* **in·con·ti·nen·te·men·te.**

in·con·tras·ta·ble [iŋkon̪trastáβle] *adj* Que no se puede contrastar o comparar.

in·con·tro·la·ble [iŋkon̪troláβle] *adj* Que no puede controlarse.

in·con·tro·la·do, -a [iŋkon̪troláðo, -a] *adj* y *s/m,f* No controlado.

in·con·tro·ver·ti·ble [iŋkon̪troβertíβle] *adj* No controvertible debido a su evidencia: *Un argumento incontrovertible.*

in·con·ve·nien·cia [iŋkoɱbenjénθja] *s/f* **1.** Cualidad de inconveniente. **2.** Dicho o hecho inconveniente.

in·con·ve·nien·te [iŋkoɱbenjén̪te] **I.** *adj* No conveniente o inapropiado para alguien o algo. **II.** *s/m* Dificultad para la realización de algo.

in·cor·diar [iŋkorðjár] COL *v/tr* Producir una persona gran fastidio en otra con su comportamiento, de obra o palabra.

in·cor·dio [iŋkórðjo] *s/m* COL Cosa que produce fastidio o molestia.

in·cor·po·ra·ble [iŋkorporáβle] *adj* Susceptible de ser incorporado.

in·cor·po·ra·ción [iŋkorporaθjón] *s/f* Acción de incorporar o incorporarse.

in·cor·po·ral [iŋkorporál] *adj* LIT, REL No corporal.

in·cor·po·rar [iŋkorporár] *v/tr* **1.** Agregar una cosa a otra o una persona a un grupo: *El entrenador lo ha incorporado al equipo recientemente.* **2.** Levantar una persona a otra cuando ésta se halla tendida, para que quede sentada o inclinada. RPr **Incorporar(se) a.**

in·cor·pó·reo, -a [iŋkorpóreo, -a] *adj* No corpóreo.

in·co·rrec·ción [iŋkorre(k)θjón] *s/f* **1.** Cualidad de incorrecto. **2.** Falta de urbanidad o mal comportamiento en el trato social.

in·co·rrec·to, -a [iŋkorrékto, -a] *adj* No correcto.

in·co·rre·gi·bi·li·dad [iŋkorrexiβiliðáð] *s/f* Cualidad de incorregible.

in·co·rre·gi·ble [iŋkorrexíβle] *adj* No corregible.

in·co·rrup·ción [iŋkorrupθjón] *s/f* **1.** (Aplicado a cosas) Estado incorrupto. **2.** FIG Estado de la persona que mantiene su honestidad o no ha sido corrompida moralmente.

in·co·rrup·ti·bi·li·dad [iŋkorruptiβiliðáð] *s/f* Cualidad de incorruptible.

in·co·rrup·ti·ble [iŋkorruptíβle] *adj* No corruptible: *Una materia incorruptible.*

in·co·rrup·to, -a [iŋkorrúpto, -a] *adj* CULT Que se mantiene sin corromperse.

in·cre·du·li·dad [iŋkreðuliðáð] *s/f* Condición de la persona que tiene tendencia a no creer lo que le dicen. Falta de fe religiosa.

in·cré·du·lo, -a [iŋkréðulo, -a] *adj* y *s/m,f* Que tiene tendencia a no creer o no cree con facilidad.

in·creí·ble [iŋkreíβle] *adj* **1.** *(Ser increíble)* No creíble. **2.** Que resulta extraordinario, muy grande o llamativo: *Tener una suerte increíble.*

in·cre·men·tar [iŋkremen̪tár] *v/tr* Aumentar la cantidad, el precio, etc., de algo: *Incrementar en dos puntos los impuestos.* RPr **Incrementar(se) en.**

in·cre·men·to [iŋkremén̪to] *s/m* Acción y efecto de incrementar(se).

in·cre·pa·ción [iŋkrepaθjón] *s/f* CULT Acción de increpar.

in·cre·par [iŋkrepár] *v/tr* Reprender con severidad y acritud.

in·cruen·to, -a [iŋkrwén̪to, -a] *adj* Que ocurre sin derramamiento de sangre.

in·crus·ta·ción [iŋkrustaθjón] *s/f* **1.** Acción de incrustar o incrustarse. **2.** Cosa incrustada artificial o naturalmente en otra.

in·crus·tar [iŋkrustár] **I.** *v/tr* Introducir

como adorno una pieza de metal, madera, piedra u otra materia en una superficie lisa. **II.** REFL(SE) Introducirse algo en una cosa, de manera que es difícil extraerlo: *Incrustarse la grasa en la pared.* RPr **Incrustar(se) en.**

in·cu·ba·ción [iŋkuβaθjón] *s/f* **1.** Acción de incubar las aves y otros animales los huevos. **2.** Tiempo que dura la misma. **3.** FIG Período de tiempo que transcurre entre el momento en que entran en un organismo los microbios productores de una enfermedad y aquel en que se manifiestan los primeros síntomas de la misma.

in·cu·ba·do·ra [iŋkuβaðóra] *s/f* **1.** Aparato o recinto utilizado en la incubación artificial. **2.** Receptáculo en forma de urna en que se pone a los niños nacidos prematuramente o en circunstancias anormales.

in·cu·bar [iŋkuβár] **I.** *v/tr* Calentar las aves los huevos para que se forme el polluelo, cubriéndolos con su cuerpo. **II.** REFL(SE) Formarse de manera latente algo, como una enfermedad, un fenómeno social, etc.

in·cues·tio·na·ble [iŋkwestjonáβle] *adj* Que no admite discusión.

in·cul·car [iŋkulkár] *v/tr* Hacer que una idea, una costumbre, etc., entre en la vida de una persona. RPr **Inculcar (algo) a/en:** *Inculcar algo en la mente/a los hijos.*
ORT Ante *e* la *c* cambia en *qu: Inculqué.*

in·cul·pa·ción [iŋkulpaθjón] *s/f* **1.** DER Acción de inculpar. **2.** Hecho delictivo de que se acusa a una persona.

in·cul·pa·do, -a [iŋkulpáðo, -a] *adj* y *s/m,f* Se aplica a quien está acusado de una culpa o delito.

in·cul·par [iŋkulpár] *v/tr* DER Acusar a una persona de una culpa o delito. RPr **Inculpar (a alguien) de:** *Ha sido inculpado de un crimen.*

in·cul·ti·va·ble [iŋkul̪tiβáβle] *adj* No cultivable.

in·cul·to, -a [iŋkúl̪to, -a] **I.** *adj* y *s/m,f* Se aplica a las personas y a los grupos de personas que no tienen cultura o instrucción. **II.** *adj* Se dice del terreno que está sin cultivar.

in·cul·tu·ra [iŋkul̪túra] *s/f* **1.** Falta de cultura en las personas. **2.** Estado de inculto.

in·cum·ben·cia [iŋkumβénθja] *s/f* Responsabilidad de hacer algo que corresponde a una persona por su cargo o condición: *Ese asunto no es de mi incumbencia.*

in·cum·bir [iŋkumβír] *v/intr* Afectar o corresponder algo a una persona, por ser de su competencia: *A él no le incumbe eso.* RPr **Incumbir a.**

in·cum·pli·mien·to [iŋkumplimjén̪to] *s/m* No cumplimiento.

in·cum·plir [iŋkumplír] *v/tr* No cumplir algo que se debe hacer.

in·cu·na·ble [iŋkunáβle] *adj* y *s/m* Obra impresa desde la invención de la imprenta hasta principios del siglo XVI.

in·cu·ra·bi·li·dad [iŋkuraβiliðáð] *s/f* Cualidad de incurable.

in·cu·ra·ble [iŋkuráβle] *adj* y *s/m,f* No curable.

in·cu·rrir [iŋkurrír] *v/intr* **1.** Cometer un error, una falta, etc.: *Incurrir en un error.* **2.** Producir sentimientos como el enojo, la ira, etc., en alguien. RPr **Incurrir en** .

in·cur·sión [iŋkursjón] *s/f* MIL Penetración violenta y poco duradera en territorio o lugar ajeno.

in·da·ga·ción [in̪daγaθjón] *s/f* Acción de la persona que busca averiguar, conocer o encontrar algo.

in·da·gar [in̪daγár] *v/tr* Hacer averiguaciones para encontrar o conocer algo o a alguien.
ORT Ante *e* la *g* cambia en *gu*: *Indagué.*

in·da·ga·to·rio, (-a) [in̪daγatórjo, (-a)] **I.** *adj* DER Relacionado con las indagaciones, etc. **II.** *s/f* DER Primera declaración de los procesados antes de prestar formalmente juramento.

in·de·bi·do, -a [in̪deβído, -a] *adj* No debido o que no se debe hacer por ser inoportuno, injusto, etc.

in·de·cen·cia [in̪deθénθja] *s/f* **1.** Falta de decencia. **2.** Cosa indecente.

in·de·cen·te [in̪deθén̪te] *adj* **1.** Que ofende el pudor: *Una mujer indecente.* **2.** (Aplicado a cosas) Que no reúne las condiciones normales o apropiadas: *Un cuarto indecente.* **3.** (Aplicado a las personas y a sus obras) Inaceptable por su vileza o indelicadeza: *Comportamiento indecente.*

in·de·ci·ble [in̪deθíβle] *adj* Que no se puede explicar o decir.

in·de·ci·sión [in̪deθisjón] *s/f* Falta de decisión o estado de indeciso.

in·de·ci·so, -a [in̪deθíso, -a] *adj* **1.** *(Ser indeciso)* Que no tiene facilidad para tomar decisiones o le cuesta tomarlas. **2.** *(Estar indeciso)* Se dice de la persona que, en una situación dada, no tiene una decisión clara sobre algo que ha de hacer: *Estaba indeciso sobre si decírselo o no.* **3.** Aplicado a cosas, que no está decidido o no está claro: *Un resultado indeciso.*

in·de·cli·na·ble [in̪deklináβle] *adj* **1.** GRAM Se aplica a las palabras que no tienen declinación. **2.** CULT Se dice de lo que por su significación moral o social hay que hacer inexcusablemente: *Una obligación indeclinable.*

in·de·co·ro·so, -a [in̪dekoróso, -a] *adj* No decoroso: *Un gesto indecoroso.*

in·de·fec·ti·bi·li·dad [in̪defektiβiliðáð] *s/f* Cualidad de indefectible.

in·de·fec·ti·ble [in̪defektíβle] *adj* Que no puede faltar o no falta.

in·de·fen·di·ble [in̪defen̪díβle] *adj* **1.** Que no se puede defender. **2.** FIG No sostenible por su mala fundamentación: *Postura indefendible.*

in·de·fen·sión [in̪defensjón] *s/f* Situación caracterizada por la falta de defensa o protección de una persona.

in·de·fen·so, -a [in̪defénso, -a] *adj* Sin medios suficientes para defenderse.

in·de·fi·ni·ble [in̪definíβle] *adj* Imposible de definir o precisar.

in·de·fi·ni·do, -a [in̪definíðo, -a] *adj* No definido o sin límites.

in·de·for·ma·ble [in̪deformáβle] *adj* Que no se deforma.

in·de·le·ble [in̪deléβle] *adj* CULT Que no se puede borrar.

in·dem·ne [in̪de{m/n̪}ne] *adj* Que no recibe daño.

in·dem·ni·za·ción [in̪de{m/n̪}niθaθjón] **1.** Acción de indemnizar. **2.** Cantidad de dinero con que se indemniza.

in·dem·ni·zar [in̪de{m/n̪}niθár] *v/tr* Pagar una persona a otra por los daños recibidos. RPr **Indemnizar por/de:** ***Indemnizar por/de los gastos.***
ORT La *z* cambia en *c* ante *e: Indemnice.*

in·de·mos·tra·ble [in̪demostráβle] *adj* Se aplica a lo que no se puede demostrar.

in·de·pen·den·cia [in̪depen̪dénθja] *s/f* **1.** Cualidad de independiente. **2.** Situación de independiente.

in·de·pen·den·tis·mo [in̪depen̪den̪tísmo] *s/m* Movimiento que propugna o reclama la independencia para un país.

in·de·pen·den·tis·ta [in̪depen̪den̪tísta] **I.** *adj* Relacionado con el independentismo. **II.** *s/m,f* Partidario de la independencia de una región, etc.

in·de·pen·dien·te [in̪depen̪djén̪te] *adj* **1.** Se aplica a la persona, la nación, etc., que no tiene dependencia de otra. **2.** *(Ser independiente)* Se aplica a la persona a quien no gusta ser dirigida en sus actos o no se deja influir. **3.** Se aplica a las cosas que no tienen relación, conexión o comunicación con otras: *Un vehículo de ruedas independientes.* RPr **Independiente de:** *Independiente del resto de la casa.*

in·de·pen·di·zar [in̪depen̪diθár] *v/tr* Hacer independiente. RPr **Independizar(se) de:** *Se independizó del padre.*
ORT La *z* cambia en *c* ante *e: Independice.*

in·des·ci·fra·ble [in̪desθifráβle] *adj* Que es imposible o muy difícil de descifrar.

in·des·crip·ti·ble [in̪deskriptíβle] *adj* **1.** Que no se puede describir debido a su grandiosidad, su belleza, etc. **2.** Aplicado a sentimientos, grandísimo.

in·de·sea·ble [in̪deseáβle] *adj* y *s/m,f* Se dice de aquel cuya compañía no es recomendable debido a falta de honradez, vileza, etc.

in·des·truc·ti·bi·li·dad [in̪destruktiβiliðáð] *s/f* Cualidad de indestructible.

in·des·truc·ti·ble [in̪destruktíβle] *adj* Que no se puede destruir.

in·de·ter·mi·na·ción [in̪determinaθjón] *s/f* **1.** Cualidad o circunstancia de estar indeterminada una cosa. **2.** Falta de decisión en una persona.

in·de·ter·mi·na·do, -a [in̪determináðo, -a] *adj* No determinado en número, duración, etc.

in·dia·da [in̪djáða] *s/f* AMÉR Conjunto o muchedumbre de indios.

in·dia·no, (-a) [in̪djáno, (-a)] **I.** *adj* CULT Relacionado con las Indias. **II.** *s/m* Emigrante que volvía de América después de hacer fortuna.

in·di·ca·ción [in̪dikaθjón] *s/f* **1.** Señal realizada por una persona que indica algo. **2.** (Generalmente en *pl*) Instrucción de palabra o por escrito para hacer algo: *Hemos seguido las indicaciones que nos dio.*

in·di·ca·dor, -ra [in̪dikaðór, -ra] *adj* y *s/m,f* Que indica o informa.

in·di·car [in̪dikár] *v/tr* **1.** Hacer una indicación a alguien, mediante un gesto, un movimiento, etc. **2.** Decir a alguien la forma de hacer algo o una cosa que sirve de ayuda o guía para ello. **3.** (Con sujeto de cosa) Ser señal o índice de algo.
ORT La *c* cambia en *qu* ante *c: Indiqué.*

in·di·ca·ti·vo, -a [in̪dikatíβo, -a] *adj* Que indica o manifiesta algo: *El endeudamiento del país es indicativo de cómo está su economía.* RPr **Indicativo de.**

ín·di·ce [ín̪diθe] *s/m* **1.** Lista de las materias tratadas en un libro, debidamente ordenadas. **2.** Cosa o hecho que indica algo. **3.** Relación de dos o más dimensiones con que se expresan ciertas formas o magnitudes: *El índice del coste de la vida.* **4.** MAT Número que indica el grado de una raíz.
Dedo índice, dedo de la mano más próximo al pulgar.

in·di·cio [in̪díθjo] *s/m* **1.** Señal o hecho

que manifiesta la existencia de algo. **2.** Cantidad insignificante de algo que, por su escasez, apenas si es perceptible: *Indicios de veneno en la bebida.*

in·di·fe·ren·cia [iŋdiferénθja] *s/f* Cualidad o actitud de indiferente.

in·di·fe·ren·te [iŋdiferéŋte] *adj* **1.** Que no importa el que se haga o sea de una u otra forma. **2.** Con relación a una persona, que no tiene interés para ella otra persona que se menciona o algo relacionado con la misma: *A Marta le es indiferente tu hermano.* **3.** (*Ser, estar, mostrarse, permanecer,* etc., *indiferente*) Se dice de quien no tiene interés o es insensible a algo: *Indiferente a sus propuestas.* RPr **Indiferente a.**

in·dí·ge·na [iŋdíxena] *adj* y *s/m,f* Se dice de los habitantes que son originarios del país en que viven o se encuentran.

in·di·gen·cia [iŋdixénθja] *s/f* Falta de medios para vivir.

in·di·gen·te [iŋdixéŋte] *adj* y *s/m,f* Que no tiene lo necesario para vivir.

in·di·ge·ri·ble [iŋdixeríβle] *adj* COL Que es imposible o muy difícil de digerir.

in·di·ges·tar·se [iŋdixestárse] *v/*REFL (-SE) Sufrir indigestión. RPr **Indigestarse con/de/por+infinitivo:** *Se ha indigestado por/de comer tantos pasteles.*

in·di·ges·tión [iŋdixestjón] *s/f* Indisposición momentánea provocada por la mala digestión de una comida o alimento.

in·di·ges·to, -a [iŋdixésto, -a] *adj* **1.** *(Ser indigesto)* Se aplica a los alimentos que se digieren con dificultad. **2.** *(Estar indigesto)* No digerido. **3.** *(Estar indigesto)* Se dice de la persona que tiene indigestión.

in·dig·na·ción [iŋdiγnaθjón] *s/f* Enfado grande provocado por un hecho inmoral, injusto, arbitrario, etc.

in·dig·nan·te [iŋdiγnáŋte] *adj* Que indigna.

in·dig·nar [iŋdiγnár] *v/tr* Provocar indignación en alguien. RPr **Indignarse con/contra/por:** *Ana se ha indignado con/contra nosotros. Me indigné por su comportamiento.*

in·dig·ni·dad [iŋdiγniðáð] *s/f* **1.** Cualidad de indigno. **2.** Acto indigno.

in·dig·no, -a [iŋdíγno, -a] *adj* **1.** Que no se ajusta a lo que sería esperable dada la condición de quien se expresa. **2.** Se dice de quien no se merece un determinado beneficio: *Indigna de nuestra amistad.* **3.** Que implica ruindad o vileza: *Trabajo indigno.* RPr **Indigno de.**

in·dio, -a [íŋdjo, -a] *adj* y *s/m,f* **1.** Se aplica a los naturales o habitantes de la India, y a sus cosas. **2.** Se dice de los antiguos pobladores de América, y de sus descendientes actuales sin mezcla. LOC **Hacer el indio,** COL hacer una cosa que se considera inapropiada o tonta.

in·di·rec·to, (-a) [iŋdirékto, (-a)] **I.** *adj* No directo. **II.** *s/f* Frase o palabras con que se indica algo no directamente, aunque sí dándolo a entender, a veces con mala intención.

in·dis·cer·ni·ble [iŋdisθerníβle] *adj* CULT Que no se puede discernir o distinguir de otra cosa.

in·dis·ci·pli·na [iŋdisθiplína] *s/f* Actitud de la persona que no acata o se rebela contra alguien que es superior, contra las normas de convivencia, etc.

in·dis·ci·pli·na·do, -a [iŋdisθiplináðo, -a] *adj* y *s/m,f* Que no guarda la disciplina debida con sus superiores, las normas de convivencia, etc.

in·dis·ci·pli·nar·se [iŋdisθiplinárse] *v/*REFL(SE) Negarse a respetar a un superior, un reglamento, etc.

in·dis·cre·ción [iŋdiskreθjón] *s/f* Falta de discreción.

in·dis·cre·to, (-a) [iŋdiskréto, (-a)] **I.** *adj* Que se hace sin discreción. **II.** *adj* y *s/m,f* Se dice de quien obra sin discreción, por ser inoportuno, imprudente, etc.

in·dis·cu·ti·ble [iŋdiskutíβle] *adj (Ser indiscutible)* No discutible.

in·di·so·lu·bi·li·dad [iŋdisoluβiliðáð] *s/f* Cualidad de indisoluble.

in·di·so·lu·ble [iŋdisolúβle] *adj* **1.** Que no se puede desunir, o es muy difícil, dadas sus características. **2.** (Aplicado a sustancias) Que no es soluble.

in·dis·pen·sa·ble [iŋdispensáβle] *adj* Que es totalmente necesario o no puede faltar.

in·dis·po·ner [iŋdisponér] *v/tr* **1.** Poner mal a una persona contra otra. **2.** Causar indisposición o disminución de salud o fuerzas en alguien. RPr **Indisponer con/contra** *(alguien).*
CONJ *Irreg: Indispongo, indispuse, indispondré, indispuesto.*

in·dis·po·si·ción [iŋdisposiθjón] *s/f* Trastorno leve y pasajero en el estado de salud de alguien.

in·dis·pues·to, -a [iŋdispwésto, -a] *adj* **1.** *(Estar indispuesto)* Se aplica a la persona que sufre una indisposición o enfermedad pasajera. **2.** Se dice de quien ha perdido las buenas relaciones de amistad o afecto por otra persona. RPr **Indispuesto con/contra (2).**

in·dis·tin·to, -a [iŋdistíŋto, -a] *adj* **1.**

CULT No distinto o diferenciado. **2.** Que es igual que se produzca una cosa u otra.

in·di·vi·dual [indiβiðwál] *adj* Que concierne a las personas individualmente.

in·di·vi·dua·li·dad [indiβiðwaliðáð] *s/f* **1.** Cosa que constituye el carácter propio y original. **2.** Individuo que destaca por su gran personalidad o su capacidad creativa.

in·di·vi·dua·lis·mo [indiβiðwalísmo] *s/m* Cualidad de individualista.

in·di·vi·dua·lis·ta [indiβiðwalísta] *adj* y *s/m,f* Se aplica a la persona que se caracteriza por actuar siempre individualmente y en su propio beneficio, o sin tener en cuenta los intereses del grupo.

in·di·vi·dua·li·za·ción [indiβiðwaliθaθjón] *s/f* Acción de individualizar.

in·di·vi·dua·li·zar [indiβiðwaliθár] *v/tr* Especificar las características de un individuo o un grupo de individuos frente a los demás de su especie.
ORT Ante *e* la *z* cambia en *c*: *Individualicé*.

in·di·vi·duo [indiβíðwo] *s/m* **1.** Cada ser, tomado individualmente, de una especie o género: *Un individuo de la especie humana*. **2.** *despec* Hombre que no inspira confianza o simpatía: *No nos gusta esa clase de individuos*.

in·di·vi·si·bi·li·dad [indiβisiβiliðáð] *s/f* Cualidad de indivisible.

in·di·vi·si·ble [indiβisíβle] *adj* Se aplica a lo que no puede ser dividido.

in·di·vi·so, -a [indiβíso, -a] *adj* CULT, DER Estar sin dividir o repartir.

in·do·cu·men·ta·do, (-a) [indokumentáðo, (-a)] **I.** *adj* Se aplica a la persona que no tiene documentación para acreditar su personalidad. **II.** *adj* y *s/m,f* (*Ser indocumentado*. Frecuentemente PEYOR) Se dice de quien no conoce bien la materia propia de su profesión.

in·do·chi·no, -a [indotʃíno, -a] *adj* Se aplica a lo relacionado con Indochina.

in·do·eu·ro·peo, -a [indoeuropéo, -a] *adj* y *s/m,f* Se aplica a un conjunto de pueblos que vivieron en Europa y Asia, y a sus cosas, particularmente a sus lenguas.

ín·do·le [índole] *s/f* **1.** Carácter o condición particular de una cosa. **2.** Manera de ser de una persona.

in·do·len·cia [indolénθja] *s/f* Característica o cualidad de la persona indolente.

in·do·len·te [indolénte] *adj* Que no se esfuerza, o tiene tendencia a trabajar lo menos posible.

in·do·lo·ro, -a [indolóro, -a] *adj (Ser indoloro)* Se aplica a lo que no causa dolor.

in·do·ma·ble [indomáβle] *adj* Que no se deja someter o no se sujeta a obediencia.

in·dó·mi·to, -a [indómito, -a] *adj* Indomable.

in·do·ne·sio, -a [indonésjo, -a] *adj* y *s/m,f* Relacionado con Indonesia.

in·dos·tá·ni·co, -a [indostániko, -a] *adj* Se aplica a lo relacionado con el Indostán.

in·duc·ción [indu(k)θjón] *s/f* **1.** Acción de inducir. **2.** Razonamiento que va de lo particular a lo general. **3.** ELECTR Producción de una carga o una corriente eléctrica inducida.

in·du·cir [induθír] *v/tr* **1.** Impulsar alguien o algo a que una persona realice una cierta acción. **2.** FIL Razonar el entendimiento partiendo de los hechos particulares, para formular una ley o principio general. **3.** ELECTR Producir una corriente eléctrica fenómenos eléctricos en otro conductor debido a variaciones en otra corriente cercana. RPr **Inducir a (1):** *Inducir a engaño*.
CONJ *Irreg*: *Induzco, induje, induciré, inducido*.

in·duc·ti·vo, -a [induktíβo, -a] *adj* Que se basa en la inducción.

in·duc·tor, -ra [induktór, -ra] *adj* y *s/m,f* Se aplica a quien o a lo que induce.

in·du·da·ble [induðáβle] *adj* Que no se puede dudar.

in·dul·gen·cia [indulxénθja] *s/f* **1.** Perdón de los pecados por la Iglesia. **2.** CULT Cualidad de la persona que perdona con facilidad o es tolerante.

in·dul·gen·te [idulxénte] *adj* CULT Se aplica a la persona que perdona con facilidad las faltas de los demás, y también a su actitud o comportamiento. RPr **Indulgente con/para/para con:** *Luis es muy indulgente para (con) los amigos*.

in·dul·tar [indultár] *v/tr* Perdonar a una persona una pena o sanción. RPr **Indultar (a alguien) de:** *Lo han indultado de la pena de muerte*.

in·dul·to [indúlto] *s/f* Perdón total o parcial de una pena o sanción.

in·du·men·ta·ria [indumentárja] *s/f* Conjunto de las cosas para vestirse, especialmente cuando se llevan puestas.

in·dus·tria [industrja] *s/f* **1.** Conjunto de actividades o de empresas dedicadas a la obtención y transporte de productos a partir de materias primas. **2.** Establecimiento o empresa en que desarrollan tales actividades.

in·dus·trial [industrjál] **I.** *adj* Que tiene relación con la industria. **II.** *s/m* Persona dedicada a la industria como empresario.

in·dus·tria·li·za·ción [iṇdustrjaliθaθjón] *s/f* **1.** Acción y efecto de industrializar. **2.** Aplicación de los procedimientos industriales en un sector productivo, en sustitución o para hacer más rentables los tradicionales: *La industrialización del campo.*

in·dus·tria·li·zar [iṇdustrjaliθár] *v/tr* Dotar de industrias a un país.
ORT Ante *e* la *z* cambia en *c*: *Industrialicé.*

in·dus·trio·so, -a [iṇdustrjóso, -a] *adj* LIT Se aplica a la persona que es muy emprendedora o activa.

i·né·di·to, -a [inéðito, -a] *adj* **1.** Aplicado a escritos, que está sin publicar. **2.** Se aplica, *por ext,* a lo que todavía no es conocido del público.

i·ne·fa·ble [inefáβle] *adj (Ser inefable).* Que no se puede expresar con palabras, dada su grandiosidad, su belleza, etc.

in·e·fi·ca·cia [inefikáθja] *s/f* Falta de eficacia o cualidad de ineficaz.

in·e·fi·caz [inefikáθ] *adj* No eficaz.

in·e·fi·cien·te [inefiθjéṇte] *adj* Que no da el resultado apetecido.

in·e·le·gi·ble [inelexíβle] *adj (Ser inelegible)* No elegible.

i·ne·luc·ta·ble [ineluktáβle] *adj* CULT Se aplica a lo que es imposible de evitar.

in·e·lu·di·ble [ineluðíβle] *adj* Que no se puede eludir o evitar.

i·ne·na·rra·ble [inenarráβle] *adj* Que no se puede describir con palabras.

i·nep·ti·tud [ineptitúð] *s/f* Cualidad de inepto.

i·nep·to, -a [inépto, -a] *adj* y *s/m,f (Ser inepto)* Se aplica a quien demuestra torpeza o inhabilidad en lo que hace.

in·e·quí·vo·co, -a [inekíβoko, -a] *adj* Que, de tan claro, no admite duda.

i·ner·cia [inérθja] *s/f* **1.** Falta de energía física o moral. **2.** MEC Circunstancia de mantenerse los cuerpos en reposo o en movimiento por su propio peso o impulso, mientras no interviene una fuerza que altere tal situación.

i·ner·me [inérme] *adj* Desprovisto de defensas.

i·ner·te [inérte] *adj* **1.** Que, por su propia naturaleza, no tiene vida: *La materia inerte.* **2.** Que no se mueve.

in·es·cru·ta·ble [ineskrutáβle] *adj* CULT Que no se puede llegar a conocer o a descubrir.

in·es·pe·ra·do, -a [inesperáðo, -a] *adj* Que ocurre de manera no esperada o prevista.

in·es·ta·bi·li·dad [inestaβiliðáð] *s/f* Cualidad o situación de inestable.

in·es·ta·ble [inestáβle] *adj* **1.** No estable o seguro. **2.** (Aplicado a personas) Variable en sus sentimientos, ideas, etc.

in·es·ti·ma·ble [inestimáβle] *adj* Muy importante.

in·e·vi·ta·ble [ineβitáβle] *adj* Se aplica a lo que es imposible de evitar.

in·e·xac·ti·tud [ine(k)saktitúð] *s/f* **1.** Falta de exactitud. **2.** FIG Error.

in·e·xac·to, -a [ine(k)sákto, -a] *adj* **1.** No exacto. **2.** Que no se ajusta a la realidad o a la verdad.

in·ex·cu·sa·ble [ine(k)skusáβle] *adj* **1.** Que no se puede dejar de hacer. **2.** Que no se puede disculpar o justificar.

i·ne·xis·ten·cia [ine(k)sisténθja] *s/f* No existencia.

i·ne·xis·ten·te [ine(k)sistéṇte] *adj (Ser inexistente)* No existente.

i·ne·xo·ra·bi·li·dad [ine(k)soraβiliðáð] *s/f* CULT Cualidad de inexorable.

i·ne·xo·ra·ble [ine(k)soráβle] *adj* CULT Que cumple inflexiblemente lo que ha de hacer o es inevitable.

in·ex·pe·rien·cia [ine(k)sperjénθja] *s/f* Falta de experiencia.

in·ex·per·to, -a [ine(k)spérto, -a] *adj* Que no tiene experiencia: *Un corredor inexperto.*

in·ex·pli·ca·ble [ine(k)splikáβle] *adj* Que no tiene explicación o no se le encuentra la misma.

in·ex·plo·ra·do, -a [ine(k)sploráðo, -a] *adj* No explorado: *Una región inexplorada.*

in·ex·pre·sa·ble [ine(k)spresáβle] *adj* Que no se puede expresar.

in·ex·pre·si·vo, -a [ine(k)spresíβo, -a] *adj* Poco expresivo o falto de expresión.

in·ex·pug·na·ble [ine(k)spuγnáβle] *adj* Que no se puede conquistar o convencer.

in·ex·tin·gui·ble [ine(k)stiŋgíβle] *adj (Ser/Parecer inextinguible)* No extinguible.

in·ex·tir·pa·ble [ine(k)stirpáβle] *adj* Se aplica a lo que no se puede extirpar.

in·ex·tri·ca·ble [ine(k)strikáβle] *adj* CULT **1.** Que no se puede atravesar de tan enredado. **2.** FIG Que es muy difícil o complicado.

in·fa·li·bi·li·dad [iɱfaliβiliðáð] *s/f* Cualidad de infalible.

in·fa·li·ble [iɱfalíβle] *adj* **1.** Que no se equivoca nunca. **2.** Que proporciona siempre el resultado que se busca: *Un remedio infalible.*

in·fa·man·te [iɱfamáṇte] *adj* CULT Que produce deshonra o agravio.

in·fa·mar [iɱfamár] *v/tr* LIT Desacreditar o deshonrar a una persona.

in·fa·me [iɱfáme] *adj* Que es vil o detestable.

in·fa·mia [iɱfámja] *s/f* **1.** Acción infame de palabra u obra. **2.** Cualidad de infame.

in·fan·cia [iɱfánθja] *s/f* **1.** Período de la vida humana que comprende desde el nacimiento a la adolescencia. **2.** FIG Etapa inicial de algo: *La infancia de la Humanidad.* **3.** Los niños considerados globalmente: *Consejos para la infancia.*

in·fan·ta [iɱfáṇta] *s/f* Hija de reyes, que no es heredera del trono.

in·fan·ta·do [iɱfaṇtáðo] *s/m* En otro tiempo, dignidad o título de infante, y territorio de su propiedad.

in·fan·te [iɱfáṇte] *s/m* **1.** LITER, POÉT Niño de poca edad. **2.** Hijo de reyes, no heredero del trono. **3.** MIL Soldado de infantería.

in·fan·te·ría [iɱfaṇtería] *s/f* Tropa que combate a pie y con armas ligeras.

in·fan·ti·ci·da [iɱfaṇtiθíða] *adj* y *s/m,f* Se aplica a la persona que mata a un niño.

in·fan·ti·ci·dio [iɱfaṇtiθíðjo] *s/m* Muerte dada criminalmente a un niño.

in·fan·til [iɱfaṇtíl] *adj* **1.** Relacionado con el niño. **2.** PEYOR Propio de niños, inocente.

in·fan·ti·lis·mo [iɱfaṇtilísmo] *s/m* Cualidad de infantil, aplicado particularmente a la persona adulta que tiene un comportamiento infantil.

in·fan·zón [iɱfanθón] *s/m* Hidalgo con limitaciones de poder en sus dominios.

in·far·to [iɱfárto] *s/m* **1.** Grave indisposición provocada por la obstrucción de la circulación de la sangre en el corazón. **2.** MED Trastorno producido en una parte del cuerpo por falta de riego sanguíneo.

in·fa·ti·ga·ble [iɱfatiɣáβle] *adj* Que hace su trabajo o su cometido con gran tesón.

in·faus·to, -a [iɱfáusto, -a] *adj* CULT, LIT Que constituye o anuncia desgracia.

in·fec·ción [iɱfe(k)θjón] *s/f* **1.** Acción de infectar(se). **2.** Afección del organismo producida por gérmenes patógenos.

in·fec·cio·so, -a [iɱfe(k)θjóso, -a] *adj* Que resulta o se acompaña de infección.

in·fec·tar [iɱfektár] *v/tr* **1.** Transmitir a un organismo los gérmenes de una enfermedad. **2.** FIG COL Contaminar un lugar.

in·fec·to, -a [iɱfékto, -a] *adj* **1.** CULT Infectado o contagiado. También FIG: *Infecto de una ideología.* **2.** CULT Que repugna por su suciedad, su mal olor, etc. RPr **Infecto de.**

in·fe·cun·di·dad [iɱfekuṇdiðáð] *s/f* Cualidad de infecundo.

in·fe·cun·do, -a [iɱfekúṇdo, -a] *adj* No fecundo: *Una hembra infecunda.*

in·fe·li·ci·dad [iɱfeliθiðáð] *s/f* Falta de felicidad.

in·fe·liz [iɱfelíθ] *adj* y *s/m,f* **1.** No feliz. **2.** COL *(Con ser)* Que es ingenuo o no tiene picardía.

in·fe·ren·cia [iɱferénθja] *s/f* LOG, CULT Acción de inferir: *Una inferencia lógica.*

in·fe·rior [iɱferjór] **I.** *adj* **1.** Que está situado en la parte baja de algo. **2.** Que tiene menos calidad que otra cosa que se considera. **3.** Que tiene menos importancia o categoría: *Su equipo milita en una categoría inferior a la del nuestro.* **4.** (Con *s* que indica cantidad, número, etc.) Menor. **II.** *s/m,f* Persona que está situada profesionalmente por debajo de otra en escala o jerarquía. RPr **Inferior a (I).**

in·fe·rio·ri·dad [iɱferjoriðáð] *s/f* Cualidad de inferior.

in·fe·rir [iɱferír] *v/tr* **1.** CULT Extraer una cosa de otra mediante razonamiento: *De su actitud infiero que no sabe nada.* **2.** CULT Causar o hacer daño física o moralmente a una persona. RPr **Inferir(se) de.** CONJ *Irreg: Infiero, inferí, inferiré, inferido.*

in·fer·nal [iɱfernál] *adj* **1.** Relacionado con el infierno. **2.** FIG Que es difícil de soportar o es muy desagradable: *Un ruido infernal.*

in·fes·tar [iɱfestár] *v/tr* **1.** Llenar un lugar y en exceso cualquier cosa: *Han infestado el barrio de propaganda.* **2.** Infectar. RPr **Infestar de.**

in·fi·bu·lar [iɱfiβulár] *v/tr* VETER Ponerle a un animal un anillo u otro impedimento en los órganos genitales para impedir el coito.

in·fi·cio·nar [iɱfiθjonár] *v/tr* **1.** CULT Contaminar. **2.** CULT Envenenar.

in·fi·de·li·dad [iɱfiðeliðáð] *s/f* **1.** Cualidad de infiel. **2.** Acción infiel.

in·fi·de·lí·si·mo, -a [iɱfiðelísimo, -a] *adj superl* de *infiel.*

in·fiel [iɱfjél] **I.** *adj* Que no guarda fidelidad a otra persona (amigo, cónyuge, etc.). **II.** *adj* y *s/m,f* Se decía de la persona que no profesa la religión cristiana.

in·fier·ni·llo [iɱf(j)erníʎo] *s/m* Utensilio empleado para calentar la comida y para otros menesteres.
ORT También: *Infernillo.*

in·fier·no [iɱfjérno] *s/m* **1.** Lugar donde, según varias religiones, las almas de los pecadores sufren el castigo eterno. **2.** (Generalmente en *pl*) Lugar de residencia de los muertos, según algunos pueblos paganos de la antigüedad. **3.** FIG Lugar en que hay mucha discordia o malestar: *Aquella casa se ha convertido en un infierno.*

in·fi·jo [iɱfíxo] *s/m* GRAM Elemento que en la formación de palabras ocupa una posición interior; *por ej, hum***are***da.*

in·fil·tra·ción [iɱfiltraθjón] *s/f* Acción de infiltrarse.

in·fil·trar [iɱfiltrár] *v/tr* **1.** Hacer que un líquido penetre gradualmente en una cosa: *Infiltrar agua en la tierra.* **2.** FIG Introducir ideas en un lugar o en una persona: *Infiltró sus ideas entre la juventud.* RPr **Infiltrar(se) en/entre.**

ín·fi·mo, -a [íɱfimo, -a] *adj* Escaso o muy pequeño.

in·fi·ni·dad [iɱfiniðáð] *s/f* Mucho: *Infinidad de gente.*

in·fi·ni·te·si·mal [iɱfinitesimál] *adj* MAT Se aplica a las magnitudes infinitamente pequeñas, y a lo relacionado con ellas.

in·fi·ni·ti·vo, (-a) [iɱfinitíβo, (-a)] GRAM *s/m* Forma nominal del verbo, que no tiene terminación de persona (*amar*).

in·fi·ni·to, (-a) [iɱfiníto, (-a)] **I.** *adj* **1.** Que no tiene límites. **2.** Muy grande: *Un amor infinito.* **3.** *pl* Que no se puede contar: *Las estrellas del cielo son infinitas.* **II.** *s/m* El espacio infinito.

in·fi·ni·tud [iɱfinitúð] *s/f* Cualidad de infinito.

in·fla·ción [iɱflaθjón] *s/f* Fenómeno económico caracterizado por la subida de los precios de los productos comerciales y de consumo, y el aumento de la cantidad de dinero.

in·fla·cio·na·rio, -a [iɱflaθjonárjo, -a] *adj* ECON Que conlleva inflación.

in·fla·cio·nis·ta [iɱflaθjonísta] *adj* Inflacionario.

in·fla·ma·ble [iɱflamáβle] *adj* Que se inflama o empieza a arder con facilidad.

in·fla·ma·ción [iɱflamaθjón] *s/f* Acción y resultado de inflamar.

in·fla·mar [iɱflamár] **I.** *v/tr* **1.** Hacer que algo arda bruscamente. **2.** FIG Despertar entusiasmo: *Inflamar los ánimos.* **II.** REFL(SE) Hincharse, con enrojecimiento, dolor y calor, un tejido o una parte del cuerpo: *A consecuencia del golpe se le ha inflamado el pie.*

in·fla·ma·to·rio, -a [iɱflamatórjo, -a] *adj* Relacionado con la inflamación.

in·flar [iɱflár] **I.** *v/tr* **1.** Llenar de aire o gas determinadas cosas, como un balón, un globo, etc., y, *por ext,* otras que puedan abultarse: *Inflar los carrillos.* **2.** FIG Aumentar la importancia, el interés, etc., de las noticias o los hechos. **II.** REFL(SE) FIG COL Comer o beber en gran cantidad: *Se ha inflado de pasteles.* RPr **Inflarse de (II).**

in·fle·xi·bi·li·dad [iɱfle(k)siβiliðáð] *s/f* Cualidad de inflexible.

in·fle·xi·ble [iɱfle(k)síβle] *adj* **1.** Que no se puede doblar. **2.** Aplicado a personas, que no se aparta de su punto de vista o no se desvía de lo que considera justo o de razón: *Inflexible en su resolución.* RPr **Inflexible en (2).**

in·fle·xión [iɱfle(k)sjón] *s/f* **1.** Punto en que una línea desciende curvándose. **2.** Descenso o salida de la voz con cambios de tono.

in·fli·gir [iɱflixír] *v/tr* Causar penalidades o aplicar castigos a las personas.
ORT La *g* cambia en *j* ante *a/o: Inflija.*

in·flo·res·cen·cia [iɱfloresθénθja] *s/f* BOT Forma arracimada de presentarse las flores en algunas variedades de plantas.

in·fluen·cia [iɱfluénθja] *s/f* **1.** Acción que una persona o una cosa recibe de otra. **2.** (*Tener influencia*) Importancia, y poder correspondiente, de una persona en el medio en que vive.

in·fluen·ciar [iɱflwenθjár] *v/tr* Ejercer influencia sobre alguien.
GRAM Es menos frecuente que *influir.*

in·fluir [iɱfluír] *v/intr, tr* **1.** Tener influencia sobre una cosa o una persona, haciéndolas cambiar de alguna manera. **2.** Actuar de manera consciente sobre algo o alguien con un fin. RPr **Influir en:** *Influir en algo/alguien.*
PRON La pronunciación más usual es *in·flu·ir,* sin diptongo.
CONJ *Irreg: Influyo, influí, influiré, influido.*

in·flu·jo [iɱflúxo] *s/m* Influencia.

in·flu·yen·te [iɱfluJénte] *adj* Que influye.

in·for·ma·ción [iɱformaθjón] *s/f* **1.** Acción de informar. **2.** Conjunto de noticias, informes, etc.

in·for·ma·dor, -ra [iɱformaðór, -ra] *adj* y *s/m,f* **1.** Persona que informa sobre algo. **2.** Profesional de la información.

in·for·mal [iɱformál] **I.** *adj* y *s/m,f*

Aplicado a personas, que no tiene formalidad o no cumple lo que promete. **II.** *adj* Aplicado a cosas, que no se ajusta a lo convencional: *Lenguaje informal.*

in·for·ma·li·dad [iɱformaliðáð] *s/f* **1.** Falta de formalidad. **2.** Acción informal.

in·for·man·te [iɱformán̪te] *adj* y *s/m,f* LING, SOCIOL Persona que facilita información contestando a una encuesta.

in·for·mar [iɱformár] *v/tr* **1.** Dar noticias o datos a alguien sobre una cosa: *Nos informó del asunto al momento.* **2.** FIL Dar forma sustancial a un ente. RPr **Informar de/sobre:** *Informar sobre los acuerdos de la reunión.*
GRAM En la construcción con *que* es frecuente el uso sin *prep: El presidente ha informado que, por el momento, no habría remodelación del Gobierno.*

in·for·má·ti·ca [iɱformátika] *s/f* Ciencia del tratamiento automático de la información, mediante ordenadores.

in·for·ma·ti·vo, (-a) [iɱformatíβo, (-a)] **I.** *adj* Que informa o difunde información. **II.** *s/m* Programa o espacio de información en la radio, la televisión, etc.: *El informativo de la noche.*

in·for·ma·ti·za·ción [iɱformatiθaθjón] *s/f* Acción y efecto de informatizar.

in·for·ma·ti·zar [iɱformatiθár] *v/tr* Dotar de medios adecuados (ordenadores, etc.) para tratar datos e información.
ORT Ante *e* la *z* cambia en *c: Informatice.*

in·for·me [iɱfórme] **I.** *s/m* **1.** Acción de informar o exponer algo. **2.** Escrito en que, con fines informativos, se expone algo. **3.** *pl* Datos o referencias sobre alguien: *Me han dado buenos informes sobre ella.* **II.** *adj* Que no tiene forma clara o definida: *Una masa informe.*

in·for·tu·na·do, -a [iɱfortunáðo, -a] *adj* **1.** CULT, LIT Se aplica a la persona que no tiene fortuna o buena suerte. **2.** (Sobre todo delante del *s*) Que ha sido víctima de una desgracia: *Los infortunados montañeros fueron sorprendidos por un alud.*

in·for·tu·nio [iɱfortúnjo] *s/m* Situación de la persona que sufre desgracia material o moral grande.

in·fra- [iɱfra-] Elemento prefijo que aporta el significado de 'debajo' o 'inferioridad': *Infraestructura.*

in·frac·ción [iɱfra(k)θjón] *s/f* DER, *adm* Transgresión de una ley o disposición.

in·frac·tor, -ra [iɱfraktór, -ra] *adj* y *s/m,f* Que infringe una ley o disposición.

in·fra·es·truc·tu·ra [iɱfraestruktúra] *s/f* TECN **1.** Conjunto de los trabajos que se hacen para llevar a cabo la cimentación de edificios, carreteras, etc. **2.** FIG Conjunto de medios materiales necesarios para la realización de un proyecto o básicos para el funcionamiento de algo.

in fra·gan·ti [iɱfraɣán̪ti] *ital* Expresión con que se alude al hecho de que una persona es sorprendida en el momento de cometer una falta o delito.

in·fra·hu·ma·no, -a [iɱfraumáno, -a] *adj* Que es más propio de animales que de personas.

in·fran·quea·ble [iɱfraŋkeáβle] *adj* Que no se puede o es muy difícil de franquear.

in·fra·rro·jo, -a [iɱfrarróxo, -a] *adj* Se aplica a las radiaciones del espectro solar situadas más allá del rojo, y que no son visibles.

in·fras·cri·to, -a o **in·fras·crip·to, -a** [iɱfraskrí(p)to, -a] *adj* y *s/m,f* Persona que firma al final de un escrito.

in·fra·va·lo·rar [iɱfraβalorár] *v/tr* Rebajar la importancia de una cosa.

in·fre·cuen·te [iɱfrekwén̪te] *adj* Poco frecuente.

in·frin·gir [iɱfriŋxír] *v/tr* No respetar una ley, una disposición, etc.
ORT La *g* cambia en *j* ante *o/a: Infrinjo.*

in·fruc·tuo·so, -a [iɱfruktuóso, -a] *adj* Que no da el resultado que se busca.

in·fru·tes·cen·cia [iɱfrutesθénθja] *s/f* BOT Fructificación formada por varios frutos pequeños, como la mora.

ín·fu·la [íɱfula] *s/f, pl* FIG (Expresiones como *tener muchas ínfulas, venir con ínfulas,* etc.) Presunción o vanidad.

in·fun·da·do, -a [iɱfun̪dáðo, -a] *adj* Que no tiene fundamento o justificación.

in·fun·dio [iɱfún̪djo] *s/m* Noticia falsa que se difunde en forma de rumor.

in·fun·dir [iɱfun̪dír] *v/tr* Comunicar un sentimiento o estado de ánimo. RPr **Infundir (algo) a:** *Infunde respeto a todo el mundo.*

in·fu·sión [iɱfusjón] *s/f* Bebida que se obtiene introduciendo en agua caliente plantas aromáticas y medicinales como la manzanilla, el té, etc.

in·fu·so, -a [iɱfúso, -a] *adj* CULT Que se ha transmitido por naturaleza.

in·ge·niar [iŋxenjár] *v/tr* Idear algo con ingenio. LOC **Ingeniárselas,** tener habilidad o ingenio para conseguir una cosa: *Yo me las ingeniaré para que pague.* RPr **Ingeniárselas para.**

in·ge·nie·ría [iŋxenjería] *s/f* Actividad, estudios o profesión del ingeniero.

in·ge·nie·ro, -a [iŋxenjéro, -a] *s/m,f* Persona especializada en la investigación y la elaboración de planes técnicos para la transformación y aprovechamiento de la Naturaleza.

in·ge·nio [iŋxénjo] *s/m* **1.** Talento o habilidad para inventar cosas o contarlas con facilidad y atractivo. **2.** Máquina o artificio mecánico: *Un ingenio espacial.* LOC **Aguzar el ingenio,** pensar detenidamente para salir de una dificultad.

in·ge·nio·si·dad [iŋxenjosiðáð] *s/f* Cualidad de ingenioso.

in·ge·nio·so, -a [iŋxenjóso, -a] *adj* Que posee ingenio o lo revela.

in·gen·te [iŋxénte] *adj* Que es muy grande, en sentido material o figurado.

in·ge·nui·dad [iŋxenwiðáð] *s/f* **1.** Cualidad de ingenuo. **2.** Hecho o dicho ingenuo.

in·ge·nuo [iŋxénwo, -a] *adj* y *s/m,f* Se dice de la persona que manifiesta credulidad o candor en sus obras.

in·ge·rir [iŋxerír] *v/tr* Tomar los alimentos o medicamentos por la boca e introducirlos en el estómago.
CONJ *Irreg: Ingiero, ingerí, ingeriré, ingerido.*

in·ges·tión [iŋxestjón] *s/f* Acción de ingerir: *La ingestión de los alimentos.*

in·gle [íŋgle] *s/f* Cada una de las dos partes del cuerpo donde se unen los muslos con el bajo vientre.

in·glés, (-sa) [iŋglés, (-sa)] I. *adj* y *s/m,f* Relacionado con Inglaterra. **II.** *s/m* Lengua inglesa.

in·go·ber·na·ble [iŋgoβernáβle] *adj* Que es imposible de gobernar.

in·gra·ti·tud [iŋgratitúð] *s/f* Comportamiento de la persona ingrata.

in·gra·to, -a [iŋgráto, -a] *adj* **1.** Referido a cosas, que no es agradable o produce desazón o disgusto. **2.** Aplicado a personas, que no agradece los beneficios o los favores recibidos. RPr **Ingrato con/para con:** *Ingrata con/para con quien le ayuda.*

in·gra·vi·dez [iŋgraβiðéθ] *s/f* Cualidad de ingrávido.

in·grá·vi·do, -a [iŋgráβiðo, -a] *adj* Se aplica a lo que no pesa o es muy ligero.

in·gre·dien·te [iŋgreðjénte] *s/m* Elemento o sustancia de los que se emplean para hacer un compuesto, como una comida, una bebida, etc.

in·gre·sar [iŋgresár] **I.** *v/tr* **1.** Hacer una imposición de dinero en un banco. **2.** Llevar a una persona enferma a un hospital o centro semejante: *Lo ingresaron en la clínica.* **3.** Percibir regularmente una cantidad de dinero en concepto de un servicio, un trabajo, etc. **II.** *v/intr* **1.** Entrar como miembro o alumno en una sociedad, centro de enseñanza, etc.: *Ingresó en la Academia Militar.* **2.** Entrar como paciente en un hospital. RPr **Ingresar en.**

in·gre·so [iŋgréso] *s/m* **1.** Acción de ingresar en una corporación, sociedad, etc. **2.** Acción y efecto de ingresar a un enfermo en un hospital. **3.** *pl* Conjunto de dinero que se percibe regularmente por cualquier concepto.

in·gui·nal [iŋginál] *adj* CULT Se aplica a lo relacionado con la ingle.

in·gur·gi·ta·ción [iŋgurxitaθjón] *s/f* FISIOL Acción de ingurgitar.

in·gur·gi·tar [iŋgurxitár] *v/tr* Tragar, engullir.

in·há·bil [ináβil] *adj* **1.** Falto de habilidad o tacto. **2.** (Aplicado a días, horas, etc.) No hábil para despachar asuntos administrativos o de trabajo. RPr **Inhábil para:** *Inhábil para los negocios.*

in·ha·bi·li·ta·ción [inaβilitaθjón] *s/f* CULT Acción y efecto de inhabilitar.

in·ha·bi·li·tar [inaβilitár] *v/tr* CULT Declarar inhábil mediante sanción a una persona que desempeña un cargo público. RPr **Inhabilitar para:** *Inhabilitar para el cargo.*

in·ha·bi·ta·ble [inaβitáβle] *adj* No habitable: *Un lugar inhabitable.*

in·hi·bi·ción [iniβiθjón] *s/f* Acción de inhalar.

in·ha·la·dor [inalaðór] *s/m* Aparato para efectuar inhalaciones.

in·ha·lar [inalár] *v/tr* Aspirar por la boca o la nariz un gas, un vapor, etc.

in·he·ren·te [inerénte] *adj* Que se presenta indisolublemente unido a una cosa o persona: *El deseo de prosperidad es inherente al hombre.* RPr **Inherente a.**

in·hi·bi·ción [iniβiθjón] *s/f* Acción de inhibir o inhibirse.

in·hi·bir [iniβír] **I.** *v/tr* FISIOL Suspender transitoriamente la actividad de un órgano del cuerpo mediante un mecanismo o estímulo. **II.** REFL(SE) Abstenerse de intervenir en un asunto o actividad: *Se ha inhibido de opinar en el asunto.* RPr **Inhibirse de.**

in·hos·pi·ta·la·rio, -a [inospitalárjo, -a] *adj* No hospitalario o poco habitable.

in·hós·pi·to, -a [inóspito, -a] *adj* Se aplica al lugar que es poco acogedor o poco agradable para ser habitado.

in·hu·ma·ción [inumaθjón] *s/f* Acción de inhumar.

in·hu·ma·no, -a [inumáno, -a] *adj* **1.** Falto de humanidad o de comprensión. **2.**

Aplicado a *s* como *dolor, sufrimiento,* etc., muy grande.

in·hu·mar [inumár] *v/tr* CULT Enterrar un cadáver.

i·ni·cia·ción [iniθjaθjón] *s/f* Acción de iniciar o comenzar algo.

i·ni·cia·do, -a [iniθjáðo, -a] *adj* y *s/m,f* Se aplica a la persona que ha sido introducida en el conocimiento de algo, especialmente si es un secreto.

i·ni·cial [iniθjál] **I.** *adj* Relacionado con el principio de algo. **II.** *adj* y *s/f* Primera letra de las palabras.

i·ni·ciar [iniθjár] *v/tr* **1.** Dar comienzo a una cosa. **2.** Introducir a alguien en el conocimiento de una cosa: *Su propio padre lo inició en esa ciencia.* RPr **Iniciar(se) en.**

i·ni·cia·ti·va [iniθjatíβa] *s/f* **1.** Capacidad de emprender o inventar cosas. **2.** Acción de adelantarse a los demás en hacer una cosa o en hablar: *Espero que si le dejamos la iniciativa a él, todo saldrá mejor.*

i·ni·cio [iníθjo] *s/m* Principio, comienzo.

i·ni·cuo, -a [iníkwo, -a] *adj* Contrario a lo que se considera justo o digno, y, *por ext,* malvado: *Una acción inicua.*

in·i·gua·la·ble [iniγwaláβle] *adj* Se aplica a lo que se considera extraordinario por su belleza, calidad, etc.

in·i·ma·gi·na·ble [inimaxináβle] *adj* Que no se puede imaginar o pensar, dada su magnitud, su intensidad, etc.

in·i·mi·ta·ble [inimitáβle] *adj* Que no se puede imitar: *Un estilo inimitable.*

in·in·te·li·gi·ble [inin̪telixíβle] *adj* Que no se pude comprender.

in·in·te·rrum·pi·do, -a [inin̪terrum̪píðo, -a] *adj* No interrumpido.

i·ni·qui·dad [inikiðáð] *s/f* **1.** Cualidad de inicuo. **2.** Acción inicua.

in·je·ren·cia [iŋxerénθja] *s/f* Intervención en los asuntos ajenos sin contar con la parte interesada.
ORT También: *Ingerencia.*

in·je·rir **[iŋxerír]** *v*/REFL(-SE) Intervenir en los asuntos ajenos, sin contar con la parte interesada: *Injerirse en los asuntos de los demás.* RPr **Injerirse en.**
CONJ *Irreg: Injiero, injerí, injeriré, injerido.*

in·jer·ta·ble [iŋxertáβle] *adj* Se aplica a lo que se puede injertar.

in·jer·tar [iŋxertár] *v/tr* **1.** Colocar una rama de una planta en otra para que queden unidas y brote. **2.** MED Implantar un tejido vivo en una parte del cuerpo.

in·jer·to [iŋxérto] *s/m* **1.** Acción y resultado de injertar **2.** Lo que se injerta.

in·ju·ria [iŋxúrja] *s/f* Dicho o hecho ofensivo contra alguien.

in·ju·rian·te [iŋxurján̪te] *adj* Se aplica a lo que o al que injuria.

in·ju·riar [iŋxurjár] *v/tr* Ofender con palabras o acciones.

in·ju·rio·so, -a [iŋxurjóso, -a] *adj* Se aplica a lo que injuria: *Palabras injuriosas.*

in·jus·ti·cia [iŋxustíθja] *s/f* **1.** Acción injusta. **2.** Cualidad de injusto.

in·jus·ti·fi·ca·ble [iŋxustifikáβle] *adj* No justificable.

in·jus·ti·fi·ca·do, -a [iŋxustifikáðo, -a] *adj* Que no tiene justificación o motivo.

in·jus·to, -a [iŋxústo, -a] *adj* Que es contrario a la justicia o equidad.

in·ma·cu·la·do, -a [im̪makuláðo, -a] *adj* Que está limpio o sin mancha.

in·ma·du·rez [im̪maðuréθ] *s/f* Falta de madurez.

in·ma·du·ro, -a [im̪maðúro, -a] *adj* No maduro.

in·ma·ne·ja·ble [im̪manexáβle] *adj* De difícil o imposible manejo.

in·ma·nen·cia [im̪manén̪θja] *s/f* FIL Cualidad de inmanente.

in·ma·nen·te [im̪manén̪te] *adj* FILOS Que de por sí está contenido en la naturaleza misma de las cosas: *Inmanente al hombre.* RPr **Inmanente a.**

in·mar·ce·si·ble [im̪marθesíβle] *adj* CULT Que no se marchita o no se pasa.

in·mar·chi·ta·ble [im̪martʃitáβle] *adj* CULT Que no se marchita o mantiene su vigor.

in·ma·te·rial [im̪materjál] *adj* CULT No material.

in·ma·te·ria·li·dad [im̪materjaliðáð] *s/f* CULT Cualidad de inmaterial.

in·me·dia·cio·nes [im̪meðiaθjónes] *s/f, pl* Territorio que rodea un lugar.

in·me·dia·tez [im̪meðjatéθ] *s/f* Circunstancia de ser o estar inmediato a algo.

in·me·dia·to, -a [im̪meðjáto, -a] *adj* **1.** Que, con relación a otra cosa, sucede sin que medie intervalo de tiempo. **2.** Se dice de lo que es continuo o muy cercano a otra cosa: *La causa inmediata de algo.* LOC **De inmediato,** sin tardar. RPr **Inmediato a.**

in·me·jo·ra·ble [im̪mexoráβle] *adj* De gran calidad o de una clase superior.

in·me·mo·rial [im̪memorjál] *adj* Se aplica al 'tiempo', 'época', etc., cuya antigüedad no se recuerda por quedar lejana.

in·men·si·dad [im̪mensiðáð] *s/f* **1.** Cualidad de inmenso. **2.** Extensión muy grande de algo: *La inmensidad del mar.*

in·men·so, -a [immérso, -a] *adj* Muy grande en extensión, cantidad o intensidad.

in·me·re·ci·do, -a [immereθíðo, -a] *adj* No merecido: *Un premio inmerecido.*

in·mer·sión [immersjón] *s/f* Acción de sumergir(se): *La inmersión de un submarino.*

in·mer·so, -a [immérso, -a] *adj* **1.** CULT Sumergido. **2.** FIG Aplicado a personas, que está metido en un proceso, en una situación: *Inmerso en una crisis económica.*

in·mi·gra·ción [immiɣraθjón] *s/f* Fenómeno social de entrada en un país de las gentes de otro.
GRAM En la *inmigración* se atiende al punto de llegada de las gentes, mientras que en la *emigración* al lugar de partida.

in·mi·gran·te [immiɣránte] *adj* y *s/m,f* Se aplica a la persona que se ha establecido en un país procedente de otro.

in·mi·grar [immiɣrár] *v/intr* Llegar a un país para establecerse en él por un período de tiempo o definitivamente.

in·mi·gra·to·rio, -a [immiɣratórjo, -a] *adj* Relacionado con la inmigración.

in·mi·nen·cia [imminénθja] *s/f* Circunstancia de estar a punto de producirse algo.

in·mi·nen·te [imminénte] *adj (Ser inminente)* Se aplica a lo que está a punto de ocurrir o no tardará mucho en producirse.

in·mis·cuir·se [immiskwírse] *v/*REFL (-SE) Intervenir de manera entrometida en un asunto: *No le gusta inmiscuirse en la vida de los demás.* RPr **Inmiscuirse en.**
CONJ *Irreg: Me inmiscuyo, me inmiscuí, me inmiscuiré, inmiscuido.*

in·mi·se·ri·cor·de [immiserikórðe] *adj* No compasivo o hecho con dureza.

in·mo·bi·lia·rio, -a [immoβiljárjo, -a] **I.** *adj* Relacionado con los bienes inmuebles, como tierras, edificios, etc. **II.** *s/f* Sociedad dedicada a la construcción de edificios o a la compraventa y alquiler de viviendas, etc.

in·mo·de·ra·do, -a [immoðeráðo, -a] *adj* Que actúa sin moderación.

in·mo·des·tia [immoðéstja] *s/f* Falta de modestia.

in·mo·des·to, -a [immoðésto, -a] *adj* Se aplica a las personas que por vanidad presumen de lo que son o de lo que hacen, y también de aquello que revela esa actitud.

in·mo·la·ción [immolaθjón] *s/f* CULT, LIT Acción de inmolar o inmolarse.

in·mo·lar [immolár] **I.** *v/tr* LIT Ofrecer víctimas a los dioses. **II.** REFL(SE) CULT, LIT Sacrificarse por un ideal o por los demás. RPr **Inmolarse por:** *Héroes inmolados por la patria.*

in·mo·ral [immorál] *adj* Que es contrario a los principios de la moral.

in·mo·ra·li·dad [immoraliðáð] *s/f* **1.** Cualidad de inmoral. **2.** Acción inmoral.

in·mor·tal [immortál] *adj* **1.** No mortal. **2.** Se aplica a lo que o a quien perdura en el tiempo por su importancia, su fama, etc.: *Los héroes inmortales.*

in·mor·ta·li·dad [immortaliðáð] *s/f* Cualidad de inmortal.

in·mor·ta·li·zar [immortaliθár] *v/tr* Hacer inmortal.
ORT La *z* ante *e* cambia en *c: Inmortalicé.*

in·mo·ti·va·do, -a [immotiβáðo, -a] *adj* No motivado o sin fundamento.

in·mo·vi·ble [immoβíβle] *adj* No movible por su peso, su fijeza, etc.

in·mó·vil [immóβil] *adj* Que no se mueve.

in·mo·vi·li·dad [immoβiliðáð] *s/f* Estado de inmóvil.

in·mo·vi·lis·mo [immoβilísmo] *s/m* Tendencia a no cambiar lo existente.

in·mo·vi·lis·ta [immoβilísta] *adj* y *s/m,f* Partidario del inmovilismo.

in·mo·vi·li·za·ción [immoβiliθaθjón] *s/f* Acción y efecto de inmovilizar.

in·mo·vi·li·zar [immoβiliθár] *v/tr* Hacer que una persona o una cosa quede inmóvil.
ORT Ante *e* la *z* cambia en *c: Inmovilicé.*

in·mue·ble [immuéβle] **I.** *adj* Se dice de los bienes que no pueden ser cambiados de lugar, como las tierras, los edificios, etc. **II.** *s/m* Casa o edificio.

in·mun·di·cia [immundíθja] *s/f* **1.** Cualidad de inmundo. **2.** Suciedad de una cosa o de un lugar.

in·mun·do, -a [immúndo, -a] *adj* Que está sucio y asqueroso.

in·mu·ne [immúne] *adj* **1.** Que está libre de determinada cosa, como gravámenes, penas, etc. **2.** *(Ser inmune)* Se dice del organismo y de la persona que es refractario a una enfermedad: *Inmune a una enfermedad.* RPr **Inmune a (2).**

in·mu·ni·dad [immuniðáð] *s/f* Cualidad o estado de inmune.

in·mu·ni·za·ción [immuniθaθjón] *s/f* Acción de inmunizar.

in·mu·ni·zar [immuniθár] *v/tr* Hacer inmune: *Inmunizar contra muchas enfermedades.* RPr **Inmunizar(se) contra.**

ORT La *z* cambia en *c* ante *e*: *Inmunice.*

in·mu·no·lo·gía [immunoloxía] *s/f* MED Saber en torno a la inmunidad biológica.

in·mu·no·ló·gi·co, -a [immunolóxiko, -a] *adj* Relativo a la inmunología.

in·mu·nó·lo·go, -a [immunólogo, -a] *s/m,f* Especialista en inmunología.

in·mu·ta·bi·li·dad [immutaβiliðáð] *s/f* Cualidad de inmutable.

in·mu·ta·ble [immutáβle] *adj* Que no cambia o no puede ser cambiado.

in·mu·tar [immutár] *v/tr* Impresionar o alterar el ánimo de alguien.

in·na·to, -a [innáto, -a] *adj* Se aplica a lo que nace con un ser y no es adquirido.

in·ne·ce·sa·rio, -a [inneθesárjo, -a] *adj* *(Ser innecesario)* No necesario.

in·ne·ga·ble [innegáβle] *adj* Que por ser tan evidente no se puede negar.

in·no·ble [innóβle] *adj* Se aplica a las acciones caracterizadas por la falta de nobleza de ánimo, de generosidad, etc., y a las personas que las hacen.

in·nom·bra·ble [innombráβle] *adj* Que no se puede nombrar.

in·no·va·ción [innoβaθjón] *s/f* Novedad en la técnica, el arte, el pensamiento, etc.

in·no·va·dor, -ra [innoβaðór, -ra] *adj* y *s/m,f* Que innova.

in·no·var [innoβár] *v/intr* Introducir novedades en algún campo de la actividad humana: *Es muy dado a innovar.*

in·nu·me·ra·ble [innumeráβle] *adj* Se aplica a lo que es muy numeroso.

in·ob·ser·van·cia [inoβserβánθja] *s/f* No cumplimiento de la ley o reglamento.

i·no·cen·cia [inoθénθja] *s/f* **1.** Condición de la persona que ignora el mal o no está endurecida por la vida. **2.** Exención de culpabilidad en un delito o en una mala acción. **3.** Falta de picardía o malicia.

i·no·cen·ta·da [inoθentáða] *s/f* **1.** Acción o dicho muy ingenuo o simple. **2.** Broma que se da a una persona el día de los Santos Inocentes.

i·no·cen·te [inoθénte] *adj* **1.** Se aplica a quien está libre de una culpa o delito. **2.** Se dice de quien no tiene malicia, y de sus obras o dichos: *Una broma inocente.*

i·no·cui·dad [inokwiðáð] *s/f* Cualidad de inocuo.

i·no·cu·la·ción [inokulaθjón] *s/f* MED, CULT Acción de inocular.

i·no·cu·lar [inokulár] *v/tr* **1.** MED Introducir en una persona o animal gérmenes de una enfermedad. **2.** FIG Introducir en el organismo el veneno las serpientes y otros animales.

i·no·cuo, -a [inókwo, -a] *adj* **1.** CULT No nocivo. **2.** Ni bueno ni malo.

i·no·do·ro, (-a) [inoðóro, (-a)] **I.** *adj* CULT Que no tiene olor. **II.** *s/m* Retrete inodoro.

in·o·fen·si·vo, -a [inofensíβo, -a] *adj* Que no produce mal ni implica peligro.

in·ol·vi·da·ble [inolβiðáβle] *adj* Que se mantiene en el recuerdo permanentemente.

in·o·pe·ran·te [inoperánte] *adj* Se dice de lo que no produce efecto.

i·no·pia [inópja] *s/f* Pobreza. LOC, FIG **Estar en la inopia,** estar distraído.

in·o·pi·na·do, -a [inopináðo, -a] *adj* Que ocurre sin pensar o sin esperarse.

in·o·por·tu·ni·dad [inoportuniðáð] *s/f* Circunstancia de ser inoportuno.

in·o·por·tu·no, -a [inoportúno, -a] *adj* Que causa disgusto, por ser inapropiado o inconveniente en una situación.

in·or·gá·ni·co, -a [inorγániko, -a] *adj* **1.** BIOL No orgánico. **2.** CULT Falto de organización.

in·o·xi·da·ble [ino(k)siðáβle] *adj* Se aplica a lo que no puede oxidarse.

in·que·bran·ta·ble [iŋkeβrantáβle] *adj* Firme, que no se quiebra.

in·quie·tan·te [iŋkjetánte] *adj* Que produce preocupación.

in·quie·tar [iŋkjetár] *v/tr* **1.** Quitar la quietud o la tranquilidad. **2.** Causar preocupación. RPr **Inquietarse con/por (algo/alguien).**

in·quie·to, -a [iŋkjéto, -a] *adj* **1.** *(Estar inquieto)* Se aplica a la persona que se encuentra intranquila o preocupada. **2.** *(Ser inquieto)* Se dice de la persona que es por naturaleza bulliciosa o se mueve mucho. **3.** *(Ser inquieto)* Que es propenso a emprender cosas nuevas.

in·quie·tud [iŋkjetúð] *s/f* **1.** Estado de inquieto. **2.** (Generalmente en *pl*) Preocupaciones de tipo espiritual.

in·qui·li·no, -a [iŋkilíno, -a] *s/m,f* Persona que vive de alquiler.

in·qui·na [iŋkína] *s/f* *(Tener inquina)* Aversión hacia una persona.

in·qui·rir [iŋkirír] *v/tr* CULT Hacer gestiones, preguntas, etc., para conseguir una información: *Inquirir las causas de algo.* CONJ *Irreg: Inquiero, inquirí, inquiriré, inquirido.*

in·qui·si·ción [iŋkisiθjón] *s/f* (Con *may*) Tribunal eclesiástico que en otro tiempo indagaba y castigaba los delitos contra la fe religiosa.

in·qui·si·dor, (-ra) [iŋkisiðór, (-ra)] **I.** *adj* Que busca algo: *Un espíritu inquisidor.* **II.** *s/m* Miembro de la Inquisición.

in·qui·si·ti·vo, -a [iŋkisitíβo, -a] *adj* Que inquiere o busca algo.

in·qui·si·to·rial [iŋkisitorjál] *adj* **1.** Relacionado con la Inquisición. **2.** FIG Se aplica a los procedimientos de mando o castigo muy severos o duros, y a quien los usa: *Un jefe inquisitorial.*

in·ri [ínrri] *s/m* LOC **Poner el inri,** hacer una cosa a alguien que constituye el colmo de la burla o el sarcasmo. **Para más/mayor inri,** para mayor burla o escarnio.

in·sa·cia·bi·li·dad [insaθjaβiliðáð] *s/f* Cualidad o estado de quien es insaciable.

in·sa·cia·ble [insaθjáβle] *adj* Que no se sacia con nada. RPr **Insaciable de:** *Un afán insaciable de dinero.*

in·sa·cu·la·ción [insakulaθjón] *s/f* Acción y efecto de insacular.

in·sa·cu·lar [insakulár] *v/tr* Introducir votos o papeletas en un saco o urna para luego sacar alguno a la suerte.

in·sa·li·va·ción [insaliβaθjón] *s/f* Acción de insalivar.

in·sa·li·var [insaliβár] *v/tr* Mezclar los alimentos con la saliva.

in·sa·lu·bre [insalúβre] *adj* Perjudicial para la salud.

in·sa·lu·bri·dad [insaluβriðáð] *s/f* Cualidad de insalubre.

in·sa·no, -a [insáno, -a] *adj* Que es perjudicial para la salud.

in·sa·tis·fac·ción [insatisfa(k)θjón] *s/f* Estado de insatisfecho.

in·sa·tis·fe·cho, -a [insatisfétʃo, -a] *adj* No satisfecho o saciado. RPr **Insatisfecho de/con (algo/alguien).**

ins·cri·bir [i(n)skriβír] *v/tr* **1.** Escribir en roca, metal, etc., el nombre de algo o de alguien para que quede noticia duradera de ello. **2.** Dejar constancia oficial de algo o alguien mediante su inclusión en el registro: *¿Has inscrito ya al niño en el registro?* RPr **Inscribir(se) en.**
GRAM *P: Inscrito.*

ins·crip·ción [i(n)skripθjón] *s/f* **1.** Acción y efecto de inscribir. **2.** Escrito breve sobre piedra, en monedas, etc.

ins·cri·to, -a [i(n)skríto, -a] **I.** *p* de *inscribir(se).* **II.** *adj* Se aplica a quien está apuntado para participar en algo.

in·sec·ti·ci·da [insektiθíða] *adj* y *s/m* Producto empleado para matar insectos.

in·sec·tí·vo·ro, -a [insektíβoro, -a] *adj* y *s/m,f* Se aplica a los animales que se alimentan de insectos, y, *por ext,* a algunas plantas.

in·sec·to [insékto] *s/m* Pequeño animal invertebrado, con patas articuladas, respiración traqueal y que sufre metamorfosis en su desarrollo.

in·se·gu·ri·dad [inseɣuriðáð] *s/f* Falta de seguridad: *Una situación de inseguridad.*

in·se·gu·ro, -a [inseɣúro, -a] *adj* Falto de seguridad: *Una situación insegura. Un terreno inseguro.*
adv **in·se·gu·ra·men·te.**

in·se·mi·na·ción [inseminaθjón] *s/f* Fecundación de una hembra, frecuentemente por medios artificiales.

in·sen·sa·tez [insensatéθ] *s/f* **1.** Cualidad de insensato. **2.** Acción o dicho insensato.

in·sen·sa·to, -a [insensáto, -a] *adj* y *s/m,f* Falto de sensatez.

in·sen·si·bi·li·dad [insensiβiliðáð] *s/f* Falta de sensibilidad: *La insensibilidad de una parte del cuerpo.*

in·sen·si·bi·li·zar [insensiβiliθár] *v/tr* Hacer insensible.
ORT Ante *e* la *z* cambia en *c: Insensibilicé.*

in·sen·si·ble [insensíβle] *adj* **1.** Falto de sensibilidad física o afectiva: *Insensible al sufrimiento ajeno.* **2.** (Con *s* que expresan cambio o movimiento, como *subida, descenso,* etc.) Muy débil o escaso: *Un aumento insensible de velocidad.* RPr **Insensible a (1).**

in·se·pa·ra·bi·li·dad [inseparaβiliðáð] *s/f* Cualidad de inseparable.

in·se·pa·ra·ble [inseparáβle] *adj* **1.** Que no se puede separar. **2.** Se aplica a las personas a quienes une una gran amistad, y están a menudo juntas: *Ana y Carmen son dos amigas inseparables.* LOC y RPr **Ser inseparable de,** ir unido a, implicar: *El progreso es inseparable del trabajo.*

in·se·pul·to, -a [insepúl̪to, -a] *adj* No sepultado.

in·ser·ción [inserθjón] *s/f* **1.** Acción de insertar. **2.** Lugar en que una cosa se inserta en otra: *El punto de inserción.*

in·ser·tar [insertár] *v/tr* Introducir una cosa en otra, en particular un texto o escrito en otro. RPr **Insertar (algo) en.**

in·ser·to, -a [insérto, -a] *adj* (En lenguaje periodístico y BIOL) Que está metido en otra cosa.

in·ser·vi·ble [inserβíβle] *adj* **1.** *(Estar inservible)* Se aplica a lo que está muy viejo o estropeado. **2.** *(Ser inservible)* Se dice de lo que no sirve para cierta cosa.

in·si·dia [insíðja] *s/f* (Con frecuencia en *pl*) **1.** Acción o palabras con que se engaña a una persona con mal fin. **2.** Palabras u obras con mala intención.

in·si·dio·so, -a [insiðjóso, -a] **I.** *adj* Se dice de lo que se hace con insidia. **II.** *adj* y *s/m,f* Se aplica a quien emplea insidias.

in·sig·ne [insíɣne] *adj* Se aplica a quien destaca por sus méritos artísticos o científicos, y es estimado por ellos.

in·sig·nia [insíɣnja] *s/f* **1.** Objeto metálico o de tela que, prendido de forma visible en la solapa u otro sitio, se usa como distintivo. **2.** Estandarte que diferencia a una agrupación de personas, como una compañía, etc.

in·sig·ni·fi·can·cia [insiɣnifikánθja] *s/f* **1.** Cualidad de insignificante. **2.** Cosa o cantidad muy pequeña de algo.

in·sig·ni·fi·can·te [insiɣnifikánte] *adj* Muy pequeño o de poca importancia.

in·sin·ce·ri·dad [insinθeriðáð] *s/f* Falta de sinceridad.

in·sin·ce·ro, -a [insinθéro, -a] *adj (Ser insincero)* No sincero.

in·si·nua·ción [insinwaθjón] *s/f* **1.** Acción de insinuar o insinuarse. **2.** Palabras o ademanes con que se insinúa algo.

in·si·nuan·te [insinwánte] *adj* Se aplica a quien se insinúa.

in·si·nuar [insinuár] **I.** *v/tr* Dar a entender algo. **II.** REFL(SE) **1.** Dar a entender con sutilezas el deseo de relaciones amorosas. **2.** Verse el principio de alguna cosa. ORT, PRON El acento recae sobre la *u* en el *sing* y *3.ª pers pl* del *pres* de *indic* y *subj: Insinúa, insinúe...*

in·si·pi·dez [insipiðéθ] *s/f* Cualidad de insípido.

in·sí·pi·do, -a [insípiðo, -a] *adj* **1.** Que no tiene sabor o tiene menos del que se considera normal. **2.** FIG Se dice de lo que no tiene gracia o interés.

in·sis·ten·cia [insisténθja] *s/f* Circunstancia de insistir en algo.

in·sis·ten·te [insisténte] *adj* Se aplica a quien insiste en algo.

in·sis·tir [insistír] *v/intr* Repetir varias veces una petición o una acción con el fin de conseguir algo: *Insistió en que me quedara.* RPr **Insistir en.**

in·so·bor·na·ble [insoβornáβle] *adj* Que no es o no puede ser sobornado.

in·so·cia·ble [insoθjáβle] *adj* Que rehúye el trato de otras personas.

in·so·la·ción [insolaθjón] *s/f* **1.** Indisposición que se acompaña de fiebre muy alta, convulsiones, etc., y que es producida por tener expuesta la cabeza demasiado tiempo al sol. **2.** METEOR Cantidad de tiempo que da el sol en un lugar.

in·sol·da·ble [insoldáβle] *adj* Se aplica a lo que no se puede soldar.

in·so·len·cia [insolénθja] *s/f* **1.** Cualidad de insolente. **2.** Dicho o hecho insolente.

in·so·len·tar [insolentár] *v/tr* Hacer que alguien sea insolente. RPr **Insolentarse con (alguien).**

in·so·len·te [insolénte] *adj* **1.** Se aplica a la persona que se comporta de forma desconsiderada o irrespetuosa, y, *por ext,* a su actitud. **2.** Se dice de quien se muestra orgulloso o despectivo con los demás.

in·só·li·to, -a [insólito, -a] *adj* **1.** Que ocurre pocas veces. **2.** Que sorprende o destaca por sus características no comunes.

in·so·lu·bi·li·dad [insoluβiliðáð] *s/f* Cualidad de insoluble.

in·so·lu·ble [insolúβle] *adj* Que no se puede disolver o resolver.

in·sol·ven·cia [insolβénθja] *s/f* Cualidad o estado de insolvente.

in·sol·ven·te [insolβénte] *adj* Se aplica a quien no tiene recursos para pagar una deuda o una obligación.

in·som·ne [insómne] *adj* Se aplica a quien no duerme.

in·som·nio [insó{m}njo] *s/m* Falta de sueño en los momentos de dormir.

in·son·da·ble [insondáβle] *adj* FIG Se dice de lo que por ser tan misterioso o quedar tan oculto es imposible conocerlo.

in·so·no·ri·za·ción [insonoriθaθjón] *s/f* Acción y resultado de insonorizar.

in·so·no·ri·zar [insonoriθár] *v/tr* Poner insonoro algo, *por ej,* una habitación.
ORT La *z* cambia en *c* ante *e: Insonorice.*

in·so·no·ro, -a [insonóro, -a] *adj* No sonoro: *Un material insonoro.*

in·so·por·ta·ble [insoportáβle] *adj* **1.** Aplicado a cosas, no soportable por ser muy pesado, molesto, etc.: *Un calor insoportable.* **2.** *(Ser/Estar insoportable)* Aplicado a personas, no soportable por su antipatía, su carácter, etc.

in·sos·la·ya·ble [insoslaJáβle] *adj* No evitable.

in·sos·pe·cha·ble [insospetʃáβle] *adj* **1.** Que es difícil de sospechar o de imaginar.

in·sos·pe·cha·do, -a [insospetʃáðo, -a] *adj* No sospechado o esperado.

in·sos·te·ni·ble [insosteníβle] *adj* Que no se puede mantener o sostener.

ins·pec·ción [inspe(k)θjón] *s/f* **1.** Acción de inspeccionar. **2.** Oficina donde trabaja un inspector.

ins·pec·cio·nar [inspe(k)θjonár] *v/tr* Examinar algo con cuidado.

ins·pec·tor, -ra [inspektór, -ra] *s/m,f* Persona encargada de los trabajos de inspección: *Un inspector de trabajo.*

ins·pi·ra·ción [i(n)spiraθjón] *s/f* **1.** Acción de inspirar o introducir aire en los pulmones. **2.** Capacidad de creación artística: *Le falta inspiración.* **3.** Influencia sobre una obra artística: *Una composición poética de inspiración clásica.*

ins·pi·rar [i(n)spirár] **I.** *v/tr* **1.** Introducir aire en los pulmones. **2.** Hacer surgir en alguien ideas creadoras, sentimientos, etc. **II.** REFL(SE) Tomar una idea, un tema como punto de partida para llevar a cabo una obra artística: *Este soneto está inspirado en unos versos de Machado.* RPr **Inspirar(se) en.**

ins·ta·la·ción [i(n)stalaθjón] *s/f* **1.** Acción de instalar. **2.** Conjunto de cosas empleadas para el funcionamiento de un servicio: *La instalación electrónica.* **3.** *pl* Conjunto de dependencias, edificaciones, etc., que prestan un servicio: *El polideportivo tiene unas magníficas instalaciones.*

ins·ta·la·dor, -ra [i(n)staladór, -ra] *adj* y *s/m,f* Que instala o coloca algo.

ins·ta·lar [i(n)stalár] **I.** *v/tr* **1.** Colocar una cosa o cosas de manera apropiada para que presten una función: *Instalar el teléfono.* **2.** Poner en un lugar destinado a un servicio los aparatos o accesorios necesarios: *Van a instalar un gimnasio en la primera planta.* **3.** Poner en un sitio a alguien para que viva o esté en él. **II.** REFL(SE) **1.** Fijar el lugar en que se va a vivir o residir: *Nos instalaremos en la planta baja.* **2.** Abrir un negocio: *Quiere instalarse por su cuenta.* RPr **Instalar(se) en.**

ins·tan·cia [i(n)stánθja] *s/f* **1.** Solicitud escrita. **2.** *pl* Institución o fuerza social con poder o autoridad: *Las instancias del poder.*

ins·tan·tá·neo, (-a) [i(n)stan̪táneo, -a] **I.** *adj* **1.** Que dura sólo un instante. **2.** Que ocurre sin mediar un instante. **II.** *s/f* Fotografía impresionada en un tiempo muy corto de exposición a la luz.

ins·tan·te [i(n)stán̪te] *s/m* Fracción de tiempo muy breve. LOC **Al instante,** en seguida.

ins·tar [i(n)stár] **I.** *v/tr* CULT Insistir en una petición o súplica. **II.** *v/intr* Pedir algo a alguien con insistencia. RPr **Instar a:** *Le he instado a actuar.*

ins·tau·ra·ción [i(n)stauraθjón] *s/f* Acción de instaurar.

ins·tau·ra·dor, -ra [i(n)stauradór, -ra] *adj* y *s/m,f* Que instaura.

ins·tau·rar [i(n)staurár] *v/tr* CULT Establecer unas normas para el funcionamiento o gobierno de algo.

ins·ti·ga·ción [i(n)stiγaθjón] *s/f* Acción de instigar.

ins·ti·ga·dor, -ra [i(n)stiγaðór, -ra] *adj* y *s/m,f* Que instiga.

ins·ti·gar [i(n)stiγár] *v/tr* Influir sobre una persona para que lleve a cabo una acción perjudicial o violenta: *Instigar a la rebelión.* RPr **Instigar a.**
ORT La *g* cambia en *gu* ante *e: Instigue.*

ins·tin·ti·vo, -a [i(n)stin̪tíβo, -a] *adj* Que es obra o efecto del instinto y no de la razón, y, *por ext,* que actúa instintivamente: *Una reacción instintiva.*

ins·tin·to [i(n)stín̪to] *s/m* Facultad innata de los animales que les lleva a obrar espontáneamente o por condicionamiento natural: *El instinto sexual/maternal.*

ins·ti·tu·ción [i(n)stituθjón] *s/f* **1.** Acción de instituir. **2.** Cosa instituida (organismo o establecimiento con una determinada función). **3.** *pl* Organización política de un país o nación: *El respeto a las instituciones.*

ins·ti·tu·cio·nal [i(n)stituθjonál] *adj* Relacionado con las instituciones.

ins·ti·tuir [i(n)stituír] *v/tr* CULT Establecer algo de manera permanente.

ins·ti·tu·to [i(n)stitúto] *s/m* **1.** Centro estatal en que se imparte el bachillerato. **2.** Se aplica a algunas corporaciones militares, literarias, etc., y, *por ext,* a la regla por la que se rigen estas últimas. **3.** Institución de carácter cultural, científico o artístico: *El Instituto de España.*

ins·ti·tu·triz [i(n)stitutríθ] *s/f* Mujer a la que se le ha encargado la enseñanza y educación de los niños de una familia.

ins·truc·ción [i(n)stru(k)θjón] *s/f* Acción de instruir o intruirse.

ins·truc·ti·vo, -a [i(n)struktíβo, -a] *adj* Que aporta conocimientos: *Un libro instructivo.*

ins·truc·tor, -ra [i(n)struktór, -ra] *adj* y *s/m,f* Que instruye: *El juez instructor.*

ins·trui·do, -a [i(n)struíðo, -a] *adj (Ser instruido)* Se aplica a la persona que tiene conocimientos de diverso tipo.

ins·truir [i(n)struír] *v/tr* **1.** Proporcionar conocimientos o datos sobre algo. **2.** Realizar las acciones oportunas para un proceso judicial. RPr **Instruir (a alguien) en/ sobre.**
CONJ *Irreg: Instruyo, instruí, instruiré, instruido.*

ins·tru·men·tal [i(n)strumen̪tál] **I.** *adj* Relacionado con los instrumentos. **II.** *s/m* Conjunto de instrumentos.

ins·tru·men·ta·li·zar [i(n)strumeṇtaliθár] *v/tr* Emplear a una persona o a una cosa como simple medio para un fin.
ORT La *z* cambia en *c* ante *e*: *Instrumentalice.*

ins·tru·men·tar [i(n)strumeṇtár] *v/tr* Acomodar una obra musical a los distintos instrumentos para su ejecución.

ins·tru·men·tis·ta [instrumentísta] *s/m,f* Músico que toca un instrumento.

ins·tru·men·to [i(n)struméṇto] *s/m* **1.** Objeto con que se lleva a cabo trabajos o se consigue un efecto. **2.** FIG Cosa, concreta o abstracta, que se emplea como un medio para un fin.

in·su·bor·di·na·ción [insuβorðinaθjón] *s/f* Falta de disciplina.

in·su·bor·di·nar [insuβorðinár] **I.** *v/tr* Provocar la insubordinación. **II.** REFL (-SE) Negarse a obedecer a las personas que tienen el mando o la autoridad: *Insubordinarse contra el jefe.* RPr **Insubordinar contra.**

in·subs·tan·cial [insu(β)stanθjál] *adj* **1.** Que no tiene sabor o tiene muy poco. **2.** FIG Falto de interés, de gracia o de contenido.
ORT También: *Insustancial.*

in·subs·tan·cia·li·dad [insu(β)stanθjaliðáð] *s/f* Cualidad de insubstancial.
ORT También: *Insustancialidad.*

in·subs·ti·tui·ble [insu(β)stituíβle] *adj* Que no se puede sustituir.
ORT También: *Insustituible.*

in·su·fi·cien·cia [insufiθjénθja] *s/f* Cualidad de insuficiente.

in·su·fi·cien·te [insufiθjéṇte] **I.** *adj* No suficiente. **II.** *s/m* No aprobado, en el sistema de calificación de los estudios primarios y medios.

in·su·flar [insuflár] *v/tr* MED Introducir un gas o vapor en el organismo para remedio de algo.

in·su·fri·ble [insufríβle] *adj* **1.** Que no se puede aguantar. **2.** Se dice de quien por su carácter o su genio no se puede soportar.

in·su·lar [insulár] **I.** *adj* Relacionado con las islas. **II.** *s/m,f* Habitante de una isla.

in·su·la·ri·dad [insulariðáð] *s/f* Carácter de insular de algo o alguien.

in·su·li·na [insulína] *s/f* Hormona segregada por el páncreas, y que se emplea en el tratamiento de la diabetes.

in·sul·sez [insulséθ] *s/f* Cualidad de insulso.

in·sul·so, -a [insúlso, -a] *adj* **1.** Que no tiene sabor o no tiene el esperado. **2.** Que no tiene gracia o interés: *Una persona insulsa.*

in·sul·tan·te [insuḷtáṇte] *adj* Que acompaña o constituye insulto.

in·sul·tar [insuḷtár] *v/tr* Dirigir a una persona palabras que conllevan ofensa.

in·sul·to [insúḷto] *s/m* **1.** Palabra o expresión ofensiva o que hiere la dignidad de una persona. **2.** Acción humillante.

in·su·mi·sión [insumisjón] *s/f* CULT Cualidad o estado de insumiso.

in·su·mi·so, -a [insumíso, -a] *adj* CULT **1.** Que no está sometido. **2.** CULT Que no se somete.

in·su·pe·ra·ble [insuperáβle] *adj* Que no se puede o es muy difícil de superar.

in·sur·gen·te [insurxéṇte] *adj* y *s/m,f* Se aplica a quien se ha sublevado colectivamente contra las autoridades.

in·su·rrec·ción [insurre(k)θjón] *s/f* Acción de sublevarse contra la autoridad de quien se depende.

in·su·rrec·cio·nar [insurre(k)θjonár] **I.** *v/tr* Sublevar. **II.** REFL(SE) Sublevarse. RPr **Insurreccionar(se) contra alguien.**

in·su·rrec·to, -a [insurrékto, -a] *adj* y *s/m,f* Que se ha sublevado.

in·sus·tan·cial [insustanθjál] *adj* Insubstancial.

in·sus·tan·cia·li·dad [insustanθjaliðáð] *s/f* Insubstancialidad.

in·sus·ti·tui·ble [insustituíβle] *adj* Insubstituible.

in·tac·to, -a [iṇtákto, -a] *adj (Estar intacto)* Que se conserva completo por no haber sufrido alteración o por no haber sido usado.

in·ta·cha·ble [iṇtatʃáβle] *adj (Ser intachable)* Se aplica a quien no se le puede hacer la más mínima censura, y a su comportamiento.

in·tan·gi·bi·li·dad [iṇtaŋxiβiliðáð] *s/f* Cualidad de intangible.

in·tan·gi·ble [iṇtaŋxíβle] *adj* Que no se puede tocar o coger.

in·te·gra·ble [iṇteɣráβle] *adj* Se aplica a lo que es susceptible de ser integrado.

in·te·gra·ción [iṇteɣraθjón] *s/f* Acción de integrar.

in·te·gral [iṇteɣrál] *adj* Que comprende o tiene en cuenta todos los aspectos de una cosa.

in·te·gran·te [iṇteɣráṇte] *adj* y *s/m,f* Que forma parte de algo.

in·te·grar [in̪teɣrár] **I.** *v/tr* Constituir alguien o algo un todo o conjunto. **2.** Hacer entrar en un conjunto. **II.** REFL(-SE) Asimilarse al grupo en el que se entra: *Integrarse en el país.* RPr **Integrar(se) en.**

in·te·gri·dad [in̪teɣriðáð] *s/f* Cualidad de íntegro.

ín·te·gro, -a [ín̪teɣro, -a] *adj* **1.** Aplicado a cosas, que no le falta nada. **2.** Referido a personas, que es honesta o cumple con rectitud sus obligaciones.

in·te·lec·ti·vo, (-a) [in̪telektíβo, (-a)] **I.** *adj* Relacionado con el intelecto. **II.** *s/f* Capacidad de entender.

in·te·lec·to [in̪telékto] *s/m* CULT Facultad de pensar.

in·te·lec·tual [in̪telektwál] **I.** *adj* Que es propio de la inteligencia. **II.** *s/m* Persona que se dedica a trabajos que requieren el empleo preferente de la inteligencia.

in·te·lec·tua·li·dad [in̪telektwaliðáð] *s/f* Conjunto de los intelectuales.

in·te·lec·tua·lis·mo [in̪telektwalísmo] *s/m* Exceso de contenido intelectual en una obra artística o en una persona.

in·te·li·gen·cia [in̪telixén̪θja] *s/f* Facultad espiritual con la que el hombre y algunos animales comprenden o conocen las cosas.

in·te·li·gen·te [in̪telixén̪te] *adj* Que tiene inteligencia o destaca por ello.

in·te·li·gi·ble [in̪telixíβle] *adj (Ser inteligible)* Que puede ser entendido.

in·tem·pe·ran·cia [in̪teɱperán̪θja] *s/f* Cualidad de intemperante.

in·tem·pe·ran·te [in̪teɱperán̪te] *adj* Intolerante en el trato con los demás.

in·tem·pe·rie [in̪teɱpérje] *s/f* Ambiente natural considerado como espacio desprotegido y sometido a los rigores de los fenómenos atmosféricos. LOC **A la intemperie,** al aire libre o sin techo protector.

in·tem·pes·ti·vo, -a [in̪teɱpestíβo, -a] *adj* Se aplica a lo que se hace u ocurre cuando no es oportuno y resulta molesto.

in·ten·ción [in̪ten̪θjón] *s/f* Propósito deliberado de hacer una cosa.

in·ten·cio·na·do, -a [in̪ten̪θjonáðo, -a] *adj* Hecho con intención.
Bien intencionado, -a, *1.* Que se hace o se dice con buena intención. *2.* Se dice de la persona que obra con buena intención.

in·ten·cio·na·li·dad [in̪ten̪θjonaliðáð] *s/f* Intención.

in·ten·den·cia [in̪ten̪dén̪θja] *s/f* MIL Conjunto de los servicios de administración de víveres y material del ejército.

in·ten·den·te [in̪ten̪dén̪te] *s/m* Jefe de la administración de víveres y material en un regimiento militar.

in·ten·si·dad [in̪tensiðáð] *s/f* Grado de energía de un agente material o mecánico, de una cualidad, etc.

in·ten·si·fi·ca·ción [in̪tensifikaθjón] *s/f* Acción de intensificar.

in·ten·si·fi·car [in̪tensifikár] *v/tr* Hacer más intenso algo.
ORT Ante *e* la *c* cambia en *qu: Intensifique.*

in·ten·si·vo, -a [in̪tensíβo, -a] *adj* Que se realiza empleando grandes medios y esfuerzos, con la idea de obtener mayor rendimiento.

in·ten·so, -a [in̪ténso, -a] *adj* **1.** Que tiene intensidad: *Una luz intensa.* **2.** FIG Que es vivo o profundo: *Emociones muy intensas.*

in·ten·tar [in̪ten̪tár] *v/tr* Hacer el esfuerzo necesario para conseguir algo.

in·ten·to [in̪tén̪to] *s/m* **1.** Acción de intentar. **2.** Acción que no llega a conseguir su objetivo.

in·ten·to·na [in̪ten̪tóna] *s/f* Intento delictivo y frustrado.

in·ter·ac·ción [in̪tera(k)θjón] *s/f* Acción recíproca entre dos agentes o factores.

in·ter·a·me·ri·ca·no, -a [in̪teramerikáno, -a] *adj* Se dice de lo relacionado con varios países americanos a la vez.

in·ter·ca·lar [in̪terkalár] *v/tr* Poner una cosa entre otras.

in·ter·cam·bia·ble [in̪terkaɱbjáβle] *adj* Susceptible de ser intercambiado.

in·ter·cam·biar [in̪terkaɱbjár] *v/tr* Realizar un intercambio de cosas.

in·ter·cam·bio [in̪terkáɱbjo] *s/m* Cambio o envío recíproco entre personas.

in·ter·ce·der [in̪terθeðér] *v/intr* Intervenir en favor de alguien: *Intercederemos en favor/de/por ella.* RPr **Interceder por/en favor de.**

in·ter·cep·ta·ción [in̪terθeptaθjón] *s/f* Acción de interceptar.

in·ter·cep·tar [in̪terθeptár] *v/tr* Detener una cosa en su camino.

in·ter·cep·tor, -ra [in̪terθeptór, -ra] *adj* y *s/m,f* Que intercepta: *Avión interceptor.*

in·ter·ce·sión [in̪terθesjón] *s/f* Acción de interceder.

in·ter·ce·sor, -ra [in̪terθesór, -ra] *adj* y *s/m,f* Que intercede.

in·ter·co·mu·ni·ca·ción [in̪terkomunikaθjón] *s/f* Comunicación entre dos o más cosas.

in·ter·con·ti·nen·tal [iṇterkoṇtineṇtál] *adj* Relacionado con dos o más continentes.

in·ter·de·pen·den·cia [iṇterðepeṇdénθja] *s/f* Dependencia recíproca entre dos o más cosas.

in·ter·dic·ción [iṇterði(k)θjón] *s/f* DER Prohibición.

in·ter·dic·to, -a [iṇterðíkto, -a] *adj* y *s/m,f* Que está sujeto a interdicción.

in·ter·dis·ci·pli·na·rio, -a [iṇterðisθiplinárjo, -a] *adj* Se dice de los estudios o actividades que precisan o se desarrollan con la contribución de varias disciplinas.

in·te·rés [iṇterés] *s/m* **1.** Cualidad de una cosa que la hace importante o valiosa para alguien. **2.** Estado de ánimo de quien siente inclinación o curiosidad por algo o alguien, o le importa. **3.** Provecho de una persona: *Todo lo que hacen los padres es por el interés de sus hijos.* **4.** Porcentaje que devenga una cantidad de dinero prestada. **5.** *pl* Rendimiento de una cantidad de dinero prestada: *Cobrar los intereses.* **6.** *pl* Conjunto de propiedades o bienes de alguien: *Defender los intereses de la familia.* **7.** *pl* Inquietudes o aspiraciones de una persona: *Sus intereses van por otro lado.*

in·te·re·sa·do, -a [iṇteresáðo, -a] **I.** *adj (Estar interesado)* Se aplica a quien tiene interés por algo. **II.** *adj* y *s/m,f* Que le concierne algo: *No soy persona interesada.* RPr **Interesado en/por.**

in·te·re·san·te [iṇteresáṇte] *adj* **1.** Que presenta interés. **2.** (Aplicado a personas) Que tiene atractivo por su personalidad o carácter: *Una amiga interesante.*

in·te·re·sar [iṇteresár] **I.** *v/intr* Tener interés una cosa para alguien: *¿Te interesa esto?* **II.** *v/tr* **1.** Producir interés en alguien: *Yo conseguiré interesarlo en el proyecto.* **2.** Afectar algo produciendo daño a alguna parte u órgano del cuerpo: *El golpe le ha interesado varias costillas.* **III.** REFL (-SE) Mostrar interés por alguien o algo: *Se ha interesado mucho por ellos.* RPr **Interesar a (I)/en/con (II. 1). Interesarse por/en (III).**

in·ter·fec·to, -a [iṇterfékto, -a] *adj* y *s/m,f* DER Persona muerta violentamente.

in·ter·fe·ren·cia [iṇterferénθja] *s/f* Acción y efecto de interferir.

in·ter·fe·rir [iṇterferír] *v/intr* Interponerse o cruzarse algo o alguien en una cosa o en una acción produciendo dificultad. RPr **Interferirse en (algo).**
CONJ *Irreg: Interfiero, interferí, interferiré, interferido.*

in·ter·fo·no [iṇterfóno] *s/m* Aparato de telefonía para comunicarse dentro de un mismo edificio.

in·ter·ga·lác·ti·co, -a [iṇterɣaláktiko, -a] *adj* ASTRON Se aplica a lo relacionado con los espacios existentes entre galaxias.

in·ter·ge·ne·ra·cio·nal [iṇterxeneraθjonál] *adj* Que afecta a dos o más generaciones.

in·ter·gla·cial [iṇterɣlaθjál] *adj* Se dice del período de tiempo comprendido entre dos glaciaciones.

ín·te·rin [ínterin] *loc adv* CULT En el tiempo intermedio, mientras tanto.

in·te·ri·ni·dad [iṇteriniðáð] *s/f* Cualidad o condición de interino.

in·te·ri·no, (-a) [iṇteríno, (-a)] **I.** *adj* y *s/m,f* Se aplica a la persona que desempeña de manera provisional una plaza o un cargo público, y, *por ext,* a la misma plaza: *Un médico interino.* **II.** *s/f* Criada.

in·te·rior [iṇterjór] **I.** *adj* **1.** Que está dentro o en el espacio comprendido entre los límites de algo. **2.** Relacionado con la vida espiritual o moral del hombre: *La vida interior.* **II.** *s/m* **1.** Parte interna de algo. **2.** Parte de la intimidad de la persona que no se exterioriza. **3.** DEP En el fútbol y otros deportes, jugador que actúa entre el llamado delantero centro y los extremos.

in·te·rio·ri·dad [iṇterjoriðáð] *s/f* **1.** Cualidad de interior. **2.** *pl* Cosas, por lo común reservadas, de una persona o grupo de personas, y, *por ext,* de un asunto.

in·ter·jec·ción [iṇterxe(k)θjón] *s/f* GRAM Nombre de la clase de palabras que se pronuncian en tono exclamativo y expresan por sí mismas diversos estados de ánimo o sentimientos, como *¡oh!, ¡ay!,* etc.

in·ter·lí·nea [iṇterlínea] *s/f* Espacio que queda entre dos líneas escritas o impresas.

in·ter·li·nea·do [iṇterlineáðo] *s/m* Espacio que queda entre líneas en un texto escrito o impreso.

in·ter·li·ne·al [iṇterlineál] *adj* Escrito entre dos líneas.

in·ter·li·ne·ar [iṇterlineár] *v/tr* IMPR Espaciar los renglones mediante regletas.

in·ter·lo·cu·tor, -ra [iṇterlokutór, -ra] *s/m,f* Participante en una conversación.

in·ter·lu·dio [iṇterlúðjo] *s/m* MÚS Fragmento musical que sirve de transición entre dos actos de una obra teatral.

in·ter·me·dia·rio, (-a) [iṇtermeðjárjo, (-a)] **I.** *adj* y *s/m,f* Que media entre dos o más personas para ponerlas de acuerdo. **II.** *s/m* Comerciante que actúa entre los productores y los consumidores.

in·ter·me·dio, (-a) [iṇterméðjo, (-a)] **I.** *adj* Que está entre dos cosas: *Calidad/Zona intermedia.* **II.** *s/m* (Se emplea particularmente referido a espectáculos) Espacio de tiempo comprendido entre dos acciones o durante el cual se interrumpe una acción.

in·ter·mi·na·ble [i̯nterminá̌βle] *adj* **1.** Que es muy largo o dura mucho. **2.** Que resulta muy pesado o es muy difícil de soportar: *Este capítulo es interminable.*

in·ter·mi·nis·te·rial [i̯nterministerjál] *adj* Relacionado con dos o más ministerios.

in·ter·mi·ten·cia [i̯ntermiténθja] *s/f* Cualidad de intermitente.

in·ter·mi·ten·te [i̯ntermité̯nte] **I.** *adj* Que se produce o actúa de manera discontinua: *Una luz intermitente.* **II.** *s/m* Dispositivo que se enciende y se apaga alternativamente para advertir, llamar la atención, etc.

in·ter·na·cio·nal [i̯nternaθjonál] **I.** *adj* Relacionado con varias naciones. **II.** *s/f* (Con *may*) Himno socialista.

in·ter·na·cio·na·lis·ta [i̯nternaθjonalísta] *adj* y *s/m,f* Relacionado con el internacionalismo.

in·ter·na·cio·na·li·za·ción [i̯nternaθjonaliθaθjón] *s/f* Acción de internacionalizar(se).

in·ter·na·cio·na·li·zar [i̯nternaθjonaliθár] *v/tr* Dar carácter internacional a algo. ORT La *z* cambia en *c* ante *e: Internacionalice.*

in·ter·na·do [i̯nternáðo] *s/m* Centro educativo de alumnos internos.

in·ter·na·mien·to [i̯nternamjé̯nto] *s/m* **1.** Acción de internar. **2.** Estado o situación de quien está internado.

in·ter·nar [i̯nternár] **I.** *v/tr* **1.** Llevar al interior de un lugar. **2.** Instalar a un enfermo en un hospital, sanatorio, etc. **II.** REFL(SE) **1.** Penetrar en un lugar cubierto o escondido: *Internarse en el bosque.* **2.** DEP En algunos deportes de pelota, entrar en el campo contrario. RPr **Internar(se) en.**

in·ter·nis·ta [i̯nternísta] *adj* y *s/m,f* Se aplica al médico que se dedica a la medicina interna.

in·ter·no, -a [i̯ntérno, -a] *adj* **1.** Que está dentro de algo. **2.** Se dice de los alumnos, médicos, etc., que viven en el mismo centro donde estudian o trabajan.

in·ter·par·la·men·ta·rio, -a [i̯nterparlame̯ntárjo, -a] *adj* Se aplica a las relaciones entre los órganos parlamentarios o legislativos de dos o más países.

in·ter·pe·la·ción [i̯nterpelaθjón] *s/f* Acción de interpelar.

in·ter·pe·lar [i̯nterpelár] *v/tr* Dirigir la palabra con energía a una persona que tiene autoridad, para pedir una explicación sobre algo: *Interpelar al Gobierno.*

in·ter·pla·ne·ta·rio, -a [i̯nterplanetárjo, -a] *adj* Que está situado entre planetas u ocurre entre ellos.

in·ter·po·la·ción [i̯nterpolaθjón] *s/f* Acción de interpolar.

in·ter·po·lar [i̯nterpolár] *v/tr* Poner una cosa entre otras que están ordenadas.

in·ter·po·ner [i̯nterponér] **I.** *v/tr* **1.** Poner algo entre dos cosas o personas para separarlas. **2.** DER Formalizar por medio de un procedimiento un recurso legal. **II.** REFL(SE) FIG Ser causa de que se interrumpa el curso de algo o de que no termine una acción: *Se interpuso la guerra, que dio al traste con sus planes.* RPr **Interponer(se) entre. Interponer en (II).**
CONJ *Irreg: Interpongo, interpuse, interpondré, interpuesto.*

in·ter·po·si·ción [i̯nterposiθjón] *s/f* Acción de interponer o interponerse.

in·ter·pre·ta·ción [i̯nterpretaθjón] *s/f* Acción de interpretar.

in·ter·pre·tar [i̯nterpretár] *v/tr* **1.** Dar significado a una cosa, particularmente a textos o expresiones poco claras o difíciles. **2.** Ejecutar una obra musical, un personaje dramático, etc.

in·ter·pre·ta·ti·vo, -a [i̯nterpretatíβo, -a] *adj* Que es capaz de interpretar algo.

in·tér·pre·te [i̯ntérprete] *s/m,f* **1.** Persona que traduce oralmente lo que una persona dice a otra en distinta lengua. **2.** Persona que da forma o explica un deseo, un sentimiento, etc., de otro: *Los gobernantes deben ser intérpretes de los sentimientos de su pueblo.* **3.** Persona que interpreta una obra artística: *El intérprete de una canción.*

in·ter·reg·no [i̯nterréγno] *s/m* Espacio de tiempo en que un estado está sin soberano.

in·ter·re·la·ción [i̯nterrelaθjón] *s/f* Relación entre varias personas o cosas.

in·te·rro·ga·ción [i̯nterroγaθjón] *s/f* **1.** Pregunta que se hace a alguien: *Responder a una interrogación.* **2.** GRAM Frase con que se interroga.

in·te·rro·gan·te [i̯nterroγá̯nte] **I.** *adj* Que implica pregunta o busca saber algo. **II.** *s/m,f* Aspecto oscuro o problemático de algo: *Ese asunto presenta varios interrogantes.*

in·te·rro·gar [i̯nterroγár] *v/tr* Hacer preguntas a alguien.
ORT La *g* cambia en *gu* ante *e: Interrogué.*

in·te·rro·ga·ti·vo, -a [i̯nterroγatíβo, -a] *adj* Que está relacionado con la interrogación.

in·te·rro·ga·to·rio [i̯nterroγatórjo] *s/m*

Acto en el que un juez, un agente de la autoridad, etc., realizan diversas preguntas a una persona para hacer investigaciones en un juicio, en una investigación, etc.

in·te·rrum·pir [intterrumpír] *v/tr* Cortar el desarrollo o la continuidad de algo.

in·te·rrup·ción [intterrupθjón] *s/f* Acción y efecto de interrumpir.

in·te·rrup·tor, (-ra) [intterruptór, -ra] **I.** *adj* Se aplica a lo que sirve para interrumpir. **II.** *s/m* Utensilio empleado para abrir o cerrar un circuito eléctrico.

in·ter·sec·ción [intterse(k)θjón] *s/f* GEOM Lugar en que se cortan dos líneas, dos superficies, etc.

in·ter·si·de·ral [inttersiðerál] *adj* Que está situado entre dos astros.

in·ters·ti·cio [intterstíθjo] *s/m* Espacio pequeño que queda entre dos cuerpos o entre dos o más partes de un cuerpo.

in·ter·tro·pi·cal [inttertropikál] *adj* Se aplica a los países y lugares situados entre los trópicos.

in·ter·ur·ba·no, -a [intterurβáno, -a] *adj* Se dice de los servicios relacionados con varias poblaciones.

in·ter·va·lo [intterβálo] *s/m* Tiempo entre dos cosas.

in·ter·ven·ción [intterβenθjón] *s/f* **1.** Acción de intervenir. **2.** MED Operación quirúrgica.

in·ter·ven·cio·nis·mo [intterβenθjonísmo] *s/m* Intervención política, militar o económica de un país en los asuntos de otro.

in·ter·ven·cio·nis·ta [intterβenjonísta] *adj* y *s/m,f* Partidario del intervencionismo.

in·ter·ve·nir [intterβenír] **I.** *v/intr* **1.** Tomar parte en algo. **2.** Mediar en las desavenencias o luchas de otros o en favor de alguien. **II.** *v/tr* **1.** MED Operar a un enfermo: *Han tenido que intervenirlo urgentemente.* **2.** Incautarse la autoridad de algo que considera ilegal: *La policía ha intervenido mercancía por valor de varios millones.* **3.** Impedir a alguien la autoridad la libre disposición de sus bienes o el ejercicio de sus funciones: *Todos los teléfonos están intervenidos por orden gubernativa.* RPR **Intervenir en (I. 1).**
CONJ *Irreg: Intervengo, intervine, intervendré, intervenido.*

in·ter·ven·tor, -ra [intterβentór, -ra] *s/m,f* Persona que supervisa las cuentas en instituciones públicas, como los ayuntamientos, o en privadas, como los bancos.

in·ter·viú [intterβjú] *s/f* ANGL Entrevista de un periodista con una persona para preguntarle sobre un determinado tema.

in·tes·ta·do, -a [inttestáðo, -a] *adj* y *s/m,f* DER Se aplica a quien muere sin haber hecho testamento.

in·tes·ti·nal [inttestinál] *adj* Se aplica a lo relacionado con los intestinos.

in·tes·ti·no, (-a) [inttestíno, (-a)] **I.** *adj* Que se produce entre grupos adversarios de la misma comunidad: *Luchas intestinas.* **II.** *s/m* Órgano del aparato digestivo que tiene forma tubular y está situado entre el estómago y el ano.

in·ti·ma·ción [inttimaθjón] *s/f* Acción de intimar.

in·ti·mar [inttimár] *v/intr* **1.** Entablar amistad íntima con alguien: *Ha intimado mucho con él.* **2.** Invitar con autoridad o poder a que alguien haga una determinada cosa: *Me intimó a que me abstuviera de intervenir.* RPr **Intimar con/a.**

in·ti·mi·da·ción [inttimiðaθjón] *s/f* Acción de intimidar.

in·ti·mi·dad [inttimiðáð] *s/f* **1.** Relación íntima entre personas. **2.** Vida reservada y personal de alguien. **3.** *pl* Cosas de la vida privada o íntima: *Sus intimidades no se las cuenta a nadie.*

in·ti·mi·dar [inttimiðár] *v/tr* Infundir temor a alguien.

in·ti·mis·ta [inttimísta] *adj* Que expresa emociones y sentimientos muy íntimos y delicados.

ín·ti·mo, -a [ínttimo, -a] *adj* **1.** Se aplica a lo que ocurre o se produce en la intimidad: *Una cena íntima.* **2.** Se dice de las relaciones muy fuertes entre personas o cosas: *Un amigo íntimo.*

in·ti·tu·lar [inttitulár] *v/tr* Dar título a un libro, escrito, etc.

in·to·ca·ble [inttokáβle] *adj* Se aplica a lo que, por su naturaleza, no se puede tratar o considerar.

in·to·le·ra·bi·li·dad [inttoleraβiliðáð] *s/f* Cualidad de intolerable.

in·to·le·ra·ble [inttoleráβle] *adj* Que no se puede tolerar o soportar.

in·to·le·ran·cia [inttoleránθja] *s/f* Falta de tolerancia.

in·to·le·ran·te [inttoleránte] *adj* Falto de tolerancia. RPr **Intolerante con/en/para con:** *Intolerante con/para con los amigos. Intolerante en sus principios.*

in·to·xi·ca·ción [intto(k)sikaθjón] *s/f* **1.** Acción y efecto de intoxicar. **2.** FIG Acción de difundir o extender entre la gente una idea o un sentimiento con fines políticos: *Una campaña de intoxicación.*

in·to·xi·car [intto(k)sikár] **I.** *v/tr* **1.** Producir una sustancia en el organismo de una

persona un trastorno. **2.** FIG Difundir o extender una idea con fines políticos: *Intoxicar a la opinión pública.* **II.** REFL(SE) Sufrir una intoxicación.
ORT Ante *e* la *c* cambia en *qu: Intoxiqué.*

in·tra- [in̪tra-] *Prefijo* con que se forman vocablos a los que aporta el significado de 'dentro de': *Intravenoso.*

in·tra·ce·lu·lar [in̪traθelulár] *adj* Que está situado u ocurre dentro de una célula.

in·tra·du·ci·ble [in̪traðuθíβle] *adj* No traducible: *Un texto intraducible.*

in·tra·mu·ros [in̪tramúros] *adv* Dentro de una ciudad.

in·tra·mus·cu·lar [in̪tramuskulár] *adj* Relacionado con el interior de los músculos.

in·tran·qui·li·dad [in̪traŋkiliðáð] *s/f* Estado de intranquilo.

in·tran·qui·li·zar [in̪traŋkiliθár] *v/tr* Poner intranquilo.
ORT Ante *e* la *z* cambia en *c: Intranquilicé.*

in·tran·qui·lo, -a [in̪traŋkílo, -a] *adj* **1.** *(Estar intranquilo)* Falto de tranquilidad por causa de un malestar físico, una preocupación, etc. **2.** *(Ser intranquilo)* Falto de tranquilidad por tener un temperamento nervioso.

in·trans·fe·ri·ble [in̪transferíβle] *adj* *(Ser intransferible)* No transferible.
ORT También: *Intrasferible.*

in·tran·si·gen·cia [in̪transixénθja] *s/f* Condición o actitud intransigente.

in·tran·si·gen·te [in̪transixén̪te] *adj* Que no transige con lo que es contrario a sus gustos, opiniones, creencias, etc.

in·tran·si·ta·ble [in̪transitáβle] *adj* No transitable: *Un camino intransitable.*

in·tran·si·ti·vo, -a [in̪transitíβo, -a] *adj* GRAM Se aplica a los verbos que se construyen sin el complemento que expresa el objeto o término de la acción, e igualmente a las oraciones que no presentan la relación entre un verbo y un complemento de ese tipo.

in·trans·mi·si·ble [in̪tra(n)smisíβle] *adj* No transmisible.
ORT También: *Intrasmisible.*

in·tras·cen·den·cia [in̪trasθen̪dénθja] *s/f* Cualidad de intrascendente.
ORT También: *Intranscendencia.*

in·tras·cen·den·te [in̪trasθen̪dén̪te] *adj* Falto de trascendencia.
ORT También: *Intranscendente.*

in·tra·ta·ble [in̪tratáβle] *adj* **1.** No tratable debido a su naturaleza o características. **2.** (Aplicado a personas) De trato difícil por su mal carácter.

in·tra·u·te·ri·no, -a [in̪trauteríno, -a] *adj* Relacionado con el interior del útero.

in·tra·ve·no·so, -a [in̪traβenóso, -a] *adj* Se dice de las inyecciones que se ponen en una vena.

in·tre·pi·dez [in̪trepiðéθ] *s/f* Condición o comportamiento de intrépido.

in·tré·pi·do, -a [in̪trépiðo, -a] *adj* Se aplica a quien no se retrae ante el peligro o ante las dificultades de una acción.

in·tri·ga [in̪tríγa] *s/f* Maniobra secreta o conjunto de acciones pérfidas para conseguir el propio beneficio o un perjuicio para otro: *Las intrigas políticas.*

in·tri·gan·te [in̪triγán̪te] *adj* y *s/m,f* **1.** Se aplica a quien es dado a intrigar o es hábil para ello. **2.** Que provoca curiosidad o interés: *Un asunto intrigante.*

in·tri·gar [in̪triγár] **I.** *v/intr* Actuar en secreto o pérfidamente para conseguir un beneficio o para perjudicar a otro. **II.** *v/tr* Producir algo en una persona curiosidad o interés por su carácter misterioso o anormal: *Me está intrigando ya con tanto viaje a Madrid.*
ORT La *g* cambia en *gu* ante *e: Intrigué.*

in·trin·ca·do, -a [in̪triŋkáðo, -a] *adj* Que presenta muchos obstáculos o es difícil y enrevesado: *Un pasadizo intrincado.*

in·trín·gu·lis [in̪tríŋgulis] *s/m* COL Dificultad o complicación existente en una cosa.

in·trín·se·co, -a [in̪trínseko, -a] *adj* Que es propio de algo por sí mismo, y no depende de circunstancias externas.

in·tro·duc·ción [in̪troðu(k)θjón] *s/f* **1.** Acción de introducir. **2.** Parte explicativa situada al comienzo de una obra científica, literaria, etc.

in·tro·du·cir [in̪troðuθír] **I.** *v/tr* **1.** Hacer entrar una cosa en otra: *Introducir la llave en la cerradura.* **2.** Hacer que una persona entre en un lugar o en un grupo de personas. **3.** Poner en uso: *Ese escritor introdujo en España la mayor parte de las técnicas narrativas modernas.* **II.** REFL(SE) **1.** Entrar una cosa en otra o una persona en un lugar. **2.** Entrar una persona en un ambiente determinado: *No se ha introducido entre la buena clientela.* RPr **Introducir(se) en/entre.**
CONJ *Irreg: Introduzco, introduje, introduciré, introducido.*

in·tro·duc·tor, -ra [in̪troðuktór, -ra] *adj* y *s/m,f* Que introduce.

in·tro·duc·to·rio, -a [in̪troðuktórjo, -a] *adj* Se aplica a lo relacionado con la parte de introducción de una obra.

in·tro·mi·sión [in̪tromisjón] *s/f* Acción

de intervenir sin derecho a ello o importunamente en los asuntos de otro.

in·tros·pec·ción [iŋtrospe(k)θjón] *s/f* Observación por la propia persona de sus estados de ánimo, sentimientos, etc.

in·tros·pec·ti·vo, -a [iŋtrospektíβo, -a] *adj* Relacionado con la introspección.

in·tro·ver·sión [iŋtroβersjón] *s/f* Rasgo de la personalidad de algunos individuos, que les hace replegarse en sí mismos.

in·tro·ver·ti·do, -a [iŋtroβertíðo, -a] *adj* Que tiene introversión.

in·tru·sión [iŋtrusjón] *s/f* Acción de introducirse indebidamente en un sitio.

in·tru·sis·mo [iŋtrusísmo] *s/m* Ejercicio fraudulento de una profesión, por no tener los títulos legales para ello.

in·tru·so, -a [iŋtrúso, -a] *adj* y *s/m,f* Se aplica a la persona que se ha introducido en un lugar indebidamente, o que realiza los trabajos que corresponden a otros por la ley.

in·tu·ba·ción [iŋtuβaθjón] *s/f* MED Acción de intubar.

in·tu·bar [iŋtuβár] *v/tr* MED Introducir un tubo en la garganta con fines terapéuticos; *por ej,* para practicar la anestesia.

in·tui·ción [iŋtwiθjón] *s/f* Conocimiento de las cosas por su mera percepción o distinción sin ayuda de razonamientos.

in·tuir [iŋtuír] *v/tr* Percibir por intuición una cosa: *Se intuía que iba a ocurrir eso.* CONJ *Irreg: Intuyo, intuí, intuiré, intuido.*

in·tui·ti·vo, -a [iŋtwitíβo] *adj* **1.** Que se conoce por intuición. **2.** Se dice de la persona que está dotada de gran intuición.

i·nun·da·ción [inuŋdaθjón] *s/f* Acción de inundar o inundarse.

i·nun·dar [inuŋdár] *v/tr* **1.** Cubrir el agua u otro líquido un lugar al salirse de donde está o a causa del exceso de lluvia. **2.** Llenar un lugar personas o cosas al ser muy abundantes: *Los japoneses han inundado Europa de productos fotográficos.* PRr **Inundar de.**

i·nu·si·ta·do, -a [inusitáðo, -a] *adj* Se aplica a lo que no es habitual ni frecuente.

in·u·sual [inuswál] *adj* No usual.

in·ú·til [inútil] *adj* **1.** Se aplica a lo que no sirve o no es útil. **2.** *(Ser inútil)* Se aplica a acciones que no logran el fin con el que se hacen: *Esfuerzos inútiles.* **3.** *(Ser un inútil)* Se dice de la persona que, por su torpeza o poca habilidad, no sirve para algo o hace mal una cosa que es fácil. **4.** *(Estar inútil)* COL Que tiene incapacidad física. RPr **Inútil de:** *Estar inútil de una pierna.*

in·u·ti·li·dad [inutiliðáð] *s/f* Cualidad de inútil.

in·u·ti·li·zar [inutiliθár] *v/tr* Hacer que una cosa quede inservible.
ORT La *z* cambia en *c* ante *e: Inutilicé.*

in·va·dir [imbaðír] *v/tr* **1.** Entrar con violencia en un lugar. **2.** FIG Apoderarse de alguien un estado de ánimo: *La invadió una enorme tristeza.*

in·va·gi·nar [imbaxinár] *v/tr* Introducir el extremo de un tubo en otro; particularmente en MED, de un trozo del tubo digestivo en otro.

in·va·li·da·ción [imbaliðaθjón] *s/f* Acción de invalidar.

in·va·li·dar [imbaliðár] *v/tr* Hacer que una cosa quede sin efecto o sin valor.

in·va·li·dez [imbaliðéθ] *s/f* **1.** Cualidad de inválido. **2.** DER No validez.

in·vá·li·do, -a [imbáliðo, -a] **I.** *adj* y *s/m,f* Se aplica a la persona que no puede andar o moverse, o no puede hacer uso de un miembro por tenerlo enfermo o faltarle: *Está inválido de las piernas.* **II.** *adj* No válido. RPr **Inválido de.**

in·va·ria·bi·li·dad [imbarjaβiliðáð] *s/f* Cualidad de invariable.

in·va·ria·ble [imbarjáβle] *adj* Que no varía o permanece sin variación.

in·va·sión [imbasjón] *s/f* Acción de invadir.

in·va·sor, -ra [imbasór, -ra] *adj* y *s/m,f* Se aplica a quien o a lo que invade.

in·vec·ti·va [imbektíβa] *s/f* Discurso o escrito dirigido contra alguien.

in·ven·ci·bi·li·dad [imbenθiβiliðáð] *s/f* Cualidad de invencible.

in·ven·ci·ble [imbenθíβle] *adj* Que no puede ser vencido o derrotado.

in·ven·ción [imbenθjón] *s/f* **1.** Acción de inventar. **2.** Cosa inventada.

in·ven·di·ble [imbeŋdíβle] *adj* Que es muy difícil o imposible de vender.

in·ven·tar [imbeŋtár] *v/tr* **1.** Crear una cosa nueva u original. **2.** Contar como verdadero lo que no lo es.

in·ven·ta·riar [imbeŋtarjár] *v/tr* Hacer inventario.

in·ven·ta·rio [imbeŋtárjo] *s/m* Lista en que están anotadas y descritas las cosas de una persona, una casa o un negocio.

in·ven·ti·vo, (-a) [imbeŋtíβo, (-a)] **I.** *adj* Relacionado con la invención: *Capacidad inventiva.* **II.** *s/f* Capacidad o facilidad para inventar.

in·ven·to [imbéŋto] *s/m* **1.** Cosa material

inventada. **2.** FIG COL Cosa nueva ideada o puesta de moda: *Ése es un buen invento para sacarle el dinero a la gente.*

in·ven·tor, -ra [imbeŋtór, -ra] *s/m,f* Persona que inventa algo.

in·ver·na·da [imbernáðа] *s/f* **1.** Acción de invernar. **2.** Periodo de tiempo en que algunos animales son estabulados y no salen al campo por el mal tiempo.

in·ver·na·de·ro [imbernaðéro] *s/m* Lugar especialmente acondicionado contra el frío para cultivar plantas.

in·ver·nal [imbernál] *adj* Se aplica a lo que es o pertenece al invierno.

in·ver·nar [imbernár] *v/intr* Pasar el invierno en un lugar.
CONJ *Irreg: Invierno, inverné, invernaré, invernado.*

in·ve·ro·sí·mil [imberosímil] *adj* Que no tiene apariencia de verdad.

in·ve·ro·si·mi·li·tud [imberosimilitúð] *s/f* Cualidad de inverosímil.

in·ver·sión [imbersjón] *s/f* Acción y efecto de invertir.

in·ver·sio·nis·ta [imbersjonísta] *s/m,f* Persona que dispone de dinero para invertir.

in·ver·so, -a [imbérso, -a] *adj* Opuesto o contrario. LOC **A la inversa,** al contrario. RPr **Inverso a.**

in·ver·sor, -ra [imbersór, -ra] **I.** *adj* Se aplica a lo relacionado con la inversión. **II.** *s/m,f* Persona que lleva a cabo inversiones de capital.

in·ver·te·bra·do, (-a) [imberteβráðo, (-a)] **I.** *adj* **1.** Se aplica a los animales que no tienen columna vertebral. **2.** FIG CULT Falto de vigor, débil o sin cohesión: *Una sociedad invertebrada.* **II.** *s/m, pl* Grupo de animales invertebrados.

in·ver·ti·do, -a [imbertíðo, -a] *adj* y *s/m,f* Persona que tiene tendencia a satisfacer sus deseos sexuales con otra del mismo sexo.

in·ver·tir [imbertír] *v/tr* **1.** Cambiar en sentido opuesto el orden, la dirección o la posición de algo. **2.** Emplear una cantidad de dinero en la compra de algo, con la intención de obtener ganancias o acrecentarlas. **3.** Consumir una cantidad de tiempo en la realización de algo: *Ha invertido un tiempo precioso en hacerlo.* RPr **Invertir** (dinero, tiempo) **en.**
CONJ *Irreg: Invierto, invertí, invertiré, invertido.*

in·ves·ti·du·ra [imbestiðúra] *s/f* Acción de investir.

in·ves·ti·ga·ción [imbestiγaθjón] *s/f* **1.** Acción de investigar. **2.** Actividad orientada al descubrimiento de nuevos conocimientos en los diversos campos del saber. **3.** Trabajo particular realizado para investigar algo: *Sus investigaciones en biología le han hecho famoso.*

in·ves·ti·ga·dor, -ra [imbestiγaðór, -ra] **I.** *adj* Se aplica a lo relacionado con la investigación. **II.** *s/m,f* Persona dedicada a la investigación científica.

in·ves·ti·gar [imbestiγár] *v/tr* **1.** Hacer indagaciones para saber algo. **2.** Realizar trabajos de investigación científica.
ORT La *g* cambia en *gu* ante *e: Investigué.*

in·ves·tir [imbestír] *v/tr* Dar a una persona un cargo honorífico o de los que conllevan dignidad o poder: *Investir de 'Doctor Honoris Causa'. Le invistieron con el grado de 'maestre'.* RPr **Investir (a alguien) con/de.**
CONJ *Irreg: Invisto, investí, investiré, investido.*

in·ve·te·ra·do, -a [imbeteráðo, -a] *adj* LIT Antiguo, arraigado.

in·via·ble [imbiáβle] *adj* No viable o imposible de hacer: *Una actuación inviable.*

in·vic·to, -a [imbíkto, -a] *adj* Se dice de quien no ha sido vencido.

in·vi·den·te [imbiðéŋte] *adj* y *s/m,f* Que no ve, ciego.

in·vier·no [imbjérno] *s/m* Estación más fría del año, que en el Hemisferio norte está comprendida entre el 21-22 de diciembre y el 20-21 de marzo y en el austral corresponde a junio, julio y agosto.

in·vio·la·bi·li·dad [imbjolaβiliðáð] *s/f* Cualidad de inviolable.

in·vio·la·ble [imbjoláβle] *adj* Que no debe o puede ser violado.

in·vi·si·bi·li·dad [imbisiβiliðáð] *s/f* Cualidad de invisible.

in·vi·si·ble [imbisíβle] *adj (Ser invisible)* Se aplica a lo que no se puede ver.

in·vi·ta·ción [imbitaθjón] *s/f* **1.** Acción de invitar. **2.** Tarjeta con que se invita a asistir a un acto social, como, *por ej,* una boda, un concierto, etc.

in·vi·ta·do, -a [imbitáðo, -a] *s/m,f* Persona que asiste a un acto, ceremonia, etc., como invitado.

in·vi·tar [imbitár] *v/tr* **1.** Decir a una persona que asista a una fiesta, una ceremonia, una comida, etc.: *Invitar a una boda.* **2.** COL Pagar el coste de algo que se come o se bebe: *Nos ha invitado a café.* **3.** Pedir a alguien con autoridad, aunque sin violencia, que haga algo: *La policía invitó a los asistentes a que desalojaran el local.* **4.** Ofrecer una cosa buena ocasión para hacer lo que se expresa: *Aquel lugar invita a la meditación.* RPr **Invitar (a alguien) a (algo).**

in·vo·ca·ción [imbokaθjón] *s/f* Acción de invocar.

in·vo·car [imbokár] *v/tr* **1.** Dirigirse a alguien, especialmente a Dios en petición de ayuda. **2.** Alegar una ley, una costumbre o una determinada circunstancia para justificar una acción o actitud: *No es la primera vez que invoca el ejemplo de los mayores.* ORT La *c* cambia en *qu* ante *e: Invoqué.*

in·vo·lu·ción [imboluθjón] *s/f* **1.** BIOL Evolución regresiva de un proceso biológico, o proceso de atrofia de un órgano. **2.** FIG Fase regresiva en política.

in·vo·lu·crar [imbolukrár] *v/tr* **1.** Introducir en algo que se dice o escribe asuntos ajenos al tema que se trata. **2.** Mezclar a una persona en un asunto, siendo ajena o no teniendo responsabilidad en el mismo: *Es capaz de involucrarnos a todos en ese asunto.* RPr **Involucrar(se) en.**

in·vo·lun·ta·rio, -a [imboluntárjo, -a] *adj* Se aplica a lo que ocurre o se produce sin intervenir la voluntad.

in·vo·lu·ti·vo, -a [imbolutíβo, -a] *adj* Que se relaciona con la involución.

in·vul·ne·ra·bi·li·dad [imbulneraβiliðáð] *s/f* Cualidad de invulnerable.

in·vul·ne·ra·ble [imbulneráβle] *adj* No vulnerable o no susceptible de ser herido: *Es un político invulnerable a las críticas.* RPr **Invulnerable a.**

in·yec·ción [iɲɟe(k)θjón] *s/f* **1.** Acción de inyectar. **2.** Medicamento contenido en ampolla que se inyecta en el cuerpo.

in·yec·ta·ble [iɲɟektáβle] **I.** *adj* Se aplica a lo que se puede inyectar. **II.** *s/m* FARM Medicamento que se puede inyectar.

in·yec·tar [iɲɟektár] *v/tr* Introducir en algún sitio un líquido o un gas, con fuerza, mediante un instrumento apropiado.

in·yec·tor [iɲɟektór] *s/m* Dispositivo para inyectar en algunas máquinas.

ion [ión] *s/m* QUÍM, ELECTR Partícula cargada eléctricamente, y que está formada de un átomo o de un grupo de átomos que han ganado o perdido uno o varios electrones.
ORT En *pl* no lleva acento gráfico: *Iones.*

ió·ni·co, -a [ióniko, -a] *adj* QUÍM, ELECTR Relacionado con los iones.

io·ni·za·ción [ioniθaθjón] *s/f* QUÍM, ELECTR Acción de ionizar o ionizarse.

io·ni·za·dor, (-ra) [ioniθaðór, (-ra)] **I.** *adj* Que ioniza. **II.** *s/m* Aparato descontaminante mediante ionización.

io·ni·zar [ioniθár] **I.** *v/tr* FÍS, ELECTR Producir iones en una sustancia. **II.** REFL (-SE) QUÍM, ELECTR Cargarse de iones algo. ORT La *z* cambia en *c* ante *e: Ionicé.*

io·nos·fe·ra [ionosféra] *s/f* Tercera capa de la atmósfera, en la que abundan los iones.

ir [ír] **I.** *v/intr* **1.** Moverse alguien o algo a un lugar que generalmente se expresa: *Este autobús va a Málaga.* **2.** En la construcción *ir a+inf,* desplazarse para hacer algo: *Ana ha ido a recoger la correspondencia.* **3.** FIG Asistir o concurrir a un sitio, como un centro de enseñanaza, una reunión, etc.: *Hoy no iré a la reunión.* **4.** (Con *por*) Marchar por un sitio o estar en la lección, página, etc., que se indica de un libro: *¿Ya vais por esa lección?* **5.** COL Extenderse algo entre dos puntos o límites que se señalan: *La introducción va desde la página cinco hasta la cuarenta.* **6.** (Con *adv* como *bien, mal* y equivalentes) Desenvolverse una persona o funcionar una cosa: *Este coche va estupendamente.* **7.** COL (Con los pronombres *me, te, le, nos, os, les,* y *prep en*) Estar o encontrarse de una manera en relación a algo que se indica: *¿Cómo te va en tu nuevo trabajo?* **II.** REFL (-SE) (Generalmente con *de+sustantivo*) Se emplea para destacar el lugar de donde parte o sale alguien o algo, y particularmente para indicar la idea de abandono de un lugar: *Me voy de aquí.* **III.** *v/aux* **1.** (Con *gerundio*) Añade al significado de duración que expresa el gerundio, el valor de desarrollo lento y gradual de la acción: *Conforme avanzaba la mañana, la playa iba llenándose de gente.* **2.** (Con *a+inf*) Forma una construcción perifrástica que expresa que la acción está a punto o próxima a realizarse: *Iba a llamarte cuando ha sonado el teléfono.* **3.** (Con *participio* y en la *3.ª pers* exclusivamente) Forma una construcción perifrástica que significa acción cuyo resultado es una cantidad de cosas que se señalan: *Van vendidos más de 10.000 ejemplares de esa novela.* LOC **A mí (a ti, a él,** etc.) **ni me (te, le,** etc.) **va ni me (te, le) viene,** no importar (a la persona que indica el pronombre): *A ti ni te va ni te viene lo que ocurre aquí.* **Dejarse ir,** abandonarse a un impulso sin pensar en su conveniencia o no conveniencia. **Ir a mejor** o **ir a peor,** cambiar en el sentido que se indica. **Ir con,** *1.* Armonizar una cosa con otra: *Este traje no va con esa corbata.* *2.* Decir algo a una persona en plan de crítica contra otra persona o excusa personal de quien lo dice: *No acostumbran a ir con chismes a nadie.* **Ir demasiado lejos en (algo),** ver o suponer en lo que una persona dice más de lo que realmente corresponde. **Ir por,** ir a traer o buscar algo o a alguien: *Ve por el coche.* **Ir tirando,** ir viviendo una persona o funcionando una cosa, aunque precariamente o con dificultad. **No vaya a (+inf)** o **no vaya a ser que,** expresiones con que se indica el motivo por el que se hace preventivamente algo: *Llévate el paraguas, no vaya a ser que llueva.* RPr **Ir(se) a/de/con/por/contra/en:** *Ir a París. Irse de viaje. Ir con otros. Irse por la ciudad. Ir contra alguien.*

CONJ *Irreg: Voy (vas, va...), fui, iré, ido.*

i·ra [íra] *s/f* Irritación o enfado muy violento con pérdida del dominio sobre sí mismo.

i·ra·cun·do, -a [irakúŋdo, -a] *adj* Que es propenso a la ira o está dominado por ella.

i·ra·ní [iraní] *adj* y *s/m,f* Se dice de las cosas y gentes de Irán.
ORT *Pl: Iraníes.*

i·ra·quí [irakí] *adj* y *s/m,f* Se aplica a las cosas y a las gentes de Irak.
ORT *Pl: Iraquíes.*

i·ras·ci·bi·li·dad [irasθiβiliðáð] *s/f* CULT Cualidad de irascible.

i·ras·ci·ble [irasθíβle] *adj* Propenso a irritarse.

i·ris [íris] *s/m* **1.** Membrana coloreada del ojo, en cuyo centro está la pupila. **2.** Arco iris.

i·ri·sa·ción [irisaθjón] *s/f* **1.** Colores o aspecto de una cosa irisada, *por ej,* los que se forman en las láminas metálicas cuando se pasan muy calientes por el agua. **2.** Acción de irisar o irisarse.

i·ri·sa·do, -a [irisáðo, -a] *adj* Se aplica a lo que presenta reflejos o brillos como los del arco iris.

i·ri·sar [irisár] **I.** *v/intr* Presentar algo reflejos de luz, con los colores del arco iris. **II.** *v/tr* Poner irisado algo.

ir·lan·dés, -sa [irlaŋdés, -sa] *adj* y *s/m,f* Relacionado con Irlanda.

i·ro·nía [ironía] *s/f* Actitud de burla disimulada que se basa en dar a entender, mediante el tono apropiado, lo contrario de lo que se expresa. **2.** FIG Contraste entre lo negativo o decepcionante de una situación, y lo que se esperaba.

i·ró·ni·co, -a [iróniko, -a] *adj* y *s/m,f* Que denota ironía o que usa de ella.

i·ro·ni·zar [ironiθár] *v/tr* Hablar con ironía o hacer ironía de algo.
ORT Ante *e* la *z* cambia en *c: Ironicen.*

i·rra·cio·nal [irraθjonál] *adj* **1.** No racional. **2.** No razonable o no dictado por la razón.

i·rra·cio·na·li·dad [irraθjonaliðáð] *s/f* Cualidad de irracional.

i·rra·cio·na·lis·mo [irraθjonalísmo] *s/m* FIL Doctrina que atribuye a la razón un papel secundario en el conocimiento.

i·rra·dia·ción [irraðjaθjón] *s/f* Acción y efecto de irradiar o irradiarse.

i·rra·diar [irraðjár] *v/tr* **1.** Despedir un cuerpo rayos o radiaciones de luz, calor, etc. **2.** FIG Propagar su acción o su influencia a cierto ámbito o lugar: *La Universidad irradió el saber de la época a todos los países occidentales.* RPr **Irradiar(se) a.**

i·rre·al [irreál] *adj (Ser irreal)* No real.

i·rrea·li·dad [irrealiðáð] *s/f* Cualidad de lo que no es real.

i·rrea·li·za·ble [irrealiθáβle] *adj (Ser irrealizable)* Que no se puede realizar.

i·rre·ba·ti·ble [irreβatíβle] *adj (Ser irrebatible)* Que no se puede rebatir o rechazar.

i·rre·con·ci·lia·ble [irrekonθiljáβle] *dj* Se aplica a quien no quiere reconciliarse con otro.

i·rre·cu·pe·ra·ble [irrekuperáβle] *adj (Ser irrecuperable)* Que no se puede recuperar.

i·rre·cu·sa·ble [irrekusáβle] *adj (Ser irrecusable)* Que no se puede recusar o rechazar.

i·rre·den·to, -a [irreðéŋto, -a] *adj* No redimido.

i·rre·du·ci·ble [irreðuθíβle] *adj* Que no se puede reducir o convertir en más simple o pequeño. RPr **Irreducible a:** *Esa sustancia es irreducible a gas.*

i·rre·duc·ti·ble [irreðuktíβle] *adj* Se aplica a aquello que se resiste a una solución o resulta inmodificable.

i·rre·em·pla·za·ble [irre(e)ɱplaθáβle] *adj (Ser irreemplazable)* Que no se puede reemplazar o sustituir.

i·rre·fle·xión [irrefle(k)sjón] *s/f* Falta de reflexión.

i·rre·fle·xi·vo, -a [irrefle(k)síβo, -a] *adj* Que obra sin pensar suficientemente lo que dice o hace, y también a aquello que dice o hace.

i·rre·for·ma·ble [irreformáβle] *adj* Se dice de lo que no se puede reformar.

i·rre·fre·na·ble [irrefrenáβle] *adj* Que no se puede contener o reprimir.

i·rre·fu·ta·ble [irrefutáβle] *adj* Que no se puede refutar.

i·rre·gu·lar [irreɣulár] *adj* **1.** Se aplica a lo que no tiene simetría o uniformidad en su forma o en su manera de presentarse u ocurrir. **2.** Que no tiene regularidad en su trabajo o en una actividad: *Un alumno irregular.* **3.** No conforme con las normas o los principios de la moral: *Una conducta irregular.* **4.** GRAM Se aplica a las palabras, y en particular a los verbos, que no siguen las reglas generales: *'Ir' es un verbo irregular.*

i·rre·gu·la·ri·dad [irregulariðáð] *s/f* **1.** Cualidad de irregular. **2.** Cosa por la que algo es irregular: *Las irregularidades del* *terreno.* **3.** Acción que constituye delito o falta.

i·rre·le·van·cia [irreleβánθja] *s/f* Cualidad o condición de irrelevante.

i·rre·le·van·te [irreleβánte] *adj (Ser irrelevante)* Que carece de importancia o significación.

i·rre·li·gio·si·dad [irrelixjosiðáð] *s/f* Cualidad o condición de irreligioso.

i·rre·li·gio·so, -a [irrelixjóso, -a] *adj* Se aplica a quien no tiene creencias religiosas.

i·rre·me·dia·ble [irremeðjáβle] *adj* **1.** Que no se puede remediar o reparar. **2.** Que no se puede evitar: *Vicio irremediable.*

i·rre·mi·si·ble [irremisíβle] *adj* Que no se puede perdonar.

i·rre·nun·cia·ble [irrenunjáβle] *adj* Que, por deber o dignidad, no se puede renunciar.

i·rre·pa·ra·ble [irreparáβle] *adj* Que no se puede reparar o compensar.

i·rre·pri·mi·ble [irreprimíβle] *adj* Que no se puede reprimir o contener.

i·rre·pro·cha·ble [irreprotʃáβle] *adj* Que no tiene falta.

i·rre·sis·ti·ble [irresistíβle] *adj* **1.** Se dice de aquello a lo que no se puede oponer resistencia. **2.** Que no se puede sufrir o aguantar: *Un dolor irresistible.*

i·rre·so·lu·ble [irresolúβle] *adj* Se aplica a lo que no se puede resolver.

i·rre·so·lu·ción [irresoluθjón] *s/f* CULT Falta de resolución o decisión.

i·rre·so·lu·to, -a [irresolúto, -a] *adj* CULT Se aplica a quien por temperamento no tiene decisión, o le falta en una situación dada.

i·rres·pe·tuo·so, -a [irrespetwóso, -a] *adj* No respetuoso.

i·rres·pi·ra·ble [irrespiráβle] *adj* **1.** Que no se puede respirar por ser tóxico: *Un gas irrespirable.* **2.** Difícil de respirar o no aconsejable por estar impuro o contaminado.

i·rres·pon·sa·bi·li·dad [irresponsaβiliðáð] *s/f* Cualidad de irresponsable.

i·rres·pon·sa·ble [irresponsáβle] *adj* **1.** Que carece de responsabilidad. **2.** *adj* y *s/m,f* Se dice de la persona que obra sin pensar en la responsabilidad que tiene o le compete.

i·rre·ve·ren·cia [irreβerénθja] *s/f* **1.** Cualidad de irreverente. **2.** Acción o dicho irreverente: *Cometer una irreverencia.*

i·rre·ve·ren·te [irreβerénte] *adj* Falto de respeto con las cosas sagradas o muy respetables.

i·rre·ver·si·ble [irreβersíβle] *adj* De tal naturaleza o características que no admite posibilidad de detención en su cumplimiento.

i·rre·vo·ca·ble [irreβokáβle] *adj* No revocable o anulable.

i·rri·ga·ción [irriɣaθjón] *s/f* Acción de irrigar o tratar con un líquido una parte del cuerpo, particularmente el intestino por dentro.

i·rri·gar [irriɣár] *v/tr* **1.** Tratar con un líquido que se introduce en ella una parte del cuerpo. **2.** Regar un terreno.
ORT Ante *e* la *g* cambia en *gu: Irrigué.*

i·rri·so·rio, -a [irrisórjo, -a] *adj* **1.** Se aplica a lo que provoca risa o invita a la burla. **2.** Muy pequeño: *La cantidad es irrisoria.*

i·rri·ta·bi·li·dad [irritaβiliðáð] *s/f* Cualidad de irritable.

i·rri·ta·ble [irritáβle] *adj* Se aplica a quien se irrita con facilidad.

i·rri·ta·ción [irritaθjón] *s/f* **1.** Estado de irritado. **2.** Enrojecimiento de la piel que produce escozor.

i·rri·tan·te [irritánte] *adj (Ser irritante)* Que irrita física o anímicamente.

i·rri·tar [irritár] **I.** *v/tr* **1.** Producir enfado o excitación en una persona. **2.** Producir enrojecimiento o irritación en la piel y en algunos órganos del cuerpo. **II.** REFL(SE) Ponerse irritado.

i·rrom·pi·ble [irrompíβle] *adj* Imposible o muy difícil de romper.

i·rrum·pir [irrumpír] *v/intr* Entrar violentamente en un lugar: *Irrumpir en un local.* RPr **Irrumpir en.**

i·rrup·ción [irrupθjón] *s/f* Acción y efecto de irrumpir.

i·sa·be·li·no, -a [isaβelíno, -a] *adj* Se aplica a lo relacionado con la época en que fueron soberanas cualquiera de las reinas que tuvieron por nombre Isabel, en España o en Inglaterra: *Estilo isabelino.*

is·la [ísla] *s/f* Porción de tierra rodeada de agua por todos sus lados.

is·lam [islá{m}] *s/m* **1.** Religión y civilización de los musulmanes. **2.** (Con *may*) Conjunto de pueblos que siguen la religión musulmana.

is·lá·mi·co, -a [islámiko, -a] *adj* Se aplica a lo relacionado con el Islam.

is·la·mis·mo [islamísmo] *s/m* Conjunto de dogmas y preceptos que constituyen la religión islámica.

is·la·mi·za·ción [islamiθaθjón] *s/f* Acción o proceso de islamizar.

is·la·mi·zar [islamiθár] *v/tr* Convertir al Islam.
ORT Ante *e* la *z* cambia en *c: Islamicen.*

is·lan·dés, (-sa) [islandés, (-sa)] *adj* y *s/m,f* Se aplica a las cosas y a las gentes de Islandia.

is·le·ño, -a [isléɲo, -a] **I.** *adj* Se aplica a lo relacionado con las islas. **II.** *adj* y *s/m,f* Habitante de una isla.

is·lo·te [islóte] *s/m* Isla pequeña y generalmente despoblada.

i·so·ba·ra [isoβára] *s/f* Línea con que los meteorólogos representan los puntos de igual presión atmosférica.

i·sós·ce·les [isósθeles] *adj* GEOM Se aplica al triángulo que tiene los lados iguales.

i·so·ter·mo, -a [isotérmo, -a] **I.** *adj* Se aplica a los puntos geográficos que tienen la misma temperatura, y a la línea que los une en un mapa. **II.** *s/f* Línea que une tales puntos: *Trazar la isoterma.*

i·só·to·po [isótopo] *s/m* FÍS Nombre del nucleido o cuerpo simple con el mismo número de neutrones que de protones, el cual tiene igual número atómico que otro, cualquiera que sea su número de masa.

is·quión [iskjón] *s/m* ANAT Hueso que junto con el ilion y el pubis forman el coxal, estando situado en la parte inferior.

is·rae·lí [isrraelí] **I.** *adj* Relacionado con el Israel moderno. **II.** *s/m,f* Habitante del Israel moderno.
ORT *Pl Israelíes.*

is·rae·li·ta [isrraelíta] **I.** *adj* Se aplica a lo relacionado con el Israel antiguo. **II.** *s/m,f* Habitante del Israel antiguo.
moderno.

ist·me·ño, -a [is(t)méɲo, -a] *adj* Se aplica a lo relacionado con un istmo.

ist·mo [ís(t)mo] *s/m* Faja o lengua de tierra en que se unen una península y el resto del continente del que forma parte.

i·ta·lia·nis·mo [italjanísmo] *s/m* Vocablo de la lengua italiana tomado por otra lengua: *Los italianismos del español.*

i·ta·lia·ni·zar [italjaniθár] *v/tr* Hacer que alguien o algo adquiera las costumbres, gustos, etc., propios de Italia.
ORT Ante *e* la *z* cambia en *c: Italianicen.*

i·ta·lia·no, (-a) [italjáno, (-a)] **I.** *adj* Se aplica a las cosas y a los habitantes de Italia. **II.** *s/m,f* Habitante de Italia. **III.** *s/m* Idioma oficial de Italia.

í·tem [íte{m n}] *s/m* Vocablo latino que significa 'igualmente', y que se emplea sobre todo en textos jurídicos y notariales para iniciar las partes en que se divide un escrito; *por ej,* las cláusulas de un testamento.

i·ti·ne·ran·te [itinerante] *adj* Se aplica a lo que recorre varios lugares o no es fijo.

i·ti·ne·ra·rio [itinerárjo] *s/m* Ruta establecida para un viaje, una excursión, etc.

i·za·do [iθáðo] *s/m* Acción de izar.

i·zar [iθár] *v/tr* Elevar hasta lo alto de un mástil o equivalente mediante una cuerda una cosa, particularmente una bandera.
ORT Ante *e* la *z* cambia en *c: Icé.*

iz·quier·dis·ta [iθkjerðísta] **I.** *adj* Relacionado con la izquierda política. **II.** *s/m,f* Partidario de la izquierda política.

iz·quier·do, (-a) [iθkjérðo, (-a)] **I.** *adj* Se aplica a los órganos y a las partes del cuerpo del hombre y de los animales que están situados en el lado del corazón: *El brazo/El ojo izquierdo. Por ext,* se aplica también a las cosas inanimadas que quedan en la parte izquierda de quien las ve u observa: *El lado izquierdo de la fachada.* Con referencia a ríos y realidades semejantes, que implican corriente de agua que se mueve; se toma como orientación el curso que siguen: *La margen izquierda del río.* **II.** *s/f* **1.** Mano izquierda: *Escribir con la izquierda.* **2.** Lado izquierdo en un lugar. **3.** Conjunto de partidos o de personas que en política representa las ideas más avanzadas o progresistas con respecto a la derecha: *La izquierda domina claramente en el Congreso.* LOC **A la izquierda de,** en el lado izquierdo. **Ser de izquierdas,** ser de ideas políticas izquierdistas, o de un partido de ideología izquierdista. **Tener mano izquierda,** COL tener habilidad y astucia para dar solución a situaciones difíciles o comprometidas.
Extrema izquierda, partidos políticos que representan el sector más avanzado de la izquierda.

iz·quier·do·so, -a [iθkjerðóso, -a] *adj* y *s/m,f* COL Se dice de la persona que es o tiene tendencia a ser de izquierdas.

j [xóta] *s/f* Undécima letra del alfabeto.

¡ja, ja, ja...! [xá, xá, xá] Voz *onomat* de la risa.

ja·bal·cón [xaβalkón] *s/m* CONSTR Madero ensamblado en uno vertical y sobre el cual se apoya otro horizontal o inclinado.

ja·ba·lí [xaβalí] *s/m* Especie de cerdo salvaje de pelaje tupido y fuerte y colmillos grandes y salientes.
ORT *Pl: Jabalíes.*

ja·ba·li·na [xaβalína] *s/f* **1.** Hembra del jabalí. **2.** Arma similar al venablo, que se lanza con la mano.

ja·bar·di·llo [xaβarðíʎo] *s/m* **1.** Multitud de insectos o aves que se mueven desordenadamente. **2.** FIG Aglomeración, multitud de gente.

ja·bar·do [xaβárðo] *s/m* Enjambre pequeño producido por una colmena.

ja·ba·to [xaβáto] *s/m* **1.** Cachorro de la jabalina. **2.** FIG Joven valiente y atrevido.

já·be·ga [xáβeγa] *s/f* **1.** Red muy larga, formada por un copo y dos bandas, de las que se tira desde tierra. **2.** Embarcación de pesca parecida al jabeque.

ja·be·que [xaβéke] *s/m* Velero de tres palos con velas latinas, que también puede navegar a remo.

ja·bón [xaβón] *s/m* Producto detergente que resulta de la acción de un álcali sobre aceite o grasas. Sirve para lavar o realizar cualquier operación de limpieza con agua. LOC **Dar jabón a (uno),** FIG adular. **Dar un jabón a (uno),** FIG reprender con acritud.

ja·bo·na·da [xaβonáða] *s/f* Acción y efecto de aplicar jabón.

ja·bo·na·du·ra [xaβonaðúra] *s/f* **1.** Acción y efecto de jabonar. **2.** Agua con jabón y su espuma.

ja·bo·nar [xaβonár] **I.** *v/tr* Dar jabón a una cosa. **II.** REFL(SE) Lavarse con jabón.

ja·bon·ci·llo [xaβonθíʎo] *s/m* **1.** *dim* de *jabón.* **2.** Pastilla de jabón azul o blanco para marcar la tela. **3.** Jabón aromatizado de tocador.

ja·bo·ne·ra [xaβonéra] *s/f* Recipiente para poner el jabón de tocador.

ja·bo·ne·ría [xaβonería] *s/f* Fábrica o tienda de jabón.

ja·bo·ne·ro, -a [xaβonéro, -a] **I.** *adj* Relativo al jabón. **II.** *s/m,f* El que fabrica o vende jabón.

ja·bo·no·so, -a [xaβonóso, -a] *adj* **1.** Se aplica a lo que tiene jabón: *Agua jabonosa.* **2.** De tacto suave, similar al jabón.

ja·ca [xáka] *s/f* Caballo de poca alzada.

já·ca·ra [xákara] *s/f* **1.** Danza popular y música que la acompaña. **2.** Romance de tono alegre que suele contar hechos relacionados con la vida rufianesca.

ja·ca·ran·do·so, -a [xakarandóso, -a] *adj* COL Se aplica a la persona garbosa y desenvuelta, que está satisfecha de su aspecto y lo demuestra.

ja·ca·re·ar [xakareár] *v/intr* **1.** Cantar jácaras. **2.** Molestar a alguien con lo que se le dice.

já·ca·ro, (a) [xákaro, (-a)] **I.** *s/m* Fanfarrón. **II.** *adj* Se aplica a lo propio de un jácaro.

ja·cin·to [xaθínto] *s/m* **1.** Planta liliácea de flores acampanadas de diferentes colores que se agrupan en un racimo erecto. **2.** Flor de esta planta.

ja·co [xáko] *s/m* Caballo pequeño y poco estimable.

ja·co·beo, -a [xakoβéo, -a] *adj* Se aplica a lo relacionado con el apóstol Santiago.

ja·co·bi·no, -a [xakoβíno, -a] *adj* y *s/m,f* **1.** Se aplica a los más exaltados y sanguinarios de la Revolución Francesa y a la fracción que los mismos constituyen. **2.** FIG Se dice de los que son muy exaltados en cualquier ideología de carácter violento o revolucionario.

jac·tan·cia [xaktánθja] *s/f* Alabanza propia, basada en la atribución de algo que no se tiene o no merece tanto honor.

jac·tan·cio·so, -a [xaktanθjóso, -a] *adj* y *s/m,f* Que se jacta de algo.

jac·tar·se [xaktárse] *v/*REFL(SE) Alabarse presuntuosamente: *Se jacta de sus éxitos.* RPr **Jactarse de.**

ja·cu·la·to·ria [xakulatórja] *s/f* Oración breve pero intensa.

ja·de [xáðe] *s/m* Piedra muy estimada en joyería, de gran dureza, compacta, blanquecina o de color verdoso, con manchas rojas o moradas: *Pendientes de jade.*

ja·de·an·te [xaðeánte] *adj* Que jadea.

ja·de·ar [xaðeár] *v/intr* Respirar con dificultad y anhelo debido al cansancio físico o a una enfermedad.

ja·deo [xaðéo] *s/m* Acción de jadear.

jae·nés, -sa [xaenés, -sa] *adj* y *s/m,f* De Jaén, ciudad española.

ja·ez [xaéθ] *s/m* **1.** (Con frecuencia en *pl*) Adornos de las caballerías. **2.** Adorno de cintas en las crines. **3.** FIG Se aplica peyorativamente a la calidad o clase de la gente: *No te puedes fiar de gente de ese jaez.*
ORT *Pl: Jaeces.*

ja·guar [xaγwár] *s/m* Mamífero carnicero félido, frecuente en América, parecido a la pantera, que caza de noche.

ja·lar [xalár] *v/tr* COL Comer con gran apetito.

jal·be·gar [xalβeγár] *v/tr* Blanquear las paredes con cal.
ORT Ante *e* la *g* cambia en *gu: Jalbegué.*

jal·be·gue [xalβéγe] *s/m* Acción de jalbegar.

ja·lea [xaléa] *s/f* Dulce gelatinoso y transparente hecho con fruta y cola de pescado.

ja·le·ar [xaleár] *v/tr* **1.** Animar ruidosamente a los que bailan o cantan. **2.** *Por ext,* animar ruidosamente a una persona en lo que hace.

ja·leo [xaléo] *s/m* **1.** Situación en la que hay mucho ruido, desorden o complicaciones: *No armes tanto jaleo.* **2.** Discusión o riña. LOC **Armarse (alguien) un jaleo,** equivocarse: *Me armé un jaleo con los números y no salía la cuenta.*

ja·lón [xalón] *s/m* **1.** TOPOGR Vara con la punta de hierro que se clava en tierra para señalar un punto fijo en un lugar. **2.** FIG (*Ser un jalón*) Acontecimiento importante en la historia o en la vida de una persona: *El descubrimiento de la penicilina marca un jalón en la historia de la medicina.*

ja·lo·nar [xalonár] *v/tr* **1.** TOPOGR Poner jalones. **2.** FIG Ser un jalón en la historia o en la vida de alguien.

ja·mai·ca·no, -a [xamaikáno, -a] *adj* y *s/m,f* De Jamaica.

ja·más [xamás] *adj* Nunca, pero con significado más intenso y marcado. Se puede reforzar en la expresión *Nunca jamás.* LOC **Jamás de los jamases,** COL nunca. **Para/Por siempre jamás,** para siempre.

jam·ba [xámba] *s/f* Cada una de las piezas laterales que sostienen el dintel de una puerta o ventana.

ja·mel·go [xamélγo] *s/m* Caballo flaco, de mal aspecto o poca utilidad.

ja·món [xamón] *s/m* **1.** Pierna de cerdo salada y curada. **2.** Carne de esa pierna: *Un bocadillo de jamón.*
Jamón de York, fiambre de carne de cerdo cocida.

ja·mo·na [xamóna] *adj* y *s/f* VULG Se aplica a una mujer madura y gorda.

ja·po·nés, (-sa) [xaponés, (-sa)] **I.** *adj* Se aplica a lo relacionado con Japón: *Cultura japonesa.* **II.** *adj* y *s/m,f* Natural de ese país. **III.** *s/m* Idioma japonés.

ja·que [xáke] *s/m* **1.** *(Dar jaque)* Jugada de ajedrez en la que se amenaza al rey o a la reina. **2.** Palabra con que se avisa. LOC **Jaque mate,** jugada que pone fin al juego de ajedrez, al no poder escapar el rey de la amenaza de una figura contraria. **Poner/Tener/Traer en jaque (a alguien),** FIG tenerlo preocupado e intranquilo por algo: *Las novatadas tenían en jaque al director.*

ja·que·ar [xakeár] *v/tr* **1.** Dar jaque en el ajedrez. **2.** Hostigar al enemigo.

ja·que·ca [xakéka] *s/f* Dolor persistente de cabeza.

ja·ra [xára] *s/f* Arbusto cistáceo frecuente en los montes del centro y mediodía de la Península Ibérica.

ja·ra·be [xaráβe] *s/m* **1.** Líquido espeso con mucho azúcar. **2.** Bebida con agua, azúcar y alguna esencia. **3.** Medicamento muy dulce empleado, *por ej,* contra la tos.

ja·ral [xarál] *s/m* Lugar poblado de jaras.

ja·ra·na [xarána] *s/f* **1.** Acción de divertirse ruidosamente un grupo de gente: *Esta noche nos vamos de jarana.* **2.** Ruido bullicioso de gente que se divierte.

ja·ra·ne·ro, -a [xaranéro, -a] *adj* Se aplica a quien le gusta la jarana.

jar·cia [xárθja] *s/f* **1.** (Con frecuencia en *pl*) Conjunto de aparejos y cabos de un barco: *Las jarcias de un velero.* **2.** Conjunto de instrumentos y redes para pescar.

jar·dín [xarðín] *s/m* Lugar donde se cultivan plantas de adorno para recreo y deleite de las personas.
Jardín botánico, el de plantas exóticas o de interés botánico.
Jardín de (la) infancia, guardería infantil.

jar·di·ne·ra [xarðinéra] *s/f* **1.** Recipiente para contener macetas. **2.** Recipiente mayor que una maceta, con tierra y plantas de adorno. **3.** Carruaje descubierto de cuatro plazas. **4.** Coche descubierto que los tranvías llevaban en verano.

jar·di·ne·ría [xarðinería] *s/f* Arte de cultivar plantas de adorno o jardines.

jar·di·ne·ro, -a [xarðinéro, -a] *s/m,f* Persona que cuida el jardín.

ja·re·ta [xaréta] *s/f* **1.** Dobladillo en una tela para pasar por él una cinta o elástico y ajustarla así al cuerpo. **2.** Pequeños dobladillos paralelos que se hacen en la ropa como adorno.

ja·re·tón [xaretón] *s/m* **1.** *aum* de *jareta.* **2.** Dobladillo ancho, especialmente, el del embozo de las sábanas.

ja·rra [xárra] *s/f* Recipiente de diversos materiales, con una o dos asas, para contener agua, vino, etc. LOC **En jarras,** FIG con las manos en la cintura y los codos despegados del tronco.

ja·rra·zo [xarráθo] *s/m* **1.** *aum* de *jarra.* **2.** Golpe dado con ella.

ja·rre·ar [xarreár] *v/intr* **1.** Sacar con frecuencia agua de un pozo para que no se cieguen los veneros. **2.** FIG COL Llover mucho.

ja·rre·ro [xarréro] *s/m* **1.** Quien fabrica jarros. **2.** El que pone bebidas en ellos.

ja·rre·te [xarréte] *s/m* **1.** Parte carnosa de la pantorrilla, debajo de la corva. **2.** Corvejón de los animales.

ja·rre·te·ra [xarretéra] *s/f* Liga para sujetar la media o el calzón al jarrete.

ja·rro [xárro] *s/m* Jarra. LOC **Echar (a alguien) un jarro de agua fría,** FIG desilusionarle bruscamente.

ja·rrón [xarrón] *s/m* **1.** *aum* de *jarro.* **2.** Recipiente decorativo con forma de jarro.

jas·pe [xáspe] *s/m* **1.** Cuarzo opaco de colores variados, generalmente veteado. **2.** Mármol con vetas.

jas·pea·do, (-a) [xaspeáðo, (-a)] **I.** *adj* Con vetas, como el jaspe. **II.** *s/m* Acción de jaspear.

jas·pe·ar [xaspeár] *v/tr* Pintar una cosa imitando el color del jaspe. RPr **Jaspear de:** *Jaspear la pared de rojo y blanco.*

ja·to, -a [xáto, -a] *s/m,f* Ternero, -a.

jau·ja [xáuxa] *s/f (Ser Jauja)* Lugar o situación próspero donde hay abundancia: *¿Te has creído que esto es Jauja?*

jau·la [xáula] *s/f* Habitáculo para encerrar animales, hecho con barrotes, alambre, mimbre, etc.

jau·ría [xauría] *s/f* Grupo de perros en una cacería, guiados por un podenquero.

ja·yán, -na [xaJán, -na] *s/m,f* Persona alta y muy fuerte.

jaz·mín [xaθmín] *s/m* **1.** Arbusto que da flores blancas muy olorosas. **2.** Flor de ese arbusto.

jaz·mí·neo, (-a) [xaθmíneo, (-a)] **I.** *adj* y *s/m,f* Se aplica a las plantas de la familia del jazmín. **II.** *s/f, pl* Familia que forman.

jazz [Jás] *s/m* Música orginaria de los negros americanos.

¡je, je, je...! [xé, xé, xé] Voz *onomat* de la risa.

je·be [xéβe] *s/m* Alumbre.

jeep [Jíp] *s/m* ANGL Vehículo apto para circular por cualquier terreno.

je·fa·tu·ra [xefatúra] *s/f* **1.** Cargo de jefe. **2.** Lugar donde reside el mando de algo: *Jefatura Superior de Policía.*

je·fe, -a [xéfe, -a] *s/m,f* **1.** Persona que dirige un organismo o grupo de personas. **2.** En el ejército, persona con grado superior al de capitán.

jen·gi·bre [xeŋxíβre] *s/m* Planta cingiberácea de la India, de rizoma aromático, empleada en farmacia y como especia.

je·ní·za·ro [xeníθaro] *s/m* Soldado de la antigua guardia del emperador de los turcos.

je·que [xéke] *s/m* **1.** Gobernador de un territorio musulmán o de ciertos países orientales. **2.** FIG Persona que actúa como tal en el ejercicio de sus poderes.

je·rar·ca [xerárka] *s/m* Hombre con mucha autoridad o categoría en un organismo: *Los jerarcas del partido.*

je·rar·quía [xerarkía] *s/f* **1.** Organización por categorías en un organismo: *Jerarquía eclesiástica.* **2.** Cada categoría de una organización. **3.** Persona de alta categoría dentro de una organización: *Es una jerarquía importante.*

je·rár·qui·co, -a [xerárkiko, -a] *adj* Se aplica a lo relacionado con la jerarquía.

je·rar·qui·zar [xerarkiθár] *v/tr* Organizar jerárquicamente un organismo.
ORT La *z* cambia en *c* ante *e: Jerarquice.*

je·re·mías [xeremías] *s/m* Persona que siempre se está lamentando.

je·rez [xeréθ] *s/m* Vino blanco de Jerez de la Frontera (Cádiz).

je·re·za·no, -a [xereθáno, -a] *adj* y *s/m,f* De Jerez de la Frontera (Cádiz).

jer·ga [xérɣa] *s/f* **1.** Variedad léxica de un idioma usada por ciertos grupos sociales: *Jerga de los estudiantes.* **2.** Lenguaje difícil de entender.

jer·gón [xerγón] *s/m* Colchón relleno de paja.

je·ri·be·que [xeriβéke] *s/m* (Generalmente en *pl*) Gesto brusco y sin sentido.

je·ri·gon·za [xeriγónθa] *s/f* **1.** Lenguaje incomprensible. **2.** Jerga de un grupo social.

je·rin·ga [xeríŋga] *s/f* Objeto formado por un cilindro dentro de otro acabado en punta; se emplea para poner inyecciones, para lavativas o para rellenar embutidos.

je·rin·gar [xeriŋgár] **I.** *v/tr* FIG COL Molestar o perjudicar a alguien. **II.** REFL (-SE) Aguantar una molestia o revés alguien. ORT Ante *e* la *g* cambia en *gu: Jeringué.*

je·rin·gui·lla [xeriŋgíʎa] *s/f* Jeringa con una aguja hueca para inyectar.

je·ro·glí·fi·co, (-a) [xeroγlífiko, (-a)] **I.** *adj* Se aplica a lo relacionado con la escritura ideográfica, especialmente, la de los antiguos egipcios. **II.** *s/m* **1.** Signo de esa escritura. **2.** Pasatiempo que consiste en adivinar una frase o palabra a través de dibujos.

je·ro·so·li·mi·ta·no, -a [xerosolimitáno, -a] *adj* y *s/m,f* Se aplica a los naturales de Jerusalén.

jer·pa [xérpa] *s/f* Sarmiento estéril de las vides.
ORT También: *Serpa.*

jer·sey [xerséi] *s/m* Prenda de vestir con tejido de punto que llega, aproximadamente, hasta la cadera.
ORT *Pl: Jerseys.*

je·sui·ta [xesuíta/xeswíta] **I.** *adj* y *s/m* Religioso de la Compañía de Jesús. **II.** *s/m, pl* Esa orden religiosa.

je·suí·ti·co, -a [xeswítiko, -a] *adj* Se aplica a lo relacionado con los jesuitas.

je·sús [xesús] *s/m* LOC **¡Ay, Jesús!/¡Jesús!/¡Jesús, Dios mío!/¡Jesús, María y José!,** exclamaciones de asombro, queja o alivio.

jet [Jét] *s/m* ANGL Avión a reacción.

je·ta [xéta] *s/f* **1.** Hocico del cerdo. **2.** VULG Morro de una persona. **3.** VULG Cara: *Le voy a partir la jeta.* LOC **Tener jeta,** VULG tener cara: *¡Vaya jeta que tiene!*

jet-set [Jét-set] *s/f* ANGL La alta sociedad.

¡ji, ji, ji...! [xí, xí, xí] Voz *onomat* de la risa.

jí·ba·ro, (-a) [xíβaro, (-a)] **I.** *adj* AMÉR Se aplica a los campesinos, animales salvajes o plantas silvestres. **II.** *s/m,f* Indio del Marañón que momifica cabezas humanas a tamaño reducido. **III.** *s/m, pl* Esos indios.

ji·bia [xíβja] *s/f* Molusco cefalópodo de cuerpo oval, con una concha caliza interna.

jí·ca·ra [xíkara] *s/f* Tacilla para tomar chocolate.

jien·nen·se [xje(n)nénse] **I.** *adj* Relacionado con la ciudad de Jaén. **II.** *adj* y *s/m,f* Natural de esa ciudad o provincia.

ji·jo·na [xixóna] *s/m* Turrón de la ciudad de ese nombre.

jil·gue·ro, a [xilγéro, -a] *s/m,f* Pájaro cantor muy común, con una característica mancha roja en la cara.

ji·ne·ta [xinéta] *s/f* **1.** Mamífero carnicero de cabeza pequeña y cuerpo esbelto. **2.** Estilo de montar a caballo con los estribos cortos: *Montar a la jineta.*

ji·ne·te [xinéte] *s/m* **1.** Hombre a caballo. **2.** Persona diestra en equitación.

ji·pi [xípi] *s/m,f* **1.** Persona integrante de un movimiento contestatario de los años sesenta que luchaba contra los convencionalismos y abogaba por una vida natural y pacífica. **2.** FIG *despec* Persona mal vestida y aseada.
ORT También: *Hippy.*

ji·piar [xipjár] *v/intr* **1.** Hipar, gemir. **2.** Cantar con gemidos.

ji·pi·do o **ji·pío** [xipí(ð)o] *s/m* Lamento o quejido del cante flamenco.

ji·ra [xíra] *s/f* **1.** Jirón. **2.** Comida bulliciosa. **3.** Viaje en el que se visitan varios lugares.

ji·ra·fa [xiráfa] *s/f* Mamífero rumiante de África con el cuello muy largo.

ji·rón [xirón] *s/m* **1.** Trozo arrancado de una tela. **2.** FIG Cualquier cosa arrancada de otra: *Un jirón de mi alma.*

job [xóβ] *s/m* Hombre paciente.

joc·key [xókei/Jókei] *s/m* ANGL Jinete de caballos de carreras.

jo·co·si·dad [xokosiðáð] *s/f* **1.** Cualidad de jocoso. **2.** Cosa jocosa.

jo·co·so, -a [xokóso, -a] *adj* Que se dice o hace en broma y con burla.

jo·cun·di·dad [xokuṇdiðáθ] *s/f* LIT Cualidad de jocundo.

jo·cun·do, -a [xokúṇdo, -a] *adj* LIT Se aplica a personas o cosas alegres.

jo·der [xoðér] **I.** *v/tr* ARG Copular. **II.** *v/tr,* REFL(SE) **1.** ARG Fastidiar(se). **2.** Deteriorar(se), echar(se) a perder algo: *Se ha jodido la fiesta.* LOC **¡Hay que joderse!,** ARG expresión de desagrado ante una situación adversa. **¡Joder!,** ARG exclamación de satisfacción, enfado, asombro, etc.

jo·fai·na [xofáina] *s/f* Recipiente ancho y de poca profundidad para lavarse.

jol·go·rio [xolγórjo] *s/m* Ruido bullicioso de gente que se divierte.
ORT También: *Holgorio.*

¡jo·lín! o **¡jolines!** [xolín/xolínes] *interj eufem* por ¡Joder!

jon·do, -a [xóndo, -a] *adj* Se aplica a un estilo de cante andaluz.

jó·ni·co, -a [xóniko, -a] *adj* **1.** Se aplica a lo relacionado con Jonia, región de Asia Menor. **2.** Se dice del orden arquitectónico clásico, de capitel adornado con volutas.

jo·nio, -a [xónjo, -a] *adj* y *s/m,f* Jónico.

jor·na·da [xornáða] *s/f* **1.** Tiempo que dura un trabajo o diversión: *Una jornada deportiva.* **2.** Camino recorrido en un día: *Nos quedan dos jornadas de viaje.* **3.** Todo el viaje, sea cual sea el tiempo empleado.

jor·nal [xornál] *s/m* **1.** Dinero que recibe un obrero por un día de trabajo. **2.** Trabajo que puede realizar un hombre en un día.

jor·na·le·ro, -a [xornaléro, -a] *s/m,f* Persona que recibe un jornal por su trabajo; especialmente, obrero del campo.

jo·ro·ba [xoróβa] *s/f* **1.** Deformación abultada de la columna vertebral. **2.** FIG COL Se aplica a una forma abultada de cualquier clase: *Un sillón con jorobas.*

jo·ro·ba·do, -a [xoroβáðo, -a] *adj* y *s/m,f* Persona con joroba.

jo·ro·bar [xoroβár] **I.** *v/tr* COL Molestar a alguien: *No hace más que jorobar.* **II.** REFL(SE) COL Soportar con enojo algo.

jo·ta [xóta] *s/f* **1.** Nombre de la letra 'j'. **2.** Baile popular de varias regiones españolas. **3.** Música y letra de ese baile. LOC **No saber/No entender ni jota,** no saber o no entender nada. **No ver ni jota,** no ver nada.

jo·ven [xóβen] **I.** *adj* Se aplica a los animales o cosas de pocos años: *Un árbol joven.* **II.** *adj* y *s/m,f* Persona de poca edad.

jo·ven·ci·to, -a [xoβenθíto, -a] *adj* y *s/m,f dim* de *joven.*

jo·ven·zue·lo, -a [xoβenθwélo, -a] *adj* y *s/m,f despec* de *joven.*

jo·vial [xoβjál] *adj* Alegre o desenfadado.

jo·via·li·dad [xoβjaliðáð] *s/f* Cualidad de jovial.

jo·ya [xóJa] *s/f* **1.** Objeto decorativo de metales y piedras preciosas. **2.** Cualquier cosa de gran valor. **3.** FIG (A veces IRÓN) Persona de grandes cualidades o gran valía: *Este niño es una joya.*

jo·yel [xoJél] *s/m* Joya pequeña.

jo·ye·ría [xoJería] *s/f* Lugar donde se venden joyas.

jo·ye·ro, (-a) [xoJéro, (-a)] **I.** *s/m,f* Persona que vende joyas. **II.** *s/m* Caja para guardar las joyas.

jua·ne·te [xwanéte] *s/m* **1.** Hueso prominente en la parte externa del dedo gordo del pie. **2.** Pómulo abultado. **3.** VETER Sobrehueso que se forma a veces en la cara inferior del tejuelo de las caballerías. **4.** MAR Verga que se cruza sobre las gavias, y velas que envergan en ella.

ju·bi·la·ción [xuβilaθjón] *s/f* **1.** Acción de jubilar(se). **2.** Situación de jubilado. **3.** Paga que recibe el jubilado.

ju·bi·la·do, -a [xuβiláðo, -a] *adj* y *s/m,f* Persona que se ha jubilado.

ju·bi·lar [xuβilár] **I.** *adj* Se aplica a lo relacionado con el jubileo. **II.** *v/tr* Dejar el trabajo activo un funcionario civil, por la edad o por enfermedad. **III.** REFL(SE) Pasar a la situación de jubilado.

ju·bi·leo [xuβiléo] *s/m* Indulgencia plenaria concedida en algunas ocasiones por el Papa. LOC **Ganar el jubileo,** conseguir esa indulgencia plenaria.

jú·bi·lo [xúβilo] *s/m* Alegría manifestada externamente.

ju·bi·lo·so, -a [xuβilóso, -a] *adj* Se aplica a lo que está lleno de júbilo.

ju·bón [xuβón] *s/m* Prenda de vestir que cubría hasta la cintura y se ceñía al cuerpo.

ju·dai·co, -a [xuðáiko, -a] *adj* Se aplica a lo relacionado con los judíos.

ju·daís·mo [xuðaísmo] *s/m* Religión propia de los judíos.

ju·dai·zan·te [xuðaiθánte] *adj* Se aplica a lo que judaiza.

ju·dai·zar [xuðaiθár] *v/intr* Seguir la religión judía.
ORT La *z* cambia a *c* ante *e: Judaicé.*
PRON En *sing* y *3.ª pers pl* del *pres* de *indic* y *subj* el acento recae sobre la *i: Judaízo, judaícen.*

ju·das [xúðas] *s/m* Hombre traidor y malvado: *Es un Judas.*

ju·deo·es·pa·ñol, -la [xuðeoespaɲól, -la] *adj* y *s/m,f* Se aplica a los judíos expulsados de España en el siglo XV, que todavía conservan la lengua y ciertas tradiciones españolas.

ju·de·ría [xuðería] *s/f* Barrio de judíos; se conserva como nombre de barrio en algunas ciudades.

ju·día [xuðía] *s/f* **1.** Planta leguminosa de fruto alargado y con semillas; se come cuando está verde, y las semillas también secas. **2.** Fruto y las semillas de esa planta.

ju·dia·da [xuðiáða] *s/f* **1.** Acción propia de judíos. **2.** FIG Acción mal intencionada.

ju·di·ca·tu·ra [xuðikatúra] *s/f* **1.** Cargo de juez. **2.** Tiempo que se ejerce. **3.** Conjunto de los jueces de un país.

ju·di·cial [xuðiθjál] *adj* Se aplica a lo relacionado con el juez o la justicia.

ju·di·cia·rio, -a [xuðiθjárjo, -a] *adj* **1.** Se aplica a lo relacionado con la 'astrología judiciaria'. **2.** Judicial.

ju·dío, (-a) [xuðío, (-a)] **I.** *adj* y *s/m,f* **1.** Se aplica a los habitantes de la antigua judea o de Palestina, hoy extendidos por todo el mundo y asentados como nación en Israel. **2.** Seguidor de la religión de los judíos. **3.** FIG Persona avara. **II.** *s/m, pl* Ese pueblo.

ju·do [Júðo] *s/m* Deporte y técnica de lucha de origen oriental.

ju·do·ca [Juðóka] *s/m,f* Quien practica el judo.

jue·go [xwéγo] **I.** *s/m* **1.** Acción de jugar. **2.** Cualquier actividad que se hace como diversión. **3.** Práctica de los juegos de azar: *El juego arruinó su fortuna.* **4.** Conjunto de objetos similares con el mismo uso o que se emplean combinados: *Un juego de té.* **5.** Punto de unión entre dos cosas articuladas y movimiento que hay entre ellas: *El juego de la llave en la cerradura.* **6.** *Por ext,* combinación o cambios vistosos de una cosa: *Juego de luces.* **7.** En el juego de baraja, combinación de cartas de cada jugador: *En esta partida tengo un buen juego.* **8.** FIG Actividad en la que alguien pretende conseguir algo con alguna intriga: *Ése es un juego peligroso.* **II.** *s/m, pl* Fiestas y espectáculos públicos que se organizaban en Grecia y Roma; hoy se emplea en la expresión *Los juegos olímpicos.* LOC **Hacer el juego (a alguien),** colaborar en sus manejos de forma consciente o inconsciente. **Hacer juego (una cosa con otra),** estar combinados los colores, el dibujo, etc. **¡Hagan juego!,** frase que invita a participar en un juego de azar. **Mostrar el juego,** descubrir alguien sus intenciones. **Poner en juego (una cosa),** utilizar los medios necesarios para conseguir algo: *Hay que poner en juego mucho dinero.* **Por juego,** sin darle importancia.

juer·ga [xwérγa] *s/f* Diversión en la que se bebe y causa alboroto.

juer·guis·ta [xwerγísta] *adj* y *s/m,f* Que gusta de las juergas.

jue·ves [xwéβes] *s/m* Quinto día de la semana, después del miércoles. LOC **No ser (una cosa) nada del otro jueves,** COL no ser excepcional.

juez [xwéθ] *s/m,f* **1.** Persona con autoridad para valorar una cosa o mediar en un conflicto. **2.** Funcionario que administra la justicia.
ORT *Pl: Jueces.*

ju·ga·da [xuγáða] *s/f* **1.** Cada una de las fases de un juego en que se pierde o se gana. **2.** FIG Acción que perjudica a alguien: *No imaginaba que él me gastara esa jugada.*

ju·ga·dor, -ra [xuγaðór, -ra] **I.** *adj* y *s/m,f* Que juega. **II.** *s/m,f* **1.** Persona que tiene el vicio de jugar. **2.** Persona muy hábil en el juego.

ju·gar [xuγár] **I.** *v/tr, intr* **1.** Hacer algo para divertirse. **2.** Intervenir en un juego organizado para divertirse o probar suerte: *Jugar à la lotería.* **II.** *v/intr* **1.** Tratar una cosa sin la importancia que se merece: *No juegues con las cosas de comer.* **2.** FIG Intervenir en un negocio del que puede esperarse un beneficio o no: *No debes jugar en negocios sucios.* **III.** *v/tr,* REFL(SE) Hacer depender una cosa del resultado de un juego o de una actividad: *Jugar(se) mil pesetas en el bingo.* **IV.** *v/tr* **1.** Manejar una cosa o utilizar un medio con un fin determinado: *Jugó bien sus influencias.* **2.** Echar una carta en los juegos de baraja: *Juega ahora los oros.* **3.** Funcionar bien dos cosas coordinadas: *No juega bien la llave en la cerradura.* **V.** REFL(SE) **1.** Sortearse: *La lotería se juega hoy.* **2.** FIG Arriesgar: *Jugarse la vida.* LOC **Jugar con (una persona),** FIG no hacerle caso o no tomarla en serio. **Jugarla** o **jugársela (a alguien),** realizar una acción perjudicial para alguien. **Por jugar,** de broma o sin intención. **¿Qué te juegas a que...?,** expresión que introduce una apuesta o una sospecha fundada. RPr **Jugar a/con/en:** *Vamos a jugar al parchís.*
CONJ *Irreg: Juego, jugué, jugaré, jugado.*

ju·ga·rre·ta [xuγarréta] *s/f* COL Acción mal intencionada que perjudica a alguien.

ju·glar, -resa [xuγlár, -résa] *s/m,f* Persona que divertía a la gente con juegos y canciones.

ju·gla·res·co, -a [xuγlarésko, -a] *adj* Se aplica a lo relacionado con los juglares.

ju·gla·ría o **ju·gle·ría** [xuγlaría/-γlería] *s/f* Oficio de juglar.

ju·go [xúγo] *s/m* **1.** Líquido de un cuerpo orgánico que se puede extraer o que éste segrega: *El jugo de una fruta.* **2.** FIG Parte más interesante de algo: *Un discurso con mucho jugo.* LOC **Sacar jugo (a algo),** sacar provecho de ello: *Le saca jugo a la vida.* **Sacar el jugo (de algo/alguien),** sacar de ello todo el provecho posible, explotándolo.

ju·go·si·dad [xuγosiðáð] *s/f* Cualidad de jugoso.

ju·go·so, -a [xuγóso, -a] *adj* **1.** Se aplica

a cosas con jugo. **2.** PINT Se aplica a los colores y dibujos ricos y fáciles.

ju·gue·te [xuɣéte] *s/m* **1.** Objeto cuyo fin es el entretenimiento de los niños. **2.** FIG Persona o cosa dominada caprichosamente por una fuerza material o moral: *Juguete de las pasiones. Juguete del viento.*

ju·gue·te·ar [xuɣeteár] *v/intr* Hacer algo para entretenerse: *Juguetear con el lápiz.*

ju·gue·teo [xuɣetéo] *s/m* Acción de juguetear.

ju·gue·te·ría [xuɣetería] *s/f* Tienda de juguetes.

ju·gue·tón, -na [xuɣetón, -na] *adj* y *s/m,f* Aficionado a jugar, retozar, correr, etc., con frecuencia.

jui·cio [xuíθjo] *s/m* **1.** Facultad humana de distinguir el bien del mal y el valor de las cosas. **2.** Cualidad de la mente que actúa con prudencia y acierto: *Tener poco (mucho) juicio.* **3.** Idea sobre una cosa o asunto: *Hizo un juicio apresurado sobre lo que ocurría.* **4.** LÓG Operación mental de relacionar dos ideas para conocer sus relaciones. **5.** Celebración de una causa ante un juez o tribunal. LOC **A mi (tu,** etc.**) juicio,** según mi (tu, etc.) opinión. **En juicio,** con la intervención de un juez o tribunal. **Estar (alguien) en su sano (entero) juicio,** tener plenas facultades mentales. **Hacer perder el juicio (a alguien),** volverle loco: *La lectura le hizo perder el juicio.* **Llevar a juicio (a alguien),** hacer una demanda judicial contra ella. **Perder el juicio,** volverse loco. **Sin juicio,** sin sensatez, alocado. **Tener sorbido (trastornado/vuelto) el juicio (a alguien),** tenerlo en situación de no actuar sensatamente.

jui·cio·so, -a [xwiθjóso, -a] *adj* y *s/m,f* Se aplica a la persona con juicio, y a lo dicho o hecho por ella: *Palabras juiciosas.*

ju·le·pe [xulépe] *s/m* **1.** Medicina con agua destilada, jarabes y otras sustancias. **2.** *(Dar julepe)* Castigo o reprimenda. **3.** Cierto juego de baraja.

ju·lia·no, -a [xuljáno, -a] *adj* Relativo a Julio o Julián.

ju·lio [xúljo] *s/m* **1.** Séptimo mes del año, después de junio. **2.** FÍS Unidad de trabajo mecánico equivalente a diez millones de ergios.

jun·cal [xuŋkál] **I.** *adj* Se aplica a lo relacionado con los juncos. **II.** *s/m* Juncar.

jun·car [xuŋkár] *s/m* Lugar poblado de juncos.

jun·co [xúŋko] *s/m* **1.** Planta juncácea de tallos largos, lisos, acabados en punta aguda, propia de lugares húmedos. **2.** Tallo de esa planta. **3.** Pequeña embarcación usada en Oriente.

jun·gla [xúŋgla] *s/f* Bosque, selva muy espesos.

ju·nio [xúnjo] *s/m* Sexto mes del año, después de mayo.

jú·nior [xúnjor/Júnjor] ANGL *s/m* **1.** Deportista que tiene entre 17 y 21 años. **2.** Se aplica a un nombre propio, para diferenciar al hijo del padre si ambos se llaman igual.

jun·que·ra [xuŋkéra] *s/f* Junco o mata de juncos.

jun·ta [xún̪ta] *s/f* **1.** Grupo de personas que se reúnen para tratar un asunto de la entidad a la que pertenecen. **2.** Organismo formado por esas personas: *La junta municipal ha tomado medidas al respecto.* **3.** Punto de unión de dos o más cosas: *La junta de la tubería.*

jun·tar [xun̪tár] **I.** *v/tr,* REFL(SE) **1.** Aproximar(se) dos cosas hasta que se toquen. **2.** Reunir(se) personas o animales en un lugar. **II.** *v/tr* **1.** Colocar cosas en un mismo sitio o formando un conjunto: *Juntar dinero/sellos.* **2.** Aproximar las hojas de una puerta o ventana, sin llegar a cerrarlas. **III.** REFL(SE) Vivir junta una pareja sin estar casada. LOC **Juntarse con,** llegar a tener determinada cantidad de una cosa. RPr **Juntar a/con:** *Debes juntar el cable al enchufe/un zapato con el otro.* **Juntarse con.**

jun·to, -a [xún̪to, -a] *adj* **1.** Reunido: *Envíalo todo junto.* **2.** (En *pl*) Se aplica a personas o cosas que actúan o están muy próximas o en un mismo lugar: *Volvemos todos juntos.* LOC **Junto a,** al lado de, muy próximo a lo que se expresa. **Junto con,** en compañía de lo que se expresa.

jun·tu·ra [xun̪túra] *s/f* Parte donde se unen dos cosas: *La juntura de una tubería.*

ju·ra [xúra] *s/f* **1.** Acción de jurar fidelidad a un soberano, una bandera, etc. **2.** Acto solemne en el que se jura.

ju·ra·do, (-a) [xuráðo, (-a)] **I.** *adj* Se aplica a la persona que ha prestado juramento para acceder a su empleo: *Guardia jurado.* **II.** *s/m* **1.** Grupo de personas encargado de otorgar los premios en un concurso, exposición, etc. **2.** Grupo de ciudadanos que participa en un juicio dando su opinión sobre la culpabilidad o inocencia del inculpado.

ju·ra·men·tar [xuramen̪tár] **I.** *v/tr* Tomar juramento a alguien. **II.** REFL(SE) Obligarse varias personas a hacer algo mediante juramento: *Nos juramentamos para acabar con él.* RPr **Juramentarse para.**

ju·ra·men·to [xurAMén̪to] *s/m* **1.** Palabras con las que se jura una cosa. **2.** Palabras airadas contra cosas sagradas.

ju·rar [xurár] **I.** *v/tr* Afirmar o prometer algo poniendo por testigo a Dios o algo valioso: *Juro por mi honor que cumpliré la ley.* **II.** *v/intr* Proferir palabras airadas contra cosas sagradas. LOC **Jurar en falso,** hacer alguien un juramento consciente de que es falso. **Jurársela a (alguien),** prometer que se le causará algún daño: *Se la juró desde aquel día.* RPr **Jurar en/por/sobre:** *Jurar en vano. Jurar por Dios. Jurar sobre la Biblia.*

ju·rá·si·co, -a [xurásiko, -a] *adj* y *s/m,f* Se aplica al terreno sedimentario de la era secundaria, que sigue al liásico, y a lo relacionado con él.

ju·rí·di·co, -a [xuríðiko, -a] *adj* Se aplica a lo relacionado con el derecho o las leyes: *La actividad jurídica anual.*

ju·ris·con·sul·to [xuriskonsúl̪to] *s/m* Persona titulada en derecho, que interviene y aconseja en cuestiones legales.

ju·ris·dic·ción [xurisði(k)θjón] *s/f* **1.** Poder que da un cargo para actuar en determinados asuntos con autoridad. **2.** Autoridad a la que se someten ciertos asuntos o personas: *La jurisdicción civil.* **3.** Territorio al que se extiende la jurisdicción.

ju·ris·dic·cio·nal [xurisði(k)θjonál] *adj* Relacionado con la jurisdicción.

ju·ris·pe·ri·to [xurisperíto] *s/m,f* Persona entendida en cuestiones de derecho.

ju·ris·pru·den·cia [xurispruðénθja] *s/f* **1.** Ciencia del derecho. **2.** Conjunto de leyes y disposiciones legales sobre un asunto. **3.** *(Sentar jurisprudencia)* Criterio seguido cuando hay omisiones en las leyes, que se basa en lo hecho o fallado en casos anteriores similares.

ju·ris·ta [xurísta] *s/m,f* Persona que estudia y conoce el derecho.

jus·ta [xústa] *s/f* LIT Competición literaria.

jus·te·za [xustéθa] *s/f* Cualidad de justo.

jus·ti·cia [xustíθja] *s/f* **1.** Cualidad de justo: *La justicia de una decisión.* **2.** Forma justa de obrar. **3.** Lo que es justo: *Pido que se haga justicia.* **4.** Conjunto de organismos y personas que se ocupan del cumplimiento de la ley por todos los miembros de una sociedad: *Huir de la justicia.* LOC **En justicia,** según lo que es justo. **Hacer justicia,** aplicar la ley o actuar según lo que es justo. **Ser de justicia,** ser justo.

jus·ti·cie·ro, -a [xustiθjéro, -a] *adj* Se aplica al que hace justicia; especialmente, al que la aplica con rigor.

jus·ti·fi·ca·ble [xustifikáβle] *adj* Se aplica a lo que puede ser justificado.

jus·ti·fi·ca·ción [xustifikaθjón] *s/f* **1.** Acción de justificar(se). **2.** Palabras con que esto se hace.

jus·ti·fi·can·te [xustifikán̪te] *adj* y *s/m* Cosa que justifica algo.

jus·ti·fi·car [xustifikár] **I.** *v/tr* **1.** Ser una cosa la razón o causa que explica otra. **2.** Expresar esas razones o causas: *No justifiques sus defectos.* **3.** Presentar los documentos que demuestran lo que se dice: *Tienes que justificar que posees el título.* **4.** IMPR Igualar la longitud de las líneas impresas, la altura de los tipos, etc. **II.** REFL(SE) Exponer una persona las razones de su acción para que no sea considerada una falta. RPr **Justificarse ante/con/de:** *No es preciso que te justifiques ante mí/con ella/de su retraso.*
ORT La *c* cambia a *qu* ante *e: Justifique.*

jus·ti·fi·ca·ti·vo, -a [xustifikatíβo, -a] *adj* Se aplica a lo que justifica algo.

jus·ti·pre·ciar [xustipreθjár] *v/tr* Dar el justo valor a una cosa.

jus·to, -a [xústo, -a] **I.** *adj* **1.** Se aplica a lo que se hace teniendo en cuenta lo que corresponde y merece cada uno: *Una sociedad justa.* **2.** Que se ajusta a las leyes: *Una sentencia justa.* **3.** Se aplica a las personas que actúan con justicia: *Un hombre justo.* **4.** Se aplica a cosas que tienen exactamente lo que deben tener: *Peso justo.* **5.** Que es exacto, adecuado o preciso. **6.** Se aplica a lo que se ajusta exactamente a algo: *El vestido me viene justo.* **II.** *adj* y *s/m* Persona que sigue la ley de Dios. **III.** *adv* Justamente. LOC **Muy justo,** *1.* Escaso: *Ha venido muy justo el dinero.* *2.* Apretado o estrecho: *Los zapatos me están muy justos.*

ju·ve·nil [xuβeníl] *adj* Se aplica a lo relacionado con los jóvenes: *Moda juvenil.*

ju·ven·tud [xuβen̪túð] *s/f* **1.** Etapa de la vida de una persona entre la niñez y la madurez. **2.** El conjunto de los jóvenes.

juz·ga·do, (-a) [xuθγáðo, (-a)] **I.** *p* de *juzgar.* **II.** *s/m* **1.** Conjunto de jueces y funcionarios que administran justicia en un territorio. **2.** Lugar donde se juzga. **3.** Territorio que abarca.

juz·gar [xuθγár] *v/tr* **1.** Ejercer sus funciones un juez o tribunal. **2.** Hacer alguien un juicio: *No debes juzgar tan a la ligera.* **3.** (Seguido de un *adj* o una oración con *que*) Considerar o creer: *No le juzgo muy capaz de hacerlo.* LOC **A juzgar por** (seguido de un *s*) o **A juzgar por como** (seguido de un *v*), expresión que introduce la consideración de una apariencia. RPr **Juzgar de/como/por:** *Le juzgó de maleducado/por varios delitos. Juzgar como válido.*
ORT La *g* cambia a *gu* ante *e: Juzgué.*

k [ká] *s/f* Duodécima letra del alfabeto español.

kái·ser [káiser] *s/m* Emperador de Alemania.

ka·ki [káki] *s/m* Caqui.

kan [kán] *s/m* Príncipe o jefe entre los tártaros.

kan·tia·no, -a [kan̪tjáno, -a] *adj* Se aplica a lo relacionado con Kant, filósofo alemán, con su teoría filosófica, o a sus seguidores.

kan·tis·mo [kan̪tísmo] *s/m* Doctrina filosófica de Kant.

ká·ra·te [kárate] *s/m* Modalidad de lucha japonesa, practicada como deporte, y que se basa en golpes secos realizados con el borde de la mano, los codos o los pies.

ké·fir [kéfir] *s/m* Bebida rusa que se prepara a base de leche fermentada artificialmente.

ki·li·á·rea [kiljárea] *s/f* Superficie de 1.000 áreas de extensión. Su abreviatura es *ka.*

ki·lo- [kilo-] *Prefijo* con que se forman nombres de medidas de distinto tipo, a los que aporta el significado de 'mil'; *Kilogramo, kilómetro, kilociclo,* etc. También, aunque menos frecuente, *quilo.*

ki·lo [kílo] *s/m* **1.** Kilogramo. **2.** COL Un millón de pesetas.

ki·lo·ca·lo·ría [kilokaloría] *s/f* FÍS Unidad de calor, que equivale a mil calorías.

ki·lo·ci·clo [kiloθíklo] *s/m* Unidad de frecuencia de las vibraciones u ondas, que equivale a mil oscilaciones por segundo.

ki·lo·grá·me·tro [kiloɣrámetro] *s/m* MEC Unidad de trabajo mecánico para cuyo establecimiento se toma como base la fuerza o energía necesaria para levantar un kilogramo a un metro de altura.

ki·lo·gra·mo [kiloɣrámo] *s/m* Unidad de peso, que equivale a mil gramos. Su abreviatura es *Kg,* y se emplea tras los números que se refieren a peso: *48 Kg.*

ki·lo·li·tro [kilolítro] *s/m* MAT Medida de capacidad equivalente a mil litros.

ki·lo·me·tra·je [kilometráxe] *s/m* Número de kilómetros recorridos hasta una fecha dada por un vehículo.

ki·lo·mé·tri·co, (-a) [kilométriko, (-a)] **I.** *adj* **1.** Se aplica a lo relacionado con los kilómetros: *Punto kilométrico.* **2.** COL Muy largo: *Había una cola kilométrica.* **II.** *s/m* Billete que permite o autoriza a recorrer un número de kilómetros en un plazo determinado de tiempo.

ki·ló·me·tro [kilómetro] *s/m* Medida de longitud equivalente a mil metros. Abreviado, *km: 928 km.*

Kilómetro cuadrado, medida de superficie que equivale a un cuadrado de un kilómetro de lado.

ki·lo·tón [kilotón] *s/m* Unidad de medida de la potencia explosiva de bombas, proyectiles, etc.

ki·lo·va·tio [kiloβátjo] *s/m* Unidad de energía eléctrica equivalente a mil vatios. **Kilovatio hora,** unidad de energía que equivale a la que produce un kilovatio durante una hora.

ki·mo·no [kimóno] *s/m* Vestido oriental largo y con mangas anchas, cruzado por delante y sujeto en la cintura.
ORT También: *Quimono.*

kios·ko [kjósko] *s/m* Pequeña construcción situada en las aceras de las vías públicas, en las plazas, etc., en que se venden periódicos, revistas, etc., o se usa como lugar en que se sitúan las bandas de música cuando dan un concierto.
ORT También: *Quiosco.*

krau·sis·mo [krausísmo] *s/m* Doctrina del filósofo alemán Carlos C. Krause y corriente filosófica que se desarrolló en varios países durante la segunda mitad del siglo XIX a partir de la misma.

krau·sis·ta [krausísta] **I.** *adj* Se aplica a lo relacionado con el krausismo. **II.** *adj* y *s/m,f* Partidario del krausismo.

kur·do, -a [kúrðo, -a] **I.** *adj* Se aplica a las cosas y a las gentes del Kurdistán: *Un pueblo kurdo.* **II.** *s/m,f* Habitante o natural del Kurdistán. LOC **Coger una kurda,** emborracharse.
ORT También: *Curdo.*

ku·wai·tí [kuwaití/kuβaití] **I.** *adj* Se aplica a las cosas y a las gentes de Kuwait. **II.** *s/m,f* Habitante de Kuwait.

l [éle] *s/f* Decimotercera letra del alfabeto español. En el sistema de numeración romana, en *may,* significa 50.

la [lá] **I.** Forma del *art definido femenino sing: La casa.* Delante de sustantivos que comienzan por *a* o *ha* tónicas, presenta la variante *el: El agua, el hacha.* **II.** Forma del *pron personal* de 3.ª persona del *sing* femenino, que se emplea en la función de complemento directo: *La he visto esta mañana.* **III.** *s/m* Sexta nota de la escala musical.

la·be·rín·ti·co, -a [laβeríntiko, -a] *adj* Complicado o lleno de dificultades como un laberinto.

la·be·rin·to [laβerínto] *s/m* **1.** Lugar con muchos caminos o galerías que se entrecruzan, de forma que es difícil salir de él. **2.** FIG Asunto confuso y enrevesado, o situación con esas características: *Un laberinto de dificultades.* **3.** ANAT Parte del oído interno en cuyo interior se encuentran las terminaciones nerviosas de los órganos de la audición y del equilibrio.

la·bia [láβja] *s/f* COL *(Tener labia)* Facilidad de palabra y habilidad para convencer.

la·bia·do, -a [laβjáðo, -a] *adj* BOT Se aplica a las flores o a las corolas que tienen los pétalos desiguales y colocados de forma que recuerdan la disposición de los labios en la boca, como las del romero o la salvia y, *por ext,* a las mismas plantas.

la·bial [laβjál] **I.** *adj* FON Se aplica a los sonidos consonánticos en cuya pronunciación intervienen los labios. **II.** *s/f* FON, FONOL (Sobre todo en *pl*) Nombre de los sonidos y fonemas consonánticos labiales.

la·bia·li·zar [laβjaliθár] *v/tr* FON Hacer o pronunciar como labial un sonido. ORT Ante *e* la *z* cambia en *c: Labialicé.*

lá·bil [láβil] *adj* Se aplica a lo que es poco estable o seguro.

la·bi·li·dad [laβiliðáð] *s/f* Cualidad de lábil.

la·bio [láβjo] *s/m* **1.** Cada uno de los dos bordes exteriores, carnosos y movibles, de la boca. **2.** FIG Cada uno de esos bordes en la vulva. **3.** FIG (Generalmente en *pl* y con referencia a la acción de hablar) Boca: *No me creo que de sus labios hayan salido tales palabras.* LOC **Morderse los labios,** COL contenerse para no decir algo o para no reírse de alguien o algo por prudencia, comprensión, etc. **No despegar los labios,** COL mantenerse callado o no decir palabra en situaciones en que lo normal es hablar.

la·bor [laβór] *s/f* **1.** LIT Acción de trabajar. **2.** Conjunto del trabajo o actividad de una persona o de una institución. **3.** Trabajo realizado a mano por la mujer con hilo, aguja y otros utensilios: *¿Te gusta esta labor de ganchillo?* **4.** Operación de preparar la tierra para su cultivo o con la que se realiza el cultivo propiamente dicho, como arar, binar, abonar, etc.: *Las labores del campo.* LOC **De profesión: sus labores,** expresión propia del lenguaje administrativo con que se alude a la mujer que no trabaja fuera del hogar. **Hacer labores,** realizar trabajos de bordado, ganchillo, etc.

la·bo·ra·ble [laβoráβle] *adj* (Se aplica a *s* como *tierra, terreno,* etc.) Que se puede cultivar.
Día laborable, día de trabajo, por oposición al *día de fiesta.*

la·bo·ral [laβorál] *adj* Relacionado con el trabajo: *Contrato/Régimen laboral.*

la·bo·ra·lis·ta [laβoralísta] *adj* y *s/m,f* DER Se aplica al profesional del Derecho que ejerce en el campo de lo laboral.

la·bo·rar [laβorár] *v/intr* CULT Realizar esfuerzos o ayudar a conseguir algo. RPr **Laborar en favor de/por:** *Laborar por el bien de su nación.*

la·bo·ra·to·rio [laβoratórjo] *s/m* Local en que determinados profesionales llevan a cabo sus investigaciones o experimentos científicos.

la·bo·re·ar [laβoreár] *v/tr* Trabajar la tierra.

la·bo·reo [laβoréo] *s/m* Cultivo del campo o la tierra en general.

la·bo·rio·si·dad [laβorjosiðáð] *s/f* Cualidad de laborioso o trabajador.

la·bo·rio·so, -a [laβorjóso, -a] *adj* **1.** Que ama el trabajo o desarrolla varias actividades al mismo tiempo. **2.** Que implica dificultad o mucho trabajo: *Las negociaciones han sido muy laboriosas.*

la·bo·ris·mo [laβorísmo] *s/m* Término con que se conoce la doctrina política del socialismo inglés.

la·bo·ris·ta [laβorísta] **I.** *adj* Se aplica a lo relacionado con el socialismo inglés. **II.** *s/m,f* Partidario o adicto al laborismo.

la·bra·do [laβráðo] *s/m* Acción u operación de labrar un material.

la·bra·dor, -ra [laβraðór, -ra] *s/m,f* Persona que vive del cultivo del campo, especialmente si éste es de su propiedad.

la·bran·tío [laβrantío] **I.** *adj* Se aplica a la tierra de labor: *Un terreno labrantío.* **II.** *s/m* Tierra de labor.

la·bran·za [laβránθa] *s/f* Cultivo del campo: *Los aperos de labranza.*

la·brar [laβrár] *v/tr* **1.** Hacer dibujos o adornos en relieve, particularmente en la madera, el cuero o el metal: *El dibujo está labrado a fuego.* **2.** Cultivar la tierra. **3.** (Con *felicidad, porvenir, ruina...)* Realizar acciones que lleven a asegurarse el futuro o lo contrario, según indica lo que se expresa: *Con ese proceder está labrando su perdición.* RPr **Labrar a (1).**

la·brie·go, -a [laβrjéγo, -a] *s/m,f* Persona que vive en el campo o en los pueblos dedicada al cultivo de la tierra.

la·ca [láka] *s/f* **1.** Sustancia resinosa que se extrae de determinados árboles de Extremo Oriente. **2.** Barniz caracterizado por su dureza, y que se fabrica con la laca. **3.** Producto cosmético empleado para hacer que el peinado se mantenga mejor o dure más tiempo: *Poner laca al pelo.*

la·car [lakár] *v/tr* Pintar con laca un mueble.
ORT Ante *e* la *c* cambia en *qu: Laqué.*

la·ca·yo [lakáJo] *s/m* **1.** Criado vestido con librea que acompañaba o prestaba diversos servicios a su señor, como, *por ej,* abrirle y cerrarle la puerta del coche. **2.** FIG Persona aduladora y servil.

la·ce·ra·ción [laθeraθjón] *s/f* CULT Acción y efecto de lacerar.

la·ce·ran·te [laθeránte] *adj* CULT Se aplica a lo que lacera o hiere.

la·ce·rar [laθerár] *v/tr* CULT Producir daño o heridas en el cuerpo.

la·ce·ro [laθéro] *s/m* Persona experta en coger animales a lazo.

la·cio, -a [láθjo, -a] *adj* **1.** Que cuelga sin formar ondas o rizos. **2.** Se dice de lo que no tiene vigor o tersura.

la·cón [lakón] *s/m* Brazuelo del cerdo preparado para su consumo a la manera de Galicia.

la·có·ni·co, -a [lakóniko, -a] *adj* **1.** Se aplica a la persona que dice las cosas hablando poco o empleando pocas palabras. **2.** Se dice de las formas del lenguaje que tiene ese carácter: *Una carta lacónica.*

la·co·nis·mo [lakonísmo] *s/m* Cualidad de lacónico.

la·cra [lákra] *s/f* **1.** Huella que deja en el cuerpo una enfermedad o un daño físico. **2.** FIG Cosa perjudicial en algo: *El analfabetismo constituye una lacra social.*

la·cra·do [lakráðo] *s/m* Acción y resultado de lacrar.

la·crar [lakrár] *v/tr* Cerrar o sellar con lacre: *Lacrar un paquete postal.*

la·cre [lákre] *s/m* Pasta de color rojo que se emplea, por su facilidad para solidificarse tras ser quemada, en el sellado de cartas, documentos, etc.

la·cri·mal [lakrimál] *adj* Se aplica a lo relacionado con las lágrimas, y particularmente a los órganos que las producen: *Glándulas lacrimales.*

la·cri·mó·ge·no, -a [lakrimóxeno, -a] *adj* **1.** Que provoca lágrimas. **2.** FIG LIT Se aplica a las obras en que la sensiblería domina sobre los valores literarios.

la·cri·mo·so, -a [lakrimóso, -a] *adj* **1.** Se aplica a lo que tiene o produce lágrimas. **2.** Se dice de lo que incita a llorar.

lac·tan·cia [laktánθja] *s/f* Período de la vida en que el niño se alimenta básicamente de leche.

lac·tan·te [laktánte] *adj* y *s/m,f* Se aplica a los niños cuando se hallan en el período de la lactancia.

lac·tar [laktár] **I.** *v/tr* CULT Criar a un niño la madre con su propia leche. **II.** *v/intr* CULT Tomar leche un niño de su propia madre o de otra manera.

lac·tea·do, -a [lakteáðo, -a] *adj* Se aplica a lo que está mezclado con leche.

lác·teo, -a [lákteo, -a] *adj* Se aplica a lo relacionado con la leche, particularmente a los productos de ella derivados.
Vía láctea, constelación visible a simple vista y que atraviesa el cielo con forma de franja, presentando un aspecto nebuloso blancuzco, de donde recibe su nombre; es llamada también *Camino de Santiago.*

lac·ti·cí·neo, -a [laktiθíneo, -a] *adj* Relativo a la leche.

lac·ti·ci·nio [laktiθínjo] *s/m* **1.** Leche. **2.** Alimento compuesto por leche.

lác·ti·co, -a [láktiko, -a] *adj* QUÍM Propio o perteneciente a la leche.

lac·to·sa [laktósa] *s/f* QUÍM Azúcar de la leche.

la·cus·tre [lakústre] *adj* CULT Se aplica a lo que es propio de los lagos o está relacionado con ellos: *Poblados lacustres.*

la·dea·do, -a [laðeáðo, -a] *adj (Estar ladeado)* Se aplica a lo que está desviado de la posición que se considera correcta o normal.

la·de·ar [laðeár] **I.** *v/tr* COL Cambiar algo de posición: *Ladear la cabeza.* **II.** REFL(SE) **1.** Apartarse una persona del lugar en que está. **2.** COL Inclinarse una cosa hacia un lado desde la posición normal o correcta.

la·deo [laðéo] *s/m* Acción o resultado de ladear o ladearse.

la·de·ra [laðéra] *s/f* Declive o pendiente de un monte, una montaña, etc.

la·di·no, (-a) [laðíno, (-a)] **I.** *adj* **1.** Se aplica a la persona que obra con astucia o disimulo para lograr algo. **2.** Con referencia a la Edad Media, romance, por oposición a la lengua árabe. **II.** *s/m* LING Nombre que algunos sefardíes dan a la variedad dialectal llamada judeo-español, especialmente a la de los textos bíblicos.

la·do [láðo] *s/m* **1.** Referido al cuerpo del hombre o de los animales, parte derecha o izquierda del tronco: *Lado derecho.* **2.** Aplicado a un cuerpo, un lugar o un espacio, parte lateral por oposición a la central, o parte izquierda, contrapuesta a la derecha: *Tú pintarás un lado y yo otro.* **3.** Con relación a un punto de una cosa, cada uno de los sectores diferenciables de su entorno: *La ciudad tiende a crecer por el lado sur.* **4.** Línea que cierra un polígono en cada una de sus caras: *Los lados del triángulo.* **5.** Cada una de las líneas que forman el perímetro de una cosa: *Los lados de la mesa.* **6.** Cada una de las dos partes de una cosa plana o laminar: *La hoja se ha manchado por los dos lados.* **7.** Cada uno de los dos aspectos que se pueden considerar en una persona o en una cosa: *Ése es su lado positivo.* LOC **Al lado,** expresión adverbial que indica situación colindante de lo que se considera: *Está justamente al lado.* Generalmente se construye seguida por *de+sustantivo: Está sentada al lado de Carmen.* **A mi (tu, su,** etc.) **lado,** junto a mí (ti, él, ella, etc.). **De lado,** torcido o inclinado, por oposición a *de frente.* **De lado a lado** (con verbos como *atravesar, perforar,* etc.), de un lado o extremo al opuesto: *Cruzar la piscina de lado a lado.* **De medio lado,** de lado, torcido. **De un lado... de otro...,** por un lado... por otro. **De un lado para otro,** de acá para allá (e indicando ajetreo): *Ha estado toda la mañana de un lado para otro.* **Dejar a un lado/Dejar de lado (a una persona o a una cosa),** no tenerla en cuenta. **Estar a tu (su,** etc.) **lado/Estar de tu (su,** etc.) **lado,** apoyar o ayudar a alguien en momentos de dificultad. **Echarse a un lado,** apartarse para dejar paso o para evitar a alguien o algo. **Estar ahí al lado,** COL estar cerca (algo). **Estar del lado de (alguien),** COL estar a favor de. **Hacerse a un lado,** echarse a un lado. **Ir cada uno por su lado,** *1.* Ir por caminos distintos (el posesivo varía de acuerdo con el verbo): *Irá cada uno por su lado.* *2.* Seguir procedimientos, métodos, etc., distintos por estar en desacuerdo o no haberse puesto de acuerdo. **Mirar de lado (a alguien),** COL mirar creyéndose superior. **Ponerse del lado de (alguien),** COL ponerse a favor de (alguien). **Por otro lado,** además.

la·dra·dor, -ra [laðraðór, -ra] *adj* Se aplica al perro que ladra mucho.

la·drar [laðrár] *v/intr* Dar ladridos.

la·dri·do [laðríðo] *s/m (Dar ladridos)* Sonido o voz emitida por el perro.

la·dri·lla·zo [laðriʎáθo] *s/m* Golpe dado con un ladrillo.

la·dri·llo [laðríʎo] *s/m* Pieza de barro cocido y de forma rectangular que constituye uno de los materiales de construcción; se emplea para hacer los tabiques, las fachadas, etc.

la·drón, (-na) [laðrón, (-na)] **I.** *adj* y *s/m,f* Se aplica a quien roba. **II.** *s/m* Aparato que se coloca en un enchufe y permite conectar varias cosas, en vez de una solamente.

la·dron·zue·lo, -a [laðronθwélo, -a] *dim* de *ladrón, -na.* Pícaro, granujilla.

la·gar [layár] *s/m* Local especialmente acondicionado para estrujar o prensar la uva y otras frutas de las que se extraen bebidas alcohólicas.

la·gar·ta [layárta] *s/f* **1.** Hembra del lagarto. **2.** COL Mujer que actúa de manera solapada y astuta.

la·gar·ti·ja [layartíxa] *s/f* Pequeño lagarto muy común en España; es muy vivo y huidizo.

la·gar·to [layárto] *s/m* Reptil saurio de más de 30 cm. de longitud y de piel coloreada, generalmente verdosa, por la parte superior.

la·go [láyo] *s/m* Gran extensión de agua acumulada de forma natural en el interior de los continentes.

lá·gri·ma [láyrima] *s/f* Cada una de las gotas que brotan de los ojos, a consecuencia de un dolor, una emoción, etc. LOC **Deshacerse en lágrimas,** llorar intensamente. **Llorar a lágrima viva,** llorar intensamente. **Ser (alguien) el paño de lágrimas (de alguien)/Ser (alguien) mi (tu, su,** etc.) **paño de lágrimas,** ser el consuelo de una persona. **Valle de lágrimas,** FIG la vida o el mundo de los hombres, por sus penalidades.

la·gri·mal [laγrimál] **I.** *adj* Se aplica a lo relacionado con las lágrimas. **II.** *s/m* Parte de cada uno de los ojos próxima a la nariz.

la·gri·me·ar [laγrimeár] *v/intr* Llorar los ojos, particularmente de manera involuntaria o sin motivo.

la·gri·meo [laγriméo] *s/m* Acción de lagrimear.

la·gri·mo·so, -a [laγrimóso, -a] *adj* Se aplica a los ojos que tienen lágrimas.

la·gu·na [laγúna] *s/f* **1.** Extensión de agua acumulada de forma natural en un lugar, pero más pequeña que un lago. **2.** FIG Parte omitida o sin desarrollo en algún trabajo, generalmente escrito, o parte que falta en los conocimientos o formación de una persona. **3.** Hueco que queda desocupado en una serie de cosas.

lai·ca·do [laikáðo] *s/m* Situación de lego o conjunto de legos.

lai·cal [laikál] *adj* Se aplica a lo relacionado con los legos.

lai·cis·mo [laiθísmo] *s/m* **1.** Cualidad de laico. **2.** Situación política caracterizada por la ausencia de influencia religiosa o eclesiástica. **3.** Doctrina que propugna la independencia del hombre o de la sociedad de la influencia religiosa.

lai·cis·ta [laiθísta] *adj* Partidario del laicismo.

lai·ci·za·ción [laiθiθaθjón] *s/f* (No frecuente). Acción de laicizar.

lai·ci·zar [laiθiθár] *v/tr* Hacer laico algo, particularmente una institución.
ORT Ante *e* la *z* cambia en *c: Laicicen.*

lai·co, -a [láiko, -a] *adj* No eclesiástico.

laís·mo [laísmo] *s/m* GRAM Uso lingüístico, localizado sobre todo en el centro y norte de España, que consiste en usar los pronombres *la* o *las* por *le* o *les,* respectivamente; *por ej: A Carmen la he dicho que nos espere en su casa.*

laís·ta [laísta] **I.** GRAM *adj* Se aplica a lo relacionado con el laísmo. **II.** *s/m,f* GRAM Persona que tiene el laísmo.

la·ja [láxa] *s/f* Piedra lisa y delgada.

la·ma [láma] *s/f* **1.** Cieno pegajoso que se encuentra en el fondo de algunos mares, ríos y otros lugares cubiertos de agua. **2.** Sacerdote budista de una secta del Tibet.

la·me·cu·los [lamekúlos] *s/m,f* COL Persona aduladora para lograr algo de otros.

la·me·du·ra [lameðúra] *s/f* Acción y resultado de lamer.

la·me·li·bran·quio, -a [lameliβráŋkjo, -a] *adj* Se aplica a ciertos moluscos, marinos y de agua dulce, que tienen concha bivalva, como la almeja, el mejillón, etc.

la·men·ta·ble [lameṇtáβle] *adj* **1.** *(Ser lamentable)* Que induce a que alguien se lamente debido a su desacierto, inoportunidad, etc.: *Un espectáculo lamentable.* **2.** (Con *aspecto, estado,* etc.) Que está estropeado, desfigurado o maltrecho.

la·men·ta·ción [lameṇtaθjón] *s/f* **1.** Acción de lamentar(se). **2.** Palabras o expresiones con que alguien se lamenta.

la·men·tar [lameṇtár] **I.** *v/tr* Sentir contrariedad por algo. **II.** REFL(SE) Expresar con palabras disgusto o contrariedad: *Comprendo que se lamente de su suerte.* RPr **Lamentarse de/por:** *Se lamenta por no haberlo dicho.*

la·men·to [laméṇto] *s/m* Expresión de queja o dolor físico o moral: *Oír lamentos.*

la·me·pla·tos [lameplátos] *s/m,f* Nombre aplicado en otro tiempo a la persona que no tenía para vivir decorosamente.

la·mer [lamér] *v/tr* **1.** Pasar varias veces la lengua por una cosa. **2.** FIG Pasar algo suavemente por un lugar: *Las aguas apenas lamían la orilla.*

la·me·tón [lametón] *s/m* Acción de lamer con energía.

la·mia [lámja] *s/f* Monstruo fabuloso al que se atribuía cabeza de mujer y cuerpo de dragón.

lá·mi·na [lámina] *s/f* **1.** Trozo delgado y plano de un material cualquiera. **2.** Figura o dibujo impreso en un texto.

la·mi·na·ción [laminaθjón] *s/f* Acción de laminar o cortar en láminas un metal. **Tren de laminación,** METAL mecanismo en que se corta en láminas un metal.

la·mi·na·do [lamináðo] METAL *s/m* Operación de cortar en láminas un metal.

la·mi·na·dor, -ra [laminaðór, -ra] *adj* y *s/m,f* Se dice de lo que corta en láminas.

la·mi·nar [laminár] **I.** *v/tr* Cortar un metal u otro material en láminas o planchas. **II.** *adj* Se aplica a lo que tiene forma de lámina o a aquello cuya estructura está formada de láminas.

lám·pa·ra [lám̩para] *s/f* **1.** Utensilio usado como soporte de una bombilla eléctrica, un depósito de gas o aceite, velas, etc., para con ellos dar luz. Puede ser fija o portátil. **2.** Bombilla eléctrica. **3.** Mancha de aceite u otra sustancia grasa: *¡Menuda lámpara lleva en el pantalón!*

lam·pa·re·ría [lam̩parería] *s/f* Taller donde se hacen o tienda donde se venden lámparas.

lam·pa·re·ro, -a [lam̩paréro, -a] *adj* y *s/m,f* Que hace o vende lámparas.

lam·pa·ri·lla [laɱparíʎa] *s/f* Pequeña candelita que se enciende por devoción en las iglesias ante las imágenes, en los cementerios el día de los difuntos, etc.

lam·pa·rón [laɱparón] *s/m* Mancha de aceite u otra sustancia grasa.

lam·pi·ño, -a [laɱpíɲo, -a] *adj* Se aplica al hombre que no tiene barba o al muchacho a quien no le ha crecido todavía.

lam·pis·ta [laɱpísta] *s/m* Fontanero.

lam·prea [laɱpréa] *s/f* Pez de cuerpo cilíndrico y muy alargado que se presenta en dos especies, una que vive en los mares y otra en los ríos.

la·na [lána] *s/f* **1.** Materia que forma el pelo de algunos animales, como la oveja, la llama, etc., y que se emplea en la fabricación de tejidos. **2.** Hilo de esta materia con que se hacen géneros de punto: *Un ovillo de lana.* **3.** Tejido fabricado con esta materia.

la·nar [lanár] *adj* (Con *ganado, especie* etc.) Que da o produce lana.

lan·cé [lánθe] *s/m* **1.** CULT Hecho o acción en la vida real o en la vida de un personaje literario. **2.** En el juego, en una lucha, etc., cada encuentro o acción tomado por separado. **3.** En el toreo, acción con la capa.

lan·ce·ar [lanθeár] *v/tr* Alancear.

lan·ce·ro [lanθéro] *s/m* Soldado armado de lanza: *Una tropa de lanceros.*

lan·ce·ta [lanθéta] *s/f* Instrumento cortante empleado en cirugía para hacer pequeñas incisiones.

lan·cha [lántʃa] *s/f* Pequeña embarcación que se emplea como auxiliar entre barcos o en los puertos, o para determinados servicios entre puntos cercanos.

lan·chón [lantʃón] *s/m aum* de *lancha.* Lancha grande: *Lanchón de desembarco.*

lan·da [lánda] *s/f* Zona de tierra llana no cultivable y que está cubierta en parte de plantas silvestres.

la·ne·ro, (-a) [lanéro, (-a)] **I.** *adj* Relacionado con la lana. **II.** *s/m* Comerciante de lana.

lan·gos·ta [laŋgósta] *s/f* **1.** Insecto de color verdoso que anda a saltos, para lo cual está dotado de grandes patas traseras y alas. **2.** Crustáceo marino de grandes antenas y cuerpo alargado y cilíndrico, muy apreciado por su carne.

lan·gos·ti·no [laŋgostíno] *s/m* Crustáceo marino de características semejantes a la gamba, aunque un poco mayor de tamaño y de carne no tan fina.

lan·gui·de·cer [laŋgiðeθér] *v/intr* **1.** Ponerse una persona lánguida o en estado de debilidad física o abatimiento moral. **2.** Perder una cosa intensidad o vigor.
CONJ *Irreg: Languidezco, languidecí, languideceré, languidecido.*

lan·gui·dez [laŋgiðéθ] *s/f* Cualidad o estado de lánguido.
ORT *Pl: Languideces.*

lán·gui·do, -a [láŋgiðo, -a] *adj* Que está falto de vigor o de ánimo.

la·ni·lla [laníʎa] *s/f* Pelillo que le queda al tejido de lana por la cara.

la·no·li·na [lanolína] *s/f* Sustancia grasa que se emplea en la fabricación de algunos productos de perfumería y farmacia.

la·no·si·dad [lanosiðáð] *s/f* Pelillos de algunas cosas, particularmente los de algunas hojas y frutas.

la·no·so, -a [lanóso, -a] *adj* Que tiene mucha lana o presenta ese aspecto.

la·nu·do, -a [lanúðo, -a] *adj* Se aplica a lo que tiene mucha lana.

lan·za [lánθa] *s/f* Arma formada por un mango largo y un hierro en punta inserto en él. LOC **Romper una lanza** o **lanzas por (alguien),** defender con una argumentación o una tesis a alguien.

lan·za·co·he·tes [lanθakoétes] *s/m* Instalación o tubo adecuado para lanzar cohetes.

lan·za·da [lanθáða] *s/f* Golpe o herida de lanza.

lan·za·de·ra [lanθaðéra] *s/f* Instrumento en donde se coloca el carrete de hilo para tejer, *por ej,* en un telar.

lan·za·do, -a [lanθáðo, -a] *adj* **1.** *(Estar lanzado)* Se aplica a la persona que está muy decidida o animosa en la realización de algo. **2.** *(Ser lanzado)* Se dice de quien es impetuoso o demasiado decidido. **3.** Se aplica a la persona o a la cosa que va muy veloz hacia un lugar: *¡Va lanzado!*

lan·za·dor, -ra [lanθaðór, -ra] *adj* y *s/m,f* Que lanza.

lan·za·gra·na·das [lanθaɣranáðas] *s/m* Arma portátil empleada para disparar proyectiles apropiados.

lan·za·lla·mas [lanθaʎámas] *s/m* Arma portátil que se utiliza para lanzar líquidos inflamables sobre el enemigo.

lan·za·mien·to [lanθamjénto] *s/m* Acción de lanzar.

lan·zar [lanθár] **I.** *v/tr* **1.** Enviar mediante un impulso dado con la mano, con un dispositivo o mecanismo, etc., una cosa hacia un lugar: *Lanzar un balón.* **2.** FIG Hacer salir con fuerza y energía. **3.** Dar a conocer o hacer pública una cosa: *Lanzar*

un producto al mercado. **II.** REFL(SE) **1.** Arrojarse una persona hacia un lugar. **2.** Dirigirse con rapidez y violencia contra o sobre una persona o una cosa: *El policía se lanzó sobre el ladrón.* **3.** FIG COL Precipitarse en hacer o decir algo. **4.** Precipitarse una cosa en una dirección determinada: *La avioneta se lanzó en picado contra el enemigo.* RPr **Lanzar a/contra (I.1)/ en/sobre (II.2).**
ORT La *z* cambia a *c* ante *e: Lancé.*

lan·za·tor·pe·dos [lanθatorpéðos] *s/m* Arma de buques, submarinos, etc., que lanza torpedos.

la·ña [láɲa] *s/f* Piececita de alambre empleada para unir dos cosas.

la·ñar [laɲár] *v/tr* Recomponer con lañas una vasija rota.

lao·sia·no, -a [laosjáno, -a] *adj* y *s/m,f* De Laos.

la·pa [lápa] *s/f* Molusco gasterópodo marino que vive adherido a las rocas. LOC **Agarrarse (o 'pegarse') como una lapa,** COL frase que se emplea para aludir al hecho de que alguien se coge fuertemente a una persona o a una cosa.

la·pa·ra·to·mía [laparatomía] *s/f* CIR Operación que consiste en abrir la pared del vientre y el peritoneo.

la·pi·ce·ro [lapiθéro] *s/m* Lápiz.

lá·pi·da [lápiða] *s/f* Losa con una inscripción, como las que se colocan en un lugar para conmemorar algo.

la·pi·da·ción [lapiðaθjón] *s/f* Acción de lapidar.

la·pi·dar [lapiðár] *v/tr* CULT Lanzar piedras contra alguien como protesta, castigo o para matarle.

la·pi·da·rio, (-a) [lapíðárjo, (-a)] **I.** *adj y s/m* Se aplica a lo relacionado con las piedras preciosas y en particular a los libros o tratados de estas piedras. **II.** *adj* Constituido por pocas palabras, pero muy expresivo.

la·pí·deo, -a [lapíðeo, -a] *adj* De piedra o relativo a ella.

la·pis·lá·zu·li [lapisláθuli] *s/m* Mineral de color azul intenso que se emplea en objetos de adorno y como piedra de joyería.

lá·piz [lápiθ] *s/m* Instrumento hecho de madera y grafito empleado para escribir y dibujar. LOC **A lápiz,** con lápiz.
ORT *Pl: Lápices.*

la·pón, -na [lapón, -na] **I.** *adj* Se aplica a las cosas y a las gentes de Laponia. **II.** *s/m,f* Habitante de Laponia.

lap·so [lápso] *s/m* **1.** Período de tiempo. **2.** Error o equivocación.

lap·sus [lápsus] *s/m* LAT Equivocación o desacierto cometido por descuido.
Lapsus calami, CULT falta o error al escribir.
Lapsus linguae, CULT falta o error hablando.

la·quea·do, -a [lakeáðo, -a] *adj* Barnizado con laca.

la·que·ar [lakeár] *v/tr* Cubrir con laca.

lar [lár] *s/m* **1.** MIT (Generalmente en *pl*) Entre los romanos, cada uno de los dioses protectores de la casa u hogar familiar. **2.** CULT Hogar o fogón.

lar·do [lárðo] *s/m* Tocino o grasa de los animales.

lar·gar [laryár] **I.** *v/tr* **1.** COL Pegar: *Le largó una bofetada.* **2.** COL (Con *discurso, sermón, perorata* y semejantes) Dirigir inoportunamente o de una forma pesada palabras a alguien. **3.** MAR Soltar poco a poco una cuerda o cable. **II.** *v/intr* COL (Con adverbios o expresiones adverbiales que indican cantidad o manera) Hablar mucho: *¡Qué barbaridad, cómo larga el tío!* **III.** REFL(SE) COL Irse de un lugar. RPr **Largarse de:** *¡Lárgate de aquí!*
ORT La *g* cambia en *gu* ante *e: Largué.*

lar·go, (-a) [láryo, (-a)] **I.** *adj* **1.** Que tiene mucha longitud: *Una cuerda larga.* **2.** Se dice de lo que tiene una duración o una longitud excesiva: *Es una película demasiado larga.* **3.** Que dura mucho: *Tiene una larga experiencia en esos menesteres.* **4.** (Aplicado a prendas de vestir, *estar largo*) Quedar grande a una persona: *Ese vestido te está largo.* **5.** FON Se dice de la vocal o la sílaba que tiene cantidad o duración larga. **6.** COL *(Ser largo)* Se aplica a la persona que demuestra astucia en sus actos. **II.** *s/m* Dimensión en el sentido de la longitud: *¿Cuánto tiene de largo esta habitación?* LOC **A la larga,** al final. **A lo largo de,** *1.* Siguiendo algo en sentido longitudinal. 2. En el transcurso de: *A lo largo del año.* **A todo lo largo de,** en toda la longitud de algo que se considera. **Dar largas,** retrasar con pretextos el hacer algo. **De largo,** de antiguo. **(Hablar) largo y tendido,** durante mucho tiempo. **¡Largo!/¡Largo de ahí!/ ¡Largo de aquí!,** exclamaciones para ordenar enfáticamente que alguien deje un lugar. **Largo de lengua,** que habla más de lo conveniente o es imprudente hablando. **Pasar de largo,** pasar por un sitio sin detenerse o parar a ver a alguien. **Poner(se) de largo,** hacer la presentación de una muchacha o presentarse en sociedad una muchacha cuando se hace mayor. RPr **Largo de:** *Largo de brazos.*

lar·go·me·tra·je [laryometráxe] *s/m* Película cinematográfica de duración larga (más de 60 minutos).

lar·gue·ro [laryéro] *s/m* **1.** En una armazón (*por ej,* en una cama), barrote que está colocado longitudinalmente. **2.** DEP En la portería o meta en que se introduce el balón en algunos deportes, palo transversal: *El balón dio en el larguero.*

lar·gue·za [laɣéθa] *s/f* **1.** Manera de dar cosas con abundancia. **2.** Cualidad de generoso.

lar·gui·ru·cho, -a [laɣirútʃo, -a] *adj* Se aplica a la persona alta en exceso, delgada y desgarbada.

lar·gu·ra [laɣúra] *s/f* Longitud.

la·rin·ge [laríŋxe] *s/f* Órgano del aparato respiratorio en donde se encuentran las cuerdas vocales.

la·rín·geo, -a [laríŋxeo, -a] *adj* CULT Se aplica a lo relacionado con la laringe.

la·rin·gi·tis [lariŋxítis] *s/f* PAT Inflamación de la laringe.

la·rin·go·lo·gía [lariŋgoloxía] *s/f* Rama de la medicina que estudia las enfermedades de la laringe.

la·rin·gó·lo·go, -a [lariŋgóloɣo, -a] *s/m,f* Especialista en laringología.

la·rin·gos·co·pio [lariŋgoskópjo] *s/m* MED Aparato para examinar la laringe.

la·rin·go·to·mía [lariŋgotomía] *s/f* MED Incisión quirúrgica de la laringe.

lar·va [lárβa] *s/f* Insecto, anfibio, etc., cuando se halla en la fase de desarrollo comprendida entre la salida del huevo y el estado de adulto.

lar·va·do, -a [larβáðo, -a] *adj* Se aplica a fenómenos y situaciones, particularmente a enfermedades, que no se han manifestado externamente, pero se están desarrollando interna u ocultamente.

lar·va·rio, -a [larβárjo, -a] *adj* Se aplica a lo relacionado con las larvas.

las [lás] **I.** *art det f, pl: Las casas.* **II.** Forma del *pron pers* de *3.ª persona, pl, f* en la función 'objeto directo': *Las construirán en dos años.*

las·ca [láska] *s/f* Trozo pequeño y delgado desprendido de una piedra.

las·ci·via [lasθíβja] *s/f* Cualidad de lascivo.

las·ci·vo, -a [lasθíβo, -a] *adj* Se aplica a la persona dominada habitualmente por el deseo sexual, así como a sus gestos o conducta.

lá·ser [láser] *s/m* Luz concentrada mediante emisión de radiación, que tiene diversas aplicaciones en varios campos de la actividad humana.

la·si·tud [lasitúð] *s/f* Falto de fuerza o energía por debilidad o cansancio.

la·so, -a [láso, -a] *adj* Se dice del pelo cuando es liso.

lás·ti·ma [lástima] *s/f* **1.** Sentimiento de pena por la desgracia o el mal ajeno. **2.** *pl* Cosas o hechos que producen lástima.

las·ti·ma·du·ra [lastimaðúra] *s/f* Acción y efecto de lastimar.

las·ti·mar [lastimár] *v/tr* Herir ligeramente o hacer daño.

las·ti·me·ro, -a [lastiméro, -a] *adj* Se aplica a las palabras, quejas, gestos y cosas semejantes que mueven a lástima.

las·ti·mo·so, -a [lastimóso, -a] *adj* Que produce mala impresión.

las·trar [lastrár] *v/tr* Poner lastre en una embarcación.

las·tre [lástre] *s/m* **1.** Peso que se carga en una embarcación o en un globo para regular su estabilidad. **2.** FIG Cosa que constituye un obstáculo en sentido material o espiritual.

la·ta [láta] *s/f* **1.** Envase de hojalata, *por ej,* para las conservas. Se emplea seguido de la expresión *de+sustantivo,* que expresa el contenido (*una lata de tomate*). **2.** Lámina metálica hecha de hierro y de color blanco, recubierta de estaño. LOC **Dar la lata,** fastidiar con cosas que producen malestar o desagrado **¡Qué lata! ¡Vaya una lata!,** frases interjectivas de fastidio o aburrimiento: *¡Qué lata tener que salir a estas horas!*

la·ta·zo [latáθo] *adj* y *s/m* COL Fastidio.

la·ten·te [latén̪te] *adj* Se aplica a lo que existe o actúa sin exteriorizarse.

la·te·ral [laterál] **I.** *adj* **1.** Que está en un lado o en la orilla de algo, por oposición a lo que está en el centro: *Una puerta lateral.* **2.** (Con referencia a la genealogía) No directo: *Estar emparentados por línea lateral.* **II.** *s/m* **1.** Parte exterior de algo, por oposición a la central. **2.** DEP En algunos deportes, como en fútbol, jugador de la defensa que actúa en la parte exterior del terreno de juego.

lá·tex [láte(k)s] *s/m* BOT Savia de algunas plantas, como, *por ej,* la de las higueras, etc.

la·ti·do [latíðo] *s/m* Movimiento alternativo de contracción y de dilatación del corazón y las arterias.

la·ti·fun·dio [latifún̪djo] *s/m* Finca rústica de gran extensión, tomada como fenómeno económico o social.

la·ti·fun·dis·ta [latifun̪dísta] **I.** *adj* Relacionado con los latifundios. **II.** *s/m,f* Persona poseedora de latifundios.

la·ti·ga·zo [latiɣáθo] *s/m* **1.** Golpe de látigo o de una cosa semejante. **2.** COL Trago de vino o licor.

lá·ti·go [látiɣo] *s/m* Instrumento formado de una correa o cuerda atada o cogida a una vara por uno de sus extremos, y que se emplea, *por ej,* para hacer que anden las caballerías, para azotar a una persona, etc.

la·ti·gui·llo [latiɣíʎo] *s/m* Expresión de carácter efectista que se repite abusivamente al hablar o escribir algunas personas.

la·tín [latín] *s/m* Idioma de la antigua Roma, del que se derivan las lenguas romances o neolatinas. LOC **Saber latín,** FIG ser muy vivo o astuto.

la·ti·na·jo [latináxo] *despec s/m* Palabra o expresión latina.

la·ti·ni·dad [latiniðáð] *s/f* Conjunto de países que hablaban latín.

la·ti·nis·mo [latinísmo] *s/m* Palabra o expresión de la lengua latina tomada por otra lengua por vía culta.

la·ti·nis·ta [latinísta] *s/m,f* Persona dedicada al estudio de la lengua y la literatura latinas.

la·ti·ni·za·ción [latiniθaθjón] *s/f* Acción de latinizar.

la·ti·ni·zan·te [latiniθánte] *adj* Se aplica a lo que latiniza: *Una corriente latinizante.*

la·ti·ni·zar [latiniθár] *v/tr* Extender la cultura o la lengua latina en un territorio. ORT La *z* cambia en *c* ante *e: Latinicé.*

la·ti·no, -a [latíno, -a] **I.** *adj* y *s/m,f* Se aplica a los habitantes del Lacio y a los de las comarcas que fueron incorporándose a Roma, así como a sus cosas. **II.** *adj* **1.** Se dice de los países que hablan lenguas derivadas del latín, y de sus cosas: *La América latina.* **2.** Se aplica a lo relacionado con la lengua latina. **3.** Se dice de la Iglesia occidental, y de sus cosas, por contraposición a la griega u oriental: *El rito latino.*

la·ti·no·a·me·ri·ca·no, -a [latinoamerikáno, -a] *adj* y *s/m,f* Se aplica a los países de América que fueron colonizados por naciones latinas.

la·tir [latír] *v/intr* Dar latidos algunos órganos del cuerpo, como el corazón.

la·ti·tud [latitúð] *s/f* GEOGR **1.** Distancia a que se halla un punto de la superficie terrestre respecto de la línea del ecuador. **2.** FIG (Generalmente en *pl*) Zona geográfica considerada desde el punto de vista de la influencia de su latitud en algunas características físicas, como el clima: *Por estas latitudes no son frecuentes ese tipo de fenómenos.*

la·to, -a [láto, -a] *adj* Extenso. Se emplea en la locución *en sentido lato,* en sentido general o amplio

la·tón [latón] *s/m* Aleación de cobre y cinc usada como material en la fabricación de herrajes, objetos de adorno, etc.

la·to·ne·ría [latonería] *s/f* Taller y tienda del latón.

la·to·ne·ro, -a [latonéro, -a] *adj* y *s/m,f* Que hace o vende utensilios o adornos de latón.

la·to·so, -a [latóso, -a] *adj* COL FAM Que produce fastidio o molesta.

la·tría [latría] *s/f* Culto y adoración a Dios.

la·tro·ci·nio [latroθínjo] *s/m* Robo.

laúd [laúð] *s/m* Instrumento musical de cuerda más grande que la bandurria, pero más pequeño y más corto que la guitarra.

lau·da·ble [lauðáβle] *adj* Se aplica a lo que es digno de elogio.

láu·da·no [láuðano] *s/m* **1.** Tintura o extracto de opio. **2.** Preparado que se usa como calmante, y que se hace con opio, azafrán y vino blanco.

lau·do [láuðo] *s/m* DER Fallo dado por una persona o una institución que actúa como árbitro en un asunto que se le ha consultado por las partes en litigio.

lau·rea·do, -a [laureáðo, -a] *adj* y *s/m,f* Se aplica a la persona que ha sido premiada o condecorada, como un poeta.

lau·rel [lauréI] *s/m* **1.** Árbol de hojas verdes y perennes, que se emplean como condimento. **2.** Hojas de laurel usadas como condimento. **3.** FIG *pl (Cosechar, ganar laureles)* Gloria conseguida mediante acciones heroicas o nobles: *Los laureles de la victoria.* LOC **Dormirse en los laureles,** confiarse demasiado debido a la fama o el éxito logrados.

lau·reo·la [laureóla] *s/f* Corona de laurel con que se premiaba a los héroes. ORT, PRON También: *Lauréola.*

la·va [láβa] *s/f* Materia viscosa que sale de los volcanes, y que al enfriarse se hace sólida: *Un río de lava.*

la·va·ble [laβáβle] *adj* Se aplica a lo que se puede lavar o es fácil de ser lavado.

la·va·bo [laβáβo] *s/m* **1.** Utensilio del cuarto de baño consistente en una palangana apoyada en un soporte. **2.** Cuarto de baño.

la·va·co·ches [laβkótʃes] *s/m* Persona que tiene a su cargo el lavado de los automóviles.

la·va·de·ro [laβaðéro] *s/m* Lugar en que se lava algo, como la ropa, los coches, etc.

la·va·do, (-a) [laβáðo, (-a)] **1.** *s/m* Acción u operación de lavar: *El lavado de la ropa.* **2.** *s/f* Lavado.
Lavado de cerebro, acción continuada con determinados mensajes para influir interesadamente sobre alguien o controlar su mente.

la·va·do·ra [laβaðóra] *s/f* Máquina para lavar la ropa.

la·va·du·ra [laβaðúra] *s/f* Acción y efecto de lavar; lavado.

la·va·ma·nos [laβamános] *s/m* Lavabo pequeño empleado en otro tiempo para lavarse las manos.

la·van·da [laβán̪da] *s/f* BOT Planta labiada conocida también como *cantueso* y *espliego.*

la·van·de·ría [laβan̪dería] *s/f* **1.** Establecimiento dedicado a lavar la ropa por encargo. **2.** Lugar en que se lava y plancha la ropa, *por ej,* en un hotel.

la·van·de·ro, (-a) [laβan̪déro, (-a)] **1.** *s/f* Mujer que en otro tiempo se dedicaba a lavar la ropa por oficio. **2.** *s/m,f* Persona encargada del lavado de la ropa.

la·var [laβár] **I.** *v/tr* **1.** Quitar la suciedad a una cosa con agua u otro líquido equivalente. **2.** MIN Limpiar o separar los minerales con agua. **3.** FIG Hacer desaparecer una mancha moral. **II.** REFL(SE) Lavarse una parte del cuerpo, una prenda de vestir, etc.

la·va·ti·va [laβatíβa] *s/f* **1.** Líquido que se introduce por el ano en el intestino mediante un aparato apropiado y con fines terapéuticos. **2.** Aparato con que se introduce tal líquido.

la·va·va·ji·llas [laβaβaxíʎas] *s/m* Máquina para lavar los platos.

la·vo·te·ar [laβoteár] *v/tr,* REFL(SE) FAM Lavar(se) a la ligera, con precipitación.

la·vo·teo [laβotéo] *s/m* FAM Acción de lavotear(se).

la·xa·ción [la(k)saθjón] *s/f* (No frecuente) Acción de laxar.

la·xan·te [la(k)sán̪te] **I.** *adj (Ser laxante)* Se aplica a lo que laxa. **II.** *s/m* Medicamento contra el estreñimiento.

la·xar [la(k)sár] *v/tr* Ayudar a la evacuación de vientre cuando es necesario mediante un laxante u otro preparado.

la·xis·mo [la(k)sísmo] *s/m* Actitud de pensar de quien es o tiende a ser laxo.

la·xi·tud [la(k)sitúð] *s/f* **1.** Cualidad o estado de laxo. **2.** PAT Falta de fuerza o solidez en una estructura o parte del cuerpo.

la·xo, -a [lá(k)so, -a] *adj* **1.** CULT Se aplica a lo que no tiene fuerza o no está tenso. **2.** FIG CULT Se dice de lo que no tiene firmeza moral: *Una conducta laxa.*

la·za·da [laθáða] *s/f* Nudo en forma de lazo que se hace al atar algo.

la·za·re·to [laθaréto] *s/m* **1.** Lugar en que en otro tiempo se tenía en observación a los enfermos contagiosos. **2.** Hospital de leprosos.

la·za·ri·llo [laθaríʎo] *s/m* Niño que en otro tiempo servía de guía a un ciego.

la·zo [láθo] *s/m* **1.** Atadura o nudo hecha con una cinta o cintas, que se emplea como adorno, *por ej,* en el pelo, en los vestidos, etc. **2.** Cuerda con una lazada corrediza en un extremo para coger y sujetar a algunos animales. **3.** FIG (Generalmente en *pl*) Vínculo moral o afectivo: *Lazos de amistad.* **4.** Ardid o artimaña: *Le tendió los lazos del amor.*

le [lé] *pron pers* de *3.ª persona, sing* que se emplea en la función de complemento indirecto: *A Carmen le ha comprado unos zapatos.*

le·al [leál] *adj* y *s/m,f (Ser leal)* Se aplica a la persona que por honestidad o probidad es incapaz de traicionar a los amigos, los superiores, etc. RPr **Leal a:** *Leal al rey.*

leal·tad [leal̪táð] *s/f* Cualidad de leal.

le·bra·to [leβráto] *s/m* Liebre joven.

le·brel [leβrél] *adj* y *s/m* Perro de talla alta y cuerpo y hocico largo, muy utilizado en la caza de liebres.

le·bri·llo [leβríʎo] *s/m* Recipiente ancho y no muy alto hecho de barro.

lec·ción [le(k)θjón] *s/f* **1.** Cada una de las partes o unidades en que está dividido un libro destinado a la enseñanza. **2.** Cosa aleccionadora: *Su comportamiento generoso ha sido una buena lección para todos.* LOC **Dar lecciones de (algo),** enseñar. **Dar una lección (a alguien),** *1.* Hacer algo aleccionador. **2.** Dar un escarmiento.

lec·ti·vo, -a [lektíβo, -a] *adj* Se aplica a los días o al tiempo en que hay clase en los centros de enseñanza: *Período lectivo.*

lec·tor, -ra [lektór, -ra] *adj* y *s/m,f* Que lee.

lec·tu·ra [lektúra] *s/f* **1.** Acción de leer. **2.** Cosa que se lee o que está para ser leída. **3.** Cada una de las posibles interpretaciones de un texto, según puntos de vista o posiciones personales distintas.

le·cha·da [letʃáða] *s/f* Capa de argamasa o cemento que se pone para unir ladrillos.

le·chal [letʃál] *adj* y *s/m,f* Se aplica a los animales que todavía maman, y particularmente al cordero.

le·cha·zo [letʃáθo] *s/m* Cordero lechal.

le·che [létʃe] *s/f* **1.** Líquido que segregan las hembras de los mamíferos para alimentar a sus crías. **2.** El mismo líquido tomado por el hombre de algunos animales, como la vaca, o empleado como alimento. **3.** Líquido segregado por algunas plantas, como la higuera. **4.** *interj* VULG Se emplea para expresar desagrado: *¡Leche, estate quieto!* LOC **Darse una leche,** COL darse un golpe. **Estar de (tener) mala leche,** COL estar de mal humor. **¡Ser la leche!,** VULG ser alguien cargante o pesado.

le·che·ría [letʃería] *s/f* Establecimiento dedicado a la venta de leche.

le·che·ro, (-a) [letʃéro, (-a)] **I.** *s/m,f* Persona que se dedica a la venta de leche. **II.** *s/f* Recipiente de uso doméstico para llevar la leche a casa.

le·cho [létʃo] *s/m* **1.** Lugar en que se duerme. **2.** Lugar por donde corren las aguas de un río. LOC **El lecho de muerte,** el lugar en donde alguien yace muerto.

le·chón [letʃón] *s/m* Cerdo pequeño que todavía mama.

le·cho·so, -a [letʃóso, -a] *adj* Se aplica a los líquidos que tienen, por su color blanquecino o su turbiedad, aspecto de leche.

le·chu·ga [letʃúɣa] *s/f* Planta de huerta que se usa como ingrediente en las ensaladas.

le·chu·gui·no [letʃuɣíno] *s/m* **1.** Lechuga pequeña antes de ser trasplantada. **2.** Joven elegante en exceso o de elegancia afectada.

le·chu·za [letʃúθa] *s/f* Ave rapaz nocturna más pequeña que el búho y mayor que el mochuelo.

le·er [leér] *v/tr* **1.** Interpretar mentalmente la palabra escrita a través de su visión o de la pronunciación de los sonidos correspondientes. **2.** Pronunciar en voz alta un texto escrito: *Leer un discurso.* **3.** FIG Percibir o penetrar el sentido de algo a través de cosas que no son palabras: *Lo he leído en sus ojos.* RPr **Leer en (3).**
CONJ *Irreg:* En las formas en que la *i* del tema va seguida de vocal y no está acentuada, esta *i* pasa a *y: Leyó, leyera, leyendo;* (pero *leía...*).

le·ga·ción [leɣaθjón] *s/f* **1.** Cargo diplomático que un gobierno confiere a una persona ante otro gobierno en el extranjero, y que conlleva, entre otros, el derecho de extraterritorialidad. **2.** Edificio u oficina de la persona que tiene tal cargo. **3.** Conjunto de personas que representan a un Estado o entidad en una reunión internacional.

le·ga·do [leɣáðo] *s/m* **1.** Persona que la autoridad suprema de un país envía con una misión a otro. **2.** FIG Conjunto de cosas de tipo material o espiritual dejadas por una civilización, una nación, una institución, etc.: *El legado de Occidente.*

le·ga·jo [leɣáxo] *s/m* Conjunto de documentos o papeles referentes a un asunto determinado.

le·gal [leɣál] *adj (Ser legal)* Que está conforme con la ley o está determinado por ella: *Un contrato legal.*

le·ga·li·dad [leɣaliðáð] *s/f* **1.** Cualidad de legal. **2.** Principios o normas reguladas por la ley: *Atenerse a la legalidad vigente.*

le·ga·li·za·ción [leɣaliθaθjón] *s/f* Acción de legalizar: *La legalización del juego.*

le·ga·li·zar [leɣaliθár] *v/tr* Dar carácter legal a algo: *Legalizar un partido político.*
ORT Ante *e* la *z* cambia en *c: Legalicé.*

lé·ga·mo [léɣamo] *s/m* Barro pegajoso formado con la tierra fina que se deposita en el agua, o que deja ésta al retirarse o filtrarse.
ORT También: *Légano.*

le·ga·ña [leɣáɲa] *s/f* Concentración pastosa o seca de secreción de las glándulas de los párpados en los bordes de los ojos, y particularmente en el ángulo interior de éstos.

le·ga·ño·so, -a [leɣaɲóso, -a] *adj* Se aplica a quien tiene muchas legañas.

le·gar [leɣár] *v/tr* **1.** Adjudicar algo a una persona en testamento. **2.** Transmitir ideas, creencias o valores espirituales en general: *España legó a las naciones americanas su lengua.* RPr **Legar a.**
ORT La *g* pasa a *gu* ante *e: Legué.*

le·gen·da·rio, -a [lexen̪dárjo, -a] *adj* Se aplica a lo que está relacionado con las leyendas o que sólo existe en ellas.

le·gi·ble [lexíβle] *adj* Que se puede leer.

le·gión [lexjón] *s/f* **1.** Nombre de cada uno de los cuerpos del ejército del Imperio Romano. **2.** CULT *(Constituir legión, ser legión)* Número indeterminado y cuantioso de personas o animales.

le·gio·na·rio [lexjonárjo] *s/m* Soldado de la legión.

le·gio·nen·se [lexjonénse] *adj* y *s/m,f* CULT Se aplica a los habitantes de León, así como a sus cosas.

le·gis·la·ción [lexislaθjón] *s/f* Conjunto de leyes de un país, en general o sobre una materia en particular.

le·gis·la·dor, -ra [lexislaðór, -ra] *s/m,f* Persona que hace leyes.

le·gis·lar [lexislár] *v/intr* Dar o hacer leyes.

le·gis·la·ti·vo, -a [lexislatíβo, -a] *adj* Que tiene la función de hacer leyes.

le·gis·la·tu·ra [lexislatúra] *s/f* Período de tiempo desde que se constituyen las Cortes tras unas elecciones políticas hasta que se disuelven para dar paso a unas nuevas.

le·gí·ti·ma [lexítima] *s/f* DER Parte de la herencia que corresponde a los herederos por ley y de la cual no puede disponer quien hace testamento.

le·gi·ti·ma·ción [lexitimaθjón] *s/f* DER Acción de legitimar.

le·gi·ti·mar [lexitimár] *v/tr* **1.** DER Certificar la autenticidad de una cosa. **2.** Reconocer como legítimo, mediante la formalidad jurídica existente para ello, a un hijo.

le·gi·ti·mi·dad [lexitimiðáð] *s/f* **1.** Cualidad de legítimo. **2.** Cualidad de lo que es justo o lícito.

le·gí·ti·mo, -a [lexítimo, -a] *adj* **1.** Se aplica a lo que está establecido según la ley. **2.** Que se acomoda o es conforme a la razón o la justicia. **3.** Se dice de las cosas que son realmente lo que se les atribuye: *Un Dalí legítimo.*

le·go, -a [léγo, -a] **I.** *adj* y *s/m,f* **1.** Seglar. **2.** Aplicado a religiosos conventuales, el que es profeso pero no ha recibido la ordenación sacerdotal. **II.** *adj (Ser lego)* Se dice del que no está versado en una materia: *Lego en derecho procesal.* RPr **Lego en.**

le·gua [léγwa] *s/f* Medida empleada para las grandes distancias, equivalente aproximadamente a cinco kilómetros y medio. LOC **A la legua/A una legua/A cien leguas,** claramente.

le·gu·le·yo [leγuléJo] *s/m despec* Abogado que no conoce su especialidad como debería.

le·gum·bre [leγúmbre] *s/f* Fruto de las plantas leguminosas, como las judías, las lentejas, los garbanzos, etc.

le·gu·mi·no·so, -a [leγuminóso, -a] *adj* BOT Se aplica a las plantas que tienen flores amariposadas y fruto en vaina encerrando la semilla, como la judía.

leí·ble [leíβle] *adj* Se aplica a lo que se puede leer.

leí·do, -a [leíðo, -a] *adj* **1.** Erudito, que ha leído mucho. **2.** *(Ser poco, muy leído)* Se aplica a lo que tiene pocos o muchos lectores: *Es una revista muy leída.*

leís·mo [leísmo] *s/m* GRAM Uso lingüístico que consiste en emplear los pronombres *le* y *les* (y no *lo* o *los*) para sustituir a los sustantivos, masculino *sing* y *pl,* respectivamente, particularmente cuando son de persona: *A mis hijos les quiero más que a mi vida.* Es fenómeno característico en el centro y norte de España.

leís·ta [leísta] **I.** GRAM *adj* Se aplica a lo relacionado con el leísmo. **II.** *s/m,f* Hablante que tiene este uso.

leit·mo·tiv [lei(t)motíf] *s/m al* **1.** Tema o idea central de una composición artística que se repite a lo largo de la misma. **2.** Idea en torno a la cual se desarrolla un discurso, una conversación, etc.

le·ja·nía [lexanía] *s/f* **1.** Cualidad de lejano. **2.** Lugar alejado pero que se ve.

le·ja·no, -a [lexáno, -a] *adj* Que está alejado en el espacio o en el tiempo.

le·jía [lexía] *s/f* Agua que lleva disueltas sustancias desinfectantes o limpiadoras.

le·jí·si·mos [lexísimos] *superl* de *lejos* Muy lejos: *Ese país está lejísimos.*

le·jos [léxos] *adv* Indica el alejamiento en el espacio o en el tiempo. LOC **A lo lejos,** en la lejanía. **De lejos,** a distancia. **Ir demasiado lejos,** ver o suponer en el comportamiento de la palabra u obra de alguien más de lo que corresponde a la realidad. **Lejos de mí (ti, él,** etc.), expresión que encabeza construcciones exclamativas con las que se rechaza algo: *¡Lejos de nosotros el pretender una cosa así!* **Llegar lejos** (Se emplea sobre todo en futuro), frase con que se pronostica el buen porvenir de alguien al que se le ve capacidad intelectual, es trabajador, etc.: *Este chico llegará lejos.* RPr **Lejos de.**

le·lo, -a [lélo, -a] *adj* COL Se aplica a la persona que por su falta de viveza, su simpleza o su distracción no se da cuenta de lo que se hace o se dice.

le·ma [léma] *s/f* **1.** Frase que expresa la idea o el pensamiento que inspira la conducta de una persona o la actividad de una institución. **2.** Mote o frase concisa con que se encabeza un emblema o empresa.

len·ce·ría [lenθería] *s/f* **1.** Ropa interior de mujer y ropa de cama. **2.** Nombre aplicado en otro tiempo a la tienda donde se vendían lienzos de diversas clases.

len·ce·ro, -a [lenθéro, -a] *s/m,f* Nombre aplicado a la persona que comerciaba en lienzos, o a la mujer que cosía ropa interior.

len·gua [léŋgwa] *s/f* **1.** Órgano carnoso y movible situado en la boca, que sirve para varias funciones, como la deglución, la articulación de los sonidos, etc. **2.** FIG Cosa que tiene forma de lengua: *Unas lenguas de fuego.* **3.** Conjunto de signos orales y escritos que sirve como sistema primario y fundamental de comunicación entre los hombres en una comunidad dada: *La lengua española.* LOC **Con la lengua fuera,** COL extremadamente cansado. **Escaparse (a alguien) la lengua,** COL decir lo que debería haberse guardado por prudencia o por ser secreto. **Irse (a alguien) la lengua,** COL escapársele la lengua. **Morderse la lengua,**

COL contenerse por prudencia u otra razón para no decir algo. **No tener pelos en la lengua,** COL hablar con claridad o sin tapujos. **Sacar la lengua (a alguien),** FAM (se emplea con referencia a los niños), hacer burla de alguien. **Ser largo de lengua,** COL ser maldiciente. **Ser ligero de lengua,** COL tener tendencia a hablar más de lo debido o a decir cosas inconvenientes o imprudentes. **Tener (algo) en la punta de la lengua,** estar a punto de acordarse de algo para decirlo. **Tirar (a alguien) de la lengua,** COL provocarle para que diga algo que se quiere o para hacerle rabiar.

len·gua·do [leŋgwáðo] *s/m* Pez de forma plana y redondeada apreciado por su carne blanca y sabrosa.

len·gua·je [leŋgwáxe] *s/m* **1.** Facultad de expresarse mediante la articulación de sonidos, propia del hombre. **2.** Forma de expresión de algunos animales: *El lenguaje de las abejas.* **3.** Cada una de las variedades o modalidades que puede presentar una lengua, particularmente por relación a la cultura de los hablantes, a la situación que se emplea, etc.: *El lenguaje culto.* **4.** Manera particular de expresarse: *El lenguaje de las manos.*

len·gua·raz [leŋgwaráθ] *adj* Se aplica a la persona propensa a hablar de forma insolente o sin respeto.

len·güe·ta [leŋgwéta] *s/f* Laminilla metálica que abre y cierra el paso del aire en algunos instrumentos musicales.

len·güe·ta·zo o **len·güe·ta·da** [leŋgwetáθo/leŋgwetáða] *s/m* y *s/f* Cada uno de los movimientos hechos con la lengua al lamer o beber agua, *por ej,* un animal.

le·ni·dad [leniðáð] *s/f* Benevolencia excesiva en la corrección de faltas o castigos.

le·ni·fi·car [lenifikár] *v/tr* **1.** Suavizar o calmar la irritación de un tejido orgánico. **2.** FIG CULT Aliviar o hacer más soportable un padecimiento.
ORT Ante *e* la *c* cambia en *qu: Lenifique.*

le·ni·nis·mo [leninísmo] *s/m* Doctrina socio-política de Lenin, basada en el marxismo.

le·ni·nis·ta [leninísta] *adj* y *s/m,f* Seguidor de Lenin o su doctrina.

le·ni·ti·vo, -a [lenitíβo, -a] *adj* Se aplica a lo que lenifica.

le·no·ci·nio [lenoθínjo] *s/m* CULT Acción de mediar para que un hombre y una mujer tengan relaciones amorosas ilícitas.

len·te [lén̪te] *s/f* **1.** Disco de cristal de diversos aparatos ópticos que tiene la propiedad de aumentar las imágenes o las cosas. **2.** *m, pl* Utensilio formado por dos lentes y una armadura que se usaba para corregir la visión defectuosa colocándolo sobre la nariz. (En la actualidad se usa más *gafas*).

len·te·ja [len̪téxa] *s/f* Semilla de la 'planta de lentejas'; es pequeña y de forma redondeada, aprovechándose por su carácter comestible.

len·te·jue·la [len̪texwéla] *s/f* Pequeña laminilla de metal o de otro material, brillante y de color, que se emplea como adorno en algunos vestidos.

len·ti·cu·lar [len̪tikulár] **I.** *adj* Se dice de algunas cosas que tienen forma de lenteja: *Nube lenticular.* **II.** *adj* y *s/m* Se aplica al más pequeño de los huesecillos que forman el oído medio.

len·ti·lla [len̪tíʎa] *s/f* Pequeña lente adaptable al ojo por contacto, generalmente de material plástico y usada en oftalmología para corregir defectos de visión.

len·tis·co [len̪tísko] *s/m* Arbusto de hojas lustrosas y coriáceas, que pertenece a la familia de las terebintáceas.

len·ti·tud [len̪titúð] *s/f* Cualidad de lento.

len·to, (-a) [lén̪to, (-a)] **I.** *adj* **1.** Se aplica a quien o a lo que va despacio o tarda mucho tiempo en llegar a donde se dirige: *Ese corredor es muy lento.* **2.** Se dice de la persona que invierte más tiempo del normal en hacer algo. **II.** *s/m* Movimiento musical más rápido que el *largo* y menos que el *adagio.* **III.** *adv* Lentamente. RPr **Lento de/en:** *Lento de reflejos/en el hablar.*

le·ña [léɲa] *s/f* **1.** Conjunto de troncos, ramas o madera troceada y seca para hacer fuego. **2.** *(Dar/Hacer/Repartir leña)* FIG COL Es una riña o disputa, golpes. LOC **Echar leña al fuego,** contribuir con palabras u obras para que se agrave algo o se enfade más alguien que ya lo está.

le·ña·dor, -ra [leɲaðór, -ra] *s/m,f* Persona que se dedica a cortar leña en el bosque, en el monte o en sitios semejantes.

le·ña·zo [leɲáθo] *s/m* **1.** FAM Golpe dado con un palo. **2.** COL Choque aparatoso de alguien o de algo contra otra cosa.

le·ñe·ra [leɲéra] *s/f* Sitio donde se guarda la leña.

le·ñe·ro [leɲéro] *s/m* Encargado o vendedor de leña.

le·ño [léɲo] *s/m* **1.** Trozo grande de tronco o de rama gruesa. **2.** FIG COL Persona torpe y de poco talento.

le·ño·so, -a [leɲóso, -a] *adj* Consistente y duro como la madera.

leo [léo] *s/m* ASTRON Constelación del mismo nombre y, *por ext,* signo del zodíaco (del 24 de julio al 24 de agosto).

le·ón, -na [león, -na] *s/m,f* Mamífero carnicero que vive en las selvas de África y Asia, y que por su fiereza y fortaleza es considerado el rey de los animales. LOC **Llevarse la parte del león,** conseguir la parte más importante de algo.

leo·na·do, -a [leonáðo, -a] *adj* De color pardo o rubio rojizo como el león.

leo·ne·ra [leonéra] *s/f* **1.** Lugar en que se tienen encerrados los leones. **2.** FAM Calificativo de una habitación cuando está desordenada o desarreglada.

leo·nés, -sa [leonés, -sa] *adj* y *s/m,f* De León.

leo·ne·sis·mo [leonesísmo] *s/m* Voz o giro del dialecto leonés.

leo·ni·no, -a [leoníno, -a] *adj* **1.** Relativo al león o a quien se llama León. **2.** Se aplica al contrato que es claramente ventajoso para una de las dos partes.

leon·ti·na [leoņtína] *s/f* Cadena para colgar algunos objetos, *por ej,* un reloj.

leo·par·do [leopárðo] *s/m* Mamífero carnicero que vive en las selvas de África y Asia; tiene pelo rojizo y manchas negras muy características, regularmente distribuidas por el cuerpo.

leo·tar·do(s) [leotárðo(s)] *s/m, sing* o *pl* Prenda que cubre desde los pies hasta la cintura, a modo de medias y braga. Es usada por mujeres y niños.

le·pe [lépe] LOC **Saber más que Lepe,** ser muy astuto.

le·pó·ri·do, -a [lepóriðo, -a] **I.** *adj* y *s/m* ZOOL Se aplica a los roedores de la familia de la liebre. **II.** *s/m, pl* ZOOL Familia de estos animales.

le·po·ri·no, -a [leporíno, -a] *adj* Se aplica a lo relacionado con la liebre.
Labio leporino, labio superior hendido por malformación congénita.

le·pra [lépra] *s/f* Enfermedad infecciosa que produce manchas y ulceraciones en la piel.

le·pro·se·ría [leprosería] *s/f* Hospital de leprosos.

le·pro·so, -a [lepróso, -a] *adj* y *s/m,f* Enfermo de lepra.

ler·do, -a [lérðo, -a] *adj* Se aplica a la persona que es poco despierta o lenta para comprender una cosa.

le·ri·da·no, -a [leriðáno, -a] *adj* y *s/m,f* De Lérida.

les [lés] *pron pers* de *3.ª persona pl m/f* Se emplea en la función de complemento indirecto: *¿**Les** gustará la película?*

les·bia·nis·mo [lesβjanísmo] *s/m* Cualidad de lesbiano (amor) o lesbiana.

les·bia·no, (-a) [lesβjáno, (-a)] **I.** *adj* Homosexual, por referencia a Lesbos. **II.** *s/f* Mujer homosexual.

lés·bi·co, -a [lésβiko, -a] *adj* Relativo al amor lesbiano.

le·sión [lesjón] *s/f* **1.** Alteración dañosa en una parte u órgano del cuerpo humano producida por golpe, enfermedad, etc. **2.** Cualquier otro tipo de daño o detrimento no físico; especialmente en el lenguaje legal: *Lesión en los derechos de otro.*

le·sio·nar [lesjonár] *v/tr* **1.** Producir una lesión o lesiones a alguien. **2.** FIG Causar perjuicio económico o moral: *Lesionar los intereses de alguien.*

le·si·vo, -a [lesíβo, -a] *adj* CULT *(Ser lesivo)* Se aplica a lo que causa perjuicio económico o moral: *Esa medida es lesiva para nosotros.* RPr **Lesivo para.**

le·so, -a [léso, -a] *adj* (Limitado a expresiones como *crimen de lesa patria,* etc.). Que supone perjuicio, lesionado.

le·tal [letál] *adj* CULT Se aplica a lo que conlleva o produce la muerte segura.

le·ta·nía [letanía] *s/f* **1.** Parte final del rezo del rosario, en que se dicen una serie de invocaciones a la Virgen. **2.** FIG FAM Conjunto de nombres o frases seguidos: *Una letanía de improperios.*

le·tár·gi·co, -a [letárxiko, -a] *adj* Se aplica a lo relacionado con el letargo.

le·tar·go [letárγo] *s/m* **1.** Estado de somnolencia profunda y prolongada que acompaña a algunas enfermedades. **2.** FIG Situación en que ha disminuido la actividad en algún lugar: *La ciudad ha ido recuperando la vida tras el letargo del verano.* **3.** BIOL Estado de hibernación de algunos animales: *El letargo del oso.*

le·ti·fi·can·te [letifikáņte] *adj* Que letifica.

le·ti·fi·car [letifikár] *v/tr* Alegrar o animar algo.
ORT Ante *e* la *c* cambia en *qu: Letifique.*

le·tón, -na [letón, -na] *adj* y *s/m,f* De Letonia.

le·tra [létra] *s/f* **1.** Cada uno de los signos con que se representan en la escritura los sonidos del habla. **2.** Cada una de las piezas de imprenta con que se imprimen los textos. **3.** Forma particular de escribir una persona o característica de una época o país: *Letra gótica.* **4.** (Se emplea por oposición a *espíritu*) Sentido que se ciñe estrictamente a las palabras de un texto, una ley, etc. **5.** Parte que se canta en una canción o en una composición musical en general. **6.** COL Documento que sustituye al dinero en algunas operaciones de compra mercantil. **7.** *pl* Con *may* Cien-

cias humanas, por oposición a las ciencias exactas, naturales o técnicas: *Facultad de Letras.* **8.** *pl* Conocimientos humanos en general: *Es un hombre de letras.* LOC **Al pie de la letra,** en el sentido estricto, sin añadir o quitar nada. **Cuatro letras,** escrito o carta breve. **Girar una letra,** expedir una letra de cambio para que sea pagada. **Ser letra muerta (algo),** no tener eficacia. **Tener buena letra/mala letra,** escribir con mala o buena caligrafía, repectivamente. **Unas letras,** cuatro letras.
Primeras letras, las primeras cosas que se enseñan a los niños.

le·tra·do [letráðo] *s/m* Abogado.

le·tre·ro [letréro] *s/m* Escrito colocado en un lugar para avisar o hacer pública una cosa.

le·tri·lla [letríʎa] *s/f* METR Poema formado por varias estrofas de versos cortos, que a veces lleva un estribillo al final de cada estrofa.

le·tri·na [letrína] *s/f* Lugar construido en determinados sitios, *por ej,* en el campo, para hacer las veces de retrete.

leu·ce·mia [leuθémja] *s/f* Enfermedad caracterizada por el aumento anormal de leucocitos en la sangre.

leu·co·ci·to [leukoθíto] *s/m* Elemento componente de la sangre; entre sus funciones está la defensa del organismo ante las enfermedades formando anticuerpos.

le·va [léβa] *s/f* **1.** Acción de levar. **2.** Reclutamiento de gente para el servicio al Estado. **3.** MEC Mecanismo de acción en determinados aparatos o máquinas: *Árbol de leva.*

le·va·di·zo, -a [leβaðíθo, -a] *adj* Que se puede levantar: *Puente levadizo.*

le·va·du·ra [leβaðúra] *s/f* Masa formada por organismos que tienen la propiedad de producir fermentaciones.

le·van·ta·mien·to [leβaŋtamjéŋto] *s/m* **1.** Acción de levantar. **2.** Acción de sublevarse o amotinarse.

le·van·tar [leβaŋtár] **I.** *v/tr* **1.** Tomar una cosa o persona y llevarla hacia lo alto: *Levantó la caja.* **2.** (Referido a las partes del cuerpo) Llevar hacia lo alto, de abajo arriba: *Levantar los brazos.* **3.** Poner verticalmente lo que estaba inclinado o tirado en el suelo: *Levantar un palo de teléfonos.* **4.** En albañilería y construcción, hacer una obra: *Levantar una pared.* **5.** Elevar algo más de lo que era o estaba anteriormente: *Elevar el tono de la voz.* **6.** Hacer que algo (el ánimo, el espíritu) sea más fuerte o gane en energía: *La música levanta los ánimos.* **7.** Hacer que un animal de caza haga salir una pieza de su escondite: *El perro levantó las perdices.* **8.** Desprender una cosa que tapa o cierra algo: *Levantar el vendaje de una herida.* **9.** Desmontar algo que estaba instalado: *Levantar el campamento.* **10.** Hacer cesar una prohibición o castigo, etc.: *Levantar la veda de caza.* **II.** REFL(SE) **1.** Forma *refl* de *levantar: Levantarse de la cama,* etc. **2.** Ponerse de pie alguien que está en la cama o sentado. (Con *de*): *Se levantó de la silla.* **3.** Desprenderse o irse algo hacia arriba: *Levantarse una baldosa.* **4.** (Con *con*) Apoderarse de algo que no le pertenece y fugarse con ello: *Se levantó con todo el dinero que había en caja.* RPr **Levantar(se) de/en/contra. Levantarse con.**

le·van·te [leβáŋte] *s/m* **1.** Lugar del horizonte por donde sale el sol. **2.** Viento que sopla desde el Este. **3.** (Con *may*) Región mediterránea de España, particularmente Valencia y Murcia.

le·van·ti·no, -a [leβaŋtíno, -a] **I.** *adj* Se aplica a las cosas y a las gentes de Levante. **II.** *s/m,f* Persona nacida en Levante.

le·van·tis·co, -a [leβaŋtísko, -a] *adj* Se aplica a quien es propenso a sublevarse.

le·var [leβár] *v/intr* LOC **Levar anclas.** Levantar el ancla o las anclas un barco para zarpar.

le·ve [léβe] *adj* **1.** Que tiene poca importancia o gravedad. **2.** Que tiene poca intensidad o fuerza.

le·vi·ta [leβíta] *s/f* Prenda de vestir de hombre, que se usó hasta principios del siglo XX; constaba de un cuerpo ajustado hasta la cintura y faldones que, a diferencia del chaqué, iban cruzados por delante. LOC **Tirar de la levita,** lisonjear a alguien interesadamente.

le·vi·ta·ción [leβitaθjón] *s/f* Sensación de flotar o mantenerse en el aire.

lé·xi·co, (-a) [lé(k)siko, (-a)] **I.** *adj* LING Se aplica a lo relacionado con el léxico. **II.** *s/m* Conjunto de las palabras de una lengua.

le·xi·co·gra·fía [le(k)sikoγrafía] *s/f* LING Técnica de composición o elaboración de diccionarios: *La lexicografía moderna.*

le·xi·co·grá·fi·co, -a [le(k)sikoγráfiko, -a] *adj* Relacionado con la lexicografía.

le·xi·có·gra·fo, -a [le(k)sikóγrafo, -a] *s/m,f* Persona especialista en lexicografía.

le·xi·co·lo·gía [le(k)sikoloxía] *s/f* LING Disciplina que estudia el léxico de las lenguas.

le·xi·co·ló·gi·co, -a [le(k)sikolóxiko, -a] *adj* LING Relacionado con la lexicología.

le·xi·có·lo·go, -a [le(k)sikóloγo, -a] *s/m,f* LING Especialista en lexicología.

le·xi·cón [le(k)sikón] *s/m* Diccionario, léxico.

ley [léi] *s/f* **1.** Nombre de los principios que rigen los fenómenos de la naturaleza. **2.** Propiedad constante o invariable de las cosas o los fenómenos, establecida por un método científico. **3.** Norma dictada por el poder soberano para el gobierno y ordenamiento de la vida de la comunidad. **4.** Conjunto de tales preceptos: *Vivir fuera de la ley.* LOC **De ley** (aplicado a 'oro' y 'plata'), que tiene la cantidad que establece la ley. **Persona de leyes,** jurista. **Ser de ley,** COL ser justo.

le·yen·da [leJéŋda] *s/f* **1.** Narración de sucesos fabulosos transmitida por la tradición oral. **2.** Texto explicativo en ilustraciones, dibujos, etc.

lez·na [léθna] *s/f* Instrumento formado por una punta metálica alargada y un puño, que emplean algunos profesionales, *por ej,* los zapateros para abrir agujeros.

lía [lía] *s/f* **1.** Cuerda de esparto larga. **2.** Sedimento de impurezas.

lia·do, -a [liáðo, -a] *adj* **1.** COL *(Estar liado)* Complicado o difícil. **2.** COL *(Estar liado)* Se aplica a la persona que tiene relaciones amorosas extramatrimoniales con otra.

lia·na [liána] *s/f* Tallo duro de planta trepadora, como los de las selvas tropicales.

liar [liár] **I.** *v/tr* **1.** Atar un paquete o similar con una cuerda. **2.** Envolver una cosa con algo apropiado. **3.** COL Complicar o enredar un asunto: *Ha liado la cuestión más que estaba.* **4.** COL Enredar o complicar a alguien. **II.** REFL(SE) **1.** Envolverse en algo: *Se ha liado en la manta.* **2.** Aturdirse en la realización de algo. **3.** COL (En la construcción *liarse a+infin*) Comenzar algo haciéndolo repetidamente: *Se lió a golpes con él.* **4.** (Con *con*) Entablar relaciones amorosas un nombre y una mujer como si estuviesen casados, pero sin estarlo: *Se lió con la vecina.* RPr **Liarse a/con/en.**
ORT, PRON En el *sing* y *3.ª pers pl del pres de indic y subj* el acento recae sobre la *i: Lío, líen,* etc.

li·ba·ción [liβaθjón] *s/f* Acción de libar.

li·ba·nés, -sa [liβanés, -sa] *adj* y *s/m,f* Del Líbano.

li·bar [liβár] *v/tr* **1.** Chupar los insectos el néctar de las flores. **2.** Hacer libaciones durante los sacrificios a los dioses.

li·be·lis·ta [liβelísta] *s/m,f* Quien escribe libelos.

li·be·lo [liβélo] *s/m* Escrito difamatorio o injurioso contra alguien.

li·bé·lu·la [liβélula] *s/f* Insecto arquíptero de vuelo muy rápido, cuyas larvas se desarrollan en los arroyos, ríos, etc.

li·be·ra·ción [liβeraθjón] *s/f* **1.** Acción de liberar. **2.** COL Desaparición de un problema o dificultad.

li·be·ra·dor, -ra [liβeraðór, -ra] *adj* y *s/m,f* Que libera.

li·be·ral [liβerál] **I.** *adj* **1.** Se aplica a la persona que es dadivosa o desprendida, y, *por ext,* a sus actos. **2.** Se dice de la persona que es tolerante respecto a novedades o ideas nuevas: *Tiene un padre muy liberal.* **II.** *adj* y *s/m,f* **1.** Se dice de la persona que es partidaria de las ideas que defienden la libertad individual en política, economía, etc., y, *por ext,* de su actitud, pensamiento, etc.: *Un político liberal.* **2.** Se aplica específicamente al partido o a los partidos liberales españoles del siglo XIX y a sus partidarios, en oposición a los absolutistas o los conservadores: *Los liberales españoles.*

li·be·ra·li·dad [liβeraliðáð] *s/f* Cualidad de liberal.

li·be·ra·lis·mo [liβeralísmo] *s/m* Doctrina o ideología política que propugna la libertad en lo económico, cultural, etc.

li·be·ra·li·za·ción [liβeraliθaθjón] *s/f* Acción de liberalizar.

li·be·ra·li·zar [liβeraliθár] *v/tr* Hacer más libre o dar más libertad a la iniciativa individual o a los grupos privados en la actividad social, económica o cultural.
ORT La *z* cambia en *c* ante *e: Liberalice.*

li·be·rar [liβerár] *v/tr* **1.** Poner en libertad a alguien que está preso. **2.** Dejar a alguien libre de una carga u obligación: *Liberar de responsabilidad.* RPr **Liberar de.**

li·be·ria·no, -a [liβerjáno,-a] *adj* y *s/m,f* De Liberia.

li·bé·rri·mo, -a [liβérrimo, -a] *adj* CULT *superl* de *libre.*

li·ber·tad [liβertáð] *s/f* **1.** Facultad natural de la persona para elegir una vida o conducta propia y de la que, por tanto, es responsable: *Libertad de movimiento.* **2.** Estado de libre. **3.** Falta de prohibición o independencia para algo: *Da demasiada libertad a sus hijos.* **4.** Espontaneidad en el trato: *Tiene libertad para hablarle así.* **5.** Exceso en el uso de familiaridad: *Se toma muchas libertades con mi esposa.* **6.** Abuso de la libertad en algo, que puede rayar en libertinaje: *Hay muchas libertades en la TV.* **7.** Ausencia de etiqueta o formulismos: *Viste con libertad.*

li·ber·ta·dor, -ra [liβertaðór, -ra] *adj* y *s/m,f* Se aplica a quien liberta.

li·ber·tar [liβertár] *v/tr* Poner en libertad.

li·ber·ta·rio, -a [liβertárjo, -a] *adj* y *s/m,f* Partidario de la absoluta libertad política.

li·ber·ti·na·je [liβertináxe] *s/m* Conducta viciosa o desenfrenada.

li·ber·ti·no, -a [liβertíno, -a] *adj* y *s/m,f* Se aplica a quien lleva una vida viciosa o licenciosa, particularmente en los placeres del sexo.

li·ber·to, -a [liβérto, -a] *s/m,f* Ciudadano que antes ha sido esclavo, particularmente en la antigua Roma.

li·bí·di·ne [liβíðine] *s/f* CULT Apetito o deseo desordenado de placeres sexuales.

li·bi·di·no·so, -a [liβiðinóso, -a] *adj* CULT Se aplica a quien es dado a la lujuria o a los placeres del sexo.

li·bi·do [liβíðo] *s/f* MED, PSICO Deseo sexual.

li·bio, -a [líβjo, -a] *adj* y *s/m,f* De Libia.

li·bra [líβra] *s/f* **1.** Unidad de peso empleada en otro tiempo y que equivalía aproximadamente a medio quilo. **2.** Unidad monetaria de algunos países: *La libra esterlina.* **3.** Nombre del séptimo signo del zodiaco. (Del 24 de septiembre al 23 de octubre).

li·bra·do, -a [liβráðo, -a] *s/m* Persona contra la que se gira una letra de cambio. LOC **Salir bien librado,** salir beneficiado en un asunto o trance en relación a otros, o con menos perjuicio que otros. **Salir mal librado,** salir con perjuicio de un asunto o situación o con desventaja respecto a otras personas.

li·bra·dor [liβraðór] *s/m* Persona que libra o expide una letra de cambio.

li·bra·mien·to [liβramjén̪to] *s/m* Orden que se da por escrito para que un depositario o banco pague una cantidad de dinero.

li·bran·za [liβránθa] *s/f* Orden que alguien da generalmente por escrito a otro para que, de los fondos que administra, pague una cantidad a un tercero.

li·brar [liβrár] **I.** *v/tr* **1.** Salvar o preservar a alguien de una situación difícil, peligro, etc. **2.** Expedir una letra, una orden de pago, etc. **II.** REFL(SE) Quedar libre o salvarse de una situación difícil, un peligro o una obligación: *Se ha librado del castigo.* **III.** *v/intr* Disfrutar un empleado o un trabajador del día de descanso que le corresponde: *Esta semana le toca librar el jueves.* RPr **Librar(se) de.**

li·bre [líβre] *adj* **1.** *(Ser libre)* Se aplica a quien puede organizar su vida a voluntad. **2.** Se dice de la persona, del grupo de personas o de la nación que no está sometida a una autoridad o poder dictatorial o arbitrario: *Un ciudadano libre.* **3.** Se aplica a lo que se mueve o se puede mover por no estar atado o no tener obstáculo: *Tener las manos libres.* **4.** *(Ser libre)* Se dice de lo que no está sometido a traba oficial o tiene garantizado su funcionamiento por la ley: *Los precios son libres.* **5.** *(Estar libre)* Que no está preso. **6.** *(Estar libre)* Se aplica a lo que no está ocupado por algo o a quien no tiene, por un tiempo, ocupación: *Este taxi está libre.* **7.** *(Estar libre)* Se aplica a quien o a lo que no tiene una carga o gravamen que se expresa: *Un piso libre de contribución.* **8.** Disoluto o deshonesto: *Es muy libre en sus costumbres.* **9.** Soltero: *Este mozo está aún libre.* LOC **Ser muy libre de+infin,** poder: *Eres muy libre de quedarte o de marcharte.* RPr **Libre de/en/para:** *Libre de trabas/para divertirte.*

li·brea [liβréa] *s/f* Traje de uniforme, que llevan algunos empleados.

li·bre·cam·bio [liβrekám̪bjo] *s/m* ECON Sistema económico en que se fomenta el comercio internacional mediante la supresión de aduanas.
ORT También: *Libre cambio.*

li·bre·cam·bis·mo [liβrekam̪bísmo] *s/m* ECON Doctrina económica que defiende el libre cambio.

li·bre·cam·bis·ta [liβrekam̪bísta] **I.** *adj* Se aplica a lo relacionado con el librecambio o el librecambismo. **II.** *s/m* Partidario del librecambio.

li·bre·pen·sa·dor, -ra [liβrepensaðór, -ra] *adj* y *s/m,f* Se aplica al que no se sujeta a dogma en el ejercicio de su razón, particularmente en materia religiosa.

li·bre·pen·sa·mien·to [liβrepensamjén̪to] *s/m* Actitud y doctrina de los librepensadores.

li·bre·ría [liβrería] *s/f* **1.** Establecimiento en donde se venden libros y a veces artículos de papelería. **2.** Mueble para colocar libros.

li·bre·ro [liβréro] *s/m* Profesional que se dedica a la venta de libros.

li·bres·co, -a [liβrésko, -a] *adj despec* Se aplica a quien o a lo que parece o está inspirado en los libros.

li·bre·ta [liβréta] *s/f* Conjunto de hojas de papel ensambladas y grapadas que se usa para escribir, tomar notas, etc.
Libreta de ahorros, la que se emplea para hacer las anotaciones de una cuenta bancaria de ahorros, por cuyos depósitos se recibe un pequeño interés.

li·bre·to [liβréto] *s/m* MÚS Texto literario que sirve de base a una obra dramática musical, como, *por ej,* una ópera.

li·bri·llo [liβríʎo] *s/m* **1.** *dim* de *libro.* **2.** Conjunto de hojas de papel de fumar. **3.** Libro del estómago en los rumiantes.

li·bro [líβro] *s/m* **1.** Conjunto de hojas de papel impresas y encuadernadas. **2.** Cualquiera de las partes en que se divide a veces una obra científica, literaria o jurídica. **3.** Tercera de las cuatro cavidades en que está dividido el estómago de los rumiantes.

li·can·tro·pía [likantropía] *s/f* Creencia popular según la cual determinadas personas se convierten en lobo.

li·cán·tro·po [likántropo] *s/m* Enfermo que padece licantropía.

li·ceís·ta [liθeísta] *s/m,f* Socio de un liceo.

li·cen·cia [liθénθja] *s/f* Autorización concedida por una autoridad para ejercer una actividad.

li·cen·cia·do, -a [liθenθjáðo, -a] **I.** *s/m,f* Persona que ha realizado los estudios de licenciatura en una Facultad universitaria: *Un licenciado en Historia.* **II.** *adj* y *s/m* Se aplica a los soldados que han terminado el servicio militar.

li·cen·ciar [liθenθjár] **I.** *v/tr* Dar la licencia a un soldado cuando ha terminado su servicio militar. **II.** REFL(SE) **1.** Realizar los estudios del grado de Licenciatura: *Ana quiere licenciarse en Química.* **2.** Terminar el servicio militar. RPr **Licenciarse en (II. 1)**

li·cen·cia·tu·ra [liθenθjatúra] *s/f* Grado de los estudios universitarios que se obtiene, por lo general, tras cinco cursos académicos.

li·cen·cio·so, -a [liθenθjóso, -a] *adj* Que tiene una conducta irregular, particularmente en materia sexual.

li·ceo [liθéo] *s/m* **1.** Nombre de determinados centros de enseñanza secundaria en algunos países. **2.** Sociedad literaria o recreativa de algunas ciudades españolas.

li·ci·ta·ción [liθitaθjón] *s/f* Acción de licitar.

li·ci·ta·dor [liθitaðór] *s/m* Persona que ofrece precio por una cosa en una subasta.

li·ci·tar [liθitár] *v/tr* Ofrecer precio por una cosa en subasta.

lí·ci·to, -a [líθito, -a] *adj (Ser lícito)* Se aplica a lo que está permitido por la ley o es conforme a razón: *Una ganancia lícita.*

li·ci·tud [liθitúð] *s/f* Cualidad de lícito.

li·cor [likór] *s/m* Bebida alcohólica dulce y aromatizada.

li·co·re·ra [likoréra] *s/f* Botella artística en que se tiene el licor.

li·cua·ble [likwáβle] *adj* Se aplica a los cuerpos que pueden licuarse.

li·cua·ción [likwaθjón] *s/f* Acción de licuar.

li·cua·do·ra [likwaðóra] *s/f* Electrodoméstico para licuar frutas o alimentos.

li·cuar [likuár] *v/tr,* REFL(SE) Convertir(se) en líquido una sustancia sólida o gaseosa.
ORT La *u* recibe el acento en el *sing* y *3.ª pers pl* del *pres* de *indic* y *subj: Licúo, licúen,* etc.

lid [líð] *s/f* **1.** Lucha. **2.** *pl* Actividad. LOC **En buena lid,** con medios lícitos.

lí·der [líðer] *s/m,f* **1.** ANGL Persona que está al frente de un partido político, grupo o colectividad. **2.** Equipo que encabeza un campeonato.

li·de·raz·go o **li·de·ra·to** [liðeráθγo, -ráto] *s/m* Guía o dirección en una actividad, con relación a personas o colectividades.

li·dia [líðja] *s/f* **1.** Acción de lidiar: *La lidia de un toro.* **2.** TAUROM Conjunto de suertes a que se somete al toro desde que sale del toril hasta el arrastre. **3.** Lucha.

li·diar [liðjár] **I.** *v/tr* TAUROM Someter a las distintas suertes de la lidia a un toro. **II.** *v/intr* **1.** CULT Luchar. **2. Tratar o hacer frente a personas o asuntos molestos o difíciles:** ***Está harto de lidiar con esa gente.*** RPr **Lidiar con/contra (II).**

lie·bre [ljéβre] *s/f* Mamífero roedor parecido al conejo, que vive exclusivamente en el campo.

lien·dre [ljéndre] *s/f* Huevecillo de piojo.

lien·zo [ljénθo] *s/m* **1.** Tela basta de lino o algodón. **2.** Tela preparada para pintar. **3.** Pintura realizada sobre lienzo.

li·ga [líγa] *s/f* **1.** Tira de goma usada para sujetar las medias o los calcetines. **2.** Materia pegajosa, como la obtenida del muérdago, con que se untan las trampas para cazar pájaros. **3.** Unión de Estados o soberanos: *La liga árabe.* **4.** DEP Competición deportiva en la que los equipos clasificados juegan contra los demás para obtener el primer puesto: *La liga de fútbol.*

li·ga·do, (-a) [liγáðo, (-a)] **I.** *adj (Estar ligado)* Se aplica a quien o a lo que tiene relación con alguien o algo. **II.** *s/m* Acción y resultado de ligar: *Un ligado de trompas.* RPr **Ligado a (I):** *Ligado a ella.*

li·ga·du·ra [liγaðúra] *s/f* **1.** Acción y resultado de ligar. **2.** Cuerda, correa, etc., que se emplea para atar o sujetar.

li·ga·men [liγámen] *s/m* Atadura.

li·ga·men·to [liγaménto] *s/m* Cordón de fibras que une los huesos de las articulaciones o sostiene a determinados órganos en su posición: *Una ruptura de ligamentos.*

li·ga·mien·to [liγamjénto] *s/m* Acción y resultado de ligar.

li·gar [liγár] **I.** *v/tr* **1.** Atar algo con ataduras. **2.** Unir en el pensamiento dos cosas diferentes: *Liga el amor al sexo.* **3.** Unir algo a una persona con otra: *¿Te liga a él*

esa amistad que dices o no? **II.** *v/intr* **1.** COL Entablar relaciones amorosas, por lo general de forma pasajera. **2.** (Con *con*) Corresponderse una cosa con otra: *Esto no liga con lo que dijiste.* **III.** REFL(-SE). **1.** Unirse una persona a otra por motivos de amistad o cosa semejante: *Me ligué a él desde joven.* **2.** COL Ganar la voluntad de alguien con fines amorosos, generalmente de manera pasajera: *Se ha ligado a una amiga.* RPr **Ligar(se) a. Ligar a/con.**
ORT La *g* cambia en *gu* ante *e: Ligué.*

li·ga·zón [liɣaθón] *s/f* Unión íntima de una cosa con otra.

li·ge·re·za [lixeréθa] *s/f* **1.** Cualidad de ligero. **2.** Falta de reflexión o superficialidad en la manera de obrar.

li·ge·ro, -a [lixéro, -a] *adj* **1.** *(Ser ligero)* Se aplica a la persona o cosa que se mueve o actúa con rapidez o agilidad. **2.** *(Ser ligero)* Se dice de lo que pesa poco o tiene poca densidad: *Esa ropa es muy ligera.* **3.** Que tiene poca consistencia o intensidad: *Una comida ligera.* **4.** *(Ser ligero)* Se aplica a la persona que es irreflexiva o superficial. LOC **A la ligera,** *1.* De manera irreflexiva. *2.* De prisa y con poco o ningún cuidado: *Lo ha hecho a la ligera.* **Mujer ligera,** la que es poco formal en cuestiones de amor.

lig·ni·to [liɣníto] *s/m* Carbón mineral cuyo poder calorífico es menor que el de la hulla pero mayor que el de la turba.

li·gón, -na [liɣón, -na] *adj* y *s/m,f* COL Se aplica a la persona que tiene facilidad para ganarse la voluntad de otro u otra con fines amorosos.

li·gue [líɣe] *s/m* COL **1. Acción y efecto de ligar. 2. Persona cuya voluntad se ha ganado con fines amorosos.**

li·gue·ro, (-a) [liɣéro, (-a)] **I.** *adj* DEP Relacionado con la liga o campeonato de algunos deportes. **II.** *s/m* Portaligas.

li·gui·lla [liɣíʎa] *s/f* DEP En fútbol y otros deportes de equipo, competición entre un número reducido de equipos.

li·ja [líxa] *s/f* **1.** Pez marino del orden de los selacios. **2.** Piel seca de este pez que se emplea para limpiar y pulir algunos metales y maderas. **3.** Papel de lija, papel duro y granujiento que se usa para pulir hierros y maderas.

li·ja·do [lixáðo] *s/m* Operación de lijar.

li·jar [lixár] *v/tr* Pulir con papel de lija.

li·la [líla] *s/f* **1.** Arbusto de jardinería apreciado por sus flores arracimadas, que tienen color violáceo o blanco y son muy olorosas. **2.** Flor de este arbusto.

li·liá·ceo, -a [liljáθeo, -a] *adj* y *s/m,f* BOT Se aplica a las plantas como el lirio o el ajo, que tienen raíz en tubérculo o bulbo.

li·ma [líma] *s/f* **1.** Herramienta de acero con la superficie estriada para desgastar y pulir los metales y otras materias duras. **2.** Operación de limar. **3.** FIG Acción de pulir o retocar una obra, *por ej,* un escrito. **4.** Fruto del limero, semejante a la naranja, aunque más aplanada y de color amarillo. LOC **Comer como una lima,** FAM comer mucho.

li·ma·do [limáðo] *s/m* Operación de limar.

li·ma·du·ra [limaðúra] *s/f* **1.** Acción u **operación de limar. 2.** *pl* **Partículas que se** desprenden al limar un metal.

li·mar [limár] *v/tr* **1.** Alisar los metales con lima. **2.** FIG Pulir una obra.

lim·bo [líɱbo] *s/m* **1.** Lugar a donde, según la doctrina de la Iglesia católica, van las almas de los niños que mueren sin bautizar. **2.** BOT Parte principal y más ancha de las hojas de las plantas. LOC **Estar en el limbo,** estar alguien muy distraído o despistado.

li·me·ño, -a [limeɲo, -a] *adj* y *s/m,f* De Lima.

li·mi·nar [liminár] *adj* Relativo al dintel o entrada.

li·mi·ta·ble [limitáβle] *adj* Se aplica a lo que se puede limitar.

li·mi·ta·ción [limitaθjón] *s/f* **1.** Acción de limitar. **2.** (Generalmente en *pl*). Carencia de una persona o de una cosa que constituye una traba u obstáculo.

li·mi·ta·do [limitáðo] *adj* **1.** Que tiene límites, en contraposición a lo que es total o absoluto. **2.** Pequeño: *Un limitado número de personas.*

li·mi·tar [limitár] **I.** *v/tr* Señalar límites a algo. **II.** *v/intr* Tener un país o territorio límites con otro: *España limita con Portugal.* **III.** REFL(SE) Atenerse o restringirse alguien a una cosa en sus acciones: *Hoy nos limitaremos a conocer el centro de la ciudad.* RPr **Limitar con (II). Limitarse a (III).**

li·mi·ta·ti·vo, -a [limitatíβo, -a] *adj* Que limita o está pensado para limitar.

lí·mi·te [límite] *s/m* **1.** Línea o punto que señala la separación entre dos cosas. **2.** Línea, punto o momento que indica el final de algo, en sentido físico o figurado: *Una tierra sin límite.* **3.** Punto más allá del cual no se debe ir: *Ese espectáculo ha pasado el límite de lo tolerante.*

li·mí·tro·fe [limítrofe] *adj* Que es contiguo o vecino de un país o región: *Una nación limítrofe de Italia. Una ciudad limítrofe con Francia.* RPr **Limítrofe de/con.**

li·mo [límo] *s/m* Tierra fina sedimentada.

li·món [limón] *s/m* Fruto del limonero.

li·mo·na·da [limonáða] *s/f* Refresco hecho con zumo de limón, agua y azúcar.

li·mo·nar [limonár] *s/m* Terreno plantado de limoneros.

li·mo·ne·ro, (-a) [limonéro, (-a)] **I.** *adj* Relacionado con los limones. **II.** *s/m* Árbol que produce los limones.

li·mos·na [limósna] *s/f* Dinero u otra cosa que se da por caridad.

li·mos·ne·ar [limosneár] *v/intr* Pordiosear, mendigar.

lim·pia·bo·tas [limpjaβótas] *s/m* El que se dedica a limpiar el calzado.

lim·pia·dor, (-ra) [limpjaðór, (-a)] **I.** *adj* Se aplica a lo que limpia. **II.** *s/f* Mujer que hace la limpieza en un lugar.

lim·pia·pa·ra·bri·sas [limpjaparaβrísas] *s/m* Varilla limpiadora que se mueve mediante un motorcito y limpia el agua o nieve del parabrisas de un coche.

lim·piar [limpjár] **I.** *v/tr* **1.** Quitar la suciedad a una cosa. **2.** (Con *de*) FIG Librar de gente peligrosa a algo: *La policía ha limpiado la ciudad de delincuentes.* **3.** COL Robar una cantidad de dinero u otra cosa. **II.** REFL(SE) Quitarse alguien la suciedad o cosa semejante. RPr **Limpiar de. Limpiar(se) con.**

lim·pi·dez [limpiðéθ] *s/f* LIT Cualidad de limpio.

lím·pi·do, -a [límpiðo, -a] *adj* LIT Se aplica a lo que no tiene manchas o es muy transparente.

lim·pie·za [limpjéθa] *s/f* **1.** Cualidad o estado de limpio. **2.** Acción de limpiar. **3.** Habilidad o destreza con que realizan sus acciones determinados profesionales: *Este prestidigitador realiza sus ejercicios con mucha limpieza.* LOC **Hacer limpieza,** FAM llevar a cabo varias faenas para limpiar de forma general el lugar donde se vive u otro sitio.

lim·pio, (-a) [límpjo, -a] **I.** *adj* **1.** Que no tiene mancha o suciedad: *La camisa está limpia.* **2.** (Aplicado a personas, *ser limpio*) Que le gusta asearse o tener limpias sus cosas. **3.** Se aplica a lo que no tiene impurezas o mezcla de otras cosas: *Es un trigo muy limpio.* **4.** FIG Sin tacha o correcto: *Conducta limpia.* **II.** *s/f* Acción de limpiar árboles o plantas. LOC **A grito (palo, puñetazo,** etc.**) limpio,** COL frase de valor enfático que expresa cantidad de lo que indica el sustantivo. **A cuerpo limpio,** *1.* (En expresiones como *irse a cuerpo limpio*), sin ropa de abrigo, como una chaqueta, un abrigo largo, etc. *2.* (Con verbos como *luchar, pelear* y semejantes), sin armas. **En limpio,** *1.* (En expresiones como *ganar en limpio*), neto o descontados los gastos. *2.* (En construcciones como *poner en limpio*), en su forma escrita definitiva. **Jugar limpio,** actuar sin recurrir a artimañas o trampas. **Sacar en limpio,** conseguir una idea clara o precisa de algo, tras hacer averiguaciones, una explicación, etc. RPr **Limpio de/en:** *Limpio de ropa/en el trabajo.*

li·mu·si·na [limusína] *s/f* Tipo de automóvil cerrado, generalmente más grande de lo normal y usado en actos oficiales.

li·na·je [lináxe] *s/m* Conjunto de ascendientes o descendientes de una persona. **El linaje humano,** la humanidad.

li·na·za [lináθa] *s/f* BOT Semilla del lino.

lin·ce [línθe] *s/m* Mamífero carnicero parecido al gato, aunque de mayor tamaño. LOC **Ser un lince (alguien),** ser sagaz o muy listo.

lin·cha·mien·to [lintʃamjénto] *s/m* Acción de linchar.

lin·char [lintʃár] *v/tr* Dar muerte a una persona un grupo de gente o un pueblo sin esperar a que intervenga la justicia.

lin·dan·te [lindánte] *adj* Se aplica a lo que linda con otra cosa que se indica.

lin·dar [lindár] *v/intr* Tener límites un terreno, una casa, etc., con algo que se expresa: *Linda con la carretera.* RPr **Lindar con.**

lin·de [línde] *s/m,f* Límite o línea que separa fincas, terrenos, etc.

lin·de·ro [lindéro] *s/m* Linde.

lin·de·za [lindéθa] *s/f* **1.** Cualidad de lindo. **2.** IRÓN Hecho o dicho hiriente o insultante.

lin·do, -a [líndo, -a] *adj* Bonito por su finura, colorido, etc., sin llegar a tener la perfección de lo bello: *Un vestido lindo.* LOC **De lo lindo,** COL mucho.

lí·nea [línea] *s/f* **1.** Trazo continuo visible o imaginario. Se emplea particularmente en Geometría. **2.** Serie de cosas o de personas situadas una al lado de otra o una detrás de otra: *Una línea de cosas.* **3.** Cada fila de palabras en un escrito: *Un texto de siete líneas.* **4.** Vía o forma de comunicación o transporte por tierra, mar o aire: *Una línea telefónica. Línea aérea.* **5.** Forma o aspecto general de un objeto: *Ese coche tiene una línea muy moderna.* **6.** (Con frecuencia en *pl*). Conjunto de fortificaciones de un ejército en el campo de batalla: *Las líneas enemigas.* **7.** Directrices que guían el comportamiento de una persona o de un grupo de personas. **8.** Categoría o clase: *Un actor de primera línea.* LOC **En líneas generales,** en términos generales, globalmente. **En primera línea,** entre los mejores de la clase o categoría que se considera. **Entre líneas,** con referencia a un escrito, forma de estar redactada o dicha una cosa que, aunque no se expresa palpablemente, se puede deducir. **Guardar la línea,** conservar una figura esbelta o no gorda. **Unas (dos, cuatro) líneas,** un texto de corta extensión, generalmente constituyendo una carta.

li·ne·al [lineál] *adj* Se aplica a lo relacionado con la línea: *Perspectiva lineal.*

lin·fa [límfa] *s/f* Líquido orgánico casi incoloro cuya función es la de intermediario entre la sangre y las células en el proceso de nutrición de éstas.

lin·fá·ti·co, -a [limfátiko, -a] *adj* Se aplica a lo relacionado con la linfa.

lin·go·ta·zo [liŋgotáθo] *s/m* COL Trago.

lin·go·te [liŋgóte] *s/m* Trozo o barra de metal precioso que se obtiene por fundición: *Un lingote de oro.*

lin·go·te·ra [liŋgotéra] *s/f* Molde para dar una determinada forma al mineral fundido que en él se vierte.

lin·güis·ta [liŋgwísta] *s/m,f* Persona que se dedica al estudio de las lenguas.

lin·güís·ti·ca [liŋgwístika] *s/f* Ciencia que estudia el lenguaje humano por antonomasia, que está representado por las lenguas.

lin·güís·ti·co, -a [liŋgwístiko, -a] *adj* Relacionado con la lingüística.

li·ni·men·to [liniménto] *s/m* Medicamento que se usa para tratar traumatismos, etc., mediante fricciones.

li·nio [línjo] *s/m* Línea de árboles u otras plantas.

li·no [líno] *s/m* **1.** Planta herbácea de la que se obtiene la fibra que se emplea en la fabricación de los tejidos llamados 'de hilo'. **2.** Tejido fabricado con las fibras de esta planta.

li·nó·leo [linóleo] *s/m* Material impermeable que se emplea para revestir suelos y otras cosas; se fabrica con fibra de yute. ORT También: *Linóleum.*

li·no·ti·pia [linotípja] *s/f* Máquina para componer textos.

li·no·ti·pis·ta [linotipísta] *s/m,f* Persona que trabaja en la imprenta con la linotipia.

lin·ter·na [lintérna] *s/f* **1.** Utensilio manual para alumbrar, que funciona con pilas. **2.** Pequeña torre con ventanas que se construye sobre la cúpula o el tejado de algunos edificios.

lío [lío] *s/m* **1.** Conjunto de ropas o cosas semejantes amontonadas y envueltas generalmente por una tela: *Un lío de ropa.* **2.** COL Situación difícil. **3.** COL Situación de desorden o confusión: *¡Qué lío de papeles!* **4.** Relaciones amorosas irregulares: *Tiene un lío con la secretaria.* LOC **Hacerse un lío,** COL confundirse o no tener claridad en algo.

lio·fi·li·za·ción [liofiliθaθjón] *s/f* Operación y técnica empleada para liofilizar.

lio·fi·li·zar [ljofiliθár] *v/tr* Desecar una materia conservando sus propiedades. ORT Ante *e* la *z* cambia en *c: Liofilice.*

lio·so, -a [lióso, -a] *adj* **1.** COL Que es complicado o difícil. **2.** COL Se dice de la persona que gusta de enredos o chismes.

lí·pi·do [lípiðo] *s/m* BIOQUÍM (Generalmente en *pl*) Sustancia o cuerpo de los llamados alimentos energéticos; son de dos tipos, sólidos o grasos y líquidos o aceites.

li·po·ti·mia [lipotímja] *s/f* MED, CULT Desvanecimiento momentáneo acompañado de pérdida de conciencia producido por hipotensión o mala circulación cerebral.

li·quen [líken] *s/m* BOT Planta criptógama formada por un alga y un hongo que viven en simbiosis; se encuentra en los troncos de los árboles, en el suelo, etc.

li·qui·da·ble [likiðaβle] *adj* Se aplica a lo que se puede liquidar.

li·qui·da·ción [likiðaθjón] *s/f* Acción o resultado de liquidar(se).

li·qui·dar [likiðár] **I.** *v/tr* **1.** Hacer el pago final de una cuenta de tal manera que quede cerrada o saldada. **2.** COL Gastar una cantidad de dinero o una cosa convertible en dinero en un tiempo muy breve: *Ha liquidado todos sus ahorros en unos días.* **3.** COM Vender mercancías para acabarlas. **4.** COL Acabar con una persona: *Lo liquidó de un tiro.*

li·qui·dez [likiðéθ] *s/f* ECON Disponibilidad de un activo financiero por su carácter de rentable, de tal manera que se puede convertir en dinero fácilmente.

lí·qui·do, (-a) [líkiðo, (-a)] **I.** *adj* **1.** Se aplica a aquello que, como el agua se adapta a la forma del recipiente o cavidad que lo contiene. **2.** Se dice de la cantidad, precio, etc., que queda después de hacer los descuentos correspondientes: *Una cantidad líquida de mil pesetas.* **II.** *s/m* Cuerpo o sustancia que se presenta en estado líquido.

li·ra [líra] *s/f* Instrumento musical usado en la antigüedad; estaba formado de varias cuerdas entre un marco que se abre en dos brazos en la parte superior.

lí·ri·co, (-a) [líriko, (-a)] **I.** *adj* **1.** Se aplica a la poesía en que predomina el sentimiento subjetivo y, *por ext,* al poeta que la escribe. **2.** FIG Composición, discurso, etc., en que se manifiesta emoción, entusiasmo, etc. **II.** *s/f* Género constituido por este tipo de poesía.

li·rio [lírjo] *s/m* Planta iridácea de hojas envainadas y tallo alto, que da una flor, en su parte final, de color blanco o morado.

li·ris·mo [lirísmo] *s/m* Cualidad de lírico.

li·rón [lirón] *s/m* Pequeño roedor de unos 30 cm. de largo, que vive en los árboles; pasa el invierno aletargado. LOC **Dormir como un lirón** COL, dormir muy bien y seguido.

li·ron·do, -a [liróndo, -a] En la expresión COL **mondo y lirondo** o **monda y lironda:** se emplea para enfatizar el carácter de despojo o sin añadidura de algo.

lis·boe·ta [lisβoéta] *adj* y *s/m,f* De Lisboa.

li·sia·do, -a [lisjáðo, -a] *s/m,f* Persona que tiene imperfección en alguna extremidad, particularmente cuando consiste en una lesión permanente o le falta un brazo o una pierna.

li·siar [lisjár] *v/tr,* REFL(SE) Producir una lesión a persona o animal.

li·so, -a [líso, -a] *adj* **1.** Se aplica a lo que no tiene desigualdades o asperezas: *Un terreno liso.* **2.** Aplicado a vestidos, que no tiene adornos o pliegues: *Una falda lisa.* **3.** Aplicado a cosas hechas de tela, de un solo color o sin dibujos: *Una camisa lisa.* **4.** Se dice del pelo que no tiene ondulaciones o rizos. LOC **Decir lisa y llanamente,** decir sin rodeos o con claridad.

li·son·ja [lisóŋxa] *s/f* Trato adulador de palabra u obra hacia una persona, generalmente de forma interesada.

li·son·jea·dor, -ra [lisoŋxeaðór, -ra] *adj* y *s/m,f* Lisonjero.

li·son·je·ar [lisoŋxeár] *v/tr* Tratar de forma aduladora a alguien.

li·son·je·ro, -a [lisoŋxéro, -a] **I.** *adj* y *s/m,f* Se aplica a quien lisonjea. **II.** *adj* FIG Se dice de lo que satisface o deleita: *Palabras lisonjeras.*

lis·ta [lísta] *s/f* **1.** Dibujo en forma de línea recta o franja en algunas cosas, sobre todo en los tejidos: *Las camisetas de ese equipo tienen listas azules y blancas.* **2.** Relación de nombres de personas o cosas puestos uno detrás de otro: *La lista de precios.*
Lista de correos, oficina de correos a donde se dirigen las cartas o paquetes que han de recoger los destinatarios de los mismos.
Lista negra (con frecuencia FIG), relación de personas mal vistas por alguna razón.

lis·ta·do, (-a) [listáðo, (-a)] **I.** *adj* Se aplica a lo que tiene listas. **II.** *s/m* Relación de nombres, títulos de obras, etc.

lis·tar [listár] *v/tr* Poner o escribir en lista.

lis·te·za [listéθa] *s/f* COL Cualidad de listo.

lis·tín [listín] *s/m* Lista pequeña extractada de otra mayor: *Un listín de teléfonos.*

lis·to, -a [lísto, -a] *adj* **1.** *(Ser listo)* Se aplica a la persona que comprende las cosas con rapidez. **2.** Se dice de la persona que es hábil para saber lo que le conviene o tiene mucha perspicacia. **3.** *(Estar listo)* Se dice de lo que o de quien está en condiciones para hacer algo o para ser usado, respectivamente: *Está todo listo; cuando quieras partimos.* LOC **¡Listo!,** interjección con que se expresa que se ha terminado de preparar o hacer algo. **Pasarse de listo,** equivocarse por pensar maliciosamente sobre algo o alguien.

lis·tón [listón] *s/m* Trozo de madera plana, estrecha y delgada.

li·su·ra [lisúra] *s/f* Cualidad de liso.

li·te·ra [litéra] *s/f* **1.** Cama fija en los trenes, buques, etc. **2.** Mueble formado por dos camas superpuestas.

li·te·ral [literál] *adj* Que se atiene rigurosamente a la letra.

li·te·ra·rio, -a [literárjo, -a] *adj* Se aplica a lo relacionado con la literatura.

li·te·ra·to, -a [literáto, -a] *s/m,f* Persona que se dedica a la creación literaria.

li·te·ra·tu·ra [literatúra] *s/f* **1.** Arte que tiene como medio de expresión la palabra escrita o hablada. **2.** Conjunto de obras literarias escritas en una lengua, en una época, etc. **3.** Trabajo o actividad del literato: *Vivir de la literatura.* **4.** Estudios, artículos o monografías sobre una materia: *Literatura científica sobre un tema.*

li·tia·sis [litjásis] *s/f* MED Formación de cálculos en un órgano, en particular en las vías urinarias y biliares.

lí·ti·co, -a [lítiko, -a] *adj* HIST Relacionado con la piedra, y con referencia a la Prehistoria: *Material lítico.*

li·ti·ga·ción [litiγaθjón] *s/f* Acción de litigar.

li·ti·gan·te [litiγánte] *adj* y *s/m,f* DER Se aplica a quien litiga.

li·ti·gar [litiγár] *v/intr* **1.** DER, CULT Entablar o mantener un litigio: *Lleva más de dos años litigando sobre ese asunto.* **2.** Disputar. RPr **Litigar por/sobre/con/contra:** *Litigar por algo/contra alguien/con alguien.* ORT Ante *e* la *g* cambia en *gu: Litigue.*

li·ti·gio [litíxjo] *s/m* **1.** Disputa tramitada ante un juez o tribunal. **2.** Disputa entre personas o entidades a propósito de un derecho, aunque no esté sometida a un tribunal.

li·tio [lítjo] *s/m* QUÍM Metal alcalino, *núm* atómico *3, símb Li,* de color blanco de plata y muy ligero.

li·tó·fa·go, -a [litófaγo, -a] *adj* ZOOL Se aplica a los moluscos que horadan las rocas para instalarse en ellas.

li·to·gra·fía [litoγrafía] *s/f* **1.** Sistema de reproducción de dibujos, escritos, etc., que consiste en grabarlos en una piedra calcárea mediante una tinta especial. **2.** Grabado obtenido con tal sistema de reproducción.

li·to·gra·fiar [litoγrafjár] *v/tr* Reproducir una cosa por el sistema de la litografía.
ORT, PRON La *i* recibe el acento en el *sing* y *3.ª pers pl* del *pres* de *indic* y *subj: Litografío, litografíen...*

li·to·grá·fi·co, -a [litoγráfiko, -a] *adj* Se aplica a lo relacionado con la litografía.

li·tó·gra·fo, -a [litóγrafo, -a] *s/m,f* Profesional que hace trabajos de litografía.

li·to·ral [litorál] **I.** *adj* Se aplica a lo que está cerca del mar o lo bordea. **II.** *s/m* Tierras lindantes con el mar: *El litoral mediterráneo.*

li·tos·fe·ra [litosféra] *s/f* Capa de material sólido que envuelve la Tierra.

li·tro [lítro] *s/m* Unidad de medida de capacidad para los líquidos, equivalente al volumen de un decímetro cúbico.

li·tua·no, -a [litwáno, -a] *adj* y *s/m,f* De Lituania.

li·tur·gia [litúrxja] *s/f* Conjunto de actos característicos de una religión.

li·túr·gi·co, -a [litúrxiko, -a] *adj* Se aplica a lo relacionado con la liturgia.

li·vian·dad [liβjan̪dáð] *s/f* **1.** Cualidad de liviano. **2.** Acción liviana.

li·via·no, -a [liβjáno, -a] *adj* **1.** Se aplica a lo que tiene poco peso. **2.** Que tiene volubilidad o ligereza moral.

li·vi·de·cer [liβiðeθér] *v/intr* Ponerse lívido.
CONJ *Irreg: Lividezco, lividecí, livideceré, lividecido.*

li·vi·dez [liβiðéθ] *s/f* Cualidad de lívido.

lí·vi·do, -a [líβiðo, -a] *adj* Se aplica a quien está muy pálido.

li·za [líθa] *s/f* **1.** En otras épocas, campo en que combatían dos o más caballeros, y, *por ext,* el mismo combate. **2.** FIG CULT *(Entrar en liza).* Lucha o pugna de personas, intereses, etc.

lo [ló] **I.** *Artículo neutro* que se antepone a adjetivos y frases dándoles carácter de sustantivo: *Lo bueno. Lo que importa.* **II.** **1.** Forma neutra del *pron pers* de *3.ª persona,* que se emplea como 'complemento directo' o como 'atributo': *—¿Quién sabe dónde está ese cine? —Yo* **lo** *sé.* **2.** Forma masculina singular del *pron pers* de *3.ª persona* para la función de complemento directo.

loa [lóa] *s/f* LIT Elogio.

loa·ble [loáβle] *adj* CULT Se aplica a lo que se considera digno de alabanza.

lo·ar [loár] *v/tr* Alabar o elogiar.

lo·ba·ni·llo [loβaníʎo] *s/m* Bulto que se forma en la piel a algunas personas, y que no suele ser doloroso.

lo·ba·to [loβáto] *s/m* Cachorro del lobo.

lo·be·ro, (-a) [loβéro, (-a)] **I.** *adj* Se aplica a lo relacionado con los lobos. **II.** *s/f* Guarida de lobos.

lo·bez·no [loβéθno] *s/m* Cachorro de lobo.

lo·bi·na [loβína] *s/f* Pez marino, de unos 70 a 80 cm. de largo y cuerpo oblongo.

lo·bo, -a [lóβo, -a] *s/m,f* Mamífero carnicero parecido al perro, que vive en las montañas y bosques de Europa, América y Asia.

ló·bre·go, -a [lóβreγo, -a] *adj* Oscuro e inspirador de temor por ello.

lo·bre·guez [loβreγéθ] *s/f* Cualidad de lóbrego.
ORT *Pl: Lobregueces.*

lo·bu·la·do, -a [loβuláðo, -a] *adj* Que tiene o está dividido en lóbulos.

ló·bu·lo [lóβulo] *s/m* **1.** Cada una de las partes que con forma curva u ondulada forman saliente en una cosa, particularmente en una hoja, un arco, etc. **2.** ANAT Parte más o menos redondeada de un órgano.

lo·bu·no, -a [loβúno, -a] *adj* Se aplica a lo relacionado con el lobo.

lo·cal [lokál] **I.** *adj* **1.** Se aplica a lo que se refiere sólo a una parte de algo que se considera: *Infección local.* **2.** Se dice de lo que pertenece o tiene relación con un municipio o población: *El equipo local.* **II.** *s/m* Parte de un edificio que tiene un fin determinado, generalmente comercial o recreativo, por oposición a las partes dedicadas a vivienda.

lo·ca·li·dad [lokaliðáθ] *s/f* **1.** Pueblo o ciudad. **2.** Cada una de las plazas o sitios para los espectadores en un teatro, plaza de toros, etc. **3.** Billete que da derecho a ocupar una plaza o asiento en un local de espectáculos.

lo·ca·lis·mo [lokalísmo] *s/m* **1.** Apego excesivo al propio país o región. **2.** Expresión o palabra propia de un lugar.

lo·ca·lis·ta [lokalísta] *adj* Se aplica a lo relacionado con el localismo.

lo·ca·li·za·ción [lokaliθaθjón] *s/f* Acción y efecto de localizar.

lo·ca·li·zar [lokaliθár] **I.** *v/tr* **1.** Poner límites a algo para que no se extienda. **2.** Averiguar el lugar en que se encuentra algo o alguien. **II.** REFL(SE) Situarse en un lugar cosas como un dolor, etc.: *El dolor se le ha localizado ahora en la espalda.* RPr **Localizar en.**
ORT La *z* cambia en *c* ante *e: Localicé.*

lo·ca·tis [lokátis] *adj* y *s/m,f* COL Se aplica a quien tiene la mente ligeramente perturbada.

lo·ción [loθjón] *s/f* Líquido que se emplea para dar fricciones: *Una loción capilar.*

lock-out [lokáut] *s/m* ANGL Cierre momentáneo de una empresa, por parte de la dirección, con el fin de hacer presión por algún motivo, *por ej,* por amenaza de huelga de los trabajadores.

lo·co, -a [lóko, -a] **I.** *adj* **1.** Se aplica a la persona que no tiene normales sus facultades mentales. **2.** Que, por su estado pasional, no obra serena o razonablemente. **3.** COL Se dice de quien está muy enamorado o tiene una gran afición por algo: *Ese amigo nuestro está loco por la música.* **4.** COL Con sustantivos como *amor, entusiasmo, ilusión* y semejantes, muy grande. **5.** COL (Como elemento comparativo), imprudente: *Lo he visto que bajaba como un loco en su bici.* **II.** *s/m,f* Persona loca. LOC **A lo loco,** sin reflexión o alegremente: *Vivir a lo loco.* **A tontas y a locas,** sin una guía o medida. **Cada loco con su tema,** frase con que se comenta el hecho de que alguien vuelve una y otra vez sobre algo. **Estar loco de contento** o **de alegría,** COL estar muy contento. **Hacerse el loco,** no darse por aludido respecto a alguien o algo. **Volver loco (a alguien),** COL *1.* Marear o aturdir. *2.* Hacer que sienta alguien un gran atractivo o pasión: *Lo vuelve loco cuando se viste así.* RPr **Loco de (I. 2). Loco por/con (I. 3 y 4).**

lo·co·mo·ción [lokomoθjón] *s/f* Acción de trasladarse de un lugar a otro, particularmente en un vehículo.

lo·co·mo·tor, (-ra) [lokomotór, (-ra)] **I.** *adj* Se aplica a los mecanismos propios de la locomoción o que la producen, particularmente en Zoología. **II.** *s/f* Máquina que arrastra los vagones del tren.

lo·co·mo·triz [lokomotríθ] *adj* (en *f*) Se aplica a lo que mueve o hace que se mueva algo: *Una energía locomotriz.*

lo·co·mo·vi·ble o **lo·co·mó·vil** [lokomoβíβle/lokomóβil] *adj* Que se puede trasladar de un sitio a otro.

lo·cua·ci·dad [lokwaθiðáð] *s/f* **1.** Cualidad de locuaz. **2.** Habla abundante.

lo·cuaz [lokwáθ] *adj* Se aplica a la persona que en un momento dado habla mucho o no tiene contención al hacerlo.
ORT *Pl: Locuaces.*

lo·cu·ción [lokuθjón] *s/f* GRAM Expresión fija formada por dos o más palabras.

lo·cu·ra [lokúra] *s/f* **1.** Estado de loco. **2.** Acción imprudente o insensata en extremo. **3.** COL Cariño muy grande por alguien o afición extraordinaria por algo: *Tiene locura por su hermano pequeño.*

lo·cu·tor, -ra [lokutór, -ra] *s/m,f* Profesional de la radio o la televisión que lee las noticias, da información, etc.

lo·cu·to·rio [lokutórjo] *s/m* **1.** Estancia o habitación dividida comúnmente por una reja en donde las monjas y los presos reciben sus visitas. **2.** Pequeña dependencia en que se celebraban en otro tiempo las conferencias telefónicas en las oficinas públicas.

lo·da·zal o **lo·da·zar** [loðaθál/-r] *s/m* Sitio cubierto de lodo.

lo·do [lóðo] *s/m* Mezcla de tierra y agua, particularmente la que se forma por la lluvia.

lo·ga·rít·mi·co, -a [loɣarítmiko, -a] *adj* MAT Relacionado con los logaritmos.

lo·ga·rit·mo [loɣarítmo] *s/m* Número que indica la potencia a que hay que elevar otro dato para obtener un tercero.

lo·gia [lóxja] *s/f* ARQ Galería exterior de algunos edificios, techada y abierta por delante, y con arcadas que se apoyan en columnas: *Las logias del Vaticano.*

ló·gi·co, (-a) [lóxiko, (-a)] **I.** *adj* **1.** Se aplica a lo que está fundamentado en la razón o está bien pensado. **2.** Se dice de lo relacionado con la lógica. **3.** (En frases como *es, parece lógico*) Natural o normal. **4.** Se dice de quien razona sus decisiones: *Es una persona muy lógica.* **II.** *s/f* **1.** Ciencia del razonamiento. **2.** Manera de razonar bien fundamentada: *Su lógica es implacable.*

lo·gís·ti·co, (-a) [loxístiko, (-a)] **I.** *adj* Se aplica a lo relacionado con la logística. **II.** *s/f* MIL Parte de la ciencia militar que comprende lo relativo a las operaciones de guerra.

lo·go·pe·da [loɣopéða] *s/m,f* Especialista en logopedia.

lo·go·pe·dia [loɣopéðja] *s/f* Disciplina que se ocupa de la corrección de las deficiencias y trastornos de la fonación y el lenguaje.

lo·go·ti·po [loγotípo] *s/m* Conjunto de letras o símbolos que constituyen el distintivo de algo (una empresa, producto, etc.).

lo·gra·do, -a [loγráðo, -a] *adj* Se aplica a lo que está bien hecho.

lo·grar [loγrár] *v/tr* Llegar a conseguir lo que se pretendía.

lo·gre·ro, -a [loγréro, -a] *s/m,f* **1.** Quien presta dinero a cambio de intereses muy altos. **2.** *Por ext,* persona que trata de obtener dinero de cualquier forma.

lo·gro [lóγro] *s/m* Cosa conseguida tras un tiempo de trabajo o de actividad.

lo·gro·ñés, -sa [loγroɲés, -sa] *adj* y *s/m,f* De Logroño.

loís·mo [loísmo] *s/m* GRAM Fenómeno lingüístico de carácter rústico o vulgar característico de algunas zonas del centro y norte de la Península Ibérica y que consiste en emplear el pronombre *lo* por *le: No* **lo** *daré más importancia de la que tiene.*

loís·ta [loísta] *adj* y *s/m,f* GRAM Relacionado con el loísmo o que lo practica.

lo·ma [lóma] *s/f* Extensión de tierra elevada y prolongada.

lom·bar·do, (-a) [lom̥bárðo, (-a)] *adj* Se aplica a las cosas y a las gentes de Lombardía.

lom·briz [lom̥bríθ] *s/f* Gusano que suele vivir en los terrenos húmedos.

lo·me·ra [loméra] *s/f* **1.** Correa que sujeta la guarnición al cuerpo de las caballerías. **2.** Caballete del tejado.

lo·mo [lómo] *s/m* **1.** Región superior del cuerpo de los animales comprendida entre el cuello y las ancas. **2.** Parte de ciertos animales correspondiente a esta región, como el cerdo, cuando han sido sacrificados y despedazados para el consumo humano: *Un filete de lomo.* **3.** En los libros, parte opuesta al corte de las hojas, en que suele escribirse el título y el nombre del autor.

lo·na [lóna] *s/f* Tela fuerte e impermeable que se usa para cubrir mercancías, hacer toldos, etc.

lon·cha [lóɲtʃa] *s/f* Cada uno de los trozos delgados en que se suele cortar el jamón, el queso y los embutidos en general para su consumo.

lon·di·nen·se [lon̪dinénse] *adj* y *s/m,f* De Londres.

lon·ga·ni·mi·dad [loŋganimiðáð] *s/f* Magnanimidad.

lon·ga·ni·za [loŋganíθa] *s/f* Embutido delgado hecho de carne de cerdo picada y adobada.

lon·ge·vi·dad [loŋxeβiðáð] *s/f* Larga duración de la vida de una persona o de un ser vivo en general.

lon·ge·vo, -a [loŋxéβo, -a] *adj* Se aplica a los seres vivos que han alcanzado edad avanzada, particularmente a las personas.

lon·gi·tud [loŋxitúð] *s/f* Dimensión única en una línea o la mayor entre las de una cosa: *Las unidades de longitud.*

lon·gi·tu·di·nal [loŋxituðinál] *adj* En el sentido de la longitud.

lon·gui(s) [lóŋgi(s)] En la LOC **Hacer(se) el longui(s),** no darse por enterado de algo, hacerse el distraído.

lon·ja [lóŋxa] *s/f* **1.** Edificio dedicado a las operaciones comerciales, sobre todo de granos, más usado en otro tiempo. **2.** Loncha.

lon·ta·nan·za [lon̪tanán̪θa] *s/f* Sección o término de un cuadro más distante del plano principal. LOC **En lontananza,** a lo lejos.

loor [loór] *s/m* LIT Alabanza.

lo·que·ro, -a [lokéro, -a] *s/m,f* Persona que se dedica al cuidado de los locos.

lord [lór(d)] ANGL *s/m* Título de algunos nobles ingleses.
ORT *Pl: Lores.*

lo·ri·ga [loríga] *s/f* **1.** Cota de mallas que se usó en la Edad Media. **2.** Armadura del caballo para la guerra.

lo·ro [lóro] *s/m* **1.** Ave trepadora y con plumajes de colores, capaz de imitar la voz humana. **2.** FIG Mujer fea.

lor·quia·no, -a [lorkjáno, -a] *adj* Se aplica a lo relacionado con la obra del poeta Federico García Lorca.

los [lós] **I.** Forma del artículo determinado *m, pl: Los libros.* **II.** Forma del *pron pers* de *3.ª persona, m, pl,* que se usa en la función de complemento directo.

lo·sa [lósa] *s/f* **1.** Piedra plana y larga. **2.** Baldosa.

lo·se·ta [loséta] *s/f* Losa pequeña para enlosar.

lo·te [lóte] *s/m* Porción formada por varias cosas en que se divide un todo al objeto de reparto o venta: *Lote de libros.*

lo·te·ría [lotería] *s/f* Juego de azar de administración estatal consistente en que se sortean varios premios en metálico, que corresponden a algunos de los números previamente vendidos.

lo·te·ro, -a [lotéro, -a] *s/m,f* Persona que tiene a su cargo un despacho de billetes de lotería.

lo·to [lóto] *s/m* Planta acuática, de grandes hojas coriáceas y flores blancas, que abunda en las orillas del río Nilo.

lo·za [lóθa] *s/f* **1.** Material cerámico obtenido con barro fino y un característico barniz vítreo. **2.** Conjunto de piezas de vajilla hecho con tal material.

lo·za·nía [loθanía] *s/f* Aspecto lozano.

lo·za·no, -a [loθáno, -a] *adj* **1.** Que está verde y con aspecto vigoroso. **2.** Que tiene aspecto joven o saludable.

lu·bi·na [luβína] *s/f* Lobina o róbalo.

lu·bri·ca·ción [luβrikaθjón] *s/f* Acción y efecto de lubricar.

lu·bri·can·te [luβrikánte] *adj* y *s/m* Se aplica a lo que lubrica: *Aceite lubricante.*

lu·bri·car [luβrikár] *v/tr* Poner aceite de motor u otra sustancia equivalente en una máquina para protegerla del desgaste y para que funcione con suavidad.
ORT Ante *e* la *c* cambia en *qu: Lubrique.*

lu·bri·ca·ti·vo, -a [luβrikatíβo, -a] *adj* Que lubrica.

lu·bri·ci·dad [luβriθiðáð] *s/f* CULT Cualidad de lúbrico.

lú·bri·co, -a [lúβriko, -a] *adj* CULT **1.** Se aplica a las personas propensas a la lujuria. **2.** CULT Se dice de lo que refleja o manifiesta lujuria: *Intención lúbrica.*

lu·bri·fi·ca·ción [luβrifikaθjón] *s/f* Lubricación.

lu·bri·fi·car [luβrifikár] *v/tr* Lubricar.
ORT Ante *e* la *c* cambia en *qu: Lubrifique.*

lu·cen·se [luθénse] *adj* y *s/m,f* De Lugo.

lu·ce·ro [luθéro] *s/m* Estrella grande y brillante.

lu·ci·dez [luθiðéθ] *s/f* Cualidad o estado de lúcido.

lú·ci·do, -a [lúθiðo, -a] *adj* **1.** Muy claro: *Una mente lúcida.* **2.** En condiciones de pensar normalmente.

lu·ci·do, -a [luθíðo, -a] *adj* Que se hace con lucimiento o brillantez.

lu·ciér·na·ga [luθjérnaγa] *s/f* Insecto coleóptero de cuerpo blando, que está dotado de un órgano que desprende luz.

lu·ci·fer [luθifér] *s/m* **1.** Con *may* Nombre con que se conoce al demonio. **2.** FIG Hombre soberbio y maligno.

lu·ci·mien·to [luθimjénto] *s/m* Circunstancia de lucir o lucirse alguien.

lu·cir [luθír] **I.** *v/intr* **1.** Dar luz. **2.** Dar un trabajo o esfuerzo un resultado o satisfacción proporcionado al mismo. **3.** FAM Sentir placer o agrado haciendo algo: *¡Le luce hacerle rabiar!* **4.** COL Producir una cosa provecho a alguien: *No le luce lo que come.* **5.** COL Dar lucimiento o realce algo. **II.** *v/tr* Mostrar o llevar para lucimiento una cosa: *Las damas de honor lucían sus mejores vestidos.* **III.** REFL(SE) **1.** Quedar bien con una intervención o la participación en algo: *Ana se lucirá tocando el piano.* **2.** Hacerse ver una persona con algo o alguien de lo que se presume: *¡Le encanta ir a esos lugares para lucirse!* **3.** Se emplea en construcción exclamativa con intención irónica o para expresar un contratiempo: *¡Pues se ha lucido con esa propuesta!*
CONJ *Irreg: Luzco, lucí, luciré, lucido.*

lu·crar·se [lukrárse] *v/*REFL(SE) Obtener lucro o beneficio de algo: *¡Bien se ha lucrado de los beneficios que daba esa finca!* RPr **Lucrarse de/con.**

lu·cra·ti·vo, -a [lukratíβo, -a] *adj* Se aplica a lo que produce ganancia.

lu·cro [lúkro] *s/m* Con frecuencia *despec* Ganancia o provecho que se obtiene de algo: *Un deseo desmedido de lucro.*

luc·tuo·so, -a [luktwóso, -a] *adj* CULT Se aplica a lo que conlleva tristeza o desgracia: *Un hecho luctuoso.*

lu·cu·bra·ción [(e)lukuβraθjón] *s/f* Producto de la meditación.

lu·cu·brar [(e)lukuβrár] *v/tr* Trabajar pensando intensamente en algo científico, artístico o literario.

lu·cha [lútʃa] *s/f* **1.** Acción de luchar. **2.** Pelea o combate entre dos personas o bandos. **3.** FIG Oposición entre individuos, grupos de distintas tendencias, etc.

lu·cha·dor, -ra [lutʃaðór, -ra] *adj* y *s/m,f* Se aplica a quien lucha.

lu·char [lutʃár] *v/intr* **1.** Enfrentarse con violencia dos personas o dos grupos de personas. **2.** Poner esfuerzo para conseguir algo: *Luchar por la libertad.* **3.** FIG Emplear determinados medios o recursos con un fin: *Luchar contra el cáncer.* RPr **Luchar con/contra (1 y 3)/por (2).**

lu·di·brio [luðíβrjo] *s/f* CULT Burla hecha con desprecio.

lú·di·co, -a [lúðiko, -a] *adj* Se aplica a lo que tiene relación con el juego, en contraposición a lo que es práctico.

lú·di·cro [lúðikro] *adj* Relativo al juego.

lue·go [lwéγo] **I.** *adv* Indica posterioridad en el tiempo o en el espacio, pero sin ser grande respecto al momento o el lugar que se considera: *Primero estuvimos en casa de los abuelos y luego en casa de los tíos.* **II.** *conj* Expresa consecuencia: *Él estaba enfermo ese día, luego está disculpado.* LOC **Desde luego,** *1.* (Se emplea como asentimiento a algo dicho por otro. A veces se refuerza con el incremento *que* *sí* o *que no*) Indudablemente. *2.* Se emplea como elemento enfatizador: *Desde luego ya no sé qué pensar de él.* **Hasta luego,** fórmula de despedida que implica que el que la dice va a ver posteriormente en el mismo día a la persona de quien se despide.

lu·gar [luɣár] *s/m* **1.** Parte del espacio sin delimitación de extensión. **2.** Enclave o paraje en el campo. **3.** Posición de una persona o una cosa con relación a otra. LOC **Dar lugar,** ser causa o motivo de algo. **En lugar de,** en sustitución de. **En primer lugar..., en segundo lugar..., finalmente,** expresiones que suelen encabezar las partes de una enumeración de hechos que forman parte de un todo. **Fuera de lugar,** no oportuno: *Una contestación fuera de lugar.* **Hacer lugar,** hacer sitio. **No dejar lugar a dudas,** ser indudable. **No ha lugar,** DER CULT no procede. **Quedar en buen (mal) lugar,** salir airoso (mal) al hacer algo. **Tener lugar,** ocurrir.

lu·ga·re·ño, -a [luɣaréɲo, -a] *s/m,f* Habitante de un pueblo pequeño o una aldea.

lu·gar·te·nien·te [luɣartenjéņte] *s/m* Persona que sustituye a otra en ciertos cargos de autoridad o poder, cuando así lo exige la situación.

lú·gu·bre [lúɣuβre] *adj* Se aplica a lo que indica o recuerda la muerte.

lu·jo [lúxo] *s/m* **1.** Riqueza superflua o uso de bienes de mucho valor e inútiles. Se emplea a veces en *pl* con valor intensivo: *Nosotros no nos podemos permitir esos lujos.* **2.** Abundancia de algo que no siempre es necesario. LOC **De lujo,** que no corresponde a necesidades básicas o primarias: *Un artículo de lujo.* **Permitirse el lujo de,** hacer algo que no es corriente, porque se tiene mucho dinero, tiempo, etc.

lu·jo·so, -a [luxóso, -a] *adj (Ser lujoso)* Se aplica a lo que constituye o tiene lujo.

lu·ju·ria [luxúrja] *s/f* Apetito sexual exagerado o vicioso: *Un pecado de lujuria.*

lu·ju·rian·te [luxurjáņte] *adj* Muy abundante.

lu·ju·rio·so, -a [luxurjóso, -a] *adj* Que tiene o conlleva lujuria.

lum·ba·go [luɱbáɣo] *s/m* Dolor de la región lumbar, de carácter reumático a consecuencia de un traumatismo o de un esfuerzo.

lum·bar [luɱbár] *adj* ANAT Se aplica a lo relacionado con la parte del cuerpo comprendida entre la cintura y las nalgas.

lum·bre [lúɱbre] *s/f* Fuego hecho con leña.

lum·bre·ra [luɱbréra] *s/f* COL (En la LOC **Ser una lumbrera**) Persona de mucho talento.

lu·mi·na·ria [luminárja] *s/f* Lumbre grande que se encendía en las calles de los pueblos con ocasión de algunas fiestas.

lu·mí·ni·co, -a [lumíniko, -a] *adj* CULT Se aplica a lo relacionado con la luz.

lu·mi·nis·cen·cia [luminisθénθja] *s/f* Propiedad de algunas sustancias de emitir luz.

lu·mi·nis·cen·te [luminisθéņte] *adj* Que tiene la propiedad de la luminiscencia.

lu·mi·no·si·dad [luminosiðáð] *s/f* Cualidad de luminoso: *La luminosidad del cielo.*

lu·mi·no·so, -a [luminóso, -a] *adj* **1.** Se aplica a lo que despide luz. **2.** FIG Que es muy acertada o clara: *Tener una idea luminosa.*

lu·mi·no·tec·nia [luminotéknja] *s/f* Técnica o especialidad de la iluminación con luz artificial para fines artísticos o industriales.

lu·mi·no·téc·ni·co, -a [luminotékniko, -a] *adj* Relativo a la luminotecnia.

lu·na [lúna] *s/f* **1.** (Con *may*) Astro satélite de la Tierra. **2.** Luz de este astro: *Haber luna.* **3.** Satélite de cualquier astro. **4.** Plancha de vidrio que se utiliza como espejo, como cierre de un escaparate, etc.

lu·nar [lunár] **I.** *adj* Se aplica a lo relacionado con la Luna: *La superficie lunar.* **II.** *s/m* **1.** Mancha de color oscuro en la piel humana: *Tiene un lunar en la cara.* **2.** Dibujo redondo en las telas, en distinto color que el general: *Una tela de lunares.*

lu·ná·ti·co, -a [lunátiko, -a] *adj* y *s/m,f (Ser lunático)* Se aplica a la persona que tiene un carácter muy mudable.

lunch [lúņtʃ/láņtʃ] *s/m* ANGL Comida ligera y constituida por alimentos fríos, hecha generalmente con motivo de una celebración o una recepción.

lu·nes [lúnes] *s/m* Día de la semana que sigue al domingo.

lun·far·do [luɱfárðo] *s/m* Jerga de los delincuentes y maleantes de Buenos Aires y alrededores.

lu·pa [lúpa] *s/f* Instrumento formado de una lente de aumento y un mango generalmente.

lu·pa·nar [lupanár] *s/f* CULT Casa de prostitución.

lu·pa·na·rio, -a [lupanárjo, -a] *adj* CULT Se aplica a lo relacionado con el lupanar.

lú·pu·lo [lúpulo] *s/m* Planta herbácea cuyos frutos se emplean para aromatizar la cerveza.

lu·si·ta·no, -a [lusitáno, -a] **I.** *adj* Se aplica a lo relacionado con Lusitania, territorio de la Península Ibérica que comprendía lo que es hoy Portugal y parte de Extremadura. **II.** *s/m,f* Portugués.

lu·so, -a [lúso, -a] *adj* y *s/m,f* Portugués.

lus·trar [lustrár] *v/tr* Dar brillo a algo, particularmente a los zapatos.

lus·tre [lústre] *s/m* **1.** Brillo de las cosas bruñidas o lustradas. **2.** FIG Gloria u honor. **3.** (Sobre todo en la lengua popular) Buen aspecto físico en las personas.

lus·tro [lústro] *s/m* Período de cinco años.

lus·tro·so, -a [lustróso, -a] *adj* **1.** *(Estar lustroso)* Que tiene buen aspecto físico. **2.** Se dice de los animales que tienen aspecto sano y pelo brillante.

lu·te·ra·nis·mo [luteranísmo] *s/m* Doctrina de Lutero y rama de la religión protestante surgida de ella.

lu·te·ra·no, -a [luteráno, -a] *adj* Se aplica a lo relacionado con el luteranismo, particularmente a las personas que profesan esta religión.

lu·to [lúto] *s/m* **1.** *(Estar de luto)* Situación que conlleva la muerte de un familiar, en que por dolor, convención, etc., se guardan determinadas formas sociales, como vestir de una determinada manera. En España se viste de negro total o parcialmente. **2.** *(Llevar luto, ponerse de luto)* Señal externa, con que se manifiesta el dolor por el fallecimiento de un familiar.

lu·xa·ción [lu(k)saθjón] *s/f* Salida de un hueso de su sitio: *Una luxación de codo.*

lu·xar [lu(k)sár] *v/tr,* REFL(SE) Dislocar(se) un hueso.

lu·xem·bur·gués, -sa [lu(k)seɱburγés, -sa] *adj* y *s/m,f* De Luxemburgo.

luz [lúθ] *s/f* **1.** Energía natural en forma de radiación que ilumina las cosas. **2.** *(Encender, apagar la luz)* Energía artificial que ilumina las cosas, particularmente empleada en el hogar para alumbrar y para otros usos. **3.** Punto de luz artificial. **4.** (Con referencia a construcciones de albañilería, carpintería, etc.) Dimensión de la parte interior de una puerta, una ventana, etc. LOC **A la luz de,** de acuerdo con algo que se expresa, juzgando por ello. **A media luz,** con poca luz. **Arrojar luz sobre** (algo), aclarar (algo). **A todas luces** (Se emplea con valor enfatizador de lo que se expresa), totalmente: *Esa información es a todas luces falsa.* **Dar a luz** (Se emplea referido a personas), parir. **Entre dos luces,** al anochecer o al amanecer: *Llegamos entre dos luces.* **Rayar la luz,** amanecer. **Sacar a la luz/Sacar a la luz pública,** descubrir algo que estaba oculto o secreto. **Tener pocas luces,** tener poca inteligencia una persona. **Ver la luz,** *1.* Nacer (alguien). *2.* Salir editado o impreso.
ORT *Pl: Luces.*

ll [éʎe] *s/f* Decimocuarta letra del alfabeto español.

lla·ga [ʎáγa] *s/f* Lesión o ulceración en una parte interior o exterior del cuerpo. LOC **Poner el dedo en la llaga,** COL señalar el punto central o la causa fundamental de un problema.

lla·gar [ʎaγár] *v/tr* Producir llagas en una parte del cuerpo.
ORT Ante *e* la *g* cambia en *gu: Llague.*

lla·ma [ʎáma] *s/f* **1.** Porción de fuego en forma de lengua que se desprende de un cuerpo o materia cuando arde. **2.** Mamífero rumiante característico de América del Sur.

lla·ma·do, (-a) [ʎamáðo, (-a)] **I.** *p* de *llamar(se).* **II.** *adj* Conocido como: *El llamado Tercer Mundo.* **III.** *s/f* **1.** Acción de llamar: *Una llamada telefónica.* **2.** Atracción ejercida por algo sobre alguien: *La llamada de la Patria.*

lla·ma·mien·to [ʎamamjénto] *s/m* Acción y efecto de llamar.

lla·mar [ʎamár] **I.** *v/tr* **1.** Dirigirse a una persona o animal mediante la palabra u otro procedimiento: *Llamar a los niños.* **2.** Tocar o golpear en una puerta, el timbre, etc., para que abran. **3.** Dar nombre a una persona o a una cosa: *Al próximo hijo lo llamarán Carlos.* **4.** Dirigir a alguien un insulto: *Le ha llamado cobarde.* **5.** Atraer una cosa a otra: *El dinero llama al dinero.* **II.** REFL(SE) Tener el nombre que se expresa: *Su padre se llama Luis.* LOC **Llamar la atención,** *1.* Atraer la atención de la gente por algo que se considera llamativo. **2.** Reprender a alguien por su comportamiento.

lla·ma·ra·da [ʎamaráða] *s/f* Llama grande que se levanta y se apaga con rapidez.

lla·ma·ti·vo, -a [ʎamatíβo, -a] *adj* que por sus características de color, forma, etc., llama la atención.

lla·me·an·te [ʎameánte] *adj* Se aplica a lo que echa llamas.

lla·me·ar [ʎameár] *v/intr* Echar llamas.

lla·na [ʎána] *s/f* Herramienta de albañilería para enlucir las paredes.

lla·ne·ro, -a [λanéro, -a] *s/m,f* Habitante de las llanuras.

lla·ne·za [ʎanéθa] *s/f* Cualidad de la persona llana o sencilla.

lla·no, (-a) [ʎáno, (-a)] **I.** *adj* **1.** Se aplica a superficies que no tienen desniveles o desigualdades: *Un terreno llano.* **2.** (Aplicado a personas) Amable y asequible en el trato. **3.** GRAM Calificativo de las palabras que tienen el acento en la penúltima sílaba. **II.** *s/m* Extensión de terreno sin elevaciones o accidentes.

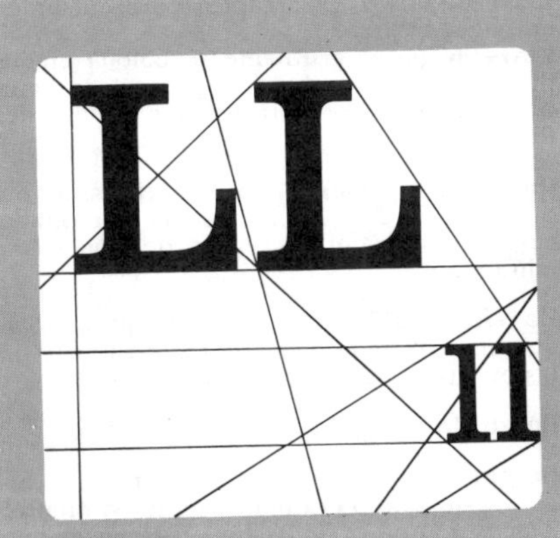

lla·no·te [ʎanóte] *adj aum* de *llano,* con carácter afectuoso.

llan·ta [ʎánta] *s/f* Cerco metálico o de goma en las ruedas de los coches, bicicletas, etc.

llan·te·ra [ʎantéra] *s/f* COL Llanto prolongado y ruidoso.

llan·ti·na [ʎantína] *s/f* COL Llantera.

llan·to [ʎánto] *s/f* Efusión de lágrimas, acompañada generalmente de sollozos.

lla·nu·ra [ʎanúra] *s/f* Extensión grande de terreno llano.

llar [ʎár] *s/m* Hogar de las cocinas.

lla·ve [ʎáβe] *s/f* **1.** Instrumento de metal para abrir y cerrar las cerraduras. **2.** Herramienta mecánica de diversos usos, como, *por ej,* para apretar o aflojar tuercas: *Una llave para dar cuerda a los relojes de pared.* **3.** Signo con que se abarcan o encierran en la escritura, en forma esquemática, palabras, frases, etc. **4.** FIG Medio para conseguir una cosa: *El dinero es la llave que abre todas las puertas.* **5.** FIG Cosa de la que depende la consecución de otra: *Esa asignatura es la llave de la carrera.* LOC **Poner bajo (debajo de) llave,** poner en sitio cerrado con llave. **Tener (algo) bajo siete llaves,** tenerlo muy guardado.
Llave inglesa, herramienta mecánica con un resorte que permite achicar o agrandar la distancia entre los vástagos que cogen la tuerca u otra cosa que se va a apretar o aflojar.
Llave maestra, la que permite abrir y cerrar distintas cerraduras.

Llave de la luz, interruptor para encender o apagar la luz.
Llave de paso, grifo que se coloca en un punto de una conducción general de agua o gas, y que sirve para regular el paso del fluido.

lla·ve·ro [ʎaβéro] *s/m* **1.** Utensilio en que se guardan las llaves. **2.** Persona a cuyo cargo están las llaves de una casa, edificio, etc.

lla·vín [ʎaβín] *s/m* Llave pequeña con que en otro tiempo se abría el picaporte de las puertas o se descorría el pestillo.

lle·ga·da [ʎeγáða] *s/f* Acción de llegar.

lle·gar [ʎeγár] **I.** *v/intr* **1.** Alcanzar el lugar de destino o el final de un movimiento: *Llegar a la playa.* **2.** (Con *a*) Alcanzar una edad: *Su padre es muy fácil que llegue a los 90 años.* **3.** (Con *a*) Durar un tiempo que se expresa: *A este paso el coche no llega a fin de año.* **4.** (Con *a*) Conseguir alguien un cargo importante o una situación de importancia en general: *No me extrañaría que llegue a presidente.* **5.** Producirse u ocurrir un suceso o una circunstancia esperada. **6.** (Con *a, hasta*) Alcanzar, en el sentido de la altura de las cosas: *La nieve llegó a los dos metros en algunos sitios.* **7.** Tener suficiente cantidad de algo para hacer una determinada cosa: *El dinero que tiene no le llega para comprar todo.* **8.** Extenderse una cosa entre dos extremos: *La cola de gente llega hasta la esquina.* **II.** REFL(SE) **1.** COL Acercarse a un lugar: *Llégate a la tienda de Ana y dile que te lo dé.* **2.** COL Pasar por un lugar con un fin: *Nos llegaremos por su casa para ver si está.* **III.** *v/aux* (En la construcción *llegar a+infin*) **1.** Se emplea para indicar acción que sobrepasa un límite o que no es corriente: *Se puso tan furioso que llegó a insultarnos.* **2.** Indica conclusión de una acción después de un determinado tiempo: *Con el tiempo llegó a gustarle aquel trabajo.* LOC **Llegar al alma,** sentir mucho una cosa. **Llegar a las armas,** llegar a enfrentarse con armas. **Llegar a la conclusión,** deducir una cosa. **Estar (alguien o algo) al llegar,** estar a punto de llegar. **Llegar lejos,** locución con que se expresa, con referencia al futuro, el buen porvenir de alguien. **Llegar a las manos,** llegar a enfrentarse con violencia. RPr **Llegar a/hasta.**

lle·nar [ʎenár] **I.** *v/tr* **1.** Ocupar un espacio, *por ej,* un recipiente, con una cosa: *Llenar una botella de agua.* **2.** Poner una cantidad excesiva de cosas en un lugar: *Ha llenado la casa de carteles.* **3.** Producir un sentimiento positivo o negativo: *Tu felicitación lo ha llenado de alegría.* **4.** Satisfacer o gustar. **II.** REFL(SE) Quedar mojado, manchado, etc., de algo una persona o una cosa: *Se llenó los zapatos de barro.* RPr **Llenar(se) de/con.**

lle·na·zo [ʎenáθo] *s/m* COL *aum* de *lleno.* Lleno muy notable (**II**).

lle·no, (-a) [ʎéno, (-a)] **I.** *adj* **1.** Ocupado: *La botella está llena.* **2.** Que tiene en gran cantidad lo que se expresa: *Viene lleno de indignación.* **II.** *s/m* Ocupación total de las localidades en un espectáculo público: *Esta noche hay un lleno total.* LOC **De lleno,** enteramente, totalmente. RPr **Lleno de.**

lle·va·de·ro, -a [ʎeβaðéro, -a] *adj* Que se puede soportar o es fácil de sufrir.

lle·var [ʎeβár] **I.** *v/tr* **1.** Trasladar una cosa o una persona a un lugar, tomándola consigo o conduciéndola: *Llevar el coche al taller.* **2.** Hacer que una cosa vaya de un sitio a otro. **3.** Conducir algo a un lugar: *Esta carretera nos llevará al sitio que dices.* **4.** Desempeñar o llevar a cabo lo que se especifica. **5.** Usar algo que se indica, particularmente un vehículo: *Hoy llevaremos su coche.* **6.** Tener una cosa que se indica en un momento dado: *Lleva ventaja en la carrera.* **7.** Soportar o sufrir algo que se expresa: *Lleva su enfermedad con mucha entereza.* **8.** Ser causa de que suceda una cosa a alguien: *La noticia llevó la alegría a la familia.* **9.** Inducir o impulsar a hacer algo: *¿Qué ha podido llevarle a pensar una cosa así?* **10.** COL Cobrar una cantidad por un trabajo: *¿Cuánto te ha llevado por la reparación?* **11.** Ser necesario un tiempo o un trabajo para hacer algo: *Llegar hasta la cima le llevará varias horas.* **12.** Tener puesta una prenda de vestir o cosa equivalente: *Hoy lleva un abrigo azul.* **13.** Tener una cosa que se indica de una determinada manera: *Llevas la chaqueta arrugada.* **14.** Sobrepasar una persona a otra un tiempo que se indica: *Ana le lleva a su hermano diez años.* **15.** (Con un complemento de tiempo) Estar en un sitio o en una situación desde el tiempo que se expresa: *¿Cuántos días lleva en Madrid?* **II.** REFL(SE) **1.** Tomar para sí una cosa cogiéndola de donde estaba: *Dile que no se lleve el coche.* **2.** Quitar o arrastrar con violencia una cosa de un sitio: *La riada se ha llevado el puente.* **3.** Conseguir u obtener algo. **4.** Estar de moda una cosa: *Ese color se lleva mucho este año.* **III.** *v/aux* **1.** Forma con el *participio* frases de valor terminativo indicando una acumulación de cosas resultante de la acción que se expresa: *Lleva escritos casi 500 folios.* **2.** Forma con el *gerundio* frases de valor continuativo, expresando que algo que comenzó en el pasado se prolonga posteriormente: *Lleva viviendo diez años en esta casa.* LOC **Llevar a cabo (una cosa),** realizarla. **Llevar camino de,** tener posibilidad de. **Llevar a efecto,** realizar. **Llevar a término/a feliz término,** terminar la realización de algo. **Llevar la voz cantante** (generalmente en tono jocoso), tener la dirección o la responsabilidad en algo. **Llevarse por delante,** arrastrar en su impulso algo: *El autobús se llevó a varios co-*

ches por delante. RPr **Llevar(se) a/de/con:** *Llevar(se) a la boca. Llevar algo de un sitio. Llevar el dolor con paciencia. Llevarse bien con alguien.*

llo·rar [ʎorár] **I.** *v/intr* Derramar lágrimas. **II.** *v/tr* Tener o manifestar sentimiento de pena por la muerte de alguien. RPr **Llorar de/por:** *Llorar por un amigo/de pensa.*

llo·re·ra [ʎoréra] *s/f* Llanto fuerte y prolongado.

llo·ri·ca [ʎoríka] *adj* y *s/m,f* Persona que llora por cualquier cosa y a menudo.

llo·ri·que·ar [ʎorikeár] *v/intr* Llorar de forma débil, como sin ganas y con lloro monótono.

llo·ri·queo [ʎorikéo] *s/m* Acción de lloriquear.

llo·ro [ʎóro] *s/m* Acción de llorar.

llo·rón, -na [ʎorón, -na] *adj* y *s/m,f* Se aplica a la persona que llora a menudo, particularmente a los niños.

llo·ro·so, -a [ʎoróso, -a] *adj* Que presenta señales de haber llorado o aspecto de estar para llorar.

llo·ver [ʎoβér] **I.** *v/impers* Caer agua de las nubes. **II.** *v/intr* FIG Ser abundante una cosa para alguien: *Últimamente le llueven los contratos.* LOC **Llover a cántaros,** llover intensamente. **Llover sobre mojado,** ocurrir algo a una persona después de otras cosas que le han dejado afectado.
CONJ **(Usado sólo en** ***3.ª pers) Irreg: Llueve, llovió, lloverá, llovido.***

llo·viz·na [ʎoβíθna] *s/f* Lluvia menuda y que cae lentamente.

llo·viz·nar [ʎoβiθnár] *v/impers* Caer llovizna.

llu·via [ʎúβja] *s/f* **1.** Agua que cae de las nubes cuando llueve. **2.** FIG Abundancia o gran cantidad de una cosa.

llu·vio·so, -a [ʎuβjóso, -a] *adj* Se aplica al tiempo o lugar en que llueve en abundancia.

m [éme] *s/f* Décimoquinta letra del alfabeto español.
ORT Se escribe *m* delante de *p* y *b*: *Embajador, impuesto,* etc. También cuando la sílaba siguiente empieza por *na, ne, ni, no: Columna, alumno, amnesia,* etc., excepto la palabra *perenne* y los compuestos de las preposiciones *en, in, con, sin: Ennoblecer, connatural,* etc.

ma·ca [máka] *s/f* **1.** Desperfecto que tienen algunos objetos. **2.** Señal que queda en la fruta por haber recibido un golpe o rozadura.

ma·ca·bro, -a [makáβro, -a] *adj* Se aplica a lo relacionado con el aspecto repulsivo o terrorífico de la muerte.

ma·ca·co, -a [makáko, -a] **I.** *s/m,f* Cuadrumano parecido a la 'mona' pero más pequeño. **II.** *adj* y *s/m,f* Se aplica cariñosamente a los niños; también, con valor despectivo, a una persona insignificante, de poco valor físico o moral.

ma·ca·na [makána] *s/f* Disparate o mentira que se hace o dice.

ma·ca·ne·ar [makaneár] *v/tr* Contar o inventar tonterías.

ma·ca·nu·do, -a [makanúðo, -a] *adj* COL Se aplica a lo que provoca admiración por su tamaño, valor, oportunidad, etc.

ma·ca·rra [makárra] *s/m* COL **1.** Chulo de prostitutas. **2.** Chulo de barrio, pendenciero y sin escrúpulos.

ma·ca·rrón [makarrón] *s/m* (Generalmente en *pl*) Trozo de una pasta hecha con harina de trigo que tiene forma de tubito y que se cocina de diversas formas.

ma·ca·rró·ni·co, -a [makarróniko, -a] *adj* Se aplica a cualquier lenguaje o estilo incorrecto o poco elegante.

ma·car·se [makárse] *v/*REFL(-SE) Comenzar a pudrirse la fruta debido a los golpes recibidos.
ORT Ante *e* la *c* cambia en *qu: Maque.*

ma·ce·do·nio, (-a) [maθeðónjo, (-a)] **I.** *adj* y *s/m,f* y De Macedonia. **II.** *s/f* Postre o comida hechos con trozos picados de diversas frutas o verduras revueltos.

ma·ce·ra·ción [maθeraθjón] *s/f* Acción de macerar.

ma·ce·rar [maθerár] *v/tr* Ablandar una cosa golpeándola, estrujándola o manteniéndola cierto tiempo sumergida en un líquido.

ma·ce·ta [maθéta] *s/f* Recipiente, generalmente de barro cocido que, lleno de tierra, se utiliza para criar plantas.

ma·ce·te·ro [maθetéro] *s/m* Soporte para macetas.

mac·far·lán o **mac·fer·lán** [makfarlán/-ferlán] *s/m* Abrigo de hombre, sin mangas y con esclavina.

ma·ci·len·to, -a [maθilén̪to, -a] *adj* Se dice de las personas con cara pálida y flaca.

ma·ci·llo [maθíʎo] *s/m* Pieza del piano que, accionada por la tecla, golpea la cuerda correspondiente.

ma·ci·zo, (-a) [maθíθo, (-a)] *adj* **1.** Se aplica a las cosas formadas por una masa sólida, sin huecos en su interior: *Un anillo de oro macizo.* **2.** También a lo que es sólido y está bien hecho. **3.** Referido a una persona, que tiene la carne dura.
Macizo montañoso o de montañas, conjunto de montañas consideradas como una unidad.

ma·cro- [makro-] *Prefijo* de origen griego que significa 'grande'.

ma·cro·bió·ti·ca [makroβjótika] *s/f* Arte de conseguir una vida más larga siguiendo ciertas reglas alimenticias e higiénicas.

ma·cro·cos·mo [makrokósmo] *s/m, pl* El universo, por oposición al microcosmos.

má·cu·la [mákula] *s/f* LIT Mancha.

ma·cu·lar [makulár] *v/tr* LIT Manchar.

ma·cu·to [makúto] *s/m* Saco o bolsa de un tejido resistente que se lleva a la espalda para transportar cosas.

mach [mátʃ] *s/m* ANGL Unidad internacional de velocidad equivalente a la del sonido (1.060 km/h).

ma·cha·car [matʃakár] *v/tr* **1.** Desmenuzar o aplastar una cosa a golpes: *Machacar*

aceitunas. **2.** FIG Insistir mucho en una cosa. **3.** Destruir algo, como, *por ej,* al ejército enemigo.
ORT Ante *e* la *c* cambia en *qu: Machaqué.*

ma·cha·cón, -na [matʃakón, -na] *adj* y *s/m,f* (*Ser, estar, ponerse,* etc.) Se aplica a la persona que insiste o repite mucho una cosa: *Está muy machacón últimamente con sus consejos.*

ma·cha·co·ne·ría [matʃakonería] *s/f* Cualidad o actitud de machacón.

ma·cha·da [matʃáða] *s/f* Acción propia de un 'macho' o 'machote'.

ma·cha·mar·ti·llo [matʃamartíʎo] LOC **A machamartillo,** repetidamente, con fuerza y firmeza.

ma·cha·queo [matʃakéo] *s/m* Acción de machacar.

ma·che·te [matʃéte] *s/m* Arma blanca de hoja ancha y de un solo filo.

ma·chis·mo [matʃísmo] *s/m* Conjunto de creencias y actitudes de la persona que considera superiores las cualidades propias del hombre sobre las que se atribuyen a la mujer.

ma·chis·ta [matʃísta] *adj* y *s/m,f* Se aplica a las personas, y a sus actitudes, que revelan machismo.

ma·cho [mátʃo] *adj* y *s/m* **1.** Se aplica a los seres de cada especie orgánica que tienen los órganos masculinos de la reproducción. **2.** FIG En mecanismos compuestos por dos piezas que encajan, se aplica a la que se introduce en la otra (llamada 'hembra'): *Un enchufe macho.* **3.** VULG Se aplica al hombre que se considera digno de admiración por sus cualidades, actos o actitudes viriles.

ma·cho·te, -a [matʃóte, -a] *adj* y *s/m,f* (*aum* de *macho*) Persona valiente o que se porta como es debido.

ma·chu·car [matʃukár] *v/tr* Estropear una cosa estrujándola.
ORT Ante *e* la *c* cambia en *qu: Machuque.*

ma·chu·cho, -a [matʃútʃo, -a] *adj despec* (*Ser, estar*) Aplicado a quien ya ha pasado la juventud.

ma·de·ja [maðéxa] *s/f* Hilo de algodón, lana, etc., liado en vueltas grandes sin ningún soporte.

ma·de·ra [maðéra] *s/f* **1.** Materia dura y fibrosa que constituye la parte sólida debajo de la corteza de los árboles. **2.** Esa misma materia utilizada para la construcción y carpintería. LOC **Tener madera de,** poseer alguien facilidad para hacer algo por naturaleza: *Tiene madera de profesor.*

ma·de·ra·ble [maðeráβle] *adj* Se aplica a los árboles o bosques de los que se puede obtener madera útil.

ma·de·ra·je [maðeráxe] *s/m* Maderamen.

ma·de·ra·men [maðerámen] *s/m* CARP Conjunto de los elementos de madera que se utilizan en una construcción.

ma·de·re·ría [maðerería] *s/f* Lugar en el que se almacena la madera para venderla.

ma·de·re·ro, (-a) [maðeréro, (-a)] **I.** *adj* Se aplica a lo relacionado con la madera: *Industria maderera.* **II.** *s/m* Tratante de maderas.

ma·de·ro [maðéro] *s/m* **1.** Árbol talado y sin ramas, con o sin corteza. **2.** Trozo grande de madera preparado en escuadra.

ma·dras·tra [maðrástra] *s/f* Mujer que hace de madre con los hijos de su marido, tenidos en un matrimonio anterior.

ma·dra·za [maðráθa] *s/f* Madre que quiere mucho a sus hijos y que se dedica mucho a ellos.

ma·dre [máðre] *s/f* **1.** Mujer o hembra en general que tiene uno o varios hijos, con respecto a éstos. **2.** Se aplica también a las religiosas de varias órdenes. **3.** FIG Se aplica a cosas que dan o han dado origen a otras: *Lengua madre.* **4.** Heces del vino o vinagre que quedan en el fondo de la cuba. LOC **¡Madre mía!**, expresión de sorpresa: *¡Madre mía! ¿Y ahora qué hacemos?*

ma·dre·per·la [maðrepérla] *s/f* Concha de un molusco que produce las perlas y del que también se obtiene nácar.

ma·dré·po·ra [maðrépora] *s/f* **1.** Pólipo del género 'acropora' que se encuentra en los mares tropicales; forma un polipero pétreo arborescente. **2.** Ese polipero.

ma·dre·sel·va [maðresélβa] *s/f* Planta sarmentosa de la familia de las caprifoliáceas, con flores amarillentas y rosáceas que tienen un intenso y agradable olor.

ma·dri·gal [maðriɣál] *s/m* Composición poética muy breve, de carácter ligero, delicado y amoroso, escrita generalmente en silva.

ma·dri·gue·ra [maðriɣéra] *s/f* **1.** Agujero, generalmente pequeño y profundo, donde viven ciertos animales salvajes **2.** FIG Lugar escondido que sirve de refugio a maleantes.

ma·dri·le·ño, -a [maðriléɲo, -a] *adj* y *s/m,f* De Madrid.

ma·dri·na [maðrína] *s/f* **1.** Mujer que, junto al padrino, presenta o acompaña a una persona que recibe un sacramento (bautizo, boda, etc.). **2.** Mujer que, por designación previa, preside ciertos actos, como la bendición de una bandera o la botadura de un barco. **3.** FIG Mujer que actúa como protectora de una asociación, un soldado en campaña, etc.

ma·dro·ñal [maðroɲál] *s/m* Lugar plantado de madroños.

ma·dro·ño [maðróɲo] *s/m* **1.** Arbusto ericáceo, de hojas coriáceas y frutos esféricos de superficie granulosa, comestibles. **2.** Fruto de ese arbusto. **3.** Borla redonda.

ma·dru·ga·da [maðruɣáða] *s/f* **1.** Primeras horas de la mañana, al alba. **2.** Horas después de la media noche.

ma·dru·ga·dor, -ra [maðruɣaðór, -ra] *adj* y *s/m,f* Que se levanta temprano o madruga.

ma·dru·gar [maðruɣár] *v/tr* **1.** Levantarse temprano por la mañana. **2.** FIG Adelantarse a los demás para salir ganando en un asunto: *Madrugó más que el competidor y ganó el contrato.*
ORT Ante *e* la *g* cambia en *gu: Madrugue.*

ma·dru·gón [maðruɣón] *s/m (Darse, pegarse)* Acción de levantarse muy temprano, en general, de forma excepcional.

ma·du·ra·ción [maðuraθjón] *s/f* Acción de madurar.

ma·du·rar [maðurár] **I.** *v/tr* **1.** Hacer madura una cosa. **2.** FIG Ultimar la elaboración de un plan, un proyecto, etc., meditándolo. **3.** MED Activar la supuración en un absceso. **II.** *v/intr* **1.** Ponerse en sazón los frutos. **2.** Referido a personas, volverse juicioso y experimentado.

ma·du·ra·ti·vo, (-a) [maðuratíβo, -a] *adj* y *s/m* Que madura o sirve para madurar.

ma·du·rez [maðuréθ] *s/f* **1.** Cualidad o estado de sazón de los frutos. **2.** Sensatez y juicio propio de la persona madura. **3.** Edad madura. **4.** Circunstancia de estar un plan, un proyecto, etc., suficientemente elaborado.

ma·du·ro, -a [maðúro,-a] *adj* (*Estar maduro)* **1.** Se aplica a la fruta en sazón, que ya puede recolectarse o comerse. **2.** FIG Se aplica a un plan, un proyecto, etc., preparado para ser realizado. **3.** FIG (*Ser maduro*) Referido a personas, experimentado y juicioso. **4.** Aplicado a jóvenes, con la experiencia y juicio de una persona adulta.
Edad madura, etapa de la vida de una persona entre la juventud y la vejez.

maes·tral [maestrál] *adj* y *s/m* Tipo de viento que sopla en el Mediterráneo.

maes·tran·za [maestránθa] *s/f* **1.** Antigua sociedad de caballeros cuya finalidad era el adiestramiento en el uso de las armas y en la equitación. **2.** Conjunto de talleres y oficinas, donde se construyen y reparan piezas de artillería.

maes·traz·go [maestráθɣo] *s/m* **1.** Dignidad de maestre en una orden militar. **2.** Territorio de su jurisdicción.

ma·es·tre [maéstre] *s/m* Superior de una orden militar.

maes·tría [maestría] *s/f* **1.** Habilidad para hacer bien algo: *Maestría en el manejo de los esquís.* **2.** Título de maestro de cualquier clase.

ma·es·tro, -a [maéstro, -a] **I.** *s/m,f* **1.** Persona que enseña algo (ciencia, arte, oficio). **2.** Persona que se ocupa de la enseñanza en la educación primaria, o tiene título para ello. **3.** Persona de gran conocimiento o dominio en un arte o ciencia: *Los grandes maestros del arte contemporáneo.* **4.** Persona que, en su oficio (especialmente masculino), ha llegado al grado más alto: *Maestro albañil.* **5.** (Como título delante del nombre) Compositor de música, referido a los modernos: *El maestro Chueca.* **6.** FIG Se aplica a las cosas que enseñan: *La vida es la mejor maestra.* **II.** *adj* Se aplica a las cosas principales de su clase: *Viga maestra.*

ma·fia [máfja] *s/m* Organización clandestina de criminales en Sicilia.

ma·fio·so, -a [mafjóso, -a] *adj* y *s/m,f* Se aplica a personas y cosas relacionadas con la mafia.

mag·da·le·na [maɣðaléna] *s/f* **1.** Mujer arrepentida tras haber llevado una vida licenciosa. **2.** Bizcocho de harina, aceite, leche, huevo y azúcar, que se hace al horno en moldes redondos de papel.

ma·gia [máxja] *s/f* **1.** Arte de utilizar las fuerzas ocultas de la naturaleza para producir ciertos efectos. **2.** Poder con que se producen esos efectos. **3.** FIG Encanto o atractivo de una cosa que nos produce sensación de irrealidad: *Los atardeceres tienen una magia especial.* LOC **(Suceder/Pasar/Ocurrir,** etc.) **(una cosa) por arte de magia,** de forma inexplicable.

ma·giar [maxjár] *s/m,f* Perteneciente a un pueblo que habita en Hungría y Transilvania, y a lo relacionado con ellos.

má·gi·co, -a [máxiko, -a] *adj* **1.** Se aplica a lo relacionado con la magia. **2.** Maravilloso.

ma·gis·te·rio [maxistérjo] *s/m* **1.** Labor que el maestro o profesor realiza con sus alumnos. **2.** Profesión de maestro. **3.** Conjunto de los profesores de primera enseñanza de un lugar: *El magisterio español.*

ma·gis·tra·do, -a [maxistráðo, -a] *s/m,f* **1.** Persona que posee un cargo civil importante en el gobierno de un país, *por ej,* un cónsul, un concejal, etc. **2.** Funcionario superior de justicia, como un juez, o cada uno de los miembros que constituyen una sala de audiencia.

ma·gis·tral [maxistrál] *adj* Hecho con maestría.

ma·gis·tra·tu·ra [maxistratúra] *s/f* **1.** Dignidad o cargo del magistrado. **2.** Tiempo que dura su ejercicio. **3.** Conjunto de los magistrados funcionarios de una nación.

mag·ma [máɣma] *s/m* **1.** Masa ígnea y fluida del interior de la tierra que al enfriarse se solidifica. **2.** GEOL Masa vítrea o con cristales muy pequeños que forma parte de muchas rocas eruptivas.

mag·na·ni·mi·dad [maɣnanimiðáð] *s/f* Cualidad de magnánimo.

mag·ná·ni·mo, -a [maɣnánimo, -a] *adj* Se aplica a la persona de espíritu noble y generoso.

mag·na·te [maɣnáte] *s/m* Persona que ocupa una elevada posición social, por su poder, su influencia o riqueza: *Un magnate de las finanzas.*

mag·ne·sia [maɣnésja] *s/f* Óxido de magnesio. Es blanca terrosa y ligeramente alcalina.

mag·ne·sio [maɣnésjo] *s/m* Metal blanco, ligero, que arde con una llama brillante. Su *símb* es *Mg* y su *núm* atómico *12.*

mag·né·ti·co, -a [maɣnético, -a] *adj* Se aplica a lo relacionado con los imanes o sus propiedades.

mag·ne·tis·mo [maɣnetísmo] *s/m* **1.** Fuerza de atracción de un imán. **2.** Conjunto de fenómenos de atracción y rechazo producidos por imanes o corrientes eléctricas. **3.** FIG Poder de atracción que alguien o algo posee, por su encanto, belleza, etc.

mag·ne·ti·zar [maɣnetiθár] *v/tr* **1.** Transmitir a un cuerpo propiedades magnéticas. **2.** Hipnotizar. **3.** FIG Provocar una reacción de entusiasmo en una o muchas personas con un discurso, una actuación, etc.: *La actriz magnetizó al público.*
ORT Ante *e* la *z* cambia en *c: Magneticé.*

mag·ne·to [maɣnéto] *s/m* Generador de electricidad que se emplea para el encendido de los motores de explosión, como el del automóvil.

mag·ne·to·fón o **mag·ne·tó·fo·no** [maɣnetofón/-tófono] *s/m* Aparato utilizado para el registro y reproducción de sonidos en una cinta cubierta de óxido magnético.

mag·ne·to·fó·ni·co, -a [maɣnetofóniko, -a] *adj* Se aplica a lo relacionado con el megnetófono: *Cinta magnetofónica.*

mag·ni·ci·da [maɣniθíða] *s/m,f* Quien comete un magnicidio.

mag·ni·ci·dio [maɣniθíðjo] *s/m* Asesinato o muerte violenta de una persona notable por su poder o cargo en el gobierno.

mag·ni·fi·cen·cia [maɣnifiθénja] *s/f* Cualidad de magnífico.

mag·ní·fi·co, -a [maɣnífiko, -a] *adj* **1.** Se aplica a lo que tiene un aspecto lujoso y admirable: *Un palacio magnífico.* **2.** Se aplica a cosas de mucho valor, o muy buenas por cualquier motivo o cualidad: *Un magnífico reloj.* **3.** Aplicado a personas, significa que tiene grandes cualidades: *Es un magnífico corredor.* **4.** Tratamiento aplicado a los Rectores de universidad: *Rector Magnífico.*

mag·ni·tud [maɣnitúð] *s/f* **1.** Tamaño de un cuerpo físico. **2.** Cualquier propiedad de una cosa que puede medirse, *por ej*, el peso, la longitud, la velocidad, la luminosidad, el espacio o el tiempo. **3.** FIG Importancia o grandeza de una cosa: *La magnitud de mi desgracia.*

mag·no, -a [máɣno, -a] *adj* **1.** Grande, en sentido no físico. **2.** Referido a cosas, expresa cierta dignidad o nobleza: *Aula magna.*

ma·go, -a [máɣo, -a] *s/m,f* **1.** Persona que conoce y practica la magia. **2.** (Generalmente en *m*) Personaje fantástico de los cuentos de hadas que tiene poderes mágicos.
Los tres Reyes Magos, nombre de los tres personajes que acudieron a adorar a Jesucristo recién nacido; según la tradición española, ellos traen los regalos a los niños en la noche del 5 de enero.

ma·gre·ar [maɣreár] *v/tr,* REFL(-SE) VULG Sobar a una persona con intenciones sexuales.

ma·greo [maɣréo] *s/m* Acción de magrear(se).

ma·gro, (-a) [máɣro, (-a)] **I.** *adj* (Referido a la carne de consumo) Sin grasa. **II.** *s/m* Pieza de carne de cerdo próxima al lomo, que suele ser más magra que éste.

ma·gu·lla·du·ra [maɣuʎaðúra] *s/f* Acción y efecto de magullar(se).

ma·gu·lla·mien·to [maɣuʎamjénto] *s/m* Magulladura.

ma·gu·llar [maɣuʎár] *v/tr,* REFL(-SE) Provocar(se) en un cuerpo orgánico daños o alteraciones, sin causar herida.

ma·ho·me·ta·no, -a [maometáno, -a] *adj* y *s/m,f* Se aplica a lo relacionado con Mahoma y el mahometismo.

ma·ho·me·tis·mo [maometísmo] *s/m* Religión de Mahoma.

ma·ho·ne·sa [maonésa] *adj* y *s/f* Salsa hecha con huevo, aceite, sal y limón, que se usa para aderezar ciertos platos.

mai·llot [maiJó(t)] GAL *s/m* **1.** Traje de baño (mujer). **2.** Camiseta deportiva, sobre todo la del ciclista.

mai·ti·nes [maitínes] *s/m* Primera de las horas canónicas, que se reza al amanecer. ORT Se usa siempre en *pl.*

mai·tre [métr(e)] *s/m* GAL Jefe de comedor en restaurante u hotel.

maíz [maíθ] *s/m* **1.** Planta gramínea de granos gruesos y amarillos incrustados en una mazorca esponjosa. **2.** Grano de esa planta.

mai·zal [maiθál] *s/m* Terreno sembrado de maíz.

ma·ja·da [maxáða] *s/f* Lugar donde se recoge el ganado por la noche.

ma·ja·de·ría [maxaðería] *s/f* Se aplica a lo dicho o hecho de forma inoportuna o inadecuada.

ma·ja·de·ro, -a [maxaðéro, -a] *adj* y *s/m,f* Se aplica con desprecio o enfado a una persona que actúa de forma indiscreta o molesta.

ma·jar [maxár] *v/tr* Desmenuzar una cosa machacándola, *por ej*, en el mortero: *Majar los ajos/las almendras*, etc.

ma·ja·re·ta [maxaréta] *adj* y *s/m,f* COL Persona que no está bien de la cabeza o actúa locamente.

ma·jes·tad [maxestáð] *s/f* **1.** Atributo inherente a la realeza, que infunde admiración y respeto. **2.** Tratamiento de los reyes: *Su Graciosa Majestad*, y también de Dios: *Su Divina Majestad.*
ORT Con *may* si precede a *Su* o *Vuestra.*

ma·jes·tuo·si·dad [maxestwosiðáð] *s/f* Cualidad de majestuoso.

ma·jes·tuo·so, -a [maxestwóso, -a] *adj* Se aplica a personas o a cosas que infunden admiración y respeto por sus actitudes, movimientos o por su aspecto: *La reina tenía un porte majestuoso.*

ma·jo, -a [máxo, -a] *adj* y *s/m,f* Se aplica a las personas o cosas que resultan agradables por algún motivo (belleza, actitud, etc.): *Es un chico muy majo.*

mal [mál] **I.** *adj* Forma apocopada de *malo* que se emplea delante de *s/m: Un mal carácter.* **II.** *s/m* **1.** Se aplica a lo que es perjudicial o dañino: *El mal está en contárselo a todo el mundo.* **2.** Expresión abstracta de lo que es contrario a la moral humana o divina: *El mal y el bien.* **3.** Enfermedad: *Ese mal se puede curar.* **III.** *adv* **1.** De forma inapropiada o perjudicial: *Lo has hecho muy mal.* **2.** Insuficientemente: *Veo mal.* **3.** (Con *oler* o *saber*) Desagradablemente: *Huele mal.* **4.** (Con *entender, interpretar,* etc.) Equivocadamente. **5.** Difícilmente: *Mal puedo contárselo si yo no sé nada.* LOC **Caer mal (una persona a otra)**, no ser de su agrado. **Estar mal,** *1.* No ser apropiado o como debe ser: *Este dibujo está mal. 2.* (Referido a personas) Encontrarse cansado o enfermo. **Estar a mal (con alguien)**, estar enfadado. **Ir de mal en peor**, empeorar progresivamente un asunto, enfermedad, etc. **Menos mal** o **Menos mal que**, expresión de alivio ante algo que podía haber traído malas consecuencias: *¡Menos mal que me lo has dicho!* **Saber mal**, FIG no estar de acuerdo con ello o tener escrúpulos para hacer algo. **Sentar mal**, FIG enfadarse o molestarse con lo dicho o hecho por alguien. **Tomar a mal**, enfadarse por lo dicho o hecho por alguien que no tenía malas intenciones: *Ha tomado a mal mis palabras.*
GRAM En comparativo se utiliza *peor.*

ma·la·bar [malaβár] *adj* y *s/m,f* Se aplica a las personas, a su lengua y a las cosas relacionadas con la región de Malabar en la India.
Juegos malabares, ejercicios de malabarismo.

ma·la·ba·ris·mo [malaβarísmo] *s/m* **1.** Ejercicios de habilidad en los que se lanzan objetos al aire para cogerlos luego, o se mantienen en difícil equilibrio. **2.** FIG Destreza de una persona para mantener una situación difícil, conservar un empleo en circunstancias adversas, etc.

ma·la·ba·ris·ta [malaβarísta] *s/m,f* Persona que hace juegos malabares.

ma·la·cia [maláθja] *s/f* MED Trastorno que provoca el deseo de comer cosas impropias para la alimentación como yeso, cal, tierra o carbón.

mal·a·cos·tum·bra·do, -a [malakostuɱbráðo, -a] *adj* **1.** Se dice de la persona con malas costumbres o vicios. **2.** También de la que está acostumbrada a una excesiva comodidad.

má·la·ga [málaγa] *s/m* Vino dulce de Málaga.

ma·la·ga·na [malaγána] *s/f* (*Tener*) Estar con poca actividad física y mental, sin deseos de moverse.

mal·a·gra·de·ci·do, -a [malaγraðeθíðo, -a] *adj* y *s/m,f* Desagradecido.

ma·la·gue·ño, (-a) (malaγéɲo, (-a)] **I.** *adj* y *s/m,f* De Málaga. **II.** *s/f* Cante popular de Málaga, parecido al fandango.

ma·la·le·che [malalétʃe] *s/m,f* FIG VULG Se aplica a las personas que actúan con mala intención.

mal·an·dan·za [malaṇdáṇθa] *s/f* Suceso desgraciado que le ocurre a alguien.

ma·lan·drín, -na [malaṇdrín, -na] *adj* y *s/m,f* Se aplicaba como insulto a una persona perversa o maligna; actualmente se emplea, a veces, en tono jocoso.

ma·la·qui·ta [malakíta] *s/f* Mineral, carbonato de cobre, de color verde, que, pulido, se utiliza en decoración.

ma·la·ria [malárja] *s/f* Paludismo.

ma·la·som·bra [malasómbra] *adj* y *s/m,f* Persona sin gracia o inoportuna.

ma·la·ú·va [malaúβa] *adj* y *s/m,f* FIG VULG Se aplica a las personas que actúan con mala intención.

ma·la·yo, -a [maláJo, -a] *adj* y *s/m,f* De Malaca, las islas de la Sonda o las de Oceanía occidental.

mal·ba·ra·tar [malβaratár] *v/tr* **1.** Vender una cosa a bajo precio. **2.** Gastar el dinero de forma imprudente.

mal·ca·ra·do, -a [malkaráðo, -a] *adj* **1.** Se aplica a la persona de aspecto desagradable, que no inspira confianza. **2.** También a la persona que pone mala cara, por enfado o malhumor.

mal·co·mer [malkomér] *v/intr* Comer poco o cosas de mala calidad.

mal·criar [malkriár] *v/tr* Dar a los hijos una mala educación por exceso de mimos y concesiones.
ORT, PRON El acento recae sobre la *i* en el *sing* y *3.ª pers pl* del *pres* de *indic* y *subj: Malcrío, malcríe.*

mal·dad [maldáð] *s/f* **1.** Cualidad de malo. **2.** Acción malvada.

mal·de·cir [maldeθír] **I.** *v/tr* **1.** Increpar a alguien expresando odio y deseo de que algo malo le ocurra. **2.** Expresar por medio de palabras el enojo o abominación que se siente por algo o alguien: *Maldigo el día en que te conocí.* **II.** *v/intr* **1.** Utilizar expresiones de cólera, blasfemar o expresar el deseo de que algo malo le ocurra a alguien. **2.** Criticar o murmurar: *Maldice de todo el mundo.* RPr **Maldecir de (algo o alguien). (II. 2).**
CONJ *Irreg: Maldigo, maldije, maldeciré, maldecido.*
GRAM Además del *p maldecido*, existe un *p irreg, maldito*, usado como *adj* y *s.*

mal·di·ción [maldiθjón] *s/f* **1.** Acción de maldecir. **2.** Palabras con las que se maldice.

mal·di·to, -a [maldíto, -a] **I.** *p irreg* de *maldecir.* **II.** *adj* y *s/m,f* **1.** Se aplica a cosas o personas que nos causan daño o molestia: *Los malditos vecinos no paran de molestar.* **2.** Delante de un *s* con artículo, forma negaciones intensificadas con sentido despectivo: *Maldita la gana que tengo de salir ahora.* LOC **¡Maldita sea!**, COL expresión de enfado cuando algo no marcha como era de esperar. **¡Maldito(s) seas (sea, sean,** etc.)**!**, expresión de mucho enfado contra alguien o algo. RPr **Maldito de:** *Maldito de Dios.*

ma·lea·bi·li·dad [maleaβiliðáð] *s/f* Cualidad de maleable.

ma·lea·ble [maleáβle] *adj* **1.** Se aplica al metal que puede convertirse en láminas o planchas. **2.** FIG Dócil.

ma·le·an·te [maleánte] *adj* y *s/m,f* Se aplica a la persona de vida delictiva.

ma·le·ar [maleár] *v/tr,* REFL(-SE) Convertir a una persona o a uno mismo en malvado.

ma·le·cón [malekón] *s/m* **1.** Muralla que sirve para evitar que el agua invada un terreno. **2.** Rompeolas adaptado para atracar.

ma·le·di·cen·cia [maleðiθénθja] *s/f* Acción de murmurar o difamar.

ma·le·fi·cio [malefíθjo] *s/m* **1.** Daño causado a alguien con artes de hechicería. **2.** Hechizo con el que se pretende causar daño.

ma·lé·fi·co, -a [maléfiko, -a] *adj* Se aplica a lo que causa perjuicio y a lo que ejerce un maleficio sobre alguien.

mal·en·ten·der [malentendér] *v/tr* Interpretar algo equivocadamente.
CONJ *Irreg: Malentiendo, malentendí, malentenderé, malentendido.*

mal·en·ten·di·do [malentendíðo] *s/m* Hecho de haber comprendido o interpretado mal unas palabras o una situación.

ma·les·tar [malestár] *s/m* Sensación de encontrarse mal física o espiritualmente.

ma·le·ta [maléta] *s/f* Bolso grande hecho de cuero, lona u otro material, con asas para ser transportado a mano, que se usa para llevar cosas en los viajes. LOC **Hacer la maleta**, *1.* Prepararla para el viaje. *2.* FIG Disponerse a marchar de un lugar por una causa determinada.

ma·le·te·ro [maletéro] *s/m* **1.** Lugar en el coche destinado a colocar el equipaje. **2.** Mozo que transporta equipajes en las estaciones.

ma·le·ti·lla [maletíʎa] *s/m* Hombre sin medios económicos que quiere ser torero y busca ayuda para ello.

ma·le·tín [maletín] *s/m* Maleta pequeña que se puede llevar cómodamente en la mano.

ma·le·vo·len·cia [maleβolénθja] *s/f* Deseo o intención de hacer daño.

ma·lé·vo·lo, -a [maléβolo, -a] *adj* y *s/m,f* Se aplica a la persona que tiene malas intenciones: *Mirada malévola.*

ma·le·za [maléθa] *s/f* Conjunto espeso

de hierbas y arbustos salvajes entremezclados.

mal·for·ma·ción [malformaθjón] *s/f* Alteración, generalmente de nacimiento, en la forma física de alguien.

mal·ga·che [malɣátʃe] *adj* y *s/m,f* De Madagascar.

mal·gas·ta·dor, -ra [malɣastaðór, -ra] *adj* y *s/m,f* Que malgasta.

mal·gas·tar [malɣastár] *v/tr* **1.** Gastar el dinero, el tiempo, el esfuerzo, etc., de forma inútil y sin sacar beneficio. **2.** No sacar el provecho debido de una cosa, estropeándola. RPr **Malgastar (una cosa) en (algo):** *Malgastar el dinero en tonterías.*

mal·ha·bla·do, -a [malaβláðo, -a] *adj* y *s/m,f* Se aplica a la persona que utiliza un vocabulario soez o irreverente o que no se dirige a los demás con el debido respeto.

mal·ha·da·do, -a [malaðáðo, -a] *adj* y *s/m,f* LIT **1.** Que tiene mala suerte. **2.** Referido a cosas, que trae mala suerte.

mal·he·chor, -ra [maletʃór, -ra] *adj* y *s/m,f* Persona que realiza actos delictivos.

mal·he·rir [malerír] *v/tr* Herir gravemente.
GRAM Se usa fundamentalmente en *p: Se encuentra malherido.*
CONJ *Irreg: Malhiero, malherí, malheriré, malherido.*

mal·hu·mor [malumór] *s/m* Mal humor.

mal·hu·mo·ra·do, -a [malumoráðo, -a] *adj* Con mal humor.

ma·li·cia [malíθja] *s/f* **1.** Idea de hacer daño o sacar provecho de algo actuando de forma encubierta: *Actúa siempre con malicia.* **2.** Cualidad del que actúa habitualmente de esa manera. **3.** Perversidad. **4.** (Frecuentemente en frases negativas) Conocimiento o experiencia en las maldades que nos depara la existencia: *Es una persona sin malicia.* **5.** Frecuentemente se relaciona con el conocimiento de las cuestiones sexuales.

ma·li·ciar [maliθjár] *v/tr,* REFL(-SE) Suponer maliciosamente la existencia de algo oculto, irregular, pecaminoso, etc. RPr **Maliciar de/en:** *Malicia en todo. Te malicias en el juego.*

ma·li·cio·so, -a [maliθjóso, -a] *adj* y *s/m,f* Se aplica a la persona que actúa con malicia o a lo que la contiene.

ma·lig·ni·dad [maliɣniðáð] *s/f* Cualidad de maligno.

ma·lig·no, (-a) [malíɣno, (-a)] *adj* **1.** Se aplica a lo que es perjudicial o puede causar daño; se aplica especialmente a las enfermedades de difícil curación: *Tumor maligno.* **2.** *(Ser maligno)* Se aplica a las personas inclinadas a hacer el mal o que desean el mal ajeno.

mal·in·ten·cio·na·do, -a [malintenθjonáðo, -a] *adj* y *s/m,f* Aplicado a la persona con mala intención.

mal·mi·ra·do, -a [malmiráðo, -a] *adj* **1.** (Con *ser, estar*) Gozar de poco aprecio entre los amigos, los vecinos, etc.: *Es un ladrón y está muy mal mirado entre sus amigos.* **2.** (Con *ser*) Tener poca consideración con los demás.

ma·lo, -a [málo, -a] *adj* **1.** (Con *ser*) Inclinado a hacer el mal: *Es un hombre malo.* **2.** También se aplica referido a los sentimientos, actitudes, acciones, etc.: *Mala idea.* **3.** (Con *estar, caer, ponerse*) Estar enfermo. **4.** Contrario a las buenas costumbres, por exceso, vicio, etc.: *Llevar mal camino.* **5.** (Referido a una mujer) Infiel y también prostituta: *Es una mala mujer.* **6.** (Referido a niños) Travieso o desobediente. **7.** COL Se aplica a una persona malintencionada. **8.** (Con *ser*) (Referido a cosas) Se aplica a lo que no tiene calidad: *Es un libro muy malo.* (Referido a joyas o metales preciosos) Falso. **9.** Se aplica también a lo que es perjudicial: *Fumar es malo para la salud.* **10.** Y a lo que no es como se desea o conviene: *Es un mal momento para decírselo.* **11.** (Con *estar*) Se aplica a lo que está estropeado o en mal estado: *Ese yogur está malo.* **12.** *(Ser, pasar, tener, etc.)* Se aplica a lo que es desagradable o molesto: *Un mal rato.* (Con *exhalar, despedir, tener*) Se aplica especialmente al sentido del olfato y del gusto: *Mal olor.* También se dice de comidas desagradables o escasas: *En ese restaurante la comida es mala*; o del tiempo desapacible, frío y lluvioso. **13.** Se aplica a lo que trae perjuicios o va acompañado de ellos: *Una mala noticia.* **14.** Se aplica a lo que tiene consecuencias negativas: *Di un mal paso y me caí.* LOC **De mala manera**, de forma descortés o violenta: *Me lo dijo de mala manera.* **Estar de malas con (algo o alguien),** estar enfadado. **Lo malo es que**, expresión adversativa que señala un inconveniente a lo dicho anteriormente: *Quisiera ir; lo malo es que no tengo dinero.* **¡Malo!**, expresión ante un hecho o acontecimiento que no nos produce buena impresión o que presagia mala suerte: *Hace una semana que no me llama, ¡malo!* **Malo de**, difícil de: *Es un problema malo de resolver.* **Por las malas**, por la fuerza. **Ser malo con** o **para con**, FIG no tener facilidad para ello: *Soy muy malo con las matemáticas.* RPr **Malo con/de/para/para con:** *Es malo con su familia. Esta tela es mala de cortar. Malo para la salud. Felipe es malo para con todo el mundo.*
GRAM Presenta la forma apocopada *mal* delante de *s/m: Un mal carácter.* Como comparativo se usa generalmente *peor.*

ma·lo·grar [maloɣrár] **I.** v/tr Hacer que

se estropee algo. **II.** REFL(-SE) No llegar a su término una cosa.

mal·o·lien·te [maloljénte] *adj* Se aplica a lo que huele mal.

mal·pa·rar [malparár] *v/tr* LOC **Salir malparado de (una situación,** etc.), sufrir pérdidas o perjuicio en ello.

mal·que·ren·cia [malkerénθja] *s/f* Sentimiento de poca estima hacia alguien.

mal·sa·no, -a [malsáno, -a] *adj* (Con *ser*) Que es perjudicial para la salud.

mal·so·nan·te [malsonánte] *adj* **1.** Que suena mal. **2.** Se aplica a palabras, expresiones, etc., dichas con desagrado, descortesía o que son groseras.

mal·pen·sa·do, -a [malpensáðo, -a] *adj* y *s/m,f* Que tiende a pensar mal de los demás.

mal·ta [málta] *s/f* Granos de cebada (rara vez se trata de otro cereal) usados en la fabricación de cerveza. También se utilizan, tostados y molidos, para preparar infusiones.

mal·tés, -sa [maltés, -sa] *adj* y *s/m,f* De la isla de Malta.

mal·tra·tar [maltratár] *v/tr* **1.** Tratar mal a una persona o a una cosa para causarle daño o sin intención de ello. **2.** Provocar una cosa inanimada desperfectos o daños en otra.

mal·tre·cho, -a [maltrétʃo, -a] *adj* Estar en malas condiciones físicas o morales a causa de algo: *La paliza lo dejó maltrecho.*

mal·tu·sia·nis·mo [maltusjanísmo] *s/m* Teoría económica defendida por Malthus, que defiende el control del crecimiento de la población, es decir, la restricción de la natalidad.

mal·tu·sia·no, -a [maltusjáno, -a] *adj* y *s/m,f* Relacionado con las teorías de Malthus o seguidor de las mismas.

ma·lu·cho, -a [malútʃo, -a] *adj* COL *dim* de *malo: Unos zapatos maluchos.*

mal·va [málβa] **I.** *s/f* Planta malvácea silvestre, cuyas flores tienen un color violáceo muy característico. **II.** *adj* Se aplica al color violáceo pálido y a las cosas que lo tienen: *Una blusa malva.* **III.** *s/m* Color malva. LOC **Estar criando malvas**, FIG COL estar muerto y enterrado. **Ser/Estar como una malva**, FIG ser o estar tranquilo y obediente.

mal·va·do, -a [malβáðo, -a] *adj* y *s/m,f* Se aplica a la persona muy mala, capaz de hacer mucho daño.

mal·va·sía [malβasía] *s/f* **1.** Uva dulce y fragante procedente de una variedad de vid traída por los catalanes desde la ciudad griega de Quíos en la época de las cruzadas. **2.** Vino que se hace con esta uva.

mal·ven·der [malβendér] *v/tr* Vender a bajo precio por necesitar urgentemente el dinero, o por otras causas.

mal·ver·sa·ción [malβersaθjón] *s/f* Acción de malversar.

mal·ver·sa·dor, -ra [malβersaðór, -ra] *adj* y *s/m,f* Que malversa.

mal·ver·sar [malβersár] *v/tr* Utilizar alguien ilegalmente dinero de los fondos públicos o de los caudales de otras personas que están bajo su custodia.

mal·vi·vir [malβiβír] *v/intr* Vivir con dificultades o estrecheces económicas.

ma·lla [máʎa] *s/f* **1.** Cada uno de los huecos que forman un tejido de malla. **2.** Ese tejido, hecho con lana, hilo, alambre, etc., formando huecos: *Una cota de malla.* **3.** Traje ajustado al cuerpo y muy elástico que se utiliza para hacer gimnasia o danza.

ma·llo [máʎo] *s/m* Mazo hecho de algún material blando, como madera, goma, etc.

ma·llor·quín, -na [maʎorkín, -na] *adj* y *s/m,f* De Mallorca.

ma·ma [máma] *s/f* **1.** Cada una de las protuberancias en las que están situados, en las hembras de los mamíferos, los órganos de la secreción de leche para alimentar a las crías. **2.** COL Mamá.

ma·má [mamá] *s/f* Madre, en ambiente y en tono familiar.

ma·ma·do, (-a) [mamáðo, (-a)] **I.** *s/f* **1.** Cada acción ininterrumpida de mamar. **2.** Cantidad de leche que el niño ingiere en una de ellas. **II** *adj* VULG Borracho.

ma·mar [mamár] **I.** *v/tr* **1.** Chupar las crías la leche de las mamas. **2.** FIG (Generalmente en pasado) Adquirir una costumbre o cualidad desde la infancia por el ambiente o circunstancias que rodean a alguien: *Ha mamado el desprecio por los demás.* **II.** REFL(-SE) **1.** Adquirir una cosa sin mérito o esfuerzo. **2.** Embriagarse.

ma·ma·rio, -a [mamárjo, -a] *adj* Se aplica a lo relacionado con las mamas.

ma·ma·rra·cha·da [mamarratʃáða] *s/f* **1.** Acción ridícula. **2.** Cosa mal hecha que resulta ridícula.

ma·ma·rra·cho [mamarrátʃo] *s/m* **1.** Persona que viste de forma extravagante y descuidada o dice y hace cosas ridículas. **2.** Persona sin formalidad que no merece respeto. **3.** Cosa mal hecha que resulta fea o ridícula: *Esa obra es un mamarracho.*

ma·me·lu·co [mamelúko] *s/m* **1.** Soldado de un cuerpo antiguo y privilegiado de los sultanes de Egipto. **2.** Se aplica como insulto, y a veces cariñosamente, con el sentido de tonto, mamarracho, etc.

ma·me·lla [maméʎa] *s/f* Apéndice carnoso y ovalado que cuelga del cuello de algunos animales, *por ej,* de la cabra.

ma·mí·fe·ro [mamífero] **I.** *adj* y *s/m,f* Se aplica a los animales vertebrados cuyas crías se alimentan al nacer con la leche que segregan las mamas de la madre. **II.** *s/m, pl* Clase que forman estos animales.

ma·mo·tre·to [mamotréto] *s/m* **1.** *despec* Libro muy grande. **2.** *Por ext*, se aplica a cualquier cosa grande y fea.

mam·pa·ra [maɱpára] *s/f* Cancel movible que se pone en la puerta de determinados lugares.

mam·po·rro [maɱpórro] *s/m* **1.** Golpe que se da a alguien: *Le di un par de mamporros y lo tumbé.* **2.** Golpe que se recibe por una caída o un tropiezo involuntario.

mam·pos·te·ría [maɱpostería] *s/f* **1.** Obra hecha con mampuestos colocados de forma ajustada, sin sujeción, por orden de tamaño. **2.** Oficio de mampostero.

mam·pos·te·ro [maɱpostéro] *s/m* Hombre que realiza trabajos de mampostería.

mam·pues·to [maɱpwésto] *s/m* **1.** Piedra sin labrar que se coloca en la obra con las manos. **2.** Muro o parapeto.

ma·mut [mamút] *s/m* Elefante fósil del cuaternario.
ORT *Pl: Mamuts.*

ma·ná [maná] *s/m* **1.** Alimento que cayó del cielo, enviado por Dios, a los israelitas que cruzaban el desierto. **2.** Líquido azucarado que fluye de algunos vegetales, como el eucalipto o el fresno.

ma·na·da [manáða] *s/f* Grupo de animales cuadrúpedos de la misma especie, que van juntos. Se aplica fundamentalmente a grupos de animales salvajes: *Una manada de búfalos.* A veces también se aplica a grupos de animales domésticos (cabra, cerdo, etc.): *Una manada de cabras*; e incluso a grupos de aves no voladoras: *Una manada de pavos.* LOC **En manada**, referido a personas, en grupo.

má·na·ger [mána{J/x}er] *s/m* ANGL **1.** Persona que dirige los asuntos de los profesionales del deporte. **2.** Dirigente de una empresa, un espectáculo, etc.

ma·nan·tial [manaɲtjál] *s/m* **1.** Lugar donde brota agua de forma natural. **2.** FIG Se aplica a lo que es origen de algo: *Su obra es un manantial de información.*

ma·nar [manár] **I.** *v/tr, intr* Salir un líquido de algún sitio: *El agua mana de estas rocas. La roca mana agua.* **II.** *v/intr* (Con *en*) Haber abundancia de una cosa: *Felipe mana en la abundancia.* RPr **Manar (una cosa) de/en.**

ma·na·tí [manatí] *s/m* **1.** Mamífero sirenio de América, hervíboro, de cuatro o cinco metros de longitud, cuerpo grueso y piel oscura, velluda y muy espesa. **2.** Látigo hecho con la piel de este animal.

ma·na·za [manáθa] *s/m,f, pl* COL Se aplica a una persona torpe con las manos.

man·ce·bo, (-a) [manθéβo, (-a)] **I.** *s/m* **1.** Muchacho. **2.** Muchacho que trabaja en una farmacia a las órdenes del farmacéutico. **II.** *s/f* Mujer que vive y mantiene relaciones con un hombre, sin estar casada con él.

man·ci·lla [manθíʎa] *s/f* Falta en el honor o la pureza de una persona. LOC **Sin mancilla**, sin falta o pecado; se aplica al honor, la fama, etc., y a la Virgen.

man·ci·llar [manθiʎár] *v/tr* Dañar la buena fama o el honor de una persona.

man·co, -a [máŋko, -a] **I.** *adj* y *s/m,f* Se aplica a la persona a quien le falta o tiene inutilizada una o las dos manos. **II.** *adj* FIG Se aplica a cosas incompletas o defectuosas: *Una decoración manca.* RPr **Manco de:** *Es manco de la mano izquierda.*

man·co·mún [maŋkomún] Se usa exclusivamente en la expresión **De mancomún**, de común acuerdo.

man·co·mu·nar [maŋkomunár] *v/tr* y REFL(-SE) Reunir un grupo de personas (su esfuerzo, dinero, etc.,) en interés de todos. RPr **Mancomunarse con:** *Nos mancomunaremos con todos los interesados.*

man·co·mu·ni·dad [maŋkomuniðáð] *s/f* **1.** Acción de mancomunar(se). **2.** Conjunto de personas o entidades mancomunadas.

man·cha [máɲtʃa] *s/f* **1.** Zona de una cosa cubierta de suciedad. **2.** FIG Deshonra o vergüenza que cae sobre el honor o el prestigio de alguien: *Ese suspenso es una mancha en mi expediente.*

man·char [maɲtʃár] *v/tr,* REFL(-SE) **1.** Hacer manchas o ensuciar algo. **2.** PINT Distribuir las masas claras y oscuras en un dibujo. **3.** FIG Provocar la deshonra de otros o de uno mismo: *Has manchado su memoria con tus sucias palabras.* RPr **Manchar(se) con/de/en:** *Te has manchado de bolígrafo. La ropa se manchó en aceite.*

man·che·go, -a [maɲtʃéɣo, -a] *adj* y *s/m,f* De la Mancha.

man·da·de·ro, -a [maɲdaðéro, -a] *s/m,f* Persona, generalmente hombre, que hace recados o mandados.

man·da·do, -a [maɲdáðo, -a] **I.** *s/m* Encargo o recado. **II.** *s/m,f* Persona que recibe órdenes: *Es un mandado.*

man·da·más [maŋdamás] *s/m* (Con frecuencia PEYOR) Quien manda o asume esas funciones.

man·da·mien·to [maŋdamjéŋto] *s/m* **1.** Orden de una autoridad: *Mandamiento judicial.* **2.** Precepto del Decálogo y de la Iglesia.

man·dan·ga [maŋdáŋga] *s/f, pl* Tonterías: *¡Déjate ya de mandangas!*

man·dar [maŋdár] *v/tr* **1.** (Frecuentemente con un complemento de persona) Imponer a alguien el cumplimiento de cierta cosa: *Me mandó que te lo dijera.* **2.** Poseer autoridad legal para imponer una cosa: *Este decreto manda que no se debe fumar en clase.* **3.** Poseer la autoridad de imponer a un grupo organizado el cumplimiento de ciertas reglas o disciplina: *Manda una compañía de aviación.* **4.** Poseer la autoridad o el poder en un determinado lugar: *En ese país manda gente inteligente.* **5.** Avisar para que alguien haga un encargo: *He mandado que me suban el desayuno a la habitación.* **6.** Hacer que una cosa vaya de un lugar a otro: *Te he mandado un paquete por correo.* **7.** Hacer que una persona se dirija a cierto sitio: *Lo han mandado en busca del electricista.* LOC **Lo que usted mande**, expresión de sumisión ante un superior; a veces se emplea en tono jocoso. **Mandar al cuerno/al diablo/a freír espárragos/a la porra/a paseo,** etc., COL expresiones de enfado con las que se indica que no se aguanta más a una persona o situación: *Le estaba contando la historia y el imbécil me mandó a paseo.* RPr **Mandar (a alguien) a/de/por:** *Me han mandado a buscar el pan/de jefe a otra sección. Lo mandé hace una hora por pan.*

man·da·rín, (-na) [maŋdarín, (-na)] **I.** *s/m,f* Nombre que se da en Europa a los altos funcionarios públicos de China. **II.** *s/f* Fruto parecido a la naranja, pero más pequeña y olorosa; su piel se desprende muy fácilmente.

man·da·ri·nis·mo [maŋdarinísmo] *s/m* Forma arbitraria de gobernar.

man·da·ta·rio, -a [maŋdatárjo, -a] *s/m,f* Persona que representa o gestiona los asuntos de otro.

man·da·to [maŋdáto] *s/m* **1.** Acción de mandar. **2.** Palabras con que se manda. **3.** Ley o disposición de una autoridad. **4.** Periodo en que una autoridad ejerce al mando: *Durante su mandato se favoreció la economía.*

man·dí·bu·la [maŋdíβula] *s/f* Cada uno de los dos huesos que forman la boca de los animales, en los que están situados los dientes y las muelas. Se aplica este nombre a los de los humanos y el de 'quijada' al de los animales.

man·dil [maŋdíl] *s/m* Pieza de tela u otro material que se ata al cuello y a la cintura, o solamente a la cintura, y que sirve de protección contra la suciedad en determinados trabajos.

man·do [máŋdo] *s/m* **1.** Capacidad para mandar sobre los demás; se usa especialmente entre militares: *Tiene el mando de la compañía.* **2.** Tiempo que dura el ejercicio de la autoridad. **3.** (Generalmente en *pl*) Persona o grupo de personas con mando: *Los mandos de la organización.* **4.** Instrumento con el que se controla el funcionamiento de un mecanismo: *El mando del motor.*

man·do·ble [maŋdóβle] *s/m* **1.** Herida o golpe que se da con arma blanca, especialmente con la espada cogida con ambas manos. **2.** Espada grande. **3.** FIG Bofetada.

man·dón, -na [maŋdón, -na] *adj* y *s/m,f* Persona que abusa de su autoridad o a quien le gusta mandar sobre los demás.

man·drá·go·ra [maŋdráɣora] *s/f* Planta solanácea, narcótica, de hojas anchas y rugosas, con flores blancas y rojizas y fruto en baya ovoide.

man·dril [maŋdríl] *s/m* **1.** Mono de las costas occidentales de África, con rayas azules a los lados de la nariz. **2.** MEC Pieza cilíndrica que sujeta en una máquina otra que hay que tornear.

man·du·car [maŋdukár] *v/tr,* REFL(-SE) COL Comer con cierta avidez.
ORT Ante *e* la *c* cambia en *qu: Manduque.*

man·du·ca·to·ria [maŋdukatórja] *s/f* COL Comida.

ma·ne·ci·lla [maneθíʎa] *s/f* Cada una de las agujas que en un reloj señalan los números.

ma·ne·ja·bi·li·dad [manexaβiliðað] *s/f* Cualidad de manejable.

ma·ne·ja·ble [manexáβle] *adj* Se aplica a lo que se puede manejar con facilidad.

ma·ne·jar [manexár] **I.** *v/tr* **1.** Utilizar una cosa con las manos: *Maneja bien el martillo.* **2.** FIG Utilizar algo, aunque no sea con las manos: *Maneja mucho dinero.* **3.** FIG Dominar o dirigir a una persona o a una cosa: *Maneja a todo el mundo con falsas promesas.* **II.** REFL(-SE) Desenvolverse en cualquier circunstancia, bien o mal: *Sé manejarme sólo.*

ma·ne·jo [manéxo] *s/m* **1.** Acción de manejar con facilidad una cosa. **2.** Facilidad para actuar en el trabajo. **3.** FIG Acción encaminada a engañar o confundir: *No me gustan tus manejos en este asunto.*

ma·ne·ra [manéra] **I.** *s/f* Variante particular de realizar o suceder algo; se usa 'clase' o 'tipo' cuando se trata de objetos, y 'manera' cuando se trata de acciones: *Es*

una manera de olvidar como otra cualquiera. **II.** *s/f, pl* Forma de comportarse, correcta o incorrecta, de una persona: *No me gustan sus maneras.* LOC **A la manera de,** de la misma forma que lo que se expresa: *Hacen el pan a la manera italiana.* **A mi (tu, su,** etc.) **manera**, del modo que quiero o me gusta: *Lo haremos a mi manera.* **De cualquier manera,** *1.* Mal, sin cuidado o atención. *2.* Fácilmente, sin necesitar muchos cuidados. *3.* Generalmente en posición inicial o en interior entre pausas, cualquiera que sean las razones dichas anteriormente: *De cualquier manera, yo pienso ir al cine esta tarde.* **De esta (esa) manera,** *1.* Así. *2.* Valor hipotético semejante a 'siendo así'. **De manera que**, tiene valor consecutivo: *Tienes que decírselo; de manera que ya puedes empezar a preparar tus palabras.* **De ninguna manera**, negación intensificada: *No pienso ir de ninguna manera.* **De tal manera que**, tanto: *Se alegró de tal manera que comenzó a dar besos a todo el mundo.* **De todas maneras,** *1.* Cualquiera que sean las circunstancias. **2.** Tiene valor adversativo: *Vendrás con nosotros; de todas maneras llámame para confirmarlo.* **En gran manera,** mucho. **No haber manera**, expresa la imposibilidad de hacer lo que se dice: *No hubo manera de convencerle.* **¡Qué manera de!**, expresión que enfatiza la acción expresada por el verbo: *¡Qué manera de llover!*; puede indicar enfado o rechazo ante la acción que se expresa: *¡Qué manera de desperdiciar la existencia!* **Sobre manera** (también *sobremanera*), mucho. **¡Vaya una manera de!**, expresión de reproche similar a *¡Qué manera de!*
Manera de pensar, opinión.
Manera de ser, carácter.
Buenas maneras, corrección o amabilidad.
Malas maneras, descortesía o violencia.

man·ga [máŋga] *s/f* **1.** Parte del vestido que cubre el brazo total o parcialmente. **2.** Tubo largo y flexible para conducir agua. **3.** Se aplica también a cosas semejantes, en forma de tubo, y flexibles, que tienen otros usos. **4.** DEP Fase de un campeonato. LOC **Sacarse (algo) de la manga,** *1.* FIG Aportar algo inesperado, *por ej*, a la solución de un problema. *2.* Inventar. **Tener/Ser de manga ancha**, admitir indulgentemente las faltas o defectos de los demás. **Tener algo en la manga**, FIG guardar algo escondido para sorprender a los demás.

man·gan·cia [maŋgánθja] *s/f* COL Se aplica a la conducta o acciones de un mangante.

man·ga·ne·so [maŋganéso] *s/m* Metal quebradizo y muy oxidable que se extrae de la manganesa; se emplea en la fabricación de acero.

man·gan·te [maŋgánte] *s/m* COL Persona que roba o hurta.

man·gar [maŋgár] *v/tr* COL Robar.
ORT Ante *e* la *g* cambia en *gu: Mangue.*

man·go [máŋgo] *s/m* **1.** Saliente por donde se agarran ciertos utensilios, *por ej*, un cazo, una sartén, un martillo, etc. **2.** Árbol anacardiáceo, originario de la India y extendido por América, de fruto comestible ovalado, de corteza delgada y color amarillo. **3.** Fruto de ese árbol.

man·go·ne·ar [maŋgoneár] *v/intr* **1.** Intervenir en un asunto sin consultar a los demás o excluyéndolos. **2.** Manejar a las personas. **3.** Vagabundear.

man·go·neo [maŋgonéo] *s/m* Acción de mangonear.

man·gos·ta [maŋgósta] *s/f* Mamífero carnicero que habita en climas cálidos.

man·gue·ra [maŋgéra] *s/f* Manga para echar agua (en riegos, para apagar incendios, etc.)

man·gue·ta [maŋgéta] *s/f* **1.** Trozo de tubo que une el sifón de un retrete con la cañería de desagüe. **2.** Vejiga de cuero u otra materia usada antiguamente para poner lavativas. **3.** En los automóviles, pieza en que terminan los extremos del eje delantero y que permiten el cambio de dirección de las ruedas.

man·gui·to [maŋgíto] *s/m* **1.** Trozo de piel en forma de tubo que usaban antiguamente las mujeres para calentarse las manos. **2.** Manga que cubre la parte inferior de los brazos y que se coloca encima de la manga normal para no ensuciarla.

ma·ní [maní] *s/m* Cacahuete.
ORT *Pl: Manises.*

ma·nía [manía] *s/f* **1.** Trastorno mental caracterizado por agitación general y obsesión con una idea fija. **2.** Hábito o creencia injustificada: *Tiene la manía de que nos van a robar un día de estos.* **3.** Afición exagerada por algo: *La manía de la música.* **4.** *(Coger, tener)* Antipatía infundada contra alguien.

ma·nia·co, -a o **ma·nía·co, -a** [man{j/i}ako, -a] *adj* y *s/m,f* Se aplica al enfermo mental que tiene una manía: *Maníaco sexual/depresivo.*

ma·nia·tar [maniatár] *v/tr* Atar las manos a alguien.

ma·niá·ti·co, -a [manjátiko, -a] *adj* y *s/m,f* Se aplica a la persona que tiene manías, tanto si se trata de un enfermo mental, como si no.

ma·ni·co·mio [manikómjo] *s/m* **1.** Lugar donde se interna a los enfermos mentales. **2.** FIG COL Se dice del lugar donde hay mucho ruido y movimiento.

ma·ni·cu·ra [manikúra] *s/f* Cuidado de las manos y uñas: *Hacerse la manicura.*

ma·ni·cu·ro, -a [manikúro, -a] *s/m,f* Persona dedicada al cuidado de las manos y las uñas de los demás.

ma·ni·do, -a [maníðo, -a] *adj* **1.** Se aplica a cosas muy gastadas por el uso o el tiempo. **2.** LIT Poco original: *Un tema ya manido.*

ma·nie·ris·mo [manjerísmo] *s/m* Estilo artístico del siglo XVI, procedente de Italia, que enlazó el Renacimiento con el Barroco; se caracteriza por ser un arte refinado, afectado y carente de naturalidad.

ma·ni·fes·ta·ción [manifestaθjón] *s/f* **1.** Acción y efecto de manifestar(se). **2.** Agrupación numerosa de personas que, siguiendo un recorrido, expresan verbalmente, con pancartas o con su sola presencia, su protesta, apoyo u opinión sobre algún tema.

ma·ni·fes·tan·te [manifestán̪te] *s/m,f* Que se manifiesta o toma parte en una manifestación (2).

ma·ni·fes·tar [manifestár] **I.** *v/tr* Expresar verbalmente algo. **II.** *v/tr,* REFL(-SE) Dar a conocer algo, especialmente, un estado de ánimo, una opinión o una actitud: *Manifiesta cierta actitud negativa ante el proyecto.* **III.** REFL(-SE) Realizar o participar en una manifestación pública.
CONJ *Irreg: Manifiesto, manifesté, manifestaré, manifestado.*

ma·ni·fies·to, (-a) [manifjésto, (-a)] **I.** *p irreg* de *manifestar.* **II.** *adj* **1.** Obvio: *Una verdad manifiesta.* **2.** Declarado. **III.** *s/m* Declaración que una o varias personas dirigen a la opinión pública para expresar sus ideales o creencias: *El manifiesto comunista.* LOC **Poner (una cosa) de manifiesto**, dar a conocer algo de forma voluntaria o involuntaria.

ma·ni·gua [maníɣwa] *s/f* COL Terreno cubierto de maleza.

ma·ni·ja [maníxa] *s/f* **1.** Mango de ciertos objetos. **2.** Maniota. **3.** Trozo de cuero u otro material en forma de guante que llevan algunos segadores en el antebrazo para protegerse.

ma·ni·lar·go, -a [manilárɣo, -a] *adj* **1.** Largo de manos. **2.** FIG Persona aficionada al hurto.

ma·ni·lla [maníʎa] *s/f* **1.** Arandela de hierro que se coloca en las muñecas de los presos. **2.** Pulsera.

ma·ni·llar [maniʎár] *s/m* Pieza de la bicicleta, en su parte delantera, acabada en dos agarraderas curvas que se sujetan con cada una de las manos para controlar la dirección.

ma·nio·bra [manjóβra] *s/f* **1.** Acción que se realiza al manejar una máquina; se usa especialmente cuando se trata de cambiar la dirección de un automóvil o un tren o de manejar un barco. **2.** FIG Acción que se realiza disimulada y astutamente con un determinado fin. **3.** *pl* Ejercicios militares que se hacen para el adiestramiento de los soldados.

ma·nio·brar [manjoβrár] *v/intr* Hacer maniobras.

ma·nio·ta [manjóta] *s/f* Cuerda o cadena con que se atan las patas de las caballerías para que no escapen.

ma·ni·pu·la·ción [manipulaθjón] *s/f* Acción de manipular.

ma·ni·pu·la·dor, -ra [manipulaðór, -ra] *adj* y *s/m,f* Se aplica a la persona o cosa que manipula.

ma·ni·pu·lar [manipulár] *v/tr* **1.** Hacer operaciones con las manos, especialmente en o con sustancias químicas o máquinas, para conseguir un resultado: *Es peligroso manipular esos líquidos.* **2.** FIG Actuar en los asuntos de otros o interferir en algo: *Manipular la información.* RPr **Manipular en/con:** *Manipular en la comida/con ácido sulfúrico.*

ma·ni·queís·mo [manikeísmo] *s/m* Secta herética que admitía dos principios creadores, uno para el bien y otro para el mal.

ma·ni·queo, -a [manikéo, -a] *adj* y *s/m,f* Relativo al maniqueísmo.

ma·ni·quí [manikí] **I.** *s/m* **1.** Muñeco con figura humana que sirve para exhibir o probar ropa. **2.** FIG Persona que se deja manejar por cualquiera: *Es un maniquí: todos lo manejan a su gusto.* **II.** *s/m,f* Persona cuya profesión consiste en probar y vestir ropa para exhibirla.
ORT *Pl: Maniquís* o *maniquíes.*

ma·ni·rro·to, -a [manirróto, -a] *adj* y *s/m,f* Persona que gasta el dinero rápidamente o de forma imprudente.

ma·ni·ta [maníta] *s/f* LOC **Manitas de oro** o **Manitas de plata**, se dice de la persona muy habilidosa con las manos. **Hacer manitas**, acariciarse las manos dos personas. **Ser un manitas**, COL ser habilidoso.

ma·ni·ve·la [maniβéla] *s/f* Palanca acodada en ángulo recto, que transmite movimiento a un eje y suele manejarse con la mano.

man·jar [maŋxár] *s/m* Cualquier alimento, especialmente cuando se trata de algo exquisito o apetitoso.

ma·no [máno] *s/f* **1.** Cada una de las dos partes del cuerpo humano situadas en el extremo de los brazos, provistas de dedos para coger las cosas. En otros animales, extremidad en la que el dedo pulgar se opone a los otros, y por tanto, sirve para agarrar. En los cuadrúpedos, cada una de las extremidades delanteras. En las aves de rapiña, garra. **2.** En la carne dedicada al consumo, extremo inferior de las patas cortado más abajo de la rodilla: *Manos de cerdo.* **3.** Manecilla, figura con forma de mano y el índice extendido para indicar algo. **4.** *pl* Capacidad de trabajo de una o varias personas: *No tengo manos para tanto trabajo.* **5.** En los juegos de baraja, grupo de cartas que se reparte a cada jugador: *Tenía una buena mano esta vez.* Cada jugada parcial de una partida, en la que se gana o se pierde algún tanto: *Quedan tres manos para el final.* **6.** Cada una de las operaciones que se hace repetidas veces en un trabajo u ocupación: *Tienes que dar varias manos a este suelo tan sucio.* **7.** Cada uno de los lados en que sucede o se encuentra una cosa respecto de otra: *A esta mano está el río.* LOC **A mano,** *1.* Sin máquina: *Coser a mano.* *2.* En un lugar fácilmente asequible: *¿Tienes a mano un bolígrafo?* **A mano armada**, con armas: *Atraco a mano armada.* **A manos de**, *1.* Con la intervención de la persona que se expresa: *Murió a manos de unos ladrones.* *2.* (Con *llegar, ir a parar,* etc.), en posesión de la persona que se expresa: *Llegó a manos de la policía de forma casual.* **A manos llenas**, con generosidad. **Abandonar (una cosa) en manos de (alguien)**, dejarla en su poder: *Lo abandonó en manos de sus enemigos.* **Abrir la mano,** *1.* Mitigar la dureza de una imposición: *Me han dicho que abrirán la mano en el examen.* *2.* Gastar. **Al alcance de la mano**, con posibilidades de obtener lo que se expresa: *Lo tuve al alcance de la mano, pero se me escapó.* **Caer en manos de (alguien)**, estar bajo la influencia o autoridad de alguien o pasar a ser de su propiedad. **Cargar la mano en (algo)**, COL exagerar en su cumplimiento, uso, etc. **Con las manos en la masa** (*coger, pillar, sorprender,* etc.), haciendo algo que se quiere ocultar. **Con las manos vacías** (*irse, venir, llegar, encontrarse,* etc.), sin nada. **Dar la mano,** *1.* Saludar a una persona cogiendo y apretando un poco su mano. *2.* Llevar a una persona cogida de la mano: *El padre le daba la mano al niño.* *3.* Ofrecer la mano como ayuda; en sentido real o FIG: *Me dio su mano en los peores momentos.* *4.* (En la ceremonia de petición de mano) Acceder una mujer a casarse con un hombre. **Darse la mano (dos cosas)**, ser muy parecidas o ser similares. **De la mano de**, FIG acompañado o presentado por lo que se expresa. **De mano en mano**, pasando de una persona a otra. **De primera mano**, sin intermediarios, de forma directa del que la dijo o hizo: *Es una información de primera mano.* **De segunda mano,** *1.* Se dice de lo que ya ha pasado por cierto número de intermediarios. *2.* *(Comprar, vender)* Se dice de cosas ya usadas por otros. **Echar (la) mano (a alguien o a algo)**, *1.* Apresar. *2.* Coger una cosa para usarla. **Echar una mano**, ayudar: *¿Por qué no me echas una mano con esto?* **En buenas manos**, en un lugar o con una persona de confianza. **En mano**, sin intermediarios, de una forma directa a la persona que interesa: *Entregue el paquete en mano.* **Escapársele (a alguien) la mano**, perder el control en algún hecho. **Estar (alguien) dejado de la mano de Dios**, *1.* Ser un delincuente o una persona sin principios. *2.* Ser un desastre, una persona que comete imprudencias o insensateces. *3.* Ser un desgraciado. **Estrechar la mano (a alguien)**, darle la mano como saludo. **Extender la mano**, alargar la mano. **Frotarse las manos**, FIG acción que expresa satisfacción por algo; con frecuencia, malintencionadamente. **Írsele (a alguien) la mano en/con (una cosa)**, *1.* Escapársele la mano. *2.* Exagerar en el cumplimiento de una acción o en su realización. **Írsele (a alguien) (una cosa) de las manos**, escapársele de las manos. **Levantar la mano a/contra (alguien)**, amenazarle. **Llegar a las manos**, terminar golpeándose los participantes en una discusión inicial. **Llevar entre manos**, intrigar o planear algo. **Llevarse las manos a la cabeza**, hacerlo así o decirlo, expresando asombro o susto ante una cosa disparatada. **Mano a mano**, *1.* *s/m* Acción o entrevista entre dos personas: *Discutieron en un mano a mano memorable.* *2.* *loc adv* Acción entre dos personas, realizada amigablemente, y cada uno por su parte. **¡Manos arriba!,** expresión que exige la colocación en esa postura de las manos para no ser agredidos por quien lo dice. **¡Manos a la obra!,** expresión que se usa cuando se va a iniciar un trabajo. **Meter (la) mano a/en (algo)**, *1.* Intervenir en algo. *2.* Iniciar un trabajo. **Meter mano (a alguien)**, *1.* Actuar en contra de una persona por alguna irregularidad o sospecha en sus actos, o responsabilidades: *Van a meterle mano por lo del desfalco.* *2.* VULG Magrear. **No saber (alguien) dónde tiene la mano derecha** o **No saber lo que trae/lleva entre manos**, no enterarse o comprender las cosas que le rodean. **No tener (tantas) manos para (algo)**, no poder realizar varias cosas a la vez. **Pedir la mano de (una mujer),** solicitar el novio a los padres de la novia el consentimiento para casarse. **Poner la mano sobre/encima de/a (alguien)**, golpearle. **Poner la mano en el fuego por (algo o alguien)**, confiar en la veracidad de algo o en la honradez de la persona de que se trata. **Ponerse en manos de (alguien)**, confiarse en su responsabilidad o guía. **Prestar una mano**, echar una mano. **Quitar (algo a alguien) de las manos**, ser una mercancía muy solicitada por la gente, por su bajo precio o conveniencia: *Estos artículos me los quitan de las manos.* **Quitarse (algo unos a otros) de las manos,** disputárselo. **Tener (algo) al alcance de la mano**, FIG tener muchas posibilidades de conseguirlo. **Tener buena mano para/con** o **Tener mala mano**, tener o no capacidad de influencia o

actuación en un determinado asunto o empresa. **Tener/Traer entre manos**, llevar entre manos. **Tener mano en (algo) o con (alguien)**, tener influencia o posibilidades de intervenir. **Traerse entre manos**, llevar entre manos. **Venirle (a alguien) (una cosa) a las manos**, obtenerla sin haberla pedido o sin esfuerzo para conseguirla.
Manos libres, libertad para actuar.

ma·no·jo [manóxo] *s/m* Conjunto de cosas, generalmente más largas que la mano, que se pueden coger con ella. También se aplica a un conjunto de cosas, aunque no se puedan coger con la mano: *Un manojo de espárragos.*

ma·nó·me·tro [manómetro] *s/m* FÍS Instrumento para medir la presión de los gases.

ma·no·pla [manópla] *s/f* Guante que sólo señala la forma del pulgar, y tiene un solo compartimento para los demás dedos.

ma·no·se·ar [manoseár] *v/tr* Tocar mucho una cosa; generalmente implica también estropearla.

ma·no·seo [manoséo] *s/m* Acción de manosear.

ma·no·ta·da [manotáðа] *s/f* Manotazo.

ma·no·ta·zo [manotáθo] *s/m* Golpe dado con la mano abierta.

ma·no·te·ar [manoteár] *v/intr* Gesticular con las manos.

ma·no·teo [manotéo] *s/m* Acción de manotear.

man·que·ar [maŋkeár] *v/intr* Ser manco o fingirlo.

man·que·dad [maŋkeðáð] *s/f* Circunstancia de ser manco.

man·sal·va [mansálβa] *loc adv* **A mansalva** (referido a la manera de atacar a una persona, de obra o de palabra), sin peligro o seguro de no fallar.

man·se·dum·bre [manseðúmbre] *s/f* **1.** Cualidad de manso. **2.** Virtud del que soporta las ofensas pacientemente.

man·sión [mansjón] *s/f* Casa grande y lujosa.

man·so, (-a) [mánso, (-a)] **I.** *adj* **1.** Se aplica a los animales que no atacan y que aceptan la proximidad de los humanos: *Un toro manso.* **2.** *(Ser)* Se aplica a la persona que no es agresiva. **II.** *s/m* Animal macho que guía al rebaño. Se usa particularmente referido al buey que guía a los toros. RPr **Manso de:** *Manso de condición.*

man·ta [mánta] V.: 'manto -a'.

man·tea·mien·to [manteamjénto] *s/m* Acción de mantear.

man·te·ar [manteár] *v/tr* Broma o juego que consiste en lanzar repetidas veces al aire a una persona, un muñeco o una cosa desde una manta sujeta por varias personas.

man·te·ca [mantéka] *s/f* **1.** Grasa de algunos animales, especialmente del cerdo. **2.** Sustancia grasa y consistente que se extrae de la leche.

man·te·ca·do, (-a) [mantekáðo, (-a)] **I.** *s/m* Dulce hecho con harina y manteca de cerdo como ingredientes principales, que se consume fundamentalmente en Navidad. **II.** *s/f* Dulces cuyos ingredientes principales son harina y manteca de vaca, que se hace en moldes de papel, generalmente cuadrados.

man·te·co·so, -a [mantekóso, -a] *adj* Se aplica a lo que tiene mucha manteca.

man·tel [mantél] *s/m* Trozo de tela que se pone encima de la mesa para comer.

man·te·le·ría [mantelería] *s/m* Juego de mantel y servilletas.

man·te·le·ta [manteléta] *s/f* Antigua prenda de vestir femenina semejante a una esclavina, con las puntas delanteras largas.

man·te·ner [mantenér] **I.** *v/tr* **1.** Conservar una cosa de cierta manera. **2.** Realizar una acción continuadamente: *Mantener correspondencia.* **3.** Afirmar una cosa con insistencia: *Mantiene su declaración.* **4.** Poseer y defender ciertas ideas: *Mantiene la promesa que nos hizo.* **5.** Hacer que se cumpla la ley o disciplina: *Mantener el orden.* **6.** Sujetar algo para que no se caiga. **7.** Contribuir a la defensa de los intereses de alguien: *Su política económica le ha mantenido en el poder.* **8.** Contribuir para que una cosa no se acabe: *Mantener el fluido eléctrico.* **9.** Cubrir las necesidades de alguien; especialmente referido al alimento: *Lo mantiene su familia.* **10.** Servir de soporte vital a un organismo: *El agua los mantiene en actividad.* **11.** Servir de apoyo en el ánimo de una persona. **II.** REFL(-SE) **1.** Sostenerse. **2.** Continuar en una postura o actitud. **3.** Alimentarse o vivir de lo que se expresa: *Se mantiene con pan y mantequilla.* LOC **Mantenerse en sus trece**, continuar en una postura o actitud de forma obstinada, sin vacilaciones. RPr **Mantener con/en:** *Mantener relaciones con una persona. Mantener un edificio en buen estado.* **Mantener(se) con/de/en:** *Mantenerse con poco alimento/de espinacas/en el aire.*
CONJ *Irreg: Mantengo, mantuve, mantendré, mantenido.*

man·te·ni·do, (-a) [manteníðo, (-a)] **I.** *adj* Se aplica a lo que se produce o actúa de forma continua e ininterrumpida: *Es una tradición mantenida a lo largo de los siglos.* **II.** *s/f* Concubina, manceba.

man·te·ni·mien·to [man̪tenimjén̪to] *s/m* **1.** Acción de mantener(se) algo o alguien. **2.** Conjunto de necesidades económicas o materiales que exige la conservación de una cosa: *El mantenimiento de los edificios públicos.*

man·teo [mantéo] *s/m* Capa larga de los eclesiásticos.

man·te·que·ría [man̪tekería] *s/m* Lugar donde se fabrica o vende manteca.

man·te·que·ro, (-a) [man̪tekéro, (-a)] **I.** *adj* Se aplica a lo relacionado con la manteca. **II.** *s/m,f* Persona que fabrica o vende manteca. **III.** *s/f* **1.** Recipiente en que se fabrica la manteca. **2.** Recipiente empleado para servir mantequilla en la mesa.

man·te·qui·lla [man̪tekíʎa] *s/f* Grasa que se extrae de la leche, de consistencia blanda, usada en la cocina o como alimento, untada en el pan.

man·ti·llo, (-a) [man̪tíʎo, (-a)] **I.** *s/m* **1.** Tierra con elementos orgánicos procedentes de la descomposición de materias animales y vegetales en la que crecen las plantas. **2.** Tierra abonada que se usa para las macetas. **II.** *s/f* **1.** Prenda de paño, seda, tul o encaje que usan las mujeres para cubrirse la cabeza: *La típica mantilla española.* **2.** Trozo de tela que se pone a los niños encima de los pañales. LOC **Estar (alguien o algo) en mantillas**, se aplica a las cosas que acaban de empezar, o a las personas ingenuas.

man·to, (-a) [mán̪to, (-a)] **I.** *s/m* **1.** Prenda de vestir parecida a la capa que se pone sobre la cabeza y cubre todo o casi todo el cuerpo. **2.** Capa de ceremonia, *por ej,* la de los reyes. **3.** Capa que se pone sobre las imágenes de santos y vírgenes. **4.** Se emplea también con valor simbólico de protección: *Nos acogió bajo su manto.* **5.** FIG Se aplica a lo que cubre u oculta algo: *Un manto de silencio.* **II.** *s/f* Trozo rectangular de un tejido grueso que se usa para abrigar, en la cama, en un viaje, etc. Se aplica también a ciertos objetos similares. LOC **A manta,** abundantemente: *Llueve a manta.* **Tirar de la manta**, descubrir algo que se quería mantener oculto.

man·tón [man̪tón] *s/m* Prenda de vestir rectangular o triangular, bordeada de flecos, que llevan las mujeres sobre los hombros.

ma·nual [manwál] **I.** *adj* Se aplica a lo que se hace o trabaja con las manos: *Trabajos manuales.* **II.** *s/m* Libro que abarca lo fundamental de una materia, sin ser muy extenso: *Manual de historia.*

ma·nua·li·dad [manwaliðáð] *s/f* Trabajo realizado con las manos.

ma·nu·brio [manúβrjo] *s/m* Mango o manivela de algunos instrumentos. Se aplica especialmente a la manivela que gira sobre su propio eje, formada por dos o tres piezas dobladas en ángulo recto una con respecto a la otra: *Piano de manubrio.*

ma·nu·fac·tu·ra [manufaktúra] *s/f* **1.** Objeto hecho a mano o a máquina. **2.** Fábrica o industria.

ma·nu·fac·tu·ra·do [manufakturáðo] *s/m* Producto resultado de manufacturar.

ma·nu·fac·tu·rar [manufakturár] *v/tr* Fabricar o elaborar.

ma·nus·cri·to, (-a) [manuskríto, (-a)] **I.** *adj* Se aplica a lo que está escrito a mano: *Carta manuscrita.* **II.** *s/m* Documento o libro escrito a mano, generalmente de cierta antigüedad o valor.

ma·nu·ten·ción [manuten̪θjón] *s/f* **1.** Acción de mantener(se) económica o alimenticiamente. **2.** Conservación.

man·za·na [man̪θána] *s/f* **1.** Fruto del manzano. **2.** Grupo de casas contiguas rodeadas por calles.

man·za·nal o **man·za·nar** [man̪θaná{l r}] *s/m* Lugar plantado de manzanos.

man·za·ni·lla [man̪θaníʎa] *s/f* **1.** Planta silvestre compuesta con flores pequeñas parecidas a la margarita. **2.** Flor de esta planta. **3.** Infusión que se hace con ella una vez cortada y seca. **4.** Vino blanco que se produce en ciertos lugares de Andalucía.

man·za·no [man̪θáno] *s/m* Árbol que produce la manzana.

ma·ña·na [maɲána] **I.** *s/f* Parte del día que comprende desde la medianoche hasta el mediodía. Se aplica especialmente a partir de la salida del sol. Referida a las primeras horas del día antes de salir el sol, se usa precedida de una expresión horaria: *Las tres de la mañana.* **II.** *s/m* Tiempo futuro: *Nunca pienses en el mañana.* **III.** *adv* Día que sigue a aquel en que se habla: *Tenemos clase hoy y mañana.* LOC **¡Hasta mañana!**, saludo frecuente de despedida a la persona que posiblemente volveremos a ver al día siguiente. **De mañana**, temprano. **De mañana en tres (dos, cuatro, etc.) días**, a partir de mañana y durante tres (cuatro, etc.) días. **Mañana por la mañana**, al día siguiente, entre la salida del sol y el mediodía. **Pasado mañana**, el día siguiente a mañana. **Por la mañana**, entre la salida del sol y el mediodía.

ma·ña·ne·ar [maɲaneár] *v/intr* COL Madrugar.

ma·ña·ne·ro, -a [maɲanéro, -a] *adj* Se aplica a lo relacionado con la mañana y también a las personas madrugadoras.

ma·ña·ni·ta [maɲaníta] *s/f* Prenda de vestir femenina en forma de capa pequeña usada para no enfriarse al salir de la cama o para estar en ella.

ma·ño, -a [máɲo, -a] **I.** *s/m,f* Apelativo cariñoso usado en Aragón para dirigirse a la persona con la que se habla; por alusión a este apelativo, ha pasado a significar 'aragonés, -sa'. **II.** *s/f* (Con *tener, darse*) Facilidad para hacer cosas o realizar cualquier acción: *Se da mucha maña con el trabajo.* **III.** *s/f, pl* Acciones realizadas con astucia y engaño para conseguir una cosa.

ma·ño·so, -a [maɲóso, -a] *adj* Se aplica a la persona que tiene maña para hacer cosas.

maoís·mo [maoísmo] *s/m* Doctrina derivada del leninismo, elaborada por Mao Tse Tung, que se aplica a la revolución comunista china.

maoís·ta [maoísta] *adj* y *s/m,f* Se aplica a lo relacionado con el maoísmo.

ma·pa [mápa] *s/m* Dibujo en el que se representa con cierto detalle la tierra o una superficie de ella.

ma·pa·che [mapátʃe] *s/m* Mamífero plantígrado de América del Norte semejante al tejón; su piel es muy estimada en peletería.

ma·pa·mun·di [mapamúndi] *s/m* Mapa que representa la superficie terrestre dividida en círculos o elipses que equivalen a los dos hemisferios.

ma·que·ta [makéta] *s/f* Reproducción en miniatura de una construcción, un monumento, etc., o de su proyecto.

ma·que·tis·ta [maketísta] *s/m,f* Especialista en la realización de maquetas.

ma·qui [máki] *s/m,f* GAL Guerrillero.

ma·quia·vé·li·co, -a [makjaβéliko, -a] *adj* **1.** Se aplica a lo relacionado con Maquiavelo o el maquiavelismo. **2.** Hábil para conseguir sus propósitos con astucia y malignidad.

ma·quia·ve·lis·mo [makjaβelísmo] *s/m* **1.** Doctrina política de Maquiavelo, según la cual todas las grandes acciones llevan en sí su propia moral. **2.** Habilidad para conseguir un propósito con astucia y malignidad.

ma·qui·lla·dor, -ra [makiʎaðór, -ra] *adj* y *s/m,f* Que maquilla.

ma·qui·lla·je [makiʎáxe] *s/m* **1.** Acción y efecto de maquillar(se). **2.** Sustancia que se extiende en la cara para maquillar.

ma·qui·llar [makiʎár] *v/tr,* REFL(-SE) Poner en la cara pintura o afeites para embellecerla o para caracterizar un personaje, *por ej,* en el teatro o en el cine.

má·qui·na [mákina] *s/f* **1.** Aparato formado por piezas combinadas para realizar un trabajo: *Máquina de coser.* **2.** Locomotora. LOC **A máquina**, con máquina: *Escribir/Coser a máquina.* **A toda máquina**, a toda velocidad.

ma·qui·na·ción [makinaθjón] *s/f* Acción de maquinar.

ma·qui·nal [makinál] *adj* Se aplica a las acciones o movimientos que se hacen sin pensar, de modo mecánico.

ma·qui·nar [makinár] *v/tr* Preparar un plan o intentarlo ocultamente para actuar contra alguien: *Está maquinando una conspiración contra el Gobierno.* RPr **Maquinar contra.**

ma·qui·na·ria [makinárja] *s/f* Conjunto de máquinas de un lugar o destinadas a un mismo trabajo: *Maquinaria agrícola.*

ma·qui·ni·lla [makiníʎa] *s/f* Pequeña máquina para afeitar(se).

ma·qui·nis·mo [makinísmo] *s/m* Técnica de aplicar las máquinas a la industria, en sustitución del trabajo del hombre.

ma·qui·nis·ta [makinísta] *s/m,f* Persona que se ocupa de máquinas; especialmente, persona que guía la máquina de un tren.

ma·qui·ni·za·ción [makiniθaθjón] *s/f* Acción de maquinizar.

ma·qui·ni·zar [makiniθár] *v/tr* Introducir maquinaria en la producción para mejorar o aumentar el trabajo humano.
ORT La *z* cambia en *c* ante *e*: *Maquinice.*

mar [már] *s/m* **1.** Extensión de agua salada que cubre la mayor parte de la superficie terrestre. **2.** Trozo de ella en un lugar determinado, de mayor extensión que un lago, y menor que un océano: *El mar Mediterráneo.* **3.** También se aplica a lagos de gran extensión: *El mar Muerto.* **4.** A veces, también se aplica al océano. **5.** *Por ext,* se aplica a cualquier masa semejante en algo que se divisa en un astro. **6.** FIG (Precedido de *un*) Gran cantidad de una cosa: *Un mar de confusión.* COL También se construye con el *art* 'la': *La mar de bien.* LOC **Estar hecho un mar de lágrimas**, llorar mucho. **La mar de**, muy: *La mar de divertido.*
ORT Entre gentes relacionadas con la vida del mar y en algunas regiones se usa como *s/f: La mar.*

ma·ra·bú [maraβú] *s/m* Ave zancuda africana, semejante a la cigüeña cuyas plumas se usan como adorno en vestidos de mujer.

ma·ra·bun·ta [maraβúnta] *s/f* **1.** Plaga de hormigas. **2.** COL Muchedumbre.

ma·ra·ga·to, -a [maraɣáto, -a] *adj* y *s/m,f* De la Maragatería.

ma·ra·ña [maráɲa] *s/f* **1.** Maleza. **2.** Enredo de hilos, alambre o pelos. **3.** FIG Asunto complicado o difícil.

ma·ras·mo [marásmo] *s/m* Suspensión o paralización de la actividad de una cosa, o de la actividad física o mental de una persona: *Quedamos sumergidos en un completo marasmo.*

ma·ra·tón [maratón] *s/m* **1.** Carrera pedestre de resistencia con un recorrido aproximado de 42 km. **2.** *Por ext*, se aplica a otras competiciones de resistencia.

ma·ra·ve·dí [maraβeðí] *s/m* Antigua moneda española de diversos valores según las épocas.
ORT *Pl: Maravedís, maravedíes* o *maravedises.*

ma·ra·vi·lla [maraβíʎa] *s/f* **1.** *(Ser una...)* Cosa que produce admiración por su carácter extraordinario. **2.** Impresión producida por las cosas maravillosas. LOC **A las mil maravillas**, muy bien: *Todo ha salido a las mil maravillas.* **Contar/Decir maravillas de (una persona o una cosa)**, hablar muy bien de ella. **Hacer maravillas**, hacer cosas muy buenas o de mucho mérito. **Venir (una cosa) de maravilla**, adecuarse perfectamente a las necesidades o a lo que se pretendía.

ma·ra·vi·llar [maraβiʎár] **I.** *v/tr* Causar admiración o extrañeza. **II.** REFL(-SE) Quedarse maravillado: *Él se maravilló de mi fuerza.* RPr **Maravillarse con/de:** *Me maravillo con los colores de tus cuadros.*

ma·ra·vi·llo·so, -a [maraβiʎóso, -a] *adj* **1.** Se aplica a lo que produce admiración o extrañeza: *Un día maravilloso.* **2.** Inexplicable dentro de las leyes naturales.

mar·be·te [marβéte] *s/m* Papel que se pega en ciertos objetos con el nombre de su contenido.

mar·ca [márka] *s/f* **1.** Señal que se hace en algo para reconocerlo. **2.** Etiqueta en la que se indica la procedencia de un artículo de consumo. **3.** Huella perceptible de una cosa en el sitio en que estaba: *El cuadro ha dejado una marca en la pared.* **4.** Acción de marcar. **5.** Límite alcanzado en un deporte por un deportista: *Tiene la mejor marca en natación.* LOC **Batir** o **mejorar una marca**, DEP superar la que estaba establecida anteriormente. **De marca,** se aplica a los productos de consumo de fabricante reconocido. **De marca mayor**, COL se aplica a algo muy grande, en sentido no espacial: *Un idiota de marca mayor.*

mar·ca·do, -a [markáðo, -a] *adj* Se aplica a lo que es claramente perceptible: *Un marcado contraste.*

mar·ca·dor, (-ra) [markaðór, (-ra)] **I.** *adj* y *s/m,f* Se aplica a lo que marca o se utiliza para marcar. **II.** *s/m* Panel colocado en un lugar visible del campo de deportes en el que se indican los tantos marcados por cada jugador o cada equipo.

mar·ca·je [markáxe] *s/m* En deportes, acción de marcar.

mar·ca·pa·sos [markapásos] *s/m* MED Aparato instalado quirúrgicamente que estimula el músculo cardíaco mediante una corriente eléctrica, corrigiendo así deficiencias en las contracciones regulares del corazón.
ORT *Pl: Marcapasos.*

mar·car [markár] **I.** *v/tr* **1.** Poner una señal en una cosa para distinguirla de las demás: *Marcar una servilleta.* **2.** Tomar nota de cosas que ocurren en serie para no perder la cuenta; *por ej,* de los tantos de una partida da cartas. **3.** Dar cuenta un aparato de las indicaciones a las que está destinado: *El barómetro marca lluvia.* **4.** Pulsar las teclas de un teléfono para establecer una comunicación: *Marcar el número noventa y uno.* **5.** Suponer la cosa que se expresa un cambio o alteración: *Su obra marca el comienzo de un nuevo estilo.* **6.** Indicar las cosas importantes en un asunto o escrito. **7.** Indicar a alguien lo que tiene que hacer: *Ha marcado el camino a seguir.* **8.** Indicar sobre un producto su precio: *Este artículo no está marcado.* **9.** Hacer notar claramente las divisiones en el ritmo de marcha, de una danza, etc.: *Marcar el paso.* **10.** Referido al peinado, hacer ondas en el pelo sin la intensidad o duración de una 'permanente': *Lavar y marcar.* **11.** En los deportes, conseguir un tanto en un partido: *Ha marcado varios goles.* **12.** FIG *Por ext,* se aplica a otras actividades con el sentido de conseguir algo favorable: *Con ese proyecto ha marcado un gol a todo el mundo.* **13.** Contrarrestar un jugador el juego del correspondiente del equipo contrario. **II.** REFL (-SE) **1.** Conseguir un tanto para su equipo un jugador. **2.** FIG COL Conseguir un triunfo o algo favorable. RPr **Marcar a/con:** *Marcar a fuego/con hierro.*
ORT La *c* cambia a *qu* ante *e: Marqué.*

mar·ce·ar [marθeár] *v/intr* Hacer el tiempo propio del mes de marzo.

mar·ce·ño, -a [marθéɲo, -a] *adj* Relacionado con el mes de marzo.

mar·cial [marθjál] *adj* Se aplica a lo relacionado con la guerra o los militares: *Ley/Orden marcial.*

mar·cia·li·dad [marθjaliðáð] *s/f* Cualidad de marcial.

mar·cia·no, -a [marθjáno, -a] *s/m,f* Supuesto habitante de Marte.

mar·co [márko] *s/m* **1.** Moneda alemana. **2.** Armazón que bordea una cosa: *Marco de un cuadro.* **3.** Armazón en el que encajan las puertas y ventanas al cerrarse: *El marco de la puerta.* **4.** FIG Límites en que se sitúa un problema, una cuestión, etc.

mar·cha [mártʃa] *s/f* **1.** Acción de marchar(se). **2.** Cada una de las posiciones en que se coloca la palanca de un coche para acomodar la velocidad del motor a la velocidad de las ruedas, según lo requieran las circunstancias del camino: *Primera/Segunda*, etc., *marcha*. **3.** Pieza musical, de ritmo determinado, que regula el paso de un cortejo: *Marcha militar*. **4.** FIG Dirección que ha tomado un asunto o el comportamiento de una persona. **5.** FIG Desarrollo normal de una cosa: *La vida continúa su marcha*. **6.** FIG COL Juerga, ganas de divertirse: *A los jóvenes les va la marcha*. LOC **A marchas forzadas**, *1.* Caminar forzando la velocidad. *2.* FIG Hacer algo muy deprisa: *Lo acabamos a marchas forzadas*. **A toda marcha**, a toda velocidad: *Íbamos a toda marcha con el coche*. **Dar marcha atrás**, *1.* Poner la marcha atrás en un vehículo. *2.* FIG Retroceder en un asunto. **Estar en marcha**, se aplica a lo que está funcionando: *El coche está en marcha*. **Poner en marcha**, hacer funcionar una cosa: *Pon el coche en marcha*. **Sobre la marcha**, FIG se aplica a lo que se hace a medida que los acontecimientos lo van requiriendo: *Se lo contaremos sobre la marcha*.

mar·cha·mar [martʃamár] *v/tr* Colocar el marchamo.

mar·cha·mo [martʃámo] *s/m* **1.** Señal que se coloca en las aduanas a los bultos ya reconocidos. **2.** Señal que se coloca a ciertos productos, que han pasado un reconocimiento oficial, *por ej*, a los embutidos o las reses.

mar·chan·te [martʃánte] *s/m* Persona que comercia.

mar·char [martʃár] **I.** *v/intr* **1.** Moverse de un lugar a otro. **2.** Marcharse. **3.** Funcionar un mecanismo: *¿Marcha este reloj?* **4.** Funcionar algo de cierta manera: *El motor marcha ahogado*. **5.** FIG Seguir su camino un asunto o hacerlo de alguna manera: *Los negocios marchan*. **6.** MIL Caminar los soldados en formación y marcando el paso. **II.** REFL(-SE) **1.** (Con o sin *de*) Abandonar el lugar que se expresa (lugar de origen) para dirigirse a otro: *Se marcha de Madrid esta tarde*. **2.** (Seguido de *a*) Abandonar un lugar para dirigirse al que se expresa (lugar de destino): *Se marcha a Madrid*. LOC **Marchar bien/mal,** funcionar o desarrollarse una cosa bien/mal. **Marchar sobre ruedas**, ir muy bien las cosas: *El negocio marcha sobre ruedas*. RPr **Marchar(se) a/de/desde/hacia:** *Marchar(se) a Madrid/de Madrid/de vacaciones/hacia Roma*.

mar·chi·ta·mien·to [martʃitamjénto] *s/m* Acción de marchitarse.

mar·chi·tar [martʃitár] *v/tr*, REFL(-SE) **1.** Perder o hacer que una planta o parte de ella pierda su frescura: *Se han marchitado casi todas las hojas*. **2.** Perder una persona la lozanía o frescura propia de la juventud o de la salud: *Juventud marchitada*.

mar·chi·to, -a [martʃíto, -a] *adj (Estar)* Falto de frescura o lozanía.

mar·cho·so, -a [martʃóso, -a] *adj* y *s/m,f* **1.** COL Se aplica a las personas con ganas de divertirse. **2.** También a las personas activas. **3.** Referido a la música, movida y estimulante.

ma·rea [maréa] *s/f* **1.** Movimiento periódico de ascenso y descenso del mar, debido a las acciones combinadas del sol y la luna. **2.** El agua del mar en su avance por efecto de la marea.

ma·re·ar [mareár] **I.** *v/tr, intr* Molestar a una persona con movimientos, ruido u obligándole a realizar cierta actividad innecesaria hasta cansarla: *Este niño marea con tanta charla*. **II.** REFL(-SE) **1.** Sentir mareo, *por ej*, en un viaje, o por causas fisiológicas. **2.** FIG (Frecuente en frases negativas) Preocuparse por algo, dar vueltas a un asunto: *No te marees con esas tonterías*.

ma·re·ja·da [marexáða] *s/f* Movimiento del mar con grandes olas, provocado o no por un temporal.

ma·re·mag·no o **ma·re·mág·num** [maremáɣno/-um] *s/m* **1.** Abundancia de cosas **2.** Abundancia de cosas o personas en desorden y, generalmente, con ruido.

ma·re·mo·to [maremóto] *s/m* Movimiento brusco de la corteza terrestre bajo el mar.

ma·ren·go [maréŋgo] *adj* Se aplica al color gris o azul muy oscuro.

ma·reo [maréo] *s/m* Trastorno físico con pérdida del equilibrio, malestar y, a veces, vómitos, que sufren algunas personas en los viajes, sobre todo en barco o automóvil, o por otras causas.

mar·fil [marfíl] **I.** *s/m* Materia dura de los dientes y muelas de los mamíferos cubierta por el esmalte; es muy apreciado, por su uso en decoración, el de los colmillos de los elefantes. **II.** *adj* Se aplica al color blanco amarillento.

mar·fi·le·ño, -a [marfiléɲo, -a] *adj* Se aplica a lo relacionado o semejante al marfil.

mar·ga [márɣa] *s/f* Roca formada de carbonato de cal y arcilla y usada como abono para fabricar ladrillos.

mar·ga·ri·na [marɣarína] *s/f* Sustancia de consistencia blanda, usada como sustitutiva de la mantequilla, que se fabrica con distintas grasas animales o vegetales.

mar·ga·ri·ta [maryaríta] *s/f* Planta herbácea compuesta de flores en cabezuela, amarillas en el centro y blancas en la circunferencia.

mar·gen [márxen] **I.** *s/m,f* **1.** Zona que bordea un río, un camino o un terreno: *El (la) margen derecho (-a) del río.* **2.** Zona en blanco que bordea la página de un escrito: *El margen superior/inferior/derecho/izquierdo.* **II.** *s/m* **1.** COM Diferencia entre el precio de coste y el precio de venta de un artículo que se obtiene como beneficio: *Vende con mucho margen.* **2.** Cálculo previsible de error o tolerancia entre una cifra y la exacta: *Tienes un margen de quince días para terminar el trabajo.* **3.** Posibilidad de actuación que se conoce a alguien: *Le diste margen para que no vuelva a hacerlo.* LOC **Estar/Mantenerse/Dejar/Tener al margen,** apartado, voluntaria o involuntariamente, de una cosa o actividad: *Quisiera mantenerme al margen de este asunto.*

mar·gi·na·ción [marxinaθjón] *s/f* Acción y efecto de marginar.

mar·gi·na·do, -a [marxináðo, -a] *adj* y *s/m,f* Persona que ha sido marginada por otras.

mar·gi·nal [marxinál] *adj* **1.** Se aplica a lo que se encuentra en el margen: *Nota marginal.* **2.** FIG También a lo que es secundario o de poca importancia. **3.** FIG Se aplica a las personas o cosas ignoradas por la sociedad o que se mantienen apartadas en cierta manera de ella: *Grupos marginales.*

mar·gi·nar [marxinár] *v/tr* **1.** Dejar márgenes en el papel cuando se escribe o imprime. **2.** FIG Ignorar a una persona o a una cosa.

ma·ria·chi [marjátʃi] *s/m* **1.** Baile (fandango) de Jalisco (Méjico). **2.** Orquesta y música mejicanas.

ma·ria·no, -a [marjáno, -a] *adj* Relacionado con la Virgen María.

ma·ri·ca [maríka] *s/m* VULG Maricón.

ma·ri·cas·ta·ña [marikastáɲa] **En tiempos de Maricastaña**, en tiempos remotos.

ma·ri·cón [marikón] *s/m* VULG (Usado como insulto) Hombre afeminado.

ma·ri·co·na·da [marikonáða] *s/f* VULG Acción malintencionada contra alguien.

ma·ri·co·ne·ra [marikonéra] *s/f* VULG Bolso de mano para hombres.

ma·ri·da·je [mariðáxe] *s/m* **1.** Unión entre los casados. **2.** FIG Unión entre cosas.

ma·ri·do [maríðo] *s/m* Hombre casado con respecto a su mujer.

ma·ri·gua·na o **ma·ri·hua·na** [mari(γ)wána] *s/f* Cáñamo índico cuyas hojas se fuman como el tabaco produciendo un efecto narcótico.

ma·ri·ma·cho [marimátʃo] *s/m* VULG Mujer de aspecto hombruno.

ma·ri·man·dón, -na [marimaŋdón, -na] *s/m,f* Se aplica a la persona a quien le gusta mandar.

ma·rim·ba [marímba] *s/f* Instrumento musical semejante al tambor, usado por algunos pueblos africanos.

ma·ri·mo·re·na [marimoréna] *s/f* COL Pelea con mucho alboroto.

ma·ri·na [marína] *s/f* **1.** Conjunto de barcos de un país: *La marina de guerra/mercante.* **2.** Personas y cosas relacionadas con ella. **3.** Cuadro en el que se representa el mar. **4.** Arte de navegar.

ma·ri·ne·ría [marinería] *s/f* **1.** Profesión de los marineros. **2.** Conjunto de los marineros.

ma·ri·ne·ro, (-a) [marinéro, (-a)] **I.** *adj* Se aplica a lo relacionado con la marina o los marineros. **II.** *s/m* Hombre que trabaja en el manejo de un barco.

ma·ri·nis·mo [marinísmo] *s/m* Estilo poético iniciado por el poeta italiano Marini (muerto en 1628), de imágenes extravagantes y muy abundantes.

ma·ri·no, (-a) [maríno, -a] **I.** *adj* **1.** Relacionado con el mar. **2.** Se aplica al color azul oscuro: *Azul marino.* **II.** *s/m* Hombre con conocimientos de navegación que forma parte del personal encargado de maniobrar un barco.

ma·rio·ne·ta [marjonéta] *s/f* **1.** Muñeco con el que se hacen representaciones teatrales. **2.** *pl* Representación hecha con ellos: *Esta tarde iremos a las marionetas.*

ma·ri·po·sa [maripósa] **I.** *s/f* Cualquier insecto lepidóptero después de salir de la larva; a veces, sus alas tienen colores y formas muy bellas. **II.** *adj* y *s/m,f* DEP Se aplica a una modalidad de natación.

ma·ri·po·se·ar [mariposeár] *v/intr* **1.** Galantear con varias mujeres al mismo tiempo. **2.** FIG Rondar insistentemente en torno a un lugar o persona.

ma·ri·po·seo [mariposéo] *s/m* Acción y efecto de mariposear.

ma·ri·po·són [mariposón] *s/m* COL **1.** Hombre que galantea a varias mujeres al mismo tiempo. **2.** Hombre afeminado.

ma·ri·qui·ta [marikíta] *s/f* **1.** Insecto coleóptero de color rojo con siete puntitos negros. **2.** Insecto hemíptero de color pardo oscuro por debajo y rojo con tres puntos negros por encima. **3.** *dim* de *marica.*

ma·ri·sa·bi·di·lla [marisaβiðíʎa] *s/f* Mujer que presume de saber mucho.

ma·ris·cal [mariskál] *s/m* Grado superior del ejército desaparecido en la actualidad.

ma·ris·co [marísko] *s/m* Cualquier animal marino, no vertebrado, comestible, especialmente los moluscos o crustáceos.

ma·ris·ma [marísma] *s/f* Zona terrestre de menor nivel que el mar, que se inunda de agua salada.

ma·ris·me·ño, -a [marisméɲo, -a] *adj* y *s/m,f* Relativo a las marismas.

ma·ris·que·ro, -a [mariskéro, -a] *s/m,f* Persona que pesca o vende marisco.

ma·ris·ta [marísta] **I.** *adj* y *s/m* Se aplica a los miembros pertenecientes a la orden de 'los sacerdotes de María'. **II.** *s/m, pl* Esa orden.

ma·ri·tal [maritál] *adj* Se aplica a lo relacionado con el matrimonio.

ma·rí·ti·mo, -a [marítimo, -a] *adj* Se aplica a lo relacionado con el mar.

ma·ri·tor·nes [maritórnes] *s/f* Por relación con el personaje cervantino, criada tosca.

mar·jal [marxál] *s/m* Terreno bajo y pantanoso.

mar·ke·ting [márketiŋ] *s/m* Estudios, estrategia comercial para vender algo más y mejor.

mar·mi·ta [marmíta] *s/f* Olla metálica con tapadera ajustable.

mar·mi·tón [marmitón] *s/m* Pinche de cocina.

már·mol [mármol] *s/m* Piedra caliza dura, con vetas de diversos colores, usada en construcción y decoración.

mar·mo·le·ría [marmolería] *s/f* **1.** Lugar donde se trabaja el mármol. **2.** Conjunto de mármoles usados en la construcción de un edificio. **3.** Obra de mármol.

mar·mo·lis·ta [marmolísta] *s/m,f* Persona que trabaja el mármol.

mar·mó·reo, -a [marmóreo, -a] *adj* Se aplica a lo relacionado con el mármol o parecido a él.

mar·mo·ta [marmóta] *s/f* Mamífero roedor, de medio metro de largo aproximadamente, que habita los montes altos de Europa y pasa el invierno dormido.

ma·ro·ma [maróma] *s/f* Cuerda muy gruesa, de cáñamo u otro material.

ma·rón [marón] *s/m* Carnero padre.

mar·queo [markéo] *s/m* Acción de marcar los árboles.

mar·qués, -sa [markés, -sa] *s/m,f* Título nobiliario intermedio entre duque y conde.

mar·que·sa·do [markesáðo] *s/m* **1.** Título de marqués. **2.** Territorio que pertenecía al marqués.

mar·que·si·na [markesína] *s/f* Cobertizo, generalmente de cristal, con armadura metálica, que cubre una puerta, los andenes de la estación, etc.

mar·que·te·ría [marketería] *s/f* **1.** Ebanistería. **2.** Trabajo sobre madera para hacer objetos de adorno, realizando dibujos y calados en ella con una 'segueta' o 'pelo'. **3.** Taracea.

ma·rra·jo, (-a) [marráxo, -a] **I.** *adj* Se aplica al toro que acomete con malicia. *Por ext*, también a la persona astuta y taimada **II.** *s/m* Tiburón de dos a tres metros de longitud, peligroso, de las costas meridionales de España y de las de Marruecos.

ma·rra·mao, ma·rra·mau o **ma·rra·miau** [marramáo/marramáu/marramjáu] *s/m* Voz onomatopéyica que imita el maullido del gato.

ma·rra·na·da [marranáða] *s/f* Acción o cosa sucia o mal hecha.

ma·rra·ne·ar [marraneár] *v/tr* COL Ensuciar una cosa.

ma·rra·ne·ría [marranería] *s/f* Marranada.

ma·rra·no, -a [marráno, -a] **I.** *s/m,f* Cerdo. **II.** *adj* y *s/m,f* COL **1.** Se aplica a las personas sucias. **2.** Persona que se porta vil o innoblemente.

ma·rrar [marrár] *v/intr,tr* Cometer errores o no llegar una cosa al fin que se pretendía: *Marrar el tiro.*

ma·rras [márras] LOC **De marras,** que se conoce de antes por haber sido ya mencionado: *El dichoso edicto de marras.*

ma·rro [márro] *s/m* **1.** Juego en el que los jugadores, divididos en dos bandos, intentan atraparse mutuamente. **2.** Falta.

ma·rrón [marrón] *adj* Se aplica al color similar al de la cáscara de las castañas.

ma·rro·quí [marrokí] *adv* y *s/m,f* Se aplica a lo relacionado con Marruecos.

ma·rro·qui·ne·ría [marrokinería] *s/f* **1.** Industria de artículos de piel **2.** Artículos de piel.

ma·rru·lle·ría [marruʎería] *s/f* Engaño con el que, adulando a alguien o mostrando fingida debilidad, se pretende conseguir algo.

ma·rru·lle·ro, -a [marruʎéro, -a] *adj*

Persona que utiliza marrullerías para conseguir algo.

mar·se·lle·sa [marseʎésa] *s/f* Himno nacional de Francia.

mar·su·pial [marsupjál] **I.** *adj* y *s/m,f* Se aplica a los mamíferos no placentarios cuyas crías terminan de desarrollarse en una bolsa abdominal que poseen las hembras en la mayoría de las especies. **II.** *s/m, pl* Orden de estos animales.

mar·ta [márta] *s/f* Mamífero carnicero mustélido cuya piel es usada en peletería.

mar·te [márte] *s/m* **1.** Planeta de luz rojiza situado en cuarto lugar por orden de distancia al Sol, y el más próximo a la Tierra. **2.** MIT Entre los romanos, dios de la guerra.

mar·tes [mártes] *s/m* Día de la semana que sigue al lunes.
ORT *Pl: Martes.*

mar·ti·llar [martiʎár] *v/tr* Martillear.

mar·ti·lla·zo [martiʎáθo] *s/m* Golpe de martillo.

mar·ti·lle·ar [martiʎeár] *v/tr* **1.** Golpear repetidamente con un martillo. **2.** FIG Insistir pesadamente en una cosa.

mar·ti·lleo [martiʎéo] *s/m* **1.** Acción de martillar. **2.** Ruido que produce.

mar·ti·llo [martíʎo] *s/m* **1.** Herramienta formada por un mango, generalmente de madera, en la que se inserta un trozo de hierro, generalmente plano por un lado y con uno o dos picos por el otro; puede también tener otras formas. **2.** En los vertebrados superiores, uno de los huesecillos que forman el oído medio. **3.** Saliente de una casa que sobresale de la línea formada por las demás.

mar·ti·ne·te [martinéte] *s/m* **1.** Mazo de gran tamaño que se usa para golpear. **2.** Macillo del piano.

mar·tin·ga·la [martiŋgála] *s/f* COL Artimaña para conseguir algo.

már·tir [mártir] *s/m,f* **1.** Persona que ha muerto por seguir fiel a su religión, ideas o convicciones. **2.** FIG Persona que sufre a causa de algo o alguien, especialmente si lo hace con resignación. LOC **Hacerse el/la mártir**, simular que se sufre por algo.

mar·ti·rio [martírjo] *s/m* **1.** Sufrimiento o muerte que padece una persona por mantener sus ideales. **2.** FIG Sufrimiento por cualquier otra causa.

mar·ti·ri·zar [martiriθár] *v/tr* **1.** Hacer sufrir martirio a alguien. **2.** FIG Causar disgusto o sufrimiento a alguien.
ORT La *z* cambia en *c* ante *e: Martiricé.*

mar·ti·ro·lo·gio [martirolóxjo] *s/m* Catálogo de todos los mártires del cristianismo.

mar·xis·mo [marsísmo] *s/m* Doctrina elaborada por Carlos Marx, que es la base teórica del socialismo y el comunismo contemporáneos.

mar·xis·ta [marsísta] *adj* y *s/m,f* Relacionado con el marxismo.

mar·zo [márθo] *s/m* Tercer mes del año, que sigue a febrero.

mas [mas] *conj advers* similar a 'pero'. Se usa fundamentalmente en lengua escrita: *No pensaba hacerlo, mas acabó aceptando su juego.*

más [más] **I.** *adv* **1.** Indica la suma de números o cantidades: *Son cinco ejemplares, más los que están en el almacén.* **2.** MAT Signo para sumar en matemáticas: *Tres más dos igual a cinco (3+2=5).* **3.** Delante de un número, sin relacionarlo con otro, indica que se trata de un número positivo. **4.** Indica un incremento en la cantidad de lo que se expresa: *Necesito más dinero.* **5.** En la construcción *más... que*, tiene valor comparativo; en estos casos indica que el número, cantidad, intensidad, etc., de una cosa excede al número, cantidad, etc., de otra: *Tengo más libros que tú.* **6.** (Precedido del *art* 'el', 'la', 'los', 'las' y a veces de la *prep* 'de') Indica superioridad absoluta de una persona o cosa por la cualidad o circunstancia expresada en el *adj: El más guapo de todos.* **7.** Precedido del artículo neutro 'lo', introduce oraciones de relativo: *Es lo más que puede ocurrir.* **8.** Aplicado a un *s* de magnitud (cantidad, número, tamaño, etc.) equivale al *adj* 'mayor'; se emplea el *adj* con más frecuencia si se trata de 'número'. En los otros casos se emplea el *adv* con más frecuencia: *Esta habitación tiene más anchura que la otra.* **II.** *s/m* Se usa como *s* en algunas construcciones: *El más y el menos.* **III.** *adj* COL Puede tener valor adjetivo equivaliendo a 'mejor', 'mayor', 'más fuerte', etc.: *Es más vestido que éste.* LOC **A lo más**, a lo sumo. **A más no poder**, con todo el esfuerzo y dedicación con que se puede hacer algo, o tanto como uno puede o es: *Estudia a más no poder. Es tonto a más no poder.* **A más tardar**, lo más tarde. **Cuanto más ... más/Cuanto más ... tanto más/Cuanto más ... menos/Cuanto más ... tanto menos**, expresiones consecutivas. **De lo más**, muy: *Fue una situación de lo más desagradable.* **De más,** *1.* De sobra, mucho. *2. (Estar de más)* Referido a personas o a cosas, que se puede prescindir de ellas: *Tú, aquí estás de más.* **En lo más mínimo**, en una pequeña parte. **Es más**, expresión que añade otra razón de peso a lo dicho anteriormente: *Hay que hacerlo, es más, tenemos la obligación de hacerlo.* **Ir a más**, progresar una persona o aumentar una cosa: *La crisis va a más actualmente.*

Las/Los más de, referido a nombres contables, indica mayoría de una parte sobre el resto de lo que se trata: *Las más de las veces no sabe qué hacer.* **Más aún,** *1.* Introduce una razón que reafirma o contribuye a lo dicho anteriormente: *No vendré esta tarde, más aún si está lloviendo. 2.* Es más. **Más bien**, expresión adversativa: *No me apetece ir al cine; más bien, podemos pasear.* **Más de**, expresa una cantidad indeterminada, superior a la que se expresa: *Había más de dos mil niños.* **Más o menos**, de forma aproximada. **Más que,** *1.* Valor comparativo: *Éste me gusta más que aquél. 2.* En frases negativas, se coloca delante del sujeto o el complemento a quien se refiere la acción con carácter exclusivo o limitativo: *No quiero más que comer dulces. 3.* Valor concesivo, similar a 'aunque': *Tengo que ir, más que me pese.* **Más y más**, cada vez más: *Pedía más y más dinero.* **Ni más ni menos,** *1.* Exactamente, justamente: *Eso es ni más ni menos lo que yo le dije. 2.* Expresión enfática que indica cierta admiración: *Se ha ido a dormir ni más ni menos que al mejor hotel.* **No más de,** indica que la cantidad expresada es la máxima: *Había no más de cincuenta personas.* **Poco más o menos**, aproximadamente. **Por más que**, se usa después de una frase negativa para indicar que lo dicho anteriormente es inevitable aunque se quiera evitar: *No puedo por más que lo intento.* **Sin más ni más,** sin motivo o justificación: *Me invitó a salir sin más ni más.* **Sus más y sus menos**, problemas o complicaciones que hay en una cosa. **Tanto más cuanto que/Tanto más si**, expresiones empleadas para reforzar un motivo o razón. **Todo lo más**, como mucho.

ma·sa [mása] *s/f* **1.** Conjunto de cosas o partículas que forman un cuerpo, porción de materia: *Una masa líquida.* **2.** Mezcla consistente y homogénea que se obtiene al disolver una sustancia sólida o pulverizada en un líquido. Especialmente, se aplica a la masa con la que se hace el pan; entre albañiles, cualquier material usado como aglutinante. **3.** (Precedida del *art* 'la', frecuentemente en *pl*) El conjunto de la gente en sus actividades u opiniones generales que, en razón sólo de su número, influye en la marcha de los acontecimientos: *Atraerse a las masas.* **4.** FÍS Magnitud de los cuerpos, relacionada con su peso, que se mide por la fuerza necesaria para darle un movimiento determinado; la magnitud 'masa' es la misma en cualquier punto del espacio. LOC **En masa**, referido a personas o cosas, la totalidad de elementos o individuos que forman el conjunto.

ma·sa·crar [masakrár] *v/tr* GAL Cometer un asesinato en masa.

ma·sa·cre [masákre] *s/f* GAL Asesinato en masa.

ma·sa·je [masáxe] *s/m (Dar masaje)* Acción de friccionar con las manos en alguna parte del cuerpo para relajar los músculos o con fines curativos.

ma·sa·jis·ta [masaxísta] *s/m,f* Persona que se ocupa de dar masajes.

mas·ca·do, -a [maskáðo, -a] *adj* FIG COL Se aplica a lo que debe estar muy elaborado para su comprensión.

mas·ca·du·ra [maskaðúra] *s/f* Acción y efecto de mascar.

mas·car [maskár] **I.** *v/tr* **1.** Triturar la comida en la boca con los dientes. **2.** FIG COL Desmenuzar una cosa para que pueda ser asimilada sin dificultad por la inteligencia: *Hay que mascar las lecciones.* **II.** REFL (-SE) FIG COL Notarse en el ambiente alguna alteración latente: *Se masca la inquietud.* ORT Ante *e* la *c* cambia en *qu: Masqué.*

más·ca·ra [máskara] **I.** *s/f* **1.** Objeto para cubrirse la cara. **2.** Persona disfrazada en la fiesta del Carnaval. **3.** FIG Cualquier cosa con la que se quiere esconder una intención o un aspecto de la personalidad. **II.** *s/f, pl* Fiesta o reunión de gente con máscara.

mas·ca·ra·da [maskaráða] *s/f* **1.** Fiesta con máscaras. **2.** FIG Acción encaminada a ocultar o fingir una cosa.

mas·ca·ri·lla [maskaríʎa] *s/f* **1.** Vaciado escultórico que se saca del rostro de una persona o escultura. **2.** En cosmética, producto embellecedor que se pone en el rostro durante algunos minutos.

mas·ca·rón [maskarón] *s/m* Escultura grotesca o fantástica como decoración arquitectónica.

mas·co·ta [maskóta] *s/f* Animal o cosa a la que le atribuyen propiedades benéficas, que se elige como protector o símbolo de algo: *La mascota de los juegos olímpicos.*

mas·cu·li·ni·dad [maskuliniðáð] *adj* Cualidad de masculino.

mas·cu·li·no, -a [maskulíno, -a] **I.** *adj* **1.** Se aplica a los órganos de la reproducción que tienen el papel fecundante; también al individuo que los posee y al sexo correspondiente: *El aparato reproductor masculino.* **2.** Se aplica a las cosas o cualidades que se atribuyen a los hombres para diferenciarlas de las que se atribuyen a las mujeres: *Una colonia muy masculina.* **II.** *adj* y *s/m,f* GRAM Género no marcado de la oposición masculino/femenino.

mas·cu·llar [maskuʎár] *v/tr* Pronunciar palabras de forma poco clara, titubeando o gruñendo.

ma·se·te·ro [masetéro] *adj* y *s/m,f* Se aplica al músculo que mueve la mandíbula inferior.

ma·sía [masía] *s/f* Casa de campo rodeada de tierras de labor.

ma·si·fi·ca·ción [masifikaθjón] *s/f* Acción o resultado de masificar.

ma·si·fi·car [masifikár] *v*/REFL(-SE) Tornarse algo denso y abundante, como una masa.

ma·si·lla [masíʎa] *s/f* Cualquier mezcla en forma de pasta, usada para tapar agujeros en la pared, la madera, etc.

ma·si·vo, -a [masíβo, -a] *adj* Se aplica a lo relacionado con las masas humanas.

ma·són, -na [masón, -na] *adj* y *s/m,f* Relacionado con la masonería o miembro de esa secta.

ma·so·ne·ría [masonería] *s/f* Asociación internacional que tiene su origen en una asociación de albañiles del siglo VIII. Hoy día forma una hermandad cerrada, con una jerarquía y celebraciones rituales, cuyos miembros se apoyan mutuamente; defienden ideas racionalistas en política y religión.

ma·só·ni·co, -a [masóniko, -a] *adj* Se aplica a lo relacionado con la masonería.

ma·so·quis·mo [masokísmo] *s/m* Perversión sexual de la persona que encuentra placer en verse humillado y maltratado por una persona del otro sexo.

ma·so·quis·ta [masokísta] *adj* y *s/m,f* Se aplica a lo relacionado con el masoquismo.

ma·so·ve·ro [masoβéro] *s/m* Persona que trabaja una masía ajena por cierta cantidad de dinero.

mas·ti·ca·ción [mastikaθjón] *s/f* Acción y efecto de masticar.

mas·ti·ca·dor, (-ra) [mastikaðór, (-ra)] **I.** *adj* **1.** Se aplica a los insectos que mastican sus alimentos, a diferencia de los chupadores. **2.** ZOOL Se aplica al aparato bucal que sirve para la masticación, y al animal que lo tiene. **II** *s/m* Instrumento para triturar la comida en sustitución de la masticación.

mas·ti·car [mastikár] *v/tr* Triturar la comida en la boca con los dientes.
ORT Ante *e* la *c* cambia en *qu: Mastiqué.*

más·til [mástil] *s/m* **1.** Palo largo que se coloca verticalmente en los barcos para sostener las velas. **2.** Palo que se coloca verticalmente para sujetar algo, *por ej*, una tienda de campaña.

mas·tín, -na [mastín, -na] *adj* y *s/m,f* Se aplica a una raza de perros; son muy grandes, con el cuello grueso y corto, y excelentes para guardar ganado.

mas·to·don·te [mastoðón̪te] *s/m* **1.** Mamífero fósil, semejante al elefante, que se encuentra en terrenos terciarios. **2.** FIG Persona o cosa muy grande.

mas·tuer·zo, -a [mastwérθo, -a] *adj* y *s/m,f* Se aplica como insulto a quien es torpe o grosero.

mas·tur·ba·ción [masturβaθjón] *s/f* Acción de masturbar(se).

mas·tur·bar [masturβár] *v/tr*, REFL(-SE) Procurar(se) placer sexual a sí mismo u a otros con manipulaciones en los órganos sexuales.

ma·ta [máta] *s/f* **1.** Planta de tallo ramificado y leñoso que vive varios años. **2.** Planta herbácea.

ma·ta·chín [matatʃín] *s/m* Matarife.

ma·ta·de·ro [mataðéro] *s/m* Lugar donde se sacrifican animales cuya carne está destinada al consumo.

ma·ta·dor, (-ra) [mataðór, (-ra)] **I.** *adj* y *s/m,f* Se aplica al que mata. **II.** *s/m* Torero: *Matador de toros.*

ma·ta·mos·cas [matamóskas] *s/m* Utensilio o sustancia para matar moscas.
ORT *Pl: Matamoscas.*

ma·tan·za [matánθa] *s/f* **1.** Acción de matar a muchas personas o animales. **2.** Actividad en torno al sacrificio de uno o varios cerdos para su consumo. **3.** Conjunto de conservas y embutidos que se elaboran en ella.

ma·tar [matár] **I.** *v/tr* **1.** Quitar la vida a una persona o animal. **2.** Hacer la matanza del cerdo. **3.** FIG Hacer sufrir o padecer a alguien: *Este asunto me está matando.* **4.** FIG Molestar mucho: *Los viajes largos me matan.* **5.** FIG COL Dejar pasmado a alguien: *Me has matado con esa noticia.* **6.** FIG COL Quitar el hambre o la sed. **7.** Quitar brillo en una cosa o en un color: *El color rojo mata al negro.* **II.** REFL(-SE) (Con *por*) FIG Tomarse mucho interés o trabajo por una persona o una cosa: *Se mata por los amigos.* LOC **Estar a matar con (alguien)**, estar muy enemistado con esa persona y pelearse continuamente con ella. RPr **Matar a/con/de:** *Matar a disgustos/con un revólver/de una paliza.* **Matarse a/con/contra/por:** *Se mata a trabajar. Se mató con el coche/contra un poste. Se mata por los caramelos.*

ma·ta·ri·fe [mataríf e] *s/m* Persona que descuartiza los animales cuya carne está destinada al consumo.

ma·ta·rra·tas [matarrátas] *s/m* **1.** Raticida. **2.** FIG Aguardiente fuerte de mala calidad.
ORT *Pl: Matarratas.*

ma·ta·sa·nos [matasános] *s/m desp* Se aplica a los malos médicos.
ORT *Pl: Matasanos.*

ma·ta·se·llos [mataséʎos] *s/m* **1.** Estampilla con que se inutilizan los sellos de una carta. **2.** Dibujo que se marca con ella.

ma·ta·sue·gras [mataswéɣras] *s/m* Tubo de papel enrollado en espiral que al soplar

se extiende y produce un silbido; se utiliza normalmente en fiestas.
ORT *Pl: Matasuegras.*

match [mátʃ] *s/m* DEP ANGL Partido (de fútbol, baloncesto, etc.).

ma·te [máte] **I.** *adj* Se aplica a lo que no tiene brillo: *Pintura mate.* **II.** *s/m* **1.** Infusión que se prepara con las hojas del arbusto 'mate' **2.** Calabaza seca y vacía que se usa para tomar esta infusión.

ma·te·má·ti·co, (-a) [matemátiko, (-a)] **I.** *adj* **1.** Se aplica a lo relacionado con las matemáticas. **2.** FIG Exacto, preciso: *Con puntualidad matemática.* **II.** *s/m,f* Persona que estudia o se dedica a las matemáticas. **III.** *s/f* (Frecuentemente en *pl*) Ciencia que estudia las relaciones entre las cantidades y las magnitudes y las operaciones que permiten hallar alguna que se busca, conociendo otras.

ma·te·ria [matérja] *s/f* **1.** Elemento que, junto con la energía, constituye el universo físico; puede permanecer sensiblemente inmutable, *por ej,* en una roca, o sufrir transformaciones por la acción de otro elemento. **2.** Cualquier clase de materia que se puede diferenciar de otra: *Materia cósmica.* **3.** (Precedida de 'la') Por oposición al 'alma', cosas terrenales y apegadas a los sentidos. **4.** Cosa que constituye lo que se piensa, se escribe, se dice, etc.: *Tengo materia para escribir un buen artículo.* **5.** Cada una de las disciplinas que forman parte de un conjunto de estudios: *Este curso tenemos varias materias difíciles.* LOC **En materia de**, en el asunto o cuestión que se expresa a continuación. **Entrar en materia**, comenzar a tratar lo que se expresa. **Materia prima** o **Primera materia**, la que pasa a ser elaborada en una industria, bien sea natural o proceda de otra industria donde ya ha comenzado a elaborarse.

ma·te·rial [materjál] **I.** *adj* **1.** Se aplica a lo relacionado con la materia. **2.** Por oposición a espiritual, se aplica a lo relacionado con el mundo físico. **3.** También a las acciones realizadas físicamente y al que las realiza: *Causante material del accidente.* **4.** FIG Se aplica a las personas que dan importancia excesiva a las cosas del cuerpo. **II.** *s/m* **1.** Materia de la que una cosa está hecha: *Esta construcción utilizó buenos materiales.* **2.** Conjunto de cosas que constituyen la dotación instrumental de una oficina, un laboratorio, etc.: *El material de incendios.* **3.** Referido a objetos de piel, cuero: *Bolso de material.*

ma·te·ria·li·dad [materjaliðáð] *s/f* Cualidad de material.

ma·te·ria·lis·mo [materjalísmo] *s/m* **1.** Cualidad de materialista. **2.** Doctrina que prescinde de lo espiritual en el análisis de cualquier tema, pues niega la existencia de sustancias espirituales distintas de las materiales.

ma·te·ria·lis·ta [materjalísta] *adj* y *s/m,f (Ser materialista)* **1.** Se aplica a la persona, y sus actitudes, etc., que dan exclusiva o excesiva importancia al aspecto material o físico de la existencia: *Soy un materialista.* **2.** Se aplica a lo relacionado con el materialismo y a las personas partidarias de esa doctrina.

ma·te·ria·li·za·ción [materjaliθaθjón] *s/f* Acción y efecto de materializar.

ma·te·ria·li·zar [materjaliθár] *v/tr,* REFL(-SE) **1.** Hacer realidad una idea, un proyecto, etc. **2.** Presentar una cosa inmaterial de forma que sea perceptible por los sentidos.
ORT La *z* cambia en *c* ante *e: Materialicé.*

ma·ter·nal [maternál] *adj* Se aplica a cualidades propias de la madre.

ma·ter·ni·dad [materniðáð] *s/f* **1.** Circunstancia de ser madre. **2.** Clínica donde se atiende médicamente a mujeres que van a ser o han sido madres.

ma·ter·no, -a [matérno, -a] *adj* Se aplica a lo relacionado con la madre.

ma·ti·nal [matinál] *adj* Se aplica a lo relacionado con la mañana.

ma·ti·née [matiné] *s/f* GAL Espectáculo de la mañana o que tiene lugar en las primeras horas de la tarde.

ma·tiz [matíθ] *s/m* **1.** Variaciones perceptibles en un mismo color: *Tiene varios matices de rojo.* **2.** FIG Carácter que impregna de forma poco evidente, pero perceptible, una cosa.
ORT *Pl: Matices.*

ma·ti·zar [matiθár] *v/tr* **1.** Combinar distintos colores o tonos en una cosa. **2.** FIG Introducir leves variaciones o matices en la cosa de que se trata: *Matizar un concepto.* **3.** FIG Comunicar un determinado matiz, tono o aspecto a una cosa. RPr **Matizar de/en/con:** *Matizar de/en/con rojo.*
ORT La *z* cambia a *c* ante *e: Maticé.*

ma·to·jo [matóxo] *s/m* Planta de monte abundante y espesa.

ma·tón, -na [matón, -na] *s/m,f* **1.** FIG COL Persona que presume de valiente y provoca a los demás o los intimida. **2.** Asesino o guardaespaldas a sueldo.

ma·to·rral [matorrál] *s/m* **1.** Lugar sin cultivar, lleno de maleza. **2.** Conjunto espeso de matas.

ma·tra·ca [matráka] *s/f* Objeto de madera formado por una rueda con paletas que suenan al ser golpeadas por unos macillos que hay entre ellas; se usa en Semana Santa en sustitución de la campanilla. LOC **Dar (la) matraca**, FIG molestar a alguien insistiendo machaconamente en algo.

ma·tra·que·ar [matrakeár] *v/intr* **1.** Hacer sonar la matraca. **2.** Dar (la) matraca.

ma·tra·queo [matrakéo] *s/m* Acción de matraquear.

ma·traz [matráθ] *s/m* Recipiente de vidrio usado en los laboratorios, de forma esférica y cuello largo y estrecho, o de forma cónica con el cuello corto en el vértice del cono.

ma·triar·ca [matrjárka] *s/f* Mujer que ejerce el matriarcado.

ma·triar·ca·do [matrjarkáðo] *s/m* Organización social en la que ejercen el mando las mujeres.

ma·triar·cal [matrjarkál] *adj* Relativo a la matriarca y su autoridad.

ma·trí·cu·la [matríkula] *s/f* **1.** Registro oficial de personas, entidades o cosas, con un fin determinado, *por ej,* para seguir un curso en la enseñanza; para identificar los automóviles: *Matrícula del coche,* etc. **2.** Inscripción en el registro oficial. **3.** Placa visible que llevan los automóviles con el número de la matrícula. **4.** Conjunto de los alumnos matriculados en un centro de enseñanza.

ma·tri·cu·lar [matrikulár] *v/tr,* REFL(-SE) Inscribir una cosa o a una persona o inscribirse uno mismo en un registro oficial. RPT **Matricularse de/en:** *Matricularse de oyente.*

ma·tri·mo·nial [matrimonjál] *adj* Se aplica a lo relacionado con el matrimonio.

ma·tri·mo·nio [matrimónjo] *s/m* **1.** Ceremonia civil o religiosa en la que un hombre y una mujer constituyen legalmente una familia. **2.** Un hombre y una mujer casados.

ma·tri·ten·se [matriténse] *adj* y *s/m,f* (Se aplica a entidades o a cosas, no a personas) Madrileño.

ma·triz [matríθ] *s/f* **1.** Órgano reproductor femenino donde se desarrolla el feto. **2.** Molde en el que se funden objetos de metal. **3.** Original de un documento, archivado y guardado, del que se sacan copias. **4.** Parte de un talonario o libro de recibos que permanece en ellos para el control de los documentos emitidos. **5.** Conjunto ordenado de números en el que podemos saber, por la posición de cada uno, las operaciones a realizar en un determinado problema.

ma·tro·na [matróna] *s/f* **1.** Mujer autorizada legalmente para asistir en los partos. **2.** Se aplica a una respetable madre de familia.

ma·tu·sa·lén [matusalén] Usado exclusivamente en la expresión **Ser más viejo que Matusalén**, aplicado a una persona muy vieja.

ma·tu·te [matúte] *s/m* **1.** Acción de introducir clandestinamente mercancías burlando las aduanas. **2.** Género así introducido. **3.** Casa de juegos prohibidos.

ma·tu·ti·no, -a [matutíno, -a] *adj* Se aplica a lo relacionado con la mañana.

mau·llar [mauʎár] *v/intr* Dar maullidos el gato.
PRON La *ú* recibe el acento en el *sing* y *3.ª pers pl* del *pres* de *indic* y *subj: Maúlla...*

mau·lli·do [mauʎíðo] *s/m* Sonido que produce el gato.

mau·ri·ta·no, -a [mauritáno, -a] *adj* y *s/m,f* Se aplica a lo relacionado con Mauritania, región del norte de África.

máu·ser [máuser] *s/m* Fusil de repetición inventado por el armero Guillermo Mauser.
ORT *Pl: Máuseres* o *máusers.*

mau·so·leo [mausoléo] *s/m* Tumba monumental y suntuosa.

ma·xi·lar [ma(k)silár] **I.** *adj* Se aplica a lo relacionado con la mandíbula o con la quijada: *Dolor maxilar.* **II.** *s/m* Cada uno de los huesos que forman la mandíbula.

ma·xi·ma·lis·mo [ma(k)simalísmo] *s/m* Posición extrema de algo, especialmente en política.

ma·xi·ma·lis·ta [ma(k)simalísta] *s/m,f* Partidario o seguidor del maximalismo.

má·xi·me [má(k)sime] *adv* Tiene valor intensivo similar a 'más aún', con más motivo o más razón: *Me interesa participar, máxime, cuando se trata de ese proyecto.*

má·xi·mo, (-a) [má(k)simo, (-a)] **I.** *adj superl* de *grande.* Se aplica a las cosas más grandes en sentido no espacial: *Es el máximo triunfo.* También a las más numerosas: *Han conseguido la máxima puntuación.* **II.** *s/m* Límite superior a que puede llegar una cosa: *Su esfuerzo ha llegado al máximo.* **III.** *s/f* **1.** Frase proverbial o escrita por alguien, que contiene un principio moral, un consejo o una enseñanza: *Máximas morales.* **2.** Reglas que se deben seguir en la práctica de alguna actividad. LOC **Como máximo**, límite al que se puede llegar: *Como máximo podremos conseguir que nos atiendan.*

ma·ya [máJa] *adj* y *s/m,f* Se aplica a lo relacionado con los mayas, tribu india cuyos integrantes viven ahora en Yucatán, norte de Guatemala y Honduras británica.

ma·yar [maJár] *v/intr* Maullar.

ma·yes·tá·ti·co, -a [maJestátiko, -a] *adj* Se aplica a lo que posee el esplendor o solemnidad de la majestad.

Plural mayestático, GRAM *pl* de la primera *pers* en lugar del *sing* usado por personas de la alta jerarquía; *por ej,: Nos, el rey,* en lugar de *Yo, el rey.*

ma·yi·do [maJíðo] *s/m* Maullido.

ma·yo [máJo] *s/m* Quinto mes del año, que sigue a abril.

ma·yó·li·ca [maJólika] *s/f* Loza común de esmalte metálico.

ma·yo·ne·sa [maJonésa] *adj* y *s/f* Salsa hecha con huevo, aceite, sal y limón que se usa para aderezar ciertos platos.

ma·yor [maJór] **I.** *adj* Comparativo de *grande.* **1.** Más grande, referido a cosas materiales indica tamaño: *Tu casa es mayor que la mía.* No se emplea referido a cosas espirituales, aunque puede aplicarse a cosas inmateriales indicando cantidad: *Mi problema es mayor que el tuyo.* **2.** Precedido de *art* tiene valor superlativo: *El mayor perro que he visto.* **3.** Referido a personas, indica de más edad: *El niño es mayor que la niña.* **4.** MÚS Se aplica al nombre de la primera nota de una escala de tono mayor: *Escala en sol mayor.* **II.** *s/m* En algunos ejércitos, grado que equivale a comandante. **III.** *s/m, pl* **1.** Los antepasados de una persona, sean o no sus progenitores. **2.** Personas adultas: *Tienes que confiar en los mayores.* LOC **Al por mayor**, COM Se aplica a los intercambios comerciales que se realizan con una gran cantidad de mercancía: *Vender/Comprar al por mayor.* **La mayor parte**, la mayoría de lo que se expresa. **Mayor**, MAT significado del signo matemático '>'; expresa que lo que hay delante de este signo es mayor que lo que hay después. **Ser ya mayor**, referido a personas, tener una edad madura o ser viejo. **Ser mayor de edad**, alcanzar la mayoría de edad. RPr **Mayor de/en:** *Mayor de edad. Mayor en altura.*

ma·yo·ral [maJorál] *s/m* **1.** El pastor más importante de un rebaño. **2.** Capataz de un grupo de trabajadores del campo.

ma·yo·raz·go, -a [maJoráθγo, -a] **I.** *s/m* Patrimonio familiar que hereda por tradición el hijo mayor. **II.** *s/m,f* **1.** Heredero de un mayorazgo. **2.** *Por ext,* primogénito.

ma·yor·men·te [maJórmente] *adv* Sobre todo, especialmente.

ma·yor·do·mo, (-a) [maJorðómo, (-a)] **I.** *s/m,f* Encargado principal de la administración y cuidado de una casa o mansión. **II.** *s/m* **1.** Persona encargada de la administración de una cofradía. **2.** Cada uno de los miembros de ciertas cofradías.

ma·yo·ría [maJoría] *s/f* **1.** Número superior de lo que se expresa: *La mayoría de las máquinas no funcionan.* Si se trata de personas, queda sobreentendido: *La mayoría prefiere que salgamos.* **2.** Específicamente, número superior de votantes en una asamblea. **3.** Cualidad de mayor.

ma·yo·ris·ta [maJorísta] **I.** *adj* Se aplica al comercio al por mayor. **II.** *s/m* Comerciante que vende al por mayor.

ma·yo·ri·ta·rio, -a [maJoritárjo, -a] *adj* Se aplica a lo relacionado con la mayoría: *Tiene un apoyo mayoritario.*

ma·yús·cu·la [maJúskula] *s/f* Letra mayúscula, *por ej,* la 'A' en América.

ma·yús·cu·lo, -a [maJúskulo, -a] *adj* Se aplica a lo que es mayor que lo común en su especie: *Letra mayúscula.* Se emplea frecuentemente en sentido no espacial: *Un disparate mayúsculo.*

ma·za [máθa] *s/f* Utensilio grande de madera dura que se emplea para machacar o apisonar.

ma·za·co·te [maθakóte] *s/m* **1.** Se dice de lo que debiendo ser esponjoso y suelto, está duro o apelotonado. **2.** Obra de arte mal hecha y tosca. **3.** Hormigón empleado en construcción. **4.** FIG COL Hombre molesto y pesado.

ma·za·pán [maθapán] *s/m* Dulce hecho por una pasta de almendras molidas y azúcar; normalmente se hacen figuritas con ella y se cuecen un poco al horno.

ma·zar [maθár] *v/tr* Batir la leche para obtener la mantequilla.
ORT Ante *e* la *z* cambia en *c: Macé.*

ma·za·zo [maθáθo] *s/m* Golpe de mazo.

maz·mo·rra [maθmórra] *s/f* Prisión subterránea o lóbrega.

ma·zo [máθo] *s/m* **1.** Utensilio similar al martillo, pero de madera. **2.** Maza pequeña, *por ej,* la del mortero.

ma·zor·ca [maθórka] *s/f* **1.** Espiga del maíz. **2.** Baya del cacao. **3.** Husada.

ma·zur·ca [maθúrka] *s/f* Danza de origen polaco, semejante a la polca.

me [mé] *pron pers* de primera *pers* en función de complemento directo o complemento indirecto: *Me he comprado un coche. Llámame cuando puedas.*

mea·da [meáða] *s/f* VULG **1.** Orina expelida de una vez. **2.** Mancha que deja en el lugar que moja.

mea·de·ro [meaðéro] *s/m* VULG Lugar donde se orina.

mea·dos [meáðos] *s/m, pl* VULG Orines.

me·an·dro [meándro] *s/m* Forma curva de un camino o, especialmente, de un río.

me·ar [meár] *v/intr,* REFL(-SE) VULG Orinar. LOC **Mearse de risa,** VULG reírse mucho.

mea·to [meáto] *s/m* Nombre de ciertos conductos u orificios del cuerpo.

¡me·ca·chis! [mekátʃis] *interj eufem* Se usa ante una situación desfavorable, expresando contrariedad.

me·ca·ni·cis·mo [mekaniθísmo] *s/m* **1.** Doctrina que da una explicación mecánica de los fenómenos biológicos. **2.** Introducción de instrumentos mecanizados en una actividad. **3.** Tendencia a la mecanización.

me·cá·ni·co, (-a) [mekániko, (-a)] **I.** *adj* **1.** Se aplica a lo relacionado con las máquinas y a lo que se hace con máquina. **2.** Referido a actos o movimientos que se hacen sin reflexionar, por costumbre. **II.** *s/m* Hombre que se dedica a la construcción, manejo o arreglo de máquinas: *Mecánico de automóviles.* **III.** *s/f* **1.** Parte de la Física que estudia la acción de las fuerzas sobre los cuerpos. **2.** Mecanismo de una cosa: *Mecánica del motor.*

me·ca·nis·mo [mekanísmo] *s/m* **1.** Conjunto de piezas que realizan un movimiento mecánico destinado a producir un efecto. **2.** Forma de funcionar o realizarse una cosa: *El mecanismo del préstamo de libros.*

me·ca·ni·za·ción [mekaniθaθjón] *s/f* Acción y efecto de mecanizar.

me·ca·ni·zar [mekaniθár] *v/tr* Introducir el empleo de máquinas en una actividad: *Vamos a mecanizar la producción.*
ORT La *z* cambia en *c* ante *e: Mecanicé.*

me·ca·no [mekáno] *s/m* Juguete de piezas desmontables que se pueden combinar entre sí para formar objetos diferentes.

me·ca·no·gra·fía [mekanoɣrafía] *s/f* Arte de escribir a máquina.

me·ca·no·gra·fiar [mekanoɣrafjár] *v/tr* Escribir (algo) a máquina.
ORT, PRON El acento recae sobre la *i* en el *sing* y *3.ª pers pl* del *pres* de *indic* y *subj: Mecanografío, mecanografíen.*

me·ca·no·grá·fi·co, -a [mekanoɣráfiko, -a] *adj* Relacionado con la mecanografía.

me·ce·dor, (-ra) [meθeðór, (-ra)] **I.** *s/m* Columpio. **II.** *s/f* Objeto similar a una silla con brazos, cuyas patas terminan en dos maderas curvas, lo que permite mecerse en ella.

me·ce·nas [meθénas] *s/m* Persona rica e influyente que protege la actividad artística en general o la de un autor en concreto.
ORT *Pl: Mecenas.*

me·cer [meθér] **I.** *v/tr,* REFL(-SE) Mover(se) una cosa repetidamente de un lado a otro, manteniendo un punto fijo de ella: *Mece un rato la cuna.* **II.** *v/tr* Mover un líquido, *por ej,* la leche para obtener mantequilla.
ORT La *c* cambia a *z* ante *a/o: Mezo.*

me·co·nio [mekónjo] *s/m* Excrementos de color negruzco de los recién nacidos.

me·cha [métʃa] *s/f* **1.** Cordón o tira de fibra, generalmente de algodón, que forma la llama en las velas, candiles o en algunos explosivos: *Encender una mecha.* **2.** Tubo relleno de pólvora con el que se da fuego a las minas y barrenos. **3.** Grupo de hebras atadas por la mitad que se emplean en curas y operaciones de cirugía. **4.** Tira de tocino o cualquier carne que se introduce como relleno en un trozo de carne. **5.** Mechón de pelo, generalmente de distinto color que el resto. LOC **Aguantar mecha,** FIG COL soportar alguien una situación poco agradable.

me·char [metʃár] *v/tr* Rellenar un trozo de carne, un ave, etc., con mechas **(4)** para cocinarlo.

me·che·ra [metʃéra] *s/f* Ladrona de tiendas.

me·che·ro [metʃéro] *s/m* **1.** Tubo donde se pone la mecha para alumbrar. **2.** *Por ext,* se aplica a diversos objetos que dan luz o calor, tengan o no mecha.

me·chón [metʃón] *s/m* Grupo de fibras, generalmente de pelo o lana, separadas del resto: *Un mechón de pelo.*

me·da·lla [meðáʎa] *s/f* **1.** Trozo de metal con alguna grabación o relieve que se suele llevar colgada del cuello con una cadena, o como broche; frecuentemente llevan grabadas imágenes religiosas. **2.** Distinción honorífica que se concede a alguien. **3.** Medallón (bajo relieve).

me·da·llón [meðaʎón] *s/m* **1.** Bajorrelieve de forma redonda o elíptica. **2.** Objeto de adorno en forma de medalla.

me·dia·ca·ña [meðjakáɲa] *s/f* Nombre de ciertos objetos que tienen forma de media caña, es decir, forma semicircular y partidos longitudinalmente.

me·dia·ción [meðjaθjón] *s/f* Acción de mediar. LOC **Por mediación de,** a través de la persona o cosa que se expresa.

me·dia·do, (-a) [meðjáðo, (-a)] *adj* Se aplica a lo que se halla a la mitad de su capacidad o posibilidades. LOC **A mediados de,** hacia la mitad del espacio de tiempo que se expresa.

me·dia·dor, -ra [meðjaðór, -ra] *s/m,f* Persona que media entre dos partes en conflicto.

me·dia·ne·ría [meðjanería] *s/f* Pared o valla que separa dos propiedades.

me·dia·ne·ro, (-a) [meðjanéro, (-a)] **I.** *adj* Se aplica a la pared o valla que está entre dos propiedades: *Seto medianero.* **II.** *adj* y *s/m,f* Persona que intercede por otra en un asunto. **III.** *s/m* **1.** Persona cuya propiedad está en medianería con otra. **2.** Persona que explota una finca a medias con otra.

me·dia·nía [meðjanía] *s/f* Cualidad de mediano, situación media entre dos extremos. Se aplica especialmente a la persona de inteligencia mediana (*Es una medianía*) o a una posición social media.

me·dia·no, (-a) [meðjáno, (-a)] **I.** *adj* **1.** Se aplica a lo que es de calidad o tamaño intermedio, ni muy bueno, ni muy malo; ni muy grande ni muy pequeño: *Mediano de cuerpo.* **2.** FIG Se emplea frecuentemente en sentido negativo, más bien malo que bueno: *Un trabajo mediano.* **II.** *s/f* **1.** Parte central intransitable de una autopista. **2.** GEOM Recta que une el vértice de un triángulo con el punto medio del lado opuesto. RPr **Mediano de/en:** *Mediano de cuerpo. Mediano en capacidad.*

me·dia·no·che [meðjanótʃe] *s/f* Momento en que termina un día y comienza otro, a las 12 de la noche.

me·dian·te [meðjánte] **I.** *adj* Se emplea exclusivamente en la expresión **Dios mediante,** con el valor de *Si Dios lo permite.* **II.** *prep* Usando lo que expresa el nombre a que se aplica: *Se debe hacer mediante ciertos movimientos estudiados.*

me·diar [meðjár] *v/intr* **1.** (Con *en, entre*) Intervenir alguien en la solución de un problema entre otras personas: *Mediar entre amigos.* **2.** (Con *por*) Interceder por alguien: *Tuvo que mediar por todos nosotros ante el director.* **3.** Realizar una acción o una cosa hasta la mitad. **4.** Referido a hechos o circunstancias, que algo se interpone en el curso de los acontecimientos o que influye en ellos: *Quisieron hacer algo extraordinario, pero mediaba su escasa imaginación.* **5.** Referido a espacios de tiempo, transcurrir ese espacio entre dos sucesos de los que se habla. **6.** Existir o estar una cosa entre otras dos: *Entre tú y yo media un abismo.* RPr **Mediar con/en/entre/por:** *Mediar con los acreedores.*

me·dia·ti·za·ción [meðjatiθaθjón] *s/f* Acción de mediatizar.

me·dia·ti·zar [meðjatiθár] *v/tr* Coartar la libertad o autoridad de alguien: *El ejército mediatizaba la política del Gobierno.* ORT La *z* cambia en *c* ante *e*: *Mediaticé.*

me·dia·to, -a [meðjáto, -a] *adj* Se aplica a lo que está próximo a una cosa, interponiéndose entre ambas una tercera; es, por tanto, no inmediato.

me·di·ca·ción [meðikaθjón] *s/f* **1.** Acción de medicar(se). **2.** Conjunto de medicamentos que se aplican o deben aplicarse a una enfermedad.

me·di·ca·men·to [meðikaménto] *s/m* Sustancia empleada para curar.

me·di·ca·men·to·so, -a [meðikamentóso, -a] *adj* Se aplica a la sustancia que tiene propiedades curativas.

me·di·car [meðikár] *v/tr,* REFL(-SE) Administrar medicinas a un enfermo o a uno mismo.
ORT Ante *e* la *c* cambia en *qu*: *Mediqué.*

me·di·cas·tro [meðikástro] *s/m desp* Médico malo.

me·di·ci·na [meðiθína] *s/f* **1.** Ciencia que se ocupa de las enfermedades y su curación. **2.** Profesión de médico: *Ejerce la medicina.* **3.** Sustancia empleada para curar.

me·di·ci·nal [meðiθinál] *adj (Ser medicinal)* Que tiene poder curativo.

me·di·ci·nar [meðiθinár] *v/tr,* REFL(-SE) Administrar medicinas a un enfermo o hacerlo él mismo.

me·di·ción [meðiθjón] *s/f* Acción de medir.

mé·di·co, -a [méðiko, -a] **I.** *dj* Se aplica a lo relaciondo con la medicina: *Revista médica.* **II.** *s/m,f* Persona con título legal para practicar la medicina.

me·di·da [meðíða] *s/f* **1.** Acción y efecto de medir. **2.** (Generalmente en *pl*) Expresión numérica de la magnitud de una cosa: *Las medidas de un traje.* **3.** Capacidad que se toma como unidad para medir una cosa: *Se añaden dos medidas de agua y una de aceite.* **4.** Número y distribución de las sílabas de un verso. **5.** Ausencia de exageración o violencia en el comportamiento de una persona: *Actúa con medida.* **6.** (Frecuentemente precedida de un posesivo) Disposiciones encaminadas a solucionar posibles conflictos o molestias: *Medidas de seguridad.* **7.** Intensidad o grado de una cosa: *Ignoro en qué medida puede afectarnos.* LOC **A la medida,** *1.* Se aplica a los objetos hechos con las medidas exactas de la cosa que se trata: *Un traje a la medida.* *2.* FIG Que es apropiado para lo que se pretende: *Un trabajo a la medida.* *3.* Adecuado a una cosa o relacionado con ella: *El castigo fue a la medida de la falta.* **A medida que,** según. **En cierta medida,** expresión similar a 'hasta cierto punto'. **En gran medida,** en gran parte relacionado con lo que se expresa. **En la medida de lo posible,** en tanto que las posibilidades favorezcan lo que se expresa. **Tomar las medidas (de algo) o tomar las medidas (a alguien),** medir las dimensiones de ese objeto o de una persona para hacer algo a la medida.

me·di·dor, -ra [meðiðór, -ra] *adj* y *s/m,f* Que mide.

me·die·val [meðjeβál] *adj* Relativo a la Edad Media.

me·die·vo [meðjéβo] *s/m* Edad Media.

me·dio, (-a) [méðjo, (-a)] **I.** *adj* **1.** Se aplica a una cosa que está a la mitad. Se pospone cuando aquél va precedido de otro numeral: *Un vaso y medio de agua.* **2.** Se aplica a lo que no está entero o es imperfecto: *Media luz.* **3.** FIG (Con valor *hiperbólico*) Gran cantidad de una cosa: *He visto medio mundo.* **4.** Que no está en los extremos de la cosa de que se trata; con este significado forma verdaderos modismos: *Clase media.* **5.** Se aplica a lo que reúne caracteres más generales de una sociedad, un pueblo, una época, etc.: *La cultura media de una época.* **II.** *s/m* **1.** Punto de un lugar situado a igual distancia de sus extremos: *El medio de la mesa.* **2.** (Frecuentemente en *pl*) Acción o cosa que sirve o se utiliza para conseguir algo: *Hay que utilizar los medios necesarios para que no vuelva a ocurrir.* **3.** Ambiente material o inmaterial en que se desenvuelve una persona o una acción: *Un medio rural.* **4.** Médium. **5.** MAT Quebrado que tiene por denominador el número 2: 1/2. **III.** *s/m, pl* Medios materiales y económicos. **IV.** *s/f* **1.** Prenda de punto que cubre el pie y la pierna. **2.** COL (Con *la* y después de la hora la expresión *y media)* La hora señalada más media: *Vino a la media en punto.* **V.** *adv* No completamente: *Está medio muerto.* LOC **A medias,** *1.* No del todo o sin terminar: *Lo dijo a medias. 2.* La mitad cada uno. *3.* Se aplica al contrato de arrendamiento en el que los beneficios se reparten entre propietario y arrendatario, aunque no sea a partes iguales. **A medio** (con un verbo en *infinitivo*) no completamente: *A medio cocinar.* **A medio, -a** (con *s*), en la mitad de lo que se expresa: *A medio camino entre mi casa y la tuya.* **De medio a medio,** completamente. **De por medio,** por medio. **En medio/En medio de:** *1.* Entre dos cosas. *2.* Entre varias cosas. *3.* En mitad de: *Estaba en medio de la plaza.* **En medio de todo,** expresión que introduce un elemento atenuante en una contrariedad. **Entre medias,** en la mitad de una cosa o revuelto con ella. **Estar de por medio,** intervenir en un asunto. **Por medio de,** utilizando intermediarios o el procedimiento que se expresa. **Por todos los medios,** intentarlo de todas las formas posibles.

me·dio·cre [meðjókre] *adj* Mediano. Referido a personas, de poca inteligencia. Referido a cosas, de poca calidad.

me·dio·cri·dad [meðjokriðáð] *s/f* Cualidad de mediocre.

me·dio·día [meðjoðía] *s/m* **1.** Momento del día en que el sol está en el punto más alto. **2.** Aunque el sol no esté en su punto más alto, las doce del día.

me·dio·e·val [meðjoeβál] *adj* Medieval.

me·dio·e·vo [medjoéβo] *s/m* Edad Media.

me·dir [meðír] **I.** *v/tr* **1.** Fijar la longitud, extensión, capacidad o intensidad que tiene una cosa: *Medir una superficie.* **2.** Contar el número de sílabas de un verso. **3.** Comparar una cualidad o una actividad con otra: *Van a medir sus fuerzas.* **4.** Referido a expresiones como 'ventajas', 'inconvenientes', reflexionar sobre las posibilidades de una cosa. **5.** Referido a 'palabras', 'acciones', usarlas o actuar con cautela. **II.** REFL(-SE) **1.** Competir con alguien o algo: *Su inteligencia se midió con la fuerza en el combate.* **2.** Contenerse o moderarse en lo que se hace o dice. RPr **Medir con/por:** *Medir con un metro. Medir por metros.* **Medirse con/en:** *Medirse con el equipo contrario. Medirse en la lucha.*
CONJ *Irreg: Mido, medí, mediré, medido.*

me·di·ta·bun·do, -a [meðitaβúndo, -a] *adj* Se aplica a la persona en actitud de meditar.

me·di·ta·ción [meðitaθjón] *s/f* Acción y efecto de meditar.

me·di·tar [meðitár] **I.** *v/tr* Pensar sobre una cosa en profundidad. **II.** *v/intr* Dedicarse a la meditación. RPr **Meditar en/sobre:** *Deberías meditar en ello/sobre ese asunto.*

me·di·ta·ti·vo, -a [meðitatíβo, -a] *adj* Relacionado con la meditación.

me·di·te·rrá·neo, -a [meðiterráneo, -a] *adj* Se aplica a lo relacionado con el mar Mediterráneo: *Fauna mediterránea.*

mé·dium [méðjum] *s/m,f* Persona supuestamente utilizada por los espíritus para comunicarse con quien los invoca.
ORT *Pl: Médium.*

me·drar [meðrár] *v/intr* **1.** Crecer los animales o las plantas. **2.** FIG Mejorar una persona de situación económica o social.

me·dro, -a [méðro, -a] *s/m,f* Acción y efecto de medrar.

me·dro·so, -a [meðróso, -a] *adj* y *s/m,f* **1.** *(Estar medroso)* Que tiene miedo. **2.** *(Ser medroso)* Propenso a sentir miedo.

mé·du·la o **me·du·la** [méðula/meðúla] *s/f* **1.** Materia grasa, blanca o amarillenta del interior de los huesos. **2.** Materia del interior de la columna vertebral que pertenece al sistema nervioso. **3.** Materia esponjosa del interior de los tallos de algunas plantas. **4.** FIG Elemento principal o esencial de una cosa: *La médula de las cosas.*

me·du·lar [meðulár] *adj* Relativo a la médula.

me·du·sa [meðúsa] *s/f* Animal celentéreo en forma de sombrilla o campana que procede, por gemación, de un pólipo y que, a su vez, por reproducción sexual, origina pólipos.

me·ga- [meγa-] *Elemento prefijo* de origen griego que significa 'grande': *Megalito, megafonía,* etc.

me·ga·fo·nía [meγafonía] *s/f* **1.** Conjunto de instrumentos utilizados para ampliar el sonido en un lugar de gran concurrencia. **2.** Técnica que se ocupa de estos instrumentos y de su instalación.

me·gá·fo·no [meγáfono] *s/m* Instrumento para aumentar el sonido de la voz, similar a una campana, cuya parte más estrecha es la que se sitúa más cerca de la boca.

me·ga·li·to [meγalíto] *s/m* Construcción prehistórica hecha con grandes piedras.

me·ga·lo·ma·nía [meγalomanía] *s/f* **1.** Trastorno mental que se caracteriza por la ilusión de poseer gran riqueza y poder. **2.** Actitud de la persona que actúa como si poseyera más poder o riqueza de lo que realmente tiene.

me·ga·ló·ma·no, -a [meγalómano, -a] *s/m,f* Persona con megalomanía.

me·ga·tón [meγatón] *s/m* Unidad empleada para comparar la fuerza explosiva de las bombas atómicas.

me·ji·ca·nis·mo [mexikanísmo] *s/m* Palabra o expresión propia del español de Méjico.

me·ji·ca·no, -a [mexikáno, -a] *adj* y *s/m,f* De Méjico.

me·ji·lla [mexíʎa] *s/f* Parte carnosa a cada lado del rostro humano, debajo de los ojos.

me·ji·llón [mexiʎón] *s/m* Molusco lamelibranquio comestible, de conchas casi triangulares, negras por fuera y azuladas por dentro.

me·jor [mexór] **I.** *adj* **1.** Comparativo de *bueno.* Más bueno o menos malo. **2.** Referido a nombres que indican cualidad estimada equivale a *mayor* (más grande en sentido no espacial): *Mi mejor obra.* **3.** Precedido de *art* tiene valor superlativo: *Es el mejor de todos.* **4.** (En frases terciopersonales) Preferible: *Es mejor no decirle nada.* Puede no aparecer el verbo: *Mejor que no le digas nada.* **5.** Junto con *querer* equivale a 'preferir': *Mejor quiero tener un coche viejo que una moto.* **II.** *adv* Comparativo de *bien:* más bien o menos mal. LOC **A lo mejor,** expresión frecuente que equivale a un *adv* de posibilidad: *A lo mejor no lo sabe.* **¡Mejor!,** exclamación de satisfacción o aprobación ante un cambio: *—Hemos decidido no ir al cine. —¡Mejor!* **Mejor que mejor,** 'mucho mejor': *Si él no viene, mejor que mejor.* **Mucho mejor,** expresión, exclamativa o no, que es una intensificación de '¡mejor!' **Tanto mejor,** '¡mejor!' o '¡mucho mejor!'.

me·jo·ra [mexóra] *s/f* **1.** Acción y efecto de mejorar. **2.** Cambio de una cosa para mejorar, *por ej,* el arreglo de una vivienda o finca.

me·jo·ra·ble [mexoráβle] *adj* Se aplica a lo que puede ser mejorado.

me·jo·ra·mien·to [mexoramjén̪to] *s/m* Acción y efecto de mejorar.

me·jo·ra·na [mexorána] *s/f* Hierba labiada de hojas aovadas blanquecinas y vellosas; se usa como antiespasmódica.

me·jo·rar [mexorár] **I.** *v/tr* **1.** Realizar cambios en una cosa para hacerla mejor. **2.** Poner mejor a un enfermo: *Los baños mejorarán su salud.* **3.** Ser mejor o superar en cierto aspecto a algo: *Este sistema mejora el anterior.* **II.** *v/intr,* REFL(-SE) **1.** Referido al tiempo, ponerse mejor. **2.** Referido a la salud de alguien, ponerse mejor. **III.** *v/intr* Pasar alguien a tener mejor posición económica o social. RPr **Mejorar de/en:** *Ha mejorado de aspecto/en todo.*

me·jo·ría [mexoría] *s/f* **1.** Acción y efecto de mejorar. **2.** Superioridad de una cosa respecto de otra.

me·jun·je [mexúŋxe] *s/m* Líquido de aspecto y olor poco agradables.

me·la·do, (-a) [meláðo, (-a)] *adj* Se aplica a lo que tiene el aspecto o color de la miel: *Ojos melados.*

me·lan·co·lía [melaŋkolía] *s/f* Sensación de tristeza vaga, habitual o temporal.

me·lan·có·li·co, -a [melaŋkóliko, -a] *adj* **1.** *(Estar melancólico)* Sentir melancolía en un momento concreto: *Esta tarde estoy muy melancólico.* **2.** *(Ser melancólico)* Ser propenso a la melancolía.

me·la·ni·na [melanína] *s/f* Pigmento de color oscuro que se encuentra en ciertas células de los animales, al que deben su coloración la piel, el pelo, etc.

me·la·za [meláθa] *s/f* Líquido oscuro de cierta consistencia que queda de la fabricación del azúcar.

me·le·na [meléna] *s/f* **1.** Cabellera suelta de cierta longitud. **2.** Crin de león. **3.** *pl* Cabellera despeinada.

me·le·nu·do, -a [melenúðo, -a] *adj* Se aplica a la persona con muchas melenas.

me·li·fi·car [melifikár] *v/tr, intr* Elaborar la miel las abejas.
ORT La *c* cambia en *qu* ante *e: Melifique.*

me·li·flui·dad [meliflwiðáð] *s/f* Cualidad de melifluo.

me·li·fluo, -a [melíflwo, -a] *adj* Se aplica a las personas, o a sus acciones, afectadas o excesivamente amables.

me·li·llen·se [meliʎénse] *adj* y *s/m,f* De Melilla, ciudad española del norte de África.

me·lin·dre [melín̪dre] *s/m* **1.** Dulce de masa frita con miel. **2.** Rosquilla de mazapán con azúcar. **3.** FIG (Generalmente en *pl*) (*Hacer melindres*) Acción o actitud que muestra delicadeza exagerada o afectada.

me·lin·dro·so, -a [melin̪dróso, -a] *adj* y *s/m,f* Que hace melindres.

me·li·ni·ta [meliníta] *s/f* Explosivo cuyo principal componente es el ácido pícrico.

me·lo·co·tón [melokotón] *s/m* Fruta redonda de color amarillento o naranja, piel vellosa, carne muy jugosa y hueso duro.

me·lo·co·to·nar [melokotonár] *s/m* Lugar sembrado de melocotoneros.

me·lo·co·to·ne·ro [melokotonéro] *s/m* Árbol cuyo fruto es el melocotón.

me·lo·día [meloðía] *s/f* **1.** Sucesión temporal de sonidos de distinta altura dotados de sentido musical. **2.** Cualidad de dulzura y suavidad de los sonidos musicales. **3.** Parte de la teoría musical que estudia este aspecto de la música.

me·ló·di·co, -a [melóðiko, -a] *adj* **1.** Se aplica a lo relacionado con la melodía. **2.** Melodioso: *Música melódica.*

me·lo·dio·so, -a [meloðjóso, -a] *adj* Se aplica a la música o al sonido suave y agradable al oído: *Una voz melodiosa.*

me·lo·dra·ma [meloðráma] *s/m* **1.** Drama en el que se trata de conmover al auditorio con la exageración de los sentimientos y situaciones patéticas. **2.** Originariamente, obra de teatro con música.

me·lo·dra·má·ti·co, -a [meloðramátiko, -a] *adj* Relativo al melodrama.

me·lo·ma·nía [melomanía] *s/f* Devoción exagerada por la música.

me·ló·ma·no, -a [melómano, -a] *adj* y *s/m,f* Que tiene melomanía.

me·lón, (-na) [melón, (-na)] **I.** *s/m* **1.** Planta cucurbitácea de tallos rastreros. **2.** Fruto de esa planta, de gran tamaño, corteza de color verde o amarillo y carne amarillenta comestible; tiene muchas pepitas de cáscara amarilla cuya parte interior es también comestible. **II.** *s/m,f* FIG COL Tonto.
Melón de agua, sandía.

me·lo·nar [melonár] *s/m* Lugar sembrado de melones.

me·lo·ne·ro, -a [melonéro, -a] *s/m,f* Persona que cultiva o vende melones.

me·lo·pea [melopéa] *s/f* **1.** Canturreo. **2.** COL Borrachera.

me·lo·si·dad [melosiðáð] *s/f* Cualidad de meloso.

me·lo·so, -a [melóso, -a] *adj* **1.** Se aplica a lo que tiene características semejantes a la miel. **2.** FIG Referido a la forma de hablar o comportarse una persona, dulce y suave: *Voz/Persona melosa.*

me·lla [méʎa] *s/f* **1.** Desperfecto o rotura en el borde de una cosa; especialmente en el filo de un arma o una herramienta: *El cuchillo tiene varias mellas.* **2.** Hueco que deja una cosa que falta; especialmente, cuando se trata de un diente o una muela: *Tiene varias mellas en los dientes.* LOC **Hacer mella,** causar impresión en el ánimo de una persona una reprensión, una súplica o una situación.

me·lla·do, (-a) [meʎáðo, (-a)] **I.** *adj* Se aplica a lo que tiene mellas. **II.** *adj* y *s/m,f* Referido a una persona, que le falta uno o más dientes.

me·llar [meʎár] *v/tr,* REFL(-SE) **1.** Hacer(se) una rotura o desperfecto en el borde de algo. **2.** FIG Deteriorar(se) una cosa no material.

me·lli·zo, -a [meʎíθo, -a] *adj* y *s/m,f* Cada uno de los hermanos nacidos en un mismo parto.

me·ma·da [memáða] *s/f* Tontería.

mem·bra·na [meɱbrána] *s/f* Capa delgada de tejido orgánico, elástica y resistente, que envuelve ciertos órganos o separa cavidades.

mem·bra·no·so, -a [meɱbranóso, -a] *adj* **1.** Se aplica a lo que asemeja a una membrana. **2.** Que está formado por membranas.

mem·bre·te [meɱbréte] *s/m* Impresión, en la parte superior del papel, del nombre, dirección, etc., de la persona u organismo que lo utiliza.

mem·bri·lle·ro [meɱbriʎéro] *s/m* Membrillo (árbol).

mem·bri·llo [meɱbríʎo] *s/m* **1.** Árbol frutal rosáceo. **2.** Fruto de este árbol, de color amarillo, muy aromático, de carne áspera y ácida.

mem·bru·do, -a [meɱbrúðo, -a] *adj* Se aplica a la persona de cuerpo y extremidades fuertes y potentes.

me·mez [meméθ] *s/f* Cualidad de memo. ORT *Pl: Memeces.*

me·mo, -a [mémo, -a] *adj* y *s/m,f* Se aplica como insulto a la persona que muestra poca inteligencia u oportunidad.

me·mo·ra·ble [memoráβle] *adj* Se aplica a lo que es digno de ser recordado por su importancia o trascendencia.

me·mo·rán·dum [memorán̪du{m/n}] *s/m* Cuaderno para anotar cosas.

me·mo·ria [memórja] **I.** *s/f* **1.** Facultad psíquica de recordar. **2.** Presencia de un hecho pasado en la mente de una persona o una colectividad: *La memoria del accidente aún perdura.* **3.** Relación por escrito de una serie de hechos o actividades para informar a alguien de ello. **4.** Nota diplomática sobre algún asunto importante. **5.** Investigación sobre cierto tema que se presenta por escrito, *por ej,* la que se presenta para obtener un grado universitario. **6.** Parte de los ordenadores que guarda toda la información recibida. **II.** *s/f, pl* Escrito de una persona sobre los recuerdos de su vida: *Las memorias de un político.* LOC **A la memoria de,** en recuerdo de. **De memoria,** hacer, decir, recitar, etc., algo sin consultar notas y basándose solamente en el recuerdo o aprendizaje previos. **En memoria de,** en recuerdo de.

me·mo·rial [memorjál] *s/m* **1.** Escrito en el que se defiende una solicitud o propuesta o se expone el motivo de la misma. **2.** Libro o cuaderno en el que se apunta algo para tenerlo presente. **3.** Nombre que se da a la publicación oficial de ciertas asociaciones.

me·mo·rión, (-na) [memorjón, -na] **I.** *s/m* COL *aum* de *memoria: ¡Qué memorión tiene!* **II.** *adj* y *s/m* Con mucha memoria; generalmente se emplea con valor *despec.*

me·mo·rís·ti·co, -a [memorístiko,-a] *adj* Se dice de lo aprendido sólo con la memoria, sin razonar.

me·mo·ri·za·ción [memoriθaθjón] *s/f* Acción y efecto de memorizar.

me·mo·ri·zar [memoriθár] *v/tr* Aprender de memoria.
ORT Ante *e* la *z* cambia en *c: Memorice.*

me·na [ména] *s/f* Mineral metalífero, generalmente de hierro, tal como se extrae del yacimiento, antes de limpiarlo.

me·na·je [menáxe] *s/m* Conjunto de los objetos que equipan una casa: *Menaje de cocina.*

men·ción [menθjón] *s/f* Acción de mentar, nombrar o citar una cosa. LOC **Digno de mención,** que merece la pena citarlo por su importancia o calidad. **Hacer mención (de algo),** mencionarlo.

men·cio·nar [menθjonár] *v/tr* Referirse a algo cuando se habla de otras cosas.

men·da [méṇda] **I.** *pron pers* COL Yo, el que habla: *El menda dice que se larga ahora mismo.* A veces va en *pl.* **II.** *pron indef* COL Uno, uno cualquiera: *Me lo dijo un menda que yo no conocía.* LOC **Menda lerenda,** se refiere a la primera *pers* de modo aún más expresivo.

men·da·ci·dad [meṇdaθiðáð] *s/f* LIT Cualidad de mendaz.

men·daz [meṇdáθ] *adj* y *s/m,f* LIT Mentiroso.

men·de·lia·no, -a [meṇdeljáno, -a] *adj* y *s/m,f* Relativo las leyes de Mendel.

men·de·lis·mo [meṇdelísmo] *s/m* Conjunto de las leyes de Mendel acerca de la herencia biológica.

men·di·can·te [meṇdikáṇte] *adj* Se aplica a la persona que mendiga.

men·di·ci·dad [meṇdiθiðáð] *s/f* **1.** Actividad del mendigo: *Vive de la mendicidad.* **2.** Fenómeno social de existir mendigos.

men·di·gar [meṇdiɣár] *v/tr, intr* **1.** Pedir limosna. **2.** FIG Pedir algo humillándose.
ORT La *g* cambia a *gu* ante *e: Mendigué.*

men·di·go, -a [meṇdíɣo, -a] *s/m,f* Persona que pide limosna habitualmente.

men·dru·go [meṇdrúɣo] *s/m* Trozo de pan duro.

me·ne·ar [meneár] **I.** *v/tr* Cambiar una cosa de lugar o agitarla. **II.** REFL(-SE) **1.** Moverse. **2.** FIG COL (Frecuentemente en *imper*) Moverse deprisa: *¡Menéate que llegamos tarde!*

me·neo [menéo] *s/m* Acción de menear(se), particularmente, hacer un movimiento brusco.

me·nes·ter [menestér] *s/m* **1.** *(Ser menester)* (Ser) necesario. **2.** Actividad que realiza una persona: *Tengo que dedicarme a otros menesteres.*

me·nes·te·ro·so, -a [menesteróso, -a] *adj* y *s/m,f* Se aplica a la persona que carece de lo necesario para vivir.

me·nes·tra [menéstra] *s/f* Comida hecha con verduras cocidas a las que se añaden, a veces, trozos de carne o jamón frito.

men·ga·no, -a [meŋgáno, -a] Se usa exclusivamente en las expresiones *Fulano y mengano* o *Mengano y zutano,* una persona cualquiera. A veces se emplea en *dim (fulanito y menganito)* con el mismo significado.

men·gua [méŋgwa] *s/f* **1.** Acción y efecto de menguar. Disminución, generalmente en sentido no espacial: *Mengua en las posibilidades de actuación.* **2.** Falta que hace incompleta una cosa.

men·guan·te [meŋgwáṇte] **I.** *adj* Se aplica a lo que está menguando: *Luna menguante.* **II.** *s/f (Estar en la menguante)* Situación de los ríos o arroyos que llevan poca agua.

men·guar [meŋgwár] *v/tr, intr* **1.** Disminuir o ir reduciéndose el tamaño, el número, la intensidad o importancia de una cosa. **2.** Reducir el número de puntos en la labor de media.

ORT Ante *e* la *u* debe llevar diéresis: *Mengüé.*

men·hir [menír] *s/m* Monumento megalítico constituido por una gran piedra alargada colocada verticalmente en el suelo.

me·nin·ge [meníŋxe] *s/f* Cada una de las membranas que envuelven el cerebro y la médula espinal.

me·nín·geo, -a [meníŋxeo, -a] *adj* Se aplica a lo relacionado con las meninges.

me·nin·gi·tis [meniŋxítis] *s/f* Inflamación de las meninges.
ORT *Pl: Meningitis.*

me·ni·no, -a [meníno, -a] *s/m,f* Persona de origen noble que desde niña era criada en palacio y servía a la reina o a los infantes.

me·nis·co [menísko] *s/m* Parte cartilaginosa semicircular de la rodilla, que facilita su movimiento.

me·no·pau·sia [menopáusja] *s/f* Etapa de la vida de la mujer en que cesa la menstruación.

me·nor [menór] **I.** *adj comparativo* de *pequeño.* **1.** Más pequeño, en sentido cuantitativo o material. **2.** Aunque equivale a la expresión *más pequeño,* no se utiliza *menor* cuando se aplica a magnitudes corpóreas: la frase *Mi hijo es menor que el tuyo* se refiere a la edad, no al tamaño. **3.** Precedido de *art* tiene valor superlativo: *Soy el menor de mis hermanos.* **II.** *s/m* Menor de edad: *No se deja entrar a los menores.* LOC **Al por menor,** *1.* COM Se aplica a la venta de mercancías en pequeñas cantidades, directamente a los consumidores. *2.* Con detalle. **Menor que,** MAT forma de leer el signo '<', que indica que la cantidad que precede al signo es menor que la que le sigue.

me·nor·quín, -na [menorkín, -na] *adj* y *s/m,f* De Menorca.

me·no·rra·gia [menorráxja] *s/f* MED Abundancia excesiva de sangre en la menstrución.

me·nos [ménos] **I.** *adv* **1.** Tiene valor comparativo. Indica reducción de una cualidad o una cantidad. El segundo término de la comparación puede no quedar explícito: *Quiero menos comida.* **2.** Equivale a las expresiones *más poco* o *más pocos,* según se trate de cantidad o número de cosas, pero no puede sustituirse nunca por ellas: *Dame menos dinero.* **3.** No se repite la *prep* del complemento delante de *menos,* excepto en el caso de las preposiciones *a* y *con: Llevó a todos al cine, menos a mí.* **4.** Precedido de *art* o del *s* al que se refiere, expresa inferioridad absoluta: *El menos inteligente de la clase.* **5.** Indica separación o exclusión de números o cantidades: *Hay cuatro sillas, menos una que está en la cocina.* **6.** MAT Se representa por el signo '–' en operaciones matemáticas: *5–2=3.* **7.** Delante de un número, sin relacionarlo con otro, indica que se trata de un número negativo. **8.** A veces, con *todo* o *cualquier cosa,* indica carencia o inexistencia absoluta de lo que se expresa: *Tengo de todo menos tranquilidad.* **II.** *s/m* Se usa como *s* en algunas construcciones: *Sus más y sus menos.* **III.** *adj* COL Se aplica como *adj* a nombres concretos, con el significado de 'menor', 'peor', 'de menos importancia', etc.: *Es menos casa que la tuya.* LOC **A menos que,** 'a no ser que', con valor hipotético negativo. **Al menos,** *1.* Expresión que supone una salvedad a lo dicho antes: *No viene nadie, al menos es lo que me han dicho.* *2.* Expresa que lo que se solicita, evalúa, etc., es el mínimo de lo que se desea. **Cada vez menos,** indica disminución progresiva de lo que se expresa. **Cuando menos,** al menos. **Cuanto menos ... más** (o **tanto más**), expresa una correlación inversa entre dos desarrollos o dos series de valores: *Cuanto menos necesitas más te ofrece.* **Cuanto menos ... menos** (o **tanto menos**), expresa una correlación decreciente en los dos desarrollos o series de valores: *Cuanto menos dinero tengo, menos gasto.* **De menos,** insuficientemente o que no está completo lo que se expresa: *Me has dado dinero de menos.* **Echar de menos,** añorar: *Echo de menos aquel ambiente.* **Ir a menos,** descender el prestigio o posición social de una persona o la importancia de una cosa. **Menos de,** indica que la cantidad expresada es la máxima que se puede señalar, aunque se considera pequeña. **Nada menos,** indica extrañeza y admiración ante lo que se expresa. **Ni mucho menos,** negación intensificada: *No quiero que lo veas y ni mucho menos que hables con él.* **Por lo menos,** *1.* Indica que la cantidad expresada es la mínima que se puede señalar, aunque se considere muy grande: *Le ha tenido que costar por lo menos diez millones.* *2.* 'Al menos'. **Ser lo de menos,** ser poco importante en relación con otras cosas. A veces, el verbo 'ser' se pospone: *Lo de menos es saber quién ha sido.* **Venir a menos,** 'ir a menos'.

me·nos·ca·bar [menoskaβár] *v/tr* Afectar negativamente a lo que se expresa, disminuyendo su valor, perfección, etc.: *La obra menoscaba su prestigio anterior.*

me·nos·ca·bo [menoskáβo] *s/m* Acción y efecto de menoscabar.

me·nos·pre·cia·ble [menospreθjáβle] *adj* Se aplica a lo que es digno de ser menospreciado.

me·nos·pre·ciar [menospreθjár] *v/tr* **1.** No dar valor o importancia a alguien o a algo: *Menosprecia todo lo que no le gusta.* **2.** Dar a algo menos importancia de la que se merece.

me·nos·pre·cio [menospréθjo] *s/m* Acción de menospreciar. Actitud de desprecio ante una persona que no se tiene en consideración por cualquier causa.

men·sa·je [mensáxe] *s/m* **1.** Comunicación oral o escrita enviada a alguien. **2.** Contenido profundo de una obra artística: *Lo más importante de la película es el mensaje que contiene.* **3.** En la teoría de la comunicación, conjunto de signos que constituyen la información de un emisor a un receptor.

men·sa·je·ro, -a [mensaxéro, -a] *adj* y *s/m,f* **1.** Se aplica a lo que lleva mensajes: *Paloma mensajera. El mensajero de la paz.* **2.** FIG Que anuncia la llegada de algo.

mens·trua·ción [me(n)strwaθjón] *s/f* **1.** Acción de menstruar. **2.** Sangre procedente de la matriz, que avacuan durante unos días al mes las mujeres y también las hembras de otros mamíferos.

mens·trual [me(n)strwál] *adj* Se aplica a lo relacionado con la menstruación.

mens·truar [me(n)strwár] *v/intr* Evacuar la menstruación.
ORT, PRON El acento recae sobre la *u* en el *sing* y *3.ª pers pl* del *pres* de *indic* y *subj: Menstrúa, menstrúen.*

men·sual [menswál] *adj* Se aplica a lo que sucede, aparece o se hace todos los meses: *Revisión/Publicación mensual.*

men·sua·li·dad [menswaliðáð] *s/f* Cantidad de dinero que se paga o se recibe todos los meses.

men·su·ra·ble [mensuráβle] *adj* Se aplica a lo que puede medirse.

men·ta [méņta] *s/f* **1.** Nombre de diversas plantas labiadas como el mastranzo y, particularmente, la hierbabuena. **2.** Esencia extraída de estas plantas para aromatizar: *Caramelos/Licor de menta.*

men·ta·do, (-a) [meņtáðo, (-a)] **I.** *p* de *mentar.* **II.** *adj* Conocido o famoso.

men·tal [meņtál] *adj* Se aplica a lo relacionado con la mente: *Actividad mental.*

men·ta·li·dad [meņtaliðáð] *s/f* Conjunto de creencias o peculiaridades de la mente de una persona o colectividad que determinan su visión del mundo.

men·ta·li·zar [meņtaliθár] *v/tr* Hacer a alguien consciente de una idea.
ORT **Ante** *e* la *z* cambia en *c: Mentalice.*

men·tar [meņtár] *v/tr* Nombrar algo al hablar.
CONJ *Irreg: miento, mente, mentaré, mentado.*

-men·te [-meņte] *Sufijo* que forma *adv* de modo uniéndose a la forma *f* de los *adj: Sanamente, lujosamente, dudosamente,* etc.
GRAM Cuando se siguen varios *adv* en *-mente* en una misma frase, el sufijo aparece únicamente en el último de la serie: *Nos lo llevamos astuta y valientemente.*

men·te [méņte] *s/f* **1.** Facultad con que se piensa. **2.** Pensamiento: *Tengo en mente un proyecto fabuloso.* **3.** Forma de pensar o de ver las cosas: *Tiene una mente retrógrada.*

men·te·ca·to, -a [meņtekáto, -a] *adj* y *s/m,f* Se aplica a la persona de poca inteligencia o sensatez.

men·ti·de·ro [meņtiðéro] *s/m* COL Lugar donde se reúne gente ociosa a charlar.

men·tir [meņtír] *v/intr* Decir cosas falsas deliberadamente para engañar.
CONJ *Irreg: Miento, mentí, mentiré, mentido.*

men·ti·ra [meņtíra] *s/f* Falsedad que se dice deliberadamente para engañar a alguien.

men·ti·ri·ji·llas [meņtirixíʎas] Expresión usada exclusivamente en la *loc adv* **De mentirijillas,** COL **con engaño para gastar** una broma.

men·ti·ro·so, -a [meņtiróso, -a] *adj* y *s/m,f (Ser un mentiroso)* Se aplica a la persona que dice mentiras.

men·tís [meņtís] *s/m (Dar un mentís)* Acción de contradecir o demostrar públicamente la falsedad de lo dicho por alguien.
ORT *Pl: Mentís.*

men·tol [meņtól] *s/m* Sustancia orgánica que se extrae de la menta.

men·to·la·do, -a [meņtoláðo] *adj* Con sabor a menta.

men·tón [meņtón] *s/m* Barbilla.

men·tor [meņtór] *s/m* Consejero o guía de una persona.

me·nú [menú] *s/m* **1.** Lista de manjares que componen la comida de un restaurante. **2.** Lista de manjares a disposición del público.
ORT *Pl: Menús.*

me·nu·de·ar [menuðeár] **I.** *v/tr* Hacer con frecuencia una cosa. **II.** *v/intr* Suceder con frecuencia una cosa.

me·nu·den·cia [menuðénθja] *s/f* Cosa sin importancia, de poco tamaño o de poco valor.

me·nu·di·llo [menuðíʎo] **I.** *s/m* En los cuadrúpedos, articulación entre la caña y la cuartilla. **II.** *s/m, pl* Menudos de ave.

me·nu·do, -a [menúðo, -a] **I.** *adj* **1.** Muy pequeño: *Estatuilla menuda.* **2.** Se aplica a los niños y a las personas de poca estatura y delgadez: *Una niña menuda.* **II.** *s/m, pl* **1.** Entrañas, manos y sangre de las reses. **2.** Cabeza, cuello, entrañas y alones de las aves. LOC **A menudo,** con frecuencia. **¡Menudo, -a!,** expresión ponderativa con valor apreciativo o despectivo: *¡Menudo lío has armado!*

me·ñi·que [meɲíke] *adj* y *s/m* Se aplica al dedo pequeño de la mano.

meo·llo [meóʎo] *s/m* Parte esencial de lo que se está tratando por su contenido e interés.

me·ón, -na [meón, -na] *adj* VULG Se aplica a la persona que mea mucho.

me·que·tre·fe [meketréfe] *s/m* Hombre poco inteligente y serio que no inspira confianza.

mer·ca·chi·fle [merkatʃífle] *s/m desp* de *mercader.* Persona que comercia de forma poco honrada o con demasiado interés por el dinero.

mer·ca·der, -ra [merkaðér, -ra] *s/m,f* (Se usa para referirse a los de otras épocas o con valor *desp;* no es frecuente en *f*) Comerciante: *El mercader de Venecia. Mercader de corazones.*

mer·ca·de·ría [merkaðería] *s/f* (Referido a otros tiempos) Mercancía.

mer·ca·do [merkáðo] *s/m* **1.** Lugar o edificio donde se reúnen los vendedores y compradores, especialmente de comestibles frescos, como verduras, frutas, carnes y pescados. **2.** Actividad de compra y venta de una cosa. **3.** Comercio de una región o país.

mer·can·cía [merkanθía] *s/f* Cualquier cosa que es objeto de compra y venta.

mer·can·te [merkánte] *adj* y *s/m,f* Se aplica a los barcos o a la marina dedicada al transporte de mercancías.

mer·can·til [merkantíl] *adj* Se aplica a lo relacionado con el comercio.

mer·can·ti·lis·mo [merkantilísmo] *s/m* **1.** Sistema económico iniciado en el s. XVII, que basa la riqueza de una nación en sus reservas de oro, las cuales se obtienen al exportar más bienes de los que se importan. **2.** FIG Actitud de la persona demasiado interesada en lo económico, especialmente cuando se trata de cosas que debían ser desinteresadas.

mer·can·ti·lis·ta [merkantilísta] *adj* y *s/m,f* **1.** Persona partidaria del mercantilismo. **2.** Experto en 'derecho mercantil'.

mer·car [merkár] *v/tr,* REFL(-SE) (Usado en zonas rurales) Comprar.
ORT Ante *e* la *c* cambia en *qu: Merqué.*

mer·ced [merθéð] *s/f* Favor o gracia que se concede a alguien. Puede tener sentido irónico. LOC **A merced de,** sometido a la voluntad o capricho de una persona o de una fuerza superior: *A merced del juego.* **Merced a,** gracias a.

mer·ce·da·rio, -a [merθeðárjo, -a] **I.** *adj* y *s/m,f* Se aplica a las personas pertenecientes a la orden de la Merced. **II.** *s/m,f, pl* Esa orden.

mer·ce·na·rio, -a [merθenárjo, -a] *adj* y *s/m,f* Se aplica a los soldados que forman parte de un ejército extranjero a cambio de un sueldo.

mer·ce·ría [merθería] *s/f* Tienda donde se venden todos los elementos necesarios para la costura (hilos, botones, cintas, etc.), junto con otros artículos menudos.

mer·ce·ri·zar [merθeriθár] *v/tr* Tratar los tejidos con una solución de sosa cáustica que les aumenta el brillo y la resistencia.
ORT La *z* cambia en *c* ante *e: Mercericé.*

mer·ce·ro, -a [merθéro, -a] *s/m,f* Vendedor de una mercería.

mer·cu·rio [merkúrjo] *s/m* **1.** (Con *may*) MIT Dios romano del comercio, la elocuencia y los ladrones, identificado con el dios griego Hermes. **2.** (Con *may*) Planeta del sistema solar que se halla más próximo al Sol. **3.** Metal líquido a la temperatura normal, empleado en los termómetros por su fácil dilatación.

mer·do·so, -a [merðóso, -a] *adj* Sucio, asqueroso.

me·re·ce·dor, -ra [mereθeðór, -ra] *adj* y *s/m,f* Que merece.

me·re·cer [mereθér] **I.** *v/tr,* REFL(-SE) Reunir alguien las condiciones para recibir un premio o un castigo por algún esfuerzo, una acción o una actitud: *Merece que le den el premio.* **II.** *v/tr* Suponer una cosa cierta consideración: *Merece la pena visitar esa ciudad.* RPr **Merecer (algo) de (alguien):** *Merece respeto de nuestra parte.*
CONJ *Irreg: Merezco, merecí, mereceré, merecido.*

me·re·ci·do, (-a) [mereθíðo, (-a)] *s/m* Castigo que se considera digno de alguien: *Ha recibido su merecido.*

me·re·ci·mien·to [mereθimjénto] *s/m* **1.** Acción de merecer. **2.** Mérito.

me·ren·dar [merendár] *v/tr, intr* Tomar merienda.
CONJ *Irreg: Meriendo, merendé, merendaré, merendado.*

me·ren·de·ro [merendéro] *s/m* Establecimiento campestre donde sirven bebidas y comida.

me·ren·do·la [merendóla] *s/f* **1.** *aum* de *merienda.* **2.** COL Merienda abundante.

me·ren·gue [merénge] *s/m* **1.** Dulce hecho con clara de huevo batida a punto de nieve con azúcar, y cocido al horno. **2.** FIG COL Persona débil: *Estás hecho un merengue.*

me·re·triz [meretríθ] *s/f* Mujer que ejerce la prostitución.
ORT *Pl: Meretrices.*

me·ri·dia·no, -a [meriðjáno, -a] **I.** *adj* **1.** Se aplica a lo relacionado con las horas del medio día. **2.** FIG Evidente, claro: *Una verdad meridiana.* **II.** *s/m* **1.** ASTR Cada uno de los círculos máximos de la esfera terrestre que pasa por los polos. **2.** La mitad de uno de ellos, que va de polo a polo.

me·ri·diem [meríðje{m/n}] AMÉR Se usa en las expresiones *ante meridiem* o *post meridiem,* con el significado de 'mañana' y 'tarde' respectivamente en expresiones del tipo: *Son las seis post meridiem.*

me·ri·dio·nal [meriðjonál] **I.** *adj* Se aplica a lo relacionado con el sur. **II.** *adj* y *s/m,f* Natural del sur.

me·rien·da [merjénda] *s/f* **1.** Comida ligera que se toma por la tarde, antes de la cena. **2.** *Por ext,* comida ligera que se lleva en las excursiones o a algún otro sitio.

me·ri·no, -a [meríno, -a] *adj* Se aplica a una raza de carneros de lana muy apreciada; y a la misma lana.

mé·ri·to [mérito] *s/m* **1.** Hecho o cualidad de alguien que le hace merecedor de una recompensa. **2.** Valor de las cosas por el esfuerzo o habilidad con que están hechas: *El mérito de su trabajo.* LOC **Hacer méritos,** hacer cosas para ganar consideración ante alguien.

me·ri·to·rio, -a [meritórjo, -a] **I.** *adj* Se aplica a lo que es digno de elogio: *Una labor meritoria.* **II.** *s/m,f* Persona que trabaja sin sueldo para hacer méritos y conseguir el mismo trabajo retribuido.

mer·lín [merlín] *s/m* (Con *may*) Nombre de un sabio fantástico, adivino y hechicero.

mer·lu·za [merlúθa] *s/f* **1.** Pez malacopterigio de carne muy apreciada. **2.** COL *(Coger una...)* Borrachera.

mer·ma [mérma] *s/f* Acción y efecto de mermar(se).

mer·mar [mermár] *v/tr, intr,* REFL(-SE) Reducirse el volumen o cantidad de una cosa. RPr **Mermar en:** *Mermar en peso.*

mer·me·la·da [mermeláða] *s/f* Dulce hecho con fruta cocida y azúcar.

me·ro, (-a) [méro, (-a)] **I.** *s/m* Pez acantopterigio de carne muy apreciada. **II.** *adj* (Siempre precede a un *s*) Sólo, sin nada más (en sentido inmaterial): *Me parece importante por el mero hecho de no ser tenido en cuenta.*

me·ro·dea·dor, -ra [meroðeaðór, -ra] *adj* y *s/m,f* Que merodea.

me·ro·de·ar [meroðeár] *v/intr* Moverse insistentemente alrededor de un sitio, sin intenciones claras, para curiosear o conseguir algo: *Dos individuos llevan merodeando toda la tarde por mi calle.* RPr **Merodear por.**

me·ro·deo [meroðéo] *s/m* Acción y efecto de merodear.

me·ro·vin·gio, -a [meroβíŋxjo, -a] *adj* y *s/m,f* Se aplica a los miembros de la dinastía de los primeros reyes de Francia.

mes [més] *s/m* **1.** Cada uno de los doce períodos temporales de distinto nombre en que se divide el año. **2.** Espacio temporal entre cualquier fecha del año y la misma del mes siguiente. **3.** Mensualidad.

me·sa [mésa] *s/f* **1.** Mueble formado por una tabla sostenida por uno o varios pies, utilizado para comer, escribir, etc. **2.** Mesa preparada para comer: *Quitar la mesa.* **3.** FIG Grupo de personas que dirige una asamblea o reunión colectiva: *Presidente de mesa.* LOC **De mesa,** se aplica a los utensilios que se utilizan en la mesa para comer: *Vino de mesa.* **Poner la mesa,** colocar todo lo necesario en ella para comer. **Quitar la mesa,** retirar después de comer todo lo que se ha utilizado. **Sentarse a la mesa,** ocupar cada uno su asiento para comer.

me·sa·du·ra [mesaðúra] *s/f* Acción de mesar(se).

me·sa·li·na [mesalína] *s/f* Se dice de una mujer libertina de elevada posición social.

me·sa·na [mesána] *s/f* **1.** MAR Mástil más cercano a la popa en una embarcación de tres. **2.** MAR Vela que se coloca en un cangrejo de este mástil.

me·sar [mesár] *v/tr,* REFL(-SE) Tirarse de los pelos del cabello o la barba con las manos: *Se mesó las barbas con disgusto.*

mes·co·lan·za [meskolánθa] *s/f* Mezcolanza.

me·se·ta [meséta] *s/f* GEOGR Terreno llano situado a cierta altura del nivel del mar.

me·siá·ni·co, -a [mesjániko, -a] *adj* Se aplica a lo relacionado con un mesías o con el Mesías.

me·sia·nis·mo [mesjanísmo] *s/m* Creencia en la llegada del Mesías.

me·sías [mesías] *s/m* **1.** Salvador prometido por los profetas al pueblo de Israel. **2.** (Con *may* y precedido del *art* 'el') Para los cristianos, Jesucristo.

mes·na·da [mesnáða] *s/f* Conjunto de gente armada que estaba al servicio de un rey o señor: *El Cid y su mesnada.*

me·so·cra·cia [mesokráθja] *s/f* **1.** Forma de gobierno en la que predomina la clase media. **2.** Clase media.

me·so·crá·ti·co, -a [mesokrátiko, -a] *adj* Relacionado con la mesocracia.

me·so·lí·ti·co, -a [mesolítiko, -a] *adj* y *s/m,f* Se aplica al período prehistórico comprendido entre el paleolítico y el neolítico.

me·són [mesón] *s/m* **1.** Lugar donde se hospedan gentes de paso. **2.** *Por ext,* lugar donde sirven comidas y bebidas.

me·so·ne·ro, -a [mesonéro, -a] *s/m,f* Persona encargada de un mesón.

mes·ta [mésta] *s/f* Organización de ganaderos que tuvo gran poder en otro tiempo.

mes·ti·za·je [mestiθáxe] *s/m* **1.** Cruce de razas. **2.** Conjunto de mestizos.

mes·ti·zo, -a [mestíθo, -a] *adj* y *s/m,f* Persona cuyos padres o antepasados son de distinta raza, especialmente cuando se mezclan la raza india y la blanca.

me·su·ra [mesúra] *s/f* Cualidad de la persona que actúa con cortesía o prudencia; especialmente referido al trato con los demás, los gestos y el lenguaje.

me·ta- [meta-] Elemento prefijo culto de origen griego que significa 'más allá', 'después': *Metafísica, metamorfosis,* etc.

me·ta [méta] *s/f* **1.** Lugar señalado como término de una carrera. **2.** Portería del fútbol, balonmano, etc. **3.** FIG Punto que se quiere alcanzar: *La meta de su vida.*

me·ta·bó·li·co, -a [metaβóliko, -a] *adj* Relativo al metabolismo.

me·ta·bo·lis·mo [metaβolísmo] *s/m* Conjunto de los cambios físico-químicos y biológicos que se producen en los organismos vivos.

me·ta·fí·si·co, (-a) [metafísiko, (-a)] **I.** *adj* **1.** Se aplica a lo relacionado con la metafísica. **2.** FIG Y a lo que resulta difícil de comprender. **II.** *adj* y *s/m,f* Persona que estudia y conoce la metafísica. **III.** *s/f* **1.** FIL Parte de la filosofía que trata sobre la esencia de la realidad y supone una concepción global del universo. **2.** Observaciones especulativas muy profundas acerca de cualquier cosa.

me·tá·fo·ra [metáfora] *s/f* RET Tropo que consiste en usar las palabras con un sentido distinto del que tienen normalmente, basándose en una comparación real o imaginaria que no está presente.

me·ta·fó·ri·co, -a [metafóriko, -a] *adj* Se aplica a lo relacionado con la metáfora.

me·tal [metál] *s/m* **1.** Cada uno de los cuerpos simples, como el hierro, el cobre, la plata, etc., sólidos a temperatura normal, excepto el mercurio, y que son buenos conductores del calor y la electricidad, además de otras características. **2.** FIG Dinero: *El vil metal.*

me·ta·len·gua·je [metaleŋgwáxe] *s/m* Lenguaje empleado para estudiar las propiedades del mismo o de otro lenguaje.

me·tá·li·co, (-a) [metáliko, (-a)] **I.** *adj* Se aplica a lo relacionado o propio del metal. **II.** *s/m* Precedido de *en,* dinero en general: *Prefiero que me paguen en metálico.*

me·ta·lí·fe·ro, -a [metalífero, -a] *adj* Se aplica a lo que contiene metal.

me·ta·li·za·ción [metaliθaθjón] *s/f* Acción y efecto de metalizar(se).

me·ta·li·zar [metaliθár] *v/tr* **1.** Dar propiedades metálicas a un cuerpo. **2.** Recubrir ligeramente de metal un objeto.
ORT La *z* cambia a *c* ante *e: Metalicé.*

me·ta·loi·de [metalóiðe] *s/m* Cada uno de los cuerpos simples que no son metales.

me·ta·lur·gia [metalúrxja] *s/f* Técnica de extracción y elaboración de los metales.

me·ta·lúr·gi·co, -a [metalúrxiko, -a] *adj* y *s/m* Relacionado con la metalurgia.

me·ta·mór·fi·co, -a [metamórfiko, -a] *adj* Se aplica a lo relacionado con el metamorfismo o que lo ha sufrido.

me·ta·mor·fis·mo [metamorfísmo] *s/m* Conjunto de transformaciones que se producen naturalmente en los materiales de la corteza terrestre.

me·ta·mor·fo·se·ar [metamorfoseár] *v/tr* Cambiar una cosa en otra o hacerla muy diferente de como era antes.

me·ta·mor·fo·sis [metamorfósis] *s/f* Cambio de una cosa en otra, *1.* Cambio sorprendente que se produce en el carácter o aspecto de una persona. *2.* Cambios que se producen en ciertos animales, como los insectos o los anfibios, desde que salen del huevo hasta que adquieren la forma de adultos.
ORT *Pl: Metamorfosis.*

me·ta·no [metáno] *s/m* Gas incoloro e inflamable al contacto con el aire que procede de la descomposición de sustancias vegetales en los pantanos, minas de carbón, etc.

me·tás·ta·sis [metástasis] *s/f* MED Reproducción de una enfermedad en un lugar distinto o en el mismo lugar de donde había sido extirpada.
ORT *Pl: Metástasis.*

me·tá·te·sis [metátesis] *s/f* Alteración en el orden de los sonidos de una palabra.
ORT *Pl: Metátesis.*

me·te·du·ra [meteðúra] *s/f* LOC **Metedura de pata,** equivocación poco afortunada.

me·teó·ri·co, -a [meteóriko, -a] *adj* **1.** Se aplica a lo relacionado con los meteoros. **2.** FIG Y a lo que se hace con rapidez y en poco tiempo: *Su carrera política ha sido meteórica.*

me·teo·ris·mo [meteorísmo] *s/m* Acumulación de gases en el intestino.

me·teo·ri·to [meteoríto] *s/m* Masa mineral de origen celeste que se pone incandescente al penetrar en la atmósfera terrestre y caer al suelo.

me·teo·ro [meteóro] *s/m* Cada uno de los fenómenos atmosféricos que se producen en la atmósfera, *por ej,* el viento, la lluvia, el rayo, etc.

me·teo·ro·lo·gía [meteoroloxía] *s/f* Ciencia que estudia los meteoros y se ocupa de predecir su evolución.

me·teo·ro·ló·gi·co, -a [meteorolóxiko, -a] *adj* Se aplica a lo relacionado con la meteorología: *Informe meteorológico.*

me·teo·ró·lo·go, -a [meteoróloɣo, -a] *s/m,f* Persona que estudia y conoce la meteorología.

me·te·pa·tas [metepátas] *s/m,f* COL Persona inoportuna o indiscreta.
ORT *Pl: Metepatas.*

me·ter [metér] **I.** *v/tr* **1.** Colocar una cosa dentro de otra: *He metido los cubiertos en el cajón de la cocina.* **2.** Poner una persona a otra en un sitio, utilizando su autoridad o poder: *Lo han metido en la cárcel.* **3.** Ingresar dinero en el banco o invertirlo en un negocio. **4.** Arreglar las dimensiones de una prenda reduciéndole el tamaño. **5.** Utilizar con decisión un instrumento: *Meter las tijeras en el traje.* **6.** Poner en un sitio la cantidad que se expresa de una cosa: *Has metido poca sal en la comida.* **7.** FIG COL Conseguir que alguien compre algo desventajoso o soporte una situación pesada o desagradable: *Me ha metido dos cajas sin fecha de caducidad.* **8.** FIG COL Dar un guantazo, una bofetada, etc.: *Le metió un par de tortas.* **9.** FIG Hacer que alguien tenga lo que se expresa: *Meter miedo.* **II.** *v/tr,* REFL(-SE) **1.** (Con *en*) Hacer que alguien comprenda algo: *No hay quien le meta en la cabeza que saldrá perjudicado.* **2.** Participar o hacer que alguien participe en un asunto: *Metieron a toda la familia en el negocio.* **3.** (Frecuentemente con valor *desp,* con *a, de*) Comenzar a trabajar en cierto oficio, voluntariamente u obligado por alguien con autoridad: *Se ha metido a cocinero.* **III.** REFL(-SE) **1.** Colocarse una cosa dentro de otra: *Se me ha metido una piedra en el zapato.* **2.** Entrar alguien en un lugar: *Lo vi meterse en un cine.* **3.** Entrometerse en un sitio o en una situación: *No me gusta que se metan en mis asuntos.* **4.** (Con un verbo en *imper, fut perf* o en la construcción *haber* +el *p* de *meter*) Ir a parar: *¿Dónde se habrá metido Felipe?* LOC **A todo meter,** COL a toda velocidad. **Meterse con (alguien),** molestarle con provocaciones o ataques: *Se estuvo metiendo con él toda la tarde.* RPr **Meter a/de/en. Meterse a/con/de/en/entre:** *Me quería meter a fraile. No me gusta que te metas con ella. Pude meterme de botones en el banco. No debes meterte en líos.*

me·te·reo·lo·gía [metereoloxía] *s/f* Meteorología.

me·ti·cu·lo·si·dad [metikulosiðáð] *s/f* Cualidad de meticuloso.

me·ti·cu·lo·so, -a [metikulóso, -a] *adj* y *s/m,f (Ser meticuloso)* Se aplica a las personas, y a sus acciones, que cuidan el detalle, y a las cosas hechas de ese modo.

me·ti·do, (-a) [metíðo, (-a)] **I.** *adj* Se aplica a lo que tiene abundancia de lo que se expresa: *Una mujer metida en años.* **II.** *s/m,f* **1.** Golpe o ataque verbal brusco que se dirige a alguien. **2.** Acción de quitar o gastar un buen trozo de algo: *El coche le ha dado un buen metido a la valla.* LOC **Estar muy metido (con alguien),** estar muy influido o tener una estrecha relación con una persona. **Estar muy metido (en algo),** estar muy comprometido con ello. RPr **Metido en:** *Metido en años.*

me·tó·di·co, -a [metóðiko, -a] *adj* y *s/m,f (Ser metódico)* Se aplica a las personas, y a sus acciones, que actúan según un plan preconcebido, y a las cosas hechas de ese modo: *Un trabajo metódico.*

me·to·dis·mo [metoðísmo] *s/m* Doctrina de una secta protestante, de origen inglés, de gran rigidez de principios, que busca un nuevo método de salvación eterna en la oración, la lectura en común de la Biblia y la vigilancia recíproca.

me·to·dis·ta [metoðísta] **I.** *adj* Se aplica a lo relacionado con el metodismo. **II.** *adj* y *s/m,f* Seguidor de esta doctrina.

me·to·di·zar [metoðiθár] *v/tr* Elaborar un método para aplicarlo en algo.
ORT La *z* se cambia en *c* ante *e: Metodicé.*

mé·to·do [métoðo] *s/m* **1.** Modo sistemático de realizar una cosa. **2.** Se aplica especialmente al conjunto de procedimientos empleados para enseñar algo: *Método de lectura rápida.* **3.** Obra que contiene estos procedimientos.

me·to·do·lo·gía [metoðoloxía] *s/f* **1.** LOG Ciencia del método. **2.** Conjunto de los métodos utilizados en la enseñanza de una cosa.

me·to·do·ló·gi·co, -a [metoðolóxiko, -a] *adj* Relativo a la metodología.

me·to·men·to·do [metomeṇtóðo] *s/m,f* COL Persona entrometida.

me·to·ni·mia [metonímja] *s/f* RET Tropo que consiste en designar una cosa con el nombre de otra, *por ej,* tomando la causa por el efecto: *Vive de su trabajo;* el efecto por la causa: *Respeto a las canas;* el instrumento por quien lo maneja: *Un famoso espada,* etc.

me·tra·je [metráxe] *s/m* CINE Longitud de una película.

me·tra·lla [metráʎa] *s/f* **1.** Munición menuda con que se cargan los proyectiles de explosión. **2.** Trozos en que se divide un proyectil al estallar.

me·tra·lle·ta [metraʎéta] *s/f* GAL Arma de fuego portátil con un mecanismo automático de repetición.

mé·tri·co, (-a) [métriko, -a] **I.** *adj* Se aplica a lo relacionado con la medida o con el metro: *Arte métrico.* **II.** *s/f* Ciencia que estudia la especial conformación rítmica de los poemas.

me·tro [métro] *s/m* **1.** Unidad de longitud del sistema métrico decimal, que es la diezmillonésima parte de la longitud calculada para el cuadrante del meridiano terrestre que pasa por París. **2.** Objeto que tiene marcada esa longitud y es utilizado para medir. **3.** METR Medida de los versos. **4.** Abreviación normal de 'metropolitano': *El metro de Madrid.* LOC **Por metros,** se aplica a la venta o medida que se hace con esta longitud: *La tela se vende por metros.*

me·tró·po·li [metrópoli] *s/f* **1.** Capital de un estado, sobre todo si tiene o ha tenido colonias. **2.** *Por ext,* se aplica a cualquier gran ciudad.

me·tro·po·li·ta·no, (-a) [metropolitáno, (-a)] **I.** *adj* Se aplica a lo relacionado con la metrópoli. **II.** *s/m* Tren subterráneo utilizado para el transporte en las grandes ciudades.

me·xi·ca·nis·mo [me(k)sikanísmo] *s/m* Mejicanismo.

me·xi·ca·no [me(k)sikáno] *adj* y *s/m,f* Mejicano.

mez·cla [méθkla] *s/f* **1.** Acción y efecto de mezclar(se). **2.** Sustancia que se mezcla con otra. **3.** Argamasa.

mez·cla·dor, (-ra) [meθklaðór, (-ra)] *s/m,f* Que mezcla o sirve para mezclar.

mez·clar [meθklár] *v/tr,* REFL(-SE) **1.** Unir dos cosas de manera que queden homogéneas: *Mezclar vino con agua.* **2.** Encontrarse o estar juntas cosas o personas distintas o dispares: *Se mezcla con todo tipo de gente.* **3.** Poner juntas cosas distintas y confundirlas. **4.** Revolver o desordenar lo que estaba ordenado: *Se ha mezclado la ropa sucia con la ropa limpia.* **5.** Intervenir o hacer intervenir a alguien en un asunto: *Mezcló a su hermano en negocios poco claros.* **II.** REFL(-SE) **1.** Introducirse una persona entre otras: *Se mezcló entre los espectadores.* **2.** Intervenir en un asunto en el que no se tiene interés personal: *Mezclarse en una discusión.* RPr **Mezclar con/en. Mezclarse con/en/entre.**

mez·co·lan·za [meθkolánθa] *s/f* **1.** *desp* de *mezcla.* **2.** Reunión de personas o cosas distintas, a veces, opuestas.

mez·quin·dad [meθkiṇdáð] *s/f* **1.** Cualidad de mezquino. **2.** Comportamiento o actitud mezquina.

mez·qui·no, -a [meθkíno, -a] *adj* y *s/m,f* *(Ser mezquino)* **1.** Se aplica a la persona poco generosa. **2.** Y a la que realiza acciones o tiene sentimientos poco nobles, como la envidia, la hipocresía, etc. **3.** Referido a cosas, que no es suficiente o que no es lo que corresponde: *Un sueldo mezquino.*

mez·qui·ta [meθkíta] *s/f* Templo musulmán.

mi [mí] **I.** *s/m* Nombre de la tercera nota de la escala musical. **II.** *adj* Forma apocopada de los *pron* posesivos *mío, mía,* que se usan cuando van antepuestos al nombre: *Mi casa. Mi perrro. Mis libros.*

mí [mí] Forma tónica del *pron pers* de primera *pers* de *sing* que funciona como complemento preposicional: *A mí. Para mí,* etc. Con la *prep* 'con' aparece, sin embargo, la forma *conmigo.* LOC **A mí qué,** COL expresa indiferencia ante una cosa: *Si se quiere marchar, que se vaya, ¡a mí qué!* **Para mí** o **Para mí que,** COL 'a mi parecer' o 'a mí me parece que'. **Por mí,** COL *1.* Expresa que la persona que habla no se interpone a lo dicho: *Por mí puedes hacerlo. 2.* Puede indicar desprecio ante lo que se expresa. **Por mí mismo,** con mis propios medios.

mia·ja [mjáxa] *s/f* COL Migaja.

mial·gia [miálxja] *s/f* MED Dolor muscular.

mias·ma [mjásma] *s/m* Emanación maligna que se desprende de cuerpos animales o materias en descomposición.

mias·má·ti·co, -a [mjasmátiko, -a] *adj* **1.** Se aplica a lo que produce o contiene miasmas: *Laguna miasmática.* **2.** Y a lo causado por miasmas: *Fiebre miasmática.*

miau [mjáu] *onomat* Sonido que nombra o describe la voz del gato.

mic·ción [mi(k)θjón] *s/f* Acción de mear.

mi·ce·lio [miθéljo] *s/m* Tallo de los hongos, que es su aparato de nutrición.

mi·cé·ni·co, -a [miθéniko, -a] *adj* Relativo a Micenas.

mi·co, (-a) [míko, (a) **I.** *s/m* **1.** Mono, especialmente cierta especie de cola larga y poco tamaño. **2.** FIG Persona muy fea. **II** *s/f* Mineral laminado, buen aislante.

mi·co·lo·gía [mikoloxía] *s/f* BOT Parte de la botánica que estudia los hongos.

mi·có·lo·go, -a [mikóloɣo, -a] *s/m,f* Persona que conoce o estudia la micología.

mi·cra [míkra] *s/f* Medida de longitud que es la milésima parte de un milímetro, empleada en medir magnitudes microscópicas.

mi·cro- [mikro-] *Prefijo* de origen griego que significa 'pequeño': *Microscopio, micrófono,* etc.

mi·cro·bia·no, -a [mikroβjáno, -a] *adj* Relativo a los microbios.

mi·cro·bio [mikróβjo] *s/m* Nombre de los seres unicelulares, tanto vegetales como animales, que sólo son visibles con el microscopio; especialmente, los que producen enfermedades.

mi·cro·bio·lo·gía [mikroβjoloxía] *s/f* Ciencia que estudia los microbios.

mi·cro·bio·ló·gi·co, -a [mikroβjolóxiko, -a] *adj* Relativo a la microbiología.

mi·cro·bió·lo·go, -a [mikroβjóloɣo, -a] *s/m,f* Persona que estudia o conoce la microbiología.

mi·cro·bús [mikroβús] *s/m* Autobús de menor tamaño que los normales, empleado en el transporte urbano.

mi·cro·film o **mi·cro·fil·me** [mikrofilm(e)] *s/m* GAL Copia en película a tamaño muy reducido.
ORT *Pl: Microfilmes* o *microfilms.*

mi·cró·fo·no [mikrófono] *s/m* Instrumento que en el teléfono, sistemas de megafonía, etc., sirve para aumentar la intensidad del sonido y transmitirlo al exterior.

mi·crón [mikrón] *s/m* Micra.

mi·cro·or·ga·nis·mo [mikrooryanísmo] *s/m* Microbio.

mi·cros·có·pi·co, -a [mikroskópiko, -a] *adj* **1.** Se aplica a lo relacionado con el microscopio. **2.** Y a lo que sólo puede observarse con este aparato. **3.** *Por ext,* se aplica a lo que es muy pequeño.

mi·cros·co·pio [mikroskópjo] *s/m* Aparato óptico formado por un sistema de lentes que amplía la imagen; se utiliza para observar objetos que no son visibles a simple vista.

mi·cro·sur·co [mikrosúrko] *s/m* Disco gramofónico en el que las ranuras o surcos son más finos y, en consecuencia, más numerosos, permitiendo así una mayor cantidad de sonidos grabados.

mi·che·lín [mitʃelín] *s/m (Tener michelines)* COL Exceso de grasa en la cintura, que sobresale en forma de rosco.

mi·chi·no, -a [mitʃíno, -a] *s/m,f onomat* Gato.

mie·di·ca [mjeðíka] *adj* y *s/m,f (Ser un miedica)* COL Persona que tiene miedo.

mie·di·tis [mjeðítis] *s/f (Tener, sentir mieditis)* COL Miedo.
ORT *Pl: Mieditis.*

mie·do [mjéðo] *s/m* **1.** Sensación de angustia ante un peligro real o imaginario. **2.** Recelo ante algo que uno no quiere que suceda. RPr **Miedo a/de:** *Miedo a la gente. Miedo de morirse.*

mie·do·so, -a [mjeðóso, -a] *adj* y *s/m,f* **1.** *(Ser miedoso)* Propenso a sentir miedo. **2.** *(Estar miedoso)* Sentir miedo.

miel [mjél] *s/f* Sustancia dulce y espesa fabricada por las abejas.

miem·bro [mjémbro] *s/m* **1.** Cada una de las partes articuladas del cuerpo humano o de ciertos animales; en el hombre, las extremidades. **2.** (Referido al hombre o a un mamífero superior) Miembro viril. **3.** Persona perteneciente a una agrupación o sociedad: *Miembro de un partido político.* **4.** Parte o apartado de algo organizado sistemáticamente. **5.** MAT Cada una de las expresiones de una ecuación o desigualdad. **Miembro viril,** pene.

mien·te [mjénte] *s/f* Significaba 'pensamiento'; actualmente sólo se utiliza en expresiones muy concretas. LOC **Parar** o **Poner mientes (en una cosa),** detenerse a pensar sobre ella, considerarla.

mien·tras [mjéntras] **I.** *conj* Tiene valor temporal de simultaneidad entre las acciones que expresan los verbos que enlaza: *Lee el periódico mientras descansa.* **II.** *adv (Seguido de una pausa)* Entretanto: *Todos le esperaban, mientras él descansaba tranquilamente.* LOC **Mientras que,** expresa contraste entre dos acciones. **Mientras tanto,** con simultaneidad a lo que se expresa o después de realizada la acción. **Y mientras,** a veces tiene valor enfático en lugar de 'mientras', cuando se establece un contraste entre dos acciones: *Yo trabajo y, mientras, él se divierte.*

miér·co·les [mjérkoles] *s/m* Día de la semana que sigue al martes.

mier·da [mjérða] *s/f* VULG, ARG **1.** Excremento humano, y, *por ext,* el de algunos animales. **2.** FIG Cualquier clase de suciedad. LOC **Irse a la mierda** (una cosa), estropearse. **Mandar a la mierda,** rechazar a una persona con enojo, desprecio o con malas maneras. **¡Mierda!,** COL, VULG expresión de contrariedad ante algo desfavorable o molesto. **¡Una mierda!** o **¡Y una mierda!,** expresiones de rechazo, inconformidad o negación ante algo. **¡Vete a la mierda!** VULG, dirigido a una persona, expresión de rechazo o desprecio.

mies [mjés] **I.** *s/f* **1.** Cereal maduro: *Segar las mieses.* **2.** Tiempo de la siega. **II.** *s/f, pl* Los sembrados.

mi·ga [míɣa] **I.** *s/f* **1.** Parte blanda del interior del pan. **2.** (Con frecuencia en *pl*) Trocitos pequeños de pan o de otra cosa semejante, *por ej,* los que caen al comerlo. **3.** FIG Parte más importante o sustanciosa de lo que se dice o escribe: *El discurso tenía miga.* **II.** *s/f, pl* **1.** Guiso hecho con pan remojado en agua que se escurre, se desmenuza y se fríe. **2.** Guiso similar hecho con harina y agua en lugar de pan remojado. LOC **Hacer buenas/malas migas (con alguien),** llevarse bien (o mal) en el trato dos o más personas.

mi·ga·ja [miɣáxa] **I.** *s/f* **1.** *dim* de *miga.* **2.** Trozo pequeño o cosa sin importancia: *Migaja de pan.* **II.** *s/m, pl* Trozos pequeños de pan u otra cosa que se desperdician, *por ej,* al comerlo o partirlo.

mi·gar [miɣár] *v/tr* Desmenuzar el pan u otra cosa.
ORT Ante *e* la *g* cambia en *gu: Migué.*

mi·gra·ción [miɣraθjón] *s/f* **1.** Acción de trasladarse la gente de un lugar a otro para vivir en él. **2.** Viaje periódico de las aves, peces u otros animales.

mi·gra·ña [miɣrápa] *s/f* Dolor de cabeza.

mi·gra·to·rio, -a [miɣratórjo, -a] *adj* Se aplica a lo relacionado con la migración.

mi·jo [míxo] *s/m* **1.** Planta germinácea de tallo robusto, flores en panojas terminales y granos redondos y amarillos. **2.** Grano de esta planta.

mil [míl] **I.** *adj* y *s/m* **1.** Numeral que se aplica al conjunto formado por diez veces cien unidades. Su representación en números romanos es 'M'. **2.** Se aplica ponderativamente a una cantidad indefinida que se considera muy grande: *Lo he visto mil veces por la calle.* **II.** *s/m, pl* (Precedido de un *indef* y seguido de la *prep de*) Millar. LOC **A miles,** expresión ponderativa que indica mucha cantidad. **Miles de veces,** muchas veces.

mi·la·gre·ría [milaɣrería] *s/f* **1.** Narración de supuestos milagros. **2.** Tendencia a creer supersticiosamente en los milagros.

mi·la·gre·ro, -a [milaɣréro, -a] *adj* y *s/m,f* Se aplica a la persona propensa a creer en milagros o que los inventa.

mi·la·gro [miláɣro] *s/m* **1.** Acontecimiento sobrenatural de origen divino. **2.** FIG Acontecimiento extraordinario o maravilloso: *Fue un milagro que se recuperara de su enfermedad.* **3.** Se aplica hiperbólicamente a cosas triviales que son anormales: *Será un milagro si me conceden las vacaciones en julio.* LOC **De milagro** (con *salir, escapar, vivir,* etc.), suceder lo que se expresa cuando había pocas posibilidades de que así fuera: *Se escapó de milagro en el accidente.*

mi·la·gro·so, -a [milaɣróso, -a] *adj* **1.** Se aplica a lo que ocurre por milagro. **2.** Que hace milagros: *Un santo milagroso.*

mi·la·no, -a [miláno, -a] *s/m,f* Ave rapaz de plumaje rojizo, con la cola y las alas muy largas.

mi·le·na·rio, (-a) [milenárjo, (-a)] **I.** *adj* Se aplica a lo que dura un milenio o tiene uno o más milenios de existencia. **II.** *s/m* Milésimo aniversario de algo.

mi·le·nio [milénjo] *s/m* Período de mil años.

mi·lé·si·mo, -a [milésimo, -a] *adj* y *s/m,f* Ordinal y partitivo correspondiente a mil.

mi·li [míli] *s/f* COL Servicio militar.

mi·li·bar [miliβár] *s/m* Unidad de medida de la presión atmosférica que equivale a una milésima de bara.

mi·li·cia [milíθja] *s/f* **1.** Conjunto de las fuerzas militares de un país. **2.** Conjunto de las actividades destinadas a la guerra o a su preparación. **3.** Profesión de los militares. **4.** (Generalmente en *pl*) FIG Agrupación de personas que luchan por un ideal.

mi·li·cia·no, -a [miliθjáno, -a] **I.** *adj* Se aplica a lo relacionado con la milicia. **II.** *adj* y *s/m,f* Miembro de una milicia.

mi·li·gra·mo [miliɣrámo] *s/m* Milésima parte de un gramo. Su abreviatura es *mg,* y en *pl, mg* o *mgs.*

mi·li·li·tro [mililítro] *s/m* Milésima parte de un litro que equivale a un centímetro cúbico. Su abreviatura es *ml,* y en *pl, ml* o *mls.*

mi·lí·me·tro [milímetro] *s/m* Milésima parte de un metro. Su abreviatura es *mm,* y en *pl, mm* o *mms.*

mi·li·tan·te [militánte] *adj* y *s/m,f* Persona que milita.

mi·li·tar [militár] **I.** *adj* Se aplica a lo relacionado con la milicia o el ejército: *Equipamiento militar.* **II.** *s/m* Hombre que pertenece al ejército, especialmente cuando es su profesión. **III.** *v/intr* **1.** Servir en el ejército: *Milita en artillería.* **2.** FIG Formar parte activa de una asociación: *Milita en un partido político.* RPr **Militar en.**

mi·li·ta·ris·mo [militarísmo] *s/m* **1.** Influencia del ejército en el gobierno de una nación. **2.** Cualidad y actitud del militarista.

mi·li·ta·ris·ta [militarísta] *adj* y *s/m,f* Relativo al militarismo.

mi·li·ta·ri·za·ción [militariθaθjón] *s/f* Acción y efecto de militarizar.

mi·li·ta·ri·zar [militariθár] *v/tr* Introducir en alguien o en una actividad el espíritu y organización militar.
ORT La *z* cambia a *c* ante *e: Militarice.*

mi·lon·ga [milóŋga] *s/f* AMÉR Cierto canto y baile popular.

mi·lla [míʎa] *s/f* **1.** Medida itineraria usada especialmente en la marina; equivale a 1.852 metros. **2.** Medida itineraria terrestre inglesa equivalente a 1.609 metros.

mi·llar [miʎár] *s/m* Conjunto de mil unidades: *Un millar de coches.* LOC **A millares,** expresión hiperbólica que indica mucha cantidad.

mi·llón [miʎón] *s/m* **1.** Numeral que se aplica al conjunto de mil millares de unidades: *Un millón de pesetas.* **2.** Indica ponderativamente una cantidad muy grande indeterminada: *Un millón de gracias.* **3.** Mucho dinero: *Debe tener millones.*

mi·llo·na·da [miʎonáða] *s/f* Cantidad muy grande, en especial de dinero.

mi·llo·na·rio, -a [miʎonárjo, -a] *s/m,f* Persona que tiene mucho dinero.

mi·llo·né·si·mo, -a [miʎonésimo, -a] *adj* y *s/m,f* Ordinal y partitivo correspondiente a un millón.

mi·ma·do, (-a) [mimáðo, (-a)] *adj* y *s/m,f* Persona que es tratada con mimos.

mi·mar [mimár] *v/tr* **1.** Tratar con excesiva condescendencia a alguien, especialmente a los niños: *Mima mucho a sus hijos.* **2.** Tiene mayor consideración hacia una persona que hacia los demás.

mim·bre [mímbre] *s/m,f* **1.** Rama de la mimbrera, fina y flexible, que se utiliza en cestería. **2.** Mimbrera.

mim·bre·ar [mimbreár] *v/intr,* REFL(-SE) Moverse con flexibilidad como la mimbre.

mim·bre·ra [mimbréra] *s/f* Arbusto con muchas ramillas delgadas y flexibles.

mí·me·sis o **mi·me·sis** [mímesis/mimésis] *s/f* RET Imitación de una persona, en sus gestos y manera de hablar, para burlarse de ella.
ORT *Pl: Mímesis.*

mi·mé·ti·co, -a [mimétiko, -a] *adj* Relativo al mimetismo.

mi·me·tis·mo [mimetísmo] *s/m* **1.** Parecido que algunos animales tienen, especialmente en el color y la forma, con elementos del medio que les rodea para evitar así ser vistos por sus enemigos. **2.** FIG Comportamiento de la persona que reproduce gestos o actitudes determinadas para agradar a los demás.

mí·mi·co, (-a) [mímiko, (-a)] **I.** *adj* **1.** Se aplica a lo relacionado con la mímica. **2.** Y a lo que se hace con mímica. **II.** *s/f* Arte de expresarse con gestos y movimientos corporales.

mi·mo [mímo] *s/m* **1.** Actor que utiliza exclusiva o preferentemente los gestos y movimientos corporales. **2.** FIG Caricia o halago dulce y cariñoso. **3.** Excesiva condescendencia con que se trata a los niños. **4.** COL Delicadeza con que se trata una cosa: *Realiza su trabajo con mimo.*

mi·mo·so, (-a) [mimóso, (-a)] **I.** *adj* **1.** *(Ser mimoso)* Se aplica a la persona inclinada a hacer mimos o que le gusta recibirlos. **2.** *(Estar mimoso)* Se aplica al que hace mimos o quiere que se los hagan en un momento determinado. **II.** *s/f* Nombre de distintas especies de plantas exóticas de la subfamilia de las mimosoideas; tienen flores amarillas y, en algunas especies, las hojas se contraen cuando se las toca o agita.

mi·na [mína] *s/f* **1.** Excavación que se hace para extraer mineral. Conjunto de las instalaciones que se hacen para ello. **2.** Explosivo que estalla al ser rozado, y que puede colocarse en el mar o en la tierra. **3.** FIG Se dice de una persona o una cosa de la que se puede obtener mucho de algo. **4.** Bastoncillo de carbón en el interior del lápiz, que marca el papel.

mi·nar [minár] *v/tr* **1.** Excavar minas en un terreno. **2.** Colocar minas explosivas en la tierra o en el mar. **3.** FIG Destruir una cosa lentamente: *Minar el prestigio.*

mi·ne·ral [minerál] **I.** *adj* **1.** Se aplica a las sustancias naturales que no son orgánicas: *Sustancia mineral.* **II.** *s/m* **1.** Sustancia inorgánica de la corteza terrestre; especialmente, aquella que puede ser explotada: *Mineral de hierro.* **2.** Parte explotable de un yacimiento minero.

mi·ne·ra·li·za·ción [mineraliθaθjón] *s/f* Acción de mineralizar(se).

mi·ne·ra·li·zar [mineraliθár] **I.** *v/tr* Conferir propiedades de mineral. **II.** REFL (-SE) Tomar el agua sustancias minerales a su paso por un terreno.
ORT La *z* cambia a *c* ante *e: Mineralice.*

mi·ne·ra·lo·gía [mineraloxía] *s/f* Parte de las ciencias naturales que estudia los minerales.

mi·ne·ra·ló·gi·co, -a [mineralóxiko, -a]

adj Se aplica a lo relacionado con la mineralogía o los minerales.

mi·ne·ra·lo·gis·ta [mineraloxísta] *s/m,f* Persona que estudia y conoce los minerales.

mi·ne·ría [minería] *s/f* **1.** Conjunto de las técnicas de explotación de minas. **2.** Conjunto de las instalaciones mineras de un país.

mi·ne·ro, (-a) [minéro, (-a)] **I.** *adj* Se aplica a lo relacionado con la minería o la mina: *Explotación minera.* **II.** *s/m* **1.** *(Ser minero)* Hombre que trabaja en la mina. **2.** Propietario o explotador de una mina.

mi·ne·ro·me·di·ci·nal [mineromeðiθinál] *adj* Se aplica al agua mineral con propiedades curativas.

mi·nia·tu·ra [minjatúra] *s/f* **1.** Pintura de pequeñas dimensiones. **2.** *Por ext,* reproducción de pequeñas dimensiones y trabajada con detalle. **3.** Cosa muy pequeña. LOC **En miniatura,** a tamaño reducido: *Casa en miniatura.*

mi·nia·tu·ris·ta [minjaturísta] *s/m,f* Pintor que hace miniaturas.

mi·nia·tu·ri·za·ción [minjaturiθaθjón] *s/m* Acción y efecto de miniaturizar.

mi·nia·tu·ri·zar [minjaturiθár] *v/tr* Dar a algo las dimensiones más pequeñas posibles.
ORT Ante *e* la *z* cambia en *c: Maniaturice.*

mi·ni·fal·da [minifálda] *s/f* Falda corta, que cubre hasta medio muslo.

mi·ni·fun·dio [minifúndjo] *s/m* Por oposición a 'latifundio', finca muy pequeña cuyo cultivo no es rentable.

mi·ni·mi·zar [minimiθár] *v/tr* Quitar importancia a una cosa.
ORT La *z* cambia a *c* ante *e: Minimice.*

mí·ni·mo, (-a) [mínimo, (-a)] **I.** *adj super* de *pequeño.* Se aplica a lo más pequeño de su clase: *Temperatura mínima.* **II.** *s/m* El valor más pequeño que existe o se toma en cuenta de una cosa: *El mínimo de respeto a una persona.*

mi·nio [mínjo] *s/m* Óxido de plomo de color rojo, muy usado en pintura.

mi·nis·te·rial [ministerjál] *adj* Relativo al ministerio o al ministro: *Orden ministerial.*

mi·nis·te·rio [ministérjo] *s/m* **1.** (*Ejercer, tener,* etc.) Función propia de una profesión, especialmente noble o elevada; *por ej,* la de un sacerdote o un médico. **2.** Cada uno de los organismos encargados de administrar un aspecto del gobierno de una nación: *El ministerio de asuntos exteriores.* **3.** Edificio que ocupan sus oficinas. **4.** Cargo de ministro: *Ocupará dos ministerios.* **5.** Conjunto de los ministros.

mi·nis·tra·ble [ministráβle] *adj* y *s/m,f* Que puede ser ministro.

mi·nis·tro, -a [minístro, -a] *s/m,f* **1.** Persona que ejerce determinada función o ministerio. **2.** Oficial inferior de justicia. **3.** El que ayuda en la misa. **4.** Agente diplomático, inferior al embajador. **5.** Cada uno de los encargados de la administración de un departamento en el gobierno de una nación: *Ministro de asuntos exteriores/de transportes,* etc.

mi·no·ría [minoría] *s/f* **1.** Grupo de personas que no constituye mayoría en una comunidad; *por ej,* en los organismos en que se toman decisiones por votación: *Minoría parlamentaria.* **2.** Grupo de personas que difiere por su raza, lengua o creencias de la mayoría de un país: *Minorías marginadas.*

mi·no·ris·ta [minorísta] *adj* y *s/m,f* **1.** Persona que vende al por menor. **2.** Esta clase de comercio.

mi·no·ri·ta·rio, -a [minoritárjo, -a] *adj* Relativo a la minoría.

mi·nu·cia [minúθja] *s/f* Cosa de poca importancia.

mi·nu·cio·si·dad [minuθjosiðáð] *s/f* Cualidad de minucioso.

mi·nu·cio·so, -a [minuθjóso, -a] *adj* **1.** Se aplica a la persona que cuida mucho los detalles de lo que hace o examina. **2.** Se dice de las cosas hechas con detalle: *Un trabajo minucioso.*

mi·nué [minwé] *s/m* **1.** Danza de origen francés, muy extendida en el siglo XVIII. **2.** Música de esta danza.

mi·nús·cu·lo, (-a) [minúskulo, (-a)] **I.** *adj* Muy pequeño: *Una casa minúscula.* **II.** *adj* y *s/f* Letra de tamaño normal, frente a la de mayor tamaño o mayúscula.

mi·nus·va·lía [minusβalía] *s/f* Disminución del valor de una cosa.

mi·nus·vá·li·do, -a [minusβáliðo, -a] *adj* y *s/m,f* Se aplica a la persona que padece una invalidez parcial.

mi·nus·va·lo·rar [minusβalorár] *v/tr* Valorar una cosa menos de lo debido.

mi·nu·ta [minúta] *s/f* **1.** Cuenta que presentan algunos profesionales (abogados, notarios, etc.) por los servicios prestados. **2.** Borrador de un escrito; *por ext,* copia de un escrito que se conserva en la oficina que lo emite. **3.** Anotación de algo para tenerlo presente. **4.** Lista de los diferentes platos o manjares que se sirven en una comida.

mi·nu·te·ro [minutéro] *s/m* Manecilla del reloj, que señala los minutos.

mi·nu·to [minúto] *s/m* Cada una de las

sesenta partes iguales en que se divide una hora.

mío, -a, -os, -as [mío, -a, -os, -as] **I.** *adj* Posesivo de primera persona. Con esta forma aparece pospuesto al *s* o unido a él mediante el verbo *ser: El libro es mío.* Cuando precede al *s* tiene forma apocopada: *mi, mis: Mi libro.* **II.** *pron posesivo* cuando se usa con artículo: *El mío.* LOC **De las mías,** error o trastada cometida por la persona que habla. **Los míos,** mi familia o amigos: *Voy a visitar a los míos esta Navidad.* **Ser la mía,** COL expresión similar a 'ésta es la mía'. **Ser lo mío,** COL lo que le gusta o es apropiado para la persona que habla: *Lo mío es la música.*

mio·car·dio [mjokárðjo] *s/m* Músculo que forma el corazón.

mio·car·di·tis [mjokarðítis] *s/f* Inflamación del miocardio.
ORT *Pl: Miocarditis.*

mio·pe [mjópe] *adj* y *s/m,f* **1.** Se aplica a la persona que padece miopía. **2.** FIG Se aplica a la persona que no comprende más que las cosas evidentes.

mio·pía [mjopía] *s/f* **1.** Defecto del ojo que provoca la visión defectuosa de los objetos lejanos. **2.** FIG Cualidad de la persona que no comprende más que las cosas evidentes.

mi·ra [míra] *s/f* **1.** Parte de ciertos instrumentos que sirve para dirigir la vista a un punto concreto, *por ej,* en un arma, para apuntar con precisión. **2.** FIG *(Llevar la. Ir con la)* (Frecuentemente en *pl*) Intención y objetivo con el que una persona hace algo: *Lo hizo con miras desinteresadas.* LOC **Con miras a** o **Poner la mira en,** aspirando o aspirar a lo que se expresa.

mi·ra·da [miráða] *s/f* **1.** Acción de mirar: *Dirigió la mirada hacia la casa.* **2.** Manera de mirar.

mi·ra·do, (-a) [miráðo, (-a)] *adj* **1.** *(Ser mirado)* Se aplica a la persona respetuosa con los demás: *Es muy mirado con sus subordinados.* **2.** *(Ser mirado en)* COL Cuidadoso o delicado en lo que se expresa: *Es muy mirado en la limpieza.* **3.** *(Estar bien o mal mirado)* Se aplica a persona o acciones consideradas de la forma que se expresa.

mi·ra·dor, -ra [miraðór, -ra] *s/m* **1.** Lugar desde el que se puede contemplar un paisaje. **2.** Balcón cerrado con una cristalera.

mi·ra·mien·to [miramjénto] *s/m* (Con frecuencia en *pl*) **1.** Cualidad de la persona que es mirada. **2.** Respeto a los demás, por lo que se actúa de forma cuidadosa o amable para evitar molestar a alguien: *Actúa sin miramientos.* **3.** Cuidado o precaución con que se hace algo. **4.** Timidez con que se actúa en alguna ocasión.

mi·rar [mirár] **I.** *v/tr* **1.** Fijar la vista en algo para verlo: *Mirar la calle.* **2.** Examinar con detenimiento. **3.** Prestar atención en un asunto o circunstancia para que resulte favorable: *Mira bien que no te engañen.* **4.** Tener un objetivo al que se dirigen las acciones: *Siempre mira el porvenir.* **5.** Tener una cosa determinada orientación: *La ventana mira al mar.* **6.** Tener estimación por una persona: *Me miran bien en su casa.* **7.** (En *imper,* y generalmente en exclamaciones) Se usa para llamar la atención del oyente: *¡Mira!, ahí viene.* **8.** Y para dar un aviso, a veces en tono de amenaza o advertencia: *¡Mira lo que estás diciendo!* **9.** (En *imper*) A veces se introduce en la conversación repetidamente para mantener el contacto de la comunicación: *Mire, ¿podría decirme cuándo vendrá?* **II.** REFL(-SE) **1.** Forma reflexiva o recíproca de *mirar.* **2.** Meditar una cosa antes de hacerla: *Se mirará muy bien antes de repetirlo.* LOC **Bien mirado,** 'si bien se mira'. **¡Mira!,** exclamación que puede expresar asombro, desengaño, extrañeza, etc. **¡Mira con...!** o **¡Mira que...!,** exclamaciones que expresan asombro, mezclado a veces con contrariedad, ante lo dicho o hecho por otra persona: *¡Mira con lo que nos sale! ¡Mira que es tonto!* **Mirar bien/mal (a alguien),** estimar/no estimar a una persona. **Mirar por (alguien o algo),** cuidarlo: *Mira por tu hermana.* **Mirar por encima,** examinar algo superficialmente. **Mirar por encima del hombro,** considerar despreciable lo que se expresa. **Si bien se mira** (para corregir lo dicho), si se analiza de nuevo... RPr **Mirar a/hacia/por:** *Miró a la calle. Miraba hacia el patio de mi casa. Debes mirar por este agujero/por tus hijos,* **Mirarse a/en:** *Nos miramos a los ojos. Se mira mucho en el espejo.*

mi·ría·da [miríaða] *s/f* Conjunto muy numeroso de algo.

mi·riá·me·tro [mirjámetro] *s/m* Medida de longitud equivalente a 10.000 m.

mi·ri·lla [miríʎa] *s/f* Abertura hecha en una pared, el suelo, etc., para ver lo que ocurre en el lado opuesto; especialmente la que hay en las puertas de las casas para ver quién llama.

mir·lo, -a [mírlo, -a] *s/m,f* Pájaro dentirrostro que se domestica fácilmente; puede imitar sonidos, incluso la voz humana; el macho es de color negro y la hembra de color pardo oscuro.

mi·rón, -na [mirón, -na] *adj* y *s/m,f* Se aplica al que mira por curiosidad de forma impertinente o molesta.

mi·rra [mírra] *s/f* Gomorresina roja, semitransparente, frágil y aromática.

mi·sa [mísa] *s/f* (Sin *art* cuando es complemento de un *v*) Ceremonia religiosa de la liturgia católica. LOC **Decir misa,** realizar un sacerdote la ceremonia de la misa. **No saber de la misa la media,** FIG ignorar una persona algo sobre cierto asunto.

mi·sal [misál] *s/m* **1.** Libro que utiliza el sacerdote para leer en misa. **2.** Libro más pequeño en el que leen los fieles.

mi·san·tro·pía [misaṇtropía] *s/f* Cualidad o actitud del misántropo.

mi·sán·tro·po [misáṇtropo] *s/m* Hombre que huye del trato con otros hombres.

mis·ce·lá·neo, (-a) [misθeláneo, (-a)] **I.** *adj* Mezclado o revuelto. **II.** *s/f* Mezcla de cosas diferentes.

mi·se·ra·ble [miseráβle] **I.** *adj* **1.** Se aplica a personas o cosas muy pobres: *Una mujer miserable.* **2.** Estado de una persona sin ánimo y maltrecha. **3.** Se aplica a la persona y a lo que se da de forma mezquina: *Un sueldo miserable.* **4.** Desdichado, desafortunado: *¡Miserable de mí!* **II.** *s/m,f* Se aplica, con frecuencia como insulto, a una persona malvada: *Eres un miserable.*

mi·se·re·re [miserére] *s/m* **1.** Salmo penitencial que empieza con esta palabra, en latín, la cual significa 'apiádate'. **2.** Canto basado en ese salmo.

mi·se·ria [misérja] *s/f* **1.** Pobreza extrema en la que se carece de lo más necesario para vivir. **2.** Cantidad pequeña e insuficiente de una cosa: *Me daban una miseria por el trabajo.* **3.** COL Tacañería. **4.** (Frecuentemente en *pl*) FIG Infortunios: *Las miserias humanas.*

mi·se·ri·cor·dia [miserikórðja] *s/f* Compasión ante el sufrimiento, que impulsa a aliviarlo.

mi·se·ri·cor·dio·so, -a [miserikordjóso, -a] *adj* y *s/m,f (Ser misericordioso)* Se aplica a la persona inclinada a sentir misericordia. RPr **Misericordioso con/para/para con:** *Era misericordioso con los desvalidos.*

mí·se·ro, -a [mísero, -a] *adj* Miserable (pobre, lamentable, tacaño o desdichado). GRAM *Superl: Misérrimo, -a*

mi·sil [misíl] *s/m* MIL Proyectil autopropulsado durante toda o parte de su trayectoria.

mi·sión [misjón] *s/f* **1.** Acción o palabras que alguien hace o dice en determinado lugar por encargo de otro. Se aplica especialmente a las encomendadas por un Gobierno a un agente diplomático: *Misión diplomática.* **2.** Cometido de cierta trascendencia que alguien se siente obligado a hacer o que viene impuesto por la providencia. **3.** Cualquier otra actividad benéfica que alguien va a realizar a un país lejano o grupo de personas que lo hacen. **4.** Actividades organizadas por la Iglesia en barrios, pueblos, etc., para promover la religiosidad.

mi·sio·nal [misjonál] *adj* Relativo a los misioneros o las misiones.

mi·sio·ne·ro, -a [misjonéro, -a] *s/m,f* Persona que predica el evangelio en las misiones.

mi·si·va [misíβa] *s/f* Mensaje escrito que se envía a alguien.

mis·mo, -a [mísmo, -a] **I.** *adj* **1.** Se usa para expresar la identidad entre dos cosas o personas que se presentan en diferentes ocasiones: *Somos del mismo barrio.* **2.** Igual o semejante: *Todos tienen el mismo aspecto.* **3.** Pospuesto a los *pron* 'mí', 'ti', 'nosotros' o 'vosotros' tiene valor pleonástico, como complemento de la forma reflexiva de los verbos: *Te hieres a ti mismo.* **4.** Se usa enfáticamente para subrayar que se trata precisamente de lo que se dice, y no de otra cosa: *Lo llevó hasta la misma puerta.* Con este significado puede aparecer antepuesto o pospuesto al *s* al que acompaña: *Lo llevó hasta la puerta misma.* **II.** *adv* Puede equivaler a 'por ejemplo', cuando la elección de lo designado por el *s* o *adv* al que acompaña podría haber sido otra, sin que haya motivo para preferir una u otra forma: *Nos vemos allí mismo.* **III.** *pron* **1.** Cuando no acompaña al nombre, por estar ya expresado, o precedido del *art,* tiene también valor identificativo: *Mi casa es la misma que la suya.* **2.** A veces significa 'igual que antes': *La vida no es la misma.* **3.** Precedido de 'lo' equivale a 'la misma cosa' y se aplica a acciones, sucesos, etc. LOC **Así mismo,** de esta manera. **Es lo mismo,** 'no importa'. **Lo mismo,** *1.* La misma cosa: *Nos dice todos los días lo mismo.* *2.* Igual, la misma cantidad: *Trabajamos lo mismo siempre.* **Lo mismo da,** 'es lo mismo'. **Venir a ser lo mismo,** 'es lo mismo'.
GRAM *Superl: Mismísimo, -a*

mi·so·gi·nia [misoxínja] *s/f* Cualidad o actitud del misógino.

mi·só·gi·no, -a [misóxino, -a] *adj* y *s/m* Se aplica al hombre que siente aversión por las mujeres.

mis·te·la [mistéla] *s/f* **1.** Vino que se hace mezclando alcohol y mosto de uva en cantidad suficiente para que no fermente. **2.** Bebida que se hace con aguardiente, agua, azúcar y canela.

mis·te·rio [mistérjo] *s/m* **1.** Desconocimiento de la naturaleza, el origen, el motivo, etc., de una cosa. **2.** Actividad realizada procurando evitar que se entere la mayoría de la gente: *Lleva ese asunto con mucho misterio.* **3.** Cosa secreta. **4.** Dogma cristiano inasequible a la razón y sustentado en la fe. **5.** Representación escénica de origen medieval que se celebra en el templo sobre un pasaje de la historia sagrada: *El misterio de Elche.*

mis·te·rio·so, -a [misterjóso, -a] *adj* Se aplica a lo que tiene misterio, que no se puede comprender o explicar.

mis·ti·cis·mo [mistiθísmo] *s/m* Doctrina mística.

mís·ti·co, (-a) [místiko, (-a)] **I.** *adj* y *s/m,f* **1.** Se aplica a la persona que entra en contacto con lo divino a través del conocimiento contemplativo. **2.** Se aplica a acciones, escritos, etc., relacionados con el conocimiento contemplativo de la divinidad. **3.** Autor de obras místicas. **4.** COL Se aplica a las personas que adoptan en la vida corriente actitudes enfrentadas o exageradamente religiosas. **II.** *s/f* Parte de la teología que trata del contacto humano con lo divino a través de la contemplación de los grados de esa unión, etc.

mis·ti·fi·ca·ción [mistifikaθjón] *s/f* Acción y efecto de mistificar.

mis·ti·fi·car [mistifikár] *v/tr* (Referido a cosas no materiales) Falsificar, falsear.
ORT La *c* cambia a *qu* ante *e: Mistifique.*

mis·tral [mistrál] *adj* y *s/m* Maestral.

mi·tad [mitáð] *s/f* **1.** Cada una de las dos partes iguales en que se divide algo: *La mitad del pastel.* **2.** Lugar o parte equidistante, o aproximadamente equidistante, de los extremos de algo: *Iba por mitad de la carretera.* **3.** Como aposición de un *s* o un *adj* es la abreviación de 'la mitad': *Era mitad hombre mitad bestia.* LOC **En mitad de,** 'en medio de' o en el transcurso de: *Nos quedamos en mitad de la obra.* **Por (la) mitad,** por la parte equidistante de los extremos de una cosa.

mí·ti·co, -a [mítiko, -a] *adj* Relativo al mito o la mitología.

mi·ti·fi·car [mitifikár] *v/tr* **1.** Convertir en mito un hecho. **2.** Rodear de gran estima a determinadas personas, teorías, etc.: *Ha mitificado a su madre.*
ORT La *c* cambia a *qu* ante *e: Mitifique.*

mi·ti·ga·ción [mitiɣaθjón] *s/f* Acción de mitigar(se).

mi·ti·ga·dor, -ra [mitiɣaðór, -ra] *adj* y *s/m,f* Que mitiga.

mi·ti·gar [mitiɣár] *v/tr,* REFL(-SE) **1.** Hacer disminuir un padecimiento físico o moral: *Este fármaco mitiga el dolor, pero no lo elimina.* **2.** Hacer disminuir la intensidad de la luz, el calor, el frío, etc.
ORT Ante la *e* la *g* cambia en *gu: Mitigue.*

mi·tin [mítin] *s/m* ANGL Reunión pública en la que se pronuncian discursos políticos.

mi·to [míto] *s/m* **1.** Relato fabuloso de carácter religioso. **2.** FIG Cosa inventada por alguien: *Hemos convertido en un mito su capacidad de organización.*

mi·to·lo·gía [mitoloxía] *s/f* Conjunto de los dioses y de los mitos de las religiones no cristianas, especialmene de la griega y la romana.

mi·to·ló·gi·co, -a [mitolóɣiko, -a] *adj* Relativo a la mitología.

mi·to·ma·nía [mitomanía] *s/f* Tendencia de alguien a pensar o elaborar hechos fantásticos e imaginarios o a relatarlos.

mi·tó·ma·no, -a [mitómano, -a] *adj* y *s/m,f* Que sufre de mitomanía.

mi·tón [mitón] *s/m* Guante que cubre la mano y deja al descubierto los dedos.

mi·tra [mítra] *s/f* Gorro formado por dos piezas acabadas en punta, que usan en las ceremonias los obispos y otras dignidades eclesiásticas.

mi·tra·do, (-a) [mitráðo, (-a)] **I.** *adj* Se aplica al que lleva mitra. **II.** *s/m* Prelado.

mix·to, (-a) [mí(k)sto, (-a)] **I.** *adj* Formado por dos o más cosas diferentes: *Colegio mixto* (de niños y niñas). *Ensalada mixta.* **II.** *s/m* Cerilla.

mix·tu·ra [mi(k)stúra] *s/f* Mezcla.

míz·ca·lo [míθkalo] *s/m* Hongo comestible.

mne·mo·tec·nia o **mne·mo·téc·ni·ca** [nemotéknja/-téknika] *s/f* Arte de aumentar la capacidad memorística mediante ejercicios y reglas.

mne·mo·téc·ni·co, -a [nemotékniko, -a] *adj* Se aplica a lo que sirve para retener algo en la memoria.

mo·bi·lia·rio, -a [moβiljárjo, -a] *s/m* Conjunto de los muebles de una casa.

mo·bla·je [moβláxe] *s/m* Mobiliario.

mo·ca o **mo·ka** [móka] *s/f* Clase extra de café.

mo·ca·sín [mokasín] *s/m* **1.** Tipo de zapato usado por los indios de América del Norte. **2.** Tipo de zapato de cuero muy flexible y con la pala cerrada.

mo·ce·dad [moθeðáð] *s/f* **1.** Etapa de la vida entre la adolescencia y la madurez. **2.** Circunstancia de ser todavía joven.

mo·ce·río [moθerío] *s/m* Conjunto de los mozos y mozas.

mo·ce·tón, -na [moθetón, -na] *s/m,f* **1.** *aum* de *mozo, -a.* **2.** Persona joven y corpulenta.

mo·ción [moθjón] *s/f* **1.** Propuesta que se presenta en una Asamblea para que se delibere algo o se tome cierta resolución. **2.** Acción y efecto de mover(se).

mo·co [móko] *s/m* **1.** Sustancia espesa y pegajosa que cubre ciertas cavidades interiores del cuerpo que comunican con el exterior, especialmente la nariz. **2.** Apéndice carnoso que tiene el pavo encima de la nariz. **3.** Extremo de la mecha de una lámpara. LOC **Caérsele** o **Colgarle (a alguien) los mocos,** salirle esa sustancia por la nariz. **Llorar a moco tendido,** llorar desconsolada y aparatosamente. **No ser (una cosa) moco de pavo,** no ser despreciable.

mo·co·so, -a [mokóso, -a] **I.** *adj* Se aplica al que tiene mocos en las narices. **II.** *adj* y *s/m,f (Ser un mocoso)* Se aplica a los niños o jóvenes atrevidos o impertinentes para llamar la atención sobre su poca edad o inexperiencia.

mo·che [mótʃe] **A troche y moche.** Se aplica a la forma de hacer una cosa sin orden ni medida.

mo·chi·la [motʃíla] *s/m* Bolsa de material resistente que se lleva a la espalda sujeta con correas, para transportar cosas.

mo·cho, (-a) [mótʃo, (-a)] **I.** *adj* Se aplica a lo que, por cualquier causa, ha perdido su parte puntiaguda: *Cuerno mocho.* **II.** *s/m* Parte gruesa y roma de un utensilio largo.

mo·chue·lo [motʃwélo] *s/m* **1.** Ave rapaz nocturna, de unos 20 cm. de altura, que se alimenta de roedores y reptiles. **2.** FIG COL *(Cargar con/Echar/Caerle a alguien el mochuelo)* Obligación o asunto difícil o enojoso: *¡Vaya mochuelo que me ha caído!*

mo·da [móða] *s/f* **1.** Conjunto de usos y tendencias en el gusto de la gente de una época determinada; si no se especifica un aspecto concreto, se entiende 'moda en el vestido'. **2.** *(Estar de moda/Ser moda/Ser de moda)* Cualquier cosa que es costumbre o uso general de una época determinada. LOC **A la moda** o **A la última moda,** según el gusto imperante en el momento. **De moda,** se aplica a lo que es actual. **Pasarse de moda,** dejar de estar de actualidad en los usos y costumbres de una comunidad.

mo·dal [moðál] **I.** *adj* Se aplica a lo relacionado con el modo; especialmente el modo gramatical. **II.** *s/m, pl* Comportamiento o actitud de una persona que indica su buena o mala educación. LOC **Tener modales,** tener buena educación.

mo·da·li·dad [moðaliðáð] *s/f* Variante de una cosa o una acción.

mo·de·la·do, (-a) [moðeláðo, (-a)] **I.** *s/m* **1.** Acción y arte de modelar: *Escuela de modelado.* **2.** Forma de estar modelado algo: *El modelado de una columna.* **II.** *adj* FIG Manera de estar formado algo: *Figura modelada.*

mo·de·lar [moðelár] *v/tr* **1.** Realizar figuras con una sustancia plástica: *Modelar en barro.* **2.** FIG Formar una cosa no corpórea. RPr **Modelar en.**

mo·de·lo [moðélo] **I.** *s/m* **1.** Cosa que se imita: *El modelo de escritura.* **2.** Persona digna de ser imitada por los demás o a la que alguien quiere imitar: *Su hermana es el modelo que quiere imitar.* Se usa en aposición con el *s* que indica la cualidad a la que se refiere 'modelo': *Un profesor modelo.* **3.** Persona que posa para ser pintada o reproducida en escultura. **4.** Cada uno de los objetos fabricados al mismo tiempo por una empresa. **5.** Prenda de vestir de cierta calidad. **II.** *s/m,f* Quien exhibe los modelos: *Trabaja de modelo.*

mo·de·ra·ción [moðeraθjón] *s/f* **1.** Acción y efecto de moderar. **2.** Cualidad del que no actúa con exceso o violencia.

mo·de·ra·do, (-a) [moðeráðo, (-a)] **I.** *adj* Se aplica a lo que se mantiene a distancia de los extremos: *Una actitud moderada.* **II.** *adj* y *s/m,f* Se aplica a las personas de ideas no extremistas y especialmente a las de ideas políticas conservadoras: *Es un moderado.*

mo·de·ra·dor, -ra [moðeraðór, -ra] **I.** *adj* y *s/m,f* Se aplica al que modera. **II.** *s/m,f* Persona que dirige una reunión o asamblea.

mo·de·rar [moðerár] *v/tr,* REFL(-SE) Reducir la intensidad o exageración de una cosa material o inmaterial: *Moderar la velocidad.* RPr **Moderarse en:** *Moderarse en la bebida.*

mo·der·ni·dad [moðerniðáð] *s/f* Cualidad de moderno.

mo·der·nis·mo [moðernísmo] *s/m* **1.** Tendencias o gustos modernos. **2.** Movimiento literario de principios del siglo XX, cuyo máximo exponente fue Rubén Darío. **3.** ARQ Movimiento estético europeo de finales del siglo XIX y principios del XX, que desarrolló el valor decorativo de la línea curva de carácter floral o geométrico. **4.** Movimiento religioso de la misma época que intentaba poner de acuerdo la doctrina cristiana con la filosofía y la ciencia del momento; fue condenado por Pío X en 1907.

mo·der·nis·ta [moðernísta] *adj* Relativo al modernismo: *Decoración modernista.*

mo·der·ni·za·ción [moðerniθaθjón] *s/f* Acción de modernizar.

mo·der·ni·zar [moðerniθár] *v/tr,* REFL (-SE) Reformar lo antiguo para que resulte moderno: *Han modernizado el local.* ORT La *z* cambia a *c* ante *e: Modernice.*

mo·der·no, -a [moðérno, -a] *adj* **1.** Se aplica a lo relacionado con la 'época moderna': *Historia moderna.* **2.** Y a lo que es actual o reciente.

mo·des·tia [moðéstja] *s/f* Cualidad de modesto.

mo·des·to, -a [moðésto, -a] *adj* y *s/m,f* **1.** Se aplica a las personas (y a sus actitudes y palabras) que no se valoran ostentosamente. **2.** Que se conforma con poco. **3.** Se aplica a personas y a su posición económica y social poco elevada: *Un origen modesto.* Referido a cosas, de posición económica poco elevada.

mó·di·co, -a [móðiko, -a] *adj* Se aplica a palabras relacionadas con el dinero, significando 'moderado': *Precio módico. Cantidad módica.*

mo·di·fi·ca·ble [moðifikáβle] *adj* Se aplica a lo que puede ser modificado.

mo·di·fi·ca·ción [moðifikaθjón] *s/f* Acción o efecto de modificar(se).

mo·di·fi·car [moðifikár] *v/tr,* REFL(-SE) Cambiar una cosa en uno o varios de sus aspectos: *Modificar un plan/la conducta.* ORT La *c* cambia en *qu* ante *e: Modifique.*

mo·dis·mo [moðísmo] *s/m* GRAM Expresión compleja de carácter fijo formada por dos o más palabras: *A brazo partido.*

mo·dis·ti·lla [moðistíʎa] *s/f* COL Aprendiza u oficiala de modista.

mo·dis·to, -a [moðísto, -a] **I.** *s/f* Mujer que hace vestidos de mujer o niño. **II.** *s/m* Hombre que hace vestidos y trajes o que crea moda.

mo·do [móðo] **I.** *s/m* **1.** Cada uno de los diferentes aspectos en que se puede manifestar una acción: *Hay varios modos de hacerlo.* **2.** Aspecto que resulta de la combinación de los accidentes de una cosa variable, que la hace distinta en cada caso: *Modo adverbial.* **3.** GRAM Conjunto de determinadas formas de un verbo que expresan un matiz significativo, diferente según se trate del *modo indicativo, subjuntivo* o *imperativo.* **II.** *s/m, pl (Buenos/Malos modos)* Comportamiento, adecuado o no, de una persona. LOC **A mi (tu,** etc.) **modo,** 'a mi (tu, etc.) manera', de la misma forma que yo (tú, etc.) acostumbro. **A modo de,** 'a manera de', como. **De cualquier modo,** de cualquier manera, *1.* Sean cuales sean las consecuencias o los inconvenientes. *2.* (Referido a la forma de hacer o estar hecho algo) Con descuido y sin interés por ello. **De modo que,** 'de manera que', expresión con valor consecutivo. **De ningún modo,** 'de ninguna manera', negación categórica. **De todos modos,** 'de todas maneras', introduce oraciones o párrafos en los que se indica una objeción a lo dicho, hecho o pensado anteriormente. **En cierto modo,** 'en cierta manera', expresión que materializa o atenúa lo que se expresa.

mo·do·rra [moðórra] *s/f* Somnolencia pesada o adormecimiento.

mo·do·si·dad [moðosiðáð] *s/f* Cualidad de modoso.

mo·do·so, -a [moðóso, -a] *adj* (*Ser* o *estar modoso*) Que actúa con buenos modos, educada y respetuosamente.

mo·du·la·ción [moðulaθjón] *s/f* Acción y efecto de modular.

mo·du·la·dor, -ra [moðulaðór, -ra] *adj* y *s/m,f* Que modula.

mo·du·lar [moðulár] **I.** *v/tr* Cambiar el tono de la voz o de los sonidos musicales con armonía: *Modular la voz.* **II.** *v/intr* **1.** MÚS Pasar en progresión regular de un tono a otro o de una nota a otra. **2.** Modificar la frecuencia de las ondas eléctricas.

mó·du·lo [móðulo] *s/m* **1.** Relación proporcional o artística entre las medidas de una cosa. **2.** Medida que se toma como unidad para establecer esa proporción. **3.** MÚS Modulación. **4.** NUMIS Diámetro de una moneda o medalla.
Módulo espacial, nave de tamaño reducido, transportada al espacio por un propulsor mayor, la cual suele desprenderse una vez alcanzados los objetivos propuestos.

mo·fa [mófa] *s/f* Burla hecha con desprecio, especialmente si se trata de algo respetable.

mo·far [mofár] *v/intr,* REFL(-SE) Hacer mofa de alguien o algo. RPr **Mofarse de:** *Se mofa de todo.*

mo·fe·ta [moféta] *s/f* **1.** Mamífero carnicero de América que cuando se ve perseguido lanza un líquido para ahuyentar a su perseguidor. **2.** Cualquier gas pernicioso de minas o lugares subterráneos.

mo·fle·te [mofléte] *s/m* Carrillo carnoso y abultado.

mo·fle·tu·do, -a [mofletúðo, -a] *adj* y *s/m,f* Que tiene los mofletes muy abultados.

mo·go·llón [moγoʎón] *s/m* VULG **1.** Gran cantidad desordenada de una cosa: *Un mogollón de gente.* **2.** Lío, confusión.

mo·hín [moín] *s/m* Movimiento de los músculos faciales, especialmente de la boca, que expresa disgusto, aunque sea en broma.

mo·hí·no, -a [moíno, -a] *adj (Estar mohíno)* Se aplica a la persona que adopta una actitud de enfado o mal humor, *por ej*, con la cabeza baja.

mo·ho [móo] *s/m* **1.** Nombre de varias especies de hongos que crecen sobre los cuerpos orgánicos en descomposición, *por ej*, sobre el pan o el queso. **2.** Capa de óxido que se forma sobre la superficie de los metales, como la herrumbre o el cardenillo.

mo·ho·so, -a [moóso, -a] *adj* Se aplica a cosas con moho.

moi·sés [moisés] *s/m* Cuna de tejido de cestería para niños muy pequeños.

mo·ja·du·ra [moxaðúra] *s/f* Acción y efecto de mojar(se).

mo·ja·ma [moxáma] *s/f* Cecina de atún.

mo·jar [moxár] **I.** *v/tr,* REFL(-SE) **1.** Estar un líquido en contacto con la superficie de una cosa o introducirse en ella: *La calle está mojada.* **2.** COL Untar pan en una salsa u otro líquido comestible. **3.** COL Celebrar algo con bebidas. **II.** *v/intr* FIG COL Intervenir o tener parte en un asunto: *¿Tú también has mojado en esto?* RPr **Mojar en. Mojarse en/con:** *Me gusta mojarme con agua.*

mo·je [móxe] *s/m* Caldo o salsa en el que se puede mojar pan.

mo·ji·cón [moxikón] *s/m* **1.** Puñetazo dado en la cara. **2.** Clase de bizcocho.

mo·ji·gan·ga [moxiγáŋga] *s/f* **1.** Fiesta pública en la que se usaban disfraces grotescos, especialmente de animales. **2.** Obra de teatro jocosa, con personajes extravagantes o ridículos. **3.** Cualquier representación o fiesta destinada a hacer reír.

mo·ji·ga·te·ría [moxiγatería] *s/f* Cualidad o actitud del mojigato.

mo·ji·ga·to, -a [moxiγáto, -a] *adj* y *s/m,f* **1.** Se aplica a la persona que actúa con beatería o se escandaliza con facilidad. **2.** Y a la que finge humildad o recato para esperar la ocasión de conseguir lo que quiere.

mo·jón [moxón] *s/m* Poste o señal en un terreno para indicar los límites.

mo·lar [molár] **I.** *adj* **1.** Relativo a las muelas. **2.** Y a lo que es apto para moler: *Diente molar.* **II.** *s/m* ANAT Muela.

mol·de [mólde] *s/m* **1.** Objeto hueco que da forma a la materia fundida que se introduce en él, cuando se solidifica. **2.** Cualquier utensilio que se utiliza para formar algo y luego se quita.

mol·dea·ble [moldeáβle] *adj* Se aplica a lo que puede ser moldeado.

mol·dea·do, (-a) [moldeáðo, (-a)] *s/m* Acción y efecto de moldear.

mol·de·ar [moldeár] *v/tr* **1.** Formar una figura poniendo en el molde la materia de que se hace. **2.** Dar forma a algo: *Moldear una cabeza en barro.* **3.** FIG Formar o configurar de una manera determinada: *No es difícil moldear su carácter.*

mol·du·ra [moldúra] *s/f* **1.** Adorno arquitectónico de forma corrida y con relieves, que se coloca en fachadas o en interiores. **2.** Listón de madera de perfil curvo que se pone como adorno para tapar juntas, etc.

mol·du·rar [moldurár] *v/tr* Hacer molduras en una cosa.

mo·le [móle] *s/f* Cosa corpulenta muy grande y pesada, de formas macizas o redondeadas.

mo·lé·cu·la [molécula] *s/f* Agrupación definida de átomos que caracteriza cada especie química.

mo·le·cu·lar [molekulár] *adj* Relativo a la molécula.

mo·ler [molér] *v/tr* **1.** Convertir en trozos pequeños cualquier sustancia sólida con golpes o con presión y frotamiento para obtener una pasta más fina o el jugo de ese producto: *Moler café/caña de azúcar/cristales,* etc. **2.** FIG COL Cansar mucho a alguien un trabajo, un ejercicio o dejar maltrecho una paliza: *Moler a palos.* RPr **Moler a/con.**

CONJ *Irreg: Muelo, molí, moleré, molido*

mo·les·tar [molestár] **I.** *v/tr* **1.** Alterar la tranquilidad o el bienestar de alguien con actos o cosas desagradables para su gusto o voluntad. **2.** Causar un disgusto leve. **3.** Impedir de alguna manera lo que se quiere o se tiene que hacer: *El ruido molesta para trabajar.* **4.** Causar dolor no muy intenso: *Me molesta la cicatriz cuando va a llover.* **II.** REFL(-SE) **1.** Realizar cierto trabajo o molestia: *No te molestes, lo haré yo mismo.* **2.** Ofenderse levemente: *Se molesta por nada.* RPr **Molestarse en/por:** *No te molestes en venir.*

mo·les·tia [moléstja] *s/f* **1.** Efecto de molestar: *Esas molestias se deben a una mala digestión.* **2.** Cosa que molesta.

mo·les·to, -a [molésto, -a] *adj* **1.** *(Ser molesto)* Se aplica a lo que causa molestia. **2.** *(Estar molesto)* Se aplica a la persona que siente una molestia física. **3.** *(Estar molesto)* Que se siente levemente ofendido.

mo·lib·de·no [moliβdéno] *s/m* Metal maleable, de color y brillo plomizo, empleado en la fabricación de acero.

mo·li·cie [molíθje] *s/f* **1.** LIT Blandura. **2.** FIG Excesiva comodidad y refinamiento en la manera de vivir: *Vive en la molicie.*

mo·lien·da [moljénda] *s/f* **1.** Acción de moler. **2.** Porción de lo que se muele de una vez. **3.** Temporada que dura la molienda, *por ej*, de la aceituna o del café.

mo·lien·te [moljénte] *adj* y *s/m,f* Se aplica al que o a lo que muele. LOC **Corriente y moliente**, normal.

mo·li·ne·ro, -a [molinéro, -a] **I.** *adj* Relacionado con los molinos: *Industria molinera.* **II.** *s/m,f* Persona que trabaja o tiene a su cargo un molino.

mo·li·ne·te [molinéte] *s/m* **1.** *dim* de *molino.* **2.** Objeto con aspas que gira cuando lo mueve una corriente líquida o gaseosa. **3.** Aparato giratorio colocado en una puerta o una ventana para renovar el aire del interior. **4.** Molinillo de juguete.

mo·li·ni·llo [moliníʎo] *s/m* **1.** Aparato pequeño para moler: *Molinillo de café.* **2.** Juguete de papel recortado y doblado en forma de aspas que se fijan con un alfiler a un palito y que giran accionadas por el viento.

mo·li·no [molíno] *s/m* Máquina para moler, laminar o machacar una cosa entre dos piezas, una de las cuales o las dos, giran accionadas por diversos mecanismos, *por ej*, por una rueda con paletas que mueve el agua o el viento: *Molino de viento.*

mol·tu·ra·ción [mol̪turaθjón] *s/f* Acción y efecto de molturar.

mol·tu·rar [mol̪turár] *v/tr* Moler, especialmente granos.

mo·lus·co [molúsko] **I.** *adj* y *s/m* Se aplica a ciertos animales de cuerpo blando, no segmentado en los adultos, de simetría bilateral y generalmente protegidos por una concha, como el caracol, el pulpo o el calamar. **II.** *s/m, pl* Tipo zoológico que forman.

mo·lla [móʎa] *s/f* **1.** Parte blanca o carnosa de un cuerpo orgánico. **2.** Parte magra de la carne. **3.** Parte más jugosa y comestible de una fruta. **4.** COL (A veces en *pl*) Exceso de carne o grasa que forma abultamientos en el cuerpo de una persona. **5.** Miga del pan.

mo·llar [moʎár] *adj* Blando; se aplica a cierta clase de fruta más blanda o fácil de abrir que otras de su misma especie.

mo·lle·ja [moʎéxa] *s/f* Estómago de las aves.

mo·lle·ra [moʎéra] *s/f* **1.** Parte más alta de la cabeza. **2.** FIG COL Inteligencia. LOC **Ser cerrado** o **duro de mollera**, torpe o testarudo.

mo·men·tá·neo, -a [momen̪táneo, -a] *adj* Se aplica a lo que dura sólo un momento: *Un dolor/Un arreglo momentáneo.*

mo·men·to [momén̪to] *s/m* **1.** Punto en el tiempo. **2.** Corto espacio de tiempo: *Espere un momento.* **3.** (A veces en *pl*) Espacio de tiempo indeterminado: *Fueron unos momentos divertidos.* **4.** Época determinada en la que ocurre algo: *Nuestras relaciones pasan un mal momento.* **5.** Época actual: *El momento político internacional.* **6.** Oportunidad de que una persona haga algo: *Ahora es el momento de decírselo.* **7.** MEC Producto de la intensidad de una fuerza por su distancia a un punto o a una línea, o por la distancia de su punto de aplicación a un plano. LOC **A cada momento**, frecuente y repetidamente. **Al momento**, enseguida. **De momento**, por el momento. **Dentro de un momento**, cuando pase un instante. **De un momento a otro,** pronto. **En un momento**, rápidamente. **Hace un momento**, hace muy poco tiempo. **No tener un momento libre**, estar muy ocupado. **Por el momento**, por ahora, en el momento en que se habla. **Por momentos**, se aplica a algo que avanza visiblemente. **¡Un momento!**, expresión con la que se pide a alguien que espere: *Un momento, por favor, voy a buscarlo.*

mo·mia [mómja] *s/f* Cadáver que por causas naturales o artificiales se deseca para evitar su descomposición.

mo·mi·fi·ca·ción [momifikaθjón] *s/f* Acción de momificar.

mo·mi·fi·car [momifikár] *v/tr,* REFL(-SE) Convertirse en momia un cadáver.
ORT Ante *e* la *c* cambia en *qu: Momifique.*

mo·mio [mómjo] *s/m* Asunto del que se obtiene mucho beneficio con poco trabajo.

mo·na·cal [monakál] *adj* Relativo a los monjes: *Vida monacal.*

mo·na·ca·to [monakáto] *s/m* **1.** Estado de monje. **2.** Institución monástica.

mo·na·da [monáða] *s/f* COL **1.** Gesto o acción propia de monos. **2.** Gesto zalamero. **3.** Gesto o acción graciosa de un niño. **4.** Cosa bonita o graciosa: *Este vestido es una monada.* **5.** Chica bonita o graciosa.

mó·na·da [mónaða] *s/f* FIL Ser indivisible y completo de los que constituyen el universo en la teoría de Leibnitz.

mo·na·gui·llo [monaγíʎo] *s/m* Niño que ayuda a misa.

mo·na·quis·mo [monakísmo] *s/m* Monacato.

mo·nar·ca [monárka] *s/m* Soberano que gobierna un país.

mo·nar·quía [monarkía] *s/f* **1.** Sistema de gobierno en el que el jefe supremo del Estado es un rey. **2.** Estado regido por ese sistema de gobierno.

mo·nár·qui·co, -a [monárkiko, -a] *adj* y *s/m,f* Relativo a monarquía.

mo·nar·quis·mo [monarkísmo] *s/m* **1.** Cualidad de monárquico. **2.** Conjunto de las doctrinas monárquicas. **3.** Conjunto de los monárquicos de un país.

mo·nas·te·rial [monasteriál] *adj* Relativo al monasterio.

mo·nas·te·rio [monastérjo] *s/m* Convento grande, generalmente situado fuera de la población.

mo·nás·ti·co, -a [monástiko, -a] *adj* Relativo a los monjes o al monasterio: *Vida monástica.*

mon·da·dien·tes [moɲdaðjéɲtes] *s/m* Palillo para limpiarse los dientes de los restos de la comida que quedan entre ellos.

mon·da·du·ra [moɲdaðúra] *s/f* (Generalmente en *pl*) Restos que quedan al pelar las frutas.

mon·dar [moɲdár] **I.** *v/tr* **1.** Despojar de su envoltura a una cosa: *Mondar un plátano.* **2.** Limpiar el cauce de un río o un canal. **II.** REFL(-SE) FIG COL (Con *de*) Reírse mucho: *Nos mondábamos de risa con él.* RPr **Mondarse de.**

mon·do, (-a) [móɲdo, (-a)] **I.** *adj* Que está limpio de algo, como pelo *(Tiene la cabeza monda)*, dinero o cualquier otra cosa. **II.** *s/f* Acción de mondar. LOC **Mondo y lirondo**, COL frase que acentúa el valor expresivo de *mondo: Me queda un billete mondo y lirondo.* **Ser la monda,** *1.* COL Expresión ponderativa que se aplica a cosas o personas extraordinarias, fuera de lo común o inauditas: *Este hotel es la monda, nunca ves a nadie. 2.* COL Muy gracioso.

mon·don·go [moɲdóŋgo] *s/m* Intestinos y panza de un animal, especialmente del cerdo.

mo·ne·da [monéða] *s/f* Pieza metálica acuñada que sirve de medida común del precio de las cosas en las acciones de compra y venta: *La moneda española es la peseta.* LOC **Pagar con la misma moneda**, FIG actuar correcta o incorrectamente con una persona según el trato recibido de ella.

mo·ne·de·ro [moneðéro] *s/m* Bolsa o cartera pequeña para llevar monedas.

mo·ne·ría [monería] *s/f* Monada.

mo·ne·ta·rio, -a [monetárjo, -a] *adj* Relativo a las monedas: *Sistema monetario.*

mon·gol [moŋgól] *adj* y *s/m,f* De Mongolia.

mon·gó·li·co, -a [moŋgóliko, -a] *adj* Se aplica a los que padecen mongolismo.

mon·go·lis·mo [moŋgolísmo] *s/m* Enfermedad que se manifiesta en el periodo embrionario y que se caracteriza por un retraso mental y rasgos mongoloides en el rostro.

mon·go·loi·de [moŋgolóiðe] *adj* y *s/m,f* Semejante, especialmente en los rasgos faciales, a los mongoles.

mo·ni·ción [moniθjón] *s/f* Reprensión.

mo·ni·go·te [moniɣóte] *s/m* **1.** Persona que vale poco o que se deja dominar por otros. **2.** Muñeco ridículo o grotesco.

mo·ni·tor, (-ra) [monitór, (-ra)] **I.** *s/m,f* Persona que dirige actividades deportivas o de otro tipo. **II.** *s/m* Aparato receptor de televisión que toma la imagen directamente y sirve para controlar la transmisión.

mo·ni·to·rio [monitórjo] *adj* Se aplica a lo que sirve para avisar o amonestar y a quien lo hace.

mon·ja [móŋxa] *s/f* Mujer que pertenece a una orden religiosa femenina.

mon·je [móŋxe] *s/m* Hombre perteneciente a una orden religiosa, que vive en un monasterio.

mon·jil [moŋxíl] *adj* **1.** Relativo a las monjas. **2.** Excesivamente recatado: *Una vida monjil.*

mo·no- [mono-] Elemento prefijo de origen griego que significa 'uno': *Monomanía, monosílabo*, etc.

mo·no, (-a) [móno, (-a)] **I.** *adj* Bonito o gracioso: *Es una chica muy mona.* **II.** *s/m,f* Nombre genérico de cualquier mamífero cuadrumano del orden de los simios. **III.** *s/m* Traje usado por pintores, mecánicos, etc., que consiste en un pantalón con peto o con cuerpo y mangas en una sola pieza. **IV.** *s/f* COL *(Coger una)* Borrachera. LOC **Aunque la mona se vista de seda, mona se queda**, refrán que alude a que la fealdad no se puede esconder. **Coger una mona**, FIG emborracharse. **Dormir la mona**, dormir después de emborracharse. **Mandar** (o **Vete/Anda) a freír monas**, FIG VULG rechazar a una persona con enojo o desprecio. **Ser el último mono**, FIG ser el menos importante o con menor influencia.

mo·no·cor·de [monokórðe] *adj* **1.** Se aplica al instrumento musical de una sola cuerda. **2.** FIG Monótono, sin variaciones.

mo·nó·cu·lo [monókulo] *s/m* Lente para un solo ojo.

mo·no·cu·lar [monokulár] *adj* Se aplica a la visión de un solo ojo y a los aparatos que se usan para ello.

mo·no·ga·mia [monoɣámja] *s/f* Régimen familiar basado en la pareja de un solo hombre y una sola mujer.

mo·nó·ga·mo, -a [monóɣamo, -a] *adj* y *s/m,f* Se aplica a quien forma pareja con un solo individuo del otro sexo.

mo·no·gra·fía [monoɣrafía] *s/f* Estudio

exhaustivo sobre un aspecto parcial de cualquier materia.

mo·no·grá·fi·co, -a [monoγráfiko, -a] *adj* Relativo a la monografía.

mo·no·lí·ti·co, -a [monolítiko, -a] *adj* **1.** Se aplica a lo que está hecho de una sola piedra. **2.** FIG Y a lo que tiene algunas cualidades del monolito, como la dureza o la resistencia: *Una organización monolítica.*

mo·no·li·to [monolíto] *s/m* Monumento hecho con una sola piedra grande.

mo·no·lo·gar [monoloγár] *v/intr* Hablar alguien consigo mismo.
ORT Ante *e* la *g* cambia en *gu: Monologue.*

mo·nó·lo·go [monóloγo] *s/m* **1.** Parlamento hecho por una persona para sí misma, sin dirigirse a otros. **2.** Obra dramática en la que habla un solo personaje.

mo·no·ma·nía [monomanía] *s/f* **1.** Manía por un solo tipo de cosas. **2.** Preocupación, obsesión o afición exagerada o exclusiva por una cosa.

mo·no·ma·nia·co, -a o **mo·no·ma·nía·co, -a** [monomanjáko, -a/-maníako, -a] *adj* y *s/m,f* Que tiene monomanías.

mo·no·ma·niá·ti·co, -a [monomanjátiko, -a] *adj* y *s/m,f* Monomaníaco.

mo·no·mio [monómjo] *s/m* MAT Expresión algebraica con un solo término.

mo·no·pla·za [monopláθa] *adj* y *s/m,f* Se aplica a los vehículos de una sola plaza.

mo·no·po·lio [monopóljo] *s/m* **1.** Privilegio concedido por el Estado a una sociedad o a un individuo para la explotación en exclusiva de una industria: *El monopolio del tabaco.* **2.** Empresa que explota un monopolio.

mo·no·po·lis·ta [monopolísta] *s/m,f* Que tiene o posee un monopolio.

mo·no·po·li·zar [monopoliθár] *v/tr* **1.** Tener un monopolio. **2.** Utilizar algo con carácter exclusivo.
ORT La *z* cambia a *c* ante *e: Monopolice.*

mo·no·si·la·bis·mo [monosilaβísmo] *s/m* **1.** Uso exagerado o exclusivo de monosílabos. **2.** Cualidad de ciertas lenguas que sólo tienen monosílabos.

mo·no·sí·la·bo, -a [monosílaβo, -a] *adj* y *s/m* Se aplica a la palabra de una sola sílaba.

mo·no·teís·mo [monoteísmo] *s/m* Doctrina que defiende la existencia de un solo Dios.

mo·no·teís·ta [monoteísta] *adj* y *s/m,f* Relativo al monoteísmo.

mo·no·to·nía [monotonía] *s/f* Cualidad de monótono.

mo·nó·to·no, -a [monótono, -a] *adj* **1.** Se aplica al sonido con un solo tono. **2.** *Por ext,* se aplica a lo que no cambia y resulta por ello aburrido: *Un trabajo monótono.*

mon·se·ñor [monseɲór] *s/m* Tratamiento de ciertas dignidades eclesiásticas.

mon·ser·ga [monséɾγa] *s/f* COL Palabras molestas o pesadas.

mons·truo [mó(n)strwo] *s/m* **1.** Ser anormal y deforme. En las fábulas y cuentos, animal dañino, grande y poderoso, de formas fantásticas. **2.** Se dice de la persona muy fea. **3.** Persona perversa o muy cruel. **4.** FIG Se aplica a personas o cosas que sobresalen por ser magníficas o raras: *Es un monstruo de la canción.*

mons·truo·si·dad [mo(n)strwosiðáð] *s/f* **1.** Cualidad de monstruoso. **2.** Cosa o hecho monstruoso.

mons·truo·so, -a [mo(n)strwóso, -a] *adj* **1.** Deforme o feo *(Una mujer monstruosa)* o excesivamente grande *(Un edificio monstruoso).* **2.** Repugnante o cruel. **3.** A veces se emplea hiperbólicamente referido a algo desagradable: *Es monstruoso viajar con este calor.*

mon·ta [mónta] *s/f* **1.** Acción de montar. **2.** Valor o importancia de algo.

mon·ta·car·gas [montakárγas] *s/m* Ascensor destinado a elevar mercancías y no personas.
ORT *Pl: Montacargas.*

mon·ta·dor, -ra [montaðór, -ra] *s/m,f* **1.** Operario que monta máquinas o aparatos. **2.** Encargado de hacer el montaje de una película.

mon·ta·je [montáxe] *s/m* **1.** Acción y efecto de montar algo, como una máquina. **2.** Selección y ajuste de los distintos planos de una película. **3.** Ajuste de todos los elementos accesorios de una representación teatral.

mon·ta·no, -a [montáno, -a] *adj* Se aplica a lo relacionado con el monte.

mon·tan·te [montánte] *s/m* **1.** Pieza recta de una máquina o un armazón, como el travesaño de una puerta. **2.** CONSTR Pieza vertical de sostén; *por ej,* el alma de una escalera de caracol. **3.** Costo total de algo.

mon·ta·ña [montáɲa] **I.** *s/f* **1.** Elevación del terreno, grande o pequeño, aisladamente o no. **2.** Zona montañosa. **3.** Elevación artificial del terreno por acumulación de algo. **4.** FIG Conjunto muy numeroso de algo: *Una montaña de libros.* **II.** *s/f, pl* Elevación extensa del terreno con muchas cumbres: *Las montañas de Ronda.*
Montaña rusa, *1.* Montículo en el que se practica un camino sinuoso por el que se desliza un cochecito al que sube la gente

para divertirse. *2.* Construcción metálica similar, con altibajos, que se instala en las ferias.

mon·ta·ñe·ro, -a [moṇtaɲéro, -a] *adj* y *s/m,f* Persona que hace montañismo.

mon·ta·ñés, -sa [moṇtaɲés, -sa] *adj* y *s/m,f* **1.** Que vive en país montañoso o procede de él. **2.** Se aplica a los procedentes de Santander o 'La Montaña'.

mon·ta·ñis·mo [moṇtaɲísmo] *s/m* Práctica de la escalada o marcha en la montaña.

mon·ta·ño·so, -a [moṇtaɲóso, -a] *adj* Relativo a la montaña.

mon·tar [moṇtár] **I.** *v/intr,* REFL(-SE) **1.** Subir(se) encima de algo. **2.** Subirse encima de un animal o en un vehículo: *Móntate en el coche.* **II.** *v/tr* **1.** Subir en un animal: *Monta ese caballo.* **2.** Unirse el macho a la hembra para fecundarla. **3.** Estar o poner una cosa sobre parte de otra: *El dobladillo monta sobre la costura.* **4.** (Con *a*) Resultar una cantidad que se expresa en cuentas, facturas, etc.: *Los daños montan a varios millones.* **5.** Poner una pieza en su lugar o armar un aparato: *Montar una instalación eléctrica.* **6.** Preparar lo necesario para abrir un negocio o exposición al público: *Montar una tienda.* **7.** Batir la clara de huevo hasta que esté esponjosa y consistente. **8.** Hacer el montaje de una película. RPr **Montar(se) a/en/sobre:** *Montar a caballo. Montar en bicicleta. Montar sobre un burro.*

mon·ta·raz [moṇtaráθ] *adj* **1.** Se aplica a los animales y personas que viven en el monte. **2.** Persona de modales toscos, poco sociable.

mon·te [móṇte] **I.** *s/m* **1.** Elevación grande y natural del terreno. **2.** Terreno sin cultivar con matorrales y arbustos. **II.** *s, pl* Elevación extensa de terreno con muchas cumbres: *Los montes Pirineos.* LOC **Creer que todo el monte es orégano**, pensar que sólo habrá facilidades o ventajas en un asunto.
Monte de piedad, establecimiento público que hace préstamos a módico interés sobre cualquier objeto.
Monte de Venus, pubis de la mujer.

mon·te·pío [moṇtepío] *s/m* **1.** Reserva de dinero que guardan los miembros de un cuerpo o sociedad para ayudarse mutuamente en caso necesario. **2.** Establecimiento público o privado con ese mismo fin.

mon·te·ría [moṇtería] *s/f* **1.** Caza mayor. **2.** Arte de cazar.

mon·te·ro, (-a) [moṇtéro, (-a)] **I.** *s/m,f* Persona que ojea la caza hacia el lugar de los tiradores. **II.** *s/f* Gorro o gorra; especialmente, el de los toreros.

mon·tés [moṇtés] *adj* Se aplica a ciertos animales o plantas que se crían en el monte para distinguirlos de otros de su especie: *Cabra montés.*

mon·te·vi·dea·no, -a [moṇteβiðeáno, -a] *adj* y *s/m,f* De Montevideo.

mon·tí·cu·lo [moṇtíkulo] *s/m* Monte pequeño, natural o hecho por el hombre.

mon·ti·lla [moṇtíʎa] *s/m* Vino de Montilla.

mon·to [móṇto] *s/m* Importe total de una cosa.

mon·tón [moṇtón] *s/m* **1.** Conjunto de cosas superpuestas con forma naturalmente similar al cono: *Montón de tierra.* **2.** Conjunto de cosas superpuestas sin orden: *Un montón de ropa.* **3.** FIG COL Gran número de algo: *Un montón de amigos.* LOC **A montones**, en gran número o cantidad. **Ser (alguien o algo) del montón**, no destacar en nada: *Un chico del montón.*

mon·tuo·so, -a [moṇtwóso, -a] *adj* Se aplica al terreno accidentado, con montes.

mon·tu·ra [moṇtúra] *s/f* **1.** Arreos de una caballería para montarla; especialmente, la silla. **2.** Animal empleado para montar. **3.** Soporte de la parte esencial de un objeto: *La montura de unas gafas.*

mo·nu·men·tal [monumeṇtál] *adj* **1.** Relativo al monumento: *La parte monumental de la ciudad.* **2.** Muy grande o magnífico: *Un edificio monumental.*

mo·nu·men·to [monuméṇto] *s/m* **1.** Obra escultórica o de arquitectura situada en un lugar público para conmemorar algo o como decoración. **2.** Construcción de gran valor artístico o histórico: *Un monumento medieval.* **3.** Objeto o documento de importancia en la investigación histórica. **4.** Obra científica o literaria de gran valor: *Un gran monumento de nuestras letras.*

mon·zón [monθón] *s/m* Viento que sopla en el océano Índico en direcciones opuestas según la época del año.

mo·ña [móɲa] *s/f* Lazo de cintas; *por ej*, para adorno del peinado o de la ropa.

mo·ño [móɲo] *s/m* **1.** Porción de pelo enrollado que se sujeta con horquillas en la cabeza. **2.** Conjunto de plumas de la cabeza de algunas aves.

mo·que·ar [mokeár] *v/intr* Echar mocos continuamente; *por ej*, por un resfriado.

mo·queo [mokéo] *s/m* Acción de moquear.

mo·que·ro [mokéro] *s/m* COL Pañuelo para limpiarse los mocos.

mo·que·ta [mokéta] *s/f* Tela fuerte, con

trama de cáñamo y pelo de lana o fibra artificial, empleada para tapizar suelos y paredes.

mo·qui·llo [mokíʎo] *s/m* VETER Enfermedad catarral de algunos animales, como el perro.

mo·qui·ta [mokíta] *s/f* Moco fluido que gotea de la nariz cuando se está resfriado.

mor [mór] *Voz* usada en la expresión **Por mor de**, 'por amor de', en beneficio de: *Por mor de la razón.*

mo·ra [móra] *s/f* Fruto del moral, de la morera o de la zarza.

mo·ra·da [moráða] *s/f* Lugar donde se vive.

mo·ra·do, -a [moráðo, -a] *adj* y *s/m* Se aplica al color entre azul y rojo, similar al de la mora comestible, y a las cosas que lo tienen. LOC **Pasarlas moradas**, FIG COL pasar una situación difícil o apurada.

mo·ra·dor, -ra [moraðór, -ra] *adj* y *s/m,f* Que habita en un lugar.

mo·ral [morál] **I.** *adj* **1.** Relacionado con la moral. **2.** Bueno, desde el punto de vista moral: *Comportamiento moral.* **3.** Relacionado con el espíritu y no con el cuerpo: *Valores morales.* **4.** No legal, sino basado en principios de conciencia: *Obligación moral de reparar los daños.* **II.** *s/f* **1.** Conjunto de principios que rigen la conducta humana. Sin especificación, se aplica con frecuencia a las relaciones entre dos sexos. **2.** Tratado filosófico de los principios morales. **3.** Conducta según la moral: *Una moral relajada.* **4.** Estado de ánimo con el que se afrontan los problemas o peligros; si no se especifica, se entiende buena disposición de ánimo para afrontarlos: *La moral del equipo es excelente.*

mo·ra·le·ja [moraléxa] *s/f* Enseñanza que se extrae de un cuento o fábula.

mo·ra·li·dad [moraliðáð] *s/f* Cualidad de moral (buena).

mo·ra·lis·ta [moralísta] *s/m,f* Persona que estudia y conoce la moral práctica.

mo·ra·li·zar [moraliθár] **I.** *v/tr* Introducir la moral. **II.** *v/intr* Hablar sobre algo tratando de sacar provecho y enseñanzas morales.
ORT La *z* cambia a *c* ante *e: Moralice*

mo·ra·pio [morápjo] *s/m* COL Vino tinto corriente.

mo·rar [morár] *v/intr* LIT Habitar en un lugar determinado. RPr **Morar en** *(en lugar).*

mo·ra·to·ria [moratórja] *s/f* Aplazamiento en el plazo para pagar una deuda.

mor·bi·dez [morβiðéθ] *s/f* Cualidad de mórbido (blando o delicado).

mór·bi·do, -a [mórβiðo, -a] *adj* Suave, delicado o blando: *Labios mórbidos.*

mor·bi·li·dad [morβiliðáð] *s/f* Cualidad de mórbido.

mor·bo [mórβo] *s/m* Enfermedad.

mor·bo·si·dad [morβosiðáð] *s/f* Cualidad de morboso.

mor·bo·so, -a [morβóso, -a] **I.** *adj* Se aplica a lo relacionado con la enfermedad, o lo que la causa: *Clima morboso.* **II.** *adj* y *s/m,f* Se aplica a las personas y a sus inclinaciones o sentimientos, que revelan un estado físico o psíquico insano: *Siente un placer morboso en castigar a los niños.*

mor·ci·llo, (-a) [morθíʎo, (-a)] **I.** *s/m* Trozo de carne, desde el hombro hasta el codo, en las reses destinadas al consumo. **II.** *s/f* Embutido que se hace cociendo sangre de cerdo, cebolla y especias; a veces, se añaden otros ingredientes, como arroz, piñones, etc.

mor·cón [morkón] *s/m* Morcilla hecha con la parte más gruesa del intestino.

mor·da·ci·dad [morðaθiðáð] *s/f* Cualidad de mordaz.

mor·daz [morðáθ] *adj* Se aplica a la persona, y a su pensamiento o palabras, que critica con ironía aguda y mal intencionada.

mor·da·za [morðáθa] *s/f* **1.** Cualquier cosa que se pone en la boca para impedir hablar a alguien; también se usa en sentido FIG. **2.** MEC Pieza que, mediante presión externa, atenaza algo para inmovilizarlo.

mor·de·dor, -ra [morðeðór, -ra] *adj* Que muerde: *Perro mordedor.*

mor·de·du·ra [morðeðúra] *s/f* **1.** Acción de morder. **2.** Herida o señal ocasionada por ella.

mor·der [morðér] *v/tr* Clavar los dientes en algo: *El perro me ha mordido.*
CONJ *Irreg: Muerdo, mordí, morderé, mordido.*

mor·dien·te [morðjénte] *s/m* Sustancia cáustica que se usa para facilitar la fijación de los colores o los panes de oro en las cosas que se van a teñir o dorar.

mor·dis·co [morðísko] *s/m* **1.** Acción de morder. **2.** Herida o señal hecha al morder. **3.** Trozo arrancado al morder: *Un mordisco de pan.*

mor·dis·que·ar [morðiskeár] *v/tr* Morder una cosa repetida y levemente.

mo·re·no, (-a) [moréno, (-a)] **I.** *adj* **1.** Se aplica al color oscuro que tira a negro. **2.** Y a cosas con un color más oscuro que otras de su clase: *Azúcar moreno.* **II.** *adj* y *s/m,f* Se aplica a las personas de raza blanca con la piel o el pelo de color oscuro. RPr **Moreno de:** *Es moreno de cara.*

mo·re·ra [moréra] *s/f* Árbol cuyo fruto es la mora y cuyas hojas sirven de alimento a los gusanos de seda.

mo·re·ría [morería] *s/f* Barrio donde vivían los moros.

mor·fe·ma [morféma] *s/m* GRAM Unidad mínima con una función en el sistema lingüístico: *yo, com-er, libr-ero.*

mor·feo [morféo] *s/m* (Con *may*) Dios del sueño.

mor·fi·na [morfína] *s/f* Sustancia alcaloide extraída del opio, usada en medicina como narcótico y analgésico y por algunos como estupefaciente.

mor·fi·nó·ma·no, -a [morfinómano, -a] *adj* y *s/m,f* Que consume morfina habitualmente.

mor·fo·lo·gía [morfoloxía] *s/f* Tratado de las formas.

mor·fo·ló·gi·co, -a [morfolóxiko, -a] *adj* Relacionado con la morfología.

mor·ga·ná·ti·co, -a [morγanátiko, -a] *adj* **1.** Se aplica al matrimonio entre una persona de estirpe real y otra que no lo es. **2.** Y a la persona vinculada por un matrimonio morganático a otra de estirpe real.

mo·ri·bun·do, -a [moriβúndo, -a] *adj* y *s/m,f* Que está a punto de morir.

mo·ri·ge·ra·do, -a [morixeráðo, -a] *adj* Se aplica a lo que es moderado o de buenas costumbres: *Una vida morigerada.*

mo·ri·ge·rar [morixerár] *v/tr* Moderar los apetitos o las pasiones.

mo·rir [morír] **I.** *v/intr,* REFL(-SE) **1.** Dejar de vivir. **2.** FIG Hiperbólicamente, estar dominado por alguna pasión o agente externo que se expresa: *Morir de amor. Se muere por viajar.* **II.** *v/intr* **1.** FIG LIT Terminarse algo suavemente: *Muere la tarde.* **2.** FIG Terminar o desaparecer el curso o el trazado de una cosa en el lugar que se expresa: *El camino muere varios kilómetros más allá.* RPr **Morir a/de/por:** *Morir a manos del enemigo.* **Morirse de/por.**
CONJ *Irreg: Muero, morí, moriré, muerto.*

mo·ris·co, -a [morísko, -a] *adj* y *s/m,f* Se aplica a los moros que se bautizaron para permanecer en la península después de la reconquista.

mor·món, -na [mormón, -na] *s/m,f* Se dice del que sigue el mormonismo.

mor·mo·nis·mo [mormonísmo] *s/m* Secta protestante que tolera la poligamia; creada en los Estados Unidos de América en el siglo XIX.

mo·ro, -a [móro, -a] *adj* y *s/m,f* **1.** Relativo al norte de África: *Tierra mora.* **2.** *Por ext*, musulmán. **3.** Se aplica a la persona celosa.

mo·ron·dan·ga [morondáŋga] *s/f* COL Montón de cosas inservibles.

mo·ron·do, -a [moróndo, -a] *adj* **1.** Se aplica a lo que está limpio de hojas, pelos, etc. **2.** Que no tiene aditamentos.

mo·ro·si·dad [morosiðáð] *s/f* Cualidad de moroso.

mo·ro·so, -a [moróso, -a] *adj* y *s/m,f* Se aplica a quien se retrasa en pagar o devolver una cosa.

mo·rra·da [morráða] *s/f* Golpe dado con la cabeza.

mo·rral [morrál] *s/m* **1.** Saco con pienso que se cuelga en la cabeza de las caballerías. **2.** Saco que se lleva al hombro o a la espalda.

mo·rra·lla [morráʎa] *s/f* **1.** Pescado menudo de varias especies mezcladas. **2.** Conjunto de personas despreciables. **3.** Conjunto de cosas sin valor.

mo·rre·ar [morreár] *v/tr,* REFL(-SE) VULG Besar(se) en la boca.

mo·rre·na [morréna] *s/f* Montón de piedras y otros materiales arrastrados por un glaciar.

mo·rreo [morréo] *s/m* VULG Acción de morrear(se).

mo·rre·ras [morréras] *s/f, pl* Calentura en los labios.

mo·rri·llo [morríʎo] *s/m* Testuz de las reses.

mo·rri·ña [morríɲa] *s/f* **1.** Melancolía o añoranza. **2.** Hidropesía del ganado lanar.

mo·rrión [morrjón] *s/m* **1.** Gorro de armadura. **2.** Gorro militar antiguo, cilíndrico y con visera.

mo·rro [mórro] *s/m* **1.** Hocico de los animales. **2.** VULG Labios de una persona. **3.** Saliente de cualquier cosa que asemeja un hocico: *El morro de la pistola.* LOC **Estar de morro(s) (con alguien),** COL estar enfadado y mostrarlo en los gestos o la actitud.

mo·rro·co·tu·do, -a [morrokotúðo, -a] *adj* COL Se aplica ponderativamente a las cosas difíciles, grandes, buenas, etc.

mo·rrón [morrón] *adj* Se aplica a una clase de pimientos muy grandes.

mor·sa [mórsa] *s/f* Mamífero sirenio de mayor tamaño que la foca y con dos largos colmillos en la mandíbula superior.

mor·se [mórse] *s/m* Código de señales utilizado en las comunicaciones por telégrafo.

mor·ta·de·la [mortaðéla] *s/f* Embutido grueso con carne de cerdo picada.

mor·ta·ja [mortáxa] *s/f* **1.** Ropa o tela con que se envuelve un cadáver para enterrarlo. **2.** Corte hecho en una pieza de madera para ensamblar otra.

mor·tal [mortál] **I.** *adj (Ser mortal)* **1.** Se aplica a lo que muere: *Vida mortal.* **2.** Y a lo que causa o puede causar la muerte: *Veneno mortal.* **3.** FIG Que se hace pesado por su duración o por ser molesto. **II.** *s/m,f* Persona: *Somos simples mortales.*

mor·ta·li·dad [mortaliðáð] *s/f* **1.** Cualidad de mortal. **2.** Estadística o número de los seres vivos que mueren: *Una gran mortalidad infantil.*

mor·tan·dad [mortan̪dáð] *s/f* Numerosas muertes provocadas por la guerra, una epidemia, etc.

mor·te·ci·no, -a [morteθíno, -a] *adj* **1.** Se aplica al animal que ha muerto de modo natural y a su carne. **2.** FIG Se aplica a lo que no tiene viveza o fuerza: *Luz mortecina. Color mortecino.*

mor·te·ro [mortéro] *s/m* **1.** Cuenco semiesférico para machacar cosas. **2.** Pieza de artillería de gran calibre para lanzar proyectiles a corta distancia.

mor·tí·fe·ro, -a [mortífero, -a] *adj* Se aplica a lo que causa la muerte: *Arma mortífera.*

mor·ti·fi·ca·ción [mortifikaθjón] *s/f* Acción y efecto de mortificar(se).

mor·ti·fi·car [mortifikár] *v/tr,* REFL(-SE) **1.** Privar de vitalidad a alguna parte del cuerpo. **2.** Causar algo o alguien mucha molestia física o espiritual a una persona: *Me mortificaba con su actitud de desprecio.* RPr **Mortificar(se) con.**
ORT La *c* cambia a *qu* ante *e: Mortifique*

mor·tuo·rio, (-a) [mortwórjo, (-a)] **I.** *adj* Relativo a la muerte de alguien: *Esquela mortuoria.* **II.** *s/m* Preparativos del entierro de un muerto.

mo·rue·co [morwéko] *s/m* Carnero destinado a la reproducción.

mo·ru·no, -a [morúno, -a] *adj* Moro.

mo·sai·co, -a [mosáiko, -a] **I.** *adj* Relativo a Moisés. **II.** *s/m* **1.** Superficie hecha con trocitos de piedra, cerámica, vidrio, etc., colocados artísticamente formando figuras. **2.** FIG Cualquier cosa compuesta de partes diversas: *Un mosaico de culturas.*

mo·saís·mo [mosaísmo] *s/m* **1.** Ley de Moisés. **2.** Civilización mosaica.

mos·ca [móska] *s/f* **1.** Insecto díptero de forma triangular, color negro y alas transparentes, de unos 6 mm. de largo, frecuente en verano. **2.** (Con *estar*) COL Situación de disgusto o recelo: *Estar mosca.* LOC **Estar con la mosca en** (o **detrás de**) **la oreja** o **Tener la mosca en** (o **detrás de**) **la oreja**, COL estar receloso o desconfiado por algo. **Por si las moscas,** COL por si acaso.

mos·car·da [moskárða] *s/f* Insecto díptero semejante a una mosca grande, que deposita sus huevos en la carne de los animales muertos.

mos·car·dón [moskarðón] *s/m* **1.** Insecto similar a la mosca, de unos 17 mm, de color pardo oscuro y muy velloso, que deposita sus huevos en el pelo de los animales. **2.** Tábano. **3.** Avispón.

mos·ca·tel [moskatél] **I.** *adj* Se aplica a una clase de uva, muy dulce y aromática, y a la cepa que la produce. **II.** *s/m* Vino hecho con esta uva.

mos·cón, (-na) [moskón, (-na)] **I.** *s/m* Moscardón. **II.** *s/m,f* Persona molesta y pesada.

mos·co·ne·ar [moskoneár] *v/tr* Molestar a alguien insistente y pesadamente.

mos·co·vi·ta [moskoβíta] *adj* y *s/m,f* De Moscú.

mos·quea·do, (-a) [moskeáðo, (-a)] *adj* FIG COL *(Estar mosqueado)* Se aplica a la persona que está recelosa o enfadada por algo.

mos·que·ar [moskeár] *v/tr,* REFL(-SE) FIG COL Enfadar(se) u ofender(se) a alguien (o alguien) por algo que le dicen o hacen.

mos·queo [moskéo] *s/m* Acción y efecto de mosquear(se).

mos·que·te [moskéte] *s/m* Arma antigua de fuego, más larga y de mayor calibre que el fusil.

mos·que·te·ro [mosketéro] *s/m* **1.** Soldado armado de mosquete. **2.** Espectador que estaba de pie en la parte posterior de los antiguos corrales de comedias.

mos·que·tón [mosketón] *s/m* Carabina corta.

mos·qui·te·ro, -a [moskitéro, -a] *s/m,f* Pabellón de tela semitransparente, de gasa o tul, con que se cubre la cama para evitar el paso de los mosquitos.

mos·qui·to, -a [moskíto, -a] *s/m* Insecto díptero de patas largas y finas, alas transparentes y trompa con un aguijón con el que perfora la piel de frutas o animales para chupar el jugo o la sangre.

mos·ta·cho [mostátʃo] *s/m* Bigote.

mos·ta·za [mostáθa] *s/f* **1.** Planta crucífera de semillas en forma de bolitas negras, empleadas como condimento y como emoliente. **2.** Semillas de esta planta. **3.** Salsa hecha con ellas.

mos·to [mósto] *s/m* **1.** Zumo de la uva antes de fermentar. **2.** *Por ext*, vino.

mos·tra·dor [mostraðór] *s/m* Mesa alta y larga en la que se muestran los géneros a los compradores en una tienda, o se sirve la bebida en un bar.

mos·trar [mostrár] *v/tr* **1.** Hacer que una cosa sea vista. Especialmente situar una cosa delante de alguien para que la vea: *Le mostraré nuestros modelos*. **2.** Reflejar alguien cierta actitud o sentimiento de forma voluntaria o no: *Mostró gran simpatía hacia ti*. **3.** Hacer ver el manejo de una cosa o cómo se desarrolla algo.
CONJ *Irreg: Muestro, mostré, mostraré, mostrado.*

mos·tren·co, -a [mostréŋko, -a] **I.** *adj* Se aplica a las cosas sin dueño conocido: *Bienes mostrencos*. **II.** *adj* y *s/m,f* Se aplica a una persona inepta que causa enojo.

mo·ta [móta] *s/f* **1.** Trocito muy pequeño de una materia: *Una mota de polvo*. **2.** Mancha o dibujo pequeño y redondeado: *Una tela de motas verdes y azules*. **3.** En frases negativas, significa 'nada': *No hace ni una mota de viento*.

mo·te [móte] *s/m* Sobrenombre que se da a alguien, generalmente alusivo a alguna de sus cualidades.

mo·te·jar [motexár] *v/tr* Atribuir a una persona un calificativo desaprobatorio. RPr **Motejar de:** *Te motejaban de idiota*.

mo·tel [motél] *s/m* Hotel situado cerca de la carretera para albergar automovilistas de paso; en él las habitaciones son independientes, con la entrada desde el exterior.

mo·te·te [motéte] *s/m* Breve composición musical sobre versículos de la Escritura.

mo·ti·li·dad [motiliðað] *s/f* Facultad de moverse algo por sí mismo.

mo·tín [motín] *s/m* Tumulto provocado por un grupo de gente que se rebela contra alguien o algo: *Hay un motín a bordo*.

mo·ti·va·ción [motiβaθjón] *s/f* **1.** Acción y efecto de motivar. **2.** Motivos que impulsan a hacer algo.

mo·ti·va·dor, -ra [motiβaðór, -ra] *adj* Que motiva.

mo·ti·var [motiβár] *v/tr* Ser el motivo o la causa de una cosa. RPr **Motivar en/con/a:** *Motivar la decisión en/con buenas razones. Le motivó a obrar*.

mo·ti·vo [motíβo] *s/m* **1.** Causa o razón que mueve a actuar de una manera: *El motivo de mi informe es aclarar el asunto*. **2.** MÚS Melodía principal de una composición. **3.** *Por ext*, elemento inspirador de cualquier obra o composición: *Fotografíe todos los motivos que pueda*. LOC **Con motivo de**, a causa de o con ocasión de.

mo·to [móto] *s/f apóc* de *motocicleta*.

mo·to·ca·rro [motokárro] *s/m* Vehículo automóvil de tres ruedas para transportes ligeros.

mo·to·ci·cle·ta [motoθikléta] *s/f* Vehículo automóvil con el motor acoplado a una estructura sobre dos ruedas.

mo·to·ci·clis·mo [motoθiklísmo] *s/m* Deporte de los aficionados a la motocicleta.

mo·to·ci·clis·ta [motoθiklísta] *s/m,f* Quien conduce una motocicleta.

mo·to·náu·ti·ca [motonáutika] *s/f* Navegación con barcos de motor.

mo·to·na·ve [motonáβe] *s/f* Barco con motor.

mo·tor, (-ra) [motór, (-a)] **I.** *adj* Se aplica a lo que mueve: *El elemento motor de su obra*. **II.** *s/m* Aparato que genera el movimiento de una máquina, una fábrica, etc.; no se aplica a las máquinas de vapor. **III.** *s/f* Embarcación pequeña con motor.

mo·to·ris·mo [motorísmo] *s/m* Deporte de los aficionados al automóvil o a la motocicleta.

mo·to·ris·ta [motorísta] *s/m,f* Persona que conduce un automóvil o una motocicleta.

mo·to·ri·zar [motoriθár] *v/tr* Dotar de medios mecánicos de transporte o tracción a un ejército, una industria, etc.
ORT La *z* cambia a *c* ante *e: Motorice*.

mo·tri·ci·dad [motriθiðáð] *s/f* Acción del sistema nervioso central que determina la contracción muscular.

mo·triz [motríθ] *adj, f* de *motor: Fuerza motriz*.

mo·ve·di·zo, -a [moβeðíθo, -a] *adj* Se aplica a lo que se mueve con facilidad.

mo·ver [moβér] **I.** *v/tr*, REFL(-SE) **1.** Cambiar de lugar o de posición una cosa: *La brisa mueve las hojas*. **2.** Hacer girar o funcionar una cosa: *La corriente mueve el molino*. **3.** Realizar gestiones para activar un asunto: *Tienes que moverte si quieres el trabajo*. **II.** *v/tr* **1.** Cambiar de posición las fichas para hacer una jugada; *por ej*, en el ajedrez. **2.** Provocar que alguien haga una cosa o intentarlo: *Fue él quien me movió a hacerlo*. **3.** (Con *a*) Provocar en alguien cierto sentimiento: *Mover a compasión*. **4.** Dar lugar a una cosa violenta o a un alboroto. **5.** Iniciar o hacer que se inicie una cosa contra alguien. **III.** REFL(-SE) **1.** (Con frecuencia en *imper*) Darse prisa o agitarse: *¡Muévete, hombre, que llegamos tarde!* **2.** (En frases negativas de sentido

imper) Se emplea para imponer autoridad o señalar que alguien lo hace: *¡No te muevas de aquí!* RPr **Mover a. Moverse por:** *Se movía por dinero.*
CONJ *Irreg: Muevo, moví, moveré, movido.*

mo·vi·ble [moβíβle] *adj* **1.** Se aplica a lo que puede moverse o ser movido. **2.** Inconstante o voluble.

mo·vi·do, (-a) [moβíðo, (-a)] *adj* **1.** Se aplica a las fotografías borrosas. **2.** Y a personas o cosas activas o agitadas: *Una niña movida.*

mó·vil [móβil] *adj* **I.** Movible. **II.** *adj* y *s/m* Se aplica a sellos y timbres que no están estampados en el papel, sino que están impresos y se pegan en él. **III.** *s/m* FIG Causa moral o material que mueve a hacer algo: *El móvil del asesinato.*

mo·vi·li·dad [moβiliðáð] *s/f* Cualidad de movible.

mo·vi·li·za·ción [moβiliθaθjón] *s/f* Acción y efecto de movilizar.

mo·vi·li·zar [moβiliθár] **I.** *v/tr* **1.** Poner en movimiento un ejército; llamar a filas o ponerlo en pie de guerra. **2.** *Por ext*, activar o preparar para su uso cierto recurso: *Movilizar el capital de la empresa.* **II.** REFL(-SE) Ponerse en movimiento.
ORT La *z* cambia a *c* ante *e*: *Movilice.*

mo·vi·mien·to [moβimjéɲto] *s/m* **1.** Acción de mover(se): *Movimiento sísmico.* **2.** Existencia de mucha gente o circulación en un lugar determinado: *Esta estación tiene mucho movimiento.* **3.** Cambio de las cifras de una estadística o cuenta: *El movimiento de una cuenta corriente.* **4.** Conjunto de rasgos artísticos e ideológicos que caracterizan una época: *Movimiento romántico.* **5.** MÚS Velocidad del compás.

mo·vio·la [moβjóla] *s/f* Aparato, con pantalla, para ver películas a voluntad del que la ve, pudiendo éste pararla, hacerla avanzar o retroceder.

mo·zal·be·te [moθalβéte] *s/m* Muchacho.

mo·zá·ra·be [moθáraβe] *adj* y *s/m,f* Se aplica a los cristianos que vivían entre los moros durante la reconquista, y a lo relacionado con ellos: *Cultura mozárabe.*

mo·zo, (-a) [móθo, (-a)] **I.** *adj* y *s/m,f* Se aplica, sobre todo en los pueblos, a quien es joven y soltero. **II.** *s/m* **1.** Hombre que hace cierto trabajo que no constituye un oficio específico: *Mozo de hotel.* **2.** Joven llamado a filas, desde que es sorteado hasta que es inscrito en la caja de reclutas.

mu·ca·mo, -a [mukámo, -a] *s/m,f* AMÉR Criado o sirviente.

mu·ce·ta [muθéta] *s/f* Prenda de vestir que cubre los hombros y parte superior del pecho y la espalda, usada por prelados, doctores, etc.

mu·ci·la·gi·no·so, -a [muθilaxinóso, -a] *adj* Pegajoso.

mu·ci·la·go o **mu·cí·la·go** [muθiláγo/-θílaγo] *s/m* QUÍM Sustancia orgánica de origen vegetal con propiedades semejantes a las gomas, pero con distinta composición.

mu·co·si·dad [mukosiðáð] *s/f* Sustancia viscosa segregada o no por una mucosa.

mu·co·so, (-a) [mukóso, (-a)] **I.** *adj* Se aplica a lo que segrega moco. **II.** *s/f* Membrana que cubre las cavidades del cuerpo que comunican con el exterior y segrega sustancia mucosa.

mu·cha·cha·da [mutʃatʃáða] *s/f* **1.** Acción propia de muchachos. **2.** Grupo de muchachos.

mu·cha·cho, (-a) [mutʃátʃo, (-a)] **I.** *s/m,f* Adolescente, joven. **II.** *s/f* Mujer que trabaja en una casa para ayudar en las faenas domésticas.

mu·che·dum·bre [mutʃeðúɱbre] *s/f* Gran número de personas o cosas.

mu·cho, -a [mútʃo, -a] **I.** *adj indef* cuantitativo. Gran número o cantidad de una cosa: *Muchos árboles. Mucha gente.* **II.** *adv* Se aplica a *v*, *adj* u otro *adv* con terminación en *m* y expresando cantidad: *Come mucho.* **III.** *s* (o *pron indef*) Se usa en *pl* aludiendo a realidades contables, y entonces expresa número: *Muchos fueron los que se asustaron*; o a realidades no contables, y entonces expresa cantidad: *Mucho puede ser poco.* LOC **Como mucho** (con *v* en *fut*), expresión que limita el número o cantidad de una acción o cosa: *Como mucho serán mil pesetas.* **Con mucho**, con diferencia de los demás de su misma clase: *Es con mucho el mejor del mundo.* **Ni mucho menos**, negación enfática de lo dicho o supuesto por alguien: *—Me tendrás que prestar el coche. —Ni mucho menos, vas andando.* **Por mucho** (+ que + *sub* o *infin*), expresión concesiva con matiz cuantitativo: *Por mucho que insistas, no te lo presto.*

mu·da [múða] *s/f* **1.** Acción de mudar. **2.** Cambio de la piel, las plumas o el pelo de los animales. **3.** Cambio de voz en la adolescencia. **4.** Ropa interior, que se cambia de una vez: *Me llevo tres mudas para el viaje.*

mu·da·ble [muðáβle] *adj* Que cambia con facilidad: *Tiempo mudable.*

mu·da·di·zo, -a [muðaðíθo, -a] *adj* Se aplica a lo que cambia con facilidad.

mu·dan·za [muðánθa] *s/f* **1.** Acción y efecto de mudar(se). **2.** Acción de cambiarse de casa o local: *Estamos de mudanza.*

mu·dar [muðár] **I.** *v/tr* **1.** Cambiar una persona o cosa en cierto aspecto: *Mudar de carácter.* **2.** Cambiar los seres vivos una parte mudable de su organismo: *Mudar la piel.* **II.** *v/tr,* REFL(-SE) **1.** Trasladarse de un lugar a otro: *Mudar(se) de piso.* Cambiar a alguien de sitio: *Le han mudado a otra sección.* **2.** Cambiar de ropa o tocado: *Me mudo varias veces al día.* **3.** Cambiar una cosa en otra: *Mudar(se) la alegría en tristeza.* RPr **Mudar de. Mudarse a/de/en.**
GRAM En **I.1** admite dos construcciones: *Mudar el carácter. Mudar de carácter.*

mu·dé·jar [muðéxar] *adj* y *s/m,f* Relativo a los musulmanes que permanecían en los terrenos conquistados por los cristianos: *Arte mudéjar.*

mu·dez [muðéθ] *s/f* Cualidad o estado de mudo.

mu·do, -a [múðo, -a] **I.** *adj* y *s/m,f (Ser mudo)* Se aplica a quien no puede hablar por un defecto físico. **II.** *adj* **1.** FIG Se dice de las circunstancias en que no se habla, no hay nada escrito o de las cosas que no emiten su sonido habitual: *Escena muda.* **2.** GRAM Se aplica a las letras que no se pronuncian; *por ej*, la 'h' en español.

mue·ble [mwéβle] *s/m* Objeto transportable en una casa; *por ej*, una cama, una silla, un armario, etc.

mue·blis·ta [mweβlísta] *adj* y *s/m,f* Que hace o vende muebles.

mue·ca [mwéka] *s/f* Movimiento violento de los músculos de la cara: *Mueca de dolor/de rabia/de contrariedad.*

mue·la [mwéla] *s/f* **1.** Diente situado detrás de los caninos, generalmente con más volumen que los demás. **2.** Piedra que gira sobre otra para moler el grano, la aceituna, etc., en los molinos. **3.** Piedra de asperón, en forma de disco, que gira para afilar las herramientas.

mue·ra [mwéra] *s/f* Sal común.

mue·lle [mwéʎe] **I.** *adj* Blando o cómodo: *Una vida muelle.* **II.** *s/m* **1.** Objeto, generalmente de metal, en forma de alambre enroscado que se estira y vuelve a recobrar su forma cuando desaparece la presión; *por ej*, los muelles de la cama. **2.** Parte de un puerto donde se hace la carga o descarga de los barcos.

muer·mo [mwérmo] *s/m* Enfermedad de las caballerías, que se transmite al hombre, caracterizada por la ulceración de la mucosa nasal e inflamación de los ganglios cercanos.

muer·te [mwérte] *s/f* **1.** Fin de la vida de un ser vivo. **2.** FIG Personificación de ello en forma de un esqueleto con guadaña. LOC **A muerte,** *1.* Hasta la muerte: *Lucha a muerte.* *2.* A veces tiene sentido hiperbólico, 'implacablemente': *Se odian a muerte.* **A vida o muerte**, se aplica a una decisión muy peligrosa que se toma cuando no hay alternativa posible. **De mala muerte**, se aplica a cosas de poca importancia o poca categoría. **De muerte**, COL muy grande: *Un susto de muerte.*

muer·to, -a [mwérto, -a] **I.** *adj* **1.** *(Estar muerto)* Se aplica a lo que no tiene vida. **2.** FIG Se aplica al yeso o a la cal apagados. **3.** Se aplica a cosas sin actividad en diversas expresiones: *Lengua muerta.* **4.** (Con *de*) Que causa lo que se expresa con gran intensidad: *Muerto de risa.* **II.** *s/m,f* Persona muerta: *Ha habido varios muertos.* LOC **Callarse (alguien) como un muerto,** permanecer muy silencioso. **Cargar (alguien o a alguien) con el muerto,** COL *1.* Acusarle de algo que, posiblemente, no ha hecho: *Querían cargarle a él el muerto.* *2.* Hacer soportar a alguien con algo que los demás no quieren. **Echar (a alguien) el muerto**, 'cargar a alguien con el muerto'. **Hacer el muerto**, flotar en el agua boca arriba. **Medio muerto**, a punto de morir. RRr **Muerto de (I. 4).**

mues·ca [mwéska] *s/f* Pequeño corte o roto en el borde de una cosa, hecho intencionadamente o no.

mues·tra [mwéstra] *s/f* **1.** Parte pequeña que se toma como representativa de una cosa, *por ej*, de una mercancía: *Una muestra de tela.* **2.** Parte extraída de un conjunto con métodos que permiten considerarla como representativa del mismo: *Una muestra de población.* **3.** Cosa ya hecha, que se copia. **4.** Cosa que pone de manifiesto lo que se expresa *(Esto es una muestra de sus intenciones)*, o que manifiesta intencionadamente un sentimiento: *Mis palabras son una muestra de apoyo.* **5.** Acción con la que se enseña algo: *Una muestra de cómo funciona un ordenador.* LOC **Dar muestras de,** reflejar voluntaria o involuntariamente un sentimiento o actitud.

mues·tra·rio [mwestrárjo] *s/m* Conjunto de muestras.

mues·treo [mwestréo] *s/m* Acción de recoger muestras representativas de un conjunto.

mu·fla [múfla] *s/f* Hornillo que se coloca dentro de un horno para concentrar el calor en un punto determinado.

mu·gi·do [muxíðo] *s/m* Sonido que emiten el toro o la vaca.

mu·gir [muxír] *v/intr* Emitir un sonido propio el toro o la vaca.
ORT Ante *o/a* la *g* cambia en *j: Muja.*

mu·gre [múɣre] *s/f* Suciedad grasienta.

mu·grien·to, -a [muɣrjéṇto, -a] *adj* Se aplica a lo que tiene mugre.

mu·grón [muɣrón] *s/m* Tallo de la vid

que se entierra, sin cortarlo, para que dé origen a otra planta.

mu·jer [muxér] *s/f* **1.** Persona de sexo femenino. **2.** Individuo adulto de ese sexo: *Dos mujeres y una niña.* **3.** Mujer casada.

mu·je·rie·go, -a [muxerjéɣo, -a] *adj* y *s/m* Se aplica al hombre excesivamente aficionado a estar con mujeres.

mu·je·ril [muxeríl] *adj* Relativo a las mujeres.

mu·je·río [muxerío] *s/m* Conjunto de mujeres: *El mujerío de la fiesta.*

mu·jer·zue·la [muxerθwéla] *s/f* Prostituta.

mu·la [múla] *s/f* Animal nacido de asno y yegua o caballo y burra.

mu·la·dar [mulaðár] *s/m* Lugar sucio o corrompido moralmente.

mu·la·dí [mulaðí] *adj* y *s/m,f* Se aplica a los cristianos que se hacían musulmanes y vivían entre ellos durante la reconquista.

mu·la·to, -a [muláto, -a] *adj* y *s/m,f* Se aplica al mestizo hijo de blanco y negro.

mu·le·ro [muléro] *s/m* Mozo de mulas.

mu·le·ta [muléta] *s/f* **1.** Bastón en el que se apoyan los cojos o quienes tienen dificultad para andar. **2.** TAUROM Palo que sujeta un trapo rojo con el que se torea.

mu·le·ti·lla [muletíʎa] *s/f* Palabra o frase que se repite innecesariamente al hablar.

mu·lo [múlo] *s/m* **1.** Animal híbrido, hijo de burro y yegua o de caballo y burra; suele ser infecundo. **2.** FIG Como insulto dirigido a alguien, bestia o bruto.

mul·ta [múl̪ta] *s/f* Pena pecuniaria ante una infracción o delito.

mul·tar [mul̪tár] *v/tr* Poner una multa a alguien.

mul·ti- [mul̪ti-] Elemento prefijo de origen latino que significa 'mucho': *Multitud, multiforme*, etc.

mul·ti·co·lor [mul̪tikolór] *adj* Se aplica a cosas de muchos colores.

mul·ti·co·piar [mul̪tikopjár] *v/tr* Hacer copias con una multicopista.

mul·ti·co·pis·ta [mul̪tikopísta] *s/f* Aparato para obtener copias de dibujos o escritos hechos a mano o a máquina en un cliché de papel especial.

mul·ti·for·me [mul̪tifórme] *adj* Con muchas o diversas formas.

mul·ti·la·te·ral [mul̪tilaterál] *adj* Se aplica a lo que tiene diversas partes o aspectos: *Acuerdo multilateral.*

mul·ti·mi·llo·na·rio, -a [mul̪timiʎonárjo, -a] *adj* y *s/m,f* Se aplica a quien posee una fortuna de muchos millones.

mul·ti·na·cio·nal [mul̪tinaθjonál] *s/f* Empresa comercial con delegaciones en varias naciones.

múl·ti·ple [múl̪tiple] *adj* **1.** Se aplica a cosas con varios elementos o que suceden varias veces: *Error múltiple.* **2.** (En *pl*) Varios o muchos.

mul·ti·pli·ca·ble [mul̪tiplikáβle] *adj* Se aplica a lo que se puede multiplicar.

mul·ti·pli·ca·ción [mul̪tiplikaθjón] *s/f* MAT Operación de multiplicar.

mul·ti·pli·ca·dor, -ra [mul̪tiplikaðór, -ra] **I.** *adj* y *s/m,f* Se aplica a lo que multiplica. **II.** *adj* y *s/m* MAT Factor que en una multiplicación indica las veces que el multiplicando ha de tomarse como sumando.

mul·ti·pli·can·do [mul̪tiplikán̪do] *adj* y *s/m* Factor que en una multiplicación ha de tomarse como sumando.

mul·ti·pli·car [mul̪tiplikár] **I.** *v/tr,* REFL(-SE) Aumentar el número o la cantidad de una cosa: *Multiplicar el número de alumnos.* **II.** *v/tr* MAT Realizar la operación de sumar un número tantas veces como indica otro. **III.** *v/intr* **1.** Reproducirse los animales o las plantas. **2.** Desarrollar una persona mucha actividad para atender varias cosas a la vez: *En verano tengo que multiplicarme para atender el negocio.* RPr **Multiplicar por:** *Debes multiplicar por dos.* ORT La *c* cambia a *qu* ante *e: Multiplique.*

mul·ti·pli·ci·dad [mul̪tipliθiðáð] *s/f* Cualidad de ser múltiple.

múl·ti·plo, -a [múl̪tiplo, -a] *adj* y *s/m* MAT Se aplica al número que contiene a otro un número exacto de veces.

mul·ti·tud [mul̪titúð] *s/f* Conjunto numeroso de personas o cosas: *Una multitud de coches.*

mul·ti·tu·di·na·rio, -a [multituðinárjo, -a] *adj* Relativo a la multitud o que la forma.

mu·llir [muʎír] *v/tr* Remover una cosa para esponjarla: *Mullir un cojín.*
CONJ *Irreg: Mullo, mullí/(mulló), mulliré, mullido.*

mun·da·nal [mun̪danál] *adj* LIT Mundano: *Huir del mundanal ruido.*

mun·da·no, -a [mun̪dáno, -a] *adj* **1.** Relativo al mundo. **2.** Relacionado con las reuniones sociales: *Fiesta mundana.*

mun·dial [mun̪djál] *adj* Relativo a todo el mundo: *Día mundial del medio ambiente.*

mun·di·llo [mun̪díʎo] *s/m* Ambiente determinado en que se mueve una persona: *El mundillo periodístico.*

mun·do [múndo] *s/m* **1.** Conjunto de todo lo que existe: *La creación del mundo.* **2.** El planeta Tierra o su representación esférica. **3.** Parte específica de todo lo que existe: *El mundo animal.* **4.** Parte de la sociedad, considerada en un momento determinado de su historia, o con alguna característica definitoria de sus individuos: *El mundo moderno.* **5.** La humanidad: *Así va el mundo.* **6.** Conocimiento de la vida social que da cierta experiencia en saber vivir bien: *Es un hombre de mundo.* **7.** Ambiente determinado en que se mueve una persona: *El mundo de las apuestas.* **8.** FIG Una gran diferencia o distancia entre dos cosas: *Están separados por un mundo de hipocresía.* LOC **Como todo el mundo**, igual que la mayoría de la gente. **Correr mundo**, viajar por muchos países. **De mundo**, se aplica a personas con experiencia en el trato social: *Hombre de mundo.* **Echar/Traer al mundo**, parir. **No ser (nada) del otro mundo**, se aplica a lo que no es excepcional, sino más bien normal o mediocre: *Las clases no son nada del otro mundo.* **Por esos mundos de Dios**, expresión enfática similar a 'por el mundo': *Va por esos mundos de Dios viviendo de la caridad.* **Por nada de (en el) mundo**, negación ponderativa: *No lo haría por nada del mundo.* **Tener mundo**, tener experiencia en la vida social. **Todo el mundo,** *1.* (Con *en* o *de*) Hiperbólicamente, todos los lugares o países. *2.* Hiperbólicamente, toda la gente. **Ver/Recorrer mundo**, correr mundo. **Vivir en otro mundo**, no estar al corriente de lo que ocurre realmente.
El otro mundo, el más allá, lo que hay después de la muerte.

mun·do·lo·gía [mu̩ndoloxía] *s/f* COL IRÓN Conocimiento del mundo y experiencia para tratar con la gente.

mu·ni·ción [muniθjón] *s/f* (Generalmente en *pl*) **1.** Conjunto de todo lo necesario para el mantenimiento de un ejército en la guerra, *por ej*, ropa, comida, armas, etc. **2.** Carga de las armas de fuego, o los mismos proyectiles y bombas.

mu·ni·ci·pal, -la [muniθipál, -la] **I.** *adj* Relativo al municipio: *La guardia municipal.* **II.** *s/m,f* Persona perteneciente a la guardia municipal.

mu·ni·ci·pa·li·zar [muniθipaliθár] *v/tr* Pasar a depender del ayuntamiento una empresa o servicio.
ORT La *z* cambia a *c* ante *e: Municipalice.*

mu·ni·ci·pio [muniθípio] *s/m* **1.** Territorio administrativo que depende de un ayuntamiento. **2.** Organismo administrativo que lo rige.

mu·ni·fi·cen·cia [munifiθénθja] *s/f* Generosidad espléndida.

mu·ñe·co, (-a) [muɲéko, (-a)] **I.** *s/m,f* **1.** Figura en forma de niño o niña para jugar con ella. **2.** Figura humana empleada como maniquí en las tiendas de ropa. **II.** *s/f* **1.** Parte del cuerpo humano en donde se articula la mano con el antebrazo. **2.** Lío de trapos pequeños y redondeado que se envuelve en otro y se agarra por los extremos para untar un líquido o frotar algo. **3.** FIG Se aplica a una mujer linda y delicada. **III.** *s/m* Hombre que se deja manejar por otros.

mu·ñei·ra [muɲéira] *s/f* Cierta danza y música popular gallega.

mu·ñe·que·ra [muɲekéra] *s/f* Trozo de tela fuerte o cuero que se pone en la muñeca de la mano.

mu·ñe·qui·lla [muɲekíʎa] *s/f* Muñeca de trapo para untar un líquido o frotar algo; *por ej*, para barnizar.

mu·ñón [muɲón] *s/m* Parte que queda de un miembro amputado.

mu·ral [murál] **I.** *adj* Relativo al muro: *Decoración mural.* **II.** *s/m* Pintura o dibujo hecho sobre un muro.

mu·ra·lla [muráʎa] *s/f* Muro defensivo que rodea una población o un territorio.

mur·cia·no, -a [murθjáno, -a] *s/m,f* y *adj* De Murcia.

mur·cié·la·go [murθjélaɣo] *s/m* Nombre vulgar de los mamíferos del orden de los quirópteros que vuelan de noche y tienen una membrana extendida entre los dedos de las extremidades, la cual les sirve de alas.

mur·ga [múrɣa] *s/f* Grupo de músicos callejeros. LOC **Dar la murga**, fastidiar o molestar.

mur·mu·llo [murmúʎo] *s/m* Ruido provocado por varias personas, hablando a la vez, por el viento o por una corriente de agua: *El murmullo de las hojas.*

mur·mu·ra·ción [murmuraθjón] *s/f* Acción de murmurar.

mur·mu·rar [murmurár] **I.** *v/tr, intr* **1.** Hablar mal de alguien o algo a sus espaldas y con mala intención. **2.** Hablar muy bajo quejándose de alguien o algo. **II.** *v/intr* Producir un murmullo el viento, el agua, etc. RPr **Murmurar de:** *Murmura de todo el mundo.*

mu·ro [múro] *s/m* **1.** Obra de albañilería hecha en el interior o exterior de una vivienda para limitar un espacio. **2.** FIG Cosa que aísla: *Un muro de silencio.*

mu·rrio, (-a) [múrrjo, (-a)] **I.** *adj* COL *(Estar murrio.)* Sentir murria. **II.** *s/f* COL **1.** Abatimiento o melancolía. **2.** Mal humor.

mus [mús] *s/m* Cierto juego de baraja.

mu·sa [músa] **I.** *s/f* **1.** MIT Divinidad griega que protegía un arte u otra actividad. **2.** FIG Personificación de la inspiración de un artista; especialmente, de un poeta: *La musa de Quevedo.* **II.** *s/f, pl* Actividad artística: *Cultivar las musas.*

mu·sa·ra·ña [musaráɲa] *s/f* Nombre de varias especies de mamíferos insectívoros muy pequeños, parecidos a los ratones. LOC **Pensar en las musarañas,** estar distraído.

mus·cu·lar [muskulár] *adj* Relativo a los músculos.

mus·cu·la·tu·ra [muskulatúra] *s/f* **1.** Conjunto de los músculos del cuerpo. **2.** Fuerza o desarrollo de los músculos.

mús·cu·lo [múskulo] **I.** *s/m* **1.** Parte carnosa del cuerpo humano, formada por fibras, que al contraerse produce los movimientos. **II.** *s/m, pl* Musculatura.

mus·cu·lo·so, -a [muskulóso, -a] *adj* Se aplica al que tiene muy desarrollados los músculos: *Hombre musculoso.*

mu·se·li·na [muselína] *s/f* Cierta tela muy fina y ligera.

mu·seís·ti·co, -a [museístico, -a] *adj* Referido al museo.

mu·seo [muséo] *s/m* Lugar destinado a la exposición y conservación de obras de arte o de interés científico.

mu·seo·gra·fía [museoγrafía] *s/f* Técnica y práctica del funcionamiento de los museos.

mu·seo·lo·gía [museoloxía] *s/f* Ciencia que se ocupa de la historia, técnicas, influencias, etc., de los museos.

mus·go [músγo] **I.** *s/m* Nombre de varias especies de plantas criptógamas briofitas herbáceas que crecen en lugares sombríos y húmedos sobre piedras, troncos, etc. **II.** *s/m, pl* Clase que forman.

mus·go·so, -a [musγóso, -a] *adj* Relativo al musgo.

mú·si·ca [músika] *s/f* **1.** Ordenación armoniosa de sonidos según ciertas leyes. **2.** Arte de componer tales sonidos. **3.** Teoría de ese arte. **4.** Conjunto de objetos en que se escribe o graba música.

mu·si·cal [musikál] *adj* Relacionado con la música: *Velada musical.*

mu·si·ca·li·dad [musikaliðáð] *s/f* Cualidad de musical.

mú·si·co, -a [músiko, -a] **I.** *adj* Relativo a la música. **II.** *s/m,f* Quien ejerce la profesión de la música.

mu·si·co·lo·gía [musikoloxía] *s/f* Estudio de la teoría e historia de la música.

mu·si·có·lo·go, -a [musikóloγo, -a] *s/m,f* Persona entendida en música.

mu·si·tar [musitár] *v/tr, intr* Hablar sin emitir palabras inteligibles.

mus·lo [múslo] *s/m* **1.** Parte superior de la pierna, de la cadera a la rodilla. **2.** Parte semejante de la pierna de los animales: *Muslo de pollo.*

mus·tiar [mustjár] *v/tr* Hacer que se mustie una cosa: *Mustiar una flor.*

mus·tio, -a [mústjo, -a] *adj* **1.** Se aplica a las plantas y flores sin frescura. **2.** Se dice de quien está triste o melancólico.

mu·sul·mán, -na [musulmán, -na] *adj* y *s/m,f* Se aplica a las personas que siguen la religión de Mahoma, y a lo relacionado con ellas: *Religión musulmana.*

mu·ta·ble [mutáβle] *adj* Que puede mutarse.

mu·ta·bi·li·dad [mutaβiliðáð] *s/f* Cualidad de mutable.

mu·ta·ción [mutaθjón] *s/f* Acción y efecto de mutar(se).

mu·tar [mutár] *v/tr,* REFL(-SE) Cambiar una cosa en otra.

mu·ti·la·ción [mutilaθjón] *s/f* Acción y efecto de mutilar.

mu·ti·la·do, (-a) [mutiláðo, (-a)] *adj* y *s/m,f* Que ha sufrido una mutilación: *Mutilado de guerra.*

mu·ti·lar [mutilár] *v/tr* **1.** Quitar un miembro u órgano a un ser vivo. **2.** *Por ext*, quitar a una cosa una parte importante.

mu·tis [mútis] *s/m* Palabra usada en el teatro para que un actor se retire de la escena. LOC **Hacer mutis**, COL callarse. **¡Mutis!**, expresión con la que se quiere hacer callar a alguien.

mu·tis·mo [mutísmo] *s/m* Actitud silenciosa de una persona voluntaria u obligatoriamente: *Su mutismo sorprendió a todos.*

mu·tua [mútwa] *s/f* Mutualidad.

mu·tua·li·dad [mutwaliðáð] *s/f* **1.** Cualidad de mutuo. **2.** Organización de los miembros de un cuerpo o sociedad para ayudas económicas o asistenciales de cualquiera de ellos: *La mutualidad deportiva.*

mu·tua·lis·ta [mutwalísta] *adj* y *s/m,f* Relativo a la mutualidad.

mu·tuo, -a [mútwo, -a] *adj* Se aplica a lo hecho o sentido por dos o más personas recíprocamente: *Amor mutuo.*

muy [múi] *adv* Se aplica, con el significado de 'mucho', delante de *adj, adv* u otras expresiones circunstanciales, para formar el superlativo: *Muy alto. Muy bien.*

n [éne] *s/f* **1.** Decimosexta letra del alfabeto español. **2.** *Sím* químico del nitrógeno (*N*).

na·bo [náβo] *s/m* **1.** Planta crucífera de huerta, con raíz comestible de color blanco o amarillento y forma aproximadamente cónica. **2.** Esa raíz.

ná·car [nákar] *s/m* Sustancia dura, de color blanco con reflejos irisados, que se forma en el interior de ciertas conchas.

na·ca·ra·do, -a [nakaráðo, -a] *adj* **1.** Similar al nácar. **2.** Adornado con nácar.

na·ca·ri·no, -a [nakaríno, -a] *adj* Propio del nácar o parecido a él.

na·cer [naθér] **I.** *v/intr* **1.** Salir del seno materno un ser engendrado en él. **2.** Salir una cosa del interior de algo. **3.** Aparecer una fuente o un río: *Este arroyo nace un poco más arriba.* **4.** Iniciarse una cosa en un lugar determinado: *El arco nace directamente del suelo.* **5.** Surgir o formarse una cosa inmaterial: *La duda nace de la ignorancia.* **6.** Tener algo su origen en lo que se expresa: *El peligro nace de la dificultad de controlarlo.* **II.** REFL(-SE) Salirle tallos a una semilla o tubérculo. LOC **Nacer a,** iniciarse en lo que se expresa: *Nacer a la poesía.* **Nacer para,** tener cualidades innatas para lo que se expresa: *Ha nacido para cantar.* RPr **Nacer a/con/de/en/para:** *Nacer con suerte. Nacer de buena madre. Nacer en buena familia.*
CONJ *Irreg: Nazco, nací, naceré, nacido.*

na·ci·do, -a [naθíðo, -a] *s/m,f* (Generalmente en *pl*) Persona que ha nacido. LOC **Recién nacido, -a,** niño que acaba de nacer o con pocos días.

na·cien·te [naθjénte] **I.** *adj* **1.** Se aplica al que nace. **2.** Se dice especialmente del sol en el momento de salir: *El sol naciente.* **II.** *s/m* Oriente (punto cardinal).

na·ci·mien·to [naθimjénto] *s/m* **1.** Acción de nacer. **2.** Comienzo de una cosa. **3.** Lugar donde brota o surge una cosa: *Un nacimiento de agua.* **4.** Escenificación con muñecos y maquetas del lugar en que nació Jesucristo y de los acontecimientos que sobre ello se narran; se monta durante las Navidades. **5.** Circunstancia de nacer de cierta familia o linaje: *Es de humilde nacimiento.* LOC **De nacimiento,** se aplica a las cualidades físicas o morales con las que se nace: *Ciego de nacimiento.*

na·ción [naθjón] *s/f* **1.** Conjunto de personas con vínculos históricos, lingüísticos o étnicos que habitan un territorio regido por un mismo gobierno. **2.** Este territorio.

na·cio·nal [naθjonál] *adj* Se aplica a lo relacionado con una nación determinada.

na·cio·na·li·dad [naθjonaliðáð] *s/f* Hecho de pertenecer alguien a una determinada nación: *Es de nacionalidad española.*

na·cio·na·lis·mo [naθjonalísmo] *s/m* Movimiento político que defiende la identidad social excluyente de la propia nación y que aspira a la creación de su propio estado o autogobierno.

na·cio·na·lis·ta [naθjonalísta] *s/m,f* Seguidor del nacionalismo.

na·cio·na·li·za·ción [naθjonaliθaθjón] *s/f* Acción y efecto de nacionalizar(se).

na·cio·na·li·zar [naθjonaliθár] **I.** *v/tr* y REFL(-SE) Adoptar la nacionalidad de un país distinto al de nacimiento. **II.** *v/tr* Pasar a la administración del Estado un servicio o empresa particular de interés público: *Nacionalizar el transporte.*
ORT La *z* cambia a *c* ante *e*: *Nacionalice.*

na·cio·nal·so·cia·lis·mo [naθjonalsoθjalísmo] *s/m* Doctrina nacionalsocialista.

na·cio·nal·so·cia·lis·ta [naθjonalsoθjalísta] **I.** *adj* Se aplica a lo relacionado con el partido fundado en Alemania por Hitler y a su doctrina. **II.** *s/m,f* Partidario de ella.

na·cis·mo [naθísmo] *s/m* Nacionalsocialismo.

na·da [náða] **I.** *pron indef* **1.** Negación de una realidad compleja, desconocida o de difícil conceptualización; equivale a 'ninguna cosa' o 'ninguna cantidad'. **2.** En frases interrogativas equivale a 'algo': *¿Tiene eso nada que ver conmigo?* **3.** (Puede llevar un complemento con 'de'+*s*, un *adj*, un *adv* o un *v*) Poca cantidad o tiempo: *No tenía nada de bueno.* **II.** *adv* (Con *adj* y *adv*) Poco: *No está nada mal.* **III.** *s/f* El no ser o la abstracción de la inexistencia de todo ser: *Dios hizo el mundo de la nada.* LOC **De nada,** *1.* De poco valor: *Tiene un trabajo de nada. 2.*

Respuesta a quien da las gracias. **¡Nada de...!, ¡Nada de eso!,** negaciones enérgicas de lo expresado o lo dicho y hecho por el interlocutor: *¡Nada de llegar tarde!* **Nada más,** *1.* Solamente. *2.* Expresión que da por terminada una conversación: *Nada más, puede usted marcharse.*
GRAM Si está pospuesta al verbo, debe preceder otro elemento negativo: *No tengo nada.* Pero: *Nada tengo.*

na·da·dor, -ra [naðaðór, -ra] *adj* y *s/m,f* Que nada.

na·dar [naðár] *v/intr* **1.** Mantenerse o desplazarse una persona en el agua con ciertos movimientos. **2.** Flotar una cosa en un líquido. **3.** (Con *en*) FIG Tener abundancia de lo que se expresa: *Nadar en la miseria/en desgracias.* RPr **Nadar en.**

na·de·ría [naðería] *s/f* Asunto o cosa de poca importancia: *Sólo dice naderías.*

na·die [náðje] *pron indef* (No admite el *pl,* no se combina con *art* ni con otros *pron*) Ninguna persona: *No había nadie.* LOC **No ser nadie** o **Ser un don nadie,** ser una persona de escasos recursos o de poca importancia.
GRAM Pospuesto al verbo, exige la presencia de un elemento negativo delante: *No vino nadie.*

na·dir [naðír] *s/m* ASTRON Punto de la esfera celeste diametralmente opuesto al cenit.

na·do [náðo] Se usa exclusivamente en la *loc adv* **A nado,** nadando.

naf·ta [ná(f)ta] *s/f* QUÍM Líquido incoloro, volátil y muy inflamable, compuesto de hidrocarburos de poco peso molecular, que se obtiene de la destilación del petróleo.

naf·ta·li·na [naftalína] *s/f* QUÍM Hidrocarburo sólido, blanco, que se obtiene de la destilación del alquitrán de hulla.

nai·lon [náilon] *s/m* Cierta fibra textil sintética.

nai·pe [náipe] *s/m* (Generalmente en *pl*) Cada una de las cartulinas rectangulares que forman la baraja.

nal·ga [nálɣa] *s/f* **1.** Cada una de las dos partes carnosas y redondeadas situadas debajo de la espalda y encima de los muslos en el hombre. **2.** Parte superior de los muslos de algunos animales.

na·na [nána] *s/f* **1.** Canto para dormir a los niños. **2.** COL Abuela.

na·nay [nanái] *Expresión* coloquial para reforzar la negación de algo: *¡Dijo que nanay!*

nao [náo] *s/f* LIT Nave.

na·pa [nápa] *s/f* Piel de cabra u oveja curtida.

na·palm [napál(m)] *s/m* Sustancia inflamable empleada en bombas incendiarias.

na·pia [nápja] *s/f* FAM (Con frecuencia en *pl*) Nariz, especialmente cuando es muy grande: *¡Vaya napias que tiene!*

na·po·leó·ni·co, -a [napoleóniko, -a] *adj* Se aplica a lo relacionado con Napoleón: *Guerras napoleónicas.*

na·po·li·ta·no, -a [napolitáno, -a] *adj* y *s/m,f* De Nápoles.

na·ran·ja [naráŋxa] *s/f* V.: 'Naranjo'.

na·ran·ja·da [naraŋxáða] *s/f* Zumo de naranja con agua y azúcar.

na·ran·ja·do, -a [naraŋxáðo, -a] *adj* De color naranja.

na·ran·jal [naraŋxál] *s/m* Lugar plantado de naranjos.

na·ran·je·ro, -a [naraŋxéro, -a] **I.** *adj* Se aplica a lo relacionado con la naranja o el naranjo. **II.** *s/m,f* Cultivador o vendedor de naranjas.

na·ran·jo, (-a) [naráŋxo, (-a)] **I.** *s/f* Fruto del naranjo, de forma redondeada, piel gruesa de color rojo amarillento y pulpa comestible, de sabor agridulce y dividida en gajos. **II.** *adj* y *s/m* Se aplica al color semejante al de la piel de la naranja: *Un vestido naranja.* **III.** *s/m* Árbol rutáceo cuya flor es el azahar y su fruto la naranja. LOC **Encontrar/Ser su (mi, tu,** etc.**) media naranja,** FIG encontrar o ser alguien la persona ideal para compartir su vida. **¡Naranjas!** o **¡Naranjas de la China,** COL expresión de extrañeza o rechazo.
Media naranja, ARG cúpula arquitectónica.

nar·ci·sis·mo [narθisísmo] *s/m* Actitud o cualidad del hombre narciso.

nar·ci·so [narθíso] *s/m* **1.** Hombre presumido que cuida y valora excesivamente su belleza o sus cualidades. **2.** Planta amarilidácea de hojas radicales y flor amarilla o blanca, de corola acampanada.

nar·co·sis [narkósis] *s/f* Estado de adormecimiento general producido por un narcótico.
ORT *Pl: Narcosis.*

nar·có·ti·co, (-a) [narkótiko, (-a)] *adj* y *s/m* Se aplica a la sustancia que adormece o insensibiliza; se emplea, *por ej,* para dormir o calmar el dolor.

nar·co·ti·za·ción [narkotiθaθjón] *s/f* Acción y efecto de narcotizar,

nar·co·ti·zar [narkotiθár] *v/tr* Producir narcotismo.
ORT La *z* cambia a *c* ante *e: Narcotice.*

nar·do [nárðo] *s/m* Planta liliácea de jardín, con flores en espiga y muy aromáticas.

na·ri·gón, -na [nariɣón, -na] **I.** *adj* Narigudo. **II.** *s/m aum* de *nariz.*

na·ri·gu·do, -a [nariɣúðo, -a] *adj* y *s/m,f* COL Se aplica a la persona con narices grandes.

na·riz [naríθ] *s/f* (Frecuentemente en *pl*) Parte saliente de la cara encima de los labios, con dos agujeros que comunican con los órganos de la respiración y el sentido del olfato. LOC **Dar en las narices (a alguien),** COL sorprenderle con un desaire o una acción que hiera su vanidad. **Dar(se) de narices con/contra (algo o alguien),** tropezar de frente con ello: *Se dieron de narices contra el muro.* **Darse de narices en (algo),** tener grandes dificultades en el asunto de que se trata. **Dejar (a alguien) con un/dos palmo(s) de narices,** dejarlo decepcionado o burlado. **De narices,** COL estupendo, fabuloso. **Estar hasta las narices de (algo o alguien),** COL estar cansado o harto de soportarlo. **Hinchar las narices,** levantar las aletas en señal de cólera, nerviosismo, etc. **Hinchársele (a alguien) las narices,** FIG COL enfadarse por algo. **Meter las narices en (algo),** curiosear. **No ver más allá de sus narices,** COL no darse cuenta de las cosas o no profundizar en las apariencias. **Por narices,** *1.* COL A la fuerza, obligatoriamente. *2.* Irremisible o inexcusablemente. **Romper las narices,** golpear en las narices a alguien; *por ext,* golpear en la cara. **Tener (algo) delante de las narices,** tenerlo muy cerca. **Tener narices,** COL tener valor, audacia o autoridad.
ORT *Pl: Narices.*

na·ri·zo·ta [nariθóta] *s/m,f, pl* Se aplica a una persona con la nariz grande o como insulto.

na·rra·ble [narráβle] *adj* Se aplica a lo que se puede narrar.

na·rra·ción [narraθjón] *s/f* **1.** Acción de narrar. **2.** Cosa narrada.

na·rra·dor, -ra [narraðór, -ra] *adj* y *s/m,f* Que narra.

na·rrar [narrár] *v/tr* Exponer de palabra o por escrito una historia o suceso.

na·rra·ti·vo, (-a) [narratíβo, (-a)] **I.** *adj* Se aplica al estilo literario que emplea la narración: *Poema narrativo.* **II.** *s/f* Conjunto de los estilos narrativos de una época: *La narrativa contemporánea.*

na·sa [nása] *s/f* **1.** Cesta cilíndrica para pescar, con una especie de embudo hacia adentro en un extremo y una tapadera en el otro. **2.** Cesta de boca estrecha para echar la pesca.

na·sal [nasál] *adj* Se aplica a lo relacionado con la nariz: *Fosas nasales.*

na·sa·li·za·ción [nasaliθaθjón] *s/f* Acción de nasalizar.

na·sa·li·zar [nasaliθár] *v/tr* FON Hacer nasal un sonido: *Nasalizar las vocales.*
ORT La *z* cambia a *c* ante *e: Nasalice.*

na·so·fa·rín·geo, -a [nasofaríŋxeo, -a] *adj* MED Se aplica a lo relacionado con la nariz y la faringe.

na·ta [náta] *s/f* **1.** Sustancia grasa y cremosa que se extrae de la leche. **2.** FIG Se dice de lo mejor y más selecto de una cosa: *La crema y nata de la sociedad.*

na·ta·ción [nataθjón] *s/f* **1.** Acción de nadar. **2.** Deporte de nadar.

na·tal [natál] *adj* Se aplica a lo relacionado con el nacimiento.

na·ta·li·cio, (-a) [natalíθjo, (-a)] **I.** *adj* Se aplica a lo relacionado con el día del nacimiento: *Fiesta natalicia.* **II.** *s/m* Nacimiento de alguien o conmemoración del aniversario del mismo.

na·ta·li·dad [nataliðáð] *s/f* Número de nacimientos expuestos o hallados estadísticamente.

na·ta·to·rio, -a [natatórjo, -a] *adj* **1.** Relacionado con la natación. **2.** Que sirve para nadar: *Aleta natatoria.*

na·ti·llas [natíʎas] *s/f, pl* Dulce hecho con huevo, leche y azúcar.

na·ti·vi·dad [natiβiðáð] *s/f* Nacimiento de Jesucristo, la Virgen, etc.

na·ti·vo, -a [natíβo, -a] **I.** *adj* Se aplica al lugar en que ha nacido una persona y las cosas relacionadas con él. **II.** *s/m,f* Natural del lugar de que se trata.

na·to, -a [náto, -a] *adj* **1.** De nacimiento. **2.** Se aplica a los títulos o cargos que van anejos a un empleo y que corresponden, por tanto, a la persona que lo tiene: *Secretario nato.*

na·tu·ral [naturál] **I.** *adj* **1.** Se aplica a lo relacionado con la naturaleza o producido por ella, sin intervención humana: *Luz natural.* **2.** Que sólo es explicable por las leyes de la naturaleza y no por leyes sobrenaturales: *Fenómeno natural.* **3.** Se aplica a cosas sin elaborar o transformar: *Café natural.* **4.** Referido a la fruta, no en conserva: *Zumo natural.* **5.** Referido a la temperatura de los alimentos, que estén a la temperatura del ambiente: *Una cerveza natural.* **6.** Se aplica a la persona de comportamiento no afectado u orgulloso. **7.** Nacido en el lugar que se indica: *Natural de Almería.* **8.** Se aplica a lo que es explicable o normal que ocurra: *Es natural que quiera volver a su ciudad.* **9.** (Con *en*) Se aplica a lo que es propio de algo por su naturaleza: *La espontaneidad es natural en ella.* **10.** Que es espontáneo o irreflexivo. **II.** *s/m* Forma de ser de una persona: *Tiene un natural bondadoso.* LOC **Al natural,** *1.* Sin transformar o elaborar. *2.* Se aplica a la fruta en conserva, con poco almíbar o en su jugo. **¡Es natural!**, exclamación de asentimiento o conformidad. RPr **Natural de/en:** *Natural de Málaga.*

na·tu·ra·le·za [naturaléθa] *s/f* **1.** Conjunto de elementos que forman el universo. **2.** Lugar con vegetación y animales, no civilizado o urbanizado. **3.** Cualidades esenciales de un ser: *La naturaleza maligna del diablo.* **4.** Manera esencial de ser una cosa. **5.** Ciudadanía concedida a un extranjero. **6.** Hecho de ser una persona natural de un lugar: *Era ruso de naturaleza.* LOC **Por naturaleza,** por ser propio en esencia de lo que se trata.

na·tu·ra·li·dad [naturaliðáð] *s/f* Cualidad de natural, sin una actitud cohibida, artificiosa o forzada.

na·tu·ra·lis·mo [naturalísmo] *s/m* Actitud que tiende a ver o reflejar la realidad tal cual es.

na·tu·ra·lis·ta [naturalísta] **I.** *adj* Se aplica a lo relacionado con el naturalismo. **II.** *s/m,f* Persona que estudia o conoce las ciencias naturales.

na·tu·ra·li·za·ción [naturaliθaθjón] *s/f* Acción y efecto de naturalizarse.

na·tu·ra·li·zar [naturaliθár] *v/tr,* REFL (-SE) **1.** Dar a una persona la ciudadanía de un país que no es el suyo o adoptarla él mismo. **2.** Implantar en un lugar especies animales o vegetales.
ORT La *z* cambia a *c* ante *e: Naturalice.*

na·tu·ris·mo [naturísmo] *s/m* Tendencia que sigue usos y costumbres de acuerdo con las leyes de la naturaleza para conservar o mejorar la salud.

na·tu·ris·ta [naturísta] *s/m,f* **1.** Persona que sigue el naturismo: *Médico naturista.* **2.** *Por ext,* desnudista.

nau·fra·gar [naufraγár] *v/intr* **1.** Hundirse un barco por accidente. **2.** FIG Fracasar un asunto.
ORT La *g* cambia a *gu* ante *e: Naufrague.*

nau·fra·gio [naufráxjo] *s/m* **1.** Acción de naufragar. **2.** Accidente en el que se hunde un barco.

náu·fra·go, -a [náufraγo, -a] *adj* y *s/m,f* Se aplica a la persona que ha naufragado.

náu·sea [náusea] *s/f* **1.** (Con frecuencia en *pl*) *(Dar, sentir, tener,* etc.*)* Malestar físico con ganas de vomitar. **2.** FIG Sensación de asco ante algo.

nau·sea·bun·do, -a [nauseaβúndo, -a] *adj* Que provoca náuseas.

náu·ti·co, (-a) [náutiko, (-a)] **I.** *adj* Relacionado con la navegación o la náutica. **II.** *s/f* Ciencia o arte de navegar.

na·va·ja [naβáxa] *s/f* Instrumento cortante similar al cuchillo, cuya hoja, generalmente puntiaguda, puede doblarse y quedar guardada entre las dos cachas.

na·va·ja·zo [naβaxáθo] *s/m* Golpe o herida de navaja: *Murió de un navajazo.*

na·va·je·ro [naβaxéro] *s/m* Delincuente que intimida o agrede a sus víctimas con una navaja.

na·val [naβál] *adj* Se aplica a lo relacionado con las naves o la navegación.

na·va·rro, -a [naβárro, -a] *adj* y *s/m,f* De Navarra.

na·ve [náβe] *s/f* **1.** Barco grande, de vela o de motor. **2.** Especialmente, barco con cubierta y velas. **3.** Aparato que se envía fuera de la atmósfera terrestre para explorar el espacio. **4.** Cada una de las partes en que se divide longitudinalmente con muros o columnas una iglesia u otra construcción. **5.** Lugar espacioso destinado a almacén o que alberga una industria: *Naves industriales.*

na·ve·ga·ble [naβeγáβle] *adj* Se aplica a las aguas donde se puede navegar.

na·ve·ga·ción [naβeγaθjón] *s/f* **1.** Acción de navegar. **2.** Náutica.
Navegación aérea, la que se realiza con un medio de transporte aéreo.

na·ve·gan·te [naβeγánte] *adj* y *s/m,f* Persona que navega.

na·ve·gar [naβeγár] *v/intr* **1.** Viajar un barco o en barco. **2.** Viajar en un medio de transporte aéreo. RPr **Navegar a/en/hacia/por:** *Navegar al Polo/en barco/por el mar Mediterráneo.*
ORT La *g* cambia a *gu* ante *e: Navegue.*

na·vi·dad [naβiðáð] *s/f* **1.** Nacimiento de Jesucristo. **2.** Fiesta en la que se conmemora, el día 25 de diciembre. **3.** (Con frecuencia en *pl*) Espacio de tiempo entre ese día y el de los Reyes Magos.

na·vi·de·ño, -a [naβiðéɲo, -a] *adj* Se aplica a lo relacionado con la Navidad.

na·vie·ro, (-a) [naβjéro, (-a)] **I.** *adj* Se aplica a lo relacionado con las naves o la navegación: *Empresa naviera.* **II.** *s/m* **1.** Propietario de un barco que navega en alta mar. **2.** El que avitualla un barco, sea o no de su propiedad. **III.** *s/f* Compañía que flota y/o posee barcos.

na·vío [naβío] *s/m* Barco grande, con más de una cubierta.

na·za·re·no, (-a) [naθaréno, (-a)] **I.** *adj* y *s/m,f* **1.** De Nazaret. **2.** Imagen de Jesucristo, generalmente, con una túnica morada. **II.** *s/m* Hombre vestido con túnica y capirucho, que desfila en las procesiones de Semana Santa.

na·zi [náθi] *s/m,f* Nacionalsocialista alemán.

na·zis·mo [naθísmo] *s/m* El nacionalsocialismo alemán.

ne·bli·na [neβlína] *s/f* Niebla poco densa.

ne·bu·lo·sa [neβulósa] *s/f* ASTRON Masa de materia cósmica luminosa y difusa, semejante a una nube.

ne·bu·lo·si·dad [neβulosiðáð] *s/f* Cualidad de nebuloso.

ne·bu·lo·so, -a [neβulóso, -a] *adj* **1.** Se aplica a lo que tiene niebla o nubes. **2.** FIG Oscuro o turbio: *Ideas nebulosas.*

ne·ce·dad [neθeðáð] *s/f* **1.** Cualidad de necio. **2.** Dicho o hecho del necio.

ne·ce·sa·rio, -a [neθesárjo, -a] *adj (Ser necesario)* Se aplica a lo que es indispensable para la existencia o funcionamiento de una cosa. RPr **Necesario a/para:** *Necesario a la salud.*

ne·ce·ser [neθesér] *s/m* GAL Estuche con los objetos necesarios para el aseo, u otros útiles prácticos.

ne·ce·si·dad [neθesiðáð] *s/f* **1.** Cualidad de necesario: *Necesidad espiritual.* **2.** Circunstancia de ser indispensable una cosa. **3.** *(Hacer, evacuar) pl* Excrementos: *Hizo sus necesidades en la calle.* LOC **De primera necesidad,** se aplica a las cosas imprescindibles. **Por necesidad,** *1.* Necesaria u obligatoriamente. *2.* Por falta de recursos para vivir u obligado por las circunstancias.

ne·ce·si·ta·do, (-a) [neθesitáðo, (-a)] *adj* y *s/m,f* **1.** *(Estar necesitado de)* No tener lo que se expresa: *Está necesitado de una buena limpieza.* **2.** No tener para vivir. RPr **Necesitado de.**

ne·ce·si·tar [neθesitár] *v/tr* Tener necesidad de alguien o algo. RPr **Necesitar de:** *Necesito de ti.*

ne·cio, -a [néθjo, -a] *adj (Ser necio)* Tonto o estúpido.

ne·cró·fa·go, -a [nekrófaγo, -a] *adj* y *s/m,f* Se aplica a los animales que se alimentan de cadáveres.

ne·cro·fi·lia [nekrofílja] *adj* **1.** Afición por la muerte o lo relacionado con ella. **2.** Práctica de copular con los cadáveres para obtener el placer sexual.

ne·cró·fi·lo, -a [nekrófilo, -a] *adj* Relativo a la necrofilia.

ne·cro·lo·gía [nekroloxía] *s/f* **1.** Biografía de una persona que acaba de morir. **2.** Nota informativa periodística sobre las muertes ocurridas.

ne·cro·ló·gi·co, -a [nekrolóxiko, -a] *adj* Relacionado con la necrología.

ne·cro·man·cia o **ne·cro·man·cía** nekrománθja/-manθía] *s/f* Nigromancia.

ne·cró·po·lis [nekrópolis] *s/f* ARQUEOL Cementerio.

ne·cro·sis [nekrósis] *s/f* MED Destrucción celular en un tejido orgánico.
ORT *Pl: Necrosis.*

néc·tar [néktar] *s/f* **1.** Sustancia azucarada de ciertas flores. **2.** FIG Licor suave y delicioso.

nec·ta·ri·no, (-a) [nektaríno, (-a)] **I.** *adj* Se aplica a lo que contiene néctar o sabe a él. **II.** *s/f* Fruta que es resultado del injerto del melocotonero y el ciruelo.

neer·lan·dés, -sa [neerlandés, -sa] *adj* y *s/m,f* Holandés.

ne·fan·do, -a [nefándo, -a] *adj* Que es tan torpe que causa repugnancia mencionarlo.

ne·fa·rio, -a [nefárjo, -a] *s/m,f* Se aplica a personas malvadas o depravadas.

ne·fas·to, -a [nefásto, -a] *adj* Funesto, triste o que anuncia una desgracia.

ne·frí·ti·co, -a [nefrítiko, -a] *adj* Se aplica a lo relacionado con los riñones.

ne·fri·tis [nefrítis] *s/f* Inflamación de los riñones.
ORT *Pl: Nefritis.*

ne·fro·lo·gía [nefroloxía] *s/f* MED Parte de la medicina que estudia el riñón.

ne·fro·ló·gi·co, -a [nefrolóxiko, -a] *adj* Relativo a la nefrología.

ne·fró·lo·go, -a [nefróloγo, -a] *s/m,f* Especialista en riñón.

ne·ga·ción [neγaθjón] *s/f* **1.** Acción y efecto de negar. **2.** GRAM Voz con que se niega.

ne·ga·do, -a [neγáðo, -a] *adj* y *s/m,f (Ser negado)* Se aplica a la persona inepta o torpe. RPr **Negado de/para:** *Es un negado de los trabajos manuales/para la mecánica.*

ne·gar [neγár] **I.** *v/tr* **1.** Declarar la no existencia de una realidad o suceso. **2.** Contestar negativamente a una pregunta o petición. **3.** Ignorar el saludo de alguien: *Le negó los buenos días.* **4.** No reconocer el parentesco o relación que se tiene con alguien: *Negó a su hijo.* **II.** REFL(-SE) Decir que no a algo: *Se negó a contestar.* RPr **Negar(se) a.**
CONJ *Irreg: Niego, negué, negaré, negado.*

ne·ga·ti·va [neγatíβa] *s/f* Respuesta negativa o rechazo de lo que se pide.

ne·ga·ti·vo, (-a) [neγatíβo, (-a)] **I.** *adj* **1.** Se aplica a lo que niega. **2.** Que es desfavorable o no constructivo: *Actitud negativa.* **3.** MAT Se aplica a la expresión con el signo menos (−). **4.** FOT Se dice de la fotografía que reproduce la luz del original, pero invertida con respecto a la realidad reproducida: *Prueba negativa.* **II.** *s/m* FOT Película revelada sin pasar al papel.

ne·gli·gé [neɣliʒé/neɣliJé] *adj* GAL Vestido cómodo para estar o andar alguien por casa, sin arreglarse.

ne·gli·gen·cia [neɣlixén̪θja] *s/f* Acción o actitud descuidada.

ne·gli·gen·te [neɣlixén̪te] *adj* Se aplica al que actúa con negligencia. RPr **Negligente en/para:** *Es negligente en/para sus asuntos.*

ne·go·cia·ble [neɣoθjáβle] *adj* Se aplica a lo que puede ser negociado.

ne·go·cia·ción [neɣoθjaθjón] *s/f* Acción de dialogar para solucionar un problema o asunto.

ne·go·cia·do [neɣoθjáðo] *s/m* Dependencia de ciertas oficinas.

ne·go·cia·dor, -ra [neɣoθjaðór, -ra] *adj* y *s/m,f* Que negocia.

ne·go·cian·te [neɣoθján̪te] *adj* y *s/m,f* **1.** Se aplica a la persona que hace negocios. **2.** Que intenta sacar excesivo provecho económico de una actividad. RPr **Negociante en:** *Es negociante en vinos.*

ne·go·ciar [neɣoθjár] **I.** *v/intr* Realizar una actividad comercial para obtener un beneficio: *Negocia con ganado.* **II.** *v/tr* **1.** Dialogar para resolver un problema o un asunto. **2.** Realizar operaciones con valores bancarios: *Negociar una letra.* RPr **Negociar en/con:** *Negociar en granos.*

ne·go·cio [neɣóθjo] *s/m* **1.** Actividad comercial para conseguir beneficios. **2.** (A veces IRÓN) Cualquier cosa que se considera ventajosa: *Hizo negocio con la venta de la casa.* **3.** Local donde se realizan operaciones para negociar: *Tiene su negocio en Madrid.*

ne·gre·ar [neɣreár] *v/intr* Tomar una cosa el color oscuro o negro.

ne·gre·cer [neɣreθér] *v/intr*, REFL (-SE) Ennegrecer(se).
CONJ *Irreg: Negrezco, negrecí, negreceré, negrecido.*

ne·gre·ro, -a [neɣréro, -a] *adj* Se aplica a lo relacionado con el comercio de esclavos negros: *Barco negrero.*

ne·gri·lla o **ne·gri·ta** [neɣrí{ʎ/t}a] *s/f* IMPR Letra de rasgos más gruesos que la normal o redonda.

ne·gri·tud [neɣritúð] *s/f* Negrura.

ne·gro, (-a) [néɣro, (-a)] **I.** *adj* **1.** Se aplica a lo que no tiene luz y al color que le corresponde: *Vestido negro.* **2.** Que es más oscuro que otras cosas de su misma especie: *Cerveza negra.* **3.** FIG Se aplica al estado anímico o situación personal triste o poco favorecida: *Tengo un día negro.* **II.** *s/m* **1.** Color negro. **2.** FIG Persona que realiza un trabajo intelectual anónimo para lucimiento de otro. **III.** *adj* y *s/m,f* Se aplica a las personas de piel oscura o negra y a las cosas relacionadas con ellos. **IV.** *adj* y *s/m* MÚS Nota musical que dura la mitad de una blanca. LOC **Poner negro (a alguien),** COL enfadarle mucho. **Tener la negra,** COL tener mala suerte. **Verse negro para (hacer algo),** COL encontrar en ello muchas dificultades: *Me vi negro para abrir la puerta.* **Trabajar como un negro,** trabajar mucho.

ne·groi·de [neɣróiðe] *adj* y *s/m,f* Con rasgos distintivos de la raza negra.

ne·gror [neɣrór] *s/m* Negrura.

ne·gru·ra [neɣrúra] *s/f* Cualidad de negro: *La negrura de la piel.*

ne·gruz·co, -a [neɣrúθko, -a] *adj* Se aplica a lo que está oscuro sin llegar a ser totalmente negro.

ne·mo·ro·so, -a [nemoróso, -a] *adj* LIT Se aplica a lo relacionado con el bosque.

ne·mo·tec·nia [nemotéknja] *s/f* Mnemotecnia (arte de la memoria).

ne·mo·téc·ni·co, -a [nemotékniko, -a] *adj* Mnemotécnico.

ne·ne, -a [néne, -a] *s/m,f* COL Niño.

ne·nú·far [nenúfar] *s/m* Planta ninfácea acuática de grandes hojas redondas y flores blancas flotantes.

neo- [neo-] *pref* de origen griego que significa 'nuevo': *Neocolonialismo.*

neo·ce·lan·dés, -sa [neoθelan̪dés, -sa] *adj* y *s/m,f* De Nueva Zelanda.

neo·cla·si·cis·mo [neoklasiθísmo] *s/m* Movimiento artístico y literario de la segunda mitad del XVIII que sigue los modelos clásicos griegos y romanos.

neo·clá·si·co, -a [neoklásiko, -a] **I.** *adj* Se aplica a lo relacionado con el neoclasicismo. **II.** *s/m,f* Seguidor de este movimiento.

neo·co·lo·nia·lis·mo [neokolonjalísmo] *s/m* Nuevo sistema de dominio económico de los países subdesarrollados.

neó·fi·to, -a [neófito, -a] *s/m,f* Persona recién incorporada a una comunidad, un partido o una ideología.

neo·la·ti·no, -a [neolatíno, -a] *adj* Se aplica a lo que tiene origen latino, especialmente, las lenguas.

neo·lí·ti·co, -a [neolítiko, -a] *adj* y *s/m* Etapa histórica de la Edad de Piedra que sucede al Paleolítico.

neo·lo·gis·mo [neoloxísmo] *s/m* Palabra, giro o acepción recién introducida en una lengua.

ne·ón [neón] *s/m* Gas noble, inodoro e incoloro, que se encuentra en poca cantidad en la atmósfera; su *núm* atómico es *10, símb: Ne.*

neo·rrea·lis·mo [neorrealísmo] *s/m* Movimiento cinematográfico italiano, extendido a otros campos artísticos, que presenta la realidad cotidiana sin artificios.

neo·yor·qui·no, -a [neoJorkíno, -a] *adj* y *s/m,f* De Nueva York.

ne·po·tis·mo [nepotísmo] *s/f* Concesión de cargos públicos por parentesco o favoritismo y no por méritos.

ner·va·du·ra [nerβaðúra] *s/f* Conjunto de nervios; *por ej,* de una bóveda, una hoja o el ala de un insecto.

ner·vio [nérβjo] *s/m* **1.** Fibra del organismo que parte del cerebro, de la médula o de otros centros y transmite sensaciones o impulsos motores. **2.** Fibra que forma una red visible en la hoja de una planta o en el ala de un insecto. **3.** Cada uno de los cordones que forman el lomo de un libro encuadernado. **4.** Tendón de fibra de la carne comestible. **5.** FIG *(Tener nervio)* Energía física o moral para hacer algo: *Es una persona con mucho nervio.* **6.** FIG Elemento que sustenta una cosa: *El nervio de nuestra industria.* **7.** ARQ Moldura que forma los arcos en el interior de una bóveda. LOC **Alterar los nervios (a alguien),** *1.* Ponerle nervioso. *2.* Enfadarle.

ner·vio·si·dad [nerβjosiðáð] *s/f* Estado nervioso.

ner·vio·sis·mo [nerβjosísmo] *s/m* Situación de quien está afectado por una excitación nerviosa.

ner·vio·so, -a [nerβjóso, -a] *adj* **1.** Relacionado con los nevios. **2.** *(Ser nervioso)* Se dice de la persona cuyo temperamento está muy afectado o es dependiente del sistema nervioso. **3.** *(Estar nervioso)* Encontrarse transitoriamente excitado o irritado.

ner·vu·do, -a [nerβúðo, -a] *adj* Se aplica a la persona con los tendones, las venas y las arterias muy señaladas.

ne·to, -a [néto, -a] *adj* **1.** Claramente dibujado o percibido: *Un perfil neto.* **2.** Se aplica a los precios o cantidades sin recargos o añadidos.

neu·má·ti·co, (-a) [neumátiko, -a] **I.** *adj* Se aplica a ciertos instrumentos que funcionan con aire: *Bomba neumática.* **II.** *s/m* Pieza o tubo de goma con aire a presión que envuelve las ruedas de los vehículos.

neu·mo·nía [neumonía] *s/f* Pulmonía.

neu·mó·ni·co, -a [neumóniko, -a] **I.** *adj* Se aplica a lo relacionado con el pulmón. **II.** *adj* y *s/m,f* Persona que padece neumonía.

neu·mo·ni·tis [neumonítis] *s/f* Pulmonía.

neu·mo·tó·rax [neumotóra(k)s] *s/m* MED Enfermedad que resulta de la introducción de aire de los pulmones en la cavidad pleural.

neu·ral·gia [neurálxja] *s/f* Dolor continuo en un nervio.

neu·rál·gi·co, -a [neurálxiko, -a] *adj* Se aplica a lo relacionado con la neuralgia o con los nervios.

neu·ras·te·nia [neurasténja] *s/f* PSIQ **1.** Enfermedad nerviosa que se manifiesta en un escaso rendimiento de las facultades mentales. **2.** Estado depresivo con tendencia a la tristeza.

neu·ras·té·ni·co, -a [neurasténiko, -a] *adj* Relacionado con la neurastenia.

neu·ri·tis [neurítis] *s/f* Inflamación de un nervio.

neu·ro·ci·ru·gía [neuroθiruxía] *s/f* Cirugía del sistema nervioso.

neu·ro·ci·ru·ja·no, -a [neuroθiruxáno, -a] *s/m,f* Médico especialista en operaciones del cerebro y del sistema nervioso.

neu·ro·lo·gía [neuroloxía] *s/f* Estudio del sistema nervioso.

neu·ró·lo·go, -a [neuróloγo, -a] *s/m,f* Médico especialista en neurología.

neu·ro·na [neuróna] *s/f* Célula nerviosa con diversas conexiones y ramificaciones.

neu·ro·sis [neurósis] *s/f* Nombre de ciertas enfermedades nerviosas en las que no existe lesión aparente.
ORT *Pl: Neurosis.*

neu·ró·ti·co, -a [neurótiko, -a] *adj* y *s/m,f* Relacionado con la neurosis.

neu·tral [neutrál] *adj* y *s/m,f* Que en un conflicto no se inclina por ninguna de las partes.

neu·tra·li·dad [neutraliðáð] *s/f* Comportamiento neutral.

neu·tra·lis·mo [neutralísmo] *s/m* Tendencia a la neutralidad.

neu·tra·li·za·ción [neutraliθaθjón] *s/f* Acción de neutralizar.

neu·tra·li·zar [neutraliθár] *v/tr,* REFL (SE) Contrarrestar una influencia o el efecto de una causa con elementos opuestos.
ORT La *z* cambia en *c* ante *e: Neutralice.*

neu·tro, -a [néutro, -a] *adj* **1.** Se aplica a las cosas de características indefinidas. **2.** Se dice de los colores que no se incluyen en el espectro; *por ej,* el gris o el ocre. **3.** Referido a personas, que no opinan o se definen ideológicamente. **4.** QUÍM Se aplica a la sustancia que no es ácida ni básica. **5.**

ZOOL Aplicado a los animales sin sexo, *por ej*, la hormiga obrera. **6.** GRAM Se aplica al género que no es masculino ni femenino.

neu·tri·no [neutríno] *s/m* FÍS Partícula de electricidad neutra y de masa casi insignificante.

neu·trón [neutrón] *s/m* FÍS Elemento del núcleo del átomo desprovisto de carga eléctrica y masa similar a la del núcleo de hidrógeno.

ne·va·da [neβáða] *s/f* **1.** Acción y efecto de nevar. **2.** Nieve caída en una nevada.

ne·va·do, -a [neβáðo, -a] *adj* Cubierto de nieve.

ne·var [neβár] *v/intr* Caer nieve.
CONJ *Irreg* (Sólo usado en *3.ª pers*): *Nieva, nevó, nevará, nevado.*

ne·ve·ra [neβéra] *s/f* **1.** Mueble con hielo para guardar comida. **2.** Lugar donde se guardaba la nieve que se recogía.

ne·ve·ro [neβéro] *s/m* Lugar montañoso donde hay nieve todo el año.

ne·vis·ca [neβíska] *s/f* Nevada poco intensa.

ne·vis·car [neβiskár] *v/intr* Nevar ligeramente.
ORT La *c* cambia a *qu* ante *e: Nevisque.*

ne·xo [né(k)so] *s/m* Cualquier elemento que sirve para unir.

ni [ní] *conj copulativa.* **1.** Enlaza términos negativos de la misma categoría gramatical: *Ni barre ni friega.* **2.** Aparece en frases como refuerzo de la negación con el significado de 'ni siquiera': *No quiero ni verlo.* **3.** Y en frases exclamativas negativas reforzadas: *¡Ni lo pienses!* **4.** (Con *may*) Símbolo químico del níquel.

ni·ca·ra·güen·se [nikaragwénse] *adj* y *s/m,f* De Nicaragua.

ni·ca·ra·güe·ño, -a [nikaragwéɲo, -a] *adj* y *s/m,f* Nicaragüense.

ni·co·ti·na [nikotína] *s/f* Alcaloide venenoso del tabaco.

ni·cho [nítʃo] *s/m* **1.** Agujero en un muro para colocar algo, *por ej,* una imagen. **2.** Cada una de las cavidades superpuestas en un cementerio para colocar los cadáveres.

ni·da·da [niðáða] *s/f* Conjunto de los huevos o las crías en el nido.

ni·dal [niðál] *s/m* Lugar en el que las aves domésticas suelen poner los huevos.

ni·di·fi·car [niðifikár] *v/intr* Hacer nidos las aves.
ORT La *c* cambia a *qu* ante *e: Nidifique.*

ni·do [níðo] *s/m* **1.** Construcción a modo de lecho llevada a cabo por animales, especialmente las aves, para poner los huevos. **2.** Nidada. **3.** Nidal. **4.** FIG Nombre cariñoso del hogar: *Un nido de amor.* **5.** FIG (A veces jocosamente) Lugar donde se reúne gente, en especial si son maleantes: *Nido de ladrones.* **6.** Lugar donde se esconden cosas: *Nido de ametralladoras.* **7.** FIG Hecho o cosa que provoca disputas o problemas: *Nido de discordias.*

nie·bla [njéβla] *s/f* **1.** Nube que está en contacto con la tierra. **2.** FIG Confusión u oscuridad en un asunto.

nie·to, -a [njéto, -a] *s/m,f* Respecto de una persona, hijo(a) de su hijo(a).

nie·ve [njéβe] *s/f* **1.** Agua helada que desciende de la atmósfera en forma de copos blancos formados por cristales microscópicos. **2.** FIG LIT Blancura de una cosa. **3.** (Generalmente en *pl*) Nevada.

ni·gro·man·cia o **ni·gro·man·cía** [niγrománθja/-manθía] *s/f* Supuesto arte de adivinar el futuro evocando a los muertos (magia negra).

ni·gro·man·te [niγromán̪te] *s/m* Hombre que practica la nigromancia.

ni·gro·mán·ti·co, -a [niγromán̪tiko, -a] *adj* Se aplica a lo relacionado con la nigromancia.

ni·hi·lis·mo [niilísmo] *s/m* Negación de todo principio o creencia religiosa, política, etc.

ni·hi·lis·ta [niilísta] *adj* Relacionado con el nihilismo o su seguidor.

nim·bo [nímbo] *s/m* **1.** Círculo luminoso que rodea la cabeza de las imágenes sagradas. **2.** METEOR Nube de aspecto uniforme formada por la agrupación de cúmulos.

ni·mie·dad [nimjeðáð] *s/f* **1.** Cualidad de nimio. **2.** Cosa de poca importancia.

ni·mio, -a [nímjo, -a] *adj (Ser nimio)* **1.** Se aplica a cosas sin importancia. **2.** Se dice de personas excesivamente minuciosas. RPr **Nimio en:** *Nimio en los detalles.*

nin·fa [níɱfa] *s/f* **1.** MIT Cada una de las divinidades menores que habitan los ríos, los bosques, las fuentes, etc., con forma de mujer hermosa. **2.** FIG Mujer hermosa. **3.** ZOOL Insecto que ha dejado de ser larva y prepara su última metamorfosis.

nin·fó·ma·na [niɱfómana] *s/f* Mujer que tiene ninfomanía.

nin·fo·ma·nía [niɱfomanía] *s/f* Deseo sexual en la mujer, considerado excesivo.

nin·gún [niŋgún] *Apóc* de *ninguno* delante de *s/m: Ningún niño.*

nin·gu·no, -a [niŋgúno, -a] *adj* y *pron indef* **1.** Expresa la inexistencia o eliminación de uno o varios de los componentes de un conjunto: *No queremos ninguno. No hay ningún libro.* Se construye en *sing* excepto en respuesta a una expresión en *pl,* en el lenguaje hablado: *—Dame los libros. —No tengo ningunos libros.* **2.** (A veces en *pl*) Puede equivaler a 'nada de': *No tengo ningunas fuerzas.* **3.** O a 'ningún otro': *En ningún lugar ocurre esto.* **4.** A veces equivale a 'un' con valor enfático: *No he dicho ninguna tontería.* **5.** O tiene valor afirmativo similar a 'un': *Lo más inoportuno que ningún hombre puede decir.* RPr **Ninguno de/entre:** *Ninguno de ellos. Ninguno entre ellos.*

GRAM Como todos los *indef* negativos se construye anteponiendo *no* al verbo cuando éste le precede, pero no cuando le sigue: *No encuentro ninguna lámpara que me guste. Ninguna lámpara de las que he visto me gusta.* Como *adj* antepuesto se apocopa ante *s/m, sing: Ningún libro.*

ni·ña [níɲa] *s/f* **1.** (También *niña del ojo*) Pupila. **2.** *f* de *niño.*

ni·ña·da [niɲáða] *s/f* Niñería.

ni·ña·to [niɲáto] *s/m* **1.** *aum despec* de *niño.* **2.** Ternero que está en el vientre de una vaca muerta.

ni·ñe·ra [niɲéra] *s/f* Muchacha que cuida de los niños.

ni·ñe·ría [niɲería] *s/f* **1.** Hecho o dicho propio de niños. **2.** Cosa sin importancia.

ni·ñe·ro, -a [niɲéro, -a] *s/m,f* **1.** Persona que cuida de los niños. **2.** *(Ser niñero)* Persona a quien le gustan los niños.

ni·ñez [niɲéθ] *s/f* Etapa en la vida de una persona desde el nacimiento a la adolescencia.

ni·ño, -a [níɲo, -a] **I.** *adj* y *s/m,f* Persona con pocos años, que se encuentra en la niñez. **II.** *s/m,f* **1.** FIG Persona con comportamiento infantil. **2.** COL Apelativo familiar, a veces *despec,* para llamar la atención de una persona joven: *Mira, niño, a ver si te callas.* **3.** Persona poco reflexiva en el obrar.

ni·pón, -na [nipón, -na] *adj* y *s/m,f* Japonés.

ní·quel [níkel] *s/m* Metal de color blanco, duro e inoxidable; su *símb* es *Ni* y su *núm* atómico *28.*

ni·que·la·do [nikeláðo] **I.** *p* de *niquelar.* **II.** *s/m* Acción y efecto de niquelar.

ni·que·lar [nikelár] *v/tr* Recubrir con níquel otro metal.

nir·va·na [nirβána] *s/f* Completa aniquilación del individuo que se incorpora a la esencia divina, máxima aspiración de los budistas.

nís·pe·ro [níspero] *s/m* **1.** Árbol rosáceo de fruto color naranja, de unos 4 cm de largo, piel delgada, pulpa comestible agridulce y semillas grandes. **2.** Fruto de ese árbol.

ni·ti·dez [nitiðéθ] *s/f* Cualidad de nítido.

ní·ti·do, -a [nítiðo, -a] *adj* Se aplica a lo que es transparente o se percibe con precisión.

ni·tra·to [nitráto] *s/m* QUÍM Cualquier sal de ácido nítrico combinada con un radical; se emplea como abono.

ní·tri·co, -a [nítriko, -a] *adj* Se aplica a lo relacionado con el nitro o el nitrógeno.

ni·tro·ge·na·do, -a [nitroxenáðo, -a] *adj* Se aplica a lo que contiene nitrógeno.

ni·tró·ge·no [nitróxeno] *s/m* Elemento gaseoso de la atmósfera, incoloro e insípido; su *símb* es *N* y su *núm* atómico *7.*

ni·tro·gli·ce·ri·na [nitroγliθerína] *s/f* Líquido aceitoso que resulta de la acción del ácido nítrico en la glicerina y que constituye un potente explosivo; de su mezcla con un absorbente deriva la dinamita.

ni·vel [niβél] *s/m* **1.** Grado de elevación de algo; a veces se señala con relación a otra cosa: *Ha subido el nivel de presión del gas.* **2.** FIG Punto que alcanza una cosa en su progreso: *El nivel de desarrollo es muy bajo.* **3.** FIG Lugar que ocupa una persona en el aspecto social que se expresa: *Nivel económico.* **4.** Nombre de diversos instrumentos empleados para comprobar la horizontalidad de una línea o un plano, o ver la diferencia de altura entre dos puntos. LOC **A nivel** (Referido a una superficie), se aplica a cosas situadas a la misma altura. **Al nivel de,** a la misma altura. **Estar al nivel de (algo o alguien),** FIG ser comparable o poder competir con ello.
Nivel de vida, grado de bienestar alcanzado por una sociedad.

ni·ve·la·ción [niβelaθjón] *s/f* Acción y efecto de nivelar.

ni·ve·lar [niβelár] **I.** *v/tr,* REFL(-SE) **1.** Poner(se) horizontal una cosa: *Nivelar la acera.* **2.** Situar(se) dos cosas a la misma altura. **II.** *v/tr* **1.** Utilizar el nivel para comprobar el grado de horizontalidad de una cosa. **2.** TOPOGR Hallar la diferencia de altura entre dos puntos del terreno. **III.** REFL(-SE) Ponerse al nivel de algo o alguien. RPr **Nivelarse con:** *Se nivelará pronto con sus compañeros.*

ní·veo [níβeo] *adj* LIT Blanco como la nieve.

no [nó] *adv* de negación. **1.** Se emplea para negar o rehusar. **2.** A veces se sitúa delante de *s* con valor de prefijo negativo: *La no existencia de oxígeno.* **3.** Se emplea a final de frase como muletilla, o para buscar la confirmación del oyente a lo que se dice: *Estarás contento, ¿no?* LOC **¡A que**

no!, COL expresión de desafío ante la propuesta de hacer algo: *¡A que no eres capaz de venirte conmigo de viaje!* **¿Cómo no?**, respuesta afirmativa amable. **No bien**, en cuanto, inmediatamente que: *No bien me avisaron telefoneé a su familia.* **No..., más que**, única o solamente. **¡Que no!**, negación enfática.

no·bi·lia·rio, -a [noβiljárjo, -a] *adj* Se aplica a lo relacionado con la nobleza.

no·ble [nóβle] **I.** *adj* y *s/m,f* Se aplica a la persona que por linaje o concesión de un soberano recibe un título que conlleva privilegios. **II.** *adj* **1.** FIG *(Ser noble)* Se aplica a personas de buenos sentimientos o capaces de realizar grandes y buenas acciones; también a ciertos animales considerados amigos del hombre, como el perro o el caballo. **2.** Se aplica a ciertos materiales de gran calidad: *Metales/Maderas nobles.* RPr **Noble de/en/por:** *Noble de cuna. Noble en sus acciones. Noble por su linaje.*

no·ble·za [noβléθa] *s/f* **1.** Cualidad de noble. **2.** Conjunto de los nobles de un lugar.

no·blo·te, -a [noβlóte, -a] *adj aum* afectuoso de *noble.*

no·ción [noθjón] *s/f* **1.** *(Tener)* Conocimiento o idea que se tiene de algo. **2.** (Con frecuencia en *pl*) Conocimiento elemental de una cosa: *Nociones de astronomía.*

no·ci·vi·dad [noθiβíðað] *s/f* Cualidad de nocivo.

no·ci·vo, -a [noθíβo, -a] *adj (Ser nocivo)* Se aplica a lo que es perjudicial o dañino.

noc·tam·bu·lis·mo [noktaɱbulísmo] *s/m* Cualidad de noctámbulo.

noc·tám·bu·lo, -a [noktáɱbulo, -a] *adj* y *s/m,f* Se aplica a la persona que realiza actividades durante la noche.

noc·tur·ni·dad [nokturniðáð] *s/f* Circunstancia de ocurrir algo durante la noche.

noc·tur·no, -a [noktúrno, -a] *adj* Se aplica a lo relacionado con la noche.

no·che [nótʃe] *s/f* **1.** Parte del día en la que no hay luz natural. **2.** FIG Tinieblas o melancolía: *La noche de los tiempos.* LOC **Ayer noche** o **Ayer por la noche,** ayer cuando ya era de noche. **Dar las buenas noches,** saludar a alguien por la noche para despedirse o al encontrarlo. **De la noche a la mañana,** FIG repentina o inesperadamente. **De noche,** durante la noche: *Vino de noche.* **Hacer noche (en un lugar),** quedarse en él a pasar la noche cuando se viaja. **Hacerse de noche,** oscurecer: *Se hizo de noche en seguida.* **Por la noche,** durante la noche. **Ser (dos cosas) como la noche y el día,** FIG ser muy diferentes.

Noche Vieja, noche del 31 de diciembre al 1 de enero, en la que se celebra la entrada de un nuevo año.

no·che·bue·na [notʃeβwéna] *s/f* Noche del 24 de diciembre, que precede al día de Navidad, en la que se celebra el nacimiento de Jesucristo.

no·dri·za [noðríθa] *s/f* **1.** Mujer que cría o amamanta a un niño que no es su hijo. **2.** Se aplica a los medios de transporte que sirven para aprovisionar a otros: *Nave nodriza.*

nó·du·lo [nóðulo] *s/m* Dureza redondeada, *por ej,* en las rocas.

no·gal [noɣál] *s/m* Árbol juglandáceo cuyo fruto es la nuez.

nó·ma·da [nómaða] *adj* y *s/m,f* Que no vive en un lugar fijo: *Pueblos nómadas.*

no·ma·dis·mo [nomaðísmo] *s/m* Tipo de vida de los nómadas.

nom·bra·día [noɱbraðía] *s/f* Circunstancia de ser muy conocido.

nom·bra·do, -a [noɱbráðo, -a] *adj (Ser nombrado)* Muy conocido.

nom·bra·mien·to [noɱbramjénto] *s/m* **1.** Acción de nombrar a alguien para un empleo o cargo. **2.** Documento que acredita la posesión de ese empleo o cargo.

nom·brar [noɱbrár] *v/tr* **1.** Decir el nombre de algo o alguien. **2.** Ser designado alguien para un cargo: *Lo han nombrado jefe de sección.*

nom·bre [nóɱbre] *s/m* **1.** Palabra que designa a una persona o cosa. **2.** Nombre de una persona que precede a los apellidos. **3.** Nombre completo de una persona que en España incluye 'nombre de pila' y 'los dos apellidos': primero el paterno y, después, el materno. **4.** Palabra que se aplica a una cosa para distinguirla de otras de su especie. **5.** (Precedido de *de*) Circunstancia de ser una persona o cosa muy conocida o estimada: *Un abogado de nombre.* **6.** GRAM Categoría gramatical que funciona como núcleo del sintagma nominal. LOC **A nombre de,** a la persona cuyo nombre se indica. **De nombre,** *1.* Solamente de nombre y no de forma efectiva. *2.* 'Por nombre' o llamado: *De nombre Jesús. 3.* Con renombre: *Abogado de nombre.* **En nombre de,** *1.* En representación de algo o alguien. *2.* Invocación a algo o alguien en una súplica: *En nombre de nuestros hijos te pido que no lo hagas.* **Llamar a las cosas por su nombre,** no tener reparos en decir el nombre de una cosa, aunque resulte violento. **No tener nombre,** FIG ser tan indignante que no se encuentran palabras para calificarlo.

no·men·clá·tor o **no·men·cla·dor** [nomeŋklátor/nomeŋkladór] *s/m* Lista de nombres; especialmente, de pueblos y ciudades.

no·men·cla·tu·ra [nomeŋklatúra] *s/f* Léxico empleado en una ciencia o arte.

nó·mi·na [nómina] *s/f* **1.** Lista de nombres. **2.** Especialmente, lista de los nombres de las personas que reciben un sueldo en una oficina o en un trabajo retribuido.

no·mi·na·ción [nominaθjón] *s/f* Nombramiento: *La nominación al óscar.*

no·mi·nal [nominál] *adj* **1.** Se aplica a lo relacionado con el nombre. **2.** Sólo de nombre, pero no de forma real.

no·mi·na·lis·mo [nominalísmo] *s/m* FIL Doctrina que niega la realidad de los universales por considerarlos sólo nombres o convenciones.

no·mi·na·lis·ta [nominalísta] **I.** *adj* Se aplica a lo relacionado con el nominalismo. **II.** *adj* y *s/m,f* Partidario de ese sistema filosófico.

no·mi·nar [nominár] *v/tr* Nombrar.

no·mi·na·ti·vo, (-a) [nominatíβo, -a] **I.** *adj* Nominal, por oposición 'al portador': *Valor nominativo.* **II.** *adj* y *s/m* GRAM Caso de la declinación en que se pone el sujeto.

no·mi·ni·lla [niminíʎa] *s/f* Nota que se entrega a los que reciben haberes pasivos para efectuar el cobro.

no·na·da [nonáða] *s/f* Poca importancia o cantidad de una cosa.

no·na·ge·na·rio, -a [nonaxenárjo, -a] *adj* y *s/m,f* Se aplica a la persona con noventa o más años, sin llegar a cien.

no·na·gé·si·mo, -a [nonaxésimo, -a] *adj* y *s/m* Ordinal y partitivo correspondiente a noventa.

no·na·to, -a [nonáto, -a] *adj* Se aplica a la persona que ha nacido con procedimientos artificiales; *por ej,* por medio de una cesárea.

no·nes [nónes] *adv* COL Negación enfática: *Te repito que nones.*

noos·fe·ra [noosféra] *s/f* Seres inteligentes y medio en que viven, tomados como un todo o conjunto.

no·que·ar [nokeár] *v/tr* En el boxeo, dejar fuera de combate un púgil a su contrincante.

nor·des·te [norðéste] *s/m* **1.** Punto del horizonte entre el norte y el este. **2.** Viento que procede de esa parte.

nór·di·co, -a [nórðiko, -a] **I.** *adj* Que procede del norte o de los países del norte. **II.** *adj* y *s/m,f* Natural de un país nórdico.

no·ria [nórja] *s/f* **1.** Aparato para sacar agua. **2.** Columpio de feria en forma de rueda vertical, con vagonetas en las que se sube la gente.

nor·ma [nórma] *s/f* Principio establecido al que se ajusta una cosa.

nor·mal [normál] **I.** *adj* **1.** Se aplica a lo que sigue su curso natural, sin alteraciones extraordinarias. **2.** Que se ajusta a la norma establecida. **II.** *adj* y *s/m,f* GEOM Se aplica a la línea o plano perpendicular a otro; y, con relación a una línea o superficie curva, a la perpendicular a la recta o plano tangentes, en el punto de tangencia.

nor·ma·li·dad [normaliðáð] *s/f* **1.** Cualidad de normal. **2.** Estado normal.

nor·ma·li·za·ción [normaliθaθjón] *s/f* Acción y efecto de normalizar.

nor·ma·li·zar [normaliθár] *v/tr* **1.** Hacer que algo vuelva a ser normal. **2.** Hacer que algo se atenga a las normas establecidas. ORT La *z* cambia a *c* ante *e: Normalice.*

nor·man·do, -a [normáṇdo, -a] *adj* y *s/m,f* De Normandía.

nor·ma·ti·vo, -a [normatíβo, -a] *adj* Que sigue la norma.

no·ro·es·te [noroéste] *s/m* Punto del horizonte situado entre el norte y el oeste.

nor·te [nórte] *s/m* **1.** Polo norte. **2.** Punto del horizonte situado en dirección al polo norte. **3.** Lugar que está más cerca del polo norte con relación a otro: *El norte de Europa.* **4.** Viento procedente de esa parte. **5.** FIG Objetivo al que se quiere llegar: *Ayudar a los demás es nuestro norte.*

nor·te·a·me·ri·ca·no, -a [norteamerikáno, -a] *adj* y *s/m,f* De Estados Unidos.

nor·te·ño, -a [nortéɲo, -a] **I.** *adj* Se aplica a lo relacionado con la parte norte de un país, especialmente, de España o Europa. **II.** *adj* y *s/m,f* Referido a personas, natural del norte.

no·rue·go, -a [norwéγo, -a] *adj* y *s/m,f* De Noruega.

nos [nós] *pron pers* primera *pers* del *pl* en función de complemento directo o indirecto: *Nos veremos mañana.* Cuando acompaña al *imper* se pospone: *Cuéntanos.* La primera *pers* del *pl* del *imper* pierde la *s* final: *Marchémonos.*

no·so·co·mio [nosokómjo] *s/m* Hospital.

nos·o·tros, -as [nosótros, -as] *pron pers* Primera *pers* del *pl* en función de sujeto o complemento con preposición: *Nosotros no hemos dicho nada.*

nos·tal·gia [nostálxja] *s/f* Sentimiento de tristeza por estar ausente de un lugar o de los seres queridos.

nos·tál·gi·co, -a [nostálxiko, -a] *adj* Con nostalgia o que la provoca.

no·ta [nóta] *s/f* **1.** Escrito breve, sin formalismos. **2.** Escrito, normalmente breve, que se pone al margen de los libros o a pie de página, para aclarar o ampliar el texto. **3.** Escrito breve hecho para recordar una cosa o tratarla con más extensión: *Tomar notas en una conferencia.* **4.** Calificación de un examen. **5.** MÚS Signo que representa un sonido musical. **6.** FIG Detalle o aspecto característico de algo: *Una nota de distinción.* LOC **Tomar nota** o **Tomar buena nota (de algo),** tenerlo muy en cuenta: *Toma buena nota de lo que hay que hacer en estos casos.*

no·ta·bi·li·dad [notaβiliðáð] *s/f* **1.** Cualidad de notable. **2.** Persona o cosa notable.

no·ta·ble [notáβle] **I.** *adj (Ser notable)* Se aplica a personas o cosas que destacan de lo normal. **II.** *s/m* Calificación escolar superior al *bien* e inferior al *sobresaliente.* **III.** *s/m, pl* Personas importantes de una comunidad: *Reunión de notables.*

no·ta·ción [notaθjón] *s/f* Conjunto de signos empleados en un arte o ciencia.

no·tar [notár] **I.** *v/tr* **1.** Darse cuenta de una cosa: *No ha notado nuestra presencia.* **2.** Tener una sensación: *No noto el calor.* **3.** Calificar una cosa o a una persona de lo que se expresa: *Notar a alguien de poca inteligencia.* **II.** REFL(-SE) Ser perceptible. LOC **Hacerse notar** (a veces con sentido *peyor*), destacar. RPr **Notar de (3).**

no·ta·ría [notaría] *s/f* **1.** Empleo de notario. **2.** Oficina del notario.

no·ta·ria·do [notarjáðo] *s/m* **1.** Profesión de notario. **2.** Cuerpo formado por los notarios.

no·ta·rial [notarjál] *adj* Se aplica a lo relacionado con el notario.

no·ta·rio, -a [notárjo, -a] *s/m,f* Funcionario público autorizado para dar fe de contratos, testamentos, etc., realizados en su presencia y según las leyes.

no·ti·cia [notíθja] *s/f* **1.** Acontecimiento o suceso que se comunica a alguien. **2.** El contenido mismo que se comunica.

no·ti·cia·rio [notiθjárjo] *s/m* Sección de una película, un periódico, etc., con los acontecimiento de la actualidad.

no·ti·cie·ro [notiθjéro] *s/m* **1.** Portador de noticias. **2.** Periódico.

no·ti·ción [notiθjón] *s/m* Noticia sensacionalista o importante.

no·ti·fi·ca·ción [notifikaθjón] *s/f* Acción y efecto de notificar.

no·ti·fi·car [notifikár] *v/tr* Comunicar a alguien una cosa importante.
ORT La *c* cambia a *qu* ante *e: Notifique.*

no·to·rie·dad [notorjeðáð] *s/f* Cualidad de notorio.

no·to·rio, -a [notórjo, -a] *adj* **1.** Que es conocido públicamente. **2.** Que es evidente.

no·va·ta·da [noβatáða] *s/f* **1.** *(Dar, hacer)* Broma que los veteranos de una institución gastan a los novatos. **2.** FIG Complicación debida a la inexperiencia.

no·va·to, -a [noβáto, -a] *adj* y *s/m,f (Ser novato)* Persona que es nueva en una actividad o institución.

no·ve·cien·tos, -as [noβeθjéntos, -as] *adj* y *s/m,f* Numeral que se aplica al conjunto formado por nueve veces cien.

no·ve·dad [noβeðáð] *s/f* **1.** Cualidad de nuevo. **2.** Cosa o suceso reciente. **3.** Cosa o suceso que altera algo. LOC **Sin novedad,** sin nada que altere el curso de las cosas.

no·ve·do·so, -a [noβeðóso, -a] *adj (Ser novedoso)* Que es una novedad.

no·vel [noβél] *adj* Se aplica a la persona que hace por primera vez una cosa.

no·ve·la [noβéla] *s/f* **1.** Obra literaria en prosa que narra una ficción coherente y unitaria, basada o no en la realidad, con principio y fin en sí misma. **2.** Género literario de estas narraciones.

no·ve·lar [noβelár] **I.** *v/tr* Contar algo en forma de novela. **II.** *v/intr* Escribir novelas.

no·ve·le·ro, -a [noβeléro, -a] *adj* y *s/m,f* Aficionado a las novelas.

no·ve·les·co, -a [noβelésko, -a] *adj* Se aplica a lo relacionado con la novela.

no·ve·lis·ta [noβelísta] *s/m,f* Persona que escribe novelas.

no·ve·lís·ti·ca [noβelístika] *s/f* **1.** Tratado histórico o preceptivo sobre la novela. **2.** Género novelesco.

no·ve·lís·ti·co, -a [noβelístiko, -a] *adj* Se aplica a lo relacionado con la novela o la novelística.

no·ve·lón [noβelón] *s/m* Novela extensa y mal escrita en la que se narran acontecimientos muy dramáticos.

no·ve·na [noβéna] *s/f* **1.** Rezo que dura nueve días. **2.** Sufragio por un difunto, que dura nueve días.

no·ve·na·rio [noβenárjo] *s/m* **1.** Período de nueve días. **2.** Sufragio por un difunto, que se celebra el noveno día de su defunción.

no·ve·no, -a [noβéno, -a] *adj* Que sigue al ocho en número.

no·ven·ta [noβénta] *adj* y *s/m,f* Conjunto formado por nueve veces diez.

no·ven·tón, -na [noβeɳtón, -na] *adj* Nonagenario, -a.

no·viaz·go [noβjáθγo] *s/m* **1.** Relaciones que mantienen los novios. **2.** Tiempo que duran.

no·vi·cia·do [noβiθjáðo] *s/m* **1.** Tiempo previo a la entrada en una orden religiosa. **2.** Residencia de los novicios.

no·vi·cio, -a [noβíθjo, -a] **I.** *s/m,f* Persona que ha entrado en una orden religiosa pero que aún no ha profesado. **II.** *adj* y *s/m,f* FIG Principiante.

no·viem·bre [noβjéɱbre] *s/m* Undécimo mes del año, que sigue a octubre.

no·vi·lu·nio [noβilúnjo] *s/m* Momento de conjunción del sol y la luna en el que ésta no se ve desde la tierra.

no·vi·lla·da [noβiʎáða] *s/f* **1.** Conjunto de novillos. **2.** Corrida en la que se lidian novillos.

no·vi·lle·ro [noβiʎéro] *s/m* Torero que lidia novillos.

no·vi·llo, -a [noβíʎo, -a] *s/m,f* Toro o vaca de dos o tres años. LOC **Hacer novillos,** FIG COL no asistir al lugar al que se tiene obligación de ir; especialmente, no asistir los alumnos a clase.

no·vio, -a [nóβjo, -a] *s/m,f* **1.** Persona que mantiene relaciones amorosas con otra con el fin de casarse. **2.** Persona recién casada: *Viaje de novios.*

nu·ba·rra·da [nuβarráða] *s/f* Chaparrón local.

nu·ba·rrón [nuβarrón] *s/m* Nube grande y negruzca, en sentido real o figurado.

nu·be [núβe] *s/f* **1.** Masa de partículas de agua formada por la condensación del vapor de la atmósfera. **2.** Masa de cualquier otro tipo de partículas que se asemeja a una nube: *Una nube de polvo.* **3.** Mancha en algo transparente; *por ej,* en una piedra preciosa. **4.** FIG Reunión de cosas molestas: *Una nube de vendedores.* LOC **Estar (alguien) en las nubes,** *1.* Estar distraído, no prestar atención a algo. *2.* Vivir en las nubes. **Estar (una cosa) por las nubes,** estar muy cara. **Poner (a algo o alguien) por las nubes** o **Subir por las nubes,** ensalzarlo.

nú·bil [núβil] *adj* Se aplica a la persona con edad de casarse: *Una muchacha núbil.*

nu·bla·do, (-a) [nuβláðo, (-a)] **I.** *adj* Se aplica al cielo cubierto de nubes. **II.** *s/m* **1.** Nube que cubre todo el cielo. **2.** FIG Situación que amenaza una disputa u otra perturbación.

nu·blar [nuβlár] *v/tr,* REFL(-SE) **1.** Ocultar el sol las nubes. **2.** FIG Enturbiar(se) la vista.

nu·bo·si·dad [nuβosiðáð] *s/f* Estado del tiempo en que el cielo está cubierto de nubes.

nu·bo·so, -a [nuβóso, -a] *adj* Con nubes.

nu·ca [núka] *s/f* Parte posterior de la unión entre el cuello y la cabeza.

nu·cle·ar [nukleár] *adj* Se aplica a lo relacionado con el núcleo: *Energía nuclear.*

nu·clea·ri·za·ción [nukleariθaθjón] *s/f* Acción y efecto de nuclearizar.

nu·clea·ri·zar [nukleariθár] *v/tr* Introducir la energía nuclear en un lugar.
ORT La *z* cambia a *c* ante *e: Nuclearice.*

nú·cleo [núkleo] *s/m* **1.** Parte central de una cosa: *El núcleo de la célula.* **2.** Hueso de las frutas.

nu·di·llo [nuðíʎo] *s/m* (Generalmente en *pl*) Cada una de las articulaciones de los dedos, especialmente cuando están doblados.

nu·dis·mo [nuðísmo] *s/m* Doctrina que aboga por vivir desnudo al aire libre y práctica de la misma.

nu·dis·ta [nuðísta] *s/m,f* Partidario del nudismo.

nu·do [núðo] *s/m* **1.** Lazo intrincado en un cuerpo delgado y flexible; *por ej,* una cuerda, un hilo, etc. **2.** FIG Cosa que une: *El nudo de la amistad.* **3.** Abultamiento de los troncos o tallos de las plantas donde nacen las hojas u otros tallos. **4.** Dibujo redondeado y más oscuro que el resto de la madera, que corresponde al lugar en que salía una rama. **5.** Parte dura y abultada de una cosa sólida; *por ej,* en los hilos de una tela. **6.** Lugar donde se cruzan o se inician varias cosas: *Un nudo de comunicaciones.* **7.** FIG Parte más intrincada de una cuestión: *El nudo del problema.* **8.** MAR Referido a la velocidad de un barco, milla: *A cinco nudos por hora.*

nu·do·si·dad [nuðosiðáð] *s/f* Dureza redondeada de una cosa.

nu·do·so, -a [nuðóso, -a] *adj* Se aplica a cosas con nudos.

nue·ra [nwéra] *s/f* Con respecto a una persona, la mujer de su hijo.

nues·tro, -a [nwéstro, -a] *adj* y *s/m,f* *pron posesivo* de *primera pers* cuando los poseedores son varios: *Nuestros hijos.* LOC **Ser la nuestra,** ser la ocasión propicia.

nue·ve [nwéβe] *adj* y *s/m* Conjunto de ocho unidades más una.

nue·vo, -a [nwéβo, -a] **I.** *adj (Ser nuevo)* **1.** Se aplica a lo que acaba de aparecer o fabricarse: *Un vestido nuevo.* **2.** Que sustituye a algo de la misma clase: *Tengo ya un coche nuevo.* **3.** (Generalmente delante de *s*) Otro, que se añade a lo que había: *Se ha* *roto un nuevo interruptor.* **4.** *(Estar nuevo)* Se aplica a lo que no se ha estropeado o roto todavía: *Estos zapatos están nuevos.* **II.** *adj* y *s/m,f* Se aplica a la persona que acaba de iniciarse en algo: *Hay un muchacho nuevo en la oficina.* LOC **De nuevo,** *1.* Indica la repetición de la acción expresada por el verbo. *2.* O la vuelta a un estado o situación anterior: *Volver de nuevo a su país.* RPr **Nuevo en:** *Soy nueva en estas artes.*

nuez [nwéθ] *s/f* **1.** Fruto del nogal. **2.** Nombre de otros frutos similar al del nogal. **3.** Protuberancia que forma la laringe en la garganta de los hombres.
ORT *Pl: Nueces.*

nu·li·dad [nuliðáð] *s/f* **1.** Cualidad de nulo. **2.** *(Ser una nulidad)* Persona nula.

nu·lo, -a [núlo, -a] *adj (Ser nulo)* **1.** Se aplica a cosas sin valor legal. **2.** Aplicado a personas, sin capacidad para hacer algo: *Soy nulo para los deportes.*

nu·man·ti·no, -a [numan̪tíno, -a] **I.** *adj* Relacionado con Numancia. **II.** *adj* y *s/m,f* Se dice de quien resiste hasta el fin, sin rendirse, optando por la muerte, a semejanza de lo ocurrido en Numancia.

nu·men [núme{$^{m}_{n}$}] *s/m* **1.** Inspiración del artista. **2.** Dios pagano.

nu·me·ra·ble [numeráβle] *adj* Se aplica a lo que se puede numerar o contar.

nu·me·ra·ción [numeraθjón] *s/f* Acción y efecto de numerar.

nu·me·ra·dor [numeraðór] *s/m* **1.** Término de un quebrado situado encima de la raya, que indica el número de partes. **2.** Instrumento que imprime automáticamente números sucesivos.

nu·me·ra·do·ra [numeraðóra] *s/f* IMPR Máquina para numerar.

nu·me·ral [numerál] **I.** *adj* Se aplica a lo relacionado con los números. **II.** *adj* y *s/m* GRAM Se aplica a las palabras que significan números.

nu·me·rar [numerár] *v/tr* Poner números a una cosa para ordenarla.

nu·me·ra·rio, -a [numerárjo, -a] *adj* y *s/m,f* Se aplica al empleado fijo en un cuerpo o corporación.

nu·mé·ri·co, -a [numériko, -a] *adj* Se aplica a lo relacionado con los números.

nú·me·ro [número] **I.** *s/m* **1.** MAT Expresión de la cantidad contada en relación a una unidad. **2.** Signo o signos con que se representa. **3.** Cantidad de personas o cosas de la misma clase: *El número de supervivientes es grande.* **4.** En la lotería, conjunto de todas las series o décimos que corresponden a un número: *Juega él solo todo el número.* **5.** Espectáculo independiente en una función teatral o de circo: *El próximo número es cómico.* **6.** Cada una de las ediciones periódicas de una publicación: *El número 1.000 de la revista.* **7.** GRAM Accidente que indica si una palabra está en singular o plural. **II.** *s/m* **1.** *pl* (Con *may*), Cuarto libro del Pentateuco, en la Biblia. **2.** Guardia civil o policía sin graduación. LOC **En números redondos** (al hacer una cuenta), prescindiendo de las unidades de orden inferior. **Sin número** (pospuesto a un *s*), innumerables: *Mentiras sin número.*

nu·me·ro·so, -a [numeróso, -a] *adj* **1.** Con mucho de lo que se expresa. **2.** (En *pl*) Muchos.

nu·mis·má·ti·ca [numismátika] *s/f* Ciencia que se ocupa de las monedas y medallas, especialmente, de las antiguas.

nu·mis·má·ti·co, -a [numismátiko, -a] *adj* Relacionado con la numismática.

nun·ca [núŋka] *adv temporal.* **1.** Indica la no realización de una acción en ningún tiempo: *No lo he visto nunca.* **2.** En oraciones interrogativas o dubitativas equivale a 'alguna vez': *¿Nunca te has preguntado qué sucedió?* LOC **Nunca jamás,** enfatización de *nunca.*
GRAM Al igual que los *pron* negativos, si va detrás de verbo exige la presencia delante de él del *adv* negativo *no: No lo hice nunca. Nunca lo hice.*

nun·cia·tu·ra [nun̪θjatúra] *s/f* **1.** Cargo de nuncio apostólico. **2.** Lugar donde vive el nuncio y se encuentra el tribunal.

nun·cio [nún̪θjo] *s/m* **1.** Mensajero. **2.** Señal que precede y anuncia algo.

nup·cial [nupθjál] *adj* Se aplica a lo relacionado con la boda: *Marcha nupcial.*

nup·cia·li·dad [nupθjaliðáð] *s/f* Número de bodas que se han celebrado en cierto tiempo y lugar.

nup·cias [núpθjas] *s/f, pl* LIT Boda.

nur·se [núrse] *s/f* ANGL Niñera.

nu·tria [nútrja] *s/f* Mamífero mustélido de menos de un metro de longitud, que vive en las orillas de los ríos y se alimenta de peces; su piel es muy apreciada en peletería.

nu·tri·ción [nutriθjón] *s/f* Acción y efecto de nutrir(se): *La nutrición infantil.*

nu·tri·do, (-a) [nutríðo, (-a)] *adj* Abundante o numeroso: *Una nutrida representación de partidos políticos.*

nu·trien·te [nutrjén̪te] *adj* y *s/m* Se aplica a lo que nutre.

nu·tri·men·to o **nu·tri·mien·to** [nutrim(j)én̪to] *s/m* Alimento.

nu·trir [nutrír] *v/tr* **1.** Asimilar un organismo, transformándola, una sustancia convirtiéndola en suya propia. **2.** FIG Hacer algo que lo que es inmaterial se mantenga y no decaiga o se pierda. RPr **Nutrirse con/de:** *Se nutre de peces/con garbanzos y pan.*

nu·tri·ti·vo, -a [nutritíβo, -a] *adj* Que nutre.

ñ [éɲe] *s/f* Decimoséptima letra del abecedario español.

ñan·dú [ɲaŋdú] *s/m* Ave corredora, similar al avestruz, pero más pequeña y con tres dedos en cada pata.

ña·que [ɲáke] *s/m* Conjunto de cosas inútiles.

ña·to [ɲáto] *adj* AMÉR Chato.

ñi·qui·ña·que [ɲikiɲáke] *s/m* COL Persona o cosa despreciable.

ño·ñe·ría o **ño·ñez** [ɲoɲería/ɲoɲéθ] *s/f* **1.** Cualidad de ñoño. **2.** Hecho o dicho ñoño.
ORT *Pl: ñoñeces.*

ño·ño, -a [ɲóɲo, -a] *adj* y *s/m,f* COL **1.** Se aplica a personas o cosas sin gracia o verdadera belleza. **2.** Se dice de personas muy remilgadas o melindrosas.

ñu [ɲú] *s/m* Antílope de África del Sur.

ñu·do [ɲúðo] *s/m* Nudo.

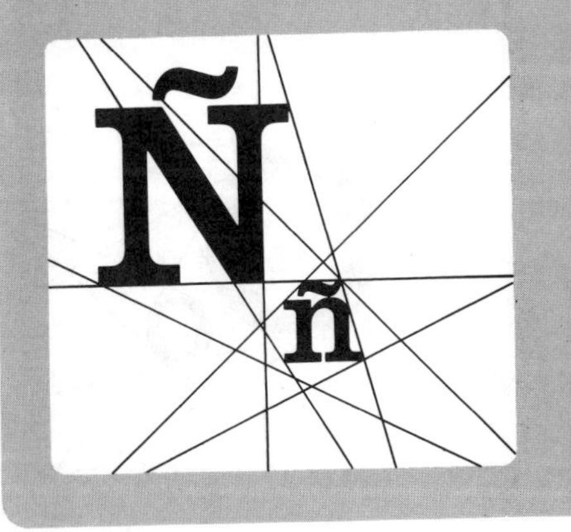

o [o] *s/f* Decimoctava letra del alfabeto español. Su *pl* es *oes*.

o [o] *conj* **1.** Tiene valor disyuntivo; relaciona dos posibilidades indicando alternancia o contraposición: *¿Quieres que vayamos al cine o al teatro?* **2.** También se utiliza con valor explicativo, significando 'esto es', 'o sea', 'o lo que es lo mismo': *El jefe o director de esta empresa.* **3.** Sirve para indicar cantidad aproximada: *Debo pesar 60 ó 61 kilos.*
ORT La conjunción *o* se transforma por eufonía en *u* cuando va delante de palabras que empiezan por *o* o por *ho: Eran siete u ocho.* Cuando va entre cifras lleva acento para no confundirla con el número cero: *20 ó 30.*

oa·sis [oásis] *s/m* **1.** Lugar con vegetación y con agua, situado en el desierto. **2.** FIG Lugar o situación de reposo y bienestar en medio de las dificultades o tribulaciones: *Un oasis de paz.*
ORT *Pl: Oasis.*

ob·ce·ca·ción [oβθekaθjón] *s/f* Ofuscación tenaz y persistente.

ob·ce·car [oβθekár] *v/tr* Impedir una pasión o estado de ánimo ver o apreciar algo con claridad. RPr **Obcecarse con/por/en:** *Está obcecado con sus ideas/en dimitir/por el dinero.*
ORT Ante *e* la *c* cambia en *qu: Obceque.*

o·be·de·cer [oβeðeθér] *v/tr* **1.** Cumplir alguien lo que ordena otra persona: *Los empleados obedecen a sus jefes.* **2.** Hacer lo que está prescrito. **3.** Hacer los animales, especialmente las caballerías, lo que les indica cierta cosa. **4.** FIG Producir el efecto que se espera de una cosa sobre la que se está actuando: *Su enfermedad no obedece a ningún tratamiento.* **5.** Tener algo la causa o motivo que se expresa: *La obesidad obedece a una mala alimentación.*
RPr **Obedecer a.**
CONJ *Irreg: Obedezco, obedecí, obedeceré, obedecido.*

o·be·dien·cia [oβeðjénθja] *s/f* Acción, cualidad o actitud de obedecer.

o·be·dien·te [oβeðjénte] *adj* Se aplica al que obedece o es inclinado a obedecer.

o·be·lis·co [oβelísko] *s/m* Pilar alto en forma de poste cuadrangular más estrecho por arriba y acabado en una punta piramidal.

o·ber·tu·ra [oβertúra] *s/f* MÚS Parte inicial de una obra musical.

o·be·si·dad [oβesiðáð] *s/f* Cualidad de obeso.

o·be·so, -a [oβéso, -a] *adj* Se aplica a las personas excesivamente gordas.

ó·bi·ce [óβiθe] *s/m* CULT (Generalmente se emplea en forma negativa: *No ser óbice para...*) Obstáculo, inconveniente.

o·bis·pa·do [oβispáðo] *s/m* **1.** Dignidad y cargo de obispo. **2.** Territorio de su jurisdicción.

o·bis·pal [oβispál] *adj* Relacionado con el obispo.

o·bis·po [oβíspo] *s/m* Prelado superior que gobierna una diócesis o distrito eclesiástico, tanto en lo terrenal como en lo espiritual.

ó·bi·to [óβito] *s/m* Muerte de una persona.

o·bi·tua·rio [oβitwárjo] *s/m* Libro parroquial en el que se anotan las defunciones y entierros.

ob·je·ción [oβxeθjón] *s/f* Argumento o indicación que alguien expone para combatir una afirmación o impugnar algo.

ob·je·ta·ble [oβxetáβle] *adj* Que puede ser objetado.

ob·je·tar [oβxetár] *v/tr* Señalar un inconveniente o dar alguna razón en contra de algo: *No tengo nada que objetar.*

ob·je·ti·var [oβxetiβár] *v/tr* Dar carácter objetivo a lo que no lo es, como una idea, un sueño, etc.

ob·je·ti·vi·dad [oβxetiβiðáð] *s/f* Cualidad de objetivo.

ob·je·ti·vo, (-a) [oβxetíβo, (-a)] **I.** *adj* **1.** *(Ser objetivo)* Aplicado a las personas, así como a sus juicios, sentencias, etc., que actúa con justicia y sin apasionarse: *Criterio objetivo.* **2.** FIL Se aplica a lo que existe realmente fuera del sujeto que lo conoce. **II.** *s/m* **1.** Finalidad definida y perseguida expresamente: *El objetivo es defender los intereses de nuestro barrio.* **2.** Punto del espacio al que se dirige intencionadamente una piedra, una flecha, etc.: *El objetivo del lanzamiento.* **3.** MIL Objeto de una operación militar (se dice 'objetivos militares' y no 'objetos militares'). **4.** ÓPT Lente o sistema de lentes colocadas en el extremo de un microscopio, un anteojo, etc., en la parte dirigida hacia los objetos. **5.** FOT Lente o conjunto de lentes a través de las cuales penetran en una cámara fotográfica los rayos luminosos del exterior al accionar un dispositivo.

ob·je·to [oβxéto] *s/m* **1.** Cosa material y de poco tamaño. **2.** Aquello sobre lo que se ejerce una acción (una operación mental, un sentimiento, etc.): *Eres el objeto de mi admiración.* **3.** Lo que se pretende al hacer algo: *El objeto de nuestro interés es ayudar.* LOC **Al objeto de/con (el) objeto de,** para. **No tener objeto,** no tener sentido: *No tiene objeto que sigas insistiendo.* **Sin objeto,** inútilmente.

ob·je·tor, -ra [oβxetór, -ra] *s/m,f* (Se utiliza en la expresión *objetor de conciencia*) Persona que alega motivos de conciencia para negarse a realizar una actividad militar.

o·bla·ción [oβlaθjón] *s/f* Ofrenda o sacrificio que se hace a Dios.

o·blea [oβléa] *s/f* **1.** Hoja muy fina de harina y agua, cocida en molde y usada para hacer hostias. **2.** Cada uno de estos trozos. **3.** La misma masa empleada en las farmacias para contener algunos medicamentos.

o·bli·cui·dad [oβlikwiðáð] *s/f* **1.** Cualidad de oblicuo. **2.** Posición oblicua.

o·bli·cuo, -a [oβlíkwo, -a] *adj* **1.** Se aplica a una línea o plano que no forma ángulo recto con respecto a otra línea o plano. **2.** Que no es perpendicular ni paralelo a un plano, a una recta o a una dirección determinada. **3.** No vertical ni horizontal.

o·bli·ga·ción [oβliɣaθjón] *s/f* **1.** Imposición o exigencia de hacer algo por contrato, ley o deber moral. **2.** Documento en el que se reconoce una deuda. **3.** Título de participación en una empresa, que se diferencia de la 'acción', principalmente porque aquélla produce un interés fijo. **4.** (Generalmente en *pl*) Deberes familiares a los que uno tiene que atender con su trabajo o su dinero: *Está cargado de obligaciones.*

o·bli·gar [oβliɣár] **I.** *v/tr* **1.** Exigir que alguien haga una cosa determinada utilizando cualquier forma de presión. **2.** Tener algo fuerza o autoridad para surtir su efecto: *La ley obliga a todos los ciudadanos.* **II.** REFL(-SE) Contraer una obligación voluntariamente: *Me obligo a pagarlo.* RPr **Obligar a/con/por:** *Nos obligaba con su actitud a darle la espalda. Me obligaron por la fuerza.*
ORT Ante *e* la *g* cambia en *gu: Obligué.*

o·bli·ga·to·rie·dad [oβliɣatorjeðáð] *s/f* Cualidad de obligatorio.

o·bli·ga·to·rio, -a [oβliɣatórjo, -a] *adj (Ser obligatorio)* Que implica o constituye una obligación.

ob·lon·go, -a [oβlóŋɣo, -a] *adj* Se aplica a un objeto que es más largo que ancho.

ob·nu·bi·la·ción [oβnuβilaθjón] *s/f* **1.** Visión de los objetos como a través de una nube. **2.** FIG Ofuscación.

ob·nu·bi·lar [oβnuβilár] *v*/REFL(-SE) **1.** Ver las cosas entre nubes. **2.** Ofuscarse.

o·boe [oβóe] *s/m* Instrumento de viento formado por un tubo de madera con seis agujeros y varias llaves.

ó·bo·lo [óβolo] *s/m* Cantidad pequeña con la que se contribuye a algo.

o·bra [óβra] *s/f* **1.** Resultado de una actividad producida por un agente. **2.** Libro y también pieza de teatro: *Es la primera obra que estrena.* **3.** Edificio en construcción: *Prohibido entrar en la obra sin casco.* **4.** Reparación o innovación que se hace en una construcción ya terminada: *Estamos de obra(s)* LOC **Ser obra de (alguien),** estar realizado por alguien. **Por obra de/Por obra y gracia de,** por la acción de la cosa o persona que se expresa.

o·bra·dor [oβraðór] *s/m* Lugar donde se hacen trabajos realizados manual o artesanalmente.

o·brar [oβrár] **I.** *v/intr* **1.** Realizar acciones; normalmente va acompañado de un *adv* que califica la acción ('bien', 'mal', 'tontamente', etc.) o complementos que indican el estado de ánimo o intención con que se realizó: *Obra siempre con mala intención.* **2.** Hacer obras de albañilería en una casa. **3.** Hacer algo su efecto: *Ya ha obrado la medicina.* **4.** Estar algo en un sitio o en manos de la persona que se expresa: *Tu escrito obra en mi poder.* **II.** *v/tr* Realizar: *Este médico obra milagros.*

o·bre·ris·ta [oβrerísta] *s/m,f* (Referido a personas) Defensor de los derechos de los obreros.

o·bre·ro, -a [oβréro, -a] *s/m,f* Persona que trabaja manualmente a cambio de un salario.

obs·ce·ni·dad [o(β)sθeniðáð] *s/f* Se dice de la acción o cosa obscena.

obs·ce·no, -a [o(β)sθéno, -a] *adj* y *s/m,f* Que presenta o sugiere algo relacionado con el sexo de forma grosera y maliciosa.

obs·cu·ran·tis·mo [o(β)skuran̪tísmo]

s/m Oposición a la difusión de la cultura entre las clases populares.
ORT También: *Oscurantismo.*

obs·cu·ran·tis·ta [o(β)skurantísta] *s/m,f* Partidario del obscurantismo.
ORT También: *Oscurantista.*

obs·cu·re·cer [o(β)skureθér] **I.** *v/tr* **1.** Privar de luz o claridad. **2.** FIG Hacer parecer algo menos brillante, hermoso o valioso por contraste con algo mejor. **II.** *v/intr* (Sólo en *3.ª pers sing*). **1.** Ir anocheciendo. **2.** (Aplicado al tiempo, el día, el sol, el cielo) Nublarse. **III.** REFL(-SE) FIG Disminuir temporalmente la capacidad mental de razonar o percibir con claridad las ideas: *Se me obscureció la mente.*
ORT También: *Oscurecer.*
CONJ *Irreg: Obscurezco, obscurecí, obscureceré, obscurecido.*

obs·cu·re·ci·mien·to [o(β)skureθimjén̪to] *s/m* Acción y efecto de obscurecer(se).
ORT También: *Oscurecimiento.*

obs·cu·ri·dad [o(β)skuriðáð] *s/f* **1.** Falta de luz o claridad para percibir las cosas. **2.** FIG Cualidad de obscuro, confuso.
ORT También: *Oscuridad.*

obs·cu·ro, (-a) [o(β)skúro, (-a)] **I.** *adj* **1.** Falto de luz o claridad: *Casa obscura.* **2.** Se aplica al color que tiende hacia el negro o al que se contrapone a otro más claro de su misma clase. **3.** (Referido a 'cielo' o 'día') Nublado. **4.** (Con *ser* o *estar*) Ser de noche o estar anocheciendo: *Era/Estaba obscuro cuando llegamos.* **5.** FIG Confuso, de difícil comprensión: *Su razonamiento es un poco obscuro.* **II.** *s/m* PINT Sombra. LOC **(Estar) a obscuras,** sin luz.
ORT También: *Oscuro.*

ob·se·quiar [oβsekjár] *v/tr* Hacer obsequio(s) a alguien. RPr **Obsequiar con:** *La obsequió con flores.*

ob·se·quio [oβsékjo] *s/m* **1.** Acción de obsequiar. **2.** Lo que se da o se hace a alguien para complacerle.

ob·se·quio·si·dad [oβsekjosiðáð] *s/f* Cualidad de obsequioso.

ob·se·quio·so, -a [oβsekjóso, -a] *adj* Se aplica a la persona dispuesta a obsequiar o ser atento con otros. RPr **Ser (o estar) obsequioso con/para con:** *Obsequioso con la gente/para con mis invitados.*

ob·ser·va·ción [oβserβaθjón] *s/f* Acción y efecto de observar.

ob·ser·va·dor, -ra [oβserβaðór, -ra] *adj* y *s/m,f* Que observa.

ob·ser·van·cia [oβserβánθja] *s/f* **1.** Cumplimiento de las órdenes, leyes o disposiciones. **2.** Respeto u obediencia a los superiores.

ob·ser·var [oβserβár] **I.** *v/tr* **1.** Mirar con atención algo o a alguien: *Observar las estrellas.* **2.** Darse alguien cuenta de algo que ocurre o está a su alrededor: *Observé algo extraño en su comportamiento.* **3.** Hacer lo que ordena una ley o precepto: *Observa un buen comportamiento.* **II.** REFL(-SE) Mirarse a uno mismo con atención.

ob·ser·va·to·rio [oβserβatórjo] *s/m* **1.** Lugar dispuesto y apropiado para observar. **2.** Edificio destinado a observaciones astronómicas o meteorológicas.

ob·se·sión [oβsesjón] *s/f* Idea, preocupación o deseo que alguien no es capaz de alejar de sí y permanecen fijos en su mente (se usa especialmente en psiquiatría).

ob·se·sio·nar [oβsesjonár] *v/tr,* REFL (-SE) Causar obsesión a otro o a sí mismo. RPr **Obsesionarse con/por:** *Me obsesiono con/por nada.*

ob·se·si·vo, -a [oβsesíβo, -a] **I.** *adj* Se aplica a lo que obsesiona. **II.** *adj* y *s/m,f* Se aplica a la persona propensa a obsesionarse: *Es un obsesivo.*

ob·se·so, -a [oβséso, -a] *adj* y *s/m,f* Que está dominado por una obsesión, o es propenso a obsesionarse.

ob·so·le·to, -a [oβsoléto, -a] *adj* Anticuado o desusado.

obs·ta·cu·li·zar [o(β)stakuliθár] *v/tr* Constituir o poner obstáculos para impedir la ejecución o consecución de algo.
ORT Ante *e* la *z* cambia en *c: Obstaculicé.*

obs·tá·cu·lo [o(β)stákulo] *s/m* **1.** Lo que se opone al paso por un lugar. **2.** Lo que hace difícil o imposible conseguir o hacer algo.

obs·tan·te [o(β)stán̪te] LOC *adv* **No obstante,** sin que lo que precede sea un obstáculo para lo que se dice a continuación: *Volveré pronto; no obstante, cerrad la puerta con llave.*

obs·tar [o(β)stár] *v/intr* (Usado sólo en *3.ª pers sing* y en forma negativa) Ser inconveniente: *Eso no obsta para que se presente en dirección.* RPr **Obstar (algo) para.**

obs·te·tri·cia [o(β)stetríθja] *s/f* MED Parte de la medicina que se ocupa del embarazo, el parto y el puerperio.

obs·ti·na·ción [o(β)stinaθjón] *s/f* Mantenimiento tenaz de una actitud, decisión u opinión.

obs·ti·na·do, -a [o(β)stináðo, -a] *adj* Que se obstina en algo, o que es propenso a obstinarse.

obs·ti·nar·se [o(β)stinárse] REFL (SE) Mantener alguien una opción, actitud o decisión a pesar de las razones en contra para disuadirle. RPr **Obstinarse en:** *Se obstina en llevarme la contraria.*

obs·truc·ción [o(β)strukθjón] *s/f* Acción y efecto de obstruir.

obs·truc·cio·nis·mo [o(β)strukθjonísmo] *s/m* Práctica sistemática de la obstrucción.

obs·truc·cio·nis·ta [o(β)strukθjonísta] **I.** *s/m,f* y *adj* Se aplica a la persona que practica el obstruccionismo. **II.** *adj* Relativo al obstruccionismo.

obs·truir [o(β)strwír] *v/tr* **1.** Situar(se) algo de tal modo que estorba o impide el paso, especialmente en un camino, tubería, etc. **2.** Entorpecer la marcha de algo. CONJ *Irreg: Obstruyo, obstruí, obstruiré, obstruido.*

ob·ten·ción [oβtenθjón] *s/f* Acción de obtener.

ob·te·ner [oβtenér] **I.** *v/tr* **1.** Llegar a tener o alcanzar algo por el esfuerzo propio o porque se merece o se solicita: *He obtenido el primer premio.* **2.** Llegar a cierto resultado en un trabajo, experimento, operación o resolución de un problema. **II.** *v/tr,* REFL(-SE) Fabricar o extraer un material de cierta manera o con ciertos elementos: *El mercurio se obtiene del cinabrio.* RPr **Obtener(se) de.**
CONJ *Irreg: Obtengo, obtuve, obtendré, obtenido.*

ob·te·ni·ble [oβteníβle] *adj* Se aplica a lo que puede ser obtenido.

ob·tu·ra·ción [oβturaθjón] *s/f* Acción y efecto de obturar.

ob·tu·ra·dor, -ra [oβturaðór, -ra] *adj* y *s/m* Se aplica a lo que obtura.

ob·tu·rar [oβturár] *v/tr* Poner algo en un orificio o conducto para taparlo.

ob·tu·sán·gu·lo [oβtusángulo] *adj* GEOM Se aplica al triángulo que tiene obtuso uno de sus ángulos.

ob·tu·so [oβtúso] *adj* **1.** Sin punta. **2.** Se dice de la persona que comprende difícilmente y con lentitud.

o·bús [oβús] *s/m* **1.** MIL Pieza de artillería de longitud mayor que el mortero y menor que la del cañón de igual calibre. **2.** Proyectil que se dispara con esta pieza.

ob·viar [oββjár] *v/tr* Evitar una dificultad, obstáculo: *Obviar un problema.*
ORT, PRON En el *sing* y *3.ª pers pl* del *pres* de *indic* y *subj* el acento recae sobre i: *Obvío, obvíen...*

ob·vio, -a [óββjo, -a] *adj* Evidente.

o·ca [óka] *s/f* Ave palmípeda del género 'ánser', llamada también 'ánsar' o 'ganso'.

o·ca·sión [okasjón] *s/f* **1.** Tiempo y lugar determinados en los que se sitúa un hecho. **2.** Momento favorable para hacer cierta cosa: *Es la ocasión de mi vida.* LOC **Con ocasión de,** en la circunstancia que se expresa. **Dar ocasión,** *1.* Dar motivo o excusa para hacer algo. *2.* Facilitar la realización de algo: *Te dará la ocasión de conocer mucha gente.*

o·ca·sio·nal [okasjonál] *adj* **1.** Que no es habitual. **2.** Que ocurre sin esperarlo: *Un encuentro ocasional.* **3.** Que se hace para la ocasión de que se trata.

o·ca·sio·nar [okasjonár] *v/tr* Ser causa o motivo de cierta cosa.

o·ca·so [okáso] *s/m* **1.** Momento o hecho de ocultarse el sol al atardecer. **2.** FIG Decadencia: *El ocaso de los dioses.*

oc·ci·den·tal [okθiðen̪tál] *adj* Situado en el occidente o relacionado con él.

oc·ci·den·te [okθiðén̪te] *s/m* **1.** Punto cardinal del horizonte por donde se pone el sol. **2.** Lugar o territorio que, respecto de otro con el cual se compara, está situado hacia donde se pone el sol. **3.** FIG *may* Conjunto de naciones del occidente de Europa, en oposición a las situadas al este, y en general, a las de diferente civilización u organización política.

oc·ci·pi·tal [okθipitál] *adj* Relativo al occipucio.

oc·ci·pu·cio [okθipúθjo] *s/m* Parte posterior e inferior de la cabeza.

oc·ci·so, -a [okθíso, -a] *adj* CULT Muerto violentamente.

o·ceá·ni·co, -a [oθeániko, -a] *adj* Se aplica a lo relacionado con el océano.

o·céa·no [oθéano] *s/m* **1.** Mar grande y extenso. **2.** Cada una de las cinco grandes divisiones del mar en geografía: *Océano Atlántico,* etc. **3.** FIG Se emplea de forma expresiva para indicar la inmensidad de algo: *Un océano de dificultades.*

o·cea·no·gra·fía [oθeanoγrafía] *s/f* Ciencia que estudia la vida en el mar, sus aguas y el relieve submarino.

o·cea·no·grá·fi·co, -a [oθeanoγráfiko, -a] *adj* Relacionado con la oceanografía.

o·ce·la·do, -a [oθeláðo, -a] *adj* Se aplica a lo que tiene ocelos.

o·ce·lo [oθélo] *s/m* Ojo simple de los insectos.

o·cio [óθjo] *s/m* **1.** Estado de quien no trabaja. **2.** Actividad que no es la obligación habitual de una persona.

o·cio·si·dad [oθjosiðáð] *s/f* Vicio de no trabajar o permanecer inactivo.

o·cio·so, -a [oθjóso, -a] *adj* **1.** *(Estar ocioso)* Se aplica a la persona que está inactiva o a las cosas que no están funcionando. **2.** *(Ser ocioso)* Se aplica a cosas, acciones o palabras inútiles o innecesarias.

o·cluir [oklwír] **I.** *v/tr* MED Cerrar un conducto del organismo. **II.** REFL(-SE) Mantenerse cerrada una parte del organismo

(un intestino, los párpados, etc.) de modo que no se pueda abrir naturalmente.
ORT La *i* cambia en *y* siempre que no esté acentuada y le sigua una vocal: *Ocluye, ocluya, ocluía,* etc.

o·clu·sión [oklusjón] *s/f* Acción y efecto de ocluir(se).

o·clu·si·vo, -a [oklusíβo, -a] *adj* Se aplica a lo que causa oclusión.

o·cre [ókre] **I.** *s/m* Mineral terroso, óxido de hierro hidratado, de color amarillo, que se emplea como mena de hierro y en pintura. **II.** *adj* Se aplica al color amarillo oscuro.

oc·tae·dro [oktaéðro] *s/m* Cuerpo geométrico formado por ocho caras triangulares.

oc·tá·go·no, -a [oktáγono, -a] **I.** *s/m* Polígono de ocho lados. **II.** *adj* Se aplica a lo que tiene forma octagonal.
ORT También: *Octógono.*

oc·ta·na·je [oktanáxe] *s/m* Número de octanos.

oc·ta·no [oktáno] *s/m* Valor en número que señala el grado de pureza de la gasolina.

oc·ta·vi·lla [oktaβíʎa] *s/f* **1.** Hoja de papel, octava parte de un pliego. **2.** Impreso de propaganda política aunque no tenga ese tamaño. **3.** Estrofa de ocho versos, de arte menor.

oc·ta·vo, (-a) [oktáβo, (-a)] **I.** *adj* **1.** Ordinal y partitivo que corresponde a ocho. **II.** *s/f* **1.** Espacio de ocho días en que se celebra una fiesta o conmemoración religiosa. **2.** Estrofa de ocho versos.

oc·to·ge·na·rio, -a [oktoxenárjo, -a] *adj* y *s/m,f* Se aplica a las personas que tienen entre los ochenta y los noventa años.

oc·to·gé·si·mo, -a [oktoxésimo, -a] *adj* Ordinal y partitivo que corresponde a ochenta.

oc·tó·go·no, -a [októγono, -a] *s/m* Polígono de ocho lados.

oc·tó·po·do, -a [októpoðo, -a] *s/m,f* y *adj* ZOOL Se dice de los moluscos cefalópodos con ocho tentáculos provistos de ventosas, como el pulpo.

oc·to·si·lá·bi·co, -a [oktosiláβiko, -a] *adj* Octosílabo.

oc·to·sí·la·bo, -a [oktosílaβo, -a] *adj* Se dice de la palabra o verso con ocho sílabas.

oc·tu·bre [oktúβre] *s/m* Décimo mes del año, que sigue a septiembre.

o·cu·lar [okulár] *adj* **1.** Relativo a los ojos. **2.** Se aplica a las acciones realizadas con la vista: *Examen ocular.*

o·cu·lis·ta [okulísta] *s/m,f* Médico especialista en las enfermedades de los ojos.

o·cul·ta·ción [okuḷtaθjón] *s/f* Acción y efecto de ocultar.

o·cul·tar [okuḷtár] *v/tr* **1.** Hacer que algo no sea visto o notado. **2.** Callar intencionadamente una cosa. RPr **Ocultar(se) (algo) a/de:** *Ocultaba la verdad a todo el mundo. Ocultó a su hermano de nuestra mirada.*

o·cul·tis·mo [okuḷtísmo] *s/m* Conjunto de creencias y prácticas de espiritismo y magia, que pretenden conocer y someter los misterios del hombre y la naturaleza.

o·cul·tis·ta [okuḷtísta] *adj* y *s/m,f* Se aplica a las personas que practican o son adeptas al ocultismo.

o·cul·to, -a [okúḷto, -a] *adj* **1.** *(Estar oculto)* Tapado por algo, de manera que no se ve. **2.** Que no se sabe, no se entiende o no se conoce: *En este asunto hay algo oculto.*

o·cu·pa·ción [okupaθjón] *s/f* **1.** Acción y efecto de ocupar(se). **2.** Trabajo o actividad en que alguien se ocupa o está ocupado. **3.** MIL Permanencia de fuerzas militares en un país ajeno sin anexionarlo pero interviniendo en la vida pública.

o·cu·pan·te [okupáṇte] *s/m,f* Que ocupa.

o·cu·par [okupár] **I.** *v/tr* **1.** Estar una cosa situada en un espacio, de modo que allí no puede haber otra: *El armario ocupa toda la pared.* **2.** Instalarse en un lugar, adueñarse de él o invadir en una acción de guerra: *El ejército ocupó toda la región.* **3.** Habitar una vivienda o lugar. **4.** Tener o desempeñar cierto puesto o empleo: *Ocupa la presidencia del consejo.* **5.** Necesitar una actividad el trabajo o atención de alguien: *Este asunto me ocupa demasiado.* **6.** Proporcionar empleo o trabajo a alguien: *La industria conservera ocupa a miles de personas.* **7.** Llevarse a cabo una acción en el tiempo expresado: *Me ocupó toda la mañana escribir la carta.* **8.** Trabajar o entretenerse en algo: *Ocupo mis ratos libres en cuidar el jardín.* **II.** REFL (SE) Dedicar atención a algo o a alguien: *Ella se ocupa de sus hermanos.* RPr **Ocuparse en/de/con:** *Se ocupa en tonterías. Estoy ocupada con este trabajo.*

o·cu·rren·cia [okurréṇθja] *s/f* **1.** Idea que se le ocurre a alguien repentina o inesperadamente. **2.** Cosa con gracia o ingenio, que viene a la imaginación de alguien: *Una ocurrencia graciosa.*

o·cu·rren·te [okurréṇte] *adj* Se aplica a las personas graciosas o ingeniosas, así como a sus dichos y hechos.

o·cu·rrir [okurrír] **I.** *v/tr* (Usado sólo en *3.ª pers)* Tener lugar un suceso: *No ocurre nada.* **II.** REFL(-SE) (Sólo en *3.ª pers* y con un complemento personal) Venir una idea de repente o inesperadamente al pensamiento de alguien: *Se me ocurrió que podías venir.*

o·cha·vo, -a [otʃáβo, -a] *s/m* FIG En frases negativas, nada de dinero: *No tengo un ochavo.*

o·chen·ta [otʃén̪ta] *adj* y *s/m* Numeral que se aplica al conjunto formado por ocho veces diez.

o·chen·tón, -na [otʃen̪tón, -na] *adj* y *s/m,f* Se aplica a las personas que tienen entre ochenta y noventa años.

o·cho [ótʃo] *s/m* y *adj* Conjunto de siete más una unidades.

o·cho·cien·tos, -as [otʃoθjén̪tos, -as] *s/m* y *adj* Numeral que se aplica al conjunto formado por ocho veces cien.

o·da [óða] *s/f* Composición poética de tono solemne, en alabanza de algo o alguien.

o·diar [oðjár] *v/tr* Sentir odio contra alguien o algo.

o·dio [óðjo] *s/m* Sentimiento de antipatía y aversión hacia una persona cuyo mal se desea o hacia una cosa que desagrada mucho. RPr LOC **Tener odio a:** *Le tengo odio a esa canción.* **Sentir odio por:** *Siento odio por las ratas.*

o·dio·so, -a [oðjóso, -a] *adj* **1.** Que merece o provoca odio. **2.** Se emplea frecuentemente referido a cosas o personas desagradables: *Este tema es odioso.*

o·di·sea [oðiséa] *s/f* Por analogía con el poema homérico del mismo nombre, serie de aventuras o penalidades que le ocurren a alguien.

o·don·to·lo·gía [oðon̪toloxía] *s/f* MED Estudio y tratamiento de las enfermedades de los dientes.

o·don·to·ló·gi·co, -a [oðon̪tolóxiko, -a] *adj* Se aplica a lo relacionado con la odontología: *Gabinete odontológico.*

o·don·tó·lo·go, -a [oðon̪tóloɣo, -a] *s/m,f* Médico cirujano de la dentadura.

o·do·rí·fe·ro, -a [oðorífero, -a] *adj* Odorífico.

o·do·rí·fi·co, -a [oðorífiko, -a] *adj* Se aplica a lo que tiene buen olor.

o·dre [óðre] *s/m* Piel, generalmente de cabra, que, cosida y pegada, sirve para contener líquidos.

oes·te [oéste] *s/m* **1.** Punto cardinal, occidente. **2.** Viento que procede del oeste.

o·fen·der [ofen̪dér] **I.** *v/tr* **1.** Realizar una acción o decir contra una persona algo insultante o despreciativo. **2.** Causar algo una impresión desagradable a los sentidos: *Ofender a la vista.* **II.** REFL(-SE) Considerarse ofendido por algo: *Se ofendió mucho con vuestras palabras.* RPr **Ofenderse con/por.**

o·fen·sa [ofénsa] *s/f* **1.** Acción de ofender(se). **2.** Cosa que ofende.

o·fen·si·va [ofensíβa] *s/f* Acción de atacar, especialmente en la guerra.

o·fen·si·vo, -a [ofensíβo, -a] *adj* Se aplica a las palabras o acciones que pueden ofender.

o·fen·sor, -ra [ofensór, -ra] *adj* y *s/m,f* Que ofende.

o·fe·ren·te [oferén̪te] *s/m,f* y *adj* CULT Se aplica al que ofrece.

o·fer·ta [oférta] *s/f* **1.** Ofrecimiento de una cosa en venta y precio que se ofrece por ella. **2.** Precio ventajoso de un artículo. **3.** Promesa de dar o hacer algo: *Le han hecho muchas ofertas.*

o·fer·tar [ofertár] *v/tr* Ofrecer algo (cosa o persona) en venta.

o·ffice [ófis] *s/m* GAL Antecocina.

off·set [ófset] *s/m* ANGL Sistema de impresión mediante clisé especial y flexible que permite obtener un gran número de copias.

o·fi·cial, -la [ofiθjál, -la] **I.** *adj* **1.** Se aplica a lo que procede de la autoridad constituida: *Una recepción oficial.* **2.** Se dice de lo que tiene carácter formal o ha sido nombrado para un fin por la autoridad correspondiente: *El animador oficial de nuestras fiestas.* **II.** *s/m,f* **1.** Persona que en un oficio manual ha terminado el aprendizaje pero no es maestro todavía, y grado que posee: *Oficiala de peluquería.* **2.** En el ejército, cualquiera de los grados desde alférez a capitán, y militar que los tiene.

o·fi·cia·lía [ofiθjalía] *s/f* Cargo o categoría de oficial.

o·fi·cia·li·dad [ofiθjaliðáð] *s/m* **1.** Cualidad de oficial. **2.** MIL Conjunto de oficiales del ejército.

o·fi·ciar [ofiθjár] *v/intr,tr* Celebrar el sacerdote la misa u otro oficio religioso. RPr **Oficiar de**, actuar de la manera que se indica: *Oficia de chivato.*

o·fi·cia·li·zar [ofiθjaliθár] *v/tr* Dar carácter o validez oficial a algo.
ORT Ante *e* la *z* cambia en *c: Oficialice.*

o·fi·ci·na [ofiθína] *s/f* Lugar donde se trabaja o prepara algo.

o·fi·ci·nis·ta [ofiθinísta] *s/m,f* Persona que trabaja de empleado en una oficina.

o·fi·cio [ofíθjo] *s/m* **1.** Trabajo que constituye la profesión de alguien: *El oficio de barbero/fontanero,* etc. **2.** Función propia de una cosa: *Las columnas tienen el oficio de sostén.* **3.** Comunicación oficial escrita en papel con membrete y cierto formulismo establecido.

o·fi·cio·so, -a [ofiθjóso, -a] *adj* Se aplica a las informaciones o acciones que proceden de fuentes gubernamentales pero que no tienen carácter oficial.

o·fi·dio, -a [ofíðjo, -a] *s/m,f* y *adj* Se aplica a los reptiles que carecen de extremidades y poseen una epidermis escamosa que mudan todos los años.

o·fre·cer [ofreθér] **I.** *v/tr* **1.** Presentar o dar algo de forma voluntaria a una persona: *Me ofreció su casa.* **2.** Expresar lo que se está dispuesto a pagar por una cosa (en una subasta, *por ej*): *Le ofrezco un millón por el lote.* **3.** Mostrar una cosa algo que puede ser visto, o considerado: *La habitación ofrecía un aspecto desolador.* **4.** Proporcionar a alguien una ocasión, oportunidad, facilidades, etc. para algo: *La empresa le ofrece la oportunidad de viajar.* **5.** Prometer que se realizará o llevará a cabo algo, generalmente a cambio de algo: *Me han ofrecido una bicicleta si apruebo todo.* **II.** REFL(-SE) (En frases negativas o interrogativas) Ocurrírsele a alguien una cosa de manera inopinada: *¿Se le ofrece algo?* RPr **Ofrecerse a/de/en/para/por:** *Mi hermano se ofreció a venir. Pablo se ofrece de camarero. Los mártires se ofrecieron en sacrificio. Los chicos se han ofrecido para ayudarme. Esta mercancía se ofreció por diez duros.*

CONJ *Irreg: Ofrezco, ofrecí, ofreceré, ofrecido.*

o·fre·ci·mien·to [ofreθimjéņto] *s/m* Acción y efecto de ofrecer(se).

o·fren·da [ofréņða] *s/f* Cosa o don ofrecido con amor y devoción. RPr **Ofrenda de (algo):** *Ofrenda de flores.*

o·fren·dar [ofreņðár] *v/tr* **1.** Hacer ofrendas. **2.** Hacer un sacrificio por amor o devoción a lo que se indica. RPr **Ofrendar a/por:** *Ofrendó un manto a la Virgen. Ofrendaron su vida por la justicia.*

of·tál·mi·co, -a [oftálmiko, -a] *adj* Se aplica a lo relacionado con los ojos.

of·tal·mo·lo·gía [oftalmoloxía] *s/f* MED Parte de la medicina que trata de las enfermedades de los ojos.

of·tal·mo·ló·gi·co, -a [oftalmolóxiko, -a] *adj* Relacionado con la oftalmología.

of·tal·mó·lo·go, -a [oftalmóloɣo, -a] *s/m,f* Médico especialista en las enfermedades de los ojos.

o·fus·ca·ción [ofuskaθjón] *s/f* **1.** Turbación de la vista. **2.** FIG Oscuridad de la razón y consecuente confusión de ideas.

o·fus·car [ofuskár] *v/tr* **1.** Oscurecer o turbar la vista con un exceso de brillo o luz. **2.** FIG Engañar a alguien una cosa debido a su deslumbrante aspecto externo. **3.** Impedir a alguien un sentimiento o una acción pensar con claridad: *Sus celos le ofuscaron la mente.*

ORT Ante *e* la *c* cambia en *qu: Ofusqué.*

o·gro [óɣro] *s/m* **1.** En cuentos y leyendas, gigante que devora a las personas. **2.** FIG Se dice de la persona muy fea, insociable o cruel.

¡oh! [ó] *interj* Puede expresar diferentes emociones según la entonación, tales como sorpresa, admiración, asombro y también pena, interés, desaprobación, etc.

oh·mio [ómjo] *s/m* FÍS Unidad de resistencia eléctrica.

oí·ble [oíβle] *adj* Se aplica a lo que puede ser oído.

oí·das [oíðas] Se utiliza en la expresión **Conocer/Saber (algo) de oídas,** conocer o saber algo por haberlo oído.

oí·do [oíðo] *s/m* **1.** Sentido corporal con el que se perciben los sonidos. **2.** Órgano de ese sentido. LOC **Dar/Prestar oídos a (algo),** escuchar y creer lo que se dice: *No prestes oídos a esas calumnias.* **Ser (estar) duro de oído,** se dice de la persona que no oye bien. **Ser todo oídos,** estar preparado para escuchar atentamente. **Tener oído/Tener buen oído,** tener facilidad para distinguir o reproducir música.

oír [oír] *v/tr* **1.** Percibir sonidos con el oído. **2.** Atender a los ruegos o peticiones de alguien: *El director ha oído mis quejas.* ORT La *i* cambia en *y* cuando no está acentuada y le sigue otra vocal: *Oye, oyó,* etc. CONJ *Irreg: Oigo, oí, oiré, oído.*

o·jal [oxál] *s/m* Corte reforzado con hilo en sus bordes y que se hace en la tela para abrochar con botones.

¡o·ja·lá! [oxalá] *interj* Se utiliza para expresar el deseo de que ocurra lo que se dice: *¡Ojalá no llueva mañana!*

GRAM Se coloca en posición inicial de frase y el verbo va siempre en *subj.*

o·jea·da [oxeáða] *s/f* Mirar algo sin mucho detenimiento.

o·jea·dor, -ra [oxeaðór, -ra] *s/m,f* Quien ojea la caza.

o·je·ar [oxeár] *v/tr* **1.** Pasar la vista sobre algo, a veces, con la intención de inspeccionar. **2.** Espantar la caza con ruidos para que se dirija al lugar donde se encuentran los cazadores o las redes.

o·jeo [oxéo] *s/m* Acción de ojear la caza.

o·je·ra [oxéra] *s/f* (Frecuentemente en *pl*) Mancha amoratada que rodea el párpado inferior, bien de forma natural, bien por causas accidentales.

o·je·ri·za [oxeríθa] *s/f* Antipatía o mala voluntad hacia alguien.

o·je·te [oxéte] *s/m* **1.** Pequeño agujero redondo reforzado con hilo o con una pieza de metal en su borde, que se utiliza para pasar un cordón, un lazo, etc., o como adorno en un bordado. **2.** VULG Ano. **3.** ARG Órgano sexual de la mujer.

o·ji·ne·gro, -a [oxinéγro, -a] *adj* Con los ojos de color negro.

o·ji·va [oxíβa] *s/f* **1.** Figura formada por dos arcos iguales que se unen en uno de sus extremos formando punta. **2.** Arco con esa figura.

o·ji·val [oxiβál] *adj* Se aplica a lo que tiene forma de ojiva.

o·jo [óxo] *s/m* **1.** Órgano de la vista. **2.** Particularmente, la parte exterior de este órgano que tenemos en la cara. Se pueden atribuir a los ojos las expresiones faciales: *Ojos tristes, alegres, tranquilos,* etc. Y también pueden indicar la dirección de la 'vista' o 'mirada': *Bajar los ojos.* **3.** FIG Se aplica a cualquier abertura o agujero que atraviese de parte a parte una cosa, *por ej,* el de la aguja para pasar el hilo: *Ojo de la aguja.* **4.** FIG Hueco que hay en el interior de ciertas cosas: *Los ojos del pan.* **5.** FIG Se aplica a lo que tiene esa forma; *por ej,* a los dibujos de las plumas o la piel de ciertos animales. LOC **A ojo/A ojo de buen cubero,** realizar una acción sin precisión: *El dibujo está hecho a ojo.* **A ojos vistas,** de forma evidente. **Abrir los ojos,** *1.* Estar alerta. *2.* Conocer algo que conviene y antes no se sabía. **Abrir los ojos (a alguien),** desengañar a alguien para que esté al tanto: *Su actitud me ha abierto los ojos.* **Andar(se) con ojo** o **con cien ojos,** tener cuidado. **Cerrar los ojos,** *1.* Quedarse dormido. *2.* FIG Morir. *3.* COL Hacer algo sin importar las consecuencias. **Cerrar los ojos (a algo),** no querer enterarse de algo por terquedad o para evitar problemas: *Lo sabe todo, pero cierra los ojos.* **Comer con los ojos,** acrecentar el apetito de alguien el olor y presentación de la comida. **Con los ojos abiertos,** *1.* Con cuidado. *2.* Se aplica a las expresiones de ingenuidad o extrañeza. **Con los ojos cerrados,** *1.* Sin reflexionar. *2.* Con completa confianza. **Costar un ojo de la cara,** costar mucho dinero. **Echar el ojo** (a algo), *1.* Fijarse en algo que se desea tener. *2.* Vigilar: *Échale un ojo a la comida de vez en cuando para que no se pegue.* **En un abrir y cerrar de ojos,** con mucha rapidez. **Ir con ojo,** andar con ojo. **Írsele (a alguien) los ojos detrás de/tras (algo),** mirar con deseo: *Se le van los ojos tras los pasteles.* **Mirar (algo o a alguien) con buenos/malos ojos,** tenerle simpatía o antipatía. **Mirar con el rabillo del ojo,** mirar de reojo, disimulando. **No quitar ojo,** mirar insistentemente. **No tener ojos más que para (algo o alguien),** no prestar atención a otra cosa: *No tiene ojos más que para su familia.* **¡Ojo!, ¡Mucho ojo!, ¡Ojo con...!,** expresiones de advertencia similares a *¡Cuidado!* o *¡Atención!* **Ojo por ojo,** venganza que consiste en devolver el mismo daño que se ha recibido. **Poner el ojo (los ojos) en (algo o alguien),** fijarse en algo que se desea tener o en alguien que se quiere: *Ha puesto el ojo en ti.* **Salir por un ojo de la cara,** costar mucho algo. **Ser todo ojos,** mirar con atención. **Tener ojo** o **Tener mucho ojo,** *1.* Tener cuidado. *2.* Ser perspicaz o inteligente para hacer algo: *Tiene mucho ojo con los clientes.* **Tener ojo clínico,** *1.* Sagacidad de los médicos para diagnosticar enfermedades. *2.* FIG Sagacidad para intuir algo. **Valer un ojo de la cara,** valer mucho dinero.

o·la [óla] *s/f* **1.** Onda que se forma en el mar, los lagos, etc., y que da movimiento a su superficie y a sus orillas. **2.** FIG Aparición momentánea de gran cantidad de algo: *Una ola de gripe.*

¡o·le! u **¡o·lé!** [óle/olé] *interj* Se utiliza para animar y aprobar la actuación de alguien en un espectáculo taurino o flamenco.

o·lea·da [oleáða] *s/f* **1.** Movimiento o golpe de una ola. **2.** FIG Aparición momentánea de gran cantidad de algo: *Sufrimos una oleada de atentados.*

o·lea·gi·no·so, -a [oleaxinóso, -a] *adj* Se aplica a lo que tiene aceite o es semejante a él.

o·lea·je [oleáxe] *s/m* Conjunto de las olas que se forman en una masa de agua.

o·leí·co·la [oleíkola] *adj* Se aplica a lo relacionado con la oleicultura.

o·lei·cul·tu·ra [oleikultúra] *s/f* Conjunto de técnicas relacionadas con el cultivo del olivo o la fabricación del aceite.

ó·leo [óleo] *s/m* **1.** Se aplica al aceite utilizado en los sacramentos u otras ceremonias religiosas. **2.** Pintura hecha con colores disueltos en aceite.

o·leo·duc·to [oleoðúkto] *s/m* Tubería e instalaciones para llevar el petróleo a gran distancia.

o·leo·so, -a [oleóso, -a] *adj* Se aplica a lo que tiene aceite.

o·ler [olér] **I.** *v/tr* **1.** Percibir los olores. **2.** Acercar la nariz a algo para percibir su olor. **3.** FIG Curiosear para enterarse de algo: *Siempre está oliendo lo que pasa.* **4.** FIG Imaginar lo que está ocurriendo: *Creo que ha olido nuestro engaño.* **II.** *v/intr* (Se utiliza en la construcción 'oler a', o con complementos del tipo 'bien', 'mal', etc.) Producir algo olor. **III.** REFL(-SE) Imaginarse o intuir lo que está ocurriendo: *Me*

huelo que nos van a echar. **Oler a chamusquina,** tener la impresión de que va a ocurrir algo malo. RPr **Oler a:** *Huele a perfume.*
CONJ *Irreg: Huelo, olí, oleré, olido.*

ol·fa·te·ar [olfateár] *v/tr* **1.** Oler de forma insistente una cosa. **2.** Seguir un rastro por el olor, como hacen los perros. **3.** FIG Adivinar o sospechar algo.

ol·fa·teo [olfatéo] *s/m* Acción de olfatear.

ol·fa·ti·vo, -a [olfatíβo, -a] *adj* Se aplica a lo relacionado con el olfato.

ol·fa·to [olfáto] *s/m* **1.** Sentido con el que se perciben los olores. **2.** FIG Capacidad de descubrir o percibir lo que interesa.

o·li·gar·ca [oliγárka] *s/m* Persona que pertenece a una oligarquía.

o·li·gar·quía [oliγarkía] *s/f* Forma de gobierno en la que el poder es ejercido por un grupo reducido de personas.

o·li·gár·qui·co, -a [oliγárkiko, -a] *adj* Se aplica a lo relacionado con la oligarquía.

o·li·gis·to [olixísto] *s/m* Mineral, óxido de hierro, de color gris negruzco o pardo oscuro, del que se extrae hierro.

o·li·go·fre·nia [oliγofrénja] *s/f* MED Enfermedad mental que se manifiesta por un desarrollo mental defectuoso.

o·li·go·fré·ni·co, -a [oliγofréniko, -a] *s/m,f* y *adj* **1.** Se aplica a la persona afectada de oligofrenia, y a lo relacionado con esa enfermedad. **2.** FIG Tonto, imbécil.

o·lim·pia·da u **o·lim·pía·da** [olimpjáðа/-píaða] *s/f* En nuestro siglo, competiciones deportivas internacionales que se celebran cada cuatro años en la ciudad escogida para ese fin.

o·lím·pi·co, -a [olímpiko, -a] *adj* **1.** Referido a la olimpiada. **2.** FIG Se aplica a lo que es grandioso, altivo o magnífico: *Gesto olímpico.*

o·lim·po [olímpo] *s/m* MIT **1.** Residencia de los dioses de la antigua Grecia, que se situaba en un monte. **2.** Conjunto de los dioses de la mitología griega.

o·lis·car [oliskár] *v/tr* **1.** Olfatear sin mucha insistencia, pero con inspiraciones rápidas. **2.** FIG Curiosear.
ORT Ante *e* la *c* cambia en *qu: Olisqué.*

o·lis·que·ar [oliskeár] *v/tr* Oliscar.

o·li·va [olíβa] *s/f* **1.** Fruto del olivo. **2.** Olivo.

o·li·vá·ceo, -a [oliβáθeo, -a] *adj* Se aplica al color que se asemeja al de las aceitunas verdes.

o·li·var [oliβár] *s/m* Lugar sembrado de olivos.

o·li·va·re·ro, -a [oliβaréro, -a] **I.** *adj* Se aplica a lo relacionado con el cultivo y la industria del olivo. **II.** *s/m,f* Persona que se dedica al cultivo del olivo.

o·li·vi·cul·tor, -ra [oliβikultór, -ra] *s/m,f* Persona que se dedica al cultivo del olivo.

o·li·vi·cul·tu·ra [oliβikultúra] *s/f* Conjunto de técnicas relacionadas con el cultivo del olivo.

o·li·vo [olíβo] *s/m* Árbol oleáceo cuyo fruto es la oliva o aceituna.

ol·mo [ólmo] *s/m* Árbol ulmáceo con hojas ovaladas vellosas por el envés y fruto en sámara, de alas anchas.

o·ló·gra·fo, -a [olóγrafo, -a] *s/m* y *adj* Se aplica al testamento o memoria testamentaria escrita de puño y letra por el testador.

o·lor [olór] *s/m* **1.** Emanación que desprenden ciertos cuerpos y que se percibe con el olfato. **2.** Sensación que esa emanación produce en el olfato. LOC **Al olor de,** FIG atraído por. RPr **Olor a:** *Hay olor a manzana.*

o·lo·ro·so, -a [oloróso, -a] *adj* Se dice de lo que huele bien.

ol·vi·da·di·zo, -a [olβiðaðíθo, -a] *adj* Se aplica a la persona que olvida fácilmente.

ol·vi·dar [olβiðár] *v/tr* **1.** No retener algo en la memoria: *He olvidado las llaves.* **2.** Dejar de tener amor o cariño por una persona: *La ha olvidado después de vivir dos años juntos.* **3.** No tener en cuenta una cosa: *He olvidado tu ofensa.* RPr **Olvidarse de:** *Me he olvidado de cerrar la puerta.*

ol·vi·do [olβíðo] *s/m* **1.** Hecho de no recordar cierta cosa. **2.** Descuido de hacer algo que debía estar presente en nuestra memoria.

o·lla [óʎa] *s/f* Vasija de barro o metal, generalmente alta y con dos asas, utilizada para cocinar.
Olla exprés/Olla a presión, olla metálica de cierre hermético que cuece a presión y con más rapidez que las normales.

om·bli·go [omblíγo] *s/m* **1.** Hoyo redondeado y con arrugas en el centro del vientre y que se produce al cortar y secarse el cordón umbilical. **2.** FIG Centro alrededor del cual gira algo: *La Puerta del Sol es el ombligo de Madrid.*

o·mi·no·so, -a [ominóso, -a] *adj* Se aplica a lo que es despreciable.

o·mi·sión [omisjón] *s/f* **1.** Acción y efecto de omitir. **2.** Falta que se comete por omitir algo.

o·mi·so, -a [omíso, -a] *p irreg* de *omitir.* Se emplea como *adj* en la expresión **Hacer caso omiso,** no hacer ningún caso.

o·mi·tir [omitír] *v/tr* **1.** Dejar de hacer algo. **2.** Dejar de decir o señalar algo.

óm·ni·bus [ómniβus] *s/m* **1.** Autobús de transporte público dentro de las ciudades. **2.** Tren lento que se para en todas las estaciones.
GRAM *Pl: Ómnibus.*

om·ní·mo·do, -a [omnímoðo, -a] *adj* Se aplica a lo que incluye todo lo expresado.

om·ni·po·ten·cia [omnipoténθja] *s/f* Cualidad o hecho de ser omnipotente.

om·ni·po·ten·te [omnipotéņte] *adj* (Con *ser*) Que lo puede todo.

om·ni·pre·sen·cia [omnipresénθja] *s/f* Cualidad o hecho de ser omnipresente.

om·ni·pre·sen·te [omnipreséņte] *adj* (Con *ser, estar*) Que está en todas partes.

om·nis·cien·cia [omnisθjénθja] *s/f* Cualidad de omnisciente.

om·nis·cien·te [omnisθjéņte] *adj* Se aplica al que lo sabe todo.

om·ní·vo·ro, -a [omníβoro, -a] *s/m,f* y *adj* Que come todo tipo de alimentos.

o·mo·pla·to u **o·mó·pla·to** [omoplato/omóplato] *s/m* Cada uno de los dos huesos planos triangulares situados en la parte superior de la espalda.

o·na·gro [onáγro] *s/m* Asno silvestre.

o·na·nis·mo [onanísmo] *s/m* Acción de procurarse a sí mismo placer sexual.

on·ce [ónθe] *s/m* y *adj* Conjunto formado por diez más uno.

on·cea·vo, -a [onθeáβo, -a] *adj* Partitivo correspondiente a once.

on·co·lo·gía [oŋkoloxía] *s/f* MED Parte de la medicina que se ocupa de los tumores.

on·có·lo·go, -a [oŋkóloγo, -a] *s/m,f* Persona que estudia y conoce la oncología.

on·da [óņda] *s/f* **1.** Cada una de las oscilaciones curvilíneas repetidas que se producen al mover una superficie líquida o vibrar algo. **2.** Curvas formadas en un cuerpo sólido sin llegar a enrollarse. LOC **Estar en la onda,** COL *1.* Comprender de qué asunto se trata. *2.* Seguir la tendencia que se señala.

on·de·ar [oņdeár] *v/intr* Formar ondas que se mueven en una superficie (el agua, el pelo, una bandera, etc.).

on·du·la·ción [oņdulaθjón] *s/f* Acción y efecto de ondular(se).

on·du·la·do, -a [oņduláðo, -a] *adj* Se aplica a lo que tiene o forma ondas.

on·du·lar [oņdulár] **I.** *v/tr* Hacer ondas en algo. **II.** *v/intr* Moverse una superficie formando ondas.

on·du·la·to·rio, -a [oņdulatórjo, -a] *adj* Se aplica al movimiento en forma de ondas.

o·ne·ro·so, -a [oneróso, -a] *adj* Se aplica a lo que es difícil de soportar: *Un impuesto oneroso.* RPr **Oneroso a/para:** *Esa tarifa es onerosa a todo el mundo/para mí.*

ó·ni·ce [óniθe] *s/m* Ágata con capas de distintos colores empleada en adorno y joyería.

o·ní·ri·co, -a [oníriko, -a] *adj* Se aplica a lo relacionado con los sueños.

o·no·más·ti·co, (-a) [onomástiko, (-a)] **I.** *adj* Se aplica a lo relacionado con los nombres de persona. **II.** *s/f* Conjunto de los nombres propios de un país, una época, etc.

o·no·ma·to·pe·ya [onomatopéJa] *s/f* **1.** Imitación de un sonido mediante la palabra que designa la cosa que lo produce. **2.** Palabra creada por ese procedimiento: *Quiquiriquí, miau,* etc.

o·no·ma·to·pé·yi·co, -a [onomatopéJiko, -a] *adj* Relacionado con la onomatopeya.

on·to·lo·gía [oņtoloxía] *s/f* FIL Parte de la metafísica que estudia el ser.

on·to·ló·gi·co, -a [oņtolóxiko, -a] *adj* Se aplica a lo relacionado con la ontología.

o·nu·ben·se [onuβénse] *adj* y *s/m,f* De Huelva.

on·za [ónθa] *s/f* Peso antiguo equivalente a la decimosexta parte de una libra, aproximadamente treinta gramos.

on·za·vo [onθáβo] *adj* Undécimo.

o·pa·ci·dad [opaθiðáð] *s/f* Cualidad de opaco.

o·pa·co, -a [opáko, -a] *adj* **1.** Se aplica al objeto que impide el paso de la luz. **2.** Referido a personas o cosas, sin brillo o poco sobresaliente. RPr **Opaco a:** *Ese cristal es opaco a los rayos del sol.*

o·pa·li·no, -a [opalíno, -a] *adj* **1.** Se aplica a lo relacionado con el ópalo. **2.** Que tiene color blanco azulado con reflejos irisados.

ó·pa·lo [ópalo] *s/m* Mineral silíceo de aspecto lechoso, y a veces reflejos irisados, cuyas variedades transparentes son muy apreciadas en joyería.

op·ción [opθjón] *s/f* **1.** Libertad o facultad de elegir o la elección misma. **2.** Derecho a ocupar cierto empleo o dignidad, o derecho que conlleva cierta cosa: *Tengo opción al ascenso.*

ó·pe·ra [ópera] *s/f* **1.** Obra de teatro musical cantada. **2.** Lugar en el que se representa.

o·pe·ra·ble [operáβle] *adj* Se aplica a lo que puede realizarse u operar.

o·pe·ra·ción [operaθjón] *s/f* Acción y efecto de operar.

o·pe·ra·dor, (-ra) [operaðór, (-ra)] **I.** *adj* y *s/m,f* Se aplica a la persona que opera. **II.** *s/m,f* **1.** Persona que se ocupa de la fotografía en el rodaje de una película. **2.** Persona que maneja el proyector y el equipo sonoro en una sala de cine. **III.** *s/m* MAT Signo que señala el tipo de operación que se realiza entre dos o más elementos.

o·pe·rar [operár] **I.** *v/intr* **1.** Realizar acciones con un fin determinado: *Este año vamos a operar en la zona norte.* **2.** COM Negociar con mercancías o dinero. **II.** *v/tr* **1.** CIR Realizar una intervención quirúrgica. **2.** Producir algo un cierto efecto (un milagro, un cambio, etc.): *La radio ha operado grandes cambios.* RPr **Operarse de. Operar con (I. 2).**

o·pe·ra·rio, -a [operárjo, -a] *s/m,f* Persona que trabaja en una fábrica o taller.

o·pe·ra·ti·vo, -a [operatíβo, -a] *adj* Que da como resultado el efecto que debe producir: *Tu acción ha sido operativa.*

o·pe·ra·to·rio, -a [operatórjo, -a] *adj* Se aplica a lo relacionado con las operaciones quirúrgicas.

o·pér·cu·lo [opérkulo] *s/m* Especie de tapadera que cierra ciertos orificios; *por ej,* el que cubre las agallas de los peces.

o·pe·re·ta [operéta] *s/f* Ópera de poca extensión y de carácter frívolo o burlesco.

o·pi·na·ble [opináβle] *adj* Se aplica a lo que puede suscitar opiniones diversas.

o·pi·nar [opinár] *v/tr,intr* **1.** Formar o tener cierta idea sobre alguien o algo. **2.** Expresar esa opinión. RPr **Opinar sobre/en/de:** *¿Podemos opinar sobre lo que has dicho? Yo no opino en política. Opina mal de tus amigos.*

o·pi·nión [opinjón] *s/f* Idea que se tiene sobre algo o alguien.

o·pio [ópjo] *s/m* Narcótico que se obtiene desecando el jugo de las cabezas de adormideras verdes.

o·pí·pa·ro, -a [opíparo, -a] *adj* Se aplica a la comida cuando es muy abundante y buena: *Ha sido una cena opípara.*

o·po·nen·te [oponénte] *adj* y *s/m,f* Que se enfrenta a otro verbal o competitivamente.

o·po·ner [oponér] **I.** *v/tr* Poner algo contra otra cosa para impedir su actuación o efecto. **II.** REFL(-SE) Ser una cosa contraria a otra: *Tu opinión se opone a la mía.* RPr **Oponer(se) (una cosa) a/contra (otra).** CONJ *Irreg: Opongo, opuse, opondré, opuesto.*

o·por·to [opórto] *s/m* Vino de Oporto (Portugal).

o·por·tu·ni·dad [oportuniðáð] *s/f* Cualidad de oportuno.

o·por·tu·nis·mo [oportunísmo] *s/m* Doctrina que aconseja acomodarse a las circunstancias para beneficiarse de ellas.

o·por·tu·nis·ta [oportunísta] *s/m,f* Se aplica a la persona que practica el oportunismo.

o·por·tu·no, -a [oportúno, -a] *adj (Ser oportuno)* Que ocurre o se hace en el momento y lugar apropiado: *Es una lluvia muy oportuna.*

o·po·si·ción [oposiθjón] *s/f* **1.** Acción y efecto de oponer(se). **2.** Grupo de personas que, en los cuerpos legislativos o en cualquier otra organización social o política, representan la opinión contraria a la del Gobierno o autoridades. **3.** (Generalmente en *pl*) Sistema de selección de los aspirantes a un puesto de trabajo por medio de pruebas realizadas ante un tribunal.

o·po·si·tar [opositár] *v/intr* Hacer oposición a una plaza. RPr **Opositar a:** *Opositó a la cátedra de Ciencias.*

o·po·si·tor, -ra [opositór, -ra] *s/m,f* Persona que oposita.

o·pre·sión [opresjón] *s/f* Acción y efecto de oprimir.

o·pre·si·vo, -a [opresíβo, -a] *adj* Se aplica a lo que oprime.

o·pre·sor, -ra [opresór, -ra] *adj* y *s/m,f* Que oprime o es un tirano.

o·pri·mir [oprimír] *v/tr* **1.** Hacer presión sobre algo. **2.** FIG Ejercer el poder abusivamente sobre otros.

o·pro·bio [opróβjo] *s/m* Situación de vergüenza y deshonra pública y cosa que la provoca.

o·pro·bio·so, -a [oproβjóso, -a] *adj* Se aplica a lo que causa oprobio.

op·tar [optár] *v/intr* **1.** Escoger algo, generalmente aplicado a acciones: *Ha optado por quedarse en casa.* **2.** (Con *poder*) Aspirar a una cosa, generalmente un empleo o un cargo: *Puede optar a jefe de sección.* RPr **Optar por/entre/a:** *El alumno puede optar entre varias obras de consulta.*

op·ta·ti·vo, -a [optatíβo, -a] *adj* Se aplica a lo que puede ser escogido entre varias posibilidades.

óp·ti·co, (-a) [óptiko, (-a)] **I.** *adj* Se aplica a lo relacionado con la óptica y la visión: *Nervio óptico.* **II.** *s/f* Parte de la física que trata de la luz.

op·ti·mis·mo [optimísmo] *s/m* Actitud de la persona que valora sobre todo el lado bueno de las cosas.

op·ti·mis·ta [optimísta] *adj* y *s/m,f* Se aplica a la persona que tiene optimismo.

óp·ti·mo, -a [óptimo, -a] *adj superl* de *bueno.* Que no puede ser mejor.

o·pues·to, -a [opwésto, -a] *adj* **1.** Se aplica a quien se opone a algo. **2.** *pl* Se aplica a dos cosas que están situadas en lugares o situaciones contrarias.

o·pu·len·cia [opulénθja] *s/f* Abundancia o riqueza: *Vivir en la opulencia.*

o·pu·len·to, -a [opulénto, -a] *adj* Se aplica a lo que es abundante en riquezas o exuberante en algo.

o·pús·cu·lo [opúskulo] *s/m* Tratado impreso de poca extensión.

o·que·dad [okeðáð] *s/f* Espacio vacío en el interior de un cuerpo.

o·ra [óra] *conj* (Aféresis de *ahora*) Tiene valor distributivo; se emplea delante de cada miembro, en frases literarias: *Robando comida, ora aquí, ora allá.*

o·ra·ción [oraθjón] *s/f* **1.** Acción de orar. **2.** Rezos que se dirigen a Dios o a los santos en su alabanza o para pedir o agradecer algo. **3.** GRAM En general se denomina oración a un enunciado no incluido en otro mayor, es decir, autónomo.

o·ra·cio·nal [oraθjonál] *adj* Se aplica a lo relacionado con la oración gramatical.

o·rá·cu·lo [orákulo] *s/m* **1.** Palabras de los dioses paganos transmitidas a través de sus ministros o pitonisas. **2.** Lugar donde se mantenía el contacto con el dios y figura que lo representaba: *El oráculo de Delfos.*

o·ra·dor, -ra [oraðór, -ra] *s/m,f* Persona que habla en público o pronuncia discursos.

o·ral [orál] *adj* **1.** Se aplica a lo que se expresa con palabras. **2.** ZOOL Relativo a la boca.

o·ran·gu·tán [oraŋgután] *s/m* Mono antropomórfico de las selvas de Borneo y Sumatra, de unos dos metros de altura, que tiene mucha fuerza.

o·ran·te [orántе] *adj* y *s/m,f* Que está orando o en actitud de orar.

o·rar [orár] *v/intr* Dirigir palabras a Dios o a los santos, mentalmente o en voz alta, para suplicar, alabar o pedir algo.

o·ra·to·ria [oratórja] *s/f* Arte de pronunciar discursos.

o·ra·to·rio, (-a) [oratórjo, (-a)] **I.** *s/m* Lugar pequeño, en sitios públicos o casas privadas, donde se puede rezar o decir misa. **II.** *adj* Se aplica a lo relacionado con la oratoria.

or·be [órβe] *s/m* **1.** Redondez o círculo. **2.** Esfera terrestre o celeste. **3.** Mundo o universo: *En todo el orbe.*

ór·bi·ta [órβita] *s/f* **1.** Trayectoria seguida por un astro en su movimiento de traslación. **2.** FIG Campo que abarca la actividad de una persona. **3.** Cavidad de los ojos.

or·bi·tal [orβitál] *adj* Relacionado con la órbita.

ór·da·go [órðaγo] *s/m* Envite en el juego del mus.

or·da·lías [orðalías] *s/f, pl* Juicio al que eran sometidos los reos en la Edad Media.

or·den [órðen] **I.** *s/m* **1.** Posición de las cosas en el lugar y tiempo que les corresponde. **2.** Posición de las cosas de acuerdo con una norma que suele expresarse: *Los libros están en orden alfabético.* **3.** Ausencia de alboroto, indisciplina, etc., en una comunidad o grupo de personas. **II.** *s/f* **1.** Acción de ordenar o mandar. **2.** Escrito o palabras con las que se ordena algo: *He recibido la orden de desalojar el local.* **3.** Cada una de las organizaciones religiosas que viven en comunidad sometidas a una regla: *La orden del carmelo.* **4.** (Generalmente en *pl*) Orden sagrada. LOC **Dar órdenes,** indicar alguien lo que deben hacer los demás. **Estar (una cosa) a la orden del día,** ser muy frecuente. **¡A la orden!,** saludo militar que se dice al cuadrarse ante un superior. **De orden de,** por orden de. **Del orden de,** indica cantidad aproximada: *Serían del orden de cuatrocientos invitados.* **En orden a,** ANGL *1.* Para. *2.* En relación con: *Es lo apropiado en orden a nuestra situación.*

or·de·na·ción [orðenaθión] *s/f* **1.** Acción de ordenar(se). **2.** Disposición de las cosas por orden.

or·de·na·do, -a [orðenáðo, -a] *adj* **1.** Que está en orden. **2.** Encaminado hacia un fin: *Ordenado hacia la consecución de un fin.*

or·de·na·dor, (-ra) [orðenaðór, (-ra)] **I.** *adj* y *s/m,f* **1.** Se aplica a lo que ordena: *Mente ordenadora.* **2.** Persona inclinada a poner las cosas en orden. **II.** *s/m* Máquina que, debidamente programada, realiza todo tipo de operaciones y es capaz de almacenar gran cantidad de información.

or·de·na·mien·to [orðenamjénto] *s/m* **1.** Ordenación. **2.** Conjunto de leyes sobre un mismo tema o promulgadas al mismo tiempo: *Ordenamiento judicial.*

or·de·nan·cis·ta [orðenanθísta] *s/m,f* Se

aplica a la persona que cumple o exige a los demás el cumplimiento estricto de las normas.

or·de·nan·za [orðenánθa] **I.** *s/f* Norma dictada por las autoridades, especialmente para regular el funcionamiento de una comunidad civil, militar o religiosa. **II.** *s/m* **1.** Soldado que está a las órdenes de un superior para ayudarle en el servicio. **2.** Empleado subalterno de ciertas oficinas.

or·de·nar [orðenár] *v/tr* **1.** Poner una cosa en orden. **2.** Indicar alguien, generalmente con autoridad para ello, lo que se debe hacer: *Me ordenó que te lo dijera.* RPr **Ordenar(se) en/ por:** *Las fichas se ordenan en filas. La biblioteca está ordenada por materias.*

or·de·ñar [orðeɲár] *v/tr* **1.** Extraer la leche de las ubres exprimiéndolas: *Ordeñar la vaca.* **2.** FIG Extraer todo el provecho posible de una persona o una cosa.

or·de·ño [orðéɲo] *s/m* Acción de ordeñar.

or·di·nal [orðinál] *s/m* y *adj* Número que indica la situación u orden de sucesión: *Primero, segundo,* etc.

or·di·na·riez [orðinarjéθ] *s/f* Se aplica a la expresión o acción de mal gusto o grosera.

or·di·na·rio, -a [orðinárjo, -a] **I.** *adj* **1.** Se aplica a las cosas o acciones que ocurren o se hacen de forma habitual. **2.** Se dice de las cosas hechas con materiales no selectos: *Una tela ordinaria.* **II.** *adj* y *s/m,f* Se aplica a las personas que se expresan o realizan acciones de mal gusto y de poca educación: *¡Eres un ordinario!*

o·re·ar [oreár] *v/tr,* REFL(-SE) Poner una cosa en contacto con el aire para secarla, quitarle el olor o refrescarla.

o·ré·ga·no [oréɣano] *s/m* Planta silvestre aromática que se usa como condimento.

o·re·ja [oréxa] *s/f* **1.** Superficie cartilaginosa con pliegues en la parte externa del oído. **2.** FIG Por similitud se aplica ese nombre a ciertos objetos (los salientes de los zapatos que a un lado y a otro sirven para ajustarlo al pie con cordones. LOC **Agachar/Bajar las orejas,** renunciar al propio criterio en una disputa de forma humillante. **Ver las orejas al lobo,** darse cuenta de un peligro o problema al que antes no se había prestado atención.

o·re·je·ra [orexéra] *s/f* Cada una de las piezas que sirven para tapar las orejas; generalmente están situadas a los lados de cierto tipo de gorras.

o·re·ju·do, -a [orexúðo, -a] *adj* Que tiene las orejas grandes.

o·reo [oréo] *s/m* Acción y efecto de orear(se).

or·fa·na·to [orfanáto] *s/m* Lugar donde se recogen niños huérfanos.

or·fan·dad [orfaṇdáð] *s/f* **1.** Situación de los niños que han perdido a uno o a ambos padres a la vez. **2.** Pensión que reciben los huérfanos.

or·fe·bre [orféβre] *s/m* Persona que trabaja en orfebrería.

or·fe·bre·ría [orfeβrería] *s/f* Arte de hacer objetos artísticos con metales nobles.

or·fe·li·na·to [orfelináto] *s/m* GAL Orfanato.

or·fe·ón [orfeón] *s/m* Grupo de personas que cantan sin acompañamiento instrumental.

or·gá·ni·co, -a [orɣániko, -a] *adj* **1.** Se aplica a lo que está constituido por órganos, y por tanto, a los seres vivos. **2.** FIG Referido a lo que funciona o se forma de manera organizada: *Un todo orgánico.*

or·ga·ni·gra·ma [orɣaniɣráma] *s/m* Representación en esquema de la organización de una empresa o una tarea.

or·ga·ni·lle·ro, -a [orɣaniʎéro, -a] *s/m,f* Persona que toca el organillo, generalmente en la calle.

or·ga·ni·llo [orɣaníʎo] *s/m* Instrumento musical que funciona mecánicamente por medio de un cilindro con púas, movido por un manubrio.

or·ga·nis·mo [orɣanísmo] *s/m* **1.** Conjunto de órganos que forman un ser vivo. **2.** FIG Institución social que se ocupa de asuntos de interés general como, *por ej,* el Gobierno, la Seguridad Social.

or·ga·nis·ta [orɣanísta] *s/m,f* Persona dedicada a tocar el órgano.

or·ga·ni·za·ción [orɣaniθaθjón] *s/f* **1.** Acción o resultado de organizar(se). **2.** Conjunto de personas que pertenecen a un grupo ordenado o regulado.

or·ga·ni·za·do, -a [orɣaniθáðo, -a] *adj* **1.** (*Ser, estar*) Se aplica a lo que tiene una estructura y orden determinados. **2.** *(Ser organizado)* Aplicado a personas, ordenado.

or·ga·ni·za·dor, -ra [orɣaniθaðór, -ra] *adj* y *s/m,f* Que organiza.

or·ga·ni·zar [orɣaniθár] **I.** *v/tr.* **1.** Preparar lo necesario para hacer una cosa. **2.** Crear una organización: *Organizar una empresa.* **II.** REFL(-SE) **1.** Ordenar alguien su vida o su trabajo. **2.** COL Crearse de forma espontánea una cosa, organizada o no.

ORT Ante *e* la *z* cambia en *c: Organicé.*

ór·ga·no [órɣano] *s/m* **1.** Parte de un animal o vegetal que realiza una función específica, como los pulmones o el hígado: *El órgano de la vista.* **2.** FIG Persona o cosa utilizada para realizar algo: *Órgano administrativo.* **3.** MÚS Instrumento musical de viento compuesto por tubos de distintos tamaños donde se produce el sonido al pasar el aire que despide un fuelle.

or·gas·mo [orγásmo] *s/m* Momento culminante del placer sexual.

or·gía [orxía] *s/f* Fiesta desenfrenada.

or·giás·ti·co, -a [orxjástiko, -a] *adj* Se aplica a lo que tiene caracteres de orgía.

or·gu·llo [orγúʎo] *s/m* **1.** Sentimiento de satisfacción por el aprecio de las cosas propias. **2.** Sentimiento y actitud del que siente exceso de autoestimación y se considera y actúa como superior a los demás. RPr **Tener/Sentir orgullo por/de:** *Tenía orgullo por su obra/de tu valentía.*

or·gu·llo·so, -a [orγuʎóso, -a] *adj (Estar orgulloso)* Que siente o tiene orgullo, satisfacción. RPr **Orgulloso con/de/por:** *Estar muy ogulloso con su coche nuevo/de él/por tu éxito.*

o·rien·ta·ción [orjeṇtaθjón] *s/f* **1.** Acción de orientar(se). **2.** Dirección que toma una cosa; particularmente, posición de una construcción con respecto a los puntos cardinales: *La orientación de esta fachada es al mediodía.* **3.** FIG Dirección que lleva una persona en su conducta: *Me faltó una buena orientación para triunfar.*

o·rien·tal [orjeṇtál] **I.** *adj* Se aplica a lo que procede de Oriente. **II.** *adj* y *s/m,f* Natural de Oriente.

o·rien·ta·lis·ta [orjeṇtalísta] *s/m,f* Persona que estudia o conoce la civilización asiática.

o·rien·tar [orjeṇtár] *v/tr* **1.** Situar una cosa en una dirección determinada. **2.** FIG Dirigir una acción en un sentido determinado: *Sus esfuerzos están orientados a luchar contra la injusticia.* **3.** Señalar a alguien el camino que debe seguir. RPr **Orientar(se) a/hacia. Orientarse por:** *Nos orientaremos por las estrellas.*

o·rien·te [orjéṇte] *s/m* **1.** Este, punto cardinal. **2.** Viento que sopla del Este.

o·rí·fi·ce [orífiθe] *s/m* Artista o artesano que trabaja el oro.

o·ri·fi·cio [orifíθjo] *s/m* Abertura que atraviesa de parte a parte una cosa.

o·ri·fla·ma [oriflÁma] *s/f* Estandarte o bandera flotando al viento.

o·ri·gen [oríxen] *s/m* **1.** Punto, momento o suceso en que empieza una cosa: *El origen de la vida.* **2.** Hecho o circunstancia que motiva la aparición o existencia de algo. **3.** Aplicado a personas, ascendencia familiar: *Ser de origen noble.* **4.** Procedencia de un determinado país o lugar geográfico: *Soy de origen italiano.*

o·ri·gi·nal [orixinál] **I.** *adj* **1.** Relacionado con el origen. **2.** Nacido o procedente de cierto lugar: *Es original del sur de Asia.* **3.** Se aplica a las cosas que no copian o imitan a otras: *Es un tema original.* **4.** Distinto de la generalidad o contrario a lo acostumbrado: *Un comportamiento original.* **II.** *s/m* Obra hecha por el autor, ejemplar primero o modelo del que se suele copiar.

o·ri·gi·na·li·dad [orixinaliðáð] *s/f* **1.** Cualidad de original. **2.** Acción original.

o·ri·gi·nar [orixinár] **I.** *v/tr* Ser el motivo de cierta cosa. **II.** REFL(-SE) Tener algo su causa o inicio en otra cosa: *El tumulto se originó en el parque.*

o·ri·gi·na·rio, -a [orixinárjo, -a] *adj* **1.** Se aplica a lo que es el principio de una cosa. **2.** Se dice de la persona o cosa que proceden de un lugar determinado: *Es originario de América.* **3.** También del país o lugar de donde procede una persona o una cosa: *Su país originario es América.*

o·ri·lla [oríʎa] *s/f* **1.** Línea que es el límite de una superficie. **2.** Parte de una superficie contigua a la línea que la delimita o separa de otra: *La orilla de la mesa.* **3.** Límite entre la tierra y el agua del mar, un río, etc., o franja de tierra próxima a ese límite: *La orilla del mar.*

o·ri·llar [oriʎár] *v/tr* **1.** Resolver un problema. **2.** Evitar o sortear cualquier dificultad u obstáculo.

o·ri·llo [oríʎo] *s/m* Borde de una pieza sin cortar, generalmente más basto que el resto de la pieza.

o·rín [orín] *s/m* **1.** Óxido rojizo que se forma en la superficie del hierro. **2.** Orina.

o·ri·na [orína] *s/f* Secreción de los riñones conducida a la vejiga por los uréteres y expelida del cuerpo por la uretra. ORT *Pl:* (se usa) *Orines.*

o·ri·nal [orinál] *s/m* Utensilio para recoger la orina.

o·ri·nar [orinár] *v/intr* Expeler la orina.

o·riun·do, -a [orjúṇdo, -a] *adj* Se dice de la persona o cosa que procede de un determinado lugar: *Oriundo de Chile.*

or·la [órla] *s/f* **1.** Franja de adorno que se pone en el borde de algo. **2.** Cuadro que se hace con las fotos de los alumnos y profesores de una promoción académica en facultades y escuelas universitarias y que se suele guardar como recuerdo.

or·lar [orlár] *v/tr* **1.** Poner una orla alrededor de una cosa. **2.** Estar una orla o algo que lo parece alrededor de una cosa.

or·na·men·ta·ción [ornamentaθjón] *s/f* Acción y efecto de ornamentar.

or·na·men·tal [ornamentál] *adj* Se aplica a lo que sirve de adorno o está relacionado con la ornamentación.

or·na·men·tar [ornamentár] *v/tr* Poner adornos.

or·na·men·to [ornaménto] *s/m* **1.** Elemento decorativo. **2.** *pl* Vestidos utilizados por el sacerdote en las ceremonias religiosas y adornos de los altares.

or·nar [ornár] *v/tr* Adornar.

or·na·to [ornáto] *s/m* Conjunto de cosas que sirven para adornar.

or·ni·to·lo·gía [ornitoloxía] *s/f* ZOOL Parte de la zoología que trata de las aves.

or·ni·to·ló·gi·co, -a [ornitolóxiko, -a] *adj* Relacionado con la ornitología.

or·ni·tó·lo·go, -a [ornitóloγo, -a] *s/m,f* Que estudia o se dedica a la ornitología.

o·ro [óro] **I.** *s/m* **1.** Metal amarillo muy apreciado. Su *sím* es *Au,* su peso atómico *197,2* y su *núm* atómico *79,2.* **2.** Joyas u objetos de oro. **3.** FIG Riqueza o dinero. **4.** *pl* Uno de los cuatro palos de la baraja española, en cuyos naipes aparecen dibujadas monedas de oro. **II.** *adj* Se usa en la expresión 'color oro', color amarillo parecido al oro. LOC **Hacerse uno de oro,** ganar mucho dinero. **No es oro todo lo que reluce,** refrán que señala que no es valioso todo lo que parece serlo.

o·ro·gé·ne·sis [oroxénesis] *s/f* Movimientos geológicos que originan montañas, etc.

o·ro·ge·nia [oroxénja] *s/f* GEOL Parte de la geología que estudia la formación de las montañas.

o·ro·gé·ni·co, -a [oroxéniko, -a] *adj* Se aplica a lo relacionado con la orogenia.

o·ro·gra·fía [oroγrafía] *s/f* GEOGR Parte de la geografía física que describe las montañas.

o·ro·grá·fi·co, -a [oroγráfiko, -a] *adj* Se aplica a lo relacionado con la orografía.

o·ron·do, -a [oróndo, -a] *adj* **1.** Se aplica a las vasijas con mucha concavidad. **2.** FIG Referido a una persona, satisfecho de sí mismo.

o·ro·pel [oropél] *s/m* **1.** Lámina de latón que imita al oro. **2.** FIG Cosa que aparenta tener valor, pero que no lo tiene.

or·ques·ta [orkésta] *s/f* **1.** Lugar situado entre el escenario y las butacas de un teatro, reservado para los músicos. **2.** Conjunto de músicos que tocan diversos instrumentos.

or·ques·ta·ción [orkestaθjón] *s/f* Acción y efecto de orquestar.

or·ques·tal [orkestál] *adj* De la orquesta.

or·ques·tar [orkestár] *v/tr* **1.** Retocar una obra musical para que pueda ser interpretada por varios instrumentos. **2.** FIG Dar pompa o publicidad a algo, aunque sea sólo para impresionar: *El Gobierno ha orquestado una campaña de descrédito contra la oposición.*

or·ques·ti·na [orkestína] *s/f* Orquesta de pocos y variados instrumentos que generalmente toca música moderna bailable.

or·quí·dea [orkíðea] *s/f* **1.** Cualquier planta orquidácea. **2.** Flor de estas plantas.

or·ti·ga [ortíγa] *s/f* Planta urticárea silvestre cubierta de pelos que se clavan en la piel y producen picores.

or·to [órto] *s/m* **1.** Aparición del sol o de otro astro por el horizonte. **2.** ASTRON Por oposición a 'ocaso', posición de un astro al este de quien lo mira.

or·to·do·xia [ortoðó(k)sja] *s/f* Cualidad de ortodoxo.

or·to·do·xo, -a [ortoðó(k)so, -a] **I.** *adj* Se aplica a lo que es conforme con una doctrina que se considera verdadera. **II.** *adj* y *s/m,f* Se aplica a personas de religión ortodoxa.

or·toe·pía [ortoepía] *s/f* Ortología.

or·to·gra·fía [ortoγrafía] *s/f* **1.** Manera correcta de escribir las palabras de una lengua. **2.** GRAM Parte de la gramática que enseña a escribir correctamente.

or·to·grá·fi·co, -a [ortoγráfiko, -a] *adj* Se aplica a lo relacionado con la ortografía: *Reglas ortográficas.*

or·tó·gra·fo, -a [ortóγrafo, -a] *s/m,f* Persona que estudia o se ocupa de la ortografía.

or·to·lo·gía [ortoloxía] *s/f* **1.** Arte de pronunciar correctamente. **2.** *Por ext,* arte de hablar con propiedad.

or·tó·lo·go, -a [ortóloγo, -a] *s/m,f* Persona que estudia o se ocupa de la ortología.

or·to·pe·dia [ortopéðja] *s/f* Arte de corregir o evitar deformaciones del cuerpo humano por medio de aparatos o tratamientos especiales.

or·to·pé·di·co, -a [ortopéðiko, -a] **I.** *adj* Se aplica a lo relacionado con la ortopedia: *Aparato ortopédico.* **II.** *s/m,f* Persona que se dedica a la ortopedia.

or·to·pe·dis·ta [ortopeðísta] *s/m,f* Ortopédico **(II).**

o·ru·ga [orúγa] *s/f* **1.** Larva de mariposa, que tiene forma de gusano con doce anillos, cabeza córnea y boca masticadora. **2.** MEC Cadena o llanta articulada que une las dos ruedas de cada lado de un vehículo para que pueda moverse en terreno accidentado o poco firme.

o·ru·jo [orúxo] *s/m* Residuo que deja la uva, la aceituna y otros frutos después de exprimidos o prensados.

or·za [órθa] *s/f* Vasija de barro con la forma de una tinaja pequeña, alta y sin asas.

or·zue·lo [orθwélo] *s/m* Grano o absceso que surge en el borde del párpado.

os [os] *pron pers* átono de segunda persona, *m* o *f pl*. Puede funcionar como complemento de objeto directo *(Yo os divierto)* y como complemento de objeto indirecto *(Ya os lo dije)*, con verbos reflexivos y pronominales.

o·sa·día [osaðía] *s/f* **1.** Cualidad de la persona que no se detiene ante el peligro. **2.** En sentido negativo, cualidad del que actúa con descaro, sin respetar a los demás.

o·sa·do, -a [osáðo, -a] *adj* y *s/m,f* Se aplica a la persona que tiene osadía.

o·sa·men·ta [osaménta] *s/f* Conjunto de los huesos que forman el esqueleto de un animal.

o·sar [osár] *v/intr* Actuar de forma atrevida y con descaro.

o·sa·rio [osárjo] *s/m* Lugar de los cementerios donde se depositan los huesos sacados de las sepulturas.

os·cen·se [osθénse] *adj* y *s/m,f* De Huesca.

os·ci·la·ción [osθilaθjón] *s/f* **1.** Acción de oscilar. **2.** Cada uno de los vaivenes de un movimiento oscilatorio.

os·ci·la·dor [osθilaðór] *s/m* Aparato destinado a producir oscilaciones eléctricas.

os·ci·lan·te [osθilánte] *adj* Que oscila.

os·ci·lar [osθilár] *v/intr* **1.** Moverse de un lado a otro una cosa que está suspendida y sujeta por un solo punto. **2.** Moverse continuamente algo. **3.** FIG Variar dentro de unos límites el valor, la intensidad, el tamaño, etc., de una cosa: *Las temperaturas oscilan entre 15 y 22 grados en invierno.*

os·ci·la·to·rio, -a [osθilatórjo, -a] *adj* Se aplica al movimiento de oscilación.

os·ci·ló·gra·fo [osθilóγrafo] *s/m* Aparato que mide las oscilaciones.

ó·seo, -a [óseo, -a] *adj* Se aplica a lo que es de hueso o parecido a él: *Tejido óseo.*

o·se·ra [oséra] *s/f* Lugar donde viven los osos.

o·sez·no [oséθno] *s/m* Cachorro de oso.

o·si·fi·ca·ción [osifikaθjón] *s/f* Acción de osificar(se).

o·si·fi·car [osifikár] *v/*REFL(-SE) Convertirse en hueso un tejido orgánico.
ORT Ante *e* la *c* cambia en *qu: Osifique.*

ós·mo·sis u **os·mo·sis** [ósmosis/osmósis] *s/f* **1.** Fenómeno que consiste en la mezcla de dos líquidos de distinta densidad a través de una membrana porosa que los separa. **2.** FIG Influencia recíproca.

o·so, -a [óso, -a] *s/m* Animal mamífero plantígrado del género de los úrsidos; es pesado, de andar lento y pelo largo y abundante. LOC **Hacer el oso,** hacer reír a la gente de forma voluntaria o involuntaria.

os·ten·si·ble [ostensíβle] *adj* **1.** Se aplica a lo que puede ser mostrado. **2.** Más frecuentemente, que se observa fácilmente: *Su mal carácter es ostensible.*

os·ten·si·vo, -a [ostensíβo, -a] *adj* Se aplica a lo que muestra algo.

os·ten·ta·ción [ostentaθjón] *s/f* **1.** Acción de ostentar. **2.** Especialmente, ostentar lujo y riqueza.

os·ten·tar [ostentár] *v/tr* **1.** Mostrar a los demás algo propio con orgullo y presunción. **2.** Tener capacidad de actuar por delegación o derecho y hacerlo manifiesto. **3.** Poseer algo que da ciertos derechos u honores: *Ostenta un título nobiliario.*

os·ten·to·so, -a [ostentóso, -a] *adj* **1.** Que aparenta riqueza o poder: *Una cosa ostentosa.* **2.** Que se muestra de forma exagerada para que sea notado.

os·tra [óstra] *s/f* Molusco lamelibranquio de conchas rugosas de color pardo verdoso; es un marisco muy apreciado. LOC **Aburrirse (estar aburrido) como una ostra,** aburrirse mucho. **¡Ostras!,** *interj* para expresar sorpresa o contrariedad.

os·tra·cis·mo [ostraθísmo] *s/m* Retirada de alguien de la vida pública, de forma voluntaria o impuesta.

os·tri·cul·tu·ra [ostrikultúra] *s/f* Conjunto de técnicas relacionadas con la cría de las ostras.

os·tro·go·do, -a [ostroγóðo, -a] *adj* y *s/m,f* Se aplica a los individuos pertenecientes a una de las dos ramas de los godos, y a lo relacionado con ellos.

o·su·no, -a [osúno, -a] *adj* Se aplica a lo relacionado con el oso.

o·tea·dor, -ra [oteaðór, -ra] *adj* y *s/m,f* Que otea.

o·te·ar [oteár] *v/tr* **1.** Mirar desde una altura una extensión de terreno. **2.** Mirar atentamente para descubrir algo.

o·te·ro [otéro] *s/m* Montecillo aislado en un llano.

o·ti·tis [otítis] *s/f* MED Inflamación del oído.

o·to·ñal [otoɲál] *adj* Se aplica a lo relacionado con el otoño.

o·to·ñar [otoɲár] *v/intr* Pasar el otoño en algún sitio o de una forma especial.

o·to·ño [otóɲo] *s/m* Estación del año, después del verano y antes del invierno; en nuestro hemisferio comprende aproximadamente los meses de septiembre, octubre y noviembre, y en el hemisferio austral corresponde a nuestra primavera.

o·tor·ga·mien·to [otorɣamjéṇto] *s/m* Acción de otorgar.

o·tor·gan·te [otorɣáṇte] *adj* y *s/m,f* Que otorga.

o·tor·gar [otorɣár] *v/tr* **1.** Acceder a algo. **2.** Dar algo, generalmente cuando procede de una autoridad o había dificultades para ello. **3.** DER Hacer alguien una escritura, un contrato o cualquier otro documento ante notario: *Ha otorgado testamento a favor de su familia.*
ORT Ante *e* la *g* cambia en *gu: Otorgué.*

o·to·rri·no·la·rin·go·lo·gía [otorrinolariŋgoloxía] *s/f* MED Parte de la patología que se ocupa de las enfermedades de oído, nariz y garganta.

o·to·rri·no·la·rin·gó·lo·go, -a [otorrinolariŋgóloɣo, -a] *s/m,f* Médico especialista en las enfermedades del oído, nariz y garganta.

o·tro, -a [ótro, -a] *adj* y *pron indef* **1.** Se aplica a la persona o cosa distinta de la que se habla: *Que venga otro en mi lugar.* **2.** A veces indica gran semejanza entre dos cosas o personas, equivaliendo a 'un segundo', 'uno nuevo': *Es otro Greco.*
GRAM Cuando este indefinido funciona como adjetivo, los demás adjetivos que acompañan al sustantivo aparecen postpuestos: *Dame otro viejo libro. Quiero otros tres libros;* excepto en el caso de los adjetivos posesivos que siempre preceden a 'otro' *Mi otro coche.* No va nunca precedido de *un: Quiero otro plato.*

o·tro·sí [otrosí] **I.** *adv* (Se emplea en el lenguaje *forense* para iniciar los distintos apartados de una exposición) Además. **II.** DER *s/m* Cada uno de los apartados que en una exposición siguen al primero.

o·va·ción [oβaθjón] *s/f* Demostración ruidosa de aceptación con aplausos, que se hace para manifestar la aceptación de algo o alguien.

o·va·cio·nar [oβaθjonár] *v/intr* Dar una ovación a algo o a alguien.

o·val [oβál] *adj* Se aplica a las cosas que tienen forma de óvalo o parecida a la de un huevo: *Hojas ovales.*

o·va·la·do, -a [oβaláðo, -a] *adj* Oval.

o·va·lar [oβalár] *v/tr* Dar figura ovalada a una cosa.

ó·va·lo [óβalo] *s/m* Curva cerrada de forma parecida a la elipse.

o·va·rio [oβárjo] *s/m* Órgano de reproducción de las hembras, que contiene los óvulos.

o·ve·ja [oβéxa] *s/f* Hembra del carnero. **Oveja negra,** FIG persona que en una familia o colectividad difiere censurablemente de los demás en ideas y conducta.

o·ve·ten·se [oβeténse] *adj* y *s/m,f* De Oviedo.

ó·vi·do, -a [óβiðo, -a] *adj* y *s/m,f* Se aplica a los rumiantes bóvidos con abundante pelo y cuernos retorcidos, como el carnero o la cabra.

o·vi·llo [oβíʎo] *s/m* **1.** Bola formada con hilo, lana, alambre, etc., liado. **2.** FIG Enredo o lío.

o·vi·no [oβíno] *adj* Se dice del ganado lanar.

o·ví·pa·ro, -a [oβíparo, -a] *adj* ZOOL Se aplica a los animales que se reproducen por huevos que la madre expulsa al exterior antes del nacimiento, como las aves o los insectos.

ov·ni [óbni] *s/m* (objeto volante no identificado). Nombre dado a los fenómenos observados en el cielo y cuya naturaleza, causa u origen no se conocen.

o·vu·la·ción [oβulaθjón] *s/f* Desprendimiento de un óvulo que pasa al lugar en que puede ser fecundado.

o·vu·lar [oβulár] *v/intr* Madurar un óvulo para ser fecundado o desprenderse.

ó·vu·lo [óβulo] *s/m* Célula sexual femenina formada en el ovario.

o·xi·da·ble [o(k)siðáβle] *adj* Se aplica a las cosas que pueden oxidarse.

o·xi·da·ción [o(k)siðaθjón] *s/f* Acción de oxidar(se).

o·xi·dan·te [o(k)siðáṇte] *adj* y *s/m* Que puede o se utiliza para oxidar.

o·xi·dar [o(k)siðár] *v/tr,* REFL(-SE) Formar óxido sobre un cuerpo algún oxidante.

ó·xi·do [ó(k)siðo] *s/m* QUÍM **1.** Cuerpo resultante de la combinación de oxígeno con otro elemento, generalmente un metal: *Óxido de hierro.* **2.** Capa de ese cuerpo, que se forma sobre los metales expuestos al aire o a la humedad.

o·xi·ge·na·ción [o(k)sixenaθjón] *s/f* Acción y efecto de oxigenar.

o·xi·ge·na·do, -a [o(k)sixenáðo, -a] *adj* Que contiene oxígeno: *Agua oxigenada.*

o·xi·ge·nar [o(k)sixenár] *v/tr* **1.** Combinar un cuerpo con oxígeno. **2.** REFL(-SE) Airear los pulmones, hacer que éstos aspiren aire libre o puro.

o·xí·ge·no [o(k)síxeno] *s/m* Elemento gaseoso, componente principal del aire, que es absorbido por el organismo en la respiración; su *sím* es *O,* su peso atómico *16* y su *núm* atómico el *8.*

o·xí·to·no, -a [o(k)sítono, -a] *adj* GRAM Que recibe el acento en la última sílaba; agudo.

o·yen·te [oJénte] *adj* y *s/m,f* Persona que está oyendo.

o·zo·no [oθóno] *s/m* Variedad alotrópica del oxígeno producida en las descargas eléctricas.

p [pé] *s/f* Letra del alfabeto español.
ORT Seguida de 's' + vocal no es obligación escribirla: *Psicología* o *sicología.*

pa·be·llón [paβeʎón] *s/m* **1.** Tienda de campaña con forma de cono. **2.** Colgadura plegadiza que cobija y adorna un trono, un altar, etc. **3.** Edificio, generalmente aislado, que constituye una dependencia de otro grande (un palacio, etc.) próximo a éste. **4.** Cada construcción en un conjunto de varias.

pa·bi·lo [paβílo] *s/m* Mecha que está en el centro de la antorcha.
ORT La forma *pábilo* es poco usada.

pá·bu·lo [páβulo] *s/m* FIG Lo que fomenta o mantiene ciertas acciones o cosas inmateriales.

pa·ca [páka] *s/f* Fardo de lana o de algodón en rama.

pa·ca·to, -a [pakáto, -a] *adj* Apaciguado, tranquilo, manso.

pa·cen·se [paθénse] *adj* y *s/m,f* De Badajoz.

pa·cer [paθér] *v/intr,tr* Comer el ganado la hierba del campo.
CONJ *Irreg: Pazco, pací, paceré, pacido.*

pa·cien·cia [paθjénθja] *s/f* **1.** Capacidad para sufrir con serenidad las desgracias. **2.** Virtud cristiana opuesta a la ira. **3.** Habilidad para realizar cosas minuciosas o pesadas. **4.** Calma para esperar.

pa·cien·te [paθjéņte] **I.** *adj* Que tiene paciencia. **II.** *s/m,f* Persona enferma que está sometida a tratamiento.

pa·ci·fi·ca·ción [paθifikaθjón] *s/f* Acción y efecto de pacificar.

pa·ci·fi·car [paθifikár] *v/tr, intr* Lograr la paz donde había discordias o guerras.
ORT Ante *e* la *c* cambia en *qu: Pacifique.*

pa·cí·fi·co, -a [paθífiko, -a] *adj* Que no es propenso a la violencia.

pa·ci·fis·mo [paθifísmo] *s/m* Doctrina en contra de la guerra y a favor de la paz.

pa·ci·fis·ta [paθifísta] *adj* y *s/m,f* Relativo al pacifismo o partidario de la paz.

pa·co·ti·lla [pakotíʎa] *s/f* MAR Porción de géneros que les es permitido cargar a los marineros u oficiales de un barco, libre de fletes. LOC **De pacotilla,** de escasa importancia o hecho sin cuidado ni solidez.

pac·tar [paktár] *v/tr* **1.** Convenir estipulaciones para concluir un negocio obligándose las partes a cumplirlas. **2.** Hacer concesiones una autoridad para mantener relaciones amistosas.

pac·tis·mo [paktísmo] *s/m* Tendencia a resolver los problemas mediante pactos.

pac·to [pákto] *s/m* Acción y efecto de pactar algo.

pa·chan·ga [patʃáŋga] *s/f* Jolgorio y diversión ruidosos.

pa·chan·gue·ro, -a [patʃaŋɣéro, -a] *adj* Se dice de la música o espectáculo popular, pegadizos y bulliciosos.

pa·cho·rra [patʃórra] *s/f* Tranquilidad de ánimo, aunque haya motivo para estar inquieto.

pa·chu·cho, -a [patʃútʃo] *adj* **1.** Aplicado a cosas, especialmente frutas y verduras, demasiado maduras y blandas. **2.** Dicho de personas, flojo, débil o abatido.

pa·de·cer [paðeθér] **I.** *v/intr* Sufrir. **II.** *v/tr* **1.** Recibir el daño de una acción u operación dolorosa, física o psíquica. **2.** Ser sujeto de engaño, error u ofuscación.
RPr **Padecer de/con/por:** *Padece de los nervios/con cualquier cosa/por todo.*
CONJ *Irreg: Padezco, padecí, padeceré, padecido.*

pa·de·ci·mien·to [paðeθimjéņto] *s/m* El hecho de padecer un daño, una enfermedad o un problema.

pa·dras·tro [paðrástro] *s/m* Marido de la madre, respecto de los hijos habidos antes por ella.

pa·dra·zo [paðráθo] *s/m* COL Padre muy indulgente y cariñoso con sus hijos.

pa·dre [páðre] *s/m* **1.** Varón o animal macho que ha engendrado. **2.** FIG Autor o inventor de algo: *Fleming es el padre de la penicilina.* **3.** Tratamiento que se da a los eclesiásticos sacerdotes, antepuesto al apellido o al nombre o para dirigirse a ellos: *El padre Galindo.* **4.** *pl* El padre y la ma-

dre juntos. LOC **De padre y muy señor mío,** extraordinario.
Padre nuestro, oración enseñada por Jesucristo a sus discípulos, y que empieza por dichas palabras.

pa·dre·ar [paðreár] *v/intr* Ejercer el macho las funciones de la procreación.

pa·dre·nues·tro [paðrenwéstro] *s/m Padre nuestro* (oración).

pa·dri·naz·go [paðrináθγo] *s/m* La acción de ser padrino.

pa·dri·no [paðríno] *s/m* **1.** Persona que presenta y acompaña a otra al recibir ésta un honor, un grado o un sacramento. **2.** Persona que asiste a otra para ayudarle en concursos, desafíos, etc. **3.** *pl* El padrino y la madrina juntos. LOC **Tener buen/buenos padrino(s),** ser un protegido de alguien importante o influyente.

pa·drón [paðrón] *s/m* Lista de habitantes de una localidad: *Padrón municipal.*

pae·lla [paéʎa] *s/f* Plato típico del País Valenciano consistente en un arroz guisado con legumbres, trozos de carnes o pescados, etc.

pae·lle·ra [paeʎéra] *s/f* Recipiente adecuado para hacer paella.

pa·ga [páγa] *s/f* **1.** Acción y efecto de pagar. **2.** Cantidad de dinero que se percibe, periódica o aisladamente, por un trabajo realizado.

pa·ga·de·ro, -a [paγaðéro, -a] *adj* Que se ha de pagar en cierta fecha, a cierta persona, etc., expresamente determinadas.

pa·ga·du·ría [paγaðuría] *s/f* Lugar u oficina donde se paga.

pa·ga·nis·mo [paγanísmo] *s/m* **1.** Cualidad de pagano. **2.** Conjunto de creencias paganas o de los pueblos que las profesan.

pa·ga·no, -a [paγáno, -a] *adj* y *s/m,f* **1.** Se dice de la persona o pueblo que profesa el paganismo. **2.** Se aplica a toda creencia anterior o fuera del cristianismo, excepto la judía.

pa·gar [paγár] *v/tr* **1.** Dar uno a otro lo que le debe, sea dinero, sea otra cosa, como compensación por un servicio o por un objeto. **2.** Asumir uno los gastos de otra persona para ayudarle: *Yo te pagaré el viaje.* **3.** Corresponder a otra persona con la misma actitud o el mismo sentimiento de que es objeto. **4.** Sufrir las consecuencias de algo malo: *Pagó su crimen en la cárcel.*
ORT Ante *e* la *g* cambia en *gu: Pague.*

pa·ga·ré [paγaré] *s/m* Documento en el que alguien se compromete a pagar cierta cantidad en un tiempo determinado.

pá·gi·na [páxina] *s/f* **1.** Cada una de las dos caras de una hoja. **2.** FIG Episodio digno de recuerdo: *Una página de la historia.*

pa·gi·na·ción [paxinaθjón] *s/f* Acción y efecto de paginar.

pa·gi·nar [paxinár] *v/tr* Numerar las páginas de algo (libro, etc.).

pa·go [páγo] *s/m* **1.** Acción de pagar. **2.** Cantidad o cosa que se da para pagar. **3.** Correspondencia a un beneficio recibido. **4.** División determinada de tierras.

pa·go·da [paγóða] *s/f* Templos de algunos pueblos de Oriente.

pai·pai [paipái] *s/m* Abanico en forma de pala.

país [país] *s/m* Territorio que forma una unidad geográfica o política limitada. Se usa en relación con los habitantes de él y puede implicar un matiz afectivo.

pai·sa·je [paisáxe] *s/m* **1.** Extensión de un territorio que se contempla desde un determinado sitio. **2.** Pintura que representa una extensión de campo.

pai·sa·jis·ta [paisaxísta] *s/m,f* Pintor de paisajes.

pai·sa·jís·ti·co, -a [paisaxístiko, -a] *adj* Relativo al paisaje.

pai·sa·na·je [paisanáxe] *s/m* Vínculo que procede del hecho de habitar en un mismo país.

pai·sa·no, -a [paisáno, -a] *adj* y *s/m,f* **1.** Persona que no es militar. **2.** Que es del mismo país, región, provincia o población que otro.

pa·ja [páxa] *s/f* **1.** Tallo delgado de los cereales. **2.** FIG Cosa de poca consistencia o interés, desechable: *La mayor parte de su libro es paja.* **3.** Pajilla para sorber líquidos. **4.** ARG (*Hacerse una paja*) Masturbarse.

pa·jar [paxár] *s/m* Lugar donde se guarda la paja.

pá·ja·ra [páxara] *s/f* FIG Mujer astuta, sagaz y cautelosa.

pa·ja·re·ra [paxaréra] *s/f* Jaula grande donde se encierran o crían pájaros.

pa·ja·re·ría [paxarería] *s/f* Comercio donde se venden pájaros u otros animales domésticos.

pa·ja·re·ro, -a [paxaréro, -a] *adj* Relativo a los pájaros.

pa·ja·ri·ta [paxaríta] *s/f* Pieza de adorno usada por el hombre, consistente en una cinta de tela por debajo y alrededor del cuello de la camisa, acabada en dos extremos cruzados y almidonados.
Pajarita de papel, figura parecida a la de un ave, hecha de triángulos, que se ob-

tiene doblando un papel repetidas veces por líneas paralelas al borde o diagonales.

pá·ja·ro [páxaro] *s/m* **1.** Nombre genérico que comprende toda especie de aves, especialmente las pequeñas. **2.** FIG Hombre astuto, sagaz y cauteloso. LOC **Tener la cabeza llena de pájaros,** variar de opinión fácilmente. **Matar dos pájaros de un tiro,** conseguir dos objetivos de una sola vez.

pa·ja·rra·co [paxarráko] *s/m* **1.** Manera despectiva de llamar a todo pájaro grande cuyo nombre es desconocido. **2.** FIG Persona maligna, astuta y, por tanto, evitable.

pa·je [páxe] *s/m* Muchacho cuyo trabajo consiste en acompañar a sus amos, asistir en las antesalas, servir la mesa y otras tareas domésticas más delicadas.

pa·ji·lla [paxíʎa] *s/f* Caña delgada, artificial o de plantas gramíneas, que sirve para sorber líquidos.

pa·ji·zo, -a [paxíθo, -a] *adj* **1.** Hecho o cubierto de paja. **2.** Del color o aspecto de la paja. **3.** Como paja.

pa·jo·le·ro, -a [paxoléro, -a] *adj* Despreciable y molesto a la persona que habla.

pa·la [pála] *s/f* **1.** Utensilio de forma rectangular o redondeada, con un mango grueso más o menos largo; se utiliza en numerosas tareas (remover tierra, meter el pan en el horno, etc.). **2.** Parte ancha de algunos objetos (remos, azadas, dientes, etc.)

pa·la·bra [paláβra] *s/f* **1.** Conjunto de letras o sonidos que constituye una unidad reconocible por los hablantes de una lengua. **2.** Facultad de hablar: *Tiene el don de la palabra.* **3.** Lenguaje en general: *Es un hombre de palabra concisa.* **4.** *pl* Algo que se dice: *Juan dijo unas palabras de despedida.* **5.** Con algunos verbos, equivale a 'fidelidad a lo prometido': *No dudes de que él tiene palabra.* **6.** Acción de hablar: *Tienes la palabra.* LOC **De pocas palabras,** parco en el hablar. **Comerse las palabras,** pronunciar precipitadamente. **Buenas palabras,** expresiones agradables que no van seguidas de las acciones que se anuncian en ellas. **Palabras mayores,** *1.* Insultos. *2.* Asunto de importancia que se separa de otro menos importante, con el cual se mezcla espontáneamente. **En dos/cuatro palabras,** brevemente dicho. **Medir las palabras,** hablar con cautela. **Última palabra,** decisión definitiva e inalterable. **¡Ni palabra!,** no saber o no enterarse de nada. **De palabra,** *1.* Opuesto a 'por escrito'. *2.* Oposición a 'de hecho'. *3.* Que cumple sus promesas. **Faltar a la palabra,** no cumplir lo dicho. **No dirigir la palabra a alguien,** no hablar con alguien por enfado. **No soltar palabra,** no decir alguien nada cuando se espera que diga algo. **Pedir la palabra,** solicitar turno para hablar en una reunión. **Quitar la palabra de la boca,** hablar interrumpiendo o anticipándose a otro cuando habla. **Tomar la palabra,** empezar a hablar alguien en una asamblea.

pa·la·bre·ría [palaβrería] *s/f* Abundancia de palabras vanas y ociosas.

pa·la·bro·ta [palaβróta] *s/f* Expresión ofensiva, indecente o grosera.

pa·la·ce·te [palaθéte] *s/m* Casa de recreo construida a modo de palacio, pero más pequeña.

pa·la·cie·go, -a [palaθjéɣo, -a] *adj* y *s/m,f* Perteneciente a palacio.

pa·la·cio [paláθjo] *s/m* **1.** Casa grande y lujosa. **2.** Residencia de los reyes. **3.** Edificio público monumental.

pa·la·da [paláða] *s/f* Porción que la pala puede coger de una vez.

pa·la·dar [palaðár] *s/m* **1.** Parte superior e interior de la boca. **2.** Capacidad para apreciar el sabor de las comidas.

pa·la·de·ar [palaðeár] *v/tr* **1.** Tratar de apreciar el sabor de algo que se tiene en la boca. **2.** Recrearse con el sabor de algo comiéndolo lentamente.

pa·la·dín [palaðín] *s/m* **1.** Caballero que lucha valerosamente en la guerra. **2.** Defensor a ultranza de alguna persona o cosa.

pa·la·di·no, -a [palaðíno, -a] *adj* Público, claro y sin reservas.

pa·la·fi·to [palafíto] *s/m* Vivienda construida sobre estacas en un lago, un pantano, etc.

pa·la·frén [palafrén] *s/m* Caballo manso en que solían montar las damas o bellamente enjaezado los reyes y príncipes, para que hiciesen su entrada en algún lugar.

pa·la·fre·ne·ro [palafrenéro] *s/m* Criado que cuida de los caballos.

pa·lan·ca [paláŋka] *s/f* Barra que se apoya y puede girar sobre un punto, y sirve para levantar con uno de sus extremos un peso mediante una fuerza aplicada al otro extremo.

pa·lan·ga·na o **pa·lan·ca·na** [palaŋ{k/g}ána] *s/f* Vasija redonda, poco profunda y con el fondo mucho más pequeño que el borde, utilizada para lavarse.

pa·lan·gre [paláŋgre] *s/m* Instrumento para pescar en parajes donde no se puede pescar con redes, consistente en un cordel largo del cual arrancan otros que sostienen anzuelos en sus extremos.

pa·lan·gre·ro [palaŋgréro] *s/m* **1.** Pescador que usa palangre. **2.** Barco dedicado a la pesca con palangre.

pa·lan·que·ta [palaŋkéta] *s/f* Palanca pequeña que se emplea para abrir algo forzándolo.

pa·las·tro [palástro] *s/m* **1.** Lámina o placa de acero. **2.** Chapa sobre la que se coloca el pestillo de una cerradura.

pa·la·tal [palatál] *adj* **1.** Del paladar. **2.** Se dice de los sonidos que se pronuncian aplicando el dorso de la lengua al paladar duro.

pa·la·ta·li·zar [palataliθár] *v/tr* Dar a un sonido articulación palatal.
ORT Ante *e* la *z* cambia en *c: Palatalice.*

pa·la·ti·no, -a [palatíno, -a] *adj* **1.** Perteneciente al paladar. **2.** Propio de palacio, sobre todo si se trata de un cargo.

pal·co [pálko] *s/m* En los lugares de espectáculos, cada uno de los compartimentos, parecidos a balcones, con asientos para personas que suelen ir juntas.

pa·len·que [paléŋke] *s/m* Terreno cercado para celebrar en él torneos, fiestas, actos solemnes.

pa·len·ti·no, -a [paleņtíno, -a] *adj* y *s/m,f* De Palencia.

pa·leo·gra·fía [paleoγrafía] *s/f* Arte de leer la escritura y los signos de los libros y documentos antiguos.

pa·leo·lí·ti·co, (-a) [paleolítiko, -a] *adj* y *s/m* Relativo al primer período de la Edad de Piedra.

pa·leon·to·lo·gía [paleoņtoloxía] *s/f* Tratado de los seres orgánicos cuyos restos se encuentran ya fósiles.

pa·les·ti·no, -a [palestíno, -a] *adj* y *s/m,f* Relativo a Palestina.

pa·les·tra [paléstra] *s/f* Sitio donde antiguamente se celebraban competiciones.

pa·le·ta [paléta] *s/f* **1.** Instrumento formado por una plancha triangular y un mango perpendicular a ella, que utilizan los albañiles. **2.** Tabla pequeña en que el pintor tiene ordenados los colores. **3.** Pieza de una máquina que o mueve o es movida por el agua, el viento, etc. **4.** Cada uno de los dos dientes incisivos superiores, sobre todo referido a los que tienen los niños en la edad de mudarlos.

pa·le·ta·da [paletáða] *s/f* Porción que la pala o la paleta puede coger de una vez.

pa·le·ti·lla [paletíʎa] *s/f* Omóplato.

pa·le·to, -a [paléto, -a] *s/m,f* Persona falta de trato social o que habla como ignorante.

pa·le·tón [paletón] *s/m* Parte de la llave en que se forman sus dientes y guardas y que penetra en la cerradura.

pa·lia·ción [paljaθjón] *s/f* Acción y efecto de paliar.

pa·liar [paljár] *v/tr* **1.** Atenuar un dolor, un disgusto, una pena: *Le hablé así para paliar su depresión.* **2.** Disculpar a alguien.
PRON Existe indecisión en la pronunciación de las terminaciones de este verbo; hay tendencia al diptongo en el *infin* (pal*iar*) y a la acentuación de la *i* en el *pres* de *indic* y *subj: Palío, palíe.*

pa·lia·ti·vo, -a [paljatíβo, -a] *adj* y *s/m,f* Que palía.

pa·lia·to·rio, -a [paljatórjo, -a] *adj* Lo que sirve para encubrir alguna cosa.

pa·li·de·cer [paliðeθér] *v/intr* **1.** Ponerse pálido. **2.** FIG Aparecer algo como de menos valor al lado de otra cosa.
CONJ *Irreg: Palidezco, palidecí, palideceré, palidecido.*

pa·li·dez [paliðéθ] *s/f* Cualidad de pálido.

pá·li·do, -a [páliðo, -a] *adj.* **1.** Se dice de las personas que no tienen en la cara el color habitual de las personas sanas. **2.** Aplicado a colores, se refiere a los que son claros, en relación a otros. **3.** Aplicado a cosas, alude a las que son poco brillantes, poco impresionantes.

pa·li·du·cho, -a [paliðútʃo, -a] *adj* Un poco pálido.

pa·li·lle·ro [paliʎéro] *s/m* Utensilio donde se colocan los palillos de dientes.

pa·li·llo [palíʎo] *s/m* **1.** Cualquiera de las dos varitas que sirven para tocar el tambor. **2.** Mondadientes de madera.

pa·li·no·dia [palinóðja] *s/f* Retractación pública de lo que antes se ha dicho.

pa·lio [páljo] *s/m* Dosel portátil colocado sobre cuatro o más varas largas. Se usa en las procesiones.

pa·li·que [palíke] *s/m* COL *(Estar de/Dar)* Conversación de poca importancia.

pa·li·san·dro [palisáņdro] *s/m* Madera americana de color rojo oscuro, muy estimada en la construcción de muebles de lujo.

pa·li·tro·que [palitróke] *s/m* **1.** Banderilla de toreo. **2.** *despec* de *palo.*

pa·li·za [palíθa] *s/f* **1.** Conjunto de golpes dados a una persona, dejándola muy dolorida y maltrecha. **2.** Cualquier esfuerzo que deja a quien lo practica muy cansado. LOC **Dar la paliza,** ponerse pesado: *Cada vez que lo veo me da la paliza.*

pa·li·za·da [paliθáða] *s/f* Defensa hecha de estacas para controlar la corriente de los ríos.

pal·ma [pálma] *s/f* **1.** Hojas de palmera o de palmito, que se utilizan para fines diversos (hacer escobas, etc.). **2.** Palmera de dátiles. **3.** BOT Cualquiera de las plantas monocotiledóneas, siempre verdes, de tallo leñoso, sin ramas, coronado de grandes hojas. **4.** Parte inferior de la mano. **5.** *pl* Aplausos. **6.** FIG Gloria, fama, triunfo: *La palma se la llevó con su espléndido salto.*

pal·ma·da [palmáða] *s/f* **1.** Golpe dado con la palma de la mano. **2.** Ruido producido al golpear una con otra las palmas de las manos.

pal·mar [palmár] **I.** *adj* Relativo a la palma. **II.** *s/m* Lugar donde se crían palmas. **III.** *v/intr* COL, LOC **Palmarla,** morirse.

pal·ma·rés [palmarés] *s/m* Relación de vencedores en una competición deportiva.

pal·ma·rio, -a [palmárjo, -a] *adj* Evidente.

pal·ma·to·ria [palmatórja] *s/f* Especie de candelabro bajo, con mango.

pal·me·ar [palmeár] *v/intr* Dar palmadas.

pal·me·ra [palméra] *s/f* Árbol de la familia de las palmas, que tiene por fruto racimos de dátiles.

pal·me·ral [palmerál] *s/m* Bosque de palmeras.

pal·me·ro, -a [palméro, -a] **I.** *s/m,f* **1.** Persona que cuida de un palmeral. **2.** Perteneciente a la isla de Santa Cruz de la Palma. **II.** *adj* Perteneciente a la isla de Santa Cruz de la Palma.

pal·me·sa·no, -a [palmesáno, -a] *adj* y *s/m,f* De Palma de Mallorca.

pal·me·ta [palméta] *s/f* Tabla pequeña que utilizaban los maestros de escuela para castigar a los niños con golpes en sus manos.

pal·mi·lla [palmíʎa] *s/f* LOC **Llevar en palmillas,** tratar con mucho miramiento a alguien: *Sus alumnos lo llevan en palmillas.*

pal·mí·pe·do, -a [palmípeðo, -a] *adj* y *s/m,f* **1.** Se dice de las aves que tienen los dedos ligados entre sí por una membrana, aptos para la natación: el ganso, el pelícano, etc. **2.** *f, pl* Género de esas aves.

pal·mi·to [palmíto] *s/m* **1.** Planta de la familia de las palmas, de tronco subterráneo o muy corto y hojas en figura de abanico; su fruto es rojizo, comestible y de hueso muy duro; con las hojas se hacen escobas, esteras, etc. **2.** Tallo blanco de esta planta, comestible. **3.** COL Cara agraciada de mujer: *Se lo regalaron por su palmito.*

pal·mo [pálmo] *s/m* **1.** Medida de longitud, cuarta parte de la vara, equivalente a 21 cm **2.** Medida de la mano extendida, desde el extremo del pulgar al del meñique. LOC **Palmo a palmo,** completa y minuciosamente: *Conoce esta ciudad palmo a palmo.* **Dejar a alguien con un palmo de narices,** dejar a alguien burlado.

pal·mo·te·ar [palmoteár] *v/intr* Dar palmadas repetida y rápidamente, sobre todo para mostrar alegría.

pal·mo·teo [palmotéo] *s/m* Acción de palmotear.

pa·lo [pálo] *s/m* **1.** Trozo de madera, generalmente cilíndrico, y mucho más largo que grueso. **2.** Maderas que sirven en los barcos para sostener las velas. **3.** Golpe que se da con un palo: *Dar palos.* **4.** FIG Censura de algo o a alguien. **5.** Cada una de las cuatro series de cartas de la baraja española: oros, copas, espadas y bastos. **6.** Madera. LOC **A palo seco,** escuetamente, sin nada adicional. **Andar a palos,** reñir con frecuencia.

pa·lo·ma [palóma] *s/f* **1.** Ave doméstica, de tamaño medio y apreciada por su carne. **2.** Bebida compuesta de agua y aguardiente anisado.

pa·lo·mar [palomár] **I.** *s/m* Lugar en el que se crían palomas. **II.** *adj* Especie de hilo bramante más delgado y retorcido que el regular.

pa·lo·mi·lla [palomíʎa] *s/f* **1.** Nombre vulgar que se da a las mariposillas pequeñas: *por ej,* a las que acuden por la noche a la luz. **2.** Tuerca a la que se da vuelta con los dedos apoyados en dos expansiones laterales.

pa·lo·mi·na [palomína] *s/f* Excremento de las palomas.

pa·lo·mi·no [palomíno] *s/m* Cría de la paloma silvestre.

pa·lo·mi·ta [palomíta] *s/f* Grano de maíz, abierto en estrella y esponjoso, tras estallar por su exposición al fuego.

pa·lo·mo [palómo] *s/m* Macho de la paloma.

pa·lo·ta·da [palotáða] *s/f* Golpe que se da con el palote o palillo.

pa·lo·te [palóte] *s/m* Trazos rectos que los niños hacen en el papel pautado para aprender a escribir.

pal·pa·ble [palpáβle] *adj* **1.** Que puede ser tocado con las manos. **2.** Material, corpóreo. **3.** Evidente.

pal·pa·ción [palpaθjón] *s/f* Palpamiento.

pal·pa·mien·to [palpamjȩ́nto] *s/m* Acción de palpar.

pal·par [palpár] *v/tr* **1.** Tocar algo con los dedos o con las manos para reconocerlo o percibirlo. **2.** FIG Ver o entender algo tan claramente como si se tocara: *Se palpaba la desilusión.* **3.** Andar a tientas.

pal·pe·bral [palpeβrál] *adj* ZOOL Relativo a los párpados.

pal·pi·ta·ción [palpitaθjón] *s/f* **1.** Acción y efecto de palpitar. **2.** *pl* Latidos del corazón, más frecuentes de lo normal.

pal·pi·tan·te [palpitánte] *adj* **1.** Que palpita. **2.** FIG Lo que es de viva actualidad.

pal·pi·tar [palpitár] *v/intr* **1.** Contraerse y dilatarse alternativamente el corazón. **2.** Agitarse interiormente alguna parte del cuerpo, por efecto de la circulación sanguínea. **3.** FIG Manifestarse claramente un sentimiento en los actos o palabras de alguien: *En su conversación palpita la dulzura.*

pál·pi·to [pálpito] *s/m* Presentimiento, corazonada.

pal·po [pálpo] *s/m* ZOOL Cada uno de los apéndices articulados y movibles que tienen los insectos y otros artrópodos en las proximidades de la boca, para palpar y sujetar los alimentos.

pa·lú·di·co, -a [palúðiko, -a] **I.** *adj* Relativo al paludismo. **II.** *adj* y *s/f, pl.* Fiebres propias del paludismo.

pa·lu·dis·mo [paluðísmo] *s/m* Enfermedad producida en el hombre por la acción de gérmenes que se desarrollan en lugares pantanosos y se transmiten a través de ciertos insectos.

pa·lur·do, -a [palúrðo, -a] *adj* y *s/m,f* Se dice de las personas del campo, toscas, y de su modo de hablar, acciones, etc.

pa·lus·tre [palústre] *adj* Relativo a lagos o pantanos.

pa·me·la [paméla] *s/f* Sombrero de paja, de copa baja y de ala amplia y flexible, usado por las mujeres, especialmente en verano.

pa·me·ma [paméma] *s/f* Cosa insignificante a la que se ha querido dar importancia.

pam·pa [pámpa] *s/f* Cualquiera de las extensas llanuras de América del Sur, sin arbolado, especialmente en Argentina.

pám·pa·na [pámpana] *s/f* Hoja de la vid.

pám·pa·no [pámpano] *s/m* **1.** Brote tierno de la vid, cuando las hojas están todavía acogolladas. **2.** Pámpana.

pam·pe·ro, -a [pampéro, -a] *adj* y *s/m,f* Relativo a las pampas o natural de ellas.

pam·pi·ro·la·da [pampiroláða] *s/f* Patochada, necedad, cosa insustancial.

pam·pli·na [pamplína] *s/f* Lisonja insincera e inoportuna o cosa de valor insignificante.

pam·pli·ne·ro, -a [pamplinéro, -a] *adj* Propenso a decir pamplinas.

pam·plo·nés, -sa o **pam·plo·ni·ca** [pamplonés, -sa/pamploníka] *adj* y *s/m,f* De Pamplona.

pan [pán] *s/m* **1.** Masa resultante de amasar harina, generalmente de trigo, con levadura y agua y cocida al horno después de fermentada, en piezas de diversas formas y tamaños. **2.** Pieza de tal comida, sobre todo si es grande y redonda. **3.** FIG Hoja muy fina de oro y plata, que los batidores emplean para dorar y platear. **4.** FIG Medios de vida: *Juan se gana el pan con mucho trabajo.*

pa·na [pána] *s/f* Tela gruesa semejante en el tejido al terciopelo, pero más basta y rígida.

pa·na·cea [panaθéa] *s/f* Remedio, en general, aplicable a cualquier cosa.

pa·na·de·ría [panaðería] *s/f* Lugar donde se hace o se vende pan.

pa·na·de·ro, -a [panaðéro, -a] *s/m,f* Que hace o vende pan.

pa·na·di·zo [panaðíθo] *s/m* Inflamación aguda del tejido celular de los dedos.

pa·nal [panál] *s/m* **1.** Conjunto de celdillas que las abejas forman dentro de la colmena para depositar la miel. **2.** Construcción de estructura semejante, con celdillas, que fabrican las avispas y otros animales.

pa·na·me·ño, -a [panaméɲo, -a] *adj* y *s/m,f* De Panamá.

pa·na·me·ri·ca·nis·mo [panamerikanísmo] *s/m* Doctrina y movimiento que fomenta la colaboración mutua de todas las naciones de América.

pa·na·me·ri·ca·no, -a [panamerikáno, -a] *adj* Relativo al panamericanismo.

pan·car·ta [paŋkárta] *s/f* Cartelón que, con letreros de grandes caracteres, expone lemas, consignas, peticiones colectivas, etc.

pan·cis·ta [panθísta] **I.** *s/m,f* Persona que, mirando solamente a su interés personal, procura estar en buenas relaciones con los que mandan, cualquiera que sea su significación. **II.** *adj* Relativo al pancista.

pán·creas [páŋkreas] *s/m* Glándula situada en la cavidad abdominal de los mamíferos, cuyo jugo se vierte en el intestino y contribuye a la digestión. También produce la insulina, cuya carencia origina la diabetes.

pan·cho, -a [pántʃo, -a] *adj* Tranquilo, flemático.

pan·da [pánda] **I.** *s/m* ZOOL Especie de osos, de pelaje bonito: *Un oso panda.* **II.** *s/f* Reunión de gente, y en especial la que se hace para divertirse.

pan·de·ar [pandeár] *v/intr*, REFL (-SE) Torcerse una cosa combándose, sobre todo en el medio.

pan·de·mó·nium [pandemónjum] *s/m* Lugar en que hay mucho ruido y confusión o esa misma confusión y griterío.

pan·deo [pandéo] *s/m* Acción y efecto de pandear o pandearse.

pan·de·re·ta [panderéta] *s/f* Pandero pequeño; se utiliza como juguete y se toca sobre todo en las fiestas de Navidad.

pan·de·ro [pandéro] *s/m* **1.** Instrumento musical con un aro sobre el cual se coloca un pergamino muy tenso. En las ranuras del aro van colocadas, por pares, sonajas o cascabeles, que al moverse se entrechocan y suenan. **2.** COL Nalgas.

pan·di·lla [pandíʎa] *s/f* Grupo de amigos que suelen reunirse para conversar, divertirse u otros fines menos lícitos.

pa·ne·ci·llo [paneθíʎo] *s/m* Pan pequeño.

pa·ne·gí·ri·co, (-a) [panexíriko, (-a)] **I.** *adj* Relativo al discurso en alabanza de alguien. **II.** *s/m* **1.** Discurso oratorio en alabanza de una persona. **2.** Elogio, por escrito, de una persona.

pa·nel [panél] *s/m* Cada una de las porciones lisas en que para su ornamentación se dividen los lienzos de pared, las hojas de puertas, etc.

pa·ne·ra [panéra] *s/f* Lugar donde se guarda el pan en las casas.

pa·ne·ro, (-a) [panéro, (-a)] *adj* Persona muy aficionada a comer pan.

pán·fi·lo, (-a) [pámfilo, (-a)] *adj* y *s/m,f* **1.** Persona que se deja engañar fácilmente. **2.** Muy pausado, flojo y tardo en obrar.

pan·fle·ta·rio, -a [pamfletárjo, -a] *adj* Relativo al panfleto.

pan·fle·tis·ta [pamfletísta] *s/m,f* Autor de panfletos.

pan·fle·to [pamfléto] *s/m* **1.** Folleto u hoja de propaganda política o de ideas de cualquier clase. **2.** Escrito de carácter difamatorio.

pan·ger·ma·nis·mo [paŋxermanísmo] *s/m* Movimiento y doctrina que fomenta la unión y predominio de los pueblos de origen germánico.

pá·ni·co [pániko] *s/m* Terror, miedo grande.

pa·nie·go, -a [panjéγo, -a] *adj* Dícese del terreno que produce trigo.

pa·ni·fi·ca·ción [panifikaθjón] *s/f* Acción y efecto de panificar.

pa·ni·fi·ca·do·ra [panifikaðóra] *s/f* Industria para elaborar pan.

pa·ni·fi·car [panifikár] *v/tr* Hacer pan. ORT Ante *e* la *c* cambia en *qu: Panifique.*

pa·no·cha [panótʃa] *s/f* Panoja.

pa·no·ja [panóxa] *s/f* Mazorca del maíz, del panizo o del mijo.

pa·no·li [panóli] *adj* y *s/m,f* COL Persona simple y sin voluntad.

pa·no·plia [panóplja] *s/f* **1.** Armadura de guerra. **2.** Tabla, generalmente en forma de escudo, donde están colocadas distintas armas: floretes, sables, etc.

pa·no·ra·ma [panoráma] *s/m* **1.** Vista pintada en una superficie cilíndrica, que se contempla como espectáculo desde dentro de ella. **2.** Paisaje natural que destaca por su belleza. **3.** FIG Aspecto global de una cuestión: *El panorama de la economía es preocupante.*

pa·no·rá·mi·co, -a [panorámiko, -a] *adj* Relativo al panorama.

pan·ta·grué·li·co, -a [pantaγrwéliko, -a] *adj* Se aplica a las comidas en las que hay excesiva abundancia de manjares.

pan·ta·lón [pantalón] *s/m* Prenda de vestir que cubre por separado ambas piernas y llega por arriba hasta la cintura. LOC **Ponerse/Llevar los pantalones,** hacer alguien afirmación de su autoridad.

pan·ta·lla [pantáʎa] *s/f* **1.** Lienzo sobre el que se proyectan las imágenes. **2.** Lámina de cristal, metal, tela, papel u otro material, que se sujeta delante o alrededor de un foco de luz o de otras radiaciones u ondas para dirigir éstas en la dirección conveniente. **3.** FIG Persona o cosa que deliberadamente se utiliza para atraer la atención de otros y desviarla de una persona o cosa concreta.

pan·ta·no [pantáno] *s/m* Gran depósito para almacenar aguas, formado artificialmente en un valle con el fin de utilizarlas posteriormente para riego o suministro a ciudades.

pan·ta·no·so, -a [pantanóso -a] *adj* Se aplica al terreno donde hay pantanos o que es cenagoso.

pan·teís·mo [panteísmo] *s/m* Doctrina que identifica a Dios con la totalidad del Universo.

pan·teís·ta [panteísta] *adj* y *s/m,f* Seguidor del panteísmo.

pan·te·ón [panteón] *s/m* Monumento funerario utilizado para enterramiento de varias personas.

pan·te·ra [paŋ̟téra] *s/f* Leopardo con manchas circulares y amarillas en la piel.

pan·tó·gra·fo [paŋ̟tóɣrafo] *s/m* Instrumento que se utiliza para hacer copias, ampliaciones o reducciones de un dibujo.

pan·to·mi·ma [paŋ̟tomíma] *s/f* **1.** Representación teatral mediante movimiento y gestos y sin hablar. **2.** FIG Se aplica a lo que se hace para simular algo: *Su risa fue una pantomima.*

pan·to·mi·mo [paŋ̟tomímo] *s/m* Actor de teatro que representa papeles grotescos.

pan·to·rri·lla [paŋ̟torríʎa] *s/f* Parte carnosa y abultada de la pierna, entre la corva y el tobillo.

pan·tu·fla [paŋ̟túfla] *s/f* Zapato cómodo y sin talón para estar en casa.

pan·za [pánθa] *s/f* **1.** Vientre, especialmente cuando es muy abultado. **2.** ZOOL Primera de las cuatro cavidades en que se divide el estómago de los rumiantes. **3.** FIG Parte convexa y más saliente de ciertas vasijas o de otras cosas.

pan·za·da [panθáða] *s/f* COL Hartazgo.

pan·zu·do, -a [panθúðo, -a] *adj* Que tiene mucha panza.

pa·ñal [paɲál] *s/m* **1.** Trozo de tela en que se envolvía a los niños muy pequeños, arrollándosela al cuerpo por debajo de los brazos. Actualmente se aplica a las compresas absorbentes utilizadas para mantener al niño limpio. **2.** *pl* Conjunto de todas las vestiduras de un niño recién nacido. LOC **Estar en pañales,** expresión que indica ingenuidad, inocencia o ignorancia: *En matemáticas estoy en pañales.*

pa·ñe·ría [paɲería] *s/f* **1.** Comercio de paños. **2.** Conjunto de los mismos paños.

pa·ño [páɲo] *s/m* **1.** Tejido de lana compacto y raso. **2.** Trozo de tela, generalmente rectangular, que se emplea para cualquier uso: limpiar, curar, secar, adornar, etc. **3.** Tapiz o colgadura. LOC **Paño de lágrimas,** persona que recibe confidencias de las penas de alguien y le ofrece consuelo. **Paños calientes,** remedios paliativos e ineficaces. **Conocer el paño,** conocer bien a las personas o cosas con que se trata. **(Estar) en paños menores,** *1.* Tener puesta solamente la ropa interior. *2.* FIG Estar poco informado sobre un asunto determinado.

pa·ñol [paɲól] *s/m* Cualquiera de los compartimientos del buque, destinado a almacenar víveres, municiones, herramientas, etc.

pa·ño·le·ta [paɲoléta] *s/m* Prenda triangular que se ponen las mujeres como abrigo o por adorno y que les cubre los hombros.

pa·ñue·lo [paɲwélo] *s/m* **1.** Trozo de tela cuadrado, que se usa para limpiarse el sudor, la nariz, etc. **2.** Trozo de tela cuadrangular, usado como complemento de vestido.

pa·pa [pápa] *s/m* **1.** Sumo Pontífice romano, vicario de Cristo. **2.** COL Nombre dado al padre por sus hijos en el seno de la familia. **3.** *pl* FIG Cualquier especie de comida. **4.** AMÉR Patata.

pa·pá [papá] *s/m* **1.** COL Nombre dado al padre en familia. **2.** *pl* El papá y la mamá juntos.

pa·pa·ble [papáβle] *adj* Se dice del cardenal que es considerado como posible Papa.

pa·pa·da [papáða] *s/f* Abultamiento carnoso situado debajo de la barbilla.

pa·pa·do [papáðo] *s/m* **1.** Dignidad de Papa. **2.** Institución de los Papas.

pa·pa·ga·yo [papaɣáJo] *s/m* Loro.

pa·pal [papál] *adj* Relativo al Papa.

pa·pa·mos·cas [papamóskas] *s/m* **1.** Pájaro dentirrostro insectívoro de color gris y blanquecino, con manchas pardas y con unos pelos largos a los lados del pico. **2.** FIG COL Papanatas.

pa·pa·na·tas [papanátas] *s/m* COL Persona simple y crédula o demasiado cándida y fácil de engañar.

pa·pa·rru·cha [paparrútʃa] *s/f* **1.** Cosa dicha o hecha, que es falsa o no tiene sentido. **2.** Noticia sin fundamento.

pa·pel [papél] *s/m* **1.** Hoja delgada consistente en fibras de celulosa, obtenidas de trapos, madera, esparto, etc. Se usa para escribir, dibujar, imprimir, etc. **2.** Hoja de papel escrita o impresa. **3.** Documento: *Tener los papeles en regla.* **4.** Dinero en billetes de Banco: *Deme 5.000 pesetas en papel.* **5.** Conjunto de valores negociados en bolsa. **6.** Parte de la obra teatral que ha de representar cada actor: *Hace el papel de malo en la obra.* **7.** Carácter, representación o calidad con que uno interviene en algún asunto: *Juan se puso en su papel de director.* LOC **Hacer el papel,** simular hábilmente algo. **Hacer buen/mal papel algo,** quedar algo en buena/mala situación o consideración: *¡Qué buen papel hizo tu padre ayer!*
Papel celofán, papel totalmente transparente, impermeable, empleado sobre todo para envolver algo presentándolo de una manera atrayente o preservándolo de la humedad.
Papel higiénico, el fabricado en tiras, destinado a su uso en el retrete.
Papel moneda, billetes de banco.

pa·pe·le·ar [papeleár] *v/intr* Revolver papeles, buscando en ellos algo.

pa·pe·leo [papeléo] *s/m* Acción y efecto de papelear.

pa·pe·le·ra [papeléra] *s/f* **1.** Cesto donde se arrojan los papeles inservibles. **2.** Fábrica de papel.

pa·pe·le·ría [papelería] *s/f* Tienda donde se vende papel y objetos para escribir o útiles en un despacho u oficina.

pa·pe·le·ro, -a [papeléro, -a] *adj* Del papel.

pa·pe·le·ta [papeléta] *s/f* **1.** Papel pequeño con un escrito que acredita un derecho o que contiene algún dato de interés; se usa en las rifas, exámenes, votaciones, etc. **2.** FIG Asunto difícil de resolver.

pa·pe·lón [papelón] *s/m* Situación ridícula en que queda una persona, generalmente por culpa de otro: *¡Vaya papelón que he hecho!*

pa·pe·lo·rio [papelórjo] *s/m despec* Conjunto confuso de documentos.

pa·pe·lo·te [papelóte] *s/m despec* de *papel,* aplicado a un documento.

pa·pe·ra [papéra] *s/f* Inflamación de las glándulas parótidas.

pa·pi·la [papíla] *s/f* **1.** Prominencia que forma el nervio óptico en el fondo del ojo. **2.** BOT Cada uno de los pequeños bulbos cónicos que tienen algunos órganos vegetales. **3.** ZOOL Pequeña prominencia formada en la piel y en las membranas mucosas, especialmente en la lengua.

pa·pi·lla [papíʎa] *s/f* Sopas espesas que se dan a los niños. LOC **Quedar/Dejar hecho papilla (a alguien),** dejarlo maltrecho, cansado.

pa·pi·ro [papíro] *s/m* **1.** Planta ciperiácea, con tallos de dos o tres metros de altura. **2.** Láminas sacadas de dichos tallos, utilizadas por los egipcios para escribir. **3.** Esas láminas con un escrito.

pa·pi·ro·te [papiróte] *s/m* Golpe dado, especialmente en la cabeza, con un dedo que se hace resbalar sobre el pulgar apretándolo, de modo que al llegar al final de éste, se dispara con fuerza.

pa·pi·sa [papísa] *s/f* de 'Papa'.

pa·pis·ta [papísta] *adj* y *s/m,f* Partidario de la observancia rigurosa de las disposiciones del Papa.

pa·po [pápo] *s/m* Parte abultada del animal entre la barba y el cuello.

pa·que·bo·te o **pa·que·bot** [pakeβó(t)(e)] *s/m* Embarcación que transporta pasajeros y correspondencia de un puerto a otro.

pa·que·te [pakéte] *s/m* Bulto conteniendo una o varias cosas dispuestas ordenadamente y sujeto de algún modo.

pa·que·te·ría [paketería] *s/f* **1.** Clase de mercancía que se guarda en paquetes. **2.** Comercio de este género.

pa·qui·der·mo [pakiðérmo] *adj* y *s/m* **1.** Se dice de los animales mamíferos artiodáctilos, como el hipopótamo y el cerdo, que tienen la piel muy gruesa y dura y tres o cuatro dedos en cada extremidad. **2.** *pl* El orden de esos animales.

par [pár] **I.** *adj* Semejante totalmente: *Amigos pares en dinero.* **II.** *s/m* Conjunto de dos personas o cosas a las que es aplicable el mismo nombre o que se complementan: *Un par de libros.* LOC **A la par,** a la vez. **A pares,** de dos en dos. **De par en par,** estar abierta por completo una ventana, una puerta o cosa semejante. **Sin par,** incomparable.

pa·ra [pára] *prep* de muy variada significación, que expresa, entre otras, las relaciones siguientes: **1.** Dirección de un movimiento o de una acción: *Tráelo para acá.* **2.** Época o plazo en que se ha de realizar algo: *Lo quiero para el martes.* **3.** Uso o destino de una cosa: *Gafas para bucear.* **4.** Finalidad de una acción: *Esto lo traigo para ti.* **5.** Relación, contraposición o comparación: *Eso es mucho para lo que él necesita.* **6.** Aptitud para hacer una cosa: *Juan vale para alcalde.*

pa·ra·bién [paraβjén] *s/m* Deseo de que a alguien un suceso que le afecta le reporte felicidad.

pa·rá·bo·la [paráβola] *s/f* **1.** Narración de un suceso imaginario, del que se deduce, por comparación o semejanza, una enseñanza moral. **2.** GEOM Curva abierta, que resulta de cortar un cono circular recto por un plano paralelo a una generatriz.

pa·ra·bó·li·co, -a [paraβóliko, -a] *adj* Relativo a la parábola.

pa·ra·bri·sas [paraβrísas] *s/m* Cristal de la parte anterior del automóvil, que defiende del viento a los pasajeros.

pa·ra·caí·das [parakaíðas] *s/m* Utensilio hecho de tela fuerte que, al extenderse en el aire, toma la forma de sombrilla. Se emplea en aeronáutica para lanzarse o lanzar cosas al espacio, moderando la velocidad de la caída y el choque contra el suelo.

pa·ra·cai·dis·mo [parakaiðísmo] *s/m* Deporte y técnica de salto en paracaídas.

pa·ra·cai·dis·ta [parakaiðísta] *s/m,f* Persona adiestrada en el manejo del paracaídas, muy especialmente en el ejército.

pa·rá·cli·to o **pa·ra·cle·to** [parákli-to/parakléto] *s/m* Nombre dado al Espíritu Santo en la religión católica.

pa·ra·cho·ques [paratʃókes] *s/m* Pieza que llevan los vehículos en la parte anterior y posterior, para amortiguar los efectos de un choque.

pa·ra·da [paráðа] *s/f* **1.** Acción de parar o detenerse. **2.** Lugar donde se detienen los vehículos para dejar y recoger viajeros. **3.** Fin o término del movimiento de una cosa. **4.** Lugar donde se para.

pa·ra·de·ro [paraðéro] *s/m* **1.** Lugar donde se aloja alguien: *Está en paradero desconocido.* **2.** Lugar al que ha ido a parar o en el que está algo o alguien.

pa·ra·dig·ma [paraðíɣma] *s/m* Modelo o ejemplo.

pa·ra·di·sía·co, -a o **pa·ra·di·sia·co, -a** [paraðisíako, -a/paraðisiáko, -a] *adj* Relativo al paraíso.

pa·ra·do, -a [paráðo, -a] **I.** *adj* y *s/m,f* Persona sin trabajo fijo. **II.** *adj* **1.** Que estando destinado a moverse, no lo hace. **2.** De poca actividad, iniciativa o inteligencia. **3.** (Con *dejar* o *quedarse*) Sorprendido. **4.** En posición de pie. **5.** (Con *bien* o *mal, mejor/peor*) Favorecido o perjudicado como consecuencia de una acción.

pa·ra·do·ja [paraðóxa] *s/f* **1.** Aserción inverosímil o absurda, que se presenta con apariencias de verdadera. **2.** Coincidencia ilógica de hechos.

pa·ra·dó·ji·co, -a [paraðóxiko, -a] *adj* Relativo a la paradoja.

pa·ra·dor [paraðór] *s/m* Posada, especialmente la situada en los caminos o carreteras.

pa·ra·es·ta·tal [paraestatál] *adj* Se dice de los organismos que, sin pertenecer a la administración pública, colaboran, por delegación del Estado, en los fines de éste.

pa·ra·fer·na·les [parafernáles] *adj, pl* Se aplica a los bienes que aporta la mujer al matrimonio fuera de la dote o que adquiere ella después de casarse, por donación o legado.

pa·ra·fi·na [parafína] *s/f* Sustancia sólida blanca, fácilmente fusible, que se obtiene destilando petróleo y se emplea, entre otras cosas, como aislante y en la fabricación de velas.

pa·ra·fra·se·ar [parafraseár] *v/tr* Hacer paráfrasis.

pa·rá·fra·sis [paráfrasis] *s/f* **1.** Aclaración amplificativa de un texto. **2.** Traducción libre en verso de un texto.

pa·ra·guas [paráɣwas] *s/m* Utensilio portátil que resguarda de la lluvia, compuesta de un bastón y un varillaje cubierto de tela que puede extenderse o plegarse.

pa·ra·gua·yo, -a [paraɣwáJo, -a] *adj* y *s/m,f* Del Paraguay.

pa·ra·güe·ro [paraɣwéro] *s/m* Mueble donde se colocan los paraguas.

pa·raí·so [paraíso] *s/m* **1.** Lugar donde, según la Biblia, vivieron Adán y Eva antes de pecar. **2.** Cielo. **3.** Conjunto de asientos del piso más alto de algunos teatros.

pa·ra·je [paráxe] *s/m* Lugar en el campo o en el mundo.

pa·ra·le·lis·mo [paralelísmo] *s/m* Calidad de ser paralelas dos líneas, dos planos, etc.

pa·ra·le·lo, (-a) [paralélo, (-a)] **I.** *adj* **1.** Se aplica a las líneas o planos que se mantienen equidistantes entre sí, cualquiera que sea su prolongación. **2.** FIG Se dice de cosas o hechos que se desarrollan de manera correlativa, correspondiente o semejante. **II.** *s/f* **1.** Línea paralela a otra. **2.** *f, pl* Barras paralelas en las que se hacen ejercicios gimnásticos. **III.** *s/m* **1.** Cada uno de los círculos menores paralelos al Ecuador, que se suponen descritos en el globo terráqueo. **2.** *m* FIG Comparación de una cosa con otra: *Establecer un paralelo entre dos hechos.*

pa·ra·le·lo·gra·mo [paraleloɣrámo] *s/m* Polígono de cuatro lados paralelos, dos a dos.

pa·rá·li·sis [parálisis] *s/f* Privación o disminución del movimiento o de la sensibilidad, o de ambos, de una o varias partes del cuerpo.

pa·ra·lí·ti·co, -a [paralítiko, -a] *adj* y *s/m,f* Enfermo de parálisis.

pa·ra·li·za·ción [paraliθaθjón] *s/f* FIG Detención de una cosa dotada de acción o de movimiento.

pa·ra·li·zar [paraliθár] *v/tr* **1.** Causar parálisis. **2.** Dejar inmóvil a alguien el frío, la quietud, etc. **3.** FIG Detener, entorpecer, impedir la acción y el movimiento de algo. ORT Ante *e* la *z* cambia en *c: Paralice.*

pa·ra·lo·gis·mo [paraloxísmo] *s/m* Razonamiento falso.

pa·ra·men·to [paraméṇto] *s/m* **1.** Adorno con que se cubre una cosa. **2.** ARQ Cualquiera de las dos caras de un muro.

pa·rá·me·tro [parámetro] *s/m* **1.** GEOM Línea constante e invariable que entra en la ecuación de algunas curvas. **2.** Datos que permanecen estables en el planteamiento y análisis de cualquier cuestión.

pa·ra·mi·li·tar [paramilitár] *adj* Que está organizado como el ejército sin serlo o estar integrado en él.

pá·ra·mo [pářamo] *s/m* Terreno yermo, raso y desabrigado.

pa·ran·gón [paraŋgón] *s/m* Comparación o semejanza.

pa·ran·go·nar [paraŋgonár] *v/tr* Establecer un parangón entre dos cosas.

pa·ra·nin·fo [paranímfo] *s/m* Salón de actos académicos en las universidades y otros centros de enseñanza.

pa·ra·noia [paranóia] *s/f* Perturbación mental caracterizada por delirios de persecución, grandeza, etc.

pa·ra·noi·co, -a [paranóiko, -a] *adj* y *s/m,f* Relativo a la paranoia.

pa·ra·nor·mal [paranormál] *adj* Que está fuera de lo normal. Se dice de los fenómenos que estudia la parasicología.

pa·ra·pe·tar·se [parapetárse] *v*/REFL (-SE), *intr* **1.** FORT Resguardarse con parapetos. **2.** FIG Precaverse de un riesgo por algún medio de defensa o resistencia a hacer algo con razones: *Siempre se parapeta en el hecho de que es joven.* RPr **Parapetarse de/tras/en/con:** *Parapetarse con un escudo/de sus ataques/tras el muro.*

pa·ra·pe·to [parapéto] *s/m* **1.** Baranda que se pone para evitar caídas en puentes, escaleras, etc. **2.** FORT Terraplén formado con tierra, sacos de arena, piedras, etc., para guarecerse tras él en el combate.

pa·ra·ple·jía [paraplexía] *s/f* Parálisis de la mitad inferior del cuerpo.

pa·ra·plé·ji·co, -a [parapléxiko, -a] *adj* y *s/m,f* Relativo a la paraplejía.

pa·rar [parár] **I.** *v/intr* **1.** Cesar en el movimiento o en la acción. **2.** Llegar algo o alguien a una situación tras diversos avatares: *Al fin paró en la cárcel.* **3.** Hospedarse: *Cada vez que voy a Madrid paro en este hotel.* **II.** *v/tr* **1.** Impedir el movimiento o la acción de algo: *Paró el coche.* **2.** Detener algo, oponiéndose a ello, antes de que llegue a su término. LOC **¡Dónde va a parar!**, expresión que resalta la diferencia entre dos cosas consabidas: *Esta casa es más cómoda que la otra, ¡dónde va a parar!* **Pararse+a+verbos de entendimiento,** llevar a cabo la acción con atención: *Se paró a pensar.* **No parar,** estar todo el tiempo ocupado o inquieto. **Sin parar,** continuamente. RPr **Parar en (I).**

pa·ra·rra·yos o **pa·ra·rra·yo** [pararráJo(s)] *s/m* Utensilio para proteger contra el rayo edificios, barcos, etc., formado por uno o más conductores eléctricos metálicos colocados verticalmente sobre el objeto que se trata de proteger y en contacto con la tierra o el agua.

pa·ra·si·co·lo·gía [parasikoloxía] *s/f* Estudio de los fenómenos no explicables mediante los conocimientos aportados por la sicología.

pa·ra·si·co·ló·gi·co, -a [parasikolóxiko, -a] *adj* Relativo a la parasicología.

pa·ra·si·có·lo·go, -a [parasikóloγo, -a] *s/m,f* Estudioso de la parasicología.

pa·ra·si·ta·rio [parasitárjo, -a] *adj* Relativo a los parásitos.

pa·rá·si·to, (-a) [parásito, (-a)] **I.** *adj* y *s/m,f* Se dice del animal o vegetal que se alimenta y crece con el jugo y sustancia de otro, viviendo o no sobre él. **II.** *s/m* FIG Quien vive a costa de otro: *Es un parásito de la sociedad.*

pa·ra·si·to·lo·gía [parasitoloxía] *s/f* Tratado de los parásitos.

pa·ra·sol [parasól] *s/m* **1.** Quitasol, sombrilla. **2.** Umbela.

pa·ra·tí·fi·co, -a [paratífiko, -a] *adj* Relativo a las fiebres paratifoideas.

pa·ra·ti·foi·dea [paratifoiðéa] *adj* y *s/f* Infección intestinal de síntomas semejantes a los de la tifoidea, pero producida por microbio distinto.

par·ce·la [parθéla] *s/f* **1.** Cada uno de los trozos en que se divide un terreno grande. **2.** FIG Parte pequeña de algo: *Parcela del conocimiento humano.*

par·ce·la·ción [parθelaθjón] *s/f* Acción y efecto de parcelar.

par·ce·lar [parθelár] *v/tr* Dividir un terreno en parcelas.

par·cial [parθjál] *adj* **1.** Relativo a una parte del todo. **2.** Incompleto. **3.** Persona no ecuánime en su juicio o actuación.

par·cia·li·dad [parθjaliðáð] *s/f* **1.** Condición de parcial. **2.** Actitud injusta en contra o a favor de personas o cosas.

par·co, -a [párko, -a] *adj* Moderado en cualquier cosa. RPr **Parco en:** *Parco en palabras.*

par·che [pártʃe] *s/m* **1.** Pedazo de un material pegado sobre una cosa, generalmente para tapar un agujero. **2.** Trozo de lienzo o de otra cosa con una sustancia medicamentosa, que se aplica a una herida o parte enferma del cuerpo. **3.** FIG Cualquier cosa sobrepuesta a otra, que es la principal y de la cual desdice o solución incompleta o mal hecha respecto a algo.

par·che·ar [partʃeár] *v/tr* Poner parches.

par·chís [partʃís] *s/m* Juego, con cuatro salidas señalizadas en un tablero y sobre las cuales avanza cada jugador sumando los puntos obtenidos al tirar un dado.

¡par·diez! [parðjéθ] *interj* ¡Por Dios!

par·di·llo, (-a) [parðíʎo, (-a)] **I.** *adj* Aldeano. **II.** *s/m* Pájaro de color pardo rojizo en general, que canta bien.

par·do, (-a) [párðo, (-a)] **I.** *s/m* Se dice del color que resulta de mezclar el negro, rojo y algo de amarillo o naranja, y de los objetos que lo tienen. **II.** *adj* Oscuro, referido especialmente a las nubes.

par·dus·co, -a o **par·duz·co, -a** [parðús/-θko, -a] *adj* De color pardo.

pa·rea·do [pareáðo] *s/m* Conjunto de dos versos rimados.

pa·re·cer [pareθér] **I.** *s/m* **1.** Manera de pensar alguien sobre una cosa: *Su parecer me convence.* **2.** Aspecto que ofrecen las facciones de la cara y la disposición del cuerpo: *Es un joven de buen parecer.* **II.** *v/intr* **1.** Aparecer o manifestarse una cosa: *Pareció el sol.* **2.** (Uso terciopersonal, seguido de *que*) Expresar que hay indicios de la acción señalada: *Parece que vendrá la reina.* También con *pron: Me parece que...* **III.** REFL(-SE) Tener una cosa el mismo aspecto que otra: *Vosotros dos os parecéis mucho.* LOC **Al parecer,** según las apariencias. **Según parece...,** expresión que denota inseguridad en lo que se dice a continuación.
CONJ *Irreg: Parezco, parecí, pareceré, parecido.*

pa·re·ci·do, (-a) [pareθíðo, (-a)] **I** *adj* **1.** Dícese del que se parece a otro. **2.** Con los adverbios *bien* o *mal,* se aplica a la persona que tiene buen o mal aspecto. **II.** *s/m* Relación entre dos cosas que tienen rasgos o aspectos comunes.

pa·red [paréð] *s/f* **1.** Obra de albañilería con dimensiones adecuadas para cerrar un espacio o sostener las techumbres. **2.** Superficie de un muro u otra cosa que limita o separa.

pa·re·da·ño, -a [pareðáɲo, -a] *adj* Se dice del espacio que está separado de otro por medio de una pared.

pa·re·dón [pareðón] *s/m* **1.** Pared que queda en pie, de un edificio destruido. **2.** Pared gruesa que sirve como defensa o contención de algo. LOC **Llevar a alguien al paredón,** fusilarlo.

pa·re·jo, (-a) [paréxo, (-a)] **I.** *adj* Sin diferencias. **II.** *s/f* **1.** Par de personas, animales o de cualquier clase de cosas. **2.** Conjunto de dos guardias: *Pareja (de la Guardia Civil).* **3.** Compañero, especialmente en los bailes: *Eligió una buena pareja para el tango.* **4.** *pl* En los naipes, dos cartas iguales en número o figura. **5.** *pl* En el juego de dados, las dos caras del mismo número que salen de una tirada. **6.** EQUIT Carrera que dan dos jinetes juntos, sin adelantarse ninguno. LOC **Correr parejas,** ser muy parecidas las cosas que se comparan: *Su belleza y su simpatía corren parejas.*

pa·ren·te·la [paren̪téla] *s/f* Conjunto de toda clase de parientes.

pa·ren·tes·co [paren̪tésko] *s/m* **1.** Vínculo que existe entre dos o más personas por consanguinidad o afinidad. **2.** FIG Conexión entre las cosas.

pa·rén·te·sis [parén̪tesis] *s/m* **1.** GRAM Oración incidental, sin enlace necesario con los demás miembros del período. **2.** GRAM Signo ortográfico en que suele encerrarse esta oración '( )'. **3.** FIG Suspensión o interrupción de algo: *Hicieron un paréntesis en la reunión.*

pa·reo [paréo] *s/m* **1.** Acción y efecto de parear. **2.** Pañuelo muy grande que cubre casi todo el cuerpo.

pa·ria [párja] *s/m,f* **1.** Persona de la clase social más baja en la India, considerada infame por las leyes. **2.** FIG Persona considerada como vil e indigna de las ventajas de que gozan las demás.

pa·ri·da [paríða] *s/f* ARG Tontería, sandez, necedad.

pa·ri·dad [pariðáð] *s/f* Igualdad de las cosas entre sí.

pa·rien·te, -a [parjén̪te, -a] **I.** *adj* COL Semejante. **II.** *adj* y *s/m,f* Respecto de una persona, se dice de cualquier otra de su familia. **III.** *s/m,f* COL El marido respecto de la mujer, y la mujer respecto del marido.

pa·rie·tal [parjetál] *adj* y *s/m* Se dice de cada uno de los dos huesos situados en las partes media y lateral de la cabeza.

par·i·gual [pariɣwál] *adj* Muy parecido.

pa·ri·hue·la [pari(ɣ)wéla] *s/f* Utensilio compuesto de dos varas gruesas, con unas tablas atravesadas en medio, en forma de mesa o cajón y llevado por dos personas.

pa·ri·pé [paripé] *s/m* LOC **Hacer el paripé,** *1.* Darse importancia. *2.* Hacer algo para cubrir las apariencias.

pa·rir [parír] *v/tr, intr* **1.** Expeler al exterior en tiempo oportuno la hembra de los animales mamíferos el hijo que ha concebido. **2.** FIG Producir una cosa algo, de cualquier manera que esto sea.

pa·ri·sién [parisjén] *adj s/m,f* De París.

pa·ri·sien·se o **pa·ri·si·no, -a** [parisjénse/parisíno, -a] *adj* y *s/m,f* De París.

pa·ri·ta·rio, -a [paritárjo, -a] *adj* Se aplica a los órganos sociales, públicos o privados, en los que intervienen, en partes iguales, los distintos grupos interesados.

par·king [párki{ŋ n}] *s/m* ANGL Lugar adecuado o reservado para aparcar o colocar vehículos.

par·la [párla] *s/f* **1.** Facilidad para hablar. **2.** Acción de hablar mucho.

par·la·men·tar [parlamen̪tár] *v/intr* Hablar para ajustar la paz, una condición, etc.

par·la·men·ta·rio, -a [parlameṇtárjo, -a] **I.** *adj* **1.** Se aplica al Estado en que las funciones de presidente de la República y de presidente del Gobierno son ejercidas por distinta persona. **2.** Relativo al parlamento. **II.** *s/m,f* **1.** Persona enviada a parlamentar. **2.** Miembro del parlamento.

par·la·men·ta·ris·mo [parlameṇtarísmo] *s/m* Régimen y doctrina parlamentarios.

par·la·men·to [parlaméṇto] *s/m* **1.** Asamblea legislativa en los países democráticos. **2.** Acción de parlamentar. **3.** Entre actores, recitado largo de un actor.

par·lan·chín, -na [parlantʃín, -na] *adj* y *s/m,f* Que habla mucho y sin discreción.

par·lan·te [parláṇte] *adj* Que habla.

par·lar [parlár] *v/tr* **1.** Charlar. **2.** Hablar mucho y sin discreción.

par·lo·te·ar [parloteár] *v/intr* Hablar mucho y sin sustancia.

par·lo·teo [parlotéo] *s/m* Acción y efecto de parlotear.

par·na·so [parnáso] *s/m* Monte de Grecia donde se suponía que se reunían las Musas.

par·né [parné] *s/m* ARG Dinero.

pa·ro [páro] *s/m* **1.** Cesación de una actividad de cualquier tipo. **2.** Interrupción del trabajo en una empresa. **3.** Situación de los obreros que no tienen trabajo.

pa·ro·dia [paróðja] *s/f* Imitación burlesca o irónica de algo: obra literaria, gestos, entonación, etc.

pa·ro·diar [paroðjár] *v/tr* Hacer una parodia.

pa·ro·ni·mia [paronímja] *s/f* Circunstancia de ser parónimas dos o más palabras.

pa·ró·ni·mo, -a [parónimo, -a] *adj* Se dice de palabras que son afines entre sí por su origen, sonido o forma.

pa·ró·ti·da [parótiða] *s/f* Cada una de las dos glándulas situadas debajo del oído, en los animales mamíferos.

pa·ro·xis·mo [paro(k)sísmo] *s/m* Exaltación extrema de los afectos y pasiones.

pa·ro·xí·to·no, -a [paro(k)sítono, -a] *adj* Se dice del vocablo que lleva el acento tónico en la penúltima sílaba.

par·pa·de·ar [parpaðeár] *v/intr* **1.** Abrir y cerrar repetidamente los párpados. **2.** Oscilar la luminosidad de un cuerpo (bombillas, estrellas, etc.).

par·pa·deo [parpaðéo] *s/m* Acción y efecto de parpadear.

pár·pa·do [párpaðo] *s/m* Cada una de las dos membranas móviles que sirven para resguardar el ojo.

par·que [párke] *s/m* **1.** Terreno cercado con plantas, público o privado, destinado a recreo. **2.** Sitio donde se almacenan instrumentos o material de servicio público: *Parque de bomberos*. **3.** Utensilio con piso blando y barandilla lateral donde se pone a los niños pequeños que todavía no saben andar.
Parque nacional, extensión grande de terreno acotado por el Estado para preservar las bellezas naturales y los animales salvajes que en él se encuentran.

par·qué o **par·quet** [parké(t)] *s/m* Pavimento hecho de maderas ensambladas.

par·que·dad [parkeðáð] *s/f* Moderación en la distribución, el uso o el gasto de las cosas.

pa·rra [párra] *s/f* Vid cuyos vástagos, convenientemente sujetos, se extienden a cierta altura del suelo. LOC COL **Subirse a la parra,** *1.* Irritarse. *2.* Darse uno más importancia de la que tiene en realidad.

pa·rra·fa·da [parrafáða] *s/f* Exposición vehemente y sin detención de lo que uno piensa.

pá·rra·fo [párrafo] *s/m* **1.** Trozo de un texto que se considera suficientemente diferenciado del resto y con unidad. Si el texto es escrito, se separa con un 'punto y aparte', y si es oral, con una pausa. **2.** *pl* Discurso. **3.** Signo (§) con que a veces se marca en un impreso cada párrafo.

pa·rral [parrál] *s/m* Conjunto de parras sostenidas con armazón de madera o de otro material.

pa·rran·da [parráṇda] *s/f* **1.** Diversión con alboroto. **2.** Reunión de músicos o aficionados que salen de noche tocando instrumentos y cantando para divertirse. LOC **Ir de parranda,** salir en grupo a divertirse por distintos sitios.

pa·rran·de·ar [parraṇdeár] *v/intr* Ir de parranda.

pa·rran·deo [parraṇdéo] *s/m* Acción y efecto de parrandear.

pa·rri·ci·da [parriθíða] *s/m,f* Quien comete un parricidio.

pa·rri·ci·dio [parriθíðjo] *s/m* Acción de matar alguien a su padre, madre, cónyuge o hijo.

pa·rri·lla [parríʎa] *s/f* Utensilio de hierro en forma de rejilla, con mango y pies, apto para asar viandas encima del fuego.

pa·rri·lla·da [parriʎaða] *s/f* Variedad de pescados asados a la parrilla.

pá·rro·co [párroko] *s/m* Sacerdote encargado de una parroquia.

pa·rro·quia [parrókja] *s/f* **1.** Territorio que está bajo la jurisdicción espiritual de un sacerdote. **2.** Fieles de dicho territorio. **3.** FIG Conjunto de personas que acuden a comprar a una misma tienda o a pedir servicios de cualquier profesional (médico, sastre, abogado, etc.): *Una tienda con mucha parroquia.*

pa·rro·quial [parrokjál] *adj* Relativo a la parroquia.

pa·rro·quia·no, (-a) [parrokjáno, -a] **I.** *adj* y *s/m,f* Perteneciente a una parroquia. **II.** *s/m,f* Persona que acude a una tienda o a los servicios de un profesional de un modo habitual.

par·si·mo·nia [parsimónja] *s/f* Calma: *Actuaba con mucha parsimonia.*

par·si·mo·nio·so, -a [parsimonjóso, -a] *adj* Que procede con parsimonia.

par·te [párte] *s/f* **1.** Cada una de las divisiones que constituyen una cosa o que se hacen de ella. **2.** Cantidad que corresponde a uno en cualquier distribución: *Parte del botín.* **3.** Cierto número de un total de cosas. **4.** Lugar o sitio: *Este hombre ha estado en todas partes.* **5.** Cada sector o bando de los que contienden en cualquier clase de enfrentamientos. **6.** Cada una de las personas que tienen interés en un contrato o negocio. **7.** *m* Comunicación enviada o recibida: *Parte de guerra.* **8.** *m* Comunicación en que un funcionario da cuenta a su superior de un asunto del que está encargado: *Envió dos partes al jefe.* **9.** Lado de una cosa: *Está sucio por las dos partes.* **10.** (Con *por, de*) Rama de un parentesco: *Primos por/de parte de padre.* LOC **Dar parte,** comunicar algo a un superior. **De... a esta parte,** con una expresión de tiempo, equivale a 'desde hace'. **De mi/tu... parte,** por encargo mío, tuyo, etc. **En parte,** parcialmente. **No parar en ninguna parte,** cambiar mucho de residencia, empleo, etc. **Por partes,** resolver un asunto distinguiendo sus diversos aspectos. **Sus partes,** órganos genitales. **¡Vamos por partes!,** invitación a tratar con orden un asunto.

par·te·luz [partelúθ] *s/m* Columnata que divide un hueco o ventana en dos partes.

par·te·nai·re [partenér] *s/m* GAL Persona que forma pareja con otra en distintas actividades.

par·te·no·gé·ne·sis [partenoxénesis] *s/f* Reproducción de una especie sin el concurso directo del sexo masculino, por división de células sexuales femeninas.

par·te·ro, (-a) [partéro, (-a)] **I.** *s/m* Comadrón; médico que asiste en los partos. **II.** *s/f* Comadrona; mujer que asiste en los partos.

par·te·rre [partérre] *s/m* Parte de un jardín adornada con flores y césped.

par·ti·ción [partiθjón] *s/f* Distribución, entre algunas personas, de bienes, herencia, etc.

par·ti·ci·pa·ción [partiθipaθjón] *s/f* **1.** Acción y efecto de participar. **2.** Parte que corresponde a cada uno de los que participan en algo. **3.** Parte que se juega en un décimo de la lotería. **4.** Notificación.

par·ti·ci·pan·te [partiθipánte] *adj* y *s/m,f* Que participa.

par·ti·ci·par [partiθipár] *v/tr* **1.** Tener uno parte en una cosa o tocarle algo de ella. **2.** (Con *de*) Tener varias personas la misma situación, opinión, carácter, cualidad, etc.: *Participan de las mismas ideas.* **3.** Dar a conocer una noticia o una opinión. RPr **Participar de/en:** *Participar de las ganancias/en el trabajo.*

par·tí·ci·pe [partíθipe] *adj* y *s/m,f* Que participa.

par·ti·ci·pio [partiθípjo] *s/m* GRAM Forma del verbo llamada así porque en sus varias aplicaciones participa también de la índole del adjetivo.

par·tí·cu·la [partíkula] *s/f* Parte muy pequeña de una cosa.

par·ti·cu·lar [partikulár] **I.** *adj* **1.** Privativo de una cosa: *El sabor particular de la miel.* **2.** Lo que corresponde a cierta persona o cosa. **3.** Diferente de lo ordinario: *Tiene un carácter muy particular.* **4.** No oficial: *El Presidente va a París en viaje particular.* **5.** Singular, no universal. **II.** *s/m* **1.** Que no tiene título o empleo que le distinga de los demás ciudadanos: *Vengo aquí como un particular.* **2.** Asunto de que se trata: *No tengo nada que decir sobre el particular.* LOC **En particular,** especialmente.

par·ti·cu·la·ri·dad [partikulariðáð] *s/f* **1.** Rasgo que distingue a una cosa de otras del mismo género. **2.** Cada uno de los detalles de una cosa.

par·ti·cu·la·ris·mo [partikularísmo] *s/m* **1.** Preferencia excesiva que se da al interés individual sobre el general. **2.** Exagerada independencia de criterio de una persona.

par·ti·cu·la·ri·za·ci·ón [partikulariθaθjón] *s/f* Acción de particularizar.

par·ti·cu·la·ri·zar [partikulariθár] *v/tr* **1.** Expresar una cosa con todo detalle. **2.** Mostrar parcialidad en favor de una persona. **3.** Referirse a alguien o algo determinado.
ORT Ante *e* la *z* cambia en *c: Particularice.*

par·ti·da [partíða] *s/f* **1.** Acción de partir de un sitio en dirección a otro: *La partida será a las dos.* **2.** División territorial de un término municipal rural. **3.** Cantidad de un género que se entrega o envía de una vez: *Una partida de azúcar.* **4.** Cada una de las cantidades de una cuenta asentadas por separado. **5.** Cada apartado de un presupuesto. **6.** Anotación en el registro correspondiente, y certificación de la misma (un nacimiento, bautismo, matrimonio, defunción, etc.). **7.** Grupo de personas que se reúnen con algún fin. **8.** Conjunto de jugadas en un juego de suerte o destreza.

par·ti·da·rio, -a [partiðárjo, -a] *adj* y *s/m,f* Que sigue o defiende algo o a alguien. RPr **Partidario de:** *Es partidario del aborto.*

par·ti·dis·mo [partiðísmo] *s/m* Sometimiento excesivo a los dictados de un partido o ideología.

par·ti·dis·ta [partiðísta] *s/m,f* Relativo a o que practica el partidismo.

par·ti·do [partíðo] *s/m* **1.** Agrupamiento de los que siguen una misma opinión, acción, doctrina, etc.: *Partido socialista.* **2.** Competición deportiva: *Partido de fútbol.* **3.** Decisión que se toma: *Debes tomar partido ante la ley del aborto.* LOC **Formar partido,** agrupar personas en favor de unas determinadas ideas. **Sacar partido,** obtener ventaja: *Juan sacó partido de la crisis.*

par·tir [partír] **I.** *v/tr* **1.** Dividir una cosa en varias partes: *Partir avellanas.* **2.** Separar una cosa de otra: *Partir un papel.* **3.** MAT Dividir. **4.** Distribuir en clases. **5.** Dar alguien una parte de algo a otro. **6.** En los juegos de baraja, levantar una parte de ella y colocarla debajo del resto. **II** *v/intr* **1.** Empezar a caminar, ponerse en marcha: *Partieron para Madrid.* **2.** Tomar un hecho o cualquier otro antecedente como fundamento para un razonamiento: *Partió de la veracidad de su afirmación.* LOC **A partir de,** desde. RPr **(II) Partir de/para/hacia:** *Partió de España/para Roma/hacia León.*

par·ti·ti·vo, -a [partitíβo, -a] *adj* **1.** Que puede partirse. **2.** GRAM Se dice del numeral que expresa división de un todo en partes.

par·ti·tu·ra [partitúra] *s/f* Texto escrito completo de una obra musical.

par·to [párto] *s/m* **1.** Acción y efecto de parir. **2.** FIG Cualquier producción material o intelectual del ser humano.

par·tu·rien·ta [parturjénta] *adj* y *s/f* Mujer que está pariendo o acaba de parir.

par·ve·dad [parβeðáð] *s/f* Pequeñez, cualidad de parvo.

par·vo, (-a) [párβo, (-a)] **I.** *adj* Pequeño, escaso. **II.** *s/f* Mies tendida en la era para trillarla o después de trillada.

par·vu·la·rio [parβulárjo] *s/m* Centro de enseñanza para niños fuera de la edad escolar.

pár·vu·lo, (-a) [párβulo, (-a)] **I.** *adj* **1.** Pequeño. **2.** FIG Inocente, sencillo, humilde. **II.** *s/m* Niño; aplicado generalmente a una escuela o clase de niños pequeños: *Colegio de párvulos.*

pa·sa [pása] *s/f* Fruta seca, enjugada natural o artificialmente. Se aplica usualmente a las uvas y a las ciruelas.

pa·sa·ble [pasáβle] *adj* Pasadero, mediano, aceptable, admisible, soportable.

pa·sa·ca·lle [pasakáʎe] *s/m* Música de ritmo vivo y popular, tocada por una banda o una charanga callejera.

pa·sa·da [pasáða] *s/f* **1.** Acción de pasar. **2.** Cada aplicación de una acción a una cosa, sobre todo si se pasa algo por ella: *Dar unas pasadas al suelo.* **3.** En las labores de punto, fila de puntos. LOC **De pasada,** sin fijarse mucho: *Este libro lo he leído de pasada.* **Mala pasada,** acción con que se perjudica a alguien, trastada.

pa·sa·de·ro, (-a) [pasaðéro, (-a)] **I.** *adj* Que es tolerable y puede pasar. **II.** *s/m,f* Cada piedra, madero, etc., que se pone para atravesar arroyos, charcos...

pa·sa·di·zo [pasaðíθo] *s/m* Paso estrecho y corto para pasar de un sitio a otro.

pa·sa·do, (-a) [pasáðo, (-a)] **I.** *s/m* **1.** El tiempo pasado. **2.** La vida anterior de una persona: *Tu pasado no me importa.* **3.** Tiempo verbal: *El pasado.* **II.** *adj* **1.** Se aplica a un nombre de tiempo: *La semana pasada.* **2.** Se dice del vestido que se rompe con facilidad por ser viejo: *Mi jersey ya está pasado.* **3.** Se aplica a flores, alimentos u otras materias orgánicas que se estropean al pasar el tiempo: *Estas naranjas están pasadas.*

pa·sa·dor, (-ra) [pasaðór, (-ra)] **I.** *adj* Que pasa de una parte a otra. **II.** *s/m* **1.** Varilla que sujeta entre sí las dos piezas de un gozne. **2.** Pieza sujeta a una hoja de puerta o ventana, que sirve para cerrar corriéndola hasta hacerla entrar en una hembrilla fija en el marco. **3.** Aguja grande de metal con que las mujeres se sujetan el cabello, el sombrero u otro adorno. **4.** Imperdible para prender las condecoraciones al uniforme.

pa·sa·je [pasáxe] *s/m* **1.** Calle corta y estrecha, o paso cubierto entre dos calles. **2.** Billete o precio del viaje en barco o avión: *Dos pasajes para Nueva York.* **3.** Totalidad de los viajeros de un barco o avión. **4.** Trozo de una obra musical o literaria: *Este pasaje es bello.*

pa·sa·je·ro, (-a) [pasaxéro, (-a)] **I.** *adj* Que dura poco. **II.** *s/m,f* Que va en un vehículo determinado, sin conducirlo.

pa·sa·ma·ne·ría [pasamanería] *s/f* **1.** Fábrica, taller, actividad y comercio de pasamanos. **2.** Clase de objetos consistente en galones, borlas, etc., hechos trenzando o entretejiendo cordones.

pa·sa·ma·nos [pasamános] *s/m* **1.** Cordón grueso que a veces sirve de barandilla. **2.** Barandilla.

pa·sa·mon·ta·ñas [pasamontáɲas] *s/m* Prenda que cubre y protege del frío toda la cabeza, excepto ojos y nariz.

pa·san·te [pasáṇte] *s/m* Abogado sin experiencia en su trabajo, que trabaja y aprende junto a otro ya veterano.

pa·sa·por·te [pasapórte] *s/m* Documento que se precisa para poder viajar de un país a otro.

pa·sar [pasár] **I.** *v/tr* **1.** Trasladar algo o a alguien de un lugar a otro. **2.** Atravesar un espacio: *No pases el río lloviendo.* **3.** Dar una cosa cercana a alguien a otro situado más lejos: *Pásame el libro.* **4.** Rebasar un punto determinado: *No pases el semóforo en rojo.* **5.** Deslizar una cosa por encima de otra: *Pasa la mano por la superficie.* **6.** Meter algo por un hueco: *Pasa la tarjeta por la ranura.* **7.** Aprobar un examen o prueba: *¿Has pasado el examen?* **8.** Omitir algo que estaba previsto hacer o decir: *Por falta de tiempo, paso este capítulo.* **9.** No darse por enterado de algo: *Le pasé muchos desprecios.* **10.** Desecar una cosa orgánica, en particular frutas, etc. **11.** Transcurrir, bien o mal, el tiempo: *Esta semana la he pasado mal/bien.* **12.** (Con *en*) Aventajar a otro: *Yo te paso en años de servicio.* **13.** Finalizar la acción o permanencia de algo: *Pasó el enfado.* **II.** *v/intr* **1.** Vivir con lo estrictamente necesario: *Paso con poco dinero.* **2.** Sufrir: *Estoy pasando mucho.* **3.** Acaecer: *¿Qué pasa aquí?* **4.** Con *a+infin,* iniciar la acción señalada: *Paso a contarte que...* **5.** (Con *por*) Aparentar ser o ser tenido por algo que puede no ser real: *Pasa por tonto.* **6.** (Con *sin*) No tener necesidad de lo expresado: *Pasa el invierno sin calefacción.* **III.** REFL(-SE) **1.** Cambiar de opinión, grupo, bando, etc.: *Juan se ha pasado a los socialistas.* **2.** Olvidarse de algo: *Se me pasó llamarte.* **3.** Aplicado a frutas, carnes, etc., empezar a pudrirse, perder la sazón, etc. **4.** (Con *de*) Exagerar en algo: *No te pases de puntual.* **5.** En algunos juegos, perder por haber obtenido más puntos de los necesarios para ganar. LOC **Lo que pasa es que,** fórmula para iniciar una explicación. **Pasar una cosa de castaño oscuro,** resultar algo intolerable. **Pasar de largo,** no detenerse. **Pasarlo bien/mal,** divertirse/sufrir en alguna ocasión. **Pasarlo en grande,** gozar mucho. **Pase lo que pase,** sin pararse ante los problemas: *Iré contigo pase lo que pase.* **¿Qué pasa?,** fórmula para preguntar por una anormalidad o para iniciar conversación coloquial. **Pasarse de listo,** errar por demasiada malicia. RPr **Pasar a/de/por/en/sin/con:** *Pasemos a la conclusión. Desde hoy paso de estos problemas. Tu padre pasaba por erudito. Le pasa en edad.* **Pasarse de/a.**

pa·sa·re·la [pasaréla] *s/f* **1.** Puente pequeño o provisional. **2.** Paso para peatones construido sobre una calle o carretera.

pa·sa·tiem·po [pasatjémpo] *s/m* Diversión y entretenimiento.

pas·cua [páskwa] *s/f* **1.** La fiesta más importante de los hebreos, en recuerdo de su liberación de Egipto. **2.** Fiesta católica que celebra la Resurrección de Jesucristo. **3.** *pl* Época comprendida entre la Natividad y el día de Reyes, ambos inclusive. LOC **Estar como unas pascuas,** estar muy alegre. **Hacer la pascua,** fastidiar. **Y santas pascuas,** fórmula que da a entender la terminación de un asunto.

pas·cual [paskwál] *adj* Relativo a la pascua.

pa·se [páse] *s/m* **1.** Acción y efecto de pasar. **2.** Permiso para entrar en algún espectáculo o viajar gratis: *Un pase de tren.* **3.** Autorización para pasar ciertos géneros por un lugar. **4.** Licencia para usar un privilegio.

pa·se·an·te [paseáṇte] *adj* y *s/m,f* Que pasea o se pasea.

pa·se·ar [paseár] **I.** *v/tr* Llevar algo o a alguien por distintos sitios: *Pasear a un niño.* **II.** *v/intr* Andar o viajar sobre vehículo o sobre animal por placer. **III.** REFL (-SE) Ir por un sitio. RPr **Pasear a/por/en/con:** *Pasear a caballo/en barca/por el parque/con un amigo.*

pa·seo [paséo] *s/m* **1.** Acción de pasear. **2.** Lugar ameno apropiado para pasear. **3.** Distancia corta que puede recorrerse paseando. LOC **Mandar/Enviar a paseo,** apartar a alguien de sí con enfado.

pa·si·llo [pasíʎo] *s/m* Pieza de paso, larga y estrecha, de cualquier edificio.

pa·sión [pasjón] *s/f* **1.** Sentimiento violento que perturba el ánimo: *La quería con pasión.* **2.** Afición por algo: *Siente pasión por la música.* **3.** Padecimientos de Jesucristo antes de su muerte.

pa·sio·nal [pasjonál] *adj* Relativo a la pasión, especialmente amorosa.

pa·si·vi·dad [pasiβiðáð] *s/f* Calidad de pasivo.

pa·si·vo, (-a) [pasíβo, (-a)] **I.** *adj* **1.** Se dice de lo que es objeto de una acción. **2.** Persona que queda inactiva y deja obrar a otros. **3.** Se aplica a la pensión que reciben algunas personas en virtud de servicios prestados por ellas o por sus familiares: *Haberes pasivos.* **II.** *s/m* COM Importe total de las deudas, gravámenes y gastos que tiene una persona o entidad: *La empresa tiene un pasivo muy alto.* **III.** *s/f* GRAM Oración y forma verbal contenida en ella, en la que el sujeto gramatical se representa como receptor del significado del verbo *(El puente ha sido construido por el Estado).*

pas·mar [pasmár] *v/tr,* REFL(-SE) Asombrar. RPr **Pasmarse de:** *Se pasmó de lo que acababa de ver.*

pas·mo [pásmo] *s/m* **1.** Resfriado que se manifiesta por catarros, dolores de huesos, etc. **2.** Asombro extremado.

pas·mo·so, -a [pasmóso, -a] *adj* Que causa pasmo.

pa·so, -a [páso, -a] **I.** *s/m* **1.** Acción de pasar. **2.** Cada movimiento hecho con un pie al andar: *Camina con paso rápido.* **3.** Longitud comprendida entre el talón del pie adelantado y el talón del pie que queda atrás. **4.** Lugar por donde se pasa: *Paso de montaña.* **5.** Adelantamiento: *Un paso adelante en tus aspiraciones.* **6.** Pieza dramática muy breve. **7.** *pl* Gestión que se hace para conseguir una cosa: *Él dio los pasos para que me admitieran.* **8.** Acción de pasar las aves migratorias de un sitio para otro. **9.** Manera de andar: *Su paso es firme.* **10.** Cada una de las mudanzas que se hacen en los distintos tipos de bailes: *Paso de tango.* **11.** Cada uno de los sucesos importantes de la pasión de Cristo. **12.** Cada imagen de las que salen en las procesiones de Semana Santa, con sus acompañantes y ornatos. **II.** *adj* Se aplica a los frutos desecados: *Uvas pasas.* LOC **Mal paso,** acción por la que alguno se halla en dificultad. **A paso largo, lento...,** con paso largo, lento... **A pasos agigantados,** con rapidez. **Abrirse paso,** quitar los obstáculos, físicos o morales, para conseguir algo. **Dar un paso en falso,** *1.* Poner el pie en un lugar inseguro. *2.* FIG Hacer algo contraproducente. **De paso,** incidental o indirectamente. **Llevar el paso,** expresar al andar el ritmo de una música. **Marcar el paso,** moverse como marchando, pero sin avanzar. **Salir al paso,** detener algo o a alguien antes de que produzca el efecto esperado. **Salir del paso,** hacer o decir algo sin poner interés. **Seguir los pasos a alguien,** vigilarlo. **Seguir los pasos de alguien,** imitarlo.

pa·so·do·ble [pasoðóβle] *s/m* Música que tiene ritmo de marcha y baile con esa música.

pa·so·ta [pasóta] **I.** *s/m,f* Individuo más o menos ácrata que dice rechazar las bases de la sociedad establecida (familia, Estado, etc.). **II.** *adj* Relativo a los pasotas.

pa·so·tis·mo [pasotísmo] *s/m* Fenómeno sociocultural generado por los pasotas, o forma de vivir y actitud de los mismos.

pas·quín [paskín] *s/m* Cartel o escrito anónimo de contenido satírico, colocado en lugar público.

pas·ta [pásta] *s/f* **1.** Masa hecha de una o diversas cosas machacadas y trabadas con algo de líquido. **2.** Masa de pan con algún otro ingrediente, preparada para hacer productos de pastelería. **3.** VULG Dinero: *Nunca tiene pasta; se lo gasta todo en bebida.* **4.** Encuadernación de los libros que se hace con cartones cubiertos con pieles. **5.** Masa de harina de trigo con la que se hacen fideos y otras figuras para sopas. LOC **De mala/buena pasta,** carácter bueno o malo de una persona.

pas·tar [pastár] **I.** *v/tr* Llevar el ganado al pasto. **II.** *v/intr* Comer el ganado la hierba en los prados.

pas·tel [pastél] *s/m* **1.** Masa de harina y manteca con que ordinariamente se envuelve crema, dulce u otro alimento, cociéndose después al horno. **2.** FIG COL Arreglo hecho a escondidas y con poco escrúpulo. LOC **Descubrirse el pastel,** conocerse algún manejo deshonesto que se tenía oculto.

pas·te·le·ar [pasteleár] *v/intr* Participar en un chanchullo o asunto realizado sin escrúpulo.

pas·te·leo [pasteléo] *s/m* Acción y efecto de pastelear.

pas·te·le·ría [pastelería] *s/f* **1.** Lugar donde se hacen o venden pasteles o pastas. **2.** Actividad de hacer pasteles o pastas.

pas·te·le·ro, -a [pasteléro, -a] *s/m,f* Que hace o vende pasteles u otros dulces.

pas·te·ri·zar o **pas·teu·ri·zar** [paste(u)riθár] *v/tr* Esterilizar leche u otro líquido alimenticio por el procedimiento de Pasteur, es decir, manteniéndolo durante un cierto tiempo a una temperatura elevada.
ORT Ante *e* la *z* cambia en *c: Pasterice.*

pas·ti·lla [pastíʎa] *s/f* Pieza pequeña de ciertas sustancias: *Una pastilla contra el dolor.*

pas·ti·zal [pastiθál] *s/m* Terreno de abundante pasto para caballerías.

pas·to [pásto] *s/m* **1.** Acción de pastar. **2.** Hierba que el ganado pace en el mismo lugar en que ésta crece. **3.** Cualquier alimento del ganado. **4.** Materia que se consume a consecuencia de la actividad de un agente natural: *Su casa fue pasto de las llamas.*

pas·tor, -ra [pastór, -ra] *s/m,f* **1.** Persona que cuida el ganado. **2.** Sacerdote en las comunidades protestantes.

pas·to·ral [pastorál] **I.** *adj* **1.** Relativo a los prelados. **2.** Perteneciente a la composición que pinta la vida de los pastores. **II.** *s/f* **1.** Composición, literaria o musical, que se refiere a escenas campestres. **2.** Escrito que un prelado dirige a sus diocesanos.

pas·to·re·ar [pastoreár] *v/tr* Cuidar el ganado.

pas·to·reo [pastoréo] *s/m* Acción y efecto de pastorear.

pas·to·ril [pastoríl] *adj* Relativo a los pastores: *Novela pastoril.*

pas·to·si·dad [pastosiðáð] *s/f* Calidad de pastoso.

pas·to·so, -a] [pastóso, -a] *adj* **1.** Se aplica a sustancias blandas y moldeables. **2.** Se aplica a la voz de timbre agradable al oído.

pa·ta [páta] *s/f* **1.** Pie y pierna de los animales. **2.** Pato hembra. **3.** Pieza de los muebles que les sirve de apoyo. LOC **Mala pata,** sin gracia o sin suerte. **Estirar la pata,** morirse. **Patas arriba,** desordenado: *Los niños lo ponen todo patas arriba.*
Pata de gallo, surcos divergentes que arrancan del ángulo exterior del ojo en las personas que han dejado de ser jóvenes.

pa·ta·da [patáða] *s/f* Golpe dado con el pie o con la pata. LOC **A patadas,** en abundancia: *Aquí hay mosquitos a patadas.* **Dar cien patadas una cosa,** desagradar mucho. **Dar la patada a alguien,** echar a alguien de un cargo.

pa·ta·gón, -na [pataγón, -na] *adj* y *s/m,f* De Patagonia.

pa·ta·gó·ni·co, -a [pataγóniko, -a] *adj* Relativo a la Patagonia o a los patagones.

pa·ta·le·ar [pataleár] *v/intr* **1.** Mover las piernas o los pies violentamente y con ligereza. **2.** Dar patadas en el suelo en señal de ira o protesta.

pa·ta·leo [pataléo] *s/m* Acción de patalear.

pa·ta·le·ta [pataléta] *s/f* COL Muestra exagerada de desesperación, especialmente cuando es fingida.

pa·tán [patán] *adj* y *s/m* Hombre grosero y tosco.

pa·ta·ta [patáta] *s/f* **1.** Planta anual solanácea, cuya raíz produce tubérculos redondeados, básicos en la alimentación actual. **2.** Cada uno de esos tubérculos.

pa·ta·tal o **pa·ta·tar** [patatá{l r}] *s/m* Patatar, terreno plantado de patatas.

pa·ta·te·ro, -a [patatéro, -a] **I.** *adj* **1.** Relativo a la patata. **2.** Persona aficionada a comer patatas. **II.** *s/m,f* **1.** Que cultiva o vende patatas. **2.** FIG COL Persona que ejerce su oficio, trabajo o arte sin brillo y con poca eficacia.

pa·ta·tín [patatín] LOC **Que si patatín, que si patatán,** expresión que se usa para aludir a las argucias que se emplean en alguna discusión.

pa·ta·tús [patatús] *s/m* COL (Con *dar*) Desmayo o ataque leve de nervios.

pa·té [paté] *s/m* GAL Pasta hecha de carne o hígado picado, en particular de cerdo o de aves.

pa·tea·du·ra [pateaðúra] *s/f* Acción de patear.

pa·te·ar [pateár] **I.** *v/tr* **1.** Dar golpes con los pies. **2.** FIG COL Tratar sin respeto a una persona o cosa: *Lo patearon entre todos con sus ironías.* **3.** FIG COL Andar mucho haciendo gestiones para conseguir algo: *Pateé el ministerio hasta dar con el documento.* **II.** *v/intr* Dar patadas sobre el suelo en señal de reprobación o de enfado.

pa·ten·tar [paten̪tár] *v/tr* **1.** Conceder y expedir patentes. **2.** Proteger con patente algún invento.

pa·ten·te [patén̪te] **I.** *adj* Manifiesto, evidente, claro. **II.** *s/f* **1.** Documento en que se acredita un derecho o se da permiso para algo. **2.** Derecho que disfruta alguien y que está negado a otros: *La patente de esta máquina la tiene el señor Sáez.* **3.** (Con *de*) FIG Fama que alguien tiene de algo bueno: *Jaime tiene patente de generoso.*

pa·ten·ti·zar [paten̪tiθár] *v/tr* Hacer patente o manifiesta una cosa.
ORT Ante *e* la *z* cambia en *c: Patentice.*

pa·teo [patéo] *s/m* Acción de patear.

pa·ter·nal [paternál] *adj* **1.** Se aplica a la acción, la actitud o el sentimiento propios de los padres. **2.** Como de padre.

pa·ter·na·lis·mo [paternalísmo] *s/m* **1.** Cualidad de paternal. **2.** Actitud protectora hacia alguien inferior en algo.

pa·ter·na·lis·ta [paternalísta] *adj* Relativo al paternalismo o que lo practica.

pa·ter·ni·dad [paterniðáð] *s/f* Calidad de padre.

pa·ter·no, -a [patérno, -a] *adj* Relativo al padre.

pa·té·ti·co, -a [patétiko, -a] *adj* Que produce o expresa angustia, pasión, melancolía u otro sentimiento análogo.

pa·te·tis·mo [patetísmo] *s/m* Cualidad de patético.

pa·ti·a·bier·to, -a [patjaβjérto, -a] *adj* Que tiene las piernas torcidas y separadas.

pa·ti·bu·la·rio, -a [patiβulárjo, -a] *adj* Se aplica a la persona o cosa cuyo aspecto produce espanto.

pa·tí·bu·lo [patíβulo] *s/m* Tablado o lugar donde se ejecuta la pena de muerte.

pa·ti·co·jo, (-a) [patikóxo, (-a)] *adj* y *s/m,f* COL Cojo, cojitranco.

pa·ti·di·fu·so, -a [patiðifúso, -a] *adj* FIG

COL (Con *quedarse*) Sorprendido por algo inesperado que se ve u oye.

pa·ti·lla [patíʎa] *s/f* **1.** Porción de barba que se deja crecer en la parte superior de cada carrillo. **2.** Se dice de los apéndices de aquellos objetos que sirven para sujetarlos o insertarlos en otros: *Las patillas de las gafas.*

pa·tín [patín] *s/f* Aparato para andar deslizándose sobre una superficie lisa; unos llevan ruedas para rodar sobre pavimento duro; otros llevan cuchilla para deslizarse sobre hielo.

pá·ti·na [pátina] *s/f* **1.** Especie de lustre o barniz, de color aceitunado y reluciente que se forma en los objetos antiguos de bronce. **2.** Tono suave que da el tiempo a las pinturas al óleo y a otras cosas.

pa·ti·na·je [patináxe] *s/m* Acción y efecto de patinar.

pa·ti·nar [patinár] *v/intr* **1.** Deslizarse sobre patines. **2.** Resbalar las ruedas de un vehículo sobre un firme mojado, arenoso, etc., por falta de adherencia. **3.** FIG COL Equivocarse o cometer una indiscreción al obrar o hablar.

pa·ti·na·zo [patináθo] *s/m* Acción y efecto de patinar.

pa·ti·ne·te [patinéte] *s/m* Juguete hecho de una tabla sobre dos o tres ruedas, con un manillar para la dirección.

pa·tio [pátjo] *s/m* Espacio cerrado con paredes o galerías, que queda en el interior de un edificio, y que o se deja descubierto o se cubre con cristales.
Patio de butacas, en la planta baja de los teatros y salas de cine, el recinto más amplio para los espectadores.
Patio de luces, hueco interior de un edificio, que da luz a las estancias interiores de las viviendas.

pa·ti·tie·so, -a [patitjéso, -a] *adj* Que se queda asombrado por la novedad o extrañeza de una cosa: *Al darle la noticia se quedó patitieso.*

pa·ti·tuer·to, -a [patitwérto, -a] *adj* Que tiene torcidas las piernas o patas.

pa·ti·zam·bo, (-a) [patiθámbo, (-a)] *adj* y *s/m,f* Que tiene las piernas torcidas hacia afuera y las rodillas muy juntas.

pa·to, -a [páto, -a] *s/m,f* Ave palmípeda que anda con dificultad y nada con suma facilidad. LOC **Pagar el pato,** sufrir o recibir uno un castigo que no ha merecido.

pa·to·cha·da [patotʃáða] *s/f* Disparate, tontería, dicho o acción fuera de lugar e inadecuado.

pa·tó·ge·no, -a [patóxeno, -a] *adj* Se dice de lo que es causa de enfermedades.

pa·to·lo·gía [patoloxía] *s/f* Parte de la medicina que estudia las enfermedades.

pa·to·ló·gi·co, -a [patolóxiko, -a] *adj* Relativo a la patología.

pa·tó·lo·go, -a [patóloɣo, -a] *s/m,f* Persona que se dedica a la patología.

pa·to·so, -a [patóso, -a] *adj* Persona de movimientos torpes y poco ágiles, como los patos.

pa·tra·ña [patráɲa] *s/f* Falsedad, especialmente cuando es grande y si hay mucha complicación de sucesos.

pa·tria [pátrja] *s/f* **1.** Lugar en que se ha nacido. **2.** El país donde uno ha nacido con sus habitantes, costumbres, tradiciones, en cuanto es objeto de cariño por parte de los naturales de él.

pa·triar·ca [patrjárka] *s/m* **1.** En la biblia, jefe de una gran familia. **2.** Título de dignidad concedido por el Papa a algunos prelados, con o sin jurisdicción. **3.** FIG Persona muy respetada en una comunidad o en una dilatada familia.

pa·triar·ca·do [patrjarkáðo] *s/m* **1.** Dignidad de patriarca. **2.** Territorio de su jurisdicción. **3.** Gobierno de patriarca.

pa·triar·cal [patrjarkál] *adj* Relativo al patriarca y a su gobierno.

pa·tri·cio, -a [patríθjo, -a] **I.** *adj* Relativo a los patricios. **II.** *s/m,f* **1.** Persona de la más alta nobleza en la Roma antigua. **2.** Individuo que se distingue entre sus conciudadanos por su nobleza, riqueza o virtudes.

pa·tri·mo·nial [patrimonjál] *adj* Relativo al patrimonio.

pa·tri·mo·nio [patrimónjo] *s/m* **1.** Bienes que alguien ha heredado. **2.** Conjunto de los bienes de una persona o de una entidad.

pa·trio, -a [pátrjo, -a] *adj* Relativo a la patria.

pa·trio·ta [patrjóta] *s/m,f* Que ama a su patria y se sacrifica por ella.

pa·trio·te·ría [patrjotería] *s/f* Cualidad de patriotero.

pa·trio·te·ro, (-a) [patrjotéro, (-a)] *adj* y *s/m,f* Que hace muestras exteriores de patriotismo, ostentosas pero superficiales.

pa·trió·ti·co, -a [patrjótiko, -a] *adj* Se dice de las cosas que ensalzan a la patria.

pa·trio·tis·mo [patrjotísmo] *s/m* Condición de patriota o de patriótico.

pa·tro·ci·na·dor, (-ra) [patroθinaðór, (-ra)] *adj* y *s/m,f* Que patrocina.

pa·tro·ci·nar [patroθinár] *v/tr* Proteger

a una persona o a una cosa alguien que tiene poder.

pa·tro·ci·nio [patroθínjo] *s/m* Protección que alguien con influencia presta a una persona o cosa.

pa·tro·lo·gía [patroloxía] *s/f* Estudio sobre los Santos Padres de la Iglesia.

pa·trón, -na [patrón, -na] *s/m,f* **1.** Persona con poder o autoridad que ayuda o defiende a otra. **2.** Dueño de una casa de huéspedes. **3.** Antiguamente, dueño de un esclavo o servidor. **4.** Cosa que se toma como modelo para hacer otra cosa: *El patrón de nuestra economía es el europeo.* **5.** Quien manda un pequeño barco. **6.** Santo titular de un lugar, país, comunidad, gremio, etc.

pa·tro·nal [patronál] **I.** *adj* Relativo a los patrones, a los patronos o al patronato. **II.** *s/f* Agrupación de patronos o empresarios.

pa·tro·na·to o **pa·tro·naz·go** [patronáto/patronáθγo] *s/m* **1.** Protección que alguien ejerce sobre algo. **2.** Fundación benéfica y el consejo que la dirige.

pa·tro·ne·ar [patroneár] *v/tr* Ejercer el cargo de patrón de un barco.

pa·tro·ní·mi·co, (-a) [patronímiko, (-a)] *adj* y *s/m,f* Se dice del apellido o nombre derivado del padre y que, por eso, corresponde a los hijos; así 'Fernández', de 'Fernando'.

pa·tro·no, -a [patróno, -a] *s/m,f* **1.** Persona que emplea obreros. **2.** Defensor, protector.

pa·tru·lla [patrúʎa] *s/f* Pequeño grupo de soldados, aviones o barcos que ronda para vigilar o mantener el orden y seguridad.

pa·tru·llar [patruʎár] *v/intr* Recorrer un lugar para vigilarlo o mantener el orden en él.

pa·tru·lle·ro, -a [patruʎéro, -a] *adj* y *s/m,f* Avión o barco cuya función es patrullar.

pa·tu·do, -a [patúðo, -a] *adj* Que tiene las patas o los pies demasiado grandes.

pau·lar [paulár] *s/m* Pantano.

pau·la·ti·no, -a [paulatíno, -a] *adj* Que procede lentamente.

pau·pe·ris·mo [pauperísmo] *s/m* El hecho de existir gran número de pobres en un sitio.

pau·pé·rri·mo, -a [paupérrimo, -a] *adj superl* de *pobre:* Muy pobre, pobrísimo.

pau·sa [páusa] *s/f* **1.** Breve interrupción de algo. **2.** Lentitud en la manera de hacer o moverse algo: *Trabaja con pausa.* **3.** MÚS Tiempo durante el cual cesa todo sonido.

pau·sa·do, -a [pausáðo, -a] *adj* Se aplica a lo que se mueve o hace sin apresuramiento.

pau·ta [páuta] *s/f* Lo que sirve de guía para hacer una cosa.

pa·va·na [paβána] *s/f* Música y baile de movimientos pausados.

pa·vés [paβés] *s/m* Escudo largo que protegía casi todo el cuerpo del combatiente.

pa·ve·sa [paβésa] *s/f* Partícula ya carbonizada de una materia combustible ligera, que puede ser llevada por el viento.

pa·vía [paβía] *s/f* Tipo de melocotonero, con piel lisa y fruto de ese árbol.

pa·vi·men·ta·ción [paβimeṇtaθjón] *s/f* Acción y efecto de pavimentar.

pa·vi·men·tar [paβimeṇtár] *v/tr* Poner pavimento.

pa·vi·men·to [paβiméṇto] *s/m* **1.** Recubrimiento del suelo hecho con algún material como piedras, asfalto, losas, cemento, etc., para que resulte fuerte y transitable. **2.** Material de pavimentar.

pa·vo, -a [páβo, -a] **I.** *s/m,f* Ave gallinácea de plumaje negruzco, con manchas blanquecinas en los extremos de las alas y en la cola; tiene el cuello largo y carúnculas rojas en él y en la cabeza. **II.** *adj* y *s/m,f* FIG Persona sin gracia o demasiado cándida. LOC **Pelar la pava,** conversar largamente los novios entre sí, festejar. **Subírsele a alguien el pavo,** ruborizarse. **No ser moco de pavo,** ser cosa importante. **Pavo real,** tipo de pavo notable por la hermosura de su plumaje matizado de oro y azul, con una cola que puede extender en abanico.

pa·vón [paβón] *s/m* Pavo real.

pa·vo·ne·ar [paβoneár] *v/intr*, REFL (-SE) Mostrarse alguien satisfecho de sí mismo y superior a otros. RPr **Pavonearse de:** *¡No te pavonees de tus éxitos!*

pa·vo·neo [paβonéo] *s/m* Acción de pavonear(se).

pa·vor [paβór] *s/m* Terror intenso.

pa·vo·ro·so, -a [paβoróso, -a] *adj* Que causa pavor.

pa·ya·dor [paJaðór] *s/m* Gaucho que canta acompañándose de la guitarra.

pa·ya·sa·da [paJasáða] *s/f* Acción o dicho propios de payaso.

pa·ya·so, -a [paJáso, -a] *s/m,f* **1.** Artista de circo con traje ridículo, que hace reír con la extravagancia de sus acciones, palabras, gestos, etc. **2.** Se dice de la persona que pretende hacer reír con sus dichos o acciones o del individuo que denota poca seriedad.

pa·yés, -sa [paJés, -sa] *s/m,f* Campesino de Cataluña o de las islas Baleares.

pa·yo, -a [páJo, -a] *s/m,f* **1.** Campesino ignorante. **2.** Para los gitanos, persona que no es de su raza.

paz [páθ] *s/f* **1.** Situación social de tranquilidad, en contraposición a la guerra. **2.** Concordia de unos con otros. LOC **Dejar en paz,** no molestar a alguien o no mover algo. **Que en paz descanse,** forma piadosa frecuentemente añadida después de nombrar a un difunto.

paz·gua·te·ría [paθγwatería] *s/f* Calidad o acción de pazguato.

paz·gua·to, -a [paθγwáto, -a] *adj* y *s/m,f* Persona cándida que se pasma o admira de lo que ve u oye.

pa·zo [páθo] *s/m* Casa solariega de Galicia.

pe [pé] *s/f* Nombre de la letra 'p'. LOC **De pe a pa,** enteramente, desde el principio hasta el final.

pea·je [peáxe] *s/m* **1.** Derecho de tránsito. **2.** En autopistas, lugar donde se pagan esos derechos.

pea·na [peána] *s/f* Base para colocar encima una figura o una imagen.

pea·tón [peatón] *s/m* Persona que va a pie.

pe·ca [péka] *s/f* Mancha pequeña y de color oscuro que suele salir en la piel, y especialmente en la cara.

pe·ca·do [pekáðo] *s/m* **1.** Infracción de un precepto religioso. **2.** Culpa. **3.** Se aplica, hiperbólicamente, a cualquier falta, despilfarro o similar: *Sería un pecado tirar este pescado.*

pe·ca·dor, (-ra) [pekaðór, (-ra)] *adj* y *s/m,f* Quien peca o puede pecar.

pe·ca·mi·no·so, -a [pekaminóso, -a] *adj* Relativo al pecado o al pecador.

pe·car [pekár] *v/intr* **1.** Quebrantar un precepto religioso. **2.** Cometer una falta cualquiera. RPr **Pecar de/por,** excederse en algo: *Peca de rígido/por demasía.*
ORT Ante *e* la *c* cambia en *qu: Pequé.*

pe·ce·ra [peθéra] *s/f* Vasija, generalmente de cristal, que se llena de agua para tener peces vivos a la vista.

pe·cio·lo o **pe·cío·lo** [peθjólo/peθíolo] *s/m* Pezón de la hoja con el que se une al tallo.

pé·co·ra [pékora] *s/f* LOC **Mala pécora,** persona de malas intenciones.

pe·co·so, -a [pekóso, -a] *adj* Que tiene pecas.

pec·to·ral [pektorál] *adj* Relativo al pecho.

pe·cua·rio, -a [pekwárjo, -a] *adj* Relativo al ganado.

pe·cu·liar [pekuljár] *adj* Propio o privativo de alguien o algo.

pe·cu·lia·ri·dad [pekuljariðáð] *s/f* Cualidad de peculiar.

pe·cu·lio [pekúljo] *s/m* **1.** Bienes que dejaba el padre al hijo o el señor al siervo para su uso. **2.** Dinero propio de alguien.

pe·cu·nia [pekúnja] *s/f* COL Moneda, dinero.

pe·cu·nia·rio, -a [pekunjárjo, -a] *adj* Relativo al dinero.

pe·char [petʃár] *v/tr* LOC RPr **Pechar con,** asumir una responsabilidad, apechugar con (algo).

pe·che·ra [petʃéra] *s/f* **1.** Parte delantera central de la camisa del hombre, visible por la obertura del chaleco y la chaqueta. **2.** Pecho de la mujer; se dice sobre todo si aquél es abundante y opulento.

pe·chi·na [petʃína] *s/f* **1.** Concha de molusco vacía. **2.** ARQ Triángulo existente entre el anillo de la cúpula y los arcos en que descansa.

pe·cho [pétʃo] *s/m* **1.** Cavidad del cuerpo humano que se extiende desde el cuello hasta el vientre. **2.** Parte exterior y delantera de esta cavidad. **3.** En los cuadrúpedos, parte del tronco entre el cuello y las patas anteriores. **4.** Cada una de las mamas de la mujer. **5.** Aparato respiratorio humano: *Correr mucho no me va bien para el pecho.* **6.** FIG Interior del hombre, conciencia: *En mi pecho guardo el recuerdo de tu sonrisa.* LOC **A pecho descubierto,** sin armas defensivas (también FIG). **Dar el pecho,** amamantar la madre al hijo. **Tomar una cosa a pecho,** *1.* Empeñarse en algo. *2.* Ofenderse por algo: *No tomes a pecho esa broma.*

pe·chu·ga [petʃúγa] *s/f* Pecho del ave.

pe·da·go·gía [peðaγoxía] *s/f* Arte o ciencia de la educación o enseñanza. *Por ext,* lo que enseña y educa por medio de doctrina o ejemplo.

pe·da·gó·gi·co, -a [peðaγóxiko, -a] *adj* Relativo a la pedagogía.

pe·da·go·go, -a [peðaγóγo, -a] *s/m,f* **1.** Experto en pedagogía. **2.** Persona dedicada a la enseñanza y educación de otros.

pe·dal [peðál] *s/m* Palanca que se acciona con el pie y pone en movimiento un mecanismo.

pe·da·la·da [peðaláða] *s/f* Impulso que se da al pedal con el pie.

pe·da·le·ar [peðaleár] *v/intr* Mover con los pies un pedal. Se dice especialmente del pedal de bicicletas y velocípedos.

pe·da·leo [peðaléo] *s/m* Acción y efecto de pedalear.

pe·dá·neo, -a [peðáneo, -a] **I.** *adj* Relativo a la pedanía. **II.** *s/m,f* Representante oficial del alcalde de un municipio en un barrio o aldea dependientes de otro ayuntamiento.

pe·da·nía [peðanía] *s/f* Barrio o aldea integrados administrativamente en otro municipio.

pe·dan·te [peðánte] *adj* y *s/m,f* Se aplica a la persona, o a cualquiera de sus manifestaciones, que expresa inoportunamente erudición.

pe·dan·te·ría [peðantería] *s/f* **1.** Dicho o hecho pedante. **2.** Cualidad de pedante.

pe·da·zo [peðáθo] *s/m* Parte de una cosa separada del todo: *Pedazo de pan.* LOC **Hacer pedazos** (en sentido real y FIG), derrotar, destrozar.

pe·de·ras·ta [peðerásta] *s/m* Quien comete pederastia.

pe·de·ras·tia [peðerástja] *s/f* Abuso deshonesto cometido con un niño.

pe·der·nal [peðernál] *s/m* **1.** Variedad de cuarzo, gris o amarillento. **2.** FIG Cualquier cosa muy dura; en sentido real o FIG.

pe·des·tal [peðestál] *s/m* **1.** Pieza que sostiene una columna, estatua, etc. **2.** FIG Fundamento en que se apoya o asegura algo.

pe·des·tre [peðéstre] *adj* **1.** Se aplica a lo que se hace a pie: *Carrera pedestre.* **2.** FIG Referido a una persona o a un dicho o hecho suyo, chabacano, ramplón.

pe·día·tra o **pe·dia·tra** [peðíatra/peðjátra] *s/m* Médico especialista en niños.

pe·dia·tría [peðjatría] *s/f* Especialidad médica que se ocupa de las enfermedades de los niños.

pe·di·cu·ro, -a [peðikúro, -a] *s/m* Callista, persona que cura los callos y otras anormalidades de la piel y de las uñas.

pe·di·do, (-a) [peðíðo, (-a)] **I.** *p* y *adj* Solicitado. **II.** *s/m* Encargo hecho a un fabricante o vendedor, y referido a géneros de su negocio: *Mañana te sirvo tu pedido.* **III.** *s/f* Petición de mano.

pe·di·grí [peðiɣrí] *s/m* **1.** Genealogía de un animal. **2.** Documento en que consta.

pe·di·güe·ño, -a [peðiɣwéɲo, -a] *adj* y *s/m,f* Que pide con exceso.

pe·dir [peðír] *v/tr* **1.** Rogar una persona a otra que haga algo: *Te pido que vengas.* (Con *por*). Rogar por alguien ante otro: *Pide a Dios por su padre.* **2.** (Con *por*). Poner precio a lo que se vende: *Piden por esta casa diez millones de pesetas.* **3.** Reclamar una cosa necesaria: *La tierra pide agua.* **4.** Solicitar de los padres de una mujer que le concedan como esposa a alguien: *Mañana pedirán a Carmen en matrimonio.* **5.** En el juego de naipes, solicitar el jugador más cartas: *Ahora te toca a ti pedir.* **6.** Pedir limosna: *Se gana la vida pidiendo.* RPr **(1 y 2) Pedir por.**
CONJ *Irreg: Pido, pedí, pediré, pedido.*

pe·do [péðo] *s/m* Ventosidad que se expulsa por el ano.
GRAM Sólo se emplea con el verbo *tirar(se)* o *echar(se)*.

pe·do·rre·ro, (-a) [peðorréro, (-a)] **I.** *adj* y *s/m,f* Quien expele frecuentemente o sin reparo ventosidades del vientre. **II.** *s/f* Frecuencia o gran cantidad de pedos.

pe·do·rre·ta [peðorréta] *s/f* Sonido hecho con la boca imitando el pedo.

pe·dra·da [peðráða] *s/f* Golpe que se da con la piedra tirada.

pe·drea [peðréa] *s/f* Premio mínimo de la lotería.

pe·dre·gal [peðreɣál] *s/m* Terreno cubierto de piedras sueltas.

pe·dre·go·so, -a [peðreɣóso, -a] *adj* Se aplica al terreno cubierto de piedras.

pe·dre·ría [peðrería] *s/f* Conjunto de piedras preciosas que se usan en joyería.

pe·dre·ro, (-a) [peðréro, (-a)] **I.** *adj* Relativo a las piedras. **II.** *s/f* Lugar de donde se extraen las piedras. **III.** *s/m* El que labra las piedras.

pe·dris·co [peðrísko] *s/m* Granizo grueso que cae de las nubes.

pe·drus·co [peðrúsko] *s/m* Pedazo de piedra sin labrar.

pe·dún·cu·lo [peðúŋkulo] *s/m* Tallo de una hoja, flor o fruto.

pe·ga [péɣa] *s/f* **1.** Acción de pegar una cosa con otra. **2.** FIG COL Dificultad surgida en la realización de algo.

pe·ga·di·zo, (-a) [peɣaðíθo, (-a)] *adj* **1.** Pegajoso. **2.** Que se graba con facilidad en la memoria.

pe·ga·jo·si·dad [peɣaxosiðáð] *s/f* Cualidad de pegajoso.

pe·ga·jo·so, -a [peɣaxóso, -a] *adj* **1.** Que se adhiere espontáneamente a aquello con lo que se pone en contacto. **2.** FIG Persona empalagosa y pesada en sus caricias.

pe·ga·men·to [peɣaménto] *s/m* Sustancia que sirve para pegar una cosa con otra.

pe·gar [peɣár] **I.** *v/tr* **1.** Adherir una cosa a otra mediante alguna sustancia aglutinante. **2.** Unir dos o más cosas entre sí por cualquier medio (hilo, grapa, etc.). **3.** Colocar una cosa al lado de otra o tocar con ella: *Pegar la mesa al armario. La silla pega en la pared.* **4.** Comunicar uno a otro una cosa por el contacto: *Pedro me pegó la gripe.* **5.** Prender (fuego): *Los niños pegaron fuego a la choza.* **6.** Golpear a alguien: *Ramón pega a los niños.* **7.** Golpear algo violentamente contra algo: *El balón pegó en la puerta y la rompió.* **8.** Realizar ciertos movimientos o acciones bruscas (se emplea con *salto, tiro,* etc.): *Cuando oyó su nombre pegó un salto.* **II.** *v/intr* **1.** Producir algo su efecto propio con intensidad: *El sol pega fuerte.* **2.** Llegar hasta un sitio determinado, tocándolo o rozándolo: *La carga pega en el puente.* **3.** (Con *con*) Convenir una cosa con otra: *Esa camisa no pega con la chaqueta.* **III.** REFL(-SE) **1.** (Con *con*) Tropezar con algo: *Me pegué con la silla en el pie.* **2.** Quemarse una comida, adheriéndose al recipiente: *Hoy se me ha pegado el arroz.* **3.** (Con *a*) FIG Entrometerse uno donde no es llamado: *¿Por qué te has pegado a esa reunión?* **4.** FIG Aficionarse mucho a una cosa: *Miguel está pegado al arroz con leche.* **5.** Acompañar con excesiva insistencia a otro, con algún fin o por simple afición: *Se le pega a todas horas.* LOC **Pegársela a uno,** burlar a alguien. RPr **Pegar a/en/con. Pegarse a/con.** ORT Ante *e* la *g* cambia en *gu: Pegue.*

pe·ga·ti·na [peɣatína] *s/f* Papel adhesivo con algo impreso (propaganda, dirección de personas o empresas, etc.).

pe·go [péɣo] *s/m* LOC **Dar el pego,** engañar presentando algo o a alguien mejor de lo que es.

pe·go·te [peɣóte] *s/m* **1.** Emplasto de pez o de otra cosa pegajosa. **2.** Algo añadido con desacierto a otra cosa. **3.** FIG Cosa hecha chapuceramente.

pei·na·do, (-a) [peináðo, (-a)] **I.** *s/m* Adorno y compostura del pelo: *Mercedes lleva un peinado muy bonito.* **II.** *s/f* Acción de peinar o peinarse.

pei·na·dor, (-ra) [peinaðór, (-a)] **I.** *adj* y *s/m,f* Que peina. **II.** *s/m* Toalla o bata ligera que se usa mientras una persona se afeita o se peina.

pei·nar [peinár] *v/tr* **1.** Desenredar, alisar y componer el cabello. **2.** Limpiar y ordenar el pelo o la lana de algunos animales.

pei·na·zo [peináθo] *s/m* Madero que atraviesa entre los largueros de puertas y ventanas para formar los cuarterones.

pei·ne [péine] *s/m* **1.** Utensilio que consta de muchos dientes, de distinto espesor, unidos en una de sus puntas por una parte más gruesa; sirve para desenredar y componer el pelo. **2.** Cualquier instrumento similar por su forma y función. **3.** Cargador de cualquier fusil automático o ametrallador.

pei·ne·ta [peinéta] *s/f* Peine convexo que se coloca en el cabello de las mujeres para sujetarlo o adornarlo.

pe·ji·gue·ra [pexiɣéra] *s/f* COL Cosa que sólo ofrece dificultades.

pe·la [péla] *s/f* **1.** COL Peseta. **2.** Acción de pelar.

pe·la·di·lla [pelaðíʎa] *s/f* Almendra confitada, lisa y redonda.

pe·la·do, (-a) [peláðo, (-a)] **I.** *adj* **1.** Desprovisto de lo que, por analogía, debe pertenecerle: *Un campo, una montaña pelados.* **2.** Escueto, sin elementos adicionales: *Yo vivo de mi sueldo pelado.* **II.** *adj* y *s/m,f* Persona con pocos recursos económicos: *Es un pelado.* **III.** *s/m* Corte de pelo: *¡Vaya pelado que te hiciste!*

pe·la·du·ra [pelaðúra] *s/f* Acción y efecto de pelar o descortezar algo.

pe·la·ga·tos [pelaɣátos] *s/m,f* Persona pobre, desvalida o con pocos recursos.

pe·la·gra [pelágra] *s/f* Enfermedad crónica debida a la carencia de determinadas vitaminas. Se manifiesta en la piel y con perturbaciones digestivas y nerviosas.

pe·la·je [peláxe] *s/m* **1.** Naturaleza, color o cantidad de pelo o de lana de animal: *Su pelaje es rojo.* **2.** FIG COL Aspecto y calidad de una persona, una cosa, etc.; se usa con calificación despectiva: *No me gusta el pelaje de ese hombre.*

pe·lam·bre [pelámbre] *s/m* **1.** Conjunto de pelo cortado o arrancado a los animales o las pieles. **2.** Conjunto de pelo en todo el cuerpo o en algunas partes de él.

pe·lam·bre·ra [pelambréra] *s/f* **1.** Pelo espeso y crecido. **2.** Pelo revuelto y abundante.

pe·lan·dus·ca [pelandúska] *s/f* COL Prostituta.

pe·lar [pelár] **I.** *v/tr* **1.** Arrancar, cortar o quitar el pelo. **2.** Quitar las plumas o la piel de un animal. **3.** Quitar la corteza o cáscara de una cosa. **4.** FIG Despojar a alguien de sus bienes con engaño o violencia. **II.** REFL(-SE) Hacerse cortar el pelo. LOC **Duro de pelar,** difícil: *Esta etapa es dura de pelar.* **(Hace) un frío que pela,** frío penetrante e intenso.

pel·da·ño [peldáɲo] *s/m* Cada uno de los planos o travesaños de una escalera.

pe·lea [peléa] *s/f* Acción de pelear.

pe·le·ar [peleár] **I.** *v/intr* **1.** Combatir con sus fuerzas o con armas, personas o animales para hacerse daño, quitarse algo, conseguir una cosa, etc. **2.** FIG Afanarse por educar a alguien, hacerle trabajar, etc. **II.** REFL(-SE) **1.** Reñir con violencia. **2.** Enemistarse: *Se ha peleado con su mejor amigo.* RPr **Pelear(se) con/por.**

pe·le·le [peléle] *s/m* **1.** Figura humana de paja o trapo. **2.** Traje de punto de una sola pieza que se pone a los niños para dormir. **3.** FIG COL Persona que se deja manejar por otros.

pe·le·ón, -na [peleón, -na] *adj* **1.** Inclinado a la pelea. **2.** *m* Se aplica al vino de baja calidad: *No bebas vino peleón.*

pe·le·te·ría [peletería] *s/f* **1.** Actividad relacionada con la preparación de pieles para vestir. **2.** Tienda donde se venden dichas pieles.

pe·le·te·ro, -a [peletéro, -a] **I.** *adj* Relativo a la peletería. **II.** *s/m,f* Persona relacionada con la peletería.

pe·li·a·gu·do, -a [peljaɣúðo, -a] *adj* FIG COL Difícil de resolver.

pe·lí·ca·no [pelíkano] *s/m* Ave acuática de las palmípedas, con pico muy largo y ancho, que en la mandíbula inferior lleva una especie de bolsa donde deposita los alimentos.

pe·lí·cu·la [pelíkula] *s/f* **1.** Piel delgada, flexible y delicada que recubre o se forma sobre algo. **2.** Cinta de celuloide preparada para servir de placa fotográfica, o en la que están impresas ya imágenes fotográficas. **3.** Conjunto de esas imágenes que contienen una historia, acción, etc.

pe·li·cu·le·ro, -a [pelikuléro, -a] *adj* Aplicado a quien le gusta ver muchas películas.

pe·li·grar [peliɣrár] *v/intr* Estar en peligro.

pe·li·gro [pelíɣro] *s/m* **1.** Posibilidad inminente de que ocurra alguna desgracia: *Peligro de incendio.* **2.** Cosa que produce la posibilidad inminente de daño: *El delincuente es un peligro para la sociedad.* LOC **Correr peligro,** estar en peligro.

pe·li·gro·si·dad [peliɣrosiðáð] *s/f* Cualidad de peligro.

pe·li·gro·so, -a [peliɣróso, -a] *adj* Que implica peligro.

pe·li·llo [pelíʎo] *s/m* Causa leve de disgusto.

pe·li·rro·jo, -a [pelirróxo, -a] *adj* y *s/m,f* De pelo rojizo.

pel·ma o **pel·ma·zo, -a** [pélma/pelmáθo, -a] *s/m* FIG COL Persona fastidiosa, pesada.

pe·lo [pélo] *s/m* **1.** Filamento cilíndrico que nace y crece entre los poros de la piel de casi todos los mamíferos y de algunos otros animales. **2.** Conjunto de esos filamentos. **3.** Vello que tienen algunas plantas, frutas, etc. **4.** Cualquier hebra delgada que sobresale en las telas, en la madera al serrarla, en un papel cuando se rasga, en la punta de la pluma, etc. **5.** FIG Muy poco, grado mínimo de algo: *Faltó un pelo para que la bala le alcanzase.* LOC **A contra pelo,** de modo inconveniente o intempestivo. **A pelo,** *1.* Con la cabeza descubierta. *2.* Sin preparación adecuada. **Al pelo,** muy oportunamente. **Con pelos y señales,** con detalles: *Contar algo con pelos y señales.* **Faltar un pelo,** faltar muy poco. **No tener pelos en la lengua,** decir una persona todo lo que cree que debe decir y sin ningún reparo. **Poner los pelos de punta,** atemorizar. **Tomar el pelo a alguien,** burlarse de él. **Un pelo/Ni un pelo,** frase que niega con énfasis algo: *José Luis no tiene ni un pelo de tonto.*

pe·lón, -na [pelón, -na] *adj* y *s/m,f* Se dice de la persona que no tiene pelo o que lo tiene muy rapado.

pe·lo·ta [pelóta] *s/f* **1.** Bola maciza o hueca, hecha de materia elástica y usada en varios juegos: *Una pelota de goma.* **2.** Juego que se hace con ella. LOC ARG **Dejar a alguien en pelota(s),** despojar a alguien de todo lo que tiene (física o figuradamente). **En pelotas,** VULG desnudo. **Ser un pelota,** se dice de quien halaga a alguien sólo para obtener un favor.

pe·lo·ta·ri [pelotári] *s/m,f* Persona que juega a la pelota.

pe·lo·ta·zo [pelotáθo] *s/m* Golpe de pelota.

pe·lo·te·ar [peloteár] *v/intr* Jugar a la pelota con entretenimiento.

pe·lo·te·ra [pelotéra] *s/f* Riña tumultuosa.

pe·lo·ti·lla [pelotíʎa] *s/f* FIG COL Adulación. LOC **Hacer la pelotilla a alguien,** halagarle con fines interesados.

pe·lo·ti·lle·ro, -a [pelotiʎéro, -a] *adj* y *s/m,f* Que hace la pelotilla; adulador.

pe·lo·tón [pelotón] *s/m* **1.** FIG Tropel de gente. **2.** MIL Unidad de soldados de infantería menor que una sección, y que suele estar a las órdenes de un sargento.

pel·tre [pé̞ltre] *s/m* Aleación de cinc, plomo y estaño.

pe·lu·ca [pelúka] *s/f* Cabellera postiza.

pe·lu·che [pelútʃe] *s/m* Felpa.

pe·lu·do, (-a) [pelúðo, (-a)] *adj* Que tiene mucho pelo.

pe·lu·que·ría [pelukería] *s/f* **1.** Oficio de peluquero. **2.** Lugar donde ejerce su oficio el peluquero.

pe·lu·que·ro, -a [pelukéro, -a] *s/m,f* Persona que corta el pelo y peina a personas, y presta otros servicios de belleza (como arreglo de uñas, preparación de pelucas, etc.)

pe·lu·quín [pelukín] *s/m* **1.** Peluca pequeña o que sólo cubre parte de la cabeza. **2.** Peluca con bucles y coleta que se usó antiguamente. LOC **Ni hablar del peluquín,** expresión que niega algo con énfasis: *De irte, ni hablar del peluquín.*

pe·lu·sa [pelúsa] *s/f* **1.** Conjunto de pelillos muy tenues, como los que cubren algunas partes de la piel de las personas, los del melocotón o los que se desprenden de algunas telas. **2.** Enredo de filamentos que se forman debajo de los muebles. **3.** FIG COL Envidia propia de los niños.

pe·lu·si·lla [pelusíʎa] *s/f* Pelusa.

pel·via·no, -a [pelβjáno, -a] *adj* Relativo a la pelvis.

pel·vis [pélβis] *s/f* ANAT Cavidad del cuerpo humano, en la parte inferior del tronco, que contiene la terminación del tubo digestivo, la vejiga urinaria y algunos órganos genitales.

pe·lla [péʎa] *s/f* Porción de masa consistente.

pe·lle·ja [peʎéxa] *s/f* Piel quitada del cuerpo de un animal.

pe·lle·jo [peʎéxo] *s/m* **1.** Piel de un animal; sobre todo, quitada del cuerpo. **2.** Piel de animal, particularmente de cabra, utilizada como envase de líquidos. **3.** Piel de algunos frutos: *No te comas el pellejo de la uva.* **4.** FIG COL Vida, en algunas expresiones: *Dar el pellejo por algo.*

pe·lli·ca [peʎíka] *s/f* Abrigo de pieles finas curtidas.

pe·lli·co [peʎíko] *s/m* Zamarra de pastor.

pe·lli·za [peʎíθa] *s/f* Abrigo corto forrado de pieles finas.

pe·lliz·car [peʎiθkár] *v/tr* **1.** Asir con dos dedos o con cualquier cosa una pequeña parte de la piel del cuerpo apretando y, a veces, retorciendo. **2.** Tomar una pequeña cantidad de algo.
CONJ *Irreg: Pellizco, pellizqué, pellizcaré, pellizcado.*

pe·lliz·co [peʎíθko] *s/m* **1.** Acción de pellizcar. **2.** Pequeña cantidad de algo que se toma entre dos dedos como al pellizcar.

pe·na [péna] *s/f* **1.** Aflicción profunda producida por un acontecimiento o una situación propios o ajenos. **2.** Sanción impuesta a quien ha cometido un delito por quien tiene autoridad para ello. **3.** Sentimiento de lástima. **4.** Dificultad. LOC **A duras penas,** con dificultad. **Bajo pena de...,** expresión para conminar (a alguien): *No pegar carteles bajo pena de multa.* **Valer algo la pena,** frase para encarecer su importancia: *Vale la pena esforzarse.*

pe·na·cho [penátʃo] *s/m* **1.** Grupo de plumas que tienen algunas aves en la parte superior de la cabeza. **2.** Adorno de plumas sobre la cabeza de personas o animales, sobre los cascos, etc.

pe·na·do, -a [penáðo, -a] **I.** *adj* Lleno de penas. **II.** *s/m,f* Persona que está cumpliendo una pena que le ha impuesto la justicia.

pe·nal [penál] *s/m* Prisión donde se cumplen las penas graves.

pe·na·li·dad [penaliðáð] *s/f* **1.** Molestia, trabajo penoso. **2.** Sanción impuesta por la ley, las ordenanzas, etc.

pe·na·lis·ta [penalísta] *adj* y *s/m,f* Persona dedicada al estudio del derecho penal o a los asuntos en que hay delito.

pe·na·li·za·ción [penaliθaθjón] *s/f* Acción y efecto de penalizar.

pe·na·li·zar [penaliθár] *v/tr* Castigar a alguien, mediante sanción, por una falta cometida.
ORT Ante *e* la *z* cambia en *c: Penalice.*

pe·nal·ti o **pe·nal·ty** [penálti] ANGL *s/m* **1.** Castigo decretado por el árbitro en un partido de fútbol para sancionar una falta cometida por un jugador en el área próxima a su portería. **2.** Gol así obtenido.

pe·nar [penár] **I.** *v/tr* **1.** Imponer una pena. **2.** Señalar la ley un castigo para una falta. **II.** *v/intr* Padecer.

pen·ca [péŋka] *s/f* Parte carnosa de las hojas de algunas clases de plantas, como las hortalizas.

pen·co [péŋko] *s/m* Persona torpe, que no sirve para nada.

pen·de·jo [pendéxo] *s/m* FIG *despec* Persona cobarde.

pen·den·cia [pendénθja] *s/f* Acto de reñir dos o más personas.

pen·den·cie·ro, -a [pendenθjéro, -a] *adj* Persona inclinada a las pendencias.

pen·der [pendér] *v/intr* **1.** Estar colgada una cosa de un punto determinado: *El cuadro pende de una cuerda.* **2.** (Con *ante*) Esperar una solución, un pleito o asunto. **3.** Gravitar algo sobre alguien: *Pende sobre vosotros una amenaza.* RPr **Pender de/en/ante/sobre:** *Pender de un hilo/en la cruz/ante el juez/sobre nuestras cabezas.*

pen·dien·te [pendjénte] **I.** *p* de *pender.* Que pende: *Pendiente del cuello.* **II.** *adj* FIG **1.** Plano, pero no horizontal: *Terreno pendiente.* **2.** (Persona o cosa) que está en espera de solución: *Asignatura pendiente.* **III.** *s/f* Cuesta: *Esta pendiente es muy pronunciada.* **IV.** *s/m* Adorno que suele ponerse en la oreja o se ponían en la nariz, labios, etc., entre los pueblos no civilizados.

pen·dón [peŋdón] *s/m* **1.** Estandarte. **2.** Vástago que sale del tronco principal del árbol. **3.** FIG COL Persona de mal vivir.

pen·do·ne·ar [peŋdoneár] *v/intr* **1.** Holgazanear yendo de casa en casa o sin rumbo fijo por las calles. **2.** Comportarse lascivamente la mujer.

pen·du·lar [peŋdulár] *adj* Relativo al péndulo.

pén·du·lo [péŋdulo] *s/m* Cuerpo que puede oscilar suspendido de un punto por un hilo o varilla.

pe·ne [péne] *s/m* Miembro genital del macho en los hombres y en los animales superiores.

pe·ne·tra·bi·li·dad [penetraβiliðáð] *s/f* Calidad de penetrable.

pe·ne·tra·ble [penetráβle] *adj* Que puede ser penetrado.

pe·ne·tra·ción [penetraθjón] *s/f* Acción de penetrar.

pe·ne·tran·te [penetráŋte] *adj* **1.** Profundo: *Oratoria penetrante.* **2.** Agudo, apto para penetrar: *Frío/Sonido penetrante.*

pe·ne·trar [penetrár] **I.** *v/tr, intr* **1.** Introducir(se) un cuerpo en otro: *Este agua ha penetrado en la lana.* **2.** Pasar al interior de un espacio: *El tren penetró en el túnel.* **3.** Hacerse sentir algo intensamente: *Ruidos que penetran la noche.* **4.** FIG Comprender o descifrar lo que pasa u ocurre en el interior de una persona: *Ella penetra en mi espíritu.* **5.** FIG Entender el profundo sentido de algo: *Penetrar en la comprensión de un problema.* **II.** REFL(-SE) Entender bien algo, sin olvidar detalles de importancia: *Se penetró del sentido de su vida en un monasterio.* RPr **Penetrar en/por:** *Penetró por la espesura.* **Penetrarse de (algo).**

pe·ni·ci·li·na [peniθilína] *s/f* Sustancia orgánica antibiótica que actúa contra diversas enfermedades.

pe·nín·su·la [península] *s/f* Extensión grande de terreno rodeada de agua, que se une por una franja estrecha a otra de mayor extensión: *La Península Ibérica.*

pe·nin·su·lar [peninsulár] *adj* y *s/m,f* Relativo a la península.

pe·ni·que [peníke] *s/m* Moneda inglesa de cobre, duodécima parte del chelín.

pe·ni·ten·cia [peniténθja] *s/f* **1.** Sacramento de la Iglesia Católica por el cual el sacerdote perdona los pecados, en nombre de Cristo, al que los confiesa. **2.** Pena que impone el confesor al penitente para satisfacción del pecado. **3.** Cualquier acto de mortificación que alguien impone a otro o a sí mismo. **4.** COL Molestia que hay que soportar.

pe·ni·ten·cia·ría [penitenθjaría] *s/f* Prisión correccional.

pe·ni·ten·cia·rio, (-a) [penitenθjárjo, (-a)] **I.** *adj* Relativo a las penitencias o a las penitenciarías. **II.** *adj* y *s/m* Se aplica al canónigo encargado de confesar en una iglesia determinada.

pe·ni·ten·te, -a [peniténte, -a] *s/m,f* **1.** Persona que se confiesa o que hace penitencia. **2.** Persona que en las procesiones va vestida de túnica en señal de penitencia.

pe·no·so, -a [penóso, -a] *adj* **1.** Que produce pena. **2.** Dificultoso: *Un viaje penoso.*

pen·sa·do, -a [pensáðo, -a] *adj* **1.** Se aplica a acciones, palabras y decisiones sobre las cuales se ha reflexionado. **2.** Con *bien* o *mal,* se dice de personas que tienden a pensar así de otras.

pen·sa·dor, -ra [pensaðór, -ra] *adj* y *s/m,f* Persona que escribe con profundidad sobre filosofía u otros temas.

pen·sa·mien·to [pensamjéŋto] *s/m* **1.** Facultad de pensar. **2.** Objeto del pensar: *Aclárame tus pensamientos.* **3.** Máxima, frase concisa y profunda sobre la vida: *Este pensamiento es de Pascal.* **4.** Planta de jardín con flores de corona irregular.

pen·sar [pensár] *v/tr* **1.** (Con *en*) Reflexionar sobre algo que se tiene en mente: *Pensar en el examen.* (Con *sobre*) Considerar algo detenidamente: *Pensé mucho sobre el asunto.* **2.** Opinar: *Pienso que correr es muy útil.* **3.** Tener la intención de hacer una cosa. **4.** Inventar algo: *Ese plan lo pensó Antonio.* LOC **Ni pensarlo,** expresión que niega con énfasis: *¿Que lo llamemos? Ni pensarlo.* **Sin pensar,** con precipitación o involuntariamente. **Sin pensarlo,** inesperadamente: *Se encontró sin pensarlo con que la casa no era suya.* RPr **(1) Pensar en/sobre.**
CONJ *Irreg: Pienso, pensé, pensaré, pensado.*

pen·sa·ti·vo, -a [pensatíβo, -a] *adj* Absorto en sus pensamientos.

pen·sión [pensjón] *s/f* **1.** Paga asignada a una persona correspondiente a un trabajo realizado a lo largo de su vida pasada. **2.** Casa donde se reciben huéspedes mediante precio convenido. **3.** Cantidad que se paga por la estancia en una casa de huéspedes, colegio, etc.

pen·sio·na·do, (-a) [pensjonáðo, (-a)] **I.** *adj* y *s/m,f* Se dice de las personas que cobran una pensión. **II.** *s/m* Colegio que proporciona a los niños internados en él cama y comida.

pen·sio·nis·ta [pensjonísta] *s/m,f* **1.** Persona que tiene derecho a una pensión. **2.**

Huésped de una pensión. **3.** Alumno de un pensionado.

pen·ta·go·nal [pentayonál] *adj* De forma de pentágono.

pen·tá·go·no [pentáyono] *s/m* Polígono de cinco lados.

pen·ta·gra·ma o **pen·tá·gra·ma** [pentayráma/pentáyrama] *s/m* Conjunto de cinco rectas horizontales, paralelas y equidistantes, en el cual se escribe la música.

pen·ta·sí·la·bo [pentasílaβo] *s/m* Que consta de cinco sílabas: *Verso pentasílabo.*

pen·te·cos·tés [pentekostés] *s/m* Festividad cristiana que conmemora la venida del Espíritu Santo sobre los apóstoles.

pe·núl·ti·mo, -a [penúltimo, -a] *adj* y *s/m,f* Inmediatamente anterior a lo último o postrero.

pe·num·bra [penúmbra] *s/m* Situación de poca luz, que no permite ver bien las cosas.

pe·nu·ria [penúrja] *s/f* Carencia de las cosas más precisas: *Penuria económica.*

pe·ña [péɲa] *s/f* **1.** Piedra grande natural. **2.** Conjunto de amigos que acostumbran a reunirse para charlar, jugar.

pe·ñas·co [peɲásko] *s/m* Peña grande.

pe·ñas·co·so, -a [peɲaskóso, -a] *adj* Sitio de peñascos.

pe·ñón [peɲón] *s/m* Monte peñascoso.

pe·ón [peón] *s/m* **1.** Obrero que no tiene oficio determinado, o que en algún oficio sólo sirve para ayudar al oficial. **2.** Pieza utilizada en juegos de tablero, como las damas, el ajedrez y otros. **3.** Juguete de madera, de figura cónica y terminada en una púa de hierro; se le arrolla una cuerda y se lanza con fuerza para que, al desarrollarse aquélla, quede girando sobre la púa.

peo·na·da [peonáða] *s/f* Trabajo que un peón hace en un día.

peo·na·je [peonáxe] *s/m* Conjunto de peones que trabajan en una obra.

pe·on·za [peónθa] *s/f* Juguete de madera, semejante al peón, pero sin púa, al que se le hace girar mediante látigo.

pe·or [peór] **I.** *adj comparativo* de *malo.* **II.** *adv comparativo* de *mal.* LOC **Peor que peor,** mucho peor.

pe·pi·ni·llo [pepiníʎo] *s/m* Variedad de pepino pequeño.

pe·pi·no [pepíno] *s/m* Planta herbácea anual, cuyo fruto, del mismo nombre, es pulposo, cilíndrico, de cáscara verde y se come crudo en ensaladas. LOC **Importarle una cosa un pepino a alguien,** serle indiferente.

pe·pi·ta [pepíta] *s/f* **1.** Simiente de las frutas carnosas, como la pera, la manzana, etc. **2.** Trozo rodado de oro u otros metales.

pe·pi·to [pepíto] *s/m* Trozo de carne o embutido asado a la plancha.

pe·pi·to·ria [pepitórja] *s/f* Guiso de ave, con una salsa a base de yema de huevo.

pe·po·na [pepóna] *s/f* **1.** Muñeca grande de cartón. **2.** FIG Mujer robusta, basta.

pep·si·na [pepsína] *s/f* Sustancia segregada por algunas glándulas del estómago.

pe·que·ñez [pekeɲéθ] *s/f* **1.** Calidad de pequeño. **2.** Cosa insignificante.

pe·que·ño, -a [pekéɲo, -a] **I.** *adj* **1.** Limitado en tamaño, cantidad, etc.: *Un hombre pequeño.* **2.** De poca importancia: *Una pequeña carga.* **3.** De poca edad: *Un niño pequeño.* **4.** Corto: *Vestido pequeño.* **II.** *s/m,f* Niño, -a.

per- [per-] *Prefijo* que intensifica el significado de las palabras a las que se une: *Perdurable, perturbar.*

pe·ra [péra] *s/f* **1.** Fruto del peral, comestible, de forma cónica, con pedúnculo en su parte estrecha, carnoso, más o menos dulce y aguanoso según las variedades. **2.** Interruptor de luz en forma de pera. LOC **Pedir peras al olmo,** pretender algo imposible.

pe·ral [perál] *s/m* Árbol de la familia de las rosáceas, que produce las peras.

pe·ral·tar [peraltár] *v/tr* Dar peralte a las vías de comunicación: carreteras, ferrocarriles, etc.

pe·ral·te [perálte] *s/m* **1.** Lo que en un arco, bóveda o armadura excede del semicírculo. **2.** La mayor altura que, en las vías de comunicación, tiene en una curva la parte exterior sobre la interior.

per·bo·ra·to [perβoráto] *s/m* Sal producida por la oxidación del borato.

per·cal [perkál] *s/m* Tela de algodón empleada especialmente para confeccionar vestidos de bajo precio. LOC COL **Conocer el percal,** conocer la persona o cosa de las que se habla.

per·can·ce [perkánθe] *s/m* Accidente leve que obstaculiza el funcionamiento de algo.

per·ca·tar·se [perkatárse] *v/REFL (-SE)* Conocer reflexivamente algo: *Tenemos que percatarnos de la gravedad de sus palabras.* RPr **Percatarse de.**

per·cep·ción [perθepθjón] *s/f* Acción y efecto de percibir.

per·cep·ti·ble [perθeptíβle] *adj* **1.** Que puede percibirse o comprenderse. **2.** Que se puede cobrar.

per·cep·ti·vo, -a [perθeptíβo, -a] *adj* Que puede o sirve para percibir.

per·cep·tor, -ra [perθeptór, -ra] *adj* y *s/m,f* Que percibe.

per·ci·bir [perθiβír] *v/tr* **1.** Recibir por mediación de los sentidos las impresiones exteriores: *Percibimos una luz extraña.* **2.** Comprender una cosa: *Debes percibir que los tiempos han cambiado.* **3.** Recibir una retribución como sueldo, pensión, etc.

per·cu·sión [perkusjón] *s/f* Acción y efecto de percutir.

per·cu·sor, (-ra) [perkusór, (-ra)] **I.** *adj* Se aplica a lo que golpea. **II.** *s/m* Pieza que golpea en cualquier máquina.

per·cu·tir [perkutír] *v/tr* Golpear.

per·cu·tor [perkutór] *s/m* Pieza que golpea en algunas armas para hacer detonar el cartucho.

per·cha [pértʃa] *s/f* **1.** Pieza con vástagos o ganchos que sirven para colgar objetos varios (abrigos, sombreros, bolsos, etc.). **2.** Cualquier utensilio que sirve para colgar algo.

per·che·ro [pertʃéro] *s/m* **1.** Conjunto de perchas. **2.** Mueble con colgaderos y espacios para colocar paraguas y bastones.

per·che·rón, -na [pertʃerón, -na] *adj* y *s/m,f* Caballo y yegua fuertes y corpulentos.

per·de·dor, -ra [perðeðór, -ra] *adj* y *s/m,f* Que pierde.

per·der [perðér] **I.** *v/tr* **1.** Verse privado de una cosa o persona: *Perdió a su madre.* **2.** No sacar provecho de algo: *No podemos perder el tiempo.* **3.** No utilizar cierta cosa que se tiene o posee: *Si llego tarde, pierdo la entrada.* **4.** Ocasionar daño a algo o a alguien: *A sus fincas las perdió la sequía.* **5.** Disminuir materialmente algo: *La empresa ha perdido cinco millones.* **6.** No conocer en un momento dado el estado de una cosa: *Han perdido el control de los gastos.* **7.** No vencer en una competición. **II.** *v/intr* **1.** Empeorar una situación: *Vais a perder con el cambio de Gobierno.* **2.** Decaer en el crédito, la estimación, la salud: *Últimamente está mal: ha perdido mucho en salud.* **3.** Desteñirse una tela: *Este vestido no pierde con el sol.* **III.** REFL(-SE) **1.** Extraviarse algo o alguien: *Se me ha perdido el pasaporte.* **2.** Equivocarse uno en el camino: *Nos perdimos por las calles de París.* **3.** Desorientarse en una explicación sin llegar al fin lógico o propuesto: *Se pierde en una palabrería oscura.* **4.** Dejar de verse o de oírse algo: *El cohete se perdió en el cielo.* **5.** Caer en ruina física, material o moral. **6.** Desperdiciarse algo. LOC **Echarse a perder algo,** estropearse. **Perderse por alguien,** estar muy enamorado de él: *Romeo estaba perdido por Julieta.* **Perdérselo,** resultar perjudicado: *Si no vienes de excursión, tú te lo pierdes.* RPr **Perder en/con. Perderse en/por.**
CONJ *Irreg: Pierdo, perdí, perderé, perdido.*

per·di·ción [perðiθjón] *s/f* **1.** Acción de perder o perderse. **2.** Daño grave. **3.** Persona o cosa que la causa: *Esta denuncia ha sido su perdición.*

pér·di·da [pérðiða] *s/f* **1.** Acción de perder algo. **2.** Extravío: *La pérdida de un reloj.* **3.** *pl* Cosas que se pierden.

per·di·da·men·te [perðíðamente] *adv* **1.** Inútilmente. **2.** Con exceso.

per·di·do, (-a) [perðíðo, (-a)] **I.** *adj* Que no tiene o no lleva destino determinado. **II.** *adj* y *s/m,f* Persona libertina.

per·di·gar [perðiγár] *v/tr* Socarrar una perdiz para terminar de pelarla o para asarla levemente.
ORT Ante *e* la *g* cambia en *gu: Perdigue.*

per·di·gón [perðiγón] *s/m* Cada proyectil de plomo de los que forman la munición de caza.

per·di·go·na·da [perðiγonáða] *s/f* Tiro de perdigones.

per·di·gue·ro, (-a) [perðiγéro, (-a)] **I.** *adj* Relativo a las perdices o a su caza. **II.** *adj* y *s/m,f* Animales que cazan perdices.

per·diz [perðíθ] *s/f* Ave gallinácea, de cuello corto, cabeza pequeña, con el pico y los pies rojos, y de plumaje ceniciento con manchas rojas, blancas y negras. Su carne es muy estimada; se caza abundantemente en España; corre más que vuela.

per·dón [perðón] *s/m* **1.** Dispensa del cumplimiento de una obligación no satisfecha aún. **2.** Exención de la pena merecida. LOC **¡Perdón!,** *1.* Petición de disculpa. *2.* Expresión para rogar a alguien que repita lo que ha dicho, por no haberlo oído bien.

per·do·na·ble [perðonáβle] *adj* Que puede ser perdonado.

per·do·nar [perðonár] *v/tr* **1.** Eximir a alguien de una obligación. **2.** Otorgar la remisión de una pena: *Le perdonarán los últimos seis meses de cárcel.* **3.** Exculpar los pecados. **4.** Renunciar a un derecho que se tiene: *Le perdona los dos últimos pagos.*

per·do·na·vi·das [perðonaβíðas] *s/m,f* Persona que se jacta de ser valiente y de cometer violencias.

per·du·ra·bi·li·dad [perðuraθiliðáð] *s/f* Cualidad de perdurable.

per·du·ra·ble [perðuráβle] *adj* Que dura mucho.

per·du·ra·ción [perðuraθjón] *s/f* Acción y efecto de perdurar.

per·du·rar [perðurár] *v/intr* **1.** Durar sin límite en el tiempo. **2.** Durar aún algo: *La sequía perdura.*

pe·re·ce·de·ro, (-a) [pereθeðéro, (-a)] *adj* Que dura poco.

pe·re·cer [pereθér] *v/intr* Dejar de existir. RPr **Perecer de:** *Perecer de hambre.*
CONJ *Irreg: Perezco, perecí, pereceré, perecido.*

pe·re·gri·na·ción [pereɣrinaθjón] *s/f* **1.** Viaje a un santuario por devoción. **2.** Afluencia abundante de gente a un sitio.

pe·re·gri·na·je [pereɣrináxe] *s/m* Peregrinación.

pe·re·gri·na·men·te [pereɣrínamente] *adv* De un modo infrecuente.

pe·re·gri·nar [pereɣrinár] *v/intr* **1.** (Con *por*) Viajar por un país extraño. **2.** (Con *a*) Ir a un santuario: *Peregrinar a Fátima.* **3.** (Con *por*) FIG Caminar de un lado para otro para gestionar algo: *Peregriné por todos los ministerios.* RPr **Peregrinar a/por.**

pe·re·gri·no, -a [pereɣríno, -a] **I.** *s/m,f* Persona que visita un santuario por devoción. **II.** *adj* Original, sorprendente, especialmente si es insensato: *Su proyecto es peregrino.*

pe·re·jil [perexíl] *s/m* Planta herbácea umbelífera, de color verde oscuro, que se emplea como condimento.

pe·ren·den·gue [perendéŋge] *s/m* Cualquier adorno mujeril de poco valor.

pe·ren·ne [perénne] *adj* **1.** Que dura indefinidamente: *Hojas perennes.* **2.** Que no se interrumpe.

pe·ren·ni·dad [perenniðáð] *s/f* Cualidad de perenne.

pe·ren·to·rie·dad [perentorjeðáð] *s/f* **1.** Urgencia. **2.** Calidad de perentorio.

pe·ren·to·rio, -a [perentórjo, -a] *adj* **1.** Apremiante: *Pago perentorio.* **2.** Sin posibilidad de ser modificado. **3.** Último plazo o última fase de un proceso.

pe·re·za [peréθa] *s/f* **1.** Repugnancia a trabajar, a moverse o a cumplir las obligaciones del cargo. **2.** Flojedad o lentitud en las acciones o movimientos.

pe·re·zo·so, -a [pereθóso, -a] *adj* y *s/m,f* **1.** Que tiene pereza. **2.** Que se levanta de la cama tarde o con dificultad.

per·fec·ción [perfe(k)θjón] *s/f* **1.** Cualidad de perfecto. **2.** Acción de perfeccionar o perfeccionarse. **3.** Cosa perfecta.

per·fec·cio·na·mien·to [perfe(k)θjonamjénto] *s/m* Perfección.

per·fec·cio·nar [perfe(k)θjonár] *v/tr* REFL(-SE) **1.** Concluir enteramente una obra. **2.** Mejorar una cosa.

per·fec·cio·nis·ta [perfe(k)θjonísta] *s/m,f* Persona que tiende a la perfección.

per·fec·ti·ble [perfektíβle] *adj* Capaz de ser más perfecto.

per·fec·to, -a [perfékto, -a] *adj* Que tiene en general, o para el fin que se pretende todas las cualidades posibles.

per·fi·dia [perfíðja] *s/f* Deslealtad.

pér·fi·do, -a [pérfiðo, -a] *adj* Que no es fiel a la confianza depositada en él.

per·fil [perfíl] *s/m* **1.** Ornato sutil y delicado, generalmente colocado al borde de una cosa. **2.** *pl* Complementos con que se termina completamente una obra. **3.** FIG *pl* Miramientos en el trato social. **4.** FIG Característica, especialmente referida a un objeto no físico: *Los perfiles de su personalidad.* **5.** Forma de la línea que señala el límite de algo: *El perfil de los montes.* **6.** Dibujo resultante de algo al ser visto o contemplado de lado y perpendicularmente: *Perfil de la cara.* **7.** GEOM Figura que presenta un cuerpo cortado por un plano vertical. LOC **De perfil,** de lado.

per·fi·la·do, -a [perfiláðo, -a] *adj* **1.** Se dice de la cara adelgazada y larga. **2.** Bien acabado en todo. **3.** Que tiene rasgos propios y originales.

per·fi·lar [perfilár] **I.** *v/tr* **1.** Obtener u ofrecer los perfiles de una cosa. **2.** Perfeccionar algo con detalles. **II.** REFL(-SE) **1.** Colocarse de perfil. **2.** Comenzar a presentarse una cosa con aspecto definido: *En este niño se perfila un gran deportista.*

per·fo·ra·ción [perforaθjón] *s/f* Acción y efecto de perforar.

per·fo·ra·dor, -ra [perforaðór, -ra] *adj* y *s/m,f* Que perfora.

per·fo·rar [perforár] *v/tr* Hacer agujeros.

per·fu·ma·dor [perfumaðór] *s/m* Aparato para esparcir perfumes.

per·fu·mar [perfumár] **I.** *v/tr* **1.** Aromatizar una cosa. **2.** Extender un olor agradable por un lugar determinado. **II.** *v/intr* Exhalar fragancia.

per·fu·me [perfúme] *s/m* **1.** Olor agradable. **2.** Sustancia obtenida para producir un olor agradable.

per·fu·me·ría [perfumería] *s/f* Tienda donde se venden perfumes y otras materias y objetos de tocador, como, *por ej,* peines, jabones, cremas de afeitar, etc.

per·ga·mi·no [perɣamíno] *s/m* **1.** Piel raída de res, adobada y alisada de tal forma que sobre ella se puede escribir; antiguamente fue utilizada como papel; actualmente se emplea para hacer tambores y panderetas. **2.** Documento escrito en un pergamino.

per·ge·ñar [perxeɲár] *v/tr* Planificar algo de una manera voluntariamente incompleta o inicial.

pér·go·la [pérgola] *s/f* Galería formada por columnas, barras, etc., sobre la que se apoya, a modo de emparrado, un tejadillo.

pe·ri- [peri-] *Prefijo* con valor de: **1.** Alrededor de: *Periferia.* **2.** Cerca de: *Perihelio.* **3.** Ponderación o intensificación del significado afectado: *Peripuesto.*

pe·ri·car·dio [perikárðjo] *s/m* Tejido membranoso en el que está envuelto el corazón.

pe·ri·car·di·tis [perikarðítis] *s/f* Inflamación del pericardio.

pe·ri·car·pio [perikárpjo] *s/m* Parte exterior del fruto que cubre las semillas de las plantas.

pe·ri·cia [períθja] *s/f* Habilidad para hacer un trabajo de una manera excelente.

pe·ri·cial [periθjál] *adj* Relativo al perito.

pe·ri·cli·tar [periklitár] *v/intr* **1.** Estar en peligro. **2.** Decaer.

pe·ri·co [períko] *s/m* Ave trepadora, especie de papagayo.

pe·ri·fe·ria [periférja] *s/f* **1.** Contorno de un espacio o una figura curvilínea. **2.** Parte más cercana al exterior de un lugar: *La periferia de Madrid.*

pe·ri·fé·ri·co, -a [periféríko, -a] *adj* Relativo a la periferia.

pe·ri·fo·llo [perifóʎo] *s/m* **1.** Planta umbelífera herbácea anual, de hojas aromáticas, que sirve como condimento. **2.** FIG COL *pl* (Con sentido peyorativo) Adornos de mujer, especialmente si son superfluos o de mal gusto.

pe·rí·fra·sis [perífrasis] *s/f* **1.** Expresión que consta de varias palabras que podrían ser sustituidas por una sola. **2.** GRAM Se dice de las expresiones que se componen de varias formas verbales, una de las cuales es 'auxiliar' y otra está en infinitivo, gerundio o participio del verbo principal: *Poder ir. Acabar comiendo.*

pe·ri·frás·ti·co, -a [perifrástiko, -a] *adj* Relativo a la perífrasis.

pe·ri·ga·llo [periɣáʎo] *s/m* Escalera móvil, de varios peldaños, hecha de madera o de metal.

pe·ri·geo [perixéo] *s/m* Punto en que la Luna se halla más cerca de la Tierra.

pe·ri·lla [períʎa] *s/f* Porción de pelo que se deja crecer en la punta de la barba. LOC COL **De perilla(s),** muy conveniente.

pe·ri·llán, -na [periʎán, -na] *adj* y *s/m,f* Persona pícara y astuta.

pe·rí·me·tro [perímetro] *s/m* Medida del contorno de algo.

pe·ri·neo [perinéo] *s/m* Parte del cuerpo que media entre el ano y los órganos genitales.

pe·ri·no·la [perinóla] *s/f* Peonza pequeña con un manguillo en la parte superior; se la hace bailar haciendo girar dicho manguillo entre los dedos y soltándola después.

pe·rio·di·ci·dad [perioðiθiðáð] *s/f* Calidad de periódico.

pe·rió·di·co, (-a) [perjóðiko, (-a)] **I.** *adj* Que se repite a intervalos regulares: *Aparición periódica de la luna.* **II.** *s/m* **1.** Publicación que aparece periódicamente. **2.** Publicación que sale cada día: *El periódico de la tarde.*

pe·rio·dis·mo [perjoðísmo] *s/m* Actividad o profesión de periodista.

pe·rio·dis·ta [perjoðísta] *s/m,f* Persona cuyo oficio consiste en escribir para los periódicos.

pe·rio·dís·ti·co, -a [perjoðístiko, -a] *adj* Relativo a los periódicos y a los periodistas.

pe·río·do o **pe·rio·do** [períoðo/perjóðo] *s/m* **1.** Espacio de tiempo desde el principio al fin de una cosa: *Periodo escolar.* **2.** Tiempo que tarda en realizarse un fenómeno o en volver un cuerpo al estado que tenía al principio. **3.** Evacuación mensual de sangre procedente de la matriz, en la mujer y en otros animales hembras.

pe·ri·pe·cia [peripéθja] *s/f* Hechos no previstos que surgen en un momento o durante alguna actividad y rompen la monotonía de los mismos.

pe·ri·plo [períplo] *s/m* Entre los antiguos, viaje de circunnavegación y relato del mismo.

pe·ri·pues·to, -a [peripwésto, -a] *adj* Que se arregla y viste con demasiado esmero.

pe·ri·que·te [perikéte] LOC **En un periquete,** enseguida.

pe·ri·qui·to [perikíto] *s/m* Ave prensora, parecida al loro, más pequeña que él, de colores llamativos.

pe·ris·co·pio [periskópjo] *s/m* Aparato óptico que usan los submarinos, cuando navegan sumergidos, para observar el exterior.

pe·ris·ta [perísta] *s/m,f* Comprador de objetos procedentes de robo.

pe·ris·ti·lo [peristílo] *s/m* Galería de columnas que rodea parte o la totalidad de un edificio.

pe·ri·ta·je [peritáxe] *s/m* Dictamen hecho por un perito.

pe·ri·to, (-a) [períto, (-a)] **I.** *adj* y *s/m,f* Persona experta y conocedora de una materia determinada: *Es un perito en leyes.* **II.** *s/m* **1.** El que, por su profesión o trabajo, tiene conocimientos específicos de algo e informa válidamente sobre ello. **2.** Título técnico que corresponde a los que han cursado la carrera de comercio *(Perito mercantil).*

pe·ri·to·neo [peritonéo] *s/m* Membrana que cubre la superficie interior del vientre.

pe·ri·to·ni·tis [peritonítis] *s/f* Inflamación del peritoneo.

per·ju·di·car [perxuðikár] *v/tr* Causar cualquier tipo de daño a algo o a alguien. ORT Ante *e* la *c* cambia en *qu: Perjudique.*

per·ju·di·cial [perxuðiθjál] *adj* Que perjudica o puede perjudicar. RPr **Perjudicial a/para:** *Perjudicial a/para el oído.*

per·jui·cio [perxwíθjo] *s/m* Efecto de perjudicar o perjudicarse. LOC **Sin perjuicio de,** aunque.

per·ju·rar [perxurár] *v/intr* **1.** Jurar en falso. **2.** Jurar sin necesidad.

per·ju·rio [perxúrjo] *s/m* Acto de jurar en falso o de faltar al juramento dado.

per·ju·ro, -a [perxúro, -a] *adj* y *s/m,f* Que comete perjurio.

per·la [pérla] *s/f* **1.** Concreción esferoidal, de color blanco grisáceo, que se forma en el interior de las conchas de diversos moluscos, particularmente en las madreperlas. **2.** FIG Persona o cosa considerada excelente por encima de las demás. LOC **De perlas,** muy conveniente: *Este libro te viene de perlas.*

per·la·do, -a [perláðo, -a] *adj* y *s/m,f* De color y aspecto de perla.

per·ma·ne·cer [permaneθér] *v/intr* Estar sin mutación algo o alguien en una misma situación, propiedad o sitio. RPr **Permanecer en (un lugar).**
CONJ *Irreg: Permanezco, permanecí, permaneceré, permanecido.*

per·ma·nen·cia [permanénθja] *s/f* El hecho de permanecer.

per·ma·nen·te [permanénte] **I.** *adj* Lo que permanece. **II.** *s/f* Ondulación artificial del cabello que se mantiene durante largo tiempo.

per·mea·bi·li·dad [permeaβiliðáð] *s/f* Calidad de permeable.

per·mea·ble [permeáβle] *adj* Lo que puede ser penetrado por el agua, un fluido, etc.

per·mi·si·ble [permisíβle] *adj* Que se puede permitir.

per·mi·si·vi·dad [permisiβiðáð] *s/f* Condición de permisivo.

per·mi·si·vo, -a [permisíβo, -a] *adj* Que permite o consiente algo.

per·mi·so [permíso] *s/m* **1.** Licencia para hacer una cosa, concedida por quien tiene autoridad para ello: *Permiso para pescar.* **2.** Tiempo que alguien está ausente de su trabajo con consentimiento de la autoridad correspondiente: *He venido con dos días de permiso.* RPr **Permiso de/para:** *Permiso de pesca/para entrar.*

per·mi·tir [permitír] **I.** *v/tr* **1.** Consentir alguien que se realice cierta cosa o que otro haga algo. **2.** Tolerar lo que se pudiera y debiera evitar. **3.** Hacer que algo sea posible: *Esta radio permite oír todas las emisoras.* **II.** REFL(-SE) Atreverse a: *Me permito la libertad de escribirle.*

per·mu·ta [permúta] *s/f* **1.** Acción y efecto de permutar. **2.** Cambio entre dos funcionarios públicos de los empleos que cada uno tiene.

per·mu·ta·ble [permutáβle] *adj* Que se puede permutar.

per·mu·ta·ción [permutaθjón] *s/f* Acción y efecto de permutar.

per·mu·tar [permutár] *v/tr* **1.** Dar una cosa a cambio de otra. **2.** Intercambiar dos funcionarios sus respectivos destinos. RPr **Permutar con/por:** *Permutar un libro con Jacinto/por otro.*

per·na·da [pernáða] *s/f* Golpe o movimiento que se produce con la pierna.

per·ne·ar [perneár] *v/intr* Mover violentamente las piernas.

per·ne·ra [pernéra] *s/f* Parte del pantalón que cubre cada pierna o parte de una prenda de vestir por donde se mete la pierna.

per·ni·cio·so, -a [perniθjóso, -a] *adj* Se dice de lo que causa mucho daño. RPr **Pernicioso para:** *Pernicioso para la cosecha.*

per·nil [perníl] *s/m* Anca de un animal, sobre todo del cerdo.

per·nio [pérnjo] *s/m* Soporte de metal sobre el que giran las hojas de puertas y ventanas.

per·no [pérno] *s/m* Pieza cilíndrica de metal, con cabeza redonda por un extremo y remachada o sujeta con una tuerca por el otro para que quede bien asegurada.

per·noc·tar [pernoktár] *v/intr* Pasar la noche en alguna parte, generalmente fuera de su domicilio.

pe·ro [péro] *s/m* Variedad de manzana y árbol que la produce.

pe·ro [péro] **I.** *conj* que puede expresar: **1.** Contraposición de un concepto a otro: *El libro es antiguo, pero bueno.* **2.** Concesión: *Me ha visto, pero no me ha saludado.* **3.** Énfasis: *¡Pero si te dije que no vinieras!* **II.** *s/m* COL Defecto o dificultad: *Este proyecto tiene muchos peros.*

pe·ro·gru·lla·da [peroɣruʎáða] *s/f* Verdad evidente y tan conocida, que el decirla es una necedad.

pe·ro·gru·llo [peroɣrúʎo] *s/m* Nombre propio de un personaje supuesto, autor de afirmaciones evidentes; se emplea en la expresión **Verdad de Perogrullo.**

pe·rol [peról] *s/m* Vasija metálica, de figura de media esfera, que sirve para guisar.

pe·ro·la [peróla] *s/f* Perol más grande que el ordinario.

pe·ro·né [peroné] *s/m* Hueso largo de la pierna, situado detrás de la tibia.

pe·ro·ra·ción [peroraθjón] *s/f* Acción y efecto de perorar.

pe·ro·rar [perorár] *v/intr* **1.** Pedir con insistencia. **2.** Pronunciar un discurso o hablar como si se pronunciara.

pe·ro·ra·ta [peroráta] *s/f* Razonamiento largo y pesado.

per·pen·di·cu·lar [perpen̪dikulár] **I.** *adj* Se aplica a la línea, plano u objeto que forma ángulo recto con otra línea, plano u objeto: *Su calle es perpendicular a la Gran Vía.* **II.** *s/f* Línea perpendicular. RPr **Perpendicular a.**

per·pe·tra·ción [perpetraθjón] *s/f* Acción de perpetrar.

per·pe·trar [perpetrár] *v/tr* Cometer un delito: *El crimen se perpetró por la noche.*

per·pe·tua·ción [perpetwaθjón] *s/f* Acción de perpetuar o perpetuarse algo.

per·pe·tuar [perpetwár] **I.** *v/tr* Hacer que una cosa sea perpetua o duradera. **II.** REFL(-SE) Queda indefinidamente algo de determinada manera. RPr **Perpetuarse en:** *Perpetuarse en una obra escrita.*
ORT, PRON El acento recae sobre la *u* en el *sing* y *3.ª pers pl* del *pres* de *indic* y *subj: Perpetúo, perpetúe,* etc.

per·pe·tui·dad [perpetwiðáð] *s/f* Duración muy larga o indefinida.

per·pe·tuo, -a [perpétwo, -a] *adj* Se dice de lo que dura y permanece para siempre: *Propiedad perpetua.*

per·ple·ji·dad [perplexiðáð] *s/f* Situación de perplejo.

per·ple·jo, -a [perpléxo, -a] *adj* Se aplica a quien se encuentra en situación de no saber qué pensar, qué decir ni qué hacer.

pe·rre·ra [perréra] *s/f* **1.** Sitio donde se guardan o vehículo en que se transportan perros. **2.** Rabieta.

pe·rre·ría [perrería] *s/f* **1.** Muchedumbre de perros. **2.** Vileza.

pe·rre·ro [perréro] *s/m* Obrero encargado de recoger los perros vagabundos.

pe·rri·llo [perríʎo] *s/m* Gatillo de las armas de fuego.

pe·rro, (-a) [pérro, (-a)] **I.** *s/m* Mamífero carnicero, doméstico y cánido del que existen diversas razas muy diferentes entre sí. **II.** *s/f* **1.** Hembra del perro. **2.** Deseo insensato muy persistente: *Mi hijo está con la perra de una moto.* **3.** Llanto vehemente: *El pequeño ha cogido una perra que aún le dura.* **4.** COL Pereza. **5.** Dinero: *No tiene ni perra.* **III.** *adj* Muy malo: *¡Esta perra vida!* LOC COL **De perros,** muy malo: *Una noche de perros.* COL **Estar sin una perra,** no tener dinero. **Perro viejo,** FIG hombre muy experimentado y con experiencia.

pe·rru·no, (-a) [perrúno, (-a)] *adj despec* Relativo al perro.

per·sa [pérsa] *adj* y *s/m,f* De Persia.

per·se·cu·ción [persekuθjón] *s/f* **1.** Acción de perseguir: *La policía inició la persecución del ladrón.* **2.** Acción de perseguir para hacer daño a alguien.

per·se·cu·to·rio, -a [persekutórjo, -a] *adj* Relativo a la persecución.

per·se·guir [perseɣír] *v/tr* **1.** Seguir al que huye, con la intención de alcanzarle: *Lo persigue la policía.* **2.** Hacer algo por obtener un fin: *Persigue el puesto de secretaria.* **3.** Molestar y acosar algo a alguien por todas partes: *Le persiguen sus remordimientos.* **4.** Repetirse una y otra vez algo en la vida de alguien: *Os persiguen los malos resultados.* **5.** Seguir algo de cerca y atentamente para destruirlo o combatirlo: *La ley persigue la inmoralidad.*
CONJ *Irreg: Persigo, perseguí, perseguiré, perseguido.*

per·se·ve·ran·cia [perseβerán̪θja] *s/f* Acción de perseverar.

per·se·ve·ran·te [perseβerán̪te] *adj* Que tiene perseverancia.

per·se·ve·rar [perseβerár] *v/intr* **1.** Mantener firme el propósito de proseguir en lo comenzado. **2.** Durar por largo tiempo. RPr **Perseverar en** *(las buenas intenciones).*

per·sia·na [persjána] *s/f* Celosía formada por tablillas fijas o móviles, por cuyas rendijas puede pasar el aire y un poco de luz.

per·sig·nar [persiɣnár] *v/tr,* REFL

(-SE) Signar(se) y, a continuación, santiguarse.

per·sis·ten·cia [persisténθja] *s/f* Acción y efecto de persistir.

per·sis·ten·te [persisténte] *adj* Que persiste.

per·sis·tir [persistír] *v/intr* **1.** Permanecer o existir algo todavía. **2.** Mantenerse firme en algo: *Persiste en sus propósitos.* RPr **Persistir en:** *Persiste en sus ideas.*

per·so·na [persóna] *s/f* **1.** Individuo de la especie humana. **2.** GRAM Cada uno de los elementos que intervienen en el acto del habla: *'Nosotros' es la 1.ª persona.* LOC **En persona,** referirse a alguien en cuanto está o se le trata directamente, y no por representación o por escrito: *Lo hablé con él en persona.*

per·so·na·je [personáxe] *s/m* **1.** Persona importante: *Tu amigo está hecho un personaje.* **2.** Cada uno de los caracteres representados en una obra literaria o cinematográfica.

per·so·nal [personál] **I.** *adj* **1.** Perteneciente a la persona: *Prendas de vestir personales.* **2.** Propio de una persona: *De uso personal.* **3.** Referido a algo que se hace o dice directamente a alguien, sin intermediarios: *Encuentro personal.* **II.** *s/m* **1.** Público. **2.** Grupo de personas de un organismo, fábrica, etc.: *El personal de la oficina.*

per·so·na·li·dad [personaliðáð] *s/f* **1.** Conjunto de particularidades que distinguen a una persona. **2.** Condición de ser alguien una persona y no otra: *Acreditar su personalidad.* **3.** *(Ser una...)* Persona socialmente prestigiosa: *Una personalidad de las letras.* **4.** (Con *tener*) Persona con características muy pronunciadas y diferenciadas de las de los demás y que no se deja influir fácilmente por otros.

per·so·na·lis·mo [personalísmo] *s/m* Acción de preferir o no a una u otra persona en razón de los gustos personales, sin predomino de la razón: *El juez no actúa con personalismos.*

per·so·na·li·zar [personaliθár] *v/tr* **1.** Nombrar a una persona concreta al tratar de un asunto: *En sus alocuciones siempre personaliza.* **2.** Incurrir en personalismos. ORT Ante *e* la *z* cambia en *c: Personalice.*

per·so·nar·se [personárse] *v/REFL* (-SE) Presentarse uno en un sitio. RPr **Personarse ante/en:** *Personarse ante el juez/en el juzgado.*

per·so·ni·fi·ca·ción [personifikaθjón] *s/f* Acción y efecto de personificar.

per·so·ni·fi·car [personifikár] *v/tr* **1.** Atribuir cualidades de persona a seres que no lo son. **2.** Ser una persona el símbolo de una actitud, doctrina, etc.: *Santo Tomás personifica la Escolástica.* **3.** Representar en los discursos, escritos, etc., personas determinadas bajo nombres supuestos.
ORT Ante *e* la *c* cambia en *qu: Personifique.*

pers·pec·ti·va [perspektíβa] *s/f* **1.** Representación de un objeto de manera que se aprecie su situación y posición real. **2.** Aspecto que ofrecen los objetos a la vista del espectador: *Una perspectiva majestuosa.* **3.** Contingencias favorables o desfavorables previsibles en un asunto: *La enseñanza de idiomas tiene buenas perspectivas.* **4.** Distancia temporal necesaria para enjuiciar bien los hechos.

pers·pi·ca·cia [perspikáθja] *s/f* Cualidad de perspicaz.

pers·pi·caz [perspikáθ] *adj* **1.** Se dice de la vista muy aguda y de la persona que la tiene. **2.** Se aplica a la persona e inteligencia que se percata bien y con detalle de las cosas.

pers·pi·cuo, -a [perspíkwo, -a] *adj* **1.** Transparente. **2.** Se aplica a la persona que se explica con claridad, y al estilo fácilmente comprensible.

per·sua·dir [perswaðír] *v/tr* Mover a otro con razones a que haga o piense determinada cosa. RPr **Persuadir(se) de/por/con:** *Persuadir con engaños/por motivos familiares.*

per·sua·sión [perswasjón] *s/f* Acción y efecto de persuadir o persuadirse.

per·sua·si·vo, -a [perswasíβo, -a] *adj* Que es eficaz para persuadir.

per·te·ne·cer [perteneθér] *v/intr* **1.** Ser una cosa de la propiedad de uno por alguna razón. **2.** Ser parte integrante de algo. **3.** Ser cierta cosa obligación de determinada persona: *Hoy le pertenece abrir a él.* **4.** Guardar relación una cosa con otra: *Los preparativos pertenecen a la primera fase.* RPr **Pertenecer a.**
CONJ *Irreg: Pertenezco, pertenecí, perteneceré, pertenecido.*

per·te·ne·cien·te [perteneθjénte] *adj* Que pertenece. RPr **Perteneciente a.**

per·te·nen·cia [pertenénθja] *s/f* **1.** Acción de pertenecer. **2.** *pl* Cosa que pertenece a alguien.

pér·ti·ga [pértiγa] *s/f* Vara larga y resistente, usada, *por ej,* en los saltos.

per·ti·na·cia [pertináθja] *s/f* Cualidad de pertinaz.

per·ti·naz [pertináθ] *adj* **1.** Que dura mucho. **2.** Obstinado. RPr **Pertinaz de/en:** *Pertinaz de carácter/en su negativa.*

per·ti·nen·cia [pertinénθja] *s/f* Cualidad de pertinente.

per·ti·nen·te [pertinénte] *adj* **1.** Lo relativo a una cosa: *En lo pertinente a la limpieza...* **2.** Adecuado en el tiempo o para el fin que se pretende: *Hoy no es pertinente pedirle nada.*

per·tre·char [pertretʃár] **I.** *v/tr* Proveer de pertrechos. **II.** REFL(-SE) Abastecerse de algo: *Nos pertrecharemos de agua para toda la semana.* RPr **Pertrecharse de/con**

per·tre·cho [pertrétʃo] *s/m* (Preferentemente en *pl*) **1.** Todo lo que forma el equipo de un ejército: máquinas, municiones, armas, etc. **2.** Utensilios necesarios para cualquier cosa.

per·tur·ba·ción [perturβaθjón] *s/f* Acción y efecto de perturbar o perturbarse.

per·tur·ba·do, -a [perturβáðo, -a] *adj* y *s/m,f* Se dice de quien tiene trastornadas sus facultades mentales.

per·tur·ba·dor, -ra [perturβaðór, -ra] *adj* y *s/m,f* Que perturba.

per·tur·bar [perturβár] *v/tr* **1.** Originar inquietud e intranquilidad en algo o alguien. **2.** Producir algo a alguien un trastorno mental.

pe·rua·no, -a [perwáno, -a] *adj* y *s/m,f* De Perú.

per·ver·si·dad [perβersiðáð] *s/f* Maldad en sumo grado.

per·ver·sión [perβersjón] *s/f* Acción y efecto de pervertir o pervertirse.

per·ver·so, -a [perβérso, -a] *adj* y *s/m,f* Extremadamente malo.

per·ver·tir [perβertír] *v/tr,* REFL (-SE) Hacer malo a alguien, o a sus costumbres, gustos, etc.
CONJ *Irreg: Pervierto, pervertí, pervertiré, pervertido.*

per·vi·vir [perβiβír] *v/intr* Seguir viviendo, a pesar de los contratiempos.

pe·sa [pésa] *s/f* **1.** Pieza de peso conocido, que sirve para medir el peso de otras cosas. **2.** Pieza de cierto peso que sirve para dar movimiento a ciertos relojes. **3.** *pl* Pieza de hierro, muy pesada, utilizada para hacer ejercicios gimnásticos.

pe·sa·car·tas [pesakártas] *s/m* Instrumento para pesar cartas y otros objetos ligeros.

pe·sa·dez [pesaðéθ] *s/f* Cualidad de pesado.

pe·sa·di·lla [pesaðíʎa] *s/f* **1.** Sueño angustioso. **2.** Preocupación intensa y continua.

pe·sa·do, -a [pesáðo, -a] *adj* **1.** Que pesa. **2.** Lento en movimientos: *Andar pesado.* **3.** Se dice del sueño persistente o profundo. **4.** Que está cansado un órgano corporal: *Hoy tengo el estómago pesado.* **5.** Duro y trabajoso: *Es pesado subir cinco pisos a pie.* **6.** Se aplica a un trabajo que exige o se realiza con excesivo entretenimiento: *Hacer un diccionario es pesado.* **7.** Aburrido: *Las clases teóricas son pesadas.* **8.** Recargado de adornos, material, etc.: *Un dibujo pesado.* **9.** Se dice del tiempo con mucha presión atmosférica. RPr **Pesado de:** *Pesado de cuerpo.*

pe·sa·dum·bre [pesaðúmbre] *s/f* **1.** Disgusto. **2.** Motivo de aflicción.

pe·sa·je [pesáxe] *s/m* Acción y efecto de pesar algo.

pé·sa·me [pésame] *s/m* (Con *dar* o *recibir*) Expresión para comunicar a otra persona el sentimiento que le produce alguna aflicción suya: *Reciba mi más sincero pésame por la muerte de su padre.*

pe·sar [pesár] **I.** *s/m* **1.** Dolor interior: *El pesar de haber sido derrotado.* **2.** Remordimiento por algo. **II.** *v/intr* **1.** Tener algo peso. **2.** Oprimir físicamente algo: *Le pesa la zamarra.* **3.** Constituir algo una responsabilidad o carga: *Le pesa su cargo de director.* **4.** Tener algo (finca, casa, etc.) un gravamen. **5.** Causar disgusto un hecho: *Nos pesa habernos trasladado al campo.* **6.** Influir en una decisión, hacer fuerza en el ánimo alguien o alguna cosa, por su valor o autoridad: *Pesó mucho su veteranía en la decisión adoptada.* **III.** *v/tr* **1.** Examinar con atención algo: *Pesar las ventajas y desventajas de la concesión.* **2.** Determinar el peso físico de un objeto: *Ayer pesaron estas maletas.* LOC **A pesar de,** contra la voluntad de otros o la fuerza de las circunstancias: *Pasearemos a pesar de la lluvia.* **Mal que me/te/le/... pese,** aun en contra de la voluntad de esa persona. **Pese a que,** a pesar de que. **Pese a quien pese,** frente a todas las dificultades. RPr **Pesar sobre (II. 4).**

pe·sa·ro·so, -a [pesaróso, -a] *adj* **1.** Disgustado por haber hecho algo malo. **2.** Afligido.

pes·ca [péska] *s/f* **1.** Acción de pescar. **2.** Lo que se pesca. **3.** Oficio de pescar.

pes·ca·de·ría [peskaðería] *s/f* Lugar donde se vende pescado.

pes·ca·de·ro, -a [peskaðéro, -a] *s/m,f* Persona que vende pescado.

pes·ca·di·lla [peskaðíʎa] *s/f* Pez parecido a la merluza, pero más pequeño.

pes·ca·do [peskáðo] *s/m* **1.** Pez comestible sacado del agua para tal fin. **2.** Carne de pescado.

pes·ca·dor, -ra [peskaðór, -ra] *adj* y *s/m,f* Que pesca.

pes·can·te [peskánte] *s/m* **1.** Delantera del vehículo automóvil, desde donde lo dirige el conductor. **2.** En los carruajes, asiento exterior donde va el cochero para gobernar las caballerías.

pes·car [peskár] *v/tr* **1.** Coger peces por cualquier procedimiento. **2.** FIG COL Coger o contraer cualquier cosa, especialmente una enfermedad: *Ya pesqué la gripe.* **3.** FIG COL Lograr con habilidad una declaración de alguien, que éste no quería hacer: *¡Lo he pescado!* **4.** FIG COL Conseguir algo, especialmente si ha sido con astucia: *Ha pescado un buen marido.*
ORT Ante *e* la *c* cambia en *qu: Pesqué.*

pes·co·zón [peskoθón] *s/m* Golpe que se da con la mano en la cabeza o en el pescuezo.

pes·cue·zo [peskwéθo] *s/m* Cuello de los animales.

pe·se·bre [peséβre] *s/m* **1.** Obra de albañilería, en forma de cajón, donde se pone comida a los animales. **2.** Lugar donde está el mismo.

pe·se·ta [peséta] *s/f* Unidad monetaria de España.

pe·se·te·ro, -a [pesetéro, -a] *adj* Se dice de la persona tacaña y preocupada por ganar dinero: *Ese abogado es un pesetero.*

pe·si·mis·mo [pesimísmo] *s/m* Inclinación a ver y fijarse en el aspecto más desfavorable de las cosas.

pe·si·mis·ta [pesimísta] *adj* y *s/m,f* Persona que tiene pesimismo.

pé·si·mo, -a [pésimo, -a] *adj (sup* de *malo)* Muy malo.

pe·so [péso] *s/m* **1.** Fuerza de gravitación ejercida sobre una materia. **2.** Objeto que pesa. **3.** Medida de lo que por convenio o por ley debe pesar una cosa: *El peso de esta caja es de 5 kilos.* **4.** Cansancio de algún órgano corporal: *Siento peso en las piernas.* **5.** Categoría del deporte del boxeo: *Peso pluma.* **6.** Preocupación: *Siento sobre mí el peso de tus problemas.* **7.** Efecto que producen en el hombre circunstancias físicas o morales: *Ya se le nota el peso de tantos problemas.* **8.** Importancia de una cosa o persona: *El peso de un ministro.* **9.** Gravamen a que uno está obligado en razón de ciertas posesiones. **10.** (Con *tener*) Efectividad e importancia de una cosa no material o de una persona relevante: *Ese argumento sí tiene peso.* **11.** Moneda de algunos países de América del Sur (Méjico, Cuba...) LOC **A peso de oro,** muy caro. **Caer algo por su propio peso,** ser algo evidente.

pes·pun·tar o **pes·pun·te·ar** [pespunt(e)ár] *v/tr* Hacer pespunte.

pes·pun·te [pespúnte] *s/m* Labor de costura, con puntadas unidas, que se hacen volviendo la aguja hacia atrás después de cada punto, para meter la hebra en el mismo sitio por donde pasó antes.

pes·que·ría [peskería] *s/f* Grupo de actividades relacionadas con la pesca.

pes·que·ro, -a [peskéro, -a] *adj* Relativo a la pesca: *Industria pesquera.*

pes·quis [péskis] *s/m* COL Agudeza.

pes·qui·sa [peskísa] *s/f* Acción para averiguar algo.

pes·ta·ña [pestáɲa] *s/f* **1.** Pelo situado en el borde de los párpados. **2.** Parte saliente y prolongada en el borde de cualquier cosa (listón de metal, llanta de una rueda, etc.). LOC **Quemarse las pestañas,** estudiar o escribir muchas horas durante la noche.

pes·ta·ñe·ar [pestaɲeár] *v/intr* Abrir y cerrar los párpados rápida y sucesivamente. LOC **Sin pestañear,** *1.* Atender intensamente a una cosa o persona. *2.* Obedecer sumisamente una orden.

pes·ta·ñeo [pestaɲéo] *s/m* Acción de pestañear.

pes·te [péste] *s/f* **1.** Enfermedad contagiosa que produce gran mortandad. **2.** Olor desagradable. **3.** Algo que molesta por su excesiva abundancia. LOC **Decir/Echar pestes de alguien,** hablar muy mal de él.

pes·ti·ci·da [pestiθíða] *adj* y *s/m,f* Producto químico para combatir plagas nocivas en el campo.

pes·ti·len·cia [pestilénθja] *s/f* Peste.

pes·ti·len·te [pestilénte] *adj* Con pestilencia.

pes·ti·llo [pestíʎo] *s/m* Pasador con que se asegura una puerta.

pe·ta·ca [petáka] *s/f* Estuche para llevar cigarros o tabaco.

pé·ta·lo [pétalo] *s/m* Cada hoja de las que forman la corola de la flor.

pe·tan·ca [petáŋka] *s/f* Juego consistente en lanzar, dentro de un campo previamente señalado, bolas metálicas procurando que queden lo más cerca posible de otra bola pequeña llamada chivato.

pe·tar·do [petárðo] *s/m* **1.** Trozo de tubo relleno de pólvora, al que se prende fuego para que produzca una gran detonación. **2.** VULG Feo. **3.** VULG Aburrido: *¡Vaya petardo de conferenciante!*

pe·ta·te [petáte] *s/m* **1.** Envoltorio de enseres personales, como ropa, etc., que suelen llevar soldados, marineros, viajeros, etc. **2.** Hombre despreciable.

pe·te·ne·ra [petenéra] *s/f* Cante popular con coplas de cuatro versos octosílabos.

LOC FIG **Salir por peteneras,** decir o hacer uno algo que no tiene relación con lo que se está diciendo o haciendo.

pe·ti·ción [petiθjón] *s/f* **1.** Acción de pedir. **2.** Expresión, oral o escrita, en que se pide algo. LOC **A petición de,** atendiendo la petición de alguien.

pe·ti·cio·na·rio, -a [petiθjonárjo, -a] *adj* y *s/m,f* El que pide cierta cosa.

pe·ti·me·tre [petimétre] *s/m,f* Persona que se preocupa excesivamente por arreglarse y por seguir las modas.

pe·ti·rro·jo [petirróxo] *s/m* Pájaro de colores verdoso y rojo, parecido al ruiseñor, del tamaño del pardillo.

pe·ti·to·rio, (-a) [petitórjo, (-a)] *adj* Relativo a la petición.

pe·to [péto] *s/m* **1.** Armadura del pecho. **2.** Vestidura que se pone en el pecho, como los baberos de los niños, *por ej.*

pe·trar·quis·ta [petrarkísta] *adj* y *s/m,f* Admirador o imitador de Petrarca.

pé·treo, -a [pétreo, -a] *adj* **1.** Relativo a la piedra. **2.** Como la piedra.

pe·tri·fi·car [petrifikár] *v/tr* **1.** Convertir algo en piedra. **2.** FIG Dejar a alguien paralizado de miedo, admiración, etc.
ORT Ante *e* la *c* cambia en *qu: Petrifique.*

pe·tro·gra·fía [petroγrafía] *s/f* Estudio de las rocas.

pe·tró·leo [petróleo] *s/m* Sustancia constituida por una mezcla de hidrocarburos con pequeñas cantidades de otros materiales; es inflamable, forma grandes manantiales en el interior de la tierrra y tiene muchas aplicaciones.

pe·tro·dó·lar [petróðólar] *s/m* Reservas en dólares obtenidas con la venta de petróleo.

pe·tro·le·ro, (-a) [petroléro, (-a)] **I.** *adj* Relativo al petróleo. **II.** *adj* y *s/m,f* **1.** Se dice del barco preparado para el transporte de petróleo. **2.** Se aplica a la persona que provoca incendios con finalidad de revolución política.

pe·tro·lí·fe·ro, -a [petrolífero, -a] *adj* Que contiene petróleo.

pe·tu·lan·cia [petulánθja] *s/f* **1.** Atrevimiento. **2.** Vanidad ridícula.

pe·tu·lan·te [petulánte] *adj* y *s/m,f* Que tiene petulancia.

peú·co [peúko] *s/m* Calcetín corto para dormir o que se ponen a los niños que no caminan aún.

pe·yo·ra·ti·vo, -a [peJoratíβo, -a] *adj* **1.** Que empeora. **2.** Se dice de las palabras que implican censura de algún tipo.

pez [péθ] **I.** *s/f* **1.** Materia sólida, negruzca, resinosa, insoluble en el agua y utilizada para impermeabilizar superficies. **2.** Excremento de los niños recién nacidos. **II.** *s/m* **1.** Animal vertebrado acuático, de sangre roja, respiración branquial y reproducción ovípara, del que hay multitud de clases. **2.** *pl* Clase de los peces. LOC **Ser un pez gordo,** ser alguien muy importante.
ORT *Pl: Peces.*

pe·zón [peθón] *s/m* **1.** Rabillo que sostiene la hoja, la flor o el fruto en las plantas. **2.** Vértice de las tetas o mamas de las hembras, por donde los hijos chupan la leche.

pe·zu·ña [peθúɲa] *s/f* Mano o pie de los animales de pata hendida.

pia·do·so, -a [pjaðóso, -a] *adj* **1.** Que se inclina a la piedad. **2.** Que tiene devoción religiosa.

pia·far [pjafár] *v/intr* Levantar el caballo alternativamente las patas delanteras, dejándolas caer en el mismo sitio, manifestando inquietud.

pia·má·ter [pjamáter] *s/f* Membrana intermedia de las tres que envuelven el cerebro y la médula espinal.

pia·nis·ta [pjanísta] *s/m,f* Persona que sabe tocar el piano.

pia·no [piáno] *s/m* Instrumento músico compuesto de una caja sonora, con una serie de cuerdas metálicas que son golpeadas por unos macillos accionados a su vez por un conjunto de teclas negras y blancas.

pia·no·la [pjanóla] *s/f* Piano que toca piezas preparadas en rollos siendo movido por pedales o eléctricamente.

pian, pia·no [pjáɱ pjáno] *adv* COL Poco a poco.

piar [piár] *v/intr* Emitir las aves el sonido que onomatopéyicamente se refleja en los vocablos 'pío, pío'.
ORT, PRON El acento recae sobre la *i* en el *sing* y *3.ª pers pl* del *pres* de *indic* y *subj: Pía, píen.*

pia·ra [pjára/piára] *s/f* Manada de cerdos.

pi·ca [píka] *s/f* **1.** Palo con un hierro pequeño y agudo en el extremo superior. **2.** TAUROM Garrocha del picador de toros.

pi·ca·cho [pikátʃo] *s/m* Pico agudo en la cumbre de las montañas.

pi·ca·de·ro [pikaðéro] *s/m* Sitio destinado a adiestrar los caballos y a aprender a montar.

pi·ca·di·llo [pikaðíλo] *s/m* Cualquier materia comestible partida en trocitos.

pi·ca·do, (-a) [pikáðo, (-a)] **I.** *adj* y *p* de *picar.* **1.** Deteriorado con picaduras. **2.**

Adornado con agujeros: *Un fleco picado.* **II.** *s/m* **1.** Acción de picar. **2.** Picadillo de viandas. **3.** Descenso muy pronunciado de un avión, con el morro hacia abajo: *Descender en picado.*

pi·ca·dor, -ra [pikaðór, -ra] *s/m,f* **1.** Que pica. **2.** Torero de a caballo que pica al toro con garrocha.

pi·ca·du·ra [pikaðúra] *s/f* **1.** Acción y efecto de picar o picarse. **2.** Mordedura de un insecto, un ave o un reptil. **3.** Agujero que se hace en un objeto, particularmente en la ropa: *La picadura de la polilla.* **4.** Tabaco picado para fumar. **5.** Desperfectos que produce la caries en los dientes.

pi·ca·jo·so, -a [pikaxóso, -a] *adj* y *s/m,f* COL Que se ofende sin motivo.

pi·can·te [pikán̪te] **I.** *p* de *picar.* Que pica. **II.** *adj* **1.** Se aplica a las sustancias no líquidas que producen picor en el olfato o en el paladar. **2.** Se dice de los chistes, etc., que tienen gracia mordaz, referidos a temas sexuales, tabú, etc. **III.** *s/m* **1.** Sabor que pica: *Nos agrada el picante del ajo.* **2.** Cualidad de mordaz y malicia en las expresiones zahirientes.

pi·ca·pe·dre·ro [pikapeðréro] *s/m* El que labra las piedras.

pi·ca·pi·ca [pikapíka] *s/f* Materia vegetal o mineral que produce picores al contacto con el cuerpo.

pi·ca·plei·tos [pikapléitos] *s/m despec* Abogado de poca valía.

pi·ca·por·te [pikapórte] *s/m* Pieza que se coloca en las puertas para llamar golpeando en ella.

pi·car [pikár] *v/tr* **1.** Morder las aves, los insectos, algunos reptiles, etc. **2.** Morder el pez el cebo puesto en el anzuelo para pescarlo. **3.** Pinchar con la vara el picador al toro para detenerlo cuando va a acometer al caballo. **4.** Mover algo a alguien a hacer cualquier cosa: *Aquella frase le picó su orgullo.* **5.** ALBAÑ Golpear las piedras para labrarlas o las paredes para revocarlas. **6.** Partir en trozos menudos comidas o condimentos. **7.** Herir o producir pena a alguien una cosa que se le dice o hace: *Lo que le dije le picó mucho.* **II.** *v/intr* **1.** Tomar una pequeña parte de comida: *No come, pero siempre está picando.* **2.** Causar en el paladar una sensación ardorosa: *El vodka pica.* **3.** Notar el cuerpo una desazón que incita a rascarse: *Me picaba la espalda.* **4.** Calentar mucho el sol. **III.** REFL(-SE) **1.** Padecer caries la dentadura: *Las muelas se me han picado.* **2.** Ofenderse. **3.** Probar una cosa y aficionarse mucho a ella: *Es nocivo picarse con la droga.* **4.** (Con *por*) Moverse a hacer lo que otro hace. RPr **Picar en:** *Picar algo en el cuerpo.* **Picarse con/de/en/por:** *Se pica con la lectura/de listo/en los estudios/por nada.*
ORT Ante *e* la *c* cambia en *qu: Piqué.*

pi·car·día [pikarðía] *s/f* **1.** Manera de actuar con engaño o simulación. **2.** Travesura de muchachos: *Pepe no hace más que picardías.* **3.** Hecho o dicho malicioso.

pi·ca·res·co, (-a) [pikarésko, (-a)] **I.** *adj* **1.** Relativo al pícaro. **2.** Se aplica a la producción literaria o histórica que trata de los pícaros: vida, costumbres, etc. **II.** *s/f* Profesión y ambiente de los pícaros.

pí·ca·ro, -a [píkaro, -a] **I.** *s/m* Personaje desvergonzado, simpático, de vida irregular, que engaña o roba, y evita caer en manos de la justicia. **II.** *adj* y *s/m,f* **1.** Se dice de una persona que obra sin escrúpulos y sin honradez. **2.** Personas mayores o niños que tienden a hacer pequeños engaños y a sacar partido de las situaciones. **3.** Inclinado a ver malicia en las relaciones sexuales.

pi·ca·tos·te [pikatóste] *s/m* Rebanada de pan tostado, con manteca o frita.

pi·ca·zón [pikaθón] *s/f* Picor sentido en alguna parte del cuerpo.

pi·cio [píθjo] *s/m* LOC **Más feo/tonto, etc., que Picio,** ser alguien muy feo, tonto, etc.

pic·nic [píknik] *s/m* ANGL Comida o merienda al aire libre.

pi·co [píko] *s/m* **1.** Parte saliente de la cabeza de las aves, compuesta de dos piezas córneas, terminadas en punta, con la que toman el alimento: *Pico de halcón.* **2.** Porción puntiaguda que sobresale en el borde de alguna cosa: *El pico de la mesa.* **3.** Cúspide de una montaña: *El pico del Veleta.* **4.** Herramienta formada por un palo que sostiene una barra de hierro o acero; ésta, por un extremo, acaba en punta, y por el otro tiene un corte como de hacha; se usa para cavar en suelo duro. **5.** Parte pequeña que excede de una cantidad expresada en números redondos: *El kilo de miel vale doscientas pesetas y pico.* **6.** Cantidad grande de dinero cuando se deja indeterminada: *Ese piso le ha costado un pico.* LOC **Cerrar el pico,** callarse.

pi·cón, (-na) [pikón, (-na)] **I.** *adj* Se dice de la caballería cuyos dientes superiores sobresalen de los inferiores, por lo que corta la hierba con dificultad. **II.** *s/m* Carbón menudo utilizado en los braseros.

pi·cor [pikór] *s/m* Escozor que siente aquel a quien le pica una parte del cuerpo.

pi·co·ta [pikóta] *s/f* **1.** Variedad de cereza, carnosa, que tiene poca adherencia al pedúnculo. **2.** Columna donde se exponían públicamente, para que sirvieran de escarmiento, los reos o las cabezas de los ajusticiados.

pi·co·ta·zo [pikotáθo] *s/m* **1.** Golpe dado con el pico. **2.** Punzada de un insecto. **3.** Huella que queda a consecuencia de tales golpes o punzaduras.

pi·co·te·ar [pikoteár] **I.** *v/tr* Picar algo las aves. **II.** *v/intr* Comer pequeñas cantidades de comida en distintos intervalos de tiempo.

pic·tó·ri·co, -a [piktóriko, -a] *adj* Relativo a la pintura: *Habilidad pictórica.*

pi·cu·do, -a [pikúðo, -a] *adj* Que tiene un pico muy sobresaliente.

pi·cha [pítʃa] ARG *s/f* Miembro genital del varón.

pi·chi [pítʃi] *s/m* Vestido sin mangas, escotado, que se pone sobre una blusa o jersey.

pi·chón, (-na) [pitʃón (-na)] **I.** *s/m* Pollo de la paloma casera. **II.** *s/m,f* Apelativo afectuoso dirigido a personas.

pie [pjé] *s/m* **1.** Parte inferior de las extremidades inferiores del hombre. **2.** Parte análoga en los animales. **3.** Parte posterior de una cosa: *El pie de la cama.* **4.** Parte inferior de un objeto: *El pie de una lámpara.* **5.** Lo que sirve de apoyo a algo: *Pie de un monumento.* **6.** Pieza que sirve para alcanzar la altura deseada: *Pies de una mesa.* **7.** Lugar donde da comienzo cualquier cosa: *Pie de una montaña.* **8.** En las medias, calcetas, botas, etc., parte que cubre el pie. **9.** Tronco de donde arrancan las plantas en tierra: *Pie de un árbol.* **10.** Medida de longitud, equivalente aproximadamente a 28 centímetros. **11.** Parte final de un escrito, independientemente del contenido; contiene fecha, firma, dirección, etc. **12.** Cada parte de dos o más sílabas, con que se mide un verso: *El pie anapesto.* LOC **A cuatro pies,** andar con las cuatro extremidades. **A pie,** andando. **A pies juntillas,** sin dudar nada. **Al pie de la letra,** con exactitud detallada. **Con buen/mal pie,** empezar algo con/sin suerte o acierto. **Con pies de plomo,** con precaución. **Dar pie (a alguien),** proporcionar excusa o motivo: *Dimos pie para que nos expulsaran.* **De a pie,** *1.* Soldados, guardias, etc., que no van a caballo. *2.* Ciudadano normal, que no destaca en la materia de que se trata. **De pie** (aplicado a personas), *1.* No estar acostado: *Pasé el resfriado de pie.* *2.* No estar sentado. **De pies a cabeza,** por completo: *Estoy sudando de pies a cabeza.* **Echarse a los pies de alguien,** pedirle algo muy humildemente. **En pie,** *1.* Sin concluir: *La pregunta sigue en pie.* *2.* Válido. **Estar alguien al pie del cañón,** estar dispuesto en un momento dado a hacer lo que sea necesario. **Hacer pie,** llegar con los pies al suelo y sin sumergir la cabeza en el mar, en un río, etc. **No dar pie con bola,** errar muchas veces o en muchas cosas. **No tener pies ni cabeza una cosa,** ser algo un disparate. **Parar los pies a alguien,** contenerle en algún dicho o hecho inconvenientes. **Tenerse de pie,** mantenerse en pie.

pie·dad [pjeðáð] *s/f* Compasión hacia la persona que sufre.

pie·dra [pjéðra] *s/f* **1.** Sustancia mineral, dura y compacta, no terrosa ni metálica. **2.** Trozo de esa sustancia. **3.** Trozo de piedra preparado para ser utilizado en la construcción. **4.** Trozo de piedra con alguna inscripción. **5.** Granizo grueso: *La piedra arrasó la cosecha.* **6.** Pedernal de las armas de chispa. **7.** Concreción calcárea que se forma en algunos órganos interiores del cuerpo humano (vejiga de la orina, riñones, etc.). **8.** Término de comparación de lo que es duro, física o figuradamente. **De piedra** (con *dejar, quedar*), estupefacto: *Su declaración nos dejó de piedra.* **No dejar piedra sobre piedra,** destruir totalmente algo.
Piedra de escándalo, cosa o persona que ocasiona murmuraciones.
Piedra preciosa, la que se emplea en joyería por ser bella y rara.

piel [pjél] *s/f* **1.** Tegumento fibroso, resistente y flexible, que recubre el cuerpo de los animales. **2.** La piel de los animales, con pelo o sin él, curtida y empleada para algún fin: *Un abrigo de piel.* **3.** Capa delgada que recubre la pulpa de algunas frutas. LOC **Dejarse la piel (en algo),** esforzarse al máximo.

pié·la·go [pjélaɣo] *s/m* **1.** Mar. **2.** Espacio. **3.** Abundancia de cosas.

pien·so [pjénso] *s/m* Porción de alimento que se da al ganado.

pier·na [pjérna] *s/f* **1.** Extremidad inferior en el hombre, situada entre la rodilla y el pie. **2.** Muslo de los animales utilizados para el consumo: *Pierna de cordero.* LOC **A pierna suelta,** con tranquilidad. **Estirar las piernas** (*ir a/salir a*), pasear como compensación de una quietud demasiado prolongada.

pie·za [pjéθa] *s/f* **1.** Parte con una determinada función e identificable por sí misma en una cosa o máquina. **2.** Porción de tejido que se fabrica de una vez: *Le gustan los vestidos de una sola pieza.* **3.** Trozo o unidad de cualquier cosa: *Compra dos piezas de pan.* **4.** Cada animal que se caza o pesca: *Hoy he cazado seis piezas.* **5.** Composición suelta de música. **6.** Objeto: *Aquello parece una pieza de metal.* LOC **(Quedarse) de una pieza,** sorprendido.

pí·fa·no [pífano] *s/m* **1.** Flautín de tono muy agudo. **2.** Músico que lo toca.

pi·fia [pífja] *s/f* Acción o dicho desacertados.

pi·fiar [pifjár] *v/intr* Hacer una pifia.

pig·men·ta·ción [piɣmeŋtaθjón] *s/f* Acción y efecto de pigmentar.

pig·men·tar [piɣmeŋtár] *v/tr* Dar color a algo con un pigmento.

pig·men·to [piɣméŋto] *s/m* Sustancia que da color a alguna parte de un organismo o a las pinturas mismas.

pig·meo, -a [piɣméo, -a] *adj* y *s/m,f* Individuos de un pueblo de África, de muy baja estatura.

pig·no·rar [piɣnorár] *v/tr* Dar algo en prenda de un préstamo recibido.

pi·ja·da [pixáða] *s/f* ARG Estupidez o tontería sin importancia.

pi·ja·ma [pixáma] *s/m* Traje de dormir, formado por pantalón y chaqueta, ambos de tela ligera.

pi·jo, (-a) [píxo, (-a)] **I.** ARG *s/m* Picha. **II.** ARG *adj* y *s/m,f* Individuo burgués, afectado y superficial.

pi·jo·te·ría [pixotería] *s/f* **1.** VULG Cosa insignificante. **2.** VULG Exigencia fastidiosa: *¡Siempre anda con pijoterías!*

pi·jo·te·ro, -a [pixotéro, -a] *adj* VULG Persona que comete pijoterías.

pi·la [píla] *s/f* **1.** Recipiente grande para contener agua que sirve para diversos usos. **2.** Instrumento que produce corriente eléctrica mediante reacción química de dos sustancias. **3.** Conjunto de objetos puestos uno sobre otro: *Pila de sillas.*

pi·la·da [piláða] *s/f* Montón.

pi·lar [pilár] *s/m* **1.** Hito que se pone como señal en los caminos. **2.** Objeto alargado que se coloca verticalmente en el suelo con finalidades diversas (buzón de correos, homenaje, recuerdo, indicador de algo, etc.) **3.** CONSTR Cada uno de los postes que constituyen la estructura que soporta la carga de un edificio: *Pilar de ladrillos.* **4.** Lo que sostiene moralmente una cosa: *La familia es el pilar de la sociedad.*

pi·las·tra [pilástra] *s/f* Pilar adosado a una pared.

píl·do·ra [píldora] *s/f* Pastilla medicamentosa.

pi·lón [pilón] *s/m* **1.** Pila grande. **2.** Recipiente que recoge el agua de una fuente. **3.** Columna colocada para diversos usos (señal, etc.).

pí·lo·ro [píloro] *s/m* Abertura que comunica el estómago con el intestino en algunos animales.

pi·lo·so, -a [pilóso, -a] *adj* Peludo.

pi·lo·ta·je [pilotáxe] *s/m* Acción de pilotar.

pi·lo·tar [pilotár] *v/tr* Conducir un vehículo, especialmente un barco, un avión o un globo dirigible.

pi·lo·te [pilóte] *s/m* Madero o pilar de cemento clavado en tierra para consolidar los cimientos.

pi·lo·to [pilóto] **I.** *adj* Que sirve de modelo o experimentación. **II.** *s/m* **1.** El que dirige la navegación de un barco. **2.** El conductor de un avión, globo, dirigible, automóvil, moto, etc.

pil·tra·fa [piltráfa] *s/f* **1.** Residuos poco o nada útiles de cualquier cosa. **2.** Persona de salud débil o de nula moralidad: *El joven es una piltrafa de hombre.*

pi·lla·je [piʎáxe] *s/m* **1.** Robo indiscriminado. **2.** Rapiña.

pi·llar [piʎár] *v/tr* **1.** Tomar algo por la fuerza. **2.** Agarrar a una persona o una cosa. **3.** Alcanzar algo o a alguien que se va persiguiendo. **4.** Atropellar un vehículo o caballería a alguien o aprisionar algo a una persona o animal causándole daño: *La puerta me pilló la mano.* **5.** Sobrevenir a uno una cosa de improviso: *Su llamada me pilló sin la solución pensada.* **6.** Encontrar a uno en determinada situación: *Lo hemos pillado durmiendo.* **7.** Hallarse una cosa en determinada situación local respecto de alguien: *La Universidad me pilla cerca.* **8.** Ser acometido por algo, contraerlo o adquirirlo: *Este invierno no he pillado la gripe.* **9.** Percatarse de algo: *¡Has pillado la idea!*

pi·llas·tre [piʎástre] *s/m* COL Pillo, granuja.

pi·lle·ar [piʎeár] *v/intr* Hacer vida de pillo.

pi·lle·ría [piʎería] *s/f* **1.** Condición de pillo. **2.** Conjunto de pillos.

pi·llo, -a [píʎo, -a] *adj* y *s/m,f* Se dice de hombres o niños a los que se considera hábiles para realizar engaños u otras cosas con astucia y en provecho propio.

pi·men·te·ro [pimeŋtéro] *s/m* Arbusto que produce la pimienta.

pi·men·tón [pimeŋtón] *s/m* Polvo que se obtiene moliendo pimientos rojos secos.

pi·men·to·ne·ro, -a [pimeŋtonéro, -a] *s/m,f* Persona que vende pimentón.

pi·mien·ta [pimjéŋta] *s/f* Semillas del pimentero; es una bolita de sabor muy picante y color negruzco, que, entera o molida, es muy usada como condimento.

pi·mien·to [pimjéŋto] *s/m* **1.** Planta herbácea anual, solanácea, que produce como fruto una baya hueca, de forma aproximadamente cónica, que se usa como alimento tanto si está aún verde como si está ya rojo; algunas variedades son picantes. **2.** Fruto de esta planta. **3.** Pimentero.

pim pam pum [píŋ páŋ púŋ] *s/m onomat* Juego en que se procura derribar a pelotazos muñecos puestos en fila.

pim·pan·te [pimpánte] *adj* (Con *estar*) Lozano, garboso, satisfecho.

pim·po·llo [pimpóʎo] *s/m* **1.** Tallo nuevo de una planta, antes de que se extiendan las hojas. **2.** Capullo de rosa. **3.** FIG COL Persona atractiva, bien por ser niño o joven, bien por ir muy arreglada: *Siempre va hecho un pimpollo.*

pi·na·co·te·ca [pinakotéka] *s/f* Museo de pinturas.

pi·ná·cu·lo [pinákulo] *s/m* **1.** Remate apuntado en la parte superior de un edificio monumental. **2.** Punto del desarrollo más esplendoroso de algo inmaterial.

pi·na·da [pináða] *s/f* Conjunto de pinos.

pi·nar [pinár] *s/m* Lugar poblado de pinos.

pi·na·za [pináθa] *s/f* Hojarasca de pino por el suelo.

pin·cel [pinθél] *s/m* Instrumento para pintar, compuesto de un manojo de pelos que se sujeta por un extremo en lo que constituye el mango.

pin·ce·la·da [pinθeláða] *s/f* **1.** Trazo realizado con el pincel. **2.** Expresión literaria abreviada y adecuada: *En dos pinceladas expuso la historia de este monumento.*

pin·cha·dis·cos [pintʃaðískos] *s/m (Disc-jockey)* Persona encargada de poner los discos en las discotecas.

pin·char [pintʃár] **I.** *v/tr* **1.** Clavarse una cosa aguda con poca profundidad en algún sitio. **2.** Coger algo clavándolo con un instrumento adecuado: *Pincha un trozo de jamón con el tenedor.* **3.** (Con *para*) Insistirle a alguien para que realice cierta cosa: *Su amigo le pincha para que discuta.* **4.** Hacer que alguien se enfade. **5.** COL Poner inyecciones. **II.** *v/intr* Fracasar: *Aquí ha pinchado el profesor.* **III.** REFL(-SE) ARG Inyectarse droga. LOC **Ni pinchar ni cortar,** no tener nada que hacer en un asunto. RPr **Pinchar para.**

pin·cha·zo [pintʃáθo] *s/m* **1.** Acción de pinchar o pincharse. **2.** Señal que queda al pinchar(se).

pin·che [píntʃe] *s/m,f* Ayudante de cocina.

pin·chi·to [pintʃíto] *s/m* COL Tapa de aperitivo pinchada en un palillo.

pin·cho [píntʃo] *s/m* **1.** Punta aguda de una cosa. **2.** COL Pinchito. **3.** Que está satisfecho de su aspecto. **4.** Que se enfrenta a alguien que podría causarle temor: *Es muy pincho para que se deje insultar por ti.*

pi·ne·da [pinéða] *s/f* Pinar.

pin·ga·jo [piŋgáxo] *s/m* COL Trozo desgarrado que cuelga de alguna parte.

pin·go [píŋgo] *s/m* **1.** Pingajo. **2.** Vestido malo y sin valor. LOC **Ir de pingo,** callejear.

pin·go·ne·ar [piŋgoneár] *v/intr* Callejear, abandonando uno sus obligaciones.

ping-pong [píŋ póŋ] *s/m* Tenis de mesa.

pin·güe [píŋgwe] *adj* Abundante, referido sobre todo a cosas beneficiosas.

pin·güi·no [piŋgwíno] *s/m* Ave palmípeda de colores blanco y negro; vuela torpemente, camina erguida y habita en las costas de las regiones polares.

pi·ni·to [piníto] *s/m* (Con *hacer*) **1.** *pl* Primeros pasos que da un niño cuando está aprendiendo a andar: *El pequeño ya hace sus primeros pinitos.* **2.** *pl* Los comienzos de la recuperación en la convalecencia de un enfermo. **3.** *pl* Cualquier progreso inicial en cualquier cosa que requiera experiencia: *Hacer pinitos en informática.*

pi·no, (-a) [píno, (-a)] **I.** *s/m* Árbol conífero, resinoso, de hojas estrechas, puntiagudas y punzantes; su fruto es la piña. **II.** *adj* **1.** Vertical. **2.** En pendiente muy pronunciada.

pi·no·cha [pinótʃa] *s/f* Hoja del pino.

pin·ta [pínta] **I.** *s/f* **1.** Señal pequeña, a modo de lunar, que tienen naturalmente plantas, animales o personas, o que se dibuja en algunas cosas. **2.** Signo que tienen los naipes en sus extremos, por el que se conoce de qué palo son, sin necesidad de ver la carta por completo. **3.** Aspecto exterior de algo o alguien por el que se puede deducir su calidad buena o mala: *Esta fruta tiene buena pinta.* **4.** Tifus (enfermedad). **5.** Parecido en el rostro debido fundamentalmente al hecho de pertenecer a la misma familia: *Este niño tiene la pinta de los Blesa.* **6.** Medida de capacidad inglesa (0,5 l). **II.** *s/m (Ser un...)* Persona sinvergüenza o despreciable.

pin·ta·do, -a [pintáðo, -a] **I.** *p* de *pintar.* **II.** *adj* Matizado de uno o más colores. **III.** *s/f* Grabación o pintura de una frase, un slogan, etc., expuesta en público sobre cualquier material y con grandes trazos.

pin·ta·mo·nas [pintamónas] *s/m* Pintor de poca calidad.

pin·tar [pintár] **I.** *v/tr* **1.** Cubrir una cosa con pintura: *La semana próxima pintarán la casa.* **2.** Representar una imagen cualquiera, por medio de colores, en una superficie: *Picasso pintó el 'Guernica'.* **3.** FIG Describir algo: *Nos ha pintado la situación muy favorablemente.* **4.** Dibujar. **II.** *v/intr* **1.** FIG COL Empezar a verse la calidad o la cantidad de una cosa: *Esta urbanización pinta bien.* **2.** FIG COL Tener algo o alguien importancia en un asunto o una situación: *Yo no pintaba nada allí.* **III.** REFL (-SE) Ponerse colores y afeites en el rostro: *Mi mujer se pinta demasiado.*

pin·ta·rra·je·ar [pintarraxeár] **I.** *v/tr, intr* Pintar desordenada y tontamente: *No pintarrajees las cortinas.* **II.** REFL(-SE) Maquillarse con exceso o sin gracia.

pin·ta·rra·jo [pintarráxo] *s/m* Pintura o dibujo realizado toscamente y sin contenido.

pin·ti·pa·ra·do, -a [pintiparáðo, -a] *adj* **1.** Muy parecido a otra cosa. **2.** Muy adecuado o muy oportuno.

pin·ti·pa·rar [pintiparár] *v/tr* Comparar dos cosas.

pin·to [pínto] LOC **Entre Pinto y Valdemoro,** indeciso o indefinido, entre dos cosas o extremos.

pin·tor, -ra [pintór, -ra] *s/m,f* Persona cuyo oficio es pintar.

pin·to·res·co, -a [pintorésko, -a] *adj* **1.** Se aplica a los objetos que por su aspecto son dignos de ser pintados y, por ende, de ser vistos y contemplados: *Paisaje pintoresco.* **2.** Original y típico: *Traje pintoresco.* **3.** Se aplica a una descripción muy viva: *Novela pintoresca.*

pin·tu·ra [pintúra] *s/f* **1.** Acción y efecto de pintar. **2.** El arte de pintar: *La pintura de Miró es única.* **3.** La obra pintada. **4.** Sustancia preparada para pintar. **5.** FIG Descripción de algo por medio de la palabra: *Hizo una pintura exacta de la situación.*

pin·tu·re·ro, -a [pinturéro, -a] *adj* y *s/m,f* Persona que va bien arreglada y se complace en ello.

pin·za [pínθa] *s/f* **1.** Utensilio de diversas formas y materias cuyos extremos, al aproximarse, sujetan por presión alguna cosa: *Pinza para tender la ropa.* **2.** *pl* Instrumento de metal empleado para coger objetos menudos. **3.** Pliegue de una tela o vestido. **4.** Último artejo de algunas patas de ciertos artrópodos (cangrejo, alacrán, etc.) formado por dos piezas que se aproximan entre sí para agarrar las cosas.

pi·ña [píɲa] *s/f* **1.** Fruto del pino, de forma cónica, compuesto de varias piezas leñosas colocadas en forma de escamas a lo largo de un eje común. **2.** FIG Conjunto de personas estrechamente unidas para algún fin. **3.** Forma semejante a la de este fruto, sea cual sea el objeto que la tenga.

pi·ña·ta [piɲáta] *s/f* Olla llena de dulces que se cuelga y hay que romper a palos con los ojos vendados; es juego propio del baile de máscaras del primer domingo de carnaval, que por esto se llama 'domingo de piñata'.

pi·ñón [piɲón] *s/m* **1.** Simiente encerrada en la piña del pino. **2.** MEC Rueda dentada que engrana con otra también dentada.

pí·o, (-a) [pío, (-a)] **I.** *s/m onomat* Voz que produce la cría de cualquier ave. **II.** *adj* Devoto. LOC **No decir ni pío,** callarse.

pio·cha [pjótʃa] *s/f* ALBAÑ Herramienta con una boca cortante.

pio·jo [pjóxo] *s/m* Tipo de insecto anopluro, de cuerpo ovalado y chato, que vive sobre el cuero cabelludo del hombre y otros mamíferos.

pio·jo·so, -a [pjoxóso, -a] *adj* y *s/m,f* **1.** Que tiene muchos piojos. **2.** Andrajoso.

pio·ne·ro, -a [pjonéro, -a] *s/m,f* **1.** Persona que se adelanta para explorar nuevas tierras, generalmente con fines colonizadores. **2.** Primero o el más adelantado en algo: *Pionero en el estudio del átomo.*

pio·rrea [pjorréa] *s/f* Flujo de pus.

pi·pa [pípa] *s/f* **1.** Utensilio para fumar, consistente en un tubo para aspirar el humo y una cazoleta para colocar el tabaco. **2.** Recipiente de forma abombada, de madera, donde se guardan líquidos, sobre todo aceite y vino. **3.** Semilla del melón, de la sandía, de la uva, del girasol y otras frutas.

pi·pe·ta [pipéta] *s/f* Tubo de cristal acabado en punta por uno de sus extremos y ensanchado en su parte central, que sirve para trasvasar pequeñas porciones de líquido.

pi·pí [pipí] *s/m* COL Orina. LOC **Hacer pipí,** orinar.

pi·pio·lo [pipjólo] *s/m* COL Persona inexperta.

pi·que [píke] *s/m* **1.** Actitud de resentimiento entre varias personas: *Ellas siempre andan de pique.* **2.** Sentimiento de emulación: *Juan tiene el pique de las buenas notas de su hermano.* LOC **Echar/Irse a pique,** *1.* Hundirse un barco. *2.* Fracasar algo: *El negocio se ha ido a pique.*

pi·qué [piké] *s/m* Tela de algodón que forma grano u otro género de labrado en relieve.

pi·que·ra [pikéra] *s/f* **1.** Agujero de las colmenas por donde entran y salen las abejas. **2.** Agujero de los toneles y alambiques para sacar el líquido.

pi·que·ta [pikéta] *s/f* ALBAÑ Herramienta con mango de madera y dos bocas opuestas de hierro, una plana y otra acabada en punta, utilizada sobre todo para derribar paredes.

pi·que·te [pikéte] *s/m* Grupo poco numeroso de soldados o personas civiles con fines generalmente no pacíficos: *Un piquete de mineros.*

pi·ra [píra] *s/f* **1.** Hoguera en la que se quemaban antiguamente las víctimas de los sacrificios o los cadáveres. **2.** Hoguera.

pi·ra·gua [piráɣwa] *s/f* Embarcación estrecha y alargada, mayor que la canoa.

pi·ra·güis·mo [piraɣwísmo] *s/m* Deporte sobre piraguas.

pi·ra·güis·ta [piraɣwísta] *s/m,f* DEP Que lleva o forma parte de la tripulación de una piragua.

pi·ra·mi·dal [piramiðál] *adj* Que tiene forma de pirámide.

pi·rá·mi·de [pirámiðe] *s/f* **1.** Cuerpo geométrico de base poligonal, siendo sus caras triángulos que se juntan en un vértice común. **2.** Construcción de esa forma que en Egipto hacían para enterramiento de los reyes o faraones.

pi·ra·ña [piráɲa] *s/f* Pez muy voraz propio del Amazonas.

pi·rar·se [pirárse] *v/*REFL(-SE) ARG Marcharse. LOC **Pirárselas,** *1.* Irse de un sitio para eludir algo. *2.* Irse de juerga los estudiantes.

pi·ra·ta [piráta] **I.** *adj* Se dice de los barcos o expediciones marítimas dedicadas a la piratería. **II.** *s/m* Navegante que asalta y roba las costas o los barcos en el mar. **III.** *adj* y *s/m,f* FIG COL El que se apropia de cosas ajenas, de cualquier clase que sean.

pi·ra·te·ar [pirateár] *v/intr* Hacer piraterías.

pi·ra·te·ría [piratería] *s/f* **1.** Cualquier acción de un pirata. **2.** Robo en el mar. **3.** Saqueo de cualquier clase. **4.** Hurto.

pi·re·nai·co, -a [pirenáiko, -a] *adj* Relativo a los Montes Pirineos.

pi·ri·ta [piríta] *s/f* Sulfuro de hierro, duro, de color amarillo.

pi·ró·ge·no, -a [piróxeno, -a] *adj* y *s/m,f* MED Que produce fiebre.

pi·ro·gra·ba·do [pirograβáðo] *s/m* **1.** Procedimiento para grabar en madera utilizando un instrumento incandescente. **2.** Dibujo así grabado.

pi·ro·ma·nía [piromanía] *s/f* Tendencia enfermiza a provocar incendios.

pi·ró·ma·no, -a [pirómano, -a] *adj* y *s/m,f* Que sufre de piromanía.

pi·ro·pe·ar [piropeár] *v/tr* Decir o echar piropos.

pi·ro·po [pirópo] *s/m* **1.** Alabanza. **2.** Lisonja dirigida a una mujer por galantería.

pi·ro·tec·nia [pirotéknja] *s/f* Arte de combinar materias explosivas, sea para diversión, sea para fines militares.

pi·ro·téc·ni·co, -a [pirotékniko, -a] *adj* y *s/m,f* Relativo a la pirotecnia.

pi·rrar·se [pirrárse] *v/*REFL(-SE) Desear con ansiedad una cosa. RPr **Pirrarse por:** *Los niños se pirran por la playa.*

pi·rue·ta [pirwéta] *s/f* Movimiento realizado con el cuerpo, con agilidad y habilidad.

pi·ru·lí [pirulí] *s/m* Caramelo con un palo que le sirve de agarradero para chuparlo.

pis [pís] *s/m* COL Orines. LOC **Hacer pis,** orinar.

pi·sa·da [pisáða] *s/f* **1.** Acción y efecto de pisar una vez al andar. **2.** Huella que deja el pie en el suelo.

pi·sa·pa·pe·les [pisapapéles] *s/m* Utensilio pesado que en las mesas de escritorio, mostradores, etc., se coloca sobre los papeles para sujetarlos.

pi·sar [pisár] *v/tr* **1.** Poner el pie sobre algo: *Pisar con cuidado.* **2.** Apretar o aplastar una cosa con los pies: *Pisar un insecto.* **3.** FIG Postergar o tratar a alguien sin consideración: *¡A mí no me pisa nadie!* **4.** Adelantarse a otro en la consecución de algo: *Me pisaron la beca.*

pi·sa·ver·de [pisaβérðe] *s/m* FIG COL Hombre presumido, muy preocupado por acicalarse.

pis·ca·to·rio, -a [piskatórjo, -a] *adj* Relativo a la pesca.

pis·ci·cul·tu·ra [pisθikultúra] *s/f* Arte y actividad de criar peces y mariscos.

pis·ci·na [pisθína] *s/f* Estanque para bañarse varios o muchas personas a la vez.

pis·cis [písθis] *s/m* ASTRON Duodécima zona del Zodíaco, constelación situada en esa región y signo que lo representa. (Del 22 de febrero al 21 de marzo).

pis·co·la·bis [piskoláβis] *s/m* Ligera porción de comida que se toma entre las comidas habituales de cada día.

pi·so [píso] *s/m* **1.** Suelo por donde se pisa. **2.** Suela del calzado. **3.** Cada división horizontal de las que hay en un edificio. **4.** Cada vivienda de un edificio. **5.** Cada capa de un montón de cosas superpuestas.

pi·són [pisón] *s/m* Instrumento de madera, pesado, para apretar tierra, piedras, etc.

pi·so·te·ar [pisoteár] *v/tr* **1.** Pisar una cosa varias veces y con violencia: *Los niños han pisoteado el jardín.* **2.** FIG Tratar injustamente algo o a alguien: *Los dicta-*

dores pisotean a sus pueblos. **3.** FIG Transgredir una ley.

pi·so·teo [pisotéo] *s/m* Acción de pisotear.

pi·so·tón [pisotón] *s/m* Pisada fuerte sobre el pie de otra persona.

pis·ta [písta] *s/f* **1.** Señal que deja el paso de algo o alguien por un sitio: *Sigue la pista del oso.* **2.** Superficie preparada y convenientemente dispuesta para distintos usos (baile, circo, aterrizaje, etc.): *Pista de aterrizaje.* **3.** Carretera hecha especialmente para la circulación motorizada.

pis·ti·lo [pistílo] *s/m* Órgano femenino de la flor.

pis·to [písto] *s/m* Guiso de trozos fritos, revueltos y de distintas hortalizas: pimientos, cebollas, berenjenas, tomates, etc. LOC **Darse pisto,** jactarse.

pis·to·la [pistóla] *s/f* Arma corta de fuego, manejable con una sola mano.

pis·to·le·ra [pistoléra] *s/f* Estuche de cuero para guardar la pistola.

pis·to·le·ris·mo [pistolerísmo] *s/m* Actividades o modo de actuar de los pistoleros.

pis·to·le·ro [pistoléro] *s/m* **1.** Persona que roba o agrede utilizando pistola. **2.** Mercenario al servicio de alguien.

pis·to·le·ta·zo [pistoletáθo] *s/m* **1.** Tiro o golpe de pistola. **2.** Herida que produce.

pis·tón [pistón] *s/m* **1.** En las armas de fuego, pieza de una cápsula o de un cartucho donde se pone el fulminante. **2.** En los instrumentos músicos de viento, pieza que hace de llave y se introduce en el tubo como un émbolo. **3.** En las bombas y máquinas de vapor, pieza que o impulsa o recibe el impulso del fluido, moviéndose dentro del cilindro o cuerpo de la bomba.

pis·to·nu·do, -a [pistonúðo, -a] *adj* COL Muy bueno, excelente.

pi·ta [píta] *s/f* Acción de silbar como señal de disgusto.

pi·ta·da [pitáða] *s/f* **1.** Pitido. **2.** Abucheo.

pi·ta·gó·ri·co, -a [pitaɣóriko, -a] *adj* y *s/m,f* Seguidor de Pitágoras o relativo a su escuela.

pi·tan·za [pitánθa] *s/f* Distribución que se hace diariamente de alimento, dinero u otra cosa.

pi·tar [pitár] *v/intr* **1.** Tocar el pito. **2.** Manifestar desagrado contra alguno pitándole o silbándole en una reunión o espectáculo público: *Esta tarde han pitado a los toreros.* **3.** Repartir pitanzas. **4.** COL Tener alguien una situación de influencia: *En el grupo el que pita es Ernesto.* LOC **Salir alguien pitando de un sitio,** irse precipitadamente de allí.

pi·ti·do [pitíðo] *s/m* Silbido que produce un pito.

pi·ti·lle·ra [pitiʎéra] *s/f* **1.** Estuche para guardar los pitillos. **2.** Cigarrera que se ocupa en hacer pitillos.

pi·ti·llo [pitíʎo] *s/m* Envoltorio pequeño de tabaco, realizado en papel especial, de forma cilíndrica.

pi·to [píto] *s/m* **1.** Instrumento sonoro que produce un sonido agudo. **2.** Sonido producido por tal instrumento o por otro procedimiento. LOC **Importar algo un pito,** serle indiferente: *Le importa un pito que tú vayas o no.*

pi·tón [pitón] *s/m* **1.** Punta del cuerno del toro. **2.** Apéndice del botijo u otra vasija, con un agujero por el que sale el líquido para beber. **3.** Una clase de serpiente venenosa.

pi·to·ni·sa [pitonísa] *s/f* Hechicera.

pi·to·rre·ar·se [pitorreárse] *v/*REFL (-SE) Burlarse de alguien en su misma presencia. RPr **Pitorrearse de:** *Se pitorrea de todos.*

pi·to·rreo [pitorréo] *s/m* Acción de pitorrearse.

pi·to·rro [pitórro] *s/m* Pitón de los botijos.

pi·to·te [pitóte] *s/m* Barullo o escándalo ruidoso.

pi·tui·ta·rio, -a [pitwitárjo, -a] *adj* Que segrega moco.

pi·tu·so, -a [pitúso, -a] *adj* y *s/m,f* Pequeño, referido cariñosamente a los niños.

pi·vo·te [piβóte] *s/m* Eje, soporte o punto de apoyo sobre lo que descansa y puede girar u oscilar algo.

pi·za·rra [piθárra] *s/f* **1.** Roca de grano fino, de color gris oscuro, estructurada en hojas planas y delgadas. **2.** Trozo de esa roca cortado y dispuesto para usos diversos (tejado, etc.). **3.** Plancha de cualquier material y tamaño que se emplea para escribir; se utiliza en escuelas, salones de conferencias, etc., apoyándola sobre un caballete o colgándola de la pared.

pi·za·rral [piθarrál] *s/m* Lugar donde hay pizarra.

pi·za·rrín [piθarrín] *s/m* Varilla de pizarra u otra materia blanda que se usa para escribir en las pizarras de piedra.

pi·za·rro·so, -a [piθarróso, -a] *adj* **1.** Que abunda en pizarra. **2.** De aspecto de pizarra.

piz·ca [píθka] *s/f* Porción muy pequeña de una cosa. LOC **Ni pizca,** nada.

piz·pi·re·ta [piθpiréta] *s/f* Se aplica a la mujer viva y expresiva, que intenta hacerse simpática.

pi·zza [pitsa] *s/f ital* Torta preparada al horno, con tomate, queso y otros ingredientes por encima.

pi·zze·ría [pitsería] *s/f* Lugar donde se sirven pizzas.

pi·zzi·ca·to [piθikáto] *s/m* **1.** MÚS Modo de tocar los instrumentos de arco, consistente en pellizcar las cuerdas con los dedos. **2.** MÚS Sonido producido de esa manera y música así ejecutada.

pla·ca [pláka] *s/f* **1.** Objeto delgado, plano y de espesor uniforme, de un material duro: *Placa tectónica.* **2.** Lámina que está superpuesta a un objeto: *Una placa de barniz.* **3.** Plancha que se coloca en las puertas de casas, etc., indicando quién está allí o qué hay allí. **4.** Condecoración e insignia correspondiente: *La placa de Isabel la Católica.* **5.** Insignia que identifica a los guardias y policías. Puede llevarse en la solapa o en el bolsillo, según los casos. **6.** FOT Vidrio recubierto en una de sus caras por una capa sensible a la luz y en la que puede obtenerse una prueba negativa.

pla·ce·bo [plaθéβo] *s/m* Sustancia que, aun no teniendo valor terapéutico, produce algún beneficio curativo en el enfermo si éste lo recibe convencido de que le va a curar.

plá·ce·me [pláθeme] *s/m pl* Felicitación.

pla·cen·ta [plaθéṇta] *s/f* Órgano de carne esponjosa, intermediario durante el embarazo entre la madre y el hijo; de una de sus caras sale el cordón umbilical, y por la otra se une al útero; en el parto se expulsa.

pla·cen·ta·rio, -a [plaθeṇtárjo, -a] *adj* Relativo a la placenta.

pla·cen·te·ro, -a [plaθeṇtéro, -a] *adj* Que causa u origina placer.

pla·cer [plaθér] **I.** *s/m* **1.** Sensación deleitosa: *Placer del baño.* **2.** Satisfacción del espíritu: *El placer del deber cumplido.* **3.** Lo que causa alegría, como las fiestas, los juegos, etc. **4.** Beneplácito con que se hace algo: *Le acompañaré con placer.* **II.** *v/tr* Producir algo gusto o ser agradable: *Me place leer novelas.* LOC **A placer,** *1.* Con total libertad: *Jugad a placer.* *2.* En la medida agradable: *Poned la temperatura a placer.*
CONJ *Irreg: Plazco, plació o plugo, placeré, placido.* En las formas de *indic, indef, subj* y *fut* coexisten las formas con *z/c* y *g/gu: plazca/pluga, placiera/pluguiera, plació/plugo.*

plá·cet [pláθet] *s/m* Aprobación, consentimiento.

pla·ce·ta [plaθéta] *s/f* Plaza pequeña.

pla·ci·dez [plaθiðéθ] *s/f* Cualidad de plácido.

plá·ci·do, -a [pláθiðo, -a] *adj* **1.** Sosegado, quieto. **2.** Apacible, tranquilo.

pla·fón [plafón] *s/m* Adorno plano que se coloca en el techo de una habitación, generalmente para ocultar las bombillas.

pla·ga [pláγa] *s/f* **1.** Calamidad o daño público que azota a un pueblo. **2.** FIG Abundancia de algo dañino para la agricultura, personas, etc.

pla·ga·do, -a [plaγáðo, -a] *adj* Lleno, infestado: *Esta casa está plagada de ratones.*

pla·gar [plaγár] **I.** *v/tr* Llenar alguna cosa o a alguien con algo dañino o molesto. **II.** *v/*REFL(-SE) Llenarse de algo: *La cocina se plagó de hormigas.* RPr **Plagar(se) de.**
ORT Ante *e* l *g* cambia en *gu: Plague.*

pla·giar [plaxjár] *v/tr* Copiar o imitar ideas, palabras u obras ajenas, considerándolas como propias: *Plagiar una novela.*

pla·gia·rio, -a [plaxjárjo, -a] *adj* y *s/m,f* El que comete un plagio.

pla·gio [pláxjo] *s/m* Hecho y resultado de plagiar.

pla·gui·ci·da [plaγiθíða] *adj* y *s/m* Producto venenoso para combatir las plagas del campo.

plan [plán] *s/m* **1.** Intento, proyecto, diseño. **2.** Intención de hacer una cosa: *Mi plan es recorrer toda Europa.* **3.** FIG COL Relación entre jóvenes de ambos sexos, con connotaciones sexuales: *Tengo plan para el domingo.* **4.** Programas, estudios y trabajos sobre ciertas cosas: *Nuevo plan de inversiones del Estado.*

pla·na [plána] *s/f* **1.** Instrumento de albañilería. **2.** Las dos caras de una hoja de papel. **3.** IMPR Página ya ajustada. Página impresa en un periódico o revista: *Una foto en primera plana.*

planc·ton [pláŋkton] *s/m* Microorganismos animales o vegetales que viven en las aguas marinas o dulces en donde se hallan en suspensión.

plan·cha [pláṇtʃa] *s/f* **1.** Lámina de metal, madera, etc., lisa y delgada: *Una plancha de hierro.* **2.** Utensilio de hierro, de forma generalmente triangular, que se emplea para planchar la ropa. **3.** Hecho y resultado de planchar la ropa: *Hoy es día de plancha.* **4.** Conjunto de ropa planchada o por planchar. **5.** Reproducción estereotípica o galvanoplástica preparada para la impresión. **6.** FIG *(Hacer o tirarse una plan-*

cha). Desacierto o error que hace quedar mal a una persona.

plan·cha·do [plaɲtʃáðo] **I.** *s/m,f* **1.** Resultado y hecho de planchar. **2.** Ropa planchada o por planchar. **II.** *adj* COL Sin dinero.

plan·cha·dor, -ra [plaɲtʃaðór, -ra] *s/m,f* El que plancha o tiene por oficio planchar.

plan·char [plaɲtʃár] *v/tr* Alisar la ropa y, a veces, hacer pliegues en ella con una máquina o una plancha.

plan·cha·zo [plaɲtʃáθo] *s/m* Plancha, equivocación, error.

plan·chis·ta [plaɲtʃísta] *s/m* Quien hace trabajos de planchistería.

plan·chis·te·ría [plaɲtʃistería] *s/f* Taller e industria que trabaja las planchas metálicas.

pla·nea·dor [planeaðór] *s/m* Avión ligero y sin motor que se lanza al aire y se mantiene aprovechando las corrientes.

pla·nea·mien·to [planeamjéṇto] *s/m* Acción y efecto de planear.

pla·ne·ar [planeár] **I.** *v/tr* Trazar o proyectar planes. **II.** *v/intr* Volar o descender un avión sin motor.

pla·ne·ta [planéta] *s/m* Cuerpo celeste, sin luz propia, que sólo brilla por la luz que refleja del sol, alrededor del cual gira.

pla·ne·ta·rio, (-a) [planetárjo, -a] **I.** *adj* Que pertenece a los planetas. **II.** *s/m* Aparato que representa y reproduce los movimientos de los planetas del sistema solar.

pla·ni·cie [planíθje] *s/f* Llanura extensa.

pla·ni·fi·ca·ción [planifikaθjón] *s/m* Acción y efecto de planificar.

pla·ni·fi·car [planifikár] *v/tr* **1.** Trazar los planos o hacer los proyectos de una obra. **2.** Someter a un plan estudiado cualquier actividad: *Planificar la explotación de una mina de carbón.*
ORT La *c* cambia en *qu* ante *e: Planifique.*

pla·ni·me·tría [planimetría] *s/f* Manera de representar o medir superficies planas de una porción de terreno.

pla·ní·me·tro [planímetro] *s/m* Instrumento para medir áreas de superficies planas.

pla·nis·fe·rio [planisférjo] *s/m* Plano en el que la esfera celeste o terrestre está representada.

pla·no, (-a) [pláno, (-a)] **I.** *adj* Llano, liso. **II.** *s/m* **1.** Superficie plana. **2.** Representación gráfica de un terreno, una ciudad, una plaza, el corte de un edificio o de una máquina, etc.: *El plano de la ciudad.* **3.** Altura, nivel: *Estas capas están situadas en un mismo plano.* **4.** Posición social de las personas. **5.** Cada escena de una película tomada sin cambio de escenario. LOC **Dar de plano,** dar con lo ancho de un instrumento cortante o con la palma de la mano. **De plano,** completamente: *Han rechazado de plano nuestro proyecto.*

plan·ta [pláṇta] *s/f* **1.** Parte inferior del pie con la cual se pisa, y sobre la que se sostiene el cuerpo. **2.** Vegetal, ser orgánico incapaz de trasladarse espontáneamente. **3.** Árbol u hortaliza (vegetal) que puede trasplantarse. **4.** Diseño y figura que forman sobre el terreno los cimientos de un edificio. **5.** Cada una de las partes en las que se divide horizontalmente un edificio (piso). LOC **Tener buena planta,** tener buen tipo, buena presencia.

plan·ta·ción [plaṇtaθjón] *s/f* **1.** Acción de plantar. **2.** Terreno con plantas de la misma clase.

plan·ta·do, (-a) [plaṇtáðo, (-a)] **I.** *p* de *plantar.* **II.** *adj* LOC **Dejar plantado a alguien,** *1.* Cortar las relaciones con una persona, de manera brusca y cuando ésta no lo espera. *2.* No acudir a una cita convenida. **Bien plantado, -a,** persona de buena presencia o tipo.

plan·tar [plaṇtár] **I.** *v/tr* **1.** Meter en tierra (en un terreno) una planta, un esqueje, una semilla, etc., para que viva y se desarrolle en él: *He plantado todo el terreno de pinos.* **2.** Fijar algo verticalmente en un terreno para que no caiga: *Plantar los postes de la luz.* **3.** Colocar algo en un terreno para utilizarlo: *Plantar las tiendas de un camping.* **4.** Establecer una religión, institución, grupo, etc. **5.** Dar a alguien un golpe: *Le ha plantado un puñetazo en toda la cara.* **6.** Colocar algo ridículo a alguien: *Le han plantado unas gafas horribles.* **7.** Decir a alguien algo brusco, fuerte: *Le plantó cuatro verdades.* **8.** Poner a alguien en una parte o sitio contra su voluntad: *Le han plantado en la calle.* **9.** No permitir a alguien hacer una cosa o seguir adelante en un asunto: *Tuve que plantarme ante él, si no hubiera seguido adelante.* LOC **Plantar a alguien,** no acudir a una cita, o separarse bruscamente de una persona. **II.** REFL (-SE) **1.** Quedarse firme de pie en un lugar: *Se plantó ante el capitán.* **2.** Resistirse a hacer una cosa: *Se plantó ante lo que le mandaba su madre.* **3.** En un juego de cartas, quedarse con las que tiene. **4.** Llegar rápidamente a un sitio: *En dos horas se plantó en Barcelona.* RPr **Plantarse en (II. 4).**

plan·te [plánte] *s/m* **1.** Acción de plantarse; actitud de varias personas para exigir o rechazar alguna cosa. **2.** Respuesta descarada.

plan·tea·mien·to [plaṇteamjéṇto] *s/m* **1.** Acción y efecto de plantear. **2.** Manera de plantear una cosa.

plan·te·ar [plaŋteár] *v/tr* **1.** Trazar el plan o proyecto de una cosa para lograr lo deseado: *Plantear un asunto.* **2.** Dar los primeros pasos para implantar sistemas, reformas, instituciones, etc.: *Plantear la reforma fiscal.* **3.** Proponer, suscitar o presentar problemas o cuestiones. **4.** Exponer un asunto, problema, etc.
ORT La *e* se mantiene en la raíz, aunque vaya seguida de otra *e: Planteen.*

plan·tel [plaŋtél] *s/m* **1.** Criadero de plantas. **2.** Lugar o institución en donde se forman personas aptas para alguna profesión o ejercicio.

plan·teo [plaŋtéo] *s/m* Acción y efecto de plantear.

plan·ti·fi·car [plaŋtifikár] *v/tr* **1.** Instaurar o implantar sistemas, instituciones, reformas, etc. **2.** COL Plantar algo o plantar a alguien contra su voluntad en un sitio. **3.** COL Golpear o insultar a alguien.
ORT La *c* cambia en *qu* ante *e: Plantifique.*

plan·tí·gra·do, -a [plaŋtíɣraðo, -a] *adj* Animal (cuadrúpedo) que al andar apoya en el suelo toda la planta de los pies y las manos (como el oso).

plan·ti·lla [plaŋtíʎa] *s/f* **1.** Suela sobre la cual los zapateros arman el zapato. **2.** Pieza que cubre interiormente la planta del zapato para aislar del frío, la humedad, etc. **3.** Cualquier pieza de material duro que sirve de guía para dar forma a una cosa. **4.** Pieza que sirve de sostén para armar algo. **5.** Tabla de corrección de exámenes o test: *Plantilla para corregir un test.* **6.** Relación de personal y dependencia de una oficina, empresa, banco, etc.

plan·tío [plantío] *s/m* Terreno plantado recientemente de vegetales o conjunto de éstos.

plan·tón [plaŋtón] *s/m* LOC **Dar un plantón,** hacer esperar a una persona, sin acudir a la cita. **Estar de plantón,** estar parado en un sitio esperando algo.

pla·ñi·de·ra [plaɲiðéra] *s/f* Mujer contratada para llorar en los entierros.

pla·ñi·de·ro, -a [plaɲiðéro, -a] *adj* Lloroso y lastimero.

pla·ñi·do [plaɲíðo] *s/m* Queja con llanto, lamento.

pla·ñir [plaɲír] **I.** *v/tr* Llorar, gemir en voz alta. **II.** REFL(-SE) Quejarse con amargura de algo: *Siempre se plañía de su mala suerte.* RPr **Plañirse de.**
GRAM Verbo poco usado, excepto en infinitivo.

pla·qué [plaké] *s/m* Chapa muy delgada, de oro o plata, con la que se recubre otro metal de menos valor.

pla·que·ta [plakéta] *s/f* **1.** Célula de la sangre, de forma ovalada o circular, que interviene en el fenómeno de la coagulación. **2.** Revestimiento cerámico para suelos y paredes.

plas·ma [plásma] *s/m* Elemento líquido de la sangre y de la linfa en donde residen las sustancias que alimentan los tejidos y los productos de desecho de la actividad vital de las células.

plas·mar [plasmár] **I.** *v/tr* **1.** Formar, hacer, figurar una cosa, especialmente de barro u otra materia dúctil. **2.** Dar forma a una cosa inmaterial: *El escultor plasmó el dolor en esa figura.* **II.** REFL(-SE) Cristalizar o concretarse algo: *El desencanto popular se plasmó en una huelga general.* RPr **Plasmar(se) en.**

plas·ta [plásta] *s/f* **1.** Cualquier cosa blanda, aplastada o moldeable, de barro, masa, etc. **2.** Cosa que está pastosa, sin tener que estarlo. **3.** FIG Cosa mal realizada.

plás·ti·ca [plástika] *s/f* ESC Arte de plasmar o modelar cosas de barro, yeso, etc.

plas·ti·ci·dad [plastiθiðáð] *s/f* Cualidad de plástico.

plás·ti·co, (-a) [plástiko, (-a)] **I.** *adj* **1.** Que pertenece a la plástica. **2.** Moldeable, blando: cualquier material que puede ser moldeado: *La arcilla plástica.* **II.1.** *adj* y *s/m* Material plástico. Actualmente se aplica a ciertos materiales sintéticos de gran resistencia, como el plexiglás, el nilon, la baquelita, etc., y que pueden moldearse fácilmente. **2.** Arte de formar o dar forma a cosas bellas: *La pintura/escultura plástica.* **3.** FIG Se aplica al estilo o lenguaje que consigue exactitud descriptiva, viva y expresiva.

plas·ti·fi·ca·ción [plastifikaθjón] *s/f* Acción y efecto de plastificar.

plas·ti·fi·car [plastifikár] *v/tr* Cubrir algo con plástico, de forma que el objeto quede adherido (unido) al plástico.
ORT Ante *e* la *c* cambia en *qu: Plastifique.*

pla·ta [pláta] *s/f* **1.** Metal blanco, brillante, dúctil y maleable, más pesado que el cobre y menos que el plomo, que se emplea, sobre todo, para monedas y para objetos de joyería y orfebrería. Es uno de los metales preciosos. Su *núm* atómico es el *47, símb Ag.* **2.** FIG Moneda, dinero en general, riqueza: *Tengo mucha plata.* LOC **Hablar en plata,** decir las cosas claras, sin rodeos. **Bodas de plata,** vigésimo quinto (25 años) aniversario de la boda o de otro suceso feliz.

pla·ta·for·ma [platafórma] *s/f* **1.** Tablero horizontal elevado sobre el suelo (*por ej, lugar en una conferencia, en una clase,* etc., donde se coloca el conferenciante o persona importante, el profesor, etc.). **2.** Lugar superior plano, en voladizo o no, en una torre u otras obras. **3.** Parte anterior y posterior de los vagones del tren, tranvías, autobuses, etc., en donde no hay asientos. **4.** Institución o medio que sirve a ciertos individuos para, desde ella, llevar a cabo una serie de acciones, generalmente en provecho propio.

pla·ta·nal o **pla·ta·nar** [platanál/ platanár] *s/m* Lugar poblado de plános.

pla·ta·ne·ro [platanéro] *s/m* Plátano, árbol que da el fruto comestible.

plá·ta·no [plátano] *s/m* **1.** Árbol platanáceo que tiene hojas de forma semejante a una mano extendida, tronco recto y sombra de gran corpulencia. Se emplea, sobre todo, para dar sombra en las calles, jardines, etc. **2.** Planta tropical de forma de palmera que da un fruto que es alargado, de carne blanca, muy dulce y aromática; dicho fruto va recubierto por una corteza amarilla o verdosa. **3.** Fruto de esta planta.

pla·tea [platéa] *s/f* Patio o parte baja de butacas de los teatros, cines, etc.

pla·tea·do, -a [plateáðo, -a] *adj* **1.** Bañado con una capa de plata. **2.** De color y brillo parecidos a la plata.

pla·te·ar [plateár] *v/tr* Recubrir o dar un baño de plata a un objeto.

pla·ten·se [platénse] *adj* y *s/m,f* Relativo a la ciudad argentina de La Plata.

pla·te·res·co, -a [platerésko, -a] *adj/s* Se aplica al estilo ornamental y arquitectónico de la España del siglo XVI, en que se combinan elementos clásicos, ojivales y renacentistas, y profusión de elementos decorativos.

pla·te·ría [platería] *s/f* **1.** Arte y oficio del platero. **2.** Taller del platero. **3.** Tienda en que se venden objetos de plata y oro.

pla·te·ro [platéro] *s/m* **1.** Persona que se dedica a trabajar la plata. **2.** El que vende objetos de plata y oro.

plá·ti·ca [plátika] *s/f* **1.** Conversación: acción de conversar dos o más personas entre sí. **2.** Sermón breve y poco solemne.

pla·ti·car [platikár] *v/intr, tr* Hablar unos con otros. Sostener una plática.
ORT Ante *e* la *c* cambia en *qu: Platiqué.*

pla·ti·llo [platíʎo] *s/m* **1.** Pieza pequeña de figura parecida al plato que se emplea para cualquier cosa. **2.** Cada una de las dos piezas, en forma de disco o plato, que tiene la balanza. **3.** Instrumento musical, compuesto de dos piezas circulares de latón que suenan al chocar una con otra.
Platillo volante, nave espacial en forma de plato que, en teoría, procede de otro planeta y está tripulada por seres extraterrestres.

pla·ti·na [platína] *s/f* **1.** Parte del microscopio en que se coloca el objeto a observar. **2.** Disco de vidrio deslustrado o de metal que se ajusta en su superficie al borde del recipiente de la máquina neumática. **3.** Superficie plana de una máquina sobre la cual se coloca algo.

pla·ti·na·do [platináðo] *s/m* Acción y efecto de platinar.

pla·ti·nar [platinár] *v/tr* Cubrir un objeto con una capa de platino.

pla·ti·no [platíno] *s/m* **1.** Metal muy pesado, del color de la plata, muy duro, inatacable por los ácidos, excepto el agua regia. Es uno de los minerales preciosos. *Núm* atómico *78. Símb Pt.* **2.** *pl* Piezas de los motores de los automóviles que abren y cierran el circuito para que se produzca la chispa.

pla·to [pláto] *s/m* **1.** Recipiente redondo, de poca profundidad, algo inclinado y plano, que se emplea generalmente para comer en él. **2.** Comida que se sirve en él: *Un plato de arroz.* **3.** Guiso o cada uno de los guisos que se sirven en las comidas: *Un plato delicioso.* **4.** Se emplea para designar ciertas piezas, sobre todo de maquinaria, de forma circular o parecidas a la de un plato. LOC **Pagar los platos rotos,** culpar a alguien de algo que no ha hecho, o por algo de lo que no es el único culpable. **No haber roto un plato,** ser un inocente.
Plato fuerte, el principal de una comida.

pla·tó [plató] *s/m* Escenario de un estudio de cine acondicionado para el rodaje de las películas.

pla·tó·ni·co, -a [platóniko, -a] **I.** *sm/,f* Seguidor de la escuela y filosofía de Platón. **II.** *adj* Desinteresado, honesto, ideal: *Amor platónico.*

pla·to·nis·mo [platonísmo] *s/m* Escuela y doctrina filosófica de Platón.

plau·si·bi·li·dad [plausiβiliðáð] *s/f* Calidad de plausible.

plau·si·ble [plausíβle] *adj* **1.** Digno de aplauso o alabanza. **2.** Admisible, recomendable, justificado.

pla·ya [pláJa] *s/f* Terreno llano de arena a la orilla del mar o de un río.

play-back [pléibak] ANGL *s/m* Grabación del sonido realizada antes de impresionar la imagen.

play-boy [pléiβoi] *s/m* ANGL Hombre físicamente atractivo que se dedica a relacionarse con mujeres, especialmente si son famosas.

pla·ye·ro, -a [plaJéro, -a] *adj* Se aplica a ciertas prendas usadas en las playas.

pla·za [pláθa] *s/f* **1.** Lugar ancho y espacioso, rodeado de edificios, en el interior de una población. **2.** Lugar en donde se celebran mercados, ferias y fiestas públicas. **3.** Lugar generalmente cubierto en donde hay puestos de venta de diversos artículos de consumo diario. **4.** Lugar fortificado con muros, etc. **5.** Espacio, sitio, lugar: *Un parking de 100 plazas.* **6.** Puesto, empleo, oficio: *Plazas vacantes en el banco.* LOC **Sacar plaza,** obtener un puesto de trabajo por propios méritos.

pla·zo [pláθo] *s/m* **1.** Término o tiempo señalado para una cosa: *Hay diez días de plazo para terminar el trabajo.* **2.** Vencimiento de ese término o tiempo. **3.** Cada parte de una cantidad que ha de pagarse en varias veces: *Plazos para pagar la televisión.* LOC **Pagar (comprar o vender) a plazos,** pagar en varias veces.

pla·zo·le·ta [plaθoléta] *s/f* Plaza pequeña que suele haber en los jardines o paseos.

plea·mar [pleamár] *s/f* **1.** Fin o término de la marea. **2.** Tiempo que dura.

ple·be [pléβe] *s/f* **1.** Clase social formada por los que no eran nobles, militares ni eclesiásticos. **2.** Clase social baja.

ple·be·yo, -a [pleβéJo, -a] **I.** *adj* **1.** Perteneciente a la plebe. **2.** Se aplica a las acciones o palabras bajas, groseras, etc. **II.** *adj* y *s/m,f* Se aplica a la persona sin título de nobleza o hidalguía.

ple·bis·ci·ta·rio, -a [pleβisθitárjo, -a] *adj* Relativo al plebiscito.

ple·bis·ci·to [pleβisθíto] *s/m* **1.** Resolución de todo un pueblo tomada a través de la mayoría de votos. **2.** Consulta política al pueblo sobre un acto de gobierno, para que lo acepte o lo rechace, con carácter decisorio.

plec·tro [pléktro] *s/m* Púa que se utiliza para tocar ciertos instrumentos de cuerda.

ple·ga·ble [pleγáβle] *adj* Capaz de ser plegado.

ple·ga·de·ra [pleγaðéra] *s/f* Instrumento de metal, madera, hueso, etc., que se utiliza para cortar papel y plegar, *por ej,* para cortar las páginas de un libro o abrir una carta.

ple·ga·do [pleγáðo] *s/m* Acción y efecto de plegar.

ple·ga·mien·to [pleγamjéņto] *s/m* **1.** Acción y efecto de plegar(se). **2.** Se emplea con referencia a los fenómenos geológicos que modifican la corteza terrestre.

ple·gar [pleγár] **I.** *v/tr* Hacer pliegues o doblar una cosa. **II.** REFL(-SE) Someterse, acomodarse, ceder: *Plegarse ante las condiciones de Juan.*
CONJ *Irreg: Pliego, plegué, plegaré, plegado.*

ple·ga·ria [pleγárja] *s/f* Súplica ferviente dirigida a Dios, la Virgen o los Santos.

plei·ta [pléita] *s/f* Tira o soga de esparto, pita o palma trenzada con la que se hacen sombreros, esteras y otras cosas.

plei·tea·dor, -ra [pleiteaðór, -ra] *adj* Que tiene afición a pleitear.

plei·te·an·te [pleiteáņte] *adj/s* Se dice del que pleitea.

plei·te·ar [pleiteár] *v/tr* **1.** Mantener juicio o pleito con o contra alguien. **2.** Pactar o acordar algo entre dos o más personas. **3.** Reñir, enemistarse. RPr **Pleitear por alguien,** a favor de alguien. **Pleitear contra alguien. Pleitear con alguien,** junto con, en compañía de alguien.
ORT Se mantiene la *e* final de la raíz, aunque la desinencia empiece por *e: Pleitee.*

plei·te·sía [pleitesía] *s/f* **1.** Pacto, avenencia. **2.** Homenaje, cortesía que se debe a una persona.

plei·to [pléito] *s/m* **1.** Litigio judicial entre dos partes sostenido ante un juez para que éste dé la razón a una de ellas. **2.** Disputa o riña entre dos personas o dos grupos de personas.

ple·na·mar [plenamár] *s/f* Pleamar.

ple·na·rio, -a [plenárjo, -a] **I.** *adj* Lleno, entero, completo. **II.** *s/m,f* **1.** Se aplica a la indulgencia que perdona toda la pena. **2.** Parte del proceso criminal que sigue al sumario hasta la sentencia.

ple·ni·lu·nio [plenilúnjo] *s/m* Luna llena. La luna se ve totalmente circular.

ple·ni·po·ten·cia [plenipoténθja] *s/f* Poder pleno que se concede a una persona para resolver o ejecutar una cosa en representación de quien le concede ese poder, como el concedido a los diplomáticos.

ple·ni·po·ten·cia·rio, -a [plenipotenθjárjo, -a] *adj* Se aplica a la persona que envían los reyes o un Estado con plenos poderes para tratar o concluir temas importantes (de Estado).

ple·ni·tud [plenitúð] *s/f* **1.** Totalidad, integridad. **2.** Período de total madurez.

ple·no, (-a) [pléno, (-a)] **I.** *adj* Lleno, totalmente completo. A veces usado enfáticamente: *Recibió el disparo en pleno corazón.* **II.** *s/m* Reunión o junta general de una corporación. LOC **En pleno,** íntegro, con todos los miembros: *Se retiró el equipo en pleno.*

pleo·nas·mo [pleonásmo] *s/m* Figura de construcción sintáctica que consiste en el empleo de palabras innecesarias para dar mayor énfasis o expresividad: *Lo hice con mis propias manos.*

pleo·nás·ti·co, -a [pleonástiko, -a] *adj* Relativo al pleonasmo.

ple·pa [plépa] *s/f* Persona, animal o cosa que tiene muchos defectos o que no sirve para nada.

plé·to·ra [plétora] *s/f* Abundancia excesiva de sangre o de otros humores en el cuerpo.

ple·tó·ri·co, -a [pletóriko, -a] *adj* **1.** Abundante en sangre o en otros humores. **2.** Abundante en algo positivo: *Pletórico de juventud.* RPr **Pletórico de.**

pleu·ra [pléura] *s/f* Cada una de las dos membranas que recubren la superficie de los pulmones y cavidad torácica.

pleu·re·sía [pleuresía] *s/f* Pleuritis.

pleu·rí·ti·co, -a [pleurítiko, -a] *adj* y *s/m,f* Relativo a la pleuresía.

pleu·ri·tis [pleurítis] *s/f* Inflamación de la pleura.

ple·xi·glás [pleksiɣlás] *s/m* **1.** Sustancia plástica, transparente y flexible, de uso doméstico e industrial. **2.** Plástico.

ple·xo [plékso] *s/m* Red formada por filamentos nerviosos o vasculares entrelazados.

plé·ya·de [pléJaðe] *s/f* Grupo de personas que brillan en una época determinada (especialmente en literatura).

pli·ca [plíka] *s/f* Sobre cerrado y sellado, con un documento en el interior, cuyo contenido se conocerá en un determinado momento.

plie·go [pljéɣo] *s/m* **1.** Hoja de papel cuadrangular doblada por la mitad que sirve para hacer planos, mapas, etc. **2.** Documento importante que se envía cerrado de una persona a otra (aplicado también a cualquier documento).

plie·gue [pliéɣe] *s/m* **1.** Arruga, señal o raya que sale en un papel, una tela o en objetos flexibles, al doblarlos. **2.** Doblez que se hace para adornar.

plin·to [plínto] *s/m* **1.** Parte inferior cuadrada donde se asienta la base de la columna. **2.** Aparato en forma de taburete usado para ejercicios gimnásticos de salto; la parte superior está almohadillada.

pli·sar [plisár] *v/tr* Hacer pliegues menudos en una tela como adorno.

plo·ma·da [plomáða] *s/f* Utensilio formado por una pesa de metal colgada de un cordel, que sirve para señalar la dirección vertical.

plo·me·ría [plomería] *s/f* **1.** Taller del plomero. **2.** Almacén o depósito de plomos. **3.** Oficio del plomero.

plo·me·ro [ploméro] *s/m* **1.** El que trabaja con el plomo. **2.** Fontanero.

plo·mi·zo, -a [plomíθo, -a] *adj* Que tiene o es del color del plomo: También FIG: *Un día plomizo.*

plo·mo [plómo] *s/m* **1.** Metal pesado, blando y dúctil, de color gris azulado; sus sales son venenosas. **2.** Bala. **3.** Persona o cosa pesada, molesta, aburrida, etc.: *Juan es insoportable, es un plomo.* LOC **Andar con pies de plomo,** con mucho cuidado, con cautela.

plu·ma [plúma] *s/f* **1.** Cada una de las piezas que cubren el cuerpo de las aves, a la manera como el pelo cubre el cuerpo de los mamíferos. **2.** Conjunto de plumas: *Un edredón de pluma.* **3.** Pluma de ave convenientemente cortada que antiguamente servía para escribir. **4.** Utensilio.

plu·ma·je [plumáxe] *s/m* **1.** Conjunto de plumas de un ave. **2.** Clase de plumas con que se distinguen unas aves de otras. **3.** Adorno de plumas que se pone en los sombreros, cascos.

plu·ma·zo [plumáθo] *s/m* **1.** Trazo fuerte de pluma que se hace, sobre todo, para tachar lo escrito. **2.** Acción de escribir o dibujar algo rápidamente, con brevedad. LOC **De un plumazo,** suprimir o abolir algo de manera tajante.

plúm·beo, -a [plúɱbeo, -a] *adj* **1.** De plomo. **2.** Pesado como el plomo.

plúm·bi·co, -a [plúmbiko, -a] *adj* Relativo al plomo.

plu·me·ro [pluméro] *s/m* **1.** Conjunto de plumas atadas a un mango que se usa para quitar el polvo. **2.** Recipiente o caja donde se guardan las plumas de escribir. **3.** Adorno de plumas en el sombrero, etc. LOC **Vérsele a uno el plumero,** darse uno cuenta de las intenciones o pensamientos de otra persona.

plu·mier [plumjér] *s/m* GAL Caja o estuche de lápices, plumas y objetos propios del escolar.

plu·mí·fe·ro, -a [plumífero, -a] *adj* y *s/m,f* Que tiene plumas.

plu·mi·lla [plumíʎa] *s/f* Pieza metálica que se inserta en un palillero y con la que, mojada en tinta, se hacen los trazos.

plu·món [plumón] *s/m* Pluma fina y suave que tienen las aves debajo del plumaje exterior, y que se emplea, sobre todo, para rellenar almohadas y colchones.

plu·mo·so, -a [plumóso, -a] *adj* **1.** Que tiene pluma. **2.** Con mucha pluma.

plu·ral [plurál] *adj* y *s/m* Número gramatical. Forma que toman las palabras variables para referirse a uno o más seres.

plu·ra·li·dad [pluraliðáð] *s/f* **1.** Calidad

de ser más de uno. **2.** Multiplicidad, conjunto.

plu·ra·lis·mo [pluralísmo] *s/m* Pluralidad.

plu·ra·li·zar [pluraliθár] *v/tr* **1.** Poner en plural una palabra que normalmente sólo tiene singular. **2.** Referir a dos o más personas una cosa que es peculiar de una: *No pluralices, aquí sólo hay un culpable.* ORT Ante *e* la *z* cambia en *c: Pluralice.*

plu·ri- [pluri-] Forma prefija que indica pluralidad. Se presta a la formación de palabras cultas.

plu·ri·ce·lu·lar [pluriθelulár] *adj* Se aplica al animal o planta formado por más de una célula.

plu·ri·em·pleo [pluriempléo] *s/m* Ejercicio o desempeño de varios empleos o trabajos por parte de una persona.

plu·ri·lin·güe [plurilíŋgwe] *adj* Se aplica al que habla varias lenguas o a lo que está escrito en varios idiomas.

plus [plús] **I.** *s/m* Gratificación adicional o sobresueldo. **II.** Forma prefija en varios compuestos.

plus·cuam·per·fec·to [pluskwamperfékto] *adj* y *s/m* Pretérito pluscuamperfecto. Se aplica al tiempo verbal que expresa una acción pasada.

plus·mar·ca [plusmárka] *s/f* En el campo deportivo, marca.

plus·mar·quis·ta [plusmarkísta] *s/m,f* El que ha logrado la mejor marca en una competición o especialidad deportiva, hasta el momento.

plus ul·tra [plús últra] *s/m* LAT 'más allá'.

plus·va·lía [plusβalía] *s/f* **1.** Aumento del valor de una propiedad, por causas ajenas a la misma. **2.** Beneficio obtenido después de pagar al obrero y los gastos de amortización, y que viene a incrementar el capital base en provecho propio.

plu·to·cra·cia [plutokráθja] *s/f* Régimen político en que el poder (Gobierno) económico y político está en manos de los ricos (capitalistas) y se caracteriza por el hecho de gobernar en provecho propio, y no en beneficio de la mayoría del país.

plu·tó·cra·ta [plutókrata] *s/m,f* El que pertenece a la plutocracia.

plu·to·nio [plutónjo] *s/m* Elemento radiactivo que se obtiene artificialmente en reactores nucleares por desintegración del neptunio.

plu·vial [pluβjál] *adj* Relativo a la lluvia.

plu·ví·me·tro o **plu·vió·me·tro** [pluβímetro/pluβjómetro] *s/m* Aparato que sirve para medir la lluvia que cae en un lugar y tiempo dados.

plu·vio·si·dad [pluβjosiðáð] *s/f* Cantidad de lluvia caída en un lugar.

po·bla·ción [poβlaθjón] *s/f* **1.** Hecho y resultado de poblar. **2.** Número de habitantes de un pueblo, provincia, país. **3.** Lugar poblado.

po·bla·do, (-a) [poβláðo, (-a)] **I.** *s/m* **1.** Población, lugar, ciudad. **2.** Grupo de casas o chozas semejantes: *Un poblado de indios.* **II.** *adj* Se dice del lugar habitado por plantas o animales: *Este lugar está poblado de ratas.*

po·bla·dor, -ra [poβlaðór, -ra] *adj* Se aplica al que puebla.

po·blar [poβlár] **I.** *v/tr* **1.** Ocupar con gente, plantas o animales un lugar para que vivan en él. **2.** *Por ext,* habitar, llenar, ocupar un lugar (vivir en un sitio). **3.** Procrear mucho. **II.** REFL(-SE) Llenarse un lugar de personas, animales o cosas: *El valle se pobló rápidamente.* RPr **Poblar con:** *Poblar con pinos.* **Poblar(se) de:** *Poblar de árboles.*
CONJ *Irreg: Pueblo, poblé, poblaré, poblado.*

po·bre [póβre] *adj* y *s/m,f* **1.** Que no tiene lo suficiente para vivir con desahogo, tanto en el aspecto económico como de bienes: *Una familia pobre.* En *pl* se aplica como clase *(pobres y ricos).* **2.** Escaso en lo expresado o incompleto: *Un diccionario pobre en ejemplos.* **3.** Aplicado a cosas, insignificante, de poco valor: *Un traje pobre.* **4.** Mendigo, persona que pide limosna. **5.** Infeliz. Expresión de compasión como adjetivo predicativo delante del nombre: *El pobre Andrés no tenía otros zapatos;* con el artículo se sobreentiende el nombre: *El pobre no tiene ni un duro.* LOC **¡Pobre de mí!,** expresión exclamativa con que se manifiesta impotencia, inocencia. **¡Pobre de...!,** exclamación de amenaza: *¡Pobre de ti como hagas eso!* **¡Pobre!,** exclamación frecuente de compasión, solo o seguido de un nombre: *¡Pobre mamá!* RPr **Pobre de:** *Pobre de espíritu* **Pobre en:** *Pobre en recursos.*

po·bre·za [poβréθa] *s/f* **1.** Escasez o carencia de lo necesario para el sustento de la vida. **2.** Falta o escasez de algo: *Pobreza de recursos lingüísticos.* **3.** Voto solemne de los religiosos el día de su profesión, que consiste en dejar voluntariamente todo lo que se posee.
Pobreza de espíritu, falta de carácter, valentía o personalidad.

po·ce·ro [poθéro] *s/m* **1.** El que hace pozos o trabaja en ellos. **2.** El que limpia los pozos o letrinas.

po·cil·ga [poθílγa] *s/f* **1.** Establo de cerdos. **2.** Lugar sucio, maloliente, inhabitable.

po·ci·llo [poθíʎo] *s/m* Vasija o recipiente para almacenar un líquido.

pó·ci·ma [póθima] *s/f* Bebida medicinal.

po·ción [poθjón] *s/f* Líquido medicinal que se bebe.

po·co, -a [póko, -a] **I.** *adj* y *s/m,f* **1.** Escaso, corto en cantidad o calidad. **2.** Va delante del nombre si no hay *ser/estar: Tiene pocas posibilidades de llegar a tiempo.* Con *ser,* normalmente, sigue al nombre: *Las posibilidades de llegar son pocas.* Con matiz afectivo suele ponerse delante: *Son pocas las posibilidades.* **3.** Con verbo transitivo y sin nombre al que aplicar, se sustantiva: *El Gobierno paga poco a los pensionistas.* **4.** Con artículo o adjetivo antepuesto y un complemento con *de,* se sustantiva: *Me dio un poco de vino.* No admite artículo delante con *número* y *cantidad: Tenemos poca cantidad de agua,* pero no: *Tenemos una poca cantidad de agua.* **5.** Se enfatiza el significado con el artículo neutro antepuesto: *No puedes sospechar lo poco que te quiero.* **II.** *adv* **1.** Expresa poca intensidad o grado: *Hemos comido poco.* **2.** Puede acompañar a cualquier verbo, adjetivo o adverbio: *Come poco. Poco amable.* **3.** Con verbos de tiempo significa corta duración: *Tardé poco en hacer el ejercicio.* **4.** Se antepone a otros adverbios dando idea de comparación: *Poco después de llegar tú, llegó Juan.* **III.** *s/m* Pequeña cantidad, corto tiempo: *Un poco de agua.* LOC **A poco de,** enseguida: *A pocó de irte tú, llamó por teléfono.* **Dentro de poco,** pronto, rápido. **Hace poco,** recientemente. **Poco a poco,** despacio, con lentitud. **Poco más o menos (sobre poco más o menos),** aproximadamente. **Por poco,** casi. **Tener en poco,** despreciar a una persona o cosa. RPr **Pocos de:** *Pocos de nosotros llegaremos al siglo XXI.* **Pocos en:** *Somos pocos en número.*

po·cho, -a [pótʃo, -a] *adj* **1.** Descolorido, enfermo, pálido. **2.** Podrido.

po·da [póða] *s/f* **1.** Acción y efecto de podar. **2.** Temporada en que se realiza.

po·da·de·ra [poðaðéra] *s/f* Instrumento cortante que se utiliza para podar.

po·dar [poðár] *v/tr* Quitar las ramas que no sirven de los árboles y arbustos para robustecer su crecimiento: *Podar las vides.*

po·den·co, -a [poðéŋko, -a] *adj* y *s/m,f* Perro podenco más pequeño y fuerte que el lebrel e ideal, por su habilidad, para cazar.

po·der [poðér] **I.** *s/m* **1.** Facultad que uno tiene para hacer algo. **2.** Fuerza, vigor. **3.** Dominio, autoridad, mando: *El dinero da poder.* **4.** Autorización para actuar en nombre de otra persona y documento en que consta esta autorización. Se usa con frecuencia en *pl: Tiene poderes absolutos de su familia.* **5.** *(Estar en/Ocupar el poder)* Gobernar un país. **6.** Posesión actual o tenencia de una cosa: *El original está en poder del autor.* **II.** *v/tr* **1.** Tener tiempo, lugar o facultades de hacer algo: *Puedo acompañarte a casa.* Se usa frecuentemente con negación: *¿Vienes a la fiesta? No, no puedo.* **2.** Con complemento de persona, significa tener más fuerza, ser capaz de (se usa sobre todo entre niños): *Mi padre puede al tuyo.* **3.** Existir posibilidad de que ocurra determinada cosa: *Puede estallar la revolución.* **III.** *v/impers* **1.** Ser posible que suceda una cosa (lo que la frase sujeto expresa): *Puede que sea tarde.* En respuesta exclamativa: *¿Crees que nevará? ¡Puede!* **2.** Se utiliza en lenguaje informal y en frases comparativas, con valor enfático y de suposición: *He visto tanto como puedes (puedas) haber visto tú.* **III.** *v/aux* **1.** Expresa ausencia de obstáculos o inconvenientes para que se realice algo: *Puedes venir.* **2.** Frecuentemente expresa existencia de ciertas posibilidades: *Puedes coger el autobús de las seis.* **3.** Permiso: *Puedes hacer lo que quieras.* **4.** En subjuntivo expresa, a veces, eventualidad: *Por lo que pueda (pudiera) pasar.* **5.** Para expresar queja o reproche (en pretérito imperfecto de indicativo, en condicional o en pluscuamperfecto de subjuntivo): *Podías haberme llamado.* LOC **No poder con algo o alguien,** no aguantar, soportar o someter a alguien: *No puedo con la tacañería.* **No poder más,** estar muy cansado, estar harto de algo o de alguien. **No poder menos,** ser necesario. **Puede que,** es posible que. **¿Se puede?,** frase con que se pide permiso para entrar en un sitio. RPr **Poder con,** ser capaz de soportar algo o a alguien.
CONJ *Irreg: Puedo, pude, podré, podido.*

po·de·río [poðerío] *s/m* Poder, dominio, imperio.

po·de·ro·so, -a [poðeróso, -a] *adj* **1.** Se dice de la persona o entidad que tiene mucho poder: *Una familia poderosa.* **2.** (Personas) Rico, influyente. En *pl,* clase de los que tienen poder: *Los poderosos.* **3.** Aplicado a un remedio, activo, eficaz: *Unas hierbas poderosas.*

po·dio o **pó·dium** [póðjo/póðium] *s/m* **1.** Pedestal largo en el que se apoyan varias columnas. **2.** Pedestal, grada (especialmente en DEP).

po·dó·lo·go, -a [poðóloɣo, -a] *s/m* Médico especialista en las enfermedades de los pies.

po·dre·dum·bre [poðreðúmbre] *s/f* **1.** Descomposición de una materia orgánica. **2.** Corrupción moral.

po·dri·do, -a [poðríðo, -a] **I.** *p* de *pudrir.* **II.** *adj* **1.** Corrompido, descompuesto. **2.** FIG Se aplica a las personas o grupos de ellas dominadas por el vicio, la corrupción, la inmoralidad.

po·drir [poðrír] *v/tr,* REFL(-SE) Pudrir.

poe·ma [poéma] *s/m* Composición literaria en verso, con unidad de tema y de estructura y de alguna extensión.

poe·sía [poesía] *s/f* **1.** Interpretación artística y emotiva de la naturaleza o de la vida, en lenguaje bello, abundante en imágenes y generalmente sometido a la disciplina del verso. **2.** Composición literaria u obra escrita en verso. **3.** Arte de componer versos. **4.** Conjunto de la actividad poética y de los poetas: *Estudios sobre poesía española.*

poe·ta [poéta] *s/m* El que compone obras poéticas o tiene sensibilidad para hacer poesía.

poé·ti·ca [poétika] *s/f* Obra o tratado sobre los principios y reglas de la poesía.

poé·ti·co, -a [poétiko, -a] *adj* Propio de la poesía o relativo a la misma.

poe·ti·sa [poetísa] *s/f* de *poeta.*

poe·ti·zar [poetiθár] **I.** *v/intr* Hacer o componer versos u obras poéticas. **II.** *v/tr* Embellecer o dar carácter ideal a alguna cosa con el encanto de la poesía.
ORT Ante *e* la *z* cambia en *c: Poetice.*

po·la·co, -a [poláko, -a] *adj* y *s/m,f* De Polonia.

po·lai·na [poláina] *s/f* Especie de media calza con que se cubre la pierna desde el tobillo hasta la rodilla.

po·lar [polár] *adj* Relativo a los polos.

po·la·ri·za·ción [polariθaθjón] *s/f* Acción y efecto de polarizar(se).

po·la·ri·zar [polariθár] *v/tr* Acumular los efectos de un agente físico en puntos o direcciones opuestas de un cuerpo.
ORT Ante *e* la *z* cambia en *c: Polaricen.*

pol·ca [pólka] *s/f* **1.** Danza de origen centroeuropeo, de movimiento rápido y un compás de dos por cuatro, muy en boga durante el siglo XIX. **2.** Música de esta danza.

pól·der [pólder] *s/m* Terreno pantanoso desecado que se dedica al cultivo, en los Países Bajos.

po·lea [poléa] *s/f* Rueda con la llanta acanalada y móvil alrededor de un eje, de modo que por ella pueda pasar una cuerda para, con más facilidad, elevar cuerpos pesados.

po·lé·mi·ca [polémika] *s/f* Discusión, disputa, generalmente por escrito, sobre cuestiones políticas, literarias, teológicas, etc., en que cada uno de los participantes mantiene cierta afirmación y ataca la del contrario.

po·lé·mi·co, -a [polémiko, -a] *adj* Relativo a la polémica.

po·le·mis·ta [polemísta] *s/m,f* Escritor que sostiene polémicas.

po·le·mi·zar [polemiθár] *v/intr* Sostener o entablar una polémica o polémicas.
ORT La *z* cambia en *c* ante *e: Polemice.*

po·len [pólen] *s/m* Polvillo fecundante que se contiene en la antera de las flores.

po·leo [poléo] *s/m* Planta labiada de flores azuladas o moradas, muy olorosa, que crece en los montes y es muy abundante en las orillas de los arroyos españoles. Se utiliza como infusión estomacal.

po·li- [poli-] Elemento compositivo que entra en la formación de algunas voces españolas con el significado de pluralidad.

po·li·cía [poliθía] **I.** *s/f* Cuerpo, generalmente armado de un país, cuya misión es mantener el orden público interno y la seguridad de los ciudadanos. **II.** *s/m,f* Agente de policía.

po·li·cial [poliθjál] *adj* Relativo a la policía.

po·li·cia·co, -a o **po·li·cía·co, -a** [poliθjáko, -a/poliθíako, -a] *adj* **1.** Perteneciente a la policía. **2.** Se aplica al género de novela que tiene por motivo investigaciones de la policía o detectives en casos criminales y misteriosos.

po·li·clí·ni·ca [poliklínika] *s/f* Hospital o lugar en donde se prestan servicios médicos de distintas especialidades.

po·li·cro·mar [polikromár] *v/tr* Decorar una cosa con varios colores.

po·li·cro·mía [polikromía] *s/f* Cualidad de polícromo.

po·lí·cro·mo, -a [políkromo, -a] *adj* De varios colores.

po·li·chi·ne·la o **pul·chi·ne·la** [politʃinéla/pultʃinéla] *s/m* Personaje burlesco de la comedia italiana y las farsas.

po·li·de·por·ti·vo, (-a) [poliðeportíβo, (-a)] *adj* y *s/m* Se dice del lugar donde se practican varios deportes.

po·lie·dro [polijéðro] *s/m* Cuerpo delimitado por superficies planas.

po·li·fa·cé·ti·co, -a [polifaθétiko, -a] **1.** Lo que ofrece varias facetas o aspectos. **2.** Personas que se dedican a diversas cosas o presentan diversos puntos de vista.

po·li·fá·si·co, -a [polifásiko, -a] *adj* De varias fases.

po·li·fo·nía [polifonía] *s/f* Combinación armónica de varias melodías o motivos simultáneos.

po·li·fó·ni·co, -a [polifóniko, -a] *adj* Relativo a la polifonía.

po·li·ga·mia [poliɣámja] *s/f* **1.** Régimen

familiar en que se permite al varón tener más de una mujer. **2.** Delito que consiste en casarse con más de una mujer.

po·lí·ga·mo, -a [políɣamo, -a] *adj* Se aplica al hombre que tiene más de una mujer

po·lí·glo·ta [políɣlota] *adj* y *s/m,f* Que habla varios idiomas.

po·li·go·nal [poliɣonál] *adj* Relativo al polígono.

po·lí·go·no, -a [políɣono, a] *s/m* Plano limitado por líneas rectas.

po·li·gra·fía [poliɣrafía] *s/f* Arte de escribir en cierta forma de modo que sólo pueda descifrar lo escrito quien posea previamente la clave.

po·li·lla [políʎa] *s/f* Mariposa nocturna pequeña, de color dorado, cuya larva destruye los tejidos, papel, pieles, etc., en donde anida.

po·li·me·ri·za·ción [polimeriθaθjón] *s/f* Reacción química consistente en la combinación de dos moléculas para formar una nueva en la que se repiten unidades estructurales de las primitivas y su misma composición porcentual, cuando aquéllas son iguales.

po·lí·me·ro [polímero] *s/m* Compuesto químico, natural o sintético, formado por polimerización y que consta fundamentalmente de unidades estructurales repetidas.

po·li·mor·fis·mo [polimorfísmo] *s/m* Se aplica a los cuerpos que pueden cambiar de forma sin variar su naturaleza.

po·li·mor·fo, -a [polimórfo, -a] *adj* **1.** Que puede tener varias formas. **2.** En métrica, se aplica al verso libre.

po·li·ne·sio, -a [polinésjo, -a] *adj* y *s/m,f* De Polinesia.

po·li·ni·za·ción [poliniθaθjón] *s/f* Transporte del polen al estigma de la flor.

po·li·ni·zar [poliniθár] *v/tr* Realizar la polinización.
ORT Ante *e* la *z* cambia en *c: Polinice.*

po·li·no·mio [polinómjo] *s/m* Expresión algebraica que tiene más de un término; generalmente no se dice más que de aquellas que exceden de dos.

po·lio [póljo] *s/f* Enfermedad. *Apoc* de *poliomielitis*; se usa generalmente para designar la 'aguda' o 'parálisis infantil'.

po·lio·mie·li·tis [poljomjelítis] *s/f* Parálisis infantil.

pó·li·po [pólipo] *s/m* **1.** Una de las dos formas que aparecen en la generación alternante de muchos celentéreos, la cual vive fija en el mar por uno de sus extremos, llevando en el otro la boca, rodeada de tentáculos. **2.** Tumor pediculado, que crece y se desarrolla en las membranas mucosas de las fosas nasales, vagina, matriz, etc.

po·li·téc·ni·co, -a [politékniko, -a] *adj* Se aplica a lo que abarca muchas ciencias o artes; especialmente, a centros de enseñanza: *Instituto/Universidad politécnica.*

po·li·teís·mo [politeísmo] *s/m* Doctrina y religión de los que admiten la existencia de varios dioses.

po·li·teís·ta [politeísta] *adj* y *s/m,f* Relativo al politeísmo.

po·lí·ti·ca [polítika] *s/f* **1.** Arte y ciencia de gobernar un país y conservar el orden. **2.** Actividad de los que rigen o aspiran a regir los asuntos públicos. **3.** Diplomacia. Manera de conducir un asunto.

po·lí·ti·co, -a [polítiko, -a] *adj* **1.** Relativo a la política: *Un partido político.* **2.** (También *s/m,f*) Se aplica a la persona que se ocupa o entiende de política. **3.** Se aplica a la persona hábil para tratar con la gente.
Padre político, padre del cónyuge. Suegro.
Madre política, madre del cónyuge. Suegra.

po·li·ti·que·ar [politikeár] *v/intr despec.* Actuar en cosas de política o hablar con frecuencia de ella.

po·li·ti·queo [politikéo] *s/m* Acción y efecto de politiquear.

po·li·va·len·te [poliβalénte] *adj* Se aplica a los cuerpos dotados de varias valencias.

pó·li·za [póliθa] *s/f* **1.** Sello suelto con que se paga el impuesto del timbre en determinados documentos. Se adquiere en los estancos. **2.** Documento acreditativo del contrato en seguros, en una operación de bolsa o en otras negociaciones comerciales.

po·li·zón [poliθón] *s/m* Se aplica a la persona que viaja en un barco o en un avión clandestinamente.

po·li·zon·te [poliθónte] *s/m despec* Policía, guardia.

po·lo [pólo] **I.** *s/m* **1.** Cualquiera de los dos extremos del eje imaginario de la Tierra o de una esfera. **2.** Región que rodea a un polo terrestre, zona polar. **3.** Cada uno de los extremos de un cuerpo magnético o las extremidades del circuito de una pila. **4.** Masa de helado o hielo unida a un palillo de madera o plástico por el que se agarra para chuparlo. **5.** Lo opuesto de algo frente a otra cosa comparada. **6.** Punto, persona o cosa hacia donde se dirigen la atención y el interés: *El polo de atención de la asamblea era el secretario general del PSOE.* **7.** Jersey con cuello camisero abrochado por delante hasta la altura del cuello. **II.** *s/m* Juego realizado entre grupos de jinetes que, con mazas de mangos largos, lanzan sobre el césped una pelota, observando ciertas reglas.

po·lo·ne·sa [polonésa] *s/f* Composición musical que imita cierto aire de danza y canto polacos.

pol·trón, (-na) [poltrón, (-na)] **I.** *adj* Perezoso, enemigo del trabajo. **II.** *s/f* Silla poltrona, baja de brazos, ancha y cómoda.

pol·tro·ne·ría [poltronería] *s/f* Pereza, haraganería, flojedad o aversión al trabajo.

po·lu·ción [poluθjón] *s/f* Contaminación atmosférica y del medio ambiente a causa de los gases desprendidos por las fábricas, coches, etc.

pol·va·re·da [polβaréða] *s/f* Cantidad de polvo levantada por el viento u otra causa.

pol·ve·ra [polβéra] *s/f* Cajita o estuche que contiene los polvos y la borla con que suelen aplicarse.

pol·ve·te [polβéte] *s/m* ARG Polvo, cópula sexual (*Echar un polvete*).

pol·vo [pólβo] *s/m* Conjunto de partículas de tierra muy seca, que con cualquier movimiento se levantan en el aire y caen sobre los objetos. Si se trata de una sustancia medicamentosa o de tocador, se utiliza siempre en plural: *Polvos de talco.* LOC ARG **Echar un polvo,** practicar el coito. **Estar hecho polvo,** sentirse cansado y abatido. **Hacer polvo una cosa,** deshacerla o destrozarla por completo. **Hacer polvo a alguien,** perjudicarle, dejarle cansado, abatido. **Limpio de polvo y paja,** sin culpa o responsabilidad, limpio de cualquier cosa perjudicial.

pól·vo·ra [pólβora] *s/f* Mezcla explosiva e inflamable, que se utiliza para disparar proyectiles. Se emplea en pirotecnia.

pol·vo·rien·to, -a [polβorjénto, -a] *adj* Que tiene mucho polvo.

pol·vo·rín [polβorín] *s/m* Lugar o edificio en que se guarda la pólvora y otros explosivos.

pol·vo·rón [polβorón] *s/m* Dulce hecho de harina, manteca y azúcar, que se deshace en polvo al comerlo.

po·lla [póʎa] *s/f* **1.** Gallina joven que no pone huevos o que empieza a ponerlos. **2.** ARG Pene.

po·lla·da [poʎáða] *s/f* Conjunto de pollos que sacan de una vez las gallinas u otras aves.

po·lle·ra [poʎéra] *s/f* **1.** Mujer que cría o vende pollos. **2.** Lugar en que se crían los pollos. **3.** Falda femenina.

po·lle·ría [poʎería] *s/f* Lugar o tienda donde se venden pollos, gallinas y otras aves comestibles.

po·lle·ro [poʎéro] *s/m* Hombre que cría o vende pollos.

po·lli·no, -a [poʎíno, -a] *s/m,f* **1.** Asno joven. **2.** FIG Persona necia, ignorante, simple.

po·llo [póʎo] *s/m* **1.** Cría de cualquier ave, especialmente de gallina. Gallo joven. **2.** FIG Joven de pocos años. **3.** Escupitajo, esputo.

po·ma [póma] *s/f* Manzana, fruto.

po·ma·da [pomáða] *s/f* Sustancia hecha con grasa y otros ingredientes que se emplea como medicamento o maquillaje.

po·mar [pomár] *s/m* Lugar o terreno donde hay árboles frutales, especialmente manzanos.

po·me·lo [pomélo] *s/m* Cítrico del color del limón aunque más parecido a la naranja, redondo y achatado, con sabor agridulce.

pó·mez [pómeθ] *s/f* Roca de origen volcánico muy porosa, ligera, esponjosa y frágil, de color gris, que se usa para pulir y bruñir: *Piedra pómez.*

po·mo [pómo] *s/m* **1.** Tirador o agarradero de metal, de madera u otro material, en una puerta, cajón, etc. **2.** Frasco para perfumes o licores. **3.** Extremo de la guarnición de la espada, encima del puño.

pom·pa [pómpa] *s/f* **1.** Burbuja de aire que se forma en un líquido. **2.** Acompañamiento suntuoso o cortejo solemne de cualquier carácter. **3.** Ostentación vanidosa, de grandeza, que no corresponde a la realidad.

pom·pis [pompis] *s/m* COL Culo.

pom·pón [pompón] *s/m* **1.** Esfera metálica o bola con que se adornaba la parte superior de algunos cascos militares. **2.** Borla, generalmente de lana, de forma esférica.

pom·po·sidad [pomposiðáð] *s/f* **1.** Calidad de pomposo. **2.** Lujo excesivo o de mal gusto.

pom·po·so, -a [pompóso, -a] *adj* **1.** Ostentoso, con pompa. **2.** Se aplica al lenguaje o estilo excesivamente adornado. **3.** Hinchado, hueco.

pó·mu·lo [pómulo] *s/m* **1.** Hueso de cada una de las mejillas. **2.** Parte del rostro correspondiente a este hueso.

pon·che [póntʃe] *s/m* Bebida hecha con un licor, agua caliente, limón, azúcar y, a veces, té.

pon·che·ra [pontʃéra] *s/f* Vasija de cristal en que se prepara y sirve el ponche.

pon·cho [póɲtʃo] *s/m* Prenda de vestir y abrigo, cuadrada y pequeña, con una abertura en el centro por la que se mete la cabeza.

pon·de·ra·ción [poɲderaθjón] *s/f* **1.** Acción de ponderar una cosa. **2.** Compensación o equilibrio entre dos cosas.

pon·de·ra·do, (-a) [poɲderáðo, (-a)] *adj* Se aplica a la persona que procede con tacto y prudencia.

pon·de·rar [poɲderár] *v/tr* **1.** Hablar de algo alabándolo mucho, o decir con admiración lo grande que es cierta cualidad: *Me han ponderado mucho esa obra de teatro.* **2.** Determinar el peso de una cosa. **3.** FIG Examinar con cuidado algún asunto. **4.** Contrapesar, equilibrar, analizar algo con objetividad.

pon·de·ra·ti·vo, -a [poɲderatíβo, -a] *adj* Que pondera.

po·ne·de·ro, a [poneðéro, -a] *adj* **1.** Que se puede poner o está para ponerse. **2.** Ave que ya pone huevos.

po·ne·dor, (-ra) [poneðór, (-ra)] *adj* **1.** Aplicado a las gallinas, que ponen huevos o ponen muchos huevos. **2.** Se aplica al caballo o yegua enseñados a levantarse de manos.

po·nen·cia [ponénθja] *s/f* **1.** Informe, comunicación o proyecto presentado por un ponente. **2.** Cargo de ponente. **3.** Comisión ponente.

po·nen·te [ponéɲte] *adj* y *s/m,f* Se aplica al magistrado, funcionario o miembro de un cuerpo colegiado a quien se designa para hacer relación de un asunto y proponer la resolución.

po·ner [ponér] **I.** *v/tr* **1.** Colocar en un lugar o en determinada situación una persona o cosa: *Puso sal en la carne.* **2.** Disponer o preparar una cosa: *Ya he puesto la mesa.* **3.** Adquirir o hacer adquirir a una persona la condición o estado que se expresa, por medio de un adjetivo o construcción adjetiva que se pospone al verbo: *Sus intervenciones le ponían de mal humor.* **4.** Dar cierta posición a una cosa: *Pon la mesa un poco más ladeada.* **5.** En imperativo, gerundio o participio, suponer, dar por sentado algo: *Pon que necesites cinco mil pesetas.* **6.** (Con *a*) Exponer a alguien o algo a la acción de cierta cosa para que sufra cierto efecto: *He puesto la leche a calentar.* **7.** (Con *en*) Dejar un asunto en manos de otro: *Pongo este dinero en tus manos.* **8.** Contribuir con algo a un fin determinado: *El Gobierno no pone nada para frenar la subida de precios.* **9.** Adoptar determinada expresión o gesto: *¡No pongas esa cara!* **10.** Desacreditar o alabar a alguien o algo, aplicando reiteradamente adjetivos calificativos que equivalen al adjetivo expresado (Con *por* y *de*): *Le puso de mentiroso, hasta que se cansó.* **11.** Dar un nombre (Con *por* o *de*): *Le han puesto por/de nombre el de su abuelo.* **12.** Representar una obra de teatro o dar una película: *Me parece que hoy ponen una buena película en la televisión.* **13.** Imponer algo: *Nos han puesto dos horas más de clase.* **14.** Establecer, instalar o montar algo: *Ya nos han puesto el contador de gas.* **15.** Escribir o enviar una carta, telegrama, etc.: *He puesto un telegrama a mi hermana.* **16.** (Con *en, por*) Escribir o incluir cierta cosa en un escrito: *Poner por escrito.* **17.** Estar escrito: *Lo pone en el periódico.* **18.** Con ciertos nombres, aplicar a una cosa lo que éstos significan: *Puso fin a la discusión con un comentario final.* **19.** Hacer la operación necesaria para que una cosa funcione: *Nada más llegar a casa puso la radio.* **20.** Añadir algo inventado a una narración, composición, etc.: *Esto lo puse yo.* **21.** Pagar o contribuir en algún gasto: *Tú pones la comida y yo pondré la bebida.* **22.** Dar una opinión, enjuiciar: *La película no es muy buena, pero las críticas la ponen muy bien.* **23.** Depositar el ave sus huevos. **II.** REFL(-SE) **1.** Forma pronominal, espontánea, reflexiva o recíproca de 'poner' en toda acepción que la admita por su significado: *Se puso a esperarme delante del coche.* **2.** (Con *ante, frente a, delante de*) Oponerse a alguien, hacerle frente: *Se puso delante de él, y no le dejaba pasar.* **3.** Ocultarse un astro, especialmente el sol, bajo el horizonte. **4.** Vestirse o ataviarse: *Se puso el vestido nuevo.* **5.** Llegar rápidamente a un determinado lugar: *Se puso en Murcia en tres horas.* LOC **Poner de manifiesto,** mostrar. **Poner o ponerse al corriente,** enterarse, informar sobre algo. **Ponerse uno bien,** mejorar, sanar. **Ponerse a mal con alguien,** enemistarse. RPr **Poner a (+inf),** *1.* Colocar de, poner a trabajar en un oficio o actividad: *Le pusieron a estudiar en el Instituto.* *2.* Fijar el precio de algo (con un sustantivo de precio): *Han puesto la gasolina a setenta y cinco pesetas el litro.* **Poner de,** *1.* Colocar de, meter a trabajar. *2.* Hablar de alguien calificándolo de algo, decir algo de alguien. **Poner por,** mostrar, presentar: *Poner por ejemplo.* **Ponerse a** (+**inf**), *1.* (Valor incoativo), comenzar a: *Me puse a comer cuando todos habían terminado ya.* *2.* Dedicarse a una actividad: *Tendrán que ponerte a vender cupones.* **Ponerse de,** llenarse de la cosa que se expresa: *Se puso de barro hasta el pelo.* **Poner en. Ponerse delante de/frente a/ante (II. 2).**
CONJ *Irreg: Pongo, puse, pondré, puesto.*

po·ney [póni] *s/m* Caballo cuya raza es de pequeña estatura.

po·nien·te [ponjéɲte] *s/m* **1.** Occidente. Parte por donde se pone el sol. **2.** Viento que procede del oeste.

pon·taz·go [poɲtáθγo] *s/m* Derechos que se pagan por pasar por un puente.

pon·te·ve·drés, -sa [poɲteβeðrés, -sa] *adj* y *s/m,f* De Pontevedra.

pon·ti·fi·ca·do [poɲtifikáðo] *s/m* **1.** Dignidad de pontífice. **2.** Tiempo en que cada uno de los sumos pontífices ostenta esta dignidad.

pon·ti·fi·cal [poɲtifikál] *adj* **1.** Relativo al pontífice. **2.** Conjunto de ornamentos que sirven al obispo para la celebración de los oficios divinos. **3.** Libro que contiene las ceremonias pontificias o episcopales.

pon·ti·fi·car [poɲtifikár] *v/intr* **1.** Celebrar actos litúrgicos con rito pontifical. **2.** Hablar con dogmatismo o seguridad infundada.
ORT Ante *e* la *c* cambia en *qu: Pontifique.*

pon·tí·fi·ce [poɲtífice] *s/m* Prelado supremo de la Iglesia católica.

pon·ti·fi·cio, -a [poɲtifíθjo, -a] *adj* Relativo al pontífice.

pon·to [póɲto] *s/m* POÉT Mar.

pon·tón [poɲtón] *s/m* **1.** Puente hecho con maderos o tablas para vadear un río pequeño. **2.** Barco chato que se utiliza a veces para pasar un río, construir puentes, etc.

pon·to·ne·ro [poɲtonéro] *s/m* El que está encargado del manejo de un pontón.

pon·zo·ña [ponθóɲa] *s/f* **1.** Veneno, sustancia que tiene en sí cualidades nocivas para la salud o destructivas de la vida. **2.** Lo que es nocivo para la salud espiritual o para la sociedad.

pon·zo·ño·so, -a [ponθoɲóso, -a] *adj* **1.** Lo que contiene ponzoña. **2.** Lo que es nocivo para la salud espiritual o para la sociedad.

pop [póp] (Voz derivada del inglés *popular*) *adj* Aplicado a ciertas formas de cultura nacidas en los años 60 y relacionadas con lo popular y cotidiano.

po·pa [pópa] *s/f* Parte trasera de un barco, donde se coloca el timón.

po·pe [pópe] *s/m* Sacerdote de la iglesia cismática griega.

po·pe·lín [popelín] *s/f* Tela delgada de algodón, seda o algodón y seda.

po·pu·la·che·ro, -a [populatʃéro, -a] *adj* Relativo al populacho.

po·pu·la·cho [populátʃo] *s/m* Plebe, chusma. *Despec* de pueblo o gente.

po·pu·lar [populár] **I.** *adj* **1.** Relativo al pueblo: *Costumbre popular.* **2.** Propio del pueblo, contrapuesto a lo culto: *Arte popular.* **3.** Muy conocido o extendido entre la gente: *Es un actor muy popular.* **II.** *s/m* Conjunto de manifestaciones populares (sustantivado con 'lo'): *Lo popular.*

po·pu·la·ri·dad [populariðáð] *s/f* Fama, aceptación entre el pueblo: *La popularidad del alcalde ha aumentado.*

po·pu·la·ri·zar [populariθár] *v/tr* Hacer popular a una persona o cosa.
ORT La *z* cambia en *c* ante *e: Popularicé.*

po·pu·lis·mo [populísmo] *s/m* Doctrina o actitud de quien dice que está a favor de los intereses del pueblo.

po·pu·lo·so, -a [populóso, -a] *adj* Se aplica a la ciudad, villa, provincia, etc., que tiene muchos habitantes.

po·pu·rrí [popurrí] *s/m* **1.** Mezcla de cosas diversas. **2.** MÚS Composición musical formada de fragmentos o temas de obras diversas.

po·que·dad [pokeðáð] *s/f* **1.** Escasez, miseria, poca cantidad de una cosa. **2.** Timidez, cobardía.

pó·quer [póker] *s/m* Juego de naipes en que cada jugador recibe cinco cartas; es juego de envite, y gana el que reúne la combinación superior entre las varias establecidas.

por [pór] *prep* **1.** Indica relación de *tiempo* con el significado de: Duración aproximada de una acción: *Ha sido feliz por unas horas.* Periodicidad: *Trabajo seis días por semana.* Localización aproximada en el tiempo: *Volveremos por Navidad.* Retraso, aplazamiento: *Suspendieron la sesión por una semana.* **2.** Se usa ante un sustantivo expresando situación locativa: *a)* Aproximación: *Lo he visto por aquella zona. b)* De tránsito: *Iba por la calle cuando ocurrió el accidente.* **3.** Se usa ante un sustantivo complemento agente (voz pasiva): *El ladrón fue detenido por la policía.* **4.** Expresa causa: *Le echaron de la empresa por ladrón.* **5.** Se usa ante sustantivos que expresan modo o manera: *Se lo llevaron por la fuerza.* **6.** Se usa ante sustantivos que indican: *a)* Medio en el que se realiza un desplazamiento o medio de transporte: *Hicimos el viaje por carretera. Mandé el pedido por avión. b)* Medio instrumental: *Le enviamos los libros por correo.* **7.** Relaciona los factores en una multiplicación: *Cinco por dos=diez.* **8.** Significa 'en busca de', precedido de verbos de movimiento: *Lo envió por vino a la bodega.* **9.** Expresa finalidad, equivaliendo a 'para': *Se fue de casa a las cuatro por no llegar tarde.* **10.** Se usa con valor concesivo precedido de 'no' o seguido de un adjetivo o adverbio y una oración sustantivada por la partícula 'que': *Por mucho que hagas no terminarás a tiempo.* **11.** Expresa el lugar dentro del cual se realiza el movimiento: *Dimos un paseo por el jardín.* **12.** Significa 'a través de': *El Ebro pasa por Zaragoza.* **13.** Con valor de intercambio, sustitución: *Me lo dio por dos mil pesetas.* **14.** Ante sustantivos que indican reparto, indica proporción o distribución: *Tocan a doscientas pesetas por barba.* **15.** Expresa opinión o consideración precedido de los verbos *tener* o *dar: Le dieron por inútil en la mili. Le tienen por tonto.* **16.** Equivale a 'en favor de', 'en provecho de': *Lo hemos hecho por ti.* **17.** Expresa elección o parcialidad: *Opté por quedarme un rato más.* **18.** Precedido de *estar* y seguido de infinitivo, expresa: *a)* Acción que todavía debe realizarse: *La habitación está por fregar. b)* Duda en hacer una acción, que al final se hará: *Estoy por irme sin llamarle.* **19.** 'En lugar de', con idea de sustitución: *Yo daré la clase por él.* **20.** Expresa el paso por un lugar preciso: *Hizo el viaje por Bilbao.* **21.** Significa separación de los elementos de una serie: *Examiné el expediente caso por caso.* **22.** Con un nombre de espacio o de tiempo, sirve para atribuir la acción a un momento cualquiera de ese espacio: *Llegaré mañana por la mañana.* **23.** Se usa en sustitución de diversas locuciones: **En nombre de:** *Firme este documento por su esposa.* **A favor de:** *Voté por el candidato demócrata.* **En representación de:** *Es senador por Asturias.* **En honor de:** *La ceremonia es por la llegada del Papa.* LOC **Por si,** expresión con significado final de 'por' y el hipotético de 'si': *Se lo quité por si se hacía daño.* **Por que,** para que. El verbo con 'por que' va siempre en subjuntivo, mientras que con 'porque' va en indicativo. **Por qué,** por qué razón, causa o motivo; interrogativa, se usa con interrogación y sin ella: *¿Por qué sales tanto por la noche?*

por·ce·la·na [porθelána] *s/f* **1.** Loza fina, frágil, brillante, clara y lustrosa, hecha de caolín, cuarzo y feldespato. **2.** Vasija o figura de porcelana: *Una porcelana china.*

por·cen·ta·je [porθen̪táxe] *s/m* Tanto por ciento.

por·cen·tual [porθen̪twál] *adj* Se aplica a la composición, distribución, etc., calculadas o expresadas en tantos por ciento.

por·ci·no, -a [porθíno, -a] *adj* Relativo al puerco.

por·ción [porθjón] *s/f* **1.** Cantidad de una cosa, separada del resto: *Una porción de tarta.* **2.** Parte que corresponde a cada uno en un reparto.

por·cu·no, -a [porkúno, -a] *adj* Relativo al puerco.

por·che [pórtʃe] *s/m* Pórtico, entrada a un edificio, formada por una edificación sostenida por columnas y arcos.

por·dio·se·ar [porðjoseár] *v/intr* **1.** Mendigar, pedir limosna. **2.** FIG Pedir algo con insistencia y humillándose.

por·dio·se·ro, -a [porðjoséro, -a] *adj* Mendigo.

por·fía [porfía] *s/f* **1.** Disputa o lucha mantenida con insistencia. **2.** Insistencia inoportuna y obstinada.

por·fiar [porfjár] *v/intr* **1.** Disputar, discutir obstinadamente. **2.** Rogar insistente e inoportunamente para conseguir algo. RPr **Porfiar en/con/sobre:** *Porfiaba en abrir la ventana. Porfió con Andrés para llegar el primero. Porfía siempre sobre lo mismo.*
ORT, PRON El acento recae sobre la *i* en el *sing* y *3.ª pers pl* del *pres* de *indic* y *subj: Porfío, porfíen.*

pór·fi·do [pórfiðo] *s/m* Roca compacta y dura, de color oscuro y con cristales de feldespato y cuarzo. Es muy apreciada.

por·fo·lio [porfóljo] *s/m* Conjunto de fotografías o grabados de diferentes clases que forman un tomo o volumen encuadernable.

por·me·nor [pormenór] *s/m* **1.** Detalle o conjunto de detalles. **2.** Circunstancia o cosa de poca importancia en un asunto.

por·me·no·ri·zar [pormenoriθár] *v/tr* Describir o enumerar minuciosamente.
ORT La *z* cambia en *c* ante *e: Pormenorice.*

por·no·gra·fía [pornoɣrafía] *s/f* **1.** Obscenidad. **2.** Lecturas, narraciones o imágenes de tipo erótico con fin comercial y al margen de cualquier pretensión científica o artística.

por·no·grá·fi·co, -a [pornoɣráfiko, -a] *adj* Relativo a la pornografía.

po·ro [póro] *s/m* **1.** Espacio que hay entre las moléculas de los cuerpos. **2.** Intersticio que hay entre las partículas de los sólidos de estructura discontinua. **3.** Cada uno de los agujeros, invisibles a simple vista, en la superficie de los seres vivos.

po·ro·si·dad [porosiðáð] *s/f* Calidad de poroso.

po·ro·so, -a [poróso, -a] *adj* Que tiene poros.

por·que [pórke] *conj* **1.** Expresa causa o razón de que: *No pudo asistir a la conferencia porque estaba enfermo.* **2.** Con sentido de finalidad, para que: *Espérame en casa porque vea si has estudiado.*
GRAM *Por qué* (en dos palabras y tilde en *qué*) es forma interrogativa.

por·qué [porké] *s/m* Causa, razón, motivo: *Me gustaría saber el porqué de su negativa.*

por·que·ría [porkería] *s/f* **1.** Suciedad, basura: *El cine está lleno de porquería.* **2.** Acción vil, indecente. Cosa de poco valor. **3.** Se dice de una comida de escaso valor nutritivo, indigesta, etc., pero apetitosa. LOC **(Estar) hecho una porquería,** muy sucio.

por·que·ri·za [porkeríθa] *s/f* Lugar o sitio donde se crían y recogen los cerdos.

por·que·ri·zo [porkeríθo] *s/m* El que guarda los cerdos.

por·que·ro, -a [porkéro, -a] *s/m* El que guarda los cerdos.

po·rra [pórra] *s/f* **1.** Palo o bastón cuyo grueso aumenta desde la empuñadura al extremo opuesto. **2.** Churro recto, corto y grueso. LOC FAM **Enviar o mandar a la porra a alguien,** rechazar a una persona con enojo o desprecio. FAM **¡Vete a la porra!, ¡Váyase usted a la porra!,** expresión de rechazo o desprecio.

po·rra·da [porráða] *s/f* **1.** Golpe que se da con la porra. **2.** Abundancia de ciertas cosas: *Nos contó una porrada de tonterías.*

po·rra·zo [porráθo] *s/m* **1.** Golpe que se da con la porra u otro instrumento. **2.** Golpe fuerte que se recibe en una caída.

po·rre·ta [porréta] LOC **En porreta,** en cueros, totalmente desnudo.

po·rri·llo [porríʎo] LOC **A porrillo,** en abundancia: *Gasta dinero a porrillo.*

po·rro [pórro] *s/m* Cigarrillo, especialmente el que contiene hojas de marihuana, hachís u otra droga.

po·rrón [porrón] *s/m* Vasija de vidrio con un largo pitorro, apropiado para beber vino o cerveza a chorro.

por·ta·a·vio·nes [porta(a)βjónes] *s/m* Buque de guerra dotado de las instalaciones necesarias para llevar y lanzar al aire aparatos de aviación.

por·ta·da [portáða] *s/f* **1.** Obra de ornamentación con que se realza la puerta o fachada principal de un edificio. **2.** Primera plana de un libro o revista, en que va escrito el título, el autor, etc. **3.** Frontispicio o cara principal de cualquier cosa.

por·ta·dor, -ra [portaðór, -ra] *adj* y *s/m,f* Que trae o lleva una cosa de una parte a otra o lleva en sí cierta cosa: *Portador de gérmenes.*

por·ta·e·qui·pa·je(s) [portaekipáxe(s)] *s/m* Maletero de un coche.

por·ta·es·tan·dar·te [portaestaṇdárte] *s/m* Oficial destinado a llevar el estandarte de un regimiento.

por·ta·fo·lio [portafóljo] *s/m* Carpeta o cubierta para guardar papeles.

por·ta·he·li·cóp·te·ros [portaelikópteros] *s/m* Buque de guerra con cubierta para despegue y recogida de helicópteros.

por·tal [portál] *s/m* Zaguán o pieza inmediata a la puerta de entrada de las casas, que sirve de paso para la escalera o para las demás dependencias.

por·ta·la·da [portaláða] *s/f* Puerta, generalmente monumental, que da acceso al patio de las casas señoriales, o entrada con varias puertas.

por·ta·lám·pa·ra(s) [portalámpara(s)] *s/m* En los aparatos eléctricos de alumbrado, casquillo en que se insertan las bombillas eléctricas.

por·ta·li·bros [portalíβros] *s/m* Correas que sirven para llevar libros y cuadernos.

por·ta·lón [portalón] *s/m* Puerta grande que hay en los palacios antiguos y que cierra un patio descubierto.

por·tan·te [portáṇte] LOC **Tomar el portante,** irse de un sitio precipitada o bruscamente.

por·ta·ñue·la [portaɲwéla] *s/f* Tira de tela con que se tapa la abertura de delante del pantalón.

por·ta·ob·je·tos [portaoβxétos] *s/m* Pieza del microscopio o placa adicional en que se coloca el objeto para observarlo.

por·ta·plu·mas [portaplúmas] *s/m* Mango en que se coloca la pluma metálica para escribir.

por·tar [portár] **I.** *v/tr* Llevar o traer. **II.** REFL(-SE) **1.** Comportarse. Con los adverbios 'bien', 'mal', etc., obrar con acierto, honradamente, o al contrario: *Últimamente se ha portado bien.* **2.** Causar buena impresión, salir airoso.

por·ta·rre·tra·to [portarretráto] *s/m* Marco de material diverso, que se usa para colocar retratos en él.

por·tá·til [portátil] *adj* Que puede llevarse de un sitio a otro.

por·ta·voz [portaβóθ] *s/m* Persona que se considera como la más autorizada para expresar la opinión de un grupo, partido, etc.

por·ta·zo [portáθo] *s/m* Golpe dado por una puerta que es cerrada con violencia o que se cierra por sí misma.

por·te [pórte] *s/m* **1.** Acción de llevar una cosa de un sitio a otro. **2.** Cantidad pagada por llevar un objeto de un lugar a otro. **3.** Aspecto de una persona, en cuanto a su propia figura, modales, manera de vestir, o de una cosa: *Es un hombre de porte distinguido.* **4.** Capacidad, tamaño: *Un buque de gran porte.*

por·te·ar [porteár] *v/tr* Llevar cosas de un lugar a otro por un precio.

por·ten·to [portéṇto] *s/m* Cualquier suceso, acción, persona o cosa que causa admiración por salirse de lo natural, de lo corriente: *Nuestro jefe es un portento.*

por·ten·to·so, -a [porteṇtóso, -a] *adj*

Que causa admiración o pasmo por salirse de lo natural o corriente.

por·te·ño, -a [portéɲo, -a] *adj* y *s/m,f* De Buenos Aires.

por·te·ría [portería] *s/f* **1.** Vivienda del portero. **2.** Habitación o pieza del zaguán donde está el portero. **3.** Oficio o empleo del portero: *Lleva diez años en la portería.* **4.** En el fútbol y otros deportes, espacio defendido por el portero para que no entren balones en él.

por·te·ril [porteríl] *adj* Relativo o perteneciente al portero o a la portería.

por·te·ro, -a [portéro, -a] *s/m,f* **1.** Persona que vigila y cuida la entrada de un edificio, permite o niega el paso, cierra o abre la puerta, etc. **2.** Jugador que defiende la meta de su equipo.
Portero electrónico o automático, mecanismo electrónico que sirve para abrir la puerta de los portales desde el interior de la vivienda.

pór·ti·co [pórtiko] *s/m* **1.** Lugar cubierto y con columnas situado delante de la puerta de edificios suntuosos. **2.** Galería con columnas o arcadas a lo largo de una fachada o patio.

por·ti·llo [portíʎo] *s/m* **1.** Abertura en murallas, paredes, vallados. **2.** Postigo, puerta pequeña que se hace en uno de los cierres de otra mayor.

por·to·rri·que·ño, -a [portorrikéɲo, -a] *adj* y *s/m,f* De Puerto Rico.

por·tua·rio, -a [portwárjo, -a] *adj* Relativo al puerto de mar.

por·tuen·se [portwénse] *adj* y *s/m,f* De cualquier población llamada Puerto.

por·tu·gués, (-sa) [portuɣés, (-sa)] *adj* y *s/m,f* De Portugal.

por·ve·nir [porβenír] *s/m* El tiempo futuro y lo que en él puede sobrevenir a uno.

pos [pós] **I.** LOC **En pos de: 1.** Detrás o a continuación de una cosa. **2.** Detrás, intentando obtener lo expresado: *En pos de la libertad.* **II. pos-** En algunas palabras, es igual a 'post': *Posguerra, posdata.*

po·sa·da [posáða] *s/f* **1.** Hospedaje, lugar donde alguien puede quedarse: *Dio posada a un pobre hombre.* **2.** Casa en que, mediante un precio, uno puede dormir y comer.

po·sa·de·ras [posaðéras] *s/f, pl* Nalgas.

po·sa·de·ro, -a [posaðéro, -a] *s/m,f* Dueño de una posada.

po·sar [posár] **I.** *v/intr* Situarse de modelo ante un pintor o fotógrafo. **II.** *intr,* REFL(-SE) Posarse las aves, insectos, etc., en un lugar o sobre un objeto. **III.** *v/tr* **1.** Poner, colocar suavemente: *Posó su mano sobre la cabeza del niño.* **2.** Mirar sin fijarse, con palabras como 'mirada' 'vista', 'ojos', etc.: *Posó la mirada sobre aquellos muebles que tanto le recordaban a ella.* RPr **Posar ante/para/en/sobre:** *La semana pasada posé dos veces ante el fotógrafo. Mañana posaré para el pintor. La paloma se posó en/sobre aquella rama.*

pos·da·ta [posðáta] *s/f* Lo que se añade a una carta ya terminada y firmada. Abreviado: *PD.*

po·se [póse] *s/f* **1.** Postura y actitud del que sirve de modelo. **2.** Manera afectada de comportarse o hablar.

po·see·dor, (-ra) [pose(e)ðór, (-ra)] *adj* y *s/m,f* Que posee.

po·se·er [poseér] **I.** *v/tr* **1.** Tener, ser el dueño de algo: *Posee una casa en la montaña.* **2.** Tener relaciones sexuales con una mujer. **II.** REFL(-SE) Dominarse.
ORT En las formas con *ie* o *io* esta *i* se convierte en *y: Poseyera.*

po·seí·do, (-a) [poseíðo, (-a)] **I.** *p* de *poseer.* **II.** *adj* y *s/m,f* **1.** Que obra impulsado por cierto estado de ánimo: *Poseído de ira.* **2.** Poseso, endemoniado. **3.** Se aplica a la persona que se siente muy segura de su superioridad: *Es un chico muy poseído de su belleza.* RPr **Poseído de.**

po·se·sión [posesjón] *s/f* **1.** Acción y efecto de poseer determinada cosa ('estar en posesión de...'): *Está en posesión de una imaginación fuera de lo normal.* **2.** Cosa poseída, generalmente finca rústica: *Tiene grandes posesiones en Andalucía.* **3.** *pl* Territorio situado fuera de las fronteras de una nación, pero que por ocupación o conquista le pertenece.
Dar posesión, entregar o poner en manos de alguien o a su disposición una cosa.
Tomar posesión, realizar algún acto que haga efectivo el ejercicio del derecho o disposición de lo que se empieza a poseer.

po·se·sio·nar [posesjonár] **I.** *v/tr* Dar (a alguien) posesión de una cosa. **II.** REFL (-SE) **1.** Tomar posesión de algo. **2.** Apropiarse indebidamente de una cosa: *Se ha posesionado de mi coche.* RPr **Posesionar(se) de.**

po·se·si·vo, -a [posesíβo, -a] *adj* **1.** Se aplica a las personas que tienen un afán desmedido por ser dueños de todas las cosas que tratan y que incluso, muchas veces, consideran a los demás como objetos propios. **2.** GRAM Se aplica a los adjetivos o pronombres que denotan posesión.

po·se·so, (-a) [poséso, (-a)] **I.** *p irreg* de *poseer.* **II.** *adj* y *s/m,f* Se aplica a la persona dominada por un espíritu maligno.

pos·gue·rra [posɣérra] *s/f* Tiempo inmediatamente posterior a la terminación de la guerra.

po·si·bi·li·dad [posiβiliðáð] *s/f* **1.** Cualidad de posible. **2.** Lo que hace que una cosa sea posible.

po·si·bi·li·tar [posiβilitár] *v/tr* Hacer posible una cosa dificultosa.

po·si·ble [posíβle] **I.** *adj* **1.** Se aplica a lo que puede suceder o haber sucedido: *Es posible que ya haya llegado.* Con frecuencia se usa antepuesto: *Hay que evitar un posible error.* **2.** Se aplica a lo que se puede hacer: *La obra es posible.* **II.** *s/m, pl* Posibilidad, facultad o medios para hacer una cosa, especialmente medios económicos: *Mis posibles llegan hasta ese punto.*

po·si·ción [posiθjón] *s/f* **1.** Situación, manera de estar colocada una persona o cosa: *Estuvo en posición de firme toda la mañana.* **2.** Categoría o condición social o económica. **3.** Actividad, postura adoptada ante una acción o idea: *Mi posición ante este asunto está clara.* **4.** MIL Lugar fortificado o punto estratégico en acción de guerra.
De posición, de buena posición económica.

po·si·ti·vis·mo [positiβísmo] *s/m* **1.** Actitud práctica, positivista. **2.** Afición excesiva a goces materiales y a comodidades. **3.** Sistema filosófico, estructurado por Compte, que únicamente admite el método experimental y rechaza las nociones a priori y los conceptos absolutos.

po·si·ti·vis·ta [positiβísta] **I.** *adj* Realista. **II.** *s/m,f* Partidario del positivismo.

po·si·ti·vo, (-a) [positíβo, (-a)] **I.** *adj* **1.** Afirmativo, en oposición a negativo: *Los análisis son positivos.* **2.** Se aplica a lo que es útil, práctico: *Resultados positivos.* **3.** Cierto o real: *Un aumento positivo de ingresos.* **4.** Realista, positivista: *Soy partidario de lo positivo.* **5.** Que es mayor de cero, en las magnitudes medibles en dos sentidos. **II.** *s/m* En fotografía, se aplica a la copia obtenida de un negativo y que es la imagen real del objeto reproducido: *El positivo de la película.*

pó·si·to [pósito] *s/m* Asociación cooperativa o con carácter de mutuo auxilio: *Pósito de pescadores.*

po·si·trón [positrón] *s/m* FÍS Elemento del átomo que está cargado de electricidad positiva y tiene la misma masa que el electrón.

po·so [póso] *s/m* Sedimento del líquido envasado depositado en el fondo de una vasija.

po·so·lo·gía [posoloxía] *s/f* MED Parte de la medicina que trata sobre la dosis en que deben administrarse los medicamentos.

pos·po·ner [posponér] *v/tr* **1.** Colocar a alguien o algo después de otra persona o cosa. **2.** Postergar, apreciar a una persona menos que a otra. **3.** Diferir.
CONJ *Irreg: Pospongo, pospondré, pospuse, pospuesto.*

pos·ta [pósta] *s/f* **1.** Conjunto de caballerías que estaban apostadas en los caminos y carreteras para relevar las del correo, el tiro de las diligencias y otras. **2.** Lugar o local en que estaban estas caballerías. LOC **A posta,** adrede, con toda la intención.

pos·tal [postál] **I.** *adj* Relativo al 'servicio de correos'. **II.** *s/f* Se aplica a la tarjeta, normalmente con una fotografía o un grabado en una de las caras, de tamaño determinado y para escribir, que se puede enviar por correo con un sello y sin sobre.

post·da·ta [posðáta] *s/f* Posdata.

pos·te [póste] *s/m* Especie de madero, piedra o columna, que se coloca verticalmente para servir de señal o apoyo, o de cualquier otra cosa.

pos·te·ma [postéma] *s/f* Absceso supurante u orificio por donde supura el mismo.

pós·ter [póster] *s/m* ANGL Cartel.

pos·ter·ga·ción [posterɣaθjón] *s/f* Acción y efecto de postergar.

pos·ter·gar [posterɣár] *v/tr* **1.** Causar retraso a una persona o cosa, ya sea respecto del lugar que debe ocupar, ya del tiempo en que debía tener su efecto. **2.** Posponer algo o a alguien injustamente.
ORT Ante *e* la *g* cambia en *gu: Postergué.*

pos·te·ri·dad [posteriðáð] *s/f* Generación o descendencia futura.

pos·te·rior [posterjór] *adj* **1.** Se aplica a lo que ocurre después de una cosa que se expresa: *La boda fue posterior.* **2.** Que sigue en la ubicación a otra cosa: *Vagón posterior.* **3.** Que está detrás o en la parte de atrás de algo: *Entró por la puerta posterior de la casa.* RPr **Posterior a:** *Se sentó en la butaca posterior a la de María.*

pos·te·rio·ri·dad [posterjoriðáð] *s/f* Cualidad o situación de posterior.

pos·ti·go [postíɣo] *s/m* **1.** Puerta falsa de un edificio, muralla, etc. **2.** Puertecilla que hay en las ventanas. **3.** Puerta de una sola hoja, metálica o de madera, que cubre el interior o exterior de una vidriera o ventana, para que no pase la luz.

pos·ti·lla [postíʎa] *s/f* Costra que se forma al secarse las heridas o granos.

pos·ti·llón [postiʎón] *s/m* Mozo que iba a caballo delante de los que corren la posta, de guía.

pos·tín [postín] *s/m* **1.** Manera de vivir de la gente rica y distinguida: *Una familia de mucho postín.* **2.** Presunción, vanidad. LOC **Darse postín,** darse importancia, presumir. **De postín,** de lujo, de riqueza: *Vive en una casa de postín.*

pos·ti·zo, (-a) [postíθo, (-a)] **I.** *adj* **1.** Agregado, añadido: *Dentadura postiza.* **2.** Ficticio o falso. **II.** *s/m* Pelo que suple la falta de éste y disimula la calvicie. **III.** *s/f* Castañuela más fina y pequeña que las normales.

post·me·ri·dia·no, -a [postmeriðjáno, -a] *adj* Relativo a la tarde.

post·o·pe·ra·to·rio, -a [posoperatórjo, -a] *adj* Que se produce o se aplica después de una operación quirúrgica.

pos·tor [postór] *s/m* El que puja en una subasta.

pos·tra·ción [postraθjón] *s/f* Acción y efecto de postrar(se).

pos·trar [postrár] **I.** *v/tr* Abatir moralmente a alguien o dejarlo sin fuerzas: *La noticia le dejó postrado para el resto de sus días.* **II.** REFL(-SE) Arrodillarse ante alguien respetuosamente y con acatamiento: *Se postró ante su señor.* RPr **Postrarse a/ante:** *Se postró a los pies de su señor.* **(Estar) postrado de/por:** *Estaba en el lecho, postrado de dolor/por el dolor.*

pos·tre [póstre] *s/m* Fruta, dulce u otra golosina que se sirve al final de las comidas. LOC **A la postre,** finalmente.

pos·trer [postrér] *adj apoc* de *postrero,* utilizada cuando precede al nombre: *Su postrer suspiro.*

pos·tre·ro, -a [postréro, -a] *adj* Último en una serie o en un lugar.

pos·tri·me·ría [postrimería] *s/f* Último período de la vida o duración de una persona o cosa.

pos·tu·la·ción [postulaθjón] *s/f* Acción y efecto de postular.

pos·tu·la·do [postuláðo] *s/m* Verdad que se admite sin pruebas y que es necesaria para ulteriores razonamientos.

pos·tu·lan·te, -a [postulán̪te, -a] *adj* y *s/m,f* Que postula.

pos·tu·lar [postulár] *v/tr* Pedir, generalmente en la calle, para una colecta.

pós·tu·mo, -a [póstumo, -a] *adj* Que sale a la luz después de la muerte del padre o autor: *Libro póstumo.*

pos·tu·ra [postúra] *s/f* **1.** Colocación, manera de estar de las personas, animales o cosas: *Por su postura, parecía que le dolía la espalda.* **2.** Actitud que se toma con respecto a una ideología o a un asunto.

po·ta·bi·li·dad [potaβiliðáð] *s/f* Cualidad de potable.

po·ta·bi·li·za·dor, -ra [potaβiliθaðór, -ra] *adj* y *s/m,f* Que potabiliza.

po·ta·bi·li·zar [potaβiliθár] *v/tr* Hacer potable.
ORT Ante *e* la *z* cambia en *c: Potabilice.*

po·ta·ble [potáβle] *adj* **1.** Que se puede beber. **2.** COL Bueno, aceptable.

po·ta·je [potáxe] *s/m* **1.** Caldo de olla. **2.** Guiso hecho a base de legumbres secas, verdura, arroz y otros ingredientes.

po·ta·sa [potása] *s/f* QUÍM Óxido de potasio, elemento importante en la fabricación de jabón y otras cosas.

po·tá·si·co, -a [potásiko, -a] *adj* Relativo al potasio.

po·ta·sio [potásjo] *s/m* QUÍM Metal de color argentino, más blando que la cera y menos pesado que el agua; en contacto con ésta y con el aire produce llama.

po·te [póte] *s/m* Vasija de barro, alta, de forma cilíndrica.

po·ten·cia [potén̪θja] *s/f* **1.** Capacidad para hacer, realizar algo o para producir un efecto. **2.** Fuerza, poder. **3.** Poder y fuerza de un Estado: *Inglaterra es una potencia militar.* **4.** Nación o Estado: *EE.UU. es la primera potencia mundial.* **5.** MAT Se aplica al producto que resulta de multiplicar un número por sí mismo, una o varias veces.
En potencia, se aplica a las cosas que no existen, pero que son resultado seguro de otras que existen.

po·ten·cia·ción [poten̪θjaθjón] *s/m* Acción y efecto de potenciar.

po·ten·cial [poten̪θjál] **I.** *adj* **1.** Que tiene en sí potencia. **2.** Se aplica a lo que sólo existe en potencia. **3.** GRAM Se aplica al modo del verbo que expresa la acción como posible; también se llama condicional. **II.** *s/m* Poder, potencia: *El potencial agrícola de una nación.*

po·ten·cia·li·dad [poten̪θjaliðáð] *s/f* **1.** Capacidad de la potencia, independiente del acto. **2.** Equivalencia de una cosa respecto de la otra, en virtud y eficacia.

po·ten·ciar [poten̪θjár] *v/tr* Dar potencia a una cosa o incrementar la que ya tiene.

po·ten·ta·do, -a [poten̪táðo, -a] *s/m,f* Persona poderosa, rica.

po·ten·te [potén̪te] *adj* **1.** Poderoso, que tiene poder: *Un país muy potente.* **2.** Que tiene potencia: *Un camión potente.* **3.** Se aplica a la persona capaz de engendrar. **4.** Fuerte o grande: *Un alarido potente.*

po·tes·tad [potestáð] *s/f* Poder, autoridad sobre una cosa: *El Gobierno tiene potestad sobre las fuerzas armadas.*

po·tes·ta·ti·vo, -a [potestatíβo, -a] *adj* Se aplica a lo que no es obligatorio.

po·tin·gue [potíŋge] *s/m despec* Cualquier bebida de farmacia o de sabor desagradable.

po·to·sí [potosí] *s/m* LOC **Valer una cosa un potosí,** valer mucho o ser muy estimada.

po·tra·da [potráða] *s/f* Conjunto de potros que se crían juntos.

po·tran·ca [potráŋka] *s/f* Yegua que no tiene más de tres años.

po·tran·co [potráŋko] *s/m* Caballo que no tiene más de tres años.

po·tre·ar [potreár] *v/tr* FAM Molestar, mortificar a una persona obligándole a moverse, a ir de aquí para allá o a trabajar más de lo debido.

po·tro [pótro] *s/m* **1.** Caballo desde que nace hasta que muda los dientes de leche, que suele ser a los cuatro años y medio. **2.** Aparato de madera en que se sienta a los acusados para someterlos a tormento. **3.** Aparato de madera que se usa en los gimnasios.

po·yo [póJo] *s/m* Especie de banco de piedra u otro material, generalmente arrimado a las paredes, junto a las puertas de las casas, *por ej,* para sentarse.

po·za [póθa] *s/f* Charca, hoyo en que hay agua detenida.

po·zal [poθál] *s/m* Cubo con el que se saca el agua del pozo.

po·zo [póθo] **1.** Hoyo profundo que se hace en la tierra para encontrar agua. **2.** Perforación vertical cilíndrica y profunda en busca de petróleo, minerales, etc.: *Un pozo de petróleo.* **3.** Hoyo, excavación. **4.** Lugar de mayor profundidad en los ríos. **5.** Se aplica a la persona que tiene en alto grado la cualidad o defecto que se menciona: *Es un pozo de sabiduría.*

prác·ti·ca [práktika] *s/f* **1.** Acción y efecto de realizar cualquier ejercicio o trabajo repetidamente o con continuidad: *Práctica de la enseñanza.* **2.** Experiencia, destreza, habilidad: *Tiene mucha práctica.* **3.** Costumbre, uso: *El carnaval es una práctica pagana.* **4.** Aplicación de los conocimientos adquiridos, en especial la que hacen los alumnos o los militares: *No ha habido prácticas de química hoy.*

prac·ti·ca·ble [praktikáβle] *adj* **1.** Se aplica a lo que se puede practicar o poner en práctica. **2.** Aplicado a un camino, que se puede pasar.

prac·ti·can·te, -a [praktikánte, -a] **I.** *adj* y *s/m,f* Que practica: *Un católico practicante.* **II.** *s/m,f* **1.** Persona que posee un título que le faculta para realizar operaciones de cirugía menor, como poner inyecciones o hacer curas. **2.** Persona encargada de atender a los enfermos en los hospitales o de curarlos siguiendo las órdenes del médico.

prac·ti·car [praktikár] **I.** *v/tr* **1.** Realizar o ejecutar un acto, actividad o trabajo: *Estudió medicina, pero no la practica.* **2.** Hacer o ejercer algo con frecuencia: *Practica varios deportes.* **II.** *v/intr* Hacer prácticas bajo la dirección de un maestro.
ORT La *c* cambia en *qu* ante *e: Practique.*

prác·ti·co, -a [práktiko, -a] **I.** *adj* **1.** Se aplica a aquello que produce un provecho o utilidad material. **2.** En oposición a teórico, se aplica a los conocimientos que sirven para realizar la cosa de que se trata: *Tiene pocos conocimientos prácticos para hacer este trabajo.* **II.** *adj* y *s/m,f* (Con *estar, ser* y *en*) Diestro, experimentado para hacer algo: *Es muy práctico en poner inyecciones.* RPr **Práctico en:** *Práctico en matemáticas.*

pra·de·ra [praðéra] *s/f* **1.** Conjunto de prados. **2.** Prado grande y extenso.

pra·do [práðo] *s/m* Terreno llano de cierta extensión en que se deja crecer la hierba para pasto del ganado.

prag·má·ti·co, (-a) [praγmátiko, (-a)] **I.** *adj* y *s/m,f* Relativo al pragmatismo. **II.** *s/f* Ley o mandato que promulga solemnemente un rey o emperador.

prag·ma·tis·mo [praγmatísmo] *s/m* **1.** Doctrina filosófica que valora, principalmente, los efectos prácticos al enjuiciar la validez de cualquier doctrina filosófica, moral o política. **2.** Actitud de quien obra así en la vida.

pra·xis [práksis] *s/f* CULT Práctica.

pre- [pre-] Prefijo que expresa anterioridad, anticipación o antelación: *Preconcebir, prenatal, preuniversitario.*

pre·ám·bu·lo [preámbulo] *s/m* **1.** Lo que se advierte o explica antes de empezar un escrito o un discurso. **2.** Rodeo o digresión impertinente. LOC **Sin preámbulos,** sin rodeos.

pre·ben·da [preβénda] *s/f* Cargo o empleo cómodo y bien pagado.

pre·bos·te [preβóste] *s/m* Nombre aplicado al jefe en ciertas comunidades o al presidente de una asociación.

pre·ca·rie·dad [prekarjeðáð] *s/f* Cualidad de precario.

pre·ca·rio, -a [prekárjo, -a] *adj* Inseguro, escaso o apurado, aplicado a situación o actividad.

pre·cau·ción [prekauθjón] *s/f* **1.** Se aplica a la acción o medida tomada para evitar un mal. **2.** Cautela, actitud de prudencia por la existencia o el temor de un peligro: *Hay que conducir con precaución.*

pre·cau·to·rio, -a [prekautórjo, -a] *adj* Se dice de lo que sirve de precaución.

pre·ca·ver [prekaβér] *v/tr,* REFL(-SE) Prevenir o evitar un daño o peligro. RPr **Precaverse de/contra:** *Precaverse del frío/contra la contaminación.*

pre·ca·vi·do, -a [prekaβíðo, -a] *adj* Cauto, que sabe actuar con precaución o previsión.

pre·ce·den·cia [preθeðénθja] *s/f* **1.** Anterioridad, prioridad de una cosa respecto a otra. **2.** Primacía, superioridad de una cosa sobre otra.

pre·ce·den·te [preθeðénte] **I.** *adj* y *s/m,f* Que precede. **II.** *s/m* **1.** Cosa o situación anterior que tiene relación o influencia sobre la cuestión de que se trata. **2.** Antecedente.
Sentar (un precedente) precedentes, hacer algo que influya o se toma de modelo en circunstancias o casos semejantes.
Servir de precedente, que se utiliza como precedente.

pre·ce·der [preθeðér] *v/tr* **1.** Ir, ocurrir, estar una cosa delante de otra que se menciona, en tiempo, orden o lugar. **2.** Tener una persona preferencia o superioridad sobre otra. RPr **Preceder a:** *Juan precede al representante sindical en la empresa.*

pre·cep·tis·ta [preθeptísta] *adj* y *s/m,f* Se aplica a la persona que da o enseña preceptos y reglas o que se atiene a ellos.

pre·cep·ti·vo, (-a) [preθeptíβo, -a] **I.** *adj* Obligatorio, que incluye preceptos. **II.** *s/f* Conjunto de preceptos aplicables a una determinada materia.

pre·cep·to [preθépto] *s/m* **1.** Orden o mandato dados por un superior. **2.** Regla o norma dada para la práctica de una actividad: *Los preceptos del juego.*
De precepto, día o fiesta en que hay que oír misa, según manda la Iglesia.

pre·cep·tor, -ra [preθeptór, -ra] *s/m,f* Persona que está encargada de la educación de los niños en una casa.

pre·cep·tuar [preθeptwár] *v/tr* Determinar lo que hay que hacer.
ORT, PRON El acento recae sobre la *u* en el *sing* y *3.ª pers pl* del *pres* de *indic* y *subj: Preceptúo, preceptúe.*

pre·ces [préθes] *s/f, pl* **1.** Oraciones dirigidas a Dios, a la Virgen o a los Santos. **2.** Ruegos, súplicas.

pre·cia·do, -a [preθjáðo, -a] *adj* Valioso, que tiene mucho valor.

pre·ciar [preθjár] *v/*REFL(-SE) Jactarse, vanagloriarse. RPr **Preciarse de:** *Se precia de valiente.*

pre·cin·tar [preθintár] *v/tr* Poner precintos a cualquier cosa.

pre·cin·to [preθínto] *s/m* **1.** Acción y efecto de precintar. **2.** Ligadura sellada que se pone a ciertos bultos para que éstos no puedan ser abiertos sin que aquélla sea rota: *Precinto de seguridad/de garantía.*

pre·cio [préθjo] *s/m* **1.** Se aplica al valor monetario que tiene una cosa: *El precio del pan.* **2.** Estimación, valor, mérito: *Es mujer de gran precio.* **3.** FIG Aquello que sirve de medio para conseguir una cosa: *El número de muertos que hubo fue un precio demasiado elevado.* LOC **Al precio de,** 'a costa de', a cambio de: *Lo ha conseguido todo, pero al precio de su libertad.* **No tener precio una cosa o persona,** tener gran valor.

pre·cio·si·dad [preθjosiðáð] *s/f* **1.** Cualidad de precioso. **2.** Cosa preciosa.

pre·cio·sis·mo [preθjosísmo] *s/m* Corriente cultural francesa del siglo XVII consistente en el cuidado minucioso de los detalles.

pre·cio·sis·ta [preθjosísta] *adj* y *s/m,f* Relativo al preciosismo.

pre·cio·so, -a [preθjóso, -a] *adj* **1.** De mucho valor, valioso. **2.** Hermoso, muy bonito, aplicado a personas y cosas.

pre·ci·pi·cio [preθipíθjo] *s/m* **1.** Abismo, despeñadero, corte profundo o casi vertical, en el terreno. **2.** Amenaza de peligro muy grave, en frases como: *Estar al borde del precipicio.*

pre·ci·pi·ta·ción [preθipitaθjón] *s/f* **1.** Acción y efecto de precipitar(se). **2.** Agua que cae de la atmósfera en forma de lluvia, granizo o nieve.

pre·ci·pi·ta·do, (-a) [preθipitáðo, (-a)] **I.** *adj* Se aplica a la cosa realizada con precipitación y a la persona que obra precipitadamente. **II.** *s/m* QUÍM Materia que por resultado de reacciones químicas se separa del líquido en que estaba disuelta y forma un sedimento.

pre·ci·pi·tar [preθipitár] **I.** *v/tr* **1.** Despeñar, tirar una cosa o a una persona por un precipicio o desde un lugar alto: *Lo precipitaron por la ventana.* **2.** Acelerar, hacer que algo ocurra o se desarrolle más deprisa: *Esa huelga precipitó su dimisión.* **3.** QUÍM Hacer, mediante reacción, que una sustancia caiga al fondo de un recipiente. **II.** REFL(-SE) Actuar de una manera irreflexiva: *Te has precipitado eligiendo ese regalo.* RPr **Precipitarse a/desde/en/por/sobre:** *Se precipitó al hoyo/desde las alturas/en el foso.*

pre·ci·sa·men·te [preθísamente] *adv* **1.** Con precisión. **2.** Exacta y justamente. Tiene valor enfático y de refuerzo para recalcar que algo es inconveniente o inoportuno. **3.** Con valor de asentimiento y en forma exclamativa: *¡Precisamente! Lo acababa de señalar yo.*

pre·ci·sar [preθisár] **I.** *v/tr* **1.** Determinar con precisión una cosa. **2.** Necesitar: *De momento no preciso dinero.* **II.** *v/intr* Ser necesario o imprescindible. RPr **Precisar de:** *Precisar de algo.*

pre·ci·sión [preθisjón] *s/f* **1.** Necesidad, obligación de tener que hacer una cosa. **2.** Cualidad de preciso: *Conozco este pueblo con precisión.*

pre·ci·so, -a [preθíso, -a] *adj* **1.** Necesario, indispensable para un fin. Se utiliza sobre todo con el verbo *ser: Es preciso que me llame por teléfono.* **2.** Exacto, aplicado a una descripción, definición, etc., de algo. **3.** Aplicado al lenguaje, conciso, claro. **4.** Aplicado a un nombre para determinar la coincidencia entre lo que él expresa y otra cosa, mismísimo, crítico, justo.

pre·cla·ro, -a [precláro, -a] *adj* Famoso, ilustre, sobresaliente, aplicado sobre todo a un nombre que expresa actividad o naturaleza.

pre·co·ci·dad [prekoθiðáð] *s/f* Cualidad de precoz.

pre·co·lom·bi·no, -a [prekolombíno, -a] *adj* Se aplica a todo lo relacionado con América antes de su descubrimiento por Cristóbal Colón.

pre·con·ce·bi·do, -a [prekonθeβíðo, -a] *adj* Pensado y planeado con anticipación o anterioridad: *Ideas preconcebidas.*

pre·con·ce·bir [prekonθeβír] *v/tr* Pensar o planear algo de antemano.
CONJ *Irreg: Preconcibo, preconcebí, preconcebiré, preconcebido.*

pre·co·ni·zar [prekoniθár] *v/tr* Recomendar o aconsejar algo de interés general.
ORT La *z* cambia en *c* ante *e: Preconice.*

pre·coz [prekóθ] *adj* **1.** Se aplica a lo que se produce, madura o desarrolla antes de tiempo. **2.** Se aplica a la persona joven que tiene un desarrollo físico o intelectual superior al normal en relación con su edad. RPr **Precoz en/para:** *Precoz en su desarrollo físico/para su edad.*

pre·cur·sor, -ra [prekursór, -ra] *adj* y *s/m,f* **1.** Que precede. **2.** Que se adelanta a una forma de vida futura o a un sistema ideológico.

pre·de·ci·ble [predeθíβle] *adj* Que puede predecirse.

pre·de·cir [preðeθír] *v/tr* Anunciar, por suposición, adivinación, etc., un hecho o algo que ocurrirá en el futuro.
CONJ *Irreg: Predigo, predije, prediré, predicho.*

pre·de·ce·sor, -ra [preðeθesór, -ra] *s/m,f* **1.** Se aplica a la persona que precedió a otra en un cargo, situación o empleo. **2.** Persona que ha vivido antes que otra.

pre·des·ti·na·do, (-a) [preðestináðo, (-a)] *adj* Se aplica a lo que fatalmente tiene que acabar de una determinada manera: *Con este coche estás predestinado a quedarte en medio de la carretera.*

pre·des·ti·nar [preðestinár] *v/tr* **1.** Destinar anticipadamente algo para un fin. **2.** TEOL Elegir Dios desde la eternidad a los que han de lograr la gloria.

pre·de·ter·mi·na·ción [preðeterminaθjón] *s/f* Acción y efecto de predeterminar.

pre·de·ter·mi·nar [preðeterminár] *v/tr* Determinar o resolver anticipadamente una cosa.

pré·di·ca [préðika] *s/f* Sermón.

pre·di·ca·ción [preðikaθjón] *s/f* **1.** Acción de predicar. **2.** Doctrina que se predica.

pre·di·ca·do [preðikáðo] *s/m* Lo que se afirma o niega del sujeto en una proposición.

pre·di·ca·dor, (-ra) [preðikaðór, (-ra)] *adj* y *s/m* Que predica.

pre·di·ca·men·to [preðikaménto] *s/m* Fama o estimación de que uno goza por sus obras.

pre·di·car [preðikár] *v/tr* Pronunciar un sermón.
ORT La *c* cambia en *qu* ante *e: Predique.*

pre·dic·ción [preði(k)θjón] *s/f* Acción y efecto de predecir.

pre·di·lec·ción [preðile(k)θjón] *s/f* Elección de una persona o cosa entre varias.

pre·di·lec·to, -a [preðilékto, -a] *adj* Se aplica a la persona o cosa preferida y elegida entre otras. RPr **Predilecto de:** *Es el niño predilecto de sus padres.*

pre·dio [préðjo] *s/m* Propiedad o finca, generalmente rústica.

pre·dis·po·ner [preðisponér] *v/tr,* REFL (-SE) Preparar el ánimo de las personas para un fin determinado o influir en ellas desde el primer momento: *Su aspecto predispone a no mirarle.* RPr **Predisponer a.**
CONJ *Irreg: Predispongo, predispuse, predispondré, predispuesto.*

pre·dis·po·si·ción [preðisposiθjón] *s/f* Acción y efecto de predisponer(se).

pre·dis·pues·to, -a [preðispwésto, -a] **I.** *p irreg* de *predisponer.* **II.** *adj* **1.** Estar dispuesto hacia alguien o algo favorable o desfavorablemente. **2.** (Con *ser*) Ser propenso a una enfermedad o estado de ánimo.

pre·do·mi·nan·te [preðominánte] *adj* Que predomina.

pre·do·mi·nar [preðominár] *v/tr* **1.** Prevalecer, dominar una cosa por encima de otra. **2.** Sobresalir en altura una cosa respecto a otra. RPr **Predominar en/sobre:** *Predomina en altura.*

pre·do·mi·nio [preðomínjo] *s/m* Circunstancia o hecho de que una cosa predomine sobre otra.

pre·e·mi·nen·cia [pre(e)minéṇθja] *s/f* **1.** Privilegio, superioridad o preferencia que tiene una persona respecto a otra u otras. **2.** Situación preeminente.

pre·e·mi·nen·te [pre(e)minéṇte] *adj* Destacado, superior a otros, que tiene más importancia o sobresale por algo.

pre·es·co·lar [pre(e)skolár] *adj* Se aplica a lo que precede a lo escolar: *Enseñanza preescolar.*

pre·es·ta·ble·ci·do, -a [pre(e)stableθíðo, -a] *adj* Se aplica a lo establecido por ley o reglamento con anterioridad a un momento dado.

pre·e·xis·tir [pre(e)(k)sistír] *v/intr* Existir con anterioridad.

pre·fa·bri·ca·do, -a [prefaβrikáðo, -a] *adj* Se aplica a las casas u otro tipo o elementos de construcción que se envían ya fabricados al sitio de su emplazamiento, donde sólo hay que fijarlos y acoplarlos.

pre·fa·cio [prefáθjo] *s/m* Introducción o prólogo de algo que se escribe o dice como preparación a un tratado o discurso.

pre·fec·to [prefékto] *s/m* **1.** Inspector o persona encargada de vigilar el desempeño de ciertos cargos o funciones. **2.** Se aplica a la persona que preside y manda en una comunidad religiosa o junta eclesiástica.

pre·fec·tu·ra [prefektúra] *s/f* Dignidad, empleo o cargo de prefecto.

pre·fe·ren·cia [preferéṇθja] *s/f* **1.** Tendencia o inclinación favorable hacia alguien o algo que predispone a su elección. **2.** Primacía, ventaja: *Tienen preferencia los niños.*

pre·fe·ren·te [preferéṇte] *adj* **1.** Que prefiere, que tiene preferencia. **2.** Mejor o de mayor rango: *Ocupa un puesto preferente en el consejo.*

pre·fe·ri·ble [preferíβle] *adj* Que debe preferirse por ser mejor o más ventajoso.

pre·fe·rir [preferír] *v/tr* Gustar, querer o estimar más a una persona o cosa que a otras: *Prefiere el frío al calor.* RPr **Preferir (algo) a...**
CONJ *Irreg: Prefiero, preferí, preferiré, preferido.*

pre·fi·jar [prefixár] *v/tr* Fijar o determinar con antelación las condiciones, detalles, etc., de una cosa.

pre·fi·jo, (-a) [prefíxo, (-a)] **I.** *adj* Que queda prefijado. **II.** *s/m* GRAM Afijo que se antepone a las palabras: **des***hacer,* **in***seguro.*

pre·gón [preγón] *s/m* **1.** Aviso o anuncio público y en voz alta que se hace por la calle (ahora solamente en los pueblos) normalmente por un funcionario del ayuntamiento, para divulgar una noticia o aviso que conviene conozcan todos. **2.** Discurso literario que abre determinados festejos.

pre·go·nar [preγonár] *v/tr* **1.** Divulgar algo con un pregón. **2.** Dar a conocer algo que debía callarse o permanecer oculto.

pre·go·ne·ro, (-a) [preγonéro, (-a)] *adj* y *s/m,f* **1.** Que proclama o divulga algo. **2.** Empleado municipal encargado de leer los pregones.

pre·gun·ta [preγúṇta] *s/f* **1.** Proposición que uno formula para que otro la responda. **2.** *pl* Conjunto de preguntas hechas; *por ej,* cada uno de los temas o puntos de un cuestionario o programa de exámenes, interrogatorio.

pre·gun·tar [preγuṇtár] **I.** *v/tr* Pedir una persona a otra que le conteste 'sí' o 'no' a cierta cosa o que le explique o resuelva algo. **II.** REFL(-SE) Plantearse una situación o cuestión sobre la que se duda, o no saber con seguridad cierta cosa. RPr **Preguntar por:** *Esta mañana me preguntó por ti el director.*

pre·gun·tón, -na [preγuṇtón, -na] *adj* y *s/m,f* FAM Se aplica al que pregunta demasiado e insistentemente.

pre·his·to·ria [preistórja] *s/f* Ciencia que trata de la vida humana anterior a todo documento histórico.

pre·his·tó·ri·co, -a [preistóriko, -a] *adj* **1.** Relativo a la prehistoria. **2.** FIG Anticuado, viejo.

pre·jui·cio [prexwíθjo] *s/m* Actitud que se forma uno sobre una cosa antes de conocerla y que generalmente se manifiesta en forma de simpatía o antipatía ante individuos, naciones, ideas, etc.

pre·juz·gar [prexuθγár] *v/tr* Juzgar una cosa antes de conocerla o sin tener datos suficientes sobre ella.
ORT La *g* va seguida de *u* delante de *e: Prejuzgue.*

pre·la·ción [prelaθjón] *s/f* Prioridad, preferencia con que una cosa debe ser atendida respecto de otra u otras.

pre·la·do [preláðo] *s/m* Se aplica al que ocupa cualquiera de las dignidades superiores de la Iglesia.

pre·la·tu·ra [prelatúra] *s/f* Dignidad y oficio del prelado.

pre·li·mi·nar [preliminár] **I.** *adj* y *s/m*

Que precede a una acción. **II.** *s/m, pl* Negociaciones previas a un tratado de paz.

pre·lu·diar [preluðjár] *v/tr* Preparar, anunciar o empezar una cosa: *Estas nubes preludian tormenta.*

pre·lu·dio [prelúðjo] *s/m* **1.** Algo que sirve de preámbulo o principio a una cosa. **2.** Ensayo para probar el estado de los instrumentos musicales o de la voz antes de empezar a ejecutar formalmente una pieza musical. **3.** Composición musical que precede a la ejecución de otras obras, o parte de una obra que se ejecuta como introducción al principio de ella.

pre·ma·tri·mo·nial [prematrimonjál] *adj* Que precede al matrimonio.

pre·ma·tu·ro, -a [prematúro, -a] **I.** *adj* **1.** Que sucede antes de tiempo, o que no está suficientemente maduro. **2.** Que no se sabe aún de una manera cierta. **II.** *adj* y *s/m,f* Se aplica al niño nacido antes de tiempo, pero que puede vivir.

pre·me·di·ta·ción [premeðitaθjón] *s/f* Acción de premeditar.

pre·me·di·ta·do, -a [premeðitáðo, -a] *adj* Se aplica a lo que no ha surgido de manera espontánea, sino que es producto de un plan.

pre·me·di·tar [premeðitár] *v/tr* Pensar o planear detenidamente algo antes de hacerlo.

pre·miar [premjár] *v/tr* Dar un premio a alguien o recompensarle por algo.

pre·mier [premjér] *s/m,f* Jefe de Gobierno, primer ministro, en Gran Bretaña y otros países con regímenes derivados del británico. En España se emplea generalmente en lenguaje periodístico.

pre·mio [prémjo] *s/m* **1.** Cosa que se da a alguien en recompensa o reconocimiento de un mérito o acción meritoria. **2.** Lo que se adjudica en un sorteo o en una rifa, *por ej.* cada uno de los lotes sorteados en la lotería nacional. **3.** Denominación que se da a algunas competiciones deportivas, concursos literarios, etc.: *Premio Cervantes de literatura.* **4.** El ganador de una de estas competiciones o concursos: *García Márquez ya es premio Nobel de literatura.*

pre·mio·si·dad [premjosiðáð] *s/f* Cualidad de premioso.

pre·mio·so, -a [premjóso, -a] *adj* **1.** Que está tan ajustado o apretado que se mueve con dificultad. **2.** Se aplica a la persona torpe en sus movimientos o en su manera de expresarse. **3.** Se dice de lo que apremia o aprieta.

pre·mi·sa [premísa] *s/f* **1.** LÓG Cada una de las proposiciones del silogismo de donde se infiere y saca la conclusión. **2.** Normalmente en *pl* con 'establecer' o 'sentar': antecedentes o base necesarios para establecer, discutir, tratar, etc., algo: *Establecidas estas premisas, podemos llegar a un acuerdo.*

pre·mo·lar [premolár] *adj* y *s/m* Se aplica a la pieza dentaria de los mamíferos situada entre las muelas y los caninos.

pre·mo·ni·ción [premoniθjón] *s/f* Presentimiento, sensación psíquica que informa de un hecho que ocurrirá posteriormente y que no tiene, en principio, base real conocida.

pre·mo·ni·to·rio, -a [premonitórjo, -a] *adj* Se dice de la sensación, sueño, etc., que parece anunciarnos lo que va a suceder.

pre·mu·ra [premúra] *s/f* Prisa, urgencia.

pre·na·tal [prenatál] *adj* Se aplica a lo que sucede o existe antes del nacimiento.

pren·da [préṇda] *s/f* **1.** Lo que se entrega o da como garantía o señal de algo, generalmente como garantía del cumplimiento de una obligación. **2.** Cualquier pieza de vestido o de calzado. **3.** Cualidad o virtud buena de una persona: *La gente ensalza las prendas de ese muchacho.* **4.** En *pl* ('Jugar a') En ciertos juegos, objeto que el jugador que pierde o se equivoca entrega, o acción que realiza como castigo por su falta. LOC **En prenda de,** como prenda, en empeño o fianza. **No soltar prenda,** no decir alguien una cosa que le puede comprometer.

pren·dar [preṇdár] **I.** *v/tr* Ganar el afecto de alguien, impresionar favorablemente, gustar mucho una cosa: *Vino prendado de aquel viaje.* **II.** REFL(-SE) Aficionarse a algo o enamorarse de alguien o de algo.

pren·de·dor [preṇdeðór] *s/m* Broche, alfiler, etc., que sirve para prender algo.

pren·der [preṇdér] **I.** *v/tr* **1.** Sujetar, agarrar una cosa. **2.** Detener, arrestar a alguien y meterlo en prisión. **3.** Sujetar o enganchar una cosa en otra de modo que no pueda moverse: *Se ha prendido el pelo con unas horquillas.* **4.** Encender el fuego del hogar: *Prender la lumbre.* **II.** *v/intr* **1.** Echar raíces una planta. **2.** Encender, hacer brotar luz o fuego. **3.** Extender o arraigar algo: *Sus ideas prendieron fácilmente en la juventud.* **4.** Hacer efecto una vacuna. **III.** REFL(-SE) Encenderse: *Se le prendió el pelo en la cocina de gas.* RPr **Prender a/en/con (I):** *Prender (algo) a/en la blusa.*

pren·di·mien·to [preṇdimjéṇto] *s/m* Acción de prender.

pren·sa [prénsa] *s/f* **1.** Máquina que sirve para comprimir, formada generalmente por dos plataformas que se aproximan mediante tornillos, entre los cuales se coloca lo que hay que comprimir. **2.** Má-

quina de imprimir. **3.** Imprenta. **4.** Nombre colectivo que se da a las publicaciones impresas e informativas diarias o periódicas y a las personas dedicadas a esta actividad: *Últimamente no leo la prensa.* LOC **Tener buena o mala prensa,** tener buena o mala fama.
En prensa, imprimiéndose.

pren·sa·do, (-a) [prensáðo, (-a)] **I.** *p* de *prensar.* **II.** *s/m* Acción de prensar.

pren·sar [prensár] *v/tr* Apretar algo en la prensa o con cualquier otro procedimiento.

pren·sil [prensíl] *adj* Que sirve para coger o asir.

pre·ña·do, (-a) [preɲáðo, (-a)] **I.** *adj* **1.** Se aplica a la hembra de cualquier mamífero que tiene el feto en el vientre. **2.** FIG Lleno o cargado de algo: *Nubes preñadas de granizo.* **II.** *s/m* Embarazo de la mujer. RPr **Preñado de (II).**

pre·ñar [preɲár] *v/tr* Fecundar a una hembra; embarazar a una mujer.

pre·ñez [preɲéθ] *s/f* **1.** Estado de la hembra preñada o de la mujer embarazada. **2.** Tiempo que dura el embarazo. ORT *Pl: Preñeces.*

pre·o·cu·pa·ción [preokupaθjón] *s/f* Pensamiento o idea que preocupa.

pre·o·cu·par [preokupár] **I.** *v/tr* **1.** Ocupar o tomar anticipadamente una cosa, o prevenir a alguien en la adquisición de ella. **2.** Ocupar predominante e insistentemente el pensamiento de alguien con algo que le produce temor, inquietud, ansiedad, etc. **II.** REFL(-SE) **1.** Con *por,* sentir preocupación: *Se preocupa por todo.* **2.** Con *de,* encargarse, tomar alguien a su cuidado algo: *Preocúpate tú de ordenar esto.* RPr **Preocuparse de/por.**

pre·pa·ra·ción [preparaθjón] *s/f* **1.** Acción y efecto de preparar o prepararse. **2.** Conocimientos que se tienen sobre cierta materia: *Para este trabajo se necesita una buena preparación.*

pre·pa·ra·do, (-a) [preparáðo, (-a)] **I.** *p* de *preparar.* **II.** *adj* y *s/m,f* FARM Se aplica al medicamento o droga preparado y producido industrialmente.

pre·pa·ra·dor, (-ra) [preparaðór, (-ra)] *adj* y *s/m,f* Que prepara.

pre·pa·rar [preparár] **I.** *v/tr* **1.** Disponer a una persona o cosa para un determinado fin, o poner algo en condiciones de poder usarlo: *Ayer preparé las maletas.* **2.** Estudiar determinada cosa con un fin: *Me estoy preparando para el examen de teórica.* **3.** Enseñar a alguien cierta materia: *Le prepara en inglés una profesora nativa.* **II.** REFL(-SE) **1.** Disponerse a hacer una cosa con un fin determinado. Se usa con frecuencia en imperativo: *Prepárate para cuando llegue papá.* **2.** Estar algo en vías de ocurrir de cierta manera: *Con tanto frío se nos prepara un desagradable comienzo de vacaciones.* **3.** Haber síntomas de que va a ocurrir algo: *Se prepara una tormenta.* RPr **Prepararse a/con/contra/para:** *Se preparaba a salir/con un método tradicional. Hay que empezar a prepararse contra el mal tiempo. Los partidos políticos se están preparando para las próximas elecciones.*

pre·pa·ra·ti·vo, (-a) [preparatíβo, (-a)] **I.** *adj* Se aplica a lo que se prepara para algo. **II.** *s/m* Lo que se hace para que algo quede preparado.

pre·pa·ra·to·rio, -a [preparatórjo, -a] *adj* Se aplica a lo que prepara o sirve para preparar.

pre·pon·de·ran·cia [preponderánθja] *s/f* **1.** Mayor peso de una cosa con respecto de otra. **2.** FIG Superioridad.

pre·pon·de·ran·te [preponderánte] *adj* Que prepondera o prevalece.

pre·pon·de·rar [preponderár] *v/intr* Prevalecer o dominar una opinión u otra cosa respecto de otra.

pre·po·si·ción [preposiθjón] *s/f* Partícula, palabra o elemento invariable que establece una relación subordinante entre dos términos pertenecientes a una misma oración. También se usa como prefijo.

pre·po·si·cio·nal [preposiθjonál] *adj* Relativo a la preposición.

pre·po·ten·cia [prepoténθja] *s/f* Poder superior al de otros.

pre·po·ten·te [prepoténte] *adj* Más poderoso que otros, o muy poderoso.

pre·pu·cio [prepúθjo] *s/m* ANAT Piel móvil que cubre el bálano.

pre·rro·ga·ti·va [prerroɣatíβa] *s/f* Privilegio o ventaja de que goza una persona por determinada circunstancia, por ocupar cierto cargo, por la edad o por tener más derechos o menos obligaciones que otros.

pre·sa [présa] *s/f* **1.** Acción de prender, coger o apresar (en la frase 'hacer presa'): *Las llamas hicieron presa en sus ropas.* **2.** Cosa apresada: *El gato no soltaba su presa.* **3.** Muro o dique que se construye a través de un río, arroyo o canal, para detener el agua y derivarla para su aprovechamiento.

pre·sa·giar [presaxjár] *v/tr* Pronosticar, predecir una cosa que va a ocurrir.

pre·sa·gio [presáxjo] *s/m* Señal de un suceso futuro.

pres·bi·cia [presβíθja] *s/f* MED Defecto visual consistente en ver confusamente los objetos cercanos y debido generalmente a la edad.

pres·bi·te·ria·no, -a [presβiterjáno, -a] **I.** *adj* y *s/m,f* Se aplica al protestante que no reconoce la autoridad del obispo. **II.** *adj* Relativo a los presbiterianos.

pres·bi·te·rio [presβitérjo] *s/m* Área del altar mayor, incluidas las escaleras que dan acceso a él.

pres·bí·te·ro [presβítero] *s/m* Sacerdote o eclesiástico con órdenes que le facultan para decir misa.

pres·cien·cia [presθjéṇθja] *s/f* Conocimiento de las cosas futuras.

pres·cin·dir [presθiṇdír] *v/intr* Renunciar a algo por no necesitarlo o por no poder tenerlo: *Tuvo que prescindir de dos empleados.* RPr **Prescindir de.**

pres·cri·bir [preskriβír] **I.** *v/tr* Indicar, disponer, mandar algo: *El doctor le prescribió un cambio de aires.* **II.** *v/intr* Extinguirse o cesar un derecho, una obligación, la responsabilidad por un delito o cualquier otra cosa, por haber transcurrido el tiempo señalado.

pres·crip·ción [preskripθjón] *s/f* Acción y efecto de prescribir.

pres·cri·to, -a [preskríto, -a] *p irreg* de *prescribir.*

pre·sen·cia [preséṇθja] *s/f* **1.** Acción y efecto de estar presente una cosa o persona. **2.** Aspecto exterior, apariencia de una persona: *Su amigo tiene buena presencia.*

pre·sen·cial [preseṇθjál] *adj* Relativo a la presencia.

pre·sen·ciar [preseṇθjár] *v/tr* Asistir o estar presente en cierto acontecimiento, espectáculo, etc.

pre·sen·ta·ble [preseṇtáβle] *adj* (Con *ser* o *estar*) Que está en condiciones o en estado de presentarse o ser presentado.

pre·sen·ta·ción [preseṇtaθjón] *s/f* **1.** Acción y efecto de presentar(se). **2.** Aspecto exterior de algo. **3.** Puesta en escena: vestuario, decoración, mobiliario, etc., que se utiliza para representar una obra de teatro. **4.** Con *may*, festividad con que la iglesia conmemora el día 21 de noviembre la presentación de la Virgen en el templo por sus padres.

pre·sen·ta·do, (-a) [preseṇtáðo, (-a)] **Bien, mal presentado** (referido a trabajos), trabajo cuidadoso o pulcramente terminado para su presentación, o lo contrario.

pre·sen·ta·dor, -ra [preseṇtaðór, -ra] *adj* y *s/m,f* Se aplica al que presenta o comenta un espectáculo o un programa en una emisora de radio o televisión.

pre·sen·tar [preseṇtár] **I.** *v/tr* **1.** Mostrar, poner algo delante de alguien para que lo vea, examine o juzgue: *Su libro ha sido presentado en la feria del libro de Barcelona.* **2.** Mostrar algo determinadas características o apariencia: *La ciudad presentaba un aspecto desolador.* **3.** Poner o tener una cosa cierta parte de sí misma de manera que reciba determinada acción: *Le presentaba la mano para que la besara.* **4.** Mostrar al público un libro, programa, espectáculo, etc., para que lo conozca: *La cadena* X *presenta su última película.* **5.** Proponer a una persona para algo determinado: *La asociación de alumnos quiere presentarle como su representante.* **6.** Ofrecer, poner ante alguien una cosa para que tome algo de ella: *Le presentó una bandeja de dulces.* **7.** Mostrar alguien una persona a otra para que la conozca, dando su nombre: *Le presento al nuevo empleado.* **8.** Con 'excusas, respetos', etc., darlos, ofrecerlos: *Le presento mis excusas por no haber entregado el informe a tiempo.* **9.** Proponer a una persona para una dignidad, oficio o beneficio eclesiástico. **10.** Mostrar, dar a conocer algo atribuyéndole un determinado carácter: *Presentaba aquel modelo de coche como el futuro modelo del siglo* XXI. **II.** REFL(-SE) **1.** Comparecer en algún lugar o ante alguien en un momento inesperado, de improviso: *Se presentó en casa cuando estábamos cenando.* **2.** Acudir a cierto sitio o visitar a una determinada persona. **3.** Ofrecerse voluntariamente para un fin. **4.** Comparecer en juicio. LOC **Presentar batalla,** disponerse a entrar en combate. **Presentarse como** (determinada cosa que se expresa), aparentar o simular que se es esa cosa: *Se presentó como agente de policía.*

pre·sen·te [preséṇte] **I.** *adj* y *s/m,f* Que está delante o en presencia de uno, en el mismo lugar que él o en el momento que está ocurriendo algo: *Juan estaba presente cuando ocurrió el accidente.* **II.** *adj* y *s/m* **1.** Se aplica al tiempo en que en la actualidad está el que habla, o a los acontecimientos que ocurren en él: *Es importante que pienses en el presente, y te olvides del pasado.* **2.** *s/m* GRAM Tiempo verbal que expresa que la acción ocurre en el momento en que se habla: *El presente de indicativo.* **3.** *adj* Se aplica a las cosas que uno tiene en la memoria o en la imaginación (con *tener*): *Quiero que en el futuro tengas presente lo que ha sucedido hoy.* **III.** *s/m* Regalo: *Me trajeron varios presentes de Sevilla.* **IV.** *s/m,f* Escrito, carta: *Por la presente deseo comunicarle mi renuncia.* LOC **¡Presente!,** contestación que da quien ha sido nombrado al pasar lista. **Hacer presente algo a alguien,** decírselo para que lo tenga en cuenta. **Hasta el presente,** hasta ahora. **Por el presente,** por ahora, por el momento. **Tener presente algo o a alguien,** recordarlo, tenerlo en la memoria, o tener algo en cuenta.

pre·sen·ti·mien·to [presentimjénto] *s/m* Acción y efecto de presentir. Cosa que se presiente.

pre·sen·tir [presentír] *v/tr* **1.** Experimentar por anticipado una sensación vaga e intuitiva de que va a ocurrir algo. **2.** Adivinar una cosa que va a ocurrir por algunos indicios o señales.
CONJ *Irreg: Presiento, presentí, presentiré, presentido.*

pre·ser·va·ción [preserβaθjón] *s/f* Acción y efecto de preservar(se).

pre·ser·var [preserβár] *v/tr* Proteger, resguardar anticipadamente de un daño o peligro: *La vitamina C preserva contra el resfriado.* RPr **Preservar contra/de.**

pre·ser·va·ti·vo, (-a) [preserβatíβo, (-a)] **I.** *adj* Que tiene poder o sirve para preservar. **II.** *s/m* Cualquiera de los sistemas empleados para evitar la fecundación.

pre·si·den·cia [presiðénθja] *s/f* **1.** Dignidad o cargo de presidente. **2.** Acción de presidir. **3.** Lugar en que está o se sienta el presidente. **4.** Edificio en que está su oficina. **5.** Grupo de personas que presiden algo. **6.** Tiempo que dura el cargo.

pre·si·den·cial [presiðenθjál] *adj* Relativo a la presidencia.

pre·si·den·cia·lis·mo [presiðenθjalísmo] *s/m* Sistema político en que el presidente de la república es simultáneamente jefe de Gobierno.

pre·si·den·cia·lis·ta [presiðenθjalísta] *adj* y *s/m,f* Relativo al presidencialismo.

pre·si·den·ta [presiðénta] *s/f* **1.** La que preside. **2.** Mujer del presidente.

pre·si·den·te [presiðénte] *adj* y *s/m,f* Que preside.

pre·si·dia·rio [presiðjárjo] *s/m* Individuo que cumple condena judicial con privación de libertad en una cárcel.

pre·si·dio [presíðjo] *s/m* **1.** Cárcel, prisión, establecimiento penitenciario en que se cumplen condenas por delitos ordinarios o militares. **2.** Situación de los condenados que están en un presidio.

pre·si·dir [presiðír] *v/tr* **1.** Ser presidente de algo. **2.** Ocupar el primer puesto en determinadas funciones. **3.** Estar presente algo como elemento predominante, que influye en los demás: *La bondad preside todos sus actos.*

pre·si·lla [presíʎa] *s/f* Cordón o tirilla de tela cuyos extremos se cosen al borde de una prenda de manera que formen una especie de anilla, la cual sirve para abrochar o de adorno.

pre·sión [presjón] *s/f* **1.** Acción y efecto de apretar, oprimir o empujar: *Este frasco está cerrado a presión.* **2.** Fuerza ejercida en dirección normal sobre la unidad de superficie de un cuerpo por un gas, líquido o sólido: *Este muro no aguantará la presión del agua.* **3.** Violencia o influencia que se ejerce sobre una persona o colectividad para determinar su conducta: *Por su manera de expresarse, creo que está hablando bajo presión.*

pre·sio·nar [presjonár] *v/tr* Ejercer presión sobre alguien para que haga algo.

pre·so, -a [préso, -a] *adj* y *s/m,f* Se aplica a la persona que está en prisión.

pres·ta·ción [prestaθjón] *s/f* **1.** Acción y efecto de prestar un servicio, una ayuda, etc. **2.** Servicio que una persona contrata con otra. **3.** Renta o servicio debido al propietario o señor de una finca que se tiene, *por ej,* a censo.

pres·ta·do, (-a) [prestáðo, (-a)] *adj* Resultado de prestar. **De prestado,** con cosas prestadas o por préstamo de alguien: *Siempre como de prestado en casa de algún amigo.*

pres·ta·mis·ta [prestamísta] *s/m,f* Persona que presta dinero con interés.

prés·ta·mo [préstamo] *s/m* **1.** Acción y efecto de prestar o tomar prestado. **2.** Cantidad de dinero prestado que ha de ser devuelto además de los intereses establecidos.

pres·tan·cia [prestánθja] *s/f* **1.** Excelencia, calidad. **2.** Distinción en los modales y movimientos.

pres·tar [prestár] **I.** *v/tr* **1.** Dejar dinero u otra cosa a alguien con la condición de que lo devuelva al cabo de cierto tiempo. **2.** Contribuir, ayudar a conseguir algo: *Está dispuesto a prestar su colaboración en este asunto.* **3.** Comunicar algo: *Fui el primero de los testigos en prestar declaración.* **4.** Seguido de voces como 'paciencia', 'silencio', 'atención', etc., observar o tener lo que estos sustantivos significan: *Si prestáis atención, terminaremos antes.* **II.** REFL (-SE) **1.** Ofrecerse amablemente para hacer lo que se expresa: *Se prestó a ayudarnos.* **2.** Avenirse, acceder a una cosa: *Ella se ha prestado a hacerlo fuera de su horario de trabajo.* **3.** Dar motivo, ofrecer peligro de algo: *Lo que han dicho se presta a malas interpretaciones.* RPr **Prestarse a.**

pres·ta·ta·rio, (-a) [prestatárjo, (-a)] *adj* y *s/m,f* Persona que recibe un préstamo.

pres·te·za [prestéθa] *s/f* Diligencia o prontitud en hacer o decir algo.

pres·ti·di·gi·ta·ción [prestiðixitaθjón] *s/f* Arte de hacer juegos de manos.

pres·ti·di·gi·ta·dor, -ra [prestiðixitaðór, -ra] *s/m,f* Persona que se dedica, por afición o como profesión, a hacer juegos de manos.

pres·ti·giar [prestixjár] *v/tr* Dar prestigio, realizar algo.

pres·ti·gio [prestíxjo] *s/m* Buena fama, reputación de que goza alguien o algo.

pres·ti·gio·so, -a [prestixjóso, -a] *adj* Se aplica a lo que tiene o causa prestigio.

pres·to, (-a) [présto, (-a)] **I.** *adj* **1.** Preparado o dispuesto para ejecutar la cosa que se expresa. **2.** Diligente, veloz, pronto. **II.** *adv* Pronto, enseguida, al momento.

pre·su·mi·ble [presumíβle] *adj* Se aplica a lo que es posible o probable.

pre·su·mi·do, -a [presumíðo, -a] *adj* y *s/m,f* Se aplica al que presume.

pre·su·mir [presumír] **I.** *v/tr* Sospechar o creer fundamentadamente que algo ocurre o va a ocurrir: *Presumo que no será capaz de terminar este trabajo.* **II.** *v/intr* Vanagloriarse, jactarse de cierta cualidad de sí mismo o mostrarse satisfecho de sí mismo, particularmente de su propia belleza: *Presume de ser guapo.* RPr **Presumir de (II).**

pre·sun·ción [presuṇθjón] *s/f* Acción y efecto de presumir o suponer (a veces por sospecha).

pre·sun·to, -a [presúṇto, -a] *adj* Supuesto: *El presunto reo.*

pre·sun·tuo·si·dad [presuṇtwosiðáð] *s/f* Cualidad de presuntuoso.

pre·sun·tuo·so, (-a) [presuṇtwóso, (-a)] **I.** *adj* y *s/m,f* Vanidoso, presumido. **II.** *adj* Con muchas pretensiones (para impresionar): *Un salón muy presuntuoso.*

pre·su·po·ner [presuponér] *v/tr* Dar por supuesta la existencia o la realidad de algo como base para tratar otra cosa o para actuar de una determinada manera.
CONJ *Irreg: Presupongo, presupuse, presupondré, presupuesto.*

pre·su·pues·tar [presupwestár] *v/tr* **1.** Hacer el presupuesto de algo. **2.** (Con *en*) Calcular el importe de una obra o de un proyecto determinado.

pre·su·pues·ta·rio, -a [presupwestárjo, -a] *adj* Relativo al presupuesto(s), particularmente, los del Estado.

pre·su·pues·to, (-a) [presupwésto, (-a)] **I.** *adj* Resultado de presuponer. **II.** *s/m* Cálculo anticipado del coste de una obra o de un servicio.

pre·su·ro·so, -a [presuróso, -a] *adj* Se aplica al que hace algo o anda con prisa.

pre·ten·cio·so, -a [pretenθjóso, -a] *adj* Presuntuoso.

pre·ten·der [preteṇdér] *v/tr* **1.** Pedir o intentar hacer una cosa, poniendo por parte de uno todos los medios necesarios para conseguirlo: *Pretende llegar a director del centro.* **2.** Procurar: *Pretendo no molestar a nadie.* **3.** Dar por cierto o afirmar algo de cuya realidad se duda: *Pretende ser más rápido que yo.* **4.** Intentar conquistar un hombre a una mujer o viceversa.

pre·ten·dien·te, (-a) [preteṇdjéṇte, (-a)] **I.** *adj* y *s/m,f* Se aplica al que pretende o solicita una cosa. **II.** *s/m* **1.** Hombre que pretende a una mujer, para cortejarla. **2.** Príncipe que reivindica un trono al que cree tener derecho.

pre·ten·sión [pretensjón] *s/f* **1.** Acción y efecto de pretender. **2.** Ambición, aspiración impertinente desmedida o afirmación de algo dudoso: *Con tantas pretensiones nunca triunfarás.*

pre·té·ri·to, (-a) [pretérito, (-a)] **I.** *adj* Pasado, transcurrido. **II.** *s/m* Se aplica a los tiempos verbales que expresan una acción pasada: *Pretérito perfecto.*

pre·tex·tar [prete(k)stár] *v/tr* Alegar algo como pretexto.

pre·tex·to [preté(k)sto] *s/m* Excusa, motivo o causa simulada que se alega para hacer una cosa o para excusarse de no haberla realizado.

pre·til [pretíl] *s/m* Barandilla o muro pequeño que se construye a los lados de un puente o de otros parajes para evitar caídas.

pre·ti·na [pretína] *s/f* Correa o cinta con hebilla que sujeta a la cintura ciertas prendas de vestir.

pre·tor [pretór] *s/m* Magistrado romano que ejercía su función en Roma o gobernaba una provincia.

pre·to·ria·nis·mo [pretorjanísmo] *s/m* Influencia abusiva de los militares en el Gobierno.

pre·va·le·cer [preβaleθér] *v/intr* **1.** Sobresalir, imponerse o triunfar entre varias cosas, opiniones, ideas o personas, una determinada de ellas: *Prevaleció la propuesta más moderada.* **2.** FIG Crecer y aumentar una cosa no material. RPr **Prevalecer sobre/entre:** *Prevaleció sobre los demás. Prevalecerá entre sus amigos.*
CONJ *Irreg: Prevalezca, prevalecí, prevaleceré, prevalecido.*

pre·va·ler [preβalér] *v/intr* Prevalecer.
CONJ *Irreg: Prevalgo, prevalí, prevaldré, prevalido.*

pre·va·ri·ca·ción [preβarikaθjón] *s/f* Acción y efecto de prevaricar.

pre·va·ri·car [preβarikár] *v/intr* **1.** Estar loco o trastornado, desvariar. **2.** Faltar

uno a sabiendas y voluntariamente a la obligación de la autoridad o cargo que desempeña. **3.** Cometer perjurio. **4.** Cometer prevaricato.
ORT La *c* cambia en *qu* ante *e: Prevarique.*

pre·ven·ción [preβenθjón] *s/f* **1.** Acción y efecto de prevenir. **2.** Cosa preparada o precaución para evitar un riesgo: *Ya están tomadas todas las prevenciones para la reunión.* **3.** (*Tener prevención contra*) Opinión o concepto desfavorable que se tiene sobre una persona o cosa. **4.** Guardia encargada de la vigilancia del cuartel, y lugar donde está esa guardia.

pre·ve·ni·do, (-a) [preβeníðo, (-a)] *adj* (Con *estar*) Apercibido, preparado para una cosa: *No te preocupes por él, ya está prevenido.*

pre·ve·nir [preβenír] *v/tr* **1.** Proveer, preparar o disponer una cosa con anticipación: *Prevenir las armas para la lucha.* **2.** Prever, conocer de antemano un daño o perjuicio. **3.** Precaver, evitar o impedir una cosa tomando las precauciones necesarias: *Más vale prevenir que lamentar.* **4.** Advertir, informar a alguien de un daño o peligro que le amenaza. **5.** Predisponer *(contra, en contra, a/en favor).* Influir en alguien en contra o a favor de una persona o cosa. **6.** Prepararse de antemano para hacer frente a una dificultad, inconveniente u objeción. RPr **Prevenir(se) contra/de/en contra/a favor de:** *Tenemos que prevenir al director contra el nuevo delegado. Ya le he prevenido del peligro. Le está previniendo en contra (a favor) de Juan.*
CONJ *Irreg: Prevengo, previne, prevendré, prevenido.*

pre·ven·ti·vo, -a [preβentíβo, -a] *adj* Se aplica a lo que sirve para prevenir o prevenirse.

pre·ven·to·rio [preβentórjo] *s/m* Establecimiento destinado a prevenir ciertas enfermedades y especialmente la tuberculosis. Sanatorio: *Preventorio infantil.*

pre·ver [preβér] *v/tr* **1.** Ver, darse cuenta con anticipación de algo que va a ocurrir. **2.** Tomar por adelantado las medidas o precauciones necesarias para hacer frente a lo que ocurra.
CONJ *Irreg: Preveo, preví, preveré, previsto.*

pre·vio, (-a) [préβjo, (-a)] **I.** *adj* Se aplica a lo que precede y sirve de preparación a algo: *Se podrá entrar, previa presentación del pasaporte.* **II.** *s/m* Grabación del sonido realizada antes de impresionar la imagen *(Play-Back).*

pre·vi·si·ble [preβisíβle] *adj* Que está dentro de la previsión normal.

pre·vi·sión [preβisjón] *s/f* Acción y efecto de prever o precaver. LOC **En previsión de,** por si ocurre algo.

pre·vi·sor, (-ra) [preβisór, (-ra)] *adj* y *s/m,f* Se aplica al que prevé (*Ser previsor).*

pre·vis·to, (-a) [preβísto, (-a)] **I.** *p irreg* de *prever.* **II.** *adj* Sabido por anticipado, por ser natural o lógico: *Era una circunstancia prevista.*

prez [préθ] *s/m,f* Honor u honra adquirida por una acción gloriosa: *La honra y prez de la aristocracia.*

prie·to, -a [prjéto, -a] *adj* **1.** Apretado. **2.** De color muy oscuro, negruzco.

pri·ma [príma] *s/f* **1.** Cantidad de dinero que se da como estímulo o recompensa por el logro de una actividad que se considera especial. **2.** Suma que en ciertas operaciones de bolsa a plazo se compromete el comprador a pagar al vendedor en caso de rescisión del contrato. **3.** Suma que paga el asegurado al asegurador.

pri·ma·cía [primaθía] *s/f* **1.** Cualidad de ser el primero: *Primacía en la natación mundial.* **2.** Excelencia o superioridad de una cosa en relación con otra.

pri·ma·do [primáðo] *s/m* Se aplica al primero (o de más categoría) entre los arzobispos y obispos de una nación.

pri·mar [primár] *v/tr* **1.** Dar una prima o un premio como recompensa o estímulo: *El director ha decidido dar una prima a la puntualidad.* **2.** Prevalecer, sobresalir.

pri·ma·rio, -a [primárjo, -a] *adj* **1.** Se aplica a lo que es principal o primero en orden de grado o importancia. **2.** Rudimentario, elemental. **3.** Se aplica a la era geológica que sigue a la arcaica y de lo relativo a ella.

pri·ma·te [primáte] **I.** *s/m* **1.** Se aplica a la persona ilustre, distinguida en cierto campo: *Es un primate del petróleo.* **2.** Mamífero de orden superior, con cinco dedos en sus extremidades, mediante los cuales les es posible agarrar. **II.** *s/m, pl* Orden de mamíferos que incluye al hombre y a los monos.

pri·ma·ve·ra [primaβéra] *s/f* **1.** Estación del año comprendida entre el invierno y el verano, astronómicamente desde el 20-21 de marzo (equinoccio de primavera) hasta el 21-22 de junio (solsticio de verano). **2.** Época en la que alguien o algo alcanza y mantiene el completo vigor o desarrollo, sin haber empezado todavía la decadencia: *Está en la primavera de su vida.* **3.** Año, referido a la edad: *Tiene dieciséis primaveras.*

pri·ma·ve·ral [primaβerál] *adj* Relativo a la primavera.

pri·mer [primér] *adj apoc* de *primero.* Forma apocopada que se usa precediendo

siempre a un sustantivo masculino: *El primer mes.*
GRAM No debe utilizarse con femenino.

pri·me·ri·zo, -a [primeríθo, -a] *adj* y *s/m,f* **1.** Se aplica a la persona novata y poco experimentada en una cosa: *No te extrañe que conduzca tan mal; es primerizo.* **2.** Se aplica a la hembra que pare por primera vez.

pri·me·ro, (-a) [priméro, (-a)] **I.** *adj* y *s/m,f* Siempre con artículo. **1.** (Con *estar, ser* y *de, en, entre*). Se aplica a una cosa cuando antecede o precede a otra en el tiempo, lugar o situación de que se trata: *Barcelona es la primera ciudad de Cataluña. Está el primero en la cola.* **2.** (Con *ser*) Lo más importante, fundamental: *Lo primero es el trabajo.* **II.** *s/m,f* (Con *ser*) Aplicado a la persona más considerada o influyente: *Siempre es el primero.* **III.** *adv* **1.** Ante todo, en primer lugar: *Iré primero a la escuela y después al mercado.* **2.** Antes, más bien: *Primero no comería que pedir limosna.* **IV.** *s/f* La primera de las velocidades del cambio de marchas de un vehículo. LOC **De primera,** muy bueno o muy bien: *Hoy hemos comido de primera.* **A primeros,** en los primeros días del mes que se expresa: *Se irán a Londres a primeros de junio.* RPr **Primero de/en/entre:** *El primero de todos/en todo. El primero entre ellos.*

pri·mi·cia [primíθja] *s/f* (Generalmente en *pl*). Fruto primero de cualquier cosa: *La noticia la dio TVE. como primicia de última hora.*

pri·mi·ge·nio, -a [primixénjo, -a] *adj* Primitivo, originario.

pri·mí·pa·ra [primípara] *s/f* Hembra que pare por primera vez.

pri·mi·ti·vis·mo [primitiβísmo] *s/m* Cualidad de primitivo.

pri·mi·ti·vo, -a [primitíβo, -a] **I.** *adj* **1.** De los primeros períodos de la historia o de una cosa: *Murallas primitivas.* **2.** Rústico, sin civilizar: *Tiene costumbres primitivas.* **II.** *adj* y *s/m,f* Se aplica al artista y a la obra artística anteriores al renacimiento clásico.

pri·mo, (-a) [prímo, (-a)] **I.** *adj* Primero. **II.** *s/m,f* **1.** Con respecto a una persona, hijo o hija de su tío o tía. **2.** COL Ingenuo, simple. Se aplica a la persona que se deja engañar con facilidad. LOC **Hacer el primo,** dejarse engañar fácilmente.

pri·mo·gé·ni·to, -a [primoxénito, -a] *adj* y *s/m,f* Se aplica al hijo que nace el primero.

pri·mo·ge·ni·tu·ra [primoxenitúra] *s/f* Cualidad de primogénito y derechos que le corresponden.

pri·mor [primór] *s/m* **1.** Cuidado y habilidad con que se hace una cosa. **2.** Cosa hecha así: *El vestido es un primor.*

pri·mor·dial [primorðjál] *adj* **1.** Más necesario o importante que otra cosa. **2.** Fundamental, necesario como base para otra cosa.

pri·mo·ro·so, -a [primoróso, -a] *adj* **1.** Que hace las cosas con cuidado y delicadeza. **2.** Delicado, bello, perfecto.

prin·ce·sa [prinθésa] *s/f* **1.** Mujer del príncipe. **2.** La que gobierna por título propio un principado.

prin·ci·pa·do [prinθipáðo] *s/m* **1.** Título o calidad de príncipe. **2.** Territorio gobernado por un príncipe. Algunos territorios se llaman así aunque han dejado de tener ese gobierno: *El principado de Andorra.*

prin·ci·pal [prinθipál] **I.** *adj* **1.** Primero en importancia o estimación: *Lo principal es tener buena salud.* **2.** Ilustre, noble. **3.** Fundamental, esencial por oposición a accesorio. **II.** *adj* y *s/m* Se aplica al piso de un edificio que está sobre la planta baja o sobre el entresuelo. **III.** *s/m* Se aplica al que es jefe o cabeza de un negocio, empresa, casa de comercio, etc.

prín·ci·pe [prínθipe] **I.** *adj* Se aplica a la edición primera de una obra. **II.** *s/m* **1.** Nombre que se da al soberano de algunos países. **2.** Soberano de un país cualquiera, sobre todo en lenguaje literario. **3.** Hijo primogénito del rey, aunque a veces se aplica a otros hijos del rey o miembros de la familia real.

prin·ci·pes·co, -a [prinθipésko, -a] *adj* Relativo al príncipe.

prin·ci·pian·te, (-a) [prinθipjánte, (-a)] *adj* y *s/m,f* Se aplica al que comienza a ejercer un arte, trabajo, oficio, etc., y es todavía inexperto en ella.

prin·ci·piar [prinθipjár] *v/tr* Comenzar, empezar.

prin·ci·pio [prinθípjo] *s/m* **1.** Comienzo, iniciación. Acción de principiar o primer instante del ser de una cosa: *Los principios no son fáciles.* **2.** Causa u origen de una cosa: *Una pequeña discusión fue el principio de esta situación.* **3.** Punto considerado como comienzo de algo. **4.** Fundamento o base de un razonamiento o discurso. **5.** Cada una de las ideas o máximas que rigen la conducta del hombre: *Una persona sin principios.* **6.** Cada uno de los elementos de una sustancia: *La quinina es el principio activo de la quina.* LOC **A principio(s) de,** en los primeros días de la semana, mes, etc. **Al principio,** al comienzo de una cosa. **De principios,** se aplica a la persona que rige conscientemente su conducta según principios morales. **En principio,** se aplica a lo que se toma o acepta de manera provisional, sin que haya entera conformidad en la forma o en los detalles. **Por principio,** como norma constante de conducta.

prin·gar [priŋgár] **I.** *v/tr* **1.** Manchar con pringue una cosa: *Estás pringando todo el suelo de la cocina.* **2.** Mojar pan en el pringue o en alguna salsa. **II.** *v/intr,* REFL (-SE) FIG FAM Participar en un negocio poco claro. RPr **Pringarse con/de:** *Se pringó de/con grasa.*
ORT La *g* cambia en *gu* ante *e: Pringue.*

prin·go·so, -a [priŋgóso, -a] *adj* Que tiene pringue o algo pegajoso.

prin·gue [príŋge] *s/m* **1.** Grasa animal que suelta el tocino o cualquier parte grasa de un animal cuando se fríe o se asa. **2.** FIG Suciedad, grasa o porquería que se pega a la ropa o a otra cosa.
GRAM A veces se usa también como *f: La pringue.*

prior, -ra [prjór, -ra] *s/m,f* Superior o superiora de una orden religiosa.

prio·ra·to [prjoráto] *s/m* **1.** Cargo o dignidad de prior. **2.** Territorio en que tiene su jurisdicción.

prio·ri·dad [prjoriðáð] *s/f* **1.** Anterioridad de una cosa con relación a otra. **2.** Primacía, preferencia. Anterioridad en importancia, superioridad, urgencia, etc.

prio·ri·ta·rio, -a [prjoritárjo, -a] *adj* Que tiene prioridad.

pri·sa [prísa] *s/f* **1.** (*Darse prisa(s), con prisa)* Rapidez o prontitud con que sucede o se hace algo. **2.** Premura, urgencia. LOC **Correr prisa algo,** urgir algo, ser necesario hacerlo o tenerlo pronto. **Dar o meter prisa a alguien,** obligar a una persona a que haga algo rápidamente. **Darse prisa,** apresurarse. **De prisa y corriendo,** atropelladamente, con precipitación. **A prisa,** aprisa, deprisa. **De prisa,** rápidamente. **Tener prisa,** tener que hacer algo rápida o inmediatamente.

pri·sión [prisjón] *s/f* **1.** Acción de coger, prender. **2.** Sitio o lugar donde están encerradas las personas a quienes se priva de libertad por no haber respetado la normativa legal vigente. **3.** Cualquier cosa que ata o impide obrar libremente: *La prisión del amor.*

pri·sio·ne·ro, -a [prisjonéro, -a] *s/m,f* **1.** Persona que en tiempos de guerra cae en poder del enemigo. **2.** El que está dominado por un sentimiento o pasión: *Prisionero de sus ideas o pasiones.* LOC **Prisionero de.**

pris·ma [prísma] *s/m* **1.** GEOM Figura geométrica terminada por dos caras planas, paralelas e iguales, que se llaman base, y por tantos paralelogramos cuantos lados tenga cada base. **2.** FIG Punto de vista.

pris·má·ti·co, (-a) [prismátiko, (-a)] **I.** *adj* De forma de prisma. **II.** *s/m* En *pl* Catalejos o anteojos.

pri·va·ción [priβaθjón] *s/f* **1.** Acción de privar (quitar, suspender, vedar) o privarse. **2.** Falta o carencia de algo necesario, que hace padecer: *Esta familia es muy pobre, pasa muchas privaciones.*

pri·va·do, (-a) [priβáðo, (-a)] **I.** *adj* **1.** Participio adjetivo; falto de cierta cosa: *Privado de agilidad.* **2.** Celebrado o realizado ante pocos, en secreto: *Una fiesta privada.* **3.** Particular, personal de cada uno: *Una consulta médica privada.* **II.** *s/m* Persona que goza del favor de un soberano e influye en sus determinaciones.

pri·van·za [priβáṇθa] *s/f* Preferencia en el favor y confianza de un príncipe o alto personaje y, *por ext,* de cualquiera otra persona.

pri·var [priβár] **I.** *v/tr* **1.** Desposeer o despojar a alguien de algo: *Privar a alguien de libertad.* **2.** Prohibir o vedar a alguien una cosa: *Esta semana le han privado de su sueldo semanal.* **3.** (*Estar privado por*) Perder el sentido por algo/alguien: *Está privado por esa joven.* **4.** FIG Gustar mucho algo: *Le privan las novelas de aventuras.* **II.** *v/intr* **1.** Estar de moda: *Este año priva la minifalda.* **2.** (Con *con*) Tener privanza o influencia con alguien. **III.** REFL(-SE) Renunciar voluntariamente a una cosa agradable o de interés: *Se priva de todo por ahorrar.* RPr **Privar(se) de. Privar con:** *Priva con el rey.*

pri·va·ti·vo, -a [priβatíβo, -a] *adj* **1.** Que causa privación. **2.** Propio y peculiar de algo o alguien.

pri·va·ti·zar [priβatiθár] *v/tr* Hacer privado lo que era público.
ORT Ante *e* la *z* cambia en *c: Privatice.*

pri·vi·le·gia·do, (-a) [priβilexjáðo, (-a)] *adj* y *s/m,f* Se aplica al que goza de un privilegio.

pri·vi·le·giar [priβilexjár] *v/tr* Conceder privilegio(s).

pri·vi·le·gio [priβiléxjo] *s/m* Gracia o exención especial concedida a una persona o colectividad.

pro [pró] **I.** *prep* En favor de: *Asociación pro ciegos.* **II.** *s/m,f* Provecho. Se utiliza en las siguientes expresiones: **El pro y el contra (los pros y los contras),** lo favorable o desfavorable de una cosa. **En pro de,** en favor de: *Lucha en pro de la libertad.* **III.** *pref* Entra en la formación de palabras con el significado de: **1.** Sustitución: *Pronombre, pro-cónsul.* **2.** Negación o contradicción: *Pro-scribir.* **3.** Ante o delante: *Pro-clamar, pro-nosticar.* **4.** Progreso: *Pro-mover, pro-crear.* **5.** Publicación: *Propagar.* **6.** Fuera de: *Pro-fano.*

proa [próa] *s/f* Parte delantera de una embarcación o avión.

pro·ba·bi·li·dad [proβaβiliðáð] *s/f* Cualidad de probable o circunstancia de ser probable una cosa. Generalmente suele llevar un *adj* o un *adv* de cantidad o número: *Tiene alguna probabilidad de ganar.*

pro·ba·bi·lis·mo [proβaβilísmo] *s/m* Doctrina o teoría filosófica según la cual cualquier opinión tiene cierto grado de probabilidad y no es nunca totalmente verdadera ni totalmente falsa.

pro·ba·ble [proβáβle] *adj* **1.** Que se puede probar. **2.** Se dice de lo que tiene posibilidades de ocurrir, basándose en argumentos verosímiles.

pro·ba·do, (-a) [proβáðo, (-a)] *adj* **1.** Confirmado por la experiencia. **2.** Se aplica a la persona que ha sufrido estoicamente muchas adversidades.

pro·ba·dor, (-ra) [proβaðór, (-ra)] **I.** *adj* y *s/m,f* Que prueba o sirve para probar. **II.** *s/m* Departamento en que los clientes se prueban los trajes o vestidos en los talleres de costura o en las tiendas.

pro·bar [proβár] **I.** *v/tr* **1.** Demostrar, hacer aparecer una cosa como indudable. **2.** Examinar las cualidades de alguien o algo o comprobar si algo se adapta al uso al cual ha sido destinado: *Antes de comprarlo, prueba a ver si funciona.* **3.** Indicar: *Eso prueba que no quiere verte.* **4.** Poner una cosa, generalmente una prenda de vestir, para ver si queda o sienta bien: *Probar un traje.* **5.** Tomar un poco de una comida o bebida para comprobar su sabor: *Prueba el café.* **II.** *v/intr* **1.** Intentar. Con la preposición *a+inf,* hacer prueba, experimentar una cosa: *Probó a subir, pero no pudo.* **2.** Ser conveniente una cosa para determinado fin. Generalmente se usa con los adverbios 'bien' o 'mal': *Le prueba bien el matrimonio.* RPr **Probar a.**
CONJ *Irreg: Pruebo, probé, probaré, probado.*

pro·be·ta [proβéta] *s/f* **1.** Tubo de ensayo, generalmente con pie, a veces graduado y con pico para verter, que se usa para pruebas de laboratorio. **2.** Cubeta, recipiente de poco fondo, que se usa en las operaciones químicas, fotográficas, etc.

pro·bi·dad [proβiðáð] *s/f* Bondad, normalidad, integridad y honradez en el obrar.

pro·ble·ma [proβléma] *s/m* **1.** Cuestión cuya resolución trata de lograrse o que encierra alguna dificultad: *El problema del paro es acuciante.* **2.** Proposición matemática o de otra ciencia, cuya solución se puede deducir operando con los datos conocidos: *Problemas de matemáticas.* **3.** Enfrentamiento de un individuo o grupo ante una situación desconocida: *El Gobierno tiene ante sí el problema del petróleo.* **4.** Situación difícil que debe ser resuelta.

pro·ble·má·ti·co, (-a) [proβlemátiko, -a] **I.** *adj* Dudoso o incierto; no seguro: *Su trabajo se presenta problemático.* **II.** *s/f* Conjunto de problemas relativos a una ciencia o actividad determinada.

pro·bo, -a [próβo, -a] *adj* Honrado, íntegro: *Un funcionario probo.*

pro·bós·ci·de [proβósθiðe] *s/f* ZOOL Trompa, prolongación tubular de la nariz o de la boca de diversos animales (*por ej,* en *los elefantes, los insectos dípteros,* etc.).

pro·bos·ci·dio [proβosθíðjo] **I.** *adj* y *s/m* Se aplica a los mamíferos ungulados que tienen trompa prensil y cinco dedos en cada una de las cuatro extremidades: *El elefante.* **II.** *s/m, pl* Orden de estos animales.

pro·ca·ci·dad [prokaθiðáð] *s/f* **1.** Desvergüenza, insolencia, atrevimiento. **2.** Dicho o hecho desvergonzado, insolente.

pro·caz [prokáθ] *adj* Se aplica al que falta al respeto a otros. A veces tiene sentido de 'indecente', si se falta a la moral o a la decencia sexual.
ORT *Pl: Procaces.*

pro·ce·den·cia [proθeðén̪θja] *s/f* **1.** Lugar, persona, etc., de donde procede algo o alguien. **2.** Punto de salida de una embarcación, tren, etc., o último lugar en que paró, antes de entrar en el que está.

pro·ce·den·te [proθeðén̪te] *adj* **1.** Se aplica a lo que procede del lugar que se expresa. **2.** Se aplica a lo que corresponde, es oportuno, razonable, justo o conforme a lo establecido: *No es procedente comprar un coche en estos momentos.*

pro·ce·der [proθeðér] **I.** *s/m* Manera de comportarse o de actuar de una persona: *Creo que le sucede algo, su proceder no es el acostumbrado.* **II.** *v/intr* **1.** Continuar realizando una determinada acción que requiere un orden. **2.** Tener algo su origen o principio en lo que se expresa u obtenerse de ello: *El vino procede de la uva.* **3.** Tener su origen una cosa en determinado lugar: *Este barco procede de Mallorca.* **4.** Actuar, comportarse de una forma determinada: *Ha procedido precipitadamente.* **5.** Ser oportuno, necesario o conforme a unas normas de derecho, mandato o convivencia general: *No procede tramitar ese expediente.* **6.** Continuar en la realización de una acción que se había interrumpido: *Se procedió a estudiar el informe.* **7.** (Con *contra*) Iniciar o seguir un juicio contra alguien que se expresa. RPr **Proceder a/con/contra/de/en:** *Se procedió a la elección. Procedieron de acuerdo a lo establecido. El tribunal procedió contra el acusado. Se procederá en justicia sobre este tema.*

pro·ce·di·mien·to [proθeðimjéɲto] *s/m* **1.** Acción de proceder. **2.** Método, operación o serie de operaciones con que se pretende obtener un resultado.

pro·ce·lo·so, -a [proθelóso, -a] *adj* Borrascoso, tempestuoso. Se emplea frecuentemente como epíteto: *El proceloso río.*

pró·cer [próθer] *s/m* Se aplica a la persona eminente, noble, ilustre o de elevada posición social.

pro·ce·sa·do, (-a) [proθesáðo, (-a)] *adj* y *s/m,f* Se aplica a la persona sometida a proceso.

pro·ce·sa·dor [proθesaðór] *s/m* En electrónica, componente que recibe, trata y da los resultados pedidos sobre los datos recibidos.

pro·ce·sal [proθesál] *adj* Relativo al proceso.

pro·ce·sa·mien·to [proθesamjéɲto] *s/m* Acción y efecto de procesar.

pro·ce·sar [proθesár] *v/tr* Formar o instruir un proceso contra alguien: *Fue procesado por robo.* RPr **Procesar por.**

pro·ce·sión [proθesjón] *s/f* **1.** Acción de proceder una cosa de otra. **2.** Marcha conjunta y ordenada de varias personas con un fin religioso. LOC **Andar/Ir la procesión por dentro,** se aplica a alguien que aparenta externamente estar tranquilo, pero sin embargo se encuentra inquieto, enfadado, apenado, etc.

pro·ce·sio·na·ria [proθesjonárja] *s/f* Nombre que se da a ciertas orugas que suelen avanzar una tras otra formando filas de gran longitud.

pro·ce·so [proθéso] *s/m* **1.** Progreso, acción de ir hacia adelante: *El proceso hacia la democracia.* **2.** Transcurso del tiempo: *En un proceso de diez días solucionaremos este informe.* **3.** Desarrollo, evolución de un fenómeno o de una cosa: *Nos preocupa el proceso de esta enfermedad.* **4.** Sistema o método adoptado para llegar a un determinado fin: *Proceso químico. El proceso de fabricación.* **5.** Causa criminal. **6.** Conjunto de autos o sentencias de un juicio o proceso. **7.** Procedimiento, actuación por trámites judiciales o administrativos.

pro·cla·ma [proklámа] *s/f* **1.** Notificación pública de una cosa. **2.** Alocución política o militar, de viva voz o por escrito.

pro·cla·ma·ción [proklamaθjón] *s/f* **1.** Acción y efecto de proclamar. **2.** Actos públicos y ceremonias con que se solemniza el principio de un nuevo reinado.

pro·cla·mar [proklamár] **I.** *v/tr* **1.** Notificar algo en voz alta, públicamente. **2.** Declarar solemnemente el principio de un reinado, república, etc.: *Proclamarse rey.* **3.** Aclamar a alguien: *La multitud proclamó su nombre cuando salió al balcón.* **4.** Dar muestras de un sentimiento, pasión o estado de ánimo. **5.** Otorgar un título o calificativo a alguien por parte de la opinión general o de un número determinado de personas: *Le proclamaron premio Nobel de la Paz.* **II.** REFL(-SE) Declararse alguien en posesión de un título, cargo, dignidad, etc.

pro·cli·ve [proklíβe] *adj* Inclinado a algo, generalmente algo malo.

pro·cli·vi·dad [prokliβiðáð] *s/f* Cualidad de proclive.

pro·crea·ción [prokreaθjón] *s/f* Acción y efecto de procrear.

pro·cre·ar [prokreár] *v/tr* Engendrar, reproducirse una especie.

pro·cu·ra·dor, (-ra) [prokuraðór, (-ra)] *s/m,f* El que, con la necesaria habilitación legal, representa en un juicio a cada una de las partes.
Procurador a/en Cortes, miembro de las Cortes o Parlamento.

pro·cu·rar [prokurár] **I.** *v/tr* **1.** Poner los medios necesarios para hacer o conseguir algo: *Procura llegar temprano.* **2.** Proporcionar, facilitar algo a alguien o a uno mismo: *Le procuraré trabajo.* **II.** REFL(-SE) Darse, proporcionarse a sí mismo: *Se procura toda clase de comodidades.*

pro·di·ga·li·dad [proðiγaliðáð] *s/f* Cualidad o comportamiento de pródigo.

pro·di·gar [proðiγár] **I.** *v/tr* **1.** Malgastar, disipar. **2.** Dar algo con abundancia: *Nos prodigó cuanto le pedimos.* **II.** REFL (-SE) **1.** Esforzarse en ser útil y agradable a los demás: *Se prodigó en atenciones con nosotros.* **2.** Excederse en la exhibición o trabajo personal. RPr **Prodigarse en.**
ORT Ante *e* la *g* cambia en *gu: Prodigué.*

pro·di·gio [proðíxjo] *s/m* **1.** Suceso extraño difícilmente explicable por causas naturales: *Prodigio divino.* **2.** Se aplica a la persona, hecho o cosa extraordinario, magnífico.

pro·di·gio·so, -a [proðixjóso, -a] *adj* **1.** Maravilloso, extraordinario, que contiene en sí prodigio. **2.** Excelente, exquisito, primoroso.

pró·di·go, -a [próðiγo, -a] **I.** *adj* y *s/m,f* Se aplica a la persona que malgasta su dinero. **II.** *adj* Se aplica al que produce o da en abundancia: *Comía de lo que le daba la pródiga naturaleza.*

pro·duc·ción [proðu(k)θjón] *s/f* **1.** Acción de producir. **2.** Producto, cosa producida. **3.** Conjunto de productos: *La producción anual de la empresa.* **4.** Película o programa preparado para emitirse.

pro·du·cir [proðuθír] **I.** *v/tr* **1.** Hacer una cosa natural salir otra de sí misma: *Esta huerta produce mucho.* **2.** Fabricar, hacer un producto industrial: *Esta fábrica produce electrodomésticos.* **3.** Dar ganancias: *Ese dinero no produce nada.* **4.** Oca-

sionar, causar: *Su llegada me produjo una gran alegría.* **5.** Crear obras literarias, artísticas, cinematográficas. **II.** REFL(-SE) Ocurrir, tener lugar.
CONJ *Irreg: Produzco, produje, produciré, producido.*

pro·duc·ti·vi·dad [proðuktiβiðáð] *s/f* Cualidad de productivo.

pro·duc·ti·vo, -a [proðuktíβo, -a] *adj* **1.** Se aplica a lo que produce o es capaz de producir. **2.** Que produce ganancia, utilidad: *Un negocio muy productivo.*

pro·duc·to [proðúkto] *s/m* **1.** Objeto, cosa producida: *El producto de los naranjos.* **2.** Ganancia o venta que produce una cosa. **3.** Resultado de una multiplicación: *El producto de una suma.* **4.** Cuerpo que se obtiene en un sistema químico.

pro·duc·tor, -ra [proðuktór, -ra] **I.** *adj* y *s/m,f* Se aplica a quien o a lo que produce. Generalmente se aplica a la persona que produce artículos de comercio: *Venta directa del productor al consumidor.* **II.** *s/m,f* **1.** Sujeto económico, base del ciclo de producción, al que sólo se considera como capaz de realizar un trabajo a cambio de un salario, pero sin poseer los medios de producción. **2.** Persona o empresa que tiene a su cargo la producción de una película cinematográfica.

proe·mio [proémjo] *s/m* Prólogo o introducción de un discurso o libro.

proe·za [proéθa] *s/f* Hazaña, acción valerosa.

pro·fa·na·ción [profanaθjón] *s/f* Acción y efecto de profanar.

pro·fa·nar [profanár] *v/tr* **1.** Tratar una cosa sagrada sin el debido respeto. **2.** Seguido de voces como 'memoria', 'recuerdo', etc., deshonrar, desacreditar a alguien ya muerto.

pro·fa·no, -a [profáno, -a] **I.** *adj* **1.** Se aplica a lo que no es sagrado ni se puede usar como tal. **2.** Irreverente, que no respeta las cosas sagradas. **II.** *adj* y *s/m,f* **1.** Libertino o muy dado a los placeres humanos. **2.** Ignorante o inexperto en una determinada materia: *Soy profano en música clásica.* RPr **Profano en.**

pro·fe·cía [profeθía] *s/f* Predicción hecha en virtud de un don sobrenatural.

pro·fe·rir [proferír] *v/tr* Pronunciar, emitir palabras o sonidos, generalmente cuando son violentos.
CONJ *Irreg: Profiero, proferí, proferiré, proferido.*

pro·fe·sar [profesár] **I.** *v/tr* **1.** Ejercer una profesión u oficio: *Profesa la medicina.* **2.** Sentir algún sentimiento o inclinación hacia alguien: *Te profesa una gran admiración.* **3.** Adherirse a alguna doctrina o creencia: *Profesa el cristianismo.* **4.** CULT Enseñar una ciencia o arte: *Profesaba Latín en la Universidad de Murcia.* **II.** *v/tr, intr* Obligarse en una orden religiosa a cumplir los votos.

pro·fe·sión [profesjón] *s/f* **1.** Acción y efecto de profesar en una orden religiosa. **2.** Empleo, oficio o cargo de una persona: *Médico de profesión.*

pro·fe·sio·nal [profesjonál] **I.** *adj* Relativo a la profesión. **II.** *s/m,f* **1.** Persona que hace o ejecuta algo como profesión. **2.** Se aplica a la persona que no practica un deporte por afición, sino mediante remuneración por contrato. **3.** Que vive de una determinada actividad: *Profesional de la droga.*

pro·fe·sio·na·lis·mo [profesjonalísmo] *s/m* **1.** Dedicación exclusiva a una actividad con experiencia y conocimiento de la misma. **2.** Utilización o culto de ciertos deportes u oficios por lucro.

pro·fe·sio·na·li·zar [profesjonaliθár] *v/tr* **1.** Dar carácter de profesión a una actividad. **2.** Convertir a un aficionado en profesional.
ORT Ante *e* la *z* cambia en *c: Profesionalice.*

pro·fe·so, -a [proféso, -a] *adj* y *s/m,f* Se aplica al religioso que ha profesado.

pro·fe·sor, -ra [profesór, -ra] *s/m,f* Persona que enseña o ejerce una ciencia, arte u oficio: *Profesora de matemáticas.*

pro·fe·so·ra·do [profesoráðo] *s/m* **1.** Ejercicio o cargo de profesor. **2.** Conjunto de los profesionales de la enseñanza.

pro·fe·ta [proféta] *s/m* **1.** Persona que por inspiración sobrenatural predice el futuro. **2.** *Por ext,* persona que acierta en sus predicciones.

pro·fé·ti·co, -a [profétiko, -a] *adj* Relativo a la profecía o al profeta.

pro·fe·ti·sa [profetísa] *s/f* Mujer que posee el don de profecía.

pro·fe·ti·zar [profetiθár] **1.** Predecir lo que va a ocurrir, por inspiración sobrenatural. **2.** Hacer juicios sobre el futuro de una cosa por algunas señales que se han observado.
ORT Ante *e* la *z* cambia en *c: Profetice.*

pro·fi·lác·ti·co, (-a) [profiláktiko, (-a)] **I.** *s/f* MED Parte de la medicina que se ocupa de preservar de la enfermedad y conservar la salud. **II.** *adj* Se aplica al que o a lo que puede preservar de la enfermedad.

pro·fi·la·xis [profilá(k)sis] *s/f* MED Conjunto de medidas de higiene que se toman para evitar las enfermedades.

pró·fu·go, (-a) [prófuγo, (-a)] *adj* y

s/m,f Fugitivo que huye de la justicia o de otra autoridad.

pro·fun·di·dad [profuŋdiðáð] *s/f* **1.** Cualidad de profundo. **2.** Medida de esa cualidad: *En esta zona el río tiene poca profundidad.* **3.** Dimensión de los cuerpos perpendicular a una superficie dada. **4.** En *pl* Lugar o cosa profunda: *Las profundidades del mar.*

pro·fun·di·zar [profuŋdiθár] *v/tr* **1.** Hacer más profunda una cosa. **2.** Examinar o analizar a fondo un problema, una cuestión, etc.
ORT La *z* cambia en *c* ante *e: Profundicen.*

pro·fun·do, (-a) [profúŋdo, (-a)] **I.** *adj* **1.** Muy hondo, que tiene el fondo a mucha distancia de la superficie: *Un pozo muy profundo.* **2.** Se aplica a lo que penetra muy adentro: *Unas raíces muy profundas.* **3.** Extendido a lo largo, o que tiene gran fondo: *Una selva muy profunda.* **4.** Intenso, o muy vivo: *Un sueño muy profundo.* **5.** Difícil de penetrar o comprender: *Es un concepto profundo.* **6.** Notable, acusado: *Entre los hermanos existe una profunda diferencia.* **7.** FIG Referido al entendimiento, o a las cosas relacionadas con él, extenso, vasto, que penetra o ahonda mucho: *Pensamiento profundo.* **8.** Se aplica a la voz, sonido, etc., que resuenan bajos: *Una voz profunda.* **II.** *s/m (Lo...)* **1.** La parte más profunda de una cosa. **2.** Lo más íntimo de uno.

pro·fu·sión [profusjón] *s/f* Cantidad, abundancia excesiva.

pro·fu·so, -a [profúso, -a] *adj* Abundante: *Un libro con profusas citas.*

pro·ge·nie [proxénje] *s/f* Linaje o familia de que desciende una persona.

pro·ge·ni·tor, (-ra) [proxenitór, (-ra)] **I.** *s/m,f* Antepasado directo de quien procede una persona. **II.** *s/m, pl* Padre y madre de una persona.

prog·na·tis·mo [proɣnatísmo] *s/m* Cualidad de prognato.

prog·na·to, -a [proɣnáto, -a] *adj* y *s/m,f* Se aplica a la persona que tiene saliente la mandíbula inferior.

pro·gra·ma [proɣráma] *s/m* **1.** Exposición general de los proyectos o intenciones de una persona, una organización, un partido, etc.: *El programa electoral.* **2.** Exposición más o menos detallada y ordenada de las distintas partes de un trabajo, fiesta, enseñanza, etc.: *Programa de la asignatura de matemáticas.* **3.** Folleto que contiene dichas fiestas: *El programa de las fiestas.* **4.** Plan, proyecto: *¿Qué programa tenemos para este fin de semana?* **5.** Emisión de televisión, radio, etc., o sesión de cine, teatro: *El programa de esta noche en TV. está muy bien.* **6.** Edicto o aviso público. **7.** Sucesión de operaciones que ha de realizar una calculadora electrónica.

pro·gra·ma·ción [proɣramaθjón] *s/f* Acción y efecto de programar.

pro·gra·ma·dor, -ra [proɣramaðór, -ra] *adj* y *s/m,f* Que programa. Se dice especialmente de quien ejerce la profesión de confeccionar programas para las computadoras.

pro·gra·mar [proɣramár] *v/tr* **1.** Establecer un programa o determinar las diversas partes o elementos de cierta acción. **2.** Preparar los datos previos indispensables para obtener la solución de un problema mediante una calculadora electrónica.

pro·gre·sar [proɣresár] *v/intr* Hacer progresos en algo. RPr **Progresar en:** *Progresa en matemáticas.*

pro·gre·sión [proɣresjón] *s/f* **1.** Acción de progresar. **2.** MAT Serie de números o términos algebraicos en la cual cada tres consecutivos forman proporción continua.

pro·gre·sis·mo [proɣresísmo] *s/m* Ideas y doctrinas progresistas.

pro·gre·sis·ta [proɣresísta] *adj* y *s/m,f* **1.** Se aplica al que se preocupa del progreso de la sociedad. **2.** Partido político, individuo, institución, etc., que aspira a la transformación de las instituciones, pero sin pretender subvertir de forma revolucionaria el orden social existente.

pro·gre·si·vo, -a [proɣresíβo, -a] *adj* **1.** Que avanza, que progresa. **2.** Que aumenta en cantidad o perfección: *Aumento progresivo del paro.*

pro·gre·so [proɣréso] *s/m* **1.** Avance, acción de ir hacia adelante. **2.** Acción o efecto de mejorar o crecer en algo (con verbos como *realizar, hacer).* **3.** Desarrollo continuo y natural de la humanidad en las posibilidades económicas, sociales, políticas, etc., y en la libertad, la igualdad social y la justicia.

pro·hi·bi·ción [proiβiθjón] *s/f* Acción y efecto de prohibir.

pro·hi·bir [proiβír] *v/tr* Vedar o impedir el uso o ejecución de algo. El objeto directo puede ser una oración de infinitivo o un nombre: *Se prohíbe fumar.*
ORT PRON El acento cae sobre *i* en el *sing* y *3.ª pers pl* del *pres* de *indic* y *subj: Prohíbo, prohíban...*

pro·hi·bi·ti·vo, -a [proiβitíβo, -a] *adj* **1.** Se aplica a lo que sirve para prohibir. **2.** Se aplica al precio que está fuera del alcance de la mayoría de las personas.

pro·hi·ja·mien·to [proixamjéŋto] *s/m* Acción y efecto de prohijar.

pro·hi·jar [proixár] *v/tr* Adoptar como hijo a alguien.

pro·hom·bre [proóm̩bre] *s/m* Hombre ilustre que goza de especial consideración entre los de su clase.

pró·ji·mo [próximo] *s/m* **1.** Semejante. Una persona respecto de otra. Generalmente equivale a *los demás: No le preocupa el prójimo, sólo su propia persona.* **2.** Individuo; se emplea con sentido despectivo: *Menudo prójimo tenemos de vecino.*

pro·le [próle] *s/f* Descendencia, especialmente los hijos.

pro·le·gó·me·no [proleɣómeno] *s/m* Tratado que precede a un escrito u obra para establecer los fundamentos generales de la materia que se ha de tratar en los mismos. Suele usarse en *pl: En los prolegómenos del libro...*

pro·le·ta·ria·do [proletarjáðo] *s/m* Clase social constituida por los proletarios.

pro·le·ta·rio, -a [proletárjo, -a] **I.** *adj* y *s/m,f* Se aplica a la persona cuyo único medio de vida es la venta de su fuerza de trabajo a cambio de un salario. **II.** *adj* FIG Plebeyo, vulgar.

pro·li·fe·ra·ción [proliferaθjón] *s/f* **1.** Reproducción muy abundante del número de elementos celulares en un lugar determinado. **2.** Multiplicación de algo: *La proliferación de crímenes.*

pro·li·fe·rar [proliferár] *v/intr* Multiplicarse abundantemente algo.

pro·lí·fi·co, -a [prolífiko, -a] *adj* **1.** Que puede engendrar o reproducirse abundantemente. **2.** Se aplica al artista que tiene una producción muy extensa.

pro·li·ji·dad [prolixiðáð] *s/f* Cualidad de prolijo.

pro·li·jo, -a [prolíxo, -a] *adj* **1.** Aplicado a exposiciones o relatos, muy extenso, largo. **2.** Cuidadoso o esmerado en exceso. **3.** Cargante, pesado.

pro·lo·gar [proloɣár] *v/tr* Escribir el prólogo de una obra.
ORT Ante *e* la *g* cambia en *gu: Prologué.*

pró·lo·go [próloɣo] *s/m* **1.** Preámbulo. **2.** FIG Cualquier cosa que precede a otra, a la que sirve de preparación.

pro·lo·guis·ta [proloɣísta] *s/m,f* Persona que escribe prólogos.

pro·lon·ga·ble [prolongáβle] *adj* Que se puede prolongar.

pro·lon·ga·ción [prolongaθjón] *s/f* **1.** Acción y efecto de prolongar o prolongarse. **2.** Parte con que se prolonga una cosa o parte prolongada de algo.

pro·lon·ga·mien·to [prolongamjén̩to] *s/m* Acción y efecto de prolongar o prolongarse. Prolongación.

pro·lon·gar [prolongár] **I.** *v/tr* Alargar. Aumentar la longitud de algo o hacer que una cosa dure más: *Prolongar una carretera.* **II.** REFL(-SE) **1.** Alargarse. **2.** Durar más: *La fiesta se prolongó más de lo esperado.*
ORT Ante *e* la *g* cambia en *gu: Prolongue.*

pro·me·diar [promeðjár] *v/tr* **1.** Repartir algo en dos partes iguales. **2.** Calcular el promedio de algo.

pro·me·dio [proméðjo] *s/m* **1.** Punto en que una cosa se divide por la mitad. **2.** Término medio, suma de varias cantidades dividida por el número de ellas: *El promedio de faltas al trabajo es de dos por mes.*

pro·me·sa [promésa] *s/f* **1.** Acción y efecto de prometer. **2.** Cosa prometida.

pro·me·te·dor, -ra [prometeðór, -ra] *adj* Que promete.

pro·me·ter [prometér] **I.** *v/tr* **1.** Obligarse a algo, a hacerlo o a darlo: *Prometió llevarnos al cine.* **2.** Afirmar la certeza de lo que se dice: *Le prometo que llevaré este informe al director.* **II.** *v/intr* Augurar, por indicios, señales, etc., un futuro generalmente favorable: *Este año la cosecha promete ser buena.* **III.** REFL(-SE) **1.** Darse mutuamente palabra de casamiento: *Los novios se prometieron.* **2.** Ofrecer algo buenas perspectivas o dar muestras de una capacidad potencial.

pro·me·ti·do, (-a) [prometíðo, (-a)] **I.** *s/m,f* Futuro esposo cuyo compromiso ha sido formalmente establecido. **II.** *s/m* Promesa u ofrecimiento de dar a uno una cosa: *Lo prometido es deuda.*

pro·mi·nen·cia [prominén̩θja] *s/f* **1.** Cualidad de prominente. **2.** Relieve, abultamiento de cualquier cosa. **3.** Montículo.

pro·mi·nen·te [prominén̩te] *adj* **1.** Que sobresale de algo de lo que forma parte, o que sobresale más de lo que se considera normal: *Tiene una nariz prominente.* **2.** Aplicado a personas, ilustre, destacado.

pro·mis·cui·dad [promiskwiðáð] *s/f* Cualidad de promiscuo.

pro·mis·cuo, -a [promískwo, -a] *adj* Mezclado. Generalmente suele tener un sentido despectivo.

pro·mo·ción [promoθjón] *s/f* **1.** Acción de promover o promocionar. **2.** Conjunto de personas que han obtenido un grado, título o empleo al mismo tiempo.

pro·mo·cio·nar [promoθjonár] **I.** *v/tr* y REFL(-SE) Preparar el camino a alguien para que pueda subir fácilmente en prestigio, categoría, reputación o puesto: *Llegó a director sin que nadie le promocionara.* **II.** *v/tr* Dar impulso a una determinada acción, y especialmente a una empresa, producto comercial, etc.: *Promocionar una empresa, un producto.*

pro·mon·to·rio [promontórjo] *s/m* **1.** Elevación en el terreno o monte de poca altura. **2.** Altura de tierra que se adentra en el mar.

pro·mo·tor, -ra [promotór, -ra] *adj* y *s/m,f* Se aplica al que o a lo que promueve o promociona.

pro·mo·ver [promoβér] *v/tr* **1.** Iniciar o activar cierta acción: *Quiero promover un juicio contra él.* **2.** Producir algo que lleve en sí agitación o movimiento: *Su artículo promovió un escándalo en toda la ciudad.* CONJ *Irreg: Promuevo, promoví, promeveré, promovido.*

pro·mul·ga·ción [promulγaθjón] *s/f* Acción y efecto de promulgar.

pro·mul·gar [promulγár] *v/tr* **1.** Publicar una cosa solemnemente para que sea conocida por todos. **2.** Publicar oficialmente una ley o disposición, para que empiece a regir. **3.** Divulgar una noticia entre la gente.
ORT Ante *e* la *g* cambia en *gu: Promulguen.*

pro·nom·bre [pronómbre] *s/m* Parte variable de la oración que se caracteriza por la capacidad de funcionar como los sustantivos, adjetivos o adverbios a los que suple o determina.
Pronombres personales, *yo, tú, él, ella, ello; nosotros, -as; vosotros, -as; ellos, -as;* y sus respectivos casos oblicuos: *me, (a) mí, te, (a) ti; le, la, lo; les, las, los.* Las formas *yo, tú, me, (a) mí, te, (a) ti,* representan a la persona que habla o a aquella a quien se habla; las formas *él, ella; le, la, lo; les, las, los,* representan a las personas o cosas de que se habla. La forma *ello* representa a una oración completa o un conjunto de antecedentes ya mencionados: *Todo ello no es obstáculo para que hagas eso.* La forma oblicua de *ello, lo,* representa a un atributo, un adverbio o un pronombre neutro: *—¿Es amable? —Lo es. —¿Eres feliz? —Lo soy.*
Pronombres demostrativos, designan a los seres por la situación con respecto al que habla. Así, *éste* es uno que está cerca de mí y *aquél* es uno que está lejos de mí. El que habla puede tomar como punto secundario de referencia a la persona a quien habla: así, *ése* es uno que está cerca de ti. La situación puede ser considerada, no ya en el espacio, sino en el tiempo, tomando como momento de referencia el momento 'en que yo hablo': **Esto** *será lo que ocurra ahora,* y **aquello,** *lo que ocurrió en el pasado;* y a lo largo de un relato o un discurso, *éste* se referirá 'al que acabo de citar', y *aquél,* 'al que cité antes'. Los demostrativos son: *Este, esta, estos, estas, esto; ese, esa, esos, esas, eso; aquel, aquella, aquellos, aquellas, aquello.*
El pronombre posesivo, denota posesión o pertenencia. Son los siguientes: *mío, mía, nuestro, nuestra; míos, mías, nuestros, nuestras; tuyo, tuya, tuyos, tuyas; vuestro, vuestra, vuestros, vuestras; suyo, suya, suyos, suyas.*
Pronombres relativos, *que, quien, cual* (precedido siempre de artículo) y *cuanto. Que* es invariable en cuanto al género y al número; *quien* y *cual* tienen variación de número *(quien, quienes; cual, cuales); cuanto* tiene género y número *(cuanto, cuanta; cuantos, cuantas). Que* y *cual* se refieren indistintamente a personas o cosas; *quien* sólo se refiere normalmente a personas; y *cuanto* se refiere sólo a cosas cuando va en singular, y a personas o cosas cuando se usa en plural.
Pronombres interrogativos, aparecen dentro de las oraciones interrogativas, y de ahí su nombre de pronombres interrogativos: *¿Quién eres tú?, ¿qué desea?, ¿cuál compraremos?, ¿cuántos hay todavía?* Cuando las oraciones interrogativas pasan a ser proposiciones, desaparecen la entonación interrogativa y los signos de interrogación: *No sé quién eres tú. Le preguntaron qué deseaba. Te enseñaré cuál es el mío.* De estos pronombres, *quién* se refiere siempre a personas, *qué* a cosas; los otros dos, a personas o cosas. *Cuánto* tiene variación de género y número *(cuánto, cuánta; cuántos, cuántas); quién* y *cuál* sólo de número *(quién, quiénes; cuál, cuáles); que* es invariable.
Pronombres indefinidos, son: *Alguien, alguno, algo, cualquiera, otro y uno: Si viene alguien (o alguno) que me llame. Confío en que hoy me digan algo. Eso te lo vende cualquiera. Yo no lo sé, pregúntaselo a otro. Un día llegará uno que os dirá cuatro palabras.* De estos pronombres tienen variación de género y número *alguno (alguna, algunos, algunas), uno (una, unos, unas)* y *otro (otra, otros, otras).* No tienen variación ninguna (siempre son masculinos singulares) *alguien,* que designa personas, y *algo,* que designa cosas. *Cualquiera,* que siempre designa personas, es invariable en cuanto al género; en cuanto al número, tiene una forma plural, *cualesquiera,* que prácticamente sólo se usa en la lengua escrita.

pro·no·mi·nal [pronominál] *adj* Relativo al pronombre.

pro·nos·ti·car [pronostikár] *v/tr* **1.** Prever lo futuro. **2.** Predecir lo que va a suceder por ciertos indicios.
ORT La *c* cambia en *qu* ante *e: Pronostiqué.*

pro·nós·ti·co [pronóstiko] *s/m* **1.** Acción y efecto de pronosticar. **2.** Predicción anticipada de lo que va a ocurrir en razón de ciertas señales. Se aplica muy particularmente a la predicción del tiempo: *Pronóstico del tiempo.* **3.** Juicio que emite el médico sobre el desarrollo de una enfermedad.

pron·ti·tud [pron̪titúð] *s/f* Celeridad o presteza en ejecutar una cosa: *En esta oficina se atiende al público con prontitud.*

pron·to, (-a) [prón̪to, (-a)] **I.** *adj* **1.** Rápido, ligero: *Le deseo un pronto restablecimiento.* **2.** Dispuesto, preparado: *La comida está pronta.* **II.** *s/m* Decisión rápida, impulso: *Todos temen sus prontos.* **III.** *adv* **1.** Temprano: *Mañana hemos de levantarnos pronto.* **2.** Rápidamente, enseguida: *Llegará pronto.* LOC **De pronto,** repentinamente, apresuradamente: *De pronto se puso a llorar.* **Por lo pronto o por de pronto,** por el momento, provisionalmente. **Tan pronto como,** en seguida que, en el mismo instante que: *Tan pronto como llegue a casa, te llamaré por teléfono.*

pron·tua·rio [pron̪twárjo] *s/m* **1.** Resumen o apunte sucinto de lo que conviene tener presente. **2.** Libro en que se contienen reunidas las reglas de una ciencia o arte.

pro·nun·cia·ción [pronunθjaθjón] *s/f* Acción y efecto de pronunciar: *Tu pronunciación inglesa es fatal.*

pro·nun·cia·do, -a [pronunθjáðo, -a] *adj* Abultado, saliente: *Tiene una nariz muy pronunciada.*

pro·nun·cia·mien·to [pronunθjamjén̪to] *s/m* Alzamiento militar contra el Gobierno.

pro·nun·ciar [pronunθjár] **I.** *v/tr* **1.** Emitir y articular sonidos para hablar: *Pronunció un buen discurso.* **2.** Publicar una sentencia judicial: *El juez pronunció su veredicto.* **3.** Realizar, resaltar: *Llevaba unos pantalones tan pronunciados que acentuaban aún más sus curvas.* **II.** REFL(-SE) **1.** Rebelarse militarmente. **2.** Mostrarse o declararse a favor o en contra de algo o alguien.

pro·pa·ga·ción [propaγaθjón] *s/f* Acción y efecto de propagar o propagarse.

pro·pa·gan·da [propaγán̪da] *s/f* Acción organizada, publicidad desarrollada para difundir una doctrina, una opinión, un producto, un espectáculo, etc.

pro·pa·gan·dís·ti·co, -a [propaγan̪dístiko, -a] *adj* Relativo a la propaganda o divulgación.

pro·pa·gar [propaγár] *v/tr,* REFL(-SE) **1.** Multiplicar por generación o reproducción. **2.** Extender, aumentar, divulgar una cosa: *El fuego se propagó por todo el valle.* ORT Ante *e* la *g* cambia en *gu: Propaguen.*

pro·pa·lar [propalár] *v/tr* Divulgar algo que debería permanecer en secreto.

pro·pa·no [propáno] *s/m* Carburo de hidrógeno gaseoso, incoloro y combustible, que figura entre los elementos constitutivos del petróleo en bruto, y que se emplea como combustible para usos domésticos e industriales.

pro·pa·sar [propasár] **I.** *v/tr* Pasar más adelante de lo debido. **II.** REFL(-SE) **1.** Extralimitarse. Faltar al respeto o cometer un atrevimiento, particularmente un hombre con una mujer. **2.** Excederse de lo razonable en lo que se hace o dice: *No te propases con el alcohol.* RPr **Propasarse con/en.**

pro·pen·der [propen̪dér] *v/intr* Tener tendencia alguien o algo a una cosa por afición, por naturaleza, o por otras causas: *Propende a la depresión.* RPr **Propender a.**

pro·pen·sión [propensjón] *s/f* Predisposición, inclinación de una persona o cosa a lo que es de su gusto o naturaleza.

pro·pen·so, -a [propénso, -a] *adj* Se aplica al que propende hacia algo que se expresa: *Es muy propenso a emborracharse.* RPr **Propenso a.**

pro·pi·ciar [propiθjár] *v/tr* **1.** Hacer o volver algo a alguien propicio. **2.** Favorecer la ejecución de algo.

pro·pi·cia·to·rio, (-a) [propiθjatórjo, (-a)] *adj* Se aplica a lo que sirve para propiciar.

pro·pi·cio, -a [propíθjo, -a] *adj* **1.** Favorable, benigno: *Es una persona propicia al perdón.* **2.** Aplicado al tiempo favorable.

pro·pie·dad [propjeðáð] *s/f* **1.** Derecho a usar de una cosa con pleno dominio sobre ella y con exclusión de la posibilidad de injerencia de los demás en la misma, sin más limitaciones que las contenidas en la ley: *Vive en un piso de su propiedad.* **2.** Cosa poseída, especialmente si es un inmueble: *Estas son las propiedades del marqués X.* **3.** Atributo, cualidad de una persona o cosa: *La dureza es una de las propiedades del diamante.* LOC **En propiedad,** como propiedad. Se aplica a la manera de tener un cargo o empleo cuando no es como contratado, interino o sustituto: *Tiene la cátedra en propiedad.*

pro·pie·ta·rio, (-a) [propietárjo, (-a)] *adj* y *s/m,f* Se aplica a la persona que tiene en propiedad una cosa, especialmente bienes inmuebles: *El propietario nos quiere subir el alquiler.*

pro·pi·na [propína] *s/f (Dar propina o una propina).* Gratificación voluntaria que se da a una persona por un favor o servicio recibido.

pro·pi·nar [propinár] *v/tr* **1.** Administrar a alguien algo poco agradable, darle golpes: *Le propinó una paliza.* **2.** Dar propina a alguien.

pro·pio, -a [própjo, -a] *adj* **1.** Que pertenece en propiedad a uno: *Vive en piso pro-*

pio. **2.** Peculiar, característico de una persona o cosa: *Fruta propia del tiempo.* **3.** Conveniente, adecuado, indicado para lo que se expresa: *Ese vestido no es propio para ir a esa reunión.* **4.** Natural, que no es añadido o superpuesto: *Este es el color propio de mi pelo.* **5.** Se utiliza de una manera redundante para poner énfasis en la identidad de la persona o cosa de que se trata: *El propio médico le puso la venda.* **6.** Referente a la misma persona que habla o de que se habla: *En defensa propia.* RPr **Propio de/para.**
Nombre propio, se dice del nombre que se aplica a un solo ser, objeto o personas, para distinguirlos de los demás de su especie, clase y por oposición a nombre común.

pro·po·ner [proponér] **I.** *v/tr* **1.** Presentar a una persona un plan, un negocio, un tema, etc., para que lo acepte: *Le propuse ir de vacaciones a Venecia.* **2.** (Con *para*) Presentar alguien a una persona para un empleo o cargo en beneficio: *Los obreros le proponían para gerente.* **3.** Poner. Presentar un problema para que se resuelva: *Proponer un problema a los asistentes.* **II.** *v/tr,* REFL(-SE) Determinar hacer algo: *Se propuso terminar los estudios y los terminó.* RPr **Proponer para/a.**
CONJ *Irreg: Propongo, propuse, propondré, propuesto.*

pro·por·ción [proporθjón] *s/f* **1.** (Con *guardar, haber* o *tener*). Relación entre las dimensiones de las partes con el todo: *La anchura de este coche no guarda proporción ni con su longitud.* **2.** En *pl* Dimensiones de algo o alguien. Generalmente ese tamaño se considera muy grande: *Están construyendo un edificio de proporciones gigantescas.* **3.** Importancia o intensidad de un hecho: *El incendio adquirió grandes proporciones.*

pro·por·cio·na·do, -a [proporθjonáðo, -a] *adj* Que guarda proporción: *Creo que su sueldo no está proporcionado a su trabajo.* RPr **Proporcionado a.**

pro·por·cio·nal [proporθjonál] *adj* Relativo a la proporción o que la incluye en sí: *Reparto proporcional.*

pro·por·cio·na·li·dad [proporθjonaliðáð] *s/f* Proporción.

pro·por·cio·nar [proporθjonár] *v/tr* **1.** Disponer o hacer que una cosa tenga la debida proporción con otra. **2.** Facilitar o dar a alguien lo que necesita: *Le he proporcionado dinero.* **3.** Ser causa de lo que se expresa, originar.

pro·po·si·ción [proposiθjón] *s/f* **1.** Acción y efecto de proponer. **2.** Oración gramatical.

pro·pó·si·to [propósito] *s/m* **1.** Intención, lo que uno se propone hacer. **2.** Objetivo, cosa a la que se aspira: *Su propósito es terminar la carrera.* LOC **A propósito,** *1.* Adecuado u oportuno para un fin: *No encuentro ningún libro a propósito para este tema.* *2.* Adrede, voluntariamente: *No lo dije a propósito.* **A propósito de,** en relación a.

pro·pues·to, (-a) [propwésto, (-a)] **I.** *p irreg* de *proponer.* **II.** *s/f* **1.** Proposición de un negocio, proyecto, etc.: *Voy a hacerle una propuesta tentadora.* **2.** Recomendación que una persona hace a la autoridad para un cargo o empleo. **3.** Consulta o proyecto que se presenta a una autoridad, consejo, junta, etc., para que lo apruebe o no: *El consejo sigue examinando la propuesta.*

pro·pug·nar [propuɣnár] *v/tr* Defender, amparar, generalmente una idea o postura que se considera conveniente: *Propugnamos una salida airosa de ese negocio.*

pro·pul·sar [propulsár] *v/tr* **1.** Repulsar, rechazar algo. **2.** Impulsar, aumentar el desarrollo o progreso de algo.

pro·pul·sión [propulsjón] *s/f* Acción de propulsar o impeler.

pro·pul·sor, (-ra) [propulsór, (-ra)] *adj* y *s/m,f* Se aplica al que o a lo que propulsa.

pro·rra·ta [prorráta] *s/f* En un reparto, cuota o parte proporcional que corresponde pagar a cada uno.

pro·rra·teo [prorratéo] *s/m* Distribución proporcional de una cantidad entre varios.

pró·rro·ga [prórroɣa] *s/f* **1.** Acción y efecto de prorrogar. **2.** Plazo de tiempo durante el cual se prorroga algo.

pro·rro·ga·ble [prorroɣáβle] *adj* Que se puede prorrogar.

pro·rro·gar [prorroɣár] *v/tr* Alargar la duración de una cosa por un tiempo determinado: *Este año se prorrogará el curso una semana.*
ORT Ante *e* la *g* cambia en *gu: Prorroguen.*

pro·rrum·pir [prorrum̧pír] *v/intr* **1.** Salir con fuerza una cosa. **2.** FIG Emitir o proferir repentina y bruscamente gritos, sollozos, suspiros, carcajadas o cosas semejantes: *Nada más decírselo, prorrumpió en sollozos.* RPr **Prorrumpir en.**

pro·sa [prósa] *s/f* Forma del lenguaje no sujeta a ritmo ni medida.

pro·sai·co, -a [prosáiko, -a] *adj* **1.** Relativo a la prosa, o escrito en prosa. **2.** Aplicado a personas o cosas, vulgar, anodino, falto de elevación o interés.

pro·sa·pia [prosápja] *s/f* Ascendencia de una persona, generalmente aristocrática o ilustre.

pros·ce·nio [prosθénjo] *s/m* Parte del escenario más inmediata al público.

pros·cri·bir [proskriβír] *v/tr* **1.** Expulsar, desterrar a alguien del territorio nacional, generalmente por causas políticas. **2.** Prohibir una costumbre o el uso de algo.
CONJ *Irreg: p, proscripto* o *proscrito.*

pros·crip·ción [proskripθjón] *s/f* Acción y efecto de proscribir.

pros·cri·to, -a o **proscripto, -a** [proskrí(p)to, -a] **I.** *p irreg* de *proscribir.* **II.** *adj* Desterrado.

pro·se·cu·ción [prosekuθjón] *s/f* Acción y efecto de proseguir.

pro·se·guir [proseγír] *v/tr, intr* Continuar lo que se había empezado a hacer o decir, o seguir en una misma actitud o estado: *En febrero proseguiré con mis estudios.* RPr *intr* **Proseguir con/en:** *Prosigue en su actitud de no dialogar.*
CONJ *Irreg: Prosigo, proseguí, proseguiré, proseguido.*

pro·se·li·tis·mo [proselitísmo] *s/m* Celo exagerado por hacer prosélitos.

pro·sé·li·to, -a [prosélito] *s/m,f* Partidario ganado para una doctrina, secta, partido.

pro·sis·ta [prosísta] *s/m,f* Escritor de obras en prosa.

pro·so·dia [prosóðja] *s/f* Parte de la gramática que estudia y establece la recta pronunciación y acentuación de las palabras.

pro·só·di·co, -a [prosóðiko, -a] *adj* GRAM Relativo a la prosodia.

pro·so·po·pe·ya [prosopopéJa] *s/f* Figura retórica que consiste en atribuir a los animales o a las cosas inanimadas acciones propias de las personas o de los seres vivos, o en poner el escritor o el orador palabras o discursos en boca de personas verdaderas o fingidas, vivas o muertas.

pros·pec·ción [prospe(k)θjón] *s/f* Perforación y exploración de un terreno para determinar la presencia de minerales, sustancias petrolíferas, etc.

pros·pec·ti·va [prospektíβa] *s/f* Análisis científico de algo futuro, y con aportación de soluciones para su cumplimiento.

pros·pec·to [prospékto] *s/m* **1.** Anuncio. Impreso de pequeño tamaño en que se anuncia cualquier cosa. **2.** Impreso de poca extensión en que se da a conocer un producto, un medicamento, etc., y su modo de empleo, etc. Suele acompañar a dicho producto.

pros·pe·rar [prosperár] *v/tr* **1.** Ganar prosperidad, mejorar de situación económica. **2.** Imponerse o prevalecer una opinión, idea, etc., poniéndose en práctica o aceptándose.

pros·pe·ri·dad [prosperiðáð] *s/f* **1.** Bienestar, mejora de la situación económica. **2.** Resultado feliz, buena suerte o éxito en lo que se emprende u ocurre.

prós·pe·ro, -a [próspero, -a] *adj* **1.** Favorable, propicio. **2.** Rico, floreciente.

prós·ta·ta [próstata] *s/f* ANAT Glándula pequeña que tienen los machos de los mamíferos unida al cuello de la vejiga de la orina y a la uretra, cuya secreción es expulsada con el semen de la eyaculación

pros·ter·nar·se [prosternárse] *v/*REFL (-SE) Postrarse. Arrodillarse o inclinarse ante algo o alguien en señal de respeto o para suplicar. RPr **Prosternarse ante/en.**

pros·tí·bu·lo [prostíβulo] *s/m* Casa pública en la que las mujeres entregan su cuerpo por dinero.

pros·ti·tu·ción [prostituθjón] *s/f* Acción y efecto de prostituir o prostituirse.

pros·ti·tuir [prostitwír] *v/tr,* REFL(-SE) **1.** Mantener relaciones sexuales con un número indeterminado de personas mediante remuneración. **2.** Deshonrar, envilecer un cargo, oficio o algo que se posee para obtener una ventaja o por interés personal: *Ha llegado a prostituir su talento por dinero.*
CONJ *Irreg: Prostituyo, prostituí, prostituiré, prostituido.*

pros·ti·tu·ta [prostitúta] *s/f* Mujer que entrega su cuerpo a los hombres por dinero.

pro·ta·go·nis·mo [protaγonísmo] *s/m* **1.** Situación de protagonista. **2.** Deseo expresado de pretender destacar en cualquier actividad, aunque no se posean cualidades para ello.

pro·ta·go·nis·ta [protaγonísta] *s/m,f* Personaje principal de una obra literaria, cinematográfica, teatral, etc.

pro·ta·go·ni·zar [protaγonizár] *v/tr* Representar el papel de protagonista en una obra teatral o una película.
ORT La *z* cambia en *c* ante *e: Protagonice.*

pro·tec·ción [prote(k)θjón] *s/f* Acción y efecto de proteger.

pro·tec·cio·nis·mo [prote(k)θjonísmo] *s/m* Doctrina económica que, en oposición al librecambismo, protege la producción nacional frente a la competición de la importación de productos extranjeros, gravando a éstos con impuestos.

pro·tec·cio·nis·ta [prote(k)θjonísta] *adj* y *s/m,f* Relativo al proteccionismo.

pro·tec·tor, (-ra) [protektór, (-ra)] *adj* y *s/m,f* Se aplica a la persona o cosa que protege.

pro·tec·to·ra·do [protektoráðo] *s/m* **1.** Empleo o cargo de protector. **2.** Soberanía de un Estado sobre otro.

pro·te·ger [protexér] *v/tr,* REFL(-SE) **1.** Resguardar. Estar o poner una cosa delante o encima de otra para que no sufra ningún daño o perjuicio: *Compró un chaquetón para protegerse del frío.* **2.** Defender o ayudar a una persona empleando la autoridad, fuerza o influencia: *Nadie le podrá proteger de las iras del director.* **3.** Defender el mercado nacional de los productos extranjeros: *El Estado no protege los productos.* RPr **Proteger(se) de/con/contra:** *Protegerse con una manta.*
ORT La *g* se convierte en *j* delante de *a/o: Proteja, protejo.*

pro·te·gi·do, (-a) [protexído, (-a)] *adj* y *s/m,f* Se aplica, referido a una persona, a otra que recibe su protección.

pro·tei·co, -a [protéiko, -a] *adj* **1.** Que cambia de formas o de ideas. **2.** QUÍM Proteínico.

pro·teí·na [proteína] *s/f* Nombre dado a las sustancias orgánicas formadas por carbono, oxígeno, hidrógeno y nitrógeno, que son indispensables en la alimentación, por constituir la célula como parte esencial.

pro·teí·ni·co, -a [proteíniko, -a] *adj* Relativo a las proteínas.

pró·te·sis [prótesis] *s/f* Procedimiento mediante el cual se sustituye un órgano dañado por otro artificial: *Prótesis dental.*
ORT *Pl: Prótesis.*

pro·tes·ta [protésta] *s/f* Acción y efecto de protestar.

pro·tes·tan·te [protestánte] *adj* y *s/m,f* Seguidor del protestantismo.

pro·tes·tan·tis·mo [protestantísmo] *s/m* Movimiento religioso separado de la Iglesia católica en el siglo XVI, cuyo máximo representante fue Martín Lutero.

pro·tes·tar [protestár] **I.** *v/tr* Hacer el protesto de una letra de cambio. **II.** *v/intr* **1.** (Con *contra, de*) Manifestar desacuerdo u oposición respecto a algo: *Protesta siempre contra los impuestos. La gente protesta de los precios de la carne.* **2.** Mostrar disconformidad o descontento. RPr **Protestar por/de/contra:** *Protestó por lo que habían dicho de él.*

pro·tes·to [protésto] *s/m* Requerimiento notarial al que no acepta o no paga una letra de cambio.

pro·to [próto] Prefijo que indica prioridad, primero o principal: *Protomártir.*

pro·to·co·la·rio, -a [protokolárjo, -a] *adj* FIG Establecido por el protocolo.

pro·to·co·li·zar [protokoliθár] *v/tr* Incorporar al protocolo una escritura o documento que requiera esta formalidad.
ORT Ante *e* la *z* cambia en *c: Protocolicé.*

pro·to·co·lo [protokólo] *s/m* **1.** Conjunto de las escrituras originales u otros documentos que un notario autoriza y custodia. **2.** Ceremonial. conjunto de reglas ceremoniales, diplomáticas o palatinas establecidas por decreto o costumbre: *Según el protocolo, la reina ha de estar a la izquierda del rey.* **3.** *Por ext,* conjunto de reglas de cortesía y urbanidad establecidas para determinadas ceremonias.

pro·to·his·to·ria [protoistórja] *s/f* Período histórico sin cronología ni documentos y cuyo conocimiento se basa únicamente en tradiciones o inducciones.

pro·tón [protón] *s/m* FÍS Elemento del núcleo del átomo provisto de electricidad positiva.

pro·to·ti·po [prototípo] *s/m* **1.** Modelo, primer ejemplar de algo que sirve como modelo para hacer otros iguales: *Prototipo de coche.* **2.** Ser que reúne en sí las más acusadas características de una cualidad, virtud o vicio, o las representa en su más alto grado: *Romeo es el prototipo del amor.*

pro·to·zoo [protoθóo] **I.** *adj* y *s/m* Se aplica a los animales, generalmente microscópicos, cuyo cuerpo está formado por una sola célula, o por un grupo de ellas no diferenciadas. **II.** *s/m, pl* Familia de estos animales.

pro·trác·til [protráktil] *adj* Se aplica a la lengua de ciertos animales que puede proyectarse mucho fuera de su boca.

pro·tu·be·ran·cia [protuβeránθja] *s/f* Abultamiento redondeado sobre algo.

pro·vec·to, -a [proβékto, -a] *adj* **1.** Que va muy adelantado o ha aprovechado mucho en algo. **2.** Maduro, entrado en años.

pro·ve·cho [proβétʃo] *s/m* **1.** Beneficio o utilidad que se proporciona a alguien o que resulta de algo. **2.** Adelantamiento o rendimiento en una materia, arte. **3.** (Con *hacer*) Efecto natural que produce una comida o bebida en el organismo. LOC **Buen provecho,** se dice generosamente, cuando se come o bebe, para expresar el deseo de que una cosa sea beneficiosa a la salud o bienestar de uno. **De provecho,** útil o apto para un fin: *Una persona de provecho.* **En provecho de,** para beneficiar o mejorar a la persona o cosa que se expresa.

pro·ve·cho·so, -a [proβetʃóso, -a] *adj* Que causa provecho o es de provecho o utilidad.

pro·vee·dor, -ra [proβe(e)ðór, -ra] *s/m,f* Se aplica al que provee.

pro·veer [proβ(e)ér] **I.** *v/tr,* REFL(-SE) **1.** Prevenir, tener dispuestas las cosas para una necesidad: *Has de proveer de víveres la despensa.* **2.** Suministrar a alguien de lo conveniente o necesario para un fin: *Todavía no me he provisto de ropa para este in-*

vierno. Con *a* equivale a 'subvenir' o atender a las necesidades de alguien: *La madre provee a todo*. **II.** *v/tr* Dictar un juez o tribunal una resolución que a veces es sentencia definitiva. RPr **Proveer a/de/con:** *Les proveen con lo que necesitan*.
CONJ *Irreg: Proveo, proveí, proveeré, provisto*.

pro·ve·nien·te o **pro·vi·nen·te** [proβeniénte/proβinénte] *adj* Que proviene.

pro·ve·nir [proβenír] *v/intr* Proceder, originarse, venir. Tener una cosa su origen en la cosa que se expresa: *Este viento proviene del noroeste*. RPr **Provenir de.**
CONJ *Irreg: Provengo, provine, provendré, provenido*.

pro·ven·zal [proβenθál] *adj* y *s/m,f* De Provenza, antigua provincia francesa.

pro·ver·bial [proβerβjál] *adj* **1.** Relativo al proverbio. **2.** Conocido o sabido por todos o de siempre.

pro·ver·bio [proβérβjo] *s/m* Frase o expresión en que se expresa un pensamiento popular conocido.

pro·vi·den·cia [proβiðénθja] *s/f* **1.** Disposición, prevención encaminada al logro de un fin. Generalmente se utiliza en plural, con los verbos *tomar, dictar: El Gobierno ha tomado providencias para remediar la sequía en Extremadura*. **2.** Cuidado o previsión que Dios tiene en sus criaturas. **3.** Dios mismo, precedido normalmente de 'Divina'.

pro·vi·den·cial [proβiðenθjál] *adj* **1.** Relativo a la providencia. **2.** Oportuno, inesperado.

pró·vi·do, -a [próβiðo, -a] *adj* **1.** Dispuesto y diligente para proveer lo que es necesario para un determinado fin: *Nos alimentaremos de lo que la próvida naturaleza nos ofrezca*. **2.** Propicio, benévolo.

pro·vin·cia [proβínθja] *s/f* Cada una de las grandes divisiones territoriales o administrativas de un territorio o estado.

pro·vin·cial [proβinθjál] *adj* Relativo a una provincia.

pro·vin·cia·nis·mo [proβinθjanísmo] *s/m* Cualidad de provinciano.

pro·vin·cia·no, -a [proβinθjáno, -a] *adj* y *s/m,f* Se aplica al habitante o natural de una provincia, por oposición al de la capital. Generalmente tiene un sentido peyorativo. También se aplica a la persona poco habituada a la vida y costumbres de la ciudad: *No te pongas esa ropa, pareces un provinciano*.

pro·vi·sión [proβisjón] *s/f* **1.** Acción y efecto de proveer. **2.** Reserva de alimentos u otras cosas. Normalmente se utiliza en plural: *Estamos sin provisiones*.

pro·vi·sio·nal [proβisjonál] *adj* No definitivo, que se tiene, se hace o está temporalmente en sustitución de una persona o cosa: *Cargo/Alojamiento provisional*.

pro·vo·ca·ción [proβokaθjón] *s/f* Acción y efecto de provocar.

pro·vo·ca·dor, -ra [proβokaðór, -ra] *adj* y *s/m,f* Que provoca.

pro·vo·car [proβokár] *v/tr* **1.** Incitar a alguien a hacer algo. **2.** Irritar, enfadar a alguien: *No le provoques, se enfada con mucha facilidad*. **3.** Excitar o tratar de despertar deseo sexual en alguien: *Con esa minifalda, no es de extrañar que provoque a los hombres*. **4.** Causar, ocasionar: *Una colilla provocó el incendio*.
ORT Ante *e* la *c* cambia en *qu: Provoquen*.

pro·vo·ca·ti·vo, -a [proβokatíβo, -a] *adj* Que provoca o excita: *Una mujer provocativa*.

pro·xe·ne·ta [pro(k)senéta] *s/m,f* Alcahuete o alchueta.

pro·xe·ne·tis·mo [pro(k)senetísmo] *s/m* Oficio y actitud del proxeneta.

pro·xi·mi·dad [pro(k)simiðáð] *s/f* **1.** Cualidad de próximo. **2.** Cercanías, lugar próximo. Suele usarse en *pl*.

pró·xi·mo, -a [pró(k)simo, -a] *adj* **1.** Se aplica a lo que está cerca en el tiempo o en el espacio. **2.** Con respecto al momento o al lugar en que se está, que sigue inmediatamente después: *El próximo lunes tenemos un examen*. RPr **Próximo a.**

pro·yec·ción [proJe(k)θjón] *s/f* **1.** Acción y efecto de proyectar. **2.** Imagen proyectada por un foco luminoso. **3.** Representación de un dibujo, una película, etc., sobre una pantalla.

pro·yec·tar [proJektár] *v/tr* **1.** Arrojar, lanzar a distancia algo: *El foco proyectaba luz al artista*. **2.** Hacer visibles en la pantalla las imágenes de una película, una fotografía, un dibujo. **3.** Idear o hacer un proyecto o plan de algo: *¿Quién ha proyectado ese puente?* **4.** Hacer visible por medio de la luz, la sombra o la figura de alguien o algo: *Su silueta se proyectaba a lo largo de la calle*.

pro·yec·til [proJektíl] *s/m* Cualquier cuerpo destinado a ser arrojado con algún fin.

pro·yec·to [proJékto] *s/m* **1.** Plan y disposición detallada que se forman para la ejecución de una cosa de importancia. **2.** Pensamiento o propósito de hacer alguna cosa. **3.** Conjunto de escritos, cálculos y dibujos que se hacen para dar idea de cómo ha de ser y cuánto ha de costar una obra. **4.** Redacción provisional de algo como un tratado diplomático, un reglamento o una ley: *Proyecto de ley*.

pro·yec·tor [proJektór] *s/m* **1.** Aparato que sirve para reproducir imágenes sobre una pantalla. **2.** Cualquier aparato que sirve para proyectar algo.

pru·den·cia [pruðénθja] *s/f* **1.** Moderación en el comportamiento. **2.** Cordura, buen juicio.

pru·den·cial [pruðenθjál] *adj* Relativo a la prudencia.

pru·den·te [pruðénte] *adj* Que implica o actúa con ella.

prue·ba [prwéβa] *s/f* **1.** Acción y efecto de probar. **2.** Testimonio, razón para demostrar la verdad o falsedad de una cosa. **3.** Acto en que las partes presentan las pruebas relativas a los hechos que se debaten en el juicio. **4.** *pl* Pruebas presentadas o indagaciones realizadas oficialmente para probar algo. **5.** Ensayo, experiencia. **6.** Acción de probar una cosa para ver cómo se comporta, cómo sabe, etc. **7.** Competición, carrera. **8.** Primera muestra de composición tipográfica, sobre la cual se corrigen las erratas: *Pruebas de imprenta.* **9.** Muestras del grabado y de la fotografía. **10.** ARIT Operación para comprobar la exactitud de otra anterior. LOC **A prueba,** que se puede probar antes de comprarlo o aceptarlo. **A prueba de,** capaz de soportar lo que se expresa: *Este coche está fabricado a prueba de golpes.* **En prueba de,** como muestra o señal de lo que se expresa: *En prueba de su cariño, me dio mil pesetas.* **Ser prueba de algo,** demostrar, dar fe de algo: *Eso es prueba de que te encuentras mejor.*

pru·ri·to [prurito] *s/m* **1.** PAT Picazón, picor. **2.** Afán de perfección, alimentado por el amor propio.

pru·sia·no, -a [prusjáno, -a] *adj* y *s/m,f* De Prusia.

pseu·do [séuðo] *adj* Prefijo *seudo.*

psi·co·a·ná·li·sis [sikoanálisis] *s/m* Conjunto de métodos y doctrinas dedicados a la exploración e interpretación de aquella parte de la personalidad humana que se sustrae a la observación directa.

psi·co·dé·li·co [sikoðéliko] *adj* **1.** Relativo a la manifestación de elementos psíquicos que normalmente están ocultos, o a la estimulación intensa. **2.** Se aplica a lo que recuerda el efecto de tales alucinógenos: *Música psicodélica.*

psi·co·lo·gía [sikoloxía] *s/f* **1.** Tratado de las funciones del alma. *Por ext,* todo lo relacionado con el espíritu y su comportamiento. **2.** Conjunto de caracteres psíquicos de una persona o de un pueblo.

psi·co·ló·gi·co, -a [sikolóxiko, -a] *adj* Relativo a la psicología.

psi·có·lo·go, -a [sikóloγo, -a] *s/m,f* Se aplica a la persona que se dedica o está especializada en psicología.

psi·có·pa·ta [sikópata] *s/m,f* y *adj* Se aplica a la persona que sufre trastornos de carácter, cuya conducta social es inadecuada y a la vez manifesta una pobreza general en sus reacciones afectivas.

psi·co·pa·tía [sikopatía] *s/f* Enfermedad mental que implica una pérdida de la personalidad.

psi·co·sis [sikósis] *s/f* **1.** Denominación que se aplica a aquellas enfermedades mentales en que las funciones psíquicas se hallan tan afectadas que el enfermo es incapaz de distinguir entre el mundo exterior y su propia vida psíquica. Frecuentemente el enfermo psicótico presenta alteraciones graves en la percepción, afectividad y en el curso del pensamiento. **2.** Fenómeno de excitación colectiva que presenta aspectos de una obsesión pertinaz.
ORT El *pl* es *psicosis.*

psi·co·te·ra·pia [sikoterápia] *s/f* Tratamiento de las enfermedades, especialmente de las enfermedades mentales, por medio de métodos psíquicos, como el psicoanálisis, la persuasión, la sugestión, etc., y, sobre todo, esclarecimiento del estado íntimo del enfermo a través del diálogo entre él y el médico.

psi·que [síke] *s/f* El alma humana.

psi·quia·tra o **psi·quía·tra** [sikjátra/sikíatra] *s/m* MED Médico especializado en enfermedades mentales y nerviosas.

psi·quia·tría [sikjatría] *s/f* Parte de la medicina que se ocupa del estudio y tratamiento de las enfermedades mentales, empleando una serie de métodos que van de los estrictamente psicológicos a los de repercusión psicofisiológica.

psí·qui·co, -a [síkiko, -a] *adj* Relativo al alma.

púa [púa] *s/f* **1.** Cuerpo delgado y rígido que acaba en punta afilada: *Me he clavado una púa en el dedo.* **2.** Diente de un peine: *Las púas del peine.* **3.** Lámina triangular de concha, asta, celuloide, marfil, madera, de forma ovoide, que se utiliza para tocar instrumentos de cuerda, como la guitarra.

pub [púb] *s/m* ANGL Establecimiento en donde se pueden tomar bebidas alcohólicas, y en donde, generalmente, se puede escuchar música.

pú·ber [púβer] *adj* y *s/m,f* Se aplica a la persona (niños y niñas) que está en la pubertad.

pu·ber·tad [puβertáð] *s/f* Época de la vida del hombre o de la mujer en que comienzan las transformaciones morfológicas y fisiológicas que posibilitan el inicio de las funciones sexuales.

pu·bia·no, -a [puβjáno, -a] *adj* Relativo al pubis.

pu·bis [púβis] *s/m* Parte inferior del vientre, que se cubre de vello en la pubertad.
ORT *Pl: Pubis.*

pu·bli·ca·ble [puβlikáβle] *adj* Que se puede publicar.

pu·bli·ca·ción [puβlikaθjón] *s/f* **1.** Acción y efecto de publicar. **2.** Obra publicada: *Sus publicaciones son muchas.*

pu·bli·car [puβlikár] *v/tr* **1.** Difundir, hacer público algo: *La prensa publica hoy grandes noticias sobre la guerra.* **2.** Imprimir o editar una obra: *Publicar una obra.* **3.** Escribir y hacer imprimir una obra. **4.** Incluir o hacer incluir en el periódico algo: *El periódico de hoy publica la lista del censo electoral.*
ORT La *c* cambia en *qu* ante *e: Publiquen.*

pu·bli·ci·dad [puβliθiðáð] *s/f* **1.** Circunstancia de hacer una cosa pública, conocida por todos. **2.** Conjunto de técnicas de comunicación social con que se da a conocer o anuncia un producto comercial o un servicio para que se consuma o utilice: *Publicidad en TV.*

pu·bli·cis·ta [puβliθísta] *s/m,f* **1.** Persona que escribe para el público, especialmente en publicaciones periódicas. **2.** Profesional de la publicidad.

pu·bli·ci·ta·rio, -a [puβliθitárjo, -a] *adj* Relativo a la publicidad utilizada con fines comerciales.

pú·bli·co, (-a) [púβliko, (-a)] **I.** *adj* **1.** Conocido por todos: *Escándalo público.* **2.** Relativo al pueblo, a la comunidad: *Un colegio público.* **3.** Vulgar, común: *Ladrón público.* **4.** Que puede ser usado o frecuentado por todos: *El transporte público.* **II.** *s/m* **1.** Gente. Conjunto de personas que forman una comunidad, una colectividad. **2.** Conjunto de personas que concurren a un determinado lugar para asistir a un espectáculo, o que frecuentan un sitio.
En público, a la vista de todos: *No quiero que nos vean juntos en público.*
Sector público, conjunto de actividades en las que el Estado ejerce un control de gestión y participa, directamente o mediante la creación de entes jurídicos con personalidad propia.

pu·che·ra·zo [putʃeráθo] *s/m (Dar pucherazo)* Trampa electoral consistente en falsear los resultados de una elección computando, *por ej,* más votos de los emitidos.

pu·che·ro [putʃéro] *s/m* **1.** Vasija de guisar, de barro cocido o de otro material, alta, algo abombada y con una sola asa. **2.** Olla, cocido. **3.** Gesto o mueca que precede al llanto.

pu·dding o **pu·din** [púðiŋ] *s/m* Voz inglesa de la que se deriva *budín.*

pu·den·do, (-a) [puðén̪do, (-a)] **I.** *adj* Se aplica a lo que causa vergüenza o pudor. **II.** *s/m* Pene.

pu·di·bun·dez [puðiβun̪déθ] *s/f* Afectación del pudor.

pu·di·bun·do, -a [puðiβún̪do, -a] *adj* De mucho pudor, mojigato.

pú·di·co, -a [púðiko, -a] *adj* Pudoroso, recatado, honesto.

pu·dien·te [puðjén̪te] *adj* y *s/m,f* Rico, poderoso, influyente, que tiene poder.

pu·dor [puðór] *s/m* **1.** Sentimiento de reserva hacia lo que puede tener relación con el sexo. **2.** Vergüenza que una persona siente de que se le alabe en su presencia.

pu·do·ro·so, -a [puðoróso, -a] *adj* Se aplica a la persona que tiene pudor o a lo que revela pudor.

pu·dri·mien·to [puðrimjén̪to] *s/m* Acción y efecto de pudrir(se).

pu·drir o **po·drir** [p{o/u}ðrír] **I.** *v/tr* Hacer que una sustancia se pudra. **III.** REFL (-SE) Corromper o descomponerse una materia orgánica.
CONJ Se conjuga regularmente sobre la forma *pudrir,* excepto el *p (podrido).*

pue·ble·ri·no, -a [pweβleríno, -a] *adj* **1.** Se aplica a la persona que vive en un pueblo o que es originaria de él. **2.** PEYOR Se aplica a la persona ruda, que no sabe desenvolverse en sociedad o que se asombra o escandaliza de lo moderno.

pue·blo [pwéβlo] *s/m* **1.** Grupo de individuos unidos por una tradición, lengua, cultura e historia comunes: *El pueblo español.* **2.** Conjunto de hombres que aunque no habiten en un mismo país, están unidos por su origen, por su religión o por cualquier otro vínculo: *El pueblo gitano.* **3.** Conjunto de personas pertenecientes a las clases sociales menos pudientes, que viven de su trabajo, generalmente corporal: *El pueblo ha hablado por las urnas.* **4.** Conjunto de todos los gobernados, en lenguaje político: *El pueblo decidirá la aprobación de esta ley.* **5.** Población pequeña: *Mucha gente de las ciudades vuelve al pueblo a causa del paro.*

puen·te [pwén̪te] *s/m* **1.** Construcción de cualquier clase sobre un río, foso, etc., para atravesarlos. Puede ser fija, provisional o desmontable. **2.** Plataforma con barandilla sobre la cubierta de un barco. **3.** Suelo formado con tablas y puertas sobre cuerpos flotantes para pasar un río. **4.** Conexión realizada para permitir el paso de la electricidad entre dos cables. **5.** Medio para sostener uno o más dientes artificiales. **6.** Días o días laborables que se de-

claran festivos por estar entre dos que lo son realmente. LOC **Hacer puente,** considerar como festivo el día intermedio entre dos que lo son realmente.
Puente aéreo, servicio frecuente y periódico de transporte por avión entre dos lugares: *Puente aéreo entre Madrid y Barcelona.*

puer·co, -a [pwérko, -a] **I.** *s/m,f* Cerdo. **II.** *adj* y *s/m,f* (Con *estar, ser*). Se aplica a la persona que está muy sucia, o que es grosera, sin cortesía ni educación.
Puerco espín, mamífero roedor cuyo cuerpo está cubierto de púas córneas blancas y negras en zonas alternas.

pue·ri·cul·tor, -ra [pwerikultór, -ra] *s/m,f* Persona dedicada al estudio y práctica de la puericultura.

pue·ri·cul·tu·ra [pwerikultúra] *s/f* Cuidado y crianza de los niños durante los primeros años de la infancia, particularmente, mientras maman.

pue·ril [pweríl] *adj* **1.** Relativo al niño. **2.** FIG Aplicado a algo que se dice, piensa o hace: estúpido, ingenuo, iluso.

pue·ri·li·dad [pweriliðáð] *s/f* **1.** Cualidad de pueril. **2.** Cosa sin importancia o infundada.

puér·pe·ra [pwérpera] *s/f* Mujer recién parida.

puer·pe·ral [pwerperál] *adj* Relativo al puerperio.

puer·pe·rio [pwerpérjo] *s/m* Período transcurrido desde el momento del parto hasta que los órganos genitales y el estado general de la mujer vuelven a su estado ordinario, anterior al parto.

pue·rro [pwérro] *s/m* Planta liliácea que se cultiva en los huertos. El bulbo de su raíz es muy apreciado como condimento.

puer·ta [pwérta] *s/f* **1.** Abertura en una pared, que permite entrar y salir. **2.** Armazón de madera, hierro u otra materia que, sujeta con bisagras al quicio de una abertura, sirve para impedir o permitir a voluntad la entrada y salida. **3.** Entrada a una población, que antiguamente era una abertura en la muralla y ahora es una vía de acceso a dicha población. **4.** FIG Medio, posibilidad, manera de conseguir algo: *Le abrieron las puertas de la felicidad.* **5.** DEP Meta, portería: *Falló un gol a puerta vacía.* LOC **A las puertas,** inmediato o inminente: *Tenemos los exámenes a las puertas.* **A las puertas de la muerte,** muy enfermo. **A puerta cerrada,** en secreto, de manera no pública. **Abrir la puerta,** hacer posible algo, dar motivo o facilidad: *Su propuesta abre la puerta a un posible acuerdo.* **Cerrar la puerta,** hacer imposible la realización de un proyecto u objetivo. **Cerrársele todas las puertas a alguien,** ser rechazado por aquellos a quienes acude en demanda de auxilio. **Ir de puerta en puerta,** mendigar, pedir algo a alguien rogándole. **Poner a alguien en la puerta de la calle,** echarle de un lugar. **Por la puerta grande,** con privilegio, con honor: *El torero salió por la puerta grande.*

puer·to [pwérto] *s/m* **1.** Lugar en la costa, natural o no, que sirve de refugio a las naves o que ofrece seguridad para las operaciones de carga y descarga de mercancías y el embarque o desembarco de pasajeros. **2.** Paso estrecho entre montañas. *Por ext,* la montaña misma donde está o sus alrededores. LOC **Llegar a puerto,** conseguir superar una situación apurada o difícil. **Tomar puerto,** arribar a él.

puer·to·rri·que·ño, -a [pwertorrikéɲo, -a] *adj* y *s/m,f* De Puerto Rico.

pues [pwés] *conj* **1.** Conjunción que indica causa, motivo o razón: *Que lo haga él, pues lo sabe hacer.* **2.** Toma carácter de condicional en ciertas frases: *Pues quieres comprarte un piso, ahorra desde este momento.* **3.** Sentido ilativo: *¿No quieres estudiar?, pues no te quejes si después te suspenden.* **4.** Aparece como una continuación de lo que se dice antes: *Te repito, pues, que no puedo acompañarte.* **5.** Al principio de una frase apoya o encarece lo que en ella se expresa: *Pues ya conoces mi opinión sobre el tema.* **6.** Con una interrogación se emplea sola, equivaliendo a *¿Por qué?: —Esta mañana no iré a clase —¿Pues?* **7.** Introduce expresiones exclamativas: *¡Pues será tonta la tía esa!* **8.** Se usa frecuentemente en respuestas, cuando hay vacilación o atenuación de ella: *Pues, ¡hombre!, ¿qué quieres que te diga?*

pues·to, (-a) [pwésto, (-a)] **I.** *p irreg* de *poner.* **II.** *adj* Precedido de *bien* o *mal* adquiere el significado de 'vestido': *¿Dónde vas tan bien puesta?* **III.** *s/m* **1.** Lugar que ocupa alguien o algo: *Cada soldado ocupaba su puesto.* **2.** Cargo, empleo: *Ha conseguido un puesto de secretaria en una oficina.* **3.** Lugar que corresponde a alguien o algo en una escala: *Actualmente ocupo el puesto de mando.* **4.** Tienda pequeña, por lo general ambulante, o instalación desmontable donde se vende al por menor: *Tiene un puesto de flores a la entrada del mercado.* **5.** Destacamento permanente de la Guardia Civil o carabineros. **6.** Campamento o lugar ocupado por la tropa. **7.** Lugar dispuesto para apostarse los cazadores. **IV.** *s/f* Acción y efecto de poner o ponerse: *Había una puesta de sol maravillosa.* LOC **Puesto que,** *1.* Conjunción causal: *Iré a buscarlo yo, puesto que nadie quiere ir.* *2.* Expresión que introduce una oración con sentido continuativo: *Puesto que tienes miedo de enfrentarte a él, intenta no verlo.*

puf [púf] **I.** *interj* Sonido que expresa repugnancia por algo desagradable o molesto: *¡Puf! No sé cómo puedes tomar eso.* **II.** *s/m* ANGL Asiento bajo y sin respaldo, de piel o tapicería, generalmente de forma circular.

pú·gil [púxil] *s/m* Boxeador.

pu·gi·la·to [puxiláto] *s/m* Lucha de púgiles.

pu·gi·lís·ti·co, -a [puxilístiko, -a] *adj* Relativo al boxeo.

pug·na [púɣna] *s/f* **1.** Entablar una lucha por o para conseguir algo. **2.** Oposición entre personas, naciones o partidos sobre ideas, tendencias, intereses, etc.

pug·nar [puɣnár] *v/intr* **1.** Luchar, combatir con armas no materiales: *Los dos profesores pugnaban por ocupar la plaza vacante.* **2.** Hacer esfuerzos para conseguir algo. En sentido figurado, el sujeto puede ser una cosa inanimada, como 'llanto' 'risa' o 'lágrimas': *Las lágrimas pugnaban por salir.* RPr **Pugnar por.**

pu·ja [púxa] *s/f* **1.** Acción y efecto de pujar: aumentar el precio. **2.** Acción y efecto de pujar: hacer esfuerzos. **3.** Cantidad ofrecida en una subasta.

pu·jan·te [puxánte] *adj* Se aplica a lo que crece, prospera o se desarrolla con mucha fuerza o impulso.

pu·jan·za [puxánθa] *s/f* Fuerza, vigor con que crece o se desarrolla algo.

pu·jar [puxár] *v/tr* **1.** Licitar, aumentar el precio de una subasta. **2.** Hacer esfuerzos por pasar delante o proseguir una acción. RPr **Pujar por:** *Pujar por salir.*

pu·jo [púxo] *s/m* **1.** Malestar que obliga a orinar o a evacuar el vientre a cada momento. **2.** FIG Deseo o gana irresistible de reír o llorar. **3.** Conato, aspiraciones o pretensiones de ser cierta cosa: *Es un profesor con pujos de gran investigador.*

pul·cri·tud [pulkritúð] *s/f* Cualidad o estado de pulcro.

pul·cro, -a [púlkro, -a] *adj* **1.** Bello. **2.** Aseado, de aspecto cuidado. **3.** Aplicado a las personas, cuidadoso de la limpieza de su persona, de su lenguaje, de sus ropas, etc.

pul·ga [púlɣa] *s/f* Insecto parásito saltador, que se alimenta chupando la sangre del hombre y otros animales y aves, produciéndoles picaduras molestas. LOC **Tener malas pulgas,** tener mal humor, mal genio.

pul·ga·da [pulɣáða] *s/f* **1.** Medida anglosajona de longitud que equivale a algo más de 25,4 milímetros. **2.** Medida de longitud, duodécima parte del pie y equivalente a algo más de 23 milímetros.

pul·gar [pulɣár] *adj* y *s/m* Se aplica al dedo primero y más grueso de la mano, que se puede oponer a los demás para asir.

pul·ga·ra·da [pulɣaráða] *s/f* Cantidad de polvo o granos que puede cogerse entre las yemas del pulgar y otro dedo.

pul·gón [pulɣón] *s/m* Insecto hemíptero, de uno o dos milímetros de largo, color negro, bronceado o verdoso, y dos tubillos en la extremidad del abdomen, por donde segrega un líquido azucarado.

pul·go·so, -a [pulɣóso, -a] *adj* Que tiene pulgas.

pul·gui·llas [pulɣíʎas] *s/m* FIG FAM Se aplica a la persona que es muy susceptible y fácilmente irritable.

pu·li·do, -a [pulíðo, -a] *adj* Hecho o arreglado con mucho cuidado y esmero.

pu·li·dor, (-ra) [puliðór, (-ra)] *adj* y *s/m,f* Se aplica a la persona o cosa que pule o sirve para pulir.

pu·li·men·tar [pulimentár] *v/tr* Pulir, abrillantar. Dar brillo a una superficie.

pu·li·men·to [puliménto] *s/m* **1.** Acción y efecto de pulir. **2.** Sustancia que sirve para pulir.

pu·lir [pulír] **I.** *v/tr* **1.** Suavizar la superficie de un objeto, quitándole la aspereza o tosquedad por medio de frotación. **2.** Dar brillo a un objeto. **3.** Perfeccionar, corregir algo cuidadosamente. **4.** Quitar la tosquedad a una persona. **II.** REFL(-SE) COL Derrochar el dinero: *En cuatro días se ha pulido las diez mil pesetas que le di.*

pul·món [pulmón] *s/m* **1.** Órgano de la respiración del hombre y de algunos vertebrados que viven fuera del agua, situado en el pecho. **2.** Órgano de la respiración de ciertos arácnidos y algunos moluscos terrestres, consistente en una cavidad provista de numerosos vasos sanguíneos, que comunica con el exterior por un orificio. **3.** En *pl* FIG Voz muy potente o capacidad para gritar mucho: *¡Vaya pulmones que tienes!*

pul·mo·nar [pulmonár] *adj* Relativo a los pulmones.

pul·mo·nía [pulmonía] *s/f* Inflamación del pulmón o de una parte de él.

pul·pa [púlpa] *s/f* **1.** Parte mollar de la carne, o carne pura. **2.** Tejido orgánico que constituye casi la totalidad de ciertos frutos carnosos: *Estas cerezas tienen mucho hueso y poca pulpa.*

pul·pe·jo [pulpéxo] *s/m* Parte carnosa y mollar de la palma de la mano, en la base del dedo pulgar. También se da este nombre a partes semejantes de otros órganos.

pul·pe·ría [pulpería] *s/f* AMÉR Tienda donde se venden bebidas, comestibles, etc.

púl·pi·to [púlpito] *s/m* Plataforma pequeña, elevada, con antepecho, desde la cual, en las iglesias, se dirige el predicador a los fieles.

pul·po [púlpo] *s/m* Molusco cefalópodo, comestible, con ocho tentáculos provistos de dos filas de ventosas para adherirse a los objetos.

pul·que [púlke] *s/m* Bebida alcohólica hispanoamericana obtenida de la fermentación del aguamiel, o jugo que dan los bohordos de las pitas cortados antes de florecer.

pul·qué·rri·mo, -a [pulkérrimo, -a] *adj sup* de *pulcro.* Muy pulcro.

pul·sa·ción [pulsaθjón] *s/f* **1.** Acción de pulsar. **2.** Cada uno de los latidos del corazón.

pul·sa·dor, (-ra) [pulsaðór, (-ra)] **I.** *adj* Se aplica a lo que o al que pulsa. **II.** *s/m* Interruptor de luz, accionador de timbre que funciona al ser apretado.

pul·sar [pulsár] **I.** *v/tr* **1.** Tocar, golpear o palpar algo con la yema de los dedos: *Pulsar el timbre.* **2.** Tomar el pulso. **3.** FIG Tantear un asunto, la opinión de alguien, etc. **II.** *v/intr* Latir.

pul·sá·til [pulsátil] *adj* Se aplica a lo que pulsa o golpea a semejanza del pulso.

pul·se·ra [pulséra] *s/f* Aro que se lleva como adorno alrededor de la muñeca o en el brazo.

pul·so [púlso] *s/m* **1.** Latido intermitente de las arterias, que se siente en varias partes del cuerpo y se percibe especialmente en cierto punto de la muñeca. **2.** Seguridad o firmeza en la mano para realizar con acierto un trabajo o algo que requiere precisión: *Para hacer este dibujo hay que tener buen pulso.* LOC **A pulso,** *1.* Haciendo fuerza con la muñeca y la mano, sin apoyar el brazo. *2.* Sin ayuda de nadie, con su propio trabajo y esfuerzo. **Tomar el pulso,** *1.* Reconocer el ritmo, la frecuencia de las pulsaciones de alguien. *2.* FIG Pulsar. Tantear el estado de un asunto, una opinión, etc.

pu·lu·lar [pululár] *v/intr* **1.** Abundar, aparecer con rapidez y abundancia en un lugar insectos, gusanos. **2.** Bullir, abundar y moverse en un sitio personas, animales o cosas.

pul·ve·ri·za·ción [pulβeriθaθjón] *s/f* Acción y efecto de pulverizar.

pul·ve·ri·za·dor [pulβeriθaðór] *s/m* Aparato para pulverizar un líquido.

pul·ve·ri·zar [pulβeriθár] **I.** *v/tr,* REFL (-SE) Reducir algo a polvo o a pequeñas partículas. **II.** *v/tr* **1.** FIG Destruir algo o a alguien: *La aviación pulverizó al enemigo.* **2.** Esparcir un líquido en gotas menudísimas y en distintas direcciones.
ORT Ante *e* la *z* cambia en *c: Pulvericé.*

pu·lla [púʎa] *s/f* **1.** Palabra o dicho agudo con que se zahiere a alguien. **2.** Broma, burla.

pu·lló·ver [pulóβer] *s/m* ANGL Jersey o chaleco de lana que se pone por la cabeza.

pu·ma [púma] *s/m* Mamífero americano, parecido al tigre, pero de pelo suave y leonado.

pu·mi·ta [pumíta] *s/f* Piedra pómez.

pun·ción [puṇθjón] *s/f* **1.** Acción y efecto de punzar. **2.** Se aplica, particularmente en cirugía, a la operación quirúrgica consistente en penetrar a través de un tejido con un instrumento afilado y puntiagudo.

pun·cio·nar [puṇθjonár] *v/tr* CIR Hacer punciones en un lugar del cuerpo.

pun·do·nor [puṇdonór] *s/m* Sentimiento que mueve a cuidar el prestigio y la buena forma propios; amor propio.

pun·do·no·ro·so, -a [puṇdonoróso, -a] *adj* y *s/m,f* Que tiene pundonor.

pu·ni·ble [puníβle] *adj* Que merece castigo.

pú·ni·co, -a [púniko, -a] *adj* Relativo a Cartago.

pu·ni·ti·vo, -a [punitíβo, -a] *adj* Relativo al castigo.

pun·ta [púṇta] **I.** *s/f* **1.** Extremo agudo y punzante de algo: *Se clavó la punta en el pie.* **2.** Extremo de cualquier objeto alargado: *Cógelo con la punta de los dedos.* **3.** Lengua de tierra que penetra en el mar. **4.** Pico saliente de forma angular en el borde de algo. **5.** Pequeña cantidad de una cosa, generalmente de una cualidad: *Tiene una punta de tonto.* Se emplea frecuentemente con posesivo y en plural: *Tu hermana tiene sus puntas de actriz.* **II.** *s/f, pl* Técnica de baile consistente en alzarse sobre las puntas de los dedos del pie y ejecutar pasos sin que el talón ni cualquier otra parte del pie toque el suelo. LOC **De punta,** *1. (Estar, ponerse de punta)* Enemistado: *Están de punta desde hace unas semanas.* *2.* Se aplica a las cosas, asuntos o situaciones cuando se presentan difíciles o contrarios a lo que se esperaba. *3.* Desconfiado, receloso: *No le digas nada porque está de punta.* **De punta a punta,** de un extremo a otro de una cosa. **De punta en blanco,** muy acicalado y con los mejores vestidos. **Sacar punta a algo,** *1.* Darle un significado que no tiene, o atribuirle malicia: *Sacas punta a todo lo que dice.* *2.* Hacerla en el extremo de la cosa que se dice; particularmente afilar el extremo de un lápiz.

pun·ta·da [puntáða] *s/f* **1.** Cada uno de los agujeros que se hacen con la aguja. **2.** Espacio entre dos de estos agujeros y porción de hilo que ocupa ese espacio.

pun·tal [puntál] *s/m* **1.** Madero sólido, generalmente colocado en forma oblicua, que se utiliza para sostener una pared, edificio, etc. **2.** AMÉR Refrigerio, piscolabis, tentempié.

pun·ta·pié [puntapjé] *s/m* Golpe que se da con la punta del pie. LOC **A puntapiés,** con malos modos, con desconsideración.

pun·tea·do [punteáðo] *s/m* Acción y efecto de puntear.

pun·te·ar [punteár] *v/tr* **1.** Señalar o marcar con puntos u otras señales un escrito, relación o cuenta. **2.** Dibujar, pintar o grabar con puntos. **3.** Dar puntadas, coser una prenda. **4.** Tocar la guitarra u otro instrumento semejante hiriendo cada cuerda con un solo dedo o con una púa. ORT La *e* de la raíz permanece ante otra *e* en la desinencia: *Punteemos.*

pun·teo [puntéo] *s/m* Acción y efecto de puntear la guitarra u otro instrumento semejante.

pun·te·ra [puntéra] *s/f* Parte del calzado de cualquier tipo que cubre la punta del pie.

pun·te·ría [puntería] *s/f* **1.** Acción de apuntar a un blanco con un arma. **2.** Destreza del tirador, para dar en el blanco.

pun·te·ro, (-a) [puntéro, (-a)] **I.** *adj* Se aplica al que apunta bien con un arma. **II.** *adj* y *s/m,f* Se aplica a la persona que sobresale en una actividad. **III.** *s/m* Palo o vara con que se señala una cosa para llamar la atención sobre ella, *por ej,* los lugares en un mapa.

pun·ti·a·gu·do, -a [puntjaγúðo, -a] *adj* De punta aguda o que acaba en punta.

pun·ti·lla [puntíʎa] *s/f* **1.** Encaje muy estrecho hecho de puntas u ondas. **2.** Instrumento, a manera de cuchillito, con punta redonda, que utilizan los carpinteros para trazar, en lugar del lápiz. **3.** Especie de puñal para rematar reses. LOC **De puntillas** *(Andar, estar, ponerse),* pisando o sosteniéndose sólo con la punta de los pies y con los talones levantados.

pun·ti·llis·mo [puntiʎísmo] *s/m* Procecimiento pictórico del siglo XIX, derivado del impresionismo, y que consiste en la descomposición de los tonos por medio de toques separados de color puro.

pun·ti·llo [puntíʎo] *s/m* Amor propio exagerado que hace que alguien se sienta ofendido por cualquier nimiedad.

pun·ti·llo·so, -a [puntiʎóso, -a] *adj* Se aplica a la persona que se molesta por cualquier cosa, o es muy susceptible.

pun·to [púnto] *s/m* **1.** Dibujo o relieve redondeado y muy pequeño, como, *por ej,* el que tienen encima las letras 'i' y 'j'. **2.** Señal que deja en una superficie el contacto o presión de alguna cosa puntiaguda, como lápiz, punzón, etc. **3.** Signo de puntuación que, usado solo, señala una pausa bastante larga e indica el final de la frase. **4.** Límite mínimo de la expresión. **5.** Sitio, lugar determinado: *La plaza X era el punto de reunión acordado.* **6.** Parte extremadamente pequeña del espacio: *Punto de inserción de dos líneas.* **7.** Unidad de calificación, de puntuación o el elemento de valoración en un juego, concurso, en las notas escolares, etc. **8.** Valor convencional de los naipes, dados, etc. **9.** Momento, instante: *Llegó justo en el punto más importante de la reunión.* **10.** Situación, estado en que se encuentra algo: *La situación está en un punto crítico.* **11.** Grado o intensidad en que se encuentra algo: *Su testarudez ha llegado a un punto inaceptable.* **12.** Cada uno de los apartados o divisiones de un escrito, discurso, argumento: *Estoy en desacuerdo con el último punto expuesto.* **13.** Cuestión a tratar. **14.** Puntada del cirujano: *Me tuvieron que dar diez puntos en esta pierna, a causa del accidente.* **15.** Cada una de las diversas maneras de tratar y pasar el hilo al bordar o coser: *Punto de cruz.* LOC **A punto,** *1.* Preparado: *La carne está ya a punto. 2. (Estar, llegar)* A tiempo, oportunamente. **A punto de,** seguido de un verbo, expresa proximidad o inminencia de lo que señala el verbo: *El tren está a punto de salir.* **Al punto,** pronto, en seguida. **Con puntos y comas,** con exactitud, muy detalladamente. **Dar en el punto,** acertar. **Dos puntos,** signo de puntuación formado por un punto sobre otro (:). **En punto,** exactamente: *Son las seis en punto.* **En su punto** *(Estar),* se aplica a una cosa que está en el momento, en la fase o de la manera que mejor puede estar: *La paella está en su punto.* **Hasta cierto punto,** no del todo, aplicado a lo que se dice. **Hasta tal punto,** tanto. **Poner los puntos sobre las íes,** puntualizar, aclarar algo. **Punto y aparte,** el que se pone cuando termina un párrafo y el texto continúa en otro renglón. **Punto y coma,** signo ortográfico consistente en un punto y, debajo de él, una coma (;). **Punto y raya,** signo ortográfico consistente en un punto seguido de un guión (.—). **Punto y seguido,** el que se pone cuando termina un período y el texto continúa inmediatamente después del punto en el mismo renglón. **Puntos suspensivos,** tres puntos puestos horizontalmente que, en la escritura, se emplean para indicar que la oración está incompleta y el sentido suspenso o que se omite algo.

Punto de vista, cada uno de los aspectos que se pueden considerar en un asunto u otra cosa.

Punto muerto, *1.* Posición de un cigüeñal

cuando su codo y la biela están en línea recta, y no transmite el movimiento a las ruedas. *2.* En el desarrollo de una cosa, momento en que ya no se realiza ningún progreso.

pun·tua·ble [puŋtwáβle] *adj* Que se puede puntuar.

pun·tua·ción [puŋtwaθjón] *s/f* **1.** Acción y efecto de puntuar un escrito. **2.** Conjunto de los signos que sirven para puntuar un escrito. **3.** Conjunto de signos y reglas de puntuar.

pun·tual [puŋtwál] *adj* **1.** Relativo al punto. **2.** Cierto, exacto: *Una explicación puntual.* **3.** Aplicado a personas, que llega a los sitios exactamente a las horas convenidas. *Por ext,* se dice del que cumple exactamente sus obligaciones: *Luisito es muy puntual, nunca llega con retraso.*

pun·tua·li·dad [puŋtwaliðáð] *s/f* Cualidad de puntual en las personas o en las cosas.

pun·tua·li·zar [puŋtwaliθár] *v/tr* Especificar con exactitud cada circunstancia, punto o detalle de las cosas de un asunto, precisando las características esenciales.
ORT La *z* se convierte en *c* delante de *e: Puntualicemos.*

pun·tuar [puŋtwár] *v/tr* **1.** Poner en un escrito los signos de puntuación necesarios. **2.** Sacar o anotarse puntos en una competición o prueba. **3.** Calificar un examen o prueba.
ORT El acento tónico y gráfico recae sobre la *u* en el *pres* de *indic* y *subj (puntúo, puntúe),* en *sing* y *3.ª pers* del *pl.*

pun·za·da [punθáða] *s/f* **1.** Pinchazo. **2.** Dolor agudo repentino y pasajero. **3.** FIG Sentimiento de aflicción que experimenta uno cada vez que le viene al pensamiento cierta cosa.

pun·zan·te [punθáŋte] *adj* **1.** Que punza. **2.** Con ironía o mala intención: *Palabras punzantes.*

pun·zar [punθár] **I.** *v/tr* Pinchar. **II.** *v/intr* **1.** FIG Doler algo de vez en cuando. **2.** FIG Sentir remordimiento.
ORT La *z* cambia en *c* ante *e: Puncé.*

pun·zón [punθón] *s/m* **1.** Instrumento de hierro puntiagudo que se emplea para abrir agujeros u ojales y otros usos. **2.** Buril. Utensilio de grabador o escultor. **3.** Instrumento de acero, de forma cilíndrica o prismática, que en la boca tiene de realce una figura, marca o sello que, por presión o percusión, queda impreso en las monedas, medallas, etc.

pu·ña·do [puɲáðo] *s/m* Porción de cualquier cosa que cabe en un puño: *Un puñado de caramelos.* LOC **A puñados,** con abundancia y liberalidad.

pu·ñal [puɲál] *s/m* Arma ofensiva de acero, que sólo hiere de punta.

pu·ña·la·da [puɲaláða] *s/f* **1.** Golpe dado con el puñal u otra arma semejante. **2.** Herida resultante de este golpe. LOC **Coser a puñaladas a uno,** darle muchas puñaladas.

pu·ñe·ta [puɲéta] **I.** *adj* y *s/f* COL **1.** Persona o cosa molesta, enojosa, desagradable. **2.** Tontería, cosa absurda. **II.** Como exclamación denota enfado: *¡Puñeta! ¡Ya me han robado el coche!* LOC **Hacer la puñeta,** COL fastidiar, molestar o perjudicar a alguien. **Enviar, mandar a alguien a hacer puñetas,** contestarle desconsideradamente o despedirle. **¡Qué puñeta(s)!,** expresión que indica decisión o con la que se refuerza lo que se acaba de manifestar.

pu·ñe·ta·zo [puɲetáθo] *s/m* Golpe que se da con el puño.

pu·ñe·te·ría [puɲetería] *s/f* Cualidad de puñetero.

pu·ñe·te·ro, (-a) [puɲetéro, (-a)] *adj* y *s/m,f* Se aplica a la persona o cosa que fastidia, molesta o causa algún perjuicio.

pu·ño [púɲo] *s/m* **1.** Mano cerrada. **2.** Mango de algunas armas blancas. **3.** Parte o pieza de una prenda que rodea las muñecas. **4.** Adorno de encaje o tela fina, que se pone en la bocamanga. **5.** Puñado. **6.** Parte por donde ordinariamente se coge el bastón, el paraguas, etc. **7.** *pl* FIG FAM Fuerza, valor. LOC **Como puños,** muy grande. **De su puño y letra,** escrito a mano por la misma persona de que se trata. **Meter o tener en un puño a alguien,** dominarlo, oprimirlo.

pu·pa [púpa] *s/f* **1.** Pústula o erupción, sobre todo en los labios. **2.** Palabra usada por los niños, o con ellos, para designar daño o dolor.

pu·pi·la·je [pupiláxe] *s/m* **1.** Estado o condición de un pupilo. **2.** Reserva de plaza de aparcamiento de forma permanente en un garaje público o privado y cuota que se paga.

pu·pi·lar [pupilár] *adj* **1.** Relativo al pupilo o a la menor de edad. **2.** ANAT Relativo a la pupila del ojo.

pu·pi·lo, (-a) [pupílo, (-a)] **I.** *s/m,f* **1.** Huérfano, respecto de su tutor. **2.** Huésped de una pensión o casa de huéspedes. **II.** *s/f* Abertura que el iris del ojo tiene en su parte media, por la cual entra la luz a la cámara posterior.

pu·pi·tre [pupítre] *s/m* **1.** Mueble de madera, metal, etc., con tapa en forma de plano inclinado, para escribir sobre él. Se usa especialmente en escuelas. **2.** Tablero inclinado en el que se reúnen los mandos de control de una central eléctrica, fábrica, emisora, etc.

pu·ra·san·gre [púrasaŋgre] *s/m* Caballo que posee los caracteres puros de la raza.

pu·ré [puré] *s/m* Pasta o sopa de legumbres, verduras, patatas, etc., cocidas y pasadas por un pasapurés.

pu·re·za [puréθa] *s/f* **1.** Cualidad de puro. **2.** Virginidad, castidad, inocencia en materia sexual. **3.** Casticismo en el lenguaje.

pur·ga [púrγa] *s/f* **1.** Medicina purgante, para descargar el vientre. **2.** Depuración, eliminación de las personas consideradas indeseables o sospechosas, por algún partido político, empresa, administración, etc.

pur·ga·ción [purγaθjón] *s/f* **1.** Acción y efecto de purgar(se). **2.** 'Blenorragia'. Flujo producido por la inflamación de la uretra. Suele usarse en *pl.*

pur·gan·te [purγánte] *adj* y *s/m* **1.** Se aplica a lo que purga. **2.** Sustancia que provoca o acelera la evacuación del contenido intestinal.

pur·gar [purγár] **I.** *v/tr* **1.** Limpiar, purificar una cosa. **2.** Corregir, moderar las pasiones. **3.** Padecer el alma las penas del purgatorio para purificarse y poder entrar en la gloria. **II.** *v/tr,* REFL(-SE) Administrar a alguien una purga. **III.** *v/tr, intr* **1.** Expiar, sufrir una pena como castigo de una falta o un delito. **2.** Evacuar un humor o una sustancia nociva o inútil. **IV.** REFL(-SE) Liberarse de algo perjudicial.
ORT La *g* cambia en *u* ante *e: Purgue.*

pur·ga·to·rio [purγatórjo] *s/m* Lugar donde las almas purgan sus pecados.

pu·ri·fi·ca·ción [purifikaθjón] *s/f* Acción y efecto de purificar(se).

pu·ri·fi·ca·dor, (-ra) [purifikaðór, (-ra)] *adj* y *s/m,f* Que purifica.

pu·ri·fi·car [purifikár] *v/tr,* REFL (-SE) Anular o quitar de algo o alguien lo que tiene de imperfecto o impuro: *La lluvia purifica el ambiente.* RPr **Purificar(se) de (algo).**
ORT La *c* cambia en *qu* ante *e: Purifique.*

pu·ris·mo [purísmo] *s/m* Cualidad de purista.

pu·ris·ta [purísta] *adj* y *s/m,f* Se aplica a los que cuidan extraordinariamente la pureza del lenguaje cuando hablan o escriben.

pu·ri·ta·nis·mo [puritanísmo] *s/m* Secta y doctrina de los puritanos. *Por ext,* se dice de la exagerada escrupulosidad en el cumplimiento de los deberes.

pu·ri·ta·no, (-a) [puritáno, (-a)] *adj* y *s/m,f* **1.** Relativo al puritanismo. **2.** Excesivamente riguroso.

pu·ro, (-a) [púro, (-a)] **I.** *adj* **1.** Sin mezcla o imperfección: *Agua pura.* **2.** Que no está viciado, alterado: *Aire puro de la montaña.* **3.** Casto. **4.** Limpio, transparente: *Cielo puro.* **5.** Íntegro, que procede con desinterés en el desempeño de su cargo. **6.** Mero, simple. Que es sólo lo que se expresa: *Te he dicho la pura verdad.* **7.** Bello, perfecto: *Un rostro puro.* **8.** Se aplica al lenguaje o al estilo exacto y ajustado a la gramática, sin palabras o construcciones extrañas o viciosas. **9.** Se aplica a la persona cuyo lenguaje cumple tales condiciones. **II.** *s/m* Cigarro.

púr·pu·ra [púrpura] *s/f* **1.** Color rojo oscuro que tira a violado. **2.** FIG Dignidad imperial, real o cardenalicia: *La púrpura cardenalicia.*

pur·pu·ra·do [purpuráðo] *s/m* Cardenal, prelado.

pur·pú·reo, -a [purpúreo, -a] *adj* **1.** De color de púrpura. **2.** Relativo a la púrpura.

pur·pu·ri·na [purpurína] *s/f* **1.** Sustancia colorante roja, extraída de la raíz de la rubia. **2.** Polvo finísimo de bronce o de metal blanco, que se usa para pintar.

pu·ru·len·cia [purulénθja] *s/f* MED Supuración. Segregación de pus.

pu·ru·len·to, -a [purulénto, -a] *adj* Que tiene pus.

pus [pús] *s/m* Secreción espesa y más o menos amarillenta que se produce en los tejidos inflamados, tumores, llagas, etc.

pu·si·lá·ni·me [pusilánime] *adj* y *s/m,f* Falto de ánimo para emprender algo o enfrentarse a algo o alguien.

pu·si·la·ni·mi·dad [pusilanimiðáð] *s/f* Cualidad de pusilánime.

pús·tu·la [pústula] *s/f* Inflamación en la piel, llena de pus.

pus·tu·lo·so, -a [pustulóso, -a] *adj* MED Relativo a la pústula.

pu·ta [púta] *s/f* COL Prostituta.

pu·ta·da [putáða] *s/f* COL Acción malintencionada o desaprensiva.

pu·ta·ti·vo, -a [putatíβo, -a] *adj* Reputado o tenido por padre, hermano o familiar no siéndolo.

pu·te·ar [puteár] **I.** *v/intr* COL Frecuentar el trato con prostitutas. **II.** *v/tr* COL Fastidiar, jorobar, perjudicar, explotar.

pu·te·ro, -a [putéro, -a] *adj* Que frecuenta el trato con prostitutas.

pu·tre·fac·ción [putrefa(k)θjón] *s/f* **1.** Acción y efecto de pudrir o pudrirse. **2.** Podredumbre.

pu·tre·fac·to, -a [putrefákto, -a] *adj* Podrido, corrompido, descompuesto.

pú·tri·do, -a [pútriðo, -a] *adj* Podrido, corrompido.

pu·ya [púJa] *s/f* **1.** Punta acerada que en una extremidad tienen las varas o garrochas de los picadores y vaqueros, con la cual aguijan o castigan a las reses. **2.** FIG **Echar/Tirar una puya,** zaherir, echar indirectas.

pu·ya·zo [puJáθo] *s/m* Herida de puya o garrocha.

pu·zzle [púθle] ANGL *s/m* Rompecabezas.

q [kú] *s/f* Vigésima letra del alfabeto español. Forma sílaba con 'e', 'i', mediante interposición de una 'u', que no se pronuncia.

que [ké] **I.** *Pronombre relativo.* Carece de variaciones de género y número; se refiere a personas o cosas. Ocupa siempre el primer lugar en la oración, que sólo cede al artículo, a la preposición o al antecedente repetido. Cuando la oración de relativo es explicativa, puede sustituirse por 'el cual': *Los niños, que estaban en la calle, no vieron nada (= Los niños, los cuales...).* Con funciones de complemento directo de persona, complemento indirecto y complemento circunstancial, el relativo *que* (o *el que*) ha de ir necesariamente precedido de la preposición que corresponda a cada caso. La preposición, sin embargo, se omite normalmente cuando la oración expresa circunstancia de tiempo: *Han cambiado mucho en los diez años que yo no los veía.* La supresión de la preposición es corriente en la lengua hablada y coloquial. **II.** (Con acento gráfico) *Pron interrog* **1.** Puede funcionar como sustantivo, para preguntar por cosas: *¿Qué dices?;* o como adjetivo, para preguntar por personas o cosas: *¿Qué amigos tienes?* **2.** Puede ir solo o precedido de preposición y equivale a *cuál, cuán, cuánto, qué cosa,* etc.: *¿Qué quieres beber?* **3.** En la interrogación indirecta une una oración con otra: *Dime qué quieres beber.* **4.** Puede ser también adverbio de cantidad, usado en frases exclamativas: *¡Dios mío, qué sola se queda esta mujer!* **5.** Como pronombre exclamativo encarece la naturaleza, cantidad, calidad o intensidad de algo: *¡Qué cansado estoy!* **III.** CONJ **1.** Puede funcionar como conjunción copulativa *('y');* sólo se usa cuando el segundo miembro enlazado por la conjunción es repetición del primero: *Dale que dale/Canta que canta.* **2.** Determinativa o enunciativa. Introduce oraciones subordinadas que hacen oficio de sujeto: *Es una lástima que sea tan malo;* o de complemento directo: *Quiero que me lo digas.* **3.** Final. Su uso con este valor se presenta sobre todo en la lengua coloquial, detrás de imperativo: *Vete a que te dé una cosa.* **4.** Causal. Enlaza oraciones coordinadas: *¡Antes me desprendería yo de todo lo que tengo que de dejar de estudiar!* **5.** Comparativa. Sirve para enlazar los dos términos de una comparación de desigualdad *(más ... que* o *menos ... que);* o de igualdad *(lo mismo que)*: *Pedro trabaja lo mismo que tú.* **6.** Consecutiva. La oración introducida por *que* enuncia un hecho que es consecuencia de la intensidad de lo enunciado en la oración principal: *Hacía tanto frío que nos volvimos a casa.* **7.** Concesiva. Equivale a *aunque.* **8.** Equivale también a las conjunciones disyuntivas 'o', 'ya', etc.: *Que le guste, que no le guste, llegaré tarde.* **9.** Unida a diversos adverbios y preposiciones, *que* entra a formar parte de una serie de frases conjuntivas: *antes (de) que, así que, aunque, bien que, con tal (de) que, conque, después (de) que, en tanto que, entre tanto que, luego que, mal que, mientras que, por más que, porque, siempre que, sino que,* etc. En algunos casos aislados *(aunque, conque, porque)* las dos palabras se funden formando una sola. LOC **¡Con lo que...!** Exclamación de queja o censura porque cierto resultado o suceso consabido no corresponde a lo expresado: *¡Con lo que yo me he sacrificado por ti!* **Que si...,** expresión frecuente en lenguaje familiar para iniciar la referencia a cada una de las cosas que se cuentan como dichas por otra persona: *Juan siempre dice que si no tiene trabajo, que si no tiene dinero.* **¿Y qué?,** expresión con que se denota que lo dicho o hecho por otro no importa o no interesa.

que·bra·da [keβráða] *s/f* **1.** Abertura o paso estrecho entre montañas. **2.** Quiebra, hendidura.

que·bra·de·ro [keβraðéro] *s/m* Término que sólo aparece formando parte de la expresión **quebradero** o **quebraderos de cabeza.** Aquello que inquieta el ánimo con preocupaciones molestas y engorrosas.

que·bra·di·zo, -a [keβraðíθo, -a] *adj* Fácil de quebrarse, frágil.

que·bra·do, (-a) [keβráðo, (-a)] **I.** *adj* y *s/m,f* **1.** Se aplica a la persona que ha hecho quiebra. **2.** Se aplica a la persona que tiene una quebradura o hernia. **II.** *adj* Se aplica al terreno desigual. **III.** *s/m* Representación gráfica de un número fraccionario, consistente en poner dos guarismos separados por una raya, uno de los cuales, denominador, indica el número de partes en que se divide la unidad, y el otro, numerador, el número de ellas que se toman o se consideran.

que·bra·du·ra [keβraðúra] *s/f* **1.** Grieta, abertura, hendedura. **2.** Hernia.

que·bran·ta·hue·sos [keβraņtawésos] *s/m* Ave rapaz, de gran tamaño, con plumaje de color pardo oscuro en la parte superior del cuerpo, y pico corvo y rodeado de cerdas, con la cabeza blancuzca, que vive en Europa meridional.

que·bran·ta·mien·to [keβraņtamjéņto] *s/m* Acción y efecto de quebrantar o quebrantarse.

que·bran·tar [keβraņtár] *v/tr* **1.** Romper con algo una cosa dura. **2.** Infringir, violar una ley, una promesa u obligación. **3.** Debilitar una cosa.

que·bran·to [keβráņto] *s/m* **1.** Acción y efecto de quebrantar o quebrantarse. **2.** Pérdida, daño o perjuicio en la salud, en la fortuna.

que·brar [keβrár] **I.** *v/tr* **1.** Romper algo, generalmente con violencia. **2.** Quebrantar. **3.** Interrumpir o estorbar la continuación de una cosa no material. **II.** *v/tr,* REFL(-SE) Doblar, torcer, generalmente el cuerpo por la cintura. **III.** *v/intr* **1.** Cesar en una actividad comercial o industrial por no poder hacer frente a las obligaciones al no alcanzar el activo a cubrir el pasivo: *La empresa X ha quebrado y ha dejado en la calle a dos mil trabajadores.* **2.** FIG Agudizarse la voz de modo que se emita un chillido.

CONJ *Irreg: Quiebro, quebré, quebraré, quebrado.*

que·che [kétʃe] *s/m* Embarcación de vela que arbola dos palos.

que·chua o **qui·chua** [kétʃua/kítʃua] *adj* y *s/m,f* Se aplica al indio que al tiempo de la colonización habitaba ciertas regiones del Perú, o su lengua.

que·da [kéða] *s/f* **1.** Hora de la noche o de la tarde en que todos los miembros de una población o comunidad deben recogerse en sus casas, esencialmente en tiempos de guerra o anormalidad. **2.** Toque de campanas que servía de señal para hacerlo así. LOC **Toque de queda,** toque de campana o trompeta que anuncia dicha hora.

que·dar [keðár] *v/intr* **1.** Permanecer un cierto tiempo en un lugar o situación. **2.** Subsistir un residuo o parte de una cosa: *Ya no queda azúcar.* **3.** Resultar en cierta situación o estado por causa intencionada, ajena o propia, o debido a algún suceso: *Con lo que ha dicho, ha quedado en ridículo ante todos.* **4.** Seguido de la preposición 'en', acordar lo que se expresa: *Quedaron en llamarse al día siguiente.* **5.** Convenir en lo que se expresa: *Si quieres, quedamos para este fin de semana.* **6.** Caer, estar situado en lugar próximo o alejado: *El trabajo me queda muy cerca de casa.* **7.** Con las preposiciones 'por', 'hacia', estar en cierto sitio expresado sin precisión: *Me parece que ese pueblo queda por (hacia) Asturias.* **8.** Con los adverbios 'bien' o 'mal', o seguido de una expresión modal introducida por 'como', dar alguien lugar a que se le juzgue o tenga como se expresa: *No le importa quedar mal con todo el mundo, si consigue lo que quiere.* **9.** Faltar lo que se expresa para conseguir un punto o situación mencionada: *Todavía quedan cincuenta quilómetros para llegar a Murcia.* **10.** Seguido de la preposición 'por' y de un infinitivo, faltar hacer la operación que expresa en la cosa que también se menciona para terminar o resolver algo: *Todavía quedan por fregar el salón y la cocina.* **11.** Cesar, terminar algo: *Se fue X y ahí quedó la reunión.* **II.** REFL(-SE) **1.** Forma pronominal intransitiva de *quedar,* particularmente usada en las acepciones de *permanecer,* que se refieren a lugar o a 'ponerse' o 'ser puesto' en determinada situación: *Se ha quedado en casa.* **2.** Seguido de 'con', apoderarse, adquirir, conservar en su poder: *Se quedó con todas mis cosas.* **3.** Con 'con' y nombre de persona, burlarse de ella: *Por favor, ¡déjalo!, no te quedes con él, no ves que es un pobre desgraciado.* LOC **¡En qué quedamos!,** expresión con que se invita a alguien a aclarar una contradicción o a poner término a una indecisión. **Quedar atrás,** estar algo pasado o superado. **Quedar uno bien o mal,** portarse en una acción o salir de un negocio bien o mal. **Quedar en algo,** acordar, decidir. **Quedarse en blanco o in albis,** no comprender cierta cosa que se dice o explica o no entenderla. **Quedarse con alguien,** burlarse de él o engañarle. RPr **Quedar en/a/por/con:** *Quedamos en pagarlo todo a medias. Me quedó a deber mil pesetas. Con su manera de actuar, quedó por un cobarde. Se quedó con todo.*

que·do, -a [kéðo, -a] **I.** *adj* **1.** Quieto. **2.** Aplicado a 'voz', 'paso', 'andar', suave, silencioso: *Siempre habla con voz queda.* **II.** *adv* Con cuidado, sin hacer ruido, sin dejarse notar.

que·ha·cer [keaθér] *s/m* Ocupación, trabajo, tarea, deber. LOC **Dar quehacer,** dar trabajo o preocupación.

que·ja [kéxa] *s/f* **1.** Acción de quejarse. **2.** Sonido o palabras con que se muestra dolor, pena, sentimiento o descontento. **3.** Manifestación de disconformidad, disgusto o descontento.

que·jar [kexár] **I.** *v/tr* Aquejar. **II.** REFL(-SE) **1.** Expresar mediante quejas, la pena o el dolor que se siente. **2.** Protestar (Con *de* y *por*): *Siempre se está quejando de todo. Te quejas por nada.* RPr **Quejarse de/por (algo/alguien).**

que·ji·ca [kexíka] *adj* y *s/m,f* Se aplica a la persona que se queja mucho y con pocos motivos.

que·ji·do [kexíðo] *s/m* Voz que expresa pena o dolor.

que·jo·so, -a [kexóso, -a] *adj* Que tiene queja de alguien o de algo.

que·jum·bre [kexúmbre] *s/f* Queja continuada por un padecimiento.

que·jum·bro·so, -a [kexumbróso, -a] *adj* Se aplica a la persona que se queja mucho y con frecuencia. Especialmente aplicado a su voz o tono: *Voz quejumbrosa.*

que·ma [kéma] *s/f* **1.** Acción y efecto de quemar o quemarse. **2.** Incendio, fuego.

que·ma·de·ro [kemaðéro] *s/m* Lugar destinado a quemar algo.

que·ma·do, (-a) [kemáðo, -a] **I.** *adj* y *s/m,f* Que es resultado de quemar o quemarse. **II.** *s/m* **1.** Hecho de quemarse algo o cosa que se está quemando: *¿No hueles a quemado?* **2.** Quemadura en la ropa u otro objeto. **3.** FIG COL Enfadado, molesto con alguien: *Estoy muy quemado con vuestro comportamiento.* **4.** FIG COL Gastado, agotado, sin ánimo o facultades para una determinada actividad. RPr **Quemado de/por/con:** *Quemado de/por el sol.*

que·ma·dor, (-ra) [kemaðór, (-ra)] **I.** *adj* Que quema. **II.** *s/m* **1.** Incendiario. **2.** Instrumento o dispositivo destinado a facilitar la combustión del carbón o de los carburantes líquidos en los hogares (calderas, hornos, etc.).

que·ma·du·ra [kemaðúra] *s/f* Herida producida por el fuego, el calor o una sustancia corrosiva, y cicatriz que queda.

que·mar [kemár] *v/tr* **1.** Consumir o destruir algo con fuego o calor. **2.** Estropear una comida por dejarla demasiado tiempo al fuego o por cocinarla con fuego muy fuerte. **3.** Estar una cosa demasiado caliente: *Este café está quemando.* **4.** Causar quemazón, lesión o dolor algo muy caliente. **5.** Poner el sol la piel morena. **6.** Producir sensación de ardor un alimento o bebida fuerte o picante: *El aguardiente quemaba mi estómago.* **7.** Estropear o destruir una cosa, un ácido u otra sustancia corrosiva: *Eché demasiada lejía y quemé la camisa.* **8.** Deteriorar la imagen pública de una persona: *Creo que el líder del partido ha salido muy quemado de la última campaña electoral.* **9.** Gastar la vida, la juventud en aras de un trabajo, una preocupación. **10.** Malgastar una fortuna o determinada cantidad de dinero. **11.** FIG Fastidiar, enfadar o irritar a alguien.

que·ma·rro·pa (a) [kemarrópa] *adv* Término que sólo aparece formando parte de la LOC **A quemarropa,** *1.* Desde muy cerca: *Le dispararon doce balas a quemarropa.* *2.* Sin rodeos, bruscamente: *Me hicieron la pregunta a quemarropa.*

que·ma·zón [kemaθón] *s/f* **1.** Calor excesivo. **2.** Sensación de ardor o picor.

que·pis o **ke·pis** [képis] *s/m* Gorra, ligeramente cónica y con visera horizontal, que usan los militares en algunos países. ORT Su *pl* es *quepis.*

que·ra·ti·na [keratína] *s/f* Albuminoide elástico y duro, componente principal de los tejidos epidérmico, córneo, piloso y otros.

que·re·lla [keréʎa] *s/f* **1.** Acusación presentada ante un juez o tribunal. **2.** Pelea, discordia.

que·re·llar·se [kereʎárse] *v/REFL(-SE)* **1.** Presentar alguien una querella contra otra persona ante el juez. **2.** Quejarse de alguien o por algo.

que·ren·cia [kerénθja] *s/f* Inclinación afectiva hacia alguien o algo, principalmente tendencia de las personas o de los animales a volver al lugar en que se criaron.

que·rer [kerér] **I.** *s/m* Cariño, amor. **II.** *v/tr* **1.** Desear, tener la intención, voluntad o pretensión de alcanzar la posesión o lograr la realización de algo de lo que se espera satisfacción o utilidad para sí o para otro: *Quiero que todos estéis atentos.* **2.** Amar, tener cariño a alguien o a algo: *Quiero con locura a esta mujer.* **3.** Decidir, tomar una determinación: *Mi amiga ha querido quedarse en casa.* **4.** Tener voluntad o determinación de hacer algo: *Quiero ir de vacaciones a Portugal.* **5.** Pedir cierto precio por un objeto o un servicio realizado: *¿Cuánto quiere por este terreno?* **6.** Estar decidido a hacer o no hacer cierta cosa: *Hago esto porque quiero.* **7.** Pedir o requerir una cosa algo que le es conveniente: *Esta tierra quiere abono.* **8.** Desear, necesitar: *¿Para qué quieres el abrigo, si hace calor?* **9.** Requerir algo de alguien, pedírselo o preguntárselo: *¿Para qué me quería tu amigo?* **III.** *v/impers* Estar próxima a ser o verificarse una cosa, haber indicios de que va a ocurrir: *Parece que quiere llover.* LOC **¡Por lo que más quieras!,** exclamación de ruego: *¡Por lo que más quieras, déjale eso al niño!* **Querer decir,** *1.* Significar, indicar: *Eso quiere decir que ya no somos amigos.* *2.* Significar: *'Summer', en inglés, quiere decir verano.* **Sin querer,** sin intención deliberada, por casualidad: *Perdona, ha sido sin querer.* CONJ *Irreg: Quiero, quise, querré, querido.*

que·ri·do, -a [keríðo, -a] **I.** *p* de *querer.* Se emplea en el lenguaje familiar en todos los casos en lugar de 'amado'. Se utiliza en los encabezamientos de las cartas: *Mi querida amiga.* **II.** *s/m,f* Amante. Persona que tiene relaciones sexuales con otra, con la que no está casada.

que·ro·se·no [keroséno] *s/m* Petróleo

refinado, utilizado en estufas, lámparas y aviones de reacción.

que·ru·be o **que·ru·bín** [kerúβe/keruβín] *s/m* **1.** Cada uno de los ángeles que constituyen el primer coro. **2.** Se aplica a una persona, particularmente a un niño, de gran belleza.

que·se·ra [keséra] *s/f* Utensilio, generalmente con una cubierta de cristal o plástico, donde se guarda el queso.

que·se·ría [kesería] *s/f* Lugar en que se venden o fabrican quesos.

que·se·ro, -a [keséro, -a] **I.** *adj* Relativo al queso. **II.** *s/m,f* Persona que hace o vende queso.

que·so [késo] *s/m* Producto elaborado con leche cuajada y sometida a diversos tratamientos. Se consume como alimento. LOC **Darla con queso,** engañar o estafar a alguien.

que·ve·des·co, -a [keβeðésko] *adj* Propio y característico de Quevedo como escritor.

que·ve·dos [keβéðos] *s/m, pl* Lentes circulares que se sujetan únicamente en la nariz.

¡quiá! [kjá] *interj* Expresa negación o incredulidad.

qui·butz o **ki·butz** [kíβutz] *s/m* Granja colectiva en Israel.

qui·cio [kíθjo] *s/m* **1.** Rincón formado por la puerta y el muro en la parte donde aquélla está articulada a éste. **2.** Parte de las puertas y ventanas en que está situado el gozne. LOC **Fuera de quicio,** fuera de orden o estado normal: *Últimamente todo parece estar fuera de quicio.* **Sacar de quicio,** *1.* Irritar a alguien, hacerle perder la serenidad: *Cada vez que veo al niño cerca de la TV., me saca de quicio. 2.* Sacar una cosa de su curso normal, exagerar su importancia.

quid [kíθ] *s/m* Esencia, causa o razón de una cuestión; punto más delicado o importante de un asunto. LOC **Dar en el quid,** acertar en cualquier cosa.

quie·bra [kjéβra] *s/f* **1.** Acción y efecto de quebrar una empresa comercial o industrial. **2.** Menoscabo.

quie·bro [kjéβro] *s/m* **1.** Ademán o gesto que se hace con el cuerpo doblándolo por la cintura, especialmente en los lances taurinos. **2.** Gorgorito hecho con la voz.

quien [kjén] **I.** *pron relativo m/f* Se usa siempre con función sustantiva. Designa siempre a una persona. En general, este antecedente de persona va implícito: *Quien mal anda, mal acaba (quien = 'el que')*; pero también puede ir explícito: *Se comunicó la noticia a los padres, quienes no sabían nada.* En *pl* tiene la forma *quienes* para el masculino y femenino. A veces se construye en singular, refiriéndose a un antecedente en plural: *Las personas a quienes o a quien has escrito.* Cuando la oración de relativo es del tipo de las llamadas especificativas o determinativas, el antecedente sólo puede estar explícito cuando entre él y el relativo se intercala una preposición: *Éste es el amigo de quien te he hablado.* **II.** *pron indefinido* Forma parte de oraciones que constituyen un elemento de otra, y se construye sin antecedente expreso: *Pídelo a quien quieras.*

quién [kjén] **I.** *pron interrogativo* Es el único pronombre interrogativo aplicable a personas. Se usa en frases interrogativas directas o indirectas: *¿Quién te ha dicho eso? Dime a quién has llamado.* **II.** *pron exclamativo* Se usa en frases admirativas: *¡Quién tuviera ahora veinte años!*

quien·quie·ra [kjeŋkjéra] *pron indefinido* Cualquiera, alguno. Referido a personas y seguido siempre de *que*: *Quienquiera que sea, que pase.*
GRAM Su *pl* es *quienesquiera.*

quie·tis·mo [kietísmo] *s/m* **1.** Inacción, quietud, sosiego. **2.** Doctrina mística que basa la perfección espiritual en el abandono de la voluntad a Dios y en la renuncia del alma a toda actividad.

quie·tis·ta [kjetísta] *adj* y *s/m,f* **1.** Partidario del quietismo. **2.** Perteneciente a él.

quie·to, -a [kjéto, -a] *adj* **1.** Que no se mueve ni cambia de lugar. **2.** Parado, que no avanza en su desarrollo. **3.** Sosegado, reposado, tranquilo: *Es un niño muy quieto.*

quie·tud [kjetúð] *s/f* **1.** Carencia de movimiento. **2.** FIG Sosiego, reposo.

qui·ja·da [kixáða] *s/f* Cada uno de los dos huesos de la cabeza del animal, en que están encajados los dientes y las muelas.

qui·jo·ta·da [kixotáða] *s/f* Acción propia de quijote.

qui·jo·te [kixóte] *s/m* **1.** Parte superior de las ancas de los caballos. **2.** FIG Se aplica, por alusión a Don Quijote de la Mancha, a la persona que siempre está dispuesta a intervenir en asuntos que no le atañen, en defensa de la justicia.

qui·jo·te·ría [kixotería] *s/f* Cualidad de quijote.

qui·jo·tes·co, -a [kixotésko, -a] *adj* Que obra o ejecuta con quijotería, o que lo demuestra.

qui·jo·til [kixotíl] *adj* Perteneciente o relativo al quijote.

qui·jo·tis·mo [kixotísmo] *s/m* Condición de quijote.

qui·la·te [kiláte] *s/m* **1.** Unidad de peso para las perlas y piedras preciosas. **2.** Cada una de las veinticuatroavas partes en peso de oro puro que contiene cualquier aleación de este metal.

qui·lo [kílo] *s/m* **1.** V.: 'kilo' (y sus compuestos). **2.** Líquido lechoso, compuesto de linfa y grasas emulsionadas, procedente de la transformación de los alimentos, que pasa a mezclarse con la sangre por medio de los vasos linfáticos.

qui·lla [kíʎa] *s/f* **1.** Pieza metálica o de madera en que se asienta el armazón de una embarcación, desde proa a popa. **2.** Parte saliente del esternón de las aves.

quim·bam·bas [kiɱbáɱbas] *s/f, pl* Lugar indeterminado y muy lejano.

qui·me·ra [kiméra] *s/f* Creación imaginaria de la mente que, sin ser objetiva o comprobable, se toma como real.

qui·mé·ri·co, -a [kimériko, -a] *adj* Que implica quimera.

quí·mi·co, a [kímiko, -a] **I.** *adj* Relativo a la química. **II.** *s/m,f* Se aplica a la persona que practica o estudia la química. **III.** *s/f* Ciencia que estudia la composición de las sustancias, los cambios que éstas sufren, y la sintetización de productos artificiales a partir de los ya conocidos.

qui·mio·te·ra·pia [kimjoterápja] *s/f* Método de tratamiento de las enfermedades infecciosas mediante sustancias químicas, como las 'sulfamidas'.

qui·mo [kímo] *s/m* Pasta que se forma en el estómago con el alimento, por efecto de la digestión.

qui·mo·no [kimóno] *s/m* Prenda de vestir procedente de Asia oriental, en forma de túnica de largas y amplias mangas, abierta y cruzada por delante y ceñida de alguna manera a la cintura.

qui·na [kína] *s/f* **1.** Corteza de quino. **2.** Líquido o bebida medicinal que se prepara con esta corteza.

qui·na·do, -a [kináðo, -a] *adj* Se aplica al vino u otro líquido que se prepara con corteza de quina y se usa como tónico.

quin·ca·lla [kiŋkáʎa] *s/f* Conjunto de cosas de metal de poco valor. Baratijas.

quin·ca·lle·ría [kiŋkaʎería] *s/f* **1.** Conjunto de quincalla. **2.** Tienda de quincalla.

quin·ca·lle·ro, (-a) [kiŋkaʎéro, (-a)] *s/m,f* Persona que fabrica o vende quincalla.

quin·ce [kínθe] **I.** *adj* Número formado por diez y cinco. **II.** *adj* y *s/m* Decimoquinto.

quin·ce·a·vo, -a [kinθeáβo, -a] *adj* y *s/m,f* Se aplica a cada una de las quince partes iguales en que se divide un todo.

quin·ce·na [kinθéna] *s/f* Serie de quince días consecutivos.

quin·ce·nal [kinθenál] *adj* Se aplica a lo que dura una quincena, o a lo que se hace, aparece o ejecuta en quince días.

quin·cua·ge·na·rio, -a [kiŋkwaxenárjo, -a] *adj* y *s/m,f* Aplicado a personas, cincuentón, de cincuenta años.

quin·cua·gé·si·mo, (-a) [kiŋkwaxésimo, (-a)] *adj* Que ocupa el lugar cincuenta en el orden de números.

quin·dé·ci·mo, (-a) [kin̪déθimo, (-a)] *adj* y *s/m,f* Quinzavo.

quin·gen·té·si·mo, -a [kiŋxen̪tésimo, -a] *adj* Que ocupa el lugar quinientos en el orden de números.

qui·nie·la [kinjéla] *s/f* **1.** Sistema reglamentado de apuestas mutuas hecho sobre las predicciones del resultado de unos determinados partidos de fútbol, carreras de caballos u otras competiciones deportivas. **2.** *pl* Papel impreso en que se escriben dichas predicciones para participar en las apuestas.

qui·nie·lis·ta [kinjelísta] *s/m,f* Persona que hace quinielas.

qui·nien·tos, -as [kinjén̪tos, -as] *adj* **1.** Cinco veces cien. **2.** Quingentésimo.

qui·ni·na [kinína] *s/f* Alcaloide procedente de la quina, que se utiliza como febrífugo y como preventivo y curativo de la malaria.

qui·no [kíno] *s/m* Árbol rubiáceo, originario de América.

quin·qué [kiŋké] *s/m* Lámpara dotada de un depósito y un tubo de cristal y que utiliza como combustible el aceite o el petróleo.

quin·que·nal [kiŋkenál] *adj* Que sucede o se repite cada quinquenio o que dura un quinquenio.

quin·que·nio [kiŋkénjo] *s/m* Período de cinco años.

quin·qui [kíŋki] *s/m* **1.** *pl* Grupo social marginado que, frecuentemente, recurre a la violencia. **2.** Individuo de este grupo, generalmente con sentido peyorativo.

quin·ta [kín̪ta] *s/f* **1.** Acción y efecto de quintar. **2.** Reemplazo. Conjunto de los mozos que entran cada año en el ejército para cumplir el servicio militar. **3.** Casa de recreo en el campo. LOC **Entrar en quintas,** ser sorteado o llamado para hacer el servicio militar.

quin·ta·e·sen·cia [kin̪taesénθja] *s/f* **1.** Lo más intenso, puro o condensado de una cosa. **2.** FIG Aplicado a personas, la que tiene la cualidad que se expresa en el más alto grado.

quin·tal [kiŋtál] *s/m* Peso de cien libras, o de 46 kilogramos. LOC **Pesa un quintal,** pesa mucho. **Quintal métrico,** peso de cien kilogramos.

quin·tar [kiŋtár] *v/tr* Sortear el destino de los mozos que han de hacer el servicio militar.

quin·te·to [kiŋtéto] *s/m* **1.** Combinación métrica de cinco versos de arte menor, ordenados de modo que no rimen tres seguidos, ni formen pareado los dos últimos. **2.** MÚS Grupo de cinco personas que interpretan una pieza musical.

quin·tín [kiŋtín] LOC **Armarse la de San Quintín,** suscitarse una gran discusión, disputa o escándalo.

quin·to, (-a) [kíŋto, (-a)] **I.** *adj* Que sigue en orden al cuarto. **II.** *adj* y *s/m,f* Se aplica a cada una de las cinco partes iguales en que se divide la unidad. **III.** *s/m* Recluta. Mozo que empieza a cumplir el servicio militar.

quin·tu·pli·car [kituplikár] *v/tr,* REFL (-SE) Hacer cinco veces mayor una cantidad.
ORT Ante *e* la *c* cambia en *qu: Quintuplique.*

quín·tu·plo [kíŋtuplo] *adj* y *s/m* Que es cinco veces mayor.

quin·za·vo, -a [kinθáβo, -a] *adj* y *s/m,f* ARIT Se aplica a cada una de las quince partes iguales en que se divide un todo.

quios·co o **kios·ko** [kjósko] *s/m* Pequeña construcción de metal o madera, normalmente abierta por varios lados, que, en general, se destina a la venta de periódicos, flores, bebidas, tabacos y otros artículos.

qui·qui·ri·quí [kikirikí] *s/m* Voz onomatopéyica del canto del gallo.

qui·ró·fa·no [kirófano] *s/m* Sala de los hospitales donde se realizan operaciones quirúrgicas.

qui·ro·man·cia [kirománθja] *s/f* Adivinación del porvenir por medio de las rayas y otras señales de la mano.

qui·ro·mán·ti·co, -a [kiromáŋtiko, -a] **I.** *adj* Relativo a la quiromancia. **II.** *s/m,f* Persona que se dedica a ella.

qui·róp·te·ro, -a [kiróptero, -a] **I.** *adj* y *s/m,f* ZOOL Se aplica al mamífero carnicero que vuela con alas formadas por una extensa membrana que tiene entre los dedos, como el murciélago. **II.** *s/m, pl* ZOOL Orden de estos animales.

qui·rúr·gi·co, -a [kirúrxiko, -a] *adj* Relativo a la cirugía.

qui·si·co·sa [kisikósa] *s/f* FAM Enigma, cosa difícil de acertar o averiguar.

quis·que o **quis·qui** [kíske/kíski] Término que sólo aparece formando parte de las LOC **Cada quisque** y **todo quisque,** cada uno, cada cual.

quis·qui·lla [kiskíʎa] *s/f* Camarón, crustáceo decápodo del tipo de la gamba, de unos tres centímetros.

quis·qui·llo·so, -a [kiskiʎóso, -a] *adj* y *s/m,f* Se aplica a la persona susceptible o que da mucha importancia a cosas que no la tienen.

quis·te [kíste] *s/m* Vejiga membranosa, llena de líquido, que se desarrolla anormalmente en diferentes regiones del cuerpo.

qui·tai·pón [kitaipón] Quita y pon.

qui·ta·man·chas [kitamáŋtʃas] *s/m* Sustancia que se utiliza para limpiar o quitar las manchas de la ropa.

qui·ta·nie·ve(s) [kitanjéβe(s)] *adj* y *s/m* Se aplica a la máquina que se utiliza para limpiar la nieve de las carreteras y calles.

qui·tar [kitár] **I.** *v/tr* **1.** Separar una cosa de otra con la que está unida, de la que forma parte o a la que cubre, o apartarla del lugar que ocupaba: *Antes de comer la manzana, quítale la piel.* **2.** Desposeer de algo a alguien: *Alguien me ha quitado mi libro.* **3.** Hacer desaparecer algo: *Ya he quitado la mancha en la chaqueta.* **4.** Impedir, prohibir hacer algo: *Le quitaron de fumar.* **II.** *v*/REFL(-SE) **1.** Dejar o apartarse de una cosa o sitio: *Quítate de ahí que me estás molestando.* **2.** Apartarse de una cosa, en sentido no espacial: *Me he quitado de beber.* LOC **De quita y pon,** se aplica a ciertas partes de un objeto que pueden colocarse o suprimirse de él según la necesidad. **¡Quita!** o **¡Quítate de ahí!,** exclamación que se utiliza para rechazar a alguien o desechar algo. **Quitarse la vida,** suicidarse. RPr **Quitar(se) de.**

qui·ta·sol [kitasól] *s/m* Sombrilla muy grande para resguardarse del sol.

qui·te [kíte] *s/m* **1.** Acción de quitar. **2.** Suerte que efectúa el torero para apartar al toro de otro torero o del caballo, sobre todo en las caídas y cornadas. **3.** Movimiento con que se evita un ataque o un golpe; particularmente en la esgrima. LOC **Estar al quite,** estar preparado para ayudar o defender a alguien.

qui·te·ño, -a [kitéɲo, -a] *adj* y *s/m,f* De Quito.

qui·zá o **qui·zás** [kiθá(s)] *adv* Expresa la posibilidad de algo de lo que se habla, o la opinión subjetiva sobre la posibilidad: *Quizá nieve mañana.*

quó·rum [kwórun] *s/m* Número mínimo de personas o de votos requeridos para llegar a un acuerdo en una asamblea deliberante.

r [érre] *s/f* Vigésima primera letra del abecedario español. Su nombre es 'erre'; si se alude a su sonido suave, se llama también 'ere'

ra·ba·dán [rraβaðán] *s/m* Mayoral, persona que cuida de toda una cabaña de ganado, haciendo a la vez de jefe de los demás pastores o zagales.

ra·ba·di·lla [rraβaðíʎa] *s/f* **1.** Extremidad inferior del espinazo, que consta de la última pieza del hueso sacro y las tres del coxis. **2.** En las aves, extremidad movible, a modo de protuberancia, sobre el ano, en la cual se insertan las plumas de la cola.

rá·ba·no [rráβano] *s/m* Planta crucífera anual. Se suele comer como entremés. LOC **Importar algo o alguien un rábano,** resultar indiferente, dar igual. **¡Un rábano!,** COL negación enfática: *—Dame el libro. —¡Un rábano!*

ra·bel [rraβél] *s/m* Instrumento musical pastoril semejante al laúd, de sonido agudo, compuesto de tres cuerdas, que se tocan con arco.

ra·bí [rraβí] *s/m* Título que los judíos confieren a los doctos en su ley.

ra·bia [rráβja] *s/f* **1.** Enfermedad producida por virus; afecta principalmente a los perros y, a través de su saliva, se comunica a otros animales, incluido el hombre. **2.** (Con *dar, tener, tomar*) Disgusto violento.

ra·biar [rraβjár] *v/intr* **1.** Padecer rabia. **2.** (Con *de*) Sufrir intensamente un dolor o un picor: *Rabiaba de dolor.* **3.** Enfadarse mucho. **4.** Desear algo con vehemencia: *Rabia por ser diputado.* LOC **A rabiar,** muchísimo: *La quiero a rabiar.* **Hacer rabiar,** exasperar. RPr **Rabiar de/por (2 y 4).**

ra·bi·cor·to, -a [rraβikórto, -a] *adj* Animal de rabo corto.

ra·bie·ta [rraβjéta] *s/f* Enfado grande y poco duradero, motivado por una causa leve.

ra·bi·lar·go, -a [rraβilárɣo, -a] *adj* De rabo largo.

ra·bi·llo [rraβíʎo] *s/m* **1.** Extremo fino de cualquier objeto. **2.** FIG Ángulo externo del ojo.

ra·bi·no [rraβíno] *s/m* **1.** Maestro judío que interpreta la Sagrada Escritura hebrea. **2.** Sacerdote del judaísmo.

ra·bio·so, -a [rraβjóso, -a] *adj* **1.** Que padece rabia. **2.** Violento, vehemente.

ra·bo [rráβo] *s/m* **1.** Cola de los animales terrestres. **2.** FIG Todo objeto que se presenta como un apéndice de otro más grande, sobre todo si cuelga a semejanza de la cola de un animal. LOC **De cabo a rabo,** por completo: *Revisó el almacén de cabo a rabo.* **Con el rabo entre las piernas,** humillado, avergonzado, abochornado.

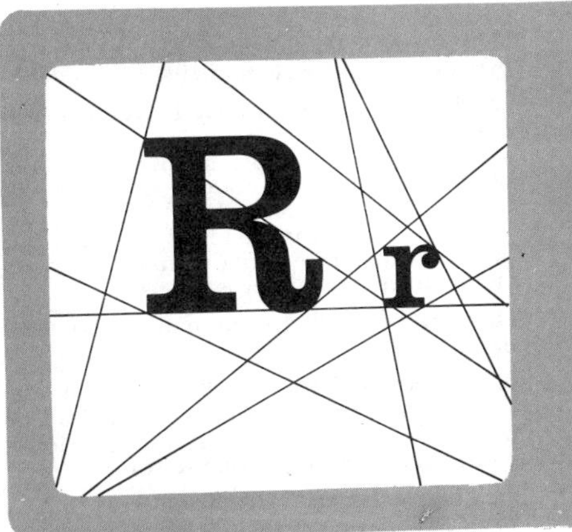

ra·bón, -na [rraβón, -na] *s/m* Animal que carece de rabo o que lo tiene más corto de lo normal en su especie.

ra·bo·ta·da [rraβotáða] *s/f* Expresión insolente y destemplada.

rá·ca·no [rrácano] *adj* **1.** COL Gandul, perezoso. **2.** ARG Mezquino, tacaño.

ra·cial [rraθjál] *adj* Relativo a la raza.

ra·ci·ma [rraθíma] *s/f* Conjunto de racimos pequeños que quedan en las viñas después de la vendimia.

ra·ci·ma·do, -a [rraθimáðo, -a] *adj* En racimo.

ra·ci·mar·se [rraθimárse] *v/REFL (-SE)* Juntarse algunas cosas en forma de racimo.

ra·ci·mo [rraθímo] *s/m* **1.** Conjunto de granos de uva unidos por sus pedúnculos a un mismo tallo. **2.** BOT Conjunto de flores o frutos agrupados en una misma rama. **3.** FIG Cualquier clase de cosas dispuestas de manera semejante a la de un racimo de uvas.

ra·cio·ci·nar [rraθjoθinár] *v/intr* Usar la razón para deducir unas ideas de otras.

ra·cio·ci·nio [rraθjoθínjo] *s/m* **1.** Facultad de raciocinar. **2.** Operación o resultado de raciocinar.

ra·ción [rraθjón] *s/f* **1.** Porción que se da como alimento en cada comida, día, semana, etc. **2.** Cantidad de cualquier clase de objetos (dinero, trabajo, etc.) asignada a cada uno de los miembros de un grupo durante un tiempo limitado o no: *Tú ya* *gastaste tu ración semanal.* **3.** Cantidad de algo considerada suficiente para el fin establecido: *Raciones de queso.*

ra·cio·nal [raθjonál] *adj* **1.** Relativo a la razón. **2.** Lo que se determina por la razón a diferencia de lo que se determina por otras facultades o sentidos. **3.** Dotado de razón: *Animal racional.* **4.** Claro, ordenado. **5.** MAT Expresiones algebraicas que pueden expresarse en la forma de una relación entre dos números enteros.

ra·cio·na·li·dad [rraθjonaliðáð] *s/f* Calidad de racional.

ra·cio·na·lis·mo [rraθjonalísmo] *s/m* Toda teoría que atribuye a la facultad de la razón un papel exclusivo o predominante en el aspecto de que se trate.

ra·cio·na·lis·ta [rraθjonalísta] *adj* y *s/m,f* Partidario del racionalismo.

ra·cio·na·li·za·ción [rraθjonaliθaθjón] *s/f* Acción y efecto de racionalizar.

ra·cio·na·li·zar [rraθjonaliθár] *v/tr* **1.** Hacer que algo sea o se aplique racionalmente. **2.** Ajustar la producción a criterios racionales para aumentar la eficacia.
ORT Ante *e* la *z* cambia en *c: Racionalice.*

ra·cio·na·mien·to [rraθjonamjénto] *s/m* Acción y efecto de racionar.

ra·cio·nar [rraθjonár] *v/tr* **1.** Dividir algo en raciones. **2.** Distribuir raciones. **3.** Limitar la adquisición de ciertos artículos: *En la guerra racionaron el pan.*

ra·cis·mo [rraθísmo] *s/m* **1.** Considerar una raza como perfecta y mejor que las demás. **2.** Doctrina que cultiva y favorece ese sentimiento: *El racismo de los nazis.*

ra·cis·ta [rraθísta] *adj* y *s/m,f* Relativo o partidario del racismo.

ra·cha [rrátʃa] *s/f* **1.** Breve y repentino movimiento de aire. **2.** COL Período breve de tiempo durante el cual afluyen a un destinatario, repentinamente, una serie abundante de cosas de la misma clase: *Una racha de éxitos/fracasos.*

ra·da [rráða] *s/f* Ensenada o puerto natural donde las naves pueden permanecer ancladas al abrigo de los vientos.

rá·dar o **ra·dar** [rráðar/rraðár] *s/m* ANGL Aparato para descubrir la situación de un objeto lejano, mediante la emisión de ondas que, reflejándose en dicho cuerpo, vuelven al punto de emisión.

ra·dia·ción [rraðjaθjón] *s/f* Acción y efecto de irradiar.

ra·diac·ti·vi·dad [rraðjaktiβiðáð] *s/f* FÍS Energía de los cuerpos radiactivos.

ra·diac·ti·vo, -a [rraðjaktíβo, -a] *adj* Se dice de los cuerpos que emiten espontáneamente partículas atómicas.

ra·dia·do, -a [rraðjáðo, -a] *adj* Se dice del objeto cuyas partes están dispuestas como los radios de una circunferencia, es decir, partiendo todas de un punto central.

ra·dia·dor [rraðjaðór] *s/m* **1.** Aparato de calefacción compuesto por una serie de tubos, a través de los cuales pasa agua o vapor a elevada temperatura. **2.** MEC Conjunto de tubos por los cuales circula el agua destinada a enfriar los cilindros de algunos motores de explosión, *por ej,* en el automóvil.

ra·dial [rraðjál] *adj* Relativo al radio.

ra·dian·te [raðjánte] *adj* **1.** Que radia. **2.** Brillante. **3.** FIG Aplicado a personas, visiblemente satisfecho.

ra·diar [rraðjár] *v/tr* **1.** Emitir radiaciones o rayos. **2.** Transmitir algo por medio de la radio. **3.** MED Tratar con rayos X alguna parte enferma del cuerpo.

ra·di·ca·ción [rraðikaθjón] *s/f* Acción y efecto de radicar o radicarse.

ra·di·cal [rraðikál] **I.** *adj* **1.** Relativo a la raíz. **2.** FIG Cualquier persona o cosa que obra o se produce de manera extremada, sin términos medios ni paliativos. **II.** *s/m,f* **1.** GRAM Lo que queda en una palabra variable después de separar lo que distingue a las de una misma familia *(comen 'comer').* **2.** MAT Signo ($\sqrt{\ }$) con el cual se indica la operación de extraer raíces.

ra·di·ca·lis·mo [rraðikalísmo] *s/m* Actitud radical.

ra·di·ca·li·za·ción [rraðikaliθaθjón] *s/f* Acción y efecto de radicalizar.

ra·di·ca·li·zar [rradikaliθár] *v/tr,* REFL (-SE) Hacer que alguien adopte o adoptar actitudes radicales.
ORT Ante *e* la *z* cambia en *c: Radicalice.*

ra·di·car [rraðikár] *v/intr* **1.** Estar situado algo de un modo permanente en un sitio determinado. **2.** (Con *en*) Consistir: *La solución radica en el cambio de director.* RPr **Radicar en.**
ORT Ante *e* la *c* cambia en *qu: Radique.*

ra·dí·cu·la [rraðíkula] *s/f* BOT Parte del embrión que constituirá la raíz de la planta.

ra·dio [rráðjo] **I.** *s/f* **1.** Radiodifusión. **2.** Aparato de recepción de la radiodifusión. **II.** *s/m* **1.** Línea recta tirada desde el centro del círculo o la esfera hasta uno cualquiera de sus puntos. **2.** Cada pieza que une el eje y la llanta de una rueda. **3.** Hueso que, con el cúbito, forma el antebrazo. **4.** Metal de intenso poder radiactivo. LOC **Radio de acción,** *1.* Extensión que alcanza la acción de algo o de alguien. *2.* Distancia que un vehículo puede cubrir regresando al punto de origen sin repostar, especialmente aplicado a aviones.

ra·dio·a·fi·cio·na·do, -a [rraðjoafiθjonáðo, -a] *s/m,f* Persona autorizada para comunicarse por radio, privadamente y en frecuencias especiales.

ra·dio·di·fu·sión [rraðjoðifusjón] *s/f* Actividad y resultado de la radiotelefonía.

ra·dio·es·cu·cha [rraðjoeskútʃa] *s/m,f* Persona que escucha las emisiones radiofónicas.

ra·dio·fo·nía [rraðjofonía] *s/f* Radiotelefonía.

ra·dio·gra·fía [rraðjoɣrafía] *s/f* Procedimiento y resultado de fotografiar mediante rayos X.

ra·dio·gra·fiar [rraðjoɣrafiár] *v/tr* **1.** Transmitir por medio de la telegrafía o telefonía. **2.** Fotografiar mediante rayos X. ORT, PRON El acento recae sobre *i* en el *sing* y *3.ª pers pl* del *pres* de *indic* y *subj: Radiotelegrafío, -fíen.*

ra·dio·grá·fi·co, -a [rraðjoɣráfiko, -a] *adj* Relativo a la radiografía.

ra·dio·lo·gía [rraðjoloxía] *s/f* Tratado de las radiaciones, especialmente los rayos X, en sus aplicaciones al diagnóstico y tratamiento de enfermedades.

ra·dió·lo·go, -a [rraðjóloɣo, -a] *s/m,f* Persona que profesa la radiología.

ra·dio·rre·cep·tor [rraðjorreθeptór] *s/m* Aparato que capta las ondas radio-telefónicas, y las reproduce en forma de señales auditivas.

ra·dios·co·pia [rraðjoskópja] *s/f* Examen de los cuerpos opàcos, y en especial del cuerpo humano, por medio de los rayos X.

ra·dio·ta·xi [rraðjotá(k)si] *s/m* **1.** Automóvil equipado con emisor-receptor de radio para comunicar con una central que transmite las llamadas de los clientes. **2.** Este servicio.

ra·dio·te·le·fo·nía [rraðjotelefonía] *s/f* Sistema de transmisión de señales auditivas a través de ondas hertzianas.

ra·dio·te·le·fó·ni·co, -a [rraðjotelefóniko, -a] *adj* Relativo a la radiotelefonía.

ra·dio·te·le·gra·fía [rraðjoteleɣrafía] *s/f* Sistema de transmisión de señales ópticas por medio de ondas hertzianas.

ra·dio·te·le·grá·fi·co, -a [rraðjotelegráfiko, -a] *adj* Relativo a la radiotelegrafía.

ra·dio·te·le·gra·fis·ta [rraðjoteleɣrafísta] *s/m,f* Persona que trabaja en el servicio de radiotelegrafía.

ra·dio·te·ra·pia [rraðjoterápja] *s/f* Técnica curativa mediante el uso de los rayos X.

ra·dio·trans·mi·sor [rraðjotransmisór] *s/m* Aparato utilizado para producir ondas hertzianas transformables en señales ópticas o auditivas.

ra·dio·yen·te [rraðjoJéṇte] *s/m,f* Persona que escucha lo que se transmite por radio.

ra·er [rraér] *v/tr* Quitar de una superficie algo utilizando un instrumento áspero o cortante.
CONJ *Irreg: Raigo, raí, raeré, raído.* Se evitan las formas regulares del *subj* y la *1.ª pers* del *pres ind.* En todo caso, se prefieren las formas asimiladas al verbo *caer,* frente a otras como *rayo, raya,* etc.

rá·fa·ga [rráfaɣa] *s/f* **1.** Irrupción breve, repentina y violenta de aire, lluvia o similares. **2.** Golpe de luz instantáneo. **3.** Serie de disparos de una ametralladora.

ra·gú [rraɣú] *s/m* GAL Guisado de carne con patatas y otros aditivos.

raid [rráid] *s/m* ANGL Incursión rápida y sorpresiva de fuerzas militares, realizada en guerra y en terreno enemigo.

raí·do, -a [rraíðo, -a] *adj* Se dice de la ropa muy usada y estropeada.

rai·gam·bre [rraiɣámbre] *s/f* Conjunto de antecedentes, intereses, amistades, hábitos que hacen firme y establecen algo en el tiempo o en el espacio.

raíl [rraíl] *s/m* Carril de las vías férreas.

raíz [rraíθ] *s/f* **1.** Órgano de las plantas que crece en dirección inversa a la del tallo y que absorbe los elementos necesarios para el crecimiento y desarrollo del vegetal. **2.** Todo aquello que, a semejanza de la raíz de las plantas, queda incrustado en algún sitio, fijando a él la cosa de que forma parte. **3.** Causa de algo: *La raíz del mal.* **4.** GRAM Parte de una palabra que contiene el significado básico y que permanece invariable en todas las palabras de su familia semántica (*radic*/ación, *radic*/al). LOC **De raíz,** completamente: *Esto hay que solucionarlo de raíz.* **A raíz de,** desde, a causa de. **Tener/Echar raíces,** estar o fijarse en un lugar.
ORT *Pl: Raíces.*

ra·ja [rráxa] *s/f* **1.** Pedazo uniforme cortado a lo largo o a lo ancho de una cosa. **2.** Abertura lineal, muy estrecha, que no llega a separar los dos extremos entre los que se encuentra.

ra·já [rraxá] *s/m* Soberano de la India.

ra·jar [rraxár] **I.** *v/tr* **1.** Partir en rajas: *Rajar una piña.* **2.** VULG Herir con arma blanca: *Lo rajaron unos delincuentes.* **3.** Producir una grieta en algo: *El accidente le rajó la cabeza.* **II.** REFL(-SE) Volverse atrás en una decisión que se había tomado o en una acción iniciada: *Pensaba ir al Polo Sur, pero se ha rajado.*

ra·ja·ta·bla [rraxatáβla] Voz usada en la LOC **A rajatabla,** con todo rigor.

ra·lea [rraléa] *s/f* **1.** Clase. **2.** *despec* Calidad: *Sus amigos son de la misma ralea.*

ra·len·tí [rraleņtí] *s/m (Al ralentí)* Funcionamiento de un motor al mínimo aconsejable.

ra·lo, -a [rrálo, -a] *adj* Se aplica a las cosas cuyos componentes están separados más de lo habitual en su clase.

ra·lla·dor [rraʎaðór] *s/m* Instrumento empleado para rallar pan, queso, etc., frotando estos alimentos contra una cara provista de puntas salientes.

ra·lla·du·ra [rraʎaðúra] *s/f* **1.** Acción de rallar una cosa. **2.** *pl* Lo que resulta de rallar algo.

ra·llar [rraʎár] *v/tr* Desmenuzar un objeto raspándolo con el rallador.

ra·ma [rráma] *s/f* **1.** Cada parte del tronco o tallo principal de la planta. **2.** Cada división de una actividad general o particular: *Una rama del comercio.* **3.** Cada una de las derivaciones en que se divide algo de un modo parecido a como ocurre en las ramas de los árboles. LOC **Andarse/Irse por las ramas,** desviarse de lo fundamental en un asunto determinado.

ra·ma·dán [rramaðán] *s/m* Noveno mes del año lunar de los musulmanes, durante el cual guardan un ayuno riguroso.

ra·ma·je [rramáxe] *s/m* Conjunto de ramas.

ra·mal [rramál] *s/m* **1.** Cada uno de los cabos de que se componen las trenzas, sogas, etc. **2.** Tramo que arranca de la línea principal de un camino, ferrocarril, acequia, cordillera, carretera, etc. **3.** División que resulta de una cosa, con la que está relacionada y de la que es dependiente.

ra·ma·la·zo [rramaláθo] *s/m* **1.** Dolor, desgracia o enfermedad que sobreviene a uno repentinamente: *Le ha dado un ramalazo de depresión.* **2.** VULG Parecido interno o externo de alguien o algo respecto de otra persona o cosa: *Juan tiene un ramalazo de tonto.*

ram·bla [rrám̧bla] *s/f* **1.** Cauce natural formado en un terreno por las aguas de lluvia. **2.** Caudal que discurre por dicho cauce. **3.** En algunas ciudades, paseo principal.

ra·mea·do, -a [rrameáðo, -a] *adj* **1.** Se dice del dibujo o de la pintura que representa ramos. **2.** Se aplica al papel, tela, etc., con tal dibujo.

ra·me·ra [rraméra] *s/f* Mujer cuyo oficio consiste en tener relaciones carnales con hombres por dinero.

ra·mi·fi·ca·ción [rramifikaθjón] *s/f* **1.** Acción y efecto de ramificarse. **2.** Parte derivada de otra más general.

ra·mi·fi·car·se [rramifikárse] *v/REFL (-SE)* **1.** Partirse una cosa en ramas. **2.** FIG Extenderse las consecuencias de un hecho en varias direcciones. RPr **Ramificar(se) en.** ORT Ante *e* la *c* cambia en *qu: Ramifique.*

ra·mi·lle·te [rramiʎéte] *s/m* Ramo pequeño y artificial de flores o de plantas.

ra·mo [rrámo] *s/m* **1.** Conjunto de flores, ramas, etc., preparado de tal forma que resulte agradable. **2.** Cada división de una ciencia, industria, actividad, etc. **3.** Rama cortada de un árbol.

ram·pa [rrám̧pa] *s/f* **1.** Terreno inclinado. **2.** Superficie en declive para subir y bajar por ella. **3.** Contracción involuntaria de un músculo, que produce dolor.

ram·plón, -na [rram̧plón, -na] *adj* Carente de buen gusto u originalidad.

ram·plo·ne·ría [rram̧plonería] *s/f* Cualidad de ramplón.

ra·na [rrána] *s/f* Batracio de color verde y manchas negras; vive en agua dulce (charcas, balsas, etc.). LOC **Salir rana,** VULG defraudar.

ran·cie·dad [rranθjeðáð] *s/f* Cualidad de rancio.

ran·cio, -a [rránθjo, -a] *adj* **1.** Pasado de moda. **2.** Antiguo; se aplica principalmente a estirpes, tradiciones, costumbres, personas, muebles, etc.: *Persona de rancia estirpe.* **3.** Viejo; se aplica al vino y otras bebidas que con el tiempo mejoran su calidad. **4.** Corrompido; se dice de las grasas y otras cosas que, con el paso del tiempo, pierden sus buenas cualidades.

ran·che·ro, -a [rraņtʃéro, -a] *s/m,f* Persona que habita en un rancho o trabaja en él.

ran·cho [rráņtʃo] *s/m* **1.** Comida que se hace de una vez para muchos en común, y que generalmente consiste en un solo guisado. **2.** Granja donde se crían caballos y ganado.

ran·da [rráņda] **I.** *s/f* Adorno que se pone en vestidos y ropas. **II.** *s/m* COL Ratero, astuto.

ra·ne·ro [rranéro] *s/m* Terreno donde hay muchas ranas.

ran·go [rráŋgo] *s/m* **1.** Categoría social; tiene sentido encomiástico: *Es un apellido de rango.* **2.** Lugar que se ocupa en una jerarquía: *¿Qué rango ocupas en tu profesión?*

ra·nu·ra [rranúra] *s/f* Surco estrecho

que se abre en un objeto para que por él se mueva una pieza, agua, etc.

ra·pa·ce·ría [rrapaθería] *s/f* Inclinación al robo, rapacidad.

ra·pa·ci·dad [rrapaθiðáð] *s/f* Calidad de rapaz.

ra·pa·pol·vo [rrapapólβo] *s/m* COL Reprensión áspera. LOC **Echar un rapapolvo a alguien,** amonestarle agriamente.

ra·par [rrapár] *v/tr* **1.** Cortar el pelo al rape. **2.** Afeitarse. También REFL(-SE).

ra·paz, (-za) [rrapáθ, (-θa)] **I.** *adj* Inclinado a la rapiña. **II.** *s/m,f* Niño. **III.** *adj* y *s/f* Se dice de las aves carnívoras. **IV.** *s/f, pl* Orden de dichas aves.
ORT *Pl: Rapaces.*

ra·pe [rrápe] *s/m* Pez acantopterigio comestible. LOC **Al rape,** cortado casi de raíz o muy ajustadamente.

ra·pé [rrapé] *adj* y *s/m* Tabaco en polvo que provoca estornudos.

ra·pi·dez [rrapiðéθ] *s/f* Cualidad de rápido. RPr **Rapidez en/de:** *Rapidez de/en los movimientos.*

rá·pi·do, (-a) [rrápiðo, (-a)] **I.** *adj* **1.** Que dura poco tiempo: *Baño rápido.* **2.** Que tarda poco tiempo en hacer algo: *Ciclista rápido.* **II.** *s/m* Parte del curso de un río, en la que la velocidad de la corriente es grande.

ra·pi·ña [rrapíɲa] *s/f* Acción de robar una cosa aprovechándose del propio poder o de la debilidad o descuido ajenos.

ra·po·sa [rrapósa] *s/f* **1.** Zorra (mamífero) **2.** FIG COL Persona astuta.

rap·so·da [rrapsóða] *s/m* **1.** En la Grecia antigua, cantor popular que iba de pueblo en pueblo y recitaba o cantaba trozos de los poemas homéricos u otros. **2.** Poeta lírico.

rap·so·dia [rrapsóðja] *s/f* **1.** Fragmento de un poema. **2.** Pieza musical formada con trozos de otras obras o con temas populares.

rap·tar [rraptár] *v/tr* **1.** Arrebatar un hombre a una mujer con engaño o violencia, y llevársela consigo. **2.** Llevarse a alguien para pedir rescate por su liberación.

rap·to [rrápto] *s/m* **1.** Acción de raptar. **2.** MED Síncope que priva del conocimiento a quien lo padece: *Un rapto mental.* **3.** Estado de suma emoción que experimenta alguien y le hace perder el contacto con la realidad. **4.** Ataque pasional repentino producido por la locura, los celos o la ira.

rap·tor, -ra [rraptór, -ra] *adj* y *s/m,f* Que rapta.

ra·que·ta [rrakéta] *s/f* **1.** Bastidor de madera con mango, formado por un enrejado atirantado de cuerda sobre el cual bota la pelota; se emplea en varios juegos, sobre todo en el tenis. **2.** Instrumento utilizado para andar por las nieves. **3.** Utensilio de madera, semejante a un rastrillo sin púas, empleado en las mesas de juego para mover el dinero de las posturas.

ra·quí·deo, -a [rrakíðeo, -a] *adj* Perteneciente al raquis.

ra·quis [rrákis] *s/m* Columna vertebral.

ra·quí·ti·co, -a [rrakítiko, -a] **I.** *adj* y *s/m,f* Persona afectada de raquitismo. **II.** *adj* **1.** Débil. **2.** Insuficiente.

ra·qui·tis·mo [rrakitísmo] *s/m* Enfermedad que se caracteriza por el reblandecimiento y la encorvadura de los huesos, y por la debilidad y el entumecimiento de los tejidos; se debe a una nutrición deficiente.

ra·ra·men·te [rrárameṇte] *adv* **1.** Casi nunca. **2.** De un modo extravagante.

ra·re·za [rraréθa] *s/f* **1.** Calidad de raro. **2.** Cosa rara. **3.** Acto típico de la persona extravagante.

ra·ri·fi·car [rrarifikár] *v/tr* Hacer que un cuerpo gaseoso sea menos denso.
ORT Ante *e* la *c* cambia en *qu: Rarifique.*

ra·ro, -a [rráro, -a] *adj* **1.** Se dice de lo que sucede con poca frecuencia. **2.** Escaso: *Son raras las personas puntuales.* **3.** Diferente de lo esperado: *Un coche raro.* **4.** Se dice de la persona poco fácil de tratar. **5.** FÍS, QUÍM Se dice de los gases que tienen poca densidad y consistencia.

ras [rrás] *s/m* Igualdad en la superficie o la altura de las cosas. LOC **A ras de,** *1.* Al mismo nivel (que). *2.* Casi rozando: *Volaba a ras de los tejados.*

ra·san·te [rrasáṇte] **I.** *adj* Se aplica a lo que pasa sin tocar, pero casi rozando, una superficie. **II.** *s/f* Línea de una calle, camino, etc., considerada en su inclinación respecto del plano horizontal.

ra·sar [rrasár] *v/tr* **1.** Igualar con el rasero la vasija con la que se miden el trigo, la cebada y otros granos. **2.** Pasar rozando levemente o casi rozando un cuerpo con otro.

ras·ca·cie·los [rraskaθjélos] *s/m* Edificio de gran altura y muchos pisos.

ras·ca·dor [rraskaðór] *s/m* Cualquier instrumento con el que se rasca o se rae.

ras·ca·du·ra [rraskaðúra] *s/f* Acción, efecto y huella de rascar o rascarse.

ras·car [rraskár] **I.** *v/tr,* REFL(-SE) Frotar la piel con algún objeto agudo o áspero, como las uñas: *Rascarse el brazo.* **II.** *v/tr* **1.** Limpiar una superficie frotándola con algún objeto cortante o áspero. **2.** Producir

un sonido estridente al tocar un instrumento de cuerda y arco.
ORT Ante *e* la *c* cambia en *qu: Rasqué.*

ras·ca·tri·pas [rraskatrípas] *s/m,f* Persona que toca mal un instrumento músico de arco.

ra·se·ra [rraséra] *s/f* Instrumento de cocina formado por una plancha circular agujereada, metálica, con mango; sirve para volver las cosas que se fríen y sacarlas de la sartén.

ra·se·ro [rraséro] *s/m* Instrumento empleado para rasar.

ras·ga·do, (-a) [rrasɣáðo, (-a)] *adj* **1.** Que es resultado de rasgar. **2.** Se dice de los ojos poco abiertos, pero alargados por los extremos.

ras·ga·du·ra [rrasɣaðúra] *s/f* **1.** Acción y efecto de rasgar. **2.** Rasgón.

ras·gar [rrasɣár] **I.** *v/tr* Rasguear. **II.** *v/tr,* REFL(-SE) Hacer pedazos, sin utilizar ningún instrumento, objetos de poca consistencia, como telas, papeles, etc.
ORT Ante *e* la *g* cambia en *gu: Rasgué.*

ras·go [rrásɣo] *s/m* **1.** Línea hecha al escribir, sobre todo si es ornamental. **2.** *pl* Líneas características del rostro. **3.** Características del temperamento de una persona: *Tiene rasgos de violencia.* LOC **A grandes rasgos,** sin tener en cuenta los detalles.

ras·gón [rrasɣón] *s/m* Rotura producida en un trozo de material poco consistente, como papel, etc.

ras·gue·ar [rrasɣeár] **I.** *v/intr* Hacer rasgos al escribir. **II.** *v/tr* Tocar un instrumento músico rozando varias cuerdas con las puntas de los dedos en un mismo movimiento.

ras·gueo [rrasɣéo] *s/m* Acción y efecto de rasguear.

ras·gu·ñar [rrasɣuɲár] *v/tr* Rascar con las uñas, o con algún instrumento cortante, una cosa.

ras·gu·ño [rrasɣúɲo] *s/m* Arañazo.

ra·si·lla [rrasíʎa] *s/f* Ladrillo delgado y hueco.

ra·so, (-a) [rráso, (-a)] **I.** *s/m* Tela de seda lisa y lustrosa. **II.** *adj* y *s/m,f* Terreno plano y despejado. **III.** *adj* **1.** Se dice de lo que no tiene desniveles, asperezas, etc. **2.** Que no tiene un título que lo distinga de la categoría más general: *Un soldado raso.* **3.** Se dice de la atmósfera cuando está libre de nubes y nieblas. **4.** Que pasa a poquísima altura del suelo: *Un tiro raso.* **5.** Que está lleno hasta el límite: *Un vaso raso de vino.* LOC **Al raso,** a cielo descubierto: *Anoche dormimos al raso.*

ras·pa [rráspa] *s/f* **1.** En los pescados, cualquier espina. **2.** Hilo áspero del trigo y otros cereales. **3.** Envoltura blanda que cubre la cáscara de algunos frutos secos, como la nuez, la almendra, etc. **4.** Núcleo de la espiga de maíz. **5.** FIG COL Persona muy delgada.

ras·pa·do [rraspáðo] *s/m* CIR Raspadura, especialmente de la matriz.

ras·pa·dor, (-ra) [rraspaðór, (-ra)] *s/m* Que raspa.

ras·pa·du·ra [rraspaðúra] *s/f* **1.** Acción y efecto de raspar. **2.** Brizna que cae de una superficie al rasparla.

ras·par [rraspár] *v/tr* **1.** Raer ligeramente la superficie de algo con un objeto cortante o áspero. **2.** Tener un objeto la condición de punzante: *Esta camisa raspa.*

ras·po·so, -a [rraspóso, -a] *adj* Se dice de lo que resulta áspero al tacto.

ras·que·ta [rraskéta] *s/f* Plancha de hierro con mango de madera y canto afinado, empleada para rascar maderas, pavimentos, etc.

ras·tra [rrástra] *s/f* **1.** Instrumento de labranza con el que se allana la tierra. **2.** Todo objeto que va o se lleva colgando o arrastrando. **3.** Lo que lleva sobre sí cosas pesadas y las arrastra. **4.** Sarta de cualquier fruta seca. **5.** MAR Seno de cabo que se arrastra por el fondo del mar para recuperar algún objeto sumergido. LOC **A rastras,** *1.* Arrastrándose: *Salir a rastras del túnel. 2.* A la fuerza: *Fui a rastras al quirófano. 3.* Con sufrimiento: *Soporta a rastras su ceguera.*

ras·trea·dor, -ra [rrastreaðór, -ra] *adj* Que rastrea.

ras·tre·ar [rrastreár] **I.** *v/tr* **1.** Buscar algo o a alguien siguiendo su rastro. **2.** Llevar arrastrando por el fondo del agua un instrumento para pescar o para buscar algo. **II.** *v/intr* Hacer algún trabajo con el rastro.

ras·treo [rrastréo] *s/m* **1.** Acción de rastrear por el fondo del mar. **2.** Averiguación, búsqueda por cualquier parte.

ras·tre·ro, -a [rrastréro, -a] *adj* Se aplica a las personas que actúan vilmente y a sus acciones.

ras·tri·llar [rrastriʎár] *v/tr* **1.** Limpiar el lino o cáñamo de la arista y la estopa. **2.** Recoger, mover o limpiar cosas con el rastrillo.

ras·tri·llo [rrastríʎo] *s/m* Instrumento compuesto de un mango largo, inserto en el centro de una tablilla provista de púas en uno de los bordes, que sirve para arrastrar hierba, paja, etc., y para mover tierra.

ras·tro [rrástro] *s/m* **1.** Indicio que deja una cosa o persona en un sitio. **2.** Lugar de

Madrid en el que se celebra semanalmente un mercado de objetos usados y curiosos, en tiendas o en puestos callejeros. LOC **Ni rastro,** nada.

ras·tro·jo [rrastróxo] *s/m* **1.** Residuo de los tallos de la mies que queda en la tierra después de segar. **2.** El campo después de segada la mies, y antes de ser labrado de nuevo.

ra·su·ra [rrasúra] *s/f* Acción y efecto de rasurar.

ra·su·rar [rrasurár] *v/tr,* REFL(-SE) Afeitar las barbas.

ra·ta [rráta] **I.** *s/f* **1.** Mamífero roedor de pelaje gris oscuro, cuerpo grueso, orejas tiesas y hocico puntiagudo; suele vivir en los lugares más oscuros de edificios, ciudades, barcos, etc. **2.** Hembra del ratón. **II.** *s/m* El que roba aprovechándose de los descuidos y apreturas. LOC **Más pobre que las ratas,** extremadamente pobre.

ra·ta·plán [rrataplán] *s/m* Voz onomatopéyica que imita el sonido del tambor.

ra·te·ar [rrateár] *v/tr* Robar con maña.

ra·te·ría [rratería] *s/f* **1.** Hurto poco importante. **2.** Vileza en los tratos comerciales.

ra·te·ro, -a [rratéro, -a] *adj* y *s/m,f* Se dice del ladrón que roba con maña cosas de poca importancia.

ra·ti·fi·ca·ción [rratifikaθjón] *s/f* Acción y efecto de ratificar(se).

ra·ti·fi·car [rratifikár] *v/tr,* REFL (-SE) Confirmar que algo dicho o tratado anteriormente sigue siendo válido. RPr **Ratificarse en:** *Nos ratificamos en nuestra promesa de ayer.*
ORT Ante *e* la *c* cambia en *qu: Ratifique.*

ra·to [rráto] *s/m* **1.** Espacio de tiempo, sobre todo cuando es corto. **2.** Con bueno o malo, designa el gusto o el desagrado, respectivamente, que se tienen durante un corto espacio de tiempo. LOC **A ratos,** a veces: *Habla a ratos.* **Darse/Llevarse/Pasar un buen/mal rato,** estar con gusto/desagrado mientras sucede algo. **De rato en rato,** intermitentemente. **Haber para rato,** que va a durar mucho. **¡Hasta otro rato!,** fórmula de despedida, de significado parecido a '¡Hasta la vista!'. **Pasar el rato,** *1.* Entretenerse. *2.* Realizar algo sin eficacia: *En la oficina lo único que hacen es pasar el rato.* **Un rato,** COL mucho: *Los mariscos me gustan un rato.*

ra·tón [ratón] *s/m* Mamífero roedor, pequeño, de color gris, que habita en las casas, donde roe y destruye alimentos y otras cosas.

ra·to·ne·ra [rratonéra] *s/f* **1.** Instrumento con el que se cazan ratones. **2.** Agujero que hacen los ratones para entrar y salir por él. **3.** Lugar donde se esconden los ratones.

ra·to·ne·ro, -a [rratonéro, -a] *adj* Relativo al ratón.

rau·dal [rrauðál] *s/m* **1.** Torrente de agua que corre con abundancia y rapidez. **2.** Gran cantidad de una cosa que sale abundantemente de un sitio. También FIG: *Un raudal de luz.* LOC **A raudales,** con mucha abundancia: *Agua a raudales.*

rau·do, -a [rráuðo, -a] *adj* Veloz.

ra·vio·les [rraβjóles] *s/m, pl ital* Trozos de pasta semejantes a los macarrones y rellenos de carne, pescado o verdura.

ra·ya [rráJa] *s/f* **1.** Pez marino selacio, comestible, de forma romboidal. **2.** Dibujo largo pero estrecho y fino que se marca en una superficie. **3.** Señal que queda en el peinado al dividir los cabellos con el peine. **4.** En la escritura, guión más largo que el ordinario. LOC **A rayas,** con dibujo en forma de rayas. **Pasar de la raya,** estar algo fuera del límite de lo tolerable: *¡No te pases de la raya!* **Tener a raya a uno,** mantener dentro de unos límites a alguien.

ra·ya·do, (-a) [rraJáðo, (-a)] **I.** *p* de *rayar.* **II.** *s/m* **1.** Acción y efecto de rayar. **2.** Conjunto de rayas trazadas sobre algo (tela, papel, etc.).

ra·ya·no, -a [rraJáno, -a] *adj* Se dice de lo que linda con otra cosa. RPr **Rayano en.**

ra·yar [rraJár] **I.** *v/tr* **1.** Hacer rayas. **2.** Anular algo escrito trazando rayas. **II.** *v/intr* **1.** (Con *con*) Limitar una cosa con otra. **2.** (Con *en*) Parecerse mucho una cosa a otra hasta llegar casi a ella: *Rayaba casi en lo utópico.* **3.** Con palabras como *alba, día,* etc., amanecer: *Rayaba el día.* RPr **Rayar en/con.**

ra·yo [rráJo] *s/m* **1.** Cada una de las líneas que parten del punto en que se produce una determinada forma de energía y señalan la dirección en que ésta es transmitida. **2.** Línea de luz que procede del sol. **3.** Descarga eléctrica de gran intensidad producida entre dos nubes o entre la nube y la tierra. **4.** FIG Persona viva de ingenio, rápida en sus acciones: *Juan es un rayo en sus respuestas.*

ra·yón [rraJón] *s/m* Fibra textil artificial a base de celulosa.

ra·za [rráθa] *s/f* Cada uno de los grupos en que se subdividen las especies orgánicas, constituido por individuos que poseen características comunes y distintas de las de los demás grupos. LOC **De raza,** frase aplicada a los animales para indicar que pertenecen a una raza selecta.

ra·zón [rraθón] *s/f* **1.** Facultad de discurrir. **2.** Argumento en apoyo de algo. **3.** Motivo. **4.** *(Tener razón)* Rectitud en lo que alguien dice o hace. **5.** Mensaje o recado: *Mándale razón para que se presente aquí a las seis.* **6.** MAT Resultado de la comparación entre dos magnitudes: *Nuestra mayoría en el Senado está en razón de 3 a 1.* LOC **A razón de,** correspondiendo a cada cosa o persona la cantidad que se expresa. **Atender a razones,** dejarse uno persuadir cuando se le ofrecen razones. **¡Con razón!,** expresión enfática de conformidad o justificación: *¡Con razón te pusiste enfermo: comiste demasiado!* **Dar razón de algo,** informar de un asunto. **Entrar en razón uno,** atender a las justas razones de algo: *¡Por fin entró en razón!* **Perder uno la razón,** *1.* Enloquecer. *2.* Hacer disparates. **Tener razón,** ser acertado lo que alguien dice, hace o propone.

ra·zo·na·ble [rraθonáβle] *adj* **1.** Justo. **2.** Sensato, que obra con buen juicio.

ra·zo·na·mien·to [rraθonamjéŋto] *s/m* **1.** Acción y efecto de razonar. **2.** Conjunto de ideas dirigidas a demostrar algo.

ra·zo·nar [rraθonár] **I.** *v/intr* **1.** Deducir unos conceptos de otros para concluir algo. **2.** Hablar dos o más personas entre sí. **II.** *v/tr* Exponer las causas de una cosa.

ra·zzia [rráθja] *s/f* Incursión hostil en terreno enemigo para obtener botín, destruir o saquear.

re [rré] **I.** *s/m* MÚS Segunda nota de la escala, situada después del 'do'. **II.** Prefijo que añade al elemento con que se une el significado de repetición, retroceso, intensificación, etc.: *Reinversión, rechazar, reprobar.*

re·ac·ción [rrea(k)θjón] *s/f* **1.** Cualquier acción que se opone a otra acción, tanto en el orden físico como en el moral. **2.** MEC Fuerza que un cuerpo sujeto a la acción de otro ejerce sobre él en dirección opuesta. **3.** QUÍM Acción recíproca entre dos o más cuerpos, de la que resultan uno o varios nuevos. **4.** Variación que ocurre en un organismo, como respuesta a un estímulo: *Estas pastillas no provocan reacción.* **5.** En política, acciones o ideas contrarias al progreso, consideradas en su conjunto.

re·ac·cio·nar [rrea(k)θjonár] *v/intr* Responder ante algo o frente a algo con una reacción.

re·ac·cio·na·rio, -a [rrea(k)θjonárjo, -a] *adj* y *s/m,f* **1.** Partidario de la reacción en política. **2.** Que tiende a restablecer lo abolido.

re·a·cio, -a [rreáθjo, -a] *adj* Que ofrece resistencia a seguir una idea o una acción que se le presenta o se le quiere imponer.

re·ac·ti·var [rreaktiβár] *v/tr* Activar de nuevo.

re·ac·ti·vo, (-a) [rreaktíβo, (-a)] **I.** *adj* Se dice de lo que provoca reacción. **II.** *s/m* QUÍM Cuerpo que se utiliza para descubrir la presencia de otro, por el efecto que produce sobre aquél.

re·ac·tor [rreaktór] *s/m* **1.** Motor de reacción. **2.** Avión que funciona con motor de reacción.

re·a·dap·ta·ción [rreaðaptaθjón] *s/f* Acción y efecto de readaptar.

re·a·dap·tar [rreaðaptár] *v/tr* Adaptar de nuevo.

re·a·jus·tar [rreaxustár] *v/tr* **1.** Volver a ajustar. **2.** Hablando de precios, por eufemismo, aumentarlos.

re·a·jus·te [rreaxúste] *s/m* Acción y efecto de reajustar.

re·al [rreál] **I.** *adj* **1.** Se dice de lo que existe efectivamente. **2.** Relativo a los reyes y a la monarquía: *Casa real.* **3.** Muy bueno: *Goza de una real mansión.* **II.** *s/m* Nombre de una antigua moneda española equivalente a 25 céntimos.

re·al·ce [rreálθe] *s/m* **1.** Acción de realzar. **2.** Esplendor.

rea·le·za [rrealéθa] *s/f* **1.** Dignidad real. **2.** Grandeza semejante a la que rodea a un rey.

rea·li·dad [rrealiðáð] *s/f* **1.** Existencia efectiva de algo. **2.** Lo que existe. **3.** Lo que ocurre verdaderamente aunque no lo parezca: *La realidad es que no se llevan bien.* LOC **En realidad,** efectivamente. **Tomar realidad una cosa,** comenzar a existir verdaderamente.

rea·lis·mo [rrealísmo] *s/m* **1.** Tendencia política favorable a la monarquía. **2.** Doctrina filosófica que defiende la existencia de las ideas fuera de la mente. **3.** En el arte, tratamiento de la realidad sin atenuar ninguno de sus aspectos.

rea·lis·ta [rrealísta] **I.** *adj* y *s/m,f* **1.** Partidario o seguidor del realismo en cualquiera de sus dimensiones. **2.** Se aplica a las personas que ven las cosas con sentido práctico y sin desfigurar la realidad. **II.** *adj* Relativo al realismo.

rea·li·za·ble [rrealiθáβle] *adj* Que se puede realizar.

rea·li·za·ción [rrealiθaθjón] *s/f* **1.** Acción y efecto de realizar o realizarse. **2.** Obra importante que uno realiza.

rea·li·za·dor, -ra [rrealiθaðór, -ra] *s/m,f* En cine, autor de una película.

rea·li·zar [rrealiθár] **I.** *v/tr* **1.** Hacer efectiva y real una cosa. **2.** Hacer algo que se designa con un nombre de acción: *Realizar una excursión.* **II.** REFL(-SE) **1.** FIL Ser representado un concepto por un objeto real. **2.** Trabajar o hacer una persona aquello que le gusta y desea, y que le sirve

de desarrollo personal: *Los jóvenes quieren realizarse.*
ORT Ante *e* la *z* cambia en *c: Realicé.*

re·al·men·te [rreálmeņte] *adv* Efectivamente, en verdad.

re·al·qui·lar [rrealkilár] *v/tr* Alquilar alguien una vivienda o habitación a otra persona siendo él mismo beneficiario, por alquiler o arriendo.

re·al·zar [rrealθár] **I.** *v/tr* **1.** Hacer labores de realce. **2.** PINT Tocar de luz una cosa. **II.** *v/tr,* REFL(-SE) Hacer o hacerse algo o alguien mejor, más importante, bello, etc.
ORT Ante *e* la *z* cambia en *c: Realce.*

re·a·ni·mar [rreanimár] *v/tr,* REFL(-SE) **1.** Restablecer(se) las energías físicas de alguien. **2.** Infundir ánimo al que está abatido. **3.** Recuperar el conocimiento.

re·a·nu·da·ción [rreanuðaθjón] *s/f* Acción y efecto de reanudar.

re·a·nu·dar [rreanuðár] *v/tr* Continuar cualquier cosa que se había interrumpido.

re·a·pa·re·cer [rreapareθér] *v/intr* Volver a aparecer algo que había desaparecido.

re·a·pa·ri·ción [rreapariθjón] *s/f* Acción y efecto de reaparecer.

re·ar·mar [rrearmár] *v/tr,* REFL (-SE) Equipar(se) una nación, un ejército, etc., con armamento militar o reforzar el existente.

re·ar·me [rreárme] *s/m* Acción y efecto de rearmar(se).

rea·ta [rreáta] *s/f* Hilera de caballerías sujetas por una reata.

re·ba·ba [rreβáβa] *s/f* Porción de materia sobrante que sobresale en los bordes o en la superficie de un objeto, como consecuencia de alguna operación hecha con él.

re·ba·ja [rreβáxa] *s/m* **1.** Acción de rebajar. **2.** Disminución del precio de una cosa. **3.** Cantidad que se rebaja.

re·ba·ja·do, (-a) [rreβaxáðo, (-a)] **I.** *adj* Se aplica a los arcos o las bóvedas cuya altura es inferior a lo que corresponde a un semicírculo. **II.** *s/m* Soldado dispensado de cierto servicio.

re·ba·jar [rreβaxár] **I.** *v/tr* **1.** Hacer algo más bajo. **2.** Quitar altura a un arco o una bóveda, de forma que no alcance la altura de un semicírculo. **3.** Hacer descuento en el precio de algo. **4.** Mitigar la intensidad de algo (ruido, hambre, luz, etc.). **5.** Disminuir la categoría de algo o alguien. **6.** Humillar a alguien. **7.** Hacer que alguien no realice un servicio o una obligación: *El coronel le ha rebajado hoy la cocina.* **II.** REFL(-SE) **1.** Humillarse, cediendo en algo: *Se rebajó a ir a su casa.* **2.** Dispensarse un militar de un servicio: *Me rebajaré mañana de la marcha.* RPr **Rebajar(se) a/de. Rebajarse ante:** *No se rebajó ni ante el juez.*

re·ba·na·da [rreβanáða] *s/f* Parte delgada y de espesor uniforme, que se corta en una cosa, especialmente de pan.

re·ba·nar [rreβanár] *v/tr* **1.** Dividir una cosa en dos partes de un golpe. **2.** Hacer rebanadas de una cosa.

re·ba·ñar [rreβaɲár] *v/tr* **1.** Recoger los restos de lo que ha quedado en un lugar (espacio, recipiente, etc.): *Rebañar el arroz de la sartén.* **2.** FIG Coger todo lo que hay de una cosa en un lugar, y llevárselo.

re·ba·ño [rreβáɲo] *s/m* Conjunto de reses, especialmente ovejas.

re·ba·sar [rreβasár] *v/tr* **1.** Pasar más allá de un límite determinado: *Rebasar la barrera del sonido.* **2.** Exceder de cierto objeto en una marcha, un avance bélico, la navegación de un barco, etc.

re·ba·tir [rreβatír] *v/tr* **1.** Resistir la fuerza o el ataque de otro. **2.** Oponerse con argumentos a lo que otro dice.

re·ba·to [rreβáto] *s/m* **1.** Llamamiento repentino que se hace a los vecinos de una o varias poblaciones, por medio de campanas, tambores, etc., para que se defiendan urgentemente de algún peligro común que les amenaza. **2.** MIL Ataque rápido que se hace al enemigo. LOC **Tocar a rebato,** alertar de un peligro grande e inminente.

re·be·ca [rreβéka] *s/f* Clase de jersey abierto por delante, como una chaqueta.

re·be·co [rreβéko] *s/m* Gamuza.

re·be·lar·se [rreβelárse] *v/*REFL(-SE) **1.** Faltar alguien a la obediencia debida a quien tiene autoridad sobre él. **2.** Oponerse a personas, costumbres, etc. RPr **Rebelarse contra.**

re·bel·de [rreβéļde] **I.** *adj* y *s/m,f* **1.** Que se rebela. **2.** Que ha sido declarado en rebeldía por un juez. **II.** *adj* **1.** Que ofrece resistencia a ser educado, gobernado, etc. **2.** Se dice de las cosas que no tienen fácil solución, curación, manejo, etc.: *Una gripe rebelde.*

re·bel·día [rreβeļdía] *s/f* **1.** Cualidad de rebelde. **2.** Situación de rebelde. **3.** Acción propia del rebelde. LOC **En rebeldía,** en situación jurídica de rebelde.

re·be·lión [rreβeljón] *s/f* **1.** Acción de rebelarse. **2.** Estado de los que se rebelan contra la autoridad gubernativa.

re·blan·de·cer [rreβlaņdeθér] *v/tr,* REFL(-SE) Poner blanda una cosa.
CONJ *Irreg: Reblandezco, reblandecí, reblandeceré, reblandecido.*

re·bo·bi·na·do [rreβoβináðo] *s/m* Acción o resultado de rebobinar.

re·bo·bi·nar [rreβoβinár] *v/tr* **1.** En una bobina, cambiar el hilo existente por otro. **2.** Enrollar el hilo de una bobina para ponerlo en otra.

re·bor·de [rreβórðe] *s/m* Saliente estrecho a lo largo del borde de algún objeto.

re·bo·san·te [rreβosánte] *adj* Que rebosa.

re·bo·sar [rreβosár] **I.** *v/intr* Salirse un líquido por encima de los bordes de un recipiente lleno. **II.** *v/tr, intr* **1.** Abundar algo muchísimo. **2.** Manifestar un estado o sentimiento interior. RPr **Rebosar de/en:** *Juan rebosa de/en alegría.*

re·bo·tar [rreβotár] *v/intr* **1.** Botar repetidamente una pelota. **2.** Chocar un cuerpo no destinado a botar contra otro, tras un golpe.

re·bo·te [rreβóte] *s/m* **1.** Acción y efecto de rebotar. **2.** Cada rebote, posterior al primero, que da el cuerpo que rebota. LOC **De rebote,** *1.* En el segundo choque. *2.* De resultas o como segundo efecto: *Su éxito, de rebote, me beneficia.*

re·bo·zar [rreβoθár] **I.** *v/tr* Bañar una vianda en una sustancia, como harina, miel, pan rallado, huevo batido, etc. **II.** *v/tr,* REFL(-SE) Cubrir casi todo el rostro con una capa, una bufanda, un manto, etc.
ORT Ante *e* la *z* cambia en *c: Rebocé.*

re·bo·zo [rreβóθo] *s/m* **1.** Hecho de ir uno embozado. **2.** Modo de llevar la prenda cuando ésta va cubriendo el rostro. **3.** Pieza con la que se emboza alguien. **4.** Simulación al hablar para desorientar al que escucha.

re·bro·tar [rreβrotár] *v/intr* Retoñar, brotar una planta de nuevo.

re·bro·te [rreβróte] *s/m* **1.** Retoño, tallo nuevo que sale en una planta. **2.** Acción de rebrotar.

re·bu·ja·do, -a [rreβuxáðo, -a] *adj* Enmarañado, arrebujado.

re·bu·jo [rreβúxo] *s/m* Envoltorio desordenado de cualquier material.

re·bu·llir [rreβuʎír] *v/intr,* REFL(-SE) Empezar a moverse lo que estaba quieto.

re·bus·ca·do, -a [rreβuskáðo, -a] *adj* **1.** Persona que actúa o se expresa con rebuscamiento. **2.** Lenguaje muy afectado. **3.** Se aplica a la cosa de la que se han elegido y llevado las piezas más llamativas.

re·bus·ca·mien·to [rreβuskamjénto] *s/m* **1.** Acción de rebuscar. **2.** Carencia de espontaneidad en el modo de expresarse, por el excesivo cuidado en la selección de conceptos y palabras.

re·bus·car [rreβuskár] *v/tr* **1.** Recoger los restos que quedan en los campos después de realizada la cosecha. **2.** Buscar con mucho detalle.
ORT Ante *e* la *c* cambia en *qu: Rebusque.*

re·buz·nar [rreβuθnár] *v/intr* Producir rebuznos el asno.

re·buz·no [rreβúθno] *s/m* Sonidos emitidos por el asno.

re·ca·bar [rrekaβár] *v/tr* Pedir para uno mismo o para otro cosas de orden material o no material: *Recabar datos/libertad...* RPr **Recabar (algo) de (alguien):** *Quiere recabar de él más competencias.*

re·ca·de·ro, -a [rrekaðéro, -a] *s/m,f* Persona que se dedica a llevar recados de un punto a otro.

re·ca·do [rrekáðo] *s/m* **1.** Mensaje que se envía de palabra o por escrito a otro. **2.** Cosa que se envía o lleva a alguien: *Me han traído este recado para ti.*

re·ca·er [rrekaér] *v/intr* **1.** Ponerse enfermo de la misma dolencia el que aún estaba convaleciente. **2.** Reincidir en los mismos vicios, errores, etc., que alguien tuvo antes: *Recaer en la droga.* **3.** Venir a parar sobre algo o sobre alguien los efectos de una cosa: *Los beneficios recayeron sobre él.* RPr **Recaer en/sobre.**
CONJ *Irreg: Recaigo, recaí, recaeré, recaído.*

re·caí·da [rrekaíða] *s/f* Acción y efecto de recaer.

re·ca·lar [rrekalár] **I.** *v/tr,* REFL(-SE) Impregnar un líquido paulatinamente un cuerpo seco: *El agua recalaba el pavimento.* **II.** *v/intr* MAR Llegar un barco a la vista de un puerto o del lugar de la costa que pretende reconocer.

re·cal·car [rrekalkár] *v/tr* Hablar con lentitud y fuerza destacando sílabas o palabras para llamar la atención sobre lo que se dice.
ORT Ante *e* la *c* cambia en *qu: Recalque.*

re·cal·ci·tran·te [rrekalθitránte] *adj* Se dice del que se obstina en decir o hacer algo, especialmente si es un error.

re·ca·len·ta·mien·to [rrekalentamjénto] *s/m* Acción y efecto de recalentar(se).

re·ca·len·tar [rrekalentár] **I.** *v/tr* **1.** Volver a calentar. **2.** Calentar con exceso. **II.** REFL(-SE) **1.** Recibir una cosa más calor del necesario. **2.** Pudrirse por el excesivo calor algunos productos como la aceituna, el tabaco, el trigo, etc.

re·ca·ma·do [rrekamáðo] *s/m* Bordado en que sobresalen mucho los adornos ejecutados con la aguja.

re·ca·mar [rrekamár] *v/tr* Bordar una cosa con hilos de oro o plata y con adornos de mucho valor.

re·cá·ma·ra [rrekámara] *s/f* **1.** Aposento destinado a guardar los vestidos o alhajas. **2.** Lugar de una mina en el que se guardan los explosivos. **3.** En las armas de fuego, lugar en que se pone el cartucho.

re·cam·bio [rrekáɱbjo] *s/m* Pieza que puede sustituir a otra.

re·ca·pa·ci·tar [rrekapaθitár] *v/intr* Reflexionar pausada y profundamente sobre un asunto.

re·ca·pi·tu·la·ción [rrekapitulaθjón] *s/f* Acción y efecto de recapitular.

re·ca·pi·tu·lar [rrekapitulár] *v/tr* Realizar una exposición breve y sumaria de algo que se ha presentado antes por extenso.

re·car·gar [rrekargár] *v/tr* **1.** Cargar otra vez. **2.** Aumentar la carga en un lado o en toda la superficie de un objeto. **3.** Aumentar la cantidad de cualquier pago (impuesto, suscripción, etc.). **4.** Adornar demasiado un objeto o una persona. RPr **Recargar de/con:** *Recargar la comida de sal.*
ORT Ante *e* la *g* cambia en *gu: Recargue.*

re·car·go [rrekárɣo] *s/m* **1.** Nueva carga o aumento de carga. **2.** Cantidad que se aumenta en cualquier pago. **3.** Acción de recargar(se).

re·ca·ta·do, -a [rrekatáðo, -a] *adj* **1.** Prudente. **2.** Se aplica a quien se porta con modestia, especialmente si son mujeres.

re·ca·tar [rrekatár] **I.** *v/tr* Examinar algo por segunda vez. **II.** REFL(-SE) Ser cauto antes de tomar una decisión. **III.** *v/tr,* REFL(-SE) Colocar algo o colocarse de modo que no sea claramente visto: *Recatarse de sus virtudes/de la gente.* RPr **Recatarse de.**

re·ca·to [rrekáto] *s/m* Cautela en lo que uno dice o hace.

re·cau·chu·ta·do [rrekautʃutáðo] *s/m* Acción y efecto de recauchutar.

re·cau·chu·tar [rrekautʃutár] *v/tr* Volver a cubrir de caucho una llanta o cubierta desgastada.

re·cau·da·ción [rrekauðaθjón] *s/f* **1.** Acción de recaudar. **2.** Cantidad recaudada. **3.** Oficina donde se recauda.

re·cau·da·dor, -ra [rrekauðaðór, -ra] *adj* y *s/m,f* Persona que recauda.

re·cau·dar [rrekauðár] *v/tr* Recibir cantidades de dinero por cualquier concepto.

re·cau·da·to·rio, -a [rrekauðatórjo, -a] *adj* Relativo a la recaudación.

re·cau·do [rrekáuðo] *s/m* **1.** Recaudación. **2.** Precaución. **3.** DER Fianza. LOC **Poner a buen recaudo,** guardar algo con seguridad.

re·ce·lar [rreθelár] *v/tr,* REFL(-SE) Desconfiar. RPr **Recelar(se) de.**

re·ce·lo [rreθélo] *s/m* Acción y efecto de recelar.

re·ce·lo·so, -a [rreθelóso, -a] *adj (Ser o estar...)* Que tiene recelo.

re·cen·sión [rreθensjón] *s/f* Reseña crítica de una obra literaria o científica, que se publica en revista o periódico.

re·cen·tal [rreθeṇtál] *adj* Se dice del cordero o ternero que aún mama y no ha pastado.

re·cep·ción [rreθepθjón] *s/f* **1.** Acción y efecto de recibir. **2.** Ceremonia oficial durante la cual desfilan, ante un personaje de relieve, representantes diplomáticos o altos empleados. **3.** Reunión festiva formal celebrada en casas particulares. **4.** Lugar de un hotel, oficina, empresa u otro establecimiento destinado a recibir e informar a los clientes.

re·cep·cio·nis·ta [rreθepθionísta] *s/m,f* Encargado/-a del servicio de recepción en hotel, oficina, etc.

re·cep·tá·cu·lo [rreθeptákulo] *s/m* **1.** Cualquier recipiente o cavidad en que puede contenerse algo. **2.** BOT Punta del pedúnculo donde se insertan los verticilos de la flor.

re·cep·ti·vi·dad [rreθeptiβiðáð] *s/f* Capacidad de recibir.

re·cep·ti·vo, -a [rreθeptíβo, -a] *adj* Se dice de la persona que recibe con facilidad una enseñanza, un influjo, una infección.

re·cep·tor, (-ra) [rreθeptór, (-ra)] **I.** *adj* y *s/m,f* **1.** Que recibe. **2.** Aparato que es apto para recibir las señales eléctricas, telegráficas, telefónicas, etc. **II.** *s/m* Receptor de radio.

re·ce·sión [rreθesjón] ECON *s/f* Etapa de depresión en la actividad económica de una o más naciones.

re·ce·si·vo, -a [rreθesíβo, -a] *adj* Que tiende a la recesión.

re·ce·so [rreθéso] *s/m* **1.** Desviación o separación de algo. **2.** Interrupción o alejamiento de una actividad.

re·ce·ta [rreθéta] *s/f* **1.** Nota que expresa la manera y los componentes para hacer una cosa (medicamento, comida, etc.) **2.** Instrucción que expide un médico para que se le despache en la farmacia al beneficiario un medicamento.

re·ce·tar [rreθetár] *v/tr* Prescribir un medicamento.

re·ce·ta·rio [rreθetárjo] *s/m* **1.** Listado de recetas de preparación de determinados productos: *Recetario de cocina.* **2.** Anotación de todo lo que el médico manda que se suministre al enfermo.

re·ci·bi·dor, (-ra) [rreθiβiðór, (-ra)] *s/m*

Vestíbulo, lugar destinado en las casas a recibir visitas.

re·ci·bi·mien·to [rreθiβimjéṇto] *s/m* Acogida que se dispensa a alguien que viene de fuera.

re·ci·bir [rreθiβír] *v/tr* **1.** Tomar alguien o algo lo que le dan o le llega. **2.** Salir a encontrarse con uno que viene de fuera. **3.** Acoger uno a otro en su casa o en su compañía: *Me recibió en la cocina.* **4.** Reservar alguien para visitas un día determinado: *El presidente recibe los lunes.* **5.** Esperar uno a quien le acomete o acosa: *Le recibiré, si es necesario, con palos.* **6.** Admitir algo dentro de sí: *El Mediterráneo recibe muchos ríos.*

re·ci·bo [rreθíβo] *s/m* Escrito en que alguien declara, bajo firma, haber recibido algo. LOC **Acuse de/Acusar recibo,** comunicar que se ha recibido algo.

re·ci·cla·je [rreθikláxe] *s/m* Enseñanzas impartidas a los profesionales en una materia para poner al día sus conocimientos.

re·cie·dum·bre [rreθjeðúmbre] *s/f* Vigor, cualidad de recio.

re·cién [rreθjén] *adv apóc* de *recientemente.* Se usa antepuesto a los participios verbales: *Coche recién estrenado.*

re·cien·te [rreθjéṇte] *adj* Acabado de hacer, ocurrido poco antes.

re·cin·to [rreθíṇto] *s/m* Espacio comprendido dentro de ciertos límites.

re·cio, -a [rréθjo, -a] **I.** *adj* **1.** Robusto. **2.** Grueso: *Cuerda recia.* **3.** Intenso: *Una recia discusión.* **4.** Hablando del tiempo, riguroso: *Un recio invierno.* **II.** *adv* Con reciedumbre: *Golpea recio.* RPr **Recio de:** *Es recio de cuerpo.*

re·ci·pien·da·rio, -a [rreθipjeṇdárjo, -a] *adj* Persona que es recibida con solemnidad como miembro de una comunidad.

re·ci·pien·te [rreθipjéṇte] *s/m* Cavidad que puede contener algo.

re·ci·pro·ci·dad [rreθiproθiðáð] *s/f* Cualidad de recíproco.

re·cí·pro·co, -a [rreθíproko, -a] *adj* Se dice de acciones, sentimientos, etc., que tienen o hacen dos personas o cosas, de manera que ambas sean, a la vez, agente y beneficiario de la acción o del sentimiento.

re·ci·ta·ción [rreθitaθjón] *s/f* Acción y efecto de recitar. Recitado.

re·ci·ta·do [rreθitáðo] *s/m* Cosa que se recita.

re·ci·tal [rreθitál] *s/m* Audición musical de un artista con su instrumento, un cantante, grupo, etc.

re·ci·tar [rreθitár] *v/tr* Expresar artísticamente, en voz alta y de memoria, poemas o los fragmentos dramáticos que corresponden a un actor.

re·cla·ma·ción [rreklamaθjón] *s/f* Acción y efecto de reclamar.

re·cla·mar [rreklamár] **I.** *v/tr* **1.** Llamar una autoridad a un prófugo. **2.** Exigir alguien algo con derecho: *Reclamar un billete.* **3.** Necesitar una cosa otra que se indica: *La herida reclama mucho cuidado de la enfermera.* **II.** *v/intr* Solicitar que sea revocado un acuerdo, un decreto, etc. RPr **Reclamar (algo) de/ante/contra (alguien).**

re·cla·mo [rreklámo] *s/m* **1.** Ave amaestrada que se lleva a la caza para que con su canto atraiga a otras de su misma especie. **2.** Voz con que un ave llama a otra de su especie. **3.** Instrumento con el que se imita la voz del ave que sirve de reclamo. **4.** Objeto que atrae la atención sobre algo. **5.** Anuncio llamativo de un espectáculo, producto, etc.

re·cli·nar [rreklinár] *v/tr,* REFL(-SE) Inclinar(se) una cosa o una parte del cuerpo sobre otra.

re·cli·na·to·rio [rreklinatórjo] *s/m* Mueble dispuesto para arrodillarse, usado en las iglesias u otros lugares de oración.

re·cluir [rrekluír] *v/tr,* REFL(-SE) Encerrar o retener a alguien en un sitio: *Lo han recluido en su aposento.* RPr **Recluir en.**
CONJ La *i* cambia en *y* cuando no está acentuada y le sigue otra vocal: *Recluyo, recluya.*

re·clu·sión [rreklusjón] *s/f* **1.** Estado de recluido. **2.** Lugar donde alguien está recluido.

re·clu·so, -a [rreklúso, -a] *s/m,f* Persona que está presa o prisionera.

re·clu·ta [rreklúta] *s/m,f* Quien se alista en el ejército, sea o no voluntario.

re·clu·ta·dor, -ra [rreklutaðór, -ra] *s/m,f* Que recluta.

re·clu·ta·mien·to [rreklutamjéṇto] *s/m* **1.** Acción de reclutar. **2.** Conjunto de los reclutas de un año.

re·clu·tar [rreklutár] *v/tr* Alistar reclutas.

re·co·brar [rrekoβrár] **I.** *v/tr* Poseer otra vez algo que se había perdido. **II.** REFL (-SE) **1.** Repararse de una pérdida. **2.** Restablecerse de una enfermedad. **3.** Volver a tener la serenidad perdida tras una emoción fuerte o un daño moral grave: *Recobrarse de la muerte de su madre.* RPr **Recobrarse de.**

re·co·chi·neo [rrekotʃinéo] *s/m* ARG Burla o guasa añadida a una acción que ya es molesta en sí o hiriente para alguien.

re·co·do [rrekóðo] *s/m* Ángulo o curva que forman los ríos, los caminos, etc.

re·co·ge·dor, (-ra) [rrekoxeðór, (-ra)] *s/m* Instrumento para reunir y recoger cosas, como barreduras, del suelo.

re·co·ger [rrekoxér] **I.** *v/tr* **1.** Coger algo que se ha caído. **2.** Juntar lo que se había dispersado. **3.** Reunir objetos o personas de lugares diversos. **4.** Ir guardando algo poco a poco, especialmente dinero: *Recoger fondos para el colegio.* **5.** Incautarse una autoridad de todos los ejemplares de la edición de una publicación: *Han recogido el semanario que nos llegó ayer.* **6.** Hacer la recolección de los frutos: *La almendra la recogeremos en agosto.* **7.** Recibir uno las consecuencias de un hecho propio. **8.** Plegar un objeto extendido: *Recoger la persiana.* **9.** Retener un objeto algo: *Esta chaqueta recoge mucho polvo.* **10.** Limitar la longitud, el volumen, el uso, etc., de algo: *Recoger la falda.* **II.** REFL(-SE) **1.** Retirarse a algún sitio: *Recogerse a las once de la noche. Recogerse en un convento.* **2.** Aislarse de las cosas y acciones que le rodean a uno: *Él se recoge fácilmente en sus pensamientos.* **3.** Irse a dormir: *Los niños se recogen a las nueve.* RPr **Recoger(se) en.**
ORT Delante de *o/a* la *g* cambia en *j: Recojo, recojamos.*

re·co·gi·da [rrekoxíða] *s/f* Acción y efecto de recoger.

re·co·gi·do, -a [rrekoxíðo, -a] *adj* **1.** Se dice de la persona que vive retirada de las diversiones, del trato de la gente y de la vida que lleva. **2.** Se dice de los objetos que ocupan poca extensión.

re·co·gi·mien·to [rrekoximjén̪to] *s/m* **1.** Acción y efecto de recoger(se). **2.** Condición de la persona que vive una vida retirada.

re·co·lec·ción [rrekole(k)θjón] *s/f* **1.** Acción de recolectar. **2.** Cosecha de los frutos. **3.** Recaudación: *Recolección de limosnas.*

re·co·lec·tar [rrekolektár] *v/tr* **1.** Recoger los frutos. **2.** Recoger algo disperso o de diversos lugares y procedencia.

re·co·lec·tor, -ra [rrekolektór, -ra] *s/m,f* Que recolecta.

re·co·le·to, -a [rrekoléto, -a] *adj* Se dice de la persona de vida retirada o del lugar solitario.

re·co·men·da·ble [rrekomen̪dáβle] *adj* **1.** Digno de ser recomendado. **2.** Conveniente.

re·co·men·da·ción [rrekomen̪daθjón] *s/f* **1.** Acción y efecto de recomendar(se). **2.** Encargo que se confiere a otro para que cuide de algo o alguien. **3.** Alabanza de un individuo o de una cosa para que otro lo atienda bien.

re·co·men·dar [rrekomen̪dár] *v/tr* **1.** Señalar a uno que le beneficia hacer o dejar de hacer algo: *Me recomiendan que llene el depósito de gasolina.* **2.** Sugerir a alguien que cuide de una persona o cosa: *Le recomiendo a mi sobrino.* **3.** Hablar a una persona para que haga un favor a otra.
CONJ *Irreg: Recomiendo, recomendé, recomendaré, recomendado.*

re·co·men·zar [rrekomen̪θár] *v/tr* Volver a comenzar.
CONJ *Irreg: Recomienzo, recomencé, recomenzaré, recomenzado.*

re·co·mer·se [rrekomérse] *v/*REFL (-SE) Estar alguien inquieto interiormente a causa de un sentimiento de envidia, ira, desprecio, etc.

re·com·pen·sa [rrekompénsa] *s/f* **1.** Acción y efecto de recompensar. **2.** Lo que se da para recompensar.

re·com·pen·sar [rrekompensár] *v/tr* **1.** Pagar un servicio. **2.** Hacer algo en beneficio de alguien como reconocimiento de una buena acción, un mérito, etc.

re·com·po·ner [rrekomponér] *v/tr* Reparar algo una vez más.
CONJ *Irreg: Recompongo, recompuse, recompondré, recompuesto.*

re·con·cen·trar [rrekonθen̪trár] *v/tr* Congregar en un sitio cosas o personas venidas de distintos lugares. RPr **Reconcentrar(se) en.**

re·con·ci·lia·ción [rrekonθiljaθjón] *s/f* Acción y efecto de reconciliar(se).

re·con·ci·liar [rrekonθiljár] *v/tr* Hacer que dos o más personas vuelvan a ser amigas. RPr **Reconciliar(se) con.**

re·con·co·mer·se [rrekoŋkomérse] *v/*REFL(-SE) Estar alguien muy inquieto y herido interiormente por algún sentimiento de envidia, rabia, humillación, etc.

re·con·co·mio [rrekoŋkómjo] *s/m* Estado de quien se reconcome.

re·cón·di·to, -a [rrekón̪dito, -a] *adj* **1.** Muy escondido. **2.** FIG Íntimo.

re·con·duc·ción [rrekon̪du(k)θjón] *s/f* Acción y efecto de reconducir.

re·con·du·cir [rrekon̪duθír] *v/tr* Llevar algo o a alguien al lugar, camino, conducta, etc., de que se había salido o desviado.
CONJ *Irreg: Reconduzco, reconduje, reconduciré, reconducido.*

re·con·for·tan·te [rrekomfortán̪te] *adj* Que reconforta.

re·con·for·tar [rrekomfortár] *v/tr* Confortar de nuevo o con intensidad.

re·co·no·cer [rrekonoθér] **I.** *v/tr* **1.** Percibir que algo es una persona o cosa determinada y no otra. **2.** Examinar con cuidado algo. **3.** (Seguido de *como, por*) Admitir que alguien o algo es lo que se dice que es: *Te reconocerán como el mejor.* **4.** Aceptar alguien legalmente a un niño como hijo suyo: *Han reconocido un hijo.* **5.** Advertir: *Reconoceréis que esto vale.* **6.** Considerar oficialmente que un Gobierno o un nuevo orden de cosas es legítimo: *Reconocer el Gobierno de un país.* **II.** REFL (-SE) **1.** (Con *por*) Dejarse algo comprender por determinados signos: *Se le reconoce por su manera de andar.* **2.** Declararse culpable: *Me reconozco causante de la rotura.* RPr **Reconocer como/por.**
CONJ *Irreg: Reconozco, reconocí, reconoceré, reconocido.*

re·co·no·ci·ble [rrekonoθíβle] *adj* Que puede ser reconocido.

re·co·no·ci·mien·to [rrekonoθimjén̪to] *s/m* **1.** Acción y efecto de reconocer(se). **2.** Agradecimiento, gratitud.

re·con·quis·ta [rrekoŋkísta] *s/f* Acción y efecto de reconquistar.

re·con·quis·tar [rrekoŋkistár] *v/tr* Conquistar lo que se había perdido.

re·con·si·de·rar [rrekonsiðerár] *v/tr* Considerar de nuevo.

re·cons·ti·tu·ción [rreko(n)stituθjón] *s/f* Acción y efecto de reconstituir(se).

re·cons·ti·tuir [rreko(n)stitwír] *v/tr* **1.** Terminar de formar una cosa, recogiendo o rehaciendo sus componentes. **2.** Reproducir algo ya pasado, valiéndose de datos y restos que existen en el presente: *Reconstituir el accidente.*
CONJ *Irreg: Reconstituyo, reconstituí, reconstituiré, reconstituido.*

re·cons·ti·tu·yen·te [rreko(n)stituJén̪te] *s/m* Sustancia que fortifica el organismo.

re·cons·truc·ción [rreko(n)strukθjón] *s/f* Acción y efecto de reconstruir.

re·cons·truir [rreko(n)struír] *v/tr* **1.** Volver a construir un edificio derribado. **2.** Componer de nuevo algo reuniendo sus componentes dispersos: *Reconstruir un aparato de radio.* **3.** Reproducir o completar algo pasado, valiéndose de datos del presente: *Reconstruir el atraco.*
CONJ *Irreg: Reconstruyo, reconstruí, reconstruiré, reconstruido.*

re·con·tar [rrekon̪tár] *v/tr* Contar de nuevo.
CONJ *Irreg: Recuento, reconté, recontaré, recontado.*

re·con·ven·ción [rrekoɱbenθjón] *s/f* Acción y efecto de reconvenir.

re·con·ve·nir [rrekoɱbenír] *v/tr* **1.** Decir a alguien sin acritud que ha obrado mal. **2.** En un juicio, ejercer el demandado acción contra quien lo promovió.
CONJ *Irreg: Reconvengo, reconvine, reconvendré, reconvenido.*

re·con·ver·sión [rrekoɱbersjón] *s/f* Acción y efecto de reconvertir.

re·con·ver·tir [rrekoɱbertír] *v/tr* **1.** Reorganizar una industria para incrementar su eficacia productiva. **2.** Convertir o cambiar algo en otra cosa. RPr **Reconvertir en.**
CONJ *Irreg: Reconvierto, reconvertí, reconvertiré, reconvertido.*

re·co·pi·la·ción [rrekopilaθjón] *s/f* Compendio.

re·co·pi·lar [rrekopilár] *v/tr* **1.** Juntar diversas cosas dando unidad al conjunto. **2.** Coleccionar escritos en una sola obra.

ré·cord [rrékor(d)] *s/m* ANGL *(Alcanzar/Batir un...)* **1.** En los deportes, resultado que supera a los demás de la misma índole alcanzados hasta el momento. **2.** FIG En cualquier actividad, realización de algo que aventaja en su género a todo lo demás.

re·cor·dar [rrekorðár] **I.** *v/tr* Conservar una cosa en la mente. **II.** *v/intr* **1.** Traer algo a la mente de alguien: *Te recuerdo que salimos temprano.* **2.** Asemejarse una cosa a otra: *Su rostro me recuerda al de su padre.*
CONJ *Irreg: Recuerdo, recordé, recordaré, recordado.*

re·cor·da·to·rio, (-a) [rrekorðatórjo, (-a)] **I.** *adj* Se aplica a lo que sirve para recordar. **II.** *s/m* Escrito, impreso o no, con estampa o sin ella, en que se recuerda algo, como la fecha de un acontecimiento, un encargo, etc.

re·co·rrer [rrekorrér] *v/tr* Pasar por las distintas partes y puntos de un camino, un lugar, un objeto, etc.

re·co·rri·do [rrekorríðo] *s/m* **1.** Distancia que recorre una persona o cosa. **2.** Lugar o conjunto de lugares, por el que se pasa: *El recorrido de un autobús.*

re·cor·ta·ble [rrekortáβle] **I.** *adj* Que puede ser recortado. **II.** *s/m* Trozo de papel o de cartulina que tiene figuras dibujadas para ser recortadas por diversión.

re·cor·ta·do, -a [rrekortáðo, -a] *adj* Se aplica a las cosas (plantas, costas, etc.) cuyo borde tiene muchos entrantes y salientes.

re·cor·tar [rrekortár] *v/tr* **1.** Cortar lo que sobra en una cosa. **2.** Cortar figuras, dibujadas o no previamente, en papel, tela, etc., con intención artística o por diversión. **3.** Rebajar el volumen, la importancia, el precio, la cantidad, etc., de algo.

re·cor·te [rekórte] *s/m* **1.** Acción y

efecto de recortar. **2.** *pl* Restos que quedan después de recortar una cosa. **3.** Material con figuras dibujadas, destinado a ser recortado por entretenimiento o arte. **4.** Fragmento de un objeto (periódico, libro, tela, etc.).

re·cos·tar [rrekostár] *v/tr,* REFL(-SE) Poner inclinada sobre algún sitio una parte del cuerpo u otra cosa.
CONJ *Irreg: Recuesto, recosté, recostaré, recostado.*

re·co·ve·co [rrekoβéko] *s/m* **1.** Ángulo o revuelta de un camino, casa, pasillo, río, etc. **2.** FIG Actitud insincera taimada o poco clara de alguien. LOC **Sin recovecos,** abierta y francamente.

re·cre·ar [rrekreár] **I.** *v/tr* **1.** Crear otra vez. **2.** Hacer que uno pase el tiempo placenteramente. **II.** REFL(-SE) Deleitarse: *Se recrea con/en la música clásica.* RPr **Recrearse en/con.**

re·crea·ti·vo, -a [rrekreatíβo, -a] *adj* Que recrea o causa recreación.

re·creo [rrekréo] *s/m* **1.** Acción y efecto de recrear(se). **2.** Objeto que recrea: *Barco de recreo.* **3.** Intervalos dedicados al juego en el horario escolar de los niños.

re·cri·mi·na·ción [rrekriminaθjón] *s/f* Acción y efecto de recriminar(se).

re·cri·mi·nar [rrekriminár] *v/tr* **1.** Contestar a una acusación con otra. **2.** Reprender o quejarse de alguien.

re·cri·mi·na·to·rio, -a [rrekriminatórjo, -a] *adj* Que recrimina (a alguien).

re·cru·de·cer [rrekruðeθér] *v/intr,* REFL (-SE) Aumentar un mal tras un período en que o había disminuido o se mantenía estacionario: *La guerra se ha recrudecido.*
CONJ *Irreg: Recrudezco, recrudecí, recrudeceré, recrudecido.*

re·cru·de·ci·mien·to [rrekruðeθimjé̞nto] *s/m* Acción y efecto de recrudecer(se).

rec·tal [rrektál] *adj* ANAT Relativo al intestino recto.

rec·tan·gu·lar [rrektaŋgulár] *adj* GEOM Relativo al ángulo recto o al rectángulo.

rec·tán·gu·lo [rrektáŋgulo] *s/m* GEOM Paralelogramo cuyos ángulos son rectos y cuyos lados contiguos son desiguales.

rec·ti·fi·ca·ble [rrektifikáβle] *adj* Que se puede rectificar.

rec·ti·fi·ca·ción [rrektifikaθjón] *s/f* Acción y efecto de rectificar.

rec·ti·fi·ca·dor, (-ra) [rrektifikaðór, (-ra)] **I.** *adj* y *s/m,f* Que rectifica. **II.** *s/m* **1.** Alambique para rectificar. **2.** Aparato eléctrico para convertir la corriente alterna en constante.

rec·ti·fi·car [rrektifikár] *v/tr* Corregir algo.
ORT Ante *e* la *c* cambia en *qu: Rectifique.*

rec·ti·lí·neo, -a [rrektilíneo, -a] *adj* Que consta de líneas rectas.

rec·ti·tud [rrektitúð] *s/f* **1.** Cualidad de recto. **2.** Condición de justo y honrado.

rec·to, (-a) [rrékto, (-a)] **I.** *adj* **1.** Se aplica a lo que no se tuerce ni a un lado ni a otro. **2.** Se dice de lo que, al moverse, acierta con el blanco: *El puñal fue recto al corazón.* **3.** De costumbres honestas: *Desde joven ella es muy recta.* **4.** Se dice del significado literal de las palabras. **II.** *adj* y *s/m* Se dice de la última parte del intestino grueso, que acaba en el ano.

rec·tor, (-ra) [rrektór, (-ra)] **I.** *adj* y *s/m,f* Que gobierna. **II.** *s/m,f* Jefe o superior que dirige un organismo público, como hospital, universidad, etc.

rec·to·ra·do [rrektoráðo] *s/m* **1.** Oficio de rector. **2.** Duración del oficio de rector. **3.** Despacho del rector.

re·cua [rrékwa] *s/f* Conjunto de caballerías que van juntas.

re·cua·dro [rrekwáðro] *s/m* Parte de una superficie, limitada por líneas, que tiene forma de rectángulo o cuadrado.

re·cu·bri·mien·to [rrekuβrimjé̞nto] *s/m* Acción y efecto de recubrir.

re·cu·brir [rrekuβrír] *v/tr* Cubrir por completo la superficie de un objeto.
CONJ *Irreg: Recubro, recubrí, recubriré, recubierto.*

re·cuen·to [rrekwé̞nto] *s/m* Acción de recontar.

re·cuer·do [rrekwérðo] *s/m* **1.** Presencia de algo pasado en la mente. **2.** Lo que se recuerda. **3.** Objeto que se compra o regala como señal de afecto o para no olvidar una ciudad, un viaje, etc. **4.** *pl* Saludos.

re·cu·lar [rrekulár] *v/intr* Ir hacia atrás un coche, un animal, una máquina, una persona, etc.

re·cu·pe·ra·ble [rrekuperáβle] *adj* Que puede ser recuperado.

re·cu·pe·ra·ción [rrekuperaθjón] *s/f* Acción y efecto de recuperar(se).

re·cu·pe·rar [rrekuperár] **I.** *v/tr* **1.** Tener de nuevo una cosa que estaba perdida. **2.** Hacer que vuelva a servir el material de objetos desechados. **II.** REFL(-SE) **1.** Volver en sí después de haber perdido el conocimiento. **2.** Recobrar un individuo su estado físico o psíquico.

re·cu·rrir [rrekurrír] *v/intr* **1.** Acudir a alguien para pedirle protección. **2.** Emplear medios no comunes para conseguir algo: *Tuve que recurrir a la huelga.* **3.** (Con *de, contra*) Presentar una demanda ante un juez. RPr **Recurrir a/de/contra.**

re·cur·so [rrekúrso] *s/m* **1.** Medio que se utiliza para obtener algo. **2.** *pl* Elementos de que un individuo o una colectividad se pueden servir para realizar algo. **3.** Reclamación que se presenta ante la autoridad en contra de una resolución administrativa.

re·cu·sar [rrekusár] *v/tr* **1.** Rechazar algo justificadamente. **2.** Oponerse el que va a ser juzgado a que un determinado juez, oficial, etc., intervenga en su juicio alegando razones justas.

re·cha·zar [rretʃaθár] *v/tr* **1.** Resistir a un cuerpo obligándole a detenerse o a retroceder. **2.** No admitir una cosa, una solicitud, etc. **3.** Contradecir lo que otro afirma.
ORT Ante *e* la *z* cambia en *c: Rechace.*

re·cha·zo [rretʃáθo] *s/m* Acción y efecto de rechazar. LOC **De rechazo,** indirectamente.

re·chi·fla [rretʃífla] *s/f* Acción de rechiflar.

re·chi·flar [rretʃiflár] **I.** *v/tr* Silbar con insistencia. **II.** REFL(-SE) Mofarse de uno.

re·chi·nar [rretʃinár] *v/intr* Causar una cosa un sonido desagradable al rozar o frotar con otra: *Rechinar los dientes.*

re·chis·tar [rretʃistár] *v/intr* Producir algún sonido como para empezar a hablar.

re·chon·cho, -a [rretʃóntʃo, -a] *adj* COL Persona gruesa y baja.

re·chu·pe·te [rretʃupéte] LOC COL **De rechupete,** muy bueno, excelente.

red [rréð] *s/f* **1.** Malla hecha de hilos, cuerdas, alambres, etc., anudados de modo que sea apta para contener cosas (caza, pesca, etc.). **2.** Redecilla para el pelo. **3.** Agrupación sistemática de conductos, cables, carreteras, etc. **4.** Grupo organizado de comercios, servicios, empresas, etc., relacionados entre sí. **5.** *(Tender una...)* Ardid para atraer a otro.

re·dac·ción [rreða(k)θjón] *s/f* **1.** Acción y efecto de redactar. **2.** Cualquier escrito hecho como ejercitación para aprender a redactar. **3.** Manera de expresarse por escrito. **4.** Conjunto de los redactores de un periódico y sitio donde trabajan.

re·dac·tar [rreðaktár] *v/tr* Poner por escrito, escribir.

re·dac·tor, -ra [rreðaktór, -ra] *adj* y *s/m,f* Que redacta o forma parte de la redacción **(4).**

re·da·da [rreðáða] *s/f* Conjunto de personas o cosas apresadas o cogidas de una vez: *Una redada de ladrones/de peces.*

re·de·ci·lla [rreðeθíʎa] *s/f* Malla para recogerse el pelo hombres y mujeres.

re·de·dor [rreðeðór] *s/m* Contorno. LOC **Al/En rededor,** alrededor.

re·den·ción [rreðenθjón] *s/f* Acción y efecto de redimir(se).

re·den·tor, -ra [rreðen̪tór, -ra] *adj* y *s/m,f* Que redime.

re·di·cho, -a [rreðítʃo, -a] *adj* Se dice de la persona que habla con mucha afectación y satisfacción de sí misma.

re·dil [rreðíl] *s/m* Aprisco rodeado con un vallado o con redes.

re·di·mir [rreðimír] *v/tr* **1.** Comprar por un precio la libertad de un esclavo. **2.** Dejar libre una cosa de una hipoteca u otra obligación parecida. **3.** Poner fin a una situación de esclavitud, pobreza, dolor, castigo, etc.: *Redimir de la ignorancia.*

ré·di·to [rréðito] *s/m* Intereses económicos que produce un capital prestado o invertido.

re·di·vi·vo, -a [rreðiβíβo, -a] *adj* Aparecido, resucitado.

re·do·blar [rreðoβlár] **I.** *v/intr* Tocar redobles con el tambor. **II.** *v/tr* **1.** Reiterar algo. **2.** Intensificar una cosa no material: *Redoblar el afecto.*

re·do·ble [rreðóβle] *s/m* Toque de tambor consistente en una rápida sucesión de golpes.

re·do·ma [rreðóma] *s/f* Vasija de vidrio, de base ancha y cuello estrecho.

re·do·ma·do, -a [rreðomáðo, -a] *adj* **1.** Muy astuto. **2.** Con nombres que expresan malicia, perfecto: *Un canalla redomado.*

re·don·de·ar [rreðon̪deár] **I.** *v/tr* **1.** Hablando de cantidades, no tener en cuenta las fracciones, para completar unidades de cierto orden. **2.** Igualar el borde inferior de un vestido a lo largo de su perímetro. **II.** *v/tr,* REFL(-SE) Poner(se) redonda una cosa.

re·don·del [rreðon̪dél] *s/m* Círculo.

re·don·dez [rreðon̪déθ] *s/f* Circunstancia de ser redondo un objeto.

re·don·di·lla [rreðon̪díʎa] *s/f* **1.** Estrofa de cuatro versos octosílabos. **2.** Tipo de letra.

re·don·do, (-a) [rreðón̪do, (-a)] **I.** *adj* **1.** Se aplica a un objeto de figura esférica (rueda, bola, etc.) **2.** Se dice de aquello cuyas dimensiones son circulares: *Un bolígrafo redondo.* **3.** Perfecto, completo: *El viaje ha salido redondo.* **4.** Cantidad en la que se prescinde de una fracción para que resulte una unidad completa: *Veinte kilómetros en números redondos.* **II.** *s/f* Tipo de letra. LOC **A la redonda,** en el espacio entero que rodea un punto: *Hemos buscado en dos kilómetros a la redonda.*

re·duc·ción [rreðu(k)θjón] *s/f* Acción y efecto de reducir(se).

re·du·ci·do, -a [rreðuθíðo, -a] *adj* Limitado, de pequeñas dimensiones.

re·du·cir [rreðuθír] *v/tr* **1.** Dominar una cosa, una persona, una colectividad. **2.** Cambiar una cosa en otra de características distintas, física o inmaterialmente: *Redujo su armario a leña.* **3.** Dividir una cosa en partes menudas o aminorarla en su importancia, dimensiones, valor, etc.: *Reducir el peso en cinco kilos.* **4.** Compendiar un discurso, una narración, etc.: *Reduciré la conferencia a cinco minutos.* RPr **Reducir(se) a/en**
CONJ *Irreg: Reduzco, reduje, reduciré, reducido.*

re·duc·to [rreðúkto] *s/m* FORT Obra cerrada que consta de parapeto y una o más banquetas.

re·duc·tor, -ra [rreðuktór, -ra] *adj* y *s/m,f* Se dice de lo que sirve para reducir.

re·dun·dan·cia [rreðun̪dánθja] *s/f* **1.** Exceso o sobra de algo. **2.** Repetición inútil de un concepto, palabra, etc.

re·dun·dan·te [rreðun̪dán̪te] *adj* Que redunda.

re·dun·dar [rreðun̪dár] *v/intr* (Con *en*) **1.** Resultar algo favorable o desfavorable para alguien: *La lluvia redunda en beneficio de todos.* **2.** Ser algo tan abundante que sale de sus límites. RPr **Redundar en.**

re·du·pli·ca·ción [rreðuplikaθjón] *s/f* Acción y efecto de reduplicar.

re·du·pli·car [rreðuplikár] *v/tr* **1.** Aumentar algo el doble. **2.** Intensificar mucho una cosa.
ORT Ante *e* la *c* cambia en *qu: Redupliqué.*

re·e·du·ca·ción [rre(e)ðukaθjón] *s/f* Acción de reeducar.

re·e·du·car [rre(e)ðukár] *v/tr* Enseñar, mediante ejercicios, el uso de órganos o miembros debilitados/mutilados.
ORT Ante *e* la *c* cambia en *qu: Reeduque.*

re·e·lec·ción [rre(e)le(k)θjón] *s/f* Acción y efecto de reelegir.

re·e·le·gir [rre(e)lexír] *v/tr* Volver a elegir.
CONJ *Irreg: Reelijo, reelegí, reelegiré, reelegido.*

re·em·bol·sar [rre(e)ɱbolsár] *v/tr,* REFL(-SE) Devolver/Recibir una cantidad dada o prestada.

re·em·bol·so [rre(e)ɱbólso] *s/m* Acción y efecto de reembolsar. LOC **A/Contra reembolso,** modo de remitir objetos por correo de manera que el destinatario los recoge previo el pago de su importe.

re·em·pla·zar [rre(e)ɱplaθár] *v/tr* **1.** Colocar una cosa en el lugar dejado por otra. **2.** Ocupar una cosa o persona el sitio dejado por otra. RPr **Reemplazar (algo/a alguien) en/por:** *Lo reemplazó por otro.*
ORT Ante *e* la *z* cambia en *c: Reemplace.*

re·em·pla·zo [rre(e)ɱpláθo] *s/m* **1.** Acción y efecto de reemplazar. **2.** Entrada periódica de soldados en el servicio activo. **3.** Cada grupo de soldados que entra al mismo tiempo en el servicio activo.

re·en·car·na·ción [rre(e)ŋkarnaθjón] *s/f* Acción y efecto de reencarnar(se).

re·en·car·nar [rre(e)ŋkarnár] *v/intr,* REFL(-SE) Volver a encarnar(se).

re·en·cuen·tro [rre(e)ŋkwén̪tro] *s/m* **1.** Hecho de volver a encontrar a alguien. **2.** Choque de una cosa con otra. **3.** Combate de dos grupos pequeños de tropas enemigas.

re·en·gan·char [rre(e)ŋgan̪tʃár] *v/tr,* REFL(-SE) Alistar(se) otra vez en la milicia.

re·es·truc·tu·ra·ción [rre(e)strukturaθjón] *s/f* Acción y efecto de reestructurar.

re·es·truc·tu·rar [rre(e)strukturár] *v/tr* Cambiar la estructura de una obra, empresa, organismo, etc., por otra nueva.

re·fac·ción [rrefa(k)θjón] *s/f* Alimento moderado que se toma para reparar las fuerzas.

re·fa·jo [rrefáxo] *s/m* Falda interior de abrigo, de género grueso, que usaban las mujeres antiguamente, y aun ahora usan en algunas zonas rurales.

re·fec·to·rio [rrefektórjo] *s/m* Estancia que en las comunidades se destina a comedor.

re·fe·ren·cia [rreferénθja] *s/f* **1.** Información que se da sobre un asunto. **2.** Acción de aludir a algo: *Hizo una referencia a su condición de militar.* **3.** Nota en un escrito, en la que se señala al lector otro sitio donde puede encontrar más información sobre la misma materia de que trata el escrito en cuestión. **4.** *pl* Información que sobre la competencia, probidad, etc., de una persona, se ofrece a otra: *Le piden referencias para empezar a trabajar.* LOC **Con referencia a,** relacionado con lo que se expresa.

re·fe·rén·dum [rreferén̪du{m/ŋ}] *s/m* Consulta que se hace al pueblo, mediante votación, sobre una ley o tema de importancia.

re·fe·ren·te [rreferén̪te] *adj* que se refiere a la cosa expresada. RPr **Referente a.**

re·fe·rir [rreferír] *v/tr* **1.** Manifestar algo

oralmente o por escrito. **2.** Situar un acontecimiento en una época determinada: *Él refiere su éxito al segundo año de trabajo.* **3.** Presentar la equivalencia de una cantidad en otra clase de unidades: *Calculó el tiempo referido a meses.* **4.** Remitir al lector de un escrito a otra obra donde puede encontrar noticias de esa misma materia. RPr **Referir(se) a.**
CONJ *Irreg: Refiero, referí, referiré, referido.*

re·fi·lón [rrefilón] LOC **De refilón,** oblicuamente, sin incidir directamente y de lleno: *El golpe nos dio de refilón.*

re·fi·na·do, (-a) [rrefináðo, (-a)] **I.** *adj* **1.** Exquisito: *Gestos refinados.* **2.** Perfecto, referido a nombres de sentido peyorativo: *Se inventa burlas refinadas.* **II.** *s/m* Acción de refinar: *El refinado del petróleo.*

re·fi·na·mien·to [rrefinamjénto] *s/m* **1.** Perfección en las cosas menudas. **2.** Cuidado extremado con el que se hace una cosa, sea buena o mala.

re·fi·nar [rrefinár] *v/tr* **1.** Perfeccionar un trabajo dándole los últimos toques. **2.** Quitar a una cosa sus impurezas.

re·fi·ne·ría [rrefinería] *s/f* Industria para refinar un producto, como el petróleo, el azúcar, etc.

re·fi·no, (-a) [rrefíno, (-a)] **I.** *adj* Muy fino. **II.** *s/m* Refinación de metales.

re·flec·tar [rreflektár] *v/tr, intr* Reflejar.

re·flec·tor, (-ra) [rreflektór, (-ra)] **I.** *adj* Se dice de lo que refleja. **II.** *s/m* Aparato que refleja los rayos luminosos, el calor u otra radiación en una dirección.

re·fle·jar [rreflexár] **I.** *v/tr,* REFL(-SE) Revelar(se) o dejar(se) ver una cosa: *Su negativa refleja la actitud general.* **II.** *v/intr* REFL(-SE) Hacer retroceder una superficie o variar de dirección la luz, el calor o el sonido.

re·fle·jo, (-a) [rrefléxo, (-a)] **I.** *adj* **1.** Se dice de los actos que son producidos por excitaciones inconscientes. **2.** Se aplica al conocimiento de algo que se forma para comprenderlo mejor. **3.** Se dice de todo acto que es producido en un sitio distinto de aquel en el que se percibe. **II.** *s/m* **1.** *pl* Luz reflejada: *Reflejos anaranjados.* **2.** Representación material o inmaterial de algo: *Reflejo de la luna/de su situación.* **3.** (Con *tener*) Reacción rápida ante algo: *No tiene reflejos; no sirve para el deporte.*

re·fle·xión [rrefle(k)sjón] *s/f* **1.** Acción y efecto de reflejar(se). **2.** Acción de reflexionar. **3.** Consideraciones o consejos que uno hace a otro o a sí mismo para actuar de determinada manera: *Sus reflexiones me ayudaron.*

re·fle·xio·nar [rrefle(k)sjonár] *v/intr,tr* Pensar detenidamente sobre algo.

re·fle·xi·vo, -a [rrefle(k)síβo, -a] *adj* **1.** Que puede reflejar. **2.** Se dice de la persona que actúa y habla con reflexión. **3.** GRAM Se aplica al verbo cuyo sujeto y complemento directo coinciden.

re·fluir [rrefluír] *v/intr* **1.** Retroceder un líquido. **2.** FIG Redundar una cosa en otra.
CONJ *Irreg: Refluyo, refluí, refluiré, refluido.*

re·flu·jo [rreflúxo] *s/m* Movimiento de descenso de la marea.

re·fo·ci·lar [rrefoθilár] *v/tr* **1.** Divertirse de modo grosero o producir una alegría poco sana. **2.** Dar vigor y calor. También REFL(-SE).

re·for·ma [rrefórma] *s/f* **1.** Acción y efecto de reformar(se). **2.** (Sólo en *sing*) Movimiento religioso cristiano que dio origen a las iglesias protestantes.

re·for·ma·dor, -ra [rreformaðór, -ra] *adj* y *s/m,f* Que reforma.

re·for·mar [rreformár] **I.** *v/tr* **1.** Volver a formar. **2.** Modificar algo, generalmente para mejor: *Reformar las costumbres/una cosa.* **II.** *v/tr,* REFL(-SE) Enmendar(se).

re·for·ma·to·rio, (-a) [rreformatórjo, (-a)] **I.** *adj* Que reforma. **II.** *s/m* Establecimiento oficial en el que, con métodos severos, se intenta corregir a los menores de edad de sus malas inclinaciones.

re·for·mis·ta [rreformísta] *adj* y *s/m,f* Que es partidario o realiza reformas.

re·for·za·do, -a [rreforzáðo, -a] *adj* Se dice de un objeto que está hecho muy sólidamente o que recibe un refuerzo para robustecerlo.

re·for·zar [rreforθár] *v/tr* Hacer algo más fuerte, resistente o eficaz mediante refuerzos.
CONJ *Irreg: Refuerzo, reforcé, reforzaré, reforzado.*

re·frac·ción [rrefra(k)θjón] *s/f* Acción y efecto de refractar(se).

re·frac·tar [rrefraktár] *v/tr,* REFL(-SE) Hacer que una radiación cambie de dirección al pasar oblicuamente de un medio de una densidad determinada a otro de densidad distinta.

re·frac·ta·rio, -a [rrefraktárjo, -a] *adj* **1.** FÍS, QUÍM Se aplica al cuerpo que resiste la acción del fuego sin descomponerse. **2.** Se dice de la persona que se opone a seguir una idea, un mandato, una costumbre, etc.: *Es refractario a la informática.*

re·frán [rrefrán] *s/m* Dicho sentencioso y agudo de uso común.

re·fra·ne·ro [rrefranéro] *s/m* Colección de refranes.

re·fre·gar [rrefreγár] **I.** *v/tr,* REFL

(-SE) Pasar repetidas veces una cosa por un lugar, siendo aquélla o éste áspero, rasposo o sucio: *Refregar la escoba en el suelo.* **II.** *v/tr* FIG COL Manifestar a alguien algún error o defecto que tiene, para avergonzarlo.
CONJ *Irreg: Refriego, refregué, refregaré, refregado.*

re·fre·gón [rrefreγón] *s/m* Acción y efecto de refregar.

re·fre·nar [rrefrenár] *v/tr,* REFL(-SE) Disminuir la violencia de algo; especialmente las pasiones: *Refrenar la ira.*

re·fren·dar [rrefreṇdár] *v/tr* **1.** Firmar alguien un documento, ya firmado por otro, para que obtenga plena validez. **2.** FIG Aprobar y apoyar la acción o dicho de otro: *Le refrendó con sus palabras.*

re·fres·can·te [rrefreskáṇte] *adj* Que refresca.

re·fres·car [rrefreskár] **I.** *v/intr* Moderarse el calor del ambiente. **II.** *v/tr,* REFL (-SE) Hacer que algo esté más fresco. **III.** *v/intr,* REFL(-SE) **1.** Tomar aire fresco. **2.** Beber algo refrescante.
ORT Ante *e* la *c* cambia en *qu: Refresque.*

re·fres·co [rrefrésko] *s/m* **1.** Alimento ligero que se toma interrumpiendo el trabajo para poder continuar con él. **2.** Bebida que refresca. **3.** Invitación en que se sirven comidas y bebidas apetitosas.

re·frie·ga [rrefrjéγa] *s/f* **1.** Batalla insignificante. **2.** Altercado violento.

re·fri·ge·ra·ción [rrefrixeraθjón] *s/f* Acción y efecto de refrigerar.

re·fri·ge·ra·dor, -ra [rrefrixeraðór, -ra] **I.** *adj* Se dice de lo que refrigera. **II.** *s/m,f* Aparato que mantiene en su interior alimentos u otras cosas a baja temperatura.

re·fri·ge·rar [rrefrixerár] *v/tr,* REFL (-SE) **1.** Enfriar(se) algo. **2.** Reponer uno sus fuerzas.

re·fri·ge·rio [rrefrixérjo] *s/m* Alimento ligero que se toma para reparar las fuerzas.

re·fri·to [rrefríto] *s/m* **1.** Comida consistente en trozos menudos de alimentos fritos. **2.** FIG Cosa, especialmente obra literaria, que no es original y está formada por fragmentos de otras.

re·fuer·zo [rrefwérθo] *s/m* **1.** Acción y efecto de reforzar. **2.** Cosa que refuerza.

re·fu·gia·do, -a [rrefuxjáðo, -a] *adj* y *s/m,f* Persona que vive en país extranjero por causas políticas o de guerra.

re·fu·giar [rrefuxjár] **I.** *v/tr* Ofrecer refugio a alguien. **II.** REFL(-SE) Buscar refugio.

re·fu·gio [rrefúxjo] *s/m* **1.** Todo lugar en el que pueden librarse de la intemperie personas, animales o cosas. **2.** Sitio donde se ofrecen a los mendigos y personas desamparadas cama y comida.

re·ful·gir [rrefulxír] *v/intr* Emitir brillo.
ORT La *g* cambia en *j* ante *o/a: Refulja.*

re·fun·dir [rrefuṇdír] **I.** *v/tr* **1.** Fundir de nuevo, sobre todo los metales. **2.** FIG Disponer de una forma distinta una obra literaria. **II.** *v/tr,* REFL(-SE) Reunir varias cosas en una sola. RPr **Refundir en:** *Refundir dos empresas en una.*

re·fun·fu·ñar [rrefuɱfuɲár] *v/intr* Manifestar disgusto protestando con palabras ininteligibles.

re·fu·ta·ble [rrefutáβle] *adj* Que puede ser refutado.

re·fu·ta·ción [rrefutaθjón] *s/f* **1.** Acción y efecto de refutar. **2.** Palabras que se emplean para refutar.

re·fu·tar [rrefutár] *v/tr* Rechazar con razones lo que otro dice.

re·ga·de·ra [rreγaðéra] *s/f* Recipiente utilizado para regar.

re·ga·dío [rreγaðío] *s/m* Se aplica al terreno en el que hay plantas que son regadas regularmente.

re·ga·la·do, -a [rreγaláðo, -a] *adj* **1.** Delicado. **2.** Deleitoso. **3.** Que vale poco dinero. **4.** Se dice de personas de costumbres cómodas o viciosas.

re·ga·lar [rreγalár] **I.** *v/tr* **1.** Dar a alguien un objeto sin pedir dinero a cambio y para demostrarle aprecio. **2.** Halagar. **II.** *v/tr,* REFL(-SE) Proporcionar(se) placeres, diversiones, etc. RPr **Regalarse con/en:** *Regalarse con/en lo bueno.*

re·ga·lía [rreγalía] *s/f* Privilegio que posee el soberano de un país.

re·ga·liz o **re·ga·li·cia** [rreγalíθ/rreγalíθja] *s/m* y *f* Planta cuya raíz tiene un jugo dulce y aromático.

re·ga·lo [rreγálo] *s/m* **1.** Objeto que se regala a alguien. **2.** Acción de regalar. **3.** Bienestar que se tiene por algo: *Es un regalo escuchar música.*

re·ga·ña·dien·tes [rreγaɲaðjéṇtes] LOC **A regañadientes,** de mala gana y refunfuñando.

re·ga·ñar [rreγaɲár] **I.** *v/intr* **1.** Manifestar quejas con actitud y palabras de enfado. **2.** Disgustarse entre sí dos o más personas. **II.** *v/tr* Reprender a alguien severamente para reñirle por algo que ha hecho mal.

re·ga·ñi·na [rreγaɲína] *s/f* **1.** Reprimenda. **2.** Riña leve.

re·ga·ño [rreγáɲo] *s/m* **1.** Manifestación de enfado. **2.** Reprensión.

re·ga·ñón, -na [rreγaɲón, -na] *adj* y *s/m,f* Persona que tiende a regañar sin motivo.

re·gar [rreγár] *v/tr* **1.** Echar agua sobre las plantas. **2.** Esparcir un líquido sobre una superficie. **3.** Atravesar un curso de agua cierta zona. RPr **Regar con/de:** *Regar algo con/de lágrimas.*
CONJ *Irreg: Riego, regué, regaré, regado.*

re·ga·ta [rreγáta] *s/f* **1.** Pequeño canal por donde discurre el agua en los jardines y huertas. **2.** Competición deportiva en la que varias embarcaciones ligeras intentan llegar antes a una meta determinada.

re·ga·te [rreγáte] *s/m* Movimiento brusco del cuerpo para evitar el choque o el encuentro con una persona o cosa.

re·ga·te·ar [rreγateár] **I.** *v/tr* **1.** Debatir el precio de una cosa el comprador y el vendedor para ajustarlo a sus respectivas conveniencias. **2.** Gastar lo mínimo posible de algo: esfuerzo, dinero, elogios, ayuda, etc. **II.** *v/intr* Celebrar regatas.

re·ga·teo [rreγatéo] *s/m* Acción y efecto de regatear.

re·ga·zo [rreγáθo] *s/m* **1.** Trozo de la falda situado entre la cintura y las rodillas, cuando la mujer está sentada. **2.** Parte del cuerpo correspondiente a ese trozo de la falda.

re·gen·cia [rrexénθja] *s/f* **1.** Acción de regir. **2.** Oficio de regente. **3.** Gobierno de un Estado mientras dura la minoría de edad, ausencia o incapacidad del soberano legítimo.

re·ge·ne·ra·ción [rrexeneraθjón] *s/f* Acción y efecto de regenerar(se).

re·ge·ne·rar [rrexenerár] *v/tr,* REFL (-SE) **1.** Volver a engendrar. **2.** Restablecer(se) una cosa que estaba en mal estado. **3.** Abandonar uno sus costumbres viciosas y comenzar a actuar honradamente.

re·gen·tar [rrexen̪tár] *v/tr* **1.** Desempeñar un cargo provisionalmente. **2.** Ejercer un mando.

re·gen·te [rrexén̪te] *s/m,f* **1.** Persona que rige. **2.** Quien ejerce el gobierno de un Estado a causa de la minoría de edad, enfermedad, ausencia, etc., de su soberano. **3.** Persona que figura al frente de un establecimiento (farmacia, imprenta, etc.) sin ser el dueño.

re·gi·ci·da [rrexiθíða] *adj* y *s/m,f* Se dice de la persona que mata o incita a matar a un rey u otro soberano.

re·gi·ci·dio [rrexiθíðjo] *s/m* Acción de matar a un rey u otro soberano.

re·gi·dor, -ra [rrexiðór, -ra] *adj* y *s/m,f* Se aplica al que gobierna algo.

ré·gi·men [rréximen] *s/m* **1.** Conjunto de leyes, normas, reglamentos, prácticas, etc., por los que se rige algo. **2.** Manera habitual de realizarse alguna cosa: *Lleva un régimen de austeridad.* **3.** GRAM Condición de regir algunas palabras a otras en una oración.
ORT *Pl: Regímenes.*

re·gi·mien·to [rreximjén̪to] *s/m* Cada una de las unidades homogéneas de cualquier cuerpo militar, al mando de un coronel.

re·gio, -a [rréxjo, -a] *adj* **1.** Relativo al rey. **2.** Suntuoso.

re·gión [rrexjón] *s/f* **1.** Parte de un territorio unificado por rasgos étnicos, geográficos, políticos etc. **2.** Cada una de las partes en que se puede considerar dividido el cuerpo de los animales.

re·gio·nal [rrexjonál] *adj* Relativo a la región.

re·gio·na·lis·mo [rrexjonalísmo] *s/m* **1.** Palabra o expresión propias de una región. **2.** Doctrina que defiende la concesión, a las distintas regiones de un Estado, de una cierta autonomía.

re·gio·na·lis·ta [rrexjonalísta] **I.** *adj* Relativo al regionalismo. **II.** *adj* y *s/m,f* Partidario del regionalismo.

re·gir [rrexír] **I.** *v/tr* **1.** Gobernar o administrar un país, una empresa, una acción, etc. **2.** GRAM Exigir una palabra o expresión la presencia de una determinada construcción, preposición, etc.: *El verbo 'comer' rige acusativo.* **II.** *v/intr* **1.** Funcionar bien algo (un reloj, el intestino, el cerebro, etc.). **2.** Tener validez una ley, una norma, etc.: *Ya rige la ley del divorcio.*
CONJ *Irreg: Rijo, regí, regiré, regido.*

re·gis·tra·dor, -ra [rrexistraðór, -ra] **I.** *adj* Que registra. **II.** *s/m,f* Funcionario que se ocupa de algún registro, sobre todo del de la propiedad.

re·gis·trar [rrexistrár] *v/tr* **1.** Inspeccionar una cosa con mucho detalle. **2.** Copiar en un catálogo, una lista, etc., cosas de interés: *Registrar una palabra, un dato.* **3.** Recoger mecánicamente y grabar el sonido, la temperatura, etc.

re·gis·tro [rrexístro] *s/m* **1.** Libro en el que se apuntan datos de los que debe quedar constancia. **2.** Asunto del que se deja constancia. **3.** Sitio donde se realizan los registros de datos. **4.** Acción de registrar, en cualquier sentido: *Registro de la propiedad/de alumnos...* **5.** Abertura oculta o tapada en una pared, suelo, etc., con el fin de poder examinar la instalación contenida en él (luz, agua, etc.): *El registro de la instalación eléctrica.* **6.** Cada clase de sonidos del órgano. **7.** En el piano, el órgano, el clave, etc., pieza para intervenir en la intensificación o suavización de los sonidos.

8. Señal que se deja en los libros para localizar rápidamente lo que se desea.

re·gla [rréγla] *s/f* **1.** Instrumento de madera, plástico u otro material con el que se trazan líneas rectas. **2.** Listón para rayar el papel. **3.** Conjunto de normas según las cuales actúa o debe actuar una cosa: *Reglas para cocinar bien.* **4.** Cada una de las cuatro operaciones básicas de las matemáticas. **5.** Modo regular de darse un hecho: *En este pueblo la regla es pasear después de la cena.* **6.** Evacuación y limpieza periódicas de la sangre del óvulo femenino que procede de la matriz, en la mujer y en algunos mamíferos hembras, cuando están en edad fértil. LOC **En regla,** debidamente: *El pasaporte está en regla.* **Poner en regla algo,** ajustarlo a un orden. **Por regla general,** habitualmente.

re·gla·je [rreγláxe] *s/m* Ajuste de las piezas en un mecanismo para que siga funcionando bien.

re·gla·men·ta·ción [rreγlameṇtaθjón] *s/f* **1.** Acción y efecto de reglamentar. **2.** Conjunto de reglas.

re·gla·men·tar [rreγlameṇtár] *v/tr* Someter algo a un reglamento.

re·gla·men·ta·rio, -a [rreγlameṇtárjo, -a] *adj* **1.** Relativo al reglamento. **2.** Que está impuesto u ordenado por alguna norma.

re·gla·men·to [rreγlaméṇto] *s/m* Conjunto sistemático de preceptos por los que se rige una actividad, un organismo, la aplicación de una ley, etc.

re·glar [rreγlár] **I.** *v/tr* **1.** Trazar líneas o rayas derechas. **2.** Sujetar una cosa a normas. **3.** Mesurar las acciones. **II.** REFL (-SE) **1.** (Con *a*) Adecuarse a cierta cosa. **2.** (Con *por*) Dejarse regir por algo. RPr **Reglarse a/por:** *Reglarse a lo tradicional/por lo conocido.*

re·go·ci·jar [rreγoθixár] *v/tr* Producir regocijo. RPr **Regocijarse con/de/por:** *Regocijarse con/de/por las buenas noticias.*

re·go·ci·jo [rreγoθíxo] *s/m* **1.** Gozo expresado con alborozo y risas. **2.** Placer que puede ir mezclado con malicia: *Sintieron regocijo al verme caer.* **3.** *pl* Diversiones colectivas y públicas.

re·go·de·ar·se [rreγoðeárse] *v/*REFL (-SE) **1.** Gozar con algo complaciéndose detenidamente en ello: *Se regodea oyéndolos discutir.* **2.** Deleitarse maliciosamente y bromeando.

re·go·deo [rreγoðéo] *s/m* Acción y efecto de regodearse.

re·gol·dar [rreγoḷdár] *v/intr* Eructar.

re·gor·de·te, -a [rreγorðéte] *adj* COL Se aplica a la persona cuyo cuerpo, o parte de él, es grueso y pequeño.

re·gre·sar [rreγresár] *v/intr* Ir otra vez al lugar del que se partió.

re·gre·sión [rreγresjón] *s/f* Acción de volver atrás.

re·gre·si·vo, -a [rreγresíβo, -a] *adj* Se dice de lo que produce regresión.

re·gre·so [rreγréso] *s/m* Acción de regresar.

re·güel·do [rreγwéḷdo] *s/m* Acción de eructar.

re·gue·ro, (-a) [rreγéro, (-a)] **I.** *s/m,f* Canal pequeño por el que el agua discurre hacia los bancales para regarlos. **II.** *s/m* **1.** Chorro de algún líquido. **2.** Rastro continuado que queda de un líquido que se va derramando.

re·gu·la·ción [rreγulaθjón] *s/f* Acción y efecto de regular.

re·gu·lar [rreγulár] **I.** *v/tr* Ajustar algo a unas normas mediante reglas o disposiciones. **II.** *adv* Imperfectamente: *Estar regular de salud.* **III.** *adj* **1.** Sometido a una regla, costumbre, funcionamiento, etc. **2.** No bueno: *Ha hecho un examen regular.* **3.** Moderado: *De costumbres regulares.* **4.** Se aplica a las cosas que presentan simetrías: *Un edificio regular.*

re·gu·la·ri·dad [rreγulariðáð] *s/f* Condición de regular.

re·gu·la·ri·za·ción [rreγulariθaθjón] *s/f* Acción y efecto de regularizar.

re·gu·la·ri·zar [rreγulariθár] *v/tr* Ajustar algo a ciertas reglas.
ORT Ante *e* la *z* cambia en *c: Regularice.*

re·gu·lar·men·te [rreγulármeṇte] *adv* Por lo común, con regularidad.

re·gur·gi·tar [rreγurxitár] *v/intr* Expulsar por la boca los alimentos ingeridos.

re·gus·to [rreγústo] *s/m* Sabor o sensación imprecisa que queda de algo.

re·ha·bi·li·ta·ción [rreaβilitaθjón] *s/f* Acción y efecto de rehabilitar(se).

re·ha·bi·li·tar [rreaβilitár] *v/tr,* REFL (-SE) Volver(se) algo o a alguien a su anterior estado, que era mejor que el posterior.

re·ha·cer [rreaθér] **I.** *v/tr* Volver a hacer lo deshecho. **II.** REFL(-SE) Recuperar las fuerzas, la serenidad, la fama, etc., perdidas: *Todavía no se ha rehecho de la muerte de su padre.* RPr **Rehacerse de.**
CONJ *Irreg: Rehago, rehíce, reharé, rehecho.*

re·hén [rreén] *s/m* Persona o cosa que está o queda, como garantía de lo que se negocia, en poder de la parte, persona, grupo, etc., contrarios.

re·ho·gar [rreoγár] *v/tr* Sazonar un ali-

mento a fuego lento, sin agua, tapado, en aceite o manteca.
ORT Ante *e* la *g* cambia en *gu: Rehogué.*

re·huir [rreuír] *v/tr* Evitar algo (personas, cosas, situaciones) por alguna razón (recelo, etc.)
CONJ *Irreg: Rehúyo, rehuí, rehuiré, rehuido.*

re·hu·sar [rreusár] *v/tr* No aceptar o denegar una cosa: *Rehusar una petición.*
ORT, PRON *Irreg: Rehúso, rehúse,* pero *rehusaba...*

re·im·pre·sión [rreimpresjón] *s/f* **1.** Acción y efecto de reimprimir. **2.** Conjunto de ejemplares reimpresos de una vez.

re·im·pri·mir [rreimprimír] *v/tr* Imprimir de nuevo una obra.
CONJ *Irreg: Reimpreso.*

rei·na [rréina] *s/f* **1.** Esposa del rey. **2.** Mujer que ejerce el poder real por derecho propio. **3.** En el ajedrez, la pieza más importante, después de la del rey. **4.** Abeja reina. **5.** FIG Persona, animal o cosa, del género femenino, considerada como la más excelente de su clase. **6.** FIG COL Apelativo cariñoso dirigido a una mujer: *¿Qué deseas, reina?*

rei·na·do [rreináðo] *s/m* Ejercicio y duración del poder de un rey o reina.

rei·nan·te [rreinánte] *adj* Que reina.

rei·nar [rreinár] *v/intr* **1.** Ejercer un rey, una reina o un príncipe su potestad sobre un Estado. **2.** Predominar una cosa sobre otra: *Reinar el color verde.* **3.** Estar algo muy extendido en un lugar y en un momento: *Reinar el desorden en un país.*

re·in·ci·den·cia [rreinθiðénθja] *s/f* **1.** Acción y efecto de reincidir. **2.** Circunstancia que agrava la responsabilidad de alguien en algún hecho por haber sido condenado ya antes por un acto de la misma índole.

re·in·ci·den·te [rreinθiðénte] *adj* y *s/m,f* Que reincide.

re·in·ci·dir [rreinθiðír] *v/intr* Cometer otra vez el mismo error o la misma falta.
RPr **Reincidir en:** *Han reincidido en el robo.*

re·in·cor·po·ra·ción [rreiŋkorporaθjón] *s/f* Acción y efecto de reincorporar(se).

re·in·cor·po·rar [rreiŋkorporár] *v/tr,* REFL(-SE) **1.** Volver a unir una cosa a otra de la que formó parte y de la que se encontraba separada. **2.** Volver alguien a su trabajo. RPr **Reincorporar(se) a.**

rei·no [rréino] *s/m* **1.** Territorio y habitantes sobre los que reinan un rey, una reina o un príncipe. **2.** Cada una de las regiones o provincias de un Estado que estuvieran gobernadas antiguamente por un soberano real. **3.** Cada grupo de los que forman el conjunto de los seres naturales: *Reino animal/vegetal/mineral.*

re·in·te·gra·ción [rreinteɣraθjón] *s/f* Acción y efecto de reintegrar(se).

re·in·te·grar [rreinteɣrár] **I.** *v/tr,* REFL (-SE) **1.** Volver o hacer que uno vuelva a su comunidad, servicio, puesto de trabajo, patria, etc. **2.** Restituir o recuperar enteramente una cosa. **II.** *v/tr* Adherir a un documento oficial los timbres y pólizas determinados por la ley. RPr **Reintegrar a/con:** *Reintegrarse al trabajo. Reintegrar la carta con cien pesetas.*

re·in·te·gro [rreintéɣro] *s/m* **1.** Reintegración. **2.** Valor de las pólizas y timbres. **3.** En la lotería, premio por el que se devuelve la misma cantidad que se apostó.

re·ír [rreír] **I.** *v/intr,* REFL(-SE) Manifestar alegría a través de ciertos sonidos inarticulados y de determinados movimientos del rostro y otras partes del cuerpo. **II.** *v/intr* FIG Presentarse algunas cosas con un aspecto tan agradable que transmiten gozo: *¡Cómo ríen sus ojos!* **III.** REFL(-SE) (Con *de*) No tomar en serio o burlarse de algo o alguien: *Se ríe de su profesor.* **IV.** *v/tr* Expresar con risa que algo es gracioso: *Reír las travesuras a un niño.* RPr **Reírse de.**
CONJ *Irreg: Río, reí, reiré, reído.*

rei·te·ra·ción [rreiteraθjón] *s/f* **1.** Acción y efecto de reiterar(se). **2.** Circunstancia que agrava la responsabilidad de alguien en algún hecho delictivo cometido ya anteriormente.

rei·te·rar [rreiterár] *v/tr,* REFL(-SE) Volver a decir o a hacer una cosa ya dicha o hecha.

rei·te·ra·ti·vo, -a [rreiteratíβo, -a] *adj* Que se reitera.

rei·vin·di·ca·ción [rreiβindikaθjón] *s/f* Acción y efecto de reivindicar.

rei·vin·di·car [rreiβindikár] *v/tr* **1.** Recobrar alguien lo que le es propio. **2.** Pedir uno algo a lo que tiene derecho.
ORT Ante *e* la *c* cambia en *qu: Reivindique.*

rei·vin·di·ca·ti·vo, -a [rreiβindikatíβo, -a] *adj* Que es válido para reivindicar o está relacionado con la reivindicación.

re·ja [rréxa] *s/f* **1.** Instrumento de hierro que es parte del arado, y que se hinca en la tierra para removerla. **2.** Armazón formado por barras de hierro entrecruzadas, que sirve para formar cercas, proteger puertas o ventanas, etc.

re·ji·lla [rrexíʎa] *s/f* **1.** Conjunto de hilos, varillas, etc., agrupados en forma paralela o entrecruzada, de modo que se obstaculice el paso de algo, se separe una superficie, etc. **2.** Labor hecha con tiritas de tallos flexibles y resistentes, empleados para asientos de sillas y otros usos.

re·jo [rréxo] *s/m* Punta de hierro o de otra clase.

re·jón [rrexón] *s/m* Asta de madera, con punta de hierro y una muesca cerca de ella, empleada para rejonear.

re·jo·nea·dor, -ra [rexoneaðór, -ra] *s/m,f* Que rejonea.

re·jo·ne·ar [rrexoneár] *v/tr* En la lidia a caballo, hincar el rejón al toro, quebrándolo en él por la muesca que tiene cerca de la punta.

re·jo·neo [rrexonéo] *s/m* Acción de rejonear.

re·ju·ve·ne·cer [rrexuβeneθér] *v/tr, intr,* REFL(-SE) Dar/Poseer/Obtener la fortaleza propia de la juventud.
CONJ *Irreg: Rejuvenezco, rejuvenecí, rejuveneceré, rejuvenecido.*

re·ju·ve·ne·ci·mien·to [rrexuβeneθimjénto] *s/m* Acción y efecto de rejuvenecer(se).

re·la·ción [rrelaθjón] *s/f* **1.** Acción y efecto de referir una cosa a otra. **2.** Correspondencia entre dos cosas. **3.** Expresión numérica resultante de la comparación entre dos magnitudes. **4.** Enumeración de nombres de cualquier tipo de cosas. **5.** Narración de cosas que han sucedido. **6.** *sing* o *pl* Trato de una persona con otra (suele acompañarse con adjetivos): *Relaciones conyugales/económicas,* etc. **7.** *pl* (Precedido de *tener* o en el contexto *estar en relaciones con*) Noviazgo. **8.** *pl* Personas con las que se mantiene trato o sobre las que goza de influencia.

re·la·cio·nar [rrelaθjonár] **I.** *v/tr* **1.** Enumerar una serie de cosas. **2.** Referir un hecho. **II.** *v/tr,* REFL(-SE) Establecer/Tener relación mutua dos o más personas, objetos, acontecimientos, ideas, etc. RPr **Relacionarse con:** *Relacionarse con sus compañeros de colegio.*

re·la·ja·ción [rrelaxaθjón] *s/f* Acción y efecto de relajar(se).

re·la·ja·mien·to [rrelaxamjénto] *s/m* Relajación.

re·la·jan·te [rrelaxánte] *adj* y *s/m* Que relaja.

re·la·jar [rrelaxár] *v/tr,* REFL(-SE) **1.** Aflojar o quitar tensión a una cosa. **2.** Descansar distrayendo el ánimo: *Vamos al cine para relajarnos.* **3.** Quitar rigor a lo que lo implica por ley o mandato.

re·la·mer [rrelamér] **I.** *v/tr* Lamer algo de nuevo, con insistencia o con exceso. **II.** REFL(-SE) **1.** Lamerse los labios, *por ej,* después de haber comido algo dulce. **2.** Lamerse los animales la cara, el cuello, etc. **3.** FIG Gozar con detenimiento de algo material o inmaterial. **4.** Saborear anticipadamente una cosa: *Se relame de gusto pensando ya en las vacaciones.*

re·la·mi·do, -a [rrelamíðo, -a] *adj* Excesivamente pulcro o afectado.

re·lám·pa·go [rrelámpaγo] *s/m* **1.** Resplandor instantáneo y muy intenso, causado por una descarga eléctrica. **2.** FIG Como término de comparación, muy fugaz: *Pasó veloz como un relámpago.*

re·lam·pa·gue·ar [rrelampaγeár] *v/intr* Producirse relámpagos.

re·lam·pa·gueo [rrelampaγéo] *s/m* Acción de relampaguear.

re·lan·za·mien·to [rrelanθamjénto] *s/m* **1.** El hecho de impulsar y dar nuevo vigor a algo: *Relanzamiento de un partido político.* **2.** Acción de relanzar.

re·lan·zar [rrelanθár] *v/tr* Volver a lanzar.
ORT Ante *e* la *z* cambia en *c: Relancé.*

re·la·tar [rrelatár] *v/tr* Narrar.

re·la·ti·vi·dad [rrelatiβiðáð] *s/f* Condición de relativo.

re·la·ti·vo, -a [rrelatíβo, -a] **I.** *adj* **1.** Se dice de lo que resulta o depende de algo: *El precio del coche es relativo a su calidad.* **2.** Escaso: *Accidente de relativa gravedad.* **3.** Referente a una cosa: *Noticias relativas al deporte.* **II.** *adj* y *s/m,f* GRAM Se aplica a pronombres, adverbios y expresiones que representan un elemento especificado anteriormente, sea en la misma oración, sea en otra: *He comido el pan que has comprado.* RPr **Relativo a.**

re·la·to [rreláto] *s/m* **1.** Acción de relatar. **2.** Narración.

re·lax [rrelá(k)s] *s/m* Distensión, sobre todo de carácter psíquico.

re·le·gar [rreleγár] *v/tr* Colocar una cosa o persona en una posición, función, estimación, etc., inferiores a las que tenía o a las que se creía merecer.
ORT Ante *e* la *g* cambia en *gu: Relegué.*

re·len·te [rrelénte] *s/m* Humedad que en las noches serenas se percibe en la atmósfera.

re·le·van·cia [rreleβánθja] *s/f* Condición de relevante.

re·le·van·te [rreleβánte] *adj* Digno de ser notado; sobresaliente.

re·le·var [rreleβár] *v/tr* **1.** Hacer que algo sobresalga, material o inmaterialmente. **2.** (Con *de*) Exonerar a alguien de una carga. **3.** Sustituir a una persona por otra en un empleo o tarea: *Relevar de un cargo.* RPr **Relevar de.**

re·le·vo [rreléβo] *s/m* MIL Acción de relevar.

re·li·ca·rio [rrelikárjo] *s/m* **1.** Sitio donde se guardan reliquias de santos. **2.** Caja para guardar reliquias o recuerdos de alguien.

re·lie·ve [rreljéβe] *s/m* **1.** Figura que sobresale sobre un plano. **2.** (Con *de*) Prestigio social: *Un profesor de relieve en los ámbitos científicos.* **3.** Accidentes geográficos de la corteza terrestre (montañas, cabos, etc.) LOC **Poner de relieve,** hacer ver que algo es importante, interesante, necesario, etc.

re·li·gión [rrelixjón] *s/f* **1.** Conjunto de las creencias acerca de Dios y de las normas y prácticas basadas en aquellas creencias. **2.** Cada uno de los distintos sistemas de tales creencias.

re·li·gio·sa·men·te [rrelixjósamente] *adv* Con puntualidad y exactitud: *Pagar religiosamente las deudas.*

re·li·gio·si·dad [rrelixjosiðáð] *s/f* **1.** Cualidad de religioso. **2.** Exactitud en el cumplimiento de algo.

re·li·gio·so, -a [rrelixjóso, -a] **I.** *adj* Relativo a la religión y a los que la aceptan. **II.** *adj* y *s/m,f* Persona que ha entrado a formar parte de una orden religiosa.

re·lin·char [rrelintʃár] *v/intr* Emitir el caballo el sonido que le es propio.

re·lin·cho [rrelíntʃo] *s/m* Sonido propio del caballo.

re·li·quia [rrelíkja] *s/f* **1.** Residuos de una cosa que ha desaparecido casi por completo. **2.** Parte del cuerpo de un santo o de algo que ha estado en contacto con él.

re·loj [rrelóx] *s/m* Aparato que indica el paso del tiempo y la división del día en horas, minutos y segundos.
Contra reloj, tipo de carrera ciclista en la cual los corredores van saliendo a intervalos regulares.

re·lo·je·ría [rreloxería] *s/f* **1.** Arte de hacer relojes. **2.** Taller en que se hacen o se reparan relojes. **3.** Tienda donde se venden relojes.

re·lo·je·ro, -a, [rreloxéro, -a] *s/m,f* Persona que construye, repara o vende relojes.

re·lu·cien·te [rreluθjénte] *adj* Que reluce.

re·lu·cir [rreluθír] *v/intr* **1.** Reflejar una cosa luz o brillar mucho un objeto. **2.** FIG Tener una persona o cosa en grado sobresaliente una cualidad, un mérito o un valor. LOC **Sacar/Salir algo a relucir,** decir o comentar algo no previsto como tema principal de una conversación.
CONJ *Irreg: Reluzco, relucí, reluciré, relucido.*

re·luc·tan·te [rreluktánte] *adj* Opuesto a algo.

re·lum·brar [rrelumbrár] *v/intr* Despedir un objeto una intensa luz.

re·lum·bro o **re·lum·brón** [rrelúmbro/rrelumbrón] *s/m* **1.** Golpe de luz pasajero e instantáneo. **2.** Lujo basado en riqueza aparente, no real.

re·lla·no [rreʎáno] *s/m* **1.** Llano que interrumpe la pendiente en un terreno (cuesta, ladera, etc.). **2.** Cada descanso existente entre dos tramos de una escalera.

re·lle·nar [rreʎenár] *v/tr* **1.** Llenar de nuevo algo vacío. **2.** Meter algo en un continente elástico o flexible (almohada, tripa de embutido, etc.) **3.** Poner en el interior de una vianda carne picada u otros ingredientes. **4.** Llenar o cubrir un hueco, incluso en sentido lineal. **5.** Completar un documento anotando lo datos necesarios en los espacios en blanco dejados al efecto.

re·lle·no, (-a) [rreʎéno, (-a)] **I.** *adj* Muy lleno. **II.** *s/m* **1.** Acción y efecto de rellenar(se). **2.** Cosa que se introduce en un hueco para aumentar el volumen, la longitud, etc. **3.** Pequeños ingredientes con que se rellenan algunas viandas, como pasteles, hortalizas, etc. LOC **De relleno,** se aplica a lo que se dice, se hace o se pone superfluamente.

re·ma·char [rrematʃár] *v/tr* **1.** Dar golpes en la cabeza de un clavo ya fijado para reforzar su solidez. **2.** FIG Decir o explicar con insistencia algo para que se comprenda o se recuerde bien.

re·ma·che [rremátʃe] *s/m* **1.** Acción y efecto de remachar. **2.** Perno.

re·ma·nen·te [rremanénte] *adj* y *s/m* Que resta de una cosa.

re·man·gar [rremaŋgár] *v/tr,* REFL (-SE) Doblar o recoger hacia arriba las mangas u otra prenda de vestir.
ORT Ante *e* la *g* cambia en *gu: Remangue.*

re·man·sar·se [rremansárse] *v/*REFL (-SE) Hacerse un remanso.

re·man·so [rremánso] *s/m* Sitio donde la corriente de un líquido se detiene o se hace más pausada: *Remanso de un río.*

re·mar [rremár] *v/intr* Manejar los remos para que una embarcación se deslice sobre el agua.

re·mar·ca·ble [rremarkáβle] *adj* Notable.

re·ma·ta·do, -a [rrematáðo, -a] *adj* (Precedido de *loco* o *tonto)* Completamente: *Ella está loca rematada.*

re·ma·tar [rrematár] *v/tr* **1.** Matar a un animal o una persona que está a punto de morir. **2.** Concluir algo. **3.** Acabar algo de determinada manera: *Remató el discurso con una referencia al director saliente.* **4.** Afianzar la última puntada de una costura.

re·ma·te [rremáte] *s/m* **1.** Acción de rematar. **2.** Extremo o terminación de una cosa. **3.** Elemento colocado en la parte superior de un edificio, un mueble, etc. LOC **Dar remate,** acabar. **De remate** (precedido de *loco* y *tonto*), totalmente. **Para remate,** frase que expresa que lo que se comenta está aumentado por una nueva cirsunstancia: *Iban ocho y, para remate, sin dinero.*

re·me·dar [rremeðár] *v/tr* Intentar que lo que uno hace sea igual o semejante a lo que otro hace (acciones, gestos, etc.)

re·me·diar [rremeðjár] *v/tr* **1.** Poner medida u ofrecer solución a un daño producido. **2.** Auxiliar en una necesidad: *Me gustaría remediar sus necesidades.*

re·me·dio [rreméðjo] *s/m* **1.** Acción de remediar. **2.** Todo objeto, acto, procedimiento, individuo, organismo, etc., que sirve para remediar algo malo, material o inmaterial. LOC **Como último remedio,** frase con que se indica que se acude a un medio por no disponer de otros mejores. **No haber más remedio que,** no tener otra opción para hacer algo. **No tener remedio una cosa/persona,** ser imposible de evitar/corregir. **Poner remedio,** solucionar o poner fin (a algo). **Sin remedio,** forzoso, sin solución o inevitable.

re·me·do [rreméðo] *s/m* **1.** Acción de remedar. **2.** Imitación imperfecta de algo.

re·me·mo·rar [rrememorár] *v/tr* Recordar.

re·men·da·do, -a [rremeṇdáðo, -a] *adj* (*Estar...*) Que tiene remiendos.

re·men·dar [rremeṇdár] *v/tr* Arreglar con remiendo un objeto viejo o roto, especialmente ropa.
CONJ *Irreg: Remiendo, remendé, remendaré, remendado.*

re·men·dón, -na [rremeṇdón, -na] *adj* y *s/m,f* Que remienda; se dice sobre todo de los sastres o zapateros que reparan prendas usadas.

re·me·ro, (-a) [rreméro, (-a)] **I.** *s/f* Pluma grande de las que tienen las aves en las alas. **II.** *s/m,f* Persona que rema o trabaja en el remo.

re·me·sa [rremésa] *s/f* **1.** Acción de enviar una cosa de un sitio a otro. **2.** Mercancías u objetos que se envían.

re·mien·do [rremjéṇdo] *s/m* **1.** Acción y efecto de remendar. **2.** Trozo de cualquier material que se añade a una cosa rota para arreglarla. **3.** Enmienda que se introduce en algo. **4.** Obra de poca importancia que se hace para completar otra.

re·mil·ga·do, -a [rremilɣáðo, -a] *adj* Que hace remilgos.

re·mil·go [rremílɣo] *s/m* Gesto afectado de finura, asco o escrúpulo.

re·mi·nis·cen·cia [rreminisθénθja] *s/f* **1.** Memoria inconcreta de alguna cosa. **2.** Lo que en una obra, especialmente de creación artística, evoca algo semejante de otro autor.

re·mi·sa·men·te [rremísameṇte] *adv* Sin ganas, flojamente.

re·mi·si·ble [rremisíβle] *adj* Que puede ser remitido o perdonado.

re·mi·sión [rremisjón] *s/f* **1.** Acción de enviar una cosa. **2.** Perdón.

re·mi·so, -a [rremíso, -a] *adj* Que no manifiesta voluntad de hacer algo.

re·mi·te [rremíte] *s/m* Anotación del nombre y domicilio del que envía una carta, un paquete, etc., en el reverso o en un ángulo de la cara principal (Generalmente abreviado en *Rte.*).

re·mi·ten·te [rremitéṇte] *adj* y *s/m,f* **1.** Que remite. **2.** Que envía una carta, un paquete, etc.

re·mi·tir [rremitír] **I.** *v/tr* **1.** Expedir una cosa de un sitio a otro. **2.** Eximir a alguien de una pena, un compromiso o una obligación. **3.** Señalar en un escrito, mediante una nota, otra obra o texto relacionado con el tema. **4.** Suspender o aplazar algo, *por ej,* un juicio. **II.** *v/tr,* REFL(-SE) Confiar a otro una acción o decisión: *Remito a tu hermano el cumplimiento del compromiso.* **III.** *v/tr, intr* Perder algo intensidad. **IV.** REFL(-SE) Basar uno su pensamiento o su acción en las palabras o en los actos de sí mismo o de otro u otros: *Nos remitimos a las costumbres populares.* RPr **Remitir(se) a.**

re·mo [rrémo] *s/m* Instrumento de madera, de forma alargada y estrecha, con el que se hace fuerza en el agua para hacer que las embarcaciones se deslicen sobre ella.

re·mo·jar [rremoxár] *v/tr* Mojar una cosa por completo, generalmente con agua.

re·mo·jo [rremóxo] *s/m* Acción de remojar.

re·mo·jón [rremoxón] *s/m* Mojadura causada accidentalmente (por una intensa lluvia, por caerse al agua, etc.)

re·mo·la·cha [rremolátʃa] *s/f* Planta herbácea anual, de cuya raíz, carnosa y comestible, se extrae azúcar.

re·mol·ca·dor, (-ra) [rremolkaðór, (-ra)] **I.** *adj* Que remolca o puede remolcar. **II.** *s/m* Barco utilizado para remolcar.

re·mol·car [rremolkár] *v/tr* Llevar un vehículo a otro tirando de él (buque, camión, coche, etc.)
ORT Ante *e* la *c* cambia en *qu: Remolqué.*

re·mo·li·no [rremolíno] *s/m* Movimiento giratorio y veloz de una masa de agua, aire, etc.

re·mo·lón, (-na) [rremolón, (-na)] *adj* y *s/m,f* Se dice del individuo que se resiste a hacer algo que debe hacer.

re·mo·lo·ne·ar [rremoloneár] *v/intr* Resistir(se) uno a hacer algo que tiene que hacer.

re·mol·que [rremólke] *s/m* **1.** Acción de remolcar o ser remolcado. **2.** Cuerda con la que se remolca una embarcación. **3.** Vehículo destinado a ser remolcado.

re·mon·tar [rremoɲtár] **I.** *v/tr* **1.** Subir una cosa: *Debemos remontar aquella cuesta.* **2.** Vencer una dificultad. **II.** REFL (-SE) **1.** Elevarse por el aire, especialmente las aves. **2.** Importar unos gastos la cantidad que se expresa: *Los gastos del viaje se remontan a cien mil pesetas.* **3.** Situarse un hecho en una época lejana: *El comienzo de las fiestas se remonta al siglo XVIII.* RPr **Remontarse a/hasta/sobre.**

ré·mo·ra [rrémora] *s/f* **1.** Pez marino que tiene en la cabeza una ventosa por la cual se adhiere a los objetos flotantes. **2.** FIG Cualquier cosa que impide o dificulta llevar algo a cabo.

re·mor·der [rremorðér] **I.** *v/tr* **1.** Morder de nuevo o con insistencia. **2.** Perturbar algo la conciencia de uno: *Le remuerde haberlo hecho.* **II.** REFL(-SE) Concomerse internamente por celos, envidia, etc.
CONJ *Irreg: Remuerdo, remordí, remorderé, remordido.*

re·mor·di·mien·to [rremorðimjéɲto] *s/m* Sentimiento de inquietud de conciencia por haber hecho algo malo.

re·mo·ta·men·te [rremótameɲte] *adv* **1.** Lejanamente en el tiempo o en el espacio. **2.** Sin concretar.

re·mo·to, -a [rremóto, -a] *adj* Muy apartado del momento o del lugar en los que se sitúa el que habla.

re·mo·ver [rremoβér] *v/tr* **1.** Cambiar de posición los elementos de un conjunto: *Remover las piedras.* **2.** Descubrir cosas que se mantenían ocultas. **3.** Activar un asunto que estaba parado.
CONJ *Irreg: Remuevo, removí, removeré, removido.*

re·mo·za·mien·to [rremoθamjéɲto] *s/m* Acción y efecto de remozar(se).

re·mo·zar [rremoθár] *v/tr,* REFL(-SE) Renovar(se) algo dándole aspecto o fuerza propias de la mocedad.
ORT Ante *e* la *z* cambia en *c: Remocé.*

re·mu·ne·ra·ción [rremuneraθjón] *s/f* **1.** Acción de remunerar. **2.** Objeto que se entrega para remunerar.

re·mu·ne·rar [rremunerár] *v/tr* Dar a alguien una cosa a cambio de algún servicio: *Remunerar el trabajo.*

re·mu·ne·ra·ti·vo, -a [rremuneratíβo, -a] *adj* Que produce remuneración.

re·na·cen·tis·ta [rrenaθeɲtísta] *adj* Relativo al Renacimiento.

re·na·cer [rrenaθér] *v/intr* Nacer otra vez.
CONJ *Irreg: Renazco, renací, renaceré, renacido.*

re·na·ci·mien·to [rrenaθimjéɲto] *s/m* **1.** Acción de renacer. **2.** Época que se inicia hacia la mitad del siglo XV, en la que se desarrolla notablemente el cultivo de las artes, las ciencias y las letras, apoyándose en la antigüedad clásica griega y latina.

re·na·cua·jo [rrenakwáxo] *s/m* Cría de la rana mientras tiene cola y respira por branquias.

re·nal [rrenál] *adj* Relativo a los riñones.

ren·ci·lla [rrenθíʎa] *s/f, pl* Situación de desavenencia entre personas.

ren·cor [rreŋkór] *s/f* Resentimiento persistente contra alguien.

ren·co·ro·so, -a [rreŋkoróso, -a] *adj* Que tiene rencor.

ren·di·ción [rreɲdiθjón] *s/f* **1.** Acción y efecto de rendir(se) en cualquier confrontación. **2.** Rendimiento.

ren·di·do, -a [rreɲdíðo, -a] *adj* **1.** Cansado. **2.** Sumiso voluntariamente a alguien por veneración, cariño, etc.

ren·di·ja [rreɲdíxa] *s/f* Hendedura estrecha y alargada entre dos cosas muy próximas, entre dos partes de una misma cosa o que atraviesa algo de un lado a otro.

ren·di·mien·to [rreɲdimjéɲto] *s/m* **1.** Sometimiento. **2.** Utilidad que produce algo en relación con lo que cuesta tenerlo y mantenerlo: *Esta máquina es de gran rendimiento.*

ren·dir [rreɲdír] **I.** *v/tr* **1.** Ofrecer ciertas cosas como 'homenaje', 'gracias': *Debemos rendir homenaje al rey.* **2.** Producir una cosa fruto, especialmente en relación con su costo: *Este coche rinde mucho.* **3.** Poder una persona o cosa realizar algo, especialmente si se trata de trabajo: *Este obrero rinde poco.* **4.** Explicar lo que uno ha hecho; se emplea con cuentas: *El presidente rinde cuentas a la Asamblea.* **5.** Hacer que un enemigo se entregue por haber sido derrotado en la lucha. **II.** *v/tr,* REFL(-SE) Dejar sin fuerzas: *Los viajes me rinden.* **III.** REFL(-SE) No oponer resistencia: *El ejército enemigo se ha rendido.* RPr **Rendir(se) a/de.**
CONJ *Irreg: Rindo, rendí, rendiré, rendido.*

re·ne·ga·do, (-a) [rreneγáðo, (-a)] *adj* y *s/m,f* Se dice de la persona que ha renunciado a su religión o a sus creencias.

re·ne·gar [rreneγár] **I.** *v/tr* **1.** Negar algo reiteradamente. **2.** Detestar: *Renegar de la familia.* **II.** *v/intr* **1.** Renunciar a una religión o a unas ideas: *Renegar del Catolicismo.* **2.** Protestar de algo, particularmente si lo hace como hablando consigo mismo: *Está renegando de la habitación que le ha tocado.* RPr **Renegar de.**
CONJ *Irreg: Reniego, renegué, renegaré, renegado.*

re·ne·gón, -na [rreneγón, -na] *adj* y *s/m,f* Muy inclinado a renegar.

ren·glón [rreŋglón] *s/m* **1.** Grupo de palabras o caracteres hechos en la misma línea. **2.** FIG *pl* Un escrito: *Te envío estos renglones para decirte...* LOC **A renglón seguido,** inmediatamente.

re·no [rréno] *s/m* Mamífero rumiante, fácilmente domesticable, que se emplea para tirar de los trineos; habita en países septentrionales.

re·nom·bra·do, -a [rrenom̧bráðo, -a] *adj* Famoso; que se habla mucho de él.

re·nom·bre [rrenóm̧bre] *s/m* Condición de ser muy conocido.

re·no·va·ble [rrenoβáβle] *adj* Que puede ser renovado.

re·no·va·ción [rrenoβaθjón] *s/f* Acción y efecto de renovar(se).

re·no·va·dor, -ra [rrenoβaðór, -ra] *adj* y *s/m,f* Que renueva.

re·no·var [rrenoβár] **I.** *v/tr,* REFL(-SE) **1.** Dar de nuevo a una cosa vigor, validez, intensidad, etc.: *Renovar una amistad.* **2.** Reanudar algo que estaba interrumpido. **II.** *v/tr* Cambiar una cosa usada por una nueva.
CONJ *Irreg: Renuevo, renové, renovaré, renovado.*

ren·que·ar [rreŋkeár] *v/intr* Andar cojeando.

ren·ta [rréņta] *s/f* **1.** Beneficio que produce una cosa: *La renta de un local arrendado.* **2.** Lo que paga alguien por tener algo arrendado: *La renta del apartamento.* **3.** Deuda del Estado con los que poseen los títulos de un préstamo, y conjunto de dichos títulos.

ren·ta·bi·li·dad [rreņtaβiliðáð] *s/f* Condición de rentable.

ren·ta·ble [rreņtáβle] *adj* Que produce renta.

ren·tar [rreņtár] *v/tr, intr* Producir renta.

ren·tis·ta [rreņtísta] *s/m,f* **1.** Que entiende en las materias de hacienda pública. **2.** Que es poseedor de rentas, sobre todo si con ellas puede vivir.

re·nuen·cia [rrenwénθja] *s/f* Condición de renuente.

re·nuen·te [rrenwéņte] *adj* **1.** Que se resiste a hacer lo que se le sugiere o se le ordena. **2.** Se dice del objeto que no es fácil de ser manipulado.

re·nue·vo [rrenwéβo] *s/m* **1.** Brote que le sale a un árbol después de podado. **2.** Vástago de una planta. **3.** Renovación.

re·nun·cia [rrenúnθja] *s/f* **1.** Acción de renunciar. **2.** Escrito que contiene una renuncia.

re·nun·cia·ción [rrenunθjaθjón] *s/f* Renuncia que implica sacrificio.

re·nun·ciar [rrenunθjár] *v/tr* **1.** Dejar de hacer o decir algo a lo que se tiene derecho o que se ha proyectado. **2.** No desear o no querer admitir una cosa: *Renuncio a beber cerveza.* RPr **Renunciar a.**

re·ñi·do, -a [rreɲíðo, -a] *adj* **1.** Que está enemistado con otro. **2.** Opuesto: *Esa idea está reñida con nuestro proyecto.* RPr **Reñido con.**

re·ñir [rreɲír] **I.** *v/intr* **1.** Pelearse dos o más personas de palabra o con hechos. **2.** Interrumpir dos o más personas su amistad: *Lucía ha reñido con su novio.* **II.** *v/tr* Reprender alguien a otro sobre el que tiene autoridad, por haberle hecho o dicho algo mal. RPr **Reñir con.**
CONJ *Irreg: Riño, reñí, reñiré, reñido.*

reo, -a [rréo, -a] **I.** *adj* Culpable. **II.** *s/m,f* Persona que merece castigo por haber cometido un delito.

re·o·jo [rreóxo] LOC **(Mirar) de reojo.** Mirar con disimulo.

re·or·ga·ni·za·ción [rreorγaniθaθjón] *s/f* Acción y efecto de reorganizar.

re·or·ga·ni·zar [rreorγaniθár] *v/tr* Organizar algo de un modo distinto.
ORT Ante *e* la *z* cambia en *c: Reorganicé.*

re·pan·chi·gar·se o **re·pan·ti·gar·se** [rrepaņtʃiγárse/rrepaņtiγárse] *v/*REFL (-SE) Sentarse con todos los miembros extendidos y relajados para mayor comodidad.
ORT Ante *e* la *g* cambia en *gu: Repanchigué.*

re·pa·ra·ble [rreparáβle] *adj* Que puede ser reparado.

re·pa·ra·ción [rreparaθjón] *s/f* **1.** Acción y efecto de reparar. **2.** Satisfacción por un daño ocasionado, físico o moral.

re·pa·rar [rreparár] *v/tr* **1.** Arreglar el defecto de alguna cosa. **2.** Desagraviar algún daño producido: *Debe reparar el engaño que le hizo.* **3.** Recuperar vigor. **4.**

Darse cuenta de algo que hay o que sucede cerca de él: *¿Reparaste en que las paredes estaban mal pintadas?* **5.** Reflexionar detenidamente antes de hacer algo: *Repara en si tienes dinero para tanto.* RPr **Reparar en.**

re·pa·ro [rrepáro] *s/m* **1.** Arreglo de alguna cosa. **2.** Obstáculo que uno encuentra en sí mismo para hacer algo: *Tengo reparo en hablar con el profesor.* **3.** Advertencia contraria que uno hace a una cosa por algún defecto que hay en ella: *No tengo ningún reparo que hacer a este trabajo.* LOC **Poner reparos,** oponerse a algo haciendo hincapié en sus deficiencias.

re·par·ti·ción [rrepartiθjón] *s/f* Acción de repartir.

re·par·ti·dor, (-ra) [rrepartiðór, (-ra)] *adj* y *s/m,f* Que vale o que es apto para repartir; en especial, el que lleva a domicilio el pan, la leche, etc.

re·par·tir [rrepartír] *v/tr* Dividir una cosa entre varios.

re·par·to [rrepárto] *s/m* **1.** Acción de repartir. **2.** Asignación de los distintos papeles de una obra de teatro entre los actores.

re·pa·sar [rrepasár] *v/tr* **1.** Arreglar las deficiencias de la ropa. **2.** Explicar de nuevo la lección el maestro. **3.** Leer ligeramente un escrito. **4.** Ponerle a algo los últimos detalles para perfeccionarlo. **5.** Examinar una obra concluida para corregir sus defectos: *Repasar un cuadro.*

re·pa·so [rrepáso] *s/m* Acción y efecto de repasar.

re·pa·tria·ción [rrepatrjaθjón] *s/f* Acción y efecto de repatriar.

re·pa·triar [rrepatrjár] *v/tr,* REFL (-SE) Hacer que alguien vuelva a su patria o regresar él mismo.
ORT, PRON El acento cae sobre la *i* en el *sing* y *3.ª pers pl* del *pres* de *indic* y *subj: Repatrío...*

re·pe·cho [rrepétʃo] *s/m* Cuesta empinada y corta.

re·pe·lar [rrepelár] *v/tr* **1.** Pelar una cosa totalmente. **2.** Disminuir algo.

re·pe·len·te [rrepeléṇte] *adj* Que repele.

re·pe·ler [rrepelér] *v/tr* Rechazar cualquier cosa o persona algo material o inmaterial.

re·pe·lo [rrepélo] *s/m* Porción menuda de cualquier cosa (pelo, piel, brizna, etc.) que está en situación o dirección contrarias a las que tiene el resto.

re·pe·lón [rrepelón] *s/m* LOC **De repelón,** sin detenerse o con ligereza.

re·pe·luz·no [rrepelúθno] *s/m* **1.** Repugnancia que le inspira a uno cierta cosa. **2.** Agitación nerviosa causada por el vértigo, el terror, etc.

re·pen·te [rrepéṇte] *s/m* LOC **De repente,** bruscamente.

re·pen·ti·no, -a [rrepeṇtíno, -a] *adj* Se aplica a lo que ocurre sin preparación, sin aviso o sin gradación.

re·per·cu·sión [rreperkusjón] *s/f* **1.** Acción y efecto de repercutir. **2.** El hecho de que algo sea muy comentado u origine consecuencias: *La muerte del rey tendrá gran repercusión.*

re·per·cu·tir [rreperkutír] *v/intr* **1.** Rebotar un cuerpo contra otro. **2.** Producir eco el sonido. **3.** Producir efecto secundario una cosa en otra: *Los disgustos familiares repercuten en la salud.* RPr **Repercutir en.**

re·per·to·rio [rrepertórjo] *s/m* **1.** Relación de datos, noticias, obras, etc., de cualquier clase, ordenados de forma que se pueda encontrar fácilmente lo que se busca. **2.** Conjunto de obras dramáticas o musicales, que están capacitados para representar o ejecutar una compañía teatral, un músico o un grupo musical.

re·pes·ca [rrepéska] *s/f* COL Examen extraordinario al que se pueden acoger los alumnos que han sido suspendidos en algún examen anterior, en una asignatura o en parte de ella.

re·pe·ti·ción [rrepetiθjón] *s/f* Acción y efecto de repetir.

re·pe·ti·dor, (-ra) [rrepetiðór, (-ra)] *adj* y *s/m,f* Que repite.

re·pe·tir [rrepetír] **I.** *v/tr,* REFL(-SE) Decir o hacer de nuevo algo que ya se ha dicho o hecho antes. **II.** *v/intr* Venir a la boca el sabor de algo que se ha comido o se ha bebido, por no haberlo digerido bien: *El ajo repite.*
CONJ *Irreg: Repito, repetí, repetiré, repetido.*

re·pi·car [rrepikár] *v/tr, intr* Tañer las campanas con toque muy vivo en señal de fiesta.
ORT Ante *e* la *c* cambia en *qu: Repique.*

re·pi·pi [rrepípi] *adj* y *s/m,f* Se dice de la persona pedante, y especialmente de un niño que usa palabras muy cultas.

re·pi·que [rrepíke] *s/m* **1.** Acción y efecto de repicar. **2.** Toque vivo de las campanas.

re·pi·que·te [rrepikéte] *s/m* Toque muy vivo de campanas.

re·pi·que·tear [rrepiketeár] *v/tr* Tañer con un ritmo muy vivo un instrumento sonoro.

re·pi·que·teo [rrepiketéo] *s/m* Acción y efecto de repiquetear.

re·pi·sa [rrepísa] *s/f* **1.** Pieza delgada y resistente, de cualquier forma y material, que se adosa a la pared para servir de soporte. **2.** Elemento arquitectónico que sobresale del muro y sostiene algo.

re·plan·tar [rreplaṇtár] *v/tr* **1.** Trasplantar. **2.** Plantar en un terreno una cosa diversa de la que había antes plantada en él.

re·plan·te·ar [rreplaṇteár] *v/tr* Plantear un asunto sobre nuevas bases.

re·ple·gar [rrepleγár] **I.** *v/tr* Doblar una cosa muchas veces. **II.** *v/tr,* REFL(-SE) MIL En la guerra, retirarse las tropas avanzadas en buen orden.
CONJ *Irreg: Repliego, replegué, replegaré, replegado.*

re·ple·to, -a [rrepléto, -a] *adj* **1.** Totalmente lleno. **2.** Persona llena de comida.

ré·pli·ca [rréplika] *s/f* **1.** Copia exacta de una obra de arte, especialmente pintura o escultura. **2.** Acción de replicar. **3.** Expresión, oral o escrita, con la que se replica.

re·pli·car [rreplikár] **I.** *v/intr* Contestar a un argumento. **II.** *v/tr, intr* Decir uno algo en contra de lo que otro indica, manda o hace.
ORT Ante *e* la *c* cambia en *qu: Replique.*

re·plie·gue [rrepljéγe] *s/m* **1.** Pliegue doble o irregular. **2.** MIL En la guerra, acción de replegarse las tropas.

re·po·bla·ción [rrepoβlaθjón] *s/f* **1.** Acción y efecto de repoblar(se). **2.** Conjunto de los vegetales de un terreno repoblado.

re·po·blar [rrepoβlár] *v/tr,* REFL(-SE) Poblar o poblar nuevamente un sitio con personas, árboles, etc.
CONJ *Irreg: Repueblo, repoblé, repoblaré, repoblado.*

re·po·llo [rrepóʎo] *s/m* Col cuyas hojas, al estar estrechamente abrazadas entre sí, forman una especie de bola.

re·po·ner [rreponér] **I.** *v/tr* **1.** Colocar de nuevo a una persona o cosa en la posición, función, situación, empleo, etc., que tenía antes. **2.** Poner una pieza en lugar de otra, desaparecida o estropeada. **3.** Proveer en una cantidad de cualquier clase de cosas los elementos que faltan: *Hay que reponer las botellas gastadas.* **4.** Responder a una cosa que se ha dicho: *Cuando le acusaron, repuso firmemente que él no era culpable.* **5.** Representar una obra dramática ya estrenada anteriormente. **II.** REFL (-SE) Recuperar la salud, el dinero o la serenidad de ánimo: *Reponerse de una enfermedad.* RPr **Reponerse de.**
CONJ *Irreg: Repongo, repuse, repondré, repuesto.*

re·por·ta·ción [rreportaθjón] *s/f* Moderación, sosiego, serenidad.

re·por·ta·je [rreportáxe] *s/m* Información amplia, periodística o cinematográfica, sobre un asunto determinado.

re·por·tar [rreportár] **I.** *v/tr* Dar una cosa beneficio o perjuicio a alguien: *Vivir en la ciudad reporta disgustos.* **II.** REFL (-SE) Moderarse conteniendo las pasiones: *Reportarse en público.*

re·por·te·ro, -a [rreportéro, -a] *adj* y *s/m,f* Periodista que recoge y redacta noticias.

re·po·sa·do, -a [rreposáðo, -a] *adj* Sosegado, descansado.

re·po·sar [rreposár] **I.** *v/intr* **1.** Descansar durmiendo. **2.** Estar sepultado: *En ese panteón reposan los restos del rey Alfonso XIII.* **II.** *v/tr, intr* Estar o dejar inactiva una cosa o persona: *Reposar la cena.* **III.** *v/intr,* REFL(-SE) Posar(se) un líquido.

re·po·si·ción [rreposiθjón] *s/f* Acción y efecto de reponer(se).

re·po·so [rrepóso] *s/m* Acción y efecto de reposar.

re·pos·tar [rrepostár] *v/tr* Reponer algo que se ha acabado.

re·pos·te·ría [rrepostería] *s/f* **1.** Lugar en donde se hacen y venden pasteles, dulces, embutidos, ciertos vinos, etc. **2.** Trabajo, gente, provisiones e instrumentos del oficio para hacer pasteles, dulces, hojaldres, etc.

re·pos·te·ro, (-a) [rrepostéro, (-a)] *s/m,f* Persona que hace productos de repostería.

re·pren·der [rrepreṇdér] *v/tr* Desaprobar lo que otro ha hecho o dicho.

re·pren·si·ble [rreprensíβle] *adj* Que puede o debe ser reprendido.

re·pren·sión [rreprensjón] *s/f* **1.** Acción de reprender. **2.** Expresión empleada para reprender.

re·pre·sa·lia [rrepresálja] *s/f* Cualquier clase de daño que se hace a una persona o entidad como respuesta a otra acción similar.

re·pre·sen·ta·ción [rrepreseṇtaθjón] *s/f* **1.** Acción de representar. **2.** Dignidad de una persona respetable. **3.** Imagen que sustituye a la realidad. **4.** Toda cosa que está en lugar de otra. **5.** Grupo de personas que representan a una colectividad, a un grupo más numeroso, a un organismo, etc.

re·pre·sen·tan·te [rrepreseṇtáṇte] *adj* y *s/m,f* **1.** Persona o cosa que representa a otra. **2.** Persona que se dedica a mostrar y vender productos de alguna firma comercial.

re·pre·sen·tar [rrepresentár] **I.** *v/tr*, REFL(-SE) Presentar(se) en la imaginación algo por medio de figuras o palabras. **II.** *v/tr* **1.** Equivaler: *Este título representa muchas horas de entrenamiento.* **2.** Importar una persona o cosa poco o mucho: *Su esposo ya no representa nada para ella.* **3.** En el teatro, presentar una obra o figurar con un papel determinado. **4.** Actuar en nombre de otro: *Queremos que nos represente un abogado.* **5.** Simbolizar una persona o cosa una idea, un valor, un suceso, etc.: *El 'Guernica' representa los horrores de la guerra.* **6.** Simular: *Representa bien su papel de dueño.* **7.** Tener una persona o cosa un determinado aspecto: *Representa ser más joven.* **8.** Mostrar un gráfico cierto contenido: *Este organigrama representa la estructura de la sociedad.*

re·pre·sen·ta·ti·vi·dad [rrepresentatiβiðáð] *s/f* Cualidad de lo que es representativo.

re·pre·sen·ta·ti·vo, -a [rrepresentatíβo, -a] *adj* Se aplica a lo que puede representar a alguna cosa.

re·pre·sión [rrepresjón] *s/f* **1.** Acción y efecto de reprimir(se). **2.** Acción de reprimir algo, en particular una sublevación militar, social o política.

re·pre·si·vo, -a [rrepresíβo, -a] *adj* Que reprime o se utiliza para reprimir.

re·pri·men·da [rrepriménda] *s/f* El hecho de reprender y las palabras con que se reprende.

re·pri·mir [rreprimír] *v/tr*, REFL(-SE) Impedir que se manifieste algo que realmente existe: *Reprimir una huelga/una pasión.* RPr **Reprimirse de** *(hablar).*

re·pri·se [rreprís] *s/m* GAL Aceleración rápida en la rotación de un motor, con la que éste obtiene un aumento notable de potencia en un tiempo breve.

re·pro·ba·ble [rreproβáβle] *adj* Que puede o debe ser reprobado.

re·pro·ba·ción [rreproβaθjón] *s/f* Acción y efecto de reprobar.

re·pro·bar [rreproβár] *v/tr* Desaprobar o dar por mala una cosa, persona, idea, etc.
CONJ *Irreg: Repruebo, reprobé, reprobaré, reprobado.*

ré·pro·bo, -a [rréproβo, -a] *adj* y *s/m,f* Condenado a las penas del infierno.

re·pro·cha·ble [rreprotʃáβle] *adj* Que puede o debe ser reprochado.

re·pro·char [rreprotʃár] *v/tr* Censurar a uno por algo malo que ha dicho o hecho.

re·pro·che [rreprótʃe] *s/m* **1.** Acción de reprochar. **2.** Expresión que se emplea para reprochar.

re·pro·duc·ción [rreproðu(k)θjón] *s/f* **1.** Acción y efecto de reproducir(se). **2.** Cosa obtenida reproduciendo otra.

re·pro·du·cir [rreproðuθír] **I.** *v/tr*, REFL (-SE) **1.** Producir nuevamente una cosa. **2.** Engendrar unos seres a otros de su misma especie. **II.** *v/tr* **1.** Volver a manifestarse ciertos fenómenos, como disgustos, epidemias, sequías, lluvias, etc. **2.** Conseguir nuevos ejemplares de una imagen, un sonido, etc.: *Reproducir cintas de video.*
CONJ *Irreg: Reproduzco, reproduje, reproduciré, reproducido.*

rep·tar [rreptár] *v/intr* Andar tocando el suelo con el vientre, como los reptiles.

rep·til [rreptíl] **I.** *adj* y *s/m,f* Animal vertebrado, de sangre fría y respiración pulmonar, ovíparos, que caminan arrastrándose por no tener pies o tenerlos muy cortos. **II.** *s/m, pl* Clase de estos animales.

re·pú·bli·ca [rrepúβlika] *s/f* Forma de gobierno en la que la potestad suprema reside en un presidente elegido por los ciudadanos.

re·pu·bli·ca·no, -a [rrepuβlikáno, -a] **I.** *adj* Relativo a la república. **II.** *adj, s/m,f* **1.** Ciudadano de una república. **2.** Partidario de la república como forma de gobierno.

re·pu·diar [rrepuðjár] *v/tr* **1.** Rechazar una cosa, especialmente por razones morales: *Repudiar la guerra.* **2.** Repeler el marido legalmente a su esposa.

re·pu·dio [repúðjo] *s/m* Acción y efecto de repudiar.

re·pues·to, (-a) [repwésto, (-a)] **I.** *p* de *reponer*. **II.** *adj* Se dice de la persona que ha mejorado de una enfermedad. **III.** *s/m* Pieza de un mecanismo que se tiene dispuesta para reemplazar a las que se estropean o averían. LOC **De repuesto,** en reserva, para ser usado cuando se avería lo que está en uso.

re·pug·nan·cia [rrepuɣnánθja] *s/f* **1.** Aborrecimiento que se siente hacia algo o alguien. **2.** Sensación desagradable que se recibe al percibir un sabor, aspecto u olor, y que puede producir náuseas: *Repugnancia a las sopas.* RPr **(Tener) repugnancia a (algo). (Sentir) repugnancia por (algo).**

re·pug·nan·te [rrepuɣnánte] *adj* Que produce repugnancia.

re·pug·nar [rrepuɣnár] **I.** *v/intr* Producir repugnancia una cosa. **II.** *v/tr* Sentir aversión contra algo.

re·pu·ja·do [rrepuxáðo] *s/m* **1.** Acción y efecto de repujar. **2.** Obra de repujado.

re·pu·jar [rrepuxár] *v/tr* Labrar en chapas metálicas a golpe de martillo, o en otro material, como, *por ej*, el cuero, figuras en relieve, etc.

re·pu·li·do, -a [rrepulíðo, -a] *adj* Acicalado.

re·pul·sa [rrepúlsa] *s/f* Acción y efecto de repulsar.

re·pul·sar [rrepulsár] *v/tr* Rechazar o repeler algo.

re·pul·sión [rrepulsjón] *s/f* Acción y efecto de repeler.

re·pul·si·vo, -a [rrepulsíβo, -a] *adj* Que produce repulsa.

re·pu·ta·ción [rreputaθjón] *s/f* Opinión que tiene la gente sobre una persona.

re·pu·tar [rreputár] *v/tr* Opinar que una persona o cosa es de determinada manera: *Lo reputaban de/por inteligente.* RPr **Reputar de/por.**

re·que·brar [rrekeβrár] *v/tr* Dirigir alabanzas un hombre a una mujer.
CONJ *Irreg: Requiebro, requebré, requebraré, requebrado.*

re·que·ma·do, (-a) [rrekemáðo, (-a)] *adj* **1.** Se aplica a lo que tiene color oscuro por haber estado sometido al fuego o a la intemperie. **2.** FIG Estar alguien irritado interiormente.

re·que·mar [rrekemár] **I.** *v/tr*, REFL (-SE) **1.** Tostar con exceso. **2.** Ocasionar algo ardor en la boca. **III.** REFL(-SE) **1.** Enfadarse o irritarse interiormente. **2.** Ponerse una cosa de color oscuro a causa del fuego o de la intemperie.

re·que·ri·mien·to [rrekerimjéṇto] *s/m* Acción y efecto de requerir.

re·que·rir [rrekerír] *v/tr* **1.** Tener necesidad de algo: *Esta reparación requiere paciencia.* **2.** (Con *para*) Ordenar una autoridad (juez, etc.) que alguien haga una determinada cosa: *El alcalde le requirió para revisar el censo.* **3.** Persuadir a uno para que haga algo. **4.** Pedir a una persona que le corresponda al amor que siente por ella: *Requerir de amores.* RPr **Requerir para/de.**
CONJ *Irreg: Requiero, requerí, requeriré, requerido.*

re·que·són [rrekesón] *s/m* **1.** Masa blanca que se hace cuajando la leche sin el suero. **2.** Cuajada que se obtiene de los residuos de la leche después de hacer el queso.

re·que·té [rreketé] *s/m* **1.** Cuerpo de voluntarios, con organización militar, del partido carlista. **2.** Individuo que pertenece a dicho cuerpo.

re·que·te- [rrekete-] COL *Prefijo* que intensifica el significado de la palabra a la que se une: *Has obrado muy requetebién.*

re·quie·bro [rrekjéβro] *s/m* **1.** Acción y efecto de requebrar. **2.** Expresión con que se requiebra a una mujer.

re·qui·sa [rrekísa] *s/f* **1.** Acción de requisar. **2.** Examen de un lugar para comprobar la presencia y la situación de las personas y cosas que pertenecen a él.

re·qui·sar [rrekisár] *v/tr* Apoderarse el Gobierno o la autoridad legítima o ilegítimamente de alimentos, vehículos, etc., para el ejército.

re·qui·si·to [rrekisíto] *s/m* Condición indispensable para algo.

res- [rres-] *Prefijo* inseparable de significado similar al de *re-* en algunos casos o atenuante de la voz que le sigue: *Resguardar, resquebrajar.*

res [rrés] *s/f* Animal cuadrúpedo, sea de las especies domésticas (como el cordero, la vaca, etc.) o de las salvajes (como el jabalí, el ciervo, etc.).

re·sa·bio [rresáβjo] *s/m* **1.** Sabor desagradable que queda en el paladar después de haber tomado algo. **2.** Mala costumbre que le queda a alguien como residuo de alguna cosa: *Le quedan resabios de los tiempos en que fue prisionero de guerra.*

re·sa·ca [rresáka] *s/f* **1.** Movimiento de las olas hacia el interior del mar después de haber llegado a la orilla. **2.** COL Malestar que uno nota después de haber bebido demasiado alcohol.

re·sa·la·do, -a [rresaláðo, -a] *adj* FIG COL Que tiene mucha gracia en los gestos y el decir.

re·sal·tar [rresaḷtár] *v/intr* **1.** Sobresalir un cuerpo sobre otro. **2.** Destacar una persona o cosa entre otras por poseer una cualidad que las demás no tienen, o por poseerla en mayor grado: *El diamante resalta por su dureza.*

re·sal·te [rresáḷte] *s/m* Saliente de una cosa. Resalto.

re·sal·to [rresáḷto] *s/m* Cuerpo que sobresale en una superficie.

re·sar·ci·mien·to [rresarθimjéṇto] *s/m* Acción y efecto de resarcir(se).

re·sar·cir [rresarθír] *v/tr* Reparar un daño o compensar a alguien por algo que ha realizado. También REFL(-SE).
ORT Ante *o/a* la *c* cambia en *z: Resarza.*

res·ba·la·di·zo, -a [rresβalaðíθo, -a] *adj* **1.** Se aplica a lo que resbala con facilidad y a lo que es propicio para resbalar sobre ello. **2.** FIG Se dice de lo que se presta, si se habla de ello, a que se incurra en algún desliz, indiscreción, error, etc.: *El tema del contraespionaje es muy resbaladizo.*

res·ba·lar [rresβalár] *v/intr*, REFL(-SE) **1.** Moverse una cosa con suavidad sobre un sitio, lenta o velozmente: *Cuando nieva, hay peligro de resbalar.* **2.** FIG Incurrir en alguna equivocación, falta, etc. LOC COL

Resbalarle a uno (algo/alguien), resultarle indiferente: *Mis palabras le resbalan.*

res·ba·lón [rresβalón] *s/m* **1.** Acción y efecto de resbalar(se). **2.** Desacierto, desliz.

res·ca·tar [rreskatár] **I.** *v/tr* **1.** Recobrar algo con dinero, a la fuerza o legalmente. **2.** Recuperar el tiempo o la ocasión perdidas. **II.** *v/tr,* REFL(-SE) Librar a alguien de una situación de miseria o esclavitud material o moral. RPr **Rescatar de.**

res·ca·te [rreskáte] *s/m* **1.** Acción y efecto de rescatar. **2.** El dinero que se entrega para rescatar a alguien o algo.

res·cin·dir [rresθin̪dír] *v/tr* Dejar un contrato, compromiso, etc., sin efecto.

res·ci·sión [rresθisjón] *s/f* Acción y efecto de rescindir.

res·col·do [rreskól̪do] *s/m* **1.** Brasa menuda que se conserva bajo la ceniza. **2.** FIG Recelo.

re·se·car [rresekár] **I.** *v/tr,* REFL(-SE) Secar mucho. **II.** *v/tr* CIR Hacer la resección. ORT Ante *e* la *c* cambia en *qu: Reseque.*

re·sec·ción [rrese(k)θjón] *s/f* CIR Operación consistente en separar del organismo uno o más órganos, totalmente o en parte.

re·se·co, (-a) [rreséko, (-a)] *adj* Muy seco.

re·sen·ti·do, -a [rresen̪tíðo, -a] *adj* y *s/m,f* Que tiene resentimiento.

re·sen·ti·mien·to [rresen̪timjén̪to] *s/m* Sentimiento de hostilidad de quien se considera maltratado por la sociedad, familia, amigos, etc.

re·sen·tir·se [rresen̪tírse] *v/*REFL(-SE) **1.** Notar dolor físico como consecuencia de algún golpe o herida: *La pierna aún se resiente de aquel accidente.* **2.** Debilitarse una persona o cosa. **3.** (Con *por, de*) Enfadarse o disgustarse por una cosa: *Se resintieron por no haberles invitado.* RPr **Resentirse por/de (algo).**
CONJ *Irreg: Resiento, resentí, resentiré, resentido.*

re·se·ña [rreséɲa] *s/f* **1.** Noticia y examen de una obra literaria o científica. **2.** Indicación de los rasgos característicos que sirven para reconocer a una persona, animal o cosa.

re·se·ñar [reseɲár] *v/tr* Hacer una reseña.

re·ser·va [rresérβa] *s/f* **1.** Acción de reservar alguna cosa para un fin: *Reserva de asiento/entradas,* etc. **2.** Provisión de cosas que se guardan para cuando hagan falta. **3.** Cautela para no decir algo que uno sabe pero no quiere descubrir. **4.** Actitud de no aceptar abiertamente una idea, iniciativa, acción, amistad, etc.: *Me recibieron con reserva en aquel grupo.* **5.** Excepción o salvedad a algo acordado: *Nos dejará toda su casa, pero con reservas.* **6.** Parte del ejército que no está en servicio activo, pero puede ser llamada a combatir si fuera necesario. **7.** Condición de reservado. LOC **A reserva de,** a no ser que. **De reserva,** apartado para sacarlo cuando sea necesario. **Mandar/Pasar a la reserva,** *1.* Privar a un militar del servicio activo. *2.* FIG Apartar del uso una cosa. **Sin reservas,** abiertamente: *Acepta las críticas sin reservas.*

re·ser·va·do, (-a) [rreserβáðo, (-a)] **I.** *adj* **1.** Apartado para uso exclusivo de alguien o algo. **2.** Se dice de la persona que es poco comunicativa. **3.** Se dice de un tema o asunto que es confidencial. **4.** Cauteloso. **II.** *s/m* Sitio que en un establecimiento, tren, etc., está reservado para determinadas personas.

re·ser·var [rreserβár] **I.** *vtr* **1.** Apartar una cosa a fin de que esté disponible para un uso, momento, finalidad o persona determinadas. **2.** No decir algo cuando hay ocasión para decirlo: *Nunca te reserves los datos.* **II.** REFL(-SE) **1.** Conservarse para otra ocasión más propicia: *Reservarse un atleta para la fase final.* **2.** Guardar para sí: *Se reserva su opinión.*

re·ser·vis·ta [rreserβísta] *adj* y *s/m,f* Se dice del militar que pertenece a la reserva.

res·fria·do, (-a) [rresfrjáðo, (-a)] **I.** *adj* Se dice de la persona que tiene enfriamiento. **II.** *s/m* Destemple general del cuerpo provocado por la infección de las mucosas.

res·friar [rresfriár] *v/tr* Enfriar.
ORT, PRON El acento recae sobre la *i* en el *sing* y *3.ª pers pl* del *pres* de *indic* y *subj: Resfrío, resfríe.*

res·guar·dar [rresɣwarðár] *v/tr* Proteger, poner algo en seguridad: *El paraguas resguarda de la lluvia.* RPr **Resguardarse de.**

res·guar·do [rresɣwárðo] *s/m* **1.** Acción de resguardar. **2.** Lo que sirve para resguardar en sentido material o inmaterial. **3.** Documento que acredita que el poseedor o el titular del mismo ha cumplido cierto requisito y, por ello, tiene derecho a determinada cosa.

re·si·den·cia [rresiðénθja] *s/f* **1.** Acción y efecto de residir. **2.** Ciudad donde se reside. **3.** Casa en la que está instalada una persona, familia, entidad, etc., sobre todo si es grande o lujosa. **4.** Lugar en el que, sujetándose a cierto reglamento, residen y conviven personas afines por la situación, el trabajo, el estado, etc.: *Residencia de estudiantes,* etc. **5.** Establecimiento público donde se alojan viajeros o huéspedes estables.

re·si·den·cial [rresiðenθjál] *adj* Se dice

de los barrios, zonas o polígonos de las ciudades, que están destinados a viviendas, por lo general de personas acomodadas.

re·si·den·te [rresiðénte] *adj* y *s/m,f* Se dice del que reside en un lugar.

re·si·dir [rresiðír] *v/intr* **1.** Vivir habitualmente en un lugar. **2.** Radicar en una persona algo inmaterial: *En el padre reside la seguridad.* **3.** Ser una cosa fundamento de otra: *La gracia de los niños reside en su sencillez.* RPr **Residir en.**

re·si·dual [rresiðwál] *adj* Relativo al residuo.

re·si·duo [rresíðwo] *s/m* **1.** Porción que queda de una cosa después de quitarle una parte. **2.** MAT Resultado de la operación de restar. **3.** *pl* Lo que resulta inservible en un trabajo u operación.

re·sig·na·ción [rresiɣnaθjón] *s/f* Acción de resignar(se).

re·sig·nar [rresiɣnár] **I.** *v/tr* Entregar uno la autoridad o el cargo que detenta a otra persona. **II.** REFL(-SE) Someterse con disgusto y necesariamente a una situación desagradable habiendo luchado o no antes contra ella. RPr **Resignarse con/a.**

re·si·na [rresína] *s/f* Sustancia sólida que fluye de muchas plantas, viscosa e insoluble en el agua, pero soluble en el alcohol y en los aceites esenciales.

re·sis·ten·cia [rresisténθja] *s/f* **1.** Acción de resistir(se). **2.** Fuerza para resistir. **3.** MEC Cosa que se opone a la acción de un impulso. **4.** ELECTR Elemento que se intercala en un circuito para obstaculizar el paso de la corriente o para convertirla en calor. **5.** Organización de los habitantes de un país contra los invasores.

re·sis·ten·te [rresisténte] *adj* Que puede resistir un ataque, una enfermedad, un disgusto, etc.

re·sis·tir [resistír] **I.** *v/tr* **1.** Tolerar, con molestias, un esfuerzo, un trabajo, una enfermedad, etc. **2.** Mantenerse firme algo frente a una fuerza u otra cosa: *Este coche no resiste los viajes largos.* **II.** *v/intr* Permanecer una persona o cosa útil, viva o entera: *Esta casa resiste.* **III.** REFL(-SE) **1.** Sentirse o mostrarse opuesto a algo: *Se resiste a creernos.* **2.** Encontrar alguien dificultades en hacer cierta cosa: *El ajedrez se te resiste.* **IV.** *v/tr,* REFL(-SE) Oponerse una persona o cosa a la fuerza de otra: *Resistir un ataque.* RPr **Resistirse a.**

res·ma [rrésma] *s/f* Conjunto de quinientos pliegos.

re·sol [rresól] *s/m* Luz y calor del sol, que no provienen inmediatamente de él, sino de la reverberación que produce en los objetos próximos a un determinado sitio.

re·so·lu·ción [rresoluθjón] *s/f* **1.** Acción y efecto de resolver(se). **2.** Valentía para hacer algo: *Obrar con resolución.*

re·so·lu·ti·vo, -a [rresolutíβo, -a] *adj* Empleado para resolver un problema.

re·sol·ver [rresolβér] **I.** *v/tr* **1.** Dar solución a un problema, una duda, una dificultad, etc. **2.** Despachar un expediente. **II.** *v/tr,* REFL(-SE) **1.** Decidir una cosa terminantemente. RPr **Resolverse a (II.)/en:** *Se resolvieron a obrar.*
CONJ *Irreg: Resuelvo, resolví, resolveré, resuelto.*

re·so·llar [rresoʎár] *v/intr* Respirar haciendo un ruido como de cansancio.
CONJ *Irreg: Resuello, resollé, resollaré, resollado.*

re·so·nan·cia [rresonánθja] *s/f* **1.** Prolongación de un sonido, producida por la reflexión del mismo o por su repercusión en otros cuerpos. **2.** El hecho de que un suceso, una noticia, etc., sea muy conocido, tenga consecuencias, etc.

re·so·nar [rresonár] *v/intr* **1.** Prolongarse un sonido por reflexión o por repercusión. **2.** Tener mucha difusión un acontecimiento, una situación, etc.
CONJ *Irreg: Resueno, resoné, resonaré, resonado.*

re·so·plar [rresoplár] *v/intr* Respirar haciendo ruido como de cansancio o de enfado.

re·so·pli·do [rresoplíðo] *s/m* Circunstancia de respirar con ruido y fuerza.

re·sor·te [rresórte] *s/m* **1.** Pieza elástica, de metal u otro material, que tiende a tomar su posición inicial, después de dejar de presionar sobre ella. **2.** Medios de que se vale uno para conseguir algo.

res·pal·dar [rrespaldár] *v/tr,* REFL(-SE) Garantizar a alguien o algo que no va a sufrir perjuicio en su desarrollo, funcionamiento, uso, etc.

res·pal·do [rrespáldo] *s/m* **1.** Parte de un asiento en la que descansa la espalda. **2.** Acción de respaldar.

res·pec·tar [rrespektár] *v/intr* Tener relación. Se suele emplear solamente en la expresión **En/Por lo que respecta a.**

res·pec·ti·va·men·te [rrespektíβamente] *adv* Se usa para señalar que cada elemento de un grupo dado se corresponde con el que ocupa la misma posición en otro grupo: *María y Pedro se fueron con su marido y esposa respectivamente.*

res·pec·ti·vo, -a [rrespektíβo, -a] *adj* Se dice de cada uno de los elementos de un conjunto que se corresponde con cada uno de los elementos de otro conjunto: *Los ganadores se llevaron su respectivo trofeo.*

res·pec·to [rrespékto] *s/m* Relación de una cosa con otra. Se suele emplear solamente en las expresiones siguientes: **A este/ese respecto/Al respecto/Con respecto a/Respecto a/de.** Todas ellas señalan que hay relación entre lo que se ha dicho y lo que se va a decir.

res·pe·ta·bi·li·dad [rrespetaβiliðáð] *s/f* Condición de respetable.

res·pe·ta·ble [rrespetáβle] *adj* **1.** Que se debe respetar. **2.** COL Notable: *Ese niño tiene un genio muy respetable.* LOC **El respetable,** el público de un espectáculo, sobre todo en las corridas de toros.

res·pe·tar [rrespetár] *v/tr* **1.** Tratar a uno con veneración. **2.** Observar las leyes: *Respetar un reglamento.* **3.** Abstenerse de maltratar, atacar, destruir, etc., una persona o cosa.

res·pe·to [rrespéto] *s/m* **1.** Acción y efecto de respetar a una persona, norma, cosa, idea, situación, etc. **2.** Miedo: *Una tormenta en el mar me inspira respeto.* LOC **Faltar al respeto a alguien,** no tenerle la consideración debida. **Presentar uno sus respetos a una persona,** saludarla o enviarle sus saludos en señal de consideración.

res·pe·tuo·si·dad [rrespetwosiðáð] *s/f* Condición de respetuoso.

res·pe·tuo·so, -a [rrespetwóso, -a] *adj* **1.** Que produce respeto. **2.** Que tiene respeto. RPr **Respetuoso con** *(las leyes).*

res·pin·gar [rrespiŋgár] *v/intr* **1.** Sacudirse un animal la carga que le molesta, y gruñir. **2.** FIG Hacer alguien una cosa gruñendo.
ORT Ante *e* la *g* cambia en *gu: Respingué.*

res·pin·go [rrespíŋgo] *s/m* **1.** Movimiento brusco de todo el cuerpo o parte de él, producido por una sorpresa. **2.** Acortamiento inadecuado por un lado de una prenda de vestir. **3.** Expresión desabrida.

res·pin·gón, -na [rrespiŋgón, -na] *adj* COL Se dice especialmente de la nariz que tiene la punta vuelta hacia arriba.

res·pi·ra·ción [rrespiraθjón] *s/f* **1.** Acción y efecto de respirar. **2.** Función de respirar. **3.** Aire que se respira. **4.** El hecho de entrar y salir aire de una habitación. LOC **Sin respiración,** *1. (Quedarse...)* Muy sorprendido. *2. (Estar...)* Cansadísimo.

res·pi·ra·de·ro [rrespiraðéro] *s/m* Abertura por la que entra y sale el aire.

res·pi·rar [rrespirár] *v/intr* **1.** Introducir en su interior y expulsar los seres vivos el aire, para retener el oxígeno y desechar las materias restantes. **2.** Estar un recinto en comunicación con el aire externo. **3.** FIG Encontrarse aliviado después de pasar un agobio, un esfuerzo, etc.: *¡Por fin acabó el examen y respiramos tranquilos!* **4.** FIG (En frases negativas) No hablar o estar muy atento alguien a una cosa: *Viendo dibujos animados, los niños ni respiran.* **5.** FIG Gozar una persona de una cualidad y notársele en sus manifestaciones: *Gandhi respiraba paz.*

res·pi·ra·to·rio, -a [rrespiratórjo, -a] *adj* **1.** Relativo a la respiración. **2.** Que ayuda a la respiración.

res·pi·ro [rrespíro] *s/m* Tiempo, cosa o acción que sirven de alivio en una dificultad, un esfuerzo, etc.

res·plan·de·cer [rresplan̪deθér] *v/intr* **1.** Despedir un objeto una luz intensa. **2.** Manifestar una persona o cosa alguna cualidad buena en alto grado. RPr **Resplandecer de/por/en:** *Resplandecer de alegría/en sabiduría/por la virtud.*
CONJ *Irreg: Resplandezco, resplandecí, resplandeceré, resplandecido.*

res·plan·de·cien·te [rresplan̪deθjén̪te] *adj* Que resplandece.

res·plan·dor [rresplan̪dór] *s/m* Luz, intensa o débil, que sale de algún cuerpo, de manera continua o momentánea.

res·pon·der [rrespon̪dér] **I.** *v/tr* **1.** Decir, por escrito o de palabra, una cosa a alguien en relación con lo que éste ha escrito o hablado antes. **2.** Atender a quien llama o toca en la puerta de una casa, habitación, etc. **3.** Satisfacer un argumento, una pregunta, etc. **4.** Replicar a una petición, un alegato, etc. **5.** (Con *a*) Ser causada una cosa por otra que se expresa: *Esta rabieta responde a una molestia que el niño tiene.* **6.** Afectarse algo por una acción que se ejerce sobre él: *Este árbol no responde al riego que recibe.* **II.** *v/intr* **1.** (Con *a*) Manifestarse agradecido: *Responder un hijo a los desvelos de sus padres.* **2.** Ofrecer una persona o cosa la utilidad o el rendimiento deseados: *Si los gobernantes se esfuerzan, el pueblo responde.* **3.** (Con *con*) Hacer algo adaptado y relacionado con lo que otro ha hecho: *La policía respondió con gases lacrimógenos a los manifestantes.* **4.** Protestar por una orden recibida. **5.** Guardar una cosa conformidad con otra: *La situación del hotel responde a los datos que teníamos.* **6.** (Con *de*) Tener alguien la obligación de atender a algo, velar por su conservación y hacer frente a las consecuencias que se deriven: *Los entrenadores responden del rendimiento de sus jugadores.* **7.** (Con *de/por/con*) Salir fiador de que otro actúa o actuará de una manera conveniente: *Tú respondes de que esto se pagará. Responde por su hijo. Responde de ello con su dinero.* LOC **Responder a/por**

cierto nombre, llamarse así. RPr **Responder a/con/de/por.**

res·pon·dón, -na [rrespoṇdón, -na] *adj* y *s/m,f* Se dice de la persona que es muy inclinada a protestar las órdenes que se le dan.

res·pon·sa·bi·li·dad [rresponsaβiliðáð] *s/f* Condición de responsable.

res·pon·sa·bi·li·zar [rresponsaβiliθár] **I.** *v/tr* Hacer a alguien responsable de algo. **II.** REFL(-SE) Asumir la responsabilidad de un hecho. RPr **Responsabilizar(se) de.**
ORT Ante *e* la *z* cambia en *c: Responsabilice.*

res·pon·sa·ble [rresponsáβle] *adj* **1.** Sabedor de sus obligaciones y dispuesto a satisfacerlas. **2.** Autor de alguna mala acción: *Responsable del delito.* **3.** Encargado de algo: *Responsable de abrir y cerrar las puertas.* RPr **Responsable de.**

res·pon·so [rrespónso] *s/m* **1.** Rezo que se dice en favor de los difuntos. **2.** FIG Reprensión.

res·pues·ta [rrespwésta] *s/f* **1.** Acción y efecto de responder. **2.** Lo que se dice para responder.

res·que·bra·ja·du·ra [rreskeβraxaðúra] *s/f* Grieta, hendidura.

res·que·bra·ja·mien·to [rreskeβraxamjéṇto] *s/m* Acción y efecto de resquebrajar(se).

res·que·bra·jar [rreskeβraxár] *v/tr,* REFL(-SE) Producir(se) fracturas en algunos cuerpos duros.

res·que·mor [rreskemór] *s/m* Resentimiento, desasosiego interno fruto de remordimiento o enfado.

res·qui·cio [rreskíθjo] *s/m* **1.** Hendidura que queda entre la puerta y el quicio. **2.** Cualquier grieta. **3.** Leve posibilidad para conseguir algo.

res·ta [rrésta] *s/f* Operación de restar.

res·ta·ble·cer [rrestaβleθér] **I.** *v/tr* Volver a establecer una cosa en la misma situación que tenía antes. **II.** REFL(-SE) Recuperar todo o parte del bienestar físico o inmaterial que alguien había perdido.
CONJ *Irreg: Restablezco, restablecí, restableceré, restablecido.*

res·ta·ble·ci·mien·to [rrestaβleθimjéṇto] *s/m* Acción y efecto de restablecer(se).

res·ta·llar [rrestaʎár] *v/intr* Causar un ruido agudo y seco algo que se sacude en el aire con violencia, como el látigo.

res·tan·te [rrestáṇte] *adj* y *s/m* Se aplica a lo que resta.

res·ta·ñar [rrestaɲár] *v/tr, intr,* REFL (-SE) Parar el curso de un líquido, especialmente la sangre.

res·tar [rrestár] **I.** *v/tr* **1.** Hacer la operación matemática consistente en hallar la diferencia entre dos números. **2.** Quitar algo de una cosa o de un todo: *Restar importancia/energía.* **II.** *v/intr* **1.** Faltar aún algo por hacer, decir, etc. **2.** Quedar todavía parte de alguna cosa: *Aún resta esperanza.* RPr **Restar de:** *Restar algo de una cantidad.*

res·tau·ra·ción [rrestauraθjón] *s/f* Acción y efecto de restaurar.

res·tau·ran·te [rrestauráṇte] *s/m* Establecimiento en que se sirven comidas.

res·tau·rar [rrestaurár] *v/tr* **1.** Volver a colocar una persona o cosa en la misma situación en que estaba antes; se aplica, en particular, a un rey o a un régimen político. **2.** Reparar una cosa, devolviéndole su aspecto primitivo; se dice especialmente de una obra de arte.

res·ti·tu·ción [rrestituθjón] *s/f* Acción y efecto de restituir.

res·ti·tui·ble [rrestituíβle] *adj* Que puede ser restituido.

res·ti·tuir [rrestituír] *v/tr* **1.** Entregar una cosa a su anterior poseedor. **2.** Colocar de nuevo una cosa en el estado en que se encontraba con anterioridad.
CONJ *Irreg: Restituyo, restituí, restituiré, restituido.*

res·to [rrésto] *s/m* **1.** El resultado en la operación aritmética de restar. **2.** Lo que queda después de separar de una cosa parte de ella. **3.** *pl* Lo sobrante, que no sirve: *Restos de comida.* **4.** *pl* Indicios que quedan una vez desaparecida la cosa: *Restos prehistóricos del hombre.*

res·tre·gar [rrestreɣár] *v/tr,* REFL(-SE) **1.** Frotar ásperamente un objeto con otro. **2.** Rozar varias veces una parte de una cosa con otra parte de ella misma. **3.** Pasar con brío un instrumento áspero sobre una superficie.
CONJ *Irreg: Restriego, restregué, restregaré, restregado.*

res·tre·gón [rrestreɣón] *s/m* **1.** Restregadura realizada en un solo movimiento y con energía. **2.** Huella dejada al restregar(se).

res·tric·ción [rrestri(k)θjón] *s/f* Acción y efecto de restringir.

res·tric·ti·vo, -a [rrestriktíβo, -a] *adj* Se aplica a lo que restringe o puede restringir.

res·trin·gir [rrestriŋxír] *v/tr* Hacer menos extensa o amplia una cosa.
ORT Ante *o/a* la *g* cambia en *j: Restrinjo.*

res·tri·ñi·mien·to [rrestriɲimjéṇto] *s/m* Acción y efecto de restriñir.

res·tri·ñir [rrestriɲír] *v/tr* Estreñir.

re·su·ci·tar [rresuθitár] **I.** *v/intr* Volver de nuevo a la vida después de estar muerto. **II.** *v/tr* **1.** Hacer que un muerto vuelva a vivir. **2.** FIG Recuperarse uno material o inmaterialmente: *Un poco de comida me resucitará.* **3.** Reanudar una cosa que había desaparecido.

re·suel·to, -a [rreswé̞l̪to, -a] *adj* Se dice de la persona que no se intimida ante las dificultades.

re·sue·llo [rreswéʎo] *s/m* Respiración, especialmente la violenta.

re·sul·ta [rresúl̪ta] *s/f* **1.** Consecuencia o resultado. **2.** Decisión final que se acuerda tras una deliberación. **3.** *pl* Cosas que se originan como efecto de algún acontecimiento; se aplica especialmente a las vacantes de un empleo y a las partidas de un presupuesto: *Lista de resultas.* LOC **De resultas de,** como consecuencia de.

re·sul·ta·do [rresul̪táðo] *s/m* **1.** Secuela de un hecho. **2.** Lo que resulta de una operación matemática. **3.** Modo de acabar una cosa.

re·sul·tar [rresul̪tár] *v/intr* **1.** Originarse algo de una cosa. **2.** Desarrollarse una acción de determinada manera: *El debate resultó un fracaso.* **3.** Causar una cosa beneficio o perjuicio para alguien o algo. **4.** Descubrirse o comprobarse algo que no se conocía. RPr **Resultar en:** *Resultó en su beneficio.*

re·sul·tón, -na [rresul̪tón, -na] *adj* ARG Se dice de la persona o cosa muy agradable, aunque no muy bonita.

re·su·men [rresúmen] *s/m* **1.** Acción y efecto de resumir. **2.** Exposición breve de un asunto. LOC **En resumen,** frase para expresar una consecuencia lógica: *En resumen, que aceptaré la propuesta.*

re·su·mir [rresumír] *v/tr,* REFL(-SE) Presentar una cosa de una forma más breve. RPr **Resumir(se) en.**

re·sur·gi·mien·to [rresurximjén̪to] *s/m* Acción y efecto de resurgir.

re·sur·gir [rresurxír] *v/intr* **1.** Surgir nuevamente. **2.** Adquirir otra vez una persona, institución, cosa, situación, etc., las condiciones físicas o morales que poseía antes: *Han resurgido las discordias.*
ORT Ante *o/a* la *g* cambia en *j: Resurja.*

re·su·rrec·ción [rresurre(k)θjón] *s/f* Acción de resucitar.

re·ta·blo [rretáβlo] *s/m* Obra arquitectónica, con figuras sagradas, colocada encima de un altar.

re·ta·co [rretáko] *s/m* **1.** Escopeta corta muy reforzada en la recámara. **2.** FIG Persona gorda y baja.

re·ta·guar·da o **re·ta·guar·dia** [rretaγwárð(j)a] *s/f* **1.** Cuerpo de un ejército que marcha en último lugar. **2.** Zona de un país en guerra, no ocupada por los ejércitos. LOC FIG **A/En retaguardia,** *1.* Postergado. *2.* A la expectativa, sin participar activamente.

re·ta·hí·la [rretaíla] *s/f* Serie de cosas, datos, etc., que resulta muy pesada.

re·tal [rretál] *s/m* Parte que sobra de una tela, un papel, etc.

re·ta·ma [rretáma] *s/f* Planta leguminosa, con muchas ramas finas y flexibles, hojas poco numerosas y pequeñas y flores amarillas.

re·tar [rretár] *v/tr* Mover una persona a otra a enfrentarse con ella en cualquier asunto, acción, etc.: *Le retó a un desafío.* RPr **Retar a.**

re·tar·dar [rretarðár] *v/tr,* REFL(-SE) Hacer que algo suceda más tarde de lo que se quería o se podía que hubiera ocurrido.

re·tar·do [rretárðo] *s/m* Acción y efecto de retardar(se).

re·ta·zo [rretáθo] *s/m* **1.** Trozo de tela. **2.** Fragmento de un texto o discurso, separado del conjunto.

re·tem·blar [rretemblár] *v/intr* Temblar repetidamente.
CONJ *Irreg: Retiemblo, retemblé, retemblaré, retemblado.*

re·tén [rretén] *s/m* **1.** Provisiones de algo, en reserva. **2.** MIL Grupo de soldados disponible para reforzar algún puesto militar.

re·ten·ción [rretenθjón] *s/f* Acción y efecto de retener(se).

re·te·ner [rretenér] **I.** *v/tr* **1.** Tener consigo a una persona o cosa no dejando que se vaya o no soltándola. **2.** Recordar algo: *Hay que retener los datos más fundamentales.* **3.** Hacer preso a alguien. **II.** REFL (-SE) Dominarse para no hacer algo inoportuno: *Se retuvo a tiempo, antes de llegar la policía.*
CONJ *Irreg: Retengo, retuve, retendré, retenido.*

re·ten·ti·vo, (-a) [rreten̪tíβo, (-a)] **I.** *adj* Se aplica a lo que puede retener. **II.** *s/f* Facultad de retener algo en la memoria.

re·ti·cen·cia [rretiθénθja] *s/f* **1.** Acción de decir algo insinuando, maliciosamente, que podría decir más cosas sobre el tema: *Hablar con reticencia.* **2.** Leve oposición a hacer algo: *Hacer algo con reticencia.*

re·ti·cen·te [rretiθén̪te] *adj* Que utiliza, incluye o tiende a usar la reticencia.

re·tí·cu·la o **re·tí·cu·lo** [rretíkula/rretíkulo] *s/f* y *m* Tejido que tiene estructura de red.

re·ti·na [rretína] *s/f* Membrana interior del ojo, en la que se reciben las sensaciones lumínicas.

re·tin·tín [rretiṇtín] *s/m* **1.** Sensación que queda en los oídos después de percibir el sonido de una campana u otro instrumento sonoro. **2.** FIG Ironía maliciosa en la que se dice algo.

re·tin·to, -a [rretíṇto, -a] *adj* De color castaño muy oscuro.

re·ti·ra·do, (-a) [rretiráðo, (-a)] **I.** *adj* Que está lejos respecto del centro de una población, del sitio en donde hay más gente, o del lugar en que está situado el hablante: *Una calle/Una aldea retirada.* **II.** *adj* y *s/m,f* Trabajador que, por razones de edad, ha dejado de trabajar. **III.** *s/f* Acción y efecto de retirar(se).

re·ti·rar [rretirár] **I.** *v/tr* **1.** Colocar una cosa más lejos o fuera de la vista. **2.** Obligar a alguien a que se vaya de un sitio. **3.** Recoger una cosa que está depositada en un sitio. **4.** Decir uno que no está de acuerdo con lo que él mismo ha dicho antes: *Retiro mis palabras.* **II.** REFL(-SE) **1.** Dejar una persona o un ejército el asunto o el lugar en el que está luchando: *No tardará en retirarse de la política.* **2.** Irse a casa en las últimas horas del día, para no salir ya. **3.** Acostarse a dormir por la noche. **III.** *v/tr,* REFL(-SE) **1.** Colocar(se) una persona o cosa lejos de otra. **2.** Cesar (a) un trabajador en su trabajo por razones de edad. RPr **Retirar(se) de/a:** *Se retiró a dormir.*

re·ti·ro [rretíro] *s/m* **1.** Acción y efecto de retirar(se). **2.** Situación del trabajador o funcionario retirado. **3.** Pensión que cobra el retirado. **4.** Sitio alejado del bullicio. **5.** Estado de la persona que se retira en solitario a estudiar, pensar, etc. **6.** Ejercicio piadoso consistente en dedicar algún tiempo a la meditación religiosa, abandonando las tareas ordinarias.

re·to [rréto] *s/m* **1.** Acción y efecto de retar(se). **2.** Expresión con que se reta.

re·to·car [rretokár] *v/tr* **1.** Tocar de nuevo o con insistencia. **2.** En una fotografía, pintura o dibujo, poner los últimos toques para quitarle defectos. **3.** Perfeccionar con los últimos detalles cualquier trabajo.
ORT Ante *e* la *c* cambia en *qu: Retoqué.*

re·to·ñar [rretoɲár] *v/intr* Volver a echar vástagos una planta.

re·to·ño [rretóɲo] *s/m* **1.** Vástago nuevo que produce una planta. **2.** Refiriéndose a las personas, un hijo, sobre todo cuando es pequeño.

re·to·que [rretóke] *s/m* Acción y efecto de retocar.

re·tor·cer [rretorθér] **I.** *v/tr,* REFL (-SE) Torcer una cosa dándole vueltas alrededor de algo o sobre sí misma. **II.** *v/tr* **1.** FIG Utilizar contra alguien un argumento que éste ha empleado antes. **2.** FIG Interpretar equivocadamente algo. **III.** REFL(-SE) Expresar uno con gestos y movimientos un dolor intenso que padece: *Retorcerse de dolor.* RPr **Retorcerse de.**
CONJ *Irreg: Retuerzo, retorcí, retorceré, retorcido.*

re·tor·ci·do, -a [rretorθíðo, -a] *adj* **1.** Se dice del lenguaje y la persona que tienen un estilo complicado. **2.** Se aplica a quien en su comportamiento o sus palabras disimula intenciones malévolas.

re·tor·ci·mien·to [rretorθimjéṇto] *s/m* Acción y efecto de retorcer(se).

re·tó·ri·co, (-a) [rretóriko, (-a)] **I.** *adj* Relativo a la retórica y a la oratoria. **II.** *s/f* Conjunto de normas referentes a la manera de hablar y escribir literariamente.

re·tor·nar [rretornár] **I.** *v/intr,* REFL (-SE) Ir algo de nuevo al sitio o a la situación en que antes estaba. **II.** *v/tr* **1.** Colocar una cosa en el lugar donde antes estuvo. **2.** Dar algo a quien lo tenía anteriormente.

re·tor·no [rretórno] *s/m* Acción y efecto de retornar(se).

re·tor·sión [rretorsjón] *s/f* Acción y efecto de retorcer(se).

re·tor·ta [rretórta] *s/f* Recipiente de cuello largo encorvado, que se emplea en los laboratorios.

re·tor·ti·jón [rretortixón] *s/m* **1.** Retorcimiento excesivo, rápido o violento de algo. **2.** Dolor breve e intenso en el vientre.

re·to·zar [rretoθár] *v/intr* Saltar, correr, brincar los niños o animales jóvenes, jugando unos con otros.
ORT Ante *e* la *z* cambia en *c: Retoce.*

re·to·zo [rretóθo] *s/m* Acción y efecto de retozar.

re·to·zón, -na [rretoθón, -na] *adj* Que tiende a retozar.

re·trac·ción [rretra(k)θjón] *s/f* Acción y efecto de retraer(se).

re·trac·ta·ción [rretraktaθjón] *s/f* Acción y efecto de retractar(se).

re·trac·tar [rretraktár] *v/tr,* REFL (-SE) Manifestar alguien que no mantiene algo que ha dicho antes. RPr **Retractarse de** *(algo).*

re·trác·til [rretráktil] *adj* Que puede retraerse: *Cola retráctil.*

re·tra·er [rretraér] **I.** *v/tr,* REFL(-SE) **1.** Tratar de que alguien no haga algo: *Retraer a uno de que se presente como candi-*

dato. **2.** Encoger(se) una cosa introduciéndo(la/se) en el interior de otra a la que está adherida: *El caracol retrae sus cuernos.* **II.** REFL(-SE) **1.** Dejar temporal o definitivamente una persona la actividad pública o el trato con otras personas: *Retraerse de la política/a la vida privada.* **2.** Refugiarse en algún lugar: *Retraerse en/a su casa.* RPr **Retraerse a/de/en.**
CONJ *Irreg: Retraigo, retraje, retraeré, retraído.*

re·traí·do, -a [rretraído, -a] *adj* Se aplica a la persona que tiende por temperamento a no hablar ni tratar con los demás.

re·trai·mien·to [rretraimjénto] *s/m* **1.** Acción y efecto de retraer(se). **2.** Condición y estado del retraído.

re·trans·mi·sión [rretra(n)smisjón] *s/f* Acción y efecto de retransmitir.

re·trans·mi·tir [rretra(n)smitír] *v/tr* Hacer llegar a alguien cualquier tipo de mensaje; se refiere específicamente a las emisoras radiofónicas.

re·tra·sa·do, -a [rretrasáðo, -a] *adj* **1.** Se aplica a todo lo que se hace, se dice, está, va, funciona, etc., más tarde o con más lentitud de lo que se espera o se debe. **2.** No actual. **3.** Se dice de lo que está sin hacer de tiempo anterior: *Tengo lecturas retrasadas.* **4.** Se aplica a quien está atrasado en los pagos o sin el dinero suficiente para sus compromisos o necesidades.

re·tra·sar [rretrasár] **I.** *v/tr,* REFL(-SE) **1.** Ocurrir/Hacer que ocurra algo más tarde de lo necesario, previsto, deseado o debido: *Se ha retrasado el tren.* **2.** Poner las agujas de un reloj más atrás de lo que están. **II.** *v/intr* **1.** Funcionar el reloj más despacio de lo que debiera funcionar. **2.** Actuar de modo que las cosas vayan excesivamente lentas.

re·tra·so [rretráso] *s/m* **1.** Condición de estar, ser o haberse retrasado. **2.** Estado de una persona, un pueblo, etc., que no se han desarrollado cultural o industrialmente. **3.** *sing* o *pl* Circunstancia de endeudamiento económico: *Todavía tiene retrasos en los pagos.*

re·tra·tar [rretratár] **I.** *v/tr* **1.** Fotografiar. **2.** Dibujar la figura de algo o alguien con dibujo, pintura o escultura. **II.** *v/tr* Hacer una descripción exacta de una persona o cosa. También REFL(-SE).

re·tra·tis·ta [rretratísta] *s/m,f* **1.** Persona que hace retratos. **2.** Fotógrafo.

re·tra·to [rretráto] *s/m* **1.** Representación de una persona o cosa, realizada en fotografía, pintura, escultura o dibujo. **2.** Descripción de una persona. **3.** Lo que se parece mucho a otra persona o cosa: *Es un retrato de su padre.*

re·tre·che·ro, -a [rretretʃéro, -a] *adj* y *s/m,f* **1.** Persona hábil para evitar hacer o decir algo. **2.** Persona con mucho atractivo.

re·tre·ta [rretréta] *s/f* Toque militar para marchar en retirada o para que la tropa se recoja en el cuartel por la noche.

re·tre·te [rretréte] *s/m* **1.** Recipiente donde se evacúan los excrementos y la orina. **2.** Habitación donde está el recipiente para tales usos.

re·tri·bu·ción [rretriβuθjón] *s/f* **1.** Acción de retribuir. **2.** Cosa que se entrega para retribuir algo.

re·tri·buir [rretriβwír] *v/tr* Dar a alguien una cosa a cambio de un servicio.
CONJ *Irreg: Retribuyo, retribuí, retribuiré, retribuido.*

re·tri·bu·ti·vo, -a [rretriβutíβo, -a] *adj* Relativo a la retribución.

re·tro [rrétro] Prefijo que añade al elemento con que se une el significado de 'hacia atrás'.

re·tro·ac·ción [rretroa(k)θjón] *s/f* **1.** Regresión. **2.** Retroactividad.

re·tro·ac·ti·vi·dad [rretroaktiβiðáð] *s/f* Calidad de retroactivo.

re·tro·ac·ti·vo, -a [rretroaktíβo, -a] *adj* Se aplica a lo que tiene influencia sobre lo pasado.

re·tro·ce·der [rretroθeðér] *v/intr* Ir hacia atrás.

re·tro·ce·so [rretroθéso] *s/m* Acción y efecto de retroceder.

re·tró·gra·do, -a [rretróγraðo, -a] *adj* y *s/m,f* Partidario de instituciones políticas o sociales, costumbres, opiniones, etc., atrasadas o de tiempos pasados.

re·tro·pro·pul·sión [rretropropulsjón] *s/f* Procedimiento mediante el cual un avión u otro vehículo es impulsado hacia adelante por la fuerza generada en la expulsión de un chorro de gases hacia atrás.

re·tros·pec·ción [rretrospe(k)θjón] *s/f* Mirada, examen o indagación de carácter retrospectivo.

re·tros·pec·ti·vo, -a [rretrospektíβo, -a] *adj* Se aplica a lo que se refiere al tiempo pasado, lo evoca o se relaciona con él.

re·tro·trac·ción [rretrotra(k)θjón] *s/f* Acción y efecto de retrotraer.

re·tro·tra·er [rretrotraér] **I.** *v/intr,* REFL(-SE) Fingir, a efectos legales, que una cosa sucedió en un tiempo anterior a aquel en que ocurrió de hecho. **II.** *v/tr,* REFL (-SE) Retroceder hasta una época o un hecho anteriores para tomarlos como punto de partida en la exposición de algunos

sucesos: *Retrotrajo su narración al siglo XIX*. RPr **Retrotaer a.**
CONJ *Irreg: Retrotraigo, retrotraje, retrotraeré, retrotraído.*

re·tro·vi·sor [rretroβisór] *s/m* Espejo instalado en un vehículo para ver lo que hay o está detrás.

re·trué·ca·no [rretrwékano] *s/m* Inversión de los términos de una proposición en otra subsiguiente para que el sentido de esta última contraste con el sentido de la anterior; puede hacerse como juego de palabras.

re·tum·bar [rretuɱbár] *v/intr* **1.** Resonar una cosa con gran ruido. **2.** Prolongarse un sonido, por resonancia de lo que está junto a él, cambiándose en otro de tono bajo: *La voz retumbó en el sótano.*

re·tum·bo [rretúɱbo] *s/m* Acción y efecto de retumbar.

reu·ma o **reú·ma** [rréuma/rreúma] *s/m,f* Enfermedad que produce dolor en las articulaciones o en los músculos.

reu·má·ti·co, -a [rreumátiko, -a] **I.** *adj* Relativo al reuma. **II.** *adj* y *s/m,f* Persona afectada por reuma.

reu·ma·tis·mo [rreumatísmo] *s/m* Reuma.

reu·ma·to·lo·gía [rreumatoloxía] *s/f* MED Tratado de las afecciones reumáticas.

reu·ma·tó·lo·go, -a [rreumatóloɣo, -a] *s/m,f* Especialista en reumatología.

reu·nión [rreunjón] *s/f* **1.** Acción y efecto de reunir(se). **2.** Grupo de personas que se reúnen para cualquier fin (tratar un asunto, celebrar una fiesta, etc.).

reu·nir [rreunír] **I.** *v/tr*, REFL(-SE) **1.** Unir de nuevo lo que antes se ha separado. **2.** Hacer o poner juntas, en una sola, varias cosas dispersas: *Reunir dos fortunas.* **II.** *v/tr* Llamar alguien a varias personas o acudir gente para hacer una reunión en un lugar determinado.
ORT PRON En el *sing* y *3.ª pers* del *pl* el acento cae sobre la *u: Reúno, reúnan...*

re·vá·li·da [rreβáliða] *s/f* Examen que tiene como fin el revalidar determinados estudios (Bachillerato).

re·va·li·da·ción [rreβaliðaθjón] *s/f* Acción y efecto de revalidar(se).

re·va·li·dar [rreβaliðár] *v/tr* Dar nuevo valor a una cosa.

re·va·lo·ri·za·ción [rreβaloriθaθjón] *s/f* Acción y efecto de revalorizar.

re·va·lo·ri·zar [rreβaloriθár] *v/tr*, REFL (-SE) Dar o tomar una cosa más valor.
ORT Ante *e* la *z* cambia en *c: Revaloricé.*

re·van·cha [rreβáɲtʃa] *s/f* Venganza.

re·van·chis·mo [rreβantʃísmo] *s/m* Actitud de quien tiene espíritu de venganza.

re·ve·la·ción [rreβelaθjón] *s/f* **1.** Acción y efecto de revelar. **2.** Manifestación de alguna verdad oculta.

re·ve·la·do [rreβeláðo] *s/m* Conjunto de operaciones necesarias para revelar una imagen fotográfica.

re·ve·la·dor, (-ra) [rreβelaðór, (-ra)] **I.** *s/m* Líquido utilizado para revelar fotografías. **II.** *adj* y *s/m,f* Que revela o sirve para que algo sea revelado.

re·ve·lar [rreβelár] *v/tr* **1.** Dar a conocer algo que se mantenía oculto. **2.** Ser indicio de algo: *Esas palabras revelan su carácter.* **3.** TEOL Manifestar Dios algo a los hombres. **4.** En cinematografía o fotografía, hacer visible la imagen latente en la placa o película.

re·ve·llón [rreβeʎón] *s/m* Fiesta que suele celebrarse la última noche del año.

re·ve·nir [rreβenír] REFL(-SE) **1.** Refiriéndose a conservas o licores, agriarse. **2.** Perder su calidad una masa, pasta o fritura.
CONJ *Irreg: Revengo, revine, revendré, revenido.*

re·ven·tar [rreβeɲtár] **I.** *v*/REFL (-SE) Romperse bruscamente la envoltura rígida de un fluido o la capa externa de una masa blanda: *Reventarse una tubería.* **II.** *v/tr*, REFL(-SE) **1.** Cansar(se) mucho (a) alguien por un trabajo excesivo: *Se reventó trabajando hasta lograr lo que quería.* **2.** Enfermar o morir un animal, especialmente un caballo, por exceso en la carrera. **III.** *v/tr* **1.** Destruir una cosa aplastándola con violencia. **2.** FIG COL Molestar a uno: *Me revienta pedirle un favor.* **3.** FIG COL Intentar que fracase algo (espectáculo, reunión, etc.). **IV.** *v/intr* **1.** (Con *de*) Estar llena una persona o cosa de alguna cualidad: *Reventaba de alegría.* **2.** VULG Morirse. **3.** FIG (Con *por*) Desear vehementemente algo: *Reventaba por saberlo.* **4.** FIG COL Estallar con violencia una pasión: *Reventó de ira.* RPr **Reventar de/por.**
CONJ *Irreg: Reviento, reventé, reventaré, reventado.*

re·ven·tón [rreβeɲtón] *s/m* **1.** Acción y efecto de reventar(se). **2.** En los neumáticos de los automóviles, señal o agujero que se produce al reventar los mismos.

re·ver·be·ra·ción [rreβerβeraθjón] *s/f* **1.** Acción y efecto de reverberar. **2.** METAL Calcinación hecha en el horno de reverbero.

re·ver·be·ran·te [rreβerβeráɲte] *adj* Que reverbera.

re·ver·be·rar [rreβerβerár] *v/intr* Reflejarse la luz en una superficie bruñida o el sonido en una superficie que no lo absorbe.

re·ver·de·cer [rreβerðeθér] *v/tr, intr* **1.** Adquirir de nuevo verdor plantas que habían empezado a secarse. **2.** Dar/Tomar nuevo vigor (a) una cosa.
CONJ *Irreg: Reverdezco, reverdecí, reverdeceré, reverdecido.*

re·ve·ren·cia [rreβerénθja] *s/f* **1.** Respeto que tiene una persona hacia otra. **2.** Inclinación del cuerpo hacia delante en señal de respeto.

re·ve·ren·ciar [rreβerenθjár] *v/tr* Hacer reverencias.

re·ve·ren·dí·si·mo, -a [rreβerendísimo, -a] *adj superl* de *reverendo* que se aplica como tratamiento a los altos dignatarios de la jerarquía eclesiástica, como cardenales, arzobispos, obispos, etc.

re·ve·ren·do, -a [rreβeréndo, -a] *adj* y *s/m,f* Tratamiento que se antepone al nombre de religiosos, sacerdotes, etc.: *El reverendo padre Juan.*

re·ve·ren·te [rreβerénte] *adj* Que muestra reverencia.

re·ver·si·bi·li·dad [rreβersiβiliðáð] *s/f* Cualidad de reversible.

re·ver·si·ble [rreβersíβle] *adj* Que puede ser cambiado de posición o de dirección; *por ej,* poner fuera lo de dentro.

re·ver·so, (-a) [rreβérso, (-a)] **I.** *adj* Vuelto. **II.** *s/m* Revés de una moneda, medalla, folio, etc.

re·ver·ter [rreβertér] *v/intr* Salir una cosa de sus límites.
CONJ *Irreg: Revierto, revertí, reverteré, revertido.*

re·ver·tir [rreβertír] *v/intr* **1.** DER Volver una cosa a quien la poseía antes. **2.** Ponerse una cosa en el estado que tuvo antes. **3.** Acabar una cosa siendo otra. **4.** (Con *en*) Resultar de algo el efecto que se indica. RPr **Revertir a/en:** *Revertir algo al Estado. Revirtió en su beneficio.*
CONJ *Irreg: Revierto, revertí/(revirtió...), revertiré, revertido.*

re·vés [rreβés] *s/m* **1.** Parte de un objeto opuesta a la que se considera como cara o como principal. **2.** Cambio repentino en el trato con alguien. **3.** Golpe que se da con el dorso de la mano o con ésta vuelta, a un objeto, utilizando o no una pala. **4.** Suceso que perjudica a alguien: *Un revés de fortuna.* LOC **Al/Del revés (de),** en sentido contrario al normal o al esperado.

re·ves·ti·mien·to [rreβestimjénto] *s/m* Capa con que se recubre, adorna o resguarda una superficie.

re·ves·tir [rreβestír] *v/tr* **1.** Dar a una cosa o formar ésta una determinada apariencia, actitud, etc.: *El acto revistió su habitual solemnidad,* **2.** Cubrir una superficie con un revestimiento: *Revestir de yeso una pared.* **II.** REFL(-SE) Aparentar alguien algo (virtud, actitud, etc.): *Se revistió de humildad.* RPr **Revestirse con/de.**
CONJ *Irreg: Revisto, revestí, (revistió...), revestiré, revestido.*

re·vie·jo, (-a) [rreβjéxo, (-a)] *adj* Muy viejo.

re·vi·sar [rreβisár] *v/tr* Examinar una cosa para corregirla, ajustarla, ver si está bien hecha, etc.: *Revisar un coche.*

re·vi·sión [rreβisjón] *s/f* Acción de revisar.

re·vi·sio·nis·mo [rreβjsjonísmo] *s/m* Tendencia a revisar algo (doctrinas, etc.).

re·vi·sio·nis·ta [rreβisjonísta] *s/m,f* Partidario del revisionismo.

re·vi·sor, -ra [rreβisór, -ra] *adj* y *s/m,f* **1.** Que revisa una cosa. **2.** Quien en los trenes, tranvías, etc., es el encargado de comprobar que cada viajero tiene su billete.

re·vis·ta [rreβísta] *s/m* **1.** Acción de examinar a un grupo de personas o cosas para ver si están en el sitio o la situación debidas. **2.** Formación de tropas para ser inspeccionadas por un jefe. **3.** Publicación periódica con información sobre un sólo asunto o sobre varios. **4.** Espectáculo teatral con números de baile, canto y música ligeros, enlazados con leve argumento.

re·vis·te·ro [rreβistéro] *s/m* Utensilio donde se colocan revistas o periódicos.

re·vi·vi·fi·car [rreβiβifikár] *v/tr* Proporcionar a alguien nueva vida, fortaleza, esperanza, etc.
ORT Ante *e* la *c* cambia en *qu: Revivifique.*

re·vi·vir [rreβiβír] *v/intr* Volver a existir lo que parecía muerto.

re·vo·ca·ble [rreβokáβle] *adj* Que puede o debe ser revocado.

re·vo·car [rreβokár] **I.** *v/tr* **1.** Dejar sin efecto una orden, una decisión: *Revocar una ley.* **2.** Apartar a uno de su propósito. **3.** ALBAÑ Enlucir los paramentos de un edificio. **II.** *v/tr, intr* Hacer retroceder o cambiar de dirección una cosa.
ORT Ante *e* la *c* cambia en *qu: Revoqué.*

re·vol·car [rreβolkár] **I.** *v/tr* **1.** Derribar a alguien y darle vueltas en el suelo. **2.** Humillar a uno en sus pretensiones. **II.** REFL(-SE) Tirarse para un sitio y darse vueltas sobre él. RPr **Revolcarse en/por.**
CONJ *Irreg: Revuelco, revolqué, revolcaré, revolcado.*

re·vol·cón [rreβolkón] *s/m* Acción y efecto de revolcar(se).

re·vo·lo·te·ar [rreβoloteár] *v/intr* **1.** Volar en un pequeño espacio dando vueltas alrededor de algo. **2.** Ir por el aire una cosa ligera.

re·vo·lo·teo [rreβolotéo] *s/m* Acción y efecto de revolotear.

re·vol·ti·jo [rreβo̞ltíxo] *s/m* Mezcla desordenada de muchas cosas.

re·vol·ti·llo [rreβo̞ltíʎo] *s/m* Revoltijo.

re·vol·to·so, -a [rreβo̞ltóso, -a] **I.** *adj* Aplicado a los niños, traviesos. **II.** *adj* y *s/m,f* Se dice de la persona que origina conflictos.

re·vo·lu·ción [rreβoluθjón] *s/f* **1.** Acción y efecto de revolver(se). **2.** MEC Giro que una pieza da sobre sí misma. **3.** Alteración seria y grave del orden político: *La revolución de 1917 en Rusia.* **4.** Alteración radical de cualquier cosa.

re·vo·lu·cio·nar [rreβoluθionár] *v/tr* **1.** Originar un estado conflictivo entre la gente. **2.** Transformar completamente una cosa: *Su llegada revolucionó a la población.* **3.** Producir en una o varias personas alegría u otro sentimiento alterando la normalidad: *Esa noticia nos ha revolucionado.* **4.** MEC Hacer que un cuerpo que gira alcance más o menos revoluciones en un tiempo determinado.

re·vo·lu·cio·na·rio, -a [rreβoluθjonárjo, -a] *adj* y *s/m,f* Relativo a la revolución política.

re·vól·ver [rreβólβer] *s/m* Pistola de cilindro giratorio con recámara múltiple.

re·vol·ver [rreβolβér] **I.** *v/tr* **1.** Mover las cosas de manera que se mezclen y se desordenen. **2.** Crear conflictos: *Esa ley ha revuelto a la población.* **3.** Disgustar una cosa a alguien. **II.** REFL(-SE) **1.** Moverse girando. **2.** Oponerse a algo o a alguien: *Se revuelve contra la injusticia.* **3.** Ponerse borrascoso el tiempo atmosférico: *Se ha revuelto el día.* RPr **Revolverse contra.**
CONJ *Irreg: Revuelvo, revolví, revolveré, revuelto.*

re·vo·que [rreβóke] *s/m* **1.** Acción y efecto de revocar las paredes. **2.** Material con que se revoca.

re·vuel·co [rreβwélko] *s/m* Acción y efecto de revolcar(se).

re·vue·lo [rreβwélo] *s/m* **1.** Movimiento de muchas aves u otras cosas volando. **2.** Agitación de algo, semejante a un movimiento de alas. **3.** Alteración que produce en un grupo de personas un acontecimiento, una noticia, etc.: *La noticia causó gran revuelo.*

re·vuel·to, (-a) [rreβwé̞lto, (-a)] **I.** *adj* **1.** Enturbiado, por haberse removido el sedimento. **2.** Desordenado. **3.** Aplicado al tiempo atmosférico, inseguro. **4.** Aplicado al mar, agitado. **5.** Alterado. **6.** Turbulento, sedicioso o en actitud poco amiga: *El pueblo está revuelto.* **II.** *s/f* **1.** Riña en que participa mucha gente. **2.** Rebelión política de poca importancia: *La revuelta fue ahogada en sangre.*

re·vul·si·vo, (-a) [rreβulsíβo, (-a)] *adj* y *s/m* Se dice de aquello que produce una reacción beneficiosa, aunque inicial o aparentemente sea nocivo.

rey [rréi] *s/m* **1.** Jefe supremo del Estado. **2.** Pieza principal del ajedrez. **3.** Naipe en que figura pintado un rey. **4.** FIG Hombre, animal o cosa, con género gramatical masculino, que destaca sobre los demás en un lugar o actividad determinados: *El león es el rey de los animales.*

re·yer·ta [rreJérta] *s/f* Disputa violenta.

re·za·gar [rreθaγár] *v/tr,* REFL(-SE) Dejar/Quedarse atrás una persona o cosa en cualquier asunto.
ORT Ante *e* la *g* cambia en *gu: Rezagué.*

re·zar [rreθár] **I.** *v/tr* Dirigir vocal o mentalmente a Dios o a los santos peticiones, agradecimientos, alabanzas: *Rezar por un amigo,* etc. **II.** *v/intr* **1.** Decirse algo en un escrito: *El decreto reza así: ...* **2.** (Con *con*) Ser aplicable una cosa a un individuo o asunto determinados: *Esa negativa no reza con tu modo de ser.* **3.** Haber constancia de algo de cualquier forma: *El autor de esta obra no reza en ningún sitio.* RPr **Rezar con/por/en.**
ORT Ante *e* la *z* cambia en *c: Recé.*

re·zo [rréθo] *s/m* **1.** Acción de rezar. **2.** Lo que se reza a Dios o a los santos.

re·zon·gar [rreθoŋgár] *v/intr* Manifestar tímidamente disgusto por tener que hacer algo que le mandan a uno.
ORT Ante *e* la *g* cambia en *gu: Rezongué.*

re·zu·mar [rreθumár] **I.** *v/intr,* REFL (-SE) Filtrarse un líquido a través de los poros de un recipiente. **II.** *v/intr* FIG Poseer una persona una cualidad en alto grado y dejarlo traslucir así: *Rezumaba alegría.*

ría [rría] *s/f* Parte de un río, ensanchada y navegable, próxima a su desembocadura.

ria·chue·lo [rrjatʃwélo] *s/m* Río pequeño.

ria·da [rriáða] *s/f* Aumento brusco y desproporcionado del caudal de un río.

ri·ba·zo [rriβáθo] *s/m* Porción de tierra con una inclinación pronunciada.

ri·be·ra [rriβéra] *s/f* **1.** Terreno situado junto a un río o junto al mar: *La ribera del Mediterráneo.* **2.** Tierra regada con el agua de un río.

ri·be·re·ño, -a [rriβeréɲo, -a] *adj* Relativo a la ribera.

ri·be·ro [rriβéro] *s/m* Valla de estacas y céspedes que se construye junto a una presa, para que no se derrame el agua por los lados.

ri·be·te [rriβéte] *s/m* **1.** Cinta u otra cosa que sirve de refuerzo o adorno, y se coloca en el filo de un vestido, un calzado, etc. **2.** Cualquier añadido que complementa o adorna una cosa. **3.** *pl* Indicios de algo.

ri·be·te·ar [rriβeteár] *v/tr* Colocar ribetes.

ri·ca·chón, -na [rrikatʃón, -na] *adj* y *s/m,f* Muy rico.

ri·ca·men·te [rríkamente] *adv* **1.** Con abundancia. **2.** Con placer.

ri·ci·no [rriθíno] *s/m* Planta de cuya semilla se extrae un aceite de efectos purgantes.

ri·co, -a [rríko, -a] **I.** *adj* y *s/m,f* **1.** Se dice de la persona noble o de mucho prestigio. **2.** Que tiene mucho dinero o muchas posesiones de valor. **II.** *adj* **1.** De gran valor económico: *Una casa rica.* **2.** De buen sabor: *Un caldo rico.* **3.** (Seguido de *en*) Abundante en la cosa buena que contiene: *Un alimento rico en vitaminas.* **4.** (Aplicado a la tierra) Fructífera. **5.** Excelente en su género: *Una tela muy rica.* **6.** Aplicado a los niños, simpático, de buena salud. **7.** Se aplica como alabanza, sea sincera, sea irónica: *¡Vamos, rico, que tú tambien debes ayudar!* RPr **Rico en** *(vitaminas).*

ric·tus [rríktus] *s/m* Contracción de los labios que aparentan estar en posición de risa.

ri·cu·ra [rrikúra] *s/f* COL Condición de rico, en cualquier sentido.

ri·di·cu·lez [rriðikuléθ] *s/f* **1.** Condición de ridículo. **2.** Cosa muy pequeña. **3.** Dicho o hecho que mueve a risa.

ri·di·cu·li·zar [rriðikuliθár] *v/tr* Mostrar que una persona o cosa es ridícula.
ORT Ante *e* la *z* cambia en *c: Ridiculice.*

ri·dí·cu·lo, (-a) [rriðíkulo, (-a)] **I.** *adj* **1.** Se dice de una persona, acción, cosa, situación, etc., que producen risa por su extravagancia. **2.** Excesivamente pequeño o escaso: *Su paga es ridícula.* **3.** Demasiado delicado. **4.** Extraño. **II.** *s/m* Situación ridícula que afecta a una o más personas.

rie·go [rrjégo] *s/m* **1.** Acción y efecto de regar. **2.** Agua para regar.

riel [rrjél] *s/m* **1.** Barra pequeña de metal en bruto. **2.** Carril de una vía del ferrocarril. **3.** Barra de metal empleada para sostener cortinas móviles.

rie·lar [rrjelár] *v/intr* Brillar con luz trémula; se dice sobre todo del reflejo de la luz en el agua en movimiento.

rien·da [rrjénda] *s/f* **1.** Correa, cinta o cuerda de las dos que sirven para gobernar las caballerías. **2.** *pl* FIG Gobierno de alguna cosa: *Las riendas del poder.* **3.** FIG Lo que sirve para moderar a alguien. LOC **Aflojar las riendas,** aliviar el rigor, la tensión, el cuidado, etc., de algo. **Dar rienda suelta,** dejar que una persona o cosa se manifieste con espontaneidad: *Ella da rienda suelta a su alegría.* **Empuñar/Llevar/Tener las riendas,** dirigir un asunto, una empresa, una reunión. etc.

ries·go [rrjésɣo] *s/m* **1.** Posibilidad de que haya algún daño para alguien o algo. **2.** Circunstancia que puede ser objeto de un seguro: *Esta póliza cubre el riesgo de un robo.* LOC **A riesgo de,** exponiéndose a algún peligro. **Correr el riesgo de,** ponerse en peligro: *Si no te alimentas, corres el riesgo de no recuperarte.*

ri·fa [rrífa] *s/f* Operación que consiste en sortear una cosa entre varios.

ri·far [rrifár] **I.** *v/tr* Realizar la operación de la rifa. **II.** REFL(-SE) Disputarse varias personas una cosa: *Los niños se rifan el cariño del padre.*

ri·fle [rrífle] *s/m* Fusil de origen norteamericano, con rayas en el interior del cañón.

ri·gi·dez [rrixiðéθ] *s/f* Condición de rígido.

rí·gi·do, -a [rríxiðo, -a] *adj* **1.** Que es muy difícil o imposible de doblar. **2.** Que no se adapta a las circunstancias. **3.** Que cumple con rigor exagerado las normas.

ri·gor [rriɣór] *s/m* **1.** Precisión en un cálculo, relato, dato, etc. **2.** Actitud por la que no se tolera ninguna falta a una norma. **3.** Cualidad de riguroso: *Lo castigó con rigor.* **4.** Aplicado al invierno o al verano, referencia al grado máximo de frío o calor, respectivamente. LOC **De rigor,** indispensable: *Me dio los consejos de rigor.* **En rigor,** estrictamente: *En rigor nadie es culpable.*

ri·go·ris·ta [rriɣorísta] *adj* y *s/m,f* Excesivamente severo.

ri·gu·ro·si·dad [rriɣurosiðáð] *s/f* Rigor.

ri·gu·ro·so, -a [rriɣuróso, -a] *adj* **1.** Exacto. **2.** Intolerante: *Un profesor riguroso.* **3.** Áspero en su trato. **4.** Que no hace excepciones. **5.** Aplicado al frío o al calor, difícil de soportar.

ri·ja [rríxa] *s/f* Fístula que se produce debajo del lagrimal y que segrega líquido o pus.

ri·jo·so, -a [rrixóso, -a] *adj* Lujurioso.

ri·ma [rríma] *s/f* **1.** El hecho de coincidir, parcial o totalmente, la parte final de la última palabra de dos versos determinados. **2.** Acción de rimar. **3.** *pl* Composición en verso.

ri·mar [rrimár] **I.** *v/tr* Emplear palabras

como asonantes o consonantes entre sí. **II.** *v/intr* Componer versos con rima.

rim·bom·ban·cia [rrimbombánθja] *s/f* Condición de rimbombante.

rim·bom·ban·te [rrimbombánte] *adj* Ostentoso.

rí·mel o **rím·mel** [rrí(m)mel] *s/m* Sustancia de color oscuro que emplean las mujeres como cosmético en las pestañas.

ri·me·ro [rriméro] *s/m* Grupo de cosas amontonadas.

rin·cón [rriŋkón] *s/m* **1.** Ángulo que se forma en el encuentro de dos o tres paredes, láminas, líneas, lados, etc. **2.** Lugar oculto o apartado en sentido real y figurado: *Un rincón de la casa/del corazón.*

rin·co·na·da [rriŋkonáða] *s/f* Ángulo que se forma por los edificios en la calle o naturalmente en cualquier sitio.

rin·co·ne·ra [rriŋkonéra] *s/f* Mueble triangular adaptado para ser colocado en un rincón.

ring [rríŋ] *s/m* ANGL Cuadrilátero cercado de cuerdas donde combaten los boxeadores.

rin·gle·ra [rriŋgléra] *s/f* Hilera de cosas puestas en orden una tras otra.

rin·gle·ro [rriŋgléro] *s/m* Cada una de las líneas del papel pautado para aprender a escribir.

ri·ni·tis [rrinítis] *s/f* Inflamación de las fosas nasales.

ri·no·ce·ron·te [rrinoθerónte] *s/m* Mamífero paquidermo, de gran tamaño y patas cortas, propio de la zona tropical de África y Asia.

ri·no·lo·gía [rrinoloxía] *s/f* Parte de la patología que estudia las enfermedades nasales.

ri·nó·lo·go [rrinóloɣo] *s/m* Médico especialista en el tratamiento de las enfermedades nasales.

ri·ña [rríɲa] *s/f* Acción de reñir.

ri·ñón [rriɲón] *s/m* **1.** Cada una de las dos glándulas situadas en la región lumbar, que segregan la orina. **2.** *pl* Parte del cuerpo que corresponde a la pelvis: *Dolor de riñones.* **3.** Cualquier forma semejante a la de un riñón. LOC **Costar una cosa un riñón,** ser muy cara.

ri·ño·na·da [rriɲonáða] *s/f* **1.** Lugar del cuerpo que acoge a los riñones. **2.** Guisado de riñones.

río [rrío] *s/m* **1.** Corriente de agua que fluye permanentemente y desemboca en el mar o en otra corriente de agua. **2.** FIG Abundancia de una cosa: *Tiene un río de oro.*

rio·ja [rrióxa] *s/m* Vino procedente de la Rioja.

ri·pio [rrípjo] *s/m* Palabras o frases que se emplean como relleno, para conseguir una rima o para completar un verso. LOC **No perder ripio,** aprovechar uno todas las ocasiones para lograr su objetivo.

ri·pio·so, -a [rripjóso, -a] *adj* Abundante en ripios.

ri·que·za [rrikéθa] *s/f* **1.** Conjunto de bienes materiales o inmateriales que se posee. **2.** Abundancia de objetos de valor. **3.** Cualidad de rico.

ri·sa [rrísa] *s/f* Acción de reírse manifestada mediante el movimiento de la boca y otras partes del rostro. LOC **Echar/Tomar a risa,** burlarse de algo. **(Estar) muerto de risa,** *1.* Reír intensamente. *2.* Permanecer una persona o cosa inactiva: *Tiene todos los libros muertos de risa.*

ris·co [rrísko] *s/m* Peñasco abrupto.

ri·si·bi·li·dad [rrisiβiliðáð] *s/f* Condición de risible.

ri·si·ble [rrisíβle] *adj* **1.** Que produce risa. **2.** Capaz de reírse.

ri·si·ta [rrisíta] *s/f* Risa falsa.

ri·so·ta·da [rrisotáða] *s/f* Risa estrepitosa.

ris·tra [rrístra] *s/f* **1.** Grupo de ajos o cebollas, unidos por medio de sus tallos trenzados. **2.** FIG COL Serie de cosas colocadas en fila: *Una ristra de palabras sin sentido.*

ris·tre [rrístre] *s/m* Hierro sujeto en el peto de la armadura antigua, donde se aseguraba el cabo de la lanza. LOC **En ristre,** con el arma en posición de ataque.

ri·sue·ño [rriswéɲo] *adj* **1.** Que manifiesta risa en el rostro. **2.** Que es propenso a reírse. **3.** De aspecto grato. **4.** Que se presenta con porvenir favorable: *El niño tiene un futuro risueño.*

rít·mi·co, -a [rrítmiko, -a] *adj* Perteneciente al ritmo o al compás.

rit·mo [rrítmo] *s/m* **1.** Armoniosa combinación y sucesión de sílabas, notas musicales, acciones, movimientos, etc., obtenidos por la adaptación de los mismos a intervalos regulares de tiempo. **2.** Mayor o menor celeridad de cualquier acción o movimiento: *Han corrido a buen ritmo.*

ri·to [rríto] *s/m* **1.** Conjunto de reglas establecidas para el culto y las ceremonias religiosas. **2.** Acto de culto religioso realizado repetidamente según las normas prescritas. **3.** *Por ext,* todo acto repetido de modo fijo.

ri·tual [rritwál] **I.** *adj* Según el rito. **II.** *s/m* Conjunto de reglas a las que ha de someterse una ceremonia, especialmente religiosa.

ri·tua·li·dad [rritwaliðáð] *s/f* Observancia de las formalidades prescritas para hacer una cosa.

ri·tua·lis·mo [rritwalísmo] *s/m* Excesivo sometimiento a las reglas establecidas en el desarrollo de un acto o en la tramitación de algunos asuntos.

ri·val [rriβál] *adj* y *s/m,f* **1.** Todo el que o lo que pugna con otro de su mismo género para conseguir lo mismo que él o para superarlo: *Ciudades rivales.* **2.** Enemigo.

ri·va·li·dad [rriβaliðáð] *s/f* **1.** Relación de oposición entre rivales. **2.** Enemistad.

ri·va·li·zar [rriβaliθár] *v/intr* **1.** Oponerse varias personas o cosas entre sí al intentar conseguir lo mismo. **2.** Poseer varias personas o cosas un idéntico e intenso grado de algo bueno: *Las calles rivalizan en limpieza.* RPr **Rivalizar con/en/por:** *Rivalizar con un compañero/en bondad/por el liderazgo.*
ORT Ante *e* la *z* cambia en *c: Rivalice.*

ri·zar [rriθár] **I.** *v/tr* Formar en el cabello, papel, telas, etc., anillos, ondas, bucles. También en sentido figurado: *Rizar las ideas.* **II.** *v/tr,* REFL(-SE) Mover el viento la superficie del mar. LOC **Rizar el rizo,** complicar algo más de lo que es o está ya.
ORT Ante *e* la *z* cambia en *c: Rice.*

ri·zo [rríθo] *s/m* **1.** Mechón de cabello rizado. **2.** Tela fabricada como terciopelo que forma cordoncillo.

ri·zo·ma [rriθóma] *s/m* Tallo subterráneo, semejante a una raíz y horizontal.

ri·zo·so, -a [rriθóxo, -a] *adj* (Se aplica al cabello) Que está rizado o tiende a rizarse.

ro [rró] Voz que, usada repetidamente, se emplea para arrullar a los niños a la hora de dormirse.

roa·no, -a [rroáno, -a] *adj* y *s/m,f* Se dice del caballo o yegua cuyo pelo es una mezcla de blanco, gris y bayo.

ro·bar [rroβár] *v/tr* **1.** Quitar una cosa y tomarla para sí, con violencia o engaño y contra la voluntad del dueño, ya sea de orden material o inmaterial. **2.** FIG Captar el afecto de alguien: *Su novia le ha robado el alma.* **3.** Cobrar excesivo dinero por algo, o engañar a alguien en algún negocio de compraventa o de otra clase. **4.** Tomar cartas o fichas, de las que hay como fondo, en juegos como la baraja o el dominó.

ro·bín [rroβín] *s/m* Capa de óxido que se forma sobre los metales, especialmente en el hierro.

ro·ble [rróβle] *s/m* **1.** Árbol fagáceo, de tronco grueso y madera dura y muy apreciada. **2.** Madera de este árbol. **3.** FIG Persona de buena salud o cosa muy resistente: *Es un roble. Está como un roble.*

ro·ble·dal [rroβleðál] *s/m* Robledo de gran extensión.

ro·ble·do [rroβléðo] *s/m* Lugar poblado de robles.

ro·blón [rroβlón] *s/m* Clavo de hierro con cabeza en un extremo, y remachado por el otro después de colocado.

ro·bo [rróβo] *s/m* **1.** Acción de robar. **2.** Lo que se roba.

ro·bot [rroβót] *s/m* **1.** Ingenio electrónico capaz de ejecutar automáticamente operaciones propias de seres inteligentes. **2.** Autómata.

ro·bus·te·cer [rroβusteθér] *v/tr,* REFL (-SE) Dar robustez.
CONJ *Irreg: Robustezco, robustecí, robusteceré, robustecido.*

ro·bus·te·ci·mien·to [rroβusteθimjéņto] *s/m* Acción y efecto de robustecer.

ro·bus·tez [rroβustéθ] *s/f* Condición de robusto.

ro·bus·to, -a [rroβústo, -a] *adj* **1.** Se dice de lo que es vigoroso por ser grueso. **2.** Se aplica a la persona que tiene buena salud y miembros fuertes.

ro·ca [rróka] *s/f* GEOL **1.** Mineral que por su abundancia constituye parte importante de la corteza terrestre. **2.** Terreno formado por piedra dura. **3.** Parte de una roca que constituye una unidad por apreciarse separada de lo que le rodea: *Una roca en el río.*

ro·ca·lla [rrokáʎa] *s/f* Conjunto de pedazos o trozos de roca desprendidos de las piedras por sí mismos o al tallar éstas últimas: *Rocalla para adorno del jardín.*

ro·cam·bo·les·co, -a [rokaɱbolésko, -a] *adj* Se dice de lo que es inverosímil a causa de las peripecias o complicaciones que conlleva: *Encuentro rocambolesco.*

ro·ce [rróθe] *s/m* **1.** Acción y efecto de rozar(se). **2.** Huella que deja en una cosa el roce con otra. **3.** COL Trato frecuente de unas personas con otras. **4.** COL Pequeño disgusto entre dos o más personas.

ro·cia·da [rroθiáða] *s/f* Acción y efecto de rociar.

ro·ciar [rroθiár] **I.** *v/intr* Caer sobre la tierra el rocío o lluvia menuda. **II.** *v/tr* Esparcir sobre alguna cosa agua u otro líquido en gotas menudas. RPr **Rociar de/con.**
ORT En el *sing* y *3.ª pers pl* del *pres* de *ind* y *subj* el acento recae sobre la *i: Rocía, rocíen.*

ro·cín [rroθín] *s/m* **1.** Caballo de mala traza. **2.** Caballo destinado al trabajo.

ro·cío [rroθío] *s/m* **1.** Lluvia leve y pasajera. **2.** Gotas menudas derramadas sobre las cosas para humedecerlas. **3.** Vapor de agua que por la noche se condensa en la atmósfera en gotitas diminutas y que aparecen sobre las plantas, la tierra, los objetos, etc.

rock [rrók] *s/m* Música popular, surgida en Estados Unidos hacia 1955, caracterizada por un constante recurso a la amplificación, una acentuación vigorosa marcada por la batería y la búsqueda de sonidos no habituales y duros.

roc·ke·ro, -a [rrokéro, -a] **I.** *adj* Relativo al rock. **II.** *s/m,f* COL Persona aficionada al rock.

ro·co·có [rrokokó] *s/m* Estilo artístico, parecido al barroco, que apareció en Francia durante el reinado de Luis XV.

ro·co·so, -a [rrokóso, -a] *adj* Abundante en rocas.

ro·da [rróðа] *s/f* MAR Pieza gruesa y curva de madera o hierro, que forma la proa de la nave.

ro·da·ba·llo [rroðaβáʎo] *s/m* Pez marino de carne muy apreciada.

ro·da·do, (-a) [rroðáðo, (-a)] **I.** *p* de *rodar*. **II.** *adj* Se aplica a todo aquello que discurre con suavidad, sea material, sea inmaterialmente: *En noviembre el curso ya está rodado*. **III.** *adj* y *s/m,f* MIN Pedazos de mineral que se desprenden de la veta, y quedan derramados naturalmente por el suelo. **IV.** *s/f* Señal que deja impresa una rueda en el sitio por donde pasa.

ro·da·ja [rroðáxa] *s/f* Rueda o disco, redondos y planos, de cualquier materia.

ro·da·je [rroðáxe] *s/m* **1.** Acción de rodar un filme. **2.** Situación en que se encuentra un vehículo mientras no ha rodado la cantidad de kilómetros inicial establecida por el constructor. **3.** Impuesto sobre los carruajes. **4.** Conjunto de ruedas.

ro·dal [rroðál] *s/m* Lugar pequeño, de forma redonda, que se distingue de lo que le rodea por cualquier circunstancia (color, dimensión, situación, etc.)

ro·da·mien·to [roðamjéņto] *s/m* Dispositivo para que ruede una pieza.

ro·da·pié [rroðapjé] *s/m* Banda de madera o de otro material con la que se cubren, alrededor y en su parte baja, paredes, balcones, etc.

ro·dar [rroðár] **I.** *v/intr* **1.** Dar vueltas un cuerpo alrededor de su eje permaneciendo o no en una misma superficie. **2.** Moverse algo sobre ruedas. **3.** Deslizarse dando vueltas algo por una escalera, una pendiente, etc. **4.** Ir una persona o cosa de un sitio a otro, se tenga o no rumbo fijo. **5.** No tener una persona o cosa sitio fijo de estancia. **6.** Seguir unas cosas a otras. **II.** *v/tr* **1.** Hacer que den vueltas ciertas cosas: *Rodar una bola de nieve*. **2.** Conducir un vehículo en su período de rodaje. **3.** Refiriéndose a películas, filmar las escenas para impresionarlas y luego proyectarlas. CONJ *Irreg: Ruedo, rodé, rodaré, rodado*.

ro·de·ar [rroðeár] **I.** *v/intr* **1.** Andar o estar alguien o algo alrededor de una persona o cosa: *Los árboles rodean el palacio*. **2.** Ir a un sitio por un camino indirecto o más largo que el ordinario. **3.** FIG Usar circunloquios al hablar. **II.** *v/tr* Poner una o varias personas o cosas alrededor de otra. **III.** REFL(-SE) (Con *de*) Tener alguien a su alrededor personas o cosas: *Se rodeó de muchas comodidades*. RPr **Rodearse de.**

ro·de·la [rroðéla] *s/f* Escudo redondo y delgado.

ro·deo [rroðéo] *s/m* **1.** Acción de rodear. **2.** Camino desviado o más largo que el ordinario. **3.** Vuelta que uno da para desorientar a quien lo persigue y escapar de él. **4.** Medio indirecto para conseguir algo: *Conseguí el permiso, pero con rodeos*. **5.** Manera de hablar por la que se procura no decir toda la verdad o no decirla claramente: *Dilo sin rodeos*. **6.** Reunión del ganado mayor para contarlo, venderlo, etc.

ro·di·lla [rroðíʎa] *s/f* **1.** Parte del cuerpo humano en que se articula el muslo con la pierna, y especialmente su zona anterior y saliente. **2.** En los cuadrúpedos, unión del antebrazo con la caña. **3.** Rosca que sirve de apoyo a lo que se transporta sobre la cabeza. LOC **De rodillas,** con las rodillas dobladas y apoyadas en el suelo. **Doblar/Hincar la rodilla,** *1.* Poner una rodilla en el suelo, como signo de respeto. *2.* FIG Rendirse a otro.

ro·di·lle·ro, (-a) [rroðiʎéro, (-a)] **I.** *s/f* **1.** Objeto que se pone en las rodillas, como medio de protección o adorno. **2.** Pieza que se coloca en los pantalones, en la parte correspondiente a la rodilla, a modo de remiendo. **3.** Convexidad que se forma por el uso en el pantalón, en la parte que cae sobre la rodilla. **4.** Rodilla para llevar carga sobre la cabeza. **II.** *adj* Relativo a la rodilla.

ro·di·llo [rroðíʎo] *s/m* **1.** Cilindro que forma parte de algunas máquinas. **2.** Utensilio pequeño de madera, empleado en la cocina para alisar masas, formar rebordes, etc.

ro·dio [rróðjo] *s/m* Metal de color blanco de plata, raro, muy poco fusible y resistente a los ácidos. *Núm* atómico *45*. *Sím Rh*.

ro·dri·gón [rroðriγón] *s/m* Vara, palo o caña que se clava al pie de una planta para sujetar con ligaduras sus tallos y ramas.

roe·dor, (-ra) [rroeðór, (-ra)] **I.** *adj* Que

roe. **II.** *adj* y *s/m* ZOOL Se dice de algunos mamíferos vegetarianos, como el ratón o la ardilla, que disponen de unos incisivos preparados para roer. **III.** *s/m, pl* ZOOL Orden que forman estos animales.

roe·du·ra [rroeðúra] *s/f* **1.** Acción de roer. **2.** Huella que se deja en la parte roída.

ro·er [rroér] *v/tr* **1.** Raspar con los dientes la superficie de un objeto duro. **2.** Quitar poco a poco pequeños fragmentos a una cosa. **3.** FIG Producir algo un sufrimiento interior intenso y continuado.
CONJ *Irreg: Roo, roí, roeré, roído.*

ro·gar [rroɣár] *v/tr* Pedir a alguien que haga, diga o dé algo como favor.
CONJ *Irreg: Ruego, rogué, rogaré, rogado.*

ro·ga·ti·va [rroɣatíβa] *s/f* (Usado frecuentemente en *pl*) Oración pública para lograr el remedio de alguna necesidad.

roí·do, -a [rroíðo, -a] *adj* Carcomido.

ro·je·ar [rroxeár] *v/intr* **1.** Tener una cosa un color tirando a rojo. **2.** Manifestar una cosa su color rojo.

ro·jez [rroxéθ] *s/f* **1.** Condición de rojo. **2.** Parte de la piel enrojecida.

ro·ji·zo, -a [rroxíθo, -a] *adj* De color que tiende a rojo.

ro·jo, -a [rróxo, -a] **I.** *adj* **1.** Se dice del color encarnado muy vivo. **2.** Se aplica a lo que tiene este color por estar muy caliente. **II.** *adj* y *s/m,f* En política, persona, acción, idea, etc., de carácter izquierdista. LOC **Al rojo (vivo),** *1.* Incandescente. *2.* FIG Muy excitado: *Cuando oyó su nombre se puso al rojo vivo.* **Poner rojo a alguien,** avergonzarle.

rol [rról] *s/m* **1.** Catálogo de nombres. **2.** Conjunto de conductas que constituyen la apariencia social o la función que alguien tiene que ejercer.

rol·da·na [rroḷdána] *s/f* Rodaja por donde corre la cuerda en una polea.

ro·lli·zo, -a [rroʎíθo, -a] *adj* Robusto.

ro·llo [rróʎo] *s/m* **1.** Fragmento de papel, tela u otra materia flexible, que da una o más vueltas formando cilindro. **2.** Película fotográfica enrollada en forma cilíndrica. **3.** Bollo o pan en forma de rosca. **4.** COL Persona o cosa pesada y aburrida: *Su conferencia ha sido un rollo.* **5.** COL Asunto, tinglado, actividad, materia, mundo o ambiente del que se habla o en el que se anda metido.

ro·ma·na [rromána] *s/f* Instrumento que sirve para pesar.

ro·man·ce [rrománθe] **I.** *adj* y *s/m* Se dice de las lenguas derivadas del latín, o de lo relativo a ellas. **II.** *s/m* **1.** Nombre que se daba antiguamente al idioma español. **2.** Relación amorosa breve entre dos personas.

ro·man·ce·ro [rromaṇθéro] *s/m* Colección de romances.

ro·má·ni·co, (-a) [rromániko, -a] **I.** *adj* Relativo a las lenguas derivadas del latín. **II.** *adj* y *s/m* Se dice del estilo artístico que se desarrolló en Europa entre los siglos XI a XIII.

ro·ma·nis·ta [rromanísta] *adj* y *s/m,f* Se aplica a quien se dedica al estudio de las lenguas y literaturas románicas.

ro·ma·ni·za·ción [rromaniθaθjón] *s/f* Acción y efecto de romanizar.

ro·ma·ni·zar [rromaniθár] *v/tr* Difundir la cultura y la civilización romanas en algún sitio.
ORT Ante *e* la *z* cambia en *c: Romanicé.*

ro·ma·no, (-a) [rrománo, (-a)] **I.** *adj* y *s/m,f* De Roma o de los Estados del antiguo imperio romano. **II.** *adj* Se dice de la Iglesia Católica y de lo relativo a ella.

ro·man·ti·cis·mo [rromaṇtiθísmo] *s/m* **1.** Condición de romántico. **2.** Inclinación a lo sentimental, generoso y fantástico. **3.** Movimiento ideológico y literario que se desarrolló en distintos países de Europa entre finales del siglo XVIII y mediados del XIX, caracterizado por una exaltación del individualismo, la libertad, el sentimiento, etc.

ro·mán·ti·co, -a [rromáṇtiko, -a] *adj* **1.** Sentimental. **2.** Relativo al romanticismo.

ro·man·za [rrománθa] *s/f* Composición musical, especialmente el aria, de carácter sencillo y tierno.

rom·bo [rróm̧bo] *s/m* GEOM Paralelogramo que tiene los lados iguales y dos de cuyos ángulos son mayores que los otros dos.

rom·boi·de [rrom̧bóiðe] *s/m* GEOM Paralelogramo que tiene sus lados contiguos desiguales y dos de cuyos ángulos son mayores que los otros dos.

ro·me·ría [rromería] *s/f* **1.** Peregrinación o viaje, generalmente a pie, que se hace a un santuario por devoción. **2.** Fiesta popular en que los habitantes de un lugar, tras asistir en un santuario a un acto religioso, se divierten con bailes, meriendas u otras distracciones.

ro·me·ro, (-a) [rroméro, (-a)] **I.** *s/m* Planta con pequeñas flores azules y hojas aromáticas. **II.** *adj* y *s/m,f* Se dice de quien participa en una romería.

ro·mo, -a [rrómo, -a] *adj* **1.** Se dice de lo que no tiene punta. **3.** Corto de inteligencia.

rom·pe·ca·be·zas [rroɱpekaβéθas] *s/m* **1.** FIG Juego que consiste en recomponer determinada figura que ha sido previamente dividida en trozos pequeños. **2.** FIG Asunto difícil de entender o resolver.

rom·pe·hie·los [rroɱpeʝélos] *s/m* Buque cuyas formas, resistencia y potencia lo hacen adecuado para navegar por mares helados.

rom·pe·o·las [rroɱpeólas] *s/m* Dique situado en la parte exterior de un puerto para abrigarlo.

rom·per [rroɱpér] **I.** *v/tr,* REFL(-SE) **1.** Deshacer en trozos un todo o unidad. **2.** Desgastar o debilitar la fuerza de algo. **3.** Abrir un agujero en una cosa: *Romper los zapatos por la suela.* **II.** *v/tr* **1.** Deshacer un cuerpo de gente armada: *¡Rompan filas!* **2.** Roturar. **3.** No cumplir alguien un compromiso: *Romper un pacto.* **4.** (Con *con*) Interrumpir un proceso, estado, relación, desarrollo, etc. **III.** *v/intr* **1.** Reventar las olas convirtiéndose en espuma. **2.** (Con *a, en*) Comenzar bruscamente una acción: *Romper a gritar/a llorar/en lágrimas.* **3.** Abrirse las flores: *Los capullos ya rompen.*
RPr **Romper con/a/en.**
CONJ El *p* es *irreg: Roto.*

rom·pien·te [rrompjén̪te] *s/m* Escollo donde choca el agua del mar o una corriente de agua.

rom·pi·mien·to [rroɱpimjén̪to] *s/m* Acción y efecto de romper.

ron [rrón] *s/m* Bebida alcohólica que se obtiene de una mezcla fermentada de melazas y zumo de la caña de azúcar.

ron·car [rroŋkár] *v/intr* **1.** Hacer un sonido ronco con la respiración mientras se duerme. **2.** FIG Producir un ruido sordo algunas cosas como el mar, el viento, etc.
CONJ Ante *e* la *c* cambia en *qu: Ronqué.*

ron·co, -a [rróŋko, -a] *adj* Que tiene ronquera: *Voz ronca.*

ron·cha [rrón̪tʃa] *s/f* **1.** Tajada delgada de cualquier cosa, cortada en redondo. **2.** Bulto enrojecido. **3.** Cardenal originado por un golpe.

ron·da [rrón̪da] *s/f* **1.** Acción de rondar. **2.** Acción de ir por la noche los jóvenes en grupo cantando y tocando instrumentos musicales delante de las casas de las muchachas. **3.** Grupo de personas que van de ronda. **4.** MIL Vigilancia que ejerce sobre las calles y puestos exteriores de una plaza un cuerpo de soldados. **5.** MIL Patrulla que ejerce esa vigilancia. **6.** FORT Espacio existente entre la parte interior del muro y las casas de una plaza fortificada. **7.** En algunos juegos de naipes, cada jugada en que echan carta los jugadores uno tras otro. **8.** Distribución de copas de vino, cigarros, o de cualquier otra cosa, a las personas reunidas: *Les pagó una ronda a todos.* **9.** Vuelta que da algo.

ron·da·lla [rron̪dáʎa] *s/f* Conjunto musical constituido por personas que, en ocasiones, cantan y tocan por las calles.

ron·dar [rron̪dár] **I.** *v/tr, intr* **1.** Andar de noche paseando por las calles, especialmente los jóvenes que cortejan a las muchachas. **2.** Vigilar los representantes de la autoridad una ciudad, un campamento, etc., para impedir desórdenes públicos. **II.** *v/tr* **1.** Cortejar un muchacho a una muchacha para conseguir su amor. **2.** Acercarse a alguien con frecuencia, hablándole, para obtener alguna cosa: *Le ronda a todas horas para conseguir el empleo.* **3.** Estar algo próximo a dominar a una persona: *En estas horas siempre le ronda el sueño.* **4.** Dar vueltas alrededor de una cosa.

ron·dón [rron̪dón] LOC *adv* **De rondón.** Con audacia y sin avisar.

ron·que·ar [rroŋkeár] *v/intr* Estar ronco.

ron·que·dad [rroŋkeðáð] *s/f* Condición de ronco.

ron·que·ra [rroŋkéra] *s/f* Afección de la laringe que produce una voz bronca y poco sonora por estar afectadas las cuerdas vocales: *Tener alguien ronquera.*

ron·qui·do [rroŋkíðo] *s/m* **1.** Ruido que se produce al roncar. **2.** Sonido bronco y sordo.

ron·ro·ne·ar [rronrroneár] *v/intr* **1.** Emitir el gato, cuando está satisfecho o mientras duerme, un sonido bronco y continuo. **2.** FIG Causar inquietud en alguien un pensamiento fijo.

ron·ro·neo [rronrronéo] *s/m* Acción y efecto de ronronear.

ron·zal [rronθál] *s/m* Cuerda con que se sujeta una caballería atándosela al cuello o a la cabeza.

ron·zar [rronθár] **I.** *v/intr* Producir ruido un alimento cuando se mastica por no estar maduro o cocido. **II.** *v/tr* Mascar un alimento quebradizo haciendo ruido.
ORT Ante *e* la *z* cambia en *c: Ronce.*

ro·ña [rróɲa] *s/f* **1.** Sarna del ganado lanar. **2.** Suciedad pegada fuertemente al cuerpo de personas, animales o cosas.

ro·ñe·ría [rroɲería] *s/f* Tacañería.

ro·ñi·ca [rroɲíka] *s/m,f* COL Persona tacaña.

ro·ño·so, -a [rroɲóso, -a] *adj* **1.** Se dice de la persona, animal o cosa con roña. **2.** Tacaño.

ro·pa [rrópa] *s/f* **1.** Toda clase de tela, dispuesta de diversas formas. **2.** Prenda de vestir. LOC **A quema ropa,** *1.* Refiriéndose a un disparo o tiro, desde muy cerca. *2.* Refiriéndose al modo de decir algo, de improviso y directamente.

ro·pa·je [rropáxe] *s/m* **1.** Vestido o adorno exterior del cuerpo. **2.** Ropa elegante utilizada en ceremonias solemnes.

ro·pa·ve·je·ro, -a [rropaβexéro, -a] *s/m,f* Persona que comercia con ropa y otros objetos usados.

ro·pe·ría [rropería] *s/f* Comercio donde se vende ropa hecha.

ro·pe·ro, (-a) [rropéro, (-a)] *adj* y *s/m* Se dice de la habitación o del armario en que se guarda la ropa.

ro·pón [rropón] *s/m* Cualquier prenda de vestir que se pone suelta sobre los demás vestidos.

ro·que [rróke] LOC **Estar/Quedarse roque,** quedarse o estar dormido.

ro·que·dal [rrokeðál] *s/f* Lugar abundante en rocas.

ro·que·do [rrokéðo] *s/f* Roca.

ro·que·ta [rrokéta] *s/f* FORT Especie de torre que se construía dentro de una fortaleza.

ro·que·te [rrokéte] *s/m* LITURG Especie de sobrepelliz cerrada y con mangas cortas.

ro·rró [rrorró] *s/m* Niño muy pequeño.

ros [rrós] *s/m* Especie de gorro militar, con visera, cilíndrico, más alto por delante que por detrás.

ro·sa [rrósa] *s/f* **1.** Flor del rosal. **2.** Precedido o no de *de*, color rojo atenuado por el blanco: *Pintura de color (de) rosa.* **3.** Como segundo término de comparación, suave. LOC **Como una rosa,** fresco, saludable, agradable. **Como las propias rosas,** satisfecho.

ro·sá·ceo, (-a) [rrosáθeo, (-a)] *adj* De color parecido al de la rosa.

ro·sa·do, (-a) [rrosáðo, (-a)] **I.** *adj* **1.** Se dice de lo que tiene color rosa y de ese mismo color. **2.** Con rosas en su composición: *Un ramo rosado.* **3.** Se aplica a la bebida que está muy fría y tiene grumos congelados en su interior. **II.** *s/f* Escarcha.

ro·sal [rrosál] *s/m* Arbusto rosáceo del que brotan flores de formas y colores muy variadas y de gran fragancia.

ro·sa·le·da [rrosaléða] *s/f* Lugar donde hay muchos rosales.

ro·sa·rio [rrosárjo] *s/m* **1.** Oración tradicional de la Iglesia Católica, dedicada a la Virgen María. **2.** Serie de cuentas utilizadas para rezar el rosario. **3.** FIG Se aplica a una serie de cosas de cualquier clase: *Les dirigió un rosario de acusaciones.*

ros·bif [rrosβíf] *s/m* ANGL Trozo de carne de vaca asado, cuyo interior queda algo rojo.

ros·ca [rróska] *s/f* **1.** Cosa de cualquier material, de forma cilíndrica, que deja en medio un espacio vacío. **2.** Resalto en espiral de un tornillo. LOC **Hacer la rosca a alguien,** halagarle para que le conceda algún favor. **Pasarse uno de rosca,** excederse alguien imprudentemente en lo que dice o hace.

ros·car [rroskár] *v/tr* **1.** Hacer la rosca de un tornillo o una tuerca. **2.** Arroscar. ORT Ante *e* la *c* cambia en *qu: Rosqué.*

ros·cón [rroskón] *s/m aum* de *rosco.* Bollo en forma de rosca grande.

ro·séo·la [rroséola] *s/f* Enfermedad consistente en la aparición de manchas pequeñas y rosadas en la piel.

ro·se·ta [rroséta] *s/f dim* de *rosa,* con el que se designan cosas parecidas a la rosa, como las manchas rojizas que aparecen a veces en las mejillas.

ro·se·tón [rrosetón] *s/m* Ventana circular calada con adornos.

ro·si·cler [rrosiklér] *s/m* **1.** Color rosáceo que tiene el cielo al amanecer. **2.** Plata roja (una clase de mineral).

ro·si·llo, -a [rrosíʎo, -a] *adj* Se dice de la caballería cuyo pelo es una mezcla de blanco, negro y castaño.

ros·qui·lla [rroskíʎa] *s/f* Golosina en figura de rosca pequeña.

ros·tro [rróstro] *s/m* Cara de la persona humana.

ro·ta·ción [rrotaθjón] *s/f* Acción y efecto de girar o rodar.

ro·ta·cis·mo [rrotaθísmo] *s/m* Cambio de 's' por 'r' entre vocales.

ro·tar [rrotár] *v/intr* Rodar, girar.

ro·ta·ti·vo, (-a) [rrotatíβo, (-a)] **I.** *adj* **1.** Se aplica a lo que gira o está dispuesto para girar. **2.** Que da vueltas pasando de uno a otro: *La lectura en público fue rotativa.* **II.** *s/f* Máquina para imprimir a gran velocidad. **III.** *s/m* Periódico impreso con esa máquina: *En Madrid salen varios rotativos por la tarde.*

ro·ta·to·rio, -a [rrotatórjo, -a] *adj* **1.** Relativo a la rotación. **2.** Se dice de lo que gira o puede girar.

ro·to, (-a) [rróto, (-a)] **I.** *p* de *romper.* **II.** *adj* **1.** Se dice de lo que ha sufrido alguna rotura o fragmentación. **2.** Se aplica a una persona cubierta de andrajos.

ro·ton·da [rrotóŋda] *s/f* Edificio, habitación o plaza de forma circular.

ro·tor [rrotór] *s/m* Parte giratoria de un motor o una turbina.

ró·tu·la [rrótula] *s/f* Hueso saliente y redondeado situado en la articulación de la rodilla.

ro·tu·la·ción [rrotulaθjón] *s/f* Acción y efecto de rotular.

ro·tu·la·dor, (-ra) [rrotulaðór, (-ra)] **I.** *adj* y *s/m,f* Que rotula o puede rotular. **II.** *s/m* Clase de bolígrafo con tinta especial. **III.** *s/f* Máquina para rotular.

ro·tu·lar [rrotulár] **I.** *v/tr* Hacer o poner rótulos. **II.** *adj* Relativo a la rótula.

ró·tu·lo [rrótulo] *s/m* **1.** Título de un escrito o de una parte del mismo. **2.** Letrero que anuncia el contenido de un recipiente, la dirección a donde se envía algo, la función o la clase de un establecimiento, un acontecimiento, etc.

ro·tun·di·dad [rrotun̪diðáθ] *s/f* Condición de rotundo.

ro·tun·do, -a [rrotún̪do, -a] *adj* (Aplicado a 'respuesta', 'negación', 'afirmación' y semejantes) Terminante, categórico.

ro·tu·ra [rrotúra] *s/f* **1.** Acción y efecto de romper(se) algo. **2.** Interrupción de una cosa.

ro·tu·ra·ción [rroturaθjón] *s/f* Acción y efecto de roturar.

ro·tu·rar [rroturár] *v/tr* Labrar por primera vez una tierra para dedicarla al cultivo.

rou·lot·te o **ru·lot** [rr(o)uló(t)(e)] *s/f* GAL Coche preparado como habitación, que es remolcado por un automóvil.

ro·ya [rróJa] *s/f* Hongo parásito, a manera de polvo amarillento, que se cría en los cereales y otras plantas y les causa enfermedades.

ro·za·du·ra [rroθaðúra] *s/f* **1.** Acción y efecto de rozar. **2.** Herida superficial que produce en la piel el roce con alguna cosa o con otra parte del cuerpo.

ro·za·gan·te [rroθaγán̪te] *adj* Se aplica a la vestidura larga y ostentosa.

ro·za·mien·to [rroθamjén̪to] *s/m* **1.** Acción y efecto de rozar. **2.** MEC Resistencia que se produce al rozar un cuerpo que se mueve con el aire o con otra cosa.

ro·zar [rroθár] **I.** *v/tr, intr* Tocar una cosa ligeramente la superficie de otra. **II.** REFL(-SE) **1.** Desgastarse algo con el roce o sufrir rozaduras. **2.** Tratarse entre sí varias personas. **III.** *v/tr,* REFL(-SE) **1.** Estropear(se) una cosa: *Rozarse la chaqueta por el codo.* **2.** (Con *con*) Tener dos cosas alguna relación entre sí o llegar casi a tenerla: *Esta acción roza con el delito.* RPr **Rozar con.**
ORT La *z* se convierte en *c* ante *e: Rocé.*

rúa [rrúa] *s/f* Calle.

rua·no, (-a) [rruáno, (-a)] *adj* Roano.

ru·be·fac·ción [rruβefakθjón] *s/f* Enrojecimiento producido en la piel debido a causas internas.

rú·beo, -a [rrúβeo, -a] *adj* Que tira a rojo.

ru·béo·la [rruβéola] *s/f* MED Enfermedad caracterizada por una erupción semejante a la del sarampión pero más leve.

ru·bí [rruβí] *s/m* Mineral compuesto de alúmina y magnesia, muy duro, rojo y brillante; es una piedra preciosa muy apreciada en joyería.

ru·bia [rrúβja] *s/f* COL Moneda de una peseta, de color dorado, de curso legal en España.

ru·bia·les [rruβjáles] *s/m,f* COL Persona de pelo rubio: *Le gusta esa rubiales.*

ru·bi·cán, -na [rruβikán, -na] *adj* y *s/m,f* Se dice del caballo, yegua u oveja cuyo pelo es una mezcla de rojo y blanco.

ru·bi·cun·do, -a [rruβikún̪do, -a] *adj* Se aplica al color rojo, a las personas que tienen un rostro rojizo y a la cara misma de tal color.

ru·bio, -a [rrúβjo, -a] *adj* Se aplica a lo que es de color rojo claro, parecido al del oro y a la persona que tiene el pelo de ese color.

ru·blo [rrúβlo] *s/m* Moneda de plata, unidad monetaria de Rusia.

ru·bor [rruβór] *s/m* **1.** Enrojecimiento de las mejillas producido por la vergüenza. **2.** Vergüenza.

ru·bo·ri·zar [rruβoriθár] *v/tr,* REFL(-SE) Producir o sentir rubor.
ORT La *z* cambia en *c* ante *e: Ruboricé.*

ru·bo·ro·so, -a [rruβoróso, -a] *adj* **1.** Que está con rubor. **2.** Que se ruboriza con facilidad.

rú·bri·ca [rrúβrika] *s/f* Trazo que cada persona forma caprichosamente y repite siempre, junto a su nombre o sin él, al firmar.

ru·bri·car [rruβrikár] *v/tr* **1.** Poner uno su rúbrica junto a su nombre o sin él. **2.** Dar testimonio de una cosa. **3.** Ratificar algo.

ru·cio, -a [rrúθjo, -a] *adj* **1.** Se dice de la persona que tiene el cabello a medio encanecer. **2.** Se aplica a la caballería de color blanquecino, canoso o pardo claro.

ru·cho [rrútʃo] *s/m* **1.** Pollino. **2.** Brote.

ru·de·za [rruðéθa] *s/f* Condición de rudo.

ru·di·men·ta·rio, -a [rruðimentárjo, -a] *adj* Relativo a los rudimentos.

ru·di·men·to [rruðiménto] *s/m* **1.** *pl* Conocimiento o estudios básicos de cualquier materia, ciencia o profesión. **2.** Estado primordial de un ser orgánico. **3.** Miembro de un ser orgánico no desarrollado completamente.

ru·do, -a [rrúðo, -a] *adj* **1.** Tosco, no pulimentado. **2.** Aplicado a mecanismos, sin suavidad en su funcionamiento. **3.** Refiriéndose a personas, sin delicadeza ni artificio. **4.** FIG Fuerte, duro.

rue·ca [rrwéka] *s/f* Instrumento con el que se hilaba antiguamente.

rue·da [rrwéða] *s/f* **1.** Pieza circular de cualquier materia, que puede girar sobre un eje. **2.** Conjunto de personas dispuestas en figura de circunferencia: *Una rueda de niños.* **3.** Tajada redonda de alguna cosa, sobre todo de un comestible (frutas, carnes, pescados, etc.). **4.** Orden sucesivo de alguna acción: *Rueda de intervenciones.* **Rueda de prensa,** entrevista que varios periodistas realizan a una o más de una persona: *El presidente celebró ayer una rueda de prensa.*

rue·do [rrwéðo] *s/m* **1.** Límite exterior de una cosa redonda. **2.** Espacio donde se efectúa la lidia en una 'plaza de toros'. LOC **Echarse al ruedo,** decidirse a hacer algo.

rue·go [rrwéγo] *s/m* **1.** Acción de rogar. **2.** Palabras que se emplean al rogar.

ru·fián [rrufján] *s/m* **1.** Hombre que comercia con la prostitución de las mujeres. **2.** Hombre que acostumbra a estafar o engañar.

rug·by [rrúγbi] *s/m* ANGL Juego de origen inglés; en él dos equipos juegan con una pelota ovalada.

ru·gi·do [rruxíðo] *s/m* **1.** Acción de rugir. **2.** Cada sonido producido cuando alguien o algo ruge.

ru·gir [rruxír] *v/intr* **1.** Producir su sonido propio el tigre, el león y otras fieras semejantes. **2.** Hacer un ruido intenso y bronco algunos fenómenos o cosas, como el trueno, el viento, el mar, etc. **3.** Gritar alguien con fuerza.
ORT Ante *o/a* la *g* cambia en *j: Ruja.*

ru·go·si·dad [rruγosiðáð] *s/f* **1.** Condición de rugoso. **2.** Arruga.

ru·go·so, -a [rruγóso, -a] *adj* Que tiene arrugas.

rui·bar·bo [rrwiβárβo] *s/m* Planta herbácea cuya raíz se utiliza en medicina como purgante.

rui·do [rrwíðo] *s/m* **1.** Sonido confuso, no armonioso y sin timbre definido. **2.** Mezcla desordenada de sonidos de distinta clase. **3.** Discusiones originadas por alguna causa. **4.** Dar lugar cierta cosa a un número excesivo de acciones y comentarios, con lo que se exagera su importancia: *Su acción ha traído mucho ruido.* LOC **Mucho ruido y pocas nueces,** se dice cuando una cosa aparenta tener más importancia de la que tiene en realidad.

rui·do·so, -a [rrwiðóso, -a] *adj* Se aplica a lo que causa mucho ruido.

ruin [rrwín] *adj* **1.** Se dice de la persona que actúa con maldad, engaño, cobardía o hipocresía, para perjudicar a otra y beneficiarse ella misma. **2.** Se aplica a la palabra o acción que sirven para dañar a otro en beneficio propio: *Acción ruin.* **3.** Se aplica a quien da o gasta menos de lo necesario, sólo por guardar.

rui·na [rrwína] *s/f* **1.** Estado de gran deterioro de un edificio. **2.** FIG Estado de destrucción de una cosa, de índole material o inmaterial. **3.** *pl* Restos de algún edificio o ciudad hundidos: *Ruinas de Roma.* **4.** Decadencia material o moral en que se encuentran una persona, una empresa, etc.: *Su vida libertina le produjo la ruina.*

ruin·dad [rrwindáð] *s/f* **1.** Condición de ruin. **2.** Acción ruin. **3.** Mezquindad.

rui·no·so, -a [rrwinóso, -a] *adj* **1.** Se aplica a lo que amenaza ruina: *Edificios ruinosos.* **2.** Se dice de lo que origina ruina o pérdidas materiales o morales.

rui·se·ñor [rrwiseɲór] *s/m* Ave de plumaje pardo rojizo, que destaca por la belleza de su canto.

ru·le·ta [rruléta] *s/f* Juego de azar compuesto de una rueda (llamada ruleta), dividida en treinta y seis casillas, que gira horizontalmente, y de una bolita que se lanza sobre dicha rueda; el número en que se detiene dicha bola es el agraciado.

ru·lo [rrúlo] *s/m* **1.** Rizo del cabello. **2.** Pequeño cilindro hueco y con agujeros para ondular el pelo.

ru·ma·no, (-a) [rrumáno, (-a)] *adj* y *s/m,f* De Rumania.

rum·ba [rrúmba] **1.** Música y danza populares de Cuba. **2.** Una especie de música y baile flamencos.

rum·bo [rrúmbo] *s/m* **1.** Dirección en el plano del horizonte. **2.** Ostentación en un gasto, una fiesta, un obsequio, etc.: *Celebró su cumpleaños con mucho rumbo.* **3.** FIG Comportamiento o conducta que uno desea seguir: *A los veinte años cambió el rumbo de su vida.*

rum·bo·so, -a [rrumbóso, -a] *adj* **1.** Se dice de la persona que gasta espléndidamente y del acto, objeto, etc., en que se gasta. 2. Ostentoso: *Fiesta rumbosa.*

ru·mian·te [rrumjánte] **I.** *adj* Que rumia. **II.** *adj* y *s/m,f* ZOOL Se aplica a los mamíferos ungulados, como la vaca o el camello, que se alimentan de vegetales, carecen de dientes incisivos en la mandíbula superior y tienen el estómago dividido en cuatro cavidades. **III.** *s/m, pl* ZOOL Orden de estos animales.

ru·miar [rrumjár] *v/tr* **1.** Masticar de nuevo un alimento devolviéndolo a la boca desde un compartimento especial que tienen para ello los rumiantes. **2.** FIG Pensar con detenimiento una cosa.

ru·mor [rrumór] *s/m* **1.** Noticia sin confirmar que se difunde entre el público. **2.** Ruido indefinido de voces: *¿No oyes un rumor a lo lejos?*

ru·mo·re·ar [rrumoreár] *v/impers,* REFL (-SE) Comunicarse unos a otros un rumor.

ru·mo·ro·so, -a [rrumoróso, -a] *adj* Que origina rumor.

ru·na [rrúna] *s/f* Cada uno de los signos que empleaban los antiguos escandinavos en su escritura.

run·rún [rrunrrún] *onomatopeya s/m* **1.** Noticia vaga sin confirmar. **2.** Rumor de voces o de ruidos de diversa naturaleza.

run·ru·ne·ar [rrunrruneár] *v/impers,* REFL(-SE) Rumorearse, correr el runrún.

run·ru·neo [rrunrrunéo] *s/m* Acción y efecto de runrunear(se).

ru·pes·tre [rrupéstre] *adj* Relativo a las rocas. Se dice particularmente de las pinturas prehistóricas realizadas por el hombre primitivo en las rocas de las cavernas.

ru·pia [rrúpja] *s/f* **1.** Moneda de persia. **2.** MED Enfermedad de la piel que se caracteriza por una herida cubierta de costras, originadas por secreciones secas.

rup·tu·ra [rruptúra] *s/f* Acción y efecto de romper(se).

ru·ral [rrurál] *adj* Relativo al campo.

ru·rrú [rrurrú] *s/m* Runrún.

ru·sien·te [rrusjénte] *adj* Que se pone rojo o caliente por la acción del fuego.

ru·so, -a [rrúso, -a] *adj* y *s/m,f* De Rusia.

rus·ti·ci·dad [rrustiθiðáð] *s/f* Condición de rústico.

rús·ti·co, (-a) [rrústiko, (-a)] **I.** *adj* **1.** Relativo al campo. **2.** Tosco. **II.** *s/m* Campesino.
En rústica, forma de encuadernar libros con tapas de cartulina.

ru·ta [rrúta] *s/f* Camino que se recorre o que se tiene establecido recorrer para llegar a un sitio.

ru·ti·lan·te [rrutilánte] *adj* Brillante, resplandeciente.

ru·ti·lar [rrutilár] *v/intr* POÉT Brillar intensamente.

ru·ti·na [rrutína] *s/f* Costumbre de hacer una determinada cosa, o de hacerla de determinada manera, que se mantiene sin razones que lo justifiquen.

ru·ti·na·rio, -a [rrutinárjo, -a] **I.** *adj* Se dice del modo de actuar basado en la rutina. **II.** *adj* y *s/m,f* Se dice de la persona que obra por rutina.

s [ése] *s/f* Vigésima segunda letra del alfabeto español.

sá·ba·do [sáβaðo] *s/m* Séptimo y último día de la semana; sigue al viernes.

sa·ba·na [saβána] *s/f* Llanura extensa con vegetación herbácea, poca vegetación arbórea y prolongada estación seca.

sá·ba·na [sáβana] *s/f* Pieza de tela de las dos que se suelen usar como ropa de cama. LOC **Pegársele a uno las sábanas,** permanecer en la cama más tiempo de lo debido o acostumbrado.

sa·ban·di·ja [saβan̪díxa] **I.** *s/f* Bicho. Cualquier reptil o insecto pequeño o asqueroso. **II.** *s/m,f* FIG Persona despreciable física o moralmente.

sa·ba·ñón [saβaɲón] *s/m* Nombre aplicado a la hinchazón que aparece por lo general en manos, pies, nariz y orejas debido al frío, y cuyas manifestaciones son un enrojecimiento de la piel y un ardiente picor.

sa·bá·ti·co, -a [saβátiko, -a] *adj* Relativo al sábado.
Año sabático, se aplica al año en que, en algunos países, los profesores están exentos de docencia para dedicarse a investigaciones u otros estudios, y que suele concederse cada siete años.

sa·be·dor, ra [saβeðór, -ra] *adj* Que tiene conocimiento de una cosa.

sa·be·lo·to·do [saβelotóðo] *s/m,f* Se aplica a la persona que presume de saberlo todo, sin corresponder ello con la realidad.

sa·ber [saβér] **I.** *s/m* Conocimiento, sabiduría. **II.** *v/intr* **1.** (Con *a*) Tener sabor algo: *Estas lentejas no saben a nada.* **2.** Ser capaz de adaptarse a algo o de comportarse de la manera que se expresa: *Sabe callar a tiempo.* **3.** Con verbos como *ir, andar, venir,* etc., conocer por dónde hay que ir, conocer el camino. **4.** Ser astuto y sagaz: *¡Lo que sabe el tío!* **III.** *v/tr* **1.** Conocer o estar informado de algo: *Supongo que ya sabes lo que tienes que hacer.* **2.** Conocer una ciencia, un arte, etc.: *Sabe alemán desde los doce años.* **3.** Poseer determinada capacidad: *Todavía no sabe andar.* **4.** Con un verbo de acción, tener los conocimientos necesarios para hacer lo que se expresa: *Todavía no sabe hacer una tortilla francesa.* **5.** Tener noticias de alguien o algo: *Hace mucho tiempo que no sé nada de él.* LOC **A saber,** expresión que introduce una explicación o enumeración: *Los novelistas del 98 fueron básicamente cinco; a saber: Ganivet, Azorín...* **¡Qué se yo!** o **¡Yo qué sé!,** se utilizan para mostrar ignorancia o perplejidad ante algo que se le pregunta. **¡Quién sabe!,** expresión de duda, temor, esperanza o incredulidad. **Saber mal una cosa a alguien,** disgustarle, enfadarle: *Me sabe mal que la chica llegue a las cuatro de la mañana.* **Un no sé qué,** expresa algo indefinible: *Le encuentro a esta leche un no sé qué que no me gusta.* **¡Vete a saber! ¡Vaya usted a saber!,** indica que algo es difícil de encontrar o conocer: *¡Vete a saber dónde estará ahora ese documento!* RPr **Saber a.**
CONJ *Irreg: Sé, supe, sabré, sabido.*

sa·bi·do, -a [saβíðo, -a] *adj* Que sabe o entiende mucho.

sa·bi·du·ría [saβiðuría] *s/f* **1.** Cualidad de sabio. **2.** Posesión de profundos conocimientos sobre determinadas materias. **3.** Comportamiento prudente en los actos de uno o en la manera de aconsejar a alguien: *Actúa con sabiduría.*

sa·bien·das [saβjén̪das] LOC **A sabiendas** (aplicado a la manera de obrar de una persona), con pleno conocimiento: *Lo hizo a sabiendas de que no me gustaba.*

sa·bi·hon·do, -a o **sa·bion·do** [saβjón̪do, -a] *adj* y *s/m,f* Se aplica a la persona que presume de saber mucho y de ser muy culta.

sa·bio, -a [sáβjo, -a] *adj* y *s/m,f* **1.** Se aplica a la persona con conocimientos muy amplios y profundos o, en general, a aquel que posee sabiduría en cualquiera de sus acepciones. **2.** Sensato, prudente; aplicado a las acciones y a la conducta de las personas. **3.** Se aplica a las cosas que contienen sabiduría: *Me has dado un sabio consejo.* **4.** Se aplica a los animales que tienen ciertas habilidades, como contestar en alguna forma a ciertas preguntas o ejecutar órdenes complicadas: *Un perro sabio.*

sa·bla·zo [saβláθo] *s/m* **1.** Golpe dado con el sable. **2.** Acción de obtener dinero de otra persona con descaro o habilidad.

sa·ble [sáβle] *s/m* Arma blanca algo curva y generalmente de un solo corte, semejante a la espada.

sa·ble·ar [saβleár] *v/intr* FIG FAM Dar sablazos, sacar dinero a alguien.

sa·bor [saβór] *s/m* **1.** Sensación que ciertas cosas producen en el sentido del gusto. **2.** Cualidad que tienen muchas cosas de producir dicha sensación: *Sabor a limón.* **3.** Semejanza de una cosa con otra a la que parece evocar: *Recitó un poema con un marcado sabor romántico.* **4.** Deleite o placer que puede producir una cosa que gusta.

sa·bo·re·ar [saβoreár] *v/tr* **1.** Paladear o deleitarse con lo que se come o se bebe. **2.** Dar sabor a una cosa. **3.** Recrearse o gozar pensando en cierta cosa: *El público está saboreando el triunfo obtenido por su equipo.*
ORT La *e* de la raíz no desaparece, aunque la desinencia empiece por *e: Saboreemos.*

sa·bo·reo [saβoréo] *s/m* Acción de saborear.

sa·bo·ta·je [saβotáxe] *s/m* **1.** Deterioro o daño producido en maquinarias, productos, servicios públicos o instalaciones militares, como medio de lucha contra los patronos, contra el Estado o contra las fuerzas de ocupación, en conflictos políticos o sociales. **2.** Acción intencionada de entorpecer algo, por medio de una serie de actos que impiden el normal desarrollo de una relación cualquiera, especialmente económica o política.

sa·bo·tea·dor, -ra [saβoteaðór, -ra] *adj* y *s/m,f* Se aplica al que sabotea.

sa·bo·te·ar [saβoteár] *v/tr* Realizar sabotajes.

sa·bro·so, -a [saβróso, -a] *adj* **1.** Agradable al sentido del gusto. **2.** Sustancioso o considerable en cantidad: *Es un sueldo muy sabroso.* **3.** Picante, malicioso o con gracia: *Un comentario muy sabroso.*

sa·bu·co [saβúko] *s/m* Saúco, sabugo.

sa·bue·so, -a [saβwéso, -a] **I.** *adj* y *s/m,f* Se aplica a una variedad del perro podenco, de olfato finísimo. **II.** *s/m,f* Se aplica al policía o detective que se dedica a investigar algo.

sa·bu·rra [saβúrra] *s/f* FISIOL **1.** Mucosidad espesa que se acumula en las paredes del estómago. **2.** Capa blanquecina que cubre la lengua cuando uno tiene ciertas enfermedades febriles.

sa·ca [sáka] *s/f* Costal muy grande de tela fuerte, más largo que ancho.

sa·ca·bo·ca·do(s) [sakaβokáðo(s)] *s/m* **1.** Instrumento de hierro que se utiliza para taladrar y que consiste en una especie de tenaza en una de cuyas puntas hay un corte circular del tamaño del orificio que se quiere hacer. **2.** FIG Medio eficaz con que se consigue algo.

sa·ca·cor·chos [sakakórtʃos] *s/m* Instrumento, generalmente de metal, que se utiliza para quitar los tapones de corcho de las botellas.

sa·ca·cuar·tos o **sa·ca·di·ne·ros** [sakakwártos/sakaðinéros] *s/m,f* FAM **1.** Persona hábil para obtener dinero con engaños. **2.** Espéctaculo u objeto de poco valor, pero de buena apariencia, de los que se encaprichan los chicos o las personas incautas y en las que se malgasta el dinero.

sa·ca·mue·las [sakamwélas] *s/m,f* Hombre que sacaba muelas y dientes.

sa·ca·pun·tas [sakapúntas] *s/m* Instrumento que se utiliza para hacer punta a los lápices.

sa·car [sakár] *v/tr* **1.** Quitar o extraer una cosa del interior de otra: *Sacar los libros de la cartera.* **2.** Hacer salir a alguien de la situación o condición en que se encuentra: *No puedo sacarte de este apuro.* **3.** Hacer salir a alguien del lugar donde estaba encerrado para que pasee o se distraiga: *Hay que sacar al perro a pasear.* **4.** Conseguir algo de alguien o de algo: *Dice que no saca nada de este negocio.* **5.** Obtener un premio en un sorteo. **6.** Averiguar, lograr alguna información de alguien. **7.** Echar cierta carta jugando a la baraja, cierta ficha jugando al dominó, etc.: *No quiso sacar el as y perdió la partida.* **8.** Invitar una persona a otra a ser su pareja en una pieza de baile. **9.** Alargar el dobladillo de una prenda o ensanchar sus costuras: *Tienes que sacar un poco el pantalón.* **10.** Hacer sobresalir una parte del cuerpo: *Sacar el pecho.* **11.** Extraer, separar una cosa de otra o de un conjunto del que forma parte: *El aceite se saca de la aceituna.* **12.** Producir, fabricar: *Esta fábrica saca cien coches diarios.* **13.** Inventar, divulgar una canción, moda o producto: *Acaban de sacar un nuevo modelo de coche.* **14.** Hacer una fotografía. **15.** Copiar un escrito o hacer una reproducción de cualquier cosa: *Saca una copia de este escrito.* **16.** Extraer notas o citas de un libro o texto. **17.** Comprar billetes o entradas: *Yo iré antes al cine para sacar las entradas.* **18.** Resolver un problema o cuenta: *Por favor, sáqueme la cuenta y dígame lo que le debo.* **19.** Tener sobre alguien cierta ventaja cuya medida se expresa: *En la segunda vuelta al circuito le sacaba ya cien metros.* **20.** En los juegos de pelota, hacer la jugada inicial o poner la pelota en movimiento, después de una interrupción. LOC **Sacar adelante,** *1.* Ayudar a una persona (generalmente a niños o jóvenes) hasta que pueda valerse por sí misma. *2.* Poner en marcha un asunto o negocio, o salvarlo de la crisis. **Sacar en claro/en limpio,** deducir u obtener una

conclusión o una idea clara o precisa de una conversación, presentación, explicación, etc. RPr **Sacar de.**
ORT La *c* cambia en *qu* ante *e: Saquemos.*

sa·ca·ri·na [sakarína] *s/f* Sustancia química, soluble en el agua y de sabor dulce, que se emplea para azucarar los alimentos en algunos regímenes alimenticios.

sa·ca·ro·sa [sakarósa] *s/f* Nombre científico del azúcar de caña o de remolacha.

sa·cer·do·cio [saθerðóθjo] *s/m* **1.** Dignidad y estado de sacerdote. **2.** FIG Consagración activa y celosa al desempeño de una profesión.

sa·cer·do·tal [saθerðotál] *adj* Relativo al sacerdote.

sa·cer·do·te [saθerðóte] *s/m* Hombre investido de carácter sagrado y cuya misión es realizar los sacrificios y servicios religiosos en cualquier religión.

sa·cer·do·ti·sa [saθerðotísa] *s/f* Mujer que realizaba los sacrificios y cuidaba del templo en las religiones paganas.

sa·ciar [saθjár] *v/tr,* REFL(-SE) **1.** Satisfacer el hambre o la sed de una persona, o hacer que coma o beba hasta no desear más. **2.** Satisfacer completamente deseos, ambiciones, curiosidades o afanes. RPr **Saciarse con/de.**

sa·cie·dad [saθjeðáð] *s/f* Estado de satisfecho o harto.

sa·co [sáko] *s/m* **1.** Receptáculo en forma de bolsa grande, de tela, plástico, cuero, papel u otro material flexible y que puede cerrarse frunciendo o plegando la boca. **2.** Lo contenido en él. **3.** Nombre de algunas estructuras del organismo, en relación con su forma. **4.** (Con *de*) Se aplica a la persona que tiene, en alto grado, la cualidad o defecto que se menciona: *Juan siempre fue un saco de sorpresas, de maldad...* **5.** AMÉR Chaqueta, americana. LOC **Entrar a saco,** saquear.

sa·cra·li·zar [sakraliθár] *v/tr* Dar carácter sagrado a lo que antes no lo tenía.
ORT Ante *e* la *z* cambia en *c: Sacralice.*

sa·cra·men·tal [sakramen̪tál] *adj* Relativo a los sacramentos.

sa·cra·men·tar [sakramen̪tár] *v/tr* Administrar a un enfermo los sacramentos.

sa·cra·men·to [sakramén̪to] *s/m* En la religión católica, signo sagrado instituido por Jesucristo que significa y da o aumenta la gracia.

sa·cri·fi·car [sakrifikár] **I.** *v/tr* **1.** Hacer sacrificios, ofrecer a los dioses una víctima que se mata en su honor. **2.** Degollar las reses en el matadero para su consumo. **3.** (Con *a*) Situar a alguien o algo en circunstancias comprometedoras, o exponerlo a un riesgo o trabajo, con el fin de conseguir un beneficio: *Yo no le sacrifico a su suerte.* **4.** Renunciar a una cosa por tener otra: *Tendré que sacrificar el coche si quiero comprar la casa.* **II.** REFL(-SE) Renunciar voluntariamente a algo, privarse o hacer un sacrificio por alguien: *Creo que tendremos que sacrificarnos todos por ellos.* RPr **Sacrificar(se)a/por.**
ORT La *c* cambia en *qu* ante *e: Sacrifiquen.*

sa·cri·fi·cio [sakrifíθjo] *s/m* **1.** Ofrenda o inmolación a un dios con fines expiatorios o propiciatorios. **2.** Renuncia voluntaria a alguna cosa o privación que uno mismo se impone o acepta.

sa·cri·le·gio [sakriléxjo] *s/m* Profanación de cosa, persona o lugar sagrados.

sa·crí·le·go, -a [sakríleγo, -a] **I.** *adj* y *s/m,f* Aplicado a personas, que cometen un sacrilegio. **II.** *adj* Relativo al sacrilegio: *Un robo sacrílego.*

sa·cris·tán [sakristán] *s/m* Hombre empleado en las iglesias, que se ocupa de ayudar al sacerdote en el altar y cuidar de la iglesia, sus cosas y su limpieza.

sa·cris·ta·na [sakristána] *s/f* Mujer encargada en su convento del cuidado de la sacristía.

sa·cris·ta·nía [sakristanía] *s/f* Cargo de sacristán.

sa·cris·tía [sakristía] *s/f* Lugar anexo al templo donde se guardan los objetos sagrados y se reviste el sacerdote.

sa·cro, (-a) [sákro, (-a)] **I.** *adj* Sagrado. **II.** *s/m* Hueso de la pelvis formado por cinco vértebras.

sa·cro·san·to, -a [sakrosán̪to, -a] *adj* Se aplica a las cosas sagradas y santas.

sa·cu·di·da [sakuðíða] *s/f* **1.** Acción y efecto de sacudir. **2.** Movimiento brusco de cualquier cosa.

sa·cu·dir [sakuðír] *v/tr* **1.** Agitar violentamente de un lado a otro a alguien o algo. **2.** Mover una cosa con brusquedad o agitarla en el aire con violencia para quitarle el polvo o ahuecarla: *Sacude las alfombras.* **3.** Pegar a alguien, darle golpes. **4.** Ahuyentar con movimientos de las manos o de otra cosa los mosquitos, moscas u otros animales que molestan, o quitar otras cosas del cuerpo con golpes ligeros. **5.** FIG Alterar o emocionar violentamente a una persona o a un grupo: *Cuando comunicó la noticia, una gran emoción sacudió a toda la familia.*

sá·di·co, -a [sáðiko, -a] *adj* y *s/m,f* Relativo al sadismo.

sa·dis·mo [saðísmo] *s/m* Situación patológica del instinto sexual, que se caracteriza por la obtención de placer sexual infligiendo sufrimientos a los demás.

sae·ta [saéta] *s/f* **1.** Flecha. Proyectil que se dispara con el arco. **2.** Manecilla del reloj. **3.** Brújula. **4.** Copla devota que se canta en Semana Santa.

sa·fa·ri [safári] *s/m* **1.** Gran expedición de caza, particularmente en África, y caravana de personas y animales que la realizan. **2.** Parque zoológico en el que habitan animales salvajes libremente y que sólo puede ser visitado en automóvil.

sa·ga [sáɣa] *s/f* Historia de una familia: *La saga de los Alba.*

sa·ga·ci·dad [saɣaθiðáð] *s/f* Cualidad de sagaz.

sa·gaz [saɣáθ] *adj* Se aplica a la persona o animal sutil para descubrir lo oculto de las cosas.
ORT En *Pl: Sagaces.*

sa·gi·ta [saxíta] *s/f* GEOM Porción de recta comprendida entre el punto medio de un arco de circunferencia y el de su cuerda.

sa·gi·ta·rio [saxitárjo] *s/m* **1.** Soldado que dispara saetas. **2.** Noveno signo del zodiaco y zona que el sol recorre del 23 de noviembre al 21 de diciembre.

sa·gra·do, -a [saɣráðo, -a] *adj* **1.** Se aplica a las cosas que reciben culto religioso y a las dedicadas al culto divino. **2.** Se aplica a lo que inspira o debe inspirar gran respeto o una profunda veneración.

sa·gra·rio [saɣrárjo] *s/m* Pequeño recinto, en forma de urna, en donde se guarda el copón con las hostias consagradas.

sa·ha·raui [saxarawi] *adj* Relativo al Sáhara y especialmente al antiguo territorio español así llamado.

sa·ha·ria·no, (-a) [saxarjáno, (-a)] **I.** *adj* Relativo al desierto del Sáhara. **II.** *s/f* Especie de chaqueta holgada, de tela delgada y ligera, con bolsillos sobrepuestos y cinturón.

sa·hu·mar [saumár] *v/tr,* REFL(-SE) Dar humo aromático a algo.

sa·hu·me·rio [saumérjo] *s/m* **1.** Acción y efecto de sahumar(se). **2.** Humo para sahumar.

saín [saín] *s/m* Grasa de los animales.

sai·ne·te [sainéte] *s/m* Pieza dramática en un acto, de carácter satírico, cómico y popular; solía representarse en el intermedio o al final de la obra principal.

sai·ne·tis·ta [sainetísta] *s/m,f* Escritor de sainetes.

sa·ja·du·ra [saxaðúra] *s/f* Corte hecho en la carne.

sa·jar [saxár] *v/tr* Hacer un corte en la carne con instrumento cortante. Particularmente, abrir un grano, tumor, etc., para limpiarlo de pus y curarlo.

sa·jón, -na [saxón, -na] *adj* y *s/m,f* **1.** Se aplica a los individuos de un pueblo germánico que se estableció en las islas Británicas en el siglo V, a ese pueblo, a la raza descendiente de él, a los pueblos de esa raza y a sus cosas. **2.** De Sajonia, país del centro de Europa.

sa·ke [sáke] *s/m* Nombre japonés de una bebida alcohólica obtenida por fermentación del arroz, que suele tomarse caliente.

sal [sál] **I.** *s/f* **1.** Sustancia cristalina y soluble en agua, utilizada como condimento y conservador de alimentos, que se extrae del agua del mar o yacimientos. **2.** Gracia, agudeza, ingenio: *Esto sí que es la sal de la vida.* **3.** Compuesto químico resultante de la sustitución de uno o varios hidrógenos ácidos por un metal o radical básico. **II.** *s/f, pl* **1.** Sustancia salina, generalmente amoniacal, que se da a respirar con el objeto de reanimar. **2.** Sustancia perfumada que se mezcla con el agua para el baño.

sa·la [sála] *s/f* **1.** Habitación grande de una casa donde se reciben visitas y se dan fiestas. **2.** Mobiliario de dicha habitación. **3.** Aposento de grandes dimensiones, destinado a ciertas finalidades: *Sala de fiestas/ de operaciones.* **4.** Tribunal, conjunto de magistrados que integran cada una de las divisiones de los tribunales colegiados.

sa·la·dar [salaðár] *s/m* **1.** Lugar donde cuaja la sal. **2.** Terreno estéril a causa de las sales que contiene.

sa·la·de·ría [salaðería] *s/f* Industria de salar carnes.

sa·la·de·ro [salaðéro] *s/m* Lugar destinado para salar carnes o pescados.

sa·la·di·llo, -a [salaðíʎo, -a] *adj* **1.** Se aplica al tocino fresco sin salar. **2.** Se aplica a algunos frutos secos y semillas saladas, como almendras, cacahuetes.

sa·la·do, -a [saláðo, -a] *adj* **1.** (Con *estar*) Se aplica a lo que tiene demasiada sal. **2.** (Con *ser*) Se aplica a la persona o cosa que tiene gracia, que es amena.

sa·la·du·ra [salaðúra] *s/f* Acción y efecto de salar.

sa·la·man·dra [salamán̪dra] *s/f* **1.** ZOOL Reptil anfibio de cabeza y cuello diferenciados, tronco alargado con cuatro extremidades y cola larga. **2.** Estufa de carbón de combustión lenta y forma cuadrada.

sa·la·man·que·sa [salamaŋkésa] *s/f* ZOOL Reptil saurio pequeño, de piel tuberculosa, con cuerpo comprimido y ceniciento.

sa·la·me [saláme] *s/m* Embutido hecho con carne vacuna y carne grasa de cerdo, picada y curada, que se come crudo.

sa·lar [salár] *v/tr* **1.** Cubrir de sal ciertos alimentos, como carne y pescados, para conservarlos. **2.** Poner sal en una comida.

sa·la·rial [salarjál] *adj* Relativo al salario.

sa·la·rio [salárjo] *s/m* Paga. Remuneración periódica que se da a una persona por el trabajo realizado en un día, una semana o, generalmente, un mes.

sa·la·zón [salaθón] *s/m* **1.** Acción y efecto de salar carne o pescado. **2.** *pl* Carne o pescado salados. **3.** Actividad industrial con dichas conservas: *Industria del salazón.*

sal·chi·cha [saltʃítʃa] *s/f* Embutido hecho con carne picada de cerdo, bien sazonada y en tripa delgada, que se consume en general fresco.

sal·chi·che·ría [saltʃitʃería] *s/f* Tienda donde se venden embutidos.

sal·chi·chón [saltʃitʃón] *s/m* Embutido selecto de jamón, tocino y pimienta en grano y en tripa gruesa; se come crudo.

sal·dar [saldár] *v/tr* **1.** Liquidar una cuenta haciendo las operaciones para saber el resultado final y pagando el deudor la cantidad que resulta. **2.** Pagar enteramente una deuda. **3.** Vender una mercancía a bajo precio para terminarla. **4.** Poner fin a una situación o a alguna cosa.

sal·do [sáldo] *s/m* **1.** Resto positivo o negativo que resulta al efectuar las operaciones en una cuenta, en el haber o el debe. **2.** Liquidación o pago de una deuda u obligación. **3.** Restos de mercancías que se venden a bajo precio.

sa·le·di·zo, (-a) [saleðíθo, -a] **I.** *adj* Saliente, que sobresale. **II.** *s/m* ARQ Parte que sobresale de la pared maestra, salidizo.

sa·le·ro [saléro] *s/m* **1.** Recipiente donde se tiene la sal para usarla en la cocina o en la mesa. **2.** Gracia, donaire.

sa·le·ro·so, -a [saleróso, -a] *adj* FIG Que tiene gracia, salero y simpatía.

sa·le·sa [salésa] *adj* y *s/f* Se aplica a la religiosa que pertenece a la orden fundada por San Francisco de Sales.

sa·le·sia·no, (-a) [salesjáno, (-a)] **I.** *adj* y *s/m,f* Se aplica a la persona que pertenece a la congregación de San Francisco de Sales, fundada por San Juan Bosco. **II.** *adj* Relativo a dicha congregación.

sá·li·co, -a [sáliko, -a] *adj* Relativo a los salios o francos.
Ley sálica, ley que en Francia y en ciertas épocas en España excluía del trono a las mujeres.

sa·li·da [salíða] *s/f* **1.** Acción y efecto de salir o salirse. **2.** Parte por donde se sale de un lugar. **3.** Paseo, excursión o viaje. **4.** Ocurrencia, cosa graciosa, oportuna o sorprendente que alguien dice o hace: *Es una persona muy seria, pero tiene cada salida que te mueres de risa.* **5.** Medio o recurso con que se vence un argumento, peligro o dificultad, o con que se puede solucionar una situación apurada: *Creo que tendré que vender el coche si quiero terminar de pagar el piso, no tengo otra salida.* **6.** Pretexto o habilidad con que se elude algo. **7.** Partida del haber en una cuenta: *Este mes hemos tenido demasiadas salidas y pocas entradas.* LOC **Salida de tono,** despropósito, tontería, inoportunidad, aplicado a dichos o acciones. **No haber salida en algún asunto,** no haber remedio o solución.

sa·li·di·zo [saliðíθo] *s/m* ARQ Parte del edificio que sobresale de la pared maestra.

sa·li·do, (-a) [salíðo, (-a)] *adj* Se aplica a los animales en celo.

sa·lien·te [saljénte] *s/m* **1.** Se aplica a lo que sobresale, materialmente o por su importancia o interés. **2.** Sector del horizonte por donde sale el sol.

sa·lí·fe·ro, (-a) [salífero, (-a)] *adj* Salino.

sa·li·na [salína] *s/f* **1.** Mina de sal. **2.** (Generalmente en *pl*) Instalación para obtener la sal del agua del mar o de un manantial.

sa·li·ni·dad [saliniðáð] *s/f* **1.** Cualidad de salino. **2.** Cantidad relativa de sal disuelta en un líquido, particularmente en el agua del mar.

sa·li·no, -a [salíno, -a] *adj* Se aplica a lo que contiene sal o que tiene las cualidades de la sal.

sa·lir [salír] **I.** *v/intr* **1.** (Con *a, de*) Ir fuera de un sitio en el que se está y que suele ser cerrado: *Salir de casa. Salir a la calle.* **2.** Cesar en un cargo u oficio o dejar de pertenecer a un partido o asociación. **3.** Partir de un lugar a otro. **4.** Ir de paseo, al cine, etc., particularmente salir con una persona como preámbulo de noviazgo. **5.** Aparecer, mostrarse, hacerse presente: *La noticia salió en todos los periódicos.* **6.** Nacer, brotar: *Pronto van a salir flores de esta planta.* **7.** Librarse de algún peligro o situación difícil o molesta: *Supo salir a tiempo de esa sociedad.* **8.** Estar una cosa más alta o más hacia fuera que lo que le rodea. **9.** Ser elegido por suerte o vocación: *¿Quién ha salido elegido?* **10.** (Con *con*) Decir o hacer algo de forma inesperada: *Salió con que no era culpable.* **11.** Obtener un resultado de una operación: *No le salen las cuentas.* **12.** Desembocar, afluir: *Esta calle sale a una plaza.* **13.** Presentársele a uno una oportunidad, ocasión, o una cosa que se encuentra ocasionalmente: *Si me sale ese trabajo, podré comprar el coche.* **14.** (Con

de) 'Representar', 'hacer de'. Hacer un papel en una función de teatro o en una película: *Él salía de Don Quijote.* **15.** Proceder o ser sacado u obtenido de la cosa que se expresa: *El vino sale de la uva.* **16.** Resultar algo o alguien de una determinada manera: *Hoy no me sale nada bien.* **17.** (Con *por*) Resultar algo a un determinado precio: *Este piso nos sale por unos cuatro millones.* **18.** (Con *a*) Parecerse a otra persona: *Este niño ha salido a su padre.* **19.** En determinados juegos, ser el primero en iniciarlos: *Te toca salir a ti.* **20.** (Con *por*) Responder de cierta cosa o por cierta persona: *El jefe ha salido por él.* **II.** REFL(-SE) **1.** Forma reflexiva o espontánea de 'salir': *Se ha salido de la asociación.* **2.** Rebosar o derramarse un líquido del recipiente que lo contiene: *Procura que no se salga el café del cazo.* **3.** Seguido de voces como 'regla', 'tono', 'límites', 'costumbres', 'lo acostumbrado', 'lo normal', etc., colocarse fuera de lo que ellas significan: *Su comportamiento en casa se sale de tono.* LOC **Salirse alguien con la suya,** conseguir algo a fuerza de obstinación. **Salir adelante,** *1.* Superar determinadas circunstancias o dificultades adversas. *2.* Llegar a feliz término en una empresa o propósito. **Salir bien algo,** resultar bien. **Salir caro algo,** ocasionar algo mucho daño, o costar caro: *La broma le salió cara, tuvo que pagar cien mil pesetas por arreglar el coche.* RPr **Salir a/con/de/por/para:** *Ha salido a las seis de casa. Ha salido a la calle. Salió con unos amigos. Mañana saldré de compras. Salió por la puerta trasera. Salió para Murcia ayer.*
CONJ *Irreg: Salgo, salí, saldré, salido.*

sa·li·tre [salítre] *s/m* Nitrato potásico que aflora a la superficie de los terrenos húmedos o salinos.

sa·li·tro·so, -a [salitróso, -a] *adj* Que contiene salitre: *Terreno salitroso.*

sa·li·va [salíβa] *s/f* Sustancia clara y viscosa, segregada por las glándulas salivares, que prepara los alimentos para la deglución e inicia la digestión de algunos.

sa·li·va·ción [saliβaθjón] *s/f* Acción de salivar.

sa·li·val [saliβál] *adj* Relativo a la saliva.

sa·li·var [saliβár] *v/intr* Segregar o arrojar saliva.

sa·li·va·zo [saliβáθo] *s/m* Porción de saliva que se echa por la boca de una sola vez.

sa·li·ve·ra [saliβéra] *s/f* Bolita que se pone en el freno del caballo para que sienta frescor en la boca.

sa·li·vo·so, -a [saliβóso, -a] *adj* Que segrega mucha saliva.

sal·man·ti·no, -a [salmantíno, -a] *adj* y *s/m,f* De Salamanca.

sal·mo [sálmo] *s/m* Cántico religioso compuesto con el fin de alabar a Dios.

sal·mo·dia [salmóðja] *s/f* Canto que de forma monótona acompaña a los salmos que se entonan en la Iglesia.

sal·mo·diar [salmoðjár] **I.** *v/intr* Entonar salmodias. **II.** *v/tr* Cantar algo con cadencia monótona.

sal·món [salmón] *s/m* ZOOL Pez de cuerpo rollizo y alargado, de color rosado. Desova en los ríos para después emigrar al mar.

sal·mo·na·do, -a [salmonáðo, -a] *adj* Parecido al salmón.

sal·mo·ne·te [salmonéte] *s/m* ZOOL Nombre común aplicado a varias especies de peces de la familia de los múlidos.

sal·mue·ra [salmwéra] *s/f* Agua cargada de sal.

sa·lo·bre [salóβre] *adj* Se dice de lo que tiene sabor de sal.

sa·lo·bre·ño, -a [saloβréɲo, -a] *adj* Se aplica a la tierra que es salobre o contiene sal.

sa·lo·bri·dad [saloβriðáð] *s/f* Cualidad de salobre.

sa·lón [salón] *s/m* **1.** Habitación donde se reciben las visitas. **2.** En un edificio público o residencia, habitación de grandes dimensiones, normalmente muy lujosa, destinada a la celebración de fiestas, recepciones, actos o juntas. **3.** Conjunto de muebles de estas habitaciones. **4.** Muestra pública de arte, ciencia o comercio. **5.** Denominación que se da a determinados establecimientos públicos.

sal·pi·ca·de·ro [salpikaðéro] *s/m* En los automóviles, especie de tablero colocado frente al conductor, en el que se hallan algunos mandos y aparatos indicadores.

sal·pi·ca·du·ra [salpikaðúra] **I.** *s/f* Acción y efecto de salpicar. **II.** *s/f* **1.** Conjunto de gotas que algo salpica. **2.** Consecuencias directas de algún suceso.

sal·pi·car [salpikár] *v/intr, tr* **1.** Saltar un líquido o una sustancia pastosa mojando o ensuciando. **2.** Diseminar, esparcir un líquido sobre algo.
ORT Ante *e* la *c* cambia en *qu: Salpiqué.*

sal·pi·cón [salpikón] *s/m* **1.** Salpicadura. **2.** Guiso de carne picada, marisco o pescado, con pimienta, sal, vinagre, aceite y cebolla. **3.** Cualquier cosa desmenuzada.

sal·pi·men·tar [salpimentár] *v/tr* Adobar algo con sal y pimienta.
CONJ *Irreg: Salpimiento, salpimenté, salpimentaré, salpimentado.*

sal·pu·lli·do o **sar·pu·lli·do** [salpuʎíðo/sarpuʎíðo] *s/m* Erupción cutánea leve y pasajera, formada por muchos granitos o ronchas.

sal·sa [sálsa] *s/f* **1.** Sustancia líquida o pastosa que se emplea para condimentar o aderezar algunos guisos. **2.** Cualquier cosa que da amenidad o gracia, especialmente a una conversación o relato.

sal·se·ra [salséra] *s/f* Recipiente para servir salsa.

sal·ta·dor, (-ra) [sa̯ltaðór, (-ra)] **I.** *adj* Que salta. **II.** *s/m,f* Se aplica a la persona que se dedica a saltar como ejercicio de habilidad, para el público. **II.** *s/m* Comba. Cuerda que se utiliza para jugar a saltar.

sal·ta·du·ra [sa̯ltaðúra] *s/f* Defecto en una superficie, que le hace perder su uniformidad, particularmente en una piedra.

sal·ta·mon·tes [sa̯ltamóntes] *s/m* ZOOL Insecto ortóptero, de color verde amarillento, de patas posteriores muy robustas y largas, con las cuales da grandes saltos.

sal·tar [sa̯ltár] **I.** *v/intr* **1.** Alzarse del suelo vertical u oblicuamente para caer de nuevo en él. **2.** Pasar de un sitio a otro levantándose del suelo, o lanzarse desde una altura cayendo de pie: *Si quieres cruzar el arroyo, tendrás que saltar.* **3.** Lanzarse sobre alguien para acometerle. **4.** Ser capaz de conseguir cierta altura saltando: *Yo salto uno treinta.* **5.** Botar. **6.** Caer el agua de una corriente salvando un desnivel. **7.** Salir hacia arriba con ímpetu. **8.** Resquebrajarse o romperse algo por excesiva dilatación, tirantez u otras causas: *Ha saltado toda la pintura del coche.* **9.** Mostrar descontento o manifestar airadamente enfado o irritación: *No puedes decirle nada, a la mínima salta.* **10.** Estallar o hacer explosión una cosa: *La policía no llegó a tiempo y la bomba saltó.* **11.** (Con *con*) Decir algo de modo repentino e inesperadamente: *Al final me saltó con que no sabía nada.* **12.** Soltarse o desprenderse una cosa de otra: *Me ha saltado un botón de la chaqueta.* **II.** *v/tr, intr,* REFL(-SE) Pasar de una cosa a otra sin coherencia u omitir algo al leer o escribir: *Te has saltado dos líneas.* **III.** REFL (-SE) **1.** Forma pronominal usada en las acepciones de 'saltarse' y 'pasarse' u 'omitir': *Se me ha saltado un botón. Me salté dos nombres.* **2.** Infringir una ley o disposición: *Se ha saltado dos semáforos en rojo.* LOC **Estar alguien a la que salta,** *1.* Estar siempre dispuesto a aprovechar una oportunidad. *2.* Estar en disposición de hacer notar las equivocaciones que tiene alguien en una conversación o en el trato con él. **Saltar a la vista,** ser muy evidente. RPr **Saltar de/a/con.**

sal·ta·rín, (-na) [sa̯ltarín, (-na)] *adj* y *s/m,f* Se aplica a la persona que salta y se mueve mucho, que es inquieta.

sal·tea·dor, -ra [sa̯lteaðór, -ra] *s/m,f* Ladrón que roba en los caminos o despoblados.

sal·te·ar [sa̯lteár] *v/tr* **1.** Asaltar a los viajeros o caminantes para robarles. **2.** Atacar a alguien por sorpresa. **3.** Hacer una cosa discontinuamente o sin guardar el orden natural o esperado. **4.** Dorar a fuego vivo una vianda, con mantequilla, aceite o grasa hirviendo para luego acabar de guisarla.
ORT La *e* de la raíz no se pierde aunque la desinencia empiece por *e: Salteemos.*

sal·tim·ban·qui [sa̯ltimbáŋki] *s/m* Titiritero. Acróbata o artista, de los que van de pueblo en pueblo.

sal·to [sá̯lto] *s/m* **1.** Acción y efecto de saltar. **2.** Deporte constituido por esa actividad. **3.** Se aplica a las palpitaciones del corazón cuando son muy violentas por alguna causa: *Me daba saltos el corazón.* **4.** Distancia que se salta: *Un salto de nueve metros.* **5.** Despeñadero muy profundo. **6.** Diferencia notable en cantidad o intensidad entre dos cosas: *Entre los dos sucesos hay un salto de cuatro años.* **7.** Cambio brusco o discontinuidad en algo: *La historia procede a veces por saltos.* **8.** Paso de un lugar a otro sin pasar por etapas intermedias: *De un salto, se plantó a la cabeza de los accionistas.* **9.** Obstáculo que se pone para ser saltado, *por ej,* en las carreras de caballos. LOC **A salto de mata,** *1.* Con mucha velocidad, como si huyese. *2.* Sin orden ni método: *Vive a salto de mata, sin trabajo ni vivienda.* **A saltos,** *1.* Dando saltos. *2.* Con discontinuidad: *Creo que ha leído el informe a saltos.* **De/En un salto,** rápidamente, con prontitud.
Salto de agua, cascada o caída de agua que produce energía motriz.
Salto de cama, bata de mujer que se utiliza al levantarse de la cama.
Salto mortal, salto que se da desde un lugar elevado, con vuelta completa del cuerpo en el aire.

sal·tón, -na [sa̯ltón, -na] *adj* Se aplica a las cosas que sobresalen más de lo normal, especialmente cuando se trata de ojos y dientes prominentes.

sa·lu·bre [salúβre] *adj* Saludable, bueno para la salud.

sa·lu·bri·dad [saluβriðáð] *s/f* Cualidad de salubre.

sa·lud [salúð] *s/f* **1.** Estado de un ser orgánico que no está enfermo y desarrolla con normalidad todas sus funciones. **2.** Condiciones físicas de un organismo en un determinado momento. **3.** FIG Estado físico o moral de un ser vivo o colectividad. LOC **¡A tu (su, etc.) salud!** o **¡A la salud de...!,** fórmula que se utiliza para brindar. **Curarse en salud,** prevenirse por anticipado de un mal posible.

sa·lu·da [salúða] *s/m* Impreso que utiliza una persona que ocupa un cargo para enviar una comunicación breve o formularia a alguien y que no se firma.

sa·lu·da·ble [saluðáβle] *adj* **1.** Sano. **2.** Que ayuda a mantener o restablecer la salud. **3.** Provechoso para un fin.

sa·lu·dar [saluðár] *v/tr* **1.** Enviar, hacer o dirigir palabras de cortesía, gestos o cualquier acto para mostrar atención a una persona al encontrarla o despedirse de ella. **2.** Ejecutar las fórmulas rituales de saludo militar.

sa·lu·do [salúðo] *s/m* **1.** Acción y efecto de saludar. **2.** Palabras o gestos con que se saluda.

sa·lu·ta·ción [salutaθjón] *s/f* **1.** Acción y efecto de saludar. **2.** Fórmula o gesto con que se saluda.

sal·va [sálβa] *s/f* Saludo hecho disparando armas de fuego.

sal·va·ción [salβaθjón] *s/f* Acción y efecto de salvar o salvarse.

sal·va·do, (-a) [salβáðo, (-a)] *s/m* Cáscara del grano de los cereales molida, que se utiliza como pienso.

sal·va·dor, (-ra) [salβaðór, (-ra)] **I.** *adj* y *s/m,f* Que salva. **II.** *s/m* Con *may* y 'El', por antonomasia, Jesucristo.

sal·va·do·re·ño, (-a) [salβaðoréɲo, (-a)] *adj* y *s/m,f* De El Salvador.

sal·va·guar·da o **sal·va·guar·dia** [salβaɣwárð(j)a] *s/f* **1.** Documento u otra señal que se da a alguien para que no sea detenido. **2.** Custodia, amparo, protección.

sal·va·guar·dar [salβaɣwarðár] *v/tr* Servir de salvaguardia a algo.

sal·va·ja·da [salβaxáða] *s/f* Acción propia de una persona salvaje.

sal·va·je [salβáxe] **I.** *adj* **1.** Se aplica a las plantas no cultivadas. **2.** Se aplica a los animales no domesticados, que viven en libertad. **3.** Se aplica al terreno escabroso, sin cultivar. **II.** *adj* y *s/m,f* **1.** Se aplica a los pueblos o países y a sus habitantes a los que no ha llegado la cultura y la civilización. **2.** Se dice de las personas sin consideración para con los demás.

sal·va·jis·mo [salβaxísmo] *s/m* Cualidad de salvaje.

sal·va·man·te·les [salβamaṇtéles] *s/m* Pieza de metal, madera, cáñamo, etc., que se coloca sobre la mesa debajo de las fuentes, botellas y similares para que no se queme o manche el mantel.

sal·va·men·to [salβaméṇto] *s/m* Acción y efecto de salvar o salvarse.

sal·var [salβár] **I.** *v/tr* **1.** Librar de un peligro a alguien o algo y ponerlo a buen seguro. Puede llevar un complemento con *de*: *Su intervención me salvó de la catástrofe económica.* **2.** Dar Dios o alcanzar alguien la felicidad eterna. **3.** Seguido de voces como 'peligro', 'dificultad', 'obstáculo', etc., evitarlos, vencerlos: *Una vez hayamos salvado ese monte, estaremos ya en casa.* **4.** Recorrer una distancia en un tiempo menor de lo normal: *Ya sólo nos quedan 60 kilómetros, que se pueden salvar en media hora.* **5.** Exceptuar: *Salvando algunos pequeños errores...* **II.** REFL(-SE) **1.** Forma *refl* de *salvar.* **2.** Ir al cielo el alma de quien ha muerto. RPr **Salvar(se) de.**

sal·va·vi·das [salβaβíðas] *s/m* Objeto o aparato que sirve para que los náufragos o los que no saben nadar se mantengan a flote.

sal·ve [sálβe] *s/f* Oración de salutación dedicada a la Virgen.

sal·ve·dad [salβeðáð] *s/f* Limitación, condición, distinción o excepción que se expresa sobre algo dicho o que se va a decir: *Prometió venir, pero con la salvedad de no tener reunión esa semana.*

sal·via [sálβja] *s/f* Mata de las labiadas, propia de terrenos áridos, de hojas oblongas o lanceoladas y flores moradas, cuyas hojas se usan para preparar un cocimiento tónico y estomacal.

sal·vo, -a [sálβo, -a] **I.** *adj* Ileso, sin haber sufrido daño. Sólo es frecuente en la frase 'sano y salvo'. **II.** *adv* Excepto: *Mañana iré a verte, salvo que tenga mucho trabajo.* LOC **A salvo,** fuera de peligro.

sal·vo·con·duc·to [salβokoṇdúkto] *s/m* Documento que garantiza a una persona viajar libremente por un lugar o país.

sa·ma·ri·ta·no, -a [samaritáno, -a] *adj* y *s/m,f* De Samaria.

sam·ba [sáɱba] *s/f* Música y baile de origen brasileño, parecido a la rumba, pero más rápido y dinámico que ésta.

sam·be·ni·to [saɱbeníto] *s/m* Nota de descrédito que pesa sobre alguien. LOC **Colgar o poner el sambenito a alguien,** desacreditarle o difamarle.

sam·pán [saɱpán] *s/m* MAR Embarcación pequeña piopia de las costas de China.

sa·mu·rai [samurái] *s/m* Clase noble militar del antiguo Japón.

san [sán] *adj apóc* de *santo.* Se utiliza delante del nombre propio *(San Estanislao),* excepto con Tomás, Domingo y Toribio, a los que se antepone 'santo'.

sa·nar [sanár] **I.** *v/tr* Curar una dolencia o enfermedad. **II.** *v/intr* Recuperar la salud.

sa·na·to·rio [sanatórjo] *s/m* Establecimiento destinado a la convalecencia o cura de un determinado tipo de enfermos sometidos a cierto régimen.

san·ción [sanθjón] *s/f* **1.** Penalización por infracción de la ley. **2.** Confirmación o aprobación de una ley o disposición por el jefe del Estado o la autoridad a quien compete. **3.** Aprobación o legitimación de un acto, uso o costumbre.

san·cio·nar [sanθjonár] *v/tr* **1.** Aplicar una sanción a un delito. **2.** Dar alguien su sanción a una ley, un acto, etc.

sanc·ta·sanc·tó·rum [san̪tasan̪tórum] *s/m* **1.** Aquello que merece mayor respeto. **2.** El lugar más reservado.

san·da·lia [san̪dálja] *s/f* Calzado compuesto de una suela que se sujeta al pie mediante tiras de cuero, cintas o cordones.

sán·da·lo [sán̪dalo] *s/m* **1.** Árbol de madera olorosa muy apreciada en ebanistería. **2.** Madera de este árbol.

san·dez [san̪déθ] *s/f* **1.** Acción o dicho propios de una persona tonta. **2.** Acción desacertada o que carece de finalidad y propósito.
ORT *Pl: Sandeces.*

san·día [san̪día] *s/f* **1.** Planta herbácea de tallo tendido, con fruto casi esférico muy grande, comestible, de corteza verde y pulpa encarnada, aguanosa y dulce, con pepitas negras incrustadas en la pulpa. **2.** Fruto de esta planta.

san·diar [san̪djár] *s/m* Terreno sembrado de sandías.

san·dio, -a [sán̪djo, -a] *adj* y *s/m,f* Tonto, majadero, simple.

san·dun·ga [san̪dúŋga] *s/f* Salero, gracia natural con que una persona logra la simpatía de la gente.

san·dun·gue·ro, -a [san̪duŋgéro, -a] *adj* Se aplica al que tiene sandunga.

san·dwich [sáŋgwitʃ/sán̪(d)witʃ] *s/m* ANGL Palabra con que se designa al bocadillo de pan de molde.

sa·nea·do, -a [saneáðo, -a] *adj* Se aplica a los bienes o ventas que están libres de impuestos. *Por ext,* a cualquier cargo o venta con buenos beneficios y sin contrapartida de perjuicios.

sa·nea·mien·to [saneamjén̪to] *s/m* Acción y efecto de sanear.

sa·ne·ar [saneár] *v/tr* **1.** Garantizar la reparación de posibles daños. **2.** Dar condiciones de salubridad a un edificio, terreno, etc. **3.** Remediar una cosa: *Sanear la economía de la empresa.*

sa·ne·drín [saneðrín] *s/m* Consejo supremo de los judíos, en el que se trataban los asuntos religiosos y de estado y los criminales.

san·gra·du·ra [saŋgraðúra] *s/f* Corte hecho en la vena para sangrar.

san·gran·te [saŋgrán̪te] *adj* Se aplica a lo que sangra, en sentido material o figurado.

san·grar [saŋgrár] *v/tr, intr* **1.** Echar sangre. **2.** Abrir una vena a alguien y extraerle sangre. **3.** Sacar resina u otra sustancia a un árbol por medio de un corte hecho en la corteza.

san·gra·za [saŋgráθa] *s/f* Sangre podrida.

san·gre [sáŋgre] *s/f* **1.** Líquido rojo que circula por venas y arterias y que se mueve impulsado por la actividad contráctil del corazón; transporta el oxígeno, alimentos y hormonas a los tejidos, y los productos inútiles a los órganos de secreción. **2.** Linaje o familia: *Siempre defiende a los de su sangre.* LOC **A sangre fría** (Con *hacer, obrar,* etc.), con premeditación, sin estar alterado o en un arrebato momentáneo. **Alterár(sele) o arrebatár(sele) la sangre a alguien,** encolerizarle o encolerizarse. **Chupar la sangre a alguien,** explotarle, arruinarle poco a poco. **De sangre caliente.** que se excita fácilmente. **Hacerse sangre,** recibir un arañazo, una herida, etc., de la que sale sangre. **Llevar algo en la sangre,** ser innato o hereditario: *Yo siempre he llevado la música en la sangre.* **Mala sangre** (con *tener*), inclinación a hacer daño. **No llegar la sangre al río,** frase humorística con la que se indica que una discusión, una disputa, un enfado, no tendrá consecuencias graves. **Sangre fría,** serenidad. **Pura sangre,** se aplica a los caballos de raza pura.
Sangre azul, linaje noble.

san·gría [saŋgría] *s/f* **1.** Acción y efecto de sangrar. **2.** Corte hecho en un árbol para sacar resina. **3.** Gasto o pérdida que se produce en una cosa por extracciones sucesivas. **4.** Bebida refrescante hecha con vino tinto, limón, azúcar y agua y, a veces, otras frutas.

san·grien·to, -a [saŋgrjén̪to, -a] *adj* **1.** Que arroja sangre. **2.** Cruel, que ofende gravemente. **3.** Que produce derramamiento de sangre.

san·gui·jue·la [saŋgixwéla] *s/f* ZOOL **1.** Gusano anélido de boca chupadora y cuyas extremidades funcionan como ventosas; vive en las aguas dulces y se empleaba en medicina para extraer la sangre del cuerpo. **2.** FIG Persona que saca el dinero poco a poco a otro.

san·gui·na·rio, -a [saŋginárjo, -a] *adj* Aplicado a las personas y animales, cruel, feroz, capaz de matar o herir.

san·guí·neo, -a [saŋgíneo, -a] **I.** *adj* De (la) sangre. **II.** *adj* y *s/m,f* Se aplica a un tipo o temperamento humano en que hay predominio de la sangre sobre otros humores y que se muestra en el color rojo o aspecto congestivo de la cara.

san·gui·no, -a [saŋgíno, -a] *adj* **1.** Sanguíneo. **2.** Sanguinario.

san·gui·no·len·cia [saŋginolénθja] *s/f* Cualidad de sanguinolento.

san·gui·no·len·to, -a [saŋginolénto, -a] *adj* **1.** Que echa sangre. **2.** Sucio o teñido de sangre. **3.** Mezclado con sangre. **4.** Se aplica particularmente a los ojos en que el globo aparece surcado de venillas rojas.

sa·ni·dad [saniðáð] *s/f* **1.** Cualidad de sano. **2.** Salubridad. **3.** Conjunto de servicios administrativos destinados a preservar la salud: *Ministerio de Sanidad.*

sa·ni·ta·rio, -a [sanitárjo, -a] **I.** *adj* Relativo a la sanidad. **II.** *s/m,f* Empleado de los servicios de sanidad.

sa·no, -a [sáno, -a] **I.** *adj* y *s/m,f* Que goza de buena salud. **II.** *adj* **1.** Saludable, bueno para la salud. **2.** Que no tiene desperfectos, sin nada dañado o podrido: *Una pera sana.* **3.** Aplicado a personas, sincero, sin malicia: *Juan es una persona muy sana.* **4.** Sin vicios, sin malas pasiones. **5.** Se aplica a lo que influye favorablemente en el espíritu: *Una casa muy sana.* LOC **Cortar por lo sano,** utilizar el procedimiento más expeditivo para atajar un mal o algo que preocupa o molesta. **Sano y salvo,** sin daño.

sáns·cri·to, -a o **sans·cri·to, -a** [sánskrito, -a/sanskríto, -a] *adj* y *s/m* Se aplica a la lengua antigua de los brahmanes.

san·sea·ca·bó [sanseakaβó] Expresión con que se corta tajantemente una discusión o asunto; generalmente se usa precedido de 'y': *Vas a tomar eso porque lo digo yo, y sanseacabó.*

san·són [sansón] *s/m* FIG Hombre robusto y fuerte, por alusión al juez de Israel, de ese nombre.

san·ta·bár·ba·ra [santaβárβara] *s/f* Compartimento de un buque donde se guardan las municiones.

san·tan·de·rien·se o **san·tan·de·ri·no, -a** [santanderjénse/santanderíno, -a] *adj* y *s/m,f* De Santander.

san·te·ro, (-a) [santéro, (-a)] **I.** *adj* Que tiene una devoción desmesurada a las imágenes de santos. **II.** *s/m,f* Persona que se ayuda de la imagen de un santo para pedir limosna.

san·tia·gués, -sa [santjaγés, -sa] *adj* y *s/m,f* De Santiago de Compostela.

san·ti·a·mén [santjamén] LOC **En un santiamén,** en un instante, muy rápidamente.

san·ti·dad [santiðáð] *s/f* **1.** Cualidad de santo. **2.** Tratamiento honorífico que se da al Papa.

san·ti·fi·ca·ble [santifikáβle] *adj* Que merece o puede santificarse.

san·ti·fi·ca·ción [santifikaθjón] *s/f* Acción y efecto de santificar o santificarse.

san·ti·fi·car [santifikár] *v/tr* **1.** Hacer santo algo o a alguien por medio de la gracia. **2.** Dar a los días festivos un carácter de santidad con el descanso y una especial dedicación a las cosas de Dios.
ORT La *c* cambia en *qu* ante *e: Santifiquen.*

san·ti·guar [santiγwár] *v/tr* Hacer la señal de la cruz con la mano sobre alguien.
ORT Ante *e* la *u* lleva (¨): *Santigüe.*

san·to, (-a) [sánto, (-a)] **I.** *adj* **1.** Se aplica a lo que pertenece a la religión y por este motivo es venerable o sagrado. **2.** Persona que vive según la ley de Dios. **3.** Se une a ciertos nombres reforzando y enfatizando su significado: *Siempre hace su santa voluntad.* **II.** *adj* y *s/m,f* **1.** Persona a la que la Iglesia y los fieles rinden un culto público, como consecuencia de su canonización. **2.** Se aplica a la persona virtuosa, especialmente la que es resignada o tiene mucha paciencia: *Santo varón.* **III.** *s/m* **1.** Imagen de un santo. **2.** Día del santo, cuyo nombre lleva una persona, y festividad con que se celebra: *Hoy invito yo al café: es mi santo.* LOC **¿A qué santo?** o **¿A santo de qué...?,** expresión con que se comenta o desaprueba la inconveniencia de algo: *¿A santo de qué tenemos que pagar ahora esos impuestos.* **Írsele a alguien el santo al cielo,** olvidar lo que iba a decir o hacer. **Llegar y besar el santo,** conseguir una cosa nada más intentarlo.
Santo y seña, contraseña que sirve a los centinelas para identificar a las rondas o personas que se acercan al puesto de guardia.

san·tón [santón] *s/m* **1.** Asceta no cristiano, especialmente mahometano. **2.** FIG Se aplica a la persona muy autorizada o muy influyente en una colectividad determinada.

san·to·ral [santorál] *s/m* **1.** Libro que contiene vidas o historias de santos. **2.** Lista de los santos que se conmemoran en cada día del año.

san·tua·rio [santwárjo] *s/m* Templo o ermita donde se venera la reliquia o imagen de un santo o de la Virgen. Se aplica particularmente a los que están fuera de las poblaciones.

san·tu·rrón, -na [santurrón, -na] *adj* y *s/m,f* Persona muy dada a los actos de devoción.

sa·ña [sáɲa] *s/f* Ensañamiento y crueldad en el daño que se causa a otro.

sa·pien·cia [sapjénθja] *s/f* LIT Sabiduría.

sa·pien·cial [sapjénθjal] *adj* Relativo a la sabiduría.

sa·po [sápo] *s/m* Batracio de piel verdosa, con verrugas, parecido a la rana; de cuerpo rechoncho, ojos saltones, extremidades cortas y cinco dedos.

sa·po·ná·ceo, -a [saponáθeo, -a] *adj* Jabonoso.

sa·po·ni·fi·car [saponifikár] *v/tr* Convertir en jabón un cuerpo graso.
ORT Ante *e* la *c* cambia en *qu: Saponifique.*

sa·pro·fi·to, -a [saprofíto, -a] *adj* BOT Se aplica a las plantas que se alimentan de materias orgánicas en descomposición.

sa·que [sáke] *s/m* **1.** Acción de sacar; particularmente en el juego de pelota. **2.** Raya o lugar desde el cual se saca la pelota. LOC COL **Tener buen saque,** ser capaz de comer mucho.

sa·que·ar [sakeár] *v/tr* **1.** Apoderarse los soldados, al penetrar y conquistar un lugar enemigo, de todo lo que encuentran. **2.** FIG Apoderarse de lo que hay guardado o depositado en un lugar.
ORT La *e* de la raíz no desaparece, aunque la desinencia empiece por *e: Saqueen.*

sa·queo [sakéo] *s/m* Acción y efecto de saquear.

sa·que·ría [sakería] *s/f* **1.** Fabricación de sacos. **2.** Conjunto de ellos.

sa·ram·pión [saramˌpjón] *s/m* Enfermedad contagiosa, propia de la infancia, que se manifiesta por la aparición de manchitas rojas, mucha fiebre y síntomas catarrales.

sa·rao [saráo] *s/m* Reunión o fiesta de sociedad, generalmente nocturna, en la que hay música o baile.

sa·ra·pe [sarápe] *s/m* Especie de manta de lana, normalmente con franjas de colores vivos y con una abertura en el centro que cae a lo largo del cuerpo; es muy usual en México y América Central.

sa·ra·sa [sarása] *s/m* Hombre afeminado, homosexual.

sar·cas·mo [sarkásmo] *s/m* Ironía o burla con que se humilla, ridiculiza o desprecia a alguien.

sar·cás·ti·co, -a [sarkástiko, -a] **I.** *adj.* Que expresa sarcasmo (aplicado a cosas). **II.** *adj* y *s/m,f* Persona inclinada al sarcasmo.

sar·có·fa·go [sarkófaγo] *s/m* Sepulcro. Monumento o urna de piedra en que se da sepultura a un cadáver.

sar·da·na [sarðána] *s/f* Danza popular de Cataluña, que se baila en corro.

sar·di·na [sarðína] *s/f* Pez malacopterigio comestible, muy corriente en España.

sar·di·nel [sarðinél] *s/m* Cierta construcción de ladrillos puestos de canto, de forma que coincida la cara mayor de uno con la del otro.

sar·di·ne·ro, -a [sarðinéro, -a] **I.** *adj* Perteneciente a las sardinas. **II.** *s/m,f* Persona que vende sardinas.

sar·do, (-a) [sárðo, (-a)] *adj y s/m,f* De Cerdeña.

sar·dó·ni·co, -a [sarðóniko, -a] *adj* Se dice del gesto, risa, etc., irónico o malintencionado.

sar·ga [sárγa] *s/f* Tela cuyo tejido forma líneas diagonales.

sar·ga·zo [sarγáθo] *s/m* BOT Diversas clases de algas que flotan en los mares cálidos.

sar·gen·ta [sarxéṇta] *s/f* **1.** Mujer hombruna y dominante. **2.** Mujer del sargento.

sar·gen·to [sarxéṇto] *s/m* **1.** Suboficial militar, superior al cabo, que cuida del orden y disciplina de una compañía o parte de ella. **2.** FIG Persona autoritaria y brusca.

sar·men·to·so, -a [sarmeṇtóso, -a] *adj* Semejante al sarmiento.

sar·mien·to [sarmjéṇto] *s/m* Tallo de la vid.

sar·na [sárna] *s/f* Enfermedad de la piel que se manifiesta por una multitud de vesículas y pústulas que producen picor.

sar·no·so, -a [sarnóso, -a] *adj* y *s/m,f* Que tiene sarna.

sar·pu·lli·do [sarpuʎíðo] *s/m* Salpullido.

sar·pu·llir [sarpuʎír] *v/tr* Originar un salpullido en la piel.

sa·rra·ce·no, -a [sarraθéno, -a] *adj* y *s/m,f* **1.** En la Edad Media, moro, musulmán. **2.** Que profesa la religión de Mahoma.

sa·rra·ci·na [sarraθína] *s/f* Pelea tumultuosa y confusa.

sa·rria [sárrja] *s/f* Red de grandes agujeros en que se transporta la paja.

sa·rro [sárro] *s/m* **1.** Sustancia amarillenta adherida a los dientes. **2.** Capa blanquecina que recubre la lengua cuando está sucia.

sar·ta [sárta] *s/f* **1.** Serie de cosas pasadas o sujetas una tras otra en un hilo o cuerda: *Sarta de perlas.* **2.** Serie de sucesos o cosas no materiales que van o suceden una tras otra: *Dijo una sarta de disparates.*

sar·tén [sartén] *s/f* Recipiente circular de poco fondo y con mango, que se usa para freír. LOC **Tener alguien la sartén por el mango,** dominar, ser el dueño de la situación.

sar·te·na·zo [sartenáθo] *s/m* Golpe dado con una sartén.

sas·tre, -a [sástre, -a] *s/m* Que tiene por oficio hacer o arreglar trajes.

sas·tre·ría [sastrería] *s/f* **1.** Oficio de sastre. **2.** Taller de sastre.

sa·tán o **sa·ta·nás** [satán/satanás] *s/m* **1.** Lucifer. **2.** FIG Persona perversa.

sa·tá·ni·co, -a [satániko, -a] *adj* Diabólico, propio de satanás.

sa·ta·nis·mo [satanísmo] *s/m* FIG Perversidad, maldad satánica.

sa·té·li·te [satélite] *s/m,* **1.** ASTRON Astro sin luz propia, que gira alrededor de un planeta. **2.** Artefacto lanzado al espacio y que gira alrededor de la tierra. **3.** País o Estado sometido política, económica y militarmente a una gran potencia: *Polonia es un satélite de la Unión Soviética.*
Ciudad satélite, se aplica a un conjunto urbano moderno con todos sus servicios, separado por una zona despoblada de la ciudad a cuyo municipio pertenece.
Satélite artificial, ingenio lanzado desde la tierra a una altura y velocidad tales que pasa a describir una órbita cerrada alrededor de ella o de otro astro.

sa·tén [satén] *s/m* Tela de seda o algodón brillante que se emplea generalmente para forros.

sa·ti·na·do [satináðo] *s/m* Acción y efecto de satinar.

sa·ti·nar [satinár] *v/tr* Alisar y abrillantar la tela y el papel ejerciendo una fuerte presión sobre ellos.

sá·ti·ra [sátira] *s/f* Escrito, dicho o discurso en que se ridiculiza algo o a alguien.

sa·tí·ri·co, (-a) [satíriko, (-a)] **I.** *adj* Relativo a la sátira. **II.** *s/m* Escritor que escribe en forma satírica.

sa·ti·ri·zar [satiriθár] *v/intr* Hacer objeto de sátira a una persona o cosa.
ORT Ante *e* la *z* cambia en *c: Satirice.*

sá·ti·ro [sátiro] *s/m* **1.** Hombre lascivo. **2.** Monstruo o semidiós, medio hombre y medio cabra, que solía representarse con cuernos, patas y rabo de macho cabrío.

sa·tis·fac·ción [satisfa(k)θjón] *s/f* **1.** Acción y efecto de satisfacer(se). **2.** Estado del que está satisfecho. **3.** Aquello que satisface. **4.** Justificación, reparación o desagravio de una ofensa, daño o injusticia.

sa·tis·fa·cer [satisfaθér] **I.** *v/tr* **1.** Saciar, realizar totalmente un deseo, apetito, pasión, aspiración, etc. **2.** Pagar una deuda. **3.** Gustar a alguien una persona o cosa por ser conforme a las exigencias. **4.** Reparar con palabras o hechos el agravio o perjuicio producido, o vengarse de ellos. **5.** Resolver o solucionar una duda, una pregunta, una dificultad. **6.** Recompensar a alguien un mérito o servicio. **7.** Cumplir la pena correspondiente a un delito o falta: *Ya ha satisfecho cumplidamente su culpa.* **II.** REFL(-SE) Conformarse o contentarse con algo que se hace o dice: *Esta niña se satisface con cualquier juguete.* RPr **Satisfacer(se) con.**
CONJ *Irreg: Satisfago, satisfice, satisfaré, satisfecho.*

sa·tis·fac·to·rio, -a [satisfaktórjo, -a] *adj* **1.** (Aplicado generalmente a 'estado' o 'resultados'). Bastante bueno o suficiente para satisfacer. **2.** Se aplica a lo que satisface o convence: *Sus argumentos no son satisfactorios.*

sa·tis·fe·cho, (-a) [satisfétʃo, (-a)] **I.** *p irreg* de *satisfacer.* **II.** *adj* Contento, complacido.

sá·tra·pa [sátrapa] *s/m* Se aplica a quien gobierna despóticamente.

sa·tu·ra·ción [saturaθjón] *s/f* QUÍM Acción y efecto de saturar o saturarse.

sa·tu·rar [saturár] *v/tr* Llenar completamente. RPr **Saturar de (algo).**

sa·tur·nal [saturnál] **I.** *adj* Relativo a Saturno. **II.** *s/f* Orgía, bacanal. **III.** *s/f, pl* Fiestas en honor de Saturno.

sa·tur·nis·mo [saturnísmo] *s/m* MED Envenenamiento crónico producido por alguna sal de plomo.

sa·tur·no [satúrno] *s/m* **1.** MIT (Con *may)* Entre los romanos, dios de la agricultura. **2.** Segundo planeta en tamaño, después de Júpiter, y sexto en distancia al sol; sobresale por el anillo que le rodea.

sau·ce [sáuθe] *s/m* Árbol salicáceo de ramas erectas y hojas angostas, lanceoladas y sedosas, común en las orillas de los ríos.

saú·co [saúko] *s/m* Arbusto o arbolillo de las caprifoliáceas, con tronco de corteza parda y rugosa y médula blanca abundante.

sau·na [sáuna] *s/f* **1.** Tipo especial de baño de vapor originario de los países escandinavos. **2.** Lugar donde se toman esos baños.

sa·via [sáβja] *s/f* **1.** Jugo que nutre las plantas. **2.** FIG Aquello que da vida o infunde energía.

sa·xo·fón o **sa·xó·fo·no** [sa(k)sofón/sa(k)sófono] *s/m* Instrumento musical de viento, de tubo metálico y cónico en forma de 'U', con varias llaves y boquilla de madera y caña.

sa·ya [sáJa] *s/f* Falda, refajo o enagua.

sa·yal [saJál] *s/m* Tela tosca de lana.

sa·yo [sáJo] *s/m* **1.** Casaca antigua, holgada, larga y sin botones. **2.** Cualquier vestido de las características citadas. LOC **Hacer de su capa un sayo,** disponer de lo propio como a uno le da la gana.

sa·yón [saJón] *s/m* **1.** Falda larga y acampanada. **2.** Verdugo que ejecutaba las penas a que eran condenados los reos. **3.** Cofrade que va vestido con una túnica larga en las procesiones de Semana Santa.

sa·zón [saθón] *s/f* **1.** Punto de madurez o de sabor de una cosa. **2.** Estado conveniente de humedad de las tierras para sembrar. LOC **A la sazón,** en aquel momento, entonces.

sa·zo·nar [saθonár] **I.** *v/tr* Dar sazón al manjar. **II.** *v/tr,* REFL(-SE) Poner las cosas en la sazón, punto y madurez que deben tener.

se [sé] **I.** *Pron pers* de tercera persona. Funciona como complemento indirecto: *Pídeselo a tu padre.* **II.** *Pron refl* de tercera persona. Funciona como complemento directo: *Juan se lava;* como complemento indirecto: *Se ha comprado un coche.* **III. 1.** *Pron recíproco* de tercera persona. Funciona como complemento directo: *Se quieren desde hace tiempo;* como complemento indirecto: *Se tiraban besos desde la ventana.* **2.** Funciona como marca de intransitividad: *Su hermano se murió de repente.* **3.** Es partícula fundamental en oraciones impersonales: *Se dice que ha sido él.*
GRAM No debe utilizarse pospuesto a los pronombres *te* y *me: se me olvidó* y no *me se olvidó; se me cayó* y no *me se cayó.*

se·bá·ceo, -a [seβáθeo, -a] *adj* **1.** Que participa de la naturaleza del sebo. **2.** Se aplica a las glándulas que segregan la grasa.

se·bo [séβo] *s/m* **1.** Grasa sólida y dura que se obtiene de las reses y que sirve para hacer velas, jabón, etc. **2.** Suciedad, mugre.

se·bo·rrea [seβorréa] *s/f* Secreción abundante de las glándulas sebáceas en determinadas zonas de la piel.

se·bo·so, -a [seβóso, -a] *adj* **1.** Abundante en sebo. **2.** Sucio de grasa, mugriento.

se·ca [séka] *s/f* Sequía. Tiempo seco.

se·ca·de·ro [sekaðéro] *s/m* Paraje destinado para poner a secar una cosa.

se·ca·do [sekáðo] *s/m* Acción y efecto de secar o secarse.

se·ca·dor [sekaðór] *s/m* Utensilio con que se seca algo: *Ropa, pelo,* etc.

se·ca·no [sekáno] *s/m* Terreno de labor que no tiene riego.

se·can·te [sekánte] **I.** *adj* Se aplica a lo que seca o se utiliza para secar. **II.** *adj* y *s/m* Se aplica al papel esponjoso que se utiliza para secar lo escrito. **III.** *s/m* Sustancia que, mezclada a la pintura, se utiliza para que ésta se seque más rápidamente. **IV.** *s/f* En geometría, recta que corta a una figura dada.

se·car [sekár] *v/tr* **1.** Dejar algo seco: *El sol secó la ropa.* **2.** Dejar las plantas sin savia. **3.** Curar y cicatrizar una herida. **4.** Limpiar las lágrimas, sudor, sangre.
ORT La *c* cambia en *qu* ante *e: Sequemos.*

sec·ción [se(k)θjón] *s/f* **1.** Acción y efecto de cortar. **2.** Dibujo de perfil o figura que resultaría del supuesto corte de un terreno, edificio, máquina u otra cosa por un plano. **3.** Cada una de las partes en que se divide una cosa continua o un conjunto de cosas. **4.** Cada una de las partes en que se divide una organización constituida por personas: como una oficina, etc. **5.** Cada uno de los grupos en que se divide una compañía o un escuadrón de tropa.

sec·cio·nar [se(k)θjonár] *v/tr* Dividir en secciones, fraccionar.

se·ce·sión [seθesjón] *s/f* Separación de una nación respecto a la otra con la que formaba unidad.

se·ce·sio·nis·ta [seθesjonísta] **I.** *adj* y *s/m,f* Partidario de la secesión. **II.** *adj* Perteneciente o relativo a ella.

se·co, -a [séko, -a] *adj* **1.** No mojado, que carece de humedad. **2.** Se aplica a los ríos o manantiales que tienen muy poca agua o que carecen totalmente de ella. **3.** Aplicado a las plantas, muertas. **4.** Se aplica a los frutos sin jugo y a aquellos a los que se les extrae el jugo para que se conserven: *Frutos secos.* **5.** Se aplica al tiempo en que no llueve o en que la atmósfera está seca. **6.** Aplicado a personas, flaco, de pocas carnes. **7.** Se aplica a la herida curada y cicatrizada. **8.** Se aplica al sonido ronco, áspero y sin armonía: *Dio un golpe seco sobre la mesa.* **9.** Se aplica al aguardiente puro o al vino sin restos de azúcar. **10.** Se aplica a la persona tajante, que no tiene amabilidad o suavidad en el trato. LOC **A secas,** solamente, sin nada más: *Tomaré un vino a secas.* **En seco,** bruscamente, de repente: *Frenó en seco.*

se·cre·ción [sekreθjón] *s/f* **1.** Acción y efecto de segregar. **2.** Sustancia segregada.

se·cre·tar [sekretár] *v/tr* Segregar las glándulas una sustancia.

se·cre·ta·ría [sekretaría] *s/f* **1.** Cargo de secretario **2.** Lugar en donde se llevan los asuntos de administración, particularmente en un organismo, corporación o empresa: *La secretaría de la escuela.*

se·cre·ta·ria·do [sekretarjáðo] *s/m* Carrera o profesión de secretario.

se·cre·ta·rio, -a [sekretárjo, -a] *s/m,f* **1.**

En un organismo o institución, persona encargada de levantar actas, custodiar documentos, etc. **2.** Persona al servicio de otra, que escribe su correspondencia y le ayuda en los asuntos de oficina o despacho.

se·cre·te·ar [sekreteár] *v/intr* FAM Hablar en secreto una persona con otra.

se·cre·teo [sekretéo] *s/m* FAM Acción y efecto de secretear.

se·cre·to, (-a) [sekréto, (-a)] **I.** *adj* Oculto, callado, escondido. **II.** *s/m* **1.** Noticia o conocimiento que se mantiene guardado, oculto. **2.** Receta, método, sistema o medio desconocido para lograr un determinado resultado. **3.** Reserva: *Con gran secreto le dio las fotocopias del último informe.* LOC **En secreto,** con sigilo, secretamente. **Guardar un secreto,** no comunicarlo a otros. **Secreto a voces,** el que ya es público o lo conoce mucha gente.

se·cre·tor, -ra o **se·cre·to·rio, -a** [sekretór, -ra/sekretórjo, -a] *adj* y *s/m,f* Se aplica a lo que segrega.

sec·ta [sékta] *s/f* **1.** Grupo de personas unidas por una doctrina particular. **2.** Nombre que se da a grupos religiosos minoritarios separados de una confesión ya afirmada.

sec·ta·rio, -a [sektárjo, -a] *adj* y *s/m,f* **1.** Perteneciente a una secta. **2.** Se aplica al individuo que defiende una idea o doctrina dogmáticamente, sin admitir crítica alguna.

sec·ta·ris·mo [sektarísmo] *s/m* Actitud de sectario.

sec·tor [sektór] *s/m* **1.** Porción de círculo limitada por dos radios y el arco que los une. **2.** Parte de una colectividad con caracteres peculiares. **3.** Ámbito, ramo, campo en que se desarrolla una determinada actividad.

se·cuaz [sekwáθ] *adj* y *s/m,f* Que sigue las teorías o doctrina de otro.
ORT *Pl: Secuaces.*

se·cue·la [sekwéla] *s/f* Consecuencia o resultado de algo.

se·cuen·cia [sekwénθja] *s/f* **1.** Sucesión o disposición ordenada de cosas. **2.** Sucesión, escenas o planos cinematográficos que forman una unidad.

se·cues·tra·dor, (-ra) [sekwestraðór, (-ra)] *adj* y *s/m,f* Se aplica al que secuestra.

se·cues·trar [sekwestrár] *v/tr* **1.** Detener y retener por la fuerza a una persona o grupo de personas para exigir un rescate o presionar sobre cualquier negociación, acuerdo o decisión. **2.** Apoderarse por la violencia del mando de una nave o avión. **3.** Retirar de la circulación, por la fuerza pública, una publicación, con el pretexto de que atenta, de algún modo, contra el orden establecido.

se·cues·tro [sekwéstro] *s/m* **1.** Acción de secuestrar. **2.** Circunstancia de estar secuestrado.

se·cu·lar [sekulár] *adj* **I.** Que dura a través de los siglos. **II.** *adj* y *s/m* Seglar.

se·cu·la·ri·za·ción [sekulariθaθjón] *s/f* Acción y efecto de secularizar.

se·cu·la·ri·zar [sekulariθár] *v/tr* Convertir una cosa o persona eclesiástica en secular.
ORT La *z* se convierte en *c* delante de *e: Secularicen.*

se·cun·dar [sekun̪dár] *v/tr* Ayudar a alguien en sus deseos o propósitos o colaborar con él en los trabajos que realiza.

se·cun·da·rio, -a [sekun̪dárjo, -a] *adj* **1.** Se aplica a lo que ocupa el segundo lugar en un orden establecido. **2.** De poca importancia, accesorio.

sed [séð] *s/f* **1.** Necesidad y deseo de beber. **2.** FIG Apetito o deseo ardiente de una cosa inmaterial: *Sed de justicia/de paz.*

se·da [séða] *s/f* **1.** Sustancia segregada en forma de hilo muy fino por ciertos gusanos u orugas, particularmente por el llamado gusano de seda. **2.** Hilo formado por varias hebras de este tipo convenientemente preparadas. **3.** Tejido hecho con estos hilos. LOC **Como una seda,** *1.* Con mucha facilidad o suavidad. **2.** Aplicado a personas, muy dócil y sumiso.

se·dal [seðál] *s/m* Hilo de la caña de pescar al que se ata el anzuelo.

se·dan·te [seðán̪te] *s/m* Remedio que calma el dolor físico o las penas y sufrimientos.

se·dar [seðár] *v/tr* Calmar, apaciguar, sosegar la excitación o un dolor físico o moral.

se·da·ti·vo, -a [seðatíβo, -a] *adj* Sedante.

se·de [séðe] *s/f* Lugar donde tiene su residencia una entidad política, literaria, económica, deportiva, etc.: *Nueva York es la sede de las Naciones Unidas.*

se·den·ta·rio, -a [seðen̪tárjo, -a] *adj* **1.** Se aplica a la persona que lleva una vida poco movida o agitada. **2.** Se aplica también a la población o raza, humana o animal, que permanece en el país donde ha nacido, sin moverse para cambiar de residencia.

se·den·te [seðén̪te] *adj* Que está sentado.

se·de·ría [seðería] *s/f* Tienda donde se venden géneros de seda y otras fibras.

se·de·ro, -a [seðéro, -a] *adj* Perteneciente a la seda.

se·di·ción [seðiθjón] *s/f* Levantamiento contra la autoridad legal, de carácter menos grave que la rebelión.

se·di·cio·so, -a [seðiθjóso, -a] *adj* y *s/m,f* Se aplica al que promueve una sedición o toma parte en ella.

se·dien·to, -a [seðjéṇto, -a] *adj* y *s/m,f* **1.** Que tiene sed: *Animal sediento.* **2.** FIG Deseoso de algo: *Sediento de gloria.* RPr **Sediento de.**

se·di·men·ta·ción [seðimeṇtaθjón] *s/f* Acción y efecto de sedimentar(se).

se·di·men·tar [seðimeṇtár] *v/tr* **1.** Depositar sedimentos un líquido en el fondo del recipiente en que está. **2.** FIG Sosegar el ánimo de alguien.

se·di·men·ta·rio, -a [seðimentárjo, -a] *adj* Relativo al sedimento.

se·di·men·to [seðiméṇto] *s/m* **1.** Sustancia depositada en el fondo de un recipiente por ser más pesada que el líquido que la contiene. **2.** Huella o señal que queda de algún hecho o acontecimiento en el ánimo de alguien.

se·do·so, -a [seðóso, -a] *adj* **1.** Parecido a la seda. **2.** Suave como la seda.

se·duc·ción [seðu(k)θjón] *s/f* Acción y efecto de seducir.

se·du·cir [seðuθír] *v/tr* **1.** Inducir a otra persona con engaños o promesas. Particularmente conseguir un hombre a una mujer por estos medios. **2.** Tratándose de cosas, ejercer éstas sobre alguien mucho atractivo: *Le seducen las joyas de oro.*
CONJ *Irreg: Seduzco, seduje, seduciré, seducido.*

se·duc·tor, -ra [seðuktór, -ra] *adj* y *s/m,f* Que seduce.

se·far·dí o **se·far·di·ta** [sefarðí(ta)] *adj* y *s/m,f* Se aplica al judío oriundo y expulsado de España, o del que acepta sus prácticas religiosas y que mantiene el lenguaje castellano.

se·ga·dor, (-ra) [seγaðór, (-ra)] **I.** *adj* y *s/m,f* Que siega. **II.** *s/f* Máquina de segar.

se·gar [seγár] *v/tr* **1.** Cortar la mies o la hierba para recolectarla. **2.** FIG Interrumpir bruscamente el desarrollo de algo material o inmaterial: *Aquella enfermedad segó todas sus ilusiones.*
CONJ *Irreg: Siego, segué, segaré, segado.*

se·glar [seγlár] *adj* y *s/m* Que no ha recibido órdenes sagradas ni pertenece a ninguna orden religiosa.

seg·men·ta·ción [seγmeṇtaθjón] *s/f* Acción y efecto de segmentar.

seg·men·tar [seγmeṇtár] *v/tr* Dividir una cosa en segmentos.

seg·men·to [seγméṇto] *s/m,f* Parte de una línea comprendida entre dos puntos.

se·go·via·no, -a (seγoβjáno, -a] *adj* y *s/m,f* De Segovia.

se·gre·ga·ción [seγreγaθjón] *s/f* **1.** Acción y efecto de segregar. **2.** Separación.

se·gre·ga·cio·nis·ta [seγreγaθjonísta] *s/m,f* Partidario de la segregación.

se·gre·gar [seγreγár] *v/tr* **1.** Separar una cosa de otra de la que forma parte o a alguien de algo. **2.** Producir y despedir ciertos órganos vegetales o animales determinadas sustancias.
ORT La *g* lleva *u* delante de *e: Segreguen.*

se·gui·da [seγíða] LOC **En seguida,** muy en breve, enseguida.

se·gui·di·lla [seγiðíʎa] *s/f* **1.** Estrofa popular de cuatro versos, combinándose los heptasílabos y pentasílabos. **2.** En *pl,* danza popular española y música correspondiente.

se·gui·do, -a [seγíðo, -a] **I.** *adj* **1.** Continuo, sin interrupción: *Vivió dos años seguidos con ella.* **2.** En línea recta. **II.** *adv* **1.** A continuación, inmediatamente después. **2.** Sin cambiar de dirección o camino: *Por aquí seguido se llega a la estación.*

se·gui·dor, -ra [seγiðór, -ra] *adj* y *s/m,f* **1.** Que sigue o es partidario de algo o de alguien. **2.** Discípulo de alguien.

se·gui·mien·to [seγimjéṇto] *s/m* Acción y efecto de seguir.

se·guir [seγír] **I.** *v/tr* **1.** (Con *a*) Ir detrás o después de cierta cosa o de alguien. **2.** Ocurrir una cosa después de otra, de manera que existe una relación causal entre ellas: *A la tormenta siguió una tarde tranquila y soleada.* **3.** Perseguir a alguien, acosarle, importunarle: *La policía seguía al ladrón.* **4.** Ser adepto a alguien, o a sus ideas o doctrinas: *Son muchos los que siguen su doctrina.* **5.** Decir o escribir algo tomando como base lo dicho o escrito por otro: *En esa teoría sigue fielmente a Engels.* **6.** Tener como modelo, imitar. **7.** Actuar según determinado criterio, instinto u opinión: *Creo que debes seguir lo que te diga tu propia conciencia.* **8.** Cursar, estudiar determinada carrera o estudios: *Actualmente sigo unos cursos de español.* **9.** Continuar haciendo la cosa que se expresa o proseguir en determinado estado o actitud: *Sigue contando, por favor, me gusta oírte.* **10.** Acompañar, ir con una persona: *La sigue como si fuera un perrito.* **11.** Estar a continuación de algo o ir según una determinada dirección: *Tienes que bajarte en la parada que sigue.* **12.** Dirigir la mirada a algo o alguien que se mueve y man-

tener la visión en él. **II.** *v/intr* Continuar (Con *por*): *Sigue por esta calle.* **III.** REFL (-SE) Deducirse, inducirse. (Con *de*): *De esto se sigue que lo que ha hecho ha resultado un rotundo fracaso.* LOC **Seguir adelante en algo,** perseverar en ello. RPr **Seguir a/por. Seguirse de.**
CONJ *Irreg: Sigo, seguí, seguiré, seguido.*

se·gún [seγún] **I.** *prep* **1.** En conformidad con: *Según la ley.* **2.** Con arreglo a la opinión de alguien: *Según tu padre, va a llover mucho.* **II.** *adv* **1.** Como, tal como: *Está según lo dejaste.* **2.** A juzgar por la manera como: *Estaba realmente contento, según su sonrisa al salir de la oficina.* **3.** Expresa progresión simultánea de dos acciones: *Podemos hablar según vamos andando.* **4.** Expresa eventualidad respecto a cierto acontecimiento, haciéndolo depender de otro hecho que se menciona explícitamente o que se deja en suspenso: *No sé si iré, según el trabajo que tenga.* LOC **Según y como,** expresa eventualidad: *Aceptaré este trabajo según y como me encuentre por esas fechas.*

se·gun·de·ro [seγundéro] *s/m* Manecilla del reloj que marca los segundos.

se·gun·do, (-a) [seγúndo, (-a)] **I.** *adj* Que sigue en orden al primero. **II.** *s/m,f* Persona que en un empleo, cargo, institución, etc., sigue en importancia al principal. **III.** *s/m* **1.** Unidad de medida de tiempo, que equivale a la sesentava parte de un minuto. **2.** Unidad de medida de ángulos y arcos, que equivale a la sesentava parte de un minuto. **IV.** *s/f* Segunda velocidad en un automóvil: *Tuve que reducir a segunda porque el coche no subía.* LOC **Con segundas,** que lo hace o dice con intención doble o solapadamente, ocultando las verdaderas intenciones. **En un segundo,** inmediatamente.

se·gun·dón, -na [seγundón, (-na)] *s/m,f* **1.** Hijo segundo de la casa. **2.** FIG Persona considerada en segundo término dentro de un grupo, ambiente, competición, etc.: *El eterno segundón del ciclismo español.*

se·gur [seγúr] *s/f* Hacha grande.

se·gu·ra·men·te [seγúramente] *adv* **1.** Con seguridad. **2.** Expresa gran probabilidad, aunque no seguridad, de la cosa que se expresa: *Seguramente me iré esta noche al cine.* Este mismo matiz está presente en respuestas de asentimiento: *—¿Vendrás mañana? —Seguramente.*

se·gu·ri·dad [seγuriðáð] *s/f* Cualidad de seguro.

se·gu·ro, (a) [seγúro, (-a)] **I.** *adj* **1.** Libre de peligro, riesgo o daño: *Lugar seguro.* **2.** Cierto, que no ofrece duda: *Estoy seguro de que aprobará el examen.* **3.** Que ofrece confianza: *Este puente es seguro.* **4.** Constante, firme: *El viaje en Navidad es seguro.* **5.** (Con *estar, sentirse*) Confiado, tranquilo, sin temor, recelo o desconfianza: *Está seguro en su puesto.* **6.** Se aplica a la persona que tiene confianza en sí misma, que sabe lo que quiere y cómo conseguirlo. **7.** Fiel, incapaz de engañar, fallar o defraudar: *Jaime es un amigo seguro.* **8.** De resultado cierto, no susceptible de fallar: *Un sistema seguro.* **II.** *s/m* **1.** Contrato por el que una de las partes se obliga a pagar una indemnización o cantidad a la otra parte o a un tercero, en el caso de que ocurra un riesgo o acontecimiento incierto a la persona o cosa que se asegura a cambio de una prima o dividendo: *El seguro del coche/de la casa.* **2.** En algunas armas o máquinas, muelle o palanca que impide que se disparen. **III.** *adv* Sin duda, con seguridad. Se usa especialmente en respuestas: *—¿Vendrás mañana? —Seguro.* LOC **A buen seguro,** seguramente, probablemente: *A buen seguro ahora está en casa.* **De seguro,** seguramente, ciertamente, con seguridad. **Sobre seguro,** sin riesgo de equivocarse o de sufrir un daño o un chasco: *Debemos hacer la inversión sobre seguro.*

seis [séis] **I.** *adj* y *s/m* Número que sigue al cinco. **II.** *adj* Sexto, que corresponde en orden al número seis. **III.** *s/m* Grafía del número 6.

seis·a·vo (-a) [seisáβo, (-a)] *adj* y *s/m,f* Se aplica a cada una de las seis partes en que se divide un todo.

seis·cien·tos, -as [seisθjéntos, -as] **I.** *adj* Seis veces ciento. **II.** *s/m* Grafía del número 600.

seís·mo [seísmo] *s/m* Sacudida que se produce en la superficie terrestre por causas internas; suele ser de corta duración y fuerte intensidad.

se·lec·ción [sele(k)θjón] *s/f* **1.** Acción de elegir o separar una persona o cosa que es o se juzga como mejor de entre varias. **2.** Conjunto de cosas o personas seleccionadas o escogidas.

se·lec·cio·na·dor, -ra [sele(k)θjonaðór, -ra] *adj* y *s/m,f* Que selecciona.

se·lec·cio·nar [sele(k)θjonár] *v/tr* Separar de un conjunto las personas o cosas que se prefieren.

se·lec·ti·vi·dad [selektiβiðáð] *s/f* **1.** Cualidad de selectivo. **2.** Conjunto de condiciones y pruebas que se presentan a los alumnos para acceder a ciertos niveles del sistema educativo.

se·lec·ti·vo, -a [selektíβo, -a] **I.** *adj* Que implica selección o que selecciona. **II.** *adj* y *s/m* Se aplica al curso previo o primer curso de ciertas carreras.

se·lec·to, -a [selékto, -a] *adj* Escogido, que es lo mejor entre otros de su especie o clase: *Un selecto café en grano.*

se·lec·tor [selektór] *s/m* Dispositivo que realiza una selección o clasificación entre muchas combinaciones posibles.

se·le·nio [selénjo] *s/m* QUÍM Metaloide pardusco con brillo metálico. Es químicamente similar al azufre.

se·le·ni·ta [seleníta] *s/m,f* Supuesto habitante de la luna.

se·le·no·gra·fía [selenoɣrafía] *s/f* Parte de la astronomía que estudia la descripción de la luna.

se·le·no·lo·gía [selenoloxía] *s/f* Exploración e investigación de la luna, mediante el estudio y análisis de sus rocas.

se·le·no·sis [selenósis] *s/f* Mancha blanca de las que aparecen frecuentemente en las uñas.

self-service [sel(f)sérβis] *s/m* ANGL Autoservicio.

sel·va [sélβa] *s/f* Terreno extenso en matorrales y maleza, lleno de árboles y poblado de animales salvajes.

sel·vá·ti·co, -a [selβátiko, -a] *adj* **1.** Relativo a la selva. **2.** Salvaje.

se·llar [seʎár] *v/tr* **1.** Imprimir el sello en un papel o documento. **2.** Estampar o dejar la huella o señal de una cosa en otra: *Selló su rostro con sus garras.* **3.** Cerrar, en sentido figurado: *Selló los labios.* **4.** Corroborar la conclusión de algo, generalmente de un acuerdo: *Sellaron el pacto con una suculenta cena.*

se·llo [séʎo] *s/m* **1.** Instrumento que se utiliza para imprimir sobre una carta o documento la estampilla de una entidad, empresa u organismo oficial. **2.** Lo que queda impreso, estampado y señalado con ese instrumento. **3.** Viñeta o estampita de valor convencional, emitida por una administración postal y destinada a franquear los envíos confiados al servicio de correos: *Sello de 50 pesetas.* **4.** Trozo de plomo o de cera que se prensaba aprisionando los hilos que ataban un documento para garantizar que no fuese abierto más que por la persona a quien iba destinado. **5.** Sortija que lleva como adorno una placa en la que van grabadas las iniciales de la persona que la usa o también el escudo de su apellido. **6.** Carácter distintivo de una persona o cosa: *El genio es su sello característico.*

se·má·fo·ro [semáforo] *s/m* Dispositivo con luces que se apagan y encienden automáticamente y que sirve para regular el tráfico.

se·ma·na [semána] *s/f* Serie de siete días consecutivos.

se·ma·nal [semanál] *adj* **1.** Que dura una semana. **2.** Que sucede cada semana.

se·ma·na·rio [semanárjo] *s/m* **1.** Periódico que sale cada semana. **2.** Juego de algunas cosas formado por siete unidades: *Semanario de pulseras.*

se·mán·ti·co, (-a) [semáņtiko, (-a)] **I.** *adj* Relativo a la semántica. **II.** *s/f* Se aplica a la parte de la lingüística que estudia los significados de las palabras.

se·ma·sio·lo·gía [semasjoloxía] *s/f* Estudio de la significación de las palabras.

se·ma·sio·ló·gi·co, -a [semasjolóxiko, -a] *adj* Referente a la semasiología.

sem·blan·te [seɱbláņte] *s/m* **1.** Conjunto de facciones del rostro que expresan el talante de una persona: *Semblante alegre/triste.* **2.** FIG Aspecto favorable o desfavorable que presenta un asunto.

sem·blan·za [seɱblánθa] *s/f* Bosquejo biográfico.

sem·bra·do, (-a) [seɱbráðo, (-a)] *s/m* Terreno sembrado.

sem·bra·do·ra [seɱbraðóra] *s/f* Máquina para sembrar.

sem·brar [seɱbrár] *v/tr* **1.** Esparcir o enterrar las semillas de algo en la tierra. **2.** FIG Esparcir o derramar algo material o inmaterial: *Sembrar de flores la calle.* **3.** Hacer algo o prepararlo para que produzca provecho, fruto o bien.
CONJ *Irreg: Siembro, sembré, sembraré, sembrado.*

se·me·jan·te [semexáņte] **I.** *adj* y *s/m* Que se parece a una persona o cosa. **II.** *adj* **1.** Se emplea muy frecuentemente con sentido de ponderación o comparación y equivale a 'tal', 'tan grande': *Nunca había visto descaro semejante.* **2.** Suele utilizarse como adjetivo despectivo, siempre antepuesto: *No quiero saber nada con semejante mujer.* **III.** *s/m* Prójimo: *Hay que amar a nuestros semejantes.*

se·me·jan·za [semexánθa] *s/f* **1.** Cualidad de semejante. **2.** Símil, retórico.

se·me·jar [semexár] *v/intr,* REFL(-SE) Parecerse dos o más personas o cosas entre sí. RPr **Semejarse a/en.**

se·men [sémen] *s/m* **1.** Esperma o sustancia segregada por los órganos reproductores masculinos, en la cual están los espermatozoos. **2.** Semilla.

se·men·tal [semeņtál] *adj* y *s/m* Se aplica al animal macho destinado a la reproducción: *Un caballo semental.*

se·men·tar [semeņtár] *v/tr* Sembrar.

se·men·te·ra [semeņtéra] *s/f* **1.** Acción y efecto de sembrar. **2.** Tierra sembrada.

se·mes·tral [semestrál] *adj* Que sucede o se repite cada semestre.

se·mes·tre [seméstre] *s/m* Período de seis meses.

se·mi- [semi-] *Prefijo* que significa 'medio' y, a veces, 'casi', 'algo' o 'no del todo': *Semicírculo, semidiámetro, semidiós.*

se·mi·cir·cu·lar [semiθirkulár] *adj* Relativo al semicírculo.

se·mi·cír·cu·lo [semiθírkulo] *s/m* GEOM Cada una de las dos mitades del círculo separadas por un diámetro.

se·mi·cir·cun·fe·ren·cia [semiθirkuɱferénθja] *s/f* GEOM Cada una de las dos mitades de la circunferencia limitadas por un diámetro.

se·mi·con·duc·tor [semikonduktór] *s/m* Cuerpo cristalino que tiene propiedades eléctricas, intermedias entre las de los metales y las de los aislantes. Algunos de estos cuerpos se utilizan para construir transistores.

se·mi·diós, -sa [semiðjós, -sa] *s/m,f* **1.** Hijo de un dios y un mortal. **2.** Hombre que por sus hazañas era catalogado como o semejante a dios. **3.** FIG Persona a la que se admira mucho.

se·mi·fi·nal [semifinál] *s/f* Cada una de las dos penúltimas competiciones de un campeonato o concurso, que se gana por eliminación del contrario y no por puntos.

se·mi·fi·na·lis·ta [semifinalísta] *adj* y *s/m,f* Que contiende o participa en una semifinal.

se·mi·lla [semíʎa] *s/f* **1.** Parte del fruto que contiene el germen de una nueva planta. **2.** FIG Con respecto a un hecho, acontecimiento, idea, etc., aquello que lo ha causado u originado: *La semilla de la discordia.*

se·mi·lle·ro [semiʎéro] *s/m* **1.** Lugar donde se crían los vegetales que después han de trasplantarse. **2.** Lugar donde se conservan diversas semillas. **3.** FIG Suceso, situación, etc., que origina otras cosas de cierta clase, generalmente malas.

se·mi·nal [seminál] *adj* Relativo al semen o la semilla.

se·mi·na·rio [seminárjo] *s/m* **1.** Establecimiento donde son instruidos y formados los jóvenes que van a ser sacerdotes. **2.** Grupo de personas que, bajo la dirección de su profesor, realiza colectivamente trabajo de investigación durante un tiempo limitado. **3.** Lugar donde se reúnen.

se·mi·na·ris·ta [seminarísta] *s/m* Alumno de un seminario, aspirante a sacerdote.

se·mi·ní·fe·ro, -a [seminífero, -a] *adj* ZOOL Que produce o contiene semen.

se·mio·lo·gía [semjoloxía] *s/f* Estudio general de los signos que constituyen cualquier tipo de lenguaje.

se·mió·ti·ca [semjótika] *s/f* Semiología.

se·mi·su·ma [semisúma] *s/f* Resultado de dividir por dos una suma.

se·mi·ta [semíta] *adj* y *s/m,f* Se aplica a los árabes, hebreos y otros pueblos.

se·mí·ti·co, -a [semítiko, -a] *adj* Relativo a los semitas.

se·mi·vo·cal [semiβokál] *adj* y *s/f* Se aplica a las vocales 'i', 'u' cuando forman diptongo con otra vocal precedente, lo cual hace que su valor vocálico quede reducido: *aceite,* **Eu***ropa.*

sé·mo·la [sémola] *s/f* Pasta hecha de harina de trigo, arroz u otro cereal, reducida a granos muy pequeños, con la que se preparan sopas y potajes.

sem·pi·ter·no, (-a) [semɱpitérno, (-a)] *adj* Eterno.

se·na·do [senáðo] *s/m* **1.** Consejo supremo de la antigua Roma. **2.** En los Estados modernos, cámara alta, o sea, una de las asambleas parlamentarias. **3.** Edificio donde se reúne esa cámara.

se·na·dor, -ra [senaðór, -ra] *s/m,f* Miembro de un senado.

se·na·du·ría [senaðuría] *s/f* Dignidad o cargo de senador.

se·na·to·rial [senatorjál] *adj* Relativo al senado o al senador.

sen·ci·llez [senθiʎéθ] *s/f* Cualidad de sencillo.

sen·ci·llo, -a [senθíʎo, -a] *adj* **1.** Simple, sin artificio. **2.** Fácil, sin complicación: *Un examen sencillo.* **3.** Sin lujo, que no hay adorno u ostentación. **4.** Se aplica a la persona de carácter natural y espontáneo. **5.** Aplicado a personas, ingenuo y sin doblez, que dice lo que piensa.

sen·da [sénda] *s/f* Camino estrecho, resultado del paso de personas y animales.

sen·de·ro [sendéro] *s/m* Senda.

sen·dos, -as [séndos, -as] *adj, pl* Que hay o corresponde un objeto para cada una de las personas o cosas: *Llegaron el presidente y el ministro en sendos coches.*

se·nec·tud [senektúð] *s/f* Edad avanzada.

se·ne·ga·lés, (-sa) [seneɣalés, (-sa)] *adj* y *s/m,f* De Senegal.

se·ne·quis·ta [senekísta] **I.** *adj* Relativo al senequismo. **II.** *adj* y *s/m,f* Partidario de las doctrinas de Séneca.

se·nes·cen·cia [senesθénθja] *s/f* Cualidad de senescente.

se·nes·cen·te [senesθénte] *adj* Se aplica a lo que o a quien empieza a envejecer.

se·nil [seníl] *adj* Relativo a los viejos o a la vejez.

se·ni·li·dad [seniliðáð] *s/f* Período de envejecimiento de un ser.

sé·nior [sénjor] *adj* y *s/m,f* **1.** Mayor, de más edad. **2.** Se aplica al deportista de más de veinte años o que ya se ha distinguido en alguna competición.

se·no [séno] *s/m* **1.** Hueco o concavidad. **2.** Parte interior de alguna cosa: *Fue bien recibido en el seno de la familia.* **3.** Interior de la madre, donde se aloja el niño antes de nacer *seno materno.* **4.** Mama, en la mujer. **5.** FIG Regazo, amparo, refugio.

sen·sa·ción [sensaθjón] *s/f* **1.** Impresión anímica producida por las cosas a través de los sentidos. **2.** Acción o circunstancia de sentir algo o de sentirse de alguna manera: *Sensación de calor, de soledad.* **3.** Emoción, impresión fuerte producida en el ánimo de alguien: *Sus lágrimas me causaban una sensación dolorosa.*

sen·sa·cio·nal [sensaθjonál] *adj* **1.** Que causa o produce sensación. **2.** Que llama la atención poderosamente.

sen·sa·cio·na·lis·mo [sensaθjonalísmo] *s/m* Actitud del sensacionalista.

sen·sa·cio·na·lis·ta [sensaθjonalísta] *adj* y *s/m,f* Que tiende a causar sensación o llamar la atención.

sen·sa·tez [sensatéθ] *s/f* Cualidad de sensato.

sen·sa·to, -a [sensáto, -a] *adj* Se aplica a la persona que piensa y actúa con buen juicio y moderación y a las palabras o hechos en que se muestra esa manera de ser.

sen·si·bi·li·dad [sensiβiliðáð] *s/f* **1.** Cualidad de sensible. **2.** Facultad de sentir de los seres animados. **3.** Propensión del hombre a lo bello. **4.** Grado de eficacia y precisión de un aparato científico: *La sensibilidad de un oscilógrafo.*

sen·si·bi·li·za·ción [sensiβiliθaθjón] *s/f* Acción y efecto de sensibilizar.

sen·si·bi·li·zar [sensiβiliθár] *v/tr* Hacer sensible una cosa o dotar de sensibilidad a una persona.
ORT Ante *e* la *z* cambia en *c: Sensibilicé.*

sen·si·ble [sensíβle] *adj* **1.** Capaz de percibir sensaciones: *Piel sensible.* **2.** Capaz de notar un cambio o impresión originado por un agente o acción exterior: *Juan es muy sensible a los gritos.* **3.** Se aplica también a cosas no orgánicamente sensibles: *Una materia sensible a la luz.* **4.** Se aplica a los aparatos que registran o acusan la más leve acción de ciertos fenómenos naturales: *Es un termómetro muy sensible.* **5.** Se aplica a las personas que sienten o se impresionan ante los placeres estéticos y las bellezas de la naturaleza. **6.** Se aplica a lo que produce pena o dolor: *Su muerte ha sido una sensible pérdida.* **7.** Que se puede percibir por los sentidos o por el entendimiento. RPr **Sensible a.**

sen·si·ble·ría [sensiβlería] *s/f* Cualidad de sensiblero.

sen·si·ble·ro, -a [sensiβléro, -a] *adj* Que es o se finge exageradamente sensible.

sen·si·ti·vo, -a [sensitíβo, -a] *adj* **1.** Relativo a los sentidos corporales. **2.** Sensible. **3.** Capaz de excitar la sensibilidad.

sen·so·rial [sensorjál] *adj* ZOOL Relativo a los sentidos.

sen·sual [senswál] *adj* **1.** Perteneciente a las sensaciones de los sentidos. **2.** Se aplica a lo que proporciona placer o satisfacción a los sentidos, a las personas inclinadas a estos placeres y a estos mismos placeres, particularmente en el aspecto sexual.

sen·sua·li·dad [senswaliðáð] *s/f* Cualidad de sensual.

sen·ta·do, (-a) [sen̪táðo, (-a)] **I.** *adj* Sensato, juicioso. **II.** *s/f* **1.** Se aplica al tiempo durante el cual una persona permanece sentada. **2.** Hecho de permanecer sentado un grupo de personas en actitud de protesta. LOC **Dar por sentada una cosa,** suponerlo como fuera de duda o discusión.

sen·tar [sen̪tár] **I.** *v/tr* **1.** Colocar algo apoyándolo en un sitio. **2.** Poner a alguien en banco, silla, etc., flexionándole las piernas y las nalgas en el asiento. **3.** Fundamentar o establecer algo mediante una exposición o razonamiento: *Sentó sus ideas sobre las nuevas directrices.* **II.** *v/intr* **1.** (Generalmente con *bien* o *mal*) Digerir bien o mal algo y, consecuentemente, producir buen o mal efecto en el organismo: *No me sienta bien lo picante.* **2.** Quedar una cosa bien o mal a alguien: *Estos pantalones te sientan mal.* **3.** (Con *bien* o *mal*) Agradar o molestar, producir algo buena o mala impresión a alguien. RPr **Sentar(se) a/sobre/en.**
CONJ *Irreg: (Me) Siento, sentaré, senté, sentado.*

sen·ten·cia [sen̪ténθja] *s/f* **1.** Frase corta emitida por alguien y que encierra o contiene un principio moral o un sabio consejo. **2.** Resolución del tribunal o de un juez en un juicio civil o en un proceso.

sen·ten·ciar [sen̪tenθjár] *v/tr* **1.** Dictar sentencia. **2.** (Con *a*) Dictar una sentencia contra alguien: *Le sentenciaron a 30 años de cárcel.* RPr **Sentenciar a.**

sen·ten·cio·so, -a [sen̪tenθjoso, -a] *adj* **1.** Se aplica al escrito o dicho que contiene sentencias o máximas. **2.** Se aplica a la persona que habla convencida de que lo que dice merece la misma atención y es de igual importancia que una sentencia.

sen·ti·do, -a [sentíðo, -a] **I.** *adj* **1.** Que contiene o expresa un sentimiento. **2.**

(Con *ser*) Se aplica a la persona que se ofende fácilmente: *No le digas eso porque es muy sentido.* **II.** *s/m* **1.** Órgano capaz de recibir y transmitir al individuo las impresiones externas: *Los cinco sentidos son: vista, oído...* **2.** Capacidad animal de percibir impresiones por determinados órganos: *El sentido del olfato.* **3.** Capacidad para entender, juzgar, apreciar o sentir preocupación por las cosas, o para actuar: *Es una persona con gran sentido del deber.* **4.** Acepción o significado de una palabra o de un conjunto de ellas: *Siempre habla con sentido irónico.* **5.** Manera de considerar las cosas: *Tiene un sentido muy estricto del ahorro.* **6.** Dirección: *Sígase el sentido de las flechas.* **7.** Razón de ser, finalidad: *Creo que tus palabras no tienen sentido.* **8.** Cada una de las interpretaciones de un escrito. LOC **Sentido común,** facultad de actuar y razonar cuerda y acertadamente. **No tener sentido una cosa,** ser ilógica. **Perder (alguien) el sentido,** desmayarse. **Sin sentido,** *1.* Desmayado o inconsciente. *2.* Se aplica a la persona insensata o aturdida. *3.* Se aplica a la palabra o palabras que no tienen significado o lógica. **Sexto sentido,** capacidad de intuición.

sen·ti·men·tal [sentimentál] *adj* **1.** Se aplica a la persona que tiene o denota una sensibilidad algo exagerada o romántica. **2.** Se dice de lo que por su contenido emociona o hace llorar: *Un relato sentimental.*

sen·ti·men·ta·lis·mo [sentimentalísmo] *s/m* Cualidad de sentimental.

sen·ti·mien·to [sentimjénto] *s/m* **1.** (Con *de*) Estado afectivo de lo que se expresa: *Sentimiento de alegría.* **2.** Acción y efecto de sentir: *Canta con mucho sentimiento.* **3.** Disgusto o pena de alguien por lo que le ocurre o ha ocurrido.

sen·ti·na [sentína] *s/f* **1.** Cavidad inferior de una embarcación, sobre la quilla, en donde confluyen las aguas procedentes, *por ej,* de filtraciones, para ser expulsadas por medio de bombas. **2.** FIG Cualquier sitio (alcantarillas, cloacas, etc.) por donde corren o en donde se depositan aguas sucias u otras inmundicias y donde hay mal olor.

sen·tir [sentír] **I.** *s/m* **1.** Opinión, parecer: *Sentir popular.* **2.** Sentimiento. **II.** *v/tr* **1.** Ser capaz de percibir alguna sensación por medio de los sentidos, excepto el de la vista. **2.** Experimentar ciertas sensaciones físicas o morales: *Sentir tristeza/alegría.* **3.** Darse cuenta de algo, ser consciente de algún hecho subjetivo: *Se sentía otra persona cuando oía hablar a su niña.* **4.** Tener determinada capacidad o disposición para experimentar ciertas emociones o sensaciones: *Le gusta mucho el fútbol y además lo siente.* **5.** Lamentar: *Sentí que no estuvieras en casa.* **6.** Entristecerse por una desgracia ocurrida.
CONJ *Irreg: Siento, sentí, sentiré, sentido.*

se·ña [séɲa] *s/f* **1.** Gesto o signo con que se da a entender algo: *Le hice señas para que se callara.* **2.** Particularidad o detalle que tiene una cosa, por la que se la reconoce o diferencia. **3.** *pl* Domicilio y lugar donde vive alguien: *Si quieres que te escriba tendrás que darme tus señas.* **4.** *pl* Se aplica a los rasgos característicos de alguien, que permiten identificarle o distinguirle.

se·ñal [seɲál] *s/f* **1.** Cualquier cosa que sirve para identificar algo. **2.** Signo o representación de una cosa: *Señal de tráfico.* **3.** Huella o vestigio que queda en una cosa: *Las señales del accidente.* **4.** Cicatriz. **5.** Indicio inmaterial de una cosa: *Señal de arrepentimiento.* **6.** Representación o símbolo de algo: *Un brazalete negro en el brazo es señal de luto.* **7.** Orden o aviso para realizar algo: *Cuando den la señal, sal corriendo.* **8.** Cantidad de dinero que se da como anticipo en algunos contratos como garantía de que se cumplirán. LOC **En señal,** para mostrar esa cosa: *Le regaló un reloj en señal de amistad.*

se·ña·la·do, -a [seɲaláðo, -a] *adj* Célebre, famoso, importante.

se·ña·lar [seɲalár] **I.** *v/tr* **1.** Ser la señal de algo que va a ocurrir o que se manifiesta. **2.** Marcar alguna cosa para distinguirla de otra: *Te he señalado los libros que tienes que pedirme.* **3.** Hacer una herida o cicatrices en el cuerpo: *Le han señalado la cara en la disputa.* **4.** Apuntar con la mano a una persona o cosa. **5.** Determinar el lugar, la fecha, el precio, etc., para determinado fin: *Han señalado el día del examen para el lunes.* **6.** Nombrar o escoger a alguien o algo para determinado fin. **II.** REFL(-SE) Distinguirse, hacerse notar en algo o en algún sitio: *Se ha señalado especialmente como orador.*

se·ña·li·za·ción [seɲaliθaθjón] *s/f* Acción y efecto de señalizar.

se·ña·li·zar [seɲaliθár] *v/tr* Colocar señales para regular la circulación en carreteras y ferrocarriles.
ORT La *z* cambia en *c* ante *e: Señalice.*

se·ñe·ra [seɲéra] *s/f* Estandarte o bandera.

se·ñe·ro, -a [seɲéro, -a] *adj* Importante.

se·ñor, (-ra) [seɲór, (-ra)] **I.** *s/m,f* Dueño, amo de una cosa, o que tiene dominio sobre alguien. **II.** *s/f* **1.** Mujer casada, en oposición a señorita o mujer soltera. **2.** Esposa, mujer. **3.** Mujer, en contraposición a hombre. **III.** *s/m* Hombre, en contraposición a mujer. **IV.** *adj* y *s/m,f* **1.** Tratamiento, generalmente de respeto, que suele anteponerse a un nombre, a un título profesional, etc., especialmente en las direcciones o inicios de una carta: *El señor ministro.* **2.** Se aplica a la persona dotada de importancia, autoridad y distinción natural: *Es todo un señor.* **V.** *adj* **1.** Se aplica a las cosas que denotan nobleza o distinción: *El golf en España todavía es un juego muy señor.* **2.** FIG Antepuesto al nombre, encarece el significado del mismo: *Un señor disgusto.*

se·ño·re·ar [seɲoreár] *v/tr* **1.** Dominar algo como dueño. **2.** Estar algo a mayor altura que otra cosa, como dominándola: *La torre señorea en el llano.*

se·ño·ría [seɲoría] *s/f* Tratamiento honorífico.

se·ño·rial [seɲorjál] *adj* Propio de señor: *Casa muy señorial.*

se·ño·río [seɲorío] *s/m* **1.** Dominio o mando sobre algo. **2.** Compostura, porte, gravedad de señor.

se·ño·ri·tin·go, -a [seɲoritíŋgo, -a] *s/m,f despec* de *señorito.* Se aplica a la persona joven, presumida o vestida con esmero exagerado.

se·ño·ri·to, (-a) [seɲoríto, (-a)] **I.** *s/m,f* Persona joven, de familia acomodada, que hace ostentación de su riqueza y lleva una vida frívola. **II.** *adj* y *s/m,f* Tratamiento que dan a las personas jóvenes de una casa los criados o los subalternos. **III.** *adj* y *s/f* **1.** Tratamiento que se da a las mujeres solteras. **2.** Tratamiento que se da a las maestras. **IV.** *s/f* Cigarro puro corto y delgado.

se·ño·rón, -na [seɲorón, -na] *adj* y *s/m,f* Señor o señora muy importantes o que aparentan serlo.

se·ñue·lo [seɲwélo] *s/m* **1.** Figura de ave en que se ponían algunos trozos de carne para atraer al halcón. **2.** FIG Cualquier cosa que se usa como cebo y engaño para atraer a alguien o para que éste haga algo.

seo [séo] *s/m* Iglesia catedral.

sé·pa·lo [sépalo] *s/m* BOT Cada una de las hojitas en que se divide el cáliz de las flores.

se·pa·ra·ble [separáβle] *adj* Que se puede separar.

se·pa·ra·ción [separaθjón] *s/f* **1.** Acción y efecto de separar o separarse. **2.** Espacio medible entre dos cosas separadas.

se·pa·rar [separár] *v/tr* **1.** Poner fuera de contacto o proximidad a dos o más personas, animales o cosas que antes estaban uno al lado de otro, mezclados o reunidos. **2.** Obligar por la fuerza a que dos o más personas que riñen no lo sigan haciendo. **3.** Coger parte de una cosa o ponerla en otro sitio. **4.** Distinguir unas cosas de otras: *Los dos aspectos del problema.* RPr **Separar(se) de:** *Separar la mesa de la pared.*

se·pa·ra·ta [separáta] *s/f* Tirada aparte de un artículo aparecido en una revista.

se·pa·ra·tis·mo [separatísmo] *s/m* Doctrina y movimiento político que propugna la separación e independencia de un territorio del resto con el que está formando una nación.

se·pa·ra·tis·ta [separatísta] *adj* y *s/m,f* Partidario o defensor del separatismo.

se·pe·lio [sepéljo] *s/m* Entierro con las ceremonias religiosas correspondientes.

se·pia [sépja] *s/f* Jibia (molusco).

sep·te·nio [septénjo] *s/m* Tiempo de siete años.

sep·ten·trión [septen̪trjón] *s/m* Norte.

sep·ten·trio·nal [septen̪trjonál] *adj* Relativo al septentrión.

sep·ti·ce·mia [septiθémja] *s/f* PAT Alteración de la sangre causada por el paso a la sangre de gérmenes patógenos y su multiplicación en ella.

sep·ti·cé·mi·co, -a [septiθémiko, -a] *adj* Relativo a la septicemia.

sép·ti·co, -a [séptiko, -a] *adj* **1.** MED Que produce putrefacción o es causado por ella. **2.** MED Portador de gérmenes infecciosos.

sep·tiem·bre o **se·tiem·bre** [se(p)tjém̱bre] *s/m* Noveno mes del año, situado entre agosto y octubre.

sép·ti·mo, -a [séptimo, -a] *adj* y *s/m,f* Cada una de las siete partes iguales en que se divide un todo.

sep·tua·ge·na·rio, -a [septwaxenárjo, -a] *adj* y *s/m,f* Que está entre los setenta y ochenta años de edad.

sep·tua·gé·si·mo, (-a) [septwaxésimo, (-a)] *adj* **1.** Que ocupa por orden el lugar setenta. **2.** Se aplica a cada una de las setenta partes en que se divide un todo.

sep·tu·pli·car [septuplikár] *v/tr,* REFL **(-SE)** Multiplicar por siete una cantidad. ORT La *c* cambia *qu* ante *e: Septuplique.*

sép·tu·plo, (-a) [séptuplo, (-a)] *adj* y *s/m* Se aplica a la cantidad que incluye en sí siete veces a otra.

se·pul·cral [sepulkrál] *adj* Relativo al sepulcro.

se·pul·cro [sepúlkro] *s/m* Construcción levantada sobre el suelo, que contiene los restos de uno o más muertos.

se·pul·tar [sepul̪tár] *v/tr* **1.** Poner a un muerto en la sepultura. **2.** Enterrar o cubrir algo o a alguien.

se·pul·tu·ra [sepul̪túra] *s/f* **1.** Acción y efecto de sepultar. **2.** Fosa para enterrar un cadáver.

se·pul·tu·re·ro, -a [sepul̪turéro, -a] *s/m*

Persona que tiene por oficio sepultar a los muertos.

se·que·dad [sekeðáð] *s/f* **1.** Carencia de agua, verdor o humedad. **2.** Falta de amabilidad en el trato y relación con las personas.

se·quía [sekía] *s/f* Falta de lluvias durante un largo período de tiempo.

sé·qui·to [sékito] *s/m* Conjunto de personas que acompañan a alguien rindiéndole honor, o que simplemente se siguen por mera adhesión.

ser [sér] **I.** *s/m* **1.** Cualquier cosa que exite: *Las plantas son seres vivientes.* **II.** *Verbo:* funciones y usos: **1.** Función absoluta, o sea sin atributo: *1.* Haber o existir; se usa en lenguaje literario y filosófico: *Dios es. 2.* Ocurrir, suceder: *El accidente fue ayer. 3.* Seguido de un partitivo tiene función copulativa: *Ése es de los que han suspendido.* **2.** Función copulativa; la función principal es atribuir a un sujeto la cualidad o circunstancia expresadas por un adjetivo o un nombre: *1.* Con sustantivo: **identifica** (*Pedro es el profesor*) o **clasifica** (*Pedro es profesor*). *2.* Con sustantivo y preposición (con *de*): clasifica por el origen (*es de Madrid*), indica materia (*es de plástico*), señala posesión (*es de tu hermana*), precio (*es de 200 pesetas*), edad (*es de 20 años*), color (*es de color azul*). (Con *para*): Clasifica por la finalidad (*este líquido es para limpiar los cristales*), señala correspondencia o adecuación (*esto no es para niños*). *3.* Con adjetivo: *Es una chica muy bella.* **3.** Función auxiliar: Se usa para formar la voz pasiva: *Los exámenes son corregidos por tres profesores.* **4.** Significados específicos del verbo *ser: 1.* Localización en el tiempo: *Es de día/verano/temprano. 2.* Localización en el espacio: *La fiesta es aquí, en casa de Juan. 3.* Expresa el día de la semana o la fecha: *Mañana será 6 de junio. 4.* Costar, valer: *—¿Cuánto es? —Son 600 pesetas. 5.* Estar: *Ahora mismo soy contigo. 6.* Causar: *La marcha del gerente fue su ruina. 7.* Seguido de una oración con *que* forma oraciones de sentido adversativo en que 'es' equivale a 'lo que ocurre es que': *Es que yo no tengo dinero para eso.* Estas oraciones se contruyen a menudo con *si: Si es que no quieres, dilo.* LOC **Así sea,** expresión, frecuentemente informal, con la que se muestra deseo de que se confirme o realice algo que otro anuncia o de lo que expresa deseo. **¿Cómo es eso?,** expresión con que se demuestra extrañeza o disgusto. **¿Cómo es que...?,** pregunta con que se pide explicación de una acción o de un suceso. **¡Cómo ha de ser!,** exclamación de conformidad o resignación. **Como sea,** de cualquier modo: *Hazlo como sea, pero ha de estar terminado en dos horas.* **Con ser...,** a pesar de: *Con ser su padre, no entiende cómo ha podido hacerlo.* **Dar el ser,** engendrar y parir. **Érase que se era...,** frase empleada para comenzar un cuento. **Érase una vez,** encabezamiento de los cuentos infantiles: *Érase una vez una niña muy pobre...* **Es que...,** expresión con que se introduce una disculpa, razón o explicación: *Es que no tengo dinero.* **Lo que sea,** cualquier cosa: *—¿Qué quieres tomar? —Lo que sea.* **No ser nada,** no tener importancia. **No ser para menos,** expresión enfática con que se encarece el valor de algo: *Se disgustó mucho, pero no es para menos: hacía cinco días que llamaba por teléfono.* **Ser de,** *1.* Ser natural del lugar que se expresa. *2.* Ser propio de la persona que se expresa: *Es muy de ella esa manera de responder.* **Ser alguien o algo de lo que no hay,** expresa lo extraordinario de algo o alguien, tanto en tono de censura como de alabanza.
CONJ *Irreg: Soy (eres, es, somos, sois, son), fui, seré, sido.*

se·ra [séra] *s/f* Espuerta grande y sin asas.

se·rá·fi·co, -a [seráfiko, -a] *adj* Parecido al serafín.

se·ra·fín [serafín] *s/m* **1.** Cada uno de los espíritus bienaventurados que forman el segundo coro de ángeles. **2.** Persona de extraordinaria hermosura, aplicado generalmente a una mujer o a un niño.

se·re·nar [serenár] *v/tr, intr,* REFL(**-SE**) Tranquilizar o calmar algo o a alguien (el ánimo, el mar, etc).

se·re·na·ta [serenáta] *s/f* Música que se toca durante una ronda.

se·re·ni·dad [sereniðáð] *s/f* Cualidad o estado de sereno.

se·re·no, (-a) [seréno, (-a)] **I.** *adj* **1.** Tranquilo, sosegado, ecuánime, exento de toda agitación o perturbación. **2.** Referido al tiempo, claro, despejado, sin nubes o niebla. **II.** *s/m* **1.** Humedad de la atmósfera durante la noche. **2.** Hombre que en las ciudades vigila por la calle durante la noche desde la hora en que se cierran los portales. LOC **Al sereno,** a la intemperie de la noche.

se·rial [serjál] *s/m* Cualquier producción literaria publicada o emitida en capítulos independientes y sucesivos.

se·ri·ci·cul·tor, -ra o **se·ri·cul·tor, -ra** [seri(θi)kul̪tór, -ra] *s/m,f* Persona que se dedica a la sericicultura.

se·ri·ci·cul·tu·ra o **se·ri·cul·tu·ra** [seri(θi)kul̪túra] *s/f* Industria que se dedica a la producción de la seda.

sé·ri·co, -a [sériko, -a] *adj* De seda.

se·rie [sérje] *s/f* **1.** Conjunto de cosas relacionadas entre sí y que se suceden unas a otras. **2.** Gran cantidad de ciertas cosas: *Una serie de librerías.* **3.** En determinadas competiciones deportivas, prueba preliminar en la que los participantes que obtienen mejores puestos se clasifican para continuar la competición: *Quedó el tercero en la serie de los 100 metros lisos.* LOC **En serie,** *1.* Se aplica a los objetos que se fabrican todos iguales. *2.* Formando una serie. **Fuera de serie,** se aplica a lo que se considera extraordinario en su clase.

se·rie·dad [serjeðáð] *s/f* Cualidad de serio.

se·ri·gra·fía [seriɣrafía] *s/f* Sistema de impresión por medio de una pantalla de seda o tela metálica muy fina.

se·rio, -a [sérjo, -a] *adj* **1.** Responsable, sensato, reflexivo en la manera de hablar y proceder. **2.** Se aplica a la persona grave, que no se ríe o se ríe poco y es poco amiga de la alegría o la diversión. **3.** Que expresa contrariedad, disgusto o preocupación en la mirada, actitud o semblante. **4.** Importante, digno de consideración. **5.** Aplicado a cosas, que no llevan colores llamativos, ni abundan en adornos superfluos: *Lleva un traje muy serio para este tipo de fiesta.* **6.** Aplicado a cosas, que tiene una utilidad clara para la vida de alguien y no sirve sólo para la diversión: *Este niño sólo lee libros serios.* LOC **En serio,** con seriedad.

ser·món [sermón] *s/m* **1.** Discurso de carácter religioso o moral, pronunciado por un sacerdote. **2.** Reprensión, amonestación.

ser·mo·nea·dor, -a [sermoneaðór, -ra] *adj* y *s/m,f* Que o quien sermonea.

ser·mo·ne·ar [sermoneár] **I.** *v/intr* Predicar, echar sermones. **II.** *v/tr* Reprender repetida e insistentemente a alguien.

se·ro·lo·gía [seroloxía] *s/f* Tratado de los sueros y sus propiedades.

se·ro·si·dad [serosiðáð] *s/f* Líquido que segregan normalmente ciertas membranas o que se produce anormalmente originando hidropesías o ampollas de la piel.

se·ro·so, -a [seróso, -a] *adj* Relativo al suero o a la serosidad.

ser·pen·te·ar [serpeŋteár] *v/intr* Deslizarse, moverse formando ondulaciones o vueltas como las serpientes.

ser·pen·teo [serpeŋtéo] *s/m* Acción y efecto de serpentear.

ser·pen·tín [serpeŋtín] *s/m* Tubo en espiral o en línea quebrada que se utiliza para facilitar el enfriamiento de la destilación en los alambiques y otras máquinas.

ser·pen·ti·na [serpeŋtína] *s/f* Tira de papel larga y estrecha, enrollada de modo que forma una especie de disco y que se desenrolla cuando alguien la lanza a la vez que la retiene por uno de sus extremos.

ser·pien·te [serpjéŋte] *s/f* Reptil carnívoro carente de extremidades, con la boca articulada, de forma que le permite la ingestión de grandes presas, y la lengua protráctil.

se·rra·du·ras [serraðúras] *s/f, pl* Conjunto de partículas de la madera que se desprenden al serrar.

se·rra·nía [serranía] *s/f* Comarca alta y montañosa.

se·rra·ni·lla [serraníʎa] *s/f* Composición lírica de tema rústico, escrita en versos cortos, que generalmente describe el encuentro entre un caballero y una pastora.

se·rra·no, -a [serráno, -a] *adj* y *s/m,f* Relativo a la sierra.

se·rrar [serrár] *v/tr* Cortar con sierra la madera u otra cosa.
CONJ *Irreg: Sierro, serré, serraré, serrado.*

se·rre·ría [serrería] *s/f* Taller donde se sierra la madera.

se·rrín [serrín] *s/m* Serraduras.

se·rru·cho [serrútʃo] *s/m* Sierra de mano, de hoja ancha y prolongada por una manija utilizada en carpintería y ebanistería.

ser·vi·ble [serβíβle] *adj* Que puede servir.

ser·vi·cial [serβiθjál] *adj* Obsequioso y dispuesto para complacer y prestar servicios o hacer favores.

ser·vi·cio [serβíθjo] *s/m* **1.** Acción y efecto de servir. **2.** Actividad que consiste en servir: *Servicio militar.* **3.** Se aplica a la persona o personas que realizan trabajo doméstico en una casa: *Hoy día es muy difícil encontrar servicio.* **4.** (Con *de*) Estado de alguien o algo que sirve en aquello a lo que está destinado u obligado: *No puedo salir, estoy de servicio.* **5.** Acción que aporta beneficio ajeno: *Me hizo un gran servicio la semana pasada.* **6.** (Seguido de *de*) Conjunto de cosas que se usan para lo que se expresa: *Un servicio de mesa.* **7.** En varios deportes, saque. **8.** Organización, conjunto de personas oficiales o públicas destinadas a atender y ser útil al público: *Servicio de bomberos.* **9.** Retrete. En *pl,* lugar donde se encuentran los aparatos higiénicos sanitarios.
Servicio militar, servicio temporal que presta un hombre como soldado.

ser·vi·dor, -ra [serβiðór, -ra] *s/m,f* **1.** Se aplica a la persona que sirve como criado. **2.** Se utiliza como fórmula de cortesía cuando alguien humildemente quiere ponerse al servicio de otro: *—¿Quién quiere hacer esto? —Servidor.*

ser·vi·dum·bre [serβiðúmbre] *s/f* **1.** Conjunto de criados que sirven en una casa. **2.** Estado o condición de siervo. **3.**

Sujeción rigurosa a los vicios, pasiones o afectos. **4.** Derecho en un predio ajeno que limita el dominio de su poseedor en favor de otra persona.

ser·vil [serβíl] **I.** *adj* Relativo a los siervos y criados. **II.** *adj* y *s/m* Se aplica a la persona que muestra excesiva sumisión ante alguien superior a él, que adula o sirve por interés o ambición.

ser·vi·lis·mo [serβilísmo] *s/m* Cualidad de servil.

ser·vi·lle·ta [serβiʎéta] *s/f* Pieza de tela o papel usada en las comidas para limpiarse la boca y las manos o también para proteger el vestido.

ser·vi·lle·te·ro [serβiʎetéro] *s/m* Intrumento en que se recoge o está colocada la servilleta.

ser·vir [serβír] **I.** *v/intr* **1.** Valer, ser útil para determinado fin o para realizar determinada función: *Este motor no sirve para lo que yo quiero.* **2.** Ayudar a alguien, hacerle un favor: *¿Puedo servirte en algo?* **3.** Poner la mesa y atender a los comensales. **4.** Estar al servicio de alguien o depender de él. **5.** Poner comida o bebida en el plato o vaso de alguien: *¿Te sirvo un poco de vino?* **6.** Sacar, en algunos deportes. **7.** Suministrar mercancías a un cliente: *Mañana le serviremos su pedido.* **8.** Atender a los clientes en un establecimiento comercial: *¿Ya le sirven a usted?* **II.** *v/intr, tr* **1.** Hacer el servicio militar: *Está sirviendo en infantería.* **2.** Desempeñar un empleo o puesto: *Sirve en este cargo desde hace diez años.* **III.** REFL(-SE) **1.** Echar uno alimento o bebida en su propio vaso o plato. **2.** (Seguido de la *prep de*) Utilizar o emplear a alguien o algo para determinado fin: *Se servía de su amabilidad para hacerle trabajar más.* **3.** Dignarse hacer algo o hacerlo por amabilidad, cortesía o condescendencia: *Sírvase cerrar la ventana.* LOC **No servir de nada,** resultar inútil. **Para servirle** o **para servir a usted,** expresión de cortesía que se emplea como contestación a determinadas frases o para ponerse a disposición de alguien. RPr **Servir de/a/en/para. Servirse de.**
CONJ *Irreg: Sirvo, serví, serviré, servido.*

ser·vo·fre·no [serβofréno] *s/m* Mecanismo auxiliar que asegura automáticamente la fuerza necesaria para mejorar el frenado de los vehículos.

sé·sa·mo [sésamo] *s/m* BOT Cierta planta de fruto elipsoidal y comestible.

se·se·ar [seseár] *v/intr* Pronunciar la 'c' o la 'z' como 's'.

se·sen·ta [sesénta] **I.** *adj* **1.** Seis veces diez. **2.** Sexagésimo. **II.** *s/m* Grafía del número 60.

se·sen·ta·vo, -a [sesen̪táβo, -a] *adj* y *s/m,f* Se aplica a cada una de las 60 partes iguales en que se divide un todo.

se·sen·tón, -na [sesen̪tón, -na] *adj* y *s/m,f* Se aplica a la persona que tiene sesenta años cumplidos.

se·seo [seséo] *s/m* Acción y efecto de sesear.

se·se·ra [seséra] *s/f* **1.** Parte de la cabeza que contiene los sesos. **2.** FIG Inteligencia.

ses·ga·du·ra [sesɣaðúra] *s/f* Acción y efecto de sesgar.

ses·gar [sesɣár] *v/tr* Cortar o colocar una tela al bies.
ORT La *g* lleva *u* delante de *e: Sesguemos.*

ses·go, -a [sésɣo, -a] **I.** *adj* Cortado o situado oblicuamente. **II.** *s/m* Curso u orientación que toma un negocio o acontecimiento. LOC **Al sesgo,** al bies, oblicuamente.

se·sión [sesjón] *s/f* **1.** Cada una de las reuniones de una asamblea, junta o tribunal, para tratar de algún asunto que les compete. **2.** Acto realizado para el público en un determinado espacio de tiempo; especialmente referido a cada proyección del programa completo de un cine: *Iremos a la sesión de las diez.* **3.** Espacio de tiempo en que alguien posa como modelo para un escultor o pintor, o se somete a una operación o a un tratamiento, etc.: *Asiste a sesiones de psiquiatría en grupo.* **4.** Tiempo que se emplea en una acción no interrumpida: *Una sesión de trabajo.* LOC **Abrir la sesión,** comenzarla. **Levantar la sesión,** terminarla.

se·so [séso] *s/m* **1.** Normalmente en *pl* Cerebro. **2.** FIG Buen juicio, sensatez: *Siempre hace tonterías; parece que no tiene seso.* LOC **Calentarse o devanarse los sesos,** meditar mucho hasta fatigarse, cavilar, estudiar. **Perder el seso,** enloquecer, perder el juicio. **Tener sorbido el seso a alguien,** *1.* Influir mucho sobre alguien, dominando su voluntad. *2.* Tener a una persona muy enamorada.

ses·te·ar [sesteár] *v/intr* Dormir la siesta.

se·su·do, -a [sesúðo, -a] *adj* Se aplica a la persona sensata, inteligente.

set [sét] *s/m* ANGL Cada una de las partes en que se dividen los partidos de tenis y de balonvolea.

se·ta [séta] *s/f* Cualquier especie de hongo en forma de sombrero o casquete.

se·te·cien·tos, -as [seteθjén̪tos, -as] **I.** *adj* **1.** Siete veces ciento. **2.** Septingentésimo. **II.** *s/m* Grafía del número 700.

se·ten·ta [setén̪ta] **I.** *adj* **1.** Siete veces diez. **2.** Septuagésimo. **II.** *s/m* Grafía del número 70.

se·ten·ta·vo, -a [seteṇtáβo, -a] *adj* y *s/m* Se aplica a cada una de las setenta partes en que se divide un todo.

se·ten·tón, -na [seteṇtón, -na] *adj* y *s/m,f* Se aplica a la persona que tiene setenta años cumplidos o más, pero menos de ochenta.

se·tiem·bre [setjémbre] *s/m* Septiembre.

sé·ti·mo, -a [sétimo, -a] *adj* y *s/m,f* Séptimo.

se·to [séto] *s/m* **1.** Cercado hecho con palo o ramas entretejidas. **2.** División que se hace en los jardines con plantas podadas de modo que formen como una pared.

seu·do- [seuðo-] *adj* Se emplea como prefijo de nombre. Significa 'falso', 'supuesto', 'aparente'. Se escribe también separado: *Seudo profeta.*

seu·dó·ni·mo [seuðónimo] *s/m* Nombre fingido que utiliza un autor literario o un artista en vez del suyo propio.

se·ve·ri·dad [seβeriðáð] *s/f* Cualidad de severo.

se·ve·ro, -a [seβéro, -a] *adj* **1.** Se aplica a la persona rigurosa en sus juicios o castigos. **2.** Se aplica a la persona estricta en la observancia de una norma, ley, precepto, etc.: *Un policía muy severo.* **3.** Aplicado a cosas o a su aspecto, sobrio, serio: *Una casa de aspecto severo.* **4.** Aplicado a personas, a su aspecto o semblante, serio o grave. RPr **Severo con/en/para:** *Era muy severo con sus hijos/en sus juicios/para (para con) los alumnos.*

se·vi·cia [seβíθja] *s/f* Crueldad excesiva.

se·vi·lla·nas [seβiʎánas] *s/f, pl* Cierta danza y música propias de Sevilla.

se·vi·lla·no, -a [seβiʎáno, -a] *adj* y *s/m,f* De Sevilla.

se·xa·ge·na·rio, -a [se(k)saxenárjo, -a] *adj* y *s/m,f* Se aplica a la persona que tiene entre sesenta y setenta años de edad.

se·xa·gé·simo, -a [se(k)saxésimo, -a] *adj* Se dice de cada una de las sesenta partes iguales en que se divide un todo.

se·xa·go·nal [se(k)saγonál] *adj* Se aplica al polígono de seis ángulos y seis lados.

se·xo [sé(k)so] *s/m* **1.** BIOL Condición orgánica que distingue al macho de la hembra. **2.** Conjunto de individuos de uno u otro sexo: *Sexo masculino, sexo femenino.* **3.** Conjunto de los órganos sexuales que forman el aparato reproductor.
Sexo débil o bello sexo, las mujeres.
Sexo fuerte, los hombres.

se·xo·lo·gía [seksoloxía] *s/f* Ciencia que estudia el sexo y lo relacionado con él.

se·xó·lo·go, -a [seksóloγo] *s/m,f* Experto en sexología.

sex·tan·te [se[k]stáṇte] *s/m* Instrumento náutico, de sector de sesenta grados, para medición de distancias angulares.

sex·te·to [se(k)stéto] *s/m* **1.** MÚS Composición musical para seis voces o instrumentos. **2.** Conjunto de seis.

sex·to, -a [sé(k)sto, -a] *adj* y *s/m,f* Cada una de las seis partes iguales en que se divide un todo.

se·xua·do, -a [se(k)swáðo, -a] *adj* BIOL Se aplica al animal o al vegetal que tiene órganos sexuales bien desarrollados y aptos para funcionar.

se·xual [se(k)swál] *adj* Relativo al sexo.

se·xua·li·dad [se(k)swaliðáð] *s/f* Conjunto de condiciones anatómicas y fisiológicas que caracterizan a cada sexo.

se·xy [sé(k)si] *adj* ANGL Se aplica a la persona dotada de mucho atractivo físico y sexual y a las cosas que ponen de relieve este atractivo: *Es una chica muy sexy. Una camisa muy sexy.*

sha [sá/ʃá] *s/m* Título ostentado por los soberanos de Irán.

she·riff [ʃérif] *s/m* ANGL **1.** En Gran Bretaña, oficial administrativo que representa a la corona en cada condado. **2.** En Estados Unidos, oficial administrativo electo, juez y guardián del orden, con un poder judicial limitado.

she·rry [ʃérry] *s/m* ANGL Vino de Jerez.

shock [sók/ʃók] *s/m* ANGL Depresión nerviosa provocada por una emoción intensa.

shorts [sorts/ʃorts] *s/m* ANGL Pantalón muy corto, de hombre o de mujer, utilizado para hacer deporte o en tiempo de calor.

show [ʃou/sou] *s/m* ANGL **1.** Actuación de un artista o de un grupo de ellos, en una sala de fiestas, club, televisión, etc. **2.** Exhibición u ostentación de determinada cualidad o capacidad.

si [si] **I.** *conj* **1.** Se utiliza para expresar una condición, que puede ser real o irreal. **2.** Suele usarse en preguntas indirectas: *Dime si piensas hacerlo tú.* **3.** Se emplea para expresar una alternativa, en oraciones distributivas: *Si le llamo, mal; si no le llamo, peor.* **4.** Se utiliza en oraciones de protesta, sorpresa, ponderación o negación: *—¿Por qué no me lo dijiste? —Si no lo sabía.* **II.** *s/m* MÚS Séptima nota de la escala musical.

sí [sí] **I.** *pron* Forma reflexiva de la tercera persona del *pronombre personal.* Funciona como complemento con preposición: *Nunca piensa en sí mismo.* **II.** *adv* Se usa, generalmente, para responder afirmativa o enfáticamente en enunciados afirmativos e imperativos: *—¿Te diviertes? —Sí.* **III.** *s/m (*Con el artículo *el*), Expresa consentimiento, permiso: *Aún no me han dado el sí.* LOC **¡A que sí!**, se utiliza como expresión de apuesta o como respuesta a un desafío: *—Tú no eres capaz de hacer eso. —¡A que sí!* **Dar el sí,** aceptar una proposición. **De sí, de por sí, en sí,** tomado lo que se expresa en absoluto, separado de cualquier otro o de cualquier circunstancia. **Fuera de sí** (Con *estar* y *poner*), enajenado por la furia u otra pasión. **Por sí solo,** *1.* Espontáneamente. *2.* Sin ayuda de nadie.

sia·lis·mo [sjalísmo] *s/m* MED Secreción excesiva de saliva.

sia·més, -sa [sjamés, -sa] *adj* y *s/m,f* Se aplica a cada uno de los hermanos gemelos que crecen unidos por alguna parte del cuerpo.

si·ba·ri·ta [siβaríta] *adj* y *s/m,f* Se aplica a la persona que busca el placer refinado en todo, o en alguna cosa.

si·ba·ri·tis·mo [siβaritísmo] *s/m* Género de vida del sibarita.

si·be·ria·no, -a [siβerjáno, -a] *adj* y *s/m,f* De Siberia.

si·bil [siβíl] *s/m* Pequeña despensa subterránea.

si·bi·la [siβíla] *s/f* Mujer a quien los antiguos consideraban como profetisa.

si·bi·lan·te [siβiláṇte] *adj* Se dice del sonido que se emite produciendo una especie de silbido, como la 's'.

si·bi·li·no, -a [siβilíno, -a] *adj* **1.** FIG Se aplica a las expresiones que contienen un sentido oculto o misterioso o al tono con que se expresa algo, con tales características. **2.** Se dice del lenguaje que crea un clima misterioso, con pretensiones de profundidad.

si·ca·rio [sikárjo] *s/m* Asesino a sueldo.

si·ci·lia·no, -a [siθiljáno, -a] *adj* y *s/m,f* De Sicilia.

si·co·a·ná·li·sis [sikoanálisis] *s/m* Psicoanálisis.

si·co·a·na·lis·ta [sikoanalísta] *s/m,f* Que practica el sicoanálisis.

si·co·a·na·li·zar [sikoanaliθár] *v/tr* Practicar el sicoanálisis.
ORT Ante *e* la *z* cambia en *c: Sicoanalice.*

si·co·dé·li·co, -a [sikoðéliko, -a] *adj* Psicodélico.

si·co·fí·si·ca [sikofísika] *s/f* Psicofísica.

si·co·lo·gía [sikoloxía] *s/f* Psicología.

si·co·ló·gi·co, -a [sikolóxiko, -a] *adj* Psicológico.

si·có·lo·go [sikóloγo] *s/m,f* Psicólogo.

si·co·mo·ro [sikomóro] *s/m* Higuera propia de Egipto, de madera incorruptible, que utilizaban los antiguos egipcios para hacer las cajas de las momias.

si·có·pa·ta [sikópata] *s/m,f* Psicópata.

si·co·pa·tía [sikopatía] *s/f* Psicopatía.

si·co·sis [sikósis] *s/f* Psicosis.

si·co·so·má·ti·co, -a [sikosomátiko, -a] *adj* Psicosomático.

si·co·te·ra·pia [sikoterápja] *s/f* Psicoterapia.

si·cró·me·tro [sikrómetro] *s/m* Psicrómetro.

si·da [síða] *s/m* Enfermedad vírica que ataca las defensas del organismo.

si·de·car [siðekár] *s/m* Se aplica a una especie de cochecito de una rueda que va unido a un costado de las motocicletas.

si·de·ral [siðerál] *adj* Relativo a las estrellas o a los astros.

si·de·ri·ta [siðeríta] *s/f* Mineral que contiene hierro.

si·de·rur·gia [siðerúrxja] *s/f* Industria dedicada a la extracción y elaboración del hierro.

si·de·rúr·gi·co, -a [siðerúrxiko, -a] *adj* Que pertenece a la siderurgia.

si·dra [síðra] *s/f* Bebida obtenida de la fermentación del zumo de manzanas.

si·dre·ría [siðrería] *s/f* Establecimiento o despacho en que se vende sidra.

sie·ga [sjéγa] *s/f* **1.** Hecho y resultado de segar. **2.** Temporada en que se siega.

siem·bra [sjémbra] *s/f* **1.** Acción de sembrar. **2.** Tiempo o época en que se siembra. **3.** Sembrado.

siem·pre [sjémpre] *adv* **1.** En todo tiempo y ocasión. También expresa insistencia y reiteración en una cosa, con verbos en forma durativa, o de obligación: *Siempre estás llorando.* **2.** En todo caso o cuando menos: *Siempre tendré la conciencia tranquila.* LOC **Desde siempre,** desde hace mucho tiempo, desde que se recuerda: *Eso lo sé yo desde siempre.* **De siempre** (desde siempre): *Nos conocemos de siempre.* **Hasta siempre**, expresión de despedida cordial. **Para siempre**, para toda la vida, por tiempo indefinido: *Te lo doy para siempre.* **Por siempre jamás**, para siempre, con sentido reforzado. **Por siempre**, propio del lenguaje religioso. **Siempre que** o **Siempre y cuando**, a condición de que (expresa condicionalidad y equivale a 'si').

sien [sjén] *s/f* Partes laterales de la cabeza comprendidas entre la frente, la oreja y la mejilla.

sier·pe [sjérpe] *s/f* Serpiente, culebra de gran tamaño.

sie·rra [sjérra] *s/f* **1.** Herramienta con una hoja de acero dentada sujeta a un mango u otra armazón adecuada y que se utiliza para cortar cuerpos duros, *por ej:* madera, piedra, metales, etc. **2.** Cordillera, serie de picos montañosos. Suele llamarse *sierra* al terreno montañoso que se tiene cerca o próximo: *Mañana iremos a la sierra.*

sier·vo, -a [sjérβo, -a] *s/m,f* **1.** Persona que antiguamente pertenecía a un señor o dueño. **2.** Persona sometida y mandada por otra.

sies·ta [sjésta] *s/f* **1.** En verano, tiempo después de mediodía en que el calor es más intenso. **2.** Sueño que se echa después de comer.

sie·te [sjéte] *adj* **1.** Seis más uno. **2.** Séptimo, ordinal. **3.** (Con *hacer*) Rasgadura angular de un paño: *Me han hecho un siete en la camisa.*

sie·te·me·si·no, -a [sjetemesíno, -a] *adj* y *s/m,f* Se dice del niño que nace a los siete meses de ser engendrado, en vez de a los nueve.

sí·fi·lis [sífilis] *s/f* Enfermedad venérea infecciosa.
ORT *Pl: Sífilis.*

si·fi·lí·ti·co, -a [sifilítiko, -a] *adj* y *s/m,f* Relativo a la sífilis.

si·fón [sifón] *s/m* **1.** Tubo encorvado en forma de 'U', de brazos desiguales, que traslada líquidos de un nivel a otro. **2.** Tubo doblado y con agua que impide la salida de gases. **3.** Botella, generalmente de cristal, que contiene agua carbonada herméticamente cerrada, con una tapa por la que pasa un sifón y con una llave para abrir o cerrar el paso del agua, la cual es empujada hacia fuera por la presión del gas carbónico que contiene.

si·gi·lo [sixílo] *s/m* **1.** Secreto que se guarda de algo, o silencio que se guarda sobre un asunto. **2.** Sello.

si·gi·lo·gra·fía [sixiloɣrafía] *s/f* Tratado de los sellos antiguos.

si·gi·lo·so, -a [sixilóso, -a] *adj* Que guarda sigilo.

si·gla [síɣla] *s/f* Letra inicial usada como abreviatura o representación de una palabra. Puede escribirse con punto detrás de cada inicial o sin él. Un nombre plural suele representarse por la letra inicial repetida: *EE.UU. (Estados Unidos).*

si·glo [síɣlo] *s/m* **1.** Espacio de cien años. **2.** Período de tiempo muy largo: *Hace un siglo que no te llamo por teléfono.* LOC **En/Por los siglos de los siglos**, eternamente.

sig·nar [siɣnár] *v/tr* **1.** Imprimir, hacer o poner un signo en los documentos. **2.** Firmar.

sig·na·ta·rio, -a [siɣnatário, -a] *adj* y *s/m,f* Que firma.

sig·na·tu·ra [siɣnatúra] *s/f* **1.** Acción de signar. **2.** Señal o marca que se pone, especialmente en los libros o documentos, para distinguirlos de otros, o para catalogarlos. **3.** Conjunto de los signos de un escrito o documento que tienen determinado valor. **4.** Firma de una persona en un acta para atestiguar su autenticidad.

sig·ni·fi·ca·ción [siɣnifikaθjón] *s/f* **1.** Acción y efecto de significar. **2.** Significado de una palabra o frase: *Eso no tiene ninguna significación.* **3.** Relevancia, importancia o influencia de algo o alguien.

sig·ni·fi·ca·do, (-a) [siɣnifikádo, (-a)] **I.** *adj* Importante, conocido, sobre todo en lo ideológico: *Un significado político de izquierda.* **II.** *s/m* Significación, particularmente la de las palabras o frases.

sig·ni·fi·can·te [siɣnifikánte] *adj* Significativo.

sig·ni·fi·car [siɣnifikár] **I.** *v/tr* **1.** Ser algo signo de otra cosa: *Hay sonrisas que significan odio.* **2.** Ser una frase o palabra signo de una idea o cosa material. **3.** Expresar o manifestar cierta opinión o sentimiento: *Deseo significarle mi condolencia.* **4.** Representar, tener importancia. **II.** *v*/REFL(-SE) Distinguirse por alguna cualidad o ideología: *Se significó por su constancia.* RPr **Significar por.**
ORT La *c* se convierte en *qu* delante de *e: Signifiquen.*

sig·ni·fi·ca·ti·vo, -a [siɣnifikatíβo, -a] *adj* Se aplica a lo que tiene un significado particular o mucho significado.

sig·no [síɣno] *s/m* **1.** Cosa que evoca la idea de otra (en el sentimiento): *Dar la mano es signo de amistad.* **2.** Cualquier dibujo o carácter convencional de la escritura, las matemáticas, la música, etc. **3.** Señal hecha a modo de bendición en los actos religiosos. **4.** Seña o señal que significa o indica algo: *Es un buen signo que quiera irse a la cama.* **5.** Destino, cada una de las doce partes del Zodíaco: *Leo, Aries,* etc. **6.** Valor: *Esta situación tiene un signo negativo.* **7.** En lingüística, se llama signo a la combinación del concepto (significado) y de la imagen acústica (significante).

si·guien·te [siɣjénte] *adj* y *s/m,f* Se aplica a lo que o al que sigue.

sí·la·ba [sílaβa] *s/f* Grupo fónico elemental, compuesto de uno o varios sonidos que se pronuncian en una sola emisión de voz en la cadena hablada.

si·la·ba·rio [silaβárjo] *s/m* Libro elemental o cartel escrito con las sílabas separadas y que se utiliza para aprender a leer.

si·la·be·ar [silaβeár] *v/intr, tr* Pronunciar marcada y separadamente las sílabas de una palabra.

si·la·beo [silaβéo] *s/m* Acción y efecto de silabear.

si·lá·bi·co, -a [siláβiko, -a] *adj* Perteneciente a la sílaba.

sil·ba [sílβa] *s/f* Acción de silbar en señal de protesta.

sil·bar [silβár] *v/intr, tr* **1.** Producir o emitir silbidos: *Le gusta mucho silbar esa canción.* **2.** Producir algo un sonido muy peculiar, agudo, al pasar por un sitio estrecho, al rozar con el aire, etc.

sil·ba·to [silβáto] *s/m* Instrumento pequeño y hueco que produce un silbido al soplar en él o hacer pasar aire con fuerza por el mismo: *Silbato del tren.*

sil·bi·do [silβíðo] *s/m* Acción y efecto de silbar. Silbo.

sil·bo [sílβo] *s/m* **1.** Sonido agudo que produce el aire al salir con fuerza por la boca controlado por los labios o por los dedos puestos en ella de determinada manera. **2.** Sonido agudo que produce el aire al pasar con fuerza por una abertura estrecha. **3.** Sonido agudo que produce un objeto al rozar con el aire. **4.** Grito agudo de algunos animales, como la serpiente.

si·len·cia·dor [silenθjaðór] *s/m* Dispositivo que se aplica a ciertos mecanismos para evitar o disminuir en lo posible los ruidos que producen.

si·len·ciar [silenθjár] *v/tr* Omitir deliberadamente algo en una conversación o escrito: *La prensa silenció el suceso.*

si·len·cio [silénθjo] *s/m* **1.** Ausencia de todo ruido o sonido. **2.** Circunstancia de estar callado o de abstenerse de hablar. **3.** Hecho de no hablar de cierta cosa: *El ministro guardó silencio sobre el tema.* LOC **¡Silencio!,** exclamación frecuente para imponer o pedir silencio.

si·len·cio·so, -a [silenθjóso, -a] *adj* **1.** Se aplica al que calla o tiene costumbre de callar. **2.** Se aplica al lugar o tiempo en que hay o se guarda silencio. **3.** Que no hace ruido: *Un motor silencioso.*

sí·lex [síle(k)s] *s/m* Variedad de cuarzo.

síl·fi·de [sílfiðe] *s/f* Mujer bella.

si·li·ca·to [silikáto] *s/m* QUÍM Cualquier sal o éster de ácido silícico.

sí·li·ce [síliθe] *s/f* QUÍM Mineral compuesto de silicio y oxígeno.

si·li·cio [silíθjo] *s/m* Metaloide que se extrae de la sílice, insoluble en el agua y más pesado que ella.

si·li·co·na [silikóna] *s/f* Compuesto de sílice usado para pegar, tapar huecos, etc.

si·li·co·sis [silikósis] *s/f* Afección respiratoria causada por el polvo de la sílice o de otros minerales.

si·lo [sílo] *s/m* **1.** Lugar subterráneo y seco destinado a depósito de granos, forrajes, etc. **2.** Depósito cilíndrico o prismático, de altura considerable, que se carga por la parte superior y se vacía por abajo, destinado al almacenamiento y conservación de determinados productos.

si·lo·gis·mo [siloxísmo] *s/m* Argumento que consta de tres proposiciones, la última de las cuales se deduce necesariamente de las otras dos.

si·lue·ta [silwéta] *s/f* **1.** Forma que proyecta un objeto oscuro sobre un fondo claro. **2.** Contorno de una figura.

sil·va [sílβa] *s/f* Combinación métrica de una serie indefinida de versos heptasílabos y endecasílabos, rimados al arbitrio del poeta.

sil·ves·tre [silβéstre] *adj* Criado espontáneamente en el campo, sin cultivo.

sil·vi·cul·tor [silβikultór] *s/m* Persona que se dedica a la silvicultura.

sil·vi·cul·tu·ra [silβikultúra] *s/f* **1.** Actividades relacionadas con el cuidado y explotación de los bosques. **2.** Ciencia que trata de este cultivo.

si·lla [síʎa] *s/f* **1.** Asiento individual con respaldo y generalmente, con cuatro patas. **2.** Aparejo para montar a caballo.

si·llar [siʎár] *s/m* **1.** Cualquiera de las piedras labradas y usadas en construcción. **2.** Parte del lomo de la caballería donde se asienta la silla.

si·lle·ría [siʎería] *s/f* **1.** Juego de sillas, sillones y sofá, para amueblar una casa. **2.** Conjunto de asientos unidos entre sí. **3.** Taller donde se hacen sillas.

si·llín [siʎín] *s/m* Asiento de la bicicleta y vehículos similares.

si·llón [siʎón] *s/m* Asiento de brazos, mullido, más o menos amplio y cómodo.

si·ma [síma] *s/f* Cavidad o grieta grande y muy profunda en la tierra.

sim·bio·sis [simbjósis] *s/f* BIOL Asociación de organismos de diferente especie, a través de la cual se benefician mutuamente.

sim·bó·li·co, -a [simbóliko, -a] *adj* Se aplica a lo que simboliza o representa como símbolo cierta cosa.

sim·bo·lis·mo [simbolísmo] *s/m* **1.** Cualidad de simbólico. **2.** Conjunto o sistema de símbolos usados en una determinada ciencia, disciplina, creencia, etc.: *El simbolismo religioso.* **3.** Movimiento literario francés del último cuarto del siglo XIX que se oponía a todo género de realismo, positivismo y espíritu científico.

sim·bo·lis·ta [simbolísta] *adj* y *s/m,f* Perteneciente o adepto al simbolismo poético.

sim·bo·li·zar [simboliθár] *v/tr* **1.** Servir una cosa como símbolo de otra. **2.** Representar algo mediante un símbolo.
ORT Ante *e* la *z* cambia en *c: Simbolice.*

sím·bo·lo [símbolo] *s/m* **1.** Objeto o signo que representa a otra cosa en virtud de su correspondencia o analogía: *La paloma blanca es el símbolo de la paz.* **2.** QUÍM Letra o letras convenidas con que se designa un cuerpo simple.

sim·bo·lo·gía [simboloxía] *s/f* **1.** Estudio de los símbolos. **2.** Conjunto o sistema de símbolos.

si·me·tría [simetría] *s/f* Proporción adecuada de las partes de un todo entre sí y con el todo mismo.

si·mé·tri·co, -a [simétriko, -a] *adj* Relativo a la simetría.

si·mien·te [simjénte] *s/f* Semilla.

sí·mil [símil] **I.** *adj* Semejante. **II.** *s/m* Comparación que se hace entre dos cosas.

si·mi·lar [similár] *adj* Se aplica a lo que tiene semejanza o analogía con algo con lo que se compara.

si·mi·li·tud [similitúð] *s/f* Cualidad de semejante.

si·mio [símjo] *s/m* Mono, mamífero.

si·món [simón] *adj* y *s/m* Coche de caballos para alquilar, y cochero que lo conduce.

si·mo·nía [simonía] *s/f* **1.** Compra y venta de cosas espirituales. **2.** Pecado o delito derivado de esta acción.

sim·pa·tía [simpatía] *s/f* Inclinación afectiva hacia una persona; generalmente suele ser espontánea y mutua. Se usa mucho en *pl: Se ha ganado las simpatías de todos sus compañeros.*

sim·pá·ti·co, -a [simpátiko, -a] *adj* Que tiene o inspira simpatía.

sim·pa·ti·zan·te [simpatiθánte] *adj* y *s/m,f* Que simpatiza con algo o alguien.

sim·pa·ti·zar [simpatiθár] *v/intr* Sentir simpatía hacia algo o alguien: *Simpatiza con el partido.* RPr **Simpatizar con.**
ORT Ante *e* la *z* cambia en *c: Simpaticé.*

sim·ple [símple] **I.** *adj* **1.** Sin composición: *El oxígeno es un cuerpo simple.* **2.** Sencillo, sin complicaciones ni refuerzos. **3.** Precediendo al nombre, equivale a sólo: *Me es suficiente con tu simple palabra.* **4.** GRAM Se aplica a los términos que no están formados por más de una palabra o raíz. **II.** *adj* y *s/m,f* **1.** Bobo, tonto, consentido. **2.** Incauto, sin malicia. **III.** *s/m* En tenis, ping-pong y algunos otros juegos, partido disputado por dos jugadores, uno contra otro.

sim·ple·za [simpléθa] *s/f* **1.** Cualidad de simple, ingenuo o bobo. **2.** Tontería, necedad. **3.** Insignificancia, cosa que tiene poco valor o importancia: *Le compraré cualquier simpleza.*

sim·pli·ci·dad [simpliθiðáð] *s/f* **1.** Cualidad de simple, sin complicación. **2.** Ingenuidad, candor.

sim·pli·fi·ca·ción [simplifikaθjón] *s/f* Acción y efecto de simplificar.

sim·pli·fi·car [simplifikár] *v/tr* Hacer más sencilla o más fácil una cosa.
ORT La *c* cambia en *qu* ante *e: Simplifique.*

sim·plis·mo [simplísmo] *s/m* Calidad de simplista.

sim·plis·ta [simplísta] *adj* y *s/m,f* Se aplica a la persona que ve las cosas con pocas complicaciones y las resuelve sin considerar aspectos importantes de las mismas: *Una solución simplista.*

sim·plón, (-na) [simplón, (-na)] *adj* y *s/m,f* **1.** Ingenuo, sencillo. **2.** Se aplica al individuo que simplifica la realidad de tal forma que sus opiniones no pasan de ser tópicos o generalizaciones sin profundidad alguna.

sim·po·sio o **sym·po·sium** [simpósjo/simpósium] *s/m* Conferencia o reunión celebrada por especialistas de una materia, menos numerosa que un congreso, y en el que se examina y discute un determinado tema.

si·mu·la·ción [simulaθjón] *s/f* Acción de simular.

si·mu·la·cro [simulákro] *s/m* Aplicado mayormente a acciones militares, acción que se lleva a cabo en apariencia y simulando la realidad pero sin serla.

si·mu·lar [simulár] *v/tr* Aparentar que es real algo que ni existe ni ocurre.

si·mul·ta·ne·ar [simultaneár] *v/tr* Hacer dos o más cosas al mismo tiempo.

si·mul·ta·nei·dad [simultaneiðáð] *s/f* Cualidad de simultáneo.

si·mul·tá·neo, -a [simul̪táneo, -a] *adj* Se aplica a lo que sucede o se hace al mismo tiempo que otra cosa.

si·mún [simún] *s/m* Viento cálido y seco que sopla en los desiertos del Sáhara, Egipto, Arabia y Mesopotamia, generalmente de poca duración, que arrastra remolinos de arena.

sin [sín] *prep* **1.** Se usa para indicar privación o carencia de algo. También indica la negación de la acción del verbo que le sucede: *Estamos sin dinero.* **2.** Precedida de 'no' equivale a una afirmación atenuada: *Voy a finalizar no sin antes dar las gracias.* **3.** Equivale en algunos casos a 'sin incluir', 'sin contar': *El viaje sale por unas 60.000 pesetas sin la comida.*

si·na·go·ga [sinaγóγa] *s/f* **1.** Asamblea religiosa de los judíos. **2.** Templo judío.

si·na·le·fa [sinaléfa] *s/f* Pronunciación en una sílaba de la vocal final de una palabra y la inicial de la siguiente: *Lalfombra* por *la alfombra.*

si·na·pis·mo [sinapísmo] *s/m* Medicamento de uso tópico, de cuya composición forma parte el polvo de semilla de mostaza negra.

si·nar·tro·sis [sinartrósis] *s/f* Unión de huesos sin articulación; como la de los huesos del cráneo.

sin·ce·rar·se [sinθerárse] *v/*REFL(-SE) Explicar o justificar la responsabilidad o no culpabilidad que uno cree tener en una cosa, para justificarse o tranquilizarse.

sin·ce·ri·dad [sinθeriðáð] *s/f* **1.** Cualidad de sincero. **2.** Actitud sincera.

sin·ce·ro, -a [sinθéro, -a] *adj* Que se expresa o actúa tal como siente o piensa, sin fingimiento.

sín·co·pa [síŋkopa] *s/f* GRAM Figura de dicción que consiste en la supresión de uno o más sonidos dentro de un vocablo: *Navidad* por *Natividad.*

sin·co·par [siŋkopár] *v/tr* **1.** Hacer síncopa. **2.** Abreviar, acortar.

sín·co·pe [síŋkope] *s/m* Suspensión momentánea y súbita de la actividad del corazón o de la respiración con pérdida del conocimiento.

sin·cre·tis·mo [siŋkretísmo] *s/m* Sistema filosófico que trata de conciliar doctrinas o teorías diferentes y opuestas.

sin·cro·nía [siŋkronía] *s/f* Hecho de ocurrir dos o más cosas al mismo tiempo.

sin·cró·ni·co, -a [siŋkróniko, -a] *adj* Se aplica a lo que ocurre, sucede, se realiza o verifica al mismo tiempo.

sin·cro·ni·za·ción [siŋkroniθaθjón] *s/f* Acción y efecto de sincronizar.

sin·cro·ni·zar [siŋkroniθár] *v/tr* Hacer que dos o más cosas sean sincrónicas.
ORT Ante *e* la *z* cambia en *c: Sincronice.*

sin·dé·re·sis [sin̪déresis] *s/f* Capacidad de pensar con rectitud y prudencia.

sin·di·ca·ción [sin̪dikaθjón] *s/f* Acción y efecto de sindicar(se).

sin·di·cal [sin̪dikál] *adj* Relativo al sindicato o al síndico.

sin·di·ca·lis·mo [sin̪dikalísmo] *s/m* Movimiento social y político que, agrupando en sindicatos a los trabajadores asalariados, trata de reorganizar el Estado y su sistema económico.

sin·di·ca·lis·ta [sin̪dikalísta] *adj* y *s/m,f* Relativo al sindicalismo.

sin·di·car [sin̪dikár] *v/tr,* REFL(-SE) Agrupar o asociar en un sindicato a las personas de cierta profesión.
ORT La *c* cambia en *qu* ante *e: Sindique.*

sin·di·ca·to [sin̪dikáto] *s/m* Asociación de trabajadores de la misma profesión o actividad con vistas a defender sus intereses comunes.

sín·di·co [sín̪diko] *s/m* Persona elegida por una comunidad para que la represente y defienda sus intereses.

sín·dro·me [sín̪drome] *s/m* Conjunto de síntomas propios de una afección o enfermedad.

si·néc·do·que [sinékdoke] *s/f* Tropo que consiste en designar un todo con el nombre de una de sus partes ('pan' significando los alimentos); o con el de algo que se lleva o usa ('pantalones' en vez de 'hombres'), etc.

si·ne·cu·ra [sinekúra] *s/f* Cargo o empleo de poco trabajo y buena retribución.

si·né·re·sis [sinéresis] *s/f* En métrica, licencia poética que consiste en unir en una sola sílaba vocales pertenecientes a sílabas distintas *(aho-ra por a-ho-ra).*
GRAM *Pl: Sinéresis.*

si·ner·gia [sinérxia] *s/f* Colaboración activa y concertada de varios órganos para realizar una función.

sin·fín [siɱfín] *s/m* Se dice de las cosas tan grandes en número que son prácticamente incontables: *Un sinfín de problemas.*

sin·fo·nía [siɱfonía] *s/f* **1.** Composición instrumental de tres o cuatro tiempos para orquesta. **2.** Conjunto acorde de varios elementos que producen una sensación agradable: *La fuente era una sinfonía de agua, luz y color.*

sin·fó·ni·co, -a [siɱfóniko, -a] *adj* Relativo a la sinfonía.

sin·gla·du·ra [siŋglaðúra] *s/f* MAR Se aplica a la distancia que recorre una nave en veinticuatro horas.

sin·gle [síŋgle] *adj* ANGL **1.** En los coches cama de los trenes, departamentos con una sola cama. **2.** Disco de poca duración.

sin·gu·lar [siŋgulár] **I.** *adj* **1.** Único o solo. **2.** Extraordinario, raro, excelente, fuera de lo común. **II.** *adj* y *s/m* Número gramatical que señala una sola persona, cosa, o un solo conjunto de personas o de cosas.

sin·gu·la·ri·dad [siŋgulariðáð] *s/f* **1.** Cualidad de singular. **2.** Particularidad, distintivo.

sin·gu·la·ri·zar [siŋgulariθár] **I.** *v/tr* Hacer que una cosa se distinga entre otras. **II.** *v/*REFL(-SE) Distinguirse por alguna particularidad o apartarse de lo común.
ORT La *z* cambia en *c* ante *e: Singularice.*

si·nies·tra·do, -a [sinjestráðo, -a] *adj* Que ha sufrido un siniestro.

si·nies·tro, (-a) [sinjéstro, (-a)] **I.** *adj* **1.** Que está situado a la izquierda. **2.** Maligno, perverso: *Una mirada siniestra.* **3.** Funesto; que causa o viene acompañado de desgracias. **II.** *s/m* Desgracia o infortunio, como un hundimiento, incendio, etc., causado generalmente por fuerzas naturales. **III.** *s/f* Mano izquierda.

sin·nú·me·ro [sinnúmero] *s/m* Se aplica al número incalculable de personas o cosas: *Un sinnúmero de preguntas.*

si·no [síno] **I.** *s/m* Destino, impuesto desde siempre, que determina o dirige los acontecimientos de la vida de las personas: *El sino hizo que los dos murieran en el accidente.* **II.** *conj* **1.** Contrapone un concepto afirmativo a uno negativo: *La reunión no es hoy, sino mañana.* **2.** A veces, denota idea de excepción: *Nadie lo sabe sino su padre.* **3.** Precedido de negación equivale a 'solamente' o 'tan sólo': *No te pido sino que me prestes un poco de atención.* **4.** Precedido del adverbio 'no sólo', denota adición de otro u otros miembros a la cláusula: *No sólo por entendido, sino por afable, merece ser estimado.*

sí·no·do [sínoðo] *s/m* Concilio o cualquier otra asamblea de autoridades eclesiásticas.

si·no·lo·gía [sinoloxía] *s/f* Estudio de la lengua, la literatura y las instituciones de China.

si·nó·lo·go [sinóloγo] *s/m* Persona que se dedica a la sinología.

si·no·ni·mia [sinonímja] *s/f* Circunstancia de ser sinónimas dos o más palabras.

si·nó·ni·mo, (-a) [sinónimo, (-a)] *adj* y *s/m* Se aplica a las palabras que tienen el mismo significado, es decir, que se pueden intercambiar en una frase sin que se altere el significado de la misma.

si·nop·sis [sinópsis] *s/f* **1.** Exposición de una materia hecha de tal manera que permita una visión de conjunto sobre la misma. **2.** Esquema.
ORT *Pl: Sinopsis*

si·nóp·ti·co, -a [sinóptiko, -a] *adj* Hecho en forma de sinopsis: *Cuadro sinóptico.*

si·no·via [sinóβja] *s/f* ZOOL Líquido, humor viscoso que lubrifica las articulaciones óseas.

sin·ra·zón [sinrraθón] *s/f* Se aplica a la acción injusta que comete una persona abusando de su poder.

sin·sa·bor [sinsaβór] *s/m* Disgusto.

sin·tác·ti·co, -a [siņtáktiko, -a] *adj* Relativo a la sintaxis.

sin·tag·ma [siņtáγma] *s/m* Combinación de dos o más elementos lingüísticos consecutivos, en la que cada uno de ellos adquiere su valor por su relación con el precedente o el siguiente, o con ambos.

sin·ta·xis [siņtá(k)sis] *s/f* Parte de la gramática que estudia la disposición o función de las palabras en la oración o en el texto.

sín·te·sis [síņtesis] *s/f* **1.** Resultado de la reunión de varias cosas o sus partes, tanto física como intelectualmente. **2.** Compendio o resumen de un asunto o materia.

sin·té·ti·co, -a [siņtétiko, -a] *adj* **1.** Relativo a la síntesis. **2.** Se aplica a ciertos productos artificiales que imitan o reproducen las características de otros naturales: *Piel sintética. Petróleo sintético.*

sin·te·ti·zar [siņtetiθár] *v/tr* Resumir, extraer lo fundamental de una cosa.
ORT Ante *e* la *z* cambia en *c: Sintetice.*

sin·toís·mo [siņtoísmo] *s/m* Religión basada en la adoración de las fuerzas naturales y en el culto a los antepasados. Se practica en el Japón.

sín·to·ma [síņtoma] *s/m* **1.** Fenómeno que se percibe en el curso de una enfermedad y que sirve para diagnosticarla. **2.** FIG Señal, indicio de algo que está sucediendo o va a suceder.

sin·to·má·ti·co, -a [siņtomátiko, -a] *adj* Relativo al síntoma.

sin·to·ma·to·lo·gía [siņtomatoloxía] *s/f* Conjunto de los síntomas que caracterizan una enfermedad.

sin·to·nía [siņtonía] *s/f* **1.** Circunstancia de adecuar un circuito eléctrico a la misma frecuencia de vibración que otro, provocando la resonancia entre ambos. **2.** Fragmento musical que se utiliza en la radio o en la televisión para distinguir el comienzo o fin de un programa. **3.** En la radio, adaptación del receptor a la longitud de onda de un emisor. **4.** FIG *(Estar en ... con)* Sintonizar o coincidir dos personas en algo (gustos, ideas, etc.).

sin·to·ni·za·ción [sintoniθaθjón] *s/f* Acción y efecto de sintonizar.

sin·to·ni·za·dor [sintoniθaðór] *s/m* Sistema que permite aumentar o disminuir la longitud de onda propia del aparato receptor, adaptándolo a la longitud de las ondas que se trata de recibir.

sin·to·ni·zar [sintoniθár] *v/tr* **1.** Regular con el botón de sintonía el circuito oscilante de un radiorreceptor para que su frecuencia propia coincida con la de la emisora que se desea captar y obtener así una buena recepción. **2.** FIG Coincidir dos o más personas en algo (gustos, ideas, etc.). RPr **Sintonizar con/en:** *Sintoniza con él en todo.*
ORT La *z* cambia en *c* ante *e: Sintonicen.*

si·nuo·si·dad [sinwosiðáð] *s/f* **1.** Cualidad de sinuoso. **2.** Parte sinuosa de algo.

si·nuo·so, -a [sinwóso, -a] *adj* **1.** Que tiene senos, ondulaciones o recodos. **2.** FIG Se aplica a la manera de obrar o de hablar de las personas o a las acciones en que se finge, oculta o disimula el propósito que se pretende o la intención con que se hace algo.

si·nu·si·tis [sinusítis] *s/f* Inflamación de los senos del cráneo que tienen comunicación con la nariz.

sin·ver·güen·za [simberγwénθa] *adj* y *s/m,f* **1.** Se aplica a las personas que engañan, estafan o cometen actos reprochables o ilegales en provecho propio, o que incurren en inmoralidades. **2.** Descarado, granuja, desvergonzado.

sio·nis·mo [sjonísmo] *s/m* Doctrina y movimiento político de los judíos que aspiran a construir en Palestina un Estado independiente.

sio·nis·ta [sjonísta] *adj* y *s/m,f* Relativo al sionismo.

si·quía·tra o **si·quia·tra** [sikíatra/sikjátra] *s/m* Psiquíatra.

si·quia·tría [sikjatría] *s/f* Psiquiatría.

sí·qui·co, -a [síkiko, -a] *adj* Psíquico.

si·quie·ra [sikjéra] **I.** *conj* Equivale a 'aunque', 'bien que': *No dejes de llamarme por teléfono, siquiera sean las doce.* **II.** *adv* Por lo menos, tan sólo: *Deme usted cinco duros siquiera.* LOC **Ni siquiera**, refuerza la negación: *Aquí no hace sol ni siquiera en verano.*

si·re·na siréna] *s/f* **1.** Cualquiera de las ninfas marinas con busto de mujer y cuerpo de ave o pez, que extraviaban a los navegantes atrayéndolos con la dulzura de su canto. A veces se representan con medio cuerpo de mujer y el otro medio de pez. **2.** Aparato generador de sonidos de gran intensidad, usado como señal en buques y locomotoras, como medio de llamada en fábricas, como toque de alarma, etc.

sir·ga [sírγa] *s/f* Cabo grueso de cuerda o acero que sirve para tirar las redes, para llevar las embarcaciones desde tierra en la navegación fluvial y para otros usos.

si·rio [sírjo] *adj* y *s/m,f* De Siria.

si·ro·co [siróko] *s/m* Viento caliente y muy seco, que sopla del desierto hacia el litoral, principalmente en la cuenca del mediterráneo.

sir·te [sírte] *s/f* Bajo de arena en el fondo del mar.

sir·vien·te, (-a) [sirβjénte, (-a)] *adj* y *s/m,f* Se aplica a la persona que sirve a otra.

si·sa [sísa] *s/f* **1.** Parte que alguien defrauda o hurta de aquello que maneja por cuenta ajena, especialmente en las compras diarias y otras cosas menudas. **2.** Corte hecho en las prendas de vestir para ajustarlas al cuerpo, especialmente en el correspondiente a los sobacos.

si·sar [sisár] *v/tr* Sustraer o robar algo, especialmente si se trata de pequeñas cantidades.

si·se·ar [siseár] *v/intr, tr* Verbo onomatopéyico que expresa la acción de emitir repetidamente el sonido 's' o 'ch' como reprobación, exhortación al silencio o para llamar la atención de alguien.

si·seo [siséo] *s/m* Acción y efecto de sisear.

sís·mi·co, -a [sísmiko, -a] *adj* Relativo al terremoto.

sis·mo [sísmo] *s/m* Seísmo, terremoto.

sis·mó·gra·fo [sismóγrafo] *s/m* Aparato que señala durante un seísmo la dirección, amplitud, hora y otras características importantes de las oscilaciones y sacudimientos de la tierra.

sis·mo·lo·gía [sismoloxía] *s/f* Parte de la geología que estudia los terremotos.

sis·te·ma [sistéma] *s/m* **1.** Conjunto ordenado de leyes, normas y procedimientos por medio del cual funciona o se hace funcionar algo: *Sistema educativo español.* **2.** Conjunto de elementos interrelacionados, entre los cuales existe cierta cohesión y unidad de propósito: *Sistema nervioso.* **3.** Procedimiento, medio utilizado para hacer algo: *Es un buen sistema para descansar.* **4.** Modo de gobierno, de administración o de organización social: *Sistema capitalista.*

LOC **Hacer algo por sistema**, hacerlo con regularidad y sin justificación.

sis·te·má·ti·co, -a [sistemátiko, -a] *adj* **1.** Que sigue o se ajusta a un sistema. **2.** Aplicado a personas, que actúa con sistema o método.

sis·te·ma·ti·za·ción [sistematiθaθjón] *s/f* Acción y efecto de sistematizar.

sis·te·ma·ti·zar [sistematiθár] *v/tr* Organizar algo con sistema.
ORT La *z* cambia en *c* ante *e*: *Sistematice*.

sís·to·le [sístole] *s/f* Contracción rítmica del corazón y de las arterias, para hacer circular la sangre; alterna con la diástole.

sis·tro [sístro] *s/m* Antiguo instrumento músico de metal utilizado por los egipcios, en forma de aro o de herradura y que consistía en un cuadro con orificios por los que se hacían pasar varillas metálicas, que al agitarlas producían sonidos penetrantes.

si·tial [sitjál] *s/m* Asiento usado por un personaje en una ceremonia.

si·tiar [sitjár] *v/tr* Cercar una base enemiga o una fortaleza para atacarla o apoderarse de ella.

si·tio [sítjo] *s/m* **1.** Porción del espacio que está o puede estar ocupado por una cosa. **2.** Lugar o paraje a propósito para algo. **3.** Acción y efecto de sitiar.

si·to, -a [síto, -a] *adj* Situado.

si·tua·ción [sitwaθjón] *s/f* **1.** Disposición geográfica de algo en relación al lugar que ocupa, generalmente una casa, una ciudad, etc.: *Una casa con una excelente situación*. **2.** Estado o condición de una persona en relación a su fortuna, categoría e intereses. **3.** Estado de alguien o algo en cualquier aspecto: *Situación anímica actual*. **4.** Conjunto de las circunstancias o hechos presentes en un determinado momento: *La situación económica internacional pasa por momentos difíciles*.

si·tuar [sitwár] **I.** *v/tr* Poner una persona o cosa en determinado lugar o posición. **II.** REFL(-SE) Conseguir una buena posición social o económica. RPr **Situarse en** (*un lugar*).
ORT, PRON El acento recae sobre la *u* en el *sing* y *3.ª pers pl* del *pres* de *indic* y *subj*: *Sitúo, sitúe*.

sketch [(e)skétʃ] *s/m* ANGL Voz que suele utilizarse con el significado de 'bosquejo'.

slo·gan [(e)slóɣan] *s/m* ANGL Expresión breve, concisa y fácil de recordar, usada en la publicidad comercial, en la propaganda política, etc.

smo·king [(e)smókiŋ] *s/m* ANGL Traje de etiqueta de menos ceremonia que el frac y sin faldones en la chaqueta. Suele utilizarse en fiestas de tarde o noche.

snob [(e)snób] *adj* y *s/m,f* ANGL Se aplica a la persona que se esfuerza por imitar la conducta de la gente de la alta sociedad o por seguir siempre la moda llamativa.

sno·bis·mo [(e)snoβísmo] *s/m* Cualidad de snob.

so [só] **I.** *prep* Bajo, debajo de. Se emplea corrientemente en 'so pena de': *Tienes que hacerlo so pena de ser multado*. **II.** *s/m* Se antepone a un adjetivo, reforzando el sentido despectivo o de insulto: *¡So burro!, no te empeñes en abrir esa botella con los dientes*. **III.** *interj* Voz onomatopéyica. Exclamación usada para detener a los animales de carga: *¡Soooo!*

so·ba [sóβa] *s/f* **1.** Acción y efecto de sobar. **2.** Zurra, paliza.

so·ba·co [soβáko] *s/m* **1.** Concavidad que forma el brazo en su arranque con el cuerpo. **2.** Enjuta.

so·ba·do, -a [soβáðo, -a] *adj* Se aplica a las cosas, normalmente de vestir, desgastadas por el uso.

so·ba·que·ra [soβakéra] *s/f* **1.** Pieza con que se refuerza un vestido por la parte del sobaco. **2.** Abertura que se deja en un vestido por la parte del sobaco. **3.** Mancha de sudor que aparece en los vestidos a la altura del sobaco.

so·ba·qui·na [soβakína] *s/f* Mal olor que procede del sudor de los sobacos.

so·bar [soβár] *v/tr* **1.** Manosear mucho algo ajándolo o estropeándolo. **2.** Palpar, acariciar o manosear a una persona con insistencia. **3.** Golpear a alguien.

so·be·ra·nía [soβeranía] *s/f* Cualidad de soberano.

so·be·ra·no, -a [soβeráno, -a] **I.** *adj* **1.** Que ejerce o tiene la autoridad suprema o es independiente: *Un país soberano*. **2.** Excelente, no superado: *De una belleza soberana*. **3.** Enorme, grande: *Le propinaron una soberana paliza*. **II.** *s/m,f* Rey, reina o príncipe de un país.

so·ber·bia [soβérβja] *s/f* Actitud de quien está convencido de su superioridad y no consiente que le contradigan.

so·ber·bio, -a [soβérβjo, -a] *adj* **1.** Aplicado a personas, que tiene soberbia o está dominado por ella. **2.** Aplicado a cosas, grandioso, magnífico: *Posee una soberbia casa*. **3.** Grande, enorme: *Recibió una soberbia paliza*.

so·bo [sóβo] *s/m* Soba.

so·bón, -na [soβón, -na] *adj* y *s/m,f* Se aplica a la persona a quien le gusta sobar o manosear a la gente.

so·bor·na·ble [soβornáβle] *adj* Que puede ser sobornado.

so·bor·nar [soβornár] *v/tr* Corromper a alguien con dádivas o regalos para conseguir algo de él.

so·bor·no [soβórno] *s/m* **1.** Acción y efecto de sobornar. **2.** Dávida o regalo con que se soborna.

so·bra [sóβra] **I.** *s/f* Circunstancia de haber exceso en cualquier cosa. **II.** *pl* Restos, parte que sobra o que queda de algo después de haber utilizado lo necesario. LOC **De sobra(s)**, en abundancia, en exceso.

so·bra·do, -a [soβráðo, -a] **I.** *adj* Que sobra. **2.** (Con *de*) Con más de lo necesario: *Sobrado de dinero.* **II.** *adv* Con más de lo que precisa. RPr **Sobrado de.**

so·bran·te [soβrán̪te] *adj* y *s/m* Que sobra.

so·brar [soβrár] *v/intr* **1.** Haber más de lo necesario. **2.** Estar de más o estorbar en algún lugar: *Sobras en esta fiesta.* **3.** Quedar algo de una cosa una vez utilizado lo necesario: *Ha sobrado comida.*

so·bra·sa·da o **so·bre·a·sa·da** [soβrasáða/soβreasáða] *s/f* Embutido de carne de cerdo muy picada y sazonada con sal, pimienta y pimentón molido.

so·bre [sóβre] **I.** *s/m* Bolsa de papel que se utiliza para contener cartas u otros escritos, y en la que se suele consignar el nombre y la dirección del destinatario. **II.** *prep* **1.** Se utiliza ante sustantivo expresando una valoración aproximada de cualquier magnitud: *Pesará sobre los cien kilos.* **2.** Se utiliza expresando localización temporal imprecisa: *Iremos a Murcia sobre el veinticuatro.* **3.** Ante sustantivos de espacio expresa localización espacial por encima de un objeto, o a determinada altura, *1.* En contacto con el punto de referencia: *El libro está sobre la mesa. 2.* Sin contacto con el punto de referencia: *Volamos sobre Londres.* **4.** Ante sustantivos que expresan tema o asunto, acerca de: *Hablaba sobre política.* **5.** Si va precedida y seguida del mismo sustantivo repetido, expresa reiteración: *No hacía sino decir palabrotas sobre palabrotas.* **6.** Con un verbo de movimiento, como *ir, marchar* o *venir,* dirigirse una fuerza militar a un sitio o hacia alguien para atacar: *Marcharon sobre la ciudad.* **7.** Se usa entre un verbo de movimiento y un sustantivo de lugar cuando expresa el punto final o la dirección del movimiento: *El perro se lanzó sobre el gato.* **8.** Se utiliza entre dos sustantivos y un verbo cuando se expresa una superioridad o diferenciación de un elemento sobre otro u otros: *Destacaba sobre los demás por su gran estatura.*

so·bre·a·bun·dan·cia [soβreaβun̪dánθja] *s/f* Acción y efecto de sobreabundar.

so·bre·a·bun·dar [soβreaβun̪dár] *v/intr* Abundar mucho, haber sobras.

so·bre·a·li·men·ta·ción [soβrealimen̪taθjón] *s/m* Acción y efecto de sobrealimentar.

so·bre·a·li·men·tar [soβrealimen̪tár] *v/tr,* REFL(-SE) Dar o tomar más alimento del habitual y necesario.

so·bre·ca·ma [soβrekáma] *s/f* Colcha.

so·bre·car·ga [soβrekárɣa] *s/f* Exceso de carga.

so·bre·car·gar [soβrekarɣár] *v/tr* Cargar algo en exceso.

so·bre·car·go [soβrekárɣo] *s/m* Oficial que lleva a su cuidado el cargamento de un buque.

so·bre·co·ge·dor, -ra [soβrekoxeðór, -ra] *adj* Que sobrecoge.

so·bre·co·ger [soβrekoxér] *v/tr,* REFL (-SE) Causar mucho miedo o asustar mucho. ORT Ante *o/a* la *g* cambia en *j: Sobrecojan.*

so·bre·co·gi·mien·to [soβrekoximjén̪to] *s/m* Acción de sobrecoger, y más comúnmente, efecto de sobrecogerse.

so·bre·cu·bier·ta [soβrekuβjérta] *s/f* Cubierta que se pone sobre otra para protegerla.

so·bre·cue·llo [soβrekwéʎo] *s/m* Cuello sobrepuesto al de una prenda de vestir.

so·bre·do·sis [soβreðósis] *s/m* Dosis superior a la normal.

so·bre·en·ten·der [soβre(e)n̪ten̪dér] *v/tr* Entender o percibir algo que, si bien no se dice claramente, puede deducirse por el contexto en que se hace.
CONJ V.: 'Sobrentender'.

so·bre·ex·ci·ta·ción o **so·brex·ci·ta·ción** [soβre(e)(k)sθitaθjón] *s/f* Acción y efecto de sobreexcitar(se).

so·bre·ex·ci·tar o **so·brex·ci·tar** [soβre(e)(k)sθitár] *v/tr,* REFL(-SE) Excitar demasiado la actividad de un órgano u organismo.

so·bre·fal·da [soβrefál̪da] *s/f* Falda corta que se pone sobre otra como de adorno.

so·bre·fu·sión [soβrefusjón] *s/f* Fenómeno físico consistente en que un cuerpo permanece en estado líquido a temperatura inferior a la de solidificación.

so·bre·hi·la·do [soβreiláðo] *s/m* Acción y efecto de sobrehilar.

so·bre·hi·lar [soβreilár] *v/tr* Dar puntadas largas y flojas, en forma de basta o hilván, en el borde u orilla de una tela para que no se deshilache.

so·bre·hu·ma·no, -a [soβreumáno, -a] *adj* Superior a lo humano, que excede las posibilidades humanas.

so·bre·im·pre·sión [soβreiɱpresión] *s/f* Impresión de algo sobre otra cosa ya impresa.

so·bre·lle·var [soβreʎeβár] *v/tr* **1.** Aguantar algo no agradable. **2.** Resignarse o conformarse ante un contratiempo o desgracia.

so·bre·ma·ne·ra [soβremanéra] *adv* Mucho, excesivamente.

so·bre·me·sa [soβremésa] *s/f* Tiempo después de haber comido, en que los comensales siguen sentados a la mesa o reunidos.

so·bre·na·dar [soβrenaðár] *v/intr* Mantenerse una cosa sobre la superficie del agua o de otro líquido sin hundirse o mezclarse con él.

so·bre·na·tu·ral [soβrenaturál] *adj* **1.** Que excede a las leyes y fuerza de la naturaleza. **2.** Que existe después de la muerte.

so·bre·nom·bre [soβrenóɱbre] *s/m* **1.** Nombre calificativo con el que se distingue a una persona. **2.** Apodo.

so·bren·ten·der [soβreņteņdér] *v/tr,* REFL(-SE) Sobreentender.
CONJ *Irreg: Sobrentiendo, sobrentenderé, sobrentendí, sobrentendido.*

so·bre·pa·ga [soβrepáγa] *s/f* Cantidad añadida a la paga normal.

so·bre·par·to [soβrepárto] *s/m* Tiempo inmediatamente después del parto.

so·bre·pa·sar [soβrepasár] *v/tr* **1.** Rebasar o exceder de cierta cosa, cantidad o límite. **2.** Superar, aventajar a otro en una actitud, evolución o progreso.

so·bre·pe·lliz [soβrepeʎíθ] *s/f* Vestidura de tela blanca fina y mangas anchas, que se ponen sobre la sotana quienes celebran o ayudan en las funciones de iglesia.

so·bre·po·ner [soβreponér] **I.** *v/tr* **1.** Añadir o aplicar algo encima de otra cosa. **2.** Poner a alguien o algo encima de otras personas o cosas, en consideración, rango o autoridad. **II.** REFL(-SE) Dominar los impulsos del ánimo o no dejarse abatir por las adversidades: *Se sobrepuso a las dificultades.* RPr **Sobreponerse a.**
CONJ *Irreg: Sobrepongo, sobrepondré, sobrepuse, sobrepuesto.*

so·bre·pre·cio [soβrepréθjo] *s/m* Cantidad con que se incrementa el precio de una cosa, por cualquier circunstancia.

so·bre·pro·duc·ción [soβreproðu(k)θjón] *s/f* Exceso de producción.

so·bre·pu·jar [soβrepuxár] *v/tr* Exceder, superar una persona o cosa a otra en la cualidad o línea que se expresa. RPr **Sobrepujar (a alguien) en (algo).**

so·bre·sa·lien·te [soβresaljéņte] **I.** *p* de *sobresalir.* Que sobresale. **II.** *s/m* En los exámenes, calificación superior al notable.

so·bre·sa·lir [soβresalír] *v/intr* **1.** Ser una persona o cosa más alta que otra que está al lado o que le rodea. **2.** Estar una cosa o una parte de algo más saliente que el resto o que lo que está a su lado: *Un amplio alero sobresale en la techumbre.* **3.** Ser alguien o algo más importante que el conjunto de personas o cosas que lo rodean, o tener en mayor grado que la generalidad una calidad o característica: *Sobresalía entre todos los demas compañeros de clase por su agilidad en captar las cosas.* RPr **Sobresalir en/por/entre/de:** *Sobresale del suelo/por su inteligencia.*
CONJ *Irreg: Sobresalgo, sobresaldré, sobresalí, sobresalido.*

so·bre·sal·tar [soβresaļtár] *v/tr,* REFL (-SE) Causar o sentir sobresalto.

so·bre·sal·to [soβresáļto] *s/m* **1.** Sorpresa, alteración del ánimo por un suceso repentino o no esperado. **2.** Temor o susto repentino.

so·bres·drú·ju·lo, -a o **so·bre·es·drú·ju·lo, -a** [soβre(e)sðrúxulo, -a] *adj* Se dice del vocablo acentuado en la sílaba anterior a la antepenúltima.

so·bre·se·er [soβreseér] *v/tr, intr* Cesar en la instrucción de un sumario o dejar sin curso ulterior un procedimiento.
CONJ *Indef, imperf subj: Sobreseyó, sobreseyera.*

so·bre·sei·mien·to [soβreseimjéņto] *s/m* Acción y efecto de sobreseer.

so·bres·tan·te [soβrestáņte] *s/m* Capataz de obras públicas (caminos, puentes, etc.).

so·bres·ti·mar [soβrestimár] *v/tr,* REFL (-SE) Estimar en más de lo que vale a una persona o cosa.

so·bre·suel·do [soβreswéļdo] *s/m* Retribución adicional al sueldo fijo.

so·bre·sue·lo [soβreswélo] *s/m* Suelo que se pone sobre otro.

so·bre·ta·sa [soβretása] *s/f* Tasa añadida a otra ya existente.

so·bre·to·do [soβretóðo] *s/m* Prenda de vestir que se lleva encima del traje, para protegerlo o para abrigarse.

so·bre·ve·nir [soβreβenír] *v/intr* Suceder un accidente o cualquier cosa repentina o imprevistamente.
CONJ *Irreg: Sobreviene, sobrevino, sobrevendrá, sobrevenido* (usado en *3.ª pers*).

so·bre·vi·vien·te [soβreβiβjéņte] *adj* y *s/m,f* Superviviente.

so·bre·vi·vir [soβreβiβír] *v/intr* Vivir después de la muerte de otro o resistir con vida cualquier plazo, fecha o suceso: *Sobrevivieron al naufragio.* RPr **Sobrevivir a.**

so·bre·vo·lar [soβreβolár] *v/tr* Volar sobre un lugar, ciudad, territorio, etc.
CONJ *Irreg: Sobrevuelo, sobrevolé, sobrevolaré, sobrevolado.*

so·brie·dad [soβrjeðáð] *s/f* Cualidad de sobrio.

so·bri·no, -a [soβríno, -a] *s/m,f* Con respecto a una persona, un hijo de un hermano suyo (sobrino carnal) o de un primo (sobrino segundo, tercero, etc.).

so·brio, -a [sóβrjo, -a] *adj* **1.** Se aplica a la persona moderada, especialmente en el beber. **2.** Moderado, no excesivo: *Una cena sobria.* **3.** Aplicado a cosas, que no tienen muchos adornos. RPr **Sobrio de/en:** *Sobrio de palabras.*

so·cai·re [sokáire] *s/m* Abrigo que ofrece protección contra el viento. LOC **Al socaire de**, apoyándose en la ayuda de otro u otra cosa.

so·ca·li·ña [sokalíɲa] *s/f* Habilidad por la que se hace decir a alguien lo que éste no quiere decir.

so·ca·pa [sokápa] *s/f* Pretexto o explicación con que se disimula una intención.

so·ca·rrar [sokarrár] *v/tr,* REFL(-SE) Quemar o tostar una cosa superficialmente.

so·ca·rrón, (-na) [sokarrón, (-na)] *adj* y *s/m,f* **1.** Se aplica a la persona que, con palabras aparentemente ingenuas o serias, se burla de alguien o de algo disimuladamente. **2.** Cazurro o taimado.

so·ca·rro·ne·ría [sokarronería] *s/f* Cualidad de socarrón.

so·ca·var [sokaβár] *v/tr* **1.** Excavar algo por debajo, dejándolo sin apoyo y con riesgo de hundirse. **2.** FIG Debilitar física o moralmente algo: *Socavar la moral del pueblo.*

so·ca·vón [sokaβón] *s/m* **1.** Hoyo producido por el hundimiento del suelo. **2.** Cueva o galería subterránea que se excava en el monte.

so·cia·bi·li·dad [soθjaβiliðáð] *s/f* Cualidad de sociable.

so·cia·ble [soθjáβle] *adj* Se aplica a la persona que gusta de la compañía o de la conversación de otras personas.

so·cial [soθjál] *adj* **1.** Relativo a la sociedad humana o a sus relaciones. **2.** Relativo a una sociedad o a sus socios.

so·cial·de·mo·cra·cia [soθjal̥demokráθja] *s/f* Nombre genérico que se da a los partidos y corrientes políticas de tendencia socialista moderada.

so·cial·de·mó·cra·ta [soθjal̥demókrata] *adj* y *s/m,f* Relativo a la socialdemocracia.

so·cia·lis·mo [soθjalísmo] *s/m* Sistema y doctrina social, política y económica, que defiende la abolición de la propiedad privada de los medios de producción y pretende la propiedad colectiva de los mismos.

so·cia·lis·ta [soθjalísta] *adj* y *s/m,f* Relativo al socialismo.

so·cia·li·za·ción [soθjaliθaθjón] *s/f* Acción y efecto de socializar.

so·cia·li·zar [soθjaliθár] *v/tr* Transferir al Estado la explotación de las propiedades particulares con el fin de que sus beneficios reviertan sobre toda la sociedad. ORT Ante *e* la *z* cambia en *c: Socialicé.*

so·cie·dad [soθjeðáð] *s/f* **1.** Conjunto de seres humanos que conviven y se relacionan mutuamente. **2.** Convivencia o trato de unos seres con otros: *Muchos animales viven en sociedad.* **3.** Entidad que, voluntariamente o en virtud de un pacto, se constituye para el cumplimiento de un fin. **4.** Mundo elegante o distinguido y fiestas que se celebran en él: *Fiesta de sociedad.* LOC **Entrar/Presentarse en sociedad**, comenzar una chica de clase alta su vida social asistiendo a un baile de gala.

so·cio, -a [sóθjo, -a] *s/m,f* **1.** Miembro de una asociación. **2.** Con respecto a una o más personas, otra que forma con ella o ellas una sociedad comercial. **3.** Amigo, compañero.

so·cio·lin·güís·ti·ca [soθjoliŋgwístika] *s/f* Parte de la lingüística que tiene por objeto el estudio de las relaciones entre la lengua, la sociedad y la cultura.

so·cio·lo·gía [soθjoloxía] *s/f* Ciencia que tiene por objeto el estudio de la sociedad humana, los fenómenos inherentes a ella y sus leyes.

so·cio·ló·gi·co, -a [soθjolóxiko, -a] *adj* Relativo a la sociología.

so·ció·lo·go, -a [soθjóloɣo, -a] *s/m,f* Persona dedicada al estudio de la sociología.

so·co·rrer [sokorrér] *v/tr* Prestar auxilio o conceder ayuda a alguien que se halla en peligro o en una necesidad.

so·co·rri·do, -a [sokorríðo, -a] *adj* Se aplica a aquello a lo que se puede recurrir fácilmente para sortear una dificultad.

so·co·rris·mo [sokorrísmo] *s/m* Actividad profesional o deportiva encaminada a prestar auxilio inmediato a quien se encuentra en una situación peligrosa.

so·co·rris·ta [sokorrísta] *s/m,f* Persona especialmente preparada para prestar socorro en caso de accidente.

so·co·rro [sokórro] *s/m* **1.** Acción y efecto de socorrer. **2.** Aquello con que se socorre, como dinero, víveres, consejos, etc. LOC **¡Socorro!**, exclamación que se utiliza para pedir ayuda en un peligro.

so·crá·ti·co, -a [sokrátiko, -a] *adj* y *s/m,f* Relativo a Sócrates o a su filosofía.

so·da [sóðа] *s/f* Agua carbónica aromatizada.

só·di·co, -a [sóðiko, -a] *adj* QUÍM Relativo al sodio.

so·dio [sóðjo] *s/m* Metal de aspecto argentino, blando, muy ligero y que descompone el agua a la temperatura ordinaria. *Núm* atómico *11*. *Símb Na*.

so·do·mía [soðomía] *s/f* Relación sexual entre personas del mismo sexo o contraria a la naturaleza.

so·do·mi·ta [soðomíta] *adj* y *s/m,f* Se aplica a la persona que comete sodomía.

so·ez [soéθ] *adj* Grosero, ofensivo o de mal gusto: *Me ofendió con un gesto soez.* ORT *Pl: Soeces.*

so·fá [sofá] *s/m* Asiento cómodo, con respaldo y brazos, en que cabe más de una persona.

so·fión [sofjón] *s/m* Represión o contestación brusca y violenta.

so·fis·ma [sofísma] *s/m* Razonamiento o argumento que pretende demostrar que es verdadero algo que es falso.

so·fis·ta [sofísta] *adj* y *s/m,f* Que utiliza sofismas.

so·fis·ti·ca·ción [sofistikaθjón] *s/f* Acción y efecto de sofisticar.

so·fis·ti·ca·do, -a [sofistikáðo, -a] *adj* Se dice de lo que no es natural o no se hace con naturalidad.

so·fis·ti·car [sofistikár] *v/tr* Quitar naturalidad a una persona o cosa por exceso de artificio o de refinamiento.
ORT La *c* se convierte en *qu* delante de *e: Sofistiquen.*

so·fla·ma [sofláma] *s/f* Discurso de tono encendido para arrastrar al auditorio a una acción.

so·fla·mar [soflamár] *v/tr* **1.** Fingir, engañar a alguien con palabras afectadas. **2.** Avergonzar a alguien con reproches. **3.** Chamuscar algo con la llama.

so·fo·ca·ción [sofokaθjón] *s/f* Acción y efecto de sofocar o sofocarse.

so·fo·can·te [sofokánte] *adj* Que sofoca.

so·fo·car [sofokár] **I.** *v/tr,* REFL(-SE) Producir algo, especialmente el calor excesivo, en alguien, sensación de ahogo, dificultando la respiración. **II.** *v/tr* **1.** Apagar, extinguir, impedir que progrese o aumente un fuego, una revolución, etc. **2.** Abochornar, sonrojar: *Cuando me dice esas cosas me sofoco.* **III.** REFL(-SE) Irritarse, disgustarse o excitarse por algo.
ORT La *c* cambia en *qu* ante *e: Sofoque.*

so·fo·co [sofóko] *s/m* **1.** Sensación de ahogo. **2.** Excitación por una cosa que enfada o disgusta.

so·fo·cón [sofokón] *s/m* Disgusto o enfado muy grande.

so·freír [sofreír] *v/tr* Freír una cosa ligeramente.
CONJ *Irreg: Sofrío, sofreiré, sofreí, sofreído/sofrito.*

so·fri·to, -a [sofríto, -a] **I.** *p* de *sofreír.* **II.** *s/m* Salsa hecha generalmente con tomate o cebolla frita para condimentar un guiso.

so·fro·lo·gía [sofroloxía] *s/f* Ciencia que, mediante técnicas de relajación, etc., logra en el individuo una actitud de mente tranquila y sana.

so·ga [sóγa] *s/f* Cuerda gruesa de esparto, trenzada o torcida.

so·ja [sóxa] *s/f* Planta leguminosa y alimenticia, originaria de Asia oriental, cuyo fruto es una vaina de la que se extrae aceite y harina, utilizada en la fabricación de piensos compuestos y para productos dietéticos.

so·juz·gar [soxuθγár] *v/tr* Someter con violencia o avasallamiento.
ORT La *g* ante *e* cambia en *gu: Sojuzguen.*

sol [sól] *s/m* **1.** Astro central de nuestro sistema planetario. **2.** Luz y calor que produce: *Mañana por la mañana iré a tomar el sol.* **3.** Zona soleada, solana: *He sacado una entrada de sol porque era más barata.* **4.** Moneda peruana. **5.** Expresión de alabanza informal aplicada a alguien. **6.** Quinta nota de la escala musical. LOC **De sol a sol**, desde que sale el sol hasta que se pone. **No dejar a alguien ni a sol ni a sombra**, perseguirle e importunarle para conseguir algo.

so·la·men·te [sólamente] *adv* **1.** Únicamente, nada más: *Solamente he estudiado una lección.* **2.** Expresamente, con particular intento: *Vive solamente para ella.* LOC **Solamente que**, con la única condición de que: *Quiero ayudarte, solamente que en estos momentos me es muy difícil hacerlo.*

so·la·na [solána] *s/f* Lugar en que da plenamente el sol.

so·la·no [soláno] *s/m* Viento del este.

so·la·pa [solápa] *s/f* **1.** En la abertura delantera de una prenda de vestir, parte del borde que se dobla hacia afuera sobre el mismo delantero. **2.** Cualquier cosa o parte de una cosa montada sobre otra, a la que cubre parcialmente.

so·la·pa·do, -a [solapáðo, -a] *adj* FIG Se aplica a la persona que por costumbre oculta maliciosa y cautelosamente sus pensamientos.

so·la·par [solapár] **I.** *v/intr* Poner dos o más cosas de modo que cada una de ellas cubra sólo parcialmente a la otra. **II.** *v/tr* Disimular u ocultar con malicia alguna cosa.

so·lar [solár] **I.** *adj* Relativo al sol. **II.** *s/m* **1.** Suelo. **2.** Terreno en que está construido un edificio, o que está destinado a edificar en él. **III.** *v/tr* Pavimentar, revestir el suelo con ladrillos, losas u otro material. CONJ *Irreg: Suelo, solaré, solé, solado.*

so·la·rie·go, (-a) [solarjéγo, (-a)] *adj* y *s/m,f* De linaje o solar noble y antiguo.

so·la·rio o **so·la·rium** [solárjo/solárjum] *s/m* Casa o sanatorio situado en un lugar bien soleado o donde se practica el tratamiento de algunas afecciones mediante radiaciones solares.

so·laz [soláθ] *s/m* Esparcimiento, descanso y recreo del cuerpo y del espíritu.

so·la·zar [solaθár] *v/tr,* REFL(-SE) Proporcionar solaz o regocijo a alguien. ORT Ante *e* la *z* cambia en *c: Solace.*

sol·da·da [so̪ldáða] *s/f* Paga del soldado.

sol·da·des·co, (-a) [so̪ldaðésko, (-a)] **I.** *adj despec* Relativo a los soldados. **II.** *s/f* Tropa de soldados.

sol·da·do [so̪ldáðo] *s/m* **1.** Se aplica a la persona que sirve en la milicia. **2.** Militar sin graduación.

sol·da·dor, (-ra) [so̪ldaðór, (-ra)] **I.** *adj* Que suelda. **II.** *s/m,f* Persona que se dedica a soldar. **III.** *s/m* Instrumento con que se suelda.

sol·da·du·ra [so̪ldaðúra] *s/f* Acción y efecto de soldar.

sol·dar [so̪ldár] *v/tr,* REFL(-SE) Unir sólidamente dos cosas (por lo general piezas metálicas) valiéndose de un metal fundido. CONJ *Irreg: Sueldo, soldé, soldaré, soldado.*

so·lea·mien·to [soleamjé̪nto] *s/m* Acción de solear(se)

so·le·ar [soleár] *v/tr,* REFL(-SE) Tener o poner algo al sol temporalmente.

so·le·cis·mo [soleθísmo] *s/m* Vicio de dicción consistente en emplear incorrectamente una expresión o en alterar la sintaxis normal de un idioma.

so·le·dad [soleðáð] *s/f* **1.** Falta de compañía, estado o circunstancia de estar solo. **2.** Sentimiento de tristeza ante una pérdida o ausencia de una persona querida o de una cosa. **3.** *pl* Lugar solitario.

so·lem·ne [solé{m/n}ne] *adj* **1.** Se aplica a los actos públicos o fiestas que se celebran con mucho ceremonial, esplendor o pompa, o a lo que denota formalidad, seriedad o grandeza. **2.** Ceremonioso, majestuoso, imponente: *Un tono solemne.* **3.** Aplicado a expresiones con que se designan acciones o dichos, intensifican el significado de los mismos: *Eso que dices es una solemne bobada.*

so·lem·ni·dad [sole{m/n}niðáð] *s/f* **1.** Cualidad de solemne. **2.** Acto solemne, ceremonia. **3.** Festividad, generalmente religiosa.

so·lem·ni·zar [sole{m/n}niθár] *v/tr* Festejar, celebrar de manera solemne algún suceso. ORT Ante *e* la *z* cambia en *c: Solemnice.*

so·le·noi·de [solenóiðe] *s/m* FÍS Circuito formado por un hilo arrollado en forma de hélice o una bobina, uno de cuyos extremos pasa en línea recta y en paralelo al eje de la hélice.

so·ler [solér] *v/intr* Acostumbrar. Ocurrir con frecuencia lo expresado por el verbo: *Suele ir a trabajar todos los días.* CONJ *Irreg: Suelo, solí, solido.* Es verbo defectivo. Se utiliza en *pres, pret, imperf, pret indef, pret perf* de *indic,* y en *pres* de *subj.*

so·le·ra [soléra] *s/f* **1.** Madero asentado en una obra de albañilería para servir de apoyo a otros. **2.** Piedra plana puesta en el suelo para sostener postes o cosas semejantes. **3.** FIG Cualidad o conjunto de cualidades, generalmente recibidas por tradición, que tiene una persona, una colectividad o alguna cosa, y que imprime un carácter especial.

sol·fa [sólfa] *s/f* Conjunto de signos con que se escribe la música.

sol·fa·ta·ra [solfatára] *s/f* Abertura en terrenos volcánicos por donde salen en ocasiones vapores sulfurosos.

sol·fe·ar [solfeár] *v/tr* Cantar los nombres de las notas de una composición musical ajustándose al compás.

sol·feo [solféo] *s/m* Acción y efecto de solfear.

so·li·ci·tan·te [soliθita̪nte] *s/m,f* Quien solicita.

so·li·ci·tar [soliθitár] *v/tr* **1.** Pedir o buscar algo que se pretende haciendo las diligencias necesarias. **2.** Requerir, tratar de conseguir la amistad, el amor, la compañía o la atención de alguien.

so·lí·ci·to, -a [solíθito, -a] *adj* Diligente o cuidadoso. Se aplica particularmente a quien hace algo que otro le pide o manda. RPr **Solícito con/para con/en:** *Es solícito con los pobres/para con él/en el trato.*

so·li·ci·tud [soliθitúð] *s/f* **1.** Cualidad de solícito. **2.** Acción de pedir algo cuidadosa y diligentemente. **3.** Instancia, impreso oficial o formal con que se solicita algo.

so·li·da·ri·dad [soliðariðáð] *s/f* Actitud de adhesión circunstancial a la empresa de otros.

so·li·da·rio, -a [soliðárjo, -a] *adj* Que se une a una causa o empresa.

so·li·da·ri·zar [soliðariθár] *v/tr,* REFL (-SE) Hacer a una persona o cosa solidaria con otra.
ORT Ante *e* la *z* cambia en *c: Solidarice.*

so·li·deo [soliðéo] *s/m* Casquete de seda u otra tela ligera usada por los eclesiásticos para cubrirse la coronilla.

so·li·dez [soliðéθ] *s/f* Cualidad de sólido.

so·li·di·fi·ca·ción [soliðifikaθjón] *s/f* Acción y efecto de solidificar(se).

so·li·di·fi·car [soliðifikár] *v/tr,* REFL (-SE) Hacer sólido un líquido.
ORT La *c* cambia en *qu* ante *e: Solidifique.*

só·li·do, -a [sóliðo, -a] **I.** *adj* **1.** Fuerte, seguro, que ofrece mucha resistencia a ser alterado, deteriorado o destruido: *Cimientos sólidos.* **2.** Se aplica a las acciones o cosas no materiales establecidas con razones fundamentales o hechos de forma tal que resulta difícil destruirlas, alterarlas o corromperlas: *Argumentos sólidos para convencerle.* **II.** *adj* y *s/m,f* Se aplica a los cuerpos de forma propia y mayor cohesión molecular que los líquidos, y con tendencia a no cambiar de forma y volumen.

so·li·lo·quio [solilókjo] *s/m* Monólogo sin interlocutores presentes.

so·lio [sóljo] *s/m* Silla real con dosel.

so·lis·ta [solísta] *s/m,f* Persona que ejecuta solo una pieza de música o de canto.

so·li·ta·rio, (-a) [solitárjo, (-a)] **I.** *adj* **1.** Sin compañía de nadie. **2.** Aplicado a lugares, no habitado: *Una calle solitaria.* **II.** *adj* y *s/m,f* Se aplica a la persona que ama la soledad: *Es un solitario.* **III.** *s/m* **1.** Diamante grueso engarzado en una joya. **2.** Juego de baraja que ejecuta una persona sola. **IV.** *s/f* Tenia, gusano intestinal.

so·li·vian·tar [soliβjan̪tár] *v/tr* **1.** Inducir a tomar una actitud rebelde. **2.** Exasperar o irritar a alguien.

só·lo [sólo] *adv* Solamente.

so·lo, -a [sólo, -a] **I.** *adj* **1.** Se aplica a la persona que no está con otras, que está sin compañía. **2.** Se dice de algo que es único, o de lo que no hay otro en determinada circunstancia, lugar u ocasión. **3.** Sin añadir otra cosa: *Come pan solo.* **4.** Se aplica a la persona sin familia, sin amigos, o sin nadie que le pueda ayudar: *Se quedó solo a los 70 años.* **II.** *s/m* Pieza musical o fragmento de ella que interpreta una sola persona. LOC **A solas**, sin sompañía, ayuda o intervención de otra persona.

so·lo·mi·llo [solomíʎo] *s/m* En las reses despedazadas para el consumo, tira de carne muy tierna entre las costillas y el lomo.

sols·ti·cio [solstíθjo] *s/m* Situación de la Tierra en su movimiento de traslación, cuando la diferencia de duración entre el día y la noche es máxima.

sol·tar [so̪ltár] **I.** *v/tr* **1.** Hacer que lo que estaba sujeto o atado deje de estarlo. **2.** Desatar o deshacer algo. **3.** Dejar en libertad a quien está detenido. **4.** Desprenderse alguien de algo: *No hay quien le haga soltar un duro.* **5.** Dejar alguien salir de sí, involuntariamente, un hecho fisiológico, una expresión o la demostración de un estado de ánimo: *Cuando me dijo aquello solté una carcajada.* **6.** Decir algo que resulta pesado o sin interés para quien lo escucha: *Menudo rollo está soltando el tío.* **7.** Decir algo que sería prudente callar o decirlo con impertinencia. **8.** Dar o pegar alguien una paliza, un golpe, un tiro, etc.: *Le soltó un par de puñetazos.* **II.** REFL (-SE) **1.** Forma reflexiva y espontánea de soltar: *Soltarse un perro.* **2.** Perder la contención en el hablar: *Cuando bebe se suelta y ya no sabe lo que hace ni dice.* **3.** (Con *en*) Adquirir agilidad o desenvoltura en algo: *Ya empieza a soltarse en alemán.* **4.** (Con *a, con*) Hacer algo brusca e intempestivamente: *Entonces se soltó con frases obscenas.* LOC **Soltarse la lengua**, hablar en exceso o decir algo que se debía callar. RPr **soltarse con (II. 4) en/a.**
CONJ *Irreg: Suelto soltaré, solté, soltado.*

sol·te·ría [so̪ltería] *s/f* Estado de soltero.

sol·te·ro, -a [so̪ltéro, -a] *adj* Se dice de la persona que no se ha casado.

sol·te·rón, (-na) [so̪lterón, (-na)] *adj* y *s/m,f* Soltero que pasa ya de la edad en que suele ser normal casarse.

sol·tu·ra [so̪ltúra] *s/f* Agilidad, desenvoltura o facilidad con que se hace algo.

so·lu·bi·li·dad [soluβiliðáð] *s/f* Cualidad de soluble.

so·lu·ble [solúβle] *adj* **1.** Que se puede disolver. **2.** Que se puede solucionar.

so·lu·ción [soluθjón] *s/f* **1.** Acción y efecto de disolver. **2.** Sustancia formada por un líquido en el cual hay otro cuerpo disuelto. **3.** Manera de resolver una dificultad, negocio o proceso. **4.** Resultado de una duda, problema, operación.

so·lu·cio·nar [soluθjonár] *v/tr* Aplicar una solución a alguna cosa o hallar la solución de algo.

sol·ven·cia [solβénθja] *s/f* **1.** Acción y efecto de solventar o resolver. **2.** Garantía económica o moral de una persona.

sol·ven·tar [solβentár] *v/tr* **1.** Dar solución a una dificultad o asunto. **2.** Pagar una deuda debida.

sol·ven·te [solβénte] *adj* Que está en una situación económica capaz de satisfacer las deudas o compromisos adquiridos.

so·llo·zar [soʎoθár] *v/intr* Llorar con gran pena, suspiros y con movimientos convulsivos producidos por aspiraciones rápidas y entrecortadas.
ORT Ante *e* la *z* cambia en *c: Solloce.*

so·llo·zo [soʎóθo] *s/m* **1.** Inspiración convulsiva y entrecortada de aire que acompaña por lo general al llanto. **2.** *pl* Acción de sollozar.

so·ma [sóma] *s/m* Parte material y orgánica del cuerpo, por oposición a la psíquica o funcional.

so·ma·tén [somatén] *s/m* Milicia voluntaria, no perteneciente al ejército, que se forma para mantener el orden.

so·má·ti·co, -a [somátiko, -a] *adj* Relativo al cuerpo.

som·bra [sómbra] *s/f* **1.** Oscuridad, falta o disminución de la intensidad de la luz en un sitio debido a la interposición de un objeto entre ese lugar y el foco de luz: *Este árbol da una buena sombra.* **2.** Zona donde se produce dicha oscuridad: *Sentémonos a la sombra.* **3.** Falta de luz, oscuridad en sentido genérico: *No tengo miedo a las sombras de la noche.* **4.** Parte no iluminada de un espacio o superficie que reproduce la silueta del cuerpo interpuesto entre el foco de luz y dicho espacio o superficie: *Tu sombra es mucho más larga que la mía.* **5.** Parte menos iluminada en un dibujo o pintura, en contraste con la de más luz. **6.** Sector de una plaza de toros protegida del sol. **7.** Persona que sigue a otra por todas partes: *Últimamente Juan se ha convertido en mi sombra.* **8.** FIG Normalmente en *pl* Ignorancia o confusión; falta de claridad en la mente o en un asunto. **9.** FIG Razones para inducir a preocupación o pesimismo: *Hace días que no ve más que sombras a su alrededor.* **10.** FIG Clandestinidad: *Suele trabajar en la sombra.* **11.** Cantidad muy pequeña, mínima señal o muestra de algo: *Hay una sombra de tristeza en sus ojos.* **12.** Recuerdo, espectro o aparición de la imagen de una persona ausente o difunta. **13.** Suerte: *¡Qué buena sombra tiene!* LOC **A la sombra de**, bajo la protección de alguien: *A la sombra de su padre ha logrado prosperar.* **Hacer sombra**, *1.* Impedir la luz. *2.* Impedir una persona o cosa que otra persona o cosa sobresalga o se distinga. **Ni por sombra**, de ninguna manera. **Tener mala sombra**, ser desagradable, tener mala suerte o ejercer influencias adversas a su alrededor.

som·bra·jo o **som·bra·je** [sombráx{o/e}] *s/m* Resguardo hecho con medios rudimentarios para hacer o dar sombra.

som·brea·do [sombreáðo] *s/m* Acción y efecto de sombrear una pintura.

som·bre·ar [sombreár] *v/tr* Poner sombra en una pintura o dibujo.

som·bre·ra·zo [sombreráθo] *s/m* Saludo muy ostensible hecho quitándose el sombrero.

som·bre·re·ría [sombrerería] *s/f* Taller o tienda de sombreros.

som·bre·ro, (-a) [sombréro, (-a)] **I.** *s/m,f* Persona que hace sombreros o los vende. **II.** *s/f* Caja para guardar o transportar sombreros.

som·bre·ro [sombréro] *s/m* **1.** Prenda de vestir que se utiliza para cubrir la cabeza, compuesta de copa y ala. **2.** Parte superior de las setas.

som·bri·lla [sombríʎa] *s/f* Especie de paraguas para resguardarse del sol.

som·brío, -a [sombrío, -a] *adj* **1.** Aplicado a lugares, que tiene sombra desagradable o excesiva. **2.** Aplicado a personas o a su humor, triste, pesimista.

so·me·ro, -a [soméro, -a] *adj* Superficial, poco reflexionado: *Una somera descripción de la fábrica.*

so·me·ter [sometér] **I.** *v/tr* **1.** Imponer sus dictados por la fuerza una persona, clase o nación. **2.** Subordinar la voluntad de uno a la de otra persona: *Me someto a lo que tú digas.* **3.** Hacer que alguien o algo experimente una acción sobre sí: *Me sometieron a un fuerte interrogatorio.* **4.** (Con *a*) Exponer o mostrar a alguien una cosa, *por ej*, un plan, para que dé su opinión sobre el mismo: *Someteré mi proyecto a la comisión del ayuntamiento.* **II.** REFL (-SE) **1.** Rendirse en una lucha. **2.** (Con *a*) Aceptar lo que alguien o algo impone: *Someterse a la decisión de la mayoría.* **3.** Recibir alguien voluntariamente cierta acción o permitir que se ejecute en ella: *Someterse a una operación de cirugía plástica.* RPr **Someter(se) a.**

so·me·ti·mien·to [sometimjénto] *s/m* Acción y efecto de someter(se).

so·mier [somjér] *s/m* Bastidor flexible de tejido metálico sobre el que se suelen colocar los colchones.

som·ní·fe·ro [so{m/n}ífero] *s/m* Fármaco destinado a producir sueño.

som·no·len·cia [so{m/n}olénθja] *s/f* Se aplica al estado de quien tiene sueño o no está bien despierto.

son [són] *s/m* **1.** Sonido agradable, especialmente si es musical: *El son de la gaita.* **2.** Estilo, manera de hacer algo. LOC **En son de**, en actitud de: *Vienen en son de paz.* **Sin ton ni son**, sin razón o fundamento.

so·na·do, -a [sonáðo, -a] *adj* Se aplica a las personas y cosas de que se habla mucho: *Una fiesta muy sonada.* LOC **Estar sonado**, estar loco, chiflado.

so·na·ja [sonáxa] *s/f* Par o pares de chapas de metal que, atravesadas por un alambre, se colocan en algunos juguetes e instrumentos rústicos para hacerlas sonar agitándolas.

so·na·je·ro [sonaxéro] *s/m* Juguete con sonajas y cascabeles para entretener a los niños pequeños.

so·nam·bu·lis·mo [sonaɱbulísmo] *s/m* Estado de sonámbulo.

so·nám·bu·lo, -a [sonáɱbulo] *adj* y *s/m,f* Se aplica a la persona que, durante el sueño, es capaz de realizar diversas acciones que no recuerda al despertar.

so·nar [sonár] **I.** *v/intr* **1.** Emitir o producir un sonido: *Me parece que ha sonado el teléfono.* **2.** Tener valor fonético una letra: *La 'h', en español, no suena.* **3.** (Con *a*) Tener una cosa apariencia de algo: *Eso que has dicho suena a falso.* **4.** Mencionarse o citarse alguna cosa: *Esta novela no suena entre las premiadas últimamente.* **II.** *v/tr* Hacer que algo produzca o emita un ruido: *¡Suena la campanilla, Pepe!* **III.** *v/tr,* REFL(-SE) Limpiar las narices de moco con una espiración brusca. **IV.** REFL (-SE) Conocer vagamente algo o a alguien: *Su cara me suena mucho.* **V.** *impers* Rumorearse, decirse: *Suena mucho que habrá cambio de director.* LOC **Como suena/Así como suena/Tal como suena**, en el sentido estricto de las palabras, aunque parezca extraño: *Mandó a su superior a paseo..., así como suena.* RPr **Sonar a (I. 3).**
CONJ *Irreg: Sueno, sonaré, soné, he sonado.*

so·na·ta [sonáta] *s/f* MÚS Composición musical para piano u otros instrumentos compuesta de tres o cuatro movimientos.

so·na·ti·na [sonatína] *s/f* MÚS Sonata corta y, normalmente, de fácil ejecución.

son·da [sóņda] *s/f* **1.** Instrumento alargado y fino que se introduce en un conducto o cavidad del organismo para hacerlo permeable, evacuar el contenido o introducir sustancias en su interior, con fines terapéuticos o de diagnóstico. **2.** Cuerda con un peso de plomo en un extremo para medir la profundidad del agua y explorar su fondo. **3.** Instrumento mecánico o eléctrico que se utiliza para la exploración de zonas inaccesibles.

son·dar [soņdár] *v/tr* Introducir la sonda en alguna parte del cuerpo.

son·de·ar [soņdeár] *v/tr* **1.** Examinar la naturaleza del subsuelo. **2.** Tantear o procurar averiguar con cautela la intención o manera de pensar de alguien o el estado de algo.

son·deo [soņdéo] *s/m* Acción y efecto de sondear.

so·ne·to [sonéto] *s/m* Composición poética de catorce versos endecasílabos distribuidos en dos cuartetos seguidos de dos tercetos.

só·ni·co, -a [sóniko, -a] *adj* Relativo a la velocidad del sonido.

so·ni·do [soníðo] *s/m* Sensación acústica producida en el órgano del oído por el movimiento vibratorio de los cuerpos.

so·ni·que·te [sonikéte] *s/m* Sonsonete.

so·no·ri·dad [sonoriðáð] *s/f* Cualidad de sonoro.

so·no·ri·za·ción [sonoriθaθjón] *s/f* Acción y efecto de sonorizar.

so·no·ri·zar [sonoriθár] *v/tr* Convertir una consonante sorda en sonora.
ORT La *z* cambia en *c* ante *e: Sonorice.*

so·no·ro, -a [sonóro, -a] **1.** *adj* Se aplica a lo que suena o puede sonar. **2.** Que suena mucho, con un ruido armonioso, agradable o vibrante. **3.** Se aplica a los sonidos en que hay vibración de las cuerdas vocales.

son·reír [sonrreír] *v/intr,* REFL(-SE) **1.** Reír levemente, sin emitir ningún ruido, con un simple movimiento de labios. **2.** FIG Ser la vida, la suerte, etc., favorable a alguien: *El futuro le sonríe.*
CONJ *Irreg: Sonrío, sonreiré, sonreí, sonreído.*

son·rien·te [sonrrjéņte] *adj* Que sonríe.

son·ri·sa [sonrrísa] *s/f* Acción de sonreír(se).

son·ro·jar [sonrroxár] *v/tr,* REFL(-SE) Ruborizar, hacer que una persona se ruborice.

son·ro·jo [sonrróxo] *s/m* Acción y efecto de sonrojar(se).

son·ro·sa·do, -a [sonrrosáðo, -a] *adj* De color rosado.

son·sa·car [sonsakár] *v/tr* **1.** Averiguar, o procurar con habilidad que alguien diga lo que sepa sobre algo que interesa. **2.** Conseguir o lograr algo de alguien con astucia e insistencia.
ORT La *c* ante *e* cambia en *qu: Sonsaque.*

son·so·ne·te [sonsonéte] *s/m* **1.** Ruido poco intenso, pero continuo y molesto. **2.** Tonillo monótono en la expresión.

so·ña·dor, (-ra) [soɲaðór, (-ra)] *adj* y *s/m,f* Que imagina con facilidad, sin tener en cuenta la realidad o que cuenta o cree cosas falsas con ingenuidad.

so·ñar [soɲár] **I.** *v/tr, intr* **1.** Representar(se) en la imaginación escenas o sucesos durante el sueño. **2.** Imaginar como verdaderas y reales cosas que no lo son. **II.** *v/intr* (Con *con*) Desear mucho algo que se expresa: *Sueña con conseguir un buen trabajo.* LOC **Ni soñarlo**, expresa que algo está muy lejos de ocurrir o de poderse conseguir. RPr **Soñar con.**
CONJ *Irreg: Sueño, soñaré, soñé, soñado.*

so·ña·rre·ra [soɲarréra] *s/f* Sueño o ganas de dormir muy fuertes.

so·ño·lien·to, -a [soɲoljéņto, -a] *adj* Somnoliento, con ganas de dormir.

so·pa [sópa] *s/f* **1.** Plato compuesto de caldo al que se añaden otras sustancias cocidas en él. **2.** Pedazo de pan empapado en cualquier líquido alimenticio. LOC **Comer la sopa boba** o **andar a la sopa boba**, vivir sin trabajar a costa de alguien. **Como una sopa** o **Hecho una sopa**, aplicado a personas, empapado, muy mojado.

so·pa·po [sopápo] *s/m* Golpe que se da en la cara con los dedos o con el dorso de la mano.

so·par o **so·pe·ar** [sopár/sopeár] *v/tr* Mojar trozos de pan en cualquier líquido alimenticio.

so·pe·ra [sopéra] *s/f* Recipiente donde se sirve la sopa en la mesa.

so·pe·ro, -a [sopéro, -a] *adj* y *s/m* **1.** Se aplica al plato hondo, en que se suele comer la sopa. **2.** Aplicado a personas, que les gusta mucho la sopa.

so·pe·sar [sopesár] *v/tr* **1.** Levantar una cosa para tantear su peso. **2.** Tantear o calcular por anticipado las dificultades de algo que se piensa hacer.

so·pe·tón [sopetón] *s/m* Golpe fuerte y brusco dado con la mano. LOC **De sopetón**, de improviso, bruscamente.

so·pi·cal·do [sopikáļdo] *s/m* Caldo con muy pocas sopas.

so·pla·de·ro [soplaðéro] *s/m* Abertura por donde sale con fuerza el aire de una cueva.

so·pla·mo·cos [soplamókos] *s/m* Golpe dado en la cara y en las narices.

so·plar [soplár] **I.** *v/intr, tr* **1.** Despedir aire por la boca redondeando los labios y haciendo alguna fuerza. **2.** Expulsar aire con un instrumento que lo lanza de manera parecida a como se lanza por la boca. **II.** *v/intr* Moverse el viento con cierta intensidad: *Sopla el levante.* **III.** *v/tr* **1.** Apartar algo despidiendo aire por la boca: *Sopló el polvo que había encima de la mesa.* **2.** Inspirar, sugerir: *Hoy no te sopla la musa.* **3.** Apuntar, decir a alguien con disimulo una cosa que él no sabe: *Le soplé todo el examen.* **4.** Acusar, delatar, denunciar: *Le sopló a la policía el nombre del ladrón.* **5.** COL Hurtar, quitar algo a alguien con habilidad y astucia: *Ayer me soplaron la cartera en el metro.* **IV.** REFL(-SE) Comerse o beberse algo en cantidad exagerada: *Se sopló seis copas de coñac después de comer.*

so·ple·te [sopléte] *s/m* Instrumento para proyectar a presión un chorro de aire u otro gas sobre una llama a fin de dirigirla sobre un objeto y avivar la combustión. Se usa para fundir metales.

so·pli·do [soplíðo] *s/m* Acción y efecto de soplar.

so·pli·llo [soplíʎo] *s/m* Utensilio empleado para abanicar el fuego.

so·plo [sóplo] *s/m* **1.** Acción y efecto de soplar: *Apagó las velas del pastel de un soplo.* **2.** FIG En comparaciones, tiempo muy breve: *Me pasó el mes como un soplo.* **3.** FIG Acción de delatar o de contar algo con mala intención: *No se sabe quién dio el soplo a la policía.* **4.** Sonido de un órgano detectado por auscultación y que recuerda el producido por el paso de una corriente de aire a través de un conducto o estrechez: *Tiene un soplo en el corazón.*

so·plón, (-na) [soplón, (-na)] *adj* y *s/m,f* Se aplica a la persona que acusa o delata a otras.

so·pon·cio [sopóņθjo] *s/m* Desmayo.

so·por [sopór] *s/m* **1.** MED Somnolencia morbosa. **2.** Adormecimiento o amodorramiento.

so·po·rí·fe·ro, (-a) [soporífero, (-a)] *adj* y *s/m,f* Que produce sueño.

so·por·ta·ble [soportáβle] *adj* Que se puede soportar o sufrir.

so·por·tal [soportál] *s/m* (Generalmente en *pl*) Pórtico, a manera de claustro o corredor, que tienen algunos edificios o manzanas de casas en sus fachadas y delante de las puertas y tiendas.

so·por·tar [soportár] *v/tr* **1.** Aguantar, sostener o resistir una carga o peso. **2.** Aguantar, tolerar, sufrir un dolor, molestia o contratiempo.

so·por·te [sopórte] *s/m* Cualquier cosa que sirve para sostener algo, en sentido material o figurado.

so·pra·no [sopráno] *s/m,f* **1.** MÚS Voz más alta de las humanas, propia de las mujeres y niños. **2.** Cantante que tiene esta voz.

sor [sór] *s/f* Tratamiento que se antepone al nombre de las monjas.

sor·ber [sorβér] *v/tr* **1.** Beber aspirando: *Sorber una limonada.* **2.** Atraer hacia sí o absorber algo material o inmaterial.

sor·be·te [sorβéte] *s/m* Helado de leche, huevos y zumos de frutas, que se toma en copa.

sor·bo [sórβo] *s/m* **1.** Acción y efecto de sorber. **2.** Cantidad que se sorbe de una vez. **3.** FIG Pequeña cantidad de un líquido: *Sólo tomé un sorbo de vino.* LOC **A sorbos**, bebiendo poco a poco y en pequeñas cantidades.

sor·de·ra [sorðéra] *s/f* Privación o disminución de la facultad de oír.

sor·di·dez [sorðiðéθ] *s/f* Cualidad de sórdido.

sór·di·do, -a [sórðiðo, -a] *adj* **1.** Miserable y sucio. **2.** Obsceno. **3.** Avaro, miserable.

sor·di·na [sorðína] *s/f* Pieza pequeña que se ajusta a los intrumentos musicales para disminuir la intensidad del sonido.

sor·do, -a [sórðo, -a] **I.** *adj* y *s/m,f* Se aplica a la persona que carece del sentido del oído o que no oye bien. **II.** *adj* **1.** Aplicado a cosas, silencioso, que no hace ruido. **2.** Que suena poco o con sonido de timbre oscuro. **3.** (Con *a, ante*) Se aplica a la persona que no presta atención a ciertas peticiones o súplicas que se le dirigen: *Permanece sordo a mis consejos.* **4.** Se aplica a los sentimientos, pasiones y estados de ánimo que no se manifiestan o se contienen. RPr **Sordo a/ante.**

sor·do·mu·dez [sorðomuðéθ] *s/f* Cualidad de sordomudo.

sor·do·mu·do, (-a) [sorðomúðo, (-a)] *adj* y *s/m,f* Se aplica a la persona sorda de nacimiento y privada del habla.

so·ria·no, -a [sorjáno, -a] *adj* y *s/m,f* De Soria.

so·ria·sis [sorjásis] *s/f* Enfermedad de la piel, que origina escamas en codos, rodillas, etc.

sor·na [sórna] *s/f* Tono irónico o burlón en el hablar.

sor·pren·den·te [sorpreņdéņte] *adj* **1.** Que causa sorpresa. **2.** Extraordinario, raro, infrecuente.

sor·pren·der [sorpreņdér] *v/tr* **1.** Causar impresión, admiración o extrañeza algo en alguien que no esperaba que sucediera. **2.** Descubrir una cosa que alguien guardaba. **3.** Encontrar o coger a alguien haciendo cierta cosa o en determinada situación o forma.

sor·pre·sa [sorprésa] *s/f* **1.** Acción y efecto de sorprender. **2.** Cosa que da motivo para que alguien se sorprenda.

sor·pre·si·vo, -a [sorpresíβo, -a] *adj* AMÉR Que sorprende o causa sorpresa.

sor·tea·ble [sorteáβle] *adj* Que se puede o se debe sortear.

sor·te·ar [sorteár] *v/tr* **1.** Someter a la decisión de la suerte el destino de personas o cosas. **2.** Evitar con habilidad un peligro, obstáculo, compromiso, obligación, etc.: *Sorteó como pudo sus preguntas.*
ORT La *e* de la raíz no desaparece aunque la desinencia empiece por *e: Sorteen.*

sor·teo [sortéo] *s/m* Acción y efecto de sortear: *Sorteo de la lotería nacional.*

sor·ti·ja [sortíxa] *s/f* **1.** Anillo que se pone como adorno en los dedos de la mano. **2.** Rizo de pelo en forma de anillo.

sor·ti·le·gio [sortiléxjo] *s/m* Adivinación por medio de artes supersticiosas.

s·o·s [ése ó ése] *s/m* Señal internacional de socorro, emitida por radiotelégrafo, señales luminosas o cualquier otro medio de transmisión a distancia.

so·sa [sósa] *s/f* Sustancia química de óxido de sodio, muy cáustica.

so·sai·na [sosáina] *adj* y *s/m,f* Se aplica a la persona muy sosa.

so·se·ga·do, -a [soseγáðo, -a] *adj* Apacible, poco propenso a enfadarse.

so·se·gar [soseγár] **I.** *v/tr,* REFL(-SE) Hacer que quede quieta o en reposo una cosa que estaba agitada. **II.** *v/intr,* REFL(-SE) Descansar después de algún trabajo o actividad.
CONJ *Irreg: Sosiego, sosegaré, sosegué, sosegado.*

so·se·ra o **so·se·ría** [soséra/sosería] *s/f* **1.** Cualidad de soso. **2.** Cosa sosa, sin gracia o atractivo.

so·se·ro, -a [soséro, -a] *adj* Que produce sosa.

so·sia [sósja] *s/m* Persona de extraordinario parecido físico a otra; doble.

so·sie·go [sosjéγo] *s/m* Tranquilidad, serenidad.

sos·la·yar [soslaJár] *v/tr* Salvar con rodeos una dificultad, un encuentro o una pregunta.

sos·la·yo, -a [sosláJo, -a] *adj* Oblicuo o de perfil. LOC **Al soslayo** o **De soslayo**, *1.* Oblicuamente. *2.* Poniendo lo que se expresa ladeado o de costado para que pueda pasar por un sitio estrecho. *3.* Sin detenerse, para evitar una posible dificultad. LOC **Mirar de soslayo**, mirar de reojo, disimuladamente.

so·so, -a [sóso, -a] *adj* **1.** Se aplica a lo

que no tiene sal o tiene poca. **2.** Se aplica a la persona o cosa que carece de gracia, viveza o expresión.

sos·pe·cha [sospétʃa] *s/f* Acción y efecto de sospechar.

sos·pe·char [sospetʃár] **I.** *v/tr* Imaginar o creer que existe o ha ocurrido algo por poseer algún indicio o apariencia. **II.** *v/intr* Desconfiar de alguien de quien se cree que ha cometido un delito o una mala acción: *La policía sospecha de él.* RPr **Sospechar de.**

sos·pe·cho·so, -a [sospetʃóso, -a] *adj* y *s/m,f* Se aplica a la persona que, por su conducta o aspecto, inspira sospechas: *Sospechoso del asesinato.* RPr **Sospechoso de.**

sos·tén [sostén] *s/m* **1.** Acción de sostener. **2.** Persona o cosa que sostiene. **3.** Alimento, sustento. **4.** Prenda interior femenina que se utiliza para sujetar los senos.

sos·te·ner [sostenér] **I.** *v/tr* **1.** Sujetar a alguien o algo, cogiéndolo o estando debajo de él para que no se caiga, mueva, etc. **2.** Defender, mantener una idea, opinión, argumento, etc., con seguridad y firmeza. **3.** Proteger o apoyar física o moralmente a alguien. **4.** Mantener o alimentar a alguien: *Con el trabajo de la madre sostiene a toda la familia.* **5.** Continuar, permanecer durante un tiempo considerable en una acción o actitud, con unas ideas, haciendo una cosa de cierta manera, etc., sin variarlas o sin abandonarlas. **II.** REFL (-SE) Mantenerse un cuerpo en un medio, sin caer o haciéndolo lentamente.
CONJ *Irreg: Sostengo, sostendré, sostuve, sostenido.*

sos·te·ni·do, (-a) [sosteníðo, (-a)] **I.** *adj* MÚS Se aplica a las notas que son un semitono más altas que la mencionada. **II.** *s/m* Signo que indica que la nota musical a la que precede queda elevada un semitono durante todo el compás en que se encuentra dicha nota.

sos·te·ni·mien·to [sostenimjén̪to] *s/m* Acción y efecto de sostener(se).

so·ta [sóta] *s/f* Naipe marcado con el número diez y que tiene la figura de un paje.

so·ta·ban·co [sotaβáŋko] *s/m* Piso habitable encima de la cornisa general de la casa.

so·ta·bar·ba [sotaβárβa] *s/f* Pliegue de grasa debajo de la barbilla en las personas gordas.

so·ta·na [sotána] *s/f* Vestidura talar abotonada por delante de arriba abajo, usada por eclesiásticos y clérigos.

só·ta·no [sótano] *s/m* En un edificio, pieza subterránea o piso situado bajo la rasante de la calle.

so·ta·ven·to [sotaβén̪to] *s/m* Costado del barco opuesto al lado de donde viene el viento.

so·te·cha·do [sotetʃáðo] *s/m* Construcción que consiste en un techo, sin paredes o con paredes incompletas.

so·te·rrar [soterrár] *v/tr* Esconder, ocultar celosamente una cosa.
CONJ *Irreg: Sotierro, soterré, soterraré, soterrado.*

so·to [sóto] *s/m* **1.** Arboleda al lado de un río. **2.** Lugar poblado de árboles y matas.

so·viet [sóβjet] *s/m* Institución fundamental en Rusia o la Unión Soviética.

so·vié·ti·co, -a [soβjétiko, -a] *adj* y *s/m,f* Relativo a la Unión Soviética.

so·vie·ti·za·ción [soβjetiθaθjón] *s/f* Acción y efecto de sovietizar.

so·vie·ti·zar [soβjetiθár] *v/tr* Implantar el régimen soviético en un país.
ORT Ante *e* la *z* cambia en *c: Sovieticen.*

spot [(e)spót] *s/m* ANGL Cortometraje de duración muy breve con fines publicitarios: *Spot publicitario.*

sprint [(e)sprín̪(t)] *s/m* ANGL Esfuerzo final que hacen los corredores en los últimos metros de carrera para lograr la mayor velocidad posible y adelantar a los demás competidores.

stand [(e)stán̪(d)] *s/m* ANGL Instalación montada en una exposición, feria, mercado, etc., donde se exponen o venden productos.

stan·dar(d) o **es·tán·dar** [(e)stán̪dar(d)] *s/m* ANGL **1.** Se emplea con el significado de nivel, tipo o promedio: *Lenguaje estándar.* **2.** Se usa para calificar un artículo de comercio cuando es de tipo corriente o normalizado: *Producto (e)stándar.*

sta·tus [(e)státus] *s/m* Nivel socioeconómico de un individuo dentro de la sociedad.

stock [(e)stók] *s/m* ANGL Mercancía que se mantiene en reserva en un almacén.

stop [(e)stóp] ANGL Señal de tráfico que impone la obligación de detener el vehículo.

stress [(e)strés] *s/m* ANGL Sobrefatiga producida por un esfuerzo o exceso de trabajo.

su [sú] *adj apóc* de *suyo, suya.* Posesivo de tercera persona para ambos géneros. Se usa sólo antepuesto al nombre.
ORT *Pl: Sus.*

sua·so·rio, -a [swasórjo, -a] *adj* Perteneciente a la persuasión o útil para persuadir.

sua·ve [swáβe] *adj* **1.** Liso y blando al tacto. **2.** FIG Se aplica a cosas, materiales o inmateriales, libres de brusquedad, violencia o estridencia. **3.** FIG Aplicado a personas, dócil, apacible.

sua·vi·dad [swaβiðáð] *s/f* Cualidad de suave.

sua·vi·zar [swaβiθár] *v/tr*, REFL(-SE) **1.** Hacer suave una cosa. **2.** Mitigar las asperezas del trato.
ORT Ante *e* la *z* cambia en *c*: *Suavice.*

sub- [su{β}-] Elemento *prefijo* **1.** Expresa inferioridad de situación, categoría, etc.: *Subafluente, subcampeón.* **2.** Significa bajo, debajo: *Subacuático, submaxilar.*

sub·a·fluen·te [suβaflwénte] *s/m* Río o arroyo que desemboca en un afluente.

sub·al·ter·no, (-a) [suβaltérno, (-a)] **I.** *adj* Se aplica a la persona supeditada a otra. **II.** *s/m,f* Empleado de categoría inferior.

sub·a·rren·dar [suβarrendár] *v/tr* Arrendar alguien algo que tiene a su vez arrendado a otro.
CONJ *Irreg: Subarriendo, subarrendaré, subarrendé, subarrendado.*

sub·a·rrien·do [suβarrjéndo] *s/m* Acción y efecto de subarrendar.

su·bas·ta [suβásta] *s/f* Procedimiento de venta pública en el que se dan las cosas a quien más ofrece por ellas.

su·bas·tar [suβastár] *v/tr* Vender una cosa en subasta pública.

sub·co·mi·sión [suβkomisjón] *s/f* Grupo de personas que forman parte de una comisión en la que se les encomienda un cometido determinado.

sub·con·jun·to [sukoŋxúnto] *s/m* Parte de un conjunto.

sub·cons·cien·te [suβko(n)sθjénte] *s/m* Conjunto de procesos mentales que influyen en el estado y evolución de la vida mental y pasan desapercibidos al campo del conocimiento, aunque en otro momento hayan sido perfectamente conscientes.

sub·cu·tá·neo, -a [suβkutáneo, -a] *adj* ZOOL **1.** Que está o se produce debajo de la piel. **2.** Que se introduce debajo de la piel.

sub·de·le·ga·do, (-a) [suβðeleγáðo, (-a)] *s/m,f* Persona a la que un delegado transmite sus funciones o atribuciones.

sub·de·sa·rro·llo [suβðesarróʎo] *s/m* Situación de economía atrasada y pobre, de organización elemental y bajo nivel de vida, en un país o zona geográfica.

sub·di·rec·tor, -ra [suβðirektór, -ra] *s/m,f* Adjunto y sustituto del director.

súb·di·to, -a [súβðito] *adj* y *s/m,f* **1.** Que está bajo las órdenes de otro. **2.** Seguido de un adjetivo de nacionalidad, ciudadano del país de que se trate: *Un súbdito chino.*

sub·di·vi·dir [suβðiβiðír] *v/tr*, REFL (-SE) Dividir las partes en que ya está dividida una cosa.

sub·es·ti·mar [suβestimár] *v/tr*, REFL (-SE) Estimar a alguien o algo por debajo de sus cualidades.

sub·fu·sil [subfusíl] *s/m* Arma ligera, automática, que puede disparar en ráfaga o tiro a tiro.

sub·gé·ne·ro [subxénero] *s/m* Cada uno de los grupos en que se divide un género.

su·bi·do, (-a) [suβíðo, (-a)] **I.** *adj* **1.** Que es resultado de subir: *Piden por el piso un precio muy subido.* **2.** Se dice del olor o del color muy fuerte. **II.** *s/f* **1.** Acción y efecto de subir. **2.** Pendiente o camino por donde se sube.

sub·ín·di·ce [suβíndiθe] *s/m* Letra o número que se coloca a la derecha y en la parte inferior de un símbolo para caracterizarlo.

su·bir [suβír] **I.** *v/intr* **1.** (Con *a*) Ir de un lugar a otro más alto: *Subir a la torre.* **2.** Aumentar el número, grado o intensidad de algo: *Le ha subido mucho la fiebre.* **3.** Crecer en altura ciertas cosas: *Ha subido el río.* **4.** (Con *a*) Entrar en un vehículo o montarse encima de algo: *Nunca he subido a un caballo. Sube al coche.* **5.** Alcanzar una cuenta cierta cantidad: *¿A cuánto sube la factura del teléfono?* **6.** (Con *de*) Mejorar en un empleo o cargo o alcanzar mejor posición económica o social. **II.** *v/intr, tr* **1.** Elevar el precio de una cosa: *Ha subido la leche.* **2.** Elevar el sonido o tono de la voz o de un instrumento musical: *Te has subido medio tono.* **III.** *v/tr* **1.** Recorrer hacia arriba algo que está en pendiente: *Creo que el coche no subirá esa pendiente.* **2.** Poner o llevar a alguien o algo a un lugar más alto del que estaba: *He subido los trastos al desván.* **3.** Enderezar o poner vertical algo que estaba inclinado hacia abajo: *Sube esos brazos.* **4.** Hacer más alto algo o irlo aumentando hacia arriba: *Subir una pared.* **IV.** REFL(-SE) Forma pronominal intransitiva de subir: *El perro se sube a la tapia.* RPr **Subir a/de**

sú·bi·to, -a [súβito, -a] **I.** *adj* Que sucede de forma repentina o inesperada. **II.** *adv*. De forma súbita. LOC **De súbito,** de pronto.

sub·je·ti·vi·dad [suβxetiβiðáð] *s/f* Cualidad de subjetivo.

sub·je·ti·vis·mo [suβxetiβísmo] *s/m* Estado de predominio de lo subjetivo.

sub·je·ti·vo, -a [suβxetíβo, -a] *adj* **1.** Se aplica a lo que es propio de la manera de pensar o sentir de uno y no del objeto en sí mismo: *Punto de vista subjetivo.* **2.** Individual y personal.

sub·jun·ti·vo, (-a) [suβxun̪tíβo, (-a)] *adj* y *s/m* Modo verbal que expresa la acción verbal como deseada, posible, dudosa, etc.

su·ble·va·ción [suβleβaθión] *s/f* Acción y efecto de sublevar.

su·ble·var [suβleβár] **I.** *v/tr* **1.** Hacer que alguien se alce en rebeldía. **2.** Provocar indignación o ira en relación con uno mismo o con otros: *Me subleva su manera de decir las cosas.* **II.** REFL(-SE) No obedecer al que manda y resistirle por la fuerza, incluso atacándole.

su·bli·ma·ción [suβlimaθjón] *s/f* Acción y efecto de sublimar(se).

su·bli·mar [suβlimár] *v/tr* **1.** Ensalzar a alguien. **2.** Evaporar un cuerpo sólido y condensar sus vapores.

su·bli·me [suβlíme] *adj* (Aplicado a las acciones humanas, a las palabras o escritos y a las obras de arte), excelso, eminente, de gran valor moral, intelectual, etc.

sub·ma·ri·nis·mo [submarinísmo] *s/m* DEP Deporte subacuático practicado para pescar, por diversión, etc.

sub·ma·ri·nis·ta [su(b)marinísta] *s/m,f* Que practica el submarinismo.

sub·ma·ri·no, (-a) [su(b)maríno, (-a)] **I.** *adj* Que está o se efectúa bajo la superficie del mar. **II.** *s/m* Buque que puede navegar bajo el agua.

sub·múl·ti·plo, (-a) [submúl̪tiplo, (-a)] *adj* y *s/m* Se aplica al número contenido en otro un número exacto de veces.

sub·nor·mal [subnormál] *adj* y *s/m,f* Inferior a lo normal.

sub·nor·ma·li·dad [subnormaliðáð] *s/f* Calidad de subnormal.

sub·o·fi·cial [suβofiθjál] *s/m* Grado militar inmedio entre el de cabo y alférez.

su·bor·di·na·ción [suβorðinaθjón] *s/f* **1.** Acción y efecto de subordinar. **2.** GRAM Relación de dependencia entre dos o más oraciones gramaticales en el seno de una oración compuesta.

su·bor·di·na·do, -a [suβorðináðo, -a] **I.** *adj* y *s/m,f* Se aplica a la persona que está sometida a otra. **II.** *adj* Se aplica a la oración unida por subordinación a otra que se considera principal.

su·bor·di·nar [suβorðinár] *v/tr,* REFL (-SE) Establecer un orden de dependencia, considerar o clasificar unas cosas como inferiores o accesorias respecto a otras.

sub·pro·duc·to [subproðúkto] *s/m* Producto obtenido como consecuencia de procesos de fabricación, elaboración o extracción, y que, siendo innecesario para el fin principal que se persigue, puede ser aprovechado con tratamiento posterior o sin él.

sub·ra·yar [suβ(r)raJár] *v/tr* **1.** Marcar con una raya horizontal una palabra, frase, etc., para llamar la atención o darle un sentido especial. **2.** Recalcar la expresión de algo para que sea especialmente notado.

sub·rep·ti·cio, -a [suβ(r)reptíθjo, -a] *adj* Que se hace o toma ocultamente y a escondidas.

sub·ro·ga·ción [suβ(r)roγaθjón] *s/f* Acción y efecto de subrogar(se).

sub·ro·gar [suβ(r)roγár] *v/tr,* REFL (-SE) Poner una cosa o persona en lugar de otra.
ORT Ante *e* la *g* cambia en *gu: Subrogue.*

sub·sa·na·ble [suβsanáβle] *adj* Que puede subsanarse.

sub·sa·nar [suβsanár] *v/tr* Remediar un defecto o resarcir un daño.

subs·cri·bir [su(β)skriβír] **I.** *v/tr* **1.** Firmar al final de un escrito. **2.** Aceptar como propia la opinión de otro. **II.** *v/tr,* REFL (-SE) Abonar a alguien a una publicación periódica: *Me he subscrito a la revista X.*
RPr **Subscribirse a.**
CONJ *p Irreg: Subscrito.*

subs·crip·ción [su(β)skripθjón] *s/f* Acción y efecto de subscribir(se).

sub·se·cre·ta·ría [suβsekretaría] *s/f* Empleo, oficina, etc., del subsecretario.

sub·se·cre·ta·rio, -a [suβsekretárjo, -a] *s/m,f* **1.** Persona que hace las funciones del secretario o está sometida a él. **2.** Persona que depende directamente de un ministro como secretario general.

sub·sec·tor [subsektór] *s/m* Áreas en que se divide un sector.

sub·si·dia·rio, -a [suβsiðjárjo, -a] *adj* **1.** Que se da como subsidio. **2.** Se dice de la acción que tiene como objeto sustituir a otra principal si ésta falla.

sub·si·dio [suβsíðjo] *s/m* Protección económica con carácter extraordinario mediante la que se pretende paliar las desventajas de ciertas situaciones sociales, como vejez, familia numerosa, pobreza, etc.

sub·si·guien·te [suβsiγjén̪te] *adj* Que sigue inmediatamente a algo que se expresa o es ya sabido.

sub·sis·ten·cia [suβsisténθja] *s/f* **1.** Hecho de subsistir un ser humano: *No tiene ni lo necesario para su subsistencia.* **2.** (Generalmente en *pl)* Alimento y cosas necesarias para la vida material: *Ya no tienen subsistencias.* **3.** Circunstancia de subsistir algo: *No creo en la subsistencia de esa ley.*

sub·sis·tir [suβsistír] *v/intr* **1.** Mantenerse, permanecer: *Subsite el buen tiempo.* **2.** Vivir.

subs·tan·cia o **sus·tan·cia** [su(β)stánθja] *s/f* **1.** Materia en general: *Sustancia líquida.* **2.** Aquello que en cualquier cosa es lo esencial, y constituye la parte más importante: *Este producto contiene una sustancia endurecedora.* **3.** Elementos que hacen nutritivos a los alimentos: *Caldo sin sustancia.* **4.** Lo esencial, lo primordial de algo.

subs·tan·cial [su(β)stanθjál] *adj* Se aplica a lo esencial o fundamental de una cosa.

subs·tan·cio·so, -a [su(β)stanθjóso, -a] *adj* Se aplica a lo que tiene substancia, tanto en sentido material como figurado.

subs·tan·ti·var [su(β)stantiβár] *v/tr* GRAM Dar valor y significación de nombre sustantivo a otra parte de la oración o a locuciones enteras.

subs·tan·ti·vo, -a o **sus·tan·ti·vo, -a** [su(β)stantíβo, -a] **I.** *adj* **1.** Que tiene existencia real e independiente. **2.** Esencial, fundamental. **II.** *adj* y *s/m* Nombre o palabra que sirve para designar un ser, una cosa o un conjunto de seres o cosas.

subs·ti·tu·ción [su(β)stituθjón] *s/f* Acción y efecto de sustituir.

subs·ti·tui·ble [su(β)stituíβle] *adj* Que se puede o debe sustituir.

subs·ti·tuir o **sus·ti·tuir** [su(β)stituír] *v/tr,* REFL(-SE) Cambiar a una persona o cosa por otra.
CONJ *Irreg: Substituyo, substituiré, substituí, substituido.*

subs·ti·tu·ti·vo, -a [su(β)stitutíβo, -a] *adj* y *s/m,f* Se aplica a lo que puede sustituir a otra cosa en el uso.

subs·ti·tu·to, -a [su(β)stitúto, -a] *s/m,f* Persona que reemplaza a otra en su cargo o que hace sus veces.

subs·trac·ción [su(β)stra(k)θjón] *s/f* **1.** Acción y efecto de substraer(se). **2.** Resta matemática.

subs·tra·en·do [su(β)straéndo] *s/m* Cantidad que ha de restarse de otra.

subs·traer o **sus·tra·er** [su(β)straér] **I.** *v/tr* **1.** Apartar o separar de algo una parte. **2.** Robar fraudulentamente. **3.** Restar. **II.** REFL(-SE) (Con *a*) Abstenerse de cumplir una obligación, promesa, etc., o evitar algo que molesta o perjudica. RPr **Substraerse a:** *Substraerse a las preguntas de los periodistas.* **Substraer de.**
CONJ *Irreg: Substraigo, substraje, substraeré, substraído.*

subs·tra·to o **sustra·to** [su(β)stráto] *s/m* **1.** Esencia, raíz o idea fundamental de una cosa. **2.** Terreno geológico situado debajo del que se considera.

sub·sue·lo [suβswélo] *s/m* **1.** Capa de tierra no superficial. **2.** Parte profunda del terreno.

sub·te·nien·te [subtenjénte] *s/m* Grado militar, actualmente el superior en la clase de suboficiales.

sub·ter·fu·gio [subterfúxjo] *s/m* Manera hábil y engañosa con que una persona evita hacer algo.

sub·te·rrá·neo, (-a) [su(b)terráneo, (-a)] **I.** *adj* Que está debajo de tierra. **II.** *s/m* Cualquier lugar que está debajo de tierra.

sub·ti·po [subtípo] *s/m* Cada uno de los grupos taxonómicos en que se dividen los tipos de plantas y de animales.

sub·ti·tu·lar [subtitulár] *v/tr* Poner un subtítulo a algo.

sub·tí·tu·lo [subtítulo] *s/m* Título auxiliar o complementario que acompaña al principal.

su·bur·bio [suβúrβjo] *s/m* **1.** Arrabal. **2.** Barrios pobres y sin urbanizar. **3.** Zona periférica de las grandes ciudades, donde reside la parte de la población con un nivel de vida más bajo.

sub·va·lo·rar [su(β)βalorár] *v/tr* Valorar algo o a alguien menos de lo que es o merece.

sub·ven·ción [su(β)βenθjón] *s/f* Apoyo económico de tipo privado o estatal, prestado a una institución, empresa o individuo para la realización de un trabajo o de ciertas actividades que interesan a quien concede la subvención.

sub·ven·cio·nar [su(β)βenθjonár] *v/tr* Asignar una subvención a alguien o algo.

sub·ver·sión [su(β)βersjón] *s/f* Acción y efecto de subvertir(se).

sub·ver·si·vo, -a [su(β)βersíβo, -a] *adj* **1** Se aplica a lo que subvierte o se hace para subvertir. **2.** Se dice de cada uno de los actos e individuos que los realizan.

sub·ver·tir [su(β)βertír] *v/tr* Perturbar o alterar un orden social determinado.
CONJ *Irreg: Subvierto, subvertiré, subvertí, subvertido.*

sub·ya·cen·te [suβJaθénte] *adj* Que yace o está debajo de algo.

sub·yu·ga·ción [suβJuγaθjón] *s/f* Acción y efecto de subyugar.

sub·yu·gar [suβJuγár] *v/tr* Oprimir, someter a una persona, un pueblo o una clase, por lo general de forma violenta.
ORT Ante *e* la *g* cambia en *gu: Subyugue.*

suc·ción [su(k)θjón] *s/f* Acción de chupar.

su·ce·dá·neo, -a [suθeðáneo, -a] *adj* y *s/m* Se aplica a una sustancia con la que se sustituye o suple a la auténtica.

su·ce·der [suθeðér] **I.** *v/intr* **1.** Entrar alguien a ocupar el lugar de otro en un cargo, dirección y especialmente en el trono: *Todos piensan en quién sucederá al rey.* **2.** Venir después, seguir en un sentido espacial o temporal: *Al verano sucede el otoño.* **II.** *impers* Ocurrir o producirse espontáneamente un hecho o suceso. RPr **Suceder a.**

su·ce·di·do [suθeðíðo] *s/m* Cosa que sucede, suceso.

su·ce·sión [suθesjón] *s/f* **1.** Acción y efecto de suceder. **2.** Conjunto de bienes, derechos y obligaciones que recibe una persona por herencia. **3.** Conjunto de cosas en que una sigue a otra. **4.** Descendencia de alguien: *Murió sin sucesión.*

su·ce·si·vo, -a [suθesíβo, -a] *adj* Se aplica a lo que sucede o sigue a algo: *En días sucesivos.* LOC **En lo sucesivo**, en el tiempo que ha de seguir al momento en que se está.

su·ce·so [suθéso] *s/m* Cosa importante que sucede: *Página de sucesos.*

su·ce·sor, -ra [suθesór, -ra] *adj* y *s/m,f* Se aplica al que sucede a otro, especialmente en un cargo o herencia.

su·ce·so·rio, -a [suθesórjo, -a] *adj* Relativo a la sucesión.

su·cie·dad [suθjeðáð] *s/f* **1.** Cualidad de sucio. **2.** Porquería, basura.

su·cin·to, -a [suθín̪to, -a] *adj* Se aplica a lo que se hace con pocas palabras o elementos: *Una sucinta exposición.*

su·cio, -a [súθjo, -a] **I.** *adj* **1.** Manchado, con polvo o cualquier otra sustancia que afee el buen aspecto. **2.** Que se mancha fácilmente. **3.** Se aplica al color oscuro, confuso, no puro. **4.** Deshonesto, sin escrúpulos. **II.** *adv* Referido al juego o al modo de proceder, sin respetar las reglas o leyes.

su·cre [súkre] *s/m* Unidad monetaria del Ecuador.

su·cu·len·to, -a [sukulén̪to] *adj* Sabroso y alimenticio.

su·cum·bir [sukuɱbír] *v/intr* **1.** Rendirse. **2.** Morir en circunstancias extraordinarias: *Todos sucumbieron en el accidente.*

su·cur·sal [sukursál] *adj* y *s/f* Se dice del establecimiento comercial, industrial o bancario que depende de otro principal.

sud- [suð-] Forma prefija de *sur: Sudafricano.*

sud·a·fri·ca·no, -a [suðafrikáno, -a] *adj* y *s/m,f* De África del Sur.

sud·a·me·ri·ca·no, -a [suðamerikáno, -a] *adj* y *s/m,f* De América del Sur.

su·da·nés, -sa [suðanés, -sa] *adj* y *s/m,f* De Sudán.

su·dar [suðár] **I.** *v/intr, tr* **1.** Expeler sudor por los poros de la piel. **2.** Destilar algún líquido las plantas. **3.** Destilar líquido a través de los poros una pared, recipiente, etc. **II.** *v/intr* Trabajar mucho. **III.** *v/tr* **1.** Mojar algo con sudor: *Has sudado toda la camiseta.* **2.** Conseguir algo con gran esfuerzo: *Gano mucho, pero tengo que sudarlo.*

su·da·rio [suðárjo] *s/m* Lienzo que cubre el rostro o el cuerpo de un difunto.

su·des·te [suðéste] *s/m* Sureste. Punto del horizonte situado entre el sur y el este.

su·do·es·te [suðoéste] *s/m* Suroeste. Punto del horizonte situado entre el sur y el oeste.

su·dor [suðór] *s/m* **1.** Secreción líquida incolora de las glándulas sudoríparas de la piel, que sale al exterior a través de los poros de ésta. **2.** Fatiga grande.

su·do·rí·fi·co, (-a) o **su·do·rí·fe·ro, (-a)** [suðorífiko/-fero, -a] **I.** *adj* y *s/m* Que sirve para provocar sudor. **II.** *s/m* Medicamento empleado con tal fin.

su·do·rí·pa·ra [suðorípara] *adj* ZOOL Se aplica a la glándula que segrega el sudor.

su·do·ro·so, -a [suðoróso, -a] *adj* Con sudor sobre la piel.

sue·co, (-a) [swéko, (-a)] *adj* y *s/m,f* De Suecia o su lengua. LOC **Hacerse alguien el sueco,** simular que no entiende u oye algo.

sue·gro, -a [swéγro, -a] *s/m,f* Con respecto a un cónyuge, padre o madre del otro.

sue·la [swéla] *s/f* Parte del calzado situada debajo del pie y que toca el suelo.

suel·do [swél̪do] *s/m* Remuneración que se asigna a una persona por un trabajo, cargo o empleo profesional.

sue·lo [swélo] *s/m* **1.** Superficie terrestre. **2.** Piso o pavimento. **3.** Tierra, terreno: *Aquí se paga muy bien el suelo.* LOC **Arrastrar/Poner/Tirar por el suelo**, desacreditar a alguien o algo. **Arrastrarse/Echarse por el (los) suelo(s),** humillarse. **Dar alguien consigo en el suelo**, caerse en tierra. **Estar por los suelos**, estar muy despreciado algo.

suel·to, -a [swél̪to, -a] **I.** *adj* **1.** No sujeto: *Me gusta más con el pelo suelto.* **2.** Separado de la cosa de que forma parte: *He encontrado un calcetín suelto.* **3.** Disgregado; no aglutinado, ni pegado con otras cosas: *Cuando como arroz, me gusta que esté suelto.* **4.** Flojo, holgado, no ajustado ni ceñido: *Un vestido suelto.* **5.** No frenado o poco controlado: *Es un poco suelto de lengua.* **6.** Aplicado al lenguaje o al estilo, fácil o ágil. **II.** *adj* y *s/m* Se dice del dinero en calderilla: *Lo siento, no llevo nada suelto.*

sue·ño [swéɲo] *s/m* **1.** Estado del que duerme. **2.** Deseo de dormir: *Tengo mucho sueño.* **3.** Acción de imaginar escenas o sucesos mientras se duerme o serie de escenas o sucesos imaginados: *Esta noche he tenido un mal sueño.* **4.** Lo que carece de realidad o fundamento, generalmente proyecto, deseo, esperanza sin probabilidad de realizarse. LOC **Caerse de sueño**, tener mucho sueño. **Coger el sueño**, quedarse dormido. **Conciliar el sueño**, conseguir quedarse dormido. **Quitar el sueño una cosa**, preocupar mucho.

sue·ro [swéro] *s/m* **1.** Líquido rico en proteínas y sales que se separa de la parte coagulada de algunos líquidos como la sangre, la leche, etc. **2.** Solución de cloruro sódico y otras sales en agua destilada, que se inyecta en el organismo para evitar la deshidratación o como alimento. **3.** Sustancia preparada con suero de animal que se inyecta para prevenir o curar ciertas enfermedades.

suer·te [swérte] *s/f* **1.** Fuerza o poder que determina ciertos acontecimientos independientemente de la voluntad del individuo. **2.** Circunstancia causal favorable o adversa; fortuna en general: *Este año he tenido mucha suerte en los estudios.* **3.** Lo que reserva el futuro: *Ya veremos qué nos depara la suerte.* **4.** Condición, situación, estado o manera de vivir: *Creo que ha mejorado de suerte.* **5.** Casualidad a que se fía la resolución de algo: *¡Que lo decida la suerte!* **6.** Manera determinada de hacer una cosa: *Si lo haces de esta suerte, perderás.* **7.** Manera de ser de las personas o de las cosas. Se usa siempre en *sing* y sin *art: Trata con toda suerte de personas.* **8.** Cada una de las partes de la lidia taurina: *La suerte de banderillas es una de las más vistosas.* LOC **¡Buena suerte!**, exclamación muy frecuente con que se desea buena suerte a alguien. **De suerte que**, de manera que, de modo que; expresa una consecuencia o resultado de lo que se ha dicho antes. **Echar a suerte(s) algo**, decidirlo por medio de un sorteo o por cualquier procedimiento de resultado imprevisible. **Por suerte**, afortunadamente. **Probar suerte**, *1.* Participar en un sorteo, rifa, etc. *2.* Intentar conseguir algo confiando en la buena fortuna.

sué·ter [swéter] *s/m* Jersey.

sue·vo, -a [swéβo, -a] *adj* y *s/m,f* Se aplica al individuo de una tribu germánica que ocupaba los territorios comprendidos entre el Rin, el Danubio y el Elba, que invadió parte de España en el siglo V.

su·fi·cien·cia [sufiθjénθja] *s/f* **1.** Cualidad de suficiente. **2.** Se aplica a la persona que reúne las condiciones necesarias para realizar cierto trabajo o función.

su·fi·cien·te [sufiθjénte] **I.** *adj* **1.** Bastante para lo que se necesita: *Creo que no tiene suficiente preparación.* **2.** Presumido. **II.** *s/m* Calificación que indica la suficiencia del alumno.

su·fi·jo [sufíxo] *s/m* Se aplica al afijo pospuesto: *Soñ-ar, soñ-ador.*

su·fra·gá·neo, -a [sufraγáneo, -a] *adj* Que depende jurídicamente de otro.

su·fra·gar [sufraγár] *v/tr* **1.** Costear. Pagar los gastos ocasionados por algo. **2.** AMÉR Votar a cierto candidato.
ORT Ante *e* la *g* cambia en *gu: Sufrague.*

su·fra·gio [sufráxjo] *s/m* **1.** Ayuda, beneficio. **2.** Voto. Acción y efecto de votar.

su·fra·gis·mo [sufraxísmo] *s/m* Movimiento de opinión, particularmente en Inglaterra a principios de siglo, a favor de la concesión del sufragio a la mujer.

su·fra·gis·ta [sufraxísta] *adj* y *s/m,f* Se dice de la persona que defiende el derecho de la mujer a votar.

su·fri·do, -a [sufríðo, -a] *adj* **1.** Que sufre con resignación. **2.** Se aplica al color en el que se nota poco la suciedad, que no se decolora.

su·fri·mien·to [sufrimjénto] *s/m* Capacidad para sufrir o estado del que sufre.

su·frir [sufrír] *v/tr* **1.** Tener o aguantar un padecimiento físico o moral. **2.** Padecer normalmente una enfermedad o un trastorno físico: *Sufre del pulmón.* **3.** Experimentar, ser el objeto en que se realiza cierta acción o fenómeno, indiferente o malo: *Sufrió un accidente hace poco.* **4.** Someterse a una prueba: *Deberás sufrir antes un examen.* **5.** Soportar, aguantar: *Este eje sufre casi todo el peso del camión.* RPr **Sufrir de (2).**

su·ge·ren·cia [suxerénθja] *s/f* **1.** Acción de sugerir. **2.** Cosa sugerida.

su·ge·ren·te [suxerénte] *adj* Que sugiere.

su·ge·ri·dor, -ra [suxeriðór, -ra] *adj* Sugerente.

su·ge·rir [suxerír] *v/tr* **1.** Dar a otra persona una idea. **2.** Insinuar a alguien aquello que debe decir o hacer: *Le sugerí que fuera a visitar a un médico.* **3.** Traer a la memoria el recuerdo de otra cosa.
CONJ *Irreg: Sugiero, sugerí, sugeriré, sugerido.*

su·ges·tión [suxestjón] *s/f* Acción de sugestionar.

su·ges·tio·na·ble [suxestjonáβle] *adj* Se

aplica a la persona que se deja influir con facilidad por otras.

su·ges·tio·nar [suxestjonár] **I.** *v/tr* Alterar el ánimo de alguien hasta el punto de influir en sus percepciones, juicios o formas de actuar. **II.** REFL(-SE) Dejarse llevar sin evaluación crítica adecuada por una idea, generalmente obsesiva.

su·ges·ti·vo, -a [suxestíβo, -a] *adj* **1.** Que sugiere o sugestiona. **2.** Atractivo.

sui·ci·da [swiθíða] **I.** *s/m,f* **1.** Persona que se quita a sí misma la vida. **2.** Persona que arriesga gravemente su vida. **II.** *adj* Se aplica al acto o conducta que daña a quien lo hace.

sui·ci·dar·se [swiθiðárse] *v*/REFL (-SE) Quitarse la vida voluntariamente.

sui·ci·dio [swiθíðjo] *s/m* Acción y efecto de suicidarse.

sui·te [suít] *s/f* GAL **1.** Obra musical en la que se reúnen varias composiciones parecidas para formar un conjunto. **2.** Habitaciones de un hotel unidas o comunicadas entre sí, formando una unidad de alojamiento.

sui·zo, -a [swíθo, -a] **I.** *adj* y *s/m,f* De Suiza. **II.** *s/m* Bollo.

su·je·ción [suxeθjón] *s/f* Acción de sujetar.

su·je·ta·dor, (-ra) [suxetaðór, (-ra)] **I.** *adj* y *s/m,f* Se aplica a cualquier objeto que sirve para sujetar. **II.** *s/m* Sostén.

su·je·ta·pa·pe·les [suxetapapéles] *s/m* Instrumento en forma de pinza o de cualquier otra forma, para sujetar papeles.

su·je·tar [suxetár] *v/tr* **1.** Dominar o someter a alguien: *El joven no tiene quien le sujete.* **2.** Coger a alguien o algo con fuerza: *Le sujeté para que no se fuera.* **3.** Hacer algo para que un objeto no se caiga, no se mueva o no se separe de otra cosa: *Deberías sujetarte mejor al palo.* RPr **Sujetarse a.**

su·je·to, (-a) [suxéto, (-a)] **I.** *adj* **1.** Que es resultado de sujetar. **2.** (Con *a*) Expuesto o propenso a algo que se expresa: *Todo está sujeto a lo que me paguen.* **II.** *s/m* **1.** Asunto o tema sobre el que se habla o escribe: *La liquidación era el sujeto principal de la reunión.* **2.** *despec* Individuo. **3.** Palabra que designa aquello a lo que se atribuye la realización de lo expresado por el verbo. RPr **Sujeto a (I. 2).**

sul·fa·mi·da [sulfamíða] *s/f* Nombre común que se da a ciertos productos farmacéuticos, de gran eficacia contra las bacterias.

sul·fa·ta·ción [sulfataθjón] *s/f* Acción y efecto de sulfatar.

sul·fa·tar [sulfatár] *v/tr* Aplicar sulfato a las plantas con un aparato pulverizador.

sul·fa·to [sulfáto] *s/m* Conjunto formado de ácido sulfúrico y un radical mineral.

sulf·hí·dri·co, -a [sulfíðriko, -a] *adj* QUÍM Relativo a las combinaciones de azufre con el hidrógeno.

sul·fu·rar [sulfurár] *v/tr* **1.** Poner azufre en una sustancia. **2.** FIG Exasperar, irritar a alguien.

sul·fú·ri·co, -a [sulfúriko, -a] *adj* Se aplica al ácido hidrosoluble obtenido a partir del dióxido de azufre y empleado en la industria de colorantes y explosivos.

sul·fu·ro [sulfúro] *s/m* QUÍM Sal de ácido sulfhídrico, compuesto de azufre y un radical.

sul·fu·ro·so, -a [sulfuróso, -a] *adj* Relativo al sulfuro o con sus características.

sul·tán [sul̪tán] *s/m* **1.** Emperador turco. **2.** Soberano musulmán.

su·ma [súma] *s/f* **1.** Acción y efecto de sumar. **2.** Conjunto o reunión de varias cosas, especialmente de dinero. **3.** Resumen o recopilación de todas las partes de una ciencia o saber: *Suma teológica.* LOC **En suma**, en resumen.

su·man·do [sumáɲdo] *s/m* Cada una de las cantidades o elementos que se reúnen para sumarlos.

su·mar [sumár] **I.** *v/tr* Reunir varias cantidades en una sola. **II.** REFL(-SE) Adherirse, unirse a un grupo, partido, acción o movimiento. RPr **Sumarse a (II).**

su·ma·rial [sumarjál] *adj* Relativo al sumario.

su·ma·rio, (-a) [sumárjo, (-a)] **I.** *adj* **1.** Compendiado, reducido a poca extensión: *Un discurso sumario del asunto.* **2.** Se aplica a ciertos juicios que se tramitan rápidamente, prescindiendo de algunos trámites. **II.** *s/m* **1.** Exposición abreviada de algo. **2.** Se aplica a las diligencias que se efectúan en un proceso judicial.

su·ma·rí·si·mo, -a [sumarísimo, -a] *adj* TRIB Juicio de tramitación muy breve por la urgencia del caso o la claridad del delito.

su·mer·gi·ble [sumerxíβle] **I.** *adj* Que se puede sumergir. **II.** *s/m* Buque sumergible.

su·mer·gir [sumerxír] **I.** *v/tr* Hundir una cosa en agua o líquido. **II.** REFL(-SE) (Con *en*) Abstraerse concentrando la atención en el estudio, trabajo, meditación, etc. RPr **Sumergir(se) en:** *Sumergirse en el estudio.* ORT La *g* cambia en *j* ante *a/o: Sumerjo.*

su·mer·sión [sumersjón] *s/f* Acción y efecto de sumergir(se).

su·mi·de·ro [sumiðéro] *s/m* Conducto o canal por donde se sumen las aguas.

su·mi·nis·tra·ble [suministráβle] *adj* Que puede o debe suministrarse.

su·mi·nis·tra·ción [suministraθjón] *s/f* Acción y efecto de suministrar.

su·mi·nis·tra·dor, -ra [suministraðór, -ra] *adj* y *s/m,f* Que suministra.

su·mi·nis·trar [suministrár] *v/tr* Abastecer de una cosa a quien la pide o necesita.

su·mi·nis·tro [suminístro] *s/m* **1.** Acción de suministrar. **2.** Cosa que se suministra.

su·mir [sumír] **I.** *v/tr* **1.** Hundir, meter algo bajo el agua o la tierra o en cualquier lugar de modo que quede escondido. **2.** Hacer que alguien caiga o se sumerja en un estado que se expresa: *Le sumió en una honda meditación.* **II.** REFL(-SE) Abstraerse dedicándose a la meditación, estudio, etc. RPr **Sumirse en.**

su·mi·sión [sumisjón] *s/f* **1.** Acción y efecto de someter(se). **2.** Actitud sumisa.

su·mi·so, -a [sumíso, -a] *adj* Se aplica a la persona que se deja dirigir por otra.

súm·mum [súmu{m/n}] *s/m* Lo máximo, el colmo: *El súmmum de la elegancia.*

su·mo, -a [súmo, -a] *adj* **1.** Más alto que todo lo demás de su especie o superior a todos: *La suma felicidad.* **2.** Mucho o muy grande: *Debes hacerlo con suma prudencia.* LOC **A lo sumo,** expresa el límite máximo a que llega o se considera que puede llegar algo.

sun·tua·rio, -a [sun̪twárjo, -a] *adj* Relativo al lujo.

sun·tuo·si·dad [sun̪twosiðáð] *s/f* Cualidad de suntuoso.

sun·tuo·so, -a [sun̪twóso, -a] *adj* Lujoso, magnífico: *Una casa suntuosa.*

su·pe·di·ta·ción [supeðitaθjón] *s/f* Acción y efecto de supeditar(se).

su·pe·di·tar [supeðitár] **I.** *v/tr* **1.** Someter, sujetar o avasallar a alguien. **2.** Subordinar una cosa a otra o a alguna condición. **II.** REFL(-SE) Someter alguien su opinión o parecer a una persona o cosa: *Tienes que supeditarte a la voluntad del director.* RPr **Supeditar(se) a.**

su·per- [super-] Elemento *prefijo.* Se usa en la formación de derivados cultos. Expresa situación superior, en sentido material o figurado, o exceso: *Superabundante, superponer.*

sú·per [súper] *adj* Superior, muy bueno: *Tengo una maleta súper.*

su·pe·ra·ble [superáβle] *adj* Que se puede superar o vencer.

su·per·a·bun·dan·cia [superaβun̪dán-θja] *s/f* Exceso de algo, abundancia muy grande.

su·per·a·bun·dar [superaβun̪dár] *v/intr* Abundar en exceso.

su·pe·ra·ción [superaθjón] *s/f* Acción y efecto de superar(se).

su·pe·rar [superár] **I.** *v/tr* **1.** Ser superior a alguien o algo. **2.** Vencer, dejar atrás, pasar con éxito una prueba. **II.** REFL(-SE) Hacer una persona algo mejor que en veces anteriores.

su·pe·rá·vit [superáβit] *s/m* Resultado final en el que los ingresos son mayores que los gastos.

su·per·car·bu·ran·te [superkarβurán̪te] *s/m* Gasolina de calidad extra.

su·per·do·ta·do, -a [superðotáðo, -a] *adj* y *s/m,f* Que tiene cualidades, intelectuales o artísticas, por encima de lo normal.

su·per·che·ría [supertʃería] *s/f* Engaño o simulación que se proponen un fin.

su·per·es·truc·tu·ra [superestruktúra] *s/f* Parte de una construcción o edificación que se eleva por encima del suelo.

su·per·fi·cial [superfiθjál] *adj* **1.** Relativo a la superficie. **2.** Poco profundo.

su·per·fi·cia·li·dad [superfiθjaliðáð] *s/f* Cualidad de superficial.

su·per·fi·cie [superfiθje] *s/f* **1.** Parte externa de un cuerpo, contorno que delimita el espacio ocupado por un cuerpo y lo separa del espacio circundante: *La superficie de una mesa.* **2.** FIG Apariencia, aspecto. Lo que se ve o aprecia en las cosas sin ahondar en las mismas.

su·per·flui·dad [superflwiðáð] *s/f* **1.** Cualidad de superfluo. **2.** Cosa superflua.

su·per·fluo, -a [supérflwo, -a] *adj* Se aplica a lo que no es necesario, a lo que es inútil, o a lo sobrante.

su·per·fos·fa·to [superfos̆fáto] *s/m* Fosfato ácido de cal que se emplea como abono.

su·per·hom·bre [superómbre] *s/m* Hombre de cualidades excepcionales.

su·per·in·ten·den·cia [superin̪ten̪dén-θja] *s/f* **1.** Organismo supremo de un ramo administrativo. **2.** Cargo del superintendente. **3.** Oficina de éste.

su·per·in·ten·den·te [superin̪ten̪dén̪te] *s/m,f* Persona encargada de una superintendencia.

su·pe·rior, (-ra) [superjór, (-ra)] **I.** *adj* **1.** Se aplica a lo que está situado más alto que otra cosa: *La parte superior de la puerta.* **2.** Se aplica a lo que es mejor o muy bueno: *Es un champán superior.* **3.** Que es más que otra persona o cosa en cantidad, calidad, importancia, rango, etc.: *Sus conocimientos son superiores a los míos.* **4.** Se aplica a lo que es excepcional o digno de aprecio: *Esa mujer es un ser superior.* **II.** *s/m,f* Se aplica a la persona que está al frente de una comunidad religiosa. **III.** *s/m,f* Persona que dirige o manda en algún sitio: *¡Obedece a tu superior!* RPr **Superior a.**

su·pe·rio·ri·dad [superjoriðáð] *s/f* **1.** Cualidad de superior. **2.** La autoridad gubernativa.

su·per·la·ti·vo, -a [superlatíβo, -a] **I.** *adj* Se aplica a lo que es muy grande o excelente en su línea. **II.** *adj* y *s/m* Grado máximo de significación de un adjetivo o de un adverbio: *'Malísimo' es el superlativo de 'malo'.*

su·per·mer·ca·do [supermerkáðo] *s/m* Establecimiento comercial donde se vende todo género de artículos alimenticios y otros productos, con la particularidad de que el cliente puede coger lo que necesita directamente, sin intervención de dependientes.

su·per·nu·me·ra·rio, -a [supernumerárjo, -a] **I.** *adj* Se aplica al funcionario que, a petición propia, deja temporalmente el servicio activo, aunque se le reserva la plaza. **II.** *s/m,f* Empleado que trabaja en una oficina pública sin figurar en la plantilla.

su·per·po·bla·ción [superpoβlaθjón] *s/f* Exceso de seres vivientes en un lugar, de acuerdo con las posibilidades de subsistencia que éste ofrece.

su·per·po·ner [superponér] *v/tr* **1.** Colocar un objeto encima de otro. **2.** (Con *a*) Atender más o dar preferencia o prioridad a algo frente a otra cosa: *Superpone su trabajo a sus estudios.* RPr **Superponer(se) a.** CONJ *Irreg: Superpongo, superpondré, superpuse, superpuesto.*

su·per·po·si·ción [superposiθjón] *s/f* Acción y efecto de superponer(se).

su·per·pro·duc·ción [superproðu(k)θjón] *s/f* Se aplica a la película de gran espectacularidad y elevado presupuesto.

su·per·só·ni·co, -a [supersóniko, -a] *adj* Se aplica a lo que tiene una velocidad superior a la del sonido.

su·pers·ti·ción [superstiθjón] *s/f* **1.** Creencia en influencias extrañas, y no explicables por la razón. **2.** Miedo excesivo a lo desconocido o misterioso.

su·pers·ti·cio·so, -a [superstiθjóso, -a] *adj* Relativo a la superstición.

su·per·va·lo·rar [superβalorár] *v/tr* Conceder a una cosa más valor, influencia o importancia de la que realmente tiene.

su·per·vi·sar [superβisár] *v/tr* Verificar lo que ya ha sido visto y controlado por otros y decidir definitivamente sobre ello.

su·per·vi·sión [superβisjón] *s/f* Acción y efecto de supervisar.

su·per·vi·sor, -ra [superβisór, -ra] *adj* y *s/m,f* Que supervisa.

su·per·vi·ven·cia [superβiβén̪θja] *s/f* Acción y efecto de sobrevivir.

su·per·vi·vien·te [superβiβjén̪te] *adj* Se aplica a la persona que sobrevive.

su·pi·no, -a [supíno, -a] *adj* **1.** Tendido con el dorso hacia abajo. **2.** Excesivo: *Ignorancia supina.*

su·plan·ta·ción [suplan̪taθjón] *s/f* Acción y efecto de suplantar.

su·plan·tar [suplan̪tár] *v/tr* Sustituir ilegalmente a una persona en su puesto o personalidad.

su·ple·men·ta·rio, -a [suplemen̪tárjo, -a] *adj* Se aplica a lo que sirve para complementar, aumentar o reforzar algo.

su·ple·men·to [suplemén̪to] *s/m* **1.** Aquello que se añade a algo para perfeccionarlo o completarlo: *Si quiere otra habitación tendrá que pagar un suplemento.* **2.** Cuadernillo que publica un periódico o revista y cuyo texto es independiente del número ordinario.

su·plen·cia [suplénθja] *s/f* Acción y efecto de suplir una persona a otra, y también el tiempo que dura esta acción.

su·plen·te [suplén̪te] *adj* y *s/m,f* Se dice de lo que o de quien suple.

su·ple·to·rio, (-a) [supletórjo, (-a)] *adj* y *s/m* Se aplica a lo que sirve para suplir algo que falta, o que está destinado para completar algo: *Un supletorio del teléfono.*

sú·pli·ca [súplika] *s/f* **1.** Acción y efecto de suplicar. **2.** Escrito o palabra con que se suplica.

su·pli·car [suplikár] *v/tr* Rogar algo a alguien con humildad o con insistencia. ORT La *c* cambia en *qu* ante *e: Suplique.*

su·pli·ca·to·rio, (-a) [suplikatórjo, (-a)] **I.** *adj* Que contiene súplica. **II.** *s/m* o *f* Comunicación u oficio enviado por un juez o tribunal a otro superior.

su·pli·cio [suplíθjo] *s/m* Padecimiento físico o moral, cosa insoportable o enojosa.

su·plir [suplír] *v/tr* **1.** Añadir lo que falta o remediar la carencia de ello. **2.** Desempeñar una persona o cosa el papel de otra que está ausente o falta. **3.** (Con *con*) Poner o usar algo en vez de otra cosa que falta: *Suplen el pan con patatas.* RPr **Suplir con/por:** *Suplir una cosa por otra.*

su·po·ner [suponér] *v/tr* **1.** Dar por cierto o existente algo que se toma como base o punto de partida en una argumentación o en la consideración de algo. **2.** Tener importancia en un sitio: *Su padre supone mucho en el mundo de la enseñanza.* **3.** Calcular algo por las señales o indicios que se tienen: *Le supongo médico.* CONJ *Irreg: Supongo, supondré, supuse, supuesto.*

su·po·si·ción [suposiθjón] *s/f* Acción y efecto de suponer.

su·po·si·to·rio [supositórjo] *s/m* Preparado médico adecuado que se aplica por vía anal.

su·pra- [supra-] *Prefijo* que se utiliza para significar 'posición encima' de la cosa designada por el nombre a que se aplica: *Suprasensible, suprarrenal.*

su·pre·ma·cía [supremaθía] *s/f* Superioridad de grado, jerarquía o autoridad.

su·pre·mo, -a [suprémo, -a] *adj* Que tiene el grado máximo de algo, o que posee en el sentido más elevado una cualidad: *Tiene una bondad suprema.*

su·pre·sión [supresjón] *s/f* **1.** Acción y efecto de suprimir. **2.** Cosa suprimida.

su·pri·mir [suprimír] *v/tr* **1.** Poner fin a una cosa. **2.** Callar, omitir.

su·pues·to, (-a) [supwésto, (-a)] **I.** *adj* Que es resultado de suponer. **II.** *s/m* Suposición sobre la que se basa lo que se dice: *Partiendo del supuesto de que...* LOC **¡Por supuesto!**, expresión de asentimiento que expresa gran convicción: *—¿Vendrás al teatro? —¡Por supuesto!*

su·pu·ra·ción [supuraθjón] *s/f* Acción y efecto de supurar.

su·pu·rar [supurár] *v/intr* Formar pus una herida, un grano, etc.

sur [súr] *s/m* Punto cardinal del horizonte diametralmente opuesto al norte.

sur·a·me·ri·ca·no, -a [suramerikáno, -a] *adj* Sudamericano.

sur·car [surkár] *v/tr* **1.** Hacer surcos en la tierra al ararla. **2.** Trazar líneas parecidas a los surcos. **3.** FIG Ir navegando por el mar o ir por el espacio volando: *Surcar el aire/el mar.*
ORT Ante *e* la *c* cambia en *qu: Surque.*

sur·co [súrko] *s/m* **1.** Hendedura que se hace en la tierra con el arado. **2.** Señal prolongada que deja una cosa al pasar sobre otra. **3.** Arruga en el rostro u otra parte del cuerpo: *Tiene surcos en la cara.*

su·re·ño [suréɲo, -a] *adj* y *s/m,f* Relativo al sur.

su·res·te [suréste] *s/m* Sudeste.

sur·gir [surxír] *v/intr* **1.** Brotar agua u otro líquido. **2.** Alcanzar algo cierta altura destacándose de lo que lo rodea: *Los rascacielos surgían como gigantes en la ciudad.* **3.** Aparecer, manifestarse algo o alguien: *A última hora surgieron dificultades.*
ORT La *g* cambia en *j* ante *a/o: Surjan.*

sur·oes·te [suroéste] *s/m* Sudoeste.

su·rrea·lis·mo [surrealísmo] *s/m* Movimiento literario y artístico surgido después de la primera guerra mundial e inspirado en las teorías psicoanalíticas.

su·rrea·lis·ta [surrealísta] *adj* y *s/m,f* Perteneciente al surrealismo.

sur·ti·do, (-a) [surtíðo, (-a)] **I.** *adj* Mezcla de cosas diversas dentro de la misma clase o mezcla de cosas de distintas clases: *Galletas surtidas.* **II.** *s/m* Conjunto de varias cosas de una misma especie: *Surtido de pantalones.*

sur·ti·dor, (-ra) [surtiðór, (-ra)] **I.** *adj* y *s/m,f* Que surte o provee. **II.** *s/m* **1.** Chorro de agua que sale del suelo o de una fuente en sentido vertical u oblicuo. **2.** Aparato que suministra combustible en las gasolineras.

sur·tir [surtír] **I.** *v/tr,* REFL(-SE) Proveer de algo. **II.** *v/intr* Brotar, salir agua de algún sitio, particularmente hacia arriba. LOC **Surtir efecto**, producir efecto.

sur·to, -a [súrto, -a] *adj* Se dice de un barco fondeado en un puerto.

sus·cep·ti·bi·li·dad [susθeptiβiliðáð] *s/f* Cualidad de susceptible.

sus·cep·ti·ble [susθeptíβle] *adj* **1.** Que puede ser cambiado con facilidad: *Este resumen es susceptible de mejorar.* **2.** Se aplica a la persona que se ofende con facilidad, que tiene tendencia exagerada a sentirse ofendida por el menor ataque al amor propio. RPr **Susceptible de/a:** *Es susceptible a la crítica.*

sus·ci·tar [susθitár] *v/tr* Promover, provocar en alguien o algo un sentimiento, una actitud, una reacción, etc.

sus·cri·bir [suskriβír] *v/tr,* REFL (-SE) Subscribir.

sus·crip·ción [suskripθjón] *s/f* Subscripción.

sus·cri·to, -a [suskríto, -a] *p irreg* de *suscribir.*

su·so·di·cho, -a [susoðítʃo, -a] *adj* y *s/m,f* Citado o mencionado anteriormente.

sus·pen·der [suspeŋdér] *v/tr* **1.** Levantar o sostener algo en alto, tenerlo al aire de manera que cuelgue. **2.** Privar a alguien temporalmente de un sueldo o empleo. **3.**

Declarar a alguien no apto en un examen: *Suspendí tres asignaturas.* **4.** Interrumpir una acción sin haberla terminado, interrumpir transitoriamente algo o dejar temporalmente sin aplicación una orden, prohibición, etc.: *Se ha suspendido la sesión.* RPr **Suspender de/en (1 y 2):** *Suspender de/en el techo.*

sus·pen·se [suspénse] *s/m* Situación creada por una obra literaria o película que mantiene en el lector o espectador un interés grande por lo que va a suceder después.

sus·pen·sión [suspensjón] *s/f* **1.** Acción y efecto de suspender. **2.** Estado de una sustancia cuyas partículas se mezclan con otro líquido sin deshacerse de él ni depositarse en el fondo. **3.** Sistema de amortiguación en los automóviles.

sus·pen·so, (-a) [suspénso, (-a)] **I.** *p irreg* de *suspender.* **II.** *adj* Que es resultado de suspender. **III.** *s/m* Calificación de haber sido suspendido en un examen. LOC **En suspenso**, se aplica a algo que ha quedado aplazado o interrumpido.

sus·pi·ca·cia [suspikáθja] *s/f* **1.** Cualidad de suspicaz. **2.** Actitud suspicaz.

sus·pi·caz [suspikáθ] *adj* Propenso a desconfiar o ver mala intención en las acciones o palabras de otros.
ORT *Pl: Suspicaces.*

sus·pi·rar [suspirár] *v/intr* **1.** Dar suspiros. **2.** Seguido de 'por' y referido a una persona, estar enamorado de ella. **3.** Con *por* y referido a una cosa, desearla mucho. RPr **Suspirar por/de:** *Suspira de amor/por ella.*

sus·pi·ro [suspíro] *s/m* Aspiración profunda seguida de una espiración y que generalmente denota fatiga, congoja, pena, alivio, anhelo, etc. LOC **Dar o exhalar el último suspiro**, morir.

sus·tan·cia [sustánθja] *s/f* Substancia.

sus·tan·cial [sustanθjál] *adj* Substancial.

sus·tan·cio·so, -a [sustanθjóso, -a] *adj* Substancioso.

sus·tan·ti·var [sustantiβár] *v/tr,* REFL (-SE) Substantivar.

sus·tan·ti·vo, -a [sustantíβo, -a] *adj* y *s/m,f* Substantivo.

sus·ten·ta·ción [sustentaθjón] *s/f* **1.** Acción de sostener o sustentar. **2.** Lo que sustenta.

sus·ten·tá·cu·lo [sustentákulo] *s/m* Se aplica a la cosa que sostiene a otra.

sus·ten·tar [sustentár] *v/tr* **1.** Sostener, mantener algo, estar debajo de algo para que no se caiga: *Los pilares sustentan la bóveda.* **2.** Mantener, sostener, costear las necesidades económicas de alguien, especialmente las referidas a la alimentación. **3.** Mantener, sostener, tener o defender una idea u opinión. RPr **Sustentarse con/de:** *Se sustenta con/de hierbas.*

sus·ten·to [susténto] *s/m* **1.** Cosa que sirve para sustentar. **2.** Alimento necesario para vivir.

sus·ti·tu·ción [sustituθjón] *s/f* Substitución.

sus·ti·tui·ble [sustituíβle] *adj* Substituible.

sus·ti·tuir [sustitwír] *v/tr* Substituir.

sus·ti·tu·ti·vo, -a [sustitutíβo, -a] *adj* y *s/m,f* Substitutivo.

sus·ti·tu·to, -a [sustitúto, -a] *s/m,f* Substituto.

sus·to [sústo] *s/m* Impresión repentina de miedo, sorpresa, temor, etc.

sus·trac·ción [sustra(k)θjón] *s/f* Substracción.

sus·tra·en·do [sustraéndo] *s/m* Substraendo.

sus·tra·er [sustraér] *v/tr* Substraer.

sus·tra·to [sustráto] *s/m* Substrato.

su·su·rrar [susurrár] *v/intr* **1.** Hablar en voz baja y produciendo un rumor sordo. **2.** Hacer un fluido (aire, agua, etc.), un ruido ligero al moverse.

su·su·rro [susúrro] *s/m* Acción y efecto de susurrar.

su·til [sutíl] *adj* **1.** Muy fino, delgado o suave. **2.** Suave y poco intenso pero penetrante: *Un aroma sutil.* **3.** Aplicado a personas, ingenioso, agudo.

su·ti·le·za [sutiléθa] *s/f* **1.** Cualidad de sutil. **2.** Dicho ingenioso y poco profundo.

su·tu·ra [sutúra] *s/f* Costura que cierra una herida.

su·yo, -a [súJo, -a] **I.** *adj* y *pron posesivo* Indica que una persona o cosa pertenece a una persona distinta de la que habla y de la que escucha. **II.** *pron, m, pl* Precedido del artículo determinado, significa los familiares o allegados de la persona de quien se habla: *Los suyos no han venido.* **III.** *adj* Precedido de 'muy', se aplica a la persona independiente que no se deja influir en sus actuaciones: *Pedro es muy suyo.* LOC **Cada cual (cada uno) a lo suyo**, expresa que una persona no debe ocuparse de casos o actividades que no son propias de ella. **De suyo**, por sí mismo: *El problema es ya de suyo difícil.* **Hacer suyo**, adherirse: *Hizo suyos los problemas de la comunidad.* **Ir alguien a lo suyo o a la suya**, actuar pensando sólo en su propio interés. **Salirse con la suya,** conseguir finalmente lo que se propone.

t [té] *s/f* Vigésima tercera letra del alfabeto español.

ta·ba [táβa] *s/f* **1.** Astrágalo, hueso del pie. **2.** Juego infantil consistente en lanzar al aire una pieza de metal, plástico u otro material, mientras que con otras se hacen determinadas combinaciones.

ta·ba·ca·le·ro, -a [taβakaléro, -a] *adj* y *s/m,f* Relativo al cultivo, fabricación o venta del tabaco.

ta·ba·co [taβáko] *s/m* **1.** Planta solanácea narcótica, de olor fuerte, de cuyas largas hojas se obtiene el tabaco para fumar. **2.** Producto obtenido después de los oportunos tratamientos de la hoja de esta planta. **3.** Cigarrillo, cigarro.

ta·ba·le·ar [taβaleár] **I.** *v/tr*, REFL (-SE) Balancear algo de una parte a otra. **II.** *v/intr* Dar golpes ligeros y acompasados con los dedos sobre algo.

ta·ba·leo [taβaléo] *s/m* Acción y efecto de tabalear.

tá·ba·no [táβano] *s/m* Insecto díptero parecido a la mosca, de color brillante y cuerpo grueso y rechoncho, provisto de trompa chupadora.

ta·ba·que·ro, (-a) [taβakéro, (-a)] **I.** *adj* y *s/m,f* Se aplica a la persona que comercia con él. **II.** *s/f* Petaca o caja de bolsillo propia para llevar picadura.

ta·ba·quis·mo [taβakísmo] *s/m* Intoxicación crónica producida por el abuso del tabaco.

ta·bar·de·te o **ta·bar·di·llo** [taβarðéte/taβarðíʎo] *s/m* **1.** Especie de tifus, acompañado de fiebre alta y continua, alteraciones nerviosas y sanguíneas, y una erupción que cubre todo el cuerpo. **2.** Insolación. **3.** FIG Persona inquieta, pesada.

ta·bar·do [taβárðo] *s/m* Especie de abrigo sin mangas, de paño o piel

ta·ba·rra [taβárra] *s/f* Persona o cosa pesada o molesta. LOC **Dar la tabarra**, cansar a alguien con la repetición continuada de un mismo tema, petición, etc.

ta·bas·co [taβásko] *s/m* Salsa muy picante hecha con pimienta de tabasco.

ta·ber·na [taβérna] *s/f* Local público donde se vende y consume vino u otras bebidas alcohólicas y también comidas.

ta·ber·ná·cu·lo [taβernáculo] *s/m* Lugar donde los judíos guardaban el Arca del Antiguo Testamento.

ta·ber·na·rio, -a [taβernárjo, -a] *adj* Relativo a la taberna.

ta·ber·ne·ro, -a [taβernéro, -a] *s/m,f* Persona que vende vino o trabaja en una bodega o taberna.

ta·bi·ca [taβíka] *s/f* Tablilla con que se cubre un hueco en un lugar determinado.

ta·bi·car [taβikár] *v/tr* Cerrar con tabique: *Tabicar una entrada.*
ORT Ante *e* la *c* cambia en *qu: Tabiqué.*

ta·bi·que [taβíke] *s/m* Pared delgada que separa dos huecos (*por ej,* las habitaciones de una casa).

ta·bla [táβla] **I.** *s/f* **1.** Pieza de madera plana y delgada, de caras paralelas y más larga que ancha. **2.** Pieza plana y poco gruesa de alguna otra materia rígida. **3.** Lista o catálogo de personas o cosas, de cualquier clase y para cualquier fin: *Tabla de precios.* **4.** En las faldas, vestidos y otras prendas de vestir, pliegue con dos dobleces simétricos que suelen servir de adorno. **5.** Serie ordenada de valores numéricos comprendidos desde el cero hasta el diez, para las distintas operaciones aritméticas: *La tabla del diez.* **6.** Bancal de un huerto o campo. **II.** *s/f, pl* **1.** En el juego del ajedrez y de damas, situación en que ningún jugador puede ganar la partida: *Estar/Quedar en tablas.* **2.** Escenario teatral: *Pisar las tablas.* **3.** Piedras de los diez mandamientos: *Las diez tablas de la ley.* LOC **A raja tabla**, cueste lo que cueste. **Tener tablas**, se aplica a la persona que se desenvuelve con soltura en un escenario o en cualquier actuación ante el público.

ta·bla·cho [taβlátʃo] *s/m* Compuerta para detener o distribuir el agua, particularmente la de riego.

ta·bla·do [taβláðo] *s/m* Suelo plano de tablas, a una cierta altura del suelo y sobre un armazón.

ta·bla·zón [taβlaθón] *s/f* **1.** Agregado de tablas. **2.** Conjunto de tablas con que se hacen las cubiertas y el forro de las embarcaciones de madera.

ta·ble·ar [taβleár] *v/tr* **1.** Hacer tablas de un madero. **2.** Hacer tablas en una tela. **3.** Dividir un terreno en tablas.

ta·ble·ro [taβléro] *s/m* **1.** Tabla o conjunto de tablas de madera, unidas por el canto, con una superficie plana y alisada y barrotes atravesados por la cara opuesta. **2.** Plancha de cualquier materia rígida: *Tablero de anuncios.* **3.** Pizarra, encerado. **4.** Tabla cuadrada dividida en cuadritos, generalmente blancos y negros, que se utiliza para jugar al ajedrez, a las damas o a cualquier otro juego de sobremesa.

ta·ble·ta [taβléta] *s/f* **1.** Comprimido sólido de sustancia medicinal y distintos tamaños. **2.** Placa de chocolate dividida en porciones para facilitar su consumo.

ta·ble·te·ar [taβleteár] *v/intr* Hacer ruido entrechocando tablas u otras cosas.

ta·ble·teo [taβletéo] *s/m* Acción y efecto de tabletear.

ta·blón [taβlón] *s/m* **1.** Tabla gruesa que suele utilizarse para construir andamios. **2.** Borrachera.

ta·bú [taβú] *s/m* **1.** Prohibición o restricción convencional basada en ciertos prejuicios, conveniencias o actitudes sociales: *El sexo es tabú en muchas sociedades.* **2.** Objeto sobre el que recae esa prohibición.

ta·bu·la·dor [taβulaðór] *s/m* Dispositivo de las máquinas de escribir que se utiliza cuando se quiere escribir en columnas o empezar las líneas a diferentes distancias del margen del papel.

ta·bu·lar [taβulár] **I.** *adj* Que tiene forma de tabla. **II.** *v/tr* Exponer o disponer datos en forma de tablas.

ta·bu·re·te [taβuréte] *s/m* Asiento individual, sin brazos ni respaldo.

ta·ca·da [takáða] *s/f* Golpe dado con el taco a la bola del billar.

ta·ca·ñe·ar [takaɲeár] *v/intr* Obrar con tacañería.

ta·ca·ñe·ría [takaɲería] *s/f* Cualidad de tacaño.

ta·ca·ño, -a [takáɲo, -a] *adj* y *s/m,f* Se aplica a la persona avara, que ni da ni gasta.

tá·ci·to, -a [táθito, -a] *adj* Que se supone sin que haya sido expresado.

ta·ci·tur·no, -a [taθitúrno, -a] *adj* **1.** Se aplica al que habla poco. **2.** Triste, melancólico.

ta·co [táko] *s/m* **1.** Pedazo de cualquier materia que se encaja en un hueco, para sostener o equilibrar algo, o para apretar el contenido de algo. **2.** Bloc de calendario. **3. Bloc de billetes de vehículos, entradas, etc., y en especial,** las matrices que quedan tras haber separado de ellas los billetes correspondientes. **4.** Palo que en el juego del billar sirve para impulsar las bolas. **5.** Embrollo, lío, confusión causada por lo que uno ha dicho o hecho. **6.** Palabrota, juramento: *Sólo dice tacos cuando habla.* **7.** Cada uno de los pedazos en que se cortan algunos alimentos sólidos, para los aperitivos o meriendas: *Voy a cortar unos tacos de jamón.* LOC **Armarse o hacerse un taco,** embarullarse alguien haciendo o diciendo algo.

ta·cón [takón] *s/m* Pieza semicircular que se pone por debajo en el calzado, en la parte correspondiente al talón del pie, para que por ese extremo quede más alto.

ta·co·na·zo [takonáθo] *s/m* Golpe que se da con el tacón.

ta·co·ne·ar [takoneár] *v/intr* Pisar haciendo ruido con el tacón.

ta·co·neo [takonéo] *s/m* Acción y efecto de taconear.

tác·ti·co, (-a) [táktiko, (-a)] **I.** *adj* Relativo a la táctica. **II.** *s/f* **1.** Manera calculada de conducirse para el logro de un fin: *Ha utilizado una buena táctica para lograrlo.* **2.** Procedimiento y reglas para la ejecución de operaciones militares: *Táctica militar.*

tác·til [táktil] *adj* Relativo al tacto.

tac·to [tákto] *s/m* **1.** Sentido externo, propio del hombre y de los animales, que se extiende por todo el cuerpo y permite apreciar, entre otras cosas, la dureza, suavidad, aspereza, etc., de los cuerpos. **2.** Acción de tocar: *Reconocer algo por el tacto.* **3.** Manera de hacerse sentir los objetos al tacto: *Esta camisa tiene un tacto suave.* **4.** FIG Habilidad que tiene una persona para hablar u obrar con acierto en asuntos delicados o para tratar con personas sensibles o de las que se pretende obtener algo. **5.** Método de exploración digital que se practica, con el dedo enguantado, en la vagina o en el recto: *Tacto vaginal.*

ta·cha [tátʃa] *s/f* **1.** Falta o defectos que hacen a alguien o algo imperfecto: *Es una persona sin tachas.* **2.** Clavo mayor que la tachuela común. LOC **Sin tacha,** intachable, perfecto.

ta·cha·du·ra [tatʃaðúra] *s/f* Acción y efecto de tachar.

ta·char [tatʃár] *v/tr* **1.** Borrar o suprimir lo escrito haciendo rayas o algún borrón. **2.** Atribuir a alguien o a algo cierta falta: *Le tachan de cobarde.* RPr **Tachar de.**

ta·chón [tatʃón] *s/m* **1.** Raya con que se tacha lo escrito. **2.** Tachuela grande, de cabeza dorada o plateada que se utiliza como adorno.

ta·cho·nar [tatʃonár] *v/tr* Clavetear algo con tachones. RPr **Tachonar con/de.**

ta·chue·la [tatʃwéla] *s/f* Clavo corto y de cabeza grande.

ta·fe·tán [tafetán] *s/m* Tela de seda delgada y muy tupida.

ta·fi·le·te [tafiléte] *s/m* Piel de cabra curtida y pulida, muy fina y flexible, utilizada en la confección de zapatos finos, encuadernaciones de lujo, etc.

ta·ga·lo, -a [taɣálo, -a] *adj* y *s/m,f* Perteneciente a una raza filipina de la isla de Luzón.

ta·gar·ni·na [taɣarnína] *s/f* Cigarro puro de mala calidad.

ta·ha·lí [taalí] *s/m* **1.** Especie de correa para sostener la espada, el sable o el tambor. **2.** Cajita para reliquias.

ta·ho·na [taóna] *s/f* Panadería.

ta·ho·ne·ro, -a [taonéro, -a] *s/m,f* Persona que tiene a su cargo una tahona.

ta·húr, -ra [taúr, -ra] *adj* y *s/m,f* Jugador profesional, en especial el que hace trampas en el juego.

tai·ga [táiɣa] *s/f* Bosque de coníferas típico del norte de Rusia y Siberia, con subsuelo helado.

tai·lan·dés, -sa [tailanðés,. -sa] *adj* y *s/m,f* Relativo a Tailandia.

tai·ma·do, -a [taimáðo, -a] *adj* y *s/m,f* Se aplica a la persona astuta, pícara, maligna.

ta·ja·da [taxáða] *s/f* **1.** Porción cortada de algo, normalmente comestible: *Una tajada de melón.* **2.** COL Borrachera. **3.** Corte, herida, cuchillada. LOC **Sacar tajada de algo,** obtener grandes beneficios en un negocio, operación financiera u otro asunto.

ta·ja·mar [taxamár] *s/m* Tablón curvado que llevan los barcos en la proa para cortar el agua cuando avanzan.

ta·jan·te [taxánte] *adj* **1.** Que por su brusquedad no admite contradicción: *Me contestó con un 'no' tajante.* **2.** Se aplica a lo que corta. **3.** Brusco, que no tiene término medio o mezcla: *Una separación tajante entre su trabajo y su descanso.*

ta·jar [taxár] *v/tr* Separar una cosa en dos o más partes con un instrumento cortante.

ta·jo [táxo] *s/m* **1.** Corte de importancia producido con un instrumento cortante: *Se hizo un tajo al afeitarse.* **2.** Corte brusco y profundo en el terreno: *El tajo de Ronda.* **3.** Lugar hasta donde ha llegado trabajando alguna cuadrilla de operarios o trabajadores: *Ir al tajo.* **4.** Tarea, ocupación de una persona: *Por hoy se acabó el tajo.* **5.** Trozo de madera grueso, utilizado para cortar y picar la carne.

tal [tál] *adj* y *pron* **1.** Se usa para designar cosas ya habladas o nombradas: *Si le ves, le dices tal cosa.* **2.** Puede expresar matices ponderativos o despectivos: *No había visto nunca tal descaro.* **3.** Acompañando a un nombre de persona, indica que no es conocido: *Preguntan por un tal Andrés.* **4.** Puede usarse en los dos términos de una comparación con el significado de 'igual', 'semejante': *De tal palo, tal astilla.* LOC **Con tal de+inf/con tal de que/con tal que,** equivale a *si* condicional (=en el caso de que): *Con tal de que llegue esta noche, hay tiempo suficiente.* Las dos últimas se utilizan normalmente con *subj.* **Tal/como/Tal cual,** como es, como te lo digo: *Sucedió tal cual.* **¿Qué tal?,** expresión informal de saludo.

ta·la [tála] *s/f* Acción y efecto de talar.

ta·la·bar·te·ro [talaβartéro] *s/m* Hombre que se dedica a hacer cosas de cuero.

ta·la·dra·dor, (-ra) [talaðraðór, (-ra)] **I.** *adj* y *s/m,f* Que taladra. **II.** *s/f* Máquina provista de barrena para perforar.

ta·la·drar [talaðrár] *v/tr* **1.** Agujerear algo con un taladro u otra herramienta. **2.** FIG Herir los oídos con un sonido fuerte y agudo.

ta·la·dro [taláðro] *s/m* **1.** Taladradora. **2.** Agujero hecho con el taladro.

tá·la·mo [tálamo] *s/m* **1.** LIT Lecho conyugal, cama de matrimonio. **2.** Lugar donde los novios celebraban la boda y recibían las felicitaciones.

ta·lan·te [talánte] *s/m* Disposición de ánimo o estado en que se encuentra una persona para tratar con ella o para conceder o hacer algo: *Es una persona de buen talante.* LOC **De buen/mal talante,** en buena o mala disposición de ánimo.

ta·lar [talár] **I.** *v/tr* **1.** Cortar muchos árboles por el pie, dejando el terreno raso. **2.** Destruir bosques, cosechas, casas, etc.; *por ej,* a causa de un desastre o en una guerra. **II.** *adj* Se aplica a la vestidura que llega hasta los talones: *Túnica talar.*

ta·la·yo·te [talaJóte] *s/m* Monumento megalítico de las Baleares, semejante a una torre de poca altura.

tal·co [tálko] *s/m* Silicato de magnesio en forma de polvo, blanco y suave al tacto, que se usa en higiene personal y en farmacia.

ta·le·ga [taléɣa] *s/f* Bolsa larga y estrecha, de tela fuerte y basta, que se usa para llevar o guardar cosas.

ta·le·go [taléɣo] *s/m* Talega.

ta·le·gui·lla [taleɣíʎa] *s/f* Calzón de los toreros.

ta·len·to [taléṇto] *s/m* **1.** Inteligencia, capacidad intelectual de alguien. **2.** Capacidad o aptitud para desempeñar o ejercer una ocupación: *Tiene talento para la música.*

ta·len·to·so, -a o **ta·len·tu·do, -a** [taleṇtóso, -a/talentúðo, -a] *adj* Que tiene talento.

tal·go [tálɣo] *s/m* Tren rápido articulado, con ejes dirigidos, ligado cada uno de ellos al punto central del anterior por una articulación triangular. Las ruedas son independientes.

ta·li·do·mi·da [taliðomíða] *s/f* Medicamento tranquilizante, peligroso para el feto humano.

ta·lión [taljón] *s/m* Pena consistente en hacer sufrir al culpable lo mismo que él hizo sufrir a su víctima. Sólo aparece formando parte de la LOC **Ley del talión.**

ta·lis·mán [talismán] *s/m* Objeto al que se atribuyen virtudes sobrenaturales o mágicas.

ta·lo [tálo] *s/m* BOT Órgano vegetativo de los vegetales inferiores, en el que no hay diferenciación entre la raíz, el tallo y las hojas.

ta·lón [talón] *s/m* **1.** Parte posterior del pie humano. **2.** Parte del calzado, calcetín o media que corresponde a esta parte. **3.** En el arco del violín y demás instrumentos de su familia, parte inmediata al mango. **4.** Documento o libranza a la vista, que forma cuadernillo con otros iguales y se arranca de la matriz para entregarlo a otra persona o portador. LOC **Pisar a uno los talones,** seguirle muy de cerca o estar próximo a igualarle o superarle. **Talón de Aquiles,** punto vulnerable o débil de alguien.

ta·lo·na·rio, -a [talonárjo, -a] *s/m* Libro o cuadernillo de talones.

ta·lud [talúð] *s/m* Inclinación de un terreno o de un muro.

ta·lla [táʎa] *s/f* **1.** Acción de tallar: *Le gusta la talla de diamantes.* **2.** Escultura, especialmente en madera: *Esta talla es del siglo XII.* **3.** Capacidad intelectual o moral, o grado de una persona: *Su talla de escritor le permite eso.* **4.** Estatura de una persona: *Su talla es de 1,70.* **5.** Instrumento para medirla. **6.** Medida para clasificar vestidos o calzado: *Gasta la talla 44 en chaqueta.* LOC **Dar la talla,** *1.* Tener una estatura igual o superior al mínimo requerido para entrar en el ejército o ingresar en algún cuerpo determinado. *2.* Cumplir lo requerido para algo: *No dio la talla y perdió el trabajo.*

ta·lla·do, (-a) [taʎáðo, -a] **I.** *adj* Que es resultado de tallar. **II.** *s/m* Acción y efecto de tallar.

ta·lla·dor [taʎaðór] *s/m* Grabador en hueco o de medallas.

ta·lla·du·ra [taʎaðúra] *s/f* Corte hecho en las maderas para ensamblarlas o para cualquier otro fin.

ta·llar [taʎár] **I.** *v/tr* **1.** Cortar una piedra, madera, cristal u otro material duro, para hacer adornos en bisel o para darles una forma determinada. **2.** Cortar un material (madera, piedra, etc.) para hacer una escultura. **3.** Grabar en hueco o dibujar con cortes en el metal. **4.** Medir la estatura de una persona. **II.** *s/m* Monte que se está renovando.

ta·lla·rín [taʎarín] *s/m* Tira larga, estrecha y plana de pasta de macarrones. GRAM Suele usarse en *pl.*

ta·lle [táʎe] *s/m* **1.** Cintura, parte del cuerpo humano entre el tórax y las caderas. **2.** Parte del vestido correspondiente a la cintura. **3.** Figura, planta o proporción general del cuerpo que incide en su belleza. **4.** Medida tomada desde los hombros hasta la cintura.

ta·ller [taʎér] *s/m* Lugar donde se realiza un trabajo manual: *Taller de carpintería.*

ta·llis·ta [taʎísta] *s/m,f* Se aplica a la persona que talla en madera.

ta·llo [táʎo] *s/m* **1.** Órgano de los vegetales que sostiene las hojas, flores y frutos. **2.** Renuevo o vástago que brota de una planta.

ta·llu·do, -a [taʎúðo, -a] *adj* De tallo grande o con muchos tallos.

ta·ma·ño, (-a) [tamáɲo, -a] **I.** *adj* Tan grande o tan pequeño: *Tamaña bobada no podía creerla nadie.* **II.** *s/m* Volumen o dimensión de una cosa: *El tamaño de un animal.*

ta·ma·rin·do [tamaríṇdo] *s/m* **1.** Árbol de las leguminosas, cuyo fruto se usa como laxante. **2.** Su fruto.

tam·ba·le·ar·se [taɱbaleárse] *v/*REFL (-SE) **1.** Moverse alguien o algo por falta de equilibrio. **2.** Perder firmeza.

tam·ba·leo [taɱbaléo] *s/m* Acción de tambalearse.

tam·bién [taɱbjén] *adv* Se utiliza para afirmar la comparación, semejanza, relación o conformidad de una cosa: *Si tú te vas, yo también.*

tam·bor [taɱbór] *s/m* **1.** Instrumento de percusión cilíndrico, hueco, cubierto por sus dos bases con piel estirada, que se puede regular y sobre la cual se golpea con dos palillos. **2.** Músico que toca el tambor. **3.** Pequeño bastidor compuesto de dos aros concéntricos de madera que se encajan uno dentro del otro, y entre los cuales se coloca la tela que se ha de bordar. **4.** Muro cilíndrico que sirve de base a una cúpula. **5.** Aparato que se utiliza para el arrollamiento de un cable y cuya rotación permite tirar del mismo. **6.** Recipiente cilíndrico de cartón, metal, etc., que se utiliza como envase de diversos productos o materiales: *Un tambor de detergente.* **7.** Cilindro giratorio donde se ponen las balas de un revólver. **8.** Disco de acero sobre el que va acoplada la rueda de los automóviles y sobre cuya superficie interior actúan las zapatas para producir el frenado. **9.** Recipiente cilíndrico que forma parte de diversas máquinas: *El tambor de la lavadora.* **10.** Tímpano del oído.

tam·bo·re·ar [taɱboreár] *v/intr* Tabalear con los dedos.

tam·bo·ril [taɱboríl] *s/m* Tambor pequeño que se lleva colgado de un brazo y se toca con un solo palillo.

tam·bo·ri·le·ar [taɱborileár] *v/intr* **1.** Tocar el tambor o el tamboril. **2.** Dar golpes repetidos y rítmicos con los dedos u otra cosa sobre algo.

tam·bo·ri·leo [taɱboriléo] *s/m* Acción y efecto de tamborilear.

tam·bo·ri·le·ro, -a [taɱboriléro, -a] *s/m,f* Persona que toca el tambor o el tamboril.

ta·miz [tamíθ] *s/m* Cedazo muy tupido.

ta·mi·zar [tamiθár] *v/tr* **1.** Pasar algo por el tamiz. **2.** FIG Seccionar o depurar algo. ORT Ante *e* la *z* cambia en *c: Tamicé.*

ta·mo [támo] *s/m* **1.** Pelusa que se forma bajo los muebles por aglomeración de polvo y otros residuos. **2.** Pelusa que se desprende de la lana, del algodón, lino, etc. **3.** Polvo o paja menuda de semillas trilladas.

tam·po·co [taɱpóko] *adv* Se utiliza para incluir en una negación ya expresada otro elemento también afectado por dicha negación: *No llamó él y tampoco su mujer.*

tam·pón [taɱpón] *s/m* **1.** Almohadilla empapada en tinta usada para mojar en ella los sellos de marcar. **2.** Absorbente con esa forma usado por las mujeres para la higiene en el período menstrual.

tam·tam [tan̪tán] *s/m* Instrumento de percusión parecido al tambor, de origen africano, que se toca con las manos.

tan [tán] *adv* Apócope de *tanto* cuando éste va antepuesto a un adjetivo o a otro adverbio: *Es tan malo como su hermano.* LOC **Tan siquiera,** por lo menos: *Escríbeme tan siquiera una postal.*

tan·da [tán̪da] *s/f* **1.** Turno, alternativa. **2.** Cada uno de los grupos en que se divide un total de hombres, animales o cosas, normalmente en una operación o trabajo: *Haremos la primera prueba en tandas de cincuenta.* **3.** Número indeterminado de ciertas cosas de un mismo género que se dan o hacen sin interrupción: *Le dio una tanda de palos.*

tán·dem [tán̪de{m/n}] *s/m* **1.** Bicicleta acondicionada para dos personas, con doble juego de pedales y dos manillares. **2.** Equipo formado por dos personas.

tan·ga [táŋga] *s/m* Bikini de dimensiones muy reducidas.

tan·gen·cial [taŋxen̟θiál] *adj* Que es tangente.

tan·gen·te [taŋxén̪te] *adj* y *s/f* Se aplica a las líneas o superficies que se tocan o tienen puntos comunes sin cortarse. LOC **Escapar(se)/Irse/Salirse uno por la tangente,** utilizar una evasiva para evitar una respuesta comprometida.

tan·ge·ri·no, -a [taŋxeríno, -a] *adj* y *s/m,f* De Tánger.

tan·gi·ble [taŋxíβle] *adj* **1.** Se aplica a lo que es susceptible de ser tocado. **2.** Que puede percibirse con precisión, como algo real: *Pruebas tangibles.*

tan·go [táŋgo] *s/m* **1.** Baile de origen argentino, de compás lento, bailado por una pareja enlazada que evoluciona en un espacio muy amplio. **2.** Música y letra de este baile.

tan·guis·ta [taŋgísta] *s/m,f* Bailarina profesional, contratada para que baile con los clientes de un local de esparcimiento.

ta·ni·no [taníno] *s/m* QUÍM Sustancia astringente contenida en la corteza de algunos árboles, como la encina, el olmo, el sauce y se utiliza para curtir pieles.

tan·que [táŋke] *s/m* **1.** Sustancia cérea con que las abejas bañan el interior de las colmenas antes de empezar a elaborar la miel. **2.** Carro de combate blindado. **3.** Vehículo cisterna en que se transporta agua, petróleo u otro líquido.

tan·que·ta [taŋkéta] *s/f* Carro de combate ligero.

tan·tán [tan̪tán] *s/m* Gong, batintín.

tan·te·ar [tan̪teár] *v/tr* **1.** Calcular aproximadamente el valor, peso, cantidad, tamaño, número, etc., de una cosa, valiéndose de los sentidos o apreciaciones, sin cálculos precisos: *Tantear la dureza de algo.* **2.** Ensayar algo con lo que hay que realizar una operación antes de ejecutarla definitivamente, para asegurarse el resultado: *Tantear los clavos antes de colgar el cuadro.* **3.** Investigar con discreción y prudencia la actitud de alguien antes de hacerle una proposición, pedirle algo, etc., para poder prever la respuesta: *Tantea a tu padre antes de pedirle permiso para salir.*

tan·teo [taņtéo] *s/m* **1.** Acción y efecto de tantear. **2.** Proporción de tantos entre los distintos jugadores en una competición deportiva. **3.** (Precedido de *de*) Derecho que por ley, convenio o costumbre se concede a una persona para adquirir algo con preferencia a otra y por el mismo precio: *Derecho de tanteo.* LOC **A/Por tanteo,** aproximadamente.

tan·to, (-a) [táņto, (-a)] **I.** *adj* y *adv* **1.** Utilizado en correlación con *como,* establece una comparación de igualdad entre dos partes que expresan cantidad: *Estudia tanto como tú.* **2.** En correlación con *que,* significa 'tal cantidad' o 'tan grande': *Tiene tanto dinero que no sabe qué hacer con él.* **3.** Expresa ponderación: *Nunca podré corresponder a tanta generosidad.* **II.** *pron* En expresiones ponderativas o calificativas: *Ya sabía yo que a tanto no podía llegar.* **III.** *adj* y *s/m,f* Se utiliza con valor de expresión indeterminada, para referirse a un número o cantidad cualquiera, que no interesa o no se puede precisar. **IV.** *s/m* **1.** Cantidad o número determinado de algo: *No sé qué tanto por ciento voy a ganar cada semana.* **2.** Unidad de cuenta en juegos o competiciones deportivas: *Ganaron por tres tantos a uno.* LOC **Al tanto de,** enterado, al corriente: *No estoy al tanto de lo que ocurre en la vida política.* **En tan/En tanto que/Entre tanto que,** mientras: *En tanto que tú haces la cama, yo limpiaré el comedor.* **Hasta tanto que,** hasta que: *No salgas a la calle hasta tanto que yo vuelva.* **Las tantas,** una hora muy avanzada del día o de la noche: *Estuvo bailando hasta las tantas.* **Otro tanto,** *1.* Lo mismo. *2.* Doble o mucho más: *Con estos arreglos el coche vale otro tanto.* **Por (lo) tanto,** como consecuencia, por el motivo o por las razones de que acaba de tratarse. **Tanto por ciento,** proporción de alguna cantidad respecto a otra, evaluada sobre la centena. **Un tanto,** una cantidad no determinada y poco elevada: *Le entrega un tanto al mes.* **Uno de tantos,** una persona cualquiera que no merece distinción.

ta·ñe·dor, -ra [taɲeðór, -ra] *adj* y *s/m,f* Que tañe.

ta·ñer [taɲér] *v/tr* **1.** Tocar algún instrumento músico de percusión o de cuerda. **2.** Tocar las campanas.
CONJ *Irreg* en: *Tañó, tañera, tañese,* etc.

ta·ñi·do [taɲíðo] *s/m* Sonido del instrumento que se tañe, especialmente el de las campanas.

taoís·mo [taoísmo] *s/m* Sistema filosófico y religioso de los chinos.

taoís·ta [taoísta] *s/m,f* Adepto al taoísmo.

ta·pa [tápa] *s/f* **1.** Pieza que cierra por la parte superior los recipientes o un recinto: *Tapa de una olla.* **2.** Cubierta de un libro. **3.** Cada una de las capas de suela que lleva el tacón del calzado, y en especial, la que está en contacto con el suelo. **4.** Pequeña cantidad de comida que sirve para acompañar a la bebida, generalmente como aperitivo. **5.** En las reses descuartizadas para el consumo, pieza del centro de la pierna cuya sección es aproximadamente rectangular.

ta·pa·bo·ca [tapaβóka] *s/m* Bufanda, generalmente de gran tamaño, o manta pequeña.

ta·pa·cu·bos [tapakúβos] *s/m* Tapa metálica que cubre la cabeza del eje y los tornillos que sujetan la rueda de un vehículo.

ta·pa·de·ra [tapaðéra] *s/f* **1.** Pieza que sirve para tapar una vasija. **2.** FIG Persona o cosa de que alguien se vale para encubrir algo: *Su mujer le sirve de tapadera en el negocio.*

ta·pa·di·llo [tapaðíʎo] LOC **De tapadillo,** a escondidas, clandestinamente.

ta·pa·jun·tas [tapaxúņtas] *s/m* Listón moldeado con que se tapa la unión de los marcos de las puertas o ventanas con la pared.

ta·par [tapár] *v/tr,* REFL(-SE) **1.** Cubrir o cerrar lo que está descubierto o abierto, o poner algo de modo que proteja u oculte una cosa. **2.** Encubrir, ocultar una acción o defecto de alguien, para que no sea castigado. **3.** Cubrir con ropa, especialmente la de la cama. RPr **Tapar con.**

ta·pa·rra·bo(s) [taparráβo(s)] *s/m* Tela a modo de calzón con la que se cubrían y todavía se cubren algunos pueblos primitivos.

ta·pe·te [tapéte] *s/m* Pieza de tela u otro material que se usa para cubrir las superficies de las mesas u otros muebles: *Tapete de ganchillo.* LOC **Estar sobre el tapete,** estar algo discutiéndose o pendiente de resolución. **Poner algo sobre el tapete,** sacar algo a relucir, ponerlo a discusión.

ta·pia [tápja] *s/f* Muro de obra de albañilería que sirve de valla a algo. LOC **Estar/Ser más sordo que una tapia,** o **Ser sordo como una tapia,** ser muy sordo.

ta·pial [tapjál] *s/m* Molde de madera o metal que se emplea para hacer las tapias.

ta·piar [tapjár] *v/tr* Cerrar o tapar un espacio o abertura con una tapia o tabique.

ta·pi·ce·ría [tapiθería] *s/f* **1.** Colección de tapices y lugar en que se guardan. **2.** Acción de tapizar y taller en que se hacen estos trabajos.

ta·pi·ce·ro, -a [tapiθéro, -a] *s/m,f* **1.** Persona que teje tapices. **2.** Persona que se dedica a guarnecer muebles, sillerías, sofás, etc., y poner alfombras, cortinajes y otros elementos de decoración, o que los vende.

ta·pio·ca [tapjóka] *s/f* Fécula blanca y granulada que se extrae de la raíz de la mandioca o yuca.

ta·pir [tapír] *s/m* Mamífero paquidermo parecido al jabalí.

ta·piz [tapíθ] *s/m* Paño grande, con dibujos u otros motivos artísticos, destinado a adornar las paredes.
ORT *Pl: Tapices.*

ta·pi·za·do [tapiθáðo] *s/m* Acción y efecto de tapizar.

ta·pi·zar [tapiθár] *v/tr* **1.** Forrar con tela muebles o paredes. **2.** Cubrir las paredes o el suelo con tapices o algo similar.
ORT La *z* cambia en *c* ante *e: Tapicen.*

ta·pón [tapón] *s/m* **1.** Pieza de corcho, metal, etc., que tapa la boca de una vasija u otro orificio parecido. **2.** FIG COL Persona baja y rechoncha. **3.** CIR Masa de algodón o de gasas con que se tapa una herida o cavidad. **4.** Acumulación de cerumen en el oído. **5.** Disminución notable de la fluidez del tráfico rodado producido por causas como accidentes, obras, etc.

ta·po·na·mien·to [taponamjén̪to] *s/m* Acción y efecto de taponar.

ta·po·nar [taponár] *v/tr* Cerrar un orificio con un tapón u otra cosa.

ta·po·na·zo [taponáθo] *s/m* Ruido que se produce al destapar una botella de líquido espumoso.

ta·pu·jo [tapúxo] *s/m (Andar con...)* Disimulo, engaño con que se obra o habla: *Siempre anda con tapujos.*

ta·qui·car·dia [takikárðja] *s/f* Excesiva velocidad del ritmo de las contracciones cardíacas.

ta·qui·gra·fía [takiɣrafía] *s/f* Sistema de escritura a base de abreviaturas y signos convencionales para conseguir la misma velocidad con que se habla o dicta.

ta·qui·gra·fiar [takiɣrafjár] *v/tr* Escribir por medio de taquigrafía.
ORT, PRON El acento recae sobre la *i* en el *sing* y *3.ª pers pl* del *pres* de *indic* y *subj: Taquigrafío, taquigrafíen.*

ta·quí·gra·fo, -a [takíɣrafo, -a] *s/m,f* Persona que por profesión se dedica a la taquigrafía.

ta·qui·lla [takíʎa] *s/f* **1.** Armario con casillas para clasificar papeles o documentos, y en especial el que se usa para guardar los billetes de ferrocarril, entradas de espectáculos, etc. **2.** Armario pequeño o casilla donde se guardan ropas, herramientas u otros instrumentos en talleres, centros de enseñanza o deportivos, etc. **3.** Despacho en que se expenden billetes, entradas, etc. **4.** Dinero que en dicho despacho se recauda: *Han robado la taquilla de hoy.*

ta·qui·lle·ro, -a [takiʎéro, -a] **I.** *s/m,f* Persona encargada de un despacho de billetes. **II.** *adj* Se aplica al espectáculo, actor, artista, deportista, etc., que por su popularidad produce o garantiza beneficios considerables de taquilla.

ta·qui·me·ca·no·gra·fía [takimekanoɣrafía] *s/f* Arte de escribir a máquina y en taquigrafía.

ta·qui·me·ca·nó·gra·fo, -a [takimekanóɣrafo, -a] *s/m,f* Persona que se dedica a la taquimecanografía.

ta·ra [tára] *s/f* **1.** Defecto que disminuye el valor de alguien o algo. **2.** Tratándose de mercancías, peso que corresponde al envase. **3.** Peso de un vehículo sin carga.

ta·ra·bi·lla [taraβíʎa] **I.** *s/f* **1.** Manera de hablar deprisa y atropelladamente. **2.** Zoquetillo de madera que se utiliza para cerrar las puertas o ventanas. **II.** *s/m,f* Se aplica a la persona que habla mucho y de manera atropellada.

ta·ra·cea [taraθéa] *s/f* Labor realizada en madera, incrustando en ella trozos de otras maderas, nácar, metales, etc.

ta·ra·ce·ar [taraθeár] *v/tr* Hacer trabajos de taracea en algo.

ta·ra·do, -a [taráðo, -a] *adj* y *s/m,f* Que tiene alguna tara.

ta·ram·ba·na(s) [taramɱbána(a)] *adj* y *s/m,f* Se aplica a la persona alocada y de poco juicio.

ta·ran·te·la [taran̪téla] *s/f* **1.** Baile napolitano popular, de carácter alegre, que se ejecutaba al son del tambor, de las castañuelas, etc. **2.** Música de este baile.

ta·rán·tu·la [tarán̪tula] *s/f* Araña grande, de dorso negro y región ventral roja; su picadura es venenosa.

ta·rar [tarár] *v/tr* Calcular el peso que corresponde a la tara en una mercancía.

ta·ra·re·ar [tarareár] *v/tr* Cantar sin articular palabras.

ta·ra·reo [tararéo] *s/m* Acción de tararear.

ta·ras·ca [taráska] *s/f* Figura monstruosa, especie de serpiente, con la boca muy grande, que se sacaba en algunas procesiones.

ta·ras·ca·da [taraskáða] *s/f* **1.** Herida hecha con los dientes. **2.** Exabrupto, respuesta áspera.

tar·dan·za [tarðán̪θa] *s/f* Acción y efecto de tardar.

tar·dar [tarðár] *v/intr* **1.** Emplear cierto tiempo en hacer algo: *Ha tardado una hora.* **2.** Dejar pasar más tiempo del previsto, necesario o conveniente antes de hacer una cosa: *Tardarán más de seis meses en empezar las obras.* LOC **A más tardar**, indica que el plazo máximo en que sucederá algo es el que se expresa. RPr **Tardar en.**

tar·de [tárðe] **I.** *s/f* Tiempo que transcurre desde el mediodía hasta el anochecer. **II.** *adv* **1.** A hora avanzada del día o de la noche: *Siempre llega tarde.* **2.** Después del momento oportuno, necesario, conveniente, debido o acostumbrado: *Llegó tarde al examen.* LOC **Buenas tardes**, saludo usual durante la tarde. **De tarde en tarde**, con largos intervalos, de tiempo en tiempo. **Por la tarde**, en el tiempo comprendido desde mediodía o la hora de comer hasta que anochece.

tar·dío, -a [tarðío, -a] *adj* Se aplica a lo que llega tarde o aparece más tarde de lo acostumbrado, debido, oportuno, etc.: *Un hijo tardío*

tar·do, -a [tárðo, -a] *adj* **1.** Calmoso o pausado en la acción o en el movimiento. **2.** Que habla, entiende o percibe con lentitud o dificultad: *Una mente tarda.*

tar·dón, -na [tarðón, -na] *adj* y *s/m,f* Se aplica a la persona que tarda mucho en actuar o en llegar a los sitios.

ta·rea [taréa] *s/f* **1.** Obra, trabajo: *Las tareas de la casa.* **2.** Trabajo que se debe hacer en un tiempo limitado.

ta·ri·fa [tarífa] *s/f* Lista de precios, derechos o impuestos de algo.

ta·ri·far [tarifár] *v/tr* Fijar o aplicar una tarifa.

ta·ri·ma [taríma] *s/f* Plataforma de madera, que puede ser movible, y está a poca altura del suelo.

tar·je·ta [tarxéta] *s/f* **1.** Cartulina en que están impresos el nombre, la dirección y la actividad de una persona o empresa. **2.** Cartulina en la que está impresa o escrita una invitación, participación, etc.

tar·quín [tarkín] *s/m* Barro depositado por las aguas en el lecho de los ríos, acequias, etc.

ta·rra·co·nen·se [tarrakonénse] *adj* y *s/m,f* Relativo a Tarragona.

ta·rro [tárro] *s/m* Vasija cilíndrica, generalmente más alta que ancha.

tar·so [társo] *s/m* Articulación posterior del pie compuesta por siete huesos.

tar·ta [tárta] *s/f* Pastel grande, hecho generalmente de harina y relleno de algo dulce.

tar·ta·ja [tartáxa] *adj* y *s/m,f* Tartajoso.

tar·ta·je·ar [tartaxeár] *v/intr* Hablar torpemente y mal por algún defecto de la lengua o por impedimento de otra índole.

tar·ta·jeo [tartaxéo] *s/m* Acción y efecto de tartajear.

tar·ta·jo·so, -a [tartaxóso, -a] *adj* y *s/m,f* Que tartajea.

tar·ta·mu·de·ar [tartamuðeár] *v/intr* Hablar repitiendo los sonidos, entrecortadamente, como si fuese imposible pasar de uno a otro.

tar·ta·mu·deo [tartamuðéo] *s/m* Acción y efecto de tartamudear.

tar·ta·mu·dez [tartamuðéθ] *s/f* Cualidad de tartamudo.

tar·ta·mu·do, -a [tartamúðo, -a] *adj* y *s/m,f* Se aplica a la persona que habla con pronunciación entrecortada, repitiendo sílabas o palabras.

tar·tán [tartán] *s/m* Tela de lana con cuadros o listas cruzadas de diferentes colores.

tar·ta·na [tartána] *s/f* **1.** Coche de dos ruedas, con toldo y asientos laterales. **2.** FIG Automóvil viejo y destartalado.

tár·ta·ro, (-a) [tártaro, (-a)] **I.** *adj* y *s/m,f* Relativo a un conjunto de pueblos de origen turco y mongol que invadieron el occidente europeo en el siglo XII. **II.** *adj* **1.** Se dice de la carne servida cruda y aderezada con varios condimentos, especies, salsas y zumo de limón. **2.** Se aplica a la salsa que consiste en una especie de mahonesa, a la que se añaden alcaparras, pepinillos, cebolla y huevo duro trinchado. **III.** *s/m* **1.** LIT El infierno. **2.** Tartrato ácido de potasio, visible en forma de costra blanca en las vasijas de fermentación del vino.

tar·te·ra [tartéra] *s/f* **1.** Cazuela de barro, porcelana o metal, casi plana y que se utiliza para cocer o servir las tortas y tartas. **2.** Fiambrera, recipiente con cierre hermético para llevar y conservar fiambres o alimentos ya condimentados.

ta·ru·go [tarúɣo] *s/m* **1.** Zoquete, trozo de madera, generalmente grueso y corto. **2.** Trozo de pan duro. **3.** FIG Se aplica a la persona inculta o torpe.

ta·rum·ba [tarúɱba] LOC **Volver a alguien tarumba,** confundirlo, marearlo, aturdirlo, atolondrarlo. **Estar tarumba,** estar atolondrado.

tas [tás] *s/m* Yunque pequeño que utilizan los plateros.

ta·sa [tása] *s/f* **1.** Acción y efecto de tasar. **2.** Precio máximo o mínimo fijado oficialmente para vender una cosa.

ta·sa·ción [tasaθjón] *s/f* Acción de tasar.

ta·sa·jo [tasáxo] *s/m* Pedazo de carne salada y conservada seca.

ta·sar [tasár] *v/tr* **1.** Fijar la autoridad competente el precio o un límite máximo o mínimo para las mercancías. **2.** Valorar o evaluar algo: *Ha tasado esta pulsera en dos mil pesetas.* **3.** Poner límite a una cosa, por prudencia o por tacañería: *Le tasa el tabaco a su marido.* RPr **Tasar en (2).**

tas·ca [táska] *s/f* Taberna.

tas·que·ar [taskeár] *v/intr* ARG Frecuentar tascas o tabernas.

tas·queo [taskéo] *s/m* COL Recorrido que se efectúa por las tascas o tabernas tomando algo en cada una de ellas.

ta·ta [táta] *s/f* Palabra con que los niños designan a su niñera.

ta·ta·ra·bue·lo, -a [tataraβwélo, -a] *s/m,f* Padre o madre del bisabuelo.

ta·ta·ra·nie·to, -a [tataranjéto, -a] *s/m,f* Hijo o hija de un biznieto.

¡ta·te! [táte] *interj* Se usa para demostrar diversos estados de ánimo, especialmente sorpresa y precaución.

ta·tua·je [tatwáxe] *s/m* **1.** Acción de tatuar. **2.** Dibujo o pintura hecha por ese procedimiento.

ta·tuar [tatwár] *v/tr,* REFL(-SE) Grabar dibujos en la piel humana, introduciendo materias colorantes en la epidermis.
ORT, PRON El acento recae sobre la *u* en el *sing* y *3.ª pers pl* del *pres* de *indic* y *subj: Tatúo, tatúen.*

tau·ma·tur·gia [taumatúrxja] *s/f* Facultad de realizar prodigios o milagros.

tau·ma·tur·go [taumatúrγo] *s/m* Persona que obra prodigios o milagros.

tau·ri·no, -a [tauríno, -a] *adj* Relativo a los toros o a las corridas de toros.

tau·ro [táuro] *s/m* Signo del zodiaco que el sol recorre aparentemente del 21 de abril al 21 de mayo.

tau·ró·fi·lo, -a [taurófilo, -a] *adj* Que tiene afición a las corridas de toros.

tau·ro·ma·quia [tauromákja] *s/f* Arte de lidiar toros.

tau·to·lo·gía [tautoloxía] *s/f* RET Repetición de un mismo pensamiento o concepto expresado con distintas palabras, especialmente si la repetición es inútil y viciosa.

tau·to·ló·gi·co, -a [tautolóxiko, -a] *adj* Relativo a la tautología.

ta·xa·ti·vo, -a [ta(k)satíβo, -a] *adj* Limitado y reducido al sentido estricto de la palabra o a determinadas circunstancias.

ta·xi [tá(k)si] *s/m* Automóvil de alquiler con chófer, que presta su servicio habitualmente dentro de los cascos urbanos, y generalmente va provisto de taxímetro.

ta·xi·der·mia [ta(k)siðérmja] *s/f* Arte de disecar animales, dándoles apariencia de vivos.

ta·xi·der·mis·ta [ta(k)siðermísta] *s/m,f* Persona que practica la taxidermia.

ta·xí·me·tro [ta(k)símetro] *s/m* En los taxis, contador que marca la cantidad que hay que pagar por el recorrido realizado.

ta·xis·ta [ta(k)sísta] *s/m,f* Persona que conduce un taxi.

ta·xo·no·mía [ta(k)sonomía] *s/f* Ciencia que estudia la clasificación en general, especialmente si se trata de seres.

ta·xo·nó·mi·co, -a [ta(k)sonómiko, -a] *adj* Relativo a la taxonomía.

ta·za [táθa] *s/f* **1.** Vasija pequeña, profunda, con asa y de distintas formas y tamaños, en la cual se toman líquidos. **2.** Lo que cabe en ella. **3.** Receptáculo del retrete.

ta·zar·se [taθárse] *v/*REFL(-SE) Rozar o romperse algo, generalmente la ropa, por el uso.
ORT Ante *e* la *z* cambia en *c: Tace.*

te [té] **I.** *s/f* Nombre de la letra 't'. **II.** *pron m/f, de segunda persona: Ayer te llamé por teléfono.*

té [té] *s/m* **1.** Planta arbórea de gran longitud, cuyas hojas se utilizan para hacer una infusión. **2.** Hojas de esta planta preparadas para hacer una infusión. **3.** Infusión de estas hojas, que tiene propiedades estomacales, estimulantes y alimenticias.

tea [téa] *s/f* Astilla de madera resinosa que arde con mucha facilidad; se utiliza para alumbrar o para encender el fuego.

tea·ti·no, -a [teatíno, -a] *adj* y *s/m,f* Se aplica a los pertenecientes a la orden de clérigos regulares de San Cayetano.

tea·tral [teatrál] *adj* **1.** Relativo al teatro. **2.** FIG Efectista, deseoso de causar efecto.

tea·tra·li·dad [teatraliðáð] *s/f* Cualidad de teatral.

tea·tro [teátro] *s/m* **1.** Lugar o edificio destinado a la representación de obras dramáticas o musicales y a espectáculos de variedades. **2.** Conjunto de obras dramáticas de un autor, de una época, de un país, etc.: *El teatro barroco.* **3.** Arte de componer obras dramáticas o de representarlas. **4.** Conjunto de actividades relativas al mundo teatral: *La crisis del teatro.* **5.** Lugar en que se desarrollan ciertos acontecimientos o sucesos que se expresan: *El teatro de la contienda.* LOC **Hacer/Tener teatro**, actuar normalmente con afectación o fingimiento delante de los demás.

te·ba·no, -a [teβáno, -a] *adj* y *s/m,f* De Tebas.

te·beo [teβéo] *s/m* Nombre que se utiliza para designar comúnmente los libros de historietas dibujadas para niños.

te·cla [tékla] *s/f* **1.** Pieza que se oprime con el dedo para obtener sonidos en algunos instrumentos musicales. **2.** Cada una de las palancas de las máquinas de escribir, calcular, etc.

te·cla·do [tekláðo] *s/m* Conjunto ordenado de teclas de un instrumento musical o de un mecanismo.

te·cle·ar [tekleár] *v/intr* Tocar o pulsar las teclas.

te·cleo [tekléo] *s/m* Acción y efecto de teclear.

téc·ni·ca [téknika] *s/f* **1.** Conjunto de procedimientos y recursos de que se sirve una ciencia, oficio, arte o actividad: *La técnica de la pintura.* **2.** Cada uno de dichos procedimientos o recursos. **3.** Habilidad para usarlos. **4.** Conjunto de aplicaciones prácticas de las ciencias. **5.** Medio o sistema para conseguir algo: *No sé qué técnica ha utilizado para convencerle.*

tec·ni·cis·mo [tekniθísmo] *s/m* **1.** Cualidad de técnico. **2.** Término que posee un sentido concreto y determinado dentro del lenguaje propio de un oficio, una ciencia, arte o industria.

téc·ni·co, -a [tékniko, -a] **I.** *adj* **1.** Relativo a la aplicación de las ciencias y las artes para la obtención de unos resultados prácticos: *Carrera técnica. Procedimiento técnico.* **2.** Se dice de los términos o de las expresiones propias del lenguaje de una ciencia, arte u oficio: *Diccionario técnico.* **II.** *s/m,f* Se aplica a la persona que posee los conocimientos especiales de una técnica u oficio.

tec·no·cra·cia [teknokráθja] *s/f* Intervención de los técnicos en la organización política y económica de un país.

tec·nó·cra·ta [teknókrata] *s/m,f* Técnico en una materia o campo que se rige en su trabajo por el principio de la eficacia y no por razones sociales o humanitarias.

tec·no·lo·gía [teknoloxía] *s/f* **1.** Estudio de los métodos científicos y de las reglas empleadas en un oficio. **2.** Conjunto de los instrumentos y procedimientos industriales de un determinado país, sector o producto. **3.** Lenguaje de una ciencia o arte.

tec·no·ló·gi·co, -a [teknolóxiko, -a] *adj* Relativo a la tecnología.

tec·tó·ni·co, (-a) [tektóniko, (-a)] **I.** *adj* **1.** Relativo a los edificios u otras obras de arte. **2.** Relativo a la estructura de la corteza terrestre. **II.** *s/f* Parte de la geología que estudia las deformaciones de la corteza terrestre por efecto de fuerzas terrestres.

te·cha·do [tetʃáðo] *s/m* Techo.

te·char [tetʃár] *v/tr* Poner techo a un edificio.

te·cho [tétʃo] *s/m* **1.** Parte interior de la cubierta de una habitación, edificio, recinto, etc.: *El techo de la habitación es muy alto.* **2.** Tejado, cubierta de un edificio. **3.** Altura máxima a que puede volar un avión. **4.** Capacidad máxima de algo o alguien: *Este artista ha llegado a su techo.*

te·chum·bre [tetʃúmbre] *s/f* Techo, cubierta de una casa o edificio.

te·déum [teðéu{m/n}] *s/m* Cántico para dar gracias a Dios.

te·dio [téðjo] *s/m* Estado de ánimo en que se siente hastío, desinterés por alguien o algo o por todo en general.

te·dio·so, -a [teðjóso, -a] *adj* Que produce tedio.

te·gu·men·to [teγuménto] *s/m* **1.** BOT Tejido que cubre algunas partes de las plantas. **2.** ZOOL Membrana que cubre el cuerpo del animal o alguna de sus partes internas.

teí·na [teína] *s/f* QUÍM Alcaloide estimulante que se encuentra en el té.

teís·mo [teísmo] *s/m* Doctrina filosófica que afirma la existencia de una divinidad y su acción en el mundo.

teís·ta [teísta] *adj* y *s/m,f* Que profesa el teísmo.

te·ja [téxa] *s/f* **1.** Pieza de barro cocido de forma de canal, que se utiliza para recubrir los tejados de las casas y otras construcciones. **2.** Sombrero utilizado por los eclesiásticos. LOC **A toca teja,** pagar algo al contado o inmediatamente.

te·ja·di·llo [texaðíʎo] *s/m dim* de *tejado.* Tejado pequeño adosado a menudo a la pared para protejer la entrada, la pared, etc., de la lluvia o sol.

te·ja·do [texáðo] *s/m* Cubierta superior de un edificio, en pendiente y recubierta con tejas o pizarras.

te·ja·no, (-a) [texáno, (-a)] **I.** *adj* De Tejas. **II.** *s/m* (frecuentemente en *pl*) Pantalón muy resistente, originalmente usado por los vaqueros tejanos.

te·jar [texár] **I.** *v/tr* Cubrir de tejas la cubierta de un edificio. **II.** *s/m* Lugar donde se fabrican tejas, ladrillos y adobes.

te·je·dor, -ra [texeðór, -ra] *adj* y *s/m,f* Que teje.

te·je·ma·ne·je [texemanéxe] *s/m* **1.** Acción de realizar mucha actividad o movimiento al hacer algo. **2.** Intriga, actividad y manejos poco honestos o poco claros para conseguir algo: *Se lleva un tejemaneje en el trabajo que le puede traer problemas.*

te·jer [texér] *v/tr* **1.** Entrelazar hilos en cualquier material para formar telas, trencillas, esteras, etc. **2.** Formar en el telar la tela con la trama y la urdimbre. **3.** Hacer labor de punto, ganchillo, etc. **4.** Hacer la araña, el gusano de seda u otros animales sus telas o formaciones filamentosas. **5.** FIG Preparar poco a poco algo futuro con las propias acciones: *Está tejiendo su porvenir.* RPr **Tejer con/de:** *Tejer con/de seda.*

te·ji·do [texíðo] *s/m* **1.** Cualquier material o prenda de vestir hecho tejiendo fibras, mimbres, tiras, etc. **2.** Cosa tejida. **3.** Conjunto organizado de células diferenciadas, que tiene la misma estructura y análoga función.

te·jo [téxo] *s/m* Disco hecho de teja, metal u otros materiales, que se usa para lanzarlo en determinados juegos.

te·jón [texón] *s/m* Mamífero carnívoro nocturno, de pelo largo y espeso, que mide alrededor de un metro y vive en madrigueras profundas; está provisto de uñas fuertes y curvadas, aptas para la excavación.

te·jo·ne·ra [texonéra] *s/f* Madriguera donde se crían los tejones.

te·jue·lo [texwélo] *s/m* **1.** Cuadrito de piel fina, o marbete de papel u otra materia, que se pega al lomo o en la tapa de un volumen encuadernado. **2.** El rótulo del mismo.

te·la [téla] *s/f* **1.** Tejido hecho con fibras textiles entrelazadas. **2.** Lienzo, cuadro pintado. **3.** Cualquier estructura delgada y flexible, especialmente la que se forma en la superficie de los líquidos: *Tela de la leche.* **4.** Materia o asunto sobre que hablar, discutir o hacer comentarios: *Hay tela para rato.* **5.** COL Dinero. LOC **Estar/Poner en tela de juicio,** existir o tener dudas sobre la cosa de que se trata. **Tener mucha tela,** COL *1.* Tener trabajo para largo tiempo. *2.* Ser difícil una cosa. *3.* Tener mucho dinero.

te·lar [telár] *s/m* **1.** Máquina para tejer. **2.** Fábrica de tejidos. **3.** Parte superior del escenario que queda fuera de la vista del público y desde donde se hacen bajar los telones y bambalinas.

te·la·ra·ña [telaráɲa] *s/f* Tela que hace la araña.

te·le- [tele-] *Prefijo* que entra en la formación de ciertas voces, con el significado de 'lejos': *Telecomunicación.*

te·le [téle] *s/f* Forma apocopada de televisión y televisor.

te·le·ca·bi·na [telekaβína] *s/m* Especie de teleférico montado sobre un solo cable.

te·le·co·mu·ni·ca·ción [telekomunikaθjón] *s/f* **1.** Transmisión a distancia de mensajes hablados, sonidos, imágenes o señales convencionales mediante conductores eléctricos, radioelectricidad, óptica u otros sistemas electromagnéticos. **2.** *pl* Conjunto de medios de comunicación a distancia: *Ingeniero de telecomunicaciones.*

te·le·dia·rio [teleðjárjo] *s/m* Diario de información general transmitida a través de la televisión.

te·le·di·ri·gi·do, -a [teleðirixíðo, -a] *adj* Accionado o gobernado por mando a distancia: *Un coche teledirigido.*

te·le·fé·ri·co [teleférico] *s/m* Sistema de transporte en el que los vehículos se deslizan a lo largo de un cable metálico.

te·le·film [telefílm] *s/m* Película, generalmente de corta duración, que se ofrece a través de la televisión.

te·le·fo·na·zo [telefonáθo] *s/m* Llamada telefónica; su uso implica un matiz de sorpresa, perentoriedad o corta duración.

te·le·fo·ne·ar [telefoneár] *v/tr* Llamar a alguien por teléfono.

te·le·fo·nía [telefonía] *s/f* Transmisión de mensajes por medio del teléfono, y su técnica.

te·le·fó·ni·co, -a [telefóniko, -a] *adj* Relativo al teléfono o a la telefonía.

te·le·fo·nis·ta [telefonísta] *s/m,f* Empleado en las comunicaciones por teléfono.

te·lé·fo·no [teléfono] *s/m* **1.** Sistema eléctrico de telecomunicación para transmitir la palabra. **2.** Aparato que permite hacer uso de este sistema.

te·le·gra·fía [teleγrafía] *s/f* Sistema de telecomunicaciones que asegura la transmisión de mensajes gráficos o documentos mediante la utilización de un código de señales, a través de un hilo conductor o mediante ondas electromagnéticas.

te·le·gra·fiar [teleγrafjár] *v/tr* Comunicar algo mediante el telégrafo.
ORT, PRON El acento recae sobre la *i* en el *sing* y *3.ª pers pl* del *pres* de *indic* y *subj: Telegrafío, telegrafíe.*

te·le·grá·fi·co, -a [teleγráfiko, -a] *adj* Relativo al telégrafo o a la telegrafía.

te·le·gra·fis·ta [teleγrafísta] *s/m,f* Persona que atiende el servicio de telégrafos.

te·lé·gra·fo [teléγrafo] *s/m* Dispositivo que permite transmitir gráficamente despachos, avisos o noticias con rapidez y a larga distancia.

te·le·gra·ma [teleγráma] *s/m* Mensaje telegráfico escrito en un papel que se entrega al destinatario.

te·le·le [teléle] *s/m* Ataque de nervios, soponcio, patatús.

te·le·me·tría [telemetría] *s/f* Arte de medir distancias entre objetos lejanos.

te·lé·me·tro [telémetro] *s/m* Aparato óptico para medir distancias entre dos puntos lejanos.

te·le·ob·je·ti·vo [teleoβxetíβo] *s/m* Objetivo fotográfico, de distancia focal relativamente larga, capaz de dar una imagen grande de un objeto lejano.

te·leo·lo·gía [teleoloxía] *s/f* FIL Doctrina que intenta explicar un fenómeno por sus causas finales.

te·le·pa·tía [telepatía] *s/f* Fenómeno de percepción a distancia sin medir sensaciones y sin emplear los medios habituales de comunicación.

te·le·ra [teléra] *s/f* Nombre que se da a unas piezas que hacen de travesaño en algunos instrumentos o utensilios.

te·les·có·pi·co, -a [teleskópiko, -a] *adj* Relativo al telescopio.

te·les·co·pio [teleskópjo] *s/m* Instrumento óptico que permite la observación de cuerpos muy alejados; se utiliza especialmente en astronomía.

te·le·si·lla [telesíʎa] *s/m* Teleférico utilizado en lugares donde hay deportes de nieve, de cable portante y tractor al que van enganchadas sillas de metal ligero.

te·les·pec·ta·dor, -ra [telespektaðór, -ra] *s/m,f* Persona que ve la televisión.

te·les·quí [teleskí] *s/m* Teleférico que permite a los esquiadores subir hasta las pistas sobre sus esquís mediante un sistema de arrastre.

te·le·ti·po [teletípo] *s/m* Aparato telegráfico de teclado, cuyo receptor imprime el mensaje en caracteres ordinarios.

te·le·vi·den·te [teleβiðénte] *s/m,f* Telespectador.

te·le·vi·sar [teleβisár] *v/tr* Transmitir por televisión.

te·le·vi·sión [teleβisjón] *s/f* Sistema de transmisión de imágenes a distancia mediante las ondas hertzianas.
ORT Suele abreviarse en *TV* (='te-uve').

te·le·vi·si·vo, -a [teleβisíβo, -a] *adj* Relativo a la televisión.

te·le·vi·sor [teleβisór] *s/m* Aparato que reproduce en su pantalla las imágenes transmitidas por televisión.

té·lex [téle(k)s] *s/m* Sistema de mecanografía a distancia que se efectúa por medio de teletipos y suele emplearse en empresas y otros organismos para comunicarse instantáneamente.

te·li·lla [telíʎa] *s/f* **1.** Nata que se forma en la superficie de determinados líquidos. **2.** Capa mate que cubre la plata.

te·lón [telón] *s/m* Cortina grande que cubre el escenario de un teatro, de modo que pueda bajarse y subirse.
Telón de acero, nombre usado en política para referirse a las fronteras entre los países denominados occidentales o libres y los países socialistas del Este de Europa y la Unión Soviética.

te·lo·ne·ro, -a [telonéro, -a] *adj* y *s/m,f* Se aplica al artista, boxeador, orador, etc., que, en espectáculos de variedades, veladas de boxeo, actos públicos, etc., interviene en primer lugar, para hacer tiempo antes de iniciarse el número principal.

te·lú·ri·co, -a [telúriko, -a] *adj* Relativo a la Tierra como planeta.

te·ma [téma] *s/m* **1.** Materia o asunto de que se trata en un escrito, una exposición o discurso en general. **2.** MÚS Melodía que se repite en una composición bajo distintas formas. **3.** Idea fija o manía en que alguien se obstina: *Cada loco con su tema.*

te·ma·rio [temárjo] *s/m* Conjunto de temas propuestos para su discusión o estudio en un congreso, examen, conferencia, etc.: *El temario de oposiciones.*

te·má·ti·co, (-a) [temátiko, (-a)] **I.** *adj* Que se ejecuta o dispone según el tema. **II.** *s/f* **1.** Lo dispuesto según un tema o asunto. **2.** Conjunto de temas de una obra o época literaria.

tem·bla·de·ra [tembladéra] *s/f* Tembleque, temblor muy intenso.

tem·blar [temblár] *v/intr* **1.** Estremecerse o agitarse con sacudidas cortas y rápidas, generalmente reiteradas: *Temblar de frío.* **2.** FIG Estar asustado por algo o tener mucho miedo. RPr **Temblar de.**
CONJ *Irreg: Tiemblo, temblaré, temblé, temblado.*

tem·ble·que [tembleke] *s/m* Temblor intenso.

tem·ble·que·ar o **tem·ble·te·ar** [temble{k/t}eár] *v/intr* Temblar continuadamente.

tem·blón, -na [temblón, -na] *adj* y *s/m,f* Que tiembla fácilmente y a menudo.

tem·blor [temblór] *s/m* **1.** Acción de temblar; movimiento involuntario que se repite continuadamente. **2.** Movimiento sísmico, terremoto: *Temblor de tierra.*

tem·blo·ro·so, -a o **tem·blo·so, -a** [tembloróso, -a/temblóso, -a] *adj* Que tiembla mucho.

te·mer [temér] **I.** *v/tr* Tener miedo de alguien o algo: *Teme a su abuelo.* **II.** *v/tr,* REFL(-SE) Sospechar, sentir recelo, presumir algo. RPr **Temer a/de/por:** *Teme de alguien. Temía por su hijo.*

te·me·ra·rio, -a [temerárjo, -a] *adj* Se aplica a la persona que se expone a los peligros sin previo examen de ellos.

te·me·ri·dad [temeriðáð] *s/f* **1.** Cualidad o actitud de temerario. **2.** Acción temeraria.

te·me·ro·so, -a [temeróso, -a] *adj* **1.** (Con *estar*) Que tiene temor en determinados momentos: *Ahora está temeroso.* **2.** (Con *ser*) Inclinado a sentir temor: *Es temeroso de Dios.* RPr **Temeroso de.**

te·mi·ble [temíβle] *adj* Digno de ser temido.

te·mor [temór] *s/m* **1.** Miedo moderado. **2.** Recelo, sospecha, aprensión a que haya ocurrido, ocurra o pueda ocurrir algo malo. RPr **Temor a/de:** *Temor a la muerte/de la muerte.*

tém·pa·no [témpano] *s/m* **1.** Timbal, instrumento músico. **2.** Piel extendida del tambor, pandero, etc. **3.** Plancha flotante de hielo. **4.** Fragmento o pedazo de forma plana de cualquier cosa dura. **5.** Cubierta de corcho para tapar las colmenas.

tem·pe·ra·men·tal [temperamentál] *adj* **1.** Relativo al temperamento: *Una característica temperamental.* **2.** Se aplica a la persona de reacciones intensas y de frecuentes cambios de ánimo o humor: *Carácter temperamental.*

tem·pe·ra·men·to [temperaménto] *s/m* **1.** Carácter, manera de ser de una persona considerando sus reacciones y su conducta ante otras personas o cosas. **2.** Vehemencia y viveza en las reacciones de una persona: *Mi suegro es todo temperamento.*

tem·pe·ra·tu·ra [temperatúra] *s/f* **1.** Grado de calor de los cuerpos: *El niño tiene 38° de temperatura.* **2.** Grado de calor o de frío de la atmósfera.

tem·pes·tad [tempestáð] *s/f* **1.** Fuerte perturbación de la atmósfera, con lluvia, granizo o nieve, truenos y relámpagos. **2.** Agitación violenta del agua del mar, originada por la fuerza del viento. **3.** Agitación violenta del ánimo de las personas. **4.** Agitación ruidosa de aprobación o desaprobación por parte de la gente que asiste a un acto público, espectáculo, etc.: *Una tempestad de aplausos.*

tem·pes·tuo·so, -a [tempestwóso, -a] *adj* **1.** Se aplica al tiempo que amenaza tempestad o en que se producen tempestades. **2.** FIG Se aplica también al ambiente de un lugar que amenaza tempestad, en el sentido figurado de 'tensión o situación violenta'.

tem·pla·do, -a [templáðo, -a] *adj* **1.** Que es resultado de templar, moderar: *Nervios templados.* **2.** Se aplica a lo que tiene una temperatura media, que no está ni frío ni caliente. **3.** Se aplica a la persona valiente, con entereza: *Es un hombre muy templado.* RPr **Templado en:** *Templado en la bebida.*

tem·plan·za [templánθa] *s/f* **1.** Virtud que modera los apetitos, pasiones, etc. **2.** Benignidad del clima o la temperatura.

tem·plar [templár] **I.** *v/tr* **1.** Moderar o suavizar la fuerza de algo: *La brisa marina templa el calor en esta zona.* **2.** Dar el temple a un cristal, metal, etc.: *El obrero templó el hierro fundido.* **3.** Mezclar una cosa con otra para atenuar su fortaleza: *Templó la ginebra con coca-cola.* **4.** Afinar un instrumento. **5.** Apaciguar, aplacar a alguien. **6.** COL Dejarse notar los primeros síntomas de haber bebido más de lo debido: *Con dos copas ya está templado.* **II.** *v/tr,* REFL (-SE) Quitar el frío de algo, calentarlo ligeramente: *Templa el agua de la piscina.*

tem·pla·rio, -a [templárjo, -a] *s/m* Individuo de una orden militar fundada en Jerusalén para protección de los peregrinos.

tem·ple [témple] *s/m* **1.** Acción y efecto de templar el acero, vidrio, etc. **2.** Punto de dureza o elasticidad que se da a un metal, vidrio, etc. **3.** Fortaleza y valentía serena para afrontar las dificultades y los riesgos: *Una persona de temple.* **4.** (Con *buen, mal*) Humor, estado circunstancial o cualidad del ánimo de alguien: *No sé qué le ocurre, está de mal temple.* **5.** Pintura para muros, bóvedas, etc., preparada mezclando el pigmento con cola u otra materia glutinosa caliente y agua.

tem·ple·te [templéte] *s/m* Construcción formada por un techo sobre columnas, que se utiliza para cobijar una estatua, y que en tamaño reducido puede formar parte de un altar, mueble, etc.

tem·plo [témplo] *s/m* Edificio o lugar destinado al culto religioso.

tém·po·ra [témpora] *s/f* Tiempo de ayuno, al comienzo de cada estación del año. Suele usarse en *pl.*

tem·po·ra·da [temporáða] *s/f* **1.** Espacio de tiempo (varios días o meses) que se considera como un conjunto. **2.** Período durante el cual se realiza habitualmente una actividad, manifestación artística, deportiva, etc.: *La temporada de baloncesto.*

tem·po·ral [temporál] **I.** *adj* **1.** Relativo al tiempo. **2.** Se aplica a lo que no es duradero ni permanente, que dura sólo cierto tiempo: *Ha encontrado un trabajo temporal.* **3.** Profano, no religioso. **II.** *s/m* **1.** Tempestad en tierra o en el mar: *Se acerca un fuerte temporal.* **2.** Tiempo de lluvias o mal tiempo. **III.** *adj* y *s/m* Se aplica al hueso regular y par que forma parte del cráneo. LOC **Capear el temporal,** pasar de la mejor forma posible una situación crítica o difícil.

tem·po·re·ro, -a [temporéro, -a] *adj* y *s/m,f* Se aplica al trabajador eventual que no está en plantilla y por tanto carece de algunos seguros y derechos de los demás empleados.

tem·pra·ne·ro, -a [tempranéro, -a] *adj* Se aplica a la persona que se ha levantado excepcionalmente temprano o que suele levantarse o hacer las cosas temprano.

tem·pra·no, -a [tempráno, -a] **I.** *adj* Se aplica a lo que madura, ocurre o aparece pronto: *Fruta temprana.* **II.** *adv* **1.** En las primeras horas del día o de la noche: *Se acostó temprano.* **2.** Antes de lo convenido o acostumbrado: *Terminó el trabajo temprano.* **3.** Antes de tiempo.

te·na·ci·dad [tenaθiðáð] *s/f* Cualidad de tenaz.

te·na·ci·llas [tenaθíʎas] *s/f, pl* Utensilio en forma de tenaza(s), especialmente usado para rizar el pelo.

te·naz [tenáθ] *adj* **1.** Persistente, adherido con fuerza a un sitio o difícil de quitar: *Un tenaz dolor de cabeza.* **2.** Se aplica a la persona que no desiste fácilmente de lo que se propone hacer o conseguir. **3.** Resistente a la deformación o rotura (hierro, madera).
ORT *Pl: Tenaces.*

te·na·za(s) [tenáθa(s)] *s/f, pl* Instrumento compuesto de dos piezas cruzadas móviles y articuladas por un clavillo o pasador, rematadas en sendas mordazas, que se pueden cerrar para coger o sujetar fuertemente diversos objetos o cosas.

ten·ca [téŋka] *s/f* Pez de agua dulce, de cuerpo alargado y oval, cubierto de pequeñas escamas y comestible.

ten·da·le·ro o **ten·de·de·ro** [tendaléro/tendeðéro] *s/m* Lugar o conjunto de cuerdas o alambres donde se tiende algo.

ten·den·cia [tendénθja] *s/f* **1.** Dirección o fin hacia el que se tiende. **2.** Ideas políticas, filosóficas o artísticas.

ten·den·cio·so, -a [tendenθjóso, -a] *adj* Que manifiesta una tendencia determinada; que no es objetivo.

ten·den·te [tendénte] *adj* Se aplica a lo que tiende a la cosa que se expresa: *Medidas tendentes a paliar el paro.* RPr **Tendente a.**

ten·der [tendér] *v/tr* **1.** Extender algo, desdoblándolo: *Tendió el mantel sobre la mesa.* **2.** Colocar o poner a alguien extendido horizontalmente. **3.** Extender o colgar la ropa lavada o mojada en un lugar para que se seque. **4.** Colocar, suspender un cable, una cuerda o cualquier otra cosa similar entre dos puntos: *Tender un puente.* **5.** Alargar algo aproximándolo hacia alguien o algo: *Le tendí la botella de coñac para que se sirviera otra copa.* **6.** Tener alguien o algo una cualidad o característica no bien definida, pero sí aproximada a otra que se expresa: *El color de este vestido tiende a blanco.* **7.** Tener una inclinación, tendencia física o espiritual hacia una persona, cosa o fin: *Últimamente tiende a estar solo.* RPr **Tender a.**
CONJ *Irreg: Tiendo, tenderé, tendí, tendido.*

ten·de·re·te [tenderéte] *s/m* Puesto de venta callejero donde se tiene la mercancía extendida y expuesta al público.

ten·de·ro, -a [tendéro, -a] *s/m,f* Persona que tiene una tienda o que trabaja en ella.

ten·di·do, (-a) [tendíðo, -a] **I.** *adj* **1.** Que es resultado de tender. **2.** Se aplica al galope del caballo: *A galope tendido.* **II.** *s/m* **1.** Acción y efecto de tender un cable, alambre, línea de conducción, etc.: *El tendido eléctrico.* **2.** Conjunto de ropa lavada que se tiende de una vez para que se seque. **3.** Graderío descubierto en las plazas de toros.

ten·dón [tendón] *s/m* Tejido fibroso que une los músculos a los huesos.

te·ne·bris·mo [teneβrísmo] *s/m* Tendencia pictórica que estudia los efectos lumínicos, destacando las partes iluminadas y dejando el resto en la oscuridad.

te·ne·bro·si·dad [teneβrosiðáð] *s/f* Cualidad o estado de tenebroso.

te·ne·bro·so, -a [teneβróso, -a] *adj* **1.** Negro, sombrío, cubierto de tinieblas: *Un porvenir tenebroso.* **2.** Oculto, perverso.

te·ne·dor, (-ra) [teneðór, -ra] **I.** *s/m,f* El que tiene o posee algo, especialmente el que posee legítimamente alguna letra de cambio u otro valor endosable: *Un tenedor de acciones.* **II.** *s/m* **1.** Instrumento de mesa en forma de horca, con dos o más púas, y que se utiliza para comer alimentos sólidos. **2.** Persona que sirve a los que juegan a la pelota, recogiendo las que ruedan fuera del campo.
Tenedor de libros, contable.

te·ne·du·ría [teneðuría] *s/f* Cargo o actividad del tenedor de libros.

te·nen·cia [tenénθja] *s/f* **1.** DER Acción de tener: *Tenencia ilícita de armas.* **2.** Carga, oficio y oficina del teniente.

te·ner [tenér] **I.** *v/tr* **1.** Sostener, sujetar, asir algo: *Me tenía cogido por el brazo.* **2.** Poseer, disfrutar: *Tiene mucho dinero.* **3.** Expresa una relación de contigüidad física, intelectual, de parentesco, edad, etc., entre el sujeto y el complemento: *Nos tiene cariño. Tenía dieciocho años.* **4.** Atribuye una determinada cualidad, circunstancia o estado al complemento: *Tiene el pelo negro. ¿Tienes ya el pantalón planchado?* **5.**

Expresa la necesaria participación o interés del sujeto en determinada acción o acto: *El próximo lunes tendremos examen.* **6.** Acompañado de un complemento directo que además tenga un complemento formado por *que+inf,* atribuye una cualidad, circunstancia o estado, pero con matiz enfático: *Tengo algo que comunicaros. Lo que acabas de decir no tiene nada que ver con lo que pactamos ayer.* **7.** (Con *en*) Con los adverbios *menos, mucho* o *poco,* equivale a 'estimar' o 'valorar': *Le tienen en mucho en esa familia.* **8.** (Con *por, como*) Considerar: *Ten por seguro que nevará. Su intervención fue tenida como insuperable.* **9.** Con *a* y ciertos nombres, significa que lo mencionado se toma según lo expresado a continuación: *Tengo a mucha honra ser español.* **10.** Guardar, contener: *Este bote es ideal para tener café.* **11.** Significa a veces recibir: *Tendrá una sorpresa.* **12.** Expresa una relación de similitud, además de la relación de contigüidad indicada, con una construcción partitiva, y equivale a 'semejar' o 'parecer': *Su aspecto tiene un no sé qué de criminal.* **II.** *v/auxiliar.* **1.** Se une al participio de otro verbo, de modo semejante a 'haber', pero con la particularidad de que en este caso el participio concuerda en género y número con el complemento directo: *Tenía pensado ir al cine esta noche.* **2.** Forma la perífrasis *tener que+inf,* significando obligación, necesidad: *Tengo que llamarla esta noche.* **III.** REFL(-SE) **1.** Sostenerse, mantenerse algo o alguien sin caerse, generalmente de pie: *Esta muñeca se tiene de pie.* **2.** Dominarse, contenerse: *Téngase la señora.* **3.** (Con *por*) Considerarse a sí mismo según lo que se especifica: *Se tiene por muy inteligente.* LOC **No tener donde caerse muerto,** ser muy pobre. **No tenerlas todas consigo,** tener, sentir recelo: *Le he dejado diez mil pesetas, pero no las tengo todas conmigo de que me las devuelva.* **Tener a bien,** fórmula de cortesía con que se invita a alguien a algo. **Tener en mucho a una persona,** valorarla mucho. **Tener mucho gusto en/de,** fórmula de cortesía que expresa complacencia en lo que se anuncia: *Tendré mucho gusto en ayudarle, si me necesita.* **Tenerla tomada con alguien,** tener antipatía por alguien, reprenderle o molestarle muy a menudo, a veces sin fundamento: *El profesor la tiene tomada conmigo.* RPr **Tener a/en/por.**
CONJ *Irreg: Tengo (tienes), tendré, tuve, tenido.*

te·nia [ténja] *s/f* Gusano, de cuerpo largo y segmentado, que, en fase adulta, vive en el intestino de los vertebrados.

te·nien·te [tenjénte] *s/m* Oficial de los ejércitos de tierra y aire, de grado intermedio entre el de alférez y el de capitán.
Teniente de alcalde, concejal encargado de ciertas funciones de la alcaldía o ciertos asuntos de un distrito de ella.
Teniente coronel, grado intermedio entre el comandante y el coronel.
Teniente general, grado intermedio entre el de general de división y el de capitán general.

te·nis [ténis] *s/m* Juego de pelota que se practica con la ayuda de una raqueta, en un terreno de juego rectangular dividido en dos mitades por una red.

te·nis·ta [tenísta] *s/m,f* Jugador, (-a) de tenis.

te·nís·ti·co [tenístiko] *adj* Relativo al tenis.

te·nor [tenór] *s/m* **1.** Contenido de un escrito o frase: *Existe una conocida inscripción de este tenor.* **2.** Voz media entre la de contralto y la de barítono. **3.** Cantante que posee este tipo de voz.

te·no·rio [tenórjo] *s/m* FIG Galanteador, hombre que presume de enamorar fácilmente a las mujeres.

ten·sar [tensár] *v/tr* Poner tenso algo.

ten·sión [tensjón] *s/f* **1.** Acción de las fuerzas que mantienen tenso un cuerpo por presión sobre cada uno de los extremos hacia fuera. **2.** Estado del cuerpo sometido a tales fuerzas. **3.** Voltaje: *Cable de alta tensión.* **4.** Presión arterial. **5.** Actitud y estado del que espera, vigila o tiende a algo con angustia, intranquilidad o temor o en un fuerte estado emocional. **6.** Estado de enfado u hostilidad entre personas, naciones, etc.: *Tensión internacional.*

ten·so, -a [ténso, -a] *adj* Sometido a tensión.

ten·sor, -ra [tensór, -ra] *adj* y *s/m,f* **1.** Se dice de lo que sirve para tensar o poner en tensión. **2.** Aparato de gimnasia que suele constar de elásticos con empuñaduras.

ten·ta·ción [tentaθjón] *s/f* **1.** Impulso espontáneo o provocado por alguien o algo, que empuja a hacer algo que no debería hacerse: *No puede resistir la tentación de tomar un whisky.* **2.** FIG Lo que tienta.

ten·tá·cu·lo [tentákulo] *s/m* ZOOL Apéndice móvil y blando de muchos animales, que sirve como órgano del tacto, de locomoción y prensión.

ten·ta·de·ro [tentaðéro] *s/m* Corral o lugar cerrado donde se hace la tienta de becerros.

ten·ta·dor, -ra [tentaðór, -ra] *adj* Que tienta.

ten·tar [tentár] *v/tr* **1.** Palpar, tocar algo para reconocerlo, percibirlo o examinarlo por medio del tacto o de algún instrumento: *El ciego tentaba el billete de mil pesetas.* **2.** (Con *a, con*) Seducir, atraer, excitar a alguien a hacer algo, a veces no con-

veniente o debido, al mostrársele necesario, interesante o atractivo: *Me tentó con una copa de coñac.* **3.** Incitar al mal: *Me tentó a fumar.* **4.** Explorar con la tienta la cavidad de una herida. **5.** Efectuar la tienta. RPr **Tentar a/con.**
CONJ *Irreg: Tiento, tentaré, tenté, tentado.*

ten·ta·ti·va [tentatíβa] *s/f* Acción de intentar, experimentar o tantear algo, especialmente intento de cometer un delito que no se cumple por razones ajenas al delincuente.

ten·tem·pié [tentempjé] *s/m* **1.** Refrigerio. **2.** Dominguillo, juguete.

te·nue [ténwe] *adj* **1.** Delgado, de poco grosor. **2.** Sutil, poco espeso: *Tenue niebla.* **3.** De poca intensidad: *La tenue luz.*

te·ñi·do, (-a) [teɲíðo, (-a)] **I.** *adj* Que es resultado de teñir. **II.** *s/m* Acción y efecto de teñir.

te·ñir [teɲír] *v/tr* **1.** Cambiar el color de algo dándole otro distinto del que tenía: *Ha teñido los zapatos de negro.* **2.** Dar a algo más características diferentes de las que tenía: *Suele teñir sus escritos de un cierto dramatismo.* RPr **Teñir de/en:** *Teñir de/en azul.*
CONJ *Irreg: Tiño, teñiré, teñí, teñido.*

teo·cra·cia [teokráθja] *s/f* Gobierno ejercido por la clase sacerdotal de un país.

teo·crá·ti·co, -a [teokrátiko, -a] *adj* Relativo a la teocracia.

teo·di·cea [teoðiθéa] *s/f* Teología natural, que estudia las pruebas de existencia y la naturaleza de Dios.

teo·do·li·to [teoðolíto] *s/m* Aparato utilizado para medir ángulos horizontales y verticales.

teo·lo·gal [teoloγál] *adj* Relativo a la teología.

teo·lo·gía [teoloxía] *s/f* Ciencia que trata de Dios y de sus atributos y perfecciones.

teo·ló·gi·co, -a [teolóxiko, -a] *adj* Relativo a la teología.

teó·lo·go, -a [teóloγo, -a] *s/m,f* Persona que por profesión o estudio se dedica a la teología.

teo·re·ma [teoréma] *s/m* Proposición científica que puede ser demostrada.

teo·ría [teoría] *s/f* **1.** Conjunto sistematizado y organizado de ideas sobre algo. **2.** Por oposición a práctica, conjunto de conocimientos sobre algo, sin considerar la práctica. LOC **En teoría,** no comprobado prácticamente.

teó·ri·co, (-a) [teóriko, (-a)] **I.** *adj* Perteneciente a la teoría. **II.** *s/f* Teoría, conocimiento especulativo.

teo·ri·zar [teoriθár] *v/tr* Tratar un asunto teóricamente, sin llevar a cabo acciones concretas.
ORT Ante *e* la *z* cambia en *c: Teoricé.*

te·qui·la [tekíla] *s/f* Bebida alcohólica de fuerte graduación, que se extrae de una especie de maguey que se cultiva especialmente en el altiplano mexicano.

te·ra·peu·ta [terapéuta] *s/m,f* Persona que se dedica a la terapéutica.

te·ra·péu·ti·ca [terapéutika] *s/f* Parte de la medicina que trata de la curación de las enfermedades.

te·ra·péu·ti·co, -a [terapéutiko, -a] *adj* Relativo a la terapéutica.

te·ra·pia [terápja] *s/f* Tratamiento de las enfermedades. Se usa particularmente como sufijo: *Radioterapia, psicoterapia.*

ter·cer [terθér] *Apóc de tercero;* se emplea antepuesto al sustantivo *sing m: Vive en el tercer piso.*
Tercer mundo, conjunto de países poco desarrollados económicamente, que no pertenecen al grupo de Estados industrializados de economía liberal, ni al grupo de Estados de tipo socialista.

ter·cer·mun·dis·ta [terθermundísta] *adj* Relativo al tercer mundo.

ter·ce·ro, (-a) [terθéro, -a] **I.** *adj* y *s/m,f* **1.** Que corresponde en el orden al número tres: *Es la tercera a la derecha.* **2.** Que es el tercio de un entero o un todo: *Sólo quiero la tercera parte.* **3.** *m* Se aplica a la persona o cosa que interviene en un asunto además de las dos ya implicadas: *Este seguro incluye daños a terceros.* **4.** *f* La última de las categorías en un tren de viajeros. **II.** *adj* y *s/f* En un vehículo automóvil, la marcha de más velocidad después de la directa: *La tercera (velocidad).* LOC **A la tercera va la vencida,** expresión que indica que algo sucede o sucederá al tercer intento.

ter·ce·ro·la [terθeróla] *s/f* **1.** Arma de fuego, más corta que la carabina. **2.** Flauta pequeña, pero mayor que el flautín.

ter·ce·to [terθéto] *s/m* **1.** Estrofa de tres versos endecasílabos (*aba, cdc, efe,* etc.). **2.** Composición musical para tres voces o instrumentos. **3.** Conjunto de tres voces o instrumentos.

ter·cia·na [terθjána] *s/f* Fiebre intermitente cuyos accesos se repiten cada tres días.

ter·ciar [terθjár] **I.** *v/tr* **1.** Dividir una cosa en tres partes. **2.** Cruzar, poner una cosa diagonalmente; en especial una prenda de ropa o una parte de ella: *Terciar la capa.* **II.** *v/intr* **1.** Intervenir en lo que hacen otros; se dice sobre todo si se trata de una conversación en la que se expone la opinión propia. **2.** Mediar entre dos personas o grupos de ellas para ponerlas de acuerdo, o interceder a favor de una: *Tuve que terciar para que su madre no le pegara.* **III.** REFL(-SE) **1.** Presentarse casualmente algo o la oportunidad de hacer algo: *Si se tercia, pienso irme a León.* **2.** Suceder por casualidad. RPr **Terciar con/en/entre:** *Terciar con el jefe/en un asunto/entre ellos.*

ter·cia·rio, (-a) [terθjárjo, (-a)] **I.** *adj* Tercero en orden o grado. **II.** *adj* y *s/m,f* Se aplica al período que siguió al cretáceo y a sus cosas. **III.** *s/m* Se aplica a los individuos que profesan cualquiera de las órdenes terceras *(franciscanos, dominicos).*

ter·cio, (-a) [térθjo, (-a)] **I.** *adj* Tercero. **II.** *s/m* **1.** Cada una de las tres partes iguales en que se divide un todo. **2.** Cuerpo militar de voluntarios. **3.** Cada una de las tres etapas en que se divide la lidia de toros.

ter·cio·pe·lo [terθjopélo] *s/m* Tejido de superficie velluda, empleado principalmente para prendas de vestir y tapicería.

ter·co, -a [térko, -a] *adj* **1.** Se aplica a la persona que a toda costa se mantiene en sus actitudes o ideas. **2.** Aplicado a cosas, difícil de trabajar.

ter·gal [terɣál] *s/m* Hilo o fibra sintética.

te·re·sia·no, -a [teresjáno, -a] **I.** *adj* Relativo a Santa Teresa de Jesús. **II.** *adj* y *s/m,f* Relativo a varios institutos religiosos que tienen por patrona a Santa Teresa.

ter·gi·ver·sa·ción [terxiβersaθjón] *s/f* Acción y efecto de tergiversar.

ter·gi·ver·sar [terxiβersár] *v/tr* Dar una interpretación errónea a palabras o hechos.

ter·mal [termál] *adj* Relativo a las termas o caldas.

ter·mas [térmas] *s/f, pl* **1.** Establecimiento para tomar baños de agua mineral caliente. **2.** Baños públicos de la antigua Roma.

tér·mi·co, -a [térmiko, -a] *adj* Relativo al calor y a la temperatura.

ter·mi·na·ción [terminaθjón] *s/f* **1.** Acción y efecto de terminar(se). **2.** Parte final de algo.

ter·mi·nal [terminál] **I.** *adj* Se aplica a lo que constituye el final o pone término a algo. **II.** *adj* y *s/f* Se dice del lugar de origen o final de una línea aérea, ferrocarril, autobús, etc.: *Terminal de autobús.* **III.** *s/m* Punto de conexión eléctrico del que se toma la corriente para un aparato u otro fin.

ter·mi·nan·te [terminánte] *adj* Concluyente, con total claridad en lo expresado: *Una respuesta terminante.*

ter·mi·nar [terminár] **I.** *v/tr* Poner fin o dar término a algo. **II.** *v/intr* **1.** Tener fin algo, llegar a su fin: *El viaje ha terminado.* **2.** Decidirse finalmente a hacer algo: *Terminó por casarse.* RPr **Terminar por (II. 2)/de/en:** *Terminar de comer/Terminó en la calle.*

tér·mi·no [término] *s/m* **1.** Extremo, límite, último punto hasta donde llega algo. **2.** Fin, de algo: *El término del trayecto.* **3.** Porción de terreno sometido a la autoridad de un ayuntamiento: *Término municipal.* **4.** Mojón, señal con que se separa un terreno de otro. **5.** Lugar cercado. **6.** Límite de tiempo, plazo fijo: *Le fijó un término para pagar.* **7.** Palabra, referido especialmente a su significado: *Utiliza unos términos muy cultos.* **8.** Elemento de un conjunto, cada uno de los componentes que forman un todo. **9.** *pl* Datos, supuestos o manera en que una cuestión se plantea: *Enfocado el problema en esos términos, no hay otra solución.* **10.** *pl* Condiciones en que se explicita un contrato, trato o tratado: *Los términos del tratado.* LOC **Dar término a algo**, terminarlo: *Mañana damos término a la casa.* **En último término,** si no hay otro remedio: *En último término, pasaré por la casa.* **Llevar a término algo**, realizarlo completamente. **Poner término a algo**, hacer que acabe de ocurrir o producirse: *Puso término a la conversación.* **Por término medio**, cantidad intermedia entre otras dos o más: *Por término medio, estudio cinco horas diarias.*

ter·mi·no·lo·gía [terminoloxía] *s/f* Conjunto de vocablos relativos a una ciencia, profesión, materia u ocupación, que constituyen un lenguaje interno de la misma.

ter·mi·ta o **ter·mi·te** [termít{a/e}] *s/f* y *s/m* respectivamente. Carcoma: insecto que se desarrolla en la madera.

ter·mi·te·ro [termitéro] *s/m* Nido de termitas.

ter·mo [térmo] *s/m* Recipiente con cierre hermético y paredes dobles bien aisladas. Se utiliza para conservar los líquidos durante mucho tiempo a una temperatura determinada.

ter·mo·di·ná·mi·ca [termoðinámika] *s/f* Parte de la física que estudia las relaciones entre el calor y otras formas de energía.

ter·mo·e·lec·tri·ci·dad [termoelektriθiðáð] *s/f* **1.** Energía eléctrica producida por el calor. **2.** Parte de la física que estudia esta energía.

ter·mó·me·tro [termómetro] *s/m* Aparato que se utiliza para medir las temperaturas, y que se basa en la dilatación de un cuerpo (generalmente el mercurio) dentro de un tubo capilar.

ter·mo·nu·cle·ar [termonukleár] *adj* Se dice de las reacciones nucleares entre núcleos de elementos ligeros, logradas mediante el empleo de muy altas temperaturas.

ter·mos·ta·to [termostáto] *s/m* Aparato graduable que, en un ambiente determinado, regula la temperatura del mismo conectando o desconectando la fuente de calor o frío según fluctúe la temperatura que registra.

ter·na [térna] *s/f* Lista de tres personas propuestas para que de entre ellas se elija a la que ha de desempeñar cierta función o cargo.

ter·na·rio, -a [ternárjo, -a] *adj* Que tiene tres elementos, unidades o números.

ter·nas·co [ternásko] *s/m* Cordero que todavía se alimenta de leche.

ter·ne·ro, (-a) [ternéro, (-a)] **I.** *s/m,f* Ejemplar de ganado vacuno con dentición de leche. **II.** *s/f* Carne de este ejemplar.

ter·ne·za [ternéθa] *s/f* **1.** Ternura. **2.** *pl* Expresión de cariño.

ter·ni·lla [terníʎa] *s/f* Cartílago en forma de lámina.

ter·no [térno] *s/m* **1.** Conjunto de tres cosas de una misma especie. **2.** Juramento, maldición o palabra soez que se profiere para desahogar la cólera o el enfado.

ter·nu·ra [ternúra] *s/f* **1.** Cualidad de tierno. **2.** Actitud cariñosa hacia alguien. **3.** Cualidad de las cosas que producen emoción y cariño: *La ternura de un paisaje.*

ter·que·dad [terkeðáð] *s/f* **1.** Cualidad de terco. **2.** Actitud terca.

te·rra·co·ta [terrakóta] *s/f* Escultura de barro cocido.

te·rra·do [terráðo] *s/m* Especie de terraza que cubre una cosa.

te·rral [terrál] *adj* y *s/m* Se aplica al viento que sopla de tierra.

te·rra·plén [terraplén] *s/m* **1.** Amontonamiento de tierra en una obra o que se forma para rellenar un desnivel en una vía de comunicación. *Por ext,* pendiente formada por ese amontonamiento. **2.** Pequeña inclinación del terreno. **3.** Barranco.

te·rrá·queo, -a [terrákeo, -a] *adj* Que está compuesto de tierra y agua. Sólo se utiliza en las expresiones 'globo terráqueo', 'esfera terráquea', para denominar a la Tierra.

te·rra·te·nien·te [terratenjénte] *s/m,f* Persona propietaria de tierras o fincas rurales de gran extensión.

te·rra·za [terráθa] *s/f* **1.** Azotea. **2.** Espacio descubierto o parcialmente cubierto en las casas y en los pisos de un edificio. **3.** Lugar acotado delante de un bar, cafetería, etc., para que los clientes puedan sentarse al aire libre. **4.** Trozo de terreno, generalmente en serie escalonada con otros, arrellenado y dispuesto horizontalmente en la ladera de una montaña para cultivarlo.

te·rra·zo [terráθo] *s/m* Pavimento formado por trozos de mármol aglomerados con cemento, cuya superficie, una vez pulimentada, presenta el aspecto del granito, de un mosaico o de ciertos mármoles abigarrados.

te·rre·mo·to [terremóto] *s/m* Movimiento vibratorio violento de la corteza terrestre.

te·rre·nal [terrenál] *adj* Relativo a la tierra, en oposición al cielo.

te·rre·no, (-a) [terréno, (-a)] **I.** *adj* **1.** Terrenal. **2.** Terrestre: *Mundo terreno.* **II.** *s/m* **1.** Suelo terrestre: *Terreno lunar.* **2.** Espacio de tierra más o menos extenso, destinado a un uso concreto. **3.** Campo o esfera de acción en que se ejerce el poder o influencia de algo o alguien: *No quiero opinar sobre temas que están fuera de mi terreno.* **4.** Conjunto de materiales o actividades de que se habla: *El terreno de la enseñanza.* LOC **Estar/Encontrarse en su propio terreno,** estar alguien en mejor situación que los demás, saber perfectamente de qué va el asunto. **Ganar terreno,** *1.* Progresar. *2.* Atajar. *3.* Difundirse, triunfar: *Este diario poco a poco ha ido ganando terreno y hoy es uno de los más prestigiosos del país.* **Perder terreno,** retroceder, atrasarse. **Preparar/Trabajar el terreno,** hacer preparativos previos para obtener éxito o buen resultado en algo. **Saber alguien el terreno que pisa,** conocer bien lo que se lleva entre manos y su entorno y obrar con seguridad. **Sobre el terreno,** *1.* En el sitio en el que se ha de desarrollar o resolver lo que se trata. *2.* Sin preparación, improvisando los medios o soluciones para hacer o resolver algo sobre la marcha.

te·rres·tre [terréstre] **I.** *adj* **1.** Relativo a la tierra. **2.** Que vive, se desarrolla o se da en la tierra, en oposición al cielo, mar o al aire. **II.** *s/m,f* Habitante de la tierra.

te·rri·ble [terríβle] *adj* **1.** Que inspira o puede inspirar miedo o terror: *Un monstruo terrible.* **2.** Atroz, difícil de tolerar.

te·rrí·co·la [terríkola] *s/m,f* Habitante de la tierra.

te·rrí·fi·co, -a [terrífiko, -a] *adj* Terrorífico.

te·rri·to·rial [territorjál] *adj* Relativo al territorio.

te·rri·to·ria·li·dad [territorjaliðáð] *s/f* Hecho de pertenecer algo a un territorio o estado.

te·rri·to·rio [territórjo] *s/m* Porción de la superficie terrestre perteneciente a una nación, región, provincia, etc.

te·rrón [terrón] *s/m* Masa pequeña y compacta de tierra u otra sustancia: *Un terrón de azúcar.*

te·rror [terrór] *s/m* **1.** Miedo muy grande e intenso. **2.** Persona o cosa que provoca este sentimiento: *Es el terror del barrio.*

te·rro·rí·fi·co, -a [terrorífiko, -a] *adj* Que da o produce mucho miedo.

te·rro·ris·mo [terrorísmo] *s/m* **1.** Medio de lucha violenta concretado en la comisión de atentados como instrumento de lucha política. **2.** Dominio por el terror.

te·rro·ris·ta [terrorísta] *adj* y *s/m,f* Relativo al terrorismo o que lo practica.

te·rro·si·dad [terrosiðáð] *s/f* Cualidad de terroso.

te·rro·so, -a [terróso, -a] *adj* **1.** Con tierra. **2.** Semejante a la tierra. **3.** Se aplica al color similar al de la tierra.

te·rru·ño [terrúɲo] *s/m* País de origen, en que se vive o que se añora.

ter·so, -a [térso, -a] *adj* **1.** Liso, sin arrugas. **2.** Limpio, transparente: *Tranquilo y terso mar.*

ter·su·ra [tersúra] *s/f* Cualidad de terso.

ter·tu·lia [tertúlja] *s/f* **1.** Grupo de personas que se reúnen habitualmente para hablar, conversar o divertirse. **2.** Lugar destinado en los cafés a las mesas de billar y a los jugadores de cartas, etc.

te·se·la [teséla] *s/f* Cada una de las piececitas con que se forma un mosaico.

te·si·na [tesína] *s/f* Tesis de menor importancia y extensión que se exige en algunas universidades para conseguir el grado de licenciatura.

te·sis [tésis] *s/f* **1.** Opinión que alguien mantiene sobre un asunto serio: *Ambos defienden la misma tesis.* **2.** Trabajo de investigación inédito y original que se presenta en una Facultad para obtener el grado de doctor universitario.

te·si·tu·ra [tesitúra] *s/f* **1.** MÚS Margen que abarca una voz o instrumento entre la nota más grave y la más aguda que puede emitir. **2.** Estado de ánimo o humor en que se encuentra alguien.

te·són [tesón] *s/m* Firmeza, perseverancia o constancia para decir o hacer algo.

te·so·re·ría [tesorería] *s/f* **1.** Empleo del tesorero. **2.** Oficina del tesorero.

te·so·re·ro, -a [tesoréro, -a] *s/m,f* Persona encargada de los fondos de una entidad.

te·so·ro [tesóro] *s/m* **1.** Conjunto de oro, joyas, dinero o cosas de mucho valor, reunido o guardado en algún lugar. **2.** Abundancia del caudal guardado. **3.** Erario de una nación. **4.** Persona o cosa de gran valor: *Esta chica es un tesoro.* **5.** Apelativo cariñoso: *¡Tesoro mío!, no llores.*

test [tés(t)] *s/m* Prueba que consiste en colocar a una persona ante una situación determinada con el fin de obtener un resultado que sea objetivable y comparable con los resultados obtenidos por otras personas ante la misma prueba.

tes·ta [tésta] *s/f* Cabeza del hombre y de los animales.

tes·ta·do, -a [testáðo, -a] *adj* Se aplica a la persona que ha hecho testamento, y a la herencia fijada por él.

tes·ta·dor, -ra [testaðór, -ra] *s/m,f* El que hace testamento.

tes·ta·fe·rro [testaférro] *s/m* Persona que figura nominalmente en un contrato como propietaria de algo, etc., en lugar del interesado o propietario real, cuyo nombre no se expresa.

tes·ta·men·ta·ría [testamen̪taría] *s/f* **1.** Conjunto de gestiones, documentos, etc., que conducen a la ejecución de un testamento. **2.** Bienes que constituyen la herencia, desde el momento en que muere el testador hasta el momento en que pasa a los herederos.

tes·ta·men·ta·rio, -a [testamen̪tárjo, -a] **I.** *adj* Relativo al testamento. **II.** *s/m,f* Persona encargada por el testador de cumplir su última voluntad.

tes·ta·men·to [testamén̪to] *s/m* **1.** Acto jurídico que consiste en una declaración de voluntad que hace alguien en la cual se señala lo que debe hacerse con sus bienes y pertenencias. **2.** Documento en que consta esta declaración.

tes·tar [testár] *v/intr* Hacer testamento.

tes·ta·ru·dez [testaruðéθ] *s/f* **1.** Cualidad de testarudo. **2.** Acción propia del testarudo.

tes·ta·ru·do, -a [testarúðo, -a] *adj* y *s/m,f* Se dice de la persona difícil de convencer, o de la que difícilmente desiste de su actitud.

tes·te·ra, tes·ta·ra·da o **tes·te·ra·zo** [test{e/a}ráða/testaráθo] *s/f* Golpe recibido en la cabeza al pegar con ella en algún sitio, o golpe que se da con ella.

tes·tí·cu·lo [testíkulo] *s/m* Cada una de las dos glándulas sexuales masculinas que producen los espermatozoides.

tes·ti·fi·ca·ción [testifikaθjón] *s/f* Acción y efecto de testificar.

tes·ti·fi·cal [testifikál] *adj* Referente a los testigos.

tes·ti·fi·car [testifikár] *v/tr* **1.** Declarar como testigo. **2.** Probar algo con testigos o documentos. **3.** Declarar con verdad.
ORT La *c* cambia en *qu* ante *e: Testifiquen.*

tes·ti·fi·ca·ti·vo, -a [testifikatíβo, -a] *adj* Que sirve para testificar algo.

tes·ti·go [testíγo] **I.** *s/m,f* **1.** Persona que da testimonio de algo, o lo atestigua: *Los testigos del juicio.* **2.** Persona que presencia un suceso: *No hubo testigos oculares del accidente.* **II.** *s/m* Cualquier cosa que sirve para demostrar la verdad de un hecho: *Esa herida es testigo del accidente que tuvo.*

tes·ti·mo·nial [testimonjál] *adj* De valor de testimonio.

tes·ti·mo·niar [testimonjár] *v/tr* Testificar, atestiguar.

tes·ti·mo·nio [testimónjo] *s/m* **1.** Acción y efecto de testimoniar. **2.** Declaración y afirmación del testigo. **3.** Prueba de la certeza de una cosa. LOC **Levantar falsos testimonios,** calumniar o difamar a alguien.

tes·tuz [testúð] *s/m,f* **1.** Frente del caballo y otros animales. **2.** Nuca del toro, el buey o la vaca.
ORT *Pl: Testuces.*

te·ta [téta] *s/f* **1.** Mama, órgano que segrega leche, en las hembras de los mamíferos. **2.** Pezón. LOC **Dar (la) teta,** dar de mamar. **De teta,** se aplica al niño o a la cría de algún animal que están en período de la lactancia.

te·ta·nia [tetánja] *s/f* Tendencia patológica a la aparición de espasmos y contracciones musculares.

te·tá·ni·co, -a [tetániko, -a] *adj* MED Relativo al tétanos o a la tetania

té·ta·no o **té·ta·nos** [tétano(s)] *s/f* Enfermedad infecciosa muy grave producida por un bacilo que penetra por las heridas y ataca al sistema nervioso produciendo la contracción permanente y dolorosa de los músculos.

te·te·ra [tetéra] *s/f* Recipiente donde se hace y se sirve el té.

te·ti·lla [tetíʎa] *s/f* **1.** Teta del mamífero macho. **2.** Especie de pezón de goma, plástico y otro material, que se pone al biberón para que el niño chupe de él.

te·ti·na [tetína] *s/f* Tetilla del biberón.

te·to·na [tetóna] *adj* COL Tetuda.

te·tra·e·dro [tetraéðro] *s/m* GEOM Poliedro de cuatro caras.

te·trá·go·no [tetráγono] *s/m* GEOM Cuadrilátero, figura con cuatro ángulos.

te·tra·lo·gía [tetraloxía] *s/f* Conjunto de cuatro obras, dramáticas o literarias con unidad temática de algún tipo.

te·trar·quía [tetrarkía] *s/f* **1.** Cada una de las divisiones de un territorio repartido en cuatro partes. **2.** Gobierno de cuatro.

te·tra·sí·la·bo, (-a) [tetrasílaβo, -a] *adj* y *s/m* De cuatro sílabas.

té·tri·co, -a [tétriko, -a] *adj* **1.** Aplicado a las personas, pesimista, falto de alegría: *Está de un humor tétrico.* **2.** Se aplica a las cosas que predisponen el ánimo a la tristeza o provoca sobrecogimiento de muerte.

te·tu·da [tetúða] *adj* COL Se aplica a la mujer que tiene las tetas muy grandes.

teu·tón, na [teutón, na] *adj* y *s/m,f* **1.** Alemán. **2.** Antiguo pueblo de raza germánica.

teu·tó·ni·co, -a [teutóniko, -a] *adj* Relativo a los teutones.

tex·til [te(k)stíl] **I.** *adj* Relativo a los tejidos. **II.** *adj* y *s/m* Se aplica a la materia que puede tejerse.

tex·to [té(k)sto] *s/m* **1.** Conjunto de palabras que componen un documento o un escrito en general. **2.** Conjunto de palabras que componen la parte original de una obra, en contraposición a las notas, comentarios, etc., adjuntos: *Una nota a pie de texto.* **3.** Libro, obra escrita. **4.** Pasaje citado en una obra literaria.

tex·tual [te(k)stwál] *adj* **1.** Del texto o de los textos. **2.** Exacto: *Son palabras textuales del autor.*

tex·tu·ra [te(k)stúra] *s/f* **1.** Disposición de los hilos de una tela. **2.** Estructura, disposición de las partes de un cuerpo, de una obra, etc.

tez [téθ] *s/f* Superficie de la piel del rostro.

ti [tí] Forma del pronombre personal de segunda persona, *sing, m* y *f* y usado siempre con preposición. Precedido de *con* se convierte en *contigo.*

tía [tía] *s/f* **1.** Hermana o prima de los padres de una persona. **2.** En determinados lugares, tratamiento popular de respeto a una mujer casada o de edad. **3.** Se utiliza como calificativo insultante o para designar despectivamente a una mujer; también en sentido admirativo: *¿Qué se habrá creído esa tía? Vaya tía más grande.* **4.** COL Se usa también como apelativo equivalente a 'amiga', 'compañera', 'colega'.

tia·li·na [tjalína] *s/f* Fermento de la saliva que transforma el almidón de los alimentos en azúcar.

tia·lis·mo [tjalísmo] *s/m* Secreción excesiva de saliva.

tia·ra [tjára] *s/f* **1.** Gorro alto usado por los antiguos pueblos orientales. **2.** Mitra alta que usa el Papa como signo de autoridad suprema.

ti·be·ta·no, -a [tiβetáno, -a] *adj* y *s/m,f* De Tíbet.

ti·bia [tíβja] *s/f* Hueso largo que forma, junto con el peroné, el esqueleto de la pierna.

ti·bie·za [tiβjéθa] *s/f* Cualidad de tibio.

ti·bio, -a [tíβjo, -a] *adj* **1.** Templado, algo caliente: *Agua tibia.* **2.** Aplicado a personas, indiferente, poco vehemente o afectuoso: *Es de carácter tibio.* LOC **Poner tibio a alguien,** insultarle, hablar mal de él.

ti·bu·rón [tiβurón] *s/m* Pez marino muy voraz, de grandes dimensiones, cabeza grande y boca en la cara inferior, con tres o cinco hileras de dientes triangulares muy afilados.

tic [tík] *s/m onomat* con que se describe o emite un movimiento nervioso, repetido e involuntario.

tic·ket [tíket] *s/m* ANGL Billete.

tic·tac [tikták] *s/m* Palabra onomatopéyica con que se designa el sonido del reloj o similar, como el de las teclas de las máquinas de escribir.

tiem·po [tiémpo] *s/m* **1.** Duración de una acción: *El atleta 'DC' hizo el mejor tiempo.* **2.** Época, período caracterizado por registrarse alguna cosa o por determinadas condiciones: *Esto ocurrió en tiempo de los Reyes Católicos.* **3.** Parte de la vida de un individuo comprendida entre límites más o menos indeterminados: *En mis tiempos ya pasaba esto.* **4.** Edad de una persona o cosa, en especial si nos referimos a un niño pequeño. *¿Cuánto tiempo tiene el niño?* **5.** Sucesión continuada de momentos que constituyen el devenir de lo existente: *El tiempo pasaba lentamente.* **6.** El existir del mundo subordinado a un principio y un fin, en contraposición a la idea de eternidad: *El concepto del amor está fuera del espacio y del tiempo.* **7.** Estado atmosférico: *Mañana hará mal tiempo.* **8.** Tiempo disponible: *Ahora no tengo tiempo.* **9.** (Con *hacer*) Mucho tiempo: *Hacía tiempo que no te llamaba.* **10.** (Con *ser*) Momento oportuno, ocasión propicia o favorable: *Todavía no es tiempo para sembrar.* **11.** Período de la vida de un pueblo, época histórica. **12.** Cada parte o cada uno de los movimientos que componen una acción más o menos compleja: *Motor de cuatro tiempos.* **13.** Cada una de las partes en que se dividen algunas competiciones deportivas por equipos: *Todos los goles fueron conseguidos en el primer tiempo.* **14.** Uno de los accidentes del verbo que indica el momento en que el hablante sitúa la acción. **15.** Cada una de las partes de un compás musical. LOC **A su tiempo,** oportunamente. **A tiempo,** *1.* En momento oportuno. *2.* Cuando todavía no es tarde: *Has llegado a tiempo.* **Al correr del/Andando el tiempo,** más adelante, después de cierto tiempo: *Al correr del tiempo te darás cuenta de la realidad, ahora eres muy joven.* **Al mismo tiempo,** simultáneamente. **Con el tiempo,** después de cierto tiempo. **Con tiempo,** con anticipación, sin premura. **Correr el tiempo,** pasar. **Dar tiempo,** no apremiar, no tratar de apresurar demasiado las cosas. **Dar tiempo al tiempo,** esperar el momento oportuno y conveniente para algo. **De algún/De un tiempo a esta parte,** o **De algún tiempo atrás,** desde hace algún tiempo. **De tiempo,** desde bastante tiempo antes: *Esta situación ya viene de tiempo.* **De tiempo en tiempo,** con discontinuidad, de cuando en cuando. **Faltarle tiempo a alguien para algo,** hacerlo inmediatamente, en seguida. **Fuera de tiempo,** *1.* Fuera de la estación o tiempo propio. *2.* Inoportunamente. **Ganar tiempo,** *1.* Hacer cierta cosa para terminar antes otra. *2.* Retardar algún suceso o la ejecución de algo. **Gastar/Malgastar/Perder el tiempo,** *1.* Dejarlo pasar sin hacer nada provechoso gastarlo en algo inútil. *2.* Estar haciendo algo cuyos resultados no se prevén. **Hacer tiempo,** entretenerse en algo hasta que llegue el momento oportuno para hacer algo. **Matar el tiempo,** hacer algo sólo para distraerse. **Pasar el tiempo,** hacer algo sólo para distraerse. **Sin perder tiempo,** en seguida. **Tomarse tiempo para algo,** dejar para fecha posterior lo que se ha de hacer. **Y, si no, al tiempo,** frase que indica que los hechos futuros confirmarán lo que se afirma actualmente. **(Hace) un tiempo de perros,** desapacible, riguroso. **Buen tiempo,** tiempo despejado y de temperatura suave. **Mal tiempo,** tiempo desapacible.

tien·da [tjénda] *s/f* **1.** Establecimiento comercial donde se venden artículos, generalmente al por menor. **2.** Tienda de campaña.
Tienda de campaña, armazón de palos o tubos, cubierto con tela, lona, etc., que se arma y desarma con facilidad y sirve de alojamiento en el campo o en la montaña.

tien·ta [tjénta] *s/f* **1.** Operación con que se comprueba la bravura de los becerros. **2.** CIR Aparato de metal o goma para explorar cavidades o conductos. **3.** Sagacidad con que se investiga algo. LOC **A tientas,** *1.* Guiándose por el tacto por no poder utilizarse la vista. *2.* FIG Con incertidumbre, con desorientación en el asunto que se lleva entre manos.

tien·to [tjénto] *s/m* **1.** Acción de tentar. **2.** Tacto, cuidado o habilidad en el obrar o hablar para no cometer errores o inconveniencias: *Actúa con mucho tiento, que no te engañen.* **3.** Pulso, seguridad en la mano: *Dibuja con buen tiento.* LOC **Con tiento,** con cuidado.

tier·no, -a [tjérno, -a] *adj* **1.** Se aplica a lo que cede fácilmente a la presión, es delicado y fácil de partir o romper. **2.** Reciente, de poco tiempo: *Un brote tierno. Un niño tierno.* **3.** Cariñoso, dulce: *Carácter tierno.* **4.** Propenso al llanto.

tie·rra [tjérra] *s/f* **1.** (Con *may*) Planeta en que habitamos. **2.** Superficie del planeta Tierra, no cubierta por el mar. **3.** Conjunto de partículas minerales y orgánicas que forman el suelo: *Le tiró un puñado de tierra.* **4.** Suelo, piso: *Tropezó y cayó en tierra.* **5.** Región, país: *Pasaré unos días en mi tierra.* **6.** Terreno cultivable: *Tiene tierras en Asturias.* LOC **A ras de tierra,** al nivel del suelo. **Besar la tierra,** caerse de bruces. **Caer por tierra,** caerse, hundirse en sentido real o figurado. **Echar a/por tierra algo,** destruir, difamar, malograr. **Quedarse en tierra,** no lograr subir en un medio de transporte en que se pretendía viajar, o frustrarse un viaje por algún motivo. **Tomar tierra,** arribar una nave o aterrizar un avión. **¡Trágame, tierra!,** expresión que se utiliza para manifestar que se siente mucha vergüenza por algo.

tie·so, -a [tjéso, -a] *adj* **1.** Erguido o firme: *Andaba muy tieso.* **2.** Rígido, poco flexible: *Una tela tiesa.* **3.** FIG Se aplica a la persona que tiene un comportamiento grave y frío: *Me recibió muy tieso.* LOC **Dejar tieso a alguien,** matarle.

ties·to [tjésto] *s/m* Recipiente de barro cocido usado para criar plantas.

tí·fi·co, -a [tífiko, -a] *adj* y *s/m,f* Relativo al tifus.

ti·foi·deo, -a [tifoiðéo, -a] **I.** *adj* MED Relativo al tifus. **II.** *s/f* Fiebre tifoidea.

ti·fón [tifón] *s/m* Huracán de las costas orientales de Asia.

ti·fus [tífus] *s/m* **1.** Enfermedad infecciosa grave que ocasiona desórdenes cerebrales y erupción de manchas rojas en algunas partes del cuerpo. **2.** Fiebre tifoidea. ORT *Pl: Tifus.*

ti·gre [tíγre] *s/m* Mamífero félido, carnívoro, parecido a un gato de gran tamaño, de piel roja amarillenta con listas negras.

ti·gre·sa [tiγrésa] *s/f* Tigre hembra.

ti·gri·llo [tiγríʎo] *s/m* Mamífero carnívoro de tamaño parecido al del gato, provisto de pelaje amarillo con manchas, que vive en América del Sur.

ti·ja [tíxa] *s/f* Parte, por lo general cilíndrica, que media entre el paletón y el ojo de la llave.

ti·je·ra [tixéra] *s/f* (Generalmente en *pl*). Instrumento que se utiliza para cortar, compuesto de dos hojas de acero de un solo filo, cruzadas y articuladas en un eje. LOC **De tijera,** se aplica a algunas cosas formadas por dos piezas cruzadas y articuladas: *Silla de tijera.*

ti·je·re·ta [tixeréta] *s/f* Insecto dañino para las plantas, de unos dos centímetros, provisto en la extremidad del abdomen de dos apéndices córneos.

ti·je·re·ta·da o **ti·je·re·ta·zo** [tixeretáða/tixeratáθo] *s/f* y *s/m* Corte hecho con la tijera de un golpe brusco.

ti·je·re·te·ar [tixereteár] *v/tr* Dar cortes con las tijeras, generalmente estropeando lo que se corta.

ti·je·re·teo [tixeretéo] *s/m* Acción y efecto de tijeretear.

ti·la [tíla] *s/f* **1.** Tilo. **2.** Flor de tilo. **3.** Bebida hecha con esta flor y agua caliente para calmar los espasmos y como tranquilizante.

tíl·bu·ri [tílβuri] *s/m* Coche de dos ruedas grandes, sin cubierta, tirado por una sola caballería.

til·dar [til̪dár] *v/tr* **1.** Poner tilde a las letras que lo necesitan. **2.** (Con *de*) Atribuir a alguien el defecto o falta que se expresa. RPr **Tildar de (2):** *Lo tildó de sinvergüenza.*

til·de [tíl̪de] *s/m,f* **1.** Signo ortográfico que se coloca sobre algunas letras; *por ej,* el acento o el rasgo de la 'ñ'. **2.** Tacha, falta que tiene una persona o cosa o se le atribuye. **3.** FIG Cosa insignificante.

ti·lín [tilín] *s/m* Voz onomatopéyica referida al sonido de la campanilla. LOC **Hacer tilín,** gustar mucho una cosa o una persona a otra de distinto sexo: *Esta chica me hace tilín.*

ti·lo [tílo] *s/m* Árbol de la familia de las tiliáceas, de flores blanquecinas, olorosas y medicinales.

ti·ma·dor, -ra [timaðór, -ra] *s/m,f* Que tima.

ti·mar [timár] *v/tr* Estafar o robar algo a alguien con engaño: *Me han timado cinco mil pesetas.*

tim·ba [tímba] *s/f* **1.** Partida de un juego de azar. **2.** Casa de juego.

tim·bal [timbál] *s/m* **1.** Instrumento musical de percusión con caja semiesférica de cobre, cubierta con una piel tensa, fijada por empuñaduras que modifican la tensión de la misma. **2.** Tamboril que suele tocarse en fiestas públicas.

tim·ba·le·ro [timbaléro] *s/m* El que toca los timbales.

tim·brar [timbrár] *v/tr* Estampar un timbre, sello o membrete en un papel o documento.

tim·bra·zo [tiɱbráθo] *s/m* Toque fuerte de un timbre.

tim·bre [tíɱbre] *s/m* **1.** Cualidad de los sonidos o de la voz que permite diferenciar a los del mismo tono debido a la diferente naturaleza de los elementos que vibran. **2.** Aparato para llamar o avisar, que consiste en una semiesfera metálica que es golpeada por una pequeña maza accionada por un resorte mecánico o eléctrico. **3.** Sello que se pega en determinados documentos y mercancías, y que es justificante de haber pagado el impuesto correspondiente. **4.** Sello que se estampa en un papel o documento.

ti·mi·dez [timiðéθ] *s/f* Cualidad de tímido.

tí·mi·do, -a [tímiðo, -a] *adj* y *s/m,f* Se aplica a la falta de seguridad con que se manifiesta ante los demás una persona, por creerse inferior o por no tener confianza en sí misma.

ti·mo [tímo] *s/m* Acción y efecto de timar.

ti·món [timón] *s/m* **1.** Dispositivo con el que se gobiernan y dirigen las embarcaciones y aeronaves. **2.** Dirección o gobierno de un negocio o asunto: *El hijo lleva el timón de la empresa.*

ti·mo·nel [timonél] *s/m* El que gobierna el timón de la nave.

ti·mo·ne·ra [timonéra] **I.** *adj* y *s/f* Se aplica a las plumas grandes que tienen las aves en la cola. **II.** *s/f* Lugar del timonel.

ti·mo·ne·ro [timonéro] *s/m* Timonel.

ti·mo·ra·to, -a [timoráto, -a] *adj* y *s/m,f* **1.** Tímido, indeciso. **2.** Mojigato, de moralidad exagerada.

tím·pa·no [tíɱpano] *s/m* **1.** Membrana que separa el conducto auditivo externo y el oído medio. **2.** Cavidad del oído medio. **3.** Instrumento de percusión formado por varias tiras de vidrio que se golpean con un mazo pequeño. **4.** Timbal. **5.** Espacio triangular entre las cornisas de un frontón.

ti·na [tína] *s/f* **1.** Tinaja de barro. **2.** Vasija grande en forma de media cuba. **3.** Bañera. **4.** Recipiente de gran tamaño, en forma de caldera, que sirve para diversos usos industriales.

ti·na·ja [tináxa] *s/f* Vasija grande de barro cocido. Su forma es abombada, con la boca más ancha que la base. Se utiliza para guardar el aceite, el vino, el pescado y las carnes en salazón.

tin·ción [tin̟θjón] *s/f* Acción y efecto de teñir.

ti·ner·fe·ño, -a [tinerféɲo, -a] *adj* y *s/m,f* De Tenerife.

tin·gla·do [tiŋgláðo] *s/m* **1.** Cobertizo. Armazón para resguardar algo o resguardarse alguien. **2.** Tablado, armazón formado por un suelo de tablas construido a bastante altura. **3.** FIG Intriga o maquinación por parte de alguien.

ti·nie·bla [tinjéβla] *s/f, pl* **1.** Falta de luz, oscuridad: *Las tinieblas de la noche.* **2.** Ignorancia, confusión.

ti·no [tíno] *s/m* **1.** Acierto y destreza para dar en el blanco al disparar: *No tiene mucho tino y fallará el disparo.* **2.** FIG Acierto para conducir un asunto delicado. **3.** Moderación en cualquier acción: *Puede beber, pero con tino.*

tin·ta [tín̪ta] *s/f* **1.** Líquido que se utiliza para escribir. **2.** Cualquier sustancia con que se pinta o tiñe. **3.** Mezcla de colores preparada para pintar. **4.** Líquido negruzco que segregan los moluscos cefalópodos, como los calamares, para protegerse de sus perseguidores. **5.** En *pl* Matices de color. LOC **Cargar/Recargar las tintas,** exagerar en lo que se dice o hace. **Medias tintas,** hechos, dichos o juicios vagos, recelosos o imprecisos. **Saber de buena tinta,** conocerlo por un conducto o fuente digna de crédito.

tin·tar [tin̪tár] *v/tr* Teñir.

tin·te [tín̪te] *s/m* **1.** Acción y efecto de teñir: *Llevar la ropa al tinte.* **2.** Color con que se tiñe. **3.** Establecimiento en que se tiñe. **4.** Rasgo, matiz o aspecto que da a una cosa un carácter determinado: *Sus palabras tienen un cierto tinte de optimismo.* **5.** Cualidad o conocimiento que alguien tiene muy superficialmente: *Tiene tinte de hombre de mundo.*

tin·te·ro [tin̪téro] *s/m* Recipiente para la tinta. LOC **Dejar/Quedar (a alguien) algo en el tintero,** olvidarlo, omitirlo.

tin·ti·nar o **tin·ti·ne·ar** [tin̪tin(e)ár] *v/intr* Producir el sonido especial del tintín.

tin·ti·neo [tin̪tinéo] *s/m* Acción y efecto de tintinar.

tin·to, (-a) [tín̪to, (-a)] **I.** *p irreg* de *teñir.* **II.** *adj* Que está teñido. **III.** *adj* y *s/m* Se aplica al vino de color oscuro.

tin·tó·reo, -a [tin̪tóreo, -a] *adj* Se aplica a las plantas u otras sustancias colorantes.

tin·to·re·ría [tin̪torería] *s/f* Establecimiento donde se tiñen y limpian las telas y prendas de vestir.

tin·to·re·ro, (-a) [tin̪toréro, (-a)] **I.** *s/m,f* Persona que se dedica a teñir o limpiar las telas y prendas de vestir. **II.** *s/f* Pez marino de gran tamaño, de hocico alargado y dientes grandes y fuertes, de color azulado, pizarroso en el dorso y flancos, que vive en los mares tropicales y templados.

tin·to·rro [tin̪tórro] *s/m* COL Vino tinto.

tin·tu·ra [tiɲtúra] *s/f* Sustancia con que se tiñe.

ti·ña [tíɲa] *s/f* Enfermedad producida por un parásito que ocasiona la caída del cabello o que produce escamas.

ti·ño·so, -a [tiɲóso, -a] *adj* y *s/m,f* **1.** Que padece tiña. **2.** FIG Miserable, tacaño.

tío [tío] *s/m* **1.** Hermano o primo del padre o de la madre de una persona. **2.** Apelativo equivalente a *compañero, amigo, colega.* **3.** Tratamiento popular de respeto a un hombre casado o de edad: *El tío Pedro.* **4.** Expresión con que se designa despectivamente a alguien o, por el contrario, con que se expresa admiración: *Es un tío despreciable. Tío admirable.* **5.** Persona cuyo nombre o condición se ignoran o no se quieren decir.

tio·vi·vo [tioβíβo] *s/m* Plataforma giratoria de feria con coches, caballitos y animales, para diversión de los niños.

ti·pe·jo [tipéxo] *s/m* Hombre despreciable y ridículo.

tí·pi·co, -a [típiko, -a] *adj* Característico o peculiar de la persona, cosa, país, situación, profesión, etc., de que se trata: *Hacer eso es muy típico de ella.* RPr **Típico de.**

ti·pi·fi·ca·ción [tipifikaθjón] *s/f* Acción y efecto de tipificar.

ti·pi·fi·car [tipifikár] *v/tr* Adaptar algo a un tipo estándar o incluirlo en él.
ORT La *c* cambia en *qu* ante *e: Tipifiquen.*

ti·pis·mo [tipísmo] *s/m* Cualidad de típico.

ti·ple [típle] **I.** *s/m* **1.** La más aguda de las voces humanas. **2.** Guitarra pequeña de voces muy agudas. **II.** *s/m,f* Persona que tiene esa voz.

ti·po [típo] *s/m* **1.** Ejemplar, modelo ideal que reúne en el más alto grado y con la mayor pureza las cualidades peculiares o esenciales de una especie, de un género, etc.: *Es un tipo de hombre reflexivo y maduro.* **2.** Modalidad, clase, grado o categoría de personas o cosas: *A la reunión asistieron personas de todo tipo. Un nuevo tipo de tren/de avión.* **3.** Conjunto de los caracteres o de los rasgos característicos de una raza. **4.** Figura de una persona, considerando su belleza, su esbeltez, elegancia y, en general, su manera de vestir: *Mira qué buen tipo tiene esa chica.* **5.** Persona, individuo: *Juan es un buen tipo.* **6.** *despec* Persona ridícula. **7.** Pieza metálica de la imprenta en que está realizada una letra o signo. LOC **Aguantar o mantener el tipo**, actuar con valentía o serenidad ante un peligro o dificultad. **Jugarse el tipo**, arriesgarse, poner una persona en peligro su vida: *Tiene una profesión muy peligrosa; cada día se juega el tipo.*

ti·po·gra·fía [tipoγrafía] *s/f* **1.** Arte de confeccionar impresos. **2.** Taller donde se confeccionan impresos.

ti·po·grá·fi·co, -a [tipoγráfiko, -a] *adj* Relativo a la tipografía.

ti·pó·gra·fo [tipóγrafo] *s/m* Operario que trabaja en tipografía.

ti·quis·mi·qui o **ti·quis·mi·quis** [tikismíki(s)] **I.** *s/m, pl* **1.** Escrúpulos o reparos exagerados y de poca importancia. **2.** Enfados o discusiones frecuentes y sin motivos: *Dicen que son amigos y siempre andan con tiquismiquis.* **II.** *s/m,f* Persona maniática o muy aprensiva.

ti·ra [tíra] *s/f* Pedazo largo, estrecho y delgado de tela, papel u otro material. LOC COL **La tira**, mucho, gran cantidad (magnitud o dimensión): *Hoy me he divertido la tira.*

ti·ra·bu·zón [tiraβuθón] *s/m* Rizo de pelo de forma especial y alargado.

ti·ra·chi·nas [tiratʃínas] *s/m* Tirador que consiste en una horquilla con mango, provista de dos gomas sujetas a los extremos de ésta y unidas por una banda, en la que se colocan piedras pequeñas y otros proyectiles para lanzarlos.

ti·ra·da [tiráða] *s/f* **1.** Acción y efecto de tirar. **2.** Acción de imprimir. **3.** Número de ejemplares de una edición: *Una tirada de diez mil ejemplares.* **4.** Lo que se dice, escribe o hace de un tirón. **5.** Distancia grande que media entre dos lugares: *Hay una tirada hasta mi casa.* **6.** Espacio largo de tiempo. LOC **De (en) una tirada**, de una vez, sin interrupción: *Hice el viaje de una tirada.*

ti·ra·do, -a [tiráðo, -a] **I.** *adj* **1.** (Con *estar, ir*) Se aplica a lo que abunda y se vende muy barato: *Este año las naranjas están tiradas.* **2.** Que es resultado de tirar: *Lo encontré ahí tirado.* **3.** Se aplica a lo que es muy fácil de hacer: *Este examen está tirado.* **II.** *s/m,f* Se aplica a la persona moralmente degradada.

ti·ra·dor, (-ra) [tiraðór, -ra] **I.** *s/m,f* Se aplica a la persona que tira o lanza algo. **II.** *s/m* **1.** Cordón del que se tira para hacer sonar una campanilla. **2.** Asidero del cual se tira para abrir una puerta, un cajón, etc.

ti·ra·fon·do [tirafóndo] *s/m* Tornillo para sujetar piezas de hierro u otra cosa a la madera.

ti·ra·je [tiráxe] *s/m* Acción y efecto de imprimir (tirar) o cantidad de unidades impresas.

ti·ra·lí·neas [tiralíneas] *s/m* Instrumento con puntas de separación graduable, para trazar líneas con la ayuda de una regla.

ti·ra·nía [tiranía] *s/f* **1.** Cualidad o comportamiento de tirano. **2.** Gobierno tiránico. **3.** Acción de tiranizar.

ti·rá·ni·co, -a [tirániko, -a] *adj* Relativo a la tiranía.

ti·ra·ni·zar [tiraniθár] *v/tr* Tratar a alguien con despotismo e injusticia.
ORT Ante *e* la *z* cambia en *c: Tiranicen.*

ti·ra·no, -a [tiráno, -a] *adj* y *s/m,f* **1.** Se aplica a la persona que gobierna con despotismo, injusticia y crueldad. **2.** Se dice de la persona que abusa de su autoridad, fuerza, etc. **3.** Se aplica a la persona que se adueña del poder por la violencia.

ti·ran·te [tirán̪te] **I.** *adj* **1.** Tenso, estirado. **2.** Se aplica a las relaciones de amistad, frías y próximas a romperse o a las situaciones o actitudes violentas o embarazosas: *Una situación tirante.* **II.** *s/m* **1.** Cada una de las dos tiras de tela o piel, a veces elásticas, que sostienen desde los hombros determinadas prendas de vestir. **2.** Correa que une la guarnición de la caballería al carruaje del cual tira.

ti·ran·tez [tiran̪téθ] *s/f* Cualidad y estado de tirante.

ti·rar [tirár] **I.** *v/tr* **1.** Lanzar, despedir algo de la mano: *Tiró el caramelo al suelo.* **2.** Arrojar, lanzar en una dirección determinada: *Tiró el pan a la basura.* **3.** Malgastar, derrochar algo: *Ha tirado todos sus ahorros.* **4.** Derribar, volcar algo: *Tiraron la casa que estaba en ruinas.* **5.** Hacer líneas o rayas: *Esta mañana han tirado los planos del nuevo edificio.* **6.** Reducir a hilo un metal. **7.** Con voces expresivas de daño corporal, ejecutar la acción significada por estas palabras: *El caballo le tiró una coz.* **8.** Imprimir, publicar. **9.** Desechar algo, deshacerse de ello: *Esta camisa está ya para tirar.* **II.** *v/intr* **1.** Atraer, gustar: *No le tira trabajar.* **2.** (Con *de*) Hacer fuerza para traer hacia sí o para llevar tras sí: *El caballo tiraba del carro.* **3.** Seguido de la preposición 'de' y el nombre de un instrumento u objeto, sacarlo o tomarlo en la mano para utilizarlo: *El ladrón tiró de navaja.* **4.** Producir el tiro o corriente de aire de un hogar, o de algo que arde: *La chimenea no tiraba y la casa se llenó de humo.* **5.** (Con *a*) Tender, propender: *Tiene los ojos color marrón tirando a negro.* **6.** Asemejarse, parecerse: *El niño tira a su abuelo.* **7.** Girar, desviarse en cierta dirección: *Tire a la izquierda.* **8.** (Con *a, para*) Ir, estar en camino de ser cierta cosa: *Tira para director.* **9.** Seguir viviendo, funcionando, prestando servicio, etc., aunque sin holgura o con dificultad: *—¿Cómo estás? —Voy tirando.* **10.** Apretar, ser demasiado estrecho o corto: *Esta camisa me tira de los hombros.* **11.** Jugar, intervenir los jugadores en el juego cuando les corresponde: *Ahora le toca tirar a él.* **III.** *v/tr, intr* Disparar la carga de un arma de fuego, o un artificio de pólvora: *Están tirando cohetes.* **IV.** REFL(-SE) **1.** Abalanzarse sobre alguien o algo: *Se tiró sobre el ladrón y le golpeó en la cabeza.* **2.** Arrojarse: *Se tiró al río.* **3.** Echarse, tenderse en el suelo o encima de algo: *Se tiró en la cama y se quedó dormido.* **4.** Transcurrir, o dejar pasar el tiempo de determinada manera: *Se tiró toda la mañana durmiendo.* **5.** ARG Tener relaciones sexuales con alguien que se expresa: *César se ha tirado a casi todas las secretarias de su oficina.* LOC **A todo tirar,** indica el límite aproximado de algo: *Nos gastaremos, a todo tirar, unas cien mil pesetas.* **Tira y afloja,** manera de conducir un asunto con prudencia y tacto, o alternando el rigor con la suavidad. RPr **Tirar(se) a/con/de/para/sobre.**

ti·ri·cia [tiríθja] *s/f* Ictericia.

ti·ri·lla [tiríʎa] *s/f* Tira de tela que une el cuello a la camisa o que remata la camisa.

ti·ri·tar [tiritár] *v/intr* Temblar o estremecerse de frío o por efecto de la fiebre.

ti·ri·to·na [tiritóna] *s/f* Acción y efecto de tiritar.

ti·ro [tíro] *s/m* **1.** Acción y efecto de tirar. **2.** Disparo de un arma de fuego: *Le dieron dos tiros en el pecho.* **3.** Estampido que produce un disparo: *Se oyó un tiro.* **4.** Dirección que se da al disparo de las armas de fuego: *Tiro oblicuo.* **5.** Huella o herida que produce o que hace lo que se tira: *En la pared había cinco tiros.* **6.** Distancia, alcance de un arma: *El tiro es de 2.000 metros.* **7.** Lugar donde se tira al blanco. **8.** Cantidad adecuada de munición para cargar una vez un arma de fuego. **9.** Pieza de artillería. **10.** Conjunto de caballerías que tiran de un carruaje. **11.** Corriente de aire que se forma en una chimenea y que favorece la combustión. **12.** En el fútbol, balonmano y otros deportes, lanzamiento vigoroso del balón. LOC **A tiro,** *1. (Estar, ponerse)* Al alcance de un arma. *2.* Posible, asequible: *Si se pone a tiro, le compraré el coche.* **De tiros largos,** muy bien vestido. **Ni a tiros,** de ningún modo. **Pegarse un tiro,** darse un tiro, suicidarse. **Pegar cuatro tiros (a alguien),** matarlo. **Salir el tiro por la culata,** recibir un daño cuando pensaba no causarlo u obtener un beneficio. **Sentar (algo) como un tiro,** producir una cosa daño físico o moral: *Cuando se lo diga le sentará como un tiro.*

ti·roi·des [tiróiðes] *adj* y *s/m* Glándula de secreción interna en la parte anterior y superior de la tráquea.
ORT *Pl: Tiroides.*

ti·rón [tirón] *s/m* Acción y efecto de tirar brusca y violentamente: *Le dio un tirón de pelo.* LOC **De un tirón,** de una vez: *Me leí el libro de un tirón.*

ti·ro·te·ar [tiroteár] *v/tr, intr,* REFL (-SE) Disparar tiros repetidamente contra algo o alguien.

ti·ro·teo [tirotéo] *s/m* Acción y efecto de tirotear.

ti·rria [tírrja] *s/f* Antipatía injustificada hacia algo o alguien.

ti·sa·na [tisána] *s/f* Bebida medicinal de hierbas.

tí·si·co, -a [tísiko, -a] *adj* y *s/m,f* **1.** Que padece de tisis. **2.** Perteneciente a la tisis.

ti·sis [tísis] *s/f* Tuberculosis pulmonar.

ti·sú [tisú] *s/m* Tela de seda, oro y plata.

ti·tán [titán] *s/m* Se aplica a la persona que descuella por ser excepcional en algo.

ti·tá·ni·co, -a [titániko, -a] *adj* Gigantesco, propio de un titán.

ti·ta·nio [titánjo] *s/m* Metal pulverulento, muy duro, de color blanco plateado y peso aproximado al del hierro.

tí·te·re [títere] *s/m* **1.** Muñeco que se mueve por medio de hilos o metiendo la mano en su interior. **2.** *pl* Espectáculo público realizado con muñecos o ejecutado por acróbatas circenses. LOC **No dejar títere con cabeza**, no dejar nada sano o en su sitio o criticar a todo el mundo.

ti·tí [tití] *s/m* Mono pequeño sudamericano.

ti·ti·lar [titilár] *v/intr* **1.** Agitarse con ligero temblor alguna parte del cuerpo. **2.** *Por ext,* centellear u oscilar una luz o un cuerpo luminoso.

ti·ti·leo [titiléo] *s/m* Acción y efecto de titilar o centellear.

ti·ti·ri·tar [titiritár] *v/intr* Temblar de frío o de miedo.

ti·ti·ri·te·ro, -a [titiritéro, -a] *s/m,f* **1.** Persona que maneja los títeres. **2.** Acróbata o artista de circo de cualquier clase, particularmente ambulante.

ti·tu·be·an·te [tituβeánte] *adj* Que titubea.

ti·tu·be·ar [tituβeár] *v/intr* **1.** Hablar articulando las palabras de manera vacilante y confusa. **2.** Estar indeciso sobre qué hacer entre varias posibilidades.

ti·tu·beo [tituβéo] *s/m* Acción y efecto de titubear.

ti·tu·la·ción [titulaθjón] *s/f* **1.** Acción y efecto de titular. **2.** Título académico.

ti·tu·la·do, -a [tituláðo, -a] *s/m,f* Persona que posee un título académico.

ti·tu·lar [titulár] **I.** *adj* y *s/m,f* Se aplica a la persona que ocupa un cargo teniendo el título o nombramiento correspondiente: *Médico titular.* **II.** *s/m* Encabezamiento de una información periodística: *Hoy los titulares del periódico son alarmantes.* **III.** *v/tr* Poner título a algo. **IV.** REFL(-SE) Obtener un título académico.

tí·tu·lo [título] *s/m* **1.** Nombre, palabra o frase con que se designa un texto, una de sus partes o una obra de creación intelectual o artística: *El título de un libro.* **2.** Nombre de profesión o categoría que alguien ha obtenido y tiene derecho a utilizar por haber realizado los estudios y haber pasado las pruebas necesarias para ello: *Título de doctor.* **3.** Documento en que se acredita ese derecho. **4.** Cada una de las partes en que se dividen las leyes, reglamentos y otros documentos oficiales. **5.** Valor negociable en bolsa. **6.** Dignidad adquirida o heredada, que confiere un derecho de honor. **7.** Documento que demuestra o acredita un derecho, especialmente la posesión de bienes. **8.** Cualidad, mérito que da derecho a algo. LOC **A título de**, en calidad de, con carácter de.

ti·za [tíθa] *s/f* **1.** Arcilla blanca terrosa utilizada para escribir en los encerados. **2.** Asta de ciervo calcinada. **3.** Compuesto de yeso y greda para untar el taco de billar.

tiz·nar [tiθnár] *v/tr,* REFL(-SE) **1.** Manchar una cosa con hollín o humo. **2.** *Por ext,* manchar con sustancia de cualquier color.

tiz·ne [tíθne] *s/m* **1.** Humo u hollín de la lumbre. **2.** Tizón.

tiz·nón [tiθnón] *s/m* Mancha de tizne u otra materia semejante.

ti·zón [tiθón] *s/m* **1.** Palo a medio quemar. **2.** Hongo negruzco, parásito del trigo y otros cereales.

ti·zo·na [tiθóna] *s/f* FIG Espada, arma.

toa·lla [toáʎa] *s/f* **1.** Pieza rectangular de hilo, algodón u otra materia, que se usa para secarse después de lavarse. **2.** Tela de rizo de que suelen hacerse las toallas. LOC **Arrojar/Lanzar la toalla,** *1.* Abandonar alguien un asunto ante una dificultad. *2.* En boxeo, arrojar la toalla al ring el entrenador de uno de los púgiles en señal de abandono.

toa·lle·ro [toaʎéro] *s/m* Aparato para colgar o poner toallas.

to·be·ra [toβéra] *s/f* Abertura tubular por donde entra el aire que se introduce en un horno, una forja o motor.

to·bi·lle·ra [toβiʎéra] *s/f* Especie de calcetín elástico para proteger los tobillos en lesiones o luxaciones.

to·bi·llo [toβíʎo] *s/m* Parte inferior de la pierna, abultamiento que forman la tibia y el peroné en la unión de la pierna con el pie.

to·bo·gán [toβoɣán] *s/m* **1.** Trineo bajo, formado por una armadura de acero montada sobre dos patines largos y cubierta con una toalla o plancha acolchada. **2.** Pista en la nieve, por la que se deslizan a gran velocidad estos trineos especiales. **3.** Pista artificial e inclinada diseñada para deslizarse sobre ella las personas con fines de diversión (especialmente los niños).

to·ca [tóka] *s/f* **1.** Prenda de tela, de diferentes hechuras, según los tiempos y países, para cubrir la cabeza. **2.** Prenda de tela blanca que utilizan las monjas para cubrirse la cabeza.

to·ca·dis·cos [tokaðískos] *s/m* Aparato con que se reproduce el sonido grabado en disco.

to·ca·do, (-a) [tokáðo, (-a)] **I.** *adj* **1.** Se aplica a la fruta que empieza a pudrirse. **2.** Un poco loco. **II.** *s/m* **1.** Peinado, forma de arreglarse el pelo, especialmente la mujer. **2.** Cualquier prenda con que se cubre o adorna la cabeza: *Tocado de seda.* LOC **Estar (alguien) tocado,** estar desquiciado o casi loco.

to·ca·dor [tokaðór] *s/m* **1.** Mueble con espejo para el aseo personal. **2.** Habitación destinada a ello.

to·can·te [tokánte] LOC **Tocante a,** referente a.

to·car [tokár] **I.** *v/tr* **1.** Entrar en contacto una parte del cuerpo, especialmente la mano, con otra cosa, de modo que ésta impresione el sentido del tacto. **2.** Estar en contacto, mediante un objeto, con algo o alguien: *Le tocó la espalda con el paraguas.* **3.** Hacer sonar un instrumento musical: *Toca muy bien la guitarra.* **4.** (Con *a*) Avisar con campana u otro instrumento: *Tocar a muerto.* **5.** Tropezar ligeramente una cosa con otra: *El coche tocó en la esquina.* **6.** Acercar una cosa a otra de modo que no quede entre ellas distancia alguna, para que le comunique cierta virtud, como un hierro al imán, una medalla a una reliquia. **7.** Aportar a algo una modificación o variación: *Me devolvió el resumen sin tocar nada.* **8.** Aludir, hacer mención, tratar o hablar superficialmente de algún tema: *No tocó el tema de los aumentos.* **9.** Conocer una cosa por experiencia. **10.** Estimular, inspirar: *Eso le ha tocado el corazón.* **11.** Dar toques o pinceladas sobre lo pintado. **II.** *v/intr* **1.** Pertenecer, corresponder, ser de la obligación o cargo de uno: *Ahora te toca tirar a ti.* **2.** Llegar el momento o tiempo oportuno para hacer lo que se expresa: *A jugar tocan.* **3.** Caer en suerte una cosa: *Le han tocado un par de millones en las quinielas.* **4.** Estar una cosa cerca de otra de modo que no quede entre ellas distancia alguna. También FIG (con *en*), ser algo casi lo que se afirma: *Sus ideas tocan en estupidez.* **5.** Corresponder algo a alguien en un reparto: *Le tocan 2.000 pesetas en el reparto.* **III.** (Con *con*) Cubrirse la cabeza con un sombrero, mantilla o pañuelo: *Se tocó con un sombrero de copa.* LOC **Tocar de cerca,** tener conocimiento práctico de un asunto o negocio. **Por lo que toca a,** por lo que se refiere a. RPr **Tocar a/en. Tocarse con.**
ORT La *c* se convierte en *qu* delante de *e: Toquemos.*

to·ca·ta [tokáta] *s/f* Breve composición musical instrumental, de un cierto movimiento y gran virtuosismo.

to·ca·te·ja [tokatéxa] LOC **A tocateja,** al contado.

to·ca·yo, -a [tokáJo, -a] *s/m,f* Respecto de alguien, que tiene el mismo nombre que aquél.

to·ci·ne·ría [toθinería] *s/f* Tienda donde se venden carne de cerdo y otros productos derivados del mismo.

to·ci·no [toθíno] *s/m* Carne grasa del cerdo, y especialmente la salada.

to·co·lo·gía [tokoloxía] *s/f* Rama de la medicina que se ocupa de la asistencia a los partos.

to·có·lo·go, -a [tokóloɣo, -a] *s/m,f* Médico especialista en tocología.

to·co·mo·cho [tokomótʃo] *s/m* Timo que se lleva a cabo al ceder a alguien un billete de lotería, aparentemente premiado, por un precio inferior al valor del supuesto premio.

to·cón, -na [tokón, -na] **I.** *s/m* Parte del tronco de un árbol que queda pegada al suelo al cortar éste. **II.** *adj* y *s/m,f* COL Persona inclinada a tocar o manosear, especialmente a los del sexo opuesto.

to·da·vía [toðaβía] *adv* **1.** Aún. Expresa la duración de una acción o de un estado hasta un momento determinado: *Todavía no la he llamado.* **2.** Tiene valor adversativo cuando se contrapone a algo que precede y en relación con lo cual se considera injusto o no lógico: *He estudiado toda la mañana y todavía me riñe.* **3.** Acompañado de 'más', 'menos', 'mejor' o 'peor', refuerza las comparaciones expresando encarecimiento o ponderación: *Su hermano es inteligente, pero él lo es más todavía.*

to·do, (-a) [tóðo, (-a)] **I.** *adj* Se aplica a una medida o cantidad, a algo en general, considerado en su integridad o en el conjunto de todas sus partes: *Me he leído todo el periódico.* **II.** *s/m* **1.** Cosa íntegra, o que consta de la suma y conjunto de sus partes integrantes: *Es un todo compacto.* **2.** *pl* Conjunto de personas consideradas sin excluir integrantes: *Esto nos afecta a todos.* **III.** *adv* Enteramente: *Este pantalón es todo lana.* LOC **A todo** (+sustantivados o determinados nombres), forma frases muy frecuentes de ponderación: *A toda velo-*

cidad. A todo meter. **A todo esto/A todas éstas,** mientras tanto: *A todas éstas, él seguía hablando sin mirar a nadie.* **Ante/Por encima de/Sobre todo,** primero, principalmente: *Ante todo, hay que conseguir que venga a la reunión.* **Así y todo,** a pesar de eso. **Con eso y todo/Con todo/Con todo y eso,** así y todo. **De todas todas,** se utiliza para poner énfasis en una afirmación o predicción. **Ser todo uno,** expresa simultaneidad en una acción: *Ver al director y ponerse a trabajar fue todo uno.* **Todo lo más,** expresa el máximo considerado como posible o que se señala para una cosa. **Y todo,** hasta, también, aún: *Estaba tan contento que me invitó a comer y todo.*

GRAM *Todo* como *adj* y seguido de *s* nunca lleva el *art* antepuesto. Éste precede al *s,* después de *todo: Toda la nación estaba en fiestas. Todo* precede también a los determinantes: *Todo este gentío.*

to·do·po·de·ro·so, (-a) [toðopoðeróso, (-a)] **I.** *adj* Que todo lo puede, de poder ilimitado. **II.** *s/m* Dios.

to·ga [tóγa] *s/f* Traje talar no ajustado a la cintura, con mangas amplias, que llevan los magistrados, abogados, profesores, etc., en el ejercicio de sus funciones.

tol·do [tóldo] *s/m* Pabellón o cubierta de tela, lona o encerado que se extiende para dar sombra en un lugar.

to·le [tóle] *s/m* Griterío y confusión en una reunión de gente.

to·le·da·no, -a [toleðáno, -a] *adj* y *s/m,f* De Toledo.

to·le·ra·bi·li·dad [toleraβiliðáð] *s/f* Cualidad o condición de tolerable.

to·le·ra·ble [toleráβle] *adj* Que se puede tolerar.

to·le·ran·cia [toleránθja] *s/f* **1.** Acción y efecto de tolerar. **2.** Capacidad de tolerar o soportar algo sin sufrir daño: *La tolerancia del acero es alta.* **3.** Cualidad o capacidad del que respeta la actuación de otros y las opiniones ajenas.

to·le·ran·te [toleránte] *adj* Que tolera.

to·le·rar [tolerár] *v/tr* **1.** Soportar, llevar con paciencia un sufrimiento: *No puedo tolerar esta situación.* **2.** Permitir. **3.** Aceptar, soportar la presencia de alguien: *Lo tolera porque es su cuñado.* **4.** Aceptar, admitir ideas u opiniones distintas de las propias.

tol·mo [tólmo] *s/m* Peñasco semejante a un mojón.

tol·va [tólβa] *s/f* **1.** Recipiente receptor y distribuidor de granos o piensos y de distintos tamaños. **2.** Gran embudo metálico para echar granos, minerales, etc.

to·ma [tóma] *s/f* **1.** Acción de tomar. **2.** Porción de algo tomado de una vez: *Con una toma diaria de esta leche es suficiente.* **3.** Derivación en una conducción eléctrica o de agua; especialmente abertura hecha en un depósito o en una conducción de agua para dar salida a una parte de ella o desviarla: *Toma de agua/de luz/de gas.* LOC **Toma y daca**, expresión usada para expresar reciprocidad en algo (favores, dones, etc.), también se usa como sustantivo: *El toma y daca.*

Toma de corriente, enchufe o dispositivo al cual se conecta algo para sacar corriente eléctrica.

Toma de posesión, acto, generalmente solemne, por el que se hace efectivo el nombramiento o designación hecha a alguien para el ejercicio de un cargo o destino, y en el que se aceptan las obligaciones implícitas al mismo.

Toma de tierra, *1.* Aterrizaje, si se trata de aviones. *2.* Cable neutro usado en instalaciones eléctricas para canalizar falsos contactos en las mismas.

to·ma·du·ra [tomaðúra] *s/f* Toma, acción de tomar. LOC **Tomadura de pelo,** burla, broma, abuso.

to·mar [tomár] **I.** *v/tr* **1.** Coger o asir algo con la mano o con cualquier otro medio: *Toma el dinero y lárgate.* **2.** Aceptar o admitir algo. **3.** Utilizar un medio de transporte: *Toma cada día el metro.* **4.** Recibir una persona, con la actitud o estado de ánimo que se expresan, acciones o palabras de otros que se refieren a ella, o interpretarlos de cierto modo: *Tomó muy a mal que no le invitaran a cenar.* **5.** Recibir alguien lo que se le da como pago, renta o servicio. **6.** Adquirir algo mediante pago: *Ha tomado en traspaso un bar.* **7.** Contratar o ajustar a alguien para que preste un servicio: *Ha tomado una asistenta.* **8.** Alquilar. **9.** Conquistar una posición por la fuerza en la guerra. **10.** Comer o beber algo: *Me he tomado un café.* **11.** Adoptar, tomar una decisión o acuerdo: *No se sabe qué medidas tomará el Gobierno.* **12.** Empezar a tener cualquier sentimiento de atracción o de aversión hacia alguien o algo: *Le he tomado cariño a Javier.* **13.** Quitarle o hurtarle a alguien una cosa. **14.** Asignarse a sí mismo cierto nombre: *Tomó el nombre de Simón.* **15.** Fotografiar, retratar. **16.** Calcular una medida o magnitud con ciertos instrumentos adecuados: *Tomar la temperatura.* **17.** Recibir en sí los efectos de algo: *Tomar el sol.* **II.** REFL(-SE) **1.** Forma pronominal de *tomar: Se tomó unas vacaciones.* **2.** Recibir un disgusto, un berrinche: *Se toma muy malos ratos.* **3.** Ser atacado un metal por alguna sustancia u oxidarse: *La cuchara se toma con el ácido.* LOC **Haberla tomado con una cosa,** estar manoseándola materialmente u ocupándose insistente o pesadamente de ella: *La ha tomado con mi encendedor.* **Tomar a mal,** ofenderse o enfadarse por algo que le dicen o hacen. **Tomar por,** creer equivocadamente que alguien o algo es de cierta manera: *Le había tomado por más tonto.* **Tomarla con alguien,** contradecirle y culparle en cuanto hace o dice. RPr **Tomar a/con/por.**

to·ma·te [tomáte] *s/m* **1.** Fruto de la tomatera, hortaliza comestible, redonda y roja, muy rica en vitaminas. **2.** COL Confusión, alboroto, lío: *¡Vaya tomate!*

to·ma·te·ra [tomatéra] *s/f* Planta solanácea, anual, que produce el tomate.

to·ma·te·ro, -a [tomatéro, -a] *s/m,f* Persona que vende tomates.

to·ma·vis·tas [tomaβístas] *s/m* Cámara fotográfica para hacer películas de cine o televisión.

tóm·bo·la [tóm̧bola] *s/f* Establecimiento donde se rifan objetos.

to·mi·llo [tomíʎo] *s/m* Planta perenne de la familia de las labiadas, muy olorosa y aromática, con flores blancas o róseas en cabezuelas, usada como condimento.

to·mis·mo [tomísmo] *s/m* Doctrina y escuela filosófico-teológica de Sto. Tomás de Aquino.

to·mis·ta [tomísta] *adj* y *s/m,f* Que sigue la doctrina de Sto. Tomás de Aquino.

to·mo [tómo] *s/m* Cada parte o volumen de una obra extensa: *Esta obra consta de cuatro tomos.* LOC **De tomo y lomo,** de mucha consideración o importancia, muy grande: *Es un descarado de tomo y lomo.*

ton [tón] *s/m Apóc* de *tono* Sólo se utiliza en la LOC **Sin ton ni son,** sin motivo o causa: *Se puso a llorar sin ton ni son.*

to·na·da [tonáða] *s/f* **1.** Composición métrica para ser cantada y música de esta canción. **2.** Melodía de una canción.

to·na·di·lla [tonaðíʎa] *s/f* Canción ligera.

to·nal [tonál] *adj* Relativo al tono.

to·na·li·dad [tonaliðáð] *s/f* **1.** Relación, sucesiva o simultánea, de las notas que forman una escala musical. **2.** En pintura, sistema de tonos y colores.

to·nel [tonél] *s/m* **1.** Cuba grande; recipiente de madera formado de listones de madera unidos y asegurados con aros de hierro que los ciñen, provisto de dos tapas planas. **2.** Capacidad total de un tonel.

to·ne·la·da [toneláða] *s/f* Unidad de peso o capacidad, equivalente a mil kilogramos.

to·ne·la·je [toneláxe] *s/m* Arqueo, capacidad de una embarcación medida en toneladas.

to·ne·le·ría [tonelería] *s/f* Arte u oficio de tonelero.

to·ne·le·ro, -a [toneléro, -a] *adj* y *s/m,f* Relativo al tonel.

ton·ga [tóŋga] *s/f* Capa, conjunto de cosas de una misma clase que se extienden sobre una superficie.

ton·ga·da [toŋgáða] *s/f* Tonga.

ton·go [tóŋgo] *s/m* Trampa que se realiza en competiciones deportivas, en que uno o más de los contendientes se deja ganar por razones económicas o de otra índole.

to·ni·ci·dad [toniθiðáð] *s/f* Grado de tensión de una estructura o tejido, en especial del músculo.

tó·ni·co, (-a) [tóniko, (-a)] **I.** *adj* **1.** Que entona o vigoriza. **2.** Se aplica al fonema que lleva el acento de altura o el de intensidad. **II.** *s/m* **1.** Sustancia que sirve para mejorar de manera general una determinada función o el tono total del organismo. **2.** Loción ligeramente astringente utilizada para el cuidado de la piel del rostro. **III.** *s/f* **1.** Tendencia general, tono, estilo: *La tónica general es de tranquilidad.* **2.** Bebida refrescante.

to·ni·fi·ca·ción [tonifikaθjón] *s/f* Acción y efecto de tonificar.

to·ni·fi·can·te [tonifikáņte] *adj* y *s/m,f* Que tonifica.

to·ni·fi·car [tonifikár] *v/tr,* REFL(-SE) Entonar, dar fuerza y vigor al organismo o al sistema nervioso.
ORT La *c* cambia en *qu* ante *e: Tonifique.*

to·ni·llo [toníʎo] *s/m* **1.** *Dim* de *tono.* **2.** Tono desagradable y monótono. **3.** Dejo o acento característico al hablar. **4.** Entonación enfática.

to·no [tóno] *s/m* **1.** Grado de elevación del sonido que responde al mayor o menor número de vibraciones del mismo: *Siempre habla en el mismo tono.* **2.** Inflexión de la voz, manera especial de modularla: *Tono dulce.* **3.** Estilo, carácter de un escrito, discurso, obra, etc.: *Tono frívolo.* **4.** Vigor y relieve de los colores en la pintura. LOC **A tono (con),** se aplica a algo o a alguien que no desentonan: *Este mueble está a tono con el piso.* **Bajar el tono,** hablar con más moderación, después de haberlo hecho con arrogancia o enfado. **Fuera de tono,** con inoportunidad o desacertadamente. **Ponerse a tono,** acomodarse, adaptarse. **Sin venir a tono,** de modo inoportuno o injustificado. **Subir el tono/de tono,** *1.* Adoptar un tono arrogante o de enfado conforme se va hablando. *2.* Vivir con más lujo o dándose más importancia de manera paulatinamente creciente.

ton·su·ra [tonsúra] *s/f* Acción y efecto de tonsurar.

ton·su·rar [tonsurár] *v/tr* Cortar el pelo o la lana a personas o animales.

ton·ta·da [toṇtáða] *s/f* Tontería, simpleza.

ton·tai·na [toṇtáina] *adj* y *s/m,f* Se aplica a la persona tonta.

ton·te·ar [toṇteár] *v/intr* **1.** Hacer o decir tonterías. **2.** Coquetear, bromear personas de distinto sexo.

ton·te·ría [toṇtería] *s/f* **1.** Cualidad o estado de tonto. **2.** Dicho o hecho que revela falta de inteligencia, discreción o sentido. **3.** Dicho, hecho o cosa de poco valor o importancia. LOC **Dejarse de tonterías,** dejar de perder el tiempo haciendo o diciendo cosas que no conducen o ayudan al fin que se persigue.

ton·to, (-a) [tóṇto, (-a)] *adj* y *s/m,f* **1.** Se dice de la persona de poca inteligencia o escaso entendimiento y a sus actos, dichos o pensamientos. **2.** Se aplica a la persona que no sabe aprovecharse de las ocasiones, que obra con ingenuidad o sin malicia: *Ha sido tonto al no aprovechar esta situación tan favorable.* **3.** Se aplica a la persona que es muy cariñosa o se conmueve fácilmente: *Soy una tonta, lloro en todas las películas.* **4.** (Con *ser, ponerse, estar*) Se aplica a la persona pesada o falta de discreción, a la que es o se pone fastidiosa con su inoportunidad: *Hace unos días que está tonto con lo de la bicicleta.* **5.** Se aplica a las cosas que suceden o se piensan, hacen o dicen sin una finalidad o sentido propio y pretendido: *Una pregunta tonta.* LOC **A lo tonto,** inconscientemente: *A lo tonto se terminó el trabajo.* **A tontas y a locas,** *1.* Con desorden. *2.* Sin motivación, sin discernimiento. **Hacer el tonto,** decir o hacer tonterías. **Hacerse el tonto,** simular que no se ha visto u oído algo: *Deja de hacerte el tonto y respóndeme.* **Ponerse tonto,** mostrar vanidad o terquedad.

to·pa·cio [topáθjo] *s/m* Piedra preciosa fina, muy utilizada en joyería; es transparente y generalmente de color amarillo.

to·par [topár] *v/tr, intr,* REFL(-SE) **1.** Chocar una cosa con otra. **2.** Encontrar, hallar casualmente algo o a alguien: *Me topé con él en el Museo del Prado.* **3.** Topetar, embestir un animal con los cuernos contra algo. RPr **Topar con.**

to·pe [tópe] *s/m* **1.** Extremo, límite o punto máximo a que se puede llegar en cualquier cosa material o inmaterial: *Velocidad tope del coche.* **2.** Parte donde pueden encontrarse dos cosas: *Habría que ponerle un tope a esta puerta.* **3.** Pieza que se coloca para detener un mecanismo, *por ej,* en las armas de fuego. **4.** Obstáculo, lo que impide el proceso de algo. LOC **A tope/Hasta los topes**, excesivamente lleno: *El tren iba a tope.*

to·pe·tar o **to·pe·te·ar** [topet(e)ár] *v/tr, intr* **1.** Dar un golpe con la cabeza, especialmente los animales cornudos. **2.** Topar, chocar.

to·pe·ta·zo [topetáθo] *s/m* Golpe dado al chocar dos cuerpos.

tó·pi·co, -a [tópiko, -a] **I.** *adj* Relativo a un lugar determinado. **II.** *adj* y *s/m,f* Se aplica a los medicamentos de uso externo. **III.** *s/m* **1.** Expresión vulgar o muy corriente: *Esa idea era un tópico corriente en el siglo pasado.* **2.** Principio que se aplica a todos los casos análogos y del que se saca la prueba para el argumento del discurso: *La ponencia se basó en interesantes tópicos.* **3.** Lugar común, asunto o tema de conversación que se repite mucho o al que se recurre habitualmente al hablar o escribir.

to·po [tópo] **I.** *s/m* Mamífero insectívoro casi ciego, parecido a un ratón en tamaño y forma; carece de pabellón auditivo externo y vive en madrigueras subterráneas que abre con sus fuertes uñas. **II.** *adj* y *s/m,f* **1.** Se aplica a la persona que ve muy poco. **2.** Persona torpe.

to·po·gra·fía [topoɣrafía] *s/f* **1.** Técnica de representar gráficamente en un plano la superficie de un terreno o región, con todos los accidentes y particularidades, naturales o artificiales. **2.** Conjunto de particularidades que presenta un determinado terreno sobre el plano.

to·po·grá·fi·co, -a [topoɣráfiko, -a] *adj* Relativo a la topografía.

to·pó·gra·fo, -a [topóɣrafo, -a] *s/m* Persona que se dedica a la topografía.

to·po·ni·mia [toponímja] *s/f* **1.** Ciencia que se dedica al estudio del origen, significado, etc., de los nombres geográficos de un país, región, etc. **2.** Conjunto de esos nombres.

to·po·ní·mi·co, -a [toponímiko, -a] *adj* Relativo a la toponimia o a los topónimos.

to·pó·ni·mo [topónimo] *s/m* Nombre propio de un lugar.

to·que [tóke] *s/m* **1.** Acción de tocar una cosa. **2.** Pincelada, aplicación ligera de pintura con el pincel y de una sola vez. **3.** Pequeña aplicación medicinal que se da como pincelada, generalmente en la garganta. **4.** Determinado matiz o detalle que posee alguien o algo y que lo caracteriza: *Aquí hace falta un toque femenino.* **5.** Pequeña operación o modificación con que se afina, perfila o corrige un trabajo, generalmente artístico: *La obra ya casi está a punto, faltan algunos toques.* **6.** Sonido regular, producido por las campanas u otro instrumento musical, que se utiliza para avisar o anunciar a algo. LOC **Dar un toque a alguien,** *1.* Avisarle, llamarle la atención. *2.* Tantearle respecto a algún asunto.

to·que·te·ar [toketeár] *v/tr* **1.** Manosear, tocar reiteradamente algo. **2.** COL Sobar, palpar, magrear a alguien, especialmente en relación con el sexo.

to·qui·lla [tokíʎa] *s/f* Prenda grande de punto de lana que usan las mujeres para abrigarse y con la que se abriga también a los lactantes.

to·rá·ci·co, -a [toráθiko, -a] *adj* ZOOL Relativo al tórax: *Caja torácica.*

tó·rax [tóra(k)s] *s/m* ZOOL **1.** Pecho del hombre y de los animales, parte del cuerpo situada entre la cabeza y el abdomen. **2.** Cavidad del pecho, en la que están los pulmones y el corazón.

tor·be·lli·no [torβeʎíno] *s/m* **1.** Remolino de viento o de polvo. **2.** Coincidencia de muchos sucesos, que generalmente causan confusión y aturdimiento. **3.** FIG Se aplica a la persona demasiado inquieta o vivaz: *Este niño es un torbellino.*

tor·ca [tórka] *s/f* Depresión circular de un terreno y con bordes escarpados.

tor·cal [torkál] *s/m* Terreno donde hay torcas.

tor·caz [torkáθ] *adj* Se aplica a una variedad de paloma de cuello verdoso, cortado por un collar incompleto muy blanco.

tor·ce·du·ra [torθeðúra] *s/f* Acción y efecto de torcer(se).

tor·cer [torθér] **I.** *v/tr* **1.** Doblar algo que estaba recto: *Torcer una barra de hierro.* **2.** Retorcer, dar vueltas a algo haciendo girar sus dos extremos en sentido contrario o haciendo girar un extremo mientras se mantiene el otro fijo. **3.** Inclinar algo. **4.** Desviar, hacer tomar a algo dirección distinta de la que naturalmente lleva o llevaría. **5.** Apartar a alguien de cierto propósito. **6.** Obligar a un miembro a un movimiento violento: *Le torció el brazo hasta que confesó.* **7.** Pervertir, apartar a alguien del recto proceder. **8.** Cambiar de dirección al marchar, conducir un vehículo, etc.: *En aquella esquina, tuerza a la derecha.* **9.** Con voces como 'cara', 'rostro', 'gesto', etc., expresar desagrado. **10.** Interpretar en mal sentido lo que alguien dice: *No intentes torcer mis palabras.* **II.** REFL(-SE) **1.** Forma reflexiva o espontánea de *torcer.* **2.** Sufrir la dislocación de un miembro: *Se torció el tobillo.* **3.** Malograrse, frustrarse.
CONJ *Irreg: Tuerzo, torceré, torcí, torcido.*

tor·do, (-a) [tórðo, (-a)] **I.** *adj* y *s/m,f* Se aplica a la caballería que tiene el pelo mezclado de negro y blanco. **II.** *s/m* Pájaro de cuerpo grueso, pico negro y delgado y plumaje moteado de distintos colores, muy común en España.

to·rea·dor, -ra [toreaðór, -ra] *s/m,f* Que torea.

to·re·ar [toreár] **I.** *v/tr, intr* Lidiar los toros en la plaza. **II.** *v/tr* **1.** FIG Evitar hábilmente algo o a alguien. **2.** Burlarse de alguien, molestar.

to·reo [toréo] *s/m* **1.** Acción de torear, en cualquier acepción. **2.** Arte de torear.

to·re·ra [toréra] *s/f* Chaquetilla ceñida al cuerpo y que no pasa de la cintura.

to·re·ro, -a [toréro, -a] **I.** *adj* Relativo al toreo. **II.** *s/m,f* Se aplica a la persona que torea. LOC **Saltarse algo a la torera,** no hacer caso de ello.

to·ril [toríl] *s/m* Lugar donde se encierra a los toros antes de la lidia.

tor·men·ta [torménta] *s/f* **1.** Alteración violenta de la atmósfera, acompañada de aparato eléctrico, ráfagas de aire y lluvia, viento o pedrisco: *Una fuerte tormenta arrasó la cosecha de tomates.* **2.** FIG Alteración violenta del estado de ánimo de una persona, provocada por excitación o enardecimiento: *Una tormenta de celos.*

tor·men·to [torménto] *s/m* **1.** Práctica judicial antigua que acompañaba al interrogatorio, consistente en violentar físicamente al acusado para obtener de él confesión del delito. **2.** Padecimiento físico o moral muy intenso o continuado. **3.** Cosa o persona que causa tormento: *Este niño es un tormento.* **4.** Dolor, sufrimiento.

tor·men·to·so, -a [tormentóso, -a] *adj* **1.** Que ocasiona o que implica tormenta. **2.** Borrascoso, agitado, violento.

tor·na [tórna] *s/f* Acción de tornar o volver. LOC **Volver(se) las tornas,** cambiar la suerte.

tor·na·bo·da [tornaβóða] *s/f* **1.** Día después de la boda. **2.** Celebración de ese día.

tor·na·do [tornáðo] *s/m* Fenómeno tormentoso más o menos violento.

tor·nar [tornár] **I.** *v/tr* **1.** Devolver, restituir algo a alguien. **2.** Cambiar, transformar. **II.** *v/intr* **1.** Regresar, volver. **2.** Seguido de la preposición 'a' y de un *inf,* volver a hacer lo que el verbo expresa: *Tornó a llorar.* LOC **Tornar en sí,** volver en sí. RPr **Tornar a.**

tor·na·sol [tornasól] *s/m* Reflejo o viso que hace la luz en determinadas telas o en ciertas cosas tersas.

tor·ne·ar [torneár] **I.** *v/tr* Dar forma a un objeto con el torno. **II.** *v/intr* **1.** Dar vueltas alrededor de un torno. **2.** Combatir o pelear en un torneo.

tor·neo [tornéo] *s/m* **1.** Competición caballeresca, ajustada a reglas, que se practicó en Europa desde el siglo XI al XVI. **2.** Competición deportiva.

tor·ne·ra [tornéra] *s/f* Monja que sirve en el torno de los conventos.

tor·ne·ría [tornería] *s/f* **1.** Taller o tienda del tornero. **2.** Oficio del tornero.

tor·ne·ro [tornéro] *s/m* Obrero que trabaja en el torno y tiene a su cargo el manejo del mismo.

tor·ni·llo [torníʎo] *s/m* Cilindro con punta roscada que puede girar en una tuerca. LOC **Apretarle los tornillos a alguien,** apremiarle u obligarle a hacer algo. **Faltarle un tornillo a alguien/Tener los tornillos flojos,** se aplica a la persona que tiene poca sensatez o cordura.

tor·ni·que·te [tornikéte] *s/m* **1.** Palanca angular capaz de comunicar el movimiento del tirador a una campanilla. **2.** Dispositivo que consta de dos brazos iguales en forma de cruz, que normalmente giran alrededor de un eje vertical, y que se instala para regular o impedir la entrada en lugares públicos. **3.** Instrumento quirúrgico para contener las hemorragias en heridas u operaciones de las extremidades.

tor·no [tórno] *s/m* **1.** Máquina herramienta que trabaja por arranque de viruta mediante un útil que realiza un movimiento de avance sobre la pieza trabajada, la cual se mantiene en rotación alrededor de un eje. **2.** Máquina formada por un cilindro al que se hace girar mediante un manubrio, con lo cual se va arrollando en él una cuerda que arrastra el peso que se quiere elevar o aproximar. **3.** Armazón giratorio en el hueco de una pared para pasar objetos de un lado a otro sin ver el interior. **4.** Freno de los carros y coches manejado por un manubrio. LOC **En torno,** alrededor.

to·ro [tóro] *s/m* **1.** Macho de la vaca. Mamífero rumiante de gran envergadura, que tiene la cabeza armada con dos cuernos. **2.** *pl* Fiesta o corrida de toros: *¿Vas a los toros?* LOC **Agarrar/Coger/Tomar el toro por los cuernos,** afrontar los problemas tal y como se presentan, con valor y decisión. **Ver los toros desde la barrera,** presenciar algo con la tranquilidad del que es extraño a ello o puede desentenderse de ello.

to·ron·ja [toróŋxa] *s/f* **1.** Fruto comestible, parecido a la naranja. **2.** Fruto del pomelo.

to·ron·jo [toróŋxo] *s/m* Variedad del árbol que produce las toronjas.

tor·pe [tórpe] *adj* **1.** Aplicado a personas o cosas, difícil de mover o con dificultad para ello: *Torpe de movimientos.* **2.** Se aplica a la persona falta de agilidad y destreza física. **3.** Se aplica a la persona que tarda en aprender o comprender: *Es una niña muy torpe.* RPr **Torpe de.**

tor·pe·de·ar [torpeðeár] *v/tr* Lanzar torpedos contra un objetivo enemigo.

tor·pe·de·ro, -a [torpeðéro, -a] *adj* y *s/m,f* Barco destinado a lanzar torpedos.

tor·pe·do [torpéðo] *s/m* Proyectil submarino cuya cabeza lleva una carga que hace explosión al entrar en contacto con el buque contra el que va dirigido.

tor·pe·za [torpéθa] *s/f* **1.** Cualidad de torpe. **2.** Acción o dicho torpe.

to·rrar [torrár] *v/tr* Tostar al fuego.

to·rre [tórre] *s/f* **1.** Construcción o cuerpo de edificio más alto que ancho, de planta cuadrada, circular o poligonal. **2.** Edificio de considerable altura. **3.** Pieza del ajedrez que tiene forma de torre de fortaleza, que se mueve vertical u horizontalmente en todas direcciones.
Torre de control, en los aeropuertos, construcción elevada desde la cual se dirigen los aterrizajes y despegues.

to·rre·fac·ción [torrefa(k)θjón] *s/f* Acción de tostar.

to·rre·fac·to, -a [torrefákto, -a] *adj* Tostado. Se aplica especialmente al café tostado con algo de azúcar.

to·rren·cial [torrenθjál] *adj* Parecido o relativo al torrente, especialmente con referencia a su intensidad: *Lluvia torrencial.*

to·rren·te [torrénte] *s/m* **1.** Corriente de agua rápida, impetuosa, que se forma de manera accidental a consecuencia de lluvias o deshielos, o que subsiste normalmente en un terreno montañoso. **2.** Avalancha de personas o cosas.

to·rren·te·ra [torrentéra] *s/f* Cauce por donde discurre un torrente.

to·rre·ón [torreón] *s/m* Torre grande, para la defensa de una plaza o castillo.

to·rre·ro [torréro] *s/m* Persona que cuida de una atalaya o faro.

to·rrez·no [torréθno] *s/m* Pedazo de tocino frito.

tó·rri·do, -a [tórriðo, -a] *adj* **1.** Muy caliente, ardiente. **2.** Se dice de la zona más calurosa de la Tierra.

to·rri·ja [torríxa] *s/f* Rebanada de pan empapada en vino o leche frita y endulzada con miel o azúcar.

tor·sión [torsjón] *s/f* Acción y efecto de torcer o torcerse.

tor·so [tórso] *s/m* Tronco del cuerpo humano.

tor·ta [tórta] *s/f* **1.** Masa plana y redonda a base de harina, huevos, azúcar y otros ingredientes, que se cuece a fuego lento. **2.** FAM Bofetada: *Le dio un par de tortas en la cara.* **3.** COL Borrachera: *Todos los sábados coge una torta.* LOC **Ni torta,** absolutamente nada: *Sobre este tema no sabía ni torta.*

tor·ta·da [tortáða] *s/f* Torta grande rellena de carne y dulce, etc.

tor·ta·zo [tortáθo] *s/m* **1.** Bofetada. **2.** Golpe violento que recibe o se da alguien al chocar con algo o caerse: *Se ha pegado un tortazo impresionante con el coche.*

tor·tí·co·lis [tortíkolis] *s/f* MED Dolor de los músculos del cuello que inmovilizan u obliga a mantener éste torcido.

tor·ti·lla [tortíʎa] *s/f* Huevos batidos que se fríen generalmente con algún ingrediente y a los que se les da forma. LOC **Cambiar/Volverse la tortilla,** *1.* Suceder algo de manera diferente a como se esperaba: *Al final se cambió la tortilla y ganó el equipo que no se esperaba. 2.* Trocarse la suerte favorable que alguien tenía en favor de otro.

tor·ti·lle·ra [tortiʎéra] *s/f* VULG Lesbiana.

tór·to·la [tórtola] *s/f* Ave del orden de las palomas, de plumaje gris rojizo.

tór·to·lo [tórtolo] *s/m* **1.** FIG Hombre muy enamorado y amartelado. **2.** *pl* Pareja que está en actitud muy amorosa: *En esa actitud parecen dos tórtolos.*

tor·tu·ga [tortúɣa] *s/f* Reptil terrestre o de agua, provisto de un caparazón que recubre la mayor parte de su cuerpo y donde el animal puede retraerse por completo.

tor·tuo·si·dad [tortwosiðáð] *s/f* Cualidad de tortuoso.

tor·tuo·so, -a [tortwóso, -a] *adj* Torcido, que sigue una línea zigzagueante.

tor·tu·ra [tortúra] *s/f* **1.** Procedimiento por el que, causando dolores físicos o desequilibrios en una persona, se intenta que haga alguna confesión o proporcione información sobre lo que se supone conoce. **2.** Padecimiento intenso físico o moral: *Su situación económica es una tortura para él.*

tor·tu·rar [torturár] *v/tr,* REFL(-SE) Causar tortura: *Esa idea le torturará siempre.*

tor·va [tórβa] *s/f* Remolino de lluvia o nieve.

tor·vo, -a [tórβo, -a] *adj* Fiero, de aspecto malvado: *Una torva mirada.*

tor·zal [torθál] *s/m* Cordoncillo delgado de seda, hecho de varias hebras torcidas.

tos [tós] *s/f* Expulsión espasmódica y ruidosa del aire contenido en el aparato respiratorio.

tos·ca [tóska] *s/f* **1.** Piedra caliza. **2.** Sarro de los dientes.

tos·co, -a [tósko, -a] *adj* **1.** Sin pulimento, realizado con poca habilidad y cuidado o con materiales de poco valor: *Una cerámica tosca.* **2.** Aplicado a personas y a sus modales, rústico, carente de cultura y educación.

to·ser [tosér] *v/intr* Tener y padecer la tos.

tó·si·go [tósiɣo] *s/m* **1.** Ponzoña, veneno. **2.** FIG Angustia o pena grande.

tos·que·dad [toskeðáð] *s/f* Cualidad de tosco.

tos·ta·da [tostáða] *s/f* Rebanada de pan tostada, generalmente untada con mantequilla o mermelada, que suele tomarse con el té o el café.

tos·ta·de·ro [tostaðéro] *s/m* **1.** Instalación industrial para la torrefacción del café en grano. **2.** Lugar donde hace demasiado calor: *Este rincón es un tostadero.*

tos·ta·do, -a [tostáðo, -a] *adj* **1.** Que es resultado de tostar: *Me gusta mucho el pan tostado.* **2.** Se aplica al color ocre, similar al del pan tostado.

tos·ta·dor, -ra [tostaðór, -ra] *adj* y *s/m,f* Que tuesta o sirve para tostar.

tos·tar [tostár] *v/tr,* REFL(-SE) **1.** Calentar algo al fuego hasta que toma el color dorado, sin llegar a quemarlo. **2.** Poner el sol o el aire la piel del cuerpo morena o bronceada: *Le gusta tostarse en la playa.* RPr **Tostar(se) a:** *Tostar al sol.*
CONJ *Irreg: Tuesto, tostaré, tosté, tostado.*

tos·tón [tostón] *s/m* **1.** Trozo de pan frito que se añade como condimento a algunas cosas, como sopas o purés. **2.** Persona o cosa molesta, pesada por insistente o falta de interés.

to·tal [totál] **I.** *adj* Completo, entero: *Un cambio total.* **II.** *s/m* Suma: *El total de los gastos es de dos mil pesetas.* **III.** *adv* En resumen, en definitiva, en conclusión: *Total, que no vienes.* LOC **En total,** expresión equivalente a la función adverbial (**III**).

to·ta·li·dad [totaliðáð] *s/f* **1.** Cualidad de total. **2.** Todo el total: *La totalidad de los reunidos votó a favor.*

to·ta·li·ta·rio, -a [totalitárjo, -a] *adj* **1.** Se aplica a lo que se refiere a la totalidad de las partes o aspectos de algo. **2.** Se aplica a la forma de gobierno que concentra el poder en el Estado, con absoluta subordinación del individuo o la colectividad.

to·ta·li·ta·ris·mo [totalitarísmo] *s/m* Cualidad de totalitario.

to·ta·li·zar [totaliθár] *v/tr* Acción de deducir el total de varias cantidades sumadas.
ORT Ante *e* la *z* cambia en *c: Totalice.*

tó·tem [tóte{m/n}] *s/m* **1.** Animal o cualquier ser de la naturaleza que es objeto de culto por ciertos pueblos. **2.** Emblema o imagen tallado o pintado que lo representa.

to·te·mis·mo [totemísmo] *s/m* Creencia y culto religioso de los totems.

turné o **tournée** [turné] *s/f* GAL **1.** Gira turística. **2.** Gira de un cantante, grupo de teatro, etc., por varios lugares representando sus obras.

to·xe·mia [to(k)sémja] *s/f* Presencia y acumulación en la sangre de sustancias de acción tóxica.

to·xi·ci·dad [to(k)siθiðáð] *s/f* Cualidad de tóxico.

tó·xi·co, -a [tó(k)siko, -a] *adj* y *s/m* MED Se aplica a las cosas venenosas.

to·xi·co·lo·gía [to(k)sikoloxía] *s/f* Parte de la medicina que estudia las sustancias tóxicas.

to·xi·co·ló·gi·co, -a [to(k)sikolóxiko, -a] *adj* Relativo a la toxicología.

to·xi·có·lo·go, -a [to(k)sikóloγo, -a] *adj* y *s/m,f* Especialista en toxicología.

to·xi·co·ma·nía [to(k)sikomanía] *s/f* Hábito patológico de ingerir sustancias que procuran sensaciones agradables o que calman el dolor, como la cocaína, la morfina, etc.

to·xi·có·ma·no, -a [to(k)sikómano, -a] *adj* y *s/m,f* Se aplica a la persona afectada de toxicomanía.

to·xi·na [to(k)sína] *s/f* Sustancia venenosa elaborada por seres vivos, particularmente microbios, que, introducida en otros organismos, actúa como veneno, produciendo trastornos fisiológicos en ellos.

to·zu·dez [toθuðéθ] *s/f* Cualidad de tozudo.

to·zu·do, -a [toθúðo, -a] *adj* y *s/m,f* Se aplica a la persona obstinada, que persiste en su actitud u opinión a pesar de las razones del contrario.

tra·ba [tráβa] *s/f* **1.** Cosa que se utiliza para ligar a otras o a alguien como sujeción o para impedir su desarrollo o movimiento. **2.** Impedimento; se aplica a lo que obstaculiza o dificulta la ejecución de algo o impide la libertad de acción de alguien. LOC **Poner trabas,** poner dificultades.

tra·ba·cuen·ta [traβakwénta] *s/f* **1.** Error en una cuenta, que la enreda o dificulta. **2.** FIG Discusión, controversia.

tra·ba·ja·do, -a [traβaxáðo, -a] *adj* **1.** Realizado con minuciosidad y gran cuidado: *Una obra bien trabajada.* **2.** Cansado, molido por el trabajo.

tra·ba·ja·dor, -ra [traβaxaðór, -ra] **I.** *adj* Que trabaja. **II.** *s/m,f* Obrero que se gana la vida con un trabajo corporal.

tra·ba·jar [traβaxár] **I.** *v/intr* **1.** Realizar un esfuerzo físico o intelectual en una determinada actividad: *Sólo trabajo por la mañana.* **2.** Tener una ocupación estable, ejercer una profesión u oficio: *Trabaja de mecánico.* **3.** FIG Resistir una máquina, un buque, un edificio u otra cosa, la acción de los esfuerzos a que se hallan sometidos. **II.** *v/tr* **1.** Someter algo (una materia, etc.) a una acción para darle forma determinada: *Trabajar la masa del pan.* **2.** Cultivar la tierra: *Trabaja la tierra bien para obtener frutos.* **3.** Hacer gestiones para conseguir algo: *Si quieres obtener el permiso has de trabajar el asunto.* RPr **Trabajar a/de:** *Trabajar a destajo.*

tra·ba·jo [traβáxo] *s/m* **1.** Acción y efecto de trabajar. **2.** Ocupación retribuida: *Es un trabajo mal pagado.* **3.** Obra, producto resultante de una actividad física o intelectual: *Ha escrito un buen trabajo.* **4.** Por oposición a 'capital', el trabajo humano empleado en la industria: *Las rentas del trabajo.* **5.** MEC Producto del valor de una fuerza por la distancia que recorre su punto de aplicación. **6.** *pl* Estrechez, apuro, dificultad, miseria: *Le está costando muchos trabajos sacar adelante a su familia.* LOC **Con trabajo,** con dificultades o esfuerzo. **Costar trabajo una cosa,** requerir un esfuerzo considerable para conseguirla o realizarla.

tra·ba·jo·so, -a [traβaxóso, -a] *adj* Que da o causa mucho trabajo o penalidades.

tra·ba·len·guas [traβaléŋgwas] *s/m* Se aplica a la palabra o frase difícil de pronunciar. Se utiliza a veces como juego.

tra·ba·mien·to [traβamjénto] *s/m* Acción y efecto de trabar.

tra·bar [traβár] **I.** *v/tr* **1.** Juntar o unir una cosa con otra, directamente o mediante una tercera, para darles más fuerza y resistencia. **2.** FIG Empezar una conversación, una discusión, una lucha, etc. **3.** Impedir el desarrollo de algo o el desenvolvimiento de alguien. **4.** Dar mayor consistencia a un líquido o a una masa: *Trabar las claras de huevo.* **II.** *v/tr, intr* Coger, agarrar, asir: *El ancla no ha trabado bien.* **III.** REFL(-SE) Tartamudear o balbucir: *Este niño se traba continuamente al hablar.*

tra·ba·zón [traβaθón] *s/f* **1.** Enlace, unión. **2.** Coherencia. Conexión de las ideas o de las partes de un discurso o exposición de modo que formen un conjunto organizado.

tra·bi·lla [traβíʎa] *s/f* **1.** Tira de tela o de cuero que pasa por debajo del pie para sujetar los bordes inferiores del pantalón o polaina. **2.** Tira de tela que, por la espalda, ciñe a la cintura una prenda de vestir.

tra·bu·car [traβukár] *v/tr,* REFL(-SE) **1.** Trastornar, alterar el orden de una cosa.

2. Trastocar o tergiversar ideas, datos o noticias: *Trabuca palabras e ideas.*
ORT La *c* cambia en *qu* ante *e: Trabuquen.*

tra·bu·co [traβúko] *s/m* Arma de fuego más corta y de mayor calibre que la escopeta, con la boca del cañón ensanchada.

tra·ca [tráka] *s/f* Artificio pirotécnico consistente en una serie de petardos enlazados por una cuerda y que van estallando sucesivamente.

trac·ción [tra(k)θjón] *s/f* **1.** Acción de tirar de algo para arrastrarlo. **2.** Acción de arrastrar un vehículo o de hacerlo andar por cualquier procedimiento mecánico: *Tracción animal/mecánica.*

tra·ce·ría [traθería] *s/f* Decoración arquitectónica formada por combinaciones de figuras geométricas.

tra·co·ma [trakóma] *s/m* MED Conjuntivitis granulosa y contagiosa.

trac·to [trákto] *s/m* Espacio entre dos lugares: *Tracto intestinal.*

trac·tor [traktór] *s/m* Vehículo automóvil de gran potencia de arrastre, adecuado para labores agrícolas.

tra·di·ción [traðiθjón] *s/f* **1.** Conjunto de hechos históricos, doctrinas, leyes, costumbres que se transmiten, generalmente en forma oral, de generación en generación. **2.** Costumbre, hábito establecido.

tra·di·cio·nal [traðiθjonál] *adj* Relativo a la tradición.

tra·di·cio·na·lis·mo [traðiθjonalísmo] *s/m* Sistema y doctrina que en política, religión, etc., pretenden conservar instituciones, costumbres y principios antiguos.

tra·di·cio·na·lis·ta [traðiθjonalísta] *adj* y *s/m,f* Relativo al tradicionalismo.

tra·duc·ción [traðu(k)θjón] *s/f* **1.** Acción y efecto de traducir. **2.** El texto traducido.

tra·du·ci·ble [traðuθíβle] *adj* Que puede traducirse.

tra·du·cir [traðuθír] **I.** *v/tr* **1.** Expresar en un idioma una cosa dicha o escrita en otro. **2.** Interpretar, dar significado a un texto, un signo, una expresión, etc. **3.** Convertirse o resultar una cosa en otra que se expresa. **II.** REFL(-SE) Derivar algo en otra cosa diferente: *Su alegría se tradujo en lloros.* RPr **Traducir(se) en.**
CONJ *Irreg: Traduzco, traduciré, traduje, traducido.*

tra·duc·tor, -ra [traðuktór, -ra] *adj* y *s/m,f* **1.** Se aplica a la persona que traduce o se dedica a traducir. **2.** Autor de una traducción.

tra·er [traér] **I.** *v/tr* **1.** Trasladar una cosa al lugar en que se halla uno: *Me trajo un regalo de Londres.* **2.** Atraer hacia sí. **3.** Ocasionar, causar: *El odio trajo consigo el crimen.* **4.** Ser causa de que alguien padezca cierta alteración de ánimo: *Este pantalón me trae frito.* **5.** Llevar puesta una prenda de vestir: *Trae unos pantalones muy bonitos.* **6.** COL Referido a escritos, en especial a periódicos, contener lo que se expresa: *El diario trae que murieron diez.* **II.** REFL(-SE) Llevar a cabo o planear algo solapadamente y sin que se vea muy clara la intención: *Ambos se traen muchas cosas entre sí.* LOC **Traer a mal/Traer por la calle de la amargura a alguien,** molestarle, maltratarle, ponerle dificultades. **Traer entre manos,** ocuparse o estar ocupado en algo.
CONJ *Irreg: Traigo, traeré, traje, traído.*

tra·fa·gar [trafaγár] *v/intr* Trajinar.
ORT Ante *e* la *g* cambia en *gu: Trafague.*

trá·fa·go [tráfaγo] *s/m* Conjunto de trabajos fatigosos.

tra·fi·can·te [trafikánte] *adj* y *s/m,f* Que trafica.

tra·fi·car [trafikár] *v/intr* Negociar, comerciar, especialmente de forma indebida: *Trafica con/en fármacos.* RPr **Traficar con/en.**
ORT Ante *e* la *c* cambia en *qu: Trafiqué.*

trá·fi·co [tráfiko] *s/m* **1.** Acción y efecto de traficar: *La policía vigila el tráfico de drogas.* **2.** Tránsito de vehículos.

tra·ful·car [trafulkár] *v/tr* Confundirse o trabucarse, en la mente o el habla.
ORT Ante *e* la *c* cambia en *qu: Trafulque.*

tra·ga·de·ras [traγaðéras] *s/f, pl* Poco escrúpulo, facilidad para admitir, aceptar o tolerar algo inconveniente: *Tiene buenas/malas tragaderas.*

tra·ga·de·ro [traγaðéro] *s/m* **1.** Faringe o garganta. **2.** Agujero por donde se sume una cosa, *por ej,* el agua.

tra·gal·da·bas [traγalðáβas] *s/m,f* Se aplica a la persona muy tragona.

tra·ga·luz [traγalúθ] *s/m* Claraboya. Ventana en un techo o en la parte superior de una pared.

tra·gan·to·na [traγantóna] *s/f* Comilona.

tra·ga·pe·rras [traγapérras] *s/m,f* Aparato o máquina que funciona automáticamente mediante la introducción de una o varias monedas; se dice especialmente de las que dan premios en metálico.

tra·gar [traγár] *v/tr* **1.** Hacer pasar algo de la boca al estómago. **2.** Comer mucho o con voracidad. **3.** Absorber un terreno un líquido o las aguas lo que sobresale en su superficie: *Las aguas (se) tragaron el cuerpo.* **4.** Soportar, tolerar algo, generalmente desagradable u ofensivo: *Tuvo que tragarse las órdenes del director.* **5.** Consu-

mir, gastar: *Este coche traga mucho.* **6.** Disimular, fingir: *Se tragó el dolor que sentía.* **7.** Creer fácilmente una cosa que se le dice con engaño. LOC **No tragar a una persona o cosa,** sentir antipatía hacia ella.
ORT La *g* lleva *u* ante *e: Trague.*

tra·ge·dia [traxéðja] *s/f* **1.** Pieza literaria de tono grave y asunto serio, de origen griego, elaborada poéticamente en un estilo elevado para ser representada por medio de un coro y unos actores. **2.** Obra de teatro basada en un tema importante que generalmente tiene un desenlace desgraciado. **3.** Cualquier hecho o suceso desgraciado: *Su muerte fue una tragedia.*

trá·gi·co, -a [tráxiko, -a] **I.** *adj* Relativo a la tragedia. **II.** *s/m,f* **1.** Se aplica al autor de tragedias. **2.** Se aplica al actor o actriz que se dedica a la tragedia.

tra·gi·co·me·dia [traxikoméðja] *s/f* Obra dramática en que se combinan lo trágico y lo cómico.

tra·gi·có·mi·co, -a [traxikómiko, -a] *adj* Relativo a la tragicomedia.

tra·go [tráγo] *s/m* **1.** Porción de líquido que se traga de una vez. **2.** Bebida, acción de beber: *Salió a tomar un trago.* **3.** Disgusto, pena: *Pasaron un mal trago al morir el padre.*

tra·gón, -na [traγón, -na] *adj* y *s/m,f* Se aplica a la persona que come mucho.

trai·ción [traiθjón] *s/f* **1.** Violación de la fidelidad y lealtad debida. **2.** Delito del ciudadano contra la patria o del militar contra la disciplina.

trai·cio·nar [traiθjonár] *v/tr* **1.** Hacer traición a alguien. **2.** Ser algo causa de que se fracase en un intento: *Le traicionó su falta de experiencia.*

trai·cio·ne·ro, -a [traiθjonéro, -a] *adj* Traidor.

traí·do, (-a) [traíðo, (-a)] **I.** *adj* Muy usado. **II.** *s/f* Acción y efecto de traer: *Traída de aguas.*

trai·dor, -ra [traiðór, -ra] *adj* y *s/m,f* Que hace traición.

trái·ler [tráiler] ANGL **1.** Parte muy breve de una película que se proyecta en los cines a modo de propaganda antes de empezar la película programada. **2.** Camión sin caja, con apoyo sobre plataforma giratoria, a la cual se engancha una caja remolque de dimensiones mayores a las normales.

traí·lla [traíʎa] *s/f* Cuerda o correa con que se lleva atado a un perro a las cacerías.

traí·na [traína] *s/f* Red de pescar en forma de gran bolsa o embudo, cuya boca se mantiene abierta, y que se remolca por el fondo o entre dos aguas.

trai·ne·ra [trainéra] *adj* y *s/f* **1.** Barca empleada para pescar con traína. **2.** Embarcación deportiva.

tra·je [tráxe] *s/m* **1.** Vestido exterior de una persona. **2.** Vestido de hombre, compuesto de una chaqueta, pantalón, y a veces, chaleco. **3.** Vestido de mujer, de una o de dos piezas. **4.** Vestido peculiar de una región, una época, etc.

tra·jea·do, -a [traxeáðo, -a] *adj* Se utiliza con bien o mal para indicar que una persona va bien o mal arreglada en cuanto al vestido.

tra·jín [traxín] *s/m* Acción de trajinar.

tra·ji·nar [traxinár] *v/intr* Moverse de un lugar a otro trabajando, con cualquier ocupación o haciendo gestiones: *Lleva toda la mañana trajinando en la cocina.*

tra·lla [tráʎa] *s/f* Correa, cuerda o tira de cuero, que se coloca al extremo del látigo.

tra·lla·zo [traʎáθo] *s/m* **1.** Golpe dado con la tralla, latigazo. **2.** Reprensión áspera.

tra·ma [tráma] *s/f* **1.** Conjunto de hilos que, cruzando a lo ancho con los de la urdimbre, forman una tela. **2.** Enredo de una obra literaria. **3.** Intriga, confabulación dispuesta para perjudicar a alguien.

tra·mar [tramár] *v/tr* Preparar algo con sigilo, particularmente una intriga, traición o enredo.

tra·mi·ta·ción [tramitaθjón] *s/f* **1.** Acción y efecto de tramitar. **2.** Serie de trámites prescritos para la resolución de un asunto.

tra·mi·tar [tramitár] *v/tr* Hacer pasar un asunto por los trámites necesarios para su resolución: *Está tramitando su divorcio.*

trá·mi·te [trámite] *s/m* Cualquiera de las diligencias necesarias para la marcha de un asunto.

tra·mo [trámo] *s/m* **1.** Cada una de las partes en que está dividido algo que se presenta linealmente, como un camino, una calle, o una pared. **2.** Cada parte de una escalera comprendida entre rellanos.

tra·mon·ta·na [tramon̪tána] *s/f* Viento del norte.

tra·mon·ta·no, -a [tramon̪táno, -a] *adj* Se aplica a lo que está al otro lado de los montes.

tra·mo·ya [tramóJa] *s/f* **1.** Máquina o conjunto de ellas con que se producen los efectos escénicos y cambios de decoración. **2.** Intriga o engaño hechos con ingenio y ocultamente.

tra·mo·yis·ta [tramoJísta] **I.** *s/m,f* Se aplica a la persona que tiene por oficio idear, manejar o construir las tramoyas en el teatro. **II.** *adj* y *s/m,f* Persona enredadora o mentirosa.

tram·pa [trámpa] *s/f* **1.** Artificio que se utiliza para capturar o matar animales. **2.** Puerta en el suelo que pone en comunicación cualquier parte de un edificio con otra inferior. **3.** Tablero horizontal que gira sobre goznes para subirlo y bajarlo. **4.** Ardid, engaño para burlar a alguien con el fin de conseguir algo o colocar al engañado en una situación comprometida o difícil. **5.** Deuda que no se paga: *Está lleno de trampas.* **6.** Engaño para conseguir beneficios en el juego. LOC **Caer en la trampa,** dejarse engañar con una trampa. **Hacer trampa,** utilizar algún engaño en cualquier clase de trato con otras personas.

tram·pe·ar [trampeár] *v/intr* Vivir siempre con deudas y sin poder salir nunca definitivamente de los apuros o dificultades.

tram·pe·ro, -a [trampéro, -a] *adj* y *s/m,f* Que pone trampas a los animales para cazarlos.

tram·pi·lla [trampíʎa] *s/f* Ventanilla que se hace en el piso de una habitación para comunicar con la que está debajo.

tram·po·lín [trampolín] *s/m* **1.** Tabla inclinada y elástica o plancha muy flexible que permite a los nadadores y a los gimnastas aumentar la altura o la longitud de su salto. **2.** En esquí y en esquí acuático, plataforma utilizada en competiciones de salto. **3.** Persona o cosa que sirve de medio para conseguir un ascenso.

tram·po·so, -a [trampóso, -a] *adj* y *s/m,f* Que hace trampas, particularmente en el juego.

tran·ca [tráŋka] *s/f* **1.** Palo grueso o estaca que se utiliza como bastón para defenderse o para atacar; también se usa para asegurar por detrás puertas y ventanas. **2.** COL Borrachera. LOC **A trancas y barrancas,** con dificultad, tropiezos, etc.

tran·ca·zo [traŋkáθo] *s/m* **1.** Golpe que se da con la tranca. **2.** COL Gripe.

tran·ce [tránθe] *s/m* **1.** Momento crítico, decisivo y difícil por el que pasa alguien. **2.** Estado hipnótico: *Estar en trance.*

tran·co [tráŋko] *s/m* Paso o salto que se da abriendo mucho las piernas.

tran·que·ar [traŋkeár] *v/intr* Remover, empujando y apalancando con trancas o palos.

tran·qui·li·dad [traŋkiliðáð] *s/f* Cualidad de tranquilo, estado de tranquilo.

tran·qui·li·za·dor, -ra [traŋkiliθaðór, -ra] *adj* Que tranquiliza.

tran·qui·li·zan·te [traŋkiliθánte] *adj* y *s/m,f* Que tranquiliza.

tran·qui·li·zar [traŋkiliθár] *v/tr,* REFL (-SE) Poner tranquilo, calmar, sosegar. ORT La *z* cambia en *c* ante *e: Tranquilice.*

tran·qui·lo, -a [traŋkílo, -a] **I.** *adj* **1.** Que está en calma o privado de movimientos más o menos violentos: *El mar está tranquilo.* **2.** Privado de agitación, disturbios o ruidos molestos: *Vive en una zona muy tranquila.* **3.** Se aplica a la persona pacífica, sosegada, que no se altera con facilidad. **4.** Se aplica a la conciencia libre de remordimientos. **5.** Libre de inquietudes y preocupaciones: *Vivo muy tranquilo en esta familia.* **II.** *adj* y *s/m,f* Se aplica a la persona despreocupada, a la cual no le importa quedar bien con los demás ni cumplir sus compromisos.

tran·qui·llo [traŋkíʎo] *s/m* Habilidad para hacer algo, conseguida a base de repetir la acción muchas veces: *Coger el tranquillo de algo.*

trans- [trans-] *prefijo* que en las voces a que se halla unida añade el significado de 'del otro lado' o 'a la parte opuesta', como en *transatlántico, transpirenaico;* o 'a través de', como en *transparente;* o denota 'cambio o mudanza', como en *transformar.* El uso autoriza *trans-* o *tras-*.

tran·sac·ción [transa(k)θjón] *s/f* Convenio, trato, acuerdo comercial.

tra(n)s·at·lán·ti·co, (-a) [tra(n)satlántiko, (-a)] **I.** *adj* Se aplica a las regiones situadas al otro lado del Atlántico. **II.** *s/m* y *adj* Barco de grandes dimensiones destinado a viajes largos.

tra(n)s·bor·da·dor [tra(n)sβorðaðór] *s/m* Barco grande y plano para el transporte de viajeros, mercancías o automóviles, entre las orillas de un río estrecho o canal.

tra(n)s·bor·dar [tra(n)sβorðár] *v/tr* Trasladarse personas o cosas de un barco a otro o de un vehículo a otro, especialmente de un tren a otro en un trayecto de ferrocarril.

tra(n)s·bor·do [tra(n)sβórðo] *s/m* Acción y efecto de transbordar.

tra(n)s·cen·den·cia [tra(n)sθendénθja] *s/f* **1.** Acción de trascender. **2.** Cualidad de trascendente.

tra(n)s·cen·den·tal o **tra(n)s·cen·den·te** [tra(n)sθendentál/tra(n)sθendénte] *adj* De gran importancia por sus probables consecuencias.

tra(n)s·cen·der [tra(n)sθendér] *v/intr* **1.** Empezar a conocerse o saberse un hecho o noticia que estaban ocultos o que sólo eran conocidos por un pequeño grupo. **2.** Extenderse los efectos o las consecuencias de

algo a otras cosas o a un medio distinto o más amplio: *El hecho trasciende la capacidad humana.* **3.** (Con *de*) Superar un determinado límite: *Es un problema que trasciende del ámbito educativo.* RPr **Trascender de.**
CONJ *Irreg: Trasciende, trascenderá, trascendió, trascendido.*

tra(n)s·cri·bir [tra(n)skriβír] *v/tr* **1.** Copiar un escrito con el mismo o distinto sistema de escritura. **2.** Poner por escrito algo que se oye.
CONJ *p Transcrito.*

tra(n)s·crip·ción [tra(n)skripθjón] *s/f* Acción y efecto de trascribir.

tra(n)s·cri·to, -a [tra(n)skríto, -a] *p irreg* de *trasnscribir.*

tra(n)s·cu·rrir [tra(n)skurrír] *v/intr* Pasar, correr el tiempo en un devenir sucesivo y continuo: *Los días iban transcurriendo y no sucedía nada de lo esperado.*

tra(n)s·cur·so [tra(n)skúrso] *s/m* **1.** Acción de transcurrir cierto espacio de tiempo. **2.** Cierto espacio o cantidad de tiempo que se especifica.

tran·seún·te [transeúnte] *adj* y *s/m,f* **1.** Que pasa por un lugar. **2.** Que está de paso en un lugar.

tran·se·xual [transe(k)swál] *adj* y *s/m,f* Se aplica a quien por medios artificales u hormonas adquiere las características sexuales del sexo opuesto al que tiene.

tra(n)s·fe·ren·cia [tra(n)sferénθja] *s/f* Acción y efecto de transferir. Particularmente, operación bancaria por la que se transfiere una cantidad de dinero de una cuenta corriente a otra.

tra(n)s·fe·rir [tra(n)sferír] *v/tr* Traspasar a otro el derecho que se tiene sobre algo.
CONJ *Irreg: Transfiero, transferiré, transferí, transferido.*

tra(n)s·fi·gu·ra·ción [tra(n)sfiγuraθjón] *s/f* Acción y efecto de transfigurar(se).

tra(n)s·fi·gu·rar [tra(n)sfiγurár] *v/tr,* REFL(-SE) Hacer cambiar o cambiar algo o alguien de figura o aspecto.

trans·for·ma·ble [transformáβle] *adj* Que puede transformarse.

trans·for·ma·ción [transformaθjón] *s/f* Acción y efecto de transformar(se).

trans·for·mar [transformár] *v/tr,* REFL (-SE) **1.** Hacer cambiar de forma o cualidad: *El tiempo lo transforma todo.* **2.** Cambiar de manera de ser, de hábitos o de costumbres. **3.** Mejorar: *Estas vacaciones le han transformado.* RPr **Transformar (algo) en:** *Transformar en oro.*

trans·for·mis·ta [transformísta] *s/m,f* Artista de circo o variedades capaz de transformarse rapidísimamente en distintas figuras o tipos.

trá(n)s·fu·ga [trá(n)sfuγa] *s/m,f* **1.** Persona que pasa huyendo de un sitio a otro. **2.** Persona que abandona un partido o ideología y pasa a otro.

tra(n)s·fun·dir [tra(n)sfundír] *v/tr* Hacer pasar poco a poco un líquido de un recipiente a otro.

tra(n)s·fu·sión [tra(n)sfusjón] *s/f* Técnica terapéutica que consiste en administrar, por vía intravenosa, sangre de una persona sana a un enfermo o herido.

tra(n)s·fu·sor, -ra [tra(n)sfusór, -ra] *adj* y *s/m,f* Que transfunde.

tra(ns)·gre·dir [tra(n)sγreðír] *v/tr* Violar, desobedecer un precepto, una orden o una ley.

tra(n)s·gre·sión [tra(n)sgresjón] *s/f* Acción y efecto de transgredir.

tra(n)s·gre·sor, -ra [tra(n)sγresór, -ra] *adj* y *s/m,f* Que comete transgresión.

tran·si·ción [transiθjón] *s/f* **1.** Acción y efecto de pasar gradualmente de un estado a otro, de un asunto o idea a otro. **2.** Estadio intermedio entre lo que se era antes y aquello en que se ha cambiado: *La transición política duró mucho.*

tran·si·do, -a [transíðo, -a] *adj* Muy afectado por un dolor físico o moral: *Transido de dolor.*

tran·si·gen·cia [transixénθja] *s/f* Acción y efecto de transigir.

tran·si·gen·te [transixénte] *adj* Que transige.

tran·si·gir [transixír] *v/intr* **1.** Ceder a las opiniones o deseos de otra persona, en contra de los propios: *No transigen en los principios.* **2.** Tolerar cierta cosa. RPr **Transigir en/con:** *No transigir con la injusticia.*
ORT La *g* se convierte en *j* delante de *a/o: Transijamos, transijo.*

tran·sis·tor [transistór] *s/m* **1.** Dispositivo electrónico que sustituye a los tubos electrónicos para transformar y amplificar las corrientes eléctricas. **2.** Pequeño aparato de radio que funciona con pilas y transistores.

tran·si·ta·ble [transitáβle] *adj* Se aplica al sitio por donde se puede transitar.

tran·si·tar [transitár] *v/intr* Andar o ir por la vía pública.

tran·si·ti·vo, -a [transitíβo, -a] *adj* Se dice de los verbos activos que rigen complemento directo o acusativo, y de las frases u oraciones que llevan dichos verbos.

trán·si·to [tránsito] *s/m* **1.** Acción de transitar. **2.** Paso, movimiento, circulación de gente y vehículos por calles y carreteras: *Tránsito en la autopista.* **3.** Muerte, paso de esta vida a la otra: *El tránsito al otro mundo.* LOC **De tránsito,** que está de paso para ir a otro sitio.

tran·si·to·rie·dad [transitorjeðáð] *s/f* Cualidad de transitorio.

tran·si·to·rio, -a [transitórjo, -a] *adj* Que pasa, que no es definitivo, sino momentáneo.

tra(n)s·lú·ci·do, -a [tra(n)slúθiðo, -a] *adj* Se aplica al cuerpo a través del cual pasa la luz, pero que sólo deja ver confusamente lo que hay detrás de él.

tra(n)s·mi·gra·ción [tra(n)smiɣraθjón] *s/f* Acción y efecto de transmigrar.

tra(n)s·mi·grar [tra(n)smiɣrár] *v/intr* **1.** Pasar alguien a vivir a otro país, emigrar. **2.** Pasar un alma de un cuerpo a otro.

tra(n)s·mi·si·ble [tra(n)smisíβle] *adj* Que se puede transmitir.

tra(n)s·mi·sión [tra(n)smisjón] *s/f* **1.** Acción y efecto de transmitir. **2.** Dispositivo mecánico que sirve para transmitir el movimiento en las máquinas.

tra(n)s·mi·sor, (-ra) [tra(n)smisór, (-ra)] **I.** *adj* y *s/m,f* Que transmite. **II.** *s/m* Aparato telefónico o telegráfico.

tra(n)s·mi·tir [tra(n)smitír] *v/tr* **1.** Traspasar, hacer pasar a otro algo que uno posee. **2.** Comunicar, difundir algo por medio de radio o televisión: *La televisión transmitió el concierto en directo.* **3.** Comunicar una noticia por teléfono o telégrafo. **4.** Hacer llegar a alguien mensajes o noticias. **5.** Imprimir un movimineto aplicando una fuerza. **6.** Comunicar a otros enfermedades o estados de ánimo que uno mismo tiene o de que es vehículo: *No nos transmitas tu desesperación.* **7.** Conducir o ser el medio a través del cual se mueven la electricidad, la luz, el sonido u otra onda física: *El aire transmite el sonido.*

tra(n)s·mu·dar [tra(n)smuðár] *v/tr* **1.** Transmutar o cambiar algo. **2.** Trasladar algo de un lugar a otro.

tra(n)s·mu·ta·ción [tra(n)smutaθjón] *s/f* Acción y efecto de transmutar.

tra(n)s·mu·tar [tra(n)smutár] *v/tr,* REFL(-SE) Cambiar, convertir en otra cosa.

tra(n)s·pa·ren·cia [tra(n)sparénθja] *s/f* **1.** Cualidad de transparente. **2.** Película con la imagen fijada, que puede ser proyectada sobre una pantalla.

tra(n)s·pa·ren·tar [tra(n)sparen̪tár] *v/tr,* REFL(-SE) **1.** Dejarse ver la luz o los objetos a través de un cuerpo transparente. **2.** Ser transparente: *Ese vestido transparenta.* **3.** FIG Dejarse entender o adivinar: *Su temor se transparenta.*

tra(n)s·pa·ren·te [tra(n)sparén̪te] *adj* **1.** Se aplica al cuerpo que deja pasar la luz y a través del cual pueden verse de forma clara los objetos: *Un sobre transparente.* **2.** Que se deja adivinar o vislumbrar.

tra(n)s·pi·ra·ble [tra(n)spiráβle] *adj* Que puede transpirar.

tra(n)s·pi·ra·ción [tra(n)spiraθjón] *s/f* Acción y efecto de transpirar.

tra(n)s·pi·rar [tra(n)spirár] *v/intr* Segregar un cuerpo a través de sus poros un líquido o humor en forma de vapor o de pequeñísimas gotas (especialmente sudor).

tra(n)s·po·ner [tra(n)sponér] **I.** *v/tr* Poner a una persona o cosa en lugar diferente del que ocupaba: *El director ha transpuesto su despacho a otra planta.* **II.** REFL(-SE) Quedarse ligeramente dormido o aturdido.
CONJ *Irreg: Transpongo, transpondré, transpuse, transpuesto.*

tra(n)s·por·ta·dor, -ra [tra(n)sportaðór, -ra] *adj* y *s/m,f* Que transporta.

tra(n)s·por·tar [tra(n)sportár] **I.** *v/tr* Llevar algo de un sitio a otro: *Transportó todos los muebles a su nueva casa.* **II.** REFL(-SE) Enajenarse por el éxtasis u otra cosa.

tra(n)s·por·te [tra(n)spórte] *s/m* **1.** Acción y efecto de transportar(se). **2.** Conjunto de medios y formas que se usan para trasladar personas o cosas de un lugar a otro: *El transporte por carretera es caro.*

tra(n)s·por·tis·ta [tra(n)sportísta] *s/m,f* Se aplica a la persona que se dedica al transporte, o que es dueño de una empresa de transporte.

tra(n)s·po·si·ción [tra(n)sposiθjón] *s/f* Acción y efecto de transponer(se).

tra(n)s·va·sar [tra(n)sβasár] *v/tr* Pasar un líquido de un recipiente a otro.

tra(n)s·va·se [tra(n)sβáse] *s/m* **1.** Acción y efecto de transvasar. **2.** Paso artificial de toda o parte del agua de la cuenca de un río a otra próxima.

tra(n)s·ver·sal [tra(n)sβersál] *adj* **1.** Colocado, dibujado, etc., en el sentido de la anchura de lo que se trata. **2.** Se aplica a lo que cruza algo perpendicularmente: *Calle transversal.*

tra(n)s·ver·so, -a [tra(n)sβérso, -a] *adj* Transversal.

tran·vía [traɱbía] *s/m* Vehículo movido por electricidad, tomada de cables aéreos mediante un trole, que circula sobre raíles dentro de una población o de sus cercanías.

tran·via·rio, (-a) [tram̩bjárjo, (-a)] **I.** *adj* Relativo a los tranvías. **II.** *s/m* Persona empleada en el servicio de tranvías.

tra·pa·ce·ar [trapaθeár] *v/intr* Usar trapacerías.

tra·pa·ce·ría [trapaθería] *s/f* Embuste, trampa, enredo utilizado o promovido por alguien.

tra·pa·jo·so, -a [trapaxóso, -a] *adj* Se aplica a la persona muy descuidada en el vestir y en su aspecto.

tra·pa·le·ar [trapaleár] *v/intr* Producirse el ruido característico del trote de un caballo.

tra·pe·cio [trapéθjo] *s/m* **1.** Barra suspendida de dos cuerdas que sirve para hacer gimnasia. **2.** Cuadrilátero irregular que tiene paralelos solamente dos de sus lados. **3.** ZOOL Primer hueso de la segunda fila del carpo o muñeca. **4.** Músculo de la parte posterior del cuello y superior de la espalda.

tra·pe·cis·ta [trapeθísta] *s/m,f* Acróbata o equilibrista que trabaja y hace ejercicios en el trapecio.

tra·pen·se [trapénse] *adj* y *s/m,f* Relativo a la Trapa.

tra·pe·ría [trapería] *s/f* Lugar donde se venden trapos y otros objetos usados.

tra·pe·ro, -a [trapéro, -a] *s/m,f* El que compra y vende trapos y otros objetos usados.

tra·pe·zoi·de [trapeθóiðe] *s/m* Cuadrilátero irregular sin ningún lado paralelo.

tra·pi·che·ar [trapitʃeár] *v/intr* **1.** Andar con intrigas y enredos para lograr o alcanzar algo. **2.** Comerciar al por menor.

tra·pi·cheo [trapitʃéo] *s/m* Acción y efecto de trapichear.

tra·pío [trapío] *s/m* Garbo de algunas mujeres.

tra·pi·son·da [trapisón̪da] *s/f* **1.** Riña o discusión violenta en que hay griterío y agitación. **2.** Embrollo, enredo.

tra·pi·son·de·ar [trapison̪deár] *v/intr* Armar con frecuencia trapisondas.

tra·pi·son·dis·ta [trapison̪dísta] *s/m,f* Se aplica a la persona que arma trapisondas o que gusta de intervenir en ellas.

tra·po [trápo] *s/m* **1.** Trozo de tela viejo o inútil, que no tiene uso práctico. **2.** Trozo de tela que se utiliza para limpiar, secar, etc. **3.** *pl* Vestidos de mujer: *Siempre está comprando trapos.* LOC **A todo trapo,** *1.* A toda vela. *2.* Con mucha rapidez o velocidad: *En cuanto me lo comunicaron, salí a todo trapo.* **Estar hecho un trapo,** estar maltrecho o deshecho física o moralmente. **Sacar los trapos a relucir,** decir a alguien, en un momento de acaloramiento, todo lo malo que de él se piensa o se sabe o cuantas quejas se tienen contra él.

trá·quea [trákea] *s/f* Tubo respiratorio de unos dos centímetros de diámetro y doce de longitud, que se encuentra a continuación de la faringe, reforzado por una especie de anillos cartilaginosos incompletos y dividido en su terminación en los dos bronquios.

tra·queo·to·mía [trakeotomía] *s/f* CIR Abertura que se hace artificialmente en la tráquea, para impedir la sofocación de los enfermos.

tra·que·te·ar [traketeár] **I.** *v/intr* Moverse algo produciendo ruido o estrépito. **II.** *v/tr* Mover o agitar de una parte a otra.

tra·que·teo [traketéo] *s/m* Acción y efecto de traquetear.

tra·qui·do [trakíðo] *s/m* Estruendo causado por disparo de un arma de fuego.

tras [trás] *prep* **1.** Expresa posterioridad en el espacio o en el tiempo: *Tras unos días de vacaciones, se incorporó al trabajo.* **2.** (Con *de*) Además de, encima de: *Tras de llegar tarde, viene exigiendo.* **3.** Usada con verbos como *ir, andar* o *estar:* perseguir, pretender: *La policía va tras el ladrón.*
GRAM Seguida de *pron pers,* lleva la *prep de: Tras de sí/él/vosotros,* etc.

tras·dós [trasðós] *s/m* ARQ Superficie exterior de un arco o bóveda.

tra·se·gar [traseγár] *v/tr* **1.** Desordenar, revolver. **2.** Trasladar cosas de un lugar a otro, especialmente cambiar de recipiente un líquido. **3.** Beber bebidas alcohólicas. RPr **Trasegar de... a:** *Trasegar algo de un lugar a otro.*
CONJ *Irreg: Trasiego, trasegué, trasegaré, trasegado.*

tra·se·ro, (-a) [traséro, (-a)] **I.** *adj* Que está detrás. **II.** *s/m* Nalgas.

tras·hu·man·cia [trasumán̪θja] *s/f* Acción de trashumar.

tras·hu·mar [trasumár] *v/intr* Pasar el ganado con sus pastores desde las dehesas de invierno a las de verano, y viceversa.

tra·sie·go [trasjéγo] *s/m* Acción y efecto de trasegar.

tras·la·ción [traslaθjón] *s/f* **1.** Acción y efecto de trasladar. **2.** Movimiento de la tierra alrededor del sol.

tras·la·dar [traslaðár] *v/tr* **1.** Cambiar de lugar. **2.** Cambiar de puesto a un empleado, siendo el puesto de la misma categoría. **3.** Adelantar o atrasar la fecha de un acontecimiento. **4.** Traducir de una lengua a otra. **5.** Expresar una idea, estado de ánimo, etc. RPr **Trasladar a:** *Trasladar al francés.*

tras·la·do [trasláðo] *s/m* Acción y efecto de trasladar.

tras·lu·cir [trasluθír] **I.** *v*/REFL(-SE) **1.** Ser traslúcido un cuerpo. **2.** FIG Percibirse una cosa a través de ciertos hechos, signos, etc. **3.** Ser perceptible una cosa a través de un cuerpo traslúcido. **4.** Permitir una persona, voluntaria o involuntariamente, que se trasluzca su pensamiento, estado de ánimo, etc. **II.** *v/tr* Ser algo signo de la existencia de lo que se expresa: *Su sonrisa trasluce su tristeza.*
CONJ *Irreg:* V.: *Lucir.*

tras·luz [traslúθ] *s/m* LOC **Al trasluz,** se dice de la manera de ver o mirar algo, estando ello entre la luz directa y el ojo del que mira, de modo que se trasluzca o se transparente.

tras·ma·no [trasmáno] LOC **A trasmano,** *1.* Fuera del alcance o manejo habitual de la mano. *2.* Lejos, en lugar apartado.

tras·no·cha·do, -a [trasnotʃaðo, -a] *adj* Falto de actualidad, novedad u oportunidad.

tras·no·cha·dor, -ra [trasnotʃaðór, -ra] *adj* y *s/m,f* Que trasnocha.

tras·no·char [trasnotʃár] *v/intr* **1.** Pasar la noche sin dormir. **2.** Acostarse muy tarde por la noche.

tras·pa·pe·lar [traspapelár] *v/tr,* REFL (-SE) Perder un papel entre otros por olvido o colocación errónea.

tras·pa·sar [traspasár] *v/tr* **1.** Pasar de una parte a otra, pasar por o a través de: *El disparo le traspasó el pecho.* **2.** Volver a pasar por un lugar. **3.** Llevar algo de un lugar a otro. **4.** Ceder los derechos de algo, alquilarlos o venderlos: *Se traspasa este bar.* **5.** Producir gran impresión, afectar profundamente, afligir: *Una gran pena le traspasó el alma.* **6.** Pasar una cosa más allá de lo debido.

tras·pa·so [traspáso] *s/m* **1.** Acción y efecto de traspasar. **2.** Precio por el que se traspasa algo.

tras·pié [traspié] *s/m* **1.** Resbalón o tropezón. **2.** FIG Error o indiscreción: *Dar un traspié. Dar traspiés.*

tras·plan·tar [trasplantár] *v/tr* **1.** Trasladar una planta de un lugar a otro. **2.** Sustituir un órgano enfermo por otro sano en los seres vivos: *Trasplantar un riñón.*

tras·plan·te [trasplánte] *s/m* Acción y efecto de trasplantar.

tras·pun·te [traspúnte] *s/m* Apuntador que indica al actor cuándo ha de salir a escena.

tras·qui·la·du·ra [traskilaðúra] *s/f* Acción y efecto de trasquilar.

tras·qui·lar [traskilár] *v/tr* **1.** Cortar el pelo sin arte. **2.** Esquilar a los animales.

tras·qui·lón [traskilón] *s/m* Corte desigual del pelo.

tras·ta·da [trastáða] *s/f* **1.** Travesura. **2.** Acción propia de una persona poco formal o seria.

tras·ta·zo [trastáθo] *s/m* Golpe dado contra o con cualquier cosa.

tras·te [tráste] *s/m* Cada uno de los salientes de metal o hueso colocados en el mástil de la guitarra u otros instrumentos músicos, sobre los que se apoyan las cuerdas y contra los cuales se oprimen éstas con los dedos para producir el sonido que se pretende. LOC **Dar al traste con una cosa,** destruirla, echarla a perder. **Irse al traste algo,** frustrarse, malograrse: *Sus planes de vacaciones se le han ido al traste.*

tras·te·ar [trasteár] **I.** *v/tr* **1.** Poner los trastes a la guitarra u otro instrumento. **2.** Dar al toro pases de muleta. **3.** Manejar con habilidad a una persona o una cosa: *Trastear en algo/con algo.* **II.** *v/intr* Revolver o cambiar trastos de un lugar.

tras·te·ro, -a [trastéro, -a] *adj* y *s/m,f* Se aplica a la habitación o cuarto en que se guardan trastos inútiles o de poco uso.

tras·tien·da [trastjénda] *s/f* Habitación o cuarto que está detrás de una tienda.

tras·to [trásto] *s/m* **1.** Cualquiera de los muebles o utensilios de una casa. **2.** *pl* Conjunto de cosas utilizadas en una actividad: *Los trastos de cazar.* **3.** Mueble, objeto o utensilio roto o que ya no sirve para nada: *Tiró todos los trastos viejos.* **4.** Persona informal o revoltosa: *Esta niña es un trasto.*

tras·to·car [trastokár] **I.** *v/tr* Revolver, desordenar cosas. **II.** REFL(-SE) Trastornarse de la mente o razón.
ORT La *c* cambia en *qu* ante *e: Trastoque.*

tras·tor·nar [trastornár] **I.** *v/tr* **1.** Revolver las cosas, desordenarlas. **2.** Invertir el orden normal de algo, causar un cambio perjudicial. **3.** Causar disturbios: *Trastornar el orden público.* **4.** Enamorar totalmente a alguien: *La muchacha le ha trastornado.* **5.** Gustar mucho una cosa a alguien: *Le trastornan las joyas.* **II.** REFL(-SE) Volverse loco, alterar el estado mental.

tras·tor·no [trastórno] *s/m* Acción y efecto de trastornar.

tras·tro·car [trastrokár] *v/tr* Cambiar el orden, estado o sentido de una cosa.
ORT Ante *e* la *c* cambia en *qu: Trastroqué.*

tra·su·da·ción [trasuðaθjón] *s/f* Acción y efecto de trasudar.

tra·su·dar [trasuðár] *v/tr* Exhalar trasudor.

tra·su·dor [trasuðór] *s/m* Sudor tenue.

tra·sun·to [trasúnto] *s/m* Copia, imitación exacta de un original.

tra·ta [tráta] *s/f* Tráfico o comercio con seres humanos. LOC **Trata de blancas,** tráfico de mujeres para dedicarlas a la prostitución.

tra·ta·ble [tratáβle] *adj* **1.** Que se puede tratar, llegar a un acuerdo. **2.** Se aplica a la persona sociable, amable y llana en el trato.

tra·ta·dis·ta [trataðísta] *s/m,f* Autor de tratados.

tra·ta·do [tratáðo] *s/m* **1.** Convenio, acuerdo en un asunto o negocio. **2.** Documento que lo acredita. **3.** Escrito o libro sobre una materia: *Un tratado de filosofía.*

tra·ta·mien·to [tratamjénto] *s/m* **1.** Trato, acción y efecto de tratar, manera de comportarse con una persona. **2.** Título de cortesía que se da a una persona por su autoridad, dignidad o cargo que ostenta: *Tratamiento de 'usted'.* **3.** Modo de trabajar algunas materias: *No le gustó el tratamiento que hizo de esta materia.* **4.** Conjunto de prescripciones que el médico aconseja seguir al enfermo para su curación: *Un tratamiento con antibióticos.*

tra·tan·te [tratánte] *s/m* Se aplica a la persona que se dedica a la compraventa.

tra·tar [tratár] **I.** *v/tr* **1.** Manejar algo, usarlo materialmente: *Tratas muy mal la bicicleta.* **2.** Portarse bien o mal con alguien. **3.** Curar, someter a cuidados médicos o cosméticos. **4.** Seguido de la *prep* 'de', dar un tratamiento o un título, o insultar a alguien: *No me trates de 'tú'. No me gusta que me traten de tonto.* **5.** Someter a determinados tratamientos o reactivos: *Desconozco el ácido con que trató esta muestra.* **6.** Tener conversaciones para llegar a un acuerdo o solución: *Los dos países están tratando la paz.* **II.** *v/tr, intr* Conversar, hablar o discurrir sobre cierta materia: *Este libro trata sobre las enfermedades del ojo.* **III.** *v/tr, intr,* REFL(-SE) Tener relaciones con alguien: *No (me) trato con él.* **IV.** *v/intr* **1.** Seguido de *de,* intentar o pretender algo, procurar el logro de algún fin: *Trató de desplazarme.* **2.** Con *en,* comerciar: *Se dedica a tratar en pieles.* **V.** REFL(-SE) Con *de,* ser algo lo que interesa, a lo que se refiere o lo que constituye el objeto de lo que se habla, se hace, se piensa, etc.: *Se trata de publicar esto.* RPr **Tratar de/en/con.**

tra·to [tráto] *s/m* **1.** Acción y efecto de tratar. **2.** Tratamiento, título de cortesía, manera de dirigirse a alguien. **3.** Convenio, tratado, acuerdo. LOC **¡Trato hecho!,** expresión con que se cierra un trato o contrato. **Cerrar o hacer un trato,** ponerse de acuerdo dos partes y obligarse a algo. **Romper el trato con alguien,** dejar de relacionarse con la persona de que se trata.

trau·ma [tráuma] *s/m* Perturbación emocional, trastorno.

trau·má·ti·co, -a [traumátiko, -a] *adj* Relativo al traumatismo.

trau·ma·tis·mo [traumatísmo] *s/m* Lesión interna o externa provocada por una violencia exterior.

trau·ma·ti·zar [traumatiθár] *v/tr* Causar un trauma.
ORT Ante *e* la *z* cambia en *c: Traumaticé.*

trau·ma·to·lo·gía [traumatoloxía] *s/f* Parte de la medicina que se dedica al estudio y tratamiento de los traumatismos.

trau·ma·to·ló·gi·co, -a [traumatolóxiko, -a] *adj* Relativo a la traumatología.

trau·ma·tó·lo·go, -a [traumatóloɣo, -a] *s/m,f* Médico especialista en traumatología.

tra·vés [traβés] *s/m* **1.** Inclinación o desviación de algo que debía ser paralelo o perpendicular a otro. **2.** FIG Desgracia o contratiempo que le viene a alguien. **3.** Pieza de madera en que se sujeta el pendón de una armadura de cubierta. LOC **A través,** *1.* Pasando de un lado a otro, o colocado al lado opuesto que se expresa. *2.* Expresa que una acción se realiza sirviendo de conducto o intermediario lo que se indica: *Me enteré de la noticia a través de la televisión.*

tra·ve·sa·ño [traβesáɲo] *s/m* Pieza de madera, hierro u otro material que une dos partes opuestas.

tra·ve·sía [traβesía] *s/f* **1.** Camino o calle transversal. **2.** Viaje por mar o aire.

tra·ves·ti [traβésti] *s/m,f* Que se viste o disfraza como si fuera del sexo contrario.

tra·ve·su·ra [traβesúra] *s/f* Acción realizada generalmente por los niños para divertirse o burlarse y con la que causan algún trastorno, aunque sean acciones leves.

tra·vie·so, (-a) [traβjéso, (-a)] **I.** *adj* **1.** Se aplica al niño inquieto o revoltoso. **2.** Aplicado a personas mayores, inquieto, intrigante y vivo. **3.** Malicioso y con ingenio. **II.** *s/f* Cada uno de los maderos sobre los que se asientan perpendicularmente los rieles de la vía del tren.

tra·yec·to [traJékto] *s/m* **1.** Distancia o camino que hay de un punto a otro. **2.** Ruta, camino que se recorre a pie o por medio de un transporte cualquiera.

tra·yec·to·ria [traJektórja] *s/f* **1.** Línea que describe en el espacio un punto o cuerpo en movimiento: *La trayectoria de* *un misil.* **2.** Curva que describe un proyectil lanzado. **3.** Dirección. **4.** Conducta u orientación en el obrar o hacer: *Su carrera ha tenido una trayectoria poco brillante.*

tra·za [tráθa] *s/f* **1.** Diseño, proyecto o plano de un edificio o cualquier otra construcción. **2.** Habilidad que uno posee para hacer algo. **3.** Aspecto, apariencia de alguien o algo: *Este tío tiene mala traza.* LOC **Llevar trazas de algo,** tener aspecto de ir a hacerlo. **Por las trazas,** por el aspecto.

tra·za·do, (-a) [traθáðo, (-a)] **I.** *adj* Con los adverbios 'bien' o 'mal', se aplica a la persona de buena o mala disposición o compostura de cuerpo. **II.** *s/m* **1.** Acción y efecto de trazar. **2.** Traza, diseño de una obra. **3.** Recorrido o dirección de un camino, carretera, canal, etc., sobre un terreno.

tra·zar [traθár] *v/tr* **1.** Dibujar líneas o dibujos. **2.** Formar o idear un proyecto. ORT Ante *e* la *z* cambia en *c: Tracé.*

tra·zo [tráθo] **1.** Línea trazada sobre una superficie. **2.** Dibujo para formar el diseño de una cosa. **3.** Líneas del rostro: *Los trazos de la cara.* **4.** Cada parte de una letra: *El trazo de esta letra está equivocado.*

tre·be·jo [treβéxo] *s/m* Utensilio de los empleados para cualquier cosa.

tré·bol [tréβol] *s/m* **1.** Planta leguminosa, de hojas casi redondas, pecioladas de tres en tres y flores blancas o moradas en cabezuelas apretadas. **2.** Uno de los palos de la baraja francesa.

tre·ce [tréθe] *adj* **1.** Diez y tres: *La novela tiene trece capítulos.* **2.** Decimotercero: *El ascensor sube hasta la planta trece.* LOC **Estar/Mantenerse/Seguir en sus trece alguien,** obstinarse en una postura, afirmación o propósito.

tre·ce·a·vo, (-a) [treθeáβo, (-a)] **I.** *adj* y *s/m* Cada una de las trece partes de un todo.

tre·cho [trétʃo] *s/m* Espacio o distancia indeterminada de tiempo o lugar. LOC **De trecho en trecho,** con intervalos de lugar o tiempo.

tre·gua [tréγwa] *s/f* **1.** Cesación de hostilidades, por determinado tiempo, entre enemigos que están en guerra. **2.** Pausa, descanso en cualquier actividad o trabajo.

trein·ta [tréin̪ta] **I.** *adj* y *s/m* Tres veces diez. **II.** *adj* Trigésimo, que corresponde en orden al número treinta.

tre·me·bun·do, -a [tremeβún̪do, -a] *adj* Horrible, espantoso, que hace temblar.

tre·men·do, -a [treméndo, -a] *adj* **1.** Temible, digno de ser temido. **2.** Muy grande o extraordinario: *Un calor tremendo.* **3.** Se aplica a la persona que dice o hace cosas sorprendentes. **4.** Se aplica al niño travieso. LOC **Tomarse las cosas a la tremenda,** darles demasiada importancia.

tre·men·ti·na [tremen̪tína] *s/f* Resina que fluye espontáneamente, o después de una incisión, de algunos árboles, y que se emplea como disolvente.

tre·mo·lar [tremolár] *v/tr, intr* Agitar(se) al aire las banderas o estandartes.

tré·mo·lo [trémolo] *s/m* MÚS Sucesión rápida de muchas notas iguales y de la misma duración.

tre·mor [tremór] *s/m* Temblor.

tre·mu·lan·te, tre·mu·len·to, -a o **tré·mu·lo, -a** [tremulán̪te/tremulén̪to, -a/trémulo, -a] *adj* **1.** Que tiembla. **2.** Se aplica a cosas que tienen un movimiento semejante al temblor, como la luz, etc.

tren [trén] *s/m* **1.** Conjunto de una locomotora y de los vagones arrastrados por ella. **2.** Marcha, velocidad en una carrera a pie: *Llevar buen tren.* **3.** Conjunto de aparatos, máquinas o instrumentos necesarios en una industria para realizar una operación o servicio determinado: *Tren de lavado.* LOC **(Llevar) un tren de vida,** ostentación, lujo. **A todo tren,** gastando mucho dinero: *Viven a todo tren.*

tre·na [tréna] *s/f* **1.** Trenza. **2.** COL Cárcel.

tren·ca [tréŋka] *s/f* Prenda de vestir, a modo de abrigo, generalmente con capucha.

tren·ci·lla [trenθíʎa] *s/f* Cinta de algodón, seda o lana tejida trenzando los hilos.

tre·no [tréno] *s/m* Canto fúnebre, lamentación.

tren·za [trénθa] *s/f* **1.** Conjunto de tres o más ramales, de cualquier materia, entretejidos cruzándose, pasando sucesiva y alternativamente cada uno de ellos por encima y por debajo de todos los otros. **2.** Peinado que se hace con los cabellos largos entretejidos y cruzados.

tren·zar [trenθár] *v/tr* Hacer trenzas. ORT La *z* cambia en *c* ante *e: Trencé.*

tre·pa·dor, -ra [trepaðór, -ra] *adj* Que trepa o es capaz de trepar, en particular aplicado a las plantas que trepan.

tre·pa·na·ción [trepanaθjón] *s/f* Acción y efecto de trepanar.

tre·pa·nar [trepanár] *v/tr* Horadar el cráneo u otro hueso con un fin terapéutico.

tré·pa·no [trépano] *s/m* CIR Instrumento que se usa para trepanar.

tre·par [trepár] **I.** *v/intr, tr* Subir a un sitio poco accesible, utilizando pies y manos: *Trepar a un árbol.* **II.** *v/intr* Crecer las plantas agarrándose a algo: *Una planta que trepa por el muro.* RPr **Trepar a/por.**

tre·pi·da·ción [trepiðaθjón] *s/f* Acción de trepidar.

tre·pi·dar [trepiðár] *v/intr* Temblar, estremecerse.

tres [trés] **I.** *adj* Tercero, que corresponde en orden al número tres. **II.** *adj* y *s/m* Dos y uno. LOC **Ni a la de tres,** expresión que indica imposibilidad o dificultad muy grande para hacer o admitir algo: *Este problema no me sale ni a la de tres.*

tre·si·llo [tresíʎo] *s/m* **1.** Conjunto de un sofá y dos butacas que hacen juego en diseño y tapizado y, normalmente, se colocan juntos. **2.** Juego de naipes entre tres personas repartiendo nueve cartas a cada una; gana la que hace más bazas.

tre·ta [tréta] *s/f* Engaño, artimaña, habilidad para conseguir una cosa.

tre·za·vo, -a [treθáβo, -a] *adj* y *s/m,f* Se dice de una de las trece partes en que se divide un todo.

tri- [tri-] *prefijo* de vocablos compuestos con la significación de *tres: Tridimensional.*

tría [tría] *s/f* Acción y efecto de triar.

tría·da [tríaða] *s/f* Conjunto o grupo de tres cosas.

trial [trjál] *s/m* Prueba motociclista de habilidad sobre terreno montañoso y con obstáculos preparados al efecto.

trian·gu·lar [trjaŋgulár] *adj* Que tiene forma de un triángulo o que tiene tres lados.

trián·gu·lo [triáŋgulo] *s/m* **1.** Figura geométrica formada por tres ángulos y tres lados. **2.** Instrumento musical de la misma forma.

triar [trjár] *v/tr* Escoger, entresacar de entre varias cosas algo que se considera mejor para sus fines.
ORT, PRON El acento recae sobre la *i* en el *sing* y *3.ª pers pl* del *pres* de *indic* y *subj: Trío, tríen.*

tri·bal [triβál] *adj* Relativo a la tribu.

tri·bu [tríβu] *s/f* Cada agrupación en que se dividían algunos pueblos antiguos.

tri·bu·la·ción [triβulaθjón] *s/f* **1.** Pena, preocupación que turba el ánimo. **2.** Desgracia.

tri·bu·na [triβúna] *s/f* **1.** Plataforma elevada, normalmente con antepecho, desde donde se habla al público. **2.** Plataforma elevada, con barandilla, ubicada para que se instalen los espectadores, las autoridades, etc., en un desfile, un festejo, un espectáculo al aire libre, etc.

tri·bu·nal [triβúnal] *s/m* **1.** Sitio donde actúan los jueces para administrar justicia. **2.** Conjunto de jueces reunidos para administrar justicia: *El tribunal le condenó.* **3.** Conjunto de personas nombradas y reunidas para juzgar en cualquier cosa, como exámenes o concursos.

tri·bu·no [triβúno] *s/m* Magistrado romano que defendía los derechos del pueblo.

tri·bu·ta·ción [triβutaθjón] *s/f* Acción de tributar.

tri·bu·tar [triβutár] *v/tr* **1.** Pagar impuestos. **2.** Dar muestras de admiración o respeto: *Tributar un homenaje.*

tri·bu·ta·rio, -a [triβutárjo, -a] *adj* Relativo al tributo.

tri·bu·to [triβúto] *s/m* **1.** Impuesto o pago que los ciudadanos deben entregar al Estado. **2.** Obsequio, homenaje: *Un tributo de amor.* **3.** Obligación que deriva del disfrute de algo: *La opresión es el tributo pagado a la dictadura.*

trí·ceps [tríθeps] *adj* y *s/m* Se aplica a los músculos que tienen tres cabezas o tendones de inserción en uno de sus extremos.

tri·ci·clo [triθíklo] *s/m* Vehículo de tres ruedas.

tri·cli·nio [triklínjo] *s/m* Cierto tipo de diván en el que los antiguos romanos y griegos se recostaban para comer.

tri·co·lor [trikolór] *adj* De tres colores.

tri·cor·nio [trikórnjo] *adj* y *s/m* Sombrero de tres puntas, como el de la Guardia Civil.

tri·co·tar [trikotár] *v/tr* Tejer o hacer labor de punto.

tri·co·to·mía [trikotomía] *s/f* Clasificación en que cada división o subdivisión consta de tres partes.

tri·den·te [triðénte] *s/m* Horquilla de tres dientes.

tri·di·men·sio·nal [triðimensjonál] *adj* Que tiene tres dimensiones.

tri·duo [tríðwo] *s/m* Ejercicios devotos que se practican durante tres días.

trie·dro [triéðro] *adj* y *s/m* Se aplica al ángulo formado por tres planos que se cortan en un punto.

trie·nal [trienál] *adj* **1.** Que se repite cada trienio. **2.** Que dura un trienio.

trie·nio [triénjo] *s/m* Período de tres años.

tri·fá·si·co, -a [trifásiko, -a] *adj* FÍS Se dice de la corriente eléctrica formada por tres corrientes alternas y desplazadas mutuamente en un tercio de período.

tri·ful·ca [trifúlka] *s/f* FIG Pelea o riña entre varias personas.

tri·fur·ca·do, -a [trifurkáðo, -a] *adj* De tres ramales, brazos o puntas.

tri·gal [triγál] *s/m* Campo o terreno sembrado de trigo.

tri·gé·si·mo, -a [trixésimo, -a] *adj* y *s/m,f* Cada una de las treinta partes de un todo o que corresponde al número treinta.

tri·gli·fo o **trí·gli·fo** [triγlífo/tríγlifo] *s/m* ARQ Miembro arquitectónico en forma de rectángulo saliente y surcado por tres canales.

tri·go [tríγo] *s/m* **1.** Planta herbácea, normalmente de tallo hueco, que presenta las flores en espiga, y de cuyas semillas se extrae la harina de la que se elabora el pan. **2.** Grano de esta planta.

tri·go·no·me·tría [triγonometría] *s/f* Parte de las matemáticas que trata del cálculo de los elementos de los triángulos.

tri·gue·ño, -a [triγéɲo, -a] *adj* De color de trigo (entre moreno y rubio).

tri·gue·ro, -a [triγéro, -a] *adj* Relativo al trigo.

tri·lo·gía [triloxía] *s/f* Conjunto de tres obras literarias de un autor, que constituyen una unidad.

tri·lla [tríʎa] *s/f* **1.** Acción de trillar. **2.** Temporada o época en que se trilla.

tri·lla·do, -a [triʎáðo, -a] *adj* Se aplica al tema o asunto muy conocido, sabido o falto de originalidad.

tri·lla·do·ra [triʎaðóra] *s/f* Máquina de trillar.

tri·llar [triʎár] *v/tr* Triturar la mies y separar el grano de la paja.

tri·lli·zo, -a [triʎíθo] *adj* y *s/m,f* Se dice de cada uno de los tres hermanos nacidos en un parto triple.

tri·llo [tríʎo] *s/m* Instrumento para trillar.

tri·mes·tral [trimestrál] *adj* **1.** Que sucede o se repite cada trimestre. **2.** Que dura un trimestre.

tri·mes·tre [triméstre] *s/m* **1.** Período de tres meses. **2.** Cantidad que se cobra o se paga cada tres meses, o conjunto de cosas que corresponden a tres meses.

tri·mo·tor [trimotór] *s/m* Avión provisto de tres motores.

tri·nar [trinár] *v/intr* **1.** Cantar los pájaros emitiendo un sonido repetido con mucha rapidez. **2.** Rabiar, estar muy enfadado por algo: *Está que trina porque le han suspendido.*

trin·ca [tríŋka] *s/f* **1.** Conjunto de tres cosas de una misma clase. **2.** Conjunto de tres personas que se arguyen recíprocamente en unos ejercicios de oposición.

trin·car [triŋkár] *v/tr* **1.** Sujetar con cabos o cuerdas. **2.** Detener, encarcelar. **3.** COL Beber bebidas alcohólicas: *Se ha trincado tres güisquis.*
ORT La *c* se convierte en *qu* delante de *e: Trinquemos.*

trin·cha [tríɲtʃa] *s/f* Ajustador que por medio de hebillas o botones ciñe el chaleco, el pantalón u otras prendas.

trin·chan·te [triɲtʃáɲte] *s/m* Cuchillo con que se trincha o tenedor con que se sujeta lo que se ha de trinchar.

trin·char [triɲtʃár] *v/tr* Cortar, partir la comida en trozos, particularmente la carne, para servirla.

trin·che·ra [triɲtʃéra] *s/f* **1.** Excavación estrecha y larga para proteger a los soldados del fuego enemigo. **2.** Gabardina.

trin·che·ro [triɲtʃéro] *s/m* Mueble de comedor donde se colocan platos, fuentes y demás utensilios necesarios para servir la mesa y en donde se trinchan las comidas.

tri·neo [trinéo] *s/m* Vehículo con patines o esquís para el transporte sobre hielo o nieve.

tri·ni·dad [triniðáð] *s/f* En la religión cristiana, unión de tres personas que forman un solo Dios.

tri·ni·ta·rio, -a [trinitárjo, -a] *adj* y *s/m,f* Relativo a la orden religiosa de la Santísima Trinidad.

tri·no [tríno] *s/m* **1.** Duración rápida y alternada de dos notas musicales conjuntas y de igual duración. **2.** Canto de los pájaros.

trin·que·te [triŋkéte] *s/m* **1.** Mecanismo que detiene periódicamente el movimiento de otra pieza. **2.** Verga mayor que se cruza sobre el palo de proa. **3.** Palo que se arbola inmediato a la proa, en las embarcaciones que tienen más de uno.

trío [trío] *s/m* Grupo de tres.

tri·pa [trípa] *s/f* **1.** Intestino o vísceras completas. **2.** Vientre, parte donde se encuentran los intestinos. **3.** *pl* FIG Interior de ciertas cosas, por su complejidad o blandura: *Las tripas de una radio.* LOC **Hacer de tripas corazón,** esforzarse para hacer algo que cuesta mucho trabajo o repugnancia.

tri·par·ti·to, -a [tripartíto, -a] *adj* Se aplica principalmente a reuniones, pactos, etc., de tipo internacional, celebrados por tres personas, entidades, países, etc.

tri·ple [tríple] **I.** *adj* y *s/m* Que contiene tres veces a otro número. **II.** *adj* Se dice de una cosa formada por tres unidades iguales o semejantes entre sí: *Una triple puerta.*

tri·pli·ca·ción [triplikaθjón] *s/f* Acción y efecto de triplicar.

tri·pli·car [triplikár] *v/tr,* REFL(-SE) Multiplicar por tres.
ORT La *c* cambia en *qu* ante *e: Triplique.*

tri·pli·ci·dad [tripliθiðáð] *s/f* Cualidad de triple.

trí·po·de [trípoðe] *s/m,f* Armazón de tres pies para sostener ciertos instrumentos.

tríp·ti·co [tríptiko] *s/m* Dispositivo formado por tres tablillas o placas articuladas entre sí, de modo que las laterales pueden plegarse sobre la del centro; en ellas hay algo escrito o pintado.

trip·ton·go [triptóŋgo] *s/m* Conjunto de tres vocales que forman una sola sílaba.

tri·pu·do, -a [tripúðo, -a] *adj* y *s/m,f* Se dice de la persona que tiene la tripa o el vientre muy grande o abultado.

tri·pu·la·ción [tripulaθjón] *s/f* Conjunto de personas encargadas del gobierno de un barco o aeronave.

tri·pu·lan·te [tripulánte] *s/m,f* Persona que forma parte de una tripulación.

tri·pu·lar [tripulár] *v/tr* **1.** Proveer de tripulación a un barco o avión. **2.** Formar parte de la tripulación.

tri·qui·na [trikína] *s/f* Gusano de la familia de los nematelmintos, que viven en los músculos de ciertos animales, como el cerdo, y se transmite al hombre por vía digestiva.

tri·qui·no·sis [trikinósis] *s/f* Enfermedad ocasionada por la presencia de triquinas en el organismo.

tri·qui·ñue·la [trikiɲwéla] *s/f* Medio hábil con el que se consigue o se elude algo, generalmente engañando.

tri·qui·tra·que [trikitráke] *s/m* Ruido como de golpes y movimiento de cosas, repetidos y desordenados.

tris [trís] *s/m* Porción pequeña. LOC **Estar en un tris,** ser inminente que ocurra algo que se expresa: *Estuvo en un tris de dejar los estudios.* **Por un tris,** por poco.

tri·sa·gio [trisáxjo] *s/m* Himno en honor de la Santísima Trinidad.

tris·car [triskár] *v/intr* Saltar de un lugar a otro, sobre todo jugueteando.
ORT Ante *e* la *c* cambia en *qu: Trisque.*

tri·sí·la·bo, -a [trisílaβo, -a] *adj* y *s/m,f* De tres sílabas.

tris·te [tríste] *adj* **1.** Aplicado a personas, deprimido, afligido por un dolor más o menos grave: *La noticia le dejó muy triste.* **2.** Que expresa tristeza, dolor: *Una cara triste.* **3.** Que causa dolor, preocupación: *Una triste noticia.* **4.** Que provoca un estado de ánimo de vaga tristeza o melancolía. **5.** Aplicado a cosas, mustio, pálido, descolorido: *Un vestido triste.* **6.** Insignificante, insuficiente: *Un triste sueldo de 20.000 pesetas.* (En este caso precede al *s*).

tris·te·za [tristéθa] *s/f* Cualidad de triste.

tris·tón, -na [tristón, -na] *adj* Algo triste.

tri·tu·ra·ción [trituraθjón] *s/f* Acción y efecto de triturar.

tri·tu·rar [triturár] *v/tr* **1.** Desmenuzar, moler una materia sólida sin reducirla a polvo: *Triturar la carne.* **2.** Mascar. **3.** Maltratar tanto física como moralmente a alguien.

triun·fa·dor, -ra [triuɱfaðór, -ra] *adj* y *s/m,f* Que triunfa.

triun·fal [triuɱfál] *adj* Perteneciente al triunfo.

triun·fa·lis·mo [triuɱfalísmo] *s/m* Actitud que se basa en la sobrestimación, real o no, que uno tiene sobre su propia valía o posibilidades.

triun·fa·lis·ta [triuɱfalísta] *adj* y *s/m,f* Relativo al triunfalismo o que lo practica.

triun·fan·te [triuɱfánte] *adj* Que triunfa o sale victorioso.

triun·far [triuɱfár] *v/intr* **1.** Salir victorioso de una situación. **2.** (Con *en*) Tener éxito: *Ha triunfado en la vida.* RPr **Triunfar en/sobre:** *Triunfar sobre el enemigo.*

triun·fo [triúɱfo] *s/m* **1.** Acción de triunfar. **2.** Trofeo.

triun·vi·ra·to [triuɱbiráto] *s/m* Gobierno de tres políticos.

triun·vi·ro [triuɱbíro] *s/m* Cada uno de los tres magistrados romanos que en ciertas ocasiones gobernaron la república.

tri·vial [triβjál] *adj* Se aplica a lo que carece de toda importancia, interés o trascendencia.

tri·via·li·dad [triβjaliðáð] *s/f* **1.** Cualidad de trivial. **2.** Dicho o cosa trivial.

tri·via·li·zar [triβjaliθár] *v/tr* Restar o no dar suficiente importancia a un tema.
ORT La *z* cambia en *c* ante *e: Trivialicé.*

tri·za [tríθa] *s/f* Trozo muy pequeño de una cosa. LOC **Hacer(se) trizas algo,** destrozar o destrozarse completamente. **Hacer trizas a alguien,** hundir, lastimar o humillar a alguien en una competición, lucha o discusión.

tro·ca·do, -a [trokáðo, -a] *adj* Se dice del dinero cambiado en monedas sueltas.

tro·car [trokár] *v/tr* **1.** Cambiar una cosa por otra. **2.** Cambiar, mudar, variar. RPr **Trocar por:** *Trocar un lápiz por una pluma.* **Trocarse en:** *La risa se trocó en llanto.*
CONJ *Irreg: Trueco, trocaré, troqué, trocado.*

tro·ce·ar [troθeár] *v/tr* Dividir en trozos.

tro·ceo [troθéo] *s/m* Acción y efecto de trocear.

tro·cha [trótʃa] *s/f* Vereda estrecha que sirve de atajo.

tro·che·mo·che [trotʃemótʃe] Término que sólo aparece formando parte de la LOC **A trochemoche** o **A troche y moche,** de modo disparatado y sin orden ni control.

tro·feo [troféo] *s/m* **1.** Símbolo o señal de una victoria, objeto que se entrega como recuerdo. **2.** Cabeza disecada de cualquier animal de caza. **3.** Conjunto usado como adorno, de armas e insignias militares. **4.** Botín de guerra.

tro·glo·di·ta [troɣloðíta] *adj* y *s/m,f* Que habita en cavernas.

tro·la [tróla] *s/f* Engaño, mentira.

tro·le [tróle] *s/m* Dispositivo que transmite la corriente del cable a los vehículos.

tro·le·ro, -a [troléro, -a] *adj* y *s/m,f* Mentiroso.

trom·ba [trómba] *s/f* Torbellino de agua o vapor originado en el mar.
Tromba de agua, aguacero repentino y muy violento.

trom·bo [trómbo] *s/m* Coágulo de sangre en el interior de un vaso o en el corazón.

trom·bo·fle·bi·tis [tromboflеβítis] *s/f* Inflamación de las venas a causa de una trombosis.

trom·bón [trombón] *s/m* **1.** Instrumento de viento como una trompeta grande. **2.** Músico que lo toca.

trom·bo·sis [trombósis] *s/f* Proceso de formación de un trombo.

trom·pa [trómpa] **I.** *s/f* **1.** Instrumento músico de viento que consiste en un tubo de latón enroscado circularmente y que va ensanchándose desde la boquilla al pabellón. **2.** Aparato chupador de algunos insectos. **3.** Prolongación muscular de la nariz del elefante y el tapir. **4.** En una persona, nariz grande. **5.** Peón, peonza. **6.** Borrachera: *Coger una trompa.* **II.** *s/m* Músico que toca la trompa en una orquesta. LOC **Estar trompa,** COL estar borracho.

trom·pa·zo [trompáθo] *s/m* Golpe violento que da o recibe una persona o una cosa al chocar con algo o caerse.

trom·pe·ta [trompéta] **I.** *s/f* Instrumento musical de viento provisto de embocadura y de un tubo de perforación cilíndrico, ligeramente cónico en su extremo y terminado en un pabellón. **II.** *s/m* Músico que toca este instrumento.

trom·pe·ta·zo [trompetáθo] *s/m* Sonido estridente, destemplado o excesivamente fuerte, producido por la trompeta o cualquier otro instrumento de viento.

trom·pe·ti·lla [trompetíʎa] *s/f* Instrumento en forma de trompeta que los sordos utilizan para oír mejor.

trom·pe·tis·ta [trompetísta] *s/m,f* Músico que toca la trompeta.

trom·pi·car [trompikár] *v/intr* Tropezar repetidamente.
ORT Ante *e* la *c* cambia en *qu: Trompiqué.*

trom·pi·cón [trompikón] *s/m* Tropezón. LOC **A trompicones,** sin continuidad: *Está haciendo el trabajo a trompicones.*

trom·po [trómpo] *s/m* Peonza.

tro·na [tróna] *s/f* Carbonato de sosa cristalizado que suele encontrarse formando incrustaciones en las orillas de ciertos lagos y ríos.

tro·na·da [tronáða] *s/f* Tempestad de truenos.

tro·na·do, -a [tronáðo, -a] *adj* Viejo y desgastado por el uso. LOC **Estar tronado,** COL estar loco o no plenamente en su sano juicio.

tro·nar [tronár] *v/intr* **1.** Producirse truenos. **2.** Hacer un ruido como de truenos. RPr **Tronar contra.**
CONJ *Irreg: Truena, tronó, tronará, tronado.*

tron·cal [troŋkál] *adj* Perteneciente al tronco o procedente de él.

tron·co [tróŋko] *s/m* **1.** Tallo de los árboles y arbustos. **2.** Parte central del cuerpo de un ser vivo, una de las tres grandes partes del organismo, junto a la cabeza y las extremidades. **3.** Origen de una familia. LOC **Estar/Dormir como un tronco,** dormir profundamente.

tron·char [troɲtʃár] *v/tr* **1.** Partir el tronco, tallo o ramas principales de una planta, o cualquier otra cosa, sin herramienta. **2.** FIG Impedir que algo se desarrolle o realice. LOC **Troncharse de risa,** reírse mucho, sin poder contenerse.

tron·cho [tróɲtʃo] *s/m* Tallo de las hortalizas.

tro·ne·ra [tronéra] **I.** *s/f* **1.** Ventana muy pequeña por donde entra escasamente la luz. **2.** En los barcos o fortificaciones, abertura para disparar un arma de fuego. **3.** Cada uno de los agujeros de la mesa de billar, por donde entran las bolas. **II.** *s/m,f* Persona de poco juicio, de vida libertina.

tro·ni·do [troníðo] *s/m* Estampido del trueno.

tro·no [tróno] *s/m* **1.** Asiento con gradas y dosel propio de los monarcas y otras personas de alta dignidad, especialmente en ceremonias. **2.** Dignidad del rey o soberano: *Subir al trono.*

tro·pa [trópa] *s/f* **1.** Multitud o reunión de gran número de personas. **2.** Término que se utiliza en la jerarquía militar para indicar la categoría formada por los soldados y sus graduaciones. **3.** *pl* Conjunto de cuerpos que componen un ejército, división o guarnición.

tro·pel [tropél] *s/m* Movimiento acelerado y ruidoso de varias personas o cosas que se mueven con desorden. LOC **En tropel,** de forma acelerada, confusa y con desorden.

tro·pe·lía [tropelía] *s/f* Acto ilegal o violento cometido por alguien con abuso de su autoridad o poder.

tro·pe·zar [tropeθár] **I.** *v/intr* **1.** Dar con los pies en algún obstáculo al caminar, perdiendo el equilibrio: *Tropezó en el escalón.* **2.** Encontrar un obstáculo o dificultad que detiene a alguien en un intento o le impide avanzar: *Tropezó con demasiadas dificultades en la empresa.* **II.** REFL (-SE) Encontrarse con alguien. RPr **Tropezar en/con/contra.**
CONJ *Irreg: Tropiezo, tropecé, tropezaré, tropezado.*

tro·pe·zón [tropeθón] *s/m* **1.** Acción y efecto de tropezar. **2.** Equivocación, falta, yerro. **3.** Taco de jamón u otra vianda mezclado con sopas, legumbres, etc. LOC **A tropezones,** con tardanza y de forma discontinua por dificultades o impedimentos.

tro·pi·cal [tropikál] *adj* Relativo a los trópicos.

tró·pi·co [trópiko] *s/m* Paralelo situado a 23° 27' latitud Norte y Sur, más allá del cual el sol no llega.

tro·pie·zo [tropjéθo] *s/m* **1.** Estorbo o impedimento en el camino o realización de algo. **2.** Desliz, falta cometida en alguna materia.

tro·pis·mo [tropísmo] *s/m* Movimiento de un organismo por reacción ante estímulos externos, físicos o químicos, como la tendencia de algunas plantas a volverse hacia la luz.

tro·po [trópo] *s/m* RET Empleo de una palabra con un sentido diferente al que propiamente le corresponde.

tro·quel [trokél] *s/m* **1.** Molde de acero para la estampación en serie. **2.** Cuchilla para cortar piezas de distintas formas.

tro·que·lar [trokelár] *v/tr* Dar forma a algo con el troquel.

tro·ta·ca·lles [trotakáʎes] *s/m,f* Persona que gusta de callejear y no hacer nada.

tro·ta·con·ven·tos [trotakoɱbéṇtos] *s/f* Alcahueta.

tro·ta·mun·dos [trotamúṇdos] *s/m,f* Persona que viaja mucho y por diversos países.

tro·tar [trotár] *v/intr* **1.** Ir las caballerías al trote. **2.** Cabalgar alguien sobre un caballo que va al trote. **3.** Andar mucho o con mucha prisa para realizar alguna gestión.

tro·te [tróte] *s/m* **1.** Modo de caminar acelerado, propio de las caballerías, que consiste en andar con paso ligero, levantando a la vez el pie y la mano de distinto lado. **2.** Trabajo rápido y fatigoso, que produce cansancio: *Es viejo, ya no está para esos trotes.* LOC **A/Al trote,** deprisa, de manera acelerada y sin descanso.

tro·tón, (-na) [trotón, (-na)] **I.** *adj* Se aplica a la caballería cuyo paso ordinario es el trote. **II.** *s/m* Caballo.

trots·kis·mo [tro(t)skísmo] *s/m* Doctrina política de diferentes grupos comunistas que sustentan las tesis de Trotski sobre la revolución mundial y la construcción del socialismo, principalmente.

trots·kis·ta [tro(t)skísta] *adj* y *s/m,f* Relativo al gobierno de Trotski.

tro·va [tróβa] *s/f* **1.** Composición de los trovadores. **2.** Composición métrica compuesta para ser cantada. **3.** Composición métrica que imita la forma de otra y que generalmente narra un suceso.

tro·va·dor, -ra [troβaðór, -ra] *adj* y *s/m,f* **1.** Poeta provenzal de los siglos XII y XIII. **2.** Poeta y cantante.

tro·va·do·res·co, -a [troβaðorésko, -a] *adj* Relativo a los trovadores.

tro·ve·ro [troβéro] *s/m* **1.** Poeta de la lengua de *oil,* en la literatura francesa de la Edad Media. **2.** Quien canta trovos.

tro·vo [tróβo] *s/m* Composición métrica popular, por lo general de asunto amoroso.

tro·ya·no, -a [troJáno, -a] *adj* De Troya.

tro·zo [tróθo] *s/m* Parte en que se divide algo. LOC **A trozos,** sin uniformidad en algo (color, tinte, hechura).

tru·ca·je [trukáxe] *s/m* **1.** Hecho y resultado de proceder con trampa. **2.** Se aplica a los diversos métodos empleados en cinematografía para lograr artificialmente que determinadas escenas aparezcan como reales sin serlo.

tru·co [trúko] *s/m* Trampa o engaño que se hace con habilidad para conseguir algo. Especialmente, trampa con que se consigue un efecto maravilloso, *por ej*, en los juegos de prestidigitación o en cine.

tru·cu·len·cia [trukulénθja] *s/f* Cualidad de truculento.

tru·cu·len·to, -a [trukuléṇto, -a] *adj* Cruel, terrible.

tru·cha [trútʃa] *s/f* Pez salmónido de color verdoso o grisáceo, manchado de negro y de abdomen blancuzco, que presenta cuerpo oval y alargado; de carne muy estimada, vive en ríos y lagos de montaña.

tru·chi·mán [trutʃimán] *s/m* **1.** Intérprete. **2.** Astuto y poco escrupuloso.

true·no [trwéno] *s/m* **1.** Estampido producido en las nubes por una descarga eléctrica y que sigue al relámpago. **2.** Estampido de un arma o artificio de fuego.

true·que [trwéke] *s/m* Acción y efecto de trocar o cambiar.

tru·fa [trúfa] *s/f* **1.** Hongo comestible que se desarrolla totalmente bajo tierra y que vive asociado a raíces o dependiente de ellas. **2.** FIG Mentira, embuste.

tru·far [trufár] **I.** *v/tr* Rellenar de trufas las aves o ponerlas en otros manjares o viandas. **II.** *v/intr* Engañar, decir embustes.

tru·hán, -na [truán, -na] *adj* y *s/m,f* Se aplica a la persona que vive de engaños y estafas.

tru·ha·ne·ría [truanería] *s/f* Acción propia del truhán.

tru·ha·nes·co, -a [truanésko, -a] *adj* Propio del truhán.

trun·ca·mien·to [truŋkamjéṇto] *s/m* Acción y efecto de truncar.

trun·car [truŋkár] *v/tr* **1.** Dejar incompleto un texto, una frase, etc., intencionadamente o no. **2.** Cortar una parte de algo. **3.** Impedir el desarrollo o realización de algo: *Truncar las ilusiones de una persona.* ORT La *c* cambia en *qu* ante *e: Trunque.*

trus·t(e) [trúst(e)] *s/m* ANGL Especie de sindicato o consorcio de sociedades o empresas que se unen para monopolizar una mercancía y regular su valor.

tse-tsé [(t)se(t)sé] *s/f* Mosca transmisora del tripanosoma que produce la enfermedad del sueño.

tu [tú] *adj Apóc* de *tuyo,* que se usa antepuesto al nombre: *Éste es tu libro.*

tú [tú] *pron pers* de segunda persona. Funciona como sujeto o predicado nominal: *Tú lo has hecho.*

tu·ber·cu·li·na [tuβerkulína] *s/f* Preparación hecha con gérmenes tuberculosos y utilizada en la vacuna contra la tuberculosis.

tu·bér·cu·lo [tuβérculo] *s/m* **1.** Raíz o tallo subterráneo cargado de sustancias de reserva y aptos para la reproducción vegetativa. **2.** MED Nódulo morboso redondeado, duro al principio y que adquiere luego el aspecto y la consistencia del pus. **3.** ZOOL Nódulo de los que constituyen la lesión típica de la tuberculosis.

tu·ber·cu·lo·sis [tuβerkulósis] *s/f* Enfermedad infecciosa producida por el bacilo de Koch. Afecta al pulmón.

tu·ber·cu·lo·so, -a [tuβerkulóso, -a] *adj* Relativo a la tuberculosis.

tu·be·ría [tuβería] *s/f* **1.** Conducto formado por tubos y utilizado para el transporte de fluidos. **2.** Conjunto de tubos.

tu·bo [túβo] *s/m* **1.** Pieza hueca y cilíndrica que se utiliza como elemento de sección para transportar fluidos. **2.** Recipiente oblongo y más o menos cilíndrico, de metal maleable o de plástico, que contiene una sustancia viscosa: *Un tubo de pasta dentífrica.*
Tubo digestivo, conducto que sirve de paso a los alimentos y en el que se verifica la digestión y absorción de las sustancias nutritivas en ellos contenidas.

tu·bu·lar [tuβulár] *adj* Perteneciente al tubo.

tue·co [twéko] *s/m* **1.** Tocón de un árbol. **2.** Oquedad producida por la carcoma en las maderas.

tuer·ca [twérka] *s/f* Pieza con rosca para ajustar un tornillo.

tuer·to, -a [twérto, -a] *adj* y *s/m,f* Se aplica a la persona o animal que carece o que no ve con un ojo.

tues·te [twéste] *s/m* Acción y efecto de tostar.

tué·ta·no [twétano] *s/m* Médula, sustancia blanda que ocupa los conductos medulares de los huesos. LOC **Hasta el tuétano(s),** hasta lo más profundo.

tu·fa·ra·da [tufaráða] *s/f* Olor vivo o fuerte que se percibe de pronto.

tu·fi·llas [tufíʎas] *s/m,f* Persona que se enfada o enoja fácilmente.

tu·fo [túfo] *s/m* **1.** Emanación gaseosa que se desprende de las fermentaciones y combustiones imperfectas. **2.** Olor desagradable que despide de sí alguien o algo. **3.** *pl* Orgullo, vanidad.

tu·gu·rio [tuɣúrjo] *s/m* Habitación, establecimiento o vivienda miserable.

tul [túl] *s/m* Tejido de mallas poligonales.

tu·li·pa [tulípa] *s/f* Pantalla de forma más o menos parecida a la del tulipán, que rodea una bombilla para orientar su luz en un determinado sentido.

tu·li·pán [tulipán] *s/m* **1.** Planta liliácea, con raíces bulbosas y flor única de seis pétalos, de bellos colores. **2.** Flor de esta planta.

tu·lli·do, -a [tuʎíðo, -a] *adj* y *s/m,f* Que ha perdido el movimiento del cuerpo o de alguno de sus miembros.

tu·llir [tuʎír] *v/tr* Dejar tullido a alguien.

tum·ba [túɱba] *s/f* **1.** Lugar en que se entierra a los muertos. **2.** FIG Persona muy callada y reservada: *A él puedes decírselo, es una tumba.*

tum·bar [tuɱbár] **I.** *v/tr* **1.** Hacer caer a alguien, derribarlo. **2.** COL Suspender a alguien en un examen, prueba o ejercicio. **II.** REFL(-SE) Acostarse o tenderse, generalmente para dormir.

tum·bo [túɱbo] *s/m* **1.** Vaivén violento. **2.** Voltereta, caída. LOC **Dando tumbos,** *1.* Dando traspiés o tropezones: *Daba tumbos como si hubiera bebido. 2.* Con dificultades u obstáculos.

tum·bo·na [tuɱbóna] *s/f* Silla de jardín o playa, extensible y articulada, de madera, mimbre u otro material, que puede disponerse en forma de canapé.

tu·me·fac·ción [tumefa(k)θjón] *s/f* Inflamación, hinchazón.

tu·me·fac·to, -a [tumefákto, -a] *adj* Hinchado.

tu·mor [tumór] *s/m* Crecimiento anormal de los tejidos, con un aumento de volumen.

tu·mo·ro·so, -a [tumoróso, -a] *adj* Que tiene varios tumores.

tú·mu·lo [túmulo] *s/m* **1.** Monumento funerario. **2.** Armazón para las honras fúnebres.

tu·mul·to [tumúl̪to] *s/m* **1.** Motín, alboroto producido por una multitud. **2.** Confusión, desorden ruidoso.

tu·mul·tuo·so, -a [tumul̪twóso, -a] *adj* Que causa o levanta tumultos.

tu·nan·te, -a [tunán̪te, -a] *adj* y *s/m,f* Pícaro, astuto, que siempre es hábil para actuar en su provecho.

tun·da [tún̪da] *s/f* **1.** Paliza, castigo físico. **2.** Esfuerzo que agota.

tun·dir [tun̪dír] *v/tr* **1.** Cortar o igualar con tijera el pelo de los paños o pieles. **2.** Castigar con palos o azotes.

tun·dra [tún̪dra] *s/f* Formación vegetal a base de arbustos, propia de regiones polares.

tu·ne·ci·no, -a [tuneθíno, -a] *adj* y *s/m,f* De Túnez, ciudad, o Tunicia, Estado.

tú·nel [túnel] *s/m* Paso subterráneo abierto artificialmente para establecer una comunicación.

tú·ni·ca [túnika] *s/f* Vestidura en forma de camisa, bastante larga y holgada y, generalmente, sin mangas.

tu·no, -a, [túno, -a] **I.** *adj* y *s/m,f* (En general, usado *afectuosamente*). Tunante, bribón. **II.** *s/f* Grupo de estudiantes que forman un grupo musical. **III.** *s/m* Miembro de la tuna estudiantil.

tun·tún [tun̪tún] En la LOC **Al tuntún** o **Al buen tuntún,** de modo irreflexivo, sin hacer cálculo alguno.

tu·pé [tupé] *s/m* Mechón de cabello que cae sobre la frente.

tu·pi·do, -a [tupíðo, -a] *adj* Aplicado a tejidos, espeso, con los hilos muy juntos.

tu·pir [tupír] *v/tr* Hacer una cosa más espesa.

tur·ba [túrβa] *s/f* **1.** Combustible fósil formado de residuos vegetales acumulados en lugares pantanosos. **2.** Estiércol mezclado con carbón mineral, usado como combustible. **3.** Muchedumbre de gente que se manifiesta tumultuosamente.

tur·ba·ción [turβaθjón] *s/f* Acción y efecto de turbar.

tur·ban·te [turβán̪te] *s/m* **1.** Tocado oriental que consiste en una larga faja de tela arrollada a la cabeza. **2.** Tocado en tejido flexible ceñido a la cabeza.

tur·bar [turβár] *v/tr* **1.** Perturbar, alterar el orden o estado natural de una cosa; impedir el desarrollo regular de un hecho o situación. **2.** Poner nervioso a alguien, alterar su ánimo causándole rubor.

tur·be·ra [turβéra] *s/f* Lugar donde hay turba.

tur·bie·dad [turβjeðáð] *s/f* Cualidad de turbio.

tur·bi·na [turβína] *s/f* Máquina que transforma en fuerza motriz rotativa la energía cinética de un fluido.

tur·bio, -a [túrβjo, -a] *adj* **1.** Se aplica al líquido sucio o revuelto con algo que le quita su transparencia natural. **2.** FIG Asunto o circunstancias, tiempo, etc., oscuros o poco claros.

tur·bión [turβjón] *s/m* Aguacero con viento fuerte y de poca duración.

tur·bu·len·cia [turβulénθja] *s/f* **1.** Alteración de las cosas claras y transparentes. **2.** FIG Confusión o alboroto.

tur·bu·len·to, -a [turβulénto, -a] *adj* **1.** Turbio. **2.** FIG Confuso, alborotado.

tur·co, (-a) [túrko, (-a)] **I.** *adj* y *s/m,f* De Turquía. **II.** *s/f* Borrachera: *Coger/Tener una turca.*

tur·gen·cia [turxénθja] *s/m* Cualidad de turgente.

tur·gen·te [turxénte] *adj* **1.** Hinchado, abultado. **2.** Prominente, vigoroso.

tu·rí·bu·lo [turíβulo] *s/m* Incensario.

tu·rí·fe·ro, -a [turífero, -a] *adj* Que produce o lleva incienso.

tu·ris·mo [turísmo] *s/m* **1.** Acción de viajar por placer, deporte o instrucción. **2.** Conjunto de actividades humanas puestas en práctica para realizar este tipo de viajes. **3.** Industria que tiene por objeto satisfacer las necesidades del turista. **4.** Automóvil utilitario de uso particular.

tu·ris·ta [turísta] *s/m,f* Persona que viaja haciendo turismo.

tu·rís·ti·co, -a [turístiko, -a] *adj* Relativo al turismo.

tur·ma [túrma] *s/f* Testículo o criadilla.

tur·nar [turnár] *v/intr,* REFL(-SE) Alternar o establecer un turno con otros.

tur·né(e) [turné] *s/f* GAL Viaje o recorrido de un artista o compañía de teatro con el fin de actuar en diversos lugares.

tur·no [túrno] *s/m* **1.** Orden para hacer algo. **2.** Vez, momento o espacio de tiempo en que corresponde a alguien desarrollar cierta actividad o recibir algo; acción basada en un orden establecido: *Te toca a ti el turno de cantar. Es tu turno.* LOC **De turno,** se aplica a la persona o establecimiento público asistencial a quien toca prestar servicio en un determinado momento.

tu·ro·len·se [turolénse] *adj* y *s/m,f* De Teruel.

tur·que·sa [turkésa] *s/f* **1.** Fosfato de hierro, aluminio y cobre, de color verde azul, que se utiliza en joyería. **2.** De color verdoso.

tu·rrón [turrón] *s/m* Dulce a base de almendras, piñones, avellanas o nueces, tostado todo y mezclado con miel o azúcar.

tu·rro·ne·ro, -a [turronéro, -a] *adj* y *s/m,f* Que fabrica o vende turrón.

tu·ru·la·to, -a [turuláto, -a] *adj* Alelado, atontado.

tu·te [túte] *s/m* Cierto juego de baraja. LOC **Darse un tute,** trabajar mucho y sin descanso.

tu·te·ar [tuteár] *v/tr,* REFL(-SE) Tratar a una persona de 'tú', en lugar de 'usted'.

tu·te·la [tutéla] *s/f* **1.** Autoridad para cuidar de los bienes de un menor huérfano o de una persona que, por edad o incapacidad, no puede gobernarse por sí misma. **2.** Cargo de tutor. **3.** Dirección, protección.

tu·te·lar [tutelár] **I.** *adj* Que ampara o protege. **II.** *v/intr* Ejercer una tutela sobre alguien.

tu·teo [tutéo] *s/m* Acción de tutear.

tu·tor, -ra [tutór, -ra] *s/m,f* **1.** Se aplica a la persona encargada de cuidar y administrar los bienes de otra no capaz o incapacitada por la ley para administrarse por sí misma. **2.** Defensor, protector. **3.** Profesor privado, especialmente el que tiene a su cargo la educación general de un alumno. **4.** Persona encargada de orientar y aconsejar a los alumnos de un curso o una asignatura.

tu·to·ría [tutoría] *s/f* Cargo de tutor.

tutti frutti [tutifrúti] *s/m Voz italiana* Helado compuesto de varios frutos.

tu·yo, -a [túJo, -a] *adj* y *pron personal* de segunda persona, que establece relación de pertenencia. Se utiliza pospuesto al sustantivo, o cuando éste se halla implícito: *Este bolígrafo es tuyo. —¿En qué coche vamos? —En el tuyo.* LOC **De las tuyas,** expresión con que se alude con énfasis a alguna acción o rasgo habitual o, al menos, singular: *Ya estás haciendo una de las tuyas.* **La tuya** (con *ser*), la ocasión oportuna para la persona a quien se habla: *Ésta es la tuya.* **Lo tuyo** (con *ser*), lo que hace bien o es adecuado para una persona a la que se habla: *Esto es lo tuyo, beber vino.* **Los tuyos,** personas allegadas a las que se habla por parentesco, amistad o ideología: *Éstos son de los tuyos.*

T.V. [té βé] Sigla por televisión.

twist [twís(t)] *s/m* ANGL Tipo de baile suelto, de ritmo muy movido, que se puso de moda a principios de los años sesenta.

u [u] **I.** *s/f* Vigésima cuarta letra del alfabeto español. **II.** *conj* Se emplea en lugar de 'o' ante palabras que empiezan por 'o' o por 'ho' para evitar el hiato: *Plata u oro.*

u·bé·rri·mo, -a [uβérrimo, -a] *adj superl* Muy abundante y fértil.

u·bi·ca·ción [uβikaθjón] *s/f* Acción y efecto de ubicar(se).

u·bi·car [uβikár] **I.** *v/intr,* REFL(-SE) Estar situado en determinado sitio. **II.** *v/tr* Situar una cosa en determinado lugar.
ORT La *c* cambia en *qu* ante *e: Ubique.*

u·bi·cui·dad [uβikwiðáð] *s/f* Cualidad de ubicuo.

u·bi·cuo, -a [uβíkwo, -a] *adj* Se aplica a lo que está o puede estar en todas partes.

u·bre [úβre] *s/f* En los mamíferos, cada una de las tetas de la hembra.

¡uf! [úf] Exclamación que expresa cansancio, fastidio, repugnancia o sofocación: *¡Uf! ¡Qué mal olor!*

u·fa·nar·se [ufanárse] *v/*REFL(-SE) Estar o ponerse engreído u orgulloso.

u·fa·nía [ufanía] *s/f* Cualidad de ufano.

u·fa·no, -a [ufáno, -a] *adj* **1.** Orgulloso, engreído. **2.** Satisfecho y contento con lo que se posee, se ha conseguido, etc.: *Va muy ufano con su nuevo coche.*

u·gan·dés, -sa [uγan̪dés, -sa] *adj* y *s/m,f* De Uganda.

u·jier [uxjér] *s/m* Empleado subalterno de algunos tribunales y cuerpos del estado encargado de realizar ciertas diligencias en la tramitación de los asuntos.

úl·ce·ra [úlθera] *s/f* Lesión en la piel o en la mucosa de un órgano, que destruye poco a poco el tejido y suele ir acompañada de secreción de pus.

ul·ce·ra·ción [ulθeraθjón] *s/f* Acción y efecto de ulcerar(se).

ul·ce·rar [ulθerár] *v/tr,* REFL(-SE) Causar úlcera.

ul·ce·ro·so, -a [ulθeróso, -a] *adj* Que tiene úlceras.

u·le·ma [uléma] *s/m* Doctor o sabio en religión musulmana.

ul·te·rior [ul̪terjór] *adj* **1.** Se aplica a lo que está en la parte de allá. **2.** Se aplica a lo que ocurre después de otra cosa referida.

ul·ti·ma·ción [ul̪timaθjón] *s/f* Acción y efecto de ultimar.

ul·ti·mar [ul̪timár] *v/tr* Acabar, finalizar una cosa: *Ultimar un proyecto.*

ul·ti·má·tum [ul̪timátum/n] *s/m* **1.** Última proposición dirigida por un Estado a otro, cuya falta de aceptación puede causar represalias de tipo bélico e incluso una declaración formal de guerra. **2.** Decisión irrevocable, definitiva.

úl·ti·mo, -a [úl̪timo, -a] *adj* **1.** Se aplica a lo que, en una serie, viene después de todo lo demás: *El último día del mes.* **2.** Se aplica a lo que constituye la parte más remota, lejana o escondida de algo: *El último rincón del mundo.* **3.** Se aplica a lo que es más reciente de algo: *Éstos son los últimos informes que tenemos.* **4.** Con determinadas palabras, significa definitivo, decisivo: *Ésta es mi última palabra.* **5.** Se aplica a lo extremado, aquello a lo cual se recurre porque no hay otra solución: *En último caso, te dejaré el coche.* LOC **Estar a lo último/a los últimos/en las últimas,** *1.* Estar muriéndose. *2.* Estar arruinado o muy apurado de dinero o provisiones. **Por último,** después de todo, finalmente.

ul·tra [úl̪tra] **I.** *Pref* Significa 'más allá', 'al otro lado de': *Ultramar, ultratumba.* **II.** *s/m,f* Se aplica a la persona que tiene ideas políticas de extrema derecha. **III.** *adj* Relativo a la política de extrema derecha.

ul·tra·co·rrec·ción [ul̪trakorre(k)θjón] *s/f* Fenómeno lingüístico por el que una palabra o expresión correcta es considerada incorrecta, restituyéndose, por error, algo que se cree normal.

ul·traís·mo [ul̪traísmo] *s/m* Movimiento poético promulgado en 1918, que coincidía en sentir la urgencia de una renovación radical del espíritu y la técnica.

ul·tra·jan·te [ultraxán̪te] *adj* Que ultraja.

ul·tra·jar [ul̪traxár] *v/tr* Ofender gravemente a alguien con palabras o con obras.

ul·tra·je [ul̪tráxe] *s/m* Acción y efecto de ultrajar.

ul·tra·mar [ul̪tramár] *s/m* Conjunto de territorios que están al otro lado del mar.

ul·tra·ma·ri·no, (-a) [ul̪tramaríno, (-a)] **I.** *adj* De ultramar. **II.** *s/m, pl* Tienda de comestibles.

ul·tran·za [ul̪tránθa] LOC **A ultranza. 1.** Sin detenerse ante las dificultades, con resolución. **2.** Sin concesiones ni paliativos: *Es de una familia de izquierda a ultranza.*

ul·tra·so·ni·do [ul̪trasoníðo] *s/m* Onda elástica de frecuencia tan alta que no es perceptible por el oído humano.

ul·tra·tum·ba [ul̪tratúmba] *adv* Más allá de la tumba o de la muerte.

ul·tra·vio·le·ta [ul̪traβjoléta] *adj* FÍS Relativo a la parte invisible del espectro luminoso, que se extiende más allá del color violado y cuya existencia se evidencia principalmente por acciones químicas.

u·lu·lar [ululár] *v/intr* Dar gritos o alaridos.

um·bi·li·cal [umbilikál] *adj* ZOOL Perteneciente al ombligo.

um·bral [umbrál] *s/m* **1.** Pieza o escalón que constituye la parte inferior de una puerta. **2.** FIG Principio o comienzo en cualquier actividad o proceso: *Estamos en los umbrales de la quiebra.*

um·bría [umbría] *s/f* Parte de terreno en que casi siempre da la sombra por estar expuesta al norte.

um·brío, -a [umbrío, -a] *adj* Se aplica al lugar donde da poco el sol.

um·bro·so, -a [umbróso, -a] *adj* Sombrío.

un, una [un/úna] **I.** *art* Precede al nombre *m* o *f* y suele recibir el nombre de 'indeterminado' o 'indefinido': *Vive en un piso muy pequeño.* **II. Un** *adj apóc* de 'uno' (número): *Se fue de aquí hace un año.* **III. Unos, unas** *adj, pl* Expresa un número indeterminado, no muy grande, de ciertas cosas: *Aquí tengo unos discos que pueden gustarle.*

u·ná·ni·me [unánime] *adj* Se aplica a la opinión o sentimiento compartido por todos: *La opinión de todos fue unánime.*

u·na·ni·mi·dad [unanimiðáð] *s/f* Cualidad de unánime. LOC **Por unanimidad,** por acuerdo de todas las personas que forman un grupo, sin faltar ninguna: *Salió elegido director por unanimidad.*

un·ción [unθjón] *s/f* **1.** Acción y efecto de ungir. **2.** Extremaunción: *Administró la unción al agonizante.* **3.** Devoción y recogimiento con que alguien se entrega a un acto religioso.

un·cir [unθír] *v/tr* Atar o sujetar al yugo las mulas, bueyes, etc.
ORT Ante *o/a* la *c* cambia en *z: Unzo.*

un·dé·ci·mo, -a [un̪déθimo, -a] **I.** *adj* Que ocupa por orden el lugar once. **II.** *adj* y *s/m,f* Se dice de cada una de las once partes iguales en que se divide una cosa.

un·gi·mien·to [uŋximjén̪to] *s/m* Acción y efecto de ungir.

un·gir [uŋxír] *v/tr* Signar con óleo sagrado a alguien para consagrarlo en alguna alta dignidad o para recibir un sacramento.
ORT La *g* cambia en *j* ante *a/o: Unja.*

un·güen·to [uŋgwén̪to] *s/m* Cualquier sustancia con que se unta el cuerpo, especialmente con fines curativos.

un·gu·la·do, (-a) [uŋguláðo, -a] **I.** *adj* y *s/m,f* Se aplica a los mamíferos herbívoros cuyos dedos terminan en pezuña, como el caballo o el elefante. **II.** *s/m, pl* Orden de estos animales.

un·gu·lar [uŋgulár] *adj* Relativo a la uña.

u·ni·ce·lu·lar [uniθelulár] *adj* Que consta de una sola célula.

u·ni·ci·dad [uniθiðáð] *s/f* Cualidad de único.

ú·ni·co, -a [úniko, -a] *adj* **1.** Que no hay otros o es solo en su género: *Es hijo único. Es el único libro que hay sobre esta materia.* **2.** Extraordinario, fuera de lo común: *Fue un hombre único en su época.*

u·ni·cor·nio [unikórnjo] *s/m* **1.** Animal imaginario de forma de caballo y con un cuerno recto en la frente. **2.** Rinoceronte.

u·ni·dad [uniðáð] *s/f* **1.** Lo que es completo en sí mismo y está diferenciado de lo demás en un conjunto contable: *Esta flota consta de doce unidades.* **2.** Conjunto de varias partes homogéneas o estrictamente unidas que forman un todo indivisible. **3.** El número entero más pequeño. **4.** Cantidad de cualquier magnitud que sirve como término de comparación para medir las demás cosas de su especie. **5.** Cualidad de las obras literarias que hace que haya en ellas una sola acción o pensamiento central. **6.** Cada una de las partes, secciones, grupos que forman un determinado organismo. **7.** Cualidad de las cosas entre cuyas partes hay acuerdo o coordinación.

u·ni·di·rec·cio·nal [uniðire(k)θjonál] *adj* De o en una sola dirección.

u·ni·fi·ca·ción [unifikaθjón] *s/f* Acción y efecto de unificar(se).

u·ni·fi·car [unifikár] **I.** *v/tr,* REFL(-SE) Poner juntas cosas distintas o separadas para

que formen un todo homogéneo: *Unificar esfuerzos contra el cáncer.* **II.** *v/tr* Hacer que entre las cosas de cierta especie no haya diferencias: *Unificar los sueldos.*
ORT La *c* cambia en *qu* ante *e: Unifique.*

u·ni·for·mar [uniformár] *v/tr* **1.** Hacer uniforme una o varias cosas entre sí: *Se van a uniformar los impresos de solicitud de ayudas.* **2.** Poner uniforme o hacer que lo lleve quien forma parte de un grupo, comunidad o estamento.

u·ni·for·me [unifórme] **I.** *adj* **1.** Se aplica a lo que tiene la misma forma o aspecto: *Casas uniformes.* **2.** Se aplica a lo que procede de un modo constantemente igual o a lo que está privado de cambios: *El movimiento uniforme de la tierra.* **II.** *s/m* Traje especial y distinto que usan los empleados o los individuos que pertenecen a un mismo cuerpo o institución.

u·ni·for·mi·dad [uniformiðáð] *s/f* Cualidad de uniforme.

u·ni·gé·ni·to, -a [unixénito, -a] *adj* Se aplica al hijo único.

u·ni·la·te·ral [unilaterál] *adj* **1.** BOT Se aplica a lo que existe o está situado sólo a un lado: *Panojas unilaterales.* **2.** FIG Limitado a una sola cosa de las que se trata: *Una visión unilateral del tema.*

u·nión [unjón] *s/f* **1.** Acción y efecto de unir. **2.** Se aplica a lo que está unido, física o espiritualmente: *Unión familiar.* **3.** Relación entre dos personas, particularmente en el matrimonio. **4.** Asociación de personas o entidades que persiguen fines o intereses comunes: *Unión lechera.*

u·nio·nis·ta [unjonísta] *adj* y *s/m,f* Se dice de la persona, partido o doctrina que mantiene o propaga cualquier idea de unión.

u·nir [unír] *v/tr* **1.** Hacer que dos o más cosas queden juntas de modo que formen una sola o que queden sujetas una con otra. **2.** Hacer que un líquido o pasta se espese trabándose entre sí los elementos. **3.** Hacer que dos cosas que estaban más o menos lejanas entren en relación o comunicación: *Han construido una autopista que une los dos países.* **4.** Hacer que ciertas cosas o entidades vayan, vivan o actúen juntas. **5.** Hacer que estén de acuerdo en ideas o sentimientos las personas; establecer o existir vínculos semejantes o espirituales entre ellas: *Les une una buena amistad.* RPr **Unir(se) a/con.**

u·ni·sex [unisé(k)s] *adj* Se aplica a las prendas o moda en el vestir, apropiadas tanto para el hombre como para la mujer.

u·ni·se·xual [unise(k)swál] *adj* Con un solo sexo.

u·ní·so·no, -a [unísono, -a] *adj* Se aplica a lo que tiene el mismo tono o sonido que otra cosa. LOC **Al unísono,** en armonía, sin discrepancias: *Trabajar al unísono.*

u·ni·ta·rio, -a [unitárjo, -a] *adj* **1.** Compuesto por una sola unidad. **2.** Que tiende a la unidad, que la defiende o desea lograrla.

u·ni·ver·sal [uniβersál] *adj* **1.** Relativo al universo o al espacio celeste: *La gravitación universal.* **2.** Que se extiende a todo el mundo, que se refiere a todos los hombres y tiempos: *Geografía universal.* **3.** Que se refiere a un conjunto de cosas o personas en su totalidad.

u·ni·ver·sa·li·dad [uniβersaliðáð] *s/f* Cualidad de universal.

u·ni·ver·sa·li·zar [uniβersaliθár] *v/tr* Hacer universal algo.
ORT Ante *e* la *z* cambia en *c: Universalice.*

u·ni·ver·si·dad [uniβersiðáð] *s/f* **1.** Institución formada por un grupo de centros de enseñanza, llamados facultades, donde se imparte la enseñanza superior. **2.** Edificio o edificios donde se imparte este tipo de enseñanza.

u·ni·ver·si·ta·rio, -a [uniβersitárjo, -a] **I.** *adj* y *s/m,f* Que realiza o ha realizado estudios en la universidad. **II.** *adj* Relativo a la universidad.

u·ni·ver·so [uniβérso] *s/m* Conjunto de lo que existe.

u·ni·vo·ci·dad [uniβoθiðáð] *s/f* Cualidad de unívoco.

u·ní·vo·co, -a [uníβoko, -a] **I.** *adj* Que tiene un solo significado. **II.** *adj* y *s/m,f* Lo que designa varios objetos distintos, pero de un mismo género y con el mismo sentido.

u·no, (-a) [úno, (-a)] **I.** *adj* y *s/m* Se aplica al primero y menor de los números. **II.** *adj* **1.** Que no está dividido. **2.** Primero, que está delante de todos los componentes de una serie. **3.** Idéntico, lo mismo. **4.** Único, sin ningún otro: *Sólo hay una copia de este manuscrito.* **5.** *pl* Antepuesto a un número cardinal, poco más o menos: *Faltarán unos cien kilómetros.* **III.** *pron* **1.** Se aplica a una persona indeterminada: *Hay ahí uno que pregunta por ti.* **2.** Correlacionado con 'otro', indica contraposición entre dos cosas, personas o grupos: *Es mejor que uno limpie los cristales y el otro barra.* **IV.** *pron, f* Se utiliza enfáticamente en *lenguaje coloquial* con el significado de 'una trastada, putada': *¡Le hicieron una en el trabajo!* **V.** *s/m* Signo o guarismo que expresa la unidad (1). LOC **A una,** *1.* Al mismo tiempo, unidos. *2.* De común acuerdo. **De uno en uno/Uno a uno/Uno por uno,** cada vez uno solo: *Responderé las preguntas una a una.* **Lo uno por lo otro,** expresión con que se comenta la equivalencia o compensación de una cosa con otra. **No acer-**

tar/tocar/dar una, estar poco afortunado en la resolución de algo; estar muy mal o un poco despistado: *No ha dado una en el concurso.* **Una de dos,** se utiliza para plantear una disyuntiva: *Una de dos, o trabajas o estudias.* **Uno de tantos,** se aplica a una persona o cosa cualquiera. **Uno y otro,** ambos. **Unos cuantos,** algunos, no muchos.

un·ta·du·ra [uŋtaðúra] *s/f* Acción y efecto de untar(se).

un·ta·mien·to [uŋtamjéŋto] *s/m* Acción y efecto de untar(se).

un·tar [uŋtár] *v/tr* **1.** Extender una sustancia grasa o pastosa sobre la superficie de una cosa o parte de ella: *Untó las galletas con mantequilla.* **2.** Meter algo en una sustancia grasa o pastosa para que se empape en ella: *Untar pan en salsa de tomate.* **3.** Manchar algo con cierta sustancia. **4.** FIG Sobornar: *Tuve que untar al guardia para que me dejara pasar.* RPr **Untar(se) con.**

un·to [úŋto] *s/m* Materia grasa para untar, particularmente alimenticia o medicamentosa.

un·to·so, -a [uŋtóso, -a] *adj* Pegajoso y deslizante.

un·tuo·si·dad [uŋtwosiðáð] *s/f* Cualidad de untuoso.

un·tuo·so, -a [uŋtwóso, -a] *adj* Untoso.

un·tu·ra [uŋtúra] *s/f* Sustancia grasa con que se unta.

u·ña [úɲa] *s/f* **1.** Lámina córnea ligeramente curvada que protege la parte superior de las extremidades de los dedos, en el hombre y en algunos animales. **2.** Casco de los cuadrúpedos. **3.** Punta corva de determinados instrumentos metálicos. LOC **De uñas,** en actitud irascible y agresiva: *No le he hecho nada, pero está de uñas conmigo.* **Enseñar/Mostrar alguien las uñas,** amenazar o dejar ver su carácter agresivo. **Hacer las uñas,** hacer la manicura. **Ser uña y carne,** o **carne y uña,** ser, dos personas, muy amigas y estar muy compenetradas.

u·ña·da [uɲáða] *s/f* Arañazo hecho con la uña.

u·ñe·ro [uɲéro] *s/m* Inflamación en la raíz de la uña, con formación de pus.

u·pe·ri·za·ción [uperiθaθjón] *s/f* Tratamiento especial de esterilización de la leche sin envasar, mediante inyección directa de vapor recalentado.

u·ra·li·ta [uralíta] *s/f* Material ligero de construcción, fabricado con cemento y asbesto y empleado fundamentalmente como cubierta. Tiene forma ondulada o plana.

u·ra·nio [uránjo] *s/m* Metal radiactivo, el más pesado de los elementos naturales, fusible a muy elevada temperatura. *Núm* atómico *92. Símb U.*

u·ra·no [uráno] *s/m* Planeta mucho mayor que la Tierra, que sigue a Saturno en distancia al Sol y está acompañado de ocho satélites.

ur·ba·ni·dad [urβaniðáð] *s/f* Aplicado al comportamiento en el trato social, educación, cortesía.

ur·ba·nis·mo [urβanísmo] *s/m* Conjunto de conocimientos y actividades relacionadas con las reformas, ampliación, planteamiento, etc., de las ciudades.

ur·ba·nis·ta [urβanísta] *s/m,f* Persona que se dedica al urbanismo.

ur·ba·nís·ti·co, -a [urβanístiko, -a] *adj* Relativo al urbanismo.

ur·ba·ni·za·ción [urβaniθaθjón] *s/f* **1.** Acción y efecto de urbanizar. **2.** Núcleo residencial, fuera de las poblaciones, artificialmente creado para descanso y solaz.

ur·ba·ni·zar [urβaniθár] *v/tr* Dotar a un terreno de las obras y servicios urbanos necesarios para ser habitado.
ORT Ante *e* la *z* cambia en *c: Urbanicemos.*

ur·ba·no, -a [urβáno, -a] **I.** *adj* Perteneciente a la ciudad. **II.** *s/m,f* Guardia que en la ciudad se cuida preferentemente de regular la circulación.

ur·be [úrβe] *s/f* Ciudad grande e importante.

ur·dim·bre [urðímbre] *s/f* **1.** Conjunto de los hilos paralelos, regularmente espaciados, que van dispuestos en sentido longitudinal en las piezas de tela. **2.** Acción de urdir o intrigar.

ur·dir [urðír] *v/tr* **1.** Disponer los hilos en la urdidera para ponerlos en el telar. **2.** FIG Planear una intriga, un lío, etc.

u·rea [uréa] *s/f* Sustancia nitrogenada que se encuentra en la sangre y en la orina de los carnívoros.

u·re·mia [urémja] *s/f* PAT Enfermedad ocasionada por la acumulación en la sangre de sustancias que normalmente son eliminadas con la orina.

u·ré·ter [uréter] *s/m* Se aplica a cada uno de los conductos por los que pasa la orina de uno y otro riñón a la vejiga.

u·re·tra [urétra] *s/f* ANAT Órgano por donde se expele la orina.

ur·gen·cia [urxénθja] *s/f* **1.** Cualidad de urgente. **2.** Circunstancia de ser urgente una cosa.

ur·gen·te [urxéŋte] *adj* Se aplica a lo que urge. Particularmente a las cartas o telegramas que se cursan para que lleguen con más rapidez que las ordinarias.

ur·gir [urxír] *v/intr* Correr prisa una cosa, ser necesaria su rápida ejecución.
ORT Ante *a/o* la *g* cambia en *j: Urja, urjo.*

ú·ri·co, -a [úriko, -a] *adj* **1.** Relativo al ácido úrico. **2.** Relativo a la orina.

u·ri·na·rio, (-a) [urinárjo, (-a)] **I.** *adj* Relativo a la orina. **II.** *s/m* Lugar para orinar, especialmente el que hay en calles y establecimientos públicos.

ur·na [úrna] *s/f* **1.** Caja en forma de arca, de madera o más comúnmente de cristal transparente, donde se meten las papeletas de un sorteo o de una votación. **2.** Vasija de forma y capacidad variables, de bronce o barro, que se utiliza generalmente para guardar las cenizas de los muertos. **3.** Caja formada por cristales planos que se utiliza para guardar en su interior objetos delicados de modo que queden protegidos, pero visibles.

u·ro [úro] *s/m* Toro salvaje, que fue muy abundante en Europa, ya extinguido, y del cual descienden las razas domésticas.

u·ro·ga·llo [uroγáʎo] *s/m* Ave gallinácea silvestre, de unos 80 cm de largo y metro y medio de envergadura, de vivos colores y cola en ancho abanico, de vuelo corto, que vive en los bosques y emite sonidos semejantes a los del uro.

u·ro·lo·gía [uroloxía] *s/f* Parte de la medicina que estudia las enfermedades del aparato urinario.

u·ró·lo·go, -a [uróloγo, -a] *s/m,f* Experto en urología.

u·rra·ca [urráka] *s/f* **1.** Pájaro blanco por debajo y negro brillante por encima, domesticable; hurta pequeños objetos brillantes. **2.** FIG Persona habladora.

ur·su·li·na [ursulína] *s/f* Religión de la congregación fundada en el siglo XVI por Santa Ángela de Brescia, bajo la advocación de Santa Úrsula.

ur·ti·ca·ria [urtikárja] *s/f* PAT Proceso de tipo eruptivo que se caracteriza por la aparición de edemas en forma de pequeñas placas bastante delimitadas, redondeadas, numerosas, de poca duración, rosadas y que producen intenso picor.

u·ru·gua·yo, -a [uruγwáJo, -a] *adj* y *s/m,f* Del Uruguay.

u·sa·do, -a [usáðo, -a] *adj* Gastado, deslucido por el uso.

u·san·za [usánθa] *s/f* Uso. LOC **A usanza,** según costumbre, tendencias o gustos de la persona, del país, etc., que se menciona.

u·sar [usár] *v/tr* **1.** Utilizar, servirse de una cosa para algo. **2.** Tener costumbre de emplear algo o llevar una prenda de vestir o adorno personal: *Nunca usa sombrero.* **3.** Utilizar algo o sacar provecho de ello: *Tuve que usar (de) toda mi influencia para convencerle.* **4.** Disfrutar de cierta cosa, siendo o no el dueño de ella. RPr **Usar de.**

u·sía [usía] *s/m,f* Tratamiento equivalente a 'vuestra señoría'.

u·so [úso] *s/m* **1.** Acción y efecto de usar. **2.** Aplicación, cosa para la que se usa algo. **3.** Modo o manera de utilizar o emplear algo: *Instrucciones de uso.* **4.** Costumbre, manera de actuar u obrar característica de una persona, grupo, país o época: *Usos funerarios de cada país.* LOC **Al uso,** según es costumbre en el momento actual o en el que se trata. **En buen uso,** en buen estado, a pesar de haber sido ya usado. **En el uso de la palabra,** hablando en el turno correspondiente. **Estar fuera de uso,** retirado ya del uso por cualquier circunstancia.
Uso de razón, discernimiento normal de una persona que ha pasado de la infancia.

us·ted [usté(ð)] *pron, m,f* Se utiliza para dirigirse a una persona a la que no se trata de 'tú', o a la que se desea dar algún tratamiento especial (deferencia o distanciamiento, por razones de edad, cargo o falta de trato).
GRAM Con 'usted' el verbo se construye en tercera persona.
ORT Su abreviación es 'Vd' para el *sing* y 'Vds' para el *pl.* En Hispanoamérica el uso de *usted* se amplía también a la *2.ª pers pl: Uds. os podéis acercar.*

u·sual [uswál] *adj* Se aplica a lo que se hace, usa, etc., según costumbre: *Llamó a la hora usual.*

u·sua·rio, -a [uswárjo, -a] *adj* y *s/m,f* Se aplica a la persona que usa una cosa ajena, por derecho o concesión.

u·su·fruc·to [usufrúkto] *s/m* Derecho de usar y explotar una cosa ajena sin deteriorarla.

u·su·fruc·tuar [usufruktwár] **I.** *v/tr* Tener o gozar el usufructo de algo. **II.** *v/intr* Producir utilidad algo.
ORT, PRON El acento recae sobre la *u* en el *sing* y *3.ª pers pl* del *pres* de *indic* y *subj: Usufructúa.*

u·su·fruc·tua·rio, -a [usufruktwárjo, -a] *adj* y *s/m,f* **1.** Se dice de la persona que posee y disfruta algo. **2.** FOR Se aplica a la persona que disfruta un usufructo.

u·su·ra [usúra] *s/f* Préstamo que se hace con un interés desproporcionado y abusivo.

u·su·re·ro, -a [usuréro, -a] *s/m,f* Persona que presta con usura o interés excesivo.

u·sur·pa·ción [usurpaθjón] *s/f* **1.** Acción y efecto de usurpar. **2.** Cosa usurpada. **3.** Delito que se comete apoderándose, con violencia o intimidación, de una propiedad de otro.

u·sur·par [usurpár] *v/tr* Apoderarse, por la fuerza o por medios legales, de lo que legítimamente corresponde a otros.

u·ten·si·lio [utensíljo] *s/m* Objeto que se usa para trabajos manuales o labores domésticas.

u·te·ri·no, -a [uteríno, -a] *adj* Relativo al útero.

ú·te·ro [útero] *s/m* Órgano de la hembra de los mamíferos, dentro del cual se desarrolla el feto.

ú·til [útil] **I.** *adj* **1.** Se aplica a lo que produce beneficio, provecho, interés o comodidad, tanto en sentido material como inmaterial. **2.** Que puede servir o aprovecharse en alguna forma. **3.** Se aplica al tiempo o día hábil de un término señalado por la ley o la costumbre. **II.** *s/m* Utensilio o herramienta: *Útiles de labranza.*

u·ti·li·dad [utiliðáð] *s/f* **1.** Cualidad de útil. **2.** Provecho o beneficio que produce algo: *Has de sacarle la máxima utilidad a ese coche.*

u·ti·li·ta·rio, (-a) [utilitárjo, (-a)] **I.** *adj* Se aplica a lo que antepone la utilidad a todo lo demás. **II.** *adj* y *s/m* Se aplica a los automóviles pequeños, funcionales y de poco consumo.

u·ti·li·ta·ris·mo [utilitarísmo] *s/m* Doctrina filosófica actual que considera la utilidad como principio de la moral.

u·ti·li·za·ción [utiliθaθjón] *s/f* Acción y efecto de utilizar.

u·ti·li·zar [utiliθár] *v/tr* Valerse de alguien o algo para un fin determinado o para sacar provecho o utilidad.
ORT La *z* cambia en *c* ante *e: Utilice.*

u·ti·lla·je [utiʎáxe] *s/m* Conjunto de herramientas o máquinas que se usan para realizar un trabajo, arte o profesión.

u·to·pía o **u·to·pia** [utopía/utópja] *s/f* Se aplica a cualquier plan o sistema ideal, muy bueno en teoría, pero irrealizable.

u·tó·pi·co, -a [utópiko, -a] *adj* Relativo a la utopía.

u·va [úβa] *s/f* Fruto de la vid, comestible, más o menos redondo y jugoso, de color verde, violado o negro, que nace apiñado con otros formando racimos; se aprovecha como fruta o para obtener vino. LOC **Estar de mala uva,** estar de mal humor. **Tener mala uva,** tener mal carácter o mala intención.

u·ve [úβe] *s/f* Nombre de la letra 'v'.

ú·vu·la [úβula] *s/f* ANAT Campanilla. Apéndice carnoso que cuelga de la parte posterior del velo del paladar.

u·vu·lar [uβulár] *adj* Relativo a la úvula.

u·xo·ri·ci·da [u(k)soriθíða] *adj* y *s/m* Se dice del que comete uxoricidio.

u·xo·ri·ci·dio [u(k)soriθíðjo] *s/m* Delito que comete el que mata a su mujer.

v [úβe] *s/f* **1.** Letra vigésima quinta del alfabeto español. **2.** En la numeración romana tiene el valor de cinco.
Uve doble, *w*.

va·ca [báka] *s/f* **1.** Hembra del toro, que se explota especialmente por su leche. **2.** Carne de vaca, que se utiliza como alimento: *Hoy comerán un filete de vaca.*

va·ca·ción [bakaθjón] *s/f* **1.** (Generalmente en *pl*) Suspensión de un trabajo o ocupación, que alguien hace durante algún tiempo. **2.** (Generalmente en *pl*) Tiempo que dura dicha suspensión.

va·ca·da [bakáða] *s/f* Conjunto de ganado vacuno.

va·can·te [bakán̪te] *adj* y *s/f* Se dice de todo aquello que no está ocupado en un momento determinado, pero está destinado a ser ocupado por algo o alguien: *Una silla vacante.*

va·car [bakár] *v/intr* Quedar vacante algo: un empleo, un lugar, etc.
ORT Ante *e* la *c* cambia en *qu: Vaque.*

va·cia·do [baθjáðo] *s/m* Acción y efecto de vaciar.

va·ciar [baθjár] **I.** *v/tr,* REFL(-SE) **1.** Dejar o quedarse un recipiente sin contenido: *Vaciar(se) una botella.* **2.** Depositar(se) un contenido cualquiera en una vasija o en otra cosa: *Vaciar el agua en la pila.* **II.** *v/tr* **1.** Hacer un hueco en una cosa: *Vaciar un tronco de árbol.* **2.** Formar un objeto llenando un molde hueco con metal fundido u otra materia moldeable: *Vació una estatua ecuestre.* **3.** Sacar filo a los instrumentos cortantes.
ORT, PRON El acento recae sobre la *i* en el *sing* y *3.ª pers pl* del *pres* de *indic* y *subj: Vacío, vacíen.*

va·cie·dad [baθjeðáð] *s/f* **1.** Necedad. **2.** Cualidad de vacío.

va·ci·la·ción [baθiláθjón] *s/f* **1.** Acción y efecto de vacilar. **2.** Duda.

va·ci·lan·te [baθilán̪te] *adj* Que vacila.

va·ci·lar [baθilár] *v/intr* **1.** Moverse indeterminadamente algo o alguien por carecer de estabilidad. **2.** No estar segura una cosa en su situación o estado. **3.** (Con *en, entre*) Estar indeciso ante algo, especialmente si implica elección entre vanas opciones: *Vaciló en la aceptación de mi propuesta. Vacilaba entre viajar a América o descansar en la playa.* RPr **Vacilar en/entre.**

va·ci·lón, -na [baθilón, -na] *adj* COL Burlón.

va·cío, (-a) [baθío, (-a)] **I.** *adj* **1.** Se dice de un recipiente o lugar que carece del contenido correspondiente: *Un cajón vacío. Calles vacías.* **2.** Se aplica a las personas o a sus dichos, hechos o actitudes que no tienen solidez: *Es una muchacha linda, pero vacía.* **3.** Se dice de algo insustancial. **II.** *s/m* **1.** Espacio que no contiene aire ni otra materia, y el estado de tal espacio: *Caer en el vacío.* **2.** Concavidad de algunos cuerpos. **3.** Ausencia de algo en un objeto o lugar: *Allí hay un vacío.* **4.** Carencia muy sentida de alguien: *Su muerte dejó en su casa un gran vacío.* LOC **Caer en el vacío,** no tener repercusión. **De vacío,** *1.* Sin carga. *2.* Sin obtener lo que se quería: *Regresé de vacío de aquella entrevista.*

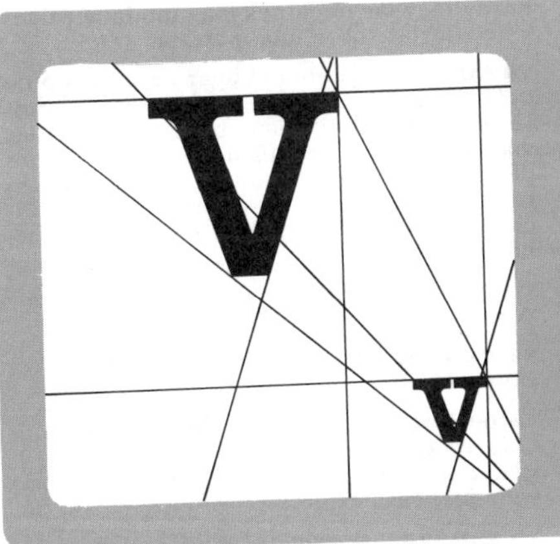

va·cui·dad [bakwiðáð] *s/f* **1.** Condición de vacuo. **2.** Estado de vacío.

va·cu·na [bakúna] *s/f* Todo virus o principio orgánico que se inocula a un animal o una persona para preservarlos de alguna enfermedad.

va·cu·na·ción [bakunaθjón] *s/f* Acción y efecto de vacunar.

va·cu·nar [bakunár] *v/tr* Introducir en una persona o animal un virus para preservarlo de una enfermedad: *Vacunar contra el tétanos.* RPr **Vacunar contra.**

va·cu·no, -a [bakúno, -a] *adj* Relativo al ganado de vacas y de animales de la misma especie, y a lo perteneciente a él.

va·cuo [bákwo] *adj* Vacío.

va·dea·ble [baðeáβle] *adj* Que se puede vadear.

va·de·ar [baðeár] *v/tr* **1.** Atravesar un río o corriente de agua a pie o en caballería por un lugar donde el fondo es poco profundo. **2.** FIG Superar una dificultad.

va·de·mé·cum [baðeméku{m/n̪}] *s/m* Libro corto o breve en el que se contienen los datos y las nociones más fundamentales y necesarias sobre una materia.

va·do [báðo] *s/m* **1.** Lugar de un río o de otra corriente de agua que se puede atravesar a pie o con una caballería. **2.** En las vías públicas, la modificación de estructura de la acera y el bordillo, que se realiza frente a la puerta de determinados edificios con objeto de facilitar el acceso de vehículos a locales situados en los mismos.

va·ga·bun·de·ar [baγaβuņdeár] *v/intr* Andar vagabundo.

va·ga·bun·deo [baγaβuņdéo] *s/m* Acción y efecto de vagabundear.

va·ga·bun·do, -a [baγaβúņdo, -a] **I.** *adj* Que va de una parte a otra sin dirección fija. **II.** *s/m,f* y *adj* Persona que carece de trabajo y casa estables.

va·gan·cia [baγánθja] *s/f* Condición del que no trabaja o no quiere trabajar.

va·gar [baγár] *v/intr* Ir de un lado para otro sin destino ni propósito determinados. RPr **Vagar por:** *Vagar por el mundo.* ORT Ante *e* la *g* se convierte en *gu: Vagué.*

va·gi·do [baxíðo] *s/m* Llanto que emite un niño recién nacido.

va·gi·na [baxína] *s/f* ANAT Conducto membranoso y fibroso que, en las hembras de los mamíferos, va desde la vulva hasta la matriz.

va·gi·nal [baxinál] *adj* ANAT Relativo a la vagina.

va·gi·ni·tis [baxinítis] *s/f* MED Inflamación de la vagina.

va·go, (-a) [báγo, (-a)] **I.** *adj* y *s/m,f* Persona que no trabaja como debe. **II.** *adj* Se dice de lo que carece de precisión.

va·gón [baγón] *s/m* Cada uno de los carruajes del tren.

va·go·ne·ta [baγonéta] *s/f* Vagón pequeño descubierto, que se utiliza para transporte de mercancías.

va·gua·da [baγwáða] *s/f* Parte más profunda de un valle, que forma el cauce natural de las aguas de lluvia, de los manantiales, etc.

va·gue·ar [baγeár] *v/intr* **1.** No trabajar por pereza. **2.** Andar errante.

va·gue·dad [baγeðáð] *s/f* **1.** Condición de vago, perezoso. **2.** Cualidad de indeterminado, impreciso. **3.** Expresión que posee un carácter indefinido, genérico: *Sólo dice vaguedades.*

va·ha·ra·da [ba(a)ráða] *s/f* Ráfaga de buen o mal olor.

va·hí·do [baíðo] *s/m* Pérdida pasajera del conocimiento.

va·ho [báo] *s/m* **1.** Vapor que despide un líquido o una cosa húmeda caliente. **2.** Aliento que sale por la boca. LOC **Tomar vahos,** aspirar vahos determinados con fines curativos.

vai·na [báina] *s/f* **1.** Funda de material flexible, alargada, donde se guardan armas, instrumentos, herramientas, etc. **2.** Envoltura tierna y larga en la que están encerradas las semillas de las plantas leguminosas, como los guisantes.

vai·ni·ca [bainíka] *s/f* Labor de costura menuda, que se hace como adorno junto a la costura de los dobladillos.

vai·ni·lla [bainíʎa] *s/f* **1.** Arbusto orquidáceo americano, de tallos sarmentosos. **2.** Fruto de dicha planta que se emplea como condimento y para aromatizar licores, perfumes, etc.

vai·vén [baiβén] *s/m* **1.** Movimiento de un cuerpo que recorre el mismo camino en dos direcciones opuestas: *El vaivén del péndulo.* **2.** Inconstancia de la suerte.

va·ji·lla [baxíʎa] *s/f* Conjunto de platos, fuentes, vasos, tazas, jarras, etc., que se emplean en el servicio de la mesa.

va·le [bále] **I.** *s/m* Papel que se entrega a alguien para ser canjeado por alguna cosa. **II.** COL Expresión de conformidad o acuerdo. *—¿Vienes al cine? —Vale.*

va·le·de·ro, -a [baleðéro, -a] *adj* Se aplica a lo que es canjeable por algo o que vale durante cierto tiempo. RPr **Valedero por:** *Valedero por una radio.*

va·le·dor, -ra [baleðór, -ra] *s/m,f* Persona que protege a otra.

va·len·cia [balénθja] *s/f* QUÍM Valor de combinación de un elemento, representado por el número de átomos de hidrógeno con que se combina uno de ese mismo cuerpo.

va·len·cia·nis·mo [balenθjanísmo] *s/m* Expresión, giro o vocablo propios del habla valenciana.

va·len·cia·no, (-a) [balenθjáno, -a] *adj* y *s/m,f* De Valencia.

va·len·tía [baleņtía] *s/f* **1.** Condición de valiente. **2.** Acción realizada con valor. **3.** Fortaleza para acometer acciones difíciles.

va·ler [balér] **I.** *v/tr* **1.** Amparar, sobre todo refiriéndose a Dios respecto del hombre. **2.** Equivaler unas monedas a otras en determinada proporción: *Un franco francés vale veinte pesetas.* **3.** Ser determinada cantidad de dinero el precio de algo: *Este coche vale tres millones de pesetas.* **4.** Originar algo algún efecto: *Su humildad le valió el aprecio de todos.* **5.** En las composiciones musicales, tener una nota una determinada duración manifestada en com-

pases: *La blanca vale un compás.* **6.** Importar una determinada cantidad los datos o el resultado de una cuenta: *La suma vale 30.* **II.** *v/intr* **1.** (Con *por*) Equivaler una cosa a otra: *Una imagen vale por mil palabras.* **2.** Merecer una persona, acción, cosa, etc., un aprecio mayor o menor, según su inteligencia, belleza, etc.: *Entre tus amigos, el que más vale es Juan.* **3.** Ser una cosa de utilidad e importancia para algo: *Te ha valido haber estudiado la lección.* **4.** Tener la eficacia que se exige para la validez requerida: *Su firma no vale.* **5.** Estar permitido algo en el juego: *Vale repetir el saque.* **III.** REFL(-SE) **1.** (Con *de*) Recurrir a algo o a alguien para algún efecto buscado: *Para hacer el traslado, me valgo de una furgoneta.* **2.** (Con *por*) Desenvolverse sin ayuda para las funciones elementales de la vida: *Todavía se vale por sí mismo.* **IV.** *s/m* Mérito: *Aprecio más su valer que su riqueza.* LOC **No valerle a alguien una cosa,** no obtener lo que pretendía: *No les valió pedir perdón por haber faltado a clase.* **¡Vale!,** conforme. **¡Válgame!,** expresión de resignación ante un disgusto. RPr **Valerse de/por (II. 1). Valer por/de.**
CONJ *Irreg: Valgo, valí, valdré, valido.*

va·le·ro·so, -a [baleróso, -a] *adj* Valiente: *Persona valerosa.*

va·lía [balía] *s/f* **1.** Valor de una cosa. **2.** Condición de una persona que vale.

va·li·dar [baliðár] *v/tr* Hacer válida una cosa.

va·li·dez [baliðéθ] *s/f* Condición de válido.

vá·li·do, -a [báliðo, -a] *adj* Que tiene validez y por tanto es capaz de producir su efecto: *Un documento válido.*

va·li·do [balíðo] *s/m* Hombre que goza de la plena confianza de un soberano o alto personaje.

va·lien·te [valjéṇte] **I.** *adj* y *s/m,f* Se dice de la persona que es capaz de afrontar las dificultades y los peligros de una acción, estado, decisión, etc. **II.** *adj* **1.** Animoso. **2.** Se aplica a las cosas que destacan por su nobleza, belleza, eficacia, etc.: *Una intervención valiente ante el público.*

va·li·ja [balíxa] *s/f* **1.** Maleta. **2.** Saco de cuero que sirve para transportar la correspondencia.

va·li·mien·to [balimjéṇto] *s/m* **1.** Condición de valer una cosa o de valerse de ella. **2.** Amistad, favor o protección de que disfruta alguien por parte de otra persona con algún poder; especialmente, situación de valido.

va·lio·so, -a [baljóso, -a] *adj* Se dice de lo que tiene mucho valor.

va·lón, -na [balón, na] *adj* y *s/m,f* Relativo al país situado entre el Escalda y el Lys, en Europa.

va·lor [balór] *s/m* **1.** Cualidad de mérito, utilidad, precio o estimación que tienen las cosas: *El valor de un producto.* **2.** Cualidad de valiente. **3.** Significado de algo que se dice o se hace: *No sabemos qué valor dar a su negativa.* **4.** Validez de un acto: *Este contrato no tiene valor sin la presencia del notario.* **5.** *pl* Documentos representativos del dinero con que se participa en empresas o en préstamos al Estado: *Valores bancarios.*

va·lo·ra·ción [baloraθjón] *s/f* Acción y efecto de valorar y evaluar una cosa.

va·lo·rar [balorár] *v/tr* **1.** Determinar el valor de una cosa: *Valorar las pérdidas.* **2.** Atribuir a algo o a alguien el valor que les corresponde: *A los niños hay que valorarlos.*

va·lo·ri·za·ción [baloriθaθjón] *s/f* Acción y efecto de valorizar.

va·lo·ri·zar [baloriθár] *v/tr* Hacer que una cosa adquiera valor, o un valor mayor.
ORT Ante *e* la *z* cambia en *c*: *Valoricé.*

val·qui·ria [balkírja] *s/f* Nombre de algunas divinidades de la mitología escandinava que en los combates seleccionaban a los héroes que morían.

vals [báls] *s/m* Baile y música de origen alemán, de ritmo ternario, con el tiempo primero muy marcado.

va·luar [balwár] *v/tr* Valorar.
ORT, PRON El acento recae sobre la *u* en el *sing* y *3.ª pers pl* del *pres* de *indic* y *subj: Valúo, valúe.*

val·va [bálβa] *s/f* **1.** BOT Cada una de las piezas que forman la envoltura de un fruto, como el de las legumbres. **2.** ZOOL Cada pieza de las que constituyen la concha de los moluscos y otros animales.

vál·vu·la [bálβula] *s/f* Dispositivo que sirve para cerrar o abrir un orificio o conducto, o para interrumpir la comunicación entre dos de sus partes.

val·vu·lar [valβulár] *adj* Relativo a la válvula.

va·lla [báʎa] *s/f* **1.** Pared baja hecha para defenderse de algo o establecer una separación. **2.** Cercado hecho con estacas o tablas clavadas en el suelo. **3.** Cartelera situada a los lados o en las cercanías de los caminos: *Vallas de publicidad.*

va·lla·dar [baʎaðár] *s/m* Valla.

va·lla·do [baʎáðo] *s/m* Valla.

va·llar [baʎár] *v/tr* Cerrar un sitio con valla.

va·lle [báʎe] *s/m* **1.** Llanura de tierra entre dos montañas o cordilleras. **2.** Terreno que vierte sus aguas a un río.

va·lli·so·le·ta·no, -a [baʎisoletáno, -a] *adj* y *s/m,f* De Valladolid.

vam·pi·re·sa [bampirésa] *s/f* Mujer que enamora a los hombres y los trastorna con su atractivo.

vam·pi·ris·mo [bampirísmo] *s/m* Creencia en los vampiros.

vam·pi·ro [bampíro] *s/m* **1.** Espectro o cadáver que, según ideas supersticiosas, chupa por la noche la sangre de las personas. **2.** Murciélago americano que come insectos y chupa la sangre de las personas y animales dormidos.

va·na·glo·ria [banaɣlórja] *s/f* Palabras, acciones, actitudes, etc., con las que uno pretende mostrarse muy importante.

va·na·glo·riar·se [banaɣlorjárse] *v/*REFL(-SE) Alabarse a sí mismo por alguna palabra, acción o cualidad, aunque éstas no merezcan tales alabanzas. RPr **Vanagloriarse de/por:** *Me vanaglorío de mi pasado.* PRON El acento recae sobre la *i* en el *sing* y *3.ª pers pl* del *pres* de *indic* y *subj: Vanaglorío, vanaglorien.*

va·na·glo·rio·so, -a [banaɣlorjóso, -a] *adj* y *s/m,f* Que se jacta de sí mismo.

van·dá·li·co, -a [baŋdáliko, -a] *adj* Relativo a los vándalos y al vandalismo.

van·da·lis·mo [baŋdalísmo] *s/m* Condición de vándalo.

ván·da·lo, (-a) [báŋdalo, (-a)] **I.** *adj* y *s/m,f* Se dice de los individuos de un pueblo germano antiguo que penetró en España y en África, y que se destacaba por el furor con que destruía los monumentos. **II.** *s/m* Persona que actúa brutalmente.

van·guar·dia [baŋgwárðja] *s/f* **1.** Parte de un ejército o fuerza armada que va delante en un ataque, marcha, etc. **2.** FIG La parte más avanzada de cualquier actividad o grupo: *La vanguardia del arte.*

van·guar·dis·mo [baŋgwarðísmo] *s/m* Tendencias o escuelas artísticas innovadoras surgidas en el s. XX (cubismo, etc.).

van·guar·dis·ta [baŋgwarðísta] *adj* y *s/m,f* Relativo al vanguardismo.

va·ni·dad [baniðáð] *s/f* **1.** Cualidad de vano. **2.** Actitud de la persona que tiene ansia de ser admirada y elogiada.

va·ni·do·so, -a [baniðóso, -a] *adj* y *s/m,f* Que tiene vanidad.

va·no, (-a) [báno, (-a)] **I.** *adj* **1.** Se dice de las cosas que carecen de realidad, fundamento, eficacia o utilidad: *Deseos vanos.* **2.** Se aplica a lo que satisface la vanidad: *Alabanzas vanas.* **3.** Se aplica a las personas superficiales en sus actividades, conversaciones, etc. **II.** *s/m* Puerta, ventana u otro espacio sin muro. LOC **En vano,** inútilmente.

va·por [bapór] *s/m* **1.** Gas procedente de un cuerpo líquido o sólido sometido a temperatura alta o de ebullición. **2.** Buque de vapor. **3.** *pl* Emanación. **4.** *pl* Gases expulsados en los eructos.

va·po·ri·za·ción [baporiθaθjón] *s/f* Acción y efecto de vaporizar(se).

va·po·ri·za·dor [baporiθaðór] *s/m* Aparato para vaporizar.

va·po·ri·zar [baporiθár] *v/tr,* REFL (-SE) Convertir(se) un líquido en vapor, como consecuencia del calor.
ORT Ante *e,* la *z* cambia en *c: Vaporicé.*

va·po·ro·so, -a [baporóso, -a] *adj* **1.** Que arroja de sí vapores o los produce. **2.** FIG Fino, transparente: *Tejido vaporoso.*

va·pu·lea·mien·to [bapuleamjéņto] *s/m* Acción y efecto de vapulear.

va·pu·le·ar [bapuleár] *v/tr,* REFL(-SE) Azotar.

va·pu·leo [bapuléo] *s/m* Vapuleamiento.

va·que·ría [bakería] *s/f* Lugar en el que hay vacas o se vende su leche.

va·que·ro, -a [bakéro, -a] **I.** *adj* Relativo a los pastores de ganado vacuno. **II. 1.** *s/m,f* Pastor(a) de ganado vacuno. **2.** AMÉR Persona que se cuida de la cría y explotación del ganado en el campo. **III.** *adj* y *s/m, pl* Pantalón de tela fuerte, tipo sport.

va·qui·lla [bakíʎa] *s/f* **1.** Ternera de año y medio a dos años. **2.** *pl* Toreo de reses jóvenes, realizado por aficionados.

va·ra [bára] *s/f* **1.** Vástago delgado y liso de un árbol, limpio de hojas. **2.** Bastón que es símbolo de autoridad en quien lo usa: *La vara de alcalde.* **3.** Medida de longitud y barra que la representa, equivalente a 835,9 milímetros. **4.** Cada uno de los palos delanteros de un carro, entre los cuales se engancha la caballería. **5.** Cada una de las barras que sostienen el palio. **6.** Tallo largo que sale del centro de algunas plantas y sostiene las flores. **7.** Pica que usa el torero.

va·ra·de·ro [baraðéro] *s/m* Lugar donde se varan las embarcaciones para resguardarlas, repararlas o limpiarlas.

va·ra·du·ra [baraðúra] *s/f* Acción y efecto de varar una embarcación.

va·ra·pa·lo [barapálo] *s/m* **1.** Disgusto o contratiempo que alguien recibe. **2.** Golpe dado con palo o vara o, *por ext,* de cualquier otro modo.

va·rar [barár] **I.** *v/intr* Encallar un barco al tocar su fondo en la roca o arena. **II.**

v/tr Poner una embarcación en seco para resguardarla.

va·re·ar [bareár] *v/tr* **1.** Derribar con los golpes de una vara los frutos de algunos árboles. **2.** Golpear una cosa con vara.

va·ria·bi·li·dad [barjaβiliðáð] *s/f* Cualidad de variable.

va·ria·ble [barjáβle] **I.** *adj* **1.** Que puede variar: *Opinión variable.* **2.** Inclinado o propenso a variar: *El niño es variable.* **II.** *s/f* MAT Magnitud que puede tomar diversos valores numéricos, según los casos.

va·ria·ción [barjaθjón] *s/f* Acción y efecto de variar.

va·ria·do, -a [barjáðo, -a] *adj* **1.** Se aplica a lo que no es siempre igual. **2.** Se dice de cada una de las cosas que son distintas entre sí: *Dulces variados.*

va·rian·te [barjáṇte] **I.** *adj* Variable. **II.** *s/f* **1.** Forma(s) distinta(s) de alguna cosa diferente(s) de la forma que se considera como principal: *Variantes de una canción.* **2.** Diferencia entre esas dos cosas.

va·riar [barjár] **I.** *v/intr* **1.** (Con *de/en*) Cambiar algo o alguien su forma, estado, etc.: *Le gusta variar de peinado.* **2.** Ser una cosa distinta de otra: *La comida de hoy varía de la de ayer.* **II.** *v/tr* Hacer que algo o alguien sea diferente de lo que era antes: *Variar el horario.* RPr **Variar de/en:** *Variar de color. Variar en los deseos.*
PRON El acento tónico recae sobre la *i* en el *sing* y *3.ª pers pl* del *pres* de *ind* y *subj: Varío, varíen...*

va·ri·ce·la [bariθéla] *s/f* PAT Enfermedad benigna caracterizada por una erupción de la piel semejante a la que produce la viruela.

va·ri·co·so, -a [barikóso, -a] *adj* y *s/m,f* Relativo a las varices.

va·rie·dad [barjeðáð] *s/f* **1.** Circunstancia de ser una cosa variada. **2.** Hecho de ser algunas cosas diferentes entre sí: *Variedad de tiendas.* **3.** Cada una de las diversas especies de algo: *Variedades de naranjas.* **4.** *pl* Espectáculo teatral con actuaciones de índole diversa: *Teatro de variedades.*

va·ri·lla [baríʎa] *s/f* **1.** Pieza larga y delgada. **2.** Cada una de las barras que forman el armazón de un abanico, un paraguas, un quitasol, etc. **3.** Cada hueso de los que forman la mandíbula.

va·ri·lla·je [bariʎáxe] *s/m* Conjunto de varillas de abanicos, paraguas, etc.

va·rio, -a [bárjo, -a] *adj* **1.** Variado. **2.** Diverso. **3.** *pl* Algunos: *Hay varios niños en la puerta.*

va·rio·pin·to, -a [barjopíṇto, -a] *adj* **1.** Que tiene diversidad de colores o de aspecto. **2.** FIG Variado.

va·ri·ta [baríta] *s/f* LOC **Varita mágica,** denominación del palo que habitualmente usan las hadas, los prestidigitadores, etc., para realizar sus prodigios.

va·riz [baríθ] *s/f* MED Dilatación permanente de una vena.
ORT *Pl: Varices.*

va·rón [barón] *s/m* Persona humana del sexo masculino.

va·ro·nil [baroníl] *adj* **1.** Relativo al varón: *Colonia varonil.* **2.** Valiente y fuerte.

va·sa·lla·je [basaʎáxe] *s/m* Vínculo de fidelidad de una persona respecto de su señor.

va·sa·llo, -a [basáʎo, -a] **I.** *adj* Que está sujeto a alguien con vínculo de vasallaje. **II.** *s/m,f* Súbdito de un soberano o de un gobierno supremo.

vas·co, (-a) [básko, (-a)] *adj* y *s/m,f* De las Vascongadas.

vas·cuen·ce [baskwéṇθe] *adj* y *s/m,f* La lengua de los vascos.

vas·cu·lar [baskulár] *adj* Relativo a los vasos del cuerpo animal, particularmente los de la sangre.

va·sec·to·mía [basektomía] *s/f* Corte o sección de los conductos portadores del líquido seminal en los machos o el hombre.

va·se·li·na [baselína] *s/f* Sustancia extraída del petróleo y utilizada en farmacia y perfumería.

va·si·ja [basíxa] *s/f* Recipiente portátil y manejable, destinado generalmente a usos domésticos.

va·so [báso] *s/m* **1.** Recipiente de vidrio u otro material, casi siempre de forma cilíndrica, que sirve para beber. **2.** Vasija. **3.** Escultura en forma de jarrón o ánfora. **4.** Conducto por donde circulan en el organismo los humores: *Vasos sanguíneos.*

vás·ta·go [bástaγo] *s/m* **1.** Nuevo brote en una planta. **2.** FIG Descendiente de una familia.

vas·te·dad [basteðáð] *s/f* Anchura.

vas·to, -a [básto, -a] *adj* Muy extenso.

va·te [báte] *s/m* **1.** Poeta. **2.** Adivino.

va·ti·ca·no, (-a) [batikáno, (-a)] **I.** *s/m* Corte o el gobierno papal. **II.** *adj* Relativo al Vaticano.

va·ti·ci·nar [batiθinár] *v/tr* Predecir algo que va a suceder.

va·ti·ci·nio [batiθínjo] *s/m* Acción y efecto de vaticinar.

va·tio [bátjo] *s/m* Unidad de potencia eléctrica, que equivale a un julio por segundo.

vau·de·vi·lle [boðeβíl] *s/m* GAL Zarzuela cómica escabrosa.

ve·cin·dad [beθin̪dáð] *s/f* **1.** Condición de ser vecino de un lugar o de otro. **2.** Conjunto de las personas que viven en un edificio o en una población.

ve·cin·da·rio [beθin̪dárjo] *s/m* Conjunto de los que habitan en un pueblo.

ve·ci·no, -a [beθíno, -a] **I.** *adj* y *s/m,f* **1.** Se dice de los habitantes de una población. **2.** Se aplica a cada persona o familia de las que viven en un edificio con varias viviendas. **3.** Se aplica, con relación a una persona o familia, a otra que vive en la misma población. **II.** *adj* **1.** Próximo. **2.** Parecido: *Suertes vecinas.*

vec·tor [bektór] *s/m* GEOM Representación geométrica dotada de longitud, dirección y sentido.

vec·to·rial [bektorjál] *adj* Relativo a los vectores.

ve·da [béða] *s/f* **1.** Acción de vedar. **2.** Prohibición (y época que dura) de pescar o cazar.

ve·da·do, (-a) [beðáðo, -a] *adj* y *s/m* Sitio cerrado por una orden o ley.

ve·dar [beðár] *v/tr* **1.** Prohibir. **2.** Impedir.

ve·de·tte [beðét(e)] *s/f* GAL La artista principal en espectáculos de revista.

ve·dis·mo [beðísmo] *s/m* Religión más primitiva de los indios.

ve·ga [béγa] *s/f* Terreno fértil, llano y bajo por donde suele discurrir un río.

ve·ge·ta·ción [bexetaθjón] *s/f* **1.** Acción y efecto de vegetar. **2.** Conjunto de plantas que crecen en un terreno o área determinados: *La vegetación africana.* **3.** Acción de brotar algo. **4.** *pl* MED Masas de tejido linfoide en la parte posterior de la nariz.

ve·ge·tal [bexetál] **I.** *adj* Relativo a las plantas. **II.** *adj* y *s/m* Organismo que crece y vive, es incapaz de sensibilidad y de funciones de relación y se nutre de materia inorgánica (plantas).

ve·ge·tar [bexetár] *v/intr* **1.** Nutrirse y crecer las plantas. **2.** Brotar las plantas en el tiempo oportuno del año. **3.** FIG Vivir alguien con vida meramente orgánica, sin preocupaciones de otro tipo, cuidándose sólo de lo necesario para vivir.

ve·ge·ta·ria·nis·mo [bexetarjanísmo] *s/m* Régimen alimenticio que consta exclusivamente de vegetales o sustancias de origen vegetal.

ve·ge·ta·ria·no, -a [bexetarjáno, -a] *adj* y *s/m,f* Relativo al vegetarianismo o que lo practica.

ve·ge·ta·ti·vo, -a [bexetatíβo, -a] *adj* **I.** Relativo a la vegetación o nutrición. **II.** Aplicado a 'vida', se refiere a funciones animales puramente orgánicas: *Vida vegetativa.*

ve·gue·ro [beγéro] *s/m* Cigarro puro hecho de una sola hoja de tabaco enrollada.

ve·he·men·cia [be(e)ménθja] *s/f* Condición de vehemente.

ve·he·men·te [be(e)mén̪te] *adj* Se dice de una persona que se mueve más por impulsos o pasión que por reflexión y a sus acciones, palabras, etc.

ve·hí·cu·lo [beíkulo] *s/m* **1.** Todo lo que se mueve en la tierra, el agua o el aire, y sirve para transportar personas o cosas de una parte a otra; así, los coches, barcos, aviones, etc. **2.** Lo que conduce o transmite fácilmente algo, sea el sonido, los gérmenes, etc.: *El turismo, vehículo de intercambio de ideas.*

vein·te [béin̪te] **I.** *adj* Dos veces diez. **II.** *s/m* Grupo de signos que representan el número veinte.

vein·te·a·vo, -a [beinteáβo, -a] *adj* Cada una de las veinte partes iguales de un todo.

vein·te·na [bein̪téna] *s/f* Conjunto de veinte unidades: *Una veintena de días.*

vein·ti·cin·co [bein̪tiθíŋko] **I.** *adj* Veinte más cinco. **II.** *s/m* Grupo de signos que representan el veinticinco.

vein·ti·cua·tro [bein̪tikwátro] **I.** *adj* Veinte más cuatro. **II.** *s/m* Conjunto de signos que representan el veinticuatro.

vein·ti·dós [bein̪tiðós] **I.** *adj* Veinte más dos. **II.** *s/m* Conjunto de signos que representan el veintidós.

vein·ti·nue·ve [bein̪tinwéβe] **I.** *adj* Veinte más nueve. **II.** *s/m* Grupo de signos que representan el veintinueve.

vein·ti·o·cho [beintiótʃo] **I.** *adj* Veinte y ocho. **II.** *s/m* Signos que lo representan.

vein·ti·séis [beintiséis] **I.** *adj* Veinte y seis. **II.** *s/m* Signos que lo representan.

vein·ti·sie·te [beintisjéte] **I.** Veinte y siete. **II.** *s/m* Signos que lo representan.

vein·ti·trés [beintitrés] **I.** *adj* Veinte y tres. **II.** *s/m* Signos que lo representan.

vein·tiún [bein̪tjún] *adj apóc* de veintiuno.

vein·tiu·no, (-a) [bein̪tjúno, (-a)] *adj* Veinte más uno.

ve·ja·ción [bexaθjón] *s/f* Acción de vejar.

ve·ja·men [bexámen] *s/m* Vejación.

ve·jar [bexár] *v/tr* Maltratar.

ve·ja·to·rio, -a [bexatórjo, -a] *adj* Se dice de lo que veja: *Trato vejatorio.*

ve·jes·to·rio, -a [bexestórjo, -a] *s/m desp* de *viejo, -a.*

ve·je·te [bexéte] *adj* y *s/m dim* de *viejo.* Tiene un carácter entre afectuoso y despectivo.

ve·jez [bexéθ] *s/f* **1.** Condición de viejo. **2.** Época en que una persona es vieja.

ve·ji·ga [bexíɣa] *s/f* Órgano membranoso a manera de bolsa; especialmente aquel en el que se va depositando la orina segregada por los riñones.

ve·la [béla] *s/f* **1.** Pieza de forma cilíndrica, hecha con cera, sebo, estearina o materia semejante, con un pabilo en su interior para que pueda encenderse y dar luz. **2.** Acción de velar. **3.** Tiempo durante el cual se vela o se trabaja por la noche. **4.** Guardia que hace el centinela. **5.** FIG *pl* Mocos que cuelgan de la nariz. **6.** Pieza de lona o lienzo fuerte, que se amarra a los palos de un barco para recibir la presión del viento y moverlo. LOC **En vela,** sin dormir: *Paso las noches enteras en vela.* ARG **Quedarse a dos velas,** no entender algo.

ve·la·da [beláða] *s/f* Reunión nocturna de varias personas para un entretenimiento, diversión, fiesta literaria, etc.

ve·la·do, (-a) [beláðo, (-a)] *adj* Oculto.

ve·la·dor [belaðór] *s/m* **1.** Mesa pequeña, con un solo pie central, dividido en su extremo inferior en tres o cuatro; suele ser redonda. **2.** Candelabro.

ve·la·je [beláxe] *s/m* Conjunto de velas de una embarcación.

ve·la·men [belámen] *s/m* Velaje.

ve·lar [belár] **I.** *v/intr* **1.** Estar despierto, durante el tiempo que se destina ordinariamente a dormir, con el fin de trabajar, estudiar, cuidar a un enfermo, etc. **2.** (Con *por, sobre*) Cuidar de algo atentamente: *Vela por su hija.* **II.** *v/tr,* REFL(-SE) **1.** Cubrir un objeto con un velo. **2.** Ocultar algo. **3.** Borrarse parcial o totalmente una placa fotográfica. **III.** *adj* Relativo al velo del paladar. RPr **Velar a/por/sobre:** *Velar a un muerto. Vela sobre sus bienes.*

ve·la·to·rio [belatórjo] *s/m* **1.** Acto de velar a un difunto. **2.** Grupo de personas que velan un cadáver.

ve·lei·dad [beleiðáð] *s/f* **1.** Cambio de propósito sin fundamento. **2.** Inconstancia en el pensar u obrar.

ve·lei·do·so, -a [beleiðóso, -a] *adj* Mudable, caprichoso.

ve·le·ro, (-a) [beléro, (-a)] **I.** *s/m* Buque de vela. **II.** *adj* Se aplica a la embarcación muy ligera o que navega mucho.

ve·le·ta [beléta] *s/f* **1.** Pieza metálica, en forma de flecha, que, al girar sobre un eje vertical, recibe el impulso del viento y señala su dirección. **2.** FIG *(Ser un...)* Persona inconstante: *Juan es un veleta.*

ve·lo [bélo] *s/m* **1.** Tela con que se cubre una cosa. **2.** Prenda hecha de tul, gasa, etc., con la que las mujeres se tapan la cara, el cuello y la cabeza, o adornan la mantilla o el sombrero. **3.** FIG Cualquier objeto ligero que oculta la vista de otro. **4.** Lo que oculta o disimula el conocimiento de algo.
Velo del paladar, especie de cortina muscular y membranosa que separa la boca de la faringe.

ve·lo·ci·dad [beloθiðáð] *s/f* **1.** Prontitud en el movimiento: *Velocidad de movimientos.* **2.** Relación entre el trabajo, el movimiento, etc., realizados, y el tiempo empleado en realizarlos. **3.** MEC Cada uno de los distintos grados de velocidad que puede imprimir el motor de un automóvil a las ruedas: *Motor de cinco velocidades.*

ve·lo·cí·me·tro [beloθímetro] *s/m* Aparato que en un vehículo señala la velocidad a que marcha.

ve·lo·cí·pe·do [beloθípedo] *s/m* Nombre que antiguamente daban a la bicicleta o a cualquier otro vehículo con una, dos o tres ruedas, movido con pedales.

ve·ló·dro·mo [belóðromo] *s/m* Lugar destinado para realizar carreras en bicicletas.

ve·lo·mo·tor [belomotór] *s/m* Motocicleta pequeña.

ve·lón [belón] *s/m* Lámpara metálica, alimentada con aceite común, compuesta de un vaso con varios mecheros y de un eje sobre el que éstos pueden girar.

ve·lo·rio [belórjo] *s/m* **1.** Reunión festiva celebrada en los pueblos con ocasión de algún trabajo doméstico. **2.** Ceremonia de tomar el velo una monja. **3.** Velatorio.

ve·loz [belóθ] *adj* Se dice de la persona o cosa que se mueve o actúa con rapidez.

ve·llo [béʎo] *s/m* **1.** Conjunto de pelos pequeños y blandos, en algunas partes del cuerpo humano, exceptuando la cabeza y la barba. **2.** Conjunto de pelillos de que están cubiertas las telas, las plantas u otra cosa.

ve·llo·ci·no [beʎoθíno] *s/m* Vellón, sobre todo el de Gedeón, de la Biblia, y el del vellocino de oro, de la mitología clásica.

ve·llón [beʎón] *s/m* **1.** Toda la lana de un carnero o una oveja, que se saca de una vez al esquilarlos. **2.** Aleación de cobre y plata, con la que antiguamente se labraba moneda.

ve·llo·si·dad [beʎosiðáð] *s/f* Vello.

ve·llo·so, -a [beʎóso, -a] *adj* Que tiene vello. RPr **Velloso de:** *Velloso de cuerpo.*

ve·llu·do, (-a) [beʎúðo, (-a)] *adj* Que tiene mucho pelo.

ve·na [béna] *s/f* **1.** Cualquiera de los dos vasos del cuerpo por los que vuelve al corazón la sangre que ha bañado los tejidos. **2.** MIN Filón de mineral. **3.** FIG Habilidad especial para algo: *Tiene vena de actor.* **4.** FIG Situación de ánimo que invade a alguien y le mueve a actuar de determinada forma: *Le ha dado la vena por cantar así.*

ve·na·blo [benáβlo] *s/m* Arma corta arrojadiza.

ve·na·do [benáðo] *s/m* Ciervo o cualquier otro animal de caza mayor, como el oso o el jabalí.

ve·nal [benál] *adj* **1.** Relativo a las venas. **2.** Que es capaz de obrar deshonestamente por dádivas.

ve·na·li·dad [benaliðáð] *s/f* Condición de venal.

ve·na·to·rio, -a [benatórjo, -a] *adj* Relativo a la caza.

ven·ce·de·ro, -a [ben̪θeðéro, -a] *adj* Se aplica a lo que vence en el plazo que se expresa.

ven·ce·dor, -ra [ben̪θeðór, -ra] *adj* y *s/m,f* Que vence.

ven·ce·jo [ben̪θéxo] *s/m* Pájaro insectívoro parecido a la golondrina.

ven·cer [ben̪θér] **I.** *v/tr* **1.** Imponerse alguien o algo a una persona o cosa: *Vencer al enemigo.* **2.** (Con *en*) Aventajar una persona o cosa a otra: *Vence a todos en agilidad.* **3.** Superar los estorbos. **II.** *v/tr,* REFL(-SE) Ladear o romper algo por su peso a una persona o cosa: *El peso venció su cuerpo.* **III.** *v/intr* Cumplirse cierto plazo: *Ayer venció el plazo para matricularse.* RPr **Vencer... en (I. 2)/a (I. 1).**
ORT La *c* cambia en *z* ante *o/a: Venzo.*

ven·ci·ble [ben̪θíβle] *adj* Que puede vencerse.

ven·ci·do, -a [ben̪θíðo, -a] **I.** *adj* y *s/m,f* Que ha sido derrotado o dominado. **II.** *adj* Referido a intereses o pagos, se aplica a lo que corresponde pagar o cobrar por haber pasado ya el período correspondiente: *Paga los intereses por trimestres vencidos.* LOC **Darse por vencido,** dejar de oponerse a algo al comprobar que es inútil resistir.

ven·ci·mien·to [ben̪θimjén̪to] *s/m* Acción y efecto de vencer.

ven·da [bén̪da] *s/f* Tira de lienzo o de gasa que sirve para cubrir una parte del cuerpo herida o para sujetar la cura aplicada.

ven·da·je [ben̪dáxe] *s/m* Conjunto de vendas y ligaduras que se ponen sobre una herida.

ven·dar [ben̪dár] *v/tr* Cubrir algo con una venda.

ven·da·val [ben̪daβál] *s/m* Viento fuerte y duro, en especial el que sopla del sur o sudoeste.

ven·de·dor, -ra [ben̪deðór, -ra] *adj* y *s/m,f* Que vende.

ven·der [ben̪dér] **I.** *v/tr* **1.** Dar una cosa a otro a cambio de dinero. **2.** Conseguir beneficio material por cosas o acciones que normalmente no son objeto de comercio: *Vender su imagen.* **3.** Traicionar a una persona. **II.** REFL(-SE) Actuar uno en contra de su conciencia para obtener un beneficio material. RPr **Vender a/en/por:** *Vender algo a/en/por 100 pesetas.*

ven·di·ble [ben̪díβle] *adj* Que puede ser vendido.

ven·di·mia [ben̪dímja] *s/f* Recolección de la uva y tiempo en que se realiza.

ven·di·mia·dor, -ra [ben̪dimjaðór, -ra] *s/m,f* Persona que vendimia.

ven·di·miar [ben̪dimjár] *v/tr* Recolectar la uva de las viñas.

ve·ne·no [benéno] *s/m* **1.** Sustancia que al introducirse en un organismo, aun en pequeñas dosis, le origina o la muerte o un trastorno grave. **2.** Se dice de cualquier cosa que sea perjudicial: *La droga es un veneno.* **3.** Todo sentimiento que altere la paz interior (ira, envidia, etc.).

ve·ne·no·so, -a [benenóso, -a] *adj* **1.** Que contiene veneno. **2.** FIG Se dice de las personas (o de sus palabras) con mala intención: *Frases venenosas.*

ve·ne·ra [benéra] *s/f* Concha de molusco que solían ponerse cosida a la esclavina los peregrinos que regresaban de Santiago de Compostela.

ve·ne·ra·ble [beneráβle] *adj* **1.** Digno de veneración. **2.** Se dice de las personas ancianas que tienen aspecto noble, y de las que, siendo jóvenes o ancianas, gozan de fama de virtuosas.

ve·ne·ra·ción [beneraθjón] *s/f* Acción y efecto de venerar.

ve·ne·rar [benerár] *v/tr* **1.** Sentir y manifestar respeto a una persona o cosa: *Venerar a un sabio.* **2.** Dar culto a Dios, a los santos o a las cosas sagradas.

ve·né·reo, -a [benéreo, -a] *adj* y *s/m,f* Se dice de la enfermedad que se contagia a través del contacto sexual.

ve·ne·ro [benéro] *s/m* **1.** Manantial de agua. **2.** Yacimiento de mineral.

ve·ne·zo·la·no, -a [beneθoláno, -a] *adj* y *s/m,f* De Venezuela.

ven·ga·dor, -ra [beŋgaðór, -ra] *adj* y *s/m,f* Que se venga.

ven·gan·za [beŋgánθa] *s/f* Acción y efecto de vengar(se).

ven·gar [beŋgár] *v/tr,* REFL(-SE) Perjudicar alguien a otro en respuesta a un perjuicio que éste le ha ocasionado. RPr **Vengarse de/en algo o alguien:** *Se vengó del hijo. Se venga en su mujer.*
ORT Ante *e* la *g* cambia en *gu: Vengue.*

ven·ga·ti·vo, -a [beŋgatíβo, -a] *adj* y *s/m,f* Propenso a vengar(se).

ve·nia [bénja] *s/f* Autorización para hacer una cosa.

ve·nial [benjál] *adj* Se aplica a una infracción o culpa leves.

ve·nia·li·dad [benjaliðáð] *s/f* Condición de venial.

ve·ni·da [beníða] *s/f* Acción de venir.

ve·ni·de·ro, -a [beniðéro, -a] **I.** *adj* Se dice de lo que va a suceder: *Los tiempos venideros.* **II.** *s/m, pl* Descendientes.

ve·nir [benír] **I.** *v/intr* **1.** Ir hacia el sitio donde se encuentra el que habla: *Di a los niños que vengan.* **2.** (Con *de*) Traer una cosa su origen o nacimiento de lo expresado: *Su nerviosismo viene de la falta de descanso.* **3.** Ocurrir algo: *Y luego le vino una desgracia.* **4.** Llegarle a alguien una idea, un sentimiento, etc.: *Me vienen al pensamiento nuestros juegos infantiles.* **5.** (Con *después*) Seguir una cosa a otra. **6.** Acomodarse bien o mal una cosa a otra cosa o a una persona: *Esa camisa te viene mal.* **7.** (Con *en*) Decidir una autoridad algo: *Este rectorado viene en decretar la celebración de elecciones.* **II.** REFL(-SE) **1.** Dejar un sitio para irse a otro: *Se han venido de su país.* **2.** Con expresiones de significado descendente, como *abajo, al suelo,* etc., derrumbarse una cosa material o figuradamente: *Se vino al suelo nuestra ilusión.* LOC **Que viene,** próximo futuro: *El mes que viene.* **¡Venga!,** invitación enfática a que alguien haga o diga algo inmediatamente. **Venir a+ser/decir,** etc., *1.* Equivaler: *Esto viene a ser un aviso.* *2.* Expresión cuyo significado consiste en enfatizar o atenuar, según los casos, el del verbo que sigue: *Este segundo hijo vino a llenar un hueco.* *3.* Acabar o terminar: *Vino a dar con su cuerpo en la cárcel.* **Venir bien/mal,** resultar algo bien/mal para cualquier fin: *Esta tarde me viene mal salir de paseo.* **Venir alguien a menos,** decaer una persona o cosa en su situación. RPr **Venir de/en/a/después.**
CONJ *Irreg: Vengo, vine, vendré, venido.*

ve·no·so, -a [benóso, -a] *adj* **1.** Relativo a la vena. **2.** Que tiene venas o las tiene perceptibles: *Mano venosa.*

ven·ta [bénta] *s/f* **1.** Acción y efecto de vender. **2.** Conjunto de cosas que se venden: *En Navidad la venta es abundante.* **3.** Establecimiento situado en los caminos o despoblados para el hospedaje de los viandantes. LOC **En venta,** expresión con que se designa que una determinada cosa está dispuesta para ser vendida.

ven·ta·da [bentáða] *s/f* Golpe de viento.

ven·ta·ja [bentáxa] *s/f* **1.** Circunstancia de ser una persona o cosa superior a otra en algún aspecto: *Juan tiene la ventaja de ser más alto que José.* **2.** Cualidad conveniente o excelente que posee alguna cosa para alguien o algo: *Este coche tiene la ventaja de que es fácil de aparcar.*

ven·ta·jis·ta [bentaxísta] *adj* y *s/m,f* Quien, sin escrúpulos, trata siempre de sacar ventaja en todo.

ven·ta·jo·so, -a [bentaxóso, -a] *adj* Se dice de lo que presenta ventajas.

ven·ta·na [bentána] *s/f* **1.** Abertura más o menos elevada sobre el suelo practicada en una pared para dar luz y ventilación al interior. **2.** Cualquier abertura de forma semejante. **3.** Armazón que cierra la abertura de la ventana. **4.** Orificio de la nariz.

ven·ta·na·je [bentanáxe] *s/m* Conjunto de ventanas de un edificio.

ven·ta·nal [bentanál] *s/m* Ventana grande.

ven·ta·ni·lla [bentaníʎa] *s/f* **1.** Abertura que hay en la pared o tabique de los despachos y oficinas para comunicarse con el público. **2.** Orificio de la nariz. **3.** En los automóviles, abertura tapada con cristales que se pueden subir o bajar.

ven·ta·no [bentáno] *s/m* Ventana pequeña.

ven·ta·rrón [bentarrón] *s/m* Viento muy fuerte.

ven·te·ar [benteár] **I.** *v/impers* Soplar el aire fuertemente. **II.** *v/tr* **1.** Olfatear los animales el viento para orientarse. **2.** Exponer una cosa al aire para que se seque o con cualquier otro fin. **3.** Hacer averiguaciones sobre alguna cosa.

ven·te·ro, -a [bentéro, -a] *s/m,f* Persona encargada de una venta.

ven·ti·la·ción [bentilaθjón] *s/f* **1.** Acción de ventilar(se). **2.** Corriente de aire que se forma al ventilarse una habitación.

ven·ti·la·dor [bentilaðór] *s/m* Instrumento que remueve el aire y produce sensación de frescor.

ven·ti·lar [beŋtilár] **I.** *v/tr,* REFL(-SE) **1.** Remover el aire de un aposento. **2.** Penetrar el aire en algún lugar. **3.** Exponer una cosa al aire, o agitarla en él para que se airee. **4.** Convertir en público un asunto privado: *No debes ventilar ese asunto.* **II.** *v/tr* Tratar o resolver un asunto con alguien.

ven·tis·ca [beŋtíska] *s/f* Borrasca de viento o de viento y nieve.

ven·tis·car [beŋtiskár] *v/impers* Nevar con viento fuerte.
ORT Ante *e* la *c* cambia en *qu: Ventisque.*

ven·tis·co [beŋtísko] *s/m* Ventisca.

ven·tis·que·ar [beŋtiskeár] *v/impers* Ventiscar.

ven·tis·que·ro [beŋtiskéro] *s/m* **1.** Lugar en los montes que está más expuesto a las ventiscas. **2.** Sitio, en las alturas de los montes, donde la nieve y el hielo duran mucho tiempo.

ven·to·le·ra [beŋtoléra] *s/f* Golpe de viento fuerte.

ven·to·sa [beŋtósa] *s/f* **1.** Órgano con el que algunos animales se adhieren a una superficie: *Las ventosas del pulpo.* **2.** Instrumento en forma de campana en un extremo, que al ser extraído el aire de su interior, queda sujeto a una superficie por presión.

ven·to·se·ar [beŋtoseár] *v/intr* Expulsar gases del intestino por el ano.

ven·to·si·dad [beŋtosiðáð] *s/f* Gases intestinales expulsados por el ano.

ven·to·so, -a [beŋtóso, -a] *adj* **1.** Se dice del tiempo o día en que hace viento. **2.** Flatulento.

ven·tral [beŋtrál] *adj* Relativo al vientre.

ven·trí·cu·lo [beŋtríkulo] *s/m* Cada una de las dos cavidades del corazón por donde circula la sangre tras haber pasado por las aurículas.

ven·trí·lo·cuo, -a [beŋtrílokwo, -a] *adj* y *s/m,f* Se dice de la persona que tiene el arte de dar a su voz distintas entonaciones y formas, de forma que parezca que procede de distintos sitios o personas.

ven·tri·lo·quia [beŋtrilókja] *s/f* Arte del ventrílocuo.

ven·tru·do, -a [beŋtrúðo, -a] *adj* Que tiene el vientre abultado.

ven·tu·ra [beŋtúra] *s/f* **1.** Estado de satisfacción de que goza una persona. **2.** Hecho que contribuye a la consecución de ese estado. **3.** Suerte, casualidad. LOC **A la ventura,** sin plan previsor: *Se fue de viaje a la ventura.* **Por ventura,** *1.* Quizá. *2.* Por buena suerte.

ven·tu·ro·so, -a [beŋturóso, -a] *adj* Afortunado.

ve·nus [bénus] **I.** *s/f* **1.** Nombre latino de la diosa del amor que los griegos llamaban Afrodita. **2.** Mujer muy hermosa. **II.** *s/m* Planeta distante del Sol una cuarta parte menos que la Tierra.

ver [bér] *v/tr* **1.** Percibir por los ojos las cosas materiales. **2.** Percibir con la inteligencia u otros sentidos: *No veo por qué debo ausentarme.* **3.** Observar detalladamente alguna cosa para conocerla bien. **4.** Entrevistarse con alguien para tratar un asunto: *Dile a tu padre que quiero verme con él.* **5.** Investigar algo: *Vamos a ver si está todo completo.* **6.** Sospechar o barruntar que va a sobrevenir alguna cosa desagradable: *Veo que me va a tocar fregar el suelo.* **7.** Tratar un tema o asunto: *Este curso veremos la Sintaxis.* **8.** TRIB Juzgar en una causa: *Se vio ya la causa.* LOC **A ver,** expresión enfática con significados varios: curiosidad, fórmula para llamar la atención: *A ver, dímelo.* **De buen ver,** se dice de la persona que es atractiva físicamente: *La joven está de buen ver.* **Dejar ver algo,** sugerirlo. **Estar por ver cierta cosa,** dudar de que algo que se dice sea tan seguro como alguien dice. **Habrá que ver,** frase que indica escepticismo: *Habrá que ver si llega a tiempo.* **¡Habráse visto...!,** expresión de sorpresa, disgusto, etc., por un hecho o un dicho de otra persona. **Hasta más ver,** fórmula de despedida. **No poder ver algo o a alguien,** rechazarlo: *Isabel no puede ver a su vecino.* **Verse negro,** tener dificultades en alguna cosa: *Te viste negro para arrancar el coche.* **Verse las caras,** enfrentarse.
CONJ *Irreg: Veo, vi, veré, visto.*

ve·ra [béra] *s/f* Orilla.

ve·ra·ci·dad [beraθiðáð] *s/f* Condición de veraz.

ve·ran·da [beráŋda] *s/f* Galería alrededor de una cosa.

ve·ra·ne·an·te [beraneáŋte] *s/m,f* Persona que veranea.

ve·ra·ne·ar [beraneár] *v/intr* Pasar las vacaciones de verano en cierto sitio.

ve·ra·neo [beranéo] *s/m* Acción de veranear.

ve·ra·nie·go, -a [beranjéγo, -a] *adj* Relativo al verano o propio de él.

ve·ra·no [beráno] *s/m* Estación más calurosa del año; en el hemisferio norte dura desde el 21 de junio hasta el 21 de septiembre, y en el hemisferio sur, desde el 21 de diciembre hasta el 21 de marzo.

ve·ras [béras] *s/f* Usado en la LOC **De veras,** *1.* De verdad: *Estoy preocupado de veras.* *2.* En serio: *Contéstame de veras.* *3.* Mucho: *Llegó cansado de veras.*

ve·raz [beráθ] *adj* Que dice la verdad habitualmente o que corresponde a la realidad.

ver·bal [berβál] *adj* **1.** Relativo al verbo. **2.** Relativo a las palabras: *Facilidad verbal.*

ver·ba·lis·mo [berβalísmo] *s/m* Predominio de las palabras sobre los conceptos en los razonamientos, la enseñanza, etc.

ver·be·na [berβéna] *s/f* Fiesta popular nocturna, generalmente al aire libre. **2.** Planta herbácea anual, de colores muy variados, tomada como planta sagrada por los antiguos celtas.

ver·be·ne·ro, -a [berβenéro, -a] *adj* Relativo a la verbena popular.

ver·bi·gra·cia o **ver·bi·gra·tia** [berβiγrá{θ t}ja] Voz que significa 'por ejemplo', y suele representarse por la abreviatura 'v. g.'

ver·bo [bérβo] *s/m* **1.** GRAM Categoría gramatical que significa proceso, estado o acción y expresa los accidentes de tiempo, número, persona y modo; hay muchas clases de verbos atendiendo a sus significados, formas, etc. **2.** Palabra.

ver·bo·rrea o **ver·bo·rra·gia** [berβorréa/berβorráxja] *s/f* Locuacidad exagerada.

ver·bo·si·dad [berβosiðáð] *s/f* Condición de verboso.

ver·dad [berðáð] *s/f* **1.** Conformidad de un concepto, idea, exposición, narración, etc., con su objeto: *No alteres la verdad.* **2.** Lo que se dice con fundamento: *Es verdad lo que me aconsejaste.* **3.** Conformidad de lo que se piensa o se siente con lo que se dice. **4.** Afirmación evidente: *La verdad es que hoy hace frío.* **5.** *pl* Lo que se dice a alguien, manifestándoselo directamente a él con claridad y crudeza, y que implica queja o cosas desfavorables: *Le dijo cuatro verdades.* **6.** Abstracción de lo que es verdadero: *El imperio de la verdad.* LOC **De verdad,** expresión para dar énfasis o para hacer más sólida una afirmación. **Faltar a la verdad,** mentir. **¿Verdad...?,** expresión que pretende obtener que el que escucha asienta a algo afirmado: *¿Verdad que tú no lo hiciste?*

ver·da·de·ro, -a [berðaðéro, -a] *adj* **1.** Que contiene verdad: *Un caso verdadero.* **2.** Sincero. **3.** Se dice de lo que no contiene exageración, hipocresía, etc.: *Es una verdadera investigación.*

ver·dal [berðál] *adj* Se dice de las frutas que son de color verde aun después de madurar, y de los árboles que las producen.

ver·de [bérðe] **I.** *adj* y *s/m,f* Color que en el espectro se halla entre el azul y el amarillo. **II.** *adj* **1.** Se aplica a los árboles y plantas que todavía conservan savia: *Árbol verde.* **2.** Se dice del fruto que no está maduro todavía. **3.** Se aplica a las cosas que están en sus comienzos, y a las personas que son primerizas en cualquier acción, estado, etc.: *Este jugador está verde.* **4.** Cosas, palabras, chistes, etc., escabrosos. **5.** Se dice de las personas que gustan de lo escabroso o manifiestan actitudes y deseos galantes impropios de su edad: *Viejo verde.* **III.** *s/m* **1.** Hierba del campo, especialmente la que se da como pienso al ganado. **2.** COL Billete de mil pesetas: *Un verde.* LOC **Poner verde a uno,** reprenderle agriamente.

ver·de·ar [berðeár] *v/intr* **1.** Manifestar una cosa el color verde que tiene: *Verdean los trigos.* **2.** Tender un color hacia el verde: *Esta fachada verdea.* **3.** Comenzar a cubrirse los árboles de hojas y tallos, o a brotar los sembrados.

ver·de·cer [berðeθér] *v/intr* Cubrirse de verde la tierra o los árboles.
CONJ *Irreg: Verdezco, verdecí, verdeceré, verdecido.* (Usado generalmente en *3.ª pers*).

ver·dín [berðín] *s/m* **1.** Primer color verde que tienen las plantas y las hierbas que aún no han madurado. **2.** Capa verde de plantas criptógamas que nacen en aguas estancadas o en lugares húmedos.

ver·dor [berðór] *s/m* Color verde vivo de los sembrados.

ver·do·so, -a [berðóso, -a] *adj* De color que tiende a verde.

ver·du·go [berðúγo] *s/m* **1.** Funcionario que ejecuta los tormentos y la pena de muerte dictaminados por la autoridad judicial. **2.** FIG Que trata cruelmente a los demás o perjudica a alguien.

ver·du·gón [berðuγón] *s/m* Huella que deja en el cuerpo el golpe del azote.

ver·du·gui·llo [berðuγíʎo] *s/m* Estoque fino.

ver·du·le·ría [berðulería] *s/f* Establecimiento donde se venden hortalizas y frutas.

ver·du·le·ro, (-a) [berðuléro, (-a)] **I.** *s/m,f* Persona que vende hortalizas y frutas. **II.** *s/f* Mujer desvergonzada y mal hablada.

ver·du·ra [berðúra] *s/f* Hortaliza, sobre todo la que se come verde.

ver·dus·co, -a [berðúsko, -a] *adj* De color verde oscuro, sucio o sin brillo.

ve·re·da [beréða] *s/f* Camino estrecho que se forma por el paulatino y continuo tránsito de personas y animales. LOC **Entrar en vereda,** *1.* Cumplir con la obligación. *2.* Llevar una vida ordenada.

ve·re·dic·to [bereðíkto] *s/m* **1.** Fallo que un juez o tribunal emite sobre un hecho que previamente le ha sido sometido a su dictamen. **2.** Juicio formado por alguien que tiene autoridad en la materia de que se trata.

ver·ga [bérγa] *s/f* **1.** Vara. **2.** Miembro genital de los mamíferos. **3.** MAR Percha labrada de forma tal que en ella se sujeta el grátil de una vela.

ver·ga·jo [berγáxo] *s/m* Verga del toro, que una vez seca y retorcida es utilizada como látigo.

ver·gel [berxél] *s/m* Huerto con variedad y abundancia de flores y frutos.

ver·gon·zan·te [berγonθánte] *adj* Que tiene o produce vergüenza.

ver·gon·zo·so, -a [berγonθóso, -a] *adj* **1.** Inclinado a sentir vergüenza: *Muchacha vergonzosa.* **2.** Se aplica a lo que causa vergüenza: *Una acción vergonzosa.*

ver·güen·za [berγwénθa] *s/f* **1.** Sentimiento de pérdida de la dignidad que alguien tiene por haber sufrido una humillación o por haber cometido alguna falta: *Sentir vergüenza.* **2.** Aprecio de la honra propia: *Si tuviera vergüenza, no habría hecho eso.* **3.** Persona, acción o cosa que produce un sentimiento de vergüenza. **4.** Timidez para hacer o decir algo: *Le da vergüenza hablar con los mayores.* **5.** *pl* Partes externas de los órganos sexuales en el hombre o mujer. LOC **Caerse la cara de vergüenza,** sentir mucha vergüenza. **Poca vergüenza,** *1.* Desvergüenza. *2.* Expresión con la que se insulta a una persona que no tiene dignidad.

ve·ri·cue·to [berikwéto] *s/m* Camino escarpado por el que es muy difícil andar.

ve·rí·di·co, -a [beríðiko, -a] *adj* Se aplica a lo que es verdadero o tiene mucha probabilidad de serlo.

ve·ri·fi·ca·ción [verifikaθjón] *s/f* Acción y efecto de verificar(se).

ve·ri·fi·ca·dor, -ra [berifikaðór, -ra] *adj* y *s/m,f* Que verifica.

ve·ri·fi·car [berifikár] **I.** *v/tr* **1.** Probar que algo que se tenía como dudoso es verdadero. **2.** Contrastar la verdad o exactitud de una cosa: *Verificar una afirmación.* **II.** *v/tr,* REFL(-SE) Realizar: *El acto se verificó en el ayuntamiento.* **III.** REFL(-SE) Resultar verdadero lo que se pronosticó: *Se verificaron nuestros deseos.*
ORT Ante *e* la *c* cambia en *qu: Verifiqué.*

ve·ris·mo [berísmo] *s/m* **1.** Condición de las cosas que representan algo con verdad. **2.** Teoría estética que sostiene que lo esencial en la obra de arte es la fidelidad a la realidad.

ver·ja [bérxa] *s/f* Enrejado de hierro que sirve de ventana, puerta, cerramiento, etc.

ver·mu(t) [bermú(t)] *s/m* Licor tomado como aperitivo, que se compone de vino blanco, ajenjo y otras sustancias amargas y tónicas.

ver·ná·cu·lo, -a [bernákulo, -a] *adj* Se dice de aquello que es propio de un país: *Lengua vernácula.*

ve·ró·ni·ca [berónika] *s/f* TAUROM Lance del toreo en el cual el lidiador espera la acometida del toro con la capa extendida con ambas manos delante de la res.

ve·ro·sí·mil [berosímil] *adj* Se dice de lo que no presenta ningún riesgo de falsedad.

ve·ro·si·mi·li·tud [berosimilitúð] *s/f* Calidad de verosímil.

ve·rra·co [berráko] *s/m* Cerdo macho usado para la procreación.

ve·rru·ga [berrúγa] *s/f* Excrecencia, generalmente redonda, que se forma en la piel.

ver·sa·do, -a [bersáðo, -a] *adj* Se aplica a la persona que tiene conocimientos y experiencia en algún tema. RPr **Versado en:** *Versado en griego.*

ver·sal [bersál] *adj* y *s/m,f* IMPR Se aplica a la letra mayúscula.

ver·sa·li·lla o **ver·sa·li·ta** [bersalí{ʎ/t}a] *adj* y *s/m,f* IMPR Se dice de la letra mayúscula de igual tamaño que la minúscula.

ver·sa·lles·co, -a [bersaʎésko, -a] *adj* Relativo a Versalles.

ver·sar [bersár] **I.** *v/intr* Tratar un libro, discurso, conversación, etc., de determinada materia: *La conferencia versará sobre el ahorro.* **II.** REFL(-SE) Hacerse alguien experimentado o entendido en un asunto. RPr **Versar sobre.**

ver·sá·til [bersátil] *adj* **1.** Se aplica a todo lo que puede volverse o doblarse fácilmente. **2.** Se dice de una persona que es propensa a cambiar de opiniones, deseos, proyectos, etc.

ver·sa·ti·li·dad [bersatiliðáð] *s/f* Condición de versátil.

ver·sí·cu·lo [bersíkulo] *s/m* Cada una de las pequeñas divisiones de los capítulos de algunos libros, especialmente de la Biblia y del Corán.

ver·si·fi·ca·ción [bersifikaθjón] *s/f* Acción de versificar.

ver·si·fi·car [bersifikár] *v/intr, tr* Componer versos.
ORT Ante *e* la *c* cambia en *qu: Versifique.*

ver·sión [bersjón] *s/f* **1.** Acción de traducir un texto. **2.** Cada una de las maneras de presentarse la interpretación o la descripción de algo realizada por distintas personas, autores, grupos, etc.: *Fueron varias las versiones del accidente.*

ver·so, (-a) [bérso, (-a)] **I.** *s/m* **1.** Conjunto de palabras que se componen y ordenan ajustándose a ciertas reglas de medida y cadencia: *El cuarteto tiene cuatro versos.* **2.** Por contraposición a prosa, género literario de las obras que se componen en verso: *El verso es más emotivo que la prosa.* **3.** Composición hecha en verso. **II.** *adj* y *s/m* Se aplica a un folio vuelto.

vér·te·bra [bérteβra] *s/f* Cada uno de los huesos articulados entre sí que constituyen el espinazo o columna vertebral de mamíferos, aves, reptiles y peces.

ver·te·bra·do, (-a) [berteβráðo, (-a)] **I.** *adj* y *s/m,f* Se dice de los animales que tienen vértebras. **II.** *s/m, pl* Tipo de animales que tienen vértebras.

ver·te·bral [berteβrál] *adj* Relativo a las vértebras o compuesto de ellas.

ver·te·de·ra [berteðéra] *s/f* Pieza que sirve para volver la tierra levantada por el arado.

ver·te·de·ro [berteðéro] *s/m* **1.** Lugar a donde o por donde se vierte algo. **2.** Sitio en el que se depositan escombros o basuras.

ver·ter [bertér] **I.** *v/tr* **1.** Traducir. **2.** Decir o emitir ideas o símbolos con algún fin determinado: *Vertió conceptos discutibles.* **II.** *v/tr,* REFL(-SE) **1.** Vaciar el líquido de un recipiente en otro. **2.** Derramar un líquido o una cosa menuda fuera del recipiente en que está. **III.** *v/intr* Fluir un líquido por una pendiente. RPr **Verter en/a/sobre/de:** *Verter el agua en el cubo. Verter al inglés. Verter líquido sobre la alfombra. Verter aceite de la botella.*
CONJ *Irreg: Vierto, vertí, verteré, vertido.*

ver·ti·cal [bertikál] **I.** *adj* y *s/m,f* GEOM Designa la recta o el plano perpendicular al horizonte. **II.** *s/f* Posición vertical.

ver·ti·ca·li·dad [bertikaliðáð] *s/f* Calidad de vertical.

vér·ti·ce [bértiθe] *s/m* GEOM Punto en el que concurren los dos lados de un ángulo o las caras de un poliedro, o en el que una curva es cortada por su eje.

ver·tien·te [bertjénte] *s/f* **1.** Parte de la ladera de una montaña. **2.** Cada lado de un tejado por donde vierte el agua hacia abajo.

ver·ti·gi·no·si·dad [bertixinosiðáð] *s/f* Condición de vertiginoso.

ver·ti·gi·no·so, -a [bertixinóso, -a] *adj* **1.** Se aplica a lo relativo al vértigo. **2.** Muy veloz.

vér·ti·go [bértiγo] *s/m* **1.** Mareo o sensación de pérdida del equilibrio de rotación de la persona o cosas que le rodean, debido a las alturas, al balanceo, a dar vueltas, etc. **2.** Gran intensidad de una actividad desarrollada por alguien: *El vértigo de las reuniones.* **3.** FIG Mareo debido a una fuerte impresión.

ve·sa·nia [besánja] *s/f* **1.** Locura rabiosa. **2.** Ira intensa.

ve·sá·ni·co, -a [besániko, -a] *adj* y *s/m,f* Relativo a la vesania.

ve·si·cal [besikál] *adj* Relativo a la vejiga de la orina.

ve·si·can·te [besikánte] **I.** *adj* Se dice de lo que produce ampollas en la piel. **II.** *adj* y *s/m,f* Medicamento que causa tal efecto.

ve·sí·cu·la [besíkula] *s/f* Vejiga pequeña.

ve·si·cu·lar [besikulár] *adj* De forma de vesícula o relativo a ella.

ves·per·ti·no, -a [bespertíno, -a] *adj* Relativo a la tarde o al atardecer.

ves·tal [bestál] *adj* y *s/f* Doncella romana consagrada al culto de la diosa Vesta.

ves·tí·bu·lo [bestíβulo] *s/m* Espacio de la casa o de otro edificio, que comunica la entrada con las habitaciones.

ves·ti·do, (-a) [bestíðo, (-a)] **I.** *s/m* **1.** Cualquier prenda con que se cubre el cuerpo. **2.** Pieza de vestir que se usa exteriormente, sobre todo si la llevan las mujeres. **II.** *adj* Se aplica a la persona o cosa que va cubierta con alguna pieza de tela o de otro material.

ves·ti·du·ra [bestiðúra] *s/f* (Frecuentemente en *pl*) Vestido. Aplicado en especial al vestido que se sobrepone al normal: *Vestiduras sacerdotales.*

ves·ti·gio [bestíxjo] *s/m* Señal que queda de cualquier cosa material o inmaterial.

ves·ti·men·ta [bestiménta] *s/f* Prenda, o conjuntos de prendas de vestir que usa alguien.

ves·tir [bestír] **I.** *v/tr* **1.** Cubrir el cuerpo con el vestido. **2.** Pagar a alguien los gastos que le origine el vestirse: *Vestir y dar de comer a alguien.* **3.** Confeccionarle a uno los vestidos. **4.** Cubrir una cosa con otra para adornarla, defenderla o disimularla: *Vistió su discurso con demasiados chistes.* **II.** *v/intr* Vestir de determinada manera: *La chaqueta viste más que el jersey.* LOC **De vestir,** (vestido) adecuado para ocasiones importantes. RPr **Vestir de/con:** *Vestir a alguien de blanco/con un abrigo.*
CONJ *Irreg: Visto, vestí, vestiré, vestido.*

ves·tua·rio [bestwárjo] *s/m* **1.** Conjunto de los vestidos de alguien, en especial de los artistas de teatro: *Su vestuario es variadísimo*. **2.** Lugar de los teatros en el que se cambian de ropa los artistas.

ve·ta [béta] *s/f* **1.** Franja de una materia que se distingue de la masa en la está intercalada, por su calidad, color, etc. **2.** Yacimiento de mineral.

ve·tar [betár] *v/tr* Poner veto a alguien o a algo: *Vetaron el acuerdo de la asamblea.*

ve·tea·do, -a [beteáðo, -a] *adj* Que tiene vetas.

ve·te·ar [beteár] *v/tr* Señalar vetas, imitando las que tiene realmente la madera o el mármol.

ve·te·ra·nía [beteranía] *s/f* Cualidad de veterano.

ve·te·ra·no, -a [beteráno, -a] **I.** *adj* y *s/m,f* Se dice de los soldados que llevan muchos años de servicio. **II.** *adj* Se dice de cualquier persona experimentada en una materia. RPr **Veterano en:** *Veterano en la guerra.*

ve·te·ri·na·ria [beterinárja] *s/f* Ciencia y práctica de la curación de animales.

ve·te·ri·na·rio, -a [beterinárjo, -a] *s/m,f* Persona autorizada para ejercer la veterinaria.

ve·to [béto] *s/m* Acción legal que ejerce o puede ejercer una persona o una colectividad para impedir una cosa.

ve·tus·tez [betustéð] *s/f* Condición de vetusto.

ve·tus·to, -a [betústo, -a] *adj* Muy viejo.

vez [béθ] *s/f* **1.** Cada acto o acontecimiento repetido de los que forman una serie: *Lo he visto tres veces.* **2.** Ocasión de hacer una cosa por orden, que corresponde a alguien: *Cuando llegue mi vez, hablaré.* **3.** Tiempo en que sucede una cosa: *Pocas veces protesta.* LOC **A la vez,** simultáneamente. **Cien veces,** muchas veces. **De una vez,** *1.* En un solo acto. *2.* Ininterrumpidamente. *3.* De improviso. *4.* Definitivamente. **De vez en cuando,** algunas veces.

vía [bía] *s/f* **1.** Lugar por donde pasa alguien o algo para ir de un sitio a otro. **2.** Ruta, itinerario: *Marchó a Roma vía Madrid.* **3.** Cada uno de los carriles, y espacio que queda entre ellos, por donde pasan los vehículos, particularmente el tren: *La vía del ferrocarril.* **4.** Uno de los varios conductos del cuerpo humano, por donde pasan los alimentos, el aire, la orina, etc.: *Vías respiratorias.* **5.** FIG Procedimiento o medio para obtener algo: *Siguió la vía burocrática.* LOC **En vías de,** casi: *En vías de solución.*

via·bi·li·dad [bijaβiliðáð] *s/f* Condición de viable.

via·ble [biáβle] *adj* **1.** Que puede vivir. **2.** Se aplica a un asunto que tiene posibilidad de ser realizado. **3.** Se dice de un camino por donde se puede transitar.

vía cru·cis [bjakrúθis] *s/m* **1.** Conjunto de catorce cuadros o cruces que conmemoran algunos pasajes de la Pasión de Jesucristo, así como el camino que dichas cruces señalan, los rezos que en él se hacen y el libro que contiene los rezos. **2.** FIG Sufrimiento prolongado.

via·duc·to [bjaðúkto] *s/m* Puente construido sobre una hondonada para el paso de un camino, carretera, ferrocarril, etc.

via·jan·te [bjaxánte] *s/m,f* Representante comercial que viaja para negociar ventas o compras.

via·jar [bjaxár] *v/intr* Hacer o realizar viajes trasladándose de un lugar a otro, a pie o en vehículo, avión, barco, etc.

via·je [bjáxe] *s/m* **1.** Acción de viajar. **2.** Recorrido que se hace de un lugar a otro: *Aquel viaje fue muy largo.* **3.** Carga que se transporta de una vez de un sitio a otro. **4.** ARG Duración del efecto de la droga en el organismo. LOC **¡Buen viaje!,** fórmula para despedir a uno que emprende viaje.

via·je·ro, -a [bjaxéro, -a] **I.** *adj* Que viaja. **II.** *s/m,f* Persona que realiza un viaje.

vian·da [bjánda] *s/f* Cualquier clase de alimento que se sirve a la mesa, sobre todo si es carne o pescado.

vian·dan·te [bjandánte] *s/m,f* Persona que va a pie por algún camino, calle, etc.

via·rio, -a [bjárjo, -a] *adj* Relativo a las vías o carreteras: *Red viaria.*

viá·ti·co [bjátiko] *s/m* Sacramento de la Eucaristía que se administra a los enfermos que están en peligro de muerte.

ví·bo·ra [bíβora] *s/f* **1.** Culebra venenosa pequeña, de cabeza triangular, con dos dientes huecos por los cuales vierte, cuando muerde, un líquido ponzoñoso. **2.** FIG Persona con características similares.

vi·bo·rez·no [biβoréθno] *s/m* Cría de la víbora.

vi·bra·ción [biβraθjón] *s/f* Acción y efecto de vibrar.

vi·bran·te [biβránte] *adj* **1.** Que vibra. **2.** Se dice de una arenga, entonación, voz, etc., entusiasta y enérgica.

vi·brar [biβrár] **I.** *v/tr* Agitar en el aire algún objeto elástico y darle un movimiento trémulo. **II.** *v/intr* **1.** Variar entre varios tonos un sonido o una voz. **2.** MEC Moverse rápidamente la totalidad de un cuerpo y sus partículas en relación con sus posiciones naturales de equilibrio.

vi·brá·til [biβrátil] *adj* Que es capaz de vibrar.

vi·bra·to·rio, -a [biβratórjo, -a] *adj* Se dice de las cosas que vibran y de tal movimiento.

vi·ca·ría [bikaría] *s/f* Cargo de vicario, así como su residencia y el territorio de su jurisdicción.

vi·ca·ria·to [bikarjáto] *s/m* Oficio, oficina, territorio y duración del cargo de vicario.

vi·ca·rio, (-a) [bikárjo, (-a)] **I.** *adj* y *s/m,f* Persona que sustituye a otra en su función, habitual o temporalmente. **II.** *s/m* Juez eclesiástico nombrado por un prelado para que ejerza la jurisdicción ordinaria sobre sus súbditos.

vi·ce- [biθe-] *Prefijo* que se une a la denominación de algún cargo, y designa que el oficio al que se refiere consiste en suplir a quien lo ostenta como titular: *Viceministro, vicecónsul,* etc.

vi·ce·al·mi·ran·te [biθealmirán̪te] *s/m* Oficial general de la Armada, inmediatamente inferior al almirante.

vi·ce·pre·si·den·te, -a [biθepresiðén̪te, -a] *s/m,f* Persona que está facultada para suplir al presidente.

vi·ce·ver·sa [viθeβérsa] *adv* Invirtiendo los términos de la afirmación hecha anteriormente: *Lo tuyo es mío y viceversa: lo mío es tuyo.*

vi·ciar [biθjár] *v/tr,* REFL(-SE) Corromper(se) las costumbres o una persona.

vi·cio [bíθjo] *s/m* **1.** Costumbre de hacer algo malo o de hacer mal algo. **2.** Mala posición, estado, etc., que adquiere un objeto a causa del tiempo durante el cual ha estado sometido a una posición, estado, etc.: *Las puntas de mis zapatos tienen ya el vicio de levantarse.* **3.** Placer malo o del que se hace mal uso: *El vicio de robar.*

vi·cio·so, -a [biθjóso, -a] *adj* Que tiene, sufre o produce cualquier vicio.

vi·ci·si·tud [biθisitúð] *s/f* **1.** Acontecimiento que origina un cambio repentino en el desarrollo de algo. **2.** Alternancia de hechos opuestos: *Las vicisitudes de la fortuna lo han hecho escéptico.*

víc·ti·ma [bíktima] *s/m* **1.** Persona o animal que se destina al sacrificio de los dioses. **2.** (Con *ser*) Persona, animal o cosa que resultan dañadas por algo: *La ciudad ha sido víctima de dos terremotos.*

vic·to·ria [biktórja] *s/f* Superioridad de cualquier clase que se obtiene sobre el adversario o el competidor.

vic·to·rio·so, -a [biktorjóso, -a] **I.** *adj* y *s/m,f* Se dice de quien ha obtenido la victoria. **II.** *adj* Se aplica a las acciones con las que se consigue la victoria.

vid [bíð] *s/f* Planta ampelídea, con tronco retorcido, cuyo fruto es la uva.

vi·da [bíða] *s/f* **1.** Actividad funcional de los seres orgánicos, por la cual se desarrollan, renuevan, reproducen, etc. **2.** Estado de tal actividad funcional de los seres orgánicos. **3.** Alimentos necesarios para vivir: *Se gana bien la vida.* **4.** Tiempo que transcurre entre el nacimiento y la muerte de un ser orgánico. **5.** Actividad de todo ser natural o social: *La vida de una asociación de vecinos.* **6.** Modo de vivir una persona en lo referente a la profesión, la familia, la economía, etc.: *¿Cómo te va la vida?* **7.** Duración de una cosa: *La vida de este templo.* **8.** Biografía de alguien. **9.** Cosa que produce mucho placer o es muy importante: *La playa es (la) vida para los niños.* **10.** Viveza o agilidad: *Ese cuadro tiene mucha vida.* **11.** Oficio de prostituta: *Ésa es una mujer de la vida.* LOC **Amargar la vida a uno,** hacerle sufrir. **Buena vida,** vida cómoda. **De por vida,** durante todo el tiempo de vida que le quede a uno: *Ya no andará bien de por vida.* **De toda la vida,** desde hace mucho tiempo. **En la/mi/tu/su... vida,** nunca. **Enterrarse en vida,** aislarse de las relaciones sociales. **(Estar) entre la vida y la muerte,** con pocas posibilidades de seguir viviendo. **Ganarse la vida,** trabajar para vivir. **Hacer la vida imposible a alguien,** angustiarlo de cualquier modo. **La gran vida,** una vida muy cómoda. **La otra vida,** la vida eterna. **Mala vida,** costumbres viciosas. **Partir de esta vida/Pasar a mejor vida,** morir. **Pasarse la vida haciendo algo,** hacerlo repetidas veces o durante mucho tiempo. **Quitar(se) la vida,** matar(se).

vi·den·te [biðén̪te] *s/m,f* Persona capaz de adivinar lo que va a suceder o lo que está oculto.

ví·deo [bíðeo] *s/m* **1.** Aparato que puede grabar imágenes y sonidos y reproducirlos en un televisor. **2.** Se refiere también al sistema utilizado por ese aparato y al contenido de dicha cinta.

vi·do·rra [biðórra] *s/f* Vida muy agradable.

vi·dria·do, (-a) [biðrjáðo, (-a)] **I.** *p* de *vidriar.* **II.** *s/m* **1.** Acción y efecto de vidriar. **2.** Barro o loza con barniz vítreo.

vi·driar [biðrjár] **I.** *v/tr* Recubrir las piezas de barro o loza con un barniz que, después de cocido en el horno, las hace transparentes y lustrosas como el vidrio. **II.** REFL(-SE) Ponerse vidrioso un asunto.

vi·drie·ro, (-a) [biðrjéro, (-a)] **I.** *s/f* Bastidor con vidrios, que se emplea para cerrar puertas y ventanas. **II.** *s/m,f* Persona que labra el vidrio o lo coloca en ventanas, puertas, etc.

vi·drio [bíðrjo] *s/m* **1.** Material duro, frágil, transparente, formado por fusión y rápido enfriamiento de óxidos de sílice y otros. **2.** Cada pieza de este material, que se pone en puertas, ventanas, etc., para cerrarlas dejando pasar la luz.

vi·drio·si·dad [biðrjosiðáð] *s/f* Condición de vidrioso.

vi·drio·so, -a [biðrjóso, -a] *adj* **1.** Se dice de lo que se quiebra fácilmente como el vidrio. **2.** Se aplica a un piso resbaladizo. **3.** Se dice de una persona que se enfada sin motivo. **4.** Se aplica a un asunto que hay que tratar con mucho cuidado para no molestar a nadie. **5.** Se dice de los ojos que se cubren por una película líquida y parecen no mirar a un punto determinado.

vi·dual [biðwál] *adj* Relativo a la viudez.

viei·ra [bjéira] *s/f* **1.** Molusco comestible, común en los mares de Galicia. **2.** Concha de este molusco, utilizada como símbolo por los peregrinos de Santiago de Compostela.

vie·ja·les [bjexáles] *s/m,f* ARG Persona vieja.

viejo, (-a) [bjéxo, (-a)] **I.** *adj* **1.** Se dice de la persona, animal o cosa que tiene mucho tiempo de existencia y lo manifiesta en su aspecto. **2.** (Con *ser* o *estar*) Deslucido por el uso: *El vestido es/está viejo.* **3.** Antiguo: *Una ciudad vieja.* **II.** *s/m,f* **1.** Forma cariñosa de referirse a los padres o a los amigos: *Pasaré la Navidad con mis viejos.* **2.** Persona de avanzada edad. **3.** AMÉR Voz cariñosa aplicada a amigos, compañeros, etc.

vie·nés, -sa [bjenés, -sa] *adj* y *s/m,f,* De Viena.

vien·to [bjénto] *s/m* **1.** Corriente de aire producida en la atmósfera por causas naturales. **2.** Cuerda o alambre con que se atiranta una cosa para sujetarla y mantenerla en la posición conveniente. LOC **A los cuatro vientos,** por todas partes. **Como el viento,** rápidamente. **Contra viento y marea,** a pesar de las dificultades. **Correr malos vientos,** ser las circunstancias adversas. **(Ir a) tomar viento,** COL expresión para decir a alguien que se aleje de modo brusco: *¡Vete a tomar viento!*

vien·tre [bjéntre] *s/m* **1.** Cavidad del hombre o del animal en la que se encuentran el intestino y otras vísceras. **2.** Vísceras contenidas en dicha cavidad. **3.** Parte del cuerpo que, en el exterior y por delante, corresponde a esa cavidad. **4.** Parte central y abultada de cualquier cosa, *por ej,* de una vasija. LOC **Hacer de vientre,** expulsar por el ano los excrementos del intestino.

vier·nes [bjérnes] *s/m* Sexto día de la semana, entre el jueves y el sábado.

vier·te·a·guas [bjerteáγwas] *s/m* Resalto de cualquier material impermeable, con una superficie convenientemente inclinada para que escurra el agua de lluvia.

viet·na·mi·ta [bjetnamíta] *adj* y *s/m,f* Relativo al Vietnam.

vi·ga [bíγa] *s/m* **1.** Madero largo y grueso; en especial los que se usan en el techo de una construcción. **2.** Hierro en forma de doble 'T', o pieza similar de hormigón armado, que se emplea en la construcción.

vi·gen·cia [bixénθja] *s/f* Calidad de vigente.

vi·gen·te [bixénte] *adj* Se dice de costumbres, modas, ideas, leyes, etc., que se usan, son válidas o están en vigor.

vi·ge·si·mal [bixesimál] *adj* Se dice de lo que se hace subdividiendo de veinte en veinte.

vi·gé·si·mo, -a [bixésimo, -a] **I.** *adj* Número ordinal que sigue al decimonono, y sirve de base para formar los ordinales intermedios entre el veinte y el treinta. **II.** *adj* y *s/m,f* Se dice de cada una de las veinte partes iguales en que se divide una cosa.

vi·gía [bixía] **I.** *s/f* Torre construida en sitio alto para poder ver a lo lejos y prevenir cualquier peligro. **II.** *s/m,f* Persona dedicada a vigilar para ver si se acercan enemigos o algún otro peligro, en especial desde una torre: *El vigía dio la alarma.*

vi·gi·lan·cia [bixilánθja] *s/f* **1.** Acción y efecto de vigilar. **2.** Servicio organizado para vigilar.

vi·gi·lan·te [bixilánte] **I.** *adj* **1.** Se dice del que está en vela. **2.** Que tiene actitud de vigilar. **II.** *s/m,f* Persona encargada de vigilar algo: *El vigilante nocturno.*

vi·gi·lar [bixilár] *v/tr, intr* Atender con cuidado a una persona o cosa para impedir que haga o reciba algún daño o para controlar su actuación: *Vigilar a los niños en el recreo.* RPr **Vigilar por/sobre:** *Vigilar por su salud/sobre sus hijos.*

vi·gi·lia [bixílja] *s/f* **1.** Estado del que no está durmiendo. **2.** Falta de sueño o dificultad para dormirse. **3.** Tiempo que uno pasa sin dormir en horas habitualmente destinadas al sueño, sobre todo si es por razones de trabajo. **4.** Víspera, especialmente de una festividad religiosa: *Vigilia de Navidad.* **5.** Comida con abstinencia de carne, por mandato de la Iglesia Católica.

vi·gor [biγór] *s/m* **1.** Fortaleza de personas o animales para realizar o resistir esfuerzos, trabajos, etc. **2.** Lozanía de las plantas. **3.** Gran actividad de cualquier entidad social: *La empresa demuestra tener vigor.* **4.** Energía en la entonación o en la expresión del lenguaje: *Habla con vigor.* LOC **En vigor,** que tiene validez.

vi·go·ri·za·dor, -ra [biγoriθaðór, -ra] *adj* y *s/m,f* Que vigoriza.

vi·go·ri·zar [biγoriθár] *v/tr,* REFL (-SE) Proporcionar vigor.
ORT Ante *e* la *z* cambia en *c: Vigoricé.*

vi·go·ro·so, -a [biγoróso, -a] *adj* Se aplica al que tiene vigor.

vi·gue·ría [biγería] *s/f* Conjunto de vigas de una edificación.

vi·gue·ta [biγéta] *s/f* Viga pequeña.

vi·hue·la [biwéla] *s/f* Instrumento músico de cuerda, semejante a la guitarra, que se tocaba antiguamente.

vi·hue·lis·ta [biwelísta] *s/m,f* Persona que sabe tocar la vihuela.

vi·kin·go [bikíŋgo] *s/m* Nombre dado a los navegantes escandinavos que realizaron correrías por las islas del Atlántico y por casi toda Europa occidental entre los siglos VIII y XI.

vil [bíl] *adj* **1.** Se dice de la persona despreciable e indigna. **2.** Se aplica a las cosas poco estimables.

vi·le·za [biléθa] *s/f* **1.** Condición de vil. **2.** Dicho o hecho vil.

vi·li·pen·diar [bilipen̪djár] *v/tr* Tratar a alguien con desprecio.

vi·li·pen·dio [bilipén̪djo] *s/m* Acción de vilipendiar.

vi·li·pen·dio·so, -a [bilipen̪djóso, -a] *adj* Que causa o envuelve vilipendio.

vi·lo [bílo] LOC **En vilo.** *1.* Sin el apoyo necesario. *2.* Con inquietud y zozobra.

vi·lla [bíʎa] *s/f* **1.** Casa con jardín, situada por lo común fuera de una población. **2.** Población más grande que un pueblo.

vi·lla·die·go [biʎaðjéγo] LOC **Tomar las de Villadiego,** ausentarse de un lugar para huir de algún riesgo.

vi·llan·ci·co [biʎanθíko] *s/m* Composición poética popular y con estribillo, sobre todo las de asunto religioso o con tema de Navidad.

vi·lla·nía [biʎanía] *s/f* **1.** Condición de villano. **2.** Acción ruin.

vi·lla·no, -a [biʎáno, -a] **I.** *adj* Que comete villanías. **II.** *adj* y *s/m,f* Habitante perteneciente al estado llano, contrapuesto al noble y al hidalgo, que habitaba en una villa o aldea.

vi·llo·rrio [biʎórrjo] *s/m* Población pequeña que carece de las comodidades y los servicios propios de las ciudades.

vi·na·gre [bináγre] *s/m* Líquido ácido y astringente que resulta de la fermentación ácida del vino; se emplea como condimento, sobre todo en las ensaladas.

vi·na·gre·ra [binaγréra] *s/f* **1.** Recipiente destinado a contener el vinagre que se usa en las comidas. **2.** *f, pl* Utensilio para el servicio de mesa con recipientes para el aceite, el vinagre, la sal y la pimienta.

vi·na·gre·ta [binaγréta] *s/f* Salsa compuesta de aceite, vinagre, cebolla y perejil.

vi·na·je·ra [binaxéra] *s/f* **1.** Cada uno de los dos jarritos que se emplean en la misa para servir el agua y el vino. **2.** *pl* Conjunto formado por los dos jarritos y la bandeja en la que se colocan.

vi·na·te·ría [binatería] *s/f* **1.** Comercio con el vino. **2.** Tienda en que se vende el vino.

vi·na·te·ro, -a [binatéro, -a] **I.** *adj* Relativo al vino. **II.** *s/m,f* Persona aficionada al vino o que comercia con él.

vin·cu·la·ción [biŋkulaθjón] *s/f* Acción y efecto de vincular.

vin·cu·lar [biŋkulár] *v/tr* Enlazar una cosa con otra por medio de vínculos u obligaciones: *Se vincularon a la ciudad en que vivían.* RPr **Vincular(se) a. Vincular con.**

vín·cu·lo [bíŋkulo] *s/m* Algo que sujeta una cosa con otra: *Vínculos de sangre.*

vin·di·ca·ción [bin̪dikaθjón] *s/f* Acción y efecto de vindicar.

vin·di·car [bin̪dikár] *v/tr,* REFL(-SE) **1.** Vengar. **2.** Defender la buena fama de quien es injustamente atacado.
ORT Ante *e* la *c* cambia en *qu: Vindiqué.*

vin·di·ca·ti·vo, -a [bin̪dikatíβo, -a] *adj* **1.** Vengativo. **2.** Vindicatorio.

vin·di·ca·to·rio, -a [bin̪dikatórjo, -a] *adj* Que sirve para vindicar.

vi·ní·co·la [biníkola] *adj* Relativo a la elaboración del vino.

vi·ni·cul·tor, -ra [binikul̪tór, -ra] *s/m,f* Persona que se dedica a la vinicultura.

vi·ni·cul·tu·ra [binikul̪túra] *s/f* Elaboración de vinos.

vi·ni·fi·ca·ción [binifikaθjón] *s/f* Fermentación del mosto de la uva para su conversión en vino.

vi·no [bíno] *s/m* Licor alcohólico que se obtiene por la fermentación del zumo de las uvas.

vi·no·so, -a [binóso, -a] *adj* Se dice de lo que tiene alguna cualidad del vino.

vi·ña [bíɲa] *s/f* Terreno plantado de vides.

vi·ñe·do [biɲéðo] *s/m* Viña grande y extensa.

vi·ñe·ta [biɲéta] *s/f* **1.** Dibujo que se pone como adorno dentro del texto escrito, en libros o periódicos o a los lados. **2.** Emblema que un grupo o entidad social toma como distintivo para sus actividades.

vio·la [bjóla] **I.** *s/f* Instrumento músico, semejante al violín, pero algo más grande y de cuerdas más fuertes. **II.** *s/m,f* Persona que toca tal instrumento en una orquesta.

vio·lá·ceo, (-a) [bjoláθeo, (-a)] *adj* y *s/m,f* Violado.

vio·la·ción [bjolaθjón] *s/f* Acción y efecto de violar.

vio·la·do, -a [bjoláðo, -a] *adj* y *s/m,f* Se dice del color como el de la violeta.

vio·la·dor, -ra [bjolaðór, -ra] *adj* y *s/m,f* Persona que viola.

vio·lar [bjolár] *v/tr* **1.** Actuar contra algo que está mandado: *Violar la ley.* **2.** Violentar un hombre a una mujer para realizar con ella el acto sexual. **3.** Entrar por la fuerza o ilegalmente en un sitio, sobre todo los soldados de un país en otro.

vio·len·cia [bjolénθja] *s/f* **1.** Condición de violento. **2.** Acción violenta. **3.** Situación social, individual, política en la que se emplea la violencia con exclusividad o en exceso: *Un régimen de violencia.* **4.** Acción con que se humilla o daña a alguien: *Cometieron una violencia con él.*

vio·len·tar [bjolen̪tár] **I.** *v/tr* Hacer fuerza sobre personas, animales o cosas para vencer su resistencia a hacer algo o tomar una forma o posición. **II.** REFL(-SE) Obligarse alguien a hacer algo que no le gusta.

vio·len·to, -a [bjolén̪to, -a] *adj* **1.** Se aplica a todo lo que sucede o se hace con mucha intensidad o brusquedad: *Una caída violenta.* **2.** Se aplica a lo que se hace usando la fuerza: *Procedimientos violentos.* **3.** Se dice de la persona inclinada a encolerizarse. **4.** Se aplica a lo que uno hace con repugnancia: *Me resulta violento no aceptar su invitación.*

vio·le·ta [bjoléta] **I.** *s/f* **1.** Planta violácea de flores casi siempre de color morado y a veces blanco, y de olor suave. **2.** Flor de esta planta. **II.** *s/m* Color morado claro.

vio·le·te·ra [bjoletéra] *s/f* Mujer que vende ramitos de violetas por la calle.

vio·lín [bjolín] *s/m* **1.** Instrumento músico con cuatro cuerdas, que se toca con un arco. **2.** Violinista.

vio·li·nis·ta [bjolinísta] *s/m,f* Persona que toca el violín.

vio·lón [bjolón] *s/m* **1.** Instrumento músico de cuerda, de figura semejante al violín, pero de dimensiones mayores, que se toca con un arco y apoyado en el suelo. **2.** Persona que toca el violón.

vio·lon·ce·lis·ta o **vio·lon·che·lis·ta** [bjolonθelísta/-tʃelísta] *s/m,f* Persona que toca el violoncelo.

vio·lon·ce·lo o **vio·lon·che·lo** [bjolonθélo/-tʃélo] *s/m* **1.** Instrumento de cuerda, más grande que el violín y más pequeño que el violón, que se toca con un arco, apoyado en el suelo y estando sentado el ejecutante. **2.** Persona que toca el violoncelo.

vi·pe·ri·no, -a [biperíno, -a] *adj* Relativo a la víbora o con sus propiedades.

vi·ra·je [biráxe] *s/m* Acción y efecto de virar.

vi·rar [birár] *v/intr* **1.** Cambiar algo de dirección, sobre todo un vehículo cuando está en marcha. **2.** Variar de conducta, ideas, etc. RPr **Virar a/hacia:** *Viró a/hacia la derecha.*

vir·gen [bírxen] **I.** *adj* y *s/m,f* Persona, especialmente la mujer, que no ha realizado el acto sexual. **II.** *adj* **1.** Se dice de aquellas cosas que no han sido manipuladas en su integridad original: *Una cinta de vídeo virgen.* **2.** Se aplica a la tierra que no ha sido cultivada. **III.** *s/f* La madre de Jesucristo y la imagen que la representa.

vir·gi·nal [birxinál] *adj* **1.** Relativo a la virgen. **2.** Intacto.

vir·gi·ni·dad [birxiniðáð] *s/f* Condición de virgen.

vir·go [bírɣo] *s/m* **1.** ASTRON Sexta parte del Zodíaco, que el Sol recorre aparentemente en el último tercio del verano, y signo que lo representa. (Del 28 de agosto al 23 de septiembre). **2.** Virginidad. **3.** COL Himen.

vir·gue·ría [birɣería] *s/f* COL Cosa delicada, primorosa, bonita.

vír·gu·la [bírɣula] *s/f* **1.** Vara pequeña. **2.** Raya fina. **3.** Cualquier trazo no recto utilizado en la escritura, que se intercala entre las letras o se superpone a ellas (la coma, el acento, etc.).

vir·gu·li·lla [birɣulíʎa] *s/f* Vírgula.

ví·ri·co, -a [bíriko, -a] *adj* Relativo al virus.

vi·ril [biríl] *adj* **1.** Relativo al hombre adulto. **2.** Enérgico.

vi·ri·li·dad [biriliðáð] *s/f* **1.** Condición de viril. **2.** Edad adulta.

vi·ro·la [biróla] *s/f* Anillo ancho, metálico y plano, puesto en el extremo de ciertos objetos para protegerlos.

vi·ro·lo·gía [boroloxía] *s/f* Ciencia que estudia el comportamiento de los virus.

vi·rrei·na [birréina] *s/f* **1.** Mujer del virrey. **2.** Mujer que gobierna como virrey.

vi·rrei·na·to [birreináto] *s/m* Cargo de virrey, tiempo que dura y territorio que gobierna.

vi·rrey [birréi] *s/m* Que gobierna un territorio dependiente de un reino en nombre y con autoridad del rey.

vir·tual [birtwál] *adj* **1.** Que tiene capacidad para producir un efecto, aunque no lo produce en el momento presente: *Es el virtual presidente.* **2.** Implícito.

vir·tua·li·dad [birtwaliðáð] *s/f* Condición de virtual.

vir·tud [birtúð] *s/f* **1.** Eficacia de una cosa para producir un efecto, sobre todo si es benéfico: *La manzanilla tiene la virtud de ayudar a hacer la digestión.* **2.** Cualidad buena en las personas: *La virtud de la moderación.* LOC **En virtud de,** a consecuencia de.

vir·tuo·sis·mo [birtwosísmo] *s/m* Habilidad en un arte, especialmente la música.

vir·tuo·so, -a [birtwóso, -a] **I.** *adj* y *s/m,f* Se dice de la persona, vida, acción, etc., que tiene virtudes o se desarrolla según la virtud. **II.** *s/m,f* Se dice del artista, en especial del músico que ejecuta la técnica de su arte con gran habilidad y perfección: *Es un virtuoso del violín.*

vi·rue·la [birwéla] *s/f* **1.** Enfermedad contagiosa, con erupción de pústulas o granos que, al curarse, dejan un hoyo en la piel. **2.** Cada una de esas pústulas o granos.

vi·ru·lé [birulé] LOC **A la virulé,** en mal estado: *Ése tiene un ojo a la virulé.*

vi·ru·len·cia [biruléṇθja] *s/f* Condición de virulento.

vi·ru·len·to, -a [biruléṇto, -a] *adj* **1.** Relativo a un virus. **2.** FIG Se aplica a un estilo, dicho o hecho mordaz: *Un discurso virulento.*

vi·rus [bírus] *s/m* MED Germen de varias enfermedades, especialmente contagiosas, que se atribuye al desarrollo de microbios.

vi·ru·ta [birúta] *s/f* Lámina fina arrancada con el cepillo u otra herramienta, al labrar la madera o los metales.

vis [bís] LOC **Vis cómica,** habilidad que un actor tiene para hacer reír. **Vis-a-vis,** *1.* Frente a frente. *2.* En entrevista personal.

vi·sa [bísa] *s/m* AMÉR Visado.

vi·sa·do [bisáðo] *s/m* **1.** Acción de visar. **2.** Diligencia que se pone en un documento cuando lo visa la autoridad correspondiente.

vi·sa·je [bisáxe] *s/m* Expresión del rostro.

vi·sar [bisár] *v/tr* **1.** Examinar un documento, certificación, etc., poniendo en ellos el visto bueno o dándoles validez para un fin o un tiempo determinados. **2.** En las oficinas, comprobar un documento, registrarlo, realizar en él alguna operación oficial, etc.

vís·ce·ra [bísθera] *s/f* Órgano contenido en las cavidades pectoral y abdominal del cuerpo de los hombres y de los animales.

vis·ce·ral [bisθerál] *adj* **1.** Relativo a las vísceras. **2.** FIG Profundo e intenso: *Odio visceral.*

vis·co·sa [biskósa] *s/f* Sustancia procedente de la celulosa y muy usada en la fabricación de fibras textiles.

vis·co·si·dad [biskosiðáð] *s/f* **1.** Condición de viscoso. **2.** Materia viscosa. **3.** Grado de espesamiento, *por ej,* de la pintura. **4.** FÍS Propiedad de los fluidos que hace que sus moléculas se adhieran entre sí dificultando su movimiento.

vis·co·so, -a [biskóso, -a] *adj* Que tiene viscosidad.

vi·se·ra [biséra] *s/f* Ala pequeña que tienen en su parte delantera las gorras, o que se sujeta, sola, a la frente.

vi·si·bi·li·dad [bisiβiliðáð] *s/f* **1.** Condición de visible. **2.** Mayor o menor distancia a que pueden reconocerse o verse los objetos.

vi·si·ble [bisíβle] *adj* **1.** Que puede ser visto. **2.** Evidente.

vi·si·go·do, -a [bisiγóðo, -a] **I.** *adj* y *s/m,f* Se dice del individuo de una parte del pueblo godo, que fundó un reino en España. **II.** *s/m, pl* Ese pueblo mismo.

vi·si·gó·ti·co, -a [bisiγótiko, -a] *adj* Relativo a los visigodos.

vi·si·llo [bisíʎo] *s/m* Cortinilla que se coloca detrás de los cristales de una ventana para ocultar a la vista exterior lo que está en el interior.

vi·sión [bisjón] *s/f* **1.** Acción y efecto de ver. **2.** Aptitud para ver. **3.** Cosa que no tiene realidad, pero se le atribuye.

vi·sio·nar [bisjonár] *v/tr* Ver imágenes, aplicado a la televisión o al cine.

vi·sio·na·rio, -a [bisjonárjo, -a] *adj* y *s/m,f* Persona que toma cosas imposibles como si fueran reales.

vi·sir [bisír] *s/m* Ministro de un soberano musulmán.

vi·si·ta [bisíta] *s/f* **1.** Acción y efecto de visitar. **2.** Persona o grupo de personas que hacen una visita: *Llegaron ya las visitas.*

vi·si·ta·ción [bisitaθjón] *s/f* Visita.

vi·si·ta·dor, (-ra) [bisitaðór, (-ra)] **I.** *adj* y *s/m,f* Se dice de la persona que hace o es propensa a hacer visitas. **II.** *s/m* Juez u otro funcionario que tiene a su cargo hacer inspecciones o reconocimientos.

vi·si·tan·te [bisitánte] *adj* y *s/m,f* Persona que hace una visita a otra.

vi·si·tar [bisitár] *v/tr* **1.** Ir a ver a uno a su casa o a otro lugar por cualquier motivo: cortesía, trabajo, amistad, etc. **2.** Ir un médico a casa de un enfermo para asistirle. **3.** Examinar el médico a sus enfermos: *Visita los lunes.* **4.** Ir a la ciudad, museo, país, monumento, paraje natural, etc., para conocerlos.

vi·si·teo [bisitéo] *s/m* Acción de hacer o recibir muchas visitas.

vis·lum·brar [bislumbrár] *v/tr* **1.** Ver un objeto confusamente por falta de luz, por estar muy distante, o por cualquier otra causa. **2.** Conocer algo por conjeturas.

vis·lum·bre [bislúmbre] *s/m* **1.** Percepción muy ligera de una cosa. **2.** Tenue resplandor de una luz porque está lejos o porque es muy débil.

vi·so [bíso] *s/m* **1.** Onda de resplandor que producen algunas cosas heridas por la luz. **2.** Superficie de los objetos tersos que molestan a la vista con un brillo especial. **3.** (Con *tener*) Apariencia de las cosas: *Este proyecto tiene visos de ser muy útil.* **4.** Líneas muy poco perceptibles de un color que aparece de forma irregular sobre algo que es generalmente de otro color. **5.** Prenda de vestido que se coloca debajo de una tela clara para que no transparente.

vi·són [bisón] *s/m* Mamífero carnicero semejante a la marta, que vive en América del Norte y cuya piel es muy apreciada en peletería.

vi·sor [bisór] *s/m* En los aparatos fotográficos, dispositivo que sirve para enfocar el objeto cuya imagen se desea obtener.

vís·pe·ra [bíspera] *s/f* **1.** Día que precede inmediatamente a otro determinado, sobre todo si éste es festivo o en él se conmemora o celebra algo. **2.** Proximidad inmediatamente anterior a alguna cosa: *Están en vísperas de casarse.* **3.** *pl* Una de las horas del 'oficio divino'.

vis·ta [bísta] *s/f* **1.** Sentido corporal que permite ver las cosas externas. **2.** Acción y efecto de ver. **3.** Conjunto de ambos ojos: *Tiene bien la vista.* **4.** Espectáculo o panorama que se ve desde un lugar: *Desde aquí hay una buena vista de la ciudad.* **5.** Aspecto bueno o malo de las cosas: *Esta paella tiene una buena vista.* **6.** Capacidad que alguien puede tener para ver con claridad las cosas, situaciones, etc., especialmente para decidir si son o no convenientes: *El joven tuvo buena vista: se casó con la más rica.* **7.** TRIB Conjunto de actuaciones que caracterizan el desarrollo de un juicio. **8.** Vistazo. **9.** *m* Empleado de aduanas encargado de registrar las mercancías. LOC **A la vista,** *1.* Al parecer. *2.* Visible: *Todo está a la vista.* *3.* Evidente y claro: *Está a la vista que es tuerto.* *4.* Previsible: *No hay cambios a la vista.* *5.* En documentos bancarios, que se debe pagar sin demora una vez presentado. **A primera vista,** superficialmente. **A vista de pájaro,** desde lo alto, como los pájaros cuando vuelan. **Comerse algo o alguien con la vista,** fijarse en él intensamente. **Con vistas a,** con el propósito de. **Conocer a alguien de vista,** haberlo visto alguna vez pero sin haber hablado con él. **Echar la vista a algo,** proyectar, adquirirlo. **Echar una vista,** vigilar. **¡Hasta la vista!,** fórmula de despedida. **No perder/Sin perder de vista algo o a alguien,** *1.* No olvidarlo. *2.* Vigilarlo: *En la excursión no pierdas de vista a los niños.* **Perder de vista algo o a alguien,** *1.* No verlo con los ojos. *2.* No mantener el contacto o el trato con él. **Poner la vista en algo,** *1.* Verlo atentamente. *2.* Proyectar conseguirlo. **Saltar a la vista,** estar claro. **Tener vista alguien,** darse cuenta de lo que le interesa.

vis·ta·zo [bistáθo] *s/m* Mirada superficial o ligera.

vis·to, -a [bísto, -a] **I.** *p* de *ver.* **II.** *adj* **1.** Usado, pasado de moda (generalmente con *estar*). **2.** (Con *bien/mal*) Tenido por aceptable. **3.** TRIB Dictaminado: *Caso visto para sentencia.*
Visto bueno, fórmula usada para señalar que el documento examinado es correcto y conforme. (Abreviado en *V.º B.º*).

vis·to·si·dad [bistosiðáð] *s/f* Condición de vistoso.

vis·to·so, -a [bistóso, -a] *adj* Se aplica a lo que atrae mucho la atención por su brillantez, colorido, etc.

vi·sual [biswál] **I.** *adj* Relativo al sentido de la vista. **II.** *s/f* TOPOGR Línea recta imaginaria que se considera tirada desde el ojo del espectador hasta el objetivo visto.

vi·sua·li·zar [biswaliθár] *v/tr* **1.** Hacer visible artificialmente lo que no puede ser visto de otro modo. **2.** Representar mediante imágenes ópticas hechos de otra clase (fenómenos meteorológicos, situaciones económicas, etc.).
ORT Ante *e* la *z* cambia en *c*: *Visualice.*

vi·tal [bitál] *adj* **1.** Relativo a la vida. **2.** (Con *ser*) De gran importancia por la cosa de que se trata: *Para los niños es vital el cariño.* **3.** Que tiene vitalidad.

vi·ta·li·cio, (-a) [bitalíθjo, (-a)] **I.** *adj* Se dice de lo que dura o puede durar hasta el fin de la vida de una persona determinada y de la persona que tiene un cargo de ese tipo: *Renta vitalicia.* **II.** *adj* y *s/m* Póliza de seguro sobre la vida.

vi·ta·li·dad [bitaliðáð] *s/f* **1.** Condición de ser algo muy importante para determinada cosa. **2.** Impulso de que goza un organismo para desarrollarse plenamente.

vi·ta·lis·mo [bitalísmo] *s/m* Doctrina que explica los fenómenos orgánicos por la acción de las fuerzas vitales y no exclusivamente por la acción de las fuerzas físico-químicas.

vi·ta·lis·ta [bitalísta] *adj* y *s/m,f* Relativo al vitalismo.

vi·ta·mi·na [bitamína] *s/f* Nombre de diversas sustancias químicas y orgánicas que forman parte, en cantidades pequeñísimas, de la mayor parte de los alimentos y que son imprescindibles para el crecimiento y el equilibrio de las principales funciones vitales.

vi·ta·mi·na·do, -a [bitamináðo, -a] *adj* Con vitaminas.

vi·ta·mí·ni·co, -a [bitamíniko, -a] *adj* Relativo a las vitaminas.

vi·te·la [bitéla] *s/f* Piel de vaca o ternera, muy pulida, preparada para pintar o escribir en ella.

vi·te·li·na [bitelína] *adj* y *s/f* Se dice de la membrana que envuelve el óvulo humano y el de algunos animales.

vi·tí·co·la [bitíkola] *adj* Relativo al cultivo de la vid.

vi·ti·cul·tor, -ra [bitikul̪tór, -ra] *s/m,f* Persona dedicada a la viticultura.

vi·ti·cul·tu·ra [bitikul̪túra] *s/f* Arte y práctica del cultivo de la vid.

vi·ti·vi·ní·co·la [bitiβiníkola] *adj* Relativo a la vitivinicultura.

vi·ti·vi·ni·cul·tu·ra [bitiβinikul̪túra] *s/f* Arte y práctica del cultivo de la vid y de la elaboración del vino.

vi·to [bíto] *s/m* Baile andaluz muy vivo, música que lo acompaña y letra que se canta con él. LOC **Tener alguien el baile de San Vito,** moverse mucho o no estarse quieto.

vi·to·la [bitóla] *s/f* **1.** Cada uno de los diferentes modelos de cigarro puro según su longitud, grosor, etc. **2.** Banda de papel, en forma de anillo y con dibujos vistosos, que distinguen a los cigarros puros.

ví·tor [bítor] *s/m, pl* Aclamación.

vi·to·re·ar [bitoreár] *v/tr* Aplaudir con vítores.

vi·to·ria·no, -a [bitorjáno, -a] *adj* y *s/m,f* De Vitoria.

vi·tral [bitrál] *s/m* Vidriera de colores.

ví·treo, -a [bítreo, -a] *adj* **1.** Relativo al vidrio. **2.** Hecho de vidrio, que tiene sus propiedades o que se parece a dicho material. **3.** QUÍM No cristalizado.

vi·tri·fi·ca·ble [bitrifikáβle] *adj* Que puede ser vitrificado.

vi·tri·fi·ca·ción [bitrifikaθjón] *s/f* Acción y efecto de vitrificar.

vi·tri·fi·car [bitrifikár] *v/tr* **1.** Convertir una sustancia en vidrio. **2.** Hacer que una cosa adquiera el aspecto de vidrio. ORT Ante *e* la *c* cambia en *qu: Vitrifique.*

vi·tri·na [bitrína] *s/f* Armario de cristal o con las ventanas o cajas de ese material, que sirve para tener expuestos a la vista objetos de arte, colecciones científicas, artículos de comercio, etc.

vi·trio·lo [bitrjólo] *s/m* Nombre que reciben en química algunos sulfatos.

vi·tro [bítro] LOC **In vitro,** en el laboratorio.

vi·tua·lla [bitwáʎa] *s/f* Conjunto de cosas necesarias para la comida.

vi·tu·pe·ra·ble [bituperáβle] *adj* Que merece vituperio.

vi·tu·pe·ra·ción [bituperaθjón] *s/f* Acción y efecto de vituperar.

vi·tu·pe·rar [bituperár] *v/tr* Infamar a alguien.

vi·tu·pe·rio [bitupérjo] *s/m* **1.** Cosa que se dice a uno para vituperarlo. **2.** Hecho que origina una afrenta para alguien.

viu·de·dad [bjuðeðáð] *s/f* **1.** Estado de viudo o viuda. **2.** Pensión que se asigna a los viudos o viudas.

viu·dez [bjuðéθ] *s/f* Estado de viudo o viuda.

viu·do, (-a) [bjúðo, (-a)] *adj* y *s/m,f* Se dice de la persona a quien se le ha muerto el cónyuge y no se ha vuelto a casar.

vi·va [bíβa] *interj* Aclamación: *El pueblo recibió al rey con vivas.*

vi·vac [biβák] *s/m* Vivaque.

vi·va·ci·dad [biβaθiðáð] *s/f* Condición de vivaz.

vi·va·les [bibáles] *s/m* (*Ser un...*) Persona lista y espabilada que busca su propio provecho.

vi·va·que [biβáke] *s/m* MIL Campamento de un cuerpo militar.

vi·va·que·ar [biβakeár] *v/intr* MIL Pasar las tropas la noche al raso.

vi·var [biβár] **I.** *s/m* **1.** Madriguera donde crían algunos animales, especialmente los conejos. **2.** Criadero de peces. **II.** *v/tr* AMÉR Dar vivas.

vi·va·ra·cho, -a [biβarátʃo, -a] *adj* Se aplica a quien es vivo y alegre en sus movimientos, respuestas, reacciones, etc.

vi·vaz [biβáθ] *adj* **1.** De comprensión e ingenio rápidos. **2.** Enérgico.

vi·ven·cia [biβénθja] *s/f* Experiencia vital de la persona que contribuye a la formación de su personalidad.

ví·ve·res [bíβeres] *s/m, pl* Alimentos almacenados o suministrados a un individuo o a una colectividad.

vi·ve·ro [biβéro] *s/m* **1.** Lugar donde se plantan o se cuidan plantas para llevarlas, en el momento oportuno, al terreno al que se han de trasplantar. **2.** Sitio donde se mantienen o se crían, dentro del agua, peces, moluscos y otros animales.

vi·ve·za [biβéθa] *s/f* **1.** Celeridad en las acciones. **2.** Energía en la expresión de ideas y afectos. **3.** Agudeza de ingenio. **4.** Gracia especial que suelen tener los ojos en el modo de mirar o moverse.

ví·vi·do, -a [bíβiðo, -a] *adj* Se dice de una descripción, explicación, narración, etc., que transmiten una impresión real y clara de la cosa de que se trata.

vi·vi·dor, -ra [biβiðór, -ra] *adj* y *s/m,f* Se dice del individuo que se desenvuelve bien en la vida, sobre todo si sabe vivir a costa de los demás.

vi·vien·da [biβjéṇda] *s/f* Sitio en el que habitan personas o animales.

vi·vien·te [biβjéṇte] *adj* y *s/m,f* Que vive.

vi·vi·fi·can·te [biβifikáṇte] *adj* Que da vida o vivifica.

vi·vi·fi·car [biβifikár] *v/tr* **1.** Dar vida. **2.** Comunicar fuerzas, de cualquier clase. ORT Ante *e* la *c* cambia en *qu: Vivifique.*

vi·ví·pa·ro, -a [biβíparo, -a] *adj* y *s/m,f* ZOOL Se dice de los animales cuyo embrión se desarrolla dentro del cuerpo de la madre, y no dentro de un huevo, como sucede en los ovíparos.

vi·vir [biβír] **I.** *v/intr* **1.** Tener vida. **2.** Durar las cosas. **3.** Mantenerse en la vida: *Importa más vivir que ganar dinero.* **4.** Desenvolverse uno en la vida: *No sabe vivir.* **5.** Habitar en una ciudad, un país, etc.: *Antes vivíamos en París.* **6.** Tener determinada conducta: *Vivir honestamente.* **7.** Estar presente una cosa en el recuerdo de alguien: *Aquella visita vivió en él muchos años.* **II.** *v/tr* Experimentar determinados hechos. **III.** *s/m* Vida. LOC **De mal vivir,** que acostumbra a delinquir, tener vicios, etc.

vi·vi·sec·ción [biβise(k)θjón] *s/f* Disección de los animales vivos con fines científicos.

vi·vo, -a [bíβo, -a] **I.** *adj* y *s/m,f* Se dice de las personas que no han muerto. **II.** *adj* **1.** Que tiene vida: *Un ser vivo.* **2.** Que es actual o aún permanece: *Una herida viva.* **3.** Intenso: *Una discusión viva.* **4.** Ingenioso y despierto de inteligencia. **5.** Realista y fidedigno: *Un relato vivo de lo que pasó.* **6.** Ágil en sus movimientos. **7.** Irreflexivo o pronto en la respuesta. **8.** Se dice de los colores fuertes e intensos: *Me gusta el amarillo vivo.* LOC **A lo vivo/Al vivo,** con vehemencia.

viz·caí·no, -a [biθkaíno, -a] *adj* y *s/m,f* De Vizcaya.

viz·con·de [biθkóṇde] *s/m* Título nobiliario inmediatamente inferior al de conde.

viz·con·de·sa [biθkoṇdésa] *s/m* **1.** Mujer que ostenta el título de un vizcondado. **2.** Mujer del vizconde.

vo·ca·blo [bokáβlo] *s/m* Palabra.

vo·ca·bu·la·rio [bokaβulárjo] *s/m* **1.** Serie de palabras reunidas según un criterio alfabético o sistemático: *El vocabulario de la técnica.* **2.** Conjunto de las palabras de un idioma ordenado alfabéticamente.

vo·ca·ción [bokaθjón] *s/f* Afición que alguien siente en su interior hacia una profesión, actividad, estado de vida, etc.

vo·ca·cio·nal [bokaθjonál] *adj* Relativo a la vocación.

vo·cal [bokál] **I.** *adj* Relativo a la voz. **II.** *s/m,f* Miembro de un tribunal, consejo, junta directiva, etc., sin cargo especial en él: *Lo han elegido vocal de la asociación.* **III.** *s/f* Sonido que corresponde a cada una de las letras 'a', 'e', 'i', 'o', 'u' en español.

vo·cá·li·co, -a [bokáliko, -a] *adj* Relativo a las vocales.

vo·ca·lis·mo [bokalísmo] *s/m* Conjunto de vocales de una lengua.

vo·ca·lis·ta [bokalísta] *s/m,f* Artista que canta con acompañamiento de orquestina.

vo·ca·li·za·ción [bokaliθaθjón] *s/f* **1.** MÚS Acción y efecto de vocalizar. **2.** GRAM Transformación de una consonante en vocal.

vo·ca·li·zar [bokaliθár] *v/tr* Pronunciar las letras con claridad.
ORT Ante *e* la *z* cambia en *c*: *Vocalicé.*

vo·ca·ti·vo [bokatíβo] *s/m* GRAM Función sintáctica consistente en que la palabra que la ejerce se utiliza para llamar a la persona o cosa a quien se dirige el hablante.

vo·ce·ar [boθeár] **I.** *v/intr* Dar voces. **II.** *v/tr* Publicar a voces una cosa; *por ej,* los vendedores ambulantes la mercancía que llevan.

vo·ce·río [boθerío] *s/m* Griterío.

vo·ce·ro [boθéro] *s/m* El que habla en representación o por delegación de otro.

vo·ci·fe·rar [boθiferár] **I.** *v/intr* Dar grandes voces. **II.** *v/tr* Publicar una cosa jactándose de ella.

vo·cin·gle·ro, -a [boθiŋgléro, -a] *adj* y *s/m,f* Que da muchas voces y habla muy alto.

vod·ka [bóθka] *s/m* Especie de aguardiente de centeno, que se usa mucho en Rusia.

vo·la·da [boláða] *s/f* Vuelo que se realiza de una vez.

vo·la·di·zo, (-a) [bolaðíθo, (-a)] *adj* y *s/m* Elemento de la construcción que sobresale de la pared.

vo·la·do, -a [boláðo, -a] *adj* (Con *ser, estar*) COL Demente.

vo·la·dor, (-ra) [bolaðór, (-ra)] *adj* Que vuela.

vo·la·du·ra [bolaðúra] *s/f* Acción y efecto de hacer estallar con explosivos una cosa: *Voladura de un edificio.*

vo·lan·das [bolán̪das] LOC **En volandas,** *1.* Por el aire, sin tocar el suelo. *2.* En un instante.

vo·lan·de·ro, (-a) [bolan̪déro, (-a)] *adj* Se dice de lo que está suspendido en el aire y se mueve a su impulso.

vo·lan·te [bolán̪te] **I.** *adj* **1.** Que es capaz de volar. **2.** Que se mueve de un sitio a otro: *Tienda volante.* **II.** *s/m* **1.** En los coches, pieza redonda manejada por el conductor para orientar el movimiento de las ruedas. **2.** MEC Rueda de una máquina motora que sirve para regularizar su movimiento. **3.** Anillo provisto de dos topes, que detiene y deja libres, alternativamente, los dientes de la rueda de escape de un reloj. **4.** Hoja de papel en la que se hace una comunicación a alguien de manera oficial pero sencilla. **5.** Adorno que se pone en las prendas de vestir y en las de tapicería, y que consiste en una tira de tela fruncida.

vo·lan·tín [bolan̪tín] **I.** *adj* Que vuela. **II.** *s/m* Especie de cordel con uno o más anzuelos, que se utiliza para pescar.

vo·lar [bolár] **I.** *v/intr* **1.** Moverse algo o alguien o ser transportado por el aire. **2.** Ir por el aire una cosa arrojada con violencia. **3.** Ocurrir o hacer una cosa con gran rapidez: *Apenas se enteró, voló a decírselo.* **4.** Desaparecer algo de un sitio inesperadamente: *El pastel ha volado.* **II.** *v/tr* Hacer saltar por el aire, mediante explosión alguna cosa: *Volar un puente.*
CONJ *Irreg: Vuelo, volé, volaré, volado.*

vo·la·te·ría [bolatería] *s/f* **1.** Caza de aves que se hace con otras amaestradas con tal fin. **2.** Conjunto de aves de diversas clases.

vo·lá·til [bolátil] **I.** *adj* y *s/m,f* Que vuela o puede volar. **II.** *adj* **1.** Se dice de las cosas que se mueven por el aire. **2.** Inconstante. **3.** QUÍM Se aplica a los líquidos que se evaporan fácilmente.

vo·la·ti·li·dad [bolatiliðáð] *s/f* Condición de volátil.

vo·la·ti·li·za·ción [bolatiliθaθjón] *s/f* Acción y efecto de volatilizar.

vo·la·ti·li·zar [bolatiliθár] *v/tr,* REFL (-SE) Transformar(se) un cuerpo sólido o líquido en gaseoso.
ORTAnte *e* la *z* cambia en *c*: *Volatilicé.*

vo·la·tín [bolatín] *s/m* Acrobocia.

vo·la·ti·ne·ro, -a [bolatinéro, -a] *s/m,f* Persona que hace acrobacias.

vol·cán [bolkán] *s/m* Abertura en la tierra, generalmente en una montaña, por la que salen, de vez en cuando, humo, llamas y materias incandescentes o derretidas.

vol·cá·ni·co, -a [bolkániko, -a] *adj* **1.** Relativo al volcán. **2.** Muy ardiente.

vol·car [bolkár] **I.** *v/tr* Torcer una cosa de tal forma que pierde su posición habitual. **II.** *v/tr* Tumbarse un vehículo. **III.** REFL(-SE) (Con *en, con*) Poner una persona sumo interés y esfuerzo para conseguir algo, sobre todo si es en beneficio de otro: *Se vuelca con/en sus amigos.* RPr **Volcarse en/con.**
CONJ *Irreg: Vuelco, volqué, volcaré, volcado.*

vo·lea [boléa] *s/f* Golpe dado en el aire a una cosa antes de que toque el suelo; en especial, en un juego de pelota, darle a ésta antes de que bote. LOC **A volea,** dando una volea.

vo·leo [boléo] *s/m* **1.** Volea. **2.** Movimiento rápido de la danza española, consistente en levantar un pie de frente lo más alto posible.

vol·fra·mio o **wol·fra·mio** [{w/b}olfrámjo] *s/m* Cuerpo simple metálico, de color gris de acero, muy duro y difícilmente fusible.

vo·li·ción [boliθjón] *s/f* Acto de la voluntad.

vo·li·ti·vo, -a [bolitíβo, -a] *adj* Relativo a la voluntad.

vol·que·ar·se [bolkeárse] *v/*REFL(-SE) Revolcarse o dar vuelcos.

vol·que·te [bolkéte] *s/m* Vehículo automóvil con un cajón que se puede levantar de un extremo sobre su eje para vaciar la carga.

volt [bólt] *s/m* ELECTR Nombre del voltio en la nomenclatura internacional.

vol·ta·je [boltáxe] *s/m* Cantidad de voltios que lleva una corriente eléctrica.

vol·te·ar [bolteár] **I.** *v/intr* Dar vueltas una persona o cosa, cayendo o rodando, como, *por ej,* hacen los volatineros. **II.** *v/tr* Dar vueltas a una persona o cosa de forma que cambie o invierta por completo su posición: *Voltear una mesa/una campana.*

vol·teo [boltéo] *s/m* Acción y efecto de voltear.

vol·te·re·ta [bolteréta] *s/f* Vuelta ligera que una persona da en el aire apoyando las manos en el suelo.

vol·te·ria·no, -a [bolterjáno, -a] *adj* y *s/m,f* Se aplica a quien, como Voltaire, se burla de persona y cosas generalmente respetadas, y a los escritos y dichos que contienen tales críticas o burlas.

vol·tí·me·tro [boltímetro] *s/m* Aparato que mide potenciales eléctricos.

vol·tio [bóltjo] *s/m* ELECTR Unidad de potencial eléctrico y de fuerza electromotriz.

vo·lu·bi·li·dad [boluβiliðáð] *s/f* Condición de voluble.

vo·lu·ble [bolúβle] *adj* **1.** Que se puede enrollar fácilmente. **2.** Inconstante.

vo·lu·men [bolúmen] *s/m* **1.** Espacio ocupado por un cuerpo. **2.** Intensidad de la voz o de otros sonidos: *Aumentar el volumen del tocadiscos.* **3.** Cantidad de cosas referidas a un negocio, una actividad, etc.: *Controla un gran volumen de dinero.* **4.** Cuerpo material de un libro u obra escrita: *Esta obra la editó en dos volúmenes.*

vo·lu·mi·no·so, -a [boluminóso, -a] *adj* Que tiene mucho volumen.

vo·lun·tad [boluntáð] *s/f* **1.** Facultad que poseen los seres racionales de gobernar libre y conscientemente sus propios actos. **2.** Cada uno de los actos con los que un ser racional elige algo. **3.** Deseo de hacer una cosa: *Expresó su voluntad de dimitir.* **4.** Resolución para hacer alguna cosa. **5.** Orden o mandato: *Por voluntad del jefe.* **6.** Capacidad para decidir sin someterse a influencias extrañas, o para mantenerse en un esfuerzo: *La enfermedad no le hizo perder voluntad.* LOC **A voluntad de,** según se quiera o desee. **Buena/Mala voluntad,** intención favorable/desfavorable hacia una persona, objeto, actividad, entidad, etc. **Ganarse la voluntad de alguien,** influirle para que haga o diga una determinada cosa. **Tener mucha/poca voluntad,** tener mucha/poca decisión para imponerse esfuerzos a sí mismo. **Última voluntad,** la que se expresa a la hora de morir o en el testamento. **Voluntad férrea/de hierro/indomable,** la propia de una persona firme y enérgica.

vo·lun·ta·ria·do [boluntarjáðo] *s/m* Alistamiento voluntario para el servicio militar.

vo·lun·ta·rie·dad [boluntarjeðáð] *s/f* Condición de voluntario o voluntarioso.

vo·lun·ta·rio, (-a) [boluntárjo, (-a)] **I.** *adj* Se aplica a todo hecho o dicho que nace de la propia voluntad, y no por imposición ajena. **II.** *adj* y *s/m* Soldado que se ofrece a hacer el servicio militar antes de ser llamado. **III.** *s/m,f* Persona que, sin tener obligación, se presta a hacer un trabajo.

vo·lun·ta·rio·so, -a [boluntarjóso, -a] *adj* **1.** Que se empeña en hacer siempre sus caprichos. **2.** Que hace una cosa con voluntad y gusto.

vo·lup·tuo·si·dad [boluptwosiðáð] *s/f* Condición de voluptuoso.

vo·lup·tuo·so, -a [boluptwóso, -a] *adj* **1.** Se dice de lo que produce un placer intenso en los sentidos: *Imágenes voluptuosas.* **2.** Se aplica a la persona que disfruta de placeres sensuales intensos.

vo·lu·ta [bolúta] *s/f* **1.** Objeto en figura de espiral, sobre todo el adorno que se coloca en los capiteles de tipo jónico y compuesto. **2.** Curva ascendente que forma el humo del cigarro o cigarrillo.

vol·ver [bolβér] **I.** *v/tr* **1.** Variar la posición de algún objeto: *Volver la tortilla.* **2.** Hacer que cambie una cosa o persona de un estado o aspecto a otro: *Las drogas vuelven delincuentes a los que las toman.* **3.** Devolver, hacer retroceder algo: *El monte vuelve la voz.* **4.** (Con *a*) Poner nuevamente a una persona o cosa en el estado que antes tenía: *Volver la puerta a su posición recta.* **5.** Dar el vendedor al comprador el dinero que sobra después de haber pagado éste alguna cosa: *Volver el cambio de 1.000 pesetas.* **II.** *v/intr* **1.** Desviarse un camino, línea, etc. **2.** Reanudar el hilo de la historia o del discurso que se había interrumpido con alguna digresión. **3.** (Con *a+inf)* Repetir lo que antes se ha hecho: *No volverán a faltar a clase.* **4.** (Con *de*) Recorrer un camino en una dirección contraria a la recorrida antes: *Mañana volveré de Madrid.* **5.** (Con *en*) Recobrar el sentido el que lo perdió por síncope: *Tras dos horas, volvió en sí.* **III.** REFL(-SE) Inclinar el cuerpo o volver la cabeza hacia atrás para señalar que le quiere hablar: *Me volví a él.* LOC **Volverse atrás,** *1.* Retractarse de una afirmación, una promesa, etc.: *No te vuelvas atrás de tus testimonios. 2.* Andar

un camino en sentido contrario. RPr **Volver a/en/de.**
CONJ *Irreg: Vuelvo, volví, volveré, vuelto.*

vó·mer [bómer] *s/m* Huesecillo impar que forma la parte posterior del tabique de las fosas nasales.

vo·mi·tar [bomitár] *v/tr* **1.** Arrojar por la boca lo contenido en el estómago. **2.** Con *sangre* como complemento, echarla por la boca. **3.** FIG Echar una cosa de sí algo que lleva dentro.

vo·mi·ti·vo, -a [bomitíβo, -a] *adj* y *s/m,f* FARM Se dice del medicamento que produce vómitos.

vó·mi·to (bómito] *s/m* **1.** Acción de vomitar. **2.** Lo que se vomita.

vo·mi·to·na [bomitóna] *s/f* COL Vómito grande.

vo·ra·ci·dad [boraθiðáð] *s/f* Condición de voraz.

vo·rá·gi·ne [boráxine] *s/f* Remolino impetuoso que forman en algunos parajes las aguas del río, del mar, etc.

vo·raz [boráθ] *adj* **1.** Se dice de la persono o animal que come mucho y del hambre correspondiente que incita a comer mucho. **2.** FIG Se dice de algo que tiene un poder de destrucción rápida, sobre todo el fuego.
ORT *Pl: Voraces.*

vór·ti·ce [bórtiθe] *s/m* Movimiento fuerte en espiral del agua o del aire.

vos [bós] *pron* Tratamiento respetuoso usado antiguamente en vez de *usted;* en *Hispanoamérica,* en algunas regiones, *vos* se emplea en lugar de *tú.*

vo·se·ar [boseár] *v/tr* Dar a uno el tratamiento de *vos.*

vo·seo [boséo] *s/m* Acción de emplear *vos* en vez de *tú* como tratamiento.

vo·so·tros, -as [bosótros, -as] *pron pers* segunda persona del *pl.* Se refiere a los oyentes de cualquier mensaje lingüístico.

vo·ta·ción [botaθjón] *s/f* Acción y efecto de votar.

vo·tan·te [botánte] *adj* y *s/m,f* Que vota.

vo·tar [botár] *v/tr, intr* **1.** Dar uno su voto en una reunión o cuerpo deliberante o cuando es requerido a ello por la ley. **2.** Hacer promesas a Dios o a los santos.

vo·ti·vo, -a [botíβo, -a] *adj* Ofrecido como voto o relativo a él.

vo·to [bóto] *s/m* **1.** Promesa hecha a Dios, a la Virgen y a los santos. **2.** Cada una de las promesas de pobreza, castidad y obediencia que se hacen al ingresar en el estado religioso. **3.** Ofrenda que se dirige a Dios o a un santo como agradecimiento por un favor recibido. **4.** Opinión que uno emite por escrito u oralmente para decidir algo o elegir a alguien: *Los votos decidieron su suerte.* **5.** Ruego con que se pide a Dios una gracia. **6.** Juramento en demostración de ira. **7.** (Con *hacer votos por...*) Deseo de alguna cosa.

voz [bóθ] *s/f* **1.** Sonido producido por los hombres o los animales al salir el aire de los pulmones y hacer vibrar las cuerdas de la laringe: *La voz humana.* **2.** Sonido que forman algunas cosas inanimadas, heridas del viento o hiriendo en él. **3.** MÚS Sonido correspondiente a las notas y claves. **4.** Forma de expresarse una entidad o un grupo que no habla: *La voz de los antepasados.* **5.** Cada cantante de un conjunto musical: *El grupo cuenta con cinco voces.* **6.** MÚS Cada línea melódica de las que forman una composición polifónica: *Canto a dos voces.* **7.** Grito que se emplea para mostrar enfado o para llamar a alguien: *Dale una voz para que se asome.* **8.** Facultad de hablar, aunque no de votar, en una asamblea: *Con voz, pero sin voto.* **9.** Opinión. **10.** Palabra: *La voz 'boom' es inglesa.* **11.** GRAM Forma de conjugación que expresa si el sujeto del verbo es agente o paciente: *Voz activa.* LOC **A media voz,** con voz medianamente fuerte. **A voces,** gritando. **A voz en cuello/en grito,** dando fuertes voces. **Alzarle/Levantarle la voz a alguien,** hablarle con insolencia. **Correr la voz de algo,** divulgarse una cosa que se desconocía. **Dar una voz a alguien,** llamarle en voz alta desde lejos. **De viva voz,** oralmente. **Estar pidiendo a voces,** necesitar mucho: *Este coche está pidiendo a voces una reparación.* **Llevar alguien la voz cantante,** ser la persona que se impone en una situación, reunión, etc. **Voz de la conciencia,** remordimientos interiores.
ORT *Pl: Voces.*

vo·za·rrón, na [boθarrón, -na] *s/m,f* Voz muy fuerte.

vue·cen·cia [bweθénθja] *s/m,f* Tratamiento que se emplea en vez de 'vuestra excelencia', del que es contracción.

vue·la·plu·ma [bwelaplúma] En la LOC **A vuelapluma,** rápidamente y sin pararse a pensar mucho lo que se escribe.

vuel·co [bwélko] *s/m* **1.** Acción y efecto de volcar(se). **2.** FIG Movimiento con que una cosa se trastorna por completo.

vue·li·llo [bwelíʎo] *s/m* Adorno de encaje o de otro tejido ligero, que se pone en la bocamanga de algunos trajes oficiales.

vue·lo [bwélo] *s/m* **1.** Acción de volar. **2.** Distancia que se recorre volando. **3.** Amplitud o anchura de una prenda de vestir o de otra tela, desde el punto en que está fruncido. **4.** ARQ Elemento de construcción que forma saliente en el paramento. LOC **Al vuelo,** *1.* Estando volando. *2.* Con *cazarlas, pillarlas, cogerlas, pescarlas,* entender una cosa con muy pocas indicaciones. **Alzar/Emprender/Levantar el vuelo.** *1.* Echarse a volar. *2.* Irse de un sitio. *3.* Independizarse los hijos de los padres. **Dar vuelos a uno,** tratarlo de forma que se torne valiente e insolente. **Tomar vuelo una cosa,** ir aumentando, desarrollándose, tomando importancia, etc.

vuel·ta [bwél̪ta] *s/f* **1.** Movimiento de una cosa alrededor de un punto, o de sí misma, de forma que se coloque en la posición primitiva o en la posición opuesta a la primitiva: *La carretera da la vuelta a la ciudad.* **2.** Cambio que sucede en algo: *No sabemos cuántas vueltas puede dar la vida.* **3.** Cada una de las circunvoluciones de un objeto que se enrolla alrededor de otro o de sí mismo: *La cuerda da cinco vueltas.* **4.** Figura que forma una cosa alargada cuando sus extremos se juntan: *Una vuelta de longaniza.* **5.** Cada labor que se da a la tierra. **6.** Cada una de las series circulares de puntos con que se tejen las labores de punto, tales como calcetas, medias, etc. **7.** Acción de girar la llave en la cerradura. **8.** Curvatura en una línea, un camino, etc. **9.** Tela puesta como forro en la extremidad de las mangas o de otras prendas de vestir, de modo que al volverlas queda dicha tela a la vista. **10.** Acción de regresar: *La vuelta al trabajo.* **11.** Dinero sobrante que se devuelve al que paga una cosa: *No tengo para darte la vuelta.* **12.** Devolución de una cosa a quien la poseía antes. **13.** Parte posterior de una cosa, opuesta a la que uno tiene a la vista: *El cine se encuentra a la vuelta de este edificio.* **14.** En algunas ocasiones, cada una de las veces que alguien hace algo o que se repite por todos: *En la próxima vuelta tomaré más pan.* LOC **A la vuelta,** al regresar. **A la vuelta de,** transcurrido el tiempo que se expresa: *A la vuelta de dos años.* **A la vuelta de la esquina,** *1.* Muy cerca. *2.* En el lado de la esquina opuesto a aquel en que se encuentra el que habla. **A vuelta de correo,** contestar a una carta el mismo día en que se recibe. **Buscar las vueltas a alguien,** intentar sorprenderle en algún fallo para perjudicarle. **Cogerle las vueltas a una persona,** conocer su carácter y saber cómo tratarlo. **Dar cien/mil/demasiadas/muchas vueltas a algo,** pensar excesivamente en ello. **Dar cien/mil... vueltas a alguien,** ser de mayor valía que el otro. **Dar media vuelta,** irse. **Dar(se) una vuelta,** pasear. **Dar vueltas la cabeza,** estar mareado. **Estar de vuelta,** *1.* De regreso de un sitio. *2.* Ser escéptico. **¡Hasta la vuelta!,** fórmula de despedida. **No tener una cosa vuelta de hoja,** ser indiscutible. **Poner de vuelta y media a una persona,** reprenderle agriamente. **Vuelta de campana,** la que da el cuerpo u otra cosa en el aire.

vuel·to, -a [bwél̪to, -a] **I.** *p* de *volver.* **II.** *adj* **1.** Dirigido hacia un punto determinado: *Antes de irte, deja el cuadro vuelto hacia la ventana.* **2.** Que ha sufrido un cambio respecto a la posición habitual: *La cara vuelta.* **3.** Invertido.

vues·tro, -a, -os, -as [bwéstro, -a, -os, -as] *pron* y *adj posesivo* de 2.ª persona, correspondiente a *vos* y *vosotros.* El *f, sing* se emplea en tratamientos especiales: *Vuestra excelencia, señoría...* LOC **Lo vuestro,** lo más adecuado para las personas interesadas. **Los vuestros,** los parientes o los del mismo grupo, partido, etc.

vul·ca·nis·mo [bulkanísmo] *s/m* Teoría geológica según la cual la corteza terrestre se formó por el fuego interior.

vul·ca·ni·za·ción [bulkaniθaθjón] *s/f* Acción y efecto de vulcanizar.

vul·ca·ni·zar [bulkaniθár] *v/tr* Combinar azufre con la goma elástica para que ésta conserve su elasticidad, impermeabilidad y duración.
ORT Ante *e* la *z* cambia en *c: Vulcanicé.*

vul·ca·no·lo·gía [bulkanoloxía] *s/f* Ciencia que estudia los volcanes.

vul·ca·nó·lo·go, -a [bulkanóloɣo, -a] *s/m,f* Especialista y estudioso de los volcanes.

vul·gar [bulɣár] **I.** *adj* y *s/m,f* Relativo al vulgo. **II.** *adj* **1.** General, por oposición a técnico o especial. **2.** Ordinario, en cuanto es no-fino, no-culto o muy corriente: *Sus expresiones son vulgares.*

vul·ga·ri·dad [bulɣariðáð] *s/f* **1.** Condición de vulgar. **2.** Dicho o hecho conocidos por la mayoría de la gente: *No hizo sino decir vulgaridades.* **3.** Acción o expresión propia de personas poco cultas.

vul·ga·ris·mo [bulɣarísmo] *s/m* Palabra o frase usada especialmente por el vulgo, y no por personas cultas.

vul·ga·ri·za·ción [bulɣariθaθjón] *s/f* Acción y efecto de vulgarizar.

vul·ga·ri·zar [bulɣariθár] **I.** *v/tr, intr* Hacer vulgar una cosa. **II.** *v/tr* Exponer una materia propia de especialistas, de forma inteligible para toda la gente.
ORT Ante *e* la *z* cambia en *c: Vulgaricé.*

vul·go [búlɣo] *s/m* **1.** Grupo formado por la mayor parte de la gente, esto es, por las personas que por su riqueza, poder, cultura, etc., no pertenecen a ninguna minoría. **2.** Conjunto de personas no expertas en una materia.

vul·ne·ra·bi·li·dad [bulneraβiliðáð] *s/f* Condición de vulnerable.

vul·ne·ra·ble [bulneráβle] *adj* Se aplica a lo que puede ser herido, conmovido, afectado, etc., por algo: *Es muy vulnerable a la crítica.* RPr **Vulnerable a.**

vul·ne·ra·ción [bulneraθjón] *s/f* Acción y efecto de vulnerar.

vul·ne·rar [bulnerár] *v/tr* **1.** Producir a alguien alguna clase de perjuicio. **2.** Transgredir una ley.

vul·va [búlβa] *s/f* Abertura externa del órgano genital en las hembras.

w [úβe ðóβle] *s/f* **1.** Vigésima sexta letra del abecedario, llamada 'uve doble'. Propiamente no pertenece al alfabeto español, pues suele ser sustituida por la 'v' sencilla. Se emplea únicamente en voces de procedencia extranjera o sus derivados. **2.** Abreviatura del vatio.

wag·ne·ria·no, -a [{ꝩ}axnerjáno, -a] *adj* y *s/m,f* Relativo al músico alemán Ricardo Wagner (1813-1883), a sus obras y seguidores.

watt o **wat** [bát/wát] *s/m* Nombre del vatio en la nomenclatura internacional.

wá·ter [báter] *s/m* ANGL Lugar debidamente preparado para hacer las necesidades fisiológicas el hombre.

wa·ter·po·lo [baterpólo] *s/m* ANGL Deporte acuático que suele practicarse entre dos equipos de siete jugadores (seis de campo y un portero), y que consiste en introducir un balón en la portería contraria, impulsándolo con las manos. Se practica en el agua.

we·be·rio [weβérjo/beβérjo] *s/m* Unidad de flujo de inducción magnética en el sistema basado en el metro, el kilogramo, el segundo y el amperio.

week·end [wikén(d)] *s/m* ANGL Fin de semana.

whis·ky [gwíski] *s/m* ANGL Güisqui. Bebida alcohólica procedente de los granos de cebada germinados artificialmente. ORT También puede escribirse 'güisqui'.

wól·fram o **wol·fra·mio** [wólfram/wolfrámjo] *s/m* Volframio.

x [ékis] *s/f* **1.** Vigésima séptima letra del abecedario español y vigésima primera de sus consonantes. Se llama 'equis'. Equivale a 'ks': examen = eksamen. **2.** Signo que tiene el valor de diez en la numeración romana. **3.** Signo que representa una incógnita en los cálculos matemáticos. **4.** Escrita con mayúscula, signo con que se suple un nombre propio.

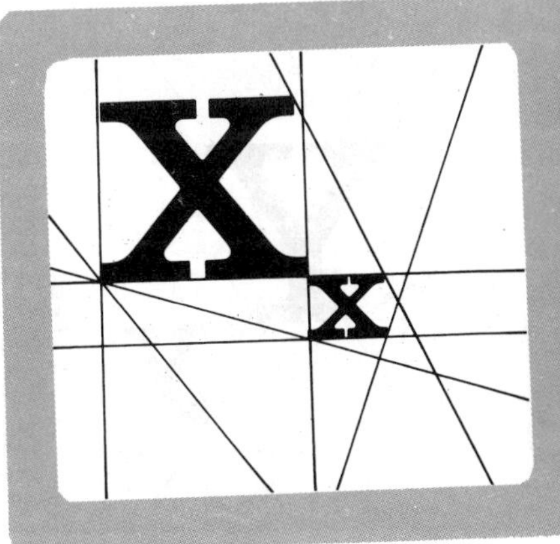

xe·no·fo·bia [senofóβja] *s/f* Odio hacia lo extranjero o hacia los extranjeros.

xe·nó·fo·bo, -a [senófoβo, -a] *adj* Que siente xenofobia.

xe·nón [senón] *s/m* Gas noble, incoloro e inodoro.

xe·ro·co·pia [serokópja] *s/f* Copia fotográfica obtenida por medio de la xerografía.

xe·ro·co·piar [serokopjár] *v/tr* Reproducir por xerografía.

xe·ró·fi·lo, -a [serófilo, -a] *adj* Se aplica a los seres que viven adaptados a países secos.

xe·ro·gra·fía [seroγrafía] *s/f* **1.** Sistema electrostático que se utiliza para imprimir en seco. **2.** Fotocopia obtenida por este procedimiento.

xe·ro·gra·fiar [seroγrafjár] *v/tr* Reproducir imágenes o textos por medio de la xerografía.
ORT, PRON El acento recae sobre la *i* en el *sing* y *3.ª pers pl* del *pres* de *indic* y *subj*: *Xerografío*, etc.

xi·ló·fa·go, -a [silófaγo, -a] *adj* y *s/m,f* ZOOL Se aplica a los insectos que roen la madera.

xi·ló·fo·no [silófono] *s/m* Instrumento musical de percusión formado por unas varillas de madera o metal de diferentes longitudes, que se golpean con dos macillos de madera.

xi·lo·fo·nis·ta [silofonísta] *s/m,f* Se aplica a la persona que toca el xilófono.

xi·lo·gra·fía [siloγrafía] *s/f* **1.** Arte de grabar en madera. **2.** Impresión tipográfica hecha con planchas de madera grabadas.

y [í ɣrjéɣa] **I.** *s/f* 'I griega' o 'ye'; vigésima octava letra del alfabeto español. **II.** *conj* **1.** *conj* copulativa. Se utiliza para unir una oración o una palabra con otra, excepto en aquellos casos en que la palabra que le sigue comienza ya por 'i', en cuyo caso la conjunción 'y' se sustituye por 'e': *Llegó el sábado y se fue el domingo. Juan e Ignacio son españoles.* **2.** Suele utilizarse con valor de adverbio interrogativo al principio de una oración nominal interrogativa: *¿Y tu padre?*

ya [ɟá] **I.** *adv* **1.** Indica que lo expresado por el verbo está realizado en el momento en que se habla o a que se hace referencia: *Ya le he llamado por teléfono.* **2.** Expresa afirmación o asentimiento: *—Hemos quedado a las cuatro. —Ya, pero...* **3.** En relación al tiempo, una ocasión futura: *Ya te llamaré.* **4.** Luego, inmediatamente: *Ya voy.* **II.** *conj* Con valor distributivo y antepuesto a cada uno de los dos términos de una alternativa, indica que ambos conducen a la misma consecuencia: *Ya fuera por uno, ya fuera por otro, nunca estuvo a mi lado.* **III.** LOC **Ya no/No ya,** no solamente. **Ya que,** expresión causal o consecutiva: *Ya que no puedes estudiar, ayúdame en el negocio.*

ya·cer [ɟaθér] *v/intr* **1.** Estar echado o tendido. **2.** Estar una persona muerta enterrada en un lugar: *Aquí yace el...* **3.** Estar o existir una cosa o una persona en cierto lugar. **4.** Acostarse, tener relaciones sexuales con alguien: *Nunca ha yacido con ella.*
CONJ *Irreg: Yazgo/yazco/yago, yací, yaceré, yacido.*

ya·ci·ja [ɟaθíxa] *s/f* **1.** Cama pobre o montón de paja sobre el que se está acostado. **2.** Hoyo para enterrar un cadáver.

ya·ci·mien·to [ɟaθimjé̩nto] *s/m* Lugar en que se halla una masa de mineral.

ya·guar [ɟaɣwár] *s/m* Jaguar.

yám·bi·co, -a [ɟámbiko, -a] *adj* Relativo al yambo.

yam·bo [ɟámbo] *s/m* Pie de la poesía griega y latina compuesto de una sílaba breve y otra larga.

yan·qui [ɟáŋki] *adj* y *s/m,f* Relativo a Estados Unidos.

yan·tar [ɟa̩ntár] **I.** *v/tr* Comer, especialmente al mediodía. **II.** *s/m* Comida, alimento.

yar·da [ɟárða] *s/f* Medida anglosajona de longitud que equivale a 91 cm.

ya·te [ɟáte] *s/m* Embarcación de recreo o deportiva, movida a vela o motor.

ya·yo, (-a) [ɟáJo, (-a)] *s/m,f* Abuelo, -a.

ye [ɟé] *s/f* Nombre de la letra *y*.

ye·dra [ɟéðra] *s/f* Hiedra.

ye·gua [ɟéɣwa] *s/f* Hembra del caballo.

ye·gua·da [ɟeɣwáða] *s/f* Rebaño de ganado caballar.

ye·güe·ro [ɟeɣwéro] *s/m* El que guarda o cuida las yeguas.

yeís·mo [ɟeísmo] *s/m* Pronunciación de la 'll' como 'y'.

yel·mo [ɟélmo] *s/m* Pieza de la armadura de los caballeros y hombres de armas medievales, que cubre la cabeza y el rostro.

ye·ma [ɟéma] *s/f* **1.** Brote aún sin desarrollar, en forma de botón escamoso, que aparece en el tallo de las plantas cuando todavía las hojas no se han abierto. **2.** Parte central amarilla del huevo de los animales. **3.** Parte del extremo de un dedo opuesta a la uña. **4.** Dulce de azúcar y yema de huevo.

ye·me·ní [ɟemení] *adj* y *s/m,f* Del Yemen.

yen [ɟén] *s/m* Unidad monetaria principal del Japón.

yer·ba [ɟérβa] *s/f* Hierba.

yer·ba·jo [ɟerβáxo] *s/m despect* de *yerba*.

yer·mo, -a [ɟérmo, -a] *adj* **1.** Deshabitado, despoblado. **2.** Inculto, estéril, baldío, bravo.

yer·no [ɟérno] *s/m* Marido de la hija, respecto de los padres de ésta.

ye·ro [ɟéro] *s/m* Planta herbácea con frutos en vaina, utilizada para alimento de los animales.

ye·rro [ɟérro] *s/m* Equivocación o falta que se comete por descuido, ignorancia o inadvertencia.

yer·to, -a [ɟérto, -a] *adj* Tieso, rígido, por efecto del frío, el miedo etc., o de la muerte.

ye·sar [ɟesár] *s/m* Cantera de yeso.

yes·ca [ɟéska] *s/f* Materia muy seca e inflamable.

ye·se·ría [ɟesería] *s/f* Fábrica de yeso.

ye·se·ro, (-a) [ɟeséro, (-a)] **I.** *adj* Perteneciente al yeso. **II.** *s/m* El que fabrica o vende yeso.

ye·so [ɟéso] *s/m* Sulfato de calcio hidratado, que, sometido a un proceso industrial de deshidratación y reducción a polvo, se utiliza en construcción.

ye·yu·no [ɟeJúno] *s/m* Parte del intestino delgado entre el duodeno y el íleon.

yo [ɟo] **I.** *pron, m,f, 1.ª pers sing* Funciona como sujeto o como sintagma nominal: *Yo ya no sé nada.* **II.** *s/m* Sujeto de la actividad sensorial y mental de cada individuo como ser libre y diferenciado de lo exterior a él. LOC **Yo que tú/usted,** etc., si yo estuviera en tu/su, etc., lugar.

yo·do [ɟóðo] *s/m* Elemento químico sólido que se emplea en disolución como desinfectante.

yo·ga [ɟóɣa] *s/m* Sistema filosófico y ascético indio y su técnica para lograr un dominio absoluto del cuerpo y del espíritu.

yo·gui [ɟóɣi] *s/m,f* Persona que practica los ejercicios físicos del yoga.

yo·gur [ɟoɣúr] *s/m* Producto lácteo obtenido de la fermentación de la leche.

yo·gur·te·ra [ɟoɣurtéra] *s/f* Máquina eléctrica que se utiliza para hacer yogures.

yó·quey o **yo·qui** [ɟók(e)i] *s/m* Jinete profesional de carreras de caballos.

yo·yó [ɟoJó] *s/m* Juguete de origen chino compuesto de dos pequeños discos unidos, que suben y bajan a lo largo de un cordón, mientras que éste va enrollándose entre ellos.

yu·ca [ɟúka] *s/f* Planta americana de las liláceas, de cuya raíz se extrae harina alimenticia.

yu·do [ɟúðo] *s/m* Sistema de lucha y defensa japonés, hoy también deporte.

yu·go [ɟúɣo] *s/m* **1.** Instrumento de madera al que se unen por el cuello o la cabeza las mulas o los bueyes que forman la yunta, y al que va sujeta la lanza del carro o el timón del arado. **2.** Armazón de madera de la que cuelga la campana. **3.** FIG Dominio, opresión que alguien ejerce sobre una persona, país, etc.

yu·go·es·la·vo, -a o **yu·gos·la·vo, -a** [ɟuɣo(e)sláβo, -a] *adj* y *s/m,f* De Yugoslavia.

yu·gu·lar [ɟuɣulár] **I.** *adj* y *s/f* Se dice de unas venas que se hallan a los lados del cuello. **II.** *v/tr* Cortar bruscamente el desarrollo de algo.

yun·que [ɟúŋke] *s/m* **1.** Pieza prismática de hierro sobre la que se forjan metales en la herrería. **2.** Hueso central de los tres que forman el oído medio.

yun·ta [ɟúnta] *s/f* Par de animales para acarrear o trabajar el campo.

yu·te [ɟúte] *s/m* **1.** Fibra textil obtenida de ciertas plantas de la familia del tilo. **2.** Tejido o hilado de esta materia.

yux·ta·po·ner [ɟu(k)staponér] *v/tr,* REFL(-SE) Poner una cosa junto a otra o poner dos cosas juntas.

yux·ta·po·si·ción [ɟu(k)staposiθjón] *s/f* Acción y efecto de yuxtaponer(se).

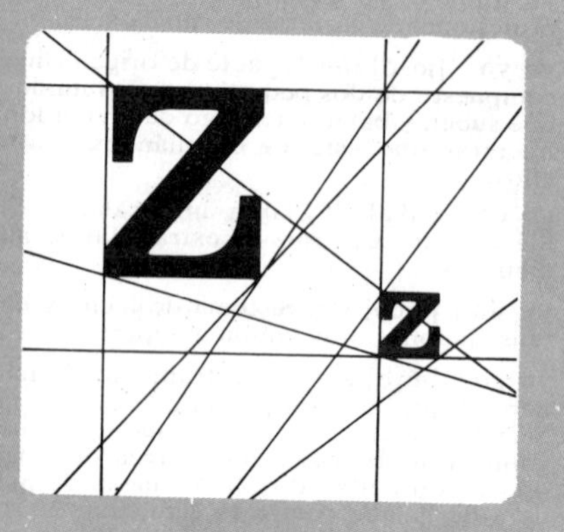

z [θéta/θéða] *s/f* Vigésima novena y última letra del alfabeto español. Representa el sonido consonante interdental fricativo sordo.

za·fa·rran·cho [θafarráṇtʃo] *s/m* **1.** Acción y efecto de desembarazar una parte de la embarcación para dejarla preparada para determinado fin o faena: *Zafarrancho de combate.* **2.** Destrozo o trastorno causado en alguna cosa.

za·far·se [θafárse] *v/*REFL(-SE) Librarse de alguien o de algo para evitar algún peligro, riesgo o molestia. RPr **Zafarse de:** *Se zafó del castigo.*

za·fie·dad [θafjeðáð] *s/f* Cualidad de zafio.

za·fio, -a [θáfjo, -a] *adj* Se aplica a la persona grosera o tosca en su manera de comportarse o en sus modales.

za·fi·ro [θafíro] *s/m* Piedra preciosa de color azul, variedad del corindón.

za·fra [θáfra] *s/f* **1.** Recipiente metálico agujereado para escurrir las medidas de aceite. **2.** Cosecha y recolección, especialmente de la caña de azúcar.

za·ga [θáγa] *s/f* Parte posterior o trasera de algo. LOC **A/A la/En zaga**, detrás o en la parte posterior: *Se ha quedado en la zaga del pelotón.* **No ir/No irse/No quedarse en zaga (alguien o algo)**, no ser inferior en la cosa de que se trata.

za·gal, -la [θaγál, -la] *s/m,f* **1.** Muchacho que ha llegado a la adolescencia. **2.** Pastor joven que está a las órdenes del mayoral.

za·guán [θaγwán] *s/m* Pieza cubierta inmediata a la puerta de la calle de algunas casas y que se utiliza como vestíbulo.

za·gue·ro, (-a) [θaγéro, (-a)] **I.** *adj* Que va o está detrás. **II.** *s/m* En algunos juegos, jugador que se coloca detrás.

za·he·rir [θaerír] *v/tr* Reprender, censurar con burla, humillación o malos tratos. CONJ *Irreg: Zahiero, zaherí, zaheriré, zaherido.*

za·hón [θaón] *s/m, pl* Especie de calzón o paño, con perniles abiertos que llegan a media pierna y se atan a los muslos.

za·ho·rí [θaorí] *s/m* Se aplica a la persona capaz de descubrir lo que está oculto, especialmente manantiales subterráneos.

zai·no, -a [θáino, -a] *adj* **1.** Falso, traidor, poco digno de confianza. **2.** Se aplica a la caballería de color castaño oscuro.

za·la·me·ría [θalamería] *s/f* Caricia o prueba de afecto que se hace a alguien afectadamente, sobre todo para conseguir algún favor del otro.

za·la·me·ro, -a [θalaméro, -a] *adj* y *s/m,f* Que hace zalamerías.

za·le·ma [θaléma] *s/f* **1.** Reverencia humilde que se hace en señal de sumisión. **2.** Zalamería.

za·ma·rra [θamárra] *s/f* Prenda de vestir hecha de piel con su lana o pelo, en forma de chaleco.

za·ma·rre·ar [θamarreár] *v/tr* Sacudir, mover violentamente a un lado y otro, un animal la presa asida con los dientes.

za·ma·rro [θamárro] *s/m* **1.** Zamarra. **2.** Piel de cordero.

zam·bo, (-a) [θám̩bo, (-a)] **I.** *adj* y *s/m,f* **1.** Se aplica a la persona o animal que tiene torcidas las piernas hacia fuera, de las rodillas hacia abajo. **2.** AMÉR Se aplica al hijo de negro e india, o viceversa. **II.** *s/m* Especie de mono americano de color pardo o amarillento, con el hocico negro y una mancha blanca en la frente; su cola es prensil y casi tan larga como el cuerpo. **III.** *s/f* Danza de distintos países de América del Sur.

zam·bom·ba [θam̩bóm̩ba] *s/f* Instrumento musical rústico, compuesto de una caja redonda, abierta por un extremo y cerrada por el otro con una piel muy tirante que tiene en el centro, bien sujeto, un carrizo.

zam·bom·ba·zo [θam̩bom̩báθo] *s/m* **1.** Explosión o estallido fuerte. **2.** Porrazo, golpe.

zam·bra [θám̩bra] *s/f* Fiesta morisca o gitana, bulliciosa y con bailes.

zam·bu·lli·do, -a [θam̩buʎíðo, -a] **I.** *adj* Que es resultado de zambullir(se). **II.** *s/f* Acción y efecto de zambullir(se), especialmente en natación.

zam·bu·llir [θam̯buʎír] **I.** *v/tr*, REFL (-SE) Sumergir en agua o en otro líquido de forma impetuosa y rápida. **II.** REFL(-SE) Meterse de lleno en una actividad o asunto. RPr **Zambullir(se) en.**

za·mo·ra·no, -a [θamoráno, -a] *adj* y *s/m,f* De Zamora.

zam·pa·bo·llos [θam̯paβóʎos] *s/m,f* Persona glotona.

zam·par [θam̯pár] **I.** *v/tr* **1.** Meter u ocultar de golpe algo en un sitio. **2.** Comer mucho y deprisa. **II.** REFL(-SE) **1.** Dejarse caer o meterse en algún lugar sin cuidado o torpemente. **2.** Comerse o beberse algo con precipitación o en cantidad exagerada. **3.** Entrar en algún lugar sin ser invitado, sin pedir permiso o sin llamar.

zam·pón, -na [θam̯pón, -na] *adj* y *s/m,f* Comilón, tragón.

zam·po·ña [θam̯póɲa] *s/f* Instrumento musical rústico a modo de flauta o serie de flautas unidas.

za·na·ho·ria [θanaórja] *s/f* **1.** Planta herbácea cuya raíz, de color amarillo o rojizo, comestible y muy nutritiva, tiene propiedades medicinales. **2.** Raíz de esta planta.

zan·ca [θáŋka] *s/f* **1.** Pata larga de las aves desde el torso hasta la juntura del muslo. **2.** FIG Se aplica a la pierna del hombre o de cualquier animal cuando es larga y delgada.

zan·ca·da [θaŋkáða] *s/f* Paso largo y rápido.

zan·ca·di·lla [θaŋkaðíʎa] *s/f* **1.** Acción de poner o cruzar una pierna con las de otro para derribarlo. **2.** FIG Acción o engaño con que se intenta perjudicar a alguien.

zan·ca·di·lle·ar [θaŋkaðiʎeár] *v/tr* Poner a alguien la zancadilla, en sentido real o FIG.

zan·co [θáŋko] *s/m* Se aplica a cada uno de los dos palos altos, con salientes para los pies, sobre los que se anda. Suele usarse en *pl*.

zan·cu·do, -a [θaŋkúðo, -a] **I.** *adj* Que tiene las zancas largas. **II.** *adj* y *s/m,f* Se aplica a las aves de cuello, pico y patas largas. **III.** *s/f, pl* Orden de estas aves.

zan·ga·ne·ar [θaŋganeár] *v/intr* Andar vagando de un sitio a otro sin trabajar.

zán·ga·no, (-a) [θáŋgano, (-a)] **I.** *s/m,f* Holgazán, persona que no trabaja ni hace nada de provecho. **II.** *s/m* Abeja macho.

zan·ja [θáŋxa] *s/f* Excavación larga y estrecha que se hace en la tierra para tender cables y tuberías, conducir las aguas, fabricar los cimientos de un muro, defender los sembrados, etc.

zan·jar [θaŋxár] *v/tr* **1.** Cavar zanjas en un lugar. **2.** FIG Poner fin a una discusión, asunto, desacuerdo o resolver dificultades.

zan·que·ar [θaŋkeár] *v/intr* **1.** Torcer las piernas al andar. **2.** Andar o ir a grandes pasos o con prisas de un lado para otro.

za·pa [θápa] *s/f* Excavación, de una zanja o una mina, que se hace con fines bélicos. LOC **Labor/Trabajo de zapa**, actividad clandestina de destrucción progresiva.

za·pa·dor, -ra [θapaðór, -ra] *s/m* Soldado que trabaja en obras de fortificación o destrucción cuya herramienta principal es la zapa. Suele pertenecer al arma de ingenieros.

za·pa·pi·co [θapapíko] *s/m* Herramienta con mango de madera y dos bocas opuestas; una de ellas termina en punta y la otra en corte angosto.

za·pa·ta [θapáta] *s/f* **1.** Especie de calzado alto. **2.** Pieza del freno de los carruajes y automóviles que actúa por fricción contra el eje o las ruedas para moderar o detener el movimiento. **3.** Pieza que se adapta a muebles u otros objetos para calzarlos, evitar golpes, etc.

za·pa·ta·zo [θapatáθo] *s/m* Golpe que se da con el zapato.

za·pa·tea·do [θapateáðo] *s/m* Baile español que se ejecuta zapateando, y su música.

za·pa·te·ar [θapateár] *v/tr* Golpear el suelo con los pies calzados, especialmente en el baile zapateado.

za·pa·teo [θapatéo] *s/m* Acción y efecto de zapatear.

za·pa·te·ría [θapatería] *s/f* **1.** Actividad, oficio o arte de hacer zapatos. **2.** Taller donde se hacen o arreglan zapatos. **3.** Tienda de zapatos.

za·pa·te·ro, (-a) [θapatéro, (-a)] **I.** *s/m,f* Se aplica a la persona que tiene por oficio hacer, componer, arreglar o vender zapatos. **II.** *s/m* Mueble que se usa para guardar zapatos.

za·pa·te·ta [θapatéta] *s/f* Golpe que, cuando se está por el aire, se da con la mano en un zapato, o haciendo chocar los dos zapatos uno contra el otro.

za·pa·ti·lla [θapatíʎa] *s/f* Zapato ligero y cómodo de tela, fieltro, piel fina, lana, etc.

za·pa·to [θapáto] *s/m* Calzado que cubre el pie hasta el tobillo, con la planta de suela, goma, etc., y el resto de piel, paño, tela, fieltro, plástico, etc. LOC **No llegarle a la suela del zapato a alguien**, ser muy inferior a otra persona en lo que se expresa.

za·pe [θápe] Exclamación que denota asombro o extrañeza.

zar [θár] *s/m* Título de los soberanos rusos y búlgaros.
GRAM *f: Zarina.*

za·ra·ban·da [θaraβán̪da] *s/f* **1.** Danza picaresca y de movimientos lascivos usual en España en los s. XVI-XVII. **2.** Música de esta danza, que solía acompañarse con las castañuelas. **3.** Copla que se cantaba con esta música. **4.** FIG Cualquier cosa que causa ruido estrepitoso, alboroto o molestia.

za·ra·ga·lla [θaraγáʎa] *s/f* Carbón vegetal menudo.

za·ra·ga·ta [θaraγáta] *s/f* Alboroto o jaleo producido por personas que se mueven, se ríen, bailan, etc., o que riñen.

za·ra·go·za·no, -a [θaraγoθáno, -a] *adj* y *s/m,f* De Zaragoza.

za·ra·güe·lles [θaraγwéʎes] *s/m, pl* **1.** Especie de calzones anchos, largos y con pliegues, típicos del campo valenciano y murciano. **2.** Calzoncillos blancos que se dejan asomar en la pierna por debajo del calzón.

za·ran·da [θarán̪da] *s/f* **1.** Criba. Instrumento con que se separan las cosas finas de las más gruesas. **2.** Colador de metal que se usa en algunos lugares para la jalea y otros dulces.

za·ran·da·jas [θaran̪dáxas] *s/f, pl* Cosas sin valor o importancia de las que no merece la pena ocuparse.

za·ran·dar [θaran̪dár] *v/tr* Zarandear.

za·ran·de·ar [θaran̪deár] *v/tr* **1.** Cribar o colar con la zaranda. **2.** Mover una cosa de un lado a otro con rapidez, ligereza y energía manteniéndola en el aire. **3.** Mover, sacudir a alguien bruscamente, empujándolo de un lado para otro.

za·ran·deo [θaran̪déo] *s/m* Acción y efecto de zarandear.

zar·ci·llo [θarθíʎo] *s/m* **1.** Pendiente en forma de aro. **2.** Órgano filamentoso que sirve a ciertas plantas para trepar.

zar·co, -a [θárko, -a] *adj* De color azul claro.

za·ri·na [θarína] *s/f* **1.** Mujer del zar. **2.** Emperatriz de Rusia.

za·ris·mo [θarísmo] *s/m* Forma de gobierno absoluto, propio de los zares.

zar·pa [θárpa] *s/f* **1.** Mano, con dedos y uñas afiladas, de ciertos animales, como el león, el tigre, el gato y otros. **2.** Acción de zarpar.

zar·par [θarpár] *v/tr, intr* Levar anclas, hacerse a la mar.

zar·pa·zo [θarpáθo] *s/m* Golpe que se da con las zarpas.

za·rra·pas·tro·so, -a [θarrapastróso, -a] *adj* Sucio o descuidado.

zar·za [θárθa] *s/f* Arbusto de las rosáceas, con tallos sarmentosos, provistos de aguijones fuertes y ganchudos. Su fruto es la zarzamora.

zar·zal [θarθál] *s/m* Se aplica al lugar poblado de zarzas.

zar·za·mo·ra [θarθamóra] *s/f* **1.** Fruto de la zarza, de color rojo, negro al madurar, y de sabor suave. **2.** Zarza.

zar·za·pa·rri·lla [θarθaparríʎa] *s/f* **1.** Arbusto de las esmiláceas, con fruto en bayas globosas como el guisante y raíces fibrosas y casi cilíndricas. **2.** Bebida refrescante preparada con esta planta.

zar·zo [θárθo] *s/m* **1.** Tejido de varas, cañas, mimbres o juncos, que forman una superficie plana. **2.** Cañizo.

zar·zue·la [θarθwéla] *s/f* **1.** Composición musical dramática española en la que alternan los fragmentos hablados y los cantados. **2.** Plato consistente en varias clases de pescado condimentado con una salsa especial.

zas [θás] Exclamación con que se expresa el sonido que produce un golpe, y la brusquedad con que se sucede o se hace algo.

zas·can·dil [θaskan̪díl] *s/m* Se aplica al hombre chismoso, inquieto, entrometido.

zas·can·di·le·ar [θaskan̪dileár] *v/intr* Andar o comportarse como un zascandil.

ze·da [θéða] *s/f* Zeta.

zé·jel [θéxel] *s/m* Estrofa compuesta por un estribillo sin estructura fija, tres versos asonantes y monorrimos y uno de vuelta que rima con el estribillo.

ze·pe·lín [θepelín] *s/m* Globo dirigible, de tipo rígido.

ze·ta [θéta] *s/f* Sexta letra del alfabeto griego ('z').

zig·zag [θiγθá{γ/x}] *s/m* Línea quebrada por segmentos lineales que van alternativamente en un sentido y en otro.

zig·za·gue·ar [θiγθaγeár] *v/intr* Moverse describiendo una línea en zigzag.

zinc [θín̪θ] *s/m* Cinc.

zi·pi·za·pe [θipiθápe] *s/m* Alboroto, riña de poca trascendencia.

zó·ca·lo [θókalo] *s/m* **1.** Parte inferior del exterior de un edificio, que sirve para elevar los basamentos a un mismo nivel. **2.** Parte inferior del muro de una habitación, que se pinta de distinto color que el resto o que está protegida por un revestimiento.

zo·co [θóko] *s/m* **1.** Zócalo de un pedestal. **2.** Mercado de algunos países árabes.

zo·dia·cal [θoðjakál] *adj* Relativo al zodiaco.

zo·dia·co o **zo·día·co** [θoðjáko/-íako] *s/m* Zona de la esfera celeste a ambos lados de la eclíptica, dividida en doce partes, cada una con un signo, y en la cual se mueven el sol —en su movimiento aparente—, la luna y los grandes planetas. **Signo del zodíaco**, cada una de las doce partes en que está dividido el zodíaco.

zo·na [θóna] *s/f* **1.** Parte de algo con determinadas características o funciones. **2.** Extensión de tierra, demarcación territorial: *Ésta es una buena zona para edificar.*

zoo- [θo(o)-] Elemento compositivo que entra en la formación de algunas voces con el significado de *animal.*

zoo [θóo] *s/m apóc* de *parque zoológico.*

zoó·fa·go, -a [θoófaγo, -a] *adj* y *s/m,f* ZOOL Que se alimenta de materias animales.

zoo·lo·gía [θo(o)loxía] *s/f* Parte de las ciencias naturales que estudia los animales.

zoo·ló·gi·co, (-a) [θo(o)lóxiko, (-a)] **I.** *adj* Relativo a la zoología. **II.** *s/m* Establecimiento en que se conservan vivos y se aclimatan a nuevas condiciones ambientales animales salvajes, a fin de exponerlos al público o para destinarlos a la experimentación científica.

zoó·lo·go, -a [θoóloγo, -a] *s/m,f* Se aplica a la persona que se dedica a la zoología.

zoo·tec·nia [θo(o)téknja] *s/f* Técnica de la cría y mejora de animales domésticos.

zoo·téc·ni·co, -a [θo(o)tékniko, -a] *adj* Relativo a la zootecnia.

zo·pen·co, -a [θopéŋko, -a] *adj* y *s/m,f* Se aplica a la persona muy torpe, bruta o tonta en su manera de actuar.

zo·que·te [θokéte] **I.** *s/m* Taco de madera, corto y grueso. **II.** *adj* y *s/m,f* Se aplica a la persona torpe y poco inteligente.

zor·ci·co [θorθíko] *s/m* Canción y baile populares vascos.

zo·ron·go [θoróŋgo] *s/m* **1.** Pañuelo doblado que llevan atado a la cabeza los labradores de algunos lugares. **2.** Moño ancho y aplastado con que las mujeres se recogen el pelo.

zo·rre·ría [θorrería] *s/f* Acción realizada con astucia y disimulo.

zo·rro, (-a) [θórro, (-a)] **I.** *adj* y *s/m,f* Se aplica a la persona astuta, taimada: *¡Ojo con él!, que es una persona zorra y se las sabe todas.* **II.** *s/m* **1.** Animal mamífero carnívoro, de hocico agudo y cola gruesa y larga, de pelaje largo y de color variable, que ataca con astucia a otros animales, incluso a los encerrados en corrales. **2.** Piel de este animal. **3.** *pl* Utensilio que se utiliza para sacudir el polvo formado en tiras de piel, tela, etc., sujetas en un mango. **III.** *s/f* **1.** Hembra del zorro. **2.** Prostituta, ramera, puta. **3.** FIG Borrachera. LOC **Hecho unos zorros**, maltrecho o cansado.

zo·te [θóte] *adj* y *s/m,f* Se aplica a la persona torpe e ignorante, a quien le cuesta mucho aprender.

zo·zo·bra [θoθóβra] *s/f* **1.** Acción de zozobrar un barco. **2.** MAR Estado del mar o los vientos, que constituyen una amenaza para el barco. **3.** Inquietud, estado de ánimo del que teme algo.

zo·zo·brar [θoθoβrár] *v/intr, tr* **1.** Naufragar o irse a pique una embarcación. **2.** Angustiarse, estar intranquilo por algo.

zue·co [θwéko] *s/m* **1.** Zapato de madera de una sola pieza. **2.** Zapato de cuero con suela de madera o de corcho.

zu·la·que [θuláke] *s/m* Betún en pasta hecho con estopa, cal, aceite y escorias o vidrios molidos, para tapar las juntas de las cañerías de aguas.

zu·lú [θulú] *adj* y *s/m,f* Se aplica a los individuos de un pueblo que habita en el África austral, y a sus cosas.

zum·ba [θúɱba] *s/f* **1.** Acción de burlarse, sin encono, de alguien. **2.** Paliza.

zum·bar [θuɱbár] **I.** *v/intr* Producir un ruido sordo y persistente o dar la sensación de que dicho sonido se produce: *El motor zumba.* **II.** *v/tr* Dar golpes a alguien: *Le zumbó bien por malo.* **III.** *v/tr,* REFL(-SE) Burlarse.

zum·bi·do [θuɱbíðo] *s/m* **1.** Acción y efecto de zumbar. **2.** Sonido o sensación sonora producido por algo que zumba.

zum·bón, -na [θuɱbón, -na] *adj* y *s/m,f* Se aplica a la persona inclinada a burlarse.

zu·mo [θúmo] *s/m* Líquido que se obtiene exprimiendo frutas y otros vegetales.

zun·char [θuɲtʃár] *v/tr* Reforzar con zunchos.

zun·cho [θúɲtʃo] *s/m* Abrazadera metálica resistente con que se refuerza algo.

zur·ci·do [θurθíðo] *s/m* Cosido que queda hecho cuando se zurce.

zur·ci·dor, -ra [θurθiðór, -ra] *s/m,f* Se aplica a la persona que se dedica a zurcir.

zur·cir [θurθír] *v/tr* Coser cubriendo la rotura con el hilo, de modo que la unión

quede reforzada con pequeñas puntadas. LOC **Que te/le,** etc., **zurzan**, exclamación de enfado con que alguien expresa su desinterés por lo que otro dice o pretende, o se desentiende de algo malo o desagradable que le ocurre a otro.
CONJ Ante *o/a* la *c* cambia en *z: Zurzo, zurza.*

zur·do, (-a) [θúrðo, (-a)] **I.** *adj* y *s/m,f* Se aplica a la persona que usa la mano izquierda para hacer las cosas que generalmente se hacen con la derecha. **II.** *adj* Izquierdo. **III.** *adj* y *s/f* Se aplica a la mano izquierda: *Escribe con la zurda.*

zu·re·ar [θureár] *v/intr* Hacer arrullos la paloma.

zu·ro, -a [θúro, -a] **I.** *adj* Se aplica a la paloma silvestre. **II.** *s/m* Corazón o raspa de la mazorca de maíz desgranada.

zu·rra [θúrra] *s/f* **1.** Acción de zurrar las pieles. **2.** Paliza, serie de golpes.

zu·rra·pa [θurrápa] *s/f* Sedimento o brizna que se halla en los líquidos y que poco a poco se va asentando en el fondo, formando el poso.

zu·rrar [θurrár] *v/tr* **1.** Curtir y trabajar las pieles. **2.** Golpear a alguien con intención de hacerle daño.

zu·rria·ga [θurrjáγa] *s/f* Zurriago.

zu·rria·gar [θurrjaγár] *v/tr* Dar o castigar con el zurriago.
ORT Ante *e* la *g* cambia en *gu: Zurriagué.*

zu·rria·ga·zo [θurrjaγáθo] *s/m* Golpe que se da con el zurriago o con una cosa flexible.

zu·rria·go [θurrjáγo] *s/m* Látigo, tira de cuero o cuerda, que se utiliza para golpear.

zu·rrón [θurrón] *s/m* Morral, bolsa grande de pellejo o cuero para llevar provisiones o la caza.

zu·ta·no, -a [θutáno, -a] *s/m,f* Nombre que designa a una persona cualquiera, en correlación con 'fulano', 'mengano': *Lo dijo fulano, mengano y zutano.*

Anexo gramatical

EL VERBO

Todo verbo se compone de dos partes: una fija, llamada **radical**, que representa el verbo, y otra llamada **terminación**, que expresa las relaciones de persona, número, modo, voz y tiempo.

Los verbos se dividen en tres grupos, caracterizados por la terminación de sus infinitivos.

primer grupo **-AR** *(amar)*
segundo grupo **-ER** *(temer)*
tercer grupo **-IR** *(partir)*

1. Formación de los tiempos simples

	C.	*RAÍZ*	*TERMINACIONES*
Infinitivo	1.ª 2.ª 3.ª	Am- Tem- Part-	**-ar** **-er** **-ir**
Gerundio	1.ª 2.ª 3.ª	Am- Tem-} Part-}	*-a***ndo** *-ie***ndo**
Participio	1.ª 2.ª 3.ª	Am- Tem-} Part-}	*-a***do** *-i***do**

	C.	*RAÍZ*	*TERMINACIONES*					
			SINGULAR			*PLURAL*		
PERSONAS			1.ª	2.ª	3.ª	1.ª	2.ª	3.ª
Presente de indicativo	1.ª 2.ª 3.ª	Am- Tem- Part-	*-o* *-o* *-o*	*-a***s** *-e***s** *-e***s**	*-a* *-e* *-e*	*-a***mos** *-e***mos** *-i***mos**	*-á***is** *-é***is** *-í***s**	*-a***n** *-e***n** *-e***n**
Presente de subjuntivo	1.ª 2.ª 3.ª	Am- Tem-} Part-}	*-e* *-a*	*-e***s** *-a***s**	*-e* *-a*	*-e***mos** *-a***mos**	*-é***is** *-á***is**	*-e***n** *-a***n**
Imperativo presente	1.ª 2.ª 3.ª	Am- Tem- Part-		*-a* *-e* *-e*	*-e* *-a* *-a*	*-e***mos** *-a***mos** *-a***mos**	*-a***d** *-e***d** *-i***d**	*-e***n** *-a***n** *-a***n**
Imperfecto de indicativo	1.ª 2.ª 3.ª	Am- Tem-} Part-}	*-aba* *-ía*	*-aba***s** *-ía***s**	*-aba* *-ía*	*-ába***mos** *-ía***mos**	*-aba***is** *-ía***is**	*-aba***n** *-ía***n**
Pretérito indefinido	1.ª 2.ª 3.ª	Am- Tem-} Part-}	*-é* *-í*	*-a***ste** *-í***ste**	*-ó* *-ió*	*-a***mos** *i***mos**	*-a***steis** *i***steis**	*-a***ron** *ie***ron**

2. Formación de los tiempos compuestos

Todos los tiempos compuestos sin excepción se forman con el verbo auxiliar HABER y el participio del verbo que se conjuga.

TIEMPO	*Primera conjugación*	*Segunda conjugación*	*Tercera conjugación*
Pretérito perfecto de indicativo	**He** *amado*	**He** *temido*	**He** *partido*
Pret. pluscuamperfecto de indicativo	**Había** *amado*	**Había** *temido*	**Había** *partido*
Pretérito anterior de indicativo	**Hube** *amado*	**Hube** *temido*	**Hube** *partido*
Futuro perfecto de indicativo	**Habré** *amado*	**Habré** *temido*	**Habré** *partido*
Condicional pasado	**Habría** *amado*	**Habría** *temido*	**Habría** *partido*
Pretérito perfecto de subjuntivo	**Haya** *amado*	**Haya** *temido*	**Haya** *partido*
Pret. pluscuamperfecto de subjuntivo	**Hubiera** / **Hubiese** } *amado*	**Hubiera** / **Hubiese** } *temido*	**Hubiera** / **Hubiese** } *partido*
Infinitivo pasado	**Haber** *amado*	**Haber** *temido*	**Haber** *partido*
Gerundio compuesto	**Habiendo** *amado*	**Habiendo** *temido*	**Habiendo** *partido*

3. Tablas de las tres conjugaciones

3.1. Primera conjugación: AM-AR

MODO INDICATIVO

Presente		**Pret. imperfecto**		**Pret. indefinido**		**Futuro imperf.**	
Yo	am-**o**	*Yo*	am-**aba**	*Yo*	am-**é**	*Yo*	am-**aré**
Tú	am-**as**	*Tú*	am-**abas**	*Tú*	am-**aste**	*Tú*	am-**arás**
Él	am-**a**	*Él*	am-**aba**	*Él*	am-**ó**	*Él*	am-**ará**
Nos.	am-**amos**	*Nos.*	am-**ábamos**	*Nos.*	am-**amos**	*Nos.*	am-**aremos**
Vos.	am-**áis**	*Vos.*	am-**abais**	*Vos.*	am-**asteis**	*Vos.*	am-**aréis**
Ellos	am-**an**	*Ellos*	am-**aban**	*Ellos*	am-**aron**	*Ellos*	am-**arán**

Pret. perfecto		**Pretérito plusc.**		**Pret. anterior**		**Futuro perfecto**	
he	amado	había	amado	hube	amado	habré	amado
has	amado	habías	amado	hubiste	amado	habrás	amado
ha	amado	había	amado	hubo	amado	habrá	amado
hemos	amado	habíamos	amado	hubimos	amado	habremos	amado
habéis	amado	habíais	amado	hubisteis	amado	habréis	amado
han	amado	habían	amado	hubieron	amado	habrán	amado

MODO SUBJUNTIVO

Presente	**Pretérito imperfecto**	**Futuro imperf.**
am-**e**	am-**ara** o am-**ase**	am-**are**
am-**es**	am-**aras** o am-**ases**	am-**ares**
am-**e**	am-**ara** o am-**ase**	am-**are**
am-**emos**	am-**áramos** o am-**ásemos**	am-**áremos**
am-**éis**	am-**areis** o am-**aseis**	am-**areis**
am-**en**	am-**aran** o am-**asen**	am-**aren**

Pret. perfecto		Pretérito pluscuamperfecto		Futuro perfecto	
haya	amado	hubiera o hubiese	amado	hubiere	amado
hayas	amado	hubieras o hubieses	amado	hubieres	amado
haya	amado	hubiera o hubiese	amado	hubiere	amado
hayamos	amado	hubiéramos o hubiésemos	amado	hubiéremos	amado
hayáis	amado	hubierais o hubieseis	amado	hubiereis	amado
hayan	amado	hubieran o hubiesen	amado	hubieren	amado

MODO POTENCIAL

Simple o imperf.		Compuesto	
Yo	am-**aría**	habría	amado
Tú	am-**arías**	habrías	amado
Él	am-**aría**	habría	amado
Nos.	am-**aríamos**	habríamos	amado
Vos.	am-**aríais**	habríais	amado
Ellos	am-**arían**	habrían	amado

MODO IMPERATIVO

Pesente

Am-**a**	*tú*
Am-**e**	*él*
Am-**emos**	*nosotros*
Am-**ad**	*vosotros*
Am-**en**	*ellos*

MODO INFINITIVO

Formas simples

Infinitivo .... am-**ar**
Gerundio .... am-**ando**
Participio .... am-**ado**

Formas compuestas

Infinitivo .... haber amado
Gerundio .... habiendo amado

3.2. Segunda conjugación: TEM-ER

MODO INDICATIVO

Presente		Pret. imperfecto		Pret. indefinido		Futuro imperf.	
Yo	tem-**o**	*Yo*	tem-**ía**	*Yo*	tem-**í**	*Yo*	tem-**eré**
Tú	tem-**es**	*Tú*	tem-**ías**	*Tú*	tem-**iste**	*Tú*	tem-**erás**
Él	tem-**e**	*Él*	tem-**ía**	*Él*	tem-**ió**	*Él*	tem-**erá**
Nos.	tem-**emos**	*Nos.*	tem-**íamos**	*Nos.*	tem-**imos**	*Nos.*	tem-**eremos**
Vos.	tem-**éis**	*Vos.*	tem-**íais**	*Vos.*	tem-**isteis**	*Vos.*	tem-**eréis**
Ellos	tem-**en**	*Ellos*	tem-**ían**	*Ellos*	tem-**ieron**	*Ellos*	tem-**erán**

Pret. perfecto		Pretérito plusc.		Pret. anterior		Futuro perfecto	
he	temido	había	temido	hube	temido	habré	temido
has	temido	habíais	temido	hubiste	temido	habrás	temido
ha	temido	había	temido	hubo	temido	habrá	temido
hemos	temido	habíamos	temido	hubimos	temido	habremos	temido
habéis	temido	habíais	temido	hubisteis	temido	habréis	temido
han	temido	habían	temido	hubieron	temido	habrán	temido

MODO SUBJUNTIVO

Presente	Pretérito imperfecto	Futuro imperf.
tem-**a**	tem-**iera** o tem-**iese**	tem-**iere**
tem-**as**	tem-**ieras** o tem-**ieses**	tem-**ieres**
tem-**a**	tem-**iera** o tem-**iese**	tem-**iere**
tem-**amos**	tem-**iéramos** o tem-**iésemos**	tem-**iéremos**
tem-**áis**	tem-**ierais** o tem-**ieseis**	tem-**iereis**
tem-**an**	tem-**ieran** o tem-**iesen**	tem-**ieren**

Pret. perfecto		Pretérito pluscuamperfecto		Futuro perfecto	
haya	temido	hubiera o hubiese	temido	hubiere	temido
hayas	temido	hubieras o hubieses	temido	hubieres	temido
haya	temido	hubiera o hubiese	temido	hubiere	temido
hayamos	temido	hubiéramos o hubiésemos	temido	hubiéremos	temido
hayáis	temido	hubierais o hubieseis	temido	hubiereis	temido
hayan	temido	hubieran o hubiesen	temido	hubieren	temido

MODO POTENCIAL

	Simple o imperf.	Compuesto	
Yo	tem-**ería**	habría	temido
Tú	tem-**erías**	habrías	temido
El	tem-**ería**	habría	temido
Nos.	tem-**eríamos**	habríamos	temido
Vos.	tem-**eríais**	habríais	temido
Ellos	tem-**erían**	habrían	temido

MODO IMPERATIVO

Pesente

Tem-**e**	*tú*
Tem-**a**	*él*
Tem-**amos**	*nosotros*
Tem-**ed**	*vosotros*
Tem-**an**	*ellos*

MODO INFINITIVO

Formas simples

Infinitivo .... tem-**er**
Gerundio .... tem-**iendo**
Participio .... tem-**ido**

Formas compuestas

Infinitivo .... haber temido
Gerundio .... habiendo temido

3.3. Tercera conjugación: PART-IR

MODO INDICATIVO

Presente		Pret. imperfecto		Pret. indefinido		Futuro imperf.	
Yo	part-**o**	*Yo*	part-**ía**	*Yo*	part-**í**	*Yo*	part-**iré**
Tú	part-**es**	*Tú*	part-**ías**	*Tú*	part-**iste**	*Tú*	part-**irás**
Él	part-**e**	*Él*	part-**ía**	*Él*	part-**ió**	*Él*	part-**irá**
Nos.	part-**imos**	*Nos.*	part-**íamos**	*Nos.*	part-**imos**	*Nos.*	part-**iremos**
Vos.	part-**ís**	*Vos.*	part-**íais**	*Vos.*	part-**isteis**	*Vos.*	part-**iréis**
Ellos	part-**en**	*Ellos*	part-**ían**	*Ellos*	part-**ieron**	*Ellos*	part-**irán**

Pret. perfecto		Pretérito plusc.		Pret. anterior		Futuro perfecto	
he	partido	había	partido	hube	partido	habré	partido
has	partido	habías	partido	hubiste	partido	habrás	partido
ha	partido	había	partido	hubo	partido	habrá	partido
hemos	partido	habíamos	partido	hubimos	partido	habremos	partido
habéis	partido	habíais	partido	hubisteis	partido	habréis	partido
han	partido	habían	partido	hubieron	partido	habrán	partido

MODO SUBJUNTIVO

Presente	Pretérito imperfecto	Futuro imperf.
part-**a**	part-**iera** o part-**iese**	part-**iere**
part-**as**	part-**ieras** o part-**ieses**	part-**ieres**
part-**a**	part-**iera** o part-**iese**	part-**iere**
part-**amos**	part-**iéramos** o part-**iésemos**	part-**iéremos**
part-**áis**	part-**ierais** o part-**ieseis**	part-**iereis**
part-**an**	part-**ieran** o part-**iesen**	part-**ieren**

Pret. perfecto		Pretérito pluscuamperfecto		Futuro perfecto	
haya	partido	hubiera o hubiese	partido	hubiere	partido
hayas	partido	hubieras o hubieses	partido	hubieres	partido
haya	partido	hubiera o hubiese	partido	hubiere	partido
hayamos	partido	hubiéramos o hubiésemos	partido	hubiéremos	partido
hayáis	partido	hubierais o hubieseis	partido	hubiereis	partido
hayan	partido	hubieran o hubiesen	partido	hubieren	partido

MODO POTENCIAL

	Simple o imperf.	Compuesto	
Yo	part-**iría**	habría	partido
Tú	part-**irías**	habrías	partido
Él	part-**iría**	habría	partido
Nos.	part-**iríamos**	habríamos	partido
Vos.	part-**iríais**	habríais	partido
Ellos	part-**irían**	habrían	partido

MODO IMPERATIVO

Presente

Part-**e**	*tú*
Part-**a**	*él*
Part-**amos**	*nosotros*
Part-**id**	*vosotros*
Part-**an**	*ellos*

MODO INFINITIVO

Formas simples

Infinitivo .... part-**ir**
Gerundio .... part-**iendo**
Participio .... part-**ido**

Formas compuestas

Infinitivo .... haber partido
Gerundio .... habiendo partido

4. Verbos irregulares más usados

ANDAR:

Pret. indef.	Imperf. subj.	Fut. de subj.
anduve	*anduviera*	*anduviere*
anduviste	*anduvieras*	*anduvieres*
anduvo	*anduviera*	*anduviere*
anduvimos	*anduviéramos*	*anduviéremos*
anduvisteis	*anduvierais*	*anduviereis*
anduvieron	*anduvieran*	*anduvieren*

DAR:

Pres. ind.	Pres. subj.	Pret. ind.	Imperf. subj.
doy	*dé*	*di*	*diera*
das	des	*diste*	*dieras*
da	*dé*	*dio*	*diera*
damos	demos	*dimos*	*diéramos*
dais	deis	*disteis*	*dierais*
dan	den	*dieron*	*dieran*

CAER:

Pres. ind.	Pres. subj.	Pret. ind.	Imperf. subj.
caigo	*caiga*	*caí*	*cayera*
caes	*caigas*	caíste	*cayeras*
cae	*caiga*	*cayó*	*cayera*
caemos	*caigamos*	caímos	*cayéramos*
caéis	*caigáis*	caísteis	*cayerais*
caen	*caigan*	*cayeron*	*cayeran*

CABER:

Pres. ind.	Pres. subj.	Futuro	Condicional
quepo	*quepa*	*cabré*	*cabría*
cabes	*quepas*	*cabrás*	*cabrías*
cabe	*quepa*	*cabrá*	*cabría*
cabemos	*quepamos*	*cabremos*	*cabríamos*
cabéis	*quepáis*	*cabréis*	*cabríais*
caben	*quepan*	*cabrán*	*cabrían*

Pret. indef.	Imperf. subj.
cupe	*cupiera*
cupiste	*cupieras*
cupo	*cupiera*
cupimos	*cupiéramos*
cupisteis	*cupierais*
cupieron	*cupieran*

HACER:

Pres. ind.	Pres. subj.	Futuro	Condicional
hago	*haga*	*haré*	*haría*
haces	*hagas*	*harás*	*harías*
hace	*haga*	*hará*	*haría*
hacemos	*hagamos*	*haremos*	*haríamos*
hacéis	*hagáis*	*haréis*	*haríais*
hacen	*hagan*	*harán*	*harían*
Pret. indef.	**Imperf. subj.**	**Imperativo**	**Part. pasado**
hice	*hiciera*		*hecho*
hiciste	*hicieras*	*haz*	
hizo	*hiciera*	*haga*	
hicimos	*hiciéramos*		
hicisteis	*hicierais*	*hagáis*	
hicieron	*hicieran*		

PODER:

Pres. ind.	Pres. subj.	Futuro	Condicional
puedo	*pueda*	*podré*	*podría*
puedes	*puedas*	*podrás*	*podrías*
puede	*pueda*	*podrá*	*podría*
podemos	podamos	*podremos*	*podríamos*
podéis	podáis	*podréis*	*podríais*
pueden	*puedan*	*podrán*	*podrían*
Pret. indef.	**Imperf. subj.**	**Gerundio**	
pude	*pudiera*	*pudiendo*	
pudiste	*pudieras*		
pudo	*pudiera*		
pudimos	*pudiéramos*		
pudisteis	*pudierais*		
pudieron	*pudieran*		

PONER:

Pres. ind.	Pres. subj.	Futuro	Condicional
pongo	*ponga*	*pondré*	*pondría*
pones	*pongas*	*pondrás*	*pondrías*
pone	*ponga*	*pondrá*	*pondría*
ponemos	*pongamos*	*pondremos*	*pondríamos*
ponéis	*pongáis*	*pondréis*	*pondríais*
ponen	*pongan*	*pondrán*	*pondrían*
Pret. indef.	**Imperf. subj.**	**Imperativo**	**Part. pasado**
puse	*pusiera*		*puesto*
pusiste	*pusieras*	*pon*	
puso	*pusiera*	*ponga*	
pusimos	*pusiéramos*	*pongamos*	
pusisteis	*pusierais*	*poned*	
pusieron	*pusieran*		

QUERER:

Pres. ind.	Pres. subj.	Futuro	Condicional
quiero	*quiera*	*querrá*	*querría*
quieres	*quieras*	*querrás*	*querrías*
quiere	*quiera*	*querrá*	*querría*
queremos	queramos	*querremos*	*querríamos*
queréis	queráis	*querréis*	*querríais*
quieren	*quieran*	*querrán*	*querrían*

	Pret. indef.	**Imperf. subj.**		
	quise	*quisiera*		
	quisiste	*quisieras*		
	quiso	*quisiera*		
	quisimos	*quisiéramos*		
	quisisteis	*quisierais*		
	quisieron	*quisieran*		
SABER:	**Pres. ind.**	**Pres. subj.**	**Futuro**	**Condicional**
	sé	*sepa*	*sabré*	*sabría*
	sabes	*sepas*	*sabrás*	*sabrías*
	sabe	*sepa*	*sabrá*	*sabría*
	sabemos	*sepamos*	*sabremos*	*sabríamos*
	sabéis	*sepáis*	*sabréis*	*sabríais*
	saben	*sepan*	*sabrán*	*sabrían*
	Pret. indef.	**Imperf. subj.**		
	supe	*supiera*		
	supiste	*supieras*		
	supo	*supiera*		
	supimos	*supiéramos*		
	supisteis	*supierais*		
	supieron	*supieran*		
TRAER:	**Pres. ind.**	**Pres. subj.**	**Pret. ind.**	**Imperf. subj.**
	traigo	*traiga*	*traje*	*trajera*
	traes	*traigas*	*trajiste*	*trajeras*
	trae	*traiga*	*trajo*	*trajera*
	traemos	*traigamos*	*trajimos*	*trajéramos*
	traéis	*traigáis*	*trajisteis*	*trajerais*
	traen	*traigan*	*trajeron*	*trajeran*
VALER:	**Pres. ind.**	**Pres. subj.**	**Futuro**	**Condicional**
	valgo	*valga*	*valdré*	*valdría*
	vales	*valgas*	*valdrás*	*valdrías*
	vale	*valga*	*valdrá*	*valdría*
	valemos	*valgamos*	*valdremos*	*valdríamos*
	valéis	*valgáis*	*valdréis*	*valdríais*
	valen	*valgan*	*valdrán*	*valdrían*
VER:	**Pres. ind.**	**Pres. subj.**	**Imperf. ind.**	**Pret. indef.**
	veo	*vea*	*veía*	*vi*
	ves	*veas*	*veías*	*viste*
	ve	*vea*	*veía*	*vio*
	vemos	*veamos*	*veíamos*	*vimos*
	veis	*veáis*	*veíais*	*visteis*
	ven	*vean*	*veían*	*vieron*
	Part. pasado			
	visto			
ASIR:	**Pres. ind.**	**Pres. subj.**		
	asgo	*asga*		
	ases	*asgas*		
	ase	*asga*		
	asimos	*asgamos*		
	asís	*asgáis*		
	asen	*asgan*		

DECIR:

Pres. ind.	**Pres. subj.**	**Futuro**	**Condicional**
digo	*diga*	*diré*	*diría*
dices	*digas*	*dirás*	*dirías*
dice	*diga*	*dirá*	*diría*
decimos	*digamos*	*diremos*	*diríamos*
decís	*digáis*	*diréis*	*diríais*
dicen	*digan*	*dirán*	*dirían*

Pret. indef.	**Imperf. subj.**	**Imperativo**	**Gerundio**
dije	*dijera*		*diciendo*
dijiste	*dijeras*	*di*	
dijo	*dijera*	*diga*	
dijimos	*dijéramos*	*digamos*	
dijisteis	*dijerais*	*decid*	
dijeron	*dijeran*		

Part. pasado

dicho

IR:

Pres. ind.	**Pres. subj.**	**Pret. ind.**	**Imperf. subj.**
voy	*vaya*	*fui*	*fuera*
vas	*vayas*	*fuiste*	*fueras*
va	*vaya*	*fue*	*fuera*
vamos	*vayamos*	*fuimos*	*fuéramos*
vais	*vayáis*	*fuisteis*	*fuerais*
van	*vayan*	*fueron*	*fueran*

Imperativo	**Imperf. ind.**	**Gerundio**
	iba	*yendo*
ve	*ibas*	
vaya	*iba*	
vayamos	*íbamos*	
id	*ibais*	
	iban	

OÍR:

Pres. ind.	**Pres. subj.**	**Pret. ind.**	**Imperf. subj.**
oigo	*oiga*	*oí*	*oyera*
oyes	*oigas*	*oíste*	*oyeras*
oye	*oiga*	*oyó*	*oyera*
oímos	*oigamos*	*oímos*	*oyéramos*
oís	*oigáis*	*oísteis*	*oyerais*
oyen	*oigan*	*oyeron*	*oyeran*

Gerundio

oyendo

SALIR:

Pres. ind.	**Pres. subj.**	**Futuro**	**Condicional**
salgo	*salga*	*saldré*	*saldría*
sales	*salgas*	*saldrás*	*saldrías*
sale	*salga*	*saldrá*	*saldría*
salimos	*salgamos*	*saldremos*	*saldríamos*
salís	*salgáis*	*saldréis*	*saldríais*
salen	*salgan*	*saldrán*	*saldrían*

Imperativo

sal
salga
salgamos
salid

VENIR:

Pres. ind.	**Pres. subj.**	**Futuro**	**Condicional**
vengo *vienes* *viene* venimos venís *vienen*	*venga* *vengas* *venga* *vengamos* *vengáis* *vengan*	*vendré* *vendrás* *vendrá* *vendremos* *vendréis* *vendrán*	*vendría* *vendrías* *vendría* *vendríamos* *vendríais* *vendrían*
Pret. indef.	**Imperf. subj.**	**Imperativo**	**Gerundio**
viene *viniste* *vino* *vinimos* *vinisteis* *vinieron*	*viniera* *vinieras* *viniera* *viniéramos* *vinierais* *vinieran*	*ven* *venga* *vengamos* *venid*	*viniendo*

LISTA DE VERBOS IRREGULARES

Las irregularidades de los verbos se producen siempre en la raíz, nunca en la terminación. La lista indica el tipo de cambio, los tiempos y las personas afectadas. Existen irregularidades de tipo vocálico y otras de tipo consonántico.

1 E → IE (ejemplo: ACERTAR)

Pres. de ind.	Pres. de subj.	Imperativo
aci**e**rt-o aci**e**rt-as aci**e**rt-a acert-a-mos acert-á-is aci**e**rt-a-n	aci**e**rte aci**e**rtes aci**e**rte acertemos acertéis aci**e**rten	aci**e**rta acertad

Verbos con esta irregularidad:

1.ª conjugación

Alentar, desalentar, apacentar, apretar, arrendar, desterrar, desenterrar, atravesar, calentar, recalentar, cegar, cerrar, encerrar, enterrar, comenzar, concertar, desconcertar, confesar, despertar, empezar, encomendar, recomendar, enmendar, remendar, fregar, gobernar, helar, merendar, negar, denegar, renegar, nevar, pensar, plegar, regar, reventar, şegar, sembrar, sentar, serrar, tropezar y todos los verbos cuyo infinitivo termina en *-emblar (temblar, ...).*

2.ª conjugación

Ascender, descender, condescender, defender, encender, tender, atender, entender, extender y además todos los verbos cuyo infinitivo termina en:

-ender *(perder, ...)*
-erner *(cerner, ...)*
-erter *(verter, ...)*

Asimismo, poseen la misma variación los verbos *querer, tener* y sus compuestos, los cuales serán estudiados en otro tipo de irregularidad.

3.ª conjugación

Cernir, concernir, discernir.

2 E → I (ejemplo: PEDIR)

Pret. indefinido	Derivados del pret. indefinido	Gerundio
pedí pediste pidió pedimos pedisteis pidieron	pidiera o pidiese pidieras pidiera pidiéramos pidierais pidieran	pidiendo

Verbos con esta irregularidad:

Concebir, conseguir, corregir, derretir, despedir, desvestirse, elegir, impedir, medir, perseguir, repetir, seguir, servir, teñir, vestirse.

3 O → UE (ejemplo: SOLTAR)

Pres. de ind.	Pres. de subj.	Imperativo
suelto **sue**ltas **sue**lta soltamos soltáis **sue**ltan	**sue**lte **sue**ltes **sue**lte soltemos soltéis **sue**lten	**sue**lta soltad

Verbos con esta irregularidad:

1.ª conjugación

Acordar, concordar, acornar, acostar, almorzar, apostar, asolar, avergonzar, colar, consolar, contar, descontar, costar, degollar, desollar, engrosar, forzar, esforzar(se), reforzar, mostrar, poblar, probar, aprobar, comprobar, recordar, renovar, reprobar, rodar, rogar, soldar, soltar, sonar, resonar, trocar, tronar, atronar, volar, volcar, revolcar y, además, todos los verbos terminados en:

-olgar *(colgar, descolgar, ...)*
-ontrar *(encontrar, ...)*

2.ª conjugación

Cocer, escocer, recoger y, además, todos los terminados en:

-oler *(doler, condoler, moler, demoler, ...)*
-olver *(absolver, disolver, resolver, volver, devolver, ...)*
-orcer *(torcer, retorcer, ...)*
-order *(morder, ...)*
-over *(llover, mover, conmover, promover, ...)*

4 O → U (PODRIR)

Pres. de ind.	Pres. de subj.	Imperativo
p**u**dro p**u**dres p**u**dre podrimos podrís p**u**dren	p**u**dra p**u**dras p**u**dra p**u**dramos p**u**dráis p**u**dran	p**u**dre podrid

Pret. indefinido	Derivados del pret. indefinido	Gerundio
podrí podriste pu**d**rió podrimos podristeis pu**d**rieron	pu**d**riera o pu**d**riese pu**d**rieras pu**d**riera pu**d**riéramos pu**d**rierais pu**d**rieran	pu**d**riendo

5 U → UE (JUGAR)

Pres. de ind.	Pres. de subj.	Imperativo
juego **jue**gas **jue**ga jugamos jugáis **jue**gan	**jue**gue **jue**gues **jue**gue juguemos juguéis **jue**guen	**jue**ga jugad

6 E → {IE / I} (ejemplo: SENTIR)

Pres. de ind.	Pres. de subj.	Imperativo
siento **sie**ntes **sie**nte sentimos sentís **sie**nten	**sie**nta **sie**ntas **sie**nta **si**ntamos **si**ntáis **sie**ntan	**sie**nte sentid

Pret. indefinido	Derivados del pret. indefinido	Gerundio
sentí sentiste **si**ntió sentimos sentisteis **si**ntieron	**si**ntiera o **si**ntiese **si**ntieras **si**ntiera **si**ntiéramos **si**ntierais **si**ntieran	**si**ntiendo

Verbos con esta irregularidad:

Hervir, y, además, todos los terminados en:

-entir *(arrepentirse, mentir, sentir, asentir, consentir, ...)*
-erir *(adherir, conferir, preferir, digerir, sugerir, ...)*
-ertir *(advertir, controvertir, convertir, divertir, ...)*

7 O → {UE / U} (ejemplo: DORMIR)

Pres. de ind.	Pres. de subj.	Imperativo
d**ue**rmo d**ue**rmes d**ue**rme dormimos dormís d**ue**rmen	d**ue**rma d**ue**rmas d**ue**rma d**u**rmamos d**u**rmáis d**ue**rman	d**ue**rme dormid

Pret. indefinido	Derivados del pret. indefinido	Gerundio
dormí dormiste d**u**rmió dormimos dormisteis d**u**rmieron	d**u**rmiera o d**u**rmiese d**u**rmieras d**u**rmiera d**u**rmiéramos d**u**rmierais d**u**rmieran	d**u**rmiendo

Se conjuga como *dormir* el verbo *morir.*

8 I → IE (ejemplo: ADQUIRIR)

Pres. de ind.	Pres. de subj.	Imperativo
adqu**ie**ro adqu**ie**res adqu**ie**re adquirimos adquirís adqu**ie**ren	adqu**ie**ra adqu**ie**ras adqu**ie**ra adquiramos adquiráis adqu**ie**ran	adqu**ie**re adquirid

Se conjugan como *adquirir* todos los verbos terminados en:

-irir *(adquirir, inquirir, ...)*

9 C → G (ejemplo: HACER)

Presente de indicativo	Presente de subjuntivo
ha**g**o haces hace hacemos hacéis hacen	ha**g**a ha**g**as ha**g**a ha**g**amos ha**g**áis ha**g**an

Se conjugan como *hacer* todos sus compuestos:

Deshacer, contrahacer, rehacer, y también *satisfacer* y *yacer.*

10 B → Y

Solamente posee esta irregularidad el verbo *haber* en el presente de subjuntivo:

Presente de subjuntivo
ha**y**a ha**y**as ha**y**a ha**y**amos ha**y**áis ha**y**an

11 C → ZC (ejemplo: PARECER)

Presente de indicativo	Presente de subjuntivo
pare**zco** pareces parece parecemos parecéis parecen	pare**zca** pare**zc**as pare**zca** pare**zc**amos pare**zc**áis pare**zc**an

Tienen la misma irregularidad que *parecer* los siguientes verbos:

Nacer, renacer, pacer, conocer, reconocer, desconocer, lucir, entrelucir, relucir, traslucir, deslucir, aducir, conducir, deducir, inducir, introducir, producir, reducir, seducir, traducir, placer, complacer, yacer.

12 N → NG (ejemplo: PONER)

Presente de indicativo	Presente de subjuntivo
po**ng**o pones pone ponemos ponéis ponen	po**nga** po**ng**as po**nga** po**ng**amos po**ng**áis po**ng**an

Verbos con esta irregularidad:

Anteponer, componer, contraponer, deponer, disponer, exponer, imponer, interponer, oponer, posponer, proponer, reponer, suponer, descomponer, indisponer, presuponer, tener, abstenerse, atenerse, contener, detener, entretener, mantener, obtener, retener, sostener, venir, convenir, devenir, intervenir, prevenir, sobrevenir.

13 L → LG (ejemplo: SALIR)

Presente de indicativo	Presente de subjuntivo
sa**lg**o sales sale salimos salís salen	sa**lg**a sa**lg**as sa**lg**a sa**lg**amos sa**lg**áis sa**lg**an

Se conjugan como *salir* todos los verbos terminados en:

-alir *(sobresalir, ...)*
-aler *(valer, equivaler, ...)*

14 S → SG (ASIR)

Presente de indicativo	Presente de subjuntivo
a**sg**o ases ase asimos asís asen	a**sg**a a**sg**as a**sg**a a**sg**amos a**sg**áis a**sg**an

15 Adición de -IG (ejemplo: CAER)

Presente de indicativo	Presente de subjuntivo
cai**g**o caes cae caemos caéis caen	cai**ga** cai**g**as cai**ga** cai**g**amos cai**g**áis cai**g**an

Verbos con esta irregularidad:

Oír, traer y sus compuestos, *roer, raer.*

16 U → UY (ejemplo: HUIR)

Pres. de ind.	Pres. de subj.	Imperativo
hu**y**o hu**y**es hu**y**e huimos huís hu**y**en	hu**y**a hu**y**as hu**y**a hu**y**amos hu**y**áis hu**y**an	hu**y**e huid

Pret. indefinido	Derivados del pret. indefinido	Gerundio
huí huiste hu**y**ó huimos huisteis hu**y**eron	hu**y**era o hu**y**ese hu**y**eras hu**y**era hu**y**éramos hu**y**erais hu**y**eran	hu**y**endo

Esta irregularidad afecta a todos los verbos terminados en **-uir**:

Argüir, concluir, excluir, incluir, recluir, constituir, destituir, instituir, prostituir, restituir, sustituir, construir, destruir, instruir, obstruir, reconstruir, derruir, diluir, disminuir, fluir, afluir, confluir, huir, rehuir, inmiscuir, intuir, atribuir, contribuir, distribuir, retribuir.

17 E → I + C → G (ejemplo: DECIR)

Presente de indicativo	Presente de subjuntivo
digo **di**ces **di**ce decimos decís **di**cen	**dig**a **dig**as **dig**a **dig**amos **dig**áis **dig**an

Se conjugan como *decir* todos sus compuestos:

Contradecir, desdecir, predecir, bendecir, maldecir.

18 AB → EP (ejemplo: CABER)

Presente de indicativo	Presente de subjuntivo
qu**ep**o cabes cabe cabemos cabéis caben	qu**ep**a qu**ep**as qu**ep**a qu**ep**amos qu**ep**áis qu**ep**an

Se conjuga como *caber,* pero únicamente en el presente de subjuntivo, el verbo *saber:*

sepa **sep**as **sep**a **sep**amos **sep**áis **sep**an

19 Futuros y condicionales irregulares

SABER:

sa**bré**
sa**brás**
sa**brá**
sa**bre**mos
sa**bré**is
sa**brá**n

Tienen la misma irregularidad los verbos *haber* y *beber.*

PONER:

pon**dré**
pon**drás**
pon**drá**
pon**dre**mos
pon**dré**is
pon**drá**n

Se conjugan como *poner: venir, salir, tener* y todos sus compuestos.

QUERER:

quer**ré**
quer**rás**
quer**rá**
quer**re**mos
quer**ré**is
quer**rá**n

HACER:

ha**ré**
ha**rás**
ha**rá**
ha**re**mos
ha**ré**is
ha**rá**n

DECIR:

di**ré**
di**rás**
di**rá**
di**re**mos
di**ré**is
di**rá**n

20 Pretéritos indefinidos fuertes

TRAER:	tra**j**e, tra**j**iste, tra**jo**, tra**j**imos, tra**j**isteis, tra**j**eron.
DECIR:	di**j**e, di**j**iste, di**jo**, di**j**imos, di**j**isteis, di**j**eron.
HACER:	hi**c**e, hi**c**iste, hi**zo**, hi**c**imos, hi**c**isteis, hi**c**ieron.
QUERER:	qui**s**e, qui**s**iste, qui**so**, qui**s**imos, qui**s**isteis, qui**s**ieron.
VENIR:	vi**n**e, vi**n**iste, vi**no**, vi**n**imos, vi**n**isteis, vi**n**ieron.
ANDAR:	and**uve**, and**uv**iste, and**uvo**, and**uv**imos, and**uv**isteis, and**uv**ieron.
CONDUCIR:	cond**uje**, cond**uj**iste, cond**ujo**, cond**uj**imos, cond**uj**isteis, cond**uj**eron.

CABER:	cu**pe**, cu**piste**, cu**po**, cu**pimos**, cu**pisteis**, cu**pieron**.
ESTAR:	es**tuve**, es**tuviste**, es**tuvo**, es**tuvimos**, es**tuvisteis**, es**tuvieron**.
HABER:	**hube**, **hubiste**, **hubo**, **hubimos**, **hubisteis**, **hubieron**.
PODER:	**pude**, **pudiste**, **pudo**, **pudimos**, **pudisteis**, **pudieron**.
PONER:	**puse**, **pusiste**, **puso**, **pusimos**, **pusisteis**, **pusieron**.
SABER:	**supe**, **supiste**, **supo**, **supimos**, **supisteis**, **supieron**.
TENER:	**tuve**, **tuviste**, **tuvo**, **tuvimos**, **tuvisteis**, **tuvieron**.
VER:	vi, **viste**, vio, **vimos**, **visteis**, **vieron**.
DAR:	di, **diste**, dio, **dimos**, **disteis**, **dieron**.
SER: *IR:*	} fui, fuiste, fue, fuimos, fuisteis, fueron.

21 Participios irregulares

decir:	DICHO	*encubrir:*	ENCUBIERTO
hacer:	HECHO	*describir:*	DESCRITO
**imprimir:*	IMPRESO	*devolver:*	DEVUELTO
**prender:*	PRESO	*disponer:*	DISPUESTO
abrir:	ABIERTO	*disolver:*	DISUELTO
absolver:	ABSUELTO	*envolver:*	ENVUELTO
cubrir:	CUBIERTO	*escribir:*	ESCRITO
descubrir:	DESCUBIERTO	**freír:*	FRITO
morir:	MUERTO	*volver:*	VUELTO
poner:	PUESTO	**bendecir:*	BENDITO
resolver:	RESUELTO	**maldecir:*	MALDITO
romper:	ROTO	**soltar:*	SUELTO
satisfacer:	SATISFECHO	**despertar:*	DESPIERTO
ver:	VISTO		

22 Presentes agudos y/o monosilábicos

	Presente de indicativo	Imper. (2.ª pers.)
DAR:	*doy, das, ...*	*da*
SER:	*soy, eres, ...*	*sé*
ESTAR:	*estoy, estás, ...*	*está (te)*
SABER:	*sé, sabes, ...*	
IR:	*voy, vas, ...*	*ve (te)*
HABER:	*he, has, ha, ... (hay)*	
PONER:		*pon*
SALIR:		*sal*
HACER:		*haz*
TENER:		*ten*
VENIR:		*ven*
DECIR:		*di*

Nota: Los marcados con * se usan generalmente como adjetivos, y en la flexión verbal se usa el participio regular.

Números

Arábigos	Romanos	Cardinales	Ordinales
1	I	uno, una, un	primero/a, primer
2	II	dos	segundo/a
3	III	tres	tercero/a, tercer
4	IV	cuatro	cuarto/a
5	V	cinco	quinto/a
6	VI	seis	sexto/a
7	VII	siete	séptimo/a
8	VIII	ocho	octavo/a
9	IX	nueve	noveno/a
10	X	diez	décimo/a
11	XI	once	undécimo/a
12	XII	doce	duodécimo/a
13	XIII	trece	decimotercero/a
14	XIV	catorce	decimocuarto/a
15	XV	quince	decimoquinto/a
16	XVI	dieciséis	decimosexto/a
17	XVII	diecisiete	decimoséptimo/a
18	XVIII	dieciocho	decimoctavo/a
19	XIX	diecinueve	decimonoveno/a
20	XX	veinte	vigésimo/a
21	XXI	veintiuno/a, -un	vigésimo/a primero/a
22	XXII	veintidós	vigésimo/a segundo/a
23	XXIII	veintitrés	vigésimo/a tercero/a
30	XXX	treinta	trigésimo/a
31	XXXI	treinta y uno/a	trigésimo/a primero/a
32	XXXII	treinta y dos	trigésimo/a segundo/a
40	XL	cuarenta	cuadragésimo/a
41	XLI	cuarenta y uno/a	cuadragésimo/a primero/a
50	L	cincuenta	quincuagésimo/a
60	LX	sesenta	sexagésimo/a
70	LXX	setenta	septuagésimo/a
80	LXXX	ochenta	octogésimo/a
90	XC	noventa	nonagésimo/a
100	C	cien	centésimo/a
101	CI	ciento uno/a	centésimo/a primero/a
110	CX	ciento diez	centésimo/a décimo/a
162	CLXII	ciento sesenta y dos	centésimo/a sexagésimo/a segundo/a
200	CC	doscientos/as	ducentésimo/a
300	CCC	trescientos/as	trecentésimo/a
400	CD	cuatrocientos/as	cuadrigentésimo/a
500	D	quinientos/as	quingentésimo/a
600	DC	seiscientos/as	sexcentésimo/a
700	DCC	setecientos/as	septingentésimo/a
800	DCCC	ochocientos/as	octingentésimo/a
900	CM	novecientos/as	noningentésimo/a
1.000	M	mil	milésimo/a
1.300	MCCC	mil trescientos/as	milésimo/a tricentésimo/a
2.000	MM	dos mil	dos milésimo/a
2.116	MMCXVI	dos mil ciento dieciséis	dos milésimo/a centésimo/a decimo/a sexto/a
34.612	$\overline{\text{XXXIV}}$DCXII	treinta y cuatro mil seiscientos doce	treinta y cuatro milésimo/a sexcentésimo/a duodécimo/a
1.000.000	$\overline{\text{I}}$	un millón	millonésimo/a
2.000.000	$\overline{\text{II}}$	dos millones	dos millonésimo
1.000.000.000.000		un billón	billonésimo

Tiempo

A. Años

año = 365 días
año bisiesto = 366 días
bienio = dos años
trienio = tres años
cuatrienio = cuatro años
quinquenio = cinco años
década = diez años
centuria/siglo = cien años
milenio = mil años
era = período histórico

a.C. = antes de Cristo *(año 2500 a.C.)*
d.C. = después de Cristo *(año 1987 D.C.)*

B. Meses

mes = una de las 12 divisiones del año
bimestre = dos meses
trimestre = tres meses
semestre = seis meses

1	Enero	5	Mayo	9	Septiembre
2	Febrero	6	Junio	10	Octubre
3	Marzo	7	Julio	11	Noviembre
4	Abril	8	Agosto	12	Diciembre

C. Estaciones

primavera
verano
otoño
invierno

D. Días de la semana

Lunes Martes Miércoles Jueves Viernes Sábado Domingo

E. Expresión de fechas

4-11-54 = cuatro de noviembre de mil novecientos cincuenta y cuatro.
Encabezamiento de cartas, documentos... = Barcelona, 23 de septiembre de 1982

F. Horas

15:00	Son las tres de la tarde.
13:00	Es la una.
9:00	Son las nueve de la mañana.
21:00	Son las nueve de la noche.
4:15	Son las cuatro y cuarto.
6:20	Son las seis y veinte.
14:30	Son las dos y media.
4:35	Son las cinco menos veinticinco.
8:40	Son las nueve menos veinte.
12:55	Es la una menos cinco.

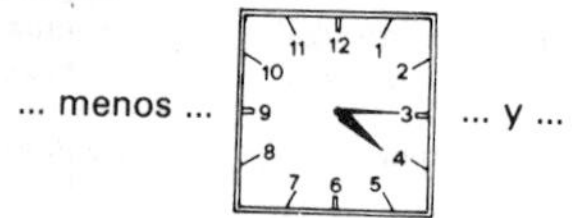

Abreviaturas más usuales

a.C.; **a. de C.**: antes de Cristo
a/c: al cuidado de; a cuenta
a D.g.: a Dios gracias
adj.: adjunto
afma., **afmo.**: afectísima, afectísimo
apdo.: apartado (de correos)
A.R.: Alteza Real
Arz.: Arzobispo
A.T.: Antiguo Testamento
Av., **Avda.**: Avenida
Barna.: Barcelona
Bib.: biblioteca
c/: calle
C.A.E.: cóbrese al entregar
cap.: capítulo
c/c: cuenta corriente
c/d: en casa de
cía.: compañía
cm.: centímetro
C.P.: contestación pagada
cta.: cuenta
c/u: cada uno
Da.: doña
d.C.; **d. de C.**: después de Cristo (= A.D. Anno Domini)
dcha.: derecha
dic.: diciembre
doc.: docena
dto.: descuento
dup.: duplicado
ej.: ejemplo
en.: enero
Exc.: Excelencia
Excmo.: Excelentísimo
feb.: febrero
fol.: folio
frc.: franco
fra.: factura
g/: giro
gob.: gobierno
g. p.: giro postal
gr.: gramo
Gral.: General
h.: hora
hect.: hectárea
Hg.: hectogramo
Hm.: hectómetro
id.: ídem
Ilmo.: ilustrísimo
izq.: izquierda, izquierdo
jul.: julio
jun.: junio
k/c.: kilociclos
km/h.: kilómetro por hora
kv.: kilovatio
kv/h.: kilovatios por hora
l.: litro
Lda., **Ldo.**, **Lic.**: Licenciada, Licenciado
m.: metro
mar.: marzo
Mons.: Monseñor
N.: norte
n.: nacido/a
n/: nuestro/a
nov.: noviembre
núm.: número
O.: oeste
o/: orden
obr. cit.: obra citada
oct.: octubre
OVNI: objeto volante no identificado
P.: padre; Papa
p.a.: por autorización
pág.: página
P.D.: post data
pdo.: pasado
p. ej.: por ejemplo
pmo.: próximo
P.º: Paseo
p.o.: por orden
Pta.: Punta
pta(s): pesetas
q.D.g.: que Dios guarde
q.e.p.d.: que en paz descanse
rte.: remite
S.: sur
s.: siglo; siguiente
S.A.: sociedad anónima
sept.: septiembre
s.e.u.o.: salvo error u omisión
s.f.: sin fecha
s/f.: su favor
Sr.: señor
Sra.: señora
Sres., **Srs.**: señores
Srta.: señorita
Sta.: santa
Sto.: santo
tel., **teléf.**: teléfono
Tm.: Tonelada métrica
Ud.: usted
Uds.: ustedes
V., **Vd.**: usted
Vds.: ustedes
v.g., **v.gr.**: verbigracia
V.ºB.º: visto bueno